心 理 学

于立文　编

第一卷

辽海出版社

图书在版编目（CIP）数据

心理学/于立文 编. ——沈阳：辽海出版社，2014.6

ISBN 978－7－5451－3124－6

Ⅰ.①心… Ⅱ.①于… Ⅲ.①心理学

Ⅳ.①B84

中国版本图书馆 CIP 数据核字（2014）第 148769 号

责任编辑：柳海松
责任校对：顾　季
装帧设计：三石工作室

出版者：辽海出版社
地　　址：沈阳市和平区十一纬路 25 号
邮政编码：110003
电　　话：024－23284473
E－mail：dyh550912@163.com
印刷者：三河市众誉天成印务有限公司
发行者：辽海出版社

幅面尺寸：170mm×250mm
印　　张：96
字　　数：1250 千字

出版时间：2014 年 7 月第 1 版
印刷时间：2020 年 1 月第 2 次印刷
定　　价：696.00 元（全四册）

前　言

心理学是一门探索心灵奥秘、揭示人类自身心理活动规律的科学，它的研究及应用范围涉及与人类相关的各个领域，如教育、医疗、军事、司法等，对人的生活有着深远的影响。对于个体而言，企业管理、工作学习、人际关系、恋爱婚姻等都需要了解人的心理，都离不开心理学。可以说，心理学与我们的生存乃至发展息息相关。

生存要懂心理学。随着心理学的逐步发展，人们逐渐认识到心理学的应用范围越来越广，对人类生活所起的作用越来越大。首先，人类的健康与心理学密切相关。随着经济的飞速发展，社会的不断进步，人们的物质生活越来越丰富，但随之而来的是人们精神层面的匮乏。人们所面临的心理问题越来越多，诸如人际关系、夫妻关系、父母与子女之间的关系以及抑郁、焦虑、恐慌、嫉妒、自私、自卑、自闭等心理问题日益凸显，因心理问题厌世、自杀的比率日渐升高，人们的心理健康受到前所未有的挑战。此外，在医疗康复过程中，心理学也发挥着重要的引导和促进作用。

发展要懂心理学。中国古代兵法强调："用兵之道，攻心为上，攻城为下，心战为上，兵战为下。"若想在竞争激烈复杂的社会中占有一席之地，除了必备的基本技能，掌握并利用人的心理达到目的，也是成功的必备要素之一。掌握了心理学知识，就能更好地了解自己、读懂他人、认识社会，生活中的各种疑难问题也会迎刃而解；学好心理学，可以让自己在社交、爱情、职场、生活等诸多方面占尽优势，游刃有余。

心理学被确立为一门学科，还只是 100 多年以前的事情。但这门年轻的学科如今已枝繁叶茂，目前，心理学已经在许多领域形成了分支学科，如基础研究领域包括发展心理学、认知心理学、变态心理学等；应用研究领域包括健康心理学、教育心理学等。面对体系如此庞大复杂的学科，想要系统地对其进行了解将是一项耗时耗力的浩大工程。为了让读者以最轻松、最高效、最简明的方式快速读懂心理学，我们推出了这本《心理学》。

心理学知识与实际应用结合起来，内容全面，系统性强，语言精炼，化繁复为简约，化晦涩为明了，化深奥为通俗，集科学性、知识性与实用性于一体，让你读通心理学。

《心理学》分为八篇，分别为"心理学的产生与发展""生活中的心理学"和"心理障碍与心理治疗"，内容全面，实用性强。第一篇从心理学的基本知识讲起，全面介绍了心理学的历史，心理学的主要流派、代表人物及其重要理论和思想观点，再现了心理学的发展历程；第二篇着眼于生活中的心理学，介绍了心理学在生活中方方面面的实际应用技巧，涉及教育心理学、学习心理学、人际关系心理学、职场心理学、谈判心理学、管理心理学、消费心理学、投资心理学、婚姻心理学等方面；第三篇以心理健康为主，介绍了心理健康的基本知识，教你了解并认识心理咨询和心理治疗，学会应对常见的嫉妒、猜疑、自闭等心理问题，了解常见的人格障碍和异常行为，及如何正确调适儿童期、青少年期、中年期和老年期所面对的各种心理问题。

阅读本书，你将可以轻松掌握心理学，系统而全面地了解和应用心理学知识及技巧，轻松解决生活中出现的各种问题，从而拥有健康的身体、和谐的家庭、满意的工作、圆满的人际关系、完美的心态和幸福的生活，让你充满智慧，成就梦想，改变生活。

目 录

第一篇 心理学的产生与发展

心
理
学

目
录

第二篇　生活中的心理学

心理学

目录

心
理
学

目
录

心理学

目录

心理学

目录

心理学

目录

心理学

目录

心理学

目录

心　理　学

目　录

心理学

目录

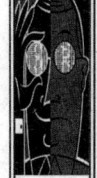

心理学

目录

心理学

目录

第四篇　可怕的交际心理学

第七篇　可怕的心理问题和精神病理

第八篇　可怕的自我心理分析

第一篇

心理学的产生与发展

第一章

什么是心理学

心理学是什么

说起"心理学",很多人会感觉神秘莫测。人们甚至会想起许多所谓诡异的东西来试图勾勒心理学的大概模样:魔术?意念控制?乾坤大挪移?黑洞……

心理学对许多人来说,的确是一门神秘诡异的学问,觉得看不见、摸不着,离自己的生活很遥远。实际上,这些都是人们的误解。心理和心理现象是所有人每时每刻都在体验着的,是人类生活和生存固有的。可以说,复杂的心理活动正是人区别于动物的一个本质。

心理学"Psychology"一词源于古希腊语,意即"灵魂之科学"。心理学的历史虽然最早可以追溯到古希腊时代,但心理学作为一个专门的术语出现却是在1502年。有一个塞尔维亚人叫马如利克,在这一年首次用"Psychologia"一词发表了一篇讲述大众心理的文章。此后过了70年,一位名为歌克的德国人又用这个词出版了《人性的提高,这就是心理学》一书,这也是人类历史上最早记载的以"心理学"这一术语发表的书。

在希腊文中,"灵魂"也有呼吸的意思。古希腊人认为人的生命依靠呼吸,呼吸一旦停止,生命也就完结。随着心理探索的发展,心理学的研究对象由灵魂改为心灵,心理学也就变成了心灵哲学。在中国,人们习惯认为思想和感情来源于"心",又把条理和规则叫做"理",所以用"心理"来总称心思、思想、感情,等等,而心理学则是关于心思、思想、感情等规律的学问,是研究人的心理活动及其发生、发展规律的科学。心理学与我们的生活密切相关,这是因为,人的任何活动都伴随着心理现象。通常说的感觉、知觉、记忆、思维、想象、情感、意志以及个性等都是心理现象,也称心理活动。

心理学是一门既古老又年轻的学科。人类探索自己的心理现象，已有 2000 多年的历史，所以说它古老。说它年轻，是因为心理学最初并不是一门独立的学科，而是包含在哲学中，直到 19 世纪 70 年代末，心理学才从哲学中分离出来，成为一门独立的专门研究心理现象的科学。尽管年轻，但科学的心理学有着巨大的生命力，它已越来越广泛地渗透于人们生活实践的各个方面。

可以说我们每一个人都是一个业余心理学家。当你才三四岁的时候，已经会揣摩别人的心思了，你懂得怎样把玩具藏起来让其他小朋友找不到，你甚至还会略施小计，提供错误的线索误导他们。妈妈生气的时候，你能从她的神情和语气上判断出来，而乖乖地停止胡闹；一旦发现妈妈雨过天晴，你就又提出你的小要求了。作为父母，则知道如何正确地实施奖惩以纠正你的不良行为，使你养成良好的习惯。所有上述这些现象都是基于对他人心理的观察和推论。也就是说，每个正常的人都能对他人在日常生活中的感情、思维和行为进行一定程度的推测。这就是心理学和心理学家所努力研究和解释的内容之一。

心理学是研究心理现象的科学。心理学研究心理现象，就是要揭示心理现象发生、发展的客观规律，用以指导人们的实践活动。

人们在工作、学习、生活中与周围事物相互作用，必然有这样那样的主观活动和行为表现，这就是人的心理活动，或简称为心理。具体地说，外界事物或体内的变化作用于人的机体或感官，经过神经系统和大脑的信息加工，人就产生了对事物的感觉和知觉、记忆和表象，进而进行分析和思考。人在实践中同客观事物打交道时，总会对它们产生某种态度，形成各种情绪。人在生活实践中还要通过行动去处理和变革周围的事物，这就表现为意志活动。以上所说的感觉、知觉、思维、情绪、意志等都是人的心理活动。心理活动是人们在生活实践中由客观事物引起、在头脑中产生的主观活动。心理活动是一种不断变化的动态过程，可称为心理过程。人在认识和改造客观世界的过程中，各自都具有不同于他人的特点，各人的心理过程都表现出或大或小的差异。这种差异既与各人的先天素质有关，也与他们的生活经验和学习有关。这就是所说的人格或个性。心理过程和人格都是心理学研究的重要对象。心理学还研究人的个体的和社会的、正常的和异常的行为表现。动物心理学研究动物的行为，这不仅是为了认识动物心理活动本身，也有助于对人类心理活动的了解。在高度发展的人类社会，人的心理获得了充分的发展，使人类攀登上动物进化阶梯的顶峰。心理学是人类为了认识自己而研究自己的一门基础科学。

自人类文明发展以来，就已经开始了对人的心理的探讨与研究。中国古代哲学、医学、教育和文艺理论等许多著作中，有着丰富的心理学思想。但心理学成为一门独立的科学还是19世纪的事。今天，心理学已是具有100多个分支学科的庞大科学体系了，诸如普通心理学、社会心理学、教育心理学、发展心理学、法律心理学、管理心理学、商业心理学、经济心理学、消费心理学、咨询心理学……都是心理学庞大科学体系中的成员，而且随着人类社会实践活动的发展，心理学的分支学科还会继续增加。

消除对心理学的误解

在日常生活中，当提到心理学时，一般人总觉得有些神秘。所谓"画龙画虎难画骨，知人知面不知心"，而心理学却能把大家认为不可知的"心"都知道了，这其中一定有特殊的门道，有奥妙诀窍。有的人因此会认为心理学是一门了不起的"测心术"，更多的人则可能是半信半疑。

在日常生活中，人们对心理学还存在着这样或那样的误解。

误解1：心理学家知道我在想什么

现代心理学是一门研究人类心理活动的科学，但一般人对它却常有很大的误解。"你是学心理学的，那你说说我现在在想什么？"当有人得知某人是心理学专业的时候，他们常常会好奇地提出这样的疑问。

其实心理活动并不仅仅是指人当下的所思所想，它包含更丰富的内容。而心理学家也无法一眼看穿你的内心。

大多数人都对心理学存有这样的误解，认为心理学家能够看透自己的心，知道自己的内心活动，认为"研究心理"就是揣摩别人的所思所想。

对心理学家的正确理解应该是：

心理活动并不只是人在某种情境下的所思所想，它具有广泛的含义，包括人的感觉、知觉、记忆、思维、情绪和意志等。心理学家的工作就是要探索这些心理活动的规律，即它们如何产生、发展、受哪些因素影响以及相互间有什么联系等。心理学家通常是根据人的外显行为和情绪表现等来研究人的心理，也许他们可以根据你的外在特征或测验结果来推测你的内心世界，但再高明的心理学家不可能具有所谓的"知心术"——一眼就能看穿你的内心。

误解2：心理学家会催眠

很多人对催眠术有浓厚的兴趣，因为觉得它很玄妙。提起催眠术，人们又往

往想起心理学家。原因之一可能是弗洛伊德的误导。弗洛伊德是著名的心理学家，既然他使用催眠术，那么心理学家应该都会催眠术。另外，这种误解可能是缘于几部颇有知名度的"心理电影"的误导，例如国内的电影《双雄》中的黎明，他能在不知不觉中将人催眠，并替他办事。因而人们就认为心理学家能催眠。其实，这些影片描述的和心理学家使用催眠术的实际情况相差甚远，纯粹是艺术虚构或商业炒作。

对上述观点的正确理解是：

催眠术只是心理治疗的一种方法。催眠术源自18世纪的麦斯麦术。19世纪，英国医生布雷德研究得出，令患者凝视发光物体会诱导其进入催眠状态。他认为麦斯麦术所引起的昏睡是神经性睡眠，因此另创了"催眠术"一词。但催眠的内在机制至今尚未完全搞清楚。催眠术的方法多种多样，但最常用的方法是：要求人彻底放松，把注意力集中在诸如晃动的钟摆和闪烁的灯光等某个小东西上，引导人们将注意力集中在想象中的星空等，然后诱发出昏睡状态。催眠前要先测定被催眠者的暗示性，暗示性高的人容易被催眠，能进入深度睡眠状态，此类人的催眠治疗效果较好。在催眠状态下，人会按照治疗师的暗示行事，可能会有不良副作用，因此应该由经验丰富的催眠师来实施。

催眠术并非所有心理学家必然会的"招牌本领"。它只是精神分析心理学家在心理治疗中使用的方法之一。实际上，大多数心理学家的工作是不涉及催眠术的。他们更倾向于运用实验和行为观察等更为严谨的科学研究方法。

在国外，催眠术常用于帮助审讯嫌犯，以期使嫌犯在催眠状态下不由自主地坦白情况。现在，很多司法心理学家认为催眠状态下的问讯有诱导之嫌，很可能使嫌犯按着催眠师的暗示给出所希望的但并不公正的回答，所以对此持反对态度。

误解3：心理学家的研究对象是非正常的人

很多人都说他们走进心理咨询室是需要很大勇气的，可能还有过思想斗争："去还是不去？人家会不会认为我是精神病？朋友知道了会怎么看我……"这在一定程度上反映了很多人对心理学的看法：去心理咨询的人都是"心理有问题"的人，心理有问题就是变态，心理学家只研究变态的人，所以与心理学有干系的非专业人士都不正常。

之所以会有如此看法，一方面和我们的文化传统有关，中国人比较内敛，有了心理困扰倾向于自己调节，如果放在了台面上，就会被认为是很严重的精神问题；另一方面，为了满足人们猎奇的心理，媒体在表现与心理学有关的题材时喜欢选择变态心理，认为这样更具有炒作价值。很多人是从电视、电影、报纸和杂志上认识心理学的，这很容易形成片面的误解，认为心理学只关注变态的人。尤其是好莱坞和日本的所谓"心理电影"，对此要负很大责任，《精神变态者》《发条橙》《沉默的羔羊》《本能》《催眠》等，为观众展现了心理失常中最异常的画面，也为心理学打上了带有偏见的烙印。

对上述观点的正确理解应该是：

大多数心理学研究都是针对正常人的。有些人把心理学家和精神病学家混淆了。精神病学是医学的一个分支，精神病学家主要从事精神疾病和心理问题的治疗，他们的工作对象是所谓"变态"的人，即心理失常的人。精神科医生和其他医生一样，在治疗精神疾病时可以使用药物，他们还必须要接受心理学的专业培训。与精神病学家不同，虽然临床心理学家也关注病人，但他们不能使用药物，除此之外，大多数心理学研究都探讨正常人心理现象，如儿童情绪的发展、性别差异、智力、老年人心理、跨文化的比较、人机界面，等等。

误解 4：心理学 = 心理咨询

作为一个新兴的行业，心理咨询蓬勃发展，越来越火。各种各样的心理门诊、心理咨询中心、心理咨询热线等不断涌现，通过不同的渠道冲击着人们的视听。再加上心理咨询师资格考试制度的实施，使心理学的社会影响力得到了极大的提高。这些动向使很多人一听到心理学就想起心理咨询，以至于使它成了心理学的代名词。另外，对大多数人来说，倾向于从实际应用的角度去认识这门学科。而心理学最为广泛的应用就是心理咨询或心理治疗，较之其他心理学知识更为大家所熟知，所以很多人将心理咨询等同于心理学。这是一种误解，正确的观点是：

心理咨询只是心理学的一个应用分支。心理咨询的目的，是为了帮助人们认识和应对生活中的各种困扰，更幸福地生活下去。心理咨询的对象可能是一个人，也可能是一对夫妇、一个家庭或一个群体。通常，心理咨询是面向正常人的，咨询者虽然有各种心理困扰，但并不存在严重的心理障碍。如果是严重的精神疾病，那就要交给临床心理学家或精神病学家来处理了。

在发达国家，人们的工作、生活压力较大，因此心理咨询机构繁多。如日本的心理咨询机构，经常为人们所称道。当在工作、生活中面临巨大的压力时，就可以到自己的心理医生那里去宣泄，比如心理医生提供办公室和家庭设施，随便让顾客进行摔、砸等破坏性行为以充分发泄。当然顾客必须支付价格不等的咨询费用。

在国内，目前的心理咨询机构多分布在一些高校、医院等地方，也有一些专门的咨询中心。这是一个专业性很强、责任重大的职业。从事这项工作的人必须有专业知识背景，足够的实际技能培训，以及良好的职业道德。

误解5：心理学知识＝一般常识

有不少人对心理学家所做的事情不屑一顾，认为他们花很长时间而得到的研究结果只不过是一些人尽皆知的常识。我们认为这样的评价是不公平的。心理学知识不是一般常识，它所研究的范围远远超出了一般常识所能回答的问题。

下面是摘自《心理学与你》一书中的几个"常识性"问题，你不妨试着回答一下，看看心理学知识与一般常识是否有区别。

·做梦用多长时间？

在莎士比亚的《仲夏夜之梦》里，莱桑德尔说真正的爱情是"简单"又"短暂"的，像做梦一样。梦真的是来去一瞬间吗？你认为做一个梦所用的时间是：

（1）一秒钟的几分之一；

（2）几秒钟；

（3）一两分钟；

（4）若干分钟；

（5）几个小时。

·你隔多长时间做一次梦？

（1）难得或从不做梦；

（2）大约每隔几夜一次；

（3）大约每夜一次；

（4）每夜做好几次。

·"牛奶一样多吗？"

5岁的瑶瑶看到妈妈在厨房里忙，便走了进去。在厨房的桌子上放着完全相同的两瓶牛奶。她看到妈妈打开其中一瓶，把里面的牛奶倒进一个大玻璃坛子里。她的眼睛滴溜溜地转，目光从那只仍装满牛奶的瓶子转回到坛子。这时妈妈突然记起她在一本心理学书上读到的情况，便问："瑶瑶，是瓶子里的牛奶多呢，还是坛子里的牛奶多？"瑶瑶的回答可能是：

（1）瓶子里的多；

（2）坛子里的多；

（3）一样多。

· 天生的盲人恢复视力以后会怎么样？

现在，运用外科手术使那些天生的盲人恢复视力已不是什么奇迹。在拆除绷带的头几天里，你认为这样的人：

（1）什么也看不见；

（2）看到的只是一片模糊；

（3）只看到一些模糊不清的影子在晃动；

（4）不用触摸就能认出熟悉的东西；

（5）只有在触摸一下并看一看后才能认清东西；

（6）看到的一切东西全都上下颠倒。

· 哪一种决定风险大？

一群朋友准备把一些钱作为共同资金在赛马会上花掉。在每次比赛前他们都分别写出赌注的意见。然后集中商讨，做出全组决定。在每项比赛上，最慎重的决定是一点赌金也不押，较为冒险的决定是在最有可能获胜的马上押少量的赌金，而非常冒险的决定是在不大可能获胜的马上押大量的赌金。与个人意见的平均情况相比，全组的决定可能：

（1）更慎重；

（2）更冒险；

（3）既不更慎重也不更冒险。

下面是心理学的回答：

· 做一个梦要用若干分钟，而且每个人每天夜里都会做 6~8 个梦。

你可能觉得自己没做什么梦或梦没那么多，这是因为你忘了或只记住了醒来之前的那个梦里的片段情景。研究梦的心理学家把微小的电极贴在正在睡觉的人的头上，记录下脑电波，可以揭示出睡梦期间脑电活动的特有模式。做梦与这种

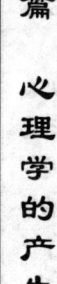

脑电波是同时发生的（睡觉的人在出现这种脑电活动时被叫醒，报告说他们正在做梦），并且眼球在眼皮下快速眼动，男性还会伴有阴茎勃起。在梦中发生的事情似乎和现实生活里发生的同样事情持续相等的时间。研究已经表明做梦具有普遍性，这些答案只靠内省报告是得不到的。

·瑶瑶很可能会认为瓶子里的牛奶比坛子里的多。

一般来讲，7 岁左右的儿童才能明白同一瓶液体不管倒到什么地方体积都是不变的。瑶瑶只有 5 岁，如果她只是一般的小孩，当她看见瓶子里的牛奶比坛子里的牛奶液面高很多，她会认为是瓶子里的牛奶较多。

·先天失明的人治愈后不用触摸就能认清所熟悉的东西。

这个问题在 17 世纪就曾经讨论过，可是直到 20 世纪 60～70 年代心理学家做了仔细的研究后才令人满意地解决了。对许多先天失明而恢复了视力的人的研究也证实了这一结论。

·全组决定很可能比个人决定的平均情况更冒险一些。

这是一个集体极化现象的例子。虽然这种现象具有强烈的反直观性，但是它在课堂教学示范中很容易被展现出来。集体极化的一种特殊实例叫做冒险转移，对此有两种假设：一种是说在全组讨论中，大多数组员会发现其他人的决定比自己的决定更冒险。因为一般人赞赏冒险精神，这时比较慎重的人就会改变自己的决定。另一种假设是说比较冒险的意见在小组讨论当中更容易倾吐出来，其他的人此时容易被说服。

误解 6：心理学就是解梦

这种误解的产生同样和弗洛伊德分不开。对于多数了解心理学的人来说，解梦是弗洛伊德的理论中最吸引人的部分。这是因为人们总是喜欢挖掘自己和别人内心深处的秘密，而梦被当作是透视内心世界的一扇天窗。由于弗洛伊德的心理学家的"代表性"，许多人把弗洛伊德的理论等同于梦的分析，进而使解梦成为心理学的代名词。好莱坞的电影与此也是脱不了干系的，例如《最后分析》是很多人对心理学的最初了解的来源。《爱德华大夫》是好莱坞第一部涉及精神分析的作品，票房成绩斐然，使精神分析题材开始在电影中盛行。这部影片的一个中心内容就是解梦，其中有一句经典台词，也是许多人以为的心理学家的口头禅："晚安。做个好梦，明天拿出来分析一下。"

纠正解梦只是精神分析心理学家所使用的心理治疗技术之一，仅仅是心理学热带雨林中的一株树木而已，怎么能等同于整个雨林呢？

心理学有哪些研究方法

心理学研究的方法主要有观察法、测验法、实验法、调查法和个案法等，这些方法都属于科学性方法，具有一致的基本过程，即：根据所要解决的问题提出假设，进行研究设计；采用恰当的方法技术搜集资料；按照一定程序进行结果的统计处理；最终进行理论分析，得出结论。

观察法

观察法是指在自然情境中对人的行为进行有目的、有计划的系统观察并记录，然后对所作记录进行分析，以期发现心理活动变化和发展的规律的方法。所谓自然情境指的是被观察者不知道自己的行为正在受到观察。观察法一般适用于下面的条件：对所研究的对象出于多种原因无法进行控制的情况，以及研究对象在控制条件下会发生质的改变，或由于道德伦理等因素不应该对之进行控制的那些行为。观察法的成功取决于观察的目的与任务、观察和记录的手段以及观察者的毅力和态度。观察法是对被观察者的行为进行直接的了解，因而能收集到第一手资料。由于观察法是在自然条件下进行的，不为被观察者所知，他们的行为和心理活动较少或没有受到"环境的干扰"。因此，应用这种方法有可能了解到现象的真实状况。

观察法的缺陷是：

1. 在自然条件下，事件很难按严格相同的方式重复出现，因此，对某种现象难以进行重复观察，而观察的结果也难以进行检验和证实。

2. 在自然条件下，影响某种心理活动的因素是多方面的，因此，用观察法得到的结果，往往难以进行精确的分析。

3. 由于对条件未加控制，观察时可能出现不需要研究的现象，而要研究的现象却没有出现。

4. 观察容易"各取所需"，即观察的结果容易受到观察者本人的兴趣、愿望、知识经验和观察技能的影响。

根据观察时情境的人为性，可以将观察分为自然观察和控制观察。前者是在

自然情境中对被观察者的行为直接进行的观察，后者则是在预先设置的情境中进行观察。

根据观察时观察者与被观察者之间的关系，则可以将观察分为非参与观察和参与观察。前者是观察者不参加被观察者的活动，不以被观察者团体中的一个成员而出现；后者是观察者成为被观察者活动中一个正式的成员，但其双重身份一般不为其他参与者所知晓。

根据观察要求的不同，又可以将观察法分为非系统观察和系统观察。前者是日常生活中人们常用的一种方法，可以激发做进一步的系统研究；后者则是有目的、有计划地收集观察资料的过程。

为了避免观察的主观性和片面性，使观察时能够获得正确的资料，在使用观察法时应注意以下几点：

1. 观察必须要有明确的研究目的，对拟观察的行为特征要加以明确界定，做好计划，按计划进行观察。

2. 观察必须是系统的，而不是零星、偶然的。

3. 必须随时如实地做好记录。严格地把"传闻"与"事实"、"描述"与"解释"区分开来。如果能用录音机、录像机做记录，效果更好。

4. 应在被观察者处于自然状态的情况下进行观察。

测验法

测验法是指使用特定的量表为工具，对个体的心理特征进行间接了解，并做出量化结论的研究方法。使用测验法，第一，可以了解个体或团体的心理特征，如用智力量表测量儿童的智力水平，用人格量表了解人各不相同的心理特征；第二，可以探讨心理特征与外界因素的关系，如考察智力与学习成绩是否相关，性格内向是否影响社会交往；第三，可以比较不同个体或团体之间的心理差异。

测验的种类很多。按一次测量的人数，可把测验分为个别测验（一次测一人）和团体测验（一次同时测多人）。按测验的目的，又可把测验分为智力测验、特殊能力测验（性向测验）和人格测验等。

用标准化的量表来测量心理特征时应注意以下几点：

1. 选用的测量工具应适合于研究目的的需要。

2. 主持测验的人应具备使用测验的基本条件，如口齿清楚、态度平和，了解测验的实施程序和指导语，有严格控制时间的能力，并严格按测量手册上载明的实施程序进行测验等。

3. 应严格按测验手册上载明的方法记分和处理结果。

4. 测验分数的解释应有一定的依据，不能随意解释。

实施测验时要注意两个基本要求：即测验的信度和效度。信度是指一个测验的可靠程度。效度是指一个测验有效地测量了所需要的心理品质。它可以通过对行为的预测来表示。

为了保证心理测验的信度与效度，一方面要对某种心理品质进行深入的研究。如我们对智力或性格的了解越深入，那么相应的量表就会越完善。另一方面，在编制心理量表时要注意严谨性和科学性。只有按科学程序严谨地编制出来的心理量表，才可能有效而可靠地测量出人们的心理品质。

实验法

在控制条件下对某种行为或者心理现象进行观察的方法称为实验法。在实验法中，研究者可以积极地利用仪器设备干预被试者的心理活动，人为地创设出一些条件，使得被试者做出某些行为，并且这些行为是可以重复出现的。这是实验法与观察法的不同之处。

研究者在进行实验研究时，必须考虑到三类变量：

1. 自变量。即实验者控制的刺激条件或实验条件。

2. 因变量，即反应变量。

它是实验者所要测定和研究的行为和心理活动，是实验者要研究的真正对象。

3. 控制变量。

即实验中除自变量外其他可能影响实验结果的变量。为了避免这些变量对实验结果产生影响，需要设法予以控制。总之，采用实验法研究个体行为时，主要目的是在控制的情境下考察自变量和因变量之间的内在关系。因此，实验法不但能揭示问题"是什么"，而且还能进一步探求问题的根源"为什么"。

用实验法研究心理学问题必须设立实验组和控制组，并使这两个组在机体变量方面大致相同，控制实验条件大致相同，然后对实验组施加实验变量的影响，对控制则不施加影响，考察并比较这两组的反应是否不同，以确定实验变量的效应。

实验法可分为实验室实验和自然实验。实验室实验是借助专门的实验设备，在对实验条件严加控制的情况下进行的。例如，我们在实验室中安排三种不同的照明条件（由弱到强），让被试分别在不同照明条件下，对一个短暂出现的信号

做出按键反应，通过仪器记录被试每次的反应时间。这样就可以了解照明对反应时的不同影响。由于对实验条件进行了严格控制，运用这种方法有助于发现事件的因果联系，并允许人们对实验的结果进行反复验证。实验室实验的缺点是由主试严格控制实验条件，使实验情境带有极大的人为性质。被试处在这样的情境中，又意识到自己正在接受实验，就有可能干扰实验结果的客观性质，并影响到将实验结果应用于日常生活中。

自然实验也叫现场实验，在某种程度上克服了实验室实验的缺点。自然实验虽然也对实验条件进行适当的控制，但它是在人们正常学习和工作的情境中进行的。例如，在教学条件下，由教师向两组学生传授相同的材料。其中甲组学生在学习以后完全休息，而乙组学生继续进行另外的工作。一小时后，再比较他们的回忆成绩。结果甲组学生比乙组学生成绩好。这说明学习后适当休息有助于知识的保持。由于实验是在正常的情境中进行的，因此，自然实验的结果比较合乎实际。但是，在自然实验中，由于条件的控制不够严格，因而难以得到精确的实验结果。

调查法

调查法是以提问题的方式，要求被调查者就某个或某些问题做出回答的方法。调查法可以用来探讨被调查者的机体变量（如性别、年龄、教育程度、职业、经济状况等）、反应变量（即他对问题的理解、态度、期望、信念、行为等）以及它们之间的相互关系。根据研究的需要，可以向被调查者本人做调查，也可以向熟悉被调查者的人做调查。

调查法可分为问卷法和谈话法两种方式。问卷法是指采用预先拟定好的问题表，由被试自行填写来搜集资料进行研究的方法。问卷法可以同时搜集许多人对同类问题的资料，比较节省人力和物力。问卷的发放可以通过邮寄的方式进行。这种方法的潜在问题是：问卷回收率可能会影响结果的准确性；被调查者有时可能不认真合作，而使问卷的真实性受到影响。谈话法是指研究者根据预先拟定好的问题向被调查者提出，在面对面的一问一答中搜集资料，然后对群体的心理特点及心理状态进行分析和推测。谈话法一般不需要特殊的条件和设备，比较容易掌握。但是由于访谈对象有限，加上被试可能受主观和客观因素的影响，有可能会影响到资料的真实性。

个案法

个案法是收集单个被试各方面的资料以分析其心理特征的方法。通常收集的资料包括个人的生活史、家庭关系、生活环境和人际关系等特点的资料。根据需要，也常对被试做智力和人格测验，从熟悉被试的亲近者那里了解情况，或从被试的书信、日记、自传或他人为被试写的资料（如传记、病历）等进行分析。

个案法要求对某个人进行深入而详尽的观察与研究，以便发现影响某种行为和心理现象的原因。例如，通过个案分析，可以了解电视台的不同节目对个体行为的影响，也可以了解家庭破裂对儿童心理发展的影响，等等。个案法有时和其他方法（如观察法、传记法、测验法等）配合使用，这样可以收集更丰富的个人资料。用个案法研究儿童的心理发展，在现代心理学中曾起了重要的作用。

个案法的优点是，能加深对特定个人的了解，以便发现影响某种行为和心理现象的原因。个案法的缺点是，所收集到的资料往往缺乏可靠性，而研究的结果也可能只适合于个别情况。因此，一般说来，个案法常用于提出理论或假说，要进一步检验理论或假设，则有赖于其他方法。

心理学的研究方法远不止上述的几种，同时，上述几种研究方法都有各自的优点，但也有各自的不足之处。人的心理活动是非常复杂的，因此，研究人的心理现象不能只采用一种方法，应该根据研究的需要，灵活地选用几种方法，使之共同发挥作用，以便相互补充，使研究收到更好的效果。

心理学与生活密切相关

心理学是研究心理现象的科学，那么，心理学与生活到底有无关联，有什么样的关联呢？日常生活中，我们每做一件事，每说一句话，都受到一定的心理状态和心理活动的影响和制约，尽管有时候我们觉察不到。说一个人发脾气、闹情绪，这就是一种心理活动；说一个人洋洋得意、意气风发，这也是一种心理状态；说一个人品行不好、思想消极，这其实就是在作心理学研究了。心理学能够指导我们的生活，越是复杂的生活，越要懂得心理学的道理才行。懂得运用心理学管理自己，我们的生活才会幸福，才会有意义，我们的学习、工作才会有所成，我们和他人才会友好地相处。

人的心理和人的生活是相互影响的。人一降生，就是带着心理能量的，虽然这种能量是潜在的和不成形的。同时，一定的生活环境也会将这个刚出生的小家伙一下子包围起来。生活环境的差异对人的早期的心理发展有着深远的、导向性的影响。如果一个人出生在一个暴力家庭，他的心理上就会发展不健全，可能会成为一个性格古怪、情绪反常、十分叛逆的人，他可能早早辍学，不愿回家，讨厌家庭，讨厌社会，甚至走上犯罪的道路。同样是他，如果出生在一个和睦幸福的家庭，他的心理就会健康地发展，自小懂得关爱和帮助别人，懂得尊敬长者，懂得好好学习，珍惜家庭温暖，他将来会有一个幸福的人生。不同的生活环境造就人不同的心理，有不同心理特征的人会选择不同的生活道路。因而，我们可以说心理学与生活互相影响。

在生活中，心理学有着极其广阔的应用范围。例如，领导者和管理者学习和掌握劳动心理学和管理心理学知识，有助于企业管理的合理化，改善劳动者的心理状态和人际关系，加速掌握生产技术，促进生产技术革新，不断提高劳动生产率。教师掌握了有关的教育心理学知识，就能够根据人的认识活动过程的特点和规律，培养学生的观察力，指导学生有效地进行学习和牢记已学的知识、技能，帮助学生正确理解和掌握概念和教学内容，培养学生分析问题和解决问题的能力；还可以根据心理学的有关理论培养学生具有高尚的情操、坚强的意志、共产主义的信念、远大的理想以及优良的性格特征等。这对进行教育改革、提高教学质量、实现教育工作的科学化都具有极其重要的现实意义。医学心理学知识有助于医护人员正确了解心理因素在疾病中的作用，开展心理咨询和心理治疗工作，不断增进人们的心身健康。另外，心理学知识对个人自我教育也有重要作用，它有助于自己分析和了解自身的心理特点，从而使人做到自觉地、正确地组织和调整自己的学习和各项有益心身的活动，克服消极心理，发展积极的心理品质。

心理学在生活各领域中的应用

目前，心理学在人类生活中所起的作用越来越大，应用的范围也越来越广，心理学在工业、商业、教育、医疗、军事等领域得到广泛的应用，并且形成了许多分支学科。

工业与组织心理学

工业与组织心理学主要在工业、企业和组织机构里发挥作用，包括：在厂房设备安装、产品质量设计方面考虑到人的因素，可以更有利于促进生产，提高效率；在人事部门中知人善任是人才选拔、人员安置、人力资源合理利用等一切工作的基础；在企业中调动员工的积极性，协调关系，既提高生产力也提高职工的满意度，创造良好的企业形象等，都离不开心理学规律的应用。

教育与学校心理学

教育心理学是心理学的一个重要领域。作为教育科学的基础，其工作在于研究教与学过程中的心理规律，以提高教育、教学水平，改进师资培训和学业考试，并推动因材施教，培养学生健全人格和创造力，等等。学校心理学家通常在中小学工作，对在学校中学习困难、适应困难或某种问题行为的学生进行诊断和辅导，并协助家长和教师解决与学校有关的问题。

商业心理学

商业心理学主要研究商业活动中人的心理活动的特点和规律，并运用心理学的原理和方法解决商业中有关人的一些问题。商业心理学包括广告心理学、消费心理学等。

广告心理学研究如何把产品信息传达给群众，以更好地引起消费者的购买行为。消费心理学则以社会大众的消费行为为研究对象，考察消费动机、购买行为以及影响和促进消费行为的各种因素。

医学心理学

医学心理学是关于健康和疾病问题的心理学，主要研究心理因素在治病和维护健康方面的作用，以及医护人员和病人在医疗过程中的心理活动和行为特点。

医学心理学还研究精神药物的作用、心理治疗的方法、病人的康复过程等问题。医学心理学家也从事一些心理卫生和心理咨询工作，帮助人们促进身心健康。

法律心理学

法律心理学主要研究人们在司法活动中的心理活动和规律。根据研究内容的差异，法律心理学又可分为犯罪心理学、审判心理学、侦察心理学、司法鉴定心理学等。

犯罪心理学主要研究犯人作案的动机、对罪犯的有效教育改造等问题；审判心理学主要分析犯人供词和证人证词的可靠性问题；侦察心理学研究案件侦破过程中所应遵循的心理规律；司法鉴定心理学主要的目的是运用临床精神病学知识，对疑似精神病人的被告及其他诉讼当事人进行心理鉴定，为确定其法律责任提供科学的依据。

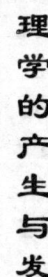

军事心理学

军事心理学主要研究在军事活动中人的心理问题，包括军事人员的选拔和分类、军事技能和武器的学习掌握过程、适合军事活动的个性心理特征、心理战术、宣传和反宣传等。军事心理学上，军事组织就是一个小社会，其中的社会过程和关系，比如军官和士兵的关系、战争时群体内部情绪、军队士气的作用等，都是需要研究的问题。根据兵种的特点，军事心理学可分为航海心理学、航天与航空心理学。航海心理学主要研究军事人员在长期离开陆地情况下的心理特点，舰艇操纵和海上战斗时的特殊心理学问题。世界各国的军事心理学研究成果都保密，除非已经失去了军事价值，否则不可能公开发表。

第二章

哲学心理学的产生发展

哲学王、武士和劳动者

柏拉图出身于古希腊奴隶主贵族世家，苏格拉底的学生。年轻时是个摔跤手，体姿强健，相貌严肃而文雅。他喜欢以诗剧形式创作，这为他后来以文学形式撰写著作奠定基础。柏拉图一生可分为 28 年学习、12 年游历和 40 年的学园讲学生活三大阶段。学习期间，接受唯心论者苏格拉底的 8 年教育是他一生中最重要的阶段。在这期间他将老师的抽象概念高于一切的观点，加以继承发展而形成自己的理念论。他认为理念世界是唯一真实的，第一性的，它先于物质世界存在。游历期间，柏拉图在南意大利吸收了毕达哥拉斯关于数是一切存在物始基的唯心论思想。在那里他试图建立理想国失败后，曾被当做奴隶出卖。幸亏被友人赎回，才得以回到雅典。32 岁开始，柏拉图在雅典的世袭领地——一小块公园里办校讲学和写作，历史上称之为雅典学园。他的著作经常用苏格拉底和别人谈话形式发表，其中最著名的有《理想国》等。

在心理学上，柏拉图把灵魂看做来自天国的理念世界，灵魂进入人体后即支配身体活动；人体死亡，灵魂又回到理念世界。所以他和毕达哥拉斯一样，认为灵魂是永生不死、轮回转世的。灵魂进入人体后，肉体的欲望成为灵魂的牢狱，使灵魂忘记了理念世界的知识。灵魂通过感觉经验引起对理念世界的回忆，唤起理念世界的知识影子，重新回忆起理念。例如，一个人走到陌生地时有一种熟悉感，就是灵魂对生前世界的回忆。历史上称之为柏拉图的理念回忆说。柏拉图在《理想国》中把人（奴隶除外）分成三种等级，即：哲学王、武士和劳动者。和人的等级相应，在心理分类上也是三个等级：最高级是理性，在头部，相当于哲学王的灵魂；勇气意志在胸部，相当于武士的灵魂；最下者是肉欲，在横膈膜之下，相当于劳动者的情欲。理性命令意志，管辖情欲，相当于哲学王命令武士，统治人民。正直、健康的人就是能按灵魂等级各司其位，安分共事的人。这是欧洲史上最早的知、情、意心理现象的三分法。在联想记忆方面，他也通过比喻做了解释。例如，一个人从看到七弦琴而想起琴的主人；看见一张肖像画，想起画上的本人。他说："所有这些例子，都可以说明回忆可以由相似的东西所引起，同时也可以由不相似的东西所引起。"后人认为，这是关于联想的接近律和相似律的最初描绘。当代的英国心理学家 M. 艾森克在他的《心理学——一条整合的途径》（2001 年）中提到联想规律时说："柏拉图以前也曾提到，接近性和相似性是决定思维模式的重要因素，但直到亚里士多德才发展了这种想法。"

割与斧，灵魂整体论

亚里士多德，柏拉图的学生，马其顿王国全盛时期国王亚历山大幼年的宫廷教师，杰出的思想家和哲学家。亚里士多德利用自身所处的这些优越条件系统地搜集和整理了大量的文献资料，著书立说，形成他自己的理论体系。他著的《论灵魂》就是欧洲史上第一本关于心理学的专著。他采用了当时的生物学知识来解释心理现象，比较系统地讨论了心理现象的各个方面。

亚里士多德反对柏拉图的理念论。他认为理念世界是虚构的，它和现实世界矛盾，现实世界才是真实的。灵魂是形式，身体是质料，两者是统一不可分割的。它们之间的关系犹如"割"之于"斧"；没有"斧"，"割"也不存在。不过，他把灵魂看做是生命的本质，身体只是灵魂的工具，只有灵魂才能使身体的动作得以实现。这样，在身心关系上，他是灵魂形式决定身体质料的唯心论者。

在心理分类上，亚里士多德反对柏拉图的知、情、意三分法，强调灵魂是整体的，不能分为部分。他按生物的不同等级加以划分，提出植物具有营养和消化的灵魂，动物具有感觉灵魂，人具有理性灵魂。高级灵魂包含所有低级灵魂，人是最高级的，因此同时具有三种灵魂。它们在人体中是统一不可分割地起作用的。此外，他还按灵魂的功能进行分类，提出人的灵魂有两种功能：理性的和非理性的。非理性的功能是被动的，与肉体同生死；灵魂的理性功能是主动的，肉体死亡，灵魂复归于纯粹形式。这样，亚里士多德又一次回到他的形式决定质料的唯心论观点上来。

在感觉心理上，亚里士多德有许多建树。首先，他把感觉看做动物生存的必要手段，提出感觉的第一特征是辨别力。例如，视觉能辨别黑与白，味觉能辨别甜和苦。动物有了这种天赋的感觉能力，才能在一定距离内知觉对象，做出趋避的动作，以保持生存和繁殖种族。其次，他承认，外部物体的作用是引起感觉的原因，没有外部事物的作用，感觉就不能产生，物体是先于感觉存在的。第三，感觉过程产生的印象是真实的，不会犯错误。他把外物作用感官产生的感觉印象或痕迹，比之于金戒指印在蜡块上的印纹一样，是真实的。第四，他把感觉分为特殊感觉和共同感觉。特殊感觉包括视觉、听觉、嗅觉、味觉和触觉5种。每种感觉都有特殊的对象：视觉的对象是颜色，听觉的对象是声音，嗅觉的对象是气味等。每一种感觉和对象之间都有自己的媒介物：透明是视觉的媒介物，空气是听觉的媒介物，身体是触觉的媒介物等。他对各种感觉都给予了一定的生物学意义的描述。触觉是最原始的感觉，是生物是否活着的标记。味觉具有营养作用，听觉、视觉、嗅觉都是距离感觉。它们的存在，"不是为了动物的生存，而是为了动物更好地生存"。感觉所接受的对象是有一定范围的：声音过小了固然听不见，过大也是听不见的。感觉和两种物体相互作用的比率有关：比率适当就感到愉快；不适当就感到痛苦或者有害。感觉的程度是相对的。例如，尝过强烈味道的味觉器官（舌），就不能辨别轻微的味觉；受过强烈响声刺激的耳朵就会暂时变聋；一只手接触到比手硬的物体就觉得硬，接触比手软的物体就觉得软。

在解释了特殊器官的感觉后，亚里士多德还对共同感觉加以说明。其实，他的共同感觉就是知觉。例如，他认为共同感觉执行着想象和记忆的功能，指的也是知觉。

亚里士多德把记忆看做是感官知觉留下的意象的再生或重新活跃。他认为记忆有两种特性：（1）记忆的对象是过去的东西，一切记忆都会有逝去的时间。凡是能知觉时间的动物都有记忆。（2）记忆对象总是和当前的知觉对象有关的东西相联系：看到一张画，当他从这张画本身而不是从与画有关的东西——相似的东西进行联想时，这就是思维。当他把这张画作为与某物相似的东西或作为肖像时，那么，那个被作为肖像想起人物来的过程就是记忆。因此，记忆过程常和思维过程交错在一起。例如，想要记起一件事情却记不起来时，如果改变观点就能突然记起。他以为，这是把有关的相似的东西同要求的东西联系起来了。他还指出，记忆也常和想象相混淆：神经错乱的人，常常把纯粹的幻想当做记忆的事实，这就是因为把不相似的东西当做相似的东西看了。在他看来，记忆和回忆不同。记忆是被动的再生，是人和动物共有的。回忆是主动的，要求有思维的推理起作用，所以只有人类才有。关于记忆的条件，他总结出三条规律：（1）联想有助于回忆，如相似的、相反的和邻近的事物都有助于想起要回忆的东西。（2）

情绪对回忆有积极作用，也有消极作用。情绪激动时会妨碍记忆。因为激动会失去意志的控制，使回忆不能按照要回忆的方向进行；相反的，愉快的情绪会增加人的记忆效果。（3）组织得好的材料，比组织得不好的材料更有利于记忆。

亚里士多德还说到情感、欲望、需要、动作和意志等心理现象。他以为欲望是心理运动的资源，例如，滋味本属于营养性质的，但气味常常和一定食物的性质相联系，即和动物所需要的食欲相联系。动物需要这种食物时，它的气味就使动物产生适意之感，从而迫使动物行动。他还描述了动作的产生过程：首先，动物的缺乏之感引起对所缺乏事物的需要，然后产生需要的意象，意象引起追求的欲望，迫使动物做出动作。不过，他认为，像饥渴欲望得到满足的行动是本能动作，而高级行动则有理性思维参加，是意志行动。

总之，亚里士多德是古代欧洲史上对心理现象做出最为全面系统描述的第一个人。他的著作不仅有历史意义，而且还有现实意义。美国某大学一位教授让学生阅读亚里士多德《论灵魂》的某些章节后，有学生询问，这是哪个大学教授的著作？当教授哈哈大笑地回答，它是 2300 多年前的哲学家的著作时，学生们都惊讶地赞叹不已！

体液——气质

希波克利特是西方的医学始祖。他从医学实践出发，认为医学判断的出发点是身体本身。人体各部分联系起来的统一整体影响各个部分，各个部分也影响整体。身体的任一部分哪怕是最小部分的感觉，也有一定作用，因为各部分是互相联系着的。他很注意地理环境、气候、季节和生活方式同人的身心健康的关系。

希波克利特对心理学的最大贡献是两件事：首先，他著有《论圣病》一书。"圣病"是当时人们对癫痫病的称呼，认为这种病与神有关，或说是魔鬼附身。希波克利特在书中指出，病因在脑，不在神。他解释说，脑是知识的场所，由于脑，我们才能思维、理解、看见、听见，知道丑和美、恶和善、适意不适意。也是由于我们的脑才变得疯狂，发谵妄，为害怕和震惊所侵袭。当时人们都认为心理活动在心脏，如亚里士多德就是这样说的。希波克利特则认为在脑，这是由他的医学经验所得到的结论。

他还著有《论人的本性》一书。书中提出人体中有四种不同的体液，它们来自不同的器官：脑有黏液，有冷的性质；肝有黄胆汁，有热的性质；胃有黑胆汁，有渐温的性质；血液出于心脏，性质干燥。由于这四种液体结合的比例不同，所以构成人的不同体质。体内的某种体液过多或过少，或者比例不适当，人都会感到痛苦。后来，希波克利特的四体液说，被古罗马时期的医生加伦继承发展为气质学说。

加伦，古罗马时期的名医和自然科学家，对解剖生理学有很大贡献。他通过活体解剖和对神经系统的研究，发现肌肉中的神经分支，在脊椎的实验中看到脊椎的部分和动作有关。在观察神经和感觉有病的人时发现神经由感官传到脑，因而断定心灵位于脑，指出脑、脊髓和神经分支形成系统是感觉和动作之间互相联系的生理基础。

加伦的最大贡献是把希波克利特四体液说和人的气质联系起来，指出气质类型的各种表现。他发现：多血质的人，血液最多，这种人的行动表现为热心、活泼；黏液质的人痰液多，这种人的心理表现为，冷静、善于思考和计算；神经质的人，黑胆汁多，有毅力，但表现出悲观；胆汁质的人，黄胆汁多，易发怒，动作激烈。到目前为止，心理学教科书中还经常提到这一气质学说。

我思，故我在

古希腊、罗马灭亡后，欧洲进入中世纪。中世纪宗教统治一切，出现了为神学服务的官能心理学。到了 17 世纪笛卡儿提出了身心交感论，提倡人的理性思维，反对神学教条。

笛卡儿生活在西欧资产阶级早期革命时代，当时，荷兰在 16 世纪 60 年代、英国在 17 世纪 40 年代的资产阶级革命已取得成功。笛卡儿所在的法国，却仍处于封建君主制盛期。作为资产阶级的先进人物，为了避免遭受迫害，他长期侨居荷兰等国著书立说，对推动人们的思想解放具有划时代的意义。

笛卡儿出身于法国的次等贵族家庭，父亲是法官。1604 ~ 1612 年间他在耶稣教会学校学习，喜欢人文主义和数学，反对教会的教条和权威。由于身体羸弱，校长准许他可以不参加每天的早晨祈祷。他就利用这段时间躺在床上思考问题，从此养成他的终身习惯，并且在这种时候进行很好的创造性思维。为了取得人生经验，1617 ~ 1619 年间他在军队服役。以后，又变卖了贵族的世袭领地，周游欧洲各国长达 9 年。在这期间，他曾两次回到巴黎想研究数学，均因不得安宁未能遂愿。1629 年开始，他侨居荷兰长达 20 年。为了避免干扰，在这 20 年间他曾住过 13 个不同的城镇和 20 处不同的房子。除了最亲密的少数亲友外，他的住址一概保密。笛卡儿的一些重要著作就是在这样的情况下写成的。但是，他的著作被说成是无神论的，他本人也因此受到教会的迫害，于 1649 年被迫迁居到瑞典。到了瑞典之后，瑞典的皇后慕名请他讲哲学，约定每周讲课三次，每次在早晨 5 点左右开讲，这就破坏了他每天晚起床的习惯。皇后又不是一位好学生，加上冬天早晨在寒冷的图书馆里授课，笛卡儿坚持了 4 个月后，终于患上肺炎，于 1650 年 2 月 11 日病死在瑞典首都斯德哥尔摩。

笛卡儿在心理学思想上的最重要贡献是：站在反对神学权威的立场上，采用理性怀疑的方法，以摆脱宗教教条的束缚来提高人的地位，使人们从传统的封建迷信思想中得到解放。例如，他说，每个人生来就具有判断和辨别真理的能力，只因儿童期的欲望或受教师支配接受了虚伪的东西，因此，必须对这一切持怀疑和审查态度，以求得到明白、清晰的观念。经过怀疑审查后，他发现有一个东西是不能怀疑的，这就是"我在怀疑"。怀疑就是思想，"我思，故我在"。这是他通过怀疑得到的第一条原则。他说："我思想多久，就存在多久……严格地说，我只是一个在思想的东西，也就是说，我只是一个心灵，或灵魂，一个理智或一种理性的实体。"可见，笛卡儿是通过理性怀疑，提高自我，即人的地位的，以达到反宗教权威的目的。他同时把理性怀疑作为衡量真理的标准和原则。传统上，神学的教条、权威被看做是真理的标准。笛卡儿起用了人自己的理性思维作为衡量真理的标准，从根本上改变了人们的思维方式，使哲学心理学从只考虑心理或灵魂的实体是什么的传统思想，转变为考虑心理、心灵或知识是怎样起源的问题。其实，笛卡儿的理性思维是一种天赋能力，它来自柏拉图的理念世界。然而，他用柏拉图的理念来反对神学上帝，却是一大进步。当然，过分强调理性的天赋和天赋观念具有片面性，但是，从此使心理学从哲学的本体论转向认识论，却起到了一种推陈出新的作用。正因为先有笛卡儿的理性思维取代了神学教条，才使心理学能以研究人、自我和人的理性思维为对象。也正因为笛卡儿强调理性认识，才为以后洛克的感觉经验论的提出扫清道路。

那么，笛卡儿是怎样从哲学的本体论过渡到认识论的呢？在发现自我作为第一原则之后，笛卡儿通过理性思维承认了上帝和物质的存在，而上帝是创造一切的，这就将自我和物质对立起来。而人是物质和自我、灵魂的统一体，这两者是如何统一的呢？他使用了二元论的相互作用来解决，这就是他的身心交感论和身心搅混论。

首先，他把人体看做是一架自动机，按自然规律起作用。他指出，身体的运动，取决于心的热力所引起的"动物精神"在中空的神经管内来回流动，当它流到大脑的松果体时，灵魂就在这里和身体动作发生交互或交感作用。在笛卡儿看来，灵魂是单一的整体，它依整体性进行活动，只能在身体的单一器官中和外来影响发生交互作用。松果体就是脑中唯一的单一器官，所以，灵魂只能在这里和来自各器官的感觉印象发生交感作用。灵魂好比舵手坐在船头观察船的运行，并指挥其航向一样，这就由他的身心交感引申出身心搅混论。

关于身心搅混论，他认为，灵魂或自我不但在松果体和来自身体的动作发生交感，而且和整个身体"紧密地联结在一起，高度地混搅在一起，因而我和它组成了一个单一的整体"。因为要不是这样，我的身体受伤，需要喝水和吃东西，就只能靠思想去认识，而不是感觉到的。为了说明这个理论，他把神经比作一条绳子。如图所示。

假定绳子上有 A、B、C、D 各点，只要拉动其中的一点，其他各点也会活动起来。他说："同样情形，当我觉得脚上痛的时候，物理学告诉我，这个感觉是通过分布在脚上的神经传来的。这些神经就像绳子一样，从脚上一直通到脑子里，当它们在脚上被牵动的时候，也同时带动了脑子里神经归总的地方，并在那里激起一种运动，自然规定了这种运动使心灵产生疼痛的感觉，就好像疼痛是在脚上似的。"

应该指出，笛卡儿提出身心交感论批判神学教条，解放了人的思想。后来的心理学家洛克则批判笛卡儿的天赋观念，提出心灵白板论的感觉经验论，他们共同推动了哲学心理学思想的发展。

心灵白板论

洛克是近代英国经验主义心理学的创建者和联想主义的倡导者。他出身于乡村律师家庭，父亲是个清教徒，曾参加国会派反对王党的革命活动。1652 年 20 岁的洛克进入牛津大学学习，先后获得学士、硕士学位。后来，他还学过医学，但未结业，于 1666 年放弃了学医。1667 年他结识了自由主义政治家沙甫茨伯利伯爵，曾担任伯爵的秘书和家庭教师多年。伯爵是辉格党的领袖。1684 年复辟的斯图亚特王朝怀疑伯爵搞政治阴谋活动，洛克受到牵连，他们一起逃到荷兰。1688 年"光荣革命"胜利，1689 年他们回到英国，洛克在君主立宪的新政府中担任要职，但他代表了一种妥协的力量。在科学界，他和波义耳、牛顿等人都很友好，洛克自己在医学上也偶尔进行实验。在心理学上，他的最大功绩是批判了笛卡儿的天赋观念，开创了感觉经验论的心理学思想理论。

洛克逐条批判了笛卡儿的天赋观念。他指出：有人说，上帝这个观念是人人天生固有，不学自会的；其实有些部落的人就没有上帝的观念。有人说，善与恶的判断也是良心固有的；其实是小时候教育感化的结果。即使是全世界的人都有某一观念，如火的观念，也不能作为天赋的固有观念。有人认为，那种不证自明的观念或原则是天赋固有的；其实，这是一种先入之见，人云亦云的东西，他并未好好地论证过。其实，所谓的理性直观、不证自明的观念，是早已在他心灵中留下的经验，过去没有认真地去认识它，现在才认识到了。例如，"同一物不可能既存在又不存在"，这条原则以及数学公理就是这种情况。他争辩说，如果由于理性认识而明白的数学公理是天赋的，那么由这些公理推论出来的定理、定则也就都是天赋观念了。所以，一切观念，甚至像上帝、数学公理等所谓不学自会、不证自明的天赋观念，都是由于成人不知道自己在什么时候学会的，并不是真正天赋固有的。恰恰相反，人的心灵，最初好像一张白纸，或一块白板，没有任何观念。那些无限多的美妙图画和全部知识观念都来自感觉经验，是后天获得的。

洛克阐明他的感觉经验论的主要观点之后，随即提出简单观念的两个来源，外部感觉和内部反省，并对此加以论证：前者如色、香、味、形状、大小和数目等；后者如知觉、思维、意志等。指出一切复杂的观念都是这些简单观念的联合或联想。

以上这些思想，就形成了洛克感觉经验及其联想心理学的理论基础，并为今后英国的联想主义心理学开辟了一条研究途径。1690 年出版的洛克《人类悟性论》阐述了上述观点，这本书也就成为具有历史意义的世界名著。但是，洛克的著作中没有说到心灵和人脑、主体和客体的关系问题，因而在感觉的真实性上留下许多遗憾。例如，他说，来自外部感觉的形状、大小和数目等是物体第一性质的观念，它们是符合客观事实的，是真实的；而关于色、香、味等感觉是第二性质的观念，它们不是物体的肖像。后面这些观念是上帝把它们同一些并无相似之处的运动联系在一起，就像"把刀片割我们肉的运动与同它毫无相似之处的痛苦的观念联系在一起一样"。

洛克把色、香、味和痛这些感觉观念说成是主观的，它们不是客观物体性质的反映，是不真实的，是感觉的第二性质。在这里，洛克把哲学上的认识论和心理学上的认知过程混淆了。从心理学上说，人们认识客观物体时必须有人的主体成分参与其中。例如，光是一种电磁波，在自然界并无颜色，是由于进入人眼的视觉器官而产生颜色的，只要经过科学的分析就会知道是怎么一回事。但是，在洛克那个时代，科学还达不到那样的认识水平，洛克则用认识论的观点去观察评议，因而怎么也说不清楚。这就引起德国莱布尼茨的批评反对。

单子论

莱布尼茨是德国古典哲学的先驱，是近代德国理性心理学的始祖。他生活在德国资本主义萌芽时期。资本主义刚刚萌芽时期的资产阶级力量十分软弱，无力提出自己独立的政治主张，只能依靠封建制内王宫贵族的"开明专制"发展资本主义和推动自然科学。这些情况影响着具有先进思想的莱布尼茨，使他成为近代德国唯心主义哲学心理学思想的始祖。他的父亲是莱比锡大学教授，莱布尼茨自己就在该大学学习过。他和洛克有交往。他曾应聘于俄国，担任彼得大帝的顾问，为俄国创办科学院。回国以后，创办了柏林科学院，任第一任院长。他精通哲学和科学，极力提倡工业技术的革新，发明了微积分和计算器。在学术思想上对德国各种唯心主义流派的影响都很大。他推崇柏拉图，是个客观唯心论者，认为世界的实体是精神，他叫做"单子"。物质只是单子的外部表现。单子是主体的活力，由于内部原因不断活动着，力求自身发展和日趋完善。人体中的最高单子是灵魂，领导其他单子，就像上帝支配其他单子一样。单子的数目不增不减，所以是不变的。

在心理学思想上，莱布尼茨和笛卡儿一样，是唯理论者，承认有天赋观念，反对洛克的感觉经验论，提出单子论学说。他认为，可靠的、普遍必然的知识是来自理性的知识。洛克说，"凡是存在于理性中的，无不已先存在于感觉中"。莱布尼茨则说，应该补充一句，"理智本身除外"。洛克把心灵比作白板，经验可以在上面任意涂画。莱布尼茨则把心灵看做具有纹理的大理石，雕刻家只能根据大理石（心灵）的原有纹理加工，实际上这是一种心灵先验论者的观点。

在身心关系上，莱布尼茨把心灵看做一种单子，按它自身固有的内部规律活动。它由本身的原因推动着活动的单子自身连续地发展变化。它的发展变化是由低级变向高级的，不同发展阶段的单子活动具有不同的观念，单子越高级，观念就越明晰。他反对笛卡儿的身心交感论，提出了自己的"预定和谐"说。这个学说认为，各个单子之间是互不影响的，作为身心之间的单子没有因果关系，它们按各自的内部规律活动。例如，人在愤怒时摩拳擦掌，欢乐时喜笑颜开，表面看来，似乎身心的活动互相影响，实际上，这是身心两方面同时产生的活动。这种同时产生，同时进行的活动是上帝预先安排好的，正如两只构造同样精致的钟表，它们同时开动，总是走着同一时间，但都只按自己的内部规律运动着。他

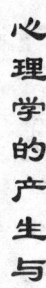

说："灵魂遵守自己的规律，形体也遵守它自己的规律，它们的会合一致，是由于一切实体（即单子）之间的预定的和谐。"这就是他的"预定和谐"的身心平行论的基本观点。这个理论对近现代西方心理学思想影响很大。

莱布尼茨从单子论观点提出知觉—统觉学说和无意识的思想。他认为，单子有一种特性，叫做觉性或知觉。这种有觉性的单子，因等级不同表现出观念明晰度上的差异，而有微觉、知觉和统觉之分。人的观念比无生物、植物和动物的观念明白、清晰，就因为人的单子等级高。人最明白的观念是统觉观念，它是真的、自觉的观念，而模糊的观念是靠不住的。明白的观念能促进动作的趋向，对于活动也越有利。这样，他已把观念的明晰性和单子的主动性联系起来，认为主动性越大，观念就越明晰。统觉极明白是由于主动性大，所以，统觉含有自我意识。相反，那些明白性等于零的或者极小的微觉，几乎不能被意识到，这就是无意识的。这种无意识的微觉在人的个性和性格形成中起重要作用，因为不知不觉中形成的个性习惯对性格影响是很大的。明白的意识也就是由这些微觉积聚起来的，犹如海浪击岸，声大如雷，是由我们听不到的每滴水声积聚起来的。

由于笛卡儿、洛克和莱布尼茨三人的思想交锋，推动了西方近代心理学思想的大解放，促进了英、法、德各国的传统思想之间的相互吸收和论战。争论的结果是形成了一种英国感觉经验的联想心理学思想。下面提到的贝克莱则是从主观的经验论方面发展心理学思想的。

存在就是被感知

英国资产阶级革命在 1688 年胜利建立君主立宪体制后，促进了生产和经济的发展。到了 18 世纪 30 年代，开始产业革命，随后英国进入资本主义工业化时期，贝克莱就是这个时期在宗教和学术思想上的资产阶级的代表人物。

贝克莱是近代联想主义心理学体系的创建者和第一个生理学家。他出身于爱尔兰贵族的亲属家庭。15 岁时他进都柏林三一学院学习，先后获得学士、硕士学位，1724 年被任命为这一地区的副主教。不久，他去北美传教，并先后周游法国和意大利。1734 ~ 1752 年他升任为爱尔兰主教。1753 年于牛津逝世。

贝克莱是利用洛克在感觉观念上的问题，为他的宗教服务的。我们已知道，洛克把广袤、形状、运动和数目等感觉观念看做是物体的第一性质，是对事物的真实的反映；而色、香、味，这些第二性质的感觉观念是物体微粒运动引起感觉能力产生的，是主观的，不是客观物体的真实反映或肖像。贝克莱就利用洛克的这些论点，更进一步认为，不仅物体的第二性质的观念是主观的，就是它的第一性质的观念也是主观的。例如同一物体，在远处看时显得小，近看则大些，这是以人体的位置为转移的。因此，物体的广袤、形状和大小也以主体为转移，也是主观的。每一物体有许多属性，它们总是一起被人们感知到的。他说："我看见这个樱桃，我触到它，我尝到它……它是实在的。你如果去掉柔软、湿润、红色、涩味等感觉，你就是消灭樱桃……"

贝克莱引文中所说的意思是，柔软、湿润、红色和涩味这些物体的第二性质，总是同樱桃的形状这个第一性质一起被感知到的；如果去掉了樱桃的第二性质：色、香、味等感觉观念，那么，它的第一性质的感觉观念，即形状也就一起被去掉了，因而你就消灭了樱桃。于是，他得出结论说：物体就是感觉的集合或结合，"存在就是被感知"，这是一种主观唯心论的结论。这个结论的意思是，世界的一切，即万事万物都是由于我的感知才存在着，如果没有我的感知，那么，世界就不存在了。因此，有人挖苦地问他，那么，你还未出生前，你的父亲，父亲的父亲，是否存在？由此推理，贝克莱的"存在就是被感知"是一种无父无母的赤裸裸的主观唯心论。

贝克莱还用他的上述观点，去解释空间知觉。他问道，我们视网膜上的印象只有两个维度，即平面的。但是我们能经验到第三度，即深度，这是什么原因呢？他解释说，这是过去经验的作用，是因为过去在看物时，视觉印象和触觉以及眼睛看物时的运动觉之间的经验是结合在一起的。例如，当我看一个较近的物体时，我的两眼瞳孔彼此向内移动或作辐合运动；物体较远则辐合消失。因而深度知觉是一种经验，是几种感觉的集合。在这里，应该指出，心理学和认识论存在着微妙的差异。当贝克莱用眼球运动来解释深度知觉时，他说明了深度知觉的生理机制，这是科学的，从心理学来说，是正确的。只是，贝克莱的用心不在此。他是用深度知觉的正确经验去为他的宗教辩护。因为他就是用深度知觉是几种感觉的集合，来论证"存在就是被感知"这个主观唯心论命题的。由此可见，在研究心理学时必须注意到它和认识论的界限，否则就会被别有用心的人所利用。贝克莱这样，休谟也是如此。

心理现象学

休谟是欧洲近代史上心理现象论的祖师爷，是近代英国经验主义和联想主义心理学的重要代表。他出生在苏格兰爱丁堡的一个贵族家庭，年轻时，曾在爱丁堡大学学习法律和哲学，1747年成为军法官。从1765年开始任英国驻巴黎大使馆秘书，以后为代理公使和英国副国务大臣等重要职务。1769年他回到爱丁堡，1776年逝世于爱丁堡。

我们已知道，贝克莱鼓吹"存在就是被感知"，还是承认"存在"的。休谟则说："我只知道我的感知，至于世界上是否有物体存在，我表示怀疑，那是无法知道的。"休谟的心理学思想虽然是在只承认感知的观点上来解释心理现象，却为心理现象的研究提出了一些有用的事实。

首先，休谟从感知出发，对观念和感觉印象进行了区分。过去，洛克讨论观念的联合或联想时，常常将观念和感觉印象混淆起来。休谟认为观念和感觉印象是两种心理现象，他说：

所谓"印象"，我指的是一切比较生动的知觉，就是指我们听见、看见、触到、爱好、厌恶或欲求时的知觉而言。印象和观念不同，观念是比较不生动的知觉，我们是在回想或反省上述各种感觉或运动的时候才觉察到这种观念的。

这是说，在休谟看来，印象是有力、生动的感知觉；观念则是微弱、不生动的感知觉。当然，他说的是心理事实，无可非议。只是他仅仅从心理现象上进行分析，却未涉及这些心理现象的生理机制以及它们与客观事物的关系。

休谟对观念和印象的关系进行解释后，接着即以它来说明他提出的联想心理规律是如何形成的。他先指出，简单观念是印象的摹本，它们两者是类似的，但复杂的观念必须经过加工改造，它和任何印象就都不相似了。不过，任何复杂观念也可以还原分析为和简单观念相似的印象摹本。他论证说："当我们分析思想或观念的时候，不管它多么复杂或崇高，我们总是发现这些观念可以分解为简单的观念，而这些简单的观念就是以前曾经有过的感觉或感情的摹本。即使有些观念乍看起来似乎与这个来源相去甚远。但是经过比较详细的考察之后，我们仍然发现是从那个来源引申出来的……我们不论把这种研究进行到什么地步，都会见到所考察的每个观念，都是与它相类似的印象的摹本。"

在进一步解释了观念和印象的复杂关系之后，休谟就对众多的观念进行分类。我们已知道，洛克根据他的感觉经验论，将观念分为来自外部的感觉观念，和来自内部的反省观念。休谟否认客观存在，把观念分为记忆观念和想象观念。他指出，前者的观念活跃、明确；后者的观念微弱、模糊，但比较自由，可以上下古今想入非非。接着，他就按洛克提出的联想概念加以研究。他认为，联想作用可从两种含义来理解：一是由若干简单观念联合成复杂的观念。例如，橘子是红色、甜味、圆形等简单观念联合成的。二是由各个观念之间的吸力引起的动作联合。他说，联想就是这种吸力的作用。由于各个观念之间有这种吸力才能将诸多的观念联合成复杂观念。但这种吸力是柔和的，它不是必然的联合，即联想，因为联想有自己的规律。于是他对传统的联想规律阐明了自己的观点。自亚里士多德以来，传统上有三种联想规律，即：相近律、相似律和对比律。休谟则提出相似律、时空上的接近律和因果律。可是，他把因果律说成是习惯。在他看来，原因和结果在时间和空间上总是常常相接近的。原因总是习惯地在结果之前出现，原因与结果有一种必然联系。心灵则为习惯所影响，在某一事件发生之后，就期待继它之后所发生的事件，并且相信后一事件是会存在的。因此，我们心中所感觉到的这种联系，我们的想象从一个对象进而到经常伴随的对象，就是这种习惯性的推移。他说，这也就是我们据以形成的"能力"观念或"必然联系"观念的那种感觉印象，事情就只能是如此，没有别的什么了。贝克莱和休谟都是哲学家，下面提到的哈特莱则是一名医生和唯物论者。

联想，神经波动

哈特莱是世界心理学史上第一个生理心理学家和联想主义者。他生于牧师家庭，少年时准备继承父亲的牧师职务。由于受了当时进步思想的影响，他不愿在教会规定的"36 条条款"上签字，放弃当牧师的念头改学医学，并以终身行医为生。

哈特莱是休谟的同时代人，但他从小爱好自然科学，在牛津大学学习时就读过洛克和牛顿的著作，并在课余时间研究心理学。他的心理学思想主要来自医学的实践经验和自然科学。由于时代的限制，他还是信教的，具有自然神论的二元论思想。例如，他认为，大脑中的波动和观念活动是两两平行的，不过，他用生理学知识对观念的联想做出了正确的解释。他以牛顿的物质振动学说为依据，以为神经是充满物质粒子的中实线体，每条神经的物质微粒受外界物质的作用时，便在神经内部发生振动或波动，并沿着神经传导到大脑乃至肌肉。但是，外界引起神经和大脑的波动是不同的：大脑内的波动比神经波动微弱，他叫做微振。由于大脑中的这种波动，在心理上便相应地出现观念，而神经上的波动则出现感觉和运动。这就是哈特莱的身心平行论。接着，他指出，当外界作用停止后，大脑内的微振会保留下来，只是留下的后象将越来越微弱。微振也可以转化为较大的振动，例如，梦中的观念强烈、鲜明，就是原来的微振变成较大的振动时出现的。记忆是过去感觉留下的影响，现在又引起的微振。他认为，一切心理经验都来自感觉，不同意有来自反省的简单观念。

在联想的形成上这一问题洛克曾经说过，有些观念的联想是人为地结合起来的。例如，黑暗和魔鬼的联想是大人用来吓唬儿童造成的，以致影响很深不易去掉。休谟认为，联想是一种不可知的自然力量的作用，它是一种习惯。哈特莱则从生理学方面做出解释，把联想看做是过去的外界客体相继作用在经验中的重现。如果感觉 A，在同一时间内和不同的感觉 B、C、D，一次又一次地结合，那么，感觉 A，最后就能引起和它结合在一起过的感觉 B、C、D 的观念。同样，一个身体的运动可引起先前和它联合过的观念；或者一个感觉或观念也可唤起和它们重复过的运动。运动和运动的联合形成技能习惯；运动和观念的联合形成意志行动等。这样就形成了比较系统的联想心理学，而且是用生理学的神经波动学说来解释的。因而，历史上将哈特莱说成是第一位生理心理学家和联想主义心理学家。

由上可知，自洛克开始，接着是贝克莱、休谟和哈特莱等形成英国的感觉经验心理学。到了 18 世纪末感觉经验心理学已成为近代欧洲心理学思想的主流。至于其他国家如法国、德国的心理学思想怎样，下面从德国先验论者康德的故事讲起。

心灵不可知

康德是德国古典哲学的创始人。他生活在新兴资产阶级尚处在动摇保守时期的德国。当时的德国资产阶级，一方面为英法工商业与自然科学的发达进步所吸引；另一方面，由于法国大革命时期执政党的过激行动也使他们后退保守了。康德就是这种调和折中思想的典型代表。康德一生从未出过远门，过着单身汉的生活。为了保护他那脆弱的身体健康，他的生活习惯十分有规律。每天从早到晚的生活起居都安排得井井有条，一丝不苟。据说，每天下午 3 点半，他准时在一条街上散步一个小时，不管天气如何。有一天，他没有准时去散步，街道两旁的住户都耽误了做晚饭。因为这些住户平时总是等他来散步后才开始准备做饭的。

康德一生可以 1770 年为界，此前的康德主要研究自然科学，提出了天体形成的星云说和潮汐成因的理论。1770 年以后，受休谟怀疑论的影响，提出了批判哲学，先后出版《纯粹理性批判》（1781 年）、《实践理性批判》（1788 年）、《判断力批判》（1790 年）。这三本哲学著作对心理学的思想影响很大：第一本书讲认识论，涉及认知心理；第二本讲伦理学，相当于道德、意志；第三本讲美术，与情感有关。它们的内容恰好相当于心理学的知、情、意过程，而且是彼此孤立的。在历史上又和柏拉图的知、情、意三分法一致，因而影响极大。以后，冯特的心理学就是按这种三分法划分心理过程类别的。

康德认为，人的认识包括两种成分，一种是感性的，另一种是悟性的。感性材料通过人的感官所获得的只是一些混乱零碎的现象，只有通过悟性加工、整理才能系统化为有条理的理论知识。而悟性认识则是一种先验形式，是先天固有地存在于人心中的。它们和外物的经验内容无关，却是认识外物的必然形式。他还认为，无论感性认识，还是理性认识都不能认识"物自体"。物自体客观地存在于世界上，是不依人的意志存在着；人的认识能力达不到，只能从理性上信仰它的存在。这就是康德的"物自体"不可知的理论。从这一理论出发，他断定：人心也是物自体，是人类不能认识的，只能认识一些心的现象。心灵既不能用数量表示，也不能进行实验。由此可见，在心理学上康德留下的是一些消极的影响。不过，物极必反，他的这些消极言论，反而激起后人的研究。以后的历史表明康德设下的这两个禁区先后都被攻破了。

意识阈与统觉团

后起的德国经过 18 世纪的缓慢发展，到了 19 世纪 20 年代中期开始加快发展步伐，从此德国的资产阶级力量日益强大，加快了社会变革和统一德国的要求。50 年代德国各大学竞相建立实验室，出现了科学实验蔚然成风的局面。海尔巴特就是其中的杰出人物之一。他在研究教育心理和创办实验学校上获得巨大成就，从而推动了心理学的发展。

海尔巴特出生在封建官僚家庭，后来在瑞士当家庭教师时结识了当时著名的教育家裴斯太洛齐，引起了研究教育的兴趣。1809 年他在接受康德的大学教授讲座时，创办了一所师范专科学校，以此作为教育实验的场所。

在哲学上，他受莱布尼茨的思想影响，把单子叫做"实子"。他认为实子是精神的，是一种"力的中心"。它单一不变，也不会消灭，它们经常在相互作用和相互斗争中活动着。灵魂也是一种实子，当它受到别的实子干扰时，因发出反作用而产生表象和观念。他认为，人的精神生活就是这些表象或观念的活动。

以上述理论为根据，在心理学上，他认为，意识内容是由各种不同的观念组成的，它们是灵魂实子活动的现象，即观念。灵魂本身是不可知的，因为意识中的观念随时进行着互相吸引、联结、排斥或抑制的活动，因而发生引力和斥力。

意识中的观念如果彼此互相和谐，则互相聚拢或联结、结合；不和谐则互相排斥。人的意识不能同时注意两个观念，除非这两个观念因和谐而形成了一个复杂观念。当一个观念占据意识中心时，同它不和谐的观念就受到排斥，被迫退居到意识阈之下或进入无意识。不过，被压抑的观念仍在意识阈下继续活动着，一旦遇到意识中心的观念同它和谐便被吸收进入意识阈。所以，观念一旦形成是永远不会完全遗忘和消灭的。他还提出，许多和谐的观念能形成一个强而有力的"统觉团"。它吸收和谐的材料，拒绝不和谐的材料。统觉团越丰富、越系统，就越能吸收新的观念，使新观念越加明白地被理解。通过以上这些解释，海尔巴特就把德国莱布尼茨传统的心理动力思想和英国的联想主义思想融合为一体，形成意识经验心理学。1816 年他著有《心理学教科书》，1824～1825 年又著《作为根据经验、形而上学和数学的科学之心理学》。这两本书表明他已将历史上发展起来的心理学思想加以整合和系统化，并试图创建科学的心理学，只是由于他的研究方法有问题而失败了。但是他的思想为以后的冯特和弗洛伊德从不同的方面所继承和发展。

海尔巴特将上述的思想应用于教育实验，提出儿童必须具有规律性的系统知识，否则，儿童的心智活动会陷入紊乱。他以为，知觉、再现和统觉是主要的心理过程，教育工作要使学生有清晰的知觉、正确的再现和完满的统觉。这是教师必须懂得的心理过程的规律。他把教学过程分为四个步骤：清楚、比较、系统和哲学的方法与应用。他认为，教育的目的在于发展个人的道德。要保证达到这一目的，必须经过训练、锻炼和教导。训练有两个任务：消极方面，要抑制儿童的任性和野性；积极方面，要注意儿童在智慧、道德和精神方面的发展。他指出，锻炼的作用要求指导儿童注意他的对象和巩固所学的结果。在教导的作用上，他不仅要求儿童获得技能技巧，而且要求他们学会观察事物及其关系，并能获得认识事物原理的能力和鉴别美术上及道德上好坏的能力。

第三章
科学心理学的创建

有趣的颅相学

大脑机能和心理的关系问题，早在古希腊—罗马时期就已提出，例如希波克利特和加伦都认为心理、智慧的部位在脑。17世纪笛卡儿认为有一种"动物精神"沿着中空的神经管流动到脑子，通过脑中的松果体和灵魂交感，然后发出动作。这就是笛卡儿的"反射思想"。18世纪哈特莱提出受刺激的神经波动，沿着中枢的神经引起大脑振动而产生感觉和感觉痕迹的记忆等。这些都属于大脑神经机能和心理有关的心理学思想。

1776年阿斯特鲁克将上述思想加以归纳，概括为反射概念。他把反射分为：感觉神经、中枢神经低级部位和运动神经三个部分，指出随意动作和反射动作的区别。约在1809年前后，意大利医生洛兰图提出神经系统分工的假设，但他把感觉看作是延髓的机能，认为大脑活动是纤维的活动。1811年英国人柏尔和1822年法国人马戎第相继发现，通过脊髓前根的是运动神经，后根是感觉神经。这是他们各自提出的神经机能的两分法，后人称之为柏尔—马戎第法则。19世纪30年代生理学之父约翰·缪勒把反射概念引进生理学，认为反射动作也通过大脑，只是在大脑里不起什么作用。约在19世纪20年代有了显微镜以及化学硬化切片和染色等新技术的应用之后，人们发现了脑组织由白质与灰质、神经纤维的网状结构和突触等组成，从而提出了神经原学说和大脑机能分区学说等。1824年夫卢龙用局部割除法发现延髓是生命器官，小脑调节身体运动，心理活动的机能是在脑叶，为此他提出大脑机能的统一说，反对大脑机能分区说。

关于大脑机能的分区说，早在18世纪末，颅相学者加尔及其学生施普茨海姆曾宣扬脑的各部位皮质都有特殊机能，可按头颅的形状将脑的心理机能分为

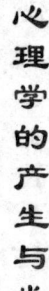

35 区，如上页图中所示。他们宣称，观察一个人头颅的形状就可以断定他的心理品质和道德面貌。例如，额突，被认为是贪得"8"的符号，扒手多数是额突的等。当时科学家并不承认这种怪论，但对大脑机能定位的思想影响很大。1861年法人布罗卡发现脑的第三个前额基部是言语中枢。那时有个失语症患者前来住院治疗，经过检查，发现他的发音器官正常，但不能说话。5天以后患者死去。布罗卡当天解剖尸体发现，在其左脑第三前额基部有一内伤。于是，他提出和夫卢龙相反的意见，认为脑是由相当于心理机能的各部分组成的。可见，大脑机能统一说和分区说的争论早已有之，并随着科技进步日益深化。

感官生理心理

德国人弗里舒和希齐戚于1870年第一次用生理学方法，即用电刺激完整的脑，发现了运动中枢。从此，这样的实验风行一时。1881年门克发现后脑叶为视觉中枢；1900年以后有人发现触觉中枢在运动区后面，但在皮质上有一大块区域不能由刺激引起运动反应，因而激起了科学家的极大兴趣。当时人们纷纷议论，认为那是感觉区并对此进行了研究，这就产生了感官生理心理学。

关于感官生理心理学的研究也有许多成就：

视觉方面，知道了视网膜上有棒状细胞和锥状细胞，光的反映在网膜中心和边缘是不同的。发现了盲点、色盲、色混合、视后象等视觉机能。

听觉方面，知道了耳朵的某些构造，只是它们的作用还不太清楚。但已测定音波的频率，提出了听觉共鸣说。

在皮肤感觉方面，知道了压觉、温觉和冷觉等，只是很少研究它们的解剖生理。在皮肤触觉上进行了测量，推动了心理物理学的研究。

其他如味觉和嗅觉则刚刚开始研究。当时发现味蕾和鼻黏膜是这两种感觉的器官，对它们的刺激物也进行了分类研究。

总之，在心理科学成立的前夕，人们在大脑神经机能和感官生理心理都为它作了一定的准备。其中做出特殊贡献的有约翰内斯·缪勒和黑姆霍茨等。

感官神经特殊能力

约翰内斯·缪勒出生于一个皮鞋匠的家庭，原来学习医学，后来是德国波恩大学和柏林大学的生理学教授。他是科学生理学的奠基人，生理学史上称他为"生理学之父"。1838年他在《人类生理学手册》中除了详细阐述了著名的感官

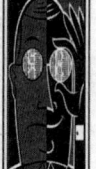

神经特殊能力说外，还讨论了反射动作、语言、感觉、联想、记忆、想象和思维等心理问题，因而有"生理学的心理学家"之称。

关于感官神经特殊能力的说法，他提出的十条原则，可归纳为三点基本思想：（1）每一感官都有和它相适应的刺激，一定的刺激引起一定感官的特殊感觉，彼此不能互相替代；（2）同一刺激作用于不同的感官引起不同的感觉；（3）不同的刺激作用于同一感官引起同一感觉。以上事实是正确的，但他对这些事实的解释是错误的。他认为，外物对感官的作用，并不决定感觉的性质；决定感觉性质的是由外界作用所引起的神经状态或性质的表现。因为外物作用所引起的是神经的物理、化学变化，这种变化引起各种感官神经的特殊能力。感觉就是对这种特殊能力的感觉，而不是任何其他东西。他说："我们感官知觉的直接对象，只是在神经内引起而被神经自身或感觉中枢认为的特殊状态。可是，各个感官的神经是物质，也具有普通占据空间的物质特性，能震动，并可以由化学的作用或热和电的作用而变化。所以这些神经能够利用外部原因在它们的内部所发生的那些变化，使感觉中枢不仅知道神经自身的状态，而且知道外物的特性和状态的变化。各种感官由这样得来的关于外物的知识，每个感官不同，与它的神经性质或能力有一种关系。"

显然，在约翰内斯·缪勒的心目中存在一种不可理解的谜，那就是外界的物质作用与感官神经的物质变化怎样使感官产生感觉的呢？物质的东西只能引起物理化学的变化，这种变化是不会产生心理现象的。所谓感觉只能是神经本身所固有的。这种固有的精神的东西，他称为神经的特殊能力。其实，这是当年洛克留下的问题。洛克认为色、香、味和痛觉等第二性质的感觉观念是主观的，它们不是客观现实的反映。比如刀割肌肉引起的疼痛，是上帝安排的等。如今，约翰内斯·缪勒用感官神经的特殊能力说来解释，似乎比洛克的解释有所加深。不过，他用唯能论，即用一种唯心论的精神能量来解释，当然也是错误的。可是，他的学生黑姆霍茨却用这一学说来解释颜色和声音的成因。

彩色与感觉色素

黑姆霍茨是缪勒的学生和缪勒在柏林大学教授讲座的直接继承人。黑姆霍茨把缪勒的感官神经特殊能力说，比作牛顿发现的万有引力定理那样具有同等的科学价值，并在许多方面发展了缪勒的见解。黑姆霍茨出身于中学教师家庭，自幼爱好物理学和数学，年轻时在柏林一个医科专业学校学习医学。1842年获得博士学位后，当过 7 年军医，但他的兴趣在研究物理学，并在物理学、生理学和心理学上做出巨大贡献。1847 年他发表了关于能量转化的论文，1850 年测定神经传导速度和反应时间等。在心理学上，他的主要贡献是关于感觉心理学方面的。他承认感觉是由客观事物引起的并能正确地反映这些事物的属性，但他认为客观事物千变万化，我们感觉到的仅仅是事物的现象，是外物的符号或象征，不能认识外物的真正性质。显然，这是错误的。

1866 年他在《生理光学手册》中按缪勒的感官神经特殊能力说提出了颜色知觉的三色说。他认为，视网膜内有三种不同的神经纤维，它们分别具有感受和红色、绿色、紫色的波长相应的感光色素。这些色素感光之后，使不同的神经细胞产生神经冲动，这些冲动再传到大脑皮质的视觉中枢，于是分别引起红色、绿色或者紫色的感觉。当复杂的光波以不同强度的比例作用于视网膜时，便根据色混合原则产生不同的彩色感；当各波长相等时，则产生白色或无彩色感觉。后来有人发现在人的视网膜中央凹部附近有三种不同的视锥细胞：一种对一定波长的红光吸收最多，称为感红视锥细胞；一种对绿光吸收最多，称为感绿视锥细胞；一种对紫光吸收最多，称为感紫视锥细胞。这些发现是对黑姆霍茨的视觉三色说最有力的支持。

1863 年黑姆霍茨在《乐音感觉论》一书中阐述了他的听觉共鸣说。他认为，感受声音的生理机制在内耳的基底膜，它是感受声波的机构。基底膜上有长短不同的神经纤维 1.8 万至 2 万条，它们由短到长排列成序。每一条纤维只对一个特殊的声波振动发生作用，当内耳的三块听骨传导一定振动至耳蜗的外淋巴腺体时，基底膜便产生一定的共鸣，从而产生高低不同的声音感觉。这就是他所说的听觉共鸣说。现在，这个学说仍然在应用。

应该指出，黑姆霍茨的三色说和听觉共鸣说都是约翰内斯·缪勒神经特殊能力说的具体应用，这是随着科学进步对感觉的主观性解释深入到神经纤维所得，是前无古人的。虽然，它仍存在着争论，至今也未得到最后解决。此外，在讨论知觉的时候，黑姆霍茨曾提出"无意识推论"这一术语。他认为，在知觉中有许多不能直接经验到的东西都是根据以往经验附加在知觉上的。这种知觉活动既是无意识的，又是由"推理"归纳得来的。正如联想的心理活动一样，本来联想是有意识的，只因为重复的联想次数多了，便成为无意识的。这种无意识推理可以由经验得来，也可以由练习去掉。因为它是学习所得，当然也可以由学习去掉。下面要说的是韦伯对感觉的测量和研究。

感觉阈限

实验心理学诞生于 19 世纪的德国。所谓实验心理学，实际上是感官生理心理学和心理物理学的实验方法应用于心理学的实验室进行心理实验而形成的。我们已知道，感官生理心理学研究感知觉的生理机制，而心理物理学则研究心理量和物理刺激量的关系。实验心理学区别于哲学心理学，是以一种科学实验的形式而形成的心理学体系。它不仅仅是研究方法上的不同，其中还存在着心理学本身哲学观点上的差异。因为即使是实验心理学体系，它的资料也不一定都来自实验，其中有不少资料是在简单的实验基础上推理得来的。正因为如此，具有科学形式的实验心理学体系也可以为哲学唯心论者所利用。韦伯以后说到的心理物理学家费息纳就是这样一位人物。

韦伯出生于德国维腾堡，1815 年获得莱比锡大学博士学位，1821 年为该校解剖学和生理学教授，直到 1871 年退休。他在心理学上的主要贡献是首创实验测量和用数学公式表示感觉的差别阈限值。他是约翰·缪勒同时代的生理学家。当时的生理学还在医学内部进行研究，一般人对视觉、听觉的研究较多，韦伯则主要研究触觉。他在这方面的贡献是：

首先，区分触觉和一般感觉。当时人们把触觉和一般感觉混淆起来，韦伯则认为，触觉属于皮肤感觉，它有两种，即温觉和压觉。位置感觉是依靠它们引起的。一般感觉属于内部，包括肌肉感觉和痛觉，韦伯是用手指掂重实验时发现的。他发现，用手指掂砝码的重量时，所感觉到的冲动不仅有来自皮肤的触觉，而且有来自肌体内部的肌肉感觉；对于重量的判断，肌肉感觉的冲动比触觉更重要。后来，他用两套不同重量的砝码做比较实验发现：物体接触皮肤时的标准刺激与比较刺激的比值是 1/30，才刚刚觉察到两者之间的差别。如果用手掂，即肌肉感觉参加，它们的比值是 1/40，这就能觉察到差别。

其次，感觉阈限的系列实验研究。韦伯通过掂重实验研究取得数据以后，又在皮肤感觉和听觉中进行实验，他发现刚刚觉察到的差别阈限值也是个分数。于是他进行了一系列的实验研究。例如，他用两脚规作仪器，在身体各部位皮肤上做两点阈限的差别感觉实验和测量。他先用圆规的一个尖端和两个尖端交换着接触被试的各部分皮肤，然后一点点扩大两个尖端之间的距离，被试把感到从一点到两点之间的距离报告出来。韦伯把刚刚感到一点或两点的距离感觉叫做阈限，或差别阈限。他认为，感觉只有强度和性质两种属性，而辨别皮肤上两点的是心灵的作用，是一种知觉。由于身体上不同部位的皮肤表层分布着的神经末梢密度不同，因而心灵对身体上不同的两点阈限的感觉是不同的。他的实验结果是：从手指尖沿手掌往上至手腕、肩头的两点阈限越来越大；指尖、舌尖最小；唇上就稍大一些。他还发现，差别阈限存在着个别差异，而且在同一个人身上的同一区域，也不是绝对相同的。通过以上的长期实验和多方面的研究之后，韦伯得出的结论是：刚刚能觉察到的最小感觉差别，不是绝对的差别，而是相对的差别，它们之间的关系是一个常数，即分数。例如，掂重为1/50、亮光为1/60、响度为1/10、皮肤触觉为1/7等。后来经过大量的实验证明，这个结论只适合于中等强度的刺激，刺激过强或过弱都不适用。虽然如此，韦伯仍然是发现感觉和刺激之间具有相互依存关系的第一个人，而且他是用实验来证明结果的，从而加强了人们对心理学可以成为科学的信心和决心。

从刺激到感觉，"纳税"

费息纳出生于德国乡村的一个牧师家庭，5岁丧父，自幼在叔父家长大。16岁入莱比锡大学学习医学，学习期间他曾用笔名"米舍斯博士"发表讽刺性的小品文，文章写得颇为幽默。取得学位后，他依靠将法文的物理学和化学教科书翻译成德文所取得的稿费度日和做研究工作。1822年毕业时，他的兴趣由生理学转向物理学和数学。1824年他任莱比锡大学的物理学讲师，1826年电学中公布欧姆定律后，他也曾发表文章讨论这方面的问题和物理学的其他问题。久而久之，他被学术界公认为是一名物理学家。

1834年费息纳任莱比锡大学物理学教授，当时他33岁。他的兴趣又从物理学转向心理学，从事研究补色和后象等问题。他在研究后象时，由于长时间观察阳光得了眼病，造成终生痼疾，一生受到再三复发的痛楚。他的著作甚多，1860年出版的《心理物理学纲要》只是其中的一部，正是这部著作对心理学成为科学作出了很大贡献。

首先，他把心理物理学定义为："讨论心物之函数的关系或相互关系的正确的科学"。他认为，感觉本身虽然不能测量，但是感觉是由一定的刺激量引起的，通过测量刺激强度就可以间接地测量感觉。只要解决了感觉和刺激之间的关系问题，就可能进一步研究心物关系的问题。按他自己的话说：1850年10月22日的早晨醒来时，他突然想起，感觉强度的增加并不是和刺激量的增加——相应的，而是刺激按几何级数增加，感觉按算术级数增加的。例如，1个铃的声音加上1

个铃的声音，和 10 个铃加上 1 个铃的声音相比，虽然都只是加上 1 个铃的声音，但听起来前者所增加的声音比后者大。10 支烛光和 1 支烛光各加 1 支烛光，看起来也是后者的亮光增加得多些。所以，他认为刺激的增加和感觉的增加，不是绝对的，而是相对的。他曾称这种想法不是取自韦伯，但他仍把这个结果称作韦伯律，后来，人们称为"韦伯—费息纳定律"。

有趣的是，虽然费息纳是个物理学家，但他很重视哲学理论。这表现在，为了论证他的泛灵论哲学，他把心和物的上述关系比作一个圆圈的外部和内部的关系，即归结为物质和精神两个方面的世界统一于灵魂之中的观点。对于外界的刺激量必然大于内部的感觉量这一现象，他却解释说，其中的损失就犹如货物通过海关必须缴纳通行税一样：通过的刺激越多，损失的比值也越大。为此，他把韦伯定律说成"刺激底均等的相对增加量，与感觉底均等的绝对增加成比例"，写成公式为：$Dr/R = C$（R = 标准刺激，C = 常数，Dr 等于必须增加才可觉察与 R 所区别的刺激）。然后，他进一步推论说，感觉随着刺激的对数而变化，再写成公式是：$S = KlgR$（S = 感觉，R = 刺激，K = 常数），意思是刺激作为几何级数增加时，感觉作为算术级数增加。这样一来，费息纳的定律公式和韦伯的结论就由不同的含义而区别开了。韦伯那里只是指出刺激和感觉的比例关系，没有涉及感觉强度；费息纳的定律则表示物理刺激与其所引起的感觉强度的关系。费息纳的科学实验和他的哲学思想之间的矛盾，在前述的缪勒和黑姆霍茨那里也有所表现，但是，并不妨碍他们对科学作出的贡献。这就是说，实验的实践是衡量真理的标准，实践是第一位的。

记忆实验与遗忘曲线

相对于心理物理学和感官生理心理学都只是简单地对心理过程进行实验和测量，艾宾浩斯则开创了比较复杂的记忆心理过程的实验研究，是将心理学的实验方法应用于高级心理过程的第一位心理学家。

艾宾浩斯出生在德国的巴门商人家庭，中学时代，他在文科学校求学。1867~1870 年的 3 年间他先后在哈雷、柏林和波恩等大学学习，1873 年获得博士学位。后来有 3 年时间，他曾去英国和法国学习和当家庭教师。一次，他在巴黎的一家旧书店里买到费息纳的《心理物理学纲要》，受到书中思想的启发才想到设计记忆实验的。他是一个文科学生，要进行实验设计难度当然是很大的。但他坚韧不拔，经过长期努力终于成功了。在设计实验时，他用了节省法和无意义音节，以满足自然科学研究中的数量化要求。这两项工作是比较复杂、困难的，下面让我们来一起学习一下：

节省法：这是为了使记忆实验能够测量而设计的。它要求被试（艾宾浩斯自己作被试）一遍一遍地读识记材料，直到第一次（或连续两次）能流畅无误地背诵出来，并记下诵读能背所需要的重读次数和时间。然后，过一定时间（通常是 24 小时）再学再背，看看需要读多少次数和时间才能背诵。这时把第一次（第一天）和第二次（第二天）的次数和时间相比，看看节省了多少次数和时间，作为计算统计的材料依据。这就叫节省法或重学法。

无意义音节：他用德文和外国文的字母拼成无意义音节作为实验材料，这可以使记忆材料的结构划一，也可以排除成年人的意义联想来干扰实验。这也是一种创造，它对记忆实验材料的数量化是一种很好的手段和工具。例如，把字母按一个元音和两个辅音拼成无意义音节，诸如：gog、xot、gij、nov……等共 2300个音节。然后，由几个音节合成一组音节组，由几个音节组作为一项实验材料。由于这样的无意义音节只能依靠重复的诵读来记忆，这就创造出各种记忆实验的材料单位，使记忆效果一致，便于统计、比较和分析。例如，不同长度的音节组（7 个、12 个、16 个、32 个、64 个音节的音节组等）对记忆过程的识记、保持效果的影响以及对学习次数和记忆的作用，都可以通过实验取得的数据进行统计分析而获得需要的结果。下面就是艾宾浩斯记忆实验所取得的几项成就：

遗忘曲线。实验证明：人的记忆规律是先遗忘得快，以后逐渐缓慢下来。

重复学习和分配学习的规律：（1）对一定的识记材料，每天重复学习到恰好成诵所需要诵读的次数，约按几何级数逐日递减；（2）一定数量的材料分配到几天之内学习，比集中一天学习的效率要高。

各种联想的实验研究：（1）直接联想，按设计的顺序，如 a、b、c、d……的联想。这类联想只要想起 a，接着 b、c、d……就按顺序重现；（2）间接联想或远隔联想，不仅在识记中紧邻的项目之间形成联结，也可以在相互远隔的项目之间形成联结；（3）反向联想，联想不仅可以按顺序，也可以相反，即按倒转过来的次序进行联想。不过，他认为这种联想要经过认真的学习才行。它不像顺序联想那样能自然地产生。

此外，他还用诗句作为识记材料来和无意义音节作比较，即比较意义识记和无意义识记的效果。他认为，有意义、节律、音韵和有语法作用的识记，和无意义识记同样长度的材料，它们之间的效果比例是 1：10。从而肯定了意义识记比无意义识记的效果大得多。

图形——背景和遗觉

图形和背景以及遗觉的发现都是 G·E. 米勒及其学生研究的成果。米勒（1850～1934）和冯特是同时代人，曾任德国格丁根大学教授，在建立实验室的时间和规模上都不比冯特差多少。他和冯特的不同之处，只是他喜欢亲身实验，没有像冯特忙于建立心理学体系。他自己曾经修改过费息纳和艾宾浩斯的实验设计。我们要讲的是关于他和他的学生在实验心理学建设上的贡献。

鲁宾，1912 年从丹麦的哥本哈根到格丁根大学就学于 G·E. 米勒。1915 年鲁宾因研究图形和背景的实验获得博士学位。他把视知觉的结构分为图形和背景的关系，认为在和背景的关系上，图形的印象更深刻，也更占优势，更容易记住。只是图形和背景的关系是常常因注意点的转移而互换的，即：原为图形的可变为背景；原为背景的可变为图形。他的这一发现为以后研究知觉结构提供了一个先例，尤其对格式塔心理学的影响很大。

扬士于 1908 年在格丁根获得博士学位。1920 年他提出"遗觉"概念，也称为遗觉影像或知觉后像。这是一种在视觉中具有外部性质的知觉影像。例如，有些人看了一张画片后，会在灰墙上看到同样的画像。有的人关于这种画像的影像鲜明得同画片相似。这种遗觉现象，后来曾引起广泛的研究。一般研究者发现，它是主观的，因为人和人的年龄不同而有差异：儿童时期的遗觉现象明显，青少年和成人就较少见。1925 年扬士发现，可以把它用来作为研究人格的方法。以后，便发展成为研究人格类型的一种方法，只是当时对产生它的原因并不知道。

以上种种心理实验都对科学心理学的诞生做了准备。但是被公认为心理科学创始人的是冯特。

科学心理学的诞生

冯特生活在科学心理学诞生条件已经具备的时代，等待的就是需要有一位胜任的接生者。冯特适逢其时，他个人是一位最适合完成这一历史使命的角色。世界名著《宇宙之谜》（1899 年）的作者海克尔曾经说道：

当代最重要的心理学家之一就是莱比锡的威廉·冯特，他具有其他哲学家所没有的无可比拟的优点：精通动物学、解剖学和生理学方面的知识；冯特作为黑姆霍茨的助手和学生，早期就惯于把物理化学的定律应用到生理学的整个领域，也应用到约翰·缪勒所下定义的心理学，即生理学一部分。从这些观点出发，冯特在 1863 年发表了颇有价值的《人类和动物的心理学讲义》。

1929 年美国心理学家波林在《实验心理学史》中则说：1874 年冯特出版的《生理心理学原理》是"近代心理学史上的一部很重要的书"，它标志着心理科学诞生，也是冯特"由生理学家进为心理学家的表现"。那么，冯特是如何完成这一历史使命的呢？

首先，他把心理学研究对象定义为"直接经验"，认为一切科学都研究经验，物质科学研究间接经验，心理学研究直接经验。所谓直接经验就是经验着的个体正在体验到的经验，其实就是以意识观念为心理学的研究对象。因而，他的心理学又称为意识心理学。

其次，在研究方法上，他主张采用实验的内省法，认为研究科学心理学的方法有两种：一种是研究心理过程的内省实验，如感知觉、反应时间、记忆联想和注意等；另一种是对历史文化产品的分析，如对语言、神话、风俗习惯等进行批判分析，以研究动机、意志品质等。前者为实验心理学，后者为民族心理学（社会心理学）。显然，这是将整体的心理学割裂成为两半的做法。

第三，在研究任务上，他认为意识心理是一种复杂的整体现象，必须控制条件采用实验的内省法进行研究，把整体的心理现象分析为最简单的纯粹的心理元素。因此，心理学有三项任务：（1）把心理混合物分析为最简单的心理元素；（2）将心理元素结合成愈来愈复杂的心理混合物；（3）确定各种心理结合的一般公式并从中获得心理规律。

以上就是冯特心理学的基本观点，即心理学的研究对象、方法和任务。后来，他的这些规定就成为心理学史上的一种传统，通常称为心理学理论的基本观点。这些基本观点在不同的心理学中有不同的内容，但它的形式，至今在普通心理学教科书中的第一章仍被应用着。在阐明他的心理学基本观点或基本理论之后，冯特接着就提出他的几种学说或理论、规律。

关于心理元素结合的规律和意识结构。冯特认为，意识的最简单元素有感觉、感情和意象（后来他把感觉和意象视为同一的）。感觉的复合就是观念。观念有三种形式：强度、时间和空间。感情有三度，即：愉快和不愉快、紧张和松弛、兴奋和抑制。他认为，同一感情中可能有愉快、紧张和抑制同时起作用。感情的复合形式也有三种，即：情绪、情操和意志过程。感情是心理活动的主要因素，它的活动引起感觉复合物成为观念，因而又产生新的一系列感情。这些感情，一方面转化为情绪；另一方面使观念复合成更高级的心理复合物，以致引起冲动而发出表情动作和意志行动。

关于统觉学说。他认为，简单的心理元素结合成复合物之后，就变成一种具有新质的心理形式，他叫做"创造性的综合"或"统觉"。它和联想是形成心理复合物的两种重要功能。他认为，联想是被动的作用，而统觉是主动的，它是意识中心，使意识观念增强明晰度。它还对意识边缘的观念起抑制作用。这样，在冯特的心理学中，统觉就成为人类心理活动的缔造者。

关于心理规律。他提出两类规律：（1）心理复合之间的关系规律，即相关律和对比律，实际上就是联想律；（2）心理复杂规律，有不断增长律、目的性差异律（指心理活动因不同目的而有差异）和对立转换律三条。例如，感情得到满足，人就由苦恼转移到欢乐，这就是对立转换律。

第四章

徘徊于生物学化道路的心理学

物竞天择，适者生存

达尔文生活在一个进化论思想正在形成和成熟的时代。他的前辈中，有认为获得性可以遗传的拉马克（1744～1829），主张适者生存的心理进化论者斯宾塞（1820～1903）等，而达尔文是生物进化论的完成者。他的《物种起源》（1859年）一书的出版，几乎改变了整个学术界的思维方式。在心理学方面最重要的是，他提出人类心理和动物心理有连续性的观点，影响着现代美国心理学乃至世界心理学的取向。达尔文之所以创造性地提出生物进化论，除了上述的历史背景外，还和他自身的家庭环境与生活经历有很大关系。他的祖父就是一位博物学家，并支持进化论思想，他的父亲是医生。达尔文在祖父和父亲的影响下，从小就养成热爱自然、研究科学的思想习惯。1831～1836年间他跟一个探险队到南美洲沿岸探险，花了整整5年的时间搜集标本进行分析整理。1828年他读了马尔萨斯的《人口论》，吸收其中的"生存竞争"思想，终于领悟出"物竞天择，适者生存"的道理，并以此作为生物进化的一条原理贯彻于1859年出版的《物种起源》这一划时代的著作中。所以生物进化论的形成和正式问世是有其深刻的历史缘由和个人的生活背景的。

生物进化论为心理学的发展提供了以下三方面的基本观点：

首先，人类心理意识的起源进化，是生物有机体的构造及其心理机能同时进化的。从低等生物的刺激感应性到人的意识的发生发展，是一种从低级到高级的进化过程。人类心理由动物心理进化来，心理能力的发展是在和有机体头脑发展相适应的过程中逐渐进化的。人类和动物在精神上的差别，在于人类有语言能力、思维能力和数学推理能力等。不过，他认为，这种差别只是程度上的不同，并没有质上的差异。他的这一观点，为后来西方心理学走上生物学化道路有很大影响。

第二，人类心理和动物心理连续性的原理有三：有用的联合性习惯、对立的表情动作和神经系统的直接作用。例如，人和动物的表情动作就有历史上联系，愤怒时龇牙咧嘴，恐怖时毛发竖直、心脏急跳等，就是由于这些表情动作对人类的动物祖先具有生物学的直接意义，才在长期的生活过程中巩固、遗传下来。现在看来，人类的表情动作似乎天生，而在当时则可能是靠某种生活方式逐渐获得的。除了有用的习惯联合原理外，还有彼此对立的表情动作原理，例如悲哀与欢乐、敌视与友爱等，它们是服从对立原理的。达尔文还认为，由于神经系统的直接影响，动物和人在兴奋状态下的表情动作，会表现出强烈的、不可控制的特点。

第三，开始了对人类个体心理发生发展的研究。达尔文曾经长期观察婴儿，发现出生后 7 天的婴儿已有反射动作，如打喷嚏、打哈欠等；第 9 天双眼已能朝向烛光；45 天前后能见到婴儿微笑；4 个月的婴儿能开始发怒，恐惧则是婴儿的最早情绪表现；第 5 个月婴儿开始出现观念的联合，他认为这是婴儿心理发展的重要表现；到第 7 个月，幼儿就能把保姆和保姆的名字联合起来，这时幼儿听到喊保姆的名字，他就去寻找保姆；第 13 个月，婴儿出现道德情感等。

总之，达尔文把生物进化和种系心理的发生发展联系起来，对心理学的发展具有划时代的意义。他亲自研究表情动作和本能活动，阐明了进化论思想对心理学研究人类意识的起源和动物心理的连续性是有直接示范作用的。但是，他没有强调人和动物心理之间有质的差别，造成现代西方心理学一度走上生物学化的道路，这表明达尔文进化论思想的历史局限性。

美国机能心理学的开拓

威廉·詹姆士是美国机能心理学的先驱、实用主义哲学的创始人之一。他出生于纽约市，祖父是个爱尔兰移民，由于经商发了财，父亲是个基督教的虔诚信徒。詹姆士作为长子，从小在其父宗教信仰的潜移默化影响下，为人处世比较深沉。那个年代的美国人迷信欧洲的科学文化，唯欧洲的一切是从。他们的父亲对欧洲更是敬慕得五体投地，经常带着眷属去法国、英国、德国和意大利等国游历或者赴会、求医和学习。詹姆士自身就曾多次独自或带着他的妻子和儿女到英国、法国、瑞士、德国和意大利游历、治病，并多次去欧洲学习，因此他博学、识多见广。

1861年詹姆士19岁时进入哈佛大学本科学习。由于身体虚弱，不久，教授说他做实验时太粗心大意，动作不够确切和耐心，动员他转系。这样，他在4年间转了4个专业，由生理学转到解剖学，再到生物学，最后转到医学。1865年他曾跟随著名生物学家阿加西斯到非洲亚马逊河附近采集标本。在那里，他得了一种热带热病。后来，他去德国的一次旅行中，又患上了背痛和其他疾患。为此，他曾去欧洲名城进行矿泉治疗，因无疗效，失望而回归美国，继续学习医学。在这期间，他的心情一直欠佳，曾经想到自杀。下面是詹姆士对那段不寻常的痛苦经历的自述：

那时节，我的思想充满了悲观，我的精神受到压抑，对自己的前途毫无希望可言。一天傍晚，天色已经朦胧，我独自走进了更衣室。突然间，面前一片漆黑，我感到无比的害怕。同时，在我心里浮现出一个癫痫病人的影子。那是我在疯人院里见到的。他坐在那里一动不动，活像一座埃及人面兽形的金字塔，也像波斯的木乃伊。除了他那乌溜溜的一双眼睛外，他完全不像个人形。就是这个影子和我当时的害怕心理结合在一起了。我的内心感到恐惧不安，竟成了恐惧的俘虏。从此以后，整个世界都显得完全变了。当我每天早晨醒来的时候，总存在恐惧的心情，一种人生的不安之感是从来没有过的……

就这样，经过自己不断的挣扎和奋斗，1869年詹姆士终于在哈佛大学获得博士学位。当时，在就业问题上经过再三考虑，同家人和朋友们商议后，他决定不开业行医，继续研究他所向往的学问，直到1870年詹姆士的身体才有所康复。在这期间，他读了法国哲学家康德的信徒雷努维叶的著作，并且有所启发，领悟到意志能重建一个人的生活前途，可以改造他自己前进的道路，于是，他下决心振作起来工作。1872年他受聘于哈佛大学，任生理学教师。1875年开始讲授"心理学和生理学的关系（即生理心理学）"，并在校长的鼓励和支持下领到300美元，创建了美国第一个心理实验室，用于教学演示。1878年结婚，婚后相继生下5个子女，由于经济负担加重，他只得加班加点地多讲课、多写作，以维持生活。在1876～1887年的10年中，他先后写了一系列文章，发表在1876年创刊的《心理》及其他杂志上。这些文章后来都收编在他于1890年出版的《心理学原理》这一名著中。当时，大学教师提升职称相当复杂、困难。特别是他，由于学医学出身，是先教生理学，而后教心理学的。当时的心理学属于哲学系，当他转到哲学系于1880年提升为哲学副教授时，哲学系的同事们曾议论纷纷，不免感到有些奇怪。以后，他等了5年才提升为哲学教授，又过了4年这才改称为心理学教授。1890年他的成名之作《心理学原理》终于出版了。原本是1878年和书商协议确定两年后出书的，可是他竟花了12年的时间才交卷出版。其中除上述的各种原因外，最主要的原因还在于，他的机能心理学思想是和他的实用主义哲学思想相辅相成，互相促进，同时研究，逐渐发展成熟的。《心理学原理》之所以成名，是因为它是美国人自己写的第一部有分量的心理学专著，不同于一般的心理学教科书。它强调应用，不像冯特那样脱离实际地只研究纯科学的心理学。它反对冯特将整体的意识分析为元素的元素主义观点，提出了意识流学说。詹姆士的这些见解表明其心理学思想已经摆脱了欧洲传统，独立自主和自力更生地首创具有美国特色的机能心理学思想，因而成为美国机能心理学的思想先驱。

关于意识流，詹姆士认为，意识是一种整体的过程，不能分析为元素，它有4个特点：（1）私人性。意识是私人的，只有你的意识，或者我的意识。例如，在这课堂里，没有既不是我的，也不是你的意识存在着，意识总是个人性的。（2）变动性。意识总是随时随地变动，正如川流不息的河流，你的脚不能同时两次踩进同一河流。（3）连续性。意识是连续的，也许有时间的间隔。例如，睡觉醒来，此时的张三仍然是睡前的张三，李四也还是以前的李四。他们两人决不混而为一。清醒的时候，意识流、或说思想流的变动也决不是突然而至。思想过程有实体部分，也有过渡部分，两者之间有很重要的过渡状态。这是非常模糊、疾驰而过的部分。例如："实体状态并不构成心理学的全部题材"这句话中，这个"的"字，就起一种过渡的作用。它是内省实验，不易捕捉到，而容易为注意力所忽略的。因此，他批评冯特的内省实验，犹如点灯找黑暗：灯光亮处，影子早已跑掉。（4）选择性。在认识外界事物时，意识起到欢迎或者拒绝两种不同的选择作用。有效的刺激能较多地被注意到，并能进入意识；否则即被拒绝。选择的原则是"关联性"，凡是进入意识的刺激和原来意识内容有联系的就可以得到保留，充实原有的意识。所以，在他看来，意识是一种过程，一种作用。心理、意识是以整体的过程起作用的，决不能像冯特那样将意识分析为元素。

心理学与社会实践

杜威是著名的美国教育家和实用主义哲学集大成者。他出生于佛蒙特州，长大后就学于佛蒙特大学。1879年大学本科毕业后，杜威曾在高级中学教过几年书，自学哲学，发表过几篇学术论文。后来进入约翰·霍布金斯大学当研究生，曾跟儿童心理学家霍尔学习。1884 年获得哲学博士学位后，他先后担任密歇根大学和明尼苏达大学的哲学教师。1886 年他出版了第一本美国人自编的心理学教科书。1894 年到芝加哥大学任教，在这里，他和夫人一起于 1894～1904 年创办实验学校，从事教育革新工作，并因此成为著名的进步教育家。1896 年杜威发表《心理学中的反射弧概念》，这篇论文是针对冯特的元素主义的，它为机能心理学奠定了理论基础。1900 年他以美国心理学会主席的身份在年会上发表了以《心理学与社会实践》为题的演说，强调心理学必须联系实际生活才有出路，才是发展的正道。在芝加哥大学工作的 10 年间，他和该大学的心理学系主任安吉尔等人都是机能心理学的倡导者。他们之间互相支持，发表机能心理学的见解，形成一种无组织的松散学派，即芝加哥学派，安吉尔是该学派的发言人，芝加哥大学则成为这个学派的大本营。1904 年杜威到哥伦比亚大学任教，直到 1930 年退休。退休后，杜威从事心理学在教育和哲学方面的实际应用工作，以贯彻他的实用主义机能心理学思想。

在心理学上，杜威和詹姆士一样，反对冯特的元素主义。他认为把反射弧分为刺激和反应是一种简单化的理论，指出反射弧不能归结为对刺激的感觉和运动反应两种因素，正如意识不能分离为心理元素一样。他指出这种区分是人为的、抽象化的，并不符合事实。他主张把反射弧看做心理机能，它的主要作用是"协调""调节"。他以儿童见烛光用手去抓被烧灼为例：当儿童初见烛光，用手去抓而被灼痛后，儿童再次看见烛火时，烛火就成为"一个意味着接触它就会引起疼痛的亮光"。通常说，这时是痛的感觉代替了原先光的感觉，是改变了经验的缘故。杜威则说，"可是，事实上，我们并没有用一种经验来替代另一种经验，而是一种经验的发展和调节"。因为儿童被灼痛后，他的眼睛所看到的烛火，仍然调节着手的抓握，只是这时是用手被烧灼至痛来解释他关于烛火的经验，因而儿童就不再用手去抓烛光，而是缩手不动了。这是已有经验的发展，并不是用一种经验代替另一种经验的结果。杜威通过《心理学中的反射弧概念》这一论文中的事例，也就是儿童是如何通过伸手抓烛火被灼痛取得经验教训而获得智慧，以后再见烛火就不会上当受骗等事例，说明了有机体是如何通过反射弧这个回路适应环境的，从而为机能心理学的科学解释提供了理论依据。正是有了这一理论，机能心理学摆脱了由冯特所规定的纯科学的束缚，为心理学应用于教育革新开辟了前进的道路。这就是杜威所提倡的进步教育。

杜威的"进步教育"，既反对传统教育，也反对当时的"新"教育。他认为，传统教育太偏重已定科目，课程设置太死板，束缚了学生的自由发展；所谓新教育则过分强调学生兴趣，也过分留心于多变的社会问题。因此，两者都有不足之处，只有两者合一，才比较理想。杜威指出，健康的教育应当是学生所学的和已学到的东西，两者之间取得彼此连接和交互关联在一起的知识、技能，这才是最好的进步教育。因此，他大声疾呼积极推行进步教育，即实用主义和机能心理学的教育革新运动，并取得了相当的成就，一时声誉大振。1919～1921年间杜威曾被邀请来华讲学，宣传他的进步教育和民主教育达两年两个多月。

1898年杜威在美国心理学会年会上，以学会主席身份发表就职演说。他强调：心理学是教育理论与教育实践的基础。儿童和成人的最根本差别是心理学和生物学上的差别。成人是生活上已有一定职业和地位的人，负有特定责任，要求执行某种习惯。儿童的主要职务是成长，他"忙于形成不定型的各种习惯"，"为他以后生活的特定目的和目标提供基础和材料"。但是，有些学校和教师把儿童看做"小大人"，或者放任自由的小天使。因此，他反对那种抑制正在形成各种习惯的具有肉体的人，反对抑制某些心理因素，例如智力的、情绪的和明显的行为习惯。他也反对片面地只提供引起儿童兴趣和愉快的刺激，忽视全面的素质教育，甚至放任学生读黄色书刊和有毒的小说而不管。他要求学校应该像工厂一样，建立在科学的基础上进行教学和管理。

对上帝不敬

铁钦纳出生于英国南部一个不很富裕的家庭，年轻时他在牛津大学学习，深受英国经验论哲学的影响。在留校做生理学研究助手时，他把哲学思想和生理学知识结合起来，因而思想上倾向当时德国的生理心理学。1890年他慕名来到德国莱比锡大学向冯特学习心理学。冯特的心理学中包含有英国经验主义的思想成分，特别是冯特的生理心理学，即实验心理学部分，和铁钦纳的思想吻合，再加上冯特那种有条不紊、治学严谨的学风，使得铁钦纳十分敬佩，以致处处模仿，使他后来在治学和教育学生上竟成为一位冯特式的心理学家。1892年铁钦纳获得哲学博士学位后回到英国，由于牛津大学当局认为，心理实验室要将灵魂用仪器进行实验，这是对上帝的不敬，没有同意他建立心理实验室。因此，一气之下，铁钦纳来到美国应聘于康乃尔大学，任心理学实验室主任。当时他年仅25岁。从此，一待就是35年，直到1927年因脑瘤病死在康乃尔大学。铁钦纳的性格刚毅、好争辩、治学严谨，文章明快，对学生很有吸引力。他处处维护冯特的观点并尽力给以解释。冯特说，心理学和物理学都同样研究经验，心理学研究直接经验，物理学研究间接经验。冯特的这些话，学生不易理解，铁钦纳则解释说："心理学研究的直接经验，就是依存于经验者个人的经验，而物理学研究的是不依存于经验者的经验。例如，物理学和心理学都研究光和声。物理学家是从物理过程来研究这些现象的；心理学家则根据声和光是如何通过个人的感觉经验来研究的。"他说："物理世界本来没有颜色，没有音调，既不冷也不热……假如人从地球消灭了，它们还是这样。物理学教科书中讲的光是什么呢？是一阵电磁波；而声音呢？是空气和液体的振动；热是分子的跳跃；凡此种种，都不依赖于经验着的人。心理学的世界则不是这样，它依赖于经验着的人，心理学的世界有声有色，有感情：它有时明亮，有时黑暗，有时喧闹，有时寂静。它有粗有滑……心理的世界还包含思想、情绪、记忆、想象、意志，这些我们很自然地称之为心。"

经过这样的解释，将直接经验说成是依赖于正在经验着的个人的经验后就可以使读者容易明白了。不过，应该指出，铁钦纳和冯特关于物理学和心理学同样都研究经验的观点，是错误的。他们认为，任何外界的事物都必须经过人的认识变成经验之后才能进行研究，这是他们反对机械唯物论的一种说法。但是他们认为间接经验就是外界的客观事物，当然也是错误的。

在和机能心理学争论的时候，铁钦纳不是直接反驳杜威的批评，而是从科学的分类讲起。他说，从生物学上说有解剖学、生理学和发生学。和生物学相对应，心理学可分为构造心理学、机能心理学和发生发展心理学。从历史上看，我们已知道：古希腊的亚里士多德就是把心理看做灵魂的功能，如今从生物进化论观点将心理看做机能。其实，功能和机能同是一个东西，就是机能心理学要研究的机能。铁钦纳指出，可见，历史上研究机能的时间相当长久了，但是，看来进步并不大；研究构造是实验心理学才开始的，现在应该将机能的研究工作停下来先研究构造，或许更妥当。只要构造研究清楚了，再研究机能就比较容易。他还说，构造心理学这个用语是詹姆士在一篇文章中提出来的，我同意这个提法。虽然构造和机能都要研究，但在目前还是先研究了构造，然后再研究机能，心理学的发展就能更快一些。1904年安吉尔在美国心理学年会上，以主席的身份发表题为《机能心理学的范围》的演说。演说中同意了铁钦纳的分类，并且提出机能心理学的三个基本观点，说明了心理学应该研究什么、为什么研究和如何研究。所以说，机能心理学这个名称是铁钦纳在争论中提出来，然后安吉尔在美国心理学年会的演说中加以肯定，才确立为机能心理学学派，而和构造心理学学派并立的。这是心理学史上第一次正式承认心理学派别的存在。

就这样在心理学中开创了现代心理学的新篇章，争论双方各自承认了对方的合法地位。但是，铁钦纳是英国人，是在德国学有成就来美国工作的，他对美国有英国人的传统看法，认为美国是英国的殖民地，常常以老大哥自居，再加上他好争勇斗，竟成为美国心理学会不受欢迎的人。铁钦纳也不甘示弱，他自己组织学会，召开年会和创办心理学刊物，和美国心理学会对抗。直到 1927 年铁钦纳逝世后，由于机能心理学的势力日盛，而且 1913 年华生行为主义兴起，心理学内部的争论已转向其他方面了。

智慧，试误——偶成

我们已知道，詹姆士、杜威和安吉尔都只是提出机能心理学的思想观点，并没有形成体系，因而不能称为机能主义心理学，称得上机能主义心理学的是桑代克形成的心理学体系。

桑代克的心理学体系是在 19 世纪末和 20 世纪初形成的。当时美国社会正从自由资本主义进入垄断资本，大工业的机械化程度日增。联合企业并吞中小工厂，排挤手工劳动，限制印地安人的发展；社会内部紧张，存在着许多急需解决的爆炸式的问题。桑代克在他的《成人学习》（1928 年）一书中说：

作为一个心理学家，考虑到由习俗和传统，控制人和社会的均势，把人的本能趋向用于现代工商业的操作，又不使整个社会制度因遭遇紧张而破裂，或者为维持生命新蕴藏着的激怒而爆炸，这是他久虑不安的。

桑代克是在威斯莱大学临毕业前一年学习心理学的。当时他想报考研究生和享受奖学金，专门学习了詹姆士的《心理学原理》（1890 年）。1895 年他转学到哈佛大学，并受教于詹姆士。在获得学士、硕士学位后，1896 年他在哈佛大学的一个地下室里用小鸡进行实验。后来，得到哥伦比亚大学卡特尔教授的资助，转到哥伦比亚大学继续攻读博士学位，改用猫和狗做被试进行迷笼实验。1898 年在卡特尔的指导下，桑代克完成了博士课题，用题为《动物的智慧：动物联想过程的实验研究》发表他的博士论文，并成为他的成名之作。1899 年他任该大学的教育学院心理学教师，1901 年升为副教授，1903 年升为专任教授。1905 年他出版《心理学纲要》，这是一本系统阐述其联结主义心理学体系的著作，是通过动物实验形成的机能主义心理学。1911 ~ 1914 年他先后发表三卷本的《教育心理学》，这是其联结主义心理学在教育领域中的应用成果，也是世界上第一部教育心理学专著。桑代克在哥伦比亚大学工作，直到 1940 年退休。以后，他曾桑代克在美国心理学史上的最大贡献有以下几方面：

首先，通过动物行为的实验研究形成联结主义的心理学体系，将美国的机能心理学思想发展成为科学的心理学。那是因为，自冯特以来，心理科学的唯一标准就是必须通过实验来证实它的理论是可靠、真实的。桑代克的联结主义心理学恰好符合这样的标准。

其次，当时，所谓心理学的科学体系，必须有一定的规律作依据。桑代克通过动物行为的实验发现了动物学习的尝试错误和偶然成功的规律，而这个规律是任何人都可以通过重复实验取得证明的。它的具体实验是：将饿猫放入迷笼中，笼外放着猫喜欢吃的鱼。笼内有门闩可以开关，但饿猫必须接触门闩，打开门，才能逃出笼来得食。图中箭头所指处表示门闩。

实验开始时，饿猫先在笼中乱抓乱咬，做许多无效动作。也许，它偶然接触门闩，打开了门，逃出笼来得食。以后，实验动物通过多次的尝试错误和偶然成功的实验，它就渐渐地取得经验，最后把它放入笼中，它竟能直接打开门闩出来吃鱼了。桑代克把实验猫在迷笼获得的这种行为经验的过程，叫做学习。尝试错误和偶然成功是一种学习理论，它有学习的练习律和效果律等，并且说他找到了一条动物智慧发展的研究途径。

再者，他还把这一学习规律应用于人类学习，形成了教育心理学，从而为美国机能心理学开辟了一条正确而科学的研究途径而载入史册。不过，桑代克的心理学削弱了意识的作用，而为华生行为主义走向生物学化道路提供了思想理论上的依据。

行为主义

华生的行为主义被称为是没有头脑的心理学，这是怎么一回事呢？其中有一些值得兴奋，但也是离奇、曲折而辛酸的故事。

华生年轻时曾学习过医学和哲学，在芝加哥大学学习时受安吉尔的影响，对心理学发生了兴趣。1903 年华生获得哲学博士学位后，留校当讲师，直到 1908 年这一年，他和安吉尔一起离开芝加哥来到霍布金斯大学担任教授，直至 1920 年。在霍布金斯的 10 年间，是华生在心理学上最富创造性的时间。1913 年他发表的一篇最重要的论文《从行为主义的观点看心理学》，就是在这里写成的。人们称它是一篇在心理学上掀起一场革命的檄文，它标志着华生行为主义正式诞生。1915 年华生被推选为美国心理学会主席。1920 年他离开霍布金斯大学，1921 年则从事广告工作。1930 年他完全退出心理学界去从事商业工作。1958 年去世。从华生的一生经历看，从 1913～1930 年的 17 年间是他从事心理学工作最有成就的年代，而从 1930～1958 年，这 20 多年的时间里他就不再从事心理学的研究工作了。可是，由他创始的行为主义却成为 20 世纪美国，甚至全世界都流行的心理学。这是什么原因呢？

原来，华生于 1913 提出行为主义时，正是 20 世纪开始的年代。当时，美国的大工业机械化生产，正需要培养一批熟练工人，同时由詹姆士和杜威提倡推动的实用主义哲学思潮正在传播，它们共同推动着行为主义心理学迅速地推广。因为华生行为主义的机械化行为公式：刺激—反应，恰好是培养和训练这种无头脑、会劳动的操作工人所需要的。正如美国心理学史家波林说的，到了 20 世纪 20 年代美国的心理学家，或者说年轻的心理学工作者几乎都是或认为自己是行为主义者了。行为主义之所以得到如此迅速的传布，和当时的意识心理学本身存在严重问题也有关系。华生在檄文中说道：心理学所研究的意识，就像鬼火一样，既看不见，也摸不着，它已使我们花去 50 年的时间和精力。现在"心理学是必须放弃对意识的研究的时候了"。行为主义可以不用感觉、知觉、情感、情绪、意志这些带主观意识性的概念，只要用刺激和反应、习惯的形成、习惯的结合等这样一些用语，就可以写出心理学的书。1914 年华生在《行为：比较心理学导论》中说：

我相信，我们可以写一部心理学，把它定义为"行为的科学"，永不背弃这一定义，永不使用意识、心理状态、心灵、内容、意志和意象等诸如此类的术语……它可以用刺激、反应、习惯形成和习惯联合等术语来加以实现。

那么，华生是怎样写这本书，或者说怎样形成他的行为主义心理学的呢？

首先，他是要取消一切具有主观性的心理学术语，而用客观的行为来替代。他把刺激（S）和反应（R）的联结作为行为的基本单位。一切复杂的行为都是这些基本单位联结成的。在这里，应该指出，华生把行为的单位或公式叫做：刺激—反应的联结，是取自桑代克的心理学，却又篡改了桑代克心理学概念的定义。桑代克把心理学的研究对象确定为"心理行为"，它的基本单位是刺激印象和反应动作的联结。在桑代克的这个公式里，"刺激印象"是保留有心理因素的。如今华生把"刺激印象"中的"印象"取消了，就只剩下"刺激"，因而变成刺激—反应的联结。这就把桑代克或者机能心理学留下的一点点主观的心理因素也取消了。这样就是完全取消了人类心理意识之所以区别于动物心理的这一独特品质，而使人类心理学走上了生物学化的道路。为此，华生还自称，行为主义是最彻底的机能主义，实际上他是机能主义的极端派。

其次，华生反对实验的内省法，强调客观方法。但是，在研究思维过程时，他遇到了困难。因为在当时情况下思维是无法用客观方法进行研究的，只得允许用口头报告，而口头报告也就是内省的结果。可是，他说思维时人的喉头在颤动，是可以通过男人思维时的喉骨颤动观察得到的。为此他把思维看做是一种"潜在反应"，或叫"内隐反应"。可见，在具体的研究中，华生并没有把他的思想贯彻始终，而是中途妥协了。

再者，华生为了寻找理论依据，1915年他还利用了巴甫洛夫的条件反射概念来进行情绪实验。通过实验，他得出结论说，幼儿的恐惧情绪既可以用条件反射形成，也能够用条件反射消退。最著名的实验是1920年他和助手雷纳小姐一起给一个8个月的婴儿，名叫阿伯特的所做的实验。实验开始时，用带毛的东西如兔子，或毛发等，让孩子抚摸。然后突然重击铁轨，使孩子因惊恐而产生恐惧。以后，这孩子见了带毛的物品就产生恐惧情绪。实验的第二步是，在这孩子吃饭的时候，将那带毛的物品，同时放在远处；经过多次，让孩子习惯之后，再在他吃饭时将带毛的物品一次一次渐渐地靠近孩子。这样经过多次练习，原来对带毛物品的恐惧情绪就渐渐消失，而恢复到原来的欢乐情绪。这原本是巴甫洛夫学说中的条件反射形成和消退的著名实验，它要用复杂的神经中枢活动过程才能解释清楚，华生的S—R公式太简单是解释不了的。在这里，需要对巴甫洛夫条件反射这一概念做点补充说明。条件反射的形成是无条件刺激（US）和条件刺激（CS）相结合的中枢神经过程，不是华生S—R公式的外围神经过程。巴甫洛夫把大脑皮层暂时神经联系看做是条件反射形成的生理基础。这是S—R无法解释的。其实，华生是窃取了条件反射概念的心理因素来为他的行为主义找目的的。

白鼠实验

没有心理的华生行为主义在贯彻它的行为公式过程中碰壁后，美国的许多行为主义心理学家纷纷设法补救，寻找出路，于是出现了一些新行为主义者，如托尔曼、斯金纳等都是比较著名的新行为主义心理学家。

托尔曼出生于美国麻省的上层家庭，父亲是一个大工厂的厂长，母亲信仰基督教。她常常给孩子们灌输一些如何过平静生活和遇事要勇于思考的思想意向。

托尔曼自幼就在本地的优等学校上学，中学毕业后按家庭要求，考入著名的麻省理工学院学习电子化学，1911 年获得学士学位。由于大学时期阅读过詹姆士的《心理学原理》而受到其思想影响，毕业后，他放弃理化专业，转而攻读心理学和哲学，考进了哈佛大学。关于这次转学的另一原因，1925 年托尔曼在自传中说到，那是因为不愿和哥哥竞争。当时他的哥哥已从麻省理工学院毕业，而且在理论物理和化学方面取得了优良成绩。由此可以见到，青年时期托尔曼争强好胜的性格。原来，托尔曼是一位华生式的行为主义者，后来在哈佛大学攻读博士学位时，他的导师霍尔，原本是直接继承詹姆士讲座的名教授，是早期华生式的激进行为主义者。托尔曼在霍尔的思想影响下，再加上他自己以前阅读过詹姆士的《心理学原理》，因而深受詹姆士的机能心理学和霍尔的激进行为主义思想的影响。霍尔还受过冯特传统的训练与内省心理学的影响，因此，在准备博士论文时期，于 1912 年托尔曼曾专程到德国格色大学向格式塔心理学家考夫卡学习心理学。1915 年他获得哲学博士学位，1918 年受聘担任加利福尼亚大学比较心理学教授，指导用白鼠进行学习的实验室工作。1923 年他发表成名之作：《动物和人的目的行为》，自称是个"目的行为主义者"。这时候，即 20 世纪 20 年代初，华生的行为主义已经流行于美国各地。托尔曼的大作上市之后，读者们看了都发生疑问，心想："有目的的行为"，不就是"意识行为"吗？这怎么是行为主义呢？但读者在看了全书之后，觉得该书作者确实是个行为主义者。

原来，托尔曼在书中解释说，我根本不考虑行为者是否有意识，意识是个人的私事，我也不知道它。但是，有机体的行为总是有目的的。我们见到一个人走进食品店，我们就会想到，他可能是饿了，是去买吃的；白鼠走迷津是为了找食物；儿童学习是为了获得知识等行为总是有目的的，这是任何人都观察到的事实。接着他就给出如下的几点解释：

首先，整体行为。他把人们观察得到的行为叫做外显行为。和华生用 S—R公式表示的行为区别开。他指出，这样的行为是一个整体行为，任何整体的行为动作都包括环境的刺激、有机体的心理过程和反应。在这里，有机体的心理过程把刺激和动作反应结合起来，成为最初原因和最后动作的中介。因此，心理过程是决定者，它决定有机体接受刺激之后会做出什么样的反应，即 S—O—R。所以，有机体的心理过程（O）在整体行为中起着中介作用。他认为，最有意义的心理决定者是心理过程中的目的和认知。

其次，整体行为的目的、认知性。托尔曼说，如果把环境刺激比作枪支上的触发器，那目的和认知这些内在的心理过程就是真正爆发弹壳的引信。一个整体的行为就是由引信引起的一连串因果事件链条活动的结果。为了进一步说明问题，他又提出"中间变量"概念。他说，作为心理过程的决定者所包含的目的和认知，有许多可变的因素。例如环境的刺激（S），生理上的内驱力（P），如饿、渴、性、遗传，以前的训练（T）和年龄（A）。他把这些变量叫做实验变量或自变量。它们是由实验者安排的独立变量，是可以由实验者控制的。所以又称为实验变量。行为就是这些实验变量的函数。写成公式：行为变量 B = fx （S、P、H、T、A），公式的意思是行为变量因实验（独立）变量的改变而改变。在托尔曼看来，通过这一公式，原来不可以观察到的心理过程就可以通过推理得到、能够看得见和说清楚事实。例如，内驱力（P）饿，它是个中间变量。原本有机体内部的状态是无法观察到的，如今就可以用"多长时间没有给实验动物喂食了"，或者"它上次吃了多少食物"等实验动物进食的时间和一次喂食物的数量推算出来。这是可以客观地观察到和数量化的，从而也就符合华生行为主义提出的客观性和数量化的要求。

托尔曼对他的目的行为主义总结出以下几个特点：（1）指向一定目的。每个行为动作总要有所获得，或者逃避某些事物。也就是说，每一有机体的每次行为总是在表明做什么，指向何处，因而行为总是有目的的。（2）具有认知特征。任何行为在特定的环境里所达到的行为目的，必须选择适当的途径和工具。因而整体行为不仅是有目的的，而且是一定有认知特征的。（3）这种认知特征表现在托尔曼称之为选择的"最小努力原则"上，意思是凡是距离近而易达到目的的活动，比远而难于达到目的的活动占优势，地点学习实验就是例证。（4）整体行为是可以学会的，因而也是可以管教的，表明有机体可以接受教育的特征。这样，他的目的行为主义就和华生的行为主义区别开，而称之为"新行为主义"，又因为他总是用白鼠做被试，所以人称"白鼠心理学家"。

操作主义

斯金纳出生于美国宾夕法尼亚州的萨斯奎汉镇，祖父是英国移民，父亲是位律师，母亲是家庭妇女。童年的斯金纳，过着温暖而安适的家庭生活。他12年的基础教育，都是在镇上他父母学习过的学校里完成的。中学毕业后，他考入纽约州的汉密尔顿学院，本想成为一名作家。发表了几篇文章后，他觉得自己缺乏这方面的素质，便放弃了原来的计划。1927年学院毕业后，他在报刊上读到著名哲学家罗素赞扬华生的行为主义和其研究方法的文章，说这种方法比起大多数方法来有更多的真理。1928 年斯金纳考入哈佛大学攻读心理学研究生的决定，就是在罗素和华生的思想影响下促成的。1931 年他获得哲学博士学位后，留校从事博士后研究和研究员工作，直到 1936 年才到明尼苏达大学任教。1938 年他发表《有机体的行为》，这是他的第一部专著，也是第一次系统地表明其行为主义的著作。1947 年出版《言语的行为》，他自己认为，这是他一生中最重要的著作。同年他回到哈佛大学任终身教授，直到 1990 年逝世，终年 86 岁。斯金纳把自己的行为主义叫做操作主义心理学，这是他发展了桑代克的实验以后创造出来的。桑代克的实验猫，是在笼内乱抓、乱咬，偶然接触门闩将门打开，才逃出笼来吃鱼的。斯金纳把猫的这种行为叫做操作性行为。他指出：这种操作性行为是没有任何可见的外部刺激引起的，它的特点是：（1）实验动物事先看不见刺激。实验时，实验者也不关心刺激。因为在实验过程，实验者不用任何刺激，一切刺激物都是事先安排好的。实验动物根本看不见，只有当它做出适宜的动作才出现刺激；（2）在这种实验中，实验动物要对环境进行操作。操作成为它得到食物（刺激物）的手段。实验过程如下：

他把实验的动物鸽子放进一个以他的名字命名的斯金纳箱内。先观察鸽子的头经常保持的高度，然后在刻有量表的木箱上选定一条界线，每当鸽子的头升过这条线，就立即打开盛有食物的食物分发器，给予强化（即奖励）。如此继续进行多次，实验动物就能形成一种操作性行为。斯金纳的这种操作性行为有以下一些特点：

首先，他忠于华生的 S—R 公式，坚持以行为作为心理学的研究对象。

其次，把反射和行为加以区别，例如咳嗽、打喷嚏、膝跳反射等只是反射，不是行为。行为有三个特征：（1）有机体的行为由一定的情境引起，事先有机体看不见外部刺激物；（2）行为是别的有机体可以观察到的。而意识，则别人观察不到。所以不在他研究的范围；（3）但他承认意识的存在，并把意识定义为"刺激对行为的控制作用"。他解释说，通常，我们上饭馆吃饭，事先并不知道哪个饭馆的菜饭适合我们的口味，而是品尝以后觉得哪里的饭菜好，以后去的次数多了，才成为它的常客的。他说，我们的行为，基本上都是这样渐渐地培养形成的。这种操作性行为形成以后，那家饭馆的菜饭（刺激）对我们的行为即起到控制作用。这样的行为是饭馆老板事先设计好的市场经济竞争的手段。所以斯金纳又把操作性行为叫做工具性行为。他还说，意识是看不到的，但这种工具性行为是可以观察得到的事实，完全可以进行科学研究的。实验者只要设计好环境，就能预测和控制动物和人的行为。为此，斯金纳认为，他给意识的研究开辟了一条科学研究的途径。

第三，通过上面的解释，他把行为看做是刺激（S）和反应（R）的关系，并把华生的 S—R 公式用 R = fx（S）来表示，即把反应看做刺激的函数：意思是，如果需要了解反应，只看刺激就行。例如，所谓常客，就是饭馆的饭菜（刺激）引起消费者常常来此吃饭的行为。饭馆老板只要把饭菜管理好，不愁没有顾客。

第四，他和华生研究的对象也不同。他着重研究反应，而不是 S—R 的联结。如第二点所说，操作性行为是先有有机体的操作，然后有机体才发现刺激。他说，这类行为是动物和人类中最多见的，是心理学研究的主要对象。

第五，把言语也看做一种操作行为，和华生把言语只看作语言器官活动的观点区别开。因而他对言语和思维采取同等对待的观点。

总之，斯金纳把人和动物的一切行为都看做反应和刺激的关系。反应是一系列的操作，不论外显的行为或内隐的行为都一样。行为受刺激控制，只要安排好刺激就能控制行为。他还通过操作行为的规律研究学校教学改革、社会变革和科学发明。但是，斯金纳晚年的日子并不好过，一方面受到传统心理学家的反对，另一方面由于 20 世纪 60 年代认知心理学兴起，在心理学是否研究意识的问题上，他受到来自上述两方面的攻击。1974 年他出版《关于行为主义》一书，将来自各方面的批评意见集中归纳起来，一共有 20 条，斯金纳认为，这 20 条批评意见都是对行为主义思想的误解。

非正统的行为主义

我们已知道，华生的行为主义必须放弃意识，而以行为作为研究对象，行为的基本单位是 S—R。在研究方法上必须达到实验的、客观的和数量化的要求。人们就是以这些基本观点为标准来衡量一种心理学是否是行为主义的。托尔曼的目的行为主义和斯金纳的操作行为主义，虽然都对华生的上述要求有些修改，却还是符合华生提出标准的，只是包含有新意，故称之为"新行为主义"。这里讲的耶鲁小组不是这样，它是一种非正统的行为主义。它起源于耶鲁大学的赫尔，继之以斯彭斯，完成于米勒和多拉德。

赫尔出生在纽约州阿伦附近的一个农场，幼年时家境比较贫困。在他三四岁时全家迁到密歇根州居住。上农村小学时，他在农忙季节必须停止学习，帮助家里干活儿。17 岁时，通过教师资格考试后，他教了一年书，第二年考入高级中学，1904 年考入阿尔玛大学，并在一家小旅店打工以维持生活。大学即将毕业时，因在一次聚餐中食物中毒，他患上了健忘症，从此身体虚弱。在疗养期间，他仍攻读数学、物理和化学，并在一所大学里学习了两年的采矿工程，后来在明尼苏达的奥利弗铁矿找到测定锰的工作。但是两个月后，他又病倒了！病休两年后，赫尔身体康复，1913 年毕业于密歇根大学。在大学学习时，他阅读过詹姆士的《心理学原理》，觉得心理学是最适合他的专业，并经过一位教授的推荐进入威斯康星大学攻读博士学位。由于他有健忘症，平时学习，尤其是阅读新书时，他总认真做笔记并养成习惯。这样，他一生中保留下 27 本读书笔记和有关其他方面的记录。这些记录对于研究他的学说及其思想发展是很有价值的。34 岁那年他的博士论文被通过后，即留校任教。1929 年耶鲁大学校长安吉尔，因要加强该校心理学研究的学术力量，聘请赫尔来到耶鲁大学任教。从此开始，他在耶鲁大学一直工作到 1952 年逝世。

赫尔从小就喜欢学习数学，尤其是几何学。他对心理学的主要贡献也就是应用数学推理形成种种公式，然后经过实验检验，如果不符合检验的就加以修正或推翻，重新设计推理出新的公式或命题；如果得到证实，则保留进入他的心理学体系。其中最足以代表他的非正统行为主义的新观点是，在行为公式 S—R 中加入小的 r—s，将原来的华生公式 S—R 变成 S—r—s—R。他把小 r—s 叫做"零星期待目标反应"，意思是，一个刺激作用于神经系统作出的反应，会产生许多有刺激作用的因素。例如喂实验动物狗的食物作为一种刺激物，除了它是原来的刺激本身外，还包含有食物的其他性质，如颜色、形状、大小、所放的位置等，此外这个食物本身的刺激所引起的反应痕迹在再兴奋时也是一种刺激。所有这些零星因素中的任何一个因素都会引起神经的兴奋，而这些能引起兴奋的种种因素都具备着小 r—s 的作用。这些作用是内在的，可用分析和推理得到，也可用实验检验获得。但是操作起来十分烦琐，他的著作都比较不容易理解，因而读者对他的著作，往往敬而远之。赫尔逝世之后，他的学生和同事斯彭斯认为，他的小 r—s 就是中间变量。经过这样的修改后，赫尔的理论就比较容易理解，而为人们接受了。

赫尔生前有一常设讲座，称之为"耶鲁小组"，其中除了赫尔、斯彭斯外，还有米勒和多拉德等。米勒还接受过精神分析的训练，并致力于生物反馈的研究。他和多拉德长期合作达数十年，特别在小 r—s 的钻研和创新上有所成就，其中最著名的是"心理冲突"理论。他们把这种心理冲突分为四种，即：

趋近——趋近冲突。指的是有机体同时为两个有同样诱惑力的目标所吸引，冲突就发生在这两个目标之间。例如，两个好朋友同时分别请我去约会；或你在既饥饿又瞌睡时，便会发生这种冲突。但两者不能兼得，于是发生冲突，解决的办法只能先取其一。正像既饿又困的人，只能用"先吃饱肚子，后睡觉"的办法来解决。

回避——回避冲突。这是一个人同时受到两个阴性即厌恶的东西所发生的冲突。例如，在这种两难处境下往往表现出犹豫不决，或者采取逃避现实的办法，如悲观厌世或离群索居，乃至自杀或患精神病的人。仁人志士和革命烈士之可贵，就在于关键时刻能舍生取义，救人民、国家于危难，而不考虑个人得失。

趋近——回避冲突。这是同一目标引起正负相反、但力量相等的诱惑力，或者遇到一件利弊相当的事所发生的矛盾冲突。有时在决定就业和婚配上会发生这种矛盾的冲突。就业比失业好，但面临的工作又是自己腻烦的。从年龄上说应该结婚，但对象并不称心。更有甚者，为了某种不可告人的目的，有将就成婚的。米勒发现，有些夫妇婚后分离又重归于好，这往往是因为生活上或意见不和谐引起矛盾冲突而分离的。但是，分离之后，双方彼此却发现各自有某些可以共同生活的优点，而且随着分离的时间愈长，优点愈突出。这样，只要一有机会就会重归和好了。

双重趋近——回避。米勒和多拉德是吸收了弗洛伊德的心因性冲突学说的。这种冲突正好可以作为典型的事例。例如，一个女孩为其母所吸引，因母亲能满足她的生物需要；但又排斥母亲，因为她们是同一性别的。该女孩又为其父所吸引，却又妒忌父亲，因为父亲是异性。弗洛伊德认为，因此，该女孩产生了对其父母都矛盾的双重情感。关于弗洛伊德的这种泛性论已受到普遍批评，这里暂且不说。应该指出的是，米勒用 s—r 理论来解释弗洛伊德精神分析的事例是别出心裁、语重心长的。例如米勒说：夫妇的共同生活要互相体谅了解，不要匆匆忙忙结合，也不必急于分离。因为分离后再和好，不如不匆忙分离。

榜样学习

伴随着 20 世纪 60 年代行为主义危机的日益严重，现代的认知心理学兴起。在此情况下，原来拥护行为主义的人们纷纷自找出路，只是由于思想观念的转变，不能一蹴而就，它需要有一个过程。榜样学习的提倡者班杜拉就是其中最突出的，也是影响最大的一位社会学习理论家。

班杜拉出生于加拿大北部亚伯达省一个小镇上，1946 年他进入不列颠的哥伦比亚大学学习。1949 年毕业时由于受赫尔著作的影响，他赴美国伊阿华大学继续学习。在赫尔的学生斯彭斯指导下攻读临床心理学，在这里，他还受到米勒和多拉德等人思想的影响。1951 和 1952 年他先后获得硕士、博士学位。1953 年他到斯坦福大学工作，由于对研究儿童攻击性行为的形成发展产生兴趣，从中受到斯金纳思想在这方面的影响。于是他的思想上存在着"耶鲁小组"和哈佛大学斯金纳操作主义这两种思想的双重影响。以后他将这两种思想的影响融于一身，形成了他自己独特的社会学习理论。

社会学习理论，原来已由米勒和多拉德提出。只因在学习过程是否需要强化的问题上，班杜拉认为，通过观察学习来提高社会学习的效果是不必用强化来巩固的，从而形成他自己的社会学习理论。他认为，通过观察学习所习得的行为是一种替代学习的行为。一个人有了这样的观察学习能力就可以获得大量的行为，扩大学习的范围以及掌握一些带有一定危险性的、不可能或不宜通过多次尝试错误的直接经验而获得的行为模式。例如掌握游泳技术，学会躲避车辆等。借助观察学习还可以简化学习过程，因为通过观察学习，对于一些复杂的行为，无需通过逐步模仿或者强化来获得。这是因为，人类学习的认知过程包含有言语、符号、思想和自我调节等因素，这些因素对于人类学习和行为的调节发挥着决定性作用。相反，多次模仿和强化对于比较复杂的行为则难以解释它。例如，经过观察学习，可以学到榜样的整套复杂的行为，这是无法用渐进的强化学习所能解释的。通过观察学习获得的行为，还可以保持较长的时间，如几天、几周、乃至几个月。

可以说，班杜拉社会学习理论中的观察学习，主要是一种借助榜样的形象和语义符号形式进行加工编码，并在记忆中贮存，以后在一定条件下就可以用来指导将来行动的学习理论。由于这种社会学习理论吸收了社会认知和信息加工的知识技术，因而取得巨大成就，并且突破了行为主义 S—R 的机械公式，形成了一种心理过程的学习模式。可见观察学习的普遍性，就像语言、风俗、职业、文化习俗以及教育和社会的政治道德规范一样，都不是依靠选择性的强化来塑造每个社会新成员的。恰恰相反，它们都借助于累积起来的整套文化模式的行为榜样，在这些榜样的行为引导过程中潜移默化地学会的。

第五章

趋于完满的格式塔心理学

从感觉元素到意动

　　布连塔诺出生于德国莱茵河畔的马利恩，幼年时期有志于当牧师。16 岁那年，他到柏林学哲学，非常赞同亚里士多德的思想而且受其影响极深。1856 年他入慕尼黑大学学习。1864 年在杜平根大学获得哲学博士学位，同年受命为格拉茨地方的牧师。1866 年转任符兹堡大学讲师。1869 年他发表表示不同意教皇无过失这一教条的文章，并于 1873 年辞去神父职位。1874 年他到奥地利的维也纳大学任哲学教授。在这之后的 6 年中，他和学生一起形成了意动心理学。他的意动心理学思想来源于莱布尼茨唯理论的单子论。我们在第一章的内容中已经知道，单子是一种知觉，由于内部的原因，它能主动地运动发展，由微觉发展到大觉（知觉）再到统觉。以后，莱布尼茨的这种唯理论思想，经过 18 世纪的康德，继承发展为先验论。到了 19 世纪，海尔巴特发展为统觉团学说。这样就形成了近代德国传统的理性主义思想路线。这条思想路线传到布连塔诺。布连塔诺和他在维也纳大学的学生胡塞尔形成一种现象学（现象学是一种方法论，它认为通过内省自然而然地所观察到的是整体的直接经验，而整体的直接经验是不能分析成为心理元素的）。这种现象学就是格式塔心理学的理论基础。布连塔诺从现象学出发，反对冯特内容心理学及其元素主义。1874 年正是冯特出版《生理心理学原理》的同一年，布连塔诺发表了题为《从经验的观点看心理学》的著作，向冯特的内容心理学挑战，反对冯特心理学中的基本观点：

　　首先，在研究对象上，布连塔诺定义心理学是研究"心理现象的科学"。他认为心理现象是人的心理动作或意动。意动是可以由意识经验到的活动过程，人是可以通过内省体验到这种内部活动的过程的，反对冯特把意识看做静止的心理状态和分析为心理元素的观点。布连塔诺指出，我们日常生活中遇到的是知觉，不是冯特所说的感觉元素。这种感觉元素是人为地抽象出来的。他主张把意识的动作，即意动作为心理学的研究对象，虽然意识的动作和内容是不可分的，它们两者都要研究，但是心理学研究的是意动，而不是意识的内容。例如，听见一种声音，看见一个有色物体，感到温暖和寒冷。这里所说的听、看和感到都是意识的动作，是心理现象；而声、香、温和冷等是心理意象，是意识的内容。他说，这里的意动或心理现象才是心理学必须研究的对象，而心理内容则是物理学研究的对象。因此，他认为，冯特把心理学的研究对象确定错了，应该加以纠正。他还进一步指出，任何动作都必须有它的对象，对象性是心理动作的特点，因为动作必须以它的客体为对象。为了说明这种动作和心理学研究对象的关系，他提出"意向性"这一概念。认为"意向性"是意动的重要特性。例如，没有思维的客体就没有思想，没有愿望的客体就没有欲望。在爱的动作中以被爱的东西为对象，在恨的动作中是以所恨的东西为对象的。所以，心理现象是在意向性上包含有对象的。

在研究方法上，布连塔诺认为，作为一种心理现象或意动，是可以通过实验的内省法自然而然地直接体验到的。其实，这就是现象学的研究方法，它强调自然而然地、直接地通过自我观察所得到的经验材料。只是布连塔诺本人不是个实验家，他只是提出这种思想。

在心理现象分类上，布连塔诺把动作分为三类：

（1）观念作用。包括感觉与表象等。

（2）判断作用。包括承认、拒绝、知觉和回忆等。

（3）爱憎作用，包括感情、意志和欲望等。

实际上，他受亚里士多德思想的影响，把整个心理现象分为两大类，即认识和情意，也就是把感觉和判断归为认识过程。例如，说到某甲的感觉，这是观念作用；如果说某甲自己觉得是甲，这就是判断作用了。

可见，在心理分类上布连塔诺和冯特也是不同的。我们知道，冯特是按柏拉图和康德的知、情、意三分法来划分心理过程的。

1874～1880 年的 6 年间，布连塔诺讲学很有成效，影响很大。在这一时期内，他培养了许多后来知名的学者，如屈尔佩、斯图姆夫等。当时年轻的弗洛伊德也曾来听他讲课。就在这一时期，布连塔诺和一位女天主教徒发生恋爱。但她在奥地利不能和曾经担任过牧师的人订婚。这样，布连塔诺又一次辞去教授职务，以取得当地的公民资格，终于在德国莱比锡与女天主教徒结婚。婚后则回到

维也纳大学任大学的讲师。1894年妻子去世，布连塔诺悲痛之余，体弱多病，因而再次辞去教职。之后，他的双眼患病，几乎失明，屡次迁移住处。到1896年以后，他过着隐居生活长达19年，但他仍然从事著作，大多以哲学为主，心理学的著作很少。最后于1917年去世。

无意象思维

屈尔佩是符兹堡学派的创始人和领袖。原来他是德国格丁根大学 G. E. 米勒的学生，后来在冯特的莱比锡大学学习。但由于他喜欢历史，而当时的实验心理学刚刚成立两年，他对这样的心理实验不太感兴趣，又回头学了一年的历史。到1886年他再回到莱比锡学实验心理学，一度为冯特当助手长达8年。1887年屈尔佩获得学位，1888年提升为讲师。凡是年轻人，总想创新，超过前人。但学术界的惯例是，老一辈的学者没有去世，年轻人要想冒尖是很难的。而老一辈往往学有成就之后，总想进一步实现自己的事业，可是方向已经确定，要做到推陈出新往往是很困难的。当时的冯特就处在这样的情况下。例如，屈尔佩想研究感知觉以上的高级心理，冯特则认为，高级心理不能进行实验。因此，他想按冯特的思想写一本概论式的教科书，总结一下冯特式的实验心理学研究工作，以求创"新"。当时，铁钦纳正在莱比锡学习，彼此之间平常也有些来往。但铁钦纳个性耿直、爽快，起初屈尔佩并不喜欢他，只是自己要写书，两人才经常在一起商量讨论，计划怎样写实验心理学的教科书。久而久之，也就成为莫逆之交。1893年终于出版了名为《心理学大纲》的教科书。这本书一出版，铁钦纳立刻将它译成英文，以后他自己也编写并出版了一本类似的书，即《实验心理学》教科书。1894年屈尔佩离开莱比锡，到符兹堡大学担任教授，就在这里，他和学生一起形成了一个无意象思维的符兹堡学派，直到1909年转任波恩大学教授。1913年以后他任慕尼黑大学教授，1915年去世。

在心理学研究对象上，屈尔佩原来同意冯特的主张，只是1894年到了符兹堡大学后，他和学生一起做思维的实验，才发现并提出了和冯特不同的意见。起初，他自己做实验的被试，经过对实验结果的分析后发现，似乎存在着一种没有感觉意象的思维过程。1901年以后，他和学生们一起对这一问题进行了有计划的实验研究，于是渐渐地形成一个学派。最初，他的学生迈尔和奥特以为思想只是一种联想过程，可以用内省实验进行研究。然而，这种看法是和冯特不同的，冯特认为思想或思维是一种高级心理过程，不是联想而是统觉在起作用。也就在这 1901 年，另一学生马伯研究判断两件东西的轻重，他在实验中发现，在意识过程中除了意识到有这两个东西外，还有不能用意象来描述的成分存在着。当时他把这叫做"识态"。认为"识态"是思维判断过程很重要的成分，它是无意象的。这一发现就和冯特把感觉意象作为心理学的对象大不相同了。1904 年屈尔佩的学生瓦特使实验的条件更加复杂，他把实验过程延长并用仪器记录下每次实验所经历的时间。实验结果同样发现存在着无意象成分。例如，由一个字联想到另一个字的过程中，受试者听到指令给予的任务时心理上就有一种准备，到了刺激字一出现，被试者就能立即回答出正确的反应字。这种因任务而准备好的反应字，是无须有自觉的思想内容，即没有表象或意象的。瓦特认为，人们在运动或思维中都有这种意识不到的趋势存在着。他把它叫做"心向"或"定势"。1905年又一学生阿哈将这种作用叫做"决定的趋势"。就这样，符兹堡大学师生们所发现的无意象思维的思想观点，便被人们称之为符兹堡学派的无意象思维而流传开来并载入史册了。现在，大家都知道，赛跑，尤其是短跑比赛时，裁判员喊："各就各位……预备！"然后一声枪响，运动员迅速起跑，其中就有"定势"在起作用。它和运动员的注意力集中在哪里对起跑快、慢的关系极大。如果将注意力只集中在耳朵听枪声响上，就比把注意力集中在脚尖的运动员起跑的速度慢一些。

应该指出，符兹堡学派的这一发现对以后的心理学有两方面的影响：首先，由于他们的实验是有计划有系统地进行的，因而创造出一种系统的内省实验法；第二，支持了心理学的研究对象是心理动作、意动或机能这一观点，从而增强了反对冯特内容心理学的阵势。它对当时 20 世纪初正在发展的美国机能心理学，起到了互相呼应和推动的作用。这里说的是布连塔诺思想对其学生影响的事例之一。下一节说的是他的另一位学生厄伦弗斯的形质说，以及这个学说和格式塔心理学的关系。

形质说和格式塔

前人发现一种事实，由于客观的条件不够成熟或者发现者的思想跟不上形势，概括不出新概念或者新的见解、理论，白白地将发明的机会错过了。后来人，或者条件成熟，或者他的思想敏捷，想到了点子上，于是成为某科技的发明者。厄伦弗斯的形质说和格式塔心理学的情况就是如此。

厄伦弗斯出生于维也纳城附近的罗道恩，是布连塔诺在维也纳大学任教时期的学生。他受布连塔诺意动心理学的影响，于1890年发表论文《论形质》（或《论格式塔的性质》）一文，提出形质说，反对冯特的心理元素主义。我们已知道，冯特把复杂的心理状态分析成最单纯的心理元素：感觉和感情。经验是感觉的复合。当时的奥地利有一位著名的物理学家和主观唯心论的哲学心理学家马赫，他从一切经验都是感觉的观点出发，认为空间、时间都是感觉。他说，例如，一个圆周是"空间形式的感觉"，一首乐曲的连续音程是"时间形式的感觉"。在这里，感觉的属性可以改变，而感觉形式不变。他举字母N为例：我们可以将N扩大或着色，那么N的属性：大小和颜色都改变了。但是我们看起来，它仍然是一个字母N，也就是说N的形式是不变的。同理，一支乐曲尽管提高8度音调，即改变了各音的音高，但听起来它的曲调，即乐曲的时间形式不变。所以，形式是独立地为我们的经验感觉得到的，空间和时间都是感觉的集合。显然，这是主观唯心论的观点。

厄伦弗斯并不同意马赫的感觉学说，他认为空间、时间的形式是新的属性，并不是感觉的集合。例如，一个四方形由四条直线组成，它的性质不是由四条线集合成的。因为四条线本身只有直线的性质，并没有四方形的性质。四方形是由四条直线经过有组织地结合而产生的新质。这种新质才是真正的知觉内容。因此，厄伦弗斯认为，在这里，直线是结合成四方形的基件或基质，而四方形是基件或基质结合成的基体。基体四方形并不属于任何基件（直线）。不过，他把这种由直线构成四方形的直接经验，看做是一种新的元素，叫做"形质"或"格式塔（完形）的性质"。1912年问世的格式塔心理学就是在形质说的基础上形成发展起来的。不过，格式塔心理学创始人韦特海默是由研究知觉的似动现象发现的。

错觉和知觉

韦特海默是格式塔心理学的倡导者，出生于布拉格。18岁时，他入布拉格大学学习法律，后来转学哲学，曾听过厄伦弗斯讲课。1901年转入柏林大学学哲学和心理学。后来又转到符兹堡大学。1904年在屈尔佩指导下获得博士学位，当时关于无意象思维的问题争论得正激烈。以后，他在德国各大学任教。1933年因受德国希特勒政权迫害以第一批移民的身份到达美国。1934年他参加纽约城社会研究新学派学会，在美国期间，因忙于社会活动和语言文字上的障碍，发表文章不多。但由于当时还有其他格式塔学派的代表人物也在美国形成一种势力，影响了美国心理学的发展，这在下面将会看到。现在先说说韦特海默似动现象的实验。

1910年夏，在一次假期旅行的火车上，韦特海默想起关于这种"似动现象"的实验方法，便立即在德国的法兰克福下火车，到商店里买了一个万花筒，先在旅馆里做试验。他很快地转动万花筒，仔细地观察其中的似动现象。有了一些经验后，他就到法兰克福大学去请教舒曼教授。教授很同意他的想法，允许他用自己的实验室做实验，并推荐两位被试一起工作。这两位被试名叫考夫卡和苛勒，格式塔心理学学派就是他们三人创建的。实验的经过是这样的：

起初，韦特海默在银幕上一先一后投射出两条垂直光线。如果这两条垂直光线投射的时间间隔超过200毫秒，被试就看到两条相继出现的光线，它们是一先一后静止不动地出现在银幕上的。如果两条光线之间呈现的时距很短，例如30毫秒，被试者看到两条连续出现的光线，也是静止的。可是，如果呈现的时距适当，即两条光线先后在60毫秒的间隔时间出现时，那么被试就看到一条光线从一处向另一处移动。如果先呈现A线，后呈现B线，则看到一条光线从A向B处移动；如果先呈现B线，后呈现A线，被试就看到该光线从B处向A处移动。问题就在于，原来是一先一后呈现出来的两条静止的光线，为什么在一定条件下（时距60毫秒）会知觉到单线移动的现象呢？它们把这种现象叫做"似动现象"，其实是一种错觉。这种错觉，如上所述，厄伦弗斯认为是一种新的元素，而冯特则说它是后象的重叠。实际上，电影就是利用静止的图片加以快速投影成活动画面的，只是没有做出心理学的解释。韦特海默解释说，"似动现象"是一种趋向完满的知觉结构规律，即一种格式塔，也就是厄伦弗斯说的"形质"。德文"Gestalt"含义很多，我国心理学书一般用音译，即"格式塔"，也有译成"完形"的。后一种译法是考夫卡同意由铁钦纳译成"完形"这一用语的，比较符合德文原意。所以说，格式塔或完形心理学是由似动现象，即研究知觉起家的，在知觉方面做出了很重要的贡献。

我们已知道，厄伦弗斯说，正方形不是四条直线相加的和，它包含着比由四条相等直线所组成的要有更多的东西。格式塔心理学家则由此概括为："任何整体大于它的各部分之和"的原则。然后将这一原则应用于研究知觉，从而得到一些知觉组织的原则和规律。

例如图形和背景的规律，这是我们已知道的由鲁宾的双关图提出的规律，格式塔心理学家把它作为知觉心理学中的一个普遍原则。比如，我们阅读书刊或小说时，由于原来阅读的文字（图形）随着故事情节的发展会变成背景；原来是

背景的会变成图形。阅读过程就是在这种图形和背景之间不断转换的知觉过程。

类似性原则。互相类似的部分容易组成整体，如下图所示：看起来圆形和圆形在一起，方形和方形在一起，这就是圆形和圆形类似、方形和方形类似的缘故。

接近性原则。这就是说，某些事物或事物的各部分彼此在时间或空间上连接得越密切就越被知觉为一个模型。

闭合性原则。刺激的特征倾向于聚合变形时，即使期间有断缺处，也倾向于看做闭合而完满的图形。如画一个留有缺口的圆圈，看的人往往忽略其缺口而仍视为完整的整体。

这类知觉现象相当多，如今普通心理学的知觉章节中有许多介绍，基本上都是按格式塔心理学的组织原则来解释的。这个学派就是从知觉研究意识，形成格式塔心理学体系的，而且意义深远。

顿悟学习

格式塔学派的创始人之一苛勒，出生于波罗的海省。5 岁时，他家搬迁到德国北部居住。年轻时他曾先后在杜平根、波恩和柏林等大学学习，1909 年取得学位。1913 年他受普鲁士科学院邀请到非洲喀麦隆的特纳利夫岛研究黑猩猩。经过 7 年的实验研究，于 1917 年出版了名著《人猿的智慧》，提出顿悟学习理论。1920 年他回到德国，1921 年任格丁根大学教授，1922 年任柏林大学教授，直到 1935 年因希特勒政权迫害知识分子和犹太人而移居美国。1958 年被选为美国心理学会主席。1967 年于美国去世。

苛勒的顿悟学习是反对桑代克的尝试错误学习理论的。他认为桑代克设计的实验环境太复杂，动物难以观察到环境的全貌，只得依靠一次一次地尝试错误才偶然获得成功。他自己设计的实验不是这样，而是尽可能地让动物能看到实验环境的全貌，使被试动物能通过观察全貌而得到领悟。例如：

实验一：他把用绳子绑住的香蕉放在笼外猩猩看得见但手够不着的地上。绳子的另一端拉进笼内放在显眼处。实验证明，猩猩经过片刻踌躇，就能拾起绳子拉进香蕉。苛勒解释说，这种问题情景，动物是容易作为一个整体解决的。

实验二：在上述实验中用绳子绑住香蕉的两旁，按相同方向再放下几条绳子拉进笼内，但在笼外的绳子那端不绑住香蕉，只放在香蕉旁边。实验证明，在这种情境下，猩猩不能立刻清楚地识别去拉先前已绑住香蕉的那条绳子。苛勒解释说，这是猩猩不可能立刻完全清楚地看出整体情景的内部结构所致。

实验三：将香蕉放在一个篮子内，篮柄用绳绑住，绳子穿过树枝下的铁环把篮子吊起，让猩猩看得见，但它伸手够不到空中的香蕉。绳子另一端用活结套在一根树杈上。如图（1）所示。实验的用意是希望猩猩松开绳子将篮子放下取得香蕉，如图（2）所示。实验结果是，一只最聪明的黑猩猩苏丹也只能用力猛拉绳子，在绳断，篮落的情况下取得香蕉，如图（3）所示。达不到实验者的预期要求。苛勒本人也不解其原因何在。

实验四：香蕉仍放在笼外，笼内还放了几条中空的竹竿。每条竹竿都够不到香蕉，只有两条竹竿连接起来才能达到香蕉取食。这样，猩猩必须在两条竹竿之间发觉全新的关系。做实验的苏丹经过几次行动都失败了。有一次，它把竹竿尽量往前推，再用第二根竹竿去推第一根竹竿，直到第一根竹竿接触香蕉。苛勒称这是"有益的尝试"，他的意思是朝着这一方向试验是对头的。结果是，苏丹花了一小时的试验也没有成功。以后苏丹玩弄竹竿，突然解决了问题。当时，苛勒并不在场，下面是看守人员报告，苛勒记下的记录：

起先，苏丹漠不关心地蹲在箱子上（箱子在笼内），然后，它站起来拾起两根竹竿，再在箱子上坐下，茫无目的地玩弄竹竿。当这样玩弄的时候，碰巧它发现自己两只手上拿着的细竹竿能连接成一条直线。它把一条细小些的竹竿推进另一条粗大一些的竹竿开口端。本来它是侧身向着笼栅的，这时，它猛地跳起来冲向箱子，开始用连接起来的竹竿去取香蕉。我呼唤主人，就在这时，苏丹的竹竿又脱开了，因为它把两条竹竿连接得不好。于是它再一次把竹竿连接起来。

接着，苛勒写道：

在以后的一些实验里，甚至有些不合用的竹竿混合在竹竿中时，苏丹也能没有困难地解决问题。因为它能不去尝试那些不合用的竹竿，直接去取合用的竹竿。

以上实验，苛勒把它们归入利用工具的实验。下面再举两个制造工具的实验。

实验五：放香蕉于笼外，笼内放着一条有裂缝的木条。由于木条比笼子栏栅的间隙宽，猩猩能沿裂缝用嘴咬去一些木料，用变窄了的木条取来香蕉。实验证明，如果木条没有裂缝，猩猩就不能制造出合用的工具。

实验六：苛勒认为，这是一个最困难的实验。实验设计是：在笼子外较远处放着一个笨重的箱子。如下图所示。大箱子上捆死绳子，绳子上绑着香蕉。绳子以斜向拉到笼内。只有将绳子向放箱子的方向并沿着栏栅外边传递过去，使香蕉

和栏栅垂直，猩猩才能取得香蕉。

实验证明，在苛勒的 9 只黑猩猩中有四只猩猩——那拉、格郎特、基卡和苏丹最后能"用手接手的方法"把绳子传递过去，一直到能取得目的物香蕉才止。苛勒认为，要完成这个实验，必须"完全概览问题"的情境，而实验证明，猩猩是能达到这个水平，即"顿悟"的。他还认为顿悟不是任凭"桑代克说的经过尝试错误而偶然获得的成功"，恰恰相反，它是"完全概览问题"的结果。

以上六个实验，只是从苛勒的大量实验中取出几个用来作为说明的事例。经过许多实验之后，苛勒得出结论说：猩猩所表现的领悟，主要决定于它对情境在视觉上有所理解，甚至它时常过于依赖视觉来解决问题，在许多情况下，猩猩往往为了领悟而停止活动。也许这只是由于情境的结构过于复杂，非它的视觉所能理解。因此，如果我们没有一种明确的格式塔理论作基础，对于猩猩的一切作业，就很难给予满意的理解。他认为，这个理论及其实验的优点是，可以应用于对不能说话的儿童心理的质的测量。它比那些从事于"量的测量"的教育心理学具有明确的科学上的价值。

心理发展

考夫卡出生于德国柏林，年轻时就在柏林接受教育，他对哲学和科学都有兴趣。1903～1904 年间他在柏林大学斯图姆夫指导下获得学位。1910 年他和苛勒一起在法兰克福大学，由舒曼教授推荐给韦特海默当似动现象实验的被试，开始了三人长期的协作研究，形成了格式塔心理学学派。1911 年考夫卡开始在格色大学工作，第一次世界战争时期他在格色的私立精神病医院从事脑损伤和失语症病人的研究。1921 年他出版《心之生长》，这是一本关于儿童心理发展的著作，其中介绍了苛勒关于黑猩猩的顿悟学习实验，并借以批评桑代克尝试错误的学习理论。1924 年他去美国，并先后在康乃尔大学和威斯康星大学受聘为教授。1927 年任斯密执学院教授，一直到 1941 年去世。

考夫卡和行为主义者一样把学习成就看做心理发展，只是在如何发展上和行为主义的观点显然不同。他以从前杜威使用过的，行为主义也经常使用的"儿童和烛火"的事例来分析。他说，行为主义和桑代克都以为，儿童最初见到烛火便兴奋地去抓它，以后由于手被灼痛，而引起躲避反应。桑代克和华生都解释说，那是对烛火的视觉和抓的反应动作发生了连接之故。考夫卡则说，显然，这中间是因为"知觉场"发生改变而改变的。设想，烛火同样是烛火，儿童先抓后躲避，是之后的烛火在儿童心目中产生了新的意义。意义改变就是心理的改变和发展，这是用刺激和反应的公式不能解释的。由此，他强调说，学习是受相互作用的力所组织成的动力模式支配的。个人操作的场是内部和外部的力相互作用和积极活动的心理物理场。这种操作的场在物理场的基础上形成整体的行为、行为场或行为环境，它不仅包含当前的知觉，而且也代表过去的记忆和各种欲望、幻想以及未来的计划。为了说明问题，他举了一个具体的事例说：

一个冬天的晚上，有一个人在暴风雪中骑马来到旅店。店主人见到他，惊奇地问道："客官从何方来？"客伸手指着那冰天雪地的前方说道，从那边来。店主人惊讶地说道："啊呀呀！你不知道那是康士坦斯湖呀！"客听罢，立即惊死于地。

考夫卡解释说，这位客人惊死，就在于当时他的行为场起了作用。因为从格式塔的场论来看每个人的行为，必须通过心理物理场才得以实现。心理物理场包含有自我和环境两极。环境又分为地理环境和行为环境。地理环境是客观存在的经验，行为环境是主观行动的情景。当这位客人骑马过湖时，他意识中的行为环境是一个冰天雪地的平原地带，因而兴冲冲地骑着马过来了。等到店主人说出那是康士坦斯湖时，那原来的地理环境立刻就在他的意识中成为行为环境，于是就惊死了。当然，这是个荒唐的比喻。我们只能说，客观环境有时候可以受主观情绪的影响。这就是普通心理学中常常说到的"心境"。比如说，天气冷，心里热；心情好时，月亮也显得格外圆，等等。这种随着人的心境变化看待事物而有不同的感觉，是人们经常出现的心理现象。考夫卡夸大了这种主观心境的作用，显然是过分的，不科学的。关于心理场的问题，格式塔学派的同路人勒温有比较详细的说明。

格式塔学派同路人

勒温的思想倾向属于格式塔学派，但他的经历和学说则独具一格。勒温出生于德国摩角诺的犹太人家庭。1909 年在弗林堡学习半年，因不合自己的兴趣转到慕尼黑大学学习。1914 年在柏林大学获得哲学博士学位。在柏林大学学习时，除了学习心理学外，他还研究数学和物理学。后来，他曾离开大学到军队服役，以后又重返柏林大学。1921 年成为柏林大学心理学研究所的助手。当时，他和韦特海默、考夫卡比较接近，但不是一个正统的格式塔主义者。他认为格式塔心理学中关于心理活动的整体学说，对实际经验提供了最好的心理学解释。后来，他就是由此发展形成自己的心理学体系的。1922 年他受聘为柏林大学讲师，1927 年任教授。在柏林大学期间，他完成了许多关于联想和动机的重要研究，从而开始了他的场论的创建工作。1932 年他先到美国，作为访问教授在斯坦福大学讲学 6 个月，受到了欢迎，1933 年即定居美国。在美国各大学和研究机关进行了许多富有成效的教学、研究工作并完成许多著作，形成了他自己独创的场论和社会心理学。1947 年在美国去世。

勒温将场论作为他研究动机和人格心理学的理论基础，并借用数学和物理学的概念来解释心理学中的问题。他把人的心理活动看做是在心理场或"生活空间"发生的。生活空间由个人生活中的过去、现在和将来的关于一切事件的经验和思想愿望所组成。每个人的生活空间伴随着个体的年龄增加和经验积累而扩展分化。婴儿缺乏经验，他的生活空间几乎是一种没有分化了的机能，或者说只有很少的分化机能。成年人则经验丰富，生活经历复杂，他的生活空间分化成许多层次和区域。勒温认为，心理场是各种力的组织形式，客观事物在心理场中成为趋就或躲避的目标，因而具有积极或消极的价值。如果能吸引个体或者满足个体需要的事物，就成为个体趋就的目标，而具有积极的诱发力；如果客观事物对个体有损害或威胁，就成为个体逃避的目标，它就具有消极的诱发力，各种力之间的冲突形成不平衡的状态。个体行为就是由于各种力之间的矛盾和冲突形成不平衡状态而引起了紧张和移动，最后解除紧张恢复平衡的一种动力过程。这就是勒温以场论为理论基础的动机学说。下图就是一个简单的生活空间模式图。勒温认为，生活空间可划分为若干区域，各区域间有疆界相隔。个体要达到目标必须跨越疆界，由一个区域进入另一个区域，最后实现获得博士学位的目的。

关于人格心理学。勒温认为，个人的人格是由许多交织起来的层次形成的。其中，有些层次属于表层，他人可以观察得到；另一些层次在深处，不易接近。然而，两者都同样重要。例如，需要、理想、信念和目标以及其他心理活动等构成人格结构的多样化和复杂化，使一个人和其他人发生差异。有人层次多，各区域之间有较多的相互作用或相互关系。一个受过高等教育、经历丰富、能言善道的成年人，比起一个没有经验的孩子的人格结构区域和层次就分化得好得多、复杂得多。在某些情况下，表面的层次和深处的层次也可以发生相互作用。

在理论和研究方法的关系问题上，勒温认为，两者是一致的，研究方法应该根据历史的变迁和科学的发展与时俱进。他指出，当时在心理学中流行的方法还是古希腊亚里士多德时代遗留下来的前科学的研究方法，即分类法。分类法将研究对象进行分类，然后从各类资料中寻求数量上的关系，这样就往往忽视了对事物进行质的研究。他认为，这种分类法和数量统计起源于亚里士多德关于物理学的研究方法，它把对象划分为一般的群和范畴。可是，自伽利略以来的现代物理学把事物的总体看做一个连续体，连续体中每一变化着的事件，是和其他事件，既类似又是不同的，只要从中取一项事件就能代表其他诸事件的性质。这就和亚里士多德把规律看做以频繁出现的事件为基础的观点发生矛盾。从连续体的学说看，即使出现一次的事件也是合乎规律的。其实，这是勒温从场论延伸出来的，在场论中，他再三强调，个体的特殊行为必须从了解他的过去、现在和将来的一切事件、经验、信念和理想中去研究分析，只要对一事件进行认真、全面的定性分析，就足够确定同类事件的一般规律，并不必用形式上的数量统计，求出平均数之类的方法。勒温还把场论应用于遗传基因的显性和隐性表现上。他指出，在发生学上，一个人的形象，即可见的生理特征，是由显性基因决定的，它叫做"表现型"。此外，还有不表现出来的隐性基因的特性，它叫做"遗传型"。这两种基因虽然由父代遗传给亲子，但由于显性基因占优势，隐性的基因在外观上看不到，但并不是它们不存在或者不起作用。亚里士多德时代遗留下来的方法，只集中注意表现型，即事物的外观和表现。但从发生学和连续体来看，不是从事物的内容和外观，而是从它的机能作用，即看它们在做什么，而不是看起来是怎样的来研究事物的本性。勒温还用他的场论研究了社会心理学，下面举一个事例来说明勒温是如何从场论发展为团体动力学，然后才致力于研究社会心理学的。

原来，早在1927年柏林大学任教时，勒温的一位女学生齐格尼克在他指导下研究了关于回忆实验的博士生课题。她将实验的研究结果发表题为《关于完成任务和未完成任务的保持》的博士论文。实验前她让被试做12件工作，在事先不告诉被试的情况下，其中有半数被试必须完成的工作；其他半数则在实验中途停下工作。结果是，在32名被试中，未完成工作者的回忆量优于完成工作的人。根据统计结果，未完成者的回忆量高于完成者的两倍。她对该结果的解释是，未完成工作的被试，由于心理紧张未解除因而保持了更多的回忆因素，人们便把这一结果称为"齐格尼克效应"。一年以后，即1928年，勒温和另一学生继续上述的实验，但稍有改变。该学生在阻止被试的工作之后，在一定时间不加干涉而让被试自由活动，然后从旁观察被试是否试图去完成未完成的工作。实验的结论是发现"紧张的释放和效应的满足相关"这样一条规律。从此以后，勒温就专心于团体动力学的研究工作而形成了他独创的社会心理学。由于社会心理学方面这部分的内容将在第九章有所讨论，这里就从略了。

第六章
从精神分析到发展心理学

精神分析

弗洛伊德出生在今斯洛伐克的摩拉维亚一个犹太人家庭，父亲是经营呢绒的商人。4岁那年，由于营业不景气，他父亲带着全家搬到德国莱比锡，后来定居在奥地利首都维也纳。17岁时弗洛伊德完成大学预科学校学业后，入维也纳大学学习医学。在校期间，他兴趣广泛，除学习人文科学、生命科学和进化论等外，曾经解剖400多条雄性鳝鱼研究睾丸的结构。这项研究并无结果，却可能影响他以后对性问题的兴趣。在该时期内，他听过布连塔诺的课，做过生理学的实验指导。1881年他获得博士学位，1883年担任大学的无薪教师，1902年晋升为神经病理学教授。1938年纳粹德国入侵奥地利，弗洛伊德被迫流亡英国，第二年因口腔癌恶化死于英国伦敦。

弗洛伊德创立精神分析并非偶然。他的居处维也纳在19世纪末作为奥匈帝国的首都正处在物质文明和人欲横流的时代，而住在贫民窟里的大多数市民却生活潦倒，更受种种欺压，精神上的矛盾冲突引发出众多的精神神经病患者。作为医生，弗洛伊德处于这样的环境下，思考到自己应负的医疗责任和病人的需求，于是形成了一种特殊有效的治疗方法与理论：精神分析。

所谓"精神分析"，或称心理分析，实际上是一种情感心理学或称深奥心理学在精神病治疗上的应用。它起源于治疗和研究情绪紊乱、行为失常的病人——其病因在于意识深处的无意识作用——而得名的一个心理学学派。这个学派的产生发展是有其深远的社会历史背景的。

精神神经病的治疗和理论，古已有之。早在公元前古希腊名医希波克利特认为，这种被人们称为"圣病"，即癫痫病或羊角风的病因在脑，而不是魔鬼附身。这表明历史上早就存在关于精神病的两种对立的治疗方法，即生理学的和心理学的治疗方法。这两种对立的治疗传统一直到了 19 世纪的欧洲也是如此。就在 18 世纪末和 19 世纪初的维也纳，有一位名为麦斯麦（1734～1815）的医生，他用通磁术治疗这类病人。据说，人体中充满着可以随意识支配的动物磁液，将磁液从人体的这一部分转移到另一部分。如果人体中的磁液失去平衡，人就会生病。通磁术就是用来恢复磁液平衡的一种治疗方法，当时称为麦斯麦术。1774年麦斯麦的一个学生用通磁术治疗病人时发现，病人出现催眠状态。在这种状态时，病人安静地睡着，一动不动，约一刻钟后，他自动地起身走路、说话或做事，比平时还敏捷，只是神志处于昏睡状态，即进入"人工梦游"。梦游时，病人的行为任由医生指挥，但清醒时，梦游中的行为尽数忘掉，而原来的症状则消失。但是，后来这种治疗方法为江湖庸医所利用，舆论哗然！在此情况下，麦斯麦只得于 1778 年离开维也纳来到巴黎行医，曾一时名声大振。到了 1784 年法国科学院经调查决定，通令禁止使用通磁术。于是，麦斯麦回到维也纳。

过了近 60 年后，1843 年英国人白朗特（1795～1860）从生理学解释催眠状态，认为昏睡状态是由大脑前额叶引起的。他要求病人催眠前必须注意集中于某一物体的观念上，医生如果发现病人眼球摇晃跳动，则必须重新开始，这就是一种生理变化的病因说，并且得到学术界的认可。后来这种理论又从英国返回到法国。当时巴黎名医沙可（1825～1893）的理论就属于生理机能性病因说，他具有国际权威的名声。而当时的法国，对于催眠治疗最有贡献的是南锡乡村的医生李厄保（1823～1904）。在病人被催眠醒来，不能回忆催眠状态下所做的一切时，他和病人交谈，用引导和鼓励的方法使病人逐渐地回忆起来，这是一种心因性的理论和治疗方法。弗洛伊德创建的精神分析是在这两种对立方法的影响下选择了心因性的治疗和理论逐渐形成发展起来的。

1881 年弗洛伊德获得博士学位后，因经济困难在维也纳开设了一家私人诊所。此时，他结识了白洛尔医生。当时，白洛尔（1842～1925）是一位名医，弗洛伊德在神经学上也有一些名望，因而双方相见如故，经常商讨医术，交流临床经验和理论，第二年他们便联合开业。白洛尔有一女病人，叫安娜，她表现出瘫痪、记忆缺失、精神颓废、呕吐恶心以及视觉和言语的紊乱等歇斯底里症状。在催眠治疗过程中，白洛尔发现，安娜能说出一些特殊经验，而且说出之后，一些有关的症状也就消失。例如，安娜说起儿童时代见到一只狗用舌头在一个玻璃杯里舔水。从此之后她长期以来即使口渴，也不能喝水。在一次催眠下安娜向白洛尔诉说起这件偶然的事后，就能用玻璃杯喝水，和它有关的其他症状也随着消失。后来，把这种通过谈话吐露思想深处的经验而能摆脱一些症状的技术，叫做"疏通"，而把安娜和医生的这种关系叫做迁移或"移情"，这是精神治疗过程中一定出现的一部分事情。后来，白洛尔渐渐地意识到这种移情过程对医生十分危险，于是他停止了对安娜的治疗。

1885 年弗洛伊德有机会去法国向沙可学习。在学习期间，他观察沙可如何使用催眠术。在一次晚会上，沙可突然说起，有些病人的障碍经常有一种性基础，而且一定涉及生殖器方面的问题。弗洛伊德回国后，在治疗实践中发现催眠和疏通技术不能根治精神病，而且大约有 1/3 的病人不能接受催眠或者深度催眠。这样弗洛伊德又访问了南锡，采用了南锡的谈话法，使病人在觉醒状态下进行自由联想治疗。它的步骤是：让病人放松身心，躺在床上任意地和医生自由谈话。不管联想起什么都完全说出来，目的是使病人把压抑在意识中引起异常行为的原因清醒地记起来。这是弗洛伊德独创的，也是精神分析演进中的第一步。以后，再经过实践发现，越来越多的病人常常回忆起他（她）们童年时代许多和性爱有关的经验，这使弗洛伊德更加注意性爱和精神病因的关系。1895 年他和白洛尔合作出版《关于歇斯底里的研究》，书中包括有安娜在内的 3 个病例，和弗洛伊德关于精神病理学的一章等内容，它标志着精神分析正式问世。但是，该书出版后，非但销路不好，而且招来许多批评，其中和弗洛伊德过分地强调性是病因的那篇文章有很大关系，而白洛尔原本就不主张将它编入该书出版。为此，两人的友谊开始逐渐冷淡，直到最后分道扬镳。

1897 年弗洛伊德开始做了两年的自我分析，1900 年他将研究所得整理发表了《梦的解析》，该书介绍了对梦作自由联想的分析方法和梦的象征作用。这本书标志着他从精神治疗转向研究心理学的开端。以后，他不断研究治疗和写作，名声逐渐传开。1909 年美国克拉克大学 20 周年校庆，邀请他到大会上演讲。他带着两位得意门生荣格和阿德勒等到了美国，并会见了詹姆士、铁钦纳等著名心理学家，一时名声大振，表明国际社会承认了弗洛伊德及其精神分析。

人格结构和发展

从弗洛伊德的思想发展看，起初他似乎认为，人的精神生活包含意识和无意识的两部分。实际上，在他看来，意识部分并不重要，重要的是无意识，它是人类思想行为背后的内驱力。人的一切喜怒哀乐及其存亡都决定于无意识，尤其是无意识的性欲冲动及其种种变相的活动。此后，他还承认有前意识或先意识的存在，认为这种意识状态和无意识相比，较容易被召唤到意识中来。和上述三种意识的存在相适应，他又提出伊特（一般称为伊底或本我）、自我和超我三个概念。伊特是最原始的、处在最难接近的底层，但它极端有力量，犹如"巨大的深渊，一口充满沸腾刺激的大锅"，它"不知道价值判断，是不好的，不道德的"。它不考虑客观现实环境，只一味地直接追求满足。自我处在伊特和超我之间，协调自身和外界的关系，使伊特满足。自我和超我的关系，犹如骑士和马的关系：马提供力量，骑士指向要去的方向。超我则高居其上，是社会道德的代表，和伊特处在直接冲突中。如下图所示。

由于伊特充满着无意识的精神力量，即力比多，它一旦发作就引起张力，驱策无意识的活动，弗洛伊德把这种力的性本能活动叫做内驱力。这种内驱力引起的内部冲突和动机推动着人的心理发展。这就是以无意识的内驱力为理论基础的弗洛伊德的人格内部冲突和动机学说。由此可见，关于这个因内部冲突而引起心理发展的学说，是以生物学的性本能欲望为动力的。因此，弗洛伊德声称，他自己是一个决定论者，认为人的一切思想行为和情绪都有因果关系，都有决定的原因，决不例外。当然，这个最后的决定者无疑是性本能的内驱力。不过，他又认为，虽然内驱力是体内生来固有的，但也和外界环境发生关系，而这些关系又和人的年龄、性欲活动范围的变化相关。在5岁以前幼儿的性欲是盲目地为所欲为的，弗洛伊德称之为自恋时期。5岁以后，由于正在形成自我意识，逐渐知道现实不允许无限地满足欲望而采取了唯实原则，从而无意识地遵循该原则，经过许多发展阶段形成一个人的人格。每个阶段在心理上都存在着性欲本能和环境之间特殊的相互作用。通过下面的表格可以了解到弗洛伊德关于人的性心理发展和人格形成各阶段的基本思想。

弗洛伊德的以上说法，好像有些离奇，但不少父母认为，确有一些是事实，而且最终的目标却是积极的。例如，注意儿童早期经验，这是警告做父母的，不要错过教育的最良时机，否则，将对下一代的人生感到终身遗憾。其次，早期经验的不良影响是可以防止的，只要父母对孩子不娇生惯养，不放任是能够培养出理想人格的。再者，加强道德教育将人类的潜能充分发挥出来，使孩子走上正确轨道是可能的。最后，即使已经成为疾病，也是可以治疗的。不过，1909年弗洛伊德自美国取得声誉回国以后，精神分析的内部却发生了不测。由于意见不合，先是阿德勒于1911年离开他去经营自己的个体心理学。接着1913年荣格也自立门户去从事他的分析心理学了。虽然，弗洛伊德本人对此分裂并不在意，但在选择接班人的问题上，他最后只得选用自己的小女儿安娜·弗洛伊德出来就足够说明他心中的苦恼了。好在安娜没有辜负父亲的意愿，她从防御机制的研究，继承发展了父亲的自我心理学思想，并经过哈特曼形成了以弗洛伊德正统思想为主线的自我心理学体系。不过，这是后话，下面先来介绍一下阿德勒和荣格的情况，然后再说说新精神分析的心理发展观。

内外倾性格

荣格原是弗洛伊德的得意门生，1911 年他们曾一起筹备精神分析的国际学会，内定荣格为主席。当时的精神分析家多数是犹太人，唯独荣格是瑞士的非犹太人。单就弗洛伊德推荐他为主席这一点看，荣格是多么受到弗洛伊德的器重！但是，就在 1913 年召开国际精神分析学会的那一年，他们之间发生了意见分歧，从此荣格分裂出来，形成他自己的分析心理学。其实，荣格心理学的倾向和弗洛伊德相比是基本相同的，只是在性格类型上，荣格有他自己的独创。

首先，荣格把意识定义为：人心中能直接觉知到的部分，它可能在幼儿期就能运用直觉意识来辨别和确证父母、玩具及周围的事物。他指出直觉意识有 4 种功能和 2 种倾向。前者如思维、情感、感觉和直觉。后者为内倾与外倾。两相搭配即成为 8 种不同类型的性格及其特点，如下表所示：

荣格认为，以上 8 种类型只是理论上的，实际生活上常常以混合型形成一种个性化的性格或人格。个性化就是在心理发展上逐渐变成一种独立的、不可分的统一体或整体。个性化的目的在于尽可能地充分认识自己，或达到一种自我意识。所以个性化和意识是同步的。通过个性化产生出新的要素，即自我。自我是自觉意识的结构，它由自觉、知觉、记忆、思维和情感组成。任何观念或体验不被自我承认或意识到就不能进入意识；那些未被自我选择而意识到的体验和观念就被存储在个人无意识内。自我意识保证了人格的同一性和连续性，自我和个性的关系非常密切，它们协同发展形成一个独特的人格。自我意识的选择性又决定于性格类型。一个思维类型的人对情感方面不如思想方面的东西容易意识到和个性化。只有一个高度个性化的自我，或允许较多方面的东西成为意识。为此，他提出如下的心理发展阶段论：

童年期，即从出生到青春期。从出生到最初几年间意识的结构不完整，一切活动几乎完全依赖父母。到了后期，由于记忆发展和个性化而自我意识逐渐形成，儿童开始摆脱对父母的依赖，而开始走向独立生活。

青年时期，即从青春期到 35 岁左右。这是个体心灵巨变时期，那是因为面临学习、成家立业的处境，而心理因素又不够成熟，引起内心的种种矛盾，常常陷入盲目乐观或盲目悲观的境地难以解决。为此他鼓励人们必须努力培养自身的坚强意志力，以促进内心世界和外部环境的一致，来保证自己能争得一席立足之地。

中年时期，即从35岁到老年期。人到中年，虽然在家庭、事业和社会地位上都有一定建树，有的甚至取得显赫的成就。但往往有人会恍惚感到失去了什么，品尝着人生的空虚和苦恼。荣格称之为中年期的心理危机。他鼓励人们通过沉思冥想，力求充实内心的能量，由外部适应转向内部适应，体验自我的存在。

老年期：老年恋旧，犹如儿童沉浸于无意识中，常常追忆往事，并为安排后事，度过晚年而考虑，有的甚至在无意识地为来世生活而祈祷。

个体心理学

阿德勒出生于奥地利维也纳郊区的一个富裕家庭，幼年身体孱弱，4岁才能走路，5岁患肺炎，长大后决定学医。1895年在维也纳大学获得医学博士学位，成为一个眼科和内科医生。从1906年开始他参加弗洛伊德的每周讨论会，从此追随弗洛伊德。后来由于他轻视性本能而强调社会因素，于1911年被弗洛伊德开除。1912年阿德勒在《精神病的组成》中表明了自己的立场，并把他自己的体系定名为"个体心理学"，创办了这个学派的机关报《个体心理学杂志》，1935年移居美国。由于阿德勒的个体心理学接近现实生活，比较容易为人们所接受，很合讲求实际的美国人的口味，所以，他在美国的影响很大。新精神分析的社会文化决定论思想就是在他的思想影响下发展起来的。

阿德勒受尼采生命哲学中"权力意志"理论的影响，认为人人都有追求优越于他人的欲望。但是，人往往都有缺点：如有天生器官缺陷的人，由于身体缺陷而产生自卑；没有这种器官缺陷的人，也由于人类儿童十分孱弱，需要大人长期抚育才能成长，从而生来就有自卑感。为了克服自卑，超越他人，每人都假设有一生活目标并以一定的生活方式来实现他的生活目标。一个人的人格就是在采用某种生活方式以实现他的生活目标过程中形成发展起来的。为了克服自卑感，他告诫父母必须引导孩子设置正确目标，培养孩子和他人合作的兴趣和能力，就能使孩子从小获得一种超越常人的成就感而形成健康人格的优越性。相反，如果娇生惯养，教育不当，那么，孩子就会懒惰、畏缩、胆小怕事，无能力与他人合作，甚至以敌意的态度对待他人。凡此情况则会产生一种自卑情结，从而导致疾

病或者形成不良的人格。为此，他强调家庭教育的重要性。他一再指出，如果家庭娇生惯养，为家庭的生活方式所束缚，孩子不会与人合作。这样的孩子一旦离开家庭，处在无亲人照顾的情况下时，一切麻烦的事就开始接踵而来了。他警告父母，出现这样的情况后，做父母的不仅要关心孩子害怕的原因，还要关心孩子害怕的目的。因为所有被宠坏的孩子害怕某种东西，是利用害怕来吸引大人的注意力的。这种害怕情绪就成为他生活方式的一部分，以便达到重新受宠的目标。同样，学校教育是家庭教育的继续，并且随着社会的生产方式而变化，学校的性格教育是寻求社会生活中增加合作程度的方法。他语重心长地说，当教师不是为了钱，是为了人类利益而工作，要意识到教师工作的重要性，要训练学生的合作能力。孩子没有合作能力，一旦遇到问题就不知道如何应付才好。因此他再三叮嘱：决定一个人的并不是他的环境，而是他对环境的估计，这种估计能力的培养则要靠教育。天才是人类中最能合作的人；罪行是懦夫错误地模仿英雄行径的表现。

和荣格相比，阿德勒的心理学虽然比较重视社会的生活方式对人格形成的影响，而有别于弗洛伊德，但是，在以生物本能为人格形成的最后决定因素这一点上，他们三位都还是一致的。

自我心理学

哈特曼早年曾在维也纳精神病学会和安娜·弗洛伊德一起工作过，是学会的助理，他的主要贡献是发展自我概念。弗洛伊德父女都把自我依附于本我，缺乏自我的主动性。而哈特曼提出"未分化的基质"这一概念，把本我和自我都看做是发生于这一生物学先天基质的机能，从而改变了自我的原来性质。"基质"：一方面分化出本能驱力，即本我；另一方面分化出自我装置。自我装置的机能具有自主性，即适应机能，例如知觉、记忆、语言和各种动作的成熟和发展。这样一来，在发生学上自我就摆脱了附属于本能的地位，使自我独立于本我。通过基质的分化，自我和本我同时各自产生一种机能，使本能内驱力和自我适应机能发生平行关系。从而使心理动力和心理过程的关系一致起来。例如，哈特曼指出，出生后3个月的婴儿饥饿时，能把饥饿感和记忆中的满足痕迹联系起来，用哭声召唤母亲。这就是说，新生儿基质的分化，使原来无目的的哭声变成有目的的哭声，饥饿成为适应过程的动力，发挥了自我机能的自主性。

哈特曼还把自我适应看做机体同环境相互作用的过程和不断连续的运动，机体通过运动既可以改变环境来适应自己，也能调整自身以适应环境，保持自身和环境的平衡。不仅如此，自我的适应机能还能够保持本我和各种内驱力之间，即本我和自我、超我之间以及本我和自我之间这三个方面的平衡。由此可见，尽管哈特曼的自我心理学保留了弗洛伊德人格结构的基本框架，却突出了自我的自主性，使弗洛伊德人格结构中的本我、自我和超我三者的冲突论变成为三者平衡的理论。1939 年哈特曼发表《自我心理学与适应问题》，这本书的出版标志着自我心理学正式建成。以后，虽然经过 20 世纪 40、50 年代的一些精神分析学家的推动和发展，但多数人只在儿童的自我概念发展方面有所贡献，将自我概念贯彻到人生全过程的只有艾里克森。

儿童的认知发展

皮亚杰出生于瑞士的纳沙特尔，自幼喜爱动物，15 岁时，他已因研究出生地附近的蜗牛等软体动物为人们所知。1918 年获得自然科学博士学位。他对哲学、逻辑学和心理学都很感兴趣，1918 年他还在苏黎世大学荣格的指导下研究弗洛伊德和荣格的精神分析。不久他到巴黎，1920 年在智力测验量表创始人之一西蒙主持的比奈实验室当助手，研究儿童心理学和负责管理比奈档案的工作（关于西蒙和比奈智力测验量表等情况分别见本书第七、八章）。1921 年皮亚杰回到瑞士担任日内瓦卢梭研究所主任，以后历任纳沙特尔、日内瓦和巴黎等大学教授，以及各种学会组织的负责人。皮亚杰是 20 世纪从儿童心理学的认知发展研究到人类智慧发生认识论的创建者。他从胚胎发生学开始，研究每一年龄儿童心理的个体发生发展，以致各种科学的发展史，将生物学、心理学和逻辑学统一起来研究人类认识的发生发展史。他用心理学的实验方法论证和阐述人类知识和智慧的发生发展问题，取得了巨大成就和贡献。

关于儿童认知发展的 4 阶段论：

感知运动阶段。从出生到 18～24 个月，是智慧的萌芽时期。由动作活动开始，到协调感觉、知觉和动作间的活动。最初婴儿只能有一些感觉，不能将这些感觉和外部事物联系起来形成形象，如伸手抓玩具。以后通过吸吮、移动、摇动、敲击和扔东西等活动渐渐地获得新知识和经验，开始存储一些心理形象。到一岁末期婴儿能觉察到：藏在帽子底下的小玩具，虽然看不见了，但它还是存在着。

前操作阶段。18～24 个月到 6、7 岁，能说出电报式的双词句，具有表象思维能力，但缺乏可逆性。例如，将 5 颗纽扣串在一起，和把它们散开放，5 岁的儿童认为，散开的纽扣比成串的纽扣多。将同样多的水，倒进宽大的玻璃瓶，和倒进细长的玻璃瓶内，他们会说，容量大的瓶中水更多。

具体操作阶段。7～12 岁，出现逻辑思维和零散的可逆运算。但一般儿童，只能对具体事物和形象进行运算。例如，对同样多的水倒进大小不同的容器内，他们说两个容器内的水是同样多的。主要原因在于，这时候的儿童已经学会算术。皮亚杰说这是有了"守恒"概念。

形式运算阶段。12～15 岁，能在头脑中将形式和内容分开，思维能超出感知的具体事物或形象，进行抽象的思维和命题运算。

关于发生认识论。这也是皮亚杰的独创，其特点是将儿童心理和人类的科学认识史联系起来研究。认为人的认识来源于动作，动作既是感知的源泉，又是思维的基础；认识是连续不断构成系统的心理机制，它翻译和调节着人的认识活动。他说：

心理学在科学家族中占有关键性地位，在科学之林中心理学在不同程度上和其他的每一门科学互相依存。它依存于其他科学，相反，在不同的方面，其他科学也借助于心理学。

在他看来，任何科学，总是通过人的活动和认识才形成发展的。人应用科学知识技术去认识某一科学对象，发现规律，而该科学的形成发展则打上了人的心理学发展的烙印。科学越进步，人的认识能力越深刻，越能推动科学发展；人的心理智能也就愈加深入科学体系的认识并留下痕迹。然而，皮亚杰在科学知识、思想意识和意识心理的关系上，只是从理论上做了一些论述，而维果斯基则更加具体地从文化历史方面来阐明人的心理发展。

人的高级心理发展

维果斯基是苏联文化历史理论的创始人。1917 年他毕业于莫斯科大学法律系和沙尼亚夫斯基大学历史哲学系。1924 年应科尔尼洛夫邀请，他来莫斯科心理研究所工作后，对人的高级心理发展提出了文化历史理论，为发展心理学做出了具有历史意义的贡献。他的文化历史论从人类的种族和个体的心理意识发生发展两个方面论证了其基本观点。

从意识的种族发生学上说，维果斯基指出：首先，意识是人类文化历史的产物。例如，原始社会的侦察者在路旁做记号，起先是为了给本部落其他人标明道路的前进方向。然后，才成为指路标，成为自己和别人心理过程的标记。在这里，首先是做记号，即在改变了外部环境的同时，也改变了自己的心理和行为。然后，通过交往和交际，记号成为人们之间的中介，成为人们双方的共同机能。因此，他做出结论说，人的心理、意识，从发生学上说，就是人们在交往过程中以记号，尤其是以言语为中介的文化历史的产物。也就是说，每一新的心理过程结构，最初总是在外部形成，而后"转向内部"成为内部过程的结构。只有这样来理解人的心理、意识，才能克服把意识作为封闭在自己孤立的精神世界内的主观心理学的缺陷；同时也克服了把人和动物的心理等同起来的缺点。

其次，意识是以言语为中介的意义系统。例如，以原始人结绳记事为例。结绳这件事之所以成为中介识记的过程，并不是结绳这一动作本身固有的，而是结绳的意义实现了记忆功能。因为结绳或做记号是标记意义的，是某一事物的代理者。当人们见到事先打好的绳结，就会记起这个结子所代表的那件事情或那个物体。词是意义的基本的典型形式，词的意义反映着人类对现实事物现象的概括，词是有意的，没有意义的词是不存在的。但是，词义本身不是心理事实，只有以词义为中介的对世界的反映过程，才是心理过程，即心理事实。例如，人不仅看到某种直角的、白的、围有线条的东西，不仅看到一个整体、某种完整的形象，而且看到一张纸、纸张。纸张是通过感性反映过程引起过去活动中得到的事物经验和意义所意识到的。不认识纸张的人，就不具备这种意义。他知觉到的，只是直角的、白的某种东西，而不是纸张。因为纸张是知觉不到的，纸张是由知觉折射出来加以概括了的意义这一反映过程的产物。人的意识就是在以这种意义（纸张）为中介的心理反映过程中形成起来的。

再者，人的意识结构是以意义系统为中介的，是各种心理过程结构之间相互联系的机能系统。维果斯基认为，词的意义不论何时都不是仅仅指出一个个的个别事物，它总是和标记它的一定系统相关联。这是因为人类社会文化包括语言、科学等有思想形式和精神形式的意义系统。当人类个体占有这一意义系统时，就成为他的个体意识。所以，个体意识按其本性说，是社会化的。例如，"三角形"是几何学的问题，只有关于三角形的意义概括成为我的思考、理解和认识它的时候，也只有这个时候的反映过程才是心理学的研究对象。心理学研究的就是这种科学概念或者社会意识是怎样成为个体意识的心理反映过程的。

最后，人的意识，不仅只是理智方面，还有情感、意志方面。因为人的意识是社会中具体人的意识。它反映的不只是个人视野内的狭隘经验，而是全人类的经验通过个人的言语反映出来的。词义中反映出来的现实意义，比个人的直接印象反映得更深刻、更完满。再者，个人所体会到的意义系统是科学研究所得到的客观规律，它根据自身的理解支配着个体的心理行为，从而获得行为的自由和必要性的特点。当然人对自己的行为意义的意识，有时是模糊的，有时还意识到自己的情感、恐惧和动机。它们构成了非常复杂的各种各样的心理过程结构，这些复杂的结构相互联系成为动力系统。所以人的意识是既相对稳定，又经常变化着的一种机能系统。

从个体的心理发展看，维果斯基认为，儿童的心理发展是从社会化向个体化的进程实现的。他说，我们发现，儿童一开始说话，就是为了和别人交往。因为，儿童的言语来自社会、家庭。儿童的自言自语只是儿童言语发展过程中，从外部言语向内部言语过渡的一个中间环节，它本身也是社会化了的。他说：

按我们的意见，当儿童开始自言自语时，也就是在进行着原来他和别人说话一样，他自言自语地想象到当时被迫使他说话的情景才说话的。

接着又说：

从外部言语向内部言语，从社会的言语向个体的言语，包括独自的言语思维的过渡。

所以，维果斯基认为，儿童思维发展过程实际上是从社会化向个体化来实现的，而掌握历史上形成的知识是儿童心理发展的动力。他说，人类意识是在文化历史发展进程中先掌握记号、符号，后掌握意义系统的词和概念而形成。儿童心理发展，即个体心理发展就是以掌握词的概念形式及其知识体系的过程为发展动力的。这是因为，言语是自我调节的手段，儿童在掌握语言意义的同时，也发展了心理意识。最初，儿童说话中的词义概念水平很低，但由于在和成人交际中"客观具体对象的一致性而发生名称之间的交换"，使成人和儿童能够对同一个词产生同一意义的思想交流。但是，儿童和成人对词的概括水平和意义的理解程度又是有所不同的，所以，儿童的言语、词义的发展就是要经过长期实践的言语交际才能逐渐掌握意义，掌握调节行为及其心理、意识发展的规律。当儿童成长进了小学后，以学习活动为主导，儿童的心理发展就会具有特殊的方式与趋势，从而提高了心理水平。

第七章

人格心理学

人格的特质

奥尔波特出生于美国，是美国早期行为主义者霍尔的学生。霍尔是詹姆士的学生和哈佛大学詹姆士讲座的继承人。霍尔深受詹姆士思想的影响，也接受冯特及铁钦纳构造心理学的思想。奥尔波特和詹姆士都把自我和人格当做同义词应用，表明了他们三代人之间的思想联系。1922 年奥尔波特在哈佛大学获得博士学位，他一生中除了出国留学外，长期在哈佛大学任教，是一位真正的美国人格心理学家，是美国第一个开设人格课程的人。他把自己的心理学称为个体心理学，把人的个体性看做个人的和唯一的，提出"机能自主"概念。1946 年哈佛大学成立社会关系学系，他担任了该系的系主任。这个系是由哈佛的社会心理学家、文化人类学家和实验的社会学家建议将原有的临床心理学、社会心理学和文化人类学合并成的。武德魏斯称奥尔波特为"一大群正在竭力建立一门人格科学的现代心理学中一个突出的代表"。奥尔波特的人格理论还包含有行为主义、格式塔心理学、精神分析等学派的思想和心理测验、因素分析等心理学研究方法的成就。他的人格心理学要点大体如下：

奥尔波特把人格心理学研究的对象，即个体，看做是一个独特的、有组织的整体，研究这个独特体怎样产生是它的任务。他批评实验心理学只研究心理过程的一般规律，不研究个体整体的独特性；批评差异心理学只追求个体的各种能力，忽视对个体整体本身的认真研究。他认为，精神分析把人们的本我、自我和超我看做同一的，没有差别的，也忽视独特的个体。他以为，格式塔心理学重视心理的整体性，为人格心理学开辟了研究道路，但尚需认真具体地研究。为了弥补以上各种心理学理论的缺陷，他把自己的个体心理学称为人格特质论。

关于人格特质论。他认为，个体的独特性在于各人的特质，并定义特质为：具有能力的神经心理结构，表现为个体独特的特征，个体之间的这些特征是不能比较的。因为：在个性的心理结构上，特质最能反映个性含义，是一个人行为倾向的决定者。特质具有指挥个体行为的潜在能力，是一种个性的心理结构。在发生学上，特质是从原初的特殊动作到一系列有关活动的概括，是自我保存的行为潜力。它和动机有些共同的起点，即表现为一种指向性。特质还和态度相似，只是不包含价值，也没有参照的对象。在表现形式上，有某种特质的人，即使在变化了的情境下也有相同的反应。例如，一个有"友好"特质的人，在遇到陌生人，与人共事，访友或约会等行为中都表现出愉快、欢迎、有趣和开朗。这就是说，在任何情况下他都会始终如一地表现"友好"这一品质特征。奥尔波特把特质分为个人特质和共同特质两大类。根据特质影响个体行为的程度不同，他又把个人特质分为三种：主要特质，它支配个性，影响个体的所作所为，如上述的友好特质。中心特质，它不是个性的支配者，但对具体行为起决定作用。如果一个人有 5～10 项中心特质的行为表现，就能通过这些表现描述出一个具体的人来。次要特质，它的影响范围比较狭窄，只在特殊情况下表现出一种倾向，如对上司谦让，对别人就不是这样。关于共同特质，是由于同一地区的居民，在共同的自然环境和历史文化影响下形成的。这可以在不同文化背景的人群中通过心理测量统计，归纳出某些群体样本的平均值得到确定。

关于研究方法。奥尔波特提出两种方法：一般规律研究法和个案研究法，后者也叫特殊规律研究法。他不太主张用测验统计的一般规律研究法，认为测验统计得到的离散资料和分数不能恰当地描述共同的人格。他采用的主要是人类学的观察法，资料来源于医疗诊断和各种社会调查研究的记录。他还推荐人们采用个人的书信、日记、谈话、书法，乃至步态等运动形式来研究人格。

关于人格的机能自主理论。"机能自主"是奥尔波特独创的概念，是一种个体适应机制的特性。他认为，人格是一种动态的、有连续性的心理结构。在这一结构中个人的体格、智力和气质是人格的建筑材料。在发生学上，这些建筑材料是决定性的因素，环境对它们的影响不大。但是，只要它们和环境发生了相互作用而形成一种适应机制，就产生最高的效果，并在个体的每一活动中都有所表现。因为这种适应机制形成后在机能上是自主的，适应机制的机能自主性，独立于原初发动的内驱力。在他看来，内驱力只和行为动作的最初原因发生关系。例如，所谓的吝啬鬼，多半是由于早年生活养成的节俭习惯，如今成为吝啬的。这和他过去为了活命省吃俭用，积蓄钱财时的动机不能相比；后者是一种习惯了的机能自主性动作。再如出于对工作的热爱而昼夜忙碌的天才，也由于在机能上早已养成一种自我存在的自主涵义，而成为壮年期必需的特质。因此，他认为，期待或忠诚于工作都能加速自主兴趣的培养和成长。

从自主动作表现出来的性质看，奥尔波特认为有两种自主动作的水平：一种是最简单的自主动作。这是一种持续的、没有任何原因或结果的动作。它不包含价值，也没有参照对象。例如，说话时的一些零碎动作和姿态，如手势、微笑、口头禅、唉、呵、这个……它本身无意义，是无意识的动作。另一种是私有的自主动作。这是一种自我表现和自我保存的手段，如兴趣、情操和围绕着价值组织起来的大部分行为动作。但一些行为动作永不能成为自主性动作，如内驱力，它可以使行为指向一定趋向，但没有一种内驱力能成为自主行为的生物学基础。因为它不能形成内在结构，而只是强化的产物，离开强化就不存在，即不能自主地存在。

关于人格发展的阶段论。奥尔波特把统一的人格核心称为自我统一体。这是指个人在生长和发展过程中对自我意识的体验。他认为，人格发展就是自我统一体的形成过程。按人格形成发展和自我的进展，他把人格发展分成八个阶段。第1年：婴儿通过感知，体验自身的存在；第2年：开始有自我同一性的意识；第3年：有自尊的意识；第4年：有自我扩张的意识，即知道某些物体属于自己，而扩展了自我意象；第4~6年：自我意象形成，即形成超我和良知，能运用正确和错误这类概念；第6~12年：形成理智运用者的自我，有推理和逻辑思维以及解决问题的能力；第12年至青春期：形成自我统一体，追求未来目标，组织自己的生活；成年期：形成认识主体的自我。

特质的因素分析

卡特尔·R. B. 是美国心理学家，人格特质（因素）理论的主要代表之一。他出生于英国的斯丹福郡，1921年入伦敦大学学习物理学化学，1924年获得化学学士学位。由于他目睹了第一次世界大战所引起的一些社会问题，转而学习心理学，于1929年获得伦敦大学博士学位。在这里他的指导老师是著名的心理学和统计学家斯皮尔曼，因此他对统计分析深有体会。获得博士学位后，卡特尔在精神治疗所工作时也受到精神分析的影响。这些影响对他今后的研究工作都产生了很大作用。1937年由于桑代克聘请他到哥伦比亚大学做研究助理，从此他长期侨居美国，先后在哈佛、克拉克等大学任教和工作。

卡特尔从本能决定论出发把人看做是一个能量系统，能量的紧张和消长产生行为。他把能量发泄出来的特质看做构成人格的砖块，而特质总是表现为两极化的行为特征。他把自己研究发现的种种特质，归结为 16 种资源特质作为人格的根本属性。其他特质都是资源特质的不同表现。他的人格理论就是通过这种因素分析法建立起来的。因此，他十分强调理论和方法的一致，而他的特质也就是因素。其心理学理论主要有以下方面：

在研究对象和任务上。他认为人格心理学要研究人格结构中的特质，研究特质之间的关系及其推动力，以推动和预测行为。在他看来，人是一个能量系统，能量也就是行为的一种推动力。个体体验到能量紧张引起动机，并经过能量转换和减除张力而取得平衡的过程，就是行为。任何行为总是合理的，可以从人格或动机的结构进行研究，以达到预测行为的目的。

在研究方法上。他认为人格是众多特质（因素）的结构，必须采取多变量的实验方法，不同意冯特实验室传统的双变量实验法。人既然是个多因素结构，用双变量实验，则实验者控制自变量，观察被试的因变量，这就必然把一个整体的人格分成许多碎片，而失去整体人格的完整性。他赞同精神分析的临床个案诊断法，因为这种方法可以保持人格整体的完整性。但是精神分析的方法并不科学，必须创造出符合多因素人格结构的因素分析法。

关于人格结构的因素分析。卡特尔的人格理论是人格结构学说和因素分析法的统一。他认为理论和方法是一致的。传统的实验心理学家视心理为元素的堆积，因而将心理状态还原为最单纯的元素加以实验，脱离了实际生活而受到非议。他说，其实人格的整体是由其表现为行为特征的特质构成的。例如，每人的认识能力、情感情绪和意志行动都通过各种行为特征表现为各种整体的人格。关于这些特质可以从群体中选择，进行分析统计确定。但是人的行为特征和特质十分繁多，如何进行研究呢？这样他对特质进行了如下的分类：首先，将人格特质分为个别特质和共同特质。他和奥尔波特一样，认为人类社会的每个成员都有这两种特质。每个社会成员的共同特质，具体在个人身上的强度不同，即使同一个人在不同时间的特质强度上也不同。例如，自我情操是因个人强度不同的，而且同一个人由于在不同时间内的生活环境、工作情况和遭遇不同，他的情操强度也不同。其次，从表现方式上看，他把全部人格特质分为表面特质和资源特质。一个表面特质可以由一个或多个资源特质引起；一个资源特质也可以影响几个表面特质。表面特质是资源特质的表现，资源特质是人格的单位，它影响行为表现。每个人的资源特质相同，但强度不同。例如智力这一特质，人人都有，由于各人的特质强度不同则影响每个人的阅读、交友、就业和受教育的态度等不同的行为表现，这些行为表现不同的特征就是表面特质。不过，在日常生活中人的行为表现是复杂的，不能说每次行为只有一个资源特质起作用。经过长期研究，卡特尔提出了著名的 16 种资源特质，每种资源特质都有两极化对应的表面特质倾向。例如：因素 A（乐群性）的两极化对应倾向有：狂躁气质对应精神分裂病的人格；社会性适应对应社会性敌视；随和对应冷漠，等等。因素 B（聪慧性）：高智力对应低智力；警觉对应呆板、迟钝；富于想象对应愚蠢等。每个因素有 4 或 5 种对应的表面特质倾向。他用这些表面特质编成测验题（问卷）测试和研究不同群体成员的行为特质。

在 16 种资源特质中，卡特尔又分出遗传的和经验的两种。由遗传决定的称为体制特质；由经验文化决定的称为环境塑造特质。但由于人格是个多因素结构，不能说单纯由遗传或者文化决定的，而是两者通过各种特质的有机配合构成人格的。因此，只能在某种行为中确定哪些是遗传决定的，哪些特质主要和文化经验相关。卡特尔还根据心理过程中的知、情、意三分法，将特质分为：能力特质，如智力；气质特质，如情感；动力特质，如内驱力能量、环境动力等构成三种动力因素。由环境动力形成的特质又分为情操和态度。

以上各种特质的资料来源是卡特尔经过大量的研究、统计和分析得来的，共有 3 种资料或数据：

L 资料。来自日常生活观察和查阅书报发现而搜集起来的关于描述人格的大量词语。如敏感的、自信的、暴躁的、平静的、小心翼翼的等。他将用这种方法搜集起来的资料，叫做生活记录资料，简称数据或 L 资料，意思是由日常生活记录下来的资料。

Q 资料。用 16 种因素编制成的测验向不同的群体问卷并经分析统计获得的资料，叫做问卷资料或 Q 数据。目的在于通过群体问卷获得的平均特质，看看是否符合 16 种资源特质。

T 数据或客观观察资料。它是从被试的回答中搜集到的测验资料。下面就是一个要求被试回答的资料：（1）我宁愿做一个：A. 工程师；B. 社会科学的老师。（2）我能忍受当一个隐士：A. 是；B. 否。（3）我信任陌生人：A. 有时；B. 实际上常常。卡特尔发现，一个愿意当社会科学老师的人，不能忍受当隐士，而常常信任陌生人。相反，一个愿意当工程师的人，能忍受长期做一个隐士，只是有时候信任陌生人。

关于卡特尔的这些研究成果，来自各方面的评论是：说好的人认为，它是一种科学方法；说差的人则认为，它太繁杂，不好使用，需要将其简化。

特质层次说

艾森克，德裔英籍心理学家，出生于德国柏林，父母都是名演员，曾想培养他成为艺人，8 岁便让他扮演小配角。后因父母离婚，他由祖母抚养，从此形成一种逆反心理。1934 年因他不愿意参加德国纳粹组织，未能进入柏林大学，后来经法国，移居英国。在英国伦敦大学毕业后，他曾任精神医学研究所心理学部主任。1954 年后，任伦敦大学教授，同时兼任宾夕法尼亚、加里弗尼西大学客座教授。在人格心理学上，艾森克是特质层次论者，他采纳了荣格的性格内外倾类型概念，加上他自己创制的神经质和精神质概念，最终形成一种特质层次学说的三维理论。在研究方法上，他以测验统计和因素分析为主，辅以实验法。

通过进一步研究，1964 年艾森克按人的精神质、神经质和内外倾三维绘制了情绪稳定性和不稳定性、内倾和外倾的相关图。如前页图所示。从图中可以找出一个人的特质。例如，在健谈的特质上得高分的人，在情绪稳定性和性格外倾上也有相关的高分。这就可以诊断他是属于情绪稳定的外向型性格类型的人；如果另一个人表现出行为被动，思维迟缓，那么他可能属于情绪稳定的内向型性格类型。艾森克的特质层次论发表后，评论也不一致，其中比较多的意见是说，这一理论太抽象。

自从 1937 年奥尔波特提出人格特质理论后，经过卡特尔和艾森克等人的努力研究和发展，到了 20 世纪 60 年代人格特质理论已成为人格心理学主流。与此同时，由于人们对艾森克的特质层次论和卡特尔的 16 种特质理论逐渐提出异议，于是出现了人格五大因素模型的理论。如下表所示。

五大因素模型表格

因素	两极定义	
外向性	健谈的、精力充沛的、果断的	安静的、有保留的、害羞的
和悦性	有同情心的、善良的、亲切的	冷淡的、好争吵的、残酷的
公正性	有组织的、负责的、谨慎的	马虎的、轻率的、不负责任的
情绪性	稳定的、冷静的、满足的	焦虑的、不稳定的、喜怒无常的
创造性	有创造性的、聪明的、开放的	简单的、肤浅的、不聪明的

人格自我论

罗杰斯出生于美国伊利诺州的一个农场主家庭，父亲是个虔诚的耶稣教徒，思想保守，在经营农场上却颇有科学头脑。在这样的家庭环境影响下，罗杰斯从小就养成一种笃信不疑和从事科学的精神品质。1919 年罗杰斯进入威斯康星大学农学院学习，因积极从事宗教活动，于 1922 年他参加了由 10 个学院的学生代表组成的出国参观考察团，出席在中国北平举行的世界学生基督教同盟代表大会，开始接触到东方哲学。在这次参观了 6 个月的路途中，他还见到法国人和德国人之间的仇恨等。他目睹这一切，深感不同文化背景下宗教之间的差异，改变了他原来的保守思想，转而学习历史。但在如何拯救人的问题上，他对宗教的教条日益加重了疑虑，因而离开神学院转到哥伦比亚大学教育学院攻读临床心理学和教育心理学，先后获得文学硕士和哲学博士学位。1931 ~ 1940 年间他在纽约罗彻斯特的指导中心研究社会学和问题儿童。此后，历任各大学和研究所的教学与研究治疗工作，主要从事心理治疗和研究人格问题，将精神分析的心理动力学和科学的统计方法结合起来，形成他的人格自我理论。罗杰斯人格自我论是经过以下 4 个发展阶段形成的。

准备阶段。在开始工作不久，罗杰斯遇到一位母亲，这位母亲要求他为她的孩子解决不良行为进行谈话，以便寻找孩子行为过失的原因。结果是谈话失败了，双方不欢而散。但是，两人分手后，那位母亲又转回来要求为她自己分析治疗。于是，她倾吐对婚姻的失望，和丈夫的争吵，吐露她失败和惆怅的感觉等。事后罗杰斯体验到，只有病人才能了解受了什么伤害，什么是行动方向，什么是关键性问题，以及隐藏在内心的究竟是什么经验等。后来他得出结论说，要取得较好的治疗效果，就要依靠患者自己指导治疗过程，因为每个人都有自我定向。这是罗杰斯自我理论形成的开端，即准备阶段。

非指导性治疗阶段。1940 年 12 月 11 日，这是罗杰斯个人中心理论思想诞生的一天。这一天，在明尼苏达大学讲学后，他在得到的反应中似乎意识到形成治疗效果的原理，是一种不可言喻的感觉体验，决不是经过训练的技术。只要提供适当条件，患者自己有解决自身问题的能力。这样开始了他把治疗转向从患者个人方面来考虑的思想。

患者中心阶段。意思是对接受治疗的人，不应把他作为依附他人的病人，而应作为可靠的受辅者（指患者）来处理。在治疗过程中，医生和患者双方的深厚感情同等重要，治疗者必须深切积极地了解患者的情感和内部世界，治疗过程要成为这些感情付诸交流的过程。

个人中心阶段。从患者中心发展成个人中心理论，表明其理论已越出治疗病人范围而成为正常人的人格理论。1960年他完成了这个理论，即个人中心论。这个理论强调，要注意个人经验，注意对机体的评价和感觉。他认为，个体大部分的早期体验是对自己丰富的主观感觉的觉知，它是人的全部潜能的一个方面；另一方面，是比体验更丰富的经验，它包括注意，知觉，加工和整合内部、外部、人际关系以及物理世界等方面。他强调，治疗者面对的是完全的个人，不是把个人仅仅看做一个患者或学生。以后个人中心又发展为交朋友小组，即将受治者组成团体，让他们在各组内自由交流感情以达到治疗目的。

通过以上各阶段的研究，罗杰斯发现，人格心理学要充分发展个人自我潜力的各种条件，而实现个体内心蕴藏着的最重要的资源是现实的趋向，并借助这种趋向发展完善的人。由此可见，罗杰斯的人格理论以实现个人自我的潜能为目标，是归属于人本主义心理学的理论。

罗杰斯认为，自我发展是通过分化和整合的过程实现的。例如，幼儿的现象场未分化，不能区分各类事件，所有事件都混合在一个简单的结构中。以后，通过语言符号的经验，部分现象场分化为自我，于是现实趋向表现出自我的特征。随着自我的形成，于是产生对关怀的需要，因而需要他人的赞扬，于是又产生一种情感。例如来自亲人的温暖、热爱、同情、关心、认可等便开始了社会化过程。在社会化过程中，如果大人对孩子的行为满意，孩子就得到关怀；如果大人不满意，孩子就得不到关怀。孩子通过这样的反复经验，必然会体验到关怀的条件。罗杰斯把这些条件称为"价值条件"。这些价值条件一旦为儿童内化，就变成自我结构中的"良心"和"超我"。良心和超我指导着儿童的行为，甚至父母不在身边也发挥作用。例如儿童乱涂墙壁的行为得到否定的反应后，儿童就会产生内疚，以致不愿想起此事。关怀需要的进一步发展，则产生自尊的需要。但是，关怀的自尊是来自他人的，因而抵消了机体的估价能力，使儿童处于被动地位。因为他人的关怀和赞扬往往不是前后连贯一致的，有时会伤害儿童的自尊，引起儿童内心的矛盾。为此，罗杰斯指出，每个人的最终目的应忠实于自身的情感，不应忠实于他人的情感。唯一不妨害儿童现实趋向的方法，是给儿童无条件的关怀。这样一来，关怀和自尊的需要就不会和机体估价过程相矛盾。个体就会不断获得心理上的自我调节而成为具有完善功能的人。所以，儿童应当永远得到爱，使每个人自由地拥有自己的感情，尽管有些行为或许不是这样。相反，如果幼年时期已形成的价值条件会妨碍自我机体的估价过程，使自我和经验之间出现失调，进而会成为顺应不良的人。那么，只有消除失调，才能解决并顺应不良问题，才能获得和经验协调的自我，才能恢复作为控制行为而统一的机体估价过程。顺应不良的人，易受焦虑和威胁的伤害，成为处于防御状态的自我，因而做出攻击、不道德等不良行为，以致疾病。由此可见，罗杰斯的精神分析治疗方法，由非指导性治疗发展到患者中心，到个人中心理论而形成的人格自我理论，是通过治疗实践的进展而发展起来的。现在，这三种方法，已是消除和降低失调现象备受推崇的方法。

自我实现论

马斯洛出生于纽约市的一个犹太人家庭，上大学时父母希望他以学习法律谋生，但他自己觉得缺乏这方面的兴趣，不久即改学心理学。1934年他在威斯康星大学获得哲学博士学位后留校工作，以后历任各大学教授和心理学系主任等职。1968年他当选为美国心理学会主席。1970年去世。从马斯洛担任美国心理学会主任以后的10年间，美国政府卷入越南战争的激变和社会不安定，引起人们对生活的不满，对不公平、不公正以及人口问题、政府腐败、贫穷与和平问题的不满等都影响心理学家的研究工作。这些影响也反映在人格心理学的理论和实践中。

和罗杰斯不同，马斯洛是一位本体论，即人性论的人格理论家。他吸收了精神分析的思想，却又反对弗洛伊德的精神分析。他接受弗洛伊德关于意识、无意识和动机结构等概念思想，但不同意用对待病人的分析疗法去对待正常人的心理。他认为，人性如果不是善的，至少也是中性的，反对弗洛伊德把人性看做病态的或恶的。马斯洛说他自己原来盲目崇拜华生的行为主义，"被行为主义迷住"，后来，"再也无法忍受"，才使自己专心于寻找以所有人类能接受和有用的事实为依据的理论。一般认为，马斯洛是人本主义方向和运动的精神之父、最初的定向者、创建人和最清晰的发言人。

关于马斯洛自我实现论的基本观点如下：

在研究对象和任务上。马斯洛把心理学的研究对象确定为，健康的人格或完满的人性。它的任务是加强研究人的成长、自我实现和为健康而努力寻找途径。他承认，存在着倒退、害怕和自我退缩的人格倾向，但他所描述的主要是人类价值体系中固有的完善和希望。他希望经过研究能发现可以避免疾病和精神病的先决条件，建立起一套所有男人和女人可能渴望到的，不能动摇的人类权利，因而他提出自我实现理论。他以为，自我实现尽管难以达到，但通过研究发现的那些希望实现自己的能力、才干和人格的人，只要努力，即使不能自我实现成为最好的人，也尽可能地做得好些，而且是可以做到的。

在说到自我实现理论的起因时，马斯洛说，他的兴趣是受两位教师的启示。这两位教师是格式塔学派创始人韦特海默和文化人类学家贝尼狄。起初，他以为他们都有异常天赋，是两位不可比较的个体。出于好奇，经过继续研究发现，他们也有缺点。于是，马斯洛为自我实现的完人定出标准，又审查了个别熟人、朋友和历史上的著名人物，还研究了 3000 名在校大学生。结果发现学生中只有一人完成了自我实现，有 12 名学生成长得好，2 名比较好。从此他得出结论说，在寻找自我实现或把他们的潜能用到最充分的人时，要避免寻找"完人"。因为他调查发现，历届美国总统中只有林肯和杰弗逊两位是相当确定自我实现的历史人物。而现代人中只有爱因斯坦、罗斯福、詹姆士等 7 人是高度可能自我实现的，其他人只是部分自我实现且多少有缺陷，或者只是一些潜在的或可能的自我实现者。

马斯洛的自我实现者的标准，也是他的道德标准，或许是他的人本主义心理学对人格的最高要求，即自我实现的特征。这些特征共有 15 项强处，只有 1 项弱处，简单地说，它们是：

强	弱
1. 能较好地知觉现实，同现实的关系较愉快。 2. 容忍，即愿意使自己和他人满意。 3. 自发性，比别人的行为更出于自发和自然。 4. 中心问题，集中最大精力于外部问题和课题上。 5. 超越，比其他人更愿意孤独和隐退。 6. 自律，发展和成长只依赖自己的资源。 7. 连续的新鲜统觉，对某些经验有不厌其烦的好奇和新鲜感。 8. 神秘的经验，有强烈感情以至狂喜、奇异和恐惧到丧失时空之感。 9. 为别人的真正情感。 10. 人际关系比任何人更深刻、更深远。 11. 民主性格结构，不分阶级、教育、政治、信仰、种族或肤色的普通人民的友谊。 12. 在手段和目的、善和恶之间混为一体，难以辨别。 13. 哲学的，非敌意的幽默感。 14. 创造性。 15. 超越任何特殊文化，抵制教养。马斯洛解释说，自我实现者在反对"主流" 文化上常常是有价值的，因此他们倾向于抵制"教育"。	那是为艺术家漫画式地描写成"摆架子""傀儡"，或者"不现实的理想计划"，其实，他们是真正强壮、诚实和活泼的个人。他们的少许缺点是忍耐、顽强到使人不愉快。实际上只是白璧微瑕，也就不应吹毛求疵了。

关于需要层次和动机冲突学说。这是马斯洛为了贯彻自我实现理论提出的具体学说。他认为，弗洛伊德强调本我、自我和超我之间的冲突是夸大了本我和人性恶，对研究"健康人的动机模式"不利，而应该讨论健康、强壮人的最高能力和需要。他认为人类本性中潜在地存在着许多特征，这些特征实质上就是人性的需要。他按需要的性质分成层次，从最低级的生理需要（饿、渴、性等），到最高级的自我实现共5个层次的生理需要，后来又增加美和认知两种心理需要。各种需要的性质和特点为：

生理需要，即为维持个体生命的生存和种族延续的需要是最基本的需要，如饥、饿、渴、性和休息等。

安全需要，即为维持秩序、安全、稳定，不受恐吓、混乱和焦虑的折磨等。

归属与爱的需要，即对亲人、家庭、组织、团体等的需要。如人与人之间的友谊，和同事、上下级的亲密与团结的需要等。

尊重需要，既对个人的尊严、价值观和礼遇的追求，如忠诚、自信、自制、自主等。

自我实现的需要，即追求理想的人生、充分发挥自我的潜能等。如前页图所示。

马斯洛认为，各层次需要的实现，只能从低级往上逐步进行，是不能逾越层次的。下层需要未满足就不会出现上层的需要和动机。需要越高级，越关心自主。此外在4层需要之外，还附加B价值水平的需要。凡有B价值需要的行为，具有18种价值，即：真、善、美、完整、超越、活泼、唯一性、圆满、必然性、成就、公正、秩序、朴素、富足、不费力、爱打趣、自我满足、意味深长。满足这些层次的需要时，这个人就达到他称为"最高的涅磐"。不过，所有需要都能满足的情况，一般人是难以达到的，而只能达到一种他叫做"高峰经验"的时相。例如，阅读文艺作品达到忘乎所以的时候，全家团聚乐以忘忧的时候等。他说，如果能经常处在高峰经验的心境下，那么你就会觉得自己的病情有所好转；可能自以为是健康的。你可能看到不同的人、不同的事和不同的世界，而觉得生活得很有滋味等。

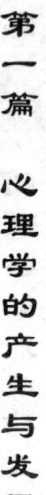

第八章

认知心理学

认知模型的特点

认知革命后的认知模型比原来传统上的认识过程要复杂得多。如下图的认知过程模型是按信息加工的处理方式绘制的，下面是以记忆过程为例的信息加工流程图。

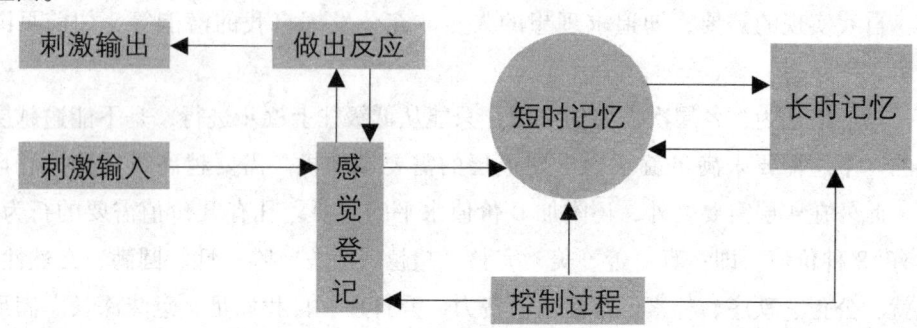

信息加工流程图

图中每一方框指向另一方框的箭头方向均表示信息的流程取向，即从前一过程流向后一过程，因而称为信息加工流程图。图中左侧的刺激输入箭头表示外来刺激输入到某一感觉器官，如眼、耳、鼻、舌、身等进行感觉登记。感觉器官对于外来的刺激进行信息选择编码，即将和已有经验相关的刺激编成有用的信息，然后按箭头通道输入短时记忆。再经过短时记忆的加工处理将有用的信息输入长时记忆中存贮起来，以备需要时提取和输出反应，而所有这些过程都受中央处理器控制过程的控制。当然，以上所说只是流程图的一个概貌，其中的每一方框内的信息都有更复杂的加工处理过程，而进行选择性加工处理的主体是支配注意的意识。关于受意识支配的注意有其特定的选择性加工理论和模型。

注意的选择性加工

　　我们已经了解到，注意和意识密切相关，它们之间的关系在有意识的注意选择性中表现出来。当外界的刺激输入感觉器官时，并不是所有的刺激都是人们所需要的有用信息，势必加以择取，将其和已有经验和谐的信息编码成为知识理论或行动机制，然后做出反应，在这一过程中有意识的注意发挥着选择性的作用。然而，这种有意识的注意能持续的时间和容量都是有一定限度的，心理学家们进行研究后提出了三种互相有联系的理论假设。

　　起先是 1953 年 E・C. 谢里提出的注意的过滤器理论。他用两种不同的材料同时输入被试的两耳，但只要求被试注意听一只耳朵中的材料，这叫追随耳。实验后要被试作检查是否听清楚了。另一只耳朵没有这些要求，叫做非追随耳。实验结果表明，非追随耳得到的信息很少。以后，用其他材料进行重复实验的结果也是如此。这项实验说明，被试得到的信息是受意识的注意功能控制的，进入追随耳的信息由于为意识所注意而得到加工、处理；非追随耳的信息则得不到这样的注意处理，就难以为人们接受。

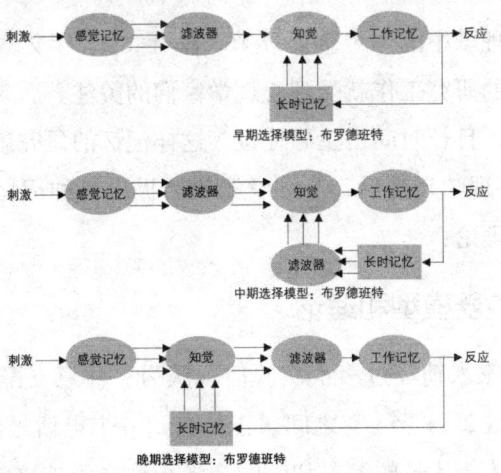

早期选择模型：布罗德班特

中期选择模型：布罗德班特

晚期选择模型：布罗德班特

　　1958 年英国心理学家 D・E. 布罗德班特对上面的实验情况强调了注意的选择性作用，提出注意的过滤器理论假设。他认为，注意的选择作用因注意的容量有一定限度，注意就如同一个狭长的瓶颈，要将水倒入瓶内，如果水流量超过瓶颈入口的流量，那么多余的水就一定白白地流失在瓶外。这是说，外来的信息虽然很多，但由于允许进入意识的容量是有限的，这样受意识支配的注意就必须选择其最有用的信息进入意识阈，为此这一理论又称为瓶颈理论。但是，这一理论有它的缺陷。1960年心理学家 J·A. 格雷给被试的左耳输入 ob - 2 - tive；给右耳输入 6 - jec - 9。要求被试听一只追随耳的信息，实验后被试要立即报告。可是被试报告的是"objective"这样一个单字。这表明非追随耳的信息也是进行了加工的。1964年 A. M. 特瑞斯曼对上面的实验结果提出了注意的衰减理论，他认为，当信息通过感觉通道时，关于追随耳的一定容量的信息可以得到全部接纳，关于非追随耳的信息也是可以部分地得到加工接纳的，只是那些和经验无关的信息要被削减，因而在上述的实验中被试报告了"objective"这样一个英文单字。

1978年约翰斯顿和亨兹提出了主动加工的理论。它的实验结果是：追随耳获得的是比较完全的加工信息，最少也能获得信息的87%，而非追随耳只能获得信息的8%。这就是说在意识的控制下，注意是依据经验的需要对于外来信息采取积极主动的方式进行加工处理的。那么，经过加工处理的信息又放到哪里去了，它能存贮的信息是多少，又能维持多长时间呢？这就涉及记忆的存贮问题。

记忆的存贮

记忆是认知心理学中的一个重要环节，早在1885年艾宾浩斯进行记忆实验后，关于记忆心理的研究工作就受到心理学家们的关注。后来行为主义放弃了内在心理的研究工作，且长时间占主导地位，这样记忆的研究就处于停滞状态。20世纪60年代认知心理学兴起后，心理学家先后提出各种记忆的模型和理论。其中包括两种重要的理论：

记忆的多存贮器模型和理论

1956年心理学家米勒经过多次实验后，认为在注意支配的时间内记忆能记住的数量是7加或减2，即5～9之间。正如找到一个电话号码，然后遇上占线，得重新再找到号码才能拨号的容量和时间。米勒称之为神秘的7，它的过程叫瞬时记忆。再经过继续研究后米勒发现：如果将零散的信息组成组块，就能增加记忆的总量。

1975年西蒙用英文单字和词组检验了米勒组块假设的记忆容量，证实对单音节和双音节词的组块记忆量是7个组块。而5个单词组成的记忆量只能记住4个组块，8个单词的只记住3个组块。这些实验表明，组块的大小取决于一个组块的词的字母数量的长短。这样人们承认感觉登记的瞬时记忆容量是在7的基础上加上或减去 2 这一幅度内。那么，瞬时记忆的持续时间又是多长呢？这和不同的感觉器官有关，1968 年阿特金森和希夫林提出记忆多存贮器模型理论试图回答这些问题。如下图所示。

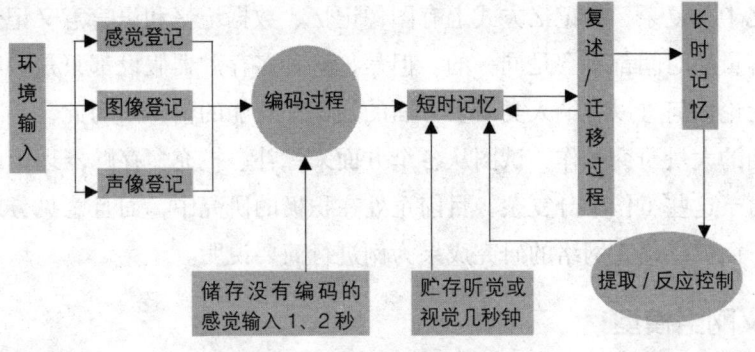

阿特金森和希夫林多存贮器模型

从图中可以看到：（1）登记的感觉存贮器有几种相应的感觉通道，如视觉通道的图像登记、听觉通道的声像登记等均有各自独立的存贮器。每个存贮器保存的信息都极其短暂（1、2 秒），称为瞬时记忆。如果此时稍加注意则信息就能转入短时存贮器成为短时记忆。（2）短时存贮器的容量很有限，经过复述的信息可以保存几秒钟，如重复单字或其他信息后可以记住几秒时间。（3）长时存贮器形成的长时记忆容量很大，信息能够长时间保存，甚至保持终身。图中还显示出感觉登记、短时记忆和长时记忆三者之间的相互关系。外界环境发出的刺激，首先以信息的形式全部输入某一感觉存贮器，这些信息的少部分受到注意的选择后进入短时存贮器，成为短时记忆。在短时记忆中经过复述的信息则转入长时存贮器，成为长时记忆。以后的实验证明，在短时存贮器中经过复述的信息量和长时存贮器中所使用的信息内容和方式有很大的关系。例如按意义复述的信息存贮的时间长些，而每种存贮器的遗忘方式也是不同的。一般说来，感觉存贮器的信息衰退得非常快，短时存贮器的信息为进入该存贮器的新信息所取代，长时存贮器的信息因受其他信息干扰而被遗忘。心理学家对这三种存贮器的差异总结出 4 点区别，它们是：（1）暂时的持续时间。信息在感觉存贮器中只能保存 1 秒钟（图像存贮器），或者是 2～3 秒（声像存贮器），在短时存贮器中可以保持几秒钟，在长时存贮器中可以保持几个月甚至许多年。（2）存贮容量。感觉存贮器的容量非常有限，短时存贮器的容量大约有 7 个组块，而长时存贮器的容量基本上可以认为是无限的。（3）信息进入过程。信息进入感觉存贮器不需要主体任何主动的过程；进入短时存贮器则是注意的结果；进入长时存贮器是复述的结果。（4）遗忘机制。信息从感觉存贮器中丢失是衰退的结果；从短时存贮器中丢失是因为注意涣散和干扰；从长时存贮器中丢失主要是因为不能提取。多存贮器的模型和理论曾经得到多数心理学家的首肯，但认为它有些简单化了。因为人类的记忆十分复杂，在记忆方式上有图像记忆、数据记忆和语言意义记忆，它们的记忆容量和时间都不会是同一的。但是，这种多存贮器假设都只是一种单个存贮器，无论如何难以容纳人类诸多方面的知识和技能的信息。为此，心理学家进行了长期的大量研究工作，试图从各个方面来弥补、扩充多存贮器理论的不足之处。但由于这些工作十分复杂，目前正处在积极的研究中，而且意见分歧，难以统一，下面只以语义网络的研究成果为例进行简要说明。

语义网络模型

1969 年柯林斯和奎连提出有层次的语义网络模型来表示长时记忆中的语义记忆。所谓"语义记忆"存贮，是指世界上各国语言中普遍通用的一般语言知识，它是高度组织化了的，可以很快地从中提取信息的一种记忆模型。例如，全世界有很多大小不同的城市，我们可以轻而易举地从中想起巴黎是法国的首都，那里有许多名胜古迹和全世界最为时尚的服饰等特点。同样也可以在很短的时间内想起麻雀、恐龙都是动物等一些很有意义的知识。在这种情况下如果不是事先具备有系统的语义记忆的贮备，要如此这般精确而迅速地做出反应是不可能的。语义网络模型的假设和理论就是为了解决这一难题的。如下页图所示。

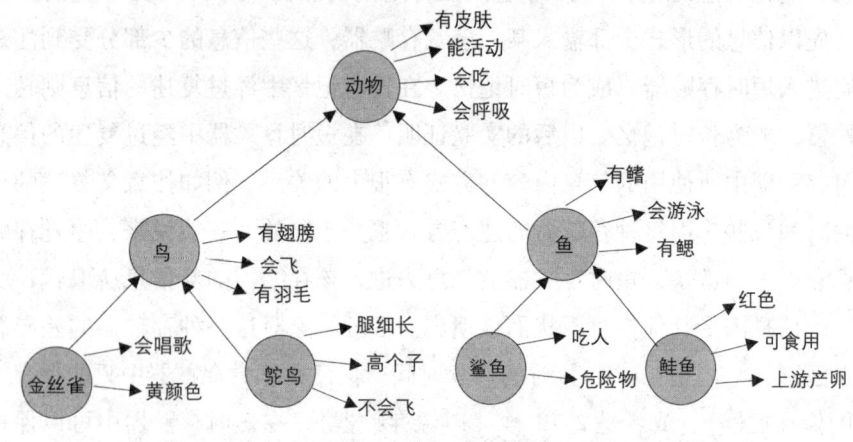

柯林斯和奎连层次语义网络模型

下页图是语义记忆的一个多层次网络结构，其中的一些主要概念，例如动物、鸟、金丝雀、鸵鸟、鱼等表示为结点、各种属性和特征之间的关系，如有皮肤、会呼吸、能活动等与每一结点相联系。联系的依据是认知的经济原则。例如皮肤和吃、呼吸是所有动物都有的特征，因而属于最高级的结点。而会唱和黄色的特征则和金丝雀这一结点最接近，属于最低层次。它和鸵鸟的结点有：腿细长、高个子和不会飞这些特征相联系，形成网络系统中最低水平的同一层次的动物。柯林斯和奎连曾经对这些模型理论进行过测试，结果是证实了他们的理论。他们是用反应时实验，以句子的形式如"金丝鸟会飞吗""金丝雀是黄色的吗"，让被试回答"是"或"否"。结果被试对"黄色"的反应时比"会飞"的反应时更短，这是从语义层次系统中可以看到和预知到的。但是，这个模型还有许多情况无法包括进去，而需要用推理来补充。

例如问：猴子是否有尾巴？这就无法从这个语义存贮网络中直接得到，而必须加以推论。即先要说猴子是一种动物，这种动物有尾巴，然后将尾巴作为一种特征和其他有尾巴的动物区别开，这样就必须修改图中的网络内容（结点、特征和属性）。因此，有人认为这一模型太死板，应加以修改。1975 年柯林斯和劳福特斯提出激活扩散理论，这样的修正只解决了部分问题。由于语言含义系统太复杂，目前还正在作进一步研究。除此之外，还有图像模型和数据模型的理论，这里就从略了。当然，存贮和保持的目的是为了提取应用，这就涉及记忆和遗忘的问题。

奇怪的记忆和遗忘

存贮、保持之后是否全都记住，这就需要由提取来检验。检验的结果表明，记忆保持是一种动态的机制，它常常是变化多端的，而最大的变化是遗忘。关于遗忘的研究，早在 1885 年德国心理学家艾宾浩斯就发现了遗忘规律：它是先快后慢，随着时间而渐渐地降低遗忘速度的。他的记忆实验研究，由自己当被试。实验结果发现，在学习后 1 小时里，遗忘发生得非常快，然后是慢慢地平稳地遗忘。例如学习后 20 分钟，即遗忘 41.8%，到 31 天也只遗忘 78.9%。可见遗忘并不只是时间因素决定的，还有其他原因。

后来，经过研究发现，影响遗忘的其他因素有以下一些：首先是材料。无意义的材料比有意义的材料遗忘得快；材料多比材料少要遗忘得快。其次，在学习的熟练程度上，过度学习比刚刚学能成诵要遗忘得慢。所谓过度学习，就是学到能够背诵之后再多学几遍的记忆效果最好。再者，在学习材料的次序上，一般说来，开头的材料和最后的材料都记得较好。前者叫首因效应，后者叫做近因效应。最后，遗忘和学习的态度也有关系。凡是你感兴趣和需要的材料就学得快，记得牢，否则就不易记住。以上这些关于记忆和遗忘的关系问题，前人都已进行了大量的研究，并且取得了相当的成就。认知革命以来，心理学家对遗忘和记忆的关系做了进一步的研究，补充和发现了以下一些事实和理论。

关于遗忘原因有以下几种理论：

痕迹消退说。艾宾浩斯说过的遗忘随着时间而消退，这是一般得到承认的。但是，情况比较复杂，这要看具体条件。1924年有人设计出一种新的实验方法，他让被试学会后就睡觉，醒后即进行测验，结果是遗忘的并不多。可是，学习后继续做其他工作则遗忘的材料就多而快。这个实验表明遗忘除了时间因素起作用外，还有其他因素在起作用，这就是干扰。干扰理论是20世纪相当流行的遗忘理论。

干扰理论认为，学习前的经验会干扰当前的学习任务。例如实验表明，学习一种材料前，已经学习过或者将要实验学习相类似的材料，那么，实验学习的效果就不如没有事先学习过或者和实验学习不相类似材料的效果好。人们称这为前摄干扰。意思是说，事先学习干扰了当前学习的记忆效果。另一种情况是，学会一种材料之后，再又学习类似的材料，那也会干扰原来的学习成绩。这叫后摄干扰或倒摄干扰。干扰理论的前摄干扰和后摄干扰，原来也称为前摄抑制和后（倒）摄抑制，为了和遗忘的另一种理论，即压抑理论区分开，后来将抑制改称干扰。关于这方面的其他问题，将留在最后一种压抑理论说。

线索依赖性遗忘。1974年加拿大心理学家图尔文发现，有些遗忘是信息已在记忆学习系统中就消失的。但是，另一种遗忘是信息并没有在学习记忆系统中就消失的。这种遗忘只要用和貌似遗忘有关的材料作为回忆的线索加以诱导，就能回忆起来。他把这种能用线索作用的诱导而重新回忆起来的遗忘，叫做线索依赖性遗忘。他认为，这种遗忘无论在实验室，还是日常生活中都可以见到。它有强大的作用，是长时记忆产生遗忘的主要原因。

压抑理论。这是弗洛伊德最先提出的一种理论，他从精神病治疗中发现，"压抑的本质是阻止一些东西进入意识或把意识中的一些东西赶出来"。引文中的"一些东西"指的是会唤起焦虑的记忆，或者有时是受抑制相联系的情绪影响，并不是记忆本身。所以可以说压抑是和一个人的动机或情绪相关联的。按弗洛伊德的说法，意识中的东西是不会完全消失的，遗忘只是这种东西被压抑在下意识区域。后来由于弗洛伊德的名声日益扩大，如前所述原来的抑制性遗忘便改称为干扰遗忘。

其实，造成遗忘的原因是各种各样的，这些原因往往互相制约，难以清晰地

确定是由某一原因引起的。例如，大量的精神病理治疗证明，许多病人日常说的事实，都是经过修改过的，也就是在潜意识里选择对自我有利的东西才说出来，而把一些见不得人的东西隐瞒起来。心理学家认为，这是因为一些令人震惊或者有创伤性的事件往往会被创伤本身所扭曲造成的。为此他们建议，治疗者和法院的审讯工作在这种情况下要特别保持清醒的头脑和应用一些策略以战胜工作中的困难。

1996年心理学家霍林斯等设计了一个实验，验证上法庭作证的证人所说是否真实地符合他原来看到的实际情况。实验结果表明，有些证词在很大程度上是受到怀疑的。他的实验是用同样的一件事，让证人和一般人学习记忆，最后测验的结果是，证人的回忆大大地差于一般人。他解释说，一般人对于自己记忆的信心是和日常生活中经常作比较的，颇有自知之明。比如说，我的记忆力怎样，我对某些事的态度怎样，是多少有所知道的。而作为证人，他虽然自己认为证词很真实，不会被扭曲，但实际上并不是如此，因为随着时间的推移记忆是在变化的。

1986年1月28日美国航天飞机"挑战"号发生空难，艾莫利大学的阿尔里克·莱塞教授和他的助手抓住机会，于空难第二天邀请一批大学生记录下他们如何听到那些消息的。两年半后，再请来一些能找到的大学生填写一份有关该事件的问卷，6个月后又加以采访。结果是，有效问卷中的1/3人次的答案对该事件的时间、地点以及谁告诉他们的等等的回忆是完全错误的，另有1/4的人次有部分错误。但是，这些回忆错误的人们对这种情况感到很是不安。因为其中许多人认为自己现在说的都是正确无误的。

奇妙的心理旋转

如上所说，记忆存贮的保持是动态、变化的，在上述的语言学习系统的长时记忆中是如此，就是在图形表象中也不例外。1971年美国心理学家谢佩德的图形表象旋转实验就是一个典型的事例。

20世纪70年代美国心理学家谢佩德·R. N，以研究表象著称。他从动态的方面研究表象。在表象实验时，他向被试呈现一组立体图形，其中图（a）为标准图。他要求被试辨别其他5个图形是否和第1个图形相同。实验结果表明，被试在辨别图形时，需要对头脑中存贮的表象图形做旋转运动，随着图形旋转度数的增加，反应时的记录也相应延长。这一实验表明人脑中的表象是动态的，可以按人的需要进行操作。这种表象可操作性的发现和证实，对认知心理学的发展起了推动作用。它证明：（1）表象是能真实反映物体的，它是真实物体的类似物；（2）这种表象的加工类似于知觉真实物体时的信息加工；（3）本实验进一步说明心理学研究心理内部活动的可能性。

通用问题解决器

西蒙·H. A. 是信息加工认知心理学的著名美国心理学家和人工智能创始人之一，1975 年获得美国计算机学会图灵奖。他和纽厄尔一起从 20 世纪 50 年代开始研究逻辑理论器，经过 15 年的时间，于 1972 年发表了《人类问题解决》一书，提出了通用问题解决器理论。这个理论将问题的解决过程分为三种状态：初始状态、中间状态和目标状态，如下页图所示。

西蒙他们假设人在解决问题时往往采用启发式，按解决问题的策略进行"手段—目的分析"，先找出初始状态和目标状态之间的差距，制定出缩小差距的子目标，最终定出算法，以实现目标。以解决河内塔问题为例，如下图所示。

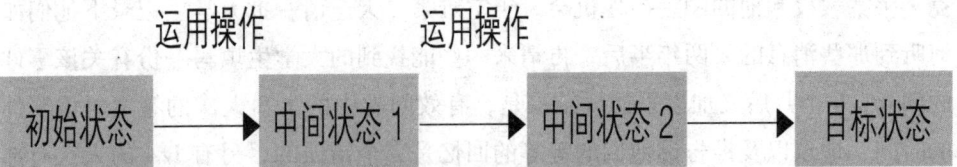

西蒙的问题解决过程示意图

图中的初始状态为 3 根柱子，其中第 1 根柱子上套有 3 个中空圆盘，最大的在下，最小的在上。目标状态是把这 3 个圆盘以相同的顺序套在最后一个柱子上。规则是每次只能移动一个盘，但禁止将大盘置于小盘之上。西蒙他们发现，人们爱用启发式解决河内塔问题和类似的问题。其实，河内塔问题的完美解决方法只需要 7 步。但是，如果用错了步骤就会引起死局的出现。这时只能退回去重来，这就需要好多步骤。在更先进的这类书籍版本中，解决的策略和步骤更复杂：一种是由 5 个圆盘组成的游戏，它需要 31 步；一种是 7 个圆盘组成的游戏，它需要 127 步，等等。读者如果有兴趣，弄清楚规则后可以试一试。这一理论也可用于日常生活中。例如，早上要骑自行车上学，发现自行车轮没有气，家里没有气筒，只得推车去自行车修理店，给车打气，打足气后就骑车上学了。在这里的初始状态是骑自行车上学，中间状态是自行车没有气和去自行车修理店打气，目标状态是上学。

随着研究得到深入，人们又随后提出了一些认知革命后全新的认知模式和理论，比如：内隐认知、内隐社会认知、元认知等。从整体上看，心理学正在经历着一次快速的发展。

第九章

社会心理学

策动心理学和社会心理学

麦独孤，英籍美国心理学家，他和冯特的得意门生铁钦纳一样，虽然长期在美国工作，但他们都以英国老大哥自居，都成为美国心理学会不受欢迎的心理学家。麦独孤具有布连塔诺的意动心理学思想，反对冯特的心理元素主义。他认为心灵具有整体的主动性，把心灵看做有目的的奋斗或策动过程，所以他的心理学有目的心理学或策动心理学之称。

他主张心理学应着重研究本能、情绪情操和意志，认为过去的心理学过分偏重认知，忽视了情感和意志的研究。麦独孤是位本能决定论者，他把本能看做是"全人类一切活动的原动力"。他认为，这种原动力也就是本能的内驱力，本能冲动决定一切活动的目的，并且依靠本能内驱力的补充使所有心理活动持续不断地进行着。他还认为，大多数高度发展的心理只是达到目的的手段，是满足这些本能冲动的工具。他指出，通常的本能概念只是生理学的概念，人们把它和反射概念相混淆了。实际的情况是，本能是一种遗传或天赋的心理—生理倾向，它包含有知、情、意三种成分。本能的核心是反射弧中间环节的情绪体验：反射弧的第一个环节感知，是随着环境和心理而改变的；反射弧的第三环节反应动作，也视情况而变化；只有中间环节情绪体验是基本不变的。所以，同一本能现象因条件不同，它在知、情、意三方面的表现是不同的。麦独孤由此推断，人类行为中不变的情绪是和原始本能配对的。例如：和逃跑这一原始本能配对的是恐惧；和搏击本能配对的是愤怒；和亲子本能配对的是柔情等。他把这种和原始本能配对的情绪看做是主要的，共有 14 对。然后在这基础上再分为第二类次要的或混合的情绪。第三类是派生的，因而形成许许多多配对的本能情绪，并把它们作为研究的主要对象。

麦独孤着重研究本能和情绪，是为了寻求社会心理学的理论基础。他认为人类行为是社会的产物，心理学研究的是人类行为的源泉，这个源泉就是以本能为核心的配对情绪，或者说是"冲动和情绪的事实"。而这些事实正是偏重研究认知的心理学所忽视的。他的心理学恰好要加强情和意的研究。他的情操学说就是加强这种研究的成果。

麦独孤把情操确定为，以某种对象观念为中心所形成的有组织的情绪系统；而道德行为是以自我观念为中心的情绪组织系统对本能冲动进行有意的控制与调节，它的发生发展是一种社会过程。高级形式的道德行为则是自我观念和自尊情操两者亲密结合而发展起来的，当情操和理想的观念相结合时就会产生能控制行为的意志力。例如，国家繁荣兴旺则会引以自豪，国家危亡则引起愤慨和奋斗的意志等。以上这些就是麦独孤从他的目的或策动心理学形成的社会心理学基本内容。和他相对应的是美国社会学家罗斯从社会学形成的社会心理学。

社会学和社会心理学

罗斯，美国社会学家，出生于美国伊利诺斯州的奥登，1891 年获得霍普金斯大学经济学、哲学博士学位，以后历任印第安纳、康乃尔和斯坦福等大学教授等职，曾在斯坦福大学开设社会心理学课程。他是群体心理研究的集大成者，他和麦独孤在 1908 年同年出版的这两部著作——《社会心理学》和《社会心理学绪论》被称为社会心理学诞生的标志。罗斯的著作则代表了社会心理学的社会学取向，他为此而撰写的大量科普读物，极大地激发了当时人们对社会心理学的兴趣。罗斯的社会心理学内容来自两个方面：一方面是来自人与人之间的静态心理，如来自语言、信仰、文化、风俗等方面的心理现象；另一方面是人与人之间的动态心理，如由战乱引起的心理变化，对工潮的同情和愤慨以及对宗教迷信的心理状态等。罗斯认为，不论是静态心理，还是动态心理都是个体与周围的群体心理相互作用的结果。这些结果会产生两种优势及其后果：一种是当社会力量占优势时，个人受其控制；相反，另一种是当个人如某一时代的伟人，比如说大政治家、大发明家，或者其他权威人物都会对社会或者群体心理产生影响，而引起社会变革或者改造社会的作用。由此可见，罗斯和麦独孤不同，他是从社会学的立场观点研究社会心理学的。以后经过历史的考验，这两种社会心理学影响与互相渗透的作用推动了社会心理学的发展，到了 20 世纪 30 年代勒温创建了现场实验的社会心理学推动了社会心理学的重大发展。

团体动力学和社会心理学

　　勒温从场论出发，把研究个体行为的生活空间和心理场的理论应用于面临的社会问题，提出了团体动力学。

　　勒温以场论为基础的生活空间包括人和环境。人类个体和群体都生活在社会环境中，个体并不是孤立地存在着的，他们在一定的社会环境中活动，形成一个有组织的完整系统。群体也不是互不相干的个体的集合，而是有着互相联系的个体活动的单位。群体活动的性质和特征并不取决于各个个体，而取决于群体成员相互依存的那种内在关系。这就是勒温根据场论提出的关于全体大于部分的原理。其实，这也是格式塔学派的基本原理。根据这一原理，勒温认为，通过改变群体的心理氛围来改变其个体成员行为的办法，要比对个别说教更有效，从而创造了现场实验的团体动力学。根据团体动力学，勒温把个体和环境之间的关系看做一种心理场，把团体和它的环境看做一个社会场。和个体的心理场一样，社会场也是通过各部分之间的社会关系形成一定结构及其特性的。团体在社会场中操作，正如一个个体在生活空间或心理场中操作，因而团体行为是特定时间内整个心理场的一种机能。他的社会心理学就是以这种心理机能作为研究对象的。

　　1939年勒温与他的学生和同事里比德、威特一起在工厂里进行了一项有关社会团体的实验，其目的在于研究孩子们在不同领导下，即民主和独裁对孩子们创造性行为和一般行为的影响。实验的设计是将孩子分为三个俱乐部：一群是高度专制的，一群是民主的，一群是放任自由的。实验结果表明，在专制的团体里，相对多的孩子表现出有点侵略性行为。他们以为，这些孩子在专制的团体里受挫，因而控制突然消除时，反而使他们表现出相当令人惊奇的恼火。只要作用于他们的各种力恢复平衡，这种侵略性就消失，而孩子们的生产也增加了。参加自由放任团体的孩子们彼此相当独立地各自活动，但表现出不知所措和混乱。工作质量最高的民主空气成果是：成员之间似乎少有敌意而多友谊，在这个团体里孩子们的道德逐渐提高，虽不是全体，至少大多数孩子是喜欢这个团体的。

　　勒温的工厂实验经验是，工厂是研究社会现象的理想实验室。工厂的生产率和道德是论证各种有影响因素的现成标准。他发现有以下因素的工厂，它的生产率将持续下降，例如：员工不满意、太紧张、工作太快、过分的竞争、失去保护的欲望等。而多出钱、改善需求状况或者由于认识到社会对产品的需要等都能促进生产率上升。1947年勒温利用这些因素，和各种力的平衡理论进行了多次再实验，证明了上述因素的作用。此外，它还表明，在管理平稳的工厂里，各种成员的生产能力都相当稳定。因此他坚决主张，要把产品也包括在内的各种因素中保持平衡。但是，如果有必要提高产品水准，原初的水准就必须打破，其办法就是改变力的强度，或者通过引进新的力量，然后致力于建立起新的平衡，使力量凝结在新的关系上。至于如何鼓励员工采用新的工作习惯，勒温正在寻找新的手段时，正好第二次世界战争爆发，他乘机试验过许多技术之后，发现"团体的决定"是最有效的方法。这种方法就是在工人中用民主的方式讨论当前形势和工厂的情况，然后由公议决定提出高生产率的要求。其实，这种关心高档产品所需要的讨论，和勒温以及格式塔学派的打破平衡的理论是一致的，这就是他把由员工团体公议决定提出的高要求，作为建立新平衡的手段。这样由于所有团体员工都支持的目标，就成为该团体新生产率水平的准则。每个人为了保持自己是团体中的一员，就必须大家一致，因而团体的决定就趋向于加强或者凝结成这样的新关系。其结论是：团体的决定比其他诱导团体变化的方法更为优越。勒温还用他的理论和方法研究改变某些社会习惯如饮食的习惯，以及关心种族冲突、集体住宿、服务机构以及儿童偏见的发展和预防等社会心理学问题。虽然，勒温用团体动力学研究社会问题的时间不长就于1947年去世了。但是，他所留下的研究方法和理论则开辟了美国社会心理学的新前景，使社会心理学迈上崭新的一个发展阶段，即实验的社会心理学，从而为社会心理学的发展立下了汗马功劳，进而推动了心理学的发展。下面的认知失调论就出自勒温学生：弗斯廷格。

认知失调现象

里昂·弗斯廷格是勒温的学生、同事和学术思想的继承发展者之一，认知失调理论的创始人。他出生于纽约，1939年毕业于纽约市立大学后，进入伊阿华州立大学学习，于1940年和1942年先后获得文学硕士和哲学博士学位。1945年他成为勒温在麻省理工学院团体动力学新研究院的助教，开始从事社会心理学的研究，1951～1955年任密歇根大学团体动力学研究中心计划主任。1972年当选为美国国家科学院院士。1947年勒温逝世后，他来到明尼苏达大学，1957年弗斯廷格创建认知失调理论用来解释心理平衡。他认为，个体总有保持心理平衡的倾向，若产生几种认知矛盾（失调），即会造成心理压力，成为恢复心理平衡的内在力量（动机），使其认知和行为协调一致。人的认知因素之间存在着三种关系：（1）认知协调。例如，"吸烟有害健康"和"我不吸烟"；（2）认知无关。例如，"吸烟有害健康"和"今天下雨"；（3）认知失调。例如，"吸烟有害健康"和"我吸烟"。如果两个认知因素为 X 和 Y，处在第三种情况即从 Y 推出非 X 时，人就感到不舒服，或紧张，而产生力求减缓紧张的情绪。这种由于认知冲突引起心理上不自在的状态，就叫做"认知失调"现象。认知失调的程度，可用如下的公式来表示：

认知失调程度 =（不协调认知数 × 重要性）÷（协调认知数 × 重要性）

从公式可知，认知失调程度越强，驱使个体减轻失调的压力越大。个体减轻失调的方式有三种：（1）改变失调关系中的认知因素。例如原来是"吸烟有害健康"和"我吸烟"。为了减轻失调则可改变为"我将不再吸烟"，即用改变行为意向或行为的方式来解决失调。（2）否定 X。即：将"吸烟有害健康"改变为"吸烟能振奋精神和提高工作效率"，也就是用否定的态度来改变对自己的压力。（3）对认知因素重新评价。如只承认吸烟对健康有些害处，则可以用"我今后可以少吸烟"、或"世界上吸烟而长寿的不乏其人，我可能是其中之一"等进行辩护。

弗斯廷格的认知失调理论于 1957 年发表后，立即成为社会心理学中的中心议题，并在 15 年多的时间里一直是实验研究的主要课题。1959 年他和同事还进行了一次经典性的认知失调实验，影响极大。他们让大学生受试者做一种极其枯燥无味的工作：把十几个钥匙放进一个盘内，然后又一个个地取出来；然后再又放回去，又拿出来。这样反复来回机械地工作半小时。然后又让他们做同样枯燥无味的工作，也是半小时。在实验中，除控制组外，所有的受试者在工作完毕后要求对等在门口的一个妇女（研究者的同谋）说谎话："这项工作是非常有趣而愉快的"。同时，给一些说谎的受试者 1 美元做奖赏，而给另一些说谎的被试 20 美元做奖赏。最后，要求所有被试说出自己对工作的喜欢程度。结果发现：得20 元的被试组和控制组，大多数认为这项工作枯燥无趣，不大喜欢；得 1 元的被试组大多数人则说，从事这项工作是有趣的、愉快的。研究者对以上结果的解释是：1 元得奖者为了搪塞自己，于是用"工作也还有趣"来协调心理上的平衡。由于内心没有认知失调，当然表达了他们的真实思想；20 元的高奖赏组被试，由于高报酬的影响，以"得到一笔可观的报酬，说次谎是值得的"为理由而心安理得。这项实验发表后得到广泛的赞扬和讨论：有人觉得，它能发现一些很不明显的，或者和我们通常的印象相反的东西，但也引起许多批评。还有人认为，许多行为主义难以解释的，现在被这一理论解释了。例如：一个不容易进入的团体中的成员，越为人们尤其是想参加的人的尊敬和羡慕；当自己觉得做了一件看上去很愚蠢或不道德的事后，当人们改变原先的看法时，也会使自己相信其行为是有些道理和公平的。比如，吸烟者会说吸烟和癌症的有关证据不完全。考试作弊的人会说人家都在作弊，我为什么不可以作弊。虽然对认知失调理论做了许多好评，但人们认为，这个理论的实验设计往往用欺骗的办法来进行，是一种不道德的行为，因而引起人们的注意，渐渐地失去它的光辉，于是出现了"归因"理论。

归因与相应推断

海德是归因理论的创始人，奥地利心理学家。他出生于维也纳，1920 年在格拉茨大学获得哲学博士学位后，到柏林进行博士后研究时接受了格式塔心理学的思想。1930 年移居美国任教，1947 年在堪萨斯大学和勒温有莫逆之交。海德认为，人有了解自己和他人行为的因果关系的需要，这是普通人都会承认的普通理论，每个人都像是个心理学家，为此他的心理学理论有"朴素心理学"之称。这是他在 1927 年就已提出的思想，只是没有为人们所注意。1958 年他发表《人际关系的心理学》一书，书中正式提出社会行为中的因果关系概念。他说，通常我们的反应行动并不是对实际的刺激做出的，而是对被我们认为是引起那些现象的东西做出的反应。例如，妻子用不说话的办法使丈夫生气，丈夫可能会想：不知道自己做错了什么让她恼火，或者是否有别的什么原因。这样丈夫的行动就不取决于妻子生气的直接原因，而是归因于生气背后是什么的思想，这就是一种归因的基本观点。海德还把原因区分为二：一是内在的个人原因，一是外在的环境原因。人们对这种归因思想十分赞同，认为这些归因知识将会增加我们对人类行为的预见性。

1965 年琼斯和戴维斯在海德归因论的基础上，提出他们的"相应推断"理论。指出人的外显行为是由行为者的内在人格特质直接引起的，因而个体的行为与其人格特质应该相一致。个体之所以有某种行为，是为了达到某种目的。所以，只要了解某人行为的真实目的，那么推断出其人格的特质是会比较有把握的。例如说，某人经常和别人抬杠，是由于他的脾气倔。这就是采用了相应推断的步骤得到的结论。相反，如果我们知道他有倔脾气，那么，见到他经常和人抬杠，也就见怪不怪了。为此，琼斯和戴维斯提出，要从一个人的行动推断他的人格特质必须考虑三个要素：

社会赞许：即这种行为是能为社会上的一般人所期待、希望和接受得了的。凡是大多数人越喜欢的行为，受社会的赞许就越高。但是，每个人都想迎合社会的赞许，那些表面上合乎社会规范的行为，并不一定反映他的人格特质。例如，我们常说的"口蜜腹剑"就是这个意思。通常，把一个人的越轨行为，看做是他的个性特征，也许是对的。这就是说，行为的赞许性越小，归因于本质的可能性就越大，而相应推断的可靠性也就越高。

非共同性效应：依靠"共同性"并不能解释一个人为什么选择与人不同的行为，也难以说明为什么两个人会做出相同的行为。而"非共同性"或说"独特性"则能推断出一个人的本质特征，从而表明"非共同性"的重要性。一个人和他人的行为相比，其非共同性因素越少，相应推断的可靠性就越大。例如，一次考试后，全班的同学都说这次考试题目容易，然而一位三好学生却不及格。那么，这个三好学生一定发生什么意外事的相应推断，就会是可靠的。再如，问一个朋友"身体好吗"？他回答"我很好"。该怎样理解他的回答呢？可能他确实很好；也可能只是客气一下，做出传统的、人们期望的、正常的反应。因此，他的反应并不能说明他正常的内在思想。然而，如果他说"我身体不好"，那只能有一个答案：他真的觉得身体不舒服。

选择自由：如果我们知道，某人的行为是自由选择的，那么，其行为和态度是一致的；否则就难以做出相应推断。例如，1967年琼斯等在几种条件下，给被试看一些学生的论文，条件是：论文既有支持古巴总统卡斯特罗的，也有反对他的。假使这些论文中有的是在指定的情况下写的；有的是在有自由选择的情况下写的。当然，很容易推断，在自由选择情况下写的论文，作者所表达的意见，和其真实的态度是一致的。

三维归因

凯利，美国社会心理学家，出生于美国爱达荷州，成长于加利福尼亚州。1948年在麻省理工学院勒温指导下获心理学博士学位后，他先后任教于密歇根、明尼苏达和耶鲁等大学从事社会知觉、交往和最小社会情境的研究。1978年当选为美国科学院院士。1967年他在海德的归因思想基础上提出了三维归因理论，他认为，人们在归因过程中要涉及三个因素：（1）行为对象，即人或物；（2）行为者（本人）；（3）所处的背景或情境。对某一特定事件判断的归因是否合理，根据三方面的信息：一致性（他人在同样情境中的行为），一贯性（行为者本人在其他场合下的行为）和独特性（行为者是否随对象的不同而异）的行为反应。例如，判断一个人看电影发笑的原因时，就要了解：（1）在看所有电影时，他是否都发笑（独特性）；（2）在其他场合或情境是否也发笑（一贯性）；（3）在看这部电影时，其他人是否都发笑（一致性）。凯利的三维归因理论可以预测人的行为，因而受到人们的欢迎。然而1972年美国心理学家麦克阿瑟对预测进行了系统的研究后发现：三维归因理论过分强调逻辑性，成为一种理想化的模式，脱离了普通人的归因活动实际。原来，普通人都是根据自己的期望、需要对行为结果进行归因的，不像三维理论要用统计分析等繁复的方法。

成败归因

韦纳于1971年提出成功和失败的归因理论。他认为，造成行为成败的因素实在是太多了，它在我们生活过程的每一特殊阶段都各有差异。不过，经过详细分析也可以发现相当合适的两个方面因素，并可以把它们确定为来源于内在—外在的和稳定—不稳定的而相互交错的两大范畴。

一个人的行为成败，可从两方面分析其原因：内在的还是外在的，稳定经常发生的，还是不稳定偶然发生的及其相互之间的联系程度。关于这些联系的程度，经过研究后发现：在通常的情况下，稳定的内在因素是个人的能力，稳定的外在因素是工作任务的难度；不稳定的内在因素是个人的努力，而不稳定的外在因素是来自个人的运气。1972年韦纳还发表论文指出：一个人的当前成败和他自己过去的成败不一致，也和其他人的成败不相同时，那么，一般的说，可将其归因于不稳定的内在因素。而一个人的当前成败和自己过去的成败相一致，和其他人的成败也一样时，那么，就可归因为工作任务的难度了。当一个人当前成败和他自己过去成败相类似，和他人成败不同时，那么则可以归因于他的能力。例如，某生以前考试所得的都是优异成绩，这次考试也得高分，其他同学没有考好，那么，可以归因他是一个比较聪明而且能力强的优等生；如果其他同学考得也很好，那么，一定是这次考试的题目容易。相反，如果一个学生以前的考试成绩都很差，而这次考试成绩却很好，同班的其他同学考得并不好，那么，我们一定会认为他是运气好，碰上的。1979年韦纳又提出"控制维度"概念，指出能力、注意、他人帮助等可以按个人的意志来控制的因素作为一个维度，而能力、运气和心境等不能由个人控制的因素则属于不可控制的维度。此外，他还提出文化背景、社会思潮和个人的知识技术、人际关系等作为成败的因素。不过，以上说到的琼斯、凯利和韦纳他们的归因理论都是在社会知觉的功能下提出来的。到了 20 世纪 80 年代，由于新兴的认知心理学思想深入社会心理学，人们从社会认知观点看待社会心理学和归因理论时，归因理论就得到了改观。

社会认知的归因

从 20 世纪 50 年代海德提出归因理论开始，经过 60、70 年代的扩充和发展后，到了 80 年代，由于 60 年代兴起认知心理学的思想观点深入地影响社会心理学的研究，人们对来自他人、自己和社会环境的社会信息进行了加工、推理，致使原来的社会知觉概念渐渐发展为社会认知，并影响对归因理论的研究，于是就出现了社会认知归因理论。这个理论认为，每个人对社会上的事和物都有一种社会图式，即先入之见。这种先入的主观看法，决定着人们对当前环境的解释，也影响人们的社会认知和推理归因的过程。具体地说：图式是过去经验形成的关于个人、群体、角色或事件的一套有组织的认知系统或框架，它可以是语言材料组成的，也可以是视觉或其他感知觉材料组成的图式。当我们遇到外界事物时，就会在记忆中浮现或者检索和过去曾输入了的信息相符合的图式来比较、解释。这就是进行图式的信息加工过程。所以"社会图式"能帮助人们组合面临的社会信息，它包括情境刺激中的一些细节、加快加工速度、填补知识空白等，从而建立起一种整合的概念和观念来解释和评价新的信息。一个人有了这种图式，即使缺少某些信念的因素，他也能因图式的作用而得到补充。因此对一个不很熟悉的人，我们也可以根据那个人的行为角色，大体上把他归属于"这种人"或"那种人"的行列。

1980 年泰勒和克洛科把社会图式分为三类：社会事件的、人物的和角色的社会图式。个人图式包括某一特殊的人物；或某种性格类型，如具有朝气蓬勃、好说好动的外倾性格。社会事件即通常称的"脚本"，指特定时间内所发生的标准的行为序列，例如某一京剧的名段表演中，演员角色必须按剧情的次序先后出场，包括表演动作、唱腔和语言程式，在脚本上都有所规定。在日常生活中，人们办事、工作也都有一定的顺序，不会发生错乱，也是依靠平时养成的生活事件图式。角色或群体图式指的是人们扮演的社会角色的原型，例如工人、农民、知识分子、教师、军人、公务员、官吏、演员等。也可以以群体形象出现的，如霓虹灯下的好八连、中国足球的国安队等。可以说，关于群体图式或原型，和人物、事件的图式一样，都有好坏、是非之分，必须严肃认真处理。这就是说，社会心理学的研究范围从小群体扩建到现实社会，即从关心团体对个体，或个体对团体的互相影响扩建到国家的或大社会对个人和个人对国家社会的相互影响。这表明社会心理学的研究范围是按社会的发展在不断发展的。当前全球化的经济将又一次扩大社会心理学的研究范围，可以说社会心理学的研究任务是十分复杂艰巨的。但就本章和本书的要求说，着重于介绍个体心理和社会心理之间的相互关系与影响，从而仅仅介绍以上一些内容即可。

展望：21 世纪心理学的新取向

全书通过 100 多个历史人物及其事件，简要地讲述了 2600 多年来西方心理学的概况。如何将过去已有的成就加以整合，对未来的取向做些合理的设想？这是"展望"考虑的问题。

回顾历史，自古希腊亚里士多德把心理看做是灵魂的功能，到中世纪宗教教会把心理看做灵魂的官能，那是古代社会自然经济状态下人们对人类心理的猜测和看法。近代西方进入资本主义社会后，科学逐渐发达，人们把灵魂和心灵看做来源于知识经验，讨论了心理的起源问题。经过 18、19 世纪的研究，初步形成一种意识的感觉经验心理学思想体系，以后又在感官生理的基础上借用其实验方法，才于 1879 年建立起脱离哲学的独立的科学心理学。心理科学创立之后，由于心理学内部的问题很多，20 世纪的现代心理学出现了学派之间的争论。通过这些争论，心理学家们从不同的角度研究了多方面的心理现象，发现了许多新现象和新的规律、理论，为今后心理学的整合工作提供了丰富的资料，其中比较重要有以下几方面：

首先，人类心理学应该以研究意识为对象。历史证明，人类用了 2500 年时间才认识到意识是心理学的研究对象，冯特就是在继承意识心理学思想和引进生理学的实验基础上才创建起科学心理学的。1912 年华生反对研究意识，只研究行为，结果花了半个多世纪，到了 1967 年认知心理学又重新恢复研究意识。虽然，认知心理学对意识的认识欠全面，忽视了意识中情和意的成分，但是提出了元认知，元社会认知、内隐认知和心理理论等新概念，促使心理学向原本多成分的意识心理学方向发展。这是 21 世纪心理学必须继续研究的一个方面。

第二，意识是生物生理的、意识经验的和心理社会的这三方面有机结合的统一体。历史告诉我们，自亚里士多德就把心理看做生物机体的功能，它对生物的生存和繁殖都是有用的。19 世纪詹姆士也把心理看做生物的机能，认为心理对生物适应环境是有用的。他们都推动了心理学的发展。后来华生走向极端，提出不研究意识的行为主义，致使心理学陷于生物学化道路。历史证明，人的心理是有生物学的成分，但它不是唯一的，而只是人类心理的重要成分之一，它还需要有社会心理成分。20世纪30年代由弗洛伊德精神分析家族中发展起来的自我心理学家艾里克森，他在周生渐成论中提出的人类个体心理发展过程必须完成的心理社会任务，恰好弥补了这种社会心理成分。这样生物心理、社会心理和原有的认知心理三者一起就构成意识经验三成分形成统一的整体。21世纪的心理学可以沿着这个统一体继续研究，或许是一种正确的取向。

第三，意识包含了意识、潜意识、前意识和无意识。自从弗洛伊德精神分析及其家族的兴起，扩大了意识的研究范围和意识的要素：（1）扩大了冯特时代的意识结构的内容，从原来的意识三要素扩充为四要素，即意识觉醒、意识内容、意识意向和意识感情及评估；（2）为内隐认知提供了研究神经机制的心理事实，加深对意识的认识；（3）由精神分析发展起来的自我、本我和超我的冲突理论为人格心理学开辟了新的研究途径；（4）精神分析的个案治疗创造出临床心理学方法。

由于以上三方面的成就为21世纪的心理学创造出一套心理学的整合体系。这个体系的基本理论可以设想为如下的基本观点：

首先，确定意识为人类心理学的研究对象。意识是人类特有的心理反映形式，它是集生物生理的、知识经验的和心理社会的三种反映形式于一体的统一体。这个统一体不仅是外部客观世界反映的主观映象，而且是内部主观映象的主宰。它主宰着人本身的一切心理活动，具有自觉性、目的性和能动性的特点。它从对意识对象的觉察开始到各种不同的意识水平可分为：（1）焦点意识，即全神贯注于某些刺激所得到的明确意识经验；（2）边缘意识，即意识边缘所获得的那些模糊的意识经验；（3）下意识，在边缘意识下未被觉知而被登记和评估的经验；（4）前意识，即当前不在意识中的记忆与思维，必要时能被召唤到意识中的经验；（5）无意识，即对环境中的事物无所知，无所感的状态，如个体对自己的脑电变化、心跳脉搏等活动不能知晓。这样，作为心理学研究对象的意识统一体，除了刚才说的生物生理、知识经验和心理社会3种属性和5个层次外，还有前述的意识四要素都属于意识心理学的研究范围。这个研究范围是历史上从未为心理学家作为一个重要部分纳入心理学体系进行研究过的。

其次，根据研究对象的上述特点，意识心理学的研究方法是多方面的。历史上前人为我们提供了许多切实可行的方法。例如，如今的心理实验，不但有实验室的实验，还有现场实验和临床实验，可以说百花争艳，各显其能。心理实验的发展，也促进统计测量学的不断创新，而心理治疗和咨询的个案研究和团体咨询也是功德无量的。20世纪60和80年代开始的脑电研究和核磁共振成像技术为心理学创造了崭新的研究条件。总之，经过2600多年尤其是近半个多世纪的高科技发展以来的艰苦奋斗，心理学的研究方法也随着科学的进步在与时俱进。尽管人类的心理意识十分复杂，但只要能够紧随科学技术发展的时代潮流，就能推动心理学的不断发展。

再者，心理学的研究对象和研究方法确定之后，毫无疑问，意识心理学研究的主要任务应该是认识人类意识和个体意识的发生发展规律，及其两者之间的相互关系，其中包括个体人格的形成和发展规律。然而这些又是和意识概念的理解密切相关的。这样就构成意识和人格之间十分复杂的关系，而必须加以分类和分层次进行研究了。因此，如果把研究对象、方法和任务等心理学的基本观点作为通论外，则就必须对意识进行分类的分论研究。关于这些内容实在太复杂，这里只能用提纲的形式，点到为止。它们是：

意识四要素及其过程的研究。即意识觉醒、意识内容、意识意向、意识情感与评估。每一要素与过程都有丰富的研究成果，如果能对历史上已有的成就正确适当地加以整合，也许有所创新。

意识原本是人类社会的产物。冯特时代的心理学家难以用当时的生理学实验装备研究它是正常的事，不能责怪故人。如今可以应用当代的高科技手段进行研究，也许是一条正道。它可能从神经科学方面取得生理心理学的成就。例如，弗朗西斯·克里克提出：一组神经元连接和半振荡的启动会在大脑的许多部分引起神经活动暂时的统一；增长形式的自我激发本质上是意识的基础。杰拉尔德-埃德尔曼相信，低水平的意识来自于大脑主管内部生理驱动力的那部分与处理来自外部世界的信息的部分之间的相互影响（可能的一种解释在于，大脑的一个部分是饥饿的，另一部分看见食物，而最后"啊哈"的一声惊叹就是意识）。

关于动机、需要等这些内在的心理成分如何与意识、无意识结合起来研究，虽然有些进展，但还必须做更深入、和范围比现在更广泛的研究。

总之，概观21世纪的心理学整体的发展取向是一项崭新的事物，只能也必须是一些试探性的工作。只有耐心、谨慎处之。

心 理 学

第一篇 心理学的产生与发展

第十章
心理学的主要流派及其代表人物

构造主义心理学派

 构造主义心理学派产生于 19 世纪末叶的德国。这一时期欧洲自然科学的发展促进了心理学以一门独立的学科从哲学的体系中分离出来，同时物理学、化学、生理学的发展从不同的方向上推动了心理学向更深的层次发展。人们把物理学的概念和研究方法运用到心理学中，把心理活动视为力的活动，视物理规律为心理规律的根源，用物理实验的方法去进行心理学实验，产生了心理物理学。19世纪中叶的德国，生理学也达到了很高的水平，由于生理学与心理学的密切关系，导致了心理学的发展。化学在当时是注重分析法的一门科学，一些早年曾从事化学研究工作的心理学家把化学研究中的分析方法应用于心理学研究中，形成了心理化学的观点。所谓构造主义心理学，就是要求应用化学分析方法去分析研究各种心理现象的构造及其有关的基本规律。因此，构造主义心理学也被称为元素主义心理学。构造主义心理学家们首创了用实验的方法系统地研究人的心理问题，并且建立了心理实验室，使用和创造了各种实验的设备、仪器和手段，为现代心理学的建立做出了突出的贡献。其中杰出的代表人物是冯特和铁钦纳。

 冯特是构造主义心理学的奠基人，其主要观点包括以下方面：

心理学的研究对象是人的直接经验

 冯特认为心理学与物理学等其他科学一样，研究的对象是经验。心理学与物理学的区别在于心理学研究的是直接经验（即人可以直接经验到的感觉和情感心理过程），这是一种主客观不分、浑然一体的东西。而自然科学（如物理学的分子、原子等物质现象）则属于人的间接经验。间接经验是由概念通过人的推论得到的。在这里，经验成了统一的心理学和自然科学的基础，而经验毕竟是主观的。这种心理学在哲学上的倾向是显而易见的。

元素分析与创造性综合

冯特认为心理是可以而且必须加以分析的。如果把心理分析到最终不可再分的成分，这些成分就被称为心理元素。这种分析的方法就叫元素分析。这些心理元素是构成复杂心理的基本单元，通过联想、统觉进行创造性的综合来达到心理的复合体。

冯特认为心理元素有感情之分，而元素的结合叫做心理的复合，感觉元素的复合形成人们的各种不同的情绪状态。同时感觉元素与感情元素又相互影响、相互补充。所谓创造性的综合，即是通过联想和统觉两种形式形成心理复合体的过程，冯特尤其看重统觉的作用。统觉的作用就是把各种感觉联结起来的主动过程（而联想则是一种被动的不受意志支配的过程）。统觉在冯特的心理学体系中占有一定的位置，他认为心理元素综合为复合体的过程是由统觉完成的，统觉包括关联、比较、分析和综合等各种组合的过程。

心理学的研究方法是实验内省法

冯特研究心理学的方法是实验内省法，即把"自我观察"的内省同实验结合起来。传统的内省心理学方法是一种古典式的、思辨性的经验式内省方法，而实验方法可以使自我观察在可控制的条件下进行精确而严格的测量，这种方法使内省心理学向前发展了一大步，为实验心理学的建立和发展打下了良好的基础。但是，由于他对经验的唯心主义认识，他只注意个人的心理经验，全然不顾客观条件对被试者的意义，主观性很大，使之失去了客观基础，失去了研究的现实意义，因而难以发现心理活动的规律。

总而言之，冯特对心理学是有贡献的，他的心理学体系内容十分丰富，不仅发展了传统的心理学，而且为后代心理学研究开拓了新的领域。

铁钦纳认为一切科学的对象都是经验。铁钦纳的主要观点如下。

心理学的研究对象

铁钦纳主张心理学的对象是经验，但他又不同意冯特的直接经验与间接经验的区分。物理学是研究不依赖于经验者的经验，而心理学是研究依赖于经验者的经验。他同时又认为"心理不是脑的功能"，而"身体只是心理的条件"。这样

铁钦纳又把神经系统与心理割裂开来了，从而复归到早期冯特的心身平行论观点。

铁钦纳还进一步说明了经验、心理、心理过程和意识之间的区别与联系。在他看来，经验、心理、心理过程和意识都是心理学研究对象的表现形式，但它们还是有区别的。所以他指出："虽然心理学的对象是心理，但心理学研究的直接对象却往往是意识。"

铁钦纳主张，心理学应该研究心理或意识内容的本身，不应该研究其意义或功用。他坚持心理学是一门纯科学。

心理学的研究方法

对心理学研究对象的观察依赖于经验者的经验，因而是一种内部观察，即内省。具体地说，内省是对意识经验的自我观察。

铁钦纳为内省法规定了种种限制。第一，铁钦纳坚持只有训练有素的观察者才能进行内省，坚持反对使用未受过训练的观察者。第二，对于初学者来说，最好是根据记忆来进行内省描述，这样内省就变成了回忆，内省考察变成了事后考察。而老练的观察者则会养成一种内省态度，因而他在观察进程中不仅可以在心里默记而不干扰他的意识，甚至还可以做笔记。第三，自我观察包括注意和记录两部分。注意必须最高度的保持、最高度的集中，记录必须像照相一样精确。第四，内省者必须在情绪良好、精神饱满和身体健康时，在周围环境安适、摆脱外界干扰时，才能进行观察。第五，内省必须是公正而无私地描述意识状态自身，而不是描述刺激本身。最后，铁钦纳赞同冯特把内省与实验结合起来的做法。总之，铁钦纳在心理学研究方法上对冯特的实验内省法加以改造。

心理学的任务和内容

像冯特一样，铁钦纳也把意识经验分析成基本元素，但又在冯特的感觉元素与情感元素之间增添了一个新的意识元素，即意象。这样，人的一切意识经验或心理过程都是由感觉、意象和情感三种基本元素构成的。在这三种意识元素中，铁钦纳研究最多的是感觉，其次是情感，最少的是意象。感觉是知觉的基本元素，包括声音、光线、味道等经验，它们是由当时环境的物理对象引起的。意象是观念的元素，可以在想象或当时实际不存在的经验中找到。情感是情绪的元素，表现在爱、恨、忧愁等经验之中。

铁钦纳的构造主义提供了一个相当强有力的正统体系，充当了批评的靶子。

但铁钦纳却坚持心理学的实验研究方向，为推动心理科学的发展做出了不懈的努力。

20世纪20年代，构造主义心理学在铁钦纳之后逐渐衰落。

机能主义心理学派

机能派心理学是与构造主义心理学相对立的心理学派别。这个心理学派与实用主义哲学紧密联系在一起。它产生于19世纪末叶的美国。公认的几个代表人物是詹姆斯、安吉尔、杜威等。他们吸收了英国贝克莱主教的主观唯心主义和边沁的功利主义，又借鉴了阿芬那留斯的经验批判主义，还接受了达尔文进化论的学说，他们创立的实用主义哲学非常适合当时美国垄断资产阶级的需要。当他们把它用于心理学的研究时，就创立了机能主义心理学。他们的心理学有一些共同的特点：例如他们都反对构造主义把意识分析为元素，他们关注心理的作用而不十分注重心理的内容，他们重视心理学的应用而不同意把它当做一门纯理论科学。他们还主张心理学的任务不仅要研究一般成人的心理，还应把动物心理、儿童心理、变态心理等纳入心理学研究的范围。一句话，机能派强调意识的机能，研究心理现象适应环境的机能和效用。它是一个极端生物学化的派别，把人和动物的心理都看做是有机体对环境的顺应。

威廉·詹姆斯（1842～1910）是美国著名哲学家和心理学家，生于纽约，曾在哈佛大学学习医学，获医学博士学位，并且曾在哈佛大学任生理学讲师、心理学与哲学教授。他耗费12年时间与精力，于1890年完成了鸿篇巨制《心理学原理》，该书将当时的心理学知识组织为系统性的学科，所阐述的主题包括感觉、知觉、大脑功能、习惯、意识、自我、注意、记忆、思考、情绪等。此外他与同时代的一位丹麦生理学家郎格提出了心理学史上最早的情绪理论——詹姆斯－郎格情绪理论。他于1894年和1904年两度担任美国心理学会主席。

詹姆斯强调对心理机能和功用的要求，主张心理意识的功用就是要指引有机体达到生存所必需的目的。这是他继承了达尔文生物进化论生存竞争观点的结果。他强调心理的非理性方面，认为个人的情绪、需要和欲望决定了人的理性中表现的信仰、概念和推理。这些都反映了他的实用主义倾向。

他同意心理学研究的对象是意识，是意识状态的描述和解释，而意识状态是一种川流不息的状态，是思想流、意识流或主观生活流。他反对把意识分解为基本元素的做法，认为这种做法容易导致破坏心理的整体，而误解为意识是由片断和元素集合而成的。詹姆斯认为意识有四种状态。

每一种意识都是个人意识的一部分

意思是说：每一种意识都存在于具体的个人之中。他从个人的经验出发，认为没有任何意识是不属于任何人的纯粹思想，因此，人们在一般条件下处理的意识都应该从个人出发。

意识是经常变化的

就是说，没有任何人的经验是不变的，因此，一个人的心理状态只能出现一次，即使下一次再出现，也不可能与以前的情况完全相同。如果从意识是常新的角度看，应该说他对于反对意识孤立不变有可取之处，但是他借此而否定人们的意识中也有相对稳定的东西，进而又反对洛克式的反映论则是其不可取的地方。

每个人的意识状态都是意识流的一部分

尽管意识流也有隔断（如在睡觉时），但是，两个隔断的意识流总是可以取得联系的。一个人的意识不可能把自己的思想与另一个人的思想加以联结。

意识的选择性

每个人的意识之所以不同，是因为每个人都有他注意的方面，这些注意的方面才可以进入经验，这就是意识的选择性。对同一对象、同一经历，由于人们注意的方面的不同而有不同的意识，这本来可以从唯物主义反映论的角度加以解释，但是詹姆斯却完全把它看成是纯主观的东西，这就难免陷入主观唯心主义哲学之中。

詹姆斯批评构造主义心理学忽视了意识的最主要特征，只静态地研究意识的结构，而忽略了意识的连续性。意识是像水流一样的，他称之为"意识流"。詹姆斯认为心理学的研究工作不应该只局限在实验室内，还要考虑人是如何调整行为以适应环境不断提出的要求的。后来他的一些追随者走向了心理测量、儿童发展、教育实践的有效性等各种应用心理学方面的研究。

机能主义心理学和构造主义心理学两个学派争论的焦点在于探讨心理学作为一门新兴科学的定义及研究方向，然而基于唯心主义的思想基础，它们都未能很好地解决方法学问题。为此，在相持了几十年之后，当另一个新的学派—行为主义心理学派出现后，这两个学派就日渐衰落了。

行为主义心理学派

19 世纪末 20 世纪初，正当构造主义和机能主义在一系列问题上发生激烈争论的时候，美国心理学界出现了另一种思潮：行为主义的思潮。1913 年，美国心理学家华生发表了《从一个行为主义者眼光中所看的心理学》，宣告了行为主义的诞生。

行为主义有两个重要的特点：反对研究意识，主张心理学研究行为；反对内省，主张用实验方法。在华生看来，意识是看不见、摸不着的，因而无法对它进行客观的研究。心理学的对象不应该是意识，而应该是可以观察的事件，即行为。行为主义产生后，在世界各国心理学界产生了很大的反响。行为主义锐意研究可以观察的行为，这对心理学走上客观研究的道路有积极的作用。但是由于它的主张过于极端，不研究心理的内部结构和过程，否定研究意识的重要性，因而限制了心理学的健康发展。

约翰·华生（1878~1958）是行为主义心理学的创始人，他的行为主义又被称作"S-R 心理学"，即刺激—反应心理学。在华生看来，心理学应该成为"一门纯粹客观的自然科学"，而且必须成为一门纯生物学或纯生理学的自然科学。

1878 年，华生出生于南卡罗来纳州的格林维尔。还在孩提时代，他就显示出了日后成名立业所需具备的两个特点：喜欢攻击，又富有建设性。他曾坦言，在上小学时他最喜欢的活动就是和同学打架，"直到有一个人流血为止"。另一方面，12 岁时他就已经是一个不错的木匠了。在他成名之后，他甚至为自己盖了一幢有十几个房间的别墅。

在获得了硕士学位后，华生进入芝加哥大学哲学系攻读博士学位，曾就学于杜威。后来他转到了心理系，在 1903 年取得了芝加哥大学第一个心理学博士学位。在读书的时候他便与众不同，喜欢用老鼠而不是用人来做被试。毕业后华生先是在芝加哥大学教书，后来又到约翰·霍普金斯大学心理系任职。在此期间，他开始探索用行为主义的方法来取代当时的心理学，他的观点很快受到了学术界的欢迎。1913 年，他发表了影响巨大的《行为主义者眼中的心理学》。此后不久，行为主义开始风行心理学界。

华生继承和发展了机能主义心理学贬低意识的思想传统，吸收动物心理学的客观模式，以可观察行为的研究取代了意识和心理的研究，创立了行为主义心理学。华生的主要观点包括以下方面：

心理学的研究对象为人的活动或行为

华生认为心理学是一门自然科学，是研究人的活动和行为的（自然科学的）一个部门。他认为以往心理学把意识作为心理学的对象来蒙骗自己，因为意识是不可捉摸的和不可接近的。他要求心理学必须放弃与意识的一切关系。为了把心理学真正纳入自然科学而与自然科学接轨，必须明确以下几点：第一，心理学与其他自然科学的差异只是一些分工上的差异，打开自然科学结构之门的钥匙也应该能够打开心理学之门。第二，必须放弃心理学中那些不能被科学普遍术语加以说明的一些概念，如意识、心理状态、心理、意志、意象，等等，代之以刺激和反应的字眼。这样心理学与自然科学之间的障碍被消除了，那么心理学的研究成果就可以用物理、化学的字眼加以解释了。

以客观方法为研究方法

华生把以往心理学缺乏效用的原因归咎于内省法。因此，他极力要求用行为主义的客观法去反对和代替内省法。他认为内省陈述的真假无法确定，因为一个人除了能对自己进行内省观察外，绝不能对任何别人进行内省观察。只有客观地观察初始的刺激和终了的反应，才能得出互相验证的结果，才符合一切自然科学要求的真实性的原则。

华生认为客观方法有四种。第一种是不借助仪器的观察法和借助于仪器的实验观察法。第二种是言语报告法。即由于人类是首先借助于语言去从事反应的动物，而且往往人类可观察的反应就是语言，因此，观察自我身体内部所发生的变化，并对这些变化进行口头报告，不失为一种研究方法。第三种方法是条件反射法。对于动物心理，对于聋哑、婴儿及一些病态心理的人进行研究，可以用条件反射法，它还可以校正口头报告的不精确性。第四种方法是测验法。这是一种特殊的研究方法，即借助于语言行为的心理方法。他认为为了避免完全依赖于个人的说话能力，应该更多地重视不一定需要语言的行为测验。

从华生的整个行为主义心理学体系看，他虽然极力主张研究行为，否定心理意识，但是他又无法回避客观存在的心理现象，因此，他在方法论上又难以坚持行为主义的成见，有时不免陷入自相矛盾。正因为如此，他的观点不可能不被后来者加以修正。

从 1930 年起，早期以华生为代表的行为主义被新的行为主义所代替。新行为主义一方面要求克服华生旧行为主义中的缺陷，另一方面还接受了 20 世纪 30 年代以后在美国流行的操作主义的观点。一般说来，新行为主义心理学仍然坚持刺激反应的行为公式，仍然坚持"反应"在心理学定义中的中心地位的观点。但在一定程度上摒弃了华生的偏激观点，承认意识的存在，甚至于并不忌讳传统心理学中的一些概念（而这在华生行为主义心理学中是坚决排斥的），然而却不同意那种简单的机械的刺激—反应公式。例如托尔曼（1886～1959）为了克服早期行为主义忽视有机体内部条件的研究，提出了"中介变量"的概念，试图用在刺激（情境）反应之间的有机体内部发生的变化来解释早期简单的刺激—反应公式所不能解释的事实，新行为主义的心理学家除了托尔曼外，还有赫尔和斯金纳等人。

精神分析学派

精神分析学派是 20 世纪最重要的学术思潮之一。其创始人是奥地利心理学家弗洛伊德。作为西方心理学的主要流派之一，精神分析与其他心理学流派有着明显的不同：首先，西方心理学的其他流派要么是研究意识经验，要么是研究行为，对于人意识不到的心理事实，即无意识或潜意识是不予重视的。而精神分析研究的恰恰是无意识或潜意识。其次，其他的心理学流派都是学院派的，即都产生于大学的心理学实验室，体现了经验主义或联想主义的传统。精神分析则不同，它起源于精神病的临床实践。精神分析的创建者们从不关心心理或行为的实验设计，他们所关心的是心理疾病产生的原因，以及采用什么技术去帮助心理上不健全的病人。但是，精神分析同医学又有着明显的区别。医学对于精神病因的理解是生理学的，即认为精神病因是生理病变的结果，如把变态行为解释为脑损伤的结果。所以，精神分析既区别于学院派的心理学，又区别于临床医学。但是精神分析的影响却超出了心理学和医学的范围：它不仅对心理学和精神病学，而且对文学艺术、绘画、戏剧、电影、宗教、哲学、社会学、人类学乃至人们的日常生活，都产生了广泛而深远的影响。

弗洛伊德

西格蒙德·弗洛伊德（1856～1939），奥地利心理学家、精神病学家，精神分析学派的创始人。有人将他和马克思、爱因斯坦合称为改变现代思想的三个犹太人，他的学说、治疗技术，以及对人类心灵世界的理解，开创了一个全新的心

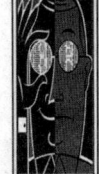

理学研究领域。

1856 年，弗洛伊德出生于摩拉维亚，他的父亲是一个开明而严格的人，母亲是一位典型的犹太家庭妇女。1860 年弗洛伊德举家迁往维也纳，并在那里生活和工作，直至生命的最后两年。在学生时代，弗洛伊德就对整个人生产生了兴趣。当他进入维也纳大学读医科时，一开始并没有集中精力攻读医学，而是对生物学产生了兴趣。他在德国著名科学家布吕克的实验室里花了 6 年的时间进行生理学研究。1882 年他订了婚，需要一个有可靠收入的职业，为此他不得不开始在维也纳总医院当医生。1886 年他同玛莎结婚，并建立了自己的"神经症"私人诊所。他一直维持着这个诊所，直至生命的最后一刻。

弗洛伊德的主要理论

（1）潜意识学说。精神分析是西方心理学的主要流派之一，但是它在研究对象方面同其他心理学流派又有着显著的不同。虽然像构造主义和机能主义心理学那样，它也关心人们的心理生活，但是精神分析对心理生活的理解却与学院派的心理学有着本质的区别。构造心理学关心意识的元素与结构，机能心理学关心意识的功能与作用，但是两者所探讨的都是人在清醒时能意识到的心理事件和事实。那些没有意识到的心理事件和事实要么被认为是不存在的，要么被认为是不重要的。然而对于弗洛伊德的精神分析而言，那些传统上被忽视的恰恰是它所要关心和探讨的。精神分析也研究那些能意识到的心理事实，但是研究这些意识层面的心理事实的目的是为了了解潜意识过程，即那些实际存在，但却意识不到的心理事实。弗洛伊德把人的心灵比作大海中的冰山，冰山的主体部分隐匿在海水下面，是看不到的，露出水面的部分仅仅是冰山很小的一块。所以，若以这个形象化的比喻看待心灵，则露出水面的部分是意识，即那些在某一时刻我们能意识到的心理事件，它在我们的心灵中仅仅是很小的一部分，不占重要地位，海水下面的冰山主体则类似于我们的潜意识。所以，潜意识的心理过程占据了心灵的绝大部分，这是精神分析所要探讨的主要领域。

（2）释梦理论。释梦理论是弗洛伊德精神分析学说的一个重要组成部分，是探索无意识心理过程的一个基本途径。"梦是欲望的满足"，这是他释梦理论的哲学出发点。他认为梦中以视像为代替物来满足的那个欲望，并不是现实实现的欲望，而是未实现或压抑的欲望。梦中实现的欲望，属于无意识，而最后的推动力是本能的冲动。弗洛伊德按照精神分析的观点把梦的内容意义分为两个层次：一个表层意义是梦的"显意"，指梦者可以回忆起来的梦的情景及其意义；

一个是深层意义，是梦的"隐意"，是指梦者联想可以知道的隐藏在显意背后的意义。

弗洛伊德用凝缩、转移、象征作为释梦工作的基本方法，他探讨了梦的材料的来源，如生活的残迹、躯体内外感知觉的刺激、压抑的欲望、已经遗忘的童年体验，等等。1900年发表的《梦的解析》一书是他一生中最伟大的著作之一。

在弗洛伊德的观点中，"性"的理论也占有重要的位置。如果说无意识学说是精神分析学说的基础，那么性理论则是无意识学说的核心。在《梦的解析》之后他又发表了《性学三论》一书，其中他研究了性变态、性欲发展过程和性动力理论，界定了性本能和性冲突两个概念和范围，最终揭开了（通过性变态和梦及过失的研究）隐藏在无意识领域中的最原始的冲动。

最后他依据无意识理论的心理划分，建构了他的人格理论。他把人格结构分为三个部分，从低级到高级排列为本我、自我、超我。本我是人格的原始部分，包括一切与生俱来的本能冲动。自我是本我的表层部分，是由本我与现实的接触中划分出来的一部分，是有意识的。超我是道德化了的自我，是自我的典范，主要是指人性中的高级本性，如良心和自我批判能力等。

精神分析学派的其他代表人物及观点

在精神分析界中，影响力和弗洛伊德几乎相当的是荣格。他提出意识、个体无意识、集体无意识、原型等精神系统的结合概念，主张在治疗中采取宣泄、分析、教育、个体化治疗阶段和广泛的创造性技术，他的贡献还有对心理类型学的发展工作。

而阿德勒发展的个体心理学在某种程度上可以说是脱离了精神分析学派的一些基本假设，因为他更多的理论是一种社会性的理论，他假设了优越情结、自卑情结、家庭次序等关系，并在社会心理学的意义上采取更接近教育的方式治疗，这使他和精神分析之间具有更大的区别。

后期的精神分析学派最大的发展源于两位杰出的女性分析家，那就是安娜·弗洛伊德和克兰茵。安娜·弗洛伊德和艾里克森发展出了精神分析自我学派，其中最经典的观点是艾里克森的自我同一性的阶段性理论。而远在英国的分析家克兰茵则创造性地建立了客体关系心理学理论，客体关系理论是当今精神分析学派中最强盛的理论之一。

1970年以后，曾任美国精神分析学会主席的科胡特在客体关系理论和对于自恋性人格障碍治疗的基础上，建立了精神分析的自体心理学派。这一学派从人格的自恋问题着手来治疗来访者，其中最有特点的是对于自恋性人格障碍的治疗。

格式塔心理学派

格式塔心理学派是 20 世纪初期在德国兴起的心理学派，也称完形心理学派。其创始人魏特曼、考夫卡和柯勒自 1910 年起密切合作，成为格式塔学派的核心。他们于 1921 年创立了该学派的刊物《心理学研究》。在 20 年代和 30 年代，他们先后移居美国并吸引了许多支持者。

1912 年，魏特曼发表了一篇题为《似动的实验研究》的论文，标志着格式塔心理学的开始。在格式塔学派创始以前，构造主义心理学派主张对意识经验进行分析，将经验分解为单元或元素。经验元素的相加构成复杂的经验。格式塔学派则主张，人的每一种经验都是一个整体，不能简单地用其组成部分来说明。似动现象是一个整体经验，单个刺激的相加并不能说明似动现象的发生。格式塔学派认为整体大于部分之和。德语中 Gestalt（格式塔）的意思是整体或完整的图形。

格式塔学派认为知觉经验服从于某些图形组织的规律。这些规律也叫做格式塔原则，主要有图形和背景原则、接近性原则、相似性原则、连续性原则、完美图形原则等。客观刺激容易按以上的规律被知觉成有意义的图。

魏特曼及其主要观点

德国格式塔派心理学的产生是从魏特曼所主持的"似动现象"的视觉知觉问题的实验研究开始的。所谓"似动现象"的研究就是要解决活动电影所造成的视知觉运动问题。电影拷贝是不动的，但是在什么条件下会把本来不动的东西看成是动的呢？他通过实验证明，当两条直线（把电影的情况简化为一些先后出现的线条）投放到黑色的背景上时，它们先后出现的时间间隔如果是 1/5 秒，被试者就只能看到先后出现的两条静止直线。如果两条直线呈现的时间距离缩短为约 1/15 秒，被试者就会明显地看到似动现象。如果继续缩短两直线呈现的时间间隔为约 1/30 秒时，被试者就看到两条静止的直线同时出现。由此魏特曼得出结论：运动与视觉有关。两条静止的直线，在一定的条件下（呈现的时间间隔长短）表现出似动现象。由此可以看出：如果按照构造派心理学的观点，把心理现象只分解为元素，并且以为似动现象只是若干不动的感觉元素的相加，是绝对说不通的。魏特曼认为似动现象就是一个格式塔（整体），在心理现象上整体不等于部分之和，整体的性质不存在于它的部分之中，而存在于整体之中。即是说，似动现象绝不是孤立的两条直线所能解释的，他的研究似动现象的论文发表于1912 年，于是一般人认为格式塔心理学的创立也从这一年开始。

考夫卡及其主要观点

考夫卡（1886～1941），美籍德裔心理学家，于 1909 年获得哲学博士学位，1912 年参加了韦特海默进行的似动现象实验，并成为格式塔学派的主要发言人。

考夫卡最早向美国心理学界介绍了格式塔心理学，对格式塔心理学的对象、方法等问题作了详尽的阐述，使格式塔心理学系统化。考夫卡认为心理学是一个最不能使人满意的科学，因为心理学与其他学科，如物理学、生物学等相比，缺乏强有力的理论原则去面对实际的问题。他认为心理学尚没有建立起一个知识系统的基础，它不能说明一个人类个体的行为以及种种的社会行为，如音乐、艺术、文学、风俗以及时尚，等等。然而，考夫卡又认为正是心理学不合人意的状况，值得人们费许多时间和精力去求索。考夫卡认为心理学是讨论生物的行为，它和其他的生物科学一样，要解决精神与非精神的关系问题。

考夫卡利用物理学"场"的概念来解释人的行为，认为行为就是一种"场"。这种场分为两大系统，一部分是环境，一部分是自我，二者不可分离，环境是自我的环境，自我是环境里的自我。他又把行为分为细微的行为（在机体内部的活动，受许多环境因素的刺激而激动）和明显的行为（大多数都是发生于外在的范围中，是一种环境中的活动）。环境分为地理的环境与行为的环境，并以此为基础用来说明心理、行为和环境之间的关系。

另外在研究方法上，考夫卡同其他格式塔心理学者一样，认为内省法和客观观察法都是心理学的基本研究方法。但是他们反对构造主义者排斥意义、对象和事物的整体，用人的方法破坏自然的经验的内省法，也反对行为主义者排斥意识或直接经验，只强调刺激—反应的观察。考夫卡强调自然而然的观察法，即能够保留直接经验的完整的现象的直接观察法。

在格式塔学派建立后的数十年里，其理论被应用到学习、问题解决、思维等其他领域。格式塔学派认为，条件化的重复性学习是最低级的学习方法，学习是对关系的掌握。在柯勒看来，关系的掌握即是理解过程。一旦学习者知觉到特定情境中各要素间的相互关系，产生出新的经验，就会出现创造性的结果。这种突然贯通的解决问题过程称为顿悟。

20 世纪50 年代前后，格式塔理论被推广到人格、社会及临床心理学领域里。20 世纪60 年代，新兴的认知心理学吸取了格式塔心理学的某些观点，特别是格式塔心理学对思维研究的成果。目前，格式塔学派在个别领域中仍相当有影响。例如，在知觉研究中，格式塔观点仍占主导地位。但是在当代心理学中，格式塔心理学已经不作为一个独立的学派进行活动了。

人本主义心理学派

20 世纪50 ~ 60 年代，人本主义心理学在美国兴起，成为美国当代心理学的主要流派之一。人本主义心理学以马斯洛、罗杰斯等人为代表。

在人本主义之前，心理学领域中占主导的人性理论有两种：一种是弗洛伊德的观点，他认为人主要受性本能和攻击本能控制；另一种观点来源于行为主义，走向另一个极端，把人看做较大、较复杂的老鼠。就像老鼠对实验室的刺激做出反应一样，人也对环境中的刺激做出反应，其中没有任何主观的控制。我们以目前的方式做出行为反应，只是因为现在或以前所处的环境，而不是因为个体的选择。这两种理论都忽略了人性中的一些重要方面，例如自由意志和人的价值等。

人本主义的理论与上面两种观点不同，它假设人应该对自己的行为负主要责任。我们有时会对环境中的刺激自动地做出反应，有时会受制于无意识冲动，但我们有自由意志，有能力决定自己的命运和行动方向。

人本主义被称为心理学的第三势力。20 世纪60 年代强调个人主义和个人言论自由的时代背景为人本主义心理学的成长提供了沃土。1967 年人本主义心理学的重要人物亚伯拉罕·马斯洛当选为美国心理学会主席，这标志着心理学中的人本主义思想已被广为接受。

马斯洛及其自我实现论

马斯洛（1908 ~ 1970），美国社会心理学家、人格理论家和比较心理学家，也是人本主义心理学的主要创建者之一，心理学第三势力的领导人。

马斯洛出生于纽约市布鲁克林区，1926 年入康乃尔大学，3 年后转至威斯康星大学攻读心理学，在著名心理学家哈洛（1905 ~ 1981）的指导下，1934 年获得博士学位，之后，留校任教。1935 年马斯洛在哥伦比亚大学任桑代克学习心理研究工作助理，1937 年任纽约布鲁克林学院副教授，1951 年被聘为布兰戴斯大学心理学教授兼系主任，1969 年离任，成为加利福尼亚劳格林慈善基金会第一任常驻评议员，曾任美国人格与社会心理学会主席。

马斯洛认为人类行为的心理驱力不是性本能，而是人的需要，他将其分为两大类，共 7 个层次，好像一座金字塔，由下而上依次是生理需要、安全需要、归属与爱的需要、尊重需要、认识需要、审美需要、自我实现需要。人在满足高一层次的需要之前，至少必须先部分满足低一层次的需要。第一类需要属于缺失需要，可产生匮乏性动机，为人与动物所共有，一旦得到满足，紧张消除，兴奋降低，便会失去动机。第二类需要属于生长需要，可产生成长性动机，为人类所特有，是一种超越了生存满足之后，发自内心的渴求发展和实现自身潜能的需要。满足了这种需要，个体才能进入心理的自由状态，体现人的本质和价值，产生深刻的幸福感，马斯洛称之为"顶峰体验"。马斯洛认为人类共有真、善、美、正义、欢乐等内在本性，具有共同的价值观和道德标准，达到人的自我实现关键在于改善人的"自知"或自我意识，使人认识到自我的内在潜能或价值，人本主义心理学就是促进人的自我实现。

罗杰斯及其患者中心论

卡尔·罗杰斯（1902～1987），美国著名的心理治疗家，人本主义心理学的创始人之一，来访者中心疗法的创始人。

1902 年 1 月罗杰斯出生于芝加哥郊区的橡树园。1919 年罗杰斯进入威斯康星大学学习农业，但很快就放弃了，因为他觉得学习农业缺乏挑战性。在选修了一门"乏味"的心理学课程后，他决定改学宗教。1924 年他取得了一个历史学学位后，就前往纽约的"联合神学院"，准备当个牧师。最后他毅然离开了教堂，去哥伦比亚大学继续学习心理学，从事临床及教育心理学的研究。

自 1928 年起，罗杰斯就在纽约罗切斯特的儿童指导诊所工作，主要是为犯罪和贫困儿童提供咨询和指导。后来他曾在几所大学任教。在此期间，罗杰斯一直和流行于心理治疗中的精神分析理论及当时风头正健的行为主义理论作斗争，推行自己的"来访者中心疗法"并小有成就。1956 年他获得了美国心理学会第一次颁发的特殊科学贡献奖。

患者中心论是人本心理学关于医疗方面的学说。他们针对现代人由于对生存的空虚和压抑之感引起反抗，失去生存意义并威胁人的空虚的状态，认为可以借助于集体主义，设计和安排一种情境，由培养精神文化得到部分解决。用意向性和意志，使个体去体验自己以及环境的统一性，发现自己的生活意义并使之达到主客观的统一，从而治疗或防止神经官能症等病变的存在和发生。在这样一种心

理治疗方法上，人本主义心理学反对传统上以医生对患者做出频繁的指示，拟定医疗方案，使患者按要求接受治疗的方法，反对医生对患者强迫命令。医生要做到对患者亲切关怀、真诚相待，以获得患者的信赖。罗杰斯的治疗方法抓住对患者的无条件的关注，使患者在无拘无束、无顾忌又被充分肯定的气氛中，把医生对他的关注，内化为对自我的关注。也就是说，靠着本有的自我导向去自由选择，使得变态心理不治而愈。

人本主义心理学派在心理学发展中的贡献和局限

在现代心理学领域，人本主义与行为主义、精神分析一同被认为是最有影响力的三大理论体系，它们也是心理治疗领域最为重要的三大流派。然而三者基本理论思想迥异，人本主义批评精神分析论是"伤残心理学"，因为它是建立在心理病理学基础上的，认为"人性本恶"。此外，人本主义也批评行为主义是"幼稚心理学"，因为它着重研究的是儿童与动物的行为。

人本主义心理学派的基本主张是"以人为本"，认为心理学应该研究人类区别于动物的那些心理特征，诸如价值、需要、幽默、情感、生活责任等。它对人性持乐观的态度，认为"人性本善"。该学派的主要观点是，人的本性中蕴含着积极向上、自我成长、自身完善的潜力。每个人都具有一种基本需求，就是要将其自身潜力充分挖掘、完全发挥，要不断超越现在的我，这是人类行为的主要动机力量。人是自由的，完全能够自由选择自己的生活方式，决定自己的命运前途，而且完全能够对自己所作的选择承担责任。在社会环境中会存在各种障碍，阻止人的自我实现，然而充分发挥自身潜力是人的自然倾向或天性，两者的矛盾是导致各种心理问题的根源，因此人本主义心理学者十分关注如何营造一个适合于人自我成长的良好环境，这也是他们在治疗心理疾病过程中所遵循的重要原则。

人本主义心理学派反对仅仅以病态人作为研究对象、把人看为本能牺牲品的精神分析学派，也反对把人看做是物理的、化学的客体的行为主义学派。人本主义心理学主张研究对人类进步富有意义的问题，关心人的价值和尊严。但是，人本主义心理学忽视了时代条件和社会环境对人的先天潜能的制约和影响。

日内瓦学派

日内瓦学派产生于 20 世纪 20 年代的瑞士，代表人物是皮亚杰。该学派主要研究儿童的认知活动、探索智慧的结构和机能及其形成发展的规律。他们认为，人类智慧的本质就是适应，而适应主要是因为有机体内的同化和异化两种机能的协调，从而才使得有机体与环境取得平衡的结果。

在皮亚杰的理论研究活动中，首先，对他研究影响较大的是生物学。他的认知心理学的许多概念都来源于生物学，并且以此出发，认为生物发展就是个体组织与环境相互作用、同化或顺应的过程。其次，皮亚杰认为心理学研究不仅不能离开生物学，而且不能离开逻辑学，他用符号逻辑研究儿童智力的发展，在他的认知心理学中引进了数理逻辑的概念，并把源于布尔代数的符号逻辑作为一种工具。再次，发端于20世纪中叶的维纳控制论，也给皮亚杰心理学的研究提供了一种工具。控制论中输入、输出、反馈等概念对认识机制的了解有着不可轻视的帮助作用，这与他的同化顺应的心理学概念是同一的。

另外，在皮亚杰的理论研究活动中，对其发生重要影响的还有康德、索绪尔等人的哲学。皮亚杰认为发生认识论就是在全面审查康德范畴的基础上形成的，例如他的"图式"说，发源于康德的"先验图式"。至于他的心理学结构发生法，则渊源于索绪尔等人的结构主义哲学。

皮亚杰心理学的产生与其他心理学各派也存在着批判继承关系，例如他对儿童心理的研究曾受益于格式塔派的影响，而同化、顺应的平衡理论则是对刺激—反应关系（行为主义、联想主义心理学的观点）的创造性继承。

皮亚杰最擅长和卓著的方面是他对儿童心理的研究，他对儿童心理发展的因素进行了分析，提出了心理发展四因素：

机体的成熟因素

儿童机体的成长，特别是儿童的内在和生理因素的成长，如内分泌系统、神经系统的成熟，成为儿童心理发展的必要条件。以后随着儿童年龄的增长，自然及社会环境的作用不断丰富，机体的机能的学习机会不断增加，使心理不断发展。

包括物理经验和逻辑数理经验在内的物理环境

当个体作用于物体时，儿童获得物理对象的物理知识，如物体的大小、重量、体积等物理特性；而当个体作用于物体时，儿童排除物体间的（如位置、距离、顺序等）物理知识，而获得各种逻辑数理知识。这两种知识前者被称为物理经验，后者被称为逻辑经验。

社会环境，指社会的生活、文化教育、语言等外界环境

皮亚杰只看重儿童的认识结构的建立，认为社会环境与教育文化等因素只能促进和延缓儿童心理的发展，但不对儿童心理发展起决定作用。儿童必须建立适当的认识结构并能够发挥主动的同化作用，心理就能发展，否则儿童缺乏主动的同化作用，即使在学校的环境中，学校教育也是无效的。

对心理起决定作用的平衡过程

所谓平衡过程就是指不断成熟的内部组织在与外界物理和社会的环境的相互作用中不断调整认识结构，因而也就是心理不断发展的过程。

皮亚杰不仅探讨人的认识发展的四个基本因素，而且还研究了儿童心理的发展，将其分为四个阶段：

感知运动阶段

儿童只能协调感知和动作，在接触外界事物时能利用或形成某些低级行为模式。

前运算阶段

表象或内化了的感知或动作在儿童心理上起重要作用，词的功能开始出现，从而儿童能用表象和语言作为中介来描述外部世界，这就扩大了儿童生活和心理的范围。但在这一时期，他还没有所谓"守恒"和"可逆性"，只能从自我考虑问题，不能从多方面考虑问题（如只能依据自己身体的标准辨别左右，而不能正确辨别对面人的左右），这就限制了他掌握逻辑概念的能力。

具体运算阶段

儿童开始出现"守恒"，开始能独立组织各种方法进行正确的逻辑运算（如分类等），但还离不开具体事物或形象的帮助。这一时期的运算，主要属于群集运算阶段（即分类和序列）。

形式运算阶段

这时儿童根据假设对各种命题进行逻辑推理的能力在不断发展，开始接近成人的思维水平。关于皮亚杰的这些研究，国际上很多人在做重复验证的工作，有的证实了他的一些结论，也有的得出不同的结论。例如，儿童什么年龄才能出现

"守恒"和"可逆性",就有各种各样的争论性的意见。

日内瓦学派的研究以皮亚杰的发生认识论为理论基础。他们所考察的"认识"一般指科学思想所必需的范畴,如时间、因果性、必然性、整体、部分、类等的"概念发展史"以及它们所属的概念网络,这反映了康德哲学对发生认识论的影响。从心理学角度来看,发生认识论又是欧洲机能主义的发展。皮亚杰认为,适应是建立在有机体与环境相互作用不断取得平衡的基础上的。

发生认识论从心理分析出发,关心概念与运算在心理上的发展,也就是概念与运算的心理发生。发生认识论的基本观点是:由于科学知识处于不断演化之中,因而不能静止地看待认识论问题;人类知识的形成,既不是外物的基本复本(经验论),也不是主体内部预成结构的独立显现(预成论),而是包括主体和外部世界在连续不断地相互作用中逐渐建立起来的一系列结构。客观知识从属于这些结构,认知结构的发展标志着儿童智力水平的提高和逻辑范畴与科学概念的深化。

在日内瓦学派以前的各个学派,都是停留在成人正常的意识或病态的意识以及行为横断面的研究上,而从未由儿童到老年纵向地、全面地发展地去考察、去研究人类智慧的发生、发展规律。因此,日内瓦学派对心理的研究,不能不说是心理史上的一个空前创举,它丰富和发展了科学的认识论,拓展了心理学研究的领域,促进了儿童心理学和认知心理学的发展。同时,对其他一些学科如认识论、逻辑学、语言学和教育学等的产生,有很大的影响。

心理学

第一篇 心理学的产生与发展

第二篇

生活中的心理学

第一章

认知心理学：我们的眼睛和耳朵可信吗

感知是如何运作的

我们有五个感官：眼、耳、鼻、舌、身，通过这五个感官，我们可以获得外界信息。我们一生当中对所有事物的认知都是通过这五个感官获得的。我们的感官持续不断地受到外界信息的刺激，根据不同感官所受到的刺激，我们可以把感觉分为：视觉、听觉、触觉、嗅觉、味觉。其中触觉可以分为外在的身体能够感知的感觉和内在的内心深处的感觉。

视觉信息的获得通常是由物体所发出的光线刺激视网膜上细胞而获得的，这样我们就可以感受物体的形状、颜色、大小等等。视觉是所有的感觉中获得信息量最大的，在我们所获得的信息中，有大概80%是来自视觉的。但是，我们的视觉往往也是最不可靠的，比如视错觉等现象就说明这一点。

听觉给视觉所看到的五彩缤纷的世界配上了声音，这样我们眼前的世界就变得更加生动了。俗话说"眼观六路，耳听八方"，这说明我们耳朵的力量是十分强大的，它可以不受方向的限制，同时捕捉来自八方的信息。但是，和视觉一样，我们的听觉有时候也会出错。

触觉是通过皮肤来实现的，这种感觉不像视觉和听觉那样会骗人，它是很可靠的。在我们的身体各部位中，指尖的触觉是最为敏感的。

人类的嗅觉功能是通过空气中的粒子刺激我们鼻内的嗅觉细胞来实现的。嗅觉通常会伴随着内心的情感体验，例如，当我们闻到玫瑰花的芳香时，我们就会产生愉悦的情绪，心旷神怡；当闻到臭水沟的味道时，我们往往会掩鼻而过，免不了会抱怨几声。

舌头上的味蕾是专门负责味觉的，我们常说的酸甜苦辣咸说的就是味觉。人类的舌头是感受味觉的唯一器官，通常情况下舌尖对甜味比较敏感，舌的两侧对酸味敏感，舌根对苦、辣味比较敏感。

我们通过五种感觉来感知客观事物，并通过这五种感觉来表象，因此这五种感觉被称为"表象系统"，也称为"感元"。我们可以通过五种感元精确地描述身体和内心的感觉。比如，当我们观察一朵花的时候，首先感觉到花的形状和颜色，然后注意到花瓣的质感，接着凑过去闻闻花的芬芳。这朵花的信息就通过我们的眼睛、鼻子、皮肤等感官进入我们的大脑。

感元还可以用来描述思考过程的进展，比如当你想念一个你喜欢的人时，他（她）的样貌就会浮现在你的脑海中。如果有人问你最喜欢的动物是什么，你就开始搜索储存在大脑中的信息，你最喜欢的动物形象，以及它带给你的感觉就会浮现出来。

其实，在我们的日常生活中，纯粹的感觉是不存在的，感觉信息一经感觉器官传达到大脑，知觉便随之产生。这说明感知觉是一个连续的过程，它们共同对外界的信息进行加工，使得它们成为我们能够识别的、有意义的信息。举个例子来说，当我们看到一个圆圆的、红色的物体，同时又能闻到它香甜的味道，让人忍不住想吃，这些来自感觉器官的信息为我们提供了形状、颜色、味道等特性，然后将这些信息传入大脑之后，我们认出了"这是一个苹果"。在这里把感觉通道所传递的信息转化为有意义的、可命名的经验过程就是知觉。

即使是一件简单的事物，也会传达很多信息，所以，我们在了解一个人或一件事的时候，必须对信息进行筛选，否则就会被大量信息淹没。我们对信息的控制就像经过一系列的过滤器，只选择接受事物的一小部分信息，最终保留下来的信息形成我们对世界的看法，也就是意识对物质的反映。

每个人对同一件事的感觉和看法有所不同，因为我们以不同的方式处理信息。信息过滤器对我们的一生有重要影响，我们的任何感觉和看法都带有强烈的主观色彩，就像戴上了有色眼镜，没有人能够完全客观地反映外在的世界。两个人可以经历完全相同的事件，却产生截然不同的情感。比如，两个人同时登台表演，其中一个人感到风光无比，另一个人却感到惊恐不安。

知觉就是个体在以往经验的基础上，对来自感觉通道的信息进行有意义的加工和解释。在上述例子中，一个人在以前已经见过苹果长的是什么样子，并且吃过苹果知道它什么味道，所以再次看到苹果时，个体根据以往的经验立刻判断出这是一个苹果。这就是感觉和知觉共同作用的结果。

人类学家特恩布尔曾调查过居住在刚果枝叶茂密热带森林中的俾格米人的生

活方式，他描述了这样一个例子：居住在这里的俾格米人有些从来没有离开过森林，没有见过开阔的视野。当特恩布尔带着一位名叫肯克的俾格米人第一次离开他所居住的大森林来到一片高原时，他看见远处的一群水牛时惊奇地问："那些是什么虫子？"当告诉他是水牛时，他哈哈大笑，说不要说傻话。尽管他不相信，但还是仔细凝视着，说："这是些什么水牛会这样小。"当越走越近时，这些"虫子"变得越来越大，他感到困惑不解，说这些不是真正的水牛。这是一个十分有趣的故事，说明了以往的经验在我们感知觉中的重要性。

你偏好哪种表象系统

生活中我们都听说过有些人是视觉型的人，有些人是听觉型的人，有些人是感觉型的人。所谓"视觉型""听觉型"或"感觉型"就是说他的偏好系统是"视觉系统""听觉系统"或"感觉系统"，当然还有的人偏好"触觉系统""嗅觉系统"或者"味觉系统"。

偏好系统是内在表象系统的一种。我们知道内在表象系统使得我们能够把对世界的认知系统地储存，然后在需要的时候提取出来，这就是我们识别和记忆的能力。具有正常的识别能力和记忆力，我们才能正常地生活。除了偏好系统，还有一种内在表象系统，就是引导系统。两种系统具有不同的功能，在我们的生活中发挥着不同的作用：我们利用偏好系统来进行日常的生活；利用引导系统来进入某个记忆。

偏好系统其实就是自己喜欢的表象系统。人们在说话的时候使用描述哪类感觉的词语多，就说明他偏好哪种表象系统。如果一个人在说话的时候使用表示视觉的谓语明显多于其他词语，那么表明他偏好视觉系统，他是一个视觉型的人。

一个视觉型的人在谈话过程中容易说出："你怎样看待这个问题？""这个人城府很深，我看不透他。""前途虽然光明，但是道路比较曲折。""这个晚会搞得七彩缤纷，让人目不暇接！""她长得很秀气。"

一个听觉型的人会说出："说说你的看法，怎么样？""这个主意听起来不错！""就算有再多反对的声音，我还是坚持我看法。""演讲者慷慨陈词，内容都是掷地有声的真知灼见。""他的声音富有磁性，很有感染力。"

一个感觉型的人会这样说："关于这件事，你有什么感想？""对事情的安排，你感到满意吗？""这项工作很有挑战性。""我会尽心尽力地完成组织交给我的任务！""她很细心，而且很有耐心。"

人们总是使用自己偏好的表象系统，但是，这并不意味着他们不使用其他表象系统，只是更倾向于关注自己偏好的表象系统带给自己的感觉。

内在表象系统发展比较平衡的人说话会跨越一个以上的内感官的，比如，他们会说："这个计划缺少必要的信息（听觉），但是不用担心（感觉），我会争取设计出完美的蓝图（视觉）。""这个人虽然提了不少意见（听觉），但是意见的内容让人失望（感觉），显得他没有眼光和远见（视觉）。""我听着他的甜言蜜语（听觉），感到无比幸福（感觉），看到我们美好的未来（视觉）。"

描述视觉、听觉和感觉的词语可以让语言表达更丰富，更能激发起人们想象和联想的能力。同样一个故事讲两次，第一次刻意避免使用视觉、听觉、感觉的词语，第二次刻意添加三种类型的文字，你会发现第一次讲故事枯燥乏味，第二次比第一次吸引力大很多，因为视觉、听觉和感觉的词语更能调动人们的感情。这种说话的技巧对推销员、演讲家、老师、培训人员应该是很有帮助的。

明确偏好系统对于人际交往有重要意义。找到自己偏好的表象系统可以帮助自己学会利用其他的表象系统，提高自己的适应性，根据不同场合不同地点对不同的人使用不同的表象系统。同样，发现别人偏好的表象系统后，我们就可以投其所好，用相同的系统迎合他，使沟通更容易，很容易得到别人的理解和信任，可以获得一种更深层次的亲和力。

有些人的交际能力很好，能够与很多人融洽相处，有些人在与人交往中却常常碰到各种问题，原因可能就在于他们不能充分利用表象系统，或者他们的表象系统与别人的发生了冲突。比如，一个职员与上司沟通的时候总是有障碍，原来这个职员是视觉型的人，而他的上司是听觉型的人。他表达自己的想法时多使用视觉词语，力求以图像的形式展示给上司；而他的上司更愿意使用听觉词语，对图像不感兴趣。这种差别看似微不足道，却常常给交流造成障碍。

眼球解读线索

通过上文，我们已经知道人类的另一种表现系统就是引导系统——当人们使用某种表象系统的时候，眼球会转到特定的位置。这是人们进入某种记忆状态时所使用的系统。比如，当别人问到你喜欢的颜色时，你的眼球就会转向左上方；当别人问到你喜欢的音乐时，你的眼球就会转向左侧。因为与视觉有关的记忆位置在左上方，与听觉有关的记忆位置在左侧。

我们可以运用引导系统调动自己的内在表象，例如，当想念某人的时候，如果我们想到他的相貌，眼球就会转到与视觉相关的位置；如果想到他说话的声音，眼球就转到与听觉相关的位置。

心理学家发现，当人们回忆的时候，眼球会转向六个主要的位置：右上、左上、右中、左中、右下、左下，每个位置都有不同的意义。我们可以通过眼球的位置判断内感官的运作情况，因为我们的内感官神经在脑干部分汇聚，而牵动眼球的神经也与这一部位有联系。当某个内感官启动时，有关的眼球牵动神经也受到影响。

1. 内视觉的眼球转动模式是往上望。站在自己的角度，如果你往左上望，说明你是在回忆过去的景象，就像在档案里找一幅旧照片，称为"视觉记忆"。比如，当你回忆自己第一次见到大海的情景时，你的眼球会转向左上方。往右上望，是创作新的虚构的景象，就像绘制一幅新的图像，称为"视觉构造"。比如，当你想象一条会飞的鱼的时候，你的眼球就会转向右上方。我们在发呆的时候，双眼定定地往前望，也属于内视觉。

2. 内听觉占有三个位置：左中、右中和左下。左中是回忆过去的声音和语言，称为"听觉回忆"（Ac），例如回想昨天听到的一首歌。右中是创造新的声音，称为"听觉构造"（Ac），例如想象你明天做演讲时的声音。左下是自言自语，也叫内在的对话（Ad）。比如早上出门的时候你告诉自己："今天天气不错！"这时你的眼球在左下方。很多人在独自思考时都会使用这个内感官，尤其是当心中烦闷的时候。当你重复别人说过的话时也需要使用这个内感官。

3. 表达内感觉信息时，人的眼球方位在右下方。每当搜查记忆中的味觉、嗅觉、触觉经验和情绪感觉时都会启动这个内感官，称为"感觉和触感"（K）。比如，当你陷入爱情时是什么感觉？当你摸到冰块的时候是什么感觉？当你经历这些感觉的时候，你的眼球在右下方。嗅觉和味觉感官与眼球转动也有联系，但是并不是广泛地存在。比如当你回忆某种香水的气味时，可能你的鼻子上翘，眼睛直视前方，目光稍微向前交叉；当你回味饭菜的味道时，你的头会稍微低下，眼睛向下看，目光稍微向前交叉。

以上揭示的是用右手的人的眼球转动模式，使用左手的人要把对应位置颠倒过来。

每个正常人的三个内感官都是健全的，只是某个内感官习惯于多用一点。很多人都有不只一个惯用的内感官，有些人没有明显偏向哪种感官，而是三个内感官都平均使用。所以，不要轻易给某个人"定型"。在不同的情况下，面对不同的问题时，我们倾向于使用某种特定的内感官。比如，一个人度假回来，兴高采烈地向朋友讲述旅行中看到的景色（视觉型），但是他发现没有人注意听他讲（听觉型），他感到很沮丧（感觉型）。

我们确实可以根据一个人的眼球转动来推测他的内感官状态。但是需要注意的是，我们必须不断进行判断，因为人的内在感官随着思考内容不断变化，用这种方法得出来的资料，只能保持三十秒有效。我们可以运用当时得出的资料去与这个人沟通和相处，若他的内感官状态改变了，我们当然也可以改变我们的配合方式。

人总是以自己为出发点来观照万物

英国文学家萨克雷曾经说过："生活好比一面镜子，你对它哭，它就对你哭；你对它笑，它就对你笑！"这句话表明，外界事物在人们眼中的形象源于人自身的表现，人总是以自己为出发点来观照万事万物的。有三个心理学效应对人的这一心理现象的发生作了很好的解释。

第一个是知觉锐化效应，说的是价值观对人的知觉发生有一定的影响作用。心理学家波斯拖曼曾做了一个有趣的实验：他首先对人们所重视的价值作了调查，然后再找到与其价值有关的单词，并在荧幕上用瞬时显示器进行提示，测定人们的认知阈限。结果发现，那些人们自认为重视的单词，认知阈限较低。这就说明了人的价值观确实可以对知觉起到促进的作用，或者说人的价值观确实对知觉存在着锐化效应——在感知陌生事物的时候，每个人都有自己的方式，但总的来说都与个人的既有价值观有关。如果人们的价值观在知觉对象前已经形成，或者说已经被激活，那么这种价值观就会在知觉的过程中起到促进的作用，而且对知觉的促进作用是十分明显的。

为什么人的价值观会对其知觉过程产生锐化效应呢？这是因为在知觉的过程中，人们总是要依靠贫乏的已知信息去认识无穷的未知世界。显然，这点儿少得可怜的已知信息是不足以对未知事物进行阐述的。当人们无法通过已知信息来解释未知事物时，就会加入个人的主观判断，将已知信息和未知事物联系起来，形成一个为自己所接受的解释。而在主观知觉未知事物的时候，起决定性作用的即是人的价值观。

第二个效应是视网膜效应。有一个人决定买一部墨绿色的轿车，因为他觉得大多数人买的都是黑色和白色的车，而墨绿色的车会令自己显得与众不同。可是，当他将车买回来之后却发现，原来墨绿色的车并不罕见，自己原来的打算是落空了的。于是他在与同事聊天的时候就提到了这个问题：为什么现在墨绿色的车这么多呢？是大家忽然之间都开始买这种颜色的车了吗？然而同事们却都并没有这种感觉，认为墨绿色的车还是很少见的，哪里像他说的那样到处都是呢？有一个怀孕的女同事说："我倒没觉得墨绿色的车变多了，就是觉得最近孕妇多了起来，几乎是天天都能碰见几个孕妇，是不是现在人口出生率提高了呢？"而同事们对她的这种发现也表示了否定。

事实上，墨绿色的车并没有忽然增加，孕妇也没有一下子变得多起来，而是因为他们自己有了墨绿色的车，或者自己怀了孕，才对同样的事物变得敏感起来，走到哪里都会注意地看一看，有没有谁开的是墨绿色的车呢，有没有谁是怀孕的呢？这样一来，他们所见到的当然就比其他人所注意到的会更多了。

视网膜效应的本质就是，以自身状况为核心，而在感受中将事物某方面的情形加以夸大。有句俗语叫做"一朝被蛇咬，十年怕井绳"，平常的人看到一段绳子不会有什么特别的感觉，而被蛇咬过的人却会疑神疑鬼，对形状与蛇有些相似的井绳也会很恐惧，这就是因为自己有过受害的经验，所以对相关的事物特别敏感。再如，一些有过晕车经历的人可能会刚一上车，在车还没有启动的时候就会感到眩晕，这也是由这种视网膜效应而引起的心理恐慌。

第三个效应是虚假一致偏差。有这样一个笑话，讲有个樵夫，这天妻子外出不在家，他又需要到外面砍柴，可是把还在襁褓中的孩子留在家里很不放心，就一起带着出去了，然后找个合适的地方把孩子放下，他则开始砍柴。时值冬日，天气很冷，他出来的时候穿得很多，一砍起柴来就觉着热了，于是把厚重的棉衣给脱了。这时，他见到孩子在哭啼，忽然想到：对呀，自己怎么这么笨呢，自己热，孩子不也热嘛！就过去把包裹孩子的被子给打开了，然后继续砍柴。砍了几下，还是觉得热，就把里面的衣服也脱了，他又注意到孩子不但没有停止啼哭，反而哭得更厉害了，他就想：孩子一定也和自己一样，还是觉得热。这样，他就把孩子穿的棉衣也给脱了，再接着去砍柴。过了一会儿，孩子果然不哭了，他就安心地砍柴，直到准备满载而归的时候，却发现孩子原来早已经被冻死了。这虽然是一个很不现实的笑话，但是其中所体现的这种以己度人的心理却是普遍存在的。

这个事例讲的就是人的心理中所具有的虚假一致偏差，即人们在考虑事情的时候，常常以自身的体验为衡量的标准，认为他人的情形与自己的感受是相同的，自己的情况是有着普遍性的，而在很多时候，这种设想只是一种主观的臆断，是违背真实的，所以称之为虚假一致偏差。

人为什么会有这种心理偏差呢？因为人们总是习惯以自我为中心，在考虑事情的时候，自我的感受就想当然地成为看待问题的标准，在这样的情况下，也就不会更多地从他人的视角来看待事情的了。固然，这种思考方式有着一定的道理，正所谓"人同此心，心同此理"，但这强调的只是人的经历和心理相同的一面，却忽略了另一面所存在的巨大差异。如果无视这种现实存在的区别，看待问题和处理事情的时候就难免会产生偏谬和错误，而克服这种偏差的基本方式就是要学会换位思考，能够设身处地地为他人着想。

人的眼睛为什么能适应黑暗

日常生活中，我们都有过这样的体验。当我们刚进入不开灯的房间时，眼前一片漆黑，看不到屋内的东西，但是，过一段时间我们就能分辨房间内的物体了。当我们刚进入电影院时也会有这样的感觉，眼前黑乎乎的一片。这种现象就是我们的眼睛对黑暗的一种适应，在心理学中被称为"暗适应"，即从明亮的地方进入黑暗中眼睛对这种变化的适应。与这种"暗适应"相反的一种适应过程被称为"明适应"，即当我们从黑暗的环境到明亮的环境时，会觉得光很耀眼，看不清什么东西。比如，我们刚从电影院里走出来时，在明媚的阳光下，我们会觉得阳光很刺眼，睁不开眼睛，眼睛还会眯成一条缝，但渐渐地就能适应这种明亮的环境了，看清楚周围的物体了。我们眼睛的"明适应"和"暗适应"的过程就是我们通过改变自身的感觉机能来应对外部的刺激，这是对环境的一种适应性变化。

暗适应是由视网膜内杆状感光细胞中的一种叫做视紫红质的物质所决定的，它对弱光比较敏感，在暗处可以逐渐合成，据眼科专家统计，在暗处五分钟内我们的眼睛就可以生成60%的视紫红质，大约三十分钟即可全部生成。明适应则是与暗适应相反的过程，当我们从黑暗的环境到明亮的环境时，在暗适应过程中合成的视紫红质迅速分解，待到分解完毕之后，视锥细胞中对光较不敏感的色素才能在明亮的环境中感光。可见，暗适应和明适应是一个可逆的过程。与暗适应相比，明适应的时间比较短，大约在一分钟内即可完成。相信在生活中我们深有体会，从电影院出来时虽然刚开始很不适应外面的亮光，但是过一会就完全没事了。但是在进入电影院时，我们可能要花相对长的时间来适应。

由于各方面生理条件的老化，老年人对光的敏感度比较低，因此，老年人的暗适应要花更长的时间。所以，如果家中有老人的话，在布置房间时最好不要让房间的照明一下子完全变暗，以防老人发生意外事故，而且在夜里，房间里最好不要漆黑一片，可以适当地给老人留一盏灯，让老人慢慢适应黑暗的过程。

在现实生活中，许多研究领域都考虑到了我们眼睛暗适应和明适应的规律。国外研制出一种专门对付犯罪分子的闪光弹，这种闪光弹的亮度要远远强于闪光灯的亮度，在这种短暂的极强的光线刺激下，犯罪分子眼前一片漆黑，只能束手就擒。

在汶川大地震中，相信很多救援的场面已深深地刻在了我们心中。当救援人员抬出被困在废墟中几十个小时，甚至更长时间的人时，都是将他们的眼睛蒙上。这是因为，视网膜受到阳光的强烈刺激，这种刺激紧接着传入脑内，会使人感到不舒服，同时会有眩晕的感觉，甚至眼睛还可能受到伤害。

此外，我们还注意到在隧道中也考虑到了这一因素。如果我们留心观察的话会发现，通常情况下，为了能够使驾驶员更好地适应光线的变化，隧道的出口和入口的照明相对要多一些。这样驾驶员的眼睛就会在不同的阶段接收不同强度的光，不会出现进入隧道后眼前一片黑暗的情况。

为了避免使眼睛受到伤害，在日常生活中我们也应该利用这一规律，对我们的眼睛进行保护。比如，在夏天阳光过强的时候，带一个墨镜，使得较强的光线相对温和一点儿，这样我们在看阳光的时候就不会那么刺眼；当我们进入房间时先不用着急打开光线较强的灯，可以先开一盏光线相对微弱的台灯，等过几分钟后再去开大灯，让我们的眼睛有一个适应的过程。

俗话说，眼睛是心灵的窗户，只有将这扇心灵的窗户擦亮了，我们才会更清楚地去看周围的世界，才不会迷路。心灵的窗户亮了，眼前的世界也就跟着亮了。

大小的恒定性

来自物理学的知识表明，同一个物体，在视网膜上成像的大小会随着物体与观察者之间的距离变化而改变。物体与观察者之间的距离越远，物体在视网膜上的成像越小；反之，物体在视网膜上的成像越大。即物体与观察者之间的距离对视像的大小有很大影响。但是，人类的视觉有自动修正的功能，仍然能比较正确地知觉到物体的实际大小。换句话说，当视网膜上物体投影的大小有变化时，我们的知觉会保持相对恒定而并不随之发生变化。

生活中的你一定会有这样的经历，一旦你认出了一座房屋、一匹马或者一辆小轿车的形状，即便你不知道它和你之间的距离，你也会知道它们各自有多大。再如，一个人从远处慢慢走来，尽管他在我们的视网膜上投影的大小会发生很大的变化，可是我们看到的大小并没有明显改变，也就是说，当距离逐渐变小时，我们并没有把他看得越来越大。人知觉到物体的大小不完全随视象大小而发生变化，它趋向于保持物体的实际大小，这种现象在心理学中被称为大小的恒定性。

心理学家荆其诚等人于1963发现，在利用偏振镜片改变两眼辐合角度的实验中，当刺激物的大小保持不变，只改变两眼辐合角度时，知觉大小随辐合距离的改变而变化，即在视网膜像不变的情况下，辐合角度愈大（辐合距离愈小），对象的知觉大小愈小；辐合角度愈小（辐合距离愈远），对象的知觉大小愈大。在两眼辐合角度不变的情况下，刺激物移近，知觉大小按视网膜像的几何学规律增大。当知觉一定距离的刺激物时，视网膜上形成一定大小的视像，同时两眼视轴也辐合在该刺激物的距离上。当改变对象的距离时，视网膜像大小的变化与两眼辐合所引起的知觉大小变化相反。当刺激物的距离变近时，视像就增大，但是辐合距离的变近（辐合角度增大）使知觉大小缩小，二者的作用相互抵消了。这种调节作用基本上保持了知觉大小的恒定性。实验证明，大小恒定性是视网膜像和眼肌运动联合活动的结果，同时还与人对知觉对象的经验有关。

物体的大小知觉如此神奇，那么是什么决定我们知觉一个物体的大小呢？大小的恒定性主要是过去经验的作用以及视网膜与物体之间的距离因素造成的。影响大小知觉恒定性的因素有如下几个方面：

1. 刺激条件。刺激条件越复杂，则越表现出恒定性，当刺激条件减少时，则恒定性现象随之减少。这是因为周围的刺激信息为我们提供了更多的参考条件。

2. 距离因素。当距离很远时，我们很难知觉到远处的物体为何物，对物体无从加工，恒定性消失。

3. 水平观察时，恒定性表现大；垂直观察时，恒定性表现小。把你的书本放在桌子上，然后移动你的头靠近它直到只有几寸的距离。再把头移回到正常阅读距离。尽管在较近时书本在视网膜上刺激的区域比较远时大得多，但你感觉到书本的大小保持不变；现在把书本垂直放置，试着顺时针倾斜你的头部。当你这样做的时候，书本在你视网膜成像在逆时针旋转，但你感到书本仍是垂直的。此外，在使用人工瞳孔时，大小的恒定性消失。

4. 学习和实践。在知觉物体的大小时，个体学会了把物体与观察者的距离因素考虑在内，当自己处于不同距离位置知觉同一物体大小时，知觉的结果经常是很接近的。

大小的恒定性对于人的正常生活和工作有重要意义。如果人的大小知觉随着客观条件的变化而变化，那么人在这个世界上的生存将会变得胆战心惊。试想，如果没有大小恒定性的基础，当一条狗奔跑接近你的时候，它在你的视网膜的成像越来越大，此时此刻的你可能就不会平静地面对了。

为什么有时感觉时间过得飞快，有时又过得太慢

生活中，你是不是有这样的体会，当你和恋人在一起时，你们亲密耳语，分享彼此间发生的有趣的事情，不知不觉你们约会的时间就过去了，于是你们依依不舍地分开，并期待着下次见面的时间。相反，当你在听一场很枯燥的报告时，你心里在想，怎么还不结束呢，为什么时间过得如此之慢，你开始烦躁不安地看着表，希望指针转得再快一点，甚至还会悄悄地溜走。

这只是我们的感觉而已，说不定你和恋人约会的时间和听报告的时间是一样的，或许和恋人约会的时间比听报告的时间还长呢，可是你为什么会感觉到和恋人约会的时间过得很快，而听报告的时间却过得如此之慢呢？

在心理学中，这种对某一事件持续时间的知觉称为时间知觉。

时间知觉主要有四种形式：

1. 对时间的分辨，是指能够将事件发生的先后顺序在时间上进行区分，比如吃完早饭，紧接着去上课，下课后去购物，能够按时间顺序把这些活动区别开来；

2. 对时间的确认，就是知道今天是星期二，明天是星期三；

3. 对持续时间的估计，比如这节课已经过去了半小时，我已经等同学十五分钟了等等；

4. 对时间的预测，比如还有一个月就放暑假了，四个月之后要在上海举办心理学大会等等。

在本文开始所提到的例子中，主要是对持续时间的估计。而能够准确地对时间进行估计，对我们的生活和工作都有十分重要的意义。比如，一个老师要想成功地开展一节课，应该对时间作出恰当的安排，先开展哪个环节，后开展哪个环节，每个环节大概要用多长时间等等。但是，如果对时间估计不准确，则会给教学带来混乱。

对于同样的时间，为什么有时候我们会觉得它很长，有时候又会觉得它很短

呢？心理学家们从两个角度对这种现象进行了解释。

一方面，在这一时间内发生的事件的数量和性质会影响我们对这一时间的知觉。若在这段时间内，发生的事件的数量越多，性质越复杂，我们就倾向于把时间估计得很短，若发生的事件的数量较少，性质简单，我们就会倾向于把时间估计得较长。比如，当你听一个内容丰富、主题有趣的报告时，你就会觉得时间过得很快；相反，如果报告的内容比较枯燥乏味，我们就会觉得时间过得很慢。

另一方面，对时间的估计还与我们自身的兴趣和情绪有关。还是上面的例子，若报告的内容恰好是我们感兴趣的，则会觉得时间过得很快，会出现对时间估计不足的情况；若面对的是我们很厌恶的事情，则又会觉得时间过得很慢，这样往往就会高估时间。同样，当我们满怀期待某件事情时，我们总是希望时间过得快一点，越是这样反而会觉得时间过得很慢，比如我们在等待和恋人见面的时间里，总是会不时地看表，期望时间过得快一点儿；相反，如果对于我们不希望发生和出现的事情时，反而就会觉得时间过得很快。比如，对于一场我们没有把握的考试，总是希望它能够来得晚一点，这样我们好有充足的时间来复习。可是偏偏这样，却感觉时间过得非常快。

时间是客观的，不管我们知觉它是长是短，它不会发生变化。真正出现差错的是我们的感觉，和视觉听觉一样，它有时候并不可靠。人是复杂的情感动物，所以在对时间进行估计时往往会加入自身的很多情感因素。

这就是所谓的错觉——在特定条件下产生的歪曲客观现实的错误知觉。人们在认识客观事物的过程中，经常会产生各种错觉。

错觉是人们日常生活的一部分，有时我们会因为它而感到沮丧、失落，有时也会自觉不自觉地享受着它给我们带来的好处。比如说，有时我们会利用"视觉错觉"来掩饰自己外形上的一些不足：身材偏瘦的人往往会穿上暖色宽松的衣服，可以使自己看上去丰满一些；"高低肩"的人可以穿双排纽的翻领上衣，因为这种上衣的翻领部位是不对称结构；上身短的人可以穿领口高、纽扣数量多的上衣，因为它能为观者的视觉提供更多的上衣面积。建筑、装饰、广告和艺术也常常通过"错觉效应"来获得期望的效果。比如，一个房间较小，在墙壁涂上浅颜色，并在屋中央摆放一些较矮的沙发、椅子和桌子，房间看起来就会更加宽敞明亮。

"错觉效应"被广泛运用到商场中，其中最典型的是"时间错觉"。我们都有过乘车的经历，如果你坐在车上什么都不干，就会有一种度秒如度年的感觉。如果你一边坐车，一边看报或听音乐等，你就会发现时间过得飞快。这是由于你在看报或听音乐时，分散了对时间的注意力，从而造成了时间快的错觉。

一般商场都会放音乐，然而真正能让音乐起到预期效果的却不多。音乐对人的情绪有着很大的影响，乐曲的节奏、音量的大小，都会影响到顾客和营业员的心情。如果乐曲播放得当，主顾双方心情都好，主顾之间就会避免很多不必要的矛盾和冲突，商场就能够卖出更多的货物，取得更高的经济效益。否则，如果乐曲播放不当，往往会适得其反。

比如，在顾客数量较少时播放一些音量适中、节奏较舒缓的音乐，不仅能使主顾心情更加舒畅，使销售人员的服务更加到位，还能延缓顾客行动的节奏，延长顾客在商场的停留时间，增加随机购买率。而在顾客人数过多时应播放一些音量较大、节奏较快的音乐，这样会使主顾的行动随着音乐的节奏而加快，从而提高购买和服务的效率，避免由于人多而引起的主顾双方心情不好、矛盾冲突增多的情况出现。

总之，我们一方面要用科学、理性的头脑来认识错觉，避免因错觉造成的损失；另一方面，我们应该善于利用错觉来为我们服务。

人怎么能分辨出那么多张脸

在生活中，我们整日和形形色色的人打交道，而且还会不断地认识新的面孔，但是很少出现将这些混淆的情况，这就是一种特殊的能力，即面孔识别的能力。

人的面孔是由眼睛、鼻子、嘴、脸部的轮廓等组合在一起的，我们在对人脸进行识别的时候就是依据这些组合在一起的信息。所以，当我们在看到一张面孔的时候，能够很快地辨认出对方是我们熟悉的人还是陌生人。关于面孔识别能力中所潜在的原理，目前科学家们并没有形成定论。

有一种解释认为，由于我们平时接触了很多人，根据以往的经验，在我们的大脑中就会形成关于人的面孔的模板，会无意识地将一些人的面部特征储存起来。当我们一个人时，就会将这个人的面部特征信息与我们大脑中的模板进行匹配，如果匹配成功，说明我们脑中已经储存了关于这个人的信息了，这个人就是我们所说的熟悉的人。但是如果是一个陌生人，将他的面部特征信息与脑中的模板进行匹配时，就会匹配失败。这样我们就会将这个人的面部特征的信息重新储存在我们的大脑中，下次如果再遇到这个人时就可以直接匹配了，这个人就成了我们所熟悉的人了。但是，对于这个说法很多人提出质疑，因为我们每天要和那么多的人打交道，每天都要接触很多陌生面孔。按照这样的说法，我们的大脑中究竟能够储存多少面孔呢？随着储存的面孔逐渐增多，我们在进行面孔匹配的时候要花费多长时间呢？在面孔匹配的过程中，我们是直接就能找到要匹配的模板，还是得一个一个进行匹配，直到找到相互匹配的面孔为止呢？目前，对于这些问题尚无明确的答案。

另外，有研究结果显示，面孔识别能力并不是人类所独具的。日本科学技术振兴机构（JST，即 Japan Scienceand Technology Agency）于 2008 年的研究报告称，刚出生的小猴子同样具有面孔识别的能力。在研究中，将刚出生的猴子隔离喂养，不让它们有机会接触任何面孔，向它们呈现人脸和猴子的脸的照片，并混同其他物体的照片。结果研究人员惊奇地发现，这些猴子虽然是第一次看到面孔的照片，却能很好地识别出来，但是对物体的照片就没有那么敏感。刚出生的婴儿和猴子一样，也具备天生能够识别人脸的能力，对于其中的奥妙，目前没有人能够解释清楚。

有些人声称他们对别人的面孔过目不忘，现在这种说法得到了哈佛大学心理学家的支持。他们发现有一种人可以被称为"超级识别者"，他们能够轻松地认出哪怕是多年前擦肩而过的面孔。

近期又有一项新的研究表明，不同的人在面孔识别能力上可能有很大差异。以往的研究已经确认，在全部人群中有 2% 的人属于"脸盲"，又称面孔失认症，表现为识别面孔非常困难。而这项新研究第一次发现另外一些人具有超常的面孔识别能力，这意味着面孔识别能力可能会有两个极端：面孔失认症、超级识别者。

研究者声称，"超级识别者"有一些惊人的经历，例如"他们能认出两个月前和自己在同一家商店购物的人，即使他们没跟那人说过话。他们不需要与别人有过特别的交流，照样能认出对方。他们能记住那些实际上并不重要的人，由此可见他们的面孔识别能力确实超出常人"。参与研究的一名妇女说，她曾经在大街上认出一个五年前曾经在另一个城市为她上菜的服务员。她非常准确地记得那个女人曾经在另一个城市做服务员。超级识别者往往能够在别人的容貌发生很大变化的情况下（如衰老或头发颜色的改变）依旧认出他们。

人类不仅具备识别不同面孔的能力，同时还能够读懂面孔背后所潜藏的东西。比如，你可以发现温和面孔背后的假笑、漂亮背后的冷漠、慈祥背后的杀机、威严背后的邪恶等等。关于人类的面孔识别还有很多奥妙等待着科学家们去发掘，希望在以后我们能够有更多惊人的发现。

什么是洞察力

诸葛亮为了考察部将的素质，设计了一系列方案。他在《知人性篇》中一一列举道："故意以言词来激怒，然后观察其气度如何；以利益诱惑，试探其清廉；告诉他某种灾难，问他将采取何种措施，以了解其胆识；故意提出某项计划征求意见，借此了解其才识。"

诸葛亮所强调的其实就是洞察力。

有心理学家将洞察力定义为"看到未能解决的神秘问题的结局"，还可以具体地阐释为"发现事情的根源的能力"。而在广告业大师亚当斯身上，则具体体现为：对事物能够"一针见血"地洞悉其本质。

那么，到底该给洞察力下个什么样的定义呢？

所谓洞察力，是对个人认知、情感、行为的动机与相互关系的透彻分析，是把握事物发展动态和预测未来走向的能力。洞察力就是变无意识为有意识，就是"透过现象看本质"的能力。洞察力是内在世界的产物，是实证思维的能力。如果说观察力是通过肉眼来看事物，那么洞察力则是通过思维来直接把握事物。如果说观察力像眼睛，那么洞察力就像是 X 光透视仪，它可以穿透层层的表象，直接看到事物的核心本质。

就这层意义而言，洞察力就是"开心眼"，是一种心灵的能力，它能把我们的思想和注意力引向正确的方向，不至于坠入没有回报的歧途。有了洞察力，我们能从长远的角度考虑问题，观察形势；能客观认识困难，把握危机并找到化解危机的方法；能权衡利弊，妥善规划，把握机遇；能进入、探索并占有一切精神高地。

简单地说，洞察力能让我们透过现象看本质，揭开假象的面纱，从芜杂中找规律。

洞察力与直觉、预感，有某些相似的地方，但是也有明显的差别。一般来说，直觉和预感偏重于对事物发展变化的判断，而洞察力则直逼事物的本质结构，因此洞察力的智力层次和适用范围要比直觉、预感更深入，更广泛。不过，虽然如此，洞察力绝不具有决定性和可靠性功能，准确地说，它应该是一种调和理性与启示的力量——将启示带来的混沌的意识流用理性梳理整齐，从而建构理论的大厦。

洞察力无处不在，即便是最小的生命，也能够在紧急关头利用这种力量。雅

心理学

第二篇 生活中的心理学

克·洛克博士是洛克菲勒研究所的成员，他曾把盆栽的玫瑰放在一个关闭的窗子前面直至枯萎，以观察玫瑰上的寄生虫的状况。他惊奇地发现本来没有翅膀的寄生虫竟然长出了临时性的翅膀，然后飞离了那株玫瑰。很显然，这些小生灵就具有很强的洞察力——它们赖以生存的植物已经死去，它们从这株植物上将再也无法获得任何食物和饮料，拯救自己的唯一办法就是长出临时性的翅膀，逃离饥饿。

在有关洞察力的研究方面，有一个非常有名的"三过程理论"，即选择性解读、选择性组合与选择性比较。根据三过程理论，只有当解题者没有惯用程序可供解决手边问题时，真正的洞察力才会出现。选择性解读，比较或组合的过程并非问题一提出就开始进行，而是经过一段时间后突然开始，而且改变了思考者心中对问题的表述方式。根据三过程理论，我们发现洞察的过程似乎就是一个推理的过程。

洞察力有先天和后天之分，而且能力的结构和水平也因人而异，因时因环境而异。先天的东西可遇不可求，而后天能力的培养则事在人为，要提高洞察力，必须"内""外"兼修。内从人的本能工具开始修炼：思维、心、眼、耳、鼻、舌、身的感觉、听觉、视觉及统计分析能力。外要收集各方信息，进行萃取，挖掘出不被人发现的知识，并用充分实践的方法去体验和寻找规律。

什么是鸡尾酒会效应

在觥筹交错、人声嘈杂的鸡尾酒会上，如果你正专注地和一个你心仪已久的对象交谈，即使周围噪声很大，但你耳中仍然能听得到对方说的每一句话，甚至不会落下任何一个字，这时周围的各种噪声都被过滤了。这种情况下，根本听不清周围的人到底在谈论些什么。但是，如果某个角落里突然有人喊你的名字，你马上就会警觉起来。有时候，你还能听到很熟悉的声音，你在想是不是你的朋友也来到了酒会，就会不由自主地朝发出声音的那个方向望去。在这个鸡尾酒会上，你听到了你要听的：心仪对象的声音、你的名字和熟悉的声音。在心理学中，这种现象被称为鸡尾酒会效应。

这样看来，我们的耳朵似乎对声音有过滤功能。的确如此，我们的听觉能够从嘈杂的声音中听到自己想要听的声音，这是听觉具备的一种非常优秀的能力。因为在鸡尾酒会上，你和心仪的对象交谈的声音是你注意的中心，其他声音只不过是一种背景，所以不论其他的声音多么嘈杂都不会引起你的注意，因为那不是你所注意的。

　　心理学上有一个非常有趣的实验，就是给受试者戴上耳机，同时让他的两个耳朵听两种不同内容的声音，并让受试者追随其中一只耳朵听到的声音，然后让其大声说出他听到的声音。事后检查受试者的另一个耳朵听到了什么。在这个实验中，前者被称为追随耳，后者被称为非追随耳。结果发现，受试者一般没有听清楚非追随耳的内容，即使当原来使用的英文材料改用法文或德文呈现时，或者将材料内容颠倒时，受试者也很少能够觉察。这个实验说明，进入受试者追随耳的信息受到了注意，而进入非追随耳的信息则没有引起注意。但有趣的是，如果在非追随耳的内容中加入受试者的名字，受试者却能够清楚地听到。这说明我们的耳朵具有选择的功能，只对与自己有关的信息进行关注。

　　声音中隐藏着无穷的乐趣，在生活中我们还会发现关于声音的另一个非常有趣的现象。比如，我们的闹钟放在自己的房间里，平时我们在房间里进进出出，和好朋友聊天，玩电脑游戏，看电视等等。这时我们完全听不见闹钟滴滴答答的声音，但是当晚上我们躺下睡觉的时候，周围静悄悄的，我们就能够很清楚地听到闹钟滴滴答答的声音。这种现象说明，有其他声音，如和朋友聊天的声音或电视的声音时，闹钟的声音就被掩蔽了，所以我们听不到。又比如，在安静的房间中，一根针掉到地上都能听见，可到了大街上，就算手机音量调到最大，来电时也未必能听见，而手机的声音确确实实是存在的，原因就是被周围更大的声音遮蔽了。这种现象被称为"掩蔽效应"。

　　在实际生活中，很多人利用人耳的这种特性来解决生活中的问题。比如，在鸡尾酒会效应中，人们对与自身有关的信息会比较关注。所以这个原则也可以用到人际交往中，为自己建立良好的人际关系。比如，当你刚进入到一个新集体中，你可以尝试着尽可能地去记住每个人的名字，这将能帮助你很快地融入集体中。同时，如果你很快记住了对方的名字，对方也会因为自己的名字很快被别人记住而感到心情愉快。再比如，很多公司利用掩蔽效应来达到隔音的效果。担心公司内部会议的内容被外人听到，可以播放一些背景音乐或者将空调的声音调大一点，将会议中讨论的内容进行掩蔽，从而达到隔音的效果。

　　在看了上面的介绍之后，我们恍然大悟，原来声音中有那么多奇妙的事情，了解声音的秘密然后利用它，真是其乐无穷。说不定声音中还潜藏着更大的秘密，正等着我们进一步地发掘。

近因效应，亲密关系的"杀手"

1957 年，美国社会心理学家卢钦斯在《降低第一印象影响的实验尝试》一文中提出了近因效应。

文中卢钦斯描写了一个叫詹姆的学生的生活片断，其中一段描写了詹姆活泼外向的性格，他与朋友们一起去上学，在阳光下取暖，在商店里与熟人聊天，与前几天刚认识的女孩打招呼；而另一段表现的是詹姆沉静内敛的性格，描写他放学独自一人回家，走在街道上荫凉的一边，在商店里静静地等候买东西，见到前几天刚认识的女孩也不去打招呼。

卢钦斯以不同顺序对这两段材料加以组合：一种是将描写詹姆性格内向的材料放在前面，描写他性格外向的材料放在后面；另一种顺序则刚好相反，此外，卢钦斯又令这两段文字分别作为独立的材料，然后把这四种材料给四组水平相当的中学生阅读，并让他们对詹姆的性格进行评价。

实验结束，卢钦斯得到了这样的结果：在被试者中认为詹姆性格是外向的百分比，以单纯阅读外向材料的一组为最高，为 95%；其次是先阅读到外向材料、再阅读到内向材料的一组，比例为 78%；而先阅读到内向材料、再阅读到外向材料的一组，这一比例仅为 18%；至于单纯阅读内向材料的一组则为 3%。

这一组数据表明，先阅读的那段材料对被试者对詹姆性格所作出的评价起着决定性的作用。这是首因效应发生作用的结果。

然后，卢钦斯又以另一种方式重复了前面的那个实验：在让被试者阅读有关詹姆性格的两段描写材料之间，插入了一段时间间隔，并且安排被试者做一些与实验完全无关的活动，如做数学题或听历史故事等，接下来再去阅读另一段材料。

实验结束后，卢钦斯得到了与先前正好相反的实验结果：这次对被试者进行的詹姆性格的评价起决定作用的不是先阅读的那段材料，而是后阅读的那段材料。这说明了近因效应的显著作用。

在社会知觉中，首因效应与近因效应同时存在，那么，如何解释这种似乎矛盾的现象呢？也就是说，究竟在何种情况下首因效应起作用，又在何种情况下近因效应起作用呢？

卢钦斯认为，在关于某人的两种信息连续被人接收时，人们总倾向于相信前一种信息，并对其印象较深，即此时起作用的是首因效应；而在关于某人的两种信息断续被人接收时，起作用的则是近因效应，这也就是对前面两个实验的解释。

另外，也有人指出，人们在与陌生人交往时，首因效应起较大作用，而与熟人交往时，近因效应则起着更大的作用。因为对于陌生人，此前的印象是一片空白，这时所产生的第一印象就尤为显著，而对于熟人，由于相互之间有了较多的交往，彼此的印象也较为丰富，这时最近的接触情形就会令人记忆得更深。

近因效应多发生在人际交往过程中出现误解或者期望的事件无法达到的时候，这时人们的思维比较狭窄和片面，难以掌控自己的行为能力和思考能力。比如说，当夫妻之间产生矛盾的时候，彼此双方会马上忘记对方的好处，眼前只剩下"他（她）对不起我"这个念头，进而无法对对方作出客观评判。从此，越来越觉得对方这也不好，那也不好，什么都不好，使自己处于失望、委屈，甚至是愤怒的状态。

不只是夫妻关系，亲朋好友之间也容易出现近因效应，所以近因效应还有另一个别称，叫做"亲密关系的杀手"。

如何避免近因效应发生在你的人际关系中呢？

第一，遇事要克制自己的情绪，说话要慎重，谦让大度一些，避免矛盾进一步激化，等到双方情绪平缓的时候再进行沟通和交流。

第二，待人做事要善始善终，以免给人留下不良印象，影响自己的形象，因为即便是很了解你的熟人，也会因你最近差劲的表现而降低对你的评价。

我们的眼里为什么只有第一没有第二

德国心理学家洛伦兹在研究雏鸟习性的过程中发现：一只刚刚出生的雏鸟所要追随的并非一定是自己的母亲，而是它最初所见到的任何一种移动的物体，包括其他的动物，包括人，甚至也包括移动的非生命物体，如电动玩具。并且一旦雏鸟开始跟上了某种动物或物体之后，即使它的母亲再出现在旁边它也会置之不理。

洛伦兹将雏鸟的这种心理现象称为"印刻效应"。

印刻效应问世之后，有许多人对这一效应产生了兴趣，并认为动物之所以会产生印刻效应是因为它们的大脑不够发达，还不能够对事物进行甄别，可是，当他们进一步研究后却发现人类也存在着印刻效应。我们常会认为，婴儿总是跟随母亲的，可是如果婴儿在很幼小的时候接受了大量的其他刺激，比如说看了很多电视，那么婴儿就会对母亲的行为表现出一种漠然的态度，而对电视产生浓厚的兴趣。其实，孩子对母亲的极大依恋，基本上就是因为婴幼儿时期的朝夕共处，这一时期孩子虽然尚没有形成健全的智识，但是那种母子亲情却会在其心中留下最深的烙印。对于孩子来说，母亲是自己在这个世界上的第一个伴侣、第一个朋友、第一个老师，这个地位是此后任何人也无法取代的。

由印刻效应引申开去，心理学家发现生活中的人们身上的印刻效应还不只体现在跟随母亲或不跟随母亲这一件事情上。1961 年 4 月 12 日，苏联发射了世界第一艘载人飞船"东方"1 号，尤里·加加林成为世界上第一名航天员，仅仅二十几天之后，5 月 5 日，美国也发射了载人的"水星"MR3 飞船，可是这却鲜有人知，连同执行此次任务的航天员爱伦·谢泼德，其国际知名度也远远无法与加加林相比。

这件事体现出了印刻效应的核心本质——"只认第一，无视第二"。人们谈天说地的时候，往往对各种第一交口称赞，却鲜言第二，人们总是记住了太多的第一，而对于第二却给予了极大的冷漠。

比如，在奥运会奖牌榜上，排定名次首先的依据都是金牌的数量，在金牌数量相同的情况下才会考虑银牌的比较，否则，如果金牌少了一块，即使银牌再多，也都会排列在后面的。这就是因为第一与第二处于不同的层级，它们之间是不能够跨级进行量的比较的。人们为冠军而欢呼，而名列第二、第三者，哪怕差距再小，其风光的程度与第一者都无法相比。

在商业领域也是这样，某个行业排在第一名的企业会与第二名之间拉开较大的差距，也是因为第一名的企业抢先占有了市场，优先树立了品牌，在消费者的心中已经留下了很深的印刻效应，而后来的其他企业所提供的产品和服务即使同样好，人们也会依据习惯而更多地选择第一名企业的产品，因此，其他企业如果想要超越，必须付出更多，且做得更好。

而颇为风靡的吉尼斯世界纪录，更是唯第一是取，它的吸引力就在于人们对于第一的热情。

不是双胞胎怎么会有这么多相同的地方

某小学正在办理新生入学手续，有两个小男孩同时来到招生老师面前。他俩长像一样，出生年月一样，父母的姓名也一样。招生老师不禁问道："你们是双胞胎吗？"他们异口同声地回答："不是。"老师大吃一惊，不是双胞胎怎么会有这多相同的地方？两个学生说："我们是三胞胎中的两个。"

为什么老师一见两个酷似的小孩，就马上想到他们是双胞胎而不是三胞胎中的两个呢？原因就在于她习惯了一种常规性思维，因为常规性思维方式会让人的思维产生一种惯性，这种惯性还会不自觉地、无意识地影响人的活动。这就是定型化效应。

定型化的形成，主要是由于在社会生活中，人们没有时间和精力去对每个群体中的每一成员都进行深入的了解，而只能与其中的部分成员交往，因此，只能由部分推知全部，用所接触到的部分，去推知这个群体的全部。

针对定型化效应，苏联心理学家曾做过这样一个实验：研究者向参加实验的两组大学生出示同一张照片，但在出示照片前，对第一组学生说：这个人是一个十恶不赦的罪犯；对第二组学生却说：这个人是一位知识渊博的科学家。然后他让两组学生各用词汇描述所见照片上这个人的相貌。

第一组学生描述为：仇恨、绝望……第二组描述为：深邃、坚强……对于同一个人，仅仅因为先前得到的提示不同，就在描述时用了差别如此之大的词汇，可见，定型化效应的力量真的很巨大。

定型化效应既有积极的一面，也有消极的一面。积极的一面表现为：在对于具有许多共同之处的某类人在一定范围内进行判断，不用搜索信息，直接按照已形成的固定看法得出结论，这就简化了认知过程，节省了大量时间、精力。消极的一面表现为：在被给予有限材料的基础上作出带普遍性的结论，会使人在认知别人时忽视个体差异，从而导致知觉上的错误，妨碍对他人作出正确的评价。

劳伦斯经过繁华的火车站前，看到一个双腿残疾的人摆设铅笔小摊，他漫不经心地丢下五十元，当做施舍，然后快步离开。但是没走一会，他又返回来了，劳伦斯抱歉地对这残疾人说："不好意思，我居然把你当做一个乞丐，你是一个生意人，对吗？"过了几个月，他再次经过火车站，一个店家老板站在店门口微笑喊住他："我一直期待你的出现。"那个残疾人说："你是第一个把我当做生意人看待的人，你看，我现在是一个真正的生意人了。"真是一句话改变了一个人的人生。

教育家夸美纽斯说："在我们的果园里，我们不独喜欢早结果实的树，也喜欢晚结果实的树。因为每一事物总有它可以称赞的季节，尽管季节迟一点，毕竟它的生存没有白费。"他的这番话实际是想告诉我们：在现实生活中，我们要充分发挥"定型化效应"的积极作用，摒弃其消极作用，不能犯"出了窑的砖——改不了""一日行窃终身是贼""一碗清水把人看到底"的错误。尤其在对孩子的教育上更应该注意这一点，对他们精心培养，不能放弃任何使他们向正面转化的机会。

我们的大脑中有一张认知地图

"认知地图"概念是美国心理学家托尔曼提出的。所谓"认知地图"，指的就是在某种熟练经验的基础上，人的头脑中会生成类似于一张现场地图的模型，按照这张"地图"，人们行动起来就会有章可循，不会感到茫然。

为了验证"认知地图"，美国心理学家麦克法兰用白鼠做了一个实验。实验的目的是要了解游泳的白鼠在到达目的地的过程中究竟学到了什么，因此，他把这个实验称为"位置学习"试验。

试验分两个步骤完成：

第一步：他在一个实验用的迷宫里灌了水，然后训练白鼠通过游泳到达目的地。

第二步：他又将迷宫中的水抽干，然后看这些学会了游泳的白鼠能不能在无水的情境中同样达到目的地。

试验的结果是，那些在有水的迷宫中能够游到目的地的白鼠，在无水的迷宫中同样能够顺利地跑到那里，也就是说它们将游泳时学会的内容成功地迁移到了无水的情境中。

通过实验，麦克法兰得出这样一个结论：白鼠在游泳的过程中学到的不仅是一套动作，而更主要的是掌握了迷宫的空间布局。换句话说就是，白鼠已经知晓了迷宫的地图，因而不论有水还是无水，都能够同样抵达。白鼠在游泳的探索中，认清了哪条路是死路，哪条路通向食物，哪条路最近，而哪条路绕弯等等。白鼠在反复的训练中将这些信息同化到自己的"认知地图"上面，从而明白目标在哪里和应该如何走，而不是依靠某种固定的运动方式来达到目的地。

其实，在中国古代就有过关于动物脑中会形成"认知地图"的著名事例。春秋时期，山戎攻打燕国，燕庄公向齐桓公求救，齐桓公令管仲随同带兵援助，杀退了山戎兵，可是在追赶的过程中却不慎走入了茫茫的沙漠，无法辨别方向。大家感到非常着急，但是又没有好的办法走出沙漠。这时，管仲提议，让燕国的一些老马在前面带路，因为它们生长于此，或许对此处的地理较为熟悉，能够找到出路。果然，老马带领着齐国的军队顺利地返回了营地。

这就是"老马识途"的典故。老马之所以识途，就是因为它们长期奔波往来于该地，在它们的头脑中已经形成了一幅"认知地图"。

与动物相比，人脑中的"认知地图"更为复杂和高级。《庄子·养生主》中有一则庖丁解牛的故事：庖丁经过长期的实践，对牛的解剖结构已经了如指掌，能够达到"以无厚入有间，恢恢乎其于游刃必有余地矣"的高超境地，一把刀使用了十九年却锋利如初。庖丁这种已达至化境界的功夫，与其头脑中对于牛的解剖图的明晰认知是紧密相关的。

"认知地图"实际上就是一种知识或经验的框架，它的构建能够帮助人们或动物成功解决该框架所能覆盖的任务。这表明，一种经历如果反复不断地被强化，就会在人的头脑中形成十分熟悉的认知，从而操纵起来得心应手，甚至会达到出神入化的境地。

记忆的原理

有时候，我们能够记住五年前或十年前的事情，却想不起来刚刚发生的事情；在街上碰到一个老朋友，我们很热情地寒暄，聊起彼此的孩子和父母，却突然想不起这个人的名字；前辈们凭着自己的记忆，撰写出了很多关于历史的书籍，帮助我们更好地去了解过去。我们不得不说记忆真是一件不可思议的事情。但是，目前记忆中仍然潜藏着很多不为人知的秘密。

心理学家普遍将记忆分为三个阶段，分别是感觉记忆、短时记忆和长时记忆，下面主要对这三个阶段进行简单的介绍。

记忆不只涉及以小时、日、年计的过去的事件或以秒计的刚刚发生的事件，而且还包括以毫秒计的记忆。这种以毫秒计的就是感觉记忆。感觉记忆，顾名思义就是对感觉信息的记忆。在上面的章节中，我们提到了人通常有五种感觉，即视觉、听觉、触觉、味觉和嗅觉，而感觉记忆就是对从这些感觉通道输入的信息进行记忆。这样看来，我们感觉记忆的容量是非常庞大的，但是也没有必要记住所有的信息，我们只需从这些感觉通道所传达的信息中选择那些对我们有价值的信息即可，然后再将这些信息送入短时记忆。感觉记忆的时间极其短暂，稍纵即逝。比如，我们在看电影或电视时，将相继出现的静止的画面看成是连续的，这就是感觉记忆的作用。

短时记忆对来自感觉记忆的信息进行进一步的加工。心理学家一致认为短时记忆的容量一般为 7 ± 2 个模块，这是从用随机数字进行的实验中得出的结论，即人们一般能记住 7 ± 2 个数字。但是，这也并不是绝对的。如果我们在记忆的过程中，采用某种策略的话，还可以记忆更多的内容。比如，对数字串"1919050419491001"进行记忆，如果不采用任何记忆策略的话，我们最多只能记住前九位。但是，如果我们将19190504理解为1919年5月4日五四运动发生的时间，将19491001理解为1949年10月1日新中国成立的时间的话就很容易记住了。可见，短时记忆的容量只是相对而言的，如果策略得当的话，同样也会记住很多内容。通常情况下，短时记忆存储的时间很短，大约在二十秒左右，超过这个时间就会忘记。比如，我们想给一个老朋友打电话，于是从电话本中翻出他的电话号码，扫了一眼就将号码记住了，然后就去拨通电话。但是在拨完电话之后很快就将这个号码忘记了，这就是短时记忆的一个很典型的例子。短时记忆的时间非常短暂，只有对其反复记忆，或者像上面例子中那样对记忆的内容赋予一定的意义，才能将其送入长时记忆中去。

长时记忆就是我们通常所说的记忆，长时记忆存储的时间很长，长达几年、几十年，甚至一辈子。当然长时记忆中的事件同样也会因为时间的流逝，渐渐地变得模糊。很多时候，我们以为有些事件已经被我们忘记了，但是如果受到某些刺激的诱发时，这些事件又会大量地涌出来。这里用弗洛伊德的潜意识理论来解释比较容易理解，那些事件被我们暂时压抑到潜意识里了，一旦受到刺激就会像火山一样重新爆发出来。

当然，长时记忆中的内容不是杂乱无章的，而是按某种类别有序存在的。通常情况下，分为程序性记忆和陈述性记忆。程序性记忆大多是对某种特定动作的记忆，比如骑自行车、游泳、织毛衣或玩拼图游戏，这类记忆一般都是内隐的，这些技能一旦学会就不再需要太多意识的控制。陈述性记忆是指对知识的记忆，比如知道英国的首都是伦敦。同时，也有很多学者指出，长时记忆与睡眠有密切的关系。研究发现，睡觉的时候大脑在忙碌地处理白天所获取的各种信息，过滤掉那些无关细节，突出那些相对重要的事件，从而有利于加深记忆。

为什么人对婴幼儿时期的事情没有记忆

如果有人问你："您能记得自己孩提时代发生的事情吗？"相信很多人都会茫然地摇头，因为即使我们很努力地回忆，仍然记不起来，即使能够想起来，也只是四五岁左右的事情了，或者有人甚至可以记得3岁的时候发生的事情。但是，我们之前的记忆都去哪儿了呢？为什么那时候的记忆是一段空白？

比如，40多岁的人经常回忆20岁时发生的事情的细节，而20岁的人却想不起 2 岁时所发生的事情，更没有人能说出自己过 1 岁生日的时候，到场的有哪些亲友嘉宾和收到了什么样的生日礼物；奶奶可能一辈子都记得宝宝小时候打碎的祖传古董，而宝宝却转眼间就忘掉了。

这是什么原因呢？可能很多人会认为是由于婴儿那时候记忆力比较差。但是，很多心理学家已经证明，婴儿的记忆力是非常强大的，从婴儿到幼儿的这段时间可以掌握很多的生存技能，而且用不了多久他们就会记住一门语言。这足见婴幼儿记忆力的强大。

最近，美国哈佛大学的研究人员发现，长时间的回忆，出现于 9 至 17 个月大的幼儿身上，6 个月大的婴儿能记起 24 小时前发生的事件；两岁的宝宝则能回忆起 4 个月前的事情。但是没有人研究过 9 个月龄到 17 个月龄幼儿的记忆，而这个阶段正是脑神经细胞生长发育和脑内主管记忆的区域分化的重要时期。1 岁以内的孩子，一个事件的记忆可以保留多久？这些也不得而知。心理学家认为，那时婴幼儿虽然具有长时记忆，但是长时记忆的发展还很不成熟，长时记忆系统不能很好地运行。即使有些长时记忆发展较好的婴幼儿，他们在两三岁的时候就能用语言描述对以前所发生的事情的记忆，但是这些通常是片段的，而且不够准确。这些研究结果说明可以解释为什么婴儿没有"过去"的概念。

心理学家研究了 1 至 2 岁之间的婴幼儿在脑神经学上的变化及其带来的记忆功能提高的幅度。所采用的是"响铃游戏"。对象是随机选取的 9 个月至 24 个月的婴幼儿。游戏开始时研究者做一次示范，把一颗珠子放进特制的试管里，并拿塞子盖住，然后摇动这个"响铃"。"响铃"发出悦耳的铃声，吸引宝宝动手，拿起部件模仿完成整个过程。四个月之后，研究者再一次在宝宝面前摆出那些小道具，这次没有动作示范，观察宝宝是否可以完成他们上次看到的动作步骤。研究人员看到了测试结果：受试的 9 个月大的宝宝和较大宝宝之间表现了明显的不同。9 个月龄的宝宝在 4 个月之后完全不记得这个游戏了，而 17 个月至 24 个月大的宝宝仍然记得，经过 4 个月时间之后，他们能够很容易地再次按顺序完成整个游戏过程。

尽管他们能够记住 4 个月之前的事情，但是对于更久之前的事情他们是否能够记住，并没有证据。所以，对于 17 个月至 24 个月的婴幼儿的长时记忆能够保持多久并没有定论。

同时，很多研究都证实，4 岁是儿童认知能力迅速发展的时期，长时记忆系统的发展也逐步发展和健全。这时孩子能够理解记忆，并能够使用与记忆有关的词汇，比如"记住""忘记"等。所以，当我们成年之后再回忆自己孩提时代的事情时，往往对三四岁之前的事情一片茫然，只能回忆起三四岁之后的事情了。

我们的记忆系统能够记住很多事情，但是对于那些痛苦的经历，记忆系统可以有选择地去忘记。否则，如果我们一直无法忘记那些痛苦的经历，长时间背负着这种伤痛，时间久了心理会承受不了。所以，学会忘记也很重要。

震撼人心的事情与闪光灯记忆

每个人都会有这样的体会，经历过的某些特殊的、特别的事情总是那么记忆犹新，甚至一提起它们，当时发生的每一个细节都历历在目。当时的场景、情节就像是深深地刻在了脑子里一样，永远都那样清晰。1898 年，是美国林肯总统被刺身亡后的第三十三年。在那一年，曾有心理学家对 179 位中年以上的人做了调查，询问他们是否还记得林肯遇刺的时间、地点以及凶手的姓名等历史事件。结果发现，回答完全正确者居然占 71%（127 人）。

这种现象在心理学上被称为"闪光灯记忆"——当一件特别重要的事情发生时，那一时刻的情景，包括其中的很多细节，会被永久地记忆，就像用闪光灯拍摄下来一样，牢固而清晰地印刻在人的头脑中。换句话说，人们对一个令人吃惊的、重要的、特殊的事件的记忆，具有鲜明性、准确性和持久性的特点，就如同闪光灯拍摄的效果一样。"闪光灯记忆"这个概念是 1977 年由心理学家布朗和库里克首次提出的。

通常，记忆的内容会随着时间的延长变得难以回忆，可是闪光灯式的记忆却不同，它是不会因为时间的流逝而消逝和淡化的，这种记忆会在人的头脑中清晰地保存上一辈子，不论时光已经多么久远，自己对于当时的情景依然能够回想得一清二楚，真的就像眼前有那么一张照片似的。

事件具有显著的特殊性；事件对于当事者而言具有极为特别的意义；事件多半与个人有关——这是闪光灯记忆发生的条件。这三个条件不是各自独立的，而是相互补充的。

在心理学上有三种模型对闪光灯记忆的形成和维持作了解释，它们分别是：摄影模型、综合模型和情绪整合模型。闪光灯记忆的三种模型对闪光灯记忆的三个条件作了更细致的解释：

摄影模型认为，能够产生闪光灯记忆的事件必须是新颖的和惊奇的，如果事件很平常，在人们的预料之中，就不会引起人们的特别注意，也就不具有惊奇性，因而是难以产生闪光灯记忆效果的；综合模型认为，人们的先前知识在闪光灯记忆的形成中是非常重要的，它使得对于新近信息的组织和利用更为便利，因此会产生详细和持久的记忆效果；情绪整合模型则强调个人的情绪状态对记忆效果的影响。

这三种解释模型也是互为补充的，它们虽然阐述的侧重点不同，但是都一致认为对事件的惊奇反应和对其评价的重要性以及当时特殊的情绪感受是形成闪光灯记忆的基本因素，这几个因素的强度越高，人的大脑对该事件所进行的信息加工就越充分，而非同寻常的记忆效果也正因此而产生。

为什么会产生闪光灯记忆现象？这和人的注意力投入有关。记忆和注意力有关，事件的意义、震撼性吸引着人们投入了最高程度的注意力，因此就有了最好效果的记忆。所以，要记住某种事物，就要先让它对自己产生特别的意义；想让自己被别人记住，就要先让自己对别人产生意义，并且意义越重要越好；想让某些事情被别人记住，就要先赋予这些事情震撼性、特别性。

人更容易记住与自己有关的信息

关于记忆，心理学上有一个自我参照效应——人每天都会接触大量的信息，但是其中的绝大部分都被忽略掉了，而引起自己注意的和沉淀在自己记忆中的信息都是与自身的状况或者与自身的生活有着较大联系的那些信息。生活中这样的事例很多，比如在看新闻的时候，一个对足球完全不感兴趣也从来不去看球赛的人在遇到播放有关足球界的各种新闻时可能出于一种习惯而不自觉地就将注意力转移开，即使看过和听过了，也会视而无睹，听而无闻。而一个普通的家庭主妇对于各类国际政治要闻可能也不太会去注意。

其实，不仅在无意识的情形下如此，就是人们在有意识地去记忆某方面知识的时候，也还是会自发地尽可能地优先选择那些与自身相关的部分。

有人做了这样的实验，令一名长得很娇美的中学女生在两分钟的时间内记忆如下一组词语：美丽、火山、健壮、沙漠、善良、山芋、令人羡慕、太湖、硬盘、漂亮、镜子、牦牛、清纯、高速公路、长发、高原。两天之后，让她回忆那组词里包括哪些内容，结果她首先回想起的就是美丽、漂亮、令人羡慕等这样的与其自身特征密切相关的词。

医学院的学生往往会有这样的体验，在学习某种病症的时候一旦觉出自身的某种表现和感受与病症的某方面特征具有相似性，就会去认真地对照，考虑自己是不是有患上该病的嫌疑。实际上，在大多数情况下，学生自身并没有患病，而是在比照的过程中常常将自身的相关感受进行夸大，甚至会潜意识地按照病征的描述去修正自己的真实感受。

星座与性格之间的关系，若真正说起来人们普遍都知道两者并没有什么必然联系的，可是仍有相当多的人对这种虚假的游戏很感兴趣，因为觉得星座的描述与分析很准。

客观地想一想，它真的很准吗？一般地，星座特点的相关描述会有很多条，人们在品读的时候常常是对那些与自身不符合的内容不予注意，而对符合自身的内容感触特别深，于是产生一种很为准确的感觉。另外，那些描述的语言往往是非常概括性的，实际上对于很多人来讲都是适合的。如果去试一试就会发现，大体而言，一个人在每一个星座的一系列描述中都会找到或多或少与自身特点相符合的内容，而同时也就都有着不相符合的内容，但人们具有这样一种倾向，就是只在意那准确的一部分。

为什么记忆中的风景最美好

《社戏》结尾有这样一句：真的，一直到现在，我实在再没有吃到那夜似的好豆——也不再看到那夜似的好戏了。

其实就豆本身来说，此后一定也还吃到过味道更好的豆，而就戏本身来讲，此后也一定还听到过表演更好的戏，但这并不意味着鲁迅所言就是虚假的，鲁迅的这种感慨反映的是心理的真实感受，以后吃到的豆和看到的戏再好，也都会因为失去了当时那样好的心境而难以留下那样好的感受。

旅游过程中也常会有这样的感受。去某地旅行后，留下了非常美好的感觉，之后，总想寻找机会重来一次。可是，如果始终未能成行，心里就会一直怀有这种思念和向往的情感，而如果真的又再去了一次，结果往往会大失所望——旧地重游不仅不会体验到心中存有的那份美好，反而会因为很扫兴而对曾经的印象产生怀疑。

就是这样，曾经的那份美好、那种今生不再的感觉永远只能是留在心中的甜蜜的记忆，而不能在现实中再次找寻得到，因为同样的情景即使可以重遇，自己的心境也一定会有所不同了，所以同样的感受是不可重现的。就如古希腊哲学家赫拉克利特的那句名言："人不能两次踏进同一条河流。"元稹也有诗云："曾经沧海难为水，除却巫山不是云。"

有的时候，自己的那一次经历也许并非是最佳的，以后可能也还会遇到更好的，但是更好的后者却并不能够取代曾经的前者，因为自己的心已经给了前者。这是由人记忆中的纯化效应造成的。就是说人们会不自觉地将记忆中的美好进行提纯，使之变得无比美好，并且此后的现实处境与当时的情形差距越大，重新经历那种情景的可能性越小，这种感受就会越强烈。这种美好感受的关键不在于当时的情景，而在于那一时刻自身独特的心境。

另外，这种美好的经历一般都具有邂逅的色彩，这种不期而遇，给人带来的是一种意外的喜悦。意外得来的偶然与刻意求得的必然所产生的幸福感受是很不同的，往往前者给人留下更深刻的印象，也让人觉得更为甜美。

第二章

性格心理学：不曾了解的真实的自我

为什么说性格决定命运

生活中，我们往往会说，"这个人性格很温顺""那个人性格很外向"等等，可是到底什么是性格呢？对于这个问题，很多人都无法作出明确的解释。

"性格"一词来源于希腊语，目前关于性格的定义，心理学家也没有达成共识。我国的心理学家认为，性格就是人们对现实稳定的态度和行为方式上表现出来的心理特点，诸如坦率、含蓄、顽固、随和、理智、感性、沉稳、活泼等等。性格并不是独立存在的，我们每个人在日常生活中的态度及行为表现都可以反映出我们自身的性格特征。

我们每个人所拥有的性格特征并不是在短时间内形成的，而是我们在对社会生活的体验中逐渐形成的，而且还受到我们的世界观、人生观、价值观的影响。性格形成之后有一定的稳定性，但这并不意味着性格是无法改变的。生活中很多的突发事件有时会使我们的性格发生转变。

心理学家将性格分为积极的性格和消极的性格。积极的性格如热情、大方、稳重、理智、随和、活泼、心态好；它可以让人身处逆境时，坦然面对，积极进取，通过坚持不懈的努力，最终获得成功。消极的性格如自私、傲慢、暴躁、孤僻、懒惰、懦弱等；它则会让人走尽弯路，受尽挫折，最终碌碌无为，甚至导致悲剧性的下场。

能够坚韧不拔、吃苦耐劳的人，可以一步一步地实现自己的人生目标；终日懒散松懈、不求上进、怨天尤人的人，必定一事无成。个性叛逆的人对外界环境采取赤裸裸的反抗，不会妥协，不会婉转，这种性格的人要么成为英雄，要么被环境所吞噬，上演一出悲剧。"兵强则灭，木强则折"，性格过于耿直的人不善于迂回，往往四处碰壁，容易遭遇艰难曲折的命运。优柔寡断的人遇事总是犹豫不决，瞻前顾后，这种人容易因为性格中的不足而错失一次次的机会，导致无为、失败的一生。

法国著名的大作家大仲马曾经说过，人生是由一串烦恼串成的念珠，而达观的人总是笑着数完它。如今，心理学家们更是不容质疑地告诉我们这样：好行为决定好习惯，好习惯决定好性格，好性格决定好命运。性格决定成败，把握住了性格也就把握住了成功；性格决定命运，改变了性格也就改变了命运。如果你不满意自己的现状，就必须要改变命运；若要改变自己的命运，就必须改善自己的性格。

诚如日本的一位心理学大师说过的：心理变，态度亦变；态度变，行为亦变；行为变，习惯亦变；习惯变，人格亦变；人格变，命运亦变。换句话说，一个人要想运势好，他的性格首先要好。

生活中我们可以看到，在同样的社会背景、同样的智商条件下，有的人能大获成功，有的人却处处失败，为什么会出现这么大的差距呢？其实也就是性格在很大程度上决定了人们各自不同的命运。

性格决定命运，优良的性格品质与成功的人生关系极为密切，这种关系主要体现在以下几点：

优良的性格造就崇高的理想和高尚的道德。那些有着真正崇高的理想和追求的人，往往都具备积极主动、乐观向上、开朗大方、正直诚实、信念坚定、富有同情心等性格特征。他们热爱生活，热爱大自然，关心身边的人，关心社会，有着高尚的情趣。一个人的理想和道德情操只有建立在这样的基础上才是可靠的。

优良的性格是事业成功的保证。天上不会掉馅饼，世上也没有任何唾手可得的东西。在竞争激烈的社会里，小到一点收获，大到事业的成功，都需要坚定的信念，付出艰辛的努力。只有那些性格刚强、自信、乐观、勤奋、勇于开拓、一往无前、不畏挫折和牺牲的人，才有希望获得事业乃至人生的成功。

优良的性格是人生幸福的主要条件。我们生活在复杂多变的社会中，万事皆存变数，可能一帆风顺，也可能诸事不顺；可能收获成功，也可能遭遇失败；可能得到鼓励，也可能遭受打击。只有自身具备优良的性格，才能很好地维持心理的平衡，勇敢地面对人生，积极地应对外界的一切突发情况，创造属于自己的幸福。

如果我们对自己的性格有一个全面、清醒的认识，能够站在必要的高度上正确去面对，我们就能很清楚地看到性格与命运的密切联系。

不健康的性格会导致疾病

从成功的角度说，性格决定命运。其实，性格对人的健康也有着一定的影响。我们可以从性格的不同分类中，观察出性格与人们身心健康的关系。

从个体独立性上划分，性格可以分为独立型和顺从型。

独立型：非常有主见，不易受环境和他人等外界因素的影响；善于发现问题并能很好地解决问题；生活自理能力强，对困难和意外情况也能妥善处理。他们的身体素质一般都不差，习惯独立生活，积极锻炼。

顺从型：缺乏独立精神，对别人的依赖心理强，没有主见，容易接受暗示或受人指使。身处逆境或遭遇突发状况时，总是表现得惊慌失措，一蹶不振。他们容易轻信各种谣言，听到对自己有伤害的流言蜚语更是伤心不已。这种心理显然是健康的不利因素，常能引起疾病。顺从型性格的人往往偏听偏信，当试图达到排遣恶劣情绪或摆脱疾病缠身的要求时，他们往往不是积极主动地寻求正确的、科学的方法，而是将希望寄托在求神拜佛之类的迷信活动上，结果越陷越深，有的人最后甚至到了神经失常、精神崩溃的境地；身体上的疾病也因没有得到及时有效的治疗而进一步恶化，甚至到了无法挽救的程度。

按照心理活动的倾向性，性格可以分为外向型和内向型。

外向型：热情大方，爽朗好相处，兴趣广泛，好奇心强，求知欲旺盛，乐观向上，关心外界，乐于助人也不拒绝别人的帮助。他们善于交际，喜欢结识新朋友，生活能力强，人格健全。他们与外界联系密切，头脑中会不断地接受各种新信息，从而使自己更好地适应社会，健康地生活。

内向型：往往自闭，胆小，冷漠，反应迟钝，情绪易消极，没有太多兴趣爱好。他们缩在自己的世界里，不喜欢与外界沟通，别人也很难摸清楚他们的思绪。内向型的人十分缺乏与家人、同事、社会的联系，全身的神经系统得不到应有的刺激，大脑就会越来越空虚，久而久之生活能力、适应能力逐渐下降，对不良情绪的调整能力，对身体疾病的抵抗能力，都会随之下降。比如神志不清、抑郁冷漠、神经衰弱、失眠、厌食、便秘等身体不适现象，大多是因长期孤独自闭而引起的。内向型性格的人如果能多与外界接触，敞开心扉与人交往，培养更多的兴趣，结识更多的朋友，让自己更好地融入到社会生活中，身心健康自然能够得到保障。

从心理机能上划分，性格可以分为理智型、意志型和情绪型。

理智型：习惯理智地认知、衡量事物和支配自己的行为。

意志型：目的明确，意志坚定，在感情和行为上不易受他人的支配。

理智型和意志型的人做事有条不紊，善于处理人际关系，对外界生活环境的变化能够很好地适应，大多精力旺盛，身体健康。

情绪型：总是用感情来认知、处理事物和支配行为，情绪不稳定，容易冲动。他们经常凭主观臆测，意气用事，遇到冲突和矛盾时非常冲动，要么大发雷霆、争吵不休，要么忍气吞声、暗自怄气，这种做法无疑会对精神产生刺激。持久的或经常性的愤怒及抑郁，势必对健康造成影响，导致某些疾病的发生或加重。如食欲不振、睡眠质量不佳、神经机能失调，甚至引发高血压、心脑血管疾病等等。

从以上分类不难看出，有利于身心健康的理想性格应该是外向型兼理智型（或意志型），并具独立型性格的人。

当然，人的性格是复杂的，每个人都可能具备多种性格特征，不可能有非常明确的标准判断谁是哪种类型的人。但是，某一个人的性格健康与否，却可以大致判断出来。我们应该清楚地认识自己性格中的优缺点，积极培养自我调整的能力，随时弥补性格上的弱点，这对我们的身心健康将大有裨益。

人为什么没有长性

生活中，我们都有这样的体会，当我们下定决心想要去做某事时，往往坚持不了多久就失去了动力。比如，我们为了减肥，决定每天早起运动，刚开始几天都坚持了下来，可是没几天就觉得厌倦，失去了动力，于是减肥计划终于化为泡影。这就是我们没有长性的表现。其实在生活中，这样的例子比比皆是，其中最主要的原因可能是性格使然。比如，有些人生性就喜欢新鲜的事物，什么事情做了一段时间之后都会觉得厌倦，没有继续下去的意志，尤其是对那些别人强制自己去做、而又不得不完成的事情，更容易产生厌倦感。相反，有些人则比较擅长循规蹈矩地工作，一件事情一旦做得久了，反而不想再去尝试其他新鲜的事情，喜欢按照别人的要求去做事情，这样自己就不用怎么动脑筋。

除了与性格有关之外，我们缺乏长性的行为还与驱使这种行为的动机有关。一般来说，驱使我们从事某一行为的动机有两种，即外在动机和内在动机。外在动机一般与行为所带来的后果有关，而与行为本身无关。比如到考试的时候，家长会跟孩子说，如果你考了一百分，我奖励你一双阿迪达斯的运动鞋，于是孩子就会刻苦复习，但是他并不是真正地喜欢学习，而只是受阿迪达斯运动鞋的吸引。而内在动机则不同，它是直接与行为有关的一种动机，不受任何附加条件的影响。还是上面的例子，若是受到内在动机的驱使，孩子同样也会刻苦努力学习，但是与学习能够带来什么无关，他只是发自内心地喜欢学习，觉得学习就是一种乐趣。从中我们可以看出，受到内在动机驱使的行为是持久的，可以促使我们持续地去做某件事情，但是外在动机则不然，它对我们持续地去做某事则没有太大的意义。就像上面的例子中，如果哪一天阿迪达斯的运动鞋对孩子失去了吸引力，他就不会继续刻苦努力学习了。所以，要想持续某一种行为，应该培养对这种行为的内在动机。要想培养孩子刻苦学习的好习惯，不是给他多少奖励或惩罚，而应该让孩子发自内心地对学习产生兴趣。

当然，外在动机和内在动机也不是绝对的，在一定条件下二者可以相互转化。有这样一个故事，一个老人因为楼下孩子踢油桶的咚咚声而痛苦不堪，因此想出了一个办法：踢得最响的那个孩子将得到五块钱的奖励，孩子们来劲了，第一天比赛很激烈。以后老头给的奖金越来越少，来踢的孩子也越来越少。到最后，老头说自己出现经济困难，不能给奖金了，从此再也没有孩子来踢了。就这样，老头解决了令他头痛的问题。从这个故事中，我们可以看出内在动机和外在动机是可以相互转化的，并且可以同时增长，同时消退。刚开始孩子纯粹是因为快乐而来踢油桶，后来变成因为钱来踢油桶，乐趣从纯粹的内在动机转化成了外在动机。当外在的激励越来越少的时候，孩子们的乐趣也越来越小，最后消退，导致孩子们不再来玩，内在动机与外在动机同时没有了。倘若外在激励越来越多，也许孩子们的内在动机与外在动机都会同时增强。而在生活中，若想培养孩子们良好的持久行为，应处理好二者之间的关系，对孩子们的教育，我们要注重从兴趣开始，激发潜能，让孩子们真正领悟到这种行为所带来的乐趣，同时再配以外在的激励，这样将达到事半功倍的效果。

自我防御机制影响人格的发展

弗洛伊德认为，自我必须承担许多重要的任务，其中之一就是应付自我受到外界的人或者环境因素的威胁而引起强烈的焦虑和罪恶感。焦虑将无意识地激活一系列的防御机制，以某种歪曲现实的方式来保护自我，从而达到缓和或消除不安和痛苦的目的。看来人真的是一种善于自我保护的动物。当面对焦虑和不安时，运用这些防御机制为自己辩解。

在弗洛伊德之后，他的女儿安娜·弗洛伊德对自我防御机制进行了系统的研究。她的著作《自我和防御机制》中对自我防御机制进行了详细的论述和系统的介绍，她在书中强调："每一个人，无论是正常人还是神经症患者的某种行为或言语都在不同程度上使用全部防御机制中的一个或几个特征性的组成成分。"

自我防御机制会阻碍人格的发展，但是只要能够恰当地运用这些防御机制来维持平衡，而没有表现出适应不良行为的话，就不算是一种病态的人格。若在不适当的时机使用防御机制，则会导致病态人格的出现。自我的防御机制有很多种，下面主要介绍几种重要的防御机制。

否认：不愿意承认某种痛苦的现实，就会无意识地加以否定，以为不承认似乎内心就不会感到痛苦。比如，一个人无法接受自己亲人死亡的事实，他相信自己的亲人一定还会回来，甚至还像往常一样在吃饭的时候为他摆一副碗筷。否认使一个人对现实有一个逐步的接受过程，不至于由于承受不了突然降临的痛苦而崩溃。它是一种保护性质的、正常的防御机制，只有当它干扰了正常的行为时才算是病态的防御机制。

压抑：将那些在意识层面所不能被接受的观念、情感或冲动抑制到无意识中去。一个人对不愿意接受的痛苦体验或创伤性事件的选择性遗忘就是压抑的表现。比如，一个人无法面对自己高考失败的经历，就会将此事压抑到无意识中去，对此事绝口不提，就像从未发生过一样。

合理化：当面对自己无法接受的事实，无意识地用一种似乎有理而事实上却站不住脚的理由来为自己辩解。如有些家长对儿童进行躯体虐待，当受到别人谴责的时候，他们会说这是"恨铁不成钢"或是"玉不琢不成器"。合理化有两种表现：一是酸葡萄心理，即把得不到的东西说成是不好的。如某学生没有考上自己梦寐以求的名牌大学，而考取了一所普通的大学，就自我安慰说，没考上名牌大学也好，那里竞争激烈，压力大。二是甜柠檬心理，即当得不到葡萄而只有柠檬时，就说柠檬是甜的。上面的例子中，没有考上名牌大学就会自我安慰道，说普通学校也挺好的，竞争不会那么激烈，可以很轻松地学习和生活。

移置：无意识地将对某一对象的情绪、意图或幻想转移到另一个对象或替代物上，从而减轻自己的精神负担，取得心理上的安宁。如一个孩子由于调皮在学校受到老师的批评，心里越想越不服气，越想越觉得自己没错，满腔愤怒无处发泄，于是回到家之后踢倒身边的板凳，或对自己的爸爸妈妈发火。这时候虽然对象变了，但是其内心冲动的性质没有发生改变。

投射：根据自身的需要或情绪的主观指向，把自己的意愿与动机归因于他人，认为自己身上存在的心理行为特征在他人身上也同样存在。比如，中国古代的诗句"感时花溅泪，恨别鸟惊心"就是一种典型的投射。再比如，一个男生喜欢上了一个女生，但是害怕遭到女生的拒绝，所以他不敢表白，只能把这种喜欢深深地放在心底。他就有可能起哄说同班的某个男同学喜欢这个女生。在这里，男生就把自己喜欢这个女生的愿望投射到了其他人身上。

反向形成：将内心的一种难以接受的观念或情感以相反的态度与行为表现出来。比如，一个有强烈的性冲动压抑的人会去积极地参与检查淫秽读物或影片的活动。

过度补偿：一个真正的或幻想的躯体或心理缺陷可以通过其他方面得到补偿或纠正。比如，一些残疾人可通过惊人的毅力和努力而变成世界著名的运动员；有些口吃者可成功地变成一位说话流利的演说家。

升华：把社会所不能接受的性欲或攻击性冲动转化为更高级的、社会所能接受的目标或渠道，进行各种创造性的活动。这是所有的防御机制中最积极、最富有建设性的。比如，运动员可以把自己的攻击性的欲望转化成竞技场上的拼搏。

幽默：一种积极的精神防御机制形式，是较高级的适应方法之一。当一个人遇到挫折时，常可以幽默来化解困境，维持自己的心理平稳。大哲学家苏格拉底有位脾气暴躁的夫人，一次他在跟一群学生谈论学术问题时，先是听到叫骂声，随后夫人拎一桶水过来，泼得他全身湿透。在场的学生都很尴尬，可是苏格拉底只是一笑："我早知道，打雷之后，一定会下雨。"

认同：把一个钦佩或崇拜的对象的特点当做是自己的特点，从而来弥补自身的不足。比如，高官显贵的子女常以父辈之尊为己尊，遇到挫折则自抬身价，做出坦然自若的神态，以免除在人们面前的尴尬局面。

荣格的八种人格

荣格根据"利比多"（libido，即性力）的倾向性，最早将性格分为内向型和外向型。

荣格反对弗洛伊德将利比多简单地理解为"性的能量"，他将利比多解释为一种"心的能源"，是一种心的过程的强度。并且他假设其中存在一种"快乐的欲望"，而这种"快乐的欲望"则是荣格性格学的基础。当这种"快乐的欲望"以外在的形式表现出来时，称为"外向"；以内在的形式表现出来时，称为"内向"。而当这种内向或外向成为一种习惯时，我们则称之为"内向型"或"外向型"。现实生活中，我们通常会说某个人性格真内向，某个人性格真外向，这种对性格的分类首先是由荣格提出的。

　　荣格的这种根据利比多的倾向划分的性格类型在美国逐渐发展成为一种著名的心理测验，这种测验被称为"性向测验"，由此提出了"性向指数"的概念，并且据此进行了一系列的研究。研究结果发现，内向型的人更加关注自己的内心世界，对自己内部的心理活动的体验深刻而持久，通常按照自己的意愿行事，不随波逐流，不容易受到周围环境的影响；对待周围的人和事的态度相对较消极，往往会采取一种敌对或批判的态度，正因为这样很容易与别人产生摩擦，因此适应环境的能力也较差。外向型的人与内向型的人的性格恰恰相反，他们往往比较关注外部世界，对周围的人和事都充满了好奇和兴趣，通常会根据别人的期待、外部环境的变化来行事，适应环境的能力较强，但是这种人过于关注外部世界从而忽略了自己内心最真实的感受，有时候会迷失自己。当然，这两种类型的性格没有优劣之分，只是不同的人格特质使然。而且每一个人不可能只是单单的外向型或内向型，往往是这两种类型的融合，只是哪一种性格类型相对来说占据一定的主导。

　　后来，荣格在他发表的《心理类型学》一书中对内向型和外向型作了进一步的阐述。由于内向型和外向型主要是根据个体对待客体的态度来进行区分的，因此又被荣格称为性格的一般态度类型。除此之外，还有性格的机能类型。

　　荣格认为，人的心理活动有感觉、思维、情感和直觉四种基本机能。感觉告诉我们某种东西的存在；思维告诉我们这种东西是什么；情感告诉我们它是否令人满意；而直觉则告诉我们它来自何方并去向何处。根据两种类型与四种机能的结合，共有八种性格的机能类型，荣格对此进行了描述。

　　1. 外倾思维型。他们通过自己的思考来认识客观世界，做事都要以客观的资料为依据，思维较严谨。科学家就属于典型的外倾思维型，他们认识世界、解释现象、创立自己的理论体系的过程体现了严谨的思维。但是这一类型的人往往比较刻板，情感不够丰富，个性不够鲜明。

　　2. 内倾思维型。与外部世界相比，这种人更加关注自己的内心世界，他们对一些思想观念感兴趣，善于借助外部世界的信息对自己内心的想法进行思考。哲学家就属于这一类型。这一类型的人比较冷漠、傲慢，有些不切实际。

　　3. 外倾情感型。这种类型的人能将外部环境的期待与自己的内心情感结合起来。他们善于交际，喜欢表达自己的情感，性格活泼，对社会活动抱有很大的热情，与外部世界相处比较和谐。但是这一类型的人往往没有主见，缺乏主体性。

4. 内倾情感型。这一类型的人往往过分关注于自己的内心世界，对内心有深刻持久的情感体验，能够冷静地去看待周围的人和事。但是他们往往不善于表达和交际，和气质类型的抑郁质比较相似。

5. 外倾感觉型。这一类型的人往往比较注重感官的刺激和享受，善于与外界互动，但是往往只停留于表面，不够深入。他们比较注重享乐，往往很难抗拒美味的诱惑，情感比较浮浅。

6. 内倾感觉型。这种类型的人往往沉浸于自己的主观世界之中，与外部世界相距较远。但是他们能够以自己独特的方式对外界的信息进行加工，而且体验较深入，能够以独特的方式将这些表达出来。

7. 外倾直觉型。有灵感的人应该说的就是这种类型的人，他们对外界有很好的洞察力，对新鲜事物比较敏感。他们容易冲动，富有创造性，但难以持之以恒。

8. 内倾直觉型。这种类型的人善于想象，性情古怪，对外界事物较冷漠，往往容易脱离实际，他们的思考方式一般很难被人理解，想法比较怪异和新颖。荣格认为，艺术家就是典型的内倾直觉型。

哪些力量塑造了我们的人格

究竟是哪些因素在我们人格塑造的过程中发挥着作用，对于这个问题的争论由来已久，而且存在两种截然不同的观点：一种观点认为，我们的人格主要是由先天的遗传因素决定的；而另一种观点则认为，影响我们人格的主要因素是后天的环境因素。但是，在长时间的争论过程中，心理学家们逐渐达成了共识，认为我们的人格是在遗传和环境两种因素的交互作用下形成的。

在众多人格研究的方法中，双生子研究则是人们公认的一种比较客观和科学的方法。这一方法遵循这样的研究思路，对于同卵双生子而言，他们的遗传因素是相同的，如果他们在人格上存在差异，那么这种差异则是由环境因素导致的；对于异卵双生子来说，如果他们从小就在同一环境中长大，那么他们人格上的差异则就归结为遗传因素。采用这一方法的研究表明，人格并不仅仅受到某一因素的影响，而是各种因素共同影响的结果。

首先，生物遗传因素。许多心理学家认为，人格具有较强的稳定性，因此在研究人格的过程中，应该更注重生物遗传因素的作用。很多心理学研究者采用双生子的方法对该问题进行了研究。

艾森克的研究指出，在同一环境中成长的同卵双生子，在人格的外向性维度上的相关为 0.61，不同环境中的同卵双生子在该维度上的相关为 0.42，异卵双生子的相关仅为 0.17。由此可以看出，同卵双生子在外向性的维度上相关要显著高于异卵双生子，这说明生物遗传因素在人格形成中的作用。

弗洛德鲁斯等人在瑞典进行了同样的研究。他们选取了 12000 名双生进行问卷的测量，结果发现，同卵双生子在人格的外向性和神经质上的相似性要显著高于异卵双生子，可见生物遗传因素在外向性和神经质两个维度上有重要的作用。

心理学研究者对成人双生子也进行了类似的研究。20 世纪 80 年代，明尼苏达大学对成人双生子的人格进行了比较研究。在这些双生子中，有些是从小一起长大的，有的则是被分开抚养的。研究结果表明，不论是分开抚养还是未分开抚养，同卵双生子在人格上的相关均要高于异卵双生子。我国的一项历时 20 年的纵向研究结果也表明，人格的许多特质都有遗传的可能性。

尽管通过这些研究，我们可以看出遗传对人格的发展的确有不可忽视的重要的作用，但是它的作用到底有多大，对此并没有明确的结论。我们只能说生物遗传因素为我们的人格发展提供了可能性，而且遗传因素对人格发展的作用因不同的人格特质而异。遗传因素对智力、气质等与个体生物因素有较大关系的人格特质的影响作用比较大，而对那些价值观、性格、信念等与社会因素关系密切的人格特质的影响作用相对较小。

其次，环境因素。除了生物遗传因素外，环境因素对人格的发展同样有重要的影响。这些环境因素包括早期的童年经验、家庭环境因素、学校环境因素以及社会文化因素等，都在塑造着我们的性格。

俗话说，"三岁看大，七岁看老"，早期的童年经历对人格发展的影响不容忽视。有研究指出，儿童早期父母的忽视和虐待对其心理有明显的不良影响，容易形成攻击、叛逆的人格。斯毕兹对从小生活在孤儿院中的儿童进行了研究，发现这些从小就缺乏亲人关怀和爱护的孩子，长大以后各方面的发展都会受到这一因素的影响，有的甚至还患上了"抑郁症"。可见，幸福的童年经历有利于儿童健全人格的形成，而不幸的童年经历则会引起人格上的各种问题。但是二者之间并不存在必然的关系，不幸的童年同样可以磨砺坚强的性格。

家庭环境因素对人格的影响主要体现在亲子关系、父母的教养方式等方面。研究表明，采取民主型教养方式的父母，能够与孩子保持一种平等的和谐关系，懂得尊重孩子，并给予孩子一定的自主权。在这种教养方式下长大的孩子，能够形成正直、活泼、开朗、善于交际、懂得合作等积极的人格品质。

学校是我们接受教育的场所，这一环境中的很多因素都在无形之中塑造着我们的人格。皮革马利翁效应就是一个很好的例子，如果在教育的过程中，教师能够给予学生适当的关爱，并将自己的热情与期望投注在学生身上，学生觉察到这种期望后，就会被这种热情和期望所鼓舞，并试图刻苦努力学习从而不辜负老师的期望。

社会文化因素对人格的影响主要是基于不同的文化背景下对人格的要求不同，比如在传统的儒家文化中，要求女性必须是温顺的、柔弱的、只需要在家相夫教子就行。不过随着时代的发展和环境的变迁，这种差异已经越来越小了，如今女人同样可以顶半边天。

综上所述，遗传和环境因素都不同的程度地塑造着我们的人格，对我们人格的发展发挥着重要的作用，正是二者的共同作用才造就了我们在人格上的差异。

克雷契曼的五种性格

在上述的内容中，我们主要介绍了荣格关于性格的分类，这一节将主要介绍采用类型学方法对性格进行的分类，主要的代表人物是艾鲁恩斯特·克雷契曼。荣格对于性格的分类是从理论推导而出的，具有一定的哲学深度，而克雷契曼关于性格的学说则是基于观察庞大的人群而建立的。

艾鲁恩斯特·克雷契曼于1921年出版《体格与性格》一书，该著作是以临床精神医学为基础的研究，对性格学的发展有重大的意义。克雷契曼长年观察大量的精神病患者，据此他将性格类型分为"分裂型气质"和"躁郁型气质"两大类，后来在此基础上又补充了"黏着性气质"。起初的两种分类分别是根据精神分裂症和躁郁症得来的，但是并不是说这两种类型的人就有可能患精神分裂症或躁郁症，他只是比正常人患这种病症的可能性更大，正常人只是这种异常性比较薄弱。从这一点来看，精神病人是把正常人的某一面夸张化了，这说明精神病人和正常人并不属于不同的群体。因此，可以根据精神病人所表现出的症状来界定正常人的性格类型。

克雷契曼的学说说明，一定的性格类型是由一定的精神病发展而来的，或者说一定的精神病是一定的正常人的极端。现将克雷契曼的学说中的五种性格介绍如下：

内闭性气质。这种气质的人往往令人难以捉摸，性格孤僻。他们是典型的个人主义者，但不一定是利己主义者。他们明确划分自己和别人的界限，十分厌恶别人侵入自己内心的领域。他们这么做的真正原因，是因为他们比一般人更容易受到伤害。这类人不善于交际，属于非社交型，具有害羞的特性，同时还具有孤独的特性。这些特质使得他们凡事采取置身事外的超然态度，觉得一切事不关己。这类人的体型大多数是瘦削的，声音低沉，喜欢用强制性语气。男性多半给人高深莫测、难以接近的感觉，女性则给人理智、冷漠的感觉。

同调性气质。这一类型的人外向开朗，容易亲近，善于交际，不会猜忌，容易相信他人，属于无忧无虑的乐天派。他们能够顺利而且轻易地适应环境，与周围的人、环境和社会之间不会有太大的冲突。这一类型的人以肥胖型居多，身材中等。说起话来声音柔和悦耳，但是语速比较快，抑扬顿挫比较明显，有时会突然从一个话题转移到另一个话题上。男性常给人和善、稳重的感觉，女性则给人可爱的印象。

黏着性气质。这种气质的人整体上给人以"坚强"的印象，性格刚直，一丝不苟。一旦开始做某件事情，就会全身心地投入。但是也会因为过于投入一件事情而忽略了其他的事物，无法将自己的精力同时投入两种事情上。热衷于某一件事情之后，往往会废寝忘食，打乱自己的生活规律。同时，他们还尊重秩序，对自己的要求十分严格，对待感情非常执著。非常有耐心，即使是非常单调乏味的工作，也都能以坚强的毅力克服一切困难去完成。不会冲动行事，往往经过深思熟虑之后才作出自己的决定。这一类型的人以身体健壮者居多，身高中上，肩膀厚实，肌肉发达。不论男女，手掌都很宽大，手指粗肥。说话声音低沉，缺乏抑扬顿挫，说话喜欢拐弯抹角。

自我显示性性格。这种人自我表现的欲望比一般人要强很多，在很多场合总想引起别人的注意，有时甚至哗众取宠来博得别人的喝彩，虚荣心很强。他们好胜心比较强，以自我为中心，有时候还有些孩子气，任性、撒娇，容易依赖别人，碰到困难总想从别人那里得到帮助，他们是严于律人、宽以待己的典型。容易受到他人和外界环境的影响，不善于隐藏和伪装自己的情绪，意志力比较薄弱，对行为缺乏克制性。这种人在体型特征上较少受到遗传因素的影响，更多地与环境因素相联系。他们说话声音高，而且语速快，有明显的抑扬顿挫。

神经质性性格。这一类型的人对外界的刺激比较敏感，他们十分介意别人对自己的言语和态度，常常会为别人一句无心的话而胡思乱想一阵子。由于胆小、怯懦、容易担心，所以形成了他们犹豫迟疑的个性，从而导致对自己信心不足，产生自卑心理，总是担心自己能不能做好某件事情。这种人在体型上以瘦削型居多，说话声音较小，甚至一紧张就会颤抖，由于缺乏自信，说话往往底气不足，甚至说到一半就不说了。

当然，克雷契曼的五种性格只是从普遍意义上来说的，一个人不可能完全属于某一性格类型，他可能同时具备两种或更多的性格类型的特征，只是哪一种更明显而已。正如克雷契曼自己所言："真正的类型，并不是以把所有人进行分类为目的的。对于类型而言，最根本的不是让我们去算多少人属于哪种类型，而是类型能为我们解说些什么。真正的类型，绝不是收集东西的箱子，而是焦点。"

性格与人格有何差异

"性格"一词来源于希腊语，是印记或雕刻的意思。根据这个解释，我们可以这样理解，即性格在我们生活的方方面面都会留下痕迹，在我们的言行举止中都会表现出自己性格的某些特征。

恩格斯说："刻画一个人物不仅应表现他做什么，而且应表现他怎样做。"在这里"做什么"说明一个人追求什么、拒绝什么，反映了一个人的活动动机或对现实的态度；而"怎样做"则说明一个人如何去追求自己想要得到的东西，以及如何去拒绝自己不想要的东西，反映了一个人的活动方式，如果在很长的时间内，在相同的或相似的情境之下，一个人总是表现出某一种态度或行为方式。久而久之，这种态度和行为方式就会逐渐地得到巩固，形成一种习惯化了的模式，那么这种比较稳固的态度和习惯化了的行为模式所表现出来的心理特征就是性格。

但是，目前关于性格的定义，心理学家并没有达成共识。通常对于性格的描述，主要是指在对人、对事的态度和行为方式上所表现出来的心理特征，这和上面的描述不谋而合。看来我们所说的性格简言之就是一种态度和行为方式，如英勇、刚强、懦弱、粗暴等。

在上面的描述中，我们可以看出性格包含社会道德含义，英勇、刚强的性格是为社会和大多数人所接受的，而懦弱和粗暴的性格则是很少有人能够容忍的。因此，性格有好坏之分。在我们的成长过程中，不论是父母还是老师都会培养我们形成良好的性格品质。我们应该在学习上刻苦努力，与人相处要真诚热情，遇到困难要有勇气、百折不挠等等。尤其是在教育的过程中，教师可以根据学生性格上的特点，因材施教。例如，面对两个性格完全不同的学生，当交给他们同一任务时，就要采取不同的策略。对于比较自信、勇敢、有毅力，但又比较任性和粗暴的学生，老师就要叮嘱他要注意工作方法，不要一意孤行，要多听听同学们的意见；而对于缺乏自信、不好外露、没有主见、易受暗示，但有一股韧劲的学生，老师就要给予更多的鼓励，让他对自己充满信心。

性格总是以一定的外在形式表现在一个人的行为举止中。尽管我们每天面对的是不同的场合、不同的环境，我们也会以不同的态度和行为去应对，但是我们性格中那些稳定的东西是不会轻易改变的。所以，当我们对一个人的性格有了深入的了解之后，我们就可以预测到这个人在某种情境下将会做什么以及怎么样做。

与性格相比，人格则是心理学中探讨完整个体与个体差异的一个领域。到目前为止，由于心理学家各自的研究取向不同，因而对人格的看法有很大差异。在这里，我们引用了《普通心理学》中对人格的定义：人格是构成一个人的思想、情感及行为的特有模式，这个独特模式包含了一个人区别于他人的稳定而统一的心理品质。人格是一个复杂的结构系统，它覆盖的范围比较广，主要包括气质、性格、认知风格、自我调控等方面。而性格所覆盖的范围比人格要小得多，性格属于人格的一部分。

简单地说，性格是表象，通常以外在的行为方式表现出来，能够从他人的角度观察到的特征；而人格是内在的、只能从自身的角度观察到的特征。

真的是江山易改本性难移吗

在前面的章节中，我们认为性格是一套稳固的态度和习惯化的行为模式，这就是说性格是稳定的，不会像天气一样变化无常。对一个人进行深入的了解之后，我们能够推测他在相同或相似的情境下的态度和行为反应。但是，这也不是绝对的。来自心理学的研究表明，性格也是可以改变的。

心理学家称，性格会随着年龄的增长而发生改变。从发展心理学的角度来看，我们的性格总是在外向型和内向型之间转换。婴幼儿时期属于外向型时期，那时性格还未充分发展，需要借助外界的帮助才能生存下去。进入幼儿期之后，开始转向内向型，因为这一时期自我意识开始发展，对外界的束缚开始进行反抗。进入儿童期之后，对很多事物充满了求知欲，又开始转向外向型。进入被称为"暴风骤雨期"的青春期之后，他们的自我意识变得更加强大，这一时期属于内向型时期。成年期逐步体验到现实的残酷和生活的艰辛，认识到必须努力工作，提升自身的价值，为家庭成员的幸福而奋斗，这时由内向型的特质转为外向型。进入老年期之后，开始对自己的人生有了更深入的思考，再度回归到内向型。

有研究表明，心理疾病同样也会引起性格的变化。比如，抑郁症作为一种较常见的心理疾病就会引起性格的变化。通常容易患抑郁症的人在性格上有一些共同点，追求完美、缺乏幽默感、做事刻板等等，即使受到一点小事的刺激也会让他们心理上产生很大的波动，陷入异常的状态之中。除此之外，精神分裂症往往更容易使人格出现转换。这类人在发病前可能会有自闭、敏感、反应迟钝等症状，但是一旦发病就会出现不可思议的症状，严重的还会导致人格的荒废。

年龄上的变化和心理疾病能够导致性格发生变化，中毒导致的精神失常、被洗脑或心智受到他人控制同样会导致性格发生变化。第二次世界大战期间，许多军队由于频繁使用兴奋剂，出现很多中毒者。这些中毒者的性格发生了很大的变化，出现恐吓他人、好斗的特点，严重的还会丧失心智。麻醉剂中毒虽不像酒精或兴奋剂中毒那样明显，还是会使人处于忧郁的状态之中，对外界漠不关心。在没有药物作用的情况下，某些邪教组织的洗脑或心智上的控制也足以使人的性格发生巨大的变化。有些邪教组织所使用的酷刑足以让人陷入孤立和绝望的境地，最终丧失自我认同感。

关于教育的作用，其实已不必再赘述。研究表明，不论是家庭教育、学校教育还是社会教育都对我们性格的养成有一定的作用。举个例子来说，日本对年轻人所进行的调查报告将年轻人分为四类，即孜孜不倦型（为了老师和父母的期望，不懈努力，但是缺乏弹性，容易受挫而崩溃）、我行我素型（与世无争，有时候会逃避现实，不能够积极地适应社会）、焦躁型（不满于现状，经常会有惊人之举，奇装异服，行为不端）和浮躁型（对学习毫无兴趣，爱看电视节目，化浓妆，举止轻浮）。这就需要在教育的过程中对不同类型的人进行校正，使他们恢复到正常人的状态。

所以，性格并不像我们之前所认识的那样是不可改变的，像上述的年龄、心理疾病、心智控制、教育等都可以使其发生改变。看来只要具备一定的条件，江山易改，本性也是可移的。

人真的拥有四个"真正的自我"

约瑟夫·鲁夫特和哈里·英格拉姆于20世纪50年代提出，每个人都是由四个层面的自我构成的，这四个层面的自我分别是公开的自我、盲目的自我、隐藏的自我和未知的自我。

1. 公开的自我：自己了解，他人也了解，属于自由活动领域。所谓"当局者清，旁观者也清"说的就是"公开的自我"。比如，我们的性别、年龄、长相等等可以对外公开的信息，包括婚否、职业、工作生活所在地、能力、爱好、特长、成就等等。"公开的自我"的大小取决于自我的开放程度、个性张扬的力度、人际交往的广度以及他人的关注度等等。"公开的自我"是有关自我最基本的信息，同时也是自己和他人了解自我、评价自我的基本依据。

2. 盲目的自我：自己觉察不到，但是他人能够了解。所谓"当局者迷，旁观者清"就是指"盲目的自我"。"盲目的自我"一般自己不易觉察，除非别人告诉你。它可能是你不经意间的一些小动作或行为习惯，比如一个得意的或者不耐烦的神态和情绪流露。盲目点可以是一个人的优点或缺点。由于自己事先不知道，所以当别人告诉你时，你可能一时无法接受，甚至会惊讶、怀疑、辩解。"盲目的自我"的大小与自我观察、自我反省的能力有关。内省特质比较强的人，往往盲点就会比较少，"盲目的自我"比较小。而熟悉并且能够指出"盲目的自我"的其他人，往往也是那些关爱你、欣赏你、信任你的人。所以，我们要学会用心聆听，重视他人的意见。

3. 隐藏的自我：自己了解，但他人觉察不到。这是自己知道而别人不知道的部分，与"盲目的自我"刚好相反。就是我们常说不愿意或不能让别人知道的隐私、个人秘密。身份、缺点、痛苦、愧疚、尴尬、欲望等等，都可能成为"隐藏的自我"的内容。相比较而言，心理承受能力强的人，性格比较自闭、自卑、胆怯、虚伪的人，"隐藏的自我"会更多一些。适度的自我隐藏，能够避免外界的干扰，独守自己的心灵花园，是正常的心理需要。如果一个人没有任何隐私，那么他就赤裸裸地暴露在别人面前，没有隐私和安全感。当然适度地隐藏自我能够保护自己，如果自我隐藏得太多，就会将自己封闭起来，无法与外界交流。这样自我就会受到压抑，甚至造成人格的扭曲。

4. 未知的自我：自己和他人都未觉察的自己。这样的自我也被称为"潜在的我"，属于自我层面的处女领域，等待着别人去发现和挖掘。"未知的自我"通常是指一些潜在的能力或特性，或是只有在特定的领域才能展现出来的才华。弗洛伊德所提出的潜意识层面，隐藏在海水下面有无限能量的巨大的冰山，也属于"未知的自我"的层面。"未知的自我"是我们知之甚少同时也是最值得挖掘的领域，所以我们应该尝试着去全面而深入地认识自我，激励自我，发展自我，超越自我，肯定会收获意外的惊喜。

每一个人对自我的认知，都存在公开区、盲目区、隐藏区和未知区。有时候我们可以通过性格测验来了解"公开的自我"和部分"隐藏的自我"，但是测验结果和实际情况还是有出入的。因为在进行测验的时候，被测验者往往有一种"社会赞许"的倾向，为了得到他人和社会的认可往往隐瞒自己真实的想法，所以对于性格测验的结果不能过度依赖。

关于自我的四个层面，对于不同的人而言，每个层面所占的比例不同。有些人可能隐藏得比较少，暴露得相对多一些；有些人可能比较容易聆听别人的评价，对盲目的自我了解得较多，而有些人总是敢于尝试一些新鲜的事情，试图去挖掘自己性格中未知的部分。每个人都是一个没有谜底的谜，我们只能慢慢地去走近，去了解，去感受。

了解自我的测验

"我是谁，我从哪里来，要到哪里去"的问题从古希腊开始，人们就不断地问自己，并希望能够找到答案，然而到现在为止，都没有人能够回答这个问题。即便如此，我们仍然没有放弃对这一问题的追寻。

认识你自己，恐怕是世界上最难的问题。

在心理学领域，在这一问题上下大力气的人恐怕要数弗洛伊德了，他从本我、自我、超我的角度对"我是谁"这一问题进行解答。本我带着冲动、疯狂和怯懦，他时而像一个横行无忌的王者，时而像一个自甘堕落的狐狸，时而像一个闻风丧胆的老鼠。他身上带着所有的生物学本性。超我就像一个经验丰富、饱经沧桑的智者，时刻告诉我们这样不行，那样不行，他就像一个智慧的宝库，在我们感到迷茫的时候为我们指明方向，使我们避开不必要的伤害。而自我则是一个复杂的人格层面，他一方面受到超我的约束，另一方面还要满足本我的需求。他就像社会关系中的中层，既要领会领导的心思，同时也要考虑下属的需求，另外还要为自己谋求一点利益。

后来的心理学家又把自我作了三个方面的划分，即镜我、主我和客我。我们可以作这样的比喻，主我就像我们的身体，他是客我和镜我的载体；客我就像我们的衣服，当我们穿上它，我们自然就进入他的角色体系，比如穿西服就得有穿西服的派头，穿礼服就要有穿礼服的气质；镜我说得通俗一点，就是镜子中的自我，我们为了将自己收拾得更加体面，总是反反复复、不厌其烦地打量镜子中的自己。

心理学从"本我、自我、超我"以及"镜我、主我和客我"的角度对"我是谁"进行了论述,"我"就是处在这样一个庞杂的体系之中,就像我们对自己的认识一样,时而清晰,时而模糊,往往不知道自己到底"身处何地"。

在心理学界,有一个叫做"Who am I"的非常有趣的心理测验,这个测验是由美国心理学家库尼和马克帕兰德研究出来的,它能够帮助我们更好地认识和了解自己。

测验的方法非常简单,就是在下面 20 个"我……"后面填写自己的答案,但是必须按照这些答案在你头脑中出现的先后顺序填写。很多人可能已经做过这个测验或是听过这个测验,相信你们也从中得到了不少的启发。如果没有做过这个测验的朋友,赶紧来尝试一下,说不定你会有意外的收获。

1. 我
2. 我
3. 我
4. 我
5. 我
6. 我
7. 我
8. 我
9. 我
10. 我
……
20. 我

在这 20 个需要填写的题目中,刚开始我们可能很轻松地就写出来,比如,我是一名学生、我是爸爸妈妈的女儿、我喜欢刘若英等等,可是慢慢地可能就有些困难了。到最后我们甚至想不出还有哪些东西和自己有关。当我们回过头来看自己写下的答案时,我们也许会惊讶自己同时担任着这么多的角色:在家是爸爸妈妈的孩子,在学校是老师的学生,在单位是他人的同事。我们不得不佩服自己在这么多的角色之中能自如地转换和应付。在这个过程中,我们甚至还会写出自己潜意识中的想法和愿望,让我们有意外的收获和惊喜。

什么是人格测试

在心理学中,人格是指一个人区别于其他人的稳定的心理品质,是构成一个人的思想、情感以及行为的特有模式，它主要包括需要、动机、兴趣、爱好、感情、态度、性格、气质、价值观、人际关系等方面，是一个比较复杂的体系。

人格测试也称个性测试，主要是鉴定不同的个体在这一复杂体系中的差异，测量个体行为的独特性和倾向性等特征。人格测试的方法有很多，最常用的有问卷法和投射测验法。下面介绍几种比较典型的、具有代表性的人格测试方法。

问卷法

问卷法由许多涉及个体心理特征的问题组成，这些问题分为多个维度或不同的分量表，分别代表人格特质的不同方面，最常用的人格测试的问卷有艾森克人格问卷（EPQ，即 Eysenck Personality Questionnaire）、明尼苏达多项人格测验（MMPI，即 Minnesota Multiphasic Per – sonality Inventory）和卡特尔16因素人格测验（16PF，即 Sixteen Personality Factor Questionnaire）。

艾森克人格问卷，简称 EPQ，是由英国伦敦大学心理系和精神病研究所艾森克教授编制的。艾森克人格问卷是目前医学、司法、教育和心理咨询等领域应用最为广泛的问卷之一。

它是一种自陈量表，即被试者按照自己的意见对自己的人格特质进行评价，有成年和少年两种版本，各包括四个分量表。艾森克搜集了大量有关非认知方面的特征，通过因素分析的统计方法提出了人格的三种维度：E——内外向，N——神经质，P——精神质，L——测谎或自身隐蔽。经艾森克等人的因素分析计算，前三个量表代表人格结构的三种维度，它们是彼此独立的，L为测谎量表。

艾森克问卷的所有题目均采用是或否的形式来回答，被测试者根据自己的实际情况作出选择，题目举例如下：

（1）你是否有许多不同的业余爱好　　　　　　　　　　是　　否

（2）你是否在做任何事情之前都要停下来仔细思考　　是　　否

明尼苏达多项人格测验，简称 MMPI，是现今国外最流行的人格测验之一。这一问卷是由美国明尼苏达大学教授哈萨威和麦克金里所编制的。该问卷内容包括健康状态、情绪反映、社会态度、家庭婚姻问题等26类题目，10个临床量表，即疑病、抑郁、癔病、精神病态、男子气或女子气、妄想狂、精神衰弱、精神分裂症、轻躁狂、社会内向，还有4个效度量表，即说谎分数、诈病分数、校正分数和疑问分数。所有题目采用是或否式回答，例如：

（1）我相信有人反对我　　　　　　　　　是　　否

（2）我相当缺乏自信　　　　　　　是　　否

MMPI 在编制的时候是以正常和异常两个对照组为样本的，因此，它不仅可以作为临床的诊断依据，还可以用来评定正常人的人格特征。

投射测验法

投射测验采用某种方法绕过被测试者的心理防御，在其不防备的情况下探测其内心的真实想法。在投射测验的过程中，给被测试者呈现一系列的模糊刺激，要求其对这些模糊刺激作出反应，被测试者的解释能够反映其潜意识中的想法，这种方法在一定程度上能够帮助我们了解被测试者的想法。主要的投射测验方法有罗夏墨迹测验、主题统觉测验等。

罗夏墨迹测验是由瑞士精神科医生、精神病学家罗夏创立，包括十张墨迹卡片，五张为彩色图形，五张为黑白图形。测验的时候，按顺序向被测试者呈现卡片，同时向被测试者发问，"你看到了什么？""你觉得这是什么东西？"或"你能想到什么？"等等，可以转动卡片让被测试者从不同的角度观察。罗夏墨迹测验只能个别施测，主试除了要记录被测试者的语言反应之外，还要观察其情绪和动作上的变化。

主题统觉测验，简称 TAT（Thematic Apperception Test），是美国心理学家亨利·默瑞于 1935 年发明的。测验主要由 30 张模棱两可的图片组成，另有一张空白图片。每张图片至少有一个人物在内，同时也有部分背景。测验时，向被测试者呈现图片，让其根据图片的内容编故事，故事的内容必须包括如下四个问题：图片中发生了什么事情；是什么原因导致了这一事情的发生；图片中的人物在想什么；故事的结局怎样。

根据笔迹分析性格

生活中，我们常常听到"字如其人"的说法，也就是说一个人的笔迹与其个性的心理状态存在一定的关系。在前面几节关于性格的介绍中，我们知道性格总是通过某种行为表现出来，而写字作为日常生活中最常见的一种行为，就像说话一样，同样也会暴露出我们性格中的某些特征。说不定根据我们写下的笔迹，会对自己的性格有新的发现。

不同性格的人书写出的笔迹是不一样的，一般来说，"热情的人字粗大，专注的人字细小，正直的人字简洁，性急的人字潦草，多情的人字软弱，孤僻的人字紧凑等等"。例如，把"吉"字上面的"士"字写成"土"的人，是急性之人。

对一个人的笔迹进行分析时，通常从字体的形状、长短、大小，字的模仿性或创造性，字行的高低、倾斜度，字迹的棱角或圆润，写字速度的快慢，字的间架结构等方面来看它与性格的关系。一般情况下，字体大表明在极端情况下容易表现自己，过于自信，举止较随便；字体小则表明能够克制自己，观察力能力强；笔画轻重均匀适中，说明性格稳重，有自制力；笔画不匀称的人则脾气暴躁，常常会因为琐碎的小事而伤心；笔画太重的人敏感，笔画过轻的人则不够自信，喜欢自责；字与字之间的行比较直的话则说明性格稳重，起伏不平则说明有外交手腕，善于发现别人的弱点；书写的时候越写越往上倾斜，说明自尊心强，若往下倾斜，说明性格比较沉闷。

其实，早在很久以前，关于笔迹与性格的关系就引起了很多人的关注。古希腊哲学家亚里士多德指出，笔迹能够反映出人的性格。书写时笔迹的轻重决定人的性格和工作能力；书写时字母清楚完整，标点符号准确则说明一个人办事一丝不苟、有条理；若字迹高低不平则说明一个人比较机智和狡猾；字迹比较圆滑则说明一个人办事老练，性格随和。我国古代及西欧国家的许多学者对此也早有研究。据说，当时北京的抗金名将宗泽看到岳飞龙飞凤舞的笔迹时，说："此非凡品也。"于是就打算提拔他。

近年来，随着笔迹学的发展，在西方一些发达国家中，"笔迹学"已成为心理学的一门分支学科，甚至在一些学校作为一门选修课。笔迹心理学应用的范围和领域也越来越广。例如，美国已有300多家将笔迹分析法应用于公司的人事招聘和日常管理中，他们认为通过笔迹可以了解应聘者的性格特征，就可以根据员工的性格来安排工作，将合适的人放在合适的位置，做到人尽其才，为此还专门聘请了笔迹学家担任顾问。此外，在美国的很多医院笔迹也用于对病人病情的分析中。一些心理治疗专家认为，如果病人书写时字母都从左向右地往上倾斜的话，说明他是个乐观主义者，在对他进行治疗的时候可能会相对容易；如果病人的字间隔或行间隔较大，说明他是个悲观主义者，在对他进行治疗时可能相对困难，需要做一些思想工作。而且随着笔迹学的不断发展，应用领域的不断扩大，这种技术也被应用于刑事侦查和审讯中。

当然，对笔迹进行分析只是我们借以了解自身和他人的一种辅助手段而已。任何一种分析手段和工具所进行的分析，只能从普遍的角度进行概括性的分析，人的性格本来就是复杂的，单从笔迹进行分析难免有些浅薄。所以，我们在了解笔迹与性格的关系之外，对于具体问题应该具体分析。

为什么不能相信笔迹学

在上面的一节中，我们谈到可以根据笔迹对一个人的性格进行判断，可是结果真像我们说的那样可靠吗？

研究者杰弗瑞·狄恩花费大量的时间来研究笔迹学的可靠性，他收集了数百项笔迹学的研究成果，以检验它是否真的有效。然而，他的研究结果给笔迹学的支持者很大的打击。在他的一项分析中，狄恩比较了对员工工作文件中的笔迹进行分析的学术论文。论文中笔迹学家对员工的表现进行了预测，而在实际工作中监督人员也对员工进行了考核评价，将笔迹学家的预测和员工的实际成绩进行比较，发现二者之间几乎毫不相关。在狄恩的另一项研究中，将笔迹学家的个性预测与人们参加正规的科学的个性测验结果进行比较，结果发现，笔迹学家们的分析不仅不准确，而且和那些没有笔迹学背景、也没有受过专业训练的外行相比，笔迹学家们在根据笔迹推测性格的测试中居然得到了和那些外行一样的分数。

由此可见，根据笔迹可以推测一个人的性格的说法是不可靠的。那些试图将笔迹学用于人事招聘的人可要注意了，不要指望通过它能够帮你招聘到称心如意的员工。而在刑事侦查和审讯中使用笔迹学对罪犯的性格进行分析的时候更要注意了，不要迷信于分析的结果，而应该结合其他的手段进行多角度的分析，这样才不至于造成严重的后果。

从宠物和上床睡觉时间来洞察性格

养宠物这种生活中司空见惯的事情居然和我们的性格发生了某种的联系，这真是一件奇妙的事情。英国《太阳报》曾刊登了一篇分析领导人所养的宠物和其性格之间关系的文章，文中指出什么样的性格养什么样的宠物，领导人选择养什么样的宠物不仅仅是爱好那么简单，还与他们的性格有关。

美国总统奥巴马的宠物是一只葡萄牙水犬，几个世纪以来，勇敢而温顺的葡萄牙水犬一直被葡萄牙渔民所称赞。它有着惊人的耐力，是游泳和潜水好手；它体形中等、粗壮，可以全天在水中或陆地工作。普京的宠物则是一条叫做"科尼"的狗。这是一条血统纯正的雌性拉布拉多猎犬，是最值得依赖的犬种之一。俄罗斯联邦车臣共和国总统拉姆赞·卡德罗夫以特立独行著称，他的宠物是百兽之王的老虎，而且这个一脸络腮胡子、身材魁梧挺拔、办起事来雷厉风行的年轻总统还拥有一头狮子，曾经养过一匹狼和一头熊。看来领导人所选择的宠物多少能够反映出他们的性格，即使起初没有什么相像的地方，时间久了也会受到潜移默化的影响。

之前在网上有一项大规模的调查，主要考察了人们的性格和他们所养的宠物之间的关系。有两千多名养宠物的人参与了调查，他们主要从几个不同的因素对自己的性格和宠物的性格作了评估，主要的因素有社交能力、情感稳定性和幽默感等。除此之外，他们还提供了自己养宠物的时间。研究结果表明，养猫的人最有依赖感，而且情感细腻；养爬虫类宠物的人则相对独立；养鱼的人是最快乐的；养狗的人相处起来让人觉得最有趣。有趣的是，主人还对他们的宠物进行幽默感的评分，他们认为狗的幽默感最高，猫的幽默感中等，而爬虫类则没有幽默感。最重要的是研究结果还发现，宠物的性格和主人的性格具有相似性，而且这种相似性随着时间的推移会越来越明显。在相处的过程中，主人会受到宠物性格的影响，宠物也会逐渐地学习到主人的性格。这个调查证实了人们之前认为的"宠物也具有独立的个性"的说法，同时还说明宠物的个性和主人的个性的确存在一定的关系。所以，当你碰到一个牵着狗的人，不需要有太多的接触，你就可以对他的性格有一个大致的了解了。

不仅养宠物这件事情能反映出一个人的性格，就连我们何时上床睡觉这种生活中的细节也都和我们的性格有关系。

我们总是希望自己在学习和工作中处于最佳的状态，因此会选择最适合自己的时间睡觉或起床。有这样两个问题：如果你可以自由地、没有顾虑地选择睡觉的时间，你会在几点上床？晚上十点、十二点，还是凌晨一点？也许有人会提出质疑，说要具体情况具体对待了，如果还有未完成的工作需要熬夜的话，肯定睡得就晚；即使不需要熬夜，但是精神状态特别好，没有睡意也会到很晚才睡。我们这里所说的只是通常情况下，通过这两个问题你可以发现，自己是属于早睡早起型（早起型）还是晚睡晚起型（夜猫子型）。关于人们对这两个问题的回答有人进行了研究，结果表明我们的回答能够揭示自己的性格和思维方式。问卷调查的结果表明，早睡早起型的人一般性格内向，有很强的自制力，总是希望能够给别人留下好印象。与抽象的概念相比，他们更喜欢具体的信息，他们凭借逻辑而非直觉进行判断。晚睡晚起型的人则不太喜欢有规则的生活，他们更加独立，喜欢冒险，对人生有更富创意的思考。

血型与性格有关系吗

现在，我们经常地将血型和性格联系起来，认为通过血型可以判断性格。通常情况下，A 型血的人喜欢按部就班、有条不紊地办事；B 型血的人最讨厌办事讲究形式，喜欢无拘无束，而且还经常迟到；O 型血的人开朗乐观；等等。

关于血型与性格的研究历史，始于 1910 年左右，即 ABO 型血被发现不久，日本某医生发表的一篇医学论文，这篇文章中提到了血型与性格的关系。此后，人们纷纷从不同的领域对血型进行研究。20 世纪 20 年代左右，日本军医对血型与阶级之间的关系进行研究。同时，教育家们从性格和气质的角度对血型进行研究。这些研究引起了很多人的关注和支持，也是从那时开始，我们的履历表中才增加了血型这一栏。到 20 世纪 70 年代左右，一本关于人类血型的书籍面世，于是掀起了对血型与性格的研究热潮。

但是，很多科学家指出，血型和性格的关系并没有完全得到科学的证实。大量的科学研究表明，根据血型来推断我们的性格在很多情况下是不准确的。从医学的角度来说，并没有发现血液中哪些因子能够左右我们的性格。说到这里，也许有不少的人会反驳道，从统计学的角度不是已经发现了不同血型的人在性格上存在一定的差别了吗？但是这些差别并不足以证明血型与性格之间存在关联。

虽然没有科学的依据，但是仍然有很多人认为通过血型来判断性格很准确，觉得这种方法既简单又好理解，而且还非常普及。我们主要从心理学的角度来分析其中的原因。

首先，每种血型所对应的性格特征有很多，人们在参考自身的时候，总是从中选择出那些自己比较符合的特征，然后不断地进行自我强化，主动地向这一特征靠近，久而久之自己真成了具备这一特征的人了。

同时，关于性格的有些描述具有普适性，它没有针对特定的人进行描述，这样的描述适合于每一个人。比如说，AB 血型的人思维方式比较独特，对于这一评价不论是具备还是不具备这一特征的人都会想"原来我还有这样的特点，之前怎么就没发现呢"，他们很少会去考虑这个评价到底准不准确，只要是正面的评价都觉得和自己有关。再比如，A 型血的人一丝不苟，O 型血的人属于乐天派，这样的描述太宽泛，只是描述了一般化的特征。仔细想想，这样的描述适合我们大多数人，所以我们才会觉得很准确。

其次，与那些性格测验相比较而言，通过血型来判断性格可以说是一种最为简便的方法。心理学中的性格测验，往往将不同的测验题目分为不同的维度，每个维度测量不同的性格方面，比如，乐群性、责任感等等，然后再根据测试者在不同的维度的得分情况来判断他属于哪一性格类型。而通过血型来判断性格就要简单得多。血型只有 A、B、O、AB 四种，相对应的性格类型也只有四种，这样记忆起来也要容易得多。此外，当和别人第一次见面时，除了聊聊天气这些老套的话题之外，我们也可以说说血型和性格，这样既不会觉得尴尬，还能活跃气氛，加深对彼此的了解。

血型和性格的关系之所以受到那么多人的推崇，与现在的广告、杂志、电视等媒体的渲染和宣传有关，久而久之，我们总会受到影响。尤其是那些热衷于血型、星座的人，他们更是对此深信不疑。当然，也不能全盘否定说血型与性格没有关系，只是它们之间的关系没有得到科学的证实，借用当下比较流行的一个词来说，就是它们处于比较暧昧的关系之中。相信不久之后，随着科学技术的发展和研究手段的先进化，血型和性格的关系也会逐渐地明朗化。

血型与性格、人生

1964年12月，著名学术刊物《美国人类遗传学杂志》以头条刊登了著名心理学家卡特尔等人撰写的论文《血液群体与性格性状》。他们用16项性格指标对568名意大利人或意大利裔美国人进行测定，发现在"温顺－坚强"这一性格维度与ABO血型"显著"相关，即B型血的人要比A型血和O型血的人温顺。

这一研究结果引起了很大的轰动，有两位遗传学家分别给该杂志写信指出，这项研究在逻辑上和统计上都存在错误，得出的结论也是不可靠的。其中一位尖锐地批评像《美国人类遗传学杂志》这样重要的科学杂志居然会浪费有价值的版面去刊登这样糟糕的论文，是一个耻辱。他们两人都要求卡特尔公布原始数据以便验算。卡特尔在答复中说，原始数据没有保留下来，无法提供。

1980年，斯万等人在一本人类学杂志《人类季刊》上发表了一篇论文。他们用相同的心理测验对美国密西西比州白人学校的547名儿童进行了调查，在15项卡特尔指标中，也只发现有一项与血型有关，但是这一项和卡特尔的研究结果不同，而是另外一项"放松－紧张"，O型血的人比A型血或B型血的人紧张，AB型血的人最紧张。

后来，卡特尔等人也在同一本杂志上发表了对323名澳大利亚白人的调查结果。他们承认，这个结果与上次的结果不符，"温顺－坚强"这一性格维度与ABO血型之间的关系没有得到验证，但是在另外三项性格指标"从众－自行其是""散漫放浪－自律""焦虑"上却出现相关，AB型血的人比A型血或B型血的人更自行其是，A型血的人比O型血和B型血的人更自由散漫，并比O型血的人更焦虑。1989年，卡特尔等人在《人类季刊》又发布了以美国中西部地区的人为对象进行调查的结果，在他们测定的四项指标（外向型－内向型，感性型－直觉型，思考型－感觉型，洞察型－判断型）和决定风格（一时冲动－深思熟虑，刚愎自用－博采众议）中与 A、B、O 血型毫无关系，这一研究结果彻底推翻了他们以前的结论。

以上的研究结果均说明，血型与性格之间的关系并没有科学的依据，很多研究结论的得出也带有很大的偶然性。

但是要想对"血型性格"说进行驳斥也没那么简单。日本的古川竹二是这一学说的创始人，他曾经对 1245 名对象进行了调查，在 1927 年心理学研究会上发表了他的学说，继而在学术刊物《心理学研究》杂志上发表题为《血型与性格学的研究》的系列论文。古希腊医学之父希波克拉底曾提出"体液说"，认为人体内部具有血液、黏液、黄胆汁和黑胆汁四种体液，它们相互混合的程度决定气质。因此他把人的气质分为四类：多血质（开朗）、胆汁质（性急）、抑郁质（抑郁）、黏液质（迟钝）。

在 20 世纪初期，虽然体液说已经被现代医学所抛弃，但是在心理学界仍占据一定的地位。古川竹二巧妙地把新发现的 A 型、B 型、O 型和 AB 型四种血型与古老的四种气质类型联系起来，似乎为这种古老学说提供了科学依据：人因血型不同，气质也不同。同一血型，具有共同的气质。A 型血的人顺从听话；B 型血的人感觉灵敏；O 型血的人意志坚强；AB 型是 A 型和 B 型的混合，外表是 A 型，内里是 B 型。他还发现，那些有较多的 O 型血的人和 B 型血的人的人群，要比以 A 型血的人和 AB 型血的人为主的人群活跃。但是那些严谨的日本心理学家对血型和性格的关系进行研究，却没有发现二者之间有什么关系，即使是有关系也很微弱。他们认为被测试者受到血型的暗示，相信自己所属的血型应该有什么样的性格，不知不觉地以这样的标准要求自己。

此后，长崎医学院的法医学教授浅田一为"血型性格说"开辟了另一个新的研究领域，他认为血型和我们的职业之间也存在一定的关系。他发现在银行家和工薪阶层中 A 型比例高，在教师中 AB 型血的人比例高，在士官生和将棋棋手中 O 型血的人比例高，在艺妓和警官中有高比例的 B 型血的人和 O 型血的人。因此，他推论说 A 型血的人或 AB 型血的人适合当店员，B 型血的人或 AB 型血的人适合当外交官，而 O 型血的人适合当军官，等等。他还认为，温顺、有自我牺牲精神的 A 型血的女人应以有智慧的 O 型血的男人为偶，反之亦然。进而将血型与职业、配偶选择等人生的重大问题联系在一起。

在 1971 年，一位名叫能见正比古的记者写了《以血型了解缘分》的书，再次掀起了血型热潮。此后，他又写了《血型与人生》《血型与人际关系》《血型与爱情》等九本著作，将血型与各种人生问题联系在一起，并对此深信不疑。尽管对于他的这些观点日本的心理学界不断地进行反驳和修正，但是"血型性格说"甚至是"血型人生说"却在日本愈演愈烈。据调查，有70%以上的日本人相信血型与性格有关系，甚至日本的很多年轻人根据血型择偶和交友。日本的很多公司，包括那些国际性的大公司，都将血型运用于人事的选拔和招聘中，甚至在招聘广告中明确规定只有哪种血型的人才符合应聘的条件。能见正比古的著作被译成多种文字，广为流传，其中有些被翻译成中文，在中国也很流行。大约在十年前，血型迷信作为新时代宗教的一部分，也进入了美国。

血型性格诊断有科学根据吗

生活中随处可见一些人将血型与性格联系起来，包括现在网络上有很多有关血型能够预测性格的说法，比如O型血的人的性格特征是热情、坦诚、善良、讲义气，办事雷厉风行、踏实苦干、效率高；B型血的人聪明、思路广、拓展力强、最怕受约束；等等。对血型和性格关系的研究最早兴起于西方，目前研究比较多的是日本和韩国。日本有调查显示，80%的年轻人相信血型决定性格，并认为血型可以作为选择职业和配偶的参考。

那么，血型为什么能决定一个人的性格呢，这种说法有科学依据吗？日本的学者经过多年研究。血型有有形物质和无形物质两个方面，而气质则是血型的无形成分，血型的气质表现主要体现在个人的思维方式、行为举止、谈吐风度等方面，这是生物遗传的结果。但是，血型与性格之间的关系，除了受到遗传因素的影响之外，个人的成长环境、教育背景、人际关系等也影响着二者之间的关系，所以不同的人的性格才会呈现出千差万别。因此，简单地说血型能够决定性格是不科学和不严谨的，因为遗传的因素只是为性格的发展提供了可能性，而人的性格更多地受到后天社会环境的影响。

既然如此，为什么还有那么多人相信血型说呢？甚至还认为血型说准确呢？原因在于血型性格说只是对人类共性的人格特征进行描述，而这种特质恰恰很多人都具有。另外，这种血型与性格的测试大多流传于网上，很多人测了之后觉得准确才会回帖，而那些觉得不准的人却很少回帖，这就加强了对这一说法的认同，将其中的作用进行夸大，很多人也就信以为真了。即使测试结果不准确，很多人也会信以为真，甚至有种恍然大悟的感觉，"哦，原来我是这样一种性格的人啊"。而这些很容易对其他人形成暗示。

生活中，我们总是会受到这样或那样的暗示。比如，在公共汽车上，你会发现这样一种现象：一个人打了个哈欠，他周围会有几个人也忍不住打起了哈欠。那些跟着打哈欠的人并不是真的瞌睡了，而是他们的受暗示性比较强。在心理学中有一个简单对受暗示性的测试，让一个人水平伸出双手，左手的掌心朝上，右手的掌心朝下，闭上双眼。告诉他现在他的左手上系了一个氢气球，而且氢气球不断地上升；他的右手上放了一本厚厚的书，并不断地向下坠落。三分钟以后，看他双手之间的距离，距离越大，则受暗示性越强。

一位名叫肖曼·巴纳姆的著名杂技师在评价自己的表演时这样说，他之所以很受欢迎是因为在他的节目中包含了每个人都喜欢的成分，所以他使得"每一分钟都有人上当受骗"。人们常常认为一种笼统的、一般性的人格描述十分准确地揭示了自己的特点，心理学上将这种倾向称为"巴纳姆效应"。这一效应多少解释了为什么有些血型或星座的书刊能够"准确地"指出某人的性格。原因在于，那些用来描述性格的语句基本上适用于大部分人。例如：水瓶座的人理性且爱好自由，巨蟹座感性且富有爱心。可是我们仔细想想，谁不喜欢自由，又有几个人没有爱心呢？这些描述只是泛泛而谈，甚至是说了等于没说。一对按照星座的说法很不匹配的情侣，在日后的交往中会不断地暗示自己，如果哪一天真的有了摩擦和冲突，他们就会想"原来我们真的不合适"，这种预设最终被强迫成立，说不定最终真的会分道扬镳。可见，并不是这些描述真的有多么准确，关键在于我们总是在不断地暗示自己，最终真的就"弄假成真"了。

心理学的研究结果指出，人很容易相信一个笼统的、一般性的人格描述，并认为这种描述十分适合自己。即使这种描述十分空洞，他仍然认为反映了自己的人格面貌。曾经有心理学家用一段笼统的、几乎适用于任何人的描述让大学生判断是否适合自己。结果显示，绝大多数大学生认为这段话将自己的性格描述得非常准确。下面就是这段笼统而空洞的文字，你也可以看看这样的描述是不是刚好也适合你呢？

"你希望得到别人的喜欢和尊重，你有很多到目前为止没有发挥出来的优势，但是不可否认，你身上还存在着一些缺点，不过很多情况下你都能够克服它们。与异性交往时，你外表显得很从容，但是内心有时会焦躁不安。你总是能够进行独立的思考，在一些事情上有自己的主见，但是当别人的建议有足够的证据让你信服时，你也会接纳别人的意见。你喜欢自由，不希望自己的生活受到限制，你不喜欢一成不变、墨守成规的生活。你认为在别人面前过于表露自己是不明智的。你有时外向、亲切、好交际，而有时则内向、谨慎、沉默。"

上面的这段文字描述其实是一顶戴在谁头上都合适的帽子，很多人对此信以为真也就见怪不怪了。

巴纳姆效应的例子在生活中随处可见，比如那些对血型性格说深信不疑的人，还有那些把街头算命先生的话当做救命稻草的人，等等。从心理学的角度来说，这些人的受暗示性比较强，极易受到周围环境和他人的影响。尤其是当人的情绪低落、失意的时候，极易对生活失去控制感，从而导致他们缺乏一定的安全感，心理的依赖性也大大增强，而不论是"血型性格说"中的泛泛而谈，还是算命先生的信口一说，都会让他们得到一种精神安慰。这样看来，对于那些一般的、笼统的性格描述，有些人对其深信不疑也是可以理解的。

五大性格

一直以来，人们都试图揭开人类性格的奥秘，理解人类性格的复杂性。有科学家认为一个人的性格和出生时天上星星所处的位置有关，而维多利亚科学家弗兰西斯·盖尔顿爵士将头骨上的凸起与性格联系起来。弗洛伊德则认为，应该以人的身体不同器官的快乐的满足为基础对性格进行分类。对于其中的准确性、可靠性我们无从得知，当然这并不是最重要的，重要的是我们可以看到人类对于探求自身性格奥秘的迫切愿望。

后来的一些科学家逐渐采用更为先进的方法对性格进行研究。他们从词汇学的角度来理解性格，他们假设人们之所以创造出那些能够描述自己和他人的词汇，是因为这些词汇在某种程度上准确反映了性格的不同方面。如果上述假设成立的话，我们就可以通过收集和对比描述这个人的词汇来发现这个人的性格特点。

于是，一些研究者们从这个角度出发开始了词汇与性格的研究。研究者们仔细地翻开字典的每一页，从中挑出可以描述性格的词汇，从"开朗的"到"害羞的"，从"温顺的"到"攻击的"，最终挑选出了18000千个词汇。他们认真研究了这些词汇，从中挑出了4000个能够形容比较稳定和重要的个性特征的词汇。在此基础上，后来的研究者又将这4000个词汇浓缩为200个。在此后的研究中，他们让很多人用这些词汇分别来描述自己和他人，然后进行数据处理和分析。希望找出能够将人们的性格相区别的主要层面。后来，在多个国家进行的大型的研究项目得出了一致的结果，将人们的性格确定为五个主要的层面，被称为

"五大性格"。但是对于"五大性格"的具体内容和名称，心理学家仍未取得一致意见，最广泛的叫法是"神经质性""外向性""求新性""随和性"和"尽责性"。每个人的性格都可以从这五个层面来分析，只是程度的高低不同。另有研究还表明，这五个层面受到遗传和童年经历的影响，并且影响人们的婚姻、健康状况、消费观、宗教信仰等生活的方方面面。

下面我们来具体看看这五个层面具体代表什么，在每个层面上得分的高低又会有什么样的表现呢？

神经质性指的是情绪的稳定性和调节情况。在这一层面得高分的人经常感到忧伤，情绪容易波动。尽管消极情绪有悲伤、愤怒、焦虑和内疚等不同的种类，而且引起消极情绪也有不同的原因和不同的对应方式。但是研究表明，那些容易体验到一种消极情绪的人通常也会体验到其他的消极情绪。在这一层面上得分低的人自我调适良好，平静，不容易出现极端和不良的情绪反应。

外向性的一端是极端外向，另一端则是极端内向。外向者非常爱好交际，精力充沛，乐观、友好和自信。内向者的表现就不那么明显，但是并不能说他们缺乏精力和以自我为中心。一个研究小组对内向的人作了这样的说明，他们"含蓄而不是不友好，自主而不是追随他人，稳健而不是迟缓"。

求新性是指对经验持开放、探求态度，这种开放并不仅仅是一种人际意义上的开放。这一维度的特征有活跃的想象力、自发地接受新观念、思维发散等。在这一层面得高分的人不依习俗，是独立的思想者。得低分的人则大多比较传统，喜欢熟悉的事物胜过喜欢新事物。有的研究者把这一维度称作是智力维度，尽管它实际上与智力并不是一回事。

在随和性这一层面得分高的人乐于助人，值得信赖，富有同情心。得分低的人多抱有敌意，容易多疑。随和的人注重合作而不强调竞争，随和性差的人则喜欢为了自己的利益和信念而争斗。

最后一个层面是尽责性，是指我们的组织能力，我们如何控制自己以及如何自律的能力。在这一层面得分高的人做事有条理，有计划，并能持之以恒。得分低的人马虎大意，容易见异思迁。这一层面的特质通常在工作情境中表现出来，有时也被称作"工作维度"。

其实，我们的性格并不像我们想象的那样神秘和深不可测，即使只看这五个层面，就可以看出我们每个人性格的千差万别。理解了这五个层面，能帮助你更好地了解自己和周围的人。

气质与性格有什么关系

气质是个性特征的重要因素之一，它是指在人的认识、情感、言语、行动中，心理活动发生时力量的强弱、变化的快慢和均衡程度等稳定的人格特征。

气质是一个古老的心理学问题。早在公元前五世纪，古希腊的著名医生希波克拉底就提出了气质四类型学说。他认为人体内有四种体液，分别是血液、粘液、黄胆汁和黑胆汁，每个人体内四种体液所占的比例不同，个性气质就会显示出差异。希波克拉底根据哪一种体液占优势而将人分为四种基本的气质类型，即多血质型、胆汁质型、抑郁质型、粘液质型。希波克拉底说："没有两个完全一样的人，但许多人有着相似的特征。"我们也确实能发现总有一部分人具备相似的个性特征和比较统一的行为模式。

医学发展至今天，体液学说早已消亡。但希氏的气质四类型学说由于心理学家长期对个体行为的观察分析中所体现出来的正确性而被保留了下来。现代心理学仍然沿用这四种气质类型的名称，并对气质的心理特征指标（如感觉、耐受性、反应的灵敏程度、情绪的高低、大小及可塑性、内外倾向性等）进行了严格科学的划分，确定了其相应的内涵。

气质和气质类型均无好坏之分，每一种气质都有积极和消极的两个方面。

多血质型

神经特点：感受性低，耐受性高；不随意反应性强，具有可塑性；情绪兴奋性高；反应速度快而灵活。

性格特质：活泼热情，充满朝气，思维敏捷，反应迅速，灵活性高；兴趣广泛，容易接受新鲜事物，善于适应周围环境的变化；工作学习中，你精力充沛，效率颇高；富有同情心，喜欢交际。

多血质型性格的人也容易表现出粗心、浮躁、缺乏一贯性、体验不深刻、注意力不集中等性格弱点，不愿做需要耐心的细致工作；知识系统的掌握上，往往泛而不精，不求甚解；情绪和情感变化无常，容易见异思迁，显得轻浮。

胆汁质型

神经特点：感受性低；耐受性、敏捷性、可塑性均较强；不随意的反应性高，反应的不随意性占优势；反应速度快但不灵活；情绪兴奋性高，抑制能力差；外倾性明显。

性格特质：积极进取，精力旺盛，行动敏捷，不易疲倦；情绪反应强烈，豪放直爽，工作中尤其表现得雷厉风行，很有魄力。你意志力坚强，从不惧怕挫折和打击；在情绪好、热情高的情况下，能克服重重困难，奋勇前进。

胆汁质型人易冲动，自制力差，性情急躁，行事鲁莽，容易感情用事；小事不如意，便有可能使他产生对立情绪，甚至萌生报复心理；不善于思考，理解问题粗枝大叶；做事常不考虑后果，事后又易后悔。

抑郁质型

神经特点：情绪兴奋性弱，体验情绪的方式少，稳定的情感产生较慢；但对情感的体验深刻，有力，持久，而且具有高度的情绪易感性。

性格特质：沉静踏实，思考透彻，观察细致，能够体察到一般人所觉察不到的细节；心思细腻，敏感而腼腆，孤僻自闭，不太合群，多愁善感，具有明显的内倾性。

抑郁质型人自信心不足，多疑，行动迟缓，缺乏果断性，容易消沉；内向抑郁的性格导致他的社会交往面过窄，常会觉得很孤独，并因此更加自闭，形成恶性循环。

粘液质型

神经特点：感受性低，耐受性高；不随意反应性低，外部表现少；情绪具有稳定性，反应速度慢但灵活。

性格特点：沉默稳重，考虑问题全面，不会锋芒毕露、言辞偏激；交际适度，生活规律；情绪不易外露，善于忍耐，善于克制自己，极少大动肝火；工作中会保持缓慢而沉着的步伐，遵守一切规章制度，踏踏实实、有条不紊地完成自己的任务；即使工作十分枯燥无聊，也能坚持不懈地做下去。

粘液质型人易表现出固定性有余、灵活性不足的性格倾向；因循守旧，不知变通；面对新的生活或工作环境，会表现得极不适应。

口味与性格有什么关系

英国行为心理学家通过大量的事实研究证明，人的性格与口味有着十分密切的关系。

性格与口味有着非常多的相似点。我们知道，人的性格形成很大程度是受后天生活环境、生活经历的影响，但先天的个性差异也不可忽视。你发现婴儿从出生后开始就表现出许多不同的性格特征。这就是天性，即一个人出生就具有的禀性，是外界难以改变的心理感知特性及行为趋向，它的形成主要受父母遗传因素的影响。婴儿出生后至断奶前的口味也可以称为"先天口味"，它同样也受遗传因素的影响。

孩童六岁前饮食口味大致确定，其个性特征也基本形成；六岁后至青春期是口味调整期，也表现为人的性格调整期；成年后人的口味基本固定，性格特征也基本确立（即使有变化也极为有限）。

如果把饮食口味与性格联系起来，你会发现很多有趣的现象。比如俄罗斯人喜欢性烈够劲的伏特加，如同他们的性格一样豪放粗犷，不拘小节。法国人喜欢有着精美花边与装饰、经过精心烘焙与调理的精美小点心，喜欢饮用香醇味甘的葡萄酒，这都令人联想到"浪漫"一词，如同法国人天真率直、浪漫多情的天性。

看看下面的这些食物或口味，哪种更符合你的喜好？

A. 大米

B. 面食

C. 冷食

D. 油炸食物

E. 蒸制食物

F. 烧烤食物

G. 酸味

H. 甜味

I. 咸味

J. 辣味

K. 清淡

如果你爱吃大米：你容易孤芳自赏、自我陶醉，有点儿以自我为中心；你为人处世懂得礼节，绝不刻薄和冷漠，但也没有互帮互助的热情。

如果你爱吃面食：你口才佳，富有幽默感，讲笑话和参加辩论都是你擅长的事情；但有时你又会夸夸其谈，给人留下轻浮的印象。你的意志不太坚定，遇到挫折时，你很容易丧失信心，半路而退。

如果你爱吃冷食：你个性独立，对事物总有独特的见解；性格坚强，情绪内倾，不喜欢过多地表现自己；旁人会觉得你不太好亲近。

如果你爱吃油炸食物：你有胆量，有魄力，勇于冒险，创立一番大事业是你的梦想；但碰到挫折和麻烦时你也很容易气馁，结果导致事情半途而废。

如果你爱吃蒸制食物：你性格偏于内向，情绪较少波动，也不易外露；遇到悲伤或不愉快的事，你也总是独自承担。

如果你爱吃烧烤食物：你有上进心，学习工作都能专心致志，直奔目标前进；但你性子比较急躁，冒冒失失；时常心血来潮，却又不能坚持到底。

如果你偏好酸味：你有很强的事业心，渴望出人头地，责任心强，有耐力，善坚持；性格比较孤僻，老成持重，深沉谨慎，不善于与人交往，不喜欢参加喧闹的社会活动；你喜欢思考，思想深邃，善于分析和推理，但容易走向凡事爱钻牛角尖的弊端；你感情细腻，重视细节，有文艺天赋；性格常表现出矛盾的一面：既自大又自卑，有时候自信满满，有时候又沮丧悲观。

如果你偏好甜味：你开朗活泼，热情大方，是一个乐观主义者，你热爱生活，对未来充满信心；心地善良，富有同情心，温和、谦逊，很少发脾气；你的记忆力非常好，模仿能力一流。缺点在于胆子太小，个性偏于软弱，谨慎而保守，害怕承担责任，不太上进，缺乏冒险精神。

如果你偏好咸味：你大方自信，机智聪慧，善于与人交际，待人接物稳重有礼；意志坚定，做事有计划、有条理，并有埋头苦干、坚持不懈的劲头，定下目标的事情多能顺利完成。情感方面，你过于理性的一面，会给人留下冷漠无情的感觉；你的控制欲太强，过于严肃，总是独断专行，以自我为中心，从不肯承认自己的错误。

如果你偏好辣味：你活泼好动，开朗热情，好奇心强，童心未泯，富有个人魅力，善于与陌生人打交道，容易受到周围人的欢迎；有主见，善思考，会表现，有点爱挑剔，吃软不吃硬；喜欢自由自在，讨厌受到僵死规则的约束；性情直率豪爽，但脾气也很火爆，经常毫不掩饰地大发脾气，不过气消得也快；你比较粗心，缺乏自制力，做事常常虎头蛇尾，不够踏实。

如果你偏好清淡：你温柔善良，心态平和，为人厚道，懂得包容，给人很好相处的感觉，身边会有很多朋友；但你反应比较迟钝，缺乏独立性，不思进取；喜欢依赖别人、顺从别人的意见，遇事很难果断地作出决定；遇到自己不愿意接受的事情，你也很难拒绝别人。

第三章

情绪心理学：为什么用牙齿咬住一支铅笔能让人感觉更快乐

什么是情绪心理学

当你拿到大学录取通知书的那一刻，你兴奋不已，甚至彻夜难眠；当你的亲人突然离你而去时，你痛苦不堪，万念俱灰；当你和恋人约会时，你内心激动不已，满是甜蜜；等等。在某一时刻或情境中，我们内心总会经历不同的情绪体验，或高兴或悲伤，或快乐或痛苦。我们享受着亲人、朋友带给我们的快乐，体验着购物或欣赏电影带给我们的愉悦，同样也会因为别人的误会而感到委屈，甚至会因为无意间伤害了别人而懊悔不已。

在我们每天的生活中，总会有这样或那样的事情让我们的情绪不断地发生着变化。当我们的需要得到满足的时候，我们就会产生一种快乐的情绪体验；当我们的需要得不到满足时，就会产生消极的情绪体验。从马斯洛的需要层次理论来说，这种需要不仅仅指物质层面的需要，同时也包括精神层面的需要，如关怀、尊重、爱、归属、自我实现等的需要。

通常情况下，我们将情绪分为积极情绪和消极情绪，高兴、快乐、喜悦等属于积极情绪，而愤怒、害怕、生气、难过等则属于消极情绪。现代科学也进一步证明，情绪可以通过大脑对我们的心理活动以及全身的生理活动都产生影响。马克思曾说过："一种美好的心情比十副良药更能解除生理上的疲惫和痛楚。"相关的研究也表明，积极情绪可以使人体内的神经系统、内分泌系统的自动调节机能处于最佳状态，有利于促进身体健康，也有利于促进人的知觉、记忆、想象、思维、意志等心理活动，从而使我们的心理处于健康和谐的状态之中。而当人的情绪有所波动、处于消极的情绪状态的时候，就会对生理机能产生一定的影响，从而导致疾病的发生。医学专家根据大量的病例分析证明，消极恶劣的情绪会引起免疫能力下降、体力过度消耗等生理上的变化，进而影响到我们心理的健康状况。而且那些精神上长期处于忧郁状态的人，肠胃系统的功能会受到影响，因为情绪抑郁会使胃肠蠕动和消化液的分泌受到抑制。据说，人在愤怒的时候1小时的体力与精神的消耗，相当于加班6小时以上的消耗。

因此，我们应该学会去调节自己的情绪状态，尽量避免消极情绪所带来的危害。现在，我们越来越觉得快乐少了，烦恼多了。只要你用心寻找，快乐其实很简单。哪怕是一件微不足道的小事都可以成为我们快乐的源泉，下面是一些人总结的能够让人感到快乐的小事。

遵从你的内心。选择做对你有意义并且能让你快乐的事情，不要为了顾及人情或别人的期待去做一些事。

多和朋友们在一起，不要被日常工作缠身。亲密的人际关系，最有可能为你带来幸福。

简单生活。更多并不代表更好，放慢节奏，简化生活。用不化妆省下的30分钟在花园里行走，用步行代替拥挤的公交车，亲手做一顿简单的菜肴而不去饭馆跟朋友觥筹交错。

有规律地锻炼。体育运动是你生活中最重要的事情之一。每周只要3次，每次只要30分钟，就能大大改善你的身心健康。

睡眠。虽然有时"熬通宵"是不可避免的，但每天7到9小时的睡眠是一笔非常棒的投资。这样，在醒着的时候，你会更有效率，更有创造力，也会更开心。

给予。当我们帮助别人时，我们也在帮助自己；当我们帮助自己时，也是在间接地帮助他人。

勇敢。勇气并不是不恐惧，而是心怀恐惧，依然向前。

感恩。记录他人的点滴恩惠，始终保持感恩之心。每天或至少每周一次，请你把它们记下来。

什么是情感智商

通常我们说一个人聪明是指这个人智商高，这里的智商是经典智商。经典智商崇尚理性思维，理性思维对科技的发展和人类的进步有重要意义。然而弗洛伊德心理学让我们领悟到，除了理性思维之外，非理性的思维方式对我们来说也非常重要。非理性的思维则体现了情感智商的价值。

"情感智商"又称"情商"，最初由美国著名管理学家丹尼尔·戈尔曼在其专著《情感智商》中提出。戈尔曼认为对一个人的成功起决定性作用的因素中智商只占20%，情商占80%。情感智商指人在情绪、情感、意志、耐受挫折等方面的品质。它是一个复杂的整体，包括行为、能力、信仰以及能使人们实现梦想和使命的价值观。情商决定我们的情绪、感觉，影响我们的行为和精神状态，在社交中帮助我们识别出别人的情感，指引我们建立良好的人际关系。情商意味着通过与你周围的环境相互作用，使你能够完成你的目标和使命。

丹尼尔·戈尔曼在《情感智商》中提到了诸如坚定的意志、自信、热情和自我激励等等。这些因素其实与你的情感状态紧密相连。如果你的情商较高，那么你就能获得坚定的意志、自信、热情和自我激励的能力。耶鲁大学的教授彼得·萨罗维对情感智商的定义，则在这些特征的基础上增加了自我意识和移情作用。所谓"移情作用"就是同理心，认同和理解别人的处境、情感和动机的能力。移情作用能够让你学会"阅读"某人的情感状态，并利用这一信息来更好地与别人相处。

其实，情商并不神秘，它是一系列的技能，包括五个方面：

一、认识自身的情绪。只有认识自己，才能成为自己生活的主宰；

二、妥善管理自己的情绪。掌握控制不良情绪的方法，避免受情绪的控制；

三、自我激励。自我激励是取得成功的最有效的武器；

四、识别别人的情感。了解他人的情绪是沟通与合作的前提；

五、人际关系的管理。高情商的人才能获得良好的人际关系。

销售员、政治家、心理学家、律师、企业的管理者在工作中都会无意识地用到这些技能。通过对本小节的学习，你可以把这些技能自觉地运用在工作和生活中，把这些技能发展到更高的境界，成为一个具有高情商的人。

情商高低的不同表现

情商高的人	情商低的人
自信	自卑
勇敢	怯懦
善于沟通	拒绝沟通

情商高的人	情商低的人
喜欢赞美别人	惯于批评和嫉妒
心胸开阔	心胸狭窄
信任别人	生性多疑
乐于配合	不善与人合作
容易接纳	排斥抗拒
积极乐观	消极悲观

　　很多时候，人们不能很好地控制自己的情绪。正如亚里士多德所说：任何人都会生气，这说起来非常容易，但是要能做到以适当的方式，为了正当的目的，在适当的时间，掌握适当的分寸，对恰当的对象生气，那可就不是那么简单的事情了。有时，人们在需要控制自己的情绪时却大发脾气；有时，人们在需要坚定的意志力时却不堪一击。

　　情商对人的工作、生活都非常重要，它会影响人的一生。孩子如果没有受到良好的情感教育，就会变得自卑、怯懦，甚至封闭自己的情感，不敢与别人交往。婚姻生活中，如果不控制自己的情绪，不考虑对方的感受，可能会导致婚姻破裂。父母如果不顾孩子的感受，把自己的意志强加在孩子身上，就会激起孩子的怨恨。在职场中，情商往往决定一个人的录取和晋升。公司中，如果一味展现自己的聪明，不与同事进行情感沟通，就不能得到别人的尊重。企业领导者如果总为自己考虑，对员工随意批评，就会失去员工的信任。

　　如果你的智商很高，情商却很低，那么你有可能取得很高的学位，但是很难在团队中发挥自己的作用。因为在团队中，情商发挥着重要的作用。不能控制自己的情绪，不会换位思考的人很难在团队中赢得尊重和支持。相反，如果你的智商不高，情商很高，那么你很可能会取得事业的成功。如果你有较高的情商，你就能够妥善处理各种关系。你能够控制自己的情绪，既不伤害别人，也不被人伤害。你有充分的自信，能够得到别人的认可和赞美。你在人群中很有影响力，在与人交往过程中，你总是掌握主动权。因此，在现实社会中，有些人并不是很聪明，但是他们却能够取得成功。

　　虽然我们强调情商的作用，但并不是贬低智商对成功的影响。智商与情商是相辅相成、密不可分的。如果你的智商很高，那么高情商可以使你更充分地发挥智商的作用。古今中外的所有成功者，无论是革命家、思想家，还是作家、艺术家、科学家、企业家，都是高智商与高情商的完美结合。比如：诸葛亮既能运筹帷幄、决胜千里，又能妥善处理与将士以及百姓的关系，在一千多年后的今天还能赢得人们的尊敬。周恩来总理是伟大的无产阶级革命家、政治家。新中国成立后，他担负处理党和国家日常事务的同时还制定外交政策，他是国际著名的外交家，也是爱民如子的好总理。科学家居里夫人在艰苦的环境中凭借顽强的精神和对工作的热忱发现了镭，却毫无保留地公布了镭的提纯方法。

为什么要管理我们的情感

"管理你的情感"是情感智商的一个基本组成部分。用理智和意志控制情感，表面上是对自己天性和自由的束缚，其实这种束缚能够让你获得更多自由。放任自己情感的人看似狂放不羁，其实是情感的奴隶。能够管理自己情感的人才能主宰自己的命运。

情感可以分为正面情感和负面情感。正面情感包括愉快、幸福、满足、喜悦等，负面情绪包括愤怒、嫉妒、焦虑、恐惧、紧张、猜疑等。正面情感可以给生活带来明媚的阳光，有了好心情，世界在我们眼中也会变得美好；负面情感却会给我们投下阴影，消极的心态会给身体、生活、工作带来不利影响。如果被负面情绪控制，就像陷入阴暗的泥沼一样，无法自拔。

在非洲草原上，有一种吸血的蝙蝠。它的身体极小，却是体躯庞大的野马的天敌。这种蝙蝠在攻击野马时，常附在马腿上，用锋利的牙齿敏捷地刺破野马的腿，然后用尖尖的嘴吸吮马的血液。野马在受到蝙蝠的攻击后，马上就开始狂乱地奔跑和蹦跳，以期甩掉身上的蝙蝠，但是却并不能够达到目的。野马的这种疯狂的动作对于蝙蝠毫无影响，它依然可以从容地吸附在野马的身上，直到吸饱血液才满意地飞去，可是野马却常常会因此而痛苦地死去。动物学家在分析这一问题时发现，蝙蝠所吸食的血量是微不足道的，野马远不会因为失血而导致死亡，它们的死亡是由剧烈的情绪反应所造成的。

很早之前，古代阿拉伯学者阿维森纳就曾做过动物情绪反应的实验。他把一胎所生的两只羊羔置于不同的环境中生活：一只羊羔在安全的水草地，而在另一只羊羔旁边则拴了一只狼。与狼为邻的小羊总是看到自己面前的那只狼，在极度惊恐的状态下，根本吃不下东西，不久就因恐惧而死去。后来，医学心理学家又用狗做了嫉妒情绪实验：把一只饥饿的狗关在一个铁笼子里，让笼子外面的另一只狗当着它的面吃肉骨头，结果笼内的狗在强烈的急躁、气愤和嫉妒的情绪支配下，产生了神经症性的病态反应。

而到了现代，美国的一些心理学家曾将人在生气时血液中所含有的特殊物质注射到小鼠体内，结果这些小鼠变得行为呆滞，并且难以进食，几天后则默默地死去。美国生理学家爱尔马对此作了更进一步的研究，他收集了人们在不同情绪状态下的"气水"，即把人们在怀有悲痛、悔恨、生气和平静的情绪时所呼出的气体溶于特制的溶液中。结果发现，平静者的"气水"清澈透明，而悲痛者的"气水"沉淀后呈白色，悔恨者的"气水"沉淀后为蛋白色，生气者的"气水"沉淀后为紫色。将生气者的"气水"注射到大白鼠身上，几分钟后大白鼠即死亡。由此，爱尔马分析，人在生气时会耗费大量的精力，生气持续 10 分钟即相当于参加一次 3000 米的赛跑，而且生气时的生理反应十分剧烈，分泌物比其他情绪的都更为复杂，毒性也更强。

以上这些事例和实验表明，负面的情绪对人体的伤害极大，若想保持身心的健康，就一定要注意保持积极的心态和乐观的情绪。

负面情绪不但会影响人的健康，还会让人丧失理智，作出很多不明智的决定。愤怒会让人变得不可理喻，激发强烈的攻击欲望。愤怒时的过激言行常常会造成无法挽回的灾难性后果。嫉妒就像躲在阴暗里的毒蛇，最先伤害的却是自己，让人丧失生活的快乐，饱受仇恨的煎熬。猜疑会破坏人际关系，友谊、爱情、亲情都会因为猜疑而毁于一旦。恐惧的情绪如果不加以控制，就会让人变得怯懦，损害我们的自信和进取心。焦虑和紧张情绪表现为对未来的过分担忧，会让人感到不安，影响能力的正常发挥。抑郁和狂躁，如果情况严重，就是一种心理疾病。

三国时期蜀国大将张飞虽然有勇猛、忠义之名，但是他却不善于管理自己的情绪，往往被情感控制，并最终因情绪失控而丢了性命。关羽被东吴杀害之后，张飞陷入极度悲痛之中。结义兄弟被害，感到悲伤是正常的情绪反应，但是，张飞任由负面情绪发展，完全被悲痛掌控，丧失了理智。他每日"忘南切齿睁目怒恨"，催促刘备为关羽报仇雪恨。根据当时的形势来看，应该为大局着想，讨伐曹魏。刘备在诸葛亮、赵云等人的劝说之下没有急着报仇。张飞报仇心切，把一腔怨气发在了自己人头上，很多军士被他鞭打致死。刘备告诫张飞，鞭挞部属是取祸之道。

然而，张飞无休止地号哭，最终导致刘备情绪失控，一时冲动作出了出兵东吴的决定。张飞下令：限三日内制办白旗白甲，三军披孝伐吴。这样的任务只是张飞一厢情愿，几乎不可能完成。范疆和张达为此提出异议，却遭到张飞无情鞭打，并威胁说："若违了限，杀汝二人示众！"范疆和张达不想坐以待毙，只好拼个鱼死网破，趁张飞醉酒睡觉时，偷偷潜入帐中，将其杀死。

不能控制自己情绪的人很容易被人操纵。如果你很容易生气，别人就可以通过激怒你使你犯错；如果你很胆小，别人就可以通过恐吓让你退却。只有成为自己情绪的主人，懂得如何驾驭自己的情感，才能不被别人所左右，才能真正了解什么是自由。

管理自己情感的一个重要目的就是不让别人伤害自己的情感。只要你自己不伤害自己，别人就没有办法伤害你，你就能够心平气和地面对别人的称赞和讥讽，荣辱不惊，在各种情形之下都能保持平和的心态。一位总统夫人曾经说过："棍子和石头也许能够打断我的骨头，但是言语永远也不能伤害我。"别人的言语能否对你起作用，完全取决于你对它的反应。如果你不能妥善管理自己的情感，就很容易被别人的言语影响自己的情绪。

信念的力量

在心理学领域，信念指的是某种坚定的认知，是一种坚定的、不可动摇的想法和念头。信念本身就是一种价值观，一个人认同什么，反对什么都可以通过信念反映出来。耶鲁大学心理学教授罗伯特·埃布尔森曾说过："信念乃是一种动力，而强烈的信念乃是更有价值的动力，让一个人持久不懈地努力，以完成跟大众或个人有关的目标、计划、心愿或理想。"

信念是认知、情感和意志的融合与统一，它激励人们按照自己认为正确的观点和原则去行动，比如"我一定会创业成功"就是一种坚定的信念。如果某一天你忽然说"我想创业"或者"我要创业"，那么这仅仅是个念头或者愿望。这种简单的表达没有掺杂什么情感。这个念头并不是很坚定，可以创业，也可以不创业。只有当念头里面融入情感，转化为"我一定会创业成功"的时候，信念才算真正产生。

也就是说，当信念与情感融合起来的时候就会发挥更大的力量。在情感的带领和推动下，我们会朝着更加适宜的方向前进，比如，我们都渴望能够积极地思考，为此我们会掌握相关的知识，看一些带有励志色彩的图书，然后，进行自我肯定和积极的自我暗示，从而培养出积极思考的习惯和保持积极的情感状态的能力。

然而并不是所有人通过这种自我激励都能够达到他们的目的，因为正面的表达和积极的心理暗示不能保证信念的具体化和情感化。

那就试试下面的技巧吧。

第一步：将信念写下来

当你看到或听到某种有价值的信念之后，你要让自己相信"这种信念可以改变我的生活和我的情感"。你可以把这种信念写下来，贴在墙上，每天起床之后或睡觉之前看看它，为自己读一下。当这种行为成为一种仪式，你的情感和精神状态就会受到这种信念的影响。这类似"座右铭"对人所起的激励作用。

比如，鲁迅先生在三味书屋读私塾的时候，曾经因为迟到而被先生教导"以后要早到"。于是他在书桌上刻下了一个"早"字激励自己。

第二步：信念的目的性与价值

具有目的性和价值的信念更容易引起情感上的共鸣，因为情感本身就与需要和目的相关。因此你要找到足够的证据证明这种信念，找到坚持和认同这种信念的目的和价值。问问自己，坚持这种信念的结果是什么？这种信念隐藏着什么样的价值？这种信念是否有正面意义？

比如，鲁迅的座右铭"早"的正面意义是督促自己时时早、事事早，避免迟到。

第三步：将信念付诸行动

确定这一信念对自己、别人以及整个社会具有正面意义之后，你就可以将正面意义渗透到自己的情感中。具有正面意义的信念才会使你接受它。当你获得一种信念的时候，你有什么样的感受？问问自己，你的情感加强了这种信念还是与这种信念发生冲突？这种信念如何影响你的行为？如果信念是正确的，你将如何把它付诸行动？什么样的行动可以使信念变为现实？

比如，鲁迅在座右铭的督促下就会每天早早来到三味书屋，开始一天的学习。

第四步：用情感来充实你的价值

你要使信念成为富有情感的经验，而不是单纯的智力表达。人的一生中会有很多经历，当一种情感或一种信念正在运作的时候，你就在经历它们。以往发生的一些事就会成为这次经历的参考。当你经历这种信念的时候，回想一下你对这种信念的感觉，体会这种信念在思想和情感上引起的共鸣。把信念和情感联系起来，你的信念就会因此而变得富有情感。

比如，"早"这个信念，对鲁迅来说是富有感情的经验，体现了他坚强的意志。

第五步：使信念与情感一起运行

完成前面四个步骤之后，这个信念就会变得很丰富了，你可以随时获得这个信念，甚至可以不用思考便拥有它。在任何环境中，你都可以经历它，体验它，论证它。当你把一种信念看做理所当然的事，就会时刻受它的影响。在这种信念的影响下，行动就像呼吸和心跳一样自然。这时信念就和情感一起运行了，这就是我们希望达到的目的。

比如：鲁迅先生在书桌上刻了一个"早"字以后就再也没有迟到过。这个信念和情感就融合在了一起。

不良情感也具有正面意义

任何一种情感都有其正面意义。虽然有些不良情感，如烦恼、忧愁、紧张、恐惧等会影响人的表现，让人感到烦恼，但是没有一种情感是完全消极的，它们也有正面的作用。比如，恐惧情绪就是一种危险的信号，当人处在危险的情境中，或者受到某种威胁的时候，就会产生恐惧的情感。人的身体会由此提高警惕，变得谨慎起来。

烦恼的情绪也是一种信号，表明一个人与自身或周围环境出现了不和谐的因素。烦恼的情绪会促使人寻求改变，调节各方面的关系。

不良情感的存在是客观的，当出现这些情感的时候，不要拒绝和逃避，而要找到产生这些情感的原因，发现它们的正面价值。

情感不会无缘无故地出现，任何一种情感的出现都是有原因的。当你寻找那些不良情感产生的原因时，它们的功能和价值就体现出来了：

1. 当出现不良情感的时候，我们体验到的结果可能是消极的，但是它的意图是好的。

2. 消极情感的正面意义可以解释一种情感出现的原因，它可以帮我们更好地认清自己的处境。

3. 经历一次消极情感，我们还会有一些额外的收获。

4. 不良情感能促使我们改变，以更好的状态面对问题。

5. 不良情感很容易使人陷入自我保护的状态，这就是不良情感对人的消极影响。

任何一种情感都传达着某种意图。无论积极情感，还是消极情感都带有一定的目的性。情感伴随着意图，然后促使我们采取某种行动。没有意图的情感是与行为相违背的。认识到情感的意图，就能更好地发挥情感的正面意义。如果认识不到情感的意图，任由情感发展，就会导致情感的负面影响。

具有高情感智商的人总能发现消极情感的正面意义，因为他们能清楚地认识自己的情感，在完成自我认知的同时还会帮别人认识他们。

负面情感的正面意义和负面影响

负面情感	正面意义	负面影响
愤怒和生气	愤怒和生气可以让你更有力量，为你争取自己的利益提供能量。此外，愤怒还可以刺激你的诚实和正义的情感。把愤怒的情感发泄出去，你可以用它来保护自己和自己坚持的信念。	如果愤怒的情感过于强烈，以致于你不能控制它，就会导致冲动的行为。愤怒的人急切地证明自己是正确的，急切地维护自己的利益。他们害怕被控制，愤怒是他们掩饰恐惧的方式。为了证明自己的存在，为了得到别人的认可和尊重，他们可能会做出一些极端的行为。
悲伤和痛苦	悲伤可以使你与不再存在的人或事物保持联系，痛哭是宣泄悲伤情绪的一种途径。适度的悲伤可以调整情感，重新面对自己与外界的关系。	沉重的悲伤和痛苦如果得不到宣泄，就会在精神和身体上造成不良影响。持续的悲伤让人无法正常地工作和生活。因此不要被悲伤的情绪控制自己，找到适当的宣泄口，把情绪发泄出去。
羞愧和内疚	羞愧和内疚的情绪是自己处于不和谐处境的一种信号，说明你的某些行为不合时宜，你的某些表现不是很好。这种情感会保护你，并让你调节自己以便适应周围的环境。	羞愧和内疚的情绪说明你不能适应周围的环境。如果被这种情感控制，你会变得退缩和自我保护，进而引发自卑的情感。
压力和忧虑	俗话说"有压力才有动力"，压力和忧虑的情绪可能会激发你精神和身体上的潜能，从而使你更好地完成一件任务。感到忧虑是因为害怕自己做得不够好，这种担忧会促使一个人努力改进，以保证交上最完美的答卷。	如果一个人被忧虑的情绪控制，无法承受过大的压力，就会影响他们的工作效率，甚至无法进行正常的工作。比如有些人面临重大考试的时候，就会生病。他们的心理压力过大，为了避免面对失败的结果，他们选择了逃避。这就是为什么有些人平时表现不错，考试的时候却发挥失常的原因。

负面情感	正面意义	负面影响
怀疑和犹豫	适度的怀疑和犹豫是谨慎的表现，可以帮助我们查漏补缺，考察计划的可行性，作出明智的决定。适度的怀疑是安全的保障，避免因一时冲动作出错误的决定。	过分的怀疑态度会让人犹豫不决，影响一个人的决策能力。怀疑和犹豫是自我保护的方式，过于自我保护就会迟迟不下决定。他认为，如果不做决定，就不会犯错误。实际上这是逃避主义的鸵鸟政策。当你犹豫不决的时候应该问问自己："我在怀疑什么，为什么不做决定？"
孤独和寂寞	孤独是中性的情绪，而寂寞是消极的情绪。孤独的时候是你面对自己内心世界的最好时刻。这时你可以享受自己的自由空间，进行反省，调整心情，整合以往的情绪。能够享受孤独的人才能更好地了解自己的情绪，才可以更好地与别人相处。	如果寂寞让你感到难过和烦恼，说明你需要一个同伴分享你的心情。当你想找人陪伴却找不到人的时候，你会感到挫折。这时你应该问问自己："是什么在妨碍你寻找和享受别人的陪伴？"
空虚和疲惫	空虚和疲惫是精神和身体给你的警示信号，当你有这种感觉的时候，说明你应该休息了。这种感觉常常出现在考试或繁忙的工作结束之后。这时，无论是你的精神还是你的身体都需要调整和复原，再工作下去就要生病了。你应该舒服地躺在床上好好休息。	空虚和疲惫的感觉如果得不到及时缓解，就会导致长期的不愉快，甚至伴随挫折和痛苦的产生。此时，你应该问问自己："空虚和疲惫的原因是什么？是不是身体透支了？"
羡慕和嫉妒	羡慕是中性情感，而嫉妒是消极情感。羡慕别人是爱自己的表现，羡慕别人的某方面可以督促自己去提高这方面。羡慕是将自己与别人约束起来的一种健康的方式。	嫉妒是对自尊的伤害。当一个人嫉妒别人的时候，最先伤害的是自己。本来就不如别人，再失去自尊，可以说嫉妒别人的人输了两次。

人为什么会笑

笑可以说是我们生活中最常见的现象之一了，我们每天都可以看见很多种不同的笑，如孩子纯真的笑、老人仁慈的笑、父母关心的笑、老师和蔼的笑，等等。可是，你有没有想过我们为什么会笑呢？对于这个看似简单的问题，我们却知之甚少。

据科学家称，在所有的生物中，只有人类和一部分猴子会笑，其他的生物都不具备笑的能力。来自心理学的研究表明，大约从出生的第八天开始婴儿就会笑。心理学家认为，笑是婴儿简单乐趣的（如食物、温暖、舒适）第一个表示。耶鲁大学心理学副教授雅各布·莱文博士说，婴儿在他们六个月到一岁之间就学会了对事物发笑的本领。尽管我们笑的本领在生命的最初就已经习得，却是在以后一生的时间里来完善。

美国马里兰大学的心理学家普罗文对笑进行了长达十年的研究。他发现，笑最初只是人类祖先在游戏时，互相胳肢所产生的生理反应。当时，人们发出的是一种"呼呼"的喘气声，经过长时间的演变才逐渐成为现在的"哈哈"大笑。随着人类变得越来越聪明，也赋予了笑一定的社会功能，比如笑能够加强社会中人与人之间的联系，在人际交往中起到润滑剂的作用。有研究表明，人们在分享一个笑话时，会增加他们之间的友情。牛津大学的罗宾·邓巴第一次发现，笑能增加人体内的内啡肽，而这种物质被称为是我们身体里的一种天然的"鸦片"，能让人感到非常快乐。不过，也有专家指出，人自然而然的笑与在谈话中感觉窘迫和紧张时的笑是不同的，前者是发自内心的，而后者则是被迫的，受到社会环境的操控。

对于人类为什么会笑的问题，美国精神病学家 V·S. 拉马钱德兰在其著作《大脑？还是幽灵？》中进行了这样的描述："当发生意想不到、需要提高警惕的事情时，人会紧张起来；但当弄清楚情况后，如果这件事情对自己没有威胁，人就会笑出来。"美国的拉玛昌达拉医生也对人类笑的原因进行了研究和探索。他认为，当你预感到有某种结果出现的时候，而事实上却并非如此，结果与你预想的大相径庭，这时候可能你会发笑，你通过笑来告诉周围的人，你所预想的结果只是"假警报"。拉玛昌达拉医生是在诊治一名患怪病的印度妇女时，发现这种被称为"假警报"的现象的。他用一根针触击这名妇女的皮肤时，她竟然会"哈哈"地笑个不停。拉玛昌达拉医生认为，对于一个正常人来说，皮肤接受的疼痛信号会被送到大脑中，相应的部分就会对疼痛作出反应，紧接着这一信息传到大脑中的感觉中心，最后就会产生疼痛的感觉。但是对这名妇女来说，针触击的这种疼痛的信息只在大脑的疼痛中心而未传到感觉中心，疼痛中心和感觉中心的联系被异常地切断了。因此她感觉不到剧痛，大脑只能将其解释为"假警报"，于是便"哈哈"大笑了。

比如，你走在街上，迎面走来一个凶神恶煞、怒气冲冲的人，这时你不由得紧张起来，于是你用双手紧紧地护着自己的包，你以为这个人是抢劫的。可是，当他走到你面前的时候，只是向你打听去某个地方的路线。这时紧绷的神经终于放松下来，想到自己刚才紧张的心情你不由得暗自发笑。刚才出现的那个凶神恶煞的人原来只是一个"假警报"而已，当这个"假警报"被解除了之后，我们就会不由自主地发笑。也就是说，当我们意识到某种危险存在的时候，就会不由自主地紧张起来，但是当发现原来危险并不存在，只是自己虚惊一场而已，就会不由自主地笑出来。在心理学中对这种状况进行了解释，认为"笑是一种缓解紧张状态的方法，通过笑我们能够达到心理上的平衡"。

此外，来自心理学的研究表明，笑能增加亲和力。面对同样两个人，一个面无表情，异常冷漠，而一个脸上经常挂着微笑，你更愿意和哪个人相处？很显然，你更愿意和后者打交道。心理学家建议要经常和喜欢笑的人交往。因为常和爱笑的人相处，自己也会受到感染，变得爱笑。而且假笑也有不可忽视的作用，不要忽视假笑，"假作真时假亦真"。一位心理学家这样说："只要你能把假看做真，那么真心诚意的笑将跟随而来，几乎可以起到和真笑同样的效果。"由此看来，不论何种形式的笑，都可以看做是缓解紧张状态的方法，同时也对我们的生活有积极的影响。越来越多的医生和心理学家认为，笑是一剂良药，可以提高人的免疫力和消化能力。来自社会学的研究表明，爱笑的人在社会生活中往往更加出色。开怀大笑的人的大脑会得到更为充分的氧气供应，变得更加机敏。

看来我们经常所说的"笑一笑，十年少"并不是没有道理的。所以，没事的时候多笑笑。

人为什么会愤怒

笑是一种让人愉快的情绪，而愤怒则不然。生活中，我们发现自己会为鸡毛蒜皮的小事而发怒，但是你有没有想过自己为什么会发怒呢？

从心理上说，愤怒是一种能够进行自我保护的反应。当对我们有价值的事物受到威胁时，为了维系生活的平衡，我们就会产生一种愤怒的情绪从而达到自我保护的目的。比如，你非常喜欢自己的女朋友，觉得她在你的生命中占据很重要的位置，你觉得她对你有很重要的价值。但是某一天，你突然发现她背着你和别人在一起了。此时除了愤怒之外没有什么能够表达你的心情了，你伤心、难过，甚至觉得在朋友面前很难堪，但是为了掩饰自己比较脆弱的一面，你表现出一种强势的愤怒情绪，实际上这也是在进行自我保护。因为我们为保护我们的利益而愤怒，为争夺有价值的东西而愤怒。而且往往在大多数情况下，有一方会作出妥协，这样就避免了冲突的发生，保护了自己。这就是愤怒作为一种保护自我的手段的运作机制。

说到这里，也许有人会问为什么有些人不容易发怒，而有些人很容易发怒呢？对此的一种解释是随着我们生活水平的提高，生命已经有了足够的保障，不会因为少吃一顿饭就饿死，也不会缺少某一样东西而无法生存，能够引起我们生气的因素相对变少了。当然这并不是说这些人就不会生气，当有些事情触犯了自己的利益时还是会愤怒的。

心理学家认为，人有一种被称为"自尊情感"的情绪，这种情绪和愤怒有密切的关系。所谓自尊情感就是人认为自己有价值的一种感觉，可能和我们平时所说的"自尊心"有点相似，但是却不是一回事。实际上，愤怒是保护我们的自尊情感的一种行为。比如，你听到别人对你说"你身上一无是处""你活在这个世界上简直是一种祸害""你简直糟糕透顶"之类的话时，你的自尊情感就会受到很大的伤害。出于对自尊情感的保护，我们就会愤怒。但是，自尊情感高和自尊情感低的人对此的反应是不同的。若一个自尊情感高的人面对别人的侮辱时，他们能够宽容对待，因为不管别人说什么，都不影响他们对自己的评价，因此也不会产生愤怒的情绪。相反，一个自尊情感低的人则会很在乎别人对自己的看法，他们需要从别人的肯定和尊敬中获得自己的自尊情感，因此，当面对别人对自己不适当的评价或侮辱时，就会很愤怒。从这一点看来，自尊情感的高低和自尊心的高低刚好是相反的。一般情况下，一个自尊心高的人面对别人的侮辱和怀疑是很容易愤怒，而一个自尊心低的人则会抱着无所谓的态度。因此，我们应该试图提高自己的自尊情感，冷静地审视自己，发现自己身上值得尊敬的地方。要学会尊敬自己，然后才能从别人那里得到更多的尊敬，只有这样才不会因为一点琐碎的事情而愤怒了。

此外，生活中，我们总是喜欢对行为和结果进行预测。于是，当某种行为或结果不在我们的预料范围之内时，我们就会感到焦虑和不安。而这种焦虑和不安往往会以愤怒的形式表达出来。比如，我们和朋友约好了去逛街，可是到了约定的时间她还没有出现，你想着等一会她。可是过了半个小时她还是没有出现，你不由得有点急躁和不安，可是一个小时过去了她仍然没有出现，这时你的这种急躁和不安的状态最终演变成愤怒。也就是说，当事情没有按照我们预想的那样发展或是不在自己的控制范围之内时，我们就会产生愤怒的情绪，这也是一种自我保护的方式。

比死亡更痛苦的，就是等待死亡

曾听过这样一段相声：有个老大爷，儿女都不在身边，一个人住两层的楼房，就打算把二楼租出去，可是相继来了好几个租户都被他赶走了，原因就是嫌他太吵，老大爷图的是个安静。这天，有个小伙子来租房，说明了自己的情况，肯定不会吵，他白天一整天都不在家。可是这个小伙子正在谈恋爱，每天夜里都回来得很晚，噔噔噔地跑到楼上之后就往床上一躺，然后把两只笨重的大靴子很高地一扔，再很重地落在地上。接连几天都是如此，楼下的老大爷可受不了了，因为自己每天夜里都会被重重的靴子砸楼板的声音给惊醒，于是那天早上上楼去找小伙子，把这事跟他说了。小伙子感觉很过意不去，保证以后一定注意。当天夜里，小伙子还是噔噔噔跑到楼上，一只靴子已经落地了，小伙子这才猛然想起来早上老大爷交待的话，连忙把第二只还没落地的靴子接住，轻轻地放到地上。第二天一大早老大爷就来敲门，让小伙子赶紧搬走，跟他说："每天你两只靴子一块儿扔下来，扔完了我还能睡，昨天你就扔了一只，我一宿没睡，就等那第二只了。"

这个相声的名字想必大家都知道，就是《扔靴子》。这段相声体现了人们关于痛苦感受的一种心理规律，就是等待痛苦出现的过程比遭受痛苦的瞬间更要痛苦。人们对痛苦怀有天然恐惧心理，在痛苦尚未发生而又即将必然发生的时候，恐惧感占据心头，人会感到比痛苦实际到来的时候更为痛苦，可是，当痛苦真正发生的时候，人们知道这是不能够回避的，反而会较为坦然地接受。这就是心理学中所谓的"痛苦定律"。有一个笑话讲的是在一次执行枪决的时候，因为子弹是劣质的，连续两发都没响，这时临刑犯人受不了了，哭求着说："你们掐死我吧，我受不起这个惊吓啊！"这其中也蕴含着痛苦定律的道理。

这就是有一些罪犯为何畏罪自杀的原因。尽管畏罪自杀会比被判刑处决死得要更早，但这无疑会尽早结束等待死亡的恐惧的折磨。

这种恐惧是在人有心理准备的情况下对自我进行的一种情绪控制，它远比人们遭遇突然事件时所承受的心理压力大得多。

第二次世界大战进入到了白热化阶段，为了贯彻希特勒所提倡的"优胜学"的政策，德国科学家用美军俘虏做了许多惨无人道的心理实验。其中的一项实验很适合我们这篇文章的主题。

实验过程是这样的：德国科学家找来一位美军俘虏，并对他说："我们将要用你做一项生理实验，我们会在你的手腕上划一个口子，并让你身上的血一滴一滴地从这道口子流光，然后看看你生理上会有什么变化。"德国科学家接着说："马上就要上实验台了，你有什么遗言赶快交待吧。"德国人在做实验之前还很人道地给美军俘虏提供了一顿丰盛的午餐。吃过饭之后，美军俘虏被带到了实验台上。

德国人对美军俘虏说："做这个实验前我们需要用黑布蒙上你的眼睛。"德国科学家这么说了，也这么做了。然后他说："实验开始。"

他从冰柜里选择了一块非常细薄的冰块，而不是刀片，接着他用冰片在美军俘虏的手腕上划了一下，当然，美军俘虏的手臂也没有血流出来。这时，德国科学家又在俘虏的上方放了一袋水，下方放了一个桶，然后让水一滴一滴地滴到桶里并发出嘀嗒声。

很显然，这声音是滴水声，而不是滴血声。可是这个俘虏却坚信是自己的血在流，他开始陷入极度的恐惧之中：脸色苍白，浑身颤抖，四肢也渐渐地麻木起来。不到一个小时，这个毫发未伤的美军俘虏竟死了。

反复做令自己恐惧的事就不恐惧了

从心理学的角度来讲，恐惧是一种有机体企图挣脱、逃避某种情景而又无能为力的情绪体验。自从恐惧第一次出现在我们头脑中，它就内化为我们感情经历中的一部分，如同用刀在我们记忆的木板上刻下深深的印痕。一旦与恐惧事件相伴的情景出现，我们的情感便会掉到往日恐惧的印痕里，不自觉地产生恐惧反应。

有的时候恐惧还可能是被传染来的。美国一项研究发现，人在恐惧时产生的汗液散发出一种化学信号，周围其他人会下意识地接收这种信号，从而同样产生恐惧感。比如，不会恐惧飞行的人会因为周围人害怕，从而也产生恐惧感。

这一结论来自于美国纽约州立学斯托尼布鲁克分校的一项试验。该校研究小组找来 40 名志愿者，在他们初次跳伞时，把可吸收性衬垫放到他们的腋窝下，以收集他们在即将跳伞时产生的"恐惧性"汗液。当然，这些被试验者的汗液并不都是因为害怕、恐惧产生的。然后，研究人员让另一组志愿者去闻这些收集来的汗液样本。

当研究人员用扫描设备监视这些闻"恐惧性汗液"的被实验者的大脑时，他们发现这些人的大脑"恐惧中枢"的活动增强。这一结果表明人的情绪压力确实具有传染性，个人的恐惧感确实会传染给其他人。

另外，恐惧心理也与一个人的性格有关。有些人生性腼腆，胆小怕事，长大以后也不善交际，孤独、内向，这样的人最容易产生恐惧感。比如说，有些人害怕黑暗，养成了开着灯睡觉的坏习惯。这种恐惧心理一般是从小开始的，因为人在小时候最爱听与鬼神有关的神秘故事。而这类故事的背景、事件以及人物的出现，又常常是在黑暗之中。久而久之，他们便将对妖魔鬼怪的恐惧与黑暗联系在一起，形成了对光亮的依赖，导致夜里不敢关灯睡觉。还有一种情况，就是有些人曾经在某一黑暗的情境中意外遭遇到可怕的事情，或是在夜里做了一个噩梦，这种恐惧的心理未能及时得到排遣，于是造成了对黑暗的恐惧。

恐惧对于人的影响非常巨大，它会使恐惧者的身体和精神产生很大变化，具体表现为神经高度紧张，内心充满恐怖，注意力无法集中，大脑一片空白，不能正确判断或控制自己的举止，容易冲动等等。恐惧是可怕的，会被反复诱发，可能会对人身心造成严重的伤害。

但是，这并不意味着恐惧不可克服。有趣的是，克服恐惧的最好办法就是反复去做令自己恐惧的事情，时间一长，恐惧就会被解除。

当然，要克服恐惧心理，还要提高对事物的认知能力，用科学知识来武装自己，面对恐惧的事物能对其进行冷静客观的分析，或者找朋友一起讨论，以找到所恐惧的事物的真相。这样你就会发现，自己的提心吊胆完全是多余的，所恐惧的东西是"杯弓蛇影"，根本不足为惧。此外，面对让自己恐惧的事情时要保持镇静，不要惊慌失措，自己吓唬自己。

平时还可以积极参与心理训练，提高心理素质，比如设置恐怖情境，分析各种可能遇到的情况，进行有针对性的心理训练，形成对恐惧情境的预期心理准备状态，就能够有效地克服紧张和不安等不良情绪。

为什么哭过之后心里会畅快许多

啼哭是人类来到这个世界上发出的第一声。当我们还不能说话的时候，哭就是我们和外界最初的交流方式。饿的时候，我们哭着向母亲发出信号，希望她赶紧给我们喂吃的；不舒服的时候，哭着想让她抱抱，希望她寸步不离。那时候，哭好像是屡试不爽的办法。现在常听到有人说到这样一句话"会哭的孩子有奶吃"，的确如此。

此后，我们在经历心灵的创伤、肉体的疼痛时都会哭，但是人类为什么会哭呢？对于这一问题，威廉姆·吉姆和卡尔·里根进行过这样的描述：人不是因为悲伤而哭泣，而是因为哭泣才悲伤。从这句富有哲学意味的话中我们可以看出，"悲伤"这一心理活动要滞后于"哭泣"这一生理反应。

一般人以为哭是由于悲伤，其实在高兴的时候人也会哭泣。据统计，事实上人的一生中要哭2000多万次。不论是悲伤还是高兴流的眼泪，都和人的自律神经有关系。当人处于高兴或悲伤的情绪状态时，自律神经就会受到刺激，进入兴奋的状态，从而导致流泪。

很多人都有过这样的体验，哭完之后即使之前让我们哭泣的问题并没有得到实质性的解决，但是心里仍然会觉得畅快了很多。这是因为哭可以帮助人减轻压力、改善情绪。同时，人在难过的时候会刺激大脑反应，分泌出很多毒素。当我们哭的时候，这些毒素就通过眼睛排泄出来。这也是其中的一个原因。

以色列科学家最新的一项研究表明，哭作为人类一种高度进化的行为，它具有"示弱"的功能，向别人显示出自己的弱小，通过表示"顺从"取得对方的信任，从而阻止他人对自己的攻击。这也可以用来解释女人为什么比男人爱哭。女人天生给人一种柔弱、需要保护的感觉，而男人则是勇敢、坚强的。因此，女人哭了很容易理解，而男人哭了则让人无法接受。其实，哭泣并不代表脆弱，不哭也不代表坚强。这只是长期以来社会规范对男性和女性的不同的社会期望造成的差异。事实上，男人只是因为面子问题不敢哭，他们对痛苦的承受能力也没有女人强。女性比男性更容易哭泣，事实上是由男女双方感情构造上的差异造成的。

尽管哭有很多的作用，但是长时间、大量地哭并不是一件好事。尽管哭和笑都是人们对情感的一种表达，但是笑只牵动人面部的三块肌肉，而哭则会牵动七十二块肌肉。与笑相比，哭泣会消耗人大量的能量和体力，所以在哭过之后我们会感到特别的累。而且如果经常哭的话，眼球就会长时间地浸泡在有毒的液体里面。我们听说过有人哭瞎了眼睛，其实应该不觉得奇怪，眼球长时间地浸泡在有毒的液体里面，会受到极大的损害。

据说，有人对不同情绪状态下眼泪的成分也进行了研究，结果发现导致人们哭泣的情绪不同，眼泪的成分也会有差别。悲伤的泪水含水量比较多，而且味道比较淡；愤怒的泪水水分少，钠的含量比较多，因此会比较咸。遇到伤心的事情时，要有合理的发泄方式。当然，偶尔哭一哭是有好处的，但是哭的次数多了就不好了。调整好自己的心态是关键。

钱真的能买到快乐么

　　快乐能够让我们体验到生活的美好，因此我们每天都在追求快乐。我们努力地工作，希望能让家人过上快乐的生活；我们刻苦学习，希望父母看到我们优秀的成绩而快乐。甚至在和朋友打电话或发短信的时候都不忘加上一句，希望你天天快乐之类的问候，可是究竟怎样才能获得快乐呢？这却是一直困扰我们的问题。相信你若向人询问构成快乐的因素有哪些，肯定有大部分人认为金钱是必不可少的因素。但是，钱是否真如人们想象的那样，能够买到快乐呢？

　　很多的研究都表明，金钱和快乐之间有非常密切的关系，即只要是金钱都能给人带来某种程度的快乐，不管是劳动所得，还是意外收获，甚至是赃款，都可以达到使我们内心感到快乐的作用。此外，来自英国沃尔维克大学的安德鲁·奥斯瓦尔德教授和乔那森·加德纳教授，对英国的 9000 户家庭进行了一项历时 10 年的追踪研究，希望能够发现金钱和快乐之间的关系。研究结果显示，金钱和快乐之间不仅有明确的关系，而且由金钱所带来的这种快乐可以影响我们的精神健康。金钱越多，能够给我们带来的快乐也就越多。如果是天外飞来的横财，则会给我们带来巨大的惊喜。但是，金钱在带给我们快乐的同时，也会给我们带来灾难。我们经常可以看到这样的报道，某某因为中了几百万而成为富翁，至此以后终日酗酒，最终酒精中毒而死；某某为了在父母去世以后能得到更多的家产而杀害了自己的兄弟姐妹，最终锒铛入狱。

　　另有研究表明，金钱和快乐之间并没有必然的关系。20 世纪 70 年代，美国西北大学的菲利浦·布利克曼和他的同事对金钱和快乐之间的关系进行了研究。他们选取了一批中了彩票的人作为实验组，其中有些人的中奖金额还达到了上百万美元，然后随机挑选了一些人作为对照组。要求两个组的每个人对自己目前的快乐程度进行打分，并要求他们说出希望自己将来有多快乐。最后，还让他们说出这些快乐中有多少是来自日常生活中的小事。研究结果表明，实验组中那些中了彩票的人并不比对照组的人快乐，而且在希望自己将来有多快乐这一问题的回答上也没有什么区别。只是在询问到他们的快乐有多少来自日常生活中的小事时，实验组和对照组的回答出现了差异。与实验组那些中了彩票的人相比，对照组报告他们的快乐更多地来自于生活中的小事，比如得到别人的赞美，和朋友的闲谈，和家人一起过周末等。

也许人们会对上述结果提出质疑，因为研究中的实验组是通过中彩票这种非同寻常的途径来获得金钱，不具有代表性。于是，心理学家们又进行了另外一项研究。他们选取那些通过努力工作来获得金钱的人作为被试，看他们的收入和快乐之间有怎样的关系。在该研究中，要求来自国民生产总值不同的国家的人分别对自己目前的快乐程度进行评分，然后统计不同国家的人的平均快乐水平。研究结果表明，国民生产总值高的国家的人比国民生产总值低的国家的人要快乐，但是当国民生产总值上升到一定水平之后，这种差别就消失了。这说明，当我们的生活已经达到一个能够让自己还算满意的水平，金钱的增多和更多的快乐之间并没有必然的关系。

那么，我们怎样才能使自己快乐呢？大量的研究表明，我们的快乐感有50%是由基因决定的，剩下的50%中有10%取决于我们所生活的环境，比如婚姻状况、家庭背景、教育和收入水平等等，40%的快乐感来源于我们日常生活中的行为，以及我们看待自我和他人的方式。可见，在快乐感的来源中，只有40%的因素是我们能够改变的。因此，要想获得更多的快乐，我们需要用心体验生活中的点点滴滴，哪怕是朋友的一个电话，家人的一句关爱，老师的一次肯定，都可以成为我们快乐的源泉。

越是不想拥有，越容易获得快乐和幸福

一次，学生们怂恿苏格拉底到繁华的集市上走一遭，因为那里的物品实在是太丰富了，如果不去欣赏一下就太可惜了。苏格拉底耐不住劝说，就去逛了一番。集市中琳琅满目的商品果然令他大开眼界，然而苏格拉底慨叹道："世界上竟然有那么多我不需要的东西。"这就是苏格拉底与普通人的不同之处——常人肯定考虑的是自己想要拥有其中的哪些，可苏格拉底恰恰相反，在他眼中，自己的生活已经是富足的了，所以，集市中的东西即使再好也与自己没有什么关系了。

正因为苏格拉底心中没有这种匮乏感，所以他的心里才是快乐的。正所谓知足常乐，相反，自己想要拥有什么却又得不到就会产生苦恼。当然，知足常乐和安于现状、不思进取是两回事，知足的根本在于对自己此时的拥有怀有一份感恩

之心。

　　有个事例讲的是一个人因为贫穷买不起鞋穿而感到很苦恼，可是有一天他忽然见到一个没有脚的人，这才陡然感觉到自己是多么的幸福。他知道，相对于拥有健全的肢体，穿的衣服破一点又有什么关系呢？

　　还有一个经常被讲述的故事，说一个老大娘有两个女儿，大女儿卖草帽，二女儿卖雨伞，晴天的时候老大娘就替二女儿担忧，因为晴天雨伞就不好卖了；而雨天的时候老大娘又为大女儿发愁，因为雨天草帽就没人买了。有人劝慰她换一个角度来想，晴天时就想着大女儿的生意好，而雨天时则想着二女儿的生意好，这样，不论是晴天还是雨天，老大娘就都会为女儿感到高兴了。

　　事情并没有变化，但是看待事情的角度变了，人的情绪就随之改变。我们要因为自己的拥有而心怀感激，而不应当因为自己的缺乏而抱怨。这样，才可以常享快乐的人生。

　　苏轼在《赤壁赋》中说："且夫天地之间，物各有主。苟非吾之所有，虽一毫而莫取。惟江上之清风，与山间之明月。耳得之而为声，目遇之而成色。取之无禁，用之不竭，是造物者之无尽藏也，而吾与子之所共适。"以苏子的达观，怀知足之心，则何匮之有呢？

　　快乐不是因为拥有的多，而是因为想要的少。占有再多只能体验到一时的快乐，而无穷的欲望仍然会折磨贪求的心。知足才能真正常乐。

　　幸福也是一样，当你不是总在想自己是否幸福的时候，你就是最幸福的。

　　有一个知名的企业家，事业取得了辉煌的成功，却突然被检查出自己患了癌症，此时，他蓦然发现，自己这些年来在社会上奔波辗转，虽然是取得了常人难以想象的成功，自己也为此而感到骄傲，但是却从未用心体验过幸福，于是他决定在生命最后的日子里，抛弃一切世俗的纷扰，再无利害得失之心，而只一心平静地过着安乐的生活。不久之后，他在复查时发现，自己竟然神奇般地痊愈了。他在追求一切的时候，其实得到的只是外在的富有，而在放下了一切的时候，才获得了内在的富足，才获得了真正的幸福。

　　这个故事讲述的就是关于幸福的定律：当你不去在意自己究竟是否幸福的时候，你就走进了幸福之中，正所谓"有心栽花花不发，无心插柳柳成荫"。

　　为什么会有这种欲求而不得，不求而反获的事情呢？很多人有过这样的体验，就是在某种情况下，越是强制自己集中注意力，注意力却越是无法集中，而放松下来则常常会自然地投入进去。关于幸福感也与此相似。其实，人们在心里刻意地惦记着的幸福都是由于不满足而产生的，而不满足则会促成一种焦虑感和失落感，这种焦虑和失落的心理正是破坏幸福感的基本因素。

有句俗语叫做"身在福中不知福"，人们习惯于将身边的一切看得平常，即使它很好，也浑然不觉；即使它很坏，也能够平静地承受。但并不是每个人都甘于现状，有些人认为自己当下的生活是不幸福的，而一心汲汲于对幸福的追求。可是这些人往往只是将幸福作为一种结果来看待，忽视了真正的幸福并不在于追求到了什么样的结果，而是收获于生活的过程本身。

痛苦挥之不去，快乐却很容易消失

《红楼梦》第三十一回中，林黛玉曾说："人有聚就有散，聚时欢喜，到散时岂不冷清？既清冷则伤感，所以不如倒是不聚的好。比如那花开时令人爱慕，谢时则增惆怅，所以倒是不开的好。"俗话说，"千里搭长棚，天下没有不散的筵席"，热闹只是短暂的，而冷清却是常态，所以林黛玉对于欢聚有着一种抵拒的态度。人生就是这样，欢乐之时少，而悲苦之日多。

人们这种痛苦的感受其实并不仅仅是时间长短造成的，更主要的是心理原因——对于悲苦，人们有着更为强烈的感受；而对于欢乐，虽然一时的感触也会很深，但总是不如痛苦所留下的印痕那样深。人似乎天然地具有咀嚼痛苦的偏好，而且这种心理取向是不由自主的。虽然每个人都不喜欢去回味痛苦，可是偏偏痛苦的情景会经常地浮现于脑际，给自己带来深深的困扰。

陆游与表妹唐婉彼此深爱，但不幸被母亲拆散。此后，两人只在沈园见过一次面，不久之后唐婉即郁郁而终，而这也给陆游留下了无尽的伤感，直到晚年也不能有丝毫的忘怀，曾经多次作诗来表达心中的这份苦楚："梦断香销四十年，沈园柳老不飞绵。此身行作稽山土，犹吊遗踪一泫然。"读来令人万分感慨。而南唐后主李煜在被俘之后也久久地沉湎于亡国之痛，极其悲恸地吟唱着："多少恨，昨夜梦魂中……"

还有祥林嫂，她的后半生几乎一直沉浸在失子之痛中。难道她的人生真的就没有一点快乐可回忆吗？当然不是。而是那痛苦实在不容易让她忘记，渐渐地她竟忘记了还有快乐这一种感受。

通过这些事例可以看出，强烈的痛苦情绪是会影响人的终生的，而却很少有人能够把某件乐事记一辈子。这就是快乐不对称定律。

快乐和痛苦如此不对称，那是不是就意味着要一味地沉沦于痛苦之中呢？像祥林嫂一样，在痛苦中变成一个怨妇？当然不能。既然我们无法回避不开心和痛苦的事，那么让自己在经历这些伤心和痛苦后尽快开心起来就是非常重要的了。

这其实也是快乐不对称定律给我们的启示。真正的快乐其实正是源自于对痛苦的领悟，没有痛苦我们也无从体会快乐。我们只有正确地面对痛苦，理智地剖析它，肯定应该肯定的，否定应该否定的，只有这样我们才能学会放弃，才懂得珍惜，才能记住该记的，忘记该忘记的，才能让痛苦成为人生的一种财富、一段经历、一份回忆、一种领悟。

快乐不对称定律给我们的另一个启示是：要重视痛苦情绪对人的心理可能产生的严重的消极影响，一旦经历了重大的痛苦事件，应当及时进行心理疏导，以缓解其后的不良心理反应。例如，发生重大的地震灾害之后人们会对受灾的人们施以心理救援，因为地震所带来的伤害会成为当事人心中一种忧伤而郁重的阴影，非常容易引发各种心理问题。而在家庭和学校教育中，家长和教师也要特别注意避免会给孩子的心理造成较大程度伤害的事件发生。典型的例子就是家庭暴力，孩子在遭受了痛苦的惩罚之后，往往会产生怨恨的心理，这对其身心的成长是极为不利的，严重的话甚至会阻碍孩子形成健全的人格。

"孤独综合症" 正在流行

当一个人独处的时候，往往会感到孤独，可是，当自己与他人共处的时候，也未必就不会孤独。因为孤独更重要的不是指一种客观的生活状态，而是指一种主观的心理感受。置身繁华之中，心中或未能免于凄凉；而茕茕只影，心里也并非就一定是落寞的；长期在一起，甚至有着亲密的身体接触，可心灵无法沟通，造成的孤独感更强。

就本质而言，孤独是一种因为无法与他人展开正常的思想交流而产生的苦闷，是一种因为得不到他人对自己内心世界的深入理解而产生的困惑。因为这样的苦闷和困惑，会让自己觉得在心灵的境地中，只有一个孤零零的身影，没有人理会，自己也寻找不到其他的人为伴。

这一点在城市人群中更加明显。在拥挤不堪的都市、无处不在的生存和竞争压力以及人际关系的日渐淡漠中，无论是青少年、老人、事业成功的白领，还是普通外来务工人员，都面临被"孤独综合症"席卷的危险，个性变得孤僻消极。现代都市的拥挤、社会竞争的加剧、生存压力的加大以及信息的泛滥、戴着面具的职业角色以及单门独户、封闭的现代居住方式等是诱发孤独综合症的根本原因。

孤独综合症症状的个体差异性很大，但通常都会在孤独感产生后出现情绪低落、忧郁、焦虑、失眠等不健康状态。不过，有一点需要澄清，就是孤独综合症不同于孤独症，前者是因孤独而产生的心理综合症，后者被医学和教育界认为是一种精神残疾的心理疾病，也叫做自闭症。孤独综合症其实和自闭症是完全不同的两个概念，所以，城市孤独者们不管多孤独都不必怀疑自己患上了孤独症，心理综合症只要稍加调节就会恢复正常的，这就需要我们对孤独有一个正确的认识。

事实上，一个人的内心深处是很难被另外的人所真正理解的，而且人的精神世界越丰富就越是如此。常言道，人生得一知己足矣。所谓知己，也就是超越了那些泛泛的表面的了解而能够潜入深处真正感知到自己心灵的人。这在于常人，或许还不难寻到，可是如果一个人的心地颇为渊深，那就不容易逢到知己了。伯牙摔琴谢知音，讲的就是这个道理。知音已无，自己高妙的琴声又有谁能够欣赏？既然连能够领会其妙处的人都没有了，那么自己抚琴又去给谁听，又还有什么意义呢？

在《庄子》一书中有这样一则故事，楚国都城郢有两个匠人，一次在做活的时候，有一滴泥浆落在了一个匠人的鼻子上，他要用手去拂掉，可是另一个匠人却说："让我来帮你。"说完他就举起斧子飞快地落下，再一看，泥浆被削得一点儿都不见了，可是鼻子却丝毫都没有受伤。后来有人令他再表演一次这样神奇的技术，可是他却说："我固然还有这样的技术，可是我的对手已经不在了，所以是无法进行表演的。"也就是说，另一方只有对他怀有充分的信任才会很好地配合，任凭多么锋利的斧子削下来，都会毫无惧意而纹丝不动，所以两人能够合作得如此完美。试想，如果对方怀疑他会不会削伤自己的鼻子而乱动起来，而持斧的人却是按照原来的位置削下去，那么，结果或者是没有把泥削掉，或者削掉的也就不仅仅是泥巴了。他们之间之所以能够产生这种信任，是因为他们彼此深深地相知。

孤独是人们经常会面对的一种情境，它的滋味是苦涩的，因而绝大多数的人都排斥孤独，但是又很少有人能够完全避免孤独。人们更需要做的是，如何与孤独和平地相处——正视孤独，尤其当自身遭遇了某种不顺利的时候，要知道孤独尽管可能带来一时的悲观，但决不意味着长久的绝望；主动地寻求与朋友多交往的机会，虽然这种方式也许并不能够从根本上驱逐心中的孤独，但至少可以令自己那种寂寞的心情得到相当程度的缓解；学会移情，将注意力转移开来，比如说培养一些积极的爱好，给生活中多增添一些乐趣；学会享受孤独，充分地利用孤独的时机认真地反省一下自己的生活，从中品味出思考的快乐，甚至视孤独为一个亲密的伴侣。

别指望用倾诉来减轻你的痛苦

人生之中，总会有令我们意想不到的事情发生，比如亲人的去世、爱人的离开、朋友的误解等等，这些事情都会让我们痛苦不堪。这时我们该怎样去减轻自己内心的痛苦呢？很多励志书籍，甚至是心理咨询师的建议是找个人倾诉，让两个人来共同承担你的痛苦。因为他们相信，分享痛苦能够使痛苦减半，而且90%的公众也相信倾诉能够减轻痛苦。可是，倾诉真如我们想象的那么有效吗？下面的研究将为我们揭晓答案。

来自比利时鲁汶大学的两位研究者伊曼纽尔·萨克和伯纳德·莱姆对上述问题进行了研究。在研究中，他们让一组的参与者想出让他们痛苦不堪、需要让人倾诉的事情，并就这个问题向实验助手倾诉。而另一组的参与者则谈论一些与痛苦无关的、普通的话题。所有的实验参与者分别在一周和两个月后重新回到实验室，完成一些测量他们情感状态的问卷。

那些向实验助手倾诉自己痛苦的参与者表示，倾诉对他们是有帮助的。然而，问卷的调查结果却与此相反。事实上，倾诉并没有产生明显的效果。尽管参与者主观上认为这种倾诉使得别人和他们分担痛苦，甚至能够达到减轻痛苦的目的。但是，如果我们仅仅是滔滔不绝地和别人谈论自己的痛苦，而倾听者却没有一定的倾听技巧，并且没有对倾诉者进行引导，这种倾诉无异于一般的闲聊，根本达不到减轻痛苦的目的。

这样说显然是破灭了那些遇到事情喜欢向别人倾诉的人的希望，既然向别人倾诉达不到减轻痛苦的目的，而压抑自己的想法只能增加痛苦，那么我们应该怎样做才能使自己摆脱痛苦，拥有更多的快乐呢？实验研究表明，让那些经历过创伤的人写下自己的感受往往比杂乱无章地说更有效果。因为在写作的过程中，他们能够将自己的想法组织起来，分析事件的前因后果，并寻找相应的解决方案，在这一过程中参与者的心理和生理上都会发生微妙的变化。总之，杂乱无章、滔滔不绝地倾诉反而会增加倾诉者的困惑，而清晰地、有条理地写作则能让当事人静下心来思考，并积极寻求系统的、能够解决问题的方法。

所以，每天抽出点时间记录自己的心情吧。只需要一支笔、一张纸和几分钟的时间，写下对父母的感恩、对亲人的感谢、对朋友的祝福，写下对未来的期

心理学

第二篇 生活中的心理学

许、生活中美妙的时刻、幻想中的自己。只要持续数月，你很快就会注意到自己在情绪上的微妙变化。

爱抚可以使人心情平静

有个小女孩病了，妈妈带她去医院。准备阶段，小女孩就紧张得不得了，手脚冰凉。她对妈妈说她怕痛。妈妈边抚摸她的小脑袋和后背，边说："别怕，乖女儿，妈妈抱着你你就不会疼了。"小女孩果然觉得那一针并不像想象中的那样疼。

可是，三天后的第二针却让小女孩疼得流出了眼泪。原来，那天妈妈上班没时间，只好由爸爸带她去医院。在医院里，女孩让爸爸抱，却遭到了爸爸的呵斥："这么大了还让人抱，害不害羞。"无奈，女孩只得自己趴到了椅子上。

同样是打针，怎么跟妈妈去不疼，跟爸爸去就疼呢？因为妈妈给予了小女孩语言和行动上的爱抚。这就是爱抚效应——适时的爱抚，会让人产生一种感觉，这种感觉能使人的神经系统中的化学物质发生变化，进而缓解紧张，改善情绪，增加自信，甚至还可以提高人的免疫功能。小女孩的妈妈就是利用爱抚效应减轻小女孩的疼痛的。

医学上有一条健康原则叫做"多一点爱的触摸"，说的也是这个道理。

科学研究表明，所有的温血动物一生下来就有被触摸的要求，因为这样可以缓解"皮肤饥饿"，尤其是婴儿。常在亲人怀抱中的婴幼儿啼哭少，睡眠好，体重增加快，抵抗力较强，智力发育也明显提前，这是因为他们能意识到同亲人紧密相连的安全感。而生活中缺少爱抚的孩子，因为长时间处于"皮肤饥饿"状态，往往会自发地咬手指，啃玩具，哭闹不安，甚至把头或身体乱碰撞，这就是"皮肤饥饿症"的表现。严重者会出现食欲不振、智力发育迟缓及行为异常等症状。

人类学家艾胥里·孟塔古在他的著作《触摸：肌肤之亲对人类的意义》中曾经提到，在十九世纪的时候，孤儿院里面的婴儿存活率很低，即使孤儿院的条件已经很好，但是仍然有一半以上的婴儿在一年内死亡。

研究人员发现，条件越好的孤儿院，婴儿的死亡率就越高。这就是因为好的孤儿院由于特别注意环境的卫生，因此工作人员从来都不去触摸婴儿，他们认为这样做可以避免疾病的传染，降低婴儿的患病率。可是大量的婴儿相继死亡却使他们摸不着头脑，他们并不知道自己做错了什么，其实问题的关键就在于，他们还没有意识到触摸对于婴儿的重要性。后来，人们逐渐意识到了触摸的重要。19世纪 20 年代末期，在纽约的贝尔夫医院，有一些有远见的医生主张每天都要抱几次婴儿。结果这个医院的婴儿死亡率下降了 30%，这就是触摸的神奇功效。

爱的抚摸不仅能缓解"皮肤饥饿"，更能缓解人的紧张感。任何人都会有紧张、不自信的时候，在这个时候，如果能有人给予恰当的关心、问候或者爱抚，就能获得一种心理上的安全感和放松感，就像前面故事中打针的那个女孩。

触摸是爱的一种表达方式，是增进双方感情、使双方关系更密切的有效手段。这种爱的触摸不仅婴儿需要，成年人也同样需要。事实表明，夫妻之间经常有牵手、拥抱等身体接触的，比没有身体接触的要幸福得多，他们大多对自己的婚姻状况比较满意，且家庭和睦，身体健康。

皮肤触摸是一种直接的关怀方式，可以用来表达人们之间的相互理解和慰藉。把自己的爱护和体贴默默地传递给对方的身体、大脑和心理，它可以使孩子更加天真可爱，使夫妻关系更加和谐。

"面包房现象" 的提示

中国有一句话："入芝兰之室，久而不闻其香。入鲍鱼之肆，久而不闻其臭。"在心理学中，这一现象被称为感觉的适应。适应现象，指的是同一刺激持续作用于我们的感觉器官，从而引起感觉器官对该刺激的感觉能力发生改变。

同样，当你走进一家弥漫着面包香味的面包房时，你不禁沉醉在这美味中。但是，在面包房中持续待上几分钟之后，这种香味似乎消失了。这就是感觉的适应现象。可是，如果你走出面包房过一会再重回面包房的话，就可以再次闻到面包的香味。感觉的这种适应现象，同样也适用于我们生活的很多领域，快乐也是如此。在生活中，每个人都有值得自己快乐和骄傲的事情，善解人意的爱人、亲密无间的朋友、默默支持我们的父母，等等。但是，时间久了，就像我们的感觉对刺激的适应那样，我们对这些弥足珍贵的东西觉得习以为常，甚至视而不见，不去珍惜，直到失去的那一天才觉得后悔莫及。这样的现象在我们的生活中随处可见。比如，两个处于热恋中的人，在对方眼中，彼此都是完美和无可挑剔的。结婚之后，随着相处的时间越来越长，对方的缺点也暴露得越来越多，于是对彼此开始厌倦。觉得她做的饭难吃，穿的衣服老土，身材变得臃肿等等，他终于忍受不了这些缺点而提出离婚。可是，离婚之后才发现，以前的她有多好，觉得自己没有好好去珍惜她，开始后悔莫及。这可能就是人们常说的，失去的东西才会觉得珍贵。就像上面所说的那样，在面包房待久了，闻不到面包的香味了。可是，离开面包房之后，又开始怀念面包的香味。

于是，心理学家们就设想，如果让人们先离开面包房，然后有机会再回到面包房，就像例子中，如果两个人的关系能恢复到离婚之前，是不是就能给人们带来更多的快乐呢？于是心理学家们就进行了这样一项研究，目的是让人们重新认识到生活中值得我们珍惜的事物。在研究中，心理学家们将参与者分成三组，要求所有的参与者一周抽出几分钟的时间写作。要求第一组的人写出五件让他们觉得快乐的事情，第二组的人写出五件让他们觉得恼火的事情，第三组的人则任意写出五件一周前发生的事情。结果，第一组的人写的是诸如和朋友闲谈、和家人一起散步等日常生活中微小但是充满幸福的小事件，第二组的人写的是闯红灯收到罚单、和爱人吵架等事件，第三组的人写的是上班、购物等事情。研究结果表明，与第二组和第三组的人相比，第一组的人对待事情的态度更加乐观，更容易体验到快乐。

其实，待久了的面包房里不是没有香味，只是你已经对这香味不以为然了。同样生活中也不是没有能够让你感觉到快乐的事情，只是你觉得一切都是理所当然的，父母的关怀、爱人的付出、朋友的信任你都觉得习以为常，可是哪一天你突然失去了这些，你才发现它们的珍贵。因此，我们应该继续在待久了的面包房里嗅面包的香味，虽然没有刚进去的时候那么香，但是仍然能让你沉醉其中。同样，也要善于从习惯了的生活中去寻找快乐，哪怕只是朋友一条问候的短信，或是爱人等你下班而一直为你开着的一盏灯，抑或是晚饭后陪父母一起去公园散步，这些都是容易被我们忽略的最简单的快乐。所以，学会去发现那些习以为常的快乐吧，这样面包房中永远都是香的。

为什么用牙齿咬住一支铅笔能让人感觉更快乐

在日常生活中，当我们内心经历某种情绪或情感变化时，总是以一定的行为表现出来。比如，高兴的时候，我们会笑；伤心的时候，我们会哭；生气的时候，我们会发火；对某种意见表示同意的时候会点头；表示反对的时候会摇头，等等。这些都说明，根据我们情绪的变化，就可以预测出我们的行为。本体心理学的观点则认为，让人们以某种方式行动，他们同样也会感受到相应的情绪。比如，让一个人微笑，他就会感觉到快乐。这一说法已经得到相关研究的证实。

在研究中，有两组参与者共同参与到实验中。研究者要求其中一组参与者紧皱眉头，而另一组参与者面带微笑。虽然这只是一个简单的对面部表情的控制，但是却对两组参与者的情绪产生了很大的影响。与紧皱眉头的参与者相比，被要求面带微笑的那一组参与者称自己感受到了更多的快乐。

这对那些苦苦寻找快乐的人来说似乎是一个不错的启示，如果想获得快乐，可以尝试着多微笑。虽然我们常常是在感到快乐时才微笑，但是微笑同样也能让我们感受到快乐，即使我们自己没有意识到，但是这种效果的确是很明显的。

在另外一项研究中，要求参与者观看大屏幕上闪现的并且不断移动的不同的产品，这些产品有的是垂直移动的，有的是水平移动的，参与者在观看的时候要说出他们是否喜欢这些产品。研究结果表明，与水平移动的产品相比，参与者更喜欢垂直移动的产品。研究者们认为，参与者在无意识中把垂直移动的产品与点头的动作联系起来，将水平移动的产品与摇头的动作联系起来。这说明点头和赞许、认同等正面的情绪相联系，而摇头和否定、不乐意等负面的情绪相联系。因此，在观看垂直移动的产品时，观看者就会无意识地点头，从而体会到的是一种比较快乐的情绪；而观看水平移动的产品时，他们会无意识地和摇头的动作相联系，内心自然也体会不到那种快乐的情绪。

在 20 世纪 80 年代，有人进行了一项比较有意思的研究，研究居然发现，仅仅用牙齿咬住一支铅笔就能让人们体验到快乐的情绪。研究中同样有两组被试者，研究者要求其中的一组被试者用牙齿咬住一支铅笔，但是必须保证铅笔碰不到嘴唇；而另外一组参与者则被要求仅仅用嘴唇含住铅笔，但是要保证铅笔不会碰到牙齿。同时，两组的参与者都要对一部喜剧卡通片进行评价，并进行相应的打分以表示他们从这部卡通片中所感受到的快乐程度。有趣的是，用牙齿咬住铅笔的参与者，其面部肌肉处于微笑的状态；而用嘴唇含住铅笔的参与者，其面部表情是紧皱着眉头。研究结果也证实，参与者的面部表情和他们内心体验到的情绪是一致的，即那些用牙齿咬住铅笔而被迫使面部表情进入微笑状态的参与者比那些仅仅用嘴唇含住铅笔而不自觉皱眉的参与者体验到更多的快乐，而且对戏剧卡通片的评价也更高，认为它能诱发更多的快乐。其他的研究也表明，快乐的行为能引发一系列的连锁反应，它不仅让人们能够体验到快乐的心境，同时也能让人们以更积极乐观的心态去对待生活，回想生活中那些能让你快乐的事件。即使这种快乐的行为停止，快乐的心境并不会立即消失，就像微笑虽然停止了，但是快乐仍会通过我们行为的很多方面继续对我们产生影响一样。

快乐之道其实很简单，我们完全不必大伤脑筋苦苦追寻，只需每天快乐一点地生活，久而久之，我们就会成为一个真正快乐的人。

为什么踢打和尖叫毫无作用

弗洛伊德关于人格的理论告诉我们，我们的人格结构是由本我、自我和超我三部分组成的。"本我"一般指的是我们内心最原始的冲动和罪恶的念头，它追寻的是快乐的原则；"超我"则遵循道德的原则，追求完美，并且是在外部环境，如道德规范、社会取向等的影响下形成的，用来约束本我的；而"自我"则在本我和超我发生冲突的时候进行调解，它是在现实的环境下对本我和超我发生冲突时进行一个恰当、公正的评判。对于三者之间的关系，我们可以做一个这样的比喻，如果将本我概括为"我想要"，那么自我就是"我能要"，而超我则是"我应不应该要"。自我就是根据超我的"我应不应该要"对"我想要"进行一个取舍和判断，最终得到一个能够被本我和超我接受的"我能要"。其实，在大多数的时候，这三者之间的力量都是处于均衡状态、和平共处的。但也难免会产生分歧，而且通常情况下产生分歧的领域涉及性和暴力。

弗洛伊德在其著作《自我与伊底》一书中将自我与本我的关系比作骑士和马的关系，马提供能量，而骑士则选择目标并引导马朝着它想去的路途前进。这告诉我们，自我不能脱离本我而独立存在，同时自我又参照现实对本我进行调节，从而达到解除个体的紧张状态以满足其欲望的目的。但这种调节往往是很有难度的，如果调节不当就会使个体陷入紧张和焦虑之中。就像弗洛伊德在他的《精神分析引论新讲》中提到的那样："有一句格言告诫我们，一仆不能同时服侍两个主人，然而可怜的自我却处境更坏，它服侍着三个严厉的主人，而且要使它们的要求和需要相互协调。这些要求总是背道而驰并似乎常常互不相容，难怪自我经常不能完成任务。它的三位专制的主人是外部世界、超我和本我。"

有人也将本我、自我和超我分别比喻为青春期的少年、会计和牧师。把场景设定在一个有色情录像的房间里，少年压抑不了自己的欲望和冲动，总是想去看那盘色情录像带，但是道德化身的牧师则极力阻止少年的行为，并试图去销毁那盘录像带。而会计则希望在两者的冲突中找到一个两全其美的方案。最后，在会计的提议下，三个人同意将这盘录像带藏起来，从而当做它不存在。刚开始，这种方法是奏效的。但是时间久了，少年还是抵挡不住诱惑，而牧师总是极力阻止少年罪恶的念头。于是，两个人的冲突越来越严重，气氛也越来越紧张，最后的结果是每一个都变得很焦虑。

弗洛伊德认为，当本我、自我和超我三者不能和谐相处时，个体的心理状态就会出现问题，就会陷入像少年和牧师那样的冲突中去，最终会使我们无所适从，焦虑不安，烦躁不已。那么，我们该怎样去克服自己的这些负面情绪呢？

来自心理学家的建议是，我们应该以一种不伤害自己，同时也不会对社会造成威胁的方式来将这种情绪发泄出来。比如，大声喊叫，使劲地捶打，等等。而我们的生活经验也告诉我们，大声尖叫能够帮助我们释放压抑的情感。但是，事实果真如此吗？

爱荷华州立大学的研究者专门对这个问题进行了研究。他们首先用一些侮辱性的评价激怒学生，从而让他们产生愤怒的情绪。紧接着，将这些愤怒的学生分成两组，向其中的一组学生提供拳击手套和沙袋，以供他们发泄之用；而另一组学生则只是在安静的房间里坐两分钟。最后，将所有的实验参与者分成两组进行游戏，游戏中获胜的一方可以冲失败的一方大声喊叫，用电脑记录他们喊叫的时间和音量的大小。实验结果表明，与坐在安静房间里的人相比，那些打沙袋的人的愤怒情绪并没有减少。在随后的游戏中，他们反而更具有攻击性，而且喊叫的时间更长，音量更大。这说明，大声喊叫和踢打并没有起到作用，它不但没有消灭你的怒气，反而会火上浇油。

怎样在数秒钟内减少你的怨气

有句古话说，人生不如意十有八九。也就是说，在我们的人生中，大部分的事情是不能如我们所愿的，我们总会经历这样或那样的挫折和不幸。比如，亲人突然遭遇车祸而离开，一向健康的自己突然被查出患重病，一直和自己相敬如宾的爱人突然有外遇，等等。这些事情都会让我们产生无助、沮丧甚至愤怒的情绪，于是我们试图通过某种途径将这些不良的情绪发泄出来。但是，就像上一节所提到的那样，尖叫和踢打并不能减轻我们的怒气，反而只会火上浇油。那么，对于我们来说，什么样的方法才是可行的呢？

除了尖叫和踢打之外，我们通常的做法就是做一些其他的事情来转移自己的注意力，让自己"无暇顾及"这些让人恼火的事情。比如，我们可以叫上三五个朋友小聚一起去唱歌，自己去看一场有趣的电影，或是参加一些体育锻炼，等等。当然，这些方法只是在短期内可以帮助我们减轻由挫折引起的愤怒或沮丧的情绪，但是却不能达到长期的效果。也许你又开始为此而苦恼了，面对如此多的让人恼火的事情，你感觉力不从心，不知道该如何应对。其实也没有你想象的那样困难，你并不一定要花几个月的时间去寻求心理医生的帮助，或是花上几个小时找你的好朋友倾诉，有一种有效的办法能够使这些问题变得简单。这种方法被称为"寻找好处"。而且这一方法在那些灾难受害者或遭遇意外事件的人身上证明是有效的。

美国迈阿密大学的迈克·莫克拉夫和他的同事对这一方法的有效性进行了研究。有300多名大学生参与了该项研究，研究中要求每个学生回忆自己受到伤害或被侵犯的事件。然后，将这些学生分成三组。研究者要求前两组的学生都花几分钟的时间描述一下自己所经历的事件，唯一不同的地方就是，第一组的学生重点表达他们的愤怒情绪，以及这件事情对他们产生的负面影响；第二组学生则被要求尽量从这些负面的影响中找出能让自己受益的东西；而只要求第三组的学生介绍一下自己第二天有何安排。最后，让每个人都填写评价自己对经历过的痛苦事件的想法和感觉的问卷。结果发现，与第一组和第三组的同学相比，第二组的同学更倾向于原谅那些曾经伤害过自己的人，而且寻求报复的可能性更小。这一结果说明，虽然只有短短的几分钟，但是能够从负面的情绪中寻找让自己受益的东西的确能够帮助我们更好地应对愤怒和沮丧的情绪。

这种"寻找好处"的方法类似于"半瓶水"的故事中那个乐观的人对待半瓶水的态度。夏天烈日当头，两个人在沙漠中行走，渴得要命。突然他们发现不远处前面有一个瓶子，里面有半瓶水。悲观者说："唉，还剩半瓶水。"乐观者说："真好，还有半瓶水。"虽然同样是面对半瓶水，但是乐观的人总是能够看到积极的一面，看到生活的希望。

这也告诉我们，不论多么糟糕的事情，我们只要花几分钟的时间从另一个角度考虑问题，也许就不会让自己那么愤怒和沮丧了。这种"寻找好处"的方法虽然有点像阿Q式的自我安慰，但这的确是一种让人受益的方法。有研究表明，那些患有严重身体疾病的人，往往会表现出更多的勇气、幽默感等乐观的品质，如在"9·11事件"之后，美国人身上表现出了如慷慨、友善、团队的合作能力等更多的积极品质。这样看来，负面的事件并不是毫无作用的。虽然尖叫和踢打只会火上浇油，但是花几分钟的时间从那些让你愤怒和沮丧的事件中寻找好处，将会使我们受益匪浅。

听古典音乐、晒日光浴和大笑的妙用

在现实生活中，我们总是要面对这样或那样的压力，工作中同事间的暗自竞争，学习上同学间的相互攀比，家庭中夫妻间的不断争吵，都会给我们带来很大的压力。尽管适度的压力可以形成一种动力，促使我们专注于眼前的任务。但是如果压力过大，则会导致注意力无法集中、烦躁、焦虑、抑郁等心理上的症状，使我们的身心健康受到很大的威胁。所以，我们应该学会给自己减压，适度地进行放松。

研究表明，听古典音乐、晒日光浴、大笑这些在生活中看似平常的小事情，在减轻我们的压力上有立竿见影的效果。

在我们的观念中，听古典音乐有陶冶情操、提高生活情趣等作用。殊不知，古典音乐还能帮助我们减轻生活中的压力。美国加利福尼亚大学的斯凯·查菲及其同事对不同类型的音乐和压力水平之间的关系进行了研究。在研究中，他们首先让参与者进入一种能够引发焦虑的情境之中，比如让他们不停地数数，并且在他们数数的时候不断地进行消极的干扰，催促他们要加快速度或不要数错。

然后，一些参与者被要求安静地待一会来平复自己的焦虑，另一些参与者则听古典音乐、爵士乐和流行乐三种不同风格的音乐，从而来缓解他们的焦虑。

最后，对每个人的血压进行了测量，结果表明，听爵士乐和流行乐的参与者与安静地缓解自己焦虑的参与者一样，其血压没有什么差异。而那些听古典音乐的参与者的血压很快恢复到了正常的水平。

众所周知，经常沐浴阳光对我们的身体有好处，可以补充体内的维生素D，促进血液循环和新陈代谢。最近的研究表明，阳光对我们的情绪也有影响。只要在气温和气压比较高的天气里活动半个小时以上，身心就会得到放松，心情变得舒畅，记忆力也有明显提高。

与上面所提到的听古典音乐、晒日光浴三种减轻压力的方法相比，大笑也许是最容易和最立竿见影的方法之一了。美国马里兰大学的迈克·米勒及其同事进行了这样一项研究，在研究中，让参与者先后观看让人感到紧张焦虑和捧腹大笑的电影片段，之后测量他们的血压水平。

结果发现，在看完令人紧张焦虑的片段之后，参与者的血压明显升高，而在看完令人捧腹的片段之后，血压却明显降低。

而且心理学中有关幽默和压力的研究表明，用幽默的方法来应对生活中压力的人，寿命比平均寿命要长，患心脏病的机率大大减少。同时，用幽默来应对人际关系中的压力和冲突，会使我们拥有更加健康的人际关系。因此，心理学家建议，若不想被压力搞得焦头烂额，我们每天至少要大笑十五分钟。

结交四条腿的朋友

在公园里、大街上，我们随处可见那些带着宠物散步的人。现在，养宠物已经成为一种时尚。人们之所以这么热衷于养宠物，并不仅仅因为宠物可以打发时间，排解无聊和空虚，而是因为它的确能够让我们受益。比如，宠物是自然的情绪调节剂，和猫狗在一起，可以帮助我们减轻压力；养宠物猫或狗有益于我们的心脏，没养宠物猫的人群患心脏病的死亡率比养宠物猫的人高40%；可以治疗抑郁，减少孤独，因为宠物会不厌其烦地听主人倾诉；宠物狗常用于心理治疗，因为它可以缓解患者的紧张焦虑等过激情绪；遛狗还可以使我们有更多的机会和大自然进行接触，呼吸新鲜空气，同时还可以锻炼身体；等等。当然，我们也只是简单列举其中的一些作用，要想说出所有的养宠物的好处的话，似乎是一件很有难度的事情。

说到这里，也许有人会对此提出怀疑，说养宠物有这么多的好处，你有什么科学的证据来说明你所说的就是可信的呢。其实，有研究者已经在这方面进行了相关的研究。美国马里兰大学的爱丽卡·弗里德曼及其同事对养狗和心血管功能之间的关系进行了考察。他们对心脏病患者的康复率进行了调查，结果发现，那些养狗的心脏病患者在病发一年后的存活率是没有养狗的患者的九倍。

这一研究结果引起了科学家们的极大兴趣，他们对养狗可能带来的其他益处进行了进一步的研究。结果发现，与那些没有养狗的人相比，养狗的人表现得更自信，能够轻松地应对生活中的压力，而且患抑郁症的概率也很小。

为了研究养狗的好处，科学家们可谓是别出心裁，这里我们再介绍一个非常有趣的研究。在这项研究中，参与者都是那些养狗的人，他们被要求完成一项很有难度的、压力很大的任务，即要求他们在数数的同时，将手放在冰水里面，与此同时研究者对他们的心跳和血压进行测量。

有趣的地方在于，一部分参与者在完成任务的时候是由他们的宠物狗在一旁陪同，而另外一部分参与者由他们的配偶在一旁陪同。结果发现，与那些由配偶陪同的参与者相比，由宠物狗陪同的参与者在数数的时候出现的错误次数比较少，而且心跳次数和血压都更接近正常水平。

是不是和狗一样，只要是四条腿的动物都有同样的作用呢？答案自然是否定的。因为有研究结果显示，与养狗相比，养猫对我们健康的益处远远不能和养狗相比。虽然和猫生活在一起也能够在一定程度上减轻我们的负面情绪，但是其作用也似乎仅限于此。

这些研究结果不禁让我们唏嘘不已，原来养狗和不养狗的差别居然这么大，养狗的人很少患心血管疾病，对待生活的态度也更积极乐观。

难道真的是养狗所起到的作用吗？是养狗的人天生就具有这种乐观的性格，对待生活的态度也更积极向上，因此他们才会喜欢养狗？还是养狗让他们具备这种性格特征？抑或者有更为复杂的因果关系呢？

对此，研究者们也进行了相关的研究。在实验中，他们选取了一群患有高血压的病人，随后将这些人随机分为两组，其中一组的病人每人需要照看一条狗，而另一组则不需要。研究者们对两组病人的血压进行了长达六个月的连续监测，结果也表明，照看狗的那一组病人的确比另一组病人更为放松，也许与那些降血压的药物相比，狗在缓解我们的精神压力上作用更大。在这一研究中，由于参与者都是随机分组的，所以可以排除由性格所带来的差异。

既然养狗有这么多的好处，那么肯定有很多人争先恐后地去宠物市场挑选自己喜欢的狗了，可是对于那些认为养狗是一件麻烦事情的人来说，按时地喂食、给他洗澡、带他看病等等都会让他们觉得烦恼。

其实大可不必，研究发现，买一只机器狗可以省去上述的一堆麻烦，同样还能够起到和真狗一样的效果。

如果你觉得买一只电子狗也是一件麻烦的事情的话，不妨尝试着去网上搜索狗的一些视频，这也同样有助于减轻我们的压力。

第四章

行为心理学：人们为什么愿意
为他们喜欢的人做事

什么会影响我们对他人的判断

很多年前，一位哈佛大学的校长为了一次判断失误，错失了发展机遇，却造就了赫赫有名的斯坦福大学。那天，一对穿着朴素的老夫妇没有经过预约，直接来到校长办公室拜访。校长的秘书马上就判断这对老夫妇不可能与哈佛有任何业务往来，于是借口校长很忙，打算打发他们走。过了几个小时，这对老夫妇依然固执地守在那里，秘书没有办法，只得通知校长，校长不耐烦地同意了。女士告诉他："我们以前有一个儿子在哈佛大学读书，他很喜欢哈佛，可是去年他去世了，我和丈夫想在校园里为他留下一个纪念物。"校长觉得很可笑，鄙夷地说："女士，我们不可能为每一个去世的哈佛学生留下一个雕像。"这位女士表示她想为哈佛捐献一座大楼，校长再次打量他们，不耐烦地说："你们知道一座大楼要多少钱吗？我们学校建筑物的价值超过了750万美元。"这位女士转头对丈夫说："原来只要750万就可以建座大学啊，那我们不如建座大学来纪念我们的儿子吧。"就这样，斯坦福夫妇来到加州，建立了后来赫赫有名的斯坦福大学。

对他人准确的判断能帮助我们快速了解他们，作出正确的反应；而错误的判断不仅会导致我们作出错误的反应，可能还会造成严重的后果和损失。判断是一个过程，当然也求一个结果。信息不足时，如何综合它们进行判断；信息过多时，如何取其精华，去其糟粕，就是非常重要的了。尤其对人，判断失误不仅是对别人的不公平，也会给自己带来不好的影响。

要对他人作出精确判断，首先要了解那些影响我们对他人判断的因素。在对他人进行判断时，我们容易走这样一些捷径：

一是第一印象。同陌生人第一次见面时，对方的仪表服饰、言谈举止、风度气质等会给我们留下一个最初的印象，即第一印象，也叫首因效应。因为是最初的感觉，第一印象在我们脑子里留下的记忆会比较深刻，更容易记住。如果不加注意的话，我们很容易凭借第一印象对他人作出判断。比如上述例子里哈佛大学的校长和秘书都凭借斯坦福夫妇的穿着打扮，认定他们没有钱为哈佛捐款。而所谓的"一见钟情""一见如故"也是首因效应的典型例子。这样的判断多少会有以貌取人的嫌疑，非常片面。

二是选择性知觉。当我们面对一个陌生人时，对他的了解必然是不充分的。当然，我们也不会对他的所有信息都给予关注。一般情况下，我们只能或者说只愿意选择那些表面的，能看得到的信息，即对信息的选择性注意。比如，看到一个人正在帮助别人，可能就因此判断他是个乐于助人的人，但事实上他可能只是偶尔一次出手帮助别人。

三是晕轮效应，也称为成见效应。个体某些方面的特征突出，从而掩盖了这个人其他的特征，就好像月亮周围有时出现的朦胧圆圈。一个人其他方面都很好，但就是不够热情，则其他特点也不会得到很高的评价。而初次见面时对一个人的印象很好，可能在以后的交往中，也会觉得他很好，尽管他会暴露出一些缺点。

四是刻板效应。根据某个团体具有的特征来判断某个个体，忽视了个体的差异。"物以类聚，人以群分"就是一种刻板效应。

五是对比效应。我们对他人的判断可能还受与接触到的其他人对比的影响。一个很优秀的人，与比他更优秀的人对比起来，人们可能就会判断他不是那么优秀。而这种判断显然是不客观的。

除了这些来自判断者主观的心理效应能影响我们对他人的判断之外，他人的特质因素比如外表容貌、才华能力、个性品质等也影响我们对其的判断。研究发现，那些漂亮的人更容易给他人留下好的印象，作出好的判断；人们喜欢有才干的人，尽管他有时候会犯一些小错误；而无论男性和女性，真诚是最有吸引力的品质。

判断是一个互动的过程。给他人留下一个好的印象、真诚的印象，有助于他人作出准确的判断；判断的中肯、无偏见，能引导人际交往朝着正确的方向进行。不自觉地戴着有色眼镜看人或以貌取人则是不可取的。

情人眼里为什么会出西施

在物理学上，热水快速冻结现象被称为"姆潘巴现象"，也称"姆佩巴效应"。姆潘巴现象是对我们大脑中的常识的颠覆，热水怎么可能先结冰呢？然而不可靠的姆潘巴现象竟然被人们当做真理认同了40多年。

姆潘巴现象是以埃拉斯托·姆潘巴的名字命名的。1963年的一天，姆潘巴发现自己放在电冰箱冷冻室里的热牛奶比其他同学的冷牛奶先结冰。这令他大为不解，于是，他立刻跑到老师那向老师请教。老师却很轻易地说："肯定是你搞错了，姆潘巴。"姆潘巴不服气，又做了一次试验，结果还是热牛奶比冷牛奶先结冰。

某天，达累斯萨拉姆大学物理系主任奥斯玻恩博士到姆潘巴所在的学校访问。姆潘巴就鼓足勇气向博士提出了他的问题。奥斯玻恩博士回答说："我不能马上回答你的问题，不过我保证等我一回到达累斯萨拉姆就亲自做这个实验。"结果，博士的实验和姆潘巴说的一样。于是，人们就把热牛奶比冷牛奶先结冰的现象称为"姆潘巴现象"。

2004年，上海向明中学一女生庾顺禧对这一现象提出了质疑。在科技名师黄曾新的指导下，庾顺禧和另外两名女生开始研究姆潘巴现象。她们利用糖、清水、牛奶、淀粉、冰淇淋等多种材料，采用先进的多点自动测温记录仪，在记录了上万个数据后进行多因素分析，最后得出结论：在同质同量同外部温度环境的情况下，热液体比冷液体先结冰是不可能的，并提出了引起误解的三种可能。

为什么一个不存在的现象竟然被人们作为真理认同了40多年，而没有人对它提出质疑？这就是光环效应的作用。光环效应，又称晕轮效应，是指人们对事物的某种品性或特质有强烈的自我知觉，印象比较深刻、突出，这种感觉就像月晕形式的光环一样，向周围弥漫、扩散，影响了对事物的其他品质或特点的认识和判断。

人们之所以坚信姆潘巴现象存在，就是源于对专家的良好印象。在这种印象的影响下，人们对姆潘巴现象的存在深信不疑——因为这个结论是物理学家给出的，他是物理学家，结论肯定就是正确的。

光环效应其实是一种认知偏差，是一种以偏概全的评价。我们可以把光环效应通俗地称为"情人眼中出西施"。

在现实生活中，光环效应随处可见。热恋中的姑娘和小伙子，受光环效应的影响，双方就会被理想化——姑娘变成了人间的仙女，小伙子变成了白马王子；当老师对某个学生有好感时，会觉得这个学生什么都好；等等。

乘电梯时，人为什么总是往上看

每次乘坐电梯的时候，你的目光放在哪里呢？仔细回想，应该是保持同一个姿势，那就是仰头看着跳动的数字。不仅如此，你环顾一下周围，可以发现大家都神色淡漠，而目光出奇的一致。

为什么在电梯等拥挤的公共场所，我们会不由自主地往上看呢？这是由心理空间导致的。心理空间通俗来说就是我们所说的私人空间，指的是每个人有属于自己的不被任何人了解、知道的个人空间。一般大家理解的私人空间可能是指房间、日记等隐私内容，但人内心某一角落也属于私人空间的范畴，心理学上称其为心理空间。

在电梯里，人与人之间的距离超越了个体的私人空间范围，也就是说互相进入了对方的私人空间，所以会感到不舒服。向上看并非数字有什么神奇的魔力，能吸引我们的目光，只是为了尽快逃离电梯这个狭小的、侵犯了我们私人空间的空间。

另外，乘电梯的时候向上看，看着跳跃的数字，心里能感到电梯是在移动的，这样也能在一定程度上缓解我们等待的焦虑。

心理空间说白了就是一种安全感，而追求安全感是人的一种本能。当有人闯入我们的心理空间，我们觉得受到侵犯的时候，就会产生不安、焦虑感，并想办法尽快摆脱这种不好的感觉。研究表明，活泼开朗、爱和人打交道的人心理空间大，而那些沉默不安、不合群的人的自我保护意识强烈，他们的心理空间肯定小。心理空间也随环境变化，夜晚一个人走在僻静的小巷，很远的动静就会让我们产生不安感。

了解了一些有关心理空间的知识，我们就不难理解人们在各种公共场合的行为了。出于自我防卫的本能，我们会尽量和他人保持距离，不让他们进入自己的心理空间，以免产生不安感。即使已经互相进入了心理空间，也会采取其他行为来缓解不安。而进入青春期的青少年更需要一定的私人空间，不仅包括独立的房间、上锁的日记，当然还有一个不容别人进入、窥探的心灵秘密花园。

附：如何测量你的心理空间

当你和一个陌生人搭电梯时，这时你会有何反应？

A. 和对方搭讪

B. 保持微笑，等对方开口，再跟他讲话

C. 面无表情，盯着电梯楼层灯

D. 双手抱胸，头朝下看着地板

参考答案：

A. 和对方搭讪

在封闭的空间会和对方搭讪的人，心理空间比一般人大，对人的恐惧度也比较小。由于你的私人心理空间比一般人要大，或许整个电梯都是你的个人领域，所以你会觉得很舒坦，很有安全感，像是在自己的家里一样。因此，你会把对方当做是客人一样地招待。这种人对人的信心总是比较多一点，很适合公关的工作。不过，万一遇到闷不吭声的人就难堪了，搞不好人家会以为你是神经病。

B. 保持微笑，等对方开口，再跟他讲话

你的私人心理空间是属于比较正常的范围，大概是自己身体周围五十公分左右的圆区。你不会扩展自己的心理空间，因此对方如果是在你的私人熟悉领域外，你就会觉得不太敢去招惹对方。因为，在你的个人领域内的空间，你会觉得很有信心，一旦超出了这个范围，你就会觉得力有未逮，自信心也相对减低；不过，这是很正常的现象，因为你觉得个人领域之外的空间，是属于他人的空间或是公共空间，所以，不会主动去侵入别人的身体领域，主动地去和别人搭讪。但是，你也不排除和别人对话的可能，只要有人主动和你说话，你也会跟对方应对。

C. 面无表情，盯着电梯楼层灯

你的私人心理空间比较狭窄，如果不熟的人太接近你，超过了你的安全距离，你就会感到不舒服。而这里的个人领域，是指个人的自信心所拓展出来的范围，是代表自己可以掌握的领域。而你之所以会选这个答案，很有可能是防卫距离比一般人大，而个人领域却比一般人来得小的缘故。总之，你是一个自我安全领域很窄，自我防卫系统比较强烈和敏感的人。

D. 双手抱胸，头朝下看着地板

你是个私人心理空间极端狭小的人，也就是说在公众场所，你是个对自己极端没有信心的人，而且是有很大的不安和恐惧，甚至有点自我封闭的倾向，所以你才会双手抱胸，流露一副急于保护自己的下意识动作。而你的低头动作，更是暗示了你不想和外界沟通，也不想和任何人面对面，这是一种自闭心态。这些心态和心理对你来讲，是非常不利的，因为你愈是退缩、封闭，就会招来更多的危机，一有危机，你就更封闭，谁也不相信。

人为什么要赶时髦

人为什么要赶时髦呢？

"时尚"又称流行，是指在一定时期内，在社会上或某一群体中普遍流行的，并被大多人所仿效的生活方式或行为模式。所谓的"赶时髦"也就是追赶流行趋势。时尚体现的范围非常广，几乎遍及我们生活的全部，既包括衣食住行等物质生活方面，也包括文化娱乐等精神生活方面。某一种服饰的流行，大家狂热喜欢超女、快男等偶像，都是时尚现象的体现。这些行为既是一种群众行为，也是一种普遍的社会心理现象，不具有社会强制力。

时尚可以由上而下传导，比如时装发布会发布最新流行趋势，然后在社会上流行开来；也可以自下而上传导，先由社会上的普通群众开始，然后成为上层社会人士追崇的流行趋势。当然，时尚也可以在社会各群体之间横向传导，通过媒体得到广泛传播。

那么，人们为什么会追求时尚呢？很大程度上是为了满足心理上的种种需求。时尚的引领者大都有以下特征：不甘现状，富有好奇心，勇于冒险，追求与众不同等。追求时尚，首先能满足我们的求新欲望。人类本能地具有渴望新鲜事物、厌弃陈旧事物的心理倾向。求新和好奇是人类的本能需求，而流行和时尚本身的新奇特点就能满足我们的这种需求。

再者，从心理学上来说，赶时髦的行为是一种从众行为。为了和群体中的其他人保持一致，避免被孤立，在时尚面前从众的本能开始发挥作用。这与个体的性格特质以及来自群体的压力有关，为了继续和群体保持交往，我们一般都会迈开追赶潮流的脚步。

另外，赶时髦还可能是为了自我防御和自我展示。那些社会地位较低、觉得受到忽视的人，可能会认为追求流行和时尚的与众不同能消除自己的自卑感，或者展示自己个性、喜好、品味等，能增添自己的魅力，吸引他人的目光。

从以上分析的赶时髦的原因中可以看出，人类的心理常常是矛盾的，既要求同于人，又要求异于人。当某一项目开始流行的时候，我们为了标新而追求流行；当该项目流行一段时间，我们又产生厌弃心理，开始追求另一些更时髦更新颖的事物，于是，新一轮流行开始。

当然，准确把握人们追赶时髦的心理，对商品生产、调节市场需求、引导人们的消费习惯等是非常有益的。以时装行业为例，设计师如果具有敏锐的流行触觉，了解最新的流行趋势，就能设计出畅销的衣服，引领新的流行时尚。而就我们普通消费者的角度来说，最好不要盲目追赶潮流，因为潮流是转瞬即逝的，它只是某一段时间内的社会现象，如果不具备一定经济实力的话，赶时髦着实是一件"劳民伤财"的事情。

见到有困难的人，为什么不愿出手相救

某日午夜，在美国纽约郊外某公寓前，一位妇女在结束酒吧工作回家的路上遭到歹徒袭击。当时她绝望地喊叫："有人要杀人啦！救命！救命！"听到叫喊声，附近居民都亮起了灯，打开了窗户，凶手吓跑了。当一切恢复平静后，凶手又返回作案。当她又喊叫时，附近的居民又亮起了灯，凶手逃跑了。当她认为已经无事，回到自己家楼上时，凶手又一次出现在她面前，将她杀死在楼梯上。在这个过程中，尽管她大声呼救，她的邻居中至少有38位听到呼救声到窗前观看，但无一人来救她，甚至无一人打电话报警。当时这件事引起纽约社会的轰动，也引起了社会心理学工作者的思考。

为什么人们会如此冷漠，见死不救呢？心理学家将这种有众多旁观者在场却见死不救的现象称为责任分散现象，也叫旁观者现象。他们认为，恰恰是因为旁观者在场，削弱了人们的助人行为。在某个需要帮助的情境，如果单个个体在场，他会有很强的责任感，会积极做出助人行为，而旁观者越多，助人行为越少。这是因为我们都希望能少分担一点责任，心里想着即使自己不出手相助，也应该会有人会伸出援手，从而导致责任的分散——如果只有1个旁观者，他助人的责任是100%；2个旁观者在场，每个人就承担50%的责任；如果有10个旁观者，每个人就只承担10%的责任。每个人都减少了帮助的责任，而个体却不清楚自己到底要不要采取行动，就很容易等待别人提供帮助或互相推托。

心理学家约翰·巴利和比博·拉塔内的实验证明了旁观者现象的存在。他们让72名不明真相的参与者分别以一对一和四对一的方式与一个假扮的癫痫病患者保持距离，并利用对讲机讲话，在通话过程中，假扮的癫痫症患者会忽然大喊救命。这时观察参与者会作何反应。他们事先知道自己是一对一还是四对一的形式。事后统计结果显示：一对一通话组，有85%的人冲出工作间去报告病人发病；而四对一通话组只有31%的人采取了行动！

和成人的这种心理相反，儿童的助人行为却因为有其他人在场而增加了。心

心理学
第二篇　生活中的心理学

理学家斯陶布发现，儿童单独在场时，只有31.8%会出现助人行为，而两人在场时，上升至61.8%。这可能是因为其他人的在场减少了儿童的恐惧感，从而做出助人行为。

除了责任分散这个重要因素之外，还有其他一些因素也影响了人们的助人行为。比如说，榜样的作用。旁观者的在场除了能使人们感到责任分散、犹豫不决外，也能起榜样的作用。熙熙攘攘的大街上，此时有一个陌生人突然发病，如果有一个人即时出手相助，并拨打120急救电话，其他路人肯定也会停下脚步，给予帮助。另外，情境的模糊性也会影响人们的助人行为——个体不确定发生了什么事，是不是需要自己提供帮助的时候，往往会退缩。如一项实验中，一个油漆工人站在梯子上，他的正上方是一副巨大的广告牌，被试者能透过窗户看到这名工人。不久之后，被试者都听到重物落下的巨大声响，跑出来一看，发现是广告牌掉落了，只有29%的被试跑过去帮助他。但是在另一情景中，油漆工呼唤大家去帮助他，这时有81%的被试者会出手相助。可见，减少情境的模糊性，能增加助人行为。

心理学家们还发现，一些外部因素诸如天气、社区大小、被助人特点、性别等都能影响助人行为。微风拂面的晚上，司机愿意让人搭顺风车；风雨交加的晚上，他们赶着回家而无暇顾及需要帮助的路人。小城镇的人生活节奏慢，热心肠，比起匆匆忙忙的都市人群，更愿意表现自己的爱心。而那些看起来弱小、善良、有吸引力的人，更能得到他人的帮助，尤其是漂亮的女性。研究发现，男性的助人倾向受性别的影响，尤其当对方是年轻漂亮的女性时；而女性的助人倾向不受性别的影响。

由此可见，人们不愿意出手相助并不能简单地归结于道德的沦丧、人性的冷漠，因为影响我们助人行为的因素很多，在不同的场合、情境，针对不同的对象，人们的援助行为确实不同。但是，我们还是应该有一定的责任感，最好别因为责任的分散导致救助的不及时，而造成不可逆转的后果。

人为什么喜欢跟风

据新闻媒体报道，2010年伊始，一部好莱坞大片《阿凡达》彻底点燃了影迷的热情。全国各地的影院都爆满，排队买《阿凡达》电影票已经成为众白领的"心头大事"。而且影迷们的追求不满足于2D、3D版《阿凡达》，都想一睹IMAX3D版的风采。因为上海和平影都是长三角地区唯一可看IMAX3D版《阿凡达》的影院，各路影迷几乎要将和平影都"吃掉"，疯狂的影迷甚至凌晨四五点就赶到影院排队——在春节还有一个多月到来之际，一部《阿凡达》却一不小心预演了"春运购票潮"。有影迷表示："人家都说 IMAX3D 版好看，我们当然想看了，不看是件多没面子的事儿啊。要不人家问起来，都不知道和人家聊什么，现在满城都在谈论《阿凡达》。"甚至，有影迷为了一睹 IMAX3D 版《阿凡达》的风采，跨城市看片，从各地奔赴上海。由于大家的蜂拥追捧，票价也水涨船高，甚至一票难求。

这个现象反映了人们这样一种心理：别人都看了，我不看岂不是很没有面子，这就是乐队车效应。"乐队车效应"这个词最早来自于经济学领域，由著名的经济学家凯恩斯提出，他将经济繁荣时推动资产价格上升的现象描述成乐队车效应。当经济的繁荣推动股价上升时，跟风的投资者们开始一窝蜂涌入股市，促使股市的行情飙升，最后，股票的价格上升到一个无法控制的地步，股票市场预期发生逆转，导致价格崩溃，股市崩盘。就像队伍游行时开在最前面、载着演奏乐队的汽车，在它的带领下，人们情绪激昂，气氛高涨，不由自主想加入游行的队伍，跟着队伍前进。而或许一开始你并不想参与这个游行。

生活中的乐队车效应随处可见。一种本来不好吃的东西，如果大家都说好吃，你可能也就跟着附和了；一首感觉平平的歌，大家都说好听，你可能也会忍不住称赞它。就好像是小时候玩游戏时要选边站，我们都会选择能赢的一方。商家的炒作就是根据人们的这种心态来进行的，集中宣传某种产品，制造很火爆的场面，吸引消费者的捧场。

与乐队车效应相反的还有一种心理效应，即支持弱者效应——人之初，性本善，人性善论者认为同情弱者是人的本能。生活中，同情弱者也是一种较为普遍的心态。比如，同情贫困地区的孩子，所以我们有希望工程；同情地震灾民，所以我们积极捐款捐物；同情街头的乞讨者，所以我们忍不住驻足关心。同情心是自我感受的一部分，人有把他人的感受想象成自己经受时的情况，而且感同身受的程度因人而异，有些人很容易被感动，有些人则不容易。看电视的时候，有些人常常因为故事情节、人物的悲惨遭遇而感动落泪，有些人却毫无感觉。

人性恶论的观点则认为我们同情弱者的心理不是与生俱来的，他们反对人性本善的说法，认为人性是自私的，同情弱者只是发现他们比我们弱，无法对我们造成危险，所以才同情。而一旦他们变强了，就会停止救助。尽管这两种观点从完全不同的角度阐述了我们同情弱者行为的本质，但不管怎样，面对一个落后的队伍，我们还是会忍不住为他加油鼓劲。

那么，这两种截然相反的心理效应，人们是如何表现的呢？一般情况下，人们会根据自己的需要，灵活使用乐队车效应和支持弱者效应。在涉及自身利益的时候，多会表现乐队车效应，站在有利于自己的一边，这样不仅可以获得心理上的满足感，还能得到利益。而对与自己无关的事情，则会产生支持弱者效应，站在弱者的一边。

但是不能盲目跟风，产生乐队车效应的时候，应该停下来，仔细思考一下，这是不是自己真的需要的，真的与自己的能力相符，不能因为面子而跟风。

人们为什么愿意为他们喜欢的人做事

战国第一名将吴起有一次率领魏军攻打中山国。他巡视军营的时候发现有一个士兵身上长了毒疮，疼痛难忍，吴起毫不犹豫地俯下身子，为这位士兵将毒疮里的脓血一口一口吸出来。事情传到这位士兵母亲的耳朵里，她大哭不止。旁人问她："你儿子只是一名普通士兵，将军为他吸脓血，本该是一件光荣的事情啊，为什么要哭呢？"他母亲回答："你有所不知。几年前吴将军也为他父亲吸过脓血，结果他父亲临死也不退缩，最后战死沙场。如今又为他吸，真不知道他要死在哪里了。"正是因为有对下属的一片真心，吴起的军队战无不胜，攻无不克，最终成功拿下很多战役。

人们总是愿意为他们喜欢的人做事。故事里的父子就是这样，吴将军是他们爱戴的将领，所以，他们为了吴将军愿意赴汤蹈火，甚至献出自己的生命。

最早提出这个理论的是美国管理学家瑟夫·吉尔伯特，他认为每个人都愿意为自己中意的人做事，而且往往会任劳任怨，不计较得失。

这就是心理学上的所谓"喜欢原则"。我们总有一种倾向，愿意去帮助那些自己喜欢的人，同时也赞同他们的观点。一般来说，人们在知道有人喜欢自己之后，会产生一种强烈的心理压力，要去回报他人的喜欢。正是出于这种心理，我们会不自觉地心甘情愿为喜欢的人做事。谈恋爱的时候，男生为了心爱的女友鞍前马后，乐此不疲；工作的时候，因为上司的一句称赞，加班加点而不觉辛苦，都是出于对喜欢的回报心理。

美国著名女企业家玛丽·凯曾说过："世界上有两件东西比金钱和性更为人们所需——认可与赞美。"也就是说，金钱的力量不是万能的，人心所向才是成功的关键，适当的赞美和认可，能弥补金钱的不足。

依据马斯洛的需要层次理论来看，生理和安全需要只是最基本的需要，尊重和自我实现才是我们所最终追求的高级需求，每一个人都有强烈的自尊感，也渴望被尊重、被认可。有一个小伙子在公司里干的是最不起眼的清洁工工作，有一次歹徒闯进公司试图抢劫，只有他不顾一切和歹徒殊死搏斗。事后被问起原因，他的答案更是平淡无奇却又发人深省："因为董事长总会夸我地扫得很干净。"就是这么一句简简单单的话，却有如此大的力量，能让这位小伙子忘了危险，拼了性命。领导对下属的一句真诚赞美，就能使他们得到莫大的满足，最大限度地激发他们的潜力，让他们努力工作。这比任何物质奖励都更让人激动。

那些外表美丽的人能赢得他人的喜欢，所以，人们总是对美女很偏爱。可是，如果一个人的言行举止给他人传递的全是善意，时时刻刻为他人着想，时时刻刻关心、宽容他人，这样的人会比美女更受到大家的喜爱。你可以发现，那些有很多朋友、受大家喜爱的人，都不是自私、自我的，他们能时刻照顾到朋友的感受，尊重、关心周围的人。这样的人，自然也会得到大家同样的关心和回报。

下级与上级之间也是一样。下级对上级领导的评价，除了他对下属的关心外，可能还包括他作为领袖的责任承担能力。一个敢作敢为、有担当的领导，能让下属产生信任感和凝聚力，下属也会积极承担起自己应承担的责任，让领导放心。领导表面上把责任揽在了自己身上，会承担一定的风险和损失，但实际上却能换来下属更强的信任感。

结合各种社会生活现象，我们了解了喜欢原则是怎么一回事。人们喜欢为他们喜欢的人做事，实际上是出于喜欢回报的心理，也是为了满足自我被尊重、被认可的需要。

想让自己被更多人喜欢，想让一个企业更有活力、更有凝聚力吗？那就别吝啬你的赞美和鼓励，多从人性的角度出发，给予他人多一些喜欢和关注，他们自然会回报你同样多的喜欢和关注。

人做事的积极性是由需要所决定的

马斯洛是美国杰出的人本主义心理学家，提出了著名的需要层次理论。他认为，个体成长与发展的内在力量是动机，而动机是由多种不同性质的需要所组成的。用苏联心理学家乌兹纳泽的话说，就是人们在做某件事的时候，表面的积极性所体现的是内在的动机，而动机则必然是由需要引发的。简而言之，没有需要，根本谈不上积极性。这被称为乌兹纳泽定律。

乌兹纳泽定律给人的重要启发是，要想调动起人们从事某种活动的积极性，就一定要激发起人们相关的需要。三十六计中有一计叫做美人计，美人计的运用就是出于人们喜好美色的动机，而在当今商业营销中，商家使出浑身解数进行各种各样的宣传和广告活动，其意图就在于激发潜在消费者的心理需要，使其产生一种强烈的占有欲望，禁不住诱惑地去购买该种产品或服务，从而商家也就达到了赢利的目的。

有一家中国公司投资于东南亚的某个地区，管理人员发现所雇用的当地工人的工作积极性总是不高，于是决定采取提高工资的办法来激励员工，可是工资提高之后却发现，人们的工作热情非但没有上升，反而用于工作的时间更少了。原来，在当地的人们看来，工作只是为了挣到足够的钱来生活，当工资提高之后，用较短的时间就能获得可供生活之用的收入，那么，他们一旦获得了够用的钱就会停止工作而去享受生活，却不会为了挣取更多的钱而牺牲掉用于生活和休息的时间。在他们的头脑中是没有攒大钱这个观念的，也就是没有挣更多的钱存起来留待以后使用的这种需要，因此，通过加薪这种办法来激励他们是没有效果的。这说明管理人员所下的药并没有对症，没有看清能够引发当地员工积极性的真正需要是什么。

当然，人的需要也不仅仅是停留在物质层面的，精神层面的需要也很多，并且越是精神层面的需要越能调动人的积极性。人生的最高需要应当是追求自我的实现，这也应当是每一个生命的终极指向。

马斯洛认为人的需要分为不同的层次，由低到高可划分为：生理的需要、安全的需要、归属与爱的需要、尊重的需要和自我实现的需要。

生理的需要：是人的最原始的、与生俱来的需要，它的满足是人得以维持生命的基础。

安全的需要：比生理需要较高一级，每个人当生理需要得到满足以后就需要安全的保障。

归属与爱的需要：又称为社交需要，是指个人渴望得到亲人、朋友与社会的关怀、爱护和理解的需要，这种需要比生理和安全需要更细微，与个人的性格、经历、民族、生活区域、生活习惯等都有着密切的关系，归属与爱的需要是难以察悟、无法度量的，但又是影响重大的。

尊重的需要：这种需要很少能够得到完全的满足，但基本程度的满足就可以为个人带来强大的动力。

自我实现的需要：是最高等级的需要。满足这种需要就要求完成与自己能力相称的工作，最充分地发挥自己的潜在能力，成为自己所期望的人物。自我实现需要与前几种需要不同的是，它是一种创造的需要。有自我实现需要的人，会竭尽所能，全神贯注地投入到工作与生活中，使自己的人生趋于完美。

在需要层次中，生理需要和安全需要属于低级需要，而归属与爱的需要、尊重需要和自我实现需要属于高级需要。人都潜藏着这五种不同层次的需要，但在不同的时期表现出来的各种需要的迫切程度是不同的。其中最迫切的需要才是激励人行动的主要动力。在高层次的需要充分出现之前，低层次的需要必须得到适当的满足，并且人的最迫切的需要总是由低级趋向于高级的。需要的程度越高，积极性就越强。

马斯洛还认为，在人自我实现的创造性过程中，会产生出一种所谓的"高峰体验"的情感，高峰体验是人的心理最为激动的时刻，是人的存在的最高尚、最完美、最和谐的状态，人在这时会体验到一种欣喜若狂、如醉如痴的感觉。

纵观历史，我们会发现，心怀远大的志向是杰出人物的一项共有的品质，而胸无大志的人则往往不为他人所看重，因为没有高远的志向，就意味着缺乏做事的动机。内心之中没有强烈的成功需要，就会导致一个人做事的态度流于敷衍，缺乏积极的进取心，因而也就难以有所成就。

人人都爱表现自己

美国心理学家马斯洛将人的需要分作由低到高的五个层次：生理的需要、安全的需要、归属与爱的需要、尊重的需要和自我实现的需要。而对于较高层次的尊重的需要和自我实现的需要的满足的一个基本方式，就是表现自己，通过对自己的表现，来赢得他人的尊重，获得自我价值的实现。尊重的需要和自我实现的需要是每一个人都具有的，所以表现自己是人性的必然需要。

人们对表现自己都是相当在意的。在现实生活中我们会见到，有些人喜欢表现自己，有些人则不喜欢表现自己，其实这一部分人并非是真的不喜欢表现自己，只是各种原因影响了其对于自我的表露。如果抛开外在条件的约束，可以说每一个人都是喜好表现自己的，因为人们在深层心理上有着一种令自己被人赏识的愿望和实现自身价值的欲求。

曾在唐玄宗时担任宰相的张九龄在一首《感遇》诗中写道："草木有本心，何求美人折？"意思是，草木有其本然的品质在，何必一定要有美人来折取呢？当然，诗的意旨并不在于草木，是时张九龄刚刚遭受贬谪，写作此诗是想表明自己情怀高洁，并非一定要谋求君主的任用。但是这有些反面的意味蕴于其中，表面上说的是"何求美人折",实际上诗人心中还是期待着自己受到重用的。

张九龄的这种心态涉及中国古代士人心中的一个核心情结,就是关于仕与隐的选择,或者叫做入世与出世。入世,即意味着积极表现自己,令自己的人生价值获得充分的实现,为社会做出重要的贡献,这正是作为中国文化主流的儒家思想所极力提倡的。

喜欢自我表现无论对个人还是对社会来说都是好事。可是,凡事过犹不及,太过分的自我表现就是出风头了。

道格拉斯·麦克阿瑟是美国"二战"时期最著名的将领,然而这位战功赫赫的美国五星上将却是一个好大喜功、爱出风头的人。对此,马歇尔将军曾讽刺说:"如果脱下军装换上戏服,麦克阿瑟会成为一代名优。"

1944年秋天,美军从日本人手中夺回了菲律宾,美国的太平洋战区司令部也将再次迁回到菲律宾群岛。麦克阿瑟欣喜若狂,暗下决心要借这次机会好好出出风头。他宣布自己将在10月20日这天抵达荒芜的菲律宾雷特岛的海滩上,并表示希望有人来迎接。

将军终于要来了,雷特岛海滩上满是期待的人群。中午时分,麦克阿瑟的专机在天际出现,岛上的人们激动不已,都准备欢呼雀跃。突然,飞机在半空中顿了一下,然后竟然降落在了离岸边接近百米的洋面上。岸上的人们全都惊呆了,不知道这位将军要搞什么鬼。

几秒钟过去了,舱门突然打开了,那位不可一世的五星上将走出来。他似乎并没有注意脚下的海水,而是慢悠悠地走向人群。突然,将军的脸色有些不好看,本来微笑的表情也消失殆尽。当他缓慢得有如塑像般游到岸上时,高呼一声"胜利的彼岸,我们到了",所有人这才一起欢呼。

有人问,这到底是怎么了?原来,麦克阿瑟本来是想把飞机降落在只有一膝盖深的海面上,然后自己穿着高统皮靴,缓缓地登岸,以此来炫耀他的战功。可由于潮汐的变化,海水已经上涨,海水浸湿了他大半个身子。最后,这位将军对自己被大海戏弄的事情非常懊恼。

本来,当今社会是一个宣扬个性的社会,适当地出出风头本来无可厚非,甚至是完全必要的。但是,如果过分"出风头",不管在什么时候都表现自己,希望引起众人的注意,性质可就完全变了。

关于爱出风头我们再多说几句。有人把爱出风头分为两种:演说式的爱出风头和表演式的爱出风头,很是有意思。演说式的爱出风头,是通过"嘴上"逞一时之快来达到引人注意的目的。这种人很常见,他们往往被人们称为"万事通"。当别人在讨论问题的时候，当别人在闲聊的时候，这种人总是滔滔不绝地唠叨，而且"这事我清楚""这个我明白""这个我最懂"等词语经常挂在他们的嘴边。他们的目的其实很清楚也很简单，那就是通过言语来显示自己的学识渊博，通过谈话来表现自己的聪明睿智，以此来引起他人的注意。

表演式的爱出风头，是通过"表现"自己来达到引人注意的目的。这里所说的"表现自己"是指语言和动作的结合。这种人总是想方设法地表现出与别人不一样，因为只有这样才能引起人们的注意，才会使他自己有"鹤立鸡群"的感觉。

那位麦克阿瑟将军就是想通过"表演"来达到出风头的目的，可结果，自己却成了"落汤鸡"，给人留下了笑柄。

人们是怎样寻求心理平衡的

人们把《阿Q正传》中阿Q的精神胜利法称之为"阿Q精神"。鲁迅先生正是通过对阿Q精神胜利法的淋漓尽致的描绘，表明这种精神病症普遍存在于"国人灵魂"中。鲁迅先生的本意自然是对此进行批判。

然而，抛开鲁迅先生所要批判的国民劣根性，从心理学角度来说，适当的阿Q精神很大程度上对人的心理健康是有好处的。其实，每个人内心深处都有不自觉地寻求精神胜利、自我安慰的倾向。

心理学家布莱姆做过这样一个实验，他找来一些孩子，说有一些糖果给他们吃，他们可以在两种糖果中选择自己比较喜欢的一种，可是布莱姆与孩子们说完这话就离开了。然后他的助手出现在孩子们面前。但是，助手并没有像布莱姆所说的那样做，他只是任意地将一种糖果发给每一个孩子，而不是让孩子们自己来挑选糖果。这一过程结束后，布莱姆再次现身。通过与孩子们的谈话，他了解到，孩子们原本评价说自己是喜欢某种糖果的，但是当他们被强行塞给另一种不那么喜欢的糖果之后，他们的看法改变了，认为原来自己喜欢的糖果不好看或者不好吃了。

造成这种态度改变的原因是，本来孩子们预期自己可以选择喜欢的糖果，结果当他们发现实际上并不如此的时候，就会感到自己被加上了一种额外的束缚，于是产生了一种逆反的心理，也就是心情会很不愉快，这时，他们就需要调节自己的态度，以解除这种心理上的不满，认为自己原来所喜欢的那种糖果其实也并非真的喜欢，而自己现在得到的这种也未必就不好。这样一来，他们就会获得心理上的平衡，从而消除了负面的情绪。在这一过程中，孩子们重新建构了自己对糖果的看法，这在心理学上被归结为"态度转变理论"。

心理学家认为，平衡与和谐的状态是人们心理的需要，这种心理状态意味着人们在看待问题的时候需要有一种一致性。也就是说，自己之所以这样做，是因为这样做是有道理的，对于自己是有利的。可是当事情与此相反时，也就是出现了对自己不利的情况或者是发现自己的所做所为并不符合道理，这时就会对自己的态度进行调整，通过改变态度来重新获得心理上的平衡和认知上的一致。

人们通常从三方面进行调整：

第一，改变行为，使自己的行为符合自己的认知。

一个正处于准备期末考试的紧张时期的学生却沉迷于网络，他意识到将时间过多地花费在网络上会影响考试成绩，也就是说自己的行为与自己的认知是相违背的。这时，如果自己果断地暂时离开网络，而集中精力准备考试，那么，他就是通过改变自己的行为来获得了心理上的和谐。

第二，改变认知，使自己的认知符合自己的行为。

如同前例，这个学生并不能够使自己从网络的沉溺中脱离出来，自身的行为并没有改变，但是他可以认为，上网可以缓解紧张的情绪，从而会更有利于复习，那么，他就是通过改变认知的方式来取得心理上的平衡的。

第三，引进新的认知元素。

同上面的例子，这个学生既没有放弃上网，也并不认为上网是一种放松的方式，但是他发现，可以将上网与学习结合起来，可以在网络上查阅一些相关的学习资料，利用网络资源来辅助自己的学习，那么，他就是通过引进新的认知元素的方式来使自己的行为与认知相符合的。

酸柠檬心理和甜柠檬心理

柠檬有甜的，也有酸的，当人们吃不到甜柠檬的时候，就会认为柠檬全部是酸的。这就是酸柠檬心理。

《伊索寓言》中有一则狐狸与葡萄的故事，讲的是一只狐狸看到架子上成熟的葡萄而垂涎欲滴，可是想尽了办法也都无法够到，最终只得放弃，但是狐狸马上产生了一种想法抵制了自己失望的心理，它想：那葡萄一定是又酸又涩的，可以想象有多么地难吃，即使够到了，也会吃不下去的。狐狸的这种想法后来被人们称为"酸葡萄心理"。

酸柠檬心理源自于人的自我安慰心理：人们在自己真正的需求无法得到满足而产生挫折感时，会编造一些"理由"来进行自我安慰，使自己从不满、不安等消极情绪中解脱出来。

酸柠檬心理是人们在生活中所普遍具有的心理。表面上看起来，这是一种自我欺骗，可实际上是一种自我保护机制，因为人们总是本能地趋向于令自己感到轻松和愉快。可是当人们不能够得到或者失去了某种事物的时候，难免会产生失落的心理，而这种负面的情绪状态是不利于身心健康的，这个时候就需要来一点儿自我安慰，令自己逃离苦恼的陷阱。例如，人们在遇到某种不幸的时候常常会说"塞翁失马，焉知非福"，或者讲"破财免灾"。

鲁迅先生笔下的阿 Q 是文学世界中一个著名的人物形象，阿 Q 是一个很复杂的人物，他的思想和行为蕴藏着丰富的内涵，人们可以从多种不同的角度去认识他，但是他给人留下的最为鲜明、也最为人所熟知的性格特点，就是采取不顾事实的方法来寻求自我安慰的心理态度，这就是阿 Q 的优胜策略，人们称之为"阿 Q 精神"。比如阿 Q 在和人发生口角时会说："我们先前——比你阔得多啦！你算是什么东西！"再如，他被人打了之后说："我总算被儿子打了，现在的世界真不像样……"于是马上就心满意足了，因为自己取得了胜利。

阿 Q 的处境是可悲的，表面上的可笑却潜隐着世间说不尽的哀伤，他的这种"得胜"方法固然不足以解决问题，可实际上阿 Q 也是在不自觉地进行着一种自我保护。阿 Q 真正的可悲之处不在于这种心理本身，而在于这种解脱方法蒙蔽了他的反抗精神，使自己始终处于一种极端麻木的状态，因而也就丧失了改变现实的进取的可能性。

现实生活中的人们不会做得像阿 Q 那样可笑，可是这种对事实进行变相的解释以求自我安慰的做法还是普遍存在的。

和酸柠檬心理相对应的是甜柠檬心理——柠檬有甜的，也有酸的，而人们往往认为自己所拥有的柠檬是甜的。也就是说，人们倾向于认为自己所拥有的就是好的。与酸柠檬心理一样，甜柠檬心理也是一种自我保护机制，因为只有认为自己所拥有的是好的，才会有一种幸福的感觉。

人们在购买重要的物品之前，经常会征求有过使用经验的朋友的意见，这时就会发现，这些朋友大多对自己所使用的产品类型是很有好评的，特别是在两款或几款档次相当产品的对比中，往往是积极肯定自己所用的那一款的优点，而对于其他的则更主要的是强调其缺点。这就是说人们在购买的时候会选择自己所喜欢的，而在购买之后的使用过程中，则会使原来的喜悦之情增加。

不管是甜柠檬心理还是酸柠檬心理，都会使人的认知陷入片面之中——它会给人增加幸福感；也可能会令人形成偏见。有这两种心理都是正常的，甚至也是人们所需要的，但是一定要注意不可因为这两种心理而使自己的精神变得麻痹，从而长久地沉醉于自我虚假的安慰中而不能够自拔。

为什么人总要追求完整、配套与协调

18世纪的法国哲学家狄德罗，收到了一件朋友送给他的质地和做工都非常精良的睡袍，他非常欢喜。可是，他马上就发现了问题，因为他看到自己所用的家具与这件睡袍比起来，显得实在是太粗糙了，风格完全不和谐。于是，他就把旧家具纷纷换掉，使得居室焕然一新，为此花费了相当高的代价。随后，他察觉到，引起自己生活这一重大变化的竟然只是一件睡袍。后来，狄德罗据此写了一篇文章，叫做《与旧睡袍离别的痛苦》。

两百年后，美国哈佛大学的经济学家朱丽叶·施罗尔在《过度消费的美国人》中，将这种现象称为"狄德罗效应"，或者叫做"配套效应"。其具体内涵是，人们在拥有了一件新物品之后，就会不断地继续配置与其相适应的更多的新物品，以期求得心理上的平衡感。

与狄德罗效应相似的还有美国心理学家詹姆斯所提出的"鸟笼定律"。

1907年，著名心理学家詹姆斯从哈佛大学退休，同时退休的还有物理学家卡尔森，二人交往非常密切。一天，他们两个人打赌。詹姆斯说："我一定会让你不久就养上一只鸟的。"卡尔森摇了摇头："怎么可能？我压根就没有想过要养鸟！"詹姆斯微微一笑："不信，咱们走着瞧。"几天后，卡尔森过生日，詹姆斯送给他一份生日礼物———一只精致的鸟笼。卡尔森笑了："我只把它当成一件工艺品，你就别枉费心机了。"然而，让卡尔森意想不到的是，那天以后，每个客人来访，看见书房里那只空荡荡的鸟笼时，几乎都会无一例外地问："教授，您养的鸟什么时候死的？"卡尔森只好一次又一次向他们解释："我从来就没有养过鸟。"而这种回答每每换来的都是客人怀疑、困惑的目光。最终，卡尔森失去了耐心，只好买了一只鸟，以终止这种郁闷的境况。也就是说，詹姆斯赢了。

经济学家是这样解释"鸟笼效应"的：对于空鸟笼的主人来说，买一只鸟比反复解释为什么有一只空鸟笼要简便得多，而且即使无需对空鸟笼进行解释，空鸟笼也会无形之中给人造成一种心理压力，这就迫使主人不得不去买来一只鸟与笼子相配套。这就免却了别人的烦问，从而得到了一种心理上的轻松感。

鸟笼效应也被称为"空花瓶效应"。有这样一个故事。一个男孩子送给他的女朋友一束鲜花，她非常高兴，特意买来一只非常精美的水晶花瓶。结果，为了不让这个花瓶空着，他不得不每隔几天就送花给她。

狄德罗效应的实质在于人的心理对于完整与协调的追求，因为人们想当然地觉得某种物品应当与某种物品相配才是妥当的，就如同有天平就应当有砝码一样，否则心里就会有一种不舒服的感受，直到完成了这样的匹配之后，才会心安理得。而这样的心理是促进消费的强大动力，因为狄德罗效应的存在，人们在购买物品的时候往往不是以单件的形式，而是一整套地购进。商家洞悉这一秘密，就能巧妙扩张市场。

人们只爱与身边的人攀比

某市发生了一起重大的入室盗窃案。与其他案件不同的是，作案者是一名年仅 16 岁的少年。他为了同别的同学攀比，追求物质享受，在虚荣心的驱使之下，盗窃了一居民家中价值四万多元的钱物，然后他坐车去武汉，在不到四天的时间内，挥霍了所有的钱。

这位少年出身于一个普通农民家庭，并且自幼丧父，靠母亲一个人干活养家。按说，在这样的背景下成长起来他，应当比别的孩子更早熟、更懂事才对，但他却出人意料地做出了令人心痛的事。

原来，虽然家庭条件不好，但母亲从来不让他在吃穿上受委屈。只要别的孩子有的，她都要省吃俭用，尽量满足他。这么一来，在伙伴们中间，少年不仅不显得寒碜，反而还显得比大数人都气派。这让他感到很满足。

但自从上了市里的高中后，情况就发生了很大的变化。因为高中的同学和他以前的伙伴大不相同了，大都出身于市里的高收入家庭，花钱如流水，穿的是名牌，用的是精品。相比之下，他感到自己十分寒酸。此时的他不但以前的优越感丧失殆尽，而且感到了深深的自卑。在这种情况下心理严重失衡。他不甘心低人一等，于是想尽各种办法来和那些同学们攀比。他先是每次回家都想出各种借口向母亲要钱。起初母亲还能尽力满足他，但后来实在拿不出了，只得拒绝他。少年见从家里要钱无望，只得另想他法。但他一个中学生能想出什么好办法来，想来想去，终于想到了邪路上。一开始，他偷同室同学的钱，几次下来并没有被发觉，渐渐胆子大了起来，就把目标转向了社会，做出了前面的令人震惊的"大案"。等待他的，无疑将是法律的严惩。

少年的悲剧来自于跟同学的攀比。

心理学家经过研究发现，人们的攀比行为经常发生在身边人的身上，也就是说人们只爱跟身边的人或同行攀比。老李每年夏天捡饮料瓶子卖钱。有一天，他捡了满满一麻袋瓶子。同行老张看到之后，向他竖起了大拇指表示敬佩。老李高兴地乐开了花。这种同行之间的互相比较，还有一个很有意思的名字——大内定律。

大内定律是由美国管理学家 W·G. 大内提出的。这个定律是说，我们最关心的是与我们同等地位的人对我们有什么看法。因为愈在同等地位的人面前，愈能看出自己与他们有什么不同。因为同等地位的人和我们有相同的经历和基础，因而有可比性。相反，离我们很远的人，或者和我们差距很大的人对我们的影响就很小。他们发财也好，倒霉也罢，与我们没有什么关系。比如，虽然比尔·盖茨让很多人都羡慕，但是很少有人去和他比较。街头的乞丐很多，但是很少有人看到乞丐后觉得自己很幸运。

我们通常会跟自己身边的人比较。如果自己身边的朋友、同学比自己过得好，我们就会产生很大的落差。昔日的同事成了自己的顶头上司，心里肯定会不平衡。当初曾经处在相同的水平上，如今天差地别，难免会觉得愧疚、没有颜面。当年一起同窗苦读的同学，有的移民国外，有的开办了公司，有的在政府部门混了一官半职，只有自己还是一个名不见经传的小职员，恐怕同学聚会的时候都不愿意露脸了。

同样的道理，如果我们取得了很大的成就，就喜欢像以前的同事、朋友炫耀。因为他们知道你的过去，你的成就能够得到他们的认可。古代的人们取得成就之后讲究"衣锦还乡"。经过一番艰苦创业，终于过上了荣华富贵的生活。这时回到家乡去炫耀一番，必然能够得到家乡父老的崇敬和羡慕。

其实，每个人的生活环境、思维方式、行为准则和理想抱负都不相同。过去积累的知识、经验和思维方式导致我们作出和别人不同的选择。有的选择可能引导我们走向成功，有的选择可能让我们停步不前，甚至走向失败。但是，不管作出什么选择，都是我们独特的人生之路。每个人都有自己独特的人生之路。因此，没有必要和别人比较。如果一定要比较，就和过去的自己比较，看看自己是否有所成长。

为什么人们遇事总爱推卸责任

曾在宋徽宗朝担任过宰相的张商英，嗜好书法，又尤其喜欢草书，虽然他的书法不乏一定的造诣，具有自己的特色，也有一个很大的缺点，就是不合体统，令人难以辨认，但是张商英自己对此却并不在意。一次，他偶发诗兴，挥笔疾书一番，然后让侄子去抄录一份。可是他的侄子看了好半天却只能认出上面的一个字来，只好再去问张商英。张商英对着自己刚刚写下的字看了好一阵子，居然有很多连自己也都不认得了，但是他并不认为错在自己的字写得不合章法，而是责怪侄子说："你怎么不早点儿来？现在我都忘了刚才写的是什么了！"

从这个事例中可以看出，遇事人人都想推卸责任——明明责任在自己，可是却归咎于别人——张商英能够贵为宰相，应当是修养较高的一个人，却也未能免俗，平常人可想而知。

人们的这种下意识地推卸责任的行为，在心理学上被称为"自我服务偏差"。美国心理学家韦纳指出，自我服务偏差是由个人长期养成的较为稳定的归因倾向决定的。

归因倾向主要包括三方面的内容：

第一，内因与外因。内因即自身的因素，包括自己的能力、态度、品质、动机等等；外因即与自身无关的外部因素，包括机遇、任务难度等等。人们在取得某项成绩的时候，如果将之归于内因，则会产生一种自豪感，给自己以很大的鼓舞，而如果归之于外因，则会认为自己的成功是侥幸得来的，是不值得庆贺的。而人们总是有着一种自我肯定的倾向，因而常常带有主观倾向性地将成功归因于自身的某种特殊条件，而不管事情的实际情况是什么样子的。反之，对于失败，人们更容易将其归之于外因，这样可以降低心理上的不适感。

第二，稳定因素与非稳定因素。事情的成因中有一部分是稳定的，如个人的能力在一定时期之内是基本恒定的，而另一部分则是常常发生变化的，包括各种偶发的情况。人们往往会将成功归之于稳定的因素，因为这意味着在正常的情况下自己是能够取得成功的，而将失败看做是由不稳定的因素造成的，这也就意味着自己之所以失败，是因为出现了意外的状况。

第三，可控因素与不可控因素。有一部分因素是自己可以控制的，比如自己的努力程度，而另一部分因素则是自身所无法控制的，比如说工作的难度、自己的智力水平。在这一方面，人们就习惯认为成功是由可控因素决定的，而失败则是由不可控因素导致的，也就是说持有一种"成事在我，败事在天"的态度，既然自己已经尽力而为了，那么失败也就是无可奈何的了。这实际上就是推脱责任的一种方法，尽管这有时并非自己有意为之。

其实，这几个方面归结起来，说明的都是一个问题，那就是人们在进行归因时具有一种自我保护的倾向。

还有一种情况，人们也经常会毫不犹豫地推卸责任，那就是一旦意识到或者预测到，将来自己会与某件事可以没有任何瓜葛，就会立即开始推掉与此事有关的一切责任。

日本心理学家多湖辉认为，责任推卸行为乃是一种自骗型心理防卫机制，这种心理防卫机制是一种消极性的行为反应，含有自欺欺人的成分。当个体的动机、行为不符合社会规范，或者行为的结果与自己的承诺不一致时，就会努力寻找符合自己内心需要的理由，从而给自己一个合理的解释，来掩饰自己的过失，推卸自己应该承担的责任。

说白了，这种"合理化"就是寻找或编造一个貌似"合理"的理由，让自己"心安理得"。

这种心理机制有积极的一面——当遇到重大挫折，或者无法接受的心理伤害时，采用这种方法可以减除内心的痛苦，避免精神的崩溃，有效保护了人的心灵。但是，这种机制如果过多出现，就会陷入自欺欺人的状态之中，面临的问题不但无法得到解决，而且最终会使人受到更大的打击。

关于这种心理，多湖辉还有另一种解释。他认为，人们内心深处都有一种犯罪意识，如果自己的犯罪行为不会被人发觉，他就很可能做出违反社会规范的行为。一旦这种行为被人察觉，就会寻找种种借口，把自己的罪责转嫁给社会或他人，好求得心安。所以，每个人都努力寻找借口，来推卸自己的责任，掩盖自己的过失。

推卸责任，必将延误解决问题的时机，酿成更大的危害。对个人，必然会影响其在他人心中的形象，最终危害其事业的发展。对社会，必定会造成更大的社会问题，乃至阻碍社会的进步。

大多数人为什么选择跟从

法国心理学家约翰·法伯曾经做过一个著名的实验。他把许多毛毛虫放在一个花盆的边缘上，使其首尾相接，围成一圈。在花盆周围不远的地方，撒了一些毛毛虫喜欢吃的松叶。毛毛虫开始一个跟着一个，绕着花盆的边缘一圈一圈地走，没有一只离开队伍去吃松叶。就这样，一连走了七天七夜，它们最终因为饥饿和精疲力竭而相继死去。

约翰·法伯在做这个实验之前曾经设想：毛毛虫会很快厌倦这种毫无意义的

绕圈，而转向它们比较爱吃的食物，然而毛毛虫并没有这样做。导致这种悲剧的原因就在于毛毛虫固守原有的本能、习惯和经验。如果有一个毛毛虫能够破除尾随的习惯而转向其他方向去觅食，就完全可以避免悲剧的发生。

后来，科学家把这种喜欢跟着前面的路线走的习惯称之为"跟随者"的习惯，把因跟随而导致失败的现象称为"毛毛虫效应"。

和毛毛虫效应类似的，还有一个鲦鱼效应。鲦鱼身体小，呈条状，侧扁，白色，群居，以强健者为首领。从德国动物学家霍斯特那里还了解到，这种喜群居的小生命还有一个毛病，就是不管领头鱼是智慧或是愚蠢，只要它还活着，其他鲦鱼就会一如既往地追随。霍斯特专门做过一个试验，他把领头的鲦鱼脑后控制行为的神经割除，之后把它放回鱼群。结果，他发现这条头鱼虽然失去自制力，行动紊乱，其他鲦鱼却一点都不嫌弃，仍像从前一样地紧跟其后。于是，这位科学家把鲦鱼的这种盲目跟从行为称为"鲦鱼效应"。

其实，这种盲目跟从行为不只存在于毛毛虫和鲦鱼身上，在大脑高度发达的人类身上同样存在。

从心理学角度上看，这种追从行为是惯性思维造成的。惯性思维又叫常规思维或顺势思维，是指行为主体在处理一个问题、看待一件事情、评价一个人的时候，常常用以往的知识、经历、经验和直觉，不由自主地对问题的原因或结果直接作出条件性的判断，这样的判断在学术上就是所谓的"已知障"，即受到虚假事实的障碍而形成的思维定势。因此，决策学把它称为基本假设思维。

在我们的行为意识中，惯性思维就像无数根无形的铁链禁锢着我们的头脑、行为和心灵，促使我们做出习惯性的反应和举动，就像那些鲦鱼，无视头领的失常，对可能面临的危险也熟视无睹。惯性思维说白了就是僵化的思维。人的思维一旦僵化形成定势就会产生误区。这种误区足以毁掉一个人的前程。

跟从行为还根源于人们思想上的惰性。人们对于那些"轻车熟路"的问题，会下意识地重复一些固有的思考过程和行为方式，用现成的、熟悉的答案去应付形形色色、层出不穷的新问题。这虽然在某些时候可以缩短和简化解决问题的过程，但同时也容易使人厌倦，麻痹人的创造能力，影响潜能的发挥。更何况在现实生活中，各种状况瞬息万变，新问题不断涌现，如果用一个固定的思维定势和方法去应付所有的问题，我们就无法找到问题的症结，无法从根本上解决这些问题。

人总是想办法去适应自己担当的角色

有位心理学家在对一对同卵双胞胎姐妹进行了多年的观察后发现：这对姐妹虽然外表极为相似，但在性格上却存在着很大的差异。姐姐性格开朗，善交际，处事果断，独立性强；妹妹性格内向，不善交际，遇事优柔寡断，依附性强。按说二人有着同样的遗传基因，又一直生活在同样的环境中，不应该存在如此大的性格差异，可为什么事实却恰好相反呢？

原来，在成长的过程中，父母赋予了姐妹二人不同的角色，产生了不同的角色效应——每个人都要以不同的社会角色参加各种各样的社会活动，而在扮演不同的角色时又会调整自己的心理或行为，以适应角色的需要。这种因角色不同而引起的心理或行为变化就被称为"角色效应"。正是角色效应让姐妹俩形成两种截然不同的性格。从小，姐姐就被告知要照顾好妹妹，而妹妹则被告知要听姐姐的话。于是，姐姐扮演起了妹妹"保护人"的角色，帮助妹妹处理各种问题；而妹妹则事事都听姐姐的，所有事都等姐姐来处理。姐妹二人都很好地适应了各自的角色，所以也形成了不同的性格。

"角色"对人的影响是巨大的，在被赋予某一角色时，人们就会想办法去适应角色，使自己融入到角色之中。这可能是人类的一种天性。但适应角色的过程并不一定是让人愉快的，尤其被赋予不适合自己的角色时，那种不愉悦感会表现得更为强烈。比如说有些人生性散漫，但却被推上了公司管理者的位置，不仅要受各种规章制度的约束，而且还要处理大量的文件。管理者的身份对他们来说显然是一种束缚，这些事情并不是他们想做的，但却又不得不做，所以才会感到不悦。

可见，角色效应可能是积极的，也可能是消极的，生活中我们应该多运用角色的积极意义。作为社会的一员，为了适应不同的社会环境，适当地转换角色是不可避免的。这时，要相信自己是可以胜任新角色的，这样才能产生积极的角色效应，以最短的时间适应新的角色。一般来说，在心理上越认可这个角色，在行为上越接近这个角色，成功扮演这一角色的几率就越高。

再比如，在孩子成长的过程中，抓住人性中积极的一面，赋予其积极的角色，他就会向着这个方向努力，成为一个积极健康的人；相反，如果依据人性中消极的一面，赋予其消极的角色，他就会消极地成长。

对公司的管理者来说，如果只盯着员工身上的弱点，那就会使事情向着相反的方向发展，相反，如果赋予员工敬业爱岗的角色，并让他们相信自己就是被赋予的角色，就能激发角色的积极效应，让他们向着目标努力。

人是最不好控制的

掌握住对象不使任意活动或超出范围；使处于自己的占有、管理或影响之下。这是《现代汉语词典》对"控制"一词的解释。如果再细致地分析，我们还能得出这样一个结论：控制的对象可以是人，也可以是物，但控制者一定是人；控制的过程一定要有人参与，即使是自动控制系统，可以自行操作，也是人类智慧的结晶。同对物的控制相比，对人的控制要困难得多。这就是心理学上的控制定律。

在现实的工作与生活之中，控制是达到某种目的的有效手段，掌握好了控制定律，就能很好地掌控别人。然而，要做好对人的控制确实不容易。毕竟人都是有意识的，有自己的想法和观点，可以自己决定自己的言行，没有人会甘愿受人摆布。而且，每个人都很享受那种掌控一切的感觉，每个人都是有控制欲望的。

虽说每个人都有控制欲望，但却并不意味着每个人都能成为出色的控制者。如果只是控制一个木偶，那自然是所有人都能胜任。但如果面对的是人或复杂的局面，可就没那么容易了。

很多时候，被人们认为最容易控制的，往往比最难控制的还难控制。有些人给人的感觉很随和，对身边的人总是客客气气，从不与人争吵，对别人的意见也总是虚心接受；有些人则脾气暴躁，对于自己不认同的事物总要据理力争，从不肯听别人怎么说，只认定自己的看法是对的。从表面上看，前者要比后者更容易控制。可实际上，前者总是不动声色，我们根本无法掌握他们的真实想法，即使他们满口答应会按我们说的去做，我们也不能就此认定他们一定会那样去做，因为他们内心的想法可能是完全相反的。而后者虽然看上去难以控制，但一旦找到突破点，就可以让他们甘愿受我们控制，而且其持久度和忠诚度都是非常高的。因为他们内心的想法会完全表现出来，一旦他们在表面上表示认可，那么内心里就不会背道而驰。所以说，前者其实要比后者更难控制。那些表面随和，或者一说就信的人，往往缺乏坚定执著的信念，这种人很容易被外界事物或观念所左右，因而更不易控制。而那些不顺从的人，往往有自己的世界观和价值观，一旦在这方面与他达成一致，往往能获得他的高度认同和信任，因而更容易控制。《三国演义》中，吕布先投丁原，后投董卓，似乎只要对他好，就可以控制他，但事实上，他是最难控制的。正是认识到这一点，曹操才处死了他。而与他一同被俘的张辽，开始对曹操并不屈服，但被曹操感化以后，成为曹操最忠诚得力的大将。

从本质上说，对人的控制其实就是在打心理战，仅仅控制对方的肢体并不是真正的控制，只有控制住对方的心理，才能真正实现对其全面的控制。一个管理者要管理好一个团队，不是仅仅让员工在行动上跟自己保持一致，更重要的是控制他们的思想，达成思想上的统一。同样的道理，一个演讲者要掌控现场的局面，也要抓住在场者的心理。只有深入他们的心灵，才能让他们静下心来听你演讲。

人多会为了某种利益而采取行动

美国心理学家斯金纳曾用白鼠做过实验，他将一只白鼠放在一个特制的实验箱里，只要按下箱内的杠杆，喂食器就自动供给食丸。白鼠开始进入箱里时没有目的地到处乱跑，偶然会触压到杠杆，这时它就可以得到一粒食丸，在几次偶尔的按压杠杆后，白鼠会去频繁地按压杠杆，从而得到更多的食丸。如果接下来，白鼠触压时不再得到食丸，则这种行为的频率就会逐渐地降低。相反，如果触压杠杆时得到的不是食丸，而是电击，白鼠则会在行动的时候避开杠杆。也就是说，因为所受到刺激的不同，白鼠的同一行为出现了加强或减弱的现象。在强化作用中，使行为加强的刺激被称作正强化，而使行为减弱的则称作负强化。

斯金纳根据这个实验得出来"操作条件反射"理论：人或动物为了达到某种目的，会采取一定的行为作用于环境。当这种行为的后果对其有利时，这种行为以后就会重复出现；不利时，这种行为就减弱或消失。"操作条件反射"理论也就是关于行为养成的强化定律。

强化定律的原理在于生物所具有的趋利避害的本能，当生物从某种行为中偶然得到益处的时候，就会尝试着去重复这种行为，而如果这种行为每次都能够获利，它也就会得到强化。

远古时期，人们并不会使用火，而自然界中所发生的火有时会将野兽烧熟，人们将其捡来食用，发现熟肉比生肉的味道好得多，于是开始注意保存起火种，学会了用火烧食物来吃。而烧熟的食物不仅味道更好，也会更有助于消化，可以给人体提供更多的营养，从而促进了人身体的发育和脑组织的生长。火在人类进化史上之所以能发挥重要意义，正是强化定律的作用。

强化定律有着广泛的应用，马戏团训练动物时所运用的就是这种强化方法，因为人们可以用这种正强化或负强化的办法来影响动物行为的后果，在动物做出符合要求的动作时就给予食物奖励，久而久之，动物也就知道了该如何做才能获得食物。

　　这一定律对于人来讲同样适用。社会上各个领域所普遍实行的奖励和惩罚制度，实质上就是对于强化定律的运用。当然，人类世界的强化法则要比施之于动物的复杂得多，但是其本质是一样的。

社会促进效应会让效率变得更高吗

　　心理学中有一个社会促进效应，说的是当一个人从事某种活动时，如果有其他人在场，就会对自己产生一种刺激，从而促进活动的完成，或者是妨碍活动的进行。这个效应是由美国心理学家特里普利特最早提出的。

　　1898 年，特里普利特发现，自行车选手在有伙伴陪同的情况下骑车的速度要比自己单独骑车时更快。后来，他对此进行了一项专门的实验：令一些孩子从事绕鱼线的活动，分为两组，一组是一个人单独绕，另一组是大家在一起绕。结果发现，一起绕线比单独绕线的效率要高出百分之十。他据此得出结论：个人在集体中活动的效率要比单独活动的效率更高。

　　后来，人们发现社会促进效应并不总是正向的，也就是说有时他人的在场反而会使活动的效率降低。比如说学生在考试中用心解题的时候，如果有其他人在旁边观看，往往会使其解题的速度明显变慢。

　　那么，社会促进效应在什么情况下起到的是促进作用，又在何时起到的是反促进的作用呢？心理学家经过分析发现，他人在场对人的活动效率所产生的影响是正向还是负向的，主要取决于当事者对于该项活动的熟悉程度，如果所从事的活动是自己很熟悉的，那么与他人一起来做就会产生一种激励效应；可如果这项活动是自己所不熟悉的，反倒是自己独处会做得更好。

　　以前面提到的事项为例，自行车选手有他人陪同时骑车的速度更快，是因为他们本就是专业的运动员，对于骑车当然是再熟悉不过了；而绕鱼线虽然孩子未必都熟悉，但那却是一种几乎没有难度的活动，大家只要一接触起来就会有熟悉的感觉；可是对于考试，学生往往是紧张的，题目陌生的情况下更是如此，这时如果旁边有人观看，就会影响到既有水平的正常发挥。

　　这是因为，人们对于自己熟悉的、擅长的活动会有一种自信的态度，因而也就喜欢与其他人比试和在大家面前显示。这样，在有他人在场的时候，这种获取荣誉的心理就会被激发，从而促成自己表现得更为优秀。

可是，如果该项活动是令自己感到为难的，心里就会产生一种抵触的倾向，担心会出丑，如果有他人在身旁的时候，自己的这种忧虑会更重，会变得更紧张和慌乱，因而也就无法做得更好。

社会角色对人的影响巨大

当一个人担当一定的社会角色时，这个角色会对其心理和行为有着巨大的影响，甚至决定着其行为举止。比如，同样是一个人，一个男人作为儿子和作为父亲的感受和表现肯定是大不一样的，而一个女人在外面当领导和在家里当妻子的表现也会截然不同。有的人当了警察便趾高气扬，耀武扬威，戴上博士的帽子便变得文质彬彬，温文尔雅；一个平时风风火火的新潮女孩在穿上连衣裙后，走起路来就会小心翼翼，变成羞答答的淑女；有的人在功成名就之后，开始与身边的亲友渐渐疏远，他往日待人和蔼可亲，平易近人，如今却变得盛气凌人，一意孤行……因为不同的角色赋予一个人的权利和责任是不同的，人们对他的期待也必定不同，这些无形的东西都会深刻影响到一个人的心理，从而促使其行为举止发生相应的变化。

针对人的这一行为，1972年心理学家津巴多设计了一个模拟监狱的实验。实验地点设在斯坦福大学心理系的地下室中，参加者是男性大学生志愿者。他们中的一半被随机指派扮演"看守"，实验者发给他们制服和哨子，并训练他们推行一套"监狱"的规则。剩下的一半则被指派扮演"犯人"角色，他们穿上质量低劣的囚衣，被关押在牢房之内。

所有的参加者在一天之内就完全进入了角色。"看守"们开始变得凶神恶煞，野蛮粗暴，他们对付"犯人"的酷刑和体罚可谓是"花样百出"。"犯人"们则自甘堕落，要么逆来顺受，要么奋起反抗。总之，"看守"和"犯人"们的表现越来越"专业化"。用津巴多的话说，在那里"现实和错觉已经开始混淆，角色扮演与自我认同也发生了混淆"。尽管实验原计划进行两周，然而进行六天后不得不宣布提前结束。"因为我们所看到的一切令人感到不可思议，心惊胆战。大多数人的确变成了'犯人'和'看守'，无法清楚地区分是角色扮演还是真正的自我。"

监狱角色模拟实验表明，一个简单的假设角色可以很快进入个人的社会现实中，并使他们获得自我认同，甚至使他们忘掉自己的真实身份，所以，监狱角色模拟实验又被称为自我实现效应。

透过监狱角色模拟实验，我们应该意识到，要想理解一个人的行为，除了要观察他的日常言行以及为人处事的态度，还要考虑到他的社会角色对他的影响。

对于我们自身来说也是一样。当我们在社会地位或社会角色发生明显变化的时候，应该有意识地调整自己的心态，成功扮演各种角色，既满足社会的期望，也让自己的价值得以实现。

权威人士说的、做的就一定是对的吗

美国的心理学家们曾经做过这样一个实验：他们在给学生们介绍一位德语教师时，说这位德语教师是从德国来的化学专家。接着，这位德语教师煞有其事地向学生们展现了他新"发明"的一种化学物质，并称这种化学物质是有气味的。接着，他请学生们依次闻瓶中液体的气味。结果，大多数学生在闻过后都称自己闻到了气味。可实际上，那位德语教师拿的不过是一瓶蒸馏水，何来的气味呢。

这就是心理学上常说的"权威效应"——权威人士的言行可以对其周围的大部分人产生影响，而其本人也常常是人们竞相模仿的对象。也就是说，权威人士的一言一行都可能引发权威效应，即使不在社会上引起强烈的反响，也会在小范围内备受重视。相对来说，很少有人怀疑权威人士言行的正确性。在大多数人的观念中，这似乎都已经形成了一种定式，即只要是权威人士说的或做的，就一定是正确的、有道理的。上面的实验就是权威的化学专家的身份使学生们对德语老师所说的话坚信不疑，从而才让一瓶没有气味的蒸馏水"变成"了有气味的化学物质。

权威效应类似中国的一句俗话：人微言轻，人贵言重——一个人的地位越尊贵，越有威信，越受人尊重，他的话就越被重视。相反，没有身份和地位的人说出来的话则很难取信于人。这或许是世人的一种偏见，但这种现象却在现实社会普遍存在着。它至少可以反映出人们对权威的尊崇，尽管这种尊崇可能是盲目的。

比如"国防研究所的某级军事评论家对伊拉克战争形势分析如下"，"据一流大学某某某教授说"，"据世界公认的最具权威的某某学术杂志称"，"总经理好像也不反对这个计划"……大多数人只要一听说是权威的论断，便会立即放弃自己的主张或信念，转而去迎合权威的说法。再比如，说当某位老中医向患者推荐某种药的时候，大多数患者都会去购买，可其真实的疗效却未必有传说中的那么好，而且也并非对每位患者都管用。

为什么"权威效应"如此普遍呢？这与人们的"安全心理"和"赞许心理"有关。一方面，人们害怕自己做错事，惹出笑话，而权威的话又被大多数人认为是正确的，因此跟随权威人士的脚步就会使其产生一种安全感，仿佛这样就永远都不会出错；另一方面，人们又渴望得到他人的认可和赞许，而权威人士又被认为是社会规范的楷模，因此按照他们的标准要求自己自然就可以得到其他人的赞许。

虽然大多数人都认为权威人士是不会出错的，但事实却并非如此，权威人士也完全可能将人引向一条错误的道路。所以说，权威人士的话不能都信，还是要经过分析后再做判断。对权威的盲目崇拜有时是有害的，甚至可能造成某种不可挽回的恶果。

企业的管理者倒是可以利用"权威效应"来管理企业的员工。当然，前提是管理者必须树立一个正面的权威，这样才能得到员工的一致肯定。而管理者一旦成为了企业的权威，其管理工作就会顺风顺水。利用权威去改变员工的工作态度和行为，比命令的效果要好得多。

大多数人都害怕来自群体的压力

社会心理学家所罗门·阿希曾做过一个著名的"线段实验"。实验共安排了七名被试者，但其实真正的被试者只有一个，其他六个都是阿希故意安排的实验助手。当然，真正的被试者本人并不知情。实验开始，阿希发给每位被试者两张卡片，其中一张卡片上有一条标准线，另一张卡片上有三条直线。之后，要求被试者说出后一张卡片上的三条直线中的哪一条与标准线是相同的。被试者们依次作答，真正的被试者被安排在了最后一个。

开始两次，前面的六个被试者都做出了正确的回答。但从第三次开始，前面的被试者就按照预先的安排故意作出了错误的判断，然后再观察真正被试者给出的答案。结果发现，在明知前面六人给出的答案错误的情况下，真正的被试者竟跟随了这个错误的答案。在实验过程中，可以观察到被试者被迫屈服于群体压力时激烈的内心挣扎。

一种临时组合的群体尚且能对人们产生如此大的影响，那些在长期社会实践中形成的稳定群体的影响力就更不必说了。通过这个实验，我们不难发现群体压力对人的心理和行为影响之巨大。

社会上的每个人都处在一个或多个群体之中。对群体中的个体来说，群体的意见或规范是十分重要的，它常常会左右个体的行为，甚至扭转个体对某一事物的看法。如果个体的思想或行为与群体的意见或规范发生了冲突，那么个体就会感受到一种无形的心理压力。这种压力就被称为群体压力。

在群体压力产生以后，个体往往会为了保持与群体的关系而作出被群体接受或认可的反应。这虽然违背了个体最初的本意，但却维系了自己与群体的关系，为群体成员所接纳。如果在与群体意见相左时仍然坚持己见，那么这个人就会被群体所排斥，这种与群体相背离的行为也被认为是不合群的。

大多数人都害怕来自群体的压力，害怕被群体孤立，更怕因此而受到制裁。这种畏惧感使得人们更倾向于与群体保持一致，即使在明知群体意见是错的时候也是如此。此外，作为群体的一员，个体对群体又有一种归属感。这种归属感也使得个体自觉地维护群体的荣誉，并坚定地与群体站在一起，形成统一战线。所以说，一个群体基本上可以保持表面上的统一。至于内心的统一，实际上是很难做到的。

群体压力不仅可以对群体成员产生重要的影响，而且其影响还通常是持续而长久的。

社会心理学家谢里夫也做过一个实验：被试者被分别要求在个人和群体两种情景中对静止灯光的移动距离作出判断。当然，这实际上是一种错觉，但从被试者的答案中却可以反映出群体压力对他们的影响。在个人情境中，被试者给出的答案有很大的差别，但经过几轮群体实验后，个人对自己的结果不断进行修正，使其越来越接近群体的平均值，最后稳定下来，成为一个固定值。这个固定值在被试者以后的判断中也仍然在发挥作用，这就证明了群体压力可以超越群体的存在而发挥作用。

一般来说，面对群体压力人会有三种表现：一种人是完全接受了群体的意见，改变了自己的看法；一种人虽然表面上接受了群体的意见，但心里却并不认同这种看法；第三种人即使与群体的意见相背离，也仍然会坚持自己的看法，他们并非是感受不到群体压力，而是不愿因为群体压力而放弃对他们来说更重要的东西。

到底哪一种人的做法是明智的呢？这应该是一个仁者见仁、智者见智的问题，如布鲁诺、伽利略、达尔文等，他们在科学上成就非凡，但却为背离群体而付出了沉重的代价，而大多数的政治家，则主要依赖群体的支持获取成功。

第五章

自我管理心理学：缺点不过是营养不足的优点

人为什么要压抑自己的真实个性

所谓个性，是指一个人整体的精神面貌，包括性格、情感、气质、理想、信念、人际关系、价值观念、兴趣等与情感智商相关的诸多因素，可以理解为是一个人的性格特征与智力因素、非智力因素的总汇，也就是我们所说的人格，智商和情商都包括在内。个性能够释放出强大的吸引力和影响力，这就是我们常说的人格魅力。一个人如果能自如地表达真我，就能释放出独一无二的魅力。

每个人在刚刚降生的时候，都是完全展现自己的个性的。婴儿能够毫无顾忌地展现自己的真实情感，他们没有虚假和伪善，用自己的语言表达最真实的自己。正是因为这个原因，所以每个人都喜欢婴儿。

在尼采哲学中，真实的"自我"具有两层含义：在较低的层次上，它是指隐藏在无意识之中的个人的生命本能，比如各种欲望、情绪、情感和体验；在较高的层次上，便是精神性的"自我"。这两者具有内在的统一性，因为原始的生命本能正是创造性的原动力。"自我"作为生命的表征，是命运的承载者。然而，随着知识的增长，我们的思想和行为受到社会规范和道德准则的限制，我们尽量让自己的言行举止符合别人的期望，我们害怕展示自己，渐渐忘了真实的自己，把真我锁在内心的牢笼中。因为放弃个性要比发展个性容易得多，跟随和模仿要比创造容易得多。就这样，真实的自己被压抑起来，很多不良情感和负面情绪也由此而生，在面对一些人和一些事的时候，变得害羞、难为情、紧张、胆怯、烦躁。这些不良情绪都是个性受到抑制的表现。

大多数人的个性都受到了抑制，一个重要原因是小时候在表达自己的真实情感的时候受到打压。小时候，当我们大声说话、出风头或者表现出发怒或恐惧等负面情绪的时候，受到大人的惩罚，幼小的心灵便留下阴影，认为表达负面情绪是不对的，进而认为表达自己的真实情感是不对的。常见的"怯场"现象，就是因为我们担心大声说话、表达自己的看法会受到惩罚。

口吃是抑制真实自我的典型例证。如果我们刻意地避免错误的发音，或者过于在乎自己所说的话，就会产生抑制的作用，而不是自发地作出反应，就可能导致口吃。如果减缓抑制的作用，口吃的人就能进行正常的语言表达。一旦清除自我批评和自我限制，表达能力就会立即提高。

我们必须把真实的自己释放出来，能够展现自我个性的人，具有创造性的潜力。成功学大师告诉我们，每个人都可以成为说服力极强的演说家和能说会道的推销员。很多人认为自己笨嘴拙舌，不善交际，这种心理限制了他们的表达能力和交际能力。如果他们经过训练，充分展现自我，都可以变成自信的充满活力的演说家或推销员。

在抑制个性的所有因素中，过分在意别人对自己的看法所造成的负面影响最大。我们常常被别人的一句话困扰几个小时，而那个说话的人在几秒钟之内就把自己说的话忘得一干二净，并把注意力转移到其他事情上了。我们总是一厢情愿地认为别人会注意我们的穿着和言谈举止，其实，别人对我们的关注远远没有我们想象的那么多。只有当我们不在乎别人的看法时，我们的思想才能得到最大限度的释放。

王先生非常敏感，别人说的每一句话，做出的每一个动作都会对他造成很大的影响。他与别人打交道的时候，不能清晰地思考，什么话也说不好。但是，他发现当他独处的时候，内心处于平静放松的状态，头脑也特别清醒，甚至有很多有趣的想法。于是，再与人相处的时候，他力求表现得像独处的时候一样，不考虑别人对他怎么评价。这个方法让他能够很好地与别人相处，甚至在大庭广众之下演讲他也不会感到紧张。

管理好情感资源就没有压力了

人们常常说自己压力很大，但是如果你问他压力到底是什么，压力产生的原因是什么，压力对他有哪些具体的影响时，他可能又说不清楚了。这和他不善于管理计划和压力有关。

专家指出压力的产生依赖于一个人如何看待一个特定的问题，以及如何处理它。比如，你认为某件事是危险的，那么你就会感到紧张和恐惧，进而产生压力。当人感到不能控制自己的境遇时也会有压力。比如，大多数人第一次演讲会感到紧张，因为他们以前没有经历过这种情况。

当人们感到自己的能力不能应付某种特定情况的时候，就会有无力和绝望的感觉，从而导致很多负面情绪，比如沮丧、自卑、郁闷等等。其实很多时候无助感是自己幻想出来的，当人们不能控制自己所处的情形的时候，就会感觉"我没用"，却很少考虑事实是不是这样。有时，他们的压力只是来源于他们对事实缺乏了解。

一个试验形象地说明了这个问题：一个教授带着六个学生走进一个昏暗的屋子，让他们走过一个独木桥，并告诉他们桥下面有水，但是水并不深。六个人顺利地通过了独木桥。过桥之后，教授打开一盏昏暗的灯，大家发现桥下的水里竟然养着几只大鳄鱼。这时，教授要求六个人走回去，三个人说什么也不敢往回走，另外三个人战战兢兢地走了几步再也支持不住了，趴在桥上不肯动了。教授又打开一盏明亮的灯，这时大家看清楚原来桥下面还有一张钢丝网拦在水面上。五个人都鼓起勇气走了回去，教授问最后一个学生为什么不敢走，他回答说："我怕那张网不结实。"

六个人明明都有过独木桥的能力，但是当他们对事实缺乏了解的时候，当他们感到不能控制某种特定情况的时候，还是感到了压力。

可见，只有当自己有信心、有能力实现目标的时候，才能发挥出最好的水平；当自己觉得一切都在自己的掌控之中的时候，就能很好地实现计划；当感到无力和缺乏自信的时候，就很难实现计划，因此也就有了压力。

管理压力有五个步骤：

第一，评估你目前的情感状态；

第二，确定目标情感状态；

第三，为实现目标情感状态制定相应的计划；

第四，根据计划采取相应的行动；

第五，根据反馈信息评价你的行动是否有效。

美国科学家为了弄清楚压力对生物身体机能的影响做了一个试验：把刚断奶的幼鼠分为两组，其中一组享受充足的食物和安逸的环境；另一组只能享有相当于第一组 60% 的食物，它们必须和同伴争抢才能免于挨饿。科学家以为第一组应该比第二组更健康更长寿，但是结果出人意料：第一组的平均寿命不到三年，第二组的平均寿命超过 5 年，而且第二组老鼠的皮毛更光滑，反应更敏捷，免疫力都明显高于第一组。这也印证了孟子所说的"生于忧患，死于安乐"。

这应该就是俗话说的"有压力才有动力"。其实，有压力并非完全是坏事，关键看你如何管理压力——管理好自己的情感资源，就能改善自己的处境。但是，如果一直被消极情绪控制，认为自己无能为力，就真的无法改变自己的处境了。

快乐与压力看似矛盾，但是我们完全可以通过对计划和压力进行管理，在工作中体验到快乐。

如何摆脱"期望越大，失望越大"

我们为什么会感到不快乐，不幸福？因为现实总是和我们的期望有一定的距离，这距离就是我们不快乐、不幸福的源泉。比如，另一半本来是符合自己的标准的，可是，结婚之后他却暴露出了种种缺陷，实在让人难以忍受；本来对新工作充满期待，结果发现同事不好相处，或者工作量太大，致使我们的情绪每天都很糟糕；去巴黎旅游本来是梦寐以求的事，可是到了那里却发现自己吃不惯法国大餐。

关于这一点，心理学家是这样解释的：我们的情感来自于我们对世界的期望和实际上发生的经历之间的微分比较的结果。当我们在现实中经历的事情与我们的期望精确地吻合的时候，我们体验不到任何情感，因为每件事都是它们应该成为的样子，一切都很正常，没有什么特别的事能够引起我们情绪的波动。只有当我们所经历的事情与我们的期望有差别的时候，我们才能够觉察到，并产生情感或情绪的波动。如果现实不如期望的好，我们就会感到失望、沮丧、痛苦，甚至绝望；如果现实比期望的好，我们就会感到满足、开心、兴奋，甚至发狂。现实与期望的差异越大，情感波动就越强烈，期望越大，失望越大，就是这个道理。

通常情况下，理想很遥远，现实很残酷，所以，我们就有了那么多的不快乐，就感觉到那么的不幸福了。

事情其实远没有这么悲观，这种状态估计只有"贪心"的人才会有，要不就不会有知足常乐这个词了。为什么不用积极的态度看待期望的状态呢？

尽管我们总会处于期望没有实现的失望状态，但毕竟我们已经尽力了。如果能这样想，我们的情感就会变得积极起来，就不会那么沮丧，就不用沉浸在求而不得的痛苦中了。

当然，现实的确冷酷，各种时间表和工作日程逼着我们必须制定目标和计划，必须尝试把期望的状态变为现实，这时候，我们也完全可以通过调整期望和现实的差距，来缓解失望的痛苦。

第一，目标不要定得太高，要建立在现实的基础上，应该定在我们跳起来可以摸得到的高度。

如果期望离现实过于遥远，无论怎么努力现实与梦想之间的距离还是很大，就会让自己总是处于对现实不满意的状态中。因此，制定目标时，你要以现实为基础，理性地对待你所期望的事物。不要幻想把月亮摘下来，即便你能摘到，你还得接受月球表面的凹凸不平。

第二，建立一个长期目标，而不要短期之内期望太多。

如果在短期之内制定很多目标，那么，必然要经常面临期望难以一一实现的情况，从而产生对现实不满的情绪。长期目标却不同，它可以更长时间地维持我们的快乐。"新官上任三把火"其实很不可取。新的领导上任之后总是期望在短时间内作出成绩，树立威望。但是，急功近利的思想往往会遇到阻碍，大刀阔斧的变革可能会产生适得其反的结果，最终结果与期望的有很大差距。还有立志减肥的人，总是希望在短期内实现"一周瘦五斤"的减肥目标，可是，这样的目标是很难实现的，即使实现了也很容易出现反弹，最终还是会让自己处在对体重不满意的状态。

第三，没有目标也不行。如果现实已经让我们感到不满意，就必须行动起来了，主动去寻找一条通向幸福的路。

有些人有目标，却不行动，让目标成为一个幻想。幻想自然永无实现之日，于是就一味地沉浸在对现实的不满和牢骚中，整天怨天尤人。尽管他的期望只是自己幻想的结果，他却希望自己本来就是那样的，他完全被那种美好的状态吸引了，不理解自己为什么现在的状态这么糟糕。比如，某个人做了一个美梦，买福利彩票中了500万的大奖，在梦中他高兴极了，花钱花得不亦乐乎，但是梦醒之后却为现实中没有中奖而感到痛苦。这样的做法简直是太愚蠢了。如果对现实不满意，就应该确定目标，制定计划，行动起来，朝着目标努力，而不是为那个虚无缥缈的梦境感到遗憾。

用目标与现实进行对比的思维是活在未来，是在用未来的眼光看现在，自然会对现在感到不满意。可是，如果换个角度思考问题，仔细体验当下发生的事，忘掉过去和未来，我们也许会发现另一种景象，那就是活在当下——你有多久没有仔细品尝饭菜的味道了？你有多久没有仔细感觉风吹在脸上的感觉了？玫瑰花瓣的颜色和质感会让你感到惊讶吗？鸟儿歌唱的声音好听吗？秋天的树叶是怎么慢慢变黄的？听到蟋蟀的叫声，你会感到好奇吗？

原来，因为太关注理想和目标，生活中很多能给我们带来快乐的细节都被我们忽略了。当我们还是孩子的时候，曾经对世界上的一草一木感到惊讶过，也曾经被第一次看到的蓝天白云感动过，那时候我们是用心在体验生活，那时的我们对生活没有任何的不满意，因为那时我们还没有任何欲望和希求。可是，长大以后，吸引我们眼球的东西越来越多了，我们的欲望也越来越多了，我们学会了比较，看到别人有什么，我们也想要，然而，欲壑难填，我们也就越来越痛苦了。那就还是活在当下吧，体验现实生活才会获得真正的快乐和幸福。

如何用瘦杯、小碗和镜子来控制饮食

在以瘦为美的今天，相信很多人都想过节食减肥，尤其是很多女性，都希望自己有苗条的身材，这样自己就会更加有魅力。而调查显示，那些想要节食减肥的人大部分都以失败告终，可能是他们最终没有抵挡得住美食的诱惑，或者是没有什么动力促使他们坚持到底。总之，这可能受到很多因素的影响。

来自美国康奈尔大学的布莱恩·万辛克及其同事对影响人们进餐的因素进行了研究。在研究中，他们自制了一种比较特殊的碗。可以在参与者毫无觉察的情况下，通过一个隐蔽的管子向这个碗里不断地加汤。实验的参与者围坐在一张桌子前，一边聊天一边喝汤，整个实验大概持续了 20 分钟。其中有一半的参与者使用的是这种比较特殊的碗，他们的碗中不断地被装满汤，而且是在他们毫不知情的情况下，而另外一组参与者使用的是普通的碗。实验结束后，询问所有的参与者对汤的看法。有趣的是，那些使用特殊碗的参与者声称，他们并没有感觉到特别饿，而且也没有感觉到自己比别人多喝了很多的汤。而事实上，那些使用这种特殊碗的参与者比那些使用普通碗的参与者多了 75% 的汤。

于是，万辛克和他的同事推测，人们在进餐的过程中，总是爱问自己"我吃完了吗"，而且这个问题总是无意识地影响着人们吃的多少。在上面的实验中，我们看到，那些使用特殊碗的参与者的碗中总是被源源不断地装满汤，而参与者则认为是自己没有吃完。于是，即使自己喝了很多汤，他们也没有意识到。这说明，人们在进餐的过程中受到很多非理性因素的影响。

既然进餐这一过程受到很多非理性因素的影响，那么，我们同样可以通过控制这些非理性的因素，来达到减肥的目的。这里就有几个对控制饮食有立竿见影的效果的方法，你不妨可以尝试一下。

同样是来自万辛克的研究，有两组学生参与了实验。一组学生使用的是矮而宽的酒杯，另一组学生使用的是高而瘦的酒杯。要求他们将酒从一瓶威士忌中倒进自己的杯子里。结果发现，与那些使用高而瘦的杯子的同学相比，那些使用矮而宽的杯子的同学每次多倒了大约30%。这一研究结果在酒吧侍者的身上也得到了验证，他们在使用矮而宽的杯子时，比使用其他的杯子平均要多倒出20%的酒。因此，如果你想控制自己的饮酒量，那就使用高而瘦的酒杯吧。

既然酒杯能影响人们的喝酒量，那么碗的大小是否影响人们的饮食量呢？对一群参加派对的人进行了研究，每一个人都随机分到了一个不同规格的碗和勺子，来供他们吃冰激凌使用。结果发现，那些使用大规格的碗和勺子的人均比其他人多吃了很多的冰激凌。这一研究结果并不局限于吃冰激凌，在吃其他食物的时候也是如此。由此看来，要想控制自己的饮食量，要尽量使用小规格的碗和勺子。

在我们的印象中，不论是男性还是女性每次出门都要在镜子前上下打量，上到自己的发型，下至裤子和鞋子，直到令自己满意才罢休。而且据一家化妆品公司的调查结果显示，男性每天平均照镜子27次，女性平均为34次。看来照镜子的确是很多人的习惯，我们通过镜子可以将自己打扮得更加漂亮和帅气。来自美国爱荷华州立大学的一项研究还表明，镜子不仅能让我们神采奕奕，而且在厨房中装上一面镜子可以帮助我们减肥。因为把镜子装在厨房的墙上，如果不满意于镜子中自己的体形，就会想到以后一定要少吃东西，这样就达到了减肥的目的。当然，不仅是在厨房中安装镜子能够帮助我们减肥，同样只是照照镜子也使得我们因为关注自己的形象而更加在意自己的体形。

祛除情感疤痕

俗话说，"一朝被蛇咬，十年怕井绳"，一旦被某人或某事伤害之后，我们就会主动采取措施以避免再次受伤害。比如，切菜的时候不小心切到手指，我们的手指会留下一个伤口，伤口愈合之后，受伤部位的肌肉会自动形成一个比以前更坚硬、更厚实的疤痕组织。疤痕组织是一道保护层，它可以防止我们再次受到伤害。再比如，最好的朋友背叛了我们，开始的时候我们会感到很伤心。当这件事过去之后，我们就变得不敢轻易相信别人，并在心里形成了一道"情感疤痕"。如果受伤很严重，就可能变成铁石心肠。如果那件事对我们的影响并不是很大，我们可能会好了伤疤忘了痛。但是如果我们受到刻骨铭心的伤害，或者反复经历类似的伤害，我们心里就会留下厚厚的情感疤痕组织。我们用这种"结痂"方式保护自己，以免再次受伤。

身体疤痕有利于我们的身体和健康不再受到危害，对我们来说是好事。可是，"情感疤痕"尽管能让我们免受来自同一渠道的伤害，却也能成为束缚我们的"心灵之茧"。"心灵之茧"会把我们包裹起来，切断我们与其他人的联系——受过伤害之后，疤痕组织不仅保护我们避免遭受最初伤害我们的那些人的再次攻击，而且对其他人也拒之千里之外。这就是为什么失恋的人很难从痛苦中走出来的原因。在恋爱或婚姻中受过伤害的女人常常说："男人没一个好东西！"这就是她的情感疤痕在作祟，受过伤害之后，她再也不敢相信别的男人了。

那些冷若冰霜的硬汉往往隐藏了一些情感疤痕，有些人甚至为了防止受到伤害，而率先发起攻击，把那些爱他们的人赶得远远的。许多不良少年就是因为陷入这样的怪圈，最后走上犯罪的道路。

情感疤痕组织对人的影响非常深刻，它会使我们活在阴影中，不敢表达真实的自我。

李某任职于一家大型公司，上司很器重他，每次开会都让他参加。然而，他从不在会议上发言，好像他只是陪会者，而不是会议参与者。他之所以不发表自己的意见，是因为他心里有情感疤痕。他希望通过不发言来避免遭受惩罚。

李某上中学的时候，有一次没有注意听讲，老师让他回答问题，他答错了，老师狠狠地批评了他。下课后，他还遭到了同学的奚落。从此他心里形成了一层情感疤痕，以后他在课堂上表现得很不积极，对同学也很冷漠。成年之后，他结婚了，很不幸，他的妻子是一个控制欲很强的人，她总是批评他的想法或做法，甚至连他穿什么衣服，看什么电视节目都要管一管。这在李某心中形成了第二层情感疤痕。李某越来越不愿意发表自己的看法。

一层又一层的情感疤痕组织把李某的内心世界包裹起来，使他的内心变得无比脆弱。他希望得到别人的关心，希望与别人亲近，但是却不信任任何人。只要他觉得这个环境会和曾经伤害过他的事情一样伤害他，那么他的情感疤痕就会让他逃避、退缩，以避免自己受到伤害。

既然情感疤痕会给我们造成如此严重的不良影响，我们何不想办法祛除呢？

自我意象是可以重新塑造的，情感疤痕和身体上的疤痕一样可以通过"整容"来恢复。要想修复受伤的自我意象，需要进行"情感手术"——心理控制技巧是祛除情感疤痕的手术刀。

第一，回忆过去成功的经历。

比如，小时候受到家长或老师表扬的经历，在班级或全年级获奖的经历，在体育比赛中获胜的经历，或者在工作中取得好业绩的经历等等。仔细回忆每一个细节：当时是不是非常开心？别人说了什么话？自己有什么样的感觉？当时觉得自己是一个什么样的人？当新的自我意象建立之后，过去的情感疤痕就会自动消除。有一点需要注意，当我们尝试着敞开心扉，展现自我的时候，可能会失望，甚至再次遭遇伤害，因此我们要有心理准备，坦然应对就好。

第二，使用"原谅"这把手术刀。

有些人受到伤害之后，只想报复对方，发泄怨气。这无异于用别人的错误惩罚自己，仇恨是毒蛇，首先咬到的是自己。原谅别人对自己的伤害，我们就能得到心灵的宁静和幸福。真诚的、彻底的原谅像一把手术刀一样可以把疤痕组织剔出，使伤口愈合。

第三，避免再次留下情感疤痕。

祛除情感疤痕之后，就建立了新的自我意象。这时要避免的是再次留下情感疤痕——了解自己为什么遇到某些刺激会作出这样或那样的反应，通过理性思考，认清事情的来龙去脉，就会变得更加成熟。这就等于给自己建立了一个健康的"情感免疫系统"，防止感情上再次受到伤害。

第四，让自己强大起来。

容易受伤的人往往非常敏感，自尊心非常脆弱，常常因为别人无心的言行而受到伤害；比较自卑，自我评价不高，总是怀疑自己的价值，有强烈的不安全感，因此总是感到自尊心受到威胁；即使被细小的针尖刺一下，也会感到受到严重的伤害；总是对号入座，怀疑别人看不起自己，或者说自己的坏话……这样的人应该树立健康的自尊心，让自己的脸皮适当地厚一些，以便不让一点小小的冒犯对自己构成威胁，即使遭受重创，也能很快恢复。

第五，拥有独立人格。

拥有独立人格的人在感情上不依附其他人就不容易受到伤害。每个人都希望得到爱和关心，但是独立能力强的人认为自己有必要给予爱。相反，那些依赖别人的人，总是期望别人关心他们、认可他们，这让他们变得更加脆弱，一旦他们的需要得不到满足，就会觉得受到伤害了。客观地说，并不是有人要伤害他们，而是他们把自己放在了弱者的地位。因此，要想避免伤害，就需要培养独立的人格和自力更生的人生态度。

缺点不过是营养不足的优点

"缺点不过是营养不足的优点",是奥地利心理学家阿德勒的一句名言。

阿德勒生于维也纳的一个富裕的商人家庭,全家人都有着很高的文化和艺术修养,可是他的童年却并不快乐。原因在于自己具有驼背的缺陷,行动不是那么方便,加之他有一个身体正常的哥哥,两人在一起的时候,哥哥的表现处处比他优越,这使得幼小的阿德勒产生了强烈的自卑感。但是阿德勒没有为这种自卑所束缚,而是通过自己的努力,在心理学领域展现了卓越的才华,完成了对于自卑的补偿和超越。

阿德勒的人生可以说对他那句名言作了最好的诠释:在某一种角度看来是缺点的特质,从另一个角度去看也许是优点,一种事物总是存在着它的对立面,只不过两方面有着轻重之别,所以才产生了优劣之分。比如说鲁莽,是一种缺点,而勇敢则是一种优点,当然,鲁莽与勇敢之间不能够划等号,两者是有着很大差别的;但也不可否认的是,两者之间有着很大的联系,一个鲁莽的人,常常是具备勇敢的长处的。《三国演义》里的张飞是一个鲁莽的人,可是他的勇武也是值得称赞的。

一个人在对待自身缺点的时候,是可以从另一个角度来进行补偿的。每一个人都有着某方面的缺点,而且少数人对自身所具有的某种缺点有着极为强烈的感受,于是会付出一种强大的主观力量去补偿,而这往往造就了他们不凡的成功。

补偿作用的发挥可以分为两种,一种是正面补偿,也就是令自己的短处转变为长处。古希腊的戴蒙斯赛因斯患有口吃,可是他却矢志要成为一名演说家。经过长期的艰苦练习,终竟如愿以偿,不仅克服了口吃,而且辩才远远超越了常人。戴蒙斯赛因斯就是要克服掉口吃的缺点,在口吃这件事本身上下工夫,才成就了自己。

另一种是侧面补偿,也就是绕过自身的缺点,从其他方面来进行补偿。罗斯福在 1921 年不幸患上了脊髓灰质炎,落下了终身的残疾,但是这并没有令他放弃奋争进取的信念,此后,凭借自己顽强的努力和出色的政绩,于 1932 年的竞选中战胜胡佛,成为美国第三十二任总统,并且连任四届。罗斯福以自己杰出的政治业绩被看做是美国历史上最伟大的总统之一。这说明,缺陷并不能够阻止一个人前进的步伐,很多时候还反而会令一个人为了克服它、超越它而付出更多的努力,从而获得更大的成功,这就是力量强大的补偿作用。

罗斯福对自己所进行的补偿不是令肢体能力超越常人，而是积极地锤炼出自己卓越的政治才能。

神奇的"想象"和"心理暗示"

想象和心理暗示是进行自我激励、自我管理的重要方式。经常对自己进行积极的心理暗示，以肯定的态度看待自己、别人和世界，我们就能让自己变得符合自己的想象，继而让别人和世界也符合你的想象。虽然有些心理暗示与事实并不相符，但是这并不妨碍它发挥作用。

世界各地都有巫婆和神汉给人治病的现象，他们在病人面前表演一番，弄一些香灰、神水、说几句咒语，就声称能把病治好。至今仍有不少人迷信巫婆的神药。这种现象之所以能存在这么久，是因为有的时候它真的好像奏效了。但是，这和香灰、神水、咒语没有关系，巫婆实际上运用了"引导想象"的方式来治病。巫婆通过各种手段让病人想象她的巫术是有效的，巫术"起作用"主要也是由于患者相信巫术可以治愈他的病。

现代医学使用的"安慰剂"起作用的原理与古老的巫术是一样的。一位女士得了一种怪病，遍访名医也没有治愈。一位非常有名的医生来到女士所在的城市，她慕名前去看病。名医查明病情之后，给她开了药，并告诉她："这药是从美国带回来的，专门治你这种病。"女士高兴地买了药，经过几个疗程之后，真的康复了。其实，医生给她的药只是普通的维生素C，她的病需要的只是良性的暗示和积极的想象。

医学试验表明安慰剂能够达到真正药剂60%~70%的作用，当医生和病人都相信安慰剂有效时，效果更加明显。

因此，暗示的内容与实际情况是否一致并不重要，重要的是全世界成千上万的人已经发现，基于这些心理暗示的行动非常成功。事实上，这些心理暗示很可能是情感智商背后的最大秘密。一旦你开始应用这些心理暗示，就会发现它们能激发你的潜能。

现在试用一下积极的想象和心理暗示，看看它们会给我们带来什么。很多心理暗示就像巫师的语言，它遵循伦纳德·欧尔定律："思想者想什么，证明者就证明什么。"

美国心理学家凯文曾做过这样一个试验。他请一位化学老师在课堂上把他介绍给学生们，他的身份变为化学博士。老师对学生们说："这位化学博士正在研制一种药物。这种药物无色无味，挥发性极强，吸入这种气体对人体有保健作用。但是它有一个缺点，就是在刚刚吸入的时候会让人感到头晕。""博士"拿着一瓶液体在每位同学面前晃了一下，然后问学生们："觉得头晕的同学请举手。"不少同学把手举起来。事实上，所谓"化学药物"只是一瓶自来水。

想象和心理暗示可以帮助我们实现目标，获得成功。在以下几种情况进行引导可以给我们带来很好的效果：

1. 当我们接到一项艰巨的任务时，或者面对一个难题时，不要退缩，不要否定自己，而是应该发挥想象，在想象中体验一下克服困难、解决难题之后的情景。这种想象能够让我们调动起所有的能量，朝着目标努力。

2. 在努力的过程中，要把目标具体化、视觉化，绘制成图或者进行具体细致的描述，然后贴在视线的右前方。这样做的目的是让目标不断在意识中强化，带动潜意识帮助我们实现目标。潜能开发专家发现人的大脑中有一个资源导向系统。一旦目标明确的时候，我们的头脑就好像一枚飞弹一样，明确地追踪这个目标，带动身体的所有能量实现这个目标。

3. 当我们不自信的时候，要通过想象模拟成功，或者具体细致地回想自己有过的成功经历，还可以想象自己在性格、作风、能力等方面具有的优势。这种想象可以激发潜能，让我们在实现目标的过程中充满激情和信心。

成功学大师陈安之有过这样一次经历：他想买一辆汽车——奔驰 S320，但是当时根本买不起。于是，他把那辆汽车的图片贴在书桌前面，激励自己努力挣钱买到它。后来觉得这辆车有点贵，很难实现这个愿望，就把图片换成了奔驰 E230。

要想实现目标必须付出行动，为了得到自己想要的汽车，他努力工作，几个月之后，他的收入大增。当他挣到足够多的钱时，决定去买汽车了。在购买的前一天，他碰巧看到了他的学生，得知他们也要买汽车——奔驰 E280。陈安之觉得自己不能输给学生，临时决定买奔驰 S320。这个戏剧性的变化，竟然使他实现了最初的目标。

人们头脑中的意识会有一种"心理导向效应"，即人的内心都会有一种强烈的接受外界暗示的愿望，并让自己的行为受其影响。如果我们每天要对自己大声地说赞扬的话语，并在内心确信自己确实如此，那么，我们就会跟着变得更积极，更有精力。

很多时候最初印象是靠不住的

人们往往认为最初的印象是最深刻的，其停留在脑海中的时间也最长，很多人更是以第一印象作为评判人好坏的标准。

如此说来，最初的印象似乎是不可改变的。但实际上，事情却并非如此，随着时间的推移，停留在脑海中的最初印象也会发生变化，且这种变化通常都是反方向的。也就是说，最初的好印象会削弱，逐渐向坏的方向转变；最初的坏印象也会好转，逐渐向好的方向发展。这种现象就被称为"睡眠效应"。

很多人可能都有过类似的经历：在购买某件商品的时候本来特别喜欢，可没过几天就没那么喜欢了，甚至有些后悔当初买了它；在公交车上遇到一个不讲理的人，把自己气得半死，可过了几天后再想起这件事，却又觉得不值一提，甚至有些懊恼自己当时为何那样冲动。诸如此类的事很多，这类事情的发生就是睡眠效应作用的结果。

睡眠效应的出现主要是由人类自身的复杂性决定的。对于初次接触的人或事物，我们很难做一个全面的了解。因为人和事物都是多面性的，不可能在很短的时间内将全部的特性都展现出来。尤其是人，人们出于一种自我保护的心理，往往不会在陌生人面前袒露心扉，也不会让对方看到全面真实的自我。人性本身就是复杂多变的，再加上刻意的掩饰，要看到其完整的形象是根本不可能的。而随着时间的推移，彼此交往得越久，对彼此的了解就越深，这时必然会产生一些与初次见面时不太一样的印象。

通过睡眠效应，我们不难发现，用发展变化的眼光看待事物的重要意义。在进行人际方面的判断时，要给对方表现自己的时间，而不要匆忙下定论，否则，就是对别人和自己的不负责任，尤其，短时间内就给别人下不好的结论，也是不公平的。

有些人特别容易犯印象病，以第一印象评判某人。第一印象好的就什么都好，第一印象不好的就什么都不好。这显然是不妥的。无论对于任何事物，都不能只见一次就盖棺论定，那样难免会产生偏见。

睡眠效应也提醒我们不要在愤怒的时候采取什么行动。人都是情感动物，当情感占据上风的时候，往往容易做出一些冲动的事情来。尤其是在愤怒的时候，很容易做出伤人害己的事情来，到最后让双方都懊悔不已。所以，在感到愤怒时，千万不要被自己的情绪控制而采取行动。无论你当时想做什么，想说什么，都不要去做，也不要去说，给自己一点时间，待怒气退去以后，再决定采取什么行动。

美国前总统杰弗逊曾总结了一个在愤怒时控制情绪的方法："生气的时候，开口前先数到十，如果非常愤怒，就数到一百。"如果没有什么其他好办法，这个办法也不妨一试。

睡眠效应如果应用在购物中，可以帮助我们避免许多不必要的开支。比如，在购房或购车的时候千万不要一时冲动，马上作出购买的决定，至少应该给自己一周的时间冷静一下，在考虑好各方面情况以后，如果还是觉得值得购买，再买也不迟。

养成快乐的习惯

快乐，是一种人人向往的情感状态。在这种状态中，我们不仅能够感受到身心方面的愉悦，还能在愉悦中提高做事效率，轻松到达理想的彼岸。所以，人们才会祝福彼此天天快乐，永远快乐！然而，许多人对快乐却存在一定的误解。

有些人把快乐与道德联系起来，认为快乐是由于无私而得到的奖赏。帮助别人确实能带来快乐，因为这可以证明"别人需要我"。然而，这却是一个荒唐的假设。正如哲学家斯宾诺莎所说："快乐不是对美德的奖赏，而是美德本身。"当然，把自己的快乐建立在别人的痛苦之上是不对的，但是，我们也不能通过减少自己的快乐，来增加别人的快乐。如果从道德层面理解快乐，认为追求快乐是自私的，我们就会因为得到快乐而感到内疚，进而变得不快乐。

人们对快乐还有另一个错误理解，那就是把快乐寄托在未来某个时刻。有希望是好事，但是如果只想着未来，就会对现状失望，不快乐就是必然的了。如果把快乐延期，快乐就会遥遥无期，比如，有人认为考上大学自己才能享受快乐，考上大学之后又为找工作发愁，找到工作之后，又期望与心爱的姑娘结婚，结婚之后又为付购房贷款发愁。

要想永远快乐，必须现在就快乐。我们不能把快乐建立在解决某个问题上，一个问题解决之后，另一个问题就会接踵而至，人生就是不断解决问题的过程。我们应该活在现在，享受现在的生活带给自己的乐趣，不要想等到某个任务完成之后而获得快乐。

所以，我们要让快乐变成我们随时都可以拥有的心理习惯。人们常说"烦恼是自找的"，其实快乐同样是自找的，只要我们愿意快乐，就能体验到快乐。我们不能指望每时每刻都沉浸在快乐之中，因为每一天都会有让人不开心的事发生，但是我们可以通过作出简单的决定而变得快乐。

第一，克服为鸡毛蒜皮小事烦恼的习惯。

日常生活中的一些事让我们感到不满、烦恼、怨恨、气愤，是因为我们习惯了对外界环境作出这样的反应。比如，有人在我们说话的时候表现冷漠，有人不小心弄脏了我们的衣服，有人没有和我们打招呼，这些事让我们的自尊心受到打击，于是感到不愉快。甚至一些客观原因造成的事，也被我们理解为对自尊心的伤害，比如，等的公交车迟迟不到，想去郊游老天却开始下雨，对这些事，我们的反应是生气、抱怨，然后就变得不快乐了。理智地想一想，我们之所以会为一些鸡毛蒜皮的小事感到烦恼纯粹是因为习惯。那就克服了吧。

第二，不再让其他人和外界环境摆布自己。

我们有的时候就像个木偶，总会让其他人和外界环境摆布自己——一旦别人做了让自己不满意的事，自己真的就立刻发脾气。想想是不是很傻？其实，让我们苦恼的不是事件本身或者某个人，而是我们自己对事件或某人的看法，所以，我们要想办法做自己的主人，当感到自己受到攻击的时候，就要提醒自己冷静地把事实和看法分开，使自己对外界的反应建立在事实基础上，而不是自己或别人对事实的看法的基础上。比如，有人在车祸中失去一条腿，他为此很伤心，觉得自己太不幸了，以后不能走路了，什么都干不了。他把事实和自己的看法混淆了。他"失去一条腿，不能走路了"，这是事实；他"太不幸了"，"什么都干不了"，这是看法。一旦他产生消极的想法，他的痛苦就会加倍。当遇到不幸事件的时候，自怨自艾，认定自己是个不幸的人，那才是真正的不幸。

要想让自己摆脱外界环境的支配，就要避免产生消极的看法。如果迟到了，不要说"我总是迟到，这样不好"，而要说"迟到不是我的作风，下次我要早到十分钟"。通过积极的思维模式，可以树立积极的自我意象，这样就可以摆脱消极看法对自己的控制。

第三，积极的人生态度可以让人保持快乐的心态。

人活着要有所追求，朝着目标努力奋斗，无论环境怎么样都不会影响自己的心境。比如，诺贝尔在研究炸药的时候，他的工厂发生爆炸，他的弟弟和四个助手被炸死，他自己也受了重伤。周围的邻居出于恐惧，向政府控告诺贝尔，政府不准他在市内进行试验。诺贝尔没有因此而退缩，他在一只破船上建立新的工厂，经过很多挫折之后，终于研制成安全的黄色炸药。心理学家 H·L. 霍林沃兹说过："快乐需要有困难来衬托，同时需要有面对困难的心理准备和克服困难的行动。"乐观对待困难的人一定是最快乐的。

第四，快乐的习惯是可以培养的。

不要指望别人给你带来快乐，外界的一切都是不可靠的，我们必须学会自己创造快乐。我们不能改变别人，却能改变自己的心态。我们的情感通过训练可以增强唤醒快乐的能力。习惯与自我意象的模式是一致的，将新的行为模式付诸实施，直到变为习惯，自我意象就会超越过去的习惯，发展出新的行为模式。过去，我们习惯了对外界的攻击作出不良的情感反应，只要外界环境不合我们的心意，我们就会烦恼、怨恨、发脾气。只要遇到某种刺激，我们就会作出相应的反应。现在，我们可以通过练习把这种习惯性的反应纠正过来，以另一种反应方式取代。这个练习需要坚持一段时间，直到新的行为模式被彻底掌握。

改变的过程是艰难的。当我们被要求除去那些我们所熟悉的思维方式和情感反应方式的时候，我们都会本能地加以抗拒，虽然我们已经认识到过去的那些习惯是有害的。因此改变不可能在一夜之间实现，它必须是一个渐进的进程。

赌博心理让人无法拒绝诱惑

据某媒体报道，无业人员赵某曾因盗窃罪被判刑三年。刑满释放后，赵某无所事事，终日流连于各家赌场，逐渐养成赌博的恶习，为此，他常与妻子马某发生口角。2010 年 3 月 5 日上午，顾某在家中再次因赌博问题与马某发生争执，一气之下马某欲离家出走。而此时，赵某凶相毕露，他手持匕首朝马某的腰部猛刺数刀，后投案自首。马某虽经医院及时抢救脱离生命危险，但已构成重伤。经法院审理，赵某以故意伤害罪判处有期徒刑五年。

由赌博成瘾造成家破人亡的案子不在少数。赌博成瘾，尤其是心理成瘾，是赌徒堕落的主要原因。赌博的心理成瘾，指的是赌徒对赌博行为近似强迫的渴求心理，对赌博行为有追求的愿望，更有甚者，对赌博的渴求成为一种病态行为，导致赌徒反复参赌，沉迷其中不能自拔。赌博的心理成瘾有生理上的原因，更有心理上的原因。从生理原因来说，有科学家通过实验研究发现，赌博虽然会刺激人，使人的心跳加快，但经常参赌的人的心跳能很快恢复正常，而偶尔参赌的人的心跳却要经过很长一段时间才能恢复正常。进一步的研究表明，当人们心跳加快时，体内会产生一种叫做"内啡肽"的化学物质，这种化学物质能使人获得兴奋的快感。经常参赌的人为了持续获得这种快感，需要不断重返赌桌。而偶尔参赌的人，并不会沉迷于这种化学物质带来的快感。此外，研究还发现，越是在快赢牌的时候，内啡肽分泌得越多，这导致人的思维能力降低。这么看来，有些人似乎天生就有追求快感、成为赌徒的潜质，而有些人压根不受影响。

赌博成瘾的心理成因可用行为主义的操作性条件反射范式来解释。由于赌博带来的心理刺激，不断强化赌徒，才导致其心理成瘾。赌博属于不固定时间、不固定频率的强化，这种强化带有很大的随机性和不确定性，但是强化效果却是最好的。赌红了眼的赌徒，一旦体验到一次成功的愉悦后，便会形成对这种愉悦感的更强烈期待，希望再一次得到满足，而下一次满足的不确定性更增强了赌徒的求胜心。一旦期望多次得到满足，不断得到强化，赌徒逐渐形成条件反射，在心理上成瘾。

赌徒大多是带着以下几种心理开始其赌博历程的。

一是娱乐和消遣心理：由于赌博有丰富的内容和形式、强烈的竞争性和随机性，满足了人们不同类型、不同层次的心理需要。有些人可能刚开始是为了在激烈的竞争中获得快感、放松身心，最后的结果却与娱乐和消遣心理相背离，达到不可收拾的程度。

二是公关心理：在一些特殊环境下，为了拉拢权力人物，故意精心安排双方参与赌博，借由赌博达到权钱交易的目的。输家心甘情愿，赢家心安理得，大家各取所需，心知肚明。

三是寻求刺激心理：赌博可以满足人们追求刺激的欲望，这种刺激既包括金钱的也包括精神的，而刺激的满足会强化赌徒的赌博行为，导致成瘾。

四是投机与冒险心理：有的人急功近利，追求快速致富，妄想不劳而获。赌博似乎迎合了人们以较少投入获取较多财富的心理。

都说小赌怡情，大赌伤身，从小赌到大赌，赌徒们经历了一个怎样的心理历程呢？几乎所有赌徒都是从好奇、凑热闹似的围观他人赌博开始其赌博历程的。通过观望，逐渐熟悉游戏规则，然后有了跃跃欲试、亲自体验的冲动，直至迈出第一步。

赌博与钱和利是分不开的，参赌的人都是抱着想赢钱、多赢钱的心态开始的，尤其是刚开始，手气普遍不错，然后在欲望的驱使下越赌越大。调查表明，初赌者为赢家的人比初赌者为输家的人变成赌徒的概率要大五倍。可见，尝到了甜头，更不容易抽身。到了手气不好，频频输钱的时候，又变得不甘心，想着翻本。翻本可能成功，也可能失败。成功的人更贪婪，想着何不趁手气好再多挣钱；失败的人不甘心失败，继续不断加注。无论怎样的结局，都是一个恶性循环。在赌瘾和贪婪欲望的驱使下，有的赌徒甚至变得极其疯狂，理智全无，不能自拔，最终酿成苦果。

"存肢效应" 和 "21 天效应"

心理学上有一个存肢效应，说的是一个健康人如果突然断了只胳膊，在相当长一段时间里，人的心理面对那空落的位置，都会有一种存在感和对已失去的胳膊的支配欲。在现实生活中存肢效应很常见，比如，刚退下来的领导因无法面对改变而心生失落；失去老伴的老人因无法应付突如其来的空缺而孤独难耐……

之所以会产生"存肢效应"，是因为人们面对失去时都会产生这样的心理：对失去的留恋，认为只有失去的才是最宝贵的；对失去的依恋，因为无法面对突然的空落。就是这种对过去的留恋和依恋，才让有些软弱的人们变得一味地沉浸在对过去的执著之中，不敢也不愿意面对现实，以至于无所事事。

小张和小李恋爱了四年，感情一直很好。可是有一天，小李突然提出要和小张分手，理由是性格不合。小张死活不同意，但也于事无补。小李决绝地远走他乡，当然是和另外一个男青年。小张无法面对残酷的现实，整天沉浸在被抛弃的痛苦和对小张的留恋之中。对任何劝慰和开导，小张都充耳未闻，只是自顾自地喝闷酒，睡大觉；要么就是一边喊着小李的名字，一边数落着自己的不是，说都是自己的原因小李才离开。

小张失恋后表现出的对小李的执著，就是心理学上的"存肢效应"。

生活中难免会遇到失去，失去爱情、金钱、地位、权势、健康、心爱之物……如果一味地放不下，恐怕活着也就没有什么意思了。当然，失去的感觉是酸涩的、痛楚的、无奈的、揪心的，不会像拥有时那样满足和幸福，但毕竟已经失去了，痛苦、消沉是于事无补的。

有这样一则故事：一个人从一生下来就很不幸，少年丧母，青年丧父，长大后又在一次车祸中失去了双腿，好不容易取了个媳妇，又因难产而亡。他实在无法忍受命运对他的捉弄，就责问上帝："为什么要让我的一生在痛苦和失去中度过呢？"上帝微笑着把他带到一个刚升天不久的灵魂面前，对他说："这个人一直都很顺利，生活美满，家庭幸福，长这么大从没遇到过什么不幸的事，更不知道什么叫做失去了，可是，最近，他做生意失败，不但血本无归，而且债台高筑，结果，这唯一的一次失败就把他击垮了，所以他就来到了这里。"

这个人听完上帝的话恍然大悟：原来失去也是一种财富，要么他怎么会选择死亡，而我却坚强地活着，因为我经历的失去太多了，我已经变得无比坚强了。

20 世纪 60 年代，美国著名的整形医学专家、心理学家马尔茨博士发现，存肢效应要在 21 天以后才能消失。这就是"21 天效应"——绝大多数人可以用 21 天的时间接受一种新理念，或养成一种习惯。这就是著名的 21 天效应，这个效应又叫"惯性定律"。

"21 天效应"告诉我们，任何一种行为只要不断地重复，都会成为一种习惯。同理，任何一种思想只要不断地重复，都会在潜意识中转化为程序化的惯性，进而在不知不觉中支配着人的行为。也就是说，我们的行为只是在潜意识支配下的被编辑好的程序。

习惯对人的影响是难以估量的。如果说好习惯是成功者的良师益友，那么坏习惯就是失败者的狐朋狗友。成功者之所以成功，好习惯功不可没；失败者之所以失败，坏习惯难辞其咎。那么，我们怎样才能养成好的习惯呢？

人是按照习惯来做事的。如果你平时用右手写字，突然有一天改用左手写字，你一定会感到非常别扭。这说明改变习惯要经历一个不舒服的过程。但是，如果从此以后，你每天都用左手写字，坚持一个月后，你就不会感到那么别扭了。这说明习惯是可以改变的，只要你能长期坚持下去。有关专家研究表明：21 天以上的重复会形成习惯，90 天的重复会形成稳定的习惯。也就是说，任何一个动作，重复 21 天以上就会变成习惯性的动作。同理，新理念、新习惯的形成就是一个不断重复的过程，重复或者重复验证 21 次以上，就会形成一种信念。

我们都知道，习惯的力量无比巨大，人生的成败多半取决于我们习惯的好坏。既然新理念、新习惯的形成至少需要 21 天，我们就应该弄清楚这样一个道理：某些事情是急不来的，必须循序渐进，否则，欲速则不达。

因此，要改掉一个坏习惯，首先，你要激发自己的欲望，让要改掉一个坏习惯的欲望比想坚持它的欲望更强烈，这样要改掉它就不难做到了。改变理念、改变习惯会是一件极不舒服、极不情愿的事，所以，不但当事者主观上要持之以恒，旁观者也要努力尽到监督、帮助、鼓励的责任，必要时还要施以压力，尤其是在开始的时候。

左脑用多了不幸福

在人们意识到右脑功能强大，并开始开发利用右脑之前，人类社会应该可以被称作左脑时代——左脑的使用远远超过右脑。这和教育理念和体制有关，学生在学校得到的是左脑训练，所以，即便是学成也就是左脑人才了。这也和现代社会的主要信息渠道是通过语言文字构建的有关，左脑负责语言，人们不得不适用左脑，忽略右脑；更与父母对孩子智力培养的通常做法——尽早教孩子说话、写字、计算等有关。

当然，左脑的功能也是不可否认的。左脑的功能包括数学运算、分析问题、逻辑思考、语言表达、有意识地回忆过去和计划未来。这一切也都是不可或缺的。比如，左脑是逻辑脑，可以将抽象的符号组合为代表具体事物的图案。这个功能在数学领域和语言交流过程中有重要的作用，对展望未来和制定计划非常有帮助。比如，一千块钱可以买一头奶牛，奶牛产的奶可以卖钱，四个月后卖奶的钱就可以用来再买一头牛。左脑可以把语言和事物联系起来，一个人向另一个人描述事情的时候，就可以节省时间。比如，有人告诉我们前面的路在施工，需要绕行，我们没有必要走过去看，就能了解他所传达的信息。

再比如，左脑善于处理新信息与已有信息之间的关系。当大脑接受到新信息之后，左脑就会寻找新信息与大脑已有信息之间的共同之处。这对发现事物之间的联系和发展趋势，以及解决代数问题有很大的帮助。

还有，在社会上生存，我们需要表达自己的思想和处理各种问题的能力，而这又是离不开左脑的。大部分人为了谋求工作，保证自己的职业优势，都需要训练自己的逻辑思维和精确表达自己思想的能力。

可是美国心理学家霍华·克莱贝尔研究发现：右脑能够使人幸福，片面地依赖左脑而忽略使用右脑的人不易感到幸福。

经过分析，我们会发现，以左脑为中心的生活方式是单色调的，因为左脑是以一种理性的利害得失为基础来衡量现实生活的，这造成了情感的苍白，而人的幸福感的获得则主要是通过情感的作用，过度的理智反而会伤害情感的自由驰骋，因而也就挫伤了幸福感。

现代脑科学研究表明，左脑的脑波是高频率振动的，而这意味着一种紧张的状态。左脑的过度使用更是会产生一种叫做去甲肾上腺素的物质，这种物质使人感受到巨大的压力，并且因此而发生情绪失控，甚至会诱发某种疾病，给人体带来很大的伤害。所以，左脑的运用很可能会让人得到成功，但却并不会让人获得幸福。

幸福来源于右脑。右脑的脑波是低频率的，因而会给人一种放松的感受，并且使用右脑时所产生的 β - 内啡肽具有镇痛的效果，可以缓解各种负面情绪，使人变得平静和愉悦，而这无疑是有益于身心健康的。

那么，可以怎样来开发自己的右脑呢？做法其实很简单，那就是适其所长，多做一些符合右脑功能的事情，比如培养自己聆听音乐的爱好，学习绘画、书法、下棋等等，还有就是可以有意识地进行自由无羁的想象活动。在从事这些能够开发右脑活动的同时，也会给自身带来一种幸福的感觉。

自卑是成功的阻力

自卑，就是一种消极的自我评价和自我意识，自己瞧不起自己，总是拿自己的弱点与别人的长处去比较，总觉得自己不如人，在人面前自惭形秽，从而丧失信心，悲观失望。

每个人的潜意识里都存在着自卑感，就连那些很成功的大人物也不例外。美国斯坦福大学的心理学家通过对一万多人的抽样调查结果进行研究发现，有40%的人有不同程度的害羞心理，并且男女比例基本持平。这说明，害怕、自卑心理不同程度地存在于每个人身上，人们的潜意识里都存在着自卑感，自卑使人产生对优越的渴望。

既然人人都有或多或少的自卑意识，如何看待自卑就十分重要了。有些人感到自卑的时候，他们能够自觉地激励自己发奋图强，克服自身的缺点和不足，积极发挥自己的主动性，获得成功，成功之后，他们的自信心就会增强。

相反，如果对自卑不能正确认识，处理不好，自卑就很容易销蚀人的斗志，就像一把潮湿的稻草，再也燃烧不起自信的火花。而长期被自卑笼罩的人，就很难取得成功。

1951年，英国女科学家弗兰克林从自己拍的极为清晰的DNA的X射线衍射照片上，发现了DNA的螺旋结构，为此还专门举行了一场报告会。然而生性自卑多疑的弗兰克林，总是怀疑自己论点的可靠性，后来竟然主动放弃了自己先前的假说。令弗兰克林意外的是，就在两年之后，沃森和克里克也从照片上发现了DNA分子结构，并且提出了DNA的双螺旋结构的假说。这一假说标志着生物时代的开端，他们俩人因此获得1962年的诺贝尔医学奖。

如果弗兰克林是个对自己很有信心的人，相信自己的发现，坚持自己的假说，并继续进行深入的研究，那么这一具有里程碑意义的发现就将永远记在她的名下了。

自卑是成功的阻力，只有战胜自卑，我们才能达到成功的彼岸。战胜自卑的过程就是逐步战胜自我的过程。贝利作为现代足球界的王者，也并不是从一开始就潇洒自信。当他要加入巴西最著名的桑托斯足球队时，竟然紧张得一夜睡不着觉。他总是这样想，那里的优秀球员太多了，到了那里，他们有可能会用他们优异的球技来衬托我的愚蠢，从而会嘲笑我，看不起我。可是到了第二天上场训练的时候，第一场球教练就让他打主力中锋。

刚上场时，他的双腿都不知往哪个方向跑了，但是渐渐地，他发现了自己的长处，自己的球技十分好，即便是在大牌球星面前也可以拼一拼，于是，他有了自信。从此一上球场，他就这样对自己说："我是在踢球，不管对手是谁，球星也好，木桩也好，我都必须绕过他，射门，进球。"

贝利战胜了自卑，发挥了自己的特长，最终成了世界级球王。

空虚效应的恶性循环

当社会价值多元化导致个人彷徨无措，或者个人价值被无形抹杀时，空虚心理极易出现。一个健康正常的社会，往往有一种被社会大众普遍认可的价值体系，有一种信仰成为社会的精神支柱。但是，在社会的转型期，各种各样的价值观，各种社会思潮的泛滥，极容易使人陷入无所适从之中；传统社会道德崩溃，是非标准混乱，社会形态多变，精神领域和社会生活的双重混乱，会给生活在其中的人们带来无所适从的迷茫感，进而导致个体的空虚心理。另外，当个人的努力得不到社会认可，个人的价值遭到社会的否定，人就会受到极大的挫折，进而会怀疑生活的意义，觉得活着没什么意思。当然，空虚心理的产生也有个人原因，主要有：不幸生活带来的自我贬低和自我否定；对人生观、价值观的错误认知；无法满足的精神需求等等。

所谓空虚心理，是指一个人的精神世界一片空白，没有信仰和寄托。它是一种百无聊赖的消极情绪，是闲散寂寞的不良心态。挂在不少人口头上的"没劲"就是对这种心理的最通俗阐释。自从人类诞生后，空虚心理便如影随形地跟随在人们身旁。而且，人类社会越进步，人们越容易陷入空虚状态，而且陷入空虚状态的人越多。

空虚的人往往没有追求和远大的理想，就像一只无头的苍蝇一般乱闯乱撞。他们感到生活像漫漫长夜，无边无际，于是抱着随大流、得过且过的混日子心理，做一天和尚撞一天钟，不求有功，但求无过。有些空虚者为了寻求刺激，经常抽烟、酗酒、赌博、寻衅滋事等等，以此来消磨时间，排解郁闷，更有甚者走上了违法犯罪的道路。

空虚的人怀疑一切，否定一切。他们对自我缺乏正确的认识，要么过低地估计了自己的能力，烦恼忧郁，颓废迷茫；要么过高地估计了自己的能力，总是觉得自己"怀才不遇"，常常感到无奈、沮丧。很多空虚者对社会现实和人生价值存在错误的认知，以偏概全地评价某一社会现象或事物，当社会现象和个人利益发生冲突时，过分地在意个人的得失，一旦个人要求得不到满足时，就会心怀不满，失落困惑。

根据空虚心理的副作用，心理学家推演出了一个"空虚效应"，即精神空虚不仅损害自己的身心健康，浪费自己的时间和精力，还会严重影响到周围人的情绪，进而又将这种情绪重新传染给自己，加重自己的空虚感，形成一个恶性循环。

要想克服空虚的情绪很不容易，首先我们很难发觉自身的问题所在，而且即使发觉了也不一定有毅力去改变。而且，很多人往往把问题出现的原因推到其他因素上，从来不在自身上找原因。然而，我们又必须克服这种情绪，因为情绪具有传染性，会让空虚效应反复发作。

嫉妒是最让人痛苦的一种情绪

嫉妒是一种普遍的社会心理现象，是指自己的成就、名誉、地位或境遇被他人超越，或彼此距离缩短时，所产生的一种由羞愧、恼恨等组成的综合情绪。心理学家认为，嫉妒是人类的一种本能，是一种企图缩小和消除差距、维持自身生存与发展的心理防御反应，其主要表现有两点：一是将失败归结于其他因素，而不是从自身找原因，以达到心理上的平衡；二是通过歪曲现实来保护自己的自尊心，认为别人的成就都是运用不合理手段获得的。

现代汉语词典关于嫉妒的解释是：对才能、名誉、地位或境遇等比自己好的人心怀怨恨。因此，我们可以做出这样的判断：嫉妒心理的产生是差别和比较的产物，这种差别和比较的结果是心理极端不平衡，并且这种不平衡还会与不满、怨恨、烦恼、恐惧等消极情绪联结起来，一边折磨嫉妒者，一边尽可能地或者是不择手段地摧毁被嫉妒者的一切优点。

芸芸众生中，嫉妒的内容各不相同，有针对名誉、地位的，有针对钱财、爱情的，最厉害的一种是：只要是别人有的，都在嫉妒之内。而由内容推演出的嫉妒的表现形式就更为千姿百态了：

最激烈的嫉妒心理会表现出很强的攻击性，他们往往不看别人的优点、长处，而总是挑剔别人的毛病，甚至不惜颠倒黑白，弄虚作假。他的目的在于一定要颠倒被攻击者的形象。

还有一种产生于同一时代、同一部门的同一水平的人中间的嫉妒心理，这种嫉妒心理表现出很明显的指向性。原因很简单，就是因为曾经"平起平坐"过，或是曾经"不如自己"过，如今成了"能干"者，从而使嫉妒者产生抵触和对抗。

不管是哪一类的嫉妒心理，都会伴随着一定的发泄性行为，或表现在言语上的冷嘲热讽，或表现在行为上的冷淡、疏远，抑或是攻击性更强的行为。

此外，还有一种很含蓄的嫉妒行为，也许是出于惧怕舆论和道德的谴责，这种嫉妒心理一般都不愿直接地表露出来，而是千方百计地伪装。如本来是嫉妒某人的某一方面，却不敢直言，故意拐弯抹角地从另一方面进行指责或攻击。

通过嫉妒的种种表现，我们完全可以得出这样一个结论：嫉妒心理是一种破坏性因素，对生活、学习、工作都会产生消极的影响。出于嫉妒，人们就要把自己置于一种心灵的地狱之中，折磨自己，折磨别人，但折磨来折磨去，被嫉妒者毛发无损，嫉妒者却洋相百出，落个"赔了夫人又折兵"的下场。最可怜的是，还会伤及身体健康：妒火中烧而得不到适宜的发泄时，内分泌系统会功能失调，导致心血管或神经系统功能紊乱而影响身心健康；嫉妒心强的人易患心脏病，而且死亡率也高。此外，如头痛、胃痛、高血压等，易发生于嫉妒心强的人，并且药物的治疗效果也较差。

作为社会人，应该把目光放长远一些，不要过分计较一时的得失，不要把名声看得过重，摆脱自我为中心的狭隘观念，潇洒地面对生活。一个人如果过高估计自己的能力，总有一种怀才不遇的心理，就会对别人的成就产生嫉妒。拥有一颗平常心，就不会产生强烈的心理落差了。把自己当成金子，常有被埋没的痛苦；而把自己当成铺路石，就会为有人踏过而欣喜。

在生活中，要看到别人取得的成就中蕴含着的辛苦和智慧，并从中受到鼓舞和教益，找出自己的问题和别人的差距，然后奋起直追，缩小差距。此外，还要注意充实自己的生活。如果我们工作、学习的节奏很紧张，生活过得很充实，就没有闲心去嫉妒别人了。

嫉妒是建立在他人幸福之上的一种痛苦，这种痛苦比任何痛苦都大，因为他们既要为自己的不幸而痛苦，又要为别人的幸福而痛苦。因此，我们必须从嫉妒的心理状态中走出来。

德国有一句谚语：好嫉妒的人会因为邻居的身体发福而越发憔悴。还有人说好嫉妒的人40岁的脸上就写满了50岁的沧桑。培根还说：嫉妒这恶魔总是在暗暗地、悄悄地"毁掉人间的好东西"。

贪图安逸的脑袋是魔鬼的作坊

一位美国心理学家做过这样的实验，将一个班级的学生分为成绩相等的两组，其中一组学习的时候坐在坚硬的木椅子上，而另一组则坐在舒适的沙发上，不久之后发现，坐在木椅子上的一组学习效果要明显地优于坐在沙发上的一组。或许人们习惯上会认为，坐在沙发上更舒服，而舒服的感觉会更有利于学习才对，可实验的结果为什么与此恰恰相反呢？其实，坐在木椅子上的学生，由于感觉不舒服，所以会经常调整姿势，这表面上给人一种好动而不专心的印象，可恰恰是因为其频繁的动作加快了血液的循环，脑部也因此而得到了更多的营养，相应地，坐在沙发上的学生，由于备感舒适，所以很少调整坐姿，这就减缓了血液循环的速度，从而给脑部也带来了懒惰的影响，甚至会昏昏欲睡，这样一来，学习效果当然就大打折扣了。

其实，这样的发现并不新鲜，早在两千多年前，孟子就说过："生于忧患，而死于安乐。"无论是人还是动物，过分的安逸都是有害无益的。作为人，不管是主动还是被动，贪图安逸的后果，除了会让肉体直接受到损害外，对于精神的腐蚀和戕害，也是十分严重的。

有人说，人天生就是贪图安逸的，只要条件允许，没有人不愿意"软瘫"在安乐窝里。这话不假，因为，人总是希望减少支出体力和心力，任何的机会都会让人在这方面"放纵"一下。也就是说，从感性上讲，喜欢享受，贪图安逸，是无可厚非的，因为这毕竟是人的一种天性，但从理性上来讲，贪图安逸就不是什么好事了，它会导致一些不良的后果：

首先是营养过剩。贪图安逸者多会贪恋美食，不喜欢运动，这样势必使过量摄入的高脂肪、高蛋白、高糖等能量得不到消耗，使得热量的收支出现不平衡，导致脂肪在体内堆积。时间长了不但会让自己的形体变得肥胖不堪，也会严重地威胁到健康。

其次是智能降低。经常动脑的人，其大脑释放的脑啡肽等特殊物质就会多起来，而这种物质恰恰能促进记忆和智力的发展。可是，贪图安逸的人因为不愿动脑，不愿思考，其大脑释放脑啡肽及脑内核糖核酸等生物活性物质的水平就会降低，大脑就会呈渐进性退化，思维及智力水平也会明显降低，最终变得反应迟钝，懒散健忘。

再次是免疫力下降。从人体的免疫功能看，贪图安逸的人，因为四体不勤，懒惰懈怠，不但其精力和体力会走下坡路，其肌体的免疫功能也会降低，抗病能力就会相应下降。并且因为脂肪的增多、体重的加重，还很容易患上高脂血症、高血压病、动脉粥样硬化、冠心病等疾患。另外很多慢性病，诸如消化性溃疡、糖尿病、胆石症、心律失常等，也会光顾到贪图安逸者的身上。

此外，贪图安逸者难免还会遭受心理上的折磨。贪图安逸者因为懒于思考、懒于行动，自然会给自己的事业工作带来负面影响，甚至会使自己陷入一筹莫展之中。可想而知，长期沉湎于失败之中的人，他的不良情绪的负面体验自然会多于其他人，难免会给自己造成心理负担，因为，作为一个正常人，谁也不愿意甘居平庸，无所作为，谁也不愿意遭受周围人的不满、反感乃至白眼。

现代免疫学研究还表明，贪图安逸的人，大都是生活上懒散、事业上不思进取的人，他们往往容易产生一些低落的情绪，如忧郁、沮丧、怨恨、烦恼等，常常垂头丧气，郁郁寡欢。而这对于人生事业，显然也只会起到阻碍作用。

贪图安逸不仅对于个人的健康和事业有害，与时代精神和潮流也是格格不入的。贪图安逸像是一颗"糖衣炮弹"，无论是什么年龄段的人，不论是出于健康生活还是奋斗创业的考虑，都应当尽自己最大的努力去克服它。

莫伸手，伸手必被捉

"贪"的本义指爱财，"婪"的本义指爱食，"贪婪"指贪得无厌，即对与自己的实际情况不相称的某一目标的过分欲求。

贪婪心理的成因，说简单也简单，说复杂也复杂。客观方面来讲，社会上太多的诱惑和不健康的思想，往往会让人心走向歪门邪道。但更重要的原因，显然在于人们自己的主观因素。人在成长和生活的过程中，很可能会接受或产生一些错误的价值观念，比如认为社会是为自己而存在的，天下之事物应为自己拥有。这种严重的个人主义，就很容易导致人滑向贪婪，使人得陇望蜀，欲壑难填。

行为的强化作用也会助长贪欲的增强。有贪婪之心的人，在初次伸出黑手时，一般也多有惧怕心理，然而一旦得手，在尝到甜头之后，胆子就会越来越大。每一次的攫取成功，都会不断刺激那颗贪婪之心。

有时，我们可能也会很奇怪，那些所谓的"贪婪者"，其实也是很本分的人，为什么就会陷入贪婪的泥潭而不可自拔呢？这恐怕就是攀比的心理在作怪。有的人在看到原来与自己境况差不多的邻居、朋友、同事或者下属，甚至原来远远不如自己的人，都能比自己过得好得多，心理就会严重失衡，觉得自己活得太冤枉，于是一股贪婪之念油然生发出来，慢慢地也就学会了伸出贪婪之手，并且越来越频繁、越来越利索。

除此之外，扭曲的补偿心理也是形成贪婪习性的一个重要因素。有些人原来家境贫寒不堪，或者曾经受过很大的苦难，觉得命运对自己很不公平。一旦地位、身份升级，便利用手中的资源向社会或他人疯狂地索取，使自己成为一个不折不扣的贪婪者。

贪婪是一种病态心理，与正常的愿望相比，贪婪不但没有能够满足的时候，反而是愈满足胃口越大，而这往往就导致人的心理失衡，最终无可救药。从这个意义上来讲，贪婪确实可以称得上是一个魔鬼。它会让人失去理智，明明知道是圈套也不由自主地往里跳。岂不知在伸手的瞬间，贪婪就使他注定落入他人设好的圈套，注定了被设圈套的人牵着走，从此身不由己，说着言不由衷的话，做着违背自己意愿的事，轻则弄得狼狈不堪，重则身败名裂，身陷囹圄。

贪婪的可怕之处还表现在，很多时候有些人为了得到自己想要的东西，费尽心机，甚至不择手段地去攫取，到最后也许他真的如愿以偿了，但在整个的追逐过程中，他也已经失去了比所得的更为宝贵的东西，或者留下了永远都无法弥补的人生遗憾。也就是说，贪婪不仅摧毁有形的东西，更能搅乱一个人的内心世界。一个人的理智、自尊乃至未来的所有希望，都有可能被贪婪这个魔鬼吞噬。

作为人性的原恶之一，贪婪是人的生命中不能承受与回避的重中之重。社会中，一切的丑恶、野蛮、杀戮、欺骗、忌猜等不堪入目的罪恶，都是以贪婪为发源地的。人一旦显现出了自己灵魂深处的贪婪本性，就等于走上了一条不归路。这不仅仅表现在贪婪是以生命为代价的，而且还是以灵魂为代价的。贪婪就像吸毒，是一项自毁的工程。据巴西科学家研究显示，任何贪官的一生都是在惊恐、惶惑之中度过的，他们的生命不仅比一般人短，而且其心里无时无刻都在受着煎熬。

由于贪婪的成因既是隐藏性的，又具有历史和现实双重的复杂性，使得它确实能像一个魔鬼那样无孔不入，几乎在每一个人身上都有停留、生长和爆发的可能。因此，人活着，就要学会用理智驾驭自己的欲望，明辨是非，认清欲望背后潜在的危险，不可放纵自己的贪婪之心。必要的时候，完全可以使用强制的手段来和自己的贪欲作斗争，用法律的清洗剂彻底清洗自己的灵魂，使其得以重生。

当然，贪婪并非遗传所致，而是个人在后天环境中因各种因素叠加而致，所以，它绝不是不治之症，是每一个人都能够通过正确的方法加以克服和避免的。

软弱的人最怕与别人发生冲突

现代汉语词典中对软弱给出的解释是不坚强。这个解释其实还不够全面，并不能阐释出软弱的真正内涵。软弱不只是不坚强，不只是承受不住打击。相反，软弱的人很"坚强"，很能"承受"打击，因为他们胆小怕事，一厢情愿地希望通过自己的软弱来达到大事化小、小事化了的目的。

软弱的人有一个共同的特点：不惜一切代价，避免冲突的发生。在软弱的人眼中，自己的利益受到损失不怕，别人的利益受到损失更不怕，最可怕的就是与别人发生冲突。

软弱可以分为两种：一种是主动式软弱，另一种是被动式软弱。主动式软弱是指在事情发生以前，人就已经把软弱处事做事的观念作为指导思想。这类人在单位不敢和别人争论，因为他们害怕会搞坏关系；在社会上看到什么事情都躲得远远的，因为他们害怕自己会受到牵连。而被动式软弱则是指在事情发生以后，个人利益受到损害的情况下以软弱的观念作为指导思想。当这类人的合法、合理权益被他人侵犯时，当他们的生命财产受到威胁时，他们不是去选择反抗，而是选择退避忍让，甘愿牺牲自己的个人利益。

不管是主动式的软弱，还是被动式的软弱，他们奉行的都是万事忍为高。这个"忍"字是他们一贯遵循的做事风格。可是他们忘了，以妥协和退让为宗旨的软弱，就是对别人欺凌和侮辱自己的默许。

性格上的软弱可以说是人一生的缺陷和遗憾，因为它会纵容你的对手和坏人。软弱的人还将一事无成，因为通往成功的道路没有平坦的，性格软弱的人是无法经受住风雨的洗礼和现实的考验的，更没有能力承担任何重任。

软弱还会让人患上心理疾病。医学专家说，凡是软弱的人，他的交际其实都是很不健康的。当一个软弱者受了委屈时，就会压抑自己的不良情绪。久而久之，周围的人就会得寸进尺，向他索取得更多，而他心里的怨气也会越积越多，最后产生心理疾病。

那么，人为什么会有软弱的性格呢？或者说我们中国人软弱的性格又是怎么造成的呢？中国人经常把"和为贵""吃亏是福"等挂在嘴边。这些话有些时候确实是一种高明的处世哲学，但是如果一个人长期或经常地以这种处世哲学做事情的话，那么他的性格就必然是十分软弱的。

另外，家庭也是软弱性格产生的另一背景。因为，如果父母就是一个胆小怕

心理学

第二篇 生活中的心理学

事的人的话，那么他们会言传身教地教育自己的孩子："凡事都躲着点，能忍就忍，不要和别人发生冲突。"试想，一个在这种环境下成长的孩子，怎么会有坚强的性格呢？

当然，我们不能把性格软弱的罪名全都推给客观的外在环境，我们本身也存在一些问题。胆小、过分依赖别人、缺乏独立性、自卑等都是造成软弱性格的原因。

鉴于软弱的这些危害，我们为什么不对自己说：人生一世真的很不容易，何必这样委屈自己呢？

伪装自信不是真自信

有一位非常优秀的人，他一直很低落，也很沮丧。当有人问到为何如此时，他提到自己的一个"无关痛痒"的小毛病，那就是在任何情况下都要稍微夸大一下他的成就。如果他在一笔商业交易中获取10万元的利润，他就会告诉别人他赚了10.5万元。如果他在高尔夫球场打出了76杆，他就会告诉别人他打出了74杆。即使以大多数人的标准，他所取得的成就已经非常显著，他还是愿意把自己的成就再夸大一些，以使自己看起来更加成功。

这种现象被心理学家称之为"对平凡的恐惧"。对于那些生活在恐惧之中而又试图找到自信的人来说，伪装成高高在上的样子就是自我保护的一种形式，是对脆弱并且伤痕累累的自我所做的最后保护。

19世纪70年代，西方心理学家潜心研究出了当时非常著名的"自信之潮"现象，教授自信的课程在当时风靡一时。他们非常著名的观点就是"假装自信直至你真正做到自信为止"。殊不知，这样做确实是错误的，当伪装的自我处于上风时，事情往往会变得更糟糕。

伪装正是缺乏自信与自尊的表现。这就好比一个人整日戴着"自信"的面具，不能真实、充分地表现自己，结果就失去了证明自己、让别人了解自己的机会，长此以往，即使一个人有再多的潜力，由于总是伪装，就会对自己究竟是谁感到无所适从，这样不仅培养不起自信，原有的一点点自信也会动摇以致湮灭。

令人遗憾的是，大多数人对这种现象没有进行积极的回应，去探索更加令人信服的方法，而是继续沉迷于此，于是很多人比以前更加卖力地伪装自己。

无论何时，当人们开始伪装自己时，就会从态度和行为上刻意地表现自我，这是内心缺乏自信的一个讯号。无论是古怪的着装，还是刻意的滔滔不绝，只不过是为了弥补对平凡的恐惧罢了。

更为糟糕的是，伪装自信的人不单单是努力建立自信，他们还试图让身边的人变得没有自信，从而表现出自己的高高在上。他们以自己的财富、名誉或是地位作为武器，强调智力上的优越感，来压制周围不如他们的人。他们把自信与傲慢无礼混淆在一起，他们也因此混淆了外在表现与内心力量的区别。他们很爱与不如自己的人交往，以此显示出自己的自信，甚至对不如自己的人傲慢无礼。结果，这些人会在伪装中失去了自我，在表现自己的时候走进了误区。他们往往为了追求不切实际的效果，简单照搬一些偶像人物的言谈举止，给人留下夸张、虚假的印象。这样不仅自己很累，给人的感觉也不好。

只有绝望的人，没有绝望的处境

心理学家做过这样一个实验：把一只小白鼠放到一个装满水的水池中心，虽然这个水池很大，但它依然在小白鼠游泳能力可及的范围之内。小白鼠落入水中之后，并没有马上开始向池边游去，而是在水中转圈，发出"吱吱"的叫声。小白鼠是在测定方位，它的鼠须就是一个精确的方位探测器。当它的叫声传到水池边沿时，声波被反射回来，它的鼠须就可以探测到。小白鼠借此来判定水池的大小，以确定自己所处的位置以及离水池边沿的距离。小白鼠尖叫着转了几圈之后，选定了一个方向，然后不慌不忙地朝着那个方向游去，很快就游到了岸边。

实验至此，还没有结束，心理学家又将另外一只小白鼠放到水池中心，唯一不同的是，这只小白鼠的探测器——胡须被剪掉了。小白鼠同样在水中转着圈子，发出"吱吱"的叫声，由于失去了"探测器"，它探测不到反射回来的声波。几分钟后，筋疲力尽的小白鼠就开始往水池的底部下沉，最后被淹死了。

心理学家是这样解释第二只小白鼠的死亡：鼠须被剪，小白鼠无法准确测定方位，看不到其实自己完全可以游过去的水池边沿，因此，它停止了努力，自行结束了生命。

心理学家最后得出的结论是：在生命彻底无望时，动物们往往强行结束自己的生命，这在心理学上叫"意念自杀"。被剪掉鼠须的小白鼠丧生于水池，但它不是被水淹死的，而是被那"无论如何也游不出的"意念淹死的。小白鼠对它所处的环境已经绝望了，所以就选择了死亡。不可否认，这样的悲剧不仅发生在小白鼠和其他动物身上，也不同程度地发生在人的身上。

人生路上，每个人都会遇到小白鼠所遭遇的"水池"，有些人在这个时候，就会像那只被剪掉鼠须的小白鼠一样，无限地夸大自己所遭遇到的逆境，认为横亘在眼前的是无论如何也游不过去的海洋。对处境感到无比绝望的他们，放弃了最后一搏的信念，松开了不该松开的手，最后被淹死在很浅很近根本就不足以伤害到自己的"水池"里。

从小白鼠的实验中我们可以得出这样的结论：这个世界上没有绝望的处境，只有对处境绝望的人。无论在怎样的逆境中，只有相信自己，就会有战胜逆境的希望。

做人有九死一生，做事往往遭遇九次失败才有一次成功。不管处在怎样的绝境中，都不要失去信心，都不要绝望。生活在黑暗中而不被黑暗所侵蚀，相信命运而不被命运所主宰，永远不对绝境低头，不要让悲观和绝望窒息我们的心灵。

第六章

成功心理学：跳蚤为什么
会自己给自己设限

ABC 模型、TOTE 模型和计划

ABC 模型

任何一个目标或计划的实现都与情感智商相关。比如，有些人平时学习很好，可是一到考试的时候就表现不佳，因为他在考试的时候压力太大，情绪过于紧张，造成发挥失常。因此，即使你具有完成计划的所需的智力资源和技能，如果情感智商较低，还是会影响计划的完成。情感智商类似于音响系统中的扬声器，必须有高质量的扬声器，才能达到最好的音效。

情感对计划的实施有重要影响，但是一般人们注意不到。你需要利用 ABC 模式（Affect 影响、Behaviour 行为、Cognition 认知），回忆自己经历的一些事。人受到外界刺激产生情绪，情绪影响认知，认知决定行动，行动导致结果，结果会反过来影响情绪。

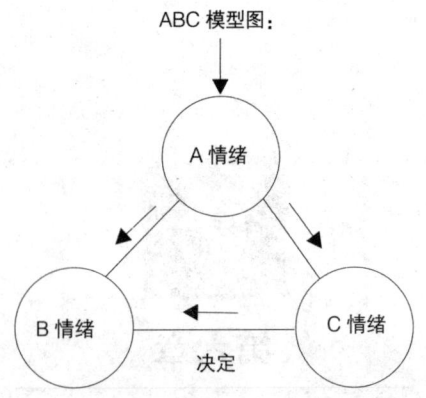

ABC 模型图：

A 情绪

B 情绪 ← 决定 → C 情绪

　　任何一个计划的制定都会受到情绪的影响，计划付诸实施的结果又会反过来影响情绪。你对计划的结果有什么样的预期？你对自己的计划充满信心吗？你确信结果会朝着你期望的方向发展吗？如果你的情绪是积极的、正面的，那么计划很可能会带来正面的结果。相反，如果你在制定计划的时候，情绪是消极的、负面的，那么你的计划就会受到不良的影响。情绪对计划的影响有时候类似预言，你越是担心不好的结果出现，不好的结果就越会出现。因此制定计划时一定要保持积极的心态，确信事情会朝着自己期望的方向发展。如果计划失败，就会对情绪造成不好的影响；如果计划圆满地完成，你实现了自己的目标，那么你的情绪会受到积极的影响，你的情感智商也会随之提高。

TOTE 模型

　　俄国生理学家巴甫洛夫通过对狗进行一系列试验研究，提出了经典条件反射学说。比如，每当给狗喂食之前，就响起铃声。渐渐地，当铃声响起的时候，狗就会分泌唾液，即使没有食物，它也会分泌唾液。因为铃声这个刺激物，已经在大脑皮层建立了新的反射通道。对人来说，条件反射是很多习惯形成的影响因素。条件反射学说对心理学发展有重大影响，是行为主义心理学建立的基础。

　　对人类来说，行为主义的条件反射原理有其局限性。比如，当有人向你伸出手的时候，你可以选择握手，也可以选择拒绝。但是，根据条件反射原理，"有人向你伸出手"这是刺激物，你应该以不变的形式作出反应，那就是握手。条件反射理论忽视了刺激与反应之间的中间环节。虽然握手是一种习惯，但是我们为什么一定要握手呢？我们可以选择自己的方式作出反应。

　　1956 年，米勒、佳兰特和普利布兰共同写了一本书《TOTE（即 test – operate – test – exit）模型：计划和行为结构》。他们在条件反射理论的基础上增加了循环反馈的环节，提出了 TOTE 模型。首字母 T、O、T、E 分别代表：检测——执行——检测——退出。

循环反馈的概念最早在工程学中提出，比如空调装置就应用这个原理。空调通过检测室温是否偏离预期结果，并根据偏离情况作出相应调整。通过反复开启或者关闭制冷装置来控制房间的温度。米勒、佳兰特和普利布兰首次把这个概念应用在人类思维领域，在条件反射理论中增加了循环反馈原理。他们指出，人们在作出条件反射之前，应该考虑以前的行为造成了什么样的后果以及自己期望得到什么结果。然后，根据需要做出相应的行为。

TOTE 模型具有系统特性，这是它的一大优点。该模型要求我们在采取行动之前考虑所有的外部事件以及先前的行动所引起的结果，从而采取最符合期望的行动。

虽然说条条大路通罗马，但是有些路比较近，有些路比较远。南辕北辙也能走到目的地，但是你需要绕地球一周。有时候，在前进的路上，你还会遇到很多阻碍，需要处理很多问题，TOTE 模型可以帮助你，根据不同的情况作出相应的调整，使你的计划更完美，更容易实现。

反馈的意义非常重要，只有及时反馈，才能及时调整。否则，如果走错方向，就会导致失败的结果。

为什么最好把你的目标公诸于众

在不同的时期、不同的情况下，我们总是在为自己制定不同的目标，比如，这学期我要好好学习，从明天开始我要减肥，等等。在确定某一目标之后，人们通常会有两种表现，一种是不向任何人透露，内心坚守着自己的目标并默默地为之付出行动；另一种则是希望向所有的人宣布自己实现目标的决心。我们通常认为，第一种人实现自己目标的可能性更大，而第二种人更善于夸夸其谈。然而，事实并非如此。

来自心理学的研究表明，越是公开向别人表达自己的观点，宣布自己的目标，就越有利于坚持自己的观点和目标。这就是公开表明的效应，即将自己的目标公诸于众，能够增强自己的责任感，获得周围人的支持和监督，最终有利于我们目标的实现。但是，值得注意的是，只是单纯公开自己的目标是没有作用的，我们同样需要有坚强的意志，能够为了实现目标而不断地付出自己的努力，这样我们的目标才会离我们越来越近。

在一项经典的研究中，要求参与者在不同的条件下宣布自己的想法。实验任务就是要求他们判断画在黑板上的线段的长度。第一组的参与者只需要在心里估计就行了，而第二组的参与者要将自己的估计写在纸上，并且要签上自己的名字，然后交给实验者。然后，两组的参与者被告知他们的估计可能有错，问他们是否要更改自己的判断。结果表明，将自己的判断公诸于众的参与者更坚持自己的判断。另外的一些研究也得到了同样的结果，即将自己的目标告诉越多的人，就越有动力去实现它。

通常我们会认为，一旦制定了某一个目标之后，越少的人知道越好，这样也不会给自己造成太大的压力，即使不能实现别人也不会知道，自己的能力和水平也不必遭到别人的怀疑和鄙视。而恰恰正是因为这样，我们总喜欢将自己的目标隐藏在心中，不向别人提起，实际上这样对于目标的实现毫无益处。

事实上，我们确立目标的目的就是为了实现它，因此，不妨将你的决心告诉家人、朋友，甚至是不相干的人，如果条件允许的话，你还可以将自己的决心以日志的形式写出来，或者把它贴在家中或办公室里很显眼的地方，让更多的人都能看到。这样为了不让别人笑话你是个夸夸其谈、只说不做的家伙，你就会为实现自己的目标而努力，同时你的家人和朋友也会监督你去实现目标，甚至是在你遭遇到困难的时候向你伸出援助之手。即使他们什么也不做，只是默默地陪在你身边，都可以帮助你提高成功的可能性。因为有研究表明，当有朋友的陪伴时，人们往往将任务估计得相对容易。来自英格兰普利茅斯大学的研究者们对这个问题进行了一系列的研究，他们把参与者带到一座山的脚下，要求他们对山的陡峭程度进行估计，同时还要估计爬上这座山的难度。结果表明，当有朋友陪伴时，参与者对山的陡峭程度的估计比自己单独一个人估计的时候要小，同时他们还报告，只要想到有朋友的陪伴，他们觉得即使是非常陡峭的山坡，爬起来也不会觉得很困难。

利用抽离和联合来增加自信

害怕、焦虑、恐惧等情绪都是正常的情绪反应，但是如果这些不良情绪影响了我们的生活，就要对其进行控制和管理了。

抽离和联合可以让我们增加自信，减少焦虑和恐惧。让自己从一个情感事件中抽离出来，你就能更好地观察自己的情感反应，让过于激烈的情感冷却下来。让自己与某一个情感事件联合，你就能细致地体验内心的感觉，获得积极的情感状态。

　　抽离与联合的方法应用了心灵按钮的原理：一方面，用心灵按钮刺激你希望获得的积极的情感状态；另一方面，"视觉—肌肉运动知觉"的抽离可以增加计划的可行性。

　　英国著名的人类行为学家德斯蒙德·莫利斯在《裸猿》一书中提出焦虑可能是人类的动物本能的一种残余，这种本能是一种自我保护的方式。当我们遇到重大事件或者危险的事件时，就会产生焦虑感，它类似于动物在灾难来临之前的预知能力。

　　人类很多焦虑的模式可以追溯到儿童时期的经历，也许某次情感经历已经被我们遗忘，但是它已经作用于我们的潜意识，对我们的心理产生了深远的影响。所以，我们要想办法让自己从那件让自己感到很恐惧的事中抽离出来，作为旁观者冷静客观地检查问题所在，理性地评估与问题相关的风险；重新审视这个问题，只要理性上认为自己能够应付那些风险，就不会再有焦虑的感觉了。

　　东汉应劭《风俗通译》中记载着一个"杯弓蛇影"的故事。一个小官员去上司家做客，上司赐给他一杯酒。小官员端起酒杯时，看到杯中有一条红色的"小蛇"在蠕动，感到很恐惧，但是又不敢不喝，战战兢兢地把酒喝下了。回到家后，他就感到肚子阵阵绞痛，无法饮食。请了很多医生，用了很多方法也治不好他的病。后来，上司有事经过小官家，顺便去看望他，见他病得很重，就问他原因。小官员说，那天在你家喝酒，喝下了一条红色的"小蛇"。上司觉得这件事不可思议，回到家中继续思考这件事，忽然抬头看到墙上挂着一张红色的弓，他让人倒了一杯酒，站在小官员那天喝酒的地方，果然看到一条红色的"小蛇"。原来红色"小蛇"只是弓的影子而已。他马上告诉小官员事情的原委，小官员的病很快就好了。

　　另外一种克服焦虑和恐惧的方法就是联合。比如说，回忆过去某件成功的事情。当我们找回自信之后再考虑曾让自己感到恐惧和焦虑的事情，情况就不一样了。再比如，想象令自己感到恐惧和焦虑的问题被自己满意地解决之后的心情，想象得越细致越好，充分体验那种感觉后，就可以克服恐惧和焦虑等不良情绪了。

　　以那些害怕毛毛虫的人为例，他们实际上是被恐惧的情感控制了，可能他小时候被毛毛虫吓到过，那时并不了解毛毛虫，只是想当然地认为那个东西很恐怖，或者曾有人告诉他毛毛虫会咬人。他对毛毛虫的恐惧在心中留下了很大的阴影，再加上他反复加强心理暗示：我害怕毛毛虫，恐惧的感觉就一直挥之不去了。这些人的理性已经输给了感情，即使他知道毛毛虫不会给他造成什么危险，但同样会感到恐惧。

生活中，有些人只是遭遇到一些小挫折就会感到沮丧，有些人经历过大起大落还能感觉良好。研究表明，经常感到沮丧的人与那些乐观快乐的人相比，并没有经历过更多的不幸，他们只是经常远离积极的情绪，总是让自己沉浸在消极的情绪中。他们习惯于忘记积极的情感经历，总是回忆沮丧、痛苦等消极情绪，因此他们总是感到不快乐。

心情是由自己决定的，如果你想感到沮丧，你肯定能做到；如果你想让自己充满信心，保持愉快的心情也不是什么难事。

启动自动成功的机制

进入信息时代，随着信息传播速度越来越快，我们面对的工作越来越繁重，需要应对的环境越来越复杂；加班的时间越来越多，休息的时间越来越少；讲究高效率，一个人承担几个人的工作……在巨大的压力下，我们感到紧张、担忧、焦虑，伴随这些不良情绪而来的是失眠、胃溃疡、高血压、心脏病等疾病。

许多人之所以过度劳碌却达不到应有的办事效率，拼命努力却总有解决不完的问题，是因为他们企图通过有意识地思考去解决问题。有意识地思考问题，会让人变得过于小心，过度焦虑，对结果过于畏惧，这种状态会让人丧失行动力。试想一下，钢琴家如果有意识地想哪个手指应该放在哪个键上，恐怕他连一首最简单的曲子也弹不了。就好比我们试图把细线穿过针眼的时候，手会莫名其妙地抖动，越是全神贯注，抖得越厉害，越是穿不过去。这种现象在心理学领域称为"目的颤抖"。现代人就是太紧张，太在乎结果了，结果让自己焦躁不安，压力倍增，最终影响做事的效果。

与其绞尽脑汁，思前想后，不如把任务交给"自动成功机制"去办。一旦作出决定就放开所有责任感，松开智力系统，让它自动运行。这样就可以在没有压力的状态下解决问题，完成任务的质量会提高一倍。

很多成功人士的经历告诉我们，创造性的思维不是通过有意识的思考获得，而是自动自发产生的——不知道在哪一刻潜意识中的信息会与外界信息突然接通，引发奇思妙想。约翰·施特劳斯在多瑙河散步的时候，美丽的风景激发了他的灵感，由于没有带纸，他竟然把《蓝色多瑙河》这首著名的曲子写在了衬衫上。当然，灵感也不是凭空产生的，需要对特定问题有浓厚的兴趣，并进行有意识的思考，收集与问题相关的信息，考虑各种可能的方案。此外，还要有解决问题的强烈愿望。

很多作家和发明家都有类似的经历，冥思苦想很长时间得不到满意的结果，当他们把问题放到一边，小睡一会儿，醒来时却得到了答案，或者去散步的时候头脑中灵光乍现。当他们放松的时候，自动成功机制就开始运转了。当思维不受压力影响的时候，最容易产生好的想法。

自动成功机制不是作家和发明家的专利，我们每个人都有同样的成功机制，都可以利用它进行创造性的劳动。

任何技能的学习都有四个步骤：

第一步：无意识条件下不掌握，不知道自己需要掌握哪些内容。

第二步：有意识条件下不掌握，知道自己有很多东西是不懂的。

第三步：有意识条件下掌握，能够掌握一些技巧，但是需要有意识地思考。

第四步：无意识条件下掌握，能够启动自动成功机制自发地完成，不需要依靠有意识地思考。

有些人在社交场合，有意识地说每一句话，做每一个动作。他们总担心自己说错话，做错事，每一个动作都要深思熟虑，每一句话都反复斟酌，这样不但显得做作，而且弄得自己很累。如果停止有意识的思考，不考虑行为的后果，展现真实的自我，才能在社交场合中游刃有余。

在体育比赛中，那些总是担心失败的选手常常发挥失常，因为过度的焦虑使他们无法启动自动成功机制。想赢怕输的心理只会制造障碍，放大压力，无形中增大犯错误的几率，不能发挥出正常的水平。相反，那些轻松上阵、不在乎结果的人往往能够超常发挥。因为他们能够把任务交给自动成功机制。做任何工作都是如此，越有意识地去做，越会漏洞百出；越是放手去做，越能取得好成绩。

启动自动成功机制需要注意五个方面：

第一，担忧用于下注之前，而不要用于下注之后。

第二，把注意力集中在当前，不要为过去或未来担忧。

第三，一次只做一件事。

第四，放松大脑，停止有意识的思考。

第五，保持放松的心态，充分授权自动成功机制。

启动自动成功机制，保持放松的心态，就可以对情感能量进行有效的管理，达到浑然忘我的状态，使工作达到最佳的效果。

成功型性格的组成要素

为什么有些人能够取得成功，有些人却失败了？真正的原因是在他们开创事业之初，就已经把成功或失败的种子装在了自己的性格中，失败或成功的种子在他们的思维习惯和行为习惯中生根发芽，结出果实。

美国马尔茨博士在研究心理控制术的过程中总结了成功型性格的组成要素：方位感、理解、勇气、宽容、尊重、自信、自我接受。

方位感

所谓"方位感"也就是要知道自己现在的位置和前进的方向，要有奋斗的目标，才有可能实现目标，取得成功。人如果没有目标，就会茫然失措。一个不知道自己要干什么的人必然会一无所成。

很多人之所以没有取得辉煌的成就，是因为他们没给自己定下崇高的目标。理想有多远，就能走多远。制定目标的时候，要尽可能把目光放远一些。当然，还要结合自己的实际情况不能好高骛远，追求虚无缥缈的目标。除了要有自己的个人目标之外，还要有一个非个人的目标或理想，比如帮助他人的公益事业。有了追求的目标，也就有了前进的方向，人生的价值也就由此体现出来了。

有些人实现一个目标之后，就迷失了方向，或者原地踏步，或者不知所措，因为他没有适应新的角色，没有给自己制定新的目标。比如，一个销售员拼命工作就是为了得到提拔，然而当他真正成为销售主管的时候，他却感到坐立不安，对自己失去了信心。好比一个登山运动员在向上攀援的时候他的目标是顶峰，他为了实现目标勇往直前，然而到达顶峰向下看的时候，他却又有失落感。此时他要做的就是快速认识自己现在的位置，并制定下一个目标。只有这样，才能从一次成功走向另一次成功。

勇气

在追求目标的过程中，必然要遇到各种问题。成功者都有克服困难的勇气，不会因为暂时的失败和一点挫折就放弃目标。勇气是行动的动力。勇敢无畏的人坚信自己能够实现目标，勇敢地表达自己的观点，让自己显得果断而有说服力；敢于冒险，不瞻前顾后，即使跌倒之后，也会站起来再接再厉。如果因为害怕有危险而"按兵不动"，就永远无法得到期望的结果。成功者与失败者的区别往往在于是否有敢于行动的勇气。世界上没有任何一件事是绝对有保障的，如果要透彻地分析形势，再三权衡之后再作决定，肯定会错过机会，最后一事无成。处事果断是领导者和决策者的必要品质。

理解

人际关系中的失败往往是因为缺乏理解。每个人看问题的方式是不同的，如果别人和我们的观点不同，并不是别人要和我们对着干，而是他们和我们看问题的方式不同。如果我们能够站在对方的立场思考问题，问问自己："如果我是他的话，我会怎么办？"就能够理解对方了。过于敏感、过于在乎别人的看法的人很容易对别人的行为和语言作出错误的理解，认为对方在攻击自己。我们必须停止猜测，理性地认识事情的真相，理解自己面临的局势，才能作出准确的判断，然后采取正确的行动。理解可以让我们在人际关系中左右逢源。

宽容

宽容他人是成功者的一个重要特征。随着生活节奏加快，礼貌和尊重日益缺失，人与人之间难免发生摩擦，无论是有意的还是无意的，我们都要以宽容的心态对待。对待那些伤害过自己的人，微笑着善待他们。宽容地对待他人，体谅他人，就会赢得他人的信赖和支持。

有些人认为宽容别人就是委屈了自己，实际上这种想法是把自己和别人对立起来，阻碍了自己的人际沟通之路。

尊重

每个人都是独一无二的个体，一生下来就具有他存在的价值。每个人都有他闪光的一面，我们要尊重他人，欣赏他人。我们应该站在对方的角度感受别人的愿望和需求。尊重他人，会获得别人的尊重，同时也会为自己树立一个良好的自我意象。成功者都懂得尊重别人，尊重别人的需求和利益，尊重别人的性格和价值观。

不但要尊重别人，也要尊重自己。很多人之所以不能取得成功，就是因为他们不懂得尊重自己——当怀疑自己的时候，自己就变成了自己的敌人；当内心没有敌人的时候，外界的敌人就微不足道了。

自信

自信是对自己能力和优势的肯定，拥有自信的人将在一切挫折面前永不言败。相反，缺乏自信的人在出发之前就否定自己，他们必然无法实现目标。自信

心理学

第二篇 生活中的心理学

是事业成功的基础，每个成功者都有充足的自信心。

自信是成功之母，如果你缺乏自信，就要想象自己以前成功的经历以增强自信。每个人都有做成某件事的时候，在开始一项新的任务时，你要唤起过去成功经验的感受，无论这种成功多么微不足道，你都可以从中获得信心。

自我接受

我们要接受真实的自己，包括自己的优点和缺点，不应自我排斥和自我贬低。每个人都有缺点、弱点，我们要知道自己身上的缺点、弱点并不是自己的错，只要肯纠正错误、克服缺点，就可以让自己变得更完美。

如何根据性格选对职业

有很大一部分人一直都在从事着与自己的性格完全不符的工作，他们中有的人工作勤勤恳恳，兢兢业业，从不懈怠，可依然很平庸，似乎与成功没有缘分。其实，这并不是命运在作怪，关键还是没有读懂自身的性格，或没有按照自己的特点来选择最适合自己做的事情。我们每个人来到世界上，都具备独特的性格特征，顺应自身的性格，就能找到成功之路；逆着自己的性格，势必与成功无缘。

一个人选择什么样的职业，与其性格、气质、能力、兴趣、爱好等有着密切的关系，其中性格显然是首先要考虑的因素之一。每个人的性格都不一样，每种性格都有与其相应的职业，只有充分发挥自己的天性，才能顺利开启通往成功的大门。

美国心理学家、职业指导专家霍兰德认为性格与职业环境的匹配是形成职业满意度和成就感的基础。他将人的性格分为六种类型，分别是现实型、研究型、艺术型、社会型、企业型、传统型，这六种类型的个性特点和适宜的职业环境都具有明显的差异。

现实型：不善言辞，对社交没有太大兴趣，更重视实际的、物质的利益，喜欢安定的生活，动手能力强，做事手脚灵活，协调性好，希望从事有明确要求、能按一定程序进行操作的工作。适合各类工程技术工作或农业工作，如工程师、技术员、测仪员、描图员、机械操作员、维修安装员、电木矿工、牧民、农民、渔民等等。

研究型：有强烈的好奇心，抽象思维能力强，学识渊博，善思考，重分析，行事慎重，善于内省，肯动脑不愿动手，不善于领导他人，乐于从事有观察、有科学分析的创造型活动和需要钻研精神的职业。适合从事的职业主要包括：自然科学和社会科学研究人员，化学、冶金、电子、汽车、飞机等方面的工程师或技术人员，电脑程序员等等。

艺术型：有理想，易冲动，想象力丰富，善于创造，自我表现欲强，具有特殊的艺术才能和个性，喜欢以各种艺术形式来表现自己的个性和才能、实现自身价值，乐于从事自由的、对艺术素质有一定需求的职业。适合你的职业主要包括音乐、舞蹈、影视等方面的演员、编导，广播电视节目主持人；文学、艺术方面的评论员，编辑、撰稿人员，绘画、书法、摄影家；艺术、珠宝、家居设计师等等。

社会型：善于社交与合作，乐于助人，责任感强，喜欢参与解决公共社会问题，渴望发挥自己的社会作用，乐于从事直接为他人服务、为他人谋福利或与他人建立和发展各种关系的职业。适合从事的职业主要包括：教师、医护、行政、福利人员；衣食住行服务行业的经理、管理人员和服务人员等等。

企业型：精力旺盛，充满自信，善于交际，勇于冒险，喜欢支配别人，喜欢发表自己的见解，具有领导才能，对权力、地位、物质财富的欲望较强，乐于从事为直接获得经济效益而活动的职业。适合从事的职业主要包括：职业经理人、企业家、政府官员、公务员、商人，行业部门的领导者或管理者。

传统型：善于自我克制，易顺从，喜欢稳定，有秩序的环境，习惯接受他人的指挥和领导，按计划和程序办事，没有支配欲，工作踏实，遵守纪律，乐于从事按既定要求工作的、比较简单而又比较刻板的工作。适合从事的职业主要包括会计、出纳、统计、录入人员、秘书、文书、人事职员、图书管理员。

给自己一个小小的奖励

我们每天都在为自己制定目标，通过一场对自己很重要的面试，在即将到来的考试中取得好成绩，或是尽快找到一份自己满意的工作。在实现这些目标的过程中，除了要付出一定的努力之外，适当地运用一些小的技巧，能够助自己一臂之力。

相关的研究结果表明，在实现目标的这些小的技巧中，除了在上一节中提到的将自己的目标公诸于众之外，适当地给自己一个小的奖励也是必不可少的。

在一项对五千多人进行的调查中，研究者们考察了参与者在实现自己目标的过程中运用了哪些小的技巧。结果发现，那些成功的参与者都是善于利用技巧的人，而且在这些技巧中有五项技巧能够显著地提高人们实现目标的成功率。而在这五项技能中，除了将自己的目标公诸于众外，适当地给自己一个小奖励也位居其中。那些成功实现自己目标的参与者认为，可以将大的目标分解成一个一个小的子目标，当子目标实现的时候，不妨给自己一个小的奖励，只要这些奖励与总目标不冲突，就有利于我们实现既定的目标。

在心理学中，这种小的奖励被看做是一种强化。强化是行为主义心理学中的一个概念，最早由行为主义心理学家斯金纳提出。斯金纳的研究是在一个被称为"斯金纳箱"的装置中进行的，箱内放进一只白鼠或鸽子，并设置一个杠杆或键，箱子的构造尽可能排除一切外部刺激。动物在箱内可自由活动，当它按压杠杆或啄键的时候，就会有一团食物掉进箱子下方的盘子中，这样动物就能吃到食物。此后，动物就会不停地按压杠杆或啄键，希望从这种行为中继续得到食物。也就是说，食物强化了动物按压杠杆或啄键的行为，因为每次按压杠杆或啄键之后，总会有食物作为奖励，从而会导致这一行为频率的增加。同样，在我们实现目标的过程中，当每一个子目标完成之后，如果适当地对自己进行奖励，我们就会对奖励有一种期待的心理，从而会更加努力地去完成下一个子目标。

这一原理同样也适用于很多领域。比如，在教育心理学中，提倡一种被称为"程序教学"的方法。具体的操作就是将所呈示的教材分解成一步一步，前一步的学习为后一步的学习作铺垫，后一步学习在前一步学习后进行，而且在每一小步的学习完成之后，都给予学习者一定的奖励。由于两个步子之间的难度相差很小，所以学习者的学习很容易得到成功，并建立起自信。同样在企业的管理过程中也可以运用这一原理，当员工完成某一阶段的任务或表现得比较好时，可以给予一定的奖励，比如加薪、升职等，从而调动员工的工作积极性，提高企业的运作效率。当然，这种奖励并不一定是物质上的，精神的奖励也会发挥同样的作用，甚至比物质的作用更大。比如一句赞美之词同样可以让人心情愉快，干劲十足。

原来一点小的奖励竟会发挥如此大的作用，实在是不可小觑。所以，不要吝啬你的奖励或赞美之词，它会产生让你意想不到的效果。

创造力和无意识之间的通道

在弗洛伊德有关意识的理论中，他用一个很有趣的冰山模型来对意识和无意识进行解释，他认为意识只是浮出水面的冰山一角，无意识则是沉没于水底的硕大无比的主体部分。在弗洛伊德看来，意识只是人类心理活动的很小的一部分，它是清醒的、理性的，但同时也是无力的、软弱的；无意识才是人类心理活动的主体，虽然它是混乱的、混沌的，但却是有力的、根本的，是推动人的行动的根本动力。无意识主要是那些被压抑的欲望，它存在于人类大脑的深处。

一般情况下，无意识是处于人类大脑的最深层的部分，只有我们大脑的表层的意识在工作，处于深层大脑的无意识则受到了压抑，所以无意识的力量不能够自由地发挥出来。但是，在我们的无意识中则隐藏着巨大的力量，而且这股巨大的力量会在无意间迸发出来，发挥巨大的作用。来自阿姆斯特丹大学的心理学家爱普·狄克斯特瑞和条恩·默斯将我们的意识比作大声嚷嚷的人，这个人聪明有余但是缺乏创造力，而且你一般很难将他赶出你的大脑；而无意识则是安静的那个人，你只要认真聆听这个人说话，你就绝对不会失望，因为他会给你提供精彩的创意。可是实际上的情况是这样的，我们往往只注意倾听来自大声嚷嚷的那个人的声音，却很少能够坐下来去听听那个安静的人说话。

这个安静的人给我们提供的创意通常与梦、直觉、顿悟等心理活动相联系，英国剑桥大学赫钦森教授对那些有创造力的从事各种学科研究的思想家的工作习惯进行了调查，有70%的人回答说，从一些梦中能够得到帮助。日内瓦大学弗卢努瓦教授做过一个调查，在69个数学家中有74%的人回答说，睡梦中能解决问题，有83%的人称他们能够从突然的启发和非理性思考的预感中得到帮助。著名超现实主义绘画大师萨尔瓦多·达利就是借助于梦境的状态来完成他的很多作品的。达利在休息的时候有这样一个小技巧，他躺在沙发上，地上放着一个玻璃杯，同时他的手里握着一个勺子，勺子的另一端则放在玻璃杯的边缘。这样当他打瞌睡的时候，手就会自然而然地松开，而勺子恰巧会从手里滑落到玻璃杯中，勺子和玻璃杯撞击的声音就会把他惊醒，这时他就会立刻将刚才处于半梦半醒、无意识状态时脑海中出现的奇形怪状的东西画出来。达利就是利用这种很奇特的方式创作出了他的很多超现实主义的绘画作品。当然这种颇具特色的方式显然不适合我们每一个人，但是它表明无意识的确能够给我们提供源源不断的创造力，让我们更易于成功。

生活中，相信我们也都有过这样的体会，当我们冥思苦想于一道数学题的时候，苦恼于找不到解决这道题的方法，于是我们决定起身休息一下，或是冲杯咖啡提提神。说不定就在我们伸懒腰或喝咖啡的一瞬间，问题的解决方法在我们的脑中突然闪现。这就是我们的无意识在活动中的表现。现在很多关于创造力的标准测验都强调放松的作用，他们认为暂时的放松让大脑处于一片空白的状态反而有利于创造力的发挥。就像上述的例子中那样，当我们暂时地放松一下，问题反而迎刃而解。但是有人却不同意这种观点，他们认为让意识忙碌起来，不去干扰无意识的活动，这时候真正富有意义的创造力就会"乘虚而入"。只要让那个大声嚷嚷的人忙碌起来，不去干扰那个安静的人，并认真聆听那个安静的人的发言，每个人都可以变得富有创造力。

此外，除了创造力与无意识之间的这种奇妙的关系之外，一个人创造力的大小还与这个人的非智力因素如自信心、意志力、坚持、勤奋、善于想象、兴趣广泛等有关。所以，要想培养一个人的创造力，可以从这些因素上着手。比如在教学实践中，我们可以培养学生的广泛兴趣，让他们对多种事物保持浓厚的兴趣，鼓励他们要善于发挥自己的想象力等等。

如何只看一眼现代艺术品就唤醒你的创造性思维

生活中，我们是否有过这样的体验，比如看到一辆宝马，就会想到车里的人可能是个暴发户；见到一个肌肉发达、身材高大、穿着运动服的人，就会想到他是一个运动员；提起大学教授，我们就会想到文质彬彬的形象等等。也许事实并不是我们想象的那样，但是不得不承认，这些小的提示的确在有意无意地发挥着作用。

有研究表明，那些用美元作为电脑桌面背景的人，长时间就会表现出自私、不友好，尽量地远离他人，甚至很少参与慈善机构的捐款；如果在家中摆放能使空气清新的清香剂，则主人就会被认为是爱干净、有生活情趣的；公司招聘员工进行面试的时候，若工作人员给面试者倒了一杯开水，他们就会无意识地认为工作人员是热情且服务周到的。这些研究结果说明，尽管只是小的提示，却能够对我们的思考产生很大的影响。

在心理学中，这被称为"启动效应"。启动效应是指之前的刺激对之后的刺激的加工产生一定的影响。比如对购买决策和宣传产品的网页背景之间的关系进行研究发现，由于启动效应的存在，不管是对所要购买的产品具有丰富知识和经验的专家，还是对所要购买产品知识不太了解、毫无购买经验的新手，其购买决策都会受到网页背景的影响。另有研究还表明，让大学生观看具有暴力色彩的图片或影片能够激发他们的攻击性思维。

根据上面的研究结果，看暴力性质的内容能够激发攻击性思维。那么，让参与者看一些比较新颖而富有创造力的内容是否能够激发他们的创造性思维呢？

对于这一问题，早有研究者进行了研究。来自德国不来梅国际大学的心理学家杰恩斯·弗斯特假设，有一种专门设计用来激发反传统思维的现代艺术绘画，而只要让人们看一眼这种现代艺术品，就能够激发人们的创造性思维。于是，在这一假设的基础上，他进行了一项有关创造力启动的实验研究。研究中，将参与者随机分为两组，分别坐在两幅经过特别制作的绘画作品面前，这两幅绘画作品在尺寸上是相同的，画面的内容都是以浅绿色为背景的十二根曲棍球球棒。唯一的不同之处是，一幅画中的十二根球棒都是深绿色的；而另一幅画中十一根球棒是深绿色的，剩下的一根则是黄色的。然后，让两组的参与者完成同样的创造力任务，即尽可能多地说出回形针的用途。研究结果发现，那些坐在那幅有一根黄色球棒的画前面的参与者能够说出回形针的更多用途，而且经专家鉴定他们的答案的确更具有创意，尽管他们自己声称并没有特别注意那幅画。研究者认为，出现这种差异的原因在于，与那幅普通的画相比，十一根深绿色球棒中的那只黄色棒球则是对传统的一种突破，人们会在无意识中感知到它，从而使得人们的思考更富有创造性。

看来这种视觉上的启动的确有不可思议的效果，因此，没事的时候不妨多看几眼现代艺术品，在提高审美情趣的同时，还能增加你的创造性。

你只需躺下来，就能增加 10% 的创意

生活中，你有没有这样的体会，当你感到很焦虑的时候，你的思维都开始停滞了，不懂得思考，只局限于手头上的任务；当你感觉到比较放松的时候，一些新奇的想法就会冒出来，想法和行动也开始有创造性了。从理论上来说，当人们处于比较放松的状态时，就会比平时更有创造力，能够提出更多有趣的创意。

生活中，当我们喜欢一样东西时，就会把它拉过来放到身边。反之，当我们不喜欢一件东西时，就会将它推开。我们每天都在重复这一简单的推—拉行为，也许我们并没有意识到。久而久之，我们的大脑就建立了这样一种连接，即推的行为与不喜欢等消极的情感相联系，拉的行为与喜欢等积极的情感相联系。心理学家罗纳尔德·弗里德曼和杰恩斯·弗斯特设想如果让人们在一段时间内重复这一行为，会不会诱发积极或消极的情感呢，而这些情感会不会影响到他们创造性的发挥。于是，他们要求志愿者坐在桌子旁边，并让他们尽可能说出某件日常用品的用途以及解决水平思考问题等标准的创造力任务。研究结果发现，那些重复"轻轻将桌子拉向自己"这一动作的志愿者无论是在说出日常用品的用途的任务

还是在解决水平思考问题上的得分都明显高于那些重复"轻轻推开桌子"这一动作的志愿者。在罗切斯特大学由罗·弗里德曼和安德鲁·伊利亚特进行的一项解答字谜的实验中，一部分志愿者双臂交叉抱在胸前，这一动作通常被看做是认真和投入，往往更愿意花费更长的时间来思考问题。而另外一些志愿者则将双臂自然地放在大腿上。研究结果发现，那些将双臂交叉放在胸前的志愿者果然愿意花费更多的时间来思考问题，但与双臂自然放在大腿上的志愿者相比，他们却没有比后者解答出更多的字谜。

以上的两个研究结果说明，我们身体动作的改变会影响创造力的发挥。与紧张状态下的姿势相比，任何一个放松的姿势都有助于我们发挥自己的创造力。在众多的放松方式中，有研究者认为"躺下"能使我们发挥更大的创造力，有着意想不到的神奇效果。澳大利亚国家大学的达伦·利普尼克和顿·拜恩进行了一项研究，要求参与研究的志愿者要对字母顺序颠倒的单词进行更正。这些单词有的比较简单，比如将 jood 更正为 good（好的；优良的）；有的则相对较难，比如将 irevr 更正为 river（河流；江）。但是在实验的过程中，是将这些简单的和相对较难的单词捆绑在一起的。在完成这项实验任务的过程中，有些志愿者是站着的，而另外一些志愿者是躺在气垫上的。研究结果发现，躺在气垫上的志愿者更正单词的速度比站着的志愿者要快 10%，在一定的时间里获得了更多的分数。

造成这种差异的原因是什么呢？据上述的这两位研究者解释，这与大脑中一个被称为"蓝斑"的组成部分有关。当该区域被激活时，就会产生一种被称为去肾上腺素的荷尔蒙，这种物质能够使我们的精神处于紧张的状态，使心跳加快，血液循环速度加快，从而释放更多的能量。当人处于站立状态的时候，蓝斑的活动就会增强；而躺下的时候，蓝斑的活动就会减少，这样人的身体就处于一个比较放松的状态，与紧张的状态相比，这时人就比较容易产生有创意的想法。另外一些研究则表明，去肾上腺素可能会对大脑思考问题的类型产生一定的影响，会抑制创造力的发挥。所以，当我们变换一种姿势的时候，我们身体内的某种物质就会发生变化，而这种变化可能会产生让我们意想不到的结果。就像上述实验中那样，当我们站着和躺着的时候，大脑内去肾上腺素的分泌不一样，从而导致我们的创造性也会发生很大的变化。

所以，我们平常所说的"站着不如躺着"虽然是懒人的自我解嘲，但也不是没有道理。有条件的时候还是尽量躺着，这样你就会增加 10% 的创意。

如何成为有创造力的天才

为了对人们的创造力进行测量，心理学家们绞尽脑汁，从而发明了一系列的能够测量人们创造力的方法。比如，给人们一个回形针，要求他们在规定的时间内尽可能多地说出回形针的用途，根据他们提供的答案以及答案的创造性程度来对他们的创造力进行评价。也有一些是通过脑筋急转弯或逆向思维的方式来判断创造力的大小，比如，汤姆和约翰于同年同月同日出生，他们有共同的父亲和母亲，但他们却不是双胞胎。这是怎么回事呢？答案是汤姆和约翰是三胞胎中的两个人。也许听到这样的答案你会觉得可笑，认为这是故意刁难你而出的问题，但是你不得不承认，这种方法的确能在某种程度上反映你的创造力水平。

创造力是一种很重要的心理品质，同时也是能够为解决问题提供新奇想法的心理过程。这一心理过程能够帮助我们打破常规的思维模式，以一种全新的方式进行思考，在促进问题解决的同时，还能为社会创造一定的价值。

美国有一家生产牙膏的公司，产品优良，包装精美，深受广大消费者的喜爱，销售额蒸蒸日上。但是好景不长，没过多久销售额就停滞下来，但每月大体维持在同样的数字。为此，董事便召开经理级以上的高层会议，商讨对策。会议中，大家都一筹莫展，这时有位年轻的经理站了起来，说道："为何不将现在的牙膏开口直径扩大一毫米呢？"这一句话让在场的所有人茅塞顿开，喜出望外。总裁马上下令更换新的包装，试想，每天早晚，消费者用直径扩大了一毫米的牙膏，每天牙膏的消费量会多出多少倍呢？这个决定，使该公司营业额在短时间内增加了32%，扭转了公司的危机。

美国圣地亚哥的克特立旅馆是一座重要建筑的诞生地。当时旅馆的管理人员觉得原来的电梯太小，必须扩建。于是，找了很多工程师来一起解决这个问题。他们设计的方案是从地下室到顶楼，一路挖一个大洞，就可以建一个新电梯了。他们的谈论被一个清洁工听到了，清洁工问他们要干什么，于是这些人解释了方案。清洁工听后说："可这样会搞得很脏、很乱呀，而且如果停业的话还会使很多人失去工作。"一个工程师听了清洁工的话，挑衅地问道："你有更好的主意吗？"清洁工想了想说："为什么不在旅馆的外面修电梯呢？"于是，克特立旅馆成了现在已被广为采用的室外电梯的发源地。

可见，哪怕是一点创造力都会产生巨大的作用，那么，怎样才能使得自己更具有创造力呢？在一般人的心目中，只有那些聪明绝顶、智商极高的人才具有创造力，而缺乏创造力的人都是那些智力水平一般的人。然而来自心理学的研究却出乎这些人的意料之外，它表明智力与创造力之间并没有多大的关联。而且从上面的例子中也可以看出，不论是那位年轻的经理还是旅馆的清洁工，他们都不见得有多高的智商，这说明即使你的智商水平一般，即使你不是什么专家，你一样可以有创造力。

如果想让自己更加富有创造力，可以尝试以下几种方法：

1. 处于放松状态。用点时间，做能让自己感到愉快的、能够给自己带来欢乐的、而且能让自己全身心投入的事情。比如散步、游泳、旅游、阅读令人心情愉快的文字，或者写日记等等。千万不要觉得这是在浪费时间，时间久了你就会发现其中的益处。

2. 激发自己的想象力。想象力是高度视觉化的。练习在闭上双眼的情况下，想象自己正身处海边的沙滩上，微风拂面，海水涌向沙滩打湿了你的鞋子，你还可以闻到海水咸咸的味道。

3. 专注于此刻。每一位杰出的音乐家或艺术家都会告诉你，当他们在进行创作的时候，他们的头脑中没有任何杂念，他们完全沉浸在此刻的创作之中，感受意识的流动。你可以将自己的注意力全部倾注到自己手头所做的事情中去，哪怕你是在洗碗、拖地、整理房间，抑或是欣赏一部电影或和家人聊天，尝试练习把全部意识集中在当前时刻的能力。沉思可以起到很大帮助。

4. 寻找灵感。试着去想象打动你的美好事物。翻阅含有能够激发人思维的书籍，读能启发人灵感的文字，与能够使你冷静的人交谈。

5. 寻找替代方案。试着问自己，这件事情是否还有其他的解决办法。当你看到了一个问题的解决方案之后，再问一问自己："有什么其他方式做这件事呢？"在心理上建立起这样的一种态度，"总会有另一种方法的"，不要仅拘泥于一种方法，尝试着用发散思维来思考问题。

6. 保持开放的心态。不要将任何你想到的点子拒之门外，不要轻易对它们作出判决。重视每一个从你的大脑里冒出来的想法，哪怕是那些看起来"愚蠢"或"毫无新意"的想法。这个方法能够催生更多有创造性的想法从你的脑海中浮现出来。

此外，创造力还与人格特征有密切的关系。很多的研究表明，那些拥有较高创造力的人往往具有如下的人格特征：兴趣广泛，语言流畅，具有幽默感，反应敏捷，思辨严密，善于记忆，工作效率高，从众行为少，独立行事，自信心强，喜欢研究抽象问题，生活范围较大，社交能力强，抱负水平高，态度直率、坦白，感情开放，不拘小节，给人以浪漫印象，等等。因此，也可以从培养自己的人格特征的角度进行考虑，来提高我们的创造力。

跳蚤为什么会自己给自己设限

跳蚤是自然界名副其实的跳高冠军，一只跳蚤最高可以跳 1. 5 米高，是跳蚤身高的 350 倍左右。如果一个身高 1. 70 米的人有跳蚤一样的弹跳力，那就意味着他可以跳到 600 米左右，几乎相当于 200 层楼的高度。

可是，就是这位"跳高冠军"却因为自己的内心设限，而失却了"跳高冠军"的风采。

生物学家做过一个实验，他把一只跳蚤放入玻璃杯中，跳蚤很轻易地就跳出来了。之后，生物学家把它再次放入玻璃杯中，然后立刻给玻璃杯盖上盖子，结果跳蚤一次次跳起，一次次撞在顶盖上。后来，这只跳蚤开始耍滑了，它开始根据盖子的高度来调整自己所跳的高度。一周之后生物学家把盖子掀开了，这只跳蚤却再也跳不出来了。

跳蚤为什么跳不出来了？因为它在内心就已经相信杯子的高度是自己无法逾越的。

人也常会犯跳蚤这样的自我设限的错误。很多人在年轻时意气风发，打算干一番轰轰烈烈的事业。然而干事业并非像他们想象的那么简单。当他们屡战屡败后，便开始心灰意冷，垂头丧气，不是抱怨这个世界的不公平，就是怀疑自己的能力，于是一再降低对自己的要求——即使原有的一切束缚已经不复存在。就像刚才的"玻璃盖"虽然已经被拿掉了，但他们早已经被撞怕了，不敢再跳，也不想再跳了。

很多人不敢追求成功，不是缺乏能力和机遇，而是因为他们的心里已经默认了一个"高度"，并时常暗示自己：越过这个高度是不可能的，于是甘愿忍受失败者的生活。由此可见，"心理高度"是很多人无法取得突出成就的重要原因之一。对于每一个人来说，要不要跳？能不能跳过这个高度？我能不能成功？能取得什么样的成功？无需等到最终的结果，只要看看一开始这个人是如何看待这些问题的，就知道答案了。总之，不要自我设限。

20 世纪 50 年代，一个女游泳运动员决心要成为世界上第一个游泳横渡卡塔林纳海峡的女性。为了实现这个梦想，她开始了漫长而又艰苦的训练。终于，激动人心的时刻到来了，她在媒体和所有人的关注中开始了她横渡卡塔林纳海峡的壮举。刚开始时，天气非常好，她离目标也越来越近。然而，当她就要到达目标的时候，大雾开始降临海面。雾越来越浓，她几乎无法看到眼前的任何东西。

她在迷茫中继续游，但已经完全迷失了方向。她不知道距离目标还有多远，而且越来越疲倦，最后她放弃了。当救生艇把她从海里拉上船时，她这才发现，她只要再游 100 米就可以到达岸边了，为此她悔恨交加，在场的人都为她感到惋惜。接受媒体采访时，她为自己辩解道："如果我知道我离目标那么近，我一定可以到达目标并创下纪录。"

这位女游泳运动员一生中就只有这一次没有坚持到底。两个月之后，她成功地游过了同一个海峡，不但成为第一位游过卡塔林纳海峡的女性，而且比男子的纪录还快了两个小时左右。

难题放一段时间后竟然变得容易了

大量的经验和事例表明，人对某一问题的重要发现有着很大的偶然性，也就是说一个奇妙的方案是在不经意间突然出现于脑际的，当然，这一般需要此前的艰苦思考做准备。俄国化学家门捷列夫曾花费巨大的精力探究元素的共同性，试图从中找出某种规律，长时间夜以继日地研究，使得他甚至会产生昏眩的感觉，但是工作却一直没有取得突破性的进展，直到有一天他准备上火车的时候，头脑中忽然闪现出关于元素周期律的决定性的观念。而与此相似，德国化学家凯库勒竟然是在梦中发现了苯分子的环形结构。

心理学家西尔维拉做过一个实验：有四个小链子，每条链子有三个环，打开一个环要花两分钱，封合一个环要花三分钱，开始时所有的环都是封合的，要求被试者把这十二个环全部连接成一条大链子，但花费不能超过十五分钱。其中，被试者分为三组，用于解决这一问题的时间都是半个小时，不同的是，第一组的半个小时是连续的，而第二组在解决问题的半个小时中间却插入了半个小时做其他的事情，第三组则插入的时间为四个小时。结果是，这三组被试者成功解决问题的人数比例分别为 55%、64% 和 85%。这说明，在解决问题的过程中插入了另外的时间会有助于问题的解决，而插入的时间更多些则会令这种效果表现得更为明显。这种效果即心理学中的"酝酿效应"。

酝酿效应给我们的启示是：当自己为某一问题而困惑的时候，不妨暂时撇开它，转移一下注意力，令自己放松放松，然后再重新去面对它，或许问题就会迎刃而解。

酝酿效应的关键是酝酿的过程。人们在离开某一思考过程的时候，思索行为其实并未完全地中止，因为实际上头脑中对这一问题的思考过程仍在延续着，只是这种延续是转移到了潜意识层面，人们并不会直接地感受到，但它确实存在着。正是有了这种潜思考的存在，才令灵感的闪现与梦中的神谕成为现实中的可能。

酝酿效应之所以能收到这样的效果，还在于它能帮助人们打破解决问题不当思路的定势，从而促进了新思路的产生。在上面实验中，当询问被试者解决问题的过程时，发现第二、三组人员回过头来重新面对问题时并不是按照此前的解法去做，而是完全从头做起，这也就是说，时间的间隔很可能会带来解决问题的新思路，因而使得成功的概率更大。

人在解决问题的时候，之所以很长时间里都没有能够找到有效的对策，往往就是因为自己已经被已形成的思维方式所束缚，结果反反复复的思考，都是沿着走不通的旧思路进行，这样即使思考的时间再多，也无助于问题的解决。但是，如果暂时将这一问题放开，将这一思考过程中断，之后再重回到这一问题的时候，却有可能会从新的思路出发，这样也就增加了成功的可能性。

如何发现你的优势

心理专家通过研究发现，人类有400多种优势，可在成功心理学家看来，拥有几种优势本身并不重要，最重要的是人应该知道自己的优势是什么，然后将生活、工作和事业发展都建立在优势之上，这样才可以获得更多的自信，事业才会成功。也就是说，判断一个人是不是成功，最主要的是看他能否最大限度地发挥自己的优势。因为，如果一个人集中精力发挥自己擅长的以及自己能取得成功的方面，他就会变得越来越有自信。这正是我们所倡导的"扬长避短"。成功人士尽管其成功的路径各异，但他们都有一个共同点，就是"扬长避短"。

而当一个人把精力用于弥补缺点时，就会因为过分关注自己的缺点和失败，无暇顾及优势的发挥，对自身的优势熟视无睹，使自己陷入失落和信心匮乏的深渊。这样的人很难把注意力集中在自己擅长的方面，积极地去发掘自身的优势。

那么，我们该怎样发现自己身上的优势呢？

第一，把所有的优势都逐条写下来，使它们显得更真实。

你还可以花一点时间列出自己的强项，因为人往往容易忽略自己擅长的东西，认为它们是理所当然的：销售明星们总是认为把东西卖给别人很容易；"点子多"的人总认为想出一个点子很容易；擅长计算机的人总认为这种技能人人都会。这些都是他们的优势，不应被忽略。

第二，从别人的评价中了解自己。

想一想你的家人、朋友或同事赞美你的话。把他们的赞美都记下来：你是一个可靠的人；对生活充满热情；记忆力好，对亲人、朋友的生活细节都能记忆犹新；记得在你小时候，妈妈和姐姐都对你说："不管与谁在一起，你都能和他谈得来。"这比逐条列出自己认为的优势更容易。你不一定要被别人的话牵着你的鼻子走，但承认别人对自己的赞美是很重要的。

第三，问一问你自己，你比较欣赏自己哪些方面。

很多人都对自己苛刻，虽然并不讨厌自己，但对赞美自己却很吝啬，当有人问他们喜欢自己哪一点时，他们很难立即回答出来，他们总是羞涩地说："我不知道自己喜欢自己什么。"这些人其实不是不知道自己喜欢自己什么，而是有些不好意思。

其实，每个人都有令对自己满意的地方：我觉得我很随和，能与很多人友好相处；我喜欢我挺直的鼻子；我天生好奇，或许喜欢聆听和提问题就是我最大的优点；我有很强的分析和组合信息的能力，从中发现它们是否具有实际意义；我敢于冒险，喜欢探索新事物。

第四，发现你的天分。

每个人都会有一些天分。天分是无法通过学校的考试和相关的测试来检测的，但却是你能脱口而出的东西。或许你不觉得它有什么稀奇之处，但是它能让你沉迷于其中而不觉疲倦。

以下是表现在某些人身上的的天分：

我对各种时尚杂志的内容能倒背如流；

我做汤、做鱼都很拿手；

我对摄影有天分，懂得从哪个角度拍出一张美丽的照片；

我爱说话，与别人聊天，无论是什么样的人，我都能很快地和他熟悉起来，并能通过聊天了解他，知道他在干什么，他是怎样的人，我能使人感到舒服自然；

对电子器具、电脑、软件等一学就会，甚至无师自通；

我非常喜欢养花，是个公认的养花能手；

我懂得如何把房间收拾得整洁，干净。

现在，开始通过你取得的成绩判断一下你的天分。

很多人认为要找出自己取得的成绩十分困难，他们认为，如果没有在大学运动会上拿到名次，考试没有考到第一名，赚钱没有赚到一百万，那就算不上有什么成绩。其实，你可以拓宽自己的视野。比如：有个可爱的孩子；有一座漂亮的房子；新的工作令人满意。这些都是极好的、真正的成绩。

第五，用以上几种方法，去发现你的优势。

把别人对你的赞美，你对自己满意的地方，你取得的成绩都列举出来，它们能提醒你，你是一位有用的、受欢迎的人，而且已经取得不少的成绩。这样，你将会发现自己在某些方面会比以前更有信心。

第七章

决策心理学：为什么
两个头脑不如一个头脑

什么是决策心理学

　　1944 年 6 月 4 日，盟军集中 45 个师，一万多架飞机，各型舰船几千艘，准备在 6 日登陆诺曼底。就在这个关键时刻，气象台却传来令人困扰的消息：今后三天，英吉利海峡气候恶劣，舰船出航十分危险。这让最高统帅艾森豪威尔和手下将领们一筹莫展。但同时气象专家也认为，在 6 日当天，将有 12 小时的晴好天气，这种天气虽不理想，但能满足登岸的基本条件。6 日之后天气将继续恶劣下去，要在 10 天之后才会有数天的晴好天气。是利用近在眼前的短暂晴天，还是等待 10 余天后的大好天气？艾森豪威尔沉思片刻，果断做出最后决定："好，我们行动吧！"后来虽因天气不好，汹涌的海浪吞没了一部分舰船，但诺曼底登陆作战一举成功，却是不可否认的事实。艾森豪威尔在选择登陆日期时十分果断，那天的天气状况虽然只能满足起码的登陆条件，但却绝对是一个最关键的日子。如果延期登陆，后果将不堪设想——战争结束时间推迟，盟军将会付出更多代价。因为在这个时候，希特勒还没回过神来，他坚定地认为盟军绝不可能在诺曼底登陆。从这个角度看，艾森豪威尔的决策无疑是非常正确的。

　　决策心理学，就是专门总结决策者的心理因素对决策的作用和影响的一门学科。它是决策学与心理学的交叉学科，研究的对象是决策过程中决策者的心理和行为规律。决策心理学的建立，不仅仅是决策实践的需要，还能建立起决策理论的独立的完整体系，并且促进其向深度和广度发展。这门学科虽然是一门新兴的边缘学科，却已经有了自己独特的研究范畴、研究内容和方法，它所揭示的心理活动规律也是面向决策实践，具有很强的实用性。

决策活动包含决策者、决策对象、决策信息、决策目标和决策环境这五个要素。其中，起主导作用的是决策者，决策者的心理活动渗透在决策活动的全过程。不懂心理的决策者，绝不可能作出最准确的决策。总之，离开了人的心理活动，决策也就不复存在。决策心理学就是这样一门研究决策者心理的学科。它具体的研究内容包括决策者个体心理，也就是在个体决策时，决策者的心理素质对决策的影响；决策者群体心理，即集体决策时，群体心理活动对决策的影响；决策组织心理，即组织环境对决策者所构成的心理影响。

在决策心理学家看来，决策的效果取决于决策者的心理素质。决策是否正确，决策是否及时，往往取决于决策者的判断和协调能力。在上述例子中，诺曼底登陆之所以取得最后的成功，关键在于艾森豪威尔的当机立断，他没有选择拖延到十几天之后的一个天气条件极好的日子，而是果断地下令在一个只能满足基本登陆条件的日子里登陆，抢占了最有利的时机，真正达到了出其不意的效果。

从总体上看，决策心理学研究的基本任务有如下几个方面：

1. 研究决策过程中的心理学问题；可以帮助决策者调适自己的决策动机和价值判断心理，选择出优秀方案并付诸实施，以不断提高决策的质量；也可以培养他们的创造性思维，成为能集思广益、善用奇谋妙策的决策者。2. 研究决策者的心理素质与决策风格、决策行为的关系；帮助决策者提高自身的心理素质，保持健康的心理状态，实施正确的角色扮演，在不断的决策中优化自己的决策行为，形成稳定的、处乱不惊的决策风格。3. 研究决策对象的心理与行为规律；帮助决策者学会主动创造条件，吸纳群众意见，调动群众参与决策的积极性，以实现决策的民主化。4. 研究决策集团在决策活动中的心理与行为规律；可以为决策集团内在结构的优化，充分发挥其整体效能，提供途径和方法。

决策心理学就是运用心理学的原理和方法，通过分析决策者的决策活动经验，从中总结出决策者在决策时的心理与行为规律，为以后的科学决策提供理论和实践依据，以提高决策的实效性。

决策力就是选择力

决策的目的无非是为了获得更有价值的东西或达到更完美的结果，但在决策中，确有太多的合适、不合适，实用、不实用的东西或者是机会摆在我们面前，我们必须进行不断取舍，选择最合适的为我们所用，直至最终达到目的。所以，我们说决策力就是选择力。

决策过程中，首先需要选择的是计划和方案。为了实现目标，我们会有多种打算，会设计出多种方案，但受客观条件和自身能力的限制，各种方案之间就会发生冲突，这时候，我们必须有所取舍，选择那些与外部机会与自身能力相契合的方案。计划也是一样，客观环境随时都在变化，预先的计划往往需要因时、因势地进行调整，及时排出最优的顺序。排序是决策的基本功，要想决策力超强，就必须下工夫掌握排序的技能。不同的选择带来的结果肯定不同。

在圣皮埃尔岛培雷火山爆发的前一天，一艘意大利商船奥萨利纳号正在装货准备运往法国。船长马里奥·雷伯夫敏锐地察觉到火山爆发的威胁。于是，他决定停止装货，立刻驶离这里。但是发货人不同意。他们威胁说货物只装载了一半，如果他胆敢离开港口，他们就去控告他。但是，船长的决心却毫不动摇。发货人一再向船长保证培雷火山并没有爆发的危险。船长坚定地回答道："我对于培雷火山一无所知，但是如果维苏威火山像这个火山今天早上的样子，我必定会离开那不勒斯。现在我必须离开这里。我宁可承担货物只装了一半的责任，也不继续冒着风险在这儿装货。"

24 小时以后，圣皮埃尔岛的火山爆发了。港口装货的人全都死了。而这时候奥萨莉纳号却正安全地航行在公海上，向法国前进。

虽然决策的目的是为了实现目标，但有一点要注意，进行决策时的选择却不能一味地追求完美和最优，更不能无原则的妥协，而是在尊重客观现实的基础上，以实事求是的态度进行分析，以寻得让计划、方案与目标、资源、战略更加匹配的最满意方案。

让选择达成与目标、资源、战略更加匹配其实是很难的，但也是有依据可循的。具体地说，在进行决策选择时，可以考虑以下五个因素。如果能全面考虑这五个因素，就可以全面提高决策的质量。

风险。即决策实施之后的各种不利因素，或各种副作用，要制定相应的对策。

对手。要知道在决策时，竞争对手也在决策。所以知己知彼，考虑对手的决策善于双赢，才能确保个体或所在的集体立于不败之地。

关系。每一个决策都不是孤立的，它牵扯到方方面面的利益关系和人际关系。只有理顺这些关系，决策才能成为现实。

报酬。对于个人而言，要考虑某项决策可为自己带来哪些回报，在企业中，报酬是激励实干者提高决策力的一个极为重要的途径。

结果。为什么要做这个决策？这个决策实施后能够带来什么结果？值得还是不值得做这个决策？无论是个体还是集体的领导者，在决策时要强调务实和效益，要预计结果导向，不能只考虑动机愿望，只制定目标计划。

考虑了上面五个因素，决策就有了系统性、预见性，就有了可操作性。

为什么两个头脑不如一个头脑

按理说，一群有经验的人在一起应该能发挥超常的智慧。但是，在大部分时候，多少个臭皮匠也抵不了一个诸葛亮。反而臭皮匠越多，越容易使事情变得一团糟。就像两杯50℃的水加在一起不会变成100℃一样。群体在决策的时候，很容易陷入群体思维之中，当要求他们针对某一个问题发表自己的意见时，要么长时间的沉默，要么各持己见、互不让步，最后，通常是群体内那些喜欢发表意见、有权威的成员们的想法容易被接受，尽管大多数人并不赞成他们的提议，但大多数人只是把意见保留在心里而不发表出来。这样的决策过程往往能导致错误的决策。

群体决策容易出现"从众效应"和"极化效应"。从众效应就是屈从群体中大多数人的意见，这样往往会导致群体决策时忽略少数人的一些关键的意见，成员们往往会草率地同意一个错误的决策结果，而不会去仔细想想他们在这个过程中有什么不足。这些负面因素都是导致群体决策失败的原因。极化效应指的是将个人的意见夸大，从而导致作出一个极端的决策。个人的意见可能是偏向保守的，但是身处一个团体中，往往会忽视自己作决定时的责任感，而将个人的观点夸大，从而导致团体作出比个人思考时更为极端的决策，作出的决策可能极端冒险，也可能极端保守。这种奇怪的现象在现实生活中并不少见。一群富有攻击性的青少年在一起，很容易出现暴力行为。一群偏向激进的企业家坐在一起讨论问题，更容易作出极端激进的决策。这个效应甚至发生在网络上，人们在网上论坛和聊天室里往往发表比平常更为极端的观点和看法。

那么，是什么导致从众效应和极化效应的发生呢？这可能是因为观点、态度相同的人聚在一起，会让个体不自觉地求同存异，忽略自己独特的观点，因为个体觉得这些观点是不同于他人的、可能不会被接受的；而突出表达和团体大多数人相同的想法，分享与他人一样的想法，尽管这些想法可能是极端的。有研究表明，和个人思考相比，团队思考更加独断，更倾向于将不合理的行为合理化，更可能将自己的行为视为道德所许可的。尤其是当决策的领导者控制欲较强时，很容易迫使团体中意见不合的人从众。通常，不合理的思考都是发生在人们集体决策的时候，而这会导致极端观点的形成。

群体决策虽然能提供更完整的信息和知识，也能开发出更多的可行性方案。但是，群体决策产生的心理效应却让其不能成为一个最好的决策办法。根据研究，最好的决策办法是尽量避免产生各种可能遮蔽思考的错误。一般来说，群体决策的规模以 5～15 人为宜，不少于 5 人，7 人最能发挥效能。参与决策的成员先集合成一个群体，但在进行任何讨论之前，每个成员需独立地写下他对问题的看法。然后，成员们将自己的想法提交给群体，并一个接一个地向大家说明自己的想法，直到每个人的想法都得到表达并记录下来为止。在所有的想法都记录下来之前不进行讨论。然后再开始逐一讨论，以便把每个想法搞清楚，并作出评价。每一个成员再独立地把各种想法排出次序，最后的决策就是综合排序最高的想法。这样既能集思广益，也不会出现从众效应和极化效应。

可见，群体决策并不是不好的，关键是如何把握决策的过程，让每个成员能在独立思考的同时，不受他人的影响，独立地献计献策。

决策的思维模式

决策的过程，涉及四种思维模式，包括垂直思维模式、水平思维模式、模糊思维模式和直觉思维模式。

垂直思维模式是一种典型的逻辑思维模式，它按照既定的形式，一步步进行分析、推理，直至得到最符合逻辑的结论为止。也就是只根据已有的信息，朝着问题解决的方向前进，以求得问题的最佳解决方案为目的。在决策的时候，垂直思维的人一般会首先认清决策问题的核心在哪里，然后再加以相应地处理。

垂直思维是与确定性决策相对应的。确定型决策，也称标准决策，是指决策的结果完全由决策者所采取的行动决定。比如说，某企业可向三家银行借贷，但利率不同，分别为 8%、7.5% 和 8.5%。企业需选择一家银行。很明显，向利率最低的银行借款为最佳方案。这就是确定型决策。在确定型决策中，只需根据已知的资料，按固定思维进行，利用直观判断或计算，在众方案中选择一个满意的即可。也就是说，只要抓住问题的本质，快速作出决定，千万不能犹豫、拖拉。人们把决策过程中犹豫不定的现象称为"布里丹毛驴效应"。布里丹是一个大学教授，他养了一头小毛驴，他每天要向附近的农民买一堆草料来喂。这天，送草的农民出于对他的景仰，额外多送了一堆草料。这下子，毛驴可为难坏了。它左看看，右瞅瞅，始终无法分清究竟选择哪一堆好。于是，这头可怜的毛驴就这样站在原地，考虑来考虑去，在无所适从中活活地饿死了。我们的决策需要避免布里丹毛驴效应。

按照垂直思维的模式，人们在作决策的时候只需抓住问题的本质，判断哪一种选择对自己更重要，当断则断。

与垂直思维模式相反，水平思维模式属于创新式、发散式思维。它灵活、流畅、多变，不追求思维的固定模式、解决问题的唯一答案，而追求思维的多样性、创新性。对水平思维来说，最关键的是突破思维的条条框框，寻求解决问题的新出路。与水平思维模式对应的是择优决策。选择一个最佳的决策方案，是择优决策的核心。要时刻提醒自己不能受思维定势的影响。

模糊思维模式指的是用模糊概念或模糊推理来进行思维。模糊思维既不追求思维的固定模式，也不追求对事物进行精细分析，其方法是灵活多变的，关键是如何争取利益的最大化、损失的最小化。与模糊思维模式对应的决策方法是不确定型决策。不确定型决策，就是对决策后的结果完全不能把握，只能依据主观判断进行决策。

直觉思维模式就是跟着感觉走。舍弃逻辑推理，完全凭个人的直觉、经验以及对事物的理解力和洞察力，来作出推断。由于直觉思维往往只依据个人过去的经验积累来作判断，如果形势出现了新的变化，就很容易措手不及。因此，只有需要决策的时候，决策者才出现，这是与直觉思维模式相对应的中庸决策。

决策的思维模式决定决策方法的选择。有时候，可以综合考虑多种思维模式，不受固定思维的束缚，能解决问题的方法才是好方法。

年轻人该选择哪一扇门

某大四女生，师范专业。自我评价学习能力强，工作勤奋，一直是老师和家长眼中的好孩子。马上面临毕业，她在工作和考研两者之间思来想去，摇摆不定，非常烦恼。之所以毕业后想马上工作，是因为自己很喜欢教育工作，通过工作，可以将四年所学发挥出来，为今后的发展积累经验，打下良好基础。而且，马上工作还能减轻家庭的经济负担。再者，她对自己的英语一直没有信心，怕考研达不到英语线，也是想工作的原因之一。但是，考研也有考研的理由，她觉得现在的本科文凭太普遍，要想找到一个好工作，还需进一步深造。另外，大学是在本地读的，她还想通过考研考到外地，开拓视野，接受新的信息和观念。似乎两个选择都有其理由。如果你是她，你该如何抉择？

生活中，我们会碰到很多这样的两难选择，一个成熟的决策者应该能够对各方信息进行考量，经过深思熟虑之后再作决策，并且要对自己的决策负责；应该能抱着必胜的信念来坚定不移地实施。一般来说，决策的信念包括无悔性原则、信仰性原则和风险性原则。要判断决策者是否有足够的信念，可以从这三个原则出发，进行判断。所有的决策都是以决策者的信念为基础的，如果没有坚持贯彻的信念，决策也就不那么牢固了。按决策者的信念多少，可以将决策者分为三种类型：一种是鲁莽型，这类决策者考虑问题不周全，信念也不足，所以很容易对自己的决定后悔；一种是畏缩型，这种人缺乏作决定的决心，信念同样不足，常常只停留在空想阶段；还有一种是行动型，这类人能很好地把握决策的无悔性、信仰性和风险性原则，决策和行动起来都很理智，很干脆。

无悔性原则，就是指决策者在作出决策后，不能心存反悔。一旦选择了某种方案，就要对自己的选择负责，不能因为执行过程中的一些困难而产生后悔的念头。这就要求你在决策前就应该对可能出现的各种问题有一定估计。每个问题总有一个最优的解决方案，决策者可能当初并未选择最优方案，而导致后悔。现有方案与最优方案之差，叫做后悔值。决策者在决策之前可以先计算出每种方案的最大后悔值，然后选择最大后悔值最小的方案作为自己的最优方案。在上述案例中，这个大四女生可以考虑，若干年后，考研和工作哪种选择会让自己更后悔，然后再作决定。

决策的信仰性原则是指决策必须首先找到其信念的基础，然后再坚定不移地贯彻执行。人之所以有信仰，就是因为信仰能支持我们为了目标坚持下去。和信仰性原则有关的，是定性决策。定性决策又称主观决策，是指在决策中主要依靠决策者的创造力和分析判断力来进行决策。一般来说，定性决策靠的是决策者的个人经验和判断能力，这种决策法适用于受社会、经济、政治等非计量因素影响较大，涉及较多社会心理因素，而且难以用准确数量表示的综合性问题。对这个大四女生来说，作决策的时候必须首先考虑她对工作和考研的渴望分别有多深，她的信念希望支持哪个选择。她的决定主要取决于她对自身状况是否分析得深入，透彻。

风险性原则，提醒决策者在决策时一定要深思熟虑，事先对决策的种种风险作出充分评估。首先，我们应该意识到，任何决策都是需要承担风险的，如何才能最大限度地降低风险，这就需要我们对整个决策过程有完整的把握，一切尽在掌握中才能降低意外的发生。与风险性原则有关的是风险型决策。所谓风险型决策，是指决策者对决策对象的自然状态和客观条件都有清楚认识，并且有较明确的决策目标，对风险出现的概率有预估。在风险型决策中，任何一种决策方案都需要承担一定的风险，这就需要对所有方案的风险性进行预估和比较。其核心就是把各种风险都考虑到，然后按严重程度排列。故事中的大四女生在决策时也需遵循风险性原则，不妨列一个比较表，逐条列出考研和工作的风险，然后按严重程度进行比较，选择。

把握好无悔性、信仰性和风险性这三个原则，决策就能更令人满意。

第二次世界大战中将领们的军事直觉

第二次世界大战的时候，根据德军情报部门的分析，盟军会在欧洲的诺曼底、加来海峡和荷兰这三个地点中找一个地点登陆。但具体在哪一处登陆，德军情报部门始终无法确定。为此，希特勒就盟军的登陆地点专门召开了一次军事会议。会上，德军将领们一致认为盟军会选择在最狭窄的加来海峡登陆，那里易攻难守，且易于空降部队降落。但是，希特勒坚持认为，盟军更有可能选择在诺曼底登陆，因为那里看似难攻易守，实则一马平川，适合地面部队挺进。他下令部队增派兵力把守诺曼底。盟军情报部门得知希特勒的行动后，大吃一惊。但是此时诺曼底的登陆计划已经全面展开，不能再改变了。于是，为了让希特勒改变主意，盟军不惜一切代价来欺骗他，让他相信盟军最后的登陆地点是加来海峡。最后，希特勒还是放弃了自己的直觉判断，盟军得以成功登陆诺曼底。

在日常生活中，我们每天都会产生很多直觉，而且用直觉思维去判断各种事物。每当决定一件重大事情的时候，也几乎是不能离开直觉的。即便是经过一系列科学决策而得出的结论，在分析过程中也并非全部是靠理性的东西，也有直觉的参与。直觉思维是在下意识层次中进行的，也可以说是潜意识的思维活动。既包括决策者在个人经验和能力基础上所作的决策，也包括决策者突然的灵感和顿悟。直觉思维是一种心理现象，它是创造性活动的基础。

直觉思维靠的是直觉，反应迅速，与我们平时所说的"思考"正好相反。有人突然朝你扔了一块石头，你会马上蹲下身子躲闪；乘坐的飞机遇上气流，你会变得紧张；遇上一个可爱的小孩，你会冲他微笑；这些反应都是直觉思维的表现。研究大脑的科学家们认为，直觉思维系统的活动来自于大脑最为古老的一部分，蜥蜴和小狗的大脑里同样存在直觉思维系统。与理性思维相比，直觉思维不受控制，没有计划性。当我们在算术时，需要用到理性思维。但是，有时候，面对思考已久的问题，在洗澡、交谈或者走路时，忽然灵光一闪，想出解决办法，这些灵光就来自于我们的直觉思维。人们在讲母语时使用的是直觉思维，而在费力地讲外语时倾向于使用理性思维。直觉思维大部分还是基于熟练的经验积累，高手都有灵敏的感觉，这是长期的经验和知识积累的结果。

决策者在什么时候使用直觉思维呢？可以是在决策过程之初使用，也可以在决策过程结尾处使用。在决策开始时使用直觉，决策者让直觉自由发挥，要努力避免用理性的思维系统分析问题，努力找到与众不同的、传统的行事方式不能产生的创新方案。而在决策结尾的直觉运用，首先必须进行理性分析，但是在一切理论评估完成后，决策者需要停止这一过程，目的是为了让头脑得到休息，以便全面筛选和消化信息。这种方法被形象地描述为"睡眠决策"，一两天后再作出最后的决定。直觉思维可以用来启发决策者的思路，或者在关键时刻，来不及思考时，只能依靠平时的经验来决策。有些事虽然不是要紧事，但是为了尽量提高决策效率，也可以使用直觉思维。

可以说，直觉思维来自于我们的情感反应，而理性思维源于我们理性的部分。情感是很难准确把握的，有时候会出现一些偏差。过分依赖直觉思维，凭直觉作决策，有时候会让我们犯一些错误。事实上，直觉思维可通过大量的重复锻炼来训练，但这需要耗费大量的时间和精力。

李鸿章"误国"从何而来

晚清权臣李鸿章早年也是条血性汉子，他敢爱敢恨，敢作敢为：恩师曾国藩待友李元度不公，他毅然脱离曾府；戈登将军不服管制他怒而除其军权。李鸿章之所以后来越活越不如从前，主要是因为他在与洋人打交道的时候，处处以"诚"为先，但洋人却不对他讲诚信。李鸿章在主持晚清外交的二十多年中，凡事以妥协为宗旨。在处理"马嘉理事件"中，明知英国理亏，却为了"了事"而签订了《烟台条约》；在处理中法冲突时，他又不顾中国军队在越南大败法军的事实，签订了《中法新约》；而在 1895 年签订的《马关条约》，更是丢掉了台湾。这是他在认知上走入了思维定势的结果，导致决策连连失误，成为误国罪人。

认知，是指个体在获得和处理信息时的内部心理活动，包括信息的编码、存储和提取等方面。认知的个体差异是客观存在的。在进行决策时，个体的认知差异会成为决策的影响因素。认知的个体差异主要表现在认知方式的不同，对于不同的情境，个体间不仅持有不同的观点，而且其认知的结果也是不一样的，因而产生认知偏差。影响决策的认知因素主要包括选择性知觉、重构性记忆和简捷化直觉这三个方面。

人们的知觉在很大程度上是受自身预期的影响，而这些预期又建立在已知经验的基础上，也就是依赖于过去的知识和经验。所以说，知觉具有选择性，能根据自身所需，选择知觉的对象。同一个人会对某些事物或现象，感受深刻清晰，而对另一些事物或现象，则感受模糊不清，甚至浑然不觉，这种带有明显倾向性的知觉，就称为选择性知觉。明察秋毫，是由于我们对某些事物观察细致入微，着重进行了知觉；熟视无睹，是由于我们对一些现象已经习以为常，知觉的时候选择了忽略。个人的决策行为从选择性知觉开始，知觉的过程受自身经验、情感和立场的影响。在考虑选择性知觉对决策的影响时，需要特别关注影响决策的选择性知觉的具体因素；这些认知因素可能导致的认知偏差；这些认知偏差会对决策产生哪些不利影响。在李鸿章对待洋人的时候，他只选择性地知觉洋人的好，一味地以诚待人，却忽略了洋人的另一面，李鸿章的知觉偏差直接导致了决策的失误。

记忆在人的整个心理活动中处于突出地位。通过知觉，人们能获得外部信息，通过记忆，能将信息存储下来。而人们最初存储的记忆会受个人认知能力、情感和信息特征等的影响，出现记忆偏差。最终被人们唤起的信息，是经过不断重构的记忆。重构性是记忆的本质，任何人的记忆都会出现偏差，即使是优秀的决策者。它并不是我们对过去事件的完整拷贝，而是在需要提取的时候才建构起来的。在重新建构的时候，一切无关的情境、认知因素就会掺杂进来，与原始记忆相混合，从而导致记忆偏差。记忆偏差能影响决策者的决策过程。可能李鸿章就是对洋人出现了记忆偏差，忘记了以前与他们打交道时，他们所表现出来的不诚信的一面，犯了决策失误。

人的记忆存在三种偏差形式：保留偏差、感受偏差和唤起偏差。保留偏差是指人们在保留信息的过程中，重新组织了与事件相关的原始资料，最终保留下来的东西就很难真正反映事件的原貌。感受偏差是指人们感受信息，总是以自身知识与经验体系为基础。比如在购买商品时，选择那些在电视广告中反复出现的商品。而唤起偏差是指将已经发生的事情视为不可避免的事情，却忽略了自己的判断实际上受到了已知结果的影响。这些记忆偏差都会对知觉产生影响，进而产生知觉上的偏差。

直觉，是事先并没有经过逻辑推理，在突然间产生的一种领悟或判断。个体在运用知觉和记忆的信息进行判断的过程中，有时会受到信息过度或不足的影响。此时，人们可以采用简捷化直觉的方式来提取有价值的信息，然后再作出判断。在决策者的决策中，或多或少会出现简捷化直觉。但是它在生产管理、财务管理等需要数字表示的活动中不宜使用。

选择性知觉、重构性记忆和简捷化直觉这三种认知因素都能影响决策，在决策的时候要不断进行自我检查，防止犯认知偏差的错误。

30 秒学会讨价还价的策略

想象有 A、B 两份工作供你选择，这两份工作唯一的不同之处就是你和同事的薪水不一样，其他无论是工作性质、工作时间、未来的发展空间都是一样的。选择 A 工作，你将得到 5 万元年薪，而你的同事年薪是 3 万元，比你少 2 万。选择 B 工作，你将有 6 万元年薪，但你的同事年薪将比你多两万，也就是 8 万元。调查结果显示，大部分人会选择 B 工作。从数字上看，B 工作比 A 工作多 1 万元，人们应该选择 B 工作。但是人的决策过程是复杂的，影响决策的因素不仅包括经济效益，还有其他一些心理因素。与其他同事相比，自己多挣了两万元，这种比较带来的满足感促使人们作出选择 A 工作的决定。

从决策心理学的角度来看，影响我们决策行为的心理效应主要有"登门槛效应"和"留面子效应"。

20 世纪 60 年代，美国心理学家曾做过这样一个实验：随机走访一组家庭主妇，拜托她们将一个不起眼的小招牌挂在家里的窗户上，这些家庭主妇都愉快地同意了。过一段时间，再次走访这组家庭主妇，这次让她们将一块不美观的大招牌挂在窗户上，结果也有超过半数的家庭主妇同意了。与此同时，直接走访另一组家庭主妇，提出让她们将一块大且不美观的招牌挂在家里的窗户上，结果只得到不足 20% 的家庭主妇的同意。为了验证这个结果，实验者又在两个小区重复了实验。在第一个小区，先请求居民在一份赞成安全行驶的请愿书上签字，几乎所有居民都照办了。几周后，再向他们要求在门口树立一个"小心驾驶"的招牌，有 55% 的居民接受了这个请求。而在另一个小区，直接让居民在门口摆放招牌，这遭到多数居民的拒绝。

看来，"得寸进尺"的方法能影响人们的决策。这就是心理学上的登门槛效应，也叫得寸进尺效应。也就是说，我们一旦接受了他人的一个微不足道的要求，当他人提出更多要求时，会倾向于满足他们。这可能是为了要给他人留下前后一致的印象，也可能是为了保持认知上的协调，认为自己一旦参与了一项活动，这项活动就与己有关，需要善始善终。心理学家认为，一般情况下，在面对他人的较高较难的要求时，人们会觉得难以做到或者费时费力，于是予以拒绝，相反，却乐于接受较小的、较易完成的要求。在履行了较小的要求后，人们才更有可能接受较大的要求。就犹如登门槛时，一级台阶一级台阶地登才能更顺利地登上高处。登门槛效应通常对男性来说比较有效。

与登门槛效应相对应的是留面子效应。如果说登门槛效应是得寸进尺，那么留面子效应就是步步趋近。心理学家罗伯特·恰尔迪尼和他的同事曾做过这样一个实验：选择一批大学生，随机分成两组，询问他们是否愿意陪同一些不良青少年到动物园游玩。对第一组大学生采用直接询问的方法，结果只有32%的大学生表示愿意；而对第二组大学生，在询问他们之前，先问他们是否愿意替这些不良青少年免费做两年的辅导，当然，绝大部分大学生都拒绝了，然后马上改变请求："好吧，如果你们不愿意，那么能否只在今天下午陪他们去动物园玩呢？"结果有58%的人表示同意。

留面子效应是另外一种说服别人接受自己要求的方法。当你想让对方答应你一个小的、但比较困难的要求时，不妨先提出一个大的、难以实现的要求。在对方拒绝后再乘机提出自己本来的要求。留面子效应利用的是人们的补偿心理，拒绝别人会让自己产生内疚感，所以通常希望能做一件小的、容易的事来弥补心里的内疚感。女性的同情心强，容易产生负疚的心理，所以留面子效应对女士通常更有效。

登门槛这个技巧旨在得寸进尺，把小请求逐渐升级为大请求。而留面子这个技巧却是先提出一个令人难以接受的请求，在得到人们坚定的拒绝之后，再转换成人们较能接受的、更为温和的请求。要说服别人，你可以选择登门槛。研究表明，这些讨价还价的技巧最多花30秒就能学会。

加一个鸡蛋还是加两个鸡蛋

在一条马路上有两家卖粥的小店，左边一家，右边一家。两家相隔不远，每天的客流量看起来似乎相差无几，生意都很红火，人进人出。然而晚上结算的时候，左边这个总是比右边那个多出百十来元。天天如此。一天，一个人走进了右边那个粥店，服务小姐微笑着迎进去，盛好一碗粥后，问道："加不加鸡蛋？"

那人说加。她给顾客加了一个鸡蛋。每进来一个顾客，服务员都要问一句："加不加鸡蛋？"也有说加的，也有说不加的，大约各占一半。过了几天，这个人又走进左边那个小店，服务小姐同样微笑着把他迎进去，盛好一碗粥，问："加一个鸡蛋，还是加两个鸡蛋？"顾客笑了，说："加一个。"再进来一个顾客，服务员又问一句："加一个鸡蛋还是加两个鸡蛋？"爱吃鸡蛋的就要求加两个，不爱吃的就要求加一个。也有要求不加的，但是很少。这就是为什么一天下来，左边这个小店要比右边那个多出百十来元的原因。

左边小店就是用"沉锚效应"来增加销售的——在右边的小店中，人们是选择"加还是不加鸡蛋"，而在左边店中，人们选择的是"加一个还是加两个"的问题，第一信息不同，使人作出的决策不同。

作决策时，人的思维往往会被得到的第一信息所左右，第一信息会像沉入海底的锚一样，把人的思维固定在某处，这就是沉锚效应。生活中，沉锚效应常被用于"利用第一信息为对方设限，进而让对方按照自己的想法走下去"。

沉锚效应的形成，有其深刻的心理机制：当关于同一事物的信息进入人们的大脑时，第一信息或第一表象给大脑刺激最强，也最深刻。而人脑的思维活动多数情况下正是依据这些鲜明深刻的信息或表象进行的。第一信息一旦被人接受，第一印象一旦形成，便会因人在认知上的惰性而产生优先效应，尽管这一信息或表象远未反映出一个人或一个事物的全部。

一位领导向四个组的人介绍同一位新员工，他对第一组的人说：新员工工作很积极；对第二组的人说：新员工工作不积极，你们要注意；对第三组的人说：新员工总的来说工作积极，但有时不积极；对第四组的人说：新员工工作不太积极，但有时也积极。一个月后，抽问四组员工，他们给出的答案几乎与当初介绍的一模一样。

在善加利用沉锚效应的同时，我们还要注意规避落入沉锚效应的陷阱。如果你是一家公司的负责人，你经常会遇到一些要你决策的事情，比如说采购计划，那么请你考虑一下，在决定是否采购新设备之前，你会遇到哪些情况？一般情况下，你会考虑公司的业务现状是否应该采购新设备，另外你还会考虑客户方对你的产品的实际需求量等，与此同时，你的一位老朋友，凭借他的体会力劝你取消采购计划。

现在有三个"信息"可参考，你会怎么办？最好的办法就是先别忙着作出决定，因为上面的"信息"有可能会成为沉锚，诱使我们寻找那些支持自己意见的证据，躲避同自己意见相矛盾的信息，进而让你掉进沉锚陷阱。除了这些客观因素，主观因素，比如错觉、偏见、过去的经验等，也会成为影响决策的"沉锚"。

他们为什不吃肉粥呢

人们在模棱两可、犹豫不决的情况下作出的决定往往会受到身边因素的影响。这种现象被心理学家称为"拥有效应"，它反映的是人们在遇到问题时，难以进行独立思考的现象。

心理学家曾经做过这样一个实验，实验对象面前有一个巨大的轮盘，转动着1～100之间的数字。主持人让实验对象回答问题，答案也是1～100之间的数字。例如，问题是"非洲有多少个国家加入联合国"，他们首先要回答答案是高于还是低于轮盘所停在位置的数字，然后再说出最终的答案。实验表明，答案受到了轮盘所停位置的数字的影响。当轮盘停在10处，测试者回答的数字的平均值为25；当轮盘停在65处，平均值就会变成45。

还有一个实验，实验对象被要求对坐在旁边的一个素不相识的人进行电击。为了确保实验的安全，电击当然是假的（施行电击者并不知道这一点），但受电击的人被要求做出十分痛苦的假动作和表情，并强烈呼唤停止这个实验。这时，主持实验的人以专家的口吻表示电击不会对人体造成根本性伤害，仍然可以继续电击。令人震惊的是，很多人都会按专家的要求继续进行这个实验。因为经验告诉他们专家是权威可靠的，即使受电击的人再怎么痛苦也无法改变他们这种思想。

拥有效应往往会影响我们对新事物作出客观的认识和评价，也会影响我们接下来的决策和行为，因此，要留意它对我们的头脑造成的不良影响，进行正确的思维。

据说，西晋的第二代皇帝晋惠帝是个混账皇帝。有一年，天下闹饥荒，很多百姓都被饿死了。有大臣把这事报告给晋惠帝。皇帝听后，问大臣："老百姓怎么会被饿死呢？"大臣说："他们没有米饭馒头吃。"晋惠帝大惑不解，说："没有米饭馒头吃，那他们为什不吃肉粥呢？"

无独有偶，法国路易十六的王后玛丽也曾讲过类似的混账话。这位王后原奥地利帝国公主，从小生活奢华无度。出于政治需要，1770年，她嫁到法国。进入法国宫廷后，玛丽热衷于舞会、游玩、时装、庆宴，喜欢漂亮的花园，花费惊人，世人称之为"赤字夫人"。据说，由于宫廷耗费钱财过多，法国上下陷于贫

困。有一次，一个大臣告知玛丽，法国老百姓穷得连面包都吃不上了。玛丽不解，露出天真甜蜜的笑脸，说道："那他们干嘛不吃蛋糕呢？"

　　晋惠帝和玛丽王后说出那样的混账话，就是受到了拥有效应的影响。其实，不只是他们，我们每个人说话做事的时候都会受到这个效应的影响。比如，清朝的时候，外国人来到中国，对中国男人留辫子大惑不解。中国人对西欧人普遍的宗教信仰也不理解。再如，许多生活较为优裕的人，搞不懂农民工为什么冒着生命危险到私营煤窑去做工。平时自立的农村孩子，进入大学后对那些来自城市的不能自己洗衣叠被的同学感到不可思议。

第八章

职场心理学：如何才能让别人玩你发的牌

激发部下、后辈的方法

1968年，有两位美国心理学家进行过一次期望效应的测验。他们来到一所小学，从每个年级各挑选了三个班，对所有学生进行了一次发展测验，然后将测试的结果交给各班老师。其中，有一些学生被认为是非常具有发展潜力的。几个月后，他们又来到这所学校对学生进行复试。结果，那些被认为具有发展潜力的学生学习成绩都有了显著进步，而且求知欲强，乐于帮助他人，师生关系融洽，性格也更为开朗。实际上，这部分所谓的具有发展潜力的学生是他们随机抽取的。老师们对这批学生却会不知不觉地给予更多关注和期待。虽然这部分学生的名单并没有公开，但老师们掩饰不住的期望仍然会通过眼神、音调、下意识的行为等传递给学生。自然地，学生受到这些潜移默化的影响，会变得更加自信，于是他们在行动上就不自觉地更加努力，取得飞速进步。

这个实验说明心理期待也有强大的力量，即"皮革马利翁效应"。远古时代，有一个叫皮革马利翁的王子，他非常喜欢一个美女的雕塑，每天都期待美女能变成活生生的人来到他面前。结果有一天，雕塑美女竟然真得活了。实验中的老师们扮演的就是皮革马利翁的期待角色。这其实是一种暗示的力量。在学校里，那些老师喜爱的学生，会受到更多关注，他们的学习成绩或其他方面会有明显的进步，而那些被老师忽视的学生，则有可能一直默默无闻下去。所以，优秀的教师善于利用期望效应来鼓励后进生，给予他们更多的关注。运用到企业管理方面，期望效应是领导激励下属斗志的重要手段。

相信我们大家都有这样的经历：自认为一项工作完成得很出色，心想一定能得到同事和领导的认同、称赞。但同事和领导的反应都很漠然，你也就失去继续努力的动力了。反之，如果同事和领导对你的工作成绩能够及时给予肯定，多称赞你，你就会觉得自己是重要的，付出的努力是值得的，当然工作起来也会更开心。这其实是心理暗示在起作用，暗示能使人不自觉地按照某种方式行动，以证实别人对自己的肯定和期望。

人为什么会受暗示呢？我们都知道，弗洛伊德将人格分为"本我""自我"和"超我"三部分。这其中，"自我"的职责是作判断和决策，判断和决策的精准性反映了个体的"自我"是否健康。但是，没有人的"自我"是完美的，没有人敢保证自己的判断和决策都是对的。"自我"的不完美就给来自外界的暗示提供了机会，尤其是来自自己喜欢、信任和崇拜的人的影响和暗示。这些暗示可以作为对"自我"的缺陷部分的补充，起到激励的作用。皮革马利翁效应就是一种心理暗示。向一个人表达对其积极的期望，即使这种期望并不明显，也会使他进步。反之，消极的期望会使其自暴自弃，甚至放弃努力。一个好的领导，必定善于通过各种方式向部下传达对他的信任和期望，譬如，在交代下属办某件事时，不妨对他说"我相信你一定能行的""你有这个能力做好"……这样，下属会觉得不能辜负你的期望，必定要加倍努力。一个人即使本身能力并不强，但是经过激励后，也可能会由不行变成行。

松下集团的掌门人松下幸之助就是一个善用期望效应激励员工的高手。他经常给员工打电话，询问他们的近况如何，即使是新人也不例外。每次通话快结束的时候，他还不忘说一句："做得好，希望你好好加油。"以此勉励下属。这样，接到电话的下属都能感到总裁对自己的信任和重视，工作起来也更加卖力。

马斯洛的需要层次理论认为，自我实现的需要是人类最高层次的需要。每个人在内心深处都渴望得到他人的肯定和赞美。如果能得到认同，就能朝着期望的方向前进。作为一个管理者，要知道赞美你的下属，能让他们心情更加愉快，工作更加积极。你小小的赞美，将得到他们良好的工作成果作为回报，这绝对是一项超值的收益。此外，作为管理者，还应该意识到：赏识，也是下属的一种情感需要，它和其他有形的物质回报同样重要。

"压力越大，效率越高"的观点是不对的

1980 年，心理学家叶克斯和道森通过一个实验发现，随着课题难度的增加，动物参与的动机水平有逐渐下降的趋势。后来，又有研究表明，人类也存在相似的现象——事情难度与行为效率之间并非是单一趋向的关系，而是呈现一种倒 U型曲线的关系，也就是说，从低难度开始，随着难度系数的逐渐上升，行为效率

也会随之提高，可是当这种趋势达到某一临界点之后却会出现相反的情形，即难度越大，效率则越低。

具体说就是，当人们从事低难度活动的时候，心中持有的是一种轻而易举的态度，因而非常放松，很有些心不在焉，这就导致做事的效率处于一种较低的水平；而当事情难度较高的时候，人们会对其变得重视起来，从而给予了更多的主观投入，更大地调动起潜在的能力，更好地发挥出主体的积极性，所以在这种情况下做事的效率处于一种较高的水平；可是，当难度达到相当的程度之时，人们做起事来就会感到力不从心，对成功变得没有把握，这样，既在客观能力上有所不及，又在主观动机上有所懈怠，因此行动起来就显得慌乱，效率当然也就会下降了。

叶克斯－道森定律表明，一定的紧张情绪会令人们在学习和工作中取得更好的成绩，可是切记要掌握一个度，否则，如果紧张情绪过于严重，形成焦虑，反而会损害到本来有可能取得的成功。

认识到这一点，做事的时候就应当注意，既不要完全地放松，全不当一回事，也不必将成败看得过重，以免因为患得患失乱了手脚。面对成败得失，不可视之如儿戏，也不可过度地看重，不必将其视为无比重要甚至可以决定一切的关键，只有这样，才可以发挥出自己的最佳水平，从而取得最好的结果。

对于管理者来说，把握这一规律对提高工作效率有很大的帮助。自20世纪50年代以来，工作压力与工作效率二者之间的关系一直是有关学者研究和探讨的热点问题。实验证明，刺激力与业绩之间存在关系。过大或过小的刺激力都会损害业绩，只有刺激力比较适度时，业绩才会达到巅峰状态。也就是说，当压力很小时，工作缺乏挑战性，人处于松懈状态中，工作效率自然不高；当压力逐渐增大时，压力变成动力，激励人们努力工作，工作效率逐步提高；当压力达到人的最大承受能力时，工作效率达到最大值；当压力超过人的最大承受能力之后，压力就会变成阻力，工作效率也会开始下滑。

过度的工作压力会造成员工高血压、心悸、烦躁、忧虑、抑郁、工作满意度下降、工作效率下降、协作性差、缺勤、频繁跳槽等等不良反应，所以，从管理角度上看，要想提高员工的工作效率，并尽量降低人员流动与缺勤带来的损失，必须改变那种"压力越大，效率越高"的错误观念。

如何让别人玩你发的牌

引起他人注意，吸引他人，这是第一步。每个人都有一种强烈的归属需要，希望能与他人建立持续而亲密的关系。而人与人之间的关系却很复杂。你可能很能干，也很可爱，却没法得到每个人的喜欢。心理学家的研究也发现，在现代社会中，人们会用排斥来调节社会行为。想想在学校、公司或其他地方，你被别人故意避开、转移视线、甚至漠然以对，那种滋味一定不好受。但是，我们却会被那些可接近、有共性或互补的人所吸引，并折服于他们的某些魅力。反过来也一样，如果你能够让他人觉得你是可接近的、与他们有共性或互补的人，或者具有独特的人格魅力，你也会成为受欢迎的人。接近你想掌控的那个人，展现你们之间的共同点或能互补的方面，是掌控的第一步。

在有了初步的信任之后，要掌控他人就变得容易得多。

巧妙地影响他人：要促使他人按照你的意愿行事，就要找出促使他们这样做的原因。在他人行为的背后，找出其最本质的需要。有些人喜欢听赞美的词，有些人喜欢物质的奖励，总而言之，只要向他人说明，行为是有积极后果的。如果他做了你要求做的事情，就能获得想到的东西。经过这样的强化，就能不知不觉影响他人的行为。假设你是一个老板，正想招聘一个优秀的员工。而你也知道，已经有几家公司想聘请他了。如何能影响他，让他选择你的公司呢？首先，你应该判断这位员工所渴望的是高薪酬，还是广阔的职位发展空间，并竭力摆出你的条件来吸引他。如果你发现他比较重视薪酬，就应向他表示你能提供的优厚待遇；如果他更看重发展前景，不妨为他仔细描述他的职业蓝图。归根结底，要影响他人，就不能忽视他人的需要。当然，在第一步建立起来的亲密关系，也可能成为影响他人的能量。

巧妙地说服他人：说服他人的技巧是，通过第三者的嘴说话。我们都有这样的经历，当你在向他人说一件有利于自己的事情时，他人通常会怀疑你以及你说的话。这是人的一种本能表现。可能是由于你的利益会引起他们的不平衡心理。所以，这样的时候不妨换一种方式。不要由你本人直接阐述，引用第三者的话，即使这个第三者并不在现场。如果你是一个推销员，有人问你你推销的产品是否耐用，你可以这样回答他："我的邻居已经用了四年了，仍然好好的。"

巧妙地使他人作决定：首先要将他人的利益放在首位。告诉他，这样作决定，他能从中获得什么，而你并不会受益。其次，问只能用"对"来回答的问题。要让他人对自己的决定充满信心，就不能让其在脑中产生否定的想法。用"对"来回答的问题，更能坚定其行动的信心。同样，即使是选择式的提问，也让他在两个"好"中选择其一。当然，根据皮革马利翁效应，也要适当展现你的期待，给他人更多的鼓励和支持。

巧妙地调动他人的情绪：第一印象的效应往往使任何一个最初交往的一瞬间决定了整个交往过程的基调。因此，在最开始，你与他人双眼接触的瞬间，开口说话打破沉默之前，请露出你亲切的笑容。情绪具有传染性，调动他人的情绪之前，不妨对自己说——笑一下。

人与人之间的交往是个互动的过程，只要能掌握一定的技巧，就能占据有利地位。

什么样的招聘广告最能吸引优秀人才的注意

据媒体报道：一家来自上海的上市公司为招揽员工竟别出心裁地将招聘广告按照一美元纸币的样式、大小比例印制，并沿街发放。在该招聘广告的正中心印着美国首任总统华盛顿的头像，纸张的颜色、大小也与一美元纸币相似。不过，再仔细一看，"一美元"的四角却是用"＄"符号代替"一"的面值；在背面的空白处，写着百来字的招聘信息。此举在吸引了众多眼球的同时，也惹来争议声一片。有市民认为，美元虽然不是我们国家流通的纸币，但是这种做法实在欠妥。也有市民持不同意见，认为这张宣传单很有创意，此举为的是吸引人们的注意，可以理解。

我们都知道，不是所有公司都能够为员工提供优厚的待遇，但是这些公司也希望招聘到优秀的人才。于是，为了吸引优秀的人才，就有了上述例子中别出心裁的做法。如果你的公司正愁于吸引不到优秀人才的加盟，不妨尝试一下"逆向推销"法。逆向推销，就是变被动为主动，在招聘开始时就明确公司自身的特点，将招聘的重点放在那些有可能被公司的特点吸引的应聘者身上。

要了解公司的特点，向新员工收集信息是个方便快捷的手段。了解公司里新员工的情况，调查他们来公司工作的原因，询问他们公司最大的优点是什么，了解应聘的时候公司的哪些情况曾经使他们担心或犹豫，由此可以确定本公司的一些优点和缺点。仔细分析公司的缺点，就可以做到在招聘的时候向求职者进行有针对性的解释。而对于公司的优点，需要加以推销。在招聘广告中体现公司的一些优势，譬如公司在本行业的地位、招聘职位的发展空间、公司的良好氛围等。

在了解了公司自身的特点后，还必须知道哪些人容易被本公司的优点所吸引。通常，能认同一个共同的企业文化的人，总有一些共性。这也能从本公司的员工身上看出些端倪。影响工作选择的因素本来就很复杂，比如说，有些人喜欢稳定，有些人喜欢挑战和冒险，这两种人选择工作的原则肯定会有差异。通过分析，一旦找到与本公司的条件相配的个性因素，就可以把招聘活动的重点放到特定的人群上。

招聘历来都是双向的，公司在选择应聘者，应聘者也在挑选雇主。在人才大战的时代，不再是单向的企业选人，人同样也在选择企业。可以说，企业与员工的地位是平等的。所以企业要想招到优秀的人才，取决于企业是否有足够的吸引

心理学

第二篇 生活中的心理学

力。这直接体现在企业撰写的招聘广告上。招聘广告应该能从应聘者的角度出发，契合他们的心理。不妨从以下方面进行尝试。

首先，没有人会喜欢干巴巴、毫无乐趣可言的招聘广告。尽量用轻松有趣，甚至带一点小幽默的语言来描述职位，以引起应聘者的兴趣。国外一个滑雪板制造商的招聘广告有这样一个片段："我们热衷于产品的研究开发，并将继续居于行业的领先地位；不过，在本公司更重要的事情是——滑雪。"应聘者看到这样一个幽默的广告，不可能不动心。

其次，使招聘成为一个互动式活动。现如今，越来越多的招聘广告是通过互联网发布的，互联网的互动天性使求职者和招聘者之间的直接沟通机会大为增加。公司可以利用这种互动性，让应聘者参加一个简单的测验，以确定他们是否了解该职位或拥有从事该职位所需的技能。同时，也能让应聘者花更多的时间留意公司的招聘广告。

再者，避免使用只有内行人士才能够看懂的缩写和深奥的专业术语。从一个普通人的角度来写职位说明。不妨咨询一下朋友或家人，让他们从自己的角度来看是否合适，询问他们是否理解这些职位描述以及他们是否会产生兴趣。

总的来说，招聘广告要从应聘者的角度出发，吸引优秀人才的注意。

如何招聘和管理新员工

企业招聘不但要考察一个人的工作能力，还应该考察一个人的情感智商。不管一个人的工作能力多强，如果情感智商很低，那他就不是最好的候选人。因此在选拔人才的时候不能把注意力完全集中在应聘者的业务能力上，还应从心理学和情感两个角度来选拔人才。

确定招聘标准

你期望招聘到什么样的员工呢？你应该在心中先有一个设想，才能招聘到满足你需要的员工。为此，你要考察一下已经为你工作的人员，哪些员工让你感到满意。找到表现最好的员工，然后通过提问以及优秀员工的回答来确定你的招聘标准。

你可以挑选两个表现较好的员工，再挑选两个表现较差的员工，通过提问分析他们的处事程序。对他们的处事程序进行比较，你会发现有很大不同。处事程序的好与坏是相对企业来说的，你要保证自己站在企业的角度思考。当你问他们问题的时候，你需要确信你问的问题具有专业性，因为如果你谈论的话题（个人的、业余的、专业的）不同，对方的处事程序也会有所差异。

现以招聘广告平面设计人员为例作具体说明：

广告平面设计就是为产品设计宣传册、平面广告或包装。设计人员需要根据产品特点和广告策划意图以及客户的需要设计出作品，达到推广宣传产品的效果。

我们询问优秀的设计人员，得出了一个结论，那就是下面所述的处事程序非常之重要：

审美：平面设计人员要有一定的美术功底，要有优秀的审美能力，保证设计的作品美观，大方。

创意：创意是设计的灵魂，设计人员要有开阔的发散性思维和优秀的创意。

沟通：平面设计的工作是通过图画传达信息，设计人员要与广告策划人员沟通，充分理解广告要传达的信息。此外还要与客户沟通，尽量满足客户的需要。

承受压力：优秀的设计人员要能够承受工作压力，可能会加班加点。

那些表现比较差的设计人员在这几个方面都有或多或少的欠缺。因此，在招聘广告设计人员的时候要注意这些处事程序。

面试时如何提问

建立招聘标准后，就要对应聘者的处事程序进行考察。需要注意的是在对应聘者进行提问的时候没有必要完全按照你总结出来的比较重要的处事程序，那样会显得很刻板，而且你将难以判断对方的回答是否属实。你应该结合专业背景，提出与那些处事程序相关的事情，并让对方提供事实依据。比如，关于美术功底，就可以问他：你在哪所美术学院学习过？有哪些作品？有哪些工作经验？这些细节问题在以后对比选拔的时候有用，当两个候选人的其他选拔标准不分上下的时候，就可以通过这样的问题选拔最具有工作经验的人。

除了提问专业问题之外，下面这几个问题可以帮助了解应聘者更多的信息。

你为什么要来我们公司工作？——了解他的求职动机。

你认为你的报酬应该是多少？——了解他现阶段的价值观。

请你介绍一下你的经历？——了解他的能力、背景、经验。

如果之前有工作，你为什么辞职？——了解他对公司的期望。

由你作岗位要求，观察他的反映。——以了解他应聘的诚心有多少。

管理你的新员工

按照优秀员工的标准招聘到能够满足企业需要的员工之后，你需要对新员工进行管理，以使他们走上最优秀的工作轨道。管理新员工的第一步要让他们对企业和自己的工作有一个整体的了解，然后要让新员工了解如何进行业绩评估以及公司有哪些奖惩制度。管理者需要了解并尽量适应新员工的语言模型，这样才能增强自己的亲和力，从而更有效地激励新员工。

企业文化不同，所使用的语言就不同。语言是一个群体吸纳或排斥外来成员的最有效的工具之一。新员工不了解企业文化和团队的术语，管理者要帮助新员工尽快熟悉团队术语，使他们尽快融入到团队中。

要让老员工主动为新人提供翻译帮助。首先要确定那些新员工难以理解的术语以及这些词汇可能引起的迷惑，然后主动为新人解释那些他们不懂的语言。比如：小李，你好像不明白张经理说的"黑色计划"，我来给你说明一下……如果你的企业为新员工发放公司简介或工作手册之类的指导资料的话，还可以考虑在里面增加内部术语词汇表的内容。

与新员工交流时要注意变化表达方式，不要固守传统的内部表达方式，应当考虑新员工的接受能力，措辞上尽量做到通俗易懂。比如，老员工可能习惯用足球术语来分派任务，但是对于不熟悉足球比赛的人来说就很难理解。这时就要改变表达方式，用通俗的语言让新员工尽快理解自己的职责和任务。

使办公室气氛融洽的"维护法"

美国《人力资源杂志》调查发现，工作上的一些琐碎小事，包括办公室的氛围，都能影响员工上班的心情以及工作的效率。忙碌的上班族，一天有八个小时是待在公司，这其中，又有大部分时间是待在办公室。办公室不仅是一个办公场所，还是一个员工之间互相交流的地方。如果某一天，某个员工心情不好，脸上无精打采，见了同办公室的同事，也只是淡淡地打个招呼，这种颓废、冷淡的情绪会像感冒一样，迅速传染给其他同事，导致整个办公室的气氛不佳，大家都没心情工作。其实，每个员工都渴望拥有欢乐、融洽的办公室氛围，其乐融融的办公环境不仅让人心情舒畅，工作起来也更带劲。

如何活跃办公室的气氛，这里有一些方法可供参考：

首先，要从环境上作出改变。办公室的布置不能显得刻板，严肃。可选择一些浅黄、粉红等暖色夹杂在灰白蓝这些颜色之间，既不喧宾夺主又有点缀之妙。还可选择一些休闲的装饰，譬如小盆栽、黑板或射飞镖的圆靶等，让员工在休息的时候能恣意涂鸦，或是射个飞镖消消气，转移注意力。那些激励人心但又不切实际的励志标语不可过多，一两幅足够。换掉老旧的复印机，令人抓狂、吱喳作响的传真机，避免因为这个影响员工工作时的心情。每天早晨，可以开放十五分钟，让员工们互相问个早安，聊几句，顺便清醒清醒，以更好的状态投入工作。在紧张的办公之余，还可以放点轻松的音乐调节调节。在办公室的休息区域还可以放置一些零食和饮料，员工工作累的时候可以吃点东西放松放松。

除了办公室的环境需要作出一些改变外，最重要的还是员工要有创造融洽办公氛围的意识，并作出相应的改变。首先，不能在办公室搬弄是非，讲闲言八卦，免得扰乱人心。同一个办公室是否人心一致，团结一心，是保持气氛融洽的关键。这就需要同办公室的人能够互相帮助，互相谅解，有一致的奋斗目标。可以通过一些团体拓展训练来培养员工们的团队意识，领导也可以向员工描述共同的愿景，带领大家一起朝着目标前进。另外，每个人都有隐私，要充分尊重他人的隐私权。给予每个员工隐私的空间，不随便打探别人的私生活，以工作为重。领导在这个团队中起的是核心、领头羊的作用，领导要平易近人，带领大家共同维护好办公室的氛围，关心每个成员，多激励他们；使办公室全体成员对办公室的总目标和个人目标能取得认识上的一致性，并且为实现办公室的总目标而共同努力。每个成员都是平等的，尊重每个成员，尤其要尊重每个成员的个性。

"维护法"是一种新型的人际交往模式，要求既尊重自己也尊重他人。换句话说，就是在部下犯错误的时候，领导不要一上来就批评，而应该提示他们犯错的原因，然后再给他们分析犯错的后果，最后，再将自己心中的想法传达给部下。这样，既尊重了自己也尊重了部下，维护了部下的面子。领导要理解并尊重部下，对部下不能一味地批评，应分析原因，找到最终的解决办法，才是重点。比如，部下接二连三地犯错误，把事情搞砸。遇到这种情况，很多领导都难以压制心中的怒火，会狠狠地批评一通。然而，对于部下犯的错误，真正需要的是帮助他分析犯错的原因，并希望以后他能改正。不妨将批评指责的话换成："如果你在交给我之前认真检查一遍，完全可以避免错误的发生，对此我感到非常遗憾。"这样一来，部下也知道了自己犯错的原因，会把这次错误当做经验教训，在以后的工作中也就知道怎样的做法是正确的。这是心理学上的皮革马利翁效应的有效运用。对部下抱有期望，多多表扬他们，会让他们更有工作的动力。

每个公司有不同的企业文化，如何来活跃和维护办公室的气氛，需要综合考虑各项条件。虽然不能满足所有员工的需求，但总的原则是，要尽量聆听员工的心声，从细小处着眼，尊重每一个员工。

如何与"生理性讨厌"的人相处

为了完成一项作业，老师将全班同学分组，每组十二人。有一个学生跑来找老师要求换组。老师问其原因，原来是他很讨厌他们组的一个人。于是，老师就让他换到别的组。老师问他："其他组员你也都讨厌吗？"学生回答到："不会啊，都蛮喜欢的。"老师又问："你觉得这个人在你生命中重不重要？"学生不置可否："我讨厌他都来不及呢，怎么会重要呢。"这时候，老师又说到："如果他不重要的话，为什么十个好朋友都挽留不了你，而独独为了他，你要离开呢？"

如果你真的那么讨厌他，又何必要去在乎他呢？与其因为他影响到你的生活，不如忽略他，为了其他喜欢你、而你也喜欢的朋友好好生活。

无论是在生活还是工作当中，总会有我们不喜欢的人出现。例如，那些喜欢挑拨是非的人、喜欢推卸责任的人，还有那些喜欢占小便宜的人等等。有调查显示，在讨厌的人的类型中，得票最多的是挑拨离间、搞小帮派的人，占26%；紧随其后的是推卸责任的人，占21%；自命清高、自以为是的人也占了16%。我们讨厌这些人，是因为他们身上有一些让人难以忍受的缺点。可是，我们也会发现，对于一些人，总是没缘由地讨厌，从生理上无法接受他们。这就是所谓的"生理性讨厌"，心理学上认为这是一种对于某种东西讨厌到极点的概括说法。最常见的例子就是"以貌取人"，没有原因地反感对方的长相。

没有人能做到十全十美，是凡人总会有缺点，这就是人性的微妙。比如，在职场中，有形形色色的人和形形色色的工作方式，可能有些人与你性格相近，志趣相投，比较投缘，你们很快就成为工作中的好搭档。而有些人不知道为什么，就是让你特别反感、特别讨厌，但又不可避免地要和他打交道，与这类令你讨厌的人打交道，你会以怎样的方式处理？是否有两全其美的好方法能解决问题呢？

其实，解决的方法有很多种。最主要的还是自我检查。要让自己尽量以客观的态度看待问题，不能一味地将错误归于别人，多看到别人的长处和优点。同时，也要作恰当的自我反省，检查自身是否存在问题。对于主观的偏见，应当尽量避免。另外，还可以尝试着换位思考，站在对方的角度看问题，多看看对方的优点而不是死咬着缺点不放，学会宽容；也可以试想如果是自己无缘无故被别人讨厌，将会多么难过。当然，也可以多和对方接触，寻找一些共同的话题，拉近彼此的距离。通过沟通，慢慢消除讨厌的情绪。如果自己没有办法解决，也可寻求专业人士的帮助，通过专业分析，找到解决问题的突破口，让自己拥有健康的心理状态，学会包容他人。

生理性地讨厌一个人，如果不能通过一些有效方式得到调节，不仅会影响自己的情绪，也会影响人际交往，甚至是工作。就调查显示，如果讨厌上司，选择跳槽的人占了38%，也有的人为了各方面的原因，不得不忍气吞声，数据显示这类人达到了28%，但是这样压抑自己的情绪毕竟不是长久之计。更有甚者，两个人性格都很冲，在遇到摩擦或争执的时候很容易激怒对方，最后弄得两败俱伤，对谁都没好处。所以，如何与生理性讨厌的人相处，是一门学问。

有时候，我们极度讨厌一个人，甚至都搞不清自己到底不喜欢这个人的哪些方面。其实，从心理学来看，我们讨厌对方，可能只是因为自己身上也有和对方一样的毛病。对方就像是一面镜子，赤裸裸地呈现着自己的缺点。看到对方，就会让我们想到自身的问题，对于生理性讨厌的人，除了学习如何与他们相处，还可以将他们当做是一面镜子，时刻反省自身的不足之处，加以改进。

如何影响上级和下级

不同等级的人之所以难以相处主要是因为等级观念的根深蒂固，大多数人都忽略了人与人之间是平等的这一基本事实，所以，我们总是盲目地听从上级的调遣，又自然而然地忽视下级的感受。其实，无论是与上级还是下级相处，最理想的方式都是以自身的影响力去影响他们，让他们成为我们的个人资源，为我所用，以达成目标。

影响你的上级

有些人可能会认为影响上级是一件很困难的事，因为上级的职位比我们高，所掌控的资源也比我们多，所以，大多数人都会受到上级的影响，而不是去影响上级。正是因为影响上级存在一定的困难，所以我们必须掌握一些情感技巧，用情感智慧去影响上级，让上级在不知不觉中向着我们所期待的方向发展。

如何去影响你的上级呢？了解是至关重要的。只有充分了解一个人的时候，才可能有效地影响他，对上级也不例外。我们需要花一些时间对上级进行一个全面的了解，比如说他的个人目标、工作方式、兴趣爱好、脾气秉性、优点缺点、领导风格等等。了解了他的一切，就能够完全站在他的立场上，以他最容易接受的方式去表达自己的想法，让上级成为我们心目中的上级，帮助我们实现自己的目标。当然，在充分了解上级的同时，还必须让上级真正了解我们，这样他才能给我们发挥作用的机会。

很多人都把上级看成是自己的领导，但却忽略了领导也是个普通人这一重要事实，结果使得自己和上级之间总是有一种厚厚的隔膜，谁都看不清对方。其实，上级除了拥有更多的权力和资源以外，并没有什么特别的。你并不需要总是无条件地执行上级的命令，对上级唯命是从，你可以表达自己的想法，甚至可以批评上级，当然，前提是你要讲究方式。如果你希望上级采纳你的建议，按照你的想法去开展工作，就必须进行换位思考，站在他的立场上去考虑问题，这样才能说服他。当上级犯了错误的时候，你也可以指出来，不过要以真诚的态度指出，而且不能在公众场合指出，以免伤害上司的尊严。

影响上级最大的难度就在于不能让上级察觉到，也就是说，你不能锋芒太露，不能让上司觉得你是一个威胁。如果让上司察觉到他总是在按照你的意思办事，这会让他觉得自己的地位受到了威胁，也会让他在下属面前很没面子，这样你的处境就十分危险了。三国时期的杨修，就是因为太过锋芒毕露，遭到了曹操的嫉妒，年纪轻轻就惨遭杀害。杨修的聪明才智是无可否认的，可就是因为他缺少情感智慧，没有处理好与"上级"之间的关系，所以才落得惨死的下场。有些时候，我们不妨装装糊涂，故意把想法说得含糊其辞，让上级自己来制定计划。这样一来，上级会认为想法是他的，而我们也可以达到自己的目的。

影响你的下级

影响下级看似简单，但要真正做到有效地影响下级，也并不是那么容易的事。你的下级也许会听命于你，但他们却未必是心甘情愿地听你指挥，表面上的顺从不过是碍于你的上级身份罢了。如果是这种情况，你的下级就会始终以一种消极被动的态度去工作，他们所做的完全是你交待的内容，换句话说，他们工作的目的就是为了向你交差。这种应付了事的心态不仅会影响他们自己的前途，同时也会使你的业绩受到影响。

作为上级，更多的人想到的是如何在下级面前树立威信，让下级对自己产生一种敬畏感。其实，尊重你的下级远比让下级敬畏你重要。每个人都渴望被尊重，即使他的地位十分卑微，也同样拥有被尊重的权利。同下级对上级的尊重相比，上级对下级的尊重更加可贵。如果你能够尊重你的下级，虚心听取他们的意见，他们就会觉得自己受到了重视，于是干劲儿更足，更加努力地工作。同时，他们也会觉得你是一个懂得赏识他们的好领导，士为知己者死，他们会因此而更加敬重你，全心全力地为你卖命。

作为上级，是否具有亲和力也很重要。上级在下级面前一定要控制好自己的情绪，不可轻易动怒。如果你经常对下级发火，就会让下级觉得你很难接近，从而使下级都对你避而远之。

演讲的技巧——重在攻心

最近，一个天才儿童演讲的视频在网络上广为传播。这个视频主角只是个九岁大的小男孩，他的演讲激情四射。网友们封其为"演讲帝"。这个剃着板寸头、一双眯眯眼，看起来与同龄人并无区别的小男孩名叫杨心龙，由于出色的演讲，他迅速红遍网络。视频中的杨心龙语速很快，逻辑清晰，演讲时还不时穿插一些古今中外的典故。他丰富的表情和老练的手势，更像是个小大人，"其实我们任何人都应当做自己荣誉的主人，不被荣誉所左右，并驾驭在其之上。"九岁的孩子能有这番见地，令不少大人都刮目相看。他的演讲话题涉及政治、经济、教育、家庭等诸多领域，有着超越他实际年龄的成熟，再配上那一贯淡定的表情与老练的口吻，难怪在网络上有众多拥护者。比如，在一个谈及学校的演讲中，他就认为："很多学校都流行扣分制度，但大都是老师给学生扣、学生给学生扣，很少有学生给老师扣的。这就很不合理，有时老师的一些做法还没我们的好。"想法非常独特。

不是每个人都能成为"演讲帝"，演讲也是有技巧的。演讲者不仅要了解听众的心理，演讲内容要触动听众的心，还要充分表达听众的内在心理。从心理学角度来看，人们的心理机制主要包括个体心理机制和社会心理机制两方面。个体心理机制是较复杂的，包括需要、动机、兴趣、理想、信念和世界观等，其中，需要是基础。演讲者要做的就是掌握个体心理中的需要心理机制，从听众的需要入手，吸引他们的注意力。社会心理机制，主要是个体在社会中由于受到其他成员的影响，表现出不同于个体单独情况下的心理反应。这也是个体适应环境的心理方式。利用社会心理机制的作用，演讲者可以营造一种适合演讲的气氛，掌握群体的心理。以下有几种方法非常管用。

对症下药法。演讲者从个体心理出发，抓住听众的心理需要，从而吸引他们的注意力。需要是人对一定客观事物的需求。马斯洛在其需要层次理论中指出，人的需要由低级向高级分为生理的需要、安全的需要、归属和爱的需要、尊重的需要以及自我实现的需要五个层次。对症下药法要求演讲者能了解、掌握听众的不同需要，安排演讲的内容。比如，针对普通大众的演讲可能更多从生理、安全等需要的角度演讲，而对具有一定社会地位的人，探讨人生的意义之类的话题更能引起他们的兴趣。

心理定势法。它指的是人们对一定心理活动所形成的准备状态，决定着以后同类心理活动的趋势。对于初次见面的人，当你对他的第一印象很好，对谈话的内容也感兴趣时，你的精神和肉体都会处于一种相对放松的状态。这种状态的人能转换角度思考问题，不容易陷入思维定势。但是，当你对他的印象很差，不自觉地产生排斥心理时，精神和肉体都将处于紧张收缩的状态。这种状态下的人，极容易陷入思维的死胡同。在演讲中，演讲者要善于把握听众的心理，在演讲中创造良好的心理定势。比如，对监狱里的罪犯演讲就不能称呼"罪犯"，如果用"触犯了国家法律的朋友们"这样的称呼代替，对方自然就感到你的尊重与温暖，起初的心理定势一下子就变得相容了。在演讲的开始创造心理相容的气氛，是演讲成功的第一步。

心理反定势法，也就是俗称的逆反心理，它也属于社会心理的一个部分。当我们试图用一定的准则或规范对人们的行为进行引导和控制时，或者试图将我们认为的错误行为拉回正确轨道时，人们会自发产生一种反向的力量，使之更加偏离正确目标的轨道。同样，在人际交往中，这样的逆反心理也是存在的。你说东，他偏往西；你从正面说理，他偏要反面理解。正是这种心理的存在，我们无法对人类行为进行精确的控制。但是，在演讲过程中，如果能巧用逆反心理，利用对方的对立思想情绪，有意识地反过来说理论辩，使对方与你唱反调，能达到自己的预期目的。

如何成为一个看起来有才能的职员

李某刚毕业就进了一家著名外企工作，专业对口，收入也不错。踌躇满志的他很想干出一番事业来。他不仅积极主动完成上司布置的任务，还经常加班加点地工作，甚至全权负责打扫卫生、整理报纸、打水这些小事。然而，同事们并不理解他的做法，在私下里对他冷嘲热讽，认为他太高调，爱出风头，甚至连领导有时也认为他没有团队合作精神，搞个人英雄主义。不仅如此，李某对客户也是过分热情，他主动要求帮客户做一些他分外的事情，而这种主动却使客户感到难堪。有一次，他主动要求帮客户做一些售后服务的工作，但后来由于自己工作繁忙，在规定时间内无法完成任务，售后服务做得不到位，惹得客户很不高兴。因为得罪了客户，还被老板狠狠骂了一顿。

在这个案例中，李某处处表现自己，却惹来同事、领导和客户的不满。有意识地、主动地表现自己，让领导和同事看到你的才能，这是非常有必要的。然而，自我表现也是有技巧的。自我表现可以分为"战术性自我表现"和"战略性自我表现"。前者的目的是在短时间内给对方留下好的印象，主要包括自我宣传、奉承等。而后者是为了在较长时间内给对方留下印象。比如逐渐建立威信、赢得他人信任、获得他人尊重等。在公司里，要想让领导和同事觉得你看起来很有才能、值得信任，最好是通过"战略性自我表现"来展现自己的实力。首先，可以为自己确立一个目标，目标能催人努力。

具体来说，首先要摆正心态，从小事做起。如果你是一个新人，领导往往并不了解你的才能，不会对你委以重任。所以，你需要摆正心态，不要觉得是大材小用，从比较琐碎的杂事、小事做起，力争在最短的时间内尽善尽美地完成它们，才是取得上司信任的最有效的途径。抓住机会，自然地在领导面前表现自己。如果领导在场时，你缩头缩脑，退到别人的后面，说起话来声音比蚊子嗡嗡声还小，就不用期待领导会注意到你。自信一点，勇敢地把自己的合理想法清晰地表达出来。开会时，也不妨坐到领导比较容易看得到你的地方。

有的人认为，拍领导的马屁就能得到赏识和注意。这其实是一个误区。毫无疑问，所有人都喜欢听赞扬的话，领导也不例外。但不要认为领导听不出马屁与真心赞赏的区别。拍马屁也需要智慧。其实，你根本不需要用令人肉麻、空洞的话语来表示你对领导的欣赏。在领导发言的时候，只需微微点头，有意无意地露出佩服的样子，领导自然会感受到你的诚意。一般来说，赞赏的眼神比赞赏的语言要更有价值。让领导看到你的特别之处，这还远远不够。你的个性与才能才是你的与众不同之处，才是领导对你刮目相看的重点。所以，还是脚踏实地、埋头苦干，在关键时刻表现出你冷静、反应灵敏、活泼幽默的方面，那时领导一定会对你另眼相看。

此外，还需注意自己的穿着打扮、言谈举止等方面。心理学上的光环效应说的就是由一些小好感泛化到对整个人的好感。刚进公司的新人，都希望给同事和领导留下好的第一印象。如果给人的第一印象不好，将会影响到他人以后对自己的评价。这时，服装、发型等外在因素就显得较为重要。对于女性来说，可以选择颜色活泼一些的服装，如果想显示自己专业、干练的一面，不妨选择白色衣服，再搭配一些暖色调的配饰。而男性可以选择藏青色西装、白色衬衫和黑色小饰物等，以及同色系、大花纹的领带，这可以给别人留下诚实可靠的印象。如果想展现自己的热情与干劲，可以选择黑色西装搭配红色领带。在与同事和领导交谈的时候，语速要放慢一些，对别人说话时眼睛不能看着天花板，睁大眼睛微笑注视着对方的眼睛说话，更容易打动人心。谈话时，最好还能加上一些手势。为了提升大家对自己的好感，一定要敞开心扉说真心话，让别人感受到你的诚意、你的亲切。

一旦踏上工作岗位，你将会面对很多的情境、各种各样的关系与人，学会表现自己，是非常重要的。

人都愿意做值得做的事

心理学有一个不值得定律，即不值得做的事情，就不值得做好。

这个定律反映出人们的一种普遍心理，一个人如果认为自己所做的是件不值得的事情，往往会持消极应付的态度，或敷衍了事。如此一来，他做成此事的成功率极小，即使侥幸成功，自己也感受不到成就感。如果一个人从主观上认定某件事是值得做的，那么在做这件事的时候，他就会全力以赴地去把它做好，不仅成功率大增，而且会觉得自己的价值得到充分体现。

到底什么事值得做呢？就是符合我们的价值观，适合我们的个性与气质，并能让我们看到期望的事情。"选择你所爱的，爱你所选择的"，只有这样才可能激发我们的奋斗精神。

对于个人，不值得定律的启示是：如果你的工作不具备"值得做"的因素，你就要考虑换一个更合适的工作了。

李晓从小对汽车制造非常感兴趣，读完机械专业研究生后，去了一家汽车制造公司工作。由于对汽车制造业的热爱，再加上平时的专业基础，很快他就取得了出色的工作业绩，得到了领导的赞赏和肯定。三年后，他成为公司不可或缺的技术骨干，并被提拔为部门经理。他带领属下员工，出色地完成了科技攻关，为公司解决了几项科研难题，受到总公司的嘉奖。此时，恰好公司负责人事管理的副总经理退休，公司总经理认为李晓是个人才，就任命他为副总经理，接替退休的老同志。但是，李晓并不高兴，因为他知道，自己的兴趣和特长在技术，觉得高科技才是有意义、有价值的，至于搞人事管理，他觉得没什么实在意义，也体现不出自己的价值，但觉得领导重视自己，不便推脱。但是，在做管理后，他失去了以往的热情和锐气，也作不出让领导满意的成绩，甚至有了跳槽的念头。反复思量后，他找领导深谈，重新回到技术岗位。他自己很开心，不久，在工作上又有了新的突破。李晓之所以如此，皆因为不值得定律在起作用。因为在他眼里，管理是件不值得做的事情。

然而，在现实中许多人都会不可避免地遇到这样严酷的事实：即便不喜欢所从事的工作，也必须长期、努力地工作，因为我们无力改变什么。遇到这种情况时，我们也必须调节自己的心态，把它当做值得做的事去做，否则这份工作势必会成为我们的负担，长期从事下去将使我们心情压抑，甚至身心疲惫。

如果真的遇到这种情况，我们不妨用恋爱的心情面对工作——不只是要选择所爱，忠于自己的选择，还要在漫漫情路上苦心经营，这样的爱情才可长久——用这样的态度面对工作，才可能在工作中有所收获。也就是说，任何工作，只要摆在了你的面前都值得你做好，只要有了这种心态，你会勇往直前。

对于企业，不值得定律的启示则是：了解你的员工，力争让每一个人从事值得他们做的工作，做到人尽其才。

"明星员工"的效应

一封电子信件曾传遍台湾的外商投资圈，引起阵阵涟漪："巴克莱证券以合计逾400万美元的天价年薪，外加两年保证的优渥条件，挖角港商野村证券三大将：陈卫斌、杨应超、陆行之。"尤其是连续四年获得《机构投资人》《亚元》亚太区半导体分析师第一名的陆行之，是巴克莱证券重金挖角对象。"外资分析师跳槽很正常，不正常的是这样的天价，似乎回到了台湾股市的黄金时期。"一名外商证券研究部主管私底下说。企业抢人大战，随着景气翻升愈演愈烈。尤其是一些明星员工，最容易被挖角。

通常，人们喜欢把行业中的那些佼佼者称为"明星员工"。有研究表明，在一些复杂的工作中，1%最优秀员工的绩效比普通员工高出127%，1%最优秀投资人创造的投资回报是普通投资人的5~10倍。几乎在每一个行业，比起普通员工，明星员工为公司创造的价值都要高得多。可以说，在企业的发展过程中，明星员工能创造巨大的价值，他们所起的作用也是巨大的。那么，明星员工是如何培养出来的呢？

通常，明星员工都具有一个共同的特征：他们都有很强的工作责任心和职业荣誉感。什么是工作责任心？工作责任心被认为是个体对待工作的一种负责态度。工作责任心强的员工在各个领域都追求卓越，也能自愿承担一些职责范围之外的工作，例如指导或帮助其他同事完成工作。这部分员工有成为明星员工的潜力。大量的调查研究也显示，工作责任心强的员工都具备以下特征：自愿做一些职责范围外的工作；对于工作，始终保持高度热情、积极态度，并愿意为之努力；愿意帮助他人，与他人合作；认同、支持和维护企业文化。所谓职业荣誉感，是指从事某职业的人在获得专门性和定性化的积极评价后，所产生的道德情感。

影响员工工作责任心和职业荣誉感的除了工资、福利、工作环境外，最重要的是领导从心理层面进行精神奖励。

首先，根据员工的不同需求，制定不同的激励政策。从心理的角度讲，员工的需要使员工产生了动机，而员工的动机决定了其行为。也就是说，激励政策应该从员工的需要着手。要做到这一点，首先就必须了解不同层次员工的不同需求。根据马斯洛的需要层次理论，对于薪酬较低的员工，要侧重满足他们的生理需求和安全需求（即提高他们的生活水平）；而对薪酬较高的员工，更需满足他们的尊重需求和自我实现需求。即使是同等层次的员工，由于他们的个性和生活环境的不同，他们的需求也有差异。总之，员工的需求是复杂和多样的，在制定激励政策之前，有必要对员工的所有需求作认真的调查。如果公司能够满足，就找出满足的途径。在激励政策有了雏形之后，可以指定具体的细则。比如，将各类需求进行等级划分，规定得到某个激励等级的员工需要满足什么样的条件。在每个激励等级上，都有好几种选项可供选择，如同一个等级的有休带薪假期、技术培训、公费旅游等多个选项。员工可以根据自己的需要选择其中一种。

第二，在公司创建追求成功的团队。明星员工对工作一般都抱着积极进取的态度，愿意与他人合作，也能带动同事的积极性。

第三，建立自律的公司领导层。领导的榜样作用在激发员工工作责任心和职业荣誉感方面起到很关键的作用。各级领导必须以身作则。

总之，只有公司和员工共同努力，才能最大限度地激发员工的工作责任心和职业荣誉感，才能产生更多的明星员工。

成功面试中的一个神秘因素

一个人在接受他未来老板的面试。老板问他："我们这份工作需要一个很负责的人，你能做到吗？"这个人想了想，说："没问题，我刚好就是一个很负责的人。"于是，老板又问道："为什么这样说呢？"他回答道："上一份工作时，我把很多事情弄得一团糟，领导说要让我负责。"这只是一个笑话。应聘者和老板对"负责"的理解南辕北辙。但是，毫无疑问，这么糟糕的回答会让他失去这份工作，甚至成为笑谈。

那么，怎样才能让雇主给你一份工作呢？在过去的几十年里，心理学家们一直在从各个方面来调查能打动雇主、面试成功的因素。这些研究成果能显著提高人们获得理想工作的几率。

两个一起去应聘的人，为什么雇主会选择其中一个人而淘汰另一个人？如果去问他们原因，他们通常会给出这样的答案：这个人的个人素质和专业技能都高于另一个人，我们当然招他。在招聘单位给出的招聘信息中，也会列出应聘者所需要的资历和技能等限制，这是为了把不符合条件的人排除在面试之外，面试时能从入围的人选中选出更出色的。然而，华盛顿大学的希金斯却认为，面试官一般也不知道自己是如何作出决定的。让面试成功的是另一个神秘因素。

大学生们是如何找到第一份工作的？希金斯等人对多名大学毕业生进行了追踪调查。通常，雇主们都会宣称，他们衡量员工的标准是专业水平和工作经验。那么，事实是这样的吗？在研究的初期阶段，希金斯等人按照雇主给出的录用条件：专业水平和工作经验仔细研究了每位毕业生的简历。并在他们每完成一次面试之后，请他们填写一份标准的问卷调查，调查的内容主要针对他们面试中的一些细节，包括：是否表现出了对这个公司的兴趣，对每个问题是否做了积极的回答，是否全程面带微笑等。此外，希金斯的研究团队还通过与招聘的公司联系，取得了每位应聘者的反馈信息，包括雇主看重的应聘者的专业水平如何，对应聘者的面试表现是否满意以及应聘者是否有可能得到这份工作等。是否打算录用，是他们研究的重点。通过将诸位毕业生的简历、问卷调查以及招聘单位的反馈信息相比较，经过大量的数据分析，研究者发现了一个令人惊讶的结果：决定雇主录用的关键因素既不是应聘者的专业条件，也不是他们的工作经验。在面试背后起推动作用的神秘因素是——应聘者看起来是否是一个令人愉悦的人。什么样的人最容易得到工作呢？那些在面试时设法迎合面试官的人。

很少有应聘者会注意到这一点。他们会注意努力保持微笑，努力与面试官保

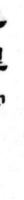

持眼神交流。有的应聘者可能做得更好一点，他们会用寥寥数语来夸赞公司，却很少有人愿意多花些时间来讨论与面试无关，但面试官却很感兴趣的话题。一个愿意主动迎合别人、主动社交的人，在面试官看来是令人愉悦的。毫无疑问，天生的社交技能可以帮助他们很快适应工作。因此，也比别人更容易获得工作。

因此，要想拥有完美的面试，需要走好以下三步：第一，看起来令人愉悦。这比任何专业技能和资历都更为重要。不要忘了对面试官说出你对公司的喜爱，对他本人的敬佩。多花一些时间和他聊聊与面试无关、他却感兴趣的话题。第二，记得要坦诚。对于自己的弱点，在面试的最初阶段就可以开诚布公地告诉他们，而对于自己的优点，要保持谦虚，可以在面试的最后阶段提起。第三，不要反应过度。在你犯了错误时，不要自己先开始惊慌。事实上，别人并没有你想象的那么关注你的错误，过度的反应只会引起更多的注意，淡然应对，努力完成整个面试就行了。要获得梦寐以求的工作，表现得令人愉悦比具备相关的专业技能和资历更为重要。

如何处理你简历中的薄弱环节

某人刚毕业，抱着试试看的心态投了一份简历至某著名外企，没想到真的被录取了。但是，两年以后，虽然他的工作表现受到了好评，但后来却被解雇了。这是为什么呢？因为他在简历中说谎，被发现了。原来，在一项人力资源工作中，HR（英文 human resource 的缩写，人力资源）要求所有员工提供大学时的成绩单，而他在简历中谎称自己拥有硕士学位，事情自然败露了。他丢掉工作并不是因为缺少硕士学位，而是由于他的不诚实。这就是在简历中说谎的后果。

由于伪造简历而被公司发现并辞退的案例远不止这一个。芝加哥大学的著名经济学教授乐维特的调查显示，百分之五十以上的人在简历中说了谎。现在已经有越来越多的手段能查出简历骗子，你可能会问，为什么还是有人心存侥幸，在简历中说谎？乐维特认为，任何值得赢取的东西都值得采用欺骗的手段。而一个人在某个组织中升得越高，他就越容易说谎。为了得到一份好的工作，为了得到不断晋升的机会，人们不惜抱着侥幸心态，在简历中为自己说谎。所以我们经常可以看到公司的执行官们因为简历中的不诚实而辞职的头条新闻。人们常在简历中撒的谎包括虚构在校成绩、掩盖工作阶段之间的待业时期、夸大职位名称、修饰工作职责和成就，把小组的努力全部归功于自己等。

学历的不足，工作经验的不足，人际交往能力的不足等，这些弱点是撒谎所不能掩盖的。谎言总有揭穿的一天。那么，如何处理简历中的这些薄弱环节？最好的方法就是将自己的弱点早早摆出来，而不是试图靠修改简历来隐瞒。

一开始就把自己的弱点摆出来，在他人看来，这是一种坦诚的表现。在审判庭上，律师如果一开始就把自身辩论存在的弱点摆出来，往往更容易取得陪审团的信任。同样，在诸多千篇一律的简历中，招聘单位可能会对那些在一开始就有勇气面对弱点的应聘者更加注意。所以，不要试图去隐瞒什么，坦诚会比撒谎得到更多青睐。

在写简历时，面对弱点，最好早些提及；面对优点，不妨让其在最后自然流露。

提高薪水只会短时期内激发员工的热情

只有从人的行为的本质中激发出动力，才能提高效率。

这是美国行为科学家 D·A. 梅约依据人的行为总结出的一条心理学规律。这条规律后来被人们称作"梅约定律"。

梅约定律所讲的其实属于行为动机学的范畴。根据行为动机学，人们无论做任何事情，总是有一定的动机，或者是为了应付工作，或者是追求自我的价值，或者出于兴趣，或者是为了金钱，乃至仅仅是为了打发时间等等。不同的动机所激发出来的热情是不同的，那些从行为本质中激发出来的动力，会带给我们更多的激情与创造性，从而将事情做得更好。所谓行为的本质，一般认为主要包括成就感、兴趣爱好，有时也包括责任感等较为直接的动机，而其他出于应付工作、打发时间，乃至获得报酬等间接动机，则往往不能让人产生激情。

有个心理学家曾做过一个实验，以证明人们对于成就感的重视程度。他雇了一个伐木工人，要他用斧头的背来砍一根木头。心理学家告诉工人说，干活的时间和他正常上班时一样，而付给他双倍的报酬，他需要做的便是用斧头的背面"砍"那木头，伐木工人很高兴地接受了这样的"好事"。但仅仅半天之后，伐木工人便丢下斧头不干了。心理学家问他为什么，他沮丧地说："我要看着木片飞起来。"

这个实验生动地说明了直接动机——看到木片被砍得飞起来的成就感和间接动机——获得报酬之间的区别。

实际上，几乎所有的人都是如此，能使厨师产生激情的是别人称赞他的手艺；医生感到最幸福的事情是病人被自己治疗康复了；教师最大的幸福则来自于许多年后看到自己的学生学有所成……对于个人来讲，梅约定律具有相当现实的意义，如果想要有所成就，我们便应该重视自己的兴趣爱好与自我感受，真正培养自己对于某项事业的兴趣，而不是对金钱、名誉等怀着急不可耐的渴望，这样才更容易激发起我们内在的激情和创造性，从而成功，而金钱、名誉等也会顺带而来。

梅约定律在刚提出时，主要是被应用于企业管理方面，许多企业管理类书籍将其作为提醒企业领导者如何去释放员工的主观能动性的一个建议：一个员工如果仅仅为了养家糊口而工作，很难想象他会将工作做得高效而卓越。

有心理学家已经通过实验得出结论：提高薪水只会短时期内激发员工的工作热情，一段时间后，热情便会消退，只能用其他的方法才可以使员工真正持久地保持热情。一个领导者如果能够了解员工的兴趣所在，或者培养其对于工作的兴趣，使得员工对工作真正感兴趣并能从中找到成就感，这个企业必然充满活力。

多数人都难以承受在竞争中落于人后

心理学实验中，当控制组的被试者感受到他们处在和实验组竞赛的情况下，由于不甘落后，他们力图与实验组一较长短，而有超乎寻常的表现的情形，被称为"强亨利效应"——当意识到与他人进行对比一分高下时，大多数人都会不甘示弱，采取特别的办法来表现出自己不凡的一面。

强亨利效应源于美国一个叫亨利的黑人的故事。亨利是一名铁路工人，一天，他忽然得知公司引进了一种机器，准备取代人工，这样一来，他就会失业。因此，亨利立即拼命地工作，企图使工作绩效胜过机器而使这份工作得以保留，但却因为劳累过度而死亡。

强亨利效应是一种十分常见的心理表现，如果能够熟练地运用此项规律，往往会在管理工作中得到不同寻常的效果。张飞听说马超前来攻打，主动请战。可诸葛亮却置之不理，故意对刘备说："马超智勇双全，无人可敌，除非往荆州唤云长来，方能对敌。"张飞听了大为不悦，说道："军师为何小瞧我！我曾单独抗拒曹操百万大军，难道还怕马超这个匹夫？"诸葛亮对他说："你在当阳吓退曹操大军，那是因为对方不知虚实，若知虚实，你又岂能安然无事？马超英勇无比，渭桥六战，曾经杀得曹操割须弃袍，险些丧命，你又怎么是他的对手？"张飞听了，立即激愤地说："如胜不了马超，甘当军令！"诸葛亮见张飞受到这一番言语的刺激，已经气焰高涨，立功之心迫切无比，这才命他出战。

诸葛亮与张飞进行的这番谈论，运用现代心理学概念来阐述，就是利用强亨利效应。张飞因为自己在诸葛亮的眼里还不如关羽和马超，所以一定会用最好的表现来为自己争功，以扭转他人对自己的过低评价。

现代企业管理中也可以运用强亨利效应。大多数员工都难以承受在竞争中落于人后，因为那样不仅会让自己损失掉一定的物质利益，而且也会产生一种耻辱感。

目标与反馈相结合更能提高绩效

关于反馈效应，心理学家赫洛克曾做过一个实验：他把被试者分成相等同的四个组，在四种不同的情况下进行工作。第一组为受表扬组，每次工作后都予以表扬和鼓励；第二组为受训斥组，每次工作后都要遭受训斥；第三组为被忽视组，不对他们进行评价，而让他们旁听其他两组受表扬和挨批评的情形；第四组为控制组，也不给予任何评价，并且令他们与前三组隔离。结果，前三组的工作成绩均优于控制组，受表扬组和受训斥组明显优于被忽视组，而受表扬组的成绩则最好。

这个实验说明了反馈效应的内涵：及时对工作结果进行评价，能够强化工作动机，对工作起到促进作用；表扬的效果优于批评，而即使是批评，其效果也优于不予任何评价的做法。

从来源上讲，可以将反馈分作两种，一种是来自外界的反馈，另一种则是自我进行的反馈。相比较而言，自我反馈的效果更佳，因为主动性更强，也就更利于改进。

从性质上讲，反馈可以分为正面的反馈和负面的反馈。赫洛克的实验说明，这两种反馈都会对人的行为起到促进的作用，因为人们如果得到的反馈是正面的，会鼓励自己做得更好；而如果是反面的，则会砥砺自己及时改进。当然，相比较而言，正面的反馈效果要优于负面的反馈。不过，这也并不绝对，因为正面的反馈也可能会使人感到骄傲而对学习或工作有所放松，而负面的反馈也有可能使人产生一种沮丧感，从而更不利于绩效的提高。所以说，反馈效应并非全都是有利的，它是一柄双刃剑。

反馈效应的确对人的行为表现有着重要的促进作用，而心理学家罗西与亨利所做的一个实验则将对反馈效应的研究推向了更为深入的一步。他们把一个班的学生分为三组，每天学习后就对他们进行测验，但是对第一组学生，学习的结果每天都告诉他们；对第二组只是每周告诉他们一次；而对第三组，则一次也不告诉。如此进行了八周教学，结果是，第一组成绩提高得非常明显，第二组有着缓慢的进步，而第三组则没有什么进步。接下来，将第一组与第三组的反馈方式进行对调，第二组保持不变，也同样进行了八周教学。结果是，第二组的成绩继续稳步前进，而第一组与第三组的情况则大为转变：第一组的成绩逐步下降，而第三组的成绩则突然上升。这说明及时知道自己的学习成果对于学习有着非常重要的促进作用，并且即时的效果最为明显。

无论是教育还是管理，激励都是一个大问题，把握好反馈效应，对于培养学生或激励员工都有着十分重要的意义。

心 理 学

于立文　编

第二卷

辽海出版社

"贝勃规律"与人事变动、机构改组

我们的感觉很敏感，但也有惰性，它会蒙蔽我们的眼睛，让我们失去理智。所以我们不能太自以为是，应该保持清醒的头脑，怀着一颗感恩的心。

心理学上有这样一个著名的实验：

实验者在一个人右手上放了300克的砝码，又在其左手上放上305克的砝码。然后，他问那个人："感觉有什么不同吗？"那个人说："没有，应该是一样重的。"实验者拿下那个人左手上的砝码，然后放上306克的砝码。那个人说："左手的砝码比右手的重"。实验者拿走所有的砝码，让那个人休息一会，又重复了一次前面的动作，但这一次，右手是600克砝码，左手是610克。那个人说："两边是一样重的。"实验者继续往左手上加法吗，加到612克时，那个人说："这回左手的比右手的重了。"原来，初始的砝码越重，后来就必须加更大的量才能感觉到差别。

这就是贝勃规律——第一次刺激能缓解第二次的小刺激。换句话说就是，人一开始受到的刺激越强，对以后的刺激就越迟钝。比如，房价先涨了两千，然后又涨了两千，人们对第二个两千的态度则不会像对第一个两千那么敏感、激动。如果第二次不是涨两千而是两百，人们则基本上不会有什么反应。

许多家长喜欢用钱来刺激孩子努力提高成绩，他们常会说："儿子，你如果考了第一名我就奖励你200块钱，随便你花，买啥都行。"结果，儿子没让家长失望，果真考了第一名，得到了200块钱。可是，当下一次，或下两次考试再用这种办法时，却好像不灵了。家长们或许不知，正是贝勃规律让孩子渐渐厌倦金钱的奖励。

贝勃规律在生活中随处可见。很多人总是抱怨最亲近的人对自己越来越冷淡，而陌生人稍微给一点点关心，都会感动得热泪盈眶。

一位意大利的心理学家曾做过这样一个实验：参与实验的是两对恋人。他让一个男孩每个周末都给自己的恋人送一束红玫瑰，而让另一个男孩，只在情人节那一天给自己的恋人送去一束红玫瑰。实验的结果是：那个每周都能收到红玫瑰的女孩在情人节那天收到红玫瑰时，平静中却透着些许不满意："别人的女孩子收到的可是大把的'蓝色妖姬'哎。"那个从没收到过红玫瑰的女孩，则在接过男孩手中红玫瑰的那一刻激动不已，甜蜜无比。

有人总抱怨恋人对自己不如当初那么好了，其实不是他变了，而是你变了，是你的心对他的爱习以为常后，再也产生不了感动了。这其实就是贝勃定律在作怪。

贝勃规律也经常被用于经营中的人事变动、机构改组中。一家公司想赶走那些"带刺的眼中钉"，但又怕直接裁掉他们会捅了马蜂窝，于是，就先对与这些人无关的部门进行大规模的人事变动或裁员，等到矛头指向那些"带刺的眼中钉"时，已经没有人再竖尖刺了，因为所有人都已经麻木、见怪不怪了。

不恰当的批评会让员工变成厚脸皮

一个人如果长期得不到别人的尊重，其羞耻感就会逐渐降低，对别人的不尊重行为习以为常。打个比方，脸皮就像手心的肉，如果经常磨它，就容易形成茧子，对外界的刺激感觉就不敏锐了。这种现象在心理学上被称为"厚脸皮定律"。

其实，每个人都不是天生的厚脸皮，一个六个月大的婴儿就能够识别出好、坏脸来。人们逗他笑，给他好脸，他就会眉开眼笑，手舞足蹈；人们横眉竖眼，大声呵斥，他就会立即啼哭起来。

厚脸皮定律完全是人为造成的。很多家长和老师总是喜欢在别人面前辱骂、训斥孩子，久而久之，孩子就会将辱骂、训斥视为家常便饭，逐渐变成厚脸皮的人，到那时，谁的话他也听不进去了。因此，我们会发现这样一种现象，即经常挨训的孩子反而经常犯错，屡教不改；而那些极少受批评的孩子，挨过一次训后，就会羞愧难当，内疚不已，以后不会再犯类似的错误。

处于婚恋之中的男女双方也容易受到厚脸皮定律的影响。有些情侣在谈恋爱时卿卿我我，互相谦让。然而结婚以后，浪漫的日子不见了，取而代之的就是锅碗瓢盆、柴米油盐的生活琐事。双方发生矛盾时，谁也不肯让步，动辄为一点小事吵架，逐渐升级为大吵大闹，甚至干脆动起手来。最初双方还想找到一个比较文明的解决方式，然而时间一长，吵架吵得多了，脑子里已经没有什么文明不文明的概念了，不吵架、不动手，反而觉得心里痒痒。于是双方脸皮越来越厚，越来越难以沟通，问题也就越来越无法从根本上得到解决。其实之所以出现这样的恶性循环，就是因为双方缺少足够的耐心和气度。

厚脸皮定律也同样值得企业管理者多加注意。比如，一位员工不慎犯了错误，领导当着全公司人的面对他严厉斥责，并且见他一次说他一次，经常拿他的例子给全公司的人以警告；同事也总是拿这件事提醒他，导致他颜面尽失，工作起来诚惶诚恐，出错率更高。到最后，他也就破罐子破摔，任何人的警告训斥和善意提醒都会被当做耳旁风。相反，如果当时领导能够顾及他的脸面，对他予以鼓励；同事们不揭他的短，而是给予他理解和信任，他就可能会吸取教训，成为一个优秀的员工。

第九章

营销心理学：如何能让
堆积如山的物品一销而空

为什么酒吧喝水要钱，却又提供免费花生

去过酒吧的人应该都会发现这样一种奇怪的现象：喝水是要花钱的，但是吃花生却是免费的。你可能对这样的事情并没有在意，但是，仔细想想又会觉得不可思议。

让我们先来看看几种容易接受的情形：酒吧对所有产品都收费。这大概是最符合商家的立场，也是最容易被我们接受的方式吧。如果你是酒吧经营者也许也会为了增加盈利而采用它，因为这样一来，无论进酒吧的人消费了什么东西，都能赚到钱。或者，你会考虑另外一种情形，你觉得免费提供点什么东西能吸引更多的顾客，比如成本低的清水，这样一来，酒吧既不会因为清水的免费提供而亏损太多，又达到了吸引顾客的目的。但是，事实与这些情形完全不同，现在大多数酒吧都是免费提供成本较高的花生，而高价提供成本较低的清水。看上去不可理解吧，但其中却蕴藏着很多秘密。

人们都有一种占便宜的心理，在消费的过程中这种心理体现得更为明显，并常常在不经意间影响着人们的行为。比如，在上面的例子中，当酒吧有免费提供的花生时，这种贪便宜的心理会让消费者产生一种"不吃白不吃"的念头，而且觉得自己如果不吃就会有损失，所以，除非你本身很不喜欢吃花生，否则都会毫不犹豫地选择它。即使人们刚进入酒吧，碍于面子不去贪这个便宜，但过不了多久，环视四周，发现很多人都在吃免费花生，也会受到他们的影响，出现从众行为。从众是一种十分常见的心理现象，是指个人受到外界人群行为的影响，而在自己的知觉、判断、认识上表现出符合公众舆论或多数人的行为方式。受从众心理的影响，当人们看见其他人都在吃免费的花生时，自己也会趋同于大流而选择花生。接着当人们满足了自己贪便宜的心理，吃完花生后，就会感到口渴。这时，人们自然会有买清水或者酒类产品来满足自己解渴的需要。是喝水呢还是喝酒呢？在这两种都能满足需要的产品之间该如何选择？从平时的消费经验中我们可以知道，当只有一件商品时，我们能很快地作出决定，而当有多种商品供我们选择时，往往很难作出决定。这是因为在购买前我们会在心里对这些商品进行比较，看哪个更划算。对于清水和酒来说，相信大多数人都会觉得高价的酒比高价的水划算。最终，人们就会购买各种各样的酒类产品来解渴。

原来，免费的花生只是酒吧的诱饵啊！不仅如此，在消费的过程中，人们吃的花生越多，越容易感到口渴，对酒类产品的需求就越大。也就是说，越贪便宜，为这份便宜付出的代价就越高。

此外，进入酒吧的人一般都有共同的消费偏好，即使各自的目的不同，有人可能纯粹是为了喝酒，也可能是借酒消愁，或者只是喜欢酒吧的气氛等等，但都在一定程度上体现了对酒吧环境和酒类产品的偏好。既然有这种偏好，顾客就更倾向于买酒而不是水了。

从上面的分析中可以看出，酒吧正是利用了人们在消费中存在的占便宜、从众和消费偏好等心理，实现了销售更多酒类产品的目的。

其实，不仅在酒吧中会出现这种现象，仔细回想一下我们平时的消费经历，会发现在其他产品的销售中这些现象也十分常见。比如，不少商家采用"买一送一"的销售策略，这样做常常会吸引顾客。之所以会有如此效果，就是因为人们有占便宜的心理。又如，很多商家使用一些正在流行的用语或者相关标志进行宣传，往往会取得较好的效果，这是因为人们大多有从众的心理，认为大家都在这么做，那自己也应该这样做。

也许人们在消费中并没有注意到这些心理因素的存在，但是它们确确实实对消费行为存在极大的影响，只有了解了这些心理现象的本质，才能避免受其支配进行不合理的消费。

超市里的心理战——瞄准了你的钱包

相信大家都有这样的经历：在进超市买东西前明明制定了一个简单的购物计

划，把那些自己需要买的东西都列入了清单，但购完物后却发现自己买了很多不在清单上的东西。而且，即使一再提醒自己下次注意，却依旧抵制不住诱惑。是什么原因让购买欲大增？难道自己真的是购物狂？别惊慌，这只是我们被超市的心理战略所俘虏了。

随着市场的繁荣发展，我们都能明显感受到超市数量和规模的迅猛增加，超市之间的竞争也越来越激烈，为了赢得市场，商家们都使尽浑身解数吸引顾客。这种竞争使我们经常能看到超市的各种优惠活动：打折、降价、抽奖、限购、搭售……而通常我们都抵制不了这些优惠的诱惑，发生购买行为。下面的例子中提到的事情你也许会经常碰到：

两件商品除了在价格标示上不同，其他方面都是一样的。其中一件商品的标语是"本商品现价50元，欢迎购买"；另一件的标语是"本商品原价100元，现价50元，欢迎购买"。这时，你会选择购买哪一件？

超市里常常会有一些限量购买的活动，比如在对鸡蛋促销时会挂出这样的标语"每人限购10枚，欲购从速"。这时，你会买几枚？

某些品牌在促销时，会推出"购买该品牌的商品达到多少金额即能免费获赠一份礼品"的酬宾活动。这时，你是会对这些信息置之不理而只购买自己需要的产品，还是会努力使自己的购买达到能拿赠品的金额？

当你面对以上情景时，你会如何选择呢？大家的答案应该会基本一致吧！对于第一个例子，大部分人会毫不犹豫地选择购买既有现价又给出了原价的商品；对于第二个例子，大多数人会买10枚；对于第三个例子，人们则会将所有该品牌的产品看一遍，尽量找出合适的产品直至能够获得赠品。

我们知道每个消费者对产品的需求是不同的，所以在购买活动中会出现差异，但是在上述的例子中会出现趋同的选择正是超市准确把握了消费者"占便宜"的心理，巧妙地运用了销售策略造成的。

有人举过这么一个例子，"便宜"与"占便宜"是不一样的，价值50元的东西，50元买回来，那叫便宜；价值100元的东西，50元买回来，那叫占便宜。而在这里，顾客们的选择就体现了"占便宜"心理。销售策略的使用让消费者觉得买了东西会特别"划算"，而事实上这种"物美价廉"并不是真实存在的，只是人们自己的感觉罢了。例子中努力得到赠品的行为也是占便宜心理的一种体现。

此外，在购买活动中，人们会不自觉地受到外界暗示的影响，比如在第二个例子中，通常情况下，虽然人们实际需要鸡蛋的数量比限定的少，但购买的数量一般就是所限定的数量，这就是超市充分利用了这种限制条件给顾客造成了一种心理暗示："限购的数量就是我需要的数量。"而且，在对数量进行限定后，更能激起人们占便宜的欲望。人们会认为之所以会有限制，一定是因为这种商品销量非常好，如果不限量就会出现供不应求。或者，商家为了获得最大的利益不愿意卖出去太多。这样一来，消费者就会觉得如果自己不买或者买的数量在限定条件之下，就会不划算，也显得自己太不精明了。

不管是通过价格标示还是限定购买数量，超市都准确地把握和利用了消费者"占便宜"的心理，从而在不知不觉中影响着消费者的购买行为。如果你也有"明明不是购物狂，却无法抵制诱惑"的经历，就说明超市成功利用心理因素赢得了这场战争。当然这些例子只是众多销售策略中的很少一部分，只要你是个有心人，一定能在实际购买中发现更多、更精心、更巧妙的策略。

便利店里的陷阱

你准备去便利店买东西，在进去之后会不会向工作人员打听清楚自己所需商品的具体位置，接着心无旁骛地径直走向目标，取完物品后马上付钱，然后离开？相信大多数人都不会如此吧，而是自己一边逛一边找，在琳琅满目的商品之中穿梭，不仅留心自己要买的东西，还会在经意或不经意间被那些其他位置上的其他商品吸引，最后发现自己购物筐中的商品越来越多。

随着商品种类的增多，影响人们购买活动的因素也越来越多，人们的购买观念也发生了一些变化，这从一些用词的改变中可以看出。以前人们购物会说"买"，而现在，人们常说"逛"。"买"和"逛"之间看似没有什么区别，但这至少说明了人们进入便利店不仅仅是为了买自己所需要的东西了，而是在品种繁多的商品之间选择合适的、能打动自己的东西，它们可以是自己本来就打算买的，也可能是自己压根就没有考虑过的。为什么在便利店中消费者会无法避免地受到其他商品的影响呢？从物品摆放的位置上可能会找到答案。

陷阱之一——生活用品摆放在消费者容易忽视的地方。我们知道，所谓生活用品都是那些必需的、缺少了就会影响正常生活的东西。我们购买它们不是因为其广告做得好，或者包装吸引人，而是我们需要用它，所以无论商家用不用、用什么样的销售策略，当我们需要时都会去购买。而很多东西是可有可无的，比如，零食之类的商品，它们只是充当着生活中的调料，起辅佐之用。商家正是利用了我们对两类产品不同的需求，在摆放位置上作了精心的布置，将生活用品摆在容易被忽视的位置，而将其他商品摆在显眼的地方。这样，人们购买生活用品时，必须经过一段走廊，在这个过程中走廊两侧的商品就会自然而然地进入人们的视野，吸引人们对这些商品的注意，从而可能会使人们除了购买生活用品之外，还会额外购买那些打动自己的东西。

陷阱之二——畅销商品摆放在离入口最远的地方。所谓畅销商品，一定是人们偏爱的、有大量消费群体的，没有顾客的青睐就不会畅销。畅销商品体现了人们的一种消费偏好，所以，就算将它们放置在离入口最远的地方，人们也还是会购买。便利店利用了这种偏好心理的存在，把畅销商品摆放在离入口最远的地方。由于顾客在消费偏好的驱使下会重复、习惯地信任并购买某种商品，所以即使离入口最远，还是会毫无怨言地购买。而且，在取商品的过程中也会被周围的商品吸引，增加附加消费。

陷阱之三——用途上相关的商品摆放在一起。稍有留心你就会发现，一般在便利店里，牛奶和面包位置较近，大米和油盐酱醋较近，图书和纸笔较近……这样的布局显然是便利店刻意安排的而非随意摆放。毋庸置疑，不管是在生活中还是在工作中，有联系的物品或事情总是较容易引起我们的注意，比如牛奶和面包，所以，将这样的物品摆放在一起就能让我们在购买了其中任何一件商品时，自然而然地会问问自己是不是需要购买另外一种。你为了买早餐吃的面包走进便利店，买完面包后发现附近摆放着牛奶，于是很自然地会想需不需要买牛奶呢？吃完面包应该会口渴吧，而且早餐时喝点牛奶也有利健康啊，然后你顺便买了牛奶。

陷阱之四——在收银台前摆放零食。在一次购物时，整个便利店里的人都被收银台前的声音吸引了，一位妈妈正在严厉地责骂自己的孩子，原来是在妈妈付钱时宝宝从收银台附近的货架上又拿了很多小零食。如果你是家长，在和孩子一起购物时也一定碰到过类似的事情，也许你也和那位妈妈一样训斥自己的孩子不懂事，其实他们也只是掉进了"陷阱"之中。收银台前摆放商品本来就是便利店的一种销售策略，人们在买完东西付钱时，在收银台周围有一段排队等待的时间，附近的小零食自然就会引起关注。这些商品都不贵，而且看上去特别诱人，所以很容易使人们在等待的间隙随手拿来，对于小孩子来说更是如此了。

上面的几种陷阱告诉我们，仅仅是摆放位置的精心安排就能在无形中对我们的购物产生极大的影响，看来避免受周围商品的影响是很难的！

为什么牛奶装方盒子里卖，可乐装圆瓶子里卖

如果稍加留意的话，就可以发现市面上几乎所有的可乐包装，无论是塑料瓶还是易拉罐，都是圆柱形的。而牛奶包装都是袋装或方形纸盒。为什么可乐生产商和牛奶生产商会选择不同的产品包装形式呢？原因有以下几个方面。其一是因为可乐大多是直接就着瓶子喝的，瓶子设计成圆柱形，比方形更称手。而牛奶却不是这样，人们大多不会直接就着盒子喝牛奶。其二，方形容器比圆柱形容器能节约存储空间和存储成本。如果牛奶容器是圆柱形，我们就需要更大的冰箱来存储。超市里大多数可乐都是放在开放式货架上的，这种架子便宜，平时也不存在运营成本。但牛奶却需要专门装在冰柜里，冰柜很贵，运营成本也高。所以，选择用方形容器装牛奶。其三，圆形的瓶子比较耐压。可乐中有大量二氧化碳气体。放入圆形瓶中能使瓶子均匀受力。不致过于变形。如果放入方瓶子里，就会严重变形。从这方面来看，牛奶放在什么形状的瓶子或盒子中都无所谓。

即使是圆形的铝制易拉罐，其生产成本本来可以更低，可为什么人们不那么做？这里涉及视错觉的问题。在全世界的大部分地区，可乐都是用铝制易拉罐装的，这种易拉罐的容积大约为12盎司，都是圆柱形的，高度（12厘米）约等于宽度（直径6.5厘米）的两倍。在容积不变的情况下，如果把这种易拉罐造得矮一点，直径宽一点，能少用许多铝材。比如说，高改为7.8厘米、直径改为7.6厘米时，容积不变，却能少用近30%的铝材。可乐商家不可能不知道这个节省的方法，为什么还一直沿用标准的易拉罐规格呢？可能的解释之一是受心理学上的横竖错觉误导，消费者会认为可乐的容量变小了。所谓横竖错觉，指的是两条垂直的、同样长的线段，人们会倾向于认为横线比竖线短。由于存在这种错觉，消费者认为矮胖易拉罐装的可乐变少了，可能就不愿意购买。

还有一种解释是，购买可乐的顾客更喜欢制造成细长形状的易拉罐，或者是已经习惯了可乐罐子长成那样。即便他们知道矮胖易拉罐的容量与细长易拉罐的相同，还是宁愿多出点钱买细长的、已经习惯其包装的可乐，道理跟他们愿意多出钱住景色好点的酒店房间，或者已经习惯的房间一样。

看来，产品的外包装设计也是一门学问。商家需要深思熟虑，考虑不同的设计会对用户行为有着什么样的影响以及对自己成本的控制有怎样的影响。

心理学

第二篇 生活中的心理学

人们因何而购买

生活中常常能碰到类似的情况，尤其是女性消费者，当自己已经买了东西之后，却发现自己不知道为什么会去买。

看似毫无缘由的行为，其实也隐藏着很多心理学的道理。

在人们购买东西时，其实真正关注的不是这件东西究竟是什么，而是产品能为自己带来什么，能满足自己在哪些方面的需要。比如，我们买米不是因为它是米，而是因为米能在我们感到饥饿时满足我们的需求；我们买电视、电脑等电子产品，也不是因为它们本身是什么，而是当我们无聊时或者需要了解周围的世界时，这些产品能为我们带来快乐，提供信息。所以，需求心理在人们的购买中发挥着巨大的作用，有需要了才有购买。米再好，如果不能吃就不能满足人们的需要，自然也就没有人去买了。人们的需要是多方面、多层次的，按照马斯洛的观点，人的需要分为生理需求、安全需求、社交需求、尊重需求和自我实现需求五类，依次由较低层次到较高层次排列。为了满足不同层次的需要，人们就会在不同的领域消费，例如，我们为了获得安全感，会去买防盗门，买各种各样的保险等；为了满足社交需求，会去参加某些俱乐部或会所的活动等等。其实我们的每一次消费都是为了满足我们自己某一层次的需求。

与"因何而购买"直接相连的就是消费动机了。仅仅有需求是不能直接推动人们去买东西的，只有将这种内在的需求转化为动机，从"我需要购买"到"我要去买"，才能最终发生购买行为。从动机上看，导致人们买或不买主要有两个方面：趋利或避害。"趋利动机"就是以获得利益为目标，驱使人们选择最有效的满足目标的途径；而"避害动机"就是以避免伤害为目标，驱使人们选择最无害的满足目标的途径。对这两种动机我们可以辩证地来看，比如对于满足安全需求来说，购买保险既是一种获得安全的手段，也是一种避免不安全的手段，只是在购买过程中动机的强度不同罢了。无论是哪一种动机都对消费者的消费意愿产生着影响，而且相对于趋利动机，避害动机的影响更大。所以，人们往往更多地是因为如果不买则会失去或受到伤害才决定买的，而不是因为如果买了就会得到某些利益而决定去买。

人们的购买行为之所以难以琢磨还因为有情感因素的存在，情感对我们是否买东西、买什么样的东西有十分重要的影响。我们经常说的避免感情用事、提倡理性消费等都是针对情感而言的。虽然很多人在购物时为了"把钱用在刀刃上"

"用最少的钱买最好的东西"，常常会控制自己的情感，但还是不可避免地会受到情感因素的影响。当我们打开电视看到广告的主角是可爱的宝宝时，对孩子的喜爱之情就会自然而然地流露到对产品的喜爱中，相比其他同类产品就更倾向于选择小孩代言的品牌了。

越来越多情侣产品的推出就更能体现情感因素对购买的影响。都说恋爱中的人智商很低，并不是指他们真的因为谈恋爱就变得比以前笨了，而是不管他们做什么都会更多地受到情感因素的影响。这种影响在购物时也有很明显的体现，尤其是在情人节、圣诞节等富有情调的节假日中，经常能看见他们为了博得佳人一笑不惜重金购买奢侈品。

可以看出，虽然有时候人们购买某一件东西可能只花了几分钟，但在这个过程中却受到很多因素的影响。除了很多客观因素外，还不可避免地受到需求心理、动机、情感因素的影响。那些既能很好地满足自己的需要，又能激起购买的动机，还能让自己在情感上获得愉悦的产品自然就能更多地吸引人们的注意。这样看来，弄清自己因何而购买还真不是一件容易的事情。

为什么价格越贵越好卖

一瓶矿泉水卖几十块钱，一盒香烟卖几百块钱，一件衣服卖几千块钱，一部手机卖几万块钱，一部车卖几百万甚至几千万元……看似价格高得离谱的商品却有着很大的销售市场，"价格越贵越好卖"已经成为很多产品销售时的一个不争事实。

不知从何时起人们开始认为产品的价格越高品质越好，而且这个观点渐渐成为一种思维定势。所以，越来越多的销售者在推销时会用"一分钱一分货"来打动顾客买高价的东西，而顾客自己在作出选择时同样会考虑这一点。由于人们在购买时无法详尽地了解产品的信息，就会在无形中依靠价格来判断产品的质量、品质等，认为那些价格高的产品一定是有档次的，质量好的。目前大多数的高价产品都是有一定知名度的品牌产品，人们在购买时会觉得既然是大品牌，肯定在同行业中做得比较好，所以即使价格高也是合情合理、物有所值的。如果我们以这种心理来看待"高价易卖"，那么此时的价格就相当于是产品的质量了。

人人都有虚荣心，中国人自古以来就有"好面子"的传统，这种心理会影响人们对价格的关注，使人们觉得买昂贵的东西能提高自己的身份地位。虽然现在的生活节奏十分快，人们在一起交流、接触的时间和机会都没有从前多了，但在学习、工作、娱乐之余，还是少不了会相互比评穿着、使用的生活用品等，尤其是和"姐妹淘"们聚在一起，聊聊这样的话题是再寻常不过的了。结果常常是那些用着奢侈的化妆品、穿着顶级品牌衣服的人会吸引更多人的眼球，也显得更有面子。这时的价格就是面子的象征了。

从那些高价产品的宣传中可以发现，越是贵的东西其代言人的知名度越高，人们在购物时就免不了会受"名人效应"的影响。生活中这种现象十分常见，我们从媒体中经常能看见、听到有关娱乐界明星穿着的八卦新闻，总是对他们穿着什么牌子的衣服、提着多少钱的包包、开着什么品牌的豪车等津津乐道。对于这些明星来说，他们集万宠于一身，有着众多的追随者。虽然对名人的崇拜是一种正常的现象，但越来越多的人将这种崇拜泛化到生活的方方面面，其中就包括用名人所用的东西。所以，只要是自己喜欢的明星所用的东西，再贵也要去买。那些知名度高的明星拥有的粉丝也相对较多，自然就出现价格越贵越好卖的情况了。

近年来，随着市场的开放，很多人抓住了自主创业的机会，走上了发家致富的道路。其中一些人在几十年前还是一贫如洗，连基本的温饱问题都难以解决，现在却成了百万、千万甚至亿万富翁。这时，人们就会有一种"补偿心理"，认为过去自己因为贫穷受了很多的苦，现在总算生活条件好了，有能力了，自然就要好好地对待自己，所以在购物时会选择价格更贵的东西。这种趋势在对待自己下一代时更加明显，他们总是觉得自己曾经所受的苦绝不能让孩子再接着受，于是在为孩子买东西时毫不手软。而且，即使自身的条件并不是特别好，很多家长也会为孩子选择更贵的东西，深怕自己的孩子与别人的相比会有差距，"宁愿自己受苦，也不能让孩子受苦"。

价格其实就是贴在产品上的一个数字罢了，却由于受到种种因素的影响可以是一种品质或身份的象征。正是由于人们赋予价格这样的意义和象征，才出现了越是高价的产品越好卖的现象。

人为制造的短缺

顾名思义，短缺就是缺乏、不足，在买卖关系中就是指商品的供应达不到需求的数量。一直以来，在我们的观念中短缺都是在供不应求时才会出现的，然后就是价格随之上涨，但随着竞争的日益激烈，出现了越来越多人为制造的短缺，即对本来不存在供给困难的商品，人为地制造出短缺的假象，以至于"亲眼见到的不一定是真实的，亲耳听到的也不一定是有根据的"。

最被人们熟悉的人为制造的短缺体现在住房领域。不管你身在哪一座城市，都能明显感受到房价的一路飙升，"住不起房"的现象越来越普遍，"蜗居""蚁族""房奴"这些词都已经不再新鲜了。越来越多的人开始关注这种过热的增长，是什么原因导致房价就像是一匹脱了缰的野马，令人无法控制其态势？的确，如很多房地产商所说，有很多客观的因素导致了房价的飞速增长，但不能忽视的一点就是人为制造的短缺假象。房地产商在商品房销售的过程中，通过制造短缺的假象，利用人们害怕买不到的心理，鼓动其购买。

经常能听到周围的人讨论房价的问题，大多数人都会得出"土地供应少了，房源少了，房价肯定会涨"的结论，即使很多权威部门一再表明房子的供应量不会减少，人们也还是会受到开发商制造的短缺的影响，总是担心自己如果不马上出手就会买不到房或者必须用更高的价格才能买到房；加上开发商利用人们的追涨心理，在买房者多次看房的过程中制造出持续增长的假象，这样一来就加速了顾客的购买。

买过房子的人都应该听过售楼人员的"透底"：您真有眼光，您选择的这个户型是整个项目的经典户型。这套户型本来就不多，一开盘就卖出去了一多半，现在只剩下几套了，您如果喜欢就赶紧下定金，要不然错过了就没有了，到时候您要是不喜欢了可以再退的。这种直接制造出的短缺信息很容易打动买房者去购买。不少购房者在特定的氛围下很容易产生冲动，稀里糊涂地就被卷入"假热销"的狂潮中，可是，当自己买完房子之后却发现事实并不像最初所见到、听到的那样。这样的场景从荧屏中到生活中处处可见。

其实这种现象不仅在住房领域比较普遍，在教育、医疗等领域也大量存在着。居住在大城市的人可能都会为孩子上学的事情发愁，作为家长当然是想让自己的孩子上最好的学校，可学校经常因为招生名额的限制而将孩子拒之门外，最后这些家长只好心有不甘地为孩子选择一个教育资源较差的学校。如果每一所学校的师资、环境等都基本保持在一个水平上，相信就不会出现"一边是挤破头也进不去，而另一头是冷冷清清"的现象了。虽然导致教育资源分配不均的原因有很多，但无法排除人为制造的短缺这个因素。受这种趋势的影响，即使在义务教育阶段，名校的收费也越来越高。更为诡异的是，一些不合理收费的现象不仅没有得到缓和，反而出现了恶性循环：收费越高，吸引力越大。现在大多数孩子一出生就得到全家上上下下的关爱，这些家长在什么方面都想着给孩子最好的，受的教育也要是最好的，而收费越高代表着条件越好，自然就越能获得家长的青睐了。

医疗领域也不乏人为制造短缺以获得暴利的现象，比如流感肆虐时，很多生产板蓝根的医药公司为了抬高价钱就故意散步出假消息，制造出目前板蓝根供不应求的假象，推动消费者尽快购买。

"物以稀为贵"，在大量人为制造的短缺中，即使数量很多的东西也容易被人们当做贵重之物对待。

一文不值与重金难求

一文不值是说东西毫无价值可言，而重金难求恰恰相反，常常形容的是那些价值连城，甚至再有钱也不一定能买到的东西。表面上看这是八竿子打不着的两个极端，可说不定哪一天一文不值的东西有一天也能变得重金难求，而现在重金难求的东西却变得毫无价值了。

现在很多有钱人都喜欢收藏古董，而且每件古董的价格都不菲，绝对称得上是重金难求了，但那些东西在它们被生产的年代说不定就是普普通通的物品，甚至连最贫穷的人家也不会把它们当做宝贝。可随着时间的迁移和时代的变迁，以前随处可见的东西变得十分稀少时，仅存不多的物品摇身一变，就价值连城了。

除了古董外，我们熟悉的一文不值和重金难求之间的变换还体现在邮票的收集上。"集邮"已经不再是一个新鲜的词了，不过，集邮爱好者并不是对所有的邮票都情有独钟，那些具有纪念意义又十分稀少的邮票才能得到他们的青睐。比如世界上的第一枚邮票应该就是重金难求的了，从实际的价值上看，一枚邮票值不了多少钱，和很多东西相比算是十分便宜的了，但当人们赋予它某种意义后就变得非常昂贵了。

上面的两个例子都是讲一文不值的东西在经过了很漫长的时间后变得价值连城。其实在现实生活中还有很多不需要时间的推移就能发生这种变化的。一位很著名的偶像明星在一件极为普通的 T 恤上签了自己的名字，于是，衣服还是原来的衣服，但是价格却增加了无数倍，而且很多人都愿意出这笔钱并且最终也只有一个人能得到它。

不管是古董收藏、邮票收集，还是 T 恤的昂贵变身，都说明了在一文不值和重金难求之间是没有绝对的界限的，而且从上面的例子中我们能看出一个共同之处，就是所提到的东西之所以能让人们争相高价购买都是因为稀少。可以想象，如果很久之前的东西并没有因为时间的推移被摧毁或消失，现在仍然有充足的数

心理学

第二篇 生活中的心理学

量，那么人们就不会去精心收藏了，也就不会有重金难求之说了；如果每件 T 恤上都有同样的签名，或者签名的人是十分普通的，没有被人崇拜和追捧的地位，那么人们也不会在乎能不能买到了。

在"为什么价格越贵越好卖"和"人为制造的短缺"中我们都提到了"物以稀为贵"的道理，与本篇中的现象一样，这些都受到了短缺效应的影响，即机会越小，价值越大。人们在买东西时常常会受到产品数量的影响，如果提供的数量很多，人们就会觉得反正多得是，收藏着也没什么用，就算有用以后再买也不迟；而如果数量十分有限，就会给人们制造出一种压力感，让他们觉得现在不买说不定就再也买不到了，这种"买不到"的可能让他们觉得自己即将失去什么东西，产生不安的心理，为了平复这种不安人们就会全力去购买。

所以，永远昂贵的东西是不存在的，正所谓"三十年河东，三十年河西"，我们总是处于时刻变化的环境中，也许有一天你身边的某一件毫不起眼的东西也能成为重金难求的物品。

价格尾数的促销作用

刘女士与好友逛街时，看到自己喜欢的专柜在举办促销活动，满 500 元送 100 元，于是便决定与好友一起凑数买衣服。两人各自挑了自己喜欢的衣服，由于该专柜的服装价格尾数都是 9 或 8，最后加起来算了一下还差 32 元钱。而该专柜里的物品最便宜的也是 30 元以上的，刘女士只好狠狠心买了一双 38 元的袜子。"虽然我们俩都买到了自己喜欢的衣服，算起来比正价购买要便宜。但平时如果看到一双袜子卖 20 元我都觉得贵，如果不是为了凑数，我是不会买那么贵的袜子的。"虽然买到了自己喜欢的衣服，但刘小姐还是觉得有点心疼。

心理学家的研究表明，价格尾数的微小差别，能够明显影响消费者的购买行为。一般认为，5 元以下的商品，末位数为 9 最受欢迎；百元以上的商品，末位数 98、99 最畅销。这就是尾数定价法的运用。在确定商品的零售价格时，以零头数结尾，会给消费者一种经过精确计算、价格便宜的心理感觉。同时，顾客在等候找零期间，也可能会发现或选购其他商品。尾数定价法属于一种心理定价策略，目前这种定价策略已被商家广泛应用。那么，尾数定价法相比其他定价法有什么优势呢？

首先是便宜。标价 98 元的商品和 100 元的商品，虽然仅差两元，但人们会习惯地认为前者是几十元钱的开支，比较便宜，使人更易于接受。而后者是上百元的开支，贵了很多。其次是精确。带有尾数的价格会使消费者认为商家定价是非常认真、精确的，连零头都算得清清楚楚，进而会对商家或企业的产品产生一种信任感。再有就是中意。在不同的国家、地区或不同的消费群体中，由于社会风俗、文化传统、民族习惯和价值观念的影响，某些数字常常会被赋予一些独特的涵义，企业在定价时如果能加以巧用，其产品就有可能因此而得到消费者的偏爱。例如中国人一般喜欢6和8，认为6代表六六大顺，吉祥如意，8代表发财，讨厌4，因为4与"死"谐音；美国人则讨厌5和13，认为这些数字不吉利。因此企业在定价时应有意识地避开，以免引起消费者对企业产品的反感。

尾数定价法虽然有一定的优势，但并不是所有场合都适用。超市、便利商店的市场定位决定其适用尾数定价法。超市的目标顾客多为工薪阶层，其经营的商品以日用品为主。目标定位是低档和便宜。人们进超市买东西图的也是价格的低廉和品种的齐全，而且人们多数是周末去一次把一周所需的日用品购置齐全，这样就给商家在定价方面一定的灵活性，其中尾数定价法是应用较广泛而且效果比较好的一种定价法。尾数定价意味着给消费者更多的优惠，在心理上满足了顾客的需要。而超市中的商品价格都不高，基本都是千元以下，以几十元的价位居多，因此顾客很容易产生冲动性购买，这样就可以扩大销售额。大型百货商场则不适合尾数定价法。大型百货商场走的是高端路线，与超市、便利店相比，大型百货商场高投入、高成本的特点决定了其不具有任何价格优势。因此，大型百货商场走廉价路线是没有出路的，它应该以城市中的中产阶级为目标人群，力争在经营范围、购物环境和特色服务等方面展现自己的个性，以此来巩固自己的市场位置。据相关资料介绍，目前我国消费者中，有较强经济实力的占16%左右，而且这个比例有扩大的趋势。这些消费者虽然相对比例不大，但其所拥有的财富比例却占了绝大多数，这部分人群消费追求品位，不在乎价格，倘若买5000元的西装他们会很有成就感，而商场偏要采用尾数定价策略，找给他们几枚硬币，这几个零钱他们没地方放，也用不着。加之这些人时间宝贵，业务忙，找零钱浪费他们的时间（当然排除直接刷卡的付款方式），让顾客会有不耐烦的感觉。

什么是少量限定原理

生活中类似的促销标语再常见不过了，不过，它们对消费者的诱惑力似乎并没有因为常见就随之减少。当我们碰上这些促销活动时，还是会忍不住多看一眼，多留心一下。

通常，我们在促销活动中所见到的限定条件主要包括对时间的限定和对数量的限定。比如，在时间上，很多商家会打出"活动截至×月×日×时""生日在×月的顾客能获得此优惠""每天前×名的顾客能享受×折优惠"等等。可以看出，虽然在具体的限定方式上不一样，但这些都是对时间的少量限定，使优惠活动只面向部分消费者。而类似的"仅售×个""数量有限、欲购从速""只剩最后几件""每人每天限购×个""在×地区唯一一件""限量版"等等，都是在数量上对顾客的消费行为进行了限制。

当物品受到这些条件的限定时，我们反而更愿意去购买。

我们都了解一种很普遍的心理，物以稀为贵，东西少了自然就会引起人们的重视，而当物品的供给十分充裕时，人们反倒不会去那么关注。人们会认为"既然东西还很多，无论什么时候都不会出现没有的情况，那等到自己真的有需要时再买也不迟，说不定还会有更多、更好的选择"；而当对时间或数量进行了限定之后，人们就会有一种"如果现在不买，等自己需要时就没有这种优惠了，反正这些东西应该都用得上，就先买着吧"，于是出现越是限定越要购买的现象。

其实，这些都是商家在营销时常用的一种策略，通过限定与顾客购买行为相关的一些因素（比如时间和数量），引起顾客的关注，激起他们的购买欲望，用营销术语讲就是利用了"少量限定原理"。这种原理准确拿捏了顾客害怕失去购买机会的心理。在限定的条件下，顾客如果不及时购买，等到时间过了或者数量超了，自己就可能错过机会。这种可能出现的情况会引起顾客在心理上的不安，而为了避免这种不安的出现，顾客就会选择出手。

正因为"少量限定原理"对顾客有很大的吸引力，越来越多的商家为了达到自己的目的而置事实于不顾，随心所欲地对购买条件进行限定，不仅没有起到应有的效果，反而伤害了顾客，引起顾客的厌恶和反感。

某商店打出了"清仓处理，只剩最后三天"的标语，周围的居民都蜂拥而至，生怕错过了大好的机会，接连三天顾客都络绎不绝。可奇怪的是，三天过去了，标语依旧挂着。顾客顿时有一种被欺骗的感觉，之前那种抓住机会买东西的激动和开心之情荡然无存。不仅如此，由于对商家这种做法的厌恶，使消费者对产品本身也产生反感，认为产品质量有问题、价格太贵等等，最终落得很不开心。

可见，虽然"少量限定原理"有利于帮助商家促成销售，通过对条件的限制激起人们害怕失去的心理，从而去买东西。但是，不切实际的利用，也会伤害到顾客的情感，产生适得其反的效果。

什么是权威效应

我们在购买商品时会不可避免地受到其他因素的干扰，通过前面几个章节的介绍也了解到了物品摆放的位置、促销时对条件的限制等都会对我们的购物活动产生影响。除此之外，商家还经常利用权威人物在我们心目中的形象进行宣传，以此来推销商品。

权威效应是一种普遍存在的社会心理学现象，指说话的人如果地位高，有威信，受人敬重，则他所说的话就容易引起别人的重视，并使人相信话语具有正确性。这其实也就是人们常说的"人微言轻，人贵言重"的现象。

在营销中商家也经常利用"权威效应"的影响来吸引人们的注意，获得人们的信任，他们的具体做法有：

在传单、标语、产品说明书等上面加上能引起人们权威崇拜的内容，如，"该产品获得××的质量认证，请放心使用"等。

直接找具有权威的人或机构进行广告宣传。随着媒介的发展，我们随处可见各种各样的广告。观察这些广告，你会发现，产品代言的人群中除了演员、歌星等文艺界的明星之外，还有许多相关行业里的顶尖人士。与明星吸引人们的方式不同，这些人主要是利用自己的权威身份获得大众的崇拜和信任。

通过各种渠道拉近自己和权威之间的距离。比如，现在很多店铺在开业时会请权威人士参加剪彩或在庆典时请权威人士出席；此外，还有商家在权威人士消费之后留下他们的照片或者签名等，并将这些放置在显眼的位置，以达到宣传的目的。

利用权威效应进行广告宣传的策略还有很多很多，但它们无疑都是利用了人们对"权威"的信任和崇拜心理。

人们都有渴望安全、自我保护的本能，而权威人士在我们心中的形象十分高大，这种形象代表着权威人士的思想、行为大部分都是正确的，是值得信任和推崇的。追求安全的心理使我们认为服从、跟随这些权威人士，按照他们的行为方式说话做事就能增加自己不出错的"保险系数"，从而能获得安全感。

此外，按照马斯洛的观点，人都有获得尊重的需要，权威人士有着令人敬仰和羡慕的社会地位和威望，博得了很多人的尊重。如果自己的偏好、言行、价值取向等和那些权威人士一致，自然也就能赢得别人的尊重和认可，所以，选择权威人士所选择和推荐的东西就是一种向他们靠近的方式。

从这些心理过程中可以看出，受权威效应的影响，在买东西的过程中人们都会表现出一些盲目崇拜，认为权威人士所说的、所做的、所推荐的就是对我们有益的。的确，从我们自己的购物经历来看，那些由该行业的顶尖人士代言或推荐的产品常常都有较好的质量和口碑，是值得去购买的。但对权威效应也应该辩证地去看，毕竟我们要购买的是实际的产品而不是权威人士的威望。而且，随着竞争日益激烈，越来越多的商家利用顾客追求安全和获得社会认可的心理，在权威人士的权威性上造假，而由于盲目崇拜的存在，顾客依然会倾向于去购买。

引起消费者的好奇

不知道你有没有听说过这样的一个故事：有一家酒吧，酒吧门口放着一只大酒桶，桶壁上面贴着四个非常醒目的大字，"不准偷看"！可是，来来往往的人并没有像提示的那样，退而避之不去看；相反，好奇心使他们都跑了过去，想看看酒桶里面究竟是什么好东西。结果，一股清香的酒味扑面而来，透过酒还能依稀看见酒桶底部"本店美酒与众不同，请享用"的字样。接着，这些好奇的人又抵制不住酒的醇香的诱惑，走进店里亲自喝喝，看到底是什么样的美酒能有如此的香味。

这个故事说的就是卖酒的商家利用人们的好奇心将过路的人吸引到店中消费——最开始是用"不准偷看"这种禁止的话激起人们的好奇，当人们靠近酒桶时又用酒香吸引住顾客。人们在从看见标语到进店喝酒的整个过程中都受到了好奇心的驱使，可见，好奇心对我们的行为有多大的影响。

好奇心，人皆有之，从心理学的角度讲，是人对自己不了解的事物感到新奇而有兴趣进行探究的一种心理倾向。好奇心激发我们去了解更多的事情，去认识这个世界，让我们的生活永远充满新鲜感和乐趣。不仅如此，好奇心还能对购物活动产生影响，使人们不是为了买东西而去买东西，而是为满足好奇心而去买东西。

消费者在购买活动中有很丰富的心理，广告创作中的一个非常有名的 AID-MA 原则就揭示了消费者购买的全过程。1898 年 E. S. 刘易斯最先提出 AIDMA 原则，其含义为 A（Attention）引起注意；I（Interest）产生兴趣；D（Desire）培养欲望；M（Memory）形成记忆；A（Action）促成行动。从这一过程中可以看出，注意、兴趣是购买活动的开始，而好奇心对吸引注意、激起兴趣又可谓是一剂良药。

通常说来，人们对问题比较好奇，因为问题较容易使人们产生继续关注、直至找到答案的心理。像很多人都喜欢玩猜谜的游戏，就是因为已知的谜面激起了人们对未知的谜底的探究。所以，设置疑问是常见的营销策略。

此外，很多商家还通过提供不完整的信息引起人们的注意和兴趣。"犹抱琵琶半遮面"总是能带给人们无尽的遐想和隐约的美感，往往比"暴露在外""全盘托出"等更能引起我们的注意。营销中商家将很有价值的信息只提供一部分，自然而然地激起人们对剩下信息的兴趣。比如展示新产品时，在介绍中提到该类产品有很多用途，其中一些是其他同类产品所不具备的。接着商家对产品的用途进行演示，但销售人员并不是全数展现在顾客面前，而是将最精彩的地方留给顾客自己去体验。

可能有的产品在用途上并不具有什么新奇的特点，也就无法对人们产生吸引力了，但如果用新奇的方式进行包装或宣传，同样能激起人们的好奇，去关注产品。我们常常能看见穿着可爱或奇异的"人"在街上为某种产品派发广告宣传单，他们依照产品的特征扮成动物或其他相关的造型，这些造型更容易激起人们的好奇心，使人们产生多了解一下产品的想法。

好奇心是一种天性，每个人都不能摆脱好奇对消费行为的影响。在消费中，除了产品本身外，产品的包装、宣传等都有可能触发消费者的好奇心理。

用恐惧和魅力打动人心

如果你留心商家的营销，会发现很多广告语都有一个共同的逻辑：举出你可能遇到的困境——进一步说明这种困境会对你的生活产生危害——所推销的产品能帮你解决这个问题。而通常情况下的宣传效果是人们真的感觉到了那种潜在的危险，为了避免陷入不安和困境中而倾向于去购买。正是消费者对潜在危险的恐惧心理赋予了产品魅力，产品才打动消费者去买它。

我们都知道雪中送炭的典故——战国时期的某年冬天下大雪，楚怀王点上炉火，穿上大皮袄还觉得冷。突然，他沉思一会儿，下令给全国的贫苦百姓和游客送去取暖的煤炭。现在，我们常用这个典故比喻当别人有困难时给予物质上或精神上的帮助。雪中送炭的深层意思应该是：与在顺境中受到别人的帮助相比，逆境中的帮助会让我们更加感激。社会心理学中有一个"地狱之佛"理论，讲的也是类似的道理。所谓地狱之佛，就是在地狱中的佛，在你遇到困难时，伸出援助之手，帮你渡过难关。无论是"雪中送炭"，还是"地狱之佛"，都说明了困境中的帮助更有魅力。

商家也正是利用了这种魅力才会在广告语中设置种种潜在的困境，以此造成人们的恐惧心理，引起人们的关注和购买。

人都有趋利避害的本能，都会追求快乐，避免伤害，而且，与"趋利"相比，"避害"的本能更强。因为利益对于自己来说，如果失去，只是少得到了某些东西，而伤害对于自己来说就是一种失去，是人们不愿意去接受的。这也是为什么恐惧更具有魅力，更能在营销时打动人心。

此外，人们都有获得安全的基本需要。从那些广告中可以发现，大多数利用恐惧和魅力打动人心的产品都是与人们的安全有关的，比如与生理安全有关的保健药品，与生活安全有关的防盗门，与物质消费有关的信用卡等。之所以在这类产品的宣传中利用人们的恐惧心理能起到一定的效果，就是因为一般这类产品或服务都能满足人们获得安全的需要，比如各种各样的社会保险。

养老保险：当你年迈力衰时——为您提供最基本的生活保障，让您可以安度晚年。

医疗保险：当您遭受意外事故时——为您提供物质和精神帮助，使您的疾病能得到及时治疗。

失业保险：当作为一家之主的您被公司辞退，暂时失去生活来源时——为您提供物质帮助，渡过难关。

工伤保险：当您在工作中意外丧失基本工作能力时——为您提供基本的帮助，得到应有的补偿。

生育保险：当您因为有了宝宝而不得不暂时停止工作时——为您提供经济和物质帮助，免除后顾之忧。

可见，虽然恐惧对人们来说是不愉快的情感体验，会给我们的生活带来很多的麻烦，但如果正确利用，恐惧也是有益处的。尤其对销售者来说，通过给顾客设置一种想象中的困境，让他们产生恐惧心理，激起他们摆脱困境的愿望，再介绍自己的产品或服务能满足消费者获得安全、避免伤害的需要，为消费者提供帮助。这样一来，消费者购买就显得水到渠成了。

利用"和自己境遇相似的人"进行宣传

"同病相怜"，常用来比喻因有同样的遭遇或痛苦而互相同情，也就是说境遇相似的人更容易产生相同的感受。

商家销售时也经常利用"和自己境遇相似的人"来进行宣传。比如，纸尿裤的宣传：宝宝穿着舒适的尿裤自由自在地活动着，由于尿裤对宝宝没有束缚，他们能尽情地玩耍；妈妈则在一旁安心地看着，由于尿裤的吸水性能好，她们再也不会担心对宝宝的皮肤有影响了，满脸洋溢着幸福。

学习机的宣传：随着知识地位的提高和独生子女数量的增多，家长越来越重视对孩子的教育，许多商家抓住这一商机，开发和生产了各种各样的学习机。随着品牌的增加，学习机之间也产生了激烈的竞争，为了赢得更广阔、更稳定的销售市场，这些商家争相在宣传上下工夫。但比较这些宣传可以找出一些相同之处：广告中有一个学生模样的孩子正独立地使用某一品牌的学习机，并且取得了很好的成绩，再也不用担心自己的学习了；而家长再也不用因为督促孩子学习而苦闷了，还节约了自己的时间。

记事本的宣传：免费为顾客提供精心准备的纸和笔，让顾客将自己的购买心得记录在纸上，然后按照不同的风格将纸条贴在架子上的显眼位置。

……

这样的例子数不胜数，不过总的来看都是利用了"和自己境遇相似的人"进行宣传。

在第一个例子中，通过广告中宝宝和妈妈的反应，向看广告的人传达着"因为有了这种纸尿裤，宝宝更开心了、妈妈也更舒心了"的信息。广告中的人物身份与这些妈妈的身份一致，都是为了让宝宝得到更好、更安全的呵护。境遇的相似让他们更容易相信广告中的产品。这样，对宝宝的关注就在广告中的妈妈与生活中的妈妈之间建立了联系，自然也就容易吸引顾客。

在第二个例子中，从孩子的角度来讲，学习成绩提高是他们都梦寐以求的，所以广告中成绩的提高唤起了孩子对产品的需求，而这些孩子在购买时也有很大的决定权。从家长的角度来讲，由于工作和孩子之间常常不能很好地兼顾，如何保持二者之间的平衡是他们一直希望得到解答的问题。如果孩子能较好地独立完成作业，自己将减少许多负担。广告中的例子就很好地将这些联系在一起，在家长之间形成了共鸣。广告既让孩子找到了自己的影子，也让家长找到了自己的影子，自然宣传就容易达到目的了。

与纸尿裤和学习机不同，第三个例子中的记事本是人人都能用得上的，似乎所有人都可能是境遇相似的人，所以不管是用哪一类人做广告都可能忽视其他的群体。不过例子中就做得很好，利用顾客的感想、意见、反馈等制造了与任何境遇的人都可能有交集的效果。当再有顾客进店时，就能从这些纸上看到各种各样的感想，引起顾客的共鸣了。比如，你失恋了，为了排遣心中的失落逛进店里，这时，你看见小纸条上的一段话和你自己的境遇十分相似。而且留下纸条的人说自己为了和过去告别，买了一个××样的记事本，希望自己将过去都记录下来，然后像关上记事本一样关上回忆。这时，你会不会内心有一丝触动，考虑自己是不是也要买一个记事本？当你真的买下了一个本子后你也会留下自己的心得，这些心得说不定也会影响下一个进店的人。

从这些例子中能看出，人们对和自己境遇相似的人较容易产生偏好，相似的人、相似的情景能唤起人们的共鸣，进而影响自己的购买行为。

将表象系统和营销结合起来

表象是指人们在头脑中出现的关于事物的形象，表象系统源于神经语言程序学，是我们获取、储存与运用经验的感官通道，包括视觉、听觉、触觉、嗅觉和味觉。每个人对外界信息的认识和理解都是通过这些通道完成的。不过在人与人之间可能存在着差异，有的人是主要通过视觉来理解事物的，有的人则是依靠听觉或其他感觉来理解的，但共同点都是通过外在的感觉深入到自己的内心。

人们最常用的感觉通道应该非视觉莫属了，我们对周围的人和事物的了解基本上都是通过眼睛实现的，否则也不会有"眼睛是心灵的窗口"这句话了。当我们在买东西时，首先获得的就是有关产品外表的信息，那些让人只看上一眼就感觉到赏心悦目的东西比感觉平平的东西一定更容易被人们购买。随着同类产品之间的竞争日益激烈，几乎所有的商家都会不惜重金请当红偶像明星进行代言、宣传。这些偶像大多有俊俏的外表、亮丽的造型等，目的就是能在视觉上吸引顾客。虽然每个人的审美观点不一样，但一般来说那些拥有华美外表的明星更多地被人们认同。当人们看到这些偶像时，会觉得特别舒服，对代言人的认同也会转移到产品上去。除此之外，很多广告都会在色彩上下工夫，我们知道不同的色彩可能与人们不同的心情有关，色彩之间的不同搭配也会产生不同的效果，所以对一些时尚的产品来说其广告中的色彩可能就比较鲜艳、跳跃；而对于一些古典、高雅的产品来说其广告中的色彩就会稍微素洁、简单一点。

在听觉通道上最能打动人心的就是音乐了，心理学中很早就有实验表明不同的背景音乐对于人们进餐的行为是有影响的。背景音乐，是一种能创造轻松愉快的环境气氛的音乐，它不仅能掩盖住餐厅中的噪音，还能彰显餐厅的品味和格调，比如在一间典雅的咖啡厅中，播放着曼妙轻盈的背景音乐，顾客选择咖啡厅这种环境多半是为了放松，而优美、缓慢的旋律能让顾客感觉到无比的舒展和自然，这样一来就能达到吸引顾客的目的了。而且，如果你注意观察还能发现同一家餐厅在不同的时间段内播放的音乐是不同的，当你选择在餐厅生意很好时去吃东西，可能会听到节奏很快的音乐；而当你在人不是那么多时进去时，音乐可能比较缓慢。你吃东西的速度也会随着音乐节奏的不同而不同。可以看出，音乐对人们消费时的心情、态度等的影响不可忽视。

当你去商场买衣服时，可能会一眼就看中了一件，但这时你并不会急于买下来，而是用手感受它的布料，看看是不是很舒服，然后再决定是否购买。这时就是通过触觉获得的信息在影响着你的购物行为了。也许你并没有意识到触觉的重要性，但在几乎每一次买东西时都会去触摸商品，买衣服会选择那些摸上去柔软舒适的，买手机会选择手感好的……无论如何只有那些摸上去符合你要求的东西你才会去买。

在去超市购物时经常能看见推销人员端着盘子邀请您免费品尝某种新产品，比如方便面、饮料、饼干等，结果总是那些闻起来比较香、吃起来比较爽的东西能打动你。两个厂家各自对自己的饼干进行促销，从包装、价格、数量等方面看它们不分上下，而且也同时开展了免费试吃的活动。在这种情况下，人们选择哪一种饼干就依赖于自己的味觉和嗅觉了。

表象系统能给人们带来大量的有关产品的信息，而总是那些看上去亮眼的、听上去悦耳的、摸上去舒适的、闻上去甜美的、吃上去令人满足的东西才能最终打动人们去购买。

什么是回报性原理

从小家长和老师就教育我们要知恩图报，"滴水之恩当以涌泉相报""饮水不忘挖井人"等等都告诉着我们同一个做人的道理——当我们受人馈赠、恩惠后，如果不予以回报就会显得没有礼貌，缺乏素养，而且我们自己也会觉得心里面不好受。回报性原理说的就是这种有恩必报的心理。

在商品销售的过程中，常常会有"免费"的东西提供给消费者，酒吧里免费的花生、免费发放的宣传单、免费体验的服务、免费品尝的食品……琳琅满目的免费产品和服务吸引了很多人的眼球，在接受了这些免费的东西之后大多数消费者都会购买，总觉得用了或者吃了别人提供的东西如果不买，就太没有道德了。

回报性原理对人们购买行为的影响体现在两种不同的形式上：一是人们由于接受了免费提供的东西而去购买；二是人们为了不买而拒绝接受免费提供的东西。

在信用卡的推销中，常常会有免费赠送的小礼品，只要有兴趣的人都能获得这个礼品，于是很多人最初都在"贪便宜"心理的支配下表现出对产品和服务的关注，接着他们就能如愿得到一份免费的赠品。这些得到礼品的人通常不会立即离开商家宣传的地方，而是会再多待一段时间听销售者的推荐和介绍，之后这些人还是没有走，而且有人经不起诱惑办理了相关业务。与这些人完全不同，有一部分人为了避免回报性原理对自己购买行为的束缚，不愿意接受免费的小礼品。他们认为："天底下就没有免费的午餐，如果我过去拿了那件礼品，就算销售者没有要求必须购买，自己良心上也过不去，这种在心理上的亏欠也是一种代价啊，所以索性就不要那赠品，这样就不用考虑需不需要回报了，作的决定也会理性很多。"由此可见，不管人们购买与否，都会受到回报性原理的影响。

我们知道一次成功的销售要与客户接触很多次，而且很多客户最初并没有特别急切的需求，也没有强烈的购买欲望，但最后都还是被说服了。这其中也包含着一种"回报"——对销售者执著沟通的回报。一位销售人员上门推销保险，房主第一次见到他时很没有耐心，相互交流了没几句话就礼貌地送客了。不过，保险人员却从短暂的谈话中得知他们家还没有给孩子买过任何形式的保险。过了几天保险人员又一次登门拜访，这次他带上了详细的有关孩子保险的材料，并向房主一一进行了阐述，不过房主依旧没有决定要买，但在对待保险人员的态度上发生了很大的改观，他觉得"自己上次的态度那么差，但人家却毫不在意，还这么留意我说的话，精心准备了那么多资料，真是有心人啊！如果还那么对待人家，就太没教养了"。又过了几天，保险人员又来了，这次他带来了一个分析报告，把所有的利弊都详细地进行了分析。主人终于被打动了，认为"对于这样一个执著、又能真心实意为顾客考虑的人来说，他的努力就是一种恩德，如果没有回报是不被认同的"。正是销售者的坚持让顾客深深体验到了一种"不报不行"的感觉，发生购买行为。

当然，回报并不都是及时的，人们可能在感受到别人的恩情之后没有迅速作出反应，但这并不意味着他们不近人情，也许只是在等待合适的时机表现出来。比如，某一品牌在进行宣传时免费派发了很多礼物，很多过路人都接受了礼物，却因为当时没有需要就没有购买产品，当有一天他们有了需求，在多种同类产品中进行选择时，自然会倾向于发过礼物的品牌，因为他们觉得"这个牌子之前送过我东西，既然现在我有需要了当然要去买它了"。

想想你自己的经历，一定也能发现很多因为"报恩"而买东西的情形！

赠品——抵制不住的利益诱惑

利益诱惑就是指用利益去达到诱惑对方的目的，在营销中这种策略非常常见，给顾客一点小小的利益，诱惑他们去购买，而且通常情况下这些用来当"诱饵"的东西与产品本身的价值相比是微不足道的。

超市中经常会有"买一赠一"的活动，所提供的赠品可能是相关的产品，也可能是其他产品，还可能仅仅是同一产品数量上的增加。但无论是哪一种形式的赠品，无论赠品本身值多少钱，都是利用了利益诱惑以达到成功销售的目的。

在买牙膏时会发现总有一些牌子的牙膏和牙刷包装在一起，而且只有一个价格标签，你也许最初还觉得奇怪，所贴出来的价格到底是牙膏的还是牙刷的呢，再仔细看看标签才明白原来是商家的推销活动——买一盒牙膏，免费赠送一支牙刷。周围虽然还有很多其他牌子的牙膏，但都没有赠品，这时你就会想，都是牙膏，而且看上去都还不错，既然有赠品，如果我买了就能有一份额外的收获，如果不买就失去了这种优惠了。最终你还是选择了有赠品的那种牙膏，商家提供的利益成功诱惑了你的购买。这种形式的利益诱惑还有很多，比如买方便面赠送饭盒，买衣服赠送腰带，买鞋子赠送鞋垫，买手机赠送话费，买化妆品赠送化妆棉等等，都是用与所卖的产品相关的东西作诱饵吸引顾客。

相关产品的诱惑不仅能让顾客产生"额外收获"的欣喜，还能通过用途上的联系让顾客很容易对这种搭配产生兴趣，比如买牙膏赠送牙刷，顾客就会想，也是，反正牙刷也该换换了，既然有免费提供的就选择它吧，省得以后还得花钱去买。不过并不是所有的赠品都是与产品本身相关的，为了鼓动人们更多地用手机打电话，通信公司经常会推出："一次性充值达到×元，就能免费得到精美的礼物一份，音箱、遮阳伞、台灯、水杯等多种礼品等着你，数量有限，送完为止。还在犹豫什么呢，赶紧行动吧！"可以看出，所赠的礼品与产品本身没有直接的联系，但这种利益也能达到诱惑顾客的目的，"明明可以获得的利益，为什么要失去机会呢，不要白不要"。甚至会出现被利益冲昏头的现象，为了得到利益而不管产品本身的质量等，比如很多客户在充值时完全不关心资费方式上的细节，只是一心想拿到赠品。

在买吃的东西或喝的东西时总是会选择那些数量上增加的产品，比如酸奶、饼干等。常常会看见商家为了推销每隔一段时间就会开展"加量不加价"的活动，原本八杯一组的酸奶现在变成了十杯，这多出来的两杯酸奶就会对人们有很大的诱惑力。其实很多时候人们以为免费占得的"便宜"并不是便宜，那些所谓的赠品也只是原有产品的一部分，比如加了两杯的酸奶，也许总的来说酸奶的量并没有增加，只是减少了原来八杯中的分量而把它们转到增加的两杯中了，但即使这样也还是具有诱惑力的。

很多广告中也充分利用了人们抵制不住利益诱惑的心理，在宣传产品时常常会有同样的一个模式：赠品－所宣传的产品－赠品。在免费派发的宣传单上先摆出对人们有很大诱惑力的优惠，吸引人们的眼球，然后对推销的产品进行详细的介绍，在人们了解了自己的产品或服务之后再摆出如果购买会得到什么样的利益，进一步诱惑潜在的顾客。在电视广告中这样的宣传模式也十分普遍，比如某公司推出一款新的洗发水，与之前的产品相比不仅在保持原来价格的基础上增加了净含量，而且还有一些新的功能，在广告宣传时通过"赠品－新款洗发水－赠品"来吸引顾客，"本公司为了答谢新老顾客，通过大量的市场调查和实践考证，特推出新产品，并有一系列的优惠活动。该洗发水是一款吸收了大自然精华的保健型洗发水，不仅能使头发保持垂直、柔顺，还能在您的头皮上形成一层保护膜，保证您的头皮健康。从即日起凡购买本产品就能获得免费赠送的护理精华素一瓶"。

从上面的例子中可以看出，赠品所带来的利益诱惑是很多人都抵抗不了的。不管赠品是什么，价值有多大，只要能让人们有意外的收获感就能打动人们的心。

如何成为顶尖销售员

一直以来，销售被人们认为是二流的职业，销售人员自己都觉得在向别人介绍时难以启齿，不过，随着销售在现代生活中的地位越来越重要，渠道越来越多，人们对他们的关注程度与日俱增，他们取得的成绩也让人刮目相看，并且社会对他们的偏见也正在随之减少。我们不得不承认，如果没有了销售活动，整个社会甚至将无法正常运转。销售人员的增多也加剧了内部的竞争力，出现了"最顶尖的20%挣走了80%的钱，剩下的80%只挣到了20%的钱"这种现象。在销售人员的内在博弈中，要想立于不败之地，成为那20%中的一员不仅需要技巧，也需要智慧。

销售不是依靠艰苦的努力就能取得成就的，它是一门艺术，需要用心去经营。在销售过程中的自我意识、心理状态等不仅会直接影响销售者自身，还能间接影响到消费者的购买。

"我很棒"积极的心理暗示能带来不可小视的效果。自我意识影响着人们的自尊、自信水平，影响着人们的自我认识、自我调节和自我控制。积极的心理暗示对形成良好的自我意识有重要作用。德国和美国科学家联合进行的一项研究证明，护身符确实能给人带来好运。原因当然并非护身符本身会释放出魔力，而是护身符能给人一种积极的心理暗示，让人们在做事时能够取得更好的效果。在另外一个类似的实验中，数十人被叫来进行一场高尔夫比赛，其中一半人被告知使用的是在多场比赛中给选手带来好运的幸运球，而另一半人则被告知使用的只是普通球。比赛结束后，科学家发现使用"幸运球"的选手的击球入洞率要比使用普通球的选手高出近40%，可见积极的心理暗示对任务的完成有重要作用。销售中也是如此，如果在销售的过程中销售人员能一直坚信自己是很棒的，在与顾客交流中就能表现得更加自如和自信，获得顾客的认可。一个不认可自己的人就会像自己所想的那样表现得比较差劲，自然也就得不到别人的认可了。人们在买东西时总是会倾向于相信那些表现得落落大方、说话井井有条的销售者，而只有销售者表现得自信，大方，才能赢得顾客的信赖。

"试得越多，越接近成功"，销售的过程就是沟通和碰壁的过程。虽然越来越多的人有感性消费的倾向，对产品常常会"一见钟情"，在购买时也不会考虑太多的细节，但毕竟这样的情况是少数的。既然人们在一次接触产品后无法决定是否购买，对于销售者来说就会出现失败和被拒绝。由于多方面的原因，绝大部分的销售、拜访会以被拒绝告终。但其实人们并不是没有购买的意向，只是决心不够，所以那些在遭拒绝后能一如既往地对自己和产品充满信心的销售者往往能得到人们的光顾，可能十次接触才会促成顾客的购买，但没有前面九次也就不会有最后成功的那一次。

销售人员之间的博弈有技巧上的比拼，但重在心理，那些心理素质好、不畏拒绝、对自己永远充满信心的销售者能让人们感受到他的热情与执著，从而形成对产品的偏好，最终在与销售者的多次接触后完成购买。

奥里森·斯威特·马登说过："只有我们面向自己的目标时，只有我们满怀信心地认为自己可以胜出时，我们才能在自己的征程上取得进步。"

成功销售的十大关键

随着经济的发展，销售人员的数量越来越多，人人都想成为最顶尖的20%中的一位，但却总有80%的人不能实现自己的愿望。没有人天生就是一个成功的销售人员，成功之人必有过人的地方，那些在销售界具有显赫声名的人总是有许多相似之处。

热爱销售工作

热爱工作是一种信念，这种信念不仅会影响销售人员的工作态度也会影响顾客的选择。卡耐基说："除非喜欢自己所做的工作，否则永远无法成功。"这也是许多成功人士共同的观点。我们在购买时常常会受到销售者精神面貌的影响，而通常情况下，那些充满斗志、精神饱满、态度积极负责的销售人员总是能博得我们的好感。这种外在的积极表现是需要对销售的热爱才能真实流露出来的。所以，对于销售人员来说，要想成功就必须让自己热爱这份工作。

努力赢得别人的信任

顾客购买某一件东西是因为对这件东西的信任才会买，而物品本身是不能和顾客交流的，这就需要推销物品的人能给顾客信任感，而当顾客对某一位销售人员非常信任时，自然也会将这种情感转移到物品上。斯蒂芬·科维说："要想被人信任，就要值得信任。"那些真诚待人、实事求是地推介自己的产品或服务的人更容易获得我们的信任。

为自己设置合适的目标

对于销售者来说，其目标显而易见是销售产品，但消费者购买产品往往需要经历一个心理过程，每一个阶段的需要是不一样的，可能刚开始只是想初步了解一下，看看是不是自己所需要的；接着会更多、更全面地了解产品，准备购买；最后会考虑在什么条件下购买是最划算的。这就需要销售者根据顾客的要求设置自己的目标。

用榜样激励自己

"物以类聚，人以群分"，哈佛大学的大卫·麦克利兰认为，成功和失败的主要区别在于你对"参照人群"的选择。顾客在购买时也常常会自觉不自觉地把自己眼前的销售者与那些成功人士相比较，如果他们在穿着、工作态度、价值观、行为模式等方面有很多相似的地方，就会认为他们也是成功者，更倾向于去信任他们。所以对于销售者来说，用榜样去激励自己，按照他们行为处事的方式去要求自己，不仅能让自己进步，也能获得消费者的好感。

不断学习

我们周围的世界日新月异，不断会有新的信息出现，而好奇心驱使人们去不断地了解和接受新鲜的事物，顾客在买东西时也会有这种倾向，总是想对那些新的产品或者与潮流密切联系的产品多一些了解，这就要求销售者要不断地学习，以满足人们的好奇需要。

做一个勤奋的人

"人生在勤，不索何获"，"天才就是百分之九十九的汗水加百分之一的灵感"……从前人的这些至理名言中可以看出，勤奋是成功必不可少的重要因素。那些勤奋、踏实的人会给人们良好的印象，获得人们的尊重，在销售中也是如此。当一个销售者不辞辛苦、全力以赴为了销售自己的产品和顾客沟通时，顾客会在情感上佩服他们，并认为对于这样的人是值得去买他们的产品的。

坚定不移地前进

坚持就是胜利，这句话在销售中尤其适用。销售是一个说服和被说服的过程，需要经历多次的沟通和接触，而且常常会有不如意的情况出现。顾客不去购买某一件产品可能是由于真的没有需要，也可能是有需要但是暂时还在犹豫，所以在这个时候那些能坚持下来的人就能打动顾客去购买。骐骥一跃，不能十步；驽马十驾，功在不舍。在偶尔被拒绝后依然能精神饱满地前进，不仅能让销售者变得更加坚强，也更能最终说服消费者去买东西。

敢于创新

人们总是对新的事物更加感兴趣，不仅包括对新的产品，还有新的推销方式等。这就要求销售者要不断创新，探索出更新颖的方式来吸引人们的眼球。

珍惜时间

时间就是金钱，尤其是在当前激烈竞争的社会中，时间就更加宝贵了。对于消费者来说，总是希望在比较短的时间里能购买到自己称心如意的东西，而对于

心理学

第二篇 生活中的心理学

销售者来说，一次成功的销售本身就需要多次与消费者交流和接触才能完成，所以时间就更加宝贵了。如果在销售的过程中能做到有条不紊，提前制定计划，对工作按照轻重缓急进行排序，不仅能节约自己的时间，还能得到人们的青睐。

学会换位思考

销售的过程也是一个沟通的过程，而在沟通中顾客总是对那些能想自己之所想的销售活动比较喜欢，如果销售者能知道顾客需要什么，不需要什么，会省去不少的麻烦，于是换位思考就显得十分重要了。而且，如果销售者能站在顾客的角度和立场真切地为顾客考虑，还会让人们感受到被尊重的情感，自然也就倾向于购买产品了。

没有人天生就是销售精英，成功销售都是靠人们后天努力实现的，掌握这些关键会在获得成功的路上助你一臂之力。

单一接触能吸引购买

不知道在生活中你有没有碰到过这样的情况：接到某个公司销售代理的电话，或者收到他们的短信，甚至有时还会有人登门拜访。当销售人员通过各种途径与你接触时，可能你会觉得这不过又是他们说服你去买东西的伎俩，不过很奇怪的是，在接触过程中销售人员并没有极力推销自己的产品或服务，而仅仅是介绍产品的最新信息或者问问对产品的看法。无论是打电话、发短信还是亲自上门拜访，这些都是需要花费时间和金钱的，然而销售人员却对这种看似得不偿失的事情乐此不疲。难以理解吧，不过看看他们与你接触之后发生的事情你也许能明白其中的道理。在和他们接触第一次之后你可能只是好奇，两次之后你还是丝毫没有购买的意向，三次、四次……不知道从第几次开始你渐渐考虑要不要买这个东西了，并主动向销售人员了解更多产品的信息，终于在几次接触之后你买下了销售人员所介绍的东西。销售员达到了通过单一接触来吸引购买的效果。

在阐述单一接触原理前，让我们先来看一个心理学小实验。实验中的被试者都为女性，在实验之前主试将女性被试者分成两组，连续四周分别给她们看男生的照片，然后调查她们对照片中男生的好感程度变化。主试控制了其他因素，其中两组被试在看照片的次数上是相同的，都为一周一次；有差异的地方是照片中的男生是否一直相同。第一组的女生每周看的是同一个男生的照片，而第二组的女生每周看的是不同男生的照片。实验结果显示，第一组女生对照片中男生的好感程度每周都在上升，而第二组女生的好感程度却没有什么变化。第一组中的被试由于多次同一个男生"见面"而对他更加熟悉，好感也随之逐渐增加；另一组则没有这种熟悉感的增加。这个实验说明了单一接触会对人们的思想和行为会产生影响。

从上面的实验中可以看出，当一个人不停地接触另一个人或者另一件事物时，随着接触次数的增加，好感也会增加。

营销中就常常利用单一接触达到吸引顾客购买的目的。销售人员与顾客接触三次、每次一小时的策略比一次与顾客接触三小时的效果要好得多。发传单时也是如此，分十次给顾客发十张传单的效果远比一次性给顾客十张传单的效果好。这也是为什么一般成功的销售都需要与顾客接触五至十次的原因了。

在销售人员与人们的多次接触中，顾客的心理会发生一系列的变化，以信用卡的销售为例，看看销售人员是如何打动消费者的。信用卡销售一般会经过以下七个步骤：

第一次接触：通过媒体广告宣传，例如招牌、电视广告等；

第二次接触：派发免费的宣传资料；

第三次接触：对潜在客户进行小范围的宣传；

第四次接触：致电办卡的用户，进行信息核对；

第五次接触：邮寄信用卡以及相关材料；

第六次接触：致电客户是否收到信用卡，是否还需要其他服务；

第七次接触：在客户消费之后，邮寄账单。

在前几次的接触中，销售人员将自己的产品和服务介绍给人们，使消费者对这些东西有一个大致的了解，之后销售者的电话会让顾客有一种被重视的感觉，在情感上产生倾向。销售人员的不停接触打动了顾客，"补偿心理"也随之在内心滋生，认为如果自己不买东西就亏欠着销售者什么，于是只要有机会就会购买信用卡。销售人员正是利用与顾客的单一接触影响着顾客的心理和行为。

不仅销售者与顾客之间的直接接触会产生单一接触效果，在广告宣传中这种影响也十分常见。喜欢看电视的观众可能对五花八门的广告有着既爱又恨的矛盾情感，那些精心制作的广告在传达产品信息的同时还能带来美感，在一定程度上这对观众来说是一种享受；但是广告的滚动重复又让观众产生了视觉疲乏，而且为了扩大广告的影响力，经常是在节目最精彩时插播，久而久之就会引起观众的反感。虽然人们有时候对广告"深恶痛绝"，但不可否认的是它的确强化了人们对产品的记忆，有助于提高、增强和巩固消费者对品牌的记忆度，将品牌植根于消费者的意识中，为销售的成功创造条件。

单一接触会增加顾客对产品的好感，有利于推动他们去购买，但是在这个过程中人们可能会产生厌烦心理，这也是常见的现象。如何才能既打动顾客，取得单一接触效果，又不致引起反感，就需要销售者具备优秀的沟通技巧了。

良好的外表最易打动消费者

生活中经常能听到有人说"外表是不可靠的"，"眼见的不一定为实"，而要去关注事物的本质，可是，在销售中外表的重要性又是不言而喻的。无论是对销售人员还是产品本身，给顾客留下好的印象无疑是取得销售成功的一个重要因素。

当我们购买化妆品时，总是会多去关注那些销售人员皮肤较好的店；在购买保健药时，总是对那些穿着白大褂的销售人员多一份信赖……我们也明明知道销售人员的皮肤与化妆品本身的质量没有多大关系，销售人员穿的衣服与保健品的实用性也没有直接联系，但人们在作出选择时还是不可避免地会受到这些因素的干扰。

人们作出判断总是会受到主观印象的影响，尤其是第一印象。在心理学中有一个十分著名的首因效应，也称为第一印象作用，或先入为主效应，是指个体在社会认知过程中，通过第一印象最先输入的信息对客体以后的认知产生的影响。心理学研究发现，与一个人初次会面，45 秒钟内就能产生第一印象。这一最先的印象对他人的社会知觉产生较强的影响，并且在对方的头脑中形成并占据着主导地位。近代心理学家艾宾浩斯就曾经指出："保持和复现，在很大程度上依赖于有关的心理活动第一次出现时注意和兴趣的强度。"实验心理学研究表明，外界信息输入大脑时的顺序，在决定认知效果的作用上是不容忽视的。最先输入的信息作用最大，最后输入的信息也起较大作用。大脑处理信息的这种特点是形成首因效应的内在原因。

所以，销售人员在与顾客接触时能给顾客留下一个美好的印象是十分关键的。其中，性别、年龄、体态、谈吐、面部表情、穿着等都会影响顾客的选择。这也是为什么一些公司在招销售人员时会对身高、长相等特别重视。一个穿着干净整齐、长相风度翩翩的销售人员当然比穿着随意、邋遢的销售人员更能获得顾客的青睐和信任，也就更容易卖出产品了。

当然，在销售的过程中，除了销售人员留给顾客的第一印象会影响人们的判断之外，在整个销售过程中的言谈举止、涵养、态度等都会有影响。

此外，与销售者的外表类似，产品本身的外表也很重要，例如，好的外观、便宜的价格等。

众所周知，任何事物都是两面的，没有绝对的好也没有纯粹的不好。不过受商家的引导，我们常常只关注到了产品好的一方面。例如，一张小餐桌，从性能上看，"小"的确限制了它的销售，会给人们带来种种不便，但是在推销中，商家更多地是使用"精致"一词，这样一来，在消费者心中就会将小餐桌与精致的生活联系在一起。很多积极表现的呈现都是商家巧妙应用了广告语来完成的，"破旧"被称为"古朴"，"简单"被称为"简练"，"昂贵"被称为"华丽"……

人们总是渴望得到美好的事物，当看见产品的积极表现时，自然就会从心底产生喜爱之情。当这种积极情感占据了优势地位时，就会越来越喜欢。而如果顾客一开始就很容易地发现了产品的缺点，就会产生抵制心理，即使产品在之后的表现再好，也会受到之前不好印象的影响。所以外表和第一印象对我们的影响贯穿于整个购买过程中，尤其是第一印象，美好的、深刻的第一印象加上产品自身的积极表现，会轻易地打动人们的心。

用积极沟通促成购买

卡特·罗吉斯说："如果我能够知道他表达了什么，如果我能知道他表达的动机是什么，如果我能知道他表达了以后的感受如何，那么我就敢信心十足地果敢断言，我已经充分了解了他，并能够有足够的力量影响并改变他。"

从罗吉斯的话中可以看出，沟通对影响和改变他人的行为有多么重要的作用，而销售的过程从一定程度上说就是销售者和消费者之间沟通的过程，所以积极的沟通对成功打动消费者的心是十分关键的。

所谓沟通，就是双方通过努力建立起传达和理解信息的桥梁。而积极的沟通不仅要求能高效地将相关信息展示给对方，还包括了沟通中积极的态度和情感。

人们在决定买某种东西或选择某项服务时总是会事先考虑很多因素，而且有时候即使人们觉得自己是需要某件产品的，也还是会左右徘徊，迟迟不能下定购买的决心。在这种情况下，并不是人们不想买，而是缺少一个推动他们去买的动力。《三国演义》中"万事俱备，只欠东风"的典故被后人广为流传，人们常用这个成语来比喻某件事情什么都已准备好了，只差最后一个重要条件了。对于有购买需要、购买动机及购买能力的消费者来说，销售者的"积极沟通"就像是一股强有力的东风，能推动他们去购买。

当人们有强烈的购买欲望但仍然处于犹豫之中时，如果得到别人的肯定和鼓励，这种欲望就更可能变成实际行动。积极的沟通会让人们觉得自己的决定是正确的，否则，人们会在买与不买之间纠结，最终往往会抱着再等等看的心理搁置自己的购买计划。

销售人员积极的沟通能帮助人们下定买东西的决心，但如果在沟通中销售者提供给人们的信息与产品的实际情况并不相符就另当别论了。在这种不真诚的沟通下，人们不仅不会购物，还可能有种被欺骗的感觉，从而产生厌恶心理。这样一来，就算是产品本身再好，人们也不会再关注它了。可见，销售人员在联系产品和消费者两者之间起着十分重要的作用。随着生活节奏的加快，人们无论在做什么事情时都会尽量按最省时的方式行事，在买东西时就倾向于听取销售人员的推荐介绍了，而不是自己一件件地比较所有的产品。所以，其实在购物时人们更关注的是销售者的形象，认为他们如果是可以信任的，那么其推荐的产品也是可以信任的。可想而知，如果人们发现销售人员所提供的信息是虚假的，自然就不会对产品有什么好感了。

在销售人员与顾客积极的沟通中，顾客既能全面翔实地了解产品，又能感受到被尊重，而且通常情况下后者更容易打动顾客。一位女士在商场的一个专柜前看上了一款化妆品，正当她犹豫着要不要买时，来了一位销售人员。这位销售者从女士的表情和动作中看出她的喜爱之情，所以决定抓住机会努力说服女士去买，于是，她不停地向女士夸赞这款化妆品，试图将产品的所有信息和可能带来好的效果一一说给女士听。正当她说得神采奕奕并对这次销售胸有成竹时，女士竟然甩手离开了商场。原来，当女士想问一些自己关心的问题时，销售者却始终没有注意到，而且根本不给她发问的机会。这让女士感到十分失落，认为自己完全被忽略了，没有受到尊重。一次很好的销售机会就这样被错失了。试想，如果销售者能在顾客举棋不定时用心与顾客交流，站在顾客的立场去考虑问题，告诉他们想要知道的信息，让顾客感受到自己是被关注的，相信在他们之间一定能达成共识。

人们常常会猜测别人的行为，而且会觉得别人的想法和自己的想法是一致的，于是就认为沟通是多余的了。但在销售的过程中，只有通过积极的沟通，说服消费者将购买的想法付诸实践才能达到最终的销售目的。

有人说销售是一场交谊舞，舞姿的优美取决于舞者之间的默契和舞艺。对于销售来说，销售者就是那个领舞的人，如果没有高超的"舞艺"，就不能和消费者这个"舞伴"完成精彩的舞蹈，这里所说的高超的"舞艺"，则是主动、真诚的沟通态度以及精湛的沟通技巧等等。

恰当的提问能促成购买

下面是两个销售员在销售时的问答情况：

第一个销售员——利用谈判技巧进行推销

推销员：我们产品是一流的，完全能够满足你们的需求，这一点你是否认可？

客户：是的，你们的产品看上去确实不错。

推销员：先做一两笔生意试一下，如何。

客户：嗯，值得考虑一下，但是在交易之前我想先确认一下你们的产品是否符合我们的质量标准。

推销员：那么，我们什么时候交货？这周末如何？

客户：不，这周太早了。我要详细计划一下怎样才能让订单符合我们的采购政策。

推销员：但是，你已经认可我们能够满足你们的要求。你是不是想从这个例外的订单中获得受益？

客户：不，价格不是关键问题。我们更关心产品的质量和你们公司的信誉。

第二个销售员——利用提问艺术进行推销

推销员：你们公司对产品有哪些特别的要求吗？我们的产品能否满足你们的需要？

客户：你们的产品基本符合我们公司的需要。

推销员：你们公司在采购方面的政策是怎样的？

客户：我们准备与一些厂商建立大批量的交易联系，以便最小化库存。这是采购政策的最新方案。

推销员：我们公司能够满足这一需求。那么，我们怎样才能签订合同呢？你们希望采取什么样的合同形式？

客户：为了对你们的产品有更多的了解，我们的政策是开始时先签一份测试订单，然后我们再对大批量的合同商谈价格。

推销员：你们对测试订单有什么要求？

客户：恩，我们的意思是我们可能在两个星期内做一两笔订单。

推销员：好的，开始时，我们可以考虑给你们一个优惠的价格来完成测试订单。我相信，我们的产品和价格能够让你满意。我们以后会继续合作的。

客户：谢谢！

通过上面两个销售员的推销过程，不难看出利用提问进行销售的效果更好。很多公司会对销售员进行培训时，都会教给他们一些促成销售的谈判技巧，但似乎并没有收到好的销售效果。而有的公司只教授销售员掌握提问艺术，结果销售效果出奇的好。

这是因为提问不仅能让顾客对销售员的话题感兴趣，促进双方关系，使顾客成为积极的参与者，还能帮助销售员了解顾客的需要和内心的想法，进而寻求到一种能够达到双赢的解决方案。需要注意的是，提问并不是一个简单的机械的过程，而是一个双向沟通的过程。

为了实现销售目的，销售员可以针对对方的特点，采取不同类型的问题。

封闭型问题

封闭型问题是指在特定领域内得出特定答案的问题，比如答案为"是"或"否"。这种问题可以使发问者获得特定的信息。封闭型问题通常用于查问或确认某些事实，以及对话内容不很复杂，只需要简单回答的情况。例如：

"现在是几点钟？"

"你喜欢喝果汁吗？"

掌握谈判技巧的销售员提问的问题是"封闭的"，他不想去了解客户的需要和采购计划，而是迫使客户做出"是"或"否"的回答。他认为自己可以通过他聪明的谈判技巧，推动客户向着签订合同的方向前进，而忽略了客户的观点和需求。第一个问题得到肯定的回答之后立刻提出做一两笔交易，看似顺理成章，客户好像没有别的选择。虽然这样的问题有强烈的推动力，在平时的谈话中能控制主动权；但是在交易时，大家都很谨慎，客户更关心自己的需要。当由客户自己提出需要时，销售员就失去了主动权。

开放型问题

开放型问题是指能让对方陈述某些事实，充分发表自己的观点，阐述自己的需要的问题。通过这样的问题，发问者可以获得更多对提问对象的了解。开放型问题适用于向对方了解详细、具体、全面的信息。当你对别人不是很了解时，或者你需要解决涉及多个方面的复杂问题时，就需要使用这类问题。例如：

"请谈谈你对这个方案的具体看法。"

"关于这个问题，你有什么想法？"

掌握提问艺术的销售员在提问时，力求实现双赢的效果。他一开始就从客户的角度出发，通过开放型的问题获得对方对问题的看法以及对方的需要，然后满足对方的需要。这样就形成了良性沟通，推动谈话实现双赢的目的。开放的问题可以增加对对方的了解，你可以从他的回答中得到更有价值的反馈。

诱导型问题

诱导型问题是指对答案具有强烈暗示性的问题，诱导对方按照自己的期望作出回答。这样的问题几乎使对方毫无选择地按发问者所设计的答案作答。采用诱导型问题是为了让对方对你提出的问题持肯定、支持的态度。例如：

"这样的决定，对你我都有利，难道不是吗？"

如果对方是一个没有主见的人，或者你的问题没有什么利害关系，对方可能会作出你期望的回答。但是，如果你的问题与对方的需要发生冲突，那么对方就会违背你的意愿，作出否定的回答。

假设型问题

假设型问题是指为对方假设某种情景，然后询问对方在这种情况下会作出哪些反应。这样的问题可以让对方自由发表自己的观点和意愿，鼓励对方对事件作出分析、评价。通过对情况的假设，你可以引导对方更深入地思考问题，或按照你的意愿作出决定。例如： "假设我进行大宗采购，你能够开出的最低价是多少？"

二步营销策略提高营业额和利润

在前面的"单一接触""什么是回报性原理"中都涉及了多次接触才能最终成功销售的问题，二步销售策略说的也是在推销时不能贸然行动，而是要有进行不止一次接触的打算，设置不同阶段的目标，这样才能说服顾客去购买，从而提高营业额和利润。当然，二步并不是说两次，而是类似于先"给予"再"获得"的这样一种过程。

一家保险公司推出的产品和服务都很不错，但由于刚刚上市不久并不被人们熟知，销售业绩很不理想。为了提高营业额和利润，公司招聘了一批推销人员进行上门推销，甲和乙就是其中的两位，虽然他们推销的是同一家公司的同一种保险，采用的方式也都是上门推销，但最终取得的成绩却大有不同。

甲为了取得好的业绩，一接到任务就马不停蹄地在附近一个大厦进行推销。由于他所在的保险公司的名字对人们来说十分陌生，他整个大厦跑下来也没能签下一份保单。并不是他的态度不够好、保险的项目不具有吸引力，而是人们觉得相比于那些知名的保险公司来说，这个公司本身就让自己觉得没底，思前想后还是决定不购买这份保险了。

而乙没有立即上门推销说服客户签下保单，而是先作了一个市场调研，有针对性地作出了几份评估报告，然后才上门拜访。在拜访客户时，他也没有在第一次时间就试图说服客户，而是将自己的公司和所推销的保险的相关信息给客户详细地进行了介绍，让客户知道有这个公司存在，通过交流中客户的反馈再决定是不是需要进一步地接触，然后对那些潜在的客户继续联系，正式开始推销自己的保险。被拜访的人能感受到乙在上门之前做了很多工作，而且在第一次时并没有直接要他们购买，只是无偿地"给予"，提供了很多相关的信息，这种方式不但不让人觉得反感，还给了人一定的心理准备时间。在深入了解保险之后，人们觉得的确觉得还不错，加上推销人员那么好就买一份吧！

从两种不同的结果中可以看出，不同的销售策略能引起消费者不同的购买心理，并影响最终的购买决定。

人们都不喜欢被强迫，而喜欢自己作出选择，在购物时也是如此，那些第一次接触就很强势地进行推销的人会让顾客有一种处于劣势的感觉，继而形成"你要我买，我偏不买"的反抗心理。相反，如果首先是不求回报地给予顾客某种信息，然后再寻找合适的机会打动顾客的购买之心，把决定之权完全交给顾客自己，就会让顾客觉得自己被尊重了，加上之前免费提供的信息，顾客就顺其自然地有了回报心理了。所以二步销售策略能较好地实现销售目标，尤其是对于那些小企业、不知名的企业来说更是如此。由于这些企业本来就在人们心中没有一席之地，要想成功地打动人就必须让人们对其产生好感，提供相关的信息是不可缺少的，而且在进行推销前免费发放传单、试用品、样品等，还能让人们有种接受了馈赠的感觉，产生回报的倾向。当人们既了解了产品或服务，又对这些东西有好感时，决定购买就是水到渠成的事情了。

"心急吃不了热豆腐"，为了成功销售就必须了解顾客的购买心理，在第一步让顾客了解了产品，才能在第二步推销时取得成功。

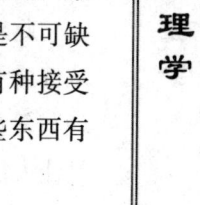

心理学

第二篇 生活中的心理学

让潜在客户心动的战术

对销售者来说，每一个人都可能是自己的潜在客户，寻找这些潜在客户是完成销售过程的第一步，是任何销售人员从事销售工作的起跑线。所谓潜在客户，就是指对销售人员所在公司的产品或服务确实存在需求并具有购买能力的任何个人或组织。简而言之，就是你打算把你的产品或者服务销售给谁，谁有可能购买你的产品，谁就是你的潜在客户。然而，让潜在客户动心却不是一件容易的事情，需要对他们的消费心理有很清晰的认识，并针对不同的心理制定不同的策略，才能打动客户，让他们心甘情愿地去买东西。

要让潜在客户"有所行动"就要首先促使他们"为之心动"，那么，如何才能让这些潜在客户动心呢？

潜在客户一定是能用得上、能买得起产品或服务的人，而要想让顾客"用得上"，就得通过各种策略使他们相信自己的确需要购买；而"买得起"则是产品的价格要能够被人们接受。

除了那些受商家鼓动、一时兴起而购买的情况外，人们的大部分购买活动都是基于需求心理的，有需要了才会去买，所以很多商家就通过各种策略激起人们的需求心理。有时候人们的需求并不是特别明显，处于可买可不买的边缘，但受商家的吸引和鼓动就会真的觉得需要买。权威效应、引起消费者的好奇等策略都是在一定程度上通过吸引了人们的注意力从而激起其需求心理的。

人们在买东西时免不了会受"占便宜"心理的影响，所以如果能用最少的钱买更多的东西或更好的东西当然是最具有吸引力的了。为了让潜在客户动心，商家们可谓是费尽心思，通过各种各样的价格策略满足消费者的这种心理。比如"价格50元"变成"原价100元，现价50元"，这样一来顾客就有一种用50元买到了本来100元的东西，所以占了50元便宜的感觉。

此外，既然是要让潜在客户动心，就一定要让他们喜欢上某种产品或服务，从情感上获得他们的青睐。"单一接触""积极沟通""二步营销""回报性原理"等都强调了要从情感上打动顾客。比如在"回报性原理"中，最重要的就是让人们感觉受到了恩惠，所以有"回报"的行为。

总之，让潜在客户心动的战术有很多，但都充分利用了人们购买时存在的各种心理，只有打动了他们的心，才能让他们行动起来。

为什么有的广告宣传效果不佳

如果你仔细翻阅过前面的内容，对那些五花八门的销售策略有了解，就不难发现对于商家来说，东西卖得好不好不再是由产品本身单独决定的了。过去那种"酒香不怕巷子深"的观念已经受到了挑战，即使酒很香，若没有好的宣传也很难有好的销路。所以，越来越多的商家开始重视广告宣传的作用。为了取得好的效果，他们不惜花重金请专业的广告公司来宣传。虽然有很多商家的确利用广告宣传达到了促进销售的目的，但并不是所有的广告都是提高销售业绩的灵丹妙药，有的还起到了相反的作用。

相信很多人都对几年前肯德基具有争议性的一则广告记忆犹新，这个广告的本意是突出肯德基鼓励年轻人以积极的态度面对生活、无论是遇到多大的失败都不气馁的主题。并且在广告中还突出了肯德基在维系三个年轻人友谊上的积极作用。但由于运用了"意外结局"的手法，出现了"认真备考但没有吃肯德基的学生落榜了，而复习不那么认真但吃着肯德基的学生却考上了"的结局。这种广告宣传让很多人产生了"认真学习还不如吃肯德基有用"的感觉，不仅没有起到预期的效果，反而引起了一部分人的抵制。广告的结局与人们观念中"认真的学生会取得好的成绩，而不认真的学生则不会取得好成绩"的看法相悖，自然会受到人们的抵制。

广告宣传的效果与人们对所传达信息的理解有重要的关系。当信息对人们有误导或出现了歧义时，宣传的效果就很难体现出来了。

好的广告宣传不仅要求传达的信息与人们的观念一致，而且这些信息的真实性也是值得关注的。不可否认，人们在购物时会不可避免地受到广告宣传的影响。如果产品广告制作得特别唯美，舒服，让人看上一眼就能产生好感，当在多种产品之间进行选择时当然就倾向于选择这些产品了。但人们关注的并不仅仅是广告的外观，在人们被外观吸引后会继续看广告中产品的具体信息。如果这些信息十分空洞或枯燥，就会与华美的外表形成鲜明的对比，不仅不能继续维持外观在人们心目中的美好地位，反而会给人们带来一种华而不实、喧宾夺主的感觉，接着人们就可能对产品产生怀疑了，由此可想而知，如果人们在看到广告后都是这种感觉，那么广告宣传的效果就一定不会理想。

所以，为了取得好的宣传效果，商家在制作广告时要充分考虑到消费者的心理，既要让他们感觉到和自己的观念一致，也要努力获得他们的信任。好的广告一定是那些既有精美的广告设计、图文制作、材料印刷等方面的专业优势，又与产品本身的特性紧密联系的作品。

广告宣传的要点是抓住顾客的心

大家都知道广告宣传的质量对于产品的销售有十分重要的影响，有时候甚至决定着该产品能不能卖得好。而人们在购物时总是"心动"后才会有所"行动"，所以广告宣传要抓得住顾客的心。

在销售中常常会出现不同牌子的同一类产品的销量大相径庭，甚至会有质量较好的产品反而销量较差的现象。在使用之前人们对所有产品的质量都是不了解的，这时人们的任何选择都是基于产品的外观及宣传，让人们在购买之前觉得产品"好"自然就是商家们费尽心思想要做到的了。

人们对"好"的理解是不一样的，也许产品本身的确很好，但人们如果不认为它好，它就没有任何优势。就如同现在流行的相亲，一个人什么条件都好，有气质，有学识，有教养，几乎是一个完美的人，但如果对方觉得不好那他（她）就是不好，最终也相不成功。无论是在购物还是生活中的其他方面，我们都会不自觉地体现出主观偏向，作出的判断常常参杂着我们自己的情感。这虽然会造成与实际的偏离，但又是不可避免的，所以在广告宣传中让顾客自己觉得满意是很重要的。

如果人们没有主动地接受或认可一件事情，当外界强加于人时就会产生消极的效果。广告宣传也是如此，只有让顾客接受了产品，觉得它好，值得买，顾客才会去买。

所以，东西光靠好也不一定卖得出去，只有打动顾客的心，让他们也觉得好才行。这就要求广告必须紧紧抓住顾客的购买心理了。

在购物时，人们的消费心理随着所买东西的不同、购买时的环境变化等发生着改变。受广告宣传中的人物、产品的销售策略等的影响，消费者会出现从众心理、贪便宜心理等，如何才能准确把握消费者的这些心理，为商家所用是广告宣传的着眼点。人们如果因为看到产品的广告宣传后产生了"既然××教授都说产品是值得信赖的，并且还亲自试用了，那就说明这件产品的确是很好的""这件东西应该不错吧，要不然也不会有这么多人买，大家都买那我也买吧""如果不买那不就亏了""还剩几件了，再不买就没了""这个牌子这么多年了、是老字号了，肯定不会骗人的"等想法，就意味着销售已经成功一大半了。

可以看出，人们无论是在看广告的过程中，还是在买东西时都会受到自己主观偏向的影响。那些本身比较好的东西未必就能打动人们，只有顾客自己觉得好的、主动接受和认可了的东西才能"俘获芳心"。

视觉冲击效果

在"表象系统"中，我们提到视觉、听觉、触觉、嗅觉和味觉等感觉通道能给人们带来大量有关产品的信息。虽然这些不同的感觉在人们买东西时都起到了举足轻重的作用，影响着他们的心理和行为；但总的来说，视觉上的冲击对人们的影响是最大的。

人们总是喜欢那些看上去舒服的东西，在无法判断质量之前，产品的外观对人们的视觉冲击效果甚至决定着人们会不会购买。其实这也是人之常情，我们喜欢穿漂亮的衣服，用漂亮的手机，戴漂亮的首饰，买漂亮的家具，甚至连买吃的东西时也会挑那些看上去漂亮的。

当然，在买东西时人们也并不是只会关注"漂不漂亮"这一个因素，还关注与产品自身相关的很多方面，所以，如果将广告宣传中的视觉效果与产品的性能结合在一起，则更容易刺激人们的购买欲望。比如，在买洗衣粉之类的东西时，人们主要看重的是这些产品能不能轻松地将衣物上的污渍清洗干净，如果对其的宣传能充分考虑到这一点，在广告制作和宣传时能从视觉上直观地让人们看到产品有很好的去污效果，就能使他们更容易购买。

现在很多的广告也是这么做的，首先出现的是衣服在某个特定的环境下被弄得非常脏，而且污渍是顽固型的。当女主人认为已经没有办法让脏兮兮的衣服变成原来的样子、准备放弃时，突然被告知新的洗衣粉对污渍有特效。接着女主人抱着试试看的心理，开始用推荐的洗衣粉洗衣服，结果让她喜出望外，那些用别的洗衣粉怎么洗也洗不掉的污渍竟然让这款新的洗衣粉给洗掉了，衣服的颜色也变得比之前更加鲜艳了，而且还有一股香味。现在的洗衣粉牌子非常多，而且在外观上都不相上下，那人们在购买时会根据什么进行选择呢？毋庸置疑，那些能把衣服洗得最干净的自然是人们最喜欢的。可是前面也提到过，在销售中产品的质量消费者很难事先知道，所以，例子中的广告宣传就将"该产品去污能力超强"的信息传达给了人们，让人们在欣赏广告的过程中亲自看到一件脏衣服是如何变干净的，从"脏"到"干净"之间的强烈对比对人们的视觉产生了一种冲击。这比在广告中重复很多遍"该洗衣粉去污效果好"取得的效果要好得多。

虽然眼睛看见的不一定是真实、可靠的，但人们在买东西时会不可避免地受到视觉冲击的影响，那些一眼看上去就能造成强烈视觉冲击的广告对人们的吸引力是不可忽视的。

第十章

人际关系心理学：吃亏为什么是福

多角度了解自己和别人

《孙子兵法》有云："知己知彼，百战不殆。"人际交往也是一样，只有充分了解了自己和别人，才能掌握交往关系的整体状况。这一点，在商业谈判中尤为重要。只有了解自己，才能满足自己的需要，实现自己的利益；只有了解对方，并站在对方的角度看问题，才能提前预测对方的行动，从而控制谈判的发展方向。

人际交往中，常常会因为自己的观点和别人的观点有差异而造成许多矛盾，而了解自己和别人就能摆脱单一的视角，是解决矛盾的最佳途径。

人际交往中至少存在四种看待人际关系的角度：

站在自己的角度

"自己的角度"就是从自己的角度看待问题。遇到问题时就要问问自己：我的感觉如何？我想得到什么？比如：和他谈话我感到很开心；他让我感到很紧张；我希望从这份工作中得到更多的成就感。这种人站在自己的立场去看，去听，去感觉，他们强烈地知道自己想要什么。

站在自己的立场上看问题，才能避免迷失自己。但是，要想全面地看待问题，还需要站在别人的角度，体会别人的感受和需求，把自己的感受和别人的感受进行对比分析。

站在对方的角度

"对方的角度"就是站在别人的角度去看，去听，去感觉，也就是通过移情体会别人的感受。比如，员工站在老板的角度思考问题，就会知道老板希望自己尽职尽责地工作，尽量提高工作效率；老板站在员工的角度思考问题，就会知道员工希望提高待遇和福利。员工与老板是一对矛盾统一体，他们的利益既对立又统一。要想使他们的关系和谐发展，就必须满足双方的利益。双方如果都为对方着想，满足彼此的需求，就会使企业和谐发展。

站在别人的角度，就能强烈地感受到别人的感觉和需求。通过这一视角的观察，能很好地理解别人的思想和行为。

为了提高自己这方面的能力，可以想象自己坐到别人的位置上，问问自己：如果你站在别人的角度上会怎么看待问题，会有什么感觉？

站在别人的角度看问题是对原来自己的否定，开始时，你也许会感到不适应，但是习惯之后，就会作出和别人相同的行为或类似的反应。

站在第三者的角度

"第三者的角度"也就是旁观者的角度，从外界观察整个人际关系系统。用第三者的角度看问题，可以不掺杂自己的感情，客观地看待自己的优点和缺点，扬长避短，发挥自己的优势；可以客观地看待自己和别人的关系，满足双方的利益。比如，在一对雇佣关系中，老板认为员工工作不努力，所以克扣工资，然而员工之所以不努力，就是因为对薪酬不满意。如果老板和员工都跳出来，站在第三者的角度看待问题，就能找到问题的关键，解决双方的冲突。

第三者的角度有助于我们掌握整个关系的发展，协调敌对双方的关系。要想掌握第三者的角度，可以多问问自己：在人际关系中，自己和别人的行为是如何相互影响的，矛盾在哪里，需要怎么做才能改善关系。

站在系统的角度

"系统的角度"可以帮助我们把自己和别人紧密联系在一起，更进一步了解自己和别人的关系；可以帮助我们感受到系统中不同部分的相互作用，更加关注系统各部分之间是否和谐。比如，在一个企业中，老板与员工共同构成一个系统。从系统的角度看问题，我们不代表老板的利益，也不代表员工的利益，而是代表企业的整体利益。为了增强系统思维的能力，我们可以找到矛盾双方对整体造成的压力，想象这些压力发生在自己身上，这样可以促使我们找到问题的关键，协调系统内部的矛盾。

从系统的角度看问题，对提高人际交往的能力非常重要。任何人际关系都可以看做是一个系统，为了系统整体的和谐与发展，各部分都应该采取恰当的行动。

通过以上这四种视角，我们可以很好地了解自己，了解别人，了解整个人际交往系统。

了解性格，与人和谐共处

性格与人际关系的密切联系是绝对不能忽视的。在交往中，每个人都会表现出或多或少的缺陷。若想与人和谐相处，使人际关系更加完美，最重要的一点就是要全面、清晰、客观地了解真实的自己，然后再根据自己和社交对象的性格类型，来把握与其接触时应该注意的地方，以使自己的人际关系日臻完美。

大千世界，人们的性格表现千差万别，不过归纳起来大体可以分为两大类型：内向性格或比较倾向于内向性格、外向性格或比较倾向于外向性格。通常认为，外向型的人活泼开朗，能言善辩，善于交际；内向型的人文静内敛，讷口拙言，不善交际。然而世上没有完美的性格，任何一种性格都存在着积极和消极的两个方面，既有优点，又有不足。

如果你是外向型性格的人，一般来说会比较擅长交际。你活泼阳光，充满活力，善于社交，乐于助人，能够轻松赢取他人的好感，人际关系十分和谐；你擅长自我表现，能言善辩，诙谐幽默，与陌生人相处也毫不胆怯，能够轻松地引导现场气氛。

不过，也有一些地方需要注意：

1. 牢记"祸从口出"，不要得意忘形，说太多的废话，让人觉得你很轻浮，不可信任。

2. 注意不要给别人留下多管闲事的印象，只在恰当时表示关心，伸出援手，并给予适当的帮助。

3. 不管与对方的关系多么亲密，都应该尽量不多过问对方的私生活，不要侵犯对方的隐私，不要提出过分的请求，以免对方心生不悦。

4. 不要凭表面现象轻易地对人作出好恶评价，不要用眼前的利害得失来选择朋友。

5. 尽可能地努力维持一些值得深交的朋友。

6. 要守时，守约定，谨慎遵守各项规范，尤其在上级或关系比较生疏的人面前，应时刻保持礼仪，多用敬辞、谦语，多讲客套话，切不可采取粗鲁、轻浮的态度。

7. 在社交活动中调和气氛时，切勿说些低级的、轻薄的笑话和故事，否则你的形象会在别人心里大打折扣。

8. 在谈判过程中，不应轻言放弃，努力保持柔和的态度，充满耐心，谨记

"欲速则不达"。

9. 在与内向型的人交往时，应当尽量让自己的神经变得"纤细"一些，细心，耐心，多观察对方情绪状态的变化，充分考虑各方面的因素，谨慎行事，避免引起对方不悦，或对其造成伤害。

10. 内向型的人一般思虑深远，慎重务实，如果你的上司是这种类型，则务必要严守规矩，时刻保持紧张认真的工作状态，切莫粗心大意、玩忽职守。

内向型性格的人，沉稳踏实，善于思考，耐心谨慎，冷静理智，自制力强，平易近人，坚韧执著，但亦有敏感多疑、个性消极、固执拘谨、因循守旧、精神懒散、反应迟钝、行动缓慢的特性。作为内向型性格的人，应该明确这样的观念：内向性格不等于不良性格，更不是成功交际的障碍；只要认识自己，把握好方法，充分发挥性格中的优势，巧妙规避个性的不足，同样可以拥有很好的人际关系。

内向型性格中诚实、认真、踏实的一面容易给人留下好印象，但是，因为内向型性格的人对人群比较疏离，一般会采取非常慎重的人际交往方式，有时候还会有些顽固、古板，这也是很不利于社交的，因此，在与人交往时，性格内向的人应该克服自己性格中的不利因素：

1. 彻底地认同自己，了解并承认自己性格中的优点和劣势，不要过于追求完美，不要过度压抑自己的情绪和欲望，给自己留一点"人格余地"。

2. 多培养一些兴趣爱好，多与他人接触，尽量多去交朋友、培养友情，走出孤独的心境。

3. 与人交际的过程中，无需太在意对方的想法和态度，避免给人留下懦弱、没有自信的负面印象。

4. 积极地肯定自我，学会欣赏自己目光敏锐、见解精辟、一语中的等长处。

5. 努力将性格中善良和温柔的特征向着更坚韧的方向发展，达到另一种形式的坚强和勇敢。

6. 与人交往时，应当尽量阳光、爽朗一些，不要给别人留下忧郁、高深莫测，甚至阴险的印象。

7. 多关心对方的观点、想法、情绪、表情、行为等等，遇到自己不感兴趣的问题时，不要立即明显地表示"无聊透顶"的态度来。

8. 尽量主动地努力发掘有趣的、快乐的话题，做一个善于倾听、善于赞美的谈话对象。

9. 不要因为鸡毛蒜皮的小事影响心情，学会宽容，注意"己所不欲，勿施于人"。

10. 应该适当发挥圆通性及随机应变的能力，给人留下善解人意、成熟周到的印象。

11. 与外向型的人交往时，应尽可能多地发现对方的优点和特长，然后毫不吝啬地给予肯定和称赞，这会让他们喜不自禁，并对你产生认同感。

肢体语言能让人际关系更顺畅

在社交场合，戴着"面具"与人交往的人比比皆是，如何判断他们的表情是否表达了他们的真情实感呢？人们的真情实感通常表现在细节之中，只有通过细致的观察，才能通过肢体语言获得准确的信息。

肢体语言又称身体语言，是指经由身体各部分的动作和姿态代替语言借以达到表情达意的沟通目的。狭义的"肢体语言"指身体与四肢所表达的意义；广义的"肢体语言"还包括面部表情在内。人们可以通过这些肢体活动表达自己的情绪，也可以通过这些肢体活动辨别出别人所表达的思想和意图。

春秋时期的淳于髡就是一个观察肢体语言的高手。梁惠王广招天下名士，有人推荐了淳于髡。梁惠王召见淳于髡两次，但是每次淳于髡都沉默不语，于是梁惠王责问推荐的人："你说淳于髡有管仲、晏婴的才能，我没看出来。为什么召见他两次，他都不说话，难道我在他眼里是个不配和他说话的人吗？"

推荐的人问淳于髡是怎么回事，他回答说："我很想与梁惠王倾心交谈，但是第一次，梁惠王想着驱驰狩猎之事，所以我没有说话；第二次，梁惠王想着声色享乐之事，所以我也没有说话。"梁惠王一回忆，果然如淳于髡所说，不得不叹服淳于髡的识人之能。

肢体语言是一个人下意识的动作，当事人往往意识不到自己是如何用身体动作表达情绪的。当我们与人谈话时，时而蹙额，时而摇头，时而摆动手势，时而两腿交叉，做这些动作时我们多半并不自知，因此肢体语言很少带有欺骗性，身体动作和姿态会告诉我们自己和别人的真实情况。仔细听别人说话，并观察他们的肢体动作和面部表情，我们就能知道他们是在撒谎，还是在说实话。心理学家发现当一个人说真话时，他的身体会倾向于与对方接近；当一个人说谎时，身体会倾向于远离对方。

通过肢体语言和面部表情观察对方的情绪，可以帮助我们更顺利地进行交流。如果对方已紧握拳头或表情僵硬，我们就该体会一下对方的状况，保持警

觉，安抚对方的情绪，或者适时先离开。如果对方身体前倾，表示有兴趣交流，我们就可以把自己的观点说出来，进行一次愉快的交谈。如果对方身体后仰，眼睛看着天花板，根本不想听，甚至表现出不屑一顾，我们就应该识趣地结束交流或者换一个能够引起对方兴趣的话题。

人们的真情实感往往表现在细节之处。我们需要具体分析某一种肢体动作代表什么样的情绪，因为有些肢体动作能够传达出不只一种信息，比如：一个人把背部靠在椅子上，表示他不感兴趣。这种解释只是众多解释的一种，这个姿势还可以传达出他想要在大脑中构建一幅更加清晰的图像，以便能够理解你所解释的东西。身体前倾的动作暗示当事人在全身心注意对方，也表示当事人希望引起对方更热切的注意，还可以表示他准备起身离开。一个人可能因为生气而皱起眉头，也可能因为遇到困难而皱眉。因此，仅仅基于一个人的某种肢体语言，而没有考虑这种肢体语言产生的背景，就得出某个结论可能会判断失误。

另外，肢体语言还可以显示出一个人正在使用的表象系统。如果一个人快速地呼吸，说明他在使用内视觉系统；如果一个人脑袋向上翘起，说明他在使用内听觉系统；如果一个人有大量肢体动作，用上腹部呼吸或者脑袋下垂，则表明他在使用内感觉系统。在与人交流时，注意这些细节，就能达到更好的交流效果。

下面是一些经典的肢体语言所表达的信息：

手部动作

挥手，表示你好或再见。

握手，表示问候或告别。

摆手，表示拒绝。

竖起食指，表示请注意或上天为证。

手掌向上，表示乞求或坦白。

触摸耳部或轻柔耳朵，表示厌烦，不想听你说下去。

触摸脖子，表示怀疑或反对。

用手指指背轻擦脸部，表示我不相信。

把手放在脑袋后面，表示有意辩论。

用手挡住嘴或鼻子，表示想隐藏真实的想法。

臂部动作

双臂上举，表示胜利、祈祷或投降。

单臂上举，表示打招呼、发誓或引起注意。

两手撑腰，表示愤怒。

双臂交叉与胸前，表示自我保护或拒绝。

双手反剪背后，表示自由自在。

头部动作

低下头，表示友善或放低自己的身份。

低下头，隐藏脸部，表示谦卑或害羞。

头部猛然上扬，表示吃惊或惊叹。

摇头，表示否定；点头，表示肯定。

头部前伸，表示感兴趣；头部缩回，表示害怕或回避。

头部后仰，表示挑衅、桀骜不驯、自认优越或存心违抗。

晃动头部，表示惊奇或震惊。

头部僵直，表示毫不惧怕或不屑一顾。

头部歪斜，表示假装天真或卖弄风情。

眼睛动作

闭眼，表示厌恶、不屑一顾或自命不凡。

两眼上翻，表示鄙视、怀疑或恼怒。

低头从旁侧瞟，表示害羞或调皮的忸怩感。

瞪眼，表示不满或威胁。

眨眼，表示不明所以或者他在撒谎。

嘴部动作

嘴唇闭拢，表示和谐宁静、端庄自然。

嘴唇半开，表示疑问、奇怪、有点惊讶。

嘴唇全开，表示惊骇、惊叹。

嘴唇向上，表示善意、礼貌、喜悦。

嘴唇向下，表示痛苦悲伤、无可奈何。

嘴唇撅着，表示生气、不满意。

嘴唇绷紧，表示愤怒、对抗或决心已定。

腿部动作

扳腿，表示固执，拒绝劝说。

抚摸腿，表示希望得到爱抚。

双腿脚踝处交叉，表示放松以及温和的态度。

双腿交叉于膝盖处，表示放松。

一只脚的踝关节置于另一条腿的膝盖处，表示非常放松。

注意别人的肢体语言可以让我们更敏锐地感知别人的需求和欲望。同样，控制自己的情感和表达情感的方式，也能让我们很好地隐藏起自己的一些不良情绪，以免在我们意识不到时让它们破坏了和谐的人际关系。

为了能够与别人建立良好的互动关系，我们需要注意下面这些肢体语言。

面部表情

微笑是表示友好的面部表情。微笑不只是嘴部的动作，"嘴巴微笑"是虚假的微笑，把微笑延伸到眼角才能显示出友好、快乐与真诚。微笑真诚与否关键在于能否引起对方的回应，如果能够引起回应，微笑会产生更强烈的好感。

与人交谈时，眼睛要注视对方，让对方体会到受关注的感觉。如果我们面对的是一群人，同样要睁大眼睛，扫视每一个人，让每个人都觉得我们是在单独与他交谈。在交谈的过程中，我们还可以用点头来鼓励对方继续说下去。

语音和语调

《礼记》："凡音之起，由人心生也。"通过一个人的声音，可以判断他的内心世界。内心平静，声音就平和；内心坦诚，声音就清脆而且节奏分明；内心乖张，声音就尖厉刺耳；内心宽容的人，声音温柔和缓。

说话的语音和语调能够表现一个人的亲和力。舒缓低沉的音调给人亲密友好的感觉，尖厉的音调则让人感到紧张不安。有人曾给前英国首相玛格丽特·撒切尔提议把声音降八度，让她听起来更温柔，更关心人。

手势

握手是交流情感、增进友谊的重要方式。握手时要把握好力度，让对方感受到我们的真诚。过紧地握或者手指不经意地拂过对方都是不礼貌的。眼睛要注视着对方，微笑致意或问好。注意多做开放式的手势，比如摊开双手，或者双臂前伸做出拥抱的样子。这样的手势可以增强我们的亲和力。不要做封闭式的手势，比如交叉双臂抱在胸前，或者把一只手放在嘴上。

手势是辅助表达的重要工具。手势可以分为情意手势、指示手势、模拟手势和象征手势。情意手势是情绪波动时做出的手势，这样的手势可以增强吸引力和感染力。指示手势是指通过指示方向传达信息，比如指示方向和物件。模拟手势是表现事物形象特征的手势，比如模拟某个人有多高。象征手势是抽象的手势，需要听者借助想象和联想才能领会其意。

身体姿势

俗话说"站有站相，坐有坐相"。要想给人留下良好的印象，就要保持挺直的站姿、矫健的步伐和端正的坐姿，做到"站如松，行如风，坐如钟"。如果不注意自己的身体姿势，就会给人不舒服的感觉。正确的站姿是两脚与肩同宽，脚尖朝前。身体向着对方略微前倾，表示"我在全身心地注意"，也暗示"我希望引起更热切的注意"。

需要注意的是，肢体语言的解释并没有唯一性，一种姿势或动作可能表达多种意思。如果完全按照某种特定的方法进行解释就可能会理解错误。一般来说，谈话时身体后仰表示他对这个话题没兴趣，把手臂交叉放在胸前表示抵制、排斥。如果你把这种解释作为理解肢体语言的唯一根据，就有可能对别人的肢体语言发生曲解，导致一些不必要的误会。因此要全面、客观地了解肢体语言的含义，才能作出准确的判断。

别让投射效应破坏了人际和谐

现实中总是有些人、有些事让我们感到愤怒或苦恼。当有人激怒我们时，我们该如何处理自己的情绪呢？我们可能会非常情绪化地认为那个人很可恨、很危险，甚至很恶毒；我们会对他感到反感和厌恶，并对他恶言相向，或者进行人身攻击；我们甚至还可能选择逃避，避免让他伤害到自己……总之，我们多半会认为对方是错的，而自己是对的。

毫无疑问，我们的这些做法不利于人际关系的和谐。然而，我们的这些反应对我们来说也并不是一无是处的，它就像是一面镜子，可以帮助我们更好地了解自己的思维方式和情绪反应方式——我们对别人不满意的地方正是我们需要了解自己的地方。这种了解自己的技巧在心理学上叫做"投射"。心理学研究发现，人们在日常生活中常常不自觉地把自己的心理特征（如个性、好恶、欲望、观念、情绪等）归属到别人身上，认为别人也具有同样的特征。如果自己喜欢说谎，就认为别人也总是在骗自己；自己自我感觉良好，就认为别人也都认为自己很出色……当我们讨厌一个人时，其实我们真正应该讨厌的对象是我们自己。恨谁就像谁，我们已经把自己的缺点投射到了那个人身上。"以小人之心度君子之腹"就是投射效应的表现。

我们的潜意识把自身不愿接受的观念和情绪投射到别人身上，把那些令自己讨厌的或不能接受的想法推诿给别人，这样做的目的无非是为了减少我们的内在焦虑——用否认的方式逃避那些卑劣的或不能接受的观点；（我没有这种讨厌的下流思想。）把自己不能接受的东西投射给他人，然后加以攻击，并与之保持一定距离，从而获得安全感；（你竟然有这种想法，真卑鄙。）通过强调别人和我一样或比我更坏的方式来得到满足；（你也不是什么好东西。）通过批评或阻止别人去做那些令人不快的事，来进行欺人或自欺。（这是不道德的行为，我反对你这样做。）

投射效应在我们的生活中比比皆是，例如想要作弊的人总感觉周围很多人都在作弊；单相思的人总感觉对方对自己就是不一样，而客观上对方对所有人都一样；心地单纯善良的人认为周围所有的人都是善良的；而阴险的人，就处处提防着别人……投射效应是造成人际冲突、破坏人际和谐的主要原因。比如，一群人围在一起聊天，其中一个人讲起了他热爱的篮球，异常兴奋，滔滔不绝地讲。开始时，人们还挺有兴趣，但是时间长了就不耐烦了。那个人发现大家不愿意听了，就感到很沮丧。他把自己的爱好投射给了别人，认为大家应该像他一样喜欢篮球，没有意识到自己喜欢的东西，别人未必喜欢。

一个喜欢支配别人的人往往会把自己的意愿强加给别人，但是当别人对他的行为指手画脚时，他就会感到气愤，会产生和别人发生冲突的冲动。他应该问问自己是否也有同样的行为，也许他从来没有意识到自己喜欢支配别人。

投射效应也有积极的作用。由于投射效应的存在，我们常常可以从一个人对别人的看法中来推测这个人的真正意图或心理特征。我们也可以把它当做一面镜子，看清楚自己的内心。为什么我们和有些人在一起感到很轻松很安全，和另一些人在一起就感到不舒服？为什么我们喜欢有些人说话和做事的方式，讨厌另一些人说话和做事的方式？为什么我们越是不接受那些信息，讨厌的情绪就越明显？

投射效应给我们的最大帮助，其实就是让我们意识到，别人让我们感到不满意的地方正是我们努力压制自己的地方，也是我们需要完善的地方。当别人令我们感到愤怒时，首先想一想我们的愤怒对自己来说意味着什么。如果某人的行为让我们感到厌恶或反感，我们应该先控制自己的情绪，不要冲动地攻击别人，而要让自己冷静下来，然后问问自己："我是不是也有这样的行为？"这对提高情商、和谐人际关系是非常有帮助的。

我们应该学会不把自己的好恶和观点投射给他人，应客观地去看待他人。

发生人际冲突时该怎么办

人际冲突一般是指个人与个人之间的冲突——由于性别、年龄、生活背景、教育程度和文化背景等的差异，导致每个人对问题的看法不尽相同，于是，人与人之间的沟通和合作就出现了问题。比如，在情人节时，妻子认为丈夫应该给自己买花，这是天经地义的，但是丈夫认为买花很奢侈，而且没什么意义。这就造成了矛盾冲突，面对这种矛盾，有的夫妻可能会有一方妥协，有的夫妻可能会开始冷战，有的夫妻可能会采取其他的方法来解决。

要想妥善处理人际关系，就要从多角度看待问题，找到有效的方法解决矛盾冲突。如果只站在自己的角度看问题，就会以自我为中心，认为自己对，别人错，就会加剧矛盾冲突。如果只关注自己的需要，只考虑自己的利益，就看不到别人的需求。

根据原因和性质，人际冲突可以分为两种：一种是矛盾双方在某些实质性问题上有不相容的利益；另一种是矛盾双方包含负面的情绪，如不信任、恐惧、拒绝和愤怒等不相容的情绪。这两种冲突虽然常常混杂在一起，但是处理方式却有很大不同，因此有必要进行区分。处理第一种冲突，必须找到问题的关键，采取合作或谈判的方式尽量满足矛盾双方的利益。处理第二种冲突，则要修正双方的观点，建立积极的正面的关系。

人际关系学家戴尔·卡耐基提出了管理人际冲突的几个原则：

避免冲突。管理人际冲突的最好办法是避免和人发生争辩。即便我们在辩论上胜了对方，把对方的观点批得体无完肤，但那也只是获得了表面上的胜利。实质上，我们已经很让对方感到自卑，对对方心怀不满，原先的和谐关系已经因为我们的辩论而被破坏掉了。

尊重别人的意见，永远别指责别人的错误。耶稣曾经说过："赶快赞同你的反对者。"因为不管是上司、下属，还是家人、朋友，我们越是否定他的意见，就越会激怒他，越是指责他，就越会让他和我们对着干。这当然不是我们希望的结果。要想获得别人对我们的认同，就要尊重别人的意见。如果道理在我们这边，我们应该巧妙地说服别人，婉转地让别人赞同我们的观点，而不是通过否定和批驳对方来证明自己是正确的。

如果犯了错误，就迅速坦然地承认。林肯曾说过这样一句话："一滴蜂蜜比一加仑胆汁能捕到更多的苍蝇。"人与人相处也是如此，犯了错误之后，如果在别人责备我们之前，首先承认错误，这比听到别人的批评要好受得多，而且对方很可能会谅解我们，不再追究我们的过错。快速、坦率地承认自己的错误比找各种理由替自己辩护效果更好。

以友善的方法开始。如果一个人一开始就对我们抱有成见，他就不会接受我们的意见。当两个人发生矛盾冲突时，如果我们以敌对、仇视的态度对待别人，别人必然会与我们针锋相对，就会使矛盾不断升级。解决的出路是平心静气地坐下来，找到问题的原因所在。温柔、友善的力量永远胜过愤怒和暴力。我们应该用温和的态度提出自己有力的见解，而不是进行无谓的争辩。

让对方给我们一个肯定的答复。在交谈时，让对方说"是的"，他就会忘记争执，逐渐同意我们的观点并接受我们的意见。如果一个人说出"不"字之后，他的内心就潜伏了负面情绪，形成拒绝和敌对的状态。即使后来他发现自己的观点是错误，为了维护尊严，他不得不坚持到底。相反，当一个人说"是"之后，他就会处于一种接受、开放的状态。引导别人说"是"，就能使谈话走向有利于你的方向。这种方法在谈判或销售工作中是非常实用的。

以肯定的回答作为辩论的基础，这种方法是著名的苏格拉底辩论法。苏格拉底与人辩论时向对方提出一系列问题，这些问题都能为对方接受并赞同。他不断地获得肯定的回答，最后对方在不知不觉中就接受了以前自己坚决否定的结论。

尽量给别人表达的机会。了解别人的想法是站在别人的角度思考问题的前提。我们必须知道对方是怎么想的，才能找到问题出在哪里。因此，我们应该给对方表达的机会，鼓励对方把他要说的话全部表达出来。每个人的观点都应该得到尊重。有时我们以为自己知道对方是怎么想的，但是那只是我们自己的想法，并不是对方的真实想法。

使对方以为这是他的意思。下级想让上级采纳自己的意见时，使用这种方法是非常有效的。没有人愿意被迫遵照别人的命令行事，每个人都喜欢按照自己的心愿做事，如果强迫别人接受我们的意见，就会引起抵制情绪。要想让别人支持我们，就要征求别人的想法和意见，而不是强迫对方接受我们的意见。

诚实地以他人的立场来看待事物。当有人做了让我们不满意的事情时，我们应该试着去理解他、原谅他，而不是一味地责备他——每个人做事都有他自己的原因，如果我们知道事情的原因，就不会厌恶这个结果了；如果我们能处处替别人着想，学会以别人的角度看待问题，就可以避免很多矛盾冲突；理解别人才会同情别人，同情是停止争辩、消除怨恨、制造好感的良方；当发生冲突时，告诉对方："如果我是你的话，我也会这样做。"为他人着想是减少摩擦，建立和谐关系的重要途径。

妨碍别人的反作用力不可低估

《三国演义》中，十八路诸侯共讨董卓之时，各路诸侯本应齐心协力。可是，当孙坚的部队到达汜水关时，掌管粮草的袁术却因为害怕孙坚抢了头功而拒发粮草。结果，不光孙坚的军队被董卓打败，就连这浩浩荡荡的十八路诸侯也被董卓打败。其实，袁术当时就一个想法："我不能得到头功，你也别想得到！总之，我就是要妨碍你成功。"

"妨碍他人"，其实就是指个人为了达到自身的目的，人为地为别人设置障碍。

古人云："君子畏义而节。"意思是说，君子在做事时，绝对不会为了一己私利而去损害别人的利益，因为在他们眼里仁义礼节是相当重要的。也正是因为这样，君子绝对不会做出妨碍他人的事情。妨碍他人的做法无疑就是小人行径。

综合来看，妨碍别人有两种形式：一种是有意识地妨碍他人，一种是无意识地妨碍他人。所谓"有意识地妨碍他人"，是指个人有计划、有目的地给别人设置障碍。在个人实施其行为之前，已经料想到或计划出自己的行为可能带来的后果，袁术就属于这种人。他为了达到损人利己的目的，故意给别人"下绊子"，妄图把别人绊倒。

产生这种"有意识地妨碍他人"心理的原因主要有两个方面：

第一，嫉妒。试想一下，当一个人嫉妒别人的才华、成就时，他最希望看到什么？答案很明显，那就是别人的失败。为了达到自己的目的——看到别人失败，一蹶不振，永远被自己踩在脚下，他会选择做什么？当然是想尽一切办法阻止他成功。这时，妨碍他人的心理就产生了。

第二，报复。如果一个人想报复另一个人，那么他希望看到的就是另一个人生活在痛苦之中，那么他会选择做什么？当然是想尽一切办法让他失败，让他陷入失败的泥潭里不能自拔，让他永远不能再站起来。这时，妨碍他人的心理也就随之出现了。

我们再来看看什么是"无意识地妨碍他人"。所谓"无意识地妨碍他人"，是指个人仅仅是为了满足自己的利益，而并没有料想到自己的行为会侵犯他人利益的做法。

我们常常可以看到，某些人为了自己方便，将垃圾随便堆在别人家的门口；某些人为了自己舒服，随便进行私搭乱建；某些人为了自己开心，在公共场合大喊大叫……这些生活中看起来不起眼的小事，其实都是妨碍他人的表现。

这种"妨碍他人"，虽说是无心的，但是有一点是可以肯定的，那就是这种人在采取某种行为时首先想到的是自己的利益，根本不会考虑到别人，极其自私。

不管是有意识地妨碍他人，还是无意识地妨碍他人，其危害无非就是害人、害己。有一位哲人说过："给别人多一点空间，也是给自己多一点自由。"

作为个人，是否成功没人会在乎，是否招人喜欢也没有人会太在意，因为这一切似乎和别人没有太大的关系，但是，如果你妨碍了他人的生活和工作，侵犯了别人的利益（不管这种利益是不是合理），那么被妨碍的人就会不遗余力地反对你、攻击你，甚至破坏你的胜利果实。"妨碍他人"就等于是"搬起石头砸自己的脚"。

利用 DESC 模型促进有效沟通

要想建立良好的人际关系，就必须要学会与人沟通的技巧。沟通是增进人与人之间的理解，建立和谐人际关系的必要途径。无论是工作，还是生活，都离不开沟通。在工作中，与老板沟通才能让他了解自己的工作任务，与同事沟通才能实现团队合作，与客户沟通才能完成销售工作；在生活中，与家人沟通才能营造温馨的家庭气氛，与朋友沟通才能获得天长地久的友谊。

沟通的目的无非是在把信息传达给对方的同时表达自己的观点，促进问题的解决，所以，沟通的效果不仅受信息内容的影响，还受表达方式的影响。说话的内容是我们要表达的信息，说话的方式、说话的时机、说话的对象以及面部表情和肢体语言等因素是我们的表达方式。这些表达方式对信息接收者如何理解说话人所传递的信息有重要影响。

人与人之间发生误会往往是因为表达方式不当，使对方接收到的信息与想要表达的信息不能完全吻合，造成了"好心当成驴肝肺"的现象——明明想要帮助一个人，对方反而不领情，甚至认为是被攻击。比如，一个员工犯了一个错误，老板想帮助他纠正错误。在沟通时，老板趾高气扬地对员工说："你这样做是不对的！"员工听后感到老板在指责自己，感到很焦虑，还有一些抵触心理，根本没有意识到老板在帮自己解决问题。老板虽然一片好心，但是由于表达方式不对，没有达到沟通的目的。

沟通的意义在于获得想要的效果，如果达不到效果，就需要调整表达的方式了。当我们与别人沟通时难免会带有一些情感，如果不控制这些情感，随意地表达，就会破坏沟通的效果。相反，如果懂得控制自己的情感，在适当时以适当的方式表达出来，就会促进有效沟通，让真正意图得到对方的正确理解。比如，有人侵犯了自己的利益，不懂得控制情感的人可能会横加指责，甚至辱骂对方。这样不仅不利于解决问题，反而会激发对方的负面情绪，对沟通产生负面影响。懂得控制情感的人能够理性地看待这件事，使自己的情感发挥积极的作用。

为了达到良好的沟通效果，首先应该把事实与自己对事实的看法分开来。不要急着对事实作出判断，因为任何判断都会带有感情色彩，主观判断无论正确与否都会激起对方的情绪反应，忽略了对事实的关注，对解决问题没有任何帮助。比如，一个人说"我觉得这种做法是错误的"，这是主观感受，而不是事实，正确的做法应该是从主观判断转换到客观描述，先表明这种做法导致了什么结果，然后分析为什么是错误的。

将事实与主观看法分开，只能帮我们更理性、更客观地看待问题，但是不能帮我们解决问题。为了达到更好的沟通效果，心理学家研究出了一种 DESC 模型，将沟通过程分为四个步骤：

第一步：描述（D）——准确客观地描述实际情况，表达你想要沟通的内容。

第二步：评估（E）——说出这件事给你的感受以及你对这件事的看法。

第三步：解决（S）——思考下一步怎么办，由你提出解决问题的办法，或者与对方一起探讨解决问题的办法。与对方一起商讨解决问题的办法，实施起来更有效。

第四步：继续（C）——从事件中得到什么启发？你将如何处理这件事，以后你将怎么做？如果是不好的事件，怎样避免事件的发生？如果是好的事件，怎样达到更好的效果？

这四个步骤不仅能够让我们把事实与自己的观点分离开，而且能够让我们发挥情感的积极作用，利用情感来解决问题，在减少矛盾冲突的前提下使沟通双方

达成一致，通过沟通达到预期的结果。

具体说，我们需要把想沟通的问题分为两类，一类是对方让我们感到满意，另一类是对方让我们感到不满意。如果对方所做的事情让我们感到满意，在描述事实之后，就要如实地表达自己的感受，称赞对方，并鼓励他继续这样做。如果对方所做的事情让我们感到不满意，在描述事实之后，要适当地表达自己的不满。这时需要注意，指责和批评不是目的，解决问题才是沟通的真正目的。我们只需要让他体会到我们的心情，然后寻找弥补的办法，提醒他以后避免类似的事情发生。

现在以顾客和商家处理售后服务问题为例，具体分析如何处理这两种情况。

第一种情况，顾客对售后服务感到满意。

描述：我购买的这台电视机在保修期内出现了问题，你们在最快的时间内帮我们解决了问题。

评估：你们的服务很及时，而且服务态度很好。虽然电视出现了一点小毛病，但是你们给我留下了好印象，我很高兴购买了你们的产品。

解决：现在我的电视机已经没有问题了。

继续：下次遇到问题时，希望还能得到你们的帮助。

第二种情况，客户顾客对售后服务不满意。

描述：电视机没买几天就出现了问题，给你们的售后服务部打电话却一再推拖，不肯上门维修。问题到现在还没有解决。

评估：这是对消费者不负责任的表现，我对你们的服务态度很失望。

解决：你们承诺了在保修期内上门维修，就应该来看看问题在哪里，帮我解决问题。

继续：希望以后再出现问题时，能够得到及时的维修服务。

如果我们是沟通的主动方，就可以采取 DESC 模式，掌握良性沟通的技巧。利用我们的情感为有效的沟通服务，而不能因为情感表达造成不良的沟通。但是，如果我们是接受沟通的一方，对方未必会按照 DESC 模型与我们沟通，这时我们就要变被动为主动，由自己来掌握沟通，向对方暗示他应该关注事实，并找到解决问题的方法，而不是表达自己的情绪。

我们应该站在对方的角度上考虑对方为什么会有这样的观点或者情绪。比如，有人对我们说"你这种观点太可笑了"，不要被别人的批评和否定激怒，我们应该通过提问，让对方从主观判断回到客观事实。我们可以问问他："你觉得我的观点可笑，是不是认为某些地方不合理？是哪些地方呢？"这样就可以引导对方关注事实，解决问题，而不是一味发表自己的意见。

DESC 模型在实际生活中非常有用，一旦掌握了这个模型，就能心平气和地与人沟通，避免因为情绪波动导致冲突。

力争与对方保持一致能增强亲和力

心理学家发现，在交谈过程中，如果我们喜欢一个人或者认同一个人，我们的语言表达方式和肢体语言就会趋向于与他相同。由此，我们可以得出这样一个结论：模仿别人的语气和姿势可以增强自己的亲和力，获得对方的认同，减少抵触和防备心理。

有人做过一个实验，与人交谈时，注意观察他的说话方式和肢体语言，然后调整自己的说话方式和肢体语言，尽量与对方相似。他发现这样可以拉近双方的关系，更加有利于沟通。这在神经语言程序学上被称为"匹配"——说话方式和肢体语言越不匹配，沟通的障碍就越大。当人们发现你与他们不匹配，就会认为你不愿意与他们交流，或者认为你根本就不理解他们所说的话。

在这一点上，顶尖的销售高手做得非常好，他们很善于通过改变自己的说话方式和肢体语言，去适应潜在顾客的特性，以便于与客户保持一致。与说话对象保持一致，是人际交往中提高亲和力的重要一步。

维持在一个让对方感到舒适的距离

人们在进行交际时，空间位置和距离具有重要意义。它不仅体现出双方的亲疏远近，还能反映出一个人的心理状态和文化背景。美国人类学家霍尔博士研究出了四种表示不同关系的空间距离：

亲密距离：0～45cm，交谈双方关系密切，身体的距离从直接接触到相距约45 厘米之间，这种距离适于双方关系最为密切的场合，比如说夫妻及恋人之间。

私人距离：45～120 cm，好朋友、熟人或亲戚之间往来一般以这个距离为宜。

社交距离：120～360 cm，用于处理非个人事物的场合中，如进行一般社交活动，或在办公时应采取这个距离。

公共距离：360～750 cm，适用于非正式的聚会，如在公共场所听演出等。

与人交谈时，要尊重对方的空间距离，维持在一个让对方感到舒适的距离。如果距离太近会让对方感到紧迫，如果距离太远会让对方感到疏远，都不利于建立良好的互动关系。

适应对方的音调

语音和语调可以反映一个人所处的特定状态。由于健康状态、生存环境、文化修养的不同，人的声音各不相同，有的浑厚，有的沙哑，有的充满磁性，有的非常尖利。在与人交流时，我们要注意对方的音调，通过声音了解对方的态度、情感和意见。

在交流中，我们还应该了解对方的音调，适应对方的音调。如果谈话对象的语速较快，就要调整自己的语速，适应对方的语速，这样才能赢得对方的好感，促进良好的交流效果。

选对方感兴趣的话题说

人们都对自己谈论的事情感兴趣，要想引起对方的兴趣，就要注意对方在谈论什么，然后投其所好。在交流时一定要做一个好的倾听者，注意对方在说什么，通过他表达的内容了解他关心的话题。如果他对政治感兴趣，就要谈与政治有关的话题；如果他对经济感兴趣，那就谈与经济感兴趣的话题。要想与他建立良好的关系，就要知道对方的兴趣所在。

自然模仿对方的口头禅和经典动作

每个人都有自己的口头禅或者经典动作，比如有的人经常说"随便"，有的人经常说"天啊"，有的人会习惯性地挠头，有的人有属于自己的微笑方式……一个人的"口头禅"和经典动作能够传达出一些特定的信息。在与人交往时，要注意别人的口头禅和经典动作，揣测他的心理状态，并自然地模仿他说类似的话，或做出类似的动作，观察他的反应。

肢体语言

肢体语言在社交中无时无刻不在传递信息，在与人交流时，要注意他们的面部表情、身体姿势、手势、动作所暗示的信息。观察肢体语言时，要注意每一个细节，注意最小的信号所表达的肢体语言的变化。

在观察别人的肢体语言时，需要注意以下几点：

身体姿势：他的站姿怎么样？坐姿怎么样？肩膀如何放置？头部、脖子做出了什么姿势？他是如何保持身体平衡的？

动作：他是如何走动的？如何平衡他的脚步？身体各部位常做什么动作？

手势：在交流中，他如何使用双手？手臂常常做出什么样的姿势和动作？

眼睛：关注他眨眼的频率、眼球的转动、凝视的方向和焦点、眼睛的湿润度以及眼睛睁开的缝隙。

面部表情：脸颊、嘴唇、眉毛、下颌、额头的形状、颜色、光泽度以及面部肌肉的拉伸动作。

呼吸：舒缓的呼吸，还是急促的呼吸？深呼吸，还是很浅的呼吸？

适应对方的感官通道

不同的人有不同的感官通道。有的人是视觉型的，他在交流时，就会倾向于使用视觉的词语，比如"我看清楚了这个问题"。有的人是听觉型的，他在交流时，就倾向于使用听觉的词语，比如"这个主意听起来不错"。与人交流时，要注意对方擅长的感官通道，适应他的感官通道。在表达时要使用对方所熟悉的表达方式。

判断对方的信念和价值观

由于家庭环境、教育背景、个性特征的不同，每个人的价值观和世界观也有所不同。有些人看中物质享受，有些人追求精神境界，有些人认为法律应该更严格些，有些人认为应该有更多的假期。在交流时，要注意通过对方词语强调的方式判断他的信念和价值观，然后投其所好。如果双方观点有冲突，可以用一种委婉的方式提出来，但是要避免冲突。

寻找双方的共同点

谈话双方在某方面的一致性会拉近双方的关系，因此在交谈过程中要注意找双方的共同点，比如，你们是同学、同行或同乡，你们都曾经去云南度假，你们都喜欢唱流行歌，你们小时候都挨过打等等。也许你们之间没有太多的共同点，那你可以营造共同点，以赢得对方的认同。比如，你可以穿上与他风格一致的服装，喝同一种饮料，吃类似的食品。这种外在行为上的一致性也会给对方一种认同感，让他更愿意与你交流。

社交中的"低能儿"

低能儿并不总是智商低下的代名词，那些在人际交往中表现糟糕、缺乏最基本的社交技能的人，也可以称之为低能儿。为了与一般意义上的低能儿加以区分，我们将这种缺乏社交技能的人称为社交中的低能儿。社交中的低能儿并不存在智商上的问题，而且他们的智商还可能是非常高的。

社交中的低能儿主要有三种典型的表现：

第一种，在与人交往的过程中会表现得非常紧张。

社交中的低能儿与孤僻冷漠的人不同，虽然他们经常会将一次聚会搞砸，但在他们的内心深处是渴望同别人交往的，只是他们还没有找到同别人交往的最佳方式。除了面对自己最为亲密的人以外，与其他任何人的谈话都会让他们感到紧张，紧张得他们不知道该说些什么，以致于他们常常在别人面前语无伦次，丑态百出。对于别人所说的话，他们也很难听得进去，即使在别人讲笑话时，他们也紧张得笑不出来。

第二种，以自我为中心。

社交能力的欠缺不仅仅表现在与人交往时的紧张上，有些社交中的低能儿喜欢与人交往，而且与人交往时从来都不会感到紧张，只是其他人并不愿意与他们交往。因为他们总是以自我为中心，对别人的观点和意见从来都不感兴趣，甚至还没等对方把话说完，就马上转变话题来阐述自己的观点，不管对方的态度如何，都要将自己的观点强行加给对方。与这样的人交谈自然是非常不愉快的，所以身边的人都不愿意与他们交谈。在身边的人看来，与他们相处的感觉并不美妙，甚至可以说是很糟糕。

第三种，无法准确表达自己的情感。

他们不善于用语言传达他们的情感，所以他们常常会传递出一些让人感到不安的信息，这会让身边的人离他们而去。当然，他们的内心也许并没有恶意，但是由于表达不当，所以就引起了其他人的误会。此外，他们也不善于用非语言的方式来表达情感。同样的一句话，语调不同，意思就不同，可是他们常常用同样的语调来表达不同的情感，这也很容易让别人对他们产生误解，遭到别人的冷遇或拒绝，这使他们非常困惑，因为他们根本就不知道其中的原因。

对于缺乏基本社交技能的人来说，与人交往是一件非常困难的事，因为他们与人交往的经历总是不愉快的，他们似乎从来没有在与人交往的过程中找到乐趣。在其他人看来，这些社交中的低能儿是很不合群的，因为他们总是无法很好地融入到一个集体之中，与集体中的成员融洽相处。无论在生活还是在工作中，他们都很容易被孤立。尽管他们不愿意被孤立，但他们却无法控制别人对待自己的方式，也无法以自己的行为去博得他人的好感。所以，他们很无助，很压抑，但是却对这一切感到无能为力。

这些社交中的低能儿大多与他们失败的童年生活有关。在社交智能发展的初级阶段，他们没能学到有关社会交往的基本技能，这就为他们在人际交往中的糟糕表现埋下了祸根。比如说，他们不懂得主动与其他的小朋友交往，而是等待其他的小朋友上前来跟他打招呼；不知道试着以自己的方式表达出自己的真实想法，不懂得如何安慰对方；没有学会一些与人交往的礼节，如向对方表示感谢、请对方优先进出门等；还不懂得尊重别人的谈话，耐心地倾听别人，而是去打断对方等等。更加糟糕的是，在接下来的成长过程中，他们在人际交往中的能力变得越来越差，甚至影响到了他们的发展。因为不懂得社会交往的技能，所以他们害怕与人交往，或者说他们不知道该如何与人交往，可越是不与人交往，他们的社会交往能力就越差，这无疑形成了一个恶性循环。最后，这些人就变成了社交中的低能儿。

生活在这个每天都要与人打交道的社会上，如果缺少了社会交往能力，就根本不可能很好地生存下去。对于孩子来说，从小就注重培养这种能力是非常有效的。对于成人来说，时光自然不可能倒流，但是社交能力的欠缺却并非无法补救。克服自己的心理障碍是很关键的，在与人交往之前，首先应该摆正自己的位置，然后再去体察别人的情感。只要你真心希望作出改变，那么提高自己的社会交往能力就不是做不到的。

提问是和谐人际关系的一种技巧

提问是和谐人际关系的一种技巧。要想处理好自己与别人的情感关系，就要通过提问来了解别人的需求、计划以及他们是如何思考的，然后根据这些信息，作出适当的反应，以求达到更好的沟通和交流的目的。

更重要的，通过提问我们可以引导对方修正自己的观点。这就是苏格拉底式的提问法——通过提问的方式激发对方思考，让对方主动给出所有的答案，这样更容易让对方接受。比如，当听到有人对说"你是一个失败者，一辈子也不会有所作为"时，没必要出于自我防御而进行反驳，反驳和争吵对沟通没有任何意义，我们可以这样问："你根据什么说我是一个失败者呢？为什么我一辈子不会有所作为呢？是不是我缺少哪方面的能力？"这种提问并不是否定对方的手段，而是一种促进讨论和思考的方式。

恰当的问题可以引导对方说出我们想要的答案，这种技巧在销售领域非常实用。

一个保险业务员问：人生旅途中如果遭受残疾或者重大疾病，是不是非常可怕的？

显而易见，我们的回答当然是肯定的。

他接着问：你有没有为这些可能的意外作好准备？那时你将依赖家人、朋友、社会福利，还是保险呢？你会选择保险，因为保险是自己创造的，代表着你的尊严，你同意吗？

毫无疑问，我们是无法否定他的说法的。

问问题可以让我们更理性地看待问题，而不是被感情控制。当别人表达自己的观点和看法时，不要急着对此作出判断，而应该通过提问的方式了解事实的真相。

我们不仅要善于对别人提问，还应该对自己提问。通过恰当地提问，我们可以纠正对自己认识上的一些偏差，了解自己的真实情感，更好地规划自己的人生。

那么，如何通过提出恰当的问题获得我们想要的信息呢？神经语言程序学家提出了一些用于提问的语言模型。

通过对名词和形容词提问，以获得事件的细节

著名心理学家东尼·博赞研究发现一幅图画大约需要一千个词汇来描述。当我们对头脑中的某一画面进行描述时，会选择一些我们记住的，或者我们认为重要的信息，但是我们很难捕捉到全部信息。另一方面，一些词语具有多重含义，尤其是那些抽象的、比较模糊的词语，不能精确地表达某个信息。因此，我们在表达时，传递的信息远远超过我们想表达的信息，进而造成别人的曲解和误解。

比如，当听到"汽车"一词时，我们头脑中就会出现汽车的画面，但是我们不知道这辆汽车的品牌、颜色、型号、规格等信息。要想获得全面的信息，就需要对这些细节进行提问。"汽车"这个词有清晰的内涵和外延，我们需要不断地对它的细节进行提问才能全面地了解这是一辆什么样的"汽车"。再比如"爱""幸福""友好"等抽象的名词和形容词，就更难以描述了，我们需要用一些事件来解释，让别人领会到这些抽象名词的含义。

当我们对这些特殊的名词和形容词进行提问时，要避免问"为什么"，否则，我们将无法得到我们想要的具体的描述。我们应该使用这些疑问词：什么、谁、哪个、怎样、在什么时候、在什么地点……用这些疑问词提出封闭式的问题，就能得到想要的确切的信息。提出什么问题取决于我们想得到什么信息，比

如，这辆汽车是什么牌子的？这套房子有多大？你喜欢的人是谁？你有什么样的要求？你想知道什么？你能拎起多重的物品？你什么时候能够完成任务？

为了了解事情的细节，我们也可以向谈话对象提出自己的猜测，检查自己的理解和猜测是否正确。比如，你的意思是不是……？有没有可能……？你是否认为……？这类问题只需要用"是"或"不是"作出回答，你可以用这些问题引导谈话的方向。

通过对动词的提问，了解事情的发展过程

当我们需要用一系列图象描述一个事件的发展过程时，用得最多的就是动词，我们必须用动词把这些图像串连起来，因此，对动词提问能帮助我们了解事件的发展过程。比如，有人说"我已经对这些问题作了大量研究"，要想了解事情的经过，我们需要对"研究"提问：你是如何作研究的？搜集了哪些资料？有哪些理论依据？得出了什么样的结论？有人说"关于这个问题我已经考虑清楚了"，我们就要问：你的结论是什么？有哪些解决问题的方法？

对限定性词语提问，探索事情可能的结果

限制性的词语包括"应该""必须""总是""需要""应当""不能""不许""禁止""不应该""不可能"、"从来不""每个人"等等。这些词语限制能让人按照别人的意愿做什么或者不做什么，比如，你不应该伤害别人；你必须每周去两次超市；每个人都这样做，你也应该这样做。

针对限制性的词语，我们可以提出两种问题，一种是前溯性的问题，目的是找到界限的源头，弄清楚为什么设置这样的界限；一种是结果性的问题，目的是找到更多的可能性，越过界限看看会发生什么。前溯性的问题可以让我们冷静地面对事实，而不是盲目地听从别人或自己的限制。相对来说，结果性的问题更有建设性。

比如，别人说"你必须把工作做完再回家"。

针对这个限制性的要求采取前溯性的提问：为什么提出这样的要求？是什么让你做出了这样的决定？这些问题可以让我们了解当前的情况，可能这项任务的时间紧迫，可能还有其他工作要做。了解事实真相之后，我们就可以找到更多解决问题的办法。

针对这一要求提出结果性的问题：如果这样做会什么样的结果？如果不这样做会有什么结果？其他的可能性是什么？这样我们就了解了事情的后果，然后考

虑是否能承担后果，并采取相应的措施。比如杀人是违法的，杀人之后要坐牢，我们不能承担这样的后果，所以不能杀人。

问问题是良好的习惯。在与人沟通的过程中，如果不理解别人所说的内容，就应该通过提问增进了解。提问可以让我们更理性、更客观地看待问题，了解事实的真相，就不会陷入一知半解的状态。

幽默是处理人际关系的一种缓冲剂

在人际交往过程中，如果你想说服别人，但是尝试着用很多种方法都无济于事时，不妨提起你的"宠物青蛙"。

这是一个非常有趣的研究，研究中实验的参与者与艺术品的售卖者进行讨价还价。在谈判快结束时，售卖者要进行最后的报价，只是有两种不同的报价方式。一种报价方式是，售卖者表示坚持原来的价格，不能作出让步；而另一种报价方式也是坚持原来的价格，不能作出让步，只是在最后增添了一点儿小幽默。比如，售卖者会说："我仍然坚持原来的价格，不能再低了，否则我的宠物青蛙都要跳出来替我说话了。"在听到"宠物青蛙"时，参与者都作出了让步。这说明在短短的时间内，幽默产生了巨大的作用。虽然说最后的报价仍然是原来的价格，参与者更愿意接受第二种掺杂幽默色彩的报价方式。

由此看来，幽默的作用不可小视，它让参与者处于良好的情绪状态，在同等价格的情况下，更愿意作出让步。因此，当你要争取自己想要的东西时，请尝试着用幽默去点燃别人。

可见，幽默在人际交往中发挥着重要的作用。美国一位心理学家说过："幽默是一种最有趣、最有感染力、最具有普遍意义的传递艺术。"在社会交往中，难免会发生一些冲突、误会和矛盾。恰当地运用幽默，不仅可以化解危机，淡化矛盾，消除误会，还可以使人迅速摆脱困境，避免尴尬，缓和气氛。

例如，在一辆拥挤的公共汽车上，由于紧急刹车，一个小伙子无意中碰了一位姑娘，姑娘马上出言不逊，骂了一句"德性"。小伙子却不急不恼，风趣地说道："对不起，这不是德性，是惯性。"车上的乘客哄然大笑，姑娘则羞愧难当。小伙子凭借着高超的幽默感，成功地化解了一场即将爆发的冲突。

同样，在一次奥斯卡的颁奖典礼上，一位刚刚获奖的女演员准备上台领奖，也许是因为过于兴奋和激动，被自己的晚礼服长裙绊住了脚而摔倒在舞台边上。当时全场静默，这么多观众都在台下坐着，这难免让人感到尴尬和窘迫，因为从

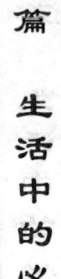

来没有人在这样盛大的晚会上摔倒过。但是，女演员迅速地起身，然后真挚而感慨地说："为了能够走到今天的这个舞台上，实现我的梦想，我这一路走得艰辛而坎坷，付出了很多代价，甚至有时跌跌撞撞。"这时，全场爆发出雷鸣般的掌声。女演员凭借自己的幽默感，不仅成功地化解了危机，还得到了更多人的认可。

古希腊著名的哲学家苏格拉底也是一个善于使用幽默的人。据记载，苏格拉底的妻子是一位性情非常急躁的人，往往当众给这位著名的哲学家难堪。有一次，苏格拉底在同几位学生讨论某个学术问题时，他的妻子不知何故，忽然叫骂起来，震撼了整个课堂。继而，他的妻子又提起一桶凉水冲着苏格拉底泼了出去，致使苏格拉底全身湿透。当学生们感到十分尴尬而又不知所措时，只见苏格拉底诙谐地笑了起来，并且幽默地说："我早知道打雷之后一定要跟着下雨的。"虽然只是一句简短的话，既淡化了矛盾，化解了危机，又不至于让自己很尴尬。而且妻子的怒气出现了"阴转多云"到"多云转晴"的良性变化。他的学生听了之后都欣然大笑起来，不得不敬佩这位智者的素质和坦荡胸怀。

幽默的确是一门艺术，也是一种修养。

先接受再拒绝的"Yes，But"定律

生活中，我们总是希望自己的想法、意见被别人接受，甚至还试图去改变别人的想法和态度，可是一切并不能如我们所愿，因为冲突是在所难免的。这时你应该怎么做呢？

一种人的做法就是立即否定别人的想法，滔滔不绝地开始表明自己的态度和立场，不给别人留有任何回旋的余地，不管别人接受不接受；而另一种人则是先耐心地听对方说完，表示对方的想法或意见有可取之处，然后再否定或是拒绝，紧接着表明自己的态度和立场，试图去说服别人。很显然，第二种沟通方式更能够被人们接受。第一种方式太过绝对化，将别人的想法一棒子打死，没有任何回旋的余地，让对方下不了台，甚至还会激起逆反心理，影响双方之间的关系。而第二种方式是将对方和自己置于平等的位置进行对话，让对方有被尊重和重视的感觉，这样对方也更能接受你的想法。

这就是一种沟通技巧，即先接受再拒绝的"Yes，But"定律。这很像我们语文中学习过的一种称作"先扬后抑"或"先褒后贬"的修辞手法，也就是说当你想贬低或批评一个人时，先对他身上的可取之处进行表扬然后再进行批评，比

直接批评他身上的缺点和毛病更能让人接受。同样，在沟通过程中，如果你不同意某个人的想法和意见时，先要指出其中的可取之处，然后再批评其中的错误和不当之处，这样反而让人更容易接受。用一句比较通俗的话说，就是先给他吃一颗甜枣，然后再给他一粒药丸，这样就不会觉得药丸很苦了，甚至还能感到枣的甜味。

这种先说 Yes 再说 But 的沟通方式对个人的发展有很重要的作用，尤其是对那些刚出校园的年轻人。年轻人刚踏入社会，总是希望尽快地崭露头角，抓住一切能够表现自己的机会，这些都无可厚非。可是，不能因为这样就不顾及别人的感受，将自己的想法强加于别人。在沟通中掌握一定的技巧，则会起到事半功倍的效果。

众所周知，从事销售行业的人主要靠说话吃饭，天天和形形色色的人打交道，更要学会沟通的技巧。以保险公司的推销员为例，这可能是最不受别人待见的职业之一了吧。当你向客户推销保险时，他们可能会很不耐烦，甚至会丢下一句话"我对保险不感兴趣"，从而将很多销售人员拒之门外。有些销售人员可能就会知难而退，觉得毫无希望了，而那些优秀的销售人员则会尽力给自己争取机会，赢得说话的权利。比如他们会说："您说的确很有道理，我们都希望自己的家人朋友健健康康的，没有什么意外发生。谁会对这种与生、老、病、死有关的事情感兴趣呢？其实，我自己对保险也没什么兴趣。"这样顺着客户的意思先说 Yes，反而为自己赢得了说话的机会。这时，客户就不会那么反感了，反而会觉得你很真诚，会继续和你交流下去。这样你就可以抓住机会，向他讲述保险对人的重要性，"虽然我们对保险都不感兴趣，但是生活中总会有这样或那样的意外发生，未雨绸缪、防患于未然总不是什么坏事情"等等，这样就大大增加了推销成功的可能性。

可是，如果一开始，我们就否定客户的说法，只会引起客户的反感，这样我们连说话的机会都没有了。先对他的说法表示认同，然后再表明自己的态度和立场，告诉他保险的重要性等等。不仅缓和了之前的紧张气氛，还为自己赢得了机会。看来这种人际沟通中的"Yes, But"定律真的很有效果。

在心理咨询中有一个很重要的原则，那就是倾听。在这里也同样适用，在和别人进行沟通时，同样要学会倾听别人的意见。也就是说，在说 Yes 之前要先学会倾听，不要未等别人把话说完就打断，这样很不礼貌。同时，也会让别人觉得自己不受尊重，觉得你是在应付他。另外，在说 But 时语气不能强硬，一定要委婉。当和别人的意见相冲突时，表明自己态度时要圆滑一点儿，不要一竿子打死一船人，要给对方留有余地。这样不仅对方能够感受到你对他的尊重，而且不同的意见在发生碰撞时还能迸发出智慧的火花。

"Yes，But"定律是一种人际沟通技巧，同时也是重要的处世之道，更是一种以退为进的谋略，有助于我们更好地和别人进行沟通和交流，建立良好的人际关系。

产婆术：用他人自己的观点驳倒他人

除了上一节中所提到的"Yes，But"定律，在说服别人时还有另外一个技巧，那就是苏格拉底的"产婆术"。这种方法不像"Yes，But"定律那样，用我们自己的观点来驳斥他人的观点，而是用他人自己的观点来驳斥他人。在驳斥的过程中，主要是通过讨论问答甚至辩论的方式来揭露对方观点中的矛盾，而不是直截了当地指出，从而达到引导他们自己得出正确答案的目的。让他了解到，他所认为是真的东西，原来是假的；他所认为是对的，原来是错的。

苏格拉底的母亲是一个接生婆。他从小就跟着母亲到别人家去接生，帮助递递器械，打打下手。这一段生活经历在苏格拉底的心中留下了深刻的印象。后来，他从助产中得到了启迪，创立了一种教育方法，他称其为"产婆术"。这种方法首先让对方说出自己的观点，然后按照对方的逻辑进行推理，从而发现矛盾，让对方认识到自己的错误。这时再不失时机地表明自己的观点和态度，让别人来接受你的观点，这样比直接驳斥反而更有效。

为了更形象地了解产婆术，我们摘录了色诺芬的《回忆录》中苏格拉底与欧谛德谟有关正义的一段对话。欧谛德谟一心想当政治家，为了帮助这位年轻人认清正义与非正义的问题，苏格拉底在与这位年轻人的对话中使用了产婆术，以让他认识到自己观点中的矛盾。

苏格拉底：让我们列出两行，正义归于一行，非正义归于另一行。首先，虚伪归于哪一行？

欧谛德谟：归入非正义一行。

苏格拉底：偷盗、欺骗、奴役等等应归于哪一行？

欧谛德谟：应归于非正义一行。

苏格拉底：如果一个将军必须惩罚那极大地损害其国家的敌人，他战胜了这个敌人，而且奴役他，这对吗？

欧谛德谟：不能说不对。

苏格拉底：如果他偷走了敌人的财物，或在作战中欺骗了敌人，这种行为如何呢？

欧谛德谟：当然正确，但我指的是欺骗朋友。

苏格拉底：好吧，那就来专门讨论朋友间的问题。假如一个将军所统帅的军队已经丧失了勇气，处于分崩离析之中，如果他告诉他的士兵，生力军即将来增援。他欺骗了战士们，使他们鼓起勇气，取得了胜利。这种欺骗行为如何理解呢？

欧谛德谟：也算是正义的。

苏格拉底：如果一个孩子有病，不肯吃药，他父亲欺骗他说药好吃，哄他吃了，他的病因而好了，这能算欺骗吗？

欧谛德谟：也应划到正义一边。

苏格拉底：假定有人发现其朋友发了疯，因怕他自杀，就偷了他的枪，这种偷盗是正义的吗？

欧谛德谟：应该算是正义。

苏格拉底：你不是说不能欺骗朋友吗？

欧谛德谟：请让我把所有的话全部收回。

从上面的一段对话中，我们可以看出，提问是苏格拉底"产婆术"谈话法的核心。苏格拉底就是通过步步紧逼的方式对欧谛德谟进行提问，让他发现自己观点中矛盾的地方，从而实现步步为赢的目的。当然，这种方法对提问者有很高的要求，你必须要有清晰的思路，否则自己就会被对方"绕"进去，不仅驳斥不了对方，反而会接受对方的不合理的观点。

苏格拉底的"产婆术"的特点在于，先避开对方的论点，不作任何评论。绕开对方准备得最充分、认为最有把握的论点，采取避而不答、含而不露的态度，通过提问者的提问和当事人自己的分析，引导对方大胆地回答自己的问题，从而落入自己之前所设的"圈套"。

苏格拉底的"产婆术"作为一种教育方法，在教学中得到广泛应用。在课堂中，主要采取师生问答的形式。苏格拉底在教学生获得某种概念时，不是把这种概念直接告诉学生，而是先向学生提出问题，让学生回答。如果学生回答错了，他也不直接纠正，而是提出另外的问题引导学生思考，从而一步一步得出正确的结论。苏格拉底倡导的"产婆术"对后世影响很大，直到今天，这种方法仍然是一种重要的教学方法。卢梭、布鲁纳等人提倡的"发现法"，也明显受到苏格拉底这一方法的启发。

寻斧效应：戴着有色眼镜看人

在一个风景优美的庄园里，园主在地窖中储存种子时，将一把斧子忘在了地窖中。几天后，当他又要用斧子时，才发现自己的斧子不见了。放在自家的斧头去哪里了呢？他在自家门后面、桌下面、堆柴草的房里到处找遍了，依然没有找到。到底是谁偷走了斧子呢？他怀疑是邻居家的儿子偷了，因为两天前他们刚刚吵过架。于是，他仔细地观察邻居家的儿子，觉得就是他偷了斧子。看他走路的样子，很像，不仅如此，连他的神态、动作、表情也像，甚至他说话时的声调，都像是偷了斧子之后的反应。总之，越看越像，几乎可以肯定，"就是他偷了我的斧子了！"

又过了几天，园主又到地窖去储存物品。当他打开地窖门时，发现了那把斧子正躺在地上。第二天，此人再看邻居家的儿子时，他的举动和言行，就连笑的神态，一点儿也不像是偷斧子的样子。

这就是寻斧效应——每个人都生活在自己认为的世界里，所以，总会轻易地从自己的角度去判断、处理事情。

心理学家认为，"丢斧事件"本身并不是导致情绪障碍和脱逸行为的直接原因，人们对诱发事件所持看法、解释、信念和认知方式才是引起人的情绪和行为反应的直接原因。一个拥有合理信念和正确认知方式的人，懂得没有调查研究就没有发言权，懂得处理任何事、对任何人作评价要用事实说话；而持有不合理信念和认知方式的人，则会让自己内在的不恰当的情绪占上风，并影响到自己的行为。

心理学家分析，以下几种人容易戴有色眼镜看人：

思想道德水平不高的人

有人说："猜疑心与人的私欲成正比，私欲越大，猜忌心就越大。"的确，人的猜忌心理多半产生于害怕别人侵占自己的利益，尤其是思想道德水平不高的人，因为他们性格自私，占有欲望强烈，更容易产生猜忌心理。有钱的人怀疑别人要抢他的钱，有权的人怀疑别人要夺他的位，事事都表现出"以小人之心，度君子之腹"。这些人由于不重视提高自我修养，凡事先想到的是自己，什么事都斤斤计较，时间一长，猜忌就在心里根深蒂固了。

具有错误思维定势的人

容易猜忌别人的人，大都上过当，受过骗。他们在潜意识中总是告诫自己：所有的人都是不怀好意的，他们想要占自己的便宜、捉弄自己、奚落自己、排挤自己，必须对他们提高警惕，因此，他们凡事都考虑别人是不是要损害自己的利益，久而久之，这种错误的思维定势就形成了，猜忌心理也随之而来。

固执己见的人

固执己见的人认为，别人的看法全都是错的，只有自己想法是正确的。固执己见的人会丧失应有的判断力，凡事都向着自己的"想法"靠拢。当他认为别人是在做不利于自己的事时，往往不会冷静地分析思考。

不善与人交往的人

人与人之间的沟通是必须的，只有通过沟通才能相互了解。有些人不善于和人交往，就势必不能使别人了解自己，自己也不可能了解别人。他们不愿意向别人敞开心扉，不愿意把自己心中的疑惑说给别人听。这样一来，陷入胡思乱想的他们再也无法摆脱心中的疑团，从而产生了猜忌的心理。

中国历史上疑心病最重的人是曹操。曹操一直有头疼的毛病，这个病困扰了他很多年。为了治好自己的"头风病"，他请了很多名医，但都没有奏效。后来，有人向曹操推荐了神医华佗。

华佗给曹操把完脉后，认为他的头疼病是由中风引起的，而且病根在脑袋中。要想治好，必须先饮用麻沸散，然后用利斧劈开脑袋，取出里面的"风涎"。曹操一听，马上又犯了疑心病，猜忌华佗是想借这个机会杀掉自己，于是，令人先将华佗打入大牢，然后杀死。

曹操的疑心病害死了华佗，也害死了他自己。华佗死后，再没人能治曹操的病，结果曹操最终死于头风病。

生活中疑邻偷斧的现象也比比皆是：领导对他态度冷淡一点，便认为领导对他有了看法；恋爱时，女朋友因急事不能赴约，猜疑她是不是去和别人看电影或变了心；等等。

疑神疑鬼的寻斧效应是有百害而无一利的，轻者影响同事关系，重者还会对别人造成伤害，因此，我们应该时刻提醒自己不要这样。

吃亏为什么是福

清代著名画家、书法家、"扬州八怪"之一郑板桥曾说过："吃亏是福。"这也是中国一直倡导的古训，可是在实际生活中，又有几个人能够做到呢？

古时有一位林退斋尚书，他福德颇多，子孙满堂。在他临终时，子孙跪在面前请求训示，林退斋道："没有别的话，你们只要学会吃亏就行了。"古代有很多忍辱吃亏从而成就大事的人物，例如韩信忍受胯下之辱，可以说是吃亏吃到了极点，后来韩信才被刘邦册封为三齐王；被称为"清初三大家"之一的散文家魏禧，曾经说道："我不识何等为君子，但看每事肯吃亏的便是。我不识何等为小人，但看每事好便宜的便是。"；用"学吃亏"一语律己，以"怪不得"三字待人，这也是明朝儒士薛敬轩一贯奉行的做人原则。

有这样一则小故事。一天，阎罗王对两个小鬼说："你们两个可以到人间投胎去做人了，现在我手里有两个名额，一个呢，一生都要忙着给别人东西；另一个呢，一生都从别人那里拿东西，你们愿意做哪一个啊？"小鬼甲抢先跪下来说："阎王老爷，我要做那个一生从别人那儿拿东西的人。"小鬼乙只能让步，选择了一生都要给予的那一个。阎罗王最终宣判道："下令小鬼甲投胎到人间做乞丐，到处向别人要东西吃；小鬼乙投胎到富裕厚德的人家，时常布施周济别人。"可见，有时候吃亏也是一种博大而宽厚的人生态度。

现实生活中，许多人在人际交往中都是唯恐自己吃亏，总希望自己能够占到便宜，在与别人的相处过程中斤斤计较，狭隘自私，不懂得付出。事实上，"吃亏是福"是一种积极的行为方式。从心理学的角度来说，"吃亏"是一种明智的、积极的交往方式，在这种交往方式中，由"吃亏"所带来的"福"，其价值远远超过了所吃的"亏"。

心理学研究证明，人是通过体验自己的行为而获得自知的。每一次吃亏，都是在用行动向自己证明，自己很大度，很豪爽，有自我牺牲精神，重感情，乐于助人，等等，从而提高了自己的精神境界。经过这样的不断强化，我们的自信心和自我接纳程度不断提高，而这种心理上的收获，是那些不付出的人所体验不到的。同时，天下并没有白吃的亏，在人际交往中都遵循着相类似的原则，我们对别人的付出，则是我们在无形之中储备的社会资源，终会以某种我们常常意想不到的方式回报给我们。而且，这种"吃亏"还会赢得别人的尊重，反过来将增加我们的自尊和自信。从这个角度来说，吃亏多带给我们的是一个健康和谐的人际关系。

所以，心理学家提醒我们，不要害怕吃亏，能够吃亏也是一种福气，从某种程度上说更是一种获得。但是，同时还要注意，不要过多地付出，这样不仅会给对方带来巨大的心理压力，让对方觉得很累，导致心理失衡，而且也不利于双方建立良好的人际关系。因此，我们必须把握好吃亏和付出的尺度。"吃亏是福"归根结底就是把握一个"得"与"失"的对立统一关系，我们应该认识到，"得"中有"失"，"失"中有"得"，关键是我们要清楚自己在付出的过程中会得到什么，失去什么，然后再去付出，而不是盲目地付出。

拉近心理距离的方法

心理学中有一个刺猬理论，说的是这样一个故事：两只小刺猬共住在一个山洞里。这天天气异常寒冷，两只刺猬被冻得哆哆嗦嗦的。它们为了取暖拥挤在一起时，却感觉到了一阵刺痛，原来它们都被对方的刺扎伤了。于是，它们又分开了，可分开后没多久又都冷得打起寒战来。经过几次磨合，它们终于找到了合适的距离，即能取暖，又不至于被扎伤。

刺猬理论说出了这样一个道理：人际交往中，不能过近，也不能过远，即"亲密有间，疏而不远"。人与人之间的交往的确应该像刺猬取暖一样保持适当的距离。因为每个人的观念、文化、知识、性格等方面的差异必然会影响到自身的处世态度和交际方式。如果人与人之间的交际过于亲密，这时的个性差异就会明显起来，突出起来，就免不了会发生碰撞、摩擦。因此保持适当的距离，会减少不必要的摩擦，使彼此少受伤害。

这就是所谓的"距离产生美"——保持恰当的距离容易让人产生审美经验。"审美经验"是心理学上的一个专有名词，它的内涵是指人在审美活动中的特殊感受和状态。具体地说，如果距离太远，审美活动中的双方就会脱离联系，审美主体就不会感受到审美客体蕴含的美感，审美客体就不容易发挥自己的感染力；如果距离太近，审美活动中的主体又会给对方造成压迫感和威胁感，更不利于主客体的交流。

美感在适度的距离上产生，情感在适度的距离上升华。人们都把亲密无间作为交朋友的最高境界，其实这只是一种美好的愿望，亲密是常见的，无间是不可能的。

距离有一种"自我矛盾"——远与近的矛盾，解决好这一矛盾，心理距离才能真正发挥其审美功能。

　　生活中，我们总是看到这样一些人，他们习惯于将自己的内心裹得严严实实的，不希望别人走进来，只有这样自己的心里才有安全感。其实不然，越是这样的人内心越是需要别人的理解，越是渴望能够和别人交流，希望和别人拉近心理距离。相信我们每个人都喜欢"真实""坦诚"这些美好的字眼，在人际交往过程中，我们总是希望和别人能进行心灵上的交流和沟通，同时希望对方也能对我们坦诚相见，这样双方才能感受得到在心理上离得很近。

　　我们有时候会发现，由于某一次推心置腹的交谈，你和一个人的关系突然之间就拉近了很多，同样也会因为一次不够真诚或很敷衍的交谈，朋友之间的距离反而变得远了。有时候随意聊天的男女会突然对彼此产生爱的感觉；有时候恋爱双方会因为某一件事情，感情突然加深很多。而这种心理距离的缩短在很大程度上得益于双方之间敞开心扉。在心理学中，这种沟通和交流的方式叫做"自我告白"。这种方法能够迅速地拉近你和别人的距离，比如，你向一个人诉说自己的秘密或家庭内部的一些问题，这种自我暴露的方式会增加彼此的亲密感。因为对于说的人来说，这种自我告白能够缓解自己内心的压力，而听的人会觉得对方是出于信任才会向自己倾诉。同时，听的人也会以同样的方式，以相同的程度进行自我告白，他们认为对方那么信任我，我也应该同样信任对方才是。这被称为"自我告白的回报性"。生活中我们也许会发现，与男性相比，女性更善于使用这种自我告白的方式来建立良好的人际关系。

　　此外，在心理学中还有一种与自我告白类似的方法，即"自我呈现"，是指意识到别人对自己的关注之后，然后有意识地去以对方期待的方式来塑造自己的行为。这同样是一种人际沟通的技巧和方式，但是在自我呈现的过程中，为了迎合对方的期待，难免会美化或吹嘘自己，与真实情况不相符合。这样不仅达不到拉近心理距离的效果，反而会让对方反感，不再愿意和你相处下去。

　　距离产生美，但如果过分保持距离，也会使双方变得疏远，甚至互相遗忘，所以，在人际交往中，"亲密有间，疏而不远"就显得很重要了。

第十一章

投资心理学：了解自己的风险承受能力

了解自己的风险承受能力

投资是一个充满了风险和挑战的领域，也正是因为如此，它才吸引了众多的人参与其中。但是，投资者很少有人能够对自己的心理承受力有正确的判断，那些自认为坚强的人可能会在遇到大麻烦时很快崩溃，而一向并不怎么坚强的人却可能平静地接受结果，甚至等来新的转机。

投资充满了风险，同时也充满了机遇。从某种程度上讲，风险与不确定性也是投资的魅力之一，它迎合了人性中的一些特点，使全世界无数人即使多次损兵折将，也依然乐此不疲。就像我们所看到的那样，交易所里总是一派人头攒动的热闹景象，许多专业投资家、职业经纪人沉迷其中自不待言，就连那些退休的老先生、老太太、家庭主妇、上班族，甚至是一些未成年的小孩子也跃跃欲试，想在投资游戏中试试自己的运气与智力。

如果我们仔细观察，就会发现，在股市低迷时，一个经历过市场风浪的职业投资家的表现可能还没有股价上扬时家庭主妇的表现那么淡定和勇敢。每当股价下挫时，那些证券代理商与经纪人都会迅速变化手中的投资组合，将筹码锁定在那些保守的股票上，不敢轻易将手上的现金换成股票，即使在面对一些内在价值被严重低估的好企业时，他们也犹豫不决，因为此时他们的心理较为脆弱，风险承受力较低，这种状况也势必影响到他们的交易决策。而股价上扬、市场高奏凯歌之时，人们个个大胆地追加资金，仿佛只要投入就注定有回报，此时，市场的风险被人们遗忘了，或者是他们虽然意识到了风险的存在，但他们高估了自己的心理承受力，一旦美梦破灭，只有后悔不已。尤其是那些被行情冲昏头脑、将自己的全部家当都赔进去的人，将会为他们的盲目与无知付出惨重的代价。

许多研究投资心理学的学者发现，要准确描述人们对风险的承受力几乎是不可能的。那些现代心理学中常用的研究方法，如访谈及问卷并不能考察投资者的风险承受力，因为人们对风险的承受能力是建立在情感之上的，而且随着情况的变化，人们自我感知的风险承受力也会有很大的变化。当股价下跌时，即使那些平常显得最大胆、最冒进的投资者也会变得畏首畏尾起来；而在股价上扬的时候，别说那些本来就激进的投资者，就连那些保守的投资者也常常满仓持有，难以轻易割舍。

　　在投资领域，人们普遍认为买卖股票是一种勇敢者的游戏。而在我们的社会里，勇敢者总是受到人们更多的尊敬，这使得大多数人在心中都认为自己也是一个能够承受风险的人。但是实际上他们并不是这样的，尤其在面对金钱的时候，自认为的风险承受力与实际的风险承受力并不是一回事。实际上，你可能只有在股价上扬时才是一个勇敢者，而当股价下跌时，你却往往吓坏了，只能跟着一群胆小鬼，唯恐逃之不及。

　　心理学家从统计学的角度出发，对人们的风险承受能力进行了研究，结果发现了一些有趣的现象。研究结果表明，人们的风险承受力与年龄和性别有很大的关系。从总体来看，老年人比年轻人更趋向于保守，女性比男性更加小心谨慎。而风险承受力与贫富之间的关系则没有定论，虽然我们通常可能认为有钱人比穷人更愿意承担风险，但实际上这只不过是一种直觉，心理学家尚未从统计心理学上找到支持这种看法的依据。

　　在股市中，你往往对自己的风险承受能力不甚了解。当市场行情一片大好时，你觉得自己无论买哪一只股票都会大赚一笔，这时你恨不得一下子将未来几年的薪水都预支去炒股。你觉得自己是一个可以面对一切的勇敢者，你随时准备承担可能降临的厄运。但是，事实上你的心里丝毫没有为可能出现的变故留下余地，你的勇敢只不过是轻度妄想症的白日梦罢了。一旦股价下跌，你就会变得异常胆小，担心你今天买入，明天它还会接着跌，那时你的钱会变少，而这是让人无法接受的，于是你就持币观望，不敢行动。

　　对任何一个投资者来说，客观地认识自己的风险承受力都是十分必要的。在股市中，千万不要对自己的风险承受能力妄下断语，天真地认为自己无懈可击，因为你的风险承受能力会随股价而波动。因此，你必须客观地认识自己，你越是客观，你就会越冷静，也就越容易作出正确的抉择。

摆脱情绪的困扰

许多投资者在投资过程中会出现后悔的心理状态。比如有很多投资者在事后谈到自己的某些投资行为时，都不无后悔地说："我如果不那么早卖就好了。""我如果不那么着急抛售就好了，也不会亏那么多。""真不应该听某某的意见，上了大当。"……但这个世界没有后悔药，一旦作出了某个决定，你就无法再重新来过。

金钱游戏对于失败者而言是非常无情的，许多人都有过痛心疾首的经历。不过，虽然很多投资者在有过失败的经历后也会进行反思，并试图找到自己的缺点所在，但是这种反思并没有让他们变得更聪明，相反，在下一次遇到同样的情形时，他们仍会重复同样的错误。难怪有人说，自股票市场诞生 100 多年来，投资者的行为并没有太多的改变，他们仍然感情用事，不时被恐惧和贪婪所支配，所以愚蠢与错误都是不可避免的。

在投资者买卖股票的行为中，到底有多少行为是经过理智的分析之后作出的决定呢？又有多少行为是在一时的情绪支配下的反应呢？

对此，我们恐怕很难得到一个准确的答案，不过唯一可以肯定的是，后者所占的比重一定远远大于前者。

有人指出，情绪使投资者付出的代价比无知更大。对时常改变自己行为的人们来说，这一点毋庸置疑。因为我们的大脑与计算机不同，它不是一次就设计好的机械部件，它虽然经过了漫长的进化过程，但依旧存在各种各样的缺陷。而且，外在环境的变化极易影响到它的运转，这就使得我们不能正确地意识到成败的机会与可能性，也无法抵挡所有诱惑。我们早就接受了某些心理定式，这种群体的信念影响着我们所作的大部分决定。这种群体信念的力量通常非常强大，有时它甚至在我们还没有察觉的时候就已经发挥出了它的巨大威力。如果投资者想在这个领域取得成功，就必须克服这一缺点。我们一方面必须冷静而细心地观察事实，另一方面又必须控制自己的盲从情绪，以期在充满诱惑的市场中保持清醒的头脑与判断力。

在股市上，本来是很聪明的人，眼见人家纷纷入货，深恐落后，于是连忙跟进，匆匆买入自己并不熟悉的股票；见他人抛出某种股票，自己也不问原因就跟着出货，随意脱手，结果往往上当，损失很大。

人们的心理就是这样奇怪，面对不理智的惊慌，我们明知是错误的，却还是无法抵制别人的影响。在投资市场上，同样的道理也在发挥着同样的作用。所以，当市场出现某种热点时，总会有许多人一拥而上，而这时，那些原本并不准备这样做的人也如坐针毡，因为他们觉得，如果自己不这样做，就是被人群抛弃了。人类的幸福感在很大程度上来源于群体的认可，而且这种情感会随着社会化程度的增加而不断地增强。我们不愿意与大多数人的看法相左，而且我们的潜意识里存在"越多人认可的东西便越正确"的思想。

在投资市场里，人们的情绪总是息息相关的。股价连续下挫之时，似乎每个投资者都陷入了悲观绝望的情绪之中。那些股票经纪人的悲观往往较他人更甚，因为他们受影响的程度最大，甚至连生计也会受到影响。那些依照账面资金计算本来比较富有的人，这时眼看自己的财富缩水，当然也感到心痛。而那些股价在高位时没有舍得卖出的投资者，眼看着本应该到手的财富转眼间化为泡影，更是后悔不已。这样一来，人人都感到不安，对市场顿时失去信心，于是股价开始狂跌。美国历史上有名的几次大崩盘，并不是经济运行情况的真实反映，而都是由于投资者集体丧失信心所致。

大多数投资者看好某只股票时，常常就此征询别人的意见，如果被你问及的这个人恰巧也看中了这只股票，那么即使他并没有提出什么更令人信服的理由，你也仍然感到自己的信心明显地增强了。相反，如果你得到的是相反的答案，你就会对自己的看法产生怀疑，变得犹豫不决，以至于错过最佳的买入时机。投资大师巴菲特指出，投资者在任何时候都应当秉持独立判断的能力，不能让他人的看法影响自己。如果你的选择建立在对企业认真细致的考察之上，你便大可不必理会他人那些十分主观的看法。事实上，你的看法越独到，你购买该股票的风险就越小。当你与朋友们交换看法时，他们越是表现得不屑一顾，你就应当越受鼓舞。可是，要真正做到这一点是十分不易的。实际上，大多数人往往会受到他人的影响，把自己原有的想法束之高阁，而努力和他人保持一致。

聪明智慧的古希腊人留下了一句著名的谚语："在痛苦中学习。"意思就是说，一个人若非天生具有控制自己情绪的天赋，那么他就得和大多数人一样，只有通过不断的学习才能达到这种境界。不过，学习控制情绪一事注定不是轻松的过程，因为你要让自己的习惯与人类的本性作斗争。学习控制情绪的方法只有一个，那就是犯错误，然后再去分析这种错误。但大多数人都做不到这一点，因为一个人长期形成的性格是很难改变的，正所谓"江山易改，本性难移"。

但是，在投资领域有这样一个奇怪的现象：人们不但不会从自己过去的错误中吸取教训，反而常常"信心十足"地犯下同样的错误，原因在于他们认为自己已经从原先的错误中得到了教训。这样一来，虽然你交了昂贵的学费，可你还是什么也没有学到。

在投资领域，学会控制情绪的目的是为了不犯相同的错误，但它的难度可能超出了我们的想象。许多成功的投资者发现，记录投资笔记是控制情绪的好方法。你要认真记下你所选择的每一只股票，包括你当初选择它们的原因以及后来为什么要卖掉。你要经常性地回顾整个交易的过程，并且客观地审视情绪给你造成的困扰。经过一个漫长的学习过程之后，相信你能够摆脱情绪的困扰。

投资中的"阿Q精神"

投资中人们存在着很强的"阿Q精神"，即人们的信念会因行动的成功与否而改变。如果投资行动失败，人们将向下修正自己的信念，人为地降低由于后悔带来的损失；如果投资行动成功，人们则向上修正自己的信念，以期显示自己决策的英明。

其实，一个决策的成功与失败还有很多其他方面的原因，比如下属贯彻领导意图得力与否等。人在考虑一个决策问题的时候，经常会将问题分解成一些相对习惯和简单的科目，并在头脑中相对独立地保持并跟踪这些科目的损益情况，而其感受的效果则分别来自于这些科目的得失带来的感觉，这种考虑问题的方式就是心理账户。在心理账户中，金钱常常被归于不同的账户类别，不同类的账户不能互相替代。比如一对夫妻外出旅游钓到了好几条大马哈鱼，这些鱼在空运中被丢失，航空公司赔了他们300美元。这对平时勤俭持家的夫妻大喜之下，到豪华饭店吃了一顿，将这笔钱花了个精光。在这对夫妻年收入只有150美元的时代，这顿饭实在太奢华了。这笔钱显然被划入了"横财"与"食品"的账户，所以这对夫妻的决策行为才一反常态。

有时当某笔开支属于不同的心理账户时，人们宁可出高额利息去贷款，也不愿挪用存款；而当某笔钱被划入临时账户时，它将不受终生收入的影响。对心理账户的研究还发现，人们普遍认为两笔盈利应分开，两笔损失应整合。这条规则给我们的启示是：在你给人送两件以上的生日礼物时，不要把所有礼物都放在1个盒子里，而应该分开包装；若你是老板，给人一次性发5000元，不如先发3000元，再发2000元；开会收取会务费时，务必一次收齐并留有余地，否则若有额外开支再一次次增收，虽然数量不多，会员仍然会牢骚满腹。

投资中的错位效应

在投资中存在这样一种现象：有些投资者在股价上涨时马上果断地抛出自己手中的股票，以求稳妥，而在股价下跌甚至被套牢时仍迟迟不肯抛售自己手中的股票以减少损失。有研究者将这种现象称为"错位效应"。

错位效应是投资者中普遍存在的一种行为障碍。对这一行为障碍的理论解释之一是前景理论。该理论由诺贝尔经济学奖获得者卡内曼和他的同事托维斯基提出。他们认为产生错位效应的原因在于投资者是损失厌恶型。损失与收益具有不同的价值函数：损失的价值函数是凸的，并且相对陡峭；而收益的价值函数是凹的，并且相对平缓。这说明个体对一定损失的感觉要比一定收益的感觉要强烈。这也就难怪投资者获得微薄利润时会按捺不住获利了结，而跌得很惨时又迟迟不肯抛售。投资者迟迟不肯止损的现象也得到了所谓"禀赋效应"的验证。

投资者往往会高估自己手中持有的股票的真实价值。人们往往会根据参考点来评价他们选择的结果的好坏。对投资者而言，购买价或者心理价位也许是比较通常的参考点。但是，有时候参考点并不一定就是购买价或心理价位。股民通常会将现在的结果与假如当初不这样做会有的结果进行比较。因此，对错位效应的另一种理论解释就是后悔理论。根据后悔理论的观点，涨了怕再跌，跌了怕再涨，这就是投资者为什么获微利时立即了结，而套牢时却迟迟不肯解套的原因。对于投资者来说，克服错位效应最有效的办法就是制定止损点和结利点。因为即使再高的命中率，也并不一定会导致高的利润，也许你一次的损失量已远远超过了多次盈利的总和。因此，结利点一定要定得比止损点高一些，这样才能使你避免损失。有研究者指出，目标利润最好是准备承担风险峰的 3 倍。

众所周知，"止损"可分为两种完全不同应用机制的止损，即保护性止损和跟进性止损。由于止损多发生在十分不利的情况下，总令人联想到不愉快的事，因此，人们往往不愿意谈论这一话题。但是，在实际操作过程中，任何人都不可能保证不出任何差错。如何将损失限定在较小的范围内，或尽可能使既得利益最大化，很现实地摆在每一个投资者面前。特别是入市不久的中小投资者，更需要合理地运用止损。下面简要谈一下止损点设置的有关问题。

（1）在任何情况下，用百分比而不是价位来表示止损距离，5% ~ 10% 是通常可以接受的合理幅度。尽管不同承受能力或不同操作风格的人会采用不同的比例，但是，对于不同价位和不同敏感度的个股，仍需设置不同的止损距离。一般而言，股价较低或股性较为活跃的个股，止损幅度应适当放宽，反之则应较小。需要注意的是，不能将止损空间定得太狭窄，否则交易就会过于频繁。

（2）在买入的情况下，止损价位一般设在上一个局部小底部以下，而且以收盘价为准，以避免被盘中震荡过早地清理出局。

（3）在股价已朝有利方向运动的情况下，采用跟进性止损，建议使用5日均线（较趋势线发出信号早一些）或前一日收盘价下方3%来设置。

（4）当出现异常的成交量而未形成突破时，取消原来的保护性止损，将之置于该日收盘价下约2%的地方。

最后，建议投资者一旦进入市场，就首先设置好自己的止损水平，准备付出一点讨厌但数量较小的损失，从而避免一场较为严重的灾难。尤其需要注意的是，永远不要抱有侥幸心理，保护性止损价位永远不能向下移动，这应作为基本原则来牢记。

过度自信影响决策

许多心理研究表明，人们发生判断失误是因为总体来说人们过于自信。如果选一群人做样本，问他们有多少人相信自己的驾驶技术是高于平均水平的，有70%以上的人会说他们是极佳的驾驶员——这就留下一个问题：谁是差劲的驾驶员？另一个例子出现在医疗行业。当问及医生时，他们说他们对肺炎的诊断成功率能达到90%，而事实上他们只有50%的准确性。

就信心本身来讲，这并不是一件坏事。但过度自信则是另一回事。当我们处理金融事宜时，它就尤其有害。信心过度的投资者不仅会让自己作出愚蠢的决策，而且会对整体市场产生巨大的负面影响。

投资者一般都表现出高度的自信，这是一种规律。他们想象自己比别人都聪明而且能选择获利的股票，或者至少他们会选择聪明的券商为他们打败市场。他们趋向于高估券商的知识和技巧。他们所依赖的信息也是能证实他们正确的信息，而反面意见他们则置之不理。更糟糕的是，他们头脑中加工的信息都是随手可得的信息，他们不会去寻找那些鲜为人知的信息。

如何证明投资者是过度自信的人呢？按照有效市场理论，投资者本该买股并持股。然而在过去的几年里，我们却经历了交易量的大幅度上升。理查德·萨雷认为投资者和券商都被赋予了一种信念，即认为自己掌握着更好的信息，自己比别人更聪明，所以自己能获胜。

信心过度解释了为什么许多券商会作出错误的市场预测。他们对自己收集的资料自信过度了，而如果所有的券商和投资商都认为他们的信息是正确的，他们知道一些别人不知道的消息，结果将会导致更大的交易量。

投资者趋向于认为别人的投资决策都是非理性的，而自己的决定是理性的，是在根据优势的信息基础上进行操作的，但事实并非如此。丹尼尔·卡尔曼认为：过度自信来源于投资者对概率事件的错误估计。人们总是对于小概率事件发生的可能性产生过高的估计，认为其总是可能发生的，这也是各种博彩行为的心理依据；而对于中等偏高程度的概率性事件，人们则易产生过低的估计；但对于90%以上的概率性事件，则认为肯定会发生，这是过度自信产生的一个主要原因。此外，参加投资活动会让投资者产生一种控制错觉，控制错觉也是产生过度自信的一个重要原因。投资者和证券分析师们在他们有一定知识的领域中过于自信。然而，提高自信水平与成功投资并无相关性。基金经理人、股评家以及投资者总认为自己有能力跑赢大盘，然而事实并非如此。有研究者在此领域作了大量研究，发现男性在许多领域（体育、领导、与别人相处）中总是过高估计自己。他们在 1991～1997 年中研究了 38000 名投资者的投资行为，将年交易量作为过度自信的指标，结果发现男性投资者的年交易量比女性投资者的年交易量总体高出 20% 以上，而投资收益却略低于女性。该数据显示，过度自信的投资者在市场中会频繁交易，总体表现为年交易量的放大，但由于过度自信而频繁地进行交易并不能让其获得更高的收益。在另一个研究中，他们取样 1991～1996 年中的78000 名投资者，发现年交易量越高的投资者的实际投资收益越低。在一系列的研究中，他们还发现过度自信的投资者更喜欢冒风险，同时也容易忽略交易成本，这也是过度自信的投资者投资收益低于正常水平的两大原因。

如果市场是有效的，人的投资行为也服从理性的话，那么人们就应当认真选择股票，并在一定期间内持有它，而不是一有风吹草动便着急动作。正因为大多数机构投资者与个人投资者都有过度自信的通病，他们认为自己能够战胜市场，将别人丢在后面，所以他们不断地买卖股票，认为自己能抓住市场波动的规律而大获其利。这也就是为什么市场的交易量总是很大、股票的换手率通常很高的重要原因。这些人认为他们比其他人更聪明，他们掌握着被别人忽略的信息，所以他们能够获胜。

过度自信使许多证券商对市场作出了错误的预测。作为专业机构与人士，他们自认为比别人更了解股市，也更能把握它。他们可能搜集了大量的信息，可能对市场的变化有很强的敏感性，但这都不应当是他们自认为聪明的原因。因为事实上，他们知道的东西别人也同样知道，而且别人可能还注意到了被他们忽略的信息，他们的自信在事实面前最终将被粉碎。

心理学家指出，那些对自我有客观认识的人并不多，更多的人认为自己比别人聪明。可真实的情况是，大多数人都是资质平平的，天才当然有，但可惜你不是。盲目自信对投资者可谓是有百害而无一利。当你觉得自己有百分百的把握去购买某只股票时，切记不可将这种信心当成是理由。别忘了，全世界像你这样满怀信心去做傻事的人不计其数。

"赌场的钱"效应

我们先来看一个利用投掷硬币进行赌博的游戏：如果是正面，你可以赢 20 美元；如果是反面，你要输 20 美元。你会参加这个赌博游戏吗？许多人在一种情况下即试赌赢钱时会参与赌博游戏，而在另外一种情况下即试赌输钱时则不会。

有专家研究发现，人们在盈利之后就愿意冒更大的风险，有研究者将这种现象称为"'赌场的钱'效应"。这是因为盈利者认为这好像是在玩别人的钱。在赚了一大把钱之后，业余赌博者并不会认为新赚来的钱是他们自己的钱。你更愿意用自己的钱冒风险还是用对手的钱冒风险呢？因为赌博者并不将赢来的钱与自己的钱混为一谈，所以他们就好像在用赌场的钱进行赌博。

假设你赚了 15 美元，现在你有机会对一枚硬币正反面下注 4.5 美元，你会下注吗？研究者发现，在这种情况下，先前盈利的被试者有 77% 的人选择下注——在刚刚获得意外之财之后，大多数人更愿意冒险；但是，那些先前没有盈利的被试者在被问到是否会参与下注时，只有 41% 的被试者选择了下注。这就是说，人们在获得意外之财之后更愿意冒险，尽管在通常情况下他们并不愿意冒此风险。

"'赌场的钱'效应"说明投资者在赚钱之后更愿意买入风险大的股票，换句话说，在卖出股票锁定利润之后，投资者更愿意买较高风险的股票。

风险厌恶效应

同样是赌博游戏，在经历了亏损之后，人们则更不愿意冒风险。研究者将这种现象称为"风险厌恶效应"，也叫"蛇咬效应"。研究者发现，人们在输钱之后通常会拒绝赌博，因为赔钱之后，被试者往往感觉被蛇咬了。

蛇通常并不咬人，但是人们一旦被蛇咬过，就会非常谨慎。同样，当人们不够幸运而输了钱之后，通常会认为自己接下来的运气也不会好，因此，他们会回避风险。

蛇咬效应会影响到投资者。新进入市场的投资者或者保守的投资者可能会试探性地进入市场。对一个长线投资者来说，在投资组合中加入一些股票可以更加分散化，从而提高预期收益率。然而，如果这些股票迅速下跌的话，第 1 次买股票的投资者可能会感觉像被蛇咬一样。假设一个年轻的投资者以 30 美元一股买入一家生物科技公司的股票，3 天后，该股票下跌到 28 美元，他会非常恐慌并将这只股票卖掉，而且即便这只股票后来涨到了 75 美元，他也仍然会"害怕再次进入市场"。

在投资领域，有些投资者在经历了一次失败之后，就会对投资畏首畏尾，有些人甚至会拒绝再次投资。

尽量返本效应

在投资领域，失败者并不总是回避风险，人们通常会抓住机会弥补损失。通过实验研究发现，在赔钱之后，绝大多数的被试者采取了要么翻倍下注要么不赌的策略。被试者尽管知道赢的概率可能会低于 50%，但是他们仍然愿意冒风险。此时，希望返本的愿望似乎比蛇咬效应更强烈一些。这种现象就叫做"尽量返本效应"。

尽量返本效应的例子可以在赛马中看到。经过一天的赌马而赔钱之后，赌博者更愿意参与赔率高的下注。15：1 的赔率意味着 2 美元的赌注可能会赢 30 美元，当然，赔率为 15 比 1 的马赢的可能性很小。赛马快结束的时候人们在赔率高的马上下注的赌资比例要比刚开始的时候高，表明人们更不愿意在一天的早些时候冒此风险。另外，那些已经赚了钱（"赌场的钱"效应）或者是赔了钱（返本效应）的赌博者会更愿意冒这种风险—赚钱的人愿意冒此风险是因为他们感觉他们在玩赌场的钱；赔钱的人愿意冒此风险是因为他们想抓住一个可能返本的机会，因为此时赛马快结束了，赔也不会赔得太多。而那些赔得不多赚得也不多的人则宁愿不冒此风险。

我们来看一下在芝加哥期货交易所专职进行国债期货交易的专业交易员的例子。这些交易员在一天的交易中靠持有头寸及提供市场服务来获取利润，而这些头寸通常都要在一天结束时平仓。他们每天都会计算盈利，如果上午赔了钱的话，他们下午会怎么做呢？约斯华·卡佛和泰勒·沙姆威研究了 426 名这样的交易员在 1998 年的交易数据，他们发现这些交易员在上午赔钱之后，下午可能提高风险水平以期弥补上午的损失，而且，他们更愿意选择与对手交易员（而不是市场的一般投资者）进行交易，平均而言，这些交易最终都是赔钱的交易。这一现象显示了一个投资者在经历损失之后行为可能发生的变化。

这就验证了本文提到的研究发现：大多数人在赔钱之后采取了要么不赌要么翻倍下注的策略。那些选择翻倍下注的人是想抓住机会弥补损失，尽可能地将自己的损失减到最小。

心理价位的采纳和引导

心理价位是指投资者认为某种股票应达到的某个价位——上升时应该上到什么价位，下跌时可能跌到什么价位。它既是一个获利的目标，也是一个止损的界限，是投资者的判断力和承受力在心理上的尺度。群体心理价位的形成是广大投资者心理价位共同作用的结果。

在广大的投资群体中，既存在着相近的心理价位，也存在着截然不同的心理价位。由于投资者的个体素质差异，心理价位的判断难免产生差异。例如，对于同一股票的同一价位，你认为已近高峰，他却认为尚在谷底；你认为是熊市的开始，他却认为是牛市的起点。正所谓仁者见仁，智者见智。一般说来，有了正确的心理价位，才能在波动的股市中平稳心态，顺势操作，既不盲目跟进，也不随风抛售，而是能在山穷水尽时看到柳暗花明，在晴空晓日时觉察到山雨欲来，从而领先一步躲入避风港湾。

股市中没有常胜将军，但是一个合理的心理价位却能使投资者操作有序、进退有方。然而，要确立一个合理的心理价位，绝不是瞎子摸象，侥幸所得，而是取决于投资者对市场信息、企业优劣、供求矛盾、形势政策等系统性风险和非系统性风险的科学分析。它既是一个由表及里、由浅入深、去伪存真、去粗取精的思维方式，也是一个随股市变化而不断认识、不断调整的综合性过程，它从属于市场规律，也有其自身的特性。一般来说，个体心理价位只对个体起作用，对于股市的影响甚微；而群体的心理价位则不同，它可能会导致股市的暴涨或暴跌。

股价走势的高点和低点是个体投资者最关心的两个问题。一般来说，在股价上涨阶段，人们关心的是本次涨势的高点；而在下跌阶段，人们关心的则是低点何在。对于股价的高点和低点可从几方面确定，如经典的基本分析强调市盈率、净资产率、股息红利率与增长率，以此测定的是理论期望价格，不属于心理价位。纯粹的技术分析根据股价运行模式，把眼前的价格走势与成交量制成各种图表，以此推测价格变动，这样测定的价位也不属于心理价位。股市群体心理价位

心理学

第二篇 生活中的心理学

只存在于股市大众的感觉与期望中，并通过大众的口耳相传逐步形成。

心理价位是应市场的需要而产生的。不管哪一种投资者，在进行决策时，都总希望有所依据，有明确的目标可追，否则他们就会感到不踏实。而股市是人气聚散之地，当人气过于充沛时，基本分析往往退居幕后，技术分析也会武器钝化，一般投资者就会嘀咕：这个股价到底要涨到哪儿？尤其当股价连创新高，连最起码的横向比较也找不到较合适的参照系时更是如此。无方向、无目标是投资者最头痛的事。

这时，一些市场人士往往会因势而作，根据各自的经验、感觉提出各种价位，但这只是个人猜测阶段。各种价位出笼后，有的迅速被淘汰，有的几经流传、碰撞、筛选，终因较符合大多数人的感觉而被广泛接受，群体心理价位就这样产生了。它像同行之间的"自由议价"，一经产生就会成为同行间做生意的基准。所以，群体心理价位是市场态势十分明朗、人气十分充沛时的产物。而它的产生，又像茫茫夜海中的灯塔，隐现于波涛之中，顺应了夜航人的心理需求。这时众多的投资者因被其吸引而不顾一切地往这个目标奔去，而其效果则往往会"心想事成"。

在股市开创初期，投资者的心理价位起步较低，往往以高于债券利息作为获利标准，只求与溢价相平就满足了。但随着证交所的成立，分散的柜台交易转向了集中竞价的二级市场，投资者的心理价位也进入了一个新阶段。以上海电真空为例，从1990年12月19日到1991年6月，该股价位为365元、507元、373元、495元，呈现出波浪形起伏状，可见投资者的心理素质得到了锻炼，理智的成分开始提高，在确立获利目标的同时，也知道了确立止损的极限。而自1991年7月起，由于投资人群的迅速扩大，供求矛盾逐步突出，所以在人们金融意识提高的同时，心理价位的投机因素也逐渐增加，出现了脱离市盈率而狂热追涨的现象。可见，一定阶段的股市状况正是该阶段投资者的心理价位在市场上的反映。

一个股市的成熟稳定常取决于投资人群中合理的心理价位是否占主导地位。不稳定的心态一旦充当了主流，必然导致股市的不稳定。偏高的心理价位会引发股市的暴涨，而偏低的心理价位则会引发股市的暴跌，由此可见心理价位对股市影响之大。但随着股市的发展成熟，合理的心理价位必将主导股市的起伏。

采纳心理价位是一件简单而又复杂的事情。其简单是因为一个数字，简捷明了，不费我们的脑子；其复杂是因为采纳心理价位除了要同股市人气状况进行对比外，还要掌握以下3个特点：

（1）适中性。在股价涨势的初期、中期和后期，心理价位往往会一高再高。一般来说，早期的大多会偏于保守，后期的会偏于激进，有时甚至是盲目乐观的产物。例如，1992 年初，延中的初期心理价位是 200 元，后来是 300 元、400 元和 500 元，可见投资者不掌握适中原则就会误入歧途。

（2）单纯性。好的心理价位至少是大多数人公认的，因此比较单纯，众口一价。如果同一时间内数价混行，则说明股民中分歧极大，这时，明智的投资者往往会择低者而从之，甚至干脆不理。

（3）近似性。依心理价位操作一定要有足够的提前量。因为心理价位是一柄双刃剑，在实际价位还低于它时，它会产生吸引力；当实际价位达到它时，它就会引力顿失，使股价跳水。所以，股价越高，提前量应越大。

在股市操作中，形成一个理性的心理价位，并使之成为投资人群的共识，并非一朝一夕所能办到的，这首先有待于股市机制的不断完善和证券机构的引导。为了防止暴涨暴跌现象的发生，必须经常不断地引导投资者增强风险意识，了解上市公司的经营业绩和发展前景，明确供需矛盾的解决前景，借鉴中外股市的经验教训，提高对股票投资的理性认识。其次则有待于投资者自身素质的提高，切实认识到股票不是储蓄，不仅需要财力，还需要智力和精力。股市既有收益也有风险，并且高收益与高风险是成正比的。如何趋利避害、顺势而为是一门科学，我们应该克服追涨时只听利多、赶跌时只听利空的偏执心理，增强对经济环境、股市情况的综合分析和判断能力。这样，一个既符合股市规律又有利于投资者自身的合理的心理价位才能不断得到确立。

小心股市流言

股市是流言的温床。大量公众的存在及他们对有关问题的共同关注是流言产生的必要条件。

个体在认识上的偏差，导致了流言的形成。个体平时观察事物、记忆事物时，往往不够细致，总会有所遗漏、颠倒，甚至混淆。而在与他人交往的过程中，个体也可能会单方面善意地对于对方的某些含糊言辞作出乐观的判断和理解，从而致使外界信息失真、失实或遗漏。此外，受自己希望、恐惧、忧虑、怨恨等各种情绪影响，当个体把自己耳闻目睹的事件转告他人时，也有可能在不知不觉中对信息进行加工。上述原因的可导致无根据的流言随之而起。

传播的流言往往是言过其实、耸人听闻，以致以讹传讹、误人不浅。有的流言则是个体根据自身的愿望、恐惧、怨恨而加以附会的结果。由于人们的愿望未被满足，人们的恐惧未能消除，人们的怨恨未能发泄，因此人们在传播流言时往往会加以附会，以图达到心理上的平衡。还有的流言是个体根据事实的因果关系作主观猜测的结果。人们总是认为凡事有因必有果，有果必有因，从而简单地把并非属于因果关系的事物强加联系，并进行"合理化"，以致混淆了事实的真相。

流言一旦形成并广为传播之后，就会成为一种社会心理环境。而个体处于这种社会心理环境之中，也就自然而然地会受到影响。正因如此，每当听到流言，尤其是被人们相互传播的流言时，人们才往往会信以为真。《战国策》中曾记载这样一则故事：

有一个与曾参同名者杀了人，有人去告诉曾参的母亲说曾参杀了人，曾母不信。过了一会儿，又有人去讲曾参杀人，曾母还是不信。而当第3次来人讲曾参杀人时，曾母却相信了。

这则故事说明，由于周围屡次发出相同的消息，在这一情境中的个体往往会听信流言。

流言对社会群体的影响不容忽视。群体中个体之间的相互接触能使流言不断变化，从而进一步增强它的力量。所以当关于股市政策变化的流言被传播时，往往会引起股民的恐慌心理，进而造成股市的剧烈波动。

社会心理学的研究表明：流言的产生常与社会动荡、突发事件以及某种社会危机状态相联系。社会公众的存在及其对有关问题的共同关注是流言产生的必要条件。证券市场就充分提供了流言产生的各种主客观条件——切身利益决定了广大股民对于股价涨落的密切关注，而证券投资的高风险性又使股民常处于高度紧张之中。为了消除这种紧张和不安，使自己的资本实现最大可能的增值，股民们迫切需要各种股市信息，因此，他们常常聚成马路股市沙龙，互通消息，共同探讨投资策略。

由于股民们在观察、理解、记忆等方面的个体差异，所以对于信息的误传、歪曲、讹传就在所难免。股民们心理紧张以及对各种信息的敏感与关注，更是降低了他们对流言的鉴别力，助长了流言的产生和传播。而证券公司的集中交易方式、股民的相互感染和暗示，也为流言的产生和传播创造了理想的环境条件。特别是在股市敏感期，如波动期、整理期以及某种经济政策、证券法规等即将出台的前夕，股民人群处于观望状态，而正式途径的消息无法满足股民的迫切需要，于是各种小道消息、传闻流言便成为股民们预测未来、消除恐慌的主要依据，这就使得大量流言一经产生便会迅速遍及整个股市。

随着股市流言的传播，信息日益公开化，流传的速度不断加快，不久便达到了"鼎沸期"。此时，传播网络纵横交错，接受者与传播者人数剧增，而主力大户则利用流言有意拉抬或打压股价，这就会引起股价的更大波动。就这样，流言所引起的股指波动作为一种反馈信息，既"证实"了流言，同时也造成了一种人为事实，迫使一些将信将疑者不得不顺势跟风。而这又反过来推动了流言的进一步传播。

流言与股指的交互作用是股市流言区别于其他种类流言的重要特征，它导致了股市流言以加速度方式达到传播的鼎沸期。鼎沸期过后，流言便开始走向衰退。衰退的方式主要有两种：一是被新闻媒体公布的事实真相所证实而很快消失；二是长期得不到证实而自行消失。但无论是哪种形式，股市流言独有的交互效应都常使它的衰退过程较其他流言更长。尤其是它对于股市的影响，即使在流言消失之后，往往还要持续一段时间才能彻底消除。

对于股市的稳定与发展，流言的影响是消极的。那么，作为一个投资者，面对流言纷扬的股市，如何才能透过流言的迷雾，使自己立于不败之地呢？以下两点对你十分重要：

提高鉴别股市流言的意识与能力

当流言传播时，每个人都有可能被它迷惑。但如果将这仅仅归因于股民们的鉴别能力不够，则不足以说明其实质，因为缺乏鉴别意识才是根本原因。某些投资者太容易相信他人了，他们几乎毫无怀疑地接受所获得的每一个信息，而其情绪紧张以及对信息的过分敏感则进一步降低了其本来就不强的鉴别意识，从而使得各种流言乘虚而入。

要提高对流言的鉴别，避免为股市流言所惑，投资者必须首先提高自己的鉴别意识，并在对流言的鉴别中不断提高自己的鉴别能力，消除紧张，稳定情绪。对股市进行全面分析，把握股市整体走势，认清当时的股市形势，预测可能产生的流言及其性质等，是保持头脑冷静、提高鉴别能力的关键。

分析与预测股市流言对投资的影响

投资者鉴别出流言后，就应对股市流言的性质、传播状况及其对股价的可能影响进行全面的分析和预测。即通过运用股市流言与股指股价的交互作用规律，结合当时的具体情况进行系统分析，以确保预测准确、投资成功。

股民常见的心理误区分析

投资者欲取胜于市场，必须首先征服自己的心理弱点。在市场中有效地进行自我调节，把握自我，培养一种健康成熟的心态至关重要。股市尤其是 B 股市场，风云莫测，危机四伏，在不断震荡的股海中，投资者要想获得成功，有雄厚的资金是必要的，但具有良好的投资心理更为关键。一些投资者由于缺乏正确的投资心理，难以适应风云变幻的证券市场，追涨杀跌，结果一败涂地，有的甚至倾家荡产。下面是几种股民常见的心理误区：

盲从心理

具有盲从心理的投资者在股票市场上缺乏自信，没有主见，道听途说，满脑张三李四的意见，唯独排斥了自我的见解，人云亦云，其结果只能是输掉股票。

在投资市场上，人们为什么常常重复犯盲目跟风、追涨杀跌的毛病呢？主要原因有两个：一是缺乏系统的股票证券等投资知识。知识储备不足，使投资者难以认清市场变化规律及实质，不能把握市场走势，从而只能以别人的行为作为参考模式。缺乏对股票知识的系统了解，就没有自信，只能老是跟在他人后面转，见涨就跟，这样必然会吃亏。二是从众心理的影响。盲从心理是证券投资的大忌。投资者要想克服盲从心理，首先必须系统学习，掌握证券投资知识和操作技巧，否则，投资股票就如瞎子摸象。一个掌握足够证券知识的投资者能透过市场出现的各种现象把握股市变化的规律，正确预测市场走势。一个人掌握的证券知识越充分，他就越自信，绝不会受别人所言影响自己的判断。而一旦他对股票市场的动向有了基本的见解之后，即使持相反观点的人很多，他也不会轻易地改变自己的立场。其次，投资者要养成独立思考和判断的习惯。因为股市上永远是先知先觉者太少，后知后觉者太多，"事后诸葛亮"太多。在股市上，总是少数人赚多数人的钱。所以要培养独立判断、逆向思维的能力，当大多数人"做多"时，自己应寻找"做空"的理由，因为真理往往掌握在少数人的手中。

贪婪心理

投资者想获取投资得益是理所当然的，但不可太贪婪，要知道有时候，投资者的失败就是由于过分贪心造成的。

贪心是人性的一个弱点。行情上涨时，投资者一心要追求更高的价位、获得更大的收益，而迟迟不肯抛出自己的股票，从而使得自己失去了一次抛出的机会；当行情下跌时，又一心想行情还会继续下跌，所以犹豫不决，迟迟不肯入市，期望以更低的价格买进，从而又错过了入市的良机。希望最高点抛出是贪，希望最低点买进也是贪，而贪心的最后结果不是踏空，就是被套牢。其实不论是做股票还是做期货，最忌的就是"贪心"。那如何克服"贪心"这一弱点呢？答案就是投资者要保持一颗"平常心"。因为想正确地判断出股价的顶部和底部是件极不容易的事情，要在每一次高峰卖出而在低谷买进更是"痴人做梦"。作为投资者，在预定行情达到八九成时就应知足了，毕竟从事证券投资应留一部分利润给别人赚。不乞求最高点卖出、最低点买进，保持"舍头去尾，只求鱼身"的心态，只有这样，致富的机会才能不断地光顾你。从事证券投资，收益目标不要订得太高，致富的欲望不要过于急切，不要乞求短时间发大财，成为巨富。应认清证券投资的规律，放弃空想，抑制贪念，只求赚取合理的差价。行情要一步步地做，利润要一点点地赚，稳扎稳打，步步为营，积少成多，这样你的财富才会像滚雪球一样越滚越大。

赌博心理

具有赌博心理的投资者在投资上的一个重要表现就是在大盘或个股的走势还不明朗，或在企业基本面的变化尚未明显改观之前，仅凭借自己的猜测就轻易买进或卖出，企图靠碰运气发上一笔。例如，在大盘下行趋势尚未改变之前，许多人为买到最低价，经常去猜测市场的底部，结果是常猜常买常套。高位博傻也是"赌"的一个重要表现。这种投资的指导思想是：不怕自己是傻瓜而买了高价货，只要别人比自己更傻，愿意以更高的价格进货，自己就可以将股票卖给后一位傻子而赚钱。之所以说这种做法是赌博，是因为这种投资策略面临的不确定性太大，因为别人是不是比自己傻谁也说不清楚。而一旦高价股拿到手后没有后来者来接货，后果就将不堪设想。这几年，重组股的炒作风起云涌，一浪高过一浪，多家企业在重组题材的刺激下，股价连连上涨。于是一些投资者就把大把大把的钞票"押"在了绩劣垃圾股上，希望有朝一日"乌鸦"能变成"凤凰"。然而时间一年一年的过去，"乌鸦"不但未变成"凤凰"，自己反而在亏损的道路上越走越远。这正是"高位博傻"这种赌博心理失败的一大典型例证。

投资者若抱着赌博心理进入股市买卖股票，无疑是走向失败的开始，在股票市场行情不断下跌中遭受惨重损失的往往是这种人。因为这种人在股市中获利后，多半会被胜利冲昏了头脑，像赌棍一样不断加注，直到输光为止。而在股市中失利后，他们又往往会不惜背水一战，把资金全部投在某一种或若干种股票上，孤注一掷。结果，往往是股价一天天下跌，钱一天天减少，最后落得个"偷鸡不成反蚀把米"的下场。

每个投资者都希望自己买到最低价、卖到最高价，但这种过于完美的生意只存在于人们的幻想之中，因为你"不可能榨干最后一滴萝卜汁"，虽然许多人都在试图这么做—下意识地想从交易中赚到最后一点利润。从某种意义上讲，这种过于完美的要求等于是在说水不解酒、太阳不发光、地球不绕太阳转，这不仅不现实，而且属于贪得无厌。

常言道："久赌必输。"从事证券投资，光靠运气是不行的，好运气不会永远跟着人走，存有任何侥幸心理所作的投资决定往往都是很危险的，损失也是惨重的。因此，投资者必须克服赌博心态，必须清醒地认识到，任何事物的发展都是有规律的，股市也不例外，虽然股价每日都在波动，但它的波动也是有规律的。要想在证券市场上取得成功，就不能靠侥幸，而必须靠丰富的证券投资知识、操作技巧、超人的智慧和当机立断的决心。透过市场价格不断波动的现象，把握股价走势规律，理性决策，这样才能在证券市场上取得成功。

股市上的胜利者往往具有高瞻远瞩的眼光和过硬的心理素质，能透过种种现象看本质，不抱"随便"和从众心理，并让每一次决定都源于深思熟虑。而这种平和淡然的心态，正是股海中人最难得的优势。

第十二章

社会心理学：看演唱会时，
观众为什么会跟着唱

我们如何解释他人

　　热恋中的一对情侣，如胶似漆。相约见面时，男方发现有时候女方比约好的时间晚半小时或一小时，但他并不介意，可能是来的路上堵车了，或者是临出门发现忘带东西又折回去取了，他总能为女孩的迟到找到各种外部的理由。然而，甜蜜热恋期过后，两人的恋爱开始进入权利争斗期。这时男方发现女方依旧爱迟到，他开始厌烦她爱迟到的毛病了，不断数落女方。

　　你参加了某一个公司的面试，几天后，结果出来了，你没能进入下一轮面试。这时候，你会怎样解释这件事呢？是抱怨这家公司的领导没有眼光，不识你这匹千里马？还是认为自己面试时过于紧张，没有表现好呢？

　　人们对他人的行为进行分析和推论，并作出解释的过程，就是在进行归因。那么，人们是如何对他人的行为进行归因、解释他人行为的呢？归因理论能提供给我们一些答案。

　　海德是归因理论的创始人。他认为只要认真听一个人对他人的看法，就能够基本上了解这个人是如何理解他人行为的原因的。人们是有能力去分析和预测他人行为的原因的，因为人的行为必有原因。人们通常都试图将他人行为的原因或者归结为内部原因（个体的性格），或者归结于外部原因（当时所处的情境）。比如一个选手在演讲比赛中表现不好，我们可能认为是他的能力有限（内部原因），也可能认为他是由于对身处的环境感到陌生，紧张所致（外部原因）。

· 456 ·

比起海德的归因理论，琼斯的理论更为系统，深入。他关注的不是归因本身，而是个体的归因过程。他认为我们可以根据个体的行为，轻易推断出个体行为背后的特质。因此，如果我们对行为者的能力、性格等人格特征比较熟悉，就可以提高归因的准确性。比如有的公司老板注重员工的工作效率，有的注重员工的工作时间。如果一个员工喜欢把工作拖到下班后做，而且经常加班，在你了解到他有一个也很爱加班的老板后，就不难将他的行为归因为期待得到老板的赏识。

维纳认为人们对于成功和失败一般是按照能力、努力、任务难度和运气这四种因素来进行归因的，并从稳定性－不稳定、内因－外因、控制－不可控这三个维度来考察上述四种因素。其中，能力和努力是内因，运气和任务难度是外因；努力和运气是不稳定的，能力和任务难度是稳定的；运气和能力是不可控的，任务难度和努力是可控的。比如一个人考试考得很好，他将其归因于自己的能力这种稳定不可控的内因，从而对自己更有信心。

人们或者根据情境，或者根据能力，或者关注行为者背后的特质，或者倾向于内部归因，总之都能对他人的行为作出解释。各种归因理论都假设人是理性的，能用符合逻辑的方式进行归因，但是，人们的归因方式并非完全是理性的，个体间也存在归因差异，容易产生归因偏差。

最常见的归因偏差表现是人们在解释他人的行为时，会低估环境造成的影响，而高估个人特质或能力造成的影响。比如，演员在演了好几个坏角色之后，观众虽然知道这是在演戏，演员所处的情境并不是现实情境，但还是会或多或少认为戏中的坏角色是演员个人特质的反映。在实际生活中，我们可能会觉得领导总是比下属拥有更广博的学识和卓越的能力。那是因为领导的控制地位、与下属相处时的情境等因素被忽略了。领导们总能将谈话的内容控制在他熟知的内容范围内。

为什么人们会出现归因偏差呢？

一种可能的解释是，自己和他人的突出程度不同。俗话说，当局者迷，旁观者清，如果自己是行动者，人们难以清晰地看见自己是如何行动的，自己显得不突出，而影响自己行为的外部环境因素却显得很突出，这样就容易将自己的行为归因于情境因素。反过来，对他人行为的观察是知觉的重点，情境只是知觉的背景，这样，将他人的行为归因于行为者自身也就不足为奇了。

了解了归因理论以及我们在归因过程中会犯的错误和犯错的原因之后，我们就能对自己和他人的行为作出更理性、更确切的归因。

我们怎样感知和回忆我们的生活

电视里正在放娱乐新闻，说到一个你喜欢的电影明星参加慈善活动。主播认为他（她）是在作秀，而不是真的想帮助那些需要帮助的人。你会觉得很生气，认为主播是在诋毁他（她）。你喜欢的一个球队输了比赛，作为球迷，你很可能会认为当值裁判在偏袒对方球队。

生活中这样的现象不胜枚举。我们在感知和评价事物时，总是不自觉地加入自己的感情，先入为主、想当然地作出自己的判断。尽管呈现在我们面前的信息是客观的，我们还是习惯于预先作出判断，而这种判断必然会使我们的知觉和解释产生偏见。也就是说，我们并不是对现实作出如实反应，而是依据自己对现实的解释作出反应。

这种"戴着有色眼镜"来感知世界的影响比我们想象的还要大。比如它能影响我们对法官审判案件公正度的看法。原被告双方都较容易接受与自己观点相同的证据，而极力反对和辩驳与自己观点相反的证据，所以法官无论判哪方胜诉，败方都无法心服口服。

研究者发现，预先提供的信息会影响人们解释和回忆自己所观察到的事物。也就是说，尽管事实摆在那儿，但我们的思维还是会根据我们已经获得的信息，来进行积极地解释。我们获得的信息形成了我们对各种事件的解释。

通常，不同的人对同一事实会作出不同解释，然后再据此做出不同行为。比如，上面例子中做慈善的明星，如果你知道他（她）以前也有过捐款的行为，你可能就会因此认为他（她）是真的在帮助有需要的人而不是在作秀。但是如果你之前获得的信息是他（她）根本没有过捐款的记录，则很明显地会倾向于主播的观点，认为他（她）是在作秀。既然人们习惯先入为主，作出预先判断，那么，如果控制先入为主，在人们作出判断之前先提供一些客观的信息，就可能出现不同的结果。

在人们感知世界的过程中，会有一种有趣的现象，那就是，明知自己以前一直坚守的某个信念是错误的，也不愿否定自己的想法；即使当支持这个错误信念的证据被否定时，人们仍会相信自己是正确的；如果你以前一直认为你走的那条路是从家到公司最近的一条路，某一天，一个同事告诉你其实还有一条更近的路，并且亲自带你走了一遍，你可能还是习惯走老路，虽然它被证明不是最近的。这就是社会心理学上的信念固着现象。人们总是不愿打破常规，更不可能轻易否定自己。

不仅如此，在回忆以前的生活时，我们也总爱将其美化。回想一些细小的令人愉快的事件时，将其想象得无比美好。或者是将一些不愉快的事件最小化，只留下让我们高兴的事情在脑海。比如我们在回想童年生活时，总是对那时吃过的玩过的东西特别留恋。其实那些东西在现在看来真的是微不足道。旅行归来，看照片时总觉得那里的风景特别好，旅行的经历特别愉快，却自动忽略了旅途的劳累。这些都是我们对自己记忆的美化。另外，我们也会在回忆里无意识地改变与他人的关系。两个相爱的人在回忆他们初次见面时，会倾向于认为他们是一见钟情，而那些已经分手的情侣则倾向于把对方回忆成自私的或是脾气不好的。

我们在回忆生活时，还可能犯的一个错误是将错误的信息整合进记忆。比如，和自己喜欢的人谈话会觉得时间过得很快，非常开心、自在；而和不喜欢的人谈话则会觉得时间过得很缓慢，拘束，浑身不舒服。事实上可能谈话的时间是一样的，但给人留下的回忆却是截然不同的。这是因为有错误的信息进入我们的记忆。

了解了这些感知和回忆生活的心理学原理之后，我们可以试着从对方的角度思考问题，避免信念固着、错误信念效应等的发生。最关键的，我们要力争做到：接受客观的信息，对发生的事件进行公正的判断。

我们怎样才能作出准确的判断

一幢大厦发生了火灾，一队消防人员进去灭火，在他们感觉火势已经基本被控制住时，这组队员的队长产生了某种奇怪的感觉，觉得有哪里不对劲，却又说不清到底是怎么回事，但是他还是果断地命令所有队员撤退。就在他们刚刚撤出去之后，里面就发生爆炸了。后来，他回忆当时的情景，记起有以下几个异乎寻常的现象：一是没有声音；二是火的颜色异于平常的火的颜色；三是本来着火会向外面喷热气，但当时却是往里边吸气。（这些都是爆炸的先兆。）那位队长凭借多年的救火经验，可能大脑在潜意识里已经判断出这种情况，但他自己当时也没有意识到，只是凭直觉下了撤退的命令，这才使众人躲过了一场劫难。

直觉就是潜意识智力的体现，比如，经验丰富的司机，不等前面的障碍物出现，只是凭直觉觉得有危险，然后立即刹车。这可能是大脑的潜意识已经觉察到危险的存在，然后向司机发出警报。这种觉察是毫无逻辑可言的。心理学大师弗洛伊德就非常重视潜意识的力量，他认为潜意识犹如冰山的底部，蕴含着巨大的能量，而人的大部分行为都是由潜意识控制的。

可以说，直觉是人类认知过程中的一种最直接、最有效的思维捷径。但是，仅凭直觉，我们不能准确判断所有事物，直觉有时候也会欺骗我们，直觉错误会造成一些不好的后果。

一种直觉错误的表现是对某个事物进行评价时，人们习惯用某一群体的特征来代表个体的特征。比如，一个人的职业如果是护士，就认为他（她）是温柔的、细心的。还有一种直觉错误是直接将要评价的事物和我们脑海中的现成例证比较。如果一个人的名字叫"李明"，我们就认为她是男孩，事实上她却是女孩。这可能是在我们的脑海中，已经存储着"有个男孩叫李明"这样的现成例证。

除了错误直觉外，人们也会人为地创造出一些错误观念，比如心理学上的过度自信现象——对于自己，总是给予更多的自信、更高的期望。制定减肥计划，尽管一开始就不能很好地执行，还是相信自己能坚持到最后。尽管我们知道自己过去出过错，但对于未来的预期仍然很乐观。有趣的是，那些能力不足的人反而会出现更多过度自信倾向。这可能与他们对自我的能力认识不够有关。对自己能力的认识本身也是一种能力，如果没有这种能力，对自己没有一个中肯的评价，可能就会出现过度自信倾向。比如说，一个总认为自己怀才不遇的画家，就很少考虑是不是自己的能力问题，而把责任推给外界。

另外，情绪也会影响我们的判断，世界在乐观者眼里是彩色的，在悲观者眼里是黑白的。快乐的人能从积极的方面去判断事物，看到事物好的方面。而在不快乐、爱抱怨的人眼里，谁都在跟他作对，更多看到的是事物不好的方面。

有时候，我们常常会为过去所做过的事情感到悔恨，想"假如……就好了"，并且在心里设想如果事情按自己期望的发生该多好，但这却是于事无补的。比如说，你准备赶一趟火车，结果却误点了，这时你可能就会在心里想，要是我出门早一点就好了，要是路上不堵车就好了，要是火车再晚点一会儿就好了……这么多"要是"，都是不可能发生的，是一种错误的信念。

另外，所谓的"志同道合"也是一种验证性的偏见，我们可能会无意识地选择和自己观点相同，或者支持自己观点的人做朋友，因为人们会倾向于寻找支持自己观点的信息。

以上的种种错误直觉、错误信念都会影响我们作出准确的判断。了解了这些，我们在平时的生活中可以有意识地加以注意，不要让直觉全部主宰我们的判断。譬如对初次见面的陌生人，仅凭年龄、身高、外表或职业等信息，我们不能对其有一个全面的有关人格特质的判断，而需要在进一步了解之后再下结论。另外，对自己、对他人的认识都应该更中肯一些，不过分自信也不过分自卑，不为过去的事情作假设，而应向前看。

我们的信念倾向于自我实现吗

1968 年，美国著名的心理学家罗森塔尔做了一个实验。他从小学每个年级中抽出部分学生，进行一项所谓的预测未来发展的测试，然后把学生名单交给任课老师。实际上，罗森塔尔并未作任何真正实际的测验，只是随意抽取了部分学生。在这些学生中，有的是教师眼中的好学生，有的却不是，但都是罗森塔尔所谓的未来发展会很好的学生。过了一学期后重测，罗森塔尔发现那些随意抽取的学生各方面都获得了较大的进步，成绩明显提高。

上诉例子是一个典型的教师期望效应。教师对这批学生的期望更高，于是会给予更多的关注，比如上课时让他们回答问题，对他们的正确回答微笑点头表示肯定，或者花更多的时间指导他们的学业、家访等，这样学生会感受到老师的重视，并积极回应，自然而然地，学习的积极性更高了，学习也更好了。一般来说，教师喜欢并对其给予较高期望的学生，一旦感受到教师的积极期待之后，就会变得更加自信，并表现出强烈的学习热情，向着教师期待的目标积极努力，取得教师期待的结果。相反，如果教师厌恶某些学生，并对其期望值较低，学生感受到教师的冷漠和歧视，往往就会以更加消极的态度对待学习，结果这些学生可能会逐渐退步，学习成绩会变得越来越糟。

为什么会出现教师期望效应呢？这是我们的信念在起作用，信念影响我们的感觉和行动，从而改变现实。不仅如此，我们还有去证实自己信念的倾向。如果相信老师是重视你的，你可能就会更好地表现，让老师重视你。如果大家都相信某支股票会涨，然后一窝蜂地去买，相信股票会涨的错误信念有时竟然成为了现实。但是，这种错误的信念也会影响我们的人际关系，如果你认为一个人是不怀好意的，那么和他交往时的态度也不可能好到哪里去，自然而然，他的行为可能就真验证了你的猜想。相恋的恋人间同样如此，如果担心对方不够爱自己，就可能将对方微小的伤害解释成拒绝，导致关系的疏远，而那些亲密的爱人则较少出现错误的信念。

对于错误信念，除了我们自己有想去证实的倾向外，也能使他人采取行动，以支持或否定这些信念。也就是说，如果个体被预先告知了别人对他的期望，则可能引发他做出行动以验证或改变别人的期望。一个大家眼里的好学生，深知别人对他的期望很高，于是会不自觉地在各方面严格要求自己，做到最好，以支持别人的信念，即证明自己是优秀的。同样地，如果大家都认为你不行，你可能会不服气，偏要用行动证明自己，克服别人的错误信念。可见，我们的信念对行为的影响是无时不在的。

教师对学生有期望效应，相应地，学生对教师是不是也会有一些好的或不好的期望呢？在上某一门课之前，可能会听说一些关于任课老师的评价。如果大家都说他课上得好，人也很幽默，我们可能会抱有好的期望，上课时也会倾向于去验证自己的期望。

人与人之间虽然互相存在期望，这些期望也能一定程度上改变我们的行为，但是，它并不是起绝对作用的因素，较低的期望不会埋没一个有能力的孩子，也不会毁掉一个优秀的教师，相反，较高的期望也不会让一个学习困难的孩子成为天才，让一个不学无术的教师变得深受学生喜爱。

通常情况下，我们的信念都是建立在现实的基础之上，但是信念也有偏离轨道的时候。教师要关心每一个学生，对每个学生给予积极的期望和鼓励，这样会促进学生的发展和进步。所谓的一视同仁，应该是避免受信念左右的好方法吧。

看演唱会时，观众为什么会跟着唱

1985 年 5 月 29 日，利物浦与尤文图斯在比利时布鲁塞尔海瑟尔体育场的欧洲冠军杯决赛中相遇，欧足联赛前把一个球门后的看台分配给利物浦球迷，但是却有不少尤文图斯的球迷从比利时人手中买到该看台的球票。看台上，也没有足够的警察和工作人员将两队球迷分开。在比赛中，不断有双方球迷的辱骂和投掷行为。混在利物浦球迷里的足球流氓与尤文图斯球迷大打出手，导致看台坍塌，当场压死 39 名尤文图斯球迷，并有 300 多人受伤，而利物浦输掉了冠军杯。赛后所有的英国球队被禁止参加欧洲的赛事长达五年之久，利物浦是七年。这便是著名的"海瑟尔惨案"，足球流氓的经典作为。

上述惨案的发生，是因为在群体的庇护下，个体失去个性，失去责任感，也放弃对自己行为的控制，导致了冲动行为的发生。这是心理学上的去个性化现象。去个性化指的是群体中的个体不是以个人的方式来行动，而是融于群体中，丧失个体可辨别性的一种状态。这种现象在群体中表现更为突出，由于群体的推动作用，使得个体能在群体中做独处时自己不敢做的事。比如，看演唱会时，疯狂呐喊，大声跟着歌手唱歌；看体育比赛时，高声为喜欢的运动员呐喊助威。这些都是无危害的行为，只是置身于群体中，个体能毫无顾忌地正常宣泄自己的情感，作出自己的选择。

但是，去个性化现象如果持续下去，也可能具有一定的危险性。许多社会学家就认为，去个性化是反社会行为的一个原因。上述足球流氓的挑衅闹事、学生集体起哄、毁坏公物、打架斗殴等，都是去个性化的消极面。

心理学家费斯廷格和同事对去个性化现象进行了实验研究。他们设计了这样一个实验：让两组学生去评价自己的父母。一组儿童在课堂上进行评价；一组儿童在昏暗的教室进行，并且每个人都套上一个布袋装用以掩盖自己。结果发现，后一组的学生比前一组的学生对自己父母的批评更多，且更激烈。

津巴尔多的现场试验也证实了群体中去个性化现象的存在。他将一辆看起来被抛弃的汽车置于一个热闹区域，然后躲在暗处观察，26 小时后，汽车上的有用零件果然全被拆了，偷零件的都是一些衣冠楚楚的人，而且并没有人出来制止这种行为。把汽车置于一个人口较少的城市，零件则没有被拆掉。这说明在人口密集的地方会出现更高的去个性化，人们更容易忽略自己的身份和责任感，做出不遵守行为规范的行为。

那么是什么因素影响人们的去个性化行为呢？首先，肯定是群体情境所具有的匿名性。处于一个群体中，尤其是群体的成员不易被识别的情况下，个体觉得自己是能被忽略的，别人不知道自己的庐山真面目，因而能表现出平时不敢表现的一面来。大型演唱会上，谁也不认识谁，那些平时内向、不爱说话的人也开始变得"胆大"起来，大声跟着自己的偶像唱歌，形成万人大合唱的气势，当然，歌手也会受观众的感染，卖力演唱。这也是为什么大家觉得听演唱会比听唱片更有感觉的原因。另外，责任感的丧失也是导致去个性化的原因之一。当个体隐匿在群体中，不易作为特定的个体被认出来时，他会发现责任落到群体的身上，或者分散到个体身上，自己不用为群体行为承担责任，自己的责任感是模糊的。这也是所谓的责任分散效应。另外，情绪被激发的水平也能影响去个性化，个体被激怒时往往更容易造成严重后果。

对于去个性化这一心理现象，我们要辩证地分析看待，既要利用其积极的一面，也要克服其消极的一面。如果你是一个内向、胆小的人，希望改变自己的性格，可以多参加集体活动，置身于集体中，你会不由自主地跟随集体行动，表现自己外向、开朗的一面。而如果你是一个管理者，事先一定要做好统筹安排工作，明确每个成员的责任，赏罚分明，防止他们产生侥幸心理，这样才能使工作进行得井然有序。

信用卡的目的就是为了让你过度消费

众所周知，美国是一个信用卡消费大国。有调查显示，在 1990 ~ 2004 年这 14 年间，美国中等家庭的收入增长了 11%，而支出却增加了 30%。1992 ~ 2004 年，美国的家庭债务增长了两倍，超过 10 万亿美元。这些债务是如何产生的呢？答案就是信用卡过度消费。调查还表明，与 1998 年相比，2003 年拥有一张以上信用卡的家庭所欠下的债务增长了 23%，平均为 9205 美元，尤其是中产阶级家庭，已经习惯了举债生活。为了保持与上层社会差不多的生活水准，他们使用信用卡购买住宅、汽车和家具等。这些年，中产阶级与上层社会的收入差距不断拉大，但消费水准却齐平，造成这种现象的罪魁祸首就是信用卡消费过度。

在中国，随着社会经济的发展，中国人，尤其是中国年轻人的消费观念正在悄悄地发生转变，超前消费，今天花明天的钱，已经成为年轻人的一种消费方式。而不少银行在开展信用卡业务时，也把更多的眼光投到年轻人身上。如今，大学生拥有信用卡已经不是什么稀奇事，而这个比例还在不断攀升。大学生在使用信用卡时，不知不觉尝到了超前消费的甜头，开始变得依赖起来。首先，比起携带现金，信用卡真的要方便许多。对没有收入来源的大学生来说，有时生活费入不敷出，就可以使用信用卡解燃眉之急，先透支再还上。毕竟比起向父母预支生活费，刷卡消费更能减少内心的愧疚感。

的确，信用卡消费已经成为时下的一种生活方式，甚至有些人开始"以卡养卡"，这也导致了债务的累积。有理财师就提醒，信用卡"以卡养卡"虽然可以在一定程度上暂时缓解持卡人的还款压力，但更容易助长持卡人过度消费的行为，这种方式非常危险，也是不值得提倡的。为了实现"以卡养卡"，持卡人每个月都要投入相当多的时间去周转每张信用卡的额度，而由此累积下来的利息也是惊人的，从长远来看，这是一笔不小的时间成本和金钱成本。此外，如果其中一张信用卡无法按时还款，其他信用卡就会受到影响，持卡人将在银行留下不良的信用记录。

从心理学的角度来看，导致信用卡过度消费有以下几个原因：首先，由于使用信用卡消费时，不需要付现金，这样，就不会亲眼看见有钱支出，也就不会感到心痛。刷卡消费比起现金消费，在心理上的警示作用要弱得多。于是，节制花钱的念头也就抛之脑后了。其次，由于信用卡的还款时间有一定的限期，在这个限期内，还不需要面临还款的压力。正是由于这段缓冲期的存在，导致持卡人放下戒备，一不小心就过度消费。尤其是购物、吃饭等消费行为发生时，人最容易冲动失去理智，导致产生一些不必要的花销。等恢复理智时，已经后悔莫及了。所以，为了避免这些情况的发生，建议多使用现金付账，消费时也要保持理性的头脑，不该花的钱千万要忍住别花。

花今天的钱圆明天的梦，是一种超前消费。但是，超前消费也要适可而止。超前消费的额度如果超越了自己的还款能力，无力还款所带来的经济和心理压力是巨大的。只有理性消费，才能避免这些不良现象的发生。

为什么在餐桌上的谈判容易成功

宋太祖登基后不出半年，先后就有昭义节度使李筠和淮南节度使李重起兵反宋。宋太祖亲自出征，费了很大劲才平定动乱，因此，心里对武将总不大放心。他既想建立中央集权的专制统治，又想让赵宋王朝长期巩固，不再成为五代之后的短命王朝，于是就想起了杯酒释兵权的计策。一日晚朝后，宋太祖将石守信、王审琦等禁军高级将帅留下，设宴招待他们。酒过三巡，宋太祖先感谢众将帅助其打下江山，功德难忘，又感叹皇帝难做，不如做节度使快乐。众将大惊，问其原因，还纷纷表忠心，称绝无二心。宋太祖于是说道："你们几位我是信得过，但难保你们的部下不三心二意，如果到时将黄袍加在你们身上，你们想不干都不行啊。"众将听出其话中之意，第二天纷纷上书称病，要求辞职解除兵权。宋太祖十分高兴，对他们赏赐了一番，随即免去他们的官职。

不仅在中国，世界各地都奉行"餐桌谈判"这一方式。政治家宴请来访宾客，生意人请客吃饭，在推杯换盏中吃出氛围，喝出交情，谈成事情，扩展人际关系。一些在正式场合不好说的事情，基本上可以从饭桌上，或者其他比较轻松的私人环境来谈。比如，各国领导人间的晚宴，就是洽谈合作、交流意见的重要场所；生意人通过宴请重要客户，谈成合作，甚至有人说80%的单子都是在饭桌上签的，也并非没有道理；普通朋友间聚会，一开始可能并不相熟，觥筹交错间，仿佛是熟悉已久的老友，熟悉感顿增不少。

为什么餐桌文化经久不衰？大家都习惯选择在餐桌这个非正式场合谈正事呢？这是人际交往中的情境因素在起作用。人与人之间的人际交往是在一定的情境因素下进行的。时空距离是影响人际吸引的一个因素。如果个体与个体之间的时空距离越近，自然容易激发人际交互关系，拉近心理的距离。俗话说远亲不如

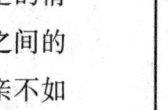

近邻，就是这个道理。餐桌这个场合，拉近了宾客间的距离，大家围坐在一起，互相交谈，必然能拉近距离。再者，餐桌是个非正式的场合，比起会议室等正式场合，人们更能卸下心防，保持一个相对轻松、愉快的心态，这样更能相信对方，听取对方的意见。

另外，人际交往时的情绪体验也是影响交往质量的一个重要因素。自己的情绪体验以及对方情绪带给我们的反馈都会影响我们的人际交往过程，如对对方印象的好坏等。那些对我们流露出喜欢情绪的人，我们总是会报以相同的反应；而那些给我们带来不好印象的人，可能就会避而远之。这样看来，个体的情绪体验确实能影响他对一个人的评价，虽然这种评价不可避免会带有主观色彩，但却真切地存在着。吃饭这项活动本身就能引起我们的快乐感，如果再选择一家客人喜欢的餐厅，安排客人喜欢的美食，让对方感受到你对他的用心，那么这样的安排必然会使他对你充满好感。有一个良好的情绪体验，在这样一个情境下，什么困难的谈判都会变得容易几分了。

除了这些交往的情境因素外，客观的环境因素也能起到不小的作用。不知道我们有没有发现，现在的餐厅多备有一定数量的包间供客人选择，这样可以避免互相打扰，尤其在谈重要事情时，包间具有很强的私密性。而餐厅的装潢，多以淡雅的颜色为主，能使人放松身心，充分享受美味的食物和有趣的谈话。

了解了这么多餐桌文化背后的心理原因，想必会给我们一定的启示。选择一个好的谈话环境是很必要的，其实除了餐桌，一些运动、娱乐等能让人放松的场所，也可以作为谈话的好地点。再就是启示我们在谈话时不能直接切入主题，聊聊家常、兴趣爱好，等有了一定亲切感之后再谈正事也不晚。

一个舒适的用餐环境，一段安心舒适的用餐时光，事已成三分了。

"三人成虎" 与三对一定律

战国时代，魏国的太子被送到赵国的都城邯郸做人质，随行人员中包括了魏国著名的大臣庞葱。在临行前，庞葱对魏惠王说："要是现在有个人跑来说，热闹的街上出现了一只老虎，大王您相不相信？"魏惠王立刻回答说："当然不相信！"庞葱又问："如果同时有两个人跑来，说街上有一只大老虎，您相信吗？"魏惠王答道："我对这种说法是很怀疑的。"庞葱继续问："那么要是有三个人异口同声地说街上有只老虎，这时您会相信吗？"魏惠王想了一会儿回答："我会相信。"于是庞葱就劝诫魏惠王："街市上不会有老虎，这是很明显的事，可是经过三个人一说，就好像真的有老虎了。现在赵国国都邯郸离魏国国都大梁，比这里的街市远了很多，议论我的人远不止三个。希望大王明察才好。"魏惠王说："这一点我自己知道。"可是，庞葱走后，毁谤他的人太多了，庞葱陪太子回国之后，魏惠王果然再也没有召见他。

这是"三人成虎"的故事。这个故事包含了一个心理学效应——即使是一个很有主见的人，也常常会在众多相反意见的影响之下产生动摇。当三个人同时对一个人说事情时，那人再有主见，也常常会放弃原来的看法。这就是三对一定律。

在生活中，人们总是倾向于为自己的想法找到一种公认的背景，而一旦失去了这种背景的支持就会产生慌乱感，并对自己原来的想法变得怀疑，甚至会完全推翻自己原来的观点。

这种现象在纸牌游戏中很常见。一般纸牌游戏有四个人参加，在游戏中，如果有人建议导入新的游戏规则或者增加难度，也许会有人不同意。这时如果一方拉拢其他两个人，三比一，剩下的那个人就会因为寡不敌众而改变自己的主张。

试验表明，引发同步行为的人数最少为三至四人。当两个人劝说某个人采取某种行为时，说服的效果不够大。当人数增加到三个人时，被说服者的求同率就会迅速上升。效果最好的是五个人中有四个人意见一致。如果人数增加到八名以上，效果几乎不变。

通常情况下，多数人的意见往往是对的。服从多数，一般是不错的。但是缺乏分析，不作独立思考，一概服从多数，则是不可取的，是消极的"盲目从众心理"。因此，当自己是少数派时，也要注意避免盲从。

掌握这个定律之后，我们可以有意识地避免被别人影响，同时有效地影响别人。在生活中，要让别人接受自己的建议，或者提出令人为难的要求时，最好把自己的支持者扩大到三个人。当三个人同时对一个人说事情时，动摇对方立场的几率很大。

三对一定律也强调合作的重要性，没有人能够独自成功。俗话说"双拳难敌四手"，"三个臭皮匠，赛过一个诸葛亮"，只有通过合作，才能把工作做好。

传统是一种足以令人恐惧和畏服的力量

心理学家做过这样一个实验：有五只猴子被关在同一个笼子里，笼子上面悬挂有一串香蕉。猴子们看到香蕉都很想去摘下来吃，但是笼子安装了一套自动设备，一旦侦测到有猴子要去摘香蕉，马上就会有水喷向笼子，不仅去摘香蕉的猴子会被淋湿，另外几只猴子也同样会受到连累。经过一段时间之后，每只猴子都做了几次尝试，结果莫不如此，谁去摘香蕉，所有的同伴都会被淋湿，于是它们达成了这样的共识，就是谁也不要去摘香蕉，免得大家被淋。

发现所有的猴子都不去摘香蕉之后，实验人员就将里面的一只猴子放出来，而又放进去一只新的猴子。这只新猴子一见到香蕉就过去摘，可是另外的几只猴子发现了它的这一动向，立即过来围攻它，把这只猴子狠狠地打了一顿，因为它们知道，如果不加阻止，后果就是大家都被淋湿。此后，这只新来的猴子还想去尝试，但是每次还没到香蕉的跟前，就会被群猴痛打一番。几次下来，它也长了记性，意识到那串香蕉是摘不得的，尽管它是不明就里的，但是它会默默地接受这一规则。

这样，依然是没有猴子想去碰那串香蕉，于是实验人员将最初的四只猴子中的一只放出来，又换了一只新的进去。这只新来的猴子重复了上一只新猴子的经历，先是想去摘香蕉，结果每次都遭到痛打，尤其是上一只被痛打过的猴子下手最厉害。被打了几次之后，它也就对香蕉不再有所图谋了。

后来，另外三只旧有的挨过雨淋的猴子也都被换走了，笼子里依然是五只猴子，不过它们都是后来的。虽然它们谁也没有被水淋过，但是却没有一个会去尝试摘香蕉。实际上，实验人员早就把喷水装置撤掉了，也就是说，现在猴子去摘香蕉是不会发生任何外部危险的，但是猴子们却没有去摘香蕉，因为在它们的内部有一种新的惩罚方式代替了水淋。后来的猴子尽管没有被水淋过，但是它们遭受过比淋水更加痛苦的警告，所以它们更不会去摘香蕉。

其实，猴子们完全可以平安地摘下香蕉来吃，但是它们的内部却因为对传统的因袭而产生了一种严格的约束机制。这种约束机制原本是为了保护群体而形成的，可是时过境迁，这一约束就从有利的一面转化成了不利的一面，但是，却没有一只猴子能识破它。更加可悲的是，即使有哪一只猴子识破了其中的奥秘，它也依然无法改变这样的事实，因为别的猴子不知道。如果它要去摘香蕉，还是要遭受莫名其妙的痛打，它就是不怕挨打，也会受到阻止，无法接近香蕉。这就是所谓的"猴子理论"——传统是一种强大到足以令人恐惧和畏服的力量。尽管现实的情形可能已经完全改变了，但是人们却依然固守着传统，而从来不去思考所谓的"传统"究竟是怎么一回事。

传统所具有的强大的约束力量很多时候其实是消极的，就像鞋子和孩子的脚——去年的鞋子穿在脚上是合适的，但是今年依然穿去年的鞋子而不去变动一下，已经长大了的脚就会感到很不舒适，而且这也不利于脚的健康成长。所以，人类社会要想寻求发展，则要创新，与时俱进。

第十三章

男性心理学：为什么男人讨厌陪女人购物

男人和女人有很大不同

男人和女人共同组成了人类这个大家庭。虽然同属一个物种，但男人和女人却有着很大的不同，在思维方式、感情倾向等方面有着很大的差异。男人常常对女人的想法感到费解，而女人也常常觉得男人的做法不可思议。面对同样的问题，男人和女人大多都会作出不同的反应。更要命的是男人和女人还经常相互误解，用自己的想法去揣测对方的心理。在现实生活中，有关两性的问题层出不穷，其原因就在于人们还没有认识到男人和女人之间的巨大差异。

男人的思维是单向思维，他们每次只能思考一件事；而女人的思维是网状思维，她们常常可以同时做几件事情。男人的单向思维决定了男人的专注性更强，他们可以一心一意地做一件事情，不容易受其他事情的打扰；女人的网状思维则决定了女人的想象力更丰富，这使得她们更具有创造性，但她们很难将全部注意力都集中在一件事情上。此外，在看待问题上，男人更善于从大处着眼，而女人则倾向于从细微之处入手。所以，男人更适合掌控大局，女人更适合做具体的工作。

男人更喜欢同男人聊天，女人更喜欢与女人交谈，因为同性之间有更多的共同语言。当女人对着一位女性朋友大谈电影中的精彩镜头时，她们可以聊得非常起劲儿，但如果同一位男性朋友说，则大多会换来对方的冷淡回应。为什么会出现这种状况呢？因为男人和女人在看电影时的侧重点不同。男人更注重整个故事的轮廓，对于其中的细节很少留意；女人则注重细节，她们不仅能记住剧情，而且还能将精彩的台词复述出来。

对于同一句话，男人和女人常常会解读出不同的意思。男人大多会直接解读，而女人则会根据一些非语言信息进行解读。比如有人对男人说了一句："你的衣服真好看！"男人常常会认为是对自己的真心赞美。如果有人对女人说了同样一句话，女人则会根据说话人的语气及表情等其他因素来判断对方是在真心赞美自己、刻意挖苦自己，还是另有目的。同样，男人说话时也大多会直接传达自己的意思，而女人则喜欢拐弯抹角，通过间接的方式表达出自己的真正意思。

男人的思维方式与女人的思维方式有着很大的不同。当男人沉默时，那是他们在思考问题，这个过程在女人看来是无声的，但在男人的大脑中却是有声的。也就是说，男人在用脑"说话"，他们在默默地自言自语。女人正好相反，女人的思考方式不是用脑，而是用嘴，当女人将一系列问题毫无逻辑性地说出来时，那正是她的思考过程的言语体现。

思考一件事情，男人更关注的是事情本身，而女人则会由此联想到很多其他的事情，有些可能与这件事根本就没有关系。当男人与女人共同讨论一件事时，开始时他们或许还能就事论事，可说着说着，女人就开始跑题了，到最后干脆脱离了主题。男人的思维可能还停在原来的主题上，但女人却可能已经更换了无数次主题了，所以交谈进行的时间越长，就显得越不合拍，有时男人甚至根本就不知道女人在说什么。

男人擅长的事物与女人不同，男人感兴趣的事物也与女人的有所差异，所以男人和女人经常出现话不投机的现象。当男人对着女人侃侃而谈国际时事和最新的军队装备时，女人虽然表面上在倾听，实际上心早就飞出很远了。此外，在生活习惯上，男人和女人也大不相同。比如说男人喜欢体育节目，女人则喜欢情感剧；男人喜欢不停地变换电视频道，女人则喜欢停留在固定的频道上；男人很少探听朋友的私生活，而女人却能将朋友的私人事情娓娓道来。

在对待情感问题上，男人和女人的表现也大不相同。男人追求女人，其目的是为了征服女人，满足自己的征服欲；女人追求男人，则是希望将男人占为己有，与男人确定关系。女人很容易坠入爱河，以婚姻为恋爱的终极目的；男人则对婚姻比较谨慎，将恋爱与婚姻分得比较清楚，时机未到绝不谈及婚姻。在确定恋爱关系以后，女人希望将男人拴得死死的，恨不得两个人一刻也不分开；男人则希望保持自己的自由之身，可以继续与朋友聊天喝酒，继续看自己喜爱的体育节目。女人更注重家庭，男人更注重事业。女人会用心经营自己的感情和婚姻，而男人却很少将时间花在这些事情上。

男人和女人的差异当然不止上面提到的这些，这里不再一一列举。只有我们认识到男女之间存在的巨大差距，才能进一步探索男女差异的原因，找到有关男女两性问题的真正答案。

男人和女人的差异绝非特殊现象，而是一种普遍存在的社会现象。男人的世界有男人的语言和生活方式，女人的世界有女人的语言和生活方式。所以，男人进入女人的世界会感到不适，女人走进男人的世界也会水土不服。

从不适应到适应需要一个过程，而了解对方世界的过程即是适应的过程。世界上只有两种人，男人和女人要在一起工作、生活，还要结婚生子，如果总是处于这种不适应和水土不服的状态，那么各种各样的问题就会接连发生，严重影响生活的质量。

差异并不可怕，只要尊重差异，理解差异，那么男人和女人就可以和睦地相处。当男人和女人都能轻松走进对方的世界而没有丝毫不适时，男女之间的问题也就彻底解决了。

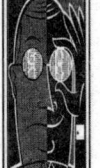

男人为什么讨厌女人给自己建议

男人有一个共同点，就是愿意给别人出主意。很多时候，当女人向他们倾诉时，他们只要听就行了，可他们偏不，认真听着的同时还要不时地提出自己的建议，告诉女人应该怎么办。可想而知，他们的好心会换来什么结果——女人越来越激动，越来越愤怒，指责男人只会说风凉话，一点儿也不重视自己的感受。男人也被女人的话激怒了，自己好心帮助女人解决问题却遭到对方的无理指责，简直不可理喻。

生活中这样的场景并不少见。男人是关心女人的，女人是信任男人的，可为什么对彼此的关心和信任会演化成一场战争呢？原因就在于男人和女人互不理解，男人不了解女人渴望被人倾听，女人也不了解男人喜欢给人出主意。

男人喜欢给人出主意，是他们在漫长的进化过程中形成的天性。作为狩猎者，男人的任务就是要精确地击中猎物，为全家提供食物，这也是他们自身的价值之所在。也就是说，男人以击中目标的能力来衡量自身的价值。经过长期的进化，男人的大脑中出现了一个专门负责击中目标的区域，也是这个区域让男人有了存在的价值，而男人也变成了以结果为重的人。他们看重事情的结果，注重自己取得的成就和解决问题的能力，因为这是他们存在的价值。

男人之所以喜欢给人出主意，就是因为他们将解决问题的能力看得很重，并以此来衡量一个人的自身价值。女人如果接受了男人的建议，使自己的问题得到了解决，就是对男人自身价值的肯定。所以，当女人向男人提出问题时，男人也会将其视为一次展现自己解决问题能力的机会，并尽自己最大的努力去帮助女人解决问题。在男人看来，女人既然提出了问题，就是希望解决问题，而他们恰好可以给予女人这样的帮助。

男人喜欢给别人出主意，但却讨厌女人给自己建议，除非是自己主动请求帮助，否则他们绝不想听到任何建议。

生活中也常有这样的情景出现：当女人看到男人正在苦苦思索问题的答案时，就会提出自己的建议。女人觉得自己这样做是关心、体贴男人的表现，而且也可以帮助男人分忧，因此男人应该感激她们。可是，事实却恰恰相反，男人不但对女人的"好意"毫无感激之情，而且还十分讨厌女人的建议，他们认为这是女人不信任自己、看不起自己的表现。

对于男人的不满，女人往往无法理解，自己如此体贴、关心男人，尽自己的力量帮助他们，为什么还会招来男人的不满呢？如果不是深爱着男人，又怎么会主动提供建议和帮助呢？难道他们没有感受到自己深深的爱意吗？女人可能会觉得很委屈，站在她们的角度来看，她们确实是没有错，也确实有些委屈。不过如果女人了解了男人的心理，那就不会再以这样的方式去表达自己的爱意了。就像女人在倾诉时不想听到男人的建议一样，在男人苦苦思索问题时，他们也不需要非请自来的建议。

对男人来说，独立解决问题的能力是非常重要的，这是衡量一个男人自身价值的重要标准。如果有人怀疑男人独立解决问题的能力，那就是对其价值的否定。女人正是因为不小心犯了这样的错误，所以才造成了男人的误会。

当男人遇到麻烦时，女人应该表示出自己对男人的信任，因为陷入困境的男人是脆弱而无助的，在这种情况下，他们最需要的就是来自他人的信任和鼓励，尤其是来自自己心爱女人的。女人可以选择沉默，不去打扰男人，并相信男人可以依靠他们自己的力量来解决问题。男人会对女人的信任异常感动，这会激励他们的信心，增加他们的动力，更重要的是他们会更加宠爱女人。这就是说，即使女人已经有了解决问题的办法，也要克制住自己不给男人建议，这才是向男人展现爱意的最好方式。

男人希望在心爱的女人面前展现自己的能力，让女人以自己为荣。当男人的能力被认可时，那是他们最骄傲、最自豪的时刻。女人应该给男人展现能力的机

心理学

第二篇 生活中的心理学

会，让他们去证明自己，超越自己，这既是对男人的信任，也是在帮助男人进步。我们经常看到生活中很多能力出众的女人，她们的老公却窝窝囊囊，一事无成。出现这样的状况或许不能都怪男人，女人能力太强，处处挤压男人，不给男人表现自己的机会，这会让男人的信心大大受挫，时间长了自然也就毫无斗志了。

面对压力，男人选择把自己封闭起来

男人的压力反应机制与女人不同，当压力到来时，男人会选择做一些其他的事情，让自己放松下来。男人的压力反应机制是在原始社会长期的狩猎过程中形成的，并一直延续到了今天。自原始社会，当男人结束了一天的狩猎生活回到家里时，他们不会交流，更懒得关心妻子和孩子的感受，他们常常会一个人坐在火堆旁发呆，或者与其他男人一起做一些轻松的事情。对于奔波一天的男人来说，回到家最需要做的事就是休息，只有让身体和精神都得到了充分的休息，才能在第二天更好地进行狩猎活动。

原始时代男人狩猎后的表现与现代男人工作后的表现颇为相似。当男人工作了一天回到家里以后，他们或者拿着遥控器漫无目的地转换电视频道，或者去打游戏、看报纸，他们不想说话，更不想交流，有时还会直奔房间将自己关起来。男人不想把自己的问题告诉女人，更不希望与女人讨论问题，他们只想暂时逃离问题，让自己放松下来，也许第二天他们自己就可以找到有效的解决办法。

男人的这种表现很让女人不解。为什么不说出来呢？说出来不就没事了吗？至少也可以让自己轻松一些呀！所以，当女人发现男人的精神状态不太好时，总是试图与男人交谈，希望男人能将内心的烦恼说出来。女人以为自己这是在帮助男人，可实际上，男人根本就不需要这样的帮助，女人的一再追问只会让男人更加心烦。

男人为什么要这样呢？因为他们需要集中全部的注意力将问题尽快解决。男人不想用他们的问题去烦别人，也不想给别人带来负担，他们只想自己静静地思考，而不希望任何人、任何事来打扰他们。

当男人几乎把全部注意力都集中在正在思考的问题上时，根本就没有心思去应付其他的事情。如果女人在这个时候企图和男人交流，自然也不会有好的效果。即使女人关切地询问男人的情况，男人也没有心思去回答女人，只会用简短的"嗯""好"等来应付女人。当然，对处于这种状态的男人来说，由于其注意力几乎全都在自己的问题上，因此他们很少意识到自己是怎样对待女人的，也不知道自己已经给女人造成了伤害。

男人的回答显然不能让女人满意，当她们发现男人总是心不在焉时，就会觉得自己不被重视，甚至认为男人心有他属，不再爱自己了。结果，女人在一边独自哀伤感怀，而男人却根本不知道发生了什么，想到了解决问题的办法后，又会恢复往日对女人的热情。

男人把自己封闭起来并不意味着对女人的爱有所减少，更不意味着不再爱女人了，这些不过是女人的自我臆断罢了。男人之所以会忽视女人的感受，在与女人交谈时心不在焉，是因为他们的思维正在被他们自己的问题牵绊着，而男人的思维又是单向性的，不可能一心二用，因此对女人的疏忽也是在所难免的。女人据此认定男人不爱自己显然是在自寻烦恼，与男人发生争吵就更是不理智，为什么不给男人一点儿时间，让男人安静一会儿呢？

不过，如果男人一直都找不到解决问题的办法，那么他们就会继续封闭自己，即使不沉默，也会做一些自己喜欢且不需要其他人参与的事情，继续沉醉在自己的世界里，以求得到解脱。这样的精神解脱往往很有效，在精神得到放松之后，思维会变得更加活跃，这对解决问题很有帮助。

如果女人真的希望帮助男人，就应该配合男人，给男人独立的空间，帮助男人尽快摆脱烦心事。

虽然说男人自我封闭是一种自然的反应机制，但男人却不能因此而将女人的感受完全置之不理，女人天生敏感很容易受到伤害。男人有自我封闭的权利，女人有享受倾听的权利，只有男人和女人相互谅解，彼此尊重，才能达成更多的默契，实现更好的配合。

男人为什么有那么多让人讨厌的习惯

在女人眼里，男人有许多坏习惯，很让人讨厌，比如，挖鼻孔、打嗝、长时间不换内裤等等。女人或许曾经就男人的某些坏习惯与男人进行过交涉，希望男人改掉这些坏习惯。但问题是男人并不愿意改变，而且他们也不认为自己有什么坏习惯。当女人总是指责男人的某些习惯不好时，男人就会认为女人又在想方设法改造自己，从而使男人产生抵触情绪，疏远与女人的距离。

早上，男人到卫生间小便，他习惯性地将马桶垫掀了起来，不过他忘了在方便之后再将坐垫放下来。过了一会儿，女人也到卫生间方便，她习惯性地直接坐在了马桶上，却发现坐垫被掀了起来。女人气得向着男人大叫："你怎么又把马桶垫掀起来了？总是这样，下次记得放下来。"女人的指责让男人也很恼火："那你为什么不在你方便之后帮我把坐垫掀起来呢？"女人受不了男人总是将马桶垫掀起来，而男人虽然不介意马桶垫是掀起来还是放下来，但却受不了女人总是命令自己将马桶垫放下来。

为什么男人总要将马桶垫掀起来呢？难道他们不能在马桶垫放下来的情况下小便吗？当然不是。其实，男人在小便前将马桶垫掀起来也是为了女人着想，他们担心会尿湿坐垫，让女人坐湿屁股。如果是在公共卫生间，就不存在这样的问题。因为公厕中男厕和女厕是分开的，且在设计上也不相同，女厕只有座便器，而男厕则除了座便器之外，还装有靠墙的小便器。男人在小便时不用坐下来，这符合男人的如厕习惯。

在住宅中，一个家庭通常只有一个卫生间，而住宅设计为了让男人和女人在家里同样舒适，安装的全都是座便器。女人是习惯使用座便器的，但男人却不太习惯，在男人如厕的时间里，只有百分之十到百分之二十的时间是坐着的。男人习惯对着墙或者是树之类的物体撒尿，而不习惯对着马桶。此外，男人也不习惯像女人那样坐着小便，因为从古至今他们一直都是站着的。这就是说，在家里如厕，男人是处于劣势的。

男人的坏习惯真的比女人更多吗？答案是否定的。无论是男人还是女人，肯定都有一些不好的习惯是对方不太喜欢的，但为什么只听到女人抱怨却听不到男人的抱怨呢？那是因为男人不爱抱怨，而且也没有女人那么注重细节，所以才给人造成了男人的坏习惯比女人多的错觉。

人们常说"相爱容易相处难"，在谈恋爱时，女人肯定不会觉得男人有这么多让人讨厌的坏习惯，但结了婚后，所有的问题就全都暴露出来了。这并不是因为结了婚后男人和女人就不再相爱，而是因为每天的朝夕相处让他们真正走进了彼此的生活，看到了更多真实的东西。当理想的爱情变成现实的生活时，女人的心里就会产生一种巨大的落差，她们发现男人并不像自己想象的那样完美，而且还有很多让人讨厌的坏习惯，这让女人很难接受，于是，她们开始抱怨，并试图纠正男人的坏习惯。

女人会产生心理落差，难道男人就不会吗？其实，在长期的相处过程中，男人也会发现女人的一些坏习惯，不过男人更容易接受女人的这些坏习惯，因此男人很少抱怨。

一个人的天性很难改变，但一个人的后天习惯却并非不可改变。女人可以用自己的语言及行为去影响男人，这对于改正男人的坏习惯很有帮助，最重要的是这样做不会伤害到彼此的感情。同时，女人也应该明白，人无完人，男人的有些坏习惯实际上无伤大雅，女人不必太过计较。女人应该想到，自己身上也有很多坏习惯，男人不是也没有苛求自己作出改变吗？对于长期生活在一起的男人和女人来说，只有互相包容，互相理解，才能让彼此的相处更愉快，这是婚姻的真谛，也是生活的真谛。

为什么男人讨厌陪女人购物

说到购物减压，往往是女人的专有名词。哪怕只提到购物二字，人们也会在第一时间联想到女人。没办法，女人就是喜欢购物，几个女人可以漫无目的地在商场逛上一整天，而且无论买不买东西，心情都会变得轻松而愉快。

心理学家对女人购物给出过这样的解释：女人的确可以通过购物减压，释放压力，获得快乐，因为女人通过购物可以完成从工作的服务角色到"上帝"的转换，尊严感在购物过程中得到了极大的满足；购物时的高度专注，可以帮助女人忘记工作中的不愉快，有利于她们调整心态；买到一件满意的商品时，特别是买到一件满意的衣服时，女人会有很强的成就感，甚至是对自身形象直至整个自我的肯定。由此看来，女人购物的确是一种享受。诚如弗洛伊德说的，做出一些非理性（冲动消费）的行为，也是对自身心理能量的一种释放。

男人就不同了，他们不喜欢购物，通常都会由他们身边的女性代劳，比如说他们的妻子或母亲。即使男人外出购物，也会速战速决，绝不会在商场停留太久。大多数男人在商场停留二十分钟之后，就会感到大脑发胀。

对男人来说，购物简直就是一种折磨，他们不但不会因为购物而变得轻松，反倒会变得精神紧张。英国的心理学家戴维·路易斯博士经研究发现，男人在购物时的精神紧张度可以和警察处理暴徒时的精神紧张度一样高。

男人更讨厌陪女人购物。男人一般都会将购物时间控制在二十分钟以内，但这短短的二十分钟显然是无法满足女人的要求的。如果男人答应陪女人购物，那就意味着男人要花比二十分钟多得多的时间泡在商场里，这将让男人变得异常烦躁和沮丧。

男人讨厌陪女人购物和他们的进化过程有关。

原始社会中，男人最初的任务是狩猎，在狩猎过程中，男人的目光必须始终盯住猎物，并尽快捕杀猎物。他们的视野比较狭窄，往往是直线性的。他们喜欢沿着直线前行，而不喜欢七拐八弯地绕行。男人没有挑选猎物的经历，当他们发现猎物时，就会立即作出捕杀的决定，并迅速猎取，然后马上回家。现在，男人仍然在以同样的方式购物，他们发现自己想要购买的物品以后，就会迅速作出购买的决定，然后将其带回家。男人不喜欢货比三家，更懒得精挑细选。

可是女人不同。远古的女人在采集果实时需要四处探寻，找到最美味的果实，然后再带回家。女人今天的购物方式也与此相似，她们不愿意放过任何一家店铺，各种各样的店铺琳琅满目，女人喜欢在其间不断地穿梭，以寻找自己最喜爱的商品，但这对于习惯直线行走的男人来说显然是很难适应的，因为每次转弯他们的大脑都要作出清醒的判断。

从根本上说，男人讨厌陪女人购物是受不了女人在商场里长时间漫无目标地转来转去，因此，女人如果希望男人陪自己购物，那就要给男人一个确切的目标或一个时间表，而且要尽量压缩购物时间。当男人有了目标之后，他们就会更有动力，只有让他们为了实现既定的目标而努力，他们才不会感到忧虑和紧张；如果女人希望男人将某种商品买回家，那最好告诉男人具体的牌子和价位。当男人找到商品之后，别忘了表扬他们。男人本不擅长购物，所以女人必须不时调动男人的积极性才行。如果女人让男人陪自己买衣服，就一定要提前确定自己要买的款式和花色，不要让男人跟着自己到商场四处转，也不要一件接一件地试起来没完，更不要一个劲儿地询问男人的意见。男人的大脑很难把握花色和款式，他们不能给女人有价值的参考意见，而女人一再的询问却会让他们心烦意乱。

男人购物是讲究效率的，他们希望在短时间内选购到自己需要的商品。如果转了一圈后女人什么都没买，男人就会非常郁闷。所以，如果女人只是想随便逛逛，没有确切的目标，那就最好找自己的女性朋友陪着，而不要让男人陪着。

为什么男人不爱问路

男人的方向感要明显优于女人，很多男人都可以在一个空旷的地方轻易分辨出北方，而女人则大多做不到这一点。在现实生活中，迷路的也大多都是女人，男人则很少迷路。当然，男人不容易迷路是有前提条件的，那就是他们曾经走过这条路线或者他们手里有这个地方的地图。在一个陌生的地方，在没有任何帮助的情况下，男人也很难迅速找到目的地。

虽然说男人的方向感比女人强，但在一个陌生的地方而手中又没有地图的情况下，女人却往往会比男人更早到达目的地。

这是为什么呢？因为男人不爱问路，而女人则会主动问路。

男人为什么不爱问路呢？

在长达十万年的岁月里，出色的方向感一直都是男人的看家本领，让他们去问路那就意味着让他们承认自己的看家本领不行，这是男人无法忍受的。对于男人来说，证明自己的看家本领是很重要的，这也是他们自身价值的体现。所以，男人宁愿开着车在路上绕圈子，也不愿下车问路。美国《消费品营销杂志》刊登的一项由美国新罕布什尔大学酒店管理学教授尼尔森·巴伯及其同事完成的新研究发现，男人购物时也有同样的表现。他们研究调查了543名购买葡萄酒的顾客，结果发现，女性购物时多会向朋友或家人征求参考意见，而男人则会通过非人际渠道（出版物等），独自"研究"相关信息。

男人在迷路时的镇定自若完全是装出来的，他们不过是想给身边的女人信心，让她们相信自己完全可以找到路。但实际上，男人的心里并没有底，他们也不知道自己能不能找到路，只知道自己必须努力地寻找，而且绝不会在女人面前下车问路。如果在女人面前问路，男人就会觉得自己很失败，无法给女人信心和保障，这对他们来说是一种羞辱。

女人作为守巢者，准确辨别方向对她们来说并不重要，因此她们不需要发展这方面能力，而且在这方面犯错也是很正常的事。她们不需要像男人那样背负过多的责任和压力，即使表现出担忧和疑虑，也不会对男人产生太大的影响。由于女人没有这样、那样的顾虑，所以她们可以理所当然地迷路，也可以名正言顺地下车去问路，这并不会带给她们任何失败感，她们更不会因此而感到羞辱。

当女人发现男人在开车转圈时，千万不要当场揭穿他，也不要给他任何建议或催他下去问路，更不能批评指责他。女人可以什么都不说，默默地支持男人。当然，如果确实有很急的事情要做，而男人又迟迟找不到方向，那就不能任由男人来回兜圈。女人可以找借口下车去买东西或上厕所，这样，在女人离开时的这段时间里，男人就会跑下车去问路，既给了男人面子，又节省了时间。

为什么男人不停换电视频道

你信不信，许多家庭中的男人和女人都因为看电视争吵过。这是怎么回事呢？女人正在设想女主角接下来的命运，不料电视画面忽然转变了。原来，男人拿起了遥控器开始换台。

女人生气地说："快换回去！"

男人则不紧不慢地说："等我看一看其他台都在演什么呢！"

男人拿起了遥控器不停地换电视频道，女人实在是受不了了，对着男人大叫道："你究竟要看什么？"

男人答道："我没想看什么，只是想看看其他台在演什么。"

女人终于忍不住爆发了，与男人发生了一次争吵。女人说自己实在受不了男人的臭毛病，每当自己看得出神时，他总要拿着遥控器换来换去，更可气的是他自己根本就没有特别想看的。在女人看来，男人不停地换电视频道纯粹是一种怪癖，不是正常人的行为。

事实上大多数男人都有这样的"怪癖"。为什么男人喜欢不停地转换电视频道呢？因为他们需要通过思考其他人的事情暂时忘掉自己的烦恼，缓解自己的压力。当男人转换电视频道时，他们并不在乎电视节目究竟是什么，他们只想为电视节目中的人物寻求解决方案，或者是找到每个故事的结果。其实，男人的这种习惯早在原始社会就已经形成了。当男人狩猎一天，晚上回来之后，会静静地坐在火堆旁，一言不发地默默注视着火焰。他们注视火焰的过程就是他们休息和减压的过程。有些时候，男人疯狂地转换电视频道，但他们的眼神却在发呆，他们根本就不知道电视节目究竟在演什么，但通过这种方式，却可以使男人的压力得到缓解。

剧情拖沓的电视剧对男人是没有什么吸引力的，他们只是想知道结果和答案，至于其中有怎样精彩的故事情节，以及有怎样错综复杂的人物关系，他们并不感兴趣。相对来说，男人更容易被新闻和访谈类节目吸引，因为这些节目大多只介绍事情的大体框架，简单明了，可以达到转移男人注意力的目的。只有在遇到自己感兴趣的电视节目时，男人才会将注意力转移到电视节目上，所以男人必须不停地转换电视频道，寻找自己感兴趣的电视节目，并保证自己的注意力一直都在电视节目上，以达到最好的减压效果。

女人则不同，转换电视频道并不能给女人带来好处。因为男人的大脑是单向性的，所以当其注意力转移时，他们本身的烦恼就被暂时遗忘了。但女人的大脑是多向性的，即使她们做了其他的事情，她们的苦恼也仍然会在她们的大脑中徘徊。也就是说，女人不能通过转换电视频道的方式减压。相反，女人喜欢沉浸在某个电视节目之中，尤其喜欢剖析人物关系及男女主角的肢体语言，这才是她们的放松方式。

男人喜欢不停地转换电视频道，女人喜欢沉浸在某一个节目之中，这样一来，男人和女人在看电视的问题上就永远都不可能达成一致。如果双方都不肯让步，那么争吵就是不可避免的。

男人为什么爱炫耀，爱吹牛

很多女人都有这样的上当经历：

刚接触某个男人时，男人摆出的简直就是一副成功人士的派头。可是经过一段时间的相处，却会发现事情根本就不像男人说的那样，一切不过是男人故意作出来的假象罢了。女人觉得男人欺骗了自己，可男人毕竟是爱自己的，难道就因为男人目前还没有功成名就而与其分手吗？女人陷入了深深的矛盾之中。

男人确实欺骗了女人，但他们并没有恶意，或者他们也不是故意的，谁让男人骨子里就爱吹牛呢。每个男人都如此。男人所做的一切不过是为了给女人留下深刻的印象，让女人倾心于自己而已。

男人吹牛也好，炫耀也罢，都是为了夸大自己的成绩，赢得他人的赞赏和肯定。男人最怕被人说成是无能的，特别是被心爱的女人认为无能，那是男人最大的耻辱和悲哀。

在相当长的一段历史时期，男人都是女人生活来源的主要供给者，女人必须得到男人的照顾才能生存下去。所以，男人只有让女人觉得自己能给她们生活上的保障，才可能获得女人的青睐和信任。如果女人可以选择，那么她们当然会选择地位更高、能力更强的男人，因为这样的男人会给她们更可靠的生活保障。

在一夫多妻的时代，男人的地位越高，选择他们的女人就越多。男人必须在女人面前极力表现自己的强大与尊荣，以博得女人的好感。当男人自身的能力受到大多数人的质疑时，他们就会产生一种自卑心理，甚至会有轻生的念头。而在男人身边的所有人中，他们所爱的女人无疑是最有分量的。所以，男人极力维持自己的面子，尤其是在自己心爱的女人面前。

女人的择偶标准决定了男人之间始终存在着残酷的竞争，男人若想在竞争中取胜，就必须在短时间内向女人证明自己是有能力、有地位的。名车、名表、讲排场、出手阔绰……这些都是男人身份与地位的象征，他们希望通过这些可以象征至高地位的事物来打动女人，赢得女人的芳心。

男人的能力本来就是参差不齐的，即使具有同样的能力，也未必会取得同样的地位，也就是说，男人的竞争力本来就存在差距，但他们并不甘心于这样的差距，他们吹嘘自己的能力，炫耀自己的成绩，就是为了缩小差距，让自己更具竞争力。

男人不仅喜欢吹嘘炫耀，而且还特别爱面子，"死要面子活受罪"的大多都是男人。当女人有求于男人时，即使男人办不到，他们也绝不会说自己办不到，而是会先应承下来，然后再用尽浑身解数四处求助。等事情办好以后，他们又会轻松地告诉女人这点儿小事对他们来说不算什么，让女人大加赞赏。尽管自己在办事过程中受了很多苦，但是能让女人对自己刮目相看，他们就认为做什么都是值得的。

女人应该理解男人"虚伪"背后的动机，既不能一味指责，也不能盲目纵容。对于自己不了解的男人，不要轻易相信自己所看到的一切；而对于自己的丈夫，则要给他足够的面子。男人都爱面子，都喜欢夸大自己的功绩，这是男人的天性，就像爱慕虚荣、喜欢夸大自己的情绪是女人的天性一样。

为什么男人痴迷体育运动

绝大多数男人都痴迷于体育运动。每当足球世界杯的战火燃起，男人们的眼睛里就再也容不下其他的事物，他们白天在公司与同事讨论每天的精彩赛事，中午要抓紧时间看最新战报，晚上回到家或周末也是没日没夜地守在电视机前看直播或录播。在男人看球时，女人在他们面前就形同空气，女人说了什么、做了什么他们一概不知，除非女人挡住他们的视线或忽然将频道调走，否则他们就根本注意不到女人的存在。而且男人在观看体育比赛时是无法安静的，他们的情绪常常会变得异常激动，而原因可能只是裁判的一个误判。

每当男人沉迷于体育节目之中时，女人就只能独自打发时间，女人忍无可忍了，就让男人在自己和体育运动中作一个选择，要么选择自己，要么选择体育运动。在男人看来，女人的这种做法则是在无理取闹。不管这场闹剧以何种结局收场，有一点是可以肯定的，那就是男人和女人之间的感情受到了影响。

男人为什么会如此痴迷于体育运动呢？因为他们是天生的狩猎者，有过太长时间的狩猎历史，他们四处奔走，追捕猎物，每天早出晚归，这样的生活方式已经成为他们的习惯。虽然经进化后，男人结束了狩猎生活，但他们对狩猎的热情并没有退却，他们的狩猎者角色也并没有发生本质性的变化。由于男人们不再需要外出狩猎，这让他们很不适应，所以他们不得不将自己的狩猎热情投注到其他事物上，而体育运动就是最好的选择。

在现实生活中，男人参加体育运动的机会很少，但观看体育比赛也同样会让他们兴奋不已。他们将自己的热情倾注到自己喜爱的球队，将自己想象成自己崇拜的体育明星，这会让他们重新找回狩猎的感觉。

男人只有在体育比赛中，才能找到归属感。也只有在自己喜爱的球队赢得比赛时，他们才能找到成就感。而这种成就感，是在工作中无法获得的。

由此看来，男人痴迷于体育运动是为了找回他们的狩猎角色，延续他们的狩猎生活。了解了其中的原因，就不难理解男人在观看体育比赛时的种种过激反应了。当自己喜爱的球员进球时，他们会兴奋得大跳大叫，就如同他们自己射中了猎物；当拳击比赛中的某一方被对方击中时，他们也会露出痛苦的表情，就如同他们自己被击中一样。

女人应该明白，男人痴迷于体育运动并不意味着忽视女人的感受，更不是不爱女人的表现。如果女人硬要男人在自己与体育运动中取舍，那显然是在为难男人，而且与男人的本能"争风吃醋"，也不可能有什么好的结果。

女人可以试着陪男人一起观看体育比赛，这将为两人创造更多的话题，让交谈更愉快。如果自己实在不喜欢，那就在男人看体育比赛时做一些自己喜欢的事情吧。

男人不关心细节，更不关心别人的私生活

一对夫妇刚参加了一场朋友举行的舞会。回家的路上，女人显得很不高兴，对男人不理不睬。虽然男人不知道女人究竟怎么了，但他已经意识到一定是自己又让女人生气了，于是，一边讨好女人，一边试探女人的口风。终于，女人说出了自己的不满，她责备男人不关心自己，让自己被外人嘲笑。男人被女人说得一头雾水，他仍然不知道自己做错了什么，他整晚都在与女人一起跳舞，一直陪伴在女人身边，难道这还不够关心吗？看到男人一脸茫然，女人真是又委屈又气愤，她开始数落男人的不是：那个在自己面前炫耀的女人，她已经对其厌恶至极了，可男人却对那个女人非常热情，更可气的是，男人竟然答应在舞会后将那个讨厌的女人送回家。女人越想越气，难道男人没有看到对方挑衅的眼神和讽刺的话语吗？难道男人看不出自己要和那个女人保持距离吗？在男人弄清女人生气的真正原因以后，他反倒变得更加糊涂了。两个女人明明在自己面前上演了一场没有硝烟的战争，可为什么自己会毫无察觉呢？

男人就是这样，总是这样粗枝大叶，不关注细节。这又是男人的大脑惹的祸。男人可以记住事情的主体和大致的轮廓，但对于其中的具体细节，则基本上没有印象，或者说印象不深。尤其对于一些非语言信息，男人更是很难察觉到。

远古时代，男人是狩猎者，他们的目标是捕获猎物，他们不需要关注猎物长什么样，更不需要关注猎物的表情，因为这些对于他们捕获猎物毫无帮助。如果他们整天关注这些无关紧要的细节，那么他们恐怕连一只猎物都捕获不到，这样一来，他们自己和妻儿就都要饿死了。他们真正需要关注的是猎物的速度和逃走方向，这才是能否捕获到猎物的关键。

男人更不关心别人的私生活。男人喜欢与自己的朋友在一起喝酒，聊天，做运动，他们与朋友相聚的时间并不短，但奇怪的是，他们对朋友的私生活状况却知之甚少。他们可以轻易地说出朋友最近在做什么新的项目、打算买什么牌子的汽车，但却说不出朋友的妻子和孩子们最近发生了什么事。女人则刚好相反，她们对朋友的私生活非常了解，但是对朋友的工作情况却不太关心。女人总是试图从男人的口中了解他们朋友的私生活状况，但结果却往往让女人大失所望，因为男人的回答不是"不太清楚"，就是"他没有说"。

为什么会这样呢？因为私生活向来都不是男人之间的谈论话题，这是在原始社会就已经形成的交谈习惯。对于整天外出狩猎的男人来说，探讨彼此的私生活状况显然对他们的狩猎活动毫无帮助。在狩猎过程中，男人需要长时间保持沉默，以免惊走猎物。也就是说，男人不需要太多交谈，即使要交谈，他们交谈的话题也会围绕狩猎而展开，以帮助他们捕获更多的猎物，至于彼此的私生活状况，则完全没有必要了解。正因为朋友的私生活对男人来说并不重要，所以男人才不会主动询问。

男人的确不太关心朋友的私生活状况，但那并不意味着男人不关心朋友。在男人看来，如果朋友的私生活遇到了什么麻烦或出了什么问题，那么朋友就一定会主动提出来的，因为他们自己也会这样做。如果朋友什么都没说，那就是不想说或者没什么可说的，当然也就没什么可问的了。男人是不会逼对方说些什么的，很多时候，男人们在一起只是打球、喝酒，很少说话甚至一句话都不说，但他们并不觉得有什么不妥。在男人看来，朋友的相聚更像是一种休憩，可以有效地缓解压力。

男人在厕所里讨论什么

女人喜欢结伴上厕所，她们一路上有说有笑，到了厕所里也收不住话匣子。男人忍不住要问：女人在厕所里到底说些什么呢？答案是什么都说。她们可以谈论当今流行的新款服装、自己喜欢的男人以及最新推出的化妆品等等。在厕所里，即使是互不相识的两个女人，也同样有话可说，她们还可以请不认识的女人帮忙递手纸。对女人来说，厕所就像是一个网络聊天室，可以谈论各种各样的话题，还可以结交很多新朋友。在英国，甚至有专为女性设计的超大隔间，里面放置两个马桶，方便女人们长谈。

男人很少结伴上厕所，他们喜欢独来独往，即便是和朋友同往，也很少听到他们在路上谈论些什么。女人也忍不住要问：男人在厕所里讨论什么呢？答案是什么都不讨论。男人的话本来就不多，他们不像女人那样永远都有说不完的话，也不像女人那样可以在任何地方与人交谈，他们会把想说的话放在合适的时间、地点，对着合适的人去说。在男人看来，厕所绝对不是一个适合聊天的场所，更不是结交朋友的地方。他们上厕所的目的很单纯，在厕所里他们也只会做一件事，这是由他们的大脑结构决定的。

男人希望在厕所里设立从地板到天花板的隔板，这样就可以保证他们处在只属于自己的独立空间里，不受其他人的打扰和影响，也可以避免与其他人发生任何交流。在厕所里，男人绝不会主动与其他人交流，也不会与陌生人对视。在男人看来，上厕所是一件比较私密的事情，不适合与其他人分享。即使与自己的朋友在一起，他们也不会在厕所里说些什么，有什么话他们可以到外面说，这也是男人上厕所从不让人陪伴的重要原因。

在厕所里，男人会刻意保持与陌生人的距离，以避免被人看到的尴尬。在选择小便器时，通常，第一个走进来的男人一定会选择最里面的一个，第二个走进来的男人会选择离第一个男人最远的一个，也就是最靠门口的那个，而第三个走进来的男人则会选择和第一个男人、第二个男人距离都比较远的一个，也就是中间的那个。

男人不会主动选择其他男人旁边的小便器，如果他们那样做了，就会被认为是不正常的，招来其他人异样的目光。如果男人在进入厕所后发现除了其他男人身边的位置已经别无选择，那么他们就会进入隔间，而不会站在一个陌生的男人旁边。此外，在男人小便时，他们的目光会一直注视着前方，绝不会斜视其他人，也不会与其他人的目光对视，更不会与其他人攀谈。

女人们设想了男人在卫生间的种种情形，但却很少有人能想到真实的情景。她们总觉得男人在厕所里一定会说些什么，说不定还会说些有关她们的话题。殊不知，男人在厕所里不但不会提起她们，而且也不会谈论其他的话题。在男人看来，在厕所里与人交谈绝对是一种不正常的行为，正常的男人是不会这样做的。

单身男人为什么不喜欢出国

有调查发现，单身男人大都不喜欢出国，且有明显排外倾向。而当男人结婚以后，一般就不再排斥出国。

究其原因，则是单身男人不能离开自己的文化。人类社会的繁衍机制决定了男人参与繁衍竞争的必然性，男人若想达到成功繁衍的目的，就必须努力提高自己的竞争力，博得女性的青睐。

从本质上讲，人类的文化都是相似的，但又都有自己的文化特征，比如说东方社会和西方社会在很多方面就都存在着差异，在东方社会被认为有价值的东西，到了西方社会就可能一文不值。

男人向来都是以资源和地位来吸引女人的，不过各个国家的资源和地位不是相通的，男人在其他国家不可能获得与在自己国家同样的资源和地位。所以，男人无法保证自己出国后仍然具有同样的竞争力。其实，到了其他国家的男人一般都会在繁衍竞争中处于劣势。

另一方面，语言障碍和价值取向差异也是很大的问题。如果语言不通，男人就没有办法向当地的女人介绍自己的成就。当他们展示自己的资源时，女人也很难判断出他们的真正实力。此外，男人自身的价值也会遭到否定，因为中国人和外国人的价值取向不同，我们认为有价值的不等于他们也会认为有价值。

由此看来，男人的个人价值只限定于某个特定的文化中，其个人魅力也只有在自己的文化中才能展现出来，才会有女人懂得欣赏。所以，在得到固定的伴侣之前，男人不能离开自己的文化。

结婚以后就不同了。男人有了固定的伴侣，不再需要进行繁衍竞争，固守自己的文化变得不是特别重要了。

成功繁衍的男人更喜欢在其他人面前展现自己的劳动成果，让大家看到自己是优秀的。虽然两个国家的文化是不同的，但让身边站着一个女人却足以在任何地方说明自己的魅力。也就是说，当男人和自己的妻子一起出现在国外的大街上时，就会有其他女人认为这个男人是有一定交配价值的，否则也不会有女人选择他。因为女人在选择嫁给男人之前通常都会对男人进行一系列的考察，所以经过一个女人层层考察的男人必然要比那些没通过考察的男人更具交配价值。

与男人不同，单身女人是不排斥出国的。在出国旅行的单身男女青年中，大多都是单身女青年。为什么单身女性喜欢出国旅行呢？因为女性的个人魅力是不受文化限制的。男人吸引女性依靠资源和地位，女人吸引男人则一定程度上依靠生理特征。年轻和有生理吸引力的女人无论走到哪里，都会成为男人瞩目的焦点，受到男人的青睐。

为什么男人热衷小团体

男人喜欢聚集在一起组成同性别的组织，这样的男性团体几乎随处可见。这和男人的进化有关。最初，男人作为狩猎者，一直都是以小团体的形式存在的。无论是外出追捕猎物，还是抵御外来敌对势力的侵犯，男人都不是孤军奋战，而是几个男人组织在一起，共同应对。换句话说，男人需要以这种团结的形式去面对局外人，让自己更加强壮，这是他们的生存法则。

男人这样做当然是出于人身安全的考虑。原始社会的自然环境十分复杂，凶禽猛兽随处可见，无论是在狩猎的路途中，还是在狩猎的过程中，遭遇猛兽的袭击都是很有可能的。如果男人单独行动，别说捕获猎物了，就连自己的性命可能都要搭进去。如果合几个男人之力，就可以在与猛兽的搏斗中占据优势，保住性命。为了能把猎物带回家，男人必须首先保证自己可以活着回来，所以说，他们需要与其他男人组成一个互相依靠的团体。

家也不是绝对安全的。猛兽不可能因为那是你的家就绕道行走，敌人也不可能因为那是你的家就不去侵犯，这就是说，猛兽和敌人随时都可能对他们的家进行袭击。当遭遇外来侵犯时，男人如果只依靠自己的力量，显然是无法击退对方的。他们必须依靠周围的其他男人一起击退敌人。同样，当其他男人遭受外来袭击时，他们也会毫不犹豫地赶过去帮忙。因为他们是一个团体，只有紧紧地团结在一起，才能确保自己的利益。

集体的力量对男人来说尤为重要。现代男人仍然保有这样的观念，现代男人也同样热衷小团体，都有组成小团体的强烈愿望。

有些人可能会感到不解，大团体的力量肯定比小团体的力量大，为什么男人不热衷大团体而偏偏热衷小团体呢？因为他们不想与更多人分享他们的资源。既然男人捕获猎物要依靠集体的力量，那么获取的猎物自然也就归集体所有，每个人可以分到一部分。如果分享猎物的人数过多，那每个人分到的就会非常少，这样就无法养家糊口了。

男人通常只会信任自己周围的几个人，他们不会信任更多的人，因为太多的信任常常会让他们置于危险的境地。所以，他们只与自己周围的男人组成同盟，而不会轻易接受其他外来者的加入。在男人看来，只有几个人紧紧地团结在一起，劲儿往一处使，才能产生强大的力量。如果团体中有人生了二心，甚至背叛了这个团体，那就会让团体中的其他人处于危险的境地，而且很可能为这个团体带来灭顶之灾。所以，男人不敢冒这么大的风险随意让人加入自己的团体，除非他们可以完全信任这个人。

此外，由男人组成的小团体还可以产生重要的实际作用——提高团体成员的社会地位和政治地位。一个无坚不摧的团体必然会受到人们的尊敬和爱戴，而作为这个团体中的一员，自然也是十分荣耀的。

和男人相比，女人没有这样的需求。女人不需要小团体的保护，她们会与所有留守的女人为善，与其交流。当她们遭遇危险时，所有留守的女人都会团结在一起，共同抵抗外来的侵袭。她们不会排斥其他女人，也不会总是与固定的对象交往，她们享受大家庭的感觉，希望与所有女人都成为朋友。组成小团体只会让她们被更多女人排斥，这对她们显然是不利的。

第十四章

女性心理学：为什么女人喜欢长篇大论和喋喋不休

神奇的"女大十八变"

"女大十八变"，这一句俗语一般被理解为女孩长到18岁后，相貌就会越来越好看。的确是这样，女孩到了18岁时，就进入了青春期，青春期是最具有戏剧性变化的时期，女孩子先是身体长高，体重增加，胸部开始隆起，臀部变得浑圆，腋毛和阴毛长出，然后月经来潮，同时也呈现出女性特有的体态。

女孩身体的长高、变重和第二性征的发育、成熟，是受内分泌系统支配的。女孩子进入青春期后，脑垂体分泌的促性腺激素揭开了性发育的序幕，它促使卵巢发育长大，卵泡成熟，分泌出雌性激素。雌性激素导致第二性征的出现。卵巢一月一次地排卵，引发月经周期。促性腺激素如果过早活动，女性就会出现性早熟；如果过晚活动，青春期就会姗姗来迟。

脑垂体分泌的生长激素、肾上腺与卵巢分泌的性激素、甲状腺分泌的甲状腺激素等，都对骨骼的发育成熟和身高的增长，具有独特而又相互配合的作用。这些激素促使乳房、子宫、阴部的发育，骨盆软骨细胞的增殖，入口增宽，臀部变大，体内脂肪细胞增殖，皮下脂肪堆积等。内分泌激素的综合协调作用赋予了少女一副匀称的身材。

女性体内也有少量的雄性激素，主要是由肾上腺分泌的肾上腺素，少部分由卵巢分泌，它促进着腋毛、阴毛生长和阴部发育。脑垂体的活动还要受下丘脑与靶腺器官的影响。当然，脑垂体激素及靶腺激素的水平也反过来影响着下丘脑和垂体的分泌功能。下丘脑－垂体－靶腺（主要是卵巢）构成了青春期"十八变"的控制轴系，它们相互依赖、相互制约，使得女孩血液中的激素浓度保持相对稳定，因而能够满足"女大十八变"对激素的需要。

高级神经活动对内分泌起着重要的调节作用。如改变环境、焦虑可引起月经周期的变化或闭经，感觉器官（嗅觉、视觉等）刺激可促进性腺活动。此外，遗传因素、气候环境、文化教育、经济状况、青春期保健、健美锻炼等也影响内分泌，进而影响青春期发育。

除了生理的变化之外，十几岁的女孩智力和情感生活也富于变化。儿童时期，女孩只能幻想性地理解她们的世界。她们开始具备抽象思维和推理的能力。她们不再表面性地被动地接受事物，而能够在个人经验的基础上形成自己的观点。她们对很多问题有了自己的想法。家长会发现，以前特别听话的乖乖女好像突然变得难以管束。她们开始探索周围的世界，对家长的言行非常敏感，开始对父母和其他人的观点提出质疑。如果受到不公平的待遇，她们就会据理力争。比如，她们不明白为什么父母可以喝酒，自己却不能；为什么哥哥可以很晚回家，她却不可以。她们与周围的人攀比，开始认识到这个世界不公平、不完美。如果没有引导好她们，她们可能会犯错，甚至陷入绝望。因此，要引导她们学会接受这个不完美的世界。

青春期的女孩能够更深刻地体会自己的情感。她们对外部世界非常敏感，任何一件小事都能触动她们的情感。受到排卵周期的变化，她们的情绪会发生急剧的变化。她们好像处在一个情感滑轮上，随时都可能由一种情感转变为另一种情感。如果她们受到表扬或者对事情非常满意，就会情绪高涨。如果她们受到指责和否定，悲观和失望的情绪就会随之而来。她们的情绪变化太快，别人很难理解她们，这又使她们觉得孤独。青春期的女孩应该学会理智地控制自己的情感，恰当地表达自己的情绪，接受别人的观点，然后求同存异地表达自己的观点。

女人更擅长拆穿别人的谎言

很多人都认为男人比女人更爱撒谎，其实不然，女人和男人一样爱撒谎，只是男人的谎话更容易被女人拆穿，所以才给人们留下了男人说谎更多的印象。

为什么女人更擅长拆穿别人的谎言呢？这是因为女人对肢体和语音信号有着超强的辨别能力，这种能力可以帮助她们洞察其他人的真实心理。女人的这种能力是由先天的生理因素决定的，是在长期的进化过程中形成的，这既是她们的生存需要，也是她们的生活需要。

相对男人来说，这种能力对女人更重要。在人类漫长的进化过程中，女人一直都承担着繁衍后代和照顾孩子的重任，当男人外出劳动时，她们必须独立面对随时可能发生的紧急状况。在身体状况上，女人无疑是天生的弱者，所以她们必须能够迅速识别接近她们的人的来意，及时发现潜藏在身边的危险，这样才能更好地保护自己和孩子。如果不具备这样的能力，她们就会将自己和孩子暴露在危险之中。也就是说，女人的识别能力其实是对自己的一种保护，是生存的需要。另一方面，在相当长的一段历史时期，女人的主要职责都是照顾孩子，所以准确识别孩子的情绪，也就成为她们的生活需要。她们必须能够迅速判断孩子的真实情感，这样才能更好地与孩子进行交流。社会发展到今天，女人的生活模式已经发生了很大的变化，但在进化过程中形成的一些基本能力却被保留了下来。

女人表现出来的对肢体和语音信号的超强识别能力，主要是由大脑的结构决定的。脑部核磁共振显示，女人在交流时会有十四个到十六个脑部区域参与其中，而男人则只会动用四个到七个脑部区域。这就意味着女人在交谈的同时可以做比男人更多的事，察觉到男人察觉不到的信息。在女人参与交流的这些大脑区域中，有些用来解码语言，有些用来解码语调的变化，还有些用来解码肢体动作等，这是女人的额外优势，也是女人感觉敏锐的主要原因。男人觉得女人有"第六感觉"，其实只是女人的感觉更敏锐罢了。

谎话之所以会被察觉到，就是因为大多数谎话都牵涉到感情因素，而一旦牵涉到感情因素，就一定会以某种形式表现出来，比如说视觉和语言信号。对于具有超强识别能力的女人来说，要识别这样的信号可以说是轻而易举的，一个异样的眼神、一声轻轻的叹息、一次不经意的摇头等等，都会被女人察觉到。一般来说，谎话说得越大，牵涉到的感情因素越多，表现出来的说谎信号就越多，被人察觉到的可能性也就越大。所以，对亲密的人撒谎，尤其是对亲密的女人撒谎，谎话就很可能会失灵。

这也和女人对有关感情的事物有着更强的记忆能力有关。女人的大脑中有一个非常重要的组成部分，它的主要功能就是用来存贮、搜索记忆和使用语言。这个重要的组成部分就是海绵体。在男孩和女孩的成长过程中，海绵体的成长速度是不同的，这也就决定了男人和女人对事物的记忆能力是不同的。女孩大脑中海绵体的成长速度要快于男孩，所以，在那些涉及感情的事物上，女人比男人有着更强的记忆能力，她们总是记得谁曾经对她们说了什么样的谎话，所以，当男人再次对女人说谎时，就会被女人马上识破。由此看来，对女人说谎实在是太难了。

女人喜欢长篇大论和喋喋不休

有很多男人表示跟女人交流效率很低，也很累，因为女人总是跑题，而且从来都抓不住要害，这让他们浪费了很多时间。很多时候，男人甚至不知道女人究竟要说什么，以致于他们不得不打断女人的话，提醒女人回到主题上来。女人通常也会很配合，马上重返主题，但用不了多久，她们就又跑题了。因此，与女人交流，男人通常会感到身心疲惫，而且还可能根本就没有结果，这是男人最难以接受的。

难道女人是在故意和男人作对吗？当然不是。事实上，女人的跑题是女人自己无法控制的。女人不像男人，男人的大脑是单向性的，这就意味着男人可以将全部注意力集中到当前的主题上。男人的专注性决定了他们会直奔主题，且在交谈的过程中始终不偏离主题。

女人的大脑是多向性的，且左右大脑联系较为紧密，其感觉和思维的联系也比较密切，在交谈的过程中，当女人的感觉发生改变时，她们的思维就会随之改变，从而使她们的语言内容偏离原来的主题。

其实，女人跑题不是彻底的跑题，而是通过对其他相关事物的回想与分析，对主题作出更为合理的判断与分析。也就是说，女人会在交谈的过程中引申出其他的话题，但这些话题大多都是为主题服务的。女人更倾向于站在更高的角度，着手去解决一系列问题。她们往往会从一个点开始谈起，然后慢慢扩大到一个面，由一件具体的事物引出了很多相关的事物，也包括个人的想法和观点。换句话说，女人都具有"举一反三"的能力，她们的大脑总是不知疲倦地工作，将她们正在谈论的事物和在她们大脑中闪现的其他事物联系起来。所以，女人喜欢长篇大论，总是由一件简单的事情牵扯出很多其他的事物。当然，女人引申出的话题未必都对主题有所帮助，但她们必须通过这样的方式来思考和分析。也就是说，女人的跑题其实是她们内心的分析和思考过程，只是她们用语言将其表达出来了。

可是，在男人看来，女人的长篇大论根本就是没有必要的，因为这其中的很多内容都对解决问题毫无帮助，直接挑有用的说不就行了吗？但对女人来说，长篇大论却是很有必要的，因为只有通过对各种情况的分析和总结，她们才能找到问题的解决办法，提出有价值的观点和建议。

男人思考问题时也会想到其他相关的事物，但不同的是男人有明确的目的，他们的思考都是围绕主题进行的，所以，在交谈中，他们自然也希望女人直奔主题，抓住问题的关键发表自己的看法，这样他们的交谈会更有效率。

　　殊不知，这真是难为女人了。女人的大脑根本就抓不住要害。遇到一个问题，男人希望尽快解决问题，所以他们首先会考虑问题的关键在什么地方；而女人则不同，她们并不急于解决问题，而是要马上说说问题，在说问题的过程中，自己会想到很多其他的事情，解决问题的办法也往往会在此过程中产生。

　　男人还有一个困惑，就是女人为什么总能喋喋不休地说个不停。让两个女人在一起说上一整天是绝对没有问题的，她们不需要什么确定的主题，也不需要什么特定的目的，仅仅是漫无目的地聊天，她们就可以聊很久。为什么女人总有说不完的话呢？这是因为女人的语言中枢非常发达，词汇储备也异常丰富，对于一个女人来说，每天说出六千到八千个词语是轻而易举的事。男人却没有这个本事，一个男人每天说出四千个词语就已经是上限了，所以男人绝不可能像女人那样喋喋不休。

　　女人每天都有很多话要说，如果在工作时说不完，她们就会带到家里去说，或者是在下班后找朋友一块儿聊天。两个女人逛街时总是唧唧喳喳，说得热火朝天，而两个男人则大多比较安静；女人打电话经常在一个小时以上，而男人打电话则讲究速战速决，一般在几分钟内就挂掉了电话。这些都是语言功能不同的表现。正是因为这种差异的存在，才使得男人在与女人交谈时经常处于被动的位置，男人才会意识到女人的喋喋不休。

　　喋喋不休其实是女人的一种减压方式。女人发达的胼胝体虽然为左右半脑的连接提供了更多的通道，但也同时给女人带来了麻烦：女人很难像男人那样轻易地专注于一件事情，即便放松时也不行。这就是说，女人没有办法通过放松的方式来摆脱压力，因为她们根本就无法完全放松下来。

　　当男人做运动或者是进行一些娱乐活动时，他们的注意力就会从左脑转移到右脑，这样就使得善于理性思维和逻辑分析的左脑得到了休息，所以他们也就可以走出日常生活的压力，让自己放松下来。但对于女人来说，要让左脑完全休息下来是不可能的，即使在她们进行娱乐活动时，她们那善于理性思维和逻辑分析的左脑仍然在高速地运转着，所以她是不可能通过这样的方式来消除压力的。而在女人喋喋不休的诉说中，通过对各种问题的回顾，她们就可以从中解放出来，情绪也会随之好转。

　　当然，女人并不会跟每个人都喋喋不休。只有在面对自己喜欢的人时，女人才会喋喋不休。女人喋喋不休的对象可能是她的朋友，可能是她的父母，也可能是她喜欢和信任的异性等等。总之，这个人必须是女人喜欢的。如果是面对自己不喜欢的人，女人是很少说话的。男人应该明白，如果有一个女人在你面前喋喋不休，说明这个女人不是喜欢你，就是信任你，她对你一定是有好感的，否则她是不会在你面前说这么多话的。在女人看来，讲话是一种奖赏，是一种信任，只有自己喜欢的人才配拥有这种奖赏，得到这种信任。

为什么女人喜欢拉着手走路

无论在大街上还是在商场里，手拉着手走路的女性几乎随处可见，而手拉着手走路的男性则很少见到。

为什么女性喜欢拉着手走路呢？因为女性的触觉更敏感，她们更喜欢通过触觉的方式去感受亲情、友情和爱情。无论是拥抱还是拉手，这些身体上的接触对女性来说都是非常重要的。当她们与自己的亲人、爱人或朋友一起行走时，她们通常都会拉着对方的手或挽住对方的手臂；当她们受到伤害或感到委屈时，她们更希望得到他人的拥抱。在女人看来，身体上的接触既是亲密无间的一种表现，也是对自己心灵的一种抚慰，因此是十分必要，也是必不可少的。

女人的这一特点是由其体内的一种激素决定的，这种激素即为催乳素。催乳素除了促进乳腺生长发育、引起并维持泌乳等作用以外，还具有兴奋触觉感受器的作用。在人体的器官中，皮肤是最大的一个，共分布着二百八十万个痛觉感受器、二十万个冷觉感受器和五十万个触觉感受器。在某种情况下，外界的刺激会促使大脑命令腺垂体分泌一定量的催乳素，从而造成触觉感受器的兴奋，使人产生一种被拥抱的欲望。男性体内也存在催乳素，但其含量非常小，因此男性的触觉不容易兴奋。

受催乳素含量的影响，女性的触觉要比男性的触觉敏感得多。一项权威的调查显示，即使对触觉最不敏感的女性，也要比对触觉最敏感的男性敏感。如果用数字来计算，女人对触觉的敏感程度大概要比男人高出十倍。给予男人和女人同样的拥抱，女人的感觉要比男人的感觉复杂得多。很多时候，男人甚至会对一般的身体接触毫无感觉，特别是当他们正是全神贯注地做一件事情时。在各种社交场合中，两个女人之间的身体接触通常都要比两个男人之间的身体接触多出四倍到六倍。

女人的触觉比男人敏感还有一个原因，那就是女人的皮肤比男人薄。女人的

皮肤比男人更有弹性，但女人的皱纹也比男人多，这就是因为女人的皮肤下面有一层厚厚的皮下脂肪层，但随着年龄的增长，脂肪层就不会再向以前那样饱满，从而导致了皱纹的产生。男人的皮肤厚对他们的狩猎生活更有利，只有对伤痛不敏感，才能在穿过丛林、擒拿猛兽时发挥自己最大的力量。人们常说男人比女人的忍耐力更强，对一些小伤满不在乎，其实，那是因为男人根本就没有感觉到女人那么大的疼痛。

在出生时，女孩对触觉的敏感性也要比男孩高，但此时男孩的触觉也是比较敏感的。所以，对于孩子们来说，无论是男孩还是女孩，触摸都是非常重要的。孩子们渴望与爸爸妈妈进行亲密的接触，这既可以让他们获得安全感，也会让他们觉得自己得到了更多的关爱。在童年时期，男孩和女孩都喜欢和小伙伴们手拉着手一起玩耍，但随着他们的成长，男孩和女孩逐渐变得越来越不一样，女孩对触觉的敏感度会逐渐增加，而男孩对触觉的敏感度则逐渐降低。当男孩和女孩都长大成人之后，女人的触觉要比男人敏感十倍左右。

男人常常会误解女人对自己的接近，他们以为女人在向自己发出性暗号，其实，女人只是渴望一种亲密无间的抚慰，与性根本就没有什么关系。这时，男人只要给予女人适当的抚摸和拥抱，女人就会觉得特别满足。所以，男人如果希望获得女人的芳心，那就多给他们一些拥抱和爱抚吧！

女人能闻到男人的魅力

很多人都知道气味对男人的吸引力，但却很少有人知道女人也很容易受到气味的诱惑。其实，就连女人自己也可能意识不到自己正在被某种气味吸引，因为吸引女人的气息连仪器都探测不到，只有女人的大脑可以识别。

女人常常说自己喜欢有男人味的男人，可男人味又是什么味呢？没人说得清楚，但那必定是一种令人着迷，或者说很有魔力的气味。为什么女人会对身上弥漫着这种气息的男人着迷呢？因为她们的大脑认为这样的气味是健康的气味，全身散发着这种气味的男人必然拥有强壮的免疫系统。

尽管女人自己也说不清原因，但她们的大脑已经给出了最好的答案，所以，女人常常会不自觉地被这样的男人吸引，因为她们已经闻到了这些男人身上的独特魅力。

从进化的角度看，女人所喜欢的男人味应该是和男人的免疫力有关的。在原始社会，女人必须依靠男人来供养自己和孩子，为了使自己和孩子得到更好的照顾，她们必须要找到身强力壮、不会轻易病倒的男人。此外，免疫力强的男人也具有很好的遗传基因，这样他们将来的孩子就会更适于生存。不管是出于哪方面考虑，男人的免疫力对女人来说都是非常重要的，因此，女人们必须准确识别出男人的免疫系统状态，为自己将来的孩子选择更好的基因，也为自己和孩子寻找更好的生活依靠。

正是基于这一点，她们才会将男人的免疫力看成择偶的重要标准。她们喜欢免疫力强的男人，也很容易被这样的男人吸引。女人对男人免疫力的判断是以自己的免疫力为标准的。如果男人的免疫力强于自己或与自己差不多，那么这样的男人在女人心中就是有魅力的；如果男人的免疫力不如她们，那么她们就不会被其吸引。

女人识别男人免疫系统状态的能力是不断增强的，并最终形成了女人的一种特殊能力。有研究显示，在男人与女人的初次接触中，女人的大脑可以在三秒钟内就分析出对方的免疫系统与自己的差异，从而判断对方是否是个有吸引力的人。这就是说，强壮的免疫系统会让男人具有一种独特的魅力，让女人着迷。这就是男人香水的设计初衷——人们将某种特殊的成分添加到了香水之中后，的确增加了男性的魅力。

虽然男人和女人都对彼此身上的气味较为敏感，但女人的鼻子可以探测到连机器都探测不到的气味，因此说女人的嗅觉要比男人的嗅觉更灵敏。女人嗅觉最敏感的时期是在每个月的排卵期，处于这个时期的女性对男人身上的气息尤其敏感。这可能是因为排卵期是女性最容易受孕的时期，女性为了自己和下一代着想，需要格外提高警惕，所以才会主动增强对男人免疫系统的识别能力，以帮助自己找到最合适的伴侣。

某电影中女主人公也对这个话题有过这样的解释："一见钟情不是你一眼看上了我或者是我一眼看上了你，不是看，是味道，彼此被对方的气味吸引了，迷住了，气味相投，你懂吗？"而科学家的解释则是：人体相互间从生理到情感上的吸引，都是因为体内分泌的、能够对异性产生吸引的信息素的存在，这种化学物质就是"费洛蒙"。

看来男女之间的缘分竟然是由气味决定的啊。当然，这一结论是针对女人说的，因为男人的嗅觉可不像女人那么灵敏。

为什么女人如此喜欢聊天

女人的一大特点是喜欢聊天。女人喜欢聊天并不仅仅是因为她们长于言谈，更为关键的原因是聊天可以促使女人的生理和心理发生积极的变化，帮助女人更好地对抗压力。在聊天中，女人可以获得安慰和轻松感。

聊天对女人的重要性由来已久，大致可以追溯到原始社会。那时候，男人要外出捕杀猎物，而女人则大多守在家里，至多也就是到附近去寻找食物。在男人外出时，女人的精神支持就是孩子和其他女人，因此，在感情上，她们对孩子和其他女人有着强烈的依恋。独守空房的寂寞是可想而知的，所以，她们需要和其他女人交谈，以此来摆脱空虚和寂寞，当然，也有可能是为了减少恐惧。

当女人产生某种情绪时，她们也会以语言的形式表达出来，她们希望能与人分享她们的情绪，不管是正面情绪还是负面情绪。在交谈的过程中，女人的快乐会加倍，而悲伤则会减半。

跟男人的深沉相比，大多数女人都是沉不住气的。当她们心里有事时，就会将这件事与身边的人分享，否则她们就会被这件事压得喘不过气来。当然，她们并不介意对方能不能给她们提供好的建议，因为只要把这件压在心里的事说出来了，她们也就轻松多了，至于问题能不能得到解决，那是另外一回事。也就是说，她们只需要对方倾听她们，用语言安慰她们就足够了。在男人看来，这种没有结果的交谈是毫无意义的，无异于浪费时间，但女人却并不这样认为，因为在交谈的过程中，她们的心情已经轻松了很多。

从生理学看，女人喜欢聊天是因为交谈可以促进催产素的生成，帮助女人减轻压力。催产素是人体内一种重要的荷尔蒙，一般在女性分娩期、哺乳期和性高潮期会大量产生，在身心放松的情况下，催产素的含量也会增加。催产素可以消除焦虑感，使人更加平静，对于减轻压力很有帮助。有研究显示，交谈可以促进催产素的分泌，因此有助于女人对付压力。男人体内也有催产素，但不同的是，男人体内的催产素并没有缓解压力的作用，所以男人不能通过交谈来减轻压力。

聊天是女人生活的必需品，在女人的生活中发挥着至关重要的作用。对于这种重要性，男人可能会觉得很不理解，因为聊天对男人并没有这么重要。在原始社会，男人要外出狩猎，而在捕杀猎物的过程中，都要求他们是安静的，即使是在回家的路上，他们也不需要与其他男人进行过多地交谈。而到了封建社会，男人无论是为官还是经商，都需要面对官场和商场的尔虞我诈，因此，他们更不能与其他人过多地交谈，否则就会将自己置身于危险之中。

男人绝不会像女人那样热衷于聊天，并不是因为聊天对男人不重要，更不是因为男人不需要交谈，而是因为男人没有那么多话可说，而且聊天对男人所起到的积极作用也非常有限。

面对巨大的差异，男人和女人之间应该互相理解。男人要懂得聊天对女人的重要性，必要时帮助女人减轻压力；女人也要体谅男人，不要总是奢求男人来配合。

女人为何喜欢刨根问底

生活中经常可以看到这样的情形：当男人和女人在交谈时，女人向男人提出了一个又一个问题，而男人在回答问题的过程中，变得越来越没有耐心，最后干脆找机会离开。男人或许会感到奇怪，怎么女人总是有那么多问题呢？这哪里是在交谈，分明是在拷问！如果你觉得女人是在拷问你，那可就冤枉她了，这不过是她的语言模式罢了，她只是想通过提问的方式来了解自己想要了解的状况，仅此而已。事实上，如果你能够主动说出事情的具体情况，她就不会一再追问了。

女人喜欢刨根问底，无论什么事情，都要问个究竟，一个细节都不肯放过。对于如"很好""还行""差不多"等模糊不清的回答，女人是不会满意的，她们想知道其中的每一个细节，而不是简简单单的一句总结。

当女人问你最近怎么样时，她其实真正想知道的是你这段时间都做了什么、家里都发生了什么、工作和爱情有没有新的进展以及现在和将来有什么打算等具体的情况。如果你只回答说你最近很好，那就会让女人感到很失望，因为在她看来，你根本就没有回答她的问题。如果女人第一次发问得不到自己想要的答案，那么她们就会继续追问下去，直到对方的答案让自己满意为止。

女人刨根问底的习惯是与生俱来的，基本上所有的女人都具有这样的特点。在人类进化的过程中，女人经常要独自守护家园，但女人毕竟是天生的弱者，自己的力量是有限的，所以她们必须结交更多的朋友，与这些朋友处好关系，这样她们才能在危难之时得到帮助。也就是说，女人能否生存主要取决于自身的交往能力。为了更好地与身边的朋友交往，她们必须要了解每个朋友的详细状况，这样才有利于整个群体的生存。所以说，女人了解细节的渴望其实是她们的生存需要。尽管时代已经变迁，但她们刨根问底的习惯却被一直保留了下来。

女人这种刨根问底的特点也和她们的大脑结构有关，女人的大脑更注重细节，所以她们希望探寻事物的细节，了解具体的情况。正是因为女人都喜欢刨根问底，都喜欢探讨细节，所以两个女人在一起才总有那么多话可说。在女人看来，跟女人交流要比跟男人交流容易得多。因为女人会主动说出事物的细节部分，不需要过多地追问，而男人则只能是问一句说一句了。

女人常常会想：为什么男人总是问一句说一句呢？为什么男人不能主动把事情说得详细具体点儿呢？她们并不明白，男人真的没什么可说的，尤其是那些细节，都已经忘得差不多了。男人自然可以理解男人的想法，但是女人并不理解，如果你对她的问题爱答不理，或者含糊其辞，她就会认为你不喜欢跟她说话，或者说你正处在某种负面的情绪之中。虽然你很确定你现在的状况很好，对她也没什么不好的看法，但女人却已经作出了判断，并理所当然地相信她得出的结论。

当然，女人并不介意帮助男人回想起事情的具体情况，她们可以通过一系列带有导向性的问题让男人将自己想要了解的情况说出来，并将男人的琐碎回答组织成一个完整的片段。如果男人能够配合女人，让女人了解到她们想要了解的情况，女人就会觉得很满足。不过要完全满足女人的需求并不容易，毕竟男人不像女人那样，可以记得事情的全部细节，如果女人一再追问那些男人已经记不清的细节问题，就会让男人很心烦。如果遇到这种情况，那么男人不妨直接告诉女人自己已经忘记了。

女人喜欢刨根问底，却并不会对所有事都刨根问底，只有涉及她们关心的问题时，她们才会刨根问底。女人一般都比较关心其他人的私生活状况，这与她们渴望维护关系的本能有关，是与生俱来的。对于其他如工作技术等方面的事情，女人则很少刨根问底。男人应该清楚，刨根问底是女人的天性。

女性因何喜欢夸大其词

一个女人在跟别人生气时可能会这样说："他总是这样，我决定再也不理他了。"这样的表达显然就是在夸大其词，"他"肯定有不是"这样"的时候，这个女人也不可能永远都不再理"他"了。

女人就是这样，喜欢夸大其词，尤其喜欢夸大自己的情绪。这种语言习惯并不是某个女人的专利，而是所有女人通用的一种情绪表达方式。可以这样说，夸大其词的语言方式是女性社会的一部分，所有的女人都可以接受。当两个女人在一起交谈时，如果一个女人进行夸大其词的表达，另一个女人则很可能会附和对方。比如一个女人说："那个人总是跟我作对！"另一个女人就很可能会说："就是！"

女人因何喜欢夸大其词呢？这是因为夸大其词会使得女人之间的谈话更有趣，更让人兴奋。在女人的大脑中，注意力的核心是人，她们更注重生活及人与人之间的关系，对这些事情大肆渲染，将会使她们谈话的兴致倍增。

有些时候，女人夸大其词还是为了引起对方的重视。比如当一个女人多次奉劝一个男人不要在办公室吸烟后，这个男人仍然没有要改的意思，于是，女人就会对他说："你怎么总是把别人的话当耳边风，我真是再也不想看见你了！"这时，如果男人按照字面的意思去理解女人的话，就会将其看成是人身攻击，觉得自己受到了伤害，从而与女人发生争吵。其实，女人的真正意思是希望男人不要再在办公室里抽烟了，她已经被他的烟呛坏了。女人夸大其词不过是为了引起男人的重视，让男人停止这种不好的行为。

女人的夸大其词的确很可能引起男人的误会。女人的大脑更注重感觉，所以在表达时会更注重自身感觉的表达；而男人的大脑则更注重事实和数据，所以他们更倾向于从字面去理解女人的意思。女人在表达情绪，而男人却在解读文字，这样一来，就造成了男人对女人的误会。如果男人和女人都不肯退让，也都不肯作出合理的解释，误会就会进一步加深，并最终演化成两个人之间的矛盾，伤害彼此的感情。而这一切的根源，就是男人没能读懂女人的真正意思。

男人如果希望与女人相处得更加融洽，就应该了解女人在表达情绪时有夸大其词的语言习惯，这样才能避免只从字面上去解读女人的意思，造成对女人的误会。在表达情绪时，女人的夸大其词是为表达情绪服务的，因此不需要将语言内容本身看得过重，更不可信以为真，与女人就此争论。男人应该试着去适应女人这种夸大其词的语言习惯，在不涉及自己的情况下，以同样的方式与女人交流会让你们之间的交谈变得更加有趣，女人也会因此而认为你是一个很好的交谈对象。

女人也有不夸大其词的时候。在谈论事实或数据时，女人会有一说一，该是什么就是什么，而男人却会在这个时候夸大其词。比如说男人会夸大自己取得的成绩，夸耀自己的收入有多高、工作岗位有多么重要、女朋友有多么漂亮等等。这就是说，男人和女人都爱夸大其词，只是夸大的内容不同罢了。如果不了解这种差异，男人就会相信被女人夸大的情绪，而对女人所说的事实表示怀疑，这显然不利于交流。

女人说话总是喜欢转弯抹角

男人常常觉得跟女人交谈很累，因为女人总爱拐弯抹角，不直接说出自己的想法。女人说话喜欢拐弯抹角。男人说"我今天太累了"，那是他在诉说自己的真实感受；女人说"我今天太累了"，可能是她不想做晚饭，可能是她希望受到家人的重视，当然也可能是她真的累了。男人说"我不喜欢你"，那是他真的不喜欢你；女人说"我不喜欢你"，则可能是她一时的气话，她的心里可能根本就不是这么想的。

也许对于女人来说，这个习惯无伤大雅，因为女人都很敏感，都有着多向性的思维方式，也都习惯于使用非直接语言，要猜测其他女人的想法并不难。但如果换成了男人和女人之间的交谈，那就很容易出现问题，因为男人根本就不知道女人要表达什么。男人没有女人敏感，思维方式是单向性的，习惯于使用直接语言，也习惯于从字面上去解读对方的语言，所以男人很难跟上女人的思维模式，猜出女人的真正意思。

男人猜得很累，但又不愿意询问，只能不懂装懂，因为他们不希望自己看起来很愚蠢。男人不询问，女人就会以为男人已经明白了自己的意思，可是当男人没有作出她们期望的反应时，女人又会感到很失落。

女人为什么不直接说出自己的想法呢？女人拐弯抹角的语言习惯早在很久以前就已经形成了。女人使用非直接语言的目的主要是为了避免对抗和伤害，构建和谐融洽的人际关系。我们知道，在人类漫长的进化过程中，女人的主要精神支持并不来自男人，而是来自孩子和其他女人。男人常常要外出狩猎，女人必须和其他的女人和睦相处，以共同应对随时可能发生的危险。直接语言往往具有攻击性，很容易伤害对方，导致双方不和，而非直接语言则可以很好地避免这些问题，让女人之间和睦相处。

其实，就是在现代社会，使用非直接语言对女人来说仍然很重要，仍然是女人之间和睦相处的有效方式。女人都很敏感，直接语言很容易让女人受到伤害，影响彼此的感情。如果使用非直接语言，女人不但可以明白对方的真正意思，而且还避免了双方的冲突与尴尬，因此，女人更喜欢使用非直接语言进行交流。比如说一个女人向另一个女人询问自己新买的衣服怎么样，另一个女人则会这样回答她："这件衣服很漂亮，但是我觉得你穿那件白色的更漂亮。"得到答复之后，这个女人就会从中解读出这件衣服并不适合自己，自己穿上它其实很糟糕，而且她会觉得对方很在乎自己的感受，这会让她们的感情更好。

同样的情况，如果换一种回答方式，结果就完全不同了。比如说另一个女人的回答是这样的："你穿上它真的很难看，还是快脱下来吧！"这样的表达方式是大多数女人都难以接受的，会让大多数女人都觉得自己受到了伤害。尽管两种表达方式所要传递的意思是相同的，信息的接收者解读出来的意思也是相同的，但是产生的结果却是完全不同的，这就是使用直接语言和非直接语言的差别。

有的男人可能会说，既然女人使用非直接语言是为了避免冲突和伤害，那就只对其他女人使用好了，何必在与男人交流时还是拐弯抹角呢？男人会这样想是因为男人喜欢更为直接的方式，而女人不这样做是因为女人觉得使用直接语言会显得咄咄逼人，很容易造成与男人之间的冲突。也就是说，女人并不知道男人不会因为自己的直接语言而受到伤害，也不知道男人喜欢用直接语言进行交流。女人对所有人都使用非直接语言，是因为她们希望与所有人和睦相处。

女人倾诉时很反感男人走神

女人爱抱怨，爱诉苦，有了苦恼就必须说出来。当女人倾诉完自己的苦恼以后，整个人都变得比刚才有精神了，心情也似乎好了很多。

男人对女人的这个特点非常不理解。倾诉不可能改变客观事实，也不能左右其他人的言行，因此是解决不了实际问题的。既然倾诉解决不了实际问题，那么女人的倾诉还有什么实际意义呢？

只要将女人的倾诉看成是一种释放压力的方式，这个问题就迎刃而解了。女人天生感情丰富，且比男人更加敏感，所以同男人相比，她们更容易感到苦恼。在苦恼产生以后，她们也没有太好的排解方式，只有通过倾诉才能让自己好受一些。在倾诉的过程中，女人对自己苦恼的事物重新进行了分析和评判，从而得出新的结论。虽然原来的事物没有改变，但是女人对事物的看法却很可能已经发生了改变。

女人需要倾诉，但她们对倾诉对象的要求并不高，只要对方能够认真地倾听她们，并表示出对她们的关心就足够了。如果交谈对象同样是个女人，她们之间的交谈就会愉快而顺利。

可如果是女人与男人之间的交谈，就很可能会出现一些不和谐的因素。在大多数情况下，女人都不需要男人为自己出谋划策，也不需要男人作过多的回应，但女人却很反感男人在她们说话时走神。尽管女人大多数时间都在自言自语，男人完全可以不作任何回应，但如果女人在需要男人回应时男人没有回应或没有作出正确的回应，那就会惹来女人的不满，说不定还会引发一场战争。

为什么女人会如此反感男人谈话走神呢？因为男人的倾听被女人看成是对自己的关心和爱，如果男人在谈话时走神，女人就会认为男人对自己的关心和爱在减少，这就意味着自己在男人心目中的地位在降低。

男人又为什么会走神呢？因为男人谈论问题的目的通常有两种，一种是批评，一种是寻求建议。他们常常将女人的抱怨看成对他们的批评，也常常认为女人的倾诉是在向他们寻求建议。所以，当女人抱怨时，男人或者选择沉默，或者选择对抗；而当女人倾诉时，男人则不停地为她们献计献策。可是，男人发现无论怎样做都不能让女人满意，所以他们开始不去听女人说话，尤其在女人自言自语时，男人更是将女人的话当成了耳边风。在男人看来，如果女人既没有批评自己，也没有向自己征求意见，那么自己还有什么理由去听女人说话呢？

男人不愿倾听，尤其当女人说一些无关紧要的生活琐事而他们自己又感到压力时，男人更是一点儿也听不下去。在男人看来，女人每天的家长里短毫无新意，而且与她们交谈这些也不可能解决任何实际问题。所以，让男人整天配合女人的长篇大论是不太现实的。男人没有女人那么多话可说，也不想将太多的时间用在一些在他们看来毫无意义的话题上，所以他们没有办法不走神。

女人不能不说，男人又听不下去，这样的矛盾看似不可调和，实际上却不难解决。男人应该适当地倾听女人，让女人感受到关心和爱；女人也应该体谅男人，给男人一定的独立空间。既然有些时候男人是没有办法不走神的，那么女人就不妨另选时机与男人交谈，以免让双方都不愉快。

女人的浪漫男人不懂

女人常常抱怨男人没有浪漫细胞，不懂得制造惊喜和浪漫。男人尤其不明白女人究竟想要怎样的浪漫，或者说男人不懂女人的浪漫，更不清楚浪漫对女人的重要性。他们往往将关怀视为浪漫，当女人要求他们浪漫一些时，他们一般都会做一些关怀女人的事。这和男人女人的大脑结构有关。女人的大脑注重关系，她们进入一种关系是为了寻找爱和浪漫；男人的大脑则适于处理技术方面的问题。

这也和男人女人的进化有关。在漫长的进化过程中，男人的主要职责是养家糊口，他们整天为了一家人的生计而四处奔走，根本就无暇顾及其他的事情。他们不明白送鲜花、跳舞等行为的意义，在他们看来，为女人提供有力的物质保障、尽可能多地关心女人才是最重要的。

其实，女人的浪漫并不难懂。女人天生敏感，对外界刺激非常敏感。如果对周围的环境多加注意，用心布置，就会给女人带来浪漫的感觉。比如说可以将灯光调至昏暗，放一些轻缓抒情的音乐等。男人可能不太习惯昏暗的环境，因为他们更注重视觉上的享受，但昏暗的环境却可以使女人的瞳孔扩张，增加彼此的吸引力，帮助女人感受爱和浪漫。刚谈恋爱时，男人常常会请女人共进晚餐，他们这样做的目的或许只是为了找机会接近女人，殊不知，这也是让女人感受浪漫的方式之一，遗憾的是结婚之后就很少有男人这样做了。如果男人能够主动下厨做一顿美餐给女人，那对女人来说将更具有亲密的意义。

送鲜花是男人在追求女人时普遍使用的一种手段，尽管男人也不知道为什么，但他们知道女人喜欢收到鲜花。如果让男人自己选择，他们倒是更愿意送给女人一盆花，因为它可以在女人的照顾下存活下去。不过能打动女人的可不是一盆花，而是一束娇艳的鲜花。邀请女人跳舞也曾是男人向女人求爱的方式，不过在今天，这种方式已经很少用了。因为大多数男人的节奏感都比较差，所以喜欢跳舞的男人很少。但女人却喜欢通过跳舞来感受浪漫，如果一个男人能与其在跳舞的过程中配合得十分默契，那么她的芳心就很可能被对方俘获。有些时候，浪漫也可以由食品来创造，比如说香槟和巧克力。这两种食品之所以能给人浪漫的感觉，主要是因为它们特殊的化学成分。香槟中含有一种能够提高睾丸酮的化学物质，这是其他酒类饮料都没有的；而巧克力中则含有苯乙胺，可以刺激女人的大脑爱情中心。

对女人来说，最浪漫的事就是让她感到温暖和被保护，而让女人产生这种感觉的最好方式就是用男人坚实的臂膀紧紧地抱住女人。所以说，男人如果想制造浪漫，那就多多拥抱女人。要制造浪漫并没有那么复杂，只要用心去做，每个男人都可以成为制造浪漫的高手。

为什么女人总是试图改造男人

很多女人结婚后都有过失望的感觉，觉得男人的表现与当初或者自己的想象相去甚远。这是由于现实跟女人的想象所产生的落差造成的。每个女人心中都有一个完美情人，她们在现实生活中苦苦寻觅，就是为了寻找自己渴望的完美情人。工夫不负有心人，当她们终于将目光锁定在某个男人身上时，她们认为自己已经找到了一生的幸福。然而事情并不像她们想象的那样，甚至可以说与她们想象中的情形相去甚远。经过一段时间的密切接触以后，女人开始发现男人身上有很多坏毛病是自己无法忍受的。

失望之后，女人不甘认命，就开始按照自己心中完美情人的标准去改造男人。女人或许会想：如果男人爱自己，就会愿意为自己作出改变。可真实的情况是：即使男人很爱女人，他也不会愿意为了女人而变成另外一个人。当男人的耳边总是响起女人要他做出改变的声音时，男人就会对这个女人感到厌烦。男人会想："既然不喜欢我，当初为什么还要选择和我在一起呢？总是试图把我变成另一个人，那还不如去找另一个男人，又直接又省事！何必在这折腾我呢？"男人的想法似乎很有道理，只可惜大多数女人都没有意识到，她们已经习惯了改造身边的男人，而不是去选择另一个男人。

女人对男人的直接改造很少有成功的，因为男人都渴望被肯定，而不希望被否定。一旦男人觉得自己受到了否定，就会很快产生排斥心理。

看到男人对自己的态度越来越差，女人满心委屈：在谈恋爱时，男人明明说过愿意为自己做任何事情，现在不过是让他作一点小小的改变，他就这种态度，难道当初所说的一切都是骗自己的吗？女人对男人当初的甜言蜜语还记忆犹新，可男人却早就忘了。当初的话不过是为了哄女人开心，男人根本就没放在心上，只是女人太认真了。

相对于被改造，男人更愿意为所爱的女人付出。为女人付出，看到女人因为自己的付出而沉浸在幸福之中，男人们会觉得非常满足，这是对他们自身价值的肯定，他们有能力让自己所爱的女人快乐。如果要改变自己，那就完全不一样了。女人希望改变男人，一定是因为女人觉得男人还不够好，不能让她们满意，这会让男人觉得自己受到了否定，从而产生不快。

其实，女人也不是绝对不能改造男人。如果女人能够换一种方式，在肯定男人的前提下让男人不知不觉地改变，那就两全其美、皆大欢喜了。

比如说，女人喜欢男人穿衬衫，可男人却习惯了穿T恤衫，如果女人直接要求男人穿衬衫，男人一定不会听女人的，因为男人会认为女人在怀疑自己的审美能力。但如果女人在男人偶尔穿衬衫时对男人大加赞赏，称赞男人穿衬衫的样子多么潇洒迷人，男人就会觉得自己受到了肯定，以后也会逐渐增加穿衬衫的次数。再比如，对于男人的某些坏习惯，女人则可以用自己的言行去影响男人。两个人长期生活在一起，受到彼此的影响是很正常的，这种影响应该说是彼此间相互适应、磨合的结果。有些男人在结婚后把烟和酒都戒了，就是因为受到了妻子的积极影响。人的本性虽然不容易改变，但是生活习惯和行为习惯却会随着生活环境的改变而发生变化。用自己的实际行动去影响男人或者用自己的真情去打动男人都是比较有效的，但一定别让男人觉得你在改造他。

女人如果希望男人作出改变，就一定要抓住男人的特点，策略性地改造男人。当然，女人也不能奢望男人可以变成自己想象中的那样，因为人的本性很难改变，再说女人心中的完美情人实际上也是不存在的。

为什么女人的情绪容易波动

　　有人说，女人的情感如同波浪，有波峰也有波谷。这话真对。有情感专家作过这样的阐述：女人的情感变化是呈周期性的，从波峰降到波谷，再从波谷升到波峰，如此不断反复。在诸事顺利的情况下，女人的情感波浪会迅速攀升到波峰；如果遭遇挫折和失败，又会很快降至波谷。女人的情感不会永远处于波峰，也不会永远处于波谷，她们停留在波峰和波谷的时间都很短。当她们达到波峰时，很快就会开始降低；当她们达到波谷时，也会很快向上升起。

　　这与女性体内的雌激素分泌水平有关。女性体内的雌激素水平是周期性变化的，在变化的过程中，有最高点也有最低点。当体内的雌激素水平达到最低点时，女人的情绪是最为沮丧和低落的，但随着雌激素水平的提高，女人也会随之走出低谷，情绪开始好转。当体内的雌激素水平达到最高点时，女人的情绪是最为愉悦和健康的，但随着雌激素水平的降低，女人的情绪也会随之下滑。无论是高潮还是低谷，都是女性情感的必经之路，并不受主观意识的控制。

　　女性情感的这一特点，很让男人捉摸不定。在最初的相处过程中，男人感受到了女人的热情和喜悦，可是没过多久，她们就开始变得意志消沉，沮丧失落。男人不懂女人为什么会说变就变，于是他们开始劝说女人，试图让女人的情绪好转起来，帮助女人摆脱困境，结果当然是做了无用功，而且还可能让女人变得更加沮丧和难过。有些时候，男人好心的劝慰甚至会引发一场战争，这让男人异常恼火。所以，对女人的情绪突变，男人常常会手足无措，不知如何是好，觉得女人是不可理喻的。

　　这完全是男人对女人的误解。当女人忽然变得敏感而失落时，那是她们的情感波浪需要下降的信号，男人的劝慰企图要阻止女人的情感波浪下降，但这一过程本身就是外力无法改变的，女人只有在到达波谷之后才能再次上升。

　　其实，这个时候的女人最需要关心和温情，她们需要男人的爱抚帮助她们顺利地度过谷底，而不是强行让她们不落入谷底。事实上，无论男人怎样努力，女人都不可能不落入谷底。落入谷底是女人情感变化的必然趋势，是不可逆转的。只有落入谷底时，女人的情感才会趋于平稳，谷底是女人梳理情感的最佳时间。

　　那么，作为男人，该如何应对女人的情感波动呢？

　　认识到女人的情感起伏是一种正常的生理过程，与自己并没有太大的关系是很重要的。有些男人误以为女人的情绪变化是自己造成的，因此其情绪也随着女人的情绪起伏而发生变化。当女人心情愉悦时，他们会认为是自己的功劳；当女人愁眉不展时，他们也会惭愧自责，认为是自己没有能力让女人开心。这就错了，女人的情绪不会完全受一个人的掌控，即使是她非常爱的人，也不可能对她产生如此大的影响。所以，男人没有必要将一切都归结到自己身上。

另外，男人也不要奢望女人的情绪会永远都那么高涨。男人应该有这样的心理准备，以免在女人情绪忽然发生转变时不知所措。

其实要应对女人的情感波动也很简单，男人只需要给女人关心、爱和支持就足够了，不要试图弄清女人情绪低落的原因，更不用费心地要改变女人的情绪。

女性为什么钟爱钻石

大多数女人都抵挡不住钻石的诱惑，在收下男人的钻石之后，就会接受男人的求爱。男人或许会因此觉得女人太过看重物质。

其实，女人喜欢钻石不是出于对物质的占有，而是想通过钻石验证男人对自己的爱情。因为女性一生能够生育的后代数目是有限的，且女性要负责孕育胎儿，所以她们对伴侣的选择是非常慎重的。她们必须找到拥有足够资源且愿意将资源投注在她们和孩子身上的男人，以保证自己和孩子可以得到很好的照顾。在她们确定追求者是这样的男人之前，通常是不会与其发生性关系的。

换句话说，男人要赢得女人的放心，就必须想办法证明自己是女人想要寻找的好男人，而送女人一枚钻石则是最快捷、有效的方式。因为钻石的价格比较昂贵，男人愿意将如此贵重的礼物送给女人，一方面说明男人拥有足够的资源，可以承担得起钻石的费用；另一方面也说明他们愿意在女人身上投资。

事实上，不仅是女人，其他雌性动物在与雄性交配之前也会要求类似的礼物。我们可以将这种礼物称为求爱礼物，用这种礼物求爱，成功的几率将会大大增加。

女人之所以把钻石看做是最理想的求爱礼物，是因为钻石是一件没有实用价值的礼物。昂贵的东西很多，比钻石更昂贵的东西也不只一件两件，但像钻石这样既昂贵又无用的东西却并不多。男人可以送女人一辆车，也可以送女人一幢别墅，车和别墅的价值绝不低于钻石，但作为求爱礼物，它们的价值可就要大打折扣了。如果有三个求爱者，分别送女人一枚钻石、一辆车和一幢别墅，那么大多数女人都会选择那个送钻石的求爱者。

女人的大脑中长存有这样的一个逻辑：如果男人自己是个爱车的人，他很有可能会买一辆自己喜欢的车送给女人；如果男人对房产很感兴趣，他就可能买一幢自己看上的别墅送给女人。也就是说，男人送车或送别墅完全可能是因为他们自身的爱好，而与女人没有太大的关系。但男人本身是不喜欢钻石的，他们如果送女人钻石，显然与自己的兴趣无关，而是完全为了女人，这样的礼物自然更能让女人动心。另外，车可以驾驶，房子可以居住，这些都是有其他用途的物品，可以和男人共享。换句话说，男人送女人车和房子，名义上是送给女人，但实际上他们自己也可以享用。这就意味着他们并没有将自己的财富完全投资在女人身上。但钻石就不同了，钻石只能作为女人的装饰品，没有任何实用的价值。男人送女人钻石，就是将自己的财富完全投资在女人身上，他们自己是不能共享的。

与将财富部分投资在自己身上的男人相比，女人当然会选择愿意将财富完全投资在自己身上的男人。有些女人喜欢在别人面前炫耀自己的钻石有多大，其实也是在炫耀自己的老公有多爱自己。

第十五章

爱情心理学：酒吧的
灯光为什么都很昏暗

爱情是被荷尔蒙冲昏头脑的结果吗

有些人认为，爱情本质上不过是一种动物本能，是在荷尔蒙作用下的两性相吸。事实果真如此吗？

意大利帕维亚大学研究显示，处于热恋期的男女的大脑会发出指令，使人体分泌出一种化学物质，研究人员将这种物质称为"爱情荷尔蒙"。这种化学物质令恋爱中的人相互吸引，但是它在人体内仅仅能够存在大约一年时间。与此同时，研究人员也表示对爱情荷尔蒙究竟是如何对人体进行调节的原理还不太清楚，但是，可以肯定的是，爱情荷尔蒙肯定在调节和控制恋爱中男女的一些生理和心理的行为，比如，爱情荷尔蒙分泌最多时爱情最浪漫，恋人之间的关系也最亲密。

科学家经过研究发现，爱情之所以令人神魂颠倒，完全是因为人脑中"恋爱兴奋剂"在起作用。美国精神研究专家里伯慈和科莱恩认为，这种"恋爱兴奋剂"包括苯乙胺、多巴胺、异丙肾上腺素、内啡肽等，其中以苯乙胺最突出，它是神经系统中的兴奋物质。当相互吸引的男女相遇时，人脑下部的神经便突然受到激发，产生电化学活动，于是，神奇的"爱情物质"随血液循环流遍全身，形成一种激素，马上引起诸如心跳加快、手心出汗、颜面发红等反应，产生一种眩晕感。恋爱中的男女在生理上的反应和常人不一样，一项让大学生评定自己在恋爱中的感受及其强度的研究表明，79%的人有强烈的幸福感，37%的人注意力难以集中，29%的人有飘飘然的感觉，22%的人有狂奔、大声喊叫的冲动，22%的人在约会时会感到紧张，20%的人在恋爱中有陶醉感，20%的人会出现双手冰冷等生理上的反应。

俄罗斯专家梅奇科夫斯基用一种特制的仪器测试发现，女性在恋爱期间，身上出现强大的生物场并产生辐射，吸引周围的男性，有时这种生物场能量很大，使人迷迷糊糊，同时也使其容光焕发，娇媚异常；而恋爱中的男性则会出现体力增强等表现。

虽然，爱情的确与我们体内的某些物质的分泌有关系，但是这些物质的作用也是有时间限度的。一般来说，如果两个人的恋爱时间超过两年，内心就不会分泌能感受爱情的荷尔蒙了，爱情就会慢慢冷却，从而使得爱情进入平淡期。

也许起初我们是被荷尔蒙冲昏了头脑，受到对方外表、身体上的吸引而产生生理上的冲动，迅速坠入爱河。事实上，根据爱情的三阶段理论，这仅仅是爱情的第一个阶段。也就是说，我们在被荷尔蒙冲昏头脑之后进入恋爱的第一个阶段，而后来对恋爱关系的维持则不是荷尔蒙所能控制得了的，因此，说爱情是荷尔蒙冲昏头脑的结果并不成立。此后，恋爱进入第二、第三阶段，随着双方了解的深入，我们会被对方内在的东西所吸引，如性格、价值观、思维方式等。

伟大的思想家罗素对爱情有如下定义："爱，如果这个字眼能够得到正确应用的话，并不是指两性间的一切关系，而仅仅是指那种包含着充分情感的关系以及那种既是生理又是心理的关系。"心理学家斯滕伯格认为，爱情包括激情、亲密和承诺三个基本成分。可见，除了荷尔蒙引起的生理反应或激情之外，爱情还有更丰富的内容。

是什么让恋爱的女性光彩照人

人们常说因为有爱情的滋润，恋爱中的女人是最美的，可爱情又是怎样滋润女人的呢？难道也是爱情荷尔蒙？

虽然大多数人都意识到了恋爱可以增加女人的吸引力，但却很少有人能说出其中的原由。既然爱情与荷尔蒙有关，那么让恋爱中的女性变得迷人的也就应该是荷尔蒙。究竟是什么让恋爱中的女性光彩照人呢？是催产素。女性恋爱期间，催产素的分泌量就会有所增加。而催产素具有改善女人气色和精神状态的功效。

催产素可以降低血压和皮质醇含量，并具有很好的镇定作用，当女性体内的催产素水平提高时，女性就会变得更加平静，焦虑感也会逐渐消失。在这种状态下，女性更容易接收到外界的积极信息，也更容易感受到幸福和快乐。此外，催产素的大量分泌对体内的血液循环也有着积极的促进作用。

恋爱是刺激催产素分泌的重要方式，但却不是唯一的方式。事实上，当女性感到自己被关心和照顾时，其催产素的分泌量就会有所增加。相反，如果女性觉得自己的感受被忽视或者是感到孤独、寂寞、无助，其体内的催产素含量就会减少。恋爱中的女人大多都会感到自己被伴侣关心和照顾，因此其体内的催产素含量就会增加。

人们往往认为是恋爱让女人变得光彩照人，而真正让女人光彩照人的是催产素。如果女人在恋爱中没有感到自己被关心和照顾，那么她就无法光彩照人。换个角度说，女人若想让自己变得光彩照人，就应该想办法提高自己的催产素水平。在这方面，男人可以给予女人很大的帮助。女人身边的人都可能对其产生影响，但对其影响最大的还是她的伴侣。如果男人能够给予女人更多的关心、照顾和支持，让女人感受到爱和温暖，那么女人体内的催产素含量就会有所增加，从而让女人看起来更加美丽动人。

当然，男人不可能永远都像刚恋爱时那样对女人呵护备至，毕竟他们还有很多其他的事情要做。而如果女人将男人精力的转移视作对自己的冷落，那就会导致催产素的含量减少。催产素的分泌量取决于女人的自我感受，而不是男人的做法。不管男人做了什么，只要女人感到自己被关怀和照顾，其体内的催产素含量就会增加，反之亦然。也就是说，相对于男人的做法来说，女人自身的感受更为重要，或者说女人对男人做法的理解和诠释更为重要。

有些女人很善于自寻烦恼，或者说她们极度消极悲观，她们不认为自己有什么值得男人去爱的地方，也许在恋爱之初她们会幸福一时，但当男人开始忙于其他事情时，她们就会认为男人并不是真的爱她们，当初的一切不过都是假象，她们伤心、失落，郁郁寡欢；有些女人敏感多疑，男人不经意的一句话都会让她们彻夜难眠，她们似乎总是在寻找男人变心的罪证，这让她们异常疲惫；有些女人对男人的要求过高，她们希望男人能将全部心思都放在自己身上，全心全意地爱自己，但却忽略了男人还有其他重要的事情要做；等等。在这样的心态的影响下，女人无论如何也感受不到男人对自己的关心和照顾，所以，她们体内的催产素含量不但很难增加，而且还可能下降。

积极的女人却不是这样的，她们能试着理解男人，信任男人对自己的爱，将男人的行为看成是关爱自己的表现，所以，她们就很容易感到被关心和照顾，体内的催产素水平也自然会有所提高。此外，当女人主动为男人付出且不计较回报时，或者是女人学会自我关心和自我照顾时，她们体内的催产素含量也会增加。

是催产素让恋爱的女人光彩照人，并且催产素水平的高低更多的还是取决于女人本身，只要她们的大脑产生被关心和照顾的概念，就会刺激催产素的分泌。由此可见，女人完全可以通过自己的努力让自己变得更加光彩照人。

爱情更容易让男人变得愚蠢，而不是女人

人们常说恋爱中的女人智商为零，果真如此吗？事实证明，恋爱中的女人有时的确很愚蠢。女性的情感中枢比较发达，比男人更容易产生强烈的情感，而当女性处在强烈的情感之中时，就会失去应有的理智，变得有些愚蠢。但女人并不会永远处在强烈的感情之中，当激情退却之后，她们就会重新回归清醒与理智。

倒是男人，更容易让爱情弄得丧失了思考的能力，变得愚蠢。男人很容易坠入爱河，沉迷于爱情之中，尽管他们可能还弄不清什么是爱情，也分不清欲望、迷恋和爱，但他们却非常确定自己不能放弃眼前的这个女人。男人的这种状态会持续一段时间，等他们走过这段时期之后才能确定自己是否在谈恋爱，而在男人坠入爱河的这段时间里，他们的大脑几乎是停止思考的。

让男人失去理智、变得愚蠢的主要原因还是其体内过高的睾丸酮水平。睾丸酮是重要的性动力因素，也是让人产生欲望、坠入爱河的关键因素。男人的睾丸酮水平本来就比女人高很多，所以男人比女人更容易产生欲望，坠入爱河。处于爱恋之中的男人，其睾丸酮水平进一步提高，这将使他们的大脑被睾丸酮所蒙蔽，无法正常地思考。此外，由于男人大脑的情感中心和逻辑中心没有连接，当情感中心发挥作用时，逻辑中心就不能正常工作，因此，男人无法准确评估他们与女人之间的关系。

过高的睾丸酮水平让男人常常稀里糊涂地坠入了爱河，在他们还不确定什么是爱情时，就已经爱得轰轰烈烈了。也就是说，男人坠入爱河常常不受自己的控制，连他们自己都不知道怎么会产生如此强烈的爱。

女人并不存在这样的问题，女人可能会出现短暂的迷惑和冲动，但很快又会恢复正常。因为女人体内的睾丸酮水平比较低，即使在爱恋阶段，女人的大脑也

不会对睾丸酮失去控制。在女人的大脑中，情感中心和逻辑中心有很好的连接，在情感中心发挥作用时，逻辑中心也不会完全失去作用，所以，女人可以很轻易地评估她们与男人的关系，确定自己的真实感受。

对待爱情，女人要比男人清醒得多，她们清楚自己正处于哪个阶段，也确定自己与男人正处在怎样的关系中。女人不会轻易坠入爱河，只有当她们确定对方是自己想要的人，而自己又处于依恋阶段时，她们才可能坠入爱河。

因为处在爱情中的男人是迷惑而糊涂的，他们弄不清自己与女人的关系，所以他们一般不会主动结束一段恋情。即使他们与女人的相处不太愉快，他们也会一直维持现状，直到自己清醒的那一天。女人则不同，当她们发现对方并不是自己要找的男人以后，就会选择结束这段恋情。正如我们看到的那样，大多数关系都是由女人来结束的，而男人则大多在与女人结束关系时还不知道究竟发生了什么事。

在与女人谈恋爱的过程中，男人很难意识到女人的情感变化，他们不明白女人为什么会忽然提出分手。尽管男人也不确定自己有多爱女人，但他们却很难接受分手的结局。虽然他们之间发生了一些不愉快，但男人认为他们之间的爱情还在，自己仍然是爱对方的。其实，他们之间的爱情已经不存在了，只是男人的大脑意识不到这一点，而女人的大脑意识到了，所以才由女人来结束这种名存实亡的恋爱关系。爱情会让人变得愚蠢，这句话是对的，但更多时候应该是指向男人的。

就爱情而言，女人是专职的，男人是兼职的

有爱情专家说过这样一句话："就爱而言，女人是专业的，男人是业余的。"这句话的通俗解释是，男人只把感情当做人生的重要部分之一，他们只不过是想把女人据为己有，从一开始就谋划着以各种手段，去俘获女人的芳心；而女人却把爱情当做人生的全部，爱情在女人的心目中是伟大而又神圣的，女人常常在爱情中倾其所有，把自己一生的幸福维系于爱情之上。

所以，男人失恋后，只会在短暂的沉寂之后卷土重来，以更大的胆子、更厚的脸皮、更华丽的手段去追求下一个女人。而女人失恋后则往往心灰意冷，痛彻心扉，不再对爱情抱有任何幻想，恨不得将自己与整个世界隔离起来，暗自舔着滴血的伤口。伤口逐渐愈合之后，有的女人会彻底对爱情失去信心，从此过上孤

独而清高的生活，表面上对俗世的情爱冷嘲热讽，内心却隐隐作痛，不是滋味。有的女人则会迫于工作、生活、家庭的压力以及生理和心理的需要，重新找到一个伴侣，结婚生子，共度一生。然而，此时她们选择伴侣的标准不再是爱，而是合适，就像买东西一样，根据自己的本钱，来挑选与自己档次相匹配的商品。生活将她们变得现实，也变得庸俗不堪，然而她们已经不愿再去计较这些了。即便在以后的日子里，她们也能产生很深厚的感情，但那已经不再是单纯而又神圣的少女之爱了。

这些女人之所以心灰意冷，并不是因为命运的不公和男人的"堕落"，而是自己的心态。爱情犹如一场舞剧，要想取得成功，除了要有一个好的剧本外，演员的默契配合也是重要因素。任何人要想拥有一份美好的爱情，都要先把自己的角色演好，但谁也无法保证自己的搭档是默契的。因此，在有了一定的经历后，女人大多也变得现实了：在选择生活时，留好退路才是明智之举。

尽管女人是个爱情动物，是爱情专家，也不能因为爱而失去理智，毕竟现实很残酷，生活不是童话。即便爱情取得了成功，也万万不能将自己的收入、生活、工作、思想全部托付给男人。因为双方的感情一旦出现裂痕，当爱情或者婚姻走到尽头时，就意味着女人要失去经济基础、工作能力，甚至独立思考问题的能力，导致工作、生活杂乱无章，濒临绝望的边缘。

明智且理智的女人，在对爱情尽最大努力的同时，也要作最坏的打算。女人应该拥有一份适合自己并能满足自己生存的工作，这样就不至于在婚姻发生不测时遭遇生存危机；培养一些兴趣和爱好，以便一个人生活时不会感到百无聊赖，寂寞空虚。

此外，女人也应该积极完善自我，做一个让男人尤其是自己心爱的男人着迷的有内涵的女人。毕竟青春和美丽只能是暂时的，知识和内涵才具有永久的魅力。

为什么高级宾馆的酒吧都设在高层

提到酒吧，总让人有不好的联想，觉得那是一个吵闹嘈杂的场所，形形色色的人穿梭其中，你印象中的只是那些很普通的设在地下的酒吧。而在很多的大城市中，那些高级宾馆酒吧的环境却大不相同，它们往往被设在最高层，对此很多人都百思不得其解。直到最近，心理学家们才为我们揭开了其中的奥秘。

将酒吧设在很高的大厦的最高层，可以俯瞰整个城市，令人心旷神怡。尤其是在晚上时，可以看到灯火辉煌的城市夜景，漂亮的景色总能让人感觉到心情舒畅，处于良好的情绪状态之中。而在这种心境状态下，觉得周围的一切事物都是美好的，自然对身边的人也会有好的印象。这就是心境的弥散性作用，即当人具有了某一种心境时，这种心境所表现出的态度体验就指向周围的一切事物。比如，一个在单位受到表彰的人，觉得心情愉快，回到家里同家人会谈笑风生，遇到邻居会笑脸相迎，走在路上也会觉得天高气爽。同样，置身于高级宾馆的酒吧中的人，当看到漂亮的夜景时，内心感到心情舒畅，进而将这种愉悦的情感体验指向周围的人，觉得自己身边的人和这夜景一样让人陶醉。再加上美酒、美食带来的味觉上的刺激和享受，使得这一效果就更明显了。

　　除此之外，酒吧中桌椅的摆放也比较有特点。座椅之间的距离都比较近，能够拉近彼此之间的距离。一般情况下，和对方的距离大概在七八十厘米之间，这种近距离的接触使得双方可以进入到彼此的私人空间。相关的研究表明，如果长时间地待在对方的私人空间中，双方则很容易发展出一段恋情。美酒、美食、美景以及私密的个人空间，无疑会给约会的双方带来美好的感受，从而促进恋情的发展。而且酒吧的灯光一般比较昏暗，据说在这种昏暗的条件下更能创造恋爱的机会。其实，将酒吧中的照明条件弄得很昏暗是有一定的原因的。首先，包括人类在内的很多动物都有趋光性，眼睛都会不自觉地往明亮的地方看，而在酒吧这种昏暗的环境恰好可以阻隔别人的视线，这样约会的双方就可以不用担心别人的眼光而专心地谈情说爱了。其次，对于那些选择在酒吧中约会的男女来说，昏暗的环境能够让他们感到惬意。心理学家卡根曾做过一个有趣的实验，调查在明亮和昏暗的房间中男女双方的行为会有什么差异。结果显示，与在明亮的房间中的男女相比，在昏暗的房间中男女身体有更多紧密接触的机会，增加双方的亲密感。也就是说，在昏暗的环境下，可以使男女双方之间的关系变得非常亲密。此外，进入酒吧的男女必然要喝酒，往往在喝了酒之后视力就没有清醒时好了。因此，很多女生都会拉着自己的男朋友来酒吧，因为男生在喝醉酒之后，看对方会有一种扑朔迷离的感觉，反而比平时更美了，这时更会"情人眼里出西施"了。如果再加上酒吧中昏暗的光线，这种美感就会更加强烈了。

　　同时，这种高级宾馆中的酒吧往往会有很多的外国客人出入。通常有外国人在的地方，会让人觉得这是一种国际化的象征，让人感觉这是一种很时尚和高级的场所，更是一种身份和品味的象征。这样更能提升对方在自己心目中的形象，有利于双方关系的进一步发展。

可以说，酒吧是男女谈情说爱的圣地。因此，如果男生想向自己心仪已久的女生表白的话，为了增加表白的成功率，可以邀请她到这种高级的酒吧中。在酒吧美妙的环境中，男生若能够不失时机地进行真情告白，一定能够俘获女生的芳心。但是，作为女生的话，一定要有自己的判断力，不要被这种暧昧的环境和心术不正的男生所迷惑，要时刻提高自己的警惕，在适当时懂得保护自己。

约会时为什么要看电影

很多情侣约会时都会选择看电影，这不仅仅是为了消遣，从心理学的角度来说，约会时看电影是有很多心理学依据的。

我们知道在人际交往中，第一印象是非常重要的，因此我们总是试图给别人留下好的第一印象。那么，为什么第一印象如此重要呢？这是因为最初印象对于后面获得信息的解释有明显的定向作用。也就是说，人们总是以他们对某一个人的第一印象为背景框架，去理解他们后来获得的与此人有关的信息。甚至日后他们接收到与第一印象完全相反的信息，他们也会刻意扭曲信息，使之与第一印象相符合。费斯廷格将这种现象称为"认知失调"，为了避免认识失调所带来的不安，人们只愿意接收那些符合自己要求的信息。

恋爱中的人同样如此，总是希望给对方留下好的印象，而良好的第一印象可以掩盖很多缺点。约会时看电影能够给对方留下深刻的印象，尤其是第一次约会时看电影，则更能加深与意中人之间的关系。

研究者们对第一印象进行了很多研究。1946 年，心理学家阿希以大学生为研究对象做过一个实验。他让两组大学生评定对一个人的总体印象。对第一组大学生，他告诉这个人的特点是"聪慧、勤奋、冲动、爱批评人、固执、妒忌"。很显然，这六个特征的排列顺序是从肯定到否定的。对第二组大学生，使用的仍然是和第一组相同的词语，但排列顺序正好恰好相反，是从否定到肯定的。研究结果发现，那些先接收了肯定信息的第一组大学生，对被评价者的印象远远高于先接收了否定信息的第二组学生。这说明，第一印象一旦形成就具有高度的稳定性，后来接收到的信息不能使其发生根本性的改变。

另一位心理学学家做过这样一个实验。他让两个学生都做对 30 道题中的一半，但是让学生 A 做对的题目尽量出现在前 15 题，而让学生 B 做对的题目尽量出现在后 15 题，然后让被试者对两个学生进行评价。两个学生中，谁更聪明一些？结果发现，多数被试者都认为学生 A 更聪明。这就是第一印象效应。

在受到第一印象的影响之后，会形成先入为主的观念，即使是两个水平一样的学生，在进行评价时仍然会出现差异，进而扭曲事实，在心理学中将这种由第一印象所带来的偏离客观事实的现象称为"晕轮效应"。美国心理学家戴恩等人对晕轮效应进行了研究，让被试者看一些照片，照片上的人分别是有魅力的、无魅力的和魅力中等的，然后让被试者从与魅力无关的方面去评价这些人，如他们的职业、婚姻、能力等。结果发现，有魅力的人在各方面得到的评分都是最高的，无魅力者得分最低。

在人际交往过程中，有一个被称为"人际相似律"的现象，即那些在思想观念和社会生活方面相同和相似的人，更容易产生人际间的相互吸引和好感。在亲密的恋爱关系中也是如此，只有那些在态度、观念、兴趣等方面相似的人，才更容易产生好感而萌生爱意。彼此之间相似的地方越多，越是有更多的共同话题，产生共鸣的地方也就越多，从而加深两人之间的亲密关系。而约会时看电影这一行为，无形中给双方提供了更多的可以交流的话题，他们可以就电影的内容、共同喜欢的某个影星进行交流，为双方创造更多的共同话题，有助于增加气氛。当然，除了相似律之外，很多人认为互补律也能够让双方产生好感，因为这种差异的存在，可以达到"取人之长，补己之短"的目的，使双方的关系更加牢固。

此外，双方之间的自我暴露对维持恋情的发展也很重要。随着两个人交往的不断深入，亲密程度不断增加，适时地向对方倾诉自己的秘密、烦恼等，则会迅速提升彼此之间的亲密度。倾诉的一方出于信任而倾诉，而倾听的一方也会因为自己被对方信赖，而沉浸在愉悦的感受之中，同时还会以相同的程度向对方进行自我暴露。但是，如果只有一方一味地倾诉，而另一方毫无回应，只会导致两人关系的疏离，从而使两人的关系更加冷却，反而不利于亲密感的建立。因此，在恋爱的过程中，及时地对对方的倾诉进行回应是很必要的。

被拒绝的不安是可以克服的

生活中，总是会有这样的人，他们明明喜欢一个人，却因为担心被对方拒绝而不敢表白，内心受到思念和痛苦的折磨；还有这样一些人，虽然他们已经开始和自己心仪的对象交往了，但是仍然担心会失去对方，从而陷入担心失去恋人的不安之中。为什么会出现这种感觉呢？究其原因是他们缺乏自信，认为自己在对方面前缺乏魅力，不能吸引对方，所以担心表白会被拒绝或交往后会分手，内心深感不安。

相反，另外一些人则不会受到这种不安的折磨。即使表白被拒绝，或坠入情网后双方又分道扬镳，他们也不会感到惶恐不安，而是用自我解嘲的方式来安慰自己。为什么在面对恋爱这一问题上，两种人会有如此大的差异呢？心理学家试图从不同的角度去寻找问题的答案，对这一问题作出了解释。

首先，成年后这种害怕被拒绝的不安与幼儿期的亲子关系有密切的关系。英国心理学家波尔比认为，幼儿期的亲子关系将影响其日后人格的发展，进而影响到成年后的恋爱关系。美国心理学家谢弗等人将幼儿期亲子之间的依恋关系分为三种类型，即安全型依恋、焦虑抵抗型依恋和回避型依恋。

安全型依恋的儿童在母亲的支持下，能够很好地进行探索活动，学会如何在将来应付同类问题，有一定的安全感。一些心理学研究者认为，当母亲能够以响应和适宜的方式满足儿童的需要时，儿童就会成为安全依恋型。心理学研究者认为，焦虑抵抗型依恋的儿童其依恋风格的形成主要源于母亲的这种养育风格，即儿童的需要有时被忽视，直到完成其他某些活动，并且有时，更多是通过双亲的需要并非儿童的主动要求来关注儿童。回避型依恋的儿童在母亲离开或返回时几乎没有情感反应，无论是什么人在场，儿童都很少有探索行为。对待陌生人及母亲的态度没有什么不同。无论室内是否有人或有何人，儿童的情绪都不会有多大变化。这种依恋关系源于父母漫不经心的养育风格。儿童的需要经常得不到满足，使得儿童相信对需要的传达不会影响到母亲。

心理学家认为，成年后的恋爱模式能够反映出儿童时期的依恋风格。研究者在成年人与恋爱伴侣及配偶的关系中发现了类似于儿童依恋的行为模式。安全型依恋的人能够信任自己的伴侣，而这也意味着他们能够自信地各自独立活动。焦虑抵抗型依恋风格的人会因为他们的交际行为，而被伴侣看成是过分依赖，而引来麻烦。他们易于担忧伴侣是否爱自己、伴侣是否珍重自己。回避型依恋风格的人有时会难以与他人亲近。他们难以信任他人，也不喜欢依靠他人。

其次，父母的教养方式同样影响着将来的恋爱模式。婴幼儿时期，如果父母能够对孩子的要求作出积极的回应，比如当孩子想要被拥抱、想要吃奶或希望父母陪同玩耍时，父母满足其需要。这时他们内心会感到有安全感，认为父母是值得信赖的人，进而信赖周围的其他人。直至成年之后，他们同样认为自己的恋人或伴侣是值得信赖的，形成健康的恋爱关系，从而不会出现害怕被拒绝的不安。

尽管被拒绝的不安受到儿时亲子之间的依恋关系和父母教养方式的影响，但是并不能武断地认为恋爱中遭遇的挫折就与父母有关。即使幼儿时期你与父母之间没有形成安全的依恋关系，或是父母的教养方式有问题，但是在成长的过程中我们可以通过其他的方式进行弥补。比如，亲人的呵护、朋友的关怀、老师的鼓励等等，这些人际关系中的各种经验同样可以帮助我们逐步建立自信，被更多的人接纳，并有助于我们恋爱关系的发展。

此外，由于受不同社会规范和社会期望的影响，男性在恋爱中往往比女性辛苦。传统观念认为，在恋爱关系中，男性应该主动，女性应该矜持。这就对男性提出了更高的要求，在约会、接吻、求婚这些恋爱中比较重要的时刻，男性必须时刻表现出自己的男子气概，扮演着主导者的角色。这些有时对他们来说是一种负担，他们甚至会觉得无所适从，在这种情况下，也很难建立其自己的自信。因此，与女性相比，男性在恋爱中很容易出现不安和焦虑。

喜欢一个人，需要理由吗

俗话说，没有经历过爱情的人生是不完整，没有经历过痛苦的爱情是不深刻的。爱情使人生丰富，痛苦使爱情升华。可见，爱情对于我们来说是非常重要的，是我们生活中不可或缺的一部分。那么，你有没有想过，到底是对方身上的哪一点吸引了你，从而使你们坠入爱河了呢？或者说你为什么会喜欢这个和你恋爱的人呢？

很多人认为，喜欢一个人是不需要理由的，而心理学则认为，喜欢一个人并不是毫无理由的，而是有一定原因的，并对此进行了很多的研究。研究表明，喜欢一个人的理由是多而复杂的，在这里就不向大家一一介绍了，主要举几个比较典型的恋爱的理由。建议读者在阅读时，不妨结合自己的恋爱经历，分析一下自己喜欢他或她的理由。

首先是来自对方身体的吸引力。在我们没有条件对对方进行深入了解的情况下，往往会先从一个人的外表作出我们的判断，比如，对方的长相、身材等。那些长得漂亮或帅气的异性总是能够得到更多的人的关注。心理学的很多研究也表明，那些在身体上有吸引力的人更容易获得异性的青睐。当然，这并不是绝对

心理学

第二篇 生活中的心理学

的，外表的吸引力并不是我们选择恋爱对象的唯一条件。

一般情况下，我们在选择恋爱对象时，都会选择那些在身体的吸引力上和自己条件相当的人，因为这样，成功的可能性就会大一点，这种心理在心理学中被称为"匹配假说"。事实上，没有哪一个人不希望和那些在身体上很有吸引力的人恋爱，比如男性都喜欢那些长得漂亮、身材窈窕、体态丰满的女性，而女性则喜欢那些长得帅气、体格健壮的男性，但是除非自己的条件同样出色，否则被拒绝的可能性会很大。因此，想提高恋爱的成功率，要尽量遵循"匹配假说"的原则，寻找那些在身体的吸引力上和自己匹配的异性。

其次是相似的价值观、兴趣、爱好等。在寻找恋爱伴侣的过程中，人们通常很容易对那些与自己很相似的人产生好感。双方的价值观、行为模式等的相似性越高，就越容易对对方产生好感。美国的心理学家经过研究得出，对于那些都喜欢体育运动的情侣来说，如果他们各自喜欢的体育项目不同的话，最终步入婚姻殿堂的可能性就小得多。双方相似性比较多的话，就很容易找到共同的话题，随着了解的不断深入，也就很容易产生好感。

但是，另有一些研究表明，差异同样也可以产生爱情。人有时候也很容易对与自己存在差异的异性产生好感，他们能从对方身上感受到一种异样的东西，而正是这种异样的东西能使人保持对爱情的新鲜感。

第三，在恋爱的过程中，性格也是很重要的因素。不论是男性还是女性，都希望找到一位性格好的人作为伴侣。但是，究竟哪一种性格好呢？对于这一问题，每个人都有不同的理解，因此对性格的具体要求也就不一样。美国学者安德森对人们喜欢的性格类型进行了研究，研究中提供给 100 名大学生 500 多个形容性格的词语，要求他们对这些词语分别给予 0 ~ 6 级的评定。结果表明，诚实、正直、善解人意、可信赖、心胸宽广等词语的得分较高，而爱撒谎、卑鄙等词语得分较低。这说明那些符合社会期望和规范的性格才是人们所认为的好的性格，这对我们选择伴侣有很好的借鉴意义。

此外，自己的心理状态、能否理解对方的心情、环境等因素同样影响着我们对伴侣的选择。当自己处于良好的情绪状态时，面对一个可爱、漂亮的异性时，就会有想和她谈恋爱的冲动，如果心情比较烦躁，这种冲动就会迅速下降；在恋爱过程中，如果能够及时了解彼此心情的起伏和所思所想，对恋情的顺利发展很有帮助；如果身边的朋友都开始恋爱了，在这样一种环境下，受到从众效应的影响，你就会降低对恋爱对象的评定标准，很容易就恋爱了。

吊桥上产生的爱情

通常情况下，我们认为爱情的产生是不受时空条件限制的，只要是相互吸引的两个人不论身处何地都会擦出爱情的火花。虽然爱情和场所之间没有直接的或必然的联系，但是与一些地方相比，那些危险的或刺激性的情境更能促进爱情的产生，比如让人感到害怕和不安的高空吊桥。

吊桥效应来源于心理学上一个非常著名的实验。实验中，研究小组让一位漂亮的年轻女士站在高悬于山谷之上的吊桥中央，吊桥距离下面的河面有几十米高，而且左摇右晃，这位漂亮的女性站在吊桥上等待着 18 到 35 岁的没有女性同伴的男性过桥，并告诉那些过桥的男性，希望他们能够参与正在进行的一项调查，她向他们提出几个问题，并留下了自己的联系电话。然后，同样的实验在另一座横跨了一条小溪但只有 10 英尺高的普通小桥上进行了一次。同样有另外一位漂亮女士向过桥的男士出示了同样的调查问卷。

结果发现，数日后给这位女士打电话的男士中，过吊桥的远比过木桥的多。为什么会有这样的行为呢？因为他们把过吊桥时那种战战兢兢、心跳加快的感觉误认为是恋爱的感觉了，从而非常乐意和女士进行进一步的联系与交流。而事实上，恋爱也能让人产生同样的感觉。这就是所谓的"吊桥效应"或"恋爱的吊桥理论"。

众所周知，事实上当人居于危险的情境中时，会不由自主地心跳加速、呼吸急促，形成相应的恐惧之情，这是不受我们意志控制的。对于上述实验中的那些男性而言，那些在吊桥上参与调查的男性更容易在生理上有所反应。对于自己心跳和呼吸的异常表现，在吊桥上接受调查的人可以作出这样的解释，一是因为漂亮女性的无穷魅力让自己意乱情迷，二是因为吊桥的危险让自己胆战心惊，这两种解释似乎都有一定的道理。于是，在这种模糊的情境下，那些在吊桥上的男性对自己的生理反应进行了错误的归因，本来是危险的环境致使他们心跳过速、胆战心惊，他们却误以为是调查者的魅力所致。于是他们对漂亮的女性调查者产生了兴趣，进而拨通了她的电话。

换言之，比如，当你和一位心仪的异性看恐怖电影时，你感受到自己的心在怦怦乱跳，呼吸也变得急促起来，那么，这是电影情节太过恐怖呢，还是身边的异性令你心动呢？很多情况下，我们难以准确地指出自己生理表现的真正原因，所以才会对我们的情绪进行错误的归因。在一些电影和电视剧中，我们也可以看到这样的镜头：危难之中，英雄救美从而喜结良缘；为了躲避危险动物的追赶，一对恋人携手狂奔，于是彼此情感进一步得到升华；等等。从这些镜头中我们可以看出，首先是相应的场景导致了人们的生理反应，如心跳加快，呼吸急促，于是人们有意无意地将这种生理上的反应看做是由身边的异性所引起的，最终导致了更进一步的相亲相爱。

但是，我们并不能否认即使是这样"误擦"出来的爱情火花，同样可以缔造出美丽的爱情。如果你真的倾心于某位异性，不妨约她去看看恐怖电影、做做爬山运动，去游乐园一同乘坐过山车，自己动手去制造一场由"误擦"产生的浪漫爱情。

"一见钟情"的心理原因

"一见钟情"恐怕是世界上最浪漫的爱情了，两个人只是看了一眼就被彼此深深地吸引，然后坠入爱河，相信这是世上最美妙的事情。

古代有很多描写一见钟情的字句，伟大词人辛弃疾的"众里寻他千百度，蓦然回首，那人却在灯火阑珊处"对一见钟情的描写让人陶醉：我在人群中苦苦追寻，却寻而未果，当我感到沮丧而无望时，你突然出现在我的面前，让我的眼前突然一亮，相信这是世界上最奇妙的感觉了。而唐朝时期唐玄宗和杨贵妃的爱情故事也是对一见钟情的最好诠释，白居易在其长诗《长恨歌》中对这段爱情作了这样的一段描述："杨家有女初长成，养在深闺人未识。天生丽质难自弃，一朝选在君王侧。回头一笑百媚生，六宫粉黛无颜色。"可见，杨贵妃国色天香的容貌和气质，令唐玄宗一见倾心，这种一见钟情的感觉是如此的神奇和美妙。

可是，人们为什么会产生这种"一见钟情"的感觉呢？到目前为止，学者们仍然没有完全揭开其中的秘密。人们试图从各种角度来解释"一见钟情"产生的原因，但是并未达成共识。

从心理学的角度来说，人往往会对与自己相似的异性产生一见钟情的感觉。当人们看到一个和自己长得相似的人，就会立刻产生一种亲近感，而这种亲近感是爱情发展的基础。另一种说法则认为，人容易对与自己存在差异的异性一见钟情，他们会对与自己的免疫类型完全不同的人产生好感，能从对方身上感受到一种异样的东西，而这种异样能够促进爱情的发展。

另一种来自心理学的解释认为，当你见到一个人时，你看到的是他的容貌、气质和神情，而这些表象恰恰是一些令你心仪的特征，因此你就会一见钟情。可见，这种一见钟情的感觉是一种处于认识初级阶段的感性认识，主要是凭借自己的感觉和印象进行判断的阶段。认知心理学认为，感觉、知觉和表象是感性认识的三个基本形式，而我们的感性认识是在实际的生活中产生和发展起来的，在感性认识中我们所得到的是直观的、形象的认识，是认识的来源和一切认识的基础。而感性认识只能认识事物的局部、现象和外部联系，却不能认识到事物的全局、本质和事物间的内部联系，当然，这种说法也不是绝对的。在现实的生活中，很多人在作决定时会依照自己的感觉进行判断，不会拖泥带水，而是非常果断地确定自己的目标，而且这种做法并没有出现什么大的失误。这种凭借感觉进行瞬间判断的功能让他们很容易地就能通过现象看到本质。从这个角度就很容易理解，那些一见钟情的人为什么能够厮守一生。其实，仔细想来，一见钟情并不是什么奇怪的事情，因为我们的潜意识服从于表层认识，因此会在瞬间作出很大的决定而不会让自己后悔，与其说一见钟情是一种感觉导致的冲动，不如说这是一种理性的深思熟虑，是一种让人不可抗拒的诱人魅力。

以上种种说法分别从不同的角度对一见钟情进行了解释，虽然没有形成统一的认识，但是各有各的道理，使我们对一见钟情有了更深入的了解和认识，为我们解读一见钟情提供了全新的视角。

求爱的姿势与信号

在爱情中，除了在言语上表达对对方的爱意之外，适当地利用身体的姿势则同样会给对方提供爱的信号，让对方感受到你的爱意。

动物学家和行为科学家以动物为研究对象，发现不论是雄性动物还是雌性动物在求偶时都会使用一系列复杂的求爱姿势，有些姿势相对明显，而有些姿势则比较微妙，但是大多数的姿势则是无意识做出的。在动物世界，每一种动物都有不同的求爱姿势，比如在鸟类中，为了能够引起雌鸟的注意，雄鸟通常会抖动自己的羽毛，发出优美的叫声，故意趾高气扬地从雌鸟身边走过。其实，人类的求爱姿势与鸟类很相似，只是人类的情感更复杂，在求爱的姿势上可能比鸟类的更多变和难以捉摸。

但是，一名男士如果想引起自己心仪女士青睐的话，大抵也会像雄鸟那样尽力表现自己。比如，他们会用手梳理一下自己的头发，整理一下自己的衬衣、领带等等，还会拍拍身上的灰尘，如果那位女士对他也刚好感兴趣的话，就会对他求爱的姿势进行回应，这的确是一个奇妙的过程。通常情况下，女性对各种求爱姿势比较敏感，她们能够理解其中的含义，但是男性往往就比较迟钝。在这些求爱姿势中，有些是经过深思熟虑的，而另外一些则完全是受到我们无意识支配的，有时候我们甚至意识不到。

在男性的求爱姿势中，他们还会刻意做出动作来装扮自己，以表示对面前的女性有高度的兴趣。比如，拉拉他们的领带，整理一下衣服的领子和纽扣，等等。如果是面对自己很在意的女性或是心仪的对象时，他们会把自己全身上下都检查一遍。如果你观察得足够仔细的话，还会发现男士们在拉直领带后，通常都会接着扭动一下身体，然后挺直腰杆，有时拉完领带后还会扭动一下脖子，以充分显示出他的男性魅力，无非是想把他最好的一面呈现在自己心仪的对象面前。有些男性的求爱姿势比较大胆，他们会长时间地凝视对方。

而与男性相比，女性的求爱姿势就比较多样化了。她们的求爱姿势是变化多端、不一而足的。不过她们也会像男性那样，梳理梳理自己的秀发，整理一下自己的衣服。在镜子面前转个身子，不停地打量镜子中的自己。有时候甚至会扭动自己的臀部，向男性展示自己身体的曲线，尽力表现出自己妩媚迷人的一面。有些女性还会不时地抚弄自己的膝盖、腰部或身体的其他部位，以这种姿势向面前的男性表达自己愉悦的心情，让男性感受到自己的热情。

如果一位女性对面前的男性很感兴趣，她会把两只脚都搁在椅子下面，同时一只脚盘在另一只脚的下面。有些女性还会将自己腕部平滑柔软的肌肤露出来，因为这一部分是她们身体中非常性感的一部分，在说话时还会露出自己的手掌。这些姿势对那些有经验的男性来说无疑是一种鼓舞。也就是说，此时的她想和你交往的意向已经非常明显了。如果这时她再目不转睛地注视你，那更表示她对你很有兴趣。

可见，这种求爱的姿势中的确包含很大的学问。利用这些姿势发出求爱的信号时，能否获得对方的青睐主要取决于你表达的能力和对方对这一信号的理解能力。与男性相比，女性对求爱信号的理解能力要更好。如果你想了解对方对你的满意度，你甚至不用言语上的交流，可以尝试着用求爱的姿势去探测对方的内心。

酒吧的灯光为什么都很昏暗

有一位男子钟情于一位女子，但数次约会下来，效果都不够理想，他总觉得双方的谈话很不投机。一天晚上，他偶然约那位女子到一家光线比较暗的酒吧，结果意外地发现这次约会非常成功，他们交谈得特别融洽。此后，这位男子便将约会的地点每次都选在光线比较暗的场所。而几次约会之后，两人的关系有了很大的进展，终于结下百年之好。

心理学家经过分析发现，在光线较暗的场所，人们彼此之间看不清对方的表情，这会令人因为心理戒备减弱而获得一种放松感，在这种轻松的感受下，相互的交往就会取得较好的效果。也正因如此，许多餐厅、酒吧、咖啡厅等餐饮娱乐场所都会设置较暗和较为柔和的灯光。这恰恰是人们喜欢的氛围。

一般来讲，人们在讲话时总是会根据对方的反应来决定自己应当说什么和怎样来说，又将话说到什么程度，特别是对还没有深入的了解但又愿意继续与之交往的人。这时，在心理上既有一种戒备感，又会倾向于自然而然地把自己好的方面尽量展示出来，在试图遮蔽缺点的同时又想表现出自己的优点，因而往往不免有些矜持。可是较暗的环境恰好提供了这样的便利，相互之间不会看得太真切，心情和举止就会更加的自然。这就是"黑暗效应"的原理。

实际上，"黑暗效应"并非只是在较暗的环境下才发挥作用。有些人更喜欢在网络上与人交流，或者通过短信、电子邮件等不直接见面的方式进行来往。这也可以看做是"黑暗效应"的另一种体现。

但是，在网络上交流有一点却需要注意，那就是虚拟空间人们的表现很多时候和他们的本来性格是不相符的。

这涉及口头语言和书面语言的区别。语言是一种社会现象，是人类通过声音、书写符号或手势等构成的一种符号系统，是我们交际和思维的工具。语言活动通常分为两类，外部语言和内部语言。外部语言包括对话语言和书面语言，这两种语言都可以成为我们与外界交流的方式。其中，对话语言是一种情境语言，与对话时所处的环境有密切关系。比如说，两个人刚看完电影出来，一个人对另一个人说："怎么样？"另一个回答："很不错。"不需过多解释，他们都知道对方是在讨论电影的剧情。通过情境语言，双方能直接交流，灵活反应。在交流的过程中，双方能根据对方的反应来调整自己的说话方式，选择合适的语气、语言。本来是一场很开心的谈话，如果你听出了对方语气的不对劲，肯定会关切地询问他怎么了，然后再给予合适的安慰，可能谈话就偏离了你们原来的主题，更具灵活性。

书面语言指的是人们借助文字来表达自己的思想或通过阅读来接受别人的思想。电子邮件、纸质信件或者书籍等都是书面语言的表达形式。在写的过程中，我们可以反复思考、推敲用词的准确性和表达的合理性。由于远离了阅读的一方，得不到他们的即时反馈，在写作的过程中，作者只能根据来自自己的反馈不断修正内容，使之趋于完善。而以这样"自我"的表达方式传递给阅读方，必然会使原有内容的表达感染力不够。比如说，想表达对对方的赞美，邮件写出来的内容可能是"你真棒！我很佩服你！"之类的溢美之词，比起面对面的夸奖，少了语调的惊喜、面部的笑容等更具感染力的表达形式，这样的赞美必然失色不少。

书面语言与口头语言表达的差异性，以及虚拟世界的"安全感"，能让我们卸下心防，畅所欲言，有利于恋爱双方关系的进一步发展。

接触越多越喜欢对方

相信很多人都憧憬过一见钟情的恋爱，觉得这才是恋爱的最高境界，两个人在看第一眼时就被对方深深地吸引。在很多的言情小说中，也有很多对于一见钟情的描写，浪漫得让人神往。然而，事实并非如此，谈恋爱并不是只看一眼就好，而是随着双方接触次数的增多，才会慢慢地喜欢上对方。

在与人相处的过程中，我们每个人都有自己的私人空间，并且不希望别人进入到这个领域，因为这会让我们觉得没有安全感，感到不舒服、不自在。但是，对于自己喜欢的异性也许就大不一样了。我们总是期待他或她能够进入到自己的私人空间。即使是一开始我们毫无兴趣的异性，可是如果他或她在我们的私人空间中存在很久，我们渐渐也会对其产生好感。在心理学中，这一现象被称为"单纯接触原理"，也被称为"多看效应"，即初次接触某人时，我们没有产生什么感情，但是反复见上几次之后就会不知不觉地喜欢他（她）。

20世纪60年代，心理学家查荣茨通过实验证明了这一现象。实验中，首先向被试者出示一些照片，有的呈现了20多次，有的呈现了10多次，有的只呈现一两次，然后请被试者评价对这些照片的喜爱程度。结果发现，被试者更喜欢那些呈现多次的照片，即看的次数增加了喜欢的程度。社会心理学家也做过类似的实验，在一所大学的女生宿舍楼里，随机挑选了几个寝室，分别发给她们不同口味的饮料，然后告诉这几个寝室的女生，可以以品尝饮料为理由，在这些寝室间互相走动，但是见面时不得进行交谈。一段时间后，对她们之间的熟悉和喜欢程度进行评估。结果发现，见面的次数越多，互相喜欢的程度越大，见面的次数越少或根本没有见过面，相互喜欢的程度也就较低。

此外，在交往过程中，如果对方和你的距离比较近，时间长了，我们也会对其产生好感。比如，我们生活中所说的"办公室恋情"就是对和自己距离比较近的人产生了好感。在心理学中，这一现象被称为"靠近效应"。随着双方接触的机会越来越多，对彼此的脾气和秉性也就了解得越多，这种相互之间的了解同样能够增加好感，这被称为"熟知性法则"。以上所说的"单纯接触原理""靠近效应"和"熟知性法则"在恋爱中有很重要的作用，如果能够理解并加以利用则会使你的恋情顺利发展。

但是，以上所说的恋爱中的原理，并不适合于所有的情况，只限于你对对方的第一印象是肯定或中立的态度时。如果最初你就对对方没有什么好印象，持否定的态度，那么见面的次数越多就会越觉得厌恶。也许你想寄希望于尽量多接近对方，从而让对方多了解你，改变其最初的态度。这种方法也许有效，但是如果对方的拒绝非常强烈，这些效应只会起到相反的作用。如果你还不识相地死缠烂打，只能让对方更加厌恶。

生活中有很多人由于坚持不了异地恋而分手，这并不是毫无道理的。如果恋爱的双方很少有见面的机会，在空间上距离也很远，感情就会逐渐变淡。有种说法叫"距离产生美"，认为双方离得远了，就会使恋情保持新鲜感。而事实并非如此，空间上的距离远了，双方接触的机会少了，相互交流和沟通的机会也会变少，最终两个人变得越来越陌生，物理上的距离同样也会导致心理上的距离感。在心理学中，有一个被称为"爱情与距离成反比"的法则。美国心理学家专门对这一法则进行了验证，对 5000 对已经订婚的情侣进行了调查，结果发现，与那些在同一个地方的情侣相比，那些身处异地的情侣最终结婚的比例很低。看来，有时候距离不一定会产生美，反而会产生距离。距离对于爱情来说，并不是保鲜剂，有时候更是一种潜在的危险信号，是无法逾越的障碍。

恋爱达人的秘诀

在恋爱的过程中，学会说话也是一门很重要的技巧，尤其是在向对方表达自己的赞美之词时，怎样做才能让对方倾心呢？

我们来看看恋人达人的做法。所谓的恋爱达人并不是指那些仪表堂堂、帅得惊人的人，也不是那些有丰厚的物质条件的人，而是指那些懂得如何在恋爱中俘获对方芳心的人。我的朋友就给我讲述过她所认识的一个被称为恋爱达人的男士。这个人长相一般，也没有什么过人的本领，可就是懂得如何套牢女生的心。他特别懂得把握说话的分寸和技巧。在和女性谈话时，他不会表现得特别殷勤，更不会一直赞美。比如，他会说"你今天的衣服没有搭配好，像你这么有品味的女性穿这套衣服实在和你的气质不相符合"，或者会说"你今天的妆化得有些淡了，不过你那么漂亮的脸蛋，即使不化妆也一样好看"。我们可以看出，这位男士说话的特点是先贬低对方，在贬低之后，总是不失时机地加上一句褒扬的话。通常女性在听了后面的褒扬的话后，不禁会笑逐颜开，对他产生好感。这就是恋爱达人的秘诀。

那么，这到底是一种什么样的现象呢？心理学家对这一现象进行了研究。研究主要请四组人分别对某一人给予不同的评价，借以观察这个人对哪一组最具好感。第一组始终对之褒扬有加，第二组始终对之贬损否定，第三组先褒后贬，第四组先贬后褒。实验后，发现绝大部分人对第四组最具好感，而对第三组最为反感。这一现象被称为"阿伦森效应"，是指人们最喜欢那些对自己的喜欢、奖励、赞扬不断增加的人或物。

从上面的实验中我们可以看到，最能让人感到开心的并不是一味地夸奖和表扬，而是先贬低之后再进行褒扬。如果在与对方的交谈中，你自始至终一味地赞美对方，对方难免会怀疑你言语的真实性，甚至会觉得你虚伪，不够真诚，反而会适得其反。因此，要想获得女性的芳心，可以尝试着用这种先贬后褒的方法。

爱情顺利发展的三个阶段

爱情是一个动态的发展过程，虽然它有时候让人捉摸不透，但是它的发展同样是有规律可循的。从初次相识的怦然心动到天长地久的朝朝暮暮，两个人的关系注定要经历重重考验。要想经受得住这些考验，恋爱双方必须尝试着敞开心扉，接受和适应彼此，这些是在爱情中必须要做到的。意大利社会心理学家弗朗西斯科·阿尔贝托尼在其著作《爱的撞击》中说："相爱不是一种状态，而是一种逐渐演变的过程。"很多人都不约而同地将爱情的发展归纳为三个阶段，即一见钟情阶段、发现差异阶段和重新结合阶段。

　　第一阶段为一见钟情阶段。初次见面的双方受到对方外表、言谈举止、性格等的吸引彼此产生好感，而进入恋爱阶段，这一阶段的关系主要是靠激情维持的。两个人在创造着彼此之间的亲密同盟，每一次相处的机会都是发现双方共同之处的机会，他们勇敢地走出自我，发现以前在生活中未曾发现那些让人感到美好的东西。它令人如痴如醉，在尽情享受甜蜜时光的同时，双方又担心它转瞬即逝。一般来说，这一阶段往往会持续两至三年。之后双方回到现实中来，重新审视这段恋情时，发觉有时候两个人的世界让人窒息，深感距离对他们的重要性，于是开始寻求自己独立的空间。

　　第二阶段为发现差异阶段。随着交往次数的增多和了解的不断深入，曾经只看见契合之处的两个人，会慢慢开始发现彼此的差异，每个人都开始显露出各自性格的不同面。随之对方的缺点也会在你面前暴露无遗，你甚至会认为对方身上那些曾经让你痴迷的可爱，现在都让你觉得心烦。这是爱情必须经历的一个阶段，它让你重新找回自我，并对双方的关系有一个更加深入的认识。但是同样也会因为双方无法进行很好的沟通，而使爱情最终走向破裂。

　　如果想顺利度过这一阶段，要多给彼此留出空间，使得双方都有属于自己的空闲时间去做自己喜欢的事情。要能够认识并接纳对方和自己之间存在的差异，重新认识自己和对方，对双方的关系也需要重新进行定位。

　　第三阶段为重新结合阶段。经过上一阶段对矛盾的重新认识和解决，双方对彼此以及彼此之间的关系都有了重新的认识，而在这个阶段主要是考验双方的期望是否一致，各自用何种方式为两个人的未来努力打拼。这一阶段的爱情充满了对未来的憧憬，你们已经学会了相互包容，并能够以合理的方式处理和调节矛盾。这时爱情在经历了考验之后可能变得越来越像友情，两个人完全沉浸在平静生活的幸福之中，彼此的欲望和激情不见了，双方可能会因为这种乏味的关系而感到疲劳，甚至对彼此感到厌倦。

　　因此，在这一阶段要想保持爱情的持久性，双方需要给爱情再注入一些新鲜的血液，在平静之中增加一点激情。比如，可以一起回味对方初次相遇时的美好瞬间，或是挑选一个周末的时间和对方共进烛光晚餐，重新找回消逝已久的激情和美好。正是在这种混合着激情和理智的精心经营当中，爱才能持久美丽。

只有顺利经过以上这三个阶段，爱情才能健康持久地发展。当然，并不是每一段爱情必须经历以上这三个阶段，而且从一个阶段进入到另一个阶段的过程也不是绝对的，它会受到很多因素的影响。

顺利通过约会的五个阶段

恋爱本来就是一个从相识到相知的过程，在这个过程中，男女双方相互吸引，彼此欣赏，双方都希望恋情能够顺利发展，最终成为彼此生活的伴侣。然而，事实并非如此，在经过最初的吸引和甜蜜之后，随着对彼此了解的不断深入，难免会出现一些问题和矛盾，这时候双方就会出现猜忌和误会，有些甚至在不知不觉中毁掉了辛辛苦苦建立起来的感情。那么，怎样才能正确地处理双方之间的矛盾，从而维持一段难得的感情呢？爱情虽然难以捉摸，但是同样也是有规律可循的。如果你对约会有一个全面的了解和认识，你将更容易从对方的角度去理解和接纳对方，从而有利于维持你们感情的长久。

一般来说，约会可分为五个阶段：吸引、不确定、排他性、亲密和订婚。如果能够顺利通过这五个阶段，你们的爱情则是成熟的，是能够经受得住考验的。

第一阶段是吸引阶段。在这一阶段，男女双方由开始见面到决定交往，维持这一关系的主要是来自双方外表、行为、性格、谈吐等外在因素的吸引力。你总是希望在你的恋人面前展示出你最好的一面。随着交往的加深和约会次数的增多，你总是希望能够更了解你的恋人。如果在这一阶段你能够把握男女双方在约会中的差异，你就能将自己的特点和长处展现出来，从而给对方留下一个良好的印象。

第二阶段为不确定阶段。这时候你们的恋情由最初的相互吸引到不确定，你也开始变得犹豫不决，胡思乱想，你大可不必担心，这种不确定是一种很正常的现象。你开始怀疑眼前的恋人是不是和你共度一生的那个人，你们两个人之间的关系也开始变得扑朔迷离，让人难以捉摸，而你的念头也开始发生动摇，由最初的确信要和他在一起到不知道是否该继续交往下去。但是，你们并不会为此而终止约会，对方仍然对你有吸引力。只是突然在某一瞬间，你会觉得和对方有距离感，你甚至会有想要放弃的念头。这时女人天生缺乏安全感的特征就会表现出来，男人也开始变得犹豫不决，而为了减少男人的不确定性，女人就会在约会中表现得更加热情和主动，这样不仅对恋情的发展毫无帮助，有时候会适得其反，让男人感到更大的压力，甚至想逃。如果你了解这种不确定性是约会中正常的阶段的话，问题也许会迎刃而解。

第三阶段是排他性。经历了之前的吸引和不确定阶段之后，你对你们的恋情有更大的把握，感情呈现明朗化，而且彼此更加欣赏和喜欢对方。你认为他就是你人生中最好的伴侣，是其他人无可替代的，你们的关系也较之前更加亲密，你渴望为他付出，不希望你们的感情世界中有第三个人的介入。这时你对感情的态度是异常明确的，你在心里已经认定他就是你一直寻觅的那个人。你们的感情已经变得很稳定，你也不必注重那些小的细节，甚至对恋人不像以前那样体贴和细致入微了，而这些可能恰恰会成为你们感情的危机所在。因此，在这一阶段不仅要经常制造一些浪漫的约会，还要注意一如既往地对恋人体贴和关心。

第四阶段为亲密性阶段。在这一阶段你们已经融入了彼此的生活，亲密无间，建立了足够的信任感，不会对彼此心存芥蒂，也不会担心会有第三者的进入。你们分享彼此的生活，融洽而和睦地相处。但是，随着了解的不断深入，双方的缺点也会逐渐地暴露出来，甚至发现在价值观、思维方式等方面出现很大的差异，如果不能得到很好的解决，可能感情最终会走向破裂。这一阶段关键是要懂得彼此包容和学会沟通，这样才能站在对方的角度去解决问题。

第五阶段为订婚。经过以上四个阶段的考验，如果你最终决定要和眼前的这个人步入婚姻的殿堂，那么订婚将是必不可少的一步。经过酸甜苦辣的考验，你们终于可以迎来爱情的硕果，这时候你们相拥而泣，彼此承诺，并一同期待步入婚姻殿堂的那一幸福时刻。同时，在订婚之后结婚之前的这一段时间里，你们可以有充足的时间对未来的生活进行规划。经过这一阶段的考验之后，浪漫的爱情和幸福婚姻将唾手可得。

从恋人的行动中能判断出你们的爱情指数

几乎所有恋爱中的女人都喜欢问同一个问题："你爱我吗？"在小说、电视剧、电影包括真实生活中，我们发现有时候男人被女人逼问得局促不安，焦躁不已。那些不解风情的男人永远都不能理解女人为什么这样麻烦，或者记忆力为何如此糟糕，为什么昨天才问过的问题，今天又问了好几遍。男人可能会觉得这是一个愚蠢而又无聊的问题，可是这句话对于女人来说却有着异常丰富的含义。当一个女人温情脉脉地问男人"你爱我吗"这一问题时，通常是在向男人传达三种信息，一是"我爱你，我很在乎你"；二是"我知道你也爱我，如果你不爱我，我才不会问你这种无聊问题呢"；第三，也是最重要的信息是："既然你爱我，为什么不说些甜言蜜语给我听呢？"

其实，女人只是想通过这种方式来确认身边的男人对自己的爱情，来确认对方到底是不是真正地爱自己。女人天生就是缺乏安全感的动物，只有不停地问"你爱我吗"，并得到肯定的回答，才会觉得自己是被深爱着的。同时，男人和女人有着截然不同的思维方式。对于男人来说，一句话问很多遍是很愚蠢的事情。他们认为说过的话就像一瓶罐头一样，在保质期内永远有效，对方应该记在心里，而女人则不然。有时候男人实在是被问烦了，就会敷衍地说"我爱你"之类的甜言蜜语应付，而女人偏偏有时候却信以为真。看来，有时候言语的确是不可靠的。

如果你想了解对方对你的感情有多深，除了言语之外，你还可以通过他的行动来判断，这是比言语更可靠的一种方式。研究肢体语言的专家认为男女之间的沟通有90%以上是不需要通过说话的，因此你可以通过分析你和恋人之间平日的肢体语言以及一些亲密的小动作来了解你们之间的爱情指数。这就是"镜像效应"。

每一个人对于别人来说都犹如一面镜子，反映出它面前走过的人，这正如人们可以在镜子里看到自己的面容、身材和服饰一样。在细细观看时，总以一定的标准来衡量其美丑，如果符合标准的就会感到高兴，否则就会不高兴。同样，个体在想象他人心目中关于自己的行为、态度、性格等，也会时而高兴，时而悲伤。可见，"镜中我"就是他人对自己所作的评价与判断时所形成的自我概念。这正如库利所说："人与人之间相互可以作为镜子，都能照出它面前的人的形象。"在爱情中也是如此，恋爱的双方会无意识地模仿自己心仪对象的表情或行为，这就是恋爱中的"镜像效应"。不仅是恋人之间，家人和朋友之间也存在这种现象，而且关系越亲密，这种现象就会越明显。

那么，我们怎样通过这一效应来判断恋爱双方爱情的指数呢？如果你和对方面对面地坐下，在说话时你自然会不自觉地有一些肢体语言。你可能很自然地移动自己的身体，不自觉地翘着二郎腿或是双手交叉放在胸前，如果对方也很自然地做出和你相似的小动作，说明你们的感情指数已经很高了。记得在爱情中有这样一种说法，两个人在一起时间久了，就会越来越像，不仅是在言谈举止上，而且在整体的感觉上也是。这也是一种镜像效应，是两个人相濡以沫的结果，正说明双方的感情已经很深了。

因此，当男人绝口不提爱你时，千万不要用逼迫的方式让他说出那三个字，即使他说出来也不是内心情感的真情流露。写到这里，突然想起一则比较有意思的小故事：一个男子遇到正在旅行的一个女子，两个人就像干柴碰到烈火一样迅速燃烧了起来。一段时间的缠绵之后，女的就要搭飞机离开。就在她上了计程车时，男的说了一句让他自己立刻后悔的一句话："我爱你！"那男子回忆：当女子立即从车上跳下来，跑过来抱住他，几乎是喜极而泣地说她可以再待几天时，他暗问自己："我为什么多嘴说那三个字？我难道是中邪了吗？"结局当然是可想而知，两天之后，她怒气冲冲，头也不回地离开了。

看来爱情并不一定需要用言语来表达，哪怕是海誓山盟、甜言蜜语有时候也抵不过一个简单的小动作。如果你想知道他爱不爱你，爱你有多深，"镜像效应"会告诉你答案。

为什么肌肤接触比食物更重要

心理学家认为，人类除了基本的饥饿、干渴等最基本的生理需求之外，还有一种需要接触柔软物质的需求。因此，在恋爱的过程中，男女双方都会有身体上的接触和抚摸的需要，这同样也是一种情感沟通和交流的方式，甚至这种身体上的接触比食物更为重要。

这样说并不是信口开河，而是有一定的依据可考的。据说从前有一个国王，他对在语言产生之前人类的沟通方式很感兴趣，他想知道人类最初的语言是什么样的。于是，为了解开这个谜底，他选取了一批刚刚出生的孩子，将这些孩子放到一种特殊的环境中抚养，以观察他们在成长过程中使用何种语言。这些孩子在最好的温度、饮食、睡房等环境下由侍女们抚养，但是按照国王的命令，这些侍女们在抚养的过程中和孩子不得有任何身体上的接触。然而，不幸的是，这些孩子中的大部分孩子都没有活过一年，最终因为患了莫名其妙的疾病而死亡。而那些侥幸活下来的孩子，则是被那些违背国王的命令的侍女们偷偷抚摸过的。

可见，除了舒适的环境之外，亲密的身体接触对幼儿的成长也有非常重要的作用。心理学家哈罗以恒河猴作为实验对象，也证明了身体接触的重要性。

在实验中，他们制作了一只母猴，用光滑的木头做身子，用海绵和毛织物把它裹起来，并且在胸前安装一个奶瓶，身体内还安装一个提供温暖的灯泡。然后他们又制作了另一只不能提供舒适环境的母猴。这只母猴是由铁丝网制成，外形与木制母猴基本相同，以便使幼猴用接近木猴的方式接近它。这只铁丝母猴也安装能喂奶的乳房，且也能提供热量。换句话说，这两只母猴除了在所谓的"接触安慰"的能力方面有差异外，其他方面完全一样。

然后，研究人员将这两只人造的母猴分别放在单独的房间里，这些房间与幼猴的笼子相通。8只幼猴被随机分成两组，一组由木制母猴喂养，另外一组由铁丝母猴喂养。哈罗企图将喂养的作用与"接触安慰"的作用分离开来。他把猴子放在笼子里，并记下在出生后的前5个月中，幼猴与两只母猴直接接触的时间。结果是令人惊讶的。在最初的实验中，所有的幼猴与两只母猴都接触。经过最初几天的调查发现，无论哪只母猴提供奶，所有的幼猴几乎整天与木制母猴待在一起。甚至是那些由铁丝母猴喂养的幼猴，它们为了吃奶才迫不得已离开木制母猴，吃完后便迅速返回到木制母猴这里。

于是，哈罗又进行了进一步的实验，分别对木制母猴和铁丝母猴喂养的两组猴子的行为特征进行观察，从而证明接触安慰的重要性。虽然两组猴子食量同样大，体重增长的速度也基本相同，但由铁丝母猴喂养的幼猴对牛奶消化不良，且经常腹泻。这说明，缺少母亲的接触安慰使幼猴产生心理上的紧张。恐惧物体的实验进一步证明幼猴对木制母猴的依恋。每当幼猴发现自己正面对一些害怕的事物时，它们便很快跑向木制母猴，并抱住它以获得安慰的保护。

哈罗的实验说明，舒适的亲密的身体接触对幼儿的成长非常有益，而且还有助于幼儿依恋的形成。生活中我们也可以发现，对于那些哭闹的孩子，当用什么办法都哄不好时，甚至给他食物都无济于事，这时候也许只需要母亲走上前去，轻轻地抚拍或拥抱一下他，他可能立刻就平静下来了。因此，在抚养孩子的过程中，除了给他提供优越的环境之外，还要给他提供心理上的安全感，不要吝啬你的抚摸和拥抱，把对他的爱尽情地表达出来。同样在恋爱的过程中也是如此，适当的身体接触同样有利于加深彼此的感情，促进恋情的进一步发展。

想获得对方的好感，请他吃可口的食物

众所周知，民以食为天，吃饭可谓是我们生活中的头等大事。在没有解决温饱问题之前，我们认为只要能填饱肚子就行，根据马斯洛的需要层次理论，那时

候的吃饭仅仅是满足生理上的需求。而现在随着人们生活水平的提高，不仅要填饱肚子，而且还要讲究食物是否营养，味道是否鲜美。饮食除了满足生理需求之外，更成为一种时尚，一种象征。

现在的美食可谓数不胜数，什么比萨、汉堡、香辣鸡翅、油炸年糕、寿司等等，让人垂涎三尺。美食的作用不在于仅仅能填饱肚子，而且享受美食还能给人带来愉悦感，让人感到快乐，享受美食本来就是一件让人幸福的事情。

事实上，美食的作用远比我们所说的要大得多。来自一项研究报告的结果表明，食物不仅能够给我们带来快乐，同时还能博得对方对我们的好感。20世纪60年代，来自美国耶鲁大学的詹尼斯以该校的学生为研究对象，对食物的作用进行了研究。实验者要求所有的参与者阅读一些与治疗癌症或军事竞赛等有关的内容比较枯燥的专栏。在阅读专栏时，将这些参与者分为两组。向其中的一组学生提供花生和可乐，告诉他们在阅读时可以吃。而向另一组学生未提供任何食物。然后让两组的学生对专栏进行评价。结果表明，与那些没有得到食物的参与者相比，那些一边吃花生和喝可乐的参与者对专栏的评价更高。看来即使是无聊乏味的专栏内容，配上美食的刺激，同样可以提高其形象。不仅对专栏内容的评价如此，这种"食用乐趣"同样适用于人身上，如果你请对方吃美味的食物，则能够获得对方对你的好感。

恋爱中也是如此，只要留心我们就可以发现，一个男生追求自己心仪的女生往往先从吃饭开始。即使是确定了恋爱关系之后，如果可能的话，双方仍然盼望每一次和对方共同进餐的机会，虽然不是浪漫的烛光晚餐，同样也让人心情愉快。因此，如果你想获得对方的好感，或是想得到对方对你的积极评价，那就请他吃美味的食物吧。

那么，美食为什么能起到这么大的作用呢？研究表明，食物有影响情绪的作用。专家建议，如果你感到情绪紧张、闷闷不乐或痛苦不堪，解决这些问题的灵丹妙药也许就在你的冰箱里。据说，如果心情不好，在这些食物中最有吸引力的可能要数巧克力、奶油蛋糕等甜食了。一些食物除了能够提供大脑所需的营养之外，还可以使你保持思维敏捷，情绪稳定，有利于改善你的情绪健康状况。这样看来，美食能够引发当事人的积极情绪，而这种积极的情绪能够帮助他们记住当时的场景以及和他一起进餐的那个人，从而影响到对这个人的评价。看来有很多人在心情不好时就大吃大喝，并不是没有道理的。

常见的爱情心理问题

自我形象敏感

北京体育大学的一项研究表明，大、中、小学中，女学生的身体自尊水平低于男学生。还有案例显示，个别对自己的身体形象极不满意的人，采用各种方法拼命节食，控制体重，导致神经性厌食症，食欲不振，营养不良，甚至死亡。

瑞士心理学家皮亚杰认为：对待这类学生主要是采用指导性的心理疏导方法，即一定要先澄清她对体型的错误认识，使她对人们的审美标准的认识有所提升。

每个人的外貌不可避免地都会受到其他人的评价，但无论别人的评价如何，都应该保持一种平和的心态。

性意识和性冲动困扰

随着青春期的到来，许多男孩子开始过度关注自己的生殖器，并产生了阴茎太小的担忧，进而自慰，并且越陷越深，不能自拔。这种心理问题发生的原因在于对性知识和生理知识了解太少，又没有及时得到正常的性教育和及时的心理疏导。

手淫在我国过去由于受到旧思想的影响，认为是有害身体的，害怕手淫会引起身体虚弱、性无能等。现代研究认为合理手淫不但不影响健康，并且是解决性冲动的途径之一。正是由于旧思想对人的误导太多太重，现在越来越倾向于废弃"手淫"一词而代之以"自慰"，后者剔除了原名称中的道德批判的成分，其积极意义在于，大大减轻了当事者的精神负担。但如果过度沉溺于自慰，把自慰当做解除内心焦虑和不快等的手段则是不妥的，如果对生殖器的刺激过强就真的会有害了。

感情困扰问题

恋爱中的女孩享受的并不都是甜蜜，恋爱的女孩很少能与别人分享自己的观念和情绪，总觉得与别人格格不入，只能谈论与恋爱有关的事情。这是美国教育心理学专家琳达·卡姆拉斯的观点。精神的贫困使得她们无视这个世界的富足，恋爱中的女孩总会造成人际关系的紧张和成绩滑坡的紧张，这些紧张反过来会强化性爱需要的紧张，种种紧张不能释放，从而觉得什么都"不舒服"；种种紧张日积月累地堆积起来，从而觉得什么都不自在。

恋爱会让人出现心理失调，进而引起心理紊乱和智力活动低落，影响到学习和生活的方方面面。

性心理异常

同性恋的形成往往与个体早期所受的反性欲行为的影响有关。在其早期生活中，父母不鼓励其与异性成员间有任何私下的、直接的个人联系，会使孩子对接触异性有厌恶感，以致完全避免这种接触，在异性成员面前感到不适，甚至焦虑。这些孩子的父母对他们与同性的交往则无异议，甚至赞许。父母对异性的敌意和怀疑态度也会阻止子女接近异性而使之转向同性亲密。具有反性欲心理的少男少女，由于心理和身体条件的影响，在其后的成长中如果屡遭挫折，特别是在异性恋中经常遭受拒绝和挫败的人，最终会导致自尊心和自信心缺乏。他们往往认为自己是毫无价值的人，沮丧及未成熟的情感和观念笼罩心头。

美国著名教育心理学家卡尔·兰桑·罗哲斯指出：一个人在成长过程中，在性心理发育的关键时刻受到同性的或者环境的引诱，引发对同性的兴趣或神秘感，从而性心理发育偏移正常方向转向同性，使性心理发育固着在同性领域，当通过与同性接触引发性快感或高潮后，异常的性取向就迅速被强化，最终以同性恋的形式保持下来。

失恋心理

恋爱是男女双方为寻求和建立爱情而相互了解和选择的过程。交往中，一旦双方或者某一方出于这样或者那样的原因，不愿意再保持彼此的恋爱关系，就将意味着双方恋爱的终止。恋爱的一方失去另一方的爱情，就是常说的失恋。

失恋的一方为了让对方回心转意，会苦思冥想自己究竟做错了什么，怎样才能重新使对方爱上自己。他们有时会出其不意地出现在恋人的家中或工作场所，然后咆哮而去；他们不停地打电话、发电子邮件和写信，一再地拜访两人共同的朋友……随着这些行为的愈演愈烈，被抛弃的一方对对方的爱情不仅不会减弱，反而不断地加强。这种现象被称为"挫折吸引力"，意思是当爱情受到阻碍时，被遗弃者对恋人反而爱得更深了。

导致挫折吸引力的原因有两个方面：一个是生理学基础。精神病学家认为，挫折吸引力的出现，与失恋者体内的多巴胺有关。多巴胺是一种控制肌肉运动，并让人产生满足感的化学物质。在恋爱刚刚开始时，产生多巴胺的系统被激活。在抗议阶段，多巴胺的活动也增加，使得遭受拒绝的恋人感觉到更为强烈的激情。第二个是心理因素。大学阶段对异性感情的渴望和追求，强化了大学生对恋爱关系的珍视，这是导致挫折吸引力产生的心理因素。美国实验心理学家鲍威尔对此指出：在人生的不同阶段，对心理健康产生重要影响的人际关系的侧重点也不一样。对于大学生而言，曾经产生过重要影响的亲子关系、师生关系、同伴关系，正让位于两性之间的恋爱关系。恋爱关系对于大学生的意义，事实上已经超过了这个关系本身，作为他们认定自我价值的基础。

因此一旦失恋，尤其是"被拒绝"失恋时，他们往往会产生强烈的挫折感。于是失恋成了最困扰大学生们的感情问题。大学生恋爱心理成熟与否的关键是，能否正确面对和消除失恋所带来的痛苦体验，让理智战胜情感。

网恋心理问题

网恋一般都是通过聊天室和论坛及电子邮件等方式进行的，而正是由于网络受条件限制，所以对一个人的认识往往是片面的，人性的复杂在网络的掩护下得到了部分遮蔽。而恋爱是需要全方位、多侧面地去了解一个人的。所以很多网恋都是光开花不结果，聚也匆匆散也匆匆，很大的一方面原因就是缺少对对方全面的把握，往往是在特定的心境下，心理冲动的结果。网恋可以分为两种类型。一种是恋爱双方主要了解交流的渠道是互联网，双方或一方基于互联网了解对方，并且利用互联网来交流感情。另外一种则是恋情的产生虽然基于互联网，但互联网不是双方的主要交流渠道。恋爱的双方还使用其他方式例如电话、书信等，并且频繁见面。互联网只是情感交流的一个补充工具。

通过网络相识，然后由虚幻走入现实，最终步入婚姻殿堂的例子在我们身边虽然不为少数，但是，看到的更多的网恋是没有结果的悲剧。很多事实证明，一些青年人在网恋中遭受侵害，吃了大亏，很重要的一个原因就在于受网络的限制，无法深刻了解对方。

测试：你对爱情的看法正确吗

每个人对爱情都会有自己的看法和期待，那么你对爱情的看法到底正不正确呢？你的爱情观是不是能给你带来幸福呢？下面的测试能让你知道你的爱情观到底是怎样的。

1. 在你的观点中，恋爱是人生中的一件大事，谈恋爱的目的是：

A. 只要找到真心与你相爱的人就足够了

B. 找到结婚的对象，传承后代

C. 为了生理上的需要

D. 没有认真想过，只是玩玩，满足自己的好奇心

2. 什么样素质的人才能够做你的人生伴侣？

A. 外表英俊（漂亮），像个男子汉（像个贤妻良母）

B. 家庭背景好，社交能力强

C. 成熟稳重，可靠值得信赖，亲切，积极进取

D. 只要对方深爱我就行了

3. 你和一个人确立恋爱关系的理由是什么？

A. 两个人地位差不多，性格相投

B. 我比对方的条件好

C. 对方的条件比我好

D. 没想过这个问题

4. 你认为什么时候是谈恋爱最合适的时间？

A. 当自己事业取得一定成功，心理上也成熟时，能够给对方爱情和婚姻的承诺并承担相应的责任时

B. 一切随缘，遇到想结婚的对象时，不必强求

C. 趁早主动出击

D. 没相过这个问题

5. 你认为认识对方最好的方式是哪种？

A. 青梅竹马，相互了解

B. 一见钟情

C. 在学校或单位认识的

D. 通过朋友或者婚介中心介绍

6. 你觉得维护爱情最好的方式是什么？

A. 用各种方法哄对方开心

B. 让自己更有魅力

C. 一切以对方为中心

D. 没有什么方法

7. 你认为恋爱需要多长时间才比较适合建立婚姻关系？

A. 采取速战速决，不拖时间

B. 看两人的关系发展进度

C. 长一些时间好，更能了解对方

D. 自己无所谓，看对方的态度

8. 恋爱的人总希望能够把对方了解透，你一般是通过什么方法了解对方的？

A. 设计一些场景测试对方对自己的感情

B. 相互坦白，用心交流

C. 咨询别人

D. 没想过

9. 随着你的恋情进展，你会发现对方的一些缺点，这时你会怎么办？

A. 耐心劝导，帮助对方改正

B. 没有思想准备陷入苦恼中

C. 考虑要不要分手

D. 没有办法

10. 有一个优秀的异性追求你，可是你身边已经有了恋人，你会：

A. 明确拒绝对方，一心爱着自己的恋人

B. 和那人做普通朋友

C. 脚踏两只船

D. 不知道该怎么办

11. 当你努力追求一位异性时，对方已经有了自己的恋人，你会：

A. 先缓一缓，视情况发展

B. 一条路走到底，继续追求

C. 放弃追求，祝福对方

D. 不知道怎么办

12. 恋爱总会出现一些波澜，你怎么看待这些波澜：

A. 这是对彼此的考验，使彼此更加了解

B. 对此很难过，沮丧

C. 起疑心，想和对方分手

D. 不知道怎么办

13. 由于两人性格生活习惯不合等原因，你们的感情没有进展，对方想分手，你会：

A. 死缠烂打，希望对方回心转意

B. 散布对方不好的言语

C. 爽快分手，重新开始寻找另一段感情

D. 不知道怎么办

14. 你非常依赖的爱人背叛了你，另找新欢，你会怎么做？

A. 后悔没看清对方的为人，自认晦气

B. 狠狠报复对方

C. 重新寻找另一半，并避免这个错误

D. 伤心欲绝，折磨自己

15. 你已经到了适婚年龄了，但是感情经历很失败，这时你会：

A. 宁缺勿滥

B. 随便找一个

C. 审视自己的爱情观是否错了

D. 丧失信心，决定独身

参考答案：

第1题：选A得3分，选B得2分，选C、D得1分。

第3、4、9、10、12题：选A得3分，选B得2分，选C得1分，选D不得分。

第2、5题：选A得2分，选B、D得1分，选C得3分。

第11、13、14、15题：选A得2分，选B得1分，选C得3分，选D不得分。

第6、7、8题：选A得1分，选B得3分，选C得2分，选D不得分。

0分等于或多于7个者，爱情观不正确。

15~24分，和恋人的关系有了一些问题。

25~34分，爱情观比较正常、健康。

35~45分，爱情观非常正确。

第十六章

性心理学：女性的
友善为何被男人误解为性诱惑

细腰丰臀的女性因何受欢迎

从古至今，女人们为了追求完美的身材，可谓煞费苦心。她们不惜绑束腹带，甚至用更为苛刻的方法来束腰，有时还要付出肋骨畸形、呼吸窘迫、流产等代价，只求能拥有纤细的腰部。19 世纪，女人们为了拥有浑圆的臀部，还用穿裙撑的方法来突出臀部，以达到以假乱真的效果。男人喜欢细腰丰臀的女性，当女性的腰臀比例超过 80% 时，男人就开始不感兴趣了。如果女性的腰臀比例接近百分之百，那么男人就会兴趣全无。所以，为了博得男人的喜爱，女人们都想方设法将自己的腰臀比例尽可能降低。

男人为什么会对细腰丰臀的女性情有独钟呢？

有人总结出了女人身体的黄金比例，即 36、24、36，分别对应胸围、腰围和臀围。这些数字并不是毫无根据的，德州大学的演化心理学家德温达曾指出女性的腰臀比例是吸引男性的关键，并通过实验证实了男性更偏爱腰臀比例低的女性。女性的腰臀比例大多介于 0.7 ~ 1 之间，最受男性青睐的女性即是腰臀比例为 0.7 的女性，而最受女性青睐的男性则是腰臀比例为 0.9 的男性，这样的结果是具有普遍意义的。

德克萨斯大学研究进化心理学的教授德文德拉·辛通过自己的研究也得出了相似的结论，即腰臀比例在 67% 到 80% 的女性最受男性欢迎，而且相对于体重来说，腰臀比例更为重要。辛教授做了一个实验：他将三种类型（偏胖、匀称和偏瘦）的女性照片给不同的男性看，让男性根据自己的喜好进行排序。结果发现体形匀称、腰臀比例在 0.7 的女性最受欢迎，而在偏胖和偏瘦的女性中，则是腰最细的女性最受欢迎。即使女性的体重偏重，但只要她的腰臀比例为 0.7，也同样会受到男性的喜欢。

德温达教授还从心理学角度进行了分析，腰臀比例低的女性比较健康，这是因为女性的腰部本来是不容易堆积脂肪的，这是由女性的生理因素决定的，但如果患上了糖尿病、高血压、心脏病、中风等疾病以后，体内的脂肪分布就会被改变，纤细的腰部自然也就不存在了；腰臀比例低的女性也具有较强的生育能力，因为腰臀比例低的女性生殖器官更健康，可以分泌更多的荷尔蒙，因此这样的女性比较容易受孕且怀孕时间较早。相反，那些腰臀比较高的女性，其子宫和卵巢周围必然会堆积过多的脂肪，而女性的母性特征决定了这些器官周围是不应该堆积过多脂肪的。出于繁衍后代的考虑，男人当然会比较青睐健康的女性。在男人看来，细腰丰臀的女性是性感诱人的。每当看到这样的女性，男人们就会情不自禁地被其吸引。男人以为自己爱的是身材完美的女人，但实际上，男人爱的是健康和生殖能力旺盛的女性。早在很久以前，从男人开始认定这种身材的女人更健康、更具生殖能力时起，细腰丰臀的女性对男人的吸引力就已经形成了，并一直延续到今天。

所以，细腰丰臀被人们看成是年轻、健康、生育能力强的象征，也是性感的代名词，因此，女人们想尽各种办法让自己的腰更细一些、臀更翘一些。生活中我们常常看到一些年轻的未婚女性穿着露腹上衣，而成年女性却很少穿这种衣服。这就是因为年轻的少女可以将自己的身材尽情地展现出来，以吸引更多男性的目光。

为什么大胸女人更吸引男人

男人天生有一种乳房情结——无论什么样的乳房，男人都喜欢看，而且他们还非常喜欢看乳沟。当然，男人虽对女人的乳房大小及形状不太挑剔，但相对来说，男人还是更容易被胸部丰满的女性所吸引，更喜欢大胸女人。

这和人类的进化有关。人类在直立行走以前，雌性都是用丰满的臀部来吸引异性的，那时的乳房还很小。在人类能够直立行走以后，女性的乳房才开始慢慢变大，以吸引迎面而来的男性。准确说，男人的臀部情结应该是早于乳房情结的，所以，男人喜欢女人的乳房，也是因为乳房很大程度上很像臀部。也可以说，女人的乳房和臀部一样，就是为吸引男人而生的，在大部分时间里，乳房的功能之一就是向男人发出性信号。现在的生活环境虽然发生了很大的变化，女性的乳房也不再裸露于外面，但乳房对男性的吸引力却并没有减小。男人很少与女人进行眼神交流，但却常常会不自觉地注视女性的乳房，这并不是因为男性好色，而是因为男性向来都是被女性的乳房所吸引的。

丰满的胸部除了因为酷似臀部而吸引男人外，还因为它意味着健康和较强的生育能力而让男人关注。在远古时代，人们不知道怎样计算年龄，就连女性自己也不知道自己到底几岁。男性为了寻找到更具生殖价值的伴侣，就只能通过女性的外在条件来判断女性的年龄。大胸的女人有一个特点，就是胸部会随着年龄的增长而逐渐下垂，因此，根据女性胸部的下垂情况，便可以判断出女性的年龄。那些胸部丰满坚挺的女性，就是男性追求的理想对象。

这并不是说小胸的女人就是不年轻的，就不讨男人喜欢，只是男人无法通过小胸而判断女人的年龄。因为小胸女人的乳房比较轻，随着年龄增长而出现的下垂现象并不明显，要准确区分显然是很困难的。男人可以确定胸部丰满坚挺的女人一定是值得自己追求的，至于其他女人则不好说。为了避免判断失误，男人只好将目光聚集在大胸的女人身上，长期下去便形成了这样一种自然倾向，即男人喜欢大胸的女人。

胸部丰满的女性生殖能力更强，这也是男人喜欢大胸女人的理由。这种女性体内的生殖荷尔蒙（雌性激素和黄体素）分泌更旺盛。男人都希望娶到生殖力强的女人，因此胸部丰满的女性才会大受男性的欢迎。

还有人认为男人喜欢大胸女人，是因为大胸女人哺乳能力更强而更容易成为一个好母亲。这样的观点是不符合科学的。从哺乳能力上看，大胸女人与小胸女人之间并没有差别，大胸女人分泌的乳汁与小胸女人分泌的乳汁量基本相同。这就是说，大胸女人未必会成为一个好母亲，男人对大胸女人的青睐当与此无关。

男人还喜欢将头埋在女人的胸部，这是因为乳头周围有一圈粉红色或褐色的乳晕，会散发出一种气味，在性交时可使男人的大脑产生反应。

丰满的胸部是女人性感的体现，是女人吸引男人的重要手段。很多女人都喜欢穿低胸的衣服，并用胸罩将乳房向上托起，展现出迷人的乳沟。女人们或许不知道自己为什么要这样做，只是知道男人喜欢，而男人也不知道自己为什么喜欢，只是情不自禁地会被其吸引。其实，这就是因为这样的胸部看起来酷似臀部，符合男性最原始的审美观。

男人是燃气灶，女人是电炉子

有人将男人的性冲动比作燃气灶，一点即燃；将女人的性冲动比作电炉子，需要一个过程才能达到最高的温度。这是一个非常贴切的比喻，符合男人与女人的性冲动特点——某种情况下，男人和女人都会产生性欲，但相对来说，男人的性欲要比女人的性欲来得更容易一些。在性欲产生以后，男人会表现得更加热烈和冲动，甚至会出现失控的情况。女人则比较慢热，必须经过一段时间的调情才能产生强烈的性冲动，而且女人很少出现失控的情况。

那么，是什么造成了男人和女人的这种差异呢？

一方面，人的大脑中，有一个专门控制人类的性冲动和性行为的性中心，就是下丘脑。下丘脑约有一只樱桃大小，但男人的下丘脑要比女人的下丘脑大一些；另一方面，性欲的产生要受到人体内激素的刺激，特别是睾丸酮的刺激。男人体内的睾丸酮水平远远高于女人体内的睾丸酮水平（大约高出十倍到二十倍），所以男人的性冲动要比女人强烈得多。男人产生性冲动后，目标十分明确，几乎是失去理智的，他所做的一切是不受他的主观意志控制的，也许连他自己都不明白自己为什么会有如此迫切的欲望，但他确实很难控制自己。女人常常觉得男人不顾自己的感受，随时随地都可能提出性交的要求，根本不管自己是不是也有同样的需求。

在性方面，男人为什么如此迫切呢？从进化的角度看，受环境影响，男人要尽快将自己的种子播撒出去，繁育出更多的后代，所以，才养成了迫不及待的习惯。在原始社会，我们人类无论从外形上还是攻击能力上，都不占什么优势，因此常常遭到猛兽的侵袭。古生物学家曾在南非发现了一堆尸骨，是几个小动物的骨骼和一名幼儿的骨骼，距今已有三百多万年了。而且科学家们还惊奇地发现，在这名幼儿的骨头上，有鹰嘴一样的痕迹。所以，科学家认为，这名幼儿是被鹰叼到鹰巢里面去喂小鹰的。由此我们也可以想到，在那个时代，其他猛兽对人类的侵犯也是经常发生的。也就是说，我们祖先的生活环境是十分危险的，随时都可能遭受袭击。在这种随处都有潜在威胁的条件下，要选择生存环境显然是不太现实的。为了尽可能多地将自己的种子播撒出去，男人必须抓紧时间，在任何有性爱机会的地方，在尽可能短的时间里增加受孕机会。

从生理方面讲，当男人产生性欲时，会分泌出大量的性激素，在性激素的作用下，体内（前列腺、精囊、尿道球腺）就会有自然充满的东西，从而使人产生一种胀满感，并渴望把充满的东西排泄出去或把胀满感消除掉。这是一种自然的生理过程。如果男人的生理冲动一直受到压制，那就必然会导致一连串的问题，尤其是婚姻生活中的两性关系问题。

从古至今，男人一直承担着"传宗接代"的重任，为家族增添更多的子孙既是他们的责任，也是他们的光荣。所以，男人渴望与更多的女性发生性关系。古人说："不孝有三，无后为大。"可见古人对"传宗接代"的重视。男人长期在这样的舆论中生活，如果不能为家族添丁，就会被视为不孝。因此，男人们必须争取身边的一切机会，完成添丁的重任。这就是为什么男人的性欲表现得更加强烈和冲动的重要原因之一。

男人为什么那么喜欢看美女

男人天生好色，只要一看到美女，就总是忍不住看上几眼，有时甚至会目不转睛地盯着人家。无论是已婚男人还是单身男子，都会将欣赏漂亮的女人看成是一种享受，而且在他们看来，这是一种再正常不过的行为了，对于伴侣的大惊小怪，他们倒觉得有些莫名其妙。

男人好色，是由男人的大脑结构决定的。在大脑两侧的前端，眼睛正后方的位置，有一种杏仁核状的结构组织，叫做杏仁核。杏仁核是边缘系统的一部分，共有两个，大脑的两边各有一个。杏仁核的运转方式决定了我们在接受外界刺激以及应对紧急状况时所作出的反应。在男人和女人的大脑中，杏仁核的运转方式是不同的，因此，男人和女人对外界刺激的反应方式也是不同的。在男人的大脑中，右侧的杏仁核更为活跃，与大脑其他区域的联系也更为紧密；在女人的大脑中，则是左侧的杏仁核更加活跃。左侧的杏仁核与感觉功能相关的大脑区域联系更为紧密，而右侧的杏仁核则与视觉皮层有着更为密切的关联。所以说，女人更注重感觉，而男人则更注重视觉。

对于外界的视觉信号，男人要比女人更敏感。当男人看到漂亮的女人时，其大脑的杏仁核就会受到刺激，并迅速活跃起来，这将使男人的视觉皮层被激活，情不自禁地盯着漂亮的女人看。

有一点需要注意，就是不能将男人好色等同于男人花心。当漂亮女人的形象进入视野时，男人的大脑就会产生能量，并激活视觉皮层，让男人盯着漂亮的女人看。这个过程是男人无法控制的，所以，女人不能因此而判定男人花心，更不能将其视为男人移情别恋的表现，否则只会伤害两个人的感情。有些夫妻就是因为丈夫喜欢偷瞄美女而吵得天翻地覆，结果不仅解决不了问题，而且还伤了夫妻感情。如果女人能了解这是男人的本能反应，如果男人能尊重和体谅女人的感受，那就没有这些问题了。

女人或许可以转换一下看待问题的角度，男人容易被别的女人吸引，那就说明他的视觉皮层很容易被激活，这意味着他的妻子也可以通过视觉上的诱惑去吸引他。如果男人对美女不感兴趣，那只能说明他的视觉皮层很难被激活，那么他的妻子在他的眼中自然也是没有吸引力的。从这个角度来看，男人喜欢看美女并不是一件坏事，甚至可以说是一件好事，因为这样的男人往往更懂得欣赏他的妻子，也更容易被他的妻子所吸引。

虽说男人喜欢看美女是一种正常、健康的本能反应，但男人不能因此而无视伴侣的感受，否则就太过自私了。男人应该明白，对于一个女人来说，如果自己的丈夫或情人的目光始终不在自己身上，而是在其他的女人身上瞟来瞟去，那就说明她缺少魅力，不足以吸引男人的目光，这是一件让她非常尴尬的事情。

当然，男人也没有必要刻意掩饰自己的自然反应，因为你不可能每次都掩饰得那么好，如果掩饰不好，就很可能适得其反。男人可以控制的是注视其他女人的时间，要将其控制得尽可能短，这样才不会让妻子尴尬。女人则可以将自己的感受告诉伴侣，但要让对方知道你不会因此而排斥他、否定他。

对于公鸡效应，我们或许可以得出这样一个结论：男人喜欢看美女完全是一种本能的反应，不受主观意志的控制。如果你真的发现哪个男人在看到美女时没有反应，对美女视而不见，原因只有两个，一是他故意装的，二是他不正常。

女性的友善为何被男人误解为性诱惑

美国一家著名的连锁超市曾推出一项新的服务政策，政策要求所有员工在与顾客接触时要面带微笑，与对方进行眼神接触，并对使用信用卡或支票的顾客以姓氏称呼，比如说某先生、某小姐等。这项政策在男员工对男顾客、男员工对女顾客以及女员工对女顾客的执行过程中都没有发生问题，但在女员工对男顾客的执行过程中，却出现了问题。男顾客在享受到女员工的友善服务时，普遍认为女员工对自己有好感，于是他们开始骚扰女员工。最后，有五名女员工向联邦法院提起了诉说，而这家超市也不得不停止了这项政策。

生活中也常有这样的事情发生：女人觉得自己什么都没做，只是与男人在进行正常的交谈，但是男人却以为女人在对其进行性诱惑。结果，男人将问题挑明，非但没能如愿得到女人的青睐，却遭到了女人的无情拒绝，甚至被女人大骂无耻。女人或许认为是男人太过好色，所以才会将什么问题都与性联系在一起。男人也是一头雾水，对方明明在诱惑自己，可为什么又要矢口否认呢？

男人对女人的误会是有目的和根源的，只是女人不知道，男人自己也不清楚。除了进化和繁衍后代的需求促使男人权衡得失时会首选有利于自己繁衍的可能，演化心理学家哈叟顿和大卫·巴思还用"错误管理理论"对此作了更详细的解释。

"错误管理理论"的核心内容是：人们在明确状态下所作的决定，常常会导致错误的结果，但这些错误结果所导致的代价是不同的。人们需要做的是将错误导致的代价降到最低，而不是将犯错误的次数降到最低。也就是说，人们在做某些事情时，明明知道可能会犯错，但因为错误导致的代价并不大，而没错又会为自己带来很大的利益，所以就会明知故犯。以男人猜测女人是否被自己所吸引为例，男人可能会犯下两种错误：一种为错误肯定，一种为错误否定。错误肯定是指他猜测女人受到了他的吸引，但实际上女人并没有被他吸引；错误否定是指他猜测女人没有受到他的吸引，但实际上女人对他很感兴趣。

如果是错误肯定，那么男人需要付出的代价不过就是遭到女人的拒绝或嘲笑，严重一点儿也至多会赏他一记耳光。但如果他没有猜错，他就会为自己赢来一次宝贵的机会，这是男人非常看重的；如果是错误否定，男人就失去了一次可能为自己增添后代的机会。即使他没有猜错，他也不会得到任何好处。因为错误否定的代价要远远大于错误肯定的代价，所以，男人必然会选择对他们更为有利的错误肯定，这是他们容易误解女人友善的主要原因。也就是说，在面对女人的友善，男人更愿意高估女人受到他们性吸引的程度。

而在女人那里，错误管理理论则体现为：女人往往会低估男人对自己作出的承诺。如果女人误以为男人对自己作出了承诺，而实际上没有，也就是错误肯定，那么女人就会为这个男人生育但却得不到照顾，而且还会失去未来几年与其他男人建立忠诚关系的机会；如果女人误认为男人没有对自己作出承诺，但实际上有，也就是错误否定，那么女人付出的代价不过是接着寻找一个可以给自己承诺的男人。对女人来说，错误肯定的代价要比错误否定的代价大得多，所以，女人是绝不会高估男人受到她们吸引的程度的。

在社会交往中，异性交往是不可避免的，然而在异性交往的过程中，女性却常常会处于一种很尴尬的境地，因为女性找不到与男人交往的恰当方式。如果她们对男人不冷不热，对方会认为自己清高孤傲，没有合作的诚意；如果对男人热情友善，对方又会认为自己在进行性诱惑。女人百思不得其解，为什么自己的友善总是被男人误解为性诱惑呢？为什么简单的交谈非要和性扯在一起呢？难道除了男女关系之外，男女之间就不能有正常的友情与合作关系吗？

这一般是不可能的，因为错误管理理论在男人女人那是错位的，男女双方在得失方面的算计也是错位的，没有形成同步。

为什么男人会用性去感受爱情

有人说男人是用下半身思考的动物，这话很有点道理，尤其在性和爱上，表现出了与女人太多的不同：女人是先有爱后有性，只有当她们爱上对方时才可能与其发生性关系；男人则是先有性后有爱，只有通过性才能融入女人的情感之中，感受到爱情的存在。也就是说，女人可以在没有性的情况下爱上男人，但男人却很难做到，在与女人发生性关系前，他还不能确定自己是不是爱这个女人。

这与男人体内高水平的睾丸酮有关。男人最初的冲动与激情完全是其体内的睾丸酮在作怪，他们的大脑被睾丸酮所蒙蔽，以致于他们无法正常地思考。他们因为渴望与女人发生性关系，而觉得自己已经离不开女人，爱上了女人。

男人和女人都需要性，但相对来说，男人对性的渴求更强烈，性对男人的意义也更重要，性是直抵男人心灵的快速通道。性能让男人重新学会感觉，并感受到自己灵魂深处的情感和爱意，让男人也变得敏感起来。只有在完美的性爱中，男人才会停止压抑自己的感受和情绪，将内心深处的情感释放出来；性是让男人身心放松的最好方式，只有在男人身心放松的情况下，他们封闭的心扉才会重新开启，与女人进行情感上的交流。通常情况下，男人出于自我保护的本能，将自己武装得严严实实，以防自己感情用事。当然，让男人放松下来的方法还有很多种，但这些方法却未必能开启男人的心扉，让男人重新学会感觉。

女人就不是这样，女人在性生活中也可以感受到男人的爱，但却不需要通过性来确定对男人的爱情。女人的感觉比较敏锐，可以通过各种方式去感受爱情，但绝不是性，因为在爱情中心开启之前，性中心是不会开启的。这就是说，在与男人发生性关系之前，女人就已经感受到了爱情，她们清楚自己是爱男人的，所以才会接受男人的性请求，与男人发生性关系。如果她们不确定自己对男人的爱情，就不会贸然与男人发生性关系。女人对性是比较谨慎的，不会随便选择自己的性伴侣，因为这关系到自己和孩子将来的生活。

男人对性的渴望其实也是对爱情的渴望，他们需要通过性来确定自己的真实感受，品味女人的爱情。当男人和女人发生性关系时，可以肯定女人一定是爱男人的，但却不能说男人一定是爱女人的。在欲望的驱使下，男人很快就会产生与女人发生性关系的冲动，他们误以为自己已经爱上了女人，但实际情况可能并非如此。只有经过一段时间的交往之后，男人才能确定自己是不是真的爱上了女人。

换个角度，也可以这样理解，两个人的性爱越和谐，越完美，男人所感受到的爱情就越深刻，对自己的性伴侣也会越忠诚。从某种意义上说，女人的性高潮最让男人陶醉。当男人发现自己可以让女人获得最大程度的满足，并且女人对此心存感激时，男人就会特别有成就感。而在接下来自己的高潮到来之时，男人会彻底敞开自己的心扉，感觉到自己刻骨铭心的爱情，并用心品味女人的爱情。他们会越来越爱女人，于是两个人结为百年之好，约定一生相守。也不否认，在发生性关系之后，如果男人始终没有感受到爱情，他们最终会得出自己不爱对方的结论，于是，可能很快与女人分手。所以说，女人如果希望男人更爱自己，构筑完美性爱是最有效、快捷的方式。

男人如何把性与爱分开

在男人看来，性与爱是没有必然联系的，性是性，爱是爱，虽然有时候它们会同时发生，但仍然可以将它们区分开。男人是如何把性与爱分开的呢？

这和男人的大脑有关。男人的大脑是单向性的，他们一次只能处理一件事情。在男人的大脑中，性中心和爱情中心没有连接的通道。在性中心工作时，爱情中心不工作；在爱情中心工作时，性中心不工作。正因为男人的大脑将性与爱划分为两种事情，所以他们才可以将性与爱区别对待。

女人却不具备这样的能力，女人没有办法将性从爱中分离出来。因为女人的大脑是多向性的，在爱情中心和性中心之间存在着网状连接，且只有在爱情中心开启之后，性中心才会启动。

正是这个原因造成了男人更容易发生婚外情。

有调查显示，90%以上的婚外情都开始于男人，80%以上的恋情都结束于女人。男人会主动发展婚外情，但却很少主动结束一段恋情。

女人则不同。女人把性看成是爱的延伸，如果她们与男人发生了性关系，那就是已经爱上对方了。当她们发现一段恋情只有自己的付出而没有对方的情感承诺时，她们就会选择结束这段恋情，因为她们无法忍受有性无爱的恋情。

女人无法理解男人。女人真正在意的并不是男人与其他女人发生了肉体关系，而是男人伤害了她们的感情，辜负了她们的信任。她们无法想象男人会跟一个自己根本就不爱的女人发生性关系。

在对待婚外情上，男人女人也有很大的差异。男人容易发生婚外情，但男人也很容易摆脱婚外情。如果男人没有爱上自己的婚外情对象，那么要他们忘记这段婚外情是很容易的。女人不容易发生婚外情，但女人也不容易摆脱婚外情。如果女人发生婚外情，那么她们一定是爱上了自己的婚外情对象，所以她们很难抽身，甚至会选择结束目前的婚姻生活，与情人生活在一起。

女人的拒绝让男人备受打击

在性生活中，如果女人总是拒绝男人，男人就会备受挫折和打击，对性爱的信心也会有所下降。在他们再次发出做爱的请求之前，他们就会犹豫不决，因为他们害怕再次被拒绝，这让他们很苦恼。也就是说，在男人主动发出性请求时，就是他最脆弱时。如果得不到女人积极的回应，他就很容易感到被拒绝，并产生失落、沮丧等消极的情绪。有些时候，男人甚至会因为女人的拒绝而勃然大怒，这在女人看来似乎有些不可思议，其实男人也不知道为什么，可是他们确实很想发火。

事实上，男人并不会因为所有女人的拒绝而备受挫折，只有当他们很在乎的女人拒绝他们时，他们才会产生如此复杂的感觉。如果这个女人是他们根本就不在乎的，那么即使遭到拒绝，他们也不会有受挫的感觉。所以，当男人总是被自己所爱的女人拒绝时，他们有可能会去寻找一个不拒绝自己的女人，让其他的女人来满足自己的生理需求。男人可以将性与爱区分开。

男人是在演化过程中养成这种习惯的。在那个以男性为主导的时代，女人为了让自己生存下去，必须处处服从男人，因为她们需要男人为她们提供生活上的保障。当男人有做爱的需求时，女人必须无条件地满足男人，男人和女人都认为这是天经地义的事。在征服女人的过程中，男人找到了他们的男性威风和自信。男人的这种心理特点至今也没有改变。

在性方面，女人的表现很容易让男人感到被拒绝，比如，当男人向女人提出做爱的请求时，如果女人给出的回应不是积极的，或者女人的回答是"我现在还有其他的事情""我现在没有心情"等，男人就会觉得女人不愿意和自己做爱。有时候，女人口中的"不知道"也常常被男人误认为否定词，认为是女人拒绝

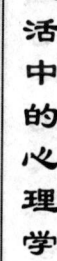

心理学

第二篇 生活中的心理学

自己的一种方式。但事实上，女人的"不知道"只是她们还不能确定自己需不需要。不过男人显然不懂这一点，只要女人没有作出积极的回应，他们就会认为女人在拒绝自己。事实上，当男人压抑自己性欲时，他们就很容易产生被拒绝的感觉。

女人必须谨慎对待男人的渴望。在男人提出要求时，尽量不要扫对方的兴，愉快接受或者巧妙地告诉对方自己的顾虑。女人应该让男人知道，自己和他一样对性爱充满了兴趣，并非常渴望，如果女人真的不舒服，一定要委婉地拒绝，切勿伤害了男人。

男人和女人想从性中得到什么

同样面对性，男人和女人的想法和需求截然不同：男人的想法比较简单，他们多数时候想通过性来释放自己的压抑和紧张，让自己放松下来。女人则将性看成是爱的延伸，她们希望通过性来感受男人的爱，与男人进行灵魂深处的对话。也就是说，男人更注重生理上的感受，而女人则更注重精神上的满足。

这样的差异造成了男人女人性生活的不和谐。现代社会激烈的竞争给男人造成了很大的压力，当他们碰到难题或麻烦时，就喜欢利用性爱来缓解紧张和压力。因为在做爱时，男人的注意力高度集中，可以将一切烦恼都抛之脑后，而在高潮过后，男人的激情迅速退去，他们的紧张被释放了出来，并很快就会进入梦乡。女人常常会因为男人的这种表现而感到生气，认为男人太自私，只想着满足自己，根本不顾伴侣的感受。女人觉得自己只是男人做爱的工具，当男人的欲望满足以后，就会对自己置之不理。所以，女人总有一种被利用的感觉，并因此而感到不快，开始怨恨男人。

女人与男人不同，她们希望通过性爱来加深彼此的感情。她们渴望与男人做更多的交流，尤其是心贴心的交流，她们希望男人长时间地关注自己，爱抚、拥抱自己，这会让女人有一种被呵护的安全感。女人需要足够的前戏和后戏，当男人在做爱后仍然抱着女人与女人交谈时，女人就会认为这个男人是深爱自己的，而且是值得信赖的，因为她们觉得自己的感受被重视。如果男人将前戏和后戏都省略掉，那么女人就会产生一种被利用的感觉，这样的性爱是无法让女人满足的。

女人更注重情感上的联系，只有当她们的情感需求被满足时，她们才会享受性爱。男人常常因为女人要自己放慢节奏而感到扫兴，认为女人不理解自己，不懂得为自己排忧解愁。男人很少关注女人的感受，他们觉得如果女人爱自己，就会享受和自己做爱的过程，就会和他们一样急切。他们不理解女人为什么在做爱时还会有那么多话可说，更不理解女人为什么会对自己的速战速决感到不快。

男人和女人在性爱中的需求尽管不同，但却并非不可调和。如果男人和女人都能为对方多想一想，照顾对方的感受，那么双方就都可以在性爱中得到自己想得到的。男人有充分的理由不去做前戏和后戏，但他们必须顾及女人的感受，让女人也享受到性爱的快乐；女人也有充分的理由拒绝男人的快速性爱，但她们也应体谅男人的辛苦，让男人彻底地放松。

性爱既然是两个人的事，男人和女人就都有责任和义务去满足对方的需求，而不能只顾自己的需求。

为什么会有同性恋者

尽管现代社会已经出现了越来越多的同性恋者，而且也不断有专家为同性恋正名，希望公众以正常的眼光看待同性恋，但大多数人却仍然表示难以接受，甚至对同性恋者有歧视心理。其实，这不过是一种性取向问题，即使这种性取向与大多数人的性取向不同，也不应该被歧视和排斥。

有人可能会有疑问，既然人类的性行为本身的目的就是繁衍，那么没有繁衍价值的同性恋又有什么意义呢？为什么会有同性恋者呢？同性恋究竟是同性恋者自己的选择还是与生俱来的呢？

人类的性取向主要是受大脑控制的。通常情况下，女性的大脑更倾向于选择男人，因此女性更容易被男人吸引；而男性的大脑则更倾向于选择女人，因此男性更容易被女人吸引。但如果因为某种原因使得男人的大脑具备了一些女性特征，或者是使得女人的大脑具备了一些男性特征，那么情况就会发生改变。如果男人的大脑更具有女性特征，那么他们就会更喜欢男人而不是女人。同样，如果女人的大脑更具男性特征，她们也会更容易被女人吸引。也就是说，同性恋是大脑异常变化的结果。

是什么使得男人的大脑和女人的大脑发生了这种异常的变化呢？是激素。我们知道，让男人更像男人的是男性荷尔蒙，而让女人更像女人的则是女性荷尔蒙。如果男婴没有在正确的时间接受足够的男性荷尔蒙，那么其长大后就可能会成为男同性恋；如果女婴接受了过多的男性荷尔蒙，则可能在长大后会成为女同性恋。有研究表明，男婴或女婴的性取向早在母体的子宫内就已经形成了，大约在五岁时就会牢固地定型。显然，一个五岁的孩子还不能选择自己的恋爱对象，所以说同性恋并不是同性恋者自己的选择，而是先天就已经形成的。也就是说，在孩子的成长过程中，无论周围的人对其产生了怎样的影响，也不管他们生活在怎样的环境中，都很难改变孩子的性取向。

由于人们对同性恋的偏见，很多同性恋者都希望改变现状，尤其是他们的父母，更是希望他们能过正常的性生活，可就是在医疗技术已经相对发达的今天，也仍然没有找到一种有效的方法来治疗同性恋。其实，同性恋根本就不需要治疗，同性恋者真正需要的是接受和理解。同性恋并不是一种疾病，只是一种相对另类的性取向。同性恋者的生理健康和心理健康都没有问题，更不会对社会构成威胁。

尽管很多人认为同性恋是一种不自然的行为，但实际上，它与异性恋一样自然。有人担心同性之间不会产生爱情，这种担心根本就是多余的。

与异性恋者对性行为的渴望相比，同性恋者对性更为着迷，性动力也更足。因为其睾丸酮水平更高。人体内的睾丸酮水平是衡量性动力的重要因素，睾丸酮水平越高，性动力就越强。前面已经讨论过了，男人的性中心要比女人的性中心大，男人体内的睾丸酮水平也要比女人体内的睾丸酮水平高出十倍到二十倍。所以，男人的性动力比女人更强，他们可以随时进行性行为，但是女人却做不到。男同性恋者虽然在性取向上不同于男异性恋者，但在大多数情况下，二者的性动力却几乎是一样的。即使有差距，也不会太大。

既然性取向是天生的，那就没有所谓的对与错，那么真爱也就不应该有性别之分。异性间的爱情值得尊重，同性间的爱情也同样值得尊重。

第十七章

婚姻心理学：为什么
婚姻会让男人安定下来

为什么女人不像以前那么温顺了

有对夫妻感情出现了问题，妻子发现丈夫有了外遇，于是，丈夫提出离婚。妻子受到了很大的伤害，但是她并没跟丈夫哭闹，也没寻死上吊的，她只是淡淡地说："我同意离婚，但要等一个月以后，让我们都好好考虑一下吧。"

或许是上天可怜这个女人，一周后妻子发现自己怀孕了。丈夫决定不离开她了，他的心里有了责任。妻子很高兴，再没提起过他的那场外遇。虽然没离婚，但他们的夫妻关系却失去了应有的浪漫和情趣，随后的几年，男人又有过几次外遇。夫妻俩相安无事地生活着，孩子已经长大成人。

某一年，丈夫去世了，妻子偶然发现了一张丈夫和另一个女人的照片。照片上的丈夫那么快乐，而且自由自在，照片上的女人那么美丽迷人，目光中闪烁着爱的烈焰。

看到照片，妻子流下了眼泪，丈夫活着时，她从未哭过。她对儿子说："我也曾像这个女人一样美丽幸福，我也从你父亲那里享受过这种爱情。"

儿子问母亲能接受父亲的不忠吗，母亲回答说："我不伤心，当我成了母亲时，我无法满足你父亲的需要，自然不能阻挡他和别的女人好了。其实，我很感激他作出的牺牲，他毕竟留在了这个家里，没抛弃我们。"

回望父辈们的情感之路，很多家庭都曾上演过这一幕亦悲亦喜的情感剧。

这个故事也从另一个角度阐释了那个年代或更早的年代离婚率不如现在高的

一个原因。

那个时候，或者更早时，男人和女人的分工明显不同，男人为了妻子儿女的生计整天在外面奔忙，女人则负责在家操持家务，照料孩子。这时候的女人对男人的依赖性很强，她觉得负责养家糊口的男人已经把所有的爱都给了自己，自己就要更加尊敬他、爱护他，尽管很多时候男人并不懂得体贴和关怀。女人认为男人只要找到回家的路就可以了，绝不会为了什么"不忠"或"不体贴"跟自己的男人胡闹，发牢骚。当然，那时的女人并不是就没有情感需求，只不过情感需求不是她的最主要的需求，或者她根本不敢有那方面的奢求。

可是，现在却不同了。随着社会和经济的发展变化，传统的男女关系受到了极大的影响，也发生了本质的变化：女人走出了家庭，步入了社会，她们不再依附于男人，她们可以掌握自己的命运。这无形中削弱了男人在女人心目中的传统价值，男人不再以供养人和保护人的身份受到女人的重视和钦佩，尽管他们还在做着他们一直在做的事。这时的女人不再满足于男人的那种原始付出，开始关注自己的情感需求，渴望得到男人的了解与同情。她们也希望在忙碌了一天之后能得到丈夫的呵护。因为，她们自己也成了家庭和孩子的供养人和保护人。可是，男人不愿意接受这样的事实，他们仍然希望自己能享受到父辈们的待遇——有人伺候着。这也是前些年许多父母见不得自己儿子伺候、讨好媳妇的一个原因。于是，矛盾就出现了。女人不但不允许开篇的那种故事在自己的婚姻中上演，也不允许男人再当甩手掌柜的。男人心里也有了不平衡，开始嫌弃妻子不够宽容温顺，开始抱怨妻子对自己缺乏应有的尊重。男人没了原先的成就感。

从此，男人和女人的情感关系有了对爱、浪漫、幸福感、亲密感和持久激情的需求。这就像是一个课题摆在了男人和女人面前。面对这一课题，男人必须抛弃大男子主义，女人必须注重自己的传统角色；男人要给予女人尊重和体贴，女人要继续给予男人温柔和钦佩。只有这样，家庭才会充满爱意，才会保持健康与和谐。

遗憾的是，很多人不明白这个道理。这就造就了许多可怜的男人和女人，从早忙到晚，回家还要讨好女人、伺候男人，尤其当讨好和伺候变得很不情愿时，男人女人的内心就会充满不平衡、抱怨、失望，甚至悲凉。久而久之，男人女人的这种情绪就会产生对抗，进而使情感发生裂痕，直至最后破裂——既然谁离了谁都能活，既然谁都离得了谁，那就干脆离了算了。这或许就是婚外情、一夜情突增，离婚率提高的一个原因。

当女人不再是传统女人，她自身的需求发生了巨大的变化，向男性提出了更多的情感要求，可是，男人还沉浸在传统的丈夫角色中，于是，夫妻之间产生冲突则在所难免。

七年之痒

有资料表明，男女相爱激情一般只能维持 18 个月。在这 18 个月的时间里，双方能够如胶似漆，形影不离；18 个月后，双方"粘合力"则会大大降低。可以说，当今情侣分手、夫妻离婚的频繁发生，在很大程度上是"18 个月效应"在起作用。

"七年之痒"是个舶来词，出自梦露主演的影片《七年之痒》。影片故事很简单，一个结婚 7 年的有贼心而没贼胆的出版商，在妻儿外出度假时，对楼上新来的美貌广告小明星想入非非。在想象的过程中，他的道德观念和自己的贼心不断发生冲撞，最后他作出决定：拒绝诱惑，立刻赶去妻儿所在的度假地。

"七年之痒"最直接的意思是：随着时间的推移，存在于夫妇之间的新鲜感丧失，情感出现疲惫或厌倦，从而使婚姻进入了瓶颈。

有句顺口溜说：握着老婆的手，就像左手握右手。其实，夫妻相处久了，握着老公的手恐怕也会全没感觉的。这不能说不是婚姻的悲哀。幸福像花儿一样，你不精心地培育、浇灌、剪枝，那花就一定开不出你想要的鲜艳，弄不好还会在骨朵时就早早夭折了。

在婚姻的经营上，男人绝对不如女人，尽管男人也渴望拥有美满的婚姻，但他们却对此感到无所适从，因为他们不知道究竟该怎样做。既然男人不会主动作出改变，就由女人来安排一切吧。

首先，试着跟他保持距离并给他造成适度的危机感，这是把他重新吸引到你身边的一个致命办法。对于已经得到且其他人也不感兴趣的女人，男人常常会失去兴趣，当然也就不会有什么激情。这就要求女人一定要保持自己对异性的吸引力，千万不要因为只专注于操持家务而让自己变成黄脸婆。

其次，逃离现在的生活。现实生活的压力是导致激情消失的重要原因，当男人整天被工作搞得晕头转向，女人被家庭琐事闹得心烦意乱时，对性生活的激情自然就会减少。试想连仔细欣赏对方的时间都没有，还谈什么共度良宵呢？如果能换一个环境，逃离现在的生活，情况就会完全不同了。

每个月都进行一次浪漫的离家出走。即使不能到风景秀丽的景区，也要到郊区或附近的城镇走一走，或者去一家温馨舒适的旅馆度过一晚，总之一定要换一种环境，而且要保证新环境的安静和舒适。

女人注重浪漫，男人追求新鲜，一个充满浪漫气息的新环境恰好可以同时满足男人和女人的愿望，让女人享受浪漫，让男人感受新鲜。即使是已经失去激情的夫妻，也很可能在这样的环境中重燃激情。

当然，男人未必会答应你，但只要他不是强烈反对，你就一定要坚持你的主张，把他带入你精心设计好的计划之中。当他发现这次外出带给他的感觉是如此美妙时，他就会发现他对你仍然是非常感兴趣的，他还是像以前一样爱你，而且你们之间仍然可以是充满激情的。这些美好的回忆将让他对你的看法发生巨大的转变，对你们的婚姻也会有重新的定位，相信用不了多久，他就会主动约你外出度假了。

男人对女人有"亲密周期"

经常会听到女人抱怨男人对自己若即若离，时而亲近，时而疏远，这让女人很是苦恼。在女人看来，既然两个人已经决定相守一生，那就应该时刻保持亲密，即使不能形影不离，也要经常沟通感情。

男人的这种反应女人很难理解，女人自己从来都不会这样。她们如果要逃离男人，那一定是因为男人做了什么让自己伤心的事或者是自己不再爱男人了等等，总之一定会有具体的原因，而且一定是与男人有关的原因。所以，当男人想要逃离自己时，女人们就会想，是不是自己做错了什么事呢，还是他已经不再爱我了呢？

女人的烦恼全都缘于女人不了解男人。男人的离开根本并没有什么具体的原因，他们只是在整日与女人交往的过程中，觉得与女人太过亲密，有些失去了自我，所以他们需要离开一段时间，进行自我反思，找回失去的自我。男人害怕自己因为一种关系而变得不再独立，他们也害怕失去自由，几乎所有的男人都渴望在爱情中自由地出入。

也就是说，男人的逃避是他们的本能需求，女人们必须了解男人的这一本能需求，并满足他们的需求，给他们自由的空间，让他们有独立的空间去思考和反省。女人应该知道，男人的逃开是暂时的，在他们反省之后，就会自动回到女人身边，而且会对女人更加亲密。女人可以将男人暂时的离开看做是在积蓄爱的力量，在离开的这段时间里，男人会发现自己根本离不开女人，他开始想念和女人在一起时的快乐时光，所以用不了多久，他就会重新回到女人的身边，并对女人更加温情。

男人的暂时离开不但不会影响男人对女人的爱，反倒会让爱情升温。女人不懂这一点，就会一味抱怨或试图亲近男人，那就只能让男人逃得更快。当男人产生逃离的愿望时，他满脑子想的都是离开，此时女人的亲近举动和抱怨只会让男人更加怀念一个人独处的生活。如果女人强行阻拦或者在男人返回后惩罚男人，就会影响夫妻间的感情，甚至导致感情的破裂。女人应该明白，适当地给彼此留出一定的空间，是让爱情升温和关系牢固的有效手段。

既然男人和女人要在一起生活，而男人和女人的天性又是不同的，男人和女人就必须懂得互相尊重对方。男人需要适当的独处，需要有时间进行反思，这是他们的本能需要，与其他的一切都没有关系，所以女人应该无条件地满足，就如同男人满足女人的本能需要一样。

女人应该了解男人对女人有一个亲密周期，每隔一段时间，尤其当男人发现自己与女人太过亲密时，他们就需要暂时离开一段时间。女人不能把男人抓得太紧，该放手时就要放手，让他们有自己的独立空间。当然，女人也不能太过放任男人的离开。如果男人离开的时间过长或者是经常不在身边，那么彼此的感情就很可能发生变故，这时男人就不会再回到女人身边了。女人也完全可以利用这段时间做一些自己的事情，比如说与好朋友一起逛街，与昔日的同窗一起旅游等等。女人不应该因为婚姻而失去自己的交际圈。

男人不像女人那样重视感情生活

仔细观察能发现男人和女人的生活侧重点有很大的不同。男人更重视物质生活，希望取得事业上的成功，创造更多的生活财富。在与人交谈时，男人则不喜欢谈论自己或别人的感情生活，他们喜欢聊聊商机、体育、政治等，或干脆讲讲笑话。女人则更重视感情生活，希望与男人经常沟通感情，多做一些可以增进彼此感情的事。在与人交谈时，女人们常常会围绕感情话题展开，她们不仅乐于分享自己的感情经历，而且对其他人的感情生活也很感兴趣。

为什么男人女人有这样的差别呢？因为男人的情感不像女人那样丰富、细腻，自身的感觉也要比女人迟钝。在原始社会，体力是衡量价值的重要因素，人们要靠体力劳动来创造生活的财富，而体力劳动的主力军当然是男人。如果男人的情绪不好，就必然会影响到生活财富的创造，所以，对于女人来说，识别男人的情绪好坏是很重要的；而对于男人来说，则没有必要去识别女人的情绪好坏。

就这样，男人和女人在识别他人情绪方面走上了两条不同的发展道路，女人发展得好一些，而男人则发展得差一些。

通常情况下，男人是不会释放内心的情绪和感受的，这是男人在漫长的进化过程中形成的习惯，目的就是为了保护自己不受伤害。因为将自己的真实感受表现出来往往会将自己暴露于危险之中，所以男人很少向别人坦露心扉。渐渐地，男人变得越来越麻木，对幸福和爱情的感觉也要比女人迟钝很多。

不同的进化过程决定了男人和女人在大脑结构上的差异。女人的情感大脑要比男人的情感大脑更发达一些。在大脑两侧，各有一个大脑下顶叶，左侧的大脑下顶叶主要负责加工逻辑思维、理性思维和线性思维，而右侧的大脑下顶叶则主要负责处理情感、感觉和直觉信息。通过观察发现，女人右侧的大脑下顶叶要比男人的大一些，所以，女人更擅长处理情感问题，更善于观察、确认和体验内心深处的感觉以及人与人之间情感的微妙之处。不过女人左侧的大脑下顶叶却没有男人发达，因此，尽管她们能够识别出其他人的情感，但是却未必能准确理解产生这种情感的原因。

男人女人大脑中的杏仁核也有很大的差异。女人的敏感与杏仁核的运转方式有很大的关系，在女人的大脑中，大脑左侧的杏仁核更加活跃，这与男人是截然相反的。

杏仁核指的就是大脑中呈杏仁状的结构组织。杏仁核共有两个，大脑的两边各有一个，位于脑干的上端，紧贴头部的边缘，是边缘系统的一部分。杏仁核与人的感情密切相关，因为有了杏仁核，我们才具有对各种感情的认知能力和感受能力，否则就会变得冷漠而麻木。大脑左侧的杏仁核连接着包括下丘脑在内的大脑其他区域，而下丘脑又连接着与感觉功能相关的大脑区域，这就使得女人更容易体察到各种感觉信息，尤其对体内发生的各种反应更加敏感，因为下丘脑主要是用来接收身体内部信号的。每当遇到问题时，女人总是更喜欢探讨问题带给她的各种复杂感觉，就是因为她的杏仁核直接通向大脑的感觉区域的缘故。

此外，女人的大脑边缘系统比男人更发达，所以她们更容易接触到自己的感觉。以杏仁核为中心的大脑边缘系统是人类的情感中心，这个系统越发达，对情感的感知能力就越强。因此，女人比男人更容易感受到快乐和悲伤，触发女人情感的门槛也要更低一些。

在情感体验上的男女差异很大程度上也受"男尊女卑"思想的影响。封建社会，女人不能读书，不能为官，甚至不能到外面抛头露面，她们要做的就是伺候好自己的男人和公婆，并照顾好自己的孩子。女人为了照顾好孩子，必须要具备识别孩子情绪的能力。另外，在夫家，女人由于没有自己的生活来源，要靠夫家供养，所以在夫家是很没有地位的，经常要看婆婆和丈夫的脸色行事。在艰难的处境中，女人的情感大脑得到了很好的发育，她们更能体会到别人的情感，也对自己的情感有了更深的认识。

以上都是造成男女对感情认知能力和感知能力差异的因素，了解了这些之后对男人女人的相处以及顺畅交往有很大的帮助。女人应该理解，男人不是不想过感情生活，而是他们不知道该如何去丰富自己的感情生活。男人也希望与女人的感情更进一步，可是他们不知道该怎样去做，他们能想到的大概就是给女人买衣服、戒指等礼物，或者是赚更多的钱给女人花。男人不喜欢与女人谈论感情话题也不是因为他们不在乎与女人之间的感情，而是他们不知道该说些什么。当女人将自己的感觉娓娓道来时，男人可能根本就无法理解，他们更不知该如何描述自己的感受，所以他们真的没什么可说的。有了理解，女人再遭遇男人的不配合时也就能保持心态平和了。

人类为何对情人那么痴迷

大多数夫妻都是从情人走过来的，当他们还是情人时，他们互相欣赏，彼此牵挂，认定对方就是自己魂牵梦绕的完美情人，如果失去彼此，他们就会觉得自己的生活失去了意义。但当他们终于成为夫妻以后，曾经的美好却似乎都化为了泡影，他们发现对方并不像自己想象的那样完美，而且还有很多让自己讨厌的坏习惯。于是，他们不再痴迷于对方，生活也开始恢复平静。他们不明白自己怎么会对曾经迷恋的对象逐渐冷淡下来。

人类为何会对情人那么痴迷呢？美国的人类学家海伦·费希尔博士经研究确定人的大脑中的情感可分为三个阶段：欲望、迷恋和依恋。当人们受到外界的某种刺激或吸引时，大脑中就会产生特别的化学物质，以证明人们正处在某种情感阶段。

人类对情人的痴迷即是处在迷恋阶段的表现。在迷恋阶段，大脑会释放出几种强烈的化学物质，其中包括苯乙胺、多巴胺、血清素以及去甲肾上腺素等。苯乙胺可以提高人的兴奋程度，使人更加兴奋；多巴胺负责大脑中的情欲，使人产生爱的念想；血清素可以创造一种情感稳定的感觉；去甲肾上腺素则可以使人产生能够达到任何目的的感觉。在几种化学物质的共同作用下，人们会感到异常的兴奋和陶醉，这种感觉让他们不能自拔，不顾一切地投身到这场疯狂的恋爱之中。费希尔博士说："迷恋是一个人梦魂牵绕不能自拔的阶段。你的大脑集中于你的甜心好的一方面而无视他们的坏习惯。"

迷恋是不理智的，但却又是大脑情感中不可缺少的重要组成部分，为什么这样说呢？因为迷恋是男人和女人的粘合剂，将双方紧紧地捆绑在一起，促使双方发生性关系，其最终的目的当然是为了繁衍，为了传宗接代。也就是说，男人和女人需要一段足够长的时间互相痴迷，这样他们才会愿意共同繁殖后代。一般来说，迷恋的感觉只会持续三个月到十二个月。也就是说，人类不会永远痴迷于情人，他们对情人的痴迷至多只会持续十二个月。

在迷恋阶段，男女双方会对彼此表现出莫名的好感，情不自禁地被彼此吸引着，并误以为对方的一切跟自己都是那样的匹配，其实，那不过是大自然刻意制造的一场骗局罢了，等他们清醒后就会发现，事情完全不是那么回事儿。当然，虽说是一场骗局，但也需要在一定的前提下才能进入骗局，互不相干的两个人是不可能进入骗局的。只有在两个人互生好感、产生欲望以后，才可能进入迷恋阶段。

当人们从迷恋中醒过来时，通常要面临两种选择，要么进入依恋阶段，要么就此分手。可以这样说，互相吸引是痴迷的前提，但一时的意乱情迷却并不意味着至死不渝的爱情，也不意味着两个人可以幸福地生活在一起。很多曾经爱得死去活来的情人最终却以分手而告终，其原因就在于他们不愿走出迷恋阶段，也不愿走进依恋阶段。

进入依恋阶段就意味着双方要建立长期的亲密关系，也就是成为真正的夫妻；如果双方不愿意长期生活在一起，那就会选择分开，并开始寻找另一段感情。

人的感情始终都在欲望、迷恋、依恋这三个阶段徘徊，从生物学的角度来看，这三种情感与人类的繁衍密切相关。不过一旦受孕成功，情感系统的活动就会迅速降低，爱的过程也随即停止，因为已经达到了目的。

男人为什么把婚姻叫做"围城"

最早把婚姻比作围城不知是不是在钱锺书的小说《围城》中，如果不是，那也一定出自另一个男人，因为只有男人才会把婚姻视为监狱，认为只要迈进了婚姻的大门，就永远地失去了自由。

男人对婚姻的恐惧可能和女人对婚姻的态度有关。女人一旦结婚就会把婚姻当做生命，用心呵护，小心经营，恨不得一天24小时都和他黏在一起，即使不在一起，也一定要知道男人的行踪，生怕不小心婚姻围墙出现裂缝让男人溜掉。

在她们的印象中，夫妻是关系最密切的两个人，越亲密越好，所以才会试图把丈夫拴在自己的身边，让他们时时刻刻都不离开自己。殊不知，婚姻监狱打造得越是固若金汤，男人越会使出浑身解数突破包围，甚至他的狐朋狗友也会两肋插刀，纷纷伸出援助之手。

有人说，人与人之间应该维持一种刺猬关系，就是不能太近也不能太远，太远了从别人那取不到暖，太近了又会被彼此的"刺"伤着。男女关系何尝不应该这样。女人如果一味地以男人为中心，就等于在用自己的爱情之刺伤害男人，男人自然不会珍惜你的付出，相反还会感到厌烦——女人牺牲了自己事业，男人却不感恩戴德；女人包揽一切家务，却并没有赢得男人的欢心。终于有一天，女人觉得自己吃亏了，开始不停抱怨："我对你那么好，付出那么多，你怎么可以这样对我呢？你太对不起我了！"男人不喜欢面对怨妇，便飞快地离开了女人。

男人和女人不管感情多么深厚，都应该保持为两个互不相同的单行本，而不应该变成迷失自我的合订本。这对女人来说更加重要。那些指望依靠男人来实现自我满足的女人，最终都会发现，自己正在不知不觉中走向一个可怕的恶性循环：脆弱的女人因为怕受到伤害，常会让自己在情感上处于弱势依赖地位，即便在"找到丈夫成立家庭"这一人生终极目标实现之后，她们仍会把自己的一切，包括经济、精神、兴趣、精力等全部都放到自己男人身上，完全失去独立能力。岂不知，这样一来她们的依赖性更强，独立性更差，容易被男人操纵控制牵着鼻子走，更加容易受到伤害，甚至输掉爱情。

都说距离产生美，如果女人一定要把男人看得死死的，美又从何而来呢？监狱里的犯人还有越狱的念头呢，何况酷爱自由的男人？一把沙子你抓得越紧流失得越快，两个人拥抱得太紧就会让人喘不过气来。就算夫妻恩爱，如果整日形影不离，干什么都在一起，也会有腻烦感觉的。

任何人都无法承受两个人生命的重量，爱他就放开他，主动给围城留一个豁口，让男人时不时地能出去透透气，放放风。

当然，也不能放过头了，"两情长久不在朝朝暮暮"是一种自欺欺人的谎话。男人是适合放养的动物，但这放养也不是完全意义的"放"，而是有所控制地"放"，否则，就可能让暂时的放风变成永远的离去，因为断线的风筝是找不到回家的路的。

为什么家庭对女性更重要

在女人心中，家庭是最重要的，她们愿意为了家庭付出自己的一切。结婚之后，尤其在有了孩子之后，女人会将自己的大部分精力都放在家里，料理家务，照顾孩子，家里所有的事似乎都是女人在打理。为了家庭，她们甚至可以牺牲自己晋升的宝贵机会，有些女人还为家庭放弃了自己多年的梦想，在家里做全职太太。

女人的这种习惯和进化有关。在人类进化的大部分时间里，女人的生活都是以家庭为中心的，她们已经习惯了这种生活方式，而男人显然还没有习惯。作为守巢者，女人的任务就是要打点好家中的一切，不让男人有任何后顾之忧，她们料理家务，照顾孩子，这些事她们一直都在做。

女人需要一个完整的家庭，因为她们需要男人为她们提供生活上的保障。如果没有家庭，她们将失去生活来源，她们自己可能无法生存下去，而她们的孩子也可能无法长大成人。所以，女人特别看重男人的承诺。失去家庭对女人的打击是很大的，因为那意味着失去生活上的保障。尽管女人可以选择再婚，但那需要有另一个男人愿意娶才行。如果没有其他男人愿意娶她，那么离婚后的女人所面临的处境就是十分艰难的。离过婚的女人并不容易再找到可靠的伴侣，因为随着年龄的增长，女人的生殖能力降低，对男人的吸引力也随之降低，所以她们很难再吸引到条件较好的男人。也就是说，女人再嫁一般都没有第一次嫁的好。所以，不到万不得已，女人是不愿意让家庭破裂的。

女人比男人更需要家庭，这也是女人比男人更重视家庭的原因之一。

男人对家庭的重视程度却远远不如女人。在男人心中，家庭是重要的，但却不是最重要的，他们也不会为了家庭付出太多。大多数男人在结婚后仍然会把大部分精力放在自己的事业上，他们渴望成功，渴望名利和地位，即使成了家，也不希望家事来影响自己。他们不愿意将过多的精力放在家事上，更不会为了家庭而放弃自己的理想。人们常说男人对婚姻有恐惧症，其实是他们害怕被婚姻束缚，害怕自己有了家庭之后就不能再做自己想做的事。

男人的这种习惯也是进化过程中养成的。原始时代男人作为狩猎者，他们的任务是外出获取生活资源，他们的重心不在家里，而是在外面。对于家里面的事，男人很少过问，当然也很少去做。所以，男人习惯在外面打拼，而不习惯在家里做家务，事实上他们也不擅长做这些事情。男人对家庭的概念比较淡泊，他

心理学

第二篇 生活中的心理学

们与女人发生性关系的目的无非是为了传宗接代，只要达到繁衍后代的目的就可以了，至于是不是和女人组成家庭，男人并不在乎。

失去家庭对男人固然也有影响，但却不会产生太大的影响，除非是政治人物。男人不需要女人为其提供生活上的保障，他们有独立生存下去的能力，而且他们也完全可以找到更好的女人。男人对女人的吸引力会随着年龄的增长而增加，所以他们并不担心离婚后会找不到妻子。家庭对男人来说是一种责任，他们希望通过自己的努力让家人生活得更好，以证明他们自身的价值和能力。但他们并不介意再次组织家庭，因为对男人来说，处在哪个家庭之中并没有太大的区别。

家庭对女人来说是一种保障，对男人来说则是一种责任，所以女人自然会比男人更重视家庭。在发生危机的家庭之中，如果责任在男人，女人大多会原谅男人的过错，因为她们不想失去家庭。

为什么男人憎恶闹情绪的女人

晚上十点钟，丈夫拖着疲惫的身躯回到家，刚踏进家门，坐在沙发上的妻子便对他说："我有件事想和你谈谈。"

"现在？这么晚？"丈夫放下手中的公文包，一脸疑惑地说。

"就是现在！"妻子啪地关掉电视，提高嗓门强调说。

"发生什么事了吗？"看到妻子好像生气的样子，丈夫有些奇怪地问道。

"最近你总是很晚回家。我知道你工作很忙。你总是忙，忙，忙！谁不忙呢？我也很忙。你忘了结婚时，你都说了些什么了吗？"妻子说完之后，望着丈夫，希望他能说些什么。

丈夫看了妻子一样。但他没有说话，懒洋洋地坐在了沙发上，然后打开了电视。

"为什么不说话？"妻子追问说。

"对不起。"丈夫似乎漫不经心地说。

"'对不起'三个字就够了吗？我每天和你一样上班，下班后接儿子，做家务，做饭，打扫房子！每天总有忙不完的事情。可是，你说过一句安慰的话吗？"妻子非常激动地说。

"我知道你很辛苦。可是我也很累。你就不能让我好好休息一下吗？"丈夫冷冷地说。

"谁不想好好休息！你以为我喜欢这样的生活吗？这样的日子，我受够了！我需要你，你却总是像个机器人一样坐在那边。整天说不到几句话。我有那么让你讨厌吗？"妻子哭泣着说。

"你又来了。你就是不让我消停。我最烦你小题大作了。如果你再这样情绪化，我们就不要再讲了。"说完之后，丈夫就走进卧室，留下妻子一个人哭泣。妻子心里想："我怎么嫁给这样一个冷酷无情的人？"

人都是有情绪的，尤其是感情细腻敏感的女人。多少有一些情绪会让女人显得更加可爱，更容易受到男人的青睐，但如果女人太过情绪化，就会让男人憎恶。由于不同的社会角色和生存环境，女人的情感要比男人丰富、敏感得多，她们产生情绪的门槛更低，也更容易产生强烈的情绪。男人的大脑无法理解女人的情绪化，当女人闹情绪时，他们常常会变得异常焦虑、烦躁，因为他们不知道自己该做些什么。处在情绪化中的女人常常会做出一些过激的事情来，并夸张地、用富有情感的形容词来讲述自己的感受。她们这样做的目的是为了让男人关注自己，倾听自己，而不是真的要怎么样。对于自己这种做法的后果，她们可能根本就没有想过，因为情绪化的女人总是冲动的。当她们处在情绪化的状态时，大脑基本是停止思考的，或者说是停止理性思考的，所以她们常常做出一些莫名其妙的举动来。其实在事后清醒时，她们也会因此而感到后悔，但当时她们真的是无法控制自己的情绪。

女人这个时候只需要被关心和照顾，让她们感受到男人的爱与温暖，她们的情绪就会渐渐平静下来。可惜的是，男人并不懂得女人的真实用意，他们只是在按照自己的思维方式去理解女人的情绪化。他们觉得女人给他们出了一大堆问题，急需他们去解决，所以，他们不时地打断女人，为女人提供建议和帮助。可是男人的话往往让女人更加激动，不但女人的情绪没有任何好转的迹象，反倒还有恶化的趋势。男人很生气，因为女人根本就没有听自己说话，况且事情本没有那么严重，为什么女人那么喜欢小题大作呢？男人的脸色变得很难看，不满地对女人说："事情并没有那么严重，你反应过激了！"可是男人的话似乎对女人一点儿都不奏效，当男人不断向女人提供帮助但却始终不起作用时，男人就会变得焦虑，烦躁。

男人害怕失败犯错误，他们无法忍受自己解决问题的能力受到接二连三的否定。面对一个正在闹情绪的女人，男人就常常要经受这样的打击，这让他们十分苦闷。所以，男人憎恶闹情绪的女人，也不愿意接近情绪化的女人。大多数男人对自己解决问题的能力都是非常自信的，但他们却对付不了正处在情绪化中的女人，这不能不说是对男人自信心的一种打击。

也许女人的反应确实有些过激，但这也不能怪女人，毕竟女人大脑的情感区比较发达，而且情感区和大脑其他功能区的连接也比较紧密，所以她们很难控制自己的情绪。

男人憎恶闹情绪的女人，而女人又很容易情绪化，这看似不可调和的矛盾其实也并非不可避免。女人应该明白，自己过激的情绪将会给男人造成一种挫败感，让他们的自信受到打击；男人也应该明白，女人的情绪化不过是在倾诉感受，自己完全没有必要为其提供解决方案，只要表示关心就可以了。如果男人对女人多一些体贴和关怀，如果女人对男人多一些理解和尊重，那么女人的情绪化就不会愈演愈烈，而男人也不必再为女人的情绪化而头疼了。

为什么婚姻会让男人安定下来

婚姻有一种神奇的作用，那就是让男人安定下来。男人在步入婚姻以后，就像是打了镇定剂，不再像以前一样毛躁，也不再像以前一样冲动，好像变了一个人。很多犯罪分子，在婚后竟然也变得平和了许多。婚姻真的有这么大魔力吗？很多人对此百思不得其解。

男人的这些不理智行为只会出现在没有得到女性伴侣之前，而不会出现在得到女性伴侣之后。男人之所以会出现极端和暴力行为，是因为他们要面对残酷的繁衍竞争，他们所做的一切不过是为了让自己在竞争中取胜，得到与女性交配的机会。显然，婚姻可以让男人拥有一个属于自己的伴侣，繁衍自己的后代，所以，婚姻就成了让男人安定下来的主要原因。在争取到繁衍机会以后，男人接下来该做的就是将资源投到自己的后代身上，让其健康地成长，完成延续自己基因的重任。对于处在这种状况中的男人来说，安稳显然是最重要的。一方面，男人需要保证自己的身体健康，这样才能创造财富，为孩子的健康成长提供足够的资源；另一方面，男人也要保证现有资源的安全。所以，婚后的男人不会去做太过冒险的事，包括不会从事犯罪活动，也不会进行风险太大的投资。男人在婚后会变得畏首畏尾，就是因为他们有了顾虑，不再像婚前一样无所顾忌。

有一种情况例外，就是婚后一直没有子女的男人就不会像有了后代的男人一样渴望安定。尽管得到女性伴侣是男人的目的，但他们的另一重要目的是要繁衍自己的后代，将自己的基因延续下去。如果只是得到女性伴侣而无法遗传基因，那么他们的目的就还是没有达到。所以，婚后无子的男性也是很难安定下来的。

有人说孩子是夫妻之间感情的纽带，因为孩子有着父母两个人的基因，可以将父亲和母亲联系在一起。其实，真正的原因是孩子可以将父母二人的基因延续下去，使他们获得生殖上的利益。对男人来说，孩子才是让他们安定下来的真正原因。如果夫妻之间没有孩子，那么即使夫妻之间的感情再好，也很难长久下去，因为他们之间缺少共同的利益。让两个人长期享受的并不是空洞的感情，而是关系到两个人切身利益的孩子。在现实生活中，没有孩子的夫妻要比有孩子的夫妻离婚率高，就有力地说明了这一点。

所以，更准确地说，婚姻之所以能让男人安定下来，是因为婚姻能给男人带来孩子。当一个男人成为父亲以后，会很快变得成熟稳重起来，也更有责任感。

有人说，结婚后男人之所以安定下来和婚姻让男人丧失创造力有关。男人在结婚以后需要花费一定的时间和精力照顾妻子和孩子，不能像婚前那样将全部精力都用在创造上，因此创造力才会有所下降。这样的说法听起来似乎有些道理，但却是经不起推敲的。在古代社会，男人在婚后是不需要做家务的，照顾孩子也有妻子来做，所以说结婚并不应该影响男人的创造力。

生育儿子的家庭离婚率偏低

有调查显示：生育儿子的家庭离婚率偏低。

很多人都对此感到不解，难道夫妻是否离婚还与他们所生孩子的性别有关系吗？事实的确如此。一个有儿子的家庭要比一个没有儿子的家庭离婚率低得多。一个家庭是否破裂，其关键并不在女人，而是在男人。如果不到万不得已的地步，女人是不会主动选择离婚的，因为女人为离婚所付出的代价要远远大于男人。男人则不同，如果他们对现有的婚姻生活不满意，或者是爱上了其他比自己妻子更优秀的女人，他们就随时都可能产生离婚的念头。这就是说，在离婚这个问题上，握有绝对主动权的是男人，而不是女人。如果说孩子是家庭关系的粘合剂，可以让家庭关系更牢固，那么男孩无疑比女孩更能胜任这个角色。当婚姻关系出现问题时，儿子往往能让父亲放弃抛妻弃子的想法，而女儿产生的影响力却是非常有限的，她们很难阻止父亲的离开。

为什么儿子对父亲比较重要呢？这还要从两性本身的价值说起。人类繁衍的目的是为了将自己的优良基因遗传下去，其实也是为了间接证明自己的价值。这就是说，后代所具有的价值越大，繁衍就越成功。为了让自己的后代更具价值，父亲和母亲必须用心培养孩子，但这种培养主要是针对儿子说的，因为父母能为女儿做的事情很少，他们除了确保女儿的健康和生命以外，对于其他的事情则基本是无能为力的。我国古代的教育都是针对男孩的，这就证明了古人重视对男孩的教育，而不重视对女孩的教育。这是由男性和女性的价值衡量标准决定的。男性的价值主要以财富、权力和地位来衡量，女性的价值则主要以年龄和生理吸引力来衡量。男性的财富越多、权力越大、地位越高，其自身的价值就越大；女性越年轻、对男性的生理吸引力越大，其自身的价值也就越大。

女性的生理吸引力主要取决于先天因素，年龄更是任何人都无法左右的，所以，在女儿出生以后，父母对其产生的影响就比较小了。相对来说，儿子则更需要父母的精心培育，尤其需要父亲的陪伴和教导。男性是否能创造更多的财富、拥有更高的权力和地位，仅靠先天因素是远远不够的。在追求名利的道路上，父亲往往可以给儿子很多建议和帮助，这对于儿子实现他的个人价值是十分重要的。另外，父亲创造的财富主要靠儿子来继承，儿子继承财产的多少也可以反映父亲自身的价值。在人类进化的绝大部分时间里，财产的继承权都是儿子的，家里有什么绝活儿手艺也是传男不传女。女儿在出嫁以后，与娘家基本上就没有什么关系了，当然也不能继承娘家的财产。父亲可以通过自己的努力让儿子得到更多财产，帮助其迅速提升自身的价值。儿子继承的财产越多，父亲的繁衍就越成功。当然，父亲也可以将自己的权力和地位传给自己的儿子，这些都是女儿无法继承的。

妻子能帮丈夫减压

夫妻之间的相互影响是很大的，因为夫妻关系是人际关系中最亲密的一种。当一个人承受压力时，最希望得到的就是另一半的帮助。虽然说男人和女人都有各自的压力反应机制，但他们也需要伴侣的帮助，以达到更好的减压效果。每个人都希望为自己的另一半分担忧愁，帮助对方减轻压力，但真正做起来，却并不是每个人都能做得到。在帮助伴侣减压上，女人通常都要比男人表现得好，这并不是因为丈夫不想帮助妻子减压，而是因为妻子帮助丈夫减压要相对容易一些。

女人是天生的情感动物，感情丰富、细腻，她们很容易产生各种各样的情感和感受，并擅长用语言将它们描述出来。当女人感到压力时，她们就会与人交流内心的感受，如果她们的感受被理解和关注，其体内的催产素就会增加，从而达到减压的目的。女人的压力反应机制是需要其他人参与的，仅凭女人自己的努力并不能达到最好的减压效果。但对于男人来说，要给予女人有效的帮助却并不容易。因为男人不可能产生像女人那么多的情感，再加上男人识别他人情绪的能力有限，这就为男人了解女人的内心感受设置了重重障碍。如果男人连女人的真实感受都无法了解，那又怎么与其交流呢？即使勉强交流，也很难让女人觉得自己被理解，有时还会起到反作用，让女人变得更加烦躁。

当女人遭受打击时，男人的鼓励对她们往往起不了什么积极的作用，很少有女人因为男人的鼓励而振作起来。当然，这并不意味着女人不需要鼓励，而是男人选错了鼓励的时机。受伤的女人最需要疗伤，她们希望对方倾听自己的感受，并对自己表示理解和支持。当她们感到自己被关心、被爱时，伤口才会逐渐愈合。

男人减压却很容易，只要做一些轻松的事情或睡上一觉，就可以达到减压的目的。从女人的角度讲，女人只要陪他们一起放松或者给他们独立的空间，就可以帮助男人减压。女人要做到这些并不难，女人只要克制住自己的好奇心，别去追问男人究竟发生了什么就行了。

当男人遭遇挫折和失败时，女人的鼓励往往会给男人巨大的力量，让他们摆脱压力，重新树立信心。想一想男人拼命工作的原因，这种现象就不难理解了。男人最希望得到自己心爱女人的认可，这是他们衡量自我价值的重要标准。一个表面成功但却得不到心爱女人认可的男人，是不会有成就感的。可惜的是，大多数女人都不知道男人是怎样对抗压力的，更不知道自己可以做些什么。否则，男人会活得比现在轻松许多。

漂亮男人很难成为好丈夫

男人好色，女人也好色。人类的这种偏好绝不像有些人想象的那样肤浅，而是有其深层次的内在原因：外表俊美的男人要比长相一般的男人更健康，这是漂亮男人备受女性青睐的主要原因。出于对下一代基因的考虑，女人都希望与漂亮的男人结合，生出更健康的孩子。然而漂亮的男人毕竟有限，并不是所有女人都能嫁给漂亮的男人。但实际上，嫁给漂亮男人的女人大多都不幸福，大多数漂亮的男人都不是好丈夫。因为他们的选择较相貌一般的或丑陋的男人更多一些。

男人与女人交配的目的是为了繁衍，他们可以通过两种方式达到成功繁衍的目的。一种是与一个女人长期生活在一起，将自己的资源投注在他们共同的后代身上；另一种是与多个女人做短期的性伴侣，不需要投注任何资源在他们与这些性伴侣共有的后代身上。如果可以选择，相当一部分男人都会选择第二种方式。

大多数女性都更倾向于同漂亮的男人发生性关系，因为这对她们的后代更有利。这就意味着漂亮的男人具备与多个女人发生性关系的条件，他们可以选择第二种方式来成功繁衍后代，这应该是所有男人都梦寐以求的。

当漂亮的男人选择第一种方式来繁衍后代时，他们会面临这样一个问题：能否在众多女人的诱惑下不为所动，只忠实于自己的妻子。男人天生就是喜欢追求性的多样性，渴望与多个性伴侣发生性关系。即使他们的妻子再优秀，他们也不会满足于只同妻子一人发生性关系。所以，任何男人都很难抵挡住女人的性诱惑，除非他的自制能力和责任感都很强。但一般来说，漂亮的男人都很难忠实于自己的妻子，也不会用心照顾自己的妻子和儿女。所以说，漂亮的男人很难成为好丈夫。

至于其他男人，虽然他们渴望用第二种方式繁衍后代，但没有更多的女人青睐他们，他们也只好与自己的妻子长期相伴，并用心培养好他们共同的后代。他们必须将资源投注到他们的后代身上，因为没有其他男人会帮他们做这些事情。所以说，不漂亮的男人一般都会成为好丈夫，至少会成为好爸爸。

漂亮男人在女人眼里其实并不是最有市场的。女人在选择配偶时除了长相，更注重的是男人所拥有的资源，因为她们需要男人为她们提供生活上的保障。漂亮的男人并不多，拥有丰富资源的男人也不多，两者兼有的男人就更是少之又少了，所以，女人很难选到让自己完全满意的丈夫。权衡之下，大多数女人都会选择资源丰富的男人，而不会选择长相俊美的男人，毕竟前者来得更实际一些。

第十八章

色彩心理学：为什么蓝色
汽车发生交通事故的概率最高

不可思议的色彩魔力

　　心理学家对颜色做了很多实验，也得出了很多有趣的结论。比如他们发现，在红色的环境中，人的情绪会兴奋，伴随着脉搏加快，血压升高等生理表现。而在蓝色的环境中，情绪容易平稳，脉搏会减缓……色彩具有神奇的魔力，会对人的心理产生影响。

　　冷色和暖色就是由于人们的心理错觉而产生的分类。红色、橙色、黄色等波长较长的光给人暖和的感觉，可以称为暖色；相反，紫色、蓝色、绿色等波长较短的光给人带来寒冷的感觉，可以叫做冷色。这些冷暖的感觉，并非来自物理上的真实温度，而是与我们的视觉和心理联想有关。冷色和暖色可以使人对房间的心理温度相差 2～3℃。根据冷暖色原理，就可以在季节变化时，调整室内装潢或衣着的颜色。在夏天，多使用冷色的东西，会使人感觉凉爽。比如穿白色、蓝色的衣服，使用白、蓝色的窗帘或家居装潢等。而在冬天，使用暖色的室内装潢，会觉得整个家都非常温暖。同样，为了留住更多顾客，餐厅的装潢最好能随着季节而改变。夏天，商家在饮料包装上多使用冷色，在视觉上造成凉爽的感觉，必定会激起顾客更强的购买欲。如能灵活掌握暖色和冷色的用法，就可以通过它来调节人们的心理温度，减少其他消暑或取暖设备的运用，这也是节约能源，保护环境的好事。此外，人们的心理温度差还会受到颜色明度的影响。同一种颜色，明度高时会使人感觉凉爽或寒冷，而明度低时会使人感觉温暖。深蓝色比浅蓝色看上去就更凉爽。

除了冷暖色系有明显的心理区别外，色彩的明度和纯度也会引起人们的心理错觉。譬如，明度低的暗色系能使人们感觉物体变重了，而明度高的明色系给人以物体变轻的感觉。比如说，不同颜色但重量相同的箱子，黑色看起来最重，其次是黄色；再其次是白色。有人通过实验比较过黑白这两种不同明度的颜色给人造成的心理重量差异，发现黑箱子与白箱子相比，看上去要重1.8倍。"重"只是人们的主观感觉，大多数物流公司的包装箱都是黄色的，就是为了减轻搬运工人的心理重量的感受，感觉搬起来很轻。事实上，相比黄色纸箱，白色纸箱的心理重量更轻。

大家可以观察到一个有趣的现象：无论是在影视作品还是实际生活中，保险柜使用的颜色几乎都是黑色，明白了黑色所具有的重量感之后，也就不难理解生产商的意图了。与白色、黄色的包装箱能使人们产生可轻松搬动的心理错觉的原理一样，为了防止被盗，涂上黑色这种让人感觉很沉重的颜色，大大增加了保险箱的心理重量，让小偷望而却步。

冷色和暖色除了给人带来心理温度和心理重量的感受外，还有其他一些心理感受。比如，暖色有密度强的感觉，冷色则有稀薄的感觉；两者相比较，冷色的透明感更强，暖色则透明感较弱；冷色显得湿润，暖色显得干燥；冷色有很远的感觉，暖色则有迫近感。淡的亮色使人觉得柔软，暗的纯色则有强硬的感觉。一般说来，在狭窄的空间中，若想使它变得宽敞，应该使用明亮的冷调。

色彩还有一个不可思议的魔力：让时间变快或变慢。以红色和蓝色为例，红色会使人感觉时间比实际时间长，而蓝色则感觉时间比实际时间短。蓝色不仅能让人感觉时间过得很快，而且也有放松的作用。等人或开会时，需要打发冗长的时间，如果在以红色为主的餐厅或会议室，很容易心情烦躁。所以，公司管理人员不妨考虑把会议室设计成以蓝色为主，蓝色的窗帘、桌椅、会议记录本，这样员工会觉得开会时间过得很快，也能以一种放松的心态投入讨论，提出建设性的意见。而选择在冷色调的餐厅等人也会觉得时间过得很快。

在了解了色彩的这些心理效应后，我们就能灵活地加以运用。

为什么蓝色汽车发生交通事故的概率最高

美国和日本曾对车辆事故进行过统计调查，发现蓝色汽车相比其他颜色的汽车，发生交通事故的概率最高。其他依次是绿色、灰色、白色、红色。汽车发生交通事故与车身颜色有关？这听起来确实匪夷所思。车身的颜色、明度、亮度等虽然不是造成交通事故的直接原因，却也扮演着一定分量的角色，它与交通事故的发生率是有关联的。颜色的前进与后退性、膨胀与收缩性以及不同明度造成的不同视觉效果，都影响着司机的判断，造成交通事故的发生。

首先，颜色具有前进与后退性，也就是说颜色可以分成所谓的前进色与后退色。有些颜色看起来向上凸出，称为前进色，比如红色、橙色、和黄色等暖色；而有些颜色看起来向下凹陷，称为后退色，比如蓝色、绿色等冷色。假如有同样型号，不同颜色的红、黄、蓝、绿色的4部车并列排成一排，人们在视觉上会感觉红色和黄色的车离自己较近一些，而蓝色和绿色的车离自己较远。这就是颜色的前进与后退性造成的视觉效果。

前进色能比后退色带来更强的视觉冲击力。它运用于生活中的很多方面。比如，我们常常看到的超市、商场打折促销单，最常使用的就是醒目的红色和黄色。尤其是折扣比、优惠价格和活动日期等重要信息，都采用大大的红色或黄色字体突出显示。这对顾客形成的诱惑无疑比冷冰冰的蓝色或绿色字体要强得多。前进色在广告宣传中也得到了广泛运用。一到晚上，街上的霓虹灯、广告灯箱都亮起来，多数采用的是红色、黄色等醒目的标志，人们在大老远就能注意到，感觉离自己非常近。后退色在装修中如果能得到合理的运用，可以使得狭窄的空间变宽敞，凌乱的空间变整洁。如果将墙壁涂上蓝色等后退色，看起来比实际位置后退了，显得空间更宽阔。同样，如果楼层的高度不理想，涂上后退色可以使楼层看起来比实际更高，减少压迫感。此外，后退色在将空间变大的同时，还能使其看上去更整洁、清爽。但对喜欢家里温馨、物品丰富的人来说，红色、橙色等前进色倒可以帮上忙。巧妙利用前进与后退色，可以打造一个温馨的、错落有致的、富有立体感的家。

其次，颜色还有膨胀与收缩的特性。不同颜色给人带来的体积感觉是不一样的，像红色、黄色、橙色等暖色，可以使物体看起来比实际体积要大，无论远近都容易引起注意，这是膨胀色。而像蓝色、绿色等冷色，则使物体看上去比实际体积要小，也就是收缩色。这也是为什么在发生事故的车辆中，蓝色和绿色的最多，而红色最少。尤其是傍晚和下雨天，视线不好，收缩色的车常不为对方车辆和行人注意，从而引发事故。

颜色的膨胀与收缩性同样可以运用于室内装修中，如果要使房间显得宽敞、整齐，多使用收缩色的家具；如果喜欢家里温馨、丰富的样子，则可以多使用暖色系、膨胀色的家具。另外，收缩色的服饰还能打造苗条的身材，使人显瘦。这

心理学

第二篇 生活中的心理学

也是为什么女性喜欢穿黑色丝袜的原因。

再者，不同明度的颜色带来不同的视觉效果，也是蓝色车交通事故率最高的原因之一。颜色可以分为明色与暗色。前者包括红、黄等色，后者包括黑、蓝等色。明色的视觉效果比暗色好。暗色系的车看起来不仅小一些（收缩性）、远一些（后退性），也更模糊一些。而明色系的车看起来不仅大一些（膨胀性）、近一些（前进性），也更清楚一些。但如果能将一些视觉效果不太好的颜色进行合理的搭配，也可提高其安全性。如蓝色和白色相配，效果就大为改善。

了解了颜色的前进与后退性，膨胀与后退性，以及明度对汽车交通事故率的影响，我们在买车时可以将这一因素考虑进去，不妨选择暖色系车身的汽车，增加安全性。平时在驾车的过程中，要特别留意自己前方的或者对向行驶过来的蓝色汽车，以防交通意外的发生。

何谓色彩心理学

所谓色彩心理学，顾名思义，就是研究色彩与人类心理活动之间关系的学科。色彩在我们的生活中是不可或缺的，缺少颜色的生活将是单调乏味的。客观上，各种色彩是对人们的一种视觉刺激，而主观上又是一种反应与行为。受到什么刺激后能产生什么反应，都是色彩心理学将要讨论的内容。

从色彩学上来讲，色彩的三要素（即物理属性）包括色相、明度和纯度。色相是指一种颜色区别于另一种颜色的表面特征，例如人们对红、绿、蓝等颜色的区分；明度是指色彩的明亮程度，从黑色到白色，明度从最高到最低；纯度是色彩所具有的鲜艳程度，一般来说纯色的纯度最好，混合色的纯度更低。而人们对颜色的知觉很大程度上受心理因素的影响，从而形成心理颜色视觉。心理颜色视觉的要素与色彩的物理属性相对应，但并不是简单的一一对应。例如，我们通常认为白光的纯度为0，各单色光的纯度为1。但是，心理颜色视觉在分辨各单色光与白光的差别时，却认为各个单色光的纯度是不一样的。红、蓝单色光与白光相比，差异显著。而黄、绿单色光与白光相比，则差别不大。所以在心理上，人们认为黄色光尽管也是单色光，但纯度却比蓝色光更低一些。这些心理上的颜色与白光的区别，通常称为饱和度，以区别色度学上的纯度。

我们都知道，红、绿、蓝是色彩的三原色，很多颜色都是由这三种颜色混合而来。我们看到紫色时，会觉得它是由红色和蓝色混合而成的。看到青色时，会觉得它是由蓝色和绿色混合而成的。但是却不会觉得黄色是红色和绿色的组合，而倾向于将黄色当成一种原色。一般认为，颜色有绿中带蓝的青绿，绿中带黄的草绿，却没有黄中带蓝或红中带绿的颜色。所以，红、绿、黄、蓝、黑、白也被认为是心理颜色视觉上的六种基本感觉。这些颜色作用于人们的心理，产生不一样的心理效应。

红色一般被认为是象征热情、自信和性感，是一种充满能量的色彩。喜欢红色的人大都非常自信、很有野心，会积极地去争取想得到的东西，属于精力充沛的行动派。对于任何事情都是激情高涨、永不言败。不过有时候也会给人以攻击性、暴力、控制的印象，容易给他人造成心理压力。因此，如果你想表达自己对红色的喜爱，还是得先分清场合。在一些需要给自己力量和自信的场合，可以让红色穿着助你一臂之力。但在一些需要心平气和坐下来谈判的场合，则不宜穿红色。

绿色是一种给人无限安全感，代表自信心、稳健与优越感的颜色，它可以在人际关系的协调上扮演重要角色。喜欢绿色的人，一般都比较稳重，忍耐力很强。也会很注重与周围环境的协调性，努力维持和谐的氛围。但这并不意味着他们是中庸的，在认为有必要说出自己意见时，也能冷静地表达出来。不过绿色有时候也是隐藏、被动的代名词，在团体中容易失去参与感。绿色属于一种随意、休闲、代表人与自然和谐的颜色，许多环保活动都喜欢选用绿色作为标志颜色。个人如果担心穿着绿色失去个性的话，可以搭配其他一些色彩来调和。

黄色代表尊贵、活泼、明快与温暖，喜欢黄色的人一般性格开朗、外向，具有远大理想。在封建社会，黄色是皇室的象征，尽显高贵气息，对普通老百姓来说属于禁色。现代社会，黄色的运用已经极为普遍。最典型的是，作为一种明度极高的颜色，黄色具有警告的效果。所以夜行衣、小黄帽、交通提示牌等多使用黄色。喜欢黄色的人一般希望能显示出他们自己的性格，但有时候做事会有些不稳定、招摇，甚至带有挑衅的味道。和红色一样，也是不适合出现在需要控制情绪的场合。

蓝色是一种理性与知性兼具的色彩，代表着博大的胸怀和沉稳的气质。喜欢蓝色的人大都性格沉着稳重，而且独立、诚实。他们重视人与人之间的信赖，乐于照顾周围人，也非常宽容、理性。几乎没有人会讨厌蓝色，在美术设计方面，蓝色也是使用范围最广的颜色。如果想给对方留下沉稳、冷静、理性的印象，不妨选择蓝色系的穿着。

黑色代表高雅、低调和权威等特质，同时也与屈服、拒绝、执著、冷漠等特质相联系。喜欢黑色的人一般独立性较强，也十分努力、上进，但同时也可能是刻板、迂腐的。黑色一般为大多数白领人士所喜爱，当你需要表现出你的专业、同时又不想引人注目时，黑色是最安全的颜色。

白色一直被认为是纯洁、善良的代表。白衣天使是救死扶伤的象征。喜欢白色的人一般都比较单纯、善良，乐于帮助别人。但是白色也会给人梦幻、不切实际的感觉。白色同样也是都市白领最爱的颜色之一，能给人留下干练的印象。

掌握色彩带来的心理颜色视觉，可以更好地运用颜色，减少色彩使用不当的情况发生。也能根据色彩来判断他人的性格，帮助认清他人的行为和本质。目前，色彩心理学已经广泛应用于实践中，比如商家的宣传促销单、广告牌的设计等。它使我们的生活更加丰富多彩。

人类探究色彩的历史

人类在很久以前就能灵活运用色彩了。对色彩的运用最早出现在新石器时代，运用于彩陶上。另外，从古印第安人遗迹的壁画中，也能发现人类早期对色彩的运用。那时候人们就能赋予色彩以特有的意义，或者根据想表达的意境，有针对地选择使用对应的色彩。公元前 500 年左右，亚里士多德等哲学家就已经开始对色彩有了较系统的研究。在欧洲文艺复兴时期，莱昂纳多·达·芬奇也曾详细阐述过色彩的调和以及补色效果等色彩所具有的不可思议的效果。1666 年，英国科学家牛顿发现了七色光谱，认为各种色彩是不同波长的光产生的效果。另一方面，德国诗人歌德则致力于色彩对人情感的影响的研究工作。这些都是现代色彩心理学的基础。

法国人类史学家米歇尔·帕斯图罗从色彩的历史出发，探讨了我们熟悉的那些颜色的历史，帮助我们打开了一个闻所未闻的色彩世界。

红色是人类最早发现和使用的颜色。大约在 3 万年前，史前艺术中就出现了红色，这从遗留至今的壁画上能够得到考证。从古代开始，红色一直被视为权力的象征，地位尊贵，象征着宗教和战争。直到现在，红色因为它的傲慢和权力，仍然很少被用于日常用品，像红色的电脑和红色的冰箱就极为罕见。但作为警示标志却随处可见。

从 1890 年开始，在法国、意大利、美国等国家，蓝色一直占据着"最受人们喜爱的颜色"这一宝座。但在受人宠爱之前，在相当长的时间里，蓝色是被遗忘和厌弃的色彩。从史前洞穴期到后来的新石器时期，染色剂初现于世时，蓝色并没有一席之地，在色彩的谱系里依然只有白、红、黑三种。在古代拉丁文中从来没有固定出现过"蓝色"这个单词。古罗马人也认为它是野蛮人和外族人才使用的色彩。在他们看来，女人如果有一双蓝眼睛，则意味着不幸的命运。直到12、13世纪，蓝色的命运才出现了转折点，由于等级制度的出现，各个有权力和威望的家族需要设计能象征他们的社会等级和身份的家族名称、标徽等标志，而由于红、白、黑三种基础色的组合已经不足以应付他们追求与众不同的需求，于是蓝色、黄色和绿色等冷门色得以受到重用。到了18世纪，蓝色已经成了欧洲人青睐的颜色。

很久以前，在大部分国家，绿色都给人以古怪的感觉。在欧洲封建社会时期，穿绿色的只有杂耍艺人、打猎人和小丑。在16世纪和17世纪，绿色还曾一度运用于赌桌的颜色，威尼斯大赌场里的牌桌就是绿色台面。而到了18世纪，一些化学家提出了三原色理论：红、绿、蓝为三原色，这一观点对19和20世纪的艺术家影响很大。那时候绘画学校大都提倡学生用原色来进行创作，必要时才用一点白色颜料。这使得绿色的地位得以提高。而西方社会对绿色的接纳一直到19世纪下半叶才实现，在民意测验中，它受喜爱的程度仅次于蓝色。

另外，其他颜色也经历了漫长的历史。有些是一直受到人们的推崇，例如白色一直受到东西方文化的共同推崇，认为它是纯洁、和平、公正的象征。而有些颜色则从高高在上的地位打入冷宫。在古罗马，人们并不排斥这种颜色。在中国，黄色长期以来也是皇家的颜色。但是到了中世纪，黄色却成了贪婪的象征，这种颜色长期以来似乎充满了下流和无耻的含义。

那么，色彩在中国的历史有多久呢？纵观中国历史上的艺术作品，可知中国的色彩基本上是属于单调的世界观。以中国陶瓷史为例，从殷商时代的雷纹白陶瓷到隋、唐时代的凤凰白瓷瓶，还有北宋和元代的各色器皿等，都能使人们感到：大量的白瓷和青瓷，黑釉壶都因其单调的色彩而独具魅力。在这些青瓷和白瓷面前，就连早已闻名于世的唐三彩，也稍逊一筹。在宋代达到全盛时期的水墨山水画，也是使用单调色彩的作品，但却能使人们感到它们闪烁着的光彩。各种各样的水墨山水画，虽然没有采用山水所呈现的丰富色彩，但黑色所具有的凝聚力却使人感受到了山水的生命节奏。在盛唐时期，红、绿、蓝、紫等颜色盛行，很多瓷器、戏服的色彩组合大胆而强烈，极好地表达了那个时代的趣味。色彩点缀了我们的生活。在一定程度上，色彩的历史也是人类历史的真实写照。

色彩心理学的实践

一提到医院，许多人心中立马就会浮现这样的景象：白色的墙壁、白色的床单、白色的制服……德国的某家医院却打破传统，装扮得色彩缤纷，充满"艺术气息"。门诊大楼内，各种颜色和谐搭配，还配以小型盆景和艺术壁画。而住院部更是根据科室采用不同色彩：外科以蓝、绿色为主；急诊室则采用浅蓝的冷色调；手术康复科以棕色为背景；儿童病区采用大地、海洋、森林等自然色彩格调；消化科与心理科以黄色为主；孕妇房间的座椅、窗帘，就连用于供氧的管道都以紫色调为主。自从医院对色彩进行重新设计后，5 年来就诊人数增长了近一倍，医生的工作效率也显著提高。

在前面我们曾提到过，色彩能引起人们的情感和心理效应，产生冷暖感、轻重感和快慢感等效应。依照传统习惯，手术室应该使用白色，其实不然，由于医生长时间实施手术，面对的是殷红的鲜血，这容易引起视觉疲劳，而且还会产生残象幻觉，即白色的墙壁出现绿色幻觉。绿色的墙壁能使医生感到安宁，也避免了残象幻觉。另外，蓝色能给人宁静、深邃之感，具有明显的镇定效果，所以急诊室和病号服使用蓝色。而棕色能促进细胞的增长，促进病人的术后恢复；多彩的颜色能吸引儿童的注意力，减少疼痛；黄色能促进血液循环，增加唾液腺的分泌，刺激食欲；紫色则有安慰情绪的作用。这些色彩的合理运用，使医院的面貌焕然一新。

色彩心理学的实践领域非常广泛。在电影圈，长期以来，色彩仅仅发挥着再现客观事物的写实功能，后来在实践中，导演们逐渐意识到色彩的象征和表意功能。运用各种色彩，不仅可以起到烘托环境、塑造人物形象的作用，也有助于人物内心情感的表达以及制造出各种各样的心理效果，引人入胜。

中国电影导演在色彩上的不断探索，已经取得了显著成果。陈凯歌导演于1984 年拍摄的《黄土地》是对电影色彩的早期尝试。黄色基调贯穿了整部电影，黄河、黄土高坡和黄色脸孔，画面简单厚重，却不显得粗糙。影片中黄色的使用不仅是一种文化象征，也强烈地表现了自我意识和审美理想。在张艺谋导演的《英雄》中，对红色的使用匠心独运。红色一般代表的是活力、激情等正面情感，而影片中，张艺谋使用红色突出了人物猜忌、怀疑和绝望的情感。香港导演徐克的作品《青蛇》，将色彩运用发挥到了极致，服装和场景运用了大量大红、靛青等中国传统色彩，成功展示了一个富有中国传统特色的浮华世界，华丽的风格和诡异妖娆的神鬼故事情节极为相衬。同时，根据剧情变化而精心设计主色调的变化，给观众以强烈的色彩刺激和情绪感染。

在儿童领域，色彩心理学也有其市场。儿童对颜色非常敏感，对幼儿来说，颜色比形状更有意义。因此，新生儿的父母可以在婴儿床前挂上各种颜色的玩具，或者给儿童穿上颜色鲜艳的衣服，刺激他们的大脑发育。另外，儿童能运用绘画来描绘自己的心理世界，大部分儿童都会通过绘画中人物的肤色和太阳的颜色来投射自己的心情。通过儿童的绘画作品，能洞察他们的性格，分析他们的心理状态。如果儿童把太阳或人脸涂成灰色、黑色，这可要引起家长的警觉了，要多花些时间陪陪孩子。另外，儿童过度使用红色，是充满敌意或缺乏关爱的表现。过度使用黄色，同样也是缺乏关爱的表现。

儿童房间的装修，一般以色彩丰富、充满童趣为主。但是对于学龄期的孩子来说，丰富的物品和色彩刺激，可能会分散他们的注意力。国外的色彩专家分别用白、黄、橙、蓝等颜色再配上各种颜色的光照在教室里进行实验，发现橙色会使训练项目成绩下降，蓝色会使某些学生的智商提高，而且蓝色也具有提高注意力的效果，在房间里适量使用蓝色的物品，比如蓝色窗帘、蓝色书桌等，能使孩子集中注意力，专心学习。另外，墙壁涂成几何图案或者抽象图案，能激发孩子的想象力。

除以上提到的这些，色彩心理学在体育竞赛中、书籍的装帧、企业工作环境的布置上也有运用。如足球守门员的球服区别于其他球员，且以黑色或红色为主，这是因为只有足球守门员能用手碰球，可以帮助裁判作出区分。黑色使守门员看上去像在门前驻了一道铜墙铁壁，红色是前进色和膨胀色，都能给对方球员制造心理上的震慑感。在书籍的装帧中，推理侦探小说多使用黑色系封面，给人以悬疑、恐怖之感，而爱情小说则多采用淡色系，制造浪漫的氛围。在企业，办公用具大概有 5 种色调：黑、灰、棕、红以及蓝色。通常，灰色用于办公桌，黑、棕色用于老板椅或会客室桌椅，而蓝和红色多用于办公室用椅。

我们所赖以生存的世界是一个神奇的色彩世界。因为有了色彩在各个领域的运用，我们的生活显得更加美好。

人们对颜色的偏好有所不同的理由

如果随机访问人们喜欢的颜色，相信每个人给出的答案都是不一样的。这既有先天的因素也有后天的原因，既可能是由于个体差异也可能存在地域差异。

有研究者认为，人们对于颜色的偏好其实是天生的，与人类的演化有关系。他们让多名男女在一间黑暗的房间里观看电脑屏幕上显示出的 1000 组彩色矩形，然后快速选择自己最喜爱的矩形。随后，研究人员将被试的选择结果标绘在色谱上对照，结果发现，两性都偏好蓝色系，蓝色是不分性别普遍受到喜爱的中性颜色。但是女性偏向选择蓝色系中偏粉红的那端，而男性则偏向选择偏绿色的那端。为了了解这样的差异是否与文化背景有关，研究人员又找了两组在不同文化背景下生活的学生作比较，结果得出同样的两性颜色偏好差异，显示了这样的差异与文化背景无关。研究者推测，这样的差异是由男女在人类演化过程中的劳动分工不同造成的。女性多半负责采集，男性负责狩猎。因而女性逐渐对与成熟圆润的果实相关的红色系事物产生偏好。而对于男性来说，他们只需要在发现深色的东西时马上发射。

也曾有人调查过儿童的颜色偏好。结果显示，红色在儿童心目中的绝对地位不容动摇。儿童对红色和黄色的喜爱不存在地域差异，这两种颜色是世界各地儿童都最喜欢的颜色。但是对成人的调查却发现，成人对颜色的偏好存在比较严重的差异，说明后天因素对人的影响还是很大的。由于颜色与性格的关系，人们赋予颜色更多代表意义。随着人们成长经历的分化，对颜色的偏好也开始出现分化，并不会像儿童时期那么集中。此外，大自然赋予了世界无尽的色彩，每个人都对色彩有不同的感受，对于颜色的喜好也具有较大的个体差异性。

不同地区、不同国家的人，对色彩的感觉并不相同。色彩在人们心中的形象以及人们对色彩的偏好，都存在地域差异。蓝色、白色和红色占据着韩国人最喜欢的颜色排行榜的前三名；蓝色、黄色和红色是德国人最喜欢的三种颜色；白色、黑色和蓝色是中国人的最爱。此外，荷兰人最喜欢的是橙色、蓝色和黑色；美国人最喜欢蓝色、红色和绿色。造成这种现象的原因除了地域因素外，也与历史文化、宗教背景等因素有关。归纳起来，主要有以下4个原因：

太阳光照射的角度不同

由于地球的纬度不同，阳光的照射角度不同，于是人们对颜色的感受也不同。在赤道附近，即热带地区居住的人们喜欢明度和彩度较高的暖色，是因为太阳光在赤道附近呈现出红色、橙色和黄色。而到了高纬度的亚寒带和寒带地区，太阳光则呈现出蓝色和蓝紫色。居住在这个纬度带的人们比较喜欢中等明度、彩度的颜色，比如绿色。

空气透明度不同

与纬度一样，空气中的尘埃和水分也可以影响太阳光的照射角度，使人们对颜色的感受有所不同。在干燥地区，空气中阻碍光线传播的障碍物少，因此太阳光可以以原有的波长到达地面，看起来干净而透明。相反，在湿度高或积雪多的地方，比如北欧和俄罗斯北部等空气潮湿的地区，云层较厚，太阳光受到空气中障碍物的影响，看起来昏沉而浑浊。当地人习惯了低彩度的光线，因而倾向于喜欢低彩度的颜色。

文化、历史和宗教背景不同

历史对人们色彩感的影响很大。比如在中国，黄色自古以来就是皇室的象征，是权力和高贵的象征，地位尊崇。所以，人们喜欢黄色。

背景色不同

一种颜色看上去是否漂亮，还和当地的风土、环境等有着重要的联系。在靠海的国家，白色受到欢迎，是因为白色和碧蓝的大海、湛蓝的天空之间形成强烈的对比，形成一道美丽的风景线。

由于上述原因，即使是同一种颜色，也会让不同地区的人在心中产生不同的感受，在各个地区受到的待遇也是不一样的。某个地区的人喜欢，别的地区也许非常厌恶。当然，这其中的原因并不止前面列出的这些。人的喜好本来就很复杂，理解了这一点，我们会变得更加包容。

通过喜欢的颜色看性格

人的性格与喜欢或讨厌的颜色之间有着奇妙的联系。不同颜色反映不同的性格倾向，喜欢或讨厌同一种颜色的人大致有着相似的思考方式和行为模式。在这里，我们将介绍一些颜色所反映的性格特点。

在前文中曾提到，黑色代表高雅、低调和权威。喜欢黑色的人一般独立性较强，精明而干练，他们似乎拥有一种令人信服的力量，别人能感到他们的理性与智慧。还有一类人，他们喜欢黑色实则是一种逃避心理的表现。他们比较在意别人的眼光，害怕别人对自己指指点点。而用黑色的服饰把自己包裹得严严实实，希望给人以神秘、理性之感，实则是不自信的表现。黑色也与屈服、拒绝、固执、冷漠等特质相联系，讨厌黑色的人，大都是讨厌黑色给他们带来的这些负面印象，他们不喜欢封闭、压抑和冷漠的感觉，向往更自由开放的生活。一个有趣的现象是，爱神往往不眷顾喜欢黑色的女人，她们的爱情大都不怎么顺利。黑色在保护自己、增加神秘感和吸引力的同时，似乎带来了厄运。喜欢黑色的女性不妨选择一些亮色的服装，以增加自己的爱情运势。

喜欢白色的人以完美主义者居多，他们不能接受有瑕疵的生活，要求尽善尽美。即使做不到十全十美，也希望能朝着目标努力。因此，喜欢白色的人会留给他人非常有理想、有抱负的印象。如果他们没有做到这些，至少也是对这样的状态充满了向往，并希望给他人留下志向高远的印象。白色还是纯洁、善良的代表，喜欢白色的人大多都有一颗纯洁而善良的心，家庭观念很强。"白衣飘飘的年代"是用来形容美好的校园青葱岁月，喜欢白色也是留恋青春的象征。基本上，很少有人会讨厌白色这么美好、纯洁的颜色，除非它曾经带来过痛苦的经历。比如医院的住院经历。白色是单纯的象征，如果喜欢过度，可能会给人留下幼稚、不成熟的印象，有时候可以用其他色彩来加以点缀，使人看起来单纯又不失理性。

灰色一般做点缀之用，突出其他颜色的美丽。喜欢灰色的这类人在性格上也是这样，他们善于平衡局面，把握大局，甘做绿叶点缀和突出他人，也不愿自己出风头。年轻人中似乎很少有人喜欢灰色，喜欢灰色的人一般是成熟稳重、生活稳定、低调的中年人。他们已经经历了很多生活的历练，处世也更加圆滑，善于用巧妙的手段化解生活中的各种障碍。因而这类人也是比较受欢迎的。与讨厌黑色一样，讨厌灰色的人一般也是不喜欢单调、封闭、冰冷的生活，而向往自由、没有压力的状态。

喜欢红色的人性格外向、活泼，乐于表达，行动力也强，但是，却容易冲动，情绪波动较大，做事前也不会深思熟虑，属于没头脑的行动派。这类人虽然行事莽撞，说话没边，内心却是热情而富有正义感的，这点不容质疑。那些理性、低调的人可能会讨厌红色的高调、醒目。对喜欢红色的人来说，如果想避免性格中情绪不稳定的一面，可以多使用其他代表理性、沉稳的颜色做点缀，也会显得更时尚。

蓝色一直是最受人们喜爱的颜色之一。与喜欢红色的人相反，蓝色代表着理性。喜欢蓝色的这类人属于谨慎的行动派，做事前会有一套缜密的计划，严格按计划实行，并且具有很强的协调能力。当然，喜欢蓝色的人也有缺点，他们比较固执己见，不容易听取他人的意见。

与白色一样，喜欢黄色的这类人也是理想主义者，但是他们却更理性。他们绝不是空想主义者，制定了计划就会朝之一步步前进。他们拒绝一成不变，喜欢创新，对事情都有自己的想法。同时，黄色也是幽默感的象征，喜欢黄色的人讨厌沉闷，善于搞活气氛，是大家的开心果。相对应地，那些没有幽默感、循规蹈矩的人可能会讨厌黄色。

另外，喜欢绿色的人个性率直，基本不会掩饰内心的想法。好奇心强，却不会独自采取行动，不愿当领头羊。他们还很敏感，会把问题分析得很透彻。虽然能与周围人和睦相处，在心底却不愿相信任何人。喜欢橙色的人活泼开朗，无拘无束，乐于表达自己的情绪。他们有很强的竞争心理，不愿服输。喜欢粉色的人性格温柔，懂得照顾人，以女性居多。

其实，人们的性格不完全是"纯色的"，还是以混合色居多，通常是以一种颜色为主，同时混合着另外一种、两种或三种颜色。人们的性格也没有好与坏之分，能扬长避短地发挥它们，才是我们所追求的。多彩的性格让我们的生活更美好，更幸福。

配色的基础知识

我们生活在这个丰富多彩的世界，多种颜色的搭配让生活五光十色。所谓配色，简单来说就是将几种颜色搭配在一起，作一个最好的安排，从而得到想要的效果。色彩是通过人的印象或者联想来产生心理上的影响，而配色的作用就是通过改变空间的舒适程度和环境气氛来满足消费者的各方面要求。配色主要有两种方式，一是通过色彩的色相、明度、纯度的对比来控制视觉刺激，达到配色的效果；另一种是通过心理层面感观传达，间接性地改变颜色，从而达到配色的效果。

配色是在红、黄、蓝这三种基本颜色以及其他单色的基础上，合理搭配，配出令人喜爱、符合色卡色差要求的新的色彩。通过配色还可达到某种应用上的要求。比如，设计吸引人眼球的产品包装，搭配出时尚新潮的服装。在前文已经提到过，颜色的种类非常多，不同的颜色会给人不同的心理效果。比如说，红、橙、黄色被称为暖色，是因为这些颜色能让人感到温暖；蓝、绿、紫色能让人安静和清新，因此被称为冷色。但这些都是单一颜色产生的心理效果。可以将这些单色互相混合，产生不同的新颜色。配色需要遵循以下几个基本原则：

1. 主色与配色的搭配。色彩搭配可不是件容易的事。在作配色计划时，我们应该考虑主色与配色应该如何搭配以突出视觉效果。主色即需要重点突出，占有优势的颜色。色彩的搭配应该围绕主色进行，重点突出主色所具有的特征。在搭配时，主色与配色要有一定的对比度，这样才可以很明确地传达我们要表现的东西。我们要突出的主色必须让它能够吸引观者的主要注意力，如果不是这样就会喧宾夺主。一般来说，主色应该使用比其他颜色的色调更强烈的色，且不能大面积运用。

2. 整体色调的把握。整体色调能决定最后搭配的效果。只有控制好构成整体色调的色相、明度、纯度关系和面积关系等，才可以控制好我们设计的整体色调。首先，要决定在配色中占大面积的颜色，即主色。并根据主色来选择不同的配色方案，以得到不同的整体色调。比如，如果整体色调是暖色，则会呈现出温暖的感觉；是冷色，则让人感到清冷、平静。如果整体色调是明度高的颜色，则会呈现轻快、亮丽的感觉；是明度低的颜色，则会呈现庄重、肃穆的感觉。搭配的颜色之间的色相和明度是对比关系，则显得活泼。而类似的色相和明度则显得稳健。色相数多则会华丽，少则淡雅。当然，对整体色调的选择要根据我们所要表达的内容来决定。

3. 配色的平衡。颜色的平衡就是颜色的强弱、轻重、浓淡等关系的平衡。一般来说，同类色配色比较容易平衡。处于补色关系且明度也相似的纯色配色，如：红和绿的配色，会因过分强烈感到刺眼，成为不调和色。可是若改变其中一个颜色的明度或纯度，以取得平衡，则可以使这种不调和色变得调和。将明色与暗色上下配置时，若明色在上暗色在下则显得安定。反之，若暗色在上明色在下则显得动感。

4. 渐变色和分割色的调和作用。搭配时，两个或两个以上的颜色不可调和时，可在其中间插入阶梯变化的几个色，使之调和。根据色相、明度、纯度组合的渐变，把各种各样的变化作渐变的处理，从而构成复杂的效果。这些渐变色都是调和的。另外，如果两个或两个以上的颜色由于互相处于对立关系而成为不调和色，为了调节它们，可用其他色将这些色划分开来，即分割。白、灰、黑是最常用的分割色，金色、银色也具有分割的效果。

另外，为了使配色显得整体统一，可使用一个色调来统调整个配色。包括色相统调、明度统调以及纯度统调。色相统调是在各色中加入相同的色相，使整体色调统一在一个色系当中，从而达到调和。明度统调是加入白色或黑色，以使全体色调的明度相似，这样也可以达到调和。而纯度统调是加灰色，以使全体色调的纯度相似。

合理的色彩搭配，能让我们创造出很多新的视觉效果，也让生活更加丰富有趣。

配色给人的印象

协调的配色，不仅能让事物更美观，还能给人们带来健康和谐的生理和心理感受。

为了给人"奔放"的印象，可以使用朱红色或是它众多的明色和暗色中的一个颜色。中央为红橙色的色彩组合最能创造出有活力、充满温暖的感觉。这种色彩组合常常出现在广告中，展示精力充沛的个性与生活方式。把红橙和它的补色——蓝绿色搭配起来，就具有亲近、随和、活泼的效果，可应用于广告和包装上，非常有效。

为了表达"传统"的主题，可使用蓝色、绿色、褐色和暗红色等保守的颜色加上灰色。例如，绿色配上金色或是黑色，能表示稳定与富有。这种色彩常出现在银行和律师事务所的装潢上，因为它们代表恒久与价值。

灰紫色调合了红紫色、灰色和白色，是个少见的彩色。任何颜色加上少许的灰色或白色，都能表达出柔和之美。

黄色代表带给万物生机的太阳，活力和永恒的动感。能制造"动感"效果的色彩组合通常中央都有原色——黄色。高度对比的配色设计，像黄色和它的补色紫色，就含有活力和行动的意味，尤其是出现在圆形的空间里面。

强烈的宝蓝色是任何一个古典色彩组合的中间装饰色。它是如此地醒目，就算和其他的色彩搭配在一起，也毫不逊色。又因为它接近绿色，宝蓝色会唤起人持久、稳定与力量的感觉，特别是和它的分裂补色——红橙和黄橙色搭配在一起。

任何色彩搭配淡紫色，最能诠释怀旧思古之情。在紫色系中，淡紫色融合了红和蓝，比起粉色较精致，也较刚硬。淡紫色与其他色彩相配后，可见其清丽出众。粉红代表浪漫。粉红色是把数量不一的白色加在红色里面，造成一种明亮的红。像红色一样，粉红色会引起人的兴趣与快感，但是以比较柔和、宁静的方式进行。

而表达活力的色彩必定要包含红紫色。红紫色搭配它的补色黄绿色，将更能表达精力充沛的气息。较不好的色彩是红紫色加黄色，或红紫色加绿色，这两种色彩也许暂时给人振奋的感觉，但其实已削弱了整体的效果。唯有黄绿色融合加上红紫色，才是充分展现热力、活力与精神的色彩。

在任何充满压力的环境里，只要搭配出一些灰蓝或淡蓝的明色色彩组合，就会制造出平和、恬静的效果。中间是淡蓝的配色设计，会给人安心的感觉，因为它看起来诚实、直接。带着明色的寒色可保持安宁、平和的感觉。补色和这些强调平静的色彩在明暗度方面一定要类似，这点很重要，因为要是色彩太鲜明，会制造出不必要的紧张。

绿色拥有同样多的蓝色与黄色，带着欣欣向荣、健康的气息，只要配上少许的红色（它的补色），即能创造出一股生命力。

当我们要设计出柔和的色彩组合时，使用没有高度对比的明色，是最明智不过的了。桃色表现出开朗、活泼的个性，同时也表现出平和大方的气度。

紫色透露着诡异的气息，所以能制造奇幻的效果。如果紫色配上黄绿色或黄橘色，色调不合、怪异，而且俗不可耐，但如果配上它真正的补色——黄色，便能展现怪诞、诡异的感觉，令人不禁要驻足，欣赏一番。

纯蓝和一些红结合在一起，产生蓝紫色，这是色相环上最深的颜色。和这类色彩搭配，可象征权威，表现出皇家的气派。蓝紫和它的补色——黄橙搭配起来，就创造出最惊人的色彩设计，有皇室的雍容。

深色、鲜明的红橙色叫赤土色。和白色搭配起来，就会像散发出自然灿烂的光，令人联想到悠闲，舒适的生活。少许的黄色加上白色会形成粉黄色，这种色彩的组合能产生高雅的感觉，会给全白的房间带来更温馨的感觉。在服装设计上，米色色调高雅的亚麻、丝绸、羊毛和丝绒能轻描淡写地表示古典、高贵的气质，给人一种雍容华贵的印象。

服装颜色传递的信息

前文讲到，不同的颜色会有不同的心理效应，它能传递一些有关情绪、心态及素养方面的信息。如果能了解颜色所包含的这些信息，就可以借服装的色彩扬长避短，巧妙地表达自己。同时，根据不同场合的需要，给对方留下不同的印象或向对方传递不同的信息。

黑色传递的信息：与对方保持距离；权威；品位。黑色是权力与距离的象征，它不是一种亲和、友好的颜色。穿着黑色系的衣服，容易在着装者与对方之间造成一种感情上的距离，并且有居高临下的压迫感。也许，这就是法官、公司高层、政客们为什么总是穿戴黑色的原因。对于任何类型的会谈、会议来说，黑色服装可能是一种糟糕的选择，除非你处于对别人作指示、下命令的地位。

灰色传递的信息：冷漠；事不关己；高高在上。灰色是一种冷色调，意味着力量和冷漠。人们穿着灰色服装，很难将自己友善的本性表达给他人。灰色将一切笼罩上一种冷生生的阴影，让人的心情变得低沉，这样就使得人与人之间的联系变得不融洽。因此，朋友之间聚会应该避免穿灰色系的衣服。但是，假如你是一位需要去解决争端、调节纠纷的律师，穿灰色的服装是非常适合的，因为灰色意味着权威、中立的态度，也在当事双方之间设下了一道无形的屏障，有助于使各种事情平息下来。为了避免灰色产生的冷漠、距离感，在选择灰色系穿着时可以补充一点别的颜色，这能在冷漠中保持某种平衡。

蓝色传递的信息：理性；冷静；信任感。蓝色有镇定的效果，在对方激动时恢复冷静。所以，客户投诉部的工作人员适合穿蓝色制服。深蓝色可以给对方一种可靠感，使自己看起来也更富有理性。同时，它和黑色一样，也代表着力量和权力，但又不会像黑色和灰色那样令人感到隔阂与冷漠。因此，深蓝色是很多手握重权的成功者所喜欢的颜色。

与蓝色、黑色、灰色相比，棕色也意味着一定的权力与力量，但是它是一种友好而富有同情心的颜色，比其他三种颜色都更温和，在体现控制力的同时不会让对方有压迫感。

另外，所有淡而柔和的颜色，都会让对方认为你是软弱无力的。比如，粉色传递的信息是：敏感；请爱护我；请保护我。黄色传递的信息是：请说吧；做你想做的。白色传递的信息是：我在认真听你说话；忠厚老实；纯朴。这些颜色让你看起来不那么强势，自然在竞争中处于弱势。即使你穿了一套表现强势的深蓝色或灰色服装，再试图佩上淡柔色的领带或别的饰品，以便使色彩鲜亮些，那也是错误的选择。记住，服装上任何淡柔色的点缀，都将格外突出醒目，从而削弱了你的态度，不利于你坚持自己的立场。此外，粉红色还可以激发对方的保护欲；黄色在你试图想改善与对方的关系时，特别有效；白色能给人整洁、清爽的印象。

而有些颜色是那么的鲜艳夺目，以至于你如果穿戴上它们的话，对方的注意力将完全放在颜色上面，而忽视了你这个人本身，他们对你的印象将是模糊的，有喧宾夺主之嫌。比如，红色传递的信息是：我需要刺激；我想引人注意；我喜欢华丽的东西。为了让对方把注意力放在你本人身上，一个好的办法是避免在服装上采用强烈对比的颜色，而是坚持采用单色的配置。

另外，橙色传递给对方的信息是：我很快乐；可以和我轻松交往。当你想邀请别人一起享用美食时，适宜穿橙色衣服。绿色传递的信息是：保持平衡；和平共处。想与周围的人和谐共处时，穿绿色衣服可以营造出和谐的氛围。紫色传递的信息：我与别人不同；请认可我；我很有魅力。想向对方表白感情时，穿淡紫色衣服比较好。

通过服装颜色的选择，能传递给对方你想传递的信息，给对方留下好的印象。不过，颜色搭配并不是万能的。它给对方留下的印象和带来的心理效果，具有两面性。因此，当你为重要的会议和会见选择服装的颜色时，不单要考虑颜色本身的含义，而且要考虑自己所面临的局势，二者是同等重要的。

服装颜色与个人心理密切联系

据媒体报道，有一位妈妈花了 4 年时间调查发现，她女儿穿浅色衣服去参加考试，得到的平均成绩，要比穿深色衣服多 2.7 分！这位妈妈是做会计工作的，统计是她的强项。她将女儿从初一到现在近千份试卷进行了统计，发现女儿穿深色衣服考试，平均分是 81.77 分，而穿浅色衣服时是 84.47 分。色彩心理学家认为，白色、淡绿色容易让人变得安静，做起事来也更细心。而像红色、黄色这类亮眼的颜色，往往能让人情绪亢奋，在行为举止上也更毛躁，不够细腻、安静。尤其是在考试时，一旦答不出题，很容易心情烦躁，影响发挥。因此，专家建议考生在考试时最好穿浅绿、浅蓝、白色的衣服，以保持心态的稳定，冷静应考。

色彩和人类的心理之间有着十分密切的关系。一个人对色彩的选择，不仅会影响给他人留下的印象，也会影响自己的心理状态。

穿黑色衣服：有助于保护自己免受外界的干扰和伤害，也有显示权威的作用。想要获得控制对方的力量，可以选择黑色衣服。

穿白色衣服：有助于调整心情。当你想有一个崭新的开始时，可以穿上让人精神焕发的白色。白色还有助于显示你健康向上、充满活力的一面。

穿灰色衣服：有助于做出谨慎的行动。灰色不是友好的、富有活力的颜色，需要小心处事时，穿灰色衣服较好。

穿黄色衣服：有助于提升自信，激发人的进取心。感觉不安时，穿黄色衣服可使人镇定；想解决问题时，穿黄色衣服可以使自己获得动力；另外，穿黄色衣服可以促进肠胃蠕动，所以改善便秘时，可以考虑黄色衣服。

穿红色衣服：有助于激发情绪，振奋士气。无精打采时或想打起精神的时侯，穿红色衣服；和黄色一样，红色也能获得解决问题的动力；另外，红色衣服尤其是红色内衣，还可以提高生殖器活力。

穿绿色衣服：有助于平稳情绪，提高决断力。在情绪焦躁或者需要作出决定时，可以穿绿色衣服；绿色还有缓解头痛紧张等症状的功效。

穿蓝色衣服：有助于集中注意力，缓解压力和疲劳。另外，穿蓝色衣服可以激发创造力；可以刺激新陈代谢，想抑制食欲时，穿蓝色衣服，不光使人看起来更苗条，还能减肥。穿淡蓝色衣服则可以缓解疲惫，还有改善体质、治疗腹泻的作用。

穿橙色衣服：能促使人采取积极行动，可以刺激荷尔蒙的分泌，加速人体新陈代谢。需要提高行动力时，就选择橙色衣服。

穿粉色衣服：可提高内分泌系统的活力，也可以使自己对他人的态度变得更温柔，性格变得更温厚。

穿紫色衣服：能刺激人的直觉，使人感觉变得敏锐。另外，也能促进女性荷尔蒙分泌，使女性更显女人味。

另外，在恋爱的过程中，色彩心理学也可以助男性一臂之力。女性常常会抱怨男性不了解她们，不知道她们心里的所感所想。其实，女性所穿衣服的颜色，大多可以反映出她们当时的心情，根据色彩心理学教我们的，就可以了解她们的一些想法。如果女性穿鲜艳的衣服，可以约她进行大家都感兴趣的娱乐活动；如果女性穿深蓝色的衣服，可能是想寻找倾诉的对象，这时男性应该认真倾听她的心声；如果女性的服装是以黑色为基调的无彩色，则说明女性需要倾诉对象或是希望得到别人的赞美；如果女性穿暗淡色调的衣服，则适合一起去美术馆等让人心情平静的地方；如果女性穿可爱的浅色调衣服，则可以进行一些户外活动。

不同色彩的衣服不仅能对别人的视觉产生影响，一件颜色鲜丽的衣服可以使一个很普通的人，立刻变得不同起来，穿着怎样颜色的衣服主要还是会影响一个人的心情，也可以展现一个人的不同性格。

个人色彩系统

每个人都想在出席各种重要场合时，给对方留下一个好的、难忘的印象，于是会特别注意在不同的时间、不同的场合选择穿不同颜色和款式的衣服。但他们往往却忘了想一个问题，这种颜色到底适不适合自己呢。如果选择了一个不适合自己的颜色，效果只会适得其反。因此，如果你想轻松驾驭色彩，就必须了解什么颜色是适合自己的。

个人色彩系统能帮助我们找到最适合自己的色彩体系。它是由美国人率先提出来的。日本人也较早引用此体系。现在，在日本已经有很多为他人提供个人形象诊断和设计的机构。

在前文中曾提到，色彩包括三要素，即色相、明度和纯度，个人色彩系统就是在此基础上确立的。不过，个人形象色彩里多了一项——底色。在个人色彩系统里，人都是有底色的，分蓝底和黄底两种人。要想知道自己适合哪种色彩系统，首先要知道自己属于哪个底色。那么，如何辨别自己属于哪个底色呢？方法很简单，先找两个色彩样本，一个是发蓝的白色样本，一个是发黄的米色样本，这些样本可以是衬衣或者其他的布料等，只要能起到对比的作用就行。然后，站在明亮的镜子前面，将不同的颜色样本分别与自己的肤色、脸色、眼睛的颜色等作比较，看哪个颜色样本让自己显得格外的亮丽、自信、富有生气。选定了之后告诉大家答案：适合米色样本的人，属于黄底，皮肤的颜色偏黄色。适合白色样本的人，属于蓝底，皮肤的颜色偏蓝色或粉色。黄底的人不仅适合米色，也适合橙色、绿色、乳白色等。而蓝底的人不仅适合白色，也适合蓝色、柠檬黄、紫色等。

其实在个人色彩系统中，人不仅分蓝底和黄底，也分春、夏、秋、冬四种人。由有"色彩第一夫人"美称的卡洛尔·杰克逊女士发明的"四季色彩理论"，对此有比较详尽的阐述。

"四季色彩理论"把生活中的常用色按照基调的不同，进行冷、暖和明度、纯度划分，进而形成四组色彩群。由于每一组色彩群的颜色刚好与大自然四季的色彩特征相吻合，因此，杰克逊女士就把这四组色彩群分别命名为"春""秋"（暖色系）和"夏""冬"（冷色系）。我们可以根据每组色彩群的特征进行自我诊断，看看自己的个人色彩系统属于哪个季节，亦或者是哪几个季节的组合。

春季型

肤色特征：浅象牙色、暖米色，细腻而有透明感。

眼睛特征：眼珠为亮茶色、黄玉色；眼白有湖蓝色。

发色特征：发质柔软；发色偏茶色，柔和的棕黄色或栗色。

春季型人在选择最适合自己的颜色时要注意，颜色不能太旧、太暗，过深过重的颜色会与春季型人白色的肌肤搭配不和谐，使整个人看上去显得暗淡，尤其黑色是最不适合的颜色。在色彩搭配上可以大胆一些，多选择明亮、鲜艳的色彩，这样会比实际年龄显得年轻。服饰基调以暖色系中的明亮色调为主。这个季节的人使用范围最广的颜色是黄色。

夏季型

肤色特征：粉白、乳白色，带蓝色调的褐色或小麦色皮肤。

眼睛特征：眼珠呈茶色、深棕色；目光柔和。

发色特征：发质柔和；发色为黑色、灰黑色、棕色或深棕色。

夏季型人适合以蓝色为底调的柔和、淡雅的颜色，不适合穿黑色或藏蓝色，因为过深的颜色会破坏夏季型人的温柔、恬静的感觉。这个季节的人适合穿深浅不同的各种粉色、蓝色和紫色，在色彩搭配上，最好避免反差大的色调。他们穿灰色会非常高雅，但注意选择浅至中度的灰。

秋季型

肤色特征：象牙色、黄橙色、深桔色或暗驼色。

眼睛特征：眼珠呈茶色、深棕色；眼白为象牙色。

发色特征：褐色、棕色或者巧克力色。

秋季型人最适合的颜色是金色、苔绿色等浓郁而华丽的颜色。这些颜色可以衬托出他们成熟、高贵的气质。同样不适合穿黑色，会显得皮肤发黄。服饰基调以暖色系中的沉稳色调为主。

冬季型

肤色特征：青白色，略带橄榄色、黄褐色。

眼睛特征：眼珠为茶色、深黑色；目光锐利。

发色特征：发质乌黑发亮。

冬季型人最适合颜色鲜明、光泽度高的颜色以及各种纯色。在四季颜色中，只有冬季型人最适合使用黑、纯白、灰以及藏蓝色这几种颜色。选择红色时，可选正红、酒红和玫瑰红。冬季型人着装一定要注意色彩的对比。

一般人的个人色彩系统并不仅仅属于某个季节色，属于复合型的较多。人们如果知道并学会运用自己的个人色彩系统，清楚什么颜色最能提升自己，什么颜色是你的"排斥色"，就能把自己独有的品味和魅力最自然、最完美地显现出来，科学而自信地装扮出最漂亮的自己。

你是色彩达人还是色彩菜鸟

色彩力指的是一个人所具有的色彩知识以及对色彩的感觉。很多人对色彩很感兴趣，却总是担心不能正确使用，遭致别人的嘲笑。甚至认为那些能熟练掌控色彩的色彩达人是由于他们的天赋使然，而自己的天资平平，怎么也把握不好色彩的运用，注定只能当个菜鸟。其实，对色彩的理解和把握都是建立在一定的理论基础上的，只要掌握了这些理论，菜鸟也能变身达人，熟练自如地使用色彩进行搭配。我们面对的是一个充满颜色的社会，要在这样一个五光十色的世界生活下去，就必须得学会如何理解色彩、判断色彩和利用色彩。

色彩理论包括色彩的基础知识和色彩的运用能力。基础知识部分并不难，主要包括色彩的基本性质，色彩知识以及色彩心理学的一些知识。这都是能通过有关书籍或课程学到的。除了色彩基础知识，基础知识部分还包括色彩的认知力，即准确识别色彩的能力，这可以通过大家对色彩三要素（色相、明度、纯度）的掌握程度来考察。而对色彩的运用能力主要包括三个方面，即色彩分析力、色彩记忆及再现力、色彩的表现力。色彩分析力的表现是我们对某一色彩是否能充分理解，这可以通过大家能否分解、合成或数值化色彩三要素来考察。色彩的记忆及再现力的表现是人们能将某种颜色保存在记忆中，必要时能准确地重新呈现。而色彩表现力的表现则是在与人的交流中，能准确使用颜色，利用颜色传递给对方信息。

通过测试，考察人们对色彩力所包括的这一系列能力的掌握和使用程度，能够了解人们的色彩力水平。

比如对色彩基础知识的考察：哪种颜色是膨胀色？哪种颜色是后退色？哪种颜色有镇定效果？

对色彩认知力的考察：哪种颜色明度最高？哪种颜色是红色的补色？

对色彩分析力的考察：绿色可以分解成哪两种颜色？黄色和蓝色混合后会出现什么颜色？

对色彩记忆及再现力的考察：奥运五环旗是由哪五种颜色组成的？看某种颜色（例如桃红色），然后遮住，在各种深浅不同的红色中找出刚刚看到的是何种。

对色彩表现力的考察：请选择两种颜色，搭配出具有活力的效果。某食品公司刚推出一种食品，如何选择色彩来设计商品的包装，使它看起来诱人可口？

了解了色彩力的有关理论知识，可以结合自身的情况，在这5种能力上有针对性地进行训练。比如说想提高色彩的分析力，可以使用绘画颜料或计算机画图软件，尝试将不同的颜色混合，得到新的颜色。而要想提高色彩表现力的话，除了得准确把握颜色所代表的形象和给人的感觉外，还要训练自己对多种颜色组合的运用。

色彩力是近几年流行起来的一个新概念。在我们的日常生活中，色彩无处不在，它能通过视觉传递信息，能表达情感，反映内心的情绪和想法。鉴于色彩对人类心理健康的重要影响，有专家认为，色彩力能够决定"健康力"。心理压力主要来源于工作和生活。如果能在工作和生活中熟练调制和运用色彩，不仅可以为生活环境添加美感，也能有效缓解生理疲劳和心理压力。

近几年，人们对于健康的关注越来越多。面对诸多的生活压力和工作压力，身心疲惫，但又不知道怎样去调节种种压力，而色彩在某种程度上担当了这一角色。一个人所处的色彩环境不同，他（她）所表现出来的心理和身体的感受也会不同。学会享用色彩，培养自己的色彩意识和环境美学意识，无疑将对心理压力的调节产生积极影响。面对生活和工作的巨大压力，现代人更需要的是一种童趣心灵的回归，去发现生活中美好和快乐的源泉。

如何穿出个性

俗话说，"人靠衣裳，马靠鞍"。无论身处什么时代，穿衣打扮永远是人们谈论的焦点话题之一。每个时期，人们对美的定义都不同，因而有了"流行"这一产物。对现代人来说，单纯的追求流行趋势已经不能满足他们彰显个性的要求，他们更在意的是树立个人的风格，穿出自己的个性。市场调查的统计数据显示，一般人对于自己的外貌打扮还是比较在意的，对时尚潮流的走向也时常关注，选购服饰时都希望能突出自己的个性。

其实，流行什么不要紧，关键是能穿出自己的品味和个性。因为服饰毕竟是依附于人、并为人服务的，人才是服饰的主体。任何新颖漂亮的服饰，如果不适合自己，也就显示不出它的特别之处来。所以，如果单纯地去追求新潮、时髦，往往会适得其反。那些适合你、符合你的形体、个性与气质的服饰，才能最大限度地表现出你的闪光点。对色彩的追求也是如此，并不是每种流行的色彩都适合自己，关键要能把自己衬托得更出众，彰显自己的个性。

与社会上流行的其他事物一样，流行色是一种社会心理产物。它指的是每个时期内，人们共同爱好，带有倾向性的几种色彩。它还是一个时尚的名词，代表着一种趋势和走向，其具有的鲜明特点是周期很短，会在一定的期间内演变，并非固定的。因此，今年流行某种颜色，并不意味着明年也会继续流行，它会被其他颜色所替代。流行色来源于我们经常使用的这些常用色当中。例如，红色一直是常用色，但在某一年突然开始流行起来，成为流行色。由于流行色更换的周期很短，每种常用色都有成为流行色的可能。而流行色经人们使用后也会成为常用色。那么，流行色是根据什么选定的呢？

1963 年，由法国、英国、奥地利、比利时、保加利亚、荷兰、西班牙、德国、日本等十多个国家联合成立了国际流行色委员会，总部设在法国巴黎。该组织每年举行两次会议，来自世界各地的流行色专家，通过调查研究消费者在上一季度使用最多的颜色，并找出哪些是较新出现的、有上升势头的颜色，据此提出自己的提案，携带提案聚集到法国巴黎。与会的专家们再共同分析消费者的心理与对颜色的喜好，猜测在下一季度的政治、经济和社会形势下，消费者会喜欢什么颜色，在充分讨论和分析的基础上，投票决定下一季度的流行色。然后，各国再根据本国的情况采用、修订，并发布本国的流行色。欧美有些国家的色彩研究机构、时装研究机构、染化料生产集团还联合起来，共同发布流行色。然后经报刊、杂志、电台、电视广泛宣传推广，介绍给消费者。由此可见，流行色是取之于消费者并用之于消费者的。

由于流行色变换的周期很短，它更多地适用于那些寿命短、相对廉价的服饰。而对于一些比较贵重、正规、高档的服饰，则没有必要考虑流行色，一般以经典色为主。每个季节都会有新的流行元素出台，年轻女性对此尤为敏感，而且女性做事往往凭直觉，每逢换季，可能无法抵御诱惑，买下很多流行服饰。但若是搭配得不到位，反而会显得自己时髦有余，品位不足。所以，聪明的做法是，把每季的流行色当成"调味品"，与适合自己的基本色巧妙搭配，这样足以让你"省下银子，又赢回面子"。这样的做法也适合其他人群，因为人们着装的色彩一般都是由基本色和流行色共同组成，所以可以采用流行色作为点缀色，这样可使服饰的颜色既保持了自我又跟得上时代的步伐与潮流，具有画龙点睛、相得益彰的奇妙效果。时髦很重要，经典也很重要，但不要忘记：并没有绝对的流行，穿出自己的风格，才是真正的流行。

办公室中的实用色彩心理学

我们学习色彩心理学的目的就是要将它运用于实际，将色彩的性质以及心理效果与日常生活相结合，加以灵活运用。那么，色彩心理学如何在企业以及办公室中得到充分应用呢？

乘坐飞机、住进饭店、到大型超市购物、去餐馆吃饭，如果你稍加留意的话，会发现这些地方的员工制服各有特色。的确，在特定的服务环境中，员工穿着适当的制服，会在无形中提升顾客对他们的信赖感，还能起到很大的宣传和广告作用。不论是大众运输工具、餐饮服务业还是金融业，都希望通过制服提升员工的亲和力，增进与顾客的距离，或提升专业形象，赢取顾客的信任。制服俨然成为"企业形象的第一张脸"。如何彰显制服作为"企业形象的第一张脸"的功能，背后藏有许多学问。以前，企业的制服通常具有"保守"和"保险"两大特色，通常采用稳重的深色系、正常剪裁款式，不敢大胆用色，但这会让制服的颜色被整个环境"吃掉"，完全凸显不出来制服的特色。有设计师建议，在设计制服时，应该把公司的理念也设计进去。另外，制服的设计应该让颜色跳脱出来，代表公司徽标的标志可以使用小勋章等饰物，这些小的装饰物能突出颜色的重点。不过，饰物面积要适中，过大会显得杂乱，过小又没有意义。专家认为，5%左右的装饰物可以最好地突出重点，传达出企业形象。

对普通白领来说，上班前挑选合适的服装是件苦恼的事情。如何选择适当颜色、适当款式的服装进行搭配，给人留下深刻的印象，是我们必须要做的功课。在这个过程中，色彩心理学能帮上大忙。每天出门前，我们可以根据今天要见的人、要做的事来决定服装的颜色和款式。前文提到过，黄色有促进交流和沟通的作用，当需要和客户洽谈时，最好穿黄色的衣服或衬衫。如果要接待客户的投诉，可以选择蓝色衬衫。因为蓝色能让对方激动的情绪平静下来。此外，如果想营造出和谐的气氛，穿绿色衬衫会比较奏效。而如果想给对方留下温柔、和蔼可亲的印象，粉色的衬衫最合适不过了。不过，绿色和粉色需要根据肤色来挑选，很多人穿绿色衬衫时会显得脸色很差，而肤色偏黑的男性也不适合穿粉色。在选购之前，要先确定自己的肤色适不适合，不适合自己的话千万不要随便穿，否则会适得其反。

办公环境的布置能直接影响员工的心情，进而影响工作效率。现代的办公家具大概有5种色调：黑色、灰色、暗红色、棕色和蓝色。通常，不同明度的灰色可用于办公桌；黑、棕色向来给人凝重感，可用于老板椅和会客室桌椅；蓝色淡雅而不失明快，红色庄重而不乏活泼，这两种颜色多用于办公室用椅。一般来说，办公室色彩的配置可依照"大跳跃，小和谐"的原则。也就是说，办公室之间的色彩可以采用完全不同的主调，即大跳跃原则。但每间办公室的门窗、桌椅和地板甚至琐碎的办公用品都要保持自己的整体和谐，就是小和谐原则。办公室里的每一种色彩都有它自己的语言，如果和其他颜色合理搭配，还能扬长避短，取得令人耳目一新的效果，这些颜色能向员工和客户传达一定的心理讯息。比如，黑色原本给人距离感，但却不能掩盖它高贵和庄重的一面；棕色让人觉得老气横秋，但它也有优雅的一面；大红大粉虽过于热烈、张扬，若和安静的冷色搭调，能够显出年轻的活泼；白色、土黄色虽过分素净，若搭配暖色，能给人典雅的感觉。再进一步说，粉红色配白色则能传达青春气息；洋红色配宝蓝色让人觉得明快；朱红色配黑色能吸引对方的视线；淡紫色配天蓝色给人恬静的感觉；

酱紫色配月白色则显得高雅；深棕色配浅黄色显得比较成熟；浅灰色配墨黑色显得庄重；墨绿色配土黄色的搭配最自然；海蓝色配浅蓝色则令人感觉踏实；明黄色配墨黑色，则可以给人跳跃的美。

总之，色彩也有自己的品性与格调，合理搭配它们，我们可以给办公室来个大改造，一改往日传统的、沉闷的气氛，让办公室变得严肃而不失活泼，真正成为员工的另一个家。

家庭中的实用色彩心理学

家是人们居住、休息的场所。一个舒适、温馨的家庭环境对人们的生活起着举足轻重的作用。总的来说，家的装饰应该以平静、淡雅、舒适为主。可以根据每个房间的不同功能，选择不同的色彩进行布置。

卧室是人们休息的主要场所，也是家庭中私密性要求最高的场所。卧室的色调应以宁静、和谐、私密为前提，色彩最好偏暖、柔和些，以利于主人的休息。为了使所选的卧室墙面装饰材料在色彩、图案上与室内的环境相协调，在选择时应充分考虑到光线、房间的大小、家具的式样以及主人的特征等因素。一般说来，东南朝向的房间光照充足，墙面宜采用浅蓝、浅绿等冷色调；而朝北的房间光线不充足，墙面应首选奶黄、浅橙、浅咖啡等浅暖色调，不宜使用过深的颜色。如果室外是绿色地带，室内可用浅紫、浅黄、浅粉等暖色装饰墙面，能营造出一种宛如户外阳光明媚般的氛围；若室外是大片红砖或其他红色反射，墙面应以浅黄、浅棕等色为装饰，可给人一种流畅的感觉。面积较大的卧室，选择墙面装饰材料的范围较广，任何色彩、图案、冷暖色调的材料均可使用；而面积较小的卧室，选择的范围相对小一些，宜选择小花、偏暖色调、浅淡的图案。家具如果色重，墙面颜色要很淡；如果色淡，墙面适宜用与家具色彩类似的对比色加以衬托。儿童房间的颜色宜新奇、鲜艳一些；年青人的卧室应选择欢快、轻松的图案；而中老年人的卧室宜选用偏蓝、偏绿的冷色系。总的来说，卧室墙壁装饰材料的色彩宜淡雅一些。如果想用照片装饰墙壁，应力求相框和照片的色泽与墙面、家具和谐。一般来说，浅色墙面宜用浅棕色或黄色木制框架；现代风格的房间可选配纤巧、浅淡的框架；中式格调的房间，则应选用色泽华丽的框架。

儿童喜欢的颜色、适合的颜色与他们的年龄有关。儿童房间的布置应该根据他们的年龄来进行。一般来说，0～6岁儿童的学龄前儿童是通过色彩、形状、声音等感官的刺激直观来感知世界的。在他们眼里，只要是对比反差大、浓烈、鲜艳的纯色都能引起他们强烈的兴趣。具有绚烂的色彩、充满童趣图案的壁纸成为打造儿童房间墙壁的最佳选择。它不但可以刺激儿童的视觉神经，还能促进他们的大脑发育。充满童趣的布置也能让儿童有无限遐想的空间，间接培养了他们思考和想象的能力。把孩子的房间设计得五彩缤纷，不仅适合儿童天真的心理，而且鲜艳的色彩在其中会洋溢起希望与生机。对于性格软弱、过于内向的孩子，宜采用对比强烈的颜色，以刺激神经的发育。而对于性格太暴躁的儿童，淡雅的颜色，则有助于塑造健康的心态。另外，房间的光线要充足、均匀、柔和。一个良好的活动空间不仅能促进儿童的发育，也能培养他们乐观向上的性格。

客厅是家庭集体活动的空间，也是接待客人和休息娱乐的场所，人们在其间逗留的时间相对较长。所以色彩可明快、活泼一些，但不宜用太强烈刺激的色彩，以免给人造成烦躁的感觉。可选用中性色调为主调，局部小面积采用纯度较高的颜色。书房是人们阅读、学习的地方，人们在书房工作时需要注意力集中、头脑冷静。因此，书房的色调应以雅致、庄重为主色调，可选用灰色、浅蓝色、浅绿色、褐灰色、褐绿色等色彩，同时用少量字画加以点缀，增加室内色彩的对比度。餐厅是平时家人共同进餐或宴请亲朋好友的空间。餐厅的作用就是让就餐者吃饱、吃好。故餐厅的色彩以暖色为主，如能增加食欲的橘黄、乳黄、柠檬黄。卫生间最重要的要求是清洁卫生，所以装饰它的色调以素雅、整洁为宜，其色彩可为白色、浅绿色、浅蓝色等冷色，使之有洁净之感。厨房的功能决定其以明亮、洁净的色调为宜，因此，也可采取冷色。

色彩心理学能帮助我们打造一个舒适、温馨的家。

恋爱中的实用色彩心理学

和心上人约会，应该穿什么样的衣服赴约呢？怎样让色彩牵线，找到和你有缘的那个人呢？恋爱期的女人应该穿什么颜色的衣服呢？这些都是处于恋爱中的女性必须掌握的色彩心理学小常识。

大多数女性都认为第一次约会时穿白色或浅色衣服最合适，因为白色衣服看起来干净、整洁，能给对方留下一个好的印象。的确，白色能给对方留下整洁、干净的印象。但是，白色也有冷淡的心理效果。尤其是对第一次约会来说，虽然给对方留下了不错的印象，却会让对方觉得你是一个不容易亲近的人。在双方已经熟悉一些时，可以尝试穿白色衣服。因为在前几次约会中，女性身着颜色鲜亮的衣服，已经给对方留下了不错的印象，忽然穿上白色衣服，这样会让对方觉得很意外，造成巨大的印象落差，从而激发对方对你的兴趣。当然，对所有颜色不能一概而论，兴许你约会的对象就喜欢白色，对身穿白色衣服的女性最有好感。关键是选择自己喜欢，并且合适自己的颜色，穿出自己的个性。

透过颜色来看性格，在前文已经提及很多。在双方已经有一定的了解以后，可以从谈话中了解他喜欢的颜色，从而大致判断他的性格。比如说，喜欢黑色的男人，严肃而认真，有时候稍显古板和距离感；喜欢绿色的男人，爱好和平，社会意识强，却不是个积极的行动派；喜欢蓝色的男人，性格平稳、理性，做事缜密、认真；喜欢橙色的男人，竞争心强，不肯轻易服输，是个积极的行动派。总之，透过喜欢的颜色能大体知道对方的性格，这样在爱情攻防战中就能占据有利的位置。有时候顺着他的性格来，能大大提高你在他心目中的地位。

知道了对方喜欢的颜色，女性还可以从此入手，看看你和他的性格是否合适，是否投缘。与配色中的色彩调和类似，如果你们喜欢的颜色是类似色或补色，就说明你们比较投缘。比如说，喜欢白色或红色的女性，和喜欢蓝色的男性比较投缘，喜欢白色的女性整洁、清爽，一般具有高尚的理想，而喜欢蓝色的男性诚实、理性，大多喜欢研究和探索，这样的搭配很合适。紫色和黄色是一对补色，喜欢紫色的女性，和喜欢黄色的男性特别相配。因为喜欢黄色的男性大多好奇心强，喜欢紫色的女性恰恰富有神秘感，正是喜欢黄色的男性的理想伴侣。喜欢橙色的男性是个积极的行动派，而喜欢灰色的女性是谨慎派，二者的结合可以使性格达到平衡。然而，两个同样喜欢橙色的行动派却并不适合。喜欢粉红色的女性与喜欢黑色的男性也是合拍的一对，这是因为粉红色的温柔可以将黑色的力量包围起来，从而防止黑色的力量过度膨胀。另外，喜欢红色的男性，适合与喜欢红色、橙色或绿色的女性谈恋爱；喜欢黑色和白色的女性也适合喜欢红色的男性；而喜欢蓝色的女性，和同样喜欢蓝色系的男性比较合适；蓝色和它的补色黄色也是投缘的一对。不过，透过颜色看缘分也不是绝对的，只具有一定的参考价值。

女性恋爱时会变得更漂亮，是因为身体内分泌出更多的女性荷尔蒙，使皮肤变得更光洁亮丽，再加上每天心情愉快，自然更加漂亮。薰衣草色或紫丁香色等淡紫色也有恋爱的效果，这些颜色能促进女性荷尔蒙的分泌，使她们看起来更温柔，更有魅力，因此女性平时可多穿这类淡紫色的衣服。另外，恋爱期间的女性还会爱上浪漫的粉红色。但是过度使用粉红色会显得孩子气，要特别注意使用的比例。

对于女性来说，在和异性的接触过程中，会有一个特殊的心理过程。起初刚认识时，和陌生异性接触会让她们觉得讨厌，但时间长了反倒会对对方产生好感。因此，对男性来说，一开始如果生硬接近喜欢的女性，必定会让她们感到厌烦。如果把你们的熟悉过程变得自然而然，时间长了就会赢得她的芳心。所以，男性应该避免穿红色、橙色等过于热情、让对方产生心理压力的颜色，清爽、浅色的衣服更能让女性放松。

巧用色彩心理学知识管理约会装束，了解对方性格，能让你的恋爱谈得主动、自信。当然，如果你还是位温柔、善解人意的女性，拥有一颗善良的心，能让自己更加富有魅力。

第十九章

图画心理学：随手涂鸦
的作品就是人生成长的记录

随手涂鸦的作品就是人生成长的记录

想画什么就画什么，是一个艺术家经过千锤百炼才能达到的境界。而图画日记能让我们一开始就处于这样一个创作的最高点，随心所欲地表达自己内心的所感所想。如果信手涂鸦成为每天的生活习惯，也不失为一种成长的记录、一笔宝贵的人生财富。

图画日记，顾名思义，就是以图画的形式来记日记，再配以极少量的文字说明。和传统的纯文字日记一样，借助图画日记，也能记录生活的点滴，宣泄压抑的情感，反省过去的所为。图画日记的特点不仅限于这些，更重要的是，它能记录你内心的历程，反映你在经历每个事件之后的情绪、感受。

图画日记的要求很简单，可以以任何形式进行表现。只要几张白纸，一些简单的线条、色块，再加上适当的文字补充就能完成。绘图的工具可以是铅笔、水彩、绘图软件等工具，图画可以是单幅的，也可以是多幅的，加入的文字可以是寥寥的几句话，不必有明确的目的性。总之，记图画日记，不必拘泥于绘图的形式和技巧，也不必约束自己的情感，我们需要的是通过色彩、线条来表达自己的心声。当然，也可以在每张图的背后简单记录自己绘图时的心情。我们可以定期或不定期地记图画日记，在白纸上画出自己的想法。然后把这些画稿保存起来，隔一段时间拿出来作一次回顾，把回顾时的感想再补记在后面。这不失为一份珍贵的个人成长心理历程记录。

据一项调查显示，爱写日记的人更容易有自闭倾向。也许文字的表达给人感觉过于严肃，那么图画日记，是不是能提供一个更活跃的空间呢？

儿童天生就喜欢画画，画画是他们的本性。尤其是在语言和文字能力还有待提高的情况下，画画无疑是记录他们成长的最佳选择。儿童在3岁左右时就能以极具象征性的线条将现实事物画出来，可以凭自己的想象自由作画。此时他们的生活经验非常少，很多事物即使有过经验也不可能都留下深刻印象，更别提用语言和文字记录下来。而那些他们常见的人、常到的地方、常吃的食物、常看的动画片、常听的故事、常玩的玩具等，是他们经常体验的，因此他们可以通过绘画的形式将其记录下来。这些场景会一再地被他们描绘在画面上，反映他们当时的心情。图画日记可以满足儿童爱涂鸦的天性，尽情享受表达自我感受的乐趣。虽然可能只是乱画一通，画的主题永远只是他们感兴趣的那几样事物。但通过图画日记，有利于增强儿童的观察力、分析力、想象力和创造力。不仅如此，图画日记还能增强儿童的语言表达能力，在画完日记之后，父母可以要求儿童口述画的内容，锻炼其口才。作为童年生活的积累，长大后，孩子再回过头来翻看当年的这些图画，回忆起童年的点点滴滴，将是件很幸福的事情。

图画日记不仅能表达自己的所思、所想、所感，还不用受制于生活中真实的事物，可以用夸张的方式改变或是创造新的形象。在图画日记中，你可以用一些简单的线条表达你的喜怒哀乐。

什么是图画心理学

图画心理学是图画学与心理学的交叉学科，也是心理学的一个新的分支学科。它是一门研究图画与人类心理之间的内在联系的科学。根据图画心理学的基本原理和理论，我们能通过绘画者所画的图像，从线条、图画大小、位置等角度来帮助绘画者认识自我的内心想法，或者考察他们的人际关系、心理状态和性格特征等。绘画时的氛围是轻松愉快、没有压力的，这样绘画者才能将最原始的一面展现出来，得到的心理分析也是最真实可靠的。

众所周知，图画的基本要素是线条和色彩。线条或流畅或生涩，或遒劲或软弱，色彩或浓烈或淡雅，或暧昧或清冷，通过这两个要素的变化，能传递出比语言丰富得多的信息。此外，我们在画图时，脑海中会很自然地浮现出一些联想、记忆或片断，这些情绪、感受会很自然地通过线条或色彩融合在图画中。这样一来，就赋予了图画某种象征意义。也就是说，图画能反映我们潜意识中的某些信息。我们对于图画，欣赏的不仅仅是绘画的功力和技巧，更重要的是图画背后包含的情愫是否能直达人心，反映出绘画者最原始、最本能的一些对生活的思考。

如何利用图画心理学来分析一幅图画？可以从三个方面进行：一是从整体上进行分析，包括图画的大小、下笔力度、构图和颜色等；二是从绘画者绘图的过程进行分析，包括先画什么，再画什么，是否有涂擦，花了多长时间等；三是从画的内容上去分析。不同的图画分析的侧重点不同。总之，图画心理学的奥秘就是：即使是一幅信手涂鸦的作品，心理学家也可以据此解析我们的内心世界。

图画心理学利用的其实是心理学的投射原理，通过使用简单模糊和不确定的指导语，让人们把深层次的焦虑、冲突、动机、情绪、价值观和愿望等，于不知不觉中投射到图画作品中。对图画的解释一定要由受过专业训练的人员来进行。即使是专业人员，对图画的解释也应该谨慎，需要综合考虑各项指标和要素，以及来访者的年龄、社会文化背景、情绪状况、主要心理问题等。先仔细倾听他们自己对于图画的解读，然后根据咨询的需要进行分析。

图画心理学的基本理论

前文已经提到过，图画心理学就是根据绘画者所绘图像的线条、大小等角度去分析绘画者的心理。画图不拘泥形式和技巧，通过简单的画人、画树、自由绘画等，就能考察绘画者的心理状态、性格特征以及人际关系等。其基本理论依据有以下三个方面：

首先，画画的过程是一种心理学的投射技术，它能够间接反映人们潜意识层面的信息。画画是直观表达人们内心的一种工具，在画画时，大部分人不会有很多的防御心，而是很自然地将内心真实的想法和愿望通过图画流露出来。它能直接通向人的内心，当人们把自己心中的想法落笔到纸上时，图画就不仅仅是图画，它还承载着人们内心的种种信息，只要仔细加以分析，就能获取最主要的那部分信息。我们有时候会有这样的感觉：想表达自己的一个想法时，语言显得非常匮乏无力，别人也总是一知半解，但是如果能以图画的形式将想法画下来，即使是寥寥几笔简单的线条，别人也能很容易领会要传达的信息。所以，有时一幅画胜似千言万语，它能传递非常丰富的信息。在孩子的笔下，这个特点非常明显：太阳公公笑眯眯地看着大地，花朵小草都在跳舞，小动物穿着漂亮的衣服在一起玩耍……在孩子的眼里，任何事物都和人一样是有生命的。有些在现实生活中不能达到的愿望，孩子们便通过图画来满足自己的需求、寄托情感，以此求得心理平衡。

图画有利于人们的表达与沟通。人类祖先通过图画来交流日常生活的信息，这从已发现的一些岩画中可得到证实。在以后的进化过程中，才逐渐赋予其美学意义。不仅如此，儿童在具备一定的语言和文字能力之前，也是通过涂鸦和画画的方式来表达自己的。可以说，图画是表达自己内心意愿和感受的最主要方式之一。与文字相比，图画更具象征性和随意性。人们在画图时，会自然放下内心的防御，不自觉地将内心的一些情绪和想法投射到图画中，使得图画具有象征意义。

再者，图画能传递比语言更丰富、表现力更直观的信息。而且，在画图的过程中，我们能进一步理清自己的思路，把无形的东西有形化，把抽象的东西具体化。图画的表达能力比语言要强得多，虽然只是线条和色彩的组合、变化，却能传递丰富的信息。需要用很多文字表达的一个意思，可能只需要一幅寥寥数笔的图画就能把意思表达清楚，而且更加形象、生动。此外，通过图画，也能表达出绘画者的情绪、想法。比如说：线条是图画的基本元素之一，不同的线条能传递不同的信息。长线条表示绘画者能够较好地控制自己的行为，但有时会压抑自己的想法，显得较为保守；短而断续的线条表示绘画者较易冲动行事；曲线可能代表的是绘画者厌恶常规，希望有独立的想法；强调横向的线条表示无力与害怕、自我保护倾向、女性化等特征；强调竖向的线条代表自信与果断，坚毅和勇敢；线条过于僵硬，代表的是固执或攻击的倾向；线条不断改变笔触的方向，则代表绘画者缺乏安全感。此外，无论是线条朝向什么方向，只要过长，或者是很僵硬，反映的是绘画者的刻板与固执，甚至是攻击性倾向。在传递一些复杂信息时，言语往往是匮乏无力的，有嘴说不清，听者也感觉云里雾里，但如果借助图画来表达，往往能使双方一目了然。画图的过程，本身就是人们思维再加工的过程。用最有效地方法，把复杂的东西简单化，把无形的东西有形化，把抽象的东西具体化，这是图画能赋予我们的意义。

图画能最有效地表达自我，能直观地传递比语言丰富得多的信息，还能投射出我们潜意识的想法。透过图画，我们能更加了解自己。

常见的图画技术

绘画作为个体表达内在心理的一种方式，不仅是一种认知活动，更是一种情感的宣泄。具体操作过程是，给来访者铅笔、橡皮以及几张白纸，要求他们在白纸上描绘一些图画，然后根据一定的标准，对这些图画进行分析、评定和解释，以此来了解来访者的心理现象，判定心理活动的状况。目前，常见的绘画测验包括画人测验、画树测验、屋—树—人测验、自由绘画以及绘画讲故事等。

现在广泛使用的画人测验是古德伊纳芙·哈里斯画人测验。该测验适用于4～13岁的儿童，主要指导语是让儿童在一张白纸上画一个人物的全身。对画人测验的结果进行解释时无需考虑绘画的技巧，只围绕图画的各种属性展开，包括大小、位置、身体的细节、面部表情、姿势等。图画中的各种细节都可能反映出绘画者的人格特征或某些心理状态。最早的画人测验是用于测量智力的，后来逐渐被用于对人格的评估。

画人常用来考察以下方面：智力、成熟度；情绪状态；人格特点等。对儿童来说，画人测验还可以了解其听力障碍、适应性问题以及个性问题等。由画人测验可衍伸出画自画像（考察对自我的评价）、画一位异性（考察性别认同度）、画雨中人（考察如何应对外界压力）、画一个家庭（考察家庭成员的互动情况）等绘画投射技术。

画树技术也叫树木人格图，一棵树由幼苗长成参天大树的过程就好似一个人的成长过程，通过画树，可以了解一个人的成长历程以及其在成长过程中的一些感受，尤其是负面的感受。

屋－树－人测验是在画人和画树测验的基础上发展而来的。测验的形式有多种，有的简单要求绘画者画出屋、树、人；有的要求绘画者在画完屋、树、人后，再用蜡笔对画涂抹上色；另有一种为统合性屋－树－人测验，要求被试者在同一张纸上画屋、树、人来进行测试，在画的过程中会把情绪状态在画面上描绘下来，甚至通过画面来反映他们的愿望。

绘画者所画的屋、树、人，部分与部分之间的组合、比例、结构，各部分在画面上的位置等，都具有特别的意义。画屋－树－人可以考察以下几个方面：智力；人格的整合程度；对待自我、家庭的看法等。

以上几种绘画形式虽然给予简单的指导语，但是绘画的主题还是受到限制的。而自由绘画能满足绘画者想画什么就画什么的需求。自由绘画可以考察绘画者内心被压抑最深的情绪、最迫切需要解决的问题等。由于自由绘画表达的信息丰富多样，不能像画人、画树测验那样按照一定的标准计分，这就要求解释者具有较高的专业水准和丰富的经验。涂鸦比起自由绘画，它能创造更愉快轻松的创作氛围，能充分调动绘画者的主观能动性，激发潜意识的表达。

绘画讲故事是一种强调绘画者与咨询师之间互动的图画技术。有些人可能会抗拒咨询师提出的问题和要求，咨询师要求他们画人或画树，但得不到他们的配合。这时候，有很强互动性的绘画讲故事技术可以发挥作用。首先，咨询师会告诉绘画者："我们来做一个互动游戏。我们轮流画画，讲故事。由我先开始。"然后他（她）在纸上画一根简单的线条，问来访者一些问题。"你觉得它像什么""它代表什么含义""你怎样解释它"，让来访者表达自己的想法。接着，让来访者在这根线条的基础上自由作画，完成之后也回答一些问题。这一阶段结束之后，再由咨询师和来访者轮番作画，讲故事。通过这样的互动，来访者能尽可能自由地表达内心的困惑，而咨询师也能了解他们面对的主要问题，并思考解决之法。

图画技术能投射出非常丰富的信息，经过多年发展，它已成为较为成熟的测评工具之一。

但由于绘画本身的自由性和任意性，即使有标准化的评价工具，在评价时也需综合考虑所有指标和要素，以及绘画者的基本信息和面临的心理问题等。对图画的解释不能生搬硬套书本上的知识，需由专业人员进行操作。

怎样分析人像画

人像画可以从以下几个方面进行解释：

人像的整体信息

人像的大小：人像过大，代表的是自我膨胀，脱离实际；过小则是没有安全感、不自信的表现。全身画像表示的是自我意识清楚，自我整合良好；相反，只出现脸部或上半身的画像，说明自我意识模糊，自我整合还不完善。画像如果是正面，自画像代表的是自信，愿意让别人了解自己，画别人则表示对画中人的情感比较正面；侧面的画像含义正相反：自画像是希望能保留自己的隐私，不愿意被别人了解，画别人时代表的是对画中人的接受度不高。另外，自画像如果是背影，表示的是对别人的防御心理，或不愿意面对真实的自我；画别人如果是背影，表明对这个人情感上的接受度非常低。

头部

头部占全身的比例较大：说明绘画者对自己的智慧和智力评价较高；但也有可能是不满意自己的体格。头部占全身比例较小：代表的是自卑感和软弱感，对于自己的智力和人际交往能力信心不足。画中人的头部左倾，代表的是理性；画中人的头部右倾，代表感性。重复描画脸部轮廓线条，说明绘画者注重别人对自己的看法。

五官

眼睛是心灵的窗户，它能透露非常多的信息，所以应该重点关注眼睛的画法。一般来说，目光的方向代表的是搜寻不同的记忆：画中人往右看，是展望未来；往左看，是回忆过去。非常大的眼睛：绘画者比较外向，喜欢用感性的方式了解世界；非常小的眼睛：绘画者是内向的，更加关注自我的内心世界。如果眼睛周围涂了阴影，代表的是焦虑和猜疑。眉毛的表现力非常强，代表绘画者对外表的关注。扫帚般的眉毛表示不修边幅，眉毛扬起表示态度的不屑。耳朵的基本功能是倾听，在图画中，它的意义是对别人意见的态度。耳朵大，表示对批评很敏感；没有画出耳朵，说明绘画者很少倾听别人的意见。鼻子的基本含义是有主见，画像中是否强调鼻子，是对绘画者有无主见的反馈。嘴巴的基本功能是说话和吃东西。在人像分析中，它与表达有关。画像中没有嘴巴，表示不愿意与别人沟通。露出牙齿的嘴巴则表示幼稚和攻击性（语言或身体的）倾向。

此外，五官模糊代表过度自我保护和退缩的倾向，漏画五官有逃避人际关系的含义。而过分强调五官，是在用攻击性来掩饰自己的软弱。

脖子和肩膀

一般认为脖子是智慧与情绪之间的联结。长脖子是想出人头地；短、粗脖子代表冲动、固执倾向；僵硬的脖子则是在人际关系方面的灵活度不够。如果绘画者内心感受到很大压力，会不自觉地把肩膀画成宽肩或方肩，小小的肩膀表示自卑感或无力承受压力。

四肢

如果两只胳膊不对称，代表的是发展中某些方面的不平衡；两手叉腰的动作表示绘画者自恋或对权力的迷恋。长而强壮的胳膊表示有雄心壮志，并且愿意付诸行动去实现自己的目标；短胳膊则相反，是缺乏雄心壮志和行动力的象征。没有画胳膊，表示内疚和罪恶感；如果画异性时没有画胳膊，表示感到被异性拒绝。手的画法值得关注，它能代表行动力以及做事的决心。非常大的手表示攻击性；手紧握成拳头表示攻击性和叛逆性；模糊的手表示在人际关系中缺乏自信；涂黑了的手表示焦虑和罪恶感。没有画手，代表缺乏行动力和做事的决心。手指还能表现出更多的信息，细致地画出手指，表示友善和开放，愿意与人接触。非常大的手指也表示攻击性、侵犯性。在现实中，腿和脚是用来支撑和站立的，它们代表的是踏实与稳定。长腿表示需要自主，细脚表示没有安全感。没有画脚，表示不稳定，或缺乏准确的定位。腿脚不对称则是没有确定感的表现。

躯干

大部分人在躯干的处理上都比较简单，勾画出近似方形或椭圆形的形状。圆圆的躯干表示性格上的被动，而棱角分明的躯干表示绘画者个性中的倔强。躯干过小，也是自卑和压抑的象征。

另外，阴影代表情绪困扰。把某个部位涂黑，说明对涂黑部位有焦虑感；把整个人像都涂黑、涂暗，可能是有情绪上的困扰。

怎样分析屋－树－人图画

屋－树－人图画和画人、画树测验一样，都是投射测验的一种。在图画中，每一样事物都有自己的象征意义。房屋一般代表家庭、安全感，也代表我们的生命实体。树象征着生命的能量和自我的成长。人代表着自我形象、人际沟通，也代表我们与家庭成员的互动关系。

首先，可以从图画在白纸中的位置来进行整体分析。图画居中，说明绘画者的自我意识较强，习惯以自我为中心；图画偏左，代表绘画者留恋过去；偏右，则是展望未来的表现；图画偏上，说明绘画者喜欢幻想，是个理想主义者；偏下，则代表对现实的关注。如果图画在白纸的某个角落，绘画者可能有某些病理性的疾病。

房屋是人们成长、生活的地方，投射的是内心的安全感。绘画者所画的房屋一般是自己现实的家，或理想中的家。从整体上看，画楼房，显示绘画者的智商较高；房屋画得像庙宇，绘画者要么是人才，要么行为怪异；房屋有烟囱，向上的烟代表绘画者内心的压力；房屋的侧面有楼梯，绘画者逃避与他人直接接触。门是房屋的出入口，它代表的是个体对外界的开放程度。房屋没有门，说明绘画者对外界有较强的防御心理，拒绝与他人接触；房屋有侧门，绘画者内心不认同家庭；低矮的门，代表绘画者表面上似乎很开放，内心却保持戒备；门上有猫眼，绘画者不会轻易相信他人，谨慎多疑；门没有把手，说明绘画者不希望别人走进自己的内心；另外，双扇门是渴望成双成对的表现。窗户同样也代表个体的开放性，"十"字型的窗户是最常见的一种画法，没有特别的含义；没有画窗户，表示绘画者退缩的心态；窗户狭窄，显示绘画者的羞怯，不能很快和别人打成一片；窗户像栅栏一样，代表的是缺乏安全感，内心封闭。大的单片玻璃窗户代表绘画者心态开放，愿意与他人沟通，愿意让他人了解自己的信息。很多窗户是渴望与外界接触和沟通的表现。

树木象征感情，投射的是人们对环境的体验。用单线条画成的树，说明绘画者内心忧郁；树枝上长出新芽，代表绘画者渴望或正在重新开始；树上有疤痕，代表绘画者曾受过心理创伤，疤痕在树干上的位置越低，受创伤的年纪越小；树上有果实，代表的是对金钱和权威的欲望；绘画者将树干涂黑，说明潜意识的攻击性较强；高山上画一棵树，绘画者可能有性行为问题或恋母情结。

人投射的是绘画者的自我形象和人格的完整性。一般绘画者都是画写实的人，如果画的人是符号化的，代表绘画者的掩饰性和防御心理较强。头画得越大，绘画者的心理年龄越小；脚代表人的活动力，叉开的双脚表示活动力强，反之则不善与人交往；手代表对环境的支配，伸得越开支配力越强，手放到后面说明绘画者有被动攻击行为；耳朵画得大，绘画者可能比较敏感，孩子不画耳朵则可能是逆反心理的表现；眼睛画得比较大的人比较敏感、多疑；不画瞳孔，绘画者在人际交往中有回避倾向；画眼睫毛代表对美的关注。

在作画时，绘画者往往还会添加一些附加物。通过分析这些附加物，也能找到一些线索。太阳是比较常出现在屋－树－人图画中的，尤其是在儿童画中。太阳代表的是温暖和能量，朝向太阳可能代表寻求温暖，而背着太阳表示的是拒绝温暖。花朵表示绘画者渴望得到爱或者其他美丽的事物。云朵和月亮都代表忧郁，云朵还代表焦虑。蝴蝶则代表难以捉摸的爱。

另外，作画的先后顺序也有不同的含义。一般来说，最先画的部分对绘画者是最重要的。先画房屋，可能表示绘画者对自己的身体或家庭非常关注。先画树，说明绘画者首先考虑的是生存问题，对生命力的关注。那些经常考虑"生还是死"问题的人，往往会先画树。先画人，表明对自己的特别关注。如果画的是别人，表明绘画者对所画人物有特别的情感。要综合考虑屋－树－人图画中三者之间的关系，再予以分析，才能更准确。

图画心理学中的笔迹分析

和图画心理学类似，笔迹的分析可以从笔迹大小、用笔力度以及笔迹的位置三个方面进行。

在笔迹分析中，字的大小与自我评价有关。如果字很大，代表的含义是书写者崇尚自由，兴趣广泛，有雄心壮志，且不拘小节，喜欢社交和表现自己，行动欲较强，但是缺乏精益求精的精神等等。这是一般的情况。但是如果字体很大，线条颤抖，并且线条有被刻意拉伸的现象，代表的是书写者内心的无力感和对外的防御心理，是一种心理补偿的作用。如果一份笔迹上方的空白过小，说明书写者心胸狭窄，目光短浅，且知识缺乏，或者是有一种寻求保护的心理。这也是与图画心理学中的结论相吻合的。在图画心理学中，认为画面非常大，代表的含义可能有以下几种：一种是攻击性倾向；一种是情绪化、内心躁动不安的表现；还有可能是由于内心的无力感而表现出来的防御机制。如果画面非常小，代表的含义则是绘画者拘谨、胆怯、害羞和退缩的倾向，以及对自我的评价较低。画面在纸的上方且比较小时，表现出绘画者心理能量较低。另外，当正文和签名放在一起时，可以进行比较分析。一般来说，正文反映的是书写者的社会评价，而签名反映的是书写者的自我评价。如果签名比正文大很多，表示书写者的自我评价较高，自信心很足，自我意识也较强。如果签名比正文小很多，则表示书写者自我评价不高，自信不足，害羞甚至有点自卑。需要提醒的是，在笔迹分析中，单纯分析字体的大小很有可能会出差错，需要与其他的笔迹特征结合起来，尤其是笔压。

笔压，即用笔力度，往往最能反映出用笔者的能量大小。笔压重表示心理能量大，体现在书写者身上，就是自信和果断等特征。但是，如果用笔力度特别大，代表的却是心理能量由于过高而不能通过正常的渠道得到宣泄，形成的是攻击性、脾气暴躁等负面特征。负面特征的表达还伴有笔记线条中的颤抖，如果仔细观察就能发现。笔压轻表示书写者心理能量较低，内心活动无法得到足够的能量支持，表现出来的特征就是没有安全感、犹豫不决、适应能力不强等。我们在笔迹分析过程中尤其需要注意那些过高的、却又不能通过正常渠道宣泄出来的心理能量。有力的笔触表示书写者思维敏捷、自信、果断。但是如果特别用力，除了代表自信、能量和信心，也有可能是攻击性或脾气暴躁的征兆。正常的轻微力度可能代表犹豫不决、畏缩和害怕、没有安全感等。而断续的、弯曲的笔触则代表了书写者依赖和情绪化的倾向，或者是柔弱和顺从。

此外，也可以通过书写的位置进行笔迹分析。如果书写在纸的中间，它代表了一种安全感。但是也有说法认为处于正中央，代表的是没有安全感，且在人际关系中比较固执。如果处于纸的上部，表明书写者有很大的抱负，且会努力朝目标前进。但也可能代表的是一种乐观，有时甚至是过分的乐观。如果处于纸的下部，表明书写者没有安全感，情绪经常低落，有悲观主义的倾向。如果处于纸的边缘或者是最下部，表明书写者悲观、没有安全感、缺乏自信，需要寻求外部的支持，或者是沉迷在幻想中，逃避尝试新的东西。通常，我们书写时都是空出头和尾，这不仅是为了保持美观，也是为了方便日后阅读时进行批注。

我们在分析笔迹时，往往过于注重笔迹的个别特征，而忽视了整体。其实，我们有时候可以尝试着将整幅笔迹看成是一幅画，从整体的角度，甚至以欣赏书法、山水画的方式去观察笔迹。

第二十章

音乐心理学：常听莫扎特的小提琴曲能变聪明吗

什么是音乐心理学

音乐是什么？音乐是人们用来抒发感情、表达感情以及寄托感情的一种艺术，通过音乐，能传达人们千丝万缕的情感。音符与音符的组合，产生了高低、疏密、强弱、敏感、起伏的节奏，这个节奏与人类的脉搏律动和感情起伏的节奏类似，能在人的内心产生共鸣，这些美妙的感觉甚至都无法用言语来形容。

音乐心理学，是以心理学理论为基础，采用实验心理学的方法，结合生理学、物理学、美学等学科的有关理论，用以研究与音乐相关的心理现象和问题，解释人类获得音乐经验和音乐行为的一门心理学分支学科。音乐心理学的研究对象非常广泛，截至目前为止，音乐心理学的研究主要包括以下方面：人类的基本听觉、知觉特征；音乐对心理的刺激及其效果；音乐感、音乐记忆、音乐与感情的关系；音乐天资的遗传；音乐表现的心理机制，音乐创作、欣赏等活动中的心理特征；音乐才能的定义分类及测定；音乐创造及表演的心理过程；音乐对社会心理的影响；音乐对疾病的作用等等，并已出现了更细致的分工，如音乐社会心理学、音乐教育心理学、音乐治疗学等。音乐心理学的研究不仅有音乐美学等方面的理论意义，在广泛的音乐实践领域中也有应用价值。

19 世纪中叶，在实验心理学流派的努力下，现代音乐心理学掀开了新篇章。实验心理学流派最初致力于音响与感觉之间关系的研究。例如，施通普夫研究了人们感觉的差异性；费希纳建立了心理物理法，进行了大量音响强度与感觉反应的试验；德国心理学家赫尔姆霍尔茨研究了音乐与感觉的问题；冯特也对视觉、听觉的生理及心理方面进行了研究；马赫分析了感觉与表象之间的关系，尤其是时间及音乐节奏要素的感知。但是，这个阶段中所研究的内容主要是音响心理学，音乐心理学只占其中一小部分。直到20世纪初，音乐心理学才逐步从音响心理学中分离出来。这一时期，心理学家们开始着重研究音乐与心理的关系。如：西肖尔与他的学生发展了许多测验视、听和运动知觉的仪器，研究如何测验音乐才能。50年代以后，研究重点从声音的属性、音乐才能、天资等问题转移到音乐的感知过程及其本质的探讨等，并更多地利用科学仪器对音乐心理活动作出进一步的分析。

音乐对人的生理有影响。美国的医学家曾做过一个试验：通过对那些演奏古典乐曲的管弦乐队队员的脑电图、心电图的测试表明，他们比一般人更健康，健康率达95%以上；而从事爵士乐、摇滚乐的乐队队员中，心律不齐、脑电图异常者占93%以上，音乐损害了他们的健康。精神分析学家将情绪与认识、记忆联系起来，随后又发展起来"音乐疗法"。音乐疗法，就是用音乐来减轻或消除患者的病痛。19世纪末期，美国的一些医院和大学里已经有人开始研究应用音乐作为治疗疾病的手段。20世纪四五十年代后，音乐疗法得到更多实践应用。很多国家已经在手术室、分娩室和康复中心等地方开展音乐疗法，帮助病人减少痛苦，加快恢复。比如说，日本的医学家利用音乐促使母亲的乳汁分泌，约可增加20%的分泌量；瑞典有口腔科用音乐代替了麻醉剂。

音乐疗法，既简单又复杂。简单是指优美的乐曲往往很容易受到喜爱，即使人们对音乐不甚了解，也很容易陶醉在音乐中，产生共鸣。因此，一般情况下，优美的乐曲都能对人们的身心健康起到良好的作用。但是，由于每位接受治疗的患者气质性格有别，健康状况不同，而且音乐修养也不甚相同，对乐曲可能不会产生一致的反应，得不到同样的疗效。

了解了音乐心理学的发展历史、研究内容以及实践运用等，我们能更深刻地体会到，优美的音乐让生活变得更加美好。

什么是音乐感和音乐记忆

音乐记忆，泛指记忆所听过的音乐的能力，既包括一般的记忆，如知觉的、情绪的和运动的各种经验，也包括对音乐中特有的如节奏、旋律、和声、复调、音色以及绝对音高、相对音高，甚至整部乐曲的记忆能力。音乐记忆还是音乐想象的基础，优秀的音乐家一般都有丰富的音乐想象力。

记忆，"记"是识记和保持的过程，而"忆"是回忆的过程，两者相互联系，密不可分。因此，从心理学的角度看，音乐记忆还是一个心理活动过程。它包括音乐识记、音乐保持和音乐回忆三个基本环节。音乐识记，是已有音乐经验保持、回忆的前提条件，而音乐回忆则是对识记和保持结果的验证。

培养音乐记忆，可以从音乐记忆的这三个环节入手。首先，音乐识记是整个音乐记忆的开始。在这一阶段，视觉记忆起到关键作用。演奏者首先通过读谱，对作品进行初步的感知，在大脑中逐渐形成最初的记忆。训练音乐记忆，必须保证最初形成的记忆是完整、全面而准确的，因为它会直接影响以后记忆的巩固和再现。其次，在音乐保持阶段，要及时找出先前音乐记忆中的不足，通过多种方式改进。比如，将看、弹、唱结合起来，用多种形式的音乐信息刺激感官，这样记忆会更牢固。此外，还有一个训练记忆的方法：晚上入睡前闭上双眼，在头脑中将乐曲地从头到尾过一遍，同时大脑反映出手在键盘上的位置，手到音出，二者尽量做到一致，这样也可以巩固音乐记忆。音乐回忆是音乐记忆的最后一个阶段，也是记忆成果的展现阶段。或许你会有这样的经历：平时练得行云流水，但是到了正式表演时，发现自己不知道怎么弹了，先前的练习都失效了。其实，这并不是你的记忆力出现了问题。这是因为我们在练习时，会不自觉地将乐曲和许多与之无关的事物联系起来，可能是房间的摆设，也可能是练习的时间点等。到了正式表演时，音乐记忆一股脑儿涌现出来，包括那些无关事物。这样就干扰了正常的乐曲记忆。所以，在练习时，必须设法在不同的场所和环境中进行练习，这样，我们的记忆就可以将习惯了的环境与乐曲分离开来。

音乐感，是指一个人对音乐的感受、想象和表现能力，主要包括对声音的高低、节奏的感受、节拍的律动、音乐的快慢、和声的构成、音乐结构的形式以及音乐风格、音乐形象等的综合感受。通常，说一个人有较强的音乐感，指的就是他对音乐中的旋律、节奏、和声等有很强的表现力，并通过自己的演奏把这些感受和想象表达出来。具有较强音乐感的音乐家更具艺术感染力。

音乐感是表现音乐才能的主要因素。它在个体中的表现有早有迟，表现出来的深度和广度也存在个体差异。音乐感与先天的遗传有一定的关系，但是也可以通过训练来激发个体潜在的音乐感。它与音乐技能是两个不同的范畴。音乐感的表现不受乐曲所需技术水平的限制，一首很简单的乐曲也可以表现得很深刻。而音乐技能的高低与乐曲所需技术程度的高低是关联的，高难度的乐曲需要演奏者具备优秀的音乐技能。如果说音乐感与遗传因素有关，那么，音乐技能就必须通过严格、刻苦的训练才能达到较高水平。

另外，音乐感的培养必须建立在音准和节奏准确的基础上。音准、节奏和音乐感这三者是相辅相成的。音准和节奏掌握得不好，就不能训练出好的音乐感。

什么是音乐才能和音乐创造

奥地利作曲家莫扎特，不仅是古典主义音乐的杰出大师，更是人类历史上极为罕见的音乐天才，有着"音乐神童"的美誉。他出生在一位宫廷乐师的家庭，3岁起显露极高的音乐天赋，4岁跟父亲学习钢琴，5岁开始作曲，6岁时在父亲的带领下到慕尼黑、维也纳、普雷斯堡作了一次试验性的巡回演出，获得成功。1763～1773年的这10年间，他们先后到德国、比利时、法国、英国、荷兰、意大利等国作旅行演出，均获成功。在他不到36岁的一生里，为世人留下了极其宝贵和丰富的音乐遗产。其中包括：以第三十九、四十、四十一交响曲为代表的交响曲41部；以《费加罗的婚礼》《唐璜》《魔笛》等为代表的歌剧22部；以第二十、二十一、二十三、二十四、二十六、二十七钢琴协奏曲为代表的钢琴协奏曲27部；以第四、第五小提琴协奏曲为代表的小提琴协奏曲6部；此外，他还写了大量器乐与声乐作品。

可见，莫扎特的音乐才能是不容置疑的。音乐才能，主要是指人们在音乐的节奏、音高和审美表现等方面的才能。心理学家舍恩认为，音乐才能应该包括：听觉感受力、音乐感情与理解力、音乐实现力、音乐智能、音乐记忆以及思考力、自信力与音乐气质等要素。

音乐才能是先天的潜能与早期环境影响的产物。它只有高低之分，没有有无之分。也就是说，音乐才能是相对的，一个人和他人相比较，可能有较多或较少的音乐才能。而音乐才能在儿童中间呈正态分布，大多数儿童的音乐才能都处于平均水平，少数儿童的音乐才能超常或低于平均值，像莫扎特那样极有天赋的儿童更是少数。在西方，心理学家编制了所谓的"音乐才能测验"，以评估儿童的音乐才能。最早出现的音乐才能测验是由西肖尔编制的，共100题，让测试者听一些音乐片段，然后回答问题，以测试其音乐才能。夸尔瓦泽编制的音乐测试法，只用到3个音，不断改变音高、时值、响度及节奏，让儿童判断其变化。而韦恩的"标准音乐智力测验"包括的测试内容有和弦分析、音高变换、音乐记忆、节奏重音、和声、力度等。这些测试都有一定的参考价值。

音乐才能包括音高才能和节奏才能两部分。音高才能主要是由音高意象组成的，不仅是听，我们在回忆、理解以及预期音乐时，都要通过音高意象。而节奏才能的主要特征是与音乐的音高和表现要素相互联系。速度和节拍感是节奏才能的基本要素。可以说，节奏才能是音乐才能的基础，因为如果没有充分的节奏才能，要想洞察不同的音乐风格就会受到很大的限制。

音乐，是一门极富创造性的艺术。在音乐教学中，音乐创造指的是即兴或者运用音乐材料来创造音乐的活动。而作曲家们的音乐创造历来被认为是神秘莫测的。他们的创作冲动从何而来，如何构思创作，又如何表现为具体的形式，这是为常人所不知的。音乐心理学研究的重点是作曲家们在创作过程中的心理活动特点，现实生活、灵感等因素在其创作中发挥的作用等。

从某种意义上说，音乐创造力是蕴涵在音乐鉴赏力、音乐表演力当中的。因为，无论是音乐鉴赏活动还是音乐表演活动，它们都需要音乐想象力作保证，而音乐想象力中也包含着创造的成分。所以说，创造离不开实践。要想创造出好的作品，必须学会鉴赏音乐、表演音乐，积累鉴赏和表演的经验。在培养儿童的音乐创造力时，不能忽视一些基本的启发性工作，比如，可以激发儿童探索音乐的兴趣，启发他们对音乐的感知等。另外，音乐的创造力与创造性思维有关，在培养儿童音乐创造力时，要重视创造的过程，培养和鼓励儿童的创造精神，启发他们创造性地进行艺术表现。

我们培养儿童的音乐创造力，目的不是为了让他们每个人都成为莫扎特式的天才，而是为了开发他们的创造性思维，成为一个勇于创新的人。

"莫扎特效应"的神话

相信莫扎特这个名字对于大家来说都不陌生吧，人们冠以他神童的称号。莫扎特出生于 1756 年，创作了世界上最著名的一些古典音乐，这也是几百年之后人们仍然能将这个名字铭记于心的原因。也正是因为他的音乐，在世界范围内也出现了一个神话——莫扎特效应。

1993 年，加利福尼亚大学的研究者弗兰西斯·洛斯切等人进行了一项研究，他们将 36 名大学生随机分成三组，在正式的实验之前给予不同的处理：一组学生聆听两首钢琴弹奏的 D 大调的莫扎特奏鸣曲，第二组聆听相对随意和放松的音乐，第三组则没有听任何音乐，只是静坐，然后对他们操作空间信息的能力进行测试。结果第一组的学生得分显著高于第二组和第三组。

后来，研究者们又进行很多类似的研究，结果都支持了莫扎特音乐能提高完成任务的成绩这一结论。一些媒体、记者纷纷对此进行了报道，并夸大了实验的成果。于是，莫扎特效应的神话开始蔓延。

所谓"莫扎特效应"，就是指听莫扎特的曲子，能让人们变得聪明，思维变得更加敏捷，活动效率也会更高，甚至对孩子出生前的胎教、出生后的智力等都有重要影响。这个术语在当今西方媒体、杂志中广泛被使用，随着对孩子教育重视程度的日益加深，莫扎特效应越来越多地和父母教育、学校教育等联系在一起。

那么，莫扎特效应是否真的存在呢？虽然很多研究结果都提供了肯定的答案，例如，对正在准备 SAT（Scholastic Assessment Test，学术能力评估测试）的学生进行研究，比较在考试之前听过古典音乐和没有听过的学生的 SAT 分数，结果那些先前听过古典音乐的学生的测试成绩要高于没有听的学生。不过，这一结论的推广也遭致了很多质疑，比如，有人认为参加音乐课程的孩子比其他孩子聪明，于是提出音乐能提高人的智力，但是，有可能音乐课程使孩子变得更加聪明，也有可能是本身就聪明的孩子或有天赋的孩子更喜欢去参加一些音乐课程。哈佛大学的克里斯托夫·查布里斯对所有类似洛斯切实验的研究进行了考察，他认为即使莫扎特效应真的存在，效果也远远没有公众认为的那么大，就更称不上是神话了。

随着人们研究的深入，莫扎特效应的神话渐渐回归到科学。一位研究者说，莫扎特音乐之所以对人们的活动产生了积极的影响，并不与钢琴演奏的 D 大调奏鸣曲有关，而是因为这类古典音乐能普遍引起快乐感。而且，莫扎特的音乐比较简单，总是让某一旋律多次重复，莫扎特音乐中旋律的重复模式与脑电波的时间长度和中枢神经系统的某些活动时间相一致，都大概为平均每 20 到 30 秒重复一次，这就是莫扎特效应的奥秘。

毫无疑问，音乐对人们的认知能力等有积极的作用，在学习音乐或听音乐的过程中，人们的注意力、记忆力等都能得到提高，还对人们的语言能力、阅读能力、空间思维能力、计数能力等都有帮助，而且，通过音乐还能改善人际关系。所以，在教育孩子时多为他们创造条件接触音乐，这对孩子的成长是有帮助的。但音乐的作用只是辅助的，像其他一切外在因素一样，并不决定着孩子智力发展的水平和高度。

现在，再来回答开头的那个问题，听音乐能使人变得聪明吗？大家应该就能辩证地看了：古典音乐确实由于其缓和优美的旋律能带给人们快乐，但将莫扎特音乐引起的效应视为神话则是不科学的。

日本人的"绝对音感"

  日本某大学的教授为了研究绝对音感的地区差异，针对本国音乐专业的学生与波兰音乐专业的学生进行了调查。他让所有学生进行一个绝对音感的测试，结果发现，本国学生中，有30%的人能回答90%以上的测试题，而只有12%的波兰学生能达到90%以上的正确率。据此，他认为，在日本，拥有绝对音感的人比波兰要多。

  绝对音感，又称绝对音准，是指在没有任何辅助工具或器材的情况下，听辨者能将耳朵听到的声音用音阶来识别的能力，也就是对某一声音实际音高的辨认情况。拥有绝对音感的人，能区别某一段旋律的调性，能指出任何乐器发出的音高，能辨别出某和弦中的所有音符，能在没有辅助工具的情况下唱出某特定的音高，甚至能说出日常生活中任何音响的音高，例如闹钟响声等。著名的音乐家中有很多拥有绝对音感。例如，莫扎特7岁就被人发现他拥有绝对音感，如果有人在他旁边用任意一种乐器奏出一个孤立的音，他闭着眼睛也能立即说出。李云迪也拥有绝对音感，他从小就能在很短的时间内记住歌曲和歌词，还能辨认音高、节奏以及调性与转调。

  与绝对音感相对应的是相对音感。二者的区别在于是否有基准音。绝对音感指的是在没有给出基准音时，听辨者能辨认出任一种器物发音时的音高。这里的发音只包括那些音准和调律无误的音，不包含噪音或其他音准不对的音。相对音感需要给出一个基准音，然后辨别其他音与基准音之间的差异，它的着重点是将两个声音的音高进行对比，而不是判断实际音高。

  与相对音感相比，想拥有绝对音感很难。因为，我们在现实生活中接触的大多数音乐都是建立在基准音上，都是有一定的音调的。相对音感是可以通过训练得到的，但是绝对音感的获得和训练就不是那么简单。虽然很少有人拥有天生的绝对音感，但实际上，人们是可以在不经意间拥有这种"神奇"的能力的。有一个科学统计曾指出，绝大多数拥有绝对音感的人都是从小接受训练的人，其中接受古典音乐训练的人占了大部分，尤其以接受要读谱的非转调乐器，如提琴、钢琴等的人最多。通过练这些乐器，慢慢获得对音高的敏感度。

  然而，绝对音感也不是"绝对"的。音乐的音高，是人为定出来的，并非自然而成。具体来说，每个民族在每个时代，因为一些原因，都可能改变音高的制定。例如，莫扎特时代，西方的音高定音就比现在差了大约一个小二度，也就是说，现在的演奏家演奏的莫扎特曲子，都比莫扎特谱出来时转高了一个半音。至于西方的音高定音为何会越来越高，可能是由于提琴工艺、管弦乐的发展，甚至是歌剧院推崇飙高音等原因所致。所以，由于每个时代的音高制定不同，绝对音感的"天赋说"也就可以推翻了。另外，有研究还指出，一个国家使用的语言，与这个国家中拥有绝对音感的人的比例有非常大的关系。拥有绝对音感的日本人比波兰人多，就可能是因为他们的语言差异所致。

绝对音感并非"绝对"之处还表现在，拥有绝对音感的人，并不会因为听到音高与实际有一些偏差的声音而感到痛苦。在音乐中，重要的是"相对"音高，而非绝对音高。况且，绝对音高是不存在的。比如说，有一回莫扎特告诉其他人，他们的弦乐器略于半音和半音之间。但是，莫扎特并没有因为他们的弦乐器略低或略高于基准音而感到痛苦。他可能只是一开始觉得有不对劲之处，随后也就能适应了。实际上，乐器本身也因会其制作、乐器状况、故意的调律等因素而出现音准的偏差，但它们都是在一个相对的、非走音的范围里。如果没有绝对音感，不妨从训练我们的相对音感开始。

第二十一章

运动心理学：上场前，运动员为什么要击掌高喊

什么是运动心理学

我们常常通过一些媒体听到有关运动员发挥失常的报道，自己现场观看各种各样的比赛时也能发现这样的情况：运动员明明有很过硬的技能，完全有实力取得很好的成绩，却在比赛时屡屡出现意外。不过，无论人们对他们的失利有多么失望，却从来不会怀疑他们的能力。当人们议论时，总会说运动员发挥失常，是因为他们心理素质不够好才造成的。可见，心理状态对一个运动员的发挥有多么重要的影响。

人们在参加各种体育活动时，看似是身体的运动，其实无时无刻不受着心理因素的影响。尤其是在那些高手云集的大型比赛中，能参加比赛的人都是经过层层筛选、过关斩将的精英，他们在运动天赋、身体能力和技术水平上相差并不是特别大，这时候心理因素的重要性就更加突出了。

运动心理学就是专门研究人在体育运动中的心理特点和规律的科学，所研究的内容十分广泛，包括运动员的心理特点与体育活动的关系、不良的心理素质对比赛成绩的影响以及如何利用心理特点提高技能水平等。运动心理学通过对运动员心理特点的分析，能帮助他们调节自己的心理活动，在比赛时保持良好的心理状态，顺利完成比赛，并取得较好的成绩。

人们在运动中的心理过程和特点与体育活动有密切的关系。我们都知道自信心对运动员能力的发挥有重要的影响。如果一个运动员在比赛时对自己的能力有所怀疑，总是担心自己比不过别人，也超越不了以前的自己，那他在比赛的过程中就会分心，无法集中注意力，成绩自然不理想。而且，更为严重的是，受这种心理的影响还会出现一种恶性循环：不自信引起比赛中的分心，导致不能取得好的成绩；让自己不满意的成绩又成了自我验证的证据，认为自己真的不够优秀，于是更加不自信。

除了自信心等方面的影响外，比赛时运动员的动机也会影响体育活动的结果。比如，在一些需要团队合作完成的比赛中，如果运动员的动机就是为了展现自己的能力、出风头，就会在比赛中无法顾及与队友的配合。很显然，这种动机不仅不利于运动员个人真正实力的发挥，还会影响整个团队的成绩。

不良的心理状态会对运动员产生短期或长期的影响，最为常见的就是焦虑、紧张。很多人在比赛之前都会紧张，虽然一定程度上的焦虑有利于激发运动员的潜能，但过度的焦虑会阻碍运动员的发挥，这在平时的比赛中也非常常见。如何才能既保持一定程度的紧张状态，又不至于影响到自己的发挥，是十分关键的。也就是说，运动员如果能处理好"唤醒水平和操作成绩之间的关系"，就能让紧张成为自己超水平发挥的动力了。

运动员借助心理学的分析，通过对赛前和比赛过程中心理特点的把握，还能提高自己的技能水平。我们都知道高原现象，它本来是教育心理学中的一个概念，指在学习或技能的形成过程中，出现的暂时停顿或者下降的现象，在成长曲线上表现为保持一定水平而不上升，或者有所下降，但在突破高原现象之后，又可以看到曲线继续上升。在运动心理学中同样会出现这一现象，运动员在达到一定的水平之后，无论自己怎么努力都不见提高，只有正确认识这种现象，并找到合适的方法突破，才能继续进步；否则，就可能被它打败。

此外，运动心理与技能提高的关系，还体现在迁移规律的使用上。我们在学习的过程中，总是会碰到类似的知识或技能，而对这些相通的东西来说，迁移就显得很重要了。运动员的技能学习也是如此，从类似的动作中找出规律，迁移到新的动作学习中会大大提高效率。

运动员为什么会不顾禁令和道德而服用兴奋剂

前文已经说过，对运动员来说，如何才能既保持一定水平的紧张状态又不至于影响到自己的发挥是十分关键的。这在运动心理学中说的是"唤醒水平和操作成绩之间的关系"。

唤醒水平是指人在生理性激活中的不同状态或不同程度，比如，你在熟睡时唤醒水平就很低，而当你迷迷糊糊快要醒时你的唤醒水平也随着慢慢升高，当你起床后听到了一件特别高兴的事情，这让你十分激动，这时你的唤醒水平就很高了。可以看出，人们在经历不同的事情时有不一样的唤醒水平，而且从我们的生活经验中还可以发现，不同的唤醒水平对任务的完成有不同的影响。也就是说，唤醒水平与操作成绩之间存在着密切的关系。

在一些体育项目的比赛中，常常会有运动员为了取得好的成绩不顾大赛的禁令和道德的谴责而偷偷服用兴奋剂。兴奋剂能使人唤醒和维持自己的觉醒状态，对运动员在比赛中的发挥有很大影响。

但并不是所有的项目都是唤醒水平越高操作成绩越好，唤醒水平和操作成绩之间的关系很复杂。倒 U 型曲线就很好地描述了二者的关系。

倒 U 型的理论假说最初由耶克斯·多德森创立，根据这一定律，唤醒水平特别高或特别低都会阻碍操作，只有中等水平的唤醒才对操作成绩的提高有帮助。而且不同难度的任务需要的最佳唤醒水平是不同的。对于简单的任务或需要力量、耐力和速度的任务来说，高的唤醒水平有利于完成任务，比如，俯卧撑、仰卧起坐、引体向上、跑步、跨栏、举重、拳击等。而在那些复杂的任务或要求协调、稳定性的精细运动中，高的唤醒水平反而阻碍运动员的发挥，例如，射击、射箭、乒乓球、体操、跳水等项目。

唤醒水平与操作成绩之间的这一关系在我们的生活中也普遍存在。比如，我们在解数学题时，如果题目很简单，这时不管唤醒水平是高还是低都能顺利地完成任务，但相比而言，高的唤醒水平能提高解题的效率，更快、更好地完成任务；当题目很难时，如果我们的唤醒水平特别高，就不容易冷静下来仔细思考问题，最终也就影响了解题的速度。

唤醒水平对操作成绩的影响效果不仅受到任务本身难度的制约，而且，随着对任务熟悉程度的增加，高的唤醒水平更利于任务的完成。比如，在射击比赛中，一个新手和一个技术娴熟的老手要取得同样的成绩就需要不同的唤醒水平。射击运动是一种需要精细动作的项目，要求运动员高度集中注意力。对于新手来说，唤醒水平高了就容易分心；对于老手来说，他们的技术已经达到了一定的水平，高的唤醒水平反而更有利于他们将注意力集中在射击的动作上，取得好的成绩。

可以看出，了解唤醒水平和操作成绩之间的关系对运动员调整自己的心态、提高自己的成绩有重要作用，但二者之间的倒 U 关系并不是绝对的，还受到运动员自身心理特质的影响，存在很大的个体差异。

上场前，运动员为什么要击掌高喊

喜欢球类运动的人一定对这一幕十分熟悉：比赛前运动员们围成一个圈，击掌高喊。对于这种现象，人们也许已经习以为常了，甚至把它当做比赛时的一个必要环节，而很少有人会去考虑其中的奥秘。其实，运动员们这么做是有原因的，而且，从一定程度上说，还是一种心理战术的使用。

在体育比赛中，尤其是在足球、排球、棒球之类的项目中，整个球队的士气是十分重要的。如果队友们不自信或思想不统一就会影响比赛时的成绩，而击掌高喊能帮助团队扫除一些前进的障碍，取得好的成绩。

不管运动员的比赛经验有多么丰富，技术有多么娴熟，他们在上场比赛前也总是会体验到紧张的感觉，尤其是在大型的比赛中更是如此。对于运动员来说，这种现象是十分正常的，但过分地不自信、紧张对自己比赛时的发挥是有很大阻碍的，所以，要在赛前将自己的状态尽快调整好。击掌高喊就可以作为为自己打气的一种方式，增加自己的信心，缓和过分的紧张。很多心理学的读物在谈到如何缓解压力时，都会提到一种发泄方式——大喊。可见，比赛前大喊是有利的，加上与队员相互之间的击掌，还能获得别人的支持，更有助于帮助运动员提高自信了。

在需要团队协作完成的项目中，整个团队的凝聚力是十分关键的。一个松散的团队，就算运动员个人的水平再高都无法主宰比赛的结果，而一个配合十分协调的团队，却能弥补单个队员的瑕疵，最后取得让人满意的成绩。但由于运动员各自价值观的不同，在他们之间可能会出现种种冲突，即所谓的"内讧"。很显然，队员之间的不和谐会影响整个团队的成绩。在比赛前击掌高喊能让团队中的每个成员牢记自己的责任，时刻提醒自己是团队的一员，尽量避免赛场上的冲突。虽然这种方式并不能从根本上解决队员之间的矛盾，但至少可以让他们的关系暂时得到缓和，不至于影响场上的发挥。

击掌高喊不仅能提高自己的信心，缓和可能存在的矛盾，还能给竞争对手带来压力。赛场就如战场，对手之间的较量不仅体现在技术、能力上，还体现在整体的士气上。赛前队员们围成一个圈，相互击掌高喊能给对方带去压力，精神越饱满给对方制造的压力就越大。

击掌高喊能鼓舞、振奋自己的士气，减轻赛前的压力，增强整个团队的凝聚力和战斗力；斗志昂扬的喊声也显示出了队员们对比赛的信心，在一定程度上给对方造成了压力。这样看来，运动员们在比赛前击掌高喊并不是随心所欲的行为，而是特意之举！

足球守门员的精神压力

足球被很多人认为是世界第一运动，它集合了人类各种活动的特点，以其大众化、参与度高等特点赢得了众多人的喜爱。越来越多的人开始关注并痴迷于足球运动，尤其是在像世界杯这样的大型足球赛事期间，不少人更是表现得近乎疯狂。

人们在看球赛时大多都处于高压状态，会随着球场上运动员的一举一动或大喜或大悲，当自己喜欢的球队取得胜利，或自己钟爱的球星成功踢进一球时，自己也会兴奋地大叫；当自己关注的球队或球星的表现差强人意时，则会十分失望，甚至做出过激行为来宣泄自己的不满。

看比赛的人尚且有着这么大的精神压力，就更不用说参加比赛的人了。在所有参赛的运动员中，足球守门员的精神压力无疑是最大的。

有学者对巴西的职业足球运动员进行过一项心理调查，结果发现不同位置上的球员所承受的精神压力是不同的，其中守门员的压力是最大的。

在整个比赛的过程中，守门员的注意力都必须高度集中，尤其是当对方的攻势很强时就更不能大意了。有时，一轮强烈的攻势刚刚被拦截，可能新一轮进攻又开始了。当场上几乎一大半的球员都在自己所守的球门附近争夺球时，守门员需要有敏锐的观察力，因为球可能从任意一个方向飞来。如果守门员稍有不慎就可能被对手攻破，所以，对守门员来说，他们处于时刻准备着的状态，与那些前锋后卫相比，他们可以用来放松的时间更少，赛场上的高压会一直伴随着他们直至比赛结束。

足球比赛是一项团体运动，仅靠个人的拼搏是很难取得胜利的，需要每一个球员相互协调，无论是位于前锋、中场，还是后卫上的球员，他们的一个小小失误都可能错过进球的机会，影响全局。但从他们失误的后果上来看，守门员的压力很显然也是最大的。对于其他球员来说，最坏的结果无非是被红牌罚下场，一般的情况也就是传球失误等，这些都是能通过努力补救的，对比赛的结果也不会产生直接的致命的影响。而守门员就不一样了，他们的一个失误就可能会让对方进球，而且这一球可能就决定了最后的胜负，也正是由于位置的特殊性，守门员必须努力做到零失误，可想而知他们所承受的精神压力有多大。

除了高度集中的注意力、所处位置的重要性带来的压力外，比赛时场上的战况也对守门员也是一个很大的考验。这个道理不难理解，足球比赛就像是一场攻城之战，守门员就像是守城门的人，城门失守无疑就代表着战争的失败，所以守门员所坚守的是关乎胜败的最后一道防线，一旦失守就无法挽回。对方得分就意味着城门失守，而通常情况下，人们会将对方的进球与守门员没有守住联系在一起，在进球的一刹那所有的焦点都集中在守门员的身上，他们成功了就是对方失利了，反之就是自己失利了。所以与那些后卫、前锋等位置上的球员相比，他们与场上得分的关系更为密切，身上承担的责任就更重了。在整个比赛的过程中，人们可能更多的将掌声送给那些进球的球员，将嘘声留给这些守门员，而事实上球门能不能守得住是取决于多方面的原因的，可能是自己的队员防守不好，也可能是对方的进球确实很难扑到等等。所以，人们对比赛中得分或失分所持的这种不客观的看法可能会带给守门员压力。

虽然在足球比赛中，每个球员为了发挥自己的能力，为了能赢，都承受着一定的精神压力，但毋庸置疑守门员的压力是最大的。

关键时刻为什么会发挥失常

运动场上常有这样的现象发生：某运动员平时训练有素，实力雄厚，但一到赛场上就连连失利，让自己和他人失望。在一次重要比赛上，一位跳高运动员面临冲击金牌的最后一跳。教练鼓励他说："跳过这两厘米，那幢豪华别墅就归你了。"结果，他没能跳过这两厘米。

这主要是由压力过大和紧张过度所导致的。这种由于缺乏应有的心理素质而导致正式场合与关键时刻失败的现象在心理学上被称为"目的性颤抖"，即在做事的过程中因过于担心结果，不能从容有效地操作，就真的不能达到目的。曾经有一个名叫詹森的运动员就屡屡出现这样的状况，所以，"目的性颤抖"又被称为詹森效应。

相关研究表明，适度的紧张能够令人注意力集中的程度提高，会调动起更多潜能，因此，很多人在紧急的时刻会有较平时更为出色的表现。但是，紧张的程度必须适当，一旦过度则会产生反面的效果。人的心理紧张如果超过一定的限度，也会出现过犹不及的现象，应对能力不仅没有提高，反而会下降，甚至会造成崩溃的后果。这是因为，在人的情绪过度紧张时，会产生一系列复杂的心理和生理反应，使得人体失去灵敏的自控能力，从而导致很糟糕的后果。

运动员在赛场上、演员在舞台上、学生在考场上等情况下，最容易出现詹森效应。概而言之，越是关键的场合，詹森效应越容易出现，并且效应的强度也越高。这是因为当事者意识到事情的重要性，知道事情的结果对于自己有着重大的影响，一旦做得不够好，后果将很严重，所以一定要争取做到最好，可是心中越是这样想，实际情况就越是走向反面。正是这种患得患失的心理造成了过度的紧张，导致了詹森效应的发生。

那么，该如何避免詹森效应的发生呢？

解除沉重的心里负担，强调自己要以平常的心态来看待，持一种不过如此的态度来面对；尝试着在关键时刻到来之前转移注意力，去想一些其他的事情，而在事情进行当中，则全身心地投入于当下的行动，不去计较结果如何；在平时积极提高自己的实力，令自己获得充分的自信，使自己相信一定能够表现得令人满意；感到紧张时，还可以做一些松弛性的自我暗示："不管事情多么困难，也必须一步步去做，焦急紧张是无济于事的。现在先放松下来！冷静地解决问题。"这样紧张会被驱散。当问题解决掉之后，成功又会成为良性刺激，使人得以进一步放松。

在奥运会跳水决赛中，受了伤的美国运动员洛加尼斯，同样面临冲击金牌的最后一跳。教练鼓励他说："跳完这轮，你就可以回家吃你妈妈做的馅饼了。"结果，洛加尼斯用他的意志和良好的心理素质征服了自己，也征服了裁判。

第二十二章

犯罪心理学：为什么
蓝色防范灯可以降低犯罪率

什么是犯罪心理学

　　相信很多人都对美剧中的刑侦、越狱、犯罪现场等情节记忆深刻，剧中尖端的仪器让人惊叹不已，而缜密的思维和高超的心理战术更是充满了魅力。娱乐之余人们常常会关注现实生活中的一些犯罪行为，并会不自觉地将它们与电视电影中的犯罪情节进行比较。人们在犯罪时的心理真的能被识破吗？能借助心理战术了解事实的真相吗？其实这些疑问都是犯罪心理学这门学科所关注的，而且除此之外，犯罪心理学还有更多更为广泛的研究内容。

　　简单地说，犯罪心理学就是研究人们犯罪时心理（包括意志、思想、意图、反应等）的一门学科，包括人为什么会出现犯罪行为、具有哪些个性特点的人更容易出现犯罪、在犯罪过程中的心理变化、犯罪之后的心理变化等。广义的犯罪心理学还包括预防犯罪、政治犯罪及教育改造罪犯的心理等。

　　我们知道，人们无论在做什么事情都会伴随着复杂的心理，做违法的事情时更是如此，而且即使犯罪人努力隐藏这些情感，也还是会露出破绽。这也正印证了那句话"天网恢恢疏而不漏"。犯罪心理是十分复杂的，但每一次的违法行为都是有原因的，最后锒铛入狱也不是偶然的。在下面的例子中能清楚地看到这一点。

　　李某因家庭贫穷没念完初中就辍学在家，游手好闲过了几年，一直以来也算是遵纪守法，没有做出格的事情。一天，他碰到小学时的同学王某，并被邀请去王某家做客。王某现在腰缠万贯，让李某甚是羡慕。在闲聊的过程中，李某无意间发现桌角下面有几张百元大钞，而且看上去是被人遗落很久了。李某很有捡起来带走的冲动，不过一想到自己的行为和偷没什么区别他就很看不起自己。自责之后，李某装作若无其事地继续和同学聊天。不过，王某在聊天过程中总是会有意地炫耀自己的财富，这让李某很是无地自容。李某看着王某略带鄙视的嘴脸，想着墙角的那几张百元大钞，心想：不就几百块钱吗，拿了他也不知道，而且说不定他都不知道自己掉钱了；再说了像他这种人能挣到这么多钱指不定是使了什么手段了，我拿了也算是解解恨吧。于是，李某趁同学出去接电话时将钱捡起来揣进了自己的口袋。接下来的一连几天，李某都坐立不安，生怕被发现，那些钱也不敢用。后来见没什么事情，就用那些钱买了自己平时一直想买的东西，这种如愿的感觉让他很是满足，远远超过了当初捡钱之后的忐忑。至此以后，每当他看见自己喜欢的东西又没钱买时就会想到王某，最终控制不住自己走向了偷盗的道路，被捕入狱。

从这个事例中可以看出，李某从一个遵纪守法的人变成一个盗窃犯并不是一朝一夕的事，之中经历了很复杂的心理变化。这时对犯罪人及整个犯罪事件进行分析就需要犯罪心理学的知识了。犯罪心理学能帮助执法人员研究当事人的犯罪动机、犯罪过程等，通过了解事情的来龙去脉依法处理，并尽可能地帮助当事人改过自新，重新做人。例子中的李某刚偷钱后他也并不是心安理得地认为自己就该把钱拿走，而是坐立不安，这既是对自己行为的不满，也是对可能出现的结果的害怕。由于之前的这一次"偷"没有被发现，自己虽然受到了良心上的折磨，但与获得的利益相比，这些谴责显得微不足道，以致于后来发展到为了满足自己更大的欲望而有意图地盗窃。

导致一个人最终走向犯罪道路的原因是多方面的，而只有了解了罪犯的犯罪心理，才能对他们的行为进行矫正，这也正是犯罪心理学的研究内容之一。比如例子中的李某，让他在一番挣扎之后还是拿走钱的并不是因为自己穷，而是因为王某的炫富、鄙视让他的精神受到刺激，产生了一种报复心理。至于最后有预谋地去偷，则是我们后面会提到的"破窗理论"。了解了李某的犯罪动机及犯罪前后的心理状态，既能帮助执法者破案，还能在矫正犯罪心理时提供依据。

俗话说，"人非圣贤，孰能无过；过而能改，善莫大焉"。犯罪心理学的真正目的并不是通过对人们犯罪心理的把握协助相关部门找出罪犯，将他们绳之以法，或通过分析人们的心理找出他们为什么会走上犯罪的道路，而是希望能达到预防和抑制犯罪、矫正罪犯的人格缺陷的目的，从而帮助他们走向新生。

引导犯罪人走向新生的矫正心理学

在前一篇中我们已经提到，犯罪心理学的真正目的并不是找出犯罪人，让他们锒铛入狱、接受惩罚，而是通过对他们犯罪心理的分析，帮助他们迷途知返、悬崖勒马。对于犯罪人来说，矫正他们的心理是帮助他们走向新生的必要途径。矫正心理学就在这之中起着不可小视的作用。

一提到矫正，我们就会自然而然地想到生活中对视力、牙齿等的矫正。虽然这些矫正看似相差很远，但本质上都是要将不好的东西变成好的东西。本篇中所要提到的矫正心理学是针对那些已经有过犯罪行为的人，综合运用药物、心理等多种方法对他们进行矫正教育，改变其犯罪思想、情感与行为，帮助犯罪人重新适应正常的社会生活。要达到这一目的，就必须充分了解罪犯犯罪心理发展变化的基本规律、特点，这也是进行心理矫正的前提条件，而且在矫正的不同阶段上要掌握罪犯的心理状态，了解心理矫正的实际效果，分析存在的问题，对不同性质的犯罪以及不同特点的犯罪人要做到因人施教，对症下药。

虽然矫正心理学的思想源于"人性本善"，认为犯罪人是可以被感化的，但从现实生活中我们也可以看出，矫正并不是对所有犯罪人都适用的手段，否则也不会有死刑、死缓、无期徒刑这类判决方式了。我们更多看到的是对那些犯罪性质不是很恶劣的人，或者是未成年犯的矫正。

矫正的技术和方法有很多，比如精神分析法、行为疗法、认知疗法、现实疗法等。每一种疗法的理论基础不同，所采用的具体手段也有差异。下面就以一种认知疗法为例，说明矫正心理学是如何对青少年犯的心理进行矫正的。

理性情绪治疗模式是认知疗法中的一种，由美国临床心理学家埃里斯1955年创立，该理论又被称为 ABC 性格理论。A（activating event 的第一个英文字母）是既存的事实、事件，或一个人的行为或态度；B（belief 的第一个英文字母）是一个人对 A 的信念；C（consequence 的第一个英文字母）是情绪与行为的结果，或一个人的反应。该理论认为，并不是 A 导致了 C，而是 B 导致了 C。从这一理论出发，那些青少年的犯罪行为并不是由于某一件具体的事情引发的，而是由于自己对事件存在着非理性的观念，所以，要对这些犯罪人进行矫正就必须改变他们的不合理信念。

小明和女友分手之后一直情绪很低落，认为自己一无是处。有一天突然听说前女友又交了新的男朋友，小明就觉得肯定是因为这个男生的出现才导致自己和女友分手的，之后他就多次找这个男生的麻烦。虽然前女友一再解释他们是因为性格不合才决定分手的，与别人无关，但小明总觉得女友说的不是实话。于是，他不分青红皂白，用刀将这名男生砍伤多处，最终导致该男生下身残疾。事后小明不仅没有为自己的行为检讨，反而觉得自己的做法是正确的。他认为前女友只属于自己一个人，后来移情别恋肯定是受这名男生的诱惑，就该给予他严厉的教训，被砍伤也是"罪有应得"。

从这个例子中能很容易地看出，小明在犯罪的过程中有一系列不合理的信念，也正是这些信念导致他走向迷途。在自己与女友分手后认为自己很差、一无是处，在发现女友又谈恋爱后觉得导致分手的原因是另外一个男生的出现，在女友多次解释后仍然一意孤行。如果小明从一开始就能认识到谈恋爱有分有合是极其常见的事情，分手并不意味着自己是失败的，他也不会意志消沉了；而且每个人都是独立的个体，即使两个处于恋爱中的人也无法互相干涉对方的自由，更何况自己的女友是在和自己分手之后才与别人交往的，就更没有权利去横加阻挠，甚至发生暴力行为了。所以，并不是与女友分手、女友再交男朋友这些事件本身导致了小明犯罪，而是在这些事情发生之后，小明不能用正确的观念去对待，歪曲了事实。对于这类犯罪的矫正，可以分为以下四个阶段进行：

第一阶段：解说阶段，对当事人说明其问题是因为不合理的观念所引起的，而不是事件本身。

第二阶段：证明阶段，从犯罪的前后过程中找出存在的不合理信念，加以驳斥，证明这些观念的不足之处。

第三阶段：放弃阶段，在当事人意识到自己的不合理观点之后，加以驳斥，使他们放弃这些信念。

第四阶段：重建阶段，鼓励并引导犯罪人建立合理的信念，在出现类似事情时能用新的观念去对待。

引导犯罪人走向新生的心理矫正技术还有很多，但无论是基于什么理论，都是为了帮助犯罪人改变自己的思想、情感和行为，扫去他们内心的阴霾，以正确的态度和方式重新适应这个社会。

为什么蓝色防范灯可以降低犯罪率

颜色能产生不可思议的心理学效果，在色彩心理学中我们已经见识过其魅力，而且从生活经验出发我们也较容易接受和理解——暖色调能带给人舒适、温和的感觉，冷色调则会制造出一种严肃、庄重的气氛。更不可思议的是，不同颜色的灯光竟然与犯罪率也有关系。

在英国第三大城市格拉斯哥的一条商业街上，市政部门为了改善城市景观，将街上的路灯颜色由原来的橙色都变换成了蓝色，结果这一举措不仅美化了景观，还让一直居高不下的犯罪率降低了，这个额外的收效引起了很多人的关注。接着很多地方都效仿格拉斯哥的做法，当然他们的目的不再单纯是美化环境了。随着越来越多城市的效仿，这种灯被叫做防范灯，"蓝色防范灯可以降低犯罪率"的现象也变得十分常见了。

在日本，官方为了降低犯罪率，安装了大量的蓝色防范灯，住宅区、停车场、月台、高速公路入口处、垃圾箱等地方都随处可见，随之而来的是抢劫、自杀、车祸和其他违反规定的行为大大减少。

这种卓有成效的策略不得不让人诧异，难道是因为蓝色能驱魔吗？当然这种说法只是玩笑，学者们经过研究，对蓝色防范灯和犯罪率降低之间的关系给出了多种解释。

从蓝色本身的特点来看，它是光的三原色红、绿、蓝中的一元，在这三种原色中它的波长最短，为450～500毫米。蓝色的灯光在夜间显得非常亮，能见度高，所以，使用蓝色的防范灯一方面对于那些有犯罪倾向的人来说起到了一定的震慑作用，毕竟大多数的犯罪都是"见不得光"的；另一方面提高了人们自身的警惕，减少了罪犯"乘虚而入"的机会。比如，经常发生在住宅区的偷窃行为，如果周围能见度很高，小偷偷窃时就会有所顾忌，甚至怕被抓到而打消犯罪的念头；而居民自己也能借助光辨识周围的一切。

从蓝色给人们的感觉上看，蓝色常常让人联想到海洋、天空、水、宇宙等，表现出一种美丽、冷静、理智、安详与广阔，被人们赋予沉稳、理智、准确的寓意。所以，当人们有犯罪倾向时，蓝色的防范灯能让人们冷静、理智地思考问题，减少犯罪行为的发生，尤其是对于那些由于一时冲动产生犯罪念头的人来说就更有效果了。

一些色彩心理学的专家也对蓝色防范灯能降低犯罪率的现象进行分析，他们认为蓝色能够作用于人的副交感神经，具有令处于神经过敏状态的人安稳下来的镇静功效，在人们犯罪或准备犯罪时能转移他们的注意力，对其行为起到一定的抑制作用。而红色和橙色的灯光则会使人兴奋，不仅不利于人们冷静，反而还具有为自杀和犯罪推波助澜的倾向，比如对于那些试图自杀的人来说，他们可能是由于受到不公正的待遇一时愤怒而产生了轻生念头，这时如果看见红色的光，他们的内心会更加愤怒，加快自杀行为；但如果这时看见的灯光是蓝色的，他们就有可能慢慢冷静下来，为自己的行为感到不值，最终放弃自杀。

当然，并不是所有蓝色的东西都是有利的，蓝色所具有的优势也不是绝对的，比如，有研究发现蓝色的汽车发生车祸的几率最高，因为蓝色属于后退色，在夜晚行驶时看上去会比它实际的位置更远、更后，这就使对面驾车行驶的司机产生一种自己与对方相距很远的错觉。所以，在使用蓝色防范灯时也要考虑到其弊端。此外，虽然蓝色防范灯的使用可以降低犯罪率，但单纯依靠防范灯是无法杜绝犯罪行为的发生的。

导致犯罪的性格与环境

1870 年 12 月，意大利监狱的狱医龙勃罗梭打开了著名土匪头子尸体的头颅，发现其头颅枕骨部位如同低等动物一样有一个明显的凹陷处。后来，他得出结论：犯罪是由基因决定的，这些基因通过遗传而获得。因而犯罪是天生的，并不是由人们的自由意志所决定的。这些天生的犯罪人具有一些共同的生理特征和精神特征。比如，在生理上，具有扁平的额头，凸出的大脑，隆起的眉骨，深陷的眼窝，巨大的颌骨，非常大或非常小的耳朵，不对称的头骨等；在精神上，痛觉较迟钝，喜欢纹身，没有羞耻感和怜悯心，易被激怒等。这就是十分具有代表性的"天生犯罪人"理论。

罪犯怎么可能是天生的呢？相信很多人都会对"天生犯罪人"的理论产生怀疑，毕竟这与人们习惯的思维观念有很大不同。在日常生活中，当人们听到有人犯罪时，总是会从很多方面进行解释，比如心情不好、生活条件太差、内向、不爱交流、压力太大等等。很少会有人从遗传的生理特征方面找原因，即使有时候谈到外貌等因素，也是和其他方面联系在一起的。比如，一个长得很丑的人对盯着他看的路人大打出手。人们并不会把这种行为归为长相本身，而认为是路人的侮辱才导致人身攻击的。可见，将犯罪的原因归为遗传的特征是不被理解的。的确，不仅老百姓觉得"天生犯罪人"的理论说不通，很多专家学者也对这种观点提出了质疑，他们大多是从性格和环境两个角度剖析导致人们犯罪的原因。

"性格决定命运"，我们暂且不去看这句话是不是完全正确，至少它对性格的重视是值得我们去关注的。从定义上看，性格是指那些比较稳定的、具有核心意义的个性心理特征。性格在人对现实的态度和相应的行为方式中都有所表现。我们常常会在形容别人性格时用到"英勇""刚强""懦弱""粗暴"等词，从这些不同修饰词的使用上，我们也能分辨出哪些性格的人是容易犯罪的，哪些人是不太容易出现犯罪行为的。比如，对于性格粗暴的人来说，他们容易被激怒，在受到不公正的待遇后更可能引发内心的不满，并可能将这种愤怒通过过激的行为发泄出来。而对于那些性格温和的人来说，他们更懂得忍耐，在遇到挫折或其他不愉快的事情时，能冷静地思考，因此不容易出现犯罪行为。

一直以来，性格都被看做是天生的，且不易改变的，常常与天性混淆在一起。如果以这种观点来看，性格就是影响人们犯罪行为的先天因素，而环境就是后天的因素了。环境对行为的影响是毋庸置疑的，每个人一出生就不可避免地会受到周围环境的影响。出生环境、家庭环境、学校环境、社会环境等都可能成为人犯罪的一个因素。比如，有很多抢劫犯都是因为家庭条件极差，不甘永远这么生活下去才走上极端的。恶劣的生存环境让他们连最基本的需要都满足不了，吃不上一顿饱饭，穿不上体面的衣服，更不用提住上大房子了；而有的人却有车、有房，过着奢侈的生活。这种环境上的鲜明对比就容易激起他们的不满，造成他们心理上的失衡，从而走向极端。

关于究竟是性格还是环境引发了犯罪的争论从来没有停止过。过去一直是更重视天性对犯罪行为的作用，例如，所提到的"天生犯罪人"理论，但环境的影响渐渐受到很多心理学家的关注。可以肯定的是，性格和环境在人们走向犯罪道路上的影响都是不可忽视的。

正常就是符合平均状态吗

人们常常会对生活中的其他人或事情进行评判，对正常和异常也有着不同的判断标准。比如，有人会认为同性恋这种现象是正常的，同性恋者也是正常的；但另外一些人就会觉得不能接受，认为他们是异常的。有人认为离婚是正常的，而另外有人就觉得不正常。所以，在作出判断时所依赖的标准不同，得出的结果就不同。

一般来说，人们的判断都基于个人的价值标准。人们所持的人生观、价值观不同，对事物和人的看法就不同，在作出判断时自然就会有差异。这也是人们在评价一件事是正常还是异常时会众说纷纭的原因。

虽然依据个人的价值标准界定正常和异常是无可厚非的，但如果没有一致的、大家公认的标准就无法真正作出客观的评价。比如，在心理测评时，由于咨询师的个人价值观是不同的，对同一案例的看法也存在差异。这样一来，就无法判定来访者是正常还是异常了。可能出现这个咨询师的诊断结果和另外一个咨询师的诊断结果完全相反的情况。所以，仅仅依据价值标准作出判断有时是无法满足需要的。

为了有效地界定正常和异常的状态，施耐德提出了两个标准：价值标准和平均基准。他认为，只有偏离了平均基准的人才是异常的。需要注意的是平均基准并不是指数量上的平均状态。比如，在对于同性恋的问题上，很多人都认为"绝大多数人都是异性恋，少数的同性恋肯定就是异常的了"。也就是说，他们在作出判断时看的主要是数量。很显然，这种观点是很容易被推翻的。比如，在一家公司中大多数人都是心胸狭隘的，那么如果依据平均状态来看，心胸狭隘就是正常的了。施耐德的平均基准与数量的多少无关。比如在一所精神病院中，精神病患者的数量占绝对的优势，但他们依然不是正常人。

人们之所以努力对正常和异常作一个清晰的界定，就是因为这种界定对人们后续的行为会产生深远的影响。很多研究都表明，患有心理疾病的"异常人"容易出现犯罪行为。那么，当发现有人患有与犯罪紧密相连的心理障碍时，人们可能会更多地关注他，减少其犯罪行为发生的可能性。

但是，不是所有异常的人就都会犯罪，也不是那些正常的人就不会犯罪。生活中常常会有一些让人意想不到的犯罪分子。那些无论是从个人的价值标准还是平均基准出发，都觉得是正常的人，也有可能干出令人发指的恶行。而那些看似背离了正常的标准的人，也可能一辈子与别人生活得相安无事。所以，最终导致犯罪的并不是有没有偏离正常的标准，而是性格、环境等一系列的因素。

模仿犯罪的心理

第一眼看这个题目你可能会觉得奇怪，模仿，谁没有过，只是谁会傻到去模仿犯罪！的确，从小到大我们都会去有意无意地模仿周围的人或事，小时候我们会为了像大人们一样拥有权威而模仿他们的言行举止；后来上学了就模仿那些天天被老师表扬的人，渴望着也能受到赞美；再后来上班了模仿自己心中的偶像，把他们当做自己奋斗的目标。这些模仿都是再正常不过的了，而且很多心理学家都认为模仿对人类的生存和进步有很大的作用，它能让我们从他人的反复尝试中获得好处。不过，不理智的模仿行为也能导致罪行的发生，出现模仿效应。

"模仿效应"是西方社会学中的一个概念，指那些因为新闻报道或者小说电影中描述的事件，而导致出现一连串类似事件。其实对于这种效应，人们最熟悉的并不是模仿犯罪，而是自杀事件的发生。

在一些电视、电影或文学作品上映或出版以后，作品中的犯罪行为对观众或读者的行为有一定的影响，例如就在1972年库布里克的电影《发条橙》上映后，社会上出现了一系列模仿片中暴力行为的现象，因此被取消发行。很多罪犯在事后称自己犯罪的灵感来自于所接触到的影视作品中的犯罪行为，尤其是对于青少年来说，他们的思想还没有完全成熟，喜欢模仿别人的行为，并且在模仿时不能正确辨别是非，容易受到作品中不良因素的影响。例如，很多青少年对于一些犯罪行为的具体细节并不清楚，甚至从未听说过，而在影视作品中，为了达到引人入胜的效果，制作方往往会将犯罪细节刻画得十分清楚，并会使用一些手法去吸引人们的注意，这样一来青少年在好奇心的驱使下可能会有效仿的倾向。

人们除了对影视作品中犯罪行为的模仿外，还经常会出现由于媒体对真实事件的报道而引发的模仿犯罪。虽然西方犯罪学家的研究结果表明，媒体对生活中发生的犯罪行为的报道和模仿犯罪之间没有直接联系，人们不会因为媒体的披露就去犯罪，大规模的罪案报道之后也不一定会引起多起类似案件发生；但是他们也指出，媒体在报道罪案时如果处理得不够妥当，可能会使得那些一直有犯罪倾向但没有付诸实践的人走上犯罪的道路。对这些人来说，他们可能有着积蓄已久的犯罪动机，但碍于某些原因一直没有真正干犯罪的事情，看完报道后，觉得既然和自己有一样想法的人都这么做了，自己也理所应当地要行动起来，尤其是当犯罪分子没有被绳之于法时更让他们有效仿的冲动。

无论是受到哪一种情况的影响，模仿犯罪更多的是发生在青少年身上，他们容易冲动、被激怒，自我约束能力较差，做事也很少顾及后果，可能在犯罪时并没有真正的犯罪动机，而只是觉得电视电影中的某个偶像做违法的事情时很帅；或者媒体报道中罪犯的行为让自己觉得不可思议，羡慕他们的"勇气"；还有人为了出名也会模仿犯罪，一位心理学家曾经说过，哪怕是被描述成魔鬼，这样的出名对有些人仍然很有吸引力。所以，青少年在犯罪时可能自己并没有意识到自己正在干什么，而只是一种盲目的模仿。

可以看出，不加以辨别的模仿不仅不利于获得某种经验，还会为人们犯罪提供鼓励和支持，做那些以前想做而不敢做的事情。巴尔的摩大学犯罪学家杰弗里·罗斯就认为："当下发生的事情具有暗示的力量。对于有某种挫折感或者是想要算什么账的人来说，当他们听说别的地方发生了什么事情，这会让他们变得大胆。"

十大精神病质类型

在前面我们已经提到，患有某些心理障碍的人更容易犯罪。虽然它们之间并不是一一对应的关系，但二者之间的联系却是确定的。德国精神病学家施耐德就曾经在《精神病质的人格》一书中具体分析了各种精神病质与犯罪行为的联系。他发现易于导致犯罪的精神病质类型主要有以下几种：

激奋型：具有这种精神病质特征的人容易兴奋、被激怒，在遇到事情时不能冷静地去对待，而是由着自己的性子行事。他们只顾着自己的一时痛快，不会顾及别人的感受，很容易与人发生纠纷。由于缺乏自制力，只要受人唆使就容易发生强、抢、盗之类的犯罪行为。

爆发型：具有这类特质的人情绪十分容易被激起，并且一发不可收拾。当没有外界刺激时，他们可能表现得十分平静，与正常人没有什么明显的区别。但是一旦他们稍受刺激，便会暴怒。为了平息自己高涨的情绪，他们就极易选择用暴力手段攻击他人。

自我显示型：这种人具有强烈的虚荣心和表现欲，为了吸引别人的眼球，什么事情都可能做得出来。由这种精神病质引起的犯罪十分常见，有很多人就是为了得到别人的关注才做出过激行为的。此外，有这种特质的人常常会表现得温文尔雅，并利用这一假象进行诈骗行为。

偏执型：具有偏执型精神病质的人最明显的特征就是非常顽固。他们会对某一种观点或看法坚信不疑，即使所有人都告诉他们这种观点是错误的，也不会让其放弃。而一旦他们所坚守的信念是违背道德法律的，就很可能会出现犯罪行为了。比如，一些人认为那些大富豪的钱都是靠榨取别人的血汗换来的，所以应该对他们予以惩罚，并坚信即使自己做出了违法的事情也是在替天行道。

忧郁型：这种人整日情绪低落、消极，无论碰到什么事情都会和不好的结果联系在一起。他们将自己封闭起来，不愿意与外界交流，容易产生悲观厌世的念头。在他们眼中没有美好的事物，做出的事情常常显得冷酷无情。

情绪易变型：与上一种一直低落的状态不同，易变型的人反复无常，难以捉摸。他们可能在上一秒钟还能正常地与别人交流，但马上就像变了一个人一样反应强烈，让人无法理解。这种喜怒无常的性格很容易在与别人交往时出现矛盾，进而引起犯罪。

情感缺乏型：这种人冷酷无情，缺乏羞耻、同情等情感。他们大多数是反社

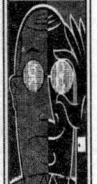

会性的人，具有攻击性。而且由于他们没有同情心，根本无法理解别人的感受，在犯罪时的手段惨不忍睹。

意志薄弱型：对于精神病质上属于意志薄弱型的人来说，虽然他们自身的品质没有其他一些特质的人恶劣，但由于他们缺乏对外界诱惑的抵抗力，很容易受别人的引诱发生犯罪行为。尤其是对青少年来说，他们本来就缺乏坚定的意志，如果再有一定程度上的人格缺陷，就更容易受人唆使，被人控制了。

软弱型：软弱型的人没有自己的主见，甚至连最起码的人格尊严都没有。看上去他们没有胆量去做违法违纪的事情，但也正是由于这种软弱才容易被人控制。有时即使他们自己并不想去做违法的事情，但迫于别人的威胁或压力，也会屈从。

自卑型：与自我显示型的人不同，这类人不仅不会极力表现自己，而且极度自卑。他们会一味地否定自己的能力，不管做什么事情都小心翼翼的，生怕会出错。和软弱型的人一样，自卑型的人大多数时候虽然自己没有胆量去犯罪，但容易受人影响。而且，由于他们会认为自己在一些方面不如别人，为了引起别人的关注，会考虑采取极端的手段达到目的。

虽然有这些精神病质类型的人比正常人更容易发生犯罪行为，但并不是具有某种或某几种精神病质特征的人就一定会犯罪，只是更具有犯罪的倾向和可能性。

人格障碍与犯罪的关系

在上一篇中我们提到了十大精神病质类型与犯罪行为的关系，虽然具有某些精神病特质这种异常心理的人更容易犯罪，但它们之间的关系并不是确定的。异常的心理可能由精神病导致，还可能由人格障碍导致。可能对于人们来说，"精神病"这个词比"人格障碍"更容易接受，但人格障碍也是一种很常见的异常心理，与犯罪行为有极其密切的关系。

人格障碍是指表现在个体身上的人格特征与正常状态有偏离。患有人格障碍的人有自己特有的行为模式，不能很好地适应环境，容易与周围的人发生冲突，从而影响正常的生活。人格障碍通常在儿童后期和青春期出现，并会一直持续到成年期甚至伴随一生。与精神病相比，人格障碍并非病态，而只是一种不正常的状态，它比精神病更常见。有人认为患有人格障碍的人介于正常人和精神病患者之间。

根据美国精神病学会制订的《诊断与统计手册：精神障碍》，人格障碍可以分为十种类型：反社会型人格障碍、偏执型人格障碍、分裂样型人格障碍、分裂型人格障碍、强迫型人格障碍、自恋型人格障碍、边缘型人格障碍、表演型人格障碍、焦虑（回避）型人格障碍、依赖型人格障碍。每一种人格障碍都有各自的特点，在临床上的表现也有差异。根据它们之间的共同特点，可以将这些人格障碍分为三类：奇特或怪异组（偏执型、分裂型、分裂样型）、表演性或情绪性组（反社会型、边缘型、表演型、自恋型）、焦虑恐怖组（回避型、依赖型、强迫型）。

虽然引起犯罪人犯罪的原因有很多，但如果已经证实了人格障碍在犯罪过程中有很关键的作用，那么从这些犯罪人身上可以发现，具有某一类人格障碍的人更容易出现类似的犯罪行为。例如，具有表演性或情绪性特点的人格障碍患者，他们的犯罪更多的是与反社会性质的行为联系在一起的，包括攻击、破坏等。接下来让我们从一些例子中看看三类人格障碍是如何影响不同的犯罪行为的。

小张性情孤僻，身边没有几个好朋友。并不是周围的人不答理他，而是小张总是怀疑他们的用意，别人对他越好，越让他觉得是有阴谋，久而久之就没有多少人愿意和他交往了。这让小张愈发地认为自己的猜测是正确的，别人的疏远正好说明了他们的心虚。由于小张总是对别人的话产生怀疑，很少能与别人建立相互信任的感情，总觉得对方充满恶意。身边的人基本上都了解了他的性情，很少会去招惹他，一直以来也就相安无事。有一天，小张独自出门，在公交车上时，几位乘客在他身后压低声音说着话，还时不时地发出笑声。这让小张无法忍受，认为他们就是在嘲笑自己，这是对自己尊严的侮辱，应该给他们严厉的惩罚。终于，他拿出钥匙凶狠地掷向身后的那几个人。

从这个例子可以看出，小张身上具有第一组类型的人格障碍特征，对人与人之间的关系不信任，总是妄想别人正在计谋伤害自己，把别人很普通的行为都看做是具有敌意性的。很明显，患有这种人格障碍的人情感冷漠，具有很强的攻击性，很容易出现伤害他人或杀人的犯罪行为。

具有第二种人格障碍的人最明显的特征就是情绪不稳定，而且比较自恋。由于这种人的自我表现欲较强，总觉得自己是独特的、优秀的，所以会想方设法地找机会吸引别人的注意。而一旦通过一般的途径不能够满足自己的需要时，就会做出一些过激的行为，比如酗酒、飙车、自残等，甚至会通过反社会的形式吸引更多人的注意。

具有第三种人格障碍的人属于自我不确定型，他们对人际关系持有一种回避的态度，缺乏自信。这类人常沉迷于自己的世界中无法自拔，但在行动时又过度依赖他人，一旦受到伤害就难以独自前进。还有一部分人对自己的想法过分执著，按照既定的模式行事，不容许有一丝的改变。自我不确定型的人会因为一时得不到别人的帮助就内心不安，犯下罪行；也会因为固着自己的某一个想法就随心所欲地做事，不达目的誓不罢休。

可见，一些人格障碍本身与犯罪并无直接的联系，但具有这种人格障碍的人更容易走向极端，出现犯罪行径。

社会规范导致的犯罪

橘树生长在淮河以南就是橘树，生长在淮河以北就变成枳树，它们的叶子相似，但果实的味道却大为不同。对于橘树来说，淮南、淮北不同的水土条件就是它们的生存环境了，而对人们来说，受各种规范约束下的社会就是他们生存的环境了。不同的社会规范对人们的影响是不同的，而松散的社会规范不仅不会帮助人们过上美好的生活，反而会为各种犯罪活动创造条件。

社会规范是在人与人的交流互动中逐渐发展而形成的有关社会生活的准则和规矩。我们平常所说的风俗习惯、道德规范、宗教规范、法令、条例、法律等都是社会规范的一部分。社会规范对我们的影响无处不在。比如，当我们去少数民族聚居的地方旅游时，总是会尽力做到入乡随俗，这就是受当地风俗习惯的影响；当周围的某个人做了违法违纪的事情时，我们总是会从道德和法律两个方面进行评价……虽然各种各样的社会规范限制了我们很多的自由，但也正是这些约束才使得我们能和谐地生活在一起。然而，社会是时时刻刻都在发生变化的，社会规范却是相对不变的，两者之间就可能会出现矛盾。当社会规范比较完整、和谐时，那些具有犯罪倾向的人可能会受各种规范的影响，尽力地约束自己的行为；而一旦社会规范比较松散或与实际不符时，这些人就可能将犯罪倾向变成实际的犯罪行为了。不合适的社会规范的确是引发很多犯罪的原因之一，比如贪污受贿、网络犯罪等。

说到贪污，人们一定会马上联想到一系列的词去形容贪污者，"贪得无厌""目无法纪""嗜钱如命""行为不检""滥用职权"……总之，那些贪污者就是坏到骨子里的人。当媒体将一宗重大的贪污受贿案披露出来后，贪污者就成了千夫所指的对象。而关于贪污者为什么会贪污的问题似乎就显得与自己无关了，人们会认为那是执法部门的事，自己一个普通老百姓知道了也没啥用。事实上，导致贪污的原因与时时刻刻都在影响着人们的社会规范有很大的关系。比如，对于行贿的人来说，他们的想法可能很简单，"为什么有着和自己同样能力的人能获得比自己好很多的机会，肯定是因为他上边有人。要是这样，自己何不贿赂有权势的人，就当做是一种投资了"。而对于贪污受贿人来说，他们拥有一定的权力，能为行贿的人带去便利，更为重要的是能得到可观的钱，这些自然让他们心动了。正是分配方式的不均导致了人们的行贿，而官员身份、地位与占有财富的不均又导致了人们的受贿。可以看出，无论是行贿还是受贿都体现了社会规范的不完善。

网络犯罪也是人们熟知的与社会规范不完善有关的犯罪。科技的进步大大提高了人们的生活质量，网络的使用就是最突出的一点。但网络在给人们带来巨大方便的同时，也使人们对其产生了过度的依赖。在网络上几乎有人们需要的所有信息，那些电脑黑客能通过病毒程序盗取人们的个人信息，包括身份证号、银行卡号、密码等等，对人们的人身、财产安全提出了挑战。甚至这些网络高手还对国家的安全造成很大的威胁。对于这类网络犯罪分子来说，缺乏严厉的道德规范约束，也没有十分成熟的法例、条例等加以限制，这些使他们的行为日益猖獗。

可见，社会规范对于人们的正常生活有着极其重大的作用，与时代发展相适应的规范能帮助人们约束自己的行为，减少犯罪的发生；跟不上时代发展的规范则为那些犯罪分子提供了可乘之机。

青少年犯罪的原因在于环境还是性格

越来越多的青少年犯罪现象让人们疑惑不解。家庭、学校、社会都在为了孩子们的健康成长努力营造着良好的生活环境，但这些好像并没有起多大的作用，难道是现在的孩子本来就比以前坏？到底是环境因素还是性格因素让青少年犯罪层出不穷？为了解开这些谜团，让我们先来看看对于青少年犯罪现象都有哪些理论解释。

由美国学者谢尔登提出的体型理论认为，青少年犯罪的产生与他们的体型和性格有关。谢尔登将人的体型分为四种，并认为每种体型都有与其相对应的性格特征：内胚层体型。这种人的身体圆润肥胖；性格外向，表现出对娱乐的喜爱，对体育活动和其他冒险活动不感兴趣。中胚层体型。这种人骨骼发达，肌肉健壮；在性格特征上表现为争强好胜，喜欢冒险，爱好运动。外胚层体型。这种人身体单薄，身材瘦长；性格内向。均衡型。这是一种综合型体型，没有任何单一类型的突出持征。谢尔登还通过实际的研究支持了自己的理论，他研究了波士顿的 200 名少年犯罪人，发现有 60% 的人属于中胚层体型，而在一般少年中仅有 30% 的人属于中胚层体型。可见，中胚层体型的人比其他体型的人更容易犯罪。很明显，这种理论强调了体型和性格对少年犯罪的影响。

美国社会学家戴维·马茨阿提出的漂移理论认为，大多数青少年犯罪人是一些漂移者。他们的行为在犯罪与守法之间漂移，既有可能犯罪，也有可能守法。而他们最后选择实施的行为取决于行为当时的情景和他们自己的心理和情感。可以看出，这种理论本身具有很大的灵活性，但这种不确定性也正说明了青少年心理发展的矛盾性。对于青少年来说，他们的发展还不完善，对好与坏、应该与不应该的判断并不成熟，在思想和行为上有很大的波动性。此外，优越的生活条件让他们很少有机会面对挫折，一旦碰到不顺心的事情，就有可能产生冲动，从老师、家长眼中的"乖孩子"变成"犯罪人"。

萨瑟兰提出的差异交往理论认为，一个人的行为主要是由他的社会交往所决定的，一个人犯罪行为的形成，主要是由于同有犯罪行为的人交往的结果。根据萨瑟兰的这一理论，青少年的犯罪行为如其他行为一样，是从其他人那里学来的。不可否认，一个人在成长的过程中同时受到违规犯法思想和遵纪守法思想的影响，但是他们所接受到的影响是有差异的，对于那些犯罪的少年来说，显然是受到了更多不良思想的影响。他们在与其他犯罪人交往的过程中，学习了别人的犯罪、技能行为、动机等。这种理论更多地强调了环境的影响，即所谓的"近朱者赤，近墨者黑"。与差异交往理论不同，克雷西提出了差别认同理论，他认为即使有的青少年与犯罪人交往了，也不一定会同样成为犯罪分子，强调了在交往中认同的重要性。

美国犯罪社会学家赫西提出的社会控制理论是西方学者在研究青少年犯罪方面运用最多的一个理论派系。与其他众多的理论不同的是，社会控制理论从人们为什么会犯罪的反面着手，关注人们为什么要遵守社会的行为规范，不违反规章制度和法律。而对于这个问题，社会控制理论认为主要是因为他们受到了社会的有效控制，如果这种社会控制一旦失效，人们就会违规犯法。比如，如果青少年所看到的都是将犯罪分子绳之以法、严厉惩罚的情况，他们效仿犯罪的几率就会下降，而一旦他们觉得社会规范无法控制犯罪行为时，自己就很容易出现犯罪行为了。

从这些理论中可以看出，不管是强调性格因素还是环境因素对少年犯罪的影响，都有一定的根据，但要想更合理地解释青少年犯罪，还必须综合考虑多个方面。除了所提到的几种理论之外，还有机会理论、亚文化理论、标定理论、心理分析理论等，众多理论的推出也体现了社会对青少年犯罪现象的关注。

不良行为与性格有什么关联

"人在刚出生时，本性都是善良的，性情也很相近。但随着各自生存环境的变化和影响，每个人的习性就会产生差异。"无论是开篇的原文，还是对它的解释，《三字经》中的这句话人们一直熟记于心。人生来是善良的，但却会在慢慢成长的过程中出现很多不良的行为；随着环境的变化，有的人会保持如一，而有的人却养成了很多坏的习性。性格的变化与不良行为的产生之间有着千丝万缕的关系，比如盗窃、强奸、杀人等行为与犯罪人缺乏自制力、冲动、自我表现欲望强烈等有关。

在青少年中，盗窃是十分常见的不良行为之一。香港在多年前的一项调查就发现，有四分之一的被访青少年有盗窃行为，其中一半的人在 12 岁或以下就有了第一次的盗窃经历，最年轻的只有 5 岁。虽然有专家认为盗窃这种不良行为与性格没有必然的联系，但从这些青少年犯罪者身上，还是能发现一些共同点的：这些盗窃者的目的大多不是为了"战利品"本身，他们只是在享受盗窃的过程。他们喜欢冒险，热衷于寻求刺激，盗窃时的紧张感能让他们获得满足。有时，即使他们知道盗窃是不对的，却无法控制自己的冲动，缺乏意志力。

聚众斗殴、故意伤害、杀人等攻击行为越来越受到人们的关注，而且随着生活节奏的加快，这种不良行为有增长的趋势。与女性相比，攻击行为更多地是与男性联系在一起的。在现实生活中，可能每个人都会有偶尔想打人的冲动，尤其是在自己遇到不顺心的事情、脾气暴躁时。所以，一般而言，那些容易被激怒、情绪波动大的人更可能出现攻击行为。他们将对他人的攻击当做是一种发泄自己情绪的方式。此外，那些自我表现欲望强烈的人也容易发生这类行为，他们极力希望在公众目前展现自己，想尽各种办法吸引别人的注意，而聚众斗殴、杀人等行为能满足他们的这种欲求。

除了盗窃、攻击外，与人们的性格联系紧密的不良行为还有一系列的性犯罪，包括强奸、偷窥、暴露狂等。有这种犯罪倾向的人通常属于两个极端，过度放肆和过度压抑。从心理学的角度来看，性的需要也是一种本能，正常的性行为是有利于人们生活的，但如果人们仅仅将性当做展现自己的一种手段，就容易出现强奸行为；如果人们过度自卑，就可能通过阴暗的方式来满足自己的欲求，比如那些偷窥狂、暴露狂等。其实通过多种途径的生活经验积累，人们在自己的头脑中已经形成了一种对性犯罪者的刻板印象。比如，在提到偷窥狂时，常常会用"内向""自卑""胆小"等来形容；在提到强奸犯时，会用"残暴""变态""禽兽"等来形容，这些都是对其性格的描述。

性格与不良行为的关联还能体现在不同性别上，比如，男性比女性更暴躁，这种性格更容易使他们出现攻击等不良行为。

总的来说，那些在性格上容易冲动、易被激怒、自我控制力缺乏、情绪波动大，或者极度自卑、胆怯、没有主见的人更可能出现不良行为。

人究竟可以残酷到何种程度

出于种种原因，我们在生活中总是能碰到一些意外的人和事情，比如认识的人突然像变了一个人似的，以前是温文尔雅的君子，现在却是无恶不作的十足小人，残忍至极。同为一个人，前后的差距却这么大，这让人们无法接受。其实，早在几十年前就有心理学家通过实验证实了"在一定的环境中，好人也能变得十分可怕"。

看过电影《辛德勒的名单》的人应该对里面的一些镜头始终无法忘掉，德国纳粹对犹太人实施了极其残忍的暴行，甚至还有犹太人用同样的手段对付自己的同胞，这些让人们不禁胆战，人为什么会残酷到这种程度，是什么让最起码的人性都丧失了？

为了回答这一问题，社会心理学家米尔格拉姆在1963年进行了一项"服从现象"的研究。他招募了不同年龄和不同职业的男性参加研究，并给予报酬。实验程序大致是两人一个小组，一名当老师，一名当学生。要求老师朗读配对的关联词，而学生则要记住这些词。然后，学生需要从可供选择的答案中选出老师朗诵的词，如果选错了，就要给予电击惩罚。老师坐在有很多电钮的控制台前，每个电钮上标有从15伏到450伏的电压强度。为了让老师了解电击所造成的痛苦，事先给每个老师施加了45伏的电击。在实验中，学生的表现很差，总是记不住单词，于是穿白大褂的主试就要求老师给予电击。随着学生犯错的增多，主试要求老师做出的惩罚也越来越严重，电压值渐渐提高。学生在遭受到"惩罚"之后，他们的反应越来越激烈，尖叫、反抗，甚至要求停止实验。这时，如果老师在听到学生的反应之后对继续给予惩罚有些犹豫，主试则会要求他们继续实验。实验结果让人不可思议，竟然有超过一半的老师向学生施加了450伏的电压，要

心 理 学

第 二 篇 生 活 中 的 心 理 学

知道，在这么高的电压下，人的生命是有巨大危险的。而且，精神病医生们认为，只有精神异常的人才会使用如此致命的电压。但实验中的"老师"都是正常人。虽然在实验中的电压是假的，那些痛苦的反应也是学生装出来的，但老师在整个实验中并不知情。不管实验中的"老师"是出于什么原因才变得残酷无情的，它都说明了人是可以被改变的，改变后的残忍的程度甚至是无法预料的。

与米尔格拉姆的实验类似，斯坦福大学的心理学家菲利普·津巴多进行了一项模拟监狱的实验。他在斯坦福大学心理学系的地下室建立了一个模拟监狱，他征募了一些正常的、没有犯罪记录的男性被试，随机指派一半的人扮演囚犯，另一半人则充当警卫，并制定了一些基本规则。津巴多的实验计划是在两个星期内细致地观测这些自愿者在监狱中的表现。实验开始时，"囚犯"和"警卫"没有多大差别。但随着实验的进行，"囚犯"越来越像真的囚犯了，他们对"警卫"唯命是从，并变得抑郁，沉闷，愤怒；而"警卫"也越来越残暴，并会对"囚犯"施行虐待。尽管所有人都清楚自己只是在参加实验，但他们的反应却与真的角色趋同了。最后，由于有被试表现出了病态的反应，实验者不得不终止了实验。仅仅6天的时间，实验前正常、单纯的被试就变成了抑郁、愤怒的囚犯和近乎没有人性的警卫。这种变化也被他称为"路西法效应"，用来形容在一定的社会情境下，好人也会犯下暴行。

在这两个实验中，被试的反应远远出乎实验者的意料，它们都说明了环境对人们的性格有重要影响，在不同的情景下人们的残忍程度不同。

破窗理论：放纵轻微犯罪会导致犯罪泛滥

"千里之堤毁于蚁穴"，这句大家再熟悉不过的话说的就是因小误大的道理。对于那些令人发指的犯罪行径来说，很多也都是因为在出现了轻微犯罪时一味放纵引起的。

美国斯坦福大学的心理学家詹巴斗曾做过这样一项有趣的试验：他找来两辆一模一样的汽车分别停放在两个不同的街区，一辆停放在相对杂乱的布郎克斯街区，另一辆则停在帕罗阿尔托的中产阶级社区。他把停在杂乱街区的那一辆的车牌摘掉，顶棚打开，结果一天之内就被人偷走了。而摆在中产阶级社区的那一辆过了一个星期也安然无恙。于是，詹巴斗又把完好无损的那辆汽车的玻璃敲了个大洞，结果刚过了几小时，这辆汽车就不见了。后来，政治学家威尔逊和犯罪学家凯琳依托这项试验，提出了"破窗理论"。他们认为，如果有人打坏了一个建筑物的窗户玻璃，而这扇窗户又得不到及时的修理，其他人就可能受到暗示，这种暗示会纵容他们打烂更多的窗户玻璃，而这些破窗户也会带给人们一种无序的感觉。在这样的一种氛围下，犯罪行为就容易滋生和猖獗。

生活中，很多现象都受到了破窗理论的影响，比如我们经常看到的墙上的"牛皮癣"，干干净净的墙上本来一直都没有张贴那些小广告，突然有一天被人贴了一张，结果不出几天，这面墙就会被形形色色的广告占据；公园里的草坪一片郁郁葱葱，让人看了就不忍心去踩踏，但有一天某个人为了抄近路将草坪踩出了一条路，接着，草坪上便会多了很多不和谐的"路"。

人们对完整无缺的东西不会轻易地去破坏，而对那些受到破坏的东西反而会施加更多更大的破坏，并不是人们没有同情心、冷酷无情，破窗理论对人们的心理产生了多方面的影响。在"破窗"出现之后，与完美状态相比，人们的心理发生了很大的变化，比如他们会认为：这些东西反正已经不完美了，而且都没有人及时修理，干脆就"破罐子破摔"吧。于是就任由它们受破坏，甚至也放纵自己的行为。此外，从众心理也起到了不可小视的作用，当很多人都在干着一件事情时，会激起人们也发生这种行为，即使是违法的，他们也会认为：法律道德又不是约束某一个人的，既然大家都在这么做，自己同样也能这么做了。在一些盗窃之类的犯罪行为中，人们还会有一种投机心理，认为别人偷了东西又没被逮到就是占了便宜，所以自己何不尝试去偷，说不定也不会被逮到的。

可以看出，破窗理论中提到的从轻微犯罪到犯罪泛滥的演变并不是由于玻璃本身的完美或残缺，而是透过破了的玻璃引起的人们心理上的变化。要防止这种现象的发生，就要敏锐地捕捉到人们不合理的心理活动，防微杜渐。任何一项大的破坏和犯罪，都是从"小奸小恶"开始的，像试验中敲破的玻璃，只有及时修复才能避免问题的出现。实践也证明，破窗效应是能够被控制和化解的。

在公交车站，车还没停稳人们就争先恐后地往上挤，一片混乱中两个人由于身体的挤撞而引发了争执，双方大打出手，旁边本来就烦躁的人看着他们吵得热火朝天也加入进来，结果局面无法控制；另一种情况是大家在车没来时就已经排好了队，车停稳后人们自觉地按照先下后上的顺序，井然有序地完成了上下车的过程。

所以，对一些小小的失误置之不理就可能引发失控的局面，放纵轻微的犯罪可能引起犯罪行为的肆虐；而避免悲剧发生的最好办法就是努力使"玻璃"不破，或者在发现"破窗"时能采取措施及时修复，否则破的就不只是玻璃了。

武器可以增强人们的侵犯意识

著名心理学家伯克威茨于 1978 年提出了一个"武器效应"理论，他认为侵犯行为的发生并不仅仅因为人们遭遇了挫折，而是还要依赖情境中的侵犯线索。挫折不会直接导致侵犯行为，当情境中存在武器时，就很容易引发侵犯行为。简而言之，武器可以增强人们的侵犯意识。

为了证实自己的说法，伯克威茨做了一个实验。他首先让助手为实验参加者制造挫折情景，激怒他们，然后再给予他们报复的机会，报复的方式是电击。在实验中，两名实验参加者分别被带到两种情境之中。其中一种情境是在桌子上放了一只左轮手枪，另一种情境是在桌子上放了一副羽毛球拍。在这两种不同的情境之中，让实验参加者分别对伯克威茨的助手进行电击报复。结果发现，情境中有手枪的参加者比情境中有羽毛球拍的参加者对助手进行了更多次的电击。这与伯克威茨的结论相一致，是手枪增强了实验参加者的侵犯意识，使其进行了更疯狂的报复。

伯克威茨说："枪支不仅仅使暴力成为可能，也刺激了暴力。手指扣动扳机，扳机也带动手指。"

伯克威茨对自己的理论作了进一步的解释：侵犯行为的发生并不像传统的犯罪理论中论述的挫折是促使人发生侵犯行为的重要原因，准确地说，除了挫折还取决于情境中的侵犯线索。换句话说，一个人即使遭遇了挫折，如果情境中没有其他促使他发动侵犯的因素，他也不会采取侵犯行为。即挫折不会直接导致侵犯行为，比如说一个人输掉了比赛，或者求职失败，他不一定会因此而去侵犯他人。

虽说挫折不会直接导致侵犯行为，但它可以使人产生沮丧、愤怒等不良情绪，而这些负面情绪为侵犯行为的产生准备了心理状态。当人处在愤怒之中时，如果手边恰好有刀枪之类的侵犯工具，那么，这些武器就会对他产生暗示，进而导致暴力侵犯行为的发生。社会上的许多暴力事件都与具有刺激作用的武器有着密切的关系，是武器推动了暴力事件的产生。

"武器效应"说明了线索（刺激物）对于行为出现的重要作用。如果你希望某人做出某种行为，那就不妨给其提供能够刺激相应行为出现的线索，促使该行为的产生。

这对管理非常有帮助。作为管理者，如果希望员工更加努力地工作，那就为他们提供一些积极的线索，如升职、加薪、奖金等；如果希望员工减小失误，也同样要让他们看到实实在在的惩罚，如通报批评、扣发奖金等。

为什么罪犯大多数是男性

众所周知，尽管女性犯罪也时有发生，但同男性犯罪相比还是相差甚远。为什么罪犯多是男性呢？因为男人可以从犯罪活动中获得更大的利益。

不能否认男人所面临的竞争远远高于女性。所有女人都可以繁衍自己的后代，但却并不是所有男人也都能如此。有些男人可以拥有多个后代，而有些男人却可能一个后代都没有，这就是男人之间的差距。巨大的差距必然会导致激烈的竞争，男人如果不希望无后，就必须保证自己不被排除在繁衍竞争之外。为了增加自己竞争的筹码，男人可以使用任何手段。

在女人看来，资源丰富、名声好且地位高的男人是最具吸引力的，所以男人会努力从这几方面来完善自己。比如说男人会拼命工作谋求地位和财富，也会不惜一切代价捍卫自己的名誉等等，都是在提高自己的竞争力。在一般情况下，大多数男人都会通过正常渠道来提高自己的竞争力，但当正当渠道行不通或者有更便捷的方式时，他们就可能寻求旁门左道，走上犯罪的道路。

在偷窃、抢劫等犯罪活动中，罪犯大多是刚刚步入社会的年轻男性。如果说女性偏爱资源丰富的男性，那么刚刚步入社会的年轻男性显然是不受女性青睐的，因为他们拥有的资源非常有限。为了让自己尽快拥有更多的资源，他们只能采取非常手段，盗用其他人的资源，这是最快的方法。如果等着他们自己一点一点去获取，那就可能错过让自己心仪的女性了。

经济犯罪中也存在这种情况。很多人都不解已经家财万贯的男人为什么还会因为钱财而犯罪，其实，他们只是想拥有更多的资源，受到更多优秀女性的青睐。

杀人事件中最常发生的是男人杀害男人的事件，而在男人杀害男人的事件中，又大多是因为女性引起的。因为男人之间残酷的繁衍竞争，大多数男人都是具有暴力倾向的。当男人无法通过正常途径战胜竞争对手时，当男人决定以暴力去争取女人时，他们并不能确定自己一定会在争斗中取胜，但结果只有两个，要么自己被对方杀死，要么就是自己杀死对方。他们就会选择以暴力方式击退对方，甚至将对方杀死，以此来赢得与女性交配的机会。对男人来说，死亡是可怕的，但比死亡更可怕的是失去繁衍的机会，不能将自己的基因遗传下去。所以，无论在什么样的状况下，男人都一定会积极争取女性伴侣。

男人的做法在女人看来或许是不能理解的，但对男人来说，他们面对的是至关重要的繁衍竞争，所以他们一定会全力以赴，竭尽所能争取竞争的胜利。

有人可能会问，即使男人可以在争斗中避免死亡，他们也还是难逃法律的制裁。杀人可不是小罪，等待他的只能是漫长的铁窗生活，这样就算得到了与女人交配的机会，又有什么用呢？

可他们认为有用，至少他们为繁衍自己的后代争得了宝贵的机会，这是最为重要的。其实，在惨剧发生之前，男人是很难冷静下来思考的。如果他们真能理性思考，也就不会走上犯罪的道路了。

现实生活中的谋杀行为很少像电视里那样经过精心的策划，事情的起因也远没有电视里的曲折、复杂。很多时候，杀人事件往往就是因为一些鸡毛蒜皮的小事引起的。当两个男人因为名誉、地位等与自身竞争力有关的小事发生争吵时，或者是当一个男人试图接近另一个男人的女性伴侣时，争斗就会一触即发，且不断升级，直到酿成恶果。为了捍卫自己的名誉，保护自己的女人，男人往往会采取极端的手段，通过暴力来解决问题，于是一件鸡毛蒜皮的小事就演变成了一场致命的争斗。

第二十三章

灾害心理学：见到火
就觉得心脏要跳出来似的

为什么灾害时的情景会重复出现

从重大火灾中幸存下来的张先生原本以为自己逃离了火灾现场也就远离了灾害，但自从那次经历后，他总是会梦到相同的情景。在梦中，无论自己怎样挣扎都无法走出熊熊大火，看着周围的人一个个脱离危险，自己却全身软弱无力，怎么也迈不开步子。张先生经常会被这样的噩梦惊醒。而且，每当他看见火都会有过激的反应，比如，当他看到同事用打火机点烟时就会感到浑身紧张，内心十分恐慌，想马上离开。这种感受跟他在那次火灾中的经历一样，跟梦中的情景也很类似。

在地震中丧失儿子的赵老太以前很乐观，现在却变得郁郁寡欢，整天抱着儿子的遗像自言自语。自从儿子为了救自己而失去生命后，赵老太十分难过，一方面，地震的突然发生让她感受到极度的恐慌，更重要的是儿子又突然被夺去生命。这让赵老太很自责，她认为要不是为了救自己，正值壮年的儿子也不会死。事发之后，赵老太试图自杀过，但都被邻居及时发现，抢救了过来。经过家里其他人和社区的帮助，赵老太逐渐接受了现实，能回到正常的生活轨道上来了，但整个人的性情大变。而且，虽然事过多年，可每逢遇到儿子的祭日，赵老太还是会有自杀的冲动。其他的儿女也逐渐了解了赵老太的这种倾向，每年的那段时间他们都会日夜轮流陪伴赵老太，这才没有出现意外。

小涂是一名出租车司机，他已经有了很多年的驾龄，而且从来没有出现过意外。自从一次跟迎面驶来的小轿车相撞后，他就一直对此耿耿于怀。其实那次的事故责任完全在于对方，自己一点过错都没有，但车祸时的场景还是让他心有余悸。要不是他刹车及时，恐怕会造成严重的后果，甚至会危及生命。虽然那次事故对小涂并没有造成过多的伤害，但现在只要他听到刹车的声音，就会全身极度紧张，注意力也会高度集中，似乎前面又是一辆即将撞上自己的车。本来对于出租车司机来说，由于在上班的过程中不能分心，工作一天下来就十分辛苦，而小涂在听到刹车声后又会异常紧张，这样他身心俱疲，每一天都过得非常煎熬，很不舒坦。

这样的例子数不胜数，例子中的主人翁都曾经经历过不同程度的灾害，表面上他们已经走出了过去的阴影，但每当类似的事情发生时，他们就会在过去和现在之间建立联系，在灾难发生时的恐慌、痛苦等情绪都会重新出现。即使在现实的生活中，外界的刺激并不具有伤害性，他们也会体验到同样强度的不愉快。例如上面提到的打火机，打火机的火对人们来说危险性极小，一般情况下不会给人们带来危害，但由于经历过火灾，张先生将对火的惧怕泛化了，只要是火，无论是大是小，反应都一样。

由此可以看出，虽然很多人在经历过重大灾害后，经过一段时间的调整能适应周围的变化，但只要有与灾害相关的情景出现，他们就会表现得无法适应，出现很多异常的反应。所以对这些人来说，他们并没有真正摆脱灾害的阴影，只要有条件，那些消极的体验总是会卷土重来，像一个噩梦一样缠绕着他们。

灾害时出现的那些糟糕的情绪和行为反应为什么就是无法摆脱？怎样才能走出心理危机的控制？人们在经历灾害时究竟有什么样的心理特点？对灾害的一般反应和异常表现之间有什么区别？怎样才能有效地对异常的危机心理进行干预？这些问题在接下来的内容中都会一一提到。

什么是灾害心理学

灾害，这是人们最不愿意碰到却又无法避免的现象，灾害事件通常具有突发性和紧急性。人们无法在灾害发生之前作出有效的准备，当灾害发生时不能积极地应对，这就很容易造成多方面的灾难。常见的灾害有地震、火山喷发、泥石流、水灾、旱灾、雪灾、传染病等。

一般来说，灾害带给人们的最直接的影响就是物质损失，比如水灾、旱灾、雪灾等自然灾害的发生对农作物的摧残很大，常常会导致粮食产量减少甚至绝收，这无疑让他们的经济收入大大减少。还有一些地质灾害的发生也会影响当地旅游业的发展，例如山体滑坡、泥石流等。所以，灾害威胁到了人们的经济利益，甚至可能是生命安全。

灾害不仅是一种自然现象，它还关乎着社会的安定，是一种社会现象。这一点从由古至今发生的各种动乱和媒体的大量报道中很容易得出。乾符五年（公元878年）至中和四年（公元884年）爆发的黄巢起义就是由自然灾害引发的农民运动，那时由于很多地方都发生了旱灾和蝗灾，农民的收成受到影响，连温饱都满足不了，而地方政府不仅没有采取有效的措施救灾，反而对灾情熟视无睹，继续征收赋税，这让本来就走投无路的农民雪上加霜，最终引起了暴动。

可以看出，灾害事件由于其突发性和紧急性，会给人们的生活带来很多伤害，不仅威胁着个人的生命和财产安全，也影响了社会的安定。除此之外，灾害对人们精神上的伤害越来越受到社会的关注。很多人在灾害中幸存下来，从表面上看他们是相当幸运，而事实上，这些幸存下来的人承受着巨大的精神压力，尤其是对那些在灾害中丧失了亲人的人来说打击就更大了。他们面临着承受灾害事件本身和丧亲的双重伤害，如果不加以疏导很难让他们从灾难的阴影中走出来。人们可能在经历过灾害后出现心理上的失衡，变得思维不清，情感紊乱，意志消沉，这些如果长久得不到解决就会引发多种心理疾病，最终可能导致神经衰弱、精神分裂，甚至轻生。

因此，研究人们在灾害发生时和发生后的心理机制、结构及其他相关内容，为有针对性地对人们进行心理干预、心理辅导提供依据，从而及时帮助他们梳理好自己的心理和生活，灾害心理学就是在这种需求下出现的。

总的来说，灾害心理学是揭示灾害与心理之间关系的科学，研究灾害心理的产生机制、类型、特点以及预防和矫正等。灾害心理一般分为五个阶段：

准备阶段。在这个阶段中主要关注的是人们对预警性的灾害所具有的反应，灾害意识十分重要。

冲击阶段。灾害刚刚发生时会对人们的心理产生一个冲击，受灾者往往会表现出短暂的恐慌。

防御、抵抗阶段。在冲击阶段之后，为了自我保护，人们会产生抵抗的意识，处于高度紧张的状态，尤其是在很危险的情景中，逃生意识就更强。

衰疲阶段。当人们所做的努力没有什么成效，而受灾者的体力也渐渐消耗殆尽时，他们就会进入疲软阶段，心理和生理都容易处于不利的状态。

恢复阶段。受灾者通过各种外界的帮助及自我治愈能力，逐渐恢复到正常的生活状态中。

这些阶段代表的只是一般情况，并不是每一个受灾者都会按顺序经历这些阶段，但不论如何，灾害发生后，卷入灾害的每一个人在心理和生理上必定会受到不同程度的影响，当人们的心理由于各种变化而失去平衡时，如果这种失衡的状态不能得到及时的恢复，便容易出现心理危机。

对灾害心理学的研究已经开展了很长一段时间，特别是在重大自然灾害的频繁发生后，灾害心理学的地位就更高了。实践证明，灾害心理学对现实生活中的灾害预防及抗灾救灾有重要的作用，它加强了灾害心理学知识的普及，能帮助人们更好地诊断自己的心理状态，也能为处于失衡状态中的人们提供很多行之有效的恢复措施，帮助他们尽快走出阴影，过上正常的生活。

应激的心理反应

从字面上看，应激就是对刺激的应对，在医学、心理学、生理学、社会学等很多学科中对应激都有研究，它是一种极为普通的现象。心理学中的应激就是指心理紧张或压力，当有机体由于种种条件的限制无法应付内外刺激时，通过认知评价后就会产生这种不适应的心理。例如，亲人的逝世、事业上的重创、与亲密的人断绝关系以及面对重大灾害等都能成为让人们紧张、不适应的导火索。引起紧张状态的事物或情境被称作应激源。不同的人对外部压力有不同的反应，所以，对于同一个事件可能由于认知评价的不同而出现不同的结果，它可能成为一些人的应激源，而对另一些人来说，只是极为普通的事情，或者至少不会产生很大的压力。当然，当人们面对应激源时，不仅会有心理上的反应，也会同时伴随着生理上的变化，在这里我们主要关注应激的心理反应。

人们在面对应激源时，会经历十分复杂的心理过程，包括对应激源相关信息的输入，对应激源的察觉、认知和评估等，对应激源做出反应，应激反应之后的结果。可以看出，应激的心理反应只是这些复杂过程中的一个环节。

应激的心理反应主要分为积极的反应和消极的反应两个方面，在面对应激事件时有清醒的意识、清晰的思维、迅速的反应、及时的行为等都属于积极的应对。相反，情绪紧张、压力过大、意识不清醒、思维混乱等就是消极的心理应对了。

应激的心理反应对人们能否适应新的环境有重要的影响。一方面，应激事件发生后极易产生不愉快的情绪体验，积极的心理反应能减少消极的情绪体验，为顺利度过这一时期创造良好的心理条件。比如，在水灾之后，人们可能由于房屋被冲毁、农田被淹等感到极其郁闷，为以后的生活担忧、焦虑。虽然在这种情景下，产生急躁、担忧、不安等情绪是十分正常的，但过度地沉浸在这些心理中不仅不利于恢复正常的生活状态，还容易滋生心理疾病。所以，理性、积极的心理应对，能让受灾者在灾难面前保持清醒的头脑，尽快地从悲痛中走出来；而一味地愤怒、伤心、绝望等只能让痛苦越来越深。

另一方面，应激的心理反应还会对行为产生重大影响。积极的应对能帮助人们采取正确的行为。一个小孩子在玩火时不小心点着了沙发，将家里的东西几乎全部烧光，幸亏邻居及时报警，没有造成无法挽回的局面。孩子的父亲听到这一事故时，生气到了极点，他找到本来就被这个意外吓得够呛的孩子，然后一顿毒打，似乎这样还不解气，以后经常都用此来训斥孩子。很显然，例子中的父亲在面对应激事件时并没有表现出积极的心理反应，虽然生气是正常的情绪反应，但在与孩子交流时并不理智，而是被愤怒冲昏了头脑，这不仅对解决问题无济于事，还可能在孩子心中形成无法挥去的阴影。

可以看出，在面对应激事件时，人们的心理反应是不同的。但可以肯定的是，积极的心理反应是有利的，它能更好地帮助人们走出灾难带来的痛苦，尽快地适应新的生活；消极的心理反应是有害的，过度的焦虑、愤怒、恐惧等可能使问题变得更糟糕，甚至酿成无法补救的恶果。

什么是心理危机

对于危机这个词，人们并不陌生，经济危机、金融危机、能源危机、婚姻危机等都经常会出现在人们的生活中。一般而言，这些危机对人们来说都是外在的，造成的后果也是比较直接的，比如，物价上涨、经济衰退、能源紧张、关系破裂等等，所以当这些危机出现时，人们都能明显地感受到。而另一种形式的危机就显得比较含蓄和内敛了，无论是从表现形式还是出现的后果上，都不易被察觉，这就是心理危机。

与突发事件所造成的危机不同，心理危机是指人们在遇到重大问题或情景时所感受到的一种失衡状态，他们原先的心理状态被打破，心理矛盾也增多，进而影响思想、情绪、行为等方面的表现。所以，心理危机并不是事件本身，而是对事件的感受。每个人在生活中都会或多或少地面临心理危机的干扰，但并不是每个人都能正确地应对这些危机，这也验证了那句话，"面临危机，才知英雄无几"。

虽然心理危机与其他的危机事件是有区别的，比如，地震这种自然灾害本身就是一个危机事件，而心理危机却不是某一个事件，但大多数情况下心理危机出现在这种紧急的事件中。还是以地震为例，在地震发生之后，个体可能会经历一系列的打击和伤害，安全上的、财产上的、精神上的等，如果人们无法积极地应对这一事件，不能从伤痛中缓和过来，就容易出现心理危机。

影响心理危机的因素有很多，比如危机事件的严重程度，在地震中人们所承受的损失越大，产生心理危机的可能性就更大。但这种关系并不是一一对应的，最终决定人们会出现什么样反应的还是个人的认知。比如，一些人对所有的挫折和逆境都能坦然面对，在他们的生活中就没有大喜大悲，内心相当平静，这种人出现心理危机的可能性就比较小。而那些在平常的生活中就比较情绪化，对得失十分在乎的人就更容易出现心理危机了。除此之外，个体的人格特征、对事物的认知模式、生活中的经验、周围的文化和环境等都能影响心理危机的产生及程度。

心理危机是一种正常的生活经历，所以人们几乎都会碰到，但由于个体之间的差异，在面对危机时，最终出现的结果不同，有好有坏。

最好的结果是人们顺利地度过了心理危机，并在应对中学会了处理危机的方法，为今后碰到类似的情景提供了依据，这种经验的积累也提高了自己的心理健康水平，有利于今后更好地生活。

比较好的结果是人们度过了心理危机，但整个过程并不十分顺利，留下了心理创伤或阴影，当这种情况再次发生时，人们可能还是会体验到强烈的不愉快的情感。

比较差的结果是当出现心理危机时，人们无法承受这种危机带来的折磨，不能顺利渡过这一难关，在危机发生的过程中和危机出现之后，有较多的消极情绪体验及行为反应。

最悲观的结果是人们未能度过心理危机，而且受危机的影响出现了心理异常，严重影响了正常的生活，即完全被危机打败了。

对于后两种情况中所提到的结果，在现实的危机中有很多的表现形式，这在之后的内容中也会提及。虽然心理危机一般是暂时的，随着时间的推移会慢慢减退、消失，但当人们无法自己走出危机的阴影时，就需要周围的人给予帮助了，这就是通常所说的心理危机干预。所谓心理危机干预，就是对处于心理危机状态下的人采取一定的措施，使之逐渐恢复到正常的生活状态，适应周围的环境。这一过程也与后面会提到的灾后心理救助有些类似。

所以，对人们来说，出现心理危机并不可怕，它是一种正常的反应，但如果受一些因素的影响，无法克服心理危机，甚至出现心理障碍时就要引起重视了。由于心理危机的表现形式比较隐蔽，在一些重大的危机事件之后，关注人们的心理变化就显得尤其重要了。

灾难心理危机的一般性反应

如果你翻阅过前一篇的内容，应该对心理危机不再陌生了。简单地说，它是人们在面对一些自己无法控制的事件或情景时，内心所感受到的失衡状态。引起心理危机的因素有很多，最终导致的结果也有所不同。人们在经历灾难后可能都会出现心理危机，但有的人所面临的危机是暂时的、正常的，有的人却是异常的。只有正确区分了哪些反应是一般性的，哪些反应是异常、需要尤其引起重视的，才能及时地对那些需要心理干预的人提供帮助，使他们尽快渡过难关。

心理危机是一种不平衡的状态，从引起危机的事件发生到心理危机出现，再到人们对危机的应对，要经历一系列的过程。比如，最初发现于墨西哥，之后蔓延全球的甲型 H1N1 流感一度引起人们的高度恐慌。在甲流期间，大量的负面报道整日弄得人心惶惶，人们都不敢到热闹的地方去，生怕自己被传染，一旦自己周围熟悉的人也不幸感染上了，自己就更加恐慌了。这时，人们变得十分敏感，即使在很安全的环境中也会担心自己会被感染上病毒，影响了正常的生活。慢慢地，人们开始意识到只要防御措施做得好，通过努力自己是能避免被感染的，而且在生活中出现这种传染病也是能理解的，于是，虽然他们仍然会有恐慌，但能从心底接受现实。为了更好地做好预防，人们通过各种途径了解与甲型 H1N1 流感相关的信息。很多在甲流期间出现过心理危机并且顺利恢复正常的人认为，自己从这个过程中学到了很多，不仅了解了与流感相关的信息，使自己在今后类似的问题中有了丰富的经验去应对，更重要的是自己在心理上变得更坚强了，这对处理生活中的许多难题都是一次很好的借鉴。

从上面的例子中可以看出，当人们面对心理危机时，在心理和行为上常常会有不同的表现，最开始可能是极度的恐慌，然后抵制、拒绝危机的事件，接着是慢慢接受现实，并积极地应对，最后是解决问题，恢复到正常状态。

危机意味着平衡稳定的破坏，会引起人们的混乱和不安，一般危机发生后人们的反应会维持一两个月的时间。心理危机的反应主要体现在生理、认知、情绪、行为等方面。

生理方面：食欲不振、肠胃不适，头痛心慌，容易犯困，睡眠质量差，入睡难、易惊醒，肌肉紧张等。

认知方面：认知上存在偏差，注意力不集中，缺乏自信，记忆力减退等。

情绪方面：情绪波动大，对外界刺激过分敏感，容易被激怒，并常常会出现极度恐慌、焦虑、怀疑等情绪。

行为方面：自责，退缩，尽可能地逃避与人接触。

在一次火灾中，小明丧失了自己的亲人，之后的一个月里他像完全变了一个人。他总觉得没有胃口，每天都吃得很少，睡觉也睡得不安稳，只要有一点动静就会惊醒，而且经常做噩梦。虽然火灾后，单位领导建议他先休息一段时间，但他认为自己忙起来了就不会去想这场灾难，心里也会好受些，所以没有休假。但是在上班期间，同事们都发现小明经常会出错，而且老是记不住重要的事情，因为大家对小明的遭遇十分同情，都没有去责怪他，而是尽量帮助他。他们会时常邀请小明一起出去活动，放松放松，但大多数情况下小明都不会出去。在他看来，如果那次自己一直在家待着，说不定就不会出现那么大的火灾了，亲人也不会发生意外，所以他一直对此耿耿于怀。

小明在经历灾难时，身心发生了一系列的变化，但幸运的是，他在朋友的帮助下，慢慢接受了既成的事实，最终走出了阴影。但并不是每个人都能像小明一样幸运，很多人在受到重大打击或变故后一蹶不振，他们最初的反应和小明在生理、心理各个方面的表现类似，但结果却令人惋惜。

心理危机的异常表现

在《灾难心理危机的一般性反应》中我们提到，面对灾难时，人们出现心理危机是正常的现象，他们所表现出来的一些情绪、认知和行为等也是一般的反应，经过一段时间的调整就会恢复到正常。但有些人却无法走出心理危机，出现了种种障碍及其他异常的表现。

与灾害有关的障碍主要有急性应激障碍和创伤性应激障碍，二者都是由应激性的事件或处境引起的心理障碍，不同的是急性应激障碍在灾害事件发生后立即发病，而创伤性应激障碍则持续的时间较长。

创伤性应激障碍是对具有威胁性的灾难事件的延迟或持久反应。这类事件通常为重大的自然灾害或人为灾害，比如地震、火灾、战争、严重的暴力行为等，每个人面对这些灾害时都会感受到巨大的痛苦，但并不是每个人都会出现创伤性应激障碍。只有那些随着时间的推移仍然无法平复自己伤心的心境，甚至情况越来越糟的人才是创伤性应激障碍的患者。他们有心理危机的一般反应，在程度上和时间历程上更加明显。

急性应激障碍是由剧烈的、重大的内外刺激所引发的异常，在灾害事件发生的同时，受灾者会出现极度伤心的心理反应及一系列的生理反应，比如呼吸急促、意识空白、注意狭隘等。这种心理危机的异常表现很少见，多出现在重大交通事故中。

当然，除了所提到的两种障碍外，还有很多异常的表现。虽然表现形式多种多样，不过，纵观这些心理危机的应对，它们在情绪、行为等方面还是有很多共同点的：

情绪异常、持续低落。有异常表现的人们会持续很久地表现出低沉的情绪，这与一般正常的反应最大的区别就在于持续的时间长。

丧失信心，封闭自我。在心理危机出现后，人们不能正确地认清现实，将所有的过错都揽在自己身上，极度自责，不愿意与外界交流；对以后的生活失去信心，无法适应变化了的环境。

无助感强烈。由于在灾害性的事件中人们体验到了强烈的无助感，这种感受在灾害结束后一直困扰着他们，认为自己在什么方面都显得势单力薄。

食欲不振，睡眠不规律。出现连续的厌食绝食或暴饮暴食现象，睡眠也出现障碍，很难入睡，一旦睡下就不愿意起来，但是睡眠质量很差，容易惊醒。

有自杀倾向。这种表现是极其危险的，无法应对心理危机的人，在体验到种种不愉快的经历后，渐渐感受到活着是没有意义的，他们产生悲观厌世的想法，总觉得最好的解决办法就是一死了之，常常会有自杀的念头。

经历过重大灾害的人们很容易出现消极的心理或生理反应，而警惕他们的异常反应，从其言行中找出极端的、危险的表现，才能给予帮助和干预，否则，将他们的异常反应视为正常的灾害心理，则可能造成无法挽回的后果。

什么是灾害心理救助

"灾害无情人有情""一方有难八方支援"，类似的话在生活中出现的频率并不低，它一方面说明了生活中发生灾害事件是不可避免的，另一方面也突出了灾后人与人之间相互帮助的重要性。

几年前的汶川大地震牵绊着全中国人乃至全世界人的心，对于这样无情的天灾，人们无法阻止它的发生，灾害发生后唯一能做的就是给幸存下来的人以救助，帮助他们过上正常的生活。对灾区人们的救助不仅包括物质上的帮助，使他们在衣食住行上恢复正常生活，心理救助也是绝不能小视的，甚至在有些时候，心理救助比物质救助更急切，更关键。

每一场灾害都会伴随心痛、压力、恐慌等，幸存者虽然留住了自己的生命，但承受着常人无法想象的精神压力。灾害心理救助就是为了帮助人们尽快走出灾难肆虐的阴影，接受现实并以积极乐观的态度生活下去。对那些无法走出心理危机的人，心理救助的任务就更加艰巨了，需要通过各种危机干预措施，帮助陷入危机中的人走出困境，重新树立对生活的希望。

灾害心理救助的目的主要是恢复人们失衡的心理状态，避免他们由于危机伤害自己或他人。由于灾害事件本身的性质不同，每个人所感受到的危机程度和自愈能力也有差异，在对灾害后的人们进行心理救助时，所采取的方式也有差异。

最近，王女士的家人决定趁着假期一起去一个凉快的地方度假避暑，在考虑了众多因素后，他们决定去海滩，那里风景优美，重要的是可以消暑。原本以为这是一个所有人都能接受的选择，没想到却被王女士给否定了。当家人追问原因时，王女士总是支支吾吾，就算是编出来的理由也都十分荒唐，难以让人信服。家人以为王女士是因为不想花钱才有这样的反应，就背着她先把机票买了，酒店也订好了。在出发前一天，王女士才得知这一切，没想到她大发脾气，还坚定地表示自己绝不会去海滩。由于王女士平时性格十分平和，从来不会因为类似的事情而生气，尤其是在与孩子的交流中，一般只要是孩子愿意做的事情王女士都会无条件支持，再说，他们家完全有能力去旅游，所以钱绝对不是让她勃然大怒的根本原因。这让她的家人感到十分疑惑，联想到前几年王女士在外出差时曾经亲身经历过海啸，家人怀疑是不是因为她还没从那次事件中走出来，于是为王女士请了心理专家。经过与专家的交流，王女士很快说出了自己心中真正的疑虑，原来她真的还没走出上次海啸事件的阴影。在那次海啸中，王女士险些丧命，整个过程让她记忆犹新。她说在濒临死亡的那一刻，她想到最多的就是自己的孩子，她觉得孩子还那么小，如果没有了妈妈将会过得很可怜，在与海啸斗争的过程中，她甚至在心里将要与孩子告别的话都讲了一遍，这让她无比绝望。不过，也正是这种母爱让她坚持到最后。现在只要她一想起类似的场景，脑海中就会出现那时与孩子"分别"的痛苦。所以，去海滩让她很容易唤起那段无比绝望和伤心的记忆。

从这个例子可以看出，王女士无疑是需要得到心理救助的，她由于经历过了一次灾害事件，几年都没有从那次危机中走出来，每当出现类似的情景就会唤起不愉快的体验，甚至影响了自己正常的生活。而对王女士的心理救助最开始就是要找出问题的症结，然后才能对症下药。对于这种人，他们在生活中常常表现得敏感，产生的念头也比较奇怪，像王女士，折磨她的其实并不是自己将丧生，而是与孩子的分离。所以在给予心理救助时应重点关注与孩子的联系，如果有可能，请孩子一起参与进来会有更好的效果。一般有阴影的人疑心较重，不会轻易相信别人的话，这时，专家的话就显得比较有分量了。对例子中的王女士来说，可能很多人都告诉过她海啸发生的概率极小，但如果能请一些专家来，用统计数据告诉她，王女士就易于接受了。

虽然对每一个有灾害心理的人采取的心理救助措施不同，但基本的流程是相似的，即先了解事件过程，找出引发危机的根本原因，然后有针对性地解决问题；在救助的过程中，所采用的措施也大体相同，其中最主要的就是支持，让危机中的个体表达或发泄出内心压抑的情感，并在此基础上进一步地救助。对个体的支持不仅来自给予救助的专业人士，个体亲朋好友的关怀和鼓励等也都十分必要。此外，对灾害心理的救助要及时，给予帮助越早，所取得的效果可能越好。

第二十四章

发展心理学：人为啥
不在妈妈的肚子里多发育一段时间

什么是发展心理学

　　一直以来，人们都觉得发展心理学是专门研究儿童心理发展的学科，但近年来毕生发展的观点渐渐取而代之。不过，从发展历史来看，发展心理学是在儿童心理学的基础上产生的。19世纪后半期，德国生理学家和实验心理学家普莱尔发表了《儿童心理》一书，这部书被公认为第一部科学的儿童心理著作，普莱尔也因此被认为是科学儿童心理学的奠基人。接着，随着人们对心理发展内涵认识的加深，毕生发展的观点逐渐被人们接受和重视。20世纪后半期，研究毕生心理发展的发展心理学开始被确认，儿童心理学逐渐成为发展心理学的一个重要组成部分。1957年美国《心理学年鉴》中的《儿童心理学》被《发展心理学》取代，从此确立了发展心理学在心理学中的地位。

　　心理学是科学地研究人类心理的科学，发展心理学就是科学地研究人类在发展过程中心理的科学。人的一生会经历很多的变化和发展，从在妈妈的肚子里开始，到呱呱落地，再到按年龄顺序经历一系列的发展阶段，直至最后离开这个世界。在漫长的几十年中，人们不仅在身体上会发生明显的变化，从弱小到强壮再到虚弱，而且在心理上也会有复杂的发展。究竟人们在不同的阶段上会有怎样的心理特征？哪些因素导致了这些心理变化的出现？这些都是发展心理学所要解决的问题。

　　人们在生命历程中所涉及的发展范围很广，既有身体方面的成长，也有知识能力等方面的提高，还有情绪以及与人交往方面的发展等。据此，发展心理学主要考察的也是人们在生理、认知、社会性方面的发展特征。

生理的发展为心理的发展提供了物质基础，所以虽然发展心理学是研究人们心理的学科，也不能忽视对生理机制的重视。生理机能的重要性从很多方面都能看出，尤其是从那些有生理缺陷的个体身上，很多心理疾病的发生都与大脑结构的缺陷有关。对生理发展的研究还能帮助人们创造良好的环境，比如，遗传对人们在各方面发展的重要影响是被公认的。

认知的发展包括很多内容，感觉、知觉、学习、注意、记忆、语言、思维、推理、创造性等都属于认知领域。人们的心理变化对任务的完成有着重要作用，所以研究认知过程中的心理发展对提高人们的认知能力和学习、工作效率有指导意义，比如，通过研究人们可以发现哪些心理过程是有利于推动认知的，那么，在以后类似的任务中就能依据这些结果提高工作效率了。

生理和认知上的发展都侧重于个体，但人们在社会中生存，就必须和别人交流，这就需要社会性的发展。社会性领域的发展包括情绪、人格、社会关系的变化和稳定性。这个领域的发展对人们的成长很重要，例如，对于婴幼儿来说，他们的社会性发展并不成熟，在与别人的交流中有很大的自我中心性，不管做什么都更多地考虑自己的感受。如果对这一特征不了解，就会认为这些孩子自私、冷漠等。事实上，这些都是这一阶段的儿童特有的、也是正常的现象。

发展心理学对人一生的发展有重要的作用，能帮助人们认识发展过程中在生理、认知、社会性等方面的特征，解释某些特定的心理现象；能通过与正常状态的对比，找出发展中存在的缺陷，并为努力矫正缺陷提供依据。这些不仅能促进个人的发展，还能帮助人们了解整个人类的发展规律。

一般来说，人的一生全程会经历胎儿期、婴儿期、学前期、儿童中期、青春期、成年早期、成年中期、成年晚期、生命结束几个阶段，每个阶段的心理发展特点是不同的，所以发展心理学考察的是在这些不同阶段中的心理变化。

人为啥不在妈妈的肚子里多发育一段时间

我们常常惊叹于人类生命的诞生，他们从一个小小的受精卵开始到逐渐成人形的胎儿，经历了漫长的十个月，终于带着清脆的哭声降临到这个世界。而人们在享受着这些可爱的精灵带来的欢笑时，内心也增加了许多不安，总是会担心小家伙太小无法适应周围的环境，担心他们会生病、会受伤。

与外面复杂的环境相比，妈妈的肚子里就显得更安全了，那为啥不让宝宝在妈妈的肚子里多发育一段时间，等到他们能从容地面对世界时再降临呢？也许很多人都会为妈妈们抱不平了，怀胎十月就已经让她们累得够呛，如果再多待一段时间真是太辛苦了！其实，从宝宝的安全上来看，也并不是在妈妈肚子里待的时间越长就越安全。

让我们先来看看小生命在妈妈肚子里成长的历程吧。每个人的生命从受精开始，依次经历胚芽期、胚胎期、胎儿期，在每一个时期生命发展的特征是不同的。

胚芽期：从受精到第二周为胚芽期，它是生命开始的最早阶段，也是最短的阶段。在这个时期，细胞以很快的速度分裂着，而且细胞的作用也开始分化。人们所熟悉的胎盘、脐带等的雏形都是在这一阶段形成的。

胚胎期：从第二周到第八周为胚胎期，主要器官和基本的解剖结构在这一阶段开始发展。虽然这时的生命体还很小，人们都无法从体形上分辨出那些怀孕的妈妈，但这时的生命体已经有了各种器官的雏形。

胎儿期：从第八周到出生为胎儿期，这时人们能很明显地感觉到孕妇肚子的变化了，胎儿在妈妈的肚子里以惊人的速度成长着。不仅如此，妈妈们还能清晰地感觉到胎儿会动了。在怀孕早期，妈妈只能从一些身体的不适中感觉到自己身体中的新生命，而此时，胎儿为了表现自己的存在，用各种方式吸引着妈妈的注意，他们会踢腿、翻身、握拳、眨眼、吸吮手指，甚至还会打嗝、哭泣。这个时期的胎儿与新生儿的差异逐渐缩小，为呱呱落地作着最后的准备。

从生命的开始到诞生这个过程中可以看出，每一个阶段都有不同的发展特征。不论是受精，还是胚芽、胚胎、胎儿期，所有的发展都是在为出生积攒着条件和力量，是不能逾越和缺少的。很显然，这些小生命不能还没等到在妈妈肚子里发展好就出生。那么，是不是待的时间越长对发展就越有利呢？

医学上将在母亲预产期两周后还没出生的婴儿叫做过度成熟儿，这些婴儿和早产儿一样面临着很多的风险。比如，我们在前面提到的胎盘，它是连接母亲和胎儿的桥梁，胎儿成长所需要的营养和氧气都是通过胎盘传送的。而如果胎儿在母亲的肚子里过度成熟，胎盘提供的血液供给就无法满足需要了，这对胎儿的成长是很不利的。此外，胎儿在妈妈肚子里的成长速度是很快的，过度成熟的胎儿自然比正常的胎儿要大，在出生时就会增加分娩的危险。

所以，并不是在妈妈的肚子里待的时间越长就越安全。人们也正是认识到了这一点，在怀孕期间会定期做检查，当发现自己的宝宝没有在正常的时间出生时，就会征求医生的建议，选择人工引产，最常见的就是剖腹产了。剖腹产是一种分娩方式，它是通过外科手术将婴儿从母亲的子宫中取出来，而不是通过产道自然分娩出来。剖腹产并不是只针对过度成熟儿，在一些危急的情况下通常都会进行剖腹产，比如胎位不正、不易于自然分娩或者孕妇在分娩过程中阴道流血等。而且，随着剖腹产技术的完善，为了减轻分娩过程中的痛苦，越来越多的人即使在有条件自然分娩时也选择进行剖腹产。

为什么老幺都爱撒娇

在翻阅心理学的一些通俗读物时，我们会看到"出生顺序"这个词，它通常作为影响孩子性格特征的因素被提到。

关于出生顺序对人成长的影响的确会勾起家长们很多的记忆。比如，当他们之间发生矛盾时，不管错在谁，家长总是会护着年龄较小的那个，而去责备较大的那个；老大会觉得父母总是袒护着老二，老二又总是觉得父母更爱老大。可见，出生顺序不仅会影响到家长对孩子的看法，也会影响到孩子对父母的态度。

出生顺序对每个孩子的影响是不同的。一般来说，家里的第一个孩子身上更具有独立、责任感、忠诚等品质。当有了弟弟妹妹之后，他们可能还会承担一些照顾别人的角色，所以比较懂得体贴别人。家庭对第一个孩子的期望很大，常常会让他们觉得有压力。至少在一段时间内，家里几乎所有的关爱都倾注在他们身上，于是，当有了弟弟妹妹时，第一个孩子会表现出对家中新成员的排挤，不愿意与别人来分享父母的爱。

顺序居中的孩子常常会感到比较郁闷，因为他们可能既没有享受过像第一个孩子那样的待遇，也不能像最小的孩子那样受到宠爱。不过也正是由于父母的关注不是很多，排行居中的孩子能比较轻松地生活。

最小的孩子在家里的地位往往与众不同，这是很多人都认同的观点。很多人对老幺的性格特征都有一个刻板印象，认为他们都很爱撒娇，更任性、调皮。但并不是老幺天生就爱撒娇，而是这个出生顺序影响了周围人对他们的态度。

从父母的角度看，由于他们在老大身上投注了太多的期望，对最小的孩子可能就没有那么高的期望了。虽然望子成龙、望女成凤的愿望仍然存在，但他们不会施加给老幺太多的压力，而是会努力创造机会帮助孩子的发展。所以，在家庭教育中，对老幺的约束不是很大，相对轻松的家教风格更容易让孩子们形成任性的习惯。而且一般来说，到最小的孩子出生时，父母可能已经拥有了良好的收入能力，家里的经济状况有条件为老幺的发展提供更为充裕的资源。这种物质上的支持也为老幺的撒娇创造了条件。

从哥哥姐姐的角度看，不管他们大自己的弟弟妹妹多少岁，也不管最开始他们能不能接受这个后出生的家庭成员，在父母的教育影响之下，他们或多或少地会扮演照顾者的角色。当自己有好吃的东西、好玩的东西时，不管是自愿的还是出于讨父母欢心的目的，总是会分给自己的弟弟妹妹一部分；当弟弟妹妹受到别人欺负时，也总是会站出来保护他们。所以，相比而言，最小的孩子所得到的关爱更广泛，既有父母的也有哥哥或姐姐的。

在家庭其他成员的特别呵护下，老幺自己也渐渐感觉到了自己地位的优越性，也学会了如何去享受这种地位。他们经常会向家庭成员撒娇，得到别人的关注和支持。在父母和哥哥姐姐的眼中，他们就像是一个永远也长不大的孩子。虽然表面上看，老幺是最幸福的孩子，他们不用担负父母的期望，不用顾及有更小的孩子需要他们照顾。

但老幺也有自己的困扰，尤其在一些个性十分鲜明的孩子身上。对那些极其渴望独立的老幺来说，来自家庭的特殊关爱不仅没能让他们感受到幸福，还成为他们成长的障碍，因为无论他们做什么都会被看做是个孩子，这样自己就很少有机会独立地去进行选择了。

可以看出，出生顺序对孩子的影响是不同的，虽然父母在对待孩子时总是会努力一视同仁，但还是难免会有差异。对不同出生顺序的孩子来说，他们总是对父母的行为有所不满，认为父母更爱其他人。最先出生的孩子渴望更少的约束，居中的孩子渴望得到更多的关注，就连被人们认为最幸福、最爱撒娇的老幺也会有自己的烦恼。

发展中的男性与女性

男孩勇敢，女孩温柔；男孩喜欢深色，女孩喜欢粉色；男孩爱玩枪，女孩爱玩布娃娃……男孩和女孩在性格和爱好上的这些差异已经被人们牢牢地记在心中。而且，在对不同性别的孩子进行评价时，人们也往往会与刻板印象中的形象进行对比，比如，如果男孩在游戏中表现出很强的竞争性，则被认为是"小男子汉"，是值得鼓励的；如果他们对芭比娃娃之类的玩具表现出过分的喜欢，则会招致父母的担心，因为这些是与女孩联系在一起的。不过，似乎父母在性别的期望上并不一样，当男孩表现出女孩的特征时他们会显得很焦虑，而当女孩有男孩的特征时则没有那么紧张，这也体现出了不同性别上的差异。

发展中的男性和女性有很多不同的特征，除了上面所举的例子外，还有很多方面都体现出这一差异。那究竟什么是性别？与"性"所强调的生理特征相比，"性别"指的是一种与男性和女性身份有关的知觉和意识，比如认为男性与强壮有力相连、女性则与柔弱体贴相连、女孩比男孩更容易与别人建立亲密的关系等。造成这种差异的原因有很多，不同的理论对其的解释也不一样。

强调生理因素的观点认为，不同性别的孩子有不同的身体特征，这些身体特征又与性有关，所以，生理因素对性别差异的产生有影响。比如激素，我们都知道男性更多的是雄性激素，而女性更多的是雌性激素，所以如果依据这种生理上的差异对性别特征进行解释，更多地表现出男性特征的女性就是因为雄性激素水平高，而更多地表现出女性特征的男性就是因为雌性激素水平高。

以弗洛伊德为代表的精神分析理论认为，孩子在性别上的差异其实是对同性的父母在性别行为上认同的结果。在弗洛伊德的理论中，有两个与性别有关的词，"阉割焦虑"和"阴茎妒羡"，说的就是男孩对父亲的认同以及试图与父亲保持一致；女孩对母亲的认同以及试图与母亲保持一致。

社会学习理论认为，男孩和女孩在性别上的差异都是通过观察他人的行为学习而来的。比如，孩子们会受到电视中与自己同性别的人的影响，看见别人在玩着什么样的玩具，自己也会去玩这种游戏。而且，孩子在成长的过程中会受到来自家长的种种引导，家长们更多地会让男孩按照"男子汉"的形象去做事，而让女孩培养那些温柔、体贴的"小女人"气质。在这一过程中，家长的反馈十分重要。当一个男孩看到另外一个男孩因为玩布娃娃受到阻止时，他就会感觉到这种行为是不被鼓励的，而当男孩玩的是手枪时，家长们就会持相反的态度。

男性和女性的差异体现在很多方面，不同的理论也从生物、认同、学习等方面进行了解释。虽然性别差异是很常见的现象，也是不可避免的，但现在能明显地感觉到这种差异的缩小。越来越多的家长不仅鼓励男孩培养自己的男子汉气概，还很重视对他们友善、细心等品质的培养。对女孩来说，这种变化就更大了，从文学作品、电视、电影中随处可见那些完全颠覆了传统女性形象的人物，她们自信、勇敢、有竞争力，除了在生理上的差异外，和男性几乎没有什么不同。也许有一天，随着性别差异的缩小，人们心中的性别刻板印象也会慢慢消失。

心理学

第二篇 生活中的心理学

一个家庭的小孩为何性格迥异

众所周知，孩子的基因一半儿来自父亲一半儿来自母亲。基因是决定性格的关键因素，那么，是不是一个家庭的孩子就应该具有相似的性格呢？事实并非如此。虽然出生在同一个家庭，有着同样的父亲和母亲，但这些孩子的性格却各有各的特点，甚至还会出现性格截然相反的情况。

一般来说，最先出生的孩子与父母的性格最为接近，最能认同父母的观点，长大后与父母也最为亲近；最后出生的孩子则与最先出生的孩子完全相反，他们的性格与父母的性格相差最远，叛逆性比较强，对父母的大多数观点都不太认同，长大后与父母也比较疏远。这就是说，孩子的性格与其在家中的排行有关，排行最大与排行最小的孩子之间性格差异最大。

这和父母的繁衍心理有关。无论是男人还是女人，对自己的第一次成功繁衍都是非常重视的。他们希望将自己身上的优良基因都遗传给这个孩子，然后再让这个孩子将他们的基因遗传下去。也就是说，父母一般都会将延续自己基因的希望寄托在第一个孩子身上。在父母的殷殷期望下，第一个孩子会传承最多的父母典型基因，这是他们与父母性格最为相像的主要原因。此外，当第一个孩子出生时，由于家中没有其他孩子与其竞争，所以他们与父母最为亲近。

当父母已经成功繁衍一个后代以后，其延续基因的渴望就不再像之前那么强烈了，且孩子越多，这种渴望就越不强烈。所以，越晚出生的孩子，与父母的相似度就越低。

孩子的性格差异还与决定性格形成的因素有关。人的性格形成主要取决于两个因素，一个是来自父母的遗传基因，另一个是后天的生活环境，这两者所占的比例各为50%。出生在一个家庭的孩子，虽然他们的基因全部来自同一个男人和同一个女人，但他们得到的基因却并不是完全相同的。这就是说，他们分别从父亲和母亲那儿遗传了不同的基因，第一个孩子得到的基因不代表第二个孩子也会得到。

后天生活环境造成的性格差异性就更明显了。虽然生活在同一个家庭中，但他们的成长环境却并不是完全相同的。通常来说，家庭环境是不会造成性格差异的，但如果父母存在严重的偏向行为，让孩子受了不平等的待遇，就可能造成孩子的性格差异。比如说受宠的孩子会更开朗一些，受歧视的孩子会更自卑一些等等。家庭以外的非共同环境才是造成孩子性格差异的关键。

对于孩子的性格差异，父母的影响其实是很小的。如果说影响，那也是基因上的影响，父母后天的培养并不会造成孩子的性格差异。当然，这并不是说父母的培养对孩子性格的形成不重要。事实上，对于处在成长期的孩子来说，家庭环境对其性格的形成是非常重要的。

同一个家庭的孩子既存在基因差异，又不可能在完全相同的生活环境中成长起来，因此，同一个家庭的孩子性格迥异也就不难理解了。

环境对人的成长与发展影响重大

孟母三迁在中国是个家喻户晓的故事：孟子幼年丧父，完全由母亲仉氏来抚养和教育，起初时，他们住在墓地的附近，孟子和一群小孩子见到举行丧葬的人们就跟着学起了号哭，他的母亲见了，觉得这里不是适合孩子成长的地方，就将家搬到了集市的附近，而这里有一些杀猪卖肉的，孟子又对屠杀牲畜产生了兴趣，前去观察和学习，孟母又觉不妥，这次是搬到了学校的旁边，从此，孟子也就效仿读书人，开始学习礼仪和文化知识。

孟母之所以一再地搬家，就是为了给孩子营造一个良好的成长环境，从而令孟子走上一条正确的人生之途。同样，孟子日后的成就，也说明了环境对人的成长成才的重要作用。俗话说"近朱者赤，近墨者黑"，能够"出淤泥而不染，濯清涟而不妖"的人毕竟是少数，对于大多数人来说，多会"入芝兰之室，久而不闻其香；居鲍鱼之肆，久而不闻其臭"。

在通常情况下，一定时代和一定地域的人们所接触到的环境就基本方面来讲是相似的，很多时候并没有质的差异，所以人们常常对自身所受到的来自环境的影响感触不深。可是在生存环境很悬殊的情况下，这种影响效果就显而易见了。

1920 年，印度加尔各答附近一个山村的人们打死大狼后，在狼窝里发现了两个由狼抚育的女孩，其中大的约七八岁，被取名为卡玛拉；小的约两岁，被取名为阿玛拉。后来她们被送到一个孤儿院由人抚养。阿玛拉于第二年死去，而卡玛拉活到 1929 年。孤儿院的主持者辛格依据自己与狼孩接触的经历写出了《狼孩和野人》一书，其中详细记载了狼孩重新被教化为人的经过。狼孩刚被发现时，生活习性与狼一样，用四肢行走，白天睡觉，晚上出来活动，怕火、光和水，只知道饿了找吃的，吃饱了就睡；不吃素食而只吃肉，并且不用手拿，而是放在地上用牙齿撕开吃，更不会讲话，却每到午夜后都像狼似的引颈长嚎。卡玛拉经过七年的教育，才掌握 45 个词，勉强地能说几句简单的话，开始朝人的生活习性转变。她死时估计已有 16 岁左右，但其智力却只相当于三四岁的孩子。

狼孩经过狼的抚养，原本是人的身体却与正常的人类产生了如此巨大的差别，而变得与狼非常接近，这说明人的成长在极大的程度上依赖人类社会环境的熏陶。狼孩的情形可以看做是泡菜效应的一种极端表现，即生存环境的普通差异不至于令不同的人之间生成如此显著的差别，但人总是或多或少会受到身边环境影的响，并且对所处环境差异越大的人们之间进行对比，就越会发现其影响力的明显，而由于人们大多情况下都是与生存环境相似的同伴共处，所以对环境的影响力也就习焉不察了。

同样的蔬菜浸泡在不同的水中，吃起来味道是有所不同的；同样的人受到不同环境的濡染，也会养成不同的习性。这说明，环境对人的成长与发展具有重大的影响。

儿童成长的心理障碍

大多数人总是会怀念自己的童年，在形容那段生活时，也总是会用一些诸如"纯真""无邪""幸福"等特别美好的词。可见，儿时的生活给人们留下了积极的印象。但并不是每个人的童年都是值得回味的，也并不是童年期的每一段往事都是美好的。人们在自己成长的过程中可能会碰到种种心理障碍，困扰着自己的健康成长。

儿童成长中的心理障碍是普遍存在的问题，大约有五分之一的儿童和青少年有心理上的缺陷。儿童成长过程中最常见的心理障碍有双相障碍、注意缺陷多动障碍等。

双相障碍，是一种常见的心理障碍，多发病于儿童、青少年之中。双相障碍的明显特征就是有两个极端的心理状态：躁狂和抑郁。这两个状态反复交替出现，造成情绪、行为等的转换。有句话说"人类是最善变的动物"，从人类的发展过程来看，儿童又是善变中的典型。人们常常会用"一会哭，一会笑"这样的词来形容儿童的多变。虽然对儿童来说，情绪或行为上的变化是正常的现象，但如果这些转变异常频繁或极端，就可能是心理障碍的征兆了。为了帮助人们区分双相障碍和正常变化，我们列出了以下典型的症状：

躁狂症状：情绪变化剧烈，表现出极度的易被激怒或兴奋；过强的自尊心；过剩的精力，睡眠时间非常少却没有疲惫感；说话速度快且没有固定的主题，跳跃性大。

抑郁症状：长时间处于忧郁、低迷的状态；对平时自己喜欢的游戏或玩具丧失了兴趣；食欲不振；睡眠问题突出，或者入睡困难，或者睡眠过多；整天无精打采；注意力不集中。

上面列出的一些症状在正常的儿童身上也有体现，也正是如此，儿童青少年的双相障碍经常会被误认为是正常的，得不到家长及其他周围人的关注。为了儿童的健康成长，家长们就需要能非常敏感地区分出正常和障碍了，否则，如果任由儿童发展，可能会带来严重的后果。当发现儿童患有双相障碍时，及时的治疗是十分重要的。一般来说，治疗包括药物治疗和非药物治疗。药物治疗主要是服用适当剂量的情绪稳定剂、非典型抗精神病药物和抗抑郁药物等。非药物处理主要是通过各种形式的引导、干预，帮助儿童解决问题。

小明是小学二年级的学生，见过他的人都说他很聪明。按理说老师应该感到高兴，可是恰恰相反，所有代课老师都拿他没办法。原来，小明无论是上课还是下课，总是会带来各种各样的麻烦，上课时弄出声音，叠纸飞机到处飞，拍前排同学的背，下课时这样的事情就更多了，经常会跟同学争吵、打架。总之，用老师的话说就是"从来没有消停过"。

可以看出，小明的最大特点就是注意力不集中，涣散，多动，同时伴有情绪不稳、学习困难和攻击行为的一组症状群。这些表现都是注意缺陷多动障碍的症状，该障碍较常见，患病率高达3%，通常情况下男孩比女孩更容易患这种障碍。在平时的生活中，人们大多会认为儿童的多动、注意力不集中等表现都是正常的，甚至觉得不动才是不正常的，往往忽视了注意缺陷多动障碍在早期的症状。虽然对于儿童来说，偶尔的易被激怒、冲动、情绪化、涣散等都是正常的，但要把握度。当发现儿童有以下的表现时，人们就该加以重视了。

注意障碍：注意力极其不集中，很容易受周围环境的影响而分心。上课不能专心，很难将注意力维持在课堂上；不能很好地遵守课堂纪律，经常出现捣乱行为。

活动过多：不能保持安静，经常无缘无故地骚扰别人；容易冲动，发生打架等攻击行为。

情绪不稳：情绪波动大，经常因为一点小事就发脾气，并影响到行为。

需要注意的是这类儿童的智力是正常的，甚至有的儿童智商很高，但由于他们注意力涣散，无法专心地听老师讲课，对老师布置的作业也无法用心地完成，所以学习成绩较差。此外，这类儿童容易被激怒、冲动，在与别人交往时经常会出现冲突，可能导致人际关系出现问题。

除了双相障碍和注意缺陷多动障碍外，儿童成长中的心理障碍还有很多，它们都影响了儿童的发展。虽然这一阶段的儿童在心理、行为上出现一些异常是十分常见的，可是一旦超过了一定的程度就会危及其成长。

青春期的"危险性"

不管是从身体特征还是心理特征上看，青春期都是一个发生着巨大变化的时期。在这一阶段中伴随着人们成长的经历有喜有忧，有浪漫有失落。可以毫不夸张地说，青春期时人们所体验到的行为、情感等方面的变化是在一生之中最复杂的。这一阶段中发生的变化会带给人们很多的惊喜，但也正是因为变化之多、之快，让青少年措手不及，由于无法自如地去应对，所以出现了种种问题。

吸食毒品的现象在青少年中并不少见，尤其是在比较开放的发达国家。对于青少年来说，他们渴望新奇、刺激的事物，对约定俗成的东西不屑一顾，总觉得自己长大了，有权利支配自己的任何行为了。毒品对他们而言就是一种具有刺激性的东西，很容易吸引他们的关注。大多数孩子吸食毒品就是为了获得一种快感，不仅包含毒品本身带来的暂时状态，还有叛逆的兴奋，认为自己做了一件大人们阻止的事情是很了不起的。在满足了自己一时的快感之后，由于毒品的成瘾性，青少年对毒品的需求就会形成习惯，并会越来越依赖，直至无法控制。滥用毒品不仅对青春期孩子的身体是种巨大的摧残，还可能引发一些未成年犯罪行为。比如，青少年在对毒品形成很强的依赖之后，由于自己没有能力购买充足的毒品来满足需要，就可能去抢劫、偷窃。

吸烟、酗酒带来的危害是青春期的孩子们都熟知的，但即便他们对这些行为的后果有充足的认识，也还是难以避免烟酒上瘾。青春期的孩子在生理和心理上都有了长足的进步，但他们的思想并没有达到成熟的水平，在很多行为上都具有盲目性。那些对酒精类产品和烟草产品等上瘾的青少年，对这些东西最初都是因模仿而接触。当他们看到成人或其他青少年使用烟、酒时，自己也会学着去模仿这种行为，但和毒品的成瘾性一样，香烟和酒精也是容易上瘾。对于正在经历迅速变化的青少年来说，大量的香烟和酒精对他们身体的发展有很大的危害。而且，成瘾行为还会引发许多其他行为问题。

性病在青少年中也越来越常见，性病的传染大多是通过不理智的性行为实现的。由于身体上的变化，性对青少年的吸引力越来越大，但他们所掌握的知识和经验的有限性导致其无法对自己的行为进行分辨，常常会发生不理智的性行为。

这些都是安全的隐患。对青少年来说，早期的性教育不仅不是难以启齿的，反而对他们的成长有利。

可见，青少年青春期的发展并不是一帆风顺的，而是充满了挑战和危险，稍有不慎就可能走上自我摧残和犯罪的道路。正是由于在这一时期中的诱惑和潜在的威胁很多，家长、教师及其他社会成员更应该关注青少年的生理和心理变化，为他们的健康成长保驾护航。

人为什么会渴求知识

知识的重要性是不言而喻的，无论是对整个社会还是对个体，可以说没有知识就不可能进步。随着社会的发展，人们对知识越来越重视，这从各项教育政策的完善和教育资源的丰富上可以很明显地看出。当然，社会为人们提供的良好教育环境并不能从根本上推动人们对知识的追求，教育繁荣发展的动力关键在于人们对知识的渴求。

从古到今，有许多广为传诵的故事都烘托出了同样的一个道理，那就是主人翁在极其恶劣的环境中仍然奋发获取知识。例如，《晋书·车胤传》和《渊鉴类涵》中所提到的两个晋朝人的故事。一个叫车胤，一个叫孙康，他们都生性好学，但由于家庭贫穷，没有钱买油点灯。为了能在晚上看书学习，他们一个是将萤火虫装在白绢袋中照明，另一个则是在下雪天借助雪来照明。这就是人们非常熟悉的"囊萤映雪"的故事。类似的典故还有很多，像"头悬梁锥刺股""凿壁偷光"等故事。

可以看出，人们很早就意识到了知识的重要性，随着科学技术的发展，现代社会对知识的要求就更高了。为了顺应时代需求，越来越多的人在接受了义务教育阶段的学习后，选择进入高等学府继续深造。如果说人们在义务教育阶段通过各种途径获取知识只是一种被动的接受，与自己的意愿关系不大，那么对大学生来说，他们的选择在很大程度上就是出于对知识的渴求。不过，每个人努力获得知识的动力和目的却是大相径庭的。

对知识本身的热爱是推动一部分人争取高等教育机会的原因，他们希望通过大学的深造，掌握更多的知识，从中汲取营养。为了攻破一个难关，推动某项技术的进步，他们能不顾外界的一切压力，不谋名利，一心一意扑在学术科研上。对于他们来说，不断地获得知识就是在实现自我的价值。

在现在的大学中，尤其是在研究生阶段，一些学生的年龄偏大是一个很常见的现象。一些人在参加工作后选择再重新回到学校学习。对于这类人来说，可能他们也是由于对知识本身的热爱，但大多数人是因为实际工作中已有的知识无法满足需要了，为了胜任自己的工作必须获得更多的知识。一位心理学家就曾经指出，那些成年人重返校园可能是寻找自身成熟的结果，也可能是力图全面地了解现代社会中的先进技术，还可能是为了对抗工作中的无力而必须为自己充电。

随着就业压力的增大，学历成为人们在面临竞争时的一个武器之一，所以为了获得更好的工作，为生活提供更好的条件，越来越多的人会以获取知识为跳板进而得到自己想要的生活。可能对于他们来说，自己并不是特别热爱知识，但又不得不去获得知识。

所以，人们对知识的渴求与自己的发展轨道有很大的关系，它是自我价值的体现，也是实际工作的需要。

什么决定了男女的职业选择

虽然现代社会一直在大力提倡男女平等，但从某种意义上讲，男人和女人是永远都不可能平等的。

在职业倾向选择上，男人和女人存在着明显的性别差异，某些行业从业者大多都是男性，而还有些行业从业者则大多都是女性。有人曾认为这是性别歧视造成的，其实不然。事实上，是男人女人的主动选择决定了某些行业的这种性别特征。更多时候，是男人自己主动选择了那些倾向于招聘男性的工作，女人自己主动选择了那些倾向于招聘女性的工作。换言之，在某些领域表现出的性别倾向并不是因为这些领域选择了某种性别，而是某种性别选择了某些领域。

为什么男人和女人在职业选择上会存在明显的差异呢？剑桥大学的心理学家赛门·巴龙科汉提出了雄性脑和雌性脑的观念，用以解释男人和女人在职业选择上的不同倾向。科汉的理论认为，人类的大脑主要分为两种类型，即雄性脑和雌性脑。一般来说，男人多是雄性脑，女人多是雌性脑。概括地说，雄性脑的主要功能为组织功能，雌性脑的主要功能为同理功能。雄性脑和雌性脑虽然是两种不同的大脑类型，但两者的功能却并不是互相排斥的。也就是说，雄性脑的人同样具有同理功能，雌性脑的人也会具有组织功能，只是雄性脑的人组织能力更强，雌性脑的人同理能力更强。

具有雄性脑特质的人擅长分析和理解事物，对事物做系统地了解，这将使他们更能胜任科学家、工程师等工作。科汉在对自闭症的研究中发现，自闭症患者在语言表达及人际交往方面存在明显的缺陷，但却具有超乎常人的组织能力。在自闭症患者的家庭成员中，有很多都是科学家或工程师。这就是因为人的脑型有很大的比例是可以遗传的，科学家和工程师都是典型的雄性脑，其后代也大多会遗传他们的雄性脑特征。当一个人的雄性脑特质异常强烈时，其雌性脑功能就可能存在缺陷。

具有雌性脑特质的人擅长体察他人的情绪，并能够对他人的情感作出适当的回应，从而与人产生情感上的连结或共鸣，有利于构筑良好的人际关系。在人际交往中，一个人只有感到自己被理解、被认同时，才会向人敞开心扉，真诚地对人交流，而同理能力就是打开他人心扉的一把钥匙。一个人的同理能力越强，就越容易认同他人的情感，理解他人的感受。较强的同理能力将使人更能胜任幼儿园教师、护士等工作。

如果用性别差异来描述，就可以说男人和女人都具备组织能力和同理能力，但男人的平均组织能力比女人强，而女人的平均同理能力则比男人强。这就决定了男人和女人会作出不同的职业选择。这也就解释了为什么大多数科学家和工程师都是男性，而大多数幼儿园教师和护士都是女性。

雄性脑和雌性脑的存在是男人和女人适应不同生活环境的结果。在进化的过程中，由于男人和女人扮演的社会角色不同，承担的社会责任也不同，因此他们的大脑为了更适应自己的角色，更好地完成自己的职责，就走上了两条不同的进化之路。雄性脑是男性的适应特征，雌性脑是女性的适应特征。在繁衍的过程中，大多数男孩都继承了父亲的雄性脑，而大多数女孩则继承了母亲的雌性脑，因为这样的传承方式更有利于他们的生存。

总而言之，大脑结构的不同使得男人和女人擅长的事物也有所差异，正因为男人和女人各有所长，所以男人女人才会选择不同的职业。但这种情况并不是绝对的，有些男人也可能是雌性脑，有些女人也可能是雄性脑，女人擅长男人的工作和男人擅长女人的工作都是很正常的。

美好的婚姻是否意味着长寿

对于大多数人来说，成年早期所要经历的事情是人生当中最重大的，这之中就包括了工作和婚姻。心理学中一般将成年期分成三个阶段，成年早期、中期和晚期，20~40岁为成年早期。从这样的一个划分中可以看出，从这一时期开始，人们就要真正作为一个大人去开始自己的生活了。虽然从法律上看，年满18周岁就已经成人，但这个年龄的孩子大多还在学校读书，很少有机会去独立地面对生活。而 20 岁之后，人们就必须选择自己所要继续的路了，选择将要陪伴自己一生。通常人们将婚姻和工作看做是生活中的两个必不可少的部分，但每个人对它们的重视程度不同，可能有的人更在乎婚姻生活的美满，而有的人更重视事业上所取得的成就。无论如何，不可否认的是二者之间并不是孤立存在的，而是相互联系、相互影响的。婚姻生活的美满与否就会直接影响到家庭成员的健康、家庭的和睦、社会的和谐等。

所谓美好的婚姻，也就是婚姻质量高。婚姻质量既是一种主观的概念，表示夫妻双方对婚姻的认知；同时，它也是一种客观的概念，表示夫妻双方在婚姻关系中的相处方式等。可见，高质量的婚姻关系对营造和谐的家庭环境、增加双方的幸福感等有重要作用。至于美好的婚姻和长寿之间的关系，虽然人的寿命受很多方面的影响，所以无法在二者之间建立因果关系，但从经验中可以预料到，美好的婚姻更能保持人的身心健康，从而延长寿命。

美好的婚姻对缓解人们的心理压力有重要作用。很多心理学的研究都表明，婚姻生活的质量与生活中的压力联系紧密。不美满的婚姻更容易让夫妻双方产生消极的情绪，双方经常会互相埋怨、指责等，长此以往，对婚姻本身也会失去信心。在婚姻生活中的压力还会转移、扩散到生活中的其他方面。由于家庭矛盾而引起的工作分心现象就十分常见。所以，失败的婚姻不仅会影响夫妻双方的婚姻生活，还会带来其他方面的压力。而美好的婚姻却能够很好地缓解各种压力。人们常说"家是爱的港湾"，"一个成功的男人背后总是有一个伟大的女人"……这些都说明了家庭在生活中的地位是不可取代的。当人们在工作或在其他场合中遇到麻烦时，回到家中，和谐的家庭氛围能让他们得到放松，从而减轻自己的压力。可以看出，婚姻质量的好坏与人们的心理健康是有密切联系的。而毫无疑问的是心理健康对于人的长寿是十分关键的，在那些高龄的人身上最大的共同点就是都能保持一种健康的心态。从这个层面上看，美好的婚姻的确是有利于长寿的。

婚姻质量除了通过影响心理健康间接影响到人的寿命，还能直接反映在生理指标上。在质量低的婚姻关系中，夫妻双方常常会变得敌对，愤怒，这些情绪的产生能改变某些生理指标，比如血液中的某些激素会增加，降低人的免疫能力，从而使人们的身体更脆弱，更容易生病。

所以，拥有美好的婚姻并不等于能有长的寿命，但不美好的婚姻一定是不利于长寿的。总的来说，不管人们是不是出于延长寿命的目的，大多数人对婚姻生活的质量还是十分重视的。他们努力培养共同的兴趣爱好，时常相互表达爱意，对生活中的角色合理分工等，使自己的婚姻生活保持一个良好的状态。但任何事情都不可能是一帆风顺的，婚姻生活中也不可避免地会出现误会、矛盾。在婚姻初期，人们视对方是完美的，但随着时间的推移，一些小的缺点会慢慢暴露在对方面前，这就可能产生不满的情绪了，从而影响婚姻质量。

总之，好的婚姻是需要双方共同用心去经营和呵护的，对身体健康和心理健康有重要影响，是维持人生完满的必备条件。

工作不只是为了谋生

在前一篇中我们已经提到，对成年早期的人来说，工作和婚姻是他们生活的重点，有学者更将工作的确定视为成年早期发展的标志。

对于职业的选择，人们在进行规划时就会考虑很多的因素，正是这些错综复杂的因素导致了在择业、就业时必须时刻权衡得失。

一名应届毕业生毕业后有多份工作机会，而他必须在这些看上去都不错的差事中选择一种。有一份工作待遇很不错，在别人眼中是可遇不可求的美差，而且工作的性质与他所学的专业是对口的。于情于理，他都应该选择这份工作，并且有理由相信经过他的努力一定能取得很大的成就。但最后他却选择了另一份在各方面都逊色很多的工作。当人们都充满疑惑时，他说："我选择的工作是我从小一直都想要从事的，这么多年来，我感觉自己一直在为别人而活，而现在，我想选择自己真正喜欢、想要的生活，也算是圆自己的梦吧。"

一位和同学一起自主创业的小伙子在公司刚刚有起色时选择了离开，他准备去一家外资的大公司上班。自己创办、经营公司是小伙子一直坚定的理想，毕业之后他也做到了。凭着自己和同学的艰辛打拼，公司慢慢走向了正轨，未来的形势一片大好。由于公司刚刚起步，各方面都需要花销，打开市场也需要时间，所以自己能挣到的钱暂时并不是很多。但他并没有太在意眼前的得失，还是一心一意地想将公司办下去。也许真是"天将降大任于斯人也，必将苦其心志"，亲人的病变让本来不富裕的家庭雪上加霜，而他还有一个正在读书的妹妹。无奈之下，他选择离开公司，而选择一家外企，因为那里的工作虽然不是他最想要的，却能在最短时间内帮他渡过难关。

从这两个例子中，可以看出，在工作面前，他们都作出了不同的让步。前一个为了实现自己的理想，放弃了高薪；而后一个却为了生计，放弃了自己的理想。所以，人们工作的目的不只是为了谋生。一般来说，可以将人们为什么而工作的答案分成两种：内在动机和外在动机。

外在动机就是类似于人们观念中的"为谋生而工作"。当然，那些富裕的人为了获得更多的财富也会受外在动机的驱使选择工作。这些人的共同特点是在选择职业时为了直接的奖赏，包括高的工资、好的福利等。可以看出，他们所追求的基本上都是获得物质层面的满足。对他们来说，好的工作能带来高的收入，而高的收入又能使自己过上富足的生活，那些名贵的衣服、豪华的住所等都是让自己工作的直接动力。

与此相反，另一部分人宁愿过着清贫的生活，也不愿意从事待遇好、自己却不喜欢的工作。他们受内在动机的影响，认为工作不仅是一种生存的手段，更是一种实现自我、获得幸福的媒介。在工作中，他们有清晰的自我认识，对自己是谁、想要什么都十分明了。他们选择自己喜欢的工作去努力，就是为了得到心灵上的满足。所以，对这些人来说，他们更看重的是工作能不能带来精神层面上的满足。

对于选择两种动机中哪一种更明智并没有旗帜鲜明的答案，但从实际生活中来看，在进行职业规划和选择时将二者结合在一起无疑是有利的。如果人们只重视物质的奖赏，而不顾自己内心真实愿望的呐喊，可能在前进的路上会迷失方向。而如果人们对物质无欲无求，只在乎精神上的满足，似乎又有点不切实际。所以，对于成年早期的人来说，如何作出明智的选择并不是一件简单的事情。

人到中年压力多

一般来说，中年人处于 40～60 岁之间，这个年龄段的人是社会的顶梁柱，肩负着很重的负担。他们不仅对社会的正常运转起着关键的作用，也是家庭中的核心，上有老，下有小。这些角色让中年人面临着来自多个方面的压力。他们可能在身体素质上大不如从前，记忆能力等随着年龄的增长慢慢减退，家庭生活也出现了危机，工作上还可能面临失业或者其他的不顺利。总之，人到中年压力多。

对于步入中年的人来说，身体机能上的衰退是很明显的。他们在身高、体重上都会出现微小的变化，还有悄然变白的头发、越来越慢的反应等都在无情地向他们传达着自己正在衰老的信息。常常有人在进入中年期后就会感叹时间不饶人，以前很轻松就能完成的运动或工作，现在却非常吃力甚至无法坚持到最后。

身体机能上的变弱对每一个人来说都是必经的阶段，它一方面使中年人意识到了自己的衰老，另一方面也让他们对这种变化备感压力，因为这种转变意味着自己可能无法再去做一些自己想要做的事情了。

很多中年人都会抱怨自己的记性变差了，记忆力的减退也是中年人所承受的压力之一。依照一些心理学家的观点，人的智力分为晶体智力和流体智力。所谓晶体智力是指那些通过掌握社会经验而习得的能力，它在人的一生中一直保持相对稳定的状态；而流体智力是指那些不受教育文化等因素的影响，以生理为基础的认知能力。流体智力的发展在 30 岁之后随着年龄的增长而降低。记忆力属于流体智力，对于中年人来说，他们正处于记忆随年龄增长而降低的时期。很显然，在记忆、推理、运算速度等方面的慢慢衰退对肩负着重大责任的中年人来说是很大的丧失。比如，在工作岗位上，势必会削弱自己与年轻一代之间的竞争力，进而带来种种压力。

虽然中年人的大部分时间花费在工作中，但家庭仍然是他们生活中的一个重心，甚至在某种程度上说，这时的中年人在家庭生活中的地位是最重要的。他们需要照顾自己的孩子，在物质和精神上为他们提供帮助，还需要赡养年迈的父母，尽到做子女的孝心。也正是他们在家庭中的地位非同寻常，任何一个家庭成员或家庭关系都能给他们的生活带来压力。对于夫妻双方来说，最大的压力可能就是由于性生活质量的下降而导致的对婚姻满意度的下降。在与子女的关系上，孩子们可能已经走向社会或者正准备着走向社会，大多数的时间都不在家，这就减少了与孩子沟通的机会，在自己与子女之间的矛盾也就可能增加。年迈的父母也增添了中年人的许多压力，他们不得不在工作之余腾出时间去照顾父母，尤其是当老人生病时这种压力就更大了。

对于大多数人来说，中年期是在事业上收获最丰硕的时期，他们可能通过自己多年的努力取得了不错的成绩，对自己的工作也相当满意。这类人拥有很多经验，受到新一代的崇拜和羡慕，但随着越来越多的年轻人进入到工作中，对中年人的冲击也渐渐变大，在一些工作上他们甚至无法像从前那样从容地应对了。紧随而来的就是对工作的不满意、自信心受到摧毁、失业等。而对于那些在职场上并不如意的中年人来说，这时他们更多的是把生活的重心转移到家庭和其他兴趣上，对工作形成一种倦怠。虽然他们看上去生活得很好，可内心总是会有一点遗憾。

也许在很多人看来，中年人是最幸福的，他们既有了完整的家庭，也有了稳定的工作；少了年轻人身上不确定的因素，又比老年人拥有更多的时间去享受生活。但是，他们所拥有的每一样东西都需要用心付出，在享受的同时承受着巨大的压力。所以，关注中年人的身心健康需要得到其他家庭成员乃至整个社会的重视。

人对衰老的态度会影响寿命吗

"态度决定一切"这句话被人们熟记于心，也得到了人们的认可。当处于顺境时，积极的心态能使人们保持清醒的头脑，取得更大的成功；当人们处于逆境时，心态就显得更重要了，它使人们仍然拥有斗志和继续奋斗的力量。虽然任何一件事情最后的结果都是由多方面的原因共同造成的，但不可否认的是态度对其的影响。

在人的一生中，经历生老病死是再普通不过的了，但人们对这些经历的态度却大相径庭。有人坦然地接受事实，无论自己遇到疾病还是面临着死亡，都能从容地应对；而有的人即使在一帆风顺时也会杞人忧天，担心自己有一天会生病、会衰老，一旦这些真的发生了，就变得措手不及，意志消沉。坦然面对的人似乎对生死已经看透，他们觉得既然自己决定不了生命发展的历程，就好好享受拥有的时光。而消沉的人对衰老死亡十分畏惧，总是渴望自己能够永远长寿。可结果往往事与愿违，对生老病死越紧张的人所体验到的消极事件越多，越渴望长寿的人可能寿命越短。可见，人对衰老的态度是能够影响到寿命的长短的。

很多研究考察了人们的心态与寿命的关系，都认为二者之间是有一定关系的。比如，在笑和寿命之间，人们通常所说的"笑一笑，十年少"有一定的科学依据，当然，这并不是就说笑了就能多活十年，而是形容时刻保持积极的心态能延长寿命，让自己变得更年轻。

拥有积极心态的人比那些消极的人体验到更少的负面情感，所承受的压力也相对较少。这一点很容易理解，当两种不同态度的人面对同一件不愉快的事情时，积极的人会把它和其他事情一样看待，就算他们会有消极的体验，也不会让这种情绪困扰自己很久；而消极的人则会把不顺很多倍地放大，怨天尤人，认为老天对自己不公平，过分地关注自己的负面情感，并对此耿耿于怀。可想而知，他们所承受的压力具有天壤之别，不同的态度带来不同程度的压力，而这些压力对人们日后的生活又起着关键的作用。压力小的人能无忧无虑地生活，享受那些美好的事情，他们总是能心情愉悦；而压力大的人时刻处于紧张状态，丝毫不能让自己放松。

态度不仅直接影响着人们面对事情时的心情以及压力，而且还能影响人们采取什么样的生活方式，这与前一点也是密不可分的。对衰老持豁达态度的人，能轻松地看待这一问题，而且为了更好地生活，他们会采取更健康的生活方式。比如，他们真正从心底接受了衰老的事实，对这一阶段身体的变化等方面都能正确地认识，为了减慢身体机能的退化，他们会经常锻炼身体。相反，惧怕衰老的人会抵制这一事实，认为自己并没有衰老，当身体出现一些疾病时他们更多的是抱怨，而不是如何让这一事实有所改观。

所以，积极的态度在一定程度上对寿命是有影响的。对于老年人自己来说，要充分认识到可能面临的在身体、感知觉、记忆等方面的变化，并作好轻松应对的准备。当感觉到自己的身体越来越差、疾病越来越多、记忆越来越弱时，他们应该坦然地去接受这一人生必经的阶段。对于子女来说，他们的态度也十分重要。当人们提到老人时，常常会与一些消极的词联系在一起，比如"迟钝""健忘""古板"等等，这些似乎已经成为对老人的刻板印象。如果子女也有同样的观点，在与年迈的父母交流时就会将这种消极的评价带给父母，时间一长，父母自己也会接受这些印象了。

男人为什么难以适应退休生活

退休生活已经成为人生的重要组成部分，每个人都不可避免地要面对退休，很多人甚至有很长一段退休生活。对女人来说，退休并不使人困扰，甚至可以说它是一件让人愉快的事。但对男人来说，退休却是极大的困扰，大多数男人都很难适应退休以后的生活，而且会变得异常暴躁和沮丧。

为什么男人难以适应退休生活呢？因为退休让他们失去了自我。作为狩猎者，获取生活资源一直都是男人的重要职责。在人类进化的大部分时间里，男人是不用退休的，只要他们还有劳动能力，就不会停止狩猎活动。随着农业技术的发展，狩猎已经不再是男人猎取食物的方式，这让男人异常沮丧。男人出色的空间能力忽然没有了用武之地，所以他们用工作和体育来弥补由此带来的失落。不过在退休之后，工作停止了，想参加体育活动也找不到玩伴了，这意味着他们高度发达的狩猎大脑又被闲置了，而且还什么都不用做了。

对于那些之前有一定地位的男人来说，退休后的生活就更加难以适应了。曾经有多少人对自己唯命是从，又有多少人对自己礼遇有嘉，可是退休之后呢？没有人再按照自己的指示办事，也没有那么多人整天围着自己转，甚至连自己的意见和想法都没有人再重视。如此大的落差，让男人怎么可能一时间就完全接受呢？男人是不怕忙的，忙碌的工作或许会带给他们压力，但却不会让他们失落沮丧。

在男人看来，工作就是在实现自身价值。可是在退休之后，男人没有了为之奋斗的目标，不用做任何工作了，失去了自己的地位，也闲置了他们引以为豪的能力。他们整天无所事事，不知道自己该做些什么，于是，开始整天围着女人转，对女人指手画脚，但却不会帮助女人做家务或准备晚餐。

女人却不存在这样的困扰，因为女人有很多角色、很多职责。对女人来说，工作只是她们生活的一部分，甚至只能说是一小部分。在女人的生活中，很多事情比工作更重要，比如说照顾孩子、料理家务等。女人可以为了家庭放弃工作，这是男人绝对做不到的。因为对男人来说，工作才是最重要的。正因为对工作的态度截然不同，所以在失去以后的表现自然也就相差甚远。当女人不用背负工作的重担时，她们反倒会觉得更轻松。退让让女人有了更多空闲的时间，她们可以利用这些时间做更多自己喜欢的事情，所以女人常常会期待退休，期待那种完全属于自己的生活。

于是，退休后的男人女人就有了矛盾。退休女人幻想的自由生活完全被失去自我的退休男人打乱了，当她们不得不时刻面对男人时，她们觉得自己的生活也失去了快乐。如果一直这样下去，男人和女人以后的生活就会越来越糟，再没什么快乐可言了。

男人对退休生活的不适应不仅会影响自身的健康，而且还会影响夫妻感情和婚姻关系，搅乱女人的生活，有些男人甚至因为退休而提前死亡。

如何帮助男人适应退休后的生活呢？最好的办法就是让他们找到自我。让男人参加一些集体活动，结交新的朋友，形成新的交际圈；也可以主动询问男人的意见，让男人帮助自己解决一些生活中的问题。这些都可以让男人认识到自身的价值，不再轻易自我否定。其实，所有男人都应该在退休之前制定一份退休计划，安排好退休以后的生活，这样就不会有太大的失落感了。

成功年老化：秘诀在哪儿

在人们看来，年老的过程就同呼吸一样自然，以至于人们根本不会去考虑这一过程还有成功与不成功之分。而事实上，依据一定的标准，年老化可以分为成功的年老、一般的年老和病变的年老。从字面上看，同样是年老化，有的人可以过得很幸福，有的人却平平庸庸，还有的人甚至会在缺陷中度过。

毫无疑问，每个人都憧憬着自己在年老化的过程中能达到成功的状态，但在实际的生活中，却总是恰恰相反。一些人对衰老的态度十分坚决，那就是拒绝接受这个事实，而当各个方面都反映出自己正在衰老并无法阻止时，他们会陷入绝望当中。很显然，这是一种病变的年老化过程。还有一部分人在对待衰老的问题上不如前一种极端，但他们并没有完全接受这一事实，并表现出对衰老的惧怕。虽然这些人不会对自己、对年老的生活感到绝望，但他们可能会变得过度依赖他人的帮助，或者出现一些不切实际的行为去掩饰他们的衰老。

可以看出，这两种年老的过程都存在瑕疵。虽然在生活中，这两种情况比较常见，但人们所渴望的却是完美幸福的年老。被人羡慕的年老化过程一般具有以下特征：对自己渐渐衰老有清晰的认识，并能发自内心地去接受这一事实；在生活中能积极、从容地应对，按照自己的实际情况做力所能及的改变；对自身来说，各方面都和谐发展，在与周围人交往上也能和谐共处。

在实际生活中，不同的人所感受到的成功的年老是不一样的。可能对有些人来说，安安静静地度过就是一件最大的幸事，他们大部分时间都用在独自享受生活上，看自己喜欢的书，听自己喜欢的音乐，偶尔和朋友或者家人聊聊天。有人可能会认为这种生活太单调无味，而更愿意过很开放、很有激情的生活。他们经常会外出和朋友聚会，参加一些娱乐活动等。同第一种人相比，他们与社会中其他成员的接触更多。所以，在对如何成功年老化的问题上无法给出具体的界定，像上面所提到的安静和激情两种状态，它们都被一部分人认为是成功的，有关的理论所提出的成功年老化也有差异。

看上去与人们的生活最相符的理论就是脱离理论了，它又叫疏隔理论，是关于年老化的社会心理学理论之一，由 E·库明（E. Cumming）和 W·亨利（W. Henry）提出。这种理论认为，在年老化的过程中，个体会在生理、心理等方面发生种种疏离，与他人交际的次数和性质都在发生着改变。在生活中，从周围老人的改变上人们也能找出这种理论的依据。很多年老化过程中的人精力下降，参加的活动也渐渐减少，他们更多地关注自己内心的世界。依照这种观点，成功年老化的过程就是慢慢隐退的过程。

与脱离理论提出的观点不同，哈威格斯特（Havighurst）及其同事提出的活跃理论则认为，人们在年老化的过程中，其生理、心理及社会性等方面的需求不会发生太大的改变。成功年老化就是让人们继续保持衰老之前自己所从事的各项兴趣爱好等。在各项活动中，老年人能感受到自己存在的价值，获得幸福感和满足感，否则，他们就会对生活失去信心。

　　以上的两种理论在老年人是否继续坚持活动上属于两个极端，而其中的任何一个理论都无法完全让人信服，于是，纽加顿（Neugarten）等人对两种理论进行了折衷，提出了持续理论。这种理论强调了一种动态的改变，也就是说人们在年老化的过程中应该是隐退还是活跃主要是看自身的需要。不管他们与外界有多少接触，只要这种交流能让其感到快乐，获得幸福感，就说明这种年老化是成功的。

　　除此之外，成功年老化还与老年人群体中的文化、年龄特征、社会环境的影响及所处的角色等方面有关，所谓的秘诀也不是百分之百奏效的，关键是要与自己的实际情况相符合。

如何判定生命的结束

　　死亡，是每个人都必须经历的一个过程，也是生命征途中的最后一站。虽然对于一些信仰宗教的人来说，死亡并不代表着终结，而是另一轮回的开始，但不管怎样，它都是一个极其重大的事件。在面对死亡这个话题时，无论是即将逝世的人，还是即将丧亲的人，都会变得凝重，而大部分情况下，他们都是悲痛的心情。

　　造成死亡的原因有很多种，最常见、也是最容易被人们接受的就是自然死亡。随着衰老的推进，人们在生理上的各项机能都发生了退化，当这些维持生命的结构无法继续工作时，生命就结束了，这就是人们平常所说的"自然死亡"。除了这种死亡之外，还有很多造成死亡发生的原因则让本来就令人心痛的事情变得更加沉重。比如孩子在出生时由于种种原因死亡了，他们的亲人甚至还没来得及看清楚孩子的容貌就不得不跟孩子告别，让人难以接受。

　　另一个不可忽视的死亡原因就是事故了，包括犯罪行为造成的死亡、交通事故造成的死亡等。这些死亡来得很匆忙，对于事故中丧失生命的人来说，他们完全没有死亡的准备，仅仅是一瞬间就与世长辞；对于丧亲的家属来说，也是重大的打击。疾病对生命的威胁似乎从来就没有停止过，虽然现代医疗技术的进步为治愈疑难杂症提供了很好的条件，但它毕竟不是万能的。

　　可以看出，造成死亡的原因有很多，在这个问题上很少有人持怀疑的态度。但是，在"个体是否是真的死亡了"这一问题上，人们却提出了越来越多的争议。

传统上人们一直认为呼吸停止和心脏停止跳动就是死亡了，这一幕也是在日常的生活和大量的影视作品中经常看到或用到的。从医学上看，这种死亡被称为"功能性死亡"，因为在人们看来，正常的呼吸活动和心脏的跳动是生命最显著的迹象，一旦这些功能丧失了生命就无法得以维持了。

电视剧中经常出现的那一幕可能会唤起你对这种死亡的理解：某个人因为内在或外在的原因安静地躺着，另外一个人发现了异常，于是靠近躺着的那个人，先大声叫这个人的名字，如果没有反应，就将手伸向前，感受还有没有呼吸，或者直接将手放在心脏的位置感受心跳。如果没有了呼吸，心脏也不再跳动了，这个人就会给出结论——他已经死了。

虽然从呼吸和心跳上对死亡的判定有一定的根据，但并不是失去这两项功能的人就是死了，它们可能在一段时间后会自然恢复活动。这在影视作品中也有体现，比如在武侠片中，某一个派别为了帮助自己人逃过对手的追杀，可能会计谋服用某种药物，让他暂时停止心跳和呼吸，而在一段时间后，药就会失去效用，人也就苏醒了。不仅虚构的作品中有这种"意外"发生，现实生活中类似的事情也有报道。所以，仅仅依靠功能的丧失就作出死亡的判断受到人们的质疑。随着医学设备的完善和发展，人们能够通过这些设备观察大脑活动时电波的变化，由此，有人提出，死亡的判定应该以脑死亡为依据，只有所有的脑电波活动都停止，脑功能无法恢复，才意味着个体的死亡。但这种观点也有其不足的地方。一方面大脑活动可能由于外在的原因受到不可逆转的损伤，但这时患者还是有一些进行最原始活动的能力，如果将这类人认定为死亡显然是不合理的；另一方面，检测脑电波活动并不是在任何情况下都能实现的，一般来说，只会在某些特殊的情况下才会进行这种检测。

此外，对于死亡，还有人从个人的存在对社会的意义上进行了区分，臧克家的那句话就说明了这一点，"有的人活着，他已经死了；有的人死了，他还活着"。当然，这种观点过于主观，在实际的判定中并不适用。

死亡是无法避免的，造成死亡的原因也是多方面的，我们应该以正确的态度去面对它。

第二十五章

儿童心理学：小女孩
为什么喜欢抱洋娃娃

小孩子的心理不简单

　　君君一个人在堆着积木，由于他太小，还不能把握好平衡，积木堆得没多高就倒了，一旁照顾他的爷爷看见了赶忙跑过来帮着宝贝孙子重新把积木堆好。爷爷原本是担心君君看见倒了的积木大哭大闹才帮他堆好的，没想到爷爷的这一举动反而让君君大哭起来，怎么劝都劝不好，这让爷爷手足无措。君君边哭边把爷爷堆好的积木给推翻了，爷爷以为是自己堆得不够好，所以又重新堆了一遍，结果君君哭得更凶了，用脚把刚堆好的积木又踢翻了。爷爷也忍不住了，大声训斥着君君，说他不懂礼貌、刁蛮、任性。家里的其他人知道事情经过后也都一个劲地责怪君君，觉得爷爷很是委屈。

　　妈妈刚给3岁的嘉嘉买了一辆粉红色的自行车，嘉嘉迫不及待地骑着小车到院子里去"展示"，结果碰到了自己的好朋友虎虎，虎虎也想玩玩，就对嘉嘉说："嘉嘉，能不能把你的车子借我骑骑？"嘉嘉想了想说："好吧，谁让咱们是最好的朋友呢！"虎虎可开心了，可是，才过一会嘉嘉就过来了："虎虎，我要回家了，妈妈说不能在外面玩很久，下次再给你玩吧！"嘉嘉很顺利地把车子要了回来。事实上，嘉嘉妈妈根本就没有说过这样的话。

　　娜娜已经喝了很多冷饮了，可是还是一个劲地跟爸爸要，又哭又闹的，结果把爸爸惹怒了，甩手就进自己书房了。娜娜还是第一次看见爸爸这么生气，要知道爸爸平时可是最疼自己的啊，她站在门外撒娇地叫着爸爸，可是爸爸还是不理她。娜娜想了想就去找奶奶，奶奶看着自己的宝贝眼睛都哭红了，心疼得不得了，不停地责怪着爸爸，结果娜娜对着书房很大声地说："奶奶，不能怪爸爸的，是我自己不乖，爸爸平时可好了，我最喜欢我的爸爸了！"这些话让刚刚还在生气的爸爸听得美滋滋的，自个儿坐在书房里乐。

这样的事情在生活中真的是数不胜数，一方面，孩子的举动让大人们诧异，最简单的小孩子有时却比大人还要复杂；另一方面，一些闹剧也常常会让家长们哭笑不得。当自己的孩子出现不好的行为时，家长们常常会担心是不是自己在教育孩子的过程中做得不够好，而使孩子产生了"不良的"倾向。比如，人们会认为例子中的君君太任性了，小小年纪脾气却很大；嘉嘉又太有心计，为了将自己的自行车要回来竟然用妈妈做挡箭牌骗自己的好朋友；娜娜从小就这么圆滑，使小诡计讨得爸爸的喜欢。这些在家长们看来都是恶习，很多家长面对孩子的这种行为时常常都特别不理解，照常理来说，孩子的性格和行为要么是遗传的，要么是受环境影响，可是自己家里没有一个人有这样的特点，加上孩子又小，也没有接触很多外面的人，怎么就会变成这样呢？

其实，小孩子们的这些行为都是正常的，之所以会引起人们、尤其是家长的紧张，并不是孩子真的做错了什么，而是一直以来人们都认为孩子是极其单纯的，孩子们应该变成的模样与现实中真实的表现之间出现的落差让家长们难以接受。当然，相比于成人来说，小孩子还是简单的，即使他们的行为在家长看来很"世俗、圆滑、狡猾"等，他们的出发点也绝对不是家长所想的那样。

孩子的每一种行为都是可以解释的，比如，例子中的君君，他大哭大闹，不珍惜爷爷的劳动成果并不是在使小性子，而是渴望长大。他只是觉得自己能堆好积木，希望自己能独立地完成自己喜欢做的事情，当自己出现暂时的失败时，他们需要的是获得大人的鼓励和信任，而不是马上就把事情做完。嘉嘉和娜娜也并不是圆滑、有心计，他们的动机很单纯，不仅没有恶意，而且还能从中看出他们的小聪明。

小孩子的心理也确实很不简单，他们正处在开始形成自己的性格、培养各种习惯的时期。如果对孩子们的一些行为处理不当，不仅对孩子没有帮助，反而会挫伤他们的积极性，影响他们的健康成长。

何谓幼儿敏感期

意大利著名教育家蒙台梭利指出，幼儿在成长的过程中会在一段时间内只对某些事物感兴趣而拒绝接受其他事物，这个时期就是所谓的幼儿敏感期。如果家长在敏感期时给孩子提供有效的帮助，会收到最佳的效果。

幼儿阶段是众多能力发展的关键时期，会出现很多的敏感期，虽然发展是连续的，很难十分精确地找出具体的时间，但如果认真观察幼儿的行为，就会从细微之处看出端倪。

2岁的蒙蒙最近总是无缘无故地大发脾气，又是摔东西又是哭闹，爸爸妈妈可真是急坏了。平时又上班又要照顾孩子的父母本来就特别辛苦了，现在孩子又老不听话，真让这对年轻的爸爸妈妈不知如何是好了。为了能尽快解决问题，小两口决定将近来的生活梳理一下，看看究竟是什么导致了孩子的脾气大增。结果，他们发现生活中唯一的变化就是讲故事、洗澡和睡觉的顺序不同了。以前都是爸爸先帮蒙蒙洗完澡之后，妈妈一边陪她睡觉一边给她讲故事，但最近由于爸爸工作比较忙，所有的事情就由妈妈一个人做了，而且为了节约时间，妈妈都是在给蒙蒙洗澡时把故事给讲了，然后跟蒙蒙一起睡觉。会不会是这些生活习惯的改变让蒙蒙一下子无法接受呢？于是，爸爸特意抽出时间帮蒙蒙洗澡，然后像以前一样，妈妈陪她睡觉时给她讲故事。结果让他们两个既喜出望外又大吃一惊，蒙蒙竟然不闹了！他们从来没有想过这么小的孩子会对生活习惯如此在意。

故事中的蒙蒙可能就正处于秩序的敏感期，当自己熟悉的生活节奏和顺序发生变化后，一时无法适应，从而会出现脾气大增的现象。如果这种变化持续的时间再长久一点，可能蒙蒙就会慢慢适应新的生活，用新的秩序代替以前的秩序。

秩序敏感期一般出现在2~4岁，通常的表现与生活习惯有关。比如，芊芊在1岁多时还老是把自己的玩具到处乱扔，无论大人们怎么说都不听，可是到2岁多时，家人发现她很自觉地将玩具有秩序地放在玩具房里，而且如果别人不小心碰乱了还会特别生气。

除了秩序敏感期外，幼儿阶段还是很多能力发展的敏感时期。蒙台梭利认为，幼儿阶段有九种敏感期：

语言敏感期（0~6岁）：从开始对话语产生反应，到注视大人说话时的嘴形，再到自己开始牙牙学语，幼儿对语言的敏感是毋庸置疑的，如果引导适当，孩子在几年之内就能掌握大部分的母语。

秩序敏感期（2~4岁）：对顺序、生活习惯、自己的东西等敏感。

感官敏感期（0~6岁）：孩子的各种感觉在妈妈肚子里就有所发展。在幼儿时期，这种发展就更加敏感了，一些教具的设计和开发就是专门针对孩子感官能力发展的。

对细微事物感兴趣的敏感期（1.5~4岁）：大人和孩子看到的世界是不一样的，有时候小孩子的观察力比大人们的更加细致，从而能发现不被发现的精彩之处。

动作敏感期（0~6岁）：从一个小生命开始形成到出生到慢慢长大，他们的动作也慢慢变得精细，复杂，0~6岁的孩子经历了躺、坐、站、滚、爬、走、握等一系列的发展变化，对动作相当敏感。

社会规范敏感期（2.5~6岁）：这个阶段的孩子往往在家待不住，他们总是吵着嚷着要出去玩，跟一大群小伙伴疯闹，这时家长就要开始慢慢给孩子灌输有关社会规范的知识了，培养孩子的一些礼节，使他们能在与别人的交往中应对自如。

书写敏感期（3.5~4.5岁）：识字、写字常常被家长们看做是孩子有没有长大的一个标志，当家长们在一起聊天时，也常常会提到孩子的这些能力。

阅读敏感期（4.5~5.5岁）：随着人们对孩子重视的程度越来越高，商家们也抓住机会出版了很多幼儿的读物，比如绘本，这些读物可以陪着孩子一起度过阅读的敏感期。

文化敏感期（6~9岁）：通俗地说，就是对文化知识的敏感期，如果家长引导合适，可以激发孩子强烈的学习欲求，为以后的学习提供有力的动机。

敏感期是幼儿本色发展的反应，不仅对幼儿能力的发展有重要作用，还会影响到其性格、品质等的形成。在这个时期，家长的尊重、鼓励、支持、信任等对于孩子的发展起着不可忽视的作用。

0~1岁婴儿期：建立基本信任的关键阶段

小宝的出生给全家带来了极大的惊喜，可是，随之而来的"麻烦"也愁坏了所有人。由于小宝的爸爸妈妈希望在自己的经济条件宽裕时再要孩子，所以生小宝时年纪都比较大，精力也不是很充沛。虽然他们早就已经考虑到了这一点，在孩子还没出生时就请了一个保姆，但妈妈还是尽量自己带孩子。原本以为自己付出这么多后，宝宝跟自己会慢慢有默契，谁知道孩子完全不领情。无论白天还是晚上，他总是会"无缘无故"地大哭，而且不管自己怎么劝怎么哄都没有用，奇怪的是，如果孩子跟保姆一起玩却很乖，即使哭了也能马上被保姆哄好。这让妈妈很伤心，每次看到自己的孩子在保姆怀中乐呵呵的样子心里就不是个滋味。

为了弄懂宝宝的生活规律，妈妈决定向保姆"取经"，不过碍于情面，她选择在暗地里观察保姆与孩子之间的交流。当孩子哭时，妈妈想孩子一定是饿了，可是保姆却第一时间看了看尿裤，果然是尿尿了，于是马上给宝宝换上了干净的尿裤；又一会宝宝又哭了，一旁的妈妈猜测这回肯定是饿了吧，结果保姆只是轻轻摸了摸宝宝，跟他说了几句话，宝宝就不闹了；再接下来，宝宝每哭一次，保姆都能很快地找到原因，然后喂奶、陪他玩、哄他睡觉……这让妈妈大为吃惊，在她看来孩子的哭声都是一样的，怎么就能区分出哪一次哭是饿了、哪一次哭是尿湿了，她再也忍不住了，亲自向保姆请教。原来保姆在多年照顾孩子的过程中积累了丰富的经验，对宝宝的每一次哭闹等都十分敏感，知道宝宝的微笑代表什么，大叫又是什么，甚至不同的哭声也代表着不同的需求。宝宝在有新的需要时，发出的信号都能被保姆准确地捕捉到，而妈妈却做不到，这样一来，就不难想象为什么宝宝跟保姆之间的默契要多于跟妈妈了。

　　例子中的小宝虽然很小，但从他的表现中可以看出，他已经开始懂得信任了，在他看来，保姆就是值得信任的人。根据心理学家埃里克森的观点，0～1岁的婴儿正处于人格发展的第一阶段，即基本信任对基本不信任阶段。这个阶段的婴儿非常软弱，他们无法用语言与成人交流，表达出的愿望也得不到成人的理解。如果在这个过程中抚养者够爱抚婴儿，敏感地接收到婴儿发出的各种信号，及时地予以回应，婴儿在满足了自己的基本生理需要的基础上就会渐渐地形成一种信任感，反之，则会在混乱中对外界不信任，没有安全感。

　　宝宝在这一阶段有没有形成信任感不仅影响着与抚养者之间的关系，还对宝宝今后的性格、行为等有深远影响，比如，在婴儿期的信任危机如果得到积极的解决，成年后的性格就倾向于乐观、自信、开朗、信赖等；如果得不到积极解决，就多倾向于悲观、烦躁、抑郁、多疑、猜忌、嫉妒等。

　　所以，孩子的每一次看似无理取闹的行为都是有正当理由的，那些都是他们向外界发出的信号，是他们特有的语言。如果父母无法领会，不仅不及时地提供条件满足他们的需要，反而还斥责孩子，对孩子信任感的形成及以后性格的发展就会有负面的作用。

3～12岁为何叫"水泥期"

　　有一定生活常识的人都知道水泥的特性，当往粉末状的水泥中加入水时，人们可以按照自己的需要去任意改变水泥的形状；当水泥渐渐凝固时，改变就不那么容易了；而当水泥凝固后，再想改变就已经很难很难了。心理学中将3～12岁这个阶段叫做"水泥期"，这与水泥本身的特点相符，而且还根据儿童发展的特点进一步将 3~6 岁称为"潮湿的水泥期"，7~12 岁称为"正凝固的水泥期"。

有数据表明，孩子 85%~95% 的性格在 3~6 岁的阶段形成，由于此时孩子的性格处于起步阶段，可塑性非常强。在这一时期中，父母的引导和外界环境的影响对孩子性格的形成就显得十分关键了。

如果你有一个处于这一阶段的孩子，可能经常会为他们的行为发怒，他们会动不动就大发脾气、哭闹、摔东西等，而你能做的要么是妥协，要么就是用家长的权威制止他们的任性，结果孩子可能由于你的纵容变得更加任性，或者在你的严厉制止下变得胆怯，内向。

此外，这一时期孩子们的害羞也是家长经常担忧的问题，不少家长都反映，自己的孩子在家里时还挺能说的，一直也就认为孩子是一个外向型的性格，没想到只要带他出门孩子就躲在自己的身后，别人跟他打招呼也十分腼腆。这种现象在 3~6 岁的孩子中十分常见，他们常常会觉得自己没有能力独立完成一些事情，在面对外人时，也无法应对自如，渐渐地就会形成"我做不到""我不行"等观点。如果这些观点根深蒂固，就会影响孩子今后的性格发展，他们害怕出错，害怕挑战，在面对挫折时可能会一蹶不振，倾向于变得内向，自卑，退缩。所以，家长要关注孩子性格的形成和发展，在平时的生活中要给孩子适当的鼓励，多与他们交流和沟通。比如，当孩子准备开始做一件之前从来没做过的事情时，家长要做的不是害怕孩子会失败而制止他，或者由自己代劳、帮助孩子完成任务，而是用言语鼓励孩子，相信孩子有能力跨出新的一步；当出现问题后，与孩子一起找出解决的办法，并在一旁给孩子打气；完成任务后，要不吝啬自己的夸奖，无论成果完不完美都要予以表扬，毕竟他们是在挑战自己，而且通过夸奖可以鼓励他们以后在类似的任务中再接再厉，做得更好。

随着进入小学阶段的学习，孩子到 7~12 岁时性格已经形成了大约 85%，各种生活和学习习惯也渐渐塑造起来。虽然孩子没有以前那么任性了，但随之而来的一些恶习却也在慢慢滋生，最常见的就是作业拖拉。他们在写作业时总是不断地磨蹭，边写边玩，很多家长也因此会严厉地责怪孩子。不过，造成孩子不积极完成作业的原因不仅来自孩子本身，还与家长有密切的关系。一些家长可能在陪孩子做作业的过程中自身就没有耐心，或者一味地纵容孩子，助长他们的不良习惯。

不合群是这一阶段的孩子中又一经常出现的问题。进入学校后，孩子与社会中其他人之间的交集越来越多，如何处理与同学、老师等的关系变得十分紧迫。

如果孩子没有学会良好的人际交往技巧，无法与人正常的交流，不仅会引起负面的情绪，还会对学习造成消极的影响，更为严重的是会影响性格的发展，使他们变得自我封闭，敌对，攻击。

很多儿童学家都认为性格依赖于后天的培养，虽然在人一生的发展历程中性格都可能发生改变，但"水泥期"孩子性格的发展是最快的、也是最稳定的，而且通过此时他们的一些性格特点还能预测他们未来的发展。所以，无论是家长还是教师，都要密切关注孩子性格的形成和发展，为他们创造良好的环境，引导他们掌握必要的交际技巧和应对挫折的方法，以免在"水泥凝固"时留下遗憾。

孩子在童年需要经历哪些心理体验

提到童年，几乎每一个人都能回忆起几件让自己念念不忘的事情，而且这些回忆大部分都是美好的。

随着社会的发展和生活水平的提高，人们能够享用的资源越来越多，按理说现在的孩子所能体验到的快乐也要比以前的人多，可是每当听到自己的爷爷奶奶或者爸爸妈妈讲起他们小时候的乐事时，后一代人总是会觉得自己在童年期的经历要逊色很多。在他们的生活中，"上课""补习""兴趣班""考试""过级"等字眼成为出现频率极高的词，优越的环境和资源并没有带给孩子真正的快乐，相反增加了他们很大的负担，让许多人的童年过得"苦不堪言"。很多家长都持有这样的观点："现在的竞争太激烈了，如果不从小就培养孩子各方面的能力，等他们长大了就会没有立足之地。只有从现在开始吃得苦中苦，才能在日后成为人上人。"殊不知，过度地压抑孩子天性的发展不仅不利于孩子的成长，还可能引起种种心理问题，起到适得其反的作用。

心理学家们发现，童年期的经验对于人一生的发展都具有极其重要的作用，它不仅是人们无法逾越的阶段，也是关键的阶段。人们的大部分性格特点、人生观、价值观、思维方式、兴趣、爱好、情感倾向等都在这一阶段形成，而这些能力和倾向的培养是受周围环境和生活经验影响的。所以，对于童年期的孩子来说，让他们获得各种心理体验，并从中获得成长是重中之重。

爱的体验是任何阶段都需要经历的，心中没有爱的人不仅是可悲的，也是可怕的。如果在这一时期孩子们能够感受到来自身边人的爱，在他们的影响下也会渐渐学会去爱别人，变得善良，有爱心，容易沟通，乐于助人。相反，如果孩子所体验到的只是冷漠、虚伪、无情等，即使他们本性十分善良也会慢慢不近人情，不仅不会爱别人，对任何人都充满敌意、攻击，甚至会自暴自弃，连自己都不爱。

快乐的体验也是必不可少的。对于儿童来说，最大的快乐莫过于开心地玩，所以游戏在童年期中占有十分重要的地位。似乎在大人眼里，小孩子到处跑、到处玩就是调皮捣蛋，但事实上，从儿童发展需要上看，游戏就是他们的工作。儿童在游戏的过程中能强健自己的身体，在与其他伙伴交流的过程中学会人际交往的技巧，一些开发智力的游戏还能增长儿童的见识，培养他们的想象力、创造力等。如果儿童全身心地投入到了游戏中且获得了快乐，这种积极的情绪体验对孩子保持健康的心态有重要的作用。所以，对于孩子的"贪玩"家长应该慎重对待，有些孩子可能真的是比较调皮，需要家长进行督促和引导，但有的孩子对玩的欲望是正常的，不仅不应该横加干涉，还要创造良好的条件使他们在游戏中获得最大的快乐。

随着孩子们慢慢长大，他们开始有能力独立地从事一些活动，所以独立性和责任感是儿童必须要经历的体验。最开始儿童可能对责任并不了解，当遇到困难或失败后，不会从自己身上找原因，而把责任全都推到其他人身上，这也是他们以自我为中心的体现。当他们在家里时，这种"耍赖"可能往往被家长们纵容，但当与自己同龄的孩子一起时，责任就无法顺利推卸了。在孩子犯下错误时教育他们勇于承担责任不仅不会挫伤他们的积极性，而且还能帮助他们认识到问题的所在，提高自己解决问题的能力。此外，责任感还是一种良好的品质，对于健康人际关系的建立和维持等有推动作用。有一幕场景相信大家都不会陌生：小孩子摔倒在地，家长赶紧上前扶起宝宝，一边狠狠地践踏刚刚摔倒的地方一边说："宝宝没事，都怪这块地，我已经帮你打过他了。"对于出生一两年的孩子来说，这样的做法可能有利于帮助他们平复情绪，但当孩子长大后依然事事都为孩子找一个替罪羊就有碍于他们的成长了。

除了爱的体验、快乐的体验和责任的体验之外，童年期的孩子需要经历的心理体验还有很多很多，比如成功、自信、宽容、信任等等，而且，让孩子适当地体验一些消极的情感对他们的成长也是有帮助的。

总之，童年期的孩子既是发展迅速的，也是十分敏感和脆弱的，在教育和培养孩子的过程中要尊重他们发展的规律，让他们经历他们应该经历的事情，让他们从中获得新的体验和成长。

孩子的每个第一次都很重要

教育家约翰·洛克说："教育上的错误比别的错误更不可轻犯。教育上的错误正和配错了的药一样，第一次弄错了，绝不能借第二次、第三次去补救，它们的影响是终身洗不掉的。"

从洛克的观点可以看出，孩子的第一次对他们一生的发展都有着不可磨灭的影响。我国教育家陈鹤琴也有类似的观点，他认为："无论什么事，第一次做得好，第二次就容易做得好；第一次做错，第二次就容易做错。儿童种种坏的习惯都是由于开始学时，他们的教师或父母没有留意去指导他们的缘故，以致后来一误再误，成为第二天性；所以要把小孩子教得好，必定要在第一次时教得好。所以，对于第一次的动作，做父母和教师的要格外留意指导，以免错误。"不同国界的教育家提出的观点却是如出一辙，可见孩子的第一次的确值得人们重视。生活经验也告诉着人们要慎对孩子的每一个第一次，否则可能酿成不可挽回的恶果。

沟通从第一次发声开始

从宝宝带着清脆的哭声呱呱落地开始，他们就在不停地摸索着与周围世界沟通的方式，在大人们看来，毫无意义的一个声音也许就是孩子们发出的信号，饿了、渴了、尿湿了、想活动了等等。渐渐地，他们开始能叫爸爸、妈妈了，这种变化无疑让家长万分欣喜。从发出第一声响到第一次叫爸爸、妈妈，孩子们在声音上的众多第一次还承载着更深层次的东西，这是他们努力尝试着与大人们沟通的结果。所以，在这个沟通的过程中，如果家长对孩子们发出的信号不敏感，把孩子的咿呀学语仅仅当做是他们的自言自语，那么久而久之孩子们就会不愿意再去尝试交流了，这对孩子语言的发展及和谐的亲子关系的形成是相当不利的。

认识世界从第一次好奇开始

对于刚出生的孩子来说，纷繁的世界是新鲜的，也许他们从未想过多年后自己会和这个陌生的世界融合在一起，而一个人究竟能与世界多亲近取决于他能否接受新的事物，在这个过程中好奇心就必不可少了。好奇心让人们对世界时刻保持着新鲜感，推动着自己不断地通过努力获取新的知识和信息，但并不是每一次好奇都会带来成长。比如，当孩子第一次对新鲜的事物萌生了一种探求心理时，这种好奇心表现出来后如果没有获得支持，那么他获取新信息的积极性就会大打折扣，甚至从此对外界漠不关心；相反，如果第一次好奇心得到了家长的支持和鼓励，并且通过探索了解了自己从来不知道的东西，这种成就感和满足感就会促使他们去了解更多的东西，取得更大的进步。当然，为了孩子的安全和健康，当孩子对一些具有危险性的东西感兴趣时，家长还是要用合适的方式加以劝导的。

爱的品质可能源于孩子第一次关心、第一次助人

身边人无微不至的关心可能会让孩子体验到爱的品质，从而影响着他们自己的行为，但孩子第一次表现出自己的爱可能就是一次很不起眼的助人行为、一句简简单单的关心的话。2岁的帆帆一个劲地吵着妈妈睡觉，可妈妈还有很多工作没有完成，于是妈妈就哄着帆帆自己睡，一开始她还能很有耐心地说，但帆帆完全不听，妈妈忍无可忍对着帆帆大发脾气，弄得帆帆不停地哭。这时妈妈也意识到自己的行为有些过激，就停下手头的工作陪帆帆，当了解了儿子的本意后，妈妈懊恼万分。原来，帆帆是担心妈妈太累了，"姥姥说不按时睡觉的孩子不是好孩子，而且还会生病，妈妈也要睡觉"。这个例子中的妈妈将孩子的爱当做是一种无理取闹，给孩子带来了伤害，幸运的是妈妈最终还是发现了问题，将后果降到最低程度。

恶习来自于对第一次犯错的纵容

在教育孩子的过程中，家长对孩子第一次撒谎、第一次偷窃等不良行为的忽视和放纵可能使孩子走上犯罪的道路。很多青少年犯罪都是由于在犯错后得不到家长的引导，或者由于家人的溺爱滋长了自己的不良倾向导致的。"小时候偷针长大了偷金"，讲的就是如果在孩子小时对他们的"小偷"不以为然，等到孩子长大后成为"偷窃犯"再进行教育就来不及了。当孩子出现不良行为或有这种倾向时，家长置之不理或一味纵容是不负责任的表现，家长的暴力制止也是不理智的。对于涉世不深的孩子来说，他们对于外界的各种诱惑不能坚定地抵制，犯错是不可避免的，所以家长要有的放矢地对待孩子的错误，引导他们及时改正。

第一次微笑，第一次独自出门，第一次与别人一起游戏，第一次讲故事……对于宝宝来说，他们的每一天都是新的，有无数个第一次伴随着他们的成长。家长们只有用心去爱、去包容、去引导，才能让孩子们健康成长。

孩子有三个不快乐期

很多家长都纳闷，为什么自己努力为孩子创造好的生活条件却没有带给孩子

快乐，甚至换来的是孩子们的不满和反抗。家长常对孩子唠叨："你看你们现在的条件多好啊，想当初我们因为穷连书都读不起。"没想到，孩子却很快地感叹："天啊，什么时候咱们家能再变穷啊！"可见，孩子们想要的生活跟家长们一直以来努力给予的生活是不相符的。对于家长来说，有机会好好学习就是莫大的幸福，但对于孩子来说，这种优越的条件不仅没有带来快乐，还是烦恼的源头。

有儿童学家认为，孩子最可能在6岁、12岁、16岁三个年龄段感觉到不快乐。从这些数字中很容易发现一个规律，它们都与学校环境有关。

6岁是孩子准备从幼儿园进入小学的阶段，他们必须面临一个全新的环境。虽然6岁到7岁看似没有多大的变化，但幼儿园的教育与小学教育是有很大区别的，后者主要强调的是知识的传授，比前者有压力，所以在这一转变中，孩子的角色也会发生很多的变化。有些孩子对于这一时期的到来十分憧憬，而且迫不及待地希望自己也能像大哥哥大姐姐那样领着新书、坐在整齐的教室里学习。对于这些孩子来说，他们无疑是快乐的，环境的转变让他们体验到了快乐而不是压力。但并不是每一个孩子都能如此幸运，面对即将到来的新环境，有些孩子会感到前所未有的恐惧和压力——好不容易适应了幼儿园的生活，现在又不得不改变，而且，这时家长可能也会有意无意地施加很多压力，不停地告诫他们要好好学习，否则就会如何如何。这些在无形之中增加了孩子的恐惧感，让他们变得更加不快乐。

12岁又是即将从一个学习环境过渡到另一个环境的年龄，从熟悉到陌生的焦虑和恐惧无疑也是引起这个年龄段的孩子不快乐的原因之一，但更为重要的应该是学习上的压力。虽然义务教育已经在我国推行多年，但随着知识地位的日益提高，人们对教育的重视程度也在提高，由此带来的是激烈的教育资源的竞争。为了上好初中，家长们可谓费尽心思，创造一切可以创造的条件，这些让本来就处于高压之中的孩子更加紧张。此外，这一时期的孩子身心正在经历着急剧的变化，如果没有足够的准备可能让他们措手不及，甚至会出现很多心理隐患。

16岁也是让孩子很容易体验到不快乐的时期，严重的可能会走向犯罪的道路，这从大量的新闻报道中可以看出。但他们的一些违法犯罪行为并不能说明他们是邪恶的人，而只是因为处于这一特定年龄的人在面对困惑时作出了错误的选择，一时失足酿成了恶果。

快乐或不快乐并不是某一阶段所特有的现象，每一个时期都可能出现不快乐的情绪体验，甚至在同一时期既有快乐也有不快乐，只是对于儿童来说，在6岁、12岁、16岁三个时期更容易滋生这些负面的情绪。

孩子的不快乐自然会牵动家长的心，如何让他们快乐地度过这些情绪上的"危险期"是家长一直以来都在想法设法解决的，但有些家长往往只关注孩子的物质需要，忽视了对孩子精神上的安抚。其实，对于成长中的孩子来说，精神上的支持和鼓励更为重要。所以，当孩子表现出不快乐的迹象时，家长应该及时地与之沟通，和孩子一起顺利渡过难关。

如何应对孩子的第一、第二反抗期

优优今年4岁了，她可爱、开朗，十分讨人喜欢。可是最近却让爸爸妈妈很难弄懂，用他们的话说就是很"倔"。以前优优对妈妈选的衣服都会很高兴地穿上，还会跟小朋友炫耀说"这是我妈妈给我买的衣服"，可现在什么东西都得自己选，否则就闹着不穿。有时候即使妈妈看得出优优很喜欢某一件衣服，当妈妈要买下时，优优也会反对。这让妈妈很诧异，"感觉像是我做错了什么，她就非得跟我作对似的"。

阳阳上初二了，最近跟爸爸妈妈闹得很不开心。其实事情很简单，阳阳头发长了，爸爸催着他去理发，但阳阳却很不情愿，一直以各种理由搪塞过去。为此，爸爸妈妈跟他大发脾气，阳阳也来劲了，硬是拖了一个月才把头发剪了。

看过上面的例子，你有何感想？在教育孩子的过程中，你也碰到过类似的事情了吗？不知道你当时是如何处理的，是严厉地责怪孩子，还是不厌其烦地引导呢？孩子对你的态度是置之不理，还是全力反抗？最后的结果又是如何呢？

其实，孩子在成长的过程中出现叛逆、反抗等行为都是正常的，而且在反抗期的这些行为对于孩子的成长是有利的。心理学家经过研究发现，孩子有两次突出的心理发育期，分别为第一反抗期和第二反抗期，处在这两个时期的孩子总是表现得不听话，对别人的干涉十分反感，情绪波动大，容易被激怒。

第一反抗期出现在3、4岁左右。这一时期的孩子自主能力渐渐发展，能独立地完成越来越多的事情，无论是在自我意识上，还是知识能力上，都有很大的发展，独立的愿望也越来越强。在生活中，他们会表现得非常"执著"，比如，一定要自己倒水、自己选衣服、自己洗澡等，对于家长不允许做的事情也非要试试。这着实会让很多家长头疼，认为自己的孩子被惯坏了，甚至会怀疑孩子患了多动症。而心理学的经验却表明，在3、4岁时表现出反抗倾向的孩子，长大后心理会更加健康，他们能够独立地面对一些事情，在遇到挫折时也能很快调整到正常的状态，不会让消极的情绪影响自己的生活；在反抗期中表现得安安静静、老老实实的孩子，在成人后往往比较脆弱，不愿意接受挑战，受挫能力差，面临选择时表现得犹豫不决，优柔寡断。

第二反抗期出现在 12 岁到 15 岁之间。这个时期是孩子身心发生急剧变化的时期，又叫"心理断乳期""疾风暴雨的时期"。生理上的成熟让这个阶段的孩子们明显地感觉到了成长，在心理上也认为自己是大人了，但在与爸爸妈妈的交流中却完全看不出这种成长的痕迹，他们始终把自己看做是小孩，什么事情都要为自己做主，强烈的自主愿望无法得到满足，反抗情绪油然而生。

对于反抗期的孩子来说，他们出现种种叛逆心理是在所难免的。身体的发展让他们有能力去扩大自己的活动范围，自我意识的发展也让他们有了更多的想法，这些都使他们独立的愿望越来越强，而家长出于保护的心理生怕孩子受到一丁点的伤害，对孩子自己的选择和决定横加阻挠。面对愿望与现实间的冲突，孩子们出现反抗行为也是合情合理的事情了。

了解了孩子为什么会出现反抗心理和行为之后，再来应对就比较容易了。对于家长来说，要坦然地接受反抗期存在的事实，认识到孩子出现的种种叛逆行为是正常的；其次，在处理与孩子之间的关系时，要掌握沟通的技巧，既尊重孩子独立的愿望又能达到教育孩子的目的，把握好度，毕竟孩子独立自主的愿望是无可厚非的，但由于知识、经验所限，很多事情无法正确认识，需要成人加以引导。对于孩子来说，他们在反抗期与父母的争吵、赌气、埋怨，甚至动手打人等行为并不是内心真正想做的，这些只不过是想要告诉家长自己长大了，有能力去决定自己的事情了。所以，他们的反抗其实是一种宣言，目的就是告诉别人："我长大了！"

孩子在成长的过程中出现反抗、叛逆的行为是十分常见的。无论是家长还是孩子，都要从容地应对，加强沟通和交流。一味地纵容会助长孩子的不良倾向，一味地阻止又会限制孩子的发展。

孩子为何喜欢扔玩具

不知你是否留心过身边 1 岁左右的小孩子，他们经常往地上乱扔玩具，当父母把玩具捡起来后，没等他们转身，孩子又把玩具扔在地上，甚至扔得比捡得还要快。这么看似"无聊"的动作，小孩子却做得乐此不疲。孩子是扔得开心了，可折腾坏了大人，有的家长捡着捡着就没有了耐心，要么对孩子呵斥，要么把玩具收起来让孩子没有东西可以扔。可是，小孩子又岂是这么容易罢休的，他们用大哭大闹表达着自己的不满，最终屈服的还是大人。可能很多家长都会思考这个问题，孩子怎么就爱上了扔玩具呢？怎样才能改掉他们的"坏毛病"？

1岁左右的孩子表现出这些恶作剧行为是很正常的，他们不停地乱扔玩具也是一种游戏方式。最初孩子并不知道玩具可以扔出去，因为他们的肌肉发育还不成熟，没有能力将玩具独立地放下，当自己需要去握住另一个东西时，玩具就会自己滑落，这样一次偶然的动作让他们渐渐掌握了"扔"的动作，并能从中获得乐趣。到后来，孩子们出于种种原因越来越喜欢扔玩具了。

对于这个年龄的孩子来说，自己的一个小小动作竟然能让手中的玩具跑得那么远，而且还能发出响声，无疑是一件新奇的事情，加上孩子对这个还很陌生的世界充满着好奇，所以，他们反反复复地扔玩具也是一种探索世界、认识世界的方式。很多儿童学家就发现，扔东西是宝宝成长过程中的必经阶段。

小孩子借着扔玩具的动作实际上是在向身边的人发出信号，"看，我能把玩具扔出去了，我长大了"。不过似乎他们一次又一次急切的宣言并没有引来大人的表扬，而是制止。

有时孩子不停地扔东西还是一种求助，当他们的需要没有及时地被爸爸妈妈体察到时，就会通过扔玩具来吸引他们的注意，直至自己的需要得到满足。

所以，孩子乱扔玩具是有原因的，他们无意识地乱扔是由于太小、肌肉发育不成熟而导致的；当他们的无意行为发展成有意而为之时，就代表着孩子们慢慢在与周围的世界进行交流了，可能是他们开始发展自己的兴趣了，可能是一种宣言，也可能是一种求助的信号。既然对于1岁左右的孩子来说，扔玩具是有依有据的，家长们就应该努力地去配合孩子的这种行为了。

为了使孩子在扔玩具的过程中免受伤害，家长最好提供一些毛绒玩具，这样也能减少家长的担心。另外，由于孩子对爱惜物品、区分易碎物品、贵重物品等没有意识，对于他们来说，扔一部手机跟扔一本书的意义是一样的，所以，为了减少不必要的损失，家长在选择玩具时要尽量挑那些可以让孩子尽情地扔又不至于让自己心疼的东西。

家长在必要时可以陪孩子一起扔。扔东西也是小孩子的一种游戏。当孩子扔东西时，家长可以把不停地捡东西当做是与孩子的配合，和孩子一样将东西扔出去，然后鼓励孩子自己去拿，这样不仅能培养孩子的手眼协调能力，还能在游戏中使亲子关系变得更加和谐。

很多家长厌烦孩子扔东西的原因并不是担心由此带来的物质损失，而是受不了乱糟糟的环境，所以，只要看见有东西被扔出去了，就赶忙物归原处。家长们认为自己做得已经够好了，既没有制止孩子扔东西的行为，又不至于弄得一团乱，可这样做的结果却让孩子很不开心，有时候孩子可能还会大发脾气。

其中的原因不难理解，孩子好不容易把东西扔出去了，还没来得及欣赏自己的劳动成果就被大人整理好了，于是，他们就不高兴了。所以，当孩子沉浸在扔玩具的游戏中时，家长不要立即将玩具收拾好，最好的办法就是等到孩子玩得尽兴之后，带着孩子一起收拾，让孩子体验到游戏的快乐。

淘气鬼背后的秘密

如果只能用一个词来形容小孩子，"淘气"应该是很多人都会不约而同选择的一个。并不是人们对小孩子存在偏见，而是他们的一举一动让人们不得不如此评价，比如，他们会在同学的背后贴上小纸条，把口香糖或者胶水放在同学的凳子上，用糖纸包着石头给同学吃，把床单裹在身上当大侠，穿着妈妈的高跟鞋煞有介事地走路，趁着爷爷睡着时给爷爷画大花脸……当孩子有模有样地实施着这些闹剧时，大人们在惊叹其丰富的想象力之余，往往又会哭笑不得。

对于大多数家长来说，如果家里有一个这样的小淘气，那可真是费神费力——又得担心孩子磕着碰着，又得提防着这些"小坏蛋"是不是又有什么鬼主意。

不知道这样的场景会不会让你想到儿童小说中的马小跳。马小跳是杨红樱创造的儿童系列小说《淘气包马小跳》中的主人翁，以淘气闻名。马小跳非常爱玩，一生下来就会跳，他淘气、活跃、顽皮，是个不折不扣的"淘气鬼"。他还有一个十分有童心的爸爸，有时这对父子能想着法子比赛玩，淘气的马小跳竟然想出要和同样贪玩的爸爸互换角色。淘气包马小跳还有几个"玩味相投"的小伙伴，他们各怀绝技，但共同点都是非常淘气、爱玩。书中描写了很多孩子们淘气的行为，但目的并不是揭露他们的小把戏，帮助家长来对付这些淘气的孩子，相反，小说通过描述孩子们快乐的生活，呼唤张扬孩子爱玩的天性，倡导家长理解孩子，为孩子的发展提供良好的条件。

小孩子的淘气是很正常的行为，这与他们自身发展的特点有关，他们往往精力充沛，好奇心强，敢作敢拼，想象力独特，在他们看来，周围的很多东西都可以变成好玩的游戏。

小孩子旺盛的精力让大人们惊奇，他们可以不停地活动，不断地折腾，似乎永远都不会累。有的家长抱怨说，家里两个大人都看不住一个小小的孩子，可见孩子们的精力是多么旺盛。所以，小孩子的淘气很大程度上是精力过剩的一种表现。随着孩子的慢慢长大，他们能做的事情越来越多，但在家长眼中他们依旧是那个什么都不会的小家伙，什么事情都大包大揽，这让孩子的精力无处消耗，于是，为了发泄自己的精力，孩子们积极寻找着可能的机会，只要有条件就会表现出来，比如，他们会无缘无故地大叫，或者在房子里跑来跑去。

受好奇心的驱使，小孩子对周围的世界充满着新鲜感，什么事情都想自己亲自去尝试，这也是导致小孩子淘气的原因之一。当看到周围的人做某一件事情时，他们也想自己去做，而大多数情况下，这种愿望得不到家长的应许，于是，趁着家长不注意，他们就会自己找机会去做。小云前一天看见爸爸用电剃须刀剃胡子，觉得那个东西实在是太神奇了，虽然她一再要求爸爸给自己玩玩，但都没能如愿，后来，小云趁着家人不注意，也学着爸爸用剃须刀在脸上刮过去刮过来，结果弄得眉毛、头发一团糟。

有时候，小孩子的淘气只是他们吸引人注意的一种方式。每个孩子都不喜欢被人冷落，他们的自我中心倾向让他们觉得周围所有人都要时时刻刻关注自己，当他们发现自己没有获得这样的待遇时，就会制造出一些闹剧将大人的眼球吸引过来。乐乐已经会自己洗澡了，不过平时妈妈还是会在旁边看着。一天妈妈有一个很重要的电话，就离开了会儿，过了不大一会儿，乐乐就发脾气了，她把浴盆里的水撒得满地都是，妈妈回来后严厉地批评了乐乐，没想到乐乐却说："妈妈是你的错，你要跟我道歉，你为什么不陪着我一起洗澡呢？"

一直以来，人们都认为小孩子的心理很简单，也不会有什么事情会让他们情绪大起大落。殊不知，孩子虽小，可他们也有自己的思想，当遇到不开心的事情时，他们也要宣泄，跟大人一样，他们可能会大声吼叫，做一些刺激性的事情等。这是他们的一种情绪调节。

爱玩是孩子的天性，淘气对于孩子来说更多时候应该是一个褒义词。家长在面对孩子的淘气行为时，要能敏感地捕捉到他们淘气背后的秘密，尊重他们的天性发展。当然，对孩子的一些淘气行为家长还是应该加以诱导，以免孩子养成不良的习惯。

孩子为什么喜欢告状

最近，夏夏妈妈可是烦坏了，按理说上了一天班没看见孩子肯定特别想和孩子亲近，但夏夏妈妈有时却极其矛盾，一方面的确是想孩子，另一方面却又受不了夏夏千奇百怪的告状。按照夏夏妈妈的说法，从晚上回到家到夏夏睡觉，几个小时的时间内她听到的全是"投诉"，"妈妈，今天小明把我的橡皮用坏了""妈妈，吃饭时新新没有等我就自己先走了""妈妈，文文睡午觉时没有脱鞋子，她不是一个好孩子""妈妈，爷爷今天抱疼我了"……刚开始夏夏妈妈还能耐心地听夏夏讲完，而且还能积极地配合夏夏，慢慢地，妈妈觉得夏夏太尖酸了，简直就是没事找事。关注告状吧，妈妈又担心会助长孩子的这种习惯，变得只会推卸责任，刻薄；不关注吧，又担心孩子在学校真的受了委屈。为此，夏夏妈妈很是纳闷："孩子喜欢什么不好，为什么偏偏就爱告状呢？"

其实，孩子"爱告状"是一种非常普遍的现象，尤其是在幼儿园或小学低年级中，过了这个时期，大部分的孩子就不会热衷于告状了。

孩子并非天生就会告状，既然爱告状是一个时期内特有的现象，那么就一定有其存在的原因。

从家长和老师的方面看，孩子的爱告状与他们的教导方式有很大的关系。比如，一些家长对孩子过分紧张，无论孩子做什么都不放心，当孩子与别人在一起时就更加担心孩子受到伤害。于是，为了避免出现不愿意看到的局面，家长在教育孩子时常常会嘱咐他们及时寻求帮助，并十分急切地想知道自己不在时发生了什么事情，如果孩子受到欺负，家长就会第一时间帮孩子出气。这些行为无疑强化了孩子的告状，让他们学会了借助于别人的力量解决问题而不是自己想办法解决。在学校里，老师有意无意的反应也会强化孩子的行为。小强无意间听说自己的同桌准备"欺负"班上的一个女生，在她的屉子里放青蛙，于是他将这些告诉了老师。老师微笑着点了点头，还在上课时表扬了他，说他是一个正义的孩子。自此以后，小强的告状频率明显增加了。

除了家长的教养方式和老师的教学方式对孩子告状行为有影响外，孩子自身发展的特点也决定了他们爱告状的特点。

孩子爱告状的行为与他们的认知水平不无关系。我们都知道，幼儿期至童年早期的孩子认知水平很低，在看问题时常常显得比较表面、直接，面对困难时也比较茫然，不知道该如何去处理。所以，当他们发现别人身上存在问题或自己碰到问题时，很容易想到向成人打小报告。由此看来，小孩子的告状其实目的不在告状本身，而是在寻求解决问题的方法。

每个孩子都喜欢听别人表扬的话，这种"爱慕虚荣"也是培养他们自信心的必要手段。小孩子打的小报告往往是报告他人的错误，如果把这些告诉老师或者家长，就代表着自己没有犯错，当然就会受到表扬了。大人的这种反馈又反过来强化了孩子们的告状行为，从而使孩子们的告状行为"越演越烈"。

这些动机之下的告状都是十分正常的，家长和老师只需要稍加引导就能帮助孩子顺利度过这一时期，但有些告状却需要引起人们的足够重视，它们隐藏着很多隐患，处理不好，可能会影响孩子一生的发展。

小孩子的心理既简单又复杂，说它复杂是因为他们有各种各样的心理活动，有自己独特的想法和观点，说它简单是因为无论这些心理多么纷繁，相比成人来说，他们更加直接、明显，不会拐弯抹角。所以，当孩子们在告状时心计太重则需要警惕了，这不利于他们的成长。比如，有的小孩子告状并不是实事求是的，而是借助于告状报复自己不喜欢的人，当对方受到批评或惩罚时，自己就感到无比地高兴。很显然，这种告状不是孩子该有的。

无论如何，家长和老师要重视孩子的告状行为，用宽容的态度去对待，认真倾听，尊重孩子的表达，然后理性地去对待孩子提到的事情，弄清事实的真相再作决定。绝不可对孩子的告状置之不理，也不可尽信。

孩子为什么要虐待小动物

一直以来，人们都认为小孩子是最喜欢小动物的，他们会吵着让爸爸妈妈给自己买兔子、金鱼、乌龟、小猫、小狗、小白鼠、小鸡等等，并对这些动物爱不释手。但他们的实际行为却与对动物的爱很不相符，他们会直接用手拎着小家伙到处跑，会将动物扔出去，会拿着棍子等一路追着动物，甚至会用刀将小动物切开……总之，他们几乎能用所有能想到的方式去虐待动物，他们的行为甚至让经历过风风雨雨的大人们都觉得胆战。

看似胆子小的孩子在对待动物时表现得却是如此大胆，而且看上去还是一副很享受的样子。如果他们不是不谙世事的孩子，相信人们一定会远离这些"恐怖"的人。究竟是什么原因使这些孩子沉迷于虐待无辜的小动物？这种行为背后究竟又隐藏着什么样的动机？

有这样一则笑话：男主人公在公司受了老板的气，回到家后，为了发泄怒火，冲着妻子就是一顿训斥；妻子无缘无故地被骂，当然也十分窝火，就把怨气全都发泄在犯了一点点小错的孩子身上；孩子感到十分委屈，但迫于家长的权威又无力反抗，于是就对着家里的小狗乱踢；小狗也冤枉极了，自己明明什么错都没犯，却被小主人狠狠揍了一顿，它跑到街上，看见一个人就咬了一口，这个被咬的人竟然就是男主人的老板——那个罪魁祸首！

在这个故事中，很显然，孩子对动物的虐待并不是无缘无故的，而是将受到的委屈和心中的愤怒转移到了动物身上，动物只是被迁怒的对象。

很多心理学家认为，虐待动物的行为是一种心理障碍的表现，孩子突然间开始虐待自己喜欢的小动物，是他们发泄心中的郁闷、缓解紧张情绪的一种方式。人具有攻击和破坏的本能，当遭遇心理压力时，就可能出现攻击性。如果出于某些原因无法对压力制造者进行反击，人们往往就会找一个替罪羊发泄压力。笑话中的小狗就扮演了替罪羊的角色。

小孩子为了发泄自己心中的不悦、缓解压力而去虐待小动物的情况很常见，尤其是那些性格内向、沟通能力不强的孩子，生活中的一点改变或者不顺都可能让他们产生郁闷、低沉等消极情绪，当这些不良的情绪找不到合适的渠道发泄出去时，他们就会选择虐待毫无反抗能力的小动物。

还有的孩子虐待小动物仅仅是为了满足自己追求刺激的快感，他们总觉得自己的生活没有刺激就少了很多的快乐，于是想方设法地寻找新鲜——小动物在被自己征服的同时又不会带给自己很大的挫败感——这让孩子们既满足了好奇心，又满足了好胜心。当然，也有的孩子是在无意中出现虐待小动物的行为。

不久前，小雨吵着妈妈给她买了一只小白兔，她对这只兔子可关心了，还精心给兔子搭了一个舒适的窝放在阳台上。小雨每天都会蹲在阳台上陪兔子玩。有一天小雨洗完澡后又去看兔子，她突然想到：“这么大热天的，兔宝宝一定会出很多汗的，妈妈说如果流了汗还不洗澡就不是爱干净的孩子。要不，我也给兔宝宝洗洗澡？”于是，她趁着大人们都在看电视时把兔子抱进浴室，把浴缸充满水后就把兔子放在浴缸里。兔子一个劲地往外扑腾，小雨却对着兔子说：“你怎么这么不爱干净了，天热了就要洗澡。来，我帮你吧！”为了防止兔子跳出来，小雨一直用手按着它，直到兔子没有力气挣扎了，她才满意地松手，可这时兔子已经被淹死了。

小雨自始至终都不知道自己的行为也是一种虐待，甚至她可能连虐待是什么意思都不懂，她那么做只是出于善意，希望兔子也做一个爱干净的动物。

所以，对待孩子虐待动物的行为，家长要加以区别，弄清楚孩子究竟是出于什么目的，然后再有针对性地对孩子进行教育。比如，对于发泄压力的孩子来说，家长就需要控制自己的情绪，尽量不迁怒于孩子，帮助孩子掌握一些基本的调节情绪的方法，用更加健康的手段去宣泄自己的压力。对于寻求刺激的孩子，家长可以通过和孩子一起养小动物，培养他们与动物之间的感情，教育他们要爱护动物。对于无心虐待的孩子来说，责怪孩子可能会抹杀他们的童心，家长可以用各种方式告诉他们一些生活常识，避免类似事情的出现。

小女孩为什么喜欢抱洋娃娃

生活中，人们对下面的场景一定十分熟悉：小男孩拿着玩具手枪在屋子里跑来跑去，小女孩则抱着自己的洋娃娃安静地坐在沙发上，一边帮娃娃整理着衣服，一边跟它说着话。如果有一天小女孩不爱洋娃娃反而喜欢男孩子的游戏了，估计大人们反倒会觉得奇怪。

小女孩对洋娃娃之类的玩具情有独钟与人们一直以来根深蒂固的观念有关，受性别刻板印象的影响，人们认为男孩子就应该勇敢、坚强、敢于冒险，所以从小就应该培养他们的男子汉气概，引导和鼓励他们的游戏活动也比较具有挑战性。而对女孩来说，虽然现在人们颠覆了那种"女子无才便是德"的观点，但还是认为女孩子要贤惠、温柔、能顾家，而玩娃娃在一定程度上就是在扮演着照顾者的角色。大人们的这些观念对孩子会有潜移默化的影响，久而久之，不爱洋娃娃的小女孩也变得喜欢抱着它们了。

这样看来，小女孩喜欢抱洋娃娃是再正常不过的行为了，但如果她们过分专注于洋娃娃，家长则需要警惕了。如果孩子几乎每时每刻都需要有洋娃娃的陪伴，吃饭时要抱着，睡觉时要抱着，出门时要抱着，甚至洗澡都要和娃娃一起洗，当家长从她们怀里把娃娃夺过去后她们会极度伤心、愤怒、闹个不停，这时，孩子对洋娃娃喜欢就已经有些危险了，她们可能有了恋物癖的倾向。

儿童的恋物癖是指当他们离开了某一件陪伴自己的东西时表现出异常忐忑不安的行为，常常是安全感匮乏的一种表现。儿童时期的恋物癖倾向会影响孩子的性格发展，这样的孩子更容易出现人格上的障碍。从表现形式上看，患有恋物癖的孩子类似患有孤独症，他们所依赖的只有自己喜欢的这件东西，比如女孩子的洋娃娃。在与别人的交往中，他们显得退缩，被动，冷漠。引起这种现象的原因大多为缺乏家庭的关爱，比如，以前对小孩子的教育更强调的是家庭教育，由爷爷奶奶、爸爸妈妈等人进行言传身教，这就增加了家人之间的互动，亲子关系也比较自由和融洽。而现在，人们对学校教育越来越重视，亲子互动的机会就被大量的幼儿园教育所替代了，加上现在由爸爸、妈妈和孩子组成的核心家庭越来越普遍，教育孩子的任务很多都是由全职的保姆代劳的，亲子之间的情感交流就更有限了。小孩子在最需要呵护时得不到亲人情感上的支持，很容易变得脆弱，恐慌，于是就借助于洋娃娃之类的东西来消除自己内心的不安全感。时间一长，他们对洋娃娃的喜欢就转化成了一种不正常的依赖。

如果发现孩子有恋"娃娃"成癖的迹象，家长就得及时采取行动，消除他们的这种倾向了。

既然引起孩子出现恋物成癖的原因是没有安全感，缺乏爱，那么对这样的孩子来说，最主要的就是要给予他们关心了，让孩子感受到自己是受家人疼爱的，是安全的。在平时的生活中，家长要多拥抱孩子，把对孩子的爱用一些动作表现出来，比如，可以摸摸他们的头，亲亲他们的脸蛋等。尤其是在当孩子遇到令自己害怕的情景时，家长更应该陪在孩子身边，用行动告诉他们自己是爱他们的，比如，在闪电打雷的天气里家长最好陪着孩子一起入睡。在孩子面临挑战时，多给他们支持和鼓励，让他们感受到自己并不是一个人。

在孩子入睡前，家长抽出一定的时间陪孩子，可以给他们讲讲故事或者唱唱催眠曲，等孩子入睡后再离开，这样就能分散孩子对洋娃娃的依赖。毕竟她们爱上的并不是洋娃娃本身，而是洋娃娃带给她们的那种安全感，而如果这种安全感家长能够给予，孩子们自然就不会非要洋娃娃陪着不可了。

此外，家长在为孩子挑选玩具时，为了避免孩子过度专注于某一件东西，可以扩大玩具的种类。当然这种做法只能治标不治本，关键还是要让孩子能够从家长的关爱中获得安全感。

总之，小女孩喜欢抱洋娃娃是一种正常的现象，家长们也无须恐慌，只要在养育孩子的过程中多与孩子进行情感上的互动，让她们体验到家人的爱，感到自己是安全的，小女孩就不会出现恋物成癖的行为了。

过分依赖也是病

秋秋是一个很聪明的孩子，但却懒得出奇，很多力所能及的事情都不愿意自己去做，不熟悉的人都觉得是秋秋的问题，从小就娇生惯养，好吃懒做；但熟悉他们家的人都知道这些都是家里人溺爱的结果。从小秋秋就得到了来自全家上上下下的宠爱，几乎什么事情都不用她做，有时候即使秋秋想自己动手，也会被家人以种种理由给拦下来。到后来，她也就习惯了这么被大人们伺候着，要吃橘子得先让奶奶把皮剥了，把籽都挑出来；吃苹果得切成一小块一小块的；睡觉得妈妈一直拍着背；出门也不愿意自己走，都是爸爸抱着。

娇娇今年4岁了，还是整天粘着妈妈，每天早上妈妈上班时她都要大哭大闹，非得跟着妈妈一起走。好不容易哄住了，可刚出门娇娇又打电话问妈妈什么时候回去。幼儿园放学后，其他小朋友都走了，娇娇还是会站在门口等着，即使奶奶去接她也不走，她说要等着妈妈去接，也不准妈妈做事。晚上睡觉也要和妈妈一起睡……总之，她做的每一件事都要跟妈妈一起。

可能有人会觉得孩子在生活方面需要大人的帮忙是正常的，毕竟他们还小，有很多事情还不能独立地去做，而且就算他们有能力了大人们也会觉得不放心，生怕孩子摔着碰着，现在家里都只有一个或两个孩子，谁舍得让他们受一点伤害啊。的确，孩子对家长一定程度上的依赖是可以理解的，但如果这种依赖对他们今后的生活会产生不利的影响，就需要引起重视了。

"过分依赖也是病"，这绝不是危言耸听，即使在孩子小时候没有表现出什么异常，当他们长大后也会渐渐显现出弊端。

过分依赖带来的恶果首当其冲的就是独立性差，这些孩子长大后无法照顾好自己，自理能力差。在心理上，耐挫力差，面对一点困难就不知道如何是好。与人交往时，他们不能正确看待自己的角色，以自我为中心，不能顾及别人的感受，稍有不顺就大发脾气，造成人际关系紧张。

小时候对家人过分依赖的人，在长大后还容易出现很多问题，比如，忍受不了失败带来的冲击，变得自闭，退缩；在人际交往中感受不到别人的重视而大打出手，出现暴力攻击行为等。

所以，同世间万物一样，依赖也遵循着物极必反的规律。虽然孩子对家长的依赖可能体现出他们之间信任、和谐、亲近的关系，但过度的依赖却不利于孩子的健康成长。

孩子的嫉妒心

巴尔扎克说："嫉妒者比任何不幸的人更为痛苦，因为别人的幸福和他自己的不幸，都将使他痛苦万分。"从巴尔扎克的经典名言中可以看出，嫉妒心可能会带给人们极大的痛苦。但是，有一点却是不可否认的，那就是从古自今嫉妒心人皆有之，无论是伟人还是普通老百姓，无论是历经世事的老人还是不谙世事的小孩。所以，了解嫉妒心形成的原因和对策对于人的健康成长有重要作用，对小孩子来说更是如此。

嫉妒心理其实就是人们常说的"红眼病"，常常由体验到自己与别人之间存在的强烈优越差异而引起，这种差异让人感受到刺激和失落，从而产生情绪上的不满。嫉妒的对象并不是所有人，而是在某些方面比自己强的人。

嫉妒的心理活动是从婴儿早期的情绪中分化而来的，在出生早期，婴儿只要得到了生理上的满足就会表现得开心，3~4个月时分化了快乐和苦恼，5~6个月时又发展了害怕、厌恶、生气等情绪，等到孩子1岁半左右时，就有了嫉妒心理了。也有研究发现，3个月大的婴儿已经表现出明显的嫉妒心理了，比如，当自己的妈妈抱着别人家的宝宝时，孩子就会表现得不开心，甚至哭泣，这就是他们在"吃醋"。

引起小孩子嫉妒心的原因有很多，恐惧感就是其中之一。对于小孩子来说，那些对自己存在威胁的人或事物都可能引发自己的嫉妒心理，他们害怕新事物的出现会影响到家人对自己的关注或者认同。妈妈最近给霞霞生了个小妹妹，原本以为霞霞会为新成员的到来开心，可没想到她却经常发脾气，说的话也酸酸的，尤其是在家人都将注意力放在妹妹身上时，霞霞就更加生气了。很明显，霞霞感觉到了妹妹的出现对自己的威胁，以前家人都围着自己转，无论需要什么东西时都会有人马上递给自己，而现在，自己经常受到冷落，这种落差自然让她将怨气撒在妹妹身上，产生对妹妹的嫉妒。

嫉妒心虽然十分普遍，但在孩子发展的过程中，家长如果不加以引导很容易导致孩子出现人格的缺陷。正如巴尔扎克所言，嫉妒会给人们带来痛苦。相比于其他人而言，嫉妒心强的人承担着两份痛苦：别人的幸福和自己的不幸。此外，嫉妒心理的另一个重要危害就是对人际关系的伤害，当孩子被嫉妒心所蒙蔽时，就无法真诚地与人交流，他们或者受不了这种痛苦的刺激而变得对他人冷淡，或为了报复对他人进行伤害，这些都不利于和谐的人际关系的建立。

对于孩子较重的嫉妒心理，家长要及时发现，及时引导。

首先，要培养孩子的自信心，多对孩子进行鼓励和表扬。一般来说，自信的孩子在对待别人的优秀和成功时心态会比较积极，不会想到如何去让别人垮下去，而是想着如何让自己也变得优秀。所以，在教育孩子的过程中，有意识地培养孩子的自信心对克服过重的嫉妒心有利。

其次，不做不必要的比较。很多家长喜欢拿自己的孩子与别人家的孩子比，而且总是会用别人的优点来和自己孩子的缺点比，时间长了，孩子们自己也就会受到强化，认为自己真的什么都不如别人。每个人都有自己的闪光点和不足之处，所以，家长在为孩子树榜样时要照顾到孩子的心理和情绪，积极引导孩子向好的方面发展。

嫉妒不一定是坏事，它能使孩子意识到自己身上存在的缺陷，从而激励自己向他人学习，不断获得进步。但如果嫉妒心太重就值得关注了，它不仅不会促进孩子的成长，还会成为孩子前进路上的绊脚石。

孩子为什么要说谎

依依今年两岁半，这个年龄应该是最纯真的时期了，可妈妈最近却发现依依会撒谎，而且还乐在其中。依依一直都想要一个粉红色的洋娃娃，可是妈妈因为她已经有很多玩具了就一直没有买给她。最开始依依还经常跟妈妈嚷嚷，到后来就似乎淡忘了。这让妈妈很开心，以为依依长大懂事了。后来有一天，妈妈带着依依到院子里玩耍，看见一个小女孩抱着一个粉色的洋娃娃，妈妈还担心着这会不会又勾起依依的欲望，可是，没想到的是依依看到那女孩却很开心地说："我妈妈也给我买了一个粉色的娃娃，而且比你的漂亮，我可喜欢了。"说完就牵着妈妈到一边玩去了。事后妈妈问依依为什么要撒谎，依依却说："妈妈，你忘了吗，你不是给我买过一个粉色的洋娃娃吗？"

芳芳快6岁了，平时上幼儿园都是自己回家，因为住得离幼儿园很近，家人也一直都很放心。不过，最近芳芳回家的时间比往常要晚很多，每当家人问起时，她都说放学后和小朋友一块玩了会儿，还说出了几个好朋友的名字。一天爷爷从外面回来正好碰到了芳芳的伙伴，就问她们平时晚上都去哪玩了，结果没有一个孩子说她们跟芳芳放学后在一起过。这让爷爷很吃惊，决定找一个时间跟着芳芳。第二天放学时，爷爷远远地跟在芳芳的身后，这才把事情搞明白。原来，芳芳每天都要去另外一个社区里给那里被人遗弃的一只小狗喂食。回到家后，爷爷问芳芳为什么不说实话，芳芳说她知道家里人都不准她养狗，说狗狗脏，但是她又不忍心看着小狗饿死，所以就只有骗人了。

从例子中也可以看出，不同阶段的孩子撒谎的原因和目的是不同的，对于依依来说，可能她意识中真的觉得妈妈已经给自己买过了，所以在大人眼中的撒谎行为并不是说谎；而对芳芳来说，这种谎言本质上是善意的。由此看来，虽然诚信很可贵，但并不是所有的说谎行为都是坏事，所以，家长在教育孩子的过程中分清孩子说谎的原因是极其必要的。

一般来说，说谎行为可以分为有意说谎和无意说谎，而3岁之前的孩子的谎言更可能是无意的。有专家认为幼儿一般要到3~4岁才能逐渐将现实和幻想区别开来，所以，当孩子出现说谎行为时，他们可能根本没有意识到这一点，而是将自己幻想中的事情和现实中存在的事情混为一谈了。

我们都知道，孩子具有丰富的想象力，有时他们的想法真可谓是异想天开，而且受一些童话故事的影响，他们的世界中经常会出现虚构的人物和事情，比如，有的孩子会告诉别人在圣诞节时真的见过白胡子的圣诞老人。此外，这个时期孩子的记忆能力是不成熟的，常常会因为记错了而被认为是在有意说谎，比如，爸爸明明是上个月带自己去迪士尼乐园的，可孩子却非得告诉别人自己上周刚去过。

所以，当家长发现这么小的孩子开始出现说谎行为时，不要被表面现象冲昏了头脑，责怪孩子不该这么小就这么虚伪，对孩子严厉地惩罚，唯恐不将这种苗头扼杀在摇篮里，等到孩子长大后带来隐患。其实，大人们没有必要恐慌，放低自己的心态，平和地和孩子谈谈，问问他们为什么会说谎，也许背后的原因不仅不会令你生气，而且还能看见孩子身上的许多闪光点。

随着孩子慢慢长大，他们说谎行为中有了越来越多的有意说谎，但也并不是所有的说谎都是恶意的，而且大多数孩子的谎言都与家长有着紧密的联系。

有的家长自己就爱说谎，对孩子起着言传身教的作用，久而久之，孩子也自然学会了说谎。有的家长对孩子的要求过于严厉，动不动就责怪、打骂孩子，为了避免受到家长的惩罚，孩子也容易说谎。而且，一旦这种谎言第一次没有被家长识破，那么孩子的说谎行为就会强化。

另一种有意说谎就比较危险了，他们往往为了达到自己的某种目的"大言不惭"，为了买玩具骗家人说学校要收资料费，为了逃课故意装病，为了报复同学向老师打假报告……如果这样的说谎行为没有被家长及时发现并加以引导，后果将不堪设想。

小孩子的谎言比大人的谎言要复杂得多，如果不区别对待，可能会扼杀孩子的想象力、创造力，损坏亲子之间的关系，也可能助长孩子说谎的倾向。

多动症让孩子的屁股长钉子

小儿多动症，这个词在生活中出现的频率越来越高，在医学上又被称为注意缺陷多动障碍，是儿童和青少年期间最为普遍的心理障碍之一，主要有三个核心症状：注意力缺陷、冲动和多动。

小军是院子里出了名的怪孩子，不管什么时间、什么地点，只要你见到他，这孩子总是在"动"。在家里时除了睡觉，其他时间都在屋子里跑个不停、跳个不停，只要他在家，房子里就一定是一片狼藉。他会把家里所有的东西都翻出来，然后踢来踢去。每天晚上洗澡时都会发现他身上青一块紫一块，连他自己都不知道是什么时候磕到碰到的。在学校时也是这样，总是东张西望，心不在焉。老师反映说每堂课能集中 5 分钟的注意力就已经很不错了，真的就像是屁股上长了钉子一样。而且小军还经常欺负小伙伴，不能受一丁点儿的委屈。家长和老师都觉得挺惋惜的，这么聪明的一个孩子，如果稍微听话一点将来一定会很有出息，可是他什么时候才能安静下来啊！

小军很有可能就患上了小儿多动症。一般来说，患有这种障碍的儿童注意力难以集中，干什么事情总是半途而废，容易分心。上课时，他们更是无法遵守课堂纪律，不停地做小动作，甚至会在教室里擅自走动。他们在情绪上极不稳定，有一点不顺心的事情就会引起很大的波动，并会毫无保留地发泄出来，所以，经常会和同学打架，由此也影响着与别人的关系，社会适应能力差，无法跟别人建立良好的人际关系。虽然他们大多成绩不好，但基本上是由于不能集中注意力造成的，而与智力没有很大关系。

多动症常常会被人们忽视，并不是人们没有意识到它的危害性，而是孩子生性活泼好动，很难区分哪些行为表现是正常的、哪些是多动症的症状。虽然二者在一些方面很相似，不过还是可以从下面几个方面加以区分：

注意力

对于小孩子来说，注意力集中的时间很短，要求孩子一整节课都全神贯注是不可能的，但正常与异常的区别就在能集中多长时间、在一些特定的场合下能不能集中。比如，幼儿在一项任务中能集中注意力 15 分钟左右是很正常的，如果孩子没有一刻消停过就应该引起重视了。又如，游戏对于孩子来说是他们最喜欢做的事情了，五花八门的游戏常常能引人入胜，但对于多动症的孩子来说，再有吸引力的游戏也无法抓住他们的注意力。

自我控制力

多动症的孩子自我控制能力很差，他们无法做到有始有终，一件事情常常是刚开了头就扔在了一边，而且，在情绪上也无法控制。如果说小孩子任性是很正常的表现，那多动症的孩子可以用"为所欲为"来形容，他们不会顾及别人的感受，只要心里不悦就会表现出来，通过各种方式发泄自己的情绪。

所以，孩子多动是天性使然，但活动量过大、活动过于频繁就麻烦了。

有的家长在发现孩子有多动障碍时常常会训斥孩子，殊不知造成孩子出现问题的原因可能就是自己。虽然目前多动症的发病原因并不十分清楚，但专家们认为它与母亲孕期的不良生活习惯、家族遗传史、生活环境、营养等有关。

如果你发现自己的孩子真的像屁股上长了钉子一样，那拔出钉子就需要你和孩子共同的努力了！

孩子情绪的"警戒线"

大家都知道，当水库的水位超过了警戒线时，就必须想方设法泄洪，否则就可能酿成水库崩溃、水灾泛滥的悲剧。精神分析大师弗洛伊德就用水库的这一特点，来比喻过人在情绪处理中的问题。他认为，每个人的身体里面都有一个储存负面情绪的水库，当有负面情绪出现时，人们就会将这些情绪放在水库中。当负面情绪过多时，"水位"就会达到警戒线，出现失控的局面。可见，要保护孩子的情绪健康，就要防止孩子的负面情绪越过警戒线。

随着独生子女越来越普遍，这些孩子受到的重视也就不言而喻了，人们尽自己最大的努力为孩子创造良好的物质条件和生活环境，给他们用最好的奶粉、买昂贵的衣服、上最好的幼儿园……总之，只要自己做得到的就会一定去做，做不到的宁愿自己受苦受累也要为孩子争取。家人们以为这就是对孩子最好的疼爱，可是就在他们为孩子提供这些物质上的优越的同时，也忽视了对孩子情绪的关注。要知道，好的生活条件不一定就能让人生活愉快，反而还会引起很多的负面情绪。当孩子的消极情绪出现后，他们又不能及时地体察到，等到这种情绪越积越多，最终击垮了孩子时才后悔就来不及了。

家长不是不爱孩子，只是很多时候他们不知道该如何去降低孩子的负面情绪。下面的一些方法可能会带给您一些启示：

从自己做起

坏情绪是可以传染的，所以，在与孩子朝夕相处的过程中要以身作则，不要过度地渲染自己消极的情绪。当你感到焦虑时，可能孩子也会随着焦虑；当你感到恐惧时，孩子也会感到恐惧。不过，孩子的心理毕竟要比大人脆弱，这些负面的情绪对你来说，可能只会引起一段时间的不安，但就可能使小孩子长时间地沉浸在其中。

尊重孩子正常的情绪表达

无论是好情绪还是坏情绪，孩子都有把他们表现出来的权利。很多家长在孩子表达高兴时，对他们很是支持，而当孩子哭泣或者生气时，就表现得有些不高兴了。事实上，消极的情绪更应该表达出来，否则在孩子心理积压的时间越长，可能出现的问题就越多。所以，当孩子不愉快时，家长应该坐下来认真地倾听，这样既能让他们发泄自己的情绪，起到"泄洪"的作用，又能取得孩子的信任。

引导孩子学会宣泄情绪的方法

宣泄负面情绪的方式很多，适不适合孩子就需要孩子自己尝试了，作为家长就需要引导孩子学会多种情绪宣泄的方法。比如，可以让孩子通过绘画将自己的情绪表达出来，从孩子画画的过程中和图画上，家长可以看出孩子心理的一些变化。这对性格比较内向、不愿意说话，或者交流有障碍的孩子来说是一种很有效的方法。近年来，有很多儿童心理学家开始研究儿童的图画心理，可见，小孩子的绘画中隐藏着巨大的"玄机"。运动也是一种好的宣泄方式，比如，对容易发脾气的孩子来说，家长可以陪着孩子一起做一些需要耐心的活动，跑跑步、下下象棋等。这既能帮助孩子强身健体、培养兴趣，又能有针对性地消除不良的情绪。

经常给孩子积极的心理暗示

孩子的很多消极情绪都是由家长错误的引导造成的。家长在孩子摔倒后，第一反应就是心疼地说："宝宝，没事吧，摔疼了把，不哭啊，乖。"其实也许孩子原本压根就不想哭，但在家长的引导下却哭了起来，因为他们受到了"摔疼了""哭"的暗示。所以，经常给孩子积极的心理暗示，会强化他们积极的情绪。有一个例子能很好地说明积极暗示的影响，如果你不开心时对着镜子微笑几秒钟，慢慢就会感觉到自己是开心的。所以，如果在孩子摔倒时告诉孩子"宝宝，摔倒没有什么的，宝宝最勇敢了，自己爬起来就是最棒的"，相信最后的结果也会不一样了。

当然，除了这些方法外，为了防止孩子的负面情绪超过警戒线，家长能做的还有很多，哪一种是最有效的、最适合孩子的就需要家长自己去摸索了。

第二十六章

教育心理学：为什么某些"傻瓜"倒成了天才

怎样为宝宝取个好名字

"问姓惊初见，称名忆旧容。"从唐代诗人李益的这句诗可以看出，名字对于一个人来说有多么重要。正如俗话所说的，赐子千金，不如教子一艺；教子一艺，不如赐子好名。一个意蕴深远、琅琅上口的名字会给人们留下深刻的印象，让人们过目不忘。

家长在给孩子取名时常常会考虑很多的因素，也会参照不同的标准。有的家长会请风水大师依照孩子的生辰八字为孩子取名，比如，孩子命中缺木，则在孩子的名字中加上"森"字；有的家长则会按照家族的辈分排行给孩子定名字，这时的名字就具有一种传承性，有浓厚的宗族观念；还有的名字中凝聚着家长对孩子的殷切期望，比如，希望孩子长大后能幸福，给孩子取名为"得福"。此外，人的名字还与时代息息相关，社会环境、时代特征等都会在名字中打下深深的烙印，比如，很多孩子的名字都被取为"建国""国庆"……总之，取名的方式五花八门。不管家长是否迷信，也不管他们是依据什么给孩子取的名字，目的都是为了孩子好。

好的名字的确能给孩子的发展带来积极的作用。1424 年，孙日恭和邢宽同时考中，而且孙日恭排在邢宽的前面，但发榜之时，二人的名次却发生了变化。原来，皇帝认为"日"和"恭"放在一起就是"暴"，听起来不祥；而"邢宽"则隐含"刑政宽和"之意，能俘获人心。寓意祥和的名字为邢宽创造了更多的机会。

通过这个看似不公正的例子可以看出，人们在谈到某个名字时，会不由自主地赋予名字更多的意义，就如同条件反射一样。例如，一个名字里有"静"的人，人们在没有见到她之前会将她想象成一个安静、优雅的人；一个名字里有"猛"的人，人们自然会将勇猛的形象和他联系在一起。这些先入为主的观念虽然有时与实际并不相符，但在人们心目中似乎已经形成了定势。人们的这种倾向是可以理解的，爱美之心，人皆有之，对于美好名字也是如此。一个好听的、容易念的名字比一个读起来拗口、不优美的名字更能吸引人的注意，取得人们的好感，所以，家长给宝宝取一个好听的名字就不足为奇了。

当然，好的名字带给人们的信息并不都是有利的，比如，一个叫"守诺"的人，当人们听到这个名字时，会依据"人如其名"的逻辑，将他想象成一个遵守诺言的人，对他在诚信上的要求就会在无形中提高。一旦发现他有点违背诺言的倾向，就会对他的印象大打折扣。所以，名字效应让他们生活在放大镜下，在夸大优点的同时也可能将缺点放大。

预测孩子命运的棉花糖

沛辛4岁时参加了一个考察延迟满足能力的实验，实验大概流程是这样的：将年龄相仿的孩子依次带到一个安静的房间，然后进来一个大人，在他们面前放了一块诱人的棉花糖。大人并没有立即将棉花糖给孩子吃，而是对他们说自己得离开十几分钟的时间，在他们离开的这段时间内如果孩子们没有将棉花糖吃掉，就能多得到一块棉花糖作为奖赏，否则，就不会有第二块奖赏的棉花糖了。告诉孩子这些后，大人离开，偷偷观察孩子的反应。到了约定的时间后，如果孩子们真的没有吃掉棉花糖则遵守诺言给他们两块。

在我们看来，这个实验的结果是毫无悬念的，等待十几分钟就能得到多一块的棉花糖，在这么高额回报的诱惑下，孩子们自然会为了更多的获得忍一时之欲。沛辛的反应也的确是这样的，不过那十几分钟的等待却让他多年后依然记忆犹新。他虽然知道等待能换来更大的回报，但眼前的棉花糖对一个4岁的孩子来说又的确是一个巨大的诱惑力，触手可及的美味却不能及时享用对大人来说都是一种挑战，更何况是自制力尚不成熟的孩子。沛辛至少有10次差一点就控制不住自己吃掉了棉花糖，甚至他还舔了一口。不过，一想到之后会有更多好吃的，他就用各种方法来转移自己的注意力，唱歌、跳舞，做一切能分散自己注意力的活动……他终于等到大人回来的时刻，如愿以偿地得到了双份棉花糖。

也许故事听到这并没有讲出棉花糖的实验和题目中所说的预测命运有任何关系，不过最终另一项结果却揭示了它们之间的联系，那些没有吃掉棉花糖的孩子比大人一离开就将棉花糖吃掉的孩子，在学校里的表现更好。长大后，这些孩子中取得重大成就的人也比较多，沛辛就是其中一个，他成为了出版业举足轻重的领军人物。

可见，一个小小的棉花糖却能预测人们的命运——小时候能不能延迟满足自己的愿望与长大之后会不会取得成功的确没有直接的因果联系，但通过这个实验也可以看出，那些能够控制自己愿望的人具有更强的自制力，在诱惑面前能坚定自己的目标，缓解压力，并且他们能信守诺言，更好地与人相处。这些都是一个人想要取得成功所不可或缺的。

在教育孩子的过程中，适时地培养孩子的延迟满足能力对于他们的健康成长是有积极作用的。但是，很多家长似乎都做不到这一点。毛毛5岁了，爸爸妈妈见他对音乐很感兴趣，就给她报了一个钢琴班，毛毛也挺开心的。不过，爸爸妈妈发现她总是不能安安静静地坐下来好好弹，即使有时候用心弹了也最多不会超过5分钟，然后就吵着要吃这吃那。为了哄住孩子，妈妈就想了一个办法，买了很多毛毛最爱吃的零食，然后告诉毛毛，只要她每天弹半个小时，就给毛毛吃，如果坚持了一个星期，就会带她去儿童乐园玩。这些对毛毛来说可都是巨大的诱惑啊。一开始，妈妈的这种办法的确是起到了效果，可没过几天就不灵了。毛毛弹几分钟就不弹了，非要吃一点零食再继续，爸爸坚决不同意，说这是纵容，可妈妈受不了毛毛哀求的语气，认为弹钢琴本来就很累，这点小小的要求就满足了孩子吧。结果，一年下来，别的孩子都有了很多的进步，能弹好多首曲子了，毛毛却只会几个简单的音符。

毛毛在弹钢琴上没有进步是很多原因造成的，可能是她本来就没有天赋，但与她不能适当地控制自己的欲望，无法专心练习有很大的关系。她只看到了眼前的诱惑，而对不久后更大的诱惑无动于衷，妈妈的行为又在一定程度上助长了毛毛的这种陋习。

对孩子来说，可以看见的、可以摸到的诱惑是难以抵抗的，有时，就算他们有延迟满足的念头，也会由于在等待的过程中无法克制自己半途而废，这时就需要大人的帮助了。在生活中，父母要有意地培养他们控制自己、缓解压力的能力。有句话说"小不忍则乱大谋"，虽然很多时候都不至于带来"乱大谋"的后果，但适当的忍耐却是大有好处的，就如延迟满足一样，虽然眼前的利益是诱人的，但稍稍忍耐则会带来更大的利益。

什么样的水，养什么样的鱼

当教育孩子出现问题时，为了推卸责任，很多家长将教育的失败归咎于遗传。孩子性格怪癖，脾气暴躁，夫妻双方就会互相责怪，说是遗传了对方的性格，甚至还会牵扯出家里的祖祖辈辈；孩子成绩不好，也是由于遗传，家里就没有好好学习的基因；孩子不孝顺长辈，还是遗传……总之，所有的不好都是遗传导致的。但从古至今的很多例子都立场鲜明地指出了环境对孩子的影响是不能小觑的，孟母三迁就是一个典型的例子。

教育家蒙台梭利也指出，孩子一出生就能积极地从周围的环境中学习，爸爸妈妈的关爱让他们获得了信赖，与陌生人的交往中让他们感受到害羞等等。生活中，人们也越来越认识到环境的重要性，很多家长将孩子送到好的学校学习，也多半是看重了好学校的环境。

丛丛的爸爸妈妈因为感情不和经常吵架，但他们从来不提离婚，两个人在这一点上倒还很有默契，都觉得丛丛太小，无法承受大人离婚带来的打击，所以，就算是苦了自己也不能委屈了孩子。虽然爸爸妈妈从来没有当着丛丛的面大吵过，但孩子还是能明显地感受到他们之间浓浓的火药味。一日，丛丛无意听到了爸爸妈妈又在吵架，原来老师打电话反映丛丛最近上课老不听讲，作业也不按时完成，还经常跟同学发生矛盾。爸爸就一个劲地怪妈妈，说都是遗传了妈妈的坏毛病，妈妈则骂是爸爸遗传的，丛丛再也听不下去了，冲着房间大声说到："你们别吵了，既然你们都认为是对方的基因不好，当初为什么要生我啊。你们真是可笑，竟然以为这样就对我有好处，看见你们天天仇人一样生活在一间屋子里，倒不如离婚呢！我宁愿别的同学笑话我没有爸爸或者妈妈，也不愿意生活在一个冰冷的家里面。"

很显然，丛丛在学校的异常表现与在家里感受不到爱有很大的关系。不良的家庭环境对父母来说可能只是一时的不顺，但对孩子来说，可能影响他们一生的发展。

在给孩子创造好的环境方面，家长们以为物质上的满足就够了，但其实，孩子更需要的是心灵上的慰藉和关爱。很多家庭贫穷的孩子由于从小得到来自家庭正确的教育和关爱，最终也取得了丰功伟绩，这样的例子数不胜数。

具体来说，有利于孩子成长的环境应该包括：

尽可能富足的物质环境。毫无疑问，在当今的经济时代中，好的物质条件能给孩子创造更加先进和良好的成长环境，比如，各种各样的玩具、游戏设施等，先进的教育环境等等。但要明白的是，物质条件的优越与否并不能决定孩子最终发展的水平，它只是一个外部条件，只要付出努力，没有条件享受物质幸福的孩子一样可以取得好的成绩，实现自己的梦想。

和谐的氛围。相对于大人来说，小孩子更在意的是父母的爱，所以，和谐、民主、自由、宽松的家庭氛围对孩子的成长意义更加重大。在这样的家庭氛围中，孩子能感受到快乐，获得自由的发展，家长的引导和教育也能让他们养成良好的习惯。相反，那些生活在争吵、专权中的孩子，他们所体验到的只有冷漠和失落，久而久之就很容易形成自卑、攻击、蛮横、无情等性格特点。

环境是最好的老师，自己的孩子最终能走多远、登多高，在于他们成长的环境中提供了什么样的条件。什么样的水，养什么样的鱼，孩子的成长也是如此，遗传只能决定鱼是鱼，而不是别的生物，只有水才能决定它们最终会长多大。

什么是"心理性矮小症"

常常听周围人说起有关个子的问题，当议论到高个头时，人们总是不忘在后面加上一句，"他爸爸妈妈都很高"，而当提到矮个子时，也同样会说"这是遗传他爸爸（妈妈）"。

可以看出，一直以来关于身高的问题人们很自然地会归于遗传原因；精神不佳、睡眠不好、营养不良等对身高造成的影响也是人们已经意识到并接受的。

心理原因造成的身材矮小却还没引起人们的重视。其实，这样的现象是存在的，在心理学上被称为"心理性矮小症"。

心理学家将由于缺失爱而长不高的矮小现象叫做"心理性矮小症"或"精神矮小症"。著名精神病学家霍芬博士认为，如果孩子生活的家庭环境不好，心理上总是受到压抑，感受不到父母的关爱，有时还会受到责骂、惩罚等，不仅会使心理上出现一些问题，形成不好的性格特点，还会导致内分泌系统的功能紊乱，影响个体的生理机能，其中就包括减少那些有助于长高的激素的分泌，最终导致长不高或长得很慢。

心理学家将一批诊断为由于受到精神压抑而矮小的孩子，安排到和睦快乐的环境中，让他们得到正常的温暖和关爱，几个月后，绝大多数孩子的身高都有了很明显的变化。虽然从这个实验中无法确定孩子身高的增加是不是由环境的改变引起的，但至少能说明充满关爱的生活环境对孩子的长高是有积极影响的。

在孩子的成长过程中，有两个生理发生急剧变化的时期，0～3岁和青春期。

对0～3岁的孩子，人们最常说的一句话就是："宝宝长得可真快啊，上次看见他（她）时还只有那么一点，只能抱在怀里，现在都能自己走路了，抱着都感觉到吃力了！"这个时期的孩子发展快，身高也在迅速增长。当孩子没有想象中长得快，或者比同龄的孩子都要矮时，家长心中就会焦急了。如果自己也很矮，或者家人中有矮个头的，他们就会怨遗传，显得有些爱莫能助了；如果家中都是高个子，他们就会怀疑是不是营养不良，于是，就会想方设法地给孩子补充营养；如果这些可能都被排除了，家长们也不会丧失信心，因为毕竟孩子还小，以后说不定就能长高了，不是还有青春期的发育嘛。所以，一般来说，在0～3岁这个快速成长期中，家长不会将孩子的矮小与"心理矮小症"结合在一起。

随着孩子慢慢长大，眼见着就要度过青春期了，可是孩子的个头还是那么矮，这就让家长着急了。他们一个劲地给孩子买补品，增高的、补钙的，只要有的产品都尽可能地买给孩子用，可结果还是让人大为失望。在所有的尝试都没有效果之后，他们就只好放弃了。

其实，不管是在快速成长期还是相对缓和期，不管是在哪一个快速成长期，孩子长不高都可能是由心理原因造成的。

在孩子小时，如果基本的生理需要没有得到满足，饿了、渴了、累了、想活动时都得不到家长及时的回应，孩子就会感到压抑、伤心，从而也就压抑了自己成长的节奏。此外，有时候家长情感上的冷漠也可能引起孩子的消极情绪。比如，当孩子感到恐惧、害怕时，他们渴望得到父母的关爱，但家长却忽视了这种感受。其实，一个微笑的眼神，一会温柔的抚摸就能让他们变得开心，使他们心理上不再畏惧，生理上也能自由地成长了。

对于青春期的孩子来说，心理原因对长高的影响就更加明显了。这个时期的孩子不仅生理特征上发生了很大的变化，心理上也是。虽然孩子会表现得像一个大人，并且极力地向家长证明着自己可以独立，但思想和认知上的不成熟性又会让他们碰到很多挫折，稍有不慎就会被打败，最终身心俱疲，影响个子的长高。

"心理肥胖儿"的溺爱综合症

乍一看题目，你可能会第一时间联想到自己身边肥胖的孩子，其实，这里我们要讲的不是生理上的肥胖，而是由溺爱引起的心理上的肥胖。

溺爱，简单地说，就是过多的爱，它的后果同溺水类似，水太多了就会危及人的生命，爱太多了也同样会引起难以想象的后果。这就让家长很为难了，对孩子不爱吧，孩子容易出现心理问题，甚至还可能影响到孩子的身高，所以，就将全部的爱都倾注在孩子身上，以为这样应该安全了，却又出现了另外的问题，例如"溺爱综合症"。

溺爱综合症，是指在孩子成长的过程中给予孩子的爱太多而引起的一系列问题。用心理肥胖来形容孩子的这种状态再贴切不过了。对于孩子来说，家人无微不至的关爱就像是精神营养，输送营养对孩子的成长当然是好事了，可是一旦营养过剩就会出现肥胖，从而导致很多问题。

心理肥胖引起的溺爱综合症主要体现在以下方面：

性格孤僻。也许很多家长对这一点很难理解，一般孩子只有在独自一人时间长了后才会出现性格孤僻的现象，而对于现在的独生子女来说，家里时时刻刻都有人陪着他，有爷爷奶奶陪，还有爸爸妈妈，平时说不定还有几个保姆轮班看着，这样的阵容下出现性格孤僻的确是有些让人难以置信。这种状况下，孩子的孤独来自于缺少和自己年龄相仿的玩伴，他们只有自己玩玩具，搭积木，看电视，这些远远不能满足他们的需要。很显然，无论在生活中他们对小孩有多细心，小孩也同样很难体会到快乐，因为他们缺乏心灵上真正的沟通。由于小孩子的很多观点与大人们不同，表达自己的方式也有差异，与这些没有共同语言的大人在一起时间久了，就容易感到内心孤单。

内心脆弱，经不起挫折。在家长眼中，孩子永远是孩子，所以，只要自己有能力就会尽可能地去保护孩子，不让他们受一丁点的伤害。出于保护孩子的目的而出现的行为，却有可能成为阻碍孩子发展的绊脚石，由于这些孩子从小到大都没有碰到一点挫折，所有的不顺都被家长坚实的身躯挡住了，长大后，一点小小的挫折就可能在他们心里激起巨大波浪。不经历风雨，怎能见彩虹呢？

自私，不尊重人。孩子在家就是霸王，用唯己独尊来形容一点都不为过。这种纵容的氛围很容易滋生孩子的自私心理，而且，在家庭教育中家长的过分敏感也使得孩子根本没有机会去学习尊重别人、体谅别人。记得一位老师在上课时曾经讲过她对自己教育孩子的反思，她说现在的家长包括她自己，对孩子的一些需要过分敏感，表面上看这是亲子关系和谐的一种反应，实际上它断送了很多孩子成长的机会，比如，孩子在看电视时望了妈妈一眼，还没等孩子开口，妈妈就将水递过去了。这种默契在很多人看来是值得称赞的，但仔细想想就会发现其中存在的问题，小孩子会认为，自己无论有什么需要，妈妈都应该有这样的反应。等到孩子长大后，自然就会变得自私，目中无人。

自理能力差。溺爱孩子会造成孩子的自理能力差，这一点是毋庸置疑的。由于小时候什么事情都是家长包办的，长大后可能连很简单的事情都无法自己完成。由此看来，教育孩子绝不是一件简单的事情，而是一种艺术。

父母的关爱水平影响孩子的智商高低

以前住的楼下是一片很开阔的空地，旁边有一间小房子，是院子里的后勤工人做饭的地方，所以一到吃饭时间就很热闹。自己有事没事时就爱站在窗前看下面的风景，自然的、人文的，最让自己感动的还是其中一家三口的生活场景。父亲是一位维修院子里用水、供暖等设备的员工，母亲是楼道的清洁工，他们有一个刚刚2岁的孩子。每天母亲打扫完楼道后就会带着孩子在空地上走，或者让孩子坐在小板凳上讲故事给他听，偶尔也会和孩子玩玩游戏、吹泡泡、打玩具水枪等等，在整个过程中看得出孩子很听话，也很安静。等父亲下班之后，母亲就去做饭了，孩子就跟父亲一起玩。他最享受的就是爸爸把自己抱起往天上抛的游戏，每次都笑得合不拢嘴。父亲还会跟他玩赛跑的游戏，即使有时候摔倒了，孩子也能很快地自己爬起来接着玩。虽然孩子的家里经济条件并不宽裕，没有精美的玩具，也没有昂贵的衣服，但看得出来他很开心，因为他拥有着世界上最伟大的两种爱：父爱和母爱。

一直以来，人们都觉得母爱对孩子的成长是最重要的。这也被科学所证明了。如果一个孩子在生命最初的几年里缺少母爱，他们的生理、心理等方面就会受到影响。而如果孩子和母亲之间建立了安全的依恋关系，孩子就会获得成长的动力，自然就会在发展的过程中走得更高，更远，更健康。

但是，孩子的成长过程中仅仅有母爱是不完整的。都说父爱如山，足见父爱对孩子的影响深远，即使是刚出生的宝宝也对父爱有很强的渴望。他们对父亲说话的声音，一举一动都十分留意，甚至还会去模仿父亲的动作。久而久之，父亲的坚强、勇敢、冒险等性格特点都会影响到孩子的行为习惯，从而影响孩子的智商发展。

试想一下，如果孩子只有母爱，或者只有父爱，那他们的生活又将如何？对于只有母爱的孩子来说，他们可能生活得很安逸，因为细心的母亲会给他们无微不至的关爱，这种爱足以让他们的身体健康成长。但这样的发展并不是健全的，与同时拥有父爱和母爱的孩子来说，他们更容易被挫折打败，在生活中不愿意冒

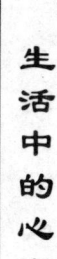

险，独立意识薄弱，依赖性强。对于只有父爱的孩子来说，父亲的坚韧、负责、勇敢、冒险等男子汉的气质会让他们变得更加坚强和独立，但同时也缺乏母爱所带来的很多优良品质。

人的智商高低一部分取决于遗传，一部分取决于环境，而最终决定智商发展水平高低的还是环境因素。作为对孩子影响最早、最大的父亲和母亲，他们的关爱毫无疑问是环境因素中最重要的部分，两种关爱在孩子的健康成长中起着不同的作用，就像是孩子的左右脑，缺少任何一边都会影响其最终的发展。

听话的孩子未必就是好孩子

你是这样长大的吗：妈妈说该上幼儿园了，自己就被带到一个有很多小伙伴的地方，老师说该干什么自己就干什么；幼儿园毕业了，又该上小学了，这时的生活有了目标，不过，是将爸爸妈妈的目标视为自己的目标，这就是考初中；小学终于毕业了，初中也考了，又继续为了爸爸妈妈提出的"考上高中"的目标奋斗；上了高中，还是一如既往地做着听话的孩子，为了考大学埋头学习着；走出大学校门时，爸爸妈妈说，孩子啊，现在你已经长大了，该自己拿主意了，好好找工作吧。可是，这时的自己却束手无策，因为自己已经习惯了那个听爸妈话的角色，习惯了什么事都不用自己拿主意的角色……此时，如果认认真真回想走过的路，我们或许会发现一路走来，自己因为太听话错过了太多的风景，甚至迷失了真正的自己，就像一句广告词说的那样："你们为我安排的路，常常让我迷路。"

是接受家长选择的道路走下去，还是坚持自己的路；是冒着迷路的风险去做一个听话的孩子，还是为了不迷路而走向叛逆之路，这的确很难选择。同样是路，为什么会让人这么纠结呢？归根到底是人们一直以来的观点在作祟：听话的孩子就是好孩子。

培养听话的孩子是很多家长的目标之一，甚至听话与否也成为衡量教育是否成功的指标之一。那些听话的孩子总是会按照家长的意愿行事，从来不会与父母发生争论，即使有时候自己有不同的观点，也会将它们放在心底，尊重父母的想法。而不听话的孩子总是会给家长带来很多烦恼和麻烦，让家长日夜担心。"不听老人言，吃亏在眼前"，当不听话的孩子坚持自己的观点一意孤行时，只要碰到挫折，家长们就会用这句话来警示孩子，并且会想方设法让孩子"走向正途"。家长们费尽心思地让自己的孩子变成听话的孩子，以为孩子听话了就代表着一定能走向成功，但很多鲜活的例子又时不时地会给他们当头一棒。

业业今年 15 岁了，上初中三年级。从小到大他一直是家长、老师公认的"听话的乖孩子"，并被大家十分看好，都认为业业以后一定会很有出息。每次业业的爸爸妈妈听到周围人夸自己的孩子，心里都美滋滋的，甚至很多同事还专门请他们传授教子经验呢。最近，爸爸妈妈发现业业经常放学很晚才回家，而且一回家就把自己关在房间里。因为接近考试了，所以爸爸妈妈以为业业是在备考，就没有多问。直至有一天派出所的民警打电话让他们去领孩子，这才让一直以儿子为傲的爸爸妈妈知道了事情的真相。原来，业业最近一直和社会上的不法青年混在一起，专门在网吧门口勒索偷偷上网的未成年人，或者向巷子里的小孩子收取保护费。这让爸爸妈妈感觉从天堂一下子跌进了地狱，好好的孩子怎么就会变成这样呢。事后，业业不仅丝毫没有反悔之意，还将责任全部推到父母身上，说是因为父母平时管得太多，让他觉得压抑，自己实在受不了了才会找这样的方式发泄，而且，这条道路让自己感觉很自由、很舒服，最重要的是自己终于有权利为自己选择一条路了，不管是不是违法，他都认为值得，至少可以证明自己长大了。

可见，听话的孩子未必就是好孩子，孩子一时的听话也并不意味着永远都会听话。在孩子小时，他们可能迫于家长的压力，对家长的任何要求都会接受，就算心有不甘还是会做一个听话的孩子。可是，当慢慢长大后，他们对家长的控制越来越不满，将多年来一直压抑的情感发泄出来的欲望也越来越强，一旦情绪失控，就可能出现意想不到的行为。

所以，在教育孩子的过程中，家长要为孩子营造宽松、自由、民主的家庭氛围，尊重他们的想法，鼓励孩子表达出自己的意愿。

为孩子煲一锅心灵鸡汤

我们先看几个故事：

昆昆喜欢画画，妈妈就给他报了一个兴趣班，每周六时就去上半天的课。兴趣班为了鼓励亲子之间的互动，每天都有一个小时的开放时间，家长可以陪着孩子一起画画。这一天，妈妈陪着昆昆一起上课，老师布置的任务是让小朋友比赛画出自己在家里吃晚饭时候的场景，看谁画得最快，最好。半小时过去了，很多孩子都画好了，昆昆却还是在磨磨蹭蹭，刚刚开始。看着周围的孩子和家长胜利的笑容，昆昆妈妈觉得自己很丢脸，冲着昆昆骂道："你怎么这么笨呢，别的小朋友都能画好，为什么你就画不好啊？"昆昆委屈地看着妈妈，扔下画笔就跑出了教室。后来才知道，昆昆是想在自己的画中把爸爸也画进去，可是爸爸平时工作很忙，几乎没有在家陪他吃过晚饭，所以他才磨蹭了半天也没有画完。了解真相后，妈妈给昆昆道了歉，可是从此以后，昆昆再也不爱画画了。

妞妞刚刚被爸爸狠狠地揍了一顿，哭得一塌糊涂。妞妞可一直是一个很听话的孩子，爸爸为什么要打她呢？原来，早上起床后，妞妞往床单上倒了一杯水，把刚刚换洗干净的床单又弄湿了，这让爸爸很生气，不分青红皂白就打了妞妞一顿。晚上妈妈回家后，妞妞哭着告诉妈妈事情的经过，原来她睡觉时觉得很口渴，就喝了一大杯水，她觉得床一定也口渴了，所以就把水倒在了床上。

青青有一个很严厉的妈妈，按说在妈妈的管教之下她应该不会特别任性，可是青青却比其他孩子更加蛮横、霸道。每次青青表现出任性、不讲理时，妈妈都会耐心地教育她，而且会铁面无私。但每每在妈妈的教育要奏效时，爸爸就会出现，他可是和青青站在一条战线上的，爸爸会以孩子还小、任性很正常、淘气一点没有什么不好等借口为孩子开脱。所以，每次妈妈和孩子之间的战争最后都成了妈妈和爸爸之间的战争。

凡凡是一个很爱漂亮的孩子，经常会吵着去商场买衣服，但让妈妈感到奇怪的是，每次凡凡都爱跟着爸爸一起逛街，有时候如果爸爸没时间凡凡宁可不逛。为此，妈妈还郁闷了好一阵子，自己平时无微不至地照顾着凡凡，付出的时间和精力都要远远超过爸爸，可到头来孩子还是喜欢爸爸多一点。其实，如果知道凡凡内心的想法，妈妈就不会疑惑不解了。每次凡凡跟着爸爸逛街时，爸爸都会把凡凡抱着，所以，就算商场中的人再多，凡凡还是可以欣赏到那些漂亮的衣服；而妈妈则不会这样，她只是会牵着凡凡的手在商场中穿梭，这样，凡凡在人少时还能自己挑选衣服，人多时就只能看着大人们的腿了。

这些例子在生活中非常常见，当它们发生时，家长可能并不会过多地考虑，而是按照自己的喜好去处理，当给孩子造成了伤害后，才知道向孩子赔礼道歉，但为时已晚。这就像妈妈为孩子煲的鸡汤，本来味道很鲜美，对孩子的成长也有利，但是却在放冷了之后才想起来给孩子喝，这时，孩子不领情就很正常了。

要培养出健康的孩子，家长们就要用爱和智慧为孩子煲出一锅有营养的心灵鸡汤：

在平时自己教育孩子的过程中，家长要注意尊重孩子的权利。他们虽然很小，但是也有自己的想法和主意，有独立的愿望。如果用家长的权威去压抑孩子愿望的表达，时间久了则会阻碍孩子的健康成长。

放低自己的架子，和孩子平等地交流。这也是家长最难做到的，家长以为自己是一个大人，在孩子面前就该有独断的权利，不要说是蹲下来和孩子说话，就是弯一下腰也让他们觉得很没面子。但是，如果家长永远是高高在上的，就永远无法真正走进孩子的心灵深处。

在教育孩子的过程中，家长之间的统一战线十分重要。虽然一个唱黑脸一个唱白脸一直以来都被人们接受，但他们的出发点是一样的，都是为了教育孩子。例子中青青的爸爸妈妈就没有很好地做到这一点，他们一个是教育孩子，一个却是在护着孩子，最终青青变得任性、不讲理也在预料之中了。

哪些品质是孩子成功路上必备的

"要是孩子能把注意力集中在学习上该多好啊！"

"这么聪明的孩子怎么就会被小小的挫折给打败呢？"

"就凭他的机智，如果从小受到正确的引导，等待他的就不是刑场而是鲜花和掌声啊！"

……

人们口中这些聪明的孩子最终都成了惋惜的对象，而没有像人们想象的那样取得成功。

纵观这些本来有能力取得让人赞叹的成绩的孩子，导致他们一蹶不振、甚至走向歧途的原因都是缺乏良好的心理素质。所以，智商只是为人们的发展提供了可能性，而能不能实现则需要看情商的高低了，就如同在一块肥沃的土地上种上庄稼一样，智商就是土壤，情商就是种子。

自信的品质是获得成功必不可少的素质。无论人们在谈到哪一领域的成功者时，都会用同一个词来形容他们的特点，那就是自信。自信是一个人要想成功必不可少的基本心理素质，它能为人们提供能量和动力，让你在挫折面前也能很快地调整自己，重新开始。孩子的自信并不是与生俱来的，而是受教育和环境的影响逐渐形成的。有时候家长或老师的期待和信任是培养孩子自信的重要因素。

相信大家都听过古希腊神话中一个叫皮革马利翁的故事。皮革马利翁是一个著名的雕刻家，他完成了一个美丽女人的雕像，并为之倾倒而坠入爱河。这位雕刻家每天都精心地照顾自己的作品，每天都向神祈求着让雕像变成真正的人。最后，阿弗洛狄忒被他的真诚所打动，成全了他的愿望。从此，雕刻家和雕像变成的人过上了幸福的生活。这个故事的寓意是说只要坚定自己的信念，期盼也能变成现实。这就是"皮革马利翁效应"。

1968年，哈佛大学社会心理学家罗森塔尔在一所小学进行一项智力测试，然后，随机挑选了几名孩子，说他们是有前途的学生。几个月后，罗森塔尔又对这些孩子进行了第二次智力测试，结果发现，原先那些被他选为"有前途的优秀学生"取得的成绩要比其他孩子好。这个真实的实验再一次说明了来自外界的信任或期待，能影响孩子的表现。

内心是决定事物发展的决定因素，外因通过内因起作用。皮革马利翁之所以能如愿以偿，就在于他坚定自己的信念，也正是这种品质打动了神。而罗森塔尔实验中那些取得很大进步的孩子，则是受到了老师对自己肯定态度的影响。虽然老师们在得知实验结果后表示，并没有对这些孩子特殊对待，但他们的言行举止中都会透露着对这些孩子的信任和期待，这种期待也让孩子变得更加自信，认为自己真的有能力取得进步。所以，自信对孩子的成长是十分关键的，但自信品质的培养需要家长和老师的积极关注。

善良不仅是成功的必要条件，也是做人的基本要求。很多聪明的孩子最终走上歧途，就在于他们没有爱心，不懂得体谅别人。所以，家长应该教育孩子从小做一个善良的人，用健康的心态看待生活中的得失，这样才能在与人交往的过程中做到真诚待人，才能在面对失败时坦然接受。

自律能力的培养对于孩子实现自己的目标十分重要。随心所欲的人是永远都不会成为成功的朋友的，而只有那些懂得分配自己的时间、在必要时能够控制自己的情绪和行为的人才是成大事者。从古至今，有很多隐忍者的例子，它们都在告示着后人"大丈夫能屈能伸"。孩子在成长的过程中，对自己的情绪控制不成熟，无论在什么场合，只要没有顺自己的心意就会大吵大闹，不达目的决不罢休，这时，如果家长听之任之，就会助长他们的任性，很难养成孩子自律、自控的优秀品质。

诚信是保证孩子成功的又一枚种子。诚实守信的优良品质一直被人们推崇，从"一诺千金"中就可以看出遵守诺言的价值。虽然，诚信的重要性被人们熟知，但在教育孩子时，家长们又往往对孩子不诚信的行为无动于衷。当孩子撒谎后，几乎家里的每一个人都能编出一个理由为孩子开脱。久而久之，孩子们就会对撒谎无所忌惮，认为反正会有人来替自己背黑锅的。很显然，纵容孩子的撒谎行为不仅不是爱孩子，还会害了他们。

坚强的人才会在实现梦想的道路上越走越远。成长的路上布满荆棘，稍有不慎就会被刺伤，所以，家长要教育孩子坚强、勇敢地去面对、接受、承担，才能渡过难关。

播种自信、善良、自律、诚信、坚强的种子，帮助孩子收获一个成功的未来！

为什么某些"傻瓜"倒成了天才

"傻瓜"与"天才"常常被认为是两种极端的人。对于傻瓜的界定，有比较统一的观点，即认为傻瓜就是指那些糊涂而不明事理的人；对于天才，则存在较大的分歧。特曼认为，天才指的是在智力测验中成绩突出的人，也就是说，天才就是智力水平高的人。高尔顿则认为，天才是具有杰出实际成就、有高度创造性的人。

每个家长都想自己的孩子成为天才，如果自己有一个被别人叫做傻瓜的孩子，多少也会表现得有些无奈。但事实上，有时候天才和傻瓜只有一步之隔。

天才和傻瓜都有着超乎常人的能力，他们的很多想法和行为都不被常人理解。天才和傻瓜之间的不同之处在于，天才会认真地思考事情的能动性、可能性以及结果，更重要的是会付诸行动，而傻瓜只会任凭自己在想象的空间里驰骋，而不会作任何努力。生活中，人们常常只看见了天才所取得的惊人成就，并不了解天才与傻瓜的相似性，所以，即使是天才，在他们没有成功之前都会被认为是傻瓜。这也是为什么有的傻瓜倒成了天才的一个原因。

当然，并不是所有的傻瓜都能变成天才，因为天才身上有着独特的特点。2010年，美国一个公司对世界上最聪明的1000个天才进行了总结，被调查的人囊括了科学、技术、文学、艺术等很多领域的顶级天才，最后发现，天才基本上都具有下面几个特征：

孤独感强烈。由于天才的思维常常不被常人理解，他们很少与普通人有思想和情感上的共鸣，感到孤独也是情理之中的事情了。中国有句古话"苦心孤诣"，对于天才来说，他们就更容易因为"孤诣"而感到孤独了。所谓"高处不胜寒"，越有成就的人就越可能形单影只。

性观念混乱。天才不仅在思维、想象力、创造性等方面常常出乎人的意料，在性观念和行为上也有着与常人不同的表现。很多天才是同性恋、双性恋，或者患有恋童癖、恋物癖等，很多天才一辈子没有结婚。

童年孤僻。天才所具有的超能力几乎都是与生俱来的，这让他们在童年时期表现得比普通孩子要好得多，超群的能力和表现让这些孩子要么自视清高、看不起别人，要么被人孤立、排挤，久而久之，就形成了怪癖的性格。

内心偏执。天才们除了超群的能力，还有超常的自信。一方面，自信让他们能在别人异常的眼光和态度中坚持自己的思想，最终取得成功；另一方面，过度的自信也让他们内心十分偏执。

虽然，天才多为遗传，但如果没有自由、宽松的生长环境，天才也会沦为傻瓜。很多家长在孩子小时对孩子过分压制，认为只有孩子循规蹈矩才是正途，对孩子的一些奇思妙想置之不理，甚至极力压制，最终，不仅扼杀了孩子的创意，还可能由此引起种种心理问题。

为什么有耐心的孩子在事业上表现更出色

古往今来，耐心被人们公认为是成功必备的要素之一，英国小说家毛姆说："人生实在奇妙，如果你坚持只要最好的，往往都能如愿。"培根说："无论何人，若是失去耐心，就是失去灵魂。"富兰克林说："有耐心的人无往而不胜。"耐心对一个人事业的成功有着非常关键的作用。

一位在事业上屡遭失败的年轻人拜访了一位智者，他问智者自己为什么付出过很多努力还是不能取得成功。智者微微一笑，说："这里有两袋黑白混装的芝麻，你今晚把两种颜色的芝麻分开，明天我就会告诉你答案！"年轻人回到家中，按照智者的要求开始分芝麻，可是捡了一会便没有了耐心。第二天，他又去找智者，告诉智者这项工作太费劲了，要求智者将答案告诉他。智者依旧微微一笑，说："答案我已经告诉你了，成功好像将黑白芝麻分开一样，光有努力是不行的，还要有耐心，而你缺少的就是耐心。"

耐心是一种习惯，必须从小培养，有耐心的孩子在事业上表现得更加出色，因为它包含着一种自信的态度，一份执著的追求，一股坚定的力量，而这些都是事业成功所必须的。

有耐心的孩子更加自信。和没有耐心的孩子相比，有耐心的孩子对自己的想法和行为更有信心，他们坚信自己坚持的就是对的。在困难面前，有耐心的孩子能很快地迈过那个门槛，继续饱含激情地前进。

妈妈给鹏鹏买了一组拼图，买回来时图是拼好了的。妈妈考虑到鹏鹏太小，可能现在还无法将被割成了 1000 块的图还原，就打算先放起来，等孩子长大一点再拆给孩子拼。可是，鹏鹏看过图后坚信自己能重新拼好，就执意将图给拆了，自己开始拼起来。对于一个大人来说，要将 1000 块小图拼成大图都有些困难，更何况是一个7岁的小孩。所以，妈妈根本没有期望鹏鹏能成功。整个拼图的过程也的确是困难重重，妈妈劝鹏鹏算了，但他很坚决地说："妈妈，我相信我能拼好的，你就等着瞧吧！"最终，鹏鹏花了一天的时间把图还原了。

这件事让妈妈很是感动，打动她的并不是最后的结果，而是孩子的耐心和其中透露的那份自信。

有耐心的孩子更加坚强。人生总是会有起有落，失意之时往往是人生最为关键的时刻。面对逆境和挫折时，耐心是人们前进的勇气，是取胜的筹码。有很多不成功的人都是半途而废的人，他们有远大的理想，努力地开始，却以失败告终。前进的道路上不可能一帆风顺，越过荆棘需要足够的勇气，甚至有时需要的只是等待，就如同突遇暴风骤雨的袭击，最好的办法就是停下脚步，养精蓄锐，等到雨过天晴时日夜兼程。可是，并不是所有人都有等待的耐心，他们或者被暴雨打垮，或者从此望而却步。

有耐心的孩子可以获得更多成功的机会。机会对于事业的成功是很重要的，但机会可遇不可求，一旦错过，就无法挽回。不过，漫漫人生，机会不止一次，这就需要耐心地等待。从小就有耐心的孩子能为自己的成功赢得更多的机会，他们能够承受得住与机会擦身而过的遗憾，能够忍受很长一段时间没有机会降临的失落，也有足够的勇气和信心继续坚持下去，直至抓住属于自己的机会。

有耐心的孩子更加自信、执著、坚强，这些都是事业成功所必须的，所以，从小教育孩子培养自己的耐心，对于他们今后的人生有重要的作用。

为什么要表扬孩子的努力而非能力

20世纪90年代，哥伦比亚大学的研究者曾经进行过一项大规模的研究，实验选取了400多名不同社会经济背景的孩子。首先让孩子们做一个智力测试，然后将孩子分成不同的组进行有差别的反馈。他们表扬第一组的孩子非常聪明，在测试中表现很好；表扬第二组的孩子在自己的努力下取得了很好的成绩，而对另外一组的孩子则保持沉默。

在实验的第二阶段中，研究者给被试者两种可供选择的任务，一项任务难度很大，几乎不太可能成功完成，但在任务进行的过程中可以学到很多东西；另一项任务难度较小，很容易取得成功。

按照常理，表扬能提高孩子的自信心，能为他们注入前进的动力。所以，研究者预期在任务的选择上，前两组受到表扬的孩子比没有受到表扬的第三组孩子会更多地选择难度大的任务。然而，实验结果大大超出了研究者的意料。更多第一组的孩子选择了难度较小的任务，较少的第三组的孩子选择了容易的任务，第二组的孩子选择高难度任务的人数最多。

实验结果证明，受表扬的第二组与没有受到表扬的第三组在选择上的差异与人们的推断一致，表扬提高了孩子的信心，更愿意去挑战难度高的任务。但是，同样是受到了表扬，第一组的孩子却比第三组的孩子更不愿意去接受挑战，这就有点匪夷所思了。

其实，正是出人意料的结果揭示出了教育孩子时一个很重要的道理：要表扬孩子的努力而非孩子的能力。让我们先来看看两种不同的表扬方式对孩子心理产生的影响：

表扬孩子的能力，说他们聪明，这种表扬虽然能在短时间内提高孩子的信心，但也增加了他们对失败的恐惧。受到表扬的孩子会觉得自己的成功是不受外界因素影响的，那么，即使自己不努力、不拼搏，也能照样取得好的成绩；没有受到这种表扬的孩子就自然会认为自己不够聪明了，不能成功也是注定的，就算偶尔取得了好的成绩也是运气好，所以，努不努力对自己来说一点用处都没有。当孩子遇到挫折时，受到过表扬的孩子很容易怀疑自己的能力，所以为了避免被别人说自己不聪明，他们更倾向于选择那些难度低的任务；而没有受到过表扬的孩子则会抱着"破罐子破摔"的心理，反正自己不聪明，失败也是很正常的。

表扬孩子的努力，这种方式将孩子取得的成绩与他们可以控制的因素结合在一起，更容易调动孩子的信心和动力。不管孩子行为的结果是好还是坏，对其努力的表扬都会鼓励他们继续发奋。不过，这种方式的表扬带来的结果也不全是积极的。

群群是一名初中生，学习成绩很好，爸爸妈妈都引以为傲。但是，群群却很自卑，总觉得自己比别人笨，下课也不愿意和别的同学一起玩，学校的各种活动也不参与。在一次作文比赛中，群群将自己多年来压抑的情感表达了出来。群群的作文题目为"假如我是一个聪明的人"，在作文中她写道："从小到大，虽然我的成绩一直很优异，但又能说明什么呢？我终究还是一个笨蛋，就连老师都这么说。他总是告诉别的孩子他们很聪明，只要稍微努力一下就能取得好的成绩。但是，老师从来都不会说我聪明，就算我每次都考年级第一，老师还是会在班上说：'大家要像群群学习，相信如果你们有她一半的努力就能考出好的成绩了。'难道像我这样的人真的就只能靠勤奋才有好的成绩吗？我多羡慕那些可以天天不用用功的孩子啊，虽然他们的成绩没有我的好，但他们过得很开心，他们可以去打球、唱歌、跳舞、参加比赛，他们有时间去交朋友，他们可以做自己想做的事情，而我却只能坐在教室里和那些数学题做伴。可是我知道，笨蛋是不可以这样的，如果不付出比别人多的努力，就永远不会有成功……假如我也是一个聪明的人那该多好啊！"

群群并不是不聪明，只是老师希望大家向她学习，所以才会那样表扬她，但是，对努力而不是能力的表扬却让群群产生了严重的自卑。

要避免的教育误区

家长们含辛茹苦教育孩子、让孩子获得成长的过程，其实也是家长自己成长的过程。没有哪一个爸爸妈妈不爱自己的孩子，他们为了孩子无私地付出，不求孩子将来回报自己什么，唯一让自己欣慰的就是看见孩子能健健康康、开开心心地生活。可令很多家长遗憾的是，有时候自己的努力却换来了相反的结果，自己认为成功的教育却最终教育出了不成功的孩子，究其原因，不是家长不够爱孩子，也不是他们不够努力，只是陷入了种种教育的误区。

误区之一：孩子没有异议就是接受。

源源以前就读于一所普通的初中，虽然刚开始进校时源源对这所名气不大的学校有很大的抵触心理，但是经过一年多的生活、学习，他和老师、同学之间都建立了深厚的情感。为了让源源受到最好的教育，爸爸妈妈一直在寻找机会将他转到重点初中。最近，机会终于来了，本来爸爸妈妈以为将这个好消息告诉孩子之后，源源会跟他们一样开心，可源源只是面无表情，没有说一句话就进了自己的房间。虽然这种反应并不像源源平时的性格，但爸爸妈妈认为他没有说"不"也就意味着接受了，于是没有再和孩子商量，就擅自到学校办了转学手续。第二天早上，源源还是照旧背着书包准备上学，却被爸爸拦住了："孩子，今天第一天上新的学校，爸爸陪着你一起去吧！"这句话让源源马上怔住了，还没等爸爸反应过来就摔门而出。这让爸爸妈妈很是疑惑："当初如果不同意可以跟我们提啊，等到我们费了这么大的周折办好了手续他又不高兴，还不愿意转，这叫我们怎么做人啊。"

源源的爸爸妈妈不知道，有时候孩子的沉默就是最有力的反驳。

误区之二：听话的孩子就是好孩子。

在前面的章节中曾经提到"听话的孩子未必就是好孩子"，但在家庭教育中，家长们却常常把这两个概念混为一谈，走进了"听话的孩子就是好孩子"

的误区。家长们总爱以"过来人"的身份自居，总觉得自己经历过的事情比孩子要多得多，所以，在看待任何事情时认为自己的比孩子的正确，如果孩子对自己的建议或要求置之不理，则会被认为是不听话的孩子；如果孩子什么事情都能听从自己的教诲，这会让他们觉得很有成就感，很有面子。其实，很多家长一味地要求孩子听话，并不是真正为孩子着想，而只是放不下自己的权威，认为孩子跟自己对着干有损自己的面子，会被人笑话。

误区之三：孩子只学不玩就会有出息。

爱玩是孩子的天性，只有在游戏中才能发掘出孩子的潜力。可随着教育竞争的日益激烈，限制孩子游戏的现象也越来越普遍。以前，小学生根本可以不用书包，因为回家很少会做作业，而是和一群小伙伴们尽情地玩耍；现在，小学生不仅离不开书包，而且有的还用的是拉杆式的，因为书包太重，孩子瘦弱的身躯根本无法背得动它。白天在学校上课，晚上在补习班上课；周一至周五在学校上文化课，周末就上兴趣班。这样的时间表已经成为很多学生平时生活的真实写照。他们的生活主题不再是游戏，甚至游戏已经从他们的生活中被强行排除了，等待他们的只有无止尽的学习、上课、兴趣班。看着孩子每天拖着疲倦的步子回家，家长们除了心疼、无奈，也会掺杂着欣慰，因为这说明孩子在用心学习着，如果孩子一直这么学下去，将来一定会有出息的。这种教育方式让人胆寒，孩子毕竟是孩子，不是机器，他们需要发展自己的天性。家长为了让孩子有出息，要求孩子只学不玩，从长远看，不仅不会让孩子取得成功，还泯灭了孩子的天性。

误区之四：高压教育就能管制住孩子。

很多家长对现在教育孩子的难处都深有体会，为了管住孩子，他们就采用高压策略，不给孩子发言的权利，不给孩子自我选择的权利，在家长看来，让孩子健康成长最有效的方式就是封闭一切可能对孩子造成不良影响的通道，殊不知，即使能管住孩子的身，也管不住孩子的心。

当你发现自己的教育并不奏效时，不妨停下脚步，看看自己是不是也走进了教育的误区。

不妨给孩子贴上标签

美国心理学家贝科尔认为："人们一旦被贴上某种标签，就会成为标签所标定的人。"这种现象被称为"标签效应"。美国的另一位心理学家克劳特曾做过这样一个实验：他要求一群参加实验者对慈善事业作出捐献，然后根据他们是否有捐献及贡献大小，分别将其评价为"慈善的人"和"不慈善的人"，相对应地，还有一些参加实验者没有被进行这样的评价。过了一段时间，当再次要求这些人进行捐献时，发现那些第一次被评价为"慈善的人"，比那些没有被评价过的人捐钱要多，而那些第一次被说成是"不慈善的人"，则比那些没有被评论过的人捐献得要少。这表明外界的评价对人们的行为产生了某种确定性的影响，人们是倾向于按照自己所获得的评价而决定自身行为的。

标签效应提示我们，如果我们希望某人做得更好，就应当给予这个人更多肯定性的评价，因为这对他取得更好的表现有着明显的促进作用。在教育方面，这一点显得尤其重要。作为教师，对一些成绩落后的学生切忌说一些打击其自尊心和自信心的话，而应当多鼓励，给予学生们积极的评价，让学生知道，在老师的眼中，自己是一个好学生，因此，自己也应当朝着老师所期望的方向去努力，令自己成为名副其实的优秀学生。相反，学生如果得到了太多批评的话语和负面的评价，则会感到沮丧，甚至认为自己就是这么糟糕的，索性就听之任之了。人们常讲"破罐子破摔"，就是这个道理。这一要求不仅是针对教师，对于家长也同样如此，不要因为孩子一时在某件事上没有做好就大发脾气，甚至出于一时气恼就给孩子定性为没出息，这是相当不负责任也是相当无知的做法，对孩子的健康成长是极为不利的。

很多成功人士在回顾自身经历时，都会提到这样的事情，就是自己曾经受到过某人所给予的难忘的鼓励，特别是当鼓励他的那个人具有很重要的身份或者在他的心中享有很高地位时，这种激励作用就更为明显。此后，在奋斗的过程中，他会时时记起自己所受到过的激动人心的鼓励，从而即使遭受到了很大的挫折、很多的磨难，也会以此来肯定自己、勉励自己，相信自己能够渡过难关，最终取得辉煌的成功。这就是标签效应的神奇作用。

峰终定律能让教学效果更好

心理学上有这样一个实验：

让两组人员听相同时间的强噪音，然后一组停下来，另一组接着再听一段时间的弱噪音。就实际遭受来讲，后一组比前一组受了更多的折磨，但是听到更长时间噪音的后一组的痛苦指数却要比前一组低很多，原因就是对于两组人员来讲，结束时刻的噪音给他们留下的感受最为深刻，因而他们的痛苦指数也就主要是由噪音结束时的刺激程度所决定的。这体现的是感受过程中的"结束"一刻的决定价值。

在另外一种情况下，令两组人员听相同时间的噪音，其中一组的噪音强度较高，另外一组的噪音强度较低，但是其中某一片刻听到了极其刺耳的超强度的噪音，结果就是，后一组的痛苦指数要高于前一组，尽管就总体而言，后一组所听到的噪音强度要低许多。这体现的就是感受过程中的"高峰"一刻的决定价值。

这就是心理学上著名的"峰终定律"的实验——人们对体验的记忆由两个因素决定，即高峰（无论是正向的还是负向的）时与结束时的感觉。峰终定律是 2002 年由诺贝尔经济学奖得主、美国心理学家丹尼尔·卡尼曼提出的。

依照峰终定律，高峰和结束时的体验主宰了人们这段感受的性质和强弱的程度，而跟感受的总的比重以及体验时间的长短无关。也就是说，如果在一段体验的高峰和结尾，体验是愉悦的，那么对整个体验的感受就是愉悦的，即使这次体验中总的来看更多的是痛苦或不愉快的感受。人们常讲的"雪中送炭胜于锦上添花"，表现出来的就是高峰体验的特殊意义。人们在做错某件事情而伤害到对方的感情时，会考虑采取某种善举以挽回彼此的情谊，而这种方法也常常是有效的，就是因为这种最终的善意感受会给对方留下最为深切的印象。

某咖啡店的老顾客说，尽管在消费的整个过程中有排长队、价格昂贵、长时间等待咖啡制作、不容易找到理想座位等很多不好的体验，但是促使他下次再去的还是峰终体验："峰"是"友善而专业的店员"和"上乘的咖啡品质"，"终"是"店员友好的注视和真诚的微笑"。

当然，峰终定律也有着自相抵触之处，就是如果高峰体验与最终体验是两种不同性质的感受，这时体验者的感受也就只能与其中之一一致，而究竟取决于哪一个还要看哪一时刻给人的感受是更为强烈的了。

峰终定律常被应用到教学中——教师对教学重点作突出的强调，而且在课堂或课程结束时对这一部分的学习内容进行总结。实践证明，通过强化学生的峰终体验确实收到了很好的教学效果。

留白，教学中的一种艺术

心理学上有一个空白效应，说的是人在感知事物时如果感知对象不完整，便会自然地运用联想，在头脑中对不完整的感知对象进行补充，并且人们在进行这种联想和补充的过程中会产生更强烈的心理效应，印象变得更为深刻。

"空白"原是艺术创作与欣赏中的一个概念，指的是创作者并不将心中的蕴意在作品中完全地呈现出来，而是留有一定的余地，令欣赏者自由地发挥自己的联想和想象，这会比全盘托出取得更佳的艺术效果。这在书法上叫飞白，在国画上叫留白。飞白也好，留白也罢，说白了就是要恰如其分地给人留下无限的遐想空间，达到"水到渠成"的效果。

留白之所以具有这样的效应，奥妙就在于留白在人们的感知中起到了一种变被动为主动的效果。对于感知者而言，如果感知对象将全部的信息都无所保留地表达了出来，那么感知者所需做的就是被动地接受感知对象所提供的信息；如果感知对象的表现是留有余地的，则感知者就会对这种空白进行自主地补充，在这一主动的联想过程中，感知者会调动起更加积极的情绪，给予更高程度的精神投入，从而也就加深了印象，取得了更好的知觉效果。

说书人常常在情节发展的紧要之处中断，留下一句"欲知后事如何，且听下回分解"，这就是对空白效应的运用，令听众带着一种强烈的好奇心对故事的发展进行种种猜测。在艺术创作中常说的"此时无声胜有声""言有尽而意无穷"等，体现的也都是空白效应在艺术表现之中的运用。

空白效应在课堂教学中有着极为重要的应用。在课堂教学过程中，如果教师包办太多，或者是"满堂灌"，留给学生自由思考和自由发展的空间过于狭窄，不仅会增加学生的负担，更会令学生感到单调和厌倦，从而对学习效果产生很大的负面影响。相反，如果教师在提出某一问题后不直接给出解答，而是让学生独立思考，也就是制造这样一个空白阶段，则能很好地调动起学生的积极性，锻炼学生分析问题、解决问题的能力。

换句话说就是，在课堂教学中，结合教学实践，教师如果能全方位、系统、科学地设计教学空白，从教学内容、教学时间、教学空间出发，多层次、多角度地给学生留出空白，课堂将成为学生思维的"发源地"，也很容易收到好的教学效果。

有一些教师在批评学生时将话说得很不留余地，其实这样恰恰容易引起学生的逆反心理，不利于其改正错误。可是，如果教师在进行批评时留有空白，只需让学生意识到自己所犯的错误，而无需作过多的斥责和教导，学生会自然地产生愧疚，并因此而改进。

总之，空白效应在教学中有百利而无一害。在讲解时留白，给学生思考分析的机会，让学生独立地思考、判断和面对，学生的分析能力就会逐渐提高。在实践方面留白，给学生一个锻炼的机会，提高学生的动手能力。在批评方面留白，让学生有自责和自我教育的时间。这样学生就不会有一种被"穷追不舍"之感，反抗心理就会锐减。

当然，空白效应的运用也要讲究度的问题，并且需要依据不同的具体情况给予灵活的应对。

超限必然逆反

寓言《杰米扬的汤》讲了这样一个故事：杰米扬是一个热情好客的人。有一天，朋友远道来访，杰米扬非常高兴，亲自下厨做了最拿手的好菜：一大盆鲜美的鱼汤。朋友喝了第一碗，感觉很不错。杰米扬劝他喝第二碗。第二碗下肚，朋友觉得有点多了。可杰米扬没有觉察到，仍然继续劝朋友喝汤。朋友终于忍无可忍，扔下碗，掉头而去。

杰米扬的朋友的遭遇也发生在美国著名作家马克·吐温身上过。有一次，马克·吐温在教堂听牧师演讲。最初，他觉得牧师讲得非常好，让他感动，他准备捐款。过了10分钟，牧师还没有讲完，他有些不耐烦了，决定只捐一些零钱。又过了10分钟，牧师依然没有讲完，于是，马克·吐温决定，1分钱也不捐了。等到牧师终于结束了演讲，开始募捐时，马克·吐温由于气愤，不仅未捐钱，还从盘子里偷了2元钱。

杰米扬的朋友和马克·吐温都是因为刺激过多、过强或作用时间过久，而产生的不耐烦和逆反心理。这在心理学上被称为超限效应。

造成超限效应的根本原因是以自我为中心，不注意方式、方法，没能注意"度"的把握，没有换位思考。有一个刚上小学三年级的男孩，每次考完试后，如果成绩不好，回家后肯定会遭到父母亲的轮番批评，一次、两次、三次……每一次的内容基本相同。这个男孩开始时还为自己的成绩感到内疚，可是时间长了，他也就不以为然了，甚至还对父母表现出了极度的不耐烦和反感。后来，家里发生变故，母亲抛弃了男孩和他的父亲。男孩的父亲一个人又当爹又当娘，脾气也变得越来越坏，对男孩的惩罚不断升级，竟然发展到了体罚。这个男孩越来越不愿意学习了，就经常逃学，后来干脆离家出走和一些小流氓混到了一起。

不仅家长在教育孩子时要避免发生超限效应，老师在教育学生时也要注意这一点。有的老师，尤其是班主任，一遇到学生成绩下降时，经常就会不厌其烦，一而再、再而三地对学生进行思想教育；一遇到学生犯错误，就会把学生叫到办公室反复批评教育，有时会"新旧账"一起算。

这些做法都是不对的，超限效应很容易使学生从内疚不安到不耐烦，进而达到反感讨厌，丝毫收不到良好的教育效果。

仅靠物质刺激是不够的

不少私企老板常常感到莫名其妙，即便连续给企业里的高级人才多次涨工资，他们该走的照走不误。真不知这些人在追求什么。

这是"德西效应"造成的。所谓的德西效应说的是当一个人进行一项愉快的活动时，给他提供奖励反而会减少这项活动对他内在的吸引力。有时候增加报酬不但不会使积极性更高，反而会降低人的工作效果。那些为工作而工作的人，才懂得工作的真义。而希望靠工作而获得报酬的人，只是在为报酬效劳而已。

德西效应告诉我们，在培养个人积极主动、持之以恒的兴趣和坚韧不拔的意志时，仅靠物质刺激远远不够。虽然"重赏之下，必有勇夫"，但由物质刺激所激发的兴趣是短暂的。正确的做法应该是：把物质奖励和精神奖励结合，后者为主，前者为辅。即使采用物质奖励，也不可过多过滥，而应恰到好处。

德西效应其实是教育心理中的一个理论。心理学家爱德华·德西让一些学生去单独解答智力难题，他希望借助这个实验找出学生解题的动力指标。实验分为三个阶段，第一阶段，全部学生进行无奖励解题；第二阶段，把学生分为两组，一组学生每完成一个难题后，就得到 1 美元的奖励，另一组学生解题没有奖励；第三阶段，是自由休息时间。研究人员发现，没得到奖励的学生比得到奖励的学生更愿意花更多的休息时间去解题。这说明，人做某事的积极性等于成功概率和价值判断的乘积。

苏霍姆林斯基说过："如果你只指望靠表面看得见的刺激来激发学生的兴趣，那就永远也培养不出学生对脑力劳动的真正热爱。要力求使学生亲自去发现兴趣的源泉，使他们在这种发现中感到自己付出了劳动并得到了进步。这本身就是一个最重要的兴趣来源。"因此，在学校中，就要处理好内在报酬与外在报酬的关系，要处理好精神鼓励与物质鼓励的关系，以避免产生德西效应。

美国的一个学校采用发"代币券"的形式褒奖学生的做法就很可取。如果老师要褒奖学生的某种良好行为，就会给这个学生发一张价值若干元的代币券。这张代币券可以在学校的小卖部换取同样价值的小商品。如果学生不马上兑换代币券，或将自己的良好行为保持一段时间，抑或又有新的良好行为，他就可以到教师那里换取一张面值更大的代币券。如果学生仍不兑换，并持续保持良好行为，教师的褒奖方法则仍根据以上原则类推。激励的同时要给予学生一定的期望，这样才会收到比当下良好行为更好的效果。

赞美与表扬能使白痴变天才

有一个女大学生，做事拖沓，得过且过，穿着打扮不修边幅，走起路来低着头，因此，所有的同学都看不上她，她也为此经常闷闷不乐，特别苦恼。同一宿舍的同学不忍心看到她就此而沉沦下去，于是共同商量出这样一个办法：她们分头在暗中鼓动同班的男生对这位女生献爱心。这样，男生们一改常态，有的与这位女生见面时微笑着嘘寒问暖；有的见着这位女生时赞赏其做事利落，勤奋上进；有的甚至直接表达对其心存爱慕……结果一个学期下来之后，在这个女生身上出现了奇迹——她变成了一个做事干净利落、穿着打扮整洁合体、勤奋上进的优秀女生。

有心理学家做过这样的实验：让一群孩子一起上课，课后给他们布置作业。第二天，老师对将作业题全部做对的孩子给予了诚恳的表扬，对另一部分在作业中出现错误的孩子则没有给予鼓励，然后对他们进行仔细地观察。结果发现，受到表扬的孩子对学习的兴趣提高了不少，而没有得到表扬的孩子则对学习的兴趣减弱了很多，甚至开始出现了厌倦的心理。这种现象具有普遍性。该实验说明，成功和表扬，与兴趣和动力直接相关，奖励会引发兴趣，而成就感则会带来强大的动力。

这就是所谓的赞美与表扬能使白痴变天才，批评与谩骂能使天才变白痴。孩子能从学习的成功体验中感受到学习的快乐和知识的力量，从而产生强烈的自信心。反之，假如他们经常遭受失败，体验到的都是失败的痛苦，那么他们就会逐渐失去信心，倾向于逃避学习，并且对学习产生厌恶的情绪。

儿童心理学家研究证明，儿童的一切活动都需要得到他人的认可，来自外界的赞许和期望会使孩子加倍努力，增强表现得更好的信心，从而孩子就在不断的成功感中获得了更为快速和健康的成长。

因此，作为家长和教师，在孩子身上，不能因为事情小而忽略它的存在，当孩子取得一点点的成功时，切不可熟视无睹，而应及时地对孩子给予真诚的赞美和积极的鼓励。

"跳一跳，够得着"的目标最有吸引力

心理学中有个篮筐定理：篮球比赛之所以精彩激烈，富有观赏性，与篮球筐

的高度有很大关系。试想，如果篮球筐比两层楼还要高，进球就会非常困难，容易使人失去耐性和信心。反过来，如果篮球筐只有一个普通人那么高，进球如探囊取物一般，容易使人失去兴趣和动力。正因为如此，人们把篮球筐设定为跳一跳可以够得着的高度，才使得篮球成为一个大受欢迎的世界性体育项目。

换句话说就是"跳一跳，够得着"的目标最有吸引力，对于这样的目标，人们才会以高度的热情去追求。因此，要想调动人的积极性，就应该设置"高度"适度的目标。

在现实中，大部分人都有自己的目标或理想，尤其是二十几岁的青年人，往往都有远大的理想，而随着年龄的增长，到了三十几、四十几，经过长时期的疲惫追求，再加上家庭的压力，许多人也就逐渐地放弃了。如果用篮筐定理去解释造成这种现象的原因，就是这些人的目标太过高远了。篮筐理论告诉我们，目标不宜设置得过高，而应该尽量离我们近一些；即便是过于高远的目标，我们也要将其分散为一个个具体化的小目标，这样更容易实现一些，而我们也会不断得到激励，增加激情。

在审美上我们同样受篮筐定理的影响。对于那些意蕴过于晦涩的作品，读者往往由于读不懂而敬而远之；同时，对于那些意蕴过于浅陋的作品，读者也同样不屑一顾。好的文艺作品正是那些将意蕴和思想巧妙地蕴藏起来，而人们在欣赏作品的过程中又能够通过自己的思索和参与感受到的作品。人们在审美过程中所感受到的愉悦，实际上便包含了自己也参与了创造美的过程的成就感。

篮筐定理所包含的心理学道理也很适合教学。在进行课堂教学时，要掌握一个度，在课堂上设计的问题、布置的习题、预设的教学目标既不能太简单，也不能太难。太简单，学生们不用"跳一跳"便能轻而易举地解决、完成，他们就会对知识的获取失去新奇感和兴趣，对目标的追求热情大大消退乃至消失；如果预设的目标过高，学生奋力"跳一跳"也够不着，便会望而生畏、丧失信心，同样对学习失去热情。而一个"跳一跳，够得着"的教学目标，便使学生在能够实现目标的同时又感受到一种成就感，进而增进其对学习的热情。因此，高明的教师总是会设置一个适合学生的最近发展区，以唤起学生的求知欲望。

第二十七章

学习心理学：突击复习后，考试前一定睡一觉

如何通过操作性条件作用来学习新行为

行为主义心理学认为，任何一种行为都是可以在后天的环境中学习的。对大多数的人和动物而言，操作性条件作用是一种基本的学习方式。它与经典条件作用不同，操作性条件作用是个体为了达到他所期待的那个结果而有意进行的。

我们来看这样一个例子，一位老师对课堂上积极回答问题的同学这样说道："回答得完全正确，思考的角度也很新颖，你真是太棒了，真的很优秀。"相信没有任何一个学生会拒绝老师这样的评价。那么，为了能够继续得到老师的表扬，这位同学会怎样呢？答案显而易见，他会在以后的课堂中尽可能多地去回答老师的问题。其实，上述的由于老师的鼓励而引起学生回答问题次数增加这一行为的显著变化，就是一个操作性条件作用的过程。

操作性条件作用是行为主义心理学中一个非常重要的概念，是指在特定的情境下，将一种随意的行为与奖赏联系在一起，从而引起行为上的一种变化。比如，一个小男孩由于将自己的蛋糕分给其他的小朋友而得到了一朵小红花，那么下次如果他有了其他的东西，还是会和小朋友一起分享，因为他知道这一行为会受到老师的表扬。在这里小男孩随意的分享的行为得到了表扬，而这一表扬又会使得分享行为增加，这样就建立起了一种条件反射。

美国心理学家斯金纳认为，人类的学习也是一种操作反应的强化过程。通过操作性强化，一个比较完整的新的行为单元可以被学会。人的一切行为几乎都是操作性强化的结果，人们有可能通过强化作用的影响去改变别人的反应。

通过操作性条件作用来学习新的行为，主要是通过强化作用来实现的。强化的过程就是某一刺激增加了行为再次出现的可能性的过程，强化又可以分为正强化和负强化。正强化是指个体某一种行为或反应出现后，伴随着某种奖励，从而使得该行为或反应出现的频率增加。例如，一个学生由于刻苦学习得到了奖学金，那么在以后的学习中，他一定会更加刻苦努力；一个因为周末加班而受到老板表扬的员工，可能下个周末会选择继续加班。负强化是指当个体自发地作出某种反应之后，随即撤销了某种厌恶刺激，从而使此类反应在以后的类似情境中发生的概率增加。比如，有一个学生，做作业速度非常慢，常常拖拖拉拉，做做停停，爸爸妈妈对孩子这个缺点无可奈何。但是孩子又非常喜欢看电视，常常因为看电视影响做作业的质量和速度。结合这两点，家长以看电视作为惩罚的刺激物，只有当孩子在规定时间内完成作业，或者只有孩子完成作业后才可以看电视，否则无论如何都不会给他看电视。坚持一段时间后，发现孩子完成作业的速度有一定程度的提高。

但是，在运用强化塑造行为的过程中，注意将负强化和惩罚进行区分。惩罚是使用某种方式使不符合要求的行为减少。比如，打骂孩子，或者大声呵斥等等。惩罚的有效性是有限的，负强化能让人知道哪些行为是对的，哪些行为是错的，而惩罚却不能教给人恰当的行为，只能减少不合乎希望的行为的发生频率。而且惩罚还会带来消极的影响，尽管我们的本意只是减少不希望出现的行为的发生频率，可是受惩罚者会将惩罚行为与行为本身联系起来。比如，经常挨打的孩子，也会学会打别人，同时还会产生消极情绪，比如对惩罚的恐惧和焦虑。因此，在对行为进行塑造的过程中，不到万不得已时千万不要采用惩罚的手段，而应该提倡强化和负强化，来消除和减少不恰当的行为。

矫正操作性行为的工具清单

在上一节中，我们讲到行为是可以通过学习获得的，同时按照行为主义心理学的观点，已经习得的行为也是可以改变的。如果你试图去改变一个人的行为，可以参考行为主义心理学家的建议：正强化、负强化、惩罚和消退。

正强化。可以说在对操作性行为进行矫正的过程中，正强化是最有效的方法之一。尤其是在对孩子的教育过程中，恰当地运用正强化效果会非常明显。比如，对于一个提到去幼儿园就哭闹的孩子，家长可以说："如果你听话去幼儿园，我周末陪你去公园玩旋转木马，或者去商场给你买那个你一直想要的布娃娃。"或者家长和老师进行沟通，如果哪天孩子去幼儿园时没有哭闹，老师可以奖励孩子一朵小红花。这样孩子就会慢慢地改掉自己哭闹的行为，甚至还会越来越喜欢去幼儿园。当然，强化物并不一定是具体的物质，对于年龄稍大一点儿的孩子，也可以是精神层面的社会性强化物，如拥抱、抚摸、亲吻、口头夸奖等形式。同时，在使用正强化对行为进行矫正时，不要忽略普雷马克原理。这一原理主要是用孩子喜欢的行为来强化他不喜欢的行为，比如，一个孩子不喜欢吃蔬菜，但是特别喜欢吃冰激凌，这样你就可以用冰激凌来让孩子吃蔬菜。

负强化。这一方法总是与令人不愉快的刺激相联系，其中的原理是撤销这种厌恶刺激之后，人们的某一行为或反应的频率会增加。在对孩子行为进行培养的过程中，家长经常会用到这种方法，但是结果往往不尽人意。比如，当孩子完不成作业时，家长就会一直唠叨甚至责骂，直到看到孩子完成作业为止。这就是一个负强化的过程，家长的唠叨或责骂对孩子来说是厌恶刺激，为了避免这一令人不快的刺激，孩子按时完成作业的行为会逐渐增加。再比如，在一家公司中，员工每次迟到老板就会不分青红皂白地大骂一通，不给员工解释的机会。因此，为了逃避老板的责骂，每一个员工都准时上下班，从来不敢迟到。这也是一个负强化的例子。

惩罚。古训有"闲着棒子，宠坏了孩子"。不可否认，惩罚在短时间内可能会起到一定的作用，但是同时也存在一定的风险。如果使用不当还会带来很多的负面影响，不仅起不到矫正行为的目的，反而会带来新的问题，比如体罚会让孩子产生恐惧的心理。因此，心理学家主张将惩罚和负强化配合使用，这样效果会更好。惩罚只能让被惩罚者认识到，自己的行为是不恰当的，但是却不知道何种行为是值得提倡的。而将惩罚法与负强化法结合，可以充分发挥两种方法的优点，既可以避免不良行为，还可以塑造新的行为，使教育更具有艺术性。

消退。可以说这是一种比较安全的行为矫正的方法。它不像正强化那样，需要一定的强化物，也不像负强化和惩罚那样会带来负面的后果。这一方法主要是对行为者的不良行为采取不予理睬的态度。比如，孩子因为想要玩具而哭闹不已，家长对此可以不理不睬，让他继续哭闹，直到他没有力气继续哭闹为止。也许下次再遇到类似的情境，孩子就会明白，这种哭闹的方式是无效的。消退方法的实施需要一段时间，而且还要注意它的适用性，在有些情况下就不适宜使用这种方法，比如对于孩子的攻击性行为就不能采取不闻不问的态度。在消退的同时，也可以进行适当的正强化，效果会更加有效。对儿童无理哭闹的行为不予理眯，直到他停止哭闹、情绪稍微平静之后，再对他的行为进行鼓励，比如给几颗糖或是一个小玩具，让他对自己的两种行为有一种深刻的对比，从而明白哭闹是没有用的。

掌握以上四种行为矫正的方法，当需要改变他人的不良行为时，你可以尝试着使用。

认知心理学是如何解释学习的

行为主义心理学认为，学习是刺激（S）—反应（R）之间建立连接，从而引起行为上的变化过程。而认知心理学则认为，学习并不只是行为的变化，而是心理过程的变化，是一个认知的过程。对此，认知心理学家通过一系列的实验来检验学习过程背后的心理过程的变化。

柯勒认为心理过程是学习的重要组成部分，于是他设计了一些能够让认知学习过程显现的情境，并对黑猩猩在这些情境中的行为进行观察。他于 1924 年进行了"顿悟学习"的实验研究。他将黑猩猩关在笼子里，黑猩猩的旁边放置一短棍，在笼子外面放一根长棍和一些香蕉。黑猩猩开始试图抓取香蕉，结果失败。随后，用短棍去够，又失败，黑猩猩觉得自己很受挫，气急败坏。在这个过程中，经过几次观察，它忽然拾起短棒，用短棒再连结长棒，取得了香蕉。可见，黑猩猩是在观望时，把握了两根棍棒与香蕉之间的内在关系。由此柯勒得出，动物并不是简单地使用条件作用而习得的行为，它们通过改变其对问题情境的感知来进行学习。黑猩猩和人类一样，能够突然感知到熟悉的事物之间的新的关系，并且利用这一关系来解决问题。很明显，这是一个心理过程的变化，而不是行为过程。柯勒把这一过程称为"顿悟学习"。

托尔曼认为，学习并不是 S—R 之间的连接，在外部刺激 S 和行为反应 R 之间还存在一个中介变量。学习不仅要研究行为的外部表现，更要探讨内部的大脑活动。他以老鼠为研究对象进行了有关学习的实验研究。他和一位同事制作了一只简单的迷宫箱，里面有三条通向目标盒的路径。最短的那条是从起始处直通目标盒的；第二条稍长一些，向左弯了一下然后在中途接入最短的直路，距目标盒尚有一半的路程；第三条最长，向右转了很长的弯，然后才在靠近目标盒的地方接入最短的那条直路。经过一系列试验后，老鼠按行为主义的理论所预测的那样三条路都跑过，然后学会了选最短的那条直路，因为这是最容易建立起来的习惯。然后，托尔曼在直路的中途设了一道障碍，这样的话，老鼠只能通过最长的那条路才能取到食物。按照行为主义理论，当老鼠顺着直路跑下去发现障碍时，它应该立刻掉头来尝试一个最容易建立起习惯的路径，即中等长度的那条，可它却立即就选了最长的那条。这一结果说明，老鼠已经建立起了对整个迷宫的"认知地图"，并"意识到"障碍物挡住所有的路径，只能选择那条路途最长的道路。我们可以看到，在托尔曼的实验中，老鼠学习走迷宫的过程中，强化并不是最重要的，关键是老鼠的内部心理活动在起作用。

在托尔曼研究的基础上，班杜拉提出强化无须直接作用于本人，即便是我们只是看到别人得到奖励或受到惩罚，这种和直接作用于我们一样有效。对此，班杜拉进行了一系列的研究。他将儿童分为甲、乙两组，在实验的第一阶段让两组儿童分别看一段录像，甲组儿童看的录像片是一个大孩子在打一个玩具娃娃，过一会儿来了一个成人，给大孩子一些糖果作为奖励。乙组儿童看的录像片开始也是一个大孩子在打一个玩具娃娃，过一会儿来了一个成人，对孩子的这一行为进行了惩罚。看完录像片后，班杜拉把两组儿童一个个送进一间放着一些玩具娃娃的小屋里，结果发现，甲组儿童都会学着录像片里大孩子的样子打玩具娃娃，而乙组儿童却很少有人敢去打一下玩具娃娃。这个实验说明，对榜样的奖励能使儿童习得榜样的行为，对榜样的惩罚则使儿童避免榜样行为。在实验的第二阶段，班杜拉鼓励两组儿童学录像片里大孩子的样子打玩具娃娃，谁学得像就给谁糖吃。结果两组儿童都争先恐后地使劲打玩具娃娃。这说明通过看录像，两组儿童都已经学会了攻击行为。第一阶段乙组儿童之所以没有人敢打玩具娃娃，只不过是因为他们害怕打了以后会受到惩罚，从而暂时抑制了攻击行为，而当条件许可时，他们也会像甲组儿童一样把学习到的攻击行为表现出来。班杜拉将这一过程称为"观察学习"，即我们看到其他人得到奖励，就像自己也得到奖励一样，我们就会学习榜样的这一得到奖励的行为，哪怕是他的榜样做出了攻击性行为，他也会通过模仿而学习这一行为。

现在，很多有关观察学习的研究致力于关注电影、电视等媒体中的暴力行为对人们产生的影响。不可否认，媒体暴力的确对人们的行为会产生不良的影响。一些调查显示，偏爱暴力娱乐的孩子比起那些很少看暴力片的孩子进攻性指数要高得多。此外，有100多项研究证明，媒体暴力和暴力行为两者之间存在因果关系。当然，我们不能只看到观察或模仿学习的负面影响，同时我们还应该看到，通过观察或模仿他人的行为，我们同样学会了很多好的行为，比如帮助、分享、合作、安慰、捐赠、互助等。

心 理 学

于立文　编

第三卷

辽海出版社

批判地看待"学习风格"

在教育心理学中，学习风格是指学习者一贯的、偏爱的学习方式，就像每个人都有不同的个性特征一样，每一位学习者同样也有不同的学习风格。学习风格受到先天和后天因素的共同影响。仔细观察你周围的同学，你就会发现，除了在遗传因素如智力上的差异之外，每个人的个性、兴趣、爱好、经历也各不相同，这些因素都会影响我们学习风格的形成。

根据不同的分类标准，学习风格也相应地有不同的种类。

从感知方式来说，学习风格主要有视觉型、听觉型和动觉型三种。视觉型学习者是指那些喜欢用眼睛学习的人。他们善于通过"看"来接受信息，通过看书本、黑板以及屏幕上的文字材料、图片、图表和录像就能获得良好的学习效果。与听老师单纯地讲授知识相比，老师的板书对这一类型学习者的帮助更大。在学习的过程中，他们更愿意记笔记，具备快速浏览学习材料的能力，对视觉类学习材料的吸收和消化更好，在书面测验中表现突出。听觉型学习者是指喜欢用耳朵学习的人。他们善于通过"听"来接受信息，比如听录音带、听报告、听对话等方式。在学习过程中，他们更愿意老师以口头授课的方式传授知识，他们擅长语音辨析，口头表达能力强，但是书写对他们来说通常有一定困难。在学习新材料时，他们喜欢通过大声朗读或在阅读过程中进行默读的方式来识记学习内容。这种类型的学习者喜欢在有背景声音的环境中学习，喜欢小组活动。他们往往在听力测试中表现突出。动觉型学习者指喜欢通过实践和直接经验来学习的人。在学习过程中，他们喜欢参与一定的活动，通过自己动手或亲身体验来获得知识，在实践中达到学习的目的。他们的特点是运动感强，平衡感好。他们在课堂活动、角色扮演、实习活动和做实验等实践性比较强的学习任务中表现突出，往往能够取得良好的学习效果。他们凡事都喜欢自己亲自动手尝试，愿意参与新的富有挑战性的活动。这一类型的学习者在操作性很强的学习任务中表现突出。

从认知方式来说，学习风格可分为场依存和场独立两种。场依存者在学习过程中，容易受到外界因素的干扰，往往依靠外部提供的有关信息，倾向于从整体认知事物，他们不善于独立分析问题；场独立者在学习的过程中，很少受到外界的干扰，能够根据自己的判断独立分析问题，能洞察出超越事物本身以外的事物间的相互关系，能够很容易地把重要细节从复杂的背景中区分出来。一般来说，场依存型的学习者有较强的社交能力，而场独立型的学习者则有很强的分析能力。场依存和场独立是一个连续体，在连续体的一端是场依存，另一端是场独立。单纯地属于场依存或场独立型学习风格的人很少，大多数的学习者都是介于两种类型之间的。

从学习者的个性特点来说，学习风格又可以分为外向型和内向型两种。外向型的学习者开朗、热情、喜欢与人交流、兴趣广泛，给别人以较好的印象，他们往往更多地关注外部世界，在学习的过程中，他们更愿意参与游戏、对话、小组讨论、角色扮演等交际性的活动。内向型的学习者喜欢独处，不善于交际，沉默寡言，不善于表达自己的思想，往往更关注自己的内心世界。在学习过程中，他们能够集中自己的注意力，喜欢独立思考，善于独立完成学习任务。

以上有关学习风格的分类，只是帮助我们对学习风格有一个大致的了解。事实上，学习风格总体上无好坏之分，每个人在学习风格上各有优势与局限性。我们要了解自己学习风格中的优势，并且善于在学习中加以利用。美国哈佛大学心理学教授加德纳提出了"多元智能理论"，认为每个人至少有八种智能——语言智能、数理逻辑智能、音乐智能、身体运动智能、空间智能、人际关系智能、自我认识智能和自然观察智能。对于每一个个体来说，这八种智能的组合方式都是不同的，而且发展也是不平衡的，有的强一些，有的稍弱一些。因此，每一个人都有自己的优势智能和弱势智能。因此，你可以根据自己的强势和弱势培养自己独特的学习风格。

当然，每个人的学习风格并不是绝对的，也并不是单纯地属于哪一种类型，一个人可能同时具有两种或多种学习风格。其实，在学习的过程中，只要创造适宜的学习条件，无论是哪种学习风格的人都能够取得成功。

好奇心是学习的动力

好奇心是创意的来源，是学习的动力，是成为天才最重要的那份灵感。"一个总是能提出为什么的人，是一个活着的人；而一个不再提出为什么的人，是一个活着的死人。"这就是好奇心之于人的重要意义。这一点在许多杰出人物身上都得到了证明：牛顿对苹果落地好奇，发现万有引力；瓦特对烧水壶冒出的蒸汽好奇，发明了蒸汽机；伽利略对吊灯摇晃好奇，发现了单摆……

对于学习也是一样，好奇心是学习活动中的万能之力，它为我们的学习注入了无尽的活力。

就好奇心的本质而言，还有一个更贴切的解释适合它，那就是"好奇心是问题与答案的对话"——受好奇心驱使，人会带着问题去探究，找出答案。当"问题"与"答案"相连结，我们的知识会逐渐累积，增加。

这就是好奇心的求知动力。由于好奇，全部的知识领域突然变得有趣了。在好奇心的驱使下，人们会有所发现，这又会激发人们的积极性，从而为学习注入无尽的活力。同时，好奇心不仅是探索性学习的推动力，而且还是创造力及思想变通性的前提条件，它为我们打开了认识自我和理解世界之门。

一部电视剧中有这样一个情节：老师在黑板上画了一个圆，问这个圆像什么？幼儿园里的孩子讲出了几十种；小学学生讲出十几种；中学生讲出八九种；大学生讲出两三种；社会上的人一种也讲不出，因为不敢讲。

德国著名化学家李比希把氯气通入海水中提取碘之后，发现剩余的母液中沉积着一层红棕色的液体。他虽然感到奇怪，但并未放在心上，武断地认为这不过是碘的化合物，只在瓶上贴张标签了事。直到后来法国一位科学家证实那是新元素溴，李比希才恍然大悟。他因此称这个瓶子为"失误瓶"，以告诫自己。

千万别让好奇心成了孩子的专利，如果你真心希望自己的人生不断进步，就得有孩童般的好奇心；如果你不希望自己的人生乏味，那就多带些好奇心，那么你的人生将会有无尽的喜悦。

特殊的事物更容易被记住

在学习中，你有没有过这样的体会，在学习世界地理时需要对每个国家的地理位置和形状进行记忆，这让我们觉得很头疼。但是，说来也奇怪，对于那些特征比较明显的国家你往往印象深刻，甚至过目不忘，比如，意大利的形状像一只高筒皮靴，法国近似六边形，而中国则像一只公鸡，等等。生活中也有类似的现象，在一场人数众多的大型宴会上，主人对来宾一一进行介绍，可是最后我只对那些在体形、相貌、穿着、地位等特征比较突出的人有深刻的印象。

苏联心理学家冯·莱斯托夫曾发现一个有趣的现象，在一场人数众多的宴会上，主人经介绍与来宾一一握手时，只能对相貌、年龄、地位等个人特征中最为突出者即时记下他们的姓名。通过总结，他发现生活中有很多类似的现象，于是，他大胆地推测人们总是容易记住那些特殊的事物。随后他又做了一系列实验，证实了他的这一推测，并于1933年正式提出了这一理论：相对于普通事物，独特的事物被记住的可能性更大，给人的印象也更深刻。这一规律也因此被命名为莱斯托夫效应。

莱斯托夫效应，实际上从一个侧面反映了学习材料的独特性对记忆和遗忘的影响，也就是说在一系列类似或具有同质性的学习材料中，只有那些最具有独特性的项目最容易被我们记住。

那么，为什么会出现莱斯托夫现象呢？心理学家对此进行了解释，事实上这和人们的记忆特点有关，我们对许多事物的记忆都是无意识记忆。无意识记忆是没有自觉识记目的，不需要任何识记方法，同样也不需要作出意志努力。无意识记忆带有很大的偶然性，我们对感知过的事物、体验过的情感、操作过的动作、阅读过的资料，并没有要刻意记住的意图，因此不会考虑用什么方法去识记，但是事后却能进行回忆和再认。但是，我们的无意识记忆具有选择性。虽然不是所有接触过的事物都能被记住，但是那些在生活中具有重大意义的事件，对我们有特殊意义的事物，或是能够引起人们浓厚兴趣并能激发人情感的事物，往往让我们印象深刻。一般来说，熟练的动作遗忘得最慢，像骑自行车、游泳这些动作技能，一旦学会了就很难忘记。贝尔发现，一项技能在一年后遗忘得很少，而且只要稍加练习就能获得恢复。同时，与无意义的、平淡无奇和缺乏形象性的学习材料相比，那些有意义的学习材料的遗忘速度要慢得多。

莱斯托夫效应对于我们学习和记忆的启示就是，如果想要更为深刻地记住某些知识，就应当令这部分知识体现出特殊性。比如在图书印刷中，一些重点的内容会用特别的字体或色彩突显出来，就是想要通过这种特殊性来引起读者的更多注意。而更主要的是，学习者应当对这一部分知识内容的特殊性给予足够的注意。有一种比较学习法，意义就在于通过比较而发现各自的特点，这无疑会起到加深记忆的效果。而在商业经营中，也应当充分挖掘自身产品与服务的独特性，这才会吸引更多的顾客。另外，当今时代对于个性与创新的强调，实际上也是莱斯托夫效应的体现。

用记忆术提高记忆力

在我们的生活中，记忆无时无刻都在发挥着作用，我们不仅要记住家人的生日、自己的结婚纪念日、朋友的联系方式、自己第二天上班要处理的事情等等。可以说，如果我们失去记忆的话，生活将陷入一片混乱，无法继续下去。我们的记忆系统强大到能记住几年甚至十几年前发生的事情以及生活中的琐碎小事，但是有时候又会忘记几天之前或甚至一个小时之前的事情。如果我们的记忆力好的话，就能够顺利应付生活中的各种事情；可是如果记忆力不好，则会影响到我们的工作、学习和生活。因此，对于我们来说，拥有良好的记忆能力非常重要。下面我们就为大家介绍几种能够提高记忆力的小技巧。

培哥记忆术——编码联想。在一些电视节目中，我们通常可以看到这样的表演。在舞台上立一块黑板，然后随意让观众说出一些词语、数字、英语单词等等，并按照顺序写在黑板上。但是在这一过程中表演者不能够看黑板，并要按照观众的要求讲出其中任意一项内容，比如，（1）——帽子，（2）——眼镜，（3）——围巾，（4）——衣服，（5）——腰带，（6）——裤子，而你要记的词是（1）大象，（2）打气，（3）洗澡，（4）电风扇，（5）自行车，（6）水。这样在记忆的过程中，你就可以运用编码联想的方式进行记忆，比如你可以将大象与固定编码的第一号"帽子"联系起来，联想到大象的鼻子上戴了一顶帽子，在记忆第四个词"衣服"时，你可以进行这样的编码联想，即电风扇把淋湿的衣服吹干了。

这样表演者不仅能够根据观众的要求说出其中的任意一项内容，甚至还能把全部的内容都记下来。很多人都会觉得这种表演很神奇，其实不然，只是因为表演者在这一过程中运用了培哥记忆术罢了。这是记忆者自己创立的一套记忆编码，然后通过联想与要记的材料相联系，这样要想记住这些词语就不是什么困难的事情了。

复述。要想让短时记忆中的内容进入长时记忆，复述是一种很重要的记忆方法。复述分为机械复述和精细复述。机械复述只是对短时记忆中的信息进行重复性的、简单的心理操作，使记忆痕迹得到加强，但不一定能进入长时记忆，而且使用这种方法记忆效果也不是很好，很容易忘记，比如，为了准备某一次考试，对考试内容进行机械复述，短时间内可能会有效，但是考试一结束，这些内容早就被你抛到九霄云外了。

精细复述也称创造性复述，使短时记忆中的信息得到进一步的加工和组织，使之与预存信息建立联系，从而有助于其向长时记忆的转移。这种复述的加工水平比较高，具有主动性。比如，要想记住一个人的名字，可以将这个人的特征与其名字联系起来进行记忆，如"调皮的汤姆""经常考第一名的杰克"等等，这样重复几遍就可以记住了。

组块记忆。心理学的研究表明，短时记忆的容量为 7 ± 2 个组块，但是如果在记忆的过程运用一些技巧的话，则会大大提高我们记忆的容量。比如，对一组数字"1949100119190504"的记忆，刚开始我们会觉得这是一串毫无意义的数字，很难记忆。但是仔细一看，我们可以发现，这串数字中包含两个重大历史事件的时间，即 1949 年 10 月 1 日新中国成立的日子和 1919 年 5 月 4 日五四运动的时间，这样将这串数字与历史事件相联系，从而分成两个大的组块，就可以提高记忆的效率，而且不会轻易忘记。

数字化记忆法。可以说数字是表达事物的一种最简洁的方式，如果将生活或学习中的内容转化成数字进行记忆的话，则会大大减轻我们记忆的负担。比如，你和朋友约好周日下午三点在 105 号的街心公园见面，为了便于你记住时间和地点，你可以用阿拉伯数字进行记忆，那么上述约会的时间和地点就变成"715105"，这样你就不会因为忘记时间和地点而误事了。

在学习、工作和生活的过程中，有很多的东西都需要我们记忆，但是只要掌握一些记忆的小秘诀、小窍门，就可以使得枯燥的记忆内容变得妙趣横生了。

过度学习效应与及时复习

研究记忆心理的专家艾宾浩斯，曾提出著名的艾宾浩斯遗忘曲线：遗忘在学习之后立即开始，而且遗忘的进程并不是均匀的。最初遗忘速度很快，以后逐渐缓慢。

艾宾浩斯遗忘曲线被看做是对人类记忆规律的最早的科学发现。我们可以从遗忘曲线中掌握遗忘规律并加以利用，从而提升自我记忆能力。

过度学习效应正是建立在此种原理基础之上的。依据艾宾浩斯遗忘曲线，学习内容在记忆之后的头几小时遗忘最快，而随着时间的推延，遗忘的速度变得越来越慢，因此，在刚刚记忆之后的短时间内进行复习，学习的巩固效果会最好，而开始复习的时间越晚，则巩固效果越差，如果时间非常晚，那么复习时甚至会有相当于重新开始学的感觉，因为那个时候前一遍的记忆内容中的绝大部分都已经被遗忘了。

为验证过度学习效应，艾宾浩斯曾做过一个实验，他令参加实验者记忆 100 个生词，然后在不同的时间进行测量，刚刚记忆完毕时，记忆量是 100%，因为学习的程度是以他们恰好能够将全部单词都记住为标准的。20 分钟之后，记忆保有量为 58.2%；1 小时之后为 41.2%；8~9 小时之后为 35.8%；1 天后为 33.7%；2 天后为 27.8%；8 天后为 25.4%；1 个月后为 21.1%。而如果令这些人在记忆程度达到 100% 的基础上做进一步的巩固学习，则会发现记忆的保持效果会好很多。

过度学习效应启示我们，在学习的过程中，一定要注意及时地复习，并且不要在刚刚记住时就中止，而应当在此基础上进行一定程度的过度学习，这样才会有更高的学习效率。有一些人学习新的内容时会显得比别人慢，但是学习过后却记忆得非常深刻，不像一些学得快的人遗忘得那么严重，这就是过度学习效应的体现。而人们常说的"熟能生巧"，其实也是过度学习效应的作用。

经过研究发现，过度学习的最佳程度为150%。例如，学习一份材料，如果用一个小时的时间刚好能够完全记住，那么再花上半个小时的时间进行过度学习，就会取得最为理想的记忆效果。换种说法就是，在学习过程中一定要经常提醒自己及时复习，在对所学习和记忆的内容达到了初步掌握的程度后，如果再用原来所花时间的一半去巩固强化，使学习程度达到150%，将会达到最佳的学习效果。当然，过度学习并非越多越好，当过度学习超过一定的限度之后，记忆效果即不再增强。

迁移效应

很多时候，先前的经历与知识会对后面的学习与行为产生一定的影响，或促进后来的学习，或导致知识混淆。这在学习心理学中被称为迁移效应。

关于迁移效应的产生，心理学家有这样几种不同的观点：

形式训练说

这种说法认为，学习的迁移是人的心理官能受到训练而自动发展的结果，也就是通过某种学习使某种心理官能得到训练，从而转移到了其他的学习上去，使其他的学习变得更加容易。

共同要素说

这是由桑代克和伍德沃斯提出的一种迁移理论，其观点是，只有当两种学习具有共同要素（相同或相似之处）时，才会产生迁移效应。

概括化说

这是贾德根据自己的实验所提出的对共同要素说的批评理论。他认为，迁移效应能否发生，关键在于学习主体对已有知识和经验的概括能力，概括力越强则迁移效应就越显著。

学习定势说

这是苏联定势心理学派提出的一种迁移理论，强调既有经验所形成的心理定势在学习中对迁移的影响作用。

这几种理论是互补的，各自从不同的侧面反映出了迁移效应的发生机制。例如，一个中国人，在熟练地掌握了英语之后再去学习法语，其难度会比当初学习英语时低很多，这其中既有共同要素的成分（英语和法语具有一定的相似性），也有形式训练的成分（已经掌握的学习英语的方法在很大程度上同样适用于法语的学习）。而之于概括能力，在学习迁移中也有着十分重要的作用，比如在外语学习中，如果一个人能够很好地掌握那些基本的构词成分和构词方法，在遇到很多没有学过的单词时就会根据规律来推断出它的词义和词性，可是对于另一个概括能力不强的人，则是要见到每一个词都当做完全的生词来记忆，学习效果自然差得多了。

心理学家将迁移效应分为两种，如果先行学习促进了后继学习，则称为"正迁移效应"；如果先行学习干扰和阻碍了后继学习，则称为"负迁移效应"。学习中常常提到的"举一反三""触类旁通"，就是一种正迁移效应，而所谓的知识混淆现象则是负迁移效应。

显而易见，要想取得好的学习效果，就需要注意在学习的过程中令正迁移效应最大化，令负迁移效应最小化。

突击复习后，考试前一定睡一觉

我们总是希望在考试中取得好的成绩，于是，在每次考试来临之前都下定决心要好好复习。可是，直到考试的前一天我们才发现，自己居然连一页书都没有翻过，之前的决心也不过是纸上谈兵。在悔恨懊恼之际，很多人都会采取"临时抱佛脚"的方式，开始考前突击复习，毕竟"临阵磨枪，不快也光"。其实，考前突击复习的方法也并不是毫无用处，在应付考试中还是有一定作用的。

那么，在有限的时间内，怎样才能提高我们突击复习的效果呢？为了能够多复习一点儿考试的内容，我们会学习到天亮或熬夜复习，困了时很想去睡一觉，可是又担心一旦睡觉就会将之前复习的内容忘记，可是如果继续熬夜的话，又担心由于疲劳而影响第二天的考试。于是，在到底睡不睡觉这个问题上犹豫不决。

来自心理学的研究告诉我们，在突击复习后，即将考试之前，一定要睡上一觉。这样不仅能够缓解由于熬夜而带来的疲劳，还能提高我们学习的效果。美国的心理学家詹金森进行了一项非常有意思的研究。在研究中，他将学习成绩处于同一水平的学生分成两组，两组同学接受同样的学习内容。不同的是，在学习结束后，要求其中的一组同学马上睡觉，而另外一组同学可以做除了睡觉之外的其他事情，自由安排自己的学习时间。第二天，对两个小组的同学进行了测试，内容主要以前一天所学习的知识为主。研究结果发现，学习后睡觉的那一组同学的平均记忆率达到了百分之五十以上，而那些自由支配时间的同学记忆的保持率不到百分之十。

出现这一现象的原因，主要是受到我们记忆中的"倒摄抑制"的影响。倒摄抑制是一种不同的学习材料之间相互影响的现象，即后学习的材料对先学习的材料的保持和回忆会起到一定的干扰作用。在上述实验中，第一组学生学习完之后直接睡觉，没有受到其他活动或学习的影响，因而显示出较高水平的记忆力；而第二组学生在学习完之后又参与了其他的活动，受到了倒摄抑制现象的影响，从而导致他们的记忆力下降。当然，倒摄抑制现象并不只是出现在考试突击复习时，而是产生于我们所有的记忆活动中。

在我们的记忆活动中，还有一种与倒摄抑制相反的现象，那就是前摄抑制。倒摄抑制说的是后学习的材料或进行的活动对之前学习过的材料或进行的活动产生的影响，而前摄抑制则是指先学习的材料或进行的活动对后学习的材料或进行的活动所起到的干扰作用。在一个实验中，让参与者识记四个无意义的音节表，然后分析对每个字表的遗忘情况。结果是对第一个字表（即首先识记的）遗忘最少，第二个字表次之，第三个字表又次之，对第四个字表遗忘最多。这一结果表明，在对无意义材料的识记中，前摄抑制是造成遗忘的重要原因之一。至于对有意义的材料的识记，由于联系较多，较易分化，受前摄抑制的影响可能较少。

了解了影响记忆效果的因素之后，如何运用倒摄抑制和前摄抑制的规律来强化我们的记忆呢？"睡觉前"和"醒来后"的两个时间段是绝佳的记忆黄金时段。睡前的这段时间内可主要用来复习白天或以前学过的内容。根据艾宾浩斯的遗忘规律，对于我们 24 小时以内接触过的信息，大约能够保持 34% 的记忆，如果睡前稍加复习便可恢复记忆，而且由于没有倒摄抑制的影响，白天识记过的材料很容易保持，会由短时记忆转入长时记忆。另外根据研究，睡眠过程中记忆并未停止，大脑会对接受的信息进行归纳、整理、编码、储存。所以睡前的这段时间真的是很宝贵。此外，早晨起床后，由于不会受前摄抑制的影响，记忆新内容或再复习一遍昨晚复习过的内容，则整个上午都会记忆犹新。所以说，"睡前"

和"醒后"这段时间千万不要浪费,如果能充分利用,对我们的学习会起到事半功倍的作用。因此,如果想提高考前突击的效果,最好在学习完之后马上就睡觉,第二天只要再轻松复习一遍,就可以取得最佳的记忆效果。

常见的学习心理问题

学习动机缺乏

学习动机是学生个体内部引起学习活动的动力机制,是学习活动得以完成的重要条件。一般而言,由于学习动机对学习行为积极性的直接制约,影响了学生对待学习的注意程度、情绪倾向和意志毅力,所以间接影响了学习效果。研究发现,中等强度的动机激发水平最有利于学习效果的提高,过高、过低都会降低学习效率。大学生都希望自己学有所成,但是他们的学习动机却各有不同,而且程度也有所不同。此外,由于学生都经过了高考,多数学生有了休息一下的想法,学习动机缺乏现象比较普遍。

一般来说,在小学到中学的阶段,学习的目标和方式比较明确,都是全国的教育专家研究出的学习路线,对目标、方法都有较细化的安排。不仅仅学生,连老师都只需要按部就班地去完成教育学习任务就行了。但到了大学完全不同了。学习的独立性体现得十分明显,贯穿于整个大学学习生涯,因此,许多大学生不知道上了大学后人生方向在哪里,他们认为不管怎样都能毕业,于是就开始不思进取。正如日本著名思想家池田大作说:"对于人类来说,没有比为使命而活着更可贵的了,同时,也没有比不知道为何生存更空虚的了。"

学习策略不良

大一学生小王:"现在学习氛围比高中时宽松多了,学习压力也小了,我用高中的学习方法却应付不了现在的大学学习了。我其实想过许多办法,但成绩一直不理想。现在都失去信心了,有时都不想读下去了。其实,高中时我虽然没有被别人羡慕过,但也从来没有担心过自己的学习啊!可是当我满怀信心来到大学后,竟然遇到了学习上的问题——高中的学习方法在大学失灵了,为什么呢?"

这位同学的问题首先在于他的学习动机不良。高中时学习的优秀并不是大学成绩优秀的保证,因为客观环境变化了。他满怀信心地以为能轻松应对大学的学习,结果事与愿违,于是就加倍努力,试图重获高中时学习所得到的成就感,此时他的学习动机就出现问题了。他的问题在于没有面对现实,没从根本上调整学习方法，再努力也是枉然。

其次是他的学习方法不当。他严格地按照自己过去的学习习惯制定学习计划，并勤奋学习，而这样做恰恰是本末倒置的。这名学生的遭遇恰恰说明了，大量的投入不等于良好的效果，方法正确与否才是成功的关键。其实，大学的学习是以自学为主、老师指导为辅的，这是高中学习方法不适用的根本原因。

正如纽约市昆士区学院教育系教授肯尼·邓恩通过研究指出的一样："学习成功的秘诀在于能够找到最适合自己的学习方式。学习策略是在学习过程中逐渐形成和发展起来的。学习策略不好，不是一天两天的事，而有一个渐进的过程，不仅涉及学习方法，而且关乎学习习惯。学习策略不良主要是学习者个人的原因。"每一名大学新生都应该在学习过程中逐渐摸索适合自己的学习方式。

学习倦怠心理

大学生不管是新生还是老生，在学习等各个方面产生倦怠心理的现象是比较普遍的。这种现象背后的原因主要是没有及时改变中学时的依赖性学习心理。大学生如果没有及时转变学习方式和思维方式，没有培养出自觉性和主动性的学习方式，就会影响大学的学习生活。

自觉性和主动性是掌握知识的前提，如果一个人的自觉性和主动性比较强，仅仅缺乏某一方面的知识，并不会最终影响他的成就；而缺乏学习的自觉性和主动性，却对一个人未来有很大的影响。自觉性和主动性是在掌握知识的过程中培养和发展起来的，现代社会里如果没有一定的知识，就不容易找到发挥自己能力的机会，所以大学生应该把侧重学知识与自觉性和主动性的培养有机结合起来。

对此类现象，德国心理学家分析认为：大学的学习生活几乎全凭学生自觉，管理相对宽松，与此同时学生的课余时间就会大大增加，有很多的时间学生可以自由支配和利用。这些现象很容易使学生产生"大学学习太无聊"的错觉，放弃了对自己的严格要求和主动努力。

学习挫折心理

美国心理学家罗特在他的人格理论中将人们对影响自己成败的因素的看法称为"控制点"，这个控制点在个人行为中所起到的作用很大。每个人对际遇都有自己的看法，这就造成每个人的控制点的差异。受挫后，应该从动机、期待目标和行为结果来客观地分析原因。案例中的学生在心理上不能接受自己不再是最优秀的事实，不再是众星捧月的焦点，他的挫折感是因为心理需要的满足程度的反差所导致的心理失落感。

对此种心理，美国著名心理学家詹姆斯曾指出：挫折，是对人们精神上的一种打击。个体在遭受挫折后，会引起生理上和心理上的反应，只是在同样的条件下，每个人对挫折反应的形式不同、强度不同、时间不同。然而，不论挫折反应的个体差异如何，所有对挫折的情绪和行为的反应都是为了摆脱挫折对自己带来的心理烦恼、减少内心的冲突与不安。挫折是一种主观感受，主要受个体承受力的制约。那些因学习遇到挫折而苦闷、烦恼的学生，只有振奋精神，正视自己的失败，找出问题的症结所在，才会有战胜挫折的力量。

考试焦虑心理

大四学生小雨："这已经是我第三次参加大学英语四级考试了，考不过就没有学位证书，前两次都只差几分。我班上有的同学第一次就通过英语四级统考，成绩还挺好的，还有不少人第二次也顺利通过了。而我的英语基础并不差，一贯的成绩也不错，就是因为太紧张，既影响了复习，又影响了考试，而且现在是最后的机会了！但我最近一段时间，一看见与英语有关的东西，心理就紧张，就直皱眉头，连舌头都僵硬了，还浑身出冷汗，我让英语考试弄得觉都睡不好，有时还动不动就跟周围的人发火。现在学习总是不能集中精神，觉得记忆力也越来越差。过去会背的单词，会做的题目，现在却经常出错，我很担心连这最后一次英语补考的机会都没有了，这样下去怎么办啊？"

这位学生的焦虑来自对考试通不过的担忧。之所以担忧，是因为这种考试太重要了。通不过大学英语四级考试，就不能取得学位证书。没有学位证书，毕业证书的含金量就会受到影响，以后找工作、进修深造都会有困难。这是造成考试焦虑的潜在原因。这位学生以往有过两次失败经历，再次考试容易唤起之前的生理和心理反应的记忆，而且每一次都像身临其境一样，心理压力更大，恐慌更强烈。美国著名教育心理学家班杜拉认为，焦虑原则上分为状态与特质两种类型。多数大学生的考试焦虑是面对考试情境产生的，属于状态型焦虑，只有极少数人的考试焦虑属于特质型焦虑。过度的焦虑不仅妨碍学习、影响考试，也损害身体健康。无论是状态型考试焦虑还是特质型考试焦虑，都是由内外因素共同制约决定的，都是两者交互作用的结果。内在因素是由外在因素引起，外在因素要通过内在因素发生作用。

第二十八章
健康心理学：健康是身心健康的统一

健康是身心健康的统一

"祝您身体健康！"这是人们最常用的祝福语，可见健康对我们来说是十分重要的。健康是人类生存和发展的最基本条件，也是人生的第一财富。可是我们怎么才能知道自己是否健康呢？也许很多人会说："无病无灾、身体强壮就是健康。"其实，现代社会所说的健康，早已超出了人们的传统认识，它不仅指生理上的健康，还包括心理和社会适应等方面的完好状态，即包括身、心两个方面，并且心理健康已成为现代健康概念中一个不可缺少的部分。

世界卫生组织（WHO）对健康的界定是："健康乃是一种在身体上、心理上和社会适应方面的完好状态，而不仅仅是没有疾病和虚弱的状态。"就是说健康这一概念的基本内涵应包括生理健康、心理健康和社会适应良好这三个方面，表现为个体生理和心理上的一种良好的机能状态，亦即生理和心理上没有缺陷和疾病，能充分发挥心理对机体和环境因素的调节功能，能保持与环境相适应的、良好的效能状态和动态的相对平衡状态。

健康的含义

1. 身体各部位发育正常，功能健康，没有疾病。

2. 体质坚强，对疾病有高度的抵抗力，并能吃苦耐劳、担负各种艰巨繁重的任务、经受各种自然环境的考验。

3. 精力充沛，能经常保持清醒的头脑，精神贯注，思想集中，对工作、学习都能保持较高的效率。

4. 意志坚定，情绪正常，精神愉快（这虽和思想修养有关，但身体是不是健康对它也有很大的影响）。

衡量身体健康的"五快"标准

快食。三餐吃起来津津有味，能快速吃完一餐而不挑食，食欲与进餐时间基本相同。快食并不是狼吞虎咽、不辨滋味，而是吃饭时不挑食、不偏食、吃得痛快、没有过饱或不饱的不满足感。如出现持续的无食欲状态，则意味着胃肠或肝脏可能出了毛病。

快睡。快睡就是睡得舒畅，一觉睡到天亮。醒后头脑清醒、精力旺盛。睡觉重要的是质量，如睡的时间过多，且睡后仍感乏力疲劳，则是心理和生理的病态表现。快睡说明神经系统的兴奋、抑制功能协调，且内脏无病理信息干扰。

快便。便意来时，能迅速排泄大小便，且感觉轻松自如，在精神上有一种良好的感觉。便后没有疲劳感，说明胃肠功能好。

快语。说话流利，语言表达准确、有中心，头脑清楚，思维敏捷，中气充足，表明心肺功能正常。说话不觉吃力，没有有话说而又不想说的疲倦感，没有头脑迟钝、词不达意现象。

快行。行动自如、协调，迈步轻松、有力，转体敏捷，反应迅速，证明躯体和四肢状况良好、精力充沛旺盛。

衡量身体健康的"三良"标准

良好的个性。性格温柔和顺，言行举止得到众人认可，能够很快地适应不同环境，没有经常性的压抑感和冲动感。目标明确，意志坚定，感情丰富，热爱生活和人生，乐观豁达，胸襟坦荡。

良好的处世能力。看问题、办事情都能以现实和自我为基础，与人交往能被大多数人所接受。不管人际关系如何变化，都能保持恒久、稳定的适应性。

良好的人际关系。与他人交往的愿望强烈，能有选择地与朋友交往，珍视友情，有爱心，尊重他人人格，待人接物能宽大为怀。既能善待自己、自爱自信，又能助人为乐、与人为善。

身体健康与心理健康密切相关

在中国传统文化中，人们总是把身体健康放在第一位，对自己的身体呵护备至，却忽略了自己的心理健康，或者把心理健康问题当做身体疾病来对待。特别是现如今，诸如食疗药疗、气功坐禅、减肥健身、瑜伽等各种养生之道层出不穷，这充分说明了人们对身体健康的热切关注。重视身体的健康无可非议，但有识之士的冷静思考和触目惊心的事实不能不让我们发出这样的呐喊：人的心理健康与身体健康是密切相关的，我们不能忽视人的心理健康！

身体健康与心理健康是同等重要的。心理健康是身体健康的精神支柱，身体健康是心理健康的物质基础。身体是生命的物质载体，没有身体，生命就无法存在；心理则是生命的精神载体，没有良好的心理素质，其他一切也将失去存在的意义。一个人身体与心理都健康才称得上是真正的健康。身体健康与心理健康是互相依存、互相促进、相互制约的，就犹如一枚硬币的两面，二者缺少哪一个都是不完整的。身与心是无法分开的：身体疾病可以导致心理问题，而长期累积的心理问题形成心理障碍，无疑又会对身体健康造成负面的影响。"笑一笑，十年少；愁一愁，白了头。"这句话形象地说明了心理与身体健康的关系。我国古代的医学经典《内经》认为，人的情绪、情感、思维等心理活动会影响身体健康，指出："怒则气上，喜则气缓，悲则气消，恐则气下，惊则气乱，思则气结；大怒伤肝，暴喜伤心，思虑伤脾，悲忧伤肺，惊恐伤肾。"即七情过度百病增。《内经》还特别强调："心者，五脏六腑之主也，故悲哀忧愁则心动，心动则五脏六腑皆摇。"现代医学更进一步证明了心理健康对身体健康的重要影响，如高血压、心脏病、癌症、溃疡症、结核病、支气管炎等疾病都与心理健康有关。有的学者指出："情绪可能是癌症细胞的促活剂。"有研究表明，具有什么性格的人容易得什么样的病，是有规可循的。更有专家指出，人体 70% 左右的疾病是由心理因素引起的。

关于心身健康的关系，有位心理学家曾做了个有趣的实验：他把同一窝出生的两只健壮的羊羔安排在相同的条件下生活，唯一不同的是，在一只羊羔的旁边拴了一只狼，而另一只羊羔旁边没有。前者在可怕的威胁下，本能地处于极其恐惧紧张的状态，很少吃东西，于是逐渐瘦弱下去，不久就死了。而另一只羊羔则由于没有狼的威胁，没有这种恐惧的心理状态，一直生活得很好。另外，《三国演义》中诸葛亮三气周瑜夺去了周瑜风华正茂的生命；长坂坡前，张飞的一声断喝就把夏侯杰吓得肝胆俱裂，落马而死。这些精彩的事例无不形象地说明了心理健康与身体健康息息相关。

现代有关医学和心理学的研究都表明，人们的身体健康与他们的心理健康状况密切相关。20 世纪 70 年代，医学研究人员有 2 项重大的发现：首先，大脑中的同一化学物质不仅调节身体的免疫系统，同时还影响人们的思维和情感。这意味着人们的心理状况和生理状况有着非常紧密的联系。其次，这种化学物质不仅存在于人的大脑中，而且在身体的各个系统中循环传递，包括免疫系统。这意味着人们的生理状况和心理健康状况之间可以互相影响。

心身疾病是对这一关系的一种证明。心身疾病是指那些发病、发展、转归与治疗都与心理因素密切相关的疾病。负面的心理活动如消极的情绪、长期的焦虑、巨大的精神压力等会导致不良的生理反应，这种生理反应如果持续过久，就会导致躯体的损害，甚至造成身体器质性病变。常见的心身疾病有溃疡、炎症、高血压、心脏病、疼痛等。而另一方面，乐观、积极的心理状态又可以预防疾病，在患病的康复治疗中有时可以起到药物甚至手术都无法达到的作用。

由此可见，身体健康和心理健康是密切相关的。因此，我们不仅要关心身体健康，也要像关心身体健康那样关心心理健康。

心理因素影响人体健康

我们知道，人的心理状态是和人的全面心身状态紧密相连的，而且与人的健康状况也是密切相关的。

人的心理活动会影响神经系统（主要是脑），而神经调节是人体最重要的调节，因此，心理因素能够对生理产生作用。但是，一般性的心理活动不会给人的健康带来明显的影响，能让人察觉的影响人的身体健康的心理活动通常是强烈的、快速的或持久的。

美国生理学家坎农在20世纪初做过大量的实验研究，他发现人在焦虑忧郁的时候，会抑制肠胃的蠕动，抑制消化腺体的分泌，引起食欲减退；在发怒或突然受惊的时候，则会呼吸短促，心跳加快，血压升高，血糖增加，血液含氧量增加；突然惊恐时甚至会出现暂时性的呼吸中断，心电图会发生波形明显改变。

为了研究心理活动对人的生理的影响，美国医生加里·赖特还专门研究了巫术治病的问题，并写了《巫术的见证人》一书。经过长期观察研究，赖特认为，巫师不管年龄大小、种族或性别，都是一个精明的心理学家，而且是个政治家、演员。他正确地指出，巫师的主要威力不是在于使用特殊的药物，而是善于使用心理分析和心理疗法，巫师所使用的巫术的本质是心理学和心理疗法的基本原则。巫师最常使用的2种基本心理疗法的机制是暗示和自白。巫师能使病人消除恐慌，能动员病人自身的生理潜能，使病人处于生理和心理亢奋状态，增强其信心，而这是一种完全符合心理分析和心理疗法的原则。

苏联心理疗法专家B·莱维在为《巫术的见证人》苏联译本加的出版前言中

叙述了著名的暗示死亡的案例：有个被判死刑的杀人犯被告知用切断静脉法处决。行刑者在刑场向他出示了刑具—解剖刀，并明确暗示他静脉切开后过一段时间他就将死去。于是有人蒙上了他的双眼，接着有人用刀背在他的手臂静脉处划了一刀，但没划破皮肤，再用一股细细的温水朝他裸露的手臂上流去，让放在地上的面盆不断发出"血"滴落的声音。过了几分钟，犯人开始垂死挣扎，接着就断了气。通过解剖发现，犯人的死亡是由心脏麻痹所引起的。

这个实验可靠地证明了暗示死亡的可能性，同时也证明了暗示的巨大力量。临刑前的暗示和模仿迫害使犯人相信死亡即将来临，死亡的"模式"完全控制了犯人的大脑，最后导致了犯人的死亡。由此可见，既然暗示可以"杀"死一个人，那么，暗示也可以让一个人活下去。而巫术正是暗示人们活下去的一种精神疗法，它是通过病人的心理活动而产生的治疗效果。

在生活中，你可能碰到过这样的事例：某个人能正常地过家庭生活和社会生活，正常地工作、学习和娱乐。但在偶感不适后去看病，却被发现得了癌症。在治疗过程中，这个人的身体迅速垮掉了，以后则很快衰竭，不久就死去了。可以想见，这与病人的心理恐惧、过度忧郁和他人对癌症过分夸大其辞的宣传对人的心理的不良影响等心理因素有必然的联系。说的明确一点，就是病人心理上的自绝使其全身的生理发生了紊乱，从而降低了其对疾病的抵抗力，加速了病情的恶化。

在日常生活中，我们经常会遇到生病、失业、失恋等各种应激事件。面对应激事件，不同的人会有不同的表现。一般来说，应激事件会导致人精神紧张、焦虑不安。虽然应激状态能使人在特殊的环境中产生奇迹般的表现，但它同时也增加了心脏的负担，导致了人体生理系统的紊乱，并极有可能影响人体健康。

压力对身心健康的影响

生活中，遭遇压力是不可避免的。人们在压力下通常会有一些生理反应和表现，主要有：

（1）心跳开始加快；

（2）呼吸开始急促；

（3）肌肉紧张并准备行动；

（4）视觉变得敏锐起来；

（5）胃开始抽搐；

（6）开始出汗。

其实压力也不一定带来的全是负面影响，压力可以是正面的，可以是有益处的，更可成为原动力，促使我们达到理想的生活目标。

若完全没有压力，人们就可能停滞不前，没有进步。而能否化压力为动力，取决于一个人的反应和处理方法。如果能适应转变、疏解压力，则压力反可激励斗志，开发人的才能和潜能，提高人的效率。

每一个人都经历过不同程度的紧张，如面临升学考试、第1次应聘、第1次在工作会议上发表个人意见、演讲或赴重要约会的途中遇上大塞车，等等。

无论导致紧张的原因是什么，当人处于紧张状态时，便会分泌受压激素，例如肾上腺素，并会有以下的类似反应：呼吸急促，透气困难；心跳加速，口渴；肌肉紧张，尤其是额头、后颈、肩膀等部位的肌肉；小便频繁；不自觉的反应，如胃酸分泌增加、血压升高、血液中化学物质的转变等。

这些身体征兆像红灯一样，提示着我们自己的身体已经进入紧张状态之中。

这些反应跟我们在洞穴居住的祖先一样，即在预备面对紧急事件时，作出了"作战或逃避"的反应。例如，当人在森林中遇上正觅食的老虎，他作出的反应可能是拔腿飞奔，或是留下与老虎搏斗，但无论是哪一个反应，"作战或逃避"的生理反应都能使他的身体有能力、快速和有效地实施计划。你可能也经历过赶工或赶功课的事情，并且事后也惊讶自己当时的高效率，但这其实是受压时的生理反应在帮助你。

在当今社会，我们所遇到的压力大部分是心理或精神压力。当我们受压时，身体不一定能"作战"或"逃避"。例如，当我们在工作中感受到压力时，不能一走了之，更不能用拳头解决问题。

当感受到压力的时候，身体会本能地作出反应，但这些反应却没有引起人们的足够重视，而是被人们忽略了。而时间长了，这些压力渐渐累积在身体里，就会影响身体健康。长期性的压力，如果处理不当，就会导致身体上的不适，甚至是病痛（心身疲惫），还会使工作能力降低，人际关系受损。

身体和心理因素的关系不可分割，它们互相影响，心理健康受身体的健康状况所制约，而身体健康也受心理因素的影响。很多临床实践和研究显示，长期处于紧张状态的人患上心身病的机会比较多。除了长期性的压力，压力的程度与心身健康的关系也非常密切。

胃溃疡、高血压、心脏病、腰颈背痛、紧张性头痛、哮喘都是心身病的例子。有报告显示：压力引起的内分泌和免疫系统失调，身体的免疫能力下降，是类风湿性关节炎、癌症等疾病的诱因。

压力对身体之所以会产生影响，主要是由于人的紧张所带来的生理反应没有被充分认识到，从而未作出积极的反应，使身体持续停留在了一个亢奋的状态，并且就算压力消失，人体也不能回复自然地松弛状态。

压力不仅影响人的生理，更影响人的心理。一定程度的压力有益于我们的心理成长，能增加生活情趣，激发我们奋进，有助于我们更敏捷地思考、更勤奋地工作，更能增强我们的自尊和自信。然而，如果压力超过最大限度，就会使我们心力衰竭、行为混乱。例如目标意义减少，并且毫无希望、难以实现，就会使我们感到自己是无用之人、毫无价值。如果反应持续太长，则就会造成危害，使人垮掉。

情绪与健康密切相关

情绪与健康有关吗？回答是肯定的。科学研究已经证实，情绪是诸多心理因素中对心身健康影响最大、作用最强的成分。愉悦而稳定的情绪能使人精力旺盛，提高学习和工作效率，促进人际交往，保持心身健康，促进事业成功。相反，如果受不良情绪的影响，则不仅会降低学习、工作效率，损害心身健康，而且还会致病，甚至可以致死。

从前，有一个人以为自己误吞了一根缝衣针，于是就觉得特别不舒服，甚至感到喉咙已经肿了。后来，他发现了那根遗失的针，才明白自己并没有吞针。顿时，他满腔的疑虑都解除了，所有不舒服的感觉也都消失了。

有个岛上生活着一个未开化的民族村落。有一天，村里发生了一桩杀人案。村里的人相信巫师，所以为了查清罪犯，他们就请来了一名巫师。巫师心里嘀咕：如果查不出凶手，谁还会相信自己的魔法呢？于是，他让所有的嫌疑分子都喝了"法液"——一种有一定毒性但并不致死的液体。并告诉他们，这种"法液"只对杀人凶手起作用，无辜的人不会有事。清白的人由于坚信"法液"不会伤害自己，所以大胆地喝下去了下去，结果他们果真都安然无恙。但真正的凶手却由于陷于绝望之中，心存恐惧，使"法液"对他的身体产生了很大的伤害，所以没过多久就死去了。

通过以上的事例可以看出，积极的情绪状态可以增强人体的抵抗力，消极的情绪状态则会对身体构成伤害。我国古代就有"内伤七情"之说，认为当人的"喜、怒、忧、思、悲、恐、惊"七种情绪过度时，就会使人产生生理疾病。

凡是不能满足人们需要的事物，都可使人产生消极情绪体验，如愤怒、憎恨、悲愁、焦虑、恐惧、苦闷、不安、沮丧、忧伤、嫉妒、耻辱、痛苦、不满等。任何事物都有好、坏两个方面的特征，消极情绪也不例外：一方面，它是机体为适应环境而作出的必要反应，能动员机体的潜在能力，努力使自己适应变化的环境；另一方面，消极情绪是一种人体心理的不良紧张状态，会引起高级神经活动的机能失调，过分地刺激人的器官、肌肉及内分泌腺，使人体失去心身平衡，从而对机体的健康产生十分不利的影响。

现代心理学、生理学和医学的研究成果表明，情绪对人的健康具有直接的作用，甚至可以说情绪主宰着健康。

良好的情绪能促进心身健康

欢乐、愉快、高兴、喜悦等都是积极良好的情绪体验。这些情绪的出现能提高大脑及整个神经系统的活力，使人体内各器官的活动协调一致，有助于充分发挥整个机体的潜能，有益于人们心身健康和提高学习、工作的效率。

我们看到报纸、电视报道过很多抗癌明星的动人故事，他们大都以乐观向上的积极情绪创造了战胜死神的奇迹。

良好情绪能增强机体活力，从而提高免疫力，并减少神经系统、消化系统等疾病。许多临床实践表明，积极开朗的情绪对治愈疾病大有好处。长寿者的共同特点之一就是心情愉快、乐观豁达、心平气和、笑口常开。心情愉快还会改变一个人的青春容貌，使人容光焕发、神采奕奕，正所谓"人逢喜事精神爽"。

不良情绪影响心身健康

不良情绪主要有两种，一是过度的情绪反应，一是持久性的消极情绪。

过度的情绪反应是指情绪反应过分强烈，超过了一定的限度，如狂喜、暴怒、悲痛欲绝、激动不已等。持久性的消极情绪是指在引起悲、忧、恐、惊、怒等消极情绪的因素消失后，仍数日、数周甚至数月沉浸在消极状态中不能自拔。

目前，大量的实验研究和临床观察都已证明：不良情绪会危害人的心身健康。一方面，这种情绪的出现可使人的整个心理活动失去平衡，另一方面会造成人的生理机制的紊乱，从而导致各种躯体疾病。

在过度的情绪反应或持久性的消极情绪的作用下，神经系统的功能会受到影响。突然而强烈的紧张情绪的冲击会抑制大脑皮层的高级心智活动，打破大脑皮质的兴奋和抑制之间的平衡，使人的意识范围变得狭窄，正常判断力减弱，甚至有可能使人精神错乱、神志不清、行为失常。许多反应性精神病就是这样引发的。持久性的消极情绪，常常会使人的大脑机能严重失调，从而导致各种神经症和精神病。据调查，大学生中常见的焦虑症、抑郁症、强迫症、神经衰弱等心理问题和疾病大多与不良情绪有着密切的关系。

不良情绪不仅会对人的心理健康产生很大危害，而且会损害人的生理健康。当前，癌症与情绪的相关性已被临床上的大量事实所证明。癌症患者在发病前大都有长期不正常的心理状态，或有严重的精神创伤，或有过度紧张和忧郁的历史。国外学者曾研究了 405 个癌症患者，发现其中有 72% 的人早年有过情绪危机。我国心理学工作者在 20 世纪 60 年代初期对 232 例高血压病人的研究表明，病人病前不良的个性、情绪特点在高血压的病因中占 74.5%。许多研究表明，恐惧、愤怒等不良情绪的持续存在，会使作为高级神经系统的大脑皮质的机能降低，与此同时，也会使比较低级的神经中枢的机能反应亢进，从而造成胃和十二指肠功能的不正常，如胃酸分泌过多，酸度增加，从而引起胃黏膜糜烂；胃部肌肉紧张性增强，蠕动增加，供应胃和十二指肠血液的血管痉挛等，最后导致胃和十二指肠的溃疡；等等。除了胃溃疡外，不良的情绪还能导致其他数十种心身疾病。

虽然并非所有的上述患者都是心理生理疾病患者，有些疾患是器质性原因造成，与心理因素并无明显关联，但是大部分上述疾病的患者，其发病及病程演变都与社会心理因素有关，他们在受到心理刺激后发病，且病情会因不良情绪的影响而恶化。由此可见，人的情绪特别是消极情绪，会给人的心身健康带来极大危害。

合理宣泄有利健康

有一天晚上，张老师接到一个陌生妇女打来的电话，对方的第一句话就是："我恨透他了！""他是谁？"张老师感到莫名其妙。"他是我的丈夫！"对方答。张老师想：哦，打错电话了。于是他就礼貌地告诉她："对不起，您打错了。"可是，这个妇女好像没听见，如竹筒倒豆子一般说个不停："我一天到晚照顾两个小孩，他还以为我在家里享福！有时候我想出去散散心，他也不让，可他自己天天晚上出去，说是有应酬，谁知道他干吗去了！……"

尽管张老师一再打断她的话，告诉她他不认识她，但她还是坚持把话说完了。最后，她喘了一口气，对张老师说："当然，您不认识我，但是这些话在我心里憋了太长时间了，再不说出来我就要崩溃了。谢谢您能听我说这么多话。"原来张老师充当了一个听筒。但是他转念一想，如果能挽救一个濒临精神崩溃的人，也算是做了一件好事。

这个妇女是很令人同情的。她的举动看似错乱，实际很正常。它形象地说明了一个人总要有一个倾诉、宣泄情绪的地方，而且往往是蓄之愈久，发之愈烈。

人在一生中会产生数不清的意愿、情绪，但最终能实现、能满足的却为数不多。有人认为，对那些未能实现的意愿、未能满足的情绪，必须千方百计地压抑下去、克制下去，而不能让它发泄出来。但是他们却不知道，这样的情绪和意愿一旦被压制，就会转化成一种心理上的能量，而这种能量只有通过其他的途径才能被释放出去，却不会有丝毫的减少。虽然你在压抑、克制阶段往往意识不到它的存在，但这只说明它不在"显意识层"出现，而很可能成了隐藏在心底深处的"暗流"。

打个比方，这种暗流其实就像是蓄在水库里的水，只能是越涨越高，在心理上形成一股强大的压力。而要想让它不外流，人就必然要在心理上高筑堤坝，但这势必会使人在心理深处与外界日益隔绝，造成精神的忧郁、孤独、苦闷和窒息。或者，这股暗流就要冲破心理的堤坝，使人显现一种变态的行为，甚至是精神失常。在这里，同样用得上那句众所周知的话：堵塞不如疏导。

但令人遗憾的是，目前不少人在谈论心理冲突时，往往自觉不自觉地对"克制"法大加推崇，而对宣泄法则颇以为然。

情绪上的矛盾如果长期郁积心中，就会影响脑的功能或引起心身疾病。情绪上的问题只要说出来，心情就会感到舒畅，因此表达能起到一定的情绪安定作用。在我国古代，有许多人在遭到不幸时会有感赋诗，这实际上也是使情绪得到正常宣泄的一种方式。有人经过研究认为，在愤怒的情绪状态下，伴有血压升高，这是正常的生理反应。如果怒气能适当地宣泄，紧张情绪就可以获得松弛，升高的血压也会降下来；如果怒气受到压抑，长期得不到发泄，那么紧张情绪就得不到平定，血压也就降不下来。而该状态持续过久，就有可能导致高血压。

在遇到重大感情创伤时，痛哭也是一种合理的宣泄方式。所谓痛哭，就是"流泪而放悲声"。英国诗人丁尼生在一首诗里记述：一位战士牺牲，有人将他的尸体带到他的妻子面前，妻子一见就呆了，不能哭泣。诗人说："她必须哭，否则她会死去。"但人们没有办法使她哭。后来幸亏有位聪明的奶娘，将死者的孩子带到她的面前。她一见到孩子就哭了，并说："我亲爱的孩子，我将为你而活着。"这时的恸哭就会使她一时惊呆了的机体得到解放，感到舒畅。我们有时在劝慰一个遭到很大不幸的人时也常劝说："哭吧，哭出来会好受些。"

在遇到情绪困扰时，找老师、同学、亲朋好友倾诉积郁的情绪，是进行情绪调节的好办法。这样，一方面可使不良情绪得到发泄，另一方面在倾诉烦恼的过程中，也可以得到更多的情感支持和理解，并能获得认识问题和解决问题的新启示，增加克服困难的勇气。

情绪应该宣泄，但宣泄应该合理。当有怒气的时候，一不要把怒气压在心里、生闷气；二不要把怒气发泄在别人身上、迁怒于人、找替罪羊；三不要把怒气发泄在自己身上，如自己打自己耳光、自己咒骂自己，甚至选择自杀的方法当做自我惩罚；四不要大叫、大闹、摔东西，以很强烈的方式把怒气发泄出去。因为上述所有做法都不但于事无补，反而会使问题进一步恶化，从而给自己带来更大的伤害。

除了上述的方法，你还可以选择以下方法来宣泄你的情绪：

如果你喜欢运动，可以在生气和郁闷的时候拼命跑步、使劲打球，或者打沙袋—把气你的人想象成沙袋。如果你喜欢音乐，心情不好时可以听听让人愉快的音乐，音乐会把你带入另一个时空。然后，你就会发现让你不快的事情可能已经没有那么严重了，因为人的情绪经常是一时钻牛角尖而已。你也可以到歌厅里去吼几嗓子，让你的不快情绪随着你的歌声冲上云霄。另外，到大自然里去也可以使你心情舒畅，并唤醒你对生活的热爱。

你还可以学习林肯，把不满情绪尽情地写出来，想怎么说就怎么说，怎么解气怎么骂，可是写完后，要一把火烧掉。这时你会发现你的气愤也化作云烟了。

走出抑郁的阴云

不知从何时起，"郁闷"成了人们的口头禅。随着社会的飞速发展、生活节奏的不断加快、市场竞争的日益加剧和人际关系的复杂多变，人们面对的应激源大量增加，抑郁症的发病率急剧上升。因此有人称 21 世纪是个"抑郁时代"。作为现代社会的一种普遍情绪，抑郁并没有引起人们足够的重视，然而较长时间的抑郁却会让人悲观失望、心智丧失、精力衰竭、行动缓慢。患了抑郁症的人长期生活在阴影中无力自拔，他们只有积极调整自己的心态，才能走出抑郁的阴霾，重见灿烂的阳光。

大多数人都可能或轻或重地陷入抑郁。抑郁是一种很复杂的情绪，是痛苦、愤怒、焦虑、悲哀、自责、羞愧、冷漠等情绪复合的结果。它是一种广泛的负面情绪，又是一种特殊的正常情绪。抑郁超过了正常界限就畸变为抑郁症，成了病态心理。由于每个人的心理素质不同，所以抑郁有时间长短、程度强弱之分。

对于有抑郁心态的人，所有的怜悯都不能穿透那堵把自己和世人隔开的墙壁。在这封闭的墙内，他们不仅拒绝别人哪怕是极微小的帮助，而且还用各种方式来惩罚自己。在这座牢狱里，拥有抑郁心态的人同时充当了双重角色：受难的囚犯和残酷的法官。正是这种特殊的心理屏障——"隔离"，把抑郁感和通常的不愉快感区别了开来。尽管在抑郁的牢狱里你是孤独的，但抑郁也不单纯是孤独感。它还是一种隔离，这种隔离改变了你对周围环境的正常感觉。

有一名中年男子在他患抑郁症期间说了一段撼人心扉的话：

"现在我成了世上最可怜的人。如果我个人的感受能平均分配到世界上每个家庭中，那么，这个世上将不再会有一张笑脸。我不知道自己能否好起来，我现在这样真是很无奈。对我来说，或者死去，或者好起来，别无他路。"

这名中年男子就是亚伯拉罕·林肯，美国第16任总统。林肯也未能幸免于抑郁症的折磨，并且这种绝望困扰了他一生。虽然林肯能够预见自己的未来，知道自己会成为最受世人景仰的总统之一，但这丝毫不能减少他的抑郁。抑郁症是如此之顽固，它甚至可以毫无阻拦地闯入人们的生活，无论这个人拥有怎样的成就、社会地位、教育水平、财富、宗教信仰或文化。任何人都有患上抑郁症的可能性。

抑郁症困扰世人已经有很长一段时间了，早在2000多年前的著作中就曾有人提及抑郁症患者，这些抑郁症患者中有很多是历史名人，包括国家元首、艺术家、作家、神职人员和科学家。当然，也有普通人。

抑郁症患者的人生态度通常很消极，而且正由于抑郁使人丧失了自尊与自信，他们才总是自我责备、自我贬低，无论对环境还是对自我，都不能积极地对待。对环境压力他们总是被动地接受而不能积极地控制，更谈不上改造；对自我也总因感到难以主宰而随波逐流。于是他们在人生征程上没有了理想与期待，只有失望与沮丧。他们总感到茫然无主，总会陷入深重的失落感而难以自拔，对一切都难以适应，而只能退缩回避。我们周围常常有这类人，当生活环境发生重大变化而呈现出巨大反差时，当人生之旅中出现一些变故、遇到一些挫折时，或者仅仅是环境不如意时，他们便精神不振又心神不定，百无聊赖又焦躁不安，不思茶饭更无心工作，甚至不想再活着。

抑郁给人的感觉就好像透过一层黑色玻璃看一切事物，无论是考虑你自己，还是考虑世界或未来，任何事物看来都处于同样阴郁而暗淡的光线之下。一旦戴上这副黑色的滤光镜，你就再也不能在其他的光线下观察任何事物。消极的思想与抑郁相伴：情绪低落导致消极的思想和回忆，反过来，消极的思想和回忆又导致情绪低落。如此反复下去，就形成了一个持久而日益严重的抑郁恶性循环。

抑郁是禁锢人心灵的枷锁，困扰人们不能在现实的世界中调适自我，只能渐渐退缩到自己的小天地里来逃避抑郁。

心境低落是抑郁症的主要表现。抑郁症属于心理学的范畴，但却不单纯表现为心理问题，还可能诱发一些躯体上的相关症状，比如口干、便秘、恶心、憋气、出汗、性欲减退等，女性患者还可能会出现闭经等症状。

抑郁症的表现是多方面的，但归结起来，主要表现为心境低落、思维迟缓、意志减退的症状。

为了使我们的生活永远充满阳光，为了使我们有一个健康向上的心理，人们曾费尽心思地寻找克服抑郁的药方。

有人说，哭泣可以使脑部引发悲伤的化学作用变缓和。哭泣有时的确可让人停止悲伤，但也可能是人继续执著于悲伤的理由。

有专家指出，对抗抑郁最有效的办法是从事可振奋情绪的活动，如观看让人振奋的运动比赛、看喜剧电影、阅读让人精神振奋的书。不过值得注意的是：有些活动本身就会让人沮丧。比如研究发现，长时间看电视通常会使人陷入情绪低潮。

科学家发现，有氧运动是摆脱轻微抑郁或其他负面情绪的最佳方式之一。不过这也要看对象，效果最大的是平常不太运动的懒骨头。至于每天运动的人，效果最大的时期大概是他们刚开始养成运动习惯的时期，不运动时心情反而容易陷入低潮。运动之所以能改变心情，是因为运动能改变与心情息息相关的生理状态。

善待自己或享受生活也是常见的抗抑郁药方，具体的方法包括泡热水澡、吃顿美食、听音乐等。送礼物给自己是女性常用的方式，大采购或只是逛逛街也很普遍。

另一个提升心情的良方是助人。抑郁的人低沉不振的主因是不断想到自己及不快的事，而设身处地同情别人的痛苦则自可达到转移其注意力的目的。经研究发现，担任义工是很好的方法。然而，这也是最少被采用的方法。

最后一种方式是从超凡的力量中寻求慰藉，有宗教信仰的人可借助祈祷改变任何情绪，尤其是抑郁。

心理学

第二篇 生活中的心理学

第三篇

心理障碍与心理治疗

第一章

了解心理咨询

什么是心理咨询

　　心理咨询是心理咨询师就来访者提出的问题和要求进行共同分析、研究和讨论，找出问题的所在，以克服情绪障碍，恢复与社会环境的协调适应能力，维护身心健康。一般认为，咨询心理学主要有以下几个特征：

　　1. 主要针对正常人。

　　2. 为人的一生提供有效的帮助。

　　3. 强调个人的力量与价值。

　　4. 强调认知因素，尤其是理性在选择和决定中的作用。

　　5. 研究个人在制定总目标、计划以及扮演社会角色方面的个性差异。

　　6. 充分考虑情景和环境的因素，强调人对于环境资源的利用以及必要时的改变。

　　1984 年，在美国出版的国际心理学会编辑的《心理学百科全书》肯定了心理咨询的两种定义模式，即教育模式和发展模式。其中认为，"咨询心理学始终遵循着教育的模式而不是以临床的、治疗的或医学的模式。咨询对象（不是患者）是在应付日常生活中的压力和任务方面需要帮助的正常人。咨询心理学家的任务就是教会他们模仿某些策略和新的行为，从而能够最大限度地发挥其已经存在的能力，或者形成更为适当的应变能力。"咨询心理学强调发展的模式，它试图帮助咨询对象得到充分的发展，扫除其成长过程中的障碍。

　　心理咨询是通过语言、文字等媒介，给咨询对象以帮助、启发和教育的过程。通过心理咨询，可以使咨询对象在认识、情感和态度上有所变化，解决其在学习、工作、生活、疾病和康复等方面出现的心理问题，从而更好地适应环境，保持身心健康。

心理咨询对象

以下这些人需要求助心理咨询：

1. 生活中遇有重大选择时，犹豫不定者。

2. 工作压力大，无力承受但又不能自行调节者。

3. 初涉世事，对新环境适应困难者。

4. 经受挫折之后，精神一蹶不振者。

5. 过分自卑，经常感到心情压抑者。

6. 在社会交往方面，自感有障碍的人（如怯懦、自我封闭）。

7. 在经历了失恋、离婚、丧偶等情况之后，心灵创伤无法"自愈"者。

8. 婚姻及家庭关系不和睦，渴望通过指导改善者。

9. 下岗、退休后，心情苦闷、难以自我调整者。

10. 患有某种身体疾病，对此产生心理压力者。

11. 时常厌食或暴食者。

12. 睡眠状态发生改变的初始期。

13. 轻度性心理障碍者。

理想的心理咨询是人们健康成长的好伙伴。健康的生活风格将使你感觉更佳，生活更顺利。

心理咨询的意义

有关学者认为："心理咨询是一种帮助人们自我指导的高度艺术，是一种有爱心、有技术的专业，在心理咨询工作者与咨询对象的合作过程中，促进咨询对象的身心健康发展。"

具体地讲，心理咨询的意义有以下几个方面：

1. 帮助人们正确认识自我和周围世界、拥有完善的认知体系，避免因为错误归因而导致种种失败。

2. 教会人们如何管理自己的情绪、拥有积极稳定的情绪，避免罹患各种情绪障碍，如抑郁症、躁狂症、歇斯底里症等。

3. 帮助人们完善人格，摆脱自卑、自恋、自闭等不良心态，从而更好地投入到学习、工作和生活中去。

4. 帮助人们恢复爱的能力，学会幸福地工作、生活和爱。

5. 帮助人们摆脱失业、失恋、离异等造成的痛苦，使人们学会应付生活挫折的方法。

6. 矫治各种人格和神经症。

7. 帮助人们度过人生各个发展阶段的种种危机。

没有心理问题的人是不存在的，只有轻重缓急之分。任何人在任何时候，都有可能遇到冲突、挫折，产生愤怒、焦虑，导致心理失衡，甚至酿成疾病。当人们产生了心理问题时，往往很难跳出自己的逻辑圈情绪基调，家人、朋友、同事等因与当事人关系密切且认识水平有限，难以给予有效调解。此时及时进行心理咨询，才是明智的选择和正确的途径。心理咨询的专业工作者，接受过专业训练，具有必要的心理学、医学知识和综合运用心理咨询理论与方法的能力，尊重、保护来访者的个人隐私，更不会歧视来访者。心理咨询就像精神按摩，是人们保持心理健康、促进心理发展的有效手段。

心理咨询需要注意的问题

心理咨询是心理医生与咨询者之间建立的一种双向互动过程，在此过程中，咨询者需要关注以下问题，就会获得预期的效果，实现心理健康的目标。

（1）咨询者要有求助的动机愿望。接受心理咨询的人，并不一定是心理障碍者。所以，当你来到心理医生面前时，不要放不下面子，觉得不好意思。要正视自己问题的存在，勇于与心理咨询者商讨，这才是一种自信、明智的选择。

（2）要勇于开口，主动述说。在心理咨询者面前，不要羞于开口，也不能含糊其辞，不要顾虑，要主动交流。要相信咨询者，求得咨询者的帮助。如果能做到开门见山，直接讲述自己的问题最好。

（3）坚持耐心，不能浅尝辄止。心理问题是长期"积蓄"的结果，如同其他疾病一样，"病来如山倒，病去如抽丝"。解决是需要时间和过程的。那种急于求成的态度是不可取的。

（4）要在自己心情好的时候去找心理医生。在自己心情特别糟糕的时候见咨询者效果不会好。因为这个时候，情绪不稳定，缺乏对事物的客观判断性，也不太容易听进咨询者的建议和忠告。

（5）要学会倾诉。倾诉是心理咨询所必需的重要环节，但在讲述时不要特别纠缠枝节，因为心理咨询者关注的是你对问题的感受和看法，咨询者不会就你讲述的事给你下一个结论。倾诉不要超过20分钟。

（6）不要期望心理咨询人员给你什么"决策""主意"。因为心理咨询者不

心理学

第三篇 心理障碍与心理治疗

会对求询者提出具体的决定或办法，这一点求询者一定要明白。心理咨询者能做的只是帮助你澄清事实，分析利弊，开阔和转变思维，疏导不良情绪，进而使来咨询者发现自己的优势和潜能。

（7）在与咨询者交往中，心理医生能为你保密。对求询者的保密，是心理咨询者的道德要求。因此，在寻求心理咨询时，你完全可以放心，不用担心个人隐私会泄露。

心理咨询的形式

按照不同的标准，可以将心理咨询分为不同的形式。按照咨询的途径可以将心理咨询划分为电话咨询、书信咨询、现场咨询、门诊咨询、宣传咨询；按照咨询者可以划分为直接咨询与间接咨询，个体咨询与团体咨询等。

咨询的途径

（1）电话咨询。电话咨询是通过电话给咨询对象以帮助的一种形式。咨询对象喜欢电话咨询，有各种不同的原因。有的是因为路远，觉得到心理咨询专家那里去一趟很不容易；有的是因为与心理咨询专家面对面地交谈感到难堪；有的是为了更好地保密。

电话咨询对于防止自杀等恶性事件的发生是有显著作用的。但是，有时候，使用电话咨询就有困难。例如，有的咨询对象想在夜里12点以后咨询，咨询对象感到这个时间对他合适，而咨询专家就不方便。另一方面，咨询对象与咨询专家谁也看不见谁，只凭听觉来控制咨询过程，咨询的效率就会受到影响。

（2）书信咨询。书信咨询是通过写信的方式来进行的一种咨询。这种咨询在有些时候、有些情况下还是比较有用的。例如，有一位刚参加工作不久的中学教师，一旦有其他老师或学校领导来听课，就很紧张，板书、讲话、演示实验都经常出错，自己十分苦恼。通过书信咨询，问题逐渐得到了改善。

书信咨询的优点在于不受居住条件限制，有疑难者可随时通过信件诉说自己的苦恼或愿望；咨询机构在选择专家答疑解难时也有较大的回旋余地。对于那些不善口头表达或较为拘谨的咨询者来说，书信咨询的优点更是显而易见的。

不过，书信咨询也有一些不足之处。一方面，咨询效果易受咨询者的书面表达能力、理解能力和个性特点的影响。假如咨询者书面表达能力较差，问题的叙述过于简单、含糊或前后矛盾，医生便无法根据来信内容做出正确判断；如果咨询者做事草率粗心，信件书写潦草，字迹难辨，名、址不详或错漏，也将给咨询工作带来极大麻烦。另一方面，还有往返周期长、咨询双方的非言语交流受到限制、咨询帮助浮于表面和不够灵活等缺点。

（3）现场咨询。现场咨询是咨询机构的专职人员深入到基层或咨询者家庭，为广大咨询者提供多方面服务的一种咨询形式。在国外，这种咨询形式已引起越来越多的人的关注。有些国家还把现场咨询和巡回咨询有机结合起来，收到了较好的效果。例如，芬兰、冰岛等国的一些心理咨询机构，利用巡回咨询、现场咨询着力解决人们的适应问题，受到了广大民众的热烈欢迎。比利时、澳大利亚、日本等国的专职医生，注意在现场咨询中解决特殊人群的心理评估和指导，效果也很好。我国由于缺乏专职心理医生，目前还很少有人到基层进行专门的巡回咨询或现场咨询，当然，这并不等于说从来无人从事过这方面的工作。例如，北京师范大学心理测试与咨询服务中心的人员，便曾就初中学生的升学指导问题深入到北京市东城区的职业高中开展现场咨询。一般来说，在一个国家的心理咨询服务尚未构成合理的组织体系时，由专职机构的医生适当开展巡回咨询、现场咨询，对于满足基层的现实需求有着重要作用。在我国目前的情况下，现场咨询有着很大的倡导价值。

（4）门诊咨询。门诊咨询是通过医生和咨询者的会谈活动，弄清咨询者的心理问题症结或心理疾病本质，做出准确的病情判断，并施以相应的心理治疗。门诊咨询对医生有较高的要求，医生不仅应具有一般的临床知识和经验，而且还需要具备比较全面的心理学知识和心理咨询、心理治疗的专门技能。目前，已开办的心理咨询门诊中，不少医生缺少心理学方面的系统学习和培训，这种情况应当通过有计划的培训逐步加以解决。

门诊咨询是用得最多的一种咨询形式。这种咨询，有时候在咨询门诊部进行，有时候在咨询专家的家里进行。咨询专家可以利用最直接的信息，消除来访者的顾虑，打破心理屏障，及时、准确地调整咨询过程，使咨询深入发展。有的大学生由于心理障碍严重，甚至想退学，在心理专家的帮助下，逐渐克服了自己的心理障碍，不仅顺利地完成了学业，而且还考上了研究生。

但门诊部咨询也是有缺点的，主要是时间有限，当要求咨询的人很多时，就不能一一满足心理咨询者的要求。

（5）宣传咨询。宣传咨询是通过报纸、刊物、广播、电视等大众媒介，对读者、听众或观众提出的典型心理问题进行解答的一种咨询形式。这种宣传性质的咨询目前比较普及，许多报刊、电台都设置了专栏、专题节目，对读者或听众提出的各种问题进行解答。宣传咨询的优点是面广量大，具有治疗与预防并重的功能，好的专栏或节目会引起众多人的关注，是普及心理健康知识的较好方法，这是其他形式的心理咨询所不及的。

咨询者

（1）个别咨询与团体咨询。个别咨询是心理咨询最常用的形式。所谓个别咨询，是指咨询者与心理医生一对一的咨询活动。这种咨询活动既可以采用面谈的方式，也可以通过电话、信函等其他途径进行。个别咨询具有保密、易于交流、触及问题深刻、便于个案积累和因人制宜等优点，但这种咨询形式也有费时和社会影响较小等不足。

团体咨询是较个别咨询相对而言的。当具有同类问题的咨询者被医生分成若干小组或较大的团体，进行共同商讨、指导或矫治时，这种咨询形式便称为团体咨询。

团体咨询较之个别咨询，在节省咨询的人力和时间、扩大社会影响、集中解决一些共同的和较迫切的心理问题方面极具优越性。团体心理咨询对于帮助那些有害羞、孤独等人际交往障碍的学生，更有其特殊功效。因为将此类咨询者编为小组，进行多向交流和模仿，可形成浓厚的团体感染气氛和支持效应，从而有助于咨询者问题的解决或障碍的排除。当然，团体心理咨询也有其固有的局限，主要是个人的深层心理问题不便暴露，个体的心理问题差异也难予照顾。因此，在团体咨询中注意适当的个别指导，将团体咨询与个别咨询有机结合起来，是心理咨询中应当注意的一个问题。

（2）直接咨询与间接咨询。直接咨询是指由心理医生对具有心理疑难需要帮助、存有心理困扰需要排解或患有轻微心理疾病需要治疗的咨询者直接进行的咨询。直接咨询的特点是通过心理医生与咨询者的直接交往和相互作用，使咨询者的疑难问题得到解决，心理困扰或轻微心理疾患逐渐得到排解或减轻。

间接咨询是指由心理医生对来访的咨询者亲属及其他人员所反映的当事人的心理问题进行的咨询。间接咨询的特点是在咨询者与心理医生之间增加了一道中转媒介，咨询者的心理问题靠中转人向心理医生介绍，心理医生对咨询者的处理意见也要由中转人付诸实施。因此，在间接咨询中，如何正确处理好心理医生与中转人的关系，使心理医生的意见易为中转人所接受并合理实施，是关系到咨询效果的一个至关重要的问题。

心理咨询的特点

心理咨询是以消除咨询者心理上的苦恼与困扰,保持和促进心理健康为目的。心理咨询通过语言、文字等媒介,给求询者以帮助、启发和教育。通过心理咨询使求询者的认识、情感和态度、行为有所变化,解决其在学习、工作、生活等各方面出现的问题,从而更好地适应环境,保持身心健康。

心理咨询具有如下特点:双方性、多端性、社会性、渐进性和反复性等特点。只有认识到这些特点,才能驾驭心理咨询活动,更好地组织心理咨询,以开展好心理咨询工作。

双向性

咨询人员与求询者是心理咨询过程的两个方面,在这个过程中咨询者起着主导作用,而求询者则是心理咨询过程的主体。咨询者与求询者彼此互相影响、相互配合,体现出心理咨询的"双向性"特点,从而使咨询活动在愉快的气氛中进行。

心理咨询人员在心理咨询过程中起着主导作用,这是因为受过专门训练的咨询人员有心理学专业知识和技巧,他们不仅能帮助咨询对象解决其自己难以解决的问题,还能胜任其他人如咨询对象的父母、教师、同事、朋友或领导等所难以进行的帮助任务。这种帮助较少带有主观情感色彩,而具有相对的客观性。求询者是这个过程中的主体,这是因为心理咨询对象存在的心理问题的根本解决,有赖于其主观努力。求询者不是消极的接收器,对于咨询人员的劝导、帮助、教育,他都要经过自己的认知评估和情感的容纳,并以自己的方式来接受。

因此,在心理咨询过程中,一方面心理咨询对象必须认真听取咨询者的意见,积极配合心理咨询人员的帮助和教育;另一方面,心理咨询人员也必须洞察咨询对象的心理变化,并以此来调节自己的帮助与教育,调动咨询对象的积极性。

多端性

人的心理结构与心理面貌主要是由知、情、意和行为四方面组成。人的心理问题就是这四个方面发生了偏差。在人的心理结构中,这四个方面组成一个统一的有机体:即人的认识愈深刻,情感就愈有理性,意志就愈坚定,行为就愈自觉。认识是起点,行为是归宿,情、意是中介。心理咨询过程应该重视在转变咨

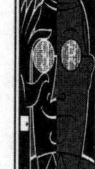

询对象的认识方面下工夫，做到晓之以理、动之以情、炼之以意。由于每个人的生活经历不同，其心理结构中的四个方面因素所占位置，所起的作用也不相同。这些发展的不平衡就是心理某个方面的薄弱环节，在心理咨询中就是根据这些最迫切的方面进行工作，以调整其心理状态，树立信心，培养良好的行为习惯。这些方面就是心理咨询的多端性表现。

社会性

心理咨询的社会性不仅表现为咨询过程的主体的心理品质受社会政治、经济、文化的影响（例如，一些学生因经商热的冲击，产生了不安、忧虑等心理矛盾），而且针对具有不良心理品质和不健全的心理结构的人所进行的心理咨询活动本身也受社会的影响。社会发展水平不同，人们对心理咨询的需要、认识、接受程度是很不一样的，经济发达的国家，人们往往把心理咨询看做维护个人精神生活和谐、心理平衡的重要环节，以此不断地调节自己的内心世界和与外人的关系。有人曾说，在美国，每个中产阶级以上的人，都有左、右两人的帮助。左边是律师，帮助解决生活上和工作上的种种法律事务；右边是心理医师，帮助排解各种精神烦恼。在发展中国家，人们主要的问题是解决生活的温饱和安全，增强体质，因而心理问题并不显得特别突出，需要心理咨询的迫切性也不如发达国家。总之，社会经济文化的兴衰变迁，科学技术的进步，以及社会价值体系的发展，都会影响人们对心理咨询的态度，也给心理咨询事业带来不同程度的影响。

渐进性

人的心理品质的形成与发展是渐进的。同样，不良心理品质的克服与消除也是渐进的。据此，咨询者在每次咨询活动中不要提出过高的要求，而要由浅入深、从简单到复杂、由量到质逐步地去做；如果操之过急，指望成功于一旦，往往会适得其反，使求询者丧失信心。

反复性

不正常的心理及不良心理品质的形成并非是一因一果简单的关系，而是多因一果的关系造成的。心理咨询的效果既决定于咨询过程，也决定于环境对咨询对象的影响。家庭、学校、社会机构等环境因素，有的与心理咨询方向一致，能够帮助和促进咨询对象更好地克服心理障碍，有些则是与心理咨询方向相背，会阻碍和削弱心理咨询的顺利开展。因此，求询者在消除心理障碍中出现反复，咨询效果出现反复是很难避免的。心理咨询人员不能存有一劳永逸的思想，与来访者的关系也不能仅局限在门诊室内。对于出现的反复，切不可表现出厌恶、冷漠的态度，更不可横加批评和指责。咨询者要重视巩固咨询效果的工作，对重点咨询对象要定期回访，注意他们的变化，消除可能出现的反复。

心理咨询常用的方法

心理咨询的成败，在很大程度上取决于心理咨询人员灵活运用心理咨询方法的能力，这些方法是在正规心理咨询训练中而获得，重要的是在咨询实践中反复总结提高的结果。

会谈法

会谈法是由心理咨询人员同咨询者为特定目的进行面对面交谈的一种方法。
结构式会谈

通常事先准备好谈话提纲或问卷，交谈时严格依照固定模式进行。这种会谈有助于收集信息和对比分析，省时省力，规范标准。也有称标准化会谈。缺点是方式刻板，了解问题难以深入，求询者的主动性、积极性难以发挥。

自由式会谈

这是事先无需预定问卷或谈话程序，交谈双方可自由交流，主要优点是轻松、灵活，双方易于表现真实情感。而缺点是费时，谈话难以控制，在实践中究竟哪种形式好，要视具体情况采用。

会谈法能否成功，关键在于咨询人员的会谈技巧和表达艺术，其中包括提问的技巧、倾听的艺术、沉默的使用等。

测验法

测验法是凭借标准化工具对求询者的心理和行为进行比较客观的测定的一种方法。心理测验的种类很多，就国内而言，有多种经过修订的国外测验量表可供心理咨询人员选用。例如，林传鼎、张厚粲主持修订的韦氏儿童智力量表，龚耀先主持修订的韦氏成人智力量表，可以用来对儿童和青年学生的智力进行测定和诊断；宋维真主持修订的明尼苏达多相人格量表，陈仲庚修订的艾森克人格问卷，可以用来对求询者的个性特点进行测量；吴文源引进修订的临床症状自评量表，可用来对求询者的自觉心理症状进行评估。此外，我国的一些心理学工作者还自行编制了一些测验量表，用于心理学研究和实际应用。

个案法

个案法是通过收集与某人有关的个案资料，从而全面、深入系统地了解一个人的心理特征的方法。个案法所收集的个案资料来源不仅为求询者本身所提供，也可以由其家属、同学、邻居、朋友、教师等提供。只要与求询者所提出的问题有关的材料，都要全面收集，尽可能不遗漏。

对于个案资料中的重要内容，要调查核实，不可道听途说。个案资料的主要内容包括：咨询对象的姓名、年龄、性别、职业等身份特征，目前的主要心理障碍，过去的各方面资料如发育、教育、学习等各方面的情况、家庭背景、人格特征等。在掌握了充分资料后，一般要求写出传记体个案记录。

提问法

提问是心理咨询的基本方法。要注重提问技巧，在提问时要灵活运用，千万不可固定格式，如果不能灵活掌握提问技巧，往往会严重影响咨询工作的顺利进行，甚至会使咨询工作中断，也可能带来消极的影响。

在提问时咨询者要掌握好两种技巧：

1. 要掌握好不可提问过多，过多提问常常是心理咨询的通病，要知道咨询者的责任是为来访者创造一个良好的自我探索环境，使来访者主动充分暴露自己的内心世界，并能进行自我探索。而咨询者频繁地提问，就破坏了这种咨询关系，使咨客失去自我实现的机会，还可能产生责任转移。解决心理问题的关键在于来访者自己，而不是心理咨询家，提问过多解决问题的责任就转移到心理咨询家身上，而来访者就产生了依赖性，甚至可能产生防卫心理，使心理咨询不能进行下去。

2. 要采用开放式提问方法，在提问中除了要掌握提问的数量、频率外，还要注意提问的方法。开放式提问就是要求咨询者事先没有固定的假设，不要直接进入主题，给来访者一个较广阔的空间，自由发挥。这样就便于咨询者从较多的信息中获取有价值的资料。对一些敏感问题，如婚外性生活、同性恋、吸毒、手淫等，可以适当诱导，用多重答案的方法提出。

心理咨询的原则

心理咨询的原则，即心理咨询工作人员在工作中必须遵守的基本要求，它是

咨询工作者长期咨询实践中不断认识并逐步积累的经验。心理咨询的原则很多，在工作中能注意到这些原则，将有助于提高心理咨询工作水平。现介绍如下：

信赖性原则

在咨询过程中，咨询人员要从尊重和信任的立场出发，努力和来访者建立朋友式的友好信赖关系，以确保咨询工作的顺利进行，取得圆满的咨询结果。

朋友式的友好信赖关系的建立在咨询过程中是相互的、双方的。就来访者而言，一般来访者有两种矛盾交叉的心理。一方面，对咨询人员怀有特殊的期望，相信通过他们的帮助可以增进心理健康，改变不良的心理品质，消除心理紧张；另一方面，又担心不能碰到一位热情有耐心、学识渊博的咨询人员。因此初来咨询时，总是比较拘谨，带有观望的态度。就咨询人员来讲，来访者是千差万别的，有的温文尔雅，彬彬有礼；有的则衣冠不整，语粗情急；有的谈吐自若，微带傲气；有的词不达意，畏缩自卑。咨询人员无法选择或改变来访者的个性特征，在咨询之前也无法改变他们因心理障碍而引起的异常心理和行为表现。因此，咨询过程中的朋友关系，咨询人员始终应成为主动的一方，他们无论对什么样的来访者，都应满怀交友的热望，以诚相待，一视同仁。此外，由于来访者语言表达的疏忽、遗忘与误记的影响或其他一些主客观因素，致使有些来访者提供的信息含有矛盾或不实之处，对此，咨询人员不应大惊小怪，表露出不信任的情绪或态度，而应委婉地提醒来访者注意自己的言语表达和回忆中的疏漏。总之，咨询人员应当主动热情地接待来访者，使来访者的紧张心情松弛下来，为顺利完成咨询工作创造一种和谐的交往气氛。

整体性原则

咨询人员在咨询过程中，要运用系统的观点指导工作，对来访者的心理问题做全面考察，系统分析，抓住主要矛盾，使咨询工作能够迅速、准确、有效。

根据系统整体观点，人的心理活动是一个有机的整体，知、情、意、行是密切联系在一起的，心理因素与生理因素相互作用，心理过程、心理状态和个体心理特征交互影响，密不可分。例如，一位女生汗毛很重，平时总怕被人发现，不合群，较为孤僻。这种心理障碍严重影响了她的恋爱，对此，在咨询过程中，除了要对来访者进行外部观察，还应结合个体的认识过程、意志过程、个性特征、心理因素和应激环境进行综合考察分析，特别是对家庭、单位、学校和社会交往中诱发心理障碍的主要应激源，要深入了解，这样，才能从个体身心因素与外部

心理学

第三篇　心理障碍与心理治疗

环境的制约性、协调性中找出心理问题形成的原因，制定咨询的对策和措施。

坚持性原则

在咨询过程中，咨询人员要引导来访者充分认识解决心理问题的艰巨性、复杂性，特别要对心理障碍的矫治问题树立坚持不懈、不怕反复的信念，这样才有利于咨询或治疗效果的巩固与提高。

咨询过程中，怎样才能使来访者对咨询过程的艰巨性、复杂性有深刻认识，进而转化为与医生的积极合作、坚持不懈呢？

心理问题或心理障碍的形成非一日之始，它的形成和加剧有一个发展的过程，因而其化解或排除也同样需要一段时间、一个过程。

人们对事物的认识不是直线的，其间有反复，有周折，这是正常现象。咨询人员对来访者心理问题的认识，也同样如此。

人的心理活动是作为一个整体起作用的，当个体心理活动的某一方面出现问题或障碍时，心理活动其他方面的品质对问题的解决亦有影响。例如，解决情绪失调问题，就必须同时考虑意志品质的提高和性格特性的磨炼问题，这无形中就给咨询工作增加了难度，使得咨询和治疗的周期相应延长。

人们所处的环境是在不断地发生变化的，环境中的各种因素也在不断地作用于咨询者，其中既可能有积极因素的影响，也可能有消极因素的干扰。一旦消极因素的干扰作用对个体处于支配地位，便会抵消咨询工作的成效，造成咨询者心理问题的再生和反复。

只要咨询人员真正把上述道理讲清楚了，来访者是会对医生的工作表示谅解和支持的。不过，这需要医生耐心地做工作，不断地提醒、引导、鼓励和规劝，否则来访者仍有可能发生中途动摇现象。当然，咨询人员在说服来访者持之以恒、不怕反复时，自己更应注意克服急躁和厌烦情绪，更应注意处处体现自信、坚毅、沉着、恒定的优良品质和作风，这对于稳定来访者的情绪，提高来访者的坚持力有重要作用。

异同性原则

所谓异同性，是指在咨询过程中，咨询人员既要注意来访者的共同表现和一般规律，又不能忽视其年龄差异、性别差异和个体表现差异，要善于在同中求异、异中寻同、努力做到二者的有机结合和统一。

异同性是事物存在的一般法则。就心理咨询而言，来访者的期待心理、求快心理、图方便心理是一些共同的特质，对同类或相似问题的诊断、指导与矫正也体现了咨询过程中的某些共同性，有些来访者在咨询过程中所表现出来的羞怯、紧张、疑虑与防卫心理亦具有一定的普遍意义，这些即所谓共同性的问题。而来访者的年龄差异、性别差异、身心状态区别、问题成因的不同和现实表现的千差万别，则构成了咨询过程中差异性的基础。对来访者的共同特点与个别差异，医生必须心中有数，因人制宜，区别对待。例如，初来咨询的人一般都有些紧张，因此咨询一开始，咨询人员通常要设法缓和一下紧张的气氛，这是咨询过程中的一个带有普遍性的问题，但这个问题是存在着很大的个别差异的，不同年龄来访者的紧张、拘谨带有不同的表现，男女来访者的紧张反应也各具特点，至于前来咨询的来访者亲属及其他人员的紧张情绪也与来访者本人有着质的区别。针对上述情况，咨询人员显然应当因人而异，根据各类咨询者的不同特点分别采取相应的措施。

保密性原则

这一原则是指，心理咨询人员有责任对来访者的谈话内容予以保密，求询者的名誉和隐私权应受到道义上的维护和法律上的保证。

保密既是咨询双方建立和维系信赖关系的基础，也是维护心理咨询工作的名声信誉的大问题。试想，一位心理咨询人员对来访者的隐私或缺陷不予尊重，随意泄露以为笑谈，这样，还有哪位来访者敢再前来向咨询人员倾吐心声请求帮助呢？在心理咨询的实践中，常常遇到一些来访者叮嘱千万不要把他们的事情宣扬出去，更不要披露他们的真实姓名。有的来访者在来信中也要求："如果你们是我们的知心朋友和尊敬的师长，请不要把我们的痛苦见诸报端，谢谢你们了！"从这些来访者的担心和请示中，足以看出替来访者保守秘密在心理咨询中所占的重要地位。当然，替来访者保守秘密并不是说咨询过程中一切都不能公开。如果因为教学、科研和其他工作的需要而不得不引用某些案例加以说明时，这种情况也是允许的，不过在这样做的时候，最好能事先征得案例主人的同意，或者对案例内容做技术性处理，略去案主的真实姓名以及其他可能暴露案主身份的内容。

从道德上讲，来访者反映的隐私或缺陷既涉及个人今后在单位和社会中的名誉和前途，又有可能牵扯到来访者与家庭成员和其他人的矛盾和冲突。如果来访者这些深层自我揭露得不到应有的保护和尊重，就很可能激化矛盾，引起事端，甚至有可能造成来访者的绝望和轻生。对此，咨询人员是切切不可掉以轻心的。雷诺兹指出，即使在间接咨询中，咨询者也有责任为前来求询的人保守秘密。如果遇到来访者的领导试图干预咨询双方交往活动的现象，咨询人员应坚持原则，不得随意将咨询内容向外泄露。从严格执行保密性原则这一立场来看，雷诺兹的这一主张是不无道理的。从法律上来看，维护公民的合法权益，保障公民的言论自由和通信自由，是我国宪法明文规定了的。

作为心理咨询的专业人员，应牢记个人的法律责任和义务，坚持为求询者保守秘密，尊重来访者的个人隐私或缺陷，保护来访者的合法权益，这是心理咨询工作者的一项义不容辞的任务。

发展性原则

这一原则是指在心理咨询过程中，咨询人员要以发展变化的观点来看待来访者的问题，不仅要在问题的分析和本质的把握中善于用发展的眼光做动态考察，而且在对问题的解决和咨询结果的预测上也要具有发展的观点。

运动、发展、变化是自然界与社会的普遍规律，人的心理问题也不例外。就心理咨询工作来说，来访者所反映的心理问题总有一个发生、发展的过程。弗洛伊德在对精神病患者的心理治疗中，十分重视早期创伤经验在个体人格发展中的作用。虽然弗洛伊德的发展观在对发展动力的解释上存在缺陷，但他关于深层心理动态考察的主张却在心理学界获得了高度评价，这一基本思路对于心理咨询也是适用的。

在各种内容的心理咨询中，遵循发展性原则都极为必要。发展性咨询的目的不仅在于了解个体已有的发展历程及其结果，更重要的还在于提示着个体今后发展的可能性及方向，这就要求咨询人员必须具有较高的洞察能力和预见能力。一方面，要对来访者的内在潜能和发展条件有准确估计；另一方面，要对他们今后生活的发展目标和发展道路有恰如其分的提示和把握，这样才能达到发展性咨询的目的。

预防性原则

这一原则是指咨询人员在明确来访者心理障碍的同时，应注意来访者的整个心理特点，对可能发展的趋势或可能出现的心理障碍，给予必要的提醒和预防。

预防重于治疗是心理咨询的主导思想。只治不防，就像医生给已患病的病人治疗，获益的仅仅是患者；相反，防重于治，不仅可以使具有心理障碍的人得到应有的治疗，而且可以使更多的人懂得心理卫生的意义，掌握自我心理保健的方法，这对于提高广大社会成员的心理健康水平，积极预防各种心理障碍和心理疾病，具有不可低估的作用。

　　心理障碍和疾病都要以预防为主。咨询人员对常见的心理障碍进行分析、研究，努力掌握各种常见心理障碍发生、发展的一般规律，这不仅对矫治来访者的心理障碍有积极意义，更重要的是可以依据这种规律性的认识，促进常见心理障碍的早期发现、早期防治。

心理学

第三篇　心理障碍与心理治疗

第二章

认识心理治疗

什么是心理治疗

　　心理治疗在一般人的印象中，大致都是这样一个场景：一位患者躺在椅子上，右后方坐着一位手里拿着笔和记事簿的心理治疗人员。似乎心理治疗是一件很神秘的事情。那么心理治疗到底是什么呢？

　　心理治疗又称精神治疗，是指应用心理学的理论与方法治疗病人心理疾病的过程。心理治疗与精神刺激是相对立的。精神刺激是用语言、表情、动作给人造成精神上的打击、精神上的创伤和不良的情绪反应；心理治疗则相反，是用语言、表情、动作和行为向对方施加心理上的影响，解决心理上的矛盾，达到治疗疾病的目的。因此，从广义上讲，心理治疗就是通过各种方法，运用语言和非语言的交流方式，影响对方的心理状态，通过解释、说明、支持、同情、相互之间的理解来改变对方的认知、信念、情感、态度、行为等，达到排忧解难、降低心理痛苦的目的。从这个意义上说，人类所具有的一切亲密关系都能起到"心理治疗作用"。理解、同情、支持等心理反应就是生活中最值得提倡的心理"药师"。

　　由此可见，广义的心理治疗泛指一切影响人的心理状态、改变理解行为的方式和方法。父母与子女之间、夫妻之间、同学同事之间、邻里之间、亲朋好友间的解释、说明、指导等真挚的交往与沟通，都具有一定的心理影响和心理治疗作用。而狭义的心理治疗，则是在确立了良好的心理治疗关系的基础上，由经过专门训练的施治者运用心理治疗的有关理论和技术，对求治者进行帮助，以消除或缓解求治者的心理问题或人格障碍，以促进其人格向健康、协调方向发展的过程。

　　华佗时代，某地有一太守，因忧思郁结患病，久治无效，后请名医华佗诊治。华佗闻得太守的病情后，开了一个奇妙的治疗"处方"：他故意收取了太守的许多珍宝后不辞而别，仅留下一封讽刺讥诮太守的信札。太守闻讯勃然大怒，命人追杀华佗，但华佗早已远去。于是，太守愈加愤怒，竟气得吐出许多黑血。不料黑血一吐，多年的顽疾竟随之痊愈。

华佗运用心理治疗，以"怒胜忧思"之术，治好了太守的"心病"与"身病"。可见，心理治疗在中国古代就已得到了绝妙的应用。

我们知道，心理治疗的方法是极为多样的，但目的都在于解决患者所面对的心理困难与心理障碍，减少、减轻其焦虑、忧郁、恐慌等精神症状，改善病人的非适应性行为，包括对人事的看法，从而促进其人格成熟，使被施治者能以较适当的方式来处理心理问题，以适应生活。因为心理治疗的过程主要是依靠心理学的方法来进行的，是与主要针对生理治疗的药物治疗或其他物理疗法不同的治疗方法，所以称之为心理治疗。

英国心理学家艾森克归纳了心理治疗的几个主要特征，它们是：

（1）心理治疗是一种两人或多人之间的持续的人际关系。

（2）参与心理治疗的其中一方具有特殊经验并接受过专业训练。

（3）心理治疗的其中一个或多个参与者是因为对他们的情绪或人际适应、感觉不满意而加入这种关系的。

（4）在心理治疗过程中应用的主要方法实际上是心理学的原理，即包括沟通、暗示以及说明等机制。

（5）心理治疗的程序是根据心理障碍的一般理论和求治者的障碍的特殊起因而建立起来的。

（6）心理治疗过程的目的就是改善求治者的心理困难，而后者是因为自己存在心理困难才来寻求施治者予以帮助的。

心理治疗的历史比较悠久，可以说自有人类社会以来就有了心理治疗。最近几十年，心理治疗得到了较快的发展。在近半个多世纪以来，心理治疗已经被人们普遍公认为是行之有效的医治疾病的方法，它甚至可以解决医学上很多老大难的顽症痼疾，收到常规医疗措施所不能比拟的效果。心理治疗通过影响患者的心理活动，可以有效地矫正一些异常行为，比如，精神失常、犯罪行为、不守纪律、不肯学习，甚至说谎、口吃、遗尿、吮指等怪癖恶习。所以，心理治疗在各国盛行起来，被广泛加以应用，并且逐渐摸索出了多种多样的心理治疗的具体形式。比如，音乐治疗、催眠暗示、生物反馈、行为矫正，等等。

当我们运用各种心理治疗时，都应该注意的是："心理"并不是单一式的、对症下药式的"对症治疗"，而是各种因素、方面配合起来的综合治疗。因为心理治疗的总目标，是改变一个人的属于病态心理的人格。

很多患有心理疾病的人，往往是由于从幼小的时候起，在人格发展上有缺陷，不能很好地适应周围环境，于是就会引起各种精神上的症状和反常行为。而这些症状和行为又都不是生理上的病变，而是人格缺陷所造成的。心理治疗的任务，就是想方设法弥补他们的人格缺陷，使他们的人格不断地充实、丰富和善化。

当然，心理治疗绝不是"万能"的。心理治疗曾一度被人们误解为唯心的，甚至被歪曲为"挂着科学招牌的迷信"，其中一个重要的原因，就是把心理治疗的作用、疗效，说得过了头，弄得神乎其神、不切实际的缘故。

在运用心理治疗进行自我治疗时应当注意下面几个问题：

（1）要对心理治疗充满信心。你可以先不去考虑它们的疗效究竟如何，但是确信试试看总会有益无害，这样的自我暗示作用本身就是心理治疗。

（2）坚持"治疗"下去，持之以恒，不要因为很快就收到疗效而停止，也不要因为还看不出成效就中断。坚持本身可以使你磨炼意志。它本身也是心理治疗。

（3）如果某一方法收效不大，或看不出什么显著的效果，那就不妨改用另一种方法。也可以几种方法交替作用，或者同时使用。

如果你扮演"医生"的角色，对你的朋友、伙伴、亲人进行心理治疗时，你就要让对方对你产生信任感、亲切感和安全感，你首先应该设法使他们增强治愈的信心和决心，对他们多加体贴和鼓励，在相互思想沟通交流的气氛中进行。俗话说："心病还需心药医。"对于心理疾病患者，除了适当用药之外，还要有针对性地做好他们的思想工作，帮助他们用自己的意志和理智去战胜疾病。无论是谈话，或者帮助他们采用一些具体的心理治疗时，从语言到表情，都要避免种种不良的暗示。既不能急躁，急于求成，也不要厌烦，灰心丧气。只有这样，才能收到理想的治疗效果。

心理治疗的原则

不论进行何种形式的心理治疗，都必须遵循以下原则：

接受性原则

医生对所有求治的病人，不论心理疾患的轻重、年龄的大小、地位的高低、初诊再诊都应诚心接待，耐心倾听，热心疏导，全心诊治。在完成患者的病史收集、必要的体格检查和心理测定，并明确论断后，即可对其进行心理治疗。施治者应持理解、关心态度，认真听取病人的叙述，以了解病情经过，听取病人的意见、想法和自我心理感受。如果施治者不认真倾听，表现得不耐烦，武断地打断病人的谈话，轻率地解释或持怀疑态度，就会造成求治者的不信任，这样必然导致治疗失败。

另一方面，施治者并非机械地、无任何反应地被动听取来治者的叙述，必须深入了解他们的内心世界，注意其言谈和态度所表达的心理症结是什么。因而该原则又可称为"倾诉"或"顺听"原则，认真倾听来治者的叙述，其本身就具有治疗作用。某些求治者在对施治者产生信任感后会全部倾诉出自己压抑已久的内心感受，甚至会痛哭流涕地发泄自己的悲痛心情，结果会使其情绪安定舒畅，心理障碍也会明显改进，故接受性原则具有"宣泄疗法"的治疗效果。

信任原则

这是心理治疗的一个重要条件。患者对医生要有信任感。在此基础上，患者才能不断接受医生提供的各种信息，逐步建立治疗动机，并能无保留地吐露个人的心理问题的细节，为医生的准确诊断及设计和修正治疗方案提供可靠的依据，同时医生向患者提出的各种治疗要求也能得到遵守和认真执行。另一方面，也要求医生从始至终对患者保持尊重、同情、关心、支持的态度，与病人保持密切的联系，积极主动地与其建立相互信赖的人际关系。在心理治疗过程中，建立良好的医患关系，其主要责任在医生方面，这是检验一个心理治疗医生是否称职的重要条件。

保密原则

心理治疗往往涉及病人的各种隐私，为保证材料的真实，保证病人得到正确及时的指导，同时也为了维护心理治疗本身的声誉及权威性，必须在心理治疗工作中坚持保密的原则。医生不得将病人的具体材料公布于众。即使在学术交流中不得不详细介绍病人的材料时，也应隐去其真实姓名。

计划原则

实施某种心理治疗之前，应根据收集到的有关病人的详细、具体的资料，事先设计治疗程序，包括手段、时间、作业、疗程、目标等，并预测治疗中可能出现的变化及准备采取的对策。在治疗过程中，应详细记录各种变化，形成完整的病案资料。

针对性原则

虽然许多心理治疗的方法适用范围不像某些药物和手术疗法那么严格，但各种心理疗法仍各有一定的适应证，特别是行为疗法。因此在决定是否采用心理治疗及采用何种方法时，应根据患者存在的具体问题以及医生本人的熟练程度、设备条件等，有针对性地选择一种或几种方法。针对性是取得疗效的必要保证。

综合原则

人类疾病是诸种生物、心理与社会因素相互作用的结果，因而在决定对某一疾病采用某一治疗方法的同时，不能不综合考虑利用其他各种可利用的方法和手段。例如，对高血压、癌症等疾病进行心理或行为治疗，应不排除一定的药物或理疗。此外，各种心理治疗方法的折中（综合）使用，也有利于取得良好的疗效。

支持性原则

在充分了解求治者心理疾患的来龙去脉和对其心理病因进行科学分析之后，施治者通过言语与非言语的信息交流，予以求治者精神上的支持和鼓励，使其建立起治愈的信心。一般在掌握了求治者的第一手资料之后，即可进行心理治疗了。对求治者所患的心理疾病或心理障碍，从医学科学的角度给予解释，说明和指出正确的解决方式，在心理上给求治者鼓励和支持。要反复强调求治者所患疾病的可逆性（功能性质）和可治性（一定会治愈）。这对悲观消极、久治未愈的病人尤为重要。反复地支持和鼓励，可防止求治者发生消极言行，大大调动求治者的心理防卫机能和主观能动性。对强烈焦虑不安者，可使其情绪变得平稳安定，以加速病患的康复。在使用支持治疗时应注意：支持必须有科学依据，不能信口胡言。支持时的语调要坚定慎重、亲切可信、充满信心，充分发挥语言的情感交流和情绪感染作用，使求治者感受到一种强大的心理支持。

保证性原则

通过有的放矢、对症下"药"，精心医治，以解释求治者的心理症结及痛苦，促进其人格健康发展并日臻成熟。在心理治疗的全过程中，应逐步对求治者的心理缺陷的病理机制加以说明、解释和保证，同时辅以药物等其他身心综合防治措施，促使疾病向良性转化。在实施保证性原则的过程中，仍应经常听取病人的意见、感受和治疗后的反应，充分运用心理治疗的人际沟通和心理相容原理，在心理上予以保证，逐步解决求治者的具体心理问题，正确引导和处理其心理矛盾，以进一步提高治疗效果。

灵活原则

从某种现象上说，心理现象较之生物现象更具复杂性。病人的心理活动受多种内、外因素的影响，不但不同病人之间心理活动存在很大的差异，同一病人在不同阶段的心理变化规律也往往难以预测。故在心理治疗过程中，医生应密切注意病人的心身变化过程，不放过任何一点新的线索，随时准备根据新的需要变更治疗程序。此外，也要注意各种社会文化和自然环境因素对治疗过程的影响，包括文化传统、风俗习惯、道德观念、文化程度、经济地位等。

"中立"原则

心理治疗的目的是帮助病人自我成长，心理治疗师不是"救世主"，因此在心理治疗过程中，不能替病人作任何选择，而应保持某种程度的"中立"。特别是在遇到来访者来询问："我该与谁结婚?" "我应该离婚吗?" 类似的问题，要让来访者自己做出决定。

回避原则

心理治疗中交谈是十分深入的，往往要涉及个人的隐私。因此不易在熟人之间做此项工作。亲人与熟人均应在治疗中回避。

行为疗法

行为疗法是在行为主义心理学的理论基础上发展起来的一个心理治疗派别，是当代心理疗法中影响较大的派别之一。与心理分析等其他疗法不同，它不是由一位研究者有系统地创立的一个体系，而是由许多人依据一种共同的心理学理论分别开发出的若干种治疗方法集合而成的。

行为疗法又称行为治疗，是基于现代行为科学的一种非常通用的新型心理治疗方法，是根据学习心理学的理论和心理学实验方法确立的原则，对个体反复训练，达到矫正适应不良行为的一类心理治疗。

行为疗法是根据学习理论或条件反射理论、技术等，来矫正和消除患者建立

心理学

第三篇 心理障碍与心理治疗

的异常的条件反射行为，或通过对个体进行反复的训练，建立新的条件反射行为，以改变、矫正不良行为的一类心理治疗方法。行为疗法是行为主义在心理治疗领域的具体体现。行为理论认为"没有病人，只有症状"，治疗的目标就是改变人的行为，即消灭我们认为是症状的不良行为，塑造良好的、健康的行为。同时认为症状性行为是学习得来的，是习得的不良习惯，通过学习也能把它们消灭掉。

行为疗法的代表人物沃尔普将其定义为：使用通过实验而确立的有关学习的原理和方法，克服不适应的行为习惯的过程。

行为治疗家认为适应不良性行为是通过学习或条件反射形成的不良习惯，因此可按相反的过程进行治疗。

所谓适应不良性行为是不健康的、异常的行为，有些是神经系统病理变化或生理代谢紊乱而引起的症状，有些则是由于错误的学习所形成。

行为疗法是运用心理学派根据实验得出的学习原理，是一种治疗心理疾患和障碍的技术，行为疗法把治疗的着眼点放在可观察的外在行为或可以具体描述的心理状态上。

行为疗法有以下特点：

（1）治疗只能针对当前来访者有关的问题而进行。

（2）治疗以特殊的行为为目标，这种行为可以是外显的，也可以是内在的。

（3）治疗的技术通常都是以实验为基础的。

（4）对于每个患者，心理医生根据其问题和本人的有关情况，采用适当的行为治疗技术。

行为疗法实施步骤：

（1）了解患者异常行为产生的原因，确定治疗的目标。

（2）向患者说明行为治疗的目的、方法和意义，帮助患者树立治愈的信心，从而使其主动地配合治疗。

（3）采取专门的治疗技术，并辅之药物或器械治疗。

（4）根据患者行为改变的情况，分别给予阳性强化（如表扬、鼓励和物质奖赏）和阴性强化（如批评、疼痛刺激和撤销奖赏）。

（5）根据病情的转变情况，调整治疗方法，巩固疗效。

行为疗法主要适用于那些异常行为表现比较局限，又可能加以测量的对象，如恐怖症、强迫症、性功能障碍、社交困难、口吃、局限性痉挛、儿童行为障碍等。

常用的行为疗法

系统脱敏疗法

这是一种利用对抗性条件反射原理，循序渐进地消除异常行为的一种方法。通过渐进性暴露于恐惧刺激的方式，使已经建立起的条件反射消失，以治疗心理障碍或行为障碍称为系统脱敏疗法。如众所周知的儿童对带毛、白色动物的恐怖症，从产生到经过系统脱敏消除症状，就是一个实例。

这一疗法是 1958 年由南非心理精神病学家沃尔夫综合前人经验发展起来的。他认为相反的行为或情绪能相互抑制而不能同时存在，他用一只猫做了如下实验：

将一只饿猫放入笼中，每当食物出现猫有取食反应时突然强烈电击（非条件刺激），反复多次后，猫产生了强烈的恐惧，拒绝进食，实验室环境、猫笼、进食条件多次与电击相结合而强化成为条件性刺激，猫见到实验室环境、猫笼、进食条件便产生恐惧，即产生了实验室神经症。后他将猫放在没有实验室环境、没有猫笼的地方进食，同时不给电击，多次训练后猫的恐怖症消失，从而产生正常的食物性条件反射。这时再把猫放回到原来的实验环境，进入猫笼中，但不给电击，猫仍能正常进食，恐怖反应消失。

临床上我们可以教会病人用自我松弛的方法，如深呼吸、全身肌肉主动放松、转移注意力、闭目静坐等以抑制引起焦虑和恐怖反应的刺激，即用松弛活动的中枢兴奋来抑制焦虑或恐怖反应的中枢兴奋。经过这种多次脱敏训练，最终可把焦虑和恐怖反应完全消除。

系统脱敏法主要用于治疗焦虑症和恐惧症。精神病学家沃帕提出了以下的治疗程序：

（1）了解引起焦虑和恐惧的具体刺激情景。

（2）将各种焦虑和恐惧的反应症状由弱到强排成"焦虑等级"。

（3）帮助患者学习一种与焦虑和恐惧反应相对立的松弛反应。

（4）把松弛反应逐步地、有系统地伴随着由弱到强的焦虑刺激，使两种互不相容的反应发生对抗，从而抑制焦虑反应。

厌恶疗法

厌恶疗法是在经典条件反射原理基础上提出来的，也就是对其行为反应给予负性强化使之逐渐减弱，直至消除其不良行为。也可以认为厌恶疗法是用惩罚性强烈刺激，去消除已经建立的不良的条件反射的方法。

厌恶疗法采用一套技术，这些技术中包括工具或武器，以引起患者生理、心理痛苦或厌恶的刺激，如电击、致吐药物、难闻的气味等。其方法是当出现不良反应时，立即给予这些厌恶性刺激，直到症状消失。

因此说厌恶疗法是经典性条件反射（用做厌恶性反射）和操作性条件反射（痛苦及厌恶刺激即惩罚）的直接运用。

由于作为负性刺激的物品或方法的不同，因而可将厌恶疗法分为如下几种：

（1）化学性厌恶疗法。应用化学药物，如能引起恶心、呕吐的药物阿朴吗啡、戒酒硫等或有强烈恶臭的氨水等。

（2）电击厌恶疗法。以一定强度的感应电作为疼痛刺激，或以轻度电休克作为负性刺激。

（3）橡皮圈厌恶疗法。拉弹预先套在手腕上的橡皮圈，并引起疼痛作为负性刺激。

（4）羞耻厌恶疗法。即命令患者在大庭广众，众目睽睽之下，表现变态性行为，从而使患者自己感到羞耻，用此作为负性刺激促使患者改正变态行为。

化学性和电击厌恶疗法，都较痛苦，故施用几次后，应该训练患者自己应用"想象厌恶法"，一旦遇到烟、酒或性兴奋对象时，立刻想象到痛苦的惩罚感受，从而产生厌恶反应。想象厌恶法也可一开始即应用于某些性变态者，如异装癖、露阴癖等，即使患者想象自己在做异常性行为时被人发现，当场抓获，受到严厉处罚等，从而用想象中的负性刺激来克制异常性行为。这种方法有人也称之为"隐闭性敏感法"。

厌恶疗法操作简便，适应性广，主要用于强迫症和种种行为障碍的患者，如日常生活中想戒烟、戒酒、控制饮食等也可采用此方法。但因为厌恶疗法实施时会给患者带来极不愉快的体验，因此，一般要征得患者的同意后才使用此法。

病例：

患者张某，男性，34岁，从20多岁起就是一个酒瘾者。

为了消除患者嗜酒如命的恶癖，采用厌恶疗法。医生在治疗中，找来10个杯子。在其中6个杯子里装入烈性酒，另外4个杯子里装入自来水。10个杯子随机摆放。医生让患者任意拿起一个杯子闻一闻。当他闻到杯子里装有酒时，医生便给他一次电击（电击仅能使人感到有疼痛，不可太强）。经过几次治疗后，医生改用间断性惩罚程序，即患者每闻5个装有酒的杯子，其中就有三次电击。在上述治疗的同时，医生让患者看一些卡片，每张卡片上都有字，有的是某种酒的名称，有的是其他无关的字，把卡片字朝下放在桌上，让患者随机翻起卡片。如果翻起的卡片上面写的是酒的名称，患者就被电击一下。如此反复进行。这样，每次连做三遍，一般连续三个星期就会将酒戒掉。

满灌疗法

满灌疗法与系统脱敏疗法相反，不需要叫病人经过任何放松训练，一开始就让病人进入使他恐惧的情境中，一般是采用想象的方式，医生鼓励病人想象最使他恐惧的场面，或者治疗医生在旁反复地，甚至不厌其烦地讲述他最害怕的情景中的细节，或放映现代影视画面最使病人恐惧的镜头，以加深病人的焦虑程度。同时不允许病人做出闭眼、堵耳朵、哭喊等逃避措施。即使病人由于过分紧张害怕，甚至出现昏厥的征兆，仍要鼓励病人继续想象或聆听治疗医生的描述。同时要告诉病人，这里备有一切急救设备和手段，生命安全是有保障的，因此病人可以大胆想象，病人在反复的恐惧刺激下，可能因焦虑和紧张而出现心跳加快，呼吸困难，面色苍白，四肢冰冷等植物神经系统反应。但病人最担心的可怕的灾难并没有发生，焦虑反应也就相应地减退了。

实行满灌疗法需要慎重，应该视患者的病症程度、心理状态而定。虽然满灌疗法比系统脱敏法所花费的时间要少得多，但是一旦刺激程度超出了患者的心理承受能力，就极易引发精神分裂症。

行为塑造疗法

行为塑造是要形成和建立一个新的行为习惯。在确定这个大目标后，把其分成几个小目标，制定治疗计划，然后由低向高逐步实现，达到一步立即给予奖励强化，直到最后实现最高目标。即"大目标，小步子"，用不断强化的原则来建立新的行为习惯。

行为塑造疗法适应证有：精神病人的行为学习、哑童说话、残疾人的肢体功能训练、低能儿教育、大小便失禁控制训练等。对于正常人来说，行为塑造也是学习建立新行为习惯和完成事业目标的有效方法。

奖励与惩罚相结合的行为疗法

此法是目前在美国流行的一种行为疗法。其实是一种综合疗法，它是建立在操作式条件反射的理论基础上的。行为学家肯塔基大学医学院安麦克介绍为以下5个步骤：

（1）增强健康信念，增强改变不良行为的动机，写出改变不良行为和不良个性的理由，告诉病人使其理解为什么要改变和不改变的后果；告诉与病人有关的人，只要坚持一定会成功；写出具体的改变不良行为的日期、时间，以增强成功信念。

（2）保持记录，记录不良行为程度，目前如何改变，现在心境、环境如何，每周都要记录。

（3）明确具体目标，心理治疗医生应监督病人，令其主动地改变不良行为，采取行动时要注意，主动回避一些与不良行为有关的环境；寻找新的行为或建立新的条件反射与旧的不良行为斗争；打断旧行为环节中的一个环节；改变不良行为要奖励，发生不良行为时要惩罚；将改变的大目标分成数个小目标一步步完成；调动主观能动性，取得别人的帮助。

（4）采取行动，即监督患者或令其主动地改变不良行为。为此，要回避引起不良行为的扳机点，寻找新行为或建立新的条件反射与不良行为斗争，并有个计划，通过主观努力，以及他人的帮助，来改变不良行为。

（5）维持新的行为，新行为建立后，要设法使其巩固下去。

认知疗法

认知疗法是20世纪70年代所发展起来的一种心理治疗技术。它是根据认知过程影响情绪和行为的理论假设，通过认知和行为技术来改变病人不良认知的一类心理治疗方法的总称。

认知疗法的理论基础是心理学家贝克提出的情绪障碍认知理论。他认为：心理问题不一定都是由神秘的、不可抗拒的力量所产生，相反，它可以从平常的事件中产生。

认知疗法的基本观点是：

认知过程是行为和情感的中介，适应不良性行为及情感与适应不良性认知有关。医生的任务是找出这些不良的认知，并提出"学习"或训练方法以矫正这些认知，并进行有效的调节，在重建合理认知的基础上，不良情绪和不适应行为就能得到调整和改善，从而使心理障碍得到克服。

认知疗法是新近发展起来的一种心理治疗方法，它的主要着眼点，放在患者非功能性的认知问题上，意图通过改变患者对己、对人或对事的看法与态度来改变并改善所呈现的心理问题。

认知疗法不同于传统的行为疗法，因为它不仅重视适应不良性行为的矫正，而且更重视改变病人的认知方式和认知、情感、行为三者的和谐。同时，认知疗法也不同于传统的内省疗法或精神分析，因为它重视目前病人的认知对其身心的影响，即重视意识中的事件而不是无意识。内省疗法则重视既往经历特别是童年经历对目前问题的影响，重视无意识而忽略意识中的事件。

认知疗法是以合理的认知方式和观念取代不合理的认知方式和观念的过程，这是个看似简单，实则复杂的过程。首先治疗者会帮助患者反省目前生活中造成他情绪困扰的是哪些不合理认知，并帮助他辨别什么是合理认知，什么是不合理认知。然后帮助患者明确目前的情绪问题是由现在持有的不合理认知导致的，自己应对自己的情绪和行为负责。通过一些必要、合适的认知调节技术（如与不合理认知进行辩论等），治疗者会帮助患者认清不合理认知的不合理性或荒谬性，进而使他逐步放弃这些信念。这是认知调节过程中最重要的一步。最后帮助患者学习合理认知方式和观念，并使之内化，以避免成为不合理认知的牺牲品。

认知疗法可以有效地治疗焦虑障碍、社交恐怖、偏头痛、慢性疼痛等许多心理疾病。其中疗效最好的是用于治疗抑郁症、厌食症、性功能障碍和酒精中毒等。它也用于正常人以建立更合理的思维方式，提高情绪合理度，开发人的潜能和促进个人的心灵发展等。

认知疗法的过程

认知疗法一般分为 4 个治疗过程：

（1）建立求助的动机。于此过程中，要认识适应不良的认知 - 情感 - 行为类型。病人和心理医生对其问题达成认知解释上意见的统一。对不良表现给予解释并且估计矫正所能达到的预期结果。比如，可让病人自我监测思维、情感和行为，治疗医师给予指导、说明和认知、示范等。

（2）适应不良性认知的矫正。此过程中，要使病人发展新的认知和行为来替代适应不良的认知和行为。比如，治疗医师指导病人广泛应用新的认知和行为。

（3）在处理日常生活问题的过程中培养观念的竞争。用新的认知对抗原有的认知。于此过程中，要让病人练习将新的认知模式用到社会情境之中，取代原有的认知模式。比如，可使病人先用想象方式来练习处理问题或模拟一定的情境

或在一定条件下让病人以实际经历进行训练。

（4）改变有关自我的认知。此过程中，作为新认知和训练的结果，要求病人重新评价自我效能以及自我在处理认识和情境中的作用。比如，在练习过程中，让病人自我监察行为和认知。

常见的认知疗法

虽然认知疗法的发展历史较短，但发展速度很快，目前常见的认知疗法包括以下几种：

理性情绪疗法

理性情绪疗法（RET）是认知疗法中的一个分支，是由艾利斯于20世纪70年代提出的。由于病理性构念或歪曲的认知，造成了不良的情绪反应，艾利斯把经常造成人们痛苦的非逻辑思维总结为以下10点：

（1）一个人要有价值就必须有能力，并且在可能的条件下有成就。

（2）某某人绝对是很坏的，所以必须受到严厉惩罚。

（3）逃避生活中的困难和推卸自己的责任，可能要比正视它们容易。

（4）任何事情的发展都应当和自己的期待一样，任何问题都应得到合理解决。

（5）人的不幸绝对是外界造成的，人无法控制自己的悲伤、忧虑和不安。

（6）一个人过去的历史对现在的行为起决定的作用，一件事情过去曾影响自己，所以现在也必然影响自己的行为。

（7）自己是无能的，必须找一个比自己强的靠山才能生活。自己是不能掌握感情的，必须有别人安慰自己。

（8）其他人的不安和动荡也必然引起自己的不安。

（9）和自己接触的人都必须喜欢和赞成自己。

（10）生活中大量的事件对自己不利，必须终日花大量时间考虑对策。

如果一个人以这样的信条与标准认识事情，他怎么能不惶惶不可终日呢？

艾利斯根据RET提出ABC人格理论及治疗程序如下：A指周围存在的某种现实，作用于个体的外界刺激事件，称激活事件；C是个体在A的作用下产生的行为表现或情绪反应，称为结果C。然而C并不是A的直接结果，其中有中介因素B，即个体的认知信念过程。不同的B（信念）导致不同的C（情绪反应）。这样也就改变了B。这里的B可分为两种，即合理信念和不合理信念。合理信念指真实反映了客观情景及事件的信念及认知，它导致个体产生比较自然但不是过分的情绪反应，同时能帮助个体正常体验 A 引起的情绪反应，进而采取合理化的行为，达到目标。而不合理的认知直接引导产生消极的、灾难性的、病态的情绪体验，并且阻碍病人采取积极有效的行动去实现自己的目的和满足自己的需要。

RET 治疗中还要注意通过治疗者的权威性反问和质疑，使人达到领悟，消灭不合理信念，这就是本疗法的第四步质疑 D。

在由不合理的信念向合理化的信念转换过程中，应有相应的行为和情绪改变的支持，即让病人在合理信念基础之上，进行新的情绪体验，同时进行合理的行为，以促使 B 的改变。信念、情绪和行为的改变中无先后之分，三者是一个互动的系统，任何一方改变都会影响其他两方面和整个系统。经过 D 步后，病人达到 E，即见效阶段，也就是纠正了不合理认知，产生了合理性的认知、情绪和行为，并且在将来遇到类似事件的刺激时，也有了免疫力而不会再产生自我损害情绪和行为。

RET 疗法在实施中要注意以下步骤：

（1）使病人了解自己有哪些不合理信念，通过认知逐步放弃。

（2）让病人自己认识到，自己对自己的情绪、行为负有责任，为此要积极参与心理治疗中来。

（3）要帮助病人改变一些顽固性的非理性观念。

自我指导训练

这是 20 世纪 70 年代由迈肯包姆提出的。方法是教授病人进行自我说服或现场示范指导，主要用于儿童多动症、冲动儿童和精神分裂症病人等。

应对技巧训练

这是戈弗雷特在 20 世纪 70 年代提出的，主要是让病人通过在想象过程中不断递增恐怖事件，以学会调节焦虑和处置焦虑。其中保持心身的放松基本同系统脱敏类似。但不同之处是它有积极应对想象的成分。主要用于焦虑障碍的病人治疗。

隐匿示范

这是由考铁拉在 20 世纪 70 年代提出的，基本原理是想象演练靶行为，让病人预先了解事件和结果，训练其情感反应，以产生对应激情境的适应能力。对恐怖症患者有效。

解决问题技术

这是由德苏内拉等人倡导的。基本设想是有情绪异常的人往往缺乏解决问题的能力，较难选择对情境的行为反应。因此，他们常常适应不良，不能准确地预测自己行为的后果。基本方法是学习如何确定问题，然后将一个生活问题分解为若干能够处理的小问题，思考可能的解决答案，并选出最佳的解决办法。主要用于治疗情绪障碍儿童、有破坏行为的儿童及精神病人。

贝克认知转变法

这是在 20 世纪 70 年代创立的，主要是用来改变病人的态度和信念，从而改变适应不良认知的方法。

精神分析疗法

精神分析疗法又称心理分析，是奥地利著名心理学家西格蒙德·弗洛伊德所创造的一种心理治疗技术。由于当时科学心理学刚诞生不久，因此精神分析疗法可以说是开现代心理治疗之先河，它对此后发展起来的许多心理治疗的方法都有一定的影响。弗洛伊德对心理学的主要贡献为潜意识、释梦、本能、防御反应机制、人格层次等理论的确立。精神分析疗法也是弗洛伊德的学术理论在临床上的主要贡献。

精神分析理论认为，很多疾病，特别是神经症、心身疾病都与患者经历中的矛盾冲突、情感、挫折在潜意识里的反映有关，或由其转化而来。病人的症状是无意识层次传递出来的信息，精神分析法是要把压抑在潜意识里的矛盾症结，用内省的方法挖掘出来，带回到意识领域来，用现实主义原则予以彻底解决，并帮助病人对症状和被压抑的冲突之间的关系产生领悟，故称"顿悟疗法"。

在治疗过程中，医生的工作就是要向患者阐释他所叙述的心理问题的潜意识含义。帮助患者克服抗拒，使被压抑的心理问题不断暴露出来。阐释应该逐步深入，根据每次会谈的内容，以既往资料为依据，用患者能理解的言语告诉其心理症结的所在。通过阐释帮助患者重新认识自己，认识自己与他人的关系，从而达到解除患者心理障碍的目的。

精神分析治疗不是单一的治疗方法，而是一组治疗方法的统称。其中包括：催眠疗法、精神发泄疗法、自由联想疗法、释梦疗法、日常生活分析疗法等，都属于精神分析治疗范畴。这一组疗法体系的共同性是，每一具体疗法都把治疗目

标对准调整人的潜意识、性欲、动机和人格等心理动力方面，也就是注重心理动机的调整，重建自己的人格，达到治疗目的。

精神分析学说的心理治疗方法主要有以下几个方面：

自由联想

自由联想是精神分析疗法的主体。在治疗中放弃了对病人进行定向引导的做法，对病人不限定回忆范围，告诉病人畅所欲言，自由表达，想到什么就说什么，完全是病人意识的自然流动和涌出。

具体做法是：在了解病人基本情况后，让病人躺在舒服的沙发上，医生坐在病人后边，对病人保持中立状态，不发表自己的意见，不去教导病人，启发病人无拘无束尽情倾诉想说的话。如遇停顿，医生可鼓励病人，目的是让其逐渐泄露压抑在内心深处的隐私和情绪。病人在放松的回忆表达中，潜意识的大门开始松动并逐渐打开。有时病人说到带有情绪色彩的事件时，可能停止不语或转移话题，设法避开对这个问题的联想，在这种"阻抗"出现时，正表明病人的症结所在。医生此时要抓住关键所在，引导病人进入潜意识的"结"中，耐心解释，使其释放其中的情绪负荷，达到一定的领悟。医生的解释要合情，能使病人本人心悦诚服，产生茅塞顿开之感。至于别人如何评价这种解释或这种解释究竟是否是那么回事，则是无关紧要的。

释梦

释梦即对梦中的情境做出具有象征意义的解释，它是精神分析疗法中挖掘患者心理症结的重要手段。弗洛伊德在《梦的解析》一书中写道："梦乃是做梦者潜意识冲突或欲望的象征；做梦的人为了避免被人觉察，所以用象征性的方式以避免焦虑的产生。""分析者对患者梦的内容加以分析，以期发现追求象征的真谛。"精神分析学说认为，梦并非无目的、无意义的行为，而是潜意识中冲突或欲望的象征。实际上是代表个人的愿望及所追求愿望的不满足，这种欲望在觉醒状态下受到人们自我的压抑。通过对梦的分析可以有助于捕捉到压抑情绪的症结。通常在患者叙述梦的内容后，要鼓励患者就梦的情境加以自由联想，医生根据梦的内容所产生的联想进行分析，直到弄清这场梦的欲望和冲突的真意。由于梦境仅是潜意识冲突与自我监察力量对抗的一种妥协形式，并不直接反映现实情况，这就需要根据经验对梦境做出解释，以便发掘梦的真正含义。

心理学

第三篇 心理障碍与心理治疗

移情

移情是一种根据经验或以往类似情境知觉和理解当前情境的现象。精神分析理论认为，患者在早期家庭生活中有些和父母之间的情感事件，可能在早期出现过"恋母情结""恋父情结"。移情作用是指患者把他童年期与父母的情绪依恋转移到治疗者身上，治疗者在患者心目中成为其父母的代替者。现在因为分析者与患者接触时间较久，所以患者对医生渐渐产生一定的情感反应，有的还把以往对别人的感情转移到分析者身上，此种现象称为转移作用或移情作用。移情分正移情和负移情。在正移情中，患者将友爱、亲热、依恋、温存等转移到治疗医生身上，希望从他身上得到爱和情感满足；在负移情中，患者把讨厌、仇恨、愤怒和排斥转移到治疗者身上，并对着治疗医生控诉他自己早期所遭受到不公正待遇。在精神分析实践中，让患者重新体验早年时期与父母等人的情绪关系，可以消除过去留下的心理矛盾冲突，通过移情解释，可以使患者认识到他与治疗者的关系实际上是他先前早年的情绪障碍的反应，从而达到治疗目的。

由于潜意识的影响无所不在，治疗者也可能对患者产生情感依赖、依恋甚至朦胧的情爱和性爱的念头，治疗者自己往往意识不到这些反应，因它们很可能通过合理化等防御机制的伪装后而被治疗者的意识所接受。

用移情法进行心理治疗时有一个具体的技术手段，就是治疗者如何移入和移出的问题。移入过程是利用患者的某种情愫难以抒发的契机，把这份感情拉向治疗者自身的过程。而移出则是把自己身上的患者的这份感情重新推开的过程。治疗医生要正确对待自己，如果只能"移入"而不能移出，不仅会给自己造成许多麻烦，也会使患者多蒙上一层感情的阴影。

精神分析疗法的方法多种多样，是需要经过专门训练的心理医生来实施的。我国钟友彬先生在精神分析的基础上创设的领悟性心理治疗方法，对治疗各种神经症及性变态等心理障碍取得了许多经验。

阻抗

阻抗是指求诊者有意识或无意识地回避某些敏感话题，有意无意地使治疗重心偏移，阻止那些使自我过分痛苦或引起焦虑的愿望、情绪和记忆进入意识的力量。治疗者需经过长期的努力，通过对阻抗产生原因的分析，帮助求诊者真正认清和承认阻抗，这样治疗便向前迈了一大步。

解释

解释的目的是让患者正视他所回避的东西或尚未意识到的东西，使无意识中的内容变成意识的。解释要在患者有接受的思想准备时进行。对患者的自由联想和梦所暴露出来的心理症结加以分析之后，要用患者所说的话为依据，使用患者能理解的语言给予解释。解释的程度应随医患间会谈的进展和对患者心理的不断了解逐步加深。使患者通过治疗，在意识中逐渐培养起为人处世的正确态度和成熟的心理反映。

森田疗法

森田疗法是日本学者森田正马根据对神经症的研究，创立的一种具有独特见解的心理治疗方法。

森田认为，神经症的特征是内向性、强烈的自我意识、过度地追求完美。具有这种特征的人，当他遇到生活环境的改变，甚至很轻微的精神创伤时，也会倾向于使自己产生自卑感而产生疑病素质。而疑病素质的人竭力追求尽善尽美，而越是追求，越感到焦虑、敏感，最终形成精神交互作用，产生神经症。森田疗法正是根据神经症产生的规律来引导患者正确认识自我，要求患者对症状有一个正确的认识。首先承认现实，不必强求改变，做到顺其自然。心理学规律表明，注意越集中，情感越加强，听其自然，不予理睬，反而逐渐消退。当然在进行森田疗法治疗时，必须使患者认识情感活动的规律，在"顺其自然"的同时，还要让患者忍受一定痛苦，即面对现实，只有通过自己的内力，努力去做应该做的事，才能真正从痛苦中解脱出来。

森田认为，治疗神经症的要点在于陶冶疑病素质和破坏精神交互作用。主张"听其自然""不以为意"。所谓听其自然，就是患者老老实实地接受症状的存在及与之相伴随的苦恼和焦虑，并认识到对它抵制、反抗或用任何手段回避、压制都是徒劳的。患者要靠原来就存在的求生愿望进行建设性的活动，即一面接受症状的现状不予抵抗，一面进行正常工作和学习活动。总的说来，是要患者不把症状当作自己身心内的异物，对它不加排斥和压制，这样就解决了主客观矛盾，破坏了精神交互作用和过强的精神对抗，症状也因而减轻以致消失。

森田学说认为对神经症发病具有决定性作用的是疑病倾向，而对症状发展具有决定性作用的是精神交互作用。所谓精神交互作用就是对于某种感觉，如果集中注意它，这种感觉就变得敏感，如此更加使注意固定在这种感觉上，感觉与注意进一步交互作用，如滚雪球似的使这种感觉越来越过敏。由于精神交互作用形成症状之后，患者经常被封闭在主观感觉之中，愈觉苦恼。再由于自我暗示，就会导致注意的进一步集中。因此，精神交互作用是神经症迁延难愈的主要原因之一。这正是森田疗法的着眼点，恰恰在这一点上，森田采取了与众不同的治疗方法。

森田疗法适用的神经症

森田指出：对神经症的治疗，只能顺其自然。也就是说，治疗就是要把当前固着于自己身心的精神能量，改变方向使之朝向外部。事实证明，森田疗法治疗神经症确实可取得较好的疗效。森田疗法适用于下列三种类型的神经症：

（1）普通神经症。这是疑病倾向强的神经症，是心理矛盾不太深的类型。

（2）发作性神经症。表现有焦虑的同时，有心悸、气急、目眩等躯体症状的神经症，相当于焦虑症。

（3）强迫观念症。多数情况属于恐惧症的类型，以及表现为强迫观念和强迫行为的强迫性神经症。

森田疗法的实施过程

根据实施方式的不同，可以将森田疗法分为住院治疗和门诊治疗。无论是住院或门诊治疗，都应注意选择那些除表现为神经质症状之外，还有某种程度的反省心、自身也在积极做着努力的症状，有从症状中解脱出来的强烈愿望的病人，如仅有某些症状，没有强烈的求治动机，是不宜施行森田疗法的。

住院治疗

在确定诊断适应证以后，要向病人讲明病的性质，并将有关神经质心理学说介绍给他们，告诉他们没有严重疾病，以消除他们不必要的担心和顾虑。

住院治疗过程分为四个时期：

I期：绝对卧床期。一般为4~7天。病人独居一室，除了吃饭、如厕外，其余时间不得下床活动、禁止会客、谈话、吸烟、读书、写字等。在此期间病人必然产生各种想法，尤其是对病的各种烦恼和苦闷，因而可能使病痛暂时加剧和难以忍受，对治疗表示怀疑，少数病人甚至要求中止治疗而出院。当病人把所有烦恼的事情都想过之后，就没有什么可以再想的了，就会感到无聊。所以，第一期又称无聊期。此后，病人自然要求下床做些什么，便进入了第二期。

Ⅱ期：轻工作期。这一期为 4～7 天。仍然禁止患者读书、交际，每天卧床时间要保持 7～8 小时，白天可以到户外活动，可以采取患者自我选择及施治者指导相结合的方法，从事一些轻度的劳动，如在室外可以做些诸如扫院子、擦玻璃等简单劳动，在室内可进行书法、绘画、糊纸袋等活动。一般从第 3 天开始，可以逐渐放宽对患者工作量的限制，并要求患者开始写日记，但不许写关于病的问题，只写一天干了些什么，有什么体会，施治者每天检查日记并加评语，引导病人避开对病的注意，关心外界活动。

Ⅲ期：重工作期。一般为 4～7 天。继续禁止患者会客、娱乐，开始参加较重的体力劳动，如除草、帮厨、清理环境卫生、做农活、木工活、工艺劳动等。在这一阶段，病人可以读书，主要是关于神经症学说的书，还可以读历史、传记、科普读物等，每晚要求患者记治疗日记。患者在医院里和其他病人一起劳动，但不能互相交谈自己的病。此阶段的目的在于通过努力工作，使患者体验完成工作后的喜悦心情，培养忍耐力。在这之中要学会对症状置之不理，进一步将精神活动能量转向外部世界。

Ⅳ期：生活锻炼期。又称回归社会准备期，此期一般为 1～2 周。此期，为患者出院做准备，要指导患者回归原社会环境，恢复原社会角色。此期根据患者的具体情况，允许他白天回归到原来的社会单位，或在医院参与某些管理工作等较复杂的社会活动。无论参加何种活动，都要求每晚仍回病房，并坚持记日记。其目的是使患者在工作、人际交往及社会实践中进一步体验顺应自然的原则，为回归社会做好准备。

以上各期的情况，是对一般治疗情况的描述，对每个具体患者而言，还要根据其情况来决定治疗的进程。治疗周期因此而长短不一，时间短者可约 3 周即可，长在则可能需要 60～70 天，平均周期一般为 40～50 天。

病例：

患者钱某，女，纺织厂工人，因疑病症而来就诊。

患者在日记中自述："我从小性格内向，胆小怕事，三年前，我的一位最要好的朋友告诉我，她生病了，牙龈常出血，不久便患血癌去世了。从此我特别注意我的牙，慢慢对牙出血产生了恐惧心理。一次我刷牙不小心碰破了牙龈，我对此十分恐惧，因此，我每天刷牙前都恐慌不安，越想越怕，越怕越容易碰破出血，我担心自己也患了血癌，精神上处于极度紧张与恐惧状态，真是痛苦不堪。"

绝对卧床期："……我对健康太注重了。每天醒来第一件事就是看看牙出血了没有，越注意，越感到牙易出血，也越担心有病，这就是心身交互作用，还有自我暗示：我今天千万别把牙刷出血……所以我的病来自自身。医生告诉我这个毛病可以克服，我就按照医生讲的去做，不去理会病，不去注意牙，结果反而精神不那么紧张了。"

轻工作期及重工作期："我今天做的书法作业大家都说好，我太高兴了，我居然也能写出一手漂亮的字。我只想着写字，对牙出血抱着无所谓的态度，反倒觉得牙既不疼也不出血了……我干活很累，根本没顾得上注意牙的问题。"

患者经过一个月的住院治疗，康复出院后经过追踪访查，其疑病症未复发。

门诊治疗

门诊治疗仍需遵循森田疗法的基本原则。门诊治疗主要是通过医生与患者一对一的交谈方式进行，一般一周一次或两次。在门诊治疗中，医生要注意与患者建立良好的治疗关系，掌握患者的生活史，尽可能理解患者的现实情况，与患者不以症状作为讨论的主要内容，鼓励患者面对现实生活，并承担自己生活中应承担的责任。但医生不要过多地采用说服方式，而要多用提问的方式启发患者对问题的理解，帮助患者理解顺其自然的道理，最终使患者对精神的自然流动及其演变有真正的体会，从而达到消除病症的目的。

森田疗法自创立以来深受广大心理学和医学工作者的欢迎。它主要适用于强迫症、恐怖症、神经症、疑病症等病人。治疗进程可根据患者的具体情况来决定，一般病症约需三到五周左右，重症者可长一些为 60 ~ 70 天，平均周期一般为 40 ~ 50 天。森田疗法虽然对神经症等有很好的疗效，但在治疗时也应注意：无论是住院或门诊治疗，都应选择那些既有体表神经质症状，又有某种程度的反省心，自身也有强烈的求治愿望的患者，否则，不宜采用森田疗法。

催眠疗法

有人误认为催眠就是通过语言暗示，使人睡着了。实际上，催眠疗法是用催眠的技术，使患者处于一种意识范围变得极度狭窄的状态，然后借助语言暗示或精神分析，以消除患者心理障碍和躯体疾病的心理治疗方法。

催眠术有着久远的历史，但究竟始于何时则无法考证。现代催眠术来自奥地利的麦斯麦的实践，他以"动物磁气"的理论创立了"麦斯麦术"，即在光线幽暗的房间里设置一个金属桶，让病人围坐在金属桶的周围，麦斯麦用言语暗示桶

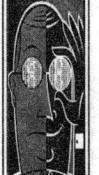

内的"磁气"会流入患者身体，这样患者便进入催眠状态，恢复后患者普遍感到心身舒畅，一些疼痛或症状往往霍然而愈。在18世纪末，这种被称为"麦斯麦术"的疗法在欧洲轰动一时，迷信此法的信徒众多。后有学者进行实验研究，证实麦斯麦术的"磁气"是子虚乌有，病人进入催眠状态并不是"磁气"的作用，这样麦斯麦术逐渐沉寂下来。但此后催眠术的机理却一直为学者们所感兴趣，未曾间断探究。

19世纪中期，英国外科医生布莱德通过实验指出，催眠术并没有任何神秘或超自然的力量，施术者也没有赋予被催眠者任何物质的东西。催眠实际是暗示作用下的一种心理状态。这种对催眠现象较为科学的解释得到其他学者的认可，也逐渐使催眠术作为一种疗法被广泛应用于临床。我国自20世纪90年代以来对催眠疗法也有较多的研究与应用。

催眠疗法的适用范围

催眠疗法可治疗各种神经症、心身疾病，如焦虑症、恐惧症、神经性厌食、失眠、支气管哮喘、原发性高血压等；消除各种躯体疾病或症状引起的疼痛；减轻或消除心理应激，改善情绪及睡眠，提高社会适应能力和身体的免疫功能；培植学习兴趣；增强记忆力、注意力，提高学习效率；矫正各种不良习惯，如戒除烟酒及控制儿童多动、厌食、偏食等行为；治疗性功能障碍及痛经、盆底肌松弛、经前期紧张症及更年期综合征等。

催眠是一种类似睡眠的恍惚的状态。当患者进入催眠状态以后，精神恍惚，处于一种极高的暗示状态。这时，患者极易接受催眠师的话，特别服从他的命令。因此，在催眠师的诱导下，你可以回忆起似乎早已忘却的遥远的往事，可以干清醒状态下十分惧怕的事，诉说本不愿说的内心隐痛。而催眠师正是利用这些，对患者运用心理分析、解释、疏导、模拟、想象、年龄倒退、临摹等方法进行心理治疗。

催眠疗法可分为集体催眠、个别催眠和自我催眠三种形式。在实践中可根据具体情况选择催眠方式。对于催眠的深度，人与人之间是有差别的，儿童和妇女的暗示性高，易被催眠，老年人的暗示性低，催眠就困难一些。生活中，大约有90%的人能进入催眠状态，只有10%的人能进入深度催眠状态。

运用催眠疗法治疗的步骤

（1）要做好治疗前的准备。要测定患者暗示性的高低，暗示性高者，催眠效果好。因为人群中大约有10%的人才能进入深催眠，40%的人可以进入中度催眠，有的人只能进入浅催眠，还有一部分人不能催眠。所以，施术前要先做暗示性检查，在取得患者信任的同时，应激起患者对治疗的期待心情。治疗要在安静舒适、光线暗淡的场所进行。测试可暗示性的方法很多，如让患者直立，双脚并拢，背向医生，头部后仰。医生用手托其枕部，然后告诉患者："手拿开后，你就会向后跌。"如果患者真的向后倾倒，即表示具有一定的暗示性；让患者直立或平坐，两臂伸平，然后告诉他："你左臂沉重，会不自主的下垂。"如果患者真的左手臂下垂，说明具有一定的可暗示性；用两根试管，装满等量的水，然后告诉患者："其中一个是水，另一个是酒精，你仔细地闻一闻，辨别一下哪一根试管是酒精？"如果患者真的在一试管中闻到了酒精气味，就表示他具有一定的暗示性。

（2）导入催眠状态，让患者放松、安静、消除杂念。传统的他人催眠方法，是以语言暗示配合不同的感官刺激。让患者躺着或坐在靠背椅子上，调整呼吸，全身放松，让他注视某物，或施术者抚摸患者某个部位，或让患者注意听某一单调而有节奏的声音，施术者以重复单调的语言诱导其进入睡眠而又不同于睡眠的状态。例如，"你的手臂放松了……你的腿也放松了……你要睡了……睡了"。此时患者渐渐感到困倦、思睡，最后进入催眠状态。如果一次不成，可以再重复进行暗示。进入催眠状态的患者，可以按照施术者的暗示对周围的感觉减低，但对施术者的言语暗示却非常敏感，而且遵照执行。

进入催眠的时间因人而异，最快数分钟，最慢也不应超过半小时，否则应停止催眠。

（3）进行治疗，催眠状态下进行心理治疗大致有三种形式。当患者确已进入催眠状态，就可将为治疗疾病而编好的暗示性语句，以坚定的口吻告诉患者，或是治病，或是减轻疼痛，或是进行手术。

直接暗示法。施术者通过语句直接暗示患者的某些症状即刻消失。如对胃痛的患者可以这样暗示：现在你已经感觉不到胃痛了，你已经恢复健康了，是这样吗？如果患者接受暗示，醒后胃痛即可消失。

催眠后暗示法。是用语句暗示患者，如醒来后你的某某症状一定可以消失。这种方法适用于非持续性病状的治疗。

治疗完毕，可数数引导患者解除催眠。告诉患者，你会随我数的数越大，你的头脑越清醒，如数到9，会完全醒来，解除催眠。

病例：

患者王某，男，大三学生，因学习考试焦虑引起失眠约三年，前来就诊。

首先采用凝视法让患者进入催眠状态。

医生："请你凝视眼前的这一圆球，盯住看，不要转移视线。（数分钟后）

"好，你的眼睛开始疲倦了，眼皮发沉，眼球不想转……你已经睁不开眼了。闭上眼了……你的手、脚、胳膊也开始放松了。

"全身都已放松了，眼皮已合上，头脑开始模糊了……你要睡了……睡吧……

"请你闭目放松，注意倾听我敲击桌子的声音。（数分钟后）（伴随敲击声）一股舒服的暖流流遍你的全身，好舒服，好清爽，流啊，流啊……你的头脑模糊了……你越来越困倦……睡着了……进入梦境……"当患者四肢松弛，随意动作消失，眼睑垂下，呼吸变深时，说明患者已进入催眠状态，此时医生可根据患者的不同症状，给予不同内容的语言暗示治疗。

"现在，请你回忆在什么情况下睡不着觉，什么事情使你激动、兴奋、痛苦或忧伤。"

患者："高中临近高考时出现了失眠，每当我看书时就紧张，学习越紧张，越睡不着觉。后来高考结束，症状好像也消失了，上了大学后，不知从什么时候起又开始失眠了。到每学期期末失眠就加重，放假回家就消失了。我感到最痛苦的是每天晚上眼望窗户不能入眠，而最高兴的是放假。"

（经过诱导，患者还回忆了许多详情细节）

医生："你的失眠是因学习紧张，考试焦虑所引起的。我用催眠技术可以为你治愈失眠。

"请你认真与我配合，你的失眠症状很快就会消失。

"你已进入中度催眠状态，你很容易接受催眠，说明你大脑功能良好。我正在给你治疗，你的症状正开始消失，催眠已使你轻松、愉快，学习、考试焦虑状态已经消失，失眠已经治好。你以后不会失眠了，今晚你就会睡得香甜，以后你每天晚上10点就会入睡……直到第二天早上的六点才能醒来，醒后你感到精力充沛，学习时注意力集中，考试不感到紧张，你希望不放假，在校多学习，多参加集体活动……你一到晚上10点就感到困倦，一觉醒来就是早晨……你的病完全好了。

"好了，治疗结束了，你可以痛痛快快地睡一觉，睡醒后你一定感到头脑清醒，精力旺盛。"

经过三次催眠治疗，患者失眠症状有明显的好转，后又对患者的作息时间、生活安排、学习计划作了一些调整，又经过三次催眠治疗，到期末时，王某的失眠症状已彻底消除。

　　催眠治疗过程中，只要将患者诱导进入催眠状态，就可根据患者的实际情况进行语言暗示和精神分析，以达到治疗目的。

第三章

常见的心理问题及应对策略

贪婪心理

贪婪是一种常见的心理问题。"贪"的本义指爱财，"婪"的本义指爱食，"贪婪"指贪得无厌，意即对与自己的力量不相称的某一目标过分的欲求。与正常的欲望相比，贪婪没有满足的时候，反而是愈满足，胃口就越大。古人用"贪冒""贪鄙""贪墨"来形容那些贪图钱财、欲望过分的行为，认为是"不洁""不干净""不知足"的。贪婪并非遗传所致，是个人在后天社会环境中受病态文化的影响，形成自私、攫取、不满足的价值观而出现的不正常的行为表现。这一点，在那些沦为腐败分子的官员身上体现得较为典型。一般而言，贪婪心理的形成主要有以下几个方面：

错误的价值观念

认为社会是为自己而存在，天下之物应皆为自己拥有。这种人存在极端的个人主义思想，是永远不会满足的。他们会得陇望蜀，有了票子，想房子；有了房子，想车子，永不休止。

行为的强化作用

有贪婪之心的人，初次伸出黑手时，多有惧怕心理，一怕引起公愤，二怕被捉。一旦得手，便喜上心头，屡屡尝到甜头后，胆子就越来越大。每一次侥幸过关都是一种条件刺激，会不断强化他的贪婪心理。

攀比心理

有些人原本也是清白之人，但是看到原来与自己境况差不多的同事、同学、战友、邻居、朋友、亲戚、下属、小辈，甚至原来那些比自己条件差得远的人都发了财，心理就不平衡了，觉得自己活得太冤枉，由此也学着伸出了贪婪的双手。

补偿心理

有些人原来家境贫寒，或者生活中有一段坎坷的经历，便觉得社会对自己不公平。一旦其地位、身份上升，就会利用手中的权力索取不义之财，以补偿以往的损失。

功利心理

一些人把市场经济看成金钱社会，拜金成为他们的信条；一些人有失落感，认为"今天这个样，明天变个样，不知将来怎么样"；一些人滋长了占有欲，把市场等价交换原则引入现实生活中，"有权不用，过期作废"，从而引发以权谋私、权钱交易等。

虚荣心理

一些教工、官员曾经表现较好，可一旦地位变了，权力大了，讨好的人多了，就开始飘飘然起来。他们失足犯罪，往往不是为金钱所惑，而是被胜利冲昏头脑，自我膨胀，被见风使舵的人利用，混淆是非，放弃原则，经受不住权力和地位的考验。

侥幸心理

有不少贪官明知贪污受贿国法不容，但又认为自己作案并非明火执仗，吃得下，擦得干净，即使被发现也不容易被抓到把柄。贪污能"天衣无缝"，受贿只有"你知，我知"，只要满足行贿人的要求，他不举报就不会出事，就是出了事也未必抓住直接证据，未必定得了罪。这种心态导致犯罪分子自我欺骗，我行我素，随着作案次数的增多，胆子越来越大，因而越陷越深。

盲从心理

现在"吃回扣"、不给好处不办事的现象很普遍，有些人认为，"大家都在捞，你捞我也捞"，"大家都这样"，"老实人才吃亏"，"捞"了也没事，查到的也不过那么几个。

贪婪之心并非生来就有的，是后天形成的，因此它是可以矫治的。异化的环境与文化可以改变一个人的心理，那么正常的环境与文化同样可以矫治一个人的心理。矫治贪婪，可以用以下几种方法：

二十问法

这是一种自我反思的方法，即自己在纸上写出 20 个"我喜欢……"。全部写下后，再逐一分析哪些是合理的欲望，哪些是超出能力的过分的欲望，这样就可明确贪婪的对象与范围。最后对造成贪婪心理的原因与危害作较深层的分析。

警戒法

古往今来，仁人贤士对贪婪之人是非常鄙视的，他们撰文作诗，鞭挞或讽刺那些索取不义之财的行为。想消除贪婪心理的人，应牢记那些诗文和名言格言，朝夕自警。经常想一想那些因为贪婪而遭杀头之罪的贪官污吏，以此为戒，改正贪婪心理。

知足常乐法

在生活中不能对自己的期望过高，自己的需求和欲望要和自己的能力及社会条件相适应，不要贪图虚荣、讲攀比，内心要想到知足常乐。生活中你应该明白：即使你拥有整个世界，但你一天也只能吃三餐。这是人生思悟后的一种清醒，谁懂得了它的含义，谁就能活得轻松，过得自在。

虚荣心理

莫泊桑小说《项链》中的玛蒂尔德，在虚荣中耗尽自己的青春岁月。关于虚荣心，《辞海》有云：表面上的荣耀、虚假的荣誉。此最早见于柳宗元诗："为农信可乐，居宠真虚荣。"心理学上认为，虚荣心是自尊心过分的表现，是为了取得荣誉和引起普遍注意而表现出来的一种不正常的社会情感。虚荣心是一种常见的心态，因为虚荣与自尊有关。人人都有自尊心，当自尊心受到损害或威胁时，或过分自尊时，就可能产生虚荣心，如珠光宝气招摇过市、哗众取宠，等等。

虚荣心与赶时髦有关系。时髦是一种社会风尚，是短时间内到处可见的社会生活方式，制造者多为社会名流。虚荣心强的人为了追赶偶像、显示自己，也模仿名流的生活方式。

虚荣的心理与戏剧化人格倾向有关。爱虚荣的人多半为外向型、冲动型，反复善变、做作，具有浓厚、强烈的情感反应，装腔作势、缺乏真实的情感，待人处世突出自我、浮躁不安。虚荣心的背后掩盖着的是自卑与心虚等深层心理缺陷。具有虚荣心理的人，多存在自卑与心虚等深层心理的缺陷，为了一种补偿，竭力追慕浮华以掩饰心理上的缺陷。

几十年前，林语堂先生在《吾国吾民》中认为，统治中国的三女神是"面子、命运和恩典"。"讲面子"是中国社会普遍存在的一种民族心理，面子观念的驱动，反映了中国人尊重与自尊的情感和需要，丢面子就意味着否定自己的才能，这是万万不能接受的，于是有些人为了不丢面子，通过"打肿脸充胖子"的方式来显示自我。

林语堂先生的"打肿脸充胖子"与培根的哲学有很大的相似之处，培根说："虚荣的人被智者所轻视，愚者所倾服，阿谀者所崇拜，而为自己的虚荣所奴役。"德国哲学家叔本华说："虚荣心使人多嘴多舌；自尊心使人沉默。"虚荣心强的人，在思想上会不自觉地渗入自私、虚伪、欺诈等因素，这与谦虚谨慎、光明磊落、不图虚名等美德是格格不入的。虚荣的人为了表扬才去做好事，对表扬和成功沾沾自喜，甚至不惜弄虚作假。他们对自己的不足想方设法遮掩，不喜欢也不善于取长补短。虚荣的人外强中干，不敢袒露自己的心扉，给自己带来沉重的心理负担。虚荣在现实中只能满足一时，长期的虚荣会导致非健康情感因素的滋生。

虚荣心理的表现是多方面的：对自己的能力、水平过高估计；处处炫耀自己的特长和成绩，喜欢听表扬，对批评恨之入骨；常在外人面前夸耀自己有点权势的亲友；对上级竭尽拍马奉承；不懂装懂，打肿脸充胖子，喜欢班门弄斧；家境贫寒却大手大脚，摆阔气赶时髦；处处争强好胜，觉得处处比人强，自命不凡；把生活中的失误归咎于他人，从不找自身的原因；有了缺点，也寻找各种借口极力掩饰；对别人的才能妒火中烧，说长道短，搬弄是非，等等。

虚荣心男女都有，但总的说来，女性的虚荣心比男性强。因此，虚荣心带给女性的痛苦比男性大得多。这一类型的人表面上表现为强烈的虚荣，其深层心理就是心虚。表面上追求面子，打肿脸充胖子，内心却很空虚。表面的虚荣与内心深处的心虚总是不断地在斗争着：一方面在没有达到目的之前，为自己不尽如人意的现状所折磨；另一方面即使达到目的之后，也唯恐自己的真相败露而恐惧。要克服虚荣心理，需做到以下几点：

树立正确的荣辱观

即对荣誉、地位、得失、面子要持一种正确的认识态度。人生在世界上要有一定的荣誉与地位，这是心理的需要，每个人都应十分珍惜和爱护自己及他人的荣誉与地位，但是这种追求必须与个人的社会角色及才能一致。面子"不可没有，也不能强求"，如果"打肿脸充胖子"，过分地追求荣誉，显示自己，就会使自己的人格受到歪曲。同时也应该正确看待失败与挫折，"失败乃成功之母"，必须从失败中总结经验，从挫折中悟出真谛，才能建立自信、自爱、自立、自强，从而消除虚荣心。

在社会生活中把握好比较的尺度

社会比较是人们常有的社会心理，但在社会生活中要把握好攀比的尺度、方向、范围与程度。从方向上讲，要多立足于社会价值而不是个人价值的比较，如比一比个人在学校和班上的地位、作用与贡献，而不是只看到个人工资收入、待遇的高低。从范围上讲，要立足于健康的而不是病态的比较，如比实绩、比干劲、比投入，而不是贪图虚名，嫉妒他人表现自己。从程度上讲，要从个人的实力上把握好比较的分寸，能力一般的就不能与能力强的相比。

学习良好的社会榜样

从名人传记、名人名言中，从现实生活中，以那些脚踏实地、不图虚名、努力进取的革命领袖、英雄人物、社会名流、学术专家为榜样，努力完善人格，做一个"实事求是、不自以为是"的人。

如果你已经出现了自夸、说谎、嫉妒等行为，可以采用心理训练的方法进行自我纠偏。即当病态行为即将或已出现时，个体给自己施以一定的自我惩罚，如用套在手腕上的皮筋反弹自己，以求警示与干预作用。久而久之，虚荣行为就会逐渐消退，但这种方法需要本人超人的毅力与坚定的信念才能收效。

要想从根本上解决虚荣心理，关键不在于如何消除它，而在于如何改善它，诱导它走向有用的方面去。虚荣只有用到有利于人类的事业上去，它才有利而无害。

嫉妒心理

嫉妒是痛苦的制造者，在各种心理问题中对人的伤害最严重，可称得上是心灵上的恶性肿瘤。弗朗西斯·培根说过："犹如毁掉麦子一样，嫉妒这恶魔总是暗地里，悄悄地毁掉人间美好的东西！"

何谓嫉妒呢？心理学家认为，嫉妒是由于别人胜过自己而引起的一种情绪的

负性体验，是心胸狭窄的共同心理。嫉妒不是天生的，而是后天获得的，嫉妒有三个心理活动阶段：嫉羡——嫉优——嫉恨。这三个阶段都有嫉妒的成分，而且是从少到多，嫉羡中羡慕为主，嫉妒为辅。嫉优中嫉妒的成分增多，已经到了怕别人威胁自己的地步了。嫉恨则把嫉妒之火已熊熊燃烧到了难以消除的地步。这把嫉恨之火，没有燃向别人，而是炙烤着自己的心，使自己没有片刻宁静，于是便绞尽脑汁想方设法去诋毁别人嫉妒实质上是用别人的成绩进行自我折磨，别人并不因此有何逊色，自己却因此痛苦不堪，有的甚至采用极端行为走向犯罪深渊。

一般说来，嫉妒心理有以下几个基本特点：

嫉妒的产生是基于相对主体的差别

这个相对主体即嫉妒主体指向的对象，既可以是具体人，也可以是人和某一现象，亦可以是某一集体或群体，例如单位与单位、家庭与家庭之间的嫉妒。那种相对主体的差别既可以是现实的客观差距，比如财富和相貌的差距；也可以是非物质性的差距，比如才能、地位的差别；亦可以是不真实的幻想出来的差距，例如总感觉室友之间特别亲热；还可以是对将来可能会遇到的威胁和伤害的假设，例如上级对于下级才能的妒忌。

嫉妒具有明显的对抗性，由此可能引发巨大的消极性

嫉妒心理是一种憎恨心理，具有明显的与人对抗的特征。嫉妒心理的对抗性来源于比较过程中的不满和愤怒情绪。而且，这种对抗性常常带来对社会的巨大危害性。1991年原北京大学物理系高才生卢刚在美国大学枪杀四名导师和一名同学后自杀身亡，其原因即在于此。

嫉妒心理具有普遍性

嫉妒是一种完全自然产生的情感，古今中外，没有哪个社会和国家的居民完全没有嫉妒心。在社会现实生活中，一旦看到别人比自己幸运，心里就"别有一番滋味"。这"滋味"是什么呢？就是嫉妒心理的情绪体验。我们每个人都会这种经历。

嫉妒心理具有不断发展的发泄性，且无法轻易摆脱

发泄性是指嫉妒者向被嫉妒者发泄内心的抱怨、憎恨。一般来说，除了轻微的嫉妒仅表现为内心的怨恨而不付诸行为外，绝大多数的嫉妒心理都伴随着发泄

行为，并且这种发泄的欲望具有无法轻易摆脱的顽固性。培根曾经幽默地引用古人的话说："嫉妒心是不知休息的。"嫉妒是与私心相伴而生，相伴而亡的，只要私心存在一天，嫉妒心理也就要存在一天。

此外，嫉妒心理另外几点值得注意之处是：嫉妒是从比较中产生的，必涉及第三者的态度；地位相等、年龄相仿、程度相同的人之间最可能发生嫉妒；是否出现嫉妒心理还与思想品质、道德情操修养有关，等等。

虽然嫉妒是人普遍存在的也可以说是天生的缺点，但我们绝不能忽视它的危害性。有关嫉妒的危害，我国的传统医学早就有过论述。《黄帝内经·素问》明确指出："妒火中烧，可令人神不守舍，精力耗损，神气涣失，肾气闭塞，郁滞凝结，外邪入侵，精血不足，肾衰阳失，疾病滋生。"心理学家弗洛伊德曾经说过："一切不利影响中，最能使人短命夭亡的，是不好的情绪和恶劣的心境，如忧虑和嫉妒。"嫉妒心理可以危害人们的身心健康。美国有些专家通过调查研究发现，嫉妒程度低的人在 25 年中仅有 2%～3% 的人患有心脏病，死亡率只占 2.2%。而嫉妒心强的人，同一时期内竟有 9% 以上的人患有心脏病，死亡率也高达 13.4%。由于嫉妒情绪能使人体大脑皮质及下丘脑垂体促肾上腺皮质激素分泌增加，造成大脑功能紊乱，免疫机能失调，从而使自身免疫性疾病以及心血管、周期性偏头痛的发病率增加。医学家们还观察到，嫉妒心强的人常会出现一些诸如食欲不振、胃痛恶心、头痛背痛、心悸郁闷、神经性呕吐、过敏性结肠炎、痛经、早衰等现象。

嫉妒破坏友谊、损害团结，给他人带来损失和痛苦，既贻害自己的心灵，又殃及自己的身体健康。因此，必须坚决、彻底地与嫉妒心理告别。

上面的情况在我们的身边不止一次地发生，然而我们却常常只当故事来听、来看。其实，嫉妒的杀伤力远远超过我们的想象，每当心中怀着一股嫉妒之火时，伤害最大的就是自己。

要想使自己的生活充满阳光，我们必须走出嫉妒的泥淖，学会超越自我，克服嫉妒心理。

开阔胸怀，宽厚待人

19 世纪初，肖邦从波兰流亡到巴黎。当时匈牙利钢琴家李斯特已蜚声乐坛，而肖邦还是一个默默无闻的小人物。然而李斯特对肖邦的才华却深为赞赏。怎样才能使肖邦在观众面前赢得声誉呢？李斯特想了个妙法：那时候在演奏钢琴时，往往要把剧场的灯熄灭，一片黑暗，以便使观众能够聚精会神地听演奏。李斯特坐在钢琴面前，当灯一灭，就悄悄地让肖邦过来代替自己演奏。观众被美妙的钢琴演奏征服了。演奏完毕，灯亮了。人们既为出现了这位钢琴演奏的新星而高兴，又对李斯特推荐新秀的胸怀深表钦佩。

自我认知，客观地评价自己和他人

当嫉妒心理萌发时，或是有一定表现时，应该积极主动地调整自己的意识和行动，从而控制自己的动机和感情。这就需要冷静地分析自己的想法和行为，同时客观地评价一下自己，从而找出一定的差距和问题。当认清了自己后，再评价别人，自然也就能够有所觉悟了。

自我宣泄

嫉妒心理也是一种痛苦的心理，当还没有发展到严重的程度时，用各种感情的宣泄来舒缓一下是相当必要的。

在这种发泄还仅仅是处于出气解恨阶段时，最好能找一个较知心的朋友或亲友，痛痛快快地说个够，暂求心理的平衡，然后由亲友适时地进行一番开导。虽不能从根本上克服嫉妒心理，但却能中断这种发泄性朝着更深的程度发展。如有一定的爱好，则可借助各种业余爱好来宣泄和疏导，如唱歌、跳舞、书画、下棋、旅游，等等。

快乐可以治疗嫉妒

快乐之药可以治疗嫉妒，是说要善于从生活中寻找快乐，正像嫉妒者随时随处为自己寻找痛苦一样。如果一个人总是想比起别人可能得到的欢乐来，我的那一点快乐算得了什么呢？那么他就会永远陷于痛苦之中，陷于嫉妒之中。快乐是一种情绪心理，嫉妒也是一种情绪心理。何种情绪心理占据主导地位，主要靠人来调整。

少一份虚荣就少一份嫉妒

虚荣心是一种扭曲了的自尊心。自尊心追求的是真实的荣誉，而虚荣心追求的是虚假的荣誉。对于嫉妒心理来说，它更要面子，不愿意别人超过自己，以贬低别人来抬高自己，正是一种虚荣，是一种空虚心理的需要。单纯的虚荣心与嫉妒心理相比，还是比较好克服的。而两者又紧密相连，相依为命。所以，克服一份虚荣心就少一份嫉妒。

猜疑心理

　　猜疑心理是一种狭隘的、片面的、缺乏根据的盲目想象。猜疑是基于一种对他人不信任的、不符合事实的主观想象，是人际交往过程中的拦路虎。具有猜疑心理的人与别人交往时，往往抓住一些不能反映本质的现象，发挥自己的主观想象进行猜疑，而产生对别人的误解；或者在交往之前对某人有某种印象，在交往之中就处处用这种成见效应与对方接触，对方一有举动，就对原有成见加以印证。虽然猜疑心理有种种表现，但我们可以发现其共同的特征，即没有事实根据，单凭自己主观的想象；抓住"毛皮"，忽略本质，片面推测；不怀疑自己的判断，只是相信自己，怀疑他人，挑剔他人。具有猜疑心理的人把自己置于一种苦恼的心态中，对别人采取不信任的态度，严重的甚至对自己的感觉也产生怀疑。

　　猜疑心理往往导致心理偏执。这种人常常敏感固执、谨小慎微，事事要求十全十美。这样不仅危害自己，也危害他人。

　　在平时的生活工作当中，有时遇到一些自己不了解的事情，一般人都会进行一些猜测与怀疑，这是人之常情，没什么大不了的。但是，如果对任何事都持怀疑态度，并常常无端怀疑，不去辨别真假，只相信自己的想法、自己的猜测，这是成了多疑。这种现象在我们生活的周围并不少见。

　　一般的猜疑，大多是在判断错误的基础上产生，一旦搞清真相后，也能自己纠正，这些都是正常的状态。但也有的人的猜疑是一种心理偏异。易于产生猜疑的人大致有以下几种：

性格敏感多疑的人

　　他们总是疑神疑鬼，见别人在说悄悄话，或别人无意朝他多看了几眼，就以为他们在讲自己的坏话；看到别人的脸色冷漠，就疑心他人对自己有什么不满；领导安排工作，自己不在其中，就会认定是领导对自己有成见……这种人整天耿耿于怀、胡思乱想，使自己的人际关系十分紧张，使周围的人们对他敬而远之。

在特殊境遇下的人

　　这类人"一朝被蛇咬，十年怕井绳"。如有的人被骗上当以后会变得疑虑多端，会因怕再上当受骗而不相信任何人；有的人因自身的人生道路比较坎坷，看到过多的社会黑暗面而形成多疑的心态，错误地认为人间没有真情在。这种人在与人交往中，通常表现为比较冷漠、孤僻、怪异，如不及时改变自己的心态，会形成心理偏差和障碍。

思想修养和道德水平不高的人

他们有的是私心较重者。有人说，"猜疑心与人的私欲成正比例，私欲越大，猜疑心就越强"。如权欲重的人，总怀疑有人要赶他下台、抢班夺权；金钱欲大的人，总怀疑别人要抢他生意、分他的钱财。他们十分警惕，非常敏感，"疑人者，人未必皆诈，己则先诈矣"。他们有的是心术不正者。他们总是以恶意去判断他人的行为，即使是他人一个善意的行动，也被认为是出于卑劣的动机，正是"以小人之心，度君子之腹"。不加强自我意识修养的人，为人处世一切以个人为中心，遇事斤斤计较、患得患失，与人交往心胸狭窄、固执己见，经常会疑心生暗鬼。

不善与人交往的人

不善与人交往的人，很少与别人交流思想、沟通感情，往往不愿把自己心里的疑惑说出来，而是藏在内心，冥思苦想，越想越疑，越疑越想，有如"作茧自缚"，在猜疑的泥沼里愈陷愈深，无法解脱心中的疑团而自我烦恼。

遇事不愿做调查与了解的人

英国哲学家培根说："猜疑的根源产生于对事物的缺乏认识，所以多了解情况是解除疑心病的有效办法。"容易猜疑的人常常是固执己见的人，他们根据自己的一点印象就下结论，并常常会感情用事，不去作调查了解，也不是理智地作判断，只是相信自己的猜想与判断。

轻信与道听途说的人

《三国演义》中的长坂坡一战，刘备所部被曹军打得七零八落。正在慌乱之中，糜芳又报告说："赵子龙反投曹操去了！"张飞一听，便猜疑赵云背信弃义，立即大怒，要立即过去杀掉赵云。尽管刘备告诫他："休错疑人……子龙此去，必有事故。吾料子龙必不弃我也。"张飞仍是不信，径自带领二十铁骑，到长坂坡寻杀赵云。其实，赵云是为了救甘糜二夫人和刘备的儿子阿斗，才匹马单枪，杀回乱军之中。幸亏简雍亲眼目睹，并报信给张飞，这才避免了一场误会。

猜疑的人通常过于敏感。敏感并不一定是缺点，对事物敏感的人往往很有灵气，有创造力。但如果过于敏感，特别是与人交往时过于敏感，就需要想办法加以控制了。具体可采用以下几种方法：

培养自信心

每个人都应当看到自己的长处，培养起自信心，相信自己会与周围人处理好人际关系，会给别人留下良好的印象。这样，当我们充满信心地进行工作和生活时，就不用担心自己的行为，也不会随便怀疑别人是否会挑剔、为难自己了。

学会自我安慰

一个人在生活中，遭到别人的非议和流言，与他人产生误会，没有什么值得大惊小怪的。在一些生活细节上不必斤斤计较，可以糊涂些，这样就可以避免自己烦恼。如果觉得别人怀疑自己，应当安慰自己不必为别人的闲言碎语所纠缠，不要在意别人的议论，这样不仅解脱了自己，而且还取得了一次小小的精神胜利，产生的怀疑自然就烟消云散了。

用理智力量克制冲动情绪的发生

当发现自己开始怀疑别人时，应当立即寻找产生怀疑的原因，在没有形成思维之前，引进正反两个方面的信息。现实生活中许多猜疑，戳穿了是很可笑的，但在戳穿之前，由于猜疑者的头脑被封闭性思路所主宰，却会觉得他的猜疑顺理成章。此时，冷静思考显然是十分必要的。

及时沟通，解除疑惑

世界上不被误会的人是没有的，关键是我们要有消除误会的能力与办法。如果误会得不到尽快的解除，就会发展为猜疑；猜疑不能及时解除，就可能导致不幸。所以如果可能的话，最好同你"怀疑"的对象开诚布公地谈一谈，以便弄清真相，解除误会。猜疑者生疑之后，冷静地思索是很重要的，但冷静思索后如果疑惑依然存在，那就该通过适当方式，同被疑者进行推心置腹的交谈。若是误会，可以及时消除；若是看法不同，通过谈心，了解对方的想法，也很有好处；若真的证实了猜疑并非无端，那么，心平气和地讨论，也有可能使事情解决在冲突之前。

自私心理

自私同样是一种较为普遍的病态心理现象。"自"是指自我，"私"是指利己，"自私"指的是只顾自己的利益，不顾他人、集体、国家和社会的利益。自私有程度上的不同，轻微一点是计较个人得失、有私心杂念、不讲公德；严重的则表现为了达到个人目的，侵吞公款、诬陷他人、铤而走险。贪婪、嫉妒、报复、吝啬、虚荣等病态社会心理从根本上讲，都是自私的表现。

自私心理的表现主要有：

（1）不讲社会公德，损人利己，极端自私。

（2）嫉妒成性，以自我为中心，目中无人，容不得他人。

（3）垄断技术，剽窃成果，把集体、国家利益和成果攫为己有。

（4）以权谋私，以钱谋私，做权钱交易。

自私心理形成的原因是多方面的，在这里仅从主客观两方面来分析。

从客观方面看，地球上各种资源的数量、种类、方式在占有和配置方面都存在许多不平衡、不合理之处。于是，缺乏资源的一方不得不用非正当的方式去交换。由此，一方面以权谋私，另一方面以钱谋私，搞权钱交易、权色交易。另外，病态文化的沉积和社会监督不严，也为自私心理的滋长创造了条件。

从主观方面看，个人的需求若是脱离社会规范的不合理的需求，人就可能会倾向于自私。人的私欲是无限的，正因如此，人的不合理的私欲必须要受到社会公理、道义、法律的制约。

自私心理有如下的特点：

深层次性

自私是一种近似本能的欲望，处于一个人的心灵深处。不顾社会历史条件的要求，一味想满足自己的各种私欲的人就是具有自私心理的人。

下意识性

正因为自私心理潜藏较深，它的存在与表现便常常不为个人所意识到，有自私行为的人并非已经意识到他在于一种自私的事，相反他在侵占别人利益时往往心安理得，也因为如此，我们才将自私称为病态社会心理。

隐蔽性

自私是一种羞于见人的病态行为，自私之人常常会以各种手段掩饰自己，因而自私具有隐秘性。

自私作为一种异常心理，是可以演变的。作为自我来说，最有效的方法就是心理调适。具体来说有如下方法：

内省法

这是构造心理学派主张的方法，是指通过内省，即用自我观察的陈述方法来研究自身的心理现象。自私常常是一种下意识的心理倾向，要克服自私心理就要经常对自己的心态与行为进行自我观察。观察时要有一定的客观标准，这些标准有社会公德与社会规范和榜样等。加强学习，更新观念，强化社会价值取向，对照榜样与规范找差距。并从自己自私行为的不良后果中看危害找问题，总结改正错误的方式方法。

多做利他行为

一个想要改正自私心态的人，不妨多做些利他行为。例如关心和帮助他人，给希望工程捐款，为他人排忧解难等。私心很重的人，可以从让座、借东西给他人这些小事情做起，多做好事，可在行为中纠正过去那些不正常的心态，从他人的赞许中得到利他的乐趣，使自己的灵魂得到净化。

厌恶疗法

这是心理学上以操作性反射原理为基础，以负强化作为手段的一种治疗方式。具体做法是：在自己手腕上系一根橡皮筋，一旦头脑中有自私的念头或行为时，就用橡皮筋弹击自己，从痛觉中意识到自私是不好的，然后使自己逐渐纠正。

自闭心理

凯思·柯林斯说："把自己封闭起来，风雨是躲过去了，但阳光也照不进来。"自我封闭的人将自己与外界隔绝开来，很少或根本没有社交活动，除了必要的工作、学习、购物以外，大部分时间将自己关在家里，不与他人来往。自我封闭者都很孤独，没有朋友，甚至害怕社交活动。自我封闭的心理现象在各个年龄层次都可能产生，儿童有电视幽闭症，青少年有因羞涩引起的恐人症、社交恐惧心理，中年人有社交厌倦心理，老年人有因"空巢"（指子女成家）和配偶去世而引起的自我封闭心理。

有封闭心理的人不愿与人沟通，很少与人讲话，不是无话可说，而是害怕或讨厌与人交谈，前者属于被动型，后者属于主动型。他们只愿意与自己交谈，如写日记、撰文咏诗，以表志向。自我封闭行为与生活挫折有关，有些人在生活、事业上遭到挫折与打击后，精神上受到压抑，对周围环境逐渐变得敏感，变得不可接受，于是出现回避社交的行为。自我封闭心理实质上是一种心理防御机制。

自我封闭心理与人格发展的某些偏差有因果关系。从儿童来讲，如果父母管教太严，儿童便不能建立自信心，宁愿在家看电视，也不愿外出活动。从青少年来讲，同一性危机是产生自我封闭心理的重要原因。该危机是青年企图重新认识自己在社会中的地位和作用而产生的自我意识的混乱，即指青年人向各种社会角色学习技能与为人处世策略，如果他没有掌握这些技能与策略，就意味着他没有获得生活自信心以进入某种社会角色，他不认识自己是谁，该做些什么，如何与他人相处。于是，他就没有发展出与别人共同劳动和与他人亲近的能力，而退回到自己的小天地里，不与别人有密切的往来，这样就出现了孤单与孤立。从中年人来讲，如果一个人不能关心和爱护下一代，为下一代提供物质与精神财富（还应包括整个家庭成员），那他就是一个"自我关注"的人。这种人只关心自己，不与他人来往，或者自我评价低而懒于与人交往。从老年人来讲，丧偶丧子的打击，很容易使人心灰意懒，精神恍惚，对生活失去信心，不能容纳自己，常常表现为十分恋家。

自我封闭的心理具有一定的普遍性，各个历史时期、不同年龄层次的人都可能出现，其症状特点有：不愿意与人沟通，害怕和人交流，讨厌与人交谈，逃避社会，远离生活，精神压抑，对周围环境敏感。由于他们的自我封闭，所以常常忍受着难以名状的孤独寂寞。众所周知，人类的内心世界是由感情凝结而成的，所以我们才能在邻居或朋友之间建立起诚挚的友谊，才能在夫妻间建立起美满的婚姻和家庭，社会也才能通过感情的纽带协调转动。

如果一个人总是将自己封闭在一个狭窄的世界内，对自己、对社会都没有好处，所以自闭的人都应走出自我封闭的世界，注意倾听自己心灵的声音，并大胆表现它的美好和幸福。

走出自我封闭的世界，你就要多交些朋友，多开展些社交活动。自闭的人应保持身心的活跃状态，以积极的生活态度待人处世，树立确定可行的生活目标，既对明天充满希望，又珍惜每一个今天；正确对待挫折与失败，以"失败为成功之母"的格言来激励自己，信念不动摇、行动不退缩；乐于与人交往，加强信心与情感的交流，增进相互间的友谊与理解，得到勇气和力量；增加适应能力，培养广泛的兴趣爱好，保持思维的活跃。

为了使自己生活得更快乐、更有意义，请走出自我封闭的圈子，重视自己的内心世界。为此，我们要做到以下几个方面：

顺其自然地去生活

不要为一件事没按计划进行而烦恼，不要为某一次待人接物时礼貌不够周全而自怨自艾。如果你对每件事都精心策划以求万无一失的话，你就会不知不觉地把自己的感情紧紧封闭起来。

我们应该重视生活中偶然的灵感和乐趣，快乐是人生的一个重要价值标准，有时能让自己高兴一下就行，不要整日为解决某一项难题而奔忙。

不要掩饰自己的真实感情

如果你和挚友分离在即，你不必为了避免让他人看到自己流泪而躲到洗手间去。为了怕人说长道短而把自己身上最有价值的一部分掩饰起来，这种做法没有任何道理。生活中许许多多的事都是这样，需要遵从你的心，听取你心灵的声音。

信任他人

如果你对新结识的人表现冷淡，这往往意味着你对他人的信任感已被自我封闭的重压毁灭了。那么，你就不会从你周围的人群中获得乐趣。

这时，你应该放松自己紧张的生活节奏，不妨和初次见面的人打打招呼；或者在你常去买东西的小店里和售货员聊聊；或者和刚结识的新朋友一道参加郊游。努力寻找童年时交友的感觉，信任他人和你自己，而不要每时每刻都疑窦丛生。

学会对自己说"没关系"

孩子们常常发出无缘无故的笑声，他们的烦恼从不闷在心里。而我们成人却常常会被生活中各种各样伤脑筋的事压得喘不过气来。生活中真有那么多的烦恼吗？其实，许多事并没有什么大不了的，只是我们把它放大了而已。我们要学会对自己说"没关系"，这样我们的生活里就会常常充满开怀的笑声。

羞怯心理

羞怯、羞涩是人们常说的对人对事难为情的心理活动的表露。在美国有40%的成年人有羞怯表情，在日本60%的人为自己害羞。心理学家认为，羞怯心

理并不都是消极的，适度的羞怯心理是维护人们自尊、自重的重要条件。有人调查表明，羞怯的人能体谅人，比较可靠，容易成为知心朋友，他们对爱情比较忠诚，保持自己贞操。女性适度的羞怯，可以使之更显得温柔和富有魅力。一个害羞的女大学生对潇洒的男子来说其吸引力可超过一个漂亮的交际花。当然，这里讲的是"适度"，如过于羞怯，那就成了心理障碍。

羞怯心理是非常多见的，发展到严重的程度，会表现为手足失措，被称为社会交往恐惧感或社会交往紧张感。这样的人很多，各种年龄、各种职业中都有，而且数量还在不断增多。但是，在不同的人身上羞怯的表现各有不同，比如回避生人，比如在公众场所说话就紧张，还有诸如考试紧张感、体育活动紧张感、约会紧张感、公厕紧张感，等等。当然羞怯心理对青少年来说更为普遍。

羞怯心理重的人常有以下表现：站在陌生人面前，总感到有一种无形的压力，似乎自己正在被人审视，不敢迎视对方的目光，感到极难为情。与人交谈时，面红耳赤，虚汗直冒，心里发慌。即使硬着头皮与人说上几句，也是前言不搭后语，结结巴巴的。不善于结交朋友，于是常感孤独，常因不能与人融洽相处或充分发挥自己的才干而烦恼；不善于在各种不同场合对事物坦率地发表个人意见或评论，因此不能有效地与他人交换意见，给人拘谨、呆板的感觉。常感到自卑，在学习和生活中往往不是考虑取得成功，而更多的是考虑不要失败。

从心理学的角度来看，导致羞怯的原因有很多，其中先天因素是最大的原因。有些人生来性格内向，气质属于黏液质、抑郁质类型，他们说话低声细语的，见到生人就脸红，常怀有胆怯的心理，举手投足。其他原因大约有以下几点：

过于自卑

自卑就是一个人对自己的能力和品质做出偏低的评价，即：自己看不起自己。这些人过分注意自己，缺乏自信，总觉得自己在容貌、身材、知识、能力、口才甚至衣着等方面都不如别人，低人一等，深感羞愧。如果是自己在生理上有缺陷，就更会引起心理负担过重，丧失信心，形成强烈的自卑心理，羞于与人交往。

过于敏感

就是对自己言行的后果，对别人给予自己的评价特别在意，对他人的态度和评价特别敏感，总是把别人看做是自己的法官。平日里，总觉得自己时时处处都受到众人注目。因此，又对别人的一言一行、眼神、表情过于警觉，异常敏感，以致胡乱猜疑，毫无根据地主观认为别人是在议论、讥笑自己。从表面上看，这种人似乎很在乎别人的看法。其实说到底，他们更注重的还是自己，因为他们太担忧别人对自己的看法了。

极易接受消极暗示

有些人很容易受他人思想、言行、情绪等的消极暗示而产生羞怯感。比如：上课老师提问时，看到同桌好友不举手回答，再加上自己头脑中冒出"若回答错了，大家要笑话我的"思想，在这两种消极暗示的作用下，自己也就羞于举手发言，或者发言时面红耳赤，十分紧张。

挫折的经历

据统计，约有1/4害羞的成人在儿童时期并不害羞，但是在长大后却变得害羞了。这可能与遭受过挫折有关。这种人以前开朗大方，交往积极主动，但由于复杂的主客观原因，屡屡受挫而变得胆怯畏缩、消极被动。

那么，如何克服羞怯心理呢?

培养自信心

不必为自己的某些短处而自惭形秽，要看到并发挥自己的长处，克服缺点，摆脱与人交往的自卑阴影。遇事多采取主动态度。勇敢地说出第一句话，勇敢地迈出第一步，你可能感到羞怯，但羞怯不等于失败，胜利者比失败往往多的是一份勇气。

努力用知识充实自己

知识可以丰富人的底蕴、增加人的风度、提高人的气质，也是克服羞怯心理的良药。俗话说："艺高人胆大"，知识储备丰富自然会增加人际吸引力，使人交往自如。所以，我们要勤奋学习，努力拓宽知识面，掌握一些社交知识和技巧。

做个有心人

做个有心人，记下你感到不安的事情，你会觉得这些害怕和担心不可思议，而且完全没有必要，从而预先做好克服它们的准备。比如去面试，也许你担心交谈当中会缺乏应变能力，那么你不妨在交谈前先猜想对方将怎样提问，把要回答的话想好，甚至自言自语地进行不懈的练习。这样就能临场不惧，应付自如。

加强交往能力的锻炼

要充分利用一切机会积极锻炼自己，学会同各种各样的人打交道，关键时刻表现自己。遇到聚会、联谊时，要善于寻找时机与周围的人攀谈。松弛是克服羞怯心理的关键。羞怯的人常常过于关心他人对自己的看法，而常处于紧张状态，此时应尽量用玩笑或幽默来自我解脱。如果你能把注意力集中到你所应注意的人或事上时，你就会渐渐忘记自己的不自在。

学会微笑

人际交往的身体语言中，最具魅力的是微笑。微笑是友善的表示、自信的象征。微笑可以使你摆脱窘境，可以缩短你与他人之间的感情距离，可以化解朋友间的误会，同时微笑可以减少你羞怯的感觉。

学会克制自己的忧虑情绪

凡事尽可能往好的方面想，多看积极的一面。平时注意培养自己的良好情绪和情感，相信大多数人是以信任和诚恳的态度来对待自己的，不要把自己置于不信任和不真诚的假定环境中，那样，对别人就总怀有某种戒备心理，自己偶有闪失，或者并无闪失，也生怕别人看破似的，这样自己就会惶惶然，更加重羞怯心理。人们可以通过意志的力量来改变自己性格上的许多东西，克服诸如优柔寡断、神经过敏、胆怯等不良心理。一些知名演员、演说家、教师，在青年时代曾是胆怯害羞的人，但是后来他们却能在大庭广众之下口若悬河，就是他们意识到非克服害羞心理不可所取得的成效，而非佼佼者的得天独厚。事先做好准备，答题时就会应对自如；熟记演讲内容，演讲时便会口若悬河；发言开口时声音洪亮，结束时也会掷地有声。除了这些"策略"与"技巧"之外，更重要的，是要培养自己各方面能力。因为有能力才会有自信，才能克服自卑、羞怯的心理。

偏执心理

偏执，生活中并不少见。所谓偏执，是指人的意见、主张等过火。多存在于青少年中。性格和情绪上的偏激，是为人处世的一个不可小觑的缺陷，是一种心理疾病。偏执的人往往是极度的感觉过敏，对侮辱和伤害耿耿于怀；思想行为固执死板、敏感多疑、心胸狭隘；爱嫉妒，对别人获得成就或荣誉感到紧张不安，

妒火中烧，不是寻衅争吵，就是在背后说风凉话，或公开抱怨和指责别人；自以为是，自命不凡，对自己的能力估计过高，惯于把失败和责任归咎于他人，在工作和学习上往往言过其实；同时又很自卑，总是过多过高地要求别人，但从来不信任别人的动机和愿望，认为别人存心不良；不能正确、客观地分析形势，有问题易从个人感情出发，主观片面性大；如果建立家庭，常怀疑自己的配偶不忠，等等。持这种人格的人在家不能和睦，在外不能与朋友、同事相处融洽，别人只好对他敬而远之。

偏执在情绪上的表现是按照个人的好恶和一时的心血来潮去论人论事，缺乏理性的态度和客观的标准，易受他人的暗示和引诱。如果某人产生了好感，就认为他一切都好，明明知道是错误、是缺点，也不愿意承认。偏执的人在行动上往往莽撞从事，不顾后果。例如那些自认为"讲义气"的青年，当他们的朋友受了别人"欺侮"时，他们往往二话不说，马上就站出来帮朋友打架，把蛮干、鲁莽当英雄行为。

广大青少年由于知识经验不足，辩证思维的发展尚不成熟，不善于一分为二地看问题，往往抓住一点就无限地夸大或缩小，自以为看到了事物的全部，极易出现以偏概全的失真判断，导致错误的结论。尤其是中学生正值青春期，内分泌功能能迅速发展，大脑皮质及皮质下中枢的兴奋度常迅速地增强或减弱，从而形成情绪的波动不安，出现偏激认识和冲动行为。

偏执的人，不能正确地对待别人，也不能正确地对待自己。见到别人做出成绩，出了名，就认为那有什么了不起，甚至千方百计诋毁贬损别人；见到别人不如自己，又冷嘲热讽，借压低别人来抬高自己。处处要求别人尊重自己，而自己却不去尊重别人。在处理重大问题上，意气用事，我行我素，主观武断。像这样的人，干事业、搞工作，都是成事不足，败事有余，在社会上也很难与别人和睦相处。

偏执的人喜欢走极端，是因为其头脑中有着非理性的观念，因此，要改变偏执行为，首先必须分析自己的非理性观念。如：

"我不能容忍别人一丝一毫的不忠。"

"世上没有好人，我只相信自己。"

"对别人的进攻，我必须立马予以强烈反击，要让他知道我比他更强。"

"我不能表现出温柔，这会给人一种不强健的感觉。"

现在对这些观念加以改造，以除去其中极端偏激的成分。

"我不是说一不二的君王，别人偶尔的不忠应该原谅。"

"世上好人和坏人都存在，我应该相信那些好人。"

"对别人的进攻，马上反击未必是上策，而且我必须首先辨清是否真的受到了攻击。"

"我不敢表示真实的情感，这本身就是虚弱的表现。"

每当故态复萌时，就应该把改造过的合理化观念默念一遍，以此来阻止自己的偏激行为，有时自己不知不觉表现出了偏激行为，事后应重新分析当时的想法，找出当时的非理性观念，然后加以改造，以防下次再犯。

除了在思想上调整自己，我们还有必要从认识上提高自己。

从书籍中获得抚慰

法国数学家、哲学家笛卡尔说过："读一些好书，就是和许多高尚的人谈话。"实验表明，经常阅读伟大人物的传记，更能使那些固执的人得到心灵上的慰藉。丰富的知识使人聪慧，使人思想开阔，使人不至于拘泥于教条的陈规陋习。但是应该注意的是，越有知识越要谦虚，这是做人的美德。为人处世要尊敬和信任他人，多培养宽容的态度。要和勤奋好学、谦虚谨慎、品德优良的人多交往，养成虚心向别人求教的习惯。

克服虚荣心，培养高尚的情趣

人无完人，谁都会有缺点和错误，这用不着掩饰。我们要以真诚的态度来对待生活，要树立远大的目标，追求美好、崇高的东西。不要整天把心思放在修饰打扮和赶时髦上。更不要夸夸其谈，不懂装懂。

加强自我调控

要善于克制自己的抵触情绪，以及无礼的言语和行为。对自己的错误要主动承认，不要顽固地坚持自己的观点。如果意识到了平日里自己的行为有些偏执，那么，提醒自己不要陷于"敌对心理"的漩涡中。事先自我提醒和警告，处世待人时注意纠正，这样会明显减轻敌对心理和强烈的情绪反应。要懂得只有尊重别人，才能得到别人尊重的基本道理。要学会对那些帮助过你的人说感谢的话，而不要不痛不痒地说一声"谢谢"，更不能不理不睬。要学会向你认识的所有人微笑。可能开始时你很不习惯，做得不自然，但必须这样做，而且要努力去做好。要在生活中学会忍让和耐心。生活在复杂的大千世界中，冲突、纠纷和摩擦是难免的，这时必须忍让和克制，不能让仇恨的怒火烧得自己晕头转向，肝火旺盛。

善于接受新事物

固执常和思维狭隘、不喜欢接受新东西，对未曾经历过的东西感到担心相联系。为此我们要养成渴求新知识，乐于接触新人新事，并学习其新颖和精华之处的习惯。

大千世界，茫茫人海，冲突和不顺在所难免，戒除偏执和克制不可改变的事实是成功者的箴言。

第四章

常见的人格障碍

依赖型人格障碍

有一对夫妇晚年得子，十分高兴。他们把儿子视为至宝，捧在手上怕摔了，含在口里怕化了，什么事都不让他干，儿子长大以后连基本的生活也不能自理。一天，夫妇要出远门，怕儿子饿死，于是想了一个办法，烙了一张大饼，套在儿子的颈上，告诉他饿了就咬一口。但是等他们回到家里时，发现儿子已经死了，他是饿死的。原来他只知道吃颈前面的饼，不知道把后面的饼转过来吃。

依赖型人格障碍是日常生活中较为常见的人格障碍，依赖型人格对亲近与归属有过分的渴求。这种渴求是强迫的、盲目的、非理性的，与真实的情感无关。依赖型人格的人宁愿放弃自己的个人兴趣、人生观，只要他能找到一座靠山，时刻得到别人对他的温情就心满意足了。依赖型人格的这种处世方式使得他越来越懒惰、脆弱，缺乏自主性和创造性。由于处处委曲求全，依赖型人格障碍患者会产生越来越多的压抑感，这种压抑感会使他渐渐放弃自己的追求和爱好。

依赖型人格障碍的表现特征

（1）在没有从他人处得到大量的建议和保证之前，对日常事物不能做出决策。

（2）无助感，让别人为自己做大多数的重要决定，如在何处生活，该选择什么职业等。

（3）被遗弃感。明知他人错了，也随声附和，因为害怕被别人遗弃。

（4）无独立性，很难单独展开计划或做事。

（5）过度容忍，为讨好他人甘愿做低下的或自己不愿做的事。

（6）独处时有不适和无助感，或竭尽全力以逃避孤独。

（7）当亲密的关系中止时感到无助或崩溃。

（8）经常被遭人遗弃的念头所折磨。

（9）很容易因未得到赞许或遭到批评而受到伤害。

具有上述特征中的五项，即可诊断为依赖型人格。

心理学家霍妮在分析依赖型人格障碍时，指出这种类型的人深感自己软弱无助，有一种"我真可怜"的感觉。当要他自己拿主意时，便感到一筹莫展，像一只迷失了港湾的小船，又像失去了父母的小孩。他们理所当然地认为别人比自己优秀，比自己有吸引力，比自己能干，无意识地倾向于以别人的看法来评价自己。

依赖型人格障碍的成因

依赖型人格源于个人发展的早期。幼年时期儿童离开父母就不能生存，在儿童印象中保护他、养育他、满足他一切需要的父母是万能的。他必须依赖他们，总怕失去了这个保护神。这时如果父母过分溺爱，鼓励子女依赖父母，不让他们有长大和自立的机会，以致久而久之，在子女的心目中就会逐渐产生对父母或权威的依赖心理，成年以后依然不能自主。缺乏自信心，总是依靠他人来做决定，终身不能负担起承担各项任务、工作的责任，形成依赖型人格。

依赖型人格障碍的治疗

习惯纠正法

依赖型人格的依赖行为已成为一种习惯，治疗首先必须破除这种不良习惯。你可以每天做记录，记满一个星期，然后将这些事件按自主意识强、中等、较差分为三等，每周一小结。

对自主意识强的事件，以后遇到同类情况应坚持自己做。例如某一天按自己的意愿穿鲜艳衣服上班，那么以后就坚持穿鲜艳衣服上班，而不要因为别人的闲话而放弃，直到自己不再喜欢穿这类衣服为止。这些事情虽然很小，但正是你改正不良习惯的突破口。

对自主意识中等的事件，你应提出改进的方法，并在以后的行动中逐步实施。例如，在制订工作计划时，你听从了朋友的意见，但你并不欣赏这些意见，便应把自己不欣赏的理由说出来。这样，在工作计划中便渗入了你自己的意见，

随着自己意见的增多，你便能从听从别人的意见逐步转为完全自主决定。

对自主意识较差的事件，你可以采取诡控制技术逐步强化、提高自主意识。诡控制法是指在别人要求的行为之下增加自我创造的色彩。例如，你从爱人的暗示中得知她喜欢玫瑰花，你为她买一枝花，似乎有完成任务之嫌。但这类事情的次数逐渐增多以后，你会觉得这样做也会给自己带来快乐。你如果主动提议带爱人去植物园度周末，或带爱人去参观插花表演，就证明你的自主意识已大为强化了。

依赖行为并不是轻易可以消除的，一旦形成习惯，你会发现要自己决定每件事毕竟很难，可能会不知不觉地回到老路上去。为防止这种现象的发生，简单的方法是找一个监督者，最好是找自己最依赖的那个人。

重建自信法

如果只简单地破除了依赖的习惯，而不从根本上找原因，那么依赖行为也可能复发。重建自信能从根本上矫治依赖型人格障碍。

第1步，消除童年不良印迹。依赖型的人缺乏自信，自我意识十分低下，这与童年期的不良教育在心中留下的自卑痕迹有关。你可以回忆童年时父母、长辈、朋友对自己说过的具有不良影响的话，例如："你真笨，什么也不会做""瞧你笨手笨脚的，我来帮你做"等等，你把这些话语仔细整理出来，然后一条一条加以认知重构，并将这些话语转告给你的朋友、亲人，让他们在你试着干一些事情时，不要用这些话语来指责你，而要热情地鼓励、帮助你。

第2步，重建勇气。你可以选做一些略带冒险性的事，每周做一项，例如：独自一人到附近的风景点做短途旅行，或者独自一人去参加一项娱乐活动或一周规定一天"自主日"，这一日不论什么事情，决不依赖他人。通过做这些事情，可以增加你的勇气，改变你事事依赖他人的弱点。

自恋型人格障碍

自恋型人格在许多方面与戏剧型人格的表现相似，如情感戏剧化，二者的不同之处在于，戏剧型人格的人外向、热情，而自恋型人格的人却内向、冷漠。自恋型的人过分看重自己，对权力与理想式的爱情有非分的幻想。他们渴望引人注目，对批评极为敏感。在人际交往中，这种人很难表现出同情心。

自恋型人格障碍的表现特征

1. 对批评的反应是愤怒、羞愧或感到耻辱（尽管不一定当即表露出来）。
2. 喜欢指使他人，要他人为自己服务。
3. 过分自高自大，对自己的才能夸大其词，希望受人关注。
4. 坚信他关注的问题是世上独有的，不能被某些特殊的人物了解。
5. 对无限的成功、权力、荣誉、美丽或理想爱情有过分的幻想。
6. 认为自己应享有他人没有的特权。
7. 渴望持久的关注与赞美。
8. 缺乏同情心。
9. 有很强的嫉妒心。

只要出现其中的 5 项，即可诊断为自恋型人格。

自恋型人格的自我中心特点大多表现为自我重视、夸大、缺乏同情心、对别人的评价过分敏感等。他们一听到别人的赞美之辞，就沾沾自喜，反之，则会暴跳如雷。他们对别人的才智十分嫉妒，有一种"我不好，也不让你好"的心理。在和别人相处时，很少能设身处地理解别人的情感和需要。由于缺乏同情心，所以人际关系很糟，容易产生孤独抑郁的心情，加之他们有不切实际的高目标，容易在各方面遭受失败。

自恋型人格障碍的成因

自恋型人格障碍患者通常在童年时期受到过多的关注和无原则的赞赏，同时又很少承担责任，很少受到批评与挫折。自恋型人格障碍的最根本的动机是得到他人的赞赏与爱，然而，因为他们对他人的冷漠和藐视，而常常被他人所拒绝。这恰好是他们害怕得到的恐惧的后果。

自恋型人格障碍的治疗方法

解除自我中心观

自恋型人格的最主要特征是自我中心，而人生中最为自我中心的阶段是婴儿时期。由此可见，自恋型人格障碍患者的行为实际上退化到了婴儿期。朱迪斯·维尔斯特在他的《必要的丧失》一书中说道："一个迷恋于摇篮的人不愿丧失童年，也就不能适应成人的世界。"因此，要治疗自恋型人格，必须了解那些婴儿

化的行为。你可把自己认为讨人嫌的人格特征和别人对你的批评罗列出来，看看有多少婴儿期的成分。

还可以请一位和你亲近的人作为你的监督者，一旦你出现自我中心的行为，便给予警告和提示，督促你及时改正。

学会爱别人

对于自恋型的人来说，光抛弃自我中心观念还不够，还必须学会去爱别人，唯有如此才能真正体会到放弃自我中心观是一种明智的选择，因为你要获得爱首先必须付出爱。

弗洛姆在他的《爱的艺术》一书中阐述了这样的观点：幼儿的爱遵循"我爱因为我被爱"的原则；成人的爱遵循"我被爱因为我爱"的原则；不成熟的爱认为"我爱你因为我需要你"；成熟的爱认为"我需要你因为我爱你"。维尔斯特认为，通过爱，我们可以超越人生。自恋型的爱就像是幼儿的爱、不成熟的爱，因此，要努力加以改正。

生活中最简单的爱的行为便是关心别人，尤其是当别人需要你帮助的时候。只要你在生活中多一份对他人的爱心，你的自恋症便会自然减轻。

反社会型人格障碍

反社会型人格也称精神病态或社会病态、悖德性人格等。在人格障碍的各种类型中，反社会型人格障碍是心理学家和精神病学家所最为重视的。

1835 年，德国皮沙尔特首先提出了"悖德狂"这一诊断名称。指出患者出现本能欲望、兴趣嗜好、性情脾气、道德修养方面的异常改变，但没有智力、认识或推理能力方面的障碍，也无妄想或幻觉。后来"悖德狂"的名称逐渐被"反社会型人格"所代替，如今狭义的人格障碍，即指反社会型人格障碍。此种人格引起的违法犯罪行为最多，同一性质的屡次犯罪，罪行特别残酷或情节恶劣的犯人，其中 1/3 ~ 2/3 的人都属于此类型人格障碍。其共同心理特征是：情绪的暴发性，行为的冲动性，对社会对他人冷酷、仇视、缺乏好感和同情心，缺乏责任感，缺乏羞愧悔改之心，不顾社会道德法律准则和一般公认的行为规范，经常发生反社会言行，不能从挫折与惩罚中吸取教训，缺乏焦虑感和罪恶感。

反社会型人格障碍的表现特征

1. 外表迷人，具有中等或中等以上智力水平。初次相识给人很好的印象，能帮助别人消除忧烦、解决困难。

2. 没有通常被认为是精神病症状的非理性和其他表现，没有幻觉、妄想和其他思维障碍。

3. 没有神经症性焦虑，对一般人心神不宁的情绪感觉不敏感。

4. 他们是不可靠的人，对朋友无信义，对妻子（丈夫）不忠。

5. 对事情不论大小，都无责任感。

6. 无后悔之心，也无羞耻之感。

7. 有反社会行为但缺乏契合的动机；叙述事实真相时态度随便，即使谎言将被识破也是泰然自若。

8. 判别能力差，常常不能吃一堑长一智。

9. 病态的自我中心、自私、心理发育不成熟，没有爱和依恋能力。

10. 麻木不仁，对重要事件的情感反应淡漠。

11. 缺乏真正的洞察力，不能自知问题的性质。

12. 对一般的人际关系无反应。

13. 做出幻想性的或使人讨厌的行为。对他人给予的关心和善意无动于衷。

14. 无真正企图自杀的历史。

15. 性生活轻浮、随便，方式与对象都与本人不相称。有性顺应障碍。

16. 生活无计划，除了老是和自己过不去外，没有任何生活规律，没有稳定的生活目的。他们的犯罪行为也是突然迸发的，而不是在严密计划和准备下进行的。

上述这些反社会人格特征都是在青年早期就出现了，最晚不迟于 25 岁。

临床心理学家还发现，反社会型人格障碍患者在童年时期就有所表现，如偷窃、任性、逃学、离家出走、积习不改、流浪和对一切权威的反抗行为；少年时期过早出现性行为或性犯罪，常有酗酒和破坏公物、不遵守规章制度等不良习惯；成年后工作表现差，常旷工，对家庭不负责任，在外欠款不还，常犯规违法；30 岁以后，大约有 30%～40% 的患者有缓解或明显的改善。

反社会型人格障碍的成因

根据精神病学家和心理学家研究的成果来看，产生反社会型人格的主要原因有：早年丧父丧母或者双亲离异、养子、先天体质异常、恶劣的社会环境、家庭环境和不合理的社会制度的影响，以及中枢神经系统发育不成熟等。一般认为，家庭破裂、儿童被父母抛弃和受到忽视、从小缺乏父母亲在生活上和情感上的照顾和爱护，是反社会型人格形成和发展的主要社会因素。儿童被父母抛弃和受到忽视包括两种含义：父母对孩子冷淡，情感疏远，这就使儿童不可能发展人与人之间的温顺、热情和亲密无间的关系。随后儿童虽然形式上学习到了社会生活的某些要求，但对他人的情感移入得不到应有的发展。

心理学中所谓情感移入，其一，是指理解他人以及分担他人心情的能力，或从思想情感上把自己纳入他人的心境。其二，是指父母的行为或父母对孩子的要求缺乏一致性。父母表现得朝三暮四，赏罚无定规，使得孩子无所适从。由于经常缺乏可效法的榜样，儿童就不可能发展具有明确的自我同一性。反社会型人格障碍患者对坏人和对同伙的引诱缺乏抵抗力、对过错缺乏内在羞愧心理等现象，都是由于他人赏罚的不一致性，本人善恶价值的判断自相矛盾所造成的。他们的冲动性和无法自制某些意愿及欲望，都是由于家庭成员对于自己的行为无原则、不道德、缺乏控制等恶劣榜样造成的。可见，反社会型人格的情绪不稳定、不负责任、撒谎欺骗，但又泰然而无动于衷的行为，都与家庭、社会环境有重要的关系。

反社会型人格障碍的治疗

由于反社会型人格障碍的病因相当复杂，使用镇静剂和抗精神类药物治疗，只能治标不治本，且疗效不显著。而心理治疗对那些由于中枢神经系统功能障碍而成为反社会型人格的患者又毫无作用。

实践证明，对那些由于环境影响形成的、程度较轻的患者，实施认知领悟疗法有一定疗效。心理医生可帮助患者提高认识，了解自己的行为对社会的危害，培养患者的责任感，使他们担负起对家庭、对社会的责任，提高患者的道德意识和法律意识，使他们明白什么事能做，什么事不能做，努力增强控制自己行为的能力。

少数家庭关系极为恶劣而与社会相处尚可的患者，可以在学校或机关住集体宿舍或到亲友家寄养，以减少家庭环境的负面影响，同时培养其独立生活的能力。个别威胁家庭与社会安全的反社会型人格障碍患者，可送入少年工读学校或成人劳动教养机构，参加劳动并限制其自由。对情节特别恶劣、屡教不改的患者，可采用行为治疗中的厌恶疗法。当患者出现反社会行为时，给予强制性的惩罚（如电击、禁闭等），使其产生痛苦的体验，实施多次以后，患者一产生反社会行为的冲动，就感到厌恶，全身不舒服，通过这样减少其反社会的行为。然后根据其行为矫正的实际表现，放宽限制，逐步恢复其正常的家庭生活与社会生活。

强迫型人格障碍

在日常生活中，我们会发现一些儿童或成人会不由自主地去数钟声、台阶，甚至天上的星星；全神贯注地思考某个名词、韵律或典故；一遍遍认真推敲写就的文稿；废寝忘食地探索某个公式、假说或定理；一丝不苟地按顺序起床、进食、上班和入睡；反复洗手等这些现象就叫强迫现象。这些人难以容忍些微的过错和失误，不允许丝毫的杂乱和污秽。他们讲究整洁和秩序，一切都要仔细检查，反复核实。这实际上成了他们的优点：做事认真可靠，遵时守信，井井有条，只不过灵活性有些逊色而已。这些固定刻板的行为对他们而言已经习以为常，不会给他本人带来任何痛苦，并且可以通过注意力的转移或外界的影响而中断，也不会伴有焦虑。

其实，在我们每个正常人身上，都会多多少少地出现一定程度的强迫现象，这些属于正常的心理现象。当强迫思考或行为总是纠缠着你，操纵着你，使你欲罢不能，无从回避，就有可能演变成为强迫性人格障碍，甚至强迫性神经症。强迫型人格障碍是一种性格障碍，多见于尚属成功的男性，男女比例约为 2：1，主要特征是苛求完美。

强迫型人格障碍的表现特征

强迫型人格障碍者特征如下：

1. 做任何事情都要求完美无缺、按部就班、有条不紊，因而有时会影响工作的效率。

2. 不合理地要求别人也严格地按照他的方式做事，否则心里很不痛快，对别人做事很不放心。

3. 犹豫不决，常推迟或避免做出决定。

4. 常有不安全感，穷思竭虑，反复考虑计划是否得当，反复核对检查，唯恐疏忽和差错。

5. 拘泥细节，甚至生活小节也要"程序化"，不遵照一定的规矩就感到不安或要重做。

6. 完成一件工作之后常缺乏愉快和满足的体验，相反容易悔恨和内疚。

7. 对自己要求严格，过分沉溺于职责义务与道德规范，无业余爱好，拘谨吝啬，缺少友谊往来。

患者状况至少符合上述项目中的 3 项，方可诊断为强迫型人格障碍。

强迫型人格的最主要特征就是苛求严格和完美，容易把冲突理智化，具有强烈的自制心理和自控行为。这类人在平时缺乏安全感，对自我过分克制，过分注意自己的行为是否正确、举止是否适当，因此表现得特别死板、缺乏灵活性。责任感特别强，往往用十全十美的高标准要求自己，追求完美，同时又墨守成规。在处事方面，过于谨小慎微，常常由于过分认真而重视细节、忽视全局。怕犯错误，遇事优柔寡断，难以做出决定。他们的情感以焦虑、紧张、悔恨时多，轻松、愉快、满意时少。不能平易近人，难于热情待人，缺乏幽默感。由于对人对己都感到不满而易招怨恨。

强迫型人格具体行为表现有 3 个方面：

1. 心里总笼罩着一种不安全感，常处于莫名其妙的紧张和焦虑状态。如门锁上后还要反复检查，担心门是否锁好，写完信后反复检查邮票是否已贴好，地址是否写对了，等等。

2. 思虑过多，对自己做的事总没把握，总以为没达到要求，别人一怀疑，自己就感到不安。

3. 行为循规蹈矩，不知变通。自己爱好不多，清规戒律倒不少。处理事情有秩序、整洁，守时，但对节奏明快、突然来的事情显得不知所措，很难适应，对新事物接受慢。

强迫型人格障碍的成因

强迫型人格障碍一般形成于幼年时期，与家庭教育和生活经历直接相关。父母管教过分苛刻，要求子女严格遵守规范，绝不准许其自行其是，造成孩子生怕做错事而遭到父母的惩罚的心理，从而做任何事都思虑甚多，优柔寡断，过分拘谨和小心翼翼，逐渐形成经常性紧张、焦虑的情绪反应。一些家庭成员的生活习惯，也可能对孩子产生影响，如医生家庭，由于过分爱清洁，对孩子的卫生特别注意，容易使孩子形成"洁癖"，产生强迫性洗手等行为。另外，幼年时期受到较强的挫折和刺激，也可能产生强迫型人格。有研究还表明，强迫型人格与遗传也有关系，家庭成员中有患强迫型人格障碍的，其亲属患强迫型人格障碍的概率比普通正常家庭要高。

强迫型人格障碍的治疗

顺其自然法

强迫型人格的主要表现是把冲突理智化，过分压抑和控制自己，因此强迫型人格障碍的纠正主要是减轻和放松精神压力，最有效的方法是顺其自然，不要对做过的事进行评价。比如担心门没有关好，就让它没关好；桌上的东西没有收拾干净，就让它不干净；字写得别扭，也由它去，与自己无任何关系。开始时可能会由此带来焦虑的情绪反应，但由于患者的强迫行为还远没有达到强迫症的无法自控的程度，所以经过一段时间的训练和自己意志的努力，症状是会消除的。

当头棒喝法

"棒喝"是借用禅宗中的"德山棒，临济喝"的说法。德山常以大棒惊吓学生，使执迷不悟的学生顿然开悟，而临济则以模棱两可的问题问学生，学生犹豫不能作答时，临济则大喝一声以示警醒。当一个人过分执著于经典与规矩时，就会对多变的现实感到无所适从。强迫型人格障碍患者已经习惯于按教条办事，在某种程度上像个机器人。而要改变这种状况，就要发现生活中的独特事件，用新的观念和解决问题的新思路、新方法，来改变墨守成规、循规蹈矩的习惯。

分裂样人格障碍

有一位著名的数学家，曾在科研领域做出过卓越的贡献，并以他的名字命名了一个数学定理。尽管他在科研事业上出类拔萃，然而他却是一个人格障碍患者。他性格孤僻内向，成天关在小房间里看书学习，演算公式，攻克难题，几乎谈不上有社会交往和人际交往。他为人沉默寡言，兴趣索然，生活随便，给人一种"古怪"的印象。40岁左右才在家人催促下结了婚。结婚时不知如何操办家具布设，婚后不知道上街购买生活用品。由于过分内向离群，对外界反应不灵敏，社会适应性很差，多次发生车祸，造成严重的后遗症。他所表现出的这些人格特征，心理学上称之为分裂样人格障碍。

分裂样人格障碍一般表示为：内向、孤僻、胆小、懦弱、自卑、害羞、沉默寡言、不爱交往、不关心别人对他的评价、缺乏知己、行为怪癖（但尚能使人理解）。他们尽管没有丧失对现实的认知能力，但社会活动能力差，又缺乏进取心，

常静坐沉思，沉溺于幻想之中。自我中心倾向明显，对人态度冷淡，怕见生人，不主动与人打招呼，也不愿意介入别人的事，尤其回避那些竞争性情境。几乎没有自信心，害怕在别人面前讲话做事，往往话到嘴边就犹豫起来，吞吞吐吐，浑身紧张，手足无措；做作业、写文章或干别的事都不愿意让别人看见，害怕被人耻笑。

分裂样人格障碍的表现特征

1. 有奇异的信念，或与文化背景不相称的行为，如相信透视力、心灵感应、特异功能和第六感等。

2. 奇怪的、反常的或特殊的行为或外貌，如服饰奇特、不修边幅、行为不合时宜、习惯或目的不明确。

3. 言语怪异，如离题、用词不当、繁简失当、表达意见不清，并非文化程度或智能障碍等因素所引起。

4. 不寻常的知觉体验，如一惯性的错觉、幻觉、看见不存在的人。

5. 对人冷淡，对亲属也不例外，缺少温暖体贴。

6. 表情淡漠，缺乏深刻或生动的情感体验。

7. 多单独活动，主动与人交往仅限于生活或工作中必需的接触，除一级亲属外无亲密友人。

符合上述项目中的 3 项的人，可诊断为分裂样人格障碍。

从以上的诊断标准我们可以看出，分裂样人格障碍患者主要表现出缺乏温情，难以与别人建立深切的情感联系，于是，他们的人际关系一般很差。因而，大多数分裂样人格障碍患者独身。患者对别人的意见漠不关心，对别人的赞扬、批评，均无动于衷，过着一种孤独寂寞的生活。其中有些人，也有一些业余爱好，但多是阅读、欣赏音乐、思考之类安静、被动的活动，部分人还可能一生沉醉于某种专业，做出较高的成就。但从总体来说，这类人生活平淡、刻板，缺乏创造性和独立性，难以适应多变的现代社会生活。

这类人的性欲淡漠也颇为突出，内心世界却极其广阔，常常想入非非，但常常缺乏相应的情感内容，缺乏进取心。他们总是以冷漠无情来应付环境，以"眼不见为净"的方式逃避现实，但他们这种与世无争的外表不能压抑内心的焦虑和痛苦。

分裂样人格障碍的成因

分裂样人格障碍的形成与人的早期心理发展有很大的关系。婴儿出生后，有很长一段时间不能独立，需要父母亲的照顾，在这个过程中，儿童与父母的关系占重要地位，儿童就是在与父母的关系中建立自己的早期人格的。在成长过程中，尽管每个儿童不免要受到一些指责，但只要他感觉到周围有人爱他，就不会产生心理上的偏差。但如果终日不断被骂、被批评，得不到父母的爱，儿童就会觉得自己毫无价值。更进一步，如果父母对子女不公正，就会使儿童是非观念不稳定，产生心理上的焦虑和敌对情绪，有些儿童因此而分离、独立、逃避与父母身体和情感的接触，进而逃避与其他人和事物的接触，这样就极易形成分裂样人格。

导致分裂样人格的主要原因是个体不能适应环境。有分裂样人格的人在青少年时期一般都有较强的自尊心和进取心，但由于各种原因使他们经常遭受挫折、失败、屈辱，尊重长期得不到满足，因而自卑、怯懦、胆小等特点逐渐发展、强化和巩固下来，成为他身上稳定的人格特征。他们好高骛远，能力不足，或缺乏合作经验，因而遭受挫折；缺乏机会，与他人合作不好，人际关系不融洽，因而很少获得成功；经常受到家长过分的苛责和打骂、教师或上级过分严厉的批评指责；受环境压抑或社会观念影响（如遗传决定论、宿命论等），承认自己天资不如人；以时运不济来解释自己的处境，聊以自慰。其结果必然助长自卑心理。性格内向，不好交往，使他们不了解周围的人，别人也不了解他们。他们难以得到他人同情、谅解和帮助，于是自卑、怯懦、胆小和内向等人格特征更加强化巩固。

分裂样人格障碍的治疗

兴趣培养法。兴趣是指积极探究某种事物而给予优先注意的认识倾向，并具有向往的良好情感。因此兴趣培养有助于克服兴趣索然、情感淡漠的人格。具体做法如下：

1. 提高认知。要求本人有意识地分析自己，确定积极人生的理想和追求目标。应使其懂得这样一个道理：人生是一个乐趣无穷的愉快旅程，每一个人都应该像一位情趣盎然的旅行家，像欣赏宇宙万物那样，每时每刻都在奇趣欢乐的道路上旅行，这样才能充满生活乐趣和前进的动力。

2. 社会实践。创造条件，有意识地接触社会实际生活，扩大接受社会信息量，促使兴趣多样化。

3. 参加兴趣小组活动。这是培养兴趣的较好形式，内容有绘画、书法、音乐、舞蹈、艺术、体育锻炼、科技活动等。

自我调适法。分裂样人格常从童年期形成起就存在于人的一生，很少改变，而且各种表现比较稳定，不易发生衰退。迄今无特殊药物治疗这种病态人格。不过有分裂型人格的人智力尚属良好，有的人还能获得杰出成就，中外一些艺术家、哲学家和自然科学家也有患分裂样人格障碍的。因此，有这种人格症状的人不要自卑，要勇于承认自己的人格缺陷，注意多与他人接触，不要总是担心会被人耻笑或误解；要尽量轻松愉快地与人谈话、交往，在与人交往中跟他人相互了解，争取得到他人的理解和帮助，用友谊来取代孤独。此外，必须摒弃遗传决定论、女不如男和宿命论的观点，努力实践奋斗，以勤补拙。要相信"世上无难事，只怕有心人"这句至理名言。只要选准适合自己特长和条件的奋斗方向，经过自己努力，一定能够有所成就。

另外还可以通过饲养自己感兴趣的小动物来激发生活的情趣，实现自我满足和改善其冷漠的心态。

第五章

常见的异常行为及调适

暴饮暴食

生活中，你会看到有一些人会无法控制地、定期地（约每周两次）暴饮暴食，感觉好像没有办法停止"吃"的动作，一直吃到自己受不了为止。这些人通常体态适中，但很强烈地担心自己的体重上升，而且对于自我的评价相当受其身材所影响，因此往往在大量进食之后，会有羞愧、罪恶的感觉，并且会以催吐、灌肠、使用泻药或绝食等方式来避免体重上升。

暴饮暴食行为多数发生在二十几岁，主要是起源于心理困扰，然后再演变为过度重视食物的摄取和身材的比例。在越来越多女性追求苗条身材、承受较大压力的情形下，其发生率显著上升。

暴饮暴食的心理成因

病例：

婷婷，女，17 岁，高中生。患有严重的暴饮暴食症。

她已有一年病史，每隔半个月左右就会发作一次，每次发作时，她一接触食物便会将它全塞入嘴里，不停地吃啊吃，一直吃到撑得实在吃不下了，感觉肚子都快撑破了，就把吃下去的再全部吐出来。但下次见到食物还是控制不住想吃。吃完后再用手抠喉咙，刺激咽喉，吃下去的东西再吐出来。有时竟能吐出血来。但每次病发，就忘了以前的一切痛苦经历，还是大吃特吃。有时候吐完了哭着说："难受得恨不得去死。"她自己也曾努力控制自己，却控制不了，对生活失去了信心。原来一个漂亮的小姑娘被折磨得狼狈不堪。

经心理医生询问后，才发现暴饮暴食其实只是表面上的症状，真的问题是她自身心理上的。

婷婷从小就特别爱干净，爱漂亮。再加上她从小就长得十分漂亮，邻居都夸她，爸爸妈妈也老向其他人夸他们的女儿有多可爱，多美丽。婷婷在大家的夸奖声中长大。到上中学后，更是发育得亭亭玉立，成了班里公认的"班花"。可是上个学年，班里转来一个女孩。这个女孩一来就抢走了她一半的拥护者。于是，两个女孩开始明争暗斗。比谁的衣服更漂亮，谁的气质更好，当然还有身材。为这，那个女孩和婷婷都拼命节食。可每天只吃苹果却不能吃那些美味的食品的日子实在太难熬了。终于有一天，婷婷发现了一个又可以吃到美食又不会发胖的办法：吃完后再用手抠喉咙，刺激咽喉，让吃下去的东西吐出来。开始时很困难，吐不出来。但时间长了以后，婷婷做这项工作已很熟练了。现在她每隔一定时间就要来这么一次，而且由于可以不变胖，她吃的东西越来越多，根本就无法停止。

患有暴饮暴食症的患者，在心理上其实有许多相同的特质，例如具有完美主义的倾向，以"过度理想"的身材为追求的目标。持续的不但不能使患者摆脱心理上的困扰，而且会严重地影响身体健康，导致贫血、脱水、月经停止、肠胃功能障碍、心脏血管病变等问题，一旦有暴饮暴食症，应及时寻求专业人士的协助。

暴饮暴食的心理调适

首先要建立以健康为美的信念。外表和身材的完美并不能代表一个人的一切。要抛弃那种病态的审美观，只有心理和身体健康的人才会是美丽的。患者要不断充实自己，不要盲目攀比。把时间和精力浪费在那种肤浅的比较中并不明智，人活着应该寻求高尚的竞争目的，如对知识和智慧的追求等。只要不断地学习，适当地运动，人生就会充实起来。要树立正确的人生观和价值观。一个有远大理想和正确人生观的人是不会陷入这种盲目的竞争中的。

学会选择朋友是非常重要的。如果身边只是那些重视外表的朋友，那这样的友谊是不会长久的。多结交几个有思想的朋友，他们会给你带来意想不到的快乐，并能在你把握不住自己的时候提出忠告。

饮食是人们赖以生存的基本需求。每个人每天都必须摄入一定的食物用来维持身体的需要。所以，要把吃饭当成是一种很正常的事情。千万不可以为了保持身材而不吃东西。不要过高要求自己的身材。事实上，暴饮暴食的人往往身材偏瘦，只是他们自己给自己定的标准太高。在别人看来，他们已经很瘦了，根本用不着减肥，从健康的角度讲，反而需要适当增肥。

吸烟成瘾

吸烟的习俗是哥伦布发现新大陆之后开始的，其历史不过几百年，但在世界各地，吸烟的人数和数量却在以令人难以置信的速度增加。吸烟是一种后天形成的不良嗜好，它对自己、他人和环境都有较大危害。全世界每年因吸烟导致死亡的人数达250万之多，可以说，烟是人类的第一杀手。

烟草的烟雾中至少含有三种有毒的化学物质：焦油、尼古丁和一氧化碳。焦油由好几种物质混合而成，在肺中会浓缩成一种黏性物质；尼古丁是一种会使人成瘾的药物，由肺部吸收，主要是对神经系统发生作用；一氧化碳会降低红血球将氧输送到全身去的能力。

有资料表明，一个每天吸15~20支香烟的人，其患肺癌、口腔癌或喉癌致死的几率要比不吸烟的人高14倍；其患食道癌致死的几率比不吸烟的人高4倍；死于膀胱癌和心脏病的几率要比不吸烟的人高2倍。吸烟是导致慢性支气管炎和肺气肿的主要原因，而慢性肺部疾病也增加了得肺炎及心脏病的危险。同时，吸烟也增加了患高血压病的危险。

被动吸烟又称"强迫吸烟"或"间接吸烟"，是指不愿吸烟的人被迫吸入别人吐出来的、夹有大量卷烟毒性物质的空气15分钟以上。被动吸烟者可能招致与吸烟者同样的病症。

吸烟不但给本人带来危害，而且还殃及子女，有学者对5200个孕妇进行调查分析，结果发现其丈夫每天吸烟的数量与胎儿产前的死亡率和先天畸形儿的出生率成正比。父亲不吸烟的，子女先天畸形的比率为0.8%；父亲每天吸烟1~10支的其比率为1.4%；每天吸烟10支以上的比率为2.1%。孕妇本人吸烟数量的多少，也直接影响到婴儿出生前后的死亡率。例如，每天吸烟不足一包的，婴儿死亡危险率为20%；每天吸烟一包以上的，婴儿死亡危险率为35%。

烟瘾形成的原因

吸烟习惯的形成主要是外界环境的影响：

（1）好奇。对于大多数吸烟的青少年来说，开始只是出于好奇，常听人说："饭后一根烟，赛过活神仙。"于是便想亲自去体验其中的滋味。

（2）模仿。香烟具有多种象征作用，历史上许多伟人都是大烟鬼，例如丘吉尔的雪茄，斯大林的大烟斗，毛泽东的烟癖，这些伟人形象与香烟联系如此紧密，无形中便成了一种力量和自信的象征，吸引着许多青少年去模仿。此外，成人或同伴的影响，吸烟者那种潇洒自如、悠然自得的神态对青少年具有很大的诱惑力，吸引着年轻人去模仿。

（3）交际的需要。在中国，吸烟已成为一种交际手段。敬烟往往是社交的序曲，能缩短人与人之间的心理距离。互相敬烟能沟通感情，产生心理上的接近，有利于问题的解决。许多人开始纯粹是因为社交上的应酬，办事前，首先要给对方敬上一支烟，随后再为自己点上一支；别人给你敬烟，不接受又显得不礼貌。随着这种"礼尚往来"的增多，慢慢地由抽一支烟半天不舒服到半天不抽烟就不舒服，最终加入到吸烟者的行列。

（4）消愁。有不少人在工作、学习、生活中受到挫折以后，便借抽烟来缓解自己的紧张焦虑情绪，消除烦恼。

（5）提神。吸烟上瘾之后，人们发现烟具有一定的兴奋作用，而生理上的烟瘾使得抽烟成为一种习惯和享受，许多吸烟成瘾的人不吸烟就无精神，而一抽烟，就精神焕发，思路大开。

（6）显示自己的成熟。在许多青少年眼里，抽烟是一种男子汉的标志，是成熟的标志。为了证明自己不再是小孩，而选择了吸烟这种方式。

嗜烟者有下列特点：

（1）吸烟数量由一天几支到一包、两包、甚至两包以上，更有甚者会坐在那里抽烟，可以不熄火，一支接一支不间断地抽。

（2）吸烟成瘾后，一旦长时间不吸烟就会出现一些消极不良反应，如打瞌睡、打呵欠、流眼泪、心情郁闷、坐立不安等。

（3）嗜烟者具有好交往、合群、喜欢冒险、行事轻率、冲动、易发脾气、情绪控制能力差等个性特征。

有调查显示，嗜烟者有71%的人同时还有其他嗜好，如饮浓茶、喝酒、喝咖啡等。

戒除烟瘾的方法

由于吸烟对个体的身心健康及环境的影响极大，应该引起人们的重视，下面介绍一些戒烟的方法：

首先要加强戒烟意识：刚开始戒烟，人感觉总是不太舒服，但是要有这种意识，即戒烟几天后味觉和嗅觉就会好起来。

寻找替代办法：戒烟后的主要任务之一是在受到引诱的情况下找到不吸烟的替代办法：做一些技巧游戏，使两只手不闲着，通过刷牙使口腔里产生一种不想吸烟的味道，或者通过令人兴奋的谈话转移注意力。如果你喜欢每天早晨喝完咖啡后抽一支烟，那么你把每天早晨喝咖啡换成喝茶。

打赌：一些过去曾吸烟的人有过戒烟打赌的好经验，其效果之一是公开戒烟，能得到朋友和同事们的支持和监督。

少参加聚会：刚开始戒烟时要避免受到吸烟的引诱。如果有朋友邀请你参加聚会，而参加聚会的人大多吸烟，那么至少在戒烟初期应婉言拒绝参加此类聚会，直到自己觉得没有烟瘾为止。

消除紧张情绪：如果紧张的工作和生活是你吸烟的主要起因，那么拿走你周围所有的吸烟用具，改变工作环境和工作程序。在工作、生活场所放一些无糖口香糖、水果、果汁和矿泉水，多做几次短时间的休息，到室外运动运动，几分钟就行。

体重问题：戒烟后体重往往会明显增加，一般增加 2～8 公斤。爱烟的人戒烟后会降低人体新陈代谢的基本速度，并且会吃更多的食物来替代吸烟，但可以通过增加身体的运动量来对付体重增加，因为增加运动量可以加速新陈代谢。另外，多喝水，使胃里不空着。

游泳、踢球和洗蒸汽浴：经常运动会提高情绪，冲淡烟瘾，体育运动会使紧张不安的神经镇静下来，并且会消耗热量。

扔掉吸烟用具：烟灰缸、打火机和香烟都会对戒烟者产生刺激，应该让它们从戒烟者的视野中消失。

转移注意力：尤其是在戒烟初期，多花点钱从事一些会带来乐趣的活动，以便转移吸烟的注意力，晚上不要像通常那样在电视机前度过，可以去按摩、听唱片、上网与家人散步等。

经受得住重新吸烟的考验：戒烟后又吸烟等于戒烟失败，但要仔细分析重新吸烟的原因，避免以后再犯。

嗜酒如命

据考证，我国早在古代夏禹时期就开始酿酒，在人类三大嗜好——烟、酒、茶中，别看酒既不能充饥、又不能解渴，特别是白酒也没有什么值得特别宣扬的营

心理学

第三篇 心理障碍与心理治疗

养价值，但古今中外世界各国在喜庆的欢宴中都少不了酒，所谓无酒不成席、无酒不足庆。

在现代社会生活中，美酒加咖啡更是一种时尚，特别是人逢喜庆更少不了三杯美酒敬亲人。作为礼仪交流的一种方式，酒文化的含义早已超越了它原本的内涵，但是这只能是在"适当"饮酒中才能展示其高雅和喜庆的风范。当然，适当少量饮酒还能健身。《本草备要》载，"少饮则和血运气，壮神御寒，遣兴消愁，避邪逐秽，暖五脏，行药势"，有一定好处，但是一旦陷入嗜酒如命的酗酒成瘾状态则完全变了性质。

古代有个叫刘伶的人，崇尚老庄，放情肆志，嗜酒如命，著有《酒德颂》，流传后世。

刘伶不爱说话，也很少和人交往。出门的时候，总是随身携带一壶酒，叫个人扛着一把铁锹跟在身后，说："我要是喝死了，你就挖个坑把我埋掉。"他常常在外面喝得东倒西歪，像一摊烂泥，有时会跟不认识的人吵起来。他个子又矮，相貌又丑，酒醉后嘴里还不干不净，自然有人捋起袖子要揍他。他看人家要来真的，便又给人赔笑，说："你看我瘦成这样，哪能经得起先生您那样大的拳头呀？"搞得人家只好笑笑作罢。

刘伶的老婆看丈夫成天酒态，气得把家中的酒器摔的摔，砸的砸，哭着说："你喝酒我不反对，但你喝得太厉害！这样下去日子怎么过？我求求你，戒掉它好吗？"刘伶说："好，好，可我自己控制不住，只有祈求鬼神帮忙。让我向鬼神发个誓，你给我搞点酒肉来供奉鬼神。"老婆听了很高兴，便拿来酒肉，供奉到鬼神牌位前。

刘伶向鬼神牌位拜了几拜，然后跪下说："老天爷生下我刘伶，把酒看作生命。一喝就是一斛，喝过五斗神志才清。我老婆所讲的话，您千万不能听！"于是抓起供奉鬼神的肉，拿起供奉鬼神的酒，一边啃咬，一边咕咕地直往肚子里灌，不到一会儿，便像烂泥一样醉得不省人事。

像刘伶那样，对酒简直到了如痴如狂的程度，这在没有酒瘾的人看来是匪夷所思的。那么酒瘾是怎样形成的呢？

酒进入人体后，由于酒中的酒精（乙醇），有90%以上在人体的肝脏内分解成乙醛，乙醛再分解为水和二氧化碳排出体外。乙醇有促进氧化磷酸酶的作用，这种酶与细胞能量代谢有重要关系，但细胞膜对乙醛的通透性极小，只有通过乙醇的帮助，乙醛才能发挥作用。当人大量饮酒时，体内的乙醇和乙醛的浓度都会增加，便加速了氧化能量的代谢过程，使大脑兴奋度和器官功能暂时有一定增

强，人的精神就感到格外愉快、活跃和兴奋。时间一长，人的机体内的这种反应逐渐会变成常规，并且在大脑中形成程序，从而固定下来，这样，便产生了一种较强烈的不断补充乙醇和乙醛的需要。从而形成了酒瘾。

饮酒成瘾的危害

长期大量饮酒可导致慢性酒精中毒，对人体造成多方面的损害。

（1）对躯体的影响。大量饮酒易引起胃炎、胃及十二指肠溃疡、胃出血、酒精中毒性肝炎、脂肪肝和肝硬变等，还会增加咽喉、食管、口腔、肝、胰腺等部位癌症的发病率。在西方国家，20%～25%的肝硬变都是由饮酒直接引起的。

（2）对神经系统的影响。大量饮酒易引起小脑变性，发生共济失调，表现为步态蹒跚，走直线困难；震颤，轻者双手颤抖，重者颜面的表情肌、舌肌也发生震颤；还可出现周缘神经疾病、脑梗塞和癫痫等。

（3）产生精神障碍。情绪方面：易产生焦虑、抑郁情绪，特别是成瘾后，在身体状况不佳、家庭不和，经济水平下降时尤为突出，严重者还可能产生自杀念头。据报道，住院的患者中，产生自杀念头的占6%～20%。幻觉症：多发生在长期饮酒或突然停止饮酒后数日或1～2周内。在神志清醒的状态下产生言语幻听，内容多是威胁性言语，通常以数人交谈或评论他人的方式出现，如骂某人贪杯好色、是酒鬼，或揭露其隐私等；出现短时幻视，如看见躲在门窗后的人影或闪烁的亮光、地板的条纹变成怪物等。病情可持续数周、数月，甚至长达数年。柯萨可夫综合征（又称遗忘综合征）：表现为识记能力发生障碍，近记忆缺损，对刚发生的事不能回忆，对多年以前的事却能正确回忆等。震颤谵妄：多是在慢性中毒的基础上骤然减少酒量或突然戒酒后忽然出现的精神状态的改变。可出现全身颤抖、大量出汗、不安和易怒等症状。

（4）人格改变。嗜酒成癖后，随着酒精中毒加深，部分患者的人格也将发生显著变化，如有的变得玩世不恭或多愁善感，有的变得待人冷漠，或不可理喻等。

（5）对家庭的影响。长期嗜酒的男性，可引起性功能障碍，以性欲低下甚至阳痿较多见。在性功能障碍的基础上，常产生嫉妒妄想，怀疑妻子不忠，而无故谩骂、殴打、侮辱、虐待，威胁要将其置于死地，导致一场野蛮的家庭闹剧。次日清醒后，又会不断地请求妻子宽恕。但猜疑不去，且与日俱增。最后即使在饮酒时也不会消失。因此导致家庭破裂者不在少数。

（6）对后代的影响。经常酗酒还会损伤生殖功能。医学研究证实：大量的酒精对精子和胎儿都有致命的"打击"和损伤，酒鬼的后代出现的弱智子女和畸形悲剧就是明证。中国历史上著名文学家陶渊明曾以其名作《桃花源记》被世人称颂，但由于一生嗜酒，所生育的五个孩子非呆即傻，全是畸形弱智儿。

戒酒与嗜酒的心理调试

由于酗酒对个体和社会的危害极大，因此对酒精滥用者和酒精依赖者必须进行治疗和戒酒指导。首先通过影视、电台、图片、实物、讨论等多种传媒方式，让嗜酒者端正对酒的态度，认识到适量饮酒有益，超量饮酒有害，逐步控制饮酒量。

酗酒者常有许多坏习惯，如有人喜欢空腹饮酒，有人喜欢一饮而尽，有人喜欢敬酒、罚酒、赌酒、灌酒，这些不良习惯都应革除。饮酒前要多吃菜，慢慢饮，为社交喝酒时，要随人意。

厌恶疗法是医生通常使用的治愈酒瘾的方法。对嗜酒成瘾的患者的饮酒行为附加一个恶性刺激，使之对酒精产生厌恶反应，以消除其饮酒欲望。

酗酒往往给家庭带来不幸，但对其进行监督制约的最好环境也是家庭。因此，家庭成员应帮助患者，让其了解酒精中毒的危害，树立起戒酒的决心和信心，并与患者签好协约，定时限量给予酒喝，循序渐进地戒除酒瘾。同时创造良好的家庭气氛，用亲情、温情去解除患者的心理症结，使之感受到家庭的温暖。患者也可成立各种戒酒者协会，进行自我教育及互相约束与帮助，达到戒酒的目的。国外有各种各样的嗜酒者互诫协会，日本有民间的断酒会。这些组织每周聚会 1~2 次，讨论戒酒方法，介绍戒酒经验，互相勉励。

迷恋网络

2004 年 3 月，某晚报一个大大的标题令人触目惊心："妈妈，我让网吧给害了！"该报道讲述了浙江省某市一位 16 岁少年因迷恋上网无法自拔，无奈之下 3 次自杀，母亲悲痛欲绝却又无可奈何……

一位名叫王力的高一学生，因为迷恋上网，造成学习成绩下降，继而旷课、逃学，最终患上了精神分裂症，被送进精神病医院治疗。经过 20 多天的治疗，王力的病情才有所好转。

据校方介绍，王力于 2002 年上高一后，成绩一般，并经常旷课、逃学。后来学校了解到，王力学习成绩下降、旷课的原因是沉迷于上网打网络游戏。2003

年，由于学习成绩差，王力不得不留级。但留级后，王力依然热衷于上网，并经常旷课逃学。学校为此多次对王力本人进行教育，并多次通知家长进行配合教育，王力也多次写下保证书，但结果还是一切照旧。2004 年开学后，王力到学校上了几节课后又不上了，2004 年 3 月中旬，王力的父亲来到学校，要退注册费和寄宿费，学校才知道王力在精神上出了问题。

负责治疗王力的张医生指出，王力患的是精神分裂症，主要原因是上网成瘾，导致学习成绩下降，并形成巨大的精神压力所致。

随着家用电脑的普及，网民数量的增多，一种新的疾病—网络性心理障碍引起了全世界医学界和心理学界的关注。心理学专家对众多网民心态进行过分析，对技术的迷信和对速度的崇拜，膨胀着上网的欲望，这是一类网民上网的动力；将上网当成一种时髦、流行如同身着名牌；看破红尘，远离江湖，隐居网络，成了许多人逃避现实生活的一种手段。

科学家一组最新统计数字为人们敲响了警钟。目前全球 2 亿多网民中，约有1140 万人患有某种形式的网络心理障碍，约占网民人数的 6% 左右。这部分人在网上其乐无穷的冲浪体验中逐渐形成了一种对网络的依赖心理，随着每次上网时间的不断延长，这种依赖越来越强烈，容易患上"互联网成瘾综合征"。患者因为缺乏社会沟通和人际交流，将网络世界当作现实生活，脱离社会生活，与他人没有共同语言，而出现孤独不安、情绪低落、思维迟钝、自我评价降低等症状，严重者甚至有自杀意向和行为，如前面讲到的那位少年。据统计，目前我国有1500 万左右的未成年人网民，在上网的人群中，患"互联网成瘾综合征"的比例约为 6%，在青少年中，比例高达 14%。

当网络依赖失控，对人产生负面影响的时候，我们就应把它当作心理上的一种障碍来看待。有关研究表明，我国有 5% ~ 10% 的互联网使用者存在网络依赖倾向，其中青少年中存在网络依赖倾向的约占 7%。与很多国家相比，我国中学生中使用互联网的人数比例较高，时间较长，平均每周使用时间为 8.98 小时，假期高达 21.34 小时。

网络世界形形色色，把生活需要转移至寄托于网络虚拟空间的事件确实存在，所以，就有了很多现代化的新词：染网瘾、网恋、网络同居、网婚等网络综合征，更为严重的就是网络犯罪。

上网成瘾的影响因素

（1）社会因素。当今社会，网吧密布大街小巷，成为青少年娱乐的主要场所，有时中小学生邀约集体上网玩游戏、冲浪等；在虚拟世界的信息刺激下，玩者会体验到现实世界体会不到的快感，随着乐趣不断增强，就会欲罢不能，久而久之成瘾。即使那些没有心理问题，但自制力差的孩子同样会患上网瘾。有些成瘾者由于网上谈话自由或互动游戏而引起精神依赖。

（2）家庭因素。家庭因素也是影响形成网瘾的一个主要原因。

问题型家庭。家庭出现问题，孩子往往会首当其冲成为受害者，而这些问题中，最突出的就是父母离异，孩子得不到正常的父爱和母爱，上网就成了他们唯一的精神寄托。

暴力型家庭。打骂孩子是父母教育中最恶劣的一种方法。在中国的传统中，孩子是自己的，打一下骂一下是天经地义的事情。打孩子最常见的后果就是孩子仇视父母，这样只能使亲子之间的隔阂越来越深。于是，网吧就成了他们的避风港。

不健康的家庭教育。由于不健康的家庭教育，使孩子失去了正确的人生方向，更谈不上什么人生理想，其向上的潜能往往被严重地挫伤或扭曲。这些孩子普遍感到学习的压力大，有着强烈的厌学情绪，一旦在现实生活中遭遇挫折，为摆脱"弱者"地位，特别是当无法解决在学习和生活中遇到的问题时，就会开始逃避，寻找能够满足成就的替代品。网络游戏恰恰能给他们作为强者的愉悦感。

（3）心理因素。好奇，大多数青少年网络成瘾者当初都是由于好奇心理，听经常上网的"网虫"同学或朋友说网络游戏如何如何的好玩，于是心里痒痒就跃跃欲试到网吧一展身手，一次，二次……逐渐就对网络游戏产生了精神依赖。

（4）人格因素。"T型人格"是一种爱寻求刺激的、爱冒险的人格特征，它分为T＋型和T－型。T＋型从事的冒险活动是被社会所认可的；T－型所从事的冒险就是不被社会所认可的，他寻求的这种刺激可能对他的成长是负面的，对这种孩子就要特别注意，一定要正确引导，让他接触到健康的活动。

还有就是延迟满足能力差。比如一个孩子产生某种需求时立刻就要满足，否则就要闹，而不考虑满足这种需求的时间和条件。一般来讲，延迟满足能力比较差的孩子很容易上瘾。网络成瘾的男孩子大多性格内向、对事情特别专注因而易成瘾。

上网成瘾的危害

美国和欧洲的社会学家及心理学家一致认为，上网成瘾是一种危害不亚于酗酒和赌博成性的心理疾病。

目前，"因特网中毒"已成为日益严重的社会问题。上网成瘾者常因担心电子邮件是否已送达而睡不着觉，一上网就废寝忘食严重影响了身体健康，打乱了正常的生活秩序。有人发展到每天起床便莫名其妙地情绪低落、思维迟缓、头昏眼花、双手颤抖和食欲不振。更有甚者，一旦停止上网，就会出现急性戒断综合征，甚至采取自残或自杀手段，危害个人和社会安全。有研究显示，长时间上网会使大脑中的一种叫多巴胺的化学物质水平升高，这种类似于肾上腺素的物质短时间内会令人高度兴奋，但其后则令人更加颓废、消沉。据统计，网络心理障碍者的年龄介于 15～45 岁，男性患者占总发病人数的 98.5%。20～30 岁的单身男性为易患人群。有关专家还认为，上网成瘾也是婚姻破裂、对子女疏于管教、人际关系紧张等社会问题的诱因之一。

网络成瘾还会影响公司职员的工作效率。一项对全美前 1000 家大公司的调查显示，超过 55% 的管理人员认为，很多雇员把上班时间用在与工作无关的网络活动上。纽约一家公司暗中统计了本公司职员上班时间的网络活动，发现其中仅有 23% 是真正与工作相关的。由于上班时间在网上漫游而被辞退的雇员更是不断增加。

网络成瘾还可能会导致家庭破裂。匹兹堡大学心理学教授金波利·杨在过去三年中亲自访谈了数百名网络成瘾患者，她发现一个患有网络成瘾的丈夫，每天和他心爱的计算机在一起的时间，远比和他亲爱的妻子在一起的时间要长。更糟糕的是，他已爱上了他的"网上情人"，正准备带上他的电脑与妻子离婚。

上网成瘾的心理调适

对于孩子的上网成瘾，可采取以下的方法进行治疗：

首先，要改变患者对网络活动的不良认知。作为新时代的父母，首先自己要认知网络，全面提升自己在孩子成长教育方面的概念、方法和知识。青少年自控能力差，迷恋网络容易成瘾，家长应该引导和帮助，而不是呵斥、封闭和阻挠，甚至动不动就关电源、拔网线、拆电脑配件、把孩子锁禁闭，等等。

其次，多与孩子交流。孩子迷上上网，做父母的非常操心，防、管、骂、打，甚至赶出家门，各种方法都试过，但收效甚微。一位父亲无意中看到孩子的日记："我真不该惹妈妈生气，家里没电脑我就去网吧，其实我很少玩游戏，主要是看些学习资料，后来妈妈越管越严，我才赌气玩游戏的。"父亲恍然大悟，把孩子找回来，改变过去简单粗暴的教育方法，与孩子亲密聊天，谈网络上的一

心理学

第三篇 心理障碍与心理治疗

些东西，从谈话中他发现孩子的网络知识懂得特别多，于是父亲就给孩子买了两本计算机方面的书，还花钱买了一台二手电脑，有空就陪孩子一起玩电脑，孩子还成了父亲学计算机的老师，父子俩其乐融融。此外，父母可以陪孩子一起上网，帮助孩子从中辨伪识真，汲取精华，去其糟粕。

再次，培养孩子多方面的兴趣。孩子业余活动内容贫乏，上网聊天、玩游戏就成了孩子的主要生活内容。上网时间一长就会成瘾，不能自拔，甚至影响学习和健康。如前面例子中，父亲怕孩子陷得太深，就刻意培养他的其他兴趣爱好。比如给他买了钢琴，要求他每年参加考级，假期就送他参加一些球类、绘画、英语等爱好方面的培训，同时又与国外同龄学生结对交友，有时候还全家一起去郊外度假。课余生活丰富了，兴趣广泛了，也就没有更多时间去上网，又能获得广博的知识。

最后，对孩子的上网进行限制。最好事先与其达成协议，约法三章。例如，关键是注意方法，最好与孩子达成协议，对上网约法三章。一是限制网友。一般不加陌生人，添加新好友时，必须经父母同意。二是限制时间。每天晚饭后 1 小时，周六、周日两小时。三是限制内容。不准上色情网站，不准玩大型游戏，不准告诉其他人自己的家庭和个人信息，不准约见网友。四是限制地点。控制资金，严禁到网吧上网。这些规定中，违反一次，扣 1 小时上网时间，零花钱减半，严重违反，"禁网"一周。在具体实施过程中，经常提醒孩子言而有信，学会自制。孩子开始有投机心理，发现被处罚后，现在能自觉遵守了。这个方法很简单，用不同的 QQ 号码试探几次，就能知道孩子有没有违规。

第六章
儿童期的主要心理问题及调适

儿童孤独症

儿童孤独症，是发生在婴幼儿期的广泛发育障碍，是一种比较严重的儿童精神障碍，这种病涉及感知、语言、情感、智能等多种功能的损害。

孤独症的病因至今未明，可能与家庭环境、遗传、脑部疾病、母亲孕期生病吃药的影响有关。西方学者早期报告，孤独症患儿的父母多数是知识水平较高的专业技术人员，成天忙于工作、科研，很少照顾孩子，亲子关系较冷淡。但这一观点缺乏支持性的证据。

儿童孤独症又被人们称为儿童自闭症，是一类以严重孤独，缺乏情感反应，语言发育障碍，刻板重复动作和对环境奇特的反应为特征的精神疾病。通常发生于3岁之前，一般在3岁以前就会表现出来，从婴儿期开始出现，一直延续到终身，是一种严重情绪错乱的疾病。

孤独症无种族、社会、宗教之分，与家庭收入、生活方式、教育程度无关。约每一万名儿童中有2~4例，孤独症多见于男孩，男女比例为4.5∶1。目前，在我国孤独症患儿约有50万左右。儿童孤独症无论在成因、发展方式还是治疗手段上，和成年人的孤独症都有很大区别，它是一种严重的婴幼儿发育障碍。

据介绍，自闭不是孤独症儿童的唯一表现。孤独症是一位美国医生于1943年首次提出的，在东南亚等一些地区，孤独症被译为自闭症。这种翻译方法往往给人一种误导，使人误以为儿童的自我封闭才导致这一病症，一旦儿童不自闭，这一病症就不存在了。其实事实并非如此，孤独症是一种广泛性发育障碍。

儿童孤独症的表现

（1）社会交往障碍。孤独症患儿在婴儿期就可能表现出避免与他人的对视，缺乏面部表情；对人态度冷淡，对别人的呼唤不理不睬；要走到某一目标时不顾及路中可能遇到的障碍；当自己想要某一物品或食品则会拉着父母的手前往放物品的地方，一旦拿到后则不再理人；孩子害怕时，也不会寻求保护。

（2）语言发育障碍。一部分孤独症患儿从来不说话，终生默默不语；一部分患儿开始讲话比别人晚，而且所讲内容比别人少，说话如鹦鹉学舌，不能主动与人交谈，不会使用手势、点头、摇头、面部表情等肢体语言来表达自己的需要和喜怒哀乐。

（3）兴趣范围狭窄，行为刻板。患儿要求环境固定不变、拒绝变化；坚持每次都以同一方式去做某件事情，要一种类型的玩具，看固定时间的电视节目。

（4）独特的兴趣对象。患儿对一般儿童所喜欢的玩具、游戏、衣物不感兴趣，而对一般儿童不喜欢的玩具或物品非常感兴趣。一些孤独症患儿还会表现出刻板、古怪的行为，或是对物体的某些特性感兴趣，反复触摸某些"光滑"物体的表面，如光亮的家具、雪白的墙壁、光滑的书刊封面、质地滑软的衣料、柔软的皮毛制品等，有时喜欢闻某一物体，如一位患儿总是喜欢闻他父母的手提包，每当父母回到家后，这位患儿的第一件事便是接过父母的包反复闻。

儿童孤独症的起因尚不太清楚，病因尚无定论。最近调查认为，孤独症与脑部生理结构或神经病学有关，是几种"原因"的结果。与遗传因素、器质性因素以及环境因素有关。

儿童孤独症的治疗

对儿童孤独症的治疗目前尚无特效药，但如果及早发现并进行特殊教育、行为矫正、药物治疗，是可以取得良好效果的。多数专家主张解铃还需系铃人，用心理调适治疗心理障碍孤独症通常十分有效。比如，带孩子回访老家，或看望以前的小朋友；多让他参加集体活动，同时带他去逛逛公园、看看小动物，游览祖国的大好河山。这样就会使他渐渐从孤独症中解脱出来。国外也有专家发现，温柔而有趣的动物对治疗孤独症非常有效。例如，墨西哥已开设的高智能动物海豚治疗儿童孤独症的康复中心等。

儿童恐惧症

儿童恐惧症是指儿童对日常生活一般客观事物和情境产生过分的恐惧、焦虑，达到异常程度。

恐惧是正常儿童心理发展过程中普遍存在的一种情绪体验，是儿童对周围客观事物一种正常的心理反应，也是儿童期最常见的一种心理现象。曾有人对一组儿童进行纵向追踪调查到 14 岁，发现 90% 的儿童在其发育的某一阶段都发生过恐惧的反应。儿童期的恐惧是十分短暂的，有研究表明，儿童恐惧在一周内消失的占 6%，在 3 个月内消失的达 54%，在一年内可全部消失。当然也有消失的时间要长一些的。许多恐惧不经任何处理，随着年龄增长均会自行消失。另外，惧怕的内容反映了儿童所处的环境特点及年龄发展阶段的特点。如 9 个月前的婴儿怕大声和陌生人；1~3 岁的儿童怕动物、昆虫、陌生的环境和生人、黑暗、孤独等；4~5 岁的儿童怕妖怪、鬼神，怕某些动物或昆虫，怕闪电雷击等；小学生则怕身体损伤（如摔伤、动手术等），怕离开父母、亲人死亡，怕考试、犯错误和受批评等；青年期则产生对社会环境、社会交往的恐惧。一般来说，惧怕与儿童的身体大小和应付能力有关，也反映了儿童的智力发展水平。惧怕的内容常常具有不稳定性，而恐怖障碍则不然，恐怖障碍患儿恐怖的内容各不相同，且较稳定，不会泛化，如怕猫的不会变为怕狗，怕闪电打雷的不会泛化为怕黑。恐惧症患儿由于对某一事物现象的恐惧，进而产生回避或退缩行为，如由于怕考试成绩不好被老师父母批评，发展到怕上学、见老师和同学，产生学校恐怖症。恐怖障碍持续的时间较长，不易随环境年龄的变化而消失，而且任何劝慰、说服、解释也无济于事，严重影响着儿童的正常生活和学习。

儿童恐惧症产生的原因

儿童恐惧症产生的原因主要是因环境、教育造成的，而其中又以父母的行为方式、教育方法的不当为主：父母对孩子溺爱，过于保护，限制儿童的许多行动；父母用吓唬威胁的方法对待孩子的不听话、不顺从；有的父母当着孩子的面毫无顾忌绘声绘色地讲述自己所见所闻或经历过的一些可怕的事情；有的父母对某一事物或现象存在恐惧，在孩子面前毫不掩饰地表现出来，使孩子也深受其害；有的父母对孩子过严过高的要求；家庭成员关系不和睦或对孩子缺乏一致性、一贯性的教育等。

儿童恐惧症的表现及治疗

儿童恐惧症的表现形式是多种多样的，按其内容可分为以下几种：

（1）动物恐惧。如怕猫、狗、蛇等，有的甚至害怕到精神失常的程度。

（2）社交恐惧。怕与父母分离、怕生人、怕当众讲话、怕拥挤、怕上幼儿园和学校、怕考试。目前发现怕考试、怕见老师、怕上学的儿童有增多趋势。

（3）自身损伤恐惧。怕出血、怕鬼怪、怕流氓、怕传染病、怕生病、怕死等。

（4）对自然事物和现象的恐惧。怕黑、怕闪电雷击、怕独自关闭室内、怕登高等。

对儿童恐惧症的治疗，应主要采用"心理分析疗法"等心理治疗和教育治疗，以及系统脱敏疗法等疗法，并且要从学校和家庭两方面着手。

上学恐惧症产生的原因及治疗

下面重点谈一下上学恐惧症：每到开学，就有家长领着刚上学的孩子尤其是低年级的孩子到医院，反映孩子情绪不稳定，心烦，无缘无故发脾气，对学习无兴趣，甚至上了学就肚子疼。经心理医生诊断，孩子患了"上学恐惧症"。

其实所谓的"上学恐惧症"并非专业的医学术语，只是对儿童和青少年某些心理问题的描述。它的主要症状表现为：情绪低落、心慌意乱、注意力降低、疲劳、失眠，有时伴随头痛、胃痛、肚子痛等身体上的不适。这种"上学恐惧症"不仅常发生在学习成绩跟不上的孩子身上，有很多聪明的孩子也有"恐惧"情绪。

一般来说，"上学恐惧症"是不分年龄段的，但性格内向、心理承受能力差的孩子更易产生这种心理障碍。据北京中小学生心理教育咨询中心的刘翔平老师说，通常由如下原因引起了"上学恐惧症"：

（1）母子分离焦虑。这类儿童从小过分依赖母亲，在陌生环境下感觉不适应。他希望以"得病"等方式满足和母亲在一起的需要。而不懂孩子心理的母亲往往请假陪伴孩子，正好强化了孩子的这种需要，使之变本加厉获得新的机会。这样的"上学恐惧症"通常发生在年龄较小的儿童身上，尤其是刚入园不久的幼儿和入学不久的小学生。

（2）孩子不适应老师。通常是因为惧怕，这类儿童对老师有过高的期望，通常他们会在学习上努力，行为上克制、忍让，老师一般很少批评他们，在他们心中，老师是爱的使者和保护神。但当老师偶尔因某件事严厉批评他们时，这类儿童会一下陷入焦虑和无助的境地，这类儿童往往缺少伙伴，没有可以诉说或解脱的对象、场所，所以不愿意上学。

（3）存在学习障碍。更多的孩子对上学产生恐惧是因为学习成绩不好，经常受到老师家长的批评，存在一定学习障碍的孩子，特别是经过一个假期的放松，更不愿重返有各种约束的校园了。

北京儿童医院主任医师、神经内科主任邹丽萍教授在接受记者采访时说，目前因为学习困难来就诊的有 50%～60%，其中在神经内科就诊的大约占了 1/4～1/3。很多家长都忽视了这样问题的存在，可实际上因此而患上"上学恐惧症"的不在少数。避免孩子患这类心理疾病的前提是，在日常生活中父母不要只一味关注孩子的衣食住行，也要有意识地给他们补充心理营养。

对于已经患上这类心理疾病的孩子，要对症下"药"，采取有效手段进行治疗。首先，父母要与校方沟通，采取正确积极的教育方式，尽量维护孩子的自尊心，因为有这类心理疾病的孩子内心是非常抑郁和脆弱的，如果用不良的方式疏导孩子的心理，就会适得其反，对孩子的心灵造成更大的伤害。其次，父母要学会让孩子"收心"，培养孩子的学习兴趣，不要给孩子太大的压力。再次，可请专业心理医生进行心理治疗，如心理疏导、暗示疗法，急性发作时，可配合使用小剂量的抗焦虑药物。只要相关各方密切配合，就会减轻孩子的紧张心理，就会有效地预防和治疗恐学症。

儿童多动症

多动症是一种儿童行为障碍疾病，又称"脑功能轻微失调"，主要表现为注意力难以集中，在学习或游戏中缺乏一定的精神努力和持续力，容易受外界刺激的干扰，有多动或冲动行为；严重的有健忘、攻击、破坏等行为障碍，是一种儿童常见病、多发病，且此病的发病率呈现逐年上升的趋势。儿童多动症的患病率，占学龄儿童的 5%左右，发病年龄多在 5 岁左右，男孩较多，一般 8 岁时症状显著，10 岁后渐有好转。儿童多动症的病因很复杂，涉及生物、心理、家庭和社会多方面，但家庭环境所起的作用较大，如有的母亲对孩子过于溺爱，而父亲又过于严肃和粗暴，有的家长性情急躁，教育方法生硬或过分苛求，稍不听话就拳脚相加，致使孩子心情过度紧张，造成疾病。此外，该病与孩子功课负担过重和缺少文体活动等，也有一定关系。那么，是不是孩子一出现多动、顽皮、不服管教就是儿童多动症呢？当然不是，孩子的天性就是顽皮，并非所有顽皮的孩子都患有多动症。

作为家长，要掌握孩子顽皮和多动症的区别，以便及时识别，正确对待。

（1）多动症儿童很难控制注意力，或不受干扰地专心于做某一件事情，即使是他最感兴趣的事也不行，但顽皮儿童却可以对其感兴趣的事情专心致志。

（2）顽皮儿童在新环境中能够暂时约束自己，多动症儿童却做不到。

（3）顽皮儿童好动，有一定的原因和目的；但多动症儿童的好动却缺乏明确目的，与当时环境不协调。

（4）顽皮儿童作双手快速翻转轮换动作时，表现得灵活自如，而多动症儿童却多显得笨拙。

（5）顽皮儿童服用中枢神经兴奋药后，越发兴奋，多动症的儿童却能较快地表现出安静，多动减少，注意力能相对集中，但当多动症儿童服用镇静剂后，反而表现出兴奋、多动现象。

儿童多动症的临床表现

（1）注意力不集中。患有多动症的儿童无论干什么注意力都难以集中，干什么都丢三落四，做事情总是半途而废，常常是一件事还没有干完又急于去干另一件事。外界环境中任何视听刺激都可分散他们的注意。告诉他们的事马上就会忘记，似乎从来都没有用心听。上学后，他们在课堂上症状表现更加明显，坐在教室里总是东张西望，心不在焉。做作业时只能安坐片刻，经常玩弄文具或站起来到处走动。

（2）活动过度。多动症儿童最主要的特征就是活动过多或过分。在婴儿期他们就表现为好动、不安宁、喂食困难、爱哭、难以入睡、易醒、早醒等，而有的则是睡得过熟，很难唤醒。随着出生后身体机能的发展更显得不安分。学会了走路就不喜欢坐，学会了爬楼梯后就上下不停地爬，老爱翻弄东西，毁坏玩具。

进了幼儿园后，他们也不能按正常要求的时间坐在小凳子上。上学后大部分儿童因受学校纪律制约而增加了对自身活动的限制，而多动症患儿的多动行为反而更加突出。上课时他们小动作不断，无法专注于某一项活动，甚至会站起来在教室里擅自走动，一下课便像箭一般冲出教室。他们的这种行为与正常儿童的好动不一样。

多动症儿童的活动往往是杂乱无章，缺乏组织性和目的性，最明显的特点是无法控制自己的活动。另外，多动症儿童中的部分人会出现动作不协调，不能做穿针线、系鞋带等精细动作，还有一些有感知觉障碍，如经常穿反鞋子等。

（3）学习困难。虽然多动症儿童智力大多正常，但学习成绩普遍很差。因为上课、做作业时无法集中注意力，活动过多、情绪不稳定等缺陷严重地影响了他们的学习效果。在感知觉方面，多动症儿童中的部分个体还因出现诸如空间知觉、视听转换等心理障碍而影响他们书写、阅读、计算、技能操作、绘画等学习活动。

（4）情绪不稳、冲动任性。患有多动症的儿童性格倔强、固执，情绪很不稳定，易于受外界事物的刺激而变化，他们自我控制能力弱，极易冲动，高兴时情绪激昂亢奋，一旦受到挫折或不如意时则脾气暴躁，耍赖、哭闹、乱扔东西，经常在学校干扰其他儿童的活动，与他人争吵、打架，行为冲动时还会不计后果地伤人毁物，甚至导致一些严重的灾难性行为结果。因此他们与其他同伴难以和睦相处，在集体中常常是被孤立、排斥、厌恶甚至敌视的对象。

多动症的矫治须多管齐下方能奏效，家长和教师对多动症儿童应给予更多的关爱，要多发掘他们身上的长处，如愿意为老师做事等。宜采用热情鼓励为主、有效的批评惩戒为辅的教育策略，坚持对他们进行耐心、细致地教育引导。

儿童多动症的治疗

在治疗方面可采用心理和药物治疗。其中，首选方法是心理治疗，主要有支持性心理治疗、行为治疗（如代币券疗法、松弛疗法、自控训练等）。药物治疗虽然是当前治疗多动症立竿见影的有效治疗方法，但在选择时必须谨慎，以免造成对儿童，尤其是学龄前儿童大脑神经细胞、组织不可逆的损害。当前临床上常用的药物是中枢神经兴奋剂，如利太林（哌醋甲酯）、匹莫林（苯异妥因）等。患儿应在有丰富临床经验的精神科医师的科学指导下合理服用。

千万不要把好动的孩子都视为"多动症"患者。有的孩子学习成绩不好，也调皮，也闯祸。如上课老是开小差，问的问题更是千奇百怪，常常弄得老师下不了台，有的喜欢拆家里的电器或钟表。这些行为其实是儿童好动和好奇心理的表现，不能简单地视之为"多动症"。最好的办法是请专门的医生诊断一下，这样才能对症下药。

儿童攻击性行为

儿童攻击性行为是指儿童受到挫折时，由愤怒情绪表现出来的用言语或身体向一定对象攻击的行为。儿童的攻击性行为可分为两类。其一是直接攻击。即对构成儿童挫折的人或事用言语、表情、手势等方式立即做出反应，直接攻击。其二是转向攻击。转向攻击一般在两种情况下发生：一是慑于对方的权势而不敢直接攻击，或碍于自己的身体不便进行直接攻击；二是挫折的来源不明，如莫名的烦恼或内分泌失常等因素引起的情绪冲动，将怒气发泄在他人或其他事物上。在儿童成长发育的过程中产生攻击性行为是一个普遍现象，不足为奇，但儿童攻击性行为的持续不断，次数增多，强度增大，既会影响儿童当前的生活和学习，更会影响儿童一生的发展。

儿童产生攻击性行为的原因

（1）多动症。患有多动症的儿童，他们的注意力维持时间很短，也很难控制自己的行为。他们常常挑衅同伴，无故对同伴动手动脚，或突如其来地推撞、咬伤、抓伤同伴。

（2）自卑、嫉妒与骄横。有的儿童由于长期得不到成人的赞扬或关心，或认为自己很笨、很丑，缺乏自信心，产生自卑感，同时又嫉妒同伴，于是，常常产生攻击性行为，如推倒同伴刚搭好的积木，或踩坏同伴的手工作品，等等。有的孩子从小"唯我独尊"，不愿意与别人分享，于是常发生争玩具、抢座位等现象。再有一种儿童，因父母离异等原因而长期得不到家庭的温暖。他们不知道怎么去爱人，也不知道如何正确地与同伴交往，因此常常为维护自己的"自尊心"去攻击同伴。

（3）模仿。儿童好模仿，如果他们周围常有攻击性行为发生，或者他们看了电影、电视里的暴力镜头等，他们就会去模仿类似的攻击性行为，并将同伴作为目标。

（4）错误引导。有的家长教孩子"别人打你，你就打他"，使孩子从"以牙还牙"发展到欺侮弱小。有的家长要求孩子"出人头地"，对孩子的任性、粗暴表现视而不见，不加以约束，以致出现了教育上的误导。

无论是哪种原因造成的儿童攻击性行为，其危害都是极大的，都会影响到儿童道德行为的发展。因此，对儿童的攻击性行为，应针对不同的类型，及时采取相应的教育方法，使有攻击性行为的儿童有所改变。

儿童攻击性行为的表现

（1）言语较多，喜欢与人争执，好胜心强。往往是非争不可，并时常讲粗话、骂人。

（2）情绪不稳定，脾气暴躁。任性执拗，喜欢生气，时常乱发脾气，稍不如意就可能出现强烈的情绪反应，如哭闹、叫喊，扔东西或以头撞墙等；有的还可能表现出一种屏气发作，即大声号哭之后，呼吸短暂停止，严重时可伴有紫绀和痉挛现象。

（3）易冲动，自控能力差。经常向同伴发起身体攻击，惹是生非，戏弄、恐吓、欺负同龄儿童或比他小的儿童，强占、抢夺别的儿童的玩具和物品。

儿童攻击性行为的矫治

儿童的攻击性行为不仅影响了其他儿童的生活和学习，而且还会影响自己一生的发展，延续到青年期以后，会出现人际关系紧张、社交困难等问题；做人父母后，会影响其子女的发展；同时，还会引起一系列的社会问题，如影响社会治安、提高犯罪率等。有资料显示，70%的暴力少年犯在儿童期就被认定有攻击性行为，因此，对儿童攻击性行为必须予以彻底矫治。其方法有：

（1）减少环境中易产生攻击性行为的刺激是很必要的。例如，给儿童提供较为宽敞的游戏空间而不是提供繁杂、拥挤的活动空间，提供各种娱乐玩具、书、丰富的营养食品等供儿童选择，而尽量避免有攻击倾向的玩具（如玩具枪、刀等）和含糖量高的食品。使他们得到情感的满足，减少冲突，从而减少攻击性行为的产生。

（2）启发儿童对攻击性的理解和思考，以便从动机上反思其攻击性倾向。例如，可设法让他明确打人、推人、抢夺等攻击性行为是不对的，小朋友、老师和家长都不喜欢。儿童一般不能对自己的行为进行反省。为此，我们可以通过故事教育、角色扮演等途径，让儿童认识到他人对其攻击性行为的不满，从而使其对自己的攻击性行为产生否定情绪，更为重要的是一定要进一步与其共同设想受人欢迎的儿童形象，增强孩子向榜样学习的愿望，从而减少攻击性行为。

（3）给予榜样示范，向儿童提供谦让、互动、享受、合作的榜样。既然儿童能通过模仿去学习攻击性行为，那么同样可以通过模仿去学会谦让、互助、合作等良好的心理品质，教育者应当提供合作互助的榜样，通过模仿加以学习，通过强化而去形成固定的适应社会的正确行为模式。特别是教育者本人及父母家人更应该起榜样作用，言行一致、以身作则，做儿童的表率。

（4）对儿童的攻击性行为表现出"不一致反应"，即对其攻击性行为不予强化，不予注意，而对被攻击对象却给予充分的关注。儿童有可能以攻击性行为来引起他人的注意，因此，成人可以不予理睬其攻击性行为和言语的方法，使其达不到目的，同时用温柔亲切的态度安抚被攻击对象。成人这种一冷一热的不同态度，实际上也为有攻击性行为的儿童提供了非攻击性行为的榜样。对比较冲动的儿童必要时可采取"冷处理"，让其单独待会或暂时剥夺其参加某项活动的权利，但必须因人而异，适可而止，注意安全。

综合起来看，对有攻击性行为儿童，我们应更多地强调用爱打动其心和平静温和的教育，特别是注意在平时培养他们的爱心和善良的品格，彻底铲除孩子攻击性行为产生的土壤。另外，我们还要多注重其非攻击性表现，即时加以表扬和奖励，这样才能使他们成为具有健康心理的、能适应未来社会需要和挑战的新一代。

遗尿症

遗尿症是指儿童 5 岁以后仍不能控制排尿的现象。根据国际上统一诊断的标准：5～6 岁儿童每月至少尿床两次，再大些的儿童每月至少尿床一次者就可诊断为遗尿症。

遗尿症可以分为夜间遗尿（尿床）、昼遗尿（尿裤）和昼夜遗尿 3 种，其中以夜间遗尿多见。根据拉普斯等人对美国和英国儿童的抽样调查，患有遗尿症的儿童占童年期人口的 14%～17%。5～10 岁的儿童遗尿现象较多，随年龄增长，发病率逐渐降低，10 岁以上则很少见，到 14 岁时，发病率降至 3%。本病多见于男孩，男孩与女孩的比例约为 2：1。

遗尿症引发原因

引起遗尿的原因，有些是由于泌尿生殖器官的局部刺激，如包茎、包皮过长、外阴炎、先天性尿道畸形、尿路感染等引起，其次与脊柱裂、癫痫、糖尿病、尿崩症等全身疾病有关。但是绝大多数儿童遗尿的出现与疾病无关，是出于心理因素或其他各种因素造成的。

（1）遗传因素。本病的家族发病率甚高。国外报道 74% 的男孩和 58% 的女孩，其父母双方或单方有遗尿症的历史。单卵双胎同时发生遗尿者较双卵双胎者为多。提示遗传与本病有一定关系。

（2）功能性膀胱容量减少。1970 年有人曾经用膀胱内压测量方法研究 63 名遗尿儿童，发现膀胱容量比预计少 30%。1992 年国内对 44 例遗尿儿童作膀胱 B

型超声检查，除 1 例正常外，膀胱容量均不同程度小于正常，平均小于正常 50%。

（3）睡眠过深。根据不少家长反应，这类患儿夜间睡眠很深，不易唤醒，唤醒之后，往往还是迷迷糊糊、半醒不醒，因此夜间唤醒排尿，在较长的一段时间内相对比较困难。其原因在于睡眠过深，不能接受来自膀胱的尿意而觉醒发生反射性排尿，遂成遗尿。

（4）心理因素。亲人的突然死伤、父母吵闹离异、母子长期隔离、黑夜恐惧受惊，均可导致孩子遗尿。还有有些孩子自幼没有养成控制小便的习惯和能力，一出现尿床，便受到家长的责备、打骂，长期处于过度紧张状态中，每天晚上睡前总要提心吊胆，生怕再次尿床，继而产生自卑心理，使遗尿经久不愈。

心理因素不但可促使以往已有控制小便能力的儿童重新发生遗尿，而且还可使少数患儿在发生遗尿后，逐渐形成习惯，有些甚至至成人仍无法改变。

（5）排尿习惯训练不良。有些患儿使用尿布时间过长，以致自幼就没有养成自己控制排尿的习惯，有的母亲训练幼儿的方法不对，夜间把幼儿唤醒后，让他坐在便盆上边玩边排尿，最后也没有看看是否已经排尿，就把孩子抱上床。这样幼儿不可能把排尿与坐便盆联系在一起，构成条件反射。因为孩子有时排了尿，有时是坐在便盆上玩，并未排尿，这样反会造成孩子排尿紊乱，不可能形成规律。还有的母亲常在晚上把孩子弄醒强迫排尿，不管孩子如何挣扎、哭闹，反正不排尿就不让孩子离开便盆，这样会使幼儿对排尿产生恐惧、紧张心理，同样不利于培养有规律的排尿习惯。

遗尿症的治疗

当您的孩子患有遗尿症以后，应带孩子到医院进行全面的身体检查，诊断导致孩子遗尿的原因，以确定病因，然后才能有针对性地治疗。其治疗方法一般有一般治疗、心理治疗、药物治疗。

（1）一般治疗。首先，家长要仔细观察、掌握患儿遗尿的时间规律，定时唤醒（完全弄醒）患儿排尿（或使用闹钟唤醒），使之逐渐形成条件反射，到膀胱充盈时能自行醒来。其次，要建立良好的作息制度和卫生习惯，定期洗澡，勤换内衣，白天活动玩耍不能过度疲劳。最后，合理调整饮食结构，可让患儿早、中两餐多吃含水多的食物、瓜果等，晚餐吃含水少的食物，控制晚餐后任何形式液体的摄入量。

（2）心理治疗。了解孩子可能存在的心理矛盾及可能导致遗尿的精神因素，指导患儿正确对待，解除其心理上的压力。当患儿偶然自行排尿时，家长要及时给予恰当的表扬和奖励，从心理上强化其正常功能，使其逐渐形成自主控制排尿的良好习惯。当患儿尿床时，不要责骂或惩罚，更不能在外人面前声张，要为孩子保守秘密，否则会引起孩子精神紧张、害羞，反而会加重遗尿，且影响其心理发育。

（3）药物治疗。在上述治疗无效的情况下，对6岁以上患儿遵医嘱进行药物治疗，常用的药物有三环类抗抑郁剂、抗胆碱能药物及中药、针灸等。

功能性遗尿症患儿的预后一般较好，遗尿症好转的过程表现为遗尿的次数逐渐减少，直到最后完全消失，极少有突然痊愈者。

厌　食

厌食也称神经性厌食，是一种由心理因素引起的饮食障碍。表现为儿童长期厌食对食物不感兴趣，缺乏食欲，食量小，经常回避或拒绝进食，如果强迫，则立刻引起呕吐。它是一种由病人自己有意造成体重明显下降至正常生理标准体重之下，并极力维持这种状态的心理生理障碍。

儿童厌食症是指儿童（主要是3~6岁）较长期食欲减退或食欲缺乏为主的症状。它是一种症状，并非一种独立的疾病。某些慢性病，如消化性溃疡、慢性肝炎、结核病、消化不良及长期便秘等都可能是厌食症的原因（仅占9%）。但是，大多数儿童厌食症不是由于疾病引起（占86%），而是由于不良的饮食习惯、不合理的饮食制度、不佳的进食环境及家长和孩子的心理因素造成的。

儿童厌食症产生原因

（1）饮食无规律，无固定进食时间，进食时间延长或缩短，正常的胃肠消化规律被打乱。

（2）片面追求高营养，肉蛋奶无节制地填喂，损伤胃肠，引起消化不良。

（3）零食不断，嘴不停，胃不闲，导致胃肠道蠕动和胃液分泌紊乱。

（4）饮料、雪糕、巧克力等高热量的食品，使血糖总是处于较高水平而不觉饥饿。

（5）进食环境差，有些儿童边吃边玩，或进食时家长逗弄、训斥，使大脑皮质的食物中枢不能形成优势的兴奋灶。

（6）家长过分关注孩子进食，使孩子产生逆反心理，进而以拒食作为提条件的筹码。

（7）运动不足，新陈代谢减少，胃肠道消化功能得不到强化。

（8）服药太多或滥用保健补品，增加胃肠消化吸收的负担，使胃肠不堪重负而引起厌食。

（9）其他：生活不规律、睡眠不足、过度疲劳、便秘、身体不适等，也是厌食不可忽视的原因。

专家曾对 1～7 岁患小儿厌食症的儿童做过一次调查，发现仅有 17% 的儿童是因为疾病造成的，而 83% 的患儿都是因为食物结构不合理、饮食习惯不良所致。

儿童厌食症的纠正

专家认为，纠正这些非疾病因素引起的厌食症应从下列几方面着手：

（1）固定进餐时间，适当控制零食。儿童的进食时间要固定，小儿正餐包括早餐、中餐、午后点心和晚餐，三餐一点形成规律，消化系统才能有劳有逸地"工作"，到正餐的时候，就会渴望进食。绝对不让孩子吃零食是不现实的，关键是零食不能吃得过多，不能排挤正餐，更不能替代正餐。零食不能想吃就吃，应该安排在两餐之间，或餐后进行，否则会影响孩子的食欲。

（2）节制冷饮和甜食。冷饮和甜食因为口感好，味道香，孩子都爱吃，但这两类食品均影响食欲。中医认为冷饮损伤脾胃，西医认为会降低消化道功能，影响消化液的分泌。吃得太多甜食会伤胃。且这两类食品饱腹作用强，影响吃正餐，所以要有节制。最好安排在两餐之间或餐后 1 小时内。

（3）合理搭配饮食。儿童生长发育所需的营养物质要靠从食物中摄取，但对这些营养素的需要并不是等量的，有的营养素需要得多，有的需要得少，所以家长应了解这方面的知识，注意各营养素间的比例，以求均衡饮食。每天不仅吃肉、乳、蛋、豆，还要吃五谷杂粮、蔬菜、水果。每餐要求荤素、粗细、干稀搭配，如果搭配不当，会影响小儿的食欲。如肉、乳、蛋、豆类吃多了，因它们富含脂肪和蛋白质，胃排空的时间就会延长，到吃饭时间却没有食欲；粗粮、蔬菜、水果吃得少，消化道内纤维素少，容易引起便秘。此外，有些水果过量会产生副作用。橘子吃多了"上火"，梨吃多了损伤脾胃，柿子吃多了便秘，这些因素都会直接或间接地影响食欲。

（4）讲究烹调方法。烹调食物，一定要适合孩子的年龄特点。断奶后，孩子的消化能力还比较弱，所以就要求饭菜做得细、软、烂；随着年龄的增长，咀嚼能力增强了，饭菜加工逐渐趋向于粗、整；4~5岁时，孩子即可吃成人饭菜。为了促进食欲，烹饪时要注意食物的色、香、味、形，这样才能提高孩子的就餐兴趣。

（5）保证充足睡眠，适量活动，定时排便。睡眠时间充足，孩子精力旺盛，食欲就强；睡眠不足，无精打采，孩子就不会有食欲，日久还会消瘦。适当的活动可促进新陈代谢，加速能量消耗，促进食欲。总之，合理的生活习惯能诱发、调动、保护和促进食欲。

（6）改善进餐环境。儿童和成人不同，注意力容易转移。如进餐时，大人过多地说笑，听广播，看电视，儿童的注意力很容易被分散，进餐的兴趣随之消失，进餐的动作也就被停止了。所以应该排除各种干扰，让孩子专心吃饭。

儿童进食，家长不能过多干涉，更不能强迫孩子进食。否则，孩子感到有压力，就会抑制进食要求，应注意保证儿童有愉快的进餐情绪。有些家庭在进餐时，夫妻之间、婆媳之间发生争吵，在这种紧张气氛中，孩子不可能有好的食欲，所以不要在餐桌上发生矛盾，力求为孩子创造一个安详、和睦的家庭气氛。另外，尽量让孩子与大人共餐，这样可以提高儿童进餐的积极性。

偏 食

偏食又称挑食，是指对自己喜爱的食物毫无节制，而对自己不喜欢的食物一概拒绝的现象。儿童偏食主要表现为只喜欢吃肉和蛋奶制品而不喜欢吃蔬菜，有的孩子甚至一餐没有肉就不吃饭。这种行为对儿童的生理发育和心理发展将会产生很不好的影响。

儿童偏食是一种普遍性的问题行为。根据调查，城市孩子中有偏食习惯的约占25%~50%。农村孩子稍好一些，但也有约10%。一般说来，儿童在1岁前没有偏食现象，因为这时他们还不会选择食品，见到什么都往嘴里塞。3岁以上的孩子容易偏食，主要是由于这个时期味觉开始分化，对经常吃的一些食品有特殊偏好，而对较少食用或为了身体发育添加的食品缺少经验，因而产生拒绝接受的心理所致。

儿童偏食习惯的形成，许多都是受家长不良影响的结果。有些家长经常在饭桌上议论这个好吃那个不好吃，孩子也就跟着爱吃这个不爱吃那个。还有家长由于自己不喜欢吃某种食品，所以平时就很少或不买这种食品，甚至看到别人吃还流露出厌恶的表情或言语。这一切都可能会引起孩子的偏食。

有些家长一心期望孩子长得结实强壮，总是尽可能地为孩子买某种营养丰富的食物吃，而且几乎顿顿饭都有，久而久之，孩子一顿没有这种食物就拒绝吃饭。

偏食的孩子往往由于营养摄取不全面而影响身体发育。另外，偏食也容易使孩子形成其他的不良行为，经常哭闹不止或拒绝进食，以示反抗或威胁他人。有的孩子已经出现了对某些食物的偏爱倾向，但是父母由于对孩子的迁就娇宠，明知这种偏好是不好的，但生怕孩子饿着，于是迁就、迎合孩子的这种择食倾向。现在大部分家长购买食品时首先想到和询问的就是孩子喜欢吃什么，只要孩子喜欢吃就尽量地给他买，结果强化了孩子的偏食倾向。

儿童的偏食行为不是一朝一夕形成的，一定要分析原因，有针对性地预防和治疗。

（1）父母要以身作则。父母以身作则是矫正儿童偏食的关键。根据临床资料分析，92.5%的偏食儿童其父母也有偏食问题。特别是在儿童1～2岁尚需喂食的情况下，父母无形中将其饮食习惯强加给了孩子。所以偏食儿童的父母首先应从自身找原因，改变对某些食品的过分偏爱或厌恶，以保证孩子营养全面；同时，父母要带着孩子吃，吃饭时总表现出很香、很满意。

（2）要改善烹饪习惯。改善烹调习惯，提高以往不喜欢吃的食品之色、香、味；改变食物的形态，不愿吃煮的，可采用煎炸法，或掺在孩子喜欢吃的食物中一起食用。

（3）改善进餐氛围。在孩子吃饭时，家长对其偏食的情况不必紧张或喋喋不休地哄着吃、骗着吃，这样反而易使孩子产生逆反心理。如果在吃饭时对他的偏食或挑食问题不予理会，也不过分强调孩子什么，只将食物放在碗内让他吃，加上大人津津有味地吃的引导，孩子无意中也就吃下去了。

（4）运用饥饿疗法。俗话说"饥不择食"，饥饿能使孩子增强对食物的需要，孩子只要真正饥饿了，平常连看都不看的食品也能吃下去。因此，用饥饿疗法治疗儿童的偏食习惯效果较好。一般可采用这样两种方法：一是当儿童因没有特别喜欢吃的食品而不肯吃饭时，大人就"狠狠心"随他去，同时大人自己要在孩子面前吃得津津有味，吃完后将饭菜收拾好，好像什么事情也没发生过似的，直到孩子喊肚子饿了，再将原来的饭菜端出让他吃；二是通过游戏、户外体育活动、旅游等加大孩子的活动量，使其感到饥饿。

（5）提高认识。对于有偏食习惯的孩子，父母和老师应向他讲述偏食对人生长发育的害处，因为人体需要多种营养，倘若偏食，不吃某种食品，便得不到该食品中的营养，并描绘一些因偏食而导致的后果，让孩子认识到偏食的危害，从而克服和改正偏食的习惯。

睡眠障碍

无论何种原因引起的睡眠数量减少、质量下降，或时序的紊乱等问题，都称为睡眠障碍。儿童期可能发生多种形式的睡眠障碍，最常见的有入睡困难和睡眠不安、夜惊、梦魇、梦游等。

引起儿童睡眠障碍的原因

（1）生理因素。睡眠障碍与儿童大脑中枢神经系统发育不完整及功能的失调、抑制和兴奋的调节不平衡有关。患儿家族中也常有类似发作史的亲属。

（2）心理因素。过度惊吓、过度兴奋，都能引起儿童精神高度紧张、焦虑、恐惧而产生睡眠障碍。

（3）躯体因素。身体有病、疼痛或不舒服等都会影响儿童的睡眠。

（4）教育方式不当。有的家长或老师在儿童做了错事之后采用恐吓、威胁等不良的教育方式责罚儿童，使儿童产生了恐惧和焦虑，容易发生睡眠障碍。

（5）睡眠习惯不好。如睡眠时间无规律，睡姿不正确，俯卧、手臂压住胸口，睡前喜欢进行过度兴奋的活动等都会导致睡眠障碍。

（6）睡眠环境不好。如居住周围环境不好，住在闹市区、火车站、工厂等地方，人来人往，机器轰鸣，过于吵闹，或者居室内条件不好，空气污浊，闷热等都会影响儿童的睡眠。

儿童睡眠障碍的表现

（1）入睡困难和睡眠不安。此现象在儿童各年龄阶段都可产生，以婴幼儿期较多见。入睡困难的儿童表现为临睡时不愿上床，上床后又不能很快入睡。有的在床上要玩 2~3 小时；有的要缠着大人不停地讲故事，以致大人都昏昏欲睡了，他还没睡意；有的要父母抱着走动或摇动哄睡，且浅睡易惊醒。睡眠不安的儿童表现为睡眠时经常翻动，手脚或全身跳动，睡中哭喊，讲梦话，磨牙或摇头等。由于患儿夜间睡眠不足，因此早上不肯起床，易发脾气，白天无精打采，食欲不振或烦躁不安。

（2）夜惊。据调查，1~14 岁的儿童中大约有 3% 的儿童发生过夜惊，以 2~5 岁的儿童较多见，男孩多于女孩。儿童夜惊多发生在刚入睡不久，大约是 15

~30分钟内，此时处于非动眼睡眠阶段，即不是做梦阶段。其表现为：睡眠中突然无故惊醒、瞪目坐起、喘气、叫喊、哭闹、惊慌失措。发作时心跳加快，呼吸急促，手足乱动，大汗淋漓，有的患儿眼睛瞳孔放大、直视，有的则紧闭双眼，面部显得焦虑痛苦，有时会起床在室内行走、奔跑，抓住人或物喊叫求助，摆出防御姿态，怎么哄也不能安静下来，偶尔有些重复的动作。夜惊一般持续10分钟左右，发作过后仍能平静入睡，醒后对发作经过基本不能回忆，如有片断记忆也很模糊。发作时不识周围的人、物，误把亲人认为是梦中人物，因此对大人的问话、劝慰没有反应。夜惊可连续几夜发生，但极少在一夜中重复出现。

（3）梦魇。梦魇多见于8～10岁的儿童。它发生于快速动眼阶段，即做梦阶段，实际上是由于极度焦虑、恐怖、压得透不过气来或得不到帮助而发生的一种令人惊恐的梦，通常梦见一些可怕的人、动物或景象。儿童梦魇时表情恐怖，面色苍白，出汗，心跳加快，呼吸急促，有防御性身体运动、大声哭叫。梦魇醒后能回忆起一连串可怕的梦境，能表达他恐惧、焦虑的体验，能认识周围的人或物，无幻觉，但由于过度惊恐，醒后往往难以入睡。梦魇持续时间不长，一般为2～3分钟。梦魇儿童不会有行走之类的动作，一般不会带来严重后果，大多会自行消失，或在消除引起它的原因后即消失，无需特殊治疗。

（4）梦游。儿童期发生率较高，一般到青春期就消失了。其发病率男孩多于女孩，与夜惊可能同时发生。因其发生在非动眼睡眠阶段，因此梦游并非做梦。儿童梦游大部分发生在入睡后1～3个小时内，其表现为：睡眠中突然眼睛凝视坐起，但"不看东西"，然后下床在意识朦胧的情况下进行某些活动。梦游时不会回答别人的话，但可能服从别人的命令回到床上。发作时，儿童虽不完全清醒，但动作似乎有目的性，一般不会出现危险情况，但有时也可能做出危害自身或他人的行为。发作时间为几分钟至半小时不等，发作后又自动上床入睡，有时也会被绊倒在物体旁而立即入睡，醒后对发作经过完全遗忘。

睡眠障碍对儿童的身心影响很大，因此当发现儿童有此症状时，应及早进行治疗，一般在医生的指导下采取必要的心理治疗与药物治疗相结合的方法，进行治疗，会取得较好的疗效。

第七章

青少年期的主要心理问题及调适

恋爱心理

　　青少年时期由于各器官组织的发育日趋成熟，由性生理成熟引发的性意识也逐渐觉醒，因而会产生恋爱行为，这是任何人也无法阻止的。而当恋爱行为受到家庭、社会、道德以及个体自身因素的制约而适应不良时，就会产生恋爱心理问题。

单恋

　　单恋是指一方对另一方的以一厢情愿的倾慕与热爱为特点的爱情。单恋在很多时候是一场情感误会，是青少年"爱情错觉"的产物。"爱情错觉"是指因受对方言谈举止的迷惑，或自身的各种主观体验的影响而错误地主动涉入爱河，或因自以为某个异性对自己有意而产生的爱意绵绵的主观感受。

　　单恋有两种情况：一种是毫无理由的，对方毫无表示，甚至对方还不认识自己，而自己执著地爱对方，追求对方，这种恋爱，是纯粹的单恋。另一种是自认为有"理由"的单恋，错认为对方对自己有情。

　　青少年心理尚未完全成熟，所以单恋现象比较常见，而且较多地出现在性格内向、敏感、富于幻想、自卑感强的人身上。首先是自己爱上了对方，于是也希望得到对方的爱，在这种具有弥散作用的心理支配下，就会把对方的亲切和蔼、热情大方当作是爱的表示，并坚信不已，从而陷入单恋的深渊不能自拔。

　　解决单恋的痛苦关键是要防患于未然。首先是要避免"恋爱错觉"，能够准确地观察和分析对方表情，用心明辨；要视其反复性，某种信息的反复出现可能意义很深，而仅仅一两次就不足为凭了；最后就是要把被认为是重要的信息与其他所有相关的信息结合起来分析，用联系的观点看待问题。

陷入单恋的人，需要拿出十足的勇气，克服羞怯心理和自我安慰心理的折磨，勇敢地用心灵去撞击。如果对方有意，心灵闪现出共同撞击的火花，爱的快乐就会取代爱的痛苦。如果是"落花有意，流水无情"，则应该面对现实，勇敢地抛弃幻想，用理智主宰感情进行转移，通过思想感情的转换和升华来获取心理平衡。

失恋

爱情是美妙的，但当一场爱情走到了尽头，曾经相爱的双方如何化解矛盾、和平分手，失恋后如何调节自己的心态，周围的人如何帮助恋爱双方摆脱困境，这些既是感情上的问题，又是知识性、技术性的问题。

失恋后的心理与行为特征

失恋者由于失去了对方的爱情，其他感情又不能替代，会产生极度的绝望感、孤独感和虚无感。在此危险时刻，失恋者往往有以下不良的心理和行为特征：

（1）自杀。失恋者的自卑、悲观、厌世、空虚、羞辱、悔恨等各种负性情绪极端强烈，想摆脱心理负荷，就会导致自杀。

（2）报复。这是一种较常见的发泄手段，是极度的占有欲受到挫折而唤起的报复心理。

（3）抑郁。其主要表现为焦虑、冷漠、痛苦、颓废等，严重者导致精神分裂症。

失恋后的心理调适

失恋的痛苦深沉而剧烈，为了使自己尽快从失恋的痛苦中挣脱出来，恢复心理平衡，保持心理健康，失恋后应注意以下几点：

（1）克服"爱情至上"的观点。爱情是重要的，但它不是生命的全部，人生还有事业、亲情和友情。

（2）进行环境的转移。失恋后即刻换个环境，暂时与能触动恋爱痛苦回忆的情景、物、人隔离，不失为聪明之举。

（3）进行情感转移。站在对方的角度想一想：如果我遇到这样的情人，犯了这样的过错，我能不能容忍？从自责、自恨到发誓改正缺点，以崭新的姿态去寻求新的爱情。

如对方因见异思迁、喜新厌旧、水性杨花或其他消极情绪与你决裂，你不妨这样想一想：既然恋爱时就对我这样，结婚后更不知会是什么样了。抱着"天涯何处无芳草"的信念，以诚心寻觅你真正的爱人。

（4）多为对方着想。既然对方觉得这样更幸福，就让他或她离开你吧。不然，这样的生活既不幸福，也不稳定。

早恋

恋爱是人正常的心理反应和行为，在少年男女之间出现过早恋情的现象，就是所谓早恋。在青春期阶段，早恋是最令家长和老师感到困扰和担忧的问题。而且，更令家庭和老师感到困扰和担忧的是，近年来学生早恋现象开始出现低龄化的趋势，不仅高中生早恋的比率居高不下，初中生早恋的比率也大幅度增加，甚至有些小学生也开始谈"恋爱"了。

恋爱本身是无害的，但是在心理不成熟，缺乏教育和引导的情况下过早地"恋爱"是有害的，至少对青少年的成长会弊大于利。尽管陷入早恋状态的中学生会认为自己对爱情是认真的、严肃的，不是"闹着玩儿的"，但是他们对什么叫真正的爱情以及爱情所包含的社会责任和义务却知之甚少。加之青春期的少年道德观念还不完善，不大懂得在异性交往中如何自制及尊重对方，不大清楚自己的异性交往活动会导致什么严重后果，以致情感一冲动就忘乎所以，造成许许多多的社会问题。而且，由于早恋具有朦胧性、冲动性和不稳定性的特点，一旦失恋，会导致严重的失落感和不正常心态，对早恋者的心理产生旷日持久的消极影响，甚至会给早恋者成年后的爱情生活造成某种驱不散、抹不去的阴影。

对于被"爱情"冲昏头脑的少男少女来说，要懂得"没有看到问题，并不等于问题不存在"。对待与异性伙伴之间的情感一定要理智、冷静。有了苦恼和困惑，不要拒绝向家长、老师请教。更重要的是，不要让冲动的感情支配冲动的行为，要明白对任何人而言，只有真正的尊重、爱护对方，才能收获美好的"爱情"。

对于青少年的早恋，家长和老师可以从以下方面着手进行干预：

（1）晓之以理．在遇到孩子早恋的事情时，无论情况多么糟糕，也不要大喊大叫，训斥打骂，而应该克制自己，保持沉着、冷静，以机智诚恳的态度向孩子讲明学业的重要性、早恋的后果及危害、改进的方法等。只要父母、老师坚持摆事实讲道理，以理服人，孩子是能够接受教育和劝告的。但是中学生的意志较为薄弱，自觉性和自我控制能力还较差，只讲清道理是不够的，还必须约之以规，对孩子采取行动上的约束，使孩子感到父母、老师对早恋坚定、明朗的不支持态度，对其心理上起到警示和威慑作用，以致最后中断早恋双方的联系、来往。

（2）转移注意力. 青少年活泼好动，精力充沛，如果没有丰富多彩的课余生活，他们旺盛的精力难以发泄，无聊之余，难免想入非非，让各种低级庸俗的东西乘虚而入，陷入早恋。因此，父母、老师要鼓励孩子多参加班上的文体活动、科技活动，发展广泛的兴趣爱好，把剩余的精力和时间放在追求高尚的精神生活，丰富文化知识，发展智力，强壮体魄上来。这样能够转移孩子对恋情的注意力，帮助孩子克服精神上的空虚，减少青春期的生理变化给孩子带来的较大波动和冲动。

此外，还应鼓励孩子与德高望重的成年人结成"忘年交"，介绍他认识品学兼优的同龄伙伴，既可以减少两人单独相处的机会，分散对"恋人"的注意力，又可扩大孩子的交际圈子，让孩子在交往中，不知不觉地拓宽眼界和胸襟，激发上进心，让孩子感到局限于个人小圈子、卿卿我我真是相形见绌。

总之，对孩子的早恋行为，切忌态度粗暴，处理方式简单化。父母、老师既要表明自己坚决反对的态度，又要和风细雨，尊重孩子的人格和自尊，寻找早恋发生的主客观原因，对症下药，耐心疏导。

逆反心理

近几年来，常见报端出现以中小学生为主角的家庭悲剧：有中小学生砍杀父母、爷爷奶奶的；也有中小学生自杀、自残的；也有与学校老师发生矛盾的……一宗宗骇人听闻的报道，让读者触目惊心，让家长、教师、教育者大感寒心。青少年学生可是祖国未来的希望啊，他们究竟怎么了？

青少年学生出现上述不可理喻的行为，源于青少年学生的逆反心理得不到及时合理的调适，进而发展成与家长、教师、教育者之间的矛盾，当矛盾得不到化解时，它会逐步上升，最终酿成悲剧。

逆反心理是指人们彼此之间为了维护自尊，面对对方的要求采取相反的态度和言行的一种心理状态。逆反心理在人的成长过程的不同阶段都可能发生，且有多种表现。如对正面宣传作不认同、不信任的反向思考；对先进人物、榜样无端怀疑，甚至根本否定；对不良倾向持认同情感，大喝其彩；对思想教育及守则消极抑制、蔑视对抗，等等。

由于青少年学生正处在身心发育成长的不稳定时期，大脑发育成熟并趋于健全，脑机能越来越发达，思维的判断、分析作用越来越明显，思维范围越来越广泛和丰富。特别是思维方式、思维视角已超出童年期简单和单一化的正向思维，向着逆向思维、多向思维和发散思维等方面发展。尤其是在接触社会文化和教育过程中青少年渐渐学会并掌握了逆向思维等方法。正是青少年思维的发展和逆向思维的形成、掌握，为逆反心理的产生提供了心理基础和可能。因此，逆反心理在成年前呈上升状态。

青少年学生正处在接受家庭、学校教育阶段，由于阅历和经验的不足，在认知事物和看问题时常出现认识上的片面和较大偏差，因而易与家长、教师、教育者的意向不同。当人们的意向不一致时，彼此之间为了维护自尊，就会对对方的要求采取相反的态度和言行。

青少年逆反心理产生的原因

（1）好奇心的驱使。青少年学生的好奇心强，由于阅历和经验的不足，他们不迷信、不盲从，具有较强的求知欲、探索精神和实践意识。但家长或教师在教育孩子时，为了让孩子不走弯路，常用自己的所得经验阻止孩子的好奇心。孩子受好奇心的驱使，听不进大人们忠告，对于越是得不到的东西，越想得到；越是不能接触的东西，越想接触。这样，孩子不听劝告的逆反行为就形成了。

（2）独自意识的增强。孩子的逆反心理从小学进入中学是一个飞跃。他们有较强的行为能力和自理能力，认为自己已经长大了，不是小孩，独立活动的愿望变得越来越强烈，他们想摆脱父母，自立自强。但俗话说："在父母面前，你永远都是孩子。"父母却无法相信孩子已经长大，仍然要主宰孩子的大部分行动。因而孩子会渐渐地疏远父母、教师，对师长的要求会置之不理，我行我素。

（3）教育方法不当。在当今，各行各业竞争激烈，家长为了让孩子打好基础，教师为让学生出成绩，多方加压，恨铁不成钢，教育方法失当。这样青少年学生的成长压力很大，成长历程被压变了形，失去了自由、失去了欢乐、失去了童趣。当压力超过青少年学生的承受能力时，就会产生出逆反行为，甚至敌视父母、教师。

（4）自尊心受损。当青少年学生的自尊心受到伤害时，往往会对对方加以反驳，以维护自己的尊严。如老师在教室里或当着全班同学的面批评某个学生；家长在朋友家或在孩子的朋友面前数落孩子的缺点，这些不当的教育方法也是引发孩子逆反心理的主要原因。

心理学

第三篇 心理障碍与心理治疗

如何克服和防治逆反心理

逆反心理作为一种反常心理，虽然不同于变态心理，但已具备了变态心理的某些特征，其后果是严重的，它会导致青少年形成对人对事多疑、偏执、冷漠、不合群的病态性格，致使信念动摇、理想泯灭、意志衰退、工作消极、学习被动、生活萎靡等。

逆反心理的深一步发展还可能向犯罪心理或病态心理转化，所以必须采取有效的对策来克服和防治其发生。

（1）要重视复杂的社会因素对青少年心理的影响。青少年的心理活动，会受到社会经济制度变革，文化、道德、法律等意识形态发展，善恶、美丑、是非、荣辱等观念更新等方面影响。所以要克服逆反心理，不能把青年仅局限在学校这个小天地里，而要让他们置身社会，把对他们的思想情操等各方面的培养同社会政治生活、经济文化活动以及社会道德风尚联系起来，以提高他们心理上的适应能力，使他们更好地适应社会，不致迷失方向。

（2）青少年要学会正确认识自己，努力升华自我。这里须提倡自我教育，就是要求青年要学会把自己作为教育对象，经常思考自己、主动设计自己，并自觉能动地以实际行为努力完善或造就自己。

（3）要改善教育机制。教育工作者要懂得心理学和教育学，要掌握好青少年心理发展不平衡性这个规律；不失时机地帮助青少年克服消极心理，使其心理健康发展。教育工作者要努力与青少年建立充分信任的关系，要与他们交朋友，以诚相待、以身作则。要爱护和尊重青少年的自尊心，选择合适的教育方式和场合，注意正面教育和引导，杜绝以简单、压制和粗暴的形式对待青少年。

（4）作为学生、子女应理解父母。作为学生、子女要学着从积极的意义上去理解大人，父母及老师的批评都是善意的，老师、父母也是人，也有正常人的喜怒哀乐，也会犯错误，也会误解人，我们只要抱着宽容的态度去理解他们，也就不会逆反了。要经常提醒自己虚心接受老师父母的教育，遇事要尽力克制自己，要知道，退一步海阔天空。另外，还要主动与他们接触，向他们请教，这样，多了一份沟通，也就多了一份理解。青少年要提高心理上的适应能力，如多参加课外活动，在活动中发展兴趣，展现自我价值，这样，逆反心理也就克服了。

青春期焦虑症

　　焦虑症是一种常见的神经症，患者以焦虑情绪反应为主要症状，同时伴有明显的植物性神经系统功能的紊乱。

　　焦虑在正常人身上也会发生，这是人们对于可能造成心理冲突或挫折的某种特殊事物或情境进行反应时的一种状态，同时带有某种不愉快的情绪体验。这些事物或情境包括一些即将来临的可能造成危险或灾难、或需付出特殊努力加以应付的东西。如果对此无法预计其结果，不能采取有效措施加以防止或予以解决，这时心理的紧张和期待就会促发焦虑反应。过度而经常的焦虑就成了神经症性的焦虑症。

　　青春期是焦虑症的易发期，这个时期个体的发育加快，身心变化处于一个转折点。随着第二性征的出现，个体对自己在体态、生理和心理等方面的变化，会产生一种神秘感，甚至不知所措。诸如，女孩由于乳房发育而不敢挺胸、月经初潮而紧张不安；男孩出现性冲动、遗精、手淫后的追悔自责等。这些都将对青少年的心理、情绪及行为带来很大影响。往往由于好奇和不理解会出现恐惧、紧张、羞涩、孤独、自卑和烦恼，还可能伴发头晕头痛、失眠多梦、眩晕乏力、口干厌食、心慌气促、神经过敏、情绪不稳、体重下降和焦虑不安等症状。患者经常因此而长期辗转于内科、神经科求诊，经反复检查又没有发现器质性病变，这类病症在心理门诊会被诊断为青春期焦虑症。

产生焦虑的原因

　　（1）青少年怕黑暗，怕陌生人，怕孤独而引起焦虑。

　　（2）有些青少年有产生焦虑的心理素质，如胆小怕事、自卑、自信不足等。

　　（3）家庭因素，如父母感情危机带来的家庭破裂、教育方法不当，也容易使孩子产生焦虑。另外有些疾病，如肥胖症、神经衰弱等也常伴有焦虑。

焦虑症的分类

　　（1）精神性焦虑，其表现有心神不宁、坐立不安、恐慌、精神紧张。

　　（2）躯体性焦虑，其表现有查不出原因的各种身体不适感、心慌、手抖、多汗、口干、胸闷、尿频等多种植物神经失调的症状。

青春期焦虑症的心理调适

青春期焦虑症危害青少年的身心健康。长期处于焦虑状态，还会诱发神经衰弱症。因此必须及时予以合理治疗。

一般是以心理治疗为主，配合药物治疗。

对焦虑症患者的治疗主要采用"森田疗法"或"心理分析法"的心理疗法，要有耐心，先设法避免和消除各种刺激因素，还要取得患者的充分信任，培养他们坚强的意志，自始至终地给他们以支持，并教给他们一定的卫生知识，鼓励他们战胜焦虑。对有严重焦虑表现的患者可服些镇静剂。

自信是治愈青春期焦虑症的必要前提。焦虑症患者应暗示自己树立自信，正确认识自己，相信自己有处理突发事件和完成各种工作的能力，坚信通过治疗可以完全消除焦虑疾患。通过暗示，患者每多一点自信，焦虑程度就会降低一些，同时又反过来使自己变得更自信，这个良性循环将帮助你摆脱焦虑症的纠缠。

如果患者能够学会自我深度松弛，就会出现与焦虑中所见相反的反应，这时其身体是放松的而不是为某些朦胧意识所控制。自我深度松弛对焦虑症有显著疗效。患者在深度松弛的情况下去想象紧张情境，首先出现最弱的情境，重复进行，患者慢慢便会在想象出的任何紧张情境或整个事件过程中，都不再体验到焦虑。

有些焦虑是由于患者将经历过的情绪体验和欲望压抑到潜意识中去的结果。因为这些被压抑的情绪体验并未在头脑中消失，仍潜伏在无意识中导致病症。患者成天忧心忡忡，惶惶犹如大难将至，痛苦焦虑，不知其所以然。此时，患者应分析产生焦虑的原因，或通过心理医生的协助，把深藏于潜意识中的"病根"挖掘出来，必要时可进行发泄，这样，症状一般可消失。

焦虑症患者发病时脑中总是胡思乱想，坐立不安，痛苦不堪，此时患者可采用自我刺激，转移注意力。如在胡思乱想时，找一本有趣的能吸引人的书读，或从事自己喜爱的娱乐活动，或进行紧张的体力劳动和体育运动，以忘却其苦。

大多数患者有睡眠障碍，难以入睡或梦中惊醒，此时病人可进行自我催眠。如闭上双眼，进行催眠："我现在躺在床上，非常舒服……我似乎很难入睡……不过没有问题……我现在开始做腹式呼吸……呼吸很轻松……我的杂念开始消失了……我的心情平静了……眼皮已不能睁开了……手臂也很重，不想抬起来了……我要睡觉了……"在一系列的心理暗示下，患者不久就能入睡了。

心理学

第三篇 心理障碍与心理治疗

神经衰弱症

著名作家孙犁在 1986 年 6 月发表的《红十字医院》短文的一开头写道："1956 年秋天，我的病显得很重，就像一个突然撒了气的皮球一样，人一点精神也没有了，天地的颜色，在我的眼里也变暗了，感到自己就要死亡，悲观得很。其实这是长期失眠、神经衰弱到了极点的表现。"这一段描述可以说是神经衰弱者的"自白""主诉"，它寥寥几笔，使得神经衰弱病人的一部分思想跃然纸上。

"神经衰弱"作为一种心理疾病的名称，首先是由美国的比尔德在 1868 年提出来的。他认为神经衰弱主要由于心身过度疲劳，引起了中枢神经系统刺激性衰弱，表现为十分敏感，容易疲乏。

通常讲来，下列 4 种人容易患神经衰弱：

（1）缺乏自信性格的人。这类人干什么事情都没有信心，依赖性大。曾经有位大学二年级的女学生，她穿什么衣服，吃什么东西，都要"请示"她的妈妈。她胸无主见，缺乏独立意识和自主行动。她神经衰弱，经常失眠睡不好觉。

（2）强迫性性格的人。这类人过分求全，总觉得事情不是十全十美。曾有一位中年医生，他学习刻苦，医术很好，在病人当中享有威信。可是他有一个总是改不了的"毛病"，那就是他没完没了地要用肥皂洗手，唯恐手上不干净，有传染病菌。他也是神经衰弱，经常失眠。

（3）忧郁性格的人。这类人总是动不动就会闷闷不乐。

（4）歇斯底里（俗称"癔症"）性格的人。这类人以自我为中心，追求虚荣，不能克制自己的欲望。

神经衰弱是由于大脑长期过度紧张而造成大脑的兴奋与抑制机能的失调。负性情绪，如恐惧、悲伤、抑郁等，是本症常见的原因。

不少青少年由于对工作与学习负担过重、亲人死亡、生活挫折、人事矛盾等不能正确对待、认识，长期的心理冲突、压抑得不到解决，从而导致神经系统功能失调，引起神经衰弱。

神经衰弱是一种常见的心理疾病，多发生在青少年求学与就业时期，特别是青少年学生和青年知识分子发病率远比其他人群高。患者常常情绪不稳、失眠、乏力、抑郁寡欢，有时发现知觉错乱现象，对极重要的事物会茫然无所知觉，对声音极度敏感，即使轻微的声音也会使其惊恐地心跳、冒汗。这类患者往往忧虑过多，学业、职业、前途、名誉、地位、婚恋等问题总盘旋于他们的脑际。尤其容易背上"病"的包袱，总爱陈述自己的病痛之苦。当医生劝其摆脱精神压力时，他觉得别人不理解他，不同情他，内心很委屈，进而责怪医生不负责任，医术太差。患者极易疲劳，因此感到一天到晚精力疲乏，学习与工作效率很低，注意力难以集中，头昏脑涨，记忆力下降，容易激怒，常为一些微不足道的小事而发生强烈情绪反应。

神经衰弱的症状表现

（1）衰弱症状。这是神经衰弱症常有的基本症状。患者经常感到精力不足、萎靡不振，不能用脑，或脑力迟钝，肢体无力，困倦思睡，特别是工作稍久，即感注意力不能集中，思考困难，工作效率显著减退，即使充分休息也不足以消除其疲劳感。很多患者诉述做事丢三落四，说话常常说错，记不起刚经历过的事。

（2）情绪症状。主要表现为容易烦恼和容易激动。烦恼的内容往往涉及现实生活中的各种矛盾，感到困难重重，无法解决。另一方面则自制力减弱，遇事容易激动或烦躁易怒，对家里的人发脾气，事后又感到后悔，或易于伤感、落泪。约1/4的患者存在焦虑情绪，对所患疾病产生疑虑、担心和紧张不安。例如，患者可因心悸、脉快而怀疑自己患了心脏病，或因腹胀、厌食而担心患了胃癌，或因治疗效果不佳而认为自己患的是不治之症。这种疑病心理，可加重患者焦虑和紧张情结，形成恶性循环。另有约40%的患者在病程中出现短暂的、轻度忧郁心境，可有自责，但一般都没有自杀意念或企图。

（3）兴奋症状。患者在阅读书报或收看电视等活动时精神容易兴奋，不由自主的回忆和联想增多；患者对指向性思维感到吃力，而缺乏指向的思维却很活跃，控制不住。这种现象在入睡前尤其明显，使患者深感苦恼。有的患者还对声光敏感。

（4）紧张性疼痛。紧张性疼痛常由紧张情绪引起，以紧张性头痛最常见。患者感到头晕、头胀、头部紧压感，或颈项僵硬，有的则诉述腰酸背痛或四肢肌肉疼痛。

（5）睡眠障碍。睡眠障碍最常见的是入睡困难、辗转难眠，以致心情烦躁，更难入睡。其次是多梦、易惊醒，或感到睡眠很浅，似乎整夜都未曾入睡。还有一些患者感到睡醒后疲乏不解，仍然困倦；或感到白天思睡，上床睡觉又觉脑子兴奋，难以成眠，表现为睡眠节律的紊乱。这类患者为失眠而担心、苦恼，往往超过了睡眠障碍本身带来的痛苦，反映了患者的焦虑心境。

（6）其他心理生理障碍。较常见的症状有头昏、眼花、耳鸣、心悸、心慌、

气短、胸闷、消化不良、尿频、多汗、阳痿、早泄或月经紊乱等。这类症状虽缺乏特异性，也常见于焦虑症、忧郁症或躯体化障碍，但可成为本病患者求治的主诉，使神经衰弱的基本症状掩盖起来。

神经衰弱的治疗

对神经衰弱的治疗，除了使用必要的药物外，主要是进行心理治疗。常用的有放松疗法和催眠暗示法。

（1）药物治疗。主要是使用抗焦虑剂和协调兴奋与抑制之间平衡的药物。

（2）心理治疗。常用的心理治疗法有放松训练和催眠暗示法。

深度呼吸练习。患者常感到疲乏、头痛、头晕，实际上是由于紧张而导致的。有意识地进行深度呼吸练习可有效地解除上述症状，令人神清气爽、精神焕发。练习的方法很多，最简单的操作程序是尽可能深吸一口气，气沉腹底，然后屏气，感到有点憋闷时再缓缓呼出，呼气要尽可能彻底些。如此循环20次左右，一般就可起到平缓紧张情绪的作用。

肌肉放松训练。情绪状态与肌肉活动之间，通过神经系统的作用存在着互为因果的关系，情绪紧张的同时伴随着肌肉的绷紧，而绷紧的肌肉会通过神经作用导致情绪的紧张。如能主动地放松肌肉，便会使紧张情绪得到缓解。此训练要求患者在安静状态下想象一幅记忆清晰的令人松弛和愉快的自然风景，同时自我暗示，依次放松全身每一块肌肉。训练要领是先收紧某一部位的肌肉（如紧握拳头），并体会紧张的感觉。持续10秒钟左右，然后放松，并体会放松时的感觉。如果做了一遍还达不到平静情绪的效果，可再做一遍。经过一段时间的练习，便能够在很短的时间内进入全身放松状态，达到自我调节的目的。

催眠暗示疗法。此法须在心理医生指导下进行。它是利用催眠术使患者处于类似睡眠的状态，然后进行言语暗示或精神分析，以达到了解病因和消除症状的治疗目的。进行催眠暗示治疗时，医生首先让患者集中注意力，凝视一物体，同时用简单的语言，使患者进入类似睡眠的状态，然后针对患者的病状，用坚定有说服力的言语暗示，改变患者的紧张、焦虑情绪，最终治愈疾病。

第八章

中年期的主要心理问题及调适

心理疲劳

一般来说，疲劳有两种：一种是生理疲劳，另一种是心理疲劳。心理疲劳的大部分症状是通过生理疲劳表现出来的，因而往往被人忽视。中年人正处于社会、家庭、工作、生活的多重压力之下，因此，心理疲劳在中年人身上表现得尤为突出。心理疲劳的一般表现是：当你长时间连续不断地从事力不从心的脑力劳动后，你感到精力不支，而且劳动效率显著下降。

下列9项症状说明一个人的心理已经是很疲劳了。这9项症状是心理疾病的先兆，而这些心理疾病的先兆，都是由于心理疲劳引起的。

（1）早晨起床后，感到全身发懒，四肢沉重，心情不好。

（2）工作不起劲，什么都懒得去做，甚至不愿意和别人交谈。

（3）工作中差错多，工作效率低。

（4）容易神经过敏，芝麻大一点不顺心的事，也会大动肝火。

（5）因为眩晕、头痛、头晕、背酸、恶心等，感到很不舒服。

（6）眼睛容易疲劳，视力下降。

（7）犯困，可是躺到床上又睡不着。

（8）便秘或者腹泻。

（9）没食欲、挑食、口味变化快。

心理疲劳对人产生的影响是巨大的。心理疲劳往往通过一些身体疲劳的症状表现出来，当心理疲劳持续发展时，将导致心血管和呼吸系统功能紊乱、消化不良、失眠、内分泌失调等，最终会导致心身疾患。

心理疲劳是指人体虽然肌肉工作强度不大，但因神经系统紧张程度过高或长时间从事单调、厌烦的工作而引起的疲劳。心理疲劳是在工作、生活过程中过度使用心理能力，使其功能降低的现象，或长期单调重复作业而产生的单调厌倦感。通俗地说，心理疲劳指长时期的思考、焦虑、恐惧或者在和别人激烈争吵之后，使心理陷入"衰竭"的一种状态。

生理疲劳指人由于长期持续活动使得人体生理功能失调而引起的疲劳。从工作方面来说，生理疲劳是为工作所倦，不能再干；而心理疲劳则是倦于工作，不想再干。心理疲劳也会减弱生理活动，如厌烦、忧虑等都会损害身体的健康，使器官的活动效率降低。

心理疲劳产生的原因

人们心理疲劳的产生，不仅与当时所处的环境因素有关，而且与自身的情绪状态密切相关，它受到诸多因素的影响：

（1）工作负荷过高或过低。过高的工作负荷造成高度的心理应激，使人体的紧张程度过高，心理能力使用过度，从而造成心理疲劳。心理负荷过低的单调工作也会引起心理疲劳。单调、乏味、长时间从事一件事情会引起操作者极度厌烦，加速操作者心理疲劳的产生。单调的工作往往与不变的情绪联系在一起。在单调情绪中，人们容易产生不愉快，缺乏兴趣，以及觉得工作永无止境等消极情绪，从而产生心理疲劳。

（2）缺乏工作热情。工作热情高、有积极工作动机的人可以忽视外界负荷的影响而持续工作，身体上可能感到疲劳，但情绪很好。工作热情低、毫无持续工作动机的人对外界负荷极为敏感，往往夸大不利的效应，虽然工作并不紧张，消耗的能量也不多，但仍觉得"累"。美国心理学家迈尔提出的疲劳动机理论认为，一个人在从事某项活动中体验到疲劳的程度，依赖于个体对完成这次任务的需要和动机的水平。

（3）希望渺茫。在期望即将实现时，人们的精神状态是最好的，如果一个人老看不到希望，心理就易出现疲劳感。许多研究者探索了8小时工作效率的变化规律，结果发现：随着工作时间的延续，工作效率逐渐下降；休息后继续工作，则工作效率有一定的回升。更为令人感兴趣的现象是，每当工作日快结束时，人们的工作效率又会出现较明显的回升。毫无疑问，在这里，意识到结束时间快到，结束工作的期望很快就要实现，使人们的劳动积极性大大提高。这里可看出，由于期望的即将实现，虽然生理上可能很疲劳，但心理的疲劳或者说是疲劳体验却减轻了。

（4）消极的情绪。心理疲劳易受情绪因素的影响。消极的情绪使人们体验到更多的疲劳效应，积极的情绪往往让人们将工作中积累的疲劳感冲得一干二净。当一场重大比赛结束之后，胜利的一方往往由于取得了胜利而兴奋、喜悦忘了比赛中的疲劳，而失败的一方由于失败而悲伤、消沉，比赛之后就愈感劳累。

（5）精神压力过大。精神压力过重也是心理疲劳的一个重要原因，尤其是中年人。中年人处于社会、家庭、工作、生活的多重压力之中，长期背负着各种压力，在工作、事业开创、人际关系处理、家庭角色的扮演，以及对家庭和事业的不断权衡方面，总是处于一种思考、焦虑、烦闷、恐惧、抑郁的压力之中，心理很容易陷入"衰竭"的状态。

除了上述因素之外，心理疲劳还受人的身体素质、性格特征、工作环境条件、睡眠状况及心理暗示等的影响。

远离心理疲劳

心理疲劳表现突出的中年人，似乎总在忍受一种精神痛苦的折磨，心中积压着许多痛苦、悲伤、委屈、苦闷、烦恼、不平等，总感到自己生活得很累，期盼着能够解脱一点。要解决这些问题，应从以下方面着手：

（1）要了解和认识中年人将面临哪些变化，这些变化会引起什么心理反应，对人体会产生什么影响，以便心中有数，早做准备。

（2）平静地接受生理的变化，关注自己的身体健康，增加体育锻炼的时间，有意识地调整身体状况，改善饮食，培养良好的生活方式。

（3）缓解工作压力。中年人一般工作压力都比较大，常常超时间工作，天长日久难免会透支体力，难以应对。工作中应尽量抽出一定的时间伸个懒腰，活动活动筋骨，如果目标明确，还可以分阶段工作，起码自己的精神上有一定的轻松感，尽量想办法缓解压力。

（4）处理好家庭关系。要想消除心理疲劳，最重要的是要处理好婚姻关系，珍惜夫妻间的感情，与妻子或丈夫互相体谅与沟通，尽量满足彼此的需要，分担彼此的重担，多花时间相互交谈与相互陪伴，享受人生乐趣，增进婚姻的满足感。成功的婚姻永远是事业成功和生活幸福的基本保障。

（5）培养业余爱好。人到中年以后，应该有意识地培养一到两个业余爱好，做自己喜欢做的事情。中年以后，事业、家庭趋于稳定，生活变得平淡，有时会产生倦怠感，缺乏新意，多一些时间反省自己，调整生活，拿得起，放得下，做自己喜欢做的事情，大胆进行新的尝试，心态上永远保持年轻。

这里还有一些立竿见影的消除心理疲劳的方法：开怀大笑，以发泄自己的负性情绪；沉着冷静地处理各种复杂问题，有助于舒缓压力；做错了事，要想到谁都有可能犯错误，不要耿耿于怀；不要害怕承认自己的能力有限，学会在适当的时候说"不"；夜深人静时，悄悄地讲一些只给自己听的话，然后酣然入梦；遇到困难时，坚信"车到山前必有路"。

此外，可通过按压劳宫穴来解除心理疲劳。劳宫穴在手掌正中的凹陷处，感到疲劳时，可用对侧的拇指按压劳宫穴。

更年期神经症

更年期的疾病，多有明显的精神因素，如长期精神紧张或精神创伤。临床表现除失眠、头昏、头痛、注意力不集中、记忆力下降等神经衰弱症状外，还突出表现在情绪不稳、易怒、烦躁、焦虑，同时伴有心悸、潮热、多汗等植物神经症状。有些症候的中年人时时处处总表现出紧迫感，对个人和家人的安危、健康格外关切，注意自己身体的微小变化，担心会得什么严重疾病，常因身体不适而四处求医。尽管如此，这些症状对日常生活或工作并无明显影响，即使持续多年自知力仍然良好。

病例：

吴某，女，50岁，农民，近两个月来自觉头昏，失眠，记忆力衰退，总是担心外出打工的子女身体状况不好，怕他们人生地不熟会遇到什么麻烦，要求念高中的小女儿隔三差五地给他们写信，小女儿对此感到很烦，她就勃然大怒，骂小女儿不孝。一次她和邻居家吵了一架，就害怕其报复家人，对丈夫和小女儿总是千叮咛万嘱咐，甚至半夜三更突然从床上跳起来，要丈夫赶快躲藏起来，说邻居的儿子拿着刀要来杀他。一天早晨，她起床发现自己的脸色不好，又觉得喉咙很不舒服，以为自己得了什么可怕的病，因而十分担心，立刻去医院检查，医生告诉她只是上火引起扁桃体发炎，给她开了点药让她在家休息。但两天以后，炎症仍没消失，她就怀疑医生没有告诉她实情，还跑到医院将医生大骂了一顿。家里人都觉得她不可思议，她自己也怀疑自己可能得了什么神经病。

吴某显然患有更年期神经症。对吴某最好采取疏导法、认知领悟疗法，并教其掌握放松技巧。首先要让她了解该年龄阶段的生理、心理特点，尤其是更年期可能遇到的各种心理疾病。有了一定的心理准备，才有较好的状态去迎接生活的新挑战。其次是培养豁达开朗的性格，对什么事都要往好的方面想，而不是总想其阴暗、狭窄的一面，毕竟世上美好的人事比丑的人事要多得多。再就是让她协调好人际关系，争取朋友、同事、邻居的帮助和支持，最重要的是依靠亲友情感系统的支持。

吴某在心理医生的帮助下，对更年期的生理、心理特点都有了较深入的认识和了解，而不再害怕自己是得了什么可怕的神经病。同时，通过心理治疗，她有了乐观、开朗的性格，能保持平静的心绪，对待事情也能一分为二。半年以后，其精神面貌和第一次见面时，简直判若两人，她已经走出了更年期神经症的阴影。

女性更年期的调适

（1）增加更年期保健知识。更年期不是病，只是每个女人生命中必经的一个时期。正确认识更年期的到来，因为它是人类老化过程中的必然阶段，可以找医生咨询，不必焦虑紧张，树立信心，以顺利通过更年期。

（2）增加体育锻炼及社会交往，充实生活内容。女性患更年期综合征，主要是由于下岗、退休或子女成家后赋闲在家无事可做，又缺少感情交流造成的。自己应找些事做，别总待在家里。当你陷入深深的苦闷和焦虑之中不能自拔的时候，要按时到空气清新的室外从事一些合适的体育活动或体力劳动，它会唤起你的满意感和愉快感。

有趣的工作也会"中和"不良情绪产生的恶果，并会大大提高乐观情绪的储备量。当遇到不顺心的事或陷于痛苦时，"储备量"会发生作用，不致使你过度郁闷。

还可以到大自然中去陶冶。在生活最艰难的时刻，投身到大自然可从中找到慰藉。大自然中花草散发的浓郁芬芳、树叶沙沙微响、鸟儿婉转啼鸣、溪流潺潺声和海浪拍击声都会对身体产生良好的作用。遇烦闷时与家人或密友去郊外森林散步是很有益的。

（3）进行自我心理调适。易怒、发脾气是更年期到来的前兆，它们一冒出来，就该提醒自己要注意。若有什么怨气，应该提醒自己这是更年期的表现，不要随着自己的性子，乱发脾气。

（4）倾诉和发泄。要彻底倾诉心里的郁结。倾诉是治愈忧郁悲伤的良方。当你遇到烦恼和不顺心的事后，切不可忧郁压抑，把心事深埋心底，而应将这些烦恼向你信赖、头脑冷静的人倾诉。如没有合适的对象，还可以自言自语地进行

自我倾诉。

英国心理学家柯切利尔极力推崇一种自我倾诉内心苦闷和忧郁的方法—大声地自我倾诉。他指出，这种心理上的应激反应是防治内科各种疾病，尤其是心血管病和癌症的良药。他认为积存的烦闷忧郁就像是一种势能，若不释放出来，就会像感情上的定时炸弹，埋伏心间，一旦触发即可酿成大难。但若能及时地用倾诉或自我倾诉的办法，取得内心感情和外界刺激的平衡，则可祛灾免病。

有眼泪要让它流出来。生活中遇到痛苦和折磨，流泪也可以解除苦闷。因为情绪激动时，人体血液会产生某种化学变化，眼泪的流出将使这种物质得以排泄。

（5）家人和朋友要给予理解和支持。家人的不理解会加重她们的症状。所以，如果家有处在更年期的女性，千万要多关心她们。眼下，"更年期"变成了打趣甚至嘲弄人的词。男人碰上看不顺眼的事，如果当事人是中年女性，就不由分说朝她们贴个"更年期"的标签，年轻人也会用怪眼光看年纪大的人。作为家人，不要动不动就说"你是不是更年期到了"之类的话。她们生气时，要采取冷静、宽容的办法。

（6）适当补充雌激素。更年期症状明显时，可以在妇科医生的指导下，补充体内的雌激素水平，但切忌盲目用药。怕相关药品有副作用，就尽量多吃能增加雌激素的食物，如乌鸡、花粉、蜂蜜、维生素 E 等。

（7）中医药治疗。根据中医理论，更年之期，肾气渐衰，天癸渐竭，导致五脏功能失调、阴阳失衡而为病。因肾虚不能涵养肝木，则肝气郁结，可见情绪低落、胸闷胁胀、不思饮食；肾虚不能滋养心神，可见精神恍惚、无故悲哭；肾虚无以温养脾土，可见头晕耳鸣、腹胀腹泻、疲乏无力等。因此治疗在补肾的基础上，佐以疏肝理气、滋养心神、健脾化痰，可缓解病情且患者易于接受。

（8）合理的性生活。合理的性生活可以防止因生理和心理、社会等复杂因素而引起性淡漠和性衰老。千万不要认为年纪大了，就没有过性生活的必要了。

观念固执

在生活中，我们会见到有些中年人十分固执，表现为过分固执己见，如"坚信"某种经验是"真理"、对某件事做出决定后绝不再根据客观条件的变化而适当修改或采纳他人建议、从不听别人劝告或与之相反的意见。观念固执的人即使有足够的事实证明这种经验是错误的，内心虽然承认其错，但在口头上绝不认

错，甚至由于在心理上达不到平衡而不能自控，错误地坚持或一意孤行，我行我素，唯我独尊。对固定观念或病态顽固执拗采用一般的劝导斥责是难以纠正的，应采用心理分析疗法或酌情配合中西医药治疗方能奏效。

这些人思想偏拗，总是认为自己的想法"完全合理"。造成这种情况的原因，往往是因为紧张或者激动的情绪，扰乱了他们的正常思维过程，以致他们遇到问题不能够常态地进行分析、判断。同时，这些人的注意力比较涣散，不易集中，听不进大多数人的意见。临床观察，这类人大都是因为精神上过于疲倦，或者心底里蕴藏着不少烦恼。

观念固执的人往往给人以假象，误认为他们很坚毅，很顽强，其实，固执的人，为了达到他的目的所表现出来的"百折不挠"、坚持干到底的精神，和真正的顽强不屈的坚毅精神，本质上是不相同的。

观念固执的人的"悲剧"就在于：他不惜花费一切代价所要达到的目的，往往在客观上是不正确的、不合理的。因而，他所表现的一系列行为就显得荒唐可笑。西班牙著名作家塞万提斯写的《堂吉诃德》，描写了一位自命不凡的"勇士"，把风车误当作敌人或妖怪，用长矛一枪刺去，最终被风车卷走。这是文学作品中对观念固执者的有力刻画和写照。而最为可悲的是，一个观念固执的人，往往以英雄好汉自居，对他的所作所为，经常不自量力地、自欺欺人地认为是出自好心肠的动机。其实，他的信念只不过是毫无意义的，甚至是有害的"我行我素"而已。

绝大多数人的观念固执、思想僵化，是对挫折的一种不正当的反应。当他们反复地遭遇到同样的挫折后，由于不能像正常人那样可以灵活地"随机应变"，设法顺利地去解决所遇到的困难，于是，就有可能形成一种习惯式的刻板的反应，在思想方法上僵化不变，在行为活动上表现为执拗地重复。这样的人若进一步对他仔细地了解，就会发现很有可能他从幼小起就"死心眼"。遇事爱钻牛角尖，转不过弯子来，致使他的神经活动过程很不灵活。对于这样的人，应该因势利导地使他们变成一个性格坚毅的人，最好的办法就是让他们找到一个真正值得为之奋斗的目标。

对于观念固执的人，主要是通过心理治疗和疏导，纠正他们错误的认识，打破他们固执的观念。

婚姻适应不良

人们进入中年之后，似乎身上的担子更重了，各种各样的压力纷至沓来。除去工作、人际交往方面的压力，中年人在家庭、婚姻中也面临着矛盾和压力。中年人在家庭生活中既要扮演丈夫或妻子的角色，又要扮演父亲或母亲的角色。有的人由于对婚姻的准备不够充分，对婚后生活感到不够理想，甚至感到失望，以致矛盾迭出。即使婚前双方对家庭生活各方面都有所了解，并有充分的计划，但现实生活中往往会有未能预料的事情发生，使原定计划不能如愿进行。这都极需适应能力和面对现实的勇气。

我国中年夫妇的离婚率虽很低，但确有 16% 的夫妇婚姻不睦。有的夫妇事无巨细见面就争吵；有的恰好相反，无论什么事都不争吵，彼此客客气气，实际上貌合神离，同床异梦；有的夫妇婚姻关系只存有一纸结婚证，分居两处，互不往来，十分冷淡。这些不协调的夫妻关系的共同特点就是，缺乏真正的爱情和相同的志趣，思想格格不入，互不交流情感，认识上也存在差距，很少有灵肉交融的性生活，有的则干脆分居，至少有 50% 的夫妻离婚是从分居开始的。

中年人婚姻适应不良，有的要追溯到年轻时双方或一方的恋爱动机。源于功利主义者必然导致夫妻关系冷漠，以性魅力或肉欲为目标的婚姻在早年就植入了中年夫妻失和的祸根，当然也有由于性生活不和谐以致相互吸引力降低，长此以往也会导致危及婚姻关系的夫妻不睦。

中年夫妻婚姻适应不良的危害性是显著的，首先，夫妻之间由于长期对立、纷争，会给身心健康造成像 X 光一样肉眼看不见却长期持续的损害。更严重的是，家庭内部无休止的争吵与冲突会使孩子幼小的心灵受到伤害。对孩子的性情及整个精神生活都是一种灾难。

离婚是夫妻婚姻适应不良的不幸结局，但离婚后的现实生活也不一定都是自由和欢乐的。因离婚而蒙受精神创伤的人，可能出现反应性抑郁，不少人借酒浇愁，醉生梦死，因此而自杀者也不乏其人。

39 岁的周女士在某出版社工作。她就诊时自述道：

"我与丈夫结婚已经 12 年，有个 7 岁的儿子。丈夫是个无可非议的好丈夫，除了努力工作，还很体贴、关怀和爱护我，家务事几乎全由他料理，我只管孩子。按说，这样的丈夫真是非常难得了，可我觉得我对他并没有像对我父亲和儿子那样有强烈的感情。一有空闲，我就陪父亲或儿子逛公园，说说笑笑，可我却没兴趣陪他去遛遛弯，逛逛商店。有时我自己也不明白：我是不是真爱我丈夫？"

根据周女士所述情况，可基本认定属于婚姻适应不良。医生采用认知领悟疗法治疗她的婚姻适应不良问题。在一个月里，心理医生与周女士作了 4 次交谈，着重向她作了如下分析、开导：

在人的情感生活中，往往有些令人难测或非意识所能理会到的情况，说出去别人不理解，自己也闹不明白，这就只能从你的潜意识里去探索了。现在在你面前的男性，有你的父亲、你的丈夫、你的儿子。女性第一个接触的异性毫无疑问是自己的父亲。他伴随着女儿整个童年和少年，在女儿的人格形成和人际交往模式上占有非常重要的地位。可以说人成年后的行为都要受早年行为模式的影响。根据你的介绍，看来你存在着"恋父"情结。这种爱的潜能本该随着年龄增长而自然过渡到异性身上，但你过渡得不太理想，保留了一些原始感情因素，这使你情不自禁地在心理上回到童年情境里，去享受父女之爱。你应当清楚，"丈夫"不是"父亲"的缩影或"拷贝"。从意识上来说，你爱父亲、爱儿子是出于天伦和母性，因为天伦在维护你的恋父情结上最有说服力，最合理。而母性更不用赘言。其实，对像你这样的女性来说，儿子往往是丈夫的化身，因此，就把对丈夫的爱转移到儿子身上。此时的丈夫虽能感到妻子不如以前那样爱他了，但孩子毕竟是自己的，所以尚能心安理得地接受这一变化。还得补充说一句，似乎有这样一种规律：有"恋父"情结的女性多恋子，因为与父亲和儿子不存在那种性的情感。但对丈夫则不然，从某种意义上说，丈夫是性伴侣，夫妇关系是建立在性基础上的关系。假如把对父亲的感情直接转移到丈夫身上，把他当作父亲，岂不乱伦？因此，在无形中会产生一种爱的压抑感。这也许就是你对丈夫爱不起来的原因吧。

心理医生在周女士对自己的心理问题有一定认识之后，进一步开导她："恋父"情结并未统治你的全部心理过程，所以你对丈夫仍能履行做妻子的义务，只是与父、与子的关系相较显得逊色一些而已。虽然让你一下子改变这种心理模式较难，但你应该意识到这种心理的存在，你必须有意识地去改造这种爱的偏向。起初也许觉得是"违心"的，但对心理规律和自己的深层心理有了进一步认识后，你会渐渐扭转过来的。

周女士经过心理医生的启发和开导，意识到她的心理是不正常的。在心理医生与家人的帮助下，她注意培养自己对丈夫的性爱感情，使自己处理好与家庭成员的不同关系。最后，她逐渐正常地担当起女儿、妻子、母亲这三重角色。

中年人如何进行婚姻维护？通过调查发现，目前我国大多数中年人的婚姻顺利，所组成的家庭也是美满的，且绝大多数人在二三十岁时就已完成了这一使命。中年的婚姻关系经历了新婚燕尔的狂热期，情感生活的持续调适期，养儿育女的移情期，终于进入夫妻相互眷恋而亲昵的深沉期。大多数夫妇的婚姻关系和睦而稳定，这对中年夫妇的健康和长寿起到了积极的作用。

那么，怎样才能维持美满的婚姻和理想的家庭呢？

（1）必须认真对待婚姻中的爱情问题。婚姻中最重要的是爱情，爱情是不能附加任何条件的，尊重和友谊是爱情的基础，只有这样才能"相敬如宾"。

（2）要保持婚姻生活的新鲜与活力。保持婚姻生活的新鲜和活力，才能防止产生"爱情厌倦"心理。要树立配偶第一的原则。处理日常生活中的任何事情，都应优先考虑配偶的正当感情要求，只有重视夫妻情感，生活中的各方面关系才会平衡。尽量使家庭生活丰富多彩。可经常举办一些诸如结婚纪念、生日纪念之类的活动，可通过家宴、野餐、外出旅游等形式，回忆往事，加深了解，及时进行爱的滋润，这会燃起夫妻对爱情、对生活的新的追求。

（3）要将赞美挂在嘴边。不要认为配偶的长处是应该具有的，而缺点是不可容忍的。而应使对方感到在生活中占有重要地位，双方都是对方的精神支柱，都是对方获得幸福的源泉，因此又何必吝啬你的赞美呢。

提高各自的修养。努力提高各自在各方面的修养是保持吸引力的重要手段。夫妻既是一个共同生活的整体，又是两个独立的个体，只有双方共同提高，才能使婚姻稳固和谐。

此外，培养子女健康成长也是使家庭幸福、婚姻美满的条件。孩子的健康成长往往是父母双方共同努力的结果，会让父母对孩子、对家庭、对自己都产生成就感，从而维系美满的婚姻。

职业适应问题

在市场经济化的今天，只有从事一定的职业才能获得酬劳，从而维持个人或家庭的生存，同时，从事工作也可以使人感到自我价值的实现，满足人的精神需要。现代社会，想取得某些事业的成功是件很艰难的事，而失败却随时等候在每一个人的身边。固然事业的成功会给人们带来喜悦，促进人们的心理健康，但失败却容易使人失望沮丧，因此有不少人"干一行怨一行"。

心理学家经过研究发现，有三大因素有助于人的敬业乐业精神：

（1）客观的工作环境（包括社会环境和物质环境），包括领导者的才能、同事间的合作、对工作成绩赏罚标准的公平合理等社会环境，工作场所的舒适、必要的设备工具、个人生活条件的方便等。如果个人满意自己的工作环境，则能产生对工作的安全感，提高工作效率。

（2）主观的自我实现。工作有深度，对个人能力是一种挑战，个人可全力以赴，施展才能，达到自我实现而获得成就感。

（3）职业的未来展望。由工作中获得的经验、成就随工作表现而提高，责任随成就而加重，所得物质报酬及社会地位也随之升迁。这样才能使人觉得有希望、有前途，才能兢兢业业地工作。

虽然大部分中年人都拥有就业机会，但是完全适合自己的职业是不容易找到的。办公自动化的出现使人的体力负担有所减轻，但是工作变得呆板，个人不过是整体工作过程中的一个环节。由于工作缺乏艺术性，使得从业者缺乏兴趣与成就感，这是物质文明进步所产生的负面影响，它使人们对工作的内在动力有所减弱。"大锅饭"阻碍了个人奋勇进取的事业心，职业选择也难以做到学以致用、扬长避短，以及无法完全考虑到个人的性格、气质、志趣、能力和体质的差别，因此，中年人会出现对职业、职位的心理上的不适应。工作中经常碰到的复杂的人际关系，如上下级的隔阂、同事的摩擦，以及来自工作上的压力，均可使中年人的心理稳定性受损。

中年人在工作场所感受到的压力和挫折，有些源于自身的性格弱点，有些源于年青一代的对立与威胁，有些源于客观工作环境或组织功能的压力，这常使中年人表现出沮丧与焦虑。成年累月的疲劳，中年人常常出现身体生理状态的失调，易产生焦虑、抑郁和早期衰老等疾病。

心理学

第三篇 心理障碍与心理治疗

病例：

雷女士，37岁，在公交公司当售票员。两年前离婚，半年前与另一离异男士结合后，丈夫觉得她每天早出晚归很辛苦，就请人帮忙将她调到一家企业管理后勤，工作近3个月，仍感到不适应，老是觉得还是原来的工作好。她常抱怨："现在就收收信，发发报纸，实在无聊，回家后吃饭也不香，觉也睡不好！"几次向丈夫提出要求调回原单位，丈夫认为她精神出了毛病，放着轻松的差事不干，却专检重活累活干。因雷女士始终闹着要回原单位，其丈夫与她发生了多次争吵。

一位略懂心理医学的同事建议雷女士到心理诊所来咨询，于是其丈夫陪同她一起去了心理诊所，想让心理医生帮助她，开导她，让她继续留在那家企业。

雷女士属于职业适应不良，是一种心理问题。可采用疏导疗法，使患者矫正心理偏差。心理医生与雷女士作了四次交谈，着重向她作了如下分析、开导：

一个人从出生到老，会遇到许多适应问题，例如，胎儿刚离开温暖的母体，光、冷的刺激，他不适应就啼哭了；刚进幼儿园孩子不适应又要哭；直到老年，从工作岗位上退下来，也有许多人适应不良。所以适应不良，比比皆是，不足为怪，仅凭这点，不能说是精神病，只可谓心理问题。

一个人能否适应新的环境，有的因客观困难，有的因主观问题，更多的是主客观方面都有原因。而其能否适应，多与家庭教育、社会环境有关。

你在公交集团工作多年，已适应了售票员这一职业，而且对这一职业有了很深的感情，当你离开原来的工作岗位，突然到一个没什么事可干的工作岗位，你当然感到不能适应。

在雷女士对自己的心理问题有了一定认识之后，心理医生进一步启发她：不同的工作岗位都需要人，并不仅限你原先所在的单位。你走了，也为其他一些工人提供了就业的机会。另一方面，现单位有了你做好后勤工作，单位上的人也可全心全意干好分内的事，对大家都有益处。

雷女士经过为期三周、每周两次的开导，慢慢地适应了现在的工作环境。

存有职业适应困难的中年人，一般经过疏导疗法，提高其认识之后，患者能够很快在短期内适应工作。

第九章
老年期的主要心理问题及调适

老年焦虑症

中国已经开始逐步进入老龄化社会，老年人的心理问题也开始得到社会的关注。由于特殊的社会伦理和社会心理，老年焦虑症已经成为困扰老年人的重要心理疾病之一。在国人的印象中，西方社会的老年人大多安详沉稳，心境开阔，喜好旅游，还有非常丰富的兴趣爱好和业余活动。而在国内，尤其是城市中，经常看到有些老年人心烦意乱，坐卧不安，有的为一点小事而提心吊胆，紧张恐惧。这种现象在心理学上叫做焦虑，严重者称为焦虑症。

焦虑是个体由于达不到目标或不能克服障碍的威胁，致使自尊心或自信心受挫，或使失败感、内疚感增加，所形成的一种紧张不安带有恐惧性的情绪状态。一般而言，焦虑可分为三大类：

（1）现实性或客观性焦虑。如爷爷渴望心爱的孙子考上重点大学，孙子目前正在加紧复习功课，在考试前爷爷显得非常焦急和烦躁。

（2）神经过敏性焦虑。即不仅对特殊的事物或情境发生焦虑性反应，而且对任何情况都可能发生焦虑反应。它是由心理、社会因素诱发的忧心忡忡、挫折感、失败感和自尊心的严重损伤而引起的。

（3）道德性焦虑。即由于违背社会道德标准，在社会要求和自我表现发生冲突时，引起的内疚感所产生的情绪反应。有的老年人因为自己的行为不符合自我理想的标准而受到良心的谴责。如自己本来是一位受人尊敬的老人，但在大街上看到歹徒行凶时因为自己年老体衰，势单力薄，害怕受到伤害而没有上前制止，回来后，感到自己做了不光彩的事，对此深感内疚，继而不断自责。

焦虑心理如果达到较严重的程度，就成了焦虑症，又称焦虑性神经官能症。

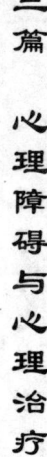

焦虑症是以焦虑为中心症状，呈急性发作形式或慢性持续状态，并伴有植物神经功能紊乱为特征的一种神经官能症。

老年焦虑症的类型

老年焦虑症有一般焦虑症所没有的特点，而且人们往往忽略这种心理疾病，而把原因归结到一些器质性疾病中去。

一般来讲，老年焦虑症可分为急性焦虑和慢性焦虑两大类：

急性焦虑主要表现为急性惊恐发作。患者常突然感到内心焦灼、紧张、惊恐、激动或有一种不舒适感觉，由此而产生牵连观念、妄想和幻觉，有时有轻度意识迷惘。急性焦虑发作一般可以持续几分钟或几小时。病程一般不长，经过一段时间后会逐渐趋于缓解。

慢性焦虑症的焦虑情绪可以持续较长时间，其焦虑程度也时有波动。老年慢性焦虑症一般表现为平时比较敏感、易激怒，生活中稍有不如意的事就心烦意乱，注意力不集中，有时会生闷气、发脾气等。

老年焦虑症的防治

（1）要有一个良好的心态。首先要乐天知命，知足常乐。古人云："事能知足心常惬。"老年人对自己的一生所走过的道路要有满足感，对退休后的生活要有适应感，不要老是追悔过去，埋怨自己当初这也不该，那也不该。理智的老年人是不会注意过去留下的脚印，而注重开拓现实的道路。

其次是要保持心理稳定，不可大喜大悲。"笑一笑，十年少；愁一愁，白了头"，要心宽，凡事想得开，要使自己的主观思想不断适应客观发展的现实。不要企图让客观事物纳入自己的主观思维轨道，那不但是不可能的，而且极易诱发焦虑、抑郁、怨恨、悲伤、愤怒等消极情绪。

第三是要学会"制怒"，不要轻易发脾气。

（2）自我放松。当你感到焦虑不安时，可以运用自我意识放松的方法来进行调节，具体来说，就是有意识地在行为上表现得快活、轻松和自信。比如说，可以端坐不动，闭上双眼，然后开始向自己下达指令："头部放松，颈部放松……"直至四肢、手指、脚趾放松。运用意识的力量使自己全身放松，处在一个松和静的状态中，随着周身的放松，焦虑心理可以慢慢得到平缓。另外还可以运用视觉放松法来消除焦虑，如闭上双眼，在脑海中创造一个优美恬静的环境，想象在大海岸边，波涛阵阵，鱼儿不断跃出水面，海鸥在天空飞翔，你光着脚丫，

走在凉丝丝的海滩上，海风轻轻地拂着你的面颊……

（3）自我疏导。轻微焦虑的消除，主要是依靠个人，当出现焦虑时，首先要意识到这是焦虑心理，要正视它，不要用自认为合理的其他理由来掩饰它的存在。其次要树立起消除焦虑心理的信心，充分调动主观能动性，运用注意力转移的方法，及时消除焦虑。当你的注意力转移到新的事物上去时，心理上产生的新的体验有可能驱逐和取代焦虑心理，这是人们常用的一种方法。

（4）药物治疗。如果焦虑过于严重时，还可以遵照医嘱，选服一些抗焦虑的药物，如利眠宁、多虑平等，但最主要的还是要靠心理调节。也可以通过心理咨询来寻求他人的开导，以尽快恢复。如果患了比较严重的焦虑症，则应向心理学专家或有关医生进行咨询，弄清病因、病理机制，然后通过心理治疗，逐渐消除引起焦虑的内心矛盾和可能有关的因素，解除对焦虑发作所产生的恐惧心理和精神负担。

离退休综合征

颜老是某重点中学校长，在自己的岗位上工作了几十年，既紧张忙碌，又有一定的生活规律，并形成了固定的生活模式和心理定式。退休后，周围的生活环境发生了变化，原有的生活节律被打乱，一时又无事可做，对于这些变化难以适应，于是就出现了情绪上的消沉和偏离常态的行为，甚至因此而引发其他疾病，严重影响到自身健康。我们把这种现象称作老年人"离退休综合征"。

所谓离退休综合征是指老年人由于离退休后不能适应新的社会角色、生活环境和生活方式的变化而出现的焦虑、抑郁、悲哀、恐惧等消极情绪，或因此产生偏离常态的行为的一种适应性的心理障碍，这种心理障碍往往还会引发其他生理疾病，影响身体健康。

据统计，1/4 的离退休人员会出现不同程度的离退休综合征。老年人的离退休综合征是一种复杂的心理异常反应，主要表现在情绪和行为方面。患者一般会出现以下症状：性情变化明显，要么闷闷不乐、郁郁寡欢、不言不语，要么急躁易怒、坐立不安、唠唠叨叨；行为反复，或无所适从；注意力不能集中，做事经常出错；对现实不满，容易怀旧，并产生偏见。总之，其行为举止明显不同于以往，给人的印象是离退休前后判若两人。这种性情和行为方面的改变往往可以引起一些疾病的发生，原来身体健康的人会萌生某些疾病，原来有慢性病的则会加重病情。有心理学者曾对某市 20 位同一年从处级岗位上退下来的干部进行追踪

心理学

调查，结果发现，这些退休时身体并无大碍的老年人，两年内竟有五位去世，还有六位重病缠身。可见，离退休真是一道"事故多发"的坎。

离退休综合征的原因

导致离退休综合征的原因是多方面的：

（1）退休后，生活模式的改变引起心理上的不适应。离退休以后由于职业生活和个人兴趣发生了很大变化，从长期紧张而规律的职业生活，突然转到无规律、懈怠的离退休生活，难以适应而产生焦虑、无所适从，有一种失落感，有的认为自己精力充沛、壮志未酬，完全能胜任原工作，现在让退下来就会产生失落感，还可有轻度抑郁，认为自己被遗弃，无精打采，悲观，失眠。特别是沉湎于辉煌的过去，为消逝的美好时光而遗憾，即产生抑郁。

（2）缺乏思想准备，不能妥善地安排空闲时间，或体力下降、疾病缠身、行动不便等加重障碍。

（3）退休后体力和脑力活动减少，社交活动减少，生活单调，易产生心理老化的感受，这加速了生理衰老进程，容易使人产生忧郁、焦虑、死亡来临的惊恐、疑病心理等。

（4）由于离退休以后原来的生活节奏被打乱，活动减少，可出现失眠、头痛、头晕、疲乏、无力及心慌等神经症综合征。

离退休综合征的表现

患有离退休综合征者，主要表现为坐卧不安、行为重复、犹豫不决，不知干什么好，甚至出现强迫性定向行为；注意力不能集中，做事经常出错；性情变化明显，易急躁和发脾气，对任何事情都不满意，总是怀旧；易猜疑和产生偏见；情绪忧郁、失眠、多梦、心悸、阵发性全身燥热等。

一般说来，事业心强、好胜而善争辩、严谨而偏激、固执己见的人发病率较高；无心理准备而突然退下来的人发病率高且症状偏重；平时活动范围大而爱好广泛的人很少患病。女性较男性适应快，较少出现离退休综合征。

离退休综合征的防治

离退休是人生的一个重要转折，是老年期开始的一个标志。从前面的分析我们可以看出，离退休障碍是一种心理方面的适应障碍，它表现为老年人生活习惯的不适应、人际关系的不适应、认知和情感的不适应等，这些适应障碍究其实

质，就在于离退休导致了老年人社会角色的转变，他们从职业角色过渡为闲暇角色，从主体角色退化为配角，从交往范围广、活动频率高的动态型角色转变为交往圈子狭窄、活动趋于减少的相对静态型角色，对于部分曾是领导干部的老年人来说，还从权威型的社会角色变成了"无足轻重"的小人物，如果老年人不能很好地适应这些角色的转变，也就是说新旧角色间出现了矛盾和冲突，那么，老年人的离退休综合征就由此产生。

因此，要预防和治疗离退休综合征，老年人就应该努力适应离退休所带来的各种变化，即实现离退休社会角色的转换。通常有以下几种方法：

（1）心理上要及早做好退休前的准备工作，计划好退休后的生活安排，充实退休内容等。一般在退休前一至两年就要着手进行准备。

（2）有条件者尽量继续发挥余热，参加一些适合自己体力和专业的社会活动，要做到"退而不休"，感到自己仍能做出社会贡献。

（3）培养一至两种兴趣爱好，使生活丰富多彩，富有生气和活力。

（4）克服心理老化感和不爱活动习惯，"一身动才能一身轻"。

（5）有明显心理病症，应及时接受必要的心理咨询与药物治疗。

（6）老年人在可能条件下也应为儿孙分忧解愁，使双方关系更亲密、融洽。

当然，社会对离退休老年人应给予更多的关注，家庭要关心和尊重离退休的老年人的生活权益，切不可把老人当成保姆或雇工使唤，更不能在生活上虐待老人。要让他们感到精神愉快，心情舒畅。

记忆障碍

生活中我们常常看到这样的现象：一位老人将他的老花镜摘下来放在书柜边去上厕所，等他从厕所回来，他却四处找眼镜。他已经忘记了刚才把眼镜放在哪里了。这在老年人中是常见的。老年记忆障碍通常是自然衰老的现象。老人对陈年往事能记忆犹新，而对新近接触的事物或学习的知识却忘得快，尤其人名、地名、数字等没有特殊含义或难以引起联想的东西。生活中，老年人记忆障碍往往带来诸多不便，如烧开水后忘了关火；刚介绍过的客人的名字转眼就叫不出；把门关上才想起没带钥匙；老花镜架在额头上还到处找等。这些总令老人感到苦恼不安。

据统计，70 岁健康老人的脑细胞数量要比 20 岁健康年轻人减少 15%，脑的重量也减轻 8% ~9%；周围神经传导速度减慢 10%，视力下降，视力超过 0.6

心理学

第三篇 心理障碍与心理治疗

的只有51.4%。这些都会在一定程度上影响记忆力。这些自然衰退，使老年人一方面要为回忆某人、某事、某日期比过去耗费更多的注意力和时间，另一方面使他们要记住重要事情的能力大大下降，所以老年人总是表现得那么"健忘"。

老年人记忆的特点

（1）从记忆过程来看。瞬时记忆（即保持1~2秒的记忆）随年老而减退，短时记忆变化较小，老年人的记忆衰退主要是长时记忆研究发现，老人对年轻时发生的事往往记忆犹新，对中年之事的回忆能力也较好，而仅对进入老年后发生的事遗忘较快，经常记忆事实混乱，情节支离破碎，甚至张冠李戴。

（2）从记忆内容来看。老年人的意义识记（即在理解基础上的记忆）保持较好，而机械识记（即靠死记硬背的记忆）减退较快。例如，老人对于地名、人名、数字等属于机械识记的内容的记忆效果就不佳。

（3）从再认活动来看。老年人的再认活动（即当所记对象再次出现时能够认出来的记忆）保持较好，而再现活动（即让所记对象在头脑中呈现出来的记忆）则明显减退。

由此可见，老年人的记忆衰退并不是全面的，而是部分衰退，主要是长时记忆、机械记忆和再现记忆衰退得较快。

以美国前总统里根为例，他在晚年时患有严重的老年痴呆症，记忆力急剧下降。当他的养子去探望他时，里根常想不起养子的名字，只有当他知道养子是谁时，才紧紧地拥抱养子。里根对他的护士说，他觉得前来探望他的前国务卿舒尔茨好像是一个大名鼎鼎的人物，但又记不起他叫什么名字。里根的这一系列表现说明，老年人记忆力的减退主要是信息提取过程和再现能力的减弱，而识记的信息事实上仍然可以很好地保持或储存在大脑中。根据以上生理规律，如果能够经常提醒老人回忆往事，是有助于减缓记忆力的衰退速度的。

老年人记忆的改善

为改善记忆力，老年人一方面要多用脑，勤用脑，使大脑处于一种积极功能状态。此外，不少科学家大量研究证明，通过食物疗法可增强记忆。

（1）补充卵磷脂。卵磷脂是大脑中的重要组成部分，被誉为"智慧之花"。吸收后可释放胆碱，胆碱在血液中转换成乙酰胆碱，能增强人的感觉和记忆功能；它还能控制脑细胞死亡和促使大脑"返老还童"及降低血脂。卵磷脂多含在蛋黄、豆制品、动物肝脏中，但由于胆固醇含量也多，故不宜进食过多。鸡蛋、鱼、肉等可以提供乙酰胆碱的食物也较好，老人每天吃 1～2 个鸡蛋，可改善记忆力。

（2）多吃碱性食物。豆腐等豆类食品及芹菜、莲藕、茄子、黄瓜、牛奶等能使血液呈弱碱性，菠菜、白菜、卷心菜、萝卜类、香蕉、葡萄、苹果等也能使血液呈碱性。多吃这些食品，使身体经常自律地调节成弱碱性，对大脑的发育和智力的开发都是有益的。

（3）多吃含镁的食物。核糖核酸是维护大脑记忆的重要角色，而镁这种微量元素能使核糖核酸注入脑内。含镁丰富的食物有麦芽、全麦制品、荞麦、豆类及坚果等。

此外，蛋白质对健康也很重要，多吃鸡、黄豆、沙丁鱼等有好处。

睡眠障碍

老年人睡眠的质和量均较年轻时有了很大下降。他们睡眠减少，睡眠浅，易惊醒，有的还入睡困难、早醒；睡眠模式不稳定，极易受外界环境变化的影响，如某些心理因素（亲人亡故带来的悲伤等），环境噪声的干扰；也易受体内环境的影响，某些躯体疾病如感冒、气管炎、关节炎、慢性疼痛、肾功能不全所致的夜尿增多，或精神障碍如抑郁症，生物钟紊乱，对催眠药物的依赖等。

有学者研究发现，老人在睡眠过程中的自然醒转情况要比年轻人多，且男性超过女性。许多老人常感到睡后不解乏，精神不振，整日昏昏欲睡。老人还有睡眠过多或睡眠倒错现象，晚上不能入睡，到处乱走或做些无目的的事，甚至吵闹不安，但白天则嗜睡，精神萎靡。这些都是脑功能自然衰退的标志。

老年睡眠障碍的类型

老年人的睡眠障碍主要包括三种类型。

第一种为非病态睡眠障碍，例如，个体进入老年期后，睡眠随年龄增长而逐渐减少；或者旅行时由于时差而使睡眠时间减少；或者因更换睡眠环境而产生的境遇性睡眠障碍等，这些仅引起较少和短暂的主观不适。

第二种是病态假性睡眠障碍，指个体持续一周以上有睡眠时间明显减少的主观体验，而实际睡眠时间并无减少，因而又称为缺乏睡眠障碍。

第三种为病态真性睡眠障碍，包括入睡困难、易醒和早醒等表现。入睡困难指入睡所需的时间比平时多一个小时以上，易醒是指在睡眠过程中比平时觉醒次

数多，且不能很快再入睡，早醒指比平时提前醒来一个小时以上。个案中的洪先生就属于第三种情形，这种睡眠障碍对老年人的身心影响最大。

老年睡眠障碍的病因

生理、心理因素及环境的变化等都会引起睡眠障碍。

（1）生理因素。老年人因患某些慢性病而出现疼痛、搔痒、咳嗽、气喘、尿频、吐泻等症状会引致睡眠障碍；服用兴奋剂，或长时间服用安眠药停药后也会影响睡眠质量。

（2）心理因素。老年人由于心理承受能力越来越弱，遇事不能调整好心态就会产生消极情绪，像前面介绍的老年抑郁症、疑病症等精神疾病都伴有不同程度的睡眠障碍。

（3）生活或客观环境的变化。例如，睡前吸饮过多烟酒、喝过浓的茶或咖啡，睡前过饱、饥饿或口渴，外出旅游、时差反应、噪音、气温变化等，加上老年人生理功能日衰，对外界适应能力趋弱，因而容易出现睡眠障碍。

老年睡眠障碍的防治

（1）养成良好的生活习惯。老年人晚上睡觉前可以用温热水洗澡或洗脚，促进血液循环，消除疲劳，改善睡眠；晚餐不宜过饱，也不宜空腹；睡前不宜饮用浓茶、咖啡和酒等刺激性饮品。生活要有规律，早睡早起，养成午睡习惯。

（2）创设适宜的睡眠环境。尽量做到室温适宜、室内无光、空气流畅、无异常气味，环境寂静，被褥干净、舒适，总之，睡眠环境应该安静、整洁、舒适和安全。同时，保持良好的睡姿，宜右侧卧，不应仰卧或俯卧，不要蒙头掩面或张口而睡。

（3）睡前保持良好的情绪状态。睡前精神放松，情绪安宁，避免过于兴奋、激动或过于悲伤、抑郁。正如《睡诀》中所说："觉侧而屈，觉正而伸，早晚以时，先睡心，后睡眼。"保持宁静的心境是轻松入睡的诀窍。老年人一旦出现睡眠障碍，应该平静、客观地面对现实，正确认识睡眠状态，积极配合治疗，否则会容易形成恶性循环，变成顽固性睡眠障碍。

（4）适当用药物辅助治疗。患者可以服用安眠药辅助睡眠，原则是剂量宜小不宜大，时间宜短不宜长，宜多种药物交替使用。

第四篇

可怕的交际心理学

第一章

所有的人都可能说谎

谎言，我们必须面对的事实

我们的大脑从接收到信息到指挥身体各个部位发出信息的刹那之间，经过了高速而缜密的思维过程，掌握语言中枢的新皮质大脑会根据不同的情况分析出最佳的对话策略，于是就出现了所谓的"口是心非"、"言不由衷"等情况。如果有人宣称他这辈子从来没有撒过谎，想必任何人都不会相信。我们无法否认也无法拒绝我们生活在一个充满谎言的世界里这一事实，正如法国的沃尔纳格所说，人人生来都是纯真的，每个人死去时都是说谎者。的确，人人都会撒谎，撒谎可以说是人类天性的表露。

例如，一个年年都是"三好学生"的小学生为了获得一次和同学去郊外野餐的机会，他会理直气壮地告诉父母，周末的作业习题他都已经完成了，而事实上他才做了一半；一个刚毕业不久的大学生，虽然只进入了一家普通的公司，拿着微薄的薪水，为了不让家人担心，会夸口说他进了一家声名显赫的大公司，一个月的薪水有多少多少，而事实上他的薪水只有他说的一半。

心理学家告诉我们，说谎是人类区别于其他动物的重要特点之一，是人类社会生活中不可缺少的部分。有研究结果表明，大多数人平均每天会撒两次大谎，人与人的交谈中有三分之一的部分存在某种形式的谎话，但是，其中只有五分之一被人们察觉到了，有80%以上的人曾经为了获取工作或保住职位而说谎，对伴侣说谎的频率更是居高不下。

可见撒谎在我们的生活中比比皆是。甚至有位西方哲人说，社会就是由谎言组成的，人与人之间就是互相撒谎的关系。这句话当然有些偏激，但不可否认，撒谎的确是人类日常生活的一个组成部分。只要我们稍稍留意一下，就会发现在我们的生活中，随时随地都会听到各种各样的大大小小的谎言，其中有一些只是善意的欺骗，还有一些是恶意的谎言，会对我们造成伤害，因此我们必须学会如何面对谎言，从而有效地保护自己。虽然我们无法阻止别人说谎，但是我们可以学着永远不上当。

为什么会出现"口是心非"

大家普遍认为，口头语言是人际沟通的唯一途径，但许多人却忽略了口头语言并不是"百分之百"准确。在很多情况下，口头语言并不能将人们内心的真实想法，即所谓的"心口不一"，当然也包括了人际交往中常出现的"口是心非"。

我们已经知道，人体所有的行为都受到大脑的控制。不论是弯腰、挠痒，还是三级跳、后空翻，这些动作都是通过大脑掌控的。长久以来，在大多数人的印象中，我们每个人都只有一个大脑，实际上，在我们的大脑中，有三个截然不同的部分，或者说每个人其实有三个大脑，每个大脑都具有不同的特点和功能，它们合起来构成了完整的人脑，给人体的每个部位下达指令，这三个部分分别是脑干、边缘系统和大脑新皮层。

其中，边缘系统对人类的非语言行为起着重要的作用，它主管人类的情绪和感觉功能。其他哺乳类动物和人类一样也有"边缘系统"，这是大脑最古老的一部分，使得人类得以成为一个存活了数百万年的物种。边缘系统的主要功能是对我们的听觉、视觉、感觉和触觉作出反应。这些反应是即时的一瞬间的无须经过思考的；因此，它就能对环境作出最诚实的回应。

相比起来，"新皮层"则是人脑这一"宝库"的最新成员，掌管记忆、计算、分析、解析和直觉等高级思维活动，而这些能力的高级程度是人类这一物种独有的。由于它具备复杂的思维能力，所以这一部分的大脑和"边缘系统"不同，它并不总是老老实实的，相反，它会经常撒谎，是大脑构成的三个部分中最不可信的。当有个令人讨厌的人走过身边，老实的"边缘系统"可能会迫使人们做出斜视的动作，这是下意识的，而聪明的"新皮层"则很善于对真实的感受撒谎。掌控大脑语言运动中枢的"新皮层"也许会让我们在看到那个讨厌的人时，一脸笑容地说："好久不见，真高兴再见到你。"尽管这话一听完全就是假的。由于"新皮层"擅长说谎，所以别指望能从它那得到既可靠、又准确的信息。

对于语言系统本身而言，这套符号系统若要传播人们内心的想法，首先要进行编码，把思想转换为语言符号。当信息传递给别人时，他人在领会意义时又要进行解码，也就是把语言符号重新转化为思想。但由于存在个人表达和他人理解的偏差，往往就容易让接受者在信息传输上产生与本意有异的现象。

语言并非天生，而是经过后天的学习才能掌握的技能。对于一项客观存在的技能，必然有人掌握得好，有人掌握得差。就像生活中，我们常会形容一些人口齿伶俐，而另一些人笨嘴拙舌，这个区别就来自他们对口头语言技能的掌握。当然，这并不能作为判断一个人聪明或愚蠢的标准，但往往容易让人产生误解。

人们刻意地歪曲了内心的真实想法，这就导致了谎言的产生。在很多情况下，人们在说话时，会出于一定目的地隐藏自己的本意。无论是基于什么原因，这些话都会对沟通和交流的效果大受影响，交流的时间被浪费，语言传递信息的作用被削弱。

现实生活中，也许你还没有意识到口头语言的局限，相信看到下文列举的场景后，你一定会觉得熟悉。

场景一：他接受你的观点了

你试图劝说一个顽固的人，虽然他表面上满口答应，但目光斜视地面，双手抱肩，一副十分犹豫的样子。实际上，他内心也正在抵触你的观点，甚至可能计划着明天依然照旧，绝不改变。与其继续浪费时间，你还不如早些结束劝说。

场景二：孩子的谎言

一些小朋友们因为犯了错误而害怕受到家长的惩罚，便向家长说谎。虽然他们言辞上没什么漏洞，但由于内心充满了不安与愧疚，往往会在脸色、小动作或睡眠方面表现出异常。而这些反常的变化，就是孩子不诚实理由的最好证据。

场景三：朋友在说真心话

同朋友去特卖场买衣服，当穿上自认为漂亮的衣服问对方时，对方可能说："不错，还可以，你喜欢就行。"仔细观察他的表情你可能会发现，他的鼻子和嘴像快挤到一起了，眉毛皱得都打了结。这些表情都说明他没有说真话，实际情况是——这身打扮在你身上真是糟糕透了。但为了避免伤害你的自尊和心情，你的朋友只能选择一种举动，那就是口头上赞扬，身体上抗拒。这个时候，如果不是很为难，你最好考虑换一身衣服。

场景四：你到底有多高兴

有时候，言语不能完整地表达出内心所想。例如，在我们长久梦想的事情实现时，当时的心情根本无法用词来表达。因为，内心的感触要远比这些能说出的词汇更加丰富。而那些快乐与幸福更将成为人们"只可意会，不可言传"的心灵感触。

综上可见，人们内心与语言的不一致相当普遍。所以，我们在洞察人心的时候，不能完全依靠语言这一途径。

谎话大王的四张面孔

虽说人人都会说谎，没有一个人敢声称自己是绝对清白的，但人们说谎的频率确实有所差别，的确有那么一些人，是可信度极低的谎话大王，对于他们所说的话一定要秉着"批判主义的精神"，当然，你也可以把他们当作你练习识破谎言技巧的最佳教材。

心理学家为我们总结出了最爱说谎的 4 种人：

虚荣心重的人

生活中的很多谎言都是因为面子问题而产生的，虚荣心重的人最看重面子，这类人十分在乎他人对自己的评价，喜欢受到关注和赞美，不愿意别人看低自己，因为他们太注重外在的东西，而对个人的素质与气质疏于培养，但又渴望得到别人的喝彩，于是，他们凭内在的实力无法达到这种目的时，撒谎便成了他们使用的最便利的手段。这类人常常在不熟悉的朋友面前编造一些美好的谎言。例如自己的家庭背景有多好，身上戴的首饰值多少钱，甚至自己是哪所名牌大学毕业的。当然，这些谎言仅仅是为了满足个人的虚荣心，如果你识破了也大可不必揭穿它。

自卑感强的人

严重自卑的人通常敏感而脆弱，既能敏锐地感受到自己许多不如别人的地方，同时，又极容易把周围一切人对自己的注意——哪怕是关心和帮助——看成是对自己的怜悯。因此他们需要一些谎言来安慰自己，或者是借助谎言来逃避，在别人面前树立完美的形象，以谎言为武器来调整自己在他人心目中的位置和形象，用谎言来安慰、麻痹自己，在幻想中获得满足感和认同感。

过分争强好胜的人

争强好胜在一定程度上说是一种有益的品质，说明一个人积极进取、不甘落于人后，这样的人也更容易在事业上有较大的成就和作为。但任何事情都有个限度，超过这个限度便走向它的反面。要强也是如此，事事要强，时时要强，总想高出别人一头，这作为一种理想是很不错的，但如果把它落实在生活中，则太困难了。过分好强的人活得很累，他们事事都想出类拔萃，对自己要求很高。一旦失败或者遭遇挫折，往往没有勇气面对，只能用谎言编织理由为自己寻找退路，维护面子和自尊，虚构成功的情景、蒙骗他人或欺骗自己，便常常成为他们的拿手好戏。

过分以自我为中心的人

趋利避害是人的本性，我们每个人在思考问题、处理事情时，都不免会以自我为中心，首先考虑保全自己的利益。但这种以自我为中心的心理应有个限度。如果没有损害他人的生活，大家自可相安无事。但如果一个人以自我为中心的心理严重到过分的地步，在与他人发生利益冲突的时候，在任何时候都只考虑自己的利益，损人利己的谎言也就随之而来。

身体语言如何泄露谎言

可能很多人都会认为说谎是一件很容易的事，其实并不是这样。说谎，尤其是想成功地说一次谎，是一件非常困难的事。为什么说谎就这么困难呢？主要原因在于当一个人撒谎时，他的潜意识不会听从他的"指挥"，而会独自行动。如此一来，他的身体语言就会使他的谎言不攻自破。这就是为什么那些平常很少说谎的人，一旦说谎，无论其谎言多么完美，显得多么真实可信，都会很容易被对方识破。因为从他开始说谎的那一刻起，他的身体就会发出一些自相矛盾的信号（身体语言和有声语言处于相互矛盾的状态之中），这就会让对方觉得他一定在撒谎。而那些职业说谎家，比如某些骗子，他们之所以说谎时不容易被别人识破，关键就在于他们能够有意识地将自己的身体语言和有声语言协调到较为完美的境界。因此，当他们向人撒谎时，人们往往会深信不疑。

看到这儿，有些读者可能会好奇地问，那些职业骗子是如何让自己的身体语言和有声语言达到较为完美境界的？一般来说，他们常用以下两种方法来实现这一目的。其一，平日反复练习说谎的时候做出正确的身体姿势，长时间的反复练习是必不可少的，一般为 2～3 年。其二，尽可能地减少身体语言，尤其是自己潜意识不能控制的身体语言，这样，他们在说谎的时候，就会很少做出一些负面动作了。不过，要想做到这一点，往往是非常困难的。下面的这个实验也证明了这一点。实验中，心理学家让参加实验的人故意向他撒谎，并让他们尽量压抑一切身体姿势，不管是正面的，抑或是负面的。然而，那些故意撒谎的人虽然控制住了主要身体语言，但仍有不少的细微动作表现了出来。比如，瞳孔缩小、用手触摸鼻子、搜衣领、脸色潮红、鼻子出汗，以及其他一些细微动作，而这些细微的动作已经暴露了一个人在撒谎。

由此可见，要想成功地欺骗他人，最好的办法就是将自己的身体隐藏起来，让别人只能"闻其声，而不能见其人"。也正是因为这个原因，审问嫌疑犯时，审讯人员往往会将疑犯置于一个空旷屋子的中间，或是置于较为强烈的灯光之下，以便让他们的全身都暴露在自己的视线之中。这种情况下，嫌疑犯任何一个细微动作都逃不过审讯人员眼睛，如果他们一旦说谎，就会非常容易地被揭穿。

一般来说，当你坐在桌子的后面，并借用桌子部分抵挡住自己的身体，或是从关着的门后面露出脑袋对人撒谎就较为容易成功了。当然，辅助撒谎的最好工具还是电话，或者是 QQ 等聊天工具。

对方直视你的眼睛，也未必在说真话

人们往往相信，当一个人说谎时，他会因为心虚而不敢正视对方的眼睛，而是将自己的视线移向一边。那么我们是否可以就此认定，当一个人和另一个人谈话时只要他敢于直视对方的眼睛，他就一定没有对对方撒谎呢？先不着急回答这个问题，一起来看下面这个实验。

实验中，心理学家把参加实验的人员分为甲、乙两组，并让甲组的人对乙组的人撒谎，同时，心理学家还要求甲组中 85% 的人在撒谎时一定要看着对方的眼睛。随后，心理学家把甲、乙两组人员的撒谎过程进行了录像。录像完毕后，心理学家来到一家电视台做了一期"你能识别哪些人在撒谎"的谈话节目。让台下观众看完录像节目后，心理学家便开始让他们来识别哪些人在撒谎，并让他们说明各自的理由。

结果发现，很多观众都中了心理学家的"圈套"。在那些撒谎时注视对方眼睛的"骗子"中，有 95% 的人没有被观众识破，他们认为那些"骗子"在实话实说。因为"骗子"们在说话时敢于注视对方的眼神。而在那些事先没有被心理学家叮嘱过在撒谎时要注视对方眼神的"骗子"中，有 80% 的人都被观众识破了。可见，"注视对方的眼睛"正是说谎者用来伪装的有力道具之一。

由此，我们也就可以回答刚才提出的问题了。长久以来，变幻莫测的眼神、频繁的眨眼、不敢对视，都被认为是说谎的信号。这些看法都有道理，但是由于大多数人都这么想，所以很多人在说谎时就利用了这种心理，故意盯着对方的眼睛，显得那么从容不迫、游刃有余，以此表明自己没有撒谎。视线的转移确实会

显露出一个人的情感状态。例如，悲伤时，我们的眼睛会向下看；羞愧时，我们会低下头。如果不同意对方的观点，则会直接把视线从对方身上移开。但说谎的人绝不会这么做，因为他们害怕被你看穿。

一整天，小洁男朋友的手机都处于关机状态，小洁很着急。第二天见面时，小洁装作很随意地问男朋友，昨天是怎么了，一整天都关机？男朋友为了掩盖自己的紧张，认真地看着小洁说："哦，昨天手机没电了就自动关机了，我还不知道呢，晚上想给你打电话才发现的。"男友说话时一直看着小洁的眼睛，一副坦诚认真的样子，可小洁还是觉察到了异样。

说谎者的骗术固然高明，但也不是完全没有破绽，因为这种可以的"盯"和自然的凝视眼神是不同的。仔细观察就会发现，这种凝视很不自然。所以，即使对方直视你的眼睛，也未必在说真话。

顺势装糊涂，谬释其意解责难

美国第九届总统威廉·哈里逊，小时候家里很穷，他沉默寡言，人们甚至认为他是个傻孩子，他家乡的人常常拿他开玩笑。比如拿一枚五分的硬币和一枚一角的银币放在他面前，然后告诉他只准拿其中的一枚。每次，哈里逊都是拿那枚五分的，而不拿一角的。

一次，一位妇女问他："孩子，你难道真的不知道哪个更值钱吗？"

哈里逊回答说："当然知道，夫人。可要是我拿了一枚一角的银币，他们就再不会把硬币摆在我面前，那么我就连五分也拿不到。"

看得出来，哈里逊表面"傻"，装作不知道一角比五分多，可他的"傻"里面蕴含着智慧，从而使自己总能拿到钱。

大智若愚运用在语言诘难中，是指对对方的谬论假装不明白，故作曲解，谬释其意。

在某机场售票厅里，旅客们正在排队买票，突然，一位绅士粗暴地挤到售票窗口指责售票员工作效率太慢，当人们要他排队时，他又嚷道："你们叫什么？不知道我是谁？"

对此，售票员平静地向旅客说："各位，这位绅士有些健忘，已经不知道自己是谁了，不然，我想他不会做出有失身份的举动的。谁能帮助他回忆一下，他是谁呢？"

售票员的话引来了阵阵笑声，绅士羞得满脸通红，悻悻地走了。

售票员面对绅士的粗野，假装不知，顺势糊涂，实则机智幽默，大智若愚。

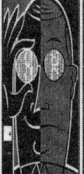

大智若愚是曲线型思维的结果，即采用拐弯抹角的进攻方式，因此，运用此法可以产生强大的嘲讽和幽默效果，是论辩家常用的雄辩技巧。

有一次，一个银行家揶揄地问大仲马说："听说你有四分之一的黑人血统，是吗？"

"我想是这样。"大仲马说。

"那令尊呢？"

"半黑。"

"令祖呢？"

"全黑。"

"请问，令尊祖呢？"

"人猿。"大仲马一本正经地说。

"阁下可是开玩笑？这怎么可能？"

"真的，是人猿，"大仲马怡然地说，"我的家族从人猿开始，而你的家族到人猿为止。"

这里，大仲马开始用"假痴"佯装自己的真实目的，麻痹银行家，然后反守为攻，突然出击，使对方猝然不防，陷于窘境。

现实交际中，懂得顺势装糊涂，可以轻松麻痹对方，从而让对方陷入被动境地。然后再采取反攻举措，便可以轻松制胜了。

静中韬光养晦，退中方求全身

唐朝大将郭子仪戎马一生，屡建奇功，可谓是功高盖主。他的王府建在首都长安的亲仁里。汾阳王府自落成后，每天都是府门大开，任凭人们自由进出，郭子仪却不允许其府中的人对此加以干涉。有一天，郭子仪帐下的一名将官要调到外地任职，来王府辞行。他知道郭子仪府中百无禁忌，就一直走进了内宅。恰巧看见郭子仪的夫人和他的爱女正在梳妆打扮，而王爷郭子仪正在一旁侍奉她们，她们一会儿要王爷递毛巾，一会儿要他去端水，使唤王爷就好像奴仆一样。这位将官当时不敢讥笑郭子仪，回家后，他禁不住讲给他的家人听，于是一传十，十传百，没几天，整个京城的人都把这件事当成笑话来谈论。郭子仪听了倒没有什么，他的几个儿子听了却觉得太丢父亲的面子，于是决定劝说父亲。

他们相约一齐来找父亲，要他下令，像别的王府一样关起大门，不让闲杂人等出入。但郭子仪对他的儿子们语重心长地说："我敞开府门，任人进出，不是为了追求浮名虚誉，而是为了自保，为了保全我们全家人的性命。"

几个儿子感到十分惊讶，忙问其中的道理。

郭子仪叹了一口气，说道："你们光看到郭家显赫的声势，而没有看到这声势有丧失的危险。我爵封汾阳王，往前走，再没有更大的富贵可求了。月盈而蚀，盛极而衰，这是必然的道理。所以人们常说要急流勇退。可是眼下朝廷尚要用我，怎肯让我归隐？再说，即使归隐，也找不到一块能够容纳我郭府一千余口人的隐居地呀。可以说，我现在是进不得也退不得。在这种情况下，如果我们紧闭大门，不与外面来往，只要有一个人与我郭家结下仇怨，诬陷我们对朝廷怀有二心，就必然会有喜欢落井下石、嫉贤妒能的小人从中添油加醋，制造冤案，那时，我们郭家的九族老小都会死无葬身之地的。"几个儿子听了之后方才明白老父亲的一番苦心。

郭子仪以不世之功，"权倾天下而朝不忌，功盖一代而主不疑"，于建元二年（公元781年）六月十日，以85岁的高龄辞世。

郭子仪能够一生常荣而不衰，是因为他懂得于最盛日掩藏自己锋芒的道理。正所谓："小隐隐于野，中隐隐于市，大隐隐于朝。"能够在危险的环境中伏藏，以谦卑的姿态做一名朝中的隐者，既得上级欢心，又能建自己的功业，还能保全自己及家人。如此才是最高明的隐者之道。

在我们的一生中，也许不会如郭子仪那样成就惊天伟业，但是也会遭遇各种各样的境遇，如何于变幻繁复的环境中保全自己，真的需要高人一筹的智慧。郭子仪的立身之道给我们展现了韬晦智慧的精妙，值得我们去领悟、去思考。

用"不争"来换取别人的信任

道光皇帝老迈之后，欲立皇子，奕年龄最长，但各方面都不如奕，于是一直拿不定主意。这天风和日丽，道光要带领六个皇子去南苑打猎，意在考验皇子们的文才武略和应变能力，以便确立皇储。奕和奕都摩拳擦掌欲一较高下。

四皇子奕的老师杜受田足智多谋，他在四皇子身上下的工夫很大，希望他能登上皇位，自己也跟着沾光。可他也掂量过，奕与其他皇子比较起来，除了排行第四占了个有利的条件之外，其他方面都平常，甚至略逊一筹，如若稍一让步，这皇位定然被六皇子夺去，为此急得他直打转。

安德海看出了门道，上前问道："你老人家满脸愁容，定有为难之事，莫不是为明日南苑采猎之事？"杜受田心想，这孩子能看出我的心事，看来是个有心计的人，随口道："说下去！"安德海道："我曾听人讲过，三国时曹操的长子曹丕和三儿子曹植也有相似之处，不过奴才记不太清了。"

杜受田顿时眼前一亮，知道该怎么做了。杜受田吩咐奕：你到时候就如此这般……

次日，道光带领六个皇子来到南苑，传旨开始围猎。诸位皇子各显身手，六皇子奕，几乎箭无虚发，满载而归，而四皇子奕却是两手空空，一无所获。道光帝不由得龙颜大怒，大声呵斥。奕不慌不忙地奏道："儿臣以为，目前春回大地，万物萌生，禽兽正是繁衍之期，儿臣不忍杀生害命，恐违上天好生之德，是以空手而回，望父皇恕罪。"

道光听罢，心想这倒是我没有想到的，倘若让他继位，必能以仁慈治天下，不禁转怒为喜，当下夸奖了四皇子的仁慈之心。又过了几年，道光帝忧虑成疾，自知不久于人世，急唤诸皇子到御榻前答辩。消息传开，四皇子和他的老师杜受田都知道这是最关键的一次较量了，能否登基就在此一举。

安德海又献上一计说："万岁爷病重，到御榻前之后什么也不用说，只说愿父皇早日康复就行，剩下的就是流泪，却不要哭出声来。"二人一听大喜。次日，六位皇子被召至龙床前。果然，道光提出一些安邦治国的题目让诸皇子回答，六皇子答得头头是道，道光甚为满意，却发现四皇子一言不发。道光一问，他头一扭，泪如雨下说："父皇病重，龙体欠安，儿臣日夜祈祷，唯愿父皇早日康复。此乃国家之幸、万民之福。此时儿臣方寸已乱，无法思及这些。倘父皇遇有不测，儿臣情愿伴驾而行，以永侍身旁。"说完泪水涟涟，越擦越多。

道光听了心中深受感动，心想此真孝子仁君，于是决定立四子奕为太子，这就是后来的咸丰皇帝。

可见，"不争"也是一种资本，用"不争"来换取别人的信任和感动，这怕是自以为是的"聪明人"难以做到的。所以，在人际场中切忌为了竞争而太过表现自己，有时候示弱也是一种能力。

学会识别"谎言的信号"

眼睛向右上方看，大脑正在制造想象

神经科学的研究告诉我们，当我们思考时，大脑中的不同区域会被激活，导致眼睛向不同的方向运动。眼睛向左上方看时，表明大脑正在回忆过去的情景或事物；眼睛向右上方看时，表明大脑正在想象一幅新的画面；眼睛向左下方看，表明大脑正在回忆某种味道或感觉；眼睛向右下方看，表明正感受到身体上的痛苦。也就是说，眼珠转动的方向会暴露我们的思想。借助这个线索，我们可以从对方眼睛运动的方向来判断对方是否在说谎。

具体来说，眼睛向左上方看，意味着大脑正在搜索记忆，所说的是真话；眼睛向右上方看，意味着大脑正在创建想象，所说的可能就是谎话。如果你周一早上问你的同事周末是怎样度过的，对方回答："带儿子去游乐场了。"此时，如果他的眼睛向左上方看，说明他脑海中正在浮现昨天和儿子在游乐场玩乐的情景，并没有撒谎；而如果他的眼睛向右上方看，则说明游乐场一事可能是他临时编造出来应付你的谎言。

人们在思考时，眼睛的运动方向是由大脑内活动的区域决定的，很难人为控制，因此，观察眼睛的运动方向来判别谎言不失为一个很好的办法。不过，为了确保判断的准确性，使用这个方法还有两个很重要的注意事项。

事先编造好谎言的人眼睛不会转动

眼睛的转动必须和相应的思维活动相联系才有意义，如果人们已经事先准备好了一套说辞，就等着你问他了，那你就不会看到他的眼睛运动有什么不同。因为即使谎言是虚构的，此时也变成了一种记忆。因此，只有在人们没有准备的情况下，一边说话一边构造谎言的时候，才能采用这种方法来判别。

眼睛解读线索并不适用于所有人

科学研究总结了大多数人的眼睛运动方式，但它并不适用于所有人，现实生活中总是存在着许多例外情况。例如，惯用左手的人眼睛转动的方向可能正好相反，往左上方看不是回忆而是编造谎言的表现。为了确保判断的准确，可以先提一些试探性的问题，找准对方眼睛转动的规律。例如，你可以先问对方"你觉得二十年后你会是什么样子？"这是一个关于想象的问题，仔细观察可以确定他在创建想象时眼睛转动的方向，然后就可以进行正确的判断了。

避免眼神接触，因为害怕被人看穿

大多数人在说谎时心中难免会有愧疚之感，以及担心谎言被揭穿的恐惧，愧疚和恐惧都会从他们的眼睛里流露出来，比如回避目光交流，或是低头不看对方，或是明显地把头偏向一侧，这些都可以说明这个人不坦诚。说谎时如果与别人对视，心里会更加紧张，然后就反映在眼睛里，因此说谎者本能地转移视线，以消除紧张感。

避免眼神接触或很少直视对方是典型的欺骗征兆。人在潜意识里觉得别人会从他的眼睛里看穿他的心思，因此，很多人会尽量避免和对方眼神接触，因为心虚所以不愿意面对你，眼神闪烁、飘忽不定，或者不停地眨眼。影视剧中经常可以看到这样的片段，一个人怀疑别人在对他撒谎，于是对那个人说："看着我的眼睛，告诉我，到底是怎么回事。"而对方却把头低下或者撇开，不敢直视对方。的确，眼睛很容易泄露谎言，持续长久和躲躲闪闪的目光接触都是对方在说谎的重要标志。

揉眼睛则是另一种避免眼神接触的方式。当一个小孩不想看到某些人或某些事情的时候，他可能会用一只或两只手来揉自己的眼睛。成人也一样，当他们看到某些不愉快的东西时，也可能会用手揉自己的眼睛。揉眼睛这个动作是大脑不想让眼睛看到欺骗、疑惑或是其他不好的东西，或者是不想让自己在说谎时与别人发生眼神接触，以免自己因心虚而露馅。一般来说，当一个男性撒谎时，他可能会用力揉自己的眼睛。如果谎撒得较大，他会转移视线，通常是将眼睛朝下；当一个女性撒谎时，他不会像男性那样用力揉自己的眼睛，相反，她仅会轻柔几下眼部下方，同时将头上仰，以免和对方发生眼神接触。

频繁眨眼也是说谎的标志之一。科学家通过暗中观察记录，发现人们在正常而放松的状态下，眼睛每分钟会眨 6~8 次。而这种间隔在非正常状况下被打破。所谓非正常状态就是说你的内心情绪有较大起伏，比如因为说谎而紧张，这个时候眨眼睛的频率就很可能会显著提升。撒谎的人内心无法平静，承受着担心谎言被识破的巨大压力。在这种压力下，说谎者或许可以控制自己的口头表达，但却很难控制身体语言，于是眼睛因为巨大的紧张感而不停地收缩。

当一个人心理压力忽然增大时，他眨眼的频率就会增加。比如，正常条件下（职业骗子除外），当一个人撒谎时，由于害怕自己的谎言被对方揭穿，他在说完谎话后，其心理压力会骤然增大，相应地他眨眼的频率会增加，最高可达每分钟 15 次。所以，你在和某个人谈话时，如果你发现他总是不断地眨眼睛，说话也变得结结巴巴，你就得留心他所说话内容的真实性了。

此外，英国动物学家戴斯蒙德·莫里斯在观察警察审讯的过程中发现，当人们说谎或努力掩饰某种情感时，他们眨眼时眼睛闭上的时间会比说真话时更长，这是另一种避免眼神接触的方式，说谎者在无意识中通过延长眨眼时间给自己关上"一道门"，从而减轻内心因说谎而产生的愧疚感。

假表情总是慢半拍、持续时间长

人的面部表情可以说实话也可以说谎话，而且常常是在同一时间内既说实话又说谎话。在现实生活中，人们时常利用面部表情来作为掩饰和伪装其真实思想感情的"面具"。例如，因违章而受到交警训斥的司机为了避免把事情搞得更糟，往往故作笑脸，表现得服服帖帖；一对正在家中赌气的夫妻，一旦有贵客来访，便会装出没事的样子，笑脸相迎。当人们撒谎时，也会制造虚假的表情来掩盖真相，为了识别谎言，我们必须学会如何识别虚假表情。

虚假表情包括两种，伪装的表情和克制的表情。伪装，即假装出一种与自己真情实感相反的情感。例如小学生假装肚子疼请假回家时脸上装出的表情。克制，即为了不让别人发现我们真实的情感，努力控制自己的脸部肌肉，故作镇定。善于撒谎的人往往会小心翼翼，不让他们真实的情感以这种方式偷偷显露出来。无论是伪装还是克制，虚假表情的表现方式毕竟与自然流露的表情有所不同，最重要的区别即虚假表情总是慢半拍，而且持续时间长。情绪出现的时间快慢是很难人为控制的，由于刻意制造的假情绪不是自然发生的，因此它出现的时间总是会稍微延后，持续时间也会比真实的表情要久，然后就"突然"消失了。

假表情总是慢半拍

反映内心真实感受的表情被称为"最初的反应表情"，会在情感产生的一秒钟之内立刻流露出来，之后才能进行人为的掩饰或伪装。因此，如果对方话还没说出口，或者刚开始说话时看起来就很生气，那么他可能确实被激怒了。相反，如果他说完之后才开始表现出很生气的样子，撇着嘴、瞪大了眼睛，这就是刻意加上的表情，并非出于内心的真实情感，对方只是想表现出很生气的样子。

假表情持续时间长

表情持续的时间长短也可反映出说谎的印迹。停顿时间长的表情通常是假的，比如 10 秒钟或 10 秒钟以上的时间，甚至停顿 5 秒钟的表情也可能是不真实的。除了那种极其强烈的情绪感受，比如欣喜若狂、勃然大怒、悲痛欲绝等，自然的表情都不会超过 4~5 秒钟。而且，即使是非常激动的情绪，其表情也不可能持续太久，而是一阵阵地短暂地出现。只有象征性表情和嘲弄式表情是长时间存在的。例如，真正的惊讶表情从形成到消失不到 1 秒钟，如果有人对你说的话展现出长达 3 秒的惊讶表情，他多半是在故意假装自己不知道这件事。

面部表情是说谎者最容易作伪的部位，这给判断一个人是否在撒谎带来了麻烦。好消息是，面部表情中总有一部分是人为无法控制的情不自禁流露出来的，因此，我们可以通过识别对方脸上掩饰不住的真实表情来揭穿谎言。面颊肤色变化就是典型的紧张征兆。面颊的颜色会随着情绪的变化而发生相应的变化。面颊肤色的变化是由自主神经系统造成的，是难以人为控制或掩饰的。最明显的是变红和变白。人们最常见的面颊变红经常出现在害羞、羞愧和尴尬等情形中，脸红也是愤怒的表现，愤怒时，面颊瞬时转为通红而不是由面颊中心慢慢扩散开来。当愤怒中的人们想极力抑制自己的怒气和克制自己的攻击性冲动时，其面颊肤色会变得苍白，当人们处于惊骇的情绪状态下，面颊肤色也会变得苍白。可见，由面颊肤色的变化我们可以观察到对方真实的情感。类似的线索还有很多，只要在生活中留心观察，定能有所收获。

突然放大的瞳孔揭示隐藏的情感

人类瞳孔的变化是不由人的主观意志控制的，完全是下意识的反应，因此可以真实地反映人的情绪变化。前面已经提到，人的瞳孔会随着情绪的变化而相应地放大或缩小。无论说谎者的演技多么高超，他也无法掩盖这一点。瞳孔的这种变化是人无法控制的，因此只要我们留意观察对方的瞳孔，就能断定他是否在说谎。

当我们对眼前的事物或者谈话内容感兴趣的时候，瞳孔就会放大。如果一个人的瞳孔变化和他试图表现出来的情绪不相符，就可以怀疑他所说的真实性。警察在询问嫌疑人时经常会用到这个方法。例如，警察想要知道嫌疑人和另一名疑犯是否相互认识，会把许多张照片一张一张地给嫌疑人看，其中只有一个是目标人物，嫌疑犯看到目标人物的照片时，瞳孔会突然放大然后恢复，警察如果能够观察到这个细节，基本上就可以下结论了。

关于瞳孔与谎言的关系，俄国有一个故事。

一个叫卡莫的俄国人在外国被警察抓获，沙皇政府要求引渡他。卡莫知道，一旦他回到俄国，无疑将面临死刑。于是他装成疯子，企图以此逃过惩罚。他的演技骗过了一位又一位经验丰富的医生，最后他被送到德国一个著名的医生那里进行鉴定。这位医生把一根烧红的金属棒放在他的手臂上，为了逃避惩罚，卡莫忍受着巨大的疼痛，没有喊叫，也没有露出任何痛苦的表情，但是他的瞳孔因为痛苦和恐惧而放大了。聪明的医生看到了这一点，完全明白了他不是丧失了知觉的疯子，而是一个正常人。

可见，演技再高超的骗子也无法控制自己瞳孔的大小变化。故事中的医生正是利用瞳孔与恐惧情绪之间的联系发现了这个俄国人的破绽。反过来，人们也可以利用瞳孔变化与兴奋情绪之间的联系来识破谎言。

第二次世界大战期间，盟军反间谍机关抓到一个可疑的人物，此人自称是来自比利时北部的流浪汉。这位流浪汉的言谈举止十分可疑，眼神中露出一种机警、狡黠，不像普通的农民那么朴实、憨厚。法国反间谍军官吉姆斯负责审讯此人，吉姆斯怀疑他是德国间谍。

第一天，吉姆斯问这位流浪汉："你会数数吗？"流浪汉点点头，开始用法语数数，他数得很熟练，没有露出一丝破绽，甚至在德国人最容易露馅的地方也没有出错，于是，他过了第一关。

吉姆斯设计了第二招，让哨兵用德语大声喊："着火了！"然而流浪汉似乎完全听不懂德语，一动不动地坐在椅子上，脸上也没有任何表情。吉姆斯心想，这个间谍果然不简单。

吉姆斯冥思苦想，想出了一个特别的办法。第二天，士兵将流浪汉押进审讯室，他依然是一副无辜的样子，十分冷静。吉姆斯看见他进来，假装非常认真地阅读完一份文件，并在上面签字之后，故意用德语说："好了，我知道了，你的确就是一个普通的农民，你可以走了。"

流浪汉一听到这话，误以为他骗过了吉姆斯，不自觉地卸下了防备，于是抬起头深深地呼吸，瞳孔突然放大，眼睛里闪过一丝兴奋。吉姆斯从这短暂的表情中看出了端倪，看来这位流浪汉确实会讲德语，而且之前一直是在伪装。吉姆斯抓住这个细节，对流浪汉进一步审讯，终于揭穿了他的谎言。

总之，瞳孔放大必然和恐惧、兴奋等情绪有联系，即使对方的身体一动不动、一言不发，仅从瞳孔的变化也可以发现他企图掩藏的情绪，从而揭开谎言。

硬挤出来的笑容嘴巴紧闭

欺骗的表情常常出现在最不常用来掩饰情感的面具就是微笑。达尔文曾经作过相关的研究，他声称，人们通常企图掩饰消极的情感，而微笑所使用的肌肉与消极情感所使用的肌肉最无关。因而谎言往往伴随着虚假的笑容，笑容具有极强的感染力，也有极大的欺骗性，虚假的笑容有时甚至比恶语相向更有杀伤力，因为它戴着善意的面具。我们可以通过对方脸上的细节来识别虚假的笑容。

真正的笑容总是最全面的，能够让整张脸都亮起来。如果只是嘴角动了动，嘴巴紧闭，眼睛周围的轮匝肌和面颊拉长，这就是假笑，也就是所谓的皮笑肉不笑。假笑时面颊的肌肉松弛，眼睛不会眯起。狡猾的撒谎者将大颧骨部位的肌肉层层皱起来以弥补这些缺憾，这一动作会影响到轮匝肌和松弛的面颊，并能使眼睛眯起，从而使假笑看起来更加真实可信。一个人发出真心的灿烂笑容时，眼角和嘴角都会浮现出细细的纹路。

要知道为什么脸部纹路成为真笑与假笑的区别之处，就要先知道人的笑容运作的科学道理。人的笑容是由两套肌肉组织控制的：以颧肌为主的肌肉组织可以控制嘴巴的动作。使嘴巴微咧，露出牙齿，面颊提升，然后再将笑容扯到眼角上；而眼轮匝肌可以通过收缩眼部周围的肌肉，使眼睛变小，眼角出现皱褶。

我们的意识可以控制以颧肌为主的肌肉组织。也就是说我们自己可以命令这部分肌肉运作，即便我们的内心没有感觉到愉快，也能制造出嘴部的笑容。而眼部周围的眼轮匝肌的收缩却是完全独立于我们意识之外的，我们不能自主地控制。只有内心真正的愉悦才能激发它的运作。所以在一张不真诚的笑脸上，细纹只会出现在嘴的四周。

此外，假笑时，面孔两边的表情常常会有些许的不对称。习惯于用右手的人，假笑时左嘴角挑得更高，习惯于用左手的人，右嘴角挑得更高。而真实的笑容，两边的嘴角都会被最大限度地抬起，而且从来不会不对称。

笑容的时间长短也可以作为判断的依据。假笑保持的时间特别长。真实的微笑持续的时间只能在 2 秒到 4 秒之间，其时间长短主要取决于感情的强烈程度。而假笑则不同，它就像宴会后仍不肯离去的客人一样让人感到别扭。这是因为假笑是刻意伪装的，所以人们就不知道应该什么时候收起笑容，无形中延长了笑容的时间，露出了破绽。而且，假笑常常可以在很短的时间里被堆出来，而真实的笑容往往需要更长的时间才能展现出完整的笑容。

总之，如果一个人不想暴露内心的真实感受，他可能会带上"我很快乐"的面具，你只需切记，不是发自内心真实感受的笑容，是不会在脸上完全绽开的。

看透他人内心，识破谎言

利用他的虚荣心，不必碰灰办成事

哈伯博士原来是芝加哥大学的校长。他是那个时代最好的一位大学校长，曾为学校筹募了数额庞大的基金。洛克菲勒捐款百万美元以支持芝加哥大学就是由他筹资的。

一次，哈伯博士需要一百万美元来兴建一座新的建筑。他拿了一份芝加哥百万富翁的名单，研究可以向什么人筹募这笔捐款。

哈伯博士选了其中两个人，他们都是千万富翁，而且是生意场上的死对头。其中一位当时是芝加哥市区电车公司的总裁。哈伯博士选了一天的中午时分——这时候，办公室的人员都已外出用餐了——悠闲地走入总裁办公室。

因为哈伯博士知道如果通过正常方式向这位总裁发出请求并约定见面的时间，这期间一定会浪费很多时间，并使这位总裁有时间准备充分的理由来拒绝这个让他花钱的请求。而现在对方对于他的突然出现，大吃一惊。

哈伯博士自我介绍说："我叫哈伯，是芝加哥大学的校长。请原谅我自己闯了进来，外面办公室没有人，我只好自己决定，走了进来。"做完简短的自我介绍后，哈伯博士继续说："我曾多次想到你，以及你们的市区电车公司。你已经建立了一套很好的电车系统，赚了很多钱。但是，每一想到你，我总是要想到，总有一天你就要进入那个不可知的世界。在你走后，你并未在这个世界上留下任何纪念物，因为其他人将接管你的金钱，而金钱一旦易手，很快就会被人忘记它原来的主人是谁，每当想到这里，我都不禁会为你惋惜。

"我常想提供你一个让你的姓名永垂不朽的机会。我可以允许你在芝加哥大学兴建一所新的大楼，以你的姓名命名。我本来早就想给你这个机会，但是，学校董事会的一名董事却希望把这份荣誉留给××先生（电车公司老板的敌人）。不过，我个人在私底下一向欣赏你，而且我现在还是支持你，如果你能允许我这样做，我将去说服校董事会的反对人士，让他们也来支持你。

"今天我并不是来要求你作出决定，只不过是我刚好经过这儿，想顺便进来坐一下，和你见见面，谈一谈。你可以考虑一下，如果你希望和我再谈谈这件事，麻烦你有空时拨个电话给我。再见，先生，我很高兴能有这个机会和你聊一聊。"

说完这些，他把自己的名片放到总裁的办公桌上并低头致意，然后退了出去，不给这位电车公司的老板表示意见的机会。事实上，这位电车公司老板根本没有任何机会说话，都是哈伯先生在说话，这也是他事先计划的。他进入对方的办公室只是为了埋下种子，他相信，只要时间来到，这颗种子就会发芽，成长壮大。

果然，正如他所预想的那样，他刚回到办公室，电话铃就响了，是电车公司老板打来的电话。他要求和哈伯博士定个约会，具体谈谈这件事情。第二天早上，两人在哈伯博士的办公室见了面，一个小时后，一张一百万美元的支票就交到哈伯博士的手上了。

哈伯博士的高明之处就在于：第一，利用合适的时间。午休时，办公室的文职人员都不在，省去了不必要的程序，而那位总裁的精神状态也处于放松阶段。第二，合理的理由。让这位成功的总裁永垂不朽，准确地抓住了总裁的心理需求。第三，巧妙的方法。他以特殊的方式提出说词，而制造出机会。他使这位电车公司老板处于防守的地位（似乎是哈伯在给他帮忙，而不是有求于他）。他告诉这位老板说，他（哈伯博士）不敢肯定一定能说服董事会接受这位老板想使他的姓名出现在新大楼的欲望，这样就在那位老板脑中灌输了这个念头：如果他不予捐款的话，他的对手及竞争者可能就要获得这项荣誉了，由此激起了那位老板好胜的虚荣心，以至不捐款反而不痛快了。

每个人都有或多或少的虚荣心，如果巧妙地利用，可能更容易达到你的目的。所以你应该记住：必要时，善意的谎言更能让人成功。

别人的"危言"，可以听但不能"耸听"

一只老鹰飞到一棵大橡树上筑起了巢，将家安在树枝上。一只猫在这棵树的树干上找到一个树洞，稍加整理后也在那里安家，并且生下了小猫。母野猪不会爬树，但是在树底下找到一个洞，于是带着小猪住在树根的洞里。刚开始时，三家互不侵犯，相安无事。

后来，猫想独占这块地方，把老鹰和野猪都赶走。缜密计划后，猫便实行她的诡计。她先爬到老鹰巢边，哭丧着脸说："哎！你们真不幸啊！不久你的家将要被毁灭，甚至连命也会丢掉，而我们也很危险。你往下看看，树下的野猪天天挖土，想把这棵树连根拔掉。树一倒下，她就可以轻而易举地把我们的孩子抓去，喂给她的孩子吃。树下的洞越来越大，我们该怎么办啊？"听了猫的哭诉，老鹰吓得心惊胆战，惊惶失措，绞尽脑汁想办法躲避危机。

猫见自己的话起到了作用，心里暗自偷笑，她来到野猪洞里说："野猪妈妈，你怎么还这么安心地住着啊？危险来了你还不知道！你的孩子们非常危险，只要你出去为小猪找食，树上的老鹰就会把他们叼了去。你没见老鹰天天站在树上盯着你等候时机吗？你可千万别大意啊。"野猪连连感激猫的提醒，心里也非常害怕。

猫狠狠地吓唬了老鹰和野猪后，假装自己也很害怕，躲进了她的树洞，以此来迷惑老鹰和野猪。到了晚上，她却偷偷地跑出去为自己和孩子寻找食物。白天，她仍装出一副恐惧的样子，整天躲在洞口守望着。

于是，老鹰害怕野猪把树挖倒，伤到自己的孩子，每天都静静地坐在枝头，不敢乱走；野猪也害怕老鹰趁自己不在叼走小野猪，每天不敢走出洞来，在家保护孩子。

过了不久，老鹰和野猪以及他们的孩子都饿死了。猫便把老鹰和野猪作为自己和孩子的食物了。

在上面的故事中，猫是一个两面三刀、挑拨离间的恶人，为了独占大树，她挑拨了老鹰和野猪的关系，引起了它们的心理恐慌。老鹰和野猪不经过证实便相信了猫的话，为了躲避不存在的危机连命都搭上了，让猫的诡计得逞。坏人无端的"提醒"其实是迷惑你的烟雾，你不能保持心里的镇定，不经过思考，便会成为坏人渔利的工具。

与人交往之初，在没有利益纷争的时候，都是各司其职，相安无事。一旦出现竞争，涉及利益冲突的时候，人的本性便开始显露出来。有的人为了在竞争中占据有利地位，或者妄图独霸利益，就绞尽脑汁挑拨离间，设计陷阱。这样的人用心极其险恶，他们总是给别人制造恐慌，唯恐天下不乱。对于这样的人，绝对不能被他们唬住，自己要具备辨别真伪的能力，不要因为别人的三言两语便提心吊胆，诚惶诚恐。世界没有那么多纷争，真正乱的是我们的内心。

利用心虚策略，悄无声息辨别谎言

说谎者因为这种难以消除的害怕感和心虚感，将会让我们成功地识破谎言。

宋宁宗年间，刘宰出任泰兴县令。一次，一个大户人家丢失了一支金钗，四下寻找不见，告到县上。刘宰调查后，了解到金钗是在室内丢失的，当时只有两个仆妇在场，但谁也不承认拿了金钗。

刘宰将两人带到县衙，安置在一间房子里，也不审问。众人都很困惑，刘宰却像没事人一样，饮酒散步，与大家闲谈。

到了天黑以后，刘宰拿着两根芦苇走进关押仆妇的房间，每人给了一根，说道："你们好好拿着芦苇，明天我要根据芦苇决案，谁要偷了金钗，芦苇就会长出二寸来。"说罢关门走了。

第二天，仆妇被带到堂上。刘宰取过芦苇审视，果然有一根长出二寸。刘宰嘿嘿一笑，却指着手持短芦苇的仆妇大声喝道："你如何盗得主人金钗？还不从实招来！"那个仆妇战战兢兢，当即跪倒在地，口中喃喃道："是我拿了金钗，大人如何知道？"

刘宰答道："我给你们二人的芦苇是一样长的，你若心中没鬼，为何要偷偷截去一节？"仆妇方知上了当。

刘宰正是因为知道撒谎的仆妇有恐惧和心虚感，才用这个测试办法使其自我暴露，辨识出了说谎者。

现实生活中，有很多时候，我们都希望悄无声息地查出别人有没有对我们说谎。如果直接去问，对方即便说了谎也很难承认；如果对方没有说谎，我们又会因为怪而得罪对方。所以，这种情况下，最行之有效的策略就是在不知不觉中测试一下对方是否心虚。当然，在这个过程中一定要表现得自然，不要让对方知道你是在测谎。

虚设一条底线，让对方产生危机感

一次，我国某市与一家外国公司代表就建立化肥厂事宜进行接触，几次会议都很顺利，双方确定了利用港口优越条件的项目。后来，另一家外国公司也参加进来。在第一次三方谈判中，第三家外国公司的董事长出席，在听过中外双方已经进行的一些筹备工作介绍之后，他断然表示："你们前面所做的一切工作都是没有用的，要从头开始！"

听到这话，中方和先前一家外国公司的代表都感到很为难。因为，在此之前，双方已经做了大量细致的工作，花费了大量的人力、财力。但是，这位董事长有着很高的权威性，他的公司在前面那家公司的所在国拥有许多企业的大量股份，他的话没有人敢于反驳。但是，如果按照这位高傲的董事长的建议从头开始的话，不仅前面的工作成果会付之东流，更重要的是会无谓地浪费更多的时间，甚至会使这个项目搁浅。

人们沉默着……

中方一位地方政府代表打破了沉默，他说："我代表地方政府声明：为了建立这个化肥厂，我们确定了接近港口、地理位置优越的一块地作为厂址。也为了尊重我们的友谊，在其他许多合资企业向我们申请这块土地的使用权时，我们都拒绝了。如果按照董事长今天的提议，事情将要无限期地拖延下去，那我们只好马上把这块土地转给别人了。对不起，我还有别的重要的事，我宣布退出谈判，下午我等你们的消息。"

说完，他拎起皮包就走出了谈判厅，躲到别的房间看报纸去了。半小时以后，中方一位代表跑来报告好消息："董事长说了，快请你回去。他们强烈要求迅速征用港口的场地……"接下来，谈判进行得非常顺利。

由于谈判对手有一定声望，当面唱反调会让对方失面子，不利于谈判，于是，中方代表用"谎言"描画出一幅竞争激烈、时不我待的情景，对方自然就不会再坚持己见，心甘情愿地作出了让步。

这位政府官员的打破僵局，讲明事实，虚设底线，使高傲的外商有危机感，不得不做出让步。他敏锐地找到对方的底线，并且提高了自己的底线，然后用自己的行政权力来影响谈判，这位官员代表政府，本意是希望促成这场谈判的，但在关键时刻他敢于站在客户的立场上果断离开谈判桌，可谓有勇有谋。"大不了我们不做了，"有了这样的心态就不会再有负担，而没有负担的谈判往往是效率最高的、结果最好的谈判，而在充分了解对方利益需求的基础上，来设置自己的底线，往往可以达到这一效果。最终使谈判顺利进行。

事情往往就是这样，在一定条件下。与其苦口婆心地解释、诉说不起实际作用的真话，莫不如虚实一条底线，用个小策略让对方遵从自己的意愿。

制造"机会"，让说谎者自露破绽

唐朝初年，李靖担任岐州刺史时，有人向当朝者告他谋反。唐高祖李渊派了一个御史前往调查此事。

御史是李靖的故交，深知李靖的为人，他心里很清楚李靖是遭到了奸人的诬陷，因此便想办法要救李靖，替李靖洗清不白之冤。于是便向皇帝请旨，请告密者共同前去查办此案。皇帝准奏，告密者也高兴地答应下来。途中，御史假说检举信丢失了，观察告密者以后的动作反应。

御史佯装害怕的样子，不停地向陪伴的告密者说："这可如何是好！身负皇上之托，职责所在，却丢失重要证据，我可真的难辞其咎了"！说着，御史便发起怒来，鞭打随从的典吏官。他的举动使告密者确信检举信已丢失。

御史无奈地向告密者请求："事已至此，只好请您重写一份了。否则，不仅我要担负不能办成查访之任的罪责，您的检举得不到查证，就没办法让皇上论功行赏了。"

那人一想不错，赶紧去重写。根据想象，又凭空捏造出一份来。

御史接到信件，拿出原信一比较，只见大有出入：除了告李靖密谋造反的罪名一样，而所举证据都换了模样，细节更是大相径庭，时间、人物都难以对上号，一看即知是胡编乱造的诬告信。御史笑笑，立刻下令把告密者关押起来。随后拿着两封检举信赶回京城，向唐高祖禀告原委。

上述整件事情的峰回路转，完全都要归功于御史巧妙地引出说谎者前后不一的证据，成功地揭穿了诬告谎言，惩治了撒谎者。

因此，我们就要为说谎者创造这样的"机会"，让他的谎言露出破绽。

釜底抽薪，从根本上瓦解谎言

从事实的逻辑关系来说，论点来自论据，论据孕育论点。论据真实，则论点正确；论据虚假，则论点谬误。所以，驳倒了论据，有如釜底抽薪，刨根倒树，是从根本上揭穿了对方的谎言。

运用釜底抽薪揭穿谎言的技巧在于紧扣论据与论点之间辩证统一的逻辑关系。多问几个问题，分析一下论据之间是否有相互矛盾的地方。

美国第十六任总统亚伯拉罕·林肯年轻时是一位律师，一次，他得悉朋友的儿子小阿姆斯特朗被控为谋财害命，已初步判定有罪。林肯以被告律师的资格，到法院查阅了全部案卷，知道全案的关键在于原告方面的一位证人福尔逊。福尔逊发誓说在 10 月 18 日晚 11 时，清楚地看到小阿姆斯特朗用枪击毙了死者。

对此，林肯在经过了全面了解和周密分析后，要求复审。复审中，有以下一段对话：

林肯问证人："你发誓说看清了小阿姆斯特朗？"

福尔逊："是的。"

林肯："你在草堆后，小阿姆斯特朗在大树下，两处相距二三十米，能认清吗？"

福尔逊："看得很清楚，因为月光很亮。"

林肯："你肯定不是从衣着方面看清他的吗？"

福尔逊："不是的，我肯定看清了他的脸。"

林肯："你能肯定时间是在 11 时吗？"

福尔逊："充分肯定，因为我回屋看了钟，那时是 11 时 15 分。"

林肯问到这就转过身来，对法官和旁听者说："我不能不告诉大家，这个证人是一个彻头彻尾的骗子。他一口咬定 10 月 18 日晚上 11 时在月光下看清了被告的脸。请大家想想，10 月 18 日那天是上弦月，晚上 11 时漆黑一片，哪里还有月光？退一步说，也许他时间记得不十分精确，时间稍有提前。但那时，月光是从西往东照，草堆在东，大树在西，如果被告的脸面对草堆，脸上是不可能有月光的！"

大家先是一阵沉默，紧接着掌声、欢呼声一起迸发出来。福尔逊傻了眼。

在这里，林肯运用了釜底抽薪的反驳技巧抓住细节、步步为营，终于戳穿了福尔逊的谎言，澄清了事实，还小阿姆斯特朗以清白。

釜底抽薪是一招很有效的破谎技巧，通过全面、细致地了解情况，分析情况，找出谎言的破绽予以致命的还击，用确凿的事实来反驳对方。这样，对方精心构筑的言论布局就会因基础瓦解而全面崩盘。

将计就计，顺势破谎解危

魏文侯时，西门豹为邺令，初到辖地，免不得各处走访。在访问老人的时候得知这里每年为河伯娶妻给老百姓带来的苦难。河伯是漳河的神，地方上管事的人串通巫婆，每年借着给河伯办喜事以减少水患的名义，强迫老百姓出钱。他们每年从老百姓身上搜刮数百万钱，仅用二三十万为河伯娶妻，其余的就坐地分赃。

光捞钱也还罢了，他们还以为河伯娶妻的名义残害少女。谁家的闺女年轻、漂亮，巫婆就带着人到哪家去选，有钱的人花点钱也就过去了，没钱的可就遭殃了。他们在河上扎起斋宫，布置举行仪式的大场地，将弄来嫁给河伯为妻的少女放入河里的斋宫。选好一个日子，就将载着少女的斋宫放入河水中漂走了，行数十里而灭，显然少女难免溺水而死。好多有闺女的人家都跑到外地去了，这里的人口越来越少，地方也越来越穷。

西门豹得知了这一情况，便有了主意，说等到那天也去送河伯的新娘子。

河伯娶妻那一天，各种人物都来了，围观的群众数千人。西门豹首先拿太巫开刀。那是个七十岁的老女人，带着十个女弟子。西门豹表现得仿佛比那些人更热心，说："这个新娘子不太理想，请你去给河伯说说，让他等几天，我们再选个好的送去。"接着不由分说，让兵卒将那个老女人扔进了水里。

过了一会儿，他又说，怎么去了这半天还没回来？

再让人去催吧。于是将太巫的女弟子扔下去一个。过一会儿，就再扔一个。连扔了三个了，西门豹又说，可能去的都是女人，不会办事，便挑了些地方管事的扔到河里。

一连扔了好几个了，毕竟都是怕死的家伙，剩下的怕被扔进河里，马上跪下磕头，恳求大人饶命。

为恶的人自己向人们证实了那是谎言。后来，西门豹发动老百姓开凿了十条河渠，把河水引入田里，灌溉庄稼。从此，年年丰收。

这是一个典型的"将计就计"揭穿谎言的例子。西门豹作为地方官，为了让人们相信他也尊重他们的习俗，效仿那些行迷信的人们，也一本正经地假戏真唱，作为一方父母官，他必须让谎言不攻自破，必须让那些以迷信愚昧老百姓的人原形毕露，才能达到根除恶习的效果。假如他事先就去搞什么破除迷信的宣传，绝不会有人相信，老百姓也不会站到他这一边，那样难免会让自己陷入被动的局面。于是西门豹就将计就计把他们一个个除掉，是开刀问斩都难以达到的效果。

"将计就计"最关键的两个环节，第一是识破对方的谎言，第二是让对方相信自己已被他的谎言骗住了。这样，才可能行使计谋。如果不能识破对方的谎言，抓住主动，"将计"就无从谈起；如果不能使对方确信自己已经受骗，对方就会起防备之心，"就计"也无从实施。

全面分析，识破离间计

离间计在生活中有多种表现，如创造条件造成同事之间、上下级之间的误会；或将误会加以渲染，扩大他人之间的分歧；或编造谎言，制造矛盾，破坏他人团结等。离间术的外在表现虽然多种多样，但它的内在本质却是唯一的，那就是：抑人扬己，损人利己。我们如何识破敌人的离间计呢？

一般来说，离间计主要有以下三个特征：

目的性强

任何离间计都有其明确的目的。只有在目的的驱使下，离间的所有行为才可以表现出实际意义。离间者的目的是自我的、本位的，是建立在实际自我利益基础之上的。有时为的是获取个人的某种利益，有时则表现为满足个人的某种欲望，有时也可能是为了小集团的利益。但无论如何，它都是建立于私欲、颓废、反动之上的。离间者的目的不在离间过程本身，而在于达到离间之后的结果。

隐蔽性好

离间者的目的决定了行为的隐蔽性。因为伴随着离间计的实施，离间者对被离间者的侵害行为已经开始，而这种侵害又是巧借被离间者之间的摩擦力量进行的。一旦离间成功，被离间者的利益受损则是绝对的。所以，离间者只有使被离间者在表面上知情，而不能在根本上知底，才能达到离间的目的。因此，隐蔽性贯穿于离间活动的始终。

欺骗性大

离间的隐蔽性决定了离间手段的欺骗性。因为离间是一种侵害行为，且要借助客体之间的摩擦力量实施，又要做到隐蔽得"天衣无缝"，显然采取正当的、

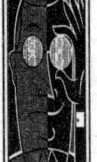

公开的手段是不行的。所以，离间者往往会制造假象欺骗客体，使其产生错觉、作出错误的判断、形成错误的认识，以便使其在不知不觉中落入圈套。尽管离间计具有隐蔽、诡诈的特点，但还是可以识破的。

识破离间计，要从以下三个方面进行分析：

首先，是联系分析。任何离间者要想达到离间他人的目的，必然要与被离间者发生这样那样或明或暗的联系。没有联系就无法借助客体之间的摩擦力量，再高明的离间计也无法得以实施。因此，谁突如其来地与你发生联系，谁就有可能在实施离间计。

其次，是利益分析。一般说来，离间计通常是伴随着利益冲突而实施的，而离间者往往又是被离间者发生矛盾后的直接或间接受益者。因此，对人际冲突制造者的利益得失进行分析，有利于识破离间者的真面目。

再次，是反常分析。任何离间计，无论它怎样高明绝伦，只要它付诸实施，总要留下一些反常的痕迹。因此，对反常的蹊跷行为进行认真分析，进而反向思维，弄清人际冲突的来龙去脉，对于破译离间计很有帮助。

总而言之，离间计的破译应建立在对其行为特征的综合分析上，既不能盲目猜疑，又不可掉以轻心。

推理有术，抽掉谎言的支柱

燕王有收藏各种精巧玩物的嗜好。有时他为了追求一件新奇的东西，甚至不惜挥霍重金。"燕王好珍玩"的名声不胫而走。

有一天，一个卫国人到燕都求见燕王。他见到燕王后说："我听说君王喜爱珍玩，所以特来为您献上棘刺尖上刻的猕猴。"燕王一听非常高兴。虽然王宫内有数不尽的稀世珍宝，可是从来还没有听说过棘刺上可以刻猕猴。因此，燕王当即赏赐那个卫国人。

随后，燕王对那卫人说："我想马上看一看你在棘刺上刻的猕猴。"那卫人说："棘刺上的猕猴不是一件凡物，有诚心的人才能看得见。如果君王在半年内不近女色，戒酒戒肉，并且要在一个雨过日出的天气，抢在阴晴转换的那一瞬间才能看到那棘刺上的猕猴。"

为了能看到棘刺上刻的猕猴，燕王只好拿俸禄先养着那个卫人，等待有了机会再看。

有个铁匠听说了这件事以后，觉得其中有诈，于是去给燕王出了一个主意。匠人对燕王说："在竹、木上雕刻东西，需要有锋利的刻刀。被雕刻的物体一定要容得下刻刀的锋刃。我是一个打制刀斧的匠人，据我所知，棘刺的顶尖与一个技艺精湛的匠人精心制作的刻刀锋刃相比，其锐利程序有过之而无不及。既然棘刺的顶尖连刻刀的锋刃都容不下，那怎样进行雕刻呢？如果那卫人真有鬼斧神工，必定有一把绝妙的刻刀。君王用不着等上半年，只要现在看一下他的刻刀，立即就可知道用这把刀能否刻出比针尖还小的猕猴。"燕王一听，拍手说道："这主意甚好！"

燕王把那卫人招来问道："你在棘刺上刻猴用的是什么工具？"卫人说："用的是刻刀。"燕王说："我一时看不到你刻的小猴，想先看一看你的刻刀。"卫人说："请君王稍等一下，我到住处取来便是。"燕王和在场的人等了约一个时辰，还不见那卫人回来。燕王派侍者去找。侍者回来后说道："那人已不知去向了。"

其实，只要注意观察，细加分析，就会发现他的漏洞，这时只要点出说谎者的破绽，抽掉谎言赖以成立的支撑点，即可让谎言无处藏身。

第二章

讲究技巧，把话说到人心里

不能不会说的客套话

拉近感情，先要学会客套

客套，包含着客气、谦卑，处处显示出对别人的尊重；客套，还显示出你的平和与内敛。

客套是语言艺术中的一种。我们往往在教育孩子的时候会说"见了大人要打招呼，借了同学的橡皮要说谢谢，不小心碰倒了人家要说对不起"等，这是最基础的礼貌教育。

客套的书面文字是那么地枯涩、乏味，但是变成语言之后，却是那么地悦耳和动听。

一次，李女士去看重病中的好朋友，看到对方非常痛苦的样子，她没有说一句话。她没有说话是因为当时有许多的顾虑：说客套话吧，不能表达自己的心情；不说话吧，又被认为冷眼旁观。她太内向了。

这种"内向"要比虚情假意和口蜜腹剑的做法诚实得多。但是，由于不能充分地表达自己的内心，在他人看来一切都等于零。一个人如果连一句最普通的客套话都不会说，探望病人的时候，连一句"没事吗"都说不出口，这种人会给人一种冷酷的感觉。

所以，生活中要学会说客套话，用自己的语言表达出自己的感情，比如"没事吗"这句话，你并不是只把字面的含义说给对方，这里面，你可以加进去自己的真实感情，比如"有什么我能帮你的？""我看到你难受的样子非常难过！""没事吗？好了之后，我们一起去打保龄球。"这样，更有益于促进彼此之间的关系。

客套不是低声下气，是尊重；客套不是虚伪，是礼貌。生活、工作，哪一样都需要语言作为纽带。人要衣装，佛要金装，语言也要靠包装。语言的魅力，在于使人心悦诚服，语言的运用，在于修养气度。

会客套的人，说出来的话叫人喜欢听、愿意听，别人也会欣然接受；不会客套的人，常常面临许多的尴尬，造成许多的误解，出现人际关系的障碍，导致自己的人际关系恶化。

有的人说，客套多，朋友多；朋友多，好事多。这句话一点都不假。因为客套和寒暄可以帮助你认识很多朋友，缩短人与人之间的距离，从而促成两人的交往。

在生活当中，我们往往会听到如"谢谢您"、"多谢关照"、"劳驾"、"拜托"之类的客套话。这样的客套话可以向别人表示感谢，能沟通人与人的心灵，建立融洽的人际关系。在求人做事以后，应真诚地说一声"谢谢"。如果你不说一声"谢谢"，只把感激之情埋在心底，对方会有一种不快的感觉，他的劳动没有得到肯定，或认为你不懂礼貌，今后也不会再帮助你。同样，在打搅别人，给别人添麻烦时能真诚地说一声"对不起"，对方的气就会减少一半。所以，在人际关交往、求人办事的过程中，我们千万不要忽视客套的作用。

许多时候，客套就是表现出对对方的尊重、礼节和谦虚，比如有人作报告或讲话，总会说"我资质不高，研究不够，恐怕讲不好"，或者是"我讲得不好，请大家批评指正"。诸如此类的客套话，看起来是随口而出，实际上起着表达讲话者谦恭愿望的作用。

客套必须要自然，要真诚，言必由衷，富有艺术性。

小王是上海某大饭店里的服务员。著名美籍华裔舞蹈家孟先生第一次到该饭店，小王向他微笑致意："您好！欢迎您光临我们酒店。"第二次来店，小王认出他来，边行礼边说："孟先生，欢迎您再次到来，我们经理有安排，请上楼。"随即陪同孟先生上了楼。时隔数日，当孟先生第三次踏入酒店时，小王脱口而出："欢迎您又一次光临。"孟先生十分高兴地称赞小王："不呆板，不制式"。

小王之所以会受如此表扬，在于他并不是鹦鹉学舌，见客只会一声"欢迎光临"，而能根据交际情境的变化运用不同的方法，表现出他对工作的热爱和说话的艺术。

"人有礼则安，无礼则危。故曰，礼者不可不学也。"可见，人类从很早以前就开始呼唤礼仪，呼唤文明。有的人总是说，礼仪中的寒暄是人际交往的废话，其实这句话是不正确的。在人际交往中往往少不了客套，客套会使我们彼此之间的关系更加和谐。要把"谢谢、对不起、请"常挂嘴上。请人办事，说一声"劳驾"，送客临别，讲一句"慢走"。这些都能显示出你礼貌周到、谈吐文雅。擅长外交的人们像精通交通规则一般精于客套，得体的客套同我们美好的仪容一样，是永久的荐书。以下是总结出的一些日常生活中常用的客套话：

初次见面说"久仰"，好久不见说"久违"。

请人评论说"指教"，求人原谅说"包涵"。

求人帮忙说"劳驾"，求给方便说"借光"。

麻烦别人说"打扰"，向人祝贺说"恭喜"。

请人改稿称"斧正"，请人指点用"赐教"。

求人解答用"请问"，赞人见解用"高见"。

看望别人用"拜访"，拖人办事用"拜托"。

宾客来到用"光临"，送客出门称"慢走"。

招待远客称"洗尘"，陪伴朋友用"奉陪"。

请人勿送用"留步"，欢迎购买叫"光顾"。

与客作别称"再见"，归还原物叫"奉还"。

对方来信叫"慧书"，老人年龄叫"高寿"。

得体的"致谢"会更加温暖对方的心窝，也能使你的语言更加充满魅力。得体的"道歉"是你送给对方的最廉价的礼物，也是调和可能产生紧张关系的一帖灵药……有的人往往容易把应酬、客套、寒暄甚至是聊天这些基础的交往行为看作是虚伪、庸俗和毫无意义的东西，在思想上加以排斥，在行动上加以抵制。这样的人违背了人类的某些本性，在交际上会屡屡受挫，连连吃亏。

客套并不一定是在语言上，一个眼神、一个手势，点一下头，微笑一下，或给对方送些小礼物，凡此种种，都属于客套的范畴。换句话来说，客套是一个比较宽泛的概念，客套是一种礼节，如果客套运用得好，会使你收到意外的惊喜。

日本松下电器公司的松下幸之助是个很讲客套的人。他在交托下属去执行某一件事时，会说："这件事拜托你了。"遇到员工时，他会鞠躬并说"谢谢你"、"辛苦了"之类的客套话，有时会亲自给员工斟一杯茶，或者送给员工一件小礼物。就是因为这种客套，员工才毫无怨言地为他尽心竭力。

人类是一种感情的动物，从某种意义上说，人际关系网正是出于人类感情交流的需要。客套是温暖的，能加深对方的了解、亲切关系，增加友谊，彼此之间的关系因为客套而发生变化，心理距离也会随之缩短，感情自然有了呼应和共鸣。

在人际交往中，要想使别人怎么对你，你首先就要学会如何对待别人。客套一下，看似平常，可它却能引起人际间的良性互动，成为交际、办事成功的促进剂。

抓准说客套话的时机

在交际场合说点客套话是非常必要的。恰到好处的客套话，可以赢得他人的欢心，从而增加彼此的感情。但是，客套话并不是说得越多越好，有时候说客套话也得注意场合。如果不分场合地说客套话，很可能给别人留下轻浮与虚伪的印象。

社会是由人组成的，人与人之间相处、交往是再正常不过的事情了。一踏入社会，应酬的机会就多了，这些应酬包括去别人家里做客、赴宴、会议，以及其他聚会等。不管你对应酬满不满意，客套话一定要讲。

什么是客套话呢？

客套话就是让主人高兴的话。既然说是客套话，必须十分得体中听，这种话不一定代表你内心的真实想法，也不一定合乎事实，但讲出来之后，就算主人明知你"言不由衷"，也会感到高兴。

客套话是日常交际中常见的现象之一，而说客套话也是一种应酬的技巧和生存智慧。从日常社交来看，你至少需要学会以下几种客套话。

当面赞扬他人的话。你可以称赞别人的孩子聪明可爱，称赞别人的衣服大方漂亮，称赞别人教子有方等。这种客套话所说的有的是实情，有的则与事实存在相当的差距，有时正好相反，但这种话说起来只要不太离谱，听的人十有八九都会感到高兴。

当面答应他人的话——如"我会全力帮忙的"、"这事包在我身上"、"有什么问题尽管来找我"等，这种话有时是不说不行，因为当面拒绝场面会很难堪，不时甚至会得罪人。用客套话先打发一下，能帮忙就帮忙，帮不上忙或不愿意帮忙再找理由，总之，有缓兵之计的作用。

在很多情况下，客套话我们不想说不还不行，因为不说，会对你的人际关系造成影响。

到别人家做客时，一定要感谢主人的邀请，并盛赞菜肴的精美丰盛可口，并看实际情况，称赞主人的室内布置，小孩的乖巧聪明……

赴宴时，要称赞主人选择的餐厅和菜色，当然感谢主人的邀请这一点绝不

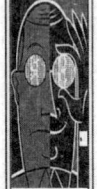

能免。

参加酒会，要称赞酒会的成功，以及你如何有"宾至如归"的感受。

参加会议，如有机会发言，要称赞会议准备得周详。

参加婚礼，除了夸奖菜色丰富之外，一定要记得称赞新郎新娘的"郎才女貌"。

生活中的"场面"当然不只以上几种，至于客套话的说法，也没有一定的标准，要视当时的情况决定。客套话切忌讲得太多，要点到为止，太多了就显得虚伪而且令人肉麻。

总而言之，客套话就是感谢加称赞，如果你能学会讲客套话，对你的人际关系必有很大的帮助，你也会成为受欢迎的人。

没话也要找话说，营造热络的气氛

话题是初步交谈的媒介，是深入细谈的基础，是纵情畅谈的开端。没有话题，谈话是很难顺利进行下去的。要想营造热络的气氛，没话题也要找话题。

不善言谈在交际场中很容易陷入尴尬局面。要想成为求人办事的高手，首先必须掌握没话找话的诀窍。没话找话说的关键是要善于找话题，或者根据某事引出话题。

好话题的标准是：至少有一方熟悉，能谈；大家感兴趣，爱谈；有展开探讨的余地，好谈。那么，怎么找到话题呢？

众人都关心的话题

面对众多的陌生人，要选择大家关心的事件为话题，把话题对准大家的兴奋中心。这类话题是大家想谈、爱谈又能谈的，人人有话，自然能说个不停了。

借用新闻或身边的材料

巧妙地以彼时、彼地、彼人的某些材料为题，借此引发交谈。有人善于借助对方的姓名、籍贯、年龄、服饰、居室等即兴引出话题，常常收到好的效果。"即兴引入"法的优点是灵活自然、就地取材，其关键是要思维敏捷，能做由此及彼的联想。

提问的方式

向河水中投块石子，探明水的深浅再前进，就能有把握地过河。与陌生人交谈，先提一些"投石"式的问题，在略有了解后再有目的地交谈，便能谈得更为自如。

找到共同爱好

问明陌生人的兴趣，循趣发问，能顺利地进入话题。如对方喜爱足球，便可以此为话题，谈最近的精彩赛事、某球星在场上的表现，以及中国队与外国队的差距等，都可以作为话题而引起对方的谈兴。引发话题，类似"抽线头"、"插路标"，重点在"引"，目的在导出对方的话茬儿。

循序渐进，由浅入深

孔子说"道不同，不相为谋"，只有志同道合，才能谈得拢。我国有许多"一见如故"的美谈。陌生人要能谈得投机，要在"故"字上做文章，变"生"为"故"。下面是变"生"为"故"的几个方法：

适时切入。看准情势，不放过应当说话的机会，适时地"自我表现"，能让对方充分了解自己。

交谈是双边活动，光了解对方，不让对方了解自己，同样难以深谈。陌生人如能从你"切入"式的谈话中获取教益，双方会更亲近。

借用媒介。寻找自己与陌生人之间的媒介物，以此找出共同语言，缩短双方距离。如见一位陌生人手里拿着一件什么东西，可问："这是什么？……看来你在这方面一定是个行家。正巧我有个问题想向你请教。"对别人的一切显出浓厚兴趣，通过媒介物引发表露自我，交谈也会顺利进行。

留有余地。留些空缺让对方接口，使对方感到双方的心是相通的，交谈是和谐的，进而缩短距离。

有经验的记者能通过观察和分析，迅速与对方套上近乎，找到一个可以引起双方话题的共同点，打破那种不知从何谈起的场面。

一位记者去采访一位教师，行前有人说这位老师性格有点古怪，经常三言两语就把人打发了。记者到学校去找时，他正在跟传达室的人发脾气。记者一听他说话的口音是山西人，心里暗暗高兴，因为他也是山西人。后来，他们的交谈就从家乡谈起，越谈越热乎，这一段题外话也为正题做了很好的铺垫。

在交际过程中，谈话时要善于寻找话题，这样才能套上近乎。有位交际大师指出：交谈中要学会没话找话的本领。

交际中要有情感共鸣点

要拉近双方感情，使得场面更和谐，就一定要找到对方感情的突破口，只有情感上有了共鸣，交谈才能继续下去。

日常交往并不是总在熟人间进行，有时你甚至要闯入陌生人的领地。当进入一个陌生的家庭、环境时，要迅速打开局面，首先要寻找理想的"突破口"。有了"突破口"，便可以以点带面或由此及彼地发挥开去，从而实现让对方在感情上接受你的效果。

纽约某大银行的乔·理特奉上司指示，秘密进入某家公司进行信用调查。正巧理特认识另一家大企业公司的董事长，这位董事长很清楚该公司的行政情形，理特便亲自登门拜访。

当他进入董事长室，才坐定不久，女秘书便从门口探头对董事长说：

"很抱歉，今天我没有邮票拿给您。"

"我那12岁的儿子正在收集邮票，所以……"董事长不好意思地向理特解释。

接着理特便开门见山地说明来意，可是董事长却含糊其词，一直不愿做正面回答。理特见此情景，只好离去，没得到一点儿收获。

不久，理特突然想起那位女秘书向董事长说的话，同时也想到他服务的银行国外科每天都有许多来自世界各地的信件那上面有各国的邮票。

第二天下午，理特又去找那位董事长，告诉他是专程替他儿子送邮票来的。董事长热诚地欢迎了他。理特把邮票交给他，他面露微笑，双手接过邮票，就像得到稀世珍宝似的自言自语："我儿子一定高兴得不得了。啊！多有价值！"

董事长和理特谈了40分钟有关集邮的事情，又让理特看他儿子的照片。之后，没等理特开口，他就自动地说出了理特要知道的内幕消息，足足说了一个钟头。他不但把所知道的消息都告诉了理特，又召来部下询问，还打电话请教朋友。理特没想到区区几十张邮票竟让他圆满地完成了任务。

人常说：要讨一个母亲的欢心，那就去赞扬她的孩子。找到情感共鸣，沟通自然会顺畅。

分清别人说的客套话

客套话大家都在说，但究竟哪些客套话是真的，那些客套话是虚言的应酬，我们要做到心中有数。

走入社会后很多人就会发现，虽然自己名片盒里的名片越来越多，真正无话不谈的朋友还是那么几个。绝大多数的朋友，迎来送往，无非是个"你好"加上"再见"。苦恼的是，若是真正的朋友，就算相对无语，彼此也不觉得尴尬。

但社交上的朋友就不同了，毕竟从见面到分手之间的一段空白还是要去填的。善于应酬的人，也就是公认的社交高手，总能漂亮地完成使命，让彼此轻松愉悦地度过一段时间；反之，则空留尴尬的笑脸和一段难熬的时间。

一个法资公司的大老板每年环球巡游一次，听各国首席执行官们述职。当然，也顺便见一下各国雇员。只是全球数万张面孔，哪儿记得过来？于是他每年都问同样的三个问题：你是哪个大学毕业的？学的是什么专业？何时来到我们公司的？除了首席执行官们之外，公司其余的人每年要回答一次。

大多数员工对待这三个问题就像对待元首阅兵一样，把答案像口令一样喊出来而已，从不奢望自己能被大老板记住，除了一个信息技术工程师。他每次回答完"我的专业是建筑设计"之后，都会解释一下为何原来的建筑设计师会转行到信息技术领域。这是个漫长的故事，但大老板老是记不住，于是他连续讲了三年。第四年，当他又开始讲第四次的时候，大老板制止了他："好像有个挺长的故事是吗？无论如何，我代表公司感谢你的努力工作。"可怜的人只好把他那感人的奋斗史收了起来。

老板只是在客套一下，谁知他竟当了真。

坐上大老板的位置后，也许不用再花心思设计机灵的客套话；但下属就不同了，场面上反应机敏与否，直接关系到将来的前程。

一次会议的中场休息之后，许多人迟到。大老板面露愠色。大部分人默默地进来，默默地入座，空气十分凝重。只有一个中层女经理人未到，话先到："哎呀呀，卫生间的队好长啊。老板，你怎么雇了这么多女人啊！"一句话把大老板逗乐了。

在一个鸡尾酒会上，有个商人模样的老外过来打招呼，琳达马上放下冰橙汁，与他握手。他笑问琳达："为什么你的手冰冰的呀？"她忙着解释，朝那杯冰橙汁乱指。他马上摇头："不不不，你只需要说'但我的心是热的'就行了。"

一句话提醒了琳达。

其实他并不关心为何琳达的手是冷的，而琳达也并无义务解释为何自己的手是冷的。不过是两个陌生人找个话题混个脸熟而已，什么话开心，什么话可以博个笑脸，就讲什么话。

客套话人人都在说，但究竟所说的客套话那些是真的，那些只是基于社交的礼节虚言的应付，我们的心中要有个数，这样就不至于因为没有分清对方的客套话而造成尴尬的局面。

面对不同人有不同的客套话

不同的人所关注和喜欢的东西也会不同，面对不同的人，我们要学会说不同的客套话。只有说话得当，客套话才能引起对方的兴趣，谈话才能持续下去。

有一个年轻的渔夫，一天收网的时候，发现网里有一个旧瓶子。他把瓶塞打开，突然一阵浓烈的烟雾喷出来，很快变成一个比山还大的巨魔。

这时，巨魔突然笑着说"哈哈！年轻人，你把我救出来，本来我应该感谢你的，可是，你做得太迟了，倘若你早几年把我救出来，你就可以得到一座金山啦！唉，又让我等了500年，我太不耐烦了，我已经许了恶愿，要把救我出来的那个人一口吃掉！"

那年轻人吃了一惊，但立即镇定地说："哟，这么小的一个瓶子，怎么能把你盛下呀，你一定在说谎，你再回到瓶子里让我看看吧。"

那巨魔听后，竟大笑说："哈哈哈哈，我不会上当的！《天方夜谭》早把这个古老的故事说过了，我如果再钻入瓶子里，你把塞子塞上，我不就完蛋了吗？"

"你看过《天方夜谭》？真是一个博学多才之士呀！你看过苏格拉底的哲学著作吗？"

"哼！这500年来，我躲进瓶子里，穷读天下的经典著作，苦苦修行，莫说是西方的巨著，连中国的《大学》、《中庸》、《论语》、《孟子》我都念得熟透了。"

"啊，那么《史记》你也颇有研究吧？墨子的著作也有涉猎吗？"

"别说了，经史子集无一不通！"

"不过，我想你一定没有见过《红楼梦》的手抄本，这是一部难得一见的版本呢！"

"哼！你这个小子太小觑我了，这本书的收藏者正是我呀！让我拿出来给你开开眼界吧！"

刚说完，只见巨魔立即又化作一阵浓烟，徐徐进入瓶子里。这时候，年轻的渔夫不再迟疑，连忙用瓶塞堵住了瓶子。

每个人都有可能是他兴趣所在领域的专家，激发对方的兴趣，你不仅会获得新知，有时加以利用，还能够逢凶化吉。年轻的渔夫就是利用这一点降服了巨魔。

与对方能够畅谈的原则，就是能够顺着对方的喜好，与他人融洽地交谈。心理学家告诉我们，对于不同类型的人要用不同的交谈方式。

心理学

第四篇 可怕的交际心理学

人际关系型

如果对方时常提到自己和某个人的关系，或是某个人和另一个人的关系，就代表他对人际关系很有兴趣。如果你让他知道你也懂得人际关系学，那么，他就会很喜欢和你谈下去。

逻辑思维型

如果这个人说话有条理、很利索，而且用词精确，这种人通常喜欢有逻辑性地去思考，谈话滴水不漏。因此在对话时，你不能只是说出自己的感觉，尽量调动自己的"分析"因子，去分析事物背后的道理。

情感丰富型

当你讨论到对于某个人或某件事情的想法，如果对方说出"这个人好可怜……"之类的话，代表他情感丰富，凡事凭感觉，而且好恶分明。面对这种人，不要谈理论、讲求逻辑分析，他对此可能一点兴趣也没有。

艺术欣赏型

这种人喜欢谈论美术或音乐等话题，你可以和对方讨论最近最热门的商品设计或是音乐表演等，请教对方的意见，不仅让对方有一个表现的机会，你也能从中学到一些知识。

有一位学者曾说过："如果你能和任何人连续谈上 10 分钟而让对方产生兴趣，那你便是一流的说话高手。"两个陌生人初次见面，如果不能善用机会，找出话题，说不好该说的客套话，必然不能取得交谈的成功。谈论别人感兴趣的事物，会使人感觉受到尊重，同时也是一种深刻了解别人，并与之愉快相处的方式。

公众场合的致词要体面

不管是什么样的演讲，即兴的还是事先有准备的，说话人都是为了达到一些目的。在公众场合致辞是有一定技巧的，当你掌握好了这些技巧，便会赢得他人的掌声。

在各种正式场合，与会者都要发表演讲，无论何种演讲，说话人都是为了达到一些目的。例如，在欢迎外宾的招待会上，主人要致欢迎辞，外宾要致答谢辞；在宴会上，主人要致祝酒辞，外宾要致答谢辞；在欢送外宾的会议或酒宴上，主人要致欢送辞，外宾要致告别辞等。这些致辞根据各自的特定场合，各有其特定目的和表达方式。

热情洋溢、语言明快、词句精练、全文紧凑是欢迎辞、欢送辞和祝酒辞的特点。当你的言词里流露出朴实的感情，那么一定可以增进宾主之间的友谊，从而为自己树立一个良好的形象。这类致辞常由"引言""正文"和"结语"三部分组成。"引言"部分首先对远道而来的贵宾表示欢迎；"正文"部分根据特定情况，或介绍对方来访的原因、事情的安排，或赞扬对方的才华、功绩，或强调宾主双方的关系等；"结语"部分是再度表示欢迎或祝愿之类的言辞。

答谢辞和告别辞中，"引言"部分对主人的欢迎（欢送）表示感激。答谢辞的"正文"部分应阐明来访者的友好来意和做好某事的愿望；告别辞的"正文"部分应着重说明在访问或出席会议期间受到东道主的欢迎和款待使自己深受感动。最后再次表示感谢或对未来表示良好的祝愿。

迎送致辞

致辞一般由主人或单位领导、集体代表先致，然后由被迎送者致答谢宾辞。欢迎时，主辞可代表组织或在场者表达增新成员的喜悦与日后团结共事的愿望；宾辞则要对热忱的欢迎表示感谢，申明自己希望在大家的支持和帮助下作出贡献的决心。欢送时，主辞应充分肯定被送者的成绩和优点，勉励被送者继续进步，表达依依不舍的心情。需要指出被送者不足之处时，可视对象和会议气氛，有的率尔直言，有的则以提出希望的方式暗示。宾辞则要以感谢大家长期以来的关怀和帮助为主，陈述事实、抒发感情，以惜别之心怀、寄意于未来。无论迎送，致辞均应热情、诚挚，以互相勉励为主。

贺庆致辞

贺庆活动中，通常先致宾辞，表示祝贺与勉励；再致主辞，表示感谢与"百尺竿头，更进一层"的决心。有时，也可倒过来，譬如在贺庆宴会上，往往先由主人致祝酒辞，尔后再由宾客致答谢辞。贺辞宜热烈而有分寸，祝酒辞须凝炼而不含糊，答谢辞要情意真挚，朴实动人，不说套话。

婚丧致辞

婚丧致辞时，气氛迥然有异。祝贺新婚，宾辞可突出婚姻之美满，并祝愿新婚夫妇相亲相爱，白头偕老。语词可幽默俏皮一些，以增添欢乐气氛，但不要庸俗油滑。主辞则要陈谢意赞友情，由衷而出，落落大方。丧事上，宾辞可深情缅怀死者、激励后人；主辞于答谢之外，要让人看到从悲痛中振作精神的姿态。

联谊致辞

联谊活动的目的在于融洽感情、增进彼此之间的友谊。除了事先已经有安排的情况外，双方都应该争取先行致辞，以示主动。主辞、宾辞要分别为客人的到来与主人的盛情表示荣幸或感谢。同时，都要畅叙友谊，展望未来更密切的合作，祝贺联谊活动圆满成功、与会者健康欢乐。联谊致辞要有鼓动性、语言亦庄亦谐，但"庄"不可说教，"谐"不可无聊，均以"雅俗共赏"为佳。

评聘致辞

主辞一般先致，再答以宾辞。评聘致辞通常以严肃为主，但也不须过于刻板，造成沉闷空气。主辞对受评聘者可多予褒奖，并表示殷殷之期望，使受评聘者从鼓励中看到自身的价值，萌生努力工作的意愿和激情。宾辞则要表达这种感受和决心。必要时，双方可简要提出一些希望或建议。

参观、检查致辞

参观者与检查者身份不同，但"入乡随俗"，都要表示对被参观、检查一方的尊重。因此，宜主辞先致，宾辞后致。主辞表示欢迎，希望参观、检查者多提批评意见，措辞要诚恳，不能有虚情假意。宾辞贵在实事求是，要报以诚挚；多予赞扬，以公正的语言评是论非，同时勿忘感谢热情的接待或对被检查者提出希望。参观、检查致辞，有参观、检查之前与后的区别，致辞内容要考虑这个因素。

致辞是一种公开的表白，你既有表现口才的机会，也有暴露弱点的可能。所以，就是即兴致辞，也要尽量细拟腹稿。致辞时，神态要自然、落落大方，不能扭扭捏捏，也不要故意卖弄。要尽量减少口头禅。

引起亲切感的客套话

对于初次见面以及了解不深的人，如何借语言消除彼此之间的陌生感，缩短隔阂，以获得信赖，是一门大学问。

借由关心对方的家人或使用流行语引起强烈的亲切感，产生"同伙意识"，别人当然乐意与你交往。自古以来，许多政治家都具有使人觉得亲切的本事。他们懂得利用人性的各项弱点，使人心悦诚服，无条件地接受领导。

河野一郎是日本一位政治家，十分懂得利用人们的微妙心理，借巧妙的客套话使人大受感动。

1959年，他在纽约旅行时，巧遇了多年不见的好友米仓近。他乡遇故知，两人非常高兴地握手寒暄，互道近况，畅谈甚欢。各自回到旅馆之后，河野一郎立刻拨了一通国际电话给米仓近在东京的妻子："我叫河野一郎，是米仓近的老朋友，你先生在纽约一切都很好。"

米仓近的妻子感激莫名，顿时热泪盈眶。一直到后来，米仓夫妇还经常向人谈论起这件事。

人在潜意识里，总是会特别惦念自己的父母、妻子等关系亲近的人，一旦发现对方也在关心着自己关心的人，或者具有相同的关心心态，大都会产生认同感。利用这种共同的心理倾向，先使人产生亲切感，接下来，自然能够成为受人欢迎的人物。

在日常生活中，常把"令尊好"、"嫂夫人好"、"孩子们可好"等问候语挂在嘴边，必能使他人觉得备受关心，深深感动。

有位知名播音员非常受观众欢迎，经常率团到各地巡回演出。每到一个新的地方，他一定要套用一两句当地的用语，以拉近和观众之间的距离。

这些事例，都基于同一原则——赢取亲切感。借由关心对方的家人，或是使用流行语、当地的方言，可以引起强烈的亲切感，产生同属一个团体的归属意识，强调"同伴"、"同伙"的关系，别人当然乐于与你交往。此外，巧妙选择称呼对方的方式，也能够成功营造同伙意识，增加亲切感。

由于工作的关系，日本心理学家多湖辉经常和美国人往来。

在谈话当中，他发现西方人讲话时有一个共同点，就是他们习惯把对方的名字挂在嘴边，例如"谢谢您，多湖先生""多湖先生，你的英文还不太行呢。""再见了，多湖先生"等。但是东方人多半只喊对方的官衔或职名，在交际应酬中，总是不习惯直呼名字。

两种不同的称呼方式会导致不同效果，在与人交谈时，西方人透过称呼对方的名字，能够轻易获得亲切感，进一步促进彼此之间情感的交流。

称呼别人的名字，不以官衔、地位、职位等面具的虚饰称呼，多能够缩短彼此之间的心理差距，于无形中产生亲切感，是把话说得更巧妙的有效技巧。

给别人面子就是给自己面子

说话一定要给别人留情面，要知道给别人面子就等于是给自己面子，这样彼此之间才都有面子。

"人要脸，树要皮"，让你有面子的最有效方法：先给别人一点面子。

有位文化界朋友，每年都会受邀参加某单位的杂志评鉴工作。这项工作虽然报酬不多，但却是一项荣誉，很多人想参加却找不到门路，也有人只参加一两次，就再也没有机会了。有人问这位文化界人士，为何他能年年有此"殊荣"。他在年届退休，不再参加此项工作后才公开秘诀。

他说，他的专业眼光并不是关键，他的职位也不是重点，他之所以能年年被邀请，是因为他很会给面子。

他说，他在公开的评审会议上一定把握一个原则：多称赞、鼓励而少批评。但会议结束之后，他会找来杂志的编辑人员，私底下告诉他们编辑上的缺点。

因此虽然杂志有先后名次，但每个人都保住了面子。正因为他顾虑到别人的面子，因此无论是承办该项业务的人员还是各杂志的编辑人员，都很尊敬他、喜欢他，当然也就每年找他当评审了。

在现代社会中，面子是一件很重要的事。如果你是个对面子无所谓的人，那么你必定是个不受欢迎的人；如果你是个只顾自己面子，却不顾别人面子的人，那么你必定是个要吃亏的人。

人们可以吃闷亏，也可以吃明亏，但就是不能吃没有面子的亏，要在社会上求生存，必须了解到这一点。这也就是很多老于世故的人不轻易在公开场合说一句批评别人的话的原因。

年轻人常犯的错误是，自以为有见解，自以为有口才，逮到机会就大发宏论，把别人批评得脸一阵红一阵白，他自己则大呼痛快。如此下去，总有一天会吃到苦头。

事实上，给人面子并不难，也无关乎道德，大家都是在社会上生活，给人面子基本上就是一种互助。

初次见面，赞美的话要说得准

对于初次见面的人，最好避免以对方的人品或性格为谈话内容，即使是赞美对方"你真是个好人"，对方也容易产生"才第一次见面，你怎么知道我是好人"的疑念及戒备心。

通常情况下，不是直接称赞对方，而是称赞与对方有关的事情，这种间接赞美在初次见面时比较有效。打个比方，如果对方是女性，她的服装和装饰品将是间接赞美的最佳对象。

唐码和不少朋友的家人都相处得很好，其中与一位夫人的友谊甚至超过和她丈夫的友谊。本来唐码只认识她的丈夫，那么他怎么成了她全家的朋友呢？起因是在与她初次见面的那次宴会上唐码随便说出的一句话。

当时，唐码被介绍给这位朋友的夫人，由于当时没有适当的话题，就顺口说了一句"你配戴的这个坠子很少见，非常特别"。唐码说这句话完全是无意的，因为他根本不懂女人的装饰品。出人意料的是，这个坠子果然很特别，只有在巴黎圣母院才买得到，这是她的心爱之物。随便说出的这句话，使夫人联想起有关坠子的种种往事，从此他们便成了好朋友。

要恰如其分地赞美别人是件很不容易的事。如果称赞不得法，反而会遭到排斥。为了让对方坦然说出心里话，必须尽早发现对方引以自豪、喜欢被人称赞的地方，然后对此大加赞美。在尚未确定对方最引以自豪之处前，最好不要胡乱称赞，以免自讨没趣。试想，一位原本已经为身材消瘦而苦恼的女性，听到别人赞美她苗条、纤细，又怎么会感到由衷的高兴呢？

赵明长得很像一位演员。每当他和朋友一起到饭店去，初次见到他的服务小姐都会对他说："你长得真像电影明星！"的确，无论是赵明的容貌还是气质都与那位演员非常相似。一般而言，说某人很像名演员，是一种恭维之词，被称赞的人通常不会不高兴。赵明的反应却不同，他听了服务小姐的赞美后，原本不喜欢开口的他，变得更加沉默了。

对于赵明的反应，服务小姐很是诧异。赵明的反应一点也不奇怪，因为服务小姐的赞美根本不得法。赵明了解自己的缺点，就是容易给人冷漠的印象，而那位电影明星在屏幕上所扮演的正是冷酷无情的角色。所以，如果说他酷似那位电影明星，这哪里是在赞美，分明是指出了赵明的缺点。

另外，从第三者口中得到的情报有时在初次见到对方时能起到重要的作用。因此，利用所得到的情报当面夸奖对方，当然也会为自己赢得主动。但是，如果你将这些情报、传言直接转述给对方，恐怕只会遭到冷遇。所以，赞美之词一定要说得准确，才能帮助你进一步开展人际关系。

心理学

第四篇 可怕的交际心理学

夸就夸到人心坎里的赞美话

赞美的话要发自内心

如果你的赞美之辞不是发自于内心的，那么，你的赞美很难达到预期的功效。

赞美别人就是发现别人的美，并且用恰当的语言表达出来。赞美的语言稍微夸张一点是可以的，但是倘若言过其实，便会让人怀疑你赞美的诚意和动机了。

有这样一个人，在单位里经常赞美同事，见到领导时，赞美的话更是滔滔不绝。见到身材魁梧的领导，他就说："一看就知道您是有福之人啊！"当见到秃顶的领导时，他就说："贵人不顶重发，聪明绝顶啊！"这些话倒是不伤大雅，倒还能让领导开心，只是有一次，因为他过分夸大的赞美言词让领导对他有了重新的认识。

某领导在应酬时，酒喝多了，走路时一不小心摔了一跤，这时，这位经常赞美领导的"赞美家"赶紧过来扶起领导，嘴里说道："领导为了工作，连自己的身体都不顾了，就算是喝出胃出血也没有任何怨言。"喝醉了酒的领导一听到有人这样"赞美"自己，一下子就火了，指着这位时时不忘赞美领导的人破口大骂："你到底会不会说话，你那是称赞我吗？你是盼着我死吧？"这次，平日伶牙俐齿的他再也说不出任何赞美之词了。

他的赞美之所以得不到听者的认可，是因为他的赞美之词不是发自内心的赞美。在他的赞美中，有很重的趋炎附势、惺惺作态的成分。这样的赞美是无法打动人心的。

小王是建筑公司的拆迁办主任，在拆迁工作顺利进行的时候，一家钉子户使拆迁工作不得不停下。小王了解了这家的基本情况后得知，这家的主人是一名曾参加过抗美援朝的老军人，他之所以不肯搬家，是因为这套四合院是在他光荣离休后政府赠予他的。

随后，小王亲自拜访了这位老人。他进入到老人的书房，看见墙上都是老人身穿军装的照片，不由得说道："您老年轻时一定是名强悍的军人。因为我在您身上仿佛见到了你当年奋勇杀敌的勇猛和果断。"老人没有做声。小王继续说："我小的时候就愿意和我爷爷在一起，他总有许多战场上的故事可以讲，后来他年纪大了，有的故事甚至都讲 20 遍了，可是每次他像是第一次讲一样，眼中充满了激动的泪水。我想您所知道的故事一定和我爷爷知道的一样多，甚至比他的还多。而这其中的辛酸不易，我想只有您自己体会得最深刻了。"

说到此，小王起身说道："老先生，打扰您这么久，真是对不住啊！"说完他就走出了屋子，往大门外走去。当他即将迈出大门时，老人在背后喊道："明天过来时把拆迁的公文带来，让我好好瞅瞅。"小王心里的大石头终于落了地，老人要看公文，证明拆迁的事情有戏了。

从头至尾，小王只字未提拆迁的事，只是和老人聊了会家常话。其实，正是小王的家常话打动了老人。小王称赞老人勇敢，称赞老人阅历丰富，这都是发自于内心的赞美。他的赞美之词在老人的心中也激起了层层涟漪。因为小王真诚的赞美，打开了老人的心房。

有的人非常吝啬对他人的赞美，认为那是阿谀奉承的表现，是令人不齿的做法，然而人人都喜欢听到他人的赞美，都以得到他人的赞美为荣。因为，如果能得到别人的赞美，说明自己的行为得到了他人的认可，对赞美他的人自然就会产生好感。无论何时，赞美都拥有神奇的力量，能帮助他人走出困境，是交际中最有效的手段之一。发自内心的赞美，是任何人都喜爱的。

有些人不是出自真心而是随大流，跟着别人说重复的赞美话，或者附和别人的赞美，这会引起对方的反感。因为这样的赞美会令对方认为你是在溜须拍马。

哈佛大学弗尔帕斯教授经历过这样一件事：有一年夏天，天气又闷又热，他走进拥挤的列车餐车去吃午饭，当服务员递给他菜单的时候，他说："今天那些在炉子边烧菜的小伙子一定是够受的了。"那位服务员听了后吃惊地看着他说："上这儿来的人不是抱怨这里的食物，便是指责这里的服务，要不就是因为车厢内闷热而大发牢骚。19 年来，你是第一个对我们表示同情的人。"

总能找到赞美的理由

我们常会碰到一些难缠的人，讲道理不听，软说强求也无效，而且有时他还对你抱有一种固执的敌意。对这样的人你肯定不会去赞美他。然而此时此刻，恰恰只有赞美才能解开这个死结。

费城华克公司的高先生懂得从对方身上找到赞美的理由，借由赞美达到自己的目的。

华克公司承包了一幢办公大厦的建筑工程，必须在合同规定的日期内完工。开始一切顺利，眼看工程就要完工了，突然负责供应楼内装饰材料的供应商声称，他不能按期交货。如果这样，整个工程都将受到影响，不能按期交工，公司的麻烦可就大了。

高先生于是去找这个供应商。高先生径直走进那家公司董事长的办公室，但是高先生并没有责备对方，而是从赞扬开始，他说对方的姓在这个地区是独一无二的。这让那位董事长很意外，也打开了话匣，他用了很长的时间谈论他的家族及祖先。等他说完了，高先生又赞扬他一个人支撑那么大一个公司，并且比其他同类公司生产的铜制品都好。于是董事长坚持要请高先生吃饭。在吃饭的过程中高先生又说了一些其他的事情，始终没说来访的目的。

午饭后，还是那位董事长主动提到了实质问题，由于高先生给他带来了很多的快乐，董事长答应按合同交付产品。

高先生甚至没有提出要求就达到了目的。那些材料准时送到，他们也按期交工。

找到赞美的理由，从赞扬和欣赏开始更容易说服他人。做鱼有腥味，可以加料酒去腥，肉骨头炖不烂，可以滴几滴醋，这些都是一物降一物的道理。在追求成功的道路上，善用这个道理的人，事半功倍，不善用这个道理的人，吃力不讨好。

柯达公司创始人伊斯曼，捐出巨款要在罗彻斯特建造一座音乐堂、一座纪念馆和一座戏院。为承接这批建筑物内的座椅，许多制造商展开了激烈的竞争。但是，找伊斯曼谈生意的商人无不乘兴而来，败兴而归。在这样的情况下，优美座位公司的经理亚当森前来会见伊斯曼，希望能够得到这笔价值9万美元的生意。

伊斯曼的秘书在引见亚当森前，就对亚当森说："我知道您急于得到这批订货，但我现在可以告诉您，如果您占用了伊斯曼先生5分钟以上的时间，您就完了。他是一个很严厉的大忙人，所以您进去后要快快地讲。"亚当森微笑着点头称是。

亚当森被引进伊斯曼的办公室后，看见伊斯曼正埋头于桌上的一堆文件，于是静静地站在那里仔细地打量起这间办公室来。过一会儿，伊斯曼抬起头来，发现了亚当森，便问道："先生有何见教？"秘书把亚当森做了简单的介绍后，便退了出去。这时，亚当森没有谈生意，而是说："伊斯曼先生，在我们等您的时候，我仔细地观察了您这间办公室。我本人长期从事室内的木工装修，但从来没见过装修得这么精致的办公室。"

伊斯曼回答说："哎呀！这间办公室是我亲自设计的，当初刚建好的时候，我喜欢极了。但是后来一忙，一连几个星期我都没有机会仔细欣赏一下这个房间。"

亚当森走到墙边，用手在木板上一擦，说："我想这是英国橡木，是不是？意大利的橡木质地不是这样的。"

"是的，"伊斯曼高兴得站起身来回答说，"那是从英国进口的橡木，是我的一位专门研究室内橡木的朋友专程去英国为我订的。"

伊斯曼心情极好，便带着亚当森仔细地参观起办公室来了。他把办公室内所有的装饰一件件向亚当森做介绍，从木质谈到比例，又从比例谈到颜色、从手艺谈到价格，然后又详细介绍了他设计的经过。此时，亚当森微笑着聆听，饶有兴致。

亚当森看到伊斯曼谈兴正浓，便好奇地询问起他的经历。伊斯曼便向他讲述了自己苦难的青少年时代的生活，母子俩如何在贫困中挣扎的情景，自己发明柯达相机的经过，以及自己打算为社会所做的巨额的捐赠。亚当森由衷地赞扬他的功德心。

本来秘书警告过亚当森，谈话不要超过5分钟。结果，亚当森和伊斯曼谈了一个小时又一个小时，一直谈到中午。最后伊斯曼对亚当森说："上次我在日本买了几张椅子，放在我家的走廊里，由于日晒，都脱了漆。昨天我上街买了油漆，我打算自己把它们重新漆好。您有兴趣看看我的油漆表演吗？好了，到我家里和我一起吃午饭，再看看我的手艺吧。"午饭以后，伊斯曼便动手，把椅子一一漆好，并深感自豪。直到亚当森告别的时候，两人都未谈及生意。最后，亚当森不但得到了大批的订单，而且和伊斯曼结下了终生的友谊。

夸人要夸到点子上

把话说在点子上，往往能收到意想不到的效果，而夸人夸到在点子上，更会令对方喜出望外。

赞美是人们生活中不可或缺的生活调味剂，有了它，人与人之间的距离则会变得越来越近。如果要消除两人间的隔阂，真心地赞美对方是你最理想的方法。但如果我们的赞美没有针对性，没有赞美到点子上，那么很可能会引起对方的厌恶。

当你与年老的长者交谈时，可以多称赞他引以为豪的过去，因为老年人一般都希望别人能够记住他当年的业绩和往日的雄风；当你与年轻人交谈时，不妨语气稍为夸张地赞扬他的创造才能和开拓精神，并举出几点实例证明他的确能够前程似锦；当你与商人交谈时，可以称赞他头脑灵活，生财有道；当你与知识分子交谈时，可以称赞他知识渊博、宁静淡泊。当然，这一切要依据事实，切不可虚夸。

因为赞美过度，会让人觉得你是在阿谀奉承、拍马溜须。所以，在赞美别人时一定要善于寻找到对方最希望被人赞美的地方。

云莉从升入大学的第一天，就被同学们评为"班花"。云莉自己也知道，从小到大她听到的称赞最多的就是关于她漂亮的外表，对于这样的赞美，云莉是感觉有点儿"疲劳"了。其实在她内心深处最希望听到别人说她"有才华，将来肯定会有所成就"。云莉的男朋友就是靠着"别具一格的赞美"才赢得了她的芳心。"在我身上，他总能发现别人发现不了的优点。"云莉开心地说。

由此可见，赞美就得"赞美"到点子上。这样的赞美才不会给人虚假和牵强的感觉，这样的赞美往往会使对方听来十分亲切真实，使对方产生一种遇到"知音"的感觉，从而增进友谊，缩短彼此间的距离。

巧说赞美之词助你成事

恰如其分地称赞别人，绝不可夸大其词，只有这样才能赢得别人的信任和好感。

办事过程中，要想顺利地将一件事办好，必不可少的就是适当的赞美。赞美的话谁都会说，但是能否说得巧妙、自然，让对方从内心产生认同，心甘情愿地助自己成事，这里面就有一定的学问了。

美国黑人富豪约翰逊要修建一幢办公楼，但在资金上还有300万美元的空缺，他出入多家银行都没有贷到这笔款。

建造开工后，到所剩的钱仅够花一个星期的时候，约翰逊终于找到了一家银行肯贷款给他，但是他还有一个要求，就是当天就要拿到贷款，银行主管却对约翰逊说："你一定在开玩笑，我们从来没有在一天之内就办妥的事的先例。"

约翰逊稍一沉思，回答："你是这个部门的主管。也许你应该试试看你有无足够的权力把这件事在一天之内办妥。"

这样一下子就挑起了对方的好胜心，这个银行主管试过以后，本来他说办不到的事终于办到了，约翰逊也如愿以偿地拿到了这笔贷款。

这类似激将法，是一种隐蔽的赞美方法，就像你说："这件事对你来说简直是小菜一碟"，这时，即使对方办到这件事有一定的难度，他也不会直接告诉你："我做不到"，而是想办法达到你的期望，以免被你看扁，这是人们普遍存在的虚荣心。

比尔·派克是佛罗里达州得透纳海滩一家食品公司的业务员，他对公司新出

心理学

第四篇 可怕的交际心理学

的系列产品感到非常兴奋；但不幸的是，一家大食品市场的经理取消了产品陈列的机会，这令比尔很不高兴。他对这件事想了一整天，决定下午回家前再去试试。

他说："杰克，我今天早上走时，还没有让你真正了解我们最新系列的产品，假如你能给我些时间，我很想为你介绍我漏掉的几点。我非常敬重你有听人说话的雅量，而且非常宽大，当事实需要你改变时你会改变你的决定。"

杰克能拒绝再听他谈话吗？在这个必须维持的美誉之下，他是没办法这样做的。

办事过程中，要使赞美的语言产生效果，除了注意一些技巧外，更重要的是有一份诚挚的心意及认真的态度，不要轻易草率地发表看法。即使是赞美一个人也不要太夸张离谱，否则就变成了谄媚，对方也会觉得你很虚伪。

赞扬是对下属最好的奖赏

一句赞扬可以提高下属的积极性，使其努力地工作，但一句批评可能让他站到你的对立面，与你对着干。

人们发展的需要是全面的，不仅包括物质利益方面，还包括名誉、地位等精神方面。在单位里，每个人都会非常在乎领导的评价，领导一句不经意的赞扬会是下属最好的奖赏。

首先，领导的赞扬可以使下属意识到自己在群体中的位置和价值，在领导心中的形象。而领导的表扬往往具有权威性，是确立自己在本单位同事中的价值和位置的依据。

有的领导善于给自己的下属就某方面的能力排座次，使每个人按不同的标准排列都能名列前茅，可以说是一种皆大欢喜的激励方法。比如，小王是本单位第一位博士生；小李是本单位"舞"林第一高手；小刘是单位计算机专家，等等，人人都有个第一的头衔，人人的长处都得到肯定，整个集体几乎都是由各方面的优秀分子组成，能不说这是一个生动活泼、奋发向上的集体吗？

其次，领导的赞扬可以满足下属的荣誉感和成就感，使其在精神上受到鼓励。如果一个下属很认真地完成了一项任务或做出了一些成绩，虽然此时他表面上装得毫不在意，但心里却默默地期待着领导来一番称心如意的嘉奖，而领导一旦没有关注，不给予公正的赞扬，他必定会产生一种挫折感，对领导也产生看法，"反正领导也看不见，干好干坏一个样。"这样的领导是不能调动起下属的积极性的。

再次，赞扬下属还能够密切上下级的关系，有利于上下团结。领导的赞扬不仅表明了领导对下属的肯定和赏识，还表明了领导很关注下属的事情，对他的一言一行都很关心。有人受到赞美后常常高兴地对朋友讲："瞧我们头儿既关心我又赏识我，我做的那件连自己都觉得没什么了不起的事也被他大大夸奖了一番。跟着他干气儿顺。"互相都有这么好的看法，能有什么隔阂？能不团结一致拧成一股绳把工作搞好吗？

最后，对下属成绩和良好思想品格的肯定和赞扬，实际上就是对另一种与之相对立的倾向的有力的否定和批评。直接指斥某种倾向的危害，明白地提出某种诫令，不失为一种可行的常规办法。但这只能是一种辅助手段，其效力不会更深远。倘若及时向下属说明"什么好"、"应该干什么"、"怎样干"，那就从根本上解决了带有过程意义的问题。所以对于规范下属的行为，肯定、赞扬要比否定、批评来得更为直接。

下属的活动一般来说，都是自觉地指向上级确定的目标，遵循着上级的规定展开的，主观上是希冀成功的。然而，由于受个人的智力、学识、经验以及种种随机因素的制约，其活动结果不尽如人意甚至出现大的差异也是不可避免的。在失误、败绩面前，上级该作如何处置呢？简单的方法当然是论过行罚。但是，这并不明智。更为远虑的处置应该是宽容。在必要的批评和处罚之外，要言辞中肯、情意温馨，对其过失之外的成绩、长处予以肯定，对其深切的负疚感、追悔心予以彰明，对其振作图进的心意予以抚慰和信赖。当事人就会从不安中看到希望，决心日后努力工作，将功补过。

所以，即使作为有一定权力的领导，也不要随意地批评你的下属。在任何时候，赞美、鼓励都会比批评更有效果，都更能把人团结在你的周围。

赞美要具体

赞美可以是抽象的，也可以是具体的，然而抽象的赞美远没有具体的赞美来得实在，具体的赞美也更易为人所理解和接受。

抽象的东西往往很难确定它的范围，难以给人留下深刻印象。赞美应该是看得见、摸得着的，是具体的。

赞美的话只有说得细致具体、符合实际，才能让对方感觉到你是在真心地关注他。空洞的赞美不但没有任何意义，还会让对方觉得你是在敷衍他。

在赞美别人的时候，千万不要使用模棱两可的表述，像"挺好"、"没那么糟"这样的话都不要用。含糊的赞美往往起不到应有的作用，而且还会适得其反。因此，在与人交往的时候，应该从具体事件入手，善于发现别人哪怕是最微小的长处，并不失时机地予以赞美。

赞美越具体越好，这样可以说明你对对方非常了解，对他的长处和成绩很看重，让对方感到你的真挚、亲切和可信。比如你的同事今天穿了一件新衣服，打扮得很漂亮，你如果仅仅是说"你今天很漂亮"，效果显然会比"这件连衣裙真是不错，尤其是和你的气质特别搭配"差很多。

当你只针对一件事情进行赞美时，赞美会更有力量。赞美的对象越庞杂，它的力量就越弱。因此，在赞扬别人时，要针对具体的某一件事情。例如，我们在社交场合，常听到的赞美不外乎"你今天好漂亮"、"你看起来气色很好"等话语，这些赞美太过含糊笼统，会使你的赞美大打折扣。

1975年3月4日，卓别林在英国白金汉宫被伊丽莎白女王封为爵士。封爵仪式开始，正当卓别林非常兴奋的时候，女王赞美卓别林说："我观赏过你的许多电影，你是一位难得的好演员。"可是这位伟大的艺术家似乎对这个赞美并没有什么特别的感觉。

事情过后，有人向卓别林询问当时的感想。可是，卓别林的回答令人大吃一惊："女王陛下虽然说她看过我演的许多电影，并称赞我演得好，可是她没说出哪部电影的哪个地方演得最好。"当女王知道了卓别林这样说后，感到非常遗憾。

从这个故事中，我们可以看出，如果赞美别人就得说出具体的事实，尽量针对某人做的某件具体的事情，这样才会产生良好的效果。

美国社会心理学家海伦·克林纳德认为：正确的赞美方法是将赞美的内容详细化、具体化。其中有三个基本因素需要明确：你喜欢的具体行为，这种行为对你有何帮助，你对这种帮助的结果有无良好的感觉。有这三个基本因素为依托，赞美才不会空泛笼统，才能给人留下好印象。赞美对方就要先了解对方，了解得越多越好。只有了解对方，你的夸奖和赞扬才会有针对性。只有当你的话说到了点子上，才会让对方感受到你的真心。一般情况下，对方不仅仅想要你说他好，而且很想知道为什么说他好，好到什么程度。

倾听是对讲话者的高度赞美

赞美他人我们往往用的是语言。其实倾听也是对讲话者的高度赞美。

倾听不仅是一种对别人的礼貌与尊重，也是对讲话者的高度赞美。每个人都希望获得别人的尊重，受到别人的重视。当我们专心致志地听对方讲，努力地听，甚至是全神贯注地听时，对方一定会有一种被尊重和受重视的感觉，双方之间的距离必然会拉近。所以，懂得倾听可能会直接决定你要办的这件事能否成功。

经朋友介绍，重型汽车推销员乔治去拜访一位曾经买过他们公司汽车的商人。见面时，乔治照例先递上自己的名片："您好，我是重型汽车公司的推销员，我叫……"

才说了不到几个字，该顾客就以十分严厉的口气打断了乔治的话，并开始抱怨当初买车时的种种不快，例如，服务态度不好、报价不实、内装及配备不对、交接车的时间等待过长……

顾客在喋喋不休地数落着乔治的公司及当初提供汽车的推销员，乔治只好静静地站在一旁，认真地听着，一句话也不敢说。

终于，那位顾客把以前所有的怨气都一股脑地发泄了。当他稍微喘息了一下时，方才发现，眼前的这个推销员好像很陌生。于是，他便有点不好意思地对乔治说："小伙子，你贵姓呀，现在有没有一些好一点的车种，拿一份目录来给我看看，给我介绍介绍吧。"

当乔治离开时，已经兴奋得几乎跳起来，因为他的手上拿着两台重型汽车的订单。

从乔治拿出产品目录到那位顾客决定购买，整个过程中，乔治说的话加起来都不超过 10 句。重型汽车交易拍板的关键，由那位顾客道出来了，他说："我是看到你非常实在、有诚意又很尊重我，所以我才向你买车的。"

只是几分钟的倾听，就做成了一笔业务，这就是倾听的魅力。

玫琳凯·艾施在《玫琳凯谈人的管理》一书中，就曾对倾听的影响做了如此说明："我认为不能听取别人的意见，是自己最大的疏忽。"

玫琳凯经营的企业能够迅速发展成为拥有 20 万名美容顾问的化妆品公司，其成功秘诀之一就是她相当重视每个人的价值，而且很清楚地了解员工真正需要的除了金钱、地位外，还有一位真正能"倾听"他们意见的知心人。因此，她严格要求自己，并且让所有的下属铭记这条金科玉律：倾听，是最优先的事，绝对不可轻视倾听的作用。

所以，当你说话办事时，不要一味地只顾着表达自己的想法和观点，留一点时间给别人，沉静下来听别人说一会儿话，你的倾听会给你带来更多的收获。

赞美要自然

每个人都不会拒绝别人真诚的赞誉之词，而我们在赞美人时也要表现得自然。

在人与人的交往中，任何人都喜欢被人赞美。事实上，面对别人自然的赞美，相信世界上没有人会无动于衷。

在尼克松为法国总统戴高乐举行的宴会上，尼克松夫人费了很大的心思布置了一个鲜花展台：美丽的喷泉旁是一张马蹄形的桌子，鲜艳的热带鲜花在阳光的照射下显得娇艳无比。

戴高乐将军一眼就看出这是主人为欢迎他而精心制作的，不禁赞不绝口："女主人真是用心，这么漂亮、雅致的计划与布置一定花了很多时间吧。"尼克松夫人听后，觉得非常开心。

也许在其他人看来，尼克松夫人布置的鲜花展台不过是她作为一位总统夫人的分内之事，没什么值得赞美的；但戴高乐将军却能领悟到她的苦心，并向夫人表示了特别的肯定与感谢，从而也使尼克松夫人异常高兴。

赞美是打开心门的钥匙，它不但会把老相识、老朋友团结得更加紧密，而且可以把互不相识的人连系在一起。

戴维和法拉第二人的友谊至今仍被世人所称道。虽然有一段时间，法拉第的突出成就引起戴维的嫉妒，但这份情缘的取得少不了法拉第对戴维的真诚赞美这一原因。法拉第未和戴维相识前，就给戴维写信："戴维先生，您的讲演真好，我简直听得入迷了，我热爱化学，我想拜您为师……"

收到信后，戴维便约见了法拉第。后来，法拉第成了近代电磁学的奠基人，名满欧洲。

无论如何，任何赞美的话都一定要切合实际。赞美要看对象：像爱漂亮的女孩子你就赞美她的打扮，有小孩的母亲最好赞美她的小孩，工作型的女孩可赞美她的工作能力；至于男人，最好赞美他的实力。到别人家做客，可赞美其房子布置得别出心裁，或赞美一个盆景的精巧或去欣赏那些鱼的美丽；等等。

当你自然真诚地赞美了对方后，对方表现出满意的态度时，你的赞美就成了促进你与主人关系的润滑剂。

男人与女人，不同的赞美

人们都说女人是用耳朵来生活的，赞美是女人生命中的阳光。其实，男人也一样，他们一样喜欢听到他人对自己的肯定和赞美，因为这会让他们有一种价值感，并由此充满自信。

人人都渴望被别人赞美，但男人和女人的需要是不同的。

男人要面子、好虚荣，多表现在追逐功名、显示能力、展示个性以显潇洒和能人之形象方面，而女人则表现在对容貌、衣着的刻意追求或身边伴个白马王子以示魅力方面。

男人的面子千万不要去伤害、破坏，否则便万事皆休一切都了—友谊中断，恋爱告吹，生意不成，升官无望，职称泡汤。

因此赞美他人时也要见什么人说什么话。

比如，赞美一个女人漂亮就大有学问。对于容貌绝佳的女性，她已习惯了别人的赞叹，不妨用些新颖的方式，如用比喻去赞美她；对于一个明显较丑的女性，如果你虚假地夸赞她的容貌，她会认为你在讥讽她，而引起她的反感。你最好是去发掘她的气质、能力或性格；而普通的女性是最需要赞美的，因为她身上也有美，并且也最向往美，最渴望被人肯定。

你可以赞美女人的修养。有许多女人，虽然长得漂亮，但是缺乏修养，没有内涵，稍一相处，便会让人感到俗不可耐。因而，花瓶式的女人虽然可赢得一时的赞美，却不能使男人长久地爱慕她，更无法获得男士的尊敬，而一种好的气质，则可以使一位非常普通的女人变得十分迷人，令人心驰神往。因为一个人的修养是一种内在美、精神美、升华美，它可以永久地征服一个男人的心。

作为男人更要会赞美女人。能够做到张口也赞闭口也赞，这样，你才能在女人面前受欢迎，使你魅力无穷。

男人赞美女人是对女人价值的肯定，更是对女人魅力的一种欣赏。在男人眼里，女人身上总有美丽动人之处，或者是皮肤细腻，或者是身材苗条，或者是眉目含情，或者是穿着得体。所以你一定要善于去发现、去捕捉她的美。许多女人都会对自己的缺憾有所了解，但她们却十分了解自己的最动人之处，只要你能慧眼独具，赞美得体，你一定会博得她的赏识与青睐。

现在注重个性，夸赞一个女人有个性已成了一种时尚。固执的性格可当此人有个性来赞，孤傲的性格也可以用有个性来赞，像男人一样不拘小节，有些泼辣的女性也能用有个性来赞。只要是稍稍区别于大众的性格，你用个性二字来赞她，无论是哪种女性，她都会觉得你这个人很有品位。

最后，谈一谈女人的能力。现代社会，在各种事业中女人都表现出了她非凡的能力。她们不仅能把自己分内的事完成得十分得体，还会凭她们细心的洞察力去发掘工作中出现的问题，把各部门的事情都安排得十分妥当，有时的工作能力大大地超越了男性。而女人在取得很大的成就时，她是需要被这个社会所肯定的。她们希望这个社会能认同自己，肯定自己的能力，也希望在男人眼中她们不再是处处依附于男人的人，而是能够独当一面，把事情处理得完美无瑕有能力的人。于是，她们就需要男人的赞美，希望自己所做到的，能够得到男人的认同与赏识。如果你是她的老板或是同事，你可千万别忽视她的业绩，常常激励她、赞美她，换取她更大的工作积极性吧。

除此之外，生活中女人们的能力也值得你一赞。日常家务，如烧饭做菜，收拾房间，照顾孩子，这些虽是一些细小的事情，但却能表现出女人的动手能力、审美能力、教育能力。只要你在日常生活中也不忘记赞美一下女性，你定会得到女性们一致的好评。

最后要记住的是，女人喜欢甜言蜜语，但并非是喜欢太过花哨的话，所以赞她时多用些实际的语言，不用刻意去修饰，不然会让人觉得你很肤浅。

人们都说女人是用耳朵来生活的，赞美是女人生命中的阳光。其实，男人也一样，他们一样喜欢听到他人对自己的肯定和赞美，因为这会让他们有一种价值感，并由此充满自信。可以说，恰到好处的赞美是打在男人身上的一剂强心剂。你可以从以下几个方面来打造对男人的赞美之词：

赞美他是成功的男人

由于传统社会对男性角色的定位——立业者，使得男人非常在乎自己在别人心目中的形象，任何人对他的工作作出的评价都会让他反应敏感。因此，无论男人从事的是怎样的工作，他都希望得到别人的认同。

不过你得注意，不管一个男人有多成功，多得意，他内心深处最渴望的还是别人的理解和关怀。一般的理解和关怀都是无可厚非的，可一定要注意把握"度"的原则。过犹不及，说得太夸张、太过分、太直白就会被人当成追逐名利、爱慕虚荣的女人，会成为男人心底讨厌的势利女人。因此，即使是赞美，也要掌握分寸。通常从以下几个方面入手来赞美别人，是比较容易被接受，而且会收到预期效果的。

首先，在赞美男人的同时，注意表达关心与体贴。关心与体贴是女人善良天性的表现，也是女人细腻温柔的体现。女人的关心，有如吹面而过的柔和的春风，又如沁人心脾的淡淡花香，会在不知不觉中悄悄渗入男人的心灵之中，融化他们的心怀。男人们最喜欢的是那种会关心、会体贴、善解人意的女人，女人的关心和温柔会让男人从心底感激她。以前，曾有人这样赞美过别人：

"张老师，您那本书写得真好，没少花工夫吧？您可得注意休息了，瞧您现在比以前瘦多了。"

"刘总，这么大的工程，您一个人给搞定了，可真了不起！不过您可要注意身体呀，别光为了工作，累坏了自己。"

这些又温馨又充满敬仰与关切的语句，怎么能让男人不动心，不打心底感激，不视女人为自己的好友呢？

其次，在赞美男人的时候，恰当地表达出崇拜的思想。不管男人还是女人，都希望有人崇拜自己，都希望被人用尊敬、仰视的眼光看待，这也是人之常情。被人崇拜是无法拒绝的，被人崇拜意味着对"自我"的肯定，是一种人生价值的体现。对一个春风得意的人来说，他最自豪的是"自我"，也就是他的成功之源。

最后，别忘了在赞美的同时予以鼓励。一个女人鼓励一个男士，既是对他过去的肯定，对他以前创业生涯的一种肯定，又是对他未来充满信心的一种表现。人在任何情况下都是希望有支持和鼓励的，人不仅对自己有信心，更需要别人对自己有信心。现在的社会，竞争激烈，压力大，成功是需要付出很大代价的。一个成功的、春风得意的男士，即使在一定程度上达到了自我价值的展现，但也还是需要鼓励的，尤其需要别人对他有信心。

还有一些男士，春风得意的时候，往往会在别人的一片颂扬声中沾沾自喜、自高自大、忘乎所以，而女性的委婉的激励，有时就像一剂良药，给头昏脑热的春风得意者一点不动声色的提醒，进一步激发起他的冷静和投入下一次竞争的热情。

赞美他是一位绅士

所谓风度，是男人在言谈举止中透出的一种味道。不要以为男人真的是散漫随意、潇洒不羁，其实他们是很在乎别人对自己举止的评价。曾经有一位女友说起她和男友分手的原因，只因为她在一次朋友聚会上调侃了男友的局促，就大大伤了对方的自尊心，扔了句："既然你认为我没风度，那么分开好了。"

事实也如此，行动比语言更有说服力，只有当女方对对方的举止言谈很满意、很欣赏时，女方才会爱上他。而在这方面赞美男人的聪明之道，也是拿他和别的男人比较，表现出你的欣赏。一位范先生说："有一次，我和女友乘出租车，下车后我替她打开车门，她说她以前遇到的男人从不知道什么是绅士风度。这句话极大地满足了我的自尊心，也让我觉得自己是个很受欢迎的男人。"

赞美他仪表堂堂

许多男性承认，他们在关注女人闭月羞花之貌的同时，也希望自己貌比潘安。但是同样因为社会角色定位，男人特别害怕女人把他们当作绣花枕头，因而他们对女人对他们外在形象的夸赞是特别敏感的，让女人兴奋的"你长得真漂亮"、"你穿得真好看"之类的话，会让男人觉得特别不舒服，按他的理解，这里透着一种嘲讽，好像说："你有些娘娘腔，你怎么像女人一样爱打扮。"

所以说，要真的想对男人表达你对他外形的欣赏，还需审时度势。但你可以对他的某个部位作出较高的评价，例如，你的鼻子好有个性等。

另外，在赞美一个男士的时候，有一点特别忌讳的是，不要当着这位男士的面大肆指责他的竞争对手，这样做也许当时能让这位春风得意的男士十分高兴，但过后，他就会清楚地意识到这种以贬低一个人来衬托另一个人的手法是多么地笨拙，并且让人感到的只是巴结和恭维。所以，建议那些想要锦上添花的朋友，一定要注意，添花要小心，要把握好分寸，不要搞出笑话来，以免遭人反感。

给他最想要的赞美

有的时候并不是什么伟大举动才值得让人赞美，相反一些微乎其微的小事别人会期望得到你的肯定和称许。

在一个人所走过的人生道路中，有无数让他们引以为豪的事情，这些都是一个人人生的闪光点。这些东西又会不经意地在他们的言谈中流露出来，例如，"想当年，我在朝鲜战场上……"，"我年轻的时候……"，等等。对于这些引以为荣的事情，他们不仅常常挂在嘴边，而且深深地渴望能够得到别人由衷的肯定与赞美。对于一位老师而言，引以为荣的往往是由他授过课的学生在社会上很有出息，你为了表达对他的赞美，不妨说："您的学生××真不愧是您的得意门生啊！现在已经自己出书了。"对于一位一生都默默无闻的母亲，引以为荣的往往是她那几个有出息的孩子，你如果对她说："你有福气啊，两个儿子都那么有出息。"她一定会高兴不已。对于老年人来说，他们引以为荣的往往是他们年轻时的那些血与火的经历。

真诚地赞美一个人引以为荣的事情，可以更好地与之相处。

乾隆皇帝喜欢在处理政事之机品茶，论诗。对茶道颇有见地，并引以为荣。有一天，宰相张廷玉精疲力竭地回到家刚想休息，乾隆忽然来访，张廷玉感到莫大的荣幸，称赞乾隆道："臣在先帝手里办了 13 年差，从没有这个例，哪有皇上

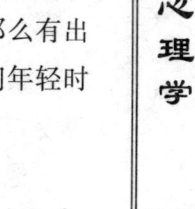

来看下臣的！真是折煞老臣了！"张廷玉深知乾隆好茶，命令把家里的隔年雪水挖出来煎茶给乾隆品尝。乾隆很高兴地招呼随从坐下，"今儿个我们都是客，不要拘君臣之礼。坐而论道品茗，不亦乐乎？"水开时，乾隆亲自给各位泡茶，还讲了一番茶经，张廷玉听后由衷地赞美道："我哪里晓得这些，只知道吃茶可以解渴提神。一样的水和茶，却从没闻过这样的香味。"李卫也乘机称赞道："皇上圣学渊深，真叫人瞠目结舌，吃一口茶竟然有这么多的学问！"乾隆听后心花怒放，谈兴大发，从"茶乃水中君子、酒乃水中小人"开始论起"宽猛之道"。真是妙语连珠，滔滔不绝，众臣洗耳恭听。乾隆的话刚结束，张廷玉赞道："下臣在上书房办差几十年，只要不病，与圣祖、先帝算是朝夕相伴。午夜扪心，凭天良说话，私心里常也有圣祖宽、先帝严，一朝天子一朝臣这个想头。我为臣子的，尽忠尽职而已。对陛下的旨意，尽力往好处办，以为这就是贤能宰相。今儿个皇上这番宏论，从孔孟仁恕之道发端，譬讲三朝政治，虽然只是三个字'趋中庸'，却振聋发聩，令人心目一开。皇上圣学，真是到了登峰造极的地步。"其他人也都随声附和，乾隆大大满足了一把。张廷玉和李卫作为乾隆的臣下，都深知乾隆对自己的杂经和"宏论"引以为豪。而张李二人对其大加赞美，融洽了君臣关系。

没有人不会被真心诚意的赞赏所触动。

抓住他人最胜过于别人的，最引以为豪的东西，并将其放在突出的位置进行赞美，往往能起到超乎意料的效果。在这一点上，有一个很经典的实例。

在镇压太平天国起义的过程中，一次，曾国藩用完晚饭后与几位幕僚闲谈，评论当今英雄。他说："彭玉麟、李鸿章都是人才，为我所不及。我可自许者，只是生平不好谀耳。"一个幕僚说："各有所长：彭公威猛，人不敢欺；李公精敏，人不能欺。"说到这里，他说不下去了。曾国藩又问："你们以为我怎样？"众人皆低头沉思。忽然走出一个管抄写的后生过来插话道："曾师是仁德，人不忍欺。"众人听了齐拍手。曾国藩十分得意地说："不敢当，不敢当。"后生告退而去。曾氏问："此是何人？"幕僚告诉他："此人是扬州人。入过学，家贫，办事谨慎。"曾国藩听完后说："此人有大才，不可埋没。"不久，曾国藩升任两江总督，就派这位后生去扬州任盐运使。

他人最想要的赞美一定是真诚的，不是那种公式般的赞美，千篇一律，最让人反感。

"久仰大名，如雷贯耳，您的生意一定发财兴隆"，"小弟才疏学浅，一切请阁下多多指教"，这些缺乏感情的，完全是公式化的恭维语，若从谈话的艺术观点看来，非加以改正不可。而言之有物是说一切话所必备的条件，与其泛说久仰大名，如雷贯耳，不如说您上次主持的讨论会成绩之佳，真是出人意料等话。若赞扬别人生意兴隆，不如赞美他推销产品的努力，或赞美他的商业手腕；泛泛地请人指教是不行的，你应该择其所长，集中某点请他指教，如此他一定高兴得多。赞美的话一定要切合实际，到别人家里，与其乱捧一场，不如赞美房子布置得别出心裁，或欣赏壁上的一张好画，或惊叹一个盆栽的精巧。若要讨主人喜欢，你要注意细节，主人爱狗，你应该赞美他养的狗，主人养了许多金鱼，你应该谈那些鱼的美丽。赞美别人最近的工作成绩，最心爱的宠物，最费心血的设计，这比说上许多无谓的虚泛的客套话更佳。

有的时候并不是什么伟大举动才值得让人赞美，相反一些微乎其微的小事别人会期望得到你的肯定和称许。

如果某天早晨，你的丈夫偶然一次早起为你准备好了早餐，你不妨大大赞美他一番，那他今后起床做早餐的频率也许会更高。如果你的小孩，有一天非常小心地在家做好了晚饭等你回家，当你回到家中，不要吃惊孩子脸上的污渍，也不要惋惜已经摔碎的碗碟，先要将孩子赞美一番，即使孩子所炒的菜让人难以下咽。因为你的赞美可以让孩子所做的下顿或者是下下顿饭变成美味。在公司，如果某位职员，记述你口述的信件，速度比你想象的要快，不妨表扬她一下，今后她的工作就一定会更加卖力。

从一件小事上去赞美他人必须注重细节，不要对他人在细节上所花费的时间和心血视而不见，而要特别地对他人的这番煞费苦心表示肯定和感谢。因为对方所做的一些小事，既说明对方对你的偏爱，也说明他渴望得到肯定与赞扬。

真诚是赞美的必要元素

真实的赞扬是拂面清风，凉爽怡人；虚假的赞扬让人烦腻不堪。

有一次一群朋友在一起聚会，吃饭的时候，大家交换名片，其中有一位来自报社，另一位试图对其进行称赞，一看是报社的，便稀里糊涂地说："哇，您是有名的大作家！"人家问："我怎么有名？"他说："我每次都看见你写的文章。"人家说："我的文章都在哪里？"他说："每次都是头版头条啊！"然后人家告诉他："真的吗？我是专门写讣告的。"讣告能在头版头条吗？显然是虚假的赞扬引起了别人的反感。但是这位先生仍然没有意识到自己的错误，看到旁边有一位小姐，聊了没几句，本来这位小姐长得很胖，他说："小姐，您真苗条！"小姐说："什么？说我苗条，我知道你是在骂我。"

不真诚的赞扬，给人一种虚情假意的印象，或者会被认为怀有某种不良目的，被赞扬者不但不感谢，反而会讨厌。言过其实的赞扬，不能实事求是，会使受赞扬者感到窘迫，也会降低赞扬者的水准。虚情假意的奉承对人对己都是有害而无利的。

赞扬他人是一种能力，是根据心理学和组织行为学研究出来的，这是职场上的一种能力，不等于溜须拍马，溜须拍马可以说虚假的，但赞扬必须是真诚的发自于内心的实话。有一句话是这样说的：真实的赞扬是拂面清风，凉爽怡人；虚假的赞扬让人烦腻不堪。

真诚的赞美和"拍马屁"最大的区别在于是否发自内心。真诚的赞美起源于内心深处的一种"美感"，一种冲动，它反映了一个人对另一个人的认可：外表漂亮、言谈合自己的口味、行动敏捷、品格高尚……即在两个人之中，其中一个人在另一个人身上发现了符合自己理想和价值标准的可贵之处。我们认识这个人、了解这个人的时候，已经有一种无形的力量促使自己要去赞美他的一些优点。

但是"拍马屁"却不同，它不是发自内心地对另一个人的认可和钦佩，而是基于内心世界早已存在的一种目的，一种对眼前或日后能够收到"回报"的投资。"拍马屁"者在"赞美"他人的时候，脸上虽眉飞色舞，但却有几分不自在；他的词语是火辣辣的，但他的内心却是一片冰冷。他在赞美一个人的时候，心里想着的只是如何顺利办完对自己利益攸关的事，如何获得自我满足。

因此，真诚成为了赞美与拍马屁的区分线，它是赞美的必要组成元素。

真诚的赞美应该是合乎时宜的，在合适的氛围里发出的赞美会让人内心明亮，灿烂无比。当别人感觉到你的赞美是由衷的，那赞美的话就很容易被接受。

大音乐家勃拉姆斯是个农民的儿子，生于汉堡的贫民窟，没有受教育的机会，更无从系统地学习音乐，所以，对自己未来能否在音乐事业上取得成功缺乏信心。然而，在他第一次敲开舒曼家大门的时候，他一生的命运就在这一刻决定了。当他取出他最早创作的一首C大调钢琴奏鸣曲草稿，手指无比灵巧地在琴键上滑动，弹完一曲站起来时，舒曼热情地张开双臂抱了他，兴奋地喊道："天才啊！年轻人，天才……"正是这发自内心的由衷赞美，使勃拉姆斯的自卑消失得无影无踪，也赋予了他从事音乐艺术生涯的坚定信心。在那以后，他便如同换了一个人，不断地把心底里的才智和激情流泻到五线谱上，成为了音乐史上一位卓越的艺术家。

正是这一句由衷的赞美，创造了一位音乐大师。

在合适的氛围里，发出由衷赞美，会有意想不到的效果。

由衷的赞美是源于心灵深处的，它是深刻而强烈的；要入木三分地表达出来，将是绝佳之语。

对于发自内心的由衷之感，尽量用准确、贴切、深刻、生动、完整的赞美语言去说出来。

出其不意的赞美让人喜出望外

赞美的新意很重要，但更需要我们综合各方面的因素来翻出恰当的"新"意，否则便会弄巧成拙、适得其反。

一些人在公共场合赞美别人时，自己想不出怎样赞美，只能跟着别人说重复的话，附和别人的赞美。常言道：别人嚼过的肉不香。朱温手下就有一批鹦鹉学舌拍马的人。

一次，朱温与众宾客在大柳树下小憩，独自说了句："柳树好大！"宾客为了讨好他，纷纷起来互相赞叹："柳树好大。"朱温听了觉得好笑，又道："柳树好大，可作车头。"实际上柳木是不能做车头的，但还是有五六个人互相赞叹："可作车头。"朱温对这些鹦鹉学舌的人烦透了，厉声说："柳树岂可作车头！"于是把说"可作车头"的人抓起来杀了。

在整日聚首的人际关系中，一家人之间或一个科室的同事之间，有些赞美很可能多次重复，已经形成某种公式和习惯了，这就没什么意义和作用，比如，某个处长每次开会总结工作的时候，都像例行公事一样对大家赞扬几句，其内容和说法总是笼统的那么几句话，就像是同一张唱片或同一盘录音带只是在不同的时间播放一样，让人感觉乏味。

赞美加一点新意，鼓励作用会更大。正如有人所说："一点新意，一片天空。"这样的话，赞美之术会更趋完美。

赞扬要有新意，当然要独具慧眼，善于发现一般人很少发现的"闪光点"和"兴趣点"，即使你一时还没有发现更新的东西，也可以在表达的角度上有所变化和创新。

对一位公司经理，你最好不要称赞他如何经营有方，因为这种话他听得多了，已经成了毫无新意的客套了；倘若你称赞他目光炯炯有神，潇洒大方，他反而会被感动。

赞美是所有声音中最甜蜜的一种，赞美应该给人一种美的感受。新颖的语言，是有魅力的，有吸引力的。简单的赞扬也可能是振奋人心的，但是一种本来

是不错的赞扬如果多次单调重复，也会显得平淡无味，甚至令人厌烦。一个女人就曾说过，她对别人反复说她长得很漂亮，已经感到很厌烦，但是当有人告诉她，像她这样气质不凡的女人应该去演电影，她笑了。

几乎所有的女人，都是很质朴的，但仪态万方这一目标，却是她们孜孜以求的。这是她们最大的虚荣，并且常常希望别人赞美这一点。但是对那些有沉鱼落雁之容、闭月羞花之貌的倾国倾城的绝代佳人，就要避免对其容貌的过分赞誉，因为对于这一点她已有绝对的自信。你可以转而去称赞她的智慧、她的品格。

赞美的新意很重要，但更需要我们综合各方面的因素来翻出恰当的"新"意，否则便会弄巧成拙、适得其反。马克·吐温曾经说过："一句好的赞美能当我十天的口粮。"我们每天都让新鲜的赞美流淌入他人的生活中，那么彼此对生活的积极性就会增强。

让人心服口服的拒绝技巧

给你做的每件事一个说法

很多时候，我们需要为自己所做的事找一个借口，这样，我们所做的事才更容易得到别人的认同。

做任何事情都要有正当的理由，至少是表面上的。古往今来，凡是成大事的人，都懂得为自己做的事找一个能够为人所接受的借口。

人与人交往，我们有时难免要借助善意的借口、美丽的谎言，因为它是关心对方、理解对方的一种表示，对人际关系的和谐大有裨益。如果我们懂得运用这种真诚和善意来处理相互间的关系，我们与他人的交往便更具艺术性。

戴尔·卡耐基在《人性的弱点》一书中，有这样一个例子：

一个妇女应老师的要求，回到家中请她的丈夫给自己列出六项缺点。本来，她丈夫可以给她列举出许多缺点，但是，他却没有这样做。而是借口说自己一时还很难想清楚，等次日想好后再告诉她。第二天，他一起床，便给花店打了一个电话，要求给他家送来六朵玫瑰花，并附了一张字条："我想不出有哪六项缺点，我就喜欢你现在的样子。"结果，他妻子不仅非常感激他那善意的宽容，而且自觉、自愿地改正了以前的缺点。

日常交往中，我们每个人都在有意、无意地用着这样或那样的借口。比如，朋友来家做客，不小心打碎了茶杯，这时，你马上会说："不要紧，你才打了一只，我爱人曾经打碎了三只。相比起来，你的战绩平平。"这种幽默的借口，既打破了尴尬的局面，也避免了对方陷入难堪的境地。

可见，在日常生活中，要处理好人与人之间的关系，做到善解人意、与人为善，有时就需要寻找合适的借口，因为这种善意的借口既能满足对方的自尊心，维护对方的颜面，又可以让自己摆脱不必要的尴尬和难堪。

知己知彼，托辞才更好说

要想说好让对方心服口服的托辞，要先了解对方，根据对方的脾性说出合理的能让对方接受的托辞。

什么样的托辞才能够让对方欣然接受呢？如果你对对方不够了解的话，显然你很难说好托辞。

应先了解对方的一些经历及生活状况。思维方式不同，人的观念也不同，因此，要了解他的人生观、价值观。

必须注意对方的心境。如果在交谈当中，不顾对方的心理变化，而一味地将想法统统搬出来，那么，你是得不到他的认同的。一厢情愿的谈话往往会让对方厌恶。不该说话的时候说了，则犯了急躁的毛病；该说话的时候却没有说，从而失掉了说话的时机；不看对方的态度便贸然开口，叫做闭着眼睛说瞎话。在交谈过程中应兼顾对方的心理活动，使谈话内容和听者的心境变化同步，这样才能引起共鸣。

性格外向的人易于"喜形于色"，和他可以侃侃而谈；性格内向的人多半"沉默寡言"，与其交往时则应注意委言婉语、循循善诱。

你的托辞不能损害对方的利益

从对方的利益出发，掌握好说"不"的分寸和技巧，给对方一个能够接受的，并且不会伤害对方的托辞十分重要。

随着社会的发展，人与人之间的交往越来越密切，也越来越复杂。比如，我们经常会发现办公室中谈笑风生的两个人，其实早已积怨很深。或者昨天还势如水火的两个同事，今天却亲密得俨如老友。从中我们可以看出，办公室中的人际关系确实是高深莫测，让人难以捉摸。其实，我们每个人都希望能够得到他人的关注与理解。因此在职场上，我们要学会理解他人，要把握处理事情的分寸，尤其是我们因为各种原因而不能配合对方时，一定要从对方的利益出发，说好托辞。

例如，在办公室里，你在拒绝别人请求时，如只是说"我很忙"，对方则会说你不爱帮助别人。所以，拒绝别人时，要具体地说明一下理由。再如，你正忙着整理第二天重要会议的资料时，你的上司走过来对你说："先处理这份文件。"这时，你可以明确地告诉他自己正在为第二天重要会议准备资料，然后让上司判断哪个工作更加急迫。"是这样啊！你正在做的工作不尽快完成可不行，我的这份之后再弄。"

每个人总会有需要别人施以援手的时候，所以，多一个敌人绝对不是什么好事情。虽然我们避免不了拒绝的发生，却可以采取适当的拒绝方式，最大程度地避免因为拒绝而树敌。

经常有人会说出这样的话："这件事情恕难照办"、"我们每天都一样地工作，凭什么要我帮你的忙"……如果你听到些话，会是什么反应呢？你会很高兴很客气地说"既然如此，那我就不打扰你了，对不起"吗？恐怕不会吧。你一定会恼羞成怒地回击对方："你这个人讲话怎么如此无情！难道你一辈子就没求过人吗？"然后拂袖而去，并伺机报复。

一般情况下，我们在拒绝别人的时候要注意以下几点。

积极地倾听

当你要拒绝别人的请求时，不要随口就说出自己的想法。过分急躁的拒绝最容易引起对方的反感，应该耐心地听完对方的话，并用心弄懂对方的理由和要求，让对方了解到自己的拒绝不是草率做出的，是在认真考虑之后才不得已而为之的。

用和蔼的态度拒绝对方

不要以一种高高在上的态度拒绝对方的要求，不要对他人的请求流露出不快的神色，更不要蔑视或忽略对方，这都是没有修养的具体表现，会让对方觉得你的拒绝是对他抱有成见，从而对你的拒绝产生逆反心理。拒绝对方要保持和蔼的态度，要真诚。

明白地告诉对方你要考虑的时间

我们经常碍于面子不愿意当面拒绝他人的请求，而是以"需要考虑"为借口来避免直接拒绝对方，其实希望通过拖延时间使对方知难而退。这是错误的。

如果不愿意立刻当面拒绝，应该明确告知对方考虑的时间，表示自己的诚意。

用抱歉的话语来缓和对方的情绪

对于他人的请求，表示出无能为力，或迫于情势而不得不拒绝时，一定记得加上"实在对不起"、"请您原谅"等抱歉用语，这样，便能不同程度地减轻对方因遭拒绝而受的打击，舒缓对方的挫折感和对立情绪。

说明拒绝的理由

在拒绝他人的请求时，不要只用一个"不"字就想使对方"打道回府"，而应给"不"加上合情合理的注解，以使对方明白，自己的拒绝并非是毫无理由，而是确有苦衷。真诚地说出你拒绝的理由是非常必要的，它有助于你们维持原有的友好关系。

提出取代的办法

当你拒绝别人时，肯定会影响他计划的正常进程，甚至使他的计划搁浅。如果你帮他提供一些建设性的意见，当然更能减轻对方的挫折感和对你的怨恨心理。

对事不对人

你要想方设法地让对方知道你拒绝的是他的请求，而不是他这个人。

总而言之，成功地拒绝别人的请求不仅可以节省自己的时间和精力，还可以免除由不情愿行为所带来的心理压力。但前提是，拒绝时必须不损害对方的利益。

托辞要真诚

当你不得不拒绝别人时，要想好一些真诚的托辞，让别人打从心眼里觉得的确是你能力有限从而不得不拒绝。

拒绝总是会让人感到不愉快。委婉拒绝无非是为了减轻双方，特别是对方的心理负担，并非玩弄"技巧"来捉弄对方。特别是上司拒绝下属的要求时，不能盛气凌人，要以同情的态度，关切的口吻讲述理由，使之心服。在结束交谈时，一定要表示歉意。一次成功的拒绝，也可能为将来的重新握手、更深层次的交际播下希望的种子。

从事销售的小刘遇上一位工作狂的上司，很多同事都因此而"逃离"了，而她却能始终保持极佳的工作状态，她是怎么做的呢？

小刘说："一开始我也像他们一样以办公室为家，日日夜夜伏案工作，在我的字典里'休息'这个词似乎早就不存在了。后来我发现，工作狂的老板通常有一个思维定势：他们一般疏于考虑自己分配下去的任务量有多少，下属需要花费多长时间可以搞定，他们想当然地认为你应该没问题。所以，以后如果我觉得工作量过大，超出了个人能力所能达到的范畴时，我不会一味投身于工作中蛮干，要知道，不说出来的话，工作狂的老板是不会体会到你的负荷已经到了警戒线的。这也不能怪他，每个人的承受能力不同，老板又如何能体会到下属执行当中的难度与苦衷？这个时候，下属应该主动与老板沟通交流。口头上的陈述困难或许有故意推托之嫌，书面呈送工作时间安排与流程，靠数据来说明工作过多，让他相信，过多的工作令效率降低。合理正确的沟通会令老板了解你的需求，从而适当调整任务量及完成时间，或选派更多的同仁来帮你分担。"

试想一下，如果小刘怕得罪上司而勉强接受所有任务，到时完不成任务更会受到上司的指责，如果因为自己不事先说明难度，最后又耽搁公司整体事务的进展，罪过就更大了。这种坦诚拒绝的方法不仅适用于上司，也适用于周围的同事。当然，坦诚拒绝也要讲究方式。

当别人向你提出请求时，他们一定会担心你会不会马上拒绝自己，或者给自己脸色看。所以，在你决定拒绝之前，首先要注意倾听他的诉说。比较好的办法是，请对方把处境与需要讲得更清楚一些，这样，自己才知道如何帮他。

倾听能够让对方感受到你的尊重和真诚，在你委婉地向对方表达了自己的拒绝时，这可以避免使对方的感情受到严重的伤害。倾听的另一个好处是，你虽然拒绝他，却可以针对他的情况，建议如何取得适当的支援。若是能提出有效的建议或替代方案，对方一样会感激你，甚至在你的指引下找到更适当的解决方案。

直接的拒绝只会伤害彼此的感情，而委婉地说"不"却更容易让人接受。当你仔细倾听了别人的要求、并认为自己应该拒绝的时候，说"不"的态度必须是温和而坚定的。

例如，当对方提出的要求不符合公司或部门的规定，你就要委婉地让对方知道自己帮不了这个忙，因为它违反了公司的相关规定。在自己工作已经排满而爱莫能助的前提下，要让他清楚地明白这一点。一般来说，同事听你这么说一定会知难而退，再想其他办法。

拒绝除了需要技巧，更需要耐性与关怀。若只是敷衍了事，这样只会伤害到对方。

对领导说"不"时一定要把握好时机

"不管什么事情只要交给安娜，我就放心了。"安娜进公司3年，这是领导常挂在嘴边的话。开始安娜很高兴，但时间一天天过去，交给她的任务越来越多。安娜，这个方案你盯一下；安娜，这个客户恐怕只有你能对付；安娜，上海的那个项目人手不够，你顶一下。老总为某事抓狂时，必会打开房门大叫安娜。

安娜手里的事情多到了加班加点也做不完，可周围有些同事却闲得很，薪水也并不比她少多少。安娜想，也许自己再忍一忍就会有升职的机会。然而，机会一次次地走到了她面前却又一次次地拐了弯。后来，安娜从人事部的一位前辈口里得知，关于她升职的事中层主管讨论过很多次了，每次都被老总否绝了，说安娜虽然业务能力不错，但管理能力不足，需要再锻炼锻炼。

安娜很气恼，回家跟丈夫抱怨。丈夫居然也说："如果我是你们老总，我也不会升你的职。一个不懂拒绝的人，怎么去管理别人？"安娜仔细想了想，觉得这话真的很有道理。

往后，当老总给她加工作量时，安娜鼓足勇气说："我手里有3个大项目，10个小项目，我担心时间安排不过来。"老总一听，脸立刻变了色："可是，这个项目只有你去做我才放心。"

"那好吧，我赶一赶。"说完这句话，安娜恨不得咬掉自己的舌头。看到老总的脸，一个大胆的念头突然冒了出来："不过，要按时保质完成，我需要几个帮手。"安娜轻描淡写地说。老总惊讶地看着她，继而笑着说："我考虑一下。"

原来安娜想，如果老总答应给自己派助手，就相当于变相给自己晋升，自己的工作也有人可以分担了；如果不答应，老总也不好把新任务硬塞给自己了。

果然，老总再也没提过加派新任务的事，还破天荒地经常跑来关心安娜的工作进展，并叮嘱她有困难就提出来，别累坏了身体，等等。

当领导把砖头一块块地往你身上叠加时，他也并不是不知道砖头的重量，但是他知道把工作加给一个不懂拒绝的人是件再省心不过的事。你不要因此就梦想你理所当然比别人薪水更高或升迁更快。

有的时候，你并不需要大张旗鼓地拒绝领导，只需要摆出自己的难处，领导也不会觉得你的拒绝很过分。要拒绝领导，就必须告诉他你在时间或精力上的困难，让他明白你既不是傻瓜也不是超人。

不想加班，就必须找个恰当的理由

"世界上最痛苦的是什么？加班！比加班更痛苦的是什么？天天加班！比天天加班更痛苦的是什么？天天无偿加班！"这些关于加班的种种看似戏言和怨言的说法，在调侃之余，也真实地反映了职场中人的生活和工作现状，因为加班已经成为他们生活中的必要组成部分。

身在职场，加班是很多人最痛恨的一件事。面对领导要求的加班，做下属的就只能听之任之吗？是不是也可以找到合适的理由，既不得罪领导，又能够少受一点加班之苦呢？

小李和女友相识3周年的纪念日就在这个周五，可是当离下班还有10分钟时，小李听到了部门领导的MSN呼叫："今天晚上留下来吃饭，约好了一位客户谈目前这个项目的事情。"顿时，小李不知所措。

小李肯定是不想错过今天这个重要日子里的约会的，但是，他又不能得罪领导。他琢磨了一会儿，心想凭着自己几年来和领导的关系，再加上自己幽默风趣的性格，相信领导能够放他一马。于是小李通过MSN和领导说："本人是公司著名的妻管严，地球人都知道，要不是为了她，俺哪敢和领导讲条件，再说俺要敢放俺那口子鸽子，俺可能会有生命危险。"等了一会儿，MSN上传来了领导的回复："你不用加班了，这事我来做，你去陪你的女朋友吧，代我向她问好！"

看到这句话，小李以最快的速度关掉电脑，拎起包飞奔出了办公室。

"适者生存，不适者淘汰"已成为企业中很多人士坚定不移的座右铭，也是上班族命运的真实写照。虽然如此，但每个人的生活中除了工作中的8个小时，还有亲情、友情、爱情需要时间去维护，若因为工作而将其他的统统放弃，实在是得不偿失。而要实现这一目标，就需要多学一些拒绝的技巧。小李的做法也许并不适合每一个人，但也不失为一种借鉴。其实，每个人在拒绝加班时都可以找到恰当的理由，让8小时以外的时间真正属于自己。

巧借打电话，逃离酒桌应酬

当单位里有应酬时，领导总想把自己喜欢和信任的下属带去"陪酒"。得到领导的赏识是一件好事，但有时候确实不愿意去，这时你该怎么办？如果贸然拒绝了领导的好意，就很容易把领导得罪了。如何逃离酒桌应酬，又能让领导理解，这得用点技巧。

小王是一家杂志社的采访部主任，本来谈广告业务的事和她没有什么关系，但多年的打拼让她成了交际"达人"，再加上大方、稳重的气质和漂亮的外貌，主编每当面对大客户时都会想到她，让她作陪。

但小王对这类应酬是很不情愿的，因为下班后她希望能多陪陪孩子和丈夫，享受家庭的幸福生活。几次应酬之后，小王觉得不能再这样下去了，必须想个方法逃离酒桌。当主编又一次要带小王去见客户的时候，小王并没有当面拒绝主编，而是爽快地答应了下来。

晚上，小王如约前往。酒桌上，小王看出这次的客户确实来头不小，而且对他们的杂志比较认可。陪客人的除了她和主编外，还有杂志社的投资人以及广告部的主任。小王不知道自己的到来是否能起到一定的作用，但她还是不辱使命，施展着自己的交际才华。时间过去了大约半个小时，小王的电话响了起来，于是小王离桌去接电话。一会儿，小王回来，焦急地和主编说，自己的好朋友谢菲打来电话，说她得了急性阑尾炎，而其家人又不在身边，需要她去照顾一下。主编和在座的各位一看到这种情况，就马上答应了，让小王赶紧去。

就这样，小王一边说着抱歉的话一边急匆匆地离开了。

出门后，她给好友发短信："终于逃离了，谢谢你哦。是你的'阑尾炎'救了我！"

相信很多人都有同感。那些特别注重家庭生活的都市白领，都希望自己能够和家人共进晚餐，享受其乐融融的家庭氛围，而不是去酒桌旁陪客户、陪领导。在工作与家庭之间，在薪水与面子面前，他们往往不能按照自己的意愿行事，哪怕勉为其难也得将就着。不过，有些时候还是可以利用一些巧妙的方法，将那些自己不喜欢的应酬统统甩掉。就如小王这样，运用打电话救急，也不失为一个好办法。

巧妙应对，避开另类"骚扰"

身在职场，很多女性都容易遭遇一个比较普遍的问题——性骚扰。在工作场合，性骚扰有时候会来自于领导。该怎样去应对性骚扰而又不得罪领导呢？

最近一次公司聚会后，伊茜发现老板罗伯特有点问题。饭后伊茜要回家，可罗伯特说要去唱歌，并且一个都不许走，其他同事都赞成，伊茜也不好反对。伊茜因为喝了点酒有点头晕就靠坐在了沙发上，偶尔为他们选一些歌。罗伯特坐在离伊茜不远处，突然在和伊茜说话时用手轻轻地划了一下她的脸，伊茜想罗伯特可能喝醉了，于是离他更远了一些。终于一曲完了，伊茜准备回家，没想到他跟着伊茜离开。电梯里只有他俩，罗伯特抱住伊茜说："亲一下！"伊茜说不行。

这时电梯停了，进来几个人，他只好放开了伊茜。

后来伊茜想他大概是喝醉了，自己以后不再参加这种聚会就是了。可没过几天，罗伯特的秘书很神秘地对伊茜说，后天还有个聚会，大家都得参加。伊茜心里暗暗叫苦，麻烦来了！伊茜后来找了一个理由，才躲了过去。然而，这几天罗伯特总是有意无意地来到伊茜的办公室，伊茜只好跟他谈工作的事。但他却总是有意无意地把话题往别的方面引，伊茜思前想后终于想出了一个主意。由于伊茜和罗伯特的妻子是老同学，于是伊茜周末约罗伯特的妻子一起打牌、游泳，他知道这些事后，便不再"骚扰"伊茜了。

遇上想占便宜的领导是职场女性最烦恼的事，因为处理不好的话便会丢了工作和声誉。案例中的伊茜在对付来自领导的性骚扰方法得当，巧妙地保护了自己，值得职场女性学习。

助你驰骋商场的实用托辞

当做业务的你没法满足顾客所提出的要求时，不要直截了当说"不"，因为这样会伤害顾客，进而失去很多潜在的顾客。为了让顾客心理平衡，要找好托辞，于无形中驳回顾客的要求，这样即使交易失败，也会赢得顾客的好感，进而为自己留住潜在顾客。

顾客就是上帝，在销售场合中，当我们需要否定顾客的意见时，应尽量避免使用"不"、"不行"、"办不到"等词语。可是如果必须要说出这些字眼时，就要找到适当的托辞，并且予以顾客另外的补偿，以使他心理平衡，从而让他对你产生好感。

提出建议，介绍新去处

假如你的商品已售完，可以向他介绍其他有这种商品的地方。这种处处为顾客着想的做法可以提升你的形象，从而赢得顾客的再次光临。

"真抱歉，这种商品正好卖完了。您来看看这种，或许正是您所需要的。"

"真是很不好意思，我找遍了都没有找到您所需要的号码，这样吧，您明天再过来，我提前给您准备好。"

"您来得真是不凑巧，我们这儿正好没有这种商品了，您可以去某店，那里很可能会有。"

作出否定回答的同时，给顾客提出建设性的建议，也就相当于他在你那里得到了需要的满足，可以留给他一个好印象。

补偿安慰拒绝法

当在价格上无法接受顾客提出的要求时，若断然予以否定定会破坏推销的气氛，打击顾客的购买欲，甚至可能会惹恼顾客，从而导致交易的失败。为避免这种情况的发生，推销员在拒绝顾客的时候，应在其可以承受的范围内，予以适当的补偿，并以此来满足顾客想买到便宜货的心理。

"价格不能再降了，这样吧，在价格上您作一些让步，我给您再配上一对电池，怎么样？"

"抱歉，这已经是全市的最低价了，要不这样，我们免费给您送货，如何？"

在商品本身以外给予一定的利益，以此来拒绝顾客减价的要求，使交易不至于因为遭到否定而中断。

寓否定于肯定

顾客的要求假使你满足不了，你的拒绝中并没有包含任何一个否定的词语，而顾客却能听出你的弦外之音。这种方法让你的否定含义隐含在肯定句中，顾客一听就可以明白，既可以避免顾客的难堪，也不会使人觉得你的拒绝很唐突。

（笑着说）"周经理，光天化日之下您这是要抢劫啊！"

"您开出的价格有点那个，您看是不是……"

在肯定句中包含有否定的意思，指出顾客的要求有欠妥当之处，像这样软弱的否定一般不会轻易伤害顾客的自尊心，并比较容易被顾客所接受，从而也能使交易顺利地进行下去。

对于那些不论产品质量如何，看到价格就先"砍一半价"的消费者，推销员应该不卑不亢，学会拒绝。

消费者："这东西是很好，不过价格太贵了，便宜点吧。"

推销员："不好意思，这是公司定的价格，我们是不能随意改动的，公司有规定既不允许我们故意抬高价格来欺骗顾客，也不准我们随便打折。说实在的，我们公司的产品从来不在品质上有所折扣，因此在价格上也从不打折。"

这样既可以表明产品在质量上的可靠性，说明它物有所值，同时也向顾客说明了产品的价格是很合理的，也是比较便宜的，所以不可能再降了。

对于那些比较善"缠"的顾客则可以使用"重复"的说服方法，坚守"不"的立场，把握住"好货不便宜"的消费心理，你越是不降低价钱，就越能证明你的商品好，不愁没人要。当然用这种方法要慎重，态度不能过于强硬而把消费

者吓跑。

消费者："做生意灵活些嘛，你作些让步，我给你再加点钱，咱们就成交了嘛。"

多数时候这是消费者希望推销员能够降价的最后尝试了，这时推销员一定要更加耐心，诚恳地对待你的准客户。

推销员："实在很抱歉，我们的售价就是这样了，质量上乘的产品价格都是不便宜的。如果价格低，但是产品不好，不是欺骗消费者吗？"

这种重复说"不"的方式，能够加深顾客认为你推销的商品质量好的印象，相信这样一来他一定不会再在价格上为难你了，只要是好东西，即使多花一点钱，那么消费者从心理上也是可以接受的，并且会有踏实的感觉。学会说"不"并善于利用"不"，你就一定不会再让价格成为你推销的障碍了。

幽默拒绝很管用

用幽默的方法拒绝别人，既可以缓解紧张的氛围，又不会影响彼此的友谊。

玛丽抱怨她的丈夫说："你看邻居 W 先生，每次出门都要吻他的妻子，你就不能做到这一点吗？"

丈夫说："当然可以，不过我目前跟 W 太太还不太熟。"

玛丽的本意是要她的丈夫在每次出门前吻自己，而丈夫却有意地曲解为让他吻 W 太太，委婉地表达了自己不愿意那样做的本意。

直接拒绝别人很容易伤害对方，甚至造成许多误解，破坏彼此间的友谊。但是，利用幽默，巧妙拒绝，却能使很多问题迎刃而解。

有位员工代表向老板谈加薪的问题，并使出了眼泪战术，苦苦哀求道："老板，请你一定要帮帮忙，现在这点薪水我实在无法和我太太继续在一起生活下去呀！"上司回答说："好吧！那么我会出面来说服你太太，要她跟你离婚的。"

在工作当中，如果不懂得拒绝的技巧，往往会吃亏上当。下面的例子很有借鉴意义。

大个子瑞克是一位被公司冷落的老主任。有一天，某部门经理拍着他的肩膀说："瑞克，你看是不是要早日把你的职位让给年轻人！"

"好啊！就这么办！"

"唉！你愿意？"

"是啊！不过俗话说，'鸟去不浊池'，所以我有一个请求，希望能让我把正在进行的工作彻底做好再走。"

"哦！这是理所当然的。不过，你那个工作预计什么时候可以完成呢！"

"我想，大概还要 10 年。"

在拒绝别人时，采用幽默的方式不但不会伤害到对方，而且还可以避免不必要的尴尬。

拒绝的话要合情合理

如何拒绝别人是一门艺术，这门艺术的关键点就在于拒绝别人的话要怎么说才能让觉得合情合理，进而让别人更容易接受。

人的一生就是在不断的接受和拒绝中度过的。如果拒绝未采用合适的方法和相应的技巧就容易伤害对方，引发怨恨和不满，从而导致人际关系的破裂，让自己陷入非常被动的境地之中。即使不至于闹到很严重的地步，因拒绝而引起的疙瘩也会使对方耿耿于怀。

"我实在没有钱借给你，否则，我就不必如此地拼命了"、"我们非亲非故的，凭什么要帮你"……在遭受这样的拒绝后，你会有怎样的反应呢？你一定会感到恼羞成怒，用犀利的言语回击对方。

有时，对方与我们反目成仇，并非完全是由于我们拒绝了他，更多的是我们拒绝的语言和方式伤害了他。那么我们要如何拒绝呢？

借口要实在

小李 24 岁，才貌双全，大学毕业后分配到一家公司工作。不料，她的顶头上司——部门经理对她一见倾心，便发起了猛烈的攻势。小李怕直接回绝会伤了上司的自尊，给自己以后的工作带来不便。考虑再三，最后小李决定实话实说，于是彬彬有礼地告诉经理："我已另有所爱，只是男友暂时在外地工作。"如此一来，经理在"恨不相逢未嫁时"的深深遗憾中打消了自己的念头，以平常心对待小李。

借口要合适

小林陪女友逛商店，女友在某时装店看中了一件风衣，价格不菲，而小林觉得这件衣服很普通，不值这个价。但是在女友面前不便说，否则女友会认为自己是个小气鬼，两人免不了要闹一阵子情绪。只见小林鼓动女友试衣，左看右看后对女友说："很合身，但我觉得你穿上它气质不如从前了。主要是款式太新潮，不适合你的职业特点，倒更像是较前卫的女孩穿的。"女友一听此话，忙不迭地脱下风衣，拉着小林离开了商店。

心理学

第四篇 可怕的交际心理学

小林巧用衣服与气质的关系，让女友主动放弃了自己中意的风衣，达到了自己的目的。

先承后转避直接

对对方的请求最好避免一开口就说"不行"，而是要表示理解、同情，然后再据实陈述无法接受的理由，获得对方的理解，自动放弃请求。

有时对方提出的要求有一定的合理性，但因条件的限制又无法予以满足。在这种情况下，拒绝的言辞可采用"先肯定后否定"的形式，使其精神上得到一些满足，以减少因拒绝而产生的不快和失望。例如，一家公司的经理对一家工厂的厂长说："我们两家搞联营，你看怎么样？"厂长回答："这个设想很不错，只是目前条件还没有成熟。"这样既拒绝了对方，又给自己留了后路。

对对方的请求最好避免一开口就说"不行"，而是要表示理解、同情，然后再据实陈述无法接受的理由，获得对方的理解，自动放弃请求。

李刚和王静是大学同学，李刚这几年做生意虽说挣了些钱，但也有不少的外债。两人毕业后一直无来往，忽一日王静向李刚提出借钱的请求，李刚很犯难，借吧，怕担风险；不借吧，同学一回，又不好拒绝。思忖再三，最后李刚说："你在困难时找到我，是信任我，瞧得起我，但不巧的是我刚刚买了房子，手头一时没有积蓄，你先等几天，等我过几天账结回来，一定借给你。"

先扬后抑这种方法也可以说成是一种"先承后转"的方法，这也是一种力求避免正面表述，而采用间接拒绝他人的一种方法。先用肯定的口气去赞赏别人的一些想法和要求，然后再来表达你需要拒绝的原因，这样你就不会直接地去伤害对方的感情和积极性了，而且还能够使对方更容易接受你，同时也为自己留下一条退路。一般情况来说，你还可以采用下面一些话来表达你的意见，"这真的是一个好主意，只可惜由于……我们不能马上采用它，等情况好了再说吧"，"这个主意太好了，但是如果只从眼下的这些条件来看，我们必须要放弃它，我想我们以后肯定是能够用到它的"，"我知道你是一个体谅朋友的人，你如果对我不十分信任，认为我没有能力做好这件事，那么你是不会找我的，但是我实在忙不过来了，下次如果有什么事情我一定会尽我的全力来支持你"，等等。

有的时候对方可能会很急于事成而相求，但是你确实又没有时间，没有办法帮助他的时候，一定要考虑到对方的实际情况和他当时的心情，一定要避免使对方恼羞成怒，以免造成误会。

拒绝还可以从感情上先表示同情，然后再表明无能为力。

黄女士在民航售票处担任售票工作，由于经济的发展，乘坐飞机的旅客与日俱增，黄女士时常要拒绝很多旅客的订票要求，黄女士每每总是带着非常同情的心情对旅客说："我知道你们非常需要坐飞机，从感情上说我也十分愿意为你们效劳，使你们如愿以偿，但票已订完了，实在无能为力。欢迎你们下次再来乘坐我们的飞机。"黄女士的一番话，叫旅客再也提不出意见来。

对领导要这样拒绝

当领导提出某种要求而属下又无法满足时，设法造成属下已尽全力的错觉，让领导自动放弃其要求，这也是一种好方法。

领导委托你做某事时，你要善加考虑，这件事自己是否能胜任？是否违背自己的良心？然后再作决定。

如果只是为了一时的情面，即使是无法做到的事也接受下来，这种人的心似乎太软。纵使是很照顾自己的领导委托你办事，但自觉实在是做不到，你就应该很明确地表明态度，说："对不起！我不能接受。"这才是真正有勇气的人。否则，你就会误大事。

如果你认为这是领导拜托你的事不便拒绝，或因拒绝了领导会使其不悦而接受下来，那么，此后你的处境就会很艰难。因畏惧领导报复而勉强答应，答应后又感到懊悔时，就太迟了。

领导所说的话有违道理，你可以断然地驳斥，这才是保护自己之道。假使领导欲强迫你接受无理的难题，这种领导便不可靠，你更不能接受。

尽管部下是隶属于领导的，但部下也有他独立的人格，不能什么事不分善恶是非都服从。倘若你的领导以往曾帮过你很多忙，而今他要委托你做无理或不恰当的事，你更应该毅然地拒绝，这对领导来说是好的，对自己也是负责的。

当然，拒绝领导的要求不是一件容易的事。谁都不敢因此而得罪领导。因为领导有可能掌握你一生的前程。然而，你知道一些拒绝领导的技巧，就能两全其美，既不得罪领导，又可以表明拒绝之意。不过要强调的是，这些技巧仅限于那些领导的非合理要求。

当领导提出一件让你难以做到的事时，如果你直言答复做不到时，可能会让领导有损颜面，这时，你不妨说出一件与此类似的事情，让领导自觉问题的难度而自动放弃这个要求。

当上司要求你做违法的事或违背良心的事时，你要平静地解释你对他的要求感到不安，你也可以坚定地对上司说："你可以解雇我，也可以放弃要求，因为

我不能泄漏这些资料。"如果你幸运，老板会自知理亏并知难而退；反之，你可能会授人以柄。但假若你不能坚持自身的价值观，不能坚持一定的准则，那只会迷失自己，最终会影响工作的成绩，以致断送自己的前途。

当上司器重你并将你连升两级，但那职务并不是你想从事的工作时，你可以表示要考虑几天，然后慢慢解释你为何不适合这工作，再给他一个两全其美的解决方法："我很感激你的器重，但我正全心全意发展营销工作，我想为公司付出我的最佳潜能和技巧，集中建立顾客网络。"正面地讨论，可以使你被视为一个注重团体精神和有主见的人。

当领导提出某种要求而属下又无法满足时，设法造成属下已尽全力的错觉，让领导自动放弃其要求，这也是一种好方法。

比如，当领导提出不能满足的要求后，就可采取下列步骤先答复："您的意见我懂了，请放心，我保证全力以赴去做。"过几天，再汇报："这几天×××因急事出差，等下星期回来，我再立即报告他。"又过几天，再告诉领导："您的要求我已转告×××了，他答应在公司会议上认真地讨论。"尽管事情最后不了了之，但你也会给领导留下好印象，因为你已尽力而为，领导也就不会再怪罪你了。

通常情况下，人们对自己提出的要求，总是念念不忘。但如果长时间得不到回音，就会认为对方不重视自己的问题，反感、不满由此而生。相反，即使不能满足领导的要求，只要能做出些样子，对方就不会抱怨，甚至会对你心存感激，主动撤回已让你为难的要求。

你也可以利用群体掩饰自己说"不"，这不失为一大妙招。

例如，你被领导要求做某一件事时，其实很想拒绝，可是又说不出来，这时候，你不妨拜托两位同事和你一起到领导那里去，这并非所谓的三人战术，而是依靠群体替你作掩护来说"不"。

首先，商量好谁是赞成的那一方，谁是反对的那一方，然后在领导面前争论。等到争论一会儿后，你再出面含蓄地说"原来如此，那可能太牵强了"，而靠向反对的那一方。

这样一来，你可以不必直接向领导说"不"，就能表明自己的态度。这种方法会给人"你们是经过激烈讨论后，绞尽脑汁才下结论"的印象，而包括领导在内的全体人士都不会有哪一方受到伤害的感觉，从而领导会很自然地自动放弃对你的命令。

对于超负荷工作的要求，你即使是力不能及，也不能马上面露难色。不妨先动起手来做，让事实来证明领导的要求是不可能达到的。

下面是发生在职场中的一件事情：

"小康，请你今晚把这一叠讲义抄一遍。"经理指着厚厚一叠稿纸对秘书小康说。小康听到此言，面对讲义，面露难色，说："这么多，抄得完吗？""抄不完吗？那请你另觅轻松的去处吧！"也许经理正在气头上，于是小康被"炒了鱿鱼"。

小康的被"炒"实在令人惋惜。像她这样生硬直接地拒绝上司的要求，给上司的感觉是她在对抗，不服从指示，因而扫了上司的威信，被"炒"也就难免了。其实，她可以处理得更灵活些。她不妨这样，立即搬过那一堆稿子埋头就抄起来，过一两个小时后，把抄好了的稿子交给经理，再委婉地表示自己的困难，那么经理肯定会很满足于自己说话的威力，并意识到自己的要求的不合理处，而延长时限，小康就不至于被解雇。

拒绝上司必须把握以下 3 点。

要有充分的拒绝理由

首先设身处地，表明自己对这项工作的重视；然后再表明自己的遗憾，具体说明自己为什么不能接受。如说："我有件紧急工作，必须在这两天赶出来。"充足的理由、诚恳的态度一定能取得上司的理解。

不可一味地拒绝

尽管你拒绝的理由冠冕堂皇，但是上司也许仍坚持非你不行。这时，你便不能一味地拒绝，否则，上司可能会以为你是在推脱，从而怀疑你的工作干劲和能力，以致失去对你的信任，在以后的工作中，会有意无意地使你与机会失之交臂。

提出合理的接替方法

对上司所交代的事，你不能接受，又无法拒绝，这时，你可得仔细考虑，千万不可怒气冲天，拂袖而去。你可以与上司共商对策，或者说："既然这样，那么过两天，等我手头的工作告一段落，就开始做，你看怎么样。"你也可以向上司推荐一位能力相当的人，同时表示自己一定会去给他出点子，提建议。这样，你一定能进一步地赢得上司的理解和信任，也会为你以后的工作、生活铺开一条平坦的大道，因为上司也是和你一样是个普普通通、有血有肉、有感情，也当过

心理学

第四篇 可怕的交际心理学

职员的人。

把握好以上要点，才能不让自己难堪，也不会失去上司的信任。

让对方换位思考

在寻求拒绝的技巧过程中，要知道，拒绝对方的最有力武器，往往是对方自身。

在交际过程中，当自己处于不利态势，为了寻找转机，加强己方的立场，也需要找借口拒绝对方。这时，如果你能灵活机智地用对方的话来拒绝对方，就能使对方不再坚持，从而达到自己拒绝对方的目的。

有一次，萧伯纳的脊椎骨出了毛病，需从脚上取一块骨头来补脊椎的缺损。手术做完后，医生想多捞一点手术费，便说：

"萧伯纳先生，这是我们从来没有做过的新手术啊！"

萧伯纳当然听出了医生的言外之意，但向病人收取额外的手术费，显然是不合规定的，萧伯纳不愿意再给医生"塞包"，但又不便明确拒绝，便装傻卖愚地顺着另一层意思说下去：

"这好极了！请问你们打算支付我多少试验费呢？"

医生顿时窘住了，只好讪讪离开。萧伯纳的思维是：既然你要强调这是从来没有做过的新手术，那我的身体便变成试验品了！萧伯纳合理地从对方的话里引出了一个合乎逻辑的相反结论，巧踢"回传球"，让对方哑巴吃黄连——有苦说不出。

有很多的问题，我们还可以巧妙地把对方设置在同样的情景，以此来促使对方作出他的判断，从而让对方明白自己的处境或意思，巧妙地拒绝对方的要求。

在历史上就有一个这样的例子：

有一次，一个人问艾森豪威尔将军一个有关军事机密的问题，艾森豪威尔将军做耳语状说："这是一个机密问题，你能替我保密吗？"于是那个人就连忙说道："我一定能！"艾森豪威尔将军则回答道："那我同样也能！"

这样的例子在我们的日常生活中也屡见不鲜。

小李从一个朋友那里借了一架照相机，他一边走一边摆弄着，这时刚好小赵迎面走来了。他知道小赵有个毛病：见了熟人有好玩的东西，非得借去玩几天不可。这次看见了他手中的照相机又非借不可了。尽管小李百般说明情况，小赵依然不肯放过。小李灵机一动，故作姿态地说："好吧，我可以借给你，不过我要你不要借给别人，你做得到吗？"小赵一听，正合自己的意思。他连忙说："当然，当然，我一定做到。"“绝不失信?"小赵还追加一句说：“失信还能叫做人?"小李斩钉截铁地说：“我也不能失信，因为我也答应过别人，这个照相机绝不外借。"听到这，小赵也是目瞪口呆了，这件事也只有这样算了。

通过设问，抛砖引玉，以对方的回答来作为拒绝依据，使对方就此作罢。因为人不可以出尔反尔，自我推翻。

小陈是小杨的一个好朋友。有一天，小陈来到小杨的单位，找小杨帮他一件事，为他的未婚妻报仇。原来小陈的未婚妻被车间主任欺侮了，小陈发誓要为未婚妻报仇，而且还买了一把锋利的弹簧刀，想杀掉那个车间主任，但考虑到车间主任人高马大，自己一个人对付不了他，于是就想请小杨帮忙。小杨听后，心中很明白，尽管那个车间主任不是好东西，应该教训教训他，但如果感情用事，将他杀了，那是会犯罪的。因此，小杨决定拒绝小陈，也不能让他办错事。他问小陈：“你爱你的未婚妻吗?"

“爱，当然爱，如果不爱我才不管这事呢。"小陈回答说。

“这就好，爱一个人不容易，真正爱上一个人，是不管她遇上多么大的不幸，都会永远爱她，相反，在她遇到不幸时还要帮她解脱出来。如果你将主任杀了，只是感情用事，并不是爱她，这是在伤害她，使她更伤心。她也不会为此而感谢你，相反会恨你。坏人总是要受到惩处的，这要靠法律。车间主任的行为是犯法的。这样吧，我帮你和你的未婚妻运用法律的手段来惩处车间主任吧，我相信，法律会给你们一个满意的答复的。"

小陈听了小杨的一番话，放弃了报仇的想法，最终运用法律惩处了那位车间主任。而小陈也非常感谢小杨对他的帮助。

小杨先拿到一个肯定的答案：小陈爱自己的未婚妻。既然是爱，那就应该采取一种正确的态度和方式来帮她摆脱困境。小杨透彻地阐释了什么才是真正的爱，如果小陈还不放弃报仇的想法，那就说明他并不爱自己的未婚妻。因此，小陈只好放弃了找小杨协助犯罪的念头。

在寻求拒绝的技巧过程中，要知道，拒绝对方的最有力武器，往往是对方自身。我们应该懂得引导对方的谈话，从对方口中拿到自己拒绝对方的理由。

适当保持沉默

对一些不合理的要求，无法做到的要求，或自己不愿意允诺的要求，本来是应该拒绝的，只是由于人情关系、利害关系等，很难说出一个“不"字。

你可以以沉默来表示拒绝。狭义的沉默就是徐庶进曹营一言不发，即缄口不语。广义的沉默则是不通过言语，而是综合运用目光、神态、表情、动作等各种因素，或明或暗地表达自己的思想感情，这是拒绝艺术中一种最常见的手段。

在处理问题时，沉默具有丰富的内涵，作用也十分明显。一是沉默可以用来避免冲突升级。当人们被拒绝时难免会产生不良的情绪，甚至会与拒绝人产生激烈冲突。当一方怒火冲天，严厉责备时，另一方应保持沉默，即使有理也暂时不争，以免火上浇油，使冲突进一步升级。这样既维护了对方的尊严，又避免了矛盾激化，还为进一步向对方陈述自己的观点留了余地。保持沉默，不仅可以避免矛盾激化，保全对方面子，而且也可以显示出你的豁达大度和良好修养。有时，面对一些难处理的问题，如果保持沉默，并伴以严厉的目光、严肃的神情，就可能会产生一种威慑作用，使对方迅速警醒，从而很快明白自己的要求不够合理。二是沉默可以用来作暗示性表态。沉默在有时候是模糊语言，不置可否，但在特定的背景下，其实就是明确表态。如果对方提出一种意见或处理办法，而你却不敢苟同，但出于全面平衡关系考虑，你又不能明示反对，这时的沉默看似不偏不倚，但聪明人却可意会神通，知道自己的要求令你为难，十有八九办不成，其实沉默就是不同意、不支持。此时彼此心照不宣，也不用固执己见，伤了和气。

在有的场合，对对方的提问不管作出怎样的回答，都于己不利，这时不妨佯装没有听见，没有看到，不作任何表示，也是一种行之有效的方法。

1953年6月，年已79岁的英国首相丘吉尔到百慕大参加英、法、美三国会谈。他以自己年事已高为借口，时常装聋，在需要回避的问题上就装作没有听见，不予回答，在感兴趣的问题上就与美国总统艾森豪威尔和法国外交总长皮杜尔讨价还价，使与会者颇感头痛。艾森豪威尔幽默地说："装聋成了这位首相的一种新的防卫武器。"

然而有的时候采取一种答非所问、话不投机的做法，比光是沉默来得更有效。

有这样一个例子：

一位名叫宫一郎的青年去拜访广源先生，想将一块地卖给他。

广源听完宫一郎的陈述后，并没有作出"买"或者"不买"的直接回答，而是在桌子上拿起一些类似纤维的东西给宫一郎看，并说："你知道这是什么东西吗？"

"不知道。"宫一郎回答。

"这是一种新发现的材料，我想用它来做一种汽车的外壳。"广源详详细细地向宫一郎讲述了一遍。谈论了这种新型汽车制造材料的来历和好处，又诚诚恳恳地讲了他明年的汽车生产计划。广源谈的这些内容宫一郎一点也听不懂，摸不着头脑，但广源的情绪感染了宫一郎，他感到十分愉快。广源在送宫一郎时顺便说了一句：不想买那块地。

广源的高明之处在于他没有一开始就回拒宫一郎。如果那样，宫一郎就一定会滔滔不绝地劝说他买那块地。而广源采取了答非所问的做法，装作没有听见宫一郎说的事情，把话题引到其他地方，没有给他劝说的时间，在结束谈话时才拒绝，这不失为拒绝他人的好方法。

最后，要说明的一种婉拒的方法：将问题丢给时间。当无论如何实在无法拒绝对方的时候，你就先接受他的要求，然后再假装忘记。

"对不起，我忘得一干二净了！"

"你叫过我帮你什么吗？"

这一招只要一句"忘了"就能轻松搞定一切，因此我们常会用上它。然而，虽然它用法简单，但如果仔细想想，这招实在不值得推荐。这招容易使对方不悦，甚至会被人认为是一个"随随便便、马马虎虎"的人。再说，别人会请你帮忙做的事，多半都是非做不可的事，因此在他对你死心，转而去找其他人帮忙之前，要"一直"忘记，似乎也不太容易。不过，不管是真忘还是假忘，在公司里像这种"忘记委托"的人，其实还真不少。

总的来说，沉默是最常见的拒绝办法之一。沉默所掩盖下的是一种圆融大智，迂回之道，我们在社交中所需要的正是这样一种为人处世之法。

找一个人代替

假如你抽不开身，实事求是地讲清自己的困难，同时热心介绍能提供帮助的人。这样，对方不仅不会因为你的拒绝而失望、生气，反而会对你的关心、帮助表示感谢。

有一次，约翰的一位好朋友的孩子，4 岁的毛毛，一手拿苹果，一手拿橘子，跑到约翰面前炫耀。约翰故意逗他说："毛毛，伯伯的嘴好馋。你看，你是愿意把苹果给伯伯吃呢，还是愿意把橘子给伯伯吃？"他听了约翰的话，很快就出人意料地回答："伯伯你快去，妈妈那里还有！"啊，这小家伙的回答真是绝了！他没有直截了当地拒绝，但让人无法从他那里捞到一点油水，因为他想到了一个替代方案来拒绝人。这个例子，显示了替代方案的妙用。他没有正面表示拒绝，你也没有得到任何东西，彼此既不伤和气，也不会丢什么面子。

这种方法就叫替代法，是以"我办不到，你去拜托某某比较好"的说法，来转移给他人的做法。工作中常常会有人来请你帮忙，而你又因为种种原因不想插手，你应该怎么谈呢？

"我对电脑没办法，不过小王对电脑很熟，你去拜托他看看怎么样？"

"我对计算工作最头大了，小芸好像是簿记二级的，她应该做得来！"

像这样搬出一位在这方面能力比自己强的人，然后要对方去拜托他就行了。

不只能力的问题，像下面这个例子中的场合也能适用。

"我如果要做这件事，恐怕要花掉不少时间。小范好像说他今天工作分量不怎么多！"

只有在大家都知道那个人的确比较胜任时才能用这招。

这个办法有一个问题就是，可能会招致那个被你"转嫁"的人的怨恨。想拜托你的人一定会说："是某某说请你帮忙比较好！"对方也就会知道是你干的好事。这么一来，那个人心里一定会想："可恶的家伙，竟然把讨厌的事推给我！"

尤其当需要帮忙的工作内容，是人人都不想做的事情的时候，惹来怨恨的可能性就愈高。所以，最好在多数人都知道"某某事情是某某最擅长的"，这样的场合才用此招。

当然，这一招不仅仅是可以用在工作中，还能用在日常生活中，假如你抽不开身，实事求是地讲清自己的困难，同时热心介绍能提供帮助的人。这样，对方不仅不会因为你的拒绝而失望、生气，反而会对你的关心、帮助表示感谢。

"恕我能力有限"

若是用没有能力，也就是自己无法控制的原因来拒绝（想帮你，可是帮不了）的话，拒绝起来便容易多了。

有很多既没有什么实际意义又浪费时间与精力的活动，我们要对它进行拒绝，可以采取自我贬低的方法。

"自我贬低"是一种特殊形式，表示自己无能为力，不愿做不想做的事。也就是说："我办不到！所以不想做！"

根据心理学的调查发现，人们的确有在日常生活中自我贬低的现象。例如，在上班族中，有12%的人曾对上司装过傻，而14%的人对同事装过傻。虽然它跟"楚楚可怜"法一样，会导致别人对自己的评价降低，但令人惊讶的是，仍有一成以上的人是在自己有意识的情况下用了这个办法。

上班族会用到"自我贬低法"的场合有以下3种。

第一，遇到不想做的事。例如，像是打杂般的工作、很花时间的工作、或单调的工作等。还有像公司运动会之类，筹办公司内部活动也是其中之一。像这些情形便有不少人会用"我不会呀"或"我对这方面不擅长"等理由，来把不想做的事巧妙地推掉。

第二，拒绝他人的请求。当别人找上你，希望你能帮他的忙时，你很难直接说："不！"因此便以"我很想帮你，可是我自己也没有那个能力"的态度来婉转拒绝。拒绝别人时，很难直接以"我不愿意"这种态度来拒绝，而且如果拒绝不恰当还可能会让对方怀恨在心。因此，若是用没有能力，也就是自己无法控制的原因来拒绝（想帮你，可是帮不了）的话，拒绝起来便容易多了。

第三，想降低其他人对自己的期望值。一个人若能得到他人的高度期待，固然值得高兴，但压力也会随之而来。因为万一失败，受到高度期待的人，所带给其他人的冲击性会很大。因此，借由表现出自己的无能，来降低期望值，万一将来失败，自己的评价也不会下降得太多；相反，如果成功，反而会得到预期之外的肯定。

根据工作的内容，"无能"的内容也应有所不同。例如：

别人要求你处理电脑文书资料时——

"电脑我用不好，光一页我就要打一个小时，说不定还会把重要的资料弄丢！"

别人要求你做账簿时——

"我最怕计算了，看到数字我就头痛！"

不过，所表明的"无能"的理由不具真实性，那可就行不通。例如，刚才电脑处理的例子，如果是在电脑公司，说这种话谁信！后面那个例子，如果发生在银行，也绝对会显得很突兀。平常愈少接触到的工作，说这种话时，所获得的可信度也就愈大。所以要说"我没做过"、"我做得不好"这些话的时候，这些话一定要具有可信度才行。

"自我贬低"如果使用过度，很容易给人留下"无能"、"不可靠"的印象。而当自己反过来想求人帮忙时，被拒绝的几率也会大幅提高。因此要注意，绝对不要使用过度。

"自我贬低"使用时的第一重点就在于慎选使用的场合。也就是只在与自己的工作无关的地方使用。

举个极端的例子。如果一个跑业务的说"我在别人面前讲话会很紧张"而拒绝参加公司的会议，那么这对他来说，可说是致命伤。但如果是做研究工作的人说这种话，那就另当别论，效果完全不同。要自我贬低时，切记：只用对自己不重要的部分来贬低自己。第二个重点是，尽量避免招来"无能"或"不可靠"的负面印象。记住善用"如果是某某，某某就没问题，但这件事我实在心有余而力不足"这句话。例如：

"对文字处理机我还有办法，可是资料输入我真的不行！"

"公司旅行的账目我倒是做过，但太复杂的东西我没自信能做好！"

这么说，总比直接拒绝对方好，而且这种说法听起来比较具真实性，也比较容易成功。

用延时法巧妙拒绝

对方提出请求后，不必当场拒绝，可以采取拖延的办法。

在大学的课堂上，有一名学生提出与正课毫无关联的问题，几乎让那位教授失态。起初那位教授很用心地答复他的问题，但不料却与学生的意见发生了冲突。其实这时教授大可拒绝对方的质问，同时不必正面拒绝，可以用"像你这种问题我们不妨等下了课再谈"这句话轻易带过。

如果是在私人场合，就可以说："像你这样的问题我们还是等会儿再谈，怎么样，喝一杯吧！"轻松愉快地将话带过。若在会议中不幸形成了一场火爆的局面，此时主席不妨暂时承认对方所言的重要性，同时也让他感觉此问题事关重大，难以解决，无法立刻作答，于是你便说：

"关于这一问题我们日后再作讨论，今天我们还是讨论会议的本题。"

至于"日后"，此刻也不甚为人关心，这种做法也比直接拒绝回答来得恰当，容易让人接受，虽然表面上你是在对他摆出低姿态，实际上却是拒绝正面作答，以保持他心理的平衡。

发言者若来势汹汹，你不妨说"像这样的难题我们日后再谈"来缓和当时的紧张气氛。

在别人向你提出请求时，如果你能做到，就可以答应别人，但如果你感到这一请求超出了你的能力范围时，你当然可以立即回绝："不行，这个忙我帮不了！"但是你如果用延时法来说："嗯，我来想想办法，是不是能办成我一定尽快给您一个回音，您看怎么样？"如果你过一两天再打电话表示无能为力，那至少你不是"一口回绝"，你是已经尽心尽力了。有时候，被拒绝的人耿耿于怀的往往是别人回绝时的态度，或是官腔十足，或是盛气凌人，或是漫不经心。若是别人已经尽心竭力，那么即使事情最终没有办成，也不至于牢骚满腹。

对方提出请求后，不必当场拒绝，可以采取拖延的办法。你可以说："让我再考虑一下，明天答复你。"这样，既为你赢得了考虑如何答复的时间，又会使对方认为你是很认真对待这个请求。

张艳一心想当一名记者，于是想从学校调到某报社工作，她找到了同事的丈夫——某报社黄总编，黄总编知道报社现在严重超编，但又不好直接拒绝，于是对张艳说："刚刚超编进来一批毕业生，短期内社里不会考虑进人的问题了，过一段时间再说吧。"黄总编没说这事绝对不行，而是以条件不利为理由，虽然没有拒绝，但为后来的拒绝埋下了伏笔。

有时，在直接拒绝时也可使用"延时"法。

小张想观摩一位特级教师上课。那位教师出于谦逊婉言谢绝了，他说："行啊，说开课就开课。不过这课要开得成功，让学生、老师都满意，还得符合教改精神，得让我好好考虑考虑教学方案。看来你得给我一年时间。这 365 日我得天天想，多痛苦啊！"

这位教师对小张的请求采用延时法予以拒绝，本来，别人慕名来观摩自己的课对自己来说是一种尊重，如果直接拒绝，会使对方认为自己不识抬举。而采用"拖延"的技巧来拒绝对方，先爽快地答应，然后把时间推到一年之后。谁都知道，准备一堂课怎么也用不了一年的时间。因此，请求者也明白这位教师是在间接地谢绝，当然也不会勉为其难了。

伶牙俐齿，日常交往中必学的应酬话

说好皆大欢喜的祝贺话

当亲朋好友遇到大喜事时，我们都会表示祝贺。但倘若我们没有针对性地胡乱祝贺，没有说好祝贺话，那么我们的"热心"换来的很可能就是对方的"白眼"。

祝贺是人们在生活中经常遇到的，是人与人之间交往的一种礼仪。每当我们遇到人生中的大喜事时，如婚姻嫁娶、生儿育女等，亲戚、朋友都会通过某些方式表达祝贺。祝贺时要注意仪表端庄，举止适度，祝词应视对象、场合和内容而定。祝贺送礼要注意三点：

第一，男女之间不可送贴身衣物。

第二，除非对病人，一般不要送药物。

第三，送礼只是表示友情，并不是显示阔气，要量力而行，适可而止。切忌互相攀比，耗财伤情。

从语言表达的形式看，祝贺语可以分为祝词和贺词两大类。祝词是指对尚未实现的活动、事件、功业良好的祝愿和祝福之意，比如某重大工程开幕、某展览会剪彩要致祝词，前辈、师长过生日要致祝寿词，参加酒宴要致祝词，等等。贺词是指对于已经完成的事件、业绩表示庆贺的祝颂，比如毕业典礼上，校长对毕业生致贺词；婚礼上亲朋好友对新郎新娘致词；对同事、朋友取得重大成就或获得荣誉、奖励致贺喜词，等等。祝贺要注意以下几点：

情景性

祝贺一定要考虑到特定的环境、特定的对象、特定的目的，使之具有明确的针对性，因为祝贺一般是在特定的情景下进行的。

鲁迅有篇散文叫《立论》，讲到这样一个故事：一家人家生了个男孩，合家高兴透顶。满月的时候，抱出来给客人们看，大概自然是想得到一点好兆头。一个说："这孩子将来要发大财的。"他于是得到一番感谢。一个说："这孩子要做大官的。"他于是收回几句赞扬。另一个说："这孩子将来是要死的。"他于是得到大家合力的痛打。

在这个故事中，这个说孩子将来是要死的人，他的话从理论上来说是没有错误的，可是他的话不适合此种情景。所以惹人厌恶是必然的事情。不顾当时的特定情景，讲不合时宜的话会招人唾弃。

祝贺总是针对喜庆之事，因此，不应说不吉利的话，应讲使人快慰的话。

情感性

祝贺语要达到抒发感情，增进友谊的目的，必须有较强的感染力，因此要求语言富有感情色彩，语气、语调、表情等都要带情感。

简括性

祝贺语简洁有力，才能产生强烈的感染力。

有些祝词、贺词是人们的临时发挥，但必须紧扣中心，点到为止，给听众留有回味的余地。

某人主持婚礼。婚礼一开始，主持上前致词：

我今天接受爱神丘比特的委托，为这对爱人主持婚礼，十分荣幸。新郎新娘交换礼物。新郎为新娘戴上金戒指，新娘送给新郎英纳格手表。黄金虽然贵重，不及新郎新娘金子般的心；英纳格手表虽计时准确，也不及新郎新娘心心相印永记心间。

主持人的即兴贺词，得体而又热情，简洁而明快，博得了阵阵掌声。

礼节性

祝贺词一般需站立发言，称呼要恰当。不要看稿子，双目要根据讲话内容时而致礼于祝贺对象，时而含笑扫视其他听众。要同听者做有感情的交流。

应酬时要有的话语储备

在社交场合，为了使自己的语言更具有说服力，我们不仅要针对不同的应酬储备相应的话语，还要学会巧妙地运用。

在社交活动中，最主要的事情就是"说"，即用语言去表述自己的观点。因此，掌握好说话技巧，让语言更具说服力，就得储备些具有征服力的词汇，并巧妙地运用这些词汇，以达到说服的目的。一次成功的社交，是绝对离不开具有说服力的语言的。

很多人之所以成功，很大程度上是因为他善于辞令。在人际交往中，第一印象显得非常重要，而口才好的人很容易给人留下美好的第一印象，优雅的谈吐可以使自己广受欢迎，更有助于事业的成功。

无论在什么样的场合，如果你能够用词简洁、表达清晰，再加上抑扬顿挫的语调，就能够吸引听众、打动他人。如果你善于辞令，再加上优雅的举止，在任何场合，你都会受到欢迎。从而，这也可能成为你的秘密武器，能在不经意中助你成功。

拥有远大理想的人们，应该掌握谈话的技巧，提高驾驭语言的能力，在各种场合，做到谈吐优雅、应对自如、从容不迫。

不管你有什么样的梦想，首先必须掌握驾驭语言的能力，拥有让人羡慕的好口才。你也许不会成为律师或商界精英，但你每天都要说话，也就必然要借助语言的独特力量。要培养这方面的能力，就要研究修辞，尽力增加自己的词汇量，随时查阅工具书，注重平时的积累。如果你思想贫乏、词汇量少得可怜、阅历有限，是无法做到谈吐优雅、口才出众的。

语言表达能力是一个人综合能力的反映，从中可以看出他的才能、阅历和修养。不管他思维敏捷、条理清楚，还是思想懒散、不求上进，不管他治学严谨还是做事马虎，都能从他的语言中看出来。

在国会参议员竞选中，林肯与种族歧视者道格拉斯展开了辩论，林肯说："我想，耶稣基督并不真正渴望任何一个凡人能和天父一样完美，但是他说：'由于你天上的父是完美的，但愿你也完美。'他把这个树立为标准，谁尽最大努力达到这个标准，谁就达到了道德完美的最高境界。所以我们要尽可能实现'人人生而平等'这个原则。即使不能给予每个人自由，至少不要做奴役人的事情。让我们的政府回到宪法制定者们最初安放的轨道上来吧！让我们把所有关于某个人或某个种族因为劣等所以必须受歧视的诡辩统统扔掉吧！让我们扔掉这一切，在这块土地上团结得像一个民族，直到我们再一次站起来宣布：人人生而平等！"

一个健谈者会表现出各方面的素养：判断准确、思维敏捷、机智灵活、精力集中等等。健谈者还必须慷慨大度、心胸开阔。在交谈时，他应该充满爱心，不随意公开别人的缺点与不足，不触及对方的难言之隐，对听者表现出强烈的兴趣，而不是用语言来伤害对方。善于辞令者应该表现出丝丝入扣的分析能力、缜密的逻辑推理能力，有自己的独到见解。

在谈话前做好充分的准备，才能增强自己的自信心，才能拥有一种感染人的魅力。因此，平时就要加强语言储备。

餐桌上会说话，感情上好沟通

餐桌是交流感情、拉近彼此距离的一个重要场所，聪明的人在餐桌上要巧说话，借由请客吃饭沟通感情，拉近彼此之间的距离。

无论在哪个国家，参加宴会决不只是为了吃东西，而是在交流。既然是交流，就少不了要说话，那么餐桌上应当怎样说话呢？

在正式用餐之前，通常主人会先招待客人喝点餐前酒，吃些小点心，一方面开开胃，另一方面也可等到客人来齐了再上桌。这是你与其他客人建立联系、交流信息的最佳时刻！不妨趁此机会主动与其他人交流，帮助主人照顾好别的客人，使聚会的气氛更加活跃。

在一场由营销业人士参与的宴会上，幽默的宴会主持人说："我们得先规划一下市场，大家千万不要喝出状况了，请各位先对自己做好定位啊！"宴会上少不了做自我介绍，刘先生第一个开口："我来做一下前期炒作吧！"老朋友李先生也站起来："来来来，我们做个联合炒作，一起推销吧！"其他人一听，乐了："你们蛮会做关系营销嘛！不过，可千万别搞恶性竞争啊！"

并非每个人都有新闻发言人那样的口才，也不可能"上知天文下知地理"，所以在与人交流时，难免会遇到一时答不上来的问题，这时不要感到太难为情，也不要不懂装懂，应该先弄清楚对方的意图，然后尽你所能地帮助对方解疑释惑。

不管是商业交流，还是朋友聊天，都要注意语言表达的得体。同时，要尽量使自己的语言表达具有幽默感，营造一个和谐、轻松、愉悦的氛围。

礼尚往来不可说错的祝福语

逢年过节我们都要送礼，如果送礼时能够辅助一些恰当的祝福语，那么我们所送的礼将更有分量。

中华民族是一个礼仪之邦，送礼对中国人来说是一件再平常不过的事情了。但是，送礼是有讲究的，送礼的时候也要说对话。在与人交往时，赠送他人一些小礼物，既能营造出和谐的气氛，又显示出对他人的尊敬之情。

朋友过生日、结婚、设宴请客，主人邀请你参加时，都应备些适宜的、有纪念意义的小礼品。朋友的生日，送上一束鲜花，或是其他象征友谊天长地久的礼品，或是生动有趣的小工艺品等，会使他感到分外高兴，因为这些小礼品代表了你的祝福而显得格外珍贵。

在送礼物时，应了解对方的生活习惯、喜好，要了解对方的心理特点。这样就可以避免因送错礼物而引起的尴尬。

送的礼物，并不一定以价值的高低作为标准，只要能够让主人高兴就好。具有特色的礼物则是很好的礼物，因为人人对新鲜事物总是有一种向往之情。

送礼是讲究方法与技巧的。送的方法得当，会皆大欢喜；送得不好，让人挡回，触了霉头，定会堵心数日。所以，只有巧妙掌握送礼的技巧，才能把整个送礼过程划上一个圆满的句号。

锦上添花

小李受老师恩惠颇多，一直想报答老师，却没有机会。一天，他偶尔发现老师红木镜框中的字画竟是一幅拓片，跟屋里雅致的陈设不太协调。正好，他的叔父是全国小有名气的书法家，家里正有叔父赠的字画。小李马上把字画拿来，主动放到镜框里。老师不但没反对，而且喜爱非常。

移花接木

老张有事委托小刘去办，想送点礼物疏通一下，可是又怕小刘拒绝驳了自己的面子。老张的爱人与小刘的对象很熟，老张便让夫人帮助，让爱人带礼物去拜访，对方礼也收了，事也办了，两全其美。

借花献佛

如果你送的是土特产品，就可以说是老家捎来的。一般来说，对方会收下你的礼物的。

暗度陈仓

如果你送给朋友的是酒一类的东西，不妨避谈"送"字，就说是别人送你两瓶酒，自己今天来是和朋友对饮共酌，请他准备点菜。这样喝一瓶送一瓶，礼也送了，关系也近了，还不露痕迹，岂不妙哉。

异曲同工

有时送礼并不一定自己花钱去买，然后大包小包地送去，在某种情况下人情也是一种礼物。比如，你能通过一些关系买到出口转内销、出厂价、批发价、优惠价的东西，当你为朋友同事买了这些东西后，他们在拿到东西的同时，已将你的那份"人情"当作礼物收下了。

殡葬场上巧说安慰人的话

丧葬场合本是气氛低迷的场合，家属的心情更是悲痛，在丧葬场合说好安慰人的话十分重要。

关怀及安慰对于亡者的亲属很必要，一些过当的举动例如号啕大哭应避免，在措辞上也应注意，慰问语一般可以说："这次事情真令我悲痛，请节哀顺便。""这次事情太突然了，请保重身体。"

丧事时忌讳使用"死"、"惨"等使人联想到不幸的词汇。葬礼会场是肃穆的，吊唁者言辞应收敛，高谈阔论、嬉笑打闹都是对亡者及家属的不敬。说话压低声音，举止轻缓稳重，才能显出你的诚意和风度。除了说话，葬礼上还须遵守以下一些礼仪：

参加葬礼的服装要求

各个国家在丧礼的具体形式上，根据死者生前的宗教信仰不同而有不同的规矩。但是无论怎样，如果应邀参加丧礼，女性应穿深色正式服装，内穿白色或暗色衬衣，不可穿红戴绿，不用花手帕，切忌浓妆艳抹。不戴鲜艳的围巾，尽量避免佩戴饰物，如需要可考虑白珍珠或素色饰品，避免佩戴黄金。

葬礼致意的礼数

接到"讣告"的亲友熟人，可以写唁函、发唁电给死者的家属，以示哀悼。

送花可在葬礼举行前，通过葬礼承办人或花店办理。送花时，应附上写有悼唁字句或"献给×××"字样的飘带，并附有赠花者的姓名，要注意外国习惯不用纸花。也有的人写挽联、诗或文章以纪念死者。很亲近的亲友可以登门吊唁，并帮助家属治丧。但如死者的亲人不愿接见亲友，则应当不登门致哀。

非宗教性的葬礼，常常就在公墓的礼堂或墓地举行。葬礼应始终保持庄严肃穆的气氛。人们深思默祷，向死者沉痛致哀。在西方参加葬礼一般不号啕大哭，不要过分流露悲伤，因为那会增加死者亲属的悲痛。同死者家属握手时，可以不说话，也可以低声说几句表示悼唁和慰问的话，如"请节哀"、"多保重"等。在葬礼进行时，不要目不转睛地注视着哀伤的死者亲属。吊唁者不可三五成群，窃窃私语，不可漫不经心，东张西望，行礼时动作要真挚自然。

"无功不受禄"，请客要找好理由

请客的理由也五花八门，生日、乔迁、工作调动、开业典礼等都能成为请客的理由，但是，找一个好理由宴请别人是最重要的。

中国有句古话叫"无功不受禄"。因此请别人吃饭一定要找个合适的理由，恰当的宴请能大大拉近人与人之间的距离，从而提高办事的成功率。如果对方能欣然赴宴，那么求他办的事也就等于成功了一半。

根据办事的性质、对象而采取不同的方式发出邀请。如大多数学者、专家等，工作忙、时间紧，公开邀请，甚至借助传播媒介，既能体现公正无私、光明磊落，又有利于引起关注、促进宣传、扩大影响。

对别人发出邀请，可采用开门见山的方式，例如，当你想邀请上级领导吃饭时，可以直接说："请问是徐经理吗？我们现在在某某酒楼吃饭，过来认识几个朋友吧，我们等你来啊。"这种方式自然亲切。或者采用借花献佛式，例如，"陈工！今天获奖名单公布了，我中奖了！走吧，我们去庆祝庆祝！"然后在酒宴上再提自己求他所办之事，那时候他酒都喝了，哪好意思不帮你？喧宾夺主式，例如，"哦！你中午没有时间啊？没有关系，这样吧，下午我去订个位置，然后晚上你带上家人，我们一起去吃怎样？晚上我给你电话！"这样发出的邀请，别人就很难再有借口推辞了。你也就有了接近对方，求其办事的机会。

请客的理由也五花八门，生日、乔迁、工作调动、开业典礼等都能成为请客的理由，但是，找一个好理由宴请别人是最重要的。

点菜是一项"硬功夫"

如果你是作为赴宴者出现在宴席上，在点菜时，不应该太过主动，而要让主人来点菜。

点菜是摆在众人面前一道严峻的选择题。如果菜点安排太少，会怠慢客人；反之安排太多，则会造成浪费，引起他人误解。所以，点菜是一个人饮食文化修养的集中表现，是一项复杂的工作，值得大家探讨。

作为请客者，若时间允许，应等客人到齐之后，将菜单给客人传阅，并请他们来点菜。当然，如果是公务宴请，要控制预算，最重要的是要多做饭前功课，选择合适档次的请客地点非常重要。一般来说，如果由你来埋单，客人也不太好意思点菜，都会让你来做主。

如果你的上司也在宴席上，千万不要因为尊重他，或是认为他应酬经验丰富，酒席吃得多，而让他来点菜，除非是他主动要求，否则，他会觉得不够体面。

如果你是作为赴宴者出现在宴席上，在点菜时，不应该太过主动，而要让主人来点菜。如果对方盛情要求，你可以点一个不太贵、又不是大家忌口的菜，最好征询一下同桌人的意见，特别是问一下"有没有哪些是不吃的"，或是"比较喜欢吃什么"，要让大家有被照顾到的感觉。点菜后，可以请示"我点的菜，不知道是否合几位的口味"，"要不要再来点其他什么"，等等。

点菜水平的高低直接影响进餐的心情和氛围，在点菜时一定要做到心中有数，牢记以下三条原则：

第一，一定要看人员组成，人均一菜是比较通用的原则。如果是男士较多的餐会可适当加量。同时，要看菜肴组合。一般来说，一桌菜最好是有荤有素，有冷有热，尽量做到全面。如果桌上男士多，可多点些荤菜，如果女士较多，则可多点几道清淡的蔬菜。

第二，若是普通的商务宴请，可以节俭些。如果这次宴请的对象是比较关键的人物，则要点上几个够分量、拿得出手的菜。

第三，点菜前要对价格了解清楚，点菜时不应该再问服务员菜肴的价格，或是讨价还价，这样会让你在对方面前显得有点小家子气，而且被请者也会觉得不自在。

中餐宴席菜肴上桌的顺序，各地不完全相同，但一般普遍依循下列六项原则：即先冷盘后热炒；先菜肴后点心；先炒后烧；先咸后甜；先味道清淡鲜美，后味道油腻浓烈；好的菜肴先上，普通的后上。一般情况下，点菜也要遵循这个顺序。

宴会结尾细节决定成败

当宾客离去时，宴会主人应像迎接宾客一样站在门口与他们一一握别。

俗话说："编筐编篓，重在收口。"宴会也不例外。宴会虽然结束了，但并不意味着你就可以完全放松下来了，你还需要做好很多细节性的事情，才能让你的好形象留在宴请对象的心里。有很多人就是因为不重视宴会结束时的几个小细节，因此使得自己之前费尽心思保持的好形象瞬间崩溃，公关办事也变得一波三折。

那么，宴会结束时应该注意哪些细节呢？

宴会结束的时间

一般来说，当主人把餐巾放在桌子上或者从餐桌旁站起身来，即表明宴会结束。只有看到这种信号以后，宾客才可以把自己的餐巾放下，站起身来。

正餐之后酒会的告辞时间按常识而定，如果酒会不是在周末举行，那就意味着告辞时间应在晚间十一点至午夜之间。若是周末，则可晚一些。除非客人是主人的亲密朋友，否则一般都不应该在酒会的最后阶段还坐在那里。

离席的先后顺序

当宴会结束，离开餐桌时，不应把坐椅拉开就走，而应把椅子挪回原处。男士应该帮身边的女士移开坐椅，然后再把坐椅放回餐桌边。要注意，有些餐厅比较拥挤，贸然起身，或使手提包、衣服等掉落在地上，或碰到人，打翻茶水、菜肴，失礼又尴尬！离席时让身份高者、年长者和女士先走，贵宾一般是第一位告辞的人。

热情话别

当宾客离去时，宴会主人应像迎接宾客一样站在门口与他们一一握别。当宾客成群离去时，也应送至门口，挥手互道晚安，并应致意说："非常感谢各位的光临，真谢谢你们把宴会的气氛维持得这样好。"不要以时间过早为由挽留客人，如果是星期天晚上，你尤其不宜说："现在还早得很，你绝不能这么早走，太不给我面子了！"要知道多数人次晨都要早起。对于迟迟还不离去的客人，他们明显地热爱这气氛，这时你可停止斟酒或停止供糖果瓜子等，以此暗示客人该是离去的时候了。

有的主人为每一位出席者备有一份小纪念品。宴会结束时，主人招呼客人带上。除主人特别示意作为纪念品的东西外，各种招待品，包括糖果、水果、香烟等都不能拿走。

商务宴会上的不宜话题

不是你不坦率，坦率是要分人和分事的，从来就没有不分原则的坦率，什么该说什么不该说，心里必须有谱。

不恰当的话题会招来不必要的麻烦，以下话题是在宴会上不宜涉及的：

薪水问题

很多公司不喜欢职员之间谈论薪水，因为同事之间工资往往有不小的差别，"同工不同酬"是老板常用的手法，用好了，是奖优罚劣的一大法宝，但它是把双刃剑，用不好，就容易引发员工之间的矛盾，而且最终会调转枪口朝上，矛头直指老板，这当然是他所不想见到的，所以他对好打听薪水的人总是格外防备。

有的人打探别人时喜欢先亮出自己，比如先说"我这月工资……奖金……你呢？"如果他比你钱多，他会假装同情，心里却暗自得意。如果他没你钱多，就会心理不平衡了，表面上可能是一脸羡慕，私底下往往不服，这时候你就该小心了。背后做动作的人通常是你开始不设防的人。

首先你不要做这样的人。其次如果你碰上有这样的同事，最好早做打算，当他把话题往工资上引时，你要尽早打断他，说公司有纪律不谈薪水；如果不幸他语速很快，没等你拦住就把话都说了，也不要紧，用外交辞令冷处理："对不起，我不想谈这个问题。"有来无回一次，就不会有下次了。

私人生活

无论你是失恋还是热恋，都别把情绪带到工作中来，更别把故事带进来。不要说起来只图痛快，不看对象，事后往往懊悔不已。可惜说出口的话如同泼出去的水，再也收不回来了。

商场上风云变幻、错综复杂，把自己的私域圈起来当成商务话题的禁区，轻易不让公域场上的人涉足，其实是非常明智的一招，是竞争压力下的自我保护。"己所不欲，勿施于人。"如果你不先开口打听别人的私事，自己的秘密也不易被打听。

千万别聊私人问题，也别议论自己公司或客户公司里的是非短长。你以为议论别人没关系，用不了几个来回就能"烧"到你自己头上，引火烧身，那时再"逃跑"就显得被动了。

家庭财产

不是你不坦率，坦率是要分人和分事的，从来就没有不分原则的坦率，什么该说什么不该说，心里必须有谱。

就算你刚刚新买了别墅或利用假期去欧洲玩了一趟，也没必要拿到宴会上来炫耀，有些快乐，分享的人越少越好。被人妒忌的滋味并不好受，因为容易招人算计。

无论露富还是哭穷，在宴会上都显得做作，与其讨人嫌，不如知趣一点，不该说的话不说。

黄腔黄调

有些人为了活跃气氛，喜欢说一些黄色笑话，实在是不明智的做法。大多数的人说黄色笑话往往成了下流不堪的话，造成对方的尴尬，弄不好还惹上"性骚扰"的罪名，得不偿失。除了尽量避免说黄色笑话外，还要学会如何应付对方向你开黄腔。许多女性对于男同事的黄腔采取好言相劝或不理不睬，装作自己"耳背"没听见，这样会使男同事认为你软弱好欺负，他们不但不会"同情"你，反而会变本加厉地对你开黄腔。理想的方式是巧言以对，既对他们的话表示抗议，又运用机智和幽默的口吻含蓄地进行还击。识趣的男同事会自讨没趣地拍拍屁股走开。

千万别装作听不懂，越是听不懂，对方基于捉弄的心理，越会说给你听。如果无法阻止对方住口，干脆起身避开，来个耳不听为净。

警惕有失礼仪的交谈方式

有急事打断他人的谈话时，则务必要先讲一句"对不起"。

以下十种方式是不合礼仪的：

在交谈之中"闭嘴"

所谓的"闭嘴",是指交谈中一言不发,从而使交谈变相地冷场,导致不良的后果。在交谈对象侃侃而谈的过程中,自己始终保持沉默,会被视为对交谈对象的话不感兴趣。本来双方交谈甚欢,一方突然"打住",会被理解成对对方"抗议",或对话题感到厌倦。

所以,但凡碰上无意之中所出现的交谈"暂停",商务人员一定要想办法尽快地引出新话题,或转移旧话题,以激发交谈者的情绪。

转换话题也需要一定的技巧,最好能不着痕迹,巧妙自然地将对方导向新话题;而成功运用这个要领的关键,则在于会话双方对新的话题应当有较多的共同语言。

这样,会话才能拓展交谈天地,维持融洽气氛。为此,在有意转换之前,充分估计对方心态和审慎选择比原来话题更有新意的、在需求上更能满足对方的话题,无疑十分重要。

在交谈之中"插嘴"

所谓"插嘴",是指在他人讲话的中途,突然冒出来插上一句,打断对方的话。

商界人士在一般情况下,都不应该打断他人讲话,上去插上一嘴,这样有喧宾夺主、自以为是之嫌。如果确实想对他人所说的话发表见解,也需要等对方把话讲完。

如果打算对他人所说的话加以补充,应先征得其同意,先说明"请允许我补充一点",接下来再插话。不过插话不宜过长、次数不宜过多,免得打断对方的思路。有急事打断他人的谈话时,则务必要先讲一句"对不起"。

当与不相识者、异性、长者或上司交谈时,更不宜"不邀而至",上去就插上一嘴。

在交谈之中"杂嘴"

交谈之中的"杂嘴",就是语言不标准、不规范。比如说,在国内的商务交往中,应使用汉语普通话,因为它是国人彼此之间理解与沟通的最佳手段。如果开口方言,闭口土语,不仅可能被他人误解,弄不好还会被视为做人不够开化。在对外商务交往中,应使用双方均能够接受的语言。

在交谈之中"脏嘴"

"脏嘴",意即说话不文明,满口都是"脏、乱、差"的语言。

在交谈之中"荤嘴"

"荤嘴",指的是说话带"色",时时刻刻把丑闻、艳事挂在嘴上。无论从哪一方面而论,"荤嘴"都属于商界人士的大忌,在哪里都让人瞧不起。

在交谈之中"油嘴"

"油嘴",是指说话油滑,毫无止境地胡乱幽默。谈吐幽默是一种高尚的教养,它是指说话生动有趣,而且意味深长。在适当的情境中,使用幽默的语言讲话,可以使人摆脱拘束不安的感觉,变得轻松而愉快。此外,它兼具使人获得审美快感、批评和讽刺等多重作用。

然而幽默也需要区分场合与对象,需要顾及自己的身份的。要是到处都"幽他一默",就有可能"沦落"为油腔滑调,从而招致反感。

在交谈之中"贫嘴"

"贫嘴",是指爱多说废话,爱乱开玩笑。爱耍"贫嘴"的人,动不动就拿交谈对象调侃、取笑、挖苦一通,不是没话找话,话头一起就絮絮叨叨;就是不分男女、不论长幼、不辨亲疏地乱开玩笑。耍"贫嘴"的人,好比作践自己,既令人瞧不起,又招人讨厌。

在交谈之中"强嘴"

"强嘴",就是喜欢跟别人争辩,喜欢强词夺理。他们自以为"真理永远在自己手中",自己永远正确。爱"强嘴"的人,"没理争三分,得理不让人",这种人不受人们的欢迎。

在交谈之中"刀子嘴"

"刀子嘴",就是说话尖酸刻薄,喜欢恶语伤人。每个人都有自己的隐私,都不希望告之于人,不该"打破沙锅问到底"。每个人都有自己的短处,都不乐意将此展示于人,所以不应该在交谈时"哪壶不开提哪壶"。俗话说:"良言一

句三冬暖，恶语伤人六月寒。"其口似刀的人，处处树敌，时时开战，触犯了商家"和气生财"的大忌，终将会因为自己的不检点而被淘汰。

在交谈之中"电报嘴"

"电报嘴"，是指那些爱传闲话、爱搬弄是非的人。"电报"者，取其传播迅速之意也。在正式的商务交往中，一言一语都有可能成为有价值的商业情报，不容扩散。在非正式的亲友聚会上，他人出于对自己的信任所讲的一些心里话，也应该"到此为止"。将以上内容到处暗传，无限度地张扬，是人格卑鄙的表现。至于那些无中生有、以造谣生事为己任的人，就更不足挂齿了。所以请君勿做"电报嘴"的"中转站"。

别把应酬当作承诺

聪明人懂得："场面之言"是日常交际中常有的，而说客套话也是一种应酬的技巧和生存的智慧。

在商务应酬中，我们要学会说客套话，给别人一点甜头，但万万不可轻信别人的一时之言。轻信别人的客套话，有时不只是一种天真，更是一种愚蠢。

一个人不可能完完全全地在别人面前表现最真诚的一面，正如一个人不能把别人说过的每一句话都信以为真一样。客套话，总是可说不可信，一旦你违背了这条原则，善良便会退化为愚钝，真诚也会成为伤害自己又危及他人的利器。

坦露之心犹如在众人面前摊开的信，那些胸有城府的人总是懂得潜藏隐秘，所以他们说的话大都只是些场面之言。"说者无意听者有心"，如果你把别人的这些话都当成真的话，就只能证明你的天真和幼稚。

人往往会呈现多面性，在不同的时空，善与恶会因不同的刺激而以不同的面貌呈现。也就是说，本性属"恶"的人，在某些状况之下也会出现"善"的一面；本性属"善"的人，也会因为某些状况的引动、催化而出现"恶"的作为。而何时何地出现"善"与"恶"，人自己也无法预测及掌握。所以，当萍水相逢之人在你面前作出承诺时，不能被这一时的"善"意冲昏了头脑，应保持理智，让自己回到真实的生活轨道上来。

对于称赞或恭维的"客套话"，你尤其要保持冷静和客观，千万别因别人的两句话就乐昏了头，那会影响你的自我评价。冷静下来，反而可以看出对方的用心。

对于拍着胸脯答应的"客套话"，你只能持保留态度，以免希望越大，失望

也越大；只能"姑且信之"，因为人情的变化无法预测，你既然猜测不出别人的真心，就只好抱持最坏的打算。要知道对方说的是不是客套话也不难。事后求证几次，如果对方言辞闪烁、虚与委蛇，或避不见面、避谈主题，就说明那些真的是"客套话"。所以对这种"客套话"，也要有所区分，否则可能会坏了大事。

什么是"客套话"？简而言之，就是让别人高兴的话。既然说是"客套话"，可想而知就是在某个"场面"才讲的话。这种话不一定代表内心的真实想法，也不一定合乎情理，但讲出来之后，就算别人明知道你"言不由衷"，也会感到高兴。聪明人懂得："场面之言"是日常交际中常有的，而说客套话也是一种应酬的技巧和生存的智慧。

但从另一个角度来讲，如果别人在某些特定的场合、特定的际遇下对你说了一些客套话，作为听众的你千万不可把这些场面之言当真。

得意忘形是应酬大忌

成大事者不会轻易受情绪制约，纵使有厌恶与愉悦的心情，也绝不会轻易流露出来。

人生中有许多得意事，比如事业有成、乔迁升职等，这些当然是值得庆贺的，但这种庆贺应适可而止，切忌得意忘形而无所顾忌地表现出自己的喜怒哀乐。特别是在言辞上，那种"上嘴唇顶天，下嘴唇顶地"的高谈阔论，还是少一些为妙。因为在你的身边，还有一些失意的人，你的张扬会引起他们的心态失衡，以至于给你带来麻烦。在失意的朋友面前，更要注意自己的言行，只有在言辞上低调，才能融入朋友之中，从而更好地保护自己。

一只野兔被老鹰捉住了，大哭大叫。这时，一只乌鸦飞了过来，得意忘形地对野兔说："你平时不是跑得挺快吗？这次怎么不跑了？看，还是我们有翅膀的好啊。"接着便大谈自己有翅膀的好处，还手舞足蹈起来。正在这时，另一只老鹰突然飞下来捉住了它，它将有和野兔一样的命运。野兔在断气之时，对乌鸦说："啊，你方才还在为自己的平安而得意忘形，现在你也该哀叹和我有着同样不幸的命运了吧！"

一个人的心里再怎么高兴，也必须加以掩饰，否则，自己的心意岂不全被别人猜透了？喜怒形于色，易于冲动，思想偏激，生出的古怪念头，稍稍过量便会使我们的判断处于病态，使我们因失控而幼稚、肤浅。感情用事不会有好结果，你要做到不管是大顺之时还是大逆之际，都不会有人批评指责你情绪不稳定。

谨慎的人总是试图保持自我控制能力。成大事者不会轻易受情绪制约，纵使有厌恶与愉悦的心情，也绝不会轻易流露出来。对于极端厌恶的人，能把嫌恶之情深深隐藏起来，见面时，仍然显出十分亲善的样子，礼貌而诚挚地问候对方。

在交际中，感情用事，得意忘形，是人生之大忌。踌躇满志、春风得意，是人人向往的人生境界。如果被一时的得意冲昏了头脑，就会故步自封、停滞不前。要随时保持清醒的头脑，时刻反省自己，这样才能获得成功。

心 理 学

第四篇 可怕的交际心理学

第三章

懂心理，职场更成功

不可不知的职场硬道理

技能与才干不是关键

诸多技术纯熟的雇员，似乎对于公司具有很大价值，但是每天又被公司所忽视，与之相反，获得晋升机会的职员其技术未必出类拔萃，他们只是花费了大量成本及时间，令公司认为自己远比其他人更值得信赖而已。

当然，技能与才干非常重要。但是有太多的职场人自认为自身职位安全，完全是拜技能熟练且工作努力所赐。不过，一定没有人告诉你人事部门及公司主管们早已就"技能问题"研究多年，他们并未说出有效雇用的真实用意。为什么呢？这是出于安全考虑。探讨技能是一个主观过程，如果他们对员工提出"你的技能或才干不适应公司此时的需求"，他们不会因此而起诉你。这种误导带来的严重后果是员工过于强调技能，但是技能与才干并不能完全保护你，也不是你未来职业生涯中唯一重要的因素。

即使你在公司中属于技术尖兵，但是若得不到上层信任，也会面临失业危险，你的需求同样得不到满足，你同样会走投无路。信任基于公司对于你的理解。无论公司怎样评价你，理解才是决定你的职位安全与否以及你是否具有价值的重要因素。

你感觉公司此刻会对你抱有怎样的看法呢？你的主管及高层领导会对你作出怎样的评价？如果你并未感受到自己拥有工作动力，不清楚自己处于什么位置，亦未曾得到应有待遇，那么公司对于你的看法也许远不如你想象的那般好。

若要认清公司对于自己的看法，你就必须懂得去发现其动机。这涉及你对公司的真正保护对象、奖赏及价值持有怎样的认知，在形成正确认知的同时你亦可为自己竖起一面镜子，由此随时审视自己在工作场合中的行为。

站在雇主的角度上审视自身行为：你平时的行为看上去究竟是不是一个支持公司政策、保护公司利益所应有的？你平日的言谈举止给予人的感觉究竟是对公司具有强烈归属感并充满激情，还是只关心自己工资条上的数字？在他人眼中，你的行为与真实意图之间究竟是否存在差距？外界对于你的看法决定了你的职位安全系数。

假如你正在为一家视"保护"为己任的公司效力，在一次职业课程中，你遭遇到上司的骚扰，你声称要公开此事。当然，从法律上讲你完全有权利这么做，与此同时你却触犯了公司的秘密规则，为自己醒目地贴上了"公司的叛徒"的标签。

对于公司而言，它完全可以利用合法手段处理这种情况，甚至可以依据法律规定使你仍然居于原职，但是你将永远得不到信任。在绝大多数公司，出现这种情况将意味着你的这份工作就此结束。而这件事之后，大部分公司必然会尽快将你清除。他们绝不会因为维护一个将自身利益看得比保护公司利益还要重要的雇员，而将公司置于危险境地。

然而，如果你选择私下处理此事，未使公司处于窘迫境地，亦不致令公司为之付出昂贵代价或耗费大量时间，那么你仍然可以继续安心地在这里工作。

公司的这类行为令许多人为之异常恼火，看上去也非常不公平。但换个角度思考一下，如果你是老板，也不会发表公开声明使公司陷入困境之中，除非该问题确实非常严重，没有其他的方法可以解决。同样，如果你身为既得利益者，也会采取这种做法。为什么呢？因为一旦通过烦琐的法律手段解决问题，其产生的负面作用要远远超过私下解决带来的不适感。即便绕过正式法律程序，公开解决依然需要耗费大量金钱，还会耗损高层领导的时间成本。所以你必须使自己持有这样一种认知：要关心自己公司及其收益人的利益，而不是只关注个人利益及感受，这两者之间存在重大区别。

将自身利益置于公司之上，就等于为自己贴上"叛徒"的标签。公司不会再信任你，亦不会继续在你身上进行投资。倘若你已经陷入类似状况中，客观地询问一下自己，如果你是雇主又该怎样处理类似问题，如此一来你便会明白自己应该怎样去做，如何去应对自己所面临的挑战。你将自身决策与公司利益联系愈深，公司对于你的印象就会越好，你在公司的位置便会越有保障。那么，你要如何才能看出自己这样做的效果呢？事实上，那些表面能够站在公司一方的雇员已经得到了认可——赞赏及升迁，即使他们的技能并不是最好的。

任何一个人都可以去学习工作技能。公司需要的绝不仅仅是技术，他们所要寻找的是看上去能够全心全意维护公司利益的人，而其唯一的判断标准就是你的外在举动——日常行为。

聪明过头并非明智之举

职员往往认为，正是出于自己的聪明才智公司才对其加以雇用的，因此他们急于表现自己的知识和阅历，毫不吝啬地大提建议、畅言自身想法，但在公司看来，这些提议除了对现实工作不满外，毫无其他意义。

难道公司不希望得到聪明的员工，借以改进自己的工作方式？是的，准确地说，这样的公司至今为止尚未诞生。

张阳明怀着激动的心情开始他的工作生涯，他急于向老板展示自己对此行业以及所负责项目的了解。他是因为对此行业具有丰富经验才受到公司聘用的，并且这一领域对于公司而言尚很陌生。公司上司看上去对张阳明十分满意，在其入职的第一天便向他咨询问题，随即又告诉他，倘若有任何的建议，不要犹豫，尽可大胆提出。由于急于表现自己的能力，张阳明严重误解了上司的意思。

他发现该部门在组织方式、任务分配，以及项目执行上均存在诸多问题，自认为公司必然希望他能够将此提出。为了引起公司注意，他开始频繁地公开提出自身建议，急于获得老板的好感。不幸的是，他所面对的是一位极力使一切按部就班的上司，他当然不会对张阳明的建议产生兴趣。

张阳明感到非常惊奇，因为上司不再重用他。令他更为诧异的是，上司非但没有采纳自己的建议，反而将他调往另一部门。张阳明并不喜欢新的部门，在那里，他一点技术基础都没有。处于陌生领域，张阳明感到毫无希望可言，而他的工作表现也极为糟糕。一年之中一切完全变了模样，他初来时所期待的荣耀与机遇并未如期而至。

职员往往认为，正是出于自己的聪明才智公司才对其加以雇用，因此他们急于表现自己的知识和阅历，毫不吝啬地大提建议、畅言自身想法；在会议上纠正老板的错误；为使事情发展更好而贡献另类策略，指明如何改进流程，等等。

自身尚未具备这种权力便做出如此举动，在公司看来，除对现实工作表示不满外，毫无其他意义。公司并不希望你真正表现出自己的聪明才智，除非你能够对老板表现出足够的尊重。

员工总是希望与同事分享自己的观点，最大化地表现出自己的能力和经验，为公司面临的问题提供各类解决方法。他们忘记了是谁在掌握自己职业生涯的生杀大权，如果上司感觉到你对他的位置构成威胁，那么无论你多么聪明、多么有才华都于事无补。

在你准备表现自己的聪明才智时，不要将注意力从上司身上移开，不要认为自己会比上司更高一筹。即便你确实能够做得更好，也要通过合适的方式表现。倘若自己做不到这一点，那么就应该放弃表现机会。公司只会鼓励那些利用自身聪明才智支持上司的员工。你的晋升需要得到上司点头方可，他不认同，你便寸步难移。

表现自身聪明才智的合适方法：

只有在被问到时才提出建议。永远不要自告奋勇，不要提任何问题并指明不适之处，只提出积极的解决方法。

如果老板要求你闭嘴，那就忘记刚刚说过的一切。倘若你成为了老板，你也可能会随意而为。只要你依然是员工，你就必须按照他的命令行事。

应记得对于上司此前的努力给予充分尊重与欣赏。就处事方法而言，每个人都会具有不同见解。因此公司必须安排一个人负责最后决策，他就是你的老板。所以他们一旦开始工作，你便必须尊重并支持其一切行动。除非老板向你征求建议，或者要求你帮助他们开展抑或改进其工作。

如果你准备提出某事的整改建议，确定上司能够给予你足够信赖。你所提出的任何建议均应自"有利于团队整体发展"的角度出发，而并非是个人荣耀。你的上司清楚下一阶段该怎样去做，该怎样去补偿你——一个更好的职位在等待你呢。

表现自身聪明才智并不是为了使自己"冒尖"或者引人瞩目，而是为了赢得老板永远的支持。

一旦你成功证明自己值得信赖，并且是团队中不可或缺的一员，他们便会恳请你提出建议。这时你的上司将会为倾听你的良策做好一切准备，并全力对其加以支持。

认清升职加薪的充分条件

努力工作是升职的必要条件，但请记住这不是第一条件。如果你不懂得适当地表现自己，那就是在堵死自己的成功之路。

努力工作是成功的基础，但不是获得成功的充分条件。人们应该学会经营自己，这是成功的推进器。有时候，表现自己更关键，特别是当你顺利完成一件工作后，让老板知道你的贡献更重要。

越是大的公司，竞争越激烈，出人头地越难。现实中我们常会看到一些人在一个公司一干就是几年，为公司作出了很多的贡献，但得不到老板的重用。在现实社会中，光是埋头做事是不够的，想要有一番作为，既要能埋头苦干，又要懂推销自己。

有人将各种影响事业成功的因素作了如下的划分：工作表现只占10%，给人的印象占30%，而在单位里曝光机会的多少则占60%。你工作做得好不一定就可以获得更多的奖励。晋升加薪的关键在于老板知道你的存在和你工作的内容，以及你在单位里的地位和影响力有多大。所以，在适当的时机，找到表现自己的方式，巧妙地让老板看到你的努力，可以让你少走一些弯路，及早得到老板的赏识。

有的人常犯的一个错误就是相信只要自己努力工作，总有一天老板会发现自己的努力的。这些人犯了主观认识的错误。老板每天有很多工作要做，很有可能忽视你的努力。如果你不懂得适当地表现自己，那就是在堵死自己的成功之路。

在外贸公司工作的郭嘉嘉最近一段时间比较郁闷。几个月前，公司进行人事调动，那些和自己能力、业绩不相上下的同事都被提升了，调到更有发展前景的职位上工作，甚至刚进来的一个新员工也被调到了比较好的岗位，但她仍是一没升职二没加薪。

其实，郭嘉嘉是一个非常有才气的人，但她的性格有点内向、敏感，还有一点不自信，在平时的工作中只顾着埋头苦干，很少与上司去沟通、交流。有些同事好心提醒她要多在老板面前表现表现自己，使领导对她有所重视，但她不以为然，反而觉得这样有意地与领导接近不是很好，认为只要自己将领导安排的工作认认真真地做好了，总有一天老板会看到的。

敬业、勤奋的员工是为任何一个老板所欣赏的，努力工作是升职的必要条件，但请记住这不是充要条件。有的时候要想尽方法让老板知道你的努力。谁不想在事业上有更多的收获？所以想得到老板的器重，升职加薪，就不要仅仅闷头做事，还要适当地表现自己。

吃苦耐劳，努力工作是你的优势。我们也不能否认，很多人获得成功是努力打拼出来的，但是努力工作不等于埋头苦干。努力工作是你成功的基础，适当地表现自己可以增加你在老板心中的价值和地位。

如果你真的是一个有能力的员工，得到老板的赏识，不仅可以使自己的事业上一层台阶，也会为公司创造更多的价值。

在职场上你做了很多，当然有权利让别人知道你做了什么。人在职场切不可只做一个沉默的智者，一副让人猜不透、不屑与人交流的样子，更不能做一个只会闷头做事不会为自己"叫好"的傻子。当然，这种表达要尽量委婉，不要因为急于表现自己而得罪同事。

懂得适当地表现自己体现了一个人的综合素质。职场如战场，你要想找到理想的职业前途，要想打造一份理想的职业生涯，享受取得成功的喜悦，必须学会经营、推销自己。成功不是偶然，而是需要精心的准备。

不要渴盼碰到伯乐，职场只能靠自己

现代社会人才济济，竞争激烈，机遇转眼即逝，若是日日苦等"伯乐"来发现，大好时机很快就灰飞烟灭。每一个人只有大胆地做自己的伯乐，才不会被埋没。

在职场生活中，凡是顺境时教导新人、欣赏其长处，或者逆境时无条件表示支持的人都可以作为"伯乐"。在职场中，伯乐通常指发现、推荐、培养和使用人才的人，比如招聘经理、上司。能够帮你指点迷津的人从某种层面讲也是伯乐，同事，客户，甚至萍水相逢的人也许都能做到这一点，助你一臂之力。

初出茅庐的职场新人，对职场缺乏了解，对工作也不熟悉，在日常工作中遇到棘手的任务，如果有个伯乐在旁边指导，"修行"将远比依赖自身尝试、磕碰的效率来得更高，而且会获得更加长足的进步。

"世有伯乐，然后有千里马。"一千多年前韩愈就精辟地论述了"伯乐"与"千里马"的关系，人们知道了伯乐对人才的重要性。受这种观点的影响，众多"千里马"都渴望"伯乐"把自己挖掘出来纵横天下，在"人治"的封建社会，伯乐对于"千里马"确实有着举足轻重的作用。可是"千里马常有，伯乐不常有"，残酷现实让众多的千里马只有"骈死于槽枥间"，一生碌碌无为，无所作为，实在是可悲可叹！

今天这个开放、民主的社会，"伯乐"可以让"千里马"少吃苦走捷径不容置疑，但是"伯乐"也已经不是"千里马"能否"出道"的决定性因素了。所以。假如你是"千里马"的话，要相信"是金子就会发光"，要把握好机会，做自己的伯乐。

某人上班上到无聊，便想到人生的虚无，从此痛不欲生。一天，他决定自杀。他来到一片空旷的野地里，给自己挖了一个坟。他看这坟太光秃，便在周围种上树木和花草。种啊种，他渐渐迷上了园艺，醉心于培育各种珍贵树木和奇花

异草。他的劳作终于吸引来一批又一批的游人。

有一天，这个人听见一个小女孩问她的妈妈："妈妈，这是什么呀？"妈妈回答："我不知道，你问这位叔叔吧。"

小女孩的小手指着这个人从前挖的坟坑问他那是什么，这个人脸红了，他想了一想，说："小姑娘，这是叔叔特意为你挖的树坑，你喜欢什么，叔叔就种什么。"小女孩和她的妈妈都高兴地笑了。

点石成金的职场，上帝是没有的。如果一定要寻找，它其实就是你自己。我们只有做自己的伯乐，不断发展自身潜能，从灵魂深处"钻探"出生命底蕴中的清泉，唤醒潜意识中的大智慧，使之焕发出超常的生命原动力，职场命运才会服从于你。

在职场中，别人是一面镜，你便是镜中的风景；别人是一堵墙，你便是墙外的世界。没有理由欺骗自己，没有理由否定自己，自己是一棵松，就该具有松的高大；自己是一座山，就该具有山的威严。做自己的伯乐，即使自己是一道残景，也应努力让阳光撒落。

做自己的伯乐，我们才能始终保持一颗闲适的心，从容应对人生的跌宕起伏。做自己的伯乐，不断钻探出自己的潜能，我们终会拥有化蛹成蝶、迎向朝阳的那一天。

意识不到危险是最大的危险

职场中没有永远的红人，也不可能永远以逸待劳。职场中的危机感是职场人进取心的源泉，也是职场人成长发展的重要动力。一个失去了危机感的员工会变得安于现状、裹足不前，等待他的就只有被淘汰的命运。

在谈论职场危机感之前，让我们先来看一个著名的实验。

19世纪末，有人将一只青蛙放在煮沸的大锅里，青蛙立即窜了出去。后来，人们又把它放在一个装满凉水的大锅里，然后用小火慢慢加热，青蛙虽然可以感觉到外界温度的变化，却因惰性而没有立即往外跳，直到后来热度难忍失去逃生能力而被煮熟。

经过分析，科学家们认为，青蛙第一次之所以能逃离险境，是因为它受到了沸水的剧烈刺激，第二次由于没有明显感觉到刺激，因此，这只青蛙便失去了警惕，没有了危机意识，它觉得这一温度正适合，然而当它感觉到危机时，已经没有能力从水里逃出来了。

后来，这个实验的结论被人们称为青蛙效应。青蛙效应告诉我们：一个人要想不像青蛙那样在安逸中死去，就必须要保持危机意识。在现实生活中，危机是个人成长的信号。如果安于现状，看不到自己所面临的竞争和危机，那么你必定会被未来社会所淘汰。一个人应当让自己跟得上时代前进的步伐，要学会和自己比赛，每天都要淘汰掉那个已经落后的自己。如果你不主动去淘汰自己、超越自己，那么你必将被别人超越和淘汰。职场中没有永远的红人，也不可能永远以逸待劳。职场中的危机感是职场人进取心的源泉，也是职场人成长发展的重要动力。一个失去了危机感的员工会变得安于现状、裹足不前，等待他的就只有被淘汰的命运。

很久以前，恐龙和蜥蜴共同生活在古老的地球上。

一天，蜥蜴对恐龙说，天上有颗星星越来越大，很有可能要撞到我们。恐龙却不以为然，对蜥蜴说："该来的终究会来，难道你认为凭咱们的力量可以把这颗星星推开吗？"

几年后，那颗越来越大的行星终于撞到地球上，引起了强烈的地震和火山喷发，恐龙们四处奔逃，但最终很快在灾难中死去。而那些蜥蜴则钻进了自己早已挖掘好的洞穴里，躲过了灾难。蜥蜴的聪明之处，在于知道虽然自己没有力量阻止灾难的发生，却有力量去挖洞来给自己准备一个避难所。

这虽然只是一个寓言故事，却给每一个职场人士都带来了很好的警示和启迪，故事中的灾难在我们身边也会发生。随着时代的变化和企业的发展，企业对于员工的要求越来越高。职场中，很多人都听说过这样的话，"今天工作不努力，明天努力找工作"，"脑袋决定钱袋，不换脑袋就换人"。如果不提前为自己的未来做好各种准备，不努力学习新知识，那么，正如故事中的恐龙一样，被淘汰的命运很快就会降临到你的身上——如果你不主动淘汰自己，最后结果就只能是被别人所淘汰，哪怕你已经是公司高管，也不会例外。

新年上班第一天，某公司的销售副总汤姆斯就收到一封公司的辞退信。

尊敬的汤姆斯先生：

非常遗憾地通知您，经过董事会的讨论，本公司已经决定与您解除雇佣关系。请速到财务部和人力资源部办理相关手续。

董事会

汤姆斯感到非常困惑，自从他担任销售副总以来，一直就兢兢业业地工作，虽然几年来销售业绩不太理想，但基本上都能保持递增状态，为什么突然就被炒鱿鱼呢？于是，疑惑的汤姆斯敲开了总经理办公室的门。

面对他的疑问，总经理告诉他，公司辞退他的原因并非因为去年业绩不理想，而是担心今年的业绩会更糟。公司人力资源部对威廉的评估表明，汤姆斯的工作态度和管理能力都没有问题，但由于缺乏危机意识和进取心，不能及时掌握领域新动态，所以董事会一致认为他无法应付今年激烈的竞争状况。

在竞争日益激烈的当今职场，不是自己淘汰自己，就是被别人淘汰。一个主动超越自我、淘汰自我的人一定是一个充满危机感的人，正是这种危机感成为他们不断超越自我的动力。相反，一个骄傲自满的人一定是很少有危机感的人，这样的人只会故步自封，一生也很难有很大的作为。我们只能主动出击，抓住一切机会提高自己，让自己逐渐强大，否则将会失掉竞争和生存的能力，留给自己的只有满腹的遗憾。

价值是一个变数，也会随着竞争的加剧而"打折"，今天，你可能是一个价值很高的人，但如果你缺乏危机意识，故步自封，满足于现状，明天，你的价值就会贬值，面临生存危机。

东明是某公司的一名员工，他刚到公司的时候非常努力，加上聪明能干，年轻好学，很快就成了老板面前的"红人"。老板非常赏识他，进入公司不到两年，东明就被提拔为销售总监，工资一下子涨了两倍，还有了自己的公司配车。

刚做上总监那阵子，东明还是像以前那样努力勤勉把每件事情都做得尽善尽美，并且经常抽出时间学习，参加培训，弥补自己知识和经验方面的不足。但是时间长了，经常会有朋友对他说："你犯什么傻啊？你现在已经是总监了，还那么拼命干吗？要学会及时行乐才对啊，再说老板并不会检查你做的每一件事情，你做得再好，他也不知道啊。"

这样的话，一次两次听到，东明还含笑不语。但是在多次听到别人"犯傻"的话后，东明也开始盘算起来，慢慢地，他开始变得"聪明"起来了，不但学会了投机取巧，还学会了察言观色和想方设法迎合老板。如果他认为某件事情老板要过问，他就会将它做得很好；如果他认为某件事情老板不会过问，他就不会做好它，甚至根本就不做。东明不再把主要的心思放在工作上，也放弃了很多的学习计划，他已经逐渐不再是以前勤奋努力的那个东明了。

终于，在公司的一次中高层领导会议中，老板发现东明隐瞒了工作中的很多问题。在年底的业务能力考核上，他也有几项考评成绩也大不如前。失望之余，老板忍痛把东明解聘了。东明也为自己的堕落悔恨不已。

生于忧患，死于安乐，一味沉湎于过去的成绩，躺在过去的功劳簿上不思进取，只能让自己停滞不前，很可能像东明那样从云端跌落。一个个本来很有前途的年轻人就因为丧失了危机感，而失去了事业发展的大好机会，真是一件让人遗憾的事情。

年龄歧视是活生生的现实

公司信赖那些能够跟随时代发展的员工，他们希望自己的员工思想超前、具备时代意识。如果员工看起来已然"落伍"，他们则会担心公司也会随之落伍。

公司不会直接提出你的年龄问题，但是一旦涉及晋升或退休，年龄确实是一个非常重要的影响因素。当然，对此他们会找出诸多理由解释自己的行为。但事实是，许多公司利用重组、裁员、提前退休期甚至临时解雇，作为年龄歧视的掩体。

职场上有许多老员工被排挤掉，同时也有许多年轻人员被忽略。然而，令人感到吃惊的是，年龄歧视并不是针对你的实际年龄产生的，而是受处理某事时你表现出的心态老迈与否所影响。

事实是，年龄问题不会影响你的事业，除非你出现了什么过错，令公司将你的错误与年龄联系起来。此时你需要了解的是雇主究竟害怕什么，以及对此该如何加以应付。

对于年轻员工来说，公司非常重视年轻雇员的热情、激情、新颖活跃的思维、旺盛的精力以及相对较低的支付成本。但是他们同样惧怕诸多问题，希望你能够避免以下这些状况出现在自己身上。

避免表现出不成熟的一面

公司的主要决策者必然要年长于你，并且对于你们这一代人所追求的时尚不会表现出令人愉悦的宽容。为了博取他们的信任与支持，你的表现必须令他们感到满意、舒适，而不是我行我素。这就意味着你需要避免穿着过于新潮的衣裤，避免俚语以及蓄留彰显年轻的长发（无论男或女），避免文身与佩戴过多饰品，避免在办公桌上摆设孩子气十足的饰品。为了获得他人的尊重，无论为之付出多少时间及精力，你都要与自己所扮演的职业角色保持一致。

对于工作要极度认真负责

公司往往认为年轻雇员轻浮、易于分心、不负责任。因此，作为一名年轻职员，你必须极尽所能地表现出一副专心负责的态度。那么该如何去表现呢？提前15分钟来到公司，推迟15分钟离开公司，无论付出怎样的代价，都要准时、圆满地完成工作任务。最后一定要记住，圆满的人物应该以公司满意的方式完成，而不是依照自己的标准。

应该认识到热心的建议也可能被视为威胁

年轻职员总是带着豪迈的激情及伟大梦想登场，准备征服整个世界，至少也要重组公司。公司非常喜欢这份热情，但是同时也会被其他因素所吓倒。你不能在自己尚未具备改革权力的情况下，便疾风骤雨般地改变自己认为需要更改的东西。你应该通过尊重公司高层决策、学习商业流程，来证明自己的能力，借以赢得必备的权力。倘若没有经过上述准备，你的激情只会被视为威胁。

作为一名年轻员工，潜在的等级制度会令你处于不利位置，但是对此你也只能顺其自然。年轻职员即使已经具备相应能力，并曾作出过一定贡献，亦可能无法成为主管。幼稚的行为及外表往往会成为年轻职员进入高层的障碍。

对于老员工来说，公司十分看重老员工的经验、知识、专业精神、协调性及稳健的性格，但同时也会担心老员工过多，公司会因此失去机动性，思想停滞不前，并会为老员工的健康问题感到顾虑重重。

注意保持一个健康的形象

担心健康问题是公司针对老员工产生年龄歧视的首要原因。你应该怎样做才能避免这一问题影响自己的工作状况呢？非必要情况绝对不要请病假，在工作场合中不要谈论自身健康问题。听起来也许会令人感到有些震惊，如果有可能，年纪大的员工尽量将自己的病假次数控制在公司限定范围的一半以内。当然，这会使老员工感到非常郁闷，但是千万要牢记一点，无论法律怎样规定，保持一个积极的形象对于保住自己的工作，可谓至关重要。

不要被时代抛弃

一定要确保自己走在技术及商业潮流的前端，尽量避免发表过时言论，诸如"在我那个时代"、"我就是不善使用电脑"或"我已经追赶不上当今潮流了"，等等。公司信赖那些能够跟随时代发展的员工，他们希望自己的员工具备现代意识、思想超前。如果员工看起来已然"落伍"，他们则会担心公司也会随之落伍。

塑造一个良好形象

公司认为员工的外表是其思维的外化方式，穿着过时衣装会被人看做是思想过时。不要佩戴一副20世纪70年代的眼镜或是身穿十年之前的服装，无论你在工作上的表现如何优秀，过时的外在装扮都会令人感觉你非常落伍，因而你便会被当作阻挡公司前进的绊脚石。倘若你不清楚老板对于自己此时的外表持有怎样的看法，那么可以请一位设计师帮助自己评估一下衣着装扮，或是请他帮助你塑造一个全新形象。而在工作技能方面，每间隔五至六年需进行一次创新。

成就只代表昨天

如果人们让昨天的成就如铁一般死死裹住自己，便不可以全身心地投入到现在的工作中。把过去的事情都清空、归零，我们就不会成为职场上那只背着重壳爬行的蜗牛；把过去"归零"，我们才能像天空中的鸟那样轻盈地飞翔。

一位媒体工作者，因原单位不景气跳到另一家媒体，却发现没有想象中那么好。由于两家媒体的性质和方向截然不同，她以为根本不可能有啥交集，就随口抱怨新公司福利待遇平平，还炫耀似的说："以前我们单位经常组织大家出去玩，同事关系亲如一家。"

没想到，她以前的媒体做了一个选题，恰巧和他们正在策划的选题思路一模一样。这下好了，从老板到同事都认为是她告密的，觉得她是以前公司派来"卧底"的。现在，她已沦为公司边缘人，不得不准备下一次跳槽了。

在职场中，常有一些人喜欢对别人炫耀以前的往事，拿现在的公司和以前的公司相比。他也许并不知道，这是非常危险的举动，无论是让同事还是公司领导听到，这无疑都是一个愚蠢的行为，是不讨好的。

在工作中，不管做任何事，都应将心态回归到零。把自己的位置摆正，抱着学习的态度，将每一次任务都视为一个新的开始，一段新的体验，一扇通往成功的机会之门。千万不要视工作如鸡肋，食之无味，弃之可惜，结果做到心不甘情不愿，于公于私都没有益处。

现代公司犹如店铺，人来人往，进进出出，与你同事的人有可能在这里做了五年以上，更有可能三年内换过五家公司。对于你身边的同事，你真的很想了解他们吗？

和同事朝夕相处，无论是有心还是无意，你必定会聊起别人的陈年往事，或者自己的光辉历程。和同事聊得开心，你甚至有可能把八辈子老底都抖出来——老实交代大学里谈过几次恋爱，第一份工作的薪水多少，和现任爱人的恋爱经验……也许你认为这和你的工作没有什么关系，只不过是些好玩的八卦谈资，不会令你的职场魅力有丝毫减分的。但是下面的谈话内容，是值得细细推敲琢磨的。

"我以前的公司人才济济，海归啊、MBA啊，遍地都是，我们团队的人都特别牛，为了搞定一个大项目，大家两天两夜没合眼……"这是自夸型人才的聊天术语。

"你在这里工作多久了，你以前在哪家公司做过？他家的待遇如何？你为什么决定转行呢？"这是八卦型人才的聊天术语。

"我以前的东家福利特别好，逢年过节什么都发，哪像现在啊，就算我离开了，以前同事聚会还经常叫上我，大家感情还是很好。唉，真怀念那种温馨的人际氛围。"这是多情型人才的聊天术语。

"我以前的那家公司，简直不是人待的地方！对员工是赤裸裸的剥削，没有半点人性。"这是无脑型人才的聊天术语。

自夸也好，八卦也好，讲话是你的权利，但最好考虑后果。自夸多了，会让人感到厌烦——既然你以前公司那么牛，你干吗还要跳到这里来；八卦多了，别人会对你加强戒心，谁愿意跟一个大嘴巴什么都说呢；追忆往事多了，别人会觉得你身在曹营心在汉，不满现状牢骚不断；抨击前东家力度大了，别人会觉得你是一个斤斤计较、小肚鸡肠的人，认为你不易交往和相处。

其实，很多人都在跳槽，但一个行业的交际范围往往就那么大，晃来晃去碰到的可能都是熟脸。就算你换了新公司，也会莫名其妙地和前尘往事攀上关系。所以，说话一定要留口德，给自己留够回旋的余地。

以往的日子包含了多少个昨天，昨天又有多少失败和成功的事情发生，没有人能够说清楚。但是人们应该记住，无论在逝去的昨天，你取得了多么辉煌的成就，你都不必为匆匆而过的昨天牵肠挂肚。

也许有的人会因为昨天的成就而沾沾自喜，但昨天是喜，明天也许是悲；昨天是甜，明天也许是苦，但昨天不代表今天，更不代表明天。人们应该学会把昨天的辉煌放到一旁，把经历过的成功抛到身后，不要陶醉在昨天而失去向前看的冲动。

如果人们让昨天的成就如铁一般死死裹住自己，便不可以全身心地投入到现在的工作中，让昨天的成就如美酒一般灌醉自己而不能精神百倍地迎接新的挑战。一个人只关注昨天的成败是相当愚蠢、相当糊涂的做法，这种被动工作的心态必然挡住了你的去路，遮住了你的天空，扼杀了你的自由与愿望！

每个人都希望自己在职场上有所作为，但不是每一个人都能对自己有一个清楚的认识。人的成长呈现了一种阶段性的特点，在任何一阶段，人们都要有合适的定位，都要从零开始，充分地认识自己，这样才会有更高的价值。

当你通过自身努力，充分认识自己，提升自我，自我价值才会得以实现。但是，你不能因此轻视别人，而是应该寻找自己在这个阶段还存在怎样的不足，把这些经验带到下一个阶段中。

开口说话前一定要用心思考

祸从口出

古语道：君子慎言，祸从口出。就是说，作为一个有德行的人，不要对人、对事妄加评说，有些事自己心里明白就行，有些话不经大脑考虑就顺口而出，容易失言，甚至在无意中伤害了别人，或者给别人留下攻击自己的口实。说者虽无心，听者却有意的事，是最常见不过的。

古人曾说过这样一番劝世名言："十语九中未必称奇，一语不中则怒尤并集；十谋九成未必归功，一谋不成则管议丛兴。君子所以宁默勿躁，宁拙无巧。"这段话的意思是说：做人要谨言慎行，即使十句话你能说对九句也未必有人称赞你，但是假如你说错了一句话就会立刻遭人的指责；即使十次计谋你有九次成功也未必得到奖赏，可是其中只要有一次失败，埋怨和责难之声就会纷纷到来。所以一个有修养的君子，为人宁肯保持沉默寡言的态度，不骄不躁，宁可显得笨拙一些，也绝对不自作聪明，也不会喜形于色。

有时你以好心规劝别人，不料却惹恼别人，轻则伤和气，重则引火烧身。一个人有缺点，有错误，你不妨指出来，让他改正，但前提是你必须了解他，知道他能接受你的批评。不然，你说也是白说，还会结下仇怨。

俗语道：害人之心不可有，防人之心不可无。在言辞上，也应如是。为人过于忠厚，不存戒心，把心里的话都掏出来，逢人便是知己，终会被有些人利用。

阿黄忠厚老实，他刚到一个单位工作时，对公司的很多做法看不惯。他不是过于挑剔的人，只是一些事表现太明显了。于是，阿黄对几个平常关系还不错的同事讲，可别人总是附和，或想方设法把谈话引向深入，结果阿黄的一肚皮牢骚一字不差地传到单位领导的耳朵里。慢慢地，别人都不再与他交往了。阿黄呢，也把自己封闭起来了。祸已从口出，水已泼地上，还能收回来吗？

当人人都存有戒心时，会对别人说的话仔细品味，误解的时候很多。同样一句话，在不同场合，对不同的人，会产生不同的效果。

吕坤在《呻吟语》中说："到当说处，一句便有千钧之力，却不激不疏，此是言之上乘，除此虽十缄也不妨。"这是说，保持沉默比说许多废话有益处。

在办公室里，和同事每天见面的时间最长，谈话可能涉及工作以外的各种事情，"讲错话"常常会给你带来不必要的麻烦。与同事间的谈话，如何拿捏分寸就成了人际沟通中不可忽视的一环。

办公室不是互诉心事的最佳场所

有许多爱说话、性子直的人，喜欢向同事倾吐苦水。虽然这样的交谈富有人情味，能使你们之间感情变得深厚，但是研究调查指出，只有不到1%的人能够严守秘密。所以，当你的个人危机如失恋、财务超支等发生时，你最好不要到处诉苦，不要把同事的"友善"和"友谊"混为一谈，以免成为办公室的注目焦点，也容易给老板造成问题员工的印象。

办公室里最好不要辩论

有些人在说话的态度上有"不自觉性"的坏习惯，比如喜欢争论，一定要胜过别人才肯罢休。假如你实在爱好并擅长辩论，那么建议你最好把此项才华留在办公室外去发挥，否则，你在口头上胜过对方，就是损害了他的尊严，对方可能从此记恨在心，说不定有一天他就会用某种方式还以颜色。

不要成为"耳语"的散播者

耳语，就是在别人背后说的话，是沟通不良的后果。只要人多的地方，就会有闲言碎语。有时，你可能不小心成为"放话"的人；有时，你也可能是别人"攻击"的对象。这些耳语，比如领导喜欢谁，谁最吃得开，谁又有绯闻等，就像噪声一样，影响人的工作情绪。聪明的你，要懂得该说的就勇敢说，不该说的绝对不要乱说。

当众炫耀只会招来妒恨

有些人喜欢与人共享快乐，但涉及你工作上的讯息，譬如，即将争取到一位重要的客户，老板暗地里给你发了奖金等，最好不要拿出来向别人炫耀。只怕你在得意忘形中，已忘了有些人眼睛已经发红。

对不同的人说不同的话

见什么人说什么话，其实并不是为了讨好对方，而是尊重对方，为了与之更好地交流。以对方喜欢的方式与他交流，会让对方有一种被人接受，被人承认的感觉，更重要的是能达到自己的目的。

在交际中遇到不同的人要说不同的话，以便适合对方的心理，从而赢得对方的好感。只有赢得对方的好感，才能可能获得所要获得的东西。这也是成大事的一大技巧。

跟人说话，先要明白对方的个性。对方喜欢婉转，应该说含蓄的话；对方喜欢率直，应该说急切的话；对方崇尚学问，就说高深的话；对方喜谈琐事，就说浅显的话。说话方式能与对方个性相符，自然能一拍即合。

要懂得"该文即文，该俗即俗"，"到什么山上唱什么歌"。根据对象的不同而采取不同的言语方式，不会制造对立，产生麻烦。而有的人不分对象，心里想什么，就直接道出来，常常是说者无意，听者有心，不知不觉就得罪了许多人，给自己无形中制造了很多不必要的麻烦，甚至制造成无可挽回的后果。

想要摆脱这种尴尬的场面，就要学会与不同对象谈话的技巧。

唐高宗李治要立武则天为皇后，遭到了长孙无忌、褚遂良等一大批元老大臣的反对。一天，李治又要召见他们商量此事，褚遂良说："今日召见我们，必定是为皇后废立之事，皇帝决心既然已经定下，要是反对，必有死罪，我既然受先帝的顾托，辅佐陛下，不拼死一争，还有什么面目见先帝于地下！"

李同长孙无忌、褚遂良一样，也是顾命大臣，但他看出此次入宫，凶多吉少，便借口有病躲开了。而褚遂良由于当面争辩，当场便遭到武则天的斥骂。

过了两天，李单独谒见皇帝。李治问："我要立武氏为皇后，褚遂良坚持认为不行，他是顾命大臣，若是这样极力反对，此事也只好作罢了。"

李明白，反对皇帝自然是不行的，而公开表示赞成，又怕别的大臣议论，便说了一句滑头的话："这是陛下家中的事，何必再问外人呢！"

这句回答真实巧妙，既顺从了皇帝的意思，又让其他大臣无话可说。李治因此而下定了决心，武则天终于当上皇后。以后长孙无忌、褚遂良等人都遭到了迫害，只有李一直官运亨通。

职场中，你所遇到的人是各种各样的。因此，他们的心理特点、脾气秉性、语言习惯也各不相同，这些因素决定了他们对语言信息的要求是不同的。所以，不能用统一的、通用的标准语的说话方式来交流。置身于一个环境，必先弄清人和人的关系，弄清身边每个人的所好所忌，弄清人们喜欢听什么，厌恶听什么。说贴心的话，便可与其产生共鸣，拉近距离。

在与同事交往时，如果不了解对方，甚至连对方的姓名都没弄清，就不能信口开河，乱谈一通，那样很容易弄得对方不高兴，在以后的工作中也就无形多了一个障碍。

刚进公司时，你可能对你的同事和上司不甚了解，这时可以通过语言、工作环境、屋中摆放的物品来了解对方的性格，从而打开突破口，切入话题，可收到意想不到的效果。

一向精明的张胜非常生气，因为他最喜爱的一件新外套被洗衣店的人熨了一个焦痕。他决定找洗衣店的人赔偿，但麻烦的是那家洗衣店在接活时就声明，洗染时衣物受到损害概不负责。与洗衣店的职员做了几次无结果的交涉后，张胜决定见洗衣店的老板。

进了办公室，看到高高在上的老板面无表情地坐在那儿，张胜心里就没了好气。

"先生，我刚买的衣服被您手下不负责任的员工熨坏了，我来是请求赔偿的，它值1500元。"张胜大声地说道。

老板看都没看他一眼，冷淡地说："接货单子上已经写着损坏概不负责的协定，所以我们没有赔偿的责任。"

出师不利，冷静下来的张胜开始寻找突破口。他突然看到老板背后的墙上挂着一支网球拍，心中便有了主意，

"先生，您喜欢打网球啊？"张胜轻声地问道。

"是的，这是我唯一的也是最喜欢的运动了。你喜欢吗？"老板一听网球的事，立刻来了兴趣。

"我也很喜欢，只是打得不好。"张胜故作高兴且一副虚心求教的样子。

洗衣店的老板一听更高兴了，如碰到知音一样与他大谈起网球技法与心得来。谈到得意时，老板甚至站起身做了几个动作，而张胜则在这大加称赞老板的动作优美。

激情过后，老板又坐了下来。

"哎呦，差点忘了！你那衣服的事……"

"没关系，跟您上了一堂网球课，我已经够了！"

"这怎么行！"老板招来一个年轻人，"小刘，你给这位先生开张支票吧……"

见什么人说什么话，其实并不是为了讨好对方，而是尊重对方，为了与之更好地交流。以对方喜欢的方式与他交流，会让对方有一种被人接受、被人承认的感觉。而那些不管对方好恶，信口开河，甚至拉扯，会使双方产生不快，甚至厌烦，很难使双方意见达成一致。

漫谈拉近关系，巧妙创造新话题

每一个人的生活里都有许多可以打动别人的事情，倘若其中有些事情正和大家谈的题材有关，把它拿出来作为谈资，这时，交谈的内容就因为加进了个人的亲身经历而更使人觉得有兴趣。

在人际交往中，不善于聊天，实在是一个相当尴尬的局面。找到恰当的聊天话题是打破这一尴尬局面最好的前提。对新近接触、开始交流沟通的同事，可以采取漫谈法，也就是在回答问题透露多点漫谈资料，使对方能发掘更多话题，否则就会令谈话变得枯燥无味。

聊天的话题就在你身边

假如你在码头上碰见一个熟人，大家一起上船，一时没有话说，这时最方便的办法，就是从当前双方都同时看到、听到或感到的事物中，找出几件来谈。在码头上，在船上，耳目所及，正有成百上千的事物，如果你稍为留意，不难找出一些对方可能感兴趣的话题，也许是码头上面巨幅的广告，也许是同船的外国游客，也许是海上驶过的豪华游艇，也许是天空飞过的新型客机……甚至在对方的身上，都可以找到谈话的题材。如果他打的领带很漂亮，你可以问他在什么地方买的；如果他身上穿着某个品牌的衬衫，你可以问他这种衬衫究竟好不好，和广告上的宣传是否相符；如果他手上拿着一份晚报，看到晚报上的头条新闻，你可以问他对当前时局的看法等，不一而足。

如果你到了一个同事的家里，在客厅里看到孩子的照片，你就可以和他谈谈他的孩子；如果他买了一架新的钢琴，你就可以和他谈谈钢琴；如果他的窗台上摆着一个盆景，你就可以跟他谈谈盆景；如果他正患着牙痛，你就可以跟他谈谈牙和牙医，关怀对方的健康，往往是亲切交谈的话题。凡是这一类眼前的事物，最容易引起人们的注意，只要其中有一样碰巧对方很有兴趣，那么，谈话就可以进行下去。

在联想中切入话题

当我们的聊天中断的时候，我们怎样寻找新的话题呢？在这种时候，不要心急，也不要勉强去找，否则会引起不必要的紧张，反而什么也想不出来了。要知道我们的脑子，只要是我们醒着，它总是在活动着的。你没有要它想，它还是不停地想，由东想到西，或者由天想到地，这种作用，我们叫它"自由联想"。

譬如说，当我们看到书桌上摆着一盏灯，我们的脑子就会从"电灯"出发，很快地联想到许多别的东西。也许我们联想到"发明"，从"发明"联想到"电影"，然后是"演员"，等等。这一切，都是在瞬间发生的，也许只是半分钟内的事。

如果我们继续探究就可以发现，因为我们看见一个电灯，就联想到它是爱迪生发明的，又由爱迪生想到我们看过的电影《爱迪生传》，又由《爱迪生传》想到科学影片，又由影片想到电影明星……在刹那之间，我们已经有了不少交谈的题材。

当然，话题有时引不起对方的兴趣，但是只要我们不心急，不紧张，让头脑在静默中自由地去联想，再过一会儿，我们就可能想到别的话题。

围绕中心由点及面

倘若你要更进一步，不想东谈一点、西谈一点，从一个主题跳到另一个主题，而是想抓住一个主题，把它谈得详尽一点、深入一点、充分一点，那么，也有一个好办法可以帮助你思考。

这时你就不要让你的思想自由地联想，如果一个主题已经引起对方的兴趣，那么，你就以这个题材为中心，让你的思想围绕着这个中心去联想，然后再分门别类，整理出鲜明的系统。

例如，你刚刚参观过自然艺术摄影展，有了启发性的联想，已经找到一个使对方有兴趣的题材——植物。如果你想在这个题材上多停留一会儿，你就把"植物"作为中心，尽量去想与它有关的事物。

在这样做的时候，你的头脑也要保持着轻松活跃状态，那么，就会自然地想出许多与植物有关的事物，例如，热带植物、盆景，就可以谈到植物的研究与栽培……

如果你的中心题材是"树"，你就可以想到风景树、花果树、著名的大树、与树有关的成语，以及树的各部分的用途……

如果你的中心题材是"交通"，你就可以想到陆上交通、水上交通、空中交通以及交通工具如喷气机、火箭、太空船……

培养这种思考的习惯，无论何种题材你都能把它分解出无穷无尽的细节，而

每个细节都可以用来发展你的话题，丰富交谈的内容。

倘若把你所想到的一切与你的生活经验结合，那么，你的交谈内容就更真切生动了。每一个人的生活里都有许多可以打动别人的事情，倘若其中有些事情正和大家谈的题材有关，把它拿出来作为谈资，这时，交谈的内容就因为加进了个人的亲身经历而更使人觉得有兴趣。

灵活地转换话题

在交谈中，灵活地转换话题也是一件很重要的事情。即使一个最好的话题也会有让人兴趣低落的时候，这时，善于交谈的人懂得在适宜的时机转换话题，不使别人生厌。

转换话题有三种很自然的方法：

第一，让旧的话题自行消失。当你觉得这个话题已经没有什么新的发展的必要，你就停止在这方面表示意见，让大家保持片刻的沉默，然后就开始另一个话题。

第二，把旧话题打断。可以在谈话进行当中不经意地插入别的话题，把旧的话题打断，但不要使人觉得太突然，也不要在别人还有话要讲的时候打断它。

第三，从旧的话题往前引申一步，转换到新话题上。例如，大家在谈一部正在上映的好电影，等到谈得差不多的时候，你就说："这部电影卖座不坏，听说有一部新片就要开映。"新片又将吸引大家的注意力，这几句话就把话题转变了，可是大家的思想与情绪却还是连贯着的，所以，这是一个比较灵活妥善的办法。

有时候，交谈本身到了应该结束的时候，即使最有趣味的谈话有时也会因为客观条件的影响，非要结束不可。这时候，你要及时结束你的谈话，让大家高高兴兴地分手，不要等到对方再三地看表，不要忽略对方有结束交谈的暗示。

就算被人误会，也不要急着立刻反驳

当上司或前辈情绪比较激动时，你最好耐心听完他的批评，之后再把自己应该说的话说出来。如果你急于反驳，他很可能会愈发变本加厉地批评你。

通常即使我们确实有错，受到上司或前辈的斥责时还是会不高兴，甚至一张脸立即垮下来；如果是自己没有错，却无缘无故受到上司或前辈的批评呢？相信没有一个人能咽得下这口气吧！

绝大多数的人遇到这种情况，第一个反应绝对是气得跳脚，急着想为自己澄清，就怕自己被误会要背黑锅。不过，也因为遭受冤枉的心态使然，往往这时候

反弹的力道以及辩驳的态度也会更加强烈，到最后即使洗刷了自己的冤情，却也因为情绪问题和上司杠上了，结果比之前还惨。

刘华丽是公司里的前辈，有一次她被主管叫进办公室劈头就是一顿痛骂：

"你怎么做这么久了，还会出现这种小错？"

"这种很基本的处理程序也处理不好，你这样还怎么带新人？"

"这就是为什么你都做了五年，还只是当基层，一点上进心也没有……"

斥骂的声音大到外面的人都听得一清二楚。

没想到这时候刘华丽突然重重拍了下桌子，开始回骂。虽然事后主管发现是自己搞错了，出错的并不是刘华丽负责的业务，但是也因为和她吵翻了，脸拉不下来，硬是把她调走了。

像这种情况，不仅是考验你情商的时候，事实上也是考验你会不会做人的时候。

主管犯了错，误会了你，如果你当着大家的面指正他的错误或是误解，那就没救了。你让他没有台阶可下，到最后即使证明你真的是无辜的，他也可能会硬赖到你身上。

因此，这时候你如果能一声不吭地忍受批评、接受批评，就是给自己也给对方预留退场的台阶。当主管最后发现是自己误会了你时，对你的印象会更好，佩服你的大气量。

因此，当上司或前辈情绪比较激动时，自己绝不能意气用事。有必要的话不妨做一下深呼吸，使自己冷静下来。

批评的一方（上司或前辈）应该也预想到了你会反驳，从而有了如何对付你的反驳的心理准备。因此，你最好耐心听完他的批评，之后再把自己应该说的话说出来。如果你急于反驳，他很可能会愈发变本加厉地批评你。耐心地听完批评，结果会好一些。

其次，在主管或前辈训斥完之后，也先不要急着反驳，最好去搜集所有相关资料，让文件和数据说话，这会比你空口驳斥要有力得多。有了这些客观的证据，上司或前辈才能对此事作出客观的分析和评价，进而冷静地回应你。

因为每个人都有强烈的自尊心，所以能虚心地接受批评是很难做到的。

要做个"会听"的人。首先，要深刻认识"听"在与朋友或其他人交谈时的重要作用。如果你深深了解"听"在交谈时的重要作用，在与别人谈话时，要表现出愿意与对方交谈的态度和诚意。与别人交谈时如果能做到"会听"，谈话双方就不易发生摩擦了。

有时候人们并不喜欢"真实"

有些人习惯直来直去，他们不管在什么场合，也不问对象是谁，不考虑会引起什么后果，心里有什么就说什么，结果无意中便得罪了别人。

许多人都以为，有什么话就说什么话便是做人实在，可是物极必反，有时候人们并不喜欢真实。相反，过于实在，往往就成了死心眼儿的代名词。

有些人习惯直来直去，他们不管在什么场合，也不问对象是谁，不考虑会引起什么后果，心里有什么就说什么，结果无意中得罪了别人。

某护士刚从医学院毕业，怀着满腔热情到市里的一家医院去实习。实习的第一天，指导她的医生让她到 6 床通知病人，把病情好好跟病人说一下，告诉病人只剩下 6 个月的时间了。

护士听完医生的话，就拿着 6 床病人的病历到了病房。一进病房她就大声喊道："6 床的病人做好心理准备啊，你只剩下六个月的时间了。"病人听完后一下子承受不住，当场就昏了过去。

主治医生知道后狠狠地教训了她一通："病人因为身体的疾病已经很痛苦了，你怎么可以这样直接就告诉他呢？万一出现什么后果，你负责任吗？"

喜欢直言直语的"老实人"时常只看到现象或问题，而不去考虑旁人的感受、观念、性格。他的话有可能是一派胡言，但也有可能是事实，甚至鞭辟入里；一派胡言的"直言直语"，对方明知，却又不好发作，只好闷在心里；符合事实或鞭辟入里的直言直语因为直指核心，让当事人招架不住，有时反而令人会怀恨在心。所以，直言直语不论是对人或对事，都会让人受不了，于是人际关系就出现了障碍，别人宁可离你远远的，眼不见为净。

直来直去的人很多都具有"正义倾向"，言语的爆发力很强。所以，有时候这种人也会变成别人利用的对象，被鼓动去揭发某事的不法，去攻击某人的不公。不管成效如何，这种人总要成为牺牲品，因为成效好，鼓动你的人坐收战果，你分享不到多少；成效不好，你必成为别人的眼中钉。

也确实有很多人不想说谎，但这是客观对我们的要求，或者说是客观对我们的逼迫。人性中一条很重要的弱点，就是大家都乐于被虚假的事实所安慰。福尔摩斯在柯南·道尔笔下早已死亡，可读者纷纷表示不满，扬言如果福尔摩斯不活过来，就要杀死柯南·道尔，逼得柯南·道尔硬是重新编出了故事让福尔摩斯复活。

如果做人总是直来直去，只会给自己制造一大堆麻烦，甚至会与整个社会格

心理学

第四篇 可怕的交际心理学

格不入。

现实生活中也不乏这样的例子。比如，某甲认为同事乙小姐的衣服难看，便马上对她说：腿短而粗的人不适合穿这种裙子。结果，乙小姐脸一沉，扭头便走，留下某甲站在那儿发愣。同事小李当着处长的面指点小王说："你的稿子里错别字很多，以后要仔细些。"实话固然是实话，但不久后，公司却隐约有人传言：小李惯于在上司面前打击别人，抬高自己……小李恐怕不难意识到自己的实在并不那么受人欢迎，既然这样，又何苦呢？

我们并不反对实在，但是实在并不等于把自己所有的想法都说出来，甚至不作任何修饰地说出来。过于真实只会让你身边的人"吃不消"，对你敬而远之。既然我们生活在人群之中，做人时就需要机灵一点，与人交流时，不要以为内心实在便可以不拘言辞，一句话到底应该怎么说，一定要想好了再开口。

撒点善意的谎，等于送上一束鲜花

善意的谎言是必要的，没有善意的谎言，世界将会失去朦胧的美丽。撒点儿善意的谎等于送上一束鲜花，带给人的是美感，收获的则是良好的关系。

自古以来，人们对谎言都避之不及，对于撒谎者更是深恶痛绝，然而大家也都知道，世间还有一种谎言是动人的，那就是善意的谎言。善意的谎言就是在不伤害对方的前提下，为使事情控制在一定范围和一定程度内，从而说的一些无恶意的谎言。在很多情况下，巧用善意的谎言能够解决一些棘手的问题。

解缙是明代有名的大才子。有一次，他陪明太祖朱元璋在金水河边钓鱼，结果，整整一个上午，朱元璋都没有钓到一条鱼。

朱元璋十分懊丧，便命解缙写诗记下这件事情。解缙心想没钓到鱼已经够扫兴了，还要作诗记下这件扫兴的事情，如果这诗直录其事，皇帝一定不高兴，弄不好自己就要掉脑袋。这诗怎么写呢？

解缙不愧为才子，稍加思索，立刻信口吟道："数尺纶丝入水中，金钩抛去永无踪，凡鱼不敢朝天子，万岁君王只钓龙。"这诗写得好，把一件不好的事情写成了一桩妙事。朱元璋一听，龙颜大悦，便对解缙大加赞赏。

很显然，解缙诗中所叙其实就是谎话，不过，这谎话说得好，说得妥当，很对皇帝的胃口，所以大受皇帝的赞赏。解缙的谎话就是善意的，更为绝妙的是，这个善意的谎言还解决了皇帝不开心的棘手问题。

事实上，说善意的谎言是一种职场常用的手段和一种处世方法，有时还是处理上下级关系的润滑剂。

心理学

第四篇 可怕的交际心理学

在职场中，总有些不能讲的事情存在，完全的诚实是不利于职场发展的。不管于公于私，善意的谎言都是必要的。如果你是一个管理者，你多半希望下属对你诚实，但下属太诚实的时候，只怕你也会受不了。一个人闯荡于职场，少不了有辞职、跳槽的时候，这时也需要说些善意的谎言。在跳槽的过程中，有的人磨不开面子，而有的人则不顾上司的颜面，直楞楞地提出辞职，这样结果往往不太好。如果考虑到上司的面子，再提出自己的要求，则能收到皆大欢喜的结果。

善意的谎言是必要的，没有善意的谎言，世界将会失去朦胧的美丽，独留苍白而残酷的现实，这会让人失去美好的感觉，也会破坏人们之间的感情与良好的关系。职场中的交往是人际关系的重要方面，而且其复杂程度远远超过其他人际关系，因此要特别注意言语的修饰，千万不能马虎了事。撒点儿善意的谎等于送上一束鲜花，带给人的是美感，收获的则是良好的关系。

巧妙地让对方答"是"

在说服他人赞同自己的过程中，巧妙提问也是实现目的一种重要手段。我们通过使用"只能回答是"的问题，可以轻而易举地让对方首肯。

心理学有个原理叫做"刻板印象原理"，说的是一个人在一定的时间内所形成的某种心理倾向会影响他随后的思维方式和言行举止，从而使其认识问题、解决问题带有一定的倾向性与专注性。为了更形象地说明，我们来列举苏联心理学家曾做过的一个关于"刻板印象"的实验：

主持实验的科学家把同一张照片出示给参加实验的两组大学生看。不过，心理学家事先告诉第一组的学生：照片上的人是一个无恶不作的罪犯；而告诉第二组的学生：照片上的人是一位伟大的慈善家。然后，心理学家让这两组学生分别用文字来对照片上这个人的相貌特征进行描述。

结果，第一组学生描述道：此人深陷的双眼表明其内心充满了仇恨，突出的下巴昭示着他充满恶念的内心……第二组学生描述道：此人深陷的双眸表明其对人类有深刻的怜悯与同情，突出的下巴表明他在做慈善的道路上不畏艰难险阻的意志……

明明是同一个人的相貌，之所以会得到如此截然不同的描述，其实完全是因为描述者之前得到的关于此人身份的提示有区别。究其本质，这种刻板效应说的就是人们心理定势。

在职场中说服他人的过程中，如果我们能够巧妙利用这种刻板效应的心理定势，就可以轻而易举地让他人对你点头称"是"了。试看下面一段对话：

"今天的天气真不错啊!"

"是啊!"

"夫人和孩子也都好吧?"

"是的,很好。"

"今年是你的本命年吧?"

"是的,我属鼠。"

其实就是这么简单,开始的时候提出彼此认同的问题,让他只能答"是",时间一长对方就会形成一定的心理定势,接下去的话题也往往能得到对方肯定的答复了。

社交大师卡耐基曾经讲述了这样一个很有趣的故事:

假设你们两人在一间屋子里。你站在或坐在房间的里端,而他在房间的外端。你希望他从房间的外端走到房间的里端。

不妨来做这个游戏。在游戏中,你问他问题。每次你问他一个问题,如果他答"是",他就向房间的里迈进一步。如果每次你问问题,而他回答"不是",他就向外退一步。

如果你想让他从房间的外端走到房间的里端,你最好的策略是不断地问他一系列他只能回答"是"的问题。你必须避免提出可能导致他回答"不是"的问题。

可见,在说服他人赞同自己的过程中,巧妙提问也是实现目的一种重要手段。我们通过使用"只能回答是"的问题,可以轻而易举地让对方首肯。

"只能回答是"的问题也叫封闭性问题,人们对它们的回答99.9%是肯定的。你让某人越多地对你说"是",这个人就越可能习惯性地顺从你的要求。而人们如果有一位通常都会同意其意见的朋友,往往对他已经习惯于作出肯定的表示,因此当这个朋友想劝说人们做某事时,即使他还没有开口说出他的请求,人们往往已经决定赞同他了。提出只能回答"是"的问题有个好办法,就是问你知道那个人会作肯定回答的事情。如果你愿意的话,你可以在问话里加上以下词语,如:

"是这样吧?"

"你会同意吧?"

"对吧?"

举例来说,一位推销员问一位可能的买主:"你是否会买这件产品的关键考虑是价格,没错吧?"价格无疑是交易关键的因素,对这样一个问题,几乎人人都会回答"是"。因此，这样的问题肯定会带来客户"是"的回答。或许就这样开始了让可能的买主对销售人员养成作肯定回答的习惯。

再如，当一位职员想提醒同伴开始进行一个项目时，这位职员可能提出这样只能回答"是"的问题："我们需要尽快完成这个项目，是吧？"这里，一个明确的声明"我们需要尽快完成这个项目"跟着一个只能回答"是"的问题。"是吧？"它必然会得到一个"是"的肯定回答。

在职场生活中，这种只能回答"是"的问题已被反复证明是非常有用的。所以，下次你需要说服人的时候，不妨试一试。

与人交流多留一些余地

交谈是为了人与人之间更好地沟通与协调，因此，谁都希望交谈的氛围能够融洽，而不会希望将彼此的关系搞僵。这就使得我们在交谈过程中，去照顾对方的自尊、虚荣心等，考虑对方的心理承受能力和面子，甚至还要为对方准备好台阶。

对于大多数人来说，直接的批评都会使之感到不适和难堪，进而产生巨大的抵触情绪。这时候我们就需要发挥一下迂回语言的魅力，给对方留一些余地。因为，如果交谈中对方下不来台，甚至在众人面前丢脸难堪，恐怕以后你的社交也不会太顺畅。

在交谈中，有些话并不是随口说出来的，特别是那些尖锐、可能会伤害人的语言，我们必须思考应该以什么样的方式把它说出来而不会让对方难堪。对于那些有自知之明的人，最好采用暗示的方式，因为这样做就可以达到劝说的目的了。

美国大出版家赫斯脱在旧金山办报时，曾经请著名漫画大师纳斯特为该报创作了一幅漫画，内容是唤起公众意识，促进电车公司尽快在电车前面装上保险栏杆，防止意外伤人。然而，纳斯特的这幅漫画完全是失败之作。发表这幅漫画，有损报纸质量。但不刊登这幅画，怎么向纳斯特开口呢？

当天晚上，赫斯脱邀请纳斯特共进晚餐，他先对这幅漫画大加赞赏，然后一边喝酒，一边自言自语："唉，这里的电车已经伤了好多孩子，多可怜的孩子，这些电车，这些司机简直不像话……这些司机真像魔鬼，瞪着大眼睛，专门搜索着在街上玩的孩子，一见到孩子们就不顾一切地冲上去……"听到这里，纳斯特从坐椅上弹跳起来，大声喊道："我的上帝，赫斯脱先生，这才是一幅出色的漫画！我原来寄给你的那幅漫画，请扔入纸篓。"

在这里，聪明的赫斯脱通过自言自语的方式暗示纳斯特，并让纳斯特欣然地接受了意见。

交谈中的暗示可以用语言，也可以用身体动作。当一个人想拒绝对方继续交谈时，可以转动脖子、用手帕拭眼睛、按太阳穴以及按眉毛下部等漫不经心的小动作。这些动作意味着一种信号：我较为疲劳、身体不适，希望早一点停止谈话。显然，这是一种暗示拒绝的方法。还有，微笑的中断、较长时间的沉默、目光旁视等也可表示对谈话不感兴趣、内心为难等心理。

在现实生活中，造成尴尬的原因很多，有些是无法预见、难以避免的，但有些却是可以通过自己的努力加以避免的。从办事的角度来看，避免尴尬也是办事能力的组成部分。懂得并力争避免不必要的尴尬场面的出现，是每一个办事高手都应该掌握的。

某天，记者宋路外出采访，他计划着甲公司的访问在中午以前结束，然后下午到乙公司去拜访。但是，甲公司的负责人提出了邀请："你看到都中午了，我们一起吃中饭吧？"

宋路与甲公司这位负责人平常交情不错，又是非常重要的客户，不好轻易地拒绝。但是，和这位爱聊天的负责人一起吃中饭，最快也要磨蹭到下午一点才能走，那样就耽误乙公司的采访时间了，宋路就这样陷入了两难境地。

其实，消除这种尴尬处境的答案很简单，就是在对方表示"要不要一起吃饭"之前，宋路就不经意地用身体语言表示出匆忙的样子，如说话语速加快或自然地看看表等。

在求别人办事时，你还可能会遇到这种情况：当你满怀希望地向他人提出要求时，却当场遭到对方的拒绝，碰了钉子，那场面是很令人难堪的。这种被拒绝而产生的尴尬，往往使你感到心灰意冷、失落、心理失衡，甚至出现不正常心理，比如记恨或报复的心理，因而影响彼此之间的关系。求人办事若想避免碰钉子，便得委婉地去讲一些话；有些人不易接近，就少不了逢山开道、遇水搭桥；搞不清对方葫芦里卖的什么药，就要投石问路、摸清底细；有时候为了使对方减轻敌意，放松警惕，我们便绕弯子、兜圈子，甚至用"顾左右而言他"的迂回战术。

举个简单的例子：某些以鱼类为生的鸟类，其嘴的形状，直直的，上下两部分又长又宽阔。吞吃食物时，有的常常把捕到的鱼儿往空中一抛，让那条鱼头朝下尾朝上落下来，然后一口接住咽了下去，这样的吃法可以使鱼在通过咽喉时，鱼翅的骨头由前向后倒，不会卡在喉咙里。

求人办事也一样会碰到各种"刺儿"，这个时候便不能"直肠子"，而应该想办法绕个弯子，避开钉子，这是求人办事应该具备的策略和手段。连鸟都会"把鱼倒过来吃"，聪明人怎么能让"刺"卡在喉咙中呢？

有位编辑向一位名作家约稿。那位作家一向以难于对付著称，已经有好多人在他面前碰了钉子，所以这位编辑在去他家之前，感到既紧张又胆怯。

刚开始时，这位编辑失败了，因为不论作家说什么话，这位编辑都说"是，是"，或者"可能是这样的"。无法开口说明要求他写稿的事，于是他只好准备改天再来向他说明这件事。

就在他起身准备告辞时，脑中突然闪过一本杂志，这本杂志上刊载了有关这位作家近况的文章，于是就对作家说："先生，听说你有篇作品被译成英文在美国出版了，是吗？"作家猛然转身说道："是的。""先生，你那种独特的文体，用英语不知道能不能完全表达出来？""我也正担心这点。"他们滔滔不绝地说着，气氛也逐渐变得轻松，最后作家竟平破天荒地答应为这位编辑写稿子了。

这位不轻易应允的作家，为什么会为了编辑的一席话，而改变了初衷呢？因为他认为这位编辑并不只是来要求他写稿，还读过他的文章，对他的近况十分了解，这使得作家不得不对他刮目相看了。

为了避免办事碰钉子，你可以运用必要的试探方法。比较常见的方法有：

自我否定法。自己对所提问题拿不准时，如果直截了当提出来恐怕失言，造成尴尬，这时，就可以使用既提出问题，同时又自我否定的方式进行试探。这样在自我否定的意见中就隐含了两种可能供对方选择，而对方的任何选择都不会使你感到不安和尴尬。

投石问路法。并不直接提出自己的问题和方法，而是先提一个与自己本意相关的问题，请对方回答，如果从其答案自己已经得出否定性的判断，那就不要再提出自己原定的想法，这样可以避免尴尬。

触类旁通法。当你想提一个要求时，还可以先提出一个与此同属一类的问题，试探对方的态度。如果得到肯定的信息时，便可以进一步提出自己的要求；如果对方的态度是明确的否定，那就免开尊口以免碰钉子。

顺便提出法。有时提出问题，并不用郑重其事的方式，因为这种方式显得过分重视，至关重要，一旦被否定，自己会感到下不来台。而如果在执行某一交际任务过程中，利用适当时机，顺便提出自己的问题，给人的印象是并未把此事看得很重，即使不满足也没有什么感觉。

开玩笑法。有时还可以把本来应郑重其事提出的问题用开玩笑的口气说出来，如果对方给予否定，便可把这个问题归结为开玩笑，这样既可达到试探的目的，又可在一笑之中化解尴尬，维护自己的尊严。

打电话法。打电话提出自己的要求与面对面提出有所不同，由于彼此只能听到声音而不见面，即使被对方所否定，其刺激性也较小，比当面被否定更易接受些。

及时转移话题，解除尴尬危机

在社交场合，有时候会遇到一些让人左右为难的境况，此时，为了不让自己尴尬，我们不妨赶紧转移话题，用其他的话题引开别人的思路。这样你就跳出了尴尬。

当你在与人交谈的过程中，是否因无意间触碰对方的痛处而束手无策？是否因话题不合而冷场？是否曾不顾忌别人感受、直言不讳地指出对方确定而造成场面尴尬……这些状况都会给我们的谈话带来不快。每当突发状况来袭时，一个巧妙的话题转移，或许都会化干戈为玉帛，拉近彼此的距离，使事情发生戏剧化的转折。

在社交场合，我们有时候会遇到一些让人左右为难的境况，回答这些问题，无论怎么回答，回答什么，都会遇到困难。此时，就需要人们有非凡的反应能力，最好能够借助周围的环境，迅速转移话题，以有效地避免自己的尴尬。我们还可以用模糊法来回答，这样既绕开了问题，又不会给自己带来不必要的麻烦。

在交流中，还可能因话不投机也往往会造成一些尴尬，令气氛骤然紧张。话不投机有多种情况，

第一种情况是有人有意或无意地挖苦你，使你窘迫甚至生气。如你的头发脱落许多，快成秃子了，有人很可能挖苦你是"电灯泡"、"不毛之地"。在这种情况下，你不可恼羞成怒，伤了和气；也不能忍气吞声，硬装没事。最好是一笑置之，豁然大度地来两句："好啊！这说明我是绝顶聪明。没听说吗？热闹的大街不长草，聪明的脑袋不长毛！"这样答复，话题未转，内容却引申、转折了，既摆脱了窘境，又自我表扬，岂不妙哉？

话不投机的第二种情况是你的某种言谈举止使人为难，这时候要及时转换话题，以缓和气氛。例如：

两个年轻的学生去拜访老师，在谈话中提到：

"老师，听说您的夫人是教英语的，我们想请她指教，行吗？"

老师为难地沉默了片刻，说："那是我前妻，前不久我们刚刚离婚了。"

"啊？对不起，老师……"

"没什么，吃点水果吧。"

"老师，您的书什么时候出版？快了吧？……"

这样转换话题，特别是提出对方很愿意谈的话题，就会使谈话很快恢复正常，气氛活跃起来。

第三种情况是双方意见对立，但问题还要解决，不能回避。这种话不投机的情况就需要绕路引导。

例如，妈妈和儿子在找对象问题上有矛盾。儿子不愿也不能和母亲闹僵，只好等待时机再说。这天吃饭时，母亲又唠叨起来："你这孩子，怎么就不听妈的话呢？人家李局长的女儿，人又好看，家里条件又好，你为什么不和人家谈，偏要……""妈，快吃饭吧，菜凉了不好吃……"儿子先回避话题，意在引导话题走出僵局。

我们在联系工作和洽谈生意时，也可能话不投机陷入僵局。只要还有余地，就可提出新的话题，绕弯引导。如甲方要推销四缸汽车，而乙方不需要四缸的，只想要两缸的。这时，甲方若硬着头皮争执，只会越谈越僵，不欢而散。如能转移话题，绕弯引导，从用途、性价比与车辆寿命长短等各种因素来促使乙方考虑只用两缸的弊病，或许能"柳暗花明又一村"，开辟新的途径。

美国有一位推销员叫伯特，有一次为了推销一套可供一座40层办公大楼用的空调设备，与建设公司周旋了几个月还是无法谈成。伯特很是着急。

一次，伯特偶然得知购买与否的最后决定权握在买方的董事会手中。

有一天，董事会通知伯特，要他再一次将空调系统向董事们介绍。伯特强打起精神，把不知讲过多少遍的话又重述了一遍。但董事反应冷淡，只是连珠炮似的提了一大堆问题，似乎有意习难。伯特心急如焚，眼看几个月的心血就要付诸东流，他浑身发热。这时，他忽然想到"热"这个妙计。

突然间，他不再正面回答董事们的问题，而是很自然地改变了话题。他泰然自若地说："哟！今天天气还真热，请允许我脱去外衣，好吗？"说罢，还掏出手帕，煞有介事地擦着前额的汗珠。

就这样，他的话、他的动作立刻引发了董事们的连锁反应，或许这是一种心理学的暗示作用，董事们似乎一下子也感受到了闷热难耐，一个接一个地脱下外衣，又一个接一个地拿出手帕擦汗。这时，终于有一位董事开始抱怨说："这房子没有空调，闷死了。"

就这样，董事们再也不需要伯特推销，自动地考虑起空调的采购来。令人不可思议的是，拖了几个月之久的买卖，竟然在短短十分钟内就签了单子。

当然，这种及时转弯的应变能力是靠不断的实践培养出来的，但也并不是遥不可及的。只要平时多加锻炼，一定会有所收获。

如鱼得水，拉近同事关系

别让同事以为你总在"装"

一个人初入职场，他可以不懂很多事情，甚至不会用传真机都不会引起别人的反感，但是一定不要给人留下"装"的感觉。

阿伦森是一位著名的心理学家，他总结了人们这样的一种心理，对于初入职场的人来说，具有非常重要的借鉴意义。这就是阿伦森效应，讲的是人们的接受心理，就是说人们非常尊敬那些把事情越做越好，赢得赞赏越来越多的人，而反感那些好事做得越来越少的人。

这样的心理很容易理解，有这样一个故事，讲的是：

有一群孩子周六、周日的时候常常在楼下大吵大闹，这对于一楼的老大爷来说是非常难受的，他劝了孩子们好几次，但是这些孩子转身就忘了。有一天，老大爷想了一个方法，他对孩子们说："以后你们还这样热热闹闹的，我就给你们每人两块钱。"果然，这一周孩子们更加高兴，吵闹声更大。第二周，老大爷说："不给钱了，给两块糖吧。"孩子们显然就不大高兴了。第三周的时候，老大爷说："今天，我决定给你们发两颗瓜子。"这让所有的孩子都非常气愤，大家说："我们不玩了，我们要回家。"就这样，老大爷终于巧妙地利用孩子们的心理恢复了安宁的生活。

人与人之间，想要拿到自己要的，就要知道别人要什么。谁不想让自己成为一个受欢迎的人，但是一味地取悦别人并不是最好的方法，关键还是要了解别人的心理。

有一个非常漂亮的女孩，她的名字叫一辰。大学毕业后，她很幸运地被一家大型企业录用，对于刚毕业，没有任何工作经验的她来说，她对工资待遇没有任何要求。所以，对于第一份工作，她表现出了强烈的热情。上班第一天，漂亮的一辰就给大家留下了深刻而良好的第一印象。为了珍惜这份工作，她每天第一个来公司打水、扫地，帮大家把办公室的电脑桌擦得干干净净，同事们有什么要求

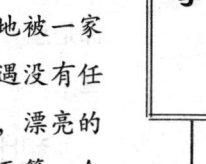

她做的事情，一辰总是放下自己手头的活，帮大家处理得稳妥得当。不久，所有人提起一辰，都竖起大拇指。

但是，逐渐地，烦琐的工作细节让一辰有点吃不消了，有时候自己正忙着还要给同事处理事情，自己的工作有时候就出现了错误，又因为她给同事们留下的印象非常好，她更加紧张自己的失误，更加进入不了放松的工作状态，以至于形成了恶性循环，工作越来越不出成果。

领导对一辰也开始有了意见，觉得她虽然长得非常漂亮，但是缺少内涵，于是，她的美丽也成为一种轻浮，而且加上一辰给同事们做的服务太多了，领导又觉得她做事情不但不稳重，还总是想走捷径，不好好工作，反而把时间和精力放在"搞关系"上，不能正确地对待自己的本职工作。领导对她的意见越来越大，后来有一次就直接批评了她。

这给一辰的打击就更大了，后来，她索性采取了相反的行动，有同事再找她帮忙的时候，她就冷冰冰地拒绝了，地也不扫了，水也不打了。终于有一天，有个同事小张让一辰帮忙打印一份文件遭到拒绝的时候，小张开玩笑地说了一句："一辰，你可真变了，漂亮女孩本来就骄傲，你刚来的时候对我们那么好，当时就有人说你是装的，我还不信呢。"听了这话，一辰痛哭失声，她觉得职场充满了困惑和痛苦，竞争是那么残酷无情，就连以往建立的良好人际关系都经不起一丁点儿波折，一切令她无所适从。巨大的落差让一辰顿时失去了信心，甚至对职业生涯产生了放弃的念头。

如果你是刚入职场的年轻人，那么你一定要注意，无论最初，这份工作令你多么地开心，你都要放稳自己的心态，一定要有平常心，告诉自己一切只是刚刚开始。要知道，作为一个年轻人，领导很容易认为，你的热情和激情都不缺，但是领导最担心的就是年轻的弊端，那就是没有长性。所以，你可以恰好表现出另一面，以稳重和谨慎的做事风格，以长期的始终如一的表现，赢得领导的肯定。

除此，在和同事交往的过程中，也要懂得别人的心理，不必苛求自己呈现给别人的形象多么完美，那样别人对你的"期望越大，要求越高"。可以把真实的自己呈现出来，将自己的缺点暴露出来，这样也会得到别人的信任。因为一般人都是想方设法掩饰自己的缺点，所以有人如果有意暴露自己的缺点，大家会觉得这个人很诚实，从而产生信任感。

和比你强的同事一起吃午饭

谁都承认同事之间存在竞争关系，但是好的竞争氛围会带给你更加积极的思考习惯，和比你强的同事多接触，反应再迟钝，时间一久，也会总结出自己的道理。没有谁天生就比别人聪明，与其关注那些闪亮的明星，还不如约上比你强的同事一起吃午饭，从身边的人那里汲取长处再尽力弥补自己的不足。

我们可以做这样的一个尝试，将同一种蔬菜，放在不同的水中浸泡一段时间，然后将这两种泡过的蔬菜分开煮，就会发现因为在不同的水里浸泡过，蔬菜煮出来的味道是不一样的，这就是人们常说的"泡菜效应"。

这一点是非常值得思考的。在生活中，人与人之间更是如此，人的心情、气质，甚至看待同一件事情的心理都是会相互影响的。而且，这种影响是潜移默化，完全让人在没有觉察的情况下发生。

工作中也是如此，长期在一起共事的两个人，看法会惊人地一致，对待工作的态度也可能出奇地相似。职场中，你选择谁作为你的朋友，就默认你愿意接受来自于他的影响。人，有的时候会过高地估计自己的定力，殊不知，多少习惯都是在被别人感染的情况下，不知不觉中潜入进来，成为自己的习惯。让我们作个简单的分析，如果一个人在工作中非常认真，可是旁边的人偏偏又用短一倍的时间完成了工作，虽然工作马虎点，但是老板误认为他效率高，给予了高度的评价，但是对认真的人颇有微词，他能波澜不惊吗？再例如，有很多人，在工作中总是选择和比自己弱势的人交朋友，觉得这样不会有在强势的人面前的自卑，而且，两个弱势的人走到一起，更加能够得过且过，互相安慰。当然，也有可能互相抱怨和指责老板和公司的不对，这种交往唯一的走向就是"一损俱损"，两个人当中有一个犯错误，老板心里就会留下阴影，总觉得另一个人也有类似问题，导致两个人同时出局！

要谨慎选择在工作中和你一起吃饭的人，谨慎选择平常你最亲近的人，如果不想离职，想在自己的岗位上有好的发展，就不要总和濒临开除的同事凑在一起，也不要和那些随时准备离职的人凑在一起。和比你强的同事一起吃午饭吧，这不是"势利眼"，坚持一个月，你就会明白这样做的好处。

孙清丽在单位里一直很快乐，可是，有一天，随着一名新员工的到来，她的快乐就不那么强了。这名新员工的名字叫李君心，李君心来到公司的第一天就大出风头，主管亲自带她来认识各位同事，向大家介绍时，毫无避讳地说李君心是公司为了拓展北方市场从其他公司挖来的市场推广精英。

李君心也自信满满，非常大方地和众人打招呼，这让孙清丽感觉到巨大的压力，这个很强的同事就和她在一个部门，而且，每天中午的时候总会约孙清丽一起去吃饭。每当李君心抛出"橄榄枝"的时候，孙清丽总是找借口回避了。

　　她对这类自信满满的人说不出有一种什么样的抵触感，可是，第一次的策划会，让孙清丽重新认识了李君心。领导说完方案后，让李君心发言。谁都知道第一个发言的人，是最为难的人，而且也不知道该从哪里说起对这个策划案的意见。可是李君心平静的表情震慑了当时所有的人，她不慌不忙地讲自己的看法，条理清晰，思路新颖，关键之处还作了详尽周到的说明，令在场的所有人都如沐春风。待她发言结束，领导抑制不住兴奋的心情总结道："感谢李君心给我们带来了新的思路和更广阔的信息来源，大家给她鼓个掌吧！"这给孙清丽留下了深刻的印象，而且重要的是李君心的确比自己强多了。有一个让孙清丽苦恼了三个月的方案，李君心用一天的时间就摸清了来龙去脉，联系了各个媒体帮助孙清丽推动方案。

　　中午的时候，孙清丽主动约上李君心一起吃饭了，吃饭的时候，两个年轻女人在一起，难免闲聊，孙清丽真诚地说："那一天，你提的意见太精彩了，在短短的时间把问题回答得那么好。"李君心也坦诚地说："其实有时候并不是那么简单的，今天我用十几分钟陈述的问题，是我以往对类似问题的思考和总结。"李君心没有讲她平常怎么努力工作和思考，但是短短的一句话让孙清丽受益匪浅，她开始关注李君心的优点。

　　得出的结论是，李君心得到的一切都因为她是个自强不息、奋发向上的人。孙清丽在工作上把李君心当神话，用李君心激励自己做事，慢慢地也走上了一条薪水飙升的职业道路。开年会时，领导端起酒杯向李君心致谢，也没有忘记对孙清丽举杯！

　　不必感觉自己遭受了巨大的压力，因为压力大并不一定是坏事，处理好了，压力可以转变为动力。不要为别人的能干而担忧，关键是重整旗鼓，学习别人的优点，用事实证明自己的能力，创造更好的业绩。

　　这里还要注意的是，对于直接存在激烈竞争的强劲对手，要注意冷静观察，建议你从正面的角度看，并至少持续三个月，这不但能让你充分了解他们的优势，更能了解他们是抱着怎样的心态工作的，这样可以弥补自己的不足，发展好自己的强项。

　　小明和小王两个人是好朋友，他们同时从一所大学的中文系毕业了，而且都找到了秘书的工作。不同的是，小明的老板比较和蔼，他的工作也比较清闲，而且工资很高；小王的老板比较严格，他的工作任务十分繁重，经常需要加班，但工资反而没有小明高。

　　小明劝小王不要继续做这份工作，再另找一份，但是小王坚决不同意，他有自己的想法。他对小明说："虽然公司现在的情况不太好，但是我觉得我的老板是一个很有发展前途的人物。他以前在一家大的出版集团担任过重要的领导职位，看问题的眼光和做事的方式都与众不同，我相信他必定会有一番作为，而且最重要的是，我在这样一个老板的身边工作，能学到许多在别处学不到的东西。"

小明听了之后不以为然，为小王没有接受他的劝告而感到遗憾。接下来的两年时间里，小王确实生活得很累，很辛苦，小明则既轻松又宽松。但是在他们毕业六年后，情况发生了变化——小明仍然是那位和蔼老板的秘书，而小王则自己开了一家公司，当上了老板。

与比你强的同事一起共事，就要向他们学习，下面的一些做法可以供你参考：

多与优秀的人一起行动

人对环境有一种本能的适应，如果你总是与杰出的人、有发展潜力的人在一起，那么久而久之，耳濡目染之下，你的素质也会得到一定程度的提高。

留意优秀之人的做事习惯

这一点也很重要，优秀的人可能行动力强，可能从来不拖延，可能有长远的眼光，这些都是你要学习的地方。不要以为他们只是凭借高学历或者人际关系才崭露头角的，一些他人不留意的细节可能就是他们成功的原因。

学习优秀之人的好心态和思维方式

优秀之人的思维方式一般都会与众不同，这也正是"思路决定出路"的道理。可是思维方式不是天生的，也不会归某个人所独有，所以，他们可以用，你也可以用。学到了这些，你也有可能成为优秀之人。

借助同事监督提升自己

在挪威，很多人喜欢吃沙丁鱼，但有一个问题就是，人们常常吃不到活的沙丁鱼。经过长途的运输之后，沙丁鱼都死掉了，很多人想了无数的方法都不能改变这样的状况。

但是，有一条船里的沙丁鱼大部分总是活的，这让人们非常吃惊，而这个渔夫采用的方法也让人们非常的震惊。原来渔夫在装满沙丁鱼的鱼槽里放进了一条鲶鱼，要知道，鲶鱼是专门以沙丁鱼为主要食物的。

当把鲇鱼放到沙丁鱼中的时候，沙丁鱼就会四处游动，一直保持着高度戒备和自卫状态，这让一条条沙丁鱼一直欢蹦乱跳地回到了渔港。心理学家就把这样的现象总结为"鲇鱼效应"。

"鲇鱼效应"非常值得人们思考，想一想，让沙丁鱼活下来的居然是它们的"天敌"，如同在大草原上，正是因为有了"天敌"狼的存在，兔子才能够按照正常的生态繁衍、生存。这让我们想到了职场。职场中，你有没有"天敌"，有没有处得非常不好的同事，或者遇到过让你特别头疼、需要提高警惕的同事？如果你一直都生活在一个其乐融融的单位中，那么不必过分庆幸，你在不知道未来能不能一直是这样的情况下，懂得珍惜就好；如果你对周围的环境感觉很糟糕，压力很大，而且，有几个同事让你简直有进入人间地狱的感觉，那么也要恭喜你，也许，你遇到了让你迸发更大活力的"鲇鱼"。很多人都发现，工作相对来说是非常枯燥的一件事情，在工作中控制自己的情绪和心理实在是太难了，比如说，很多人知道自己工作的时候偷懒，效率非常低，但是不能及时地纠正和改正自己，可是如果在偷懒的人身边放一个爱打小报告的同事，那么，结果会怎么样呢？

公司重新调整了格局，肖青和孙丽坐对桌，这让肖青如坐针毡。

她和孙丽是大学同学，她非常了解孙丽，孙丽在大学的时候和舍友的关系处得非常不好，还常说自己舍友的坏话，而且每当有利益的时候，就不惜一切代价打压别人。她知道自己坐在孙丽的对桌，一定会受到孙丽的监控。肖青进入了时时戒备的状态，她感觉工作非常辛苦。以前上班的时候，有时候忘记打卡，她就悄悄地溜到座位上，也没有人深究过，但是想到对面坐的是孙丽，肖青就每天定好手机铃声，从不迟到，当她准时踏入办公室，看到对面坐的孙丽的时候，内心就会非常坦然。

以前，肖青常常会在网上浏览一些娱乐新闻，娱乐新闻往往有很多有意思的链接，可是肖青自从坐在孙丽对面，就克制自己永远不要打开娱乐的网页，因为孙丽会突然地、装作很随意的样子走到自己的身后。

更让肖青感到苦恼的是，正因为对面坐了这样的一个人，工作有困难的时候，她根本就得不到孙丽实质性的帮助，工作出现了问题，肖青只能自己解决，面对领导的时候，她也必须独自斟酌好应该怎样汇报工作，再没有人给她商量或者出谋划策。肖青在短短一个月的时间里迅速地独立了起来。

由于孙丽带来的巨大压力，肖青一直心情不是特别好。直到有一天，她觉得自己也许应该感谢孙丽，因为领导对她说："肖青，最近你的表现非常突出，我发现大家都爱上网，有时候上班时间一玩就一个小时，只有你，兢兢业业地工作，从来不做和工作无关的事情。"肖青看了一眼对面竖起耳朵的孙丽，微微一笑，内心释然。

爱打小报告的同事，有时候的确会让你成长更快。对于这只背后的眼睛，你可以理解为他在监督你，更正你行为的纰漏，让你不会轻易犯错误。

所以，应该用冷静、宽容的心态来看待这样的人和现象，要提醒自己没有必要逃避和惧怕这样的人，你担心自己会在工作中开小差，控制不了自己吗？有人可以不用你支付工资，无偿帮助你。

也不必对这样的人愤怒，为一点小事搞坏关系。想一想，假设有一天，你正在上班时间做着不应该做的事情，背后没有那双盯着你的眼睛，取而代之的是老板的一脸盛怒和一封解聘书。哪种情况，更糟？

当然，这里也要提醒的一点是，和爱打小报告的人永远不要走得太近。如果走得太近，小心自己有一天成为一条为别人无偿服务的"鲶鱼"。对这样的人，需要敬而远之，从规范自己的言行开始，不给对方可乘之机，就能变祸为福走稳职场路。

别抢不属于你的功劳

身在职场，为人首先要正派。不是自己的功劳，就不要挖空心思去占有。要想真金不怕火炼，在职场中获得真正的认可，就要凭自己的真本事去创造，投机取巧的做法终究会害人害己。

彼得原理是美国学者劳伦斯·彼得总结出的结论，他在对组织中人员晋升的相关现象研究后得出这样的结论：在各种组织中，大家都习惯了对在某个等级上称职的人员进行晋升提拔，因而员工们能够在自己本职工作上称职和胜任了之后，就开始趋向于晋升到其不称职的职位。

这个原理有时候也被人们称为"向上爬"原理。"向上爬"的说法更加生动，这种现象在现实生活中也无处不在。例如，一名称职的教授在本职工作上非常出色，于是他就认为自己可以晋升到大学校长的位子，可事实是，当他到了理想的职位后才发现自己无法胜任。或者，一个优秀的员工被提升为管理他人的领导者后，就表现出了能力上的欠缺。世界上每一种工作，都会碰到无法胜任的人。总会有能力不足的人被调到一个不胜任的职务上，他会在这个位子上原地踏步，把工作搞得一塌糊涂。对于组织而言，一旦组织中的相当部分人员被推到了其不称职的级别，就会造成组织中人浮于事，效率低下，导致组织发展停滞的恶劣后果。

张杰和赵宇的同事关系非常好，在公司里也是被领导格外器重的两个人。

年终，公司搞推广策划评比，每个人都可以做出PPT展示自己的成果，胜出的人不但会有优厚的年终奖，而且领导会给一个意外的惊喜。

张杰非常积极，为了一个创意，他常常想好久，他对细节的把握已经做到了唯美和极致，他满心欢喜地准备好了要展示的PPT。

赵宇长时间里并没有重视这次的推广策划方案，而且，他也不擅长去做市场调研，他知道对于公司那些严谨的领导来说，没有精确的数据，再好的设计也缺少说服力，而且最让他郁闷的是，居然在最后一天，他才知道，由于部门领导的欠缺，大领导的神秘惊喜是，评比第一名的人，可以代理该部门的领导者。怎么办？怎样拿到那笔做策划的数据呢？方案征集截止日的最后一天，赵宇突然叹了一口气说："张杰，这个推广怎么做呀，让我一时半会儿去想，还真的没有什么好的创意，我做了一个PPT，你帮提提意见，我好修改一下。"

张杰连想都没想就答应了。赵宇做得太一般了，没有什么创意，张杰就只能和赵宇说说字体颜色等小细节的问题，说的时候，赵宇很谦虚地听着，听完了，就很随意地对张杰说："让我也看看你的方案吧。"这让张杰踌躇了，但是因为赵宇的态度非常诚恳，而且一想明天就要开大会了，赵宇想改也来不及了。

第二天开会，赵宇因为资历老，按次序先发言，赵宇的PPT所用的推广创意居然和张杰的一样，在讲解时，赵宇对老板说："数据的那部分PPT拷在另一台电脑上，电脑发生了故障，我不能够提供精确的数据，就提供一个简单的情况吧。"

接着，赵宇就将张杰研究的数据结果当众分析了出来，张杰听得目瞪口呆，他没想到赵宇会抢自己的功劳，他不敢把自己的方案交上去，也不敢申诉，只好弃权。后来，赵宇的方案获得老板的认可，终于可以代理处理部门的事务了。

赵宇偷了张杰的创意，而且抢了不属于自己的功劳，终于有一天出事了。由于推广不是他自己的，虽说他知道数据的增长趋势，但是具体数据他还是没有查清楚，在执行方案时出现了漏洞，又无法及时修正，结果方案还是失败了。后来领导得知这个方案不是他自己做的，而且他出了重大的工作事故，就无情地将赵宇边缘化了。

对于个人而言，不是你的功劳，你不要去抢，不管别人知道也好，不知道也好，抢别人的功劳总不是成功的捷径。世上没有不透风的墙，一旦你抢别人功劳的事情被人发现，你将会无脸见人，不仅被抢者会成为你的敌人，而且更会影响所有人对你的看法。

对个人而言，虽然我们每个人都期待着不停地升职，但不要将往上爬作为自己工作的唯一动力。与其在一个无法完全胜任的岗位勉力支撑、无所适从，还不如找一个游刃有余的岗位好好发挥自己的专长。

身在职场，不是自己的功劳，就不要挖空心思去占有。不抢功，不夺功，这样的人不仅人际关系好，而且会长久立于不败之地。

用微笑化解同事间矛盾

同事之间不值得来个刀光剑影或你死我活。良好的人际关系、适当的情绪管理，是为工作加温的良方！一个人在工作中要学会发现别人的优点，欣赏别人的优点，如果真的讨厌某个人，那就用微笑去化解矛盾。

"凹地效应"是一种非常形象的形容，指的是某个事物因为具有某些特征或优点，从而对一些事物产生一种吸引力，导致这些事物向这个地方聚集。例如在工作中，如果你想拥有好人缘，提高自己的人气指数，聚集一批好朋友，那么就要让自己成为一片"凹地"。

同事之间的关系，是很多职场中人的心结。曾有一份调查显示，约六成的职场白领每星期都会生一次气，甚至还有一成半的人每天都在生气。原因是许多上班族每天都有烦心事，例如和同事抢车位，看不惯同事居功诿过等，造成职场上的怒火一点就燃。这项调查也发现，每天生气的人除了有健康上的困扰，还伴随着忧郁、焦虑、恐惧，并且对别人较有敌意。

这样的职场心理绝对是病态的，应该找到解决问题的方法。怎样处理同事关系呢？那就是宽容。打个比方说，和同事一起搬运文件，一个同事突然半路溜了，理由是身体不舒服，那么，哪怕即使他前一秒钟还是活蹦乱跳，也不必质疑他，给他一个微笑，一切尽在不言中才是最好的回答。对于这样没有伤及原则的事情，不必较真和说穿，因为看透不说透，才是好朋友，也不必把同事想得太坏，你的宽容，相信他不傻，他能懂。

陈光和江源是同一部门的两个职员，由于两个人的能力非常强，有时候领导征求意见的时候，两个人就互相不以为然，都感觉自己很有道理。

后来，两个人互相成为竞争对手，谁会先升任科长是部门内十分关心的话题。这让两个人的关系更加白热化，总是互相提反对意见。

快到人事变动时，他们的矛盾已激化到了不可收拾的地步，好几次互相指责，揭对方的短，科长及同事们怎么劝也无济于事。有一次，两个人大吵，陈光对江源说："别以为你常常利用职位之便，单独约见一些在工作中认识的人，让他们为你办事别人不知道，这属于假公济私，你为了给自己办事，还让领导以为你有多么积极地配合工作。"

江源听到陈光的指责之后，恼羞成怒，他说："你做得就好吗？平时，你在同事面前是怎么骂领导的，每当出台新政策，你都在同事面前表现得义愤填膺，事后，你又单独到领导办公室大赞政策的英明。"这一次的吵架让两个人风度尽失，各自把最狠的话都说了出来，他们彼此都认为即使传到领导耳朵里，对方的失误也比自己大很多。

令人意外的是，两人都没有被提升，科长的职位被其他部门资质平平的一个职员获得了。因为他们在争执中互相揭短，在众人面前暴露了各自的缺点，领导非常恼火，认为两人都不够提升资格。

该怎样去补救呢？陈光感到后悔不已，因为毕竟是他先在大庭广众之下抖搂江源隐私的，他希望扭转这一状况，并愿意向对方道歉。这时，江源似乎也处于极度失望中，他也觉得自己做得有些过分，但是碍于脸面也没有先去找陈光。

后来，思前想后斗陈光想了一个方法，他简单地向陈光道歉："对不起，我实在有点过分，我保证不会有下一次。"江源本来以为陈光还会为自己狡辩，可是，看到陈光并不缺乏诚意，也没有重提旧事，于是也和陈光缓和了关系。当然，工作中还是有意见不合的时候，但是在领导看来，他们已经能够放弃个人恩怨，齐心协力为公司做事，而同事们因为陈光和江源的强强合作，也不再为难该站在谁的一边了。

终于，两个针尖对麦芒的对手被消灭掉，部门出现了共同进步的新气象！

对于个人来讲，如果跟某个同事大吵大闹起来，对个人的专业形象和信心会有无形的坏影响，因为这显示了此人对控制人事问题有欠成熟，不但会让领导在心理上对此人的印象大打折扣，就连同事都会觉得这个人难以相处并敬而远之。

没有一个领导对员工不和导致的内耗不头疼，没有哪个领导不希望自己的手下能够放下成见，共同为自己好好做事。这就要求一个人在工作中要学会发现别人的优点，欣赏别人的优点。不改变自己就难以改善同对方的关系，按照自己的标准来改造对方是一件难于上青天的事。尤其是不要戴有色眼镜看对方，把别人当作敌人，丢掉了自己的"人气"。

不要设立职场"假想敌"

仔细分析我们就会发现，职场中的人对于某些事情或者某个人的不满或者厌恶，常常混杂着属于自己情绪的东西。其实，这些负面的东西都是自己的情绪表现。

许飞如今已经是一家公司市场部的总监，工作顺风顺水，老板对他也是青睐有加。但是，在这份让人羡慕不已的大好状况下，许飞却犹豫着要不要辞职。

如今的市场不景气，想要寻找一份这样好的工作是非常困难的。因此许飞在这种矛盾心理的影响下，经过多番考虑，最后寻找了一家专业的心理咨询机构寻求帮助。

咨询师问起许飞想要辞职的原因，他支吾了半天才说，是因为他很不喜欢公司的人事部总监。这位总监和他是平级，许飞非常看不惯他的言行。他觉得这个总监有些装腔作势，常常会跑到老板那里打小报告。前几天，有个同事因为一件小事被老板辞退了，许飞就觉得很可能是这位人事部总监暗中使坏造成的。

许飞因为工作的原因需要经常和这位总监打交道，这让本来就厌恶这个总监的许飞非常痛苦，觉得自己无法和这样的人相处，于是他很想离开这家公司。但是如果就这样离开公司，他还有些不甘心，因为到了新公司一切就得从头开始，收入和地位都会受到很大的影响，这对他的职场生涯是很不利的。

咨询师还发现，许飞的上一份工作也遇到了类似的情况。本来和许飞同级的一个同事被提升成了他的上司，但是许飞觉得这个人喜欢阿谀奉承，做人很虚伪。他还觉得这位同事常常把别人的功劳据为己有，因此才会爬得这么快。许飞无法忍受这样一个人来领导自己，在忍无可忍的情况下选择了辞职。

许飞自己也很纳闷，怎么自己无论到哪家公司都会遇到这种类型的同事呢？咨询师经过分析认为，许飞所遇到的这些问题并不是别人的问题，而是他自身出现了问题，因此才会导致这样的情况接二连三地出现。咨询师将许飞不喜欢的这几个人称为他所设置的"假想敌"，那么，这样的假想敌是如何出现的呢？

职场中的人经常会遇到一些自己认为不公平的现象，为了给自己内心的愤怒找到一种平衡，最方便、最实际的方法就是给自己设置一个"假想敌"，这是比较常见的心理现象。因为我们无论怎样的中立和客观，都难免会受内心好恶的影响。于是，我们就经常会如同许飞一样把自己的愤怒转移给他人。

像许飞这样的情况要想恢复到正常的工作状态，最好的办法就是主动向这些同事表示友好，对他人的接纳就是对自己的接纳，完全地接纳自己是一个人走向成熟的标志。

职场中很多人都对周围的人心存戒备，用自己的主观意识来评价他人和事情，结果给同事或者上司都打上了有色光环，对他们的评价也就不客观了。不妨放下心中的偏见，尝试着去接受他人，一切问题便不再成为问题。

一定不要得罪"最懒"的同事

如果你的周围有貌似应该被开除的同事，但是偏偏没有人开除他，一定要在心理上重视这个人。一个看起来一无是处的人，却能安安稳稳坐在自己的位子上，一定有其过人之处。

"懒蚂蚁效应"是日本北海道大学进化生物研究小组的发现，他们对三组分别由30只蚂蚁组成的黑蚁群的活动进行了观察。他们发现，大多数的蚂蚁都是非常辛勤的，它们忙忙碌碌地寻找食物，找到食物之后就急急忙忙地搬运储藏起来。在这部分蚁群里，还有几只蚂蚁非常奇怪，它们和伙伴们完全不同，它们什么都不干，的确是蚂蚁队伍里的"懒蚂蚁"。可是，一个惊人的现象出现了，研究者们发现，这些懒蚂蚁并不像它们的外表显示出来的那么无所事事，它们在非常时期能够发挥出重大的作用。

研究者们发现，突然出现蚁群断绝食物来源的时候，那些平时辛辛苦苦搬运粮食的蚂蚁顿时失去方向感，不知道怎么办了，这时就是"懒蚂蚁"大显身手的时候了。这几只懒蚂蚁，可以带领众蚂蚁向它们早已侦察到的安全食物源转移。

原来，"懒蚂蚁"把大部分时间都花在侦察和研究上了。它们在这个蚁群中的作用是非常巨大的，只不过没有跟着大家的步伐走而已，它们暗自观察着组织的薄弱之处，保持对新食物的探索状态，在危急时刻，发挥着重大的作用。工作中，也是如此，有没有发现自己的周围总有几个"懒得出奇"的同事，每天日上三竿的时候来上班，似乎并不感到有职业上的危机感，也不担心会被开除，逍遥地行走于职场？这会不会让你感到非常费解，或者你会不会想：我是不是也可以这样？看了下面的案例你就不再有疑问了。

小郭是一个非常上进的销售人员，他在公司里的表现有目共睹，有一次，他能够连续三个月给公司搞定几十万元的大单子。

平时小郭就把自己全部的精力都用到了工作上，他从来不关心同事的八卦隐私，也不关心其他人的心情，一心想把自己的业绩提上去，他最不喜欢部门里的一些同事，上班的时候上网，也没什么追求。他尤其不喜欢小徐，这个女同事简直令他鄙视，居然一整天不给客户打一个电话，大模大样地在办公室里看韩剧。有一次居然还带着爆米花来单位，上班的时候，咯吱咯吱的声音让小郭觉得很烦。

小郭从来不和小徐接触，他也不想管别人的事情，他只用实力说话。后来他做出了良好的业绩，领导于是给了他提升的空间，让他管理一个部门。小郭知道，这是领导层的重用，他不想让看重他的人失望，同时，他也认为作为领导，就不能和以前一样，不关心别人，而是要关注自己手下每一个人的发展情况。

于是，小徐被列入他考虑的开除人员名单，在他看来，不积极进取的人就不能待在部门里，他喜欢的员工包括他自己，都是兢兢业业实干派的作风。他开始在上层和领导交流的时候，透露自己想开除小徐的想法。

小郭希望能够得到领导的支持，毕竟小徐是从公司开业就一直待在公司里的老员工，没有领导的支持，他缺乏底气。可是每一次提起这件事的时候，领导都微笑不语。他内心暗暗纳闷，为什么领导一直非常支持自己的很多决定，唯独对这件事情持有保留态度。

他耐心地又对小徐观察了一段时间，得出的结论是：小徐的确属于混日子的类型。于是小郭决定，只要时机成熟，就一定会坚持开除小徐。可是，小徐并没有被开除，经历了一次突发事件之后，小郭彻底知道自己犯的错误有多严重。

公司的产品进入了销售淡季，可是，小徐的亲戚是对口的采购人员，于是进行了一次大规模的采购，短短的两个星期，小徐给公司带来了500万元的经济收入，足以抵得上小郭整个团队的季度销售额。原来这个懒员工对公司的发展居然起到了如此重要的作用！

想要长期发展的人必须把自己的心态摆正，应该允许自己的同事有独特的放松方式，即使有出格的地方，也不必气恼并欲处治之而后快。哪怕自己是领导，也不要用苛刻的尺子衡量别人，即使内心是，也要宽厚可亲，领导也照样有得罪不起的人。

所以，任何时候不要轻易得罪你认为不重要的人。一定不要得罪"最懒"的同事，做好自己应该做的事，这才是对自己最安全的保护。

不当炮灰，也不过度防卫

很多时候，因为惧怕自己成为"炮灰"，人们容易夸大自己的价值，坚持自己的声音，在这个过程中，将别人反对的声音和不同的意见，上升为对自己的否定、排斥，甚至是压制。

很多时候，人们都常常假设他人与自己具有相同的特性、爱好或倾向等，常常认为别人理所当然地知道自己心中的想法，这就是所谓的投射效应。

在职场中，有很多人觉得自己被别人当了职场炮灰，觉得自己被人利用，不能实现自己的价值。从投射效应的角度来说，这种现象的出现反而意味着有这种想法的人可能本身的思想有了偏差，例如过度防卫。

随着社会的发展，个体之间的竞争越来越激烈，总有一些人败下阵来，再加上自身性格、家庭、社会等多重因素的影响，有些人就会产生怯懦和很强的自卑感，极易导致紧张不安、烦躁、焦虑或抑郁，为达到心理平衡，他们往往采用了过度的防卫手段，将对自身的不满投射到别人身上，把"我讨厌自己"转嫁成"别人讨厌我"，从而形成工作、生活中的"心理过度防卫"。

人们变得像刺猬一样面对别人，看到别人的时候，还以为别人是刺猬，要知道，当以这样一种满身盔甲的状态面对职场环境时，很容易让人劳心伤神，耗掉了轻松，耗掉了坦然，耗掉了工作效率和好人缘。

当然，职场中人完全毫不设防地与人交往也是不现实的，应该根据自己的情况分析自己的心理状态和周围的形势，才能得到属于自己的最好的答案。

小齐和同事小孙激烈地争论了起来。

小齐非常大声地说："这套方案你提出质疑的理由不充分，因为一套方案还没有实行就否定，这才是冒险的行为，而且，在方案没有实行以前，谁都不能保证成功或者失败，如果你有更好的方案，而且你能保证你的方案就一定能够创造价值，那我听你的！"说完最后一句话的时候，小齐明显感觉到，自己的心跳加快了，脸上的温度也在升高。

可是，小孙也有自己的坚持，他说："根据公司以往的经验包括客户反馈，都说明了这套方案的问题，况且，现在只是让你改进一下，也不是完全彻底推翻旧方案，只是做了调整和优化，你应该冷静点。"

小齐更加愤怒，他说："改来改去，我没法冷静。"说完，他重重地将记录本扔到桌子上，气鼓鼓地坐在椅子上不再说话。最后，其他同事打了圆场，说考察一番再决定。

同事们三三两两地离开了办公室，小齐却依然坐在电脑前。坦白地讲，方案存在的问题，小齐更加了然于心，但是当小孙真正提出来的时候，他还是非常激烈地维护自己的观点，仿佛不想马上被击倒。

所以，他不由得较起了劲。别人越是反对，他就越是要没有理由地坚持。小齐能感觉到，自己最近的职场人际糟糕透了，不但工作时和大家合不来，平时在一起也容易起分歧。无论是没有理由地坚持旧方案，还是和同事们业余时间的争论，自己都表现得很固执。

咨询了心理医生之后，他懂得了造成这种固执的原因，是由于自己内心的防卫过度。因为怕被别人当做职场"炮灰"，于是处处提防人，甚至先出手。这才是真正的问题所在。小齐发现，问题不仅仅出在方案上，还出在自己的心理上，而越反抗，也就越证明了自己的信心不足，担心别人抓住自己的弱点进行攻击，证明已经把自己定位于一个弱者的地位，因为不相信自己的力量，所以只能过度武装面对一切。

小齐下定决心改变自己，调整推广方案的同时，也调整自己的心理状态，战胜"过度防卫"。

在职场中，大家要处理很多工作，同事之间产生不同意见是常有的事，但如果其中某个人将工作的分歧理解成对自己的否定，就会出现很多无谓的争执，也就是过度的防卫，结果不但影响工作效率，还伤害了人际关系。

这种在很多人身上出现的过度防卫却能耗掉人们的心理能量。一般来讲，如果一个人总是莫名其妙地感觉周围人对自己有敌意，却列举不出充分的证据，而我们的内心又因为这种感觉而焦虑、紧张，并为此时时提防别人时，就有必要警惕自己陷入过度防卫的怪圈了。

要防止心理防卫过度，应该注意以下四点：

要培养自我认识和自我接受能力，客观地评价他们，全面看待自己的优缺点，找出自身存在的不足，正确处理成功与失败的关系。

根据自身环境和具体情况，不好高骛远，确立一个符合自己的目标，充分发挥自我优势，做一些自己满意的事，以求平衡。

要注意建立良好的人际关系，同事之间应以诚相待，避免形成过强的嫉妒心理，多向有经验的人学习请教，努力克服自卑、怯懦的不良情绪。

自我解嘲，就是当自己的需求无法得到满足产生不良情绪时，为了消除或减轻内心的苦闷和烦恼，有意丑化得不到的东西，以此进行自我安慰，求得心理平衡，以防思想和行为出现偏差。

看人识心理

先识相，后做事

俗话说，"人心隔肚皮"，知人知面未必就能知心，而知心才是最重要的。一个人被陌生人捅了一刀只是皮肉伤，若是被最亲密的朋友捅了一刀，就犹如万箭穿心，那才真叫做"伤心"。

为人处世最难的莫过于"知人心"，"人心难测"、"人心叵测"、"知人知面不知心"等词语，正说明了这个道理。其实，从心理学角度讲，人心既有可知的一面，又有不可知的一面，既有共性，也有特性。由于社会的复杂性和个人经历的复杂性，人心具有一些特殊性，即有悖常理的心思、心态和心情，如莫名恼怒、仇恨自己和仇恨社会等。有人把人心比作一个深潭，里面游动着哪些生物，谁也说不清楚。

人的复杂性并不仅仅表现在生理构造上，更重要的还在于心理上表现出的复杂性，而这种复杂则具有抽象意义和不确定因素。因此，当你不了解某人时，最好不要轻易被他的表象左右了你的判断。因为，这种表象很可能是一种假象。

美国心理学者奥古斯特·C. 伯伊亚曾经做过一个实验，让几个人用表情表现愤怒、恐怖、诱惑、漠不关心、幸福、悲哀，并用录像机录下来，然后，让人们猜哪种表情是表现哪种感情的。

结果是，每人平均只有两种判断是正确的，当表演者做出愤怒的表情时，看的人却认为是悲哀的表情。

人是一个矛盾的综合体。人们的喜怒哀乐，远非自身所表现出来的那么简单。欢笑并不一定代表高兴，流泪并不一定代表伤心，鞠躬并不一定代表感谢，拍手并不一定代表赞赏……为此，你要认真分析，学会识别人心，掌握一些辨识他人行为的本领。而这种本领是你轻松掌控别人，进而掌控生活主动权的必备武器。

人是形形色色的，有刚直的人，有卑鄙的人，有勇悍的人，有懦弱的人，有豪侠的人，有小心眼的人，有木讷的人，有果断的人，有诚实的人，有狡诈的人……面对形形色色的人，你只有用"心"审视他，观察他，明辨他，而后慎用他，才能在人际交往中始终立于不败之地。

假如和我们交往的是位品德高尚、见义勇为、助人为乐的人，即使其外表并不英俊潇洒，我们也会与之和谐相处。但假如我们所见到的是一个虚伪而自私的人，尽管此人仪表堂堂，举止文雅，我们也只会觉得他道貌岸然、虚伪狡猾。

人的本质平时都隐藏着，看不见又摸不着。你必须看到他的行为，又要猜测他的意图，才能了解他的心。既看到他的外表，又要看到他的内心，才能吃透他的本意。

唐玄宗时，有李适之和李林甫两位宰相共同辅政，李适之为左相，李林甫为右相。

当时，唐玄宗沉湎酒色，穷奢极欲，弄得国库日渐空虚。满朝文武都很着急，日夜思谋开源节流之计。最后，皇上也感觉到了财政危机，下诏让两位宰相想办法。

形势所迫，二人都很着急。但李林甫最关心的是如何斗倒政敌，独揽大权。看着李适之像热锅上的蚂蚁，李林甫生出一条毒计来。

散朝之后，二人闲扯，李林甫装作无意中说出华山藏金的消息。他看到李适之眼睛一亮，知道目的达到了，便岔开话题说别的。

李适之性情疏率，果然中计，忙不迭回家，洗手磨墨写起奏章来，陈述了一番开采华山金矿，以应国库急用的主张。

唐玄宗一见奏章大喜，忙召李林甫来商议定夺。李林甫看了奏章，装出欲言又止的样子："这个——"

玄宗急催："有话快讲！"

李林甫压低了声音装作神秘地说："华山有金谁不知？只是这华山是皇家龙脉所在，一旦开矿破了风水，国祚难测，那——"

"噢，"玄宗听罢一激灵，"是这样。"继而低头沉思。

那时，风水之说正盛行，认为风水龙脉可泽及子孙，保佑国运。今听得李适之出了这样的馊主意，玄宗心中当然不高兴。李林甫见有机可乘，忙说："听人讲，李适之常在背后议论皇上的生活末节，颇有微词，说不定，这个开矿破风水的主意是他有意……"

"别说了！"玄宗心烦意乱，拂袖到后宫去了。李林甫见目的达到，心中暗喜，点着头走了。

自此，玄宗见了李适之就觉得不顺眼，最后找了个过错，把他革职了。朝廷实权，便落在了李林甫手中。

李林甫是典型的"口蜜腹剑"之人，对这种人一定要多长心眼，多加提防。李适之显然知道他与李林甫之间的利害冲突，但他就是"性情疏率"，才会轻信了李林甫的话，结果被革职了还不知道所以然。

古希腊有句话："很多显得像朋友的人其实不是朋友，而很多是朋友的倒并不显得像朋友。"很多人在危难的时候才发现，背叛自己、出卖自己的往往是昔日自己十分信赖的朋友，而曾经被怀疑的人却成了自己的救星，真是可笑又可悲。

成功离不开一定的社会环境，离不开你每天所要打交道的那些人。在现代职场中也是如此，牢记"先识相，后做事"，在人际关系中才会有胜算。

不要窥探他人隐私

身在职场，不应该窥探他人的秘密，对上司同样如此。即使你和上司的关系再好，他也不希望你知道他的秘密，即使那已经是一个公开的秘密。

安娜是营销经理丹尼尔的助手兼秘书，因为做事有板有眼，认真负责，所以一直都受到丹尼尔的器重。有的时候，丹尼尔甚至会把一些决策权交给安娜。

出差的时候，如果有人先向他请示工作上的事情，丹尼尔一般会说："你交给安娜先让她看看，稍后我会给你答复。"

通常的情况都是安娜看完，把自己的意见以及文件的主要内容通过电子邮件发给丹尼尔。但是，这样的情况也局限于一些重大的事情上。一些小的事情，有时丹尼尔就让安娜作了决定。跟着丹尼尔做了几年的助理，她已经对处理一些小问题有相当的经验了。

对于丹尼尔的器重，安娜非常感动。她知道主管之所以会让她处理一些事情，是对她的一种器重。所以，安娜不仅在工作上非常忠于主管丹尼尔，甚至有时候会把自己的一些私事与主管商量。

一个人在外面漂泊，除了男朋友以外，安娜也没有什么要好的朋友。亲人都在千里以外，在不知不觉中，安娜把主管丹尼尔作为哥哥一样崇拜和对待。

公司的很多人都知道丹尼尔和另一位女主管有感情纠葛，而丹尼尔是一个有家室的男人。这段感情无疑是人们口中的婚外情，这已经是公开的秘密了。

作为丹尼尔这么倚重的助手，安娜当然知道这样一份感情的存在。最近她看见主管总是在办公室里小声地打着电话，从只言片语之中，她已经知道可能是那位女主管和自己的主管在闹矛盾。打完电话以后，丹尼尔常常抱着头，在座位上显出痛苦的样子。

看到主管这样，安娜非常难过。她想起自己有什么事情请主管帮忙的时候，主管总是很热心。现在他遇到这样的事情，自己应该去帮帮他。

在下班以后，安娜走进了主管的办公室，并说明了自己的来意。她询问说："如果有什么我能帮助你的话，我会尽最大的努力帮助你的。"丹尼尔看着安娜忽然说："你怎么知道我是为了这件事情，你对这件事情很了解吗？算了，不用你费心，我会处理好的。"

听到这样的话，安娜只好无奈地走出了主管的办公室。过了两天，安娜因为处理公事，很晚才回家。在走出办公室以后，忽然忘记自己有一份重要的文件没有锁好，又转头回到公司。

这个时候，天已经很晚了。安娜回到办公室的时候，看见主管办公室的灯竟然还亮着。她敲敲门，没等里面答应就进去了，然后就看见了主管正和那个女主管拥抱的画面。

三个人都非常尴尬，安娜赶紧道歉，随即锁好文件就离开了办公室。第二天上班的时候，她看见主管已经坐在了办公室里。安娜发了一条短信给主管说："看昨天的情形，事情已经解决了吧？是不是应该庆祝一下？"

但是，主管始终没有回复她的短信。又过了几天，安娜收到了调遣的命令，让她到一个偏远的地方做行政主管。

丹尼尔这样对她说："你做我的助手这么长时间，我相信你已经有能力去做这个行政主管了。希望你可以把它做好。"

听到这话的安娜简直哭笑不得，她不想去那个地方。她一直不明白的是，为什么公司会有这样的调令，为什么丹尼尔会同意这样的调令，难道只是因为要她有更好的发展吗？那么为什么不让她去更好一点的地方？

不管主管怎样器重你，不管你对这个上司有没有感激之情，你对上司说你私人的事情是你自己愿意的，但这并不代表你的上司就愿意你洞悉他的秘密。即使这是一个公开的秘密，你也不要自以为是地将它说破。因为说破之后，受损失的始终只能是你。

不同性格的同事，采用不同交往方法

漫长的职场生涯中，我们会碰到各种不同性格之人，你要熟悉和包容不同类型同事的性恪特征，从而在与他们交往中如鱼得水。

职场大了，什么性格的人都有。不可否认，漫长的职场生涯中，我们会碰到各种不同性格之人，你可以不喜欢这些同事，但是一定不可以因为他的性恪而影响你们的沟通，毕竟你们的职责就是共事。

对死板的同事

这种类型的人，就算你很客气地和他打招呼、寒暄，他也不会作出你所期待的反应来。他通常不会注意你在说些什么，甚至你会怀疑他听进去没有。与这种人进行交往，刚开始多多少少会感觉不安。

遇到这种人，你就要花些工夫，仔细观察，注意他的一举一动，从他的言行中寻找出他真正关心的事来。你可以随便和他闲聊，只要能够使他产生一些反应，那么事情也就好办了。接下去，你要好好利用这个话题，让他充分表达自己的意见。

每个人都会有他感兴趣、关心的事，只要你稍一触及，他就会滔滔不绝地说出来，此乃人之常情，因此你必须好好了解他的性格和心理。

对傲慢无礼的同事

有些人自视甚高，目中无人，时常表现出一副"唯我独尊"的样子。这种举止无礼、态度傲慢的人，实在叫人看了生气。但是，当你不得不和他接触时，你需要如何对待他？对付这一类的人，说话应该简洁有力才行，最好少跟他啰唆，所谓"多说无益"。

对沉默寡言的同事

与不爱开口的人交涉事情是十分吃力的事，因为对方过于沉默，你没办法了解他的想法，更无从得知他对你是否有好感。对于这种人，你最好采取直截了当的方式，让他明白表示"是"或"不是"，"行"或"不行"，尽量避免迂回式的谈话。

对深藏不露的同事

我们周围有很多深藏不露的人，他们不肯轻易让人了解他们的心思，有时甚至说话不着边际，一谈到正题就"顾左右而言他"。

当你遇到这么一个深藏不露的人时，你只有把事先准备好的资料拿给他看，让他根据你所提供的资料作出最后决断。

人们多半不愿将自己的弱点暴露出来，即使在你要求他说出答案或提出判断时，他也故意装不懂或言不及义、闪烁其词，给你一种"高深莫测"的感觉，其实这只是对方保护自己的手段罢了。

对草率决断的同事

这种类型的人，乍看好像反应很快，他常常在交涉进行到高潮时，忽然作出决断，给人"迅雷不及掩耳"的感觉。由于这种人多半是由于性子太急了，因此有时候为了表现自己的"果断"，决定就会显得随便而草率。

由于"反应"太快，这样的人每每会对事物产生错觉或误解，其特征是：没有耐心听完别人的谈话，往往"断章取义"，自以为是地下决断，如此虽使交涉进行较快，但草率作出的决定，多半会留下后遗症，致使意料不到的枝节发生。

从事交涉，倘若遇到这种人，最好把话题分成若干段，说完一段之后，马上征求他的意见，没问题了再继续进行下去，如此才不至于发生错误，也可避免不必要的麻烦。

对过分糊涂的人

这种人一开头就没弄懂你的意思，你就是与他长时间交涉下去，也是枉然。经常犯错误的人不外两种：一种是从来不知反省；另一种则是理解能力太差，完全没听懂别人的谈话。对于这种人，你还是少和他接触，另外寻找出路吧。

对固执的人

顽固不化的人是难应付的，因为无论你说什么，他都听不进去，只知坚持己见。跟这种固执的人打交道，是最累人且又浪费时间的，结果往往徒劳无功。因此，在你与他交涉的时候，千万要注意"适可而止"，否则，谈得愈多、愈久，心里愈不痛快。

对行动迟缓的人

对于行动比较缓慢的人，交涉时最需要耐心。

与人交涉时，经常会碰到这种人，此时你绝对不能着急，因为他的步调总是无法跟上你的进度，换句话说，他是很难达到你预定计划的。所以，你最好耐着性子，拿出耐心，尽可能配合他去做。

此外应该注意的是：有些人的言行并不一致，他可能处事明快、果断，只是行动不相符合罢了。

对自私自利的人

世上自私自利的人为数不少，无论你走到哪儿，总会遇到几个。这种人心目中只有自己，凡事都将自己的利益摆在前头，要他做些于己无利的事，他是断然不会考虑的。

但是，当我们不得不与其接触时，只有暂时抑制自己的厌恶之情，姑且顺水推舟。当他发现自己所强调的利益被肯定时，自然就会表示满意。如此，交涉就会很快获得成功。

对毫无表情的人

人的心态和感情常常会透过脸部的表情显现出来，故在交涉的时候，往往可作为判断情况的依据。然而，有些人却是毫无表情可言的，也就是说他们喜怒不形于色，这种人若非深沉，就是呆板。当你与这种人进行交涉时，最好的方法是特别注意他的眼睛和下巴。

有时候，适度的紧张和放松，也可以在交涉中形成一种理想的气氛。当你明白对方的反应是受自己的应对态度所影响，进而影响到交涉结果时，就不得不特别注意要研究一下自己的言行举止了，特别是碰到脸上毫无表情的人就更应该注意了。

避免先入为主的臆断

认识一个人，切忌以自己的主观想象作为衡量别人的标准。主观意识太强，经常会造成识人的错误与偏差。

识人是我们必须掌握的一项本领，但识人时难免会掺杂一些个人主观因素，先入为主地以自己的尺子去度量他人。从根本上来讲，这不利于我们对某个人作出客观、准确的判断。

当我们喜欢一个人时，就会忽略他的缺点而肯定他的一切；当我们讨厌一个人时，就会忘掉他的优点，只看到他的缺点而否定他的一切。看到一个人衣着整洁，则很可能认为他做事细心，有条理，甚至负责任；反之，如果某个人形象欠佳，就往往让人忽视他的优点。

韩非子曾讲了一个很耐人寻味的故事：卫灵公非常宠爱一个叫弥子瑕的美貌少年。一天夜里，这位少年家中传来他母亲患急病的消息，弥子瑕撒谎说已得到卫灵公的允许，就乘王室的牛车赶回家探望母亲。按理说，不经允许乘国王的车是要被处以刖刑的，卫灵公知道这事后却说："冒刖刑之险，赶赴母亲病床前，是好样的。"

有一天，弥子瑕同卫灵公在花园里散步。花园里的桃子看上去甜得很，弥子瑕就尝了一口，果真非常好吃。弥子瑕把咬过的桃子递给卫灵公，卫灵公又大加赞赏说："有好吃的东西不一个人独吞，而是让给我，真是好样的。"三年过去了，长大了的弥子瑕渐渐失去了少年时代的美貌，卫灵公对他也不那么宠爱了。卫灵公想起过去的事来："谎称得到我的允许，乘了我的牛车，让我吃你吃过的桃子，该当何罪？"于是处罚了弥子瑕。卫灵公对弥子瑕前后态度的转变，说明了个人的主观喜好对评价一个人的重要作用。

有的人喜欢想当然地去识别一个人，没有事实根据，跟着感觉走。

从前有一个人遗失了一把斧头，他怀疑被隔壁的小孩偷走了。于是，他就暗中观察小孩的行动，不论是言语与动作，或是神态与举止，怎么看都觉得那小孩像是偷斧头的人。因为没有证据，所以也就没有办法揭发。隔了几天，他在后山找到遗失的斧头，原来是自己弄丢的。从此之后，他再去观察隔壁的小孩，再怎么看也不像是会偷斧头的人。

切忌以自己的主观想象作为衡量别人的标准，主观意识太强，经常会造成识人的错误与偏差。

识人难，但也有规律可循，重要的是我们应该学会客观而辩证地看待一个人。仅凭原有的印象或者经验就给他人下结论，显然有失公允，也不是一种正确的识人方式。

好奇心理透露出的秘密

利用好奇心来掌握如何激励某人做某事，你需要利用一个诱因来刺激他。他投入的精力越多，说明他的兴趣越大。

"好奇心泄露了秘密"是一项很厉害的技术，它可以适用于大多数场合。基本的前提是：对某事或某人感兴趣的人比起不感兴趣的人来说，会想得到更多的信息。应用这个技术，我们先吊起他的胃口，如果他想深入地了解，那我们就可以说，他至少是有那么一点儿兴趣的。如果他并不感到好奇，那他就是不感兴趣的。这其中的秘密就是吸引出一个人无聊的好奇心，因为他为了满足自己对某种事物的兴趣，总是会做些什么。你可以在很多方面利用这项技术的心理要素。

在一家小公司里，杉杉想知道一位同事是否有兴趣转到另一个部门。她觉得不应该直接去问，而是应该这样说："大刚，我听说财务部门在招收新人。"当然，他可能为了满足自己无聊的好奇心，会进一步打听薪水、工作时间等。如果大刚真的感兴趣的话，他不得不自己花费时间和精力去获取更多的信息，因此，她继续说："我听说他们想要一个效率高的，并能为了完成工作宁愿加班的人。"现在，她只要注意他是否会像往常一样下班走人，还是会在公司停留一段时间就能明白他的真实想法了。

一个人的自信心和他的兴趣水平是成反比的。例如，一位自以为很有魅力的女士对自己的外表很有自信。如果她非常想给一位男士留下好印象时，她就会变得缺乏自信，并对自己没有把握。另一个例子是关于一位失业多年的男士。如果他最后获得了一个面试机会，这时的自信心水平比有工作或是准备跳槽时的自信心水平要低得多。

我们对某事或某人越感兴趣，就越会消耗我们的精力去获得。我们的视角会变窄，注意力也会变得高度集中。我们会依据自信心来测定兴趣水平，反之亦然。例如，某个人有几个工作机会，他可能就会很耐心地、客观地去了解并评估每一个机会。然而，如果一个人在两年内都无所事事，忽然得到了一个面试的机会。这时，他的观点就会完全不同了。他会反复地琢磨这个面试，不停地想，细细地分析每一个细节，唯恐会失去这个工作机会。因此，当一个人的选择受限制时，他就会表现得心神不安。

只要你能跟某人交谈，这项技术就可以让你对这个人的兴趣程度有一个详细的了解。下面是每个步骤的细节概要。我们探寻每个步骤的更多细节并用例子来说明它们的整体运用。

第一步：初步观察。在你说或是做任何事情之前，判断他表现的兴趣浓厚程度。

第二步：现实转换。向他介绍一些信息，让他相信能获得自己想要的机会减少了。

第三步：观察反应。你只需观察他的行为。如果他变得烦恼或是困扰，他很可能是感兴趣的。然而，如果他的机会减少了，但他看上去并没有感到紧张忧虑，这时你就可以确定他并不是特别感兴趣。

第四步：不受限制的。他也可能以为自己不可能有获得某种东西的机会了，因此，不会表现出懊恼的表情。为了避免理解错误，我们可以采用另一种"战术"，告诉他如何能够得到他想要的。现在，如果他表现得很激动，你就能得知，其实他是很感兴趣的，只是不相信自己能够轻而易举地获得。

一位销售代理商想判断客户的想法。客户看上去对产品很感兴趣，但是很多人都会如此，因此这个代理商想进一步确认。首先这个代理商需要转换视角，然后观察客户的兴趣水平是上升还是下降。他可以这样问："先生，你应该知道融资比其他大多数投资有更多的限制性。"现在就来观察客户的反应，如果他看上去漠不关心，就明显地表明他对自己的偿还贷款能力没有信心。但是，如果他变得烦恼，他可能有兴趣，并在之前对自己的偿还能力有足够的信心。此时，就要进行最后一次试探。如果这时代理商还是没有观察到客户的举止有任何变化，那么，有可能是因为客户愿意接受任何条款或是对于这次成交没有一点儿信心。

代理商告诉他的客户可以尝试利用无首期贷款来购房。如果客户开始问各种问题并变得欣喜若狂、激动不已或是更活跃了，代理商就可以猜到，对于这个客户来说，购房已经成为了一种现实。最初，根据条款，他对于自己的购房能力开始失去了信心。这就决定了他的高兴趣和低信心。

用心交流，办公室内好人缘

尽量不要跟同事有债务关系

"同事"是以挣钱和事业为目的走到一起的，若离开了办公室这一亩三分地，终究是各自散去奔东西。因此，如果不想和同事的关系错位或变味，最好不要向同事借钱。

我们都有急着用钱或缺钱的时候，有时开口向朋友或同事借钱可能是常有的事。但在现实中，我们要尽量避免向同事借钱。

经常向同事借钱，会让同事觉得你是一个没有计划的人。如果借钱不还的话，那后果就更严重了。有的时候，并不是故意不还钱，而是忘了还或者是资金一时还没有周转过来。如果在和同事借钱的时候，说了一定的还钱日期，超过了这个时间还没有还钱的话，就会让人怀疑你的人格。所以，尽量不要跟同事有债务关系。

赵莉在一家公司担任客户主任，她是典型的月光族，每到月底就把上一个月的工资花得一分不剩。

有一次，正好到了要交房租的时候。赵莉当月本来就超支了，哪里有钱用来交房租？思来想去，她只能向同事张潮借钱。

第一次借钱，赵莉有些不好意思。但是，没想到的是，张潮很爽快就答应了她，借给了她3000元钱。赵莉很感激张潮，但是3000元钱毕竟不算少，而且也不可能一次还清。

赵莉没有改掉月光的习惯，又要每个月还张潮的钱。本来，她和张潮讲好了，两个月之内把这3000元钱都还给张潮，但是三个月过去了，赵莉仍然欠了张潮800多元。

张潮本来是个爽快人，但是看到赵莉这样未免也有些生气。一个欠钱的人，怎么还敢做月光族呢？第四个月的时候，赵莉还是欠着张潮500元钱。张潮终于忍不住了，有一天午休的时候他对着很多同事说道："我女儿开学的时候，我工资卡里钱不够了，我厚着脸皮从我婆婆那里拿了几百块钱。"

这话当然是说给赵莉听的，她何尝不明白张潮的想法？而且她借钱的事情，同一部门的同事都知道。同事们听见张潮这样说，当然也知道是什么情况了。有好事的同事在背后议论说："借人家钱，每天还一身名牌。不知道这个借钱的人心里在想些什么！"

另一个同事说："有些人就是这样，借债也要过好日子。反正她不还钱，债主也不能把她怎么样，谁会因为几百块和一个人打官司啊。"

这样的话被赵莉听见，她心里当然不是滋味。但是，因为自己月光的习惯，根本没有余钱还给张潮，忍受同事们的嘲讽是一回事情，这边还得不停地厚着脸皮和张潮请求再宽限一些日子。

赵莉的要求引起了张潮的不满。有一次，张潮对一个同事说，"老是这样零零碎碎地还钱，弄得我都有点迷糊了。我真不相信，一身名牌的人怎么会还不起这剩下的几百元钱呢？"

同事也说："不会是不想还给你了吧，这样的人，你当初就不应该借钱给她。"

这样的议论让赵莉难以忍受，她只能向自己的同学又周转了几百元钱，把张潮的钱还上。

她已经明白，自己这次借钱的事情过后，办公室里恐怕已经没有人再愿意借钱给自己了。虽然把张潮的钱还上了，但是赵莉知道自己和张潮的关系再也不会回到以前那样了。

有句谚语说人间三件事可以使关系中断："背后说人坏话，娶了朋友的妻，借钱不还。"两个关系不错的朋友或同事，一旦与金钱有了关系，他们的关系就可能受到损害。

在办公室里总是抬头不见低头见，如果和同事之间因为金钱闹得不愉快，会给自己的工作带来很多不便。如果出现借钱不还的情况，或者不能及时还的话，影响同事之间的关系是小，影响自己的名誉是大。故而不到万不得已，千万不要借同事的钱。

有一个人因家里急需，向一个要好的同事借了1万元钱。此后，他的同事就在他面前趾高气扬，还经常将自己该做的事推给他去做，在工作中他有了好主意或好创意时，那个同事就占为己有。因为他向那个同事借了钱，欠了那个同事一份人情，所以说话做事都放不开手脚，连平日里敢说的话，也不敢出声了。即使心里有怨言，也是埋在心里。这样的工作还有意思么？

富兰克林说："欠债就相当于我们把我们的自由交给了别人。如果我们不能到时偿还，我们将羞于见到我们的债主，和他说话时心里会十分害怕，我们会找出种种借口来推托，渐渐就失去了我们的诚实。"

富兰克林的话道出了借钱对一个人的危害，它可以影响我们的人际关系，影响我们的人格。从另一方面说，借钱会使我们养成不良的习惯，因为我们仿佛会觉得别人的口袋是自己的，因此可能不断地去掏，这会使我们难以自立。然而，自立是成功的前提，一个不自立的人无法想象他会取得成功。

因此，我们要记住：债务往往是一个人不能自立的开始，而随便向同事借钱则是我们的人际关系开始恶化，事业走向毁灭的开始。

认清完美的陷阱，不要过分苛求

很多时候，我们烦恼的根源并不是对"美"的追求，而是来自于对所谓"完美"的追求。最终的结果，会让一点小小的缺陷遮蔽住我们审美的眼睛，让我们的目光只停留在缺陷之上，而忽略了更多美好的东西。

一位道德高深的老僧人想从两个徒弟中选一个做衣钵传人。一天，老和尚对徒弟说，你们出去给我拣一片最完美的树叶。两个徒弟遵命而去。

时间不久，大徒弟回来了，递给师傅一片并不漂亮的树叶，对师傅说，这片树叶虽不完美，但它是我看过最完美的树叶。二徒弟在外面转了半天，最终却空手而归，他对师傅说："我看到了很多很多的树叶，但是怎么也挑不出一片最完美的。"最后，老和尚把衣钵传给了大徒弟。

正像故事中的二徒弟一样，为了寻求一片完美的树叶而失去许多机会，这将会是多么遗憾的事情。在职场中，也是如此。完美，需要花很多很多的时间与力气才能达到。其实并非所有的工作都需要做到完美，你需要会抓重点，选择一些工作做到完美。聪明的职场人士早就知道"二八理论"，所以，找出一定需要做得完美的20%的关键工作，花你80%的精力做到尽善尽美吧。

李靖是某公司的一位部门经理，他平时在工作中，总希望能够做到最好。他给公司作的报告除了内容没有一点问题外，连报告的格式、配色也非常讲究，一份报告弄得花花绿绿的，下属给他的文件，他也要求对方改了又改；最后常常耽误一些要事而被上层责骂，而且下属也因觉得在他手下工作太烦太累而辞职。最后，在领导的压力下和同事的不满声中，李靖被迫辞职了。

可见，追求最终的完美，并不是一件可喜的事情，正如一位作家所说：一个

心理学

第四篇 可怕的交际心理学

太追求完美的人注定不幸福。完美的本质就是不知何时是极限，如何才叫至臻完美。如果你已尽最大努力做到最好，再多忧虑或担心也不会让你的最后成品更好的话，再做下去就会适得其反，此时就要制止自己追求完美的冲动。

发现自己投入过多时间在工作时，问自己：值得吗？为何还在做这个？会不会耽搁完成其他事？

不断评估情况叫做"做好了"，就做到这个尺度就停。

不要只是拼命分析为何做错，而是从错误中学习，未来如何避免再犯错。

据相关调查发现，当今的白领阶层因为过于看重细节饱受职场之累。为了塑造一个更成功的自我，许多人过分看重细节，有着强烈的成功欲念，把行程排得满满的，结果忙得团团转。

这样下去必定会陷入"完美主义困局"——对工作锱铢必较，对别人过分苛责。那么，如何克服职场的完美主义情结呢？

正确评估自己的能力，合理定位自己的位置。肯定自己的优点，承认自己的缺点，摆正心态，不自傲，不自卑。

坦然面对自己的成败，坚定自我的信念。失败不可怕，怕的是没有经受住失败的考验而放弃对成功的追求。

制定合乎情理的短期目标和长期目标，不眼高手低，脚踏实地工作，这样不仅能提升自信，更能缓解紧张的情绪。

培养积极的同事关系和团队精神，分摊压力，相信同事，做到该放手时就放手。

培养自己的兴趣爱好，平衡生活与工作的关系，使紧张的心情得到放松，提高自己的创造力和效率。

不要草率地加入小团体

在办公室里搞小团体，有功劳时不一定会有你的份儿，但是一旦发生了不好的事情，你一定是难逃其责的。

加入小团体可以为自己赢得更多的支持，你在企业不再是孤军奋战。但是，凡事都有利于有弊，有失有得。如果小团体遭到了清理，你必然受到牵连。

从人际关系学的角度来讲，加入小团体的确能带来好人缘，有利于建立和谐的人际关系，从来长远看，却不利于自身的职业整体发展。

加入小团体之后，你需要考虑小团体的利益，甚至有的时候是错误的事情，也要坚持团体的决定。小团体成员之间互相帮助当然很好，但团体的组成很大程度是因为利益关系。所以，当你所在的团队出现了问题，老板也不愿意相信你是一个清白的人。

职场上，总是有一些我们喜欢或不喜欢的人，也有着需要利益合作的关系。人们由于一些原因不自觉地亲近了一些人，疏远了一些人。也许，生活中我们可以按照自己的喜好做人，在职场上却不能过分疏远或者亲近一些人，否则你在上司眼中就是在搞小团体。

你在加入小团体之前，不要太过于乐观，满脑子想的都是好事、美事。在办公室里搞小团体，有功劳时不一定会有你的份儿，但是一旦发生了不好的事情，你一定是难逃其责的。

而且，当你加入一个小团体，你的行为就要符合团体的利益，很容易让自己失去做事的原则，对很多不痛不痒的小事不得不睁一只眼闭一只眼。久而久之，这就成为你工作上的弱点，一旦被有心人利用，很可能造成无法挽回的损失。

和同事搞好关系不一定要加入小团体。你只跟某一些人关系好，疏远其他人，就算你自己并没有打算搞小团体，但是在旁人眼中你们就是小团体。和同事最稳定的关系应该是组建"合作小团体"。

现代企业也不流行个人英雄主义，而是讲究团体协作精神。从某种意义上来说，"合作小团体"就对企业的发展有一定的促进作用。比如，职场专家提倡一种"功能性小团体"。这是一种工作性质的组合，其中有领导，有员工，工作起来层次分明，为了工作业绩进行功能性分工。如果你想成为这个团体的成员，必然会努力提高自己的工作能力，积极主动地融入其中，这对你的职业发展也是有益的。

如果你真觉得有加入一个小团体的必要性，你也不要草率行动。你不要做一个莽撞的人，需要了解层级关系。面对人事利益上壁垒分明的小团体，千万不要着急表态站队。

总之，加入小团体弊大于利。中国有句话说：君子之交淡如水。在职场中人们要保持这种刚刚好的状态，不要亲近一些人，也不要太疏远一些人。凡事以工作为重，不要过分依赖感情。如果和某些同事比较谈得来，不如私底下多些互动，但是工作中还是应该做到"一碗水端平"，这样彼此做起事来会更加有效，也更能发挥整个公司团队的最大能量。

如何应对专横型上司

当专横型上司向你提出一项不可能完成的要求，而你判断当天不可能完成此项工作时，就应该清楚地对上司说："请再多给我一天的时间！"

专横型的人，个性非常好胜，总是希望下属对自己唯唯诺诺，不允许有任何意见。但如果为了讨好这种类型上司，勉强自己该说"不"而不说时，则会让自己难办。所以，不要畏惧，勇敢地说出自己的心声吧！

在这种情况下，当下属以毅然决然的态度，向上司说出"不"时，专横型上司会有所收敛。所以，清楚地说出"不"字，等于是保护了自己。

必须先礼后兵

专横型上司虽然喜欢下属唯唯诺诺，内心却暗暗嘲笑这些唯命是从的下属是没有骨气的家伙，所以你若能一反惯例，以先礼后兵的态度大大方方地说出正当的理由时，虽然他内心可能感到不舒服，但也会暗自流露钦佩的感情并且会告诉自己说："他这家伙还真不赖！"从而可能对你刮目相看。

切莫阻断他的话

当专横型的人大发雷霆时，千万不要阻断他的话，也不要立即加以反驳，最好的对策是先让他把话说完，然后再摆出反击的姿势加以"攻击"。

因为当此类人怒气冲天大发脾气时，若加以阻挡，就等于是火上加油，只会使事情闹得更僵。所以应该让他把话说完了，而且有疲倦感时，再心平气和地将自己的话表达给他听。

语意不要暧昧不清

通常专横型的人脑筋都很好使，所以当你想以语意不清的方式来躲避时，对方一定会很快地发觉且对你怒吼："你的结论究竟是什么？是……还是……你给我说清楚行不行？像你这种含糊不清的话，鬼才听得懂！"

当对方怒吼时，你往往会感到畏惧，甚至于发抖，所以语意要清晰，不要让对方抓住把柄。例如清楚地告诉对方"我认为应该这样"或"我认为不应该这样"，使对方对你的魄力感到钦佩。

具有充分的礼貌

由于专横型的人自尊心非常强，所以态度若稍有不礼貌，很可能会使对方恼羞成怒，甚至于失去理智地向你发动攻击。

说话是否委婉对于事情未来的发展有很大的影响。例如在进行讨论主题之前，应该先说"我并不想冒犯您……"、"我不敢冒犯经理您……"或"我也了解您的意思，但……"等客套话。此外，你也可以把自己当成熟稳健的大人，而在内心将对方当作无知的孩子，意即装出顺从的样子。专横型的人，自尊心比任何人都要强，所以如果其自尊心受到伤害时，想要应付他则是难上加难。除此以外，也可以瞄准机会给专横的上司一些苦头吃吃，令他的一些错误的指挥和想法成为事实，然后用铁的事实告诉他一个简单的道理：人无完人，多听听下属的意见并没有坏处。大多数的下属都是极力维护自己上级的尊严的，上司不相信下属实是不相信他自己。

办公室不该是你的浪漫小屋

很多白领喜欢选择办公室恋情，的确，办公室是了解异性的好地方。但是，虽然老板不会以公司规章制度的形式禁止办公室恋情，但公司不希望员工之间谈恋爱，作为一种职场风俗习惯，或者职场规则而存在着。

诗语去年刚失恋的时候，发毒誓这一辈子再也不找男朋友了！就在那时，办公室新来了一个小伙子，他的办公桌正对着诗语的办公桌。这小伙子除了有些老练，从外貌到谈吐都非常一般。因为是同事，诗语没有对他进行心理设防。一来二去，她对他竟然有了一种特殊的感觉。有了这么一个同事，诗语很快从失恋的阴影里走了出来。由于可以天天见到他，对他有细致入微的了解，终于，诗语不仅确认了自己对他的那份感情就是爱情，而且她对这份感情很放心。于是，办公室成了最佳约会地点，并且，办公室约会并没有影响她的工作。现在她每天都盼着早一点上班，清晨她会早起半小时打扮自己。每当他俩越过写字台的隔板相视一笑时，那是诗语一天中最快乐的时光。

读书的时候，你可能觉得一见钟情很刺激；工作后，你的想法可能会变得现实一些，觉得还是在长期的接触中建立起的感情更牢靠，也更有魅力。一些人甚至认为，与外面的人约会，经常会有很多假象，因为对方追你的时候自然会掩饰很多东西，包括他的缺点。有时候两个人相处很长时间还像雾里看花，如果有一天你忽然发现他竟然做出一件让你无法容忍的事情，便会感到措手不及，有一种上当受骗的感觉。而在自己的办公室观察一个同事，就比较客观。作为同事，双方一开始没有想到将来会成为恋人，彼此的关心都是真诚的，不是刻意表现出来的，所以，能以客观的眼光观察对方。两人都是轻松上路，在办公室里能比较放松地展示真我，通常一句脏话、一个小动作是掩饰不了的。观察恋人对别人的态度也很重要，往往会暴露出人性中最真实的品质。

然而，作为职场中人，你必须更加现实一点，尽管一般的公司并不会明文规定不准公司员工之间谈恋爱（因为这是违法的），但是，绝大多数的老板并不喜欢办公室恋情。

从本质上来说，爱与不爱都是个人情感的表现，是一种个人隐私，与工作无关。但是，办公室恋情是发生在"办公室"，而办公室是工作的场合，所以，这种个人感情不可能对工作没有一点影响。办公室里，如果你讨厌某个同事，你就会在工作中有意无意之间不与他配合，甚至暗中使绊，想看他的笑话；相反，如果你喜欢某个同事，或者对他有好感，你就会竭尽全力在工作中帮助他，有时甚至不惜超越自己的职权。现实中，有很多恋爱不成反成仇的故事，一旦发生那种情况，你的工作更受影响。因此，"办公室恋情"可能会给你带来不少麻烦和是非。

作成为职场中人，你必须收敛自己的感情，要尽量控制"办公室恋情"的出现。特别是作为女性，如果你希望自己能有所作为，最好不要在办公室里放"电"。

别把隐私带到办公室

不要混淆公司和家的功能，天底下没有几个老板希望员工把私人情绪带到办公室。懂得生活的人，应该尽量把工作和生活的界限划清楚。

家是很多人的避风港，有什么不愉快的事情、不如意的事情，回到家以后，就等于是找到了一个发泄的出口，可以大哭、大叫、大喊，也可以向你的家人诉说，让他们和你一起分担。

职场人士随时会遇到一些私人危机，如失恋、家人生病、夫妻关系不和睦等，这都是稀松平常的事情，但是，这样的事情不应该带到办公室和同事"分享"。

每个人遇到烦恼的时候、工作不如意的时候，都想要找个人倾诉，但是，无论如何，都不要在办公室里到处找人倾诉。

刚到一家公司财务部工作两个月的会计周慧，因为男朋友和她分手哭了一个晚上。第二天，她眼睛红红地上班去了。公司的前台看到周慧就问她怎么了，周慧平时和这个前台相处得还算不错，于是就告诉她自己失恋了，前台忍不住安慰了她几句，结果她就喋喋不休地向前台哭诉她男朋友如何不好。

中午在食堂吃饭时，周慧又和公司一个相熟的同事说起自己失恋的事情，又向同事诉苦半天。下班之前句公司的绝大部分同事都已经知道了周慧失恋的事情。

公司下午照常是要开例会的，在例会快要结束的时候，经理说："有些人将自己的私事都四处宣扬，公司怎么能放心地将重要的事情交给她处理呢？"

这个时候，参加例会的人都把讽刺的目光投向了周慧。没过几天，周慧就接到公司的调令，让她到另一个部门工作，而且薪水也被减了一大半。

失恋这样的事情属于私人问题的范畴，这样的问题一概不能带到公司里来说。可以和自己的家人、朋友共同承担，但就是不能随便和自己的同事说，因为这样不仅会影响自己的形象，也会影响领导对自己的印象。

工作场合是利益场合，同事关系是合作和利益的关系，在这样的关系面前，不存在什么私人问题。所以，工作归工作，私人问题是私人问题，不能混为一谈。

不要说自己的隐私，也不要打探别人的隐私。如果知道了别人的隐私，势必也要把自己的隐私呈现给别人。别忘了，你想要打探别人的隐私，别人也想知道你的。所以，最好的做法是不随意打探别人的事情。

不要和同事谈论家里的经济情况。无论是家财万贯，还是一贫如洗，都不要当着同事的面说这样的事情。

也许有人会说，这样和同事交谈会显得自己十分有诚意，也可以搞好自己和同事之间的关系。其实，和同事相处的诚意并不是要拿自己家庭的情况作为代价的。就算你刚刚买了别墅或利用假期去欧洲玩了一趟，也没必要拿到办公室来炫耀。

你的雄心壮志也不要在公司同事面前说。你的工作计划、未来目标或跳槽的打算等，说出来没有什么意义，也没有什么用处，说不定传到上司的耳朵里，对你更是没有好处。

你在以领导的理想为理想吗

以领导的理想为理想，就容易看不到自己的理想，与其等待着企业发展壮大，不如让自己的壮大为企业发展增加活力！

心理学的研究揭示，人很容易相信一个笼统的、一般性的人格描述特别适合他。即使这种描述十分空洞，他仍然认为反映了自己的人格面貌。

曾经有心理学家用一段笼统的、几乎适用于任何人的话让大学生判断是否适合自己，结果，绝大多数大学生认为这段话将自己刻画得细致入微、准确至极。

下面是心理学家使用的材料，现在也看着这段话来对照我们自己，他说得对吗？

你很需要别人喜欢并且你渴望得到别人的尊重，你有许多可以成为你优势的能力，但是还没有发挥出来，同时你也有一些缺点，不过你一般可以克服它们。你与异性交往有些困难，尽管外表上显得很从容，其实你的内心，有时候焦急不安。你有时怀疑自己所作的决定或所做的事是否正确。你喜欢生活有些变化，厌恶被人限制。你以自己能独立思考而自豪，别人的建议如果没有充分的证据你不会接受。你认为在别人面前过于坦率地表露自己是不明智的。你有时外向、亲切、好交际，而有时则内向、谨慎、沉默。你的有些抱负往往很不现实。

这其实是一顶套在谁头上都合适的帽子，容易让人迷失自己，个人在认识自我时很容易受外界信息的暗示，从而常常不能正确地认识自己。认识自己，心理学上叫自我知觉，是每个人了解自己的过程。在这个过程中，人更容易受到来自外界信息的暗示，从而出现自我知觉的偏差。

职场中，人们同样如此，人们既不可能每时每刻去反省自己，也不可能总把自己放在局外人的位置来观察自己，于是只能借助外界信息来认识自己。正因如此，每个人在认识自我时很容易受外界信息的影响，迷失在环境当中，受到周围信息的暗示，并把他人的言行作为自己行动的参照。

雅琦是一位特别的老板，她幽默风趣，而且有着北方女性特有的豪爽。

上班的时候，她到各个部门视察，有时候，看到气氛沉闷的部门，她就非常痛快地和大家开玩笑，说：“行啦，都停下手里的活儿，别我一来，你们就装出很忙很投入的样子，聊会儿天吧！”

公司在她独特的领导力和活跃的气氛的带动下生机勃勃，但是这并不意味着她不会管理，对于管理，她向来的口号是：行霹雳手段，方显菩萨心肠。对于员工的失误，她从不心慈手软。

这让所有的员工都觉得她高不可测。有一天，雅琦在中层的管理者中开了一次会，她想通过这次会议，让中层领导从基层管理者中产生。每一个管理者都想得到更好的发展，可是大家都在想：开会会讲些什么呢？

令大家感到震惊的是，开会的时候，雅琦非常洒脱从容，她随意地问了大家这样的一个问题，那就是：你在为谁工作呢？

这句话是很多基层管理者经常问员工的，也有很多人在给新员工培训的时候，就贯彻这样的观念，那就是站在一个为公司工作的高度上，为了公司更好地发展，理解公司的每一个决策。

她问了几个人，第一名基层管理者的回答是：“为公司工作。”听到这里，雅琦哑然失笑，她平静地说："大家都在为公司工作，那么，我问你们，你们愿意这样吗？每天必须按照公司的时间上班，按规定的时间下班，每到下班的时候就拖着自己疲惫的身体，如释重负地回家，这一切的付出都只为了月底的工资。"

第二名管理者心想，应该更加表达自己的忠诚，于是说："为老板工作。"这几乎让雅琦失望了，她做了一个崩溃的表情，说："为老板工作，你愿意吗？利益来了的时候，我什么具体的工作不做，反而把利益的大头拿走，而你，操心伤神，天天还要安抚员工，还要接受领导的检查，你对这样的工作状态能够开心面对吗？"

问到最后一名手下，他知道这样正式的场合，不应该做"出格儿"的回答，可是，他还是鼓足勇气说："我为自己工作。"

这个回答让大家面面相觑，而雅琦的脸上乐开了花儿，她笑着说："为什么呢？"

这名手下说："每个人做事都是为了自己，这是根本的生存和工作态度，我清楚自己在做什么，而且，这样的工作才不会觉得迷失。"

雅琦终于听到了自己满意的答案，她说："你的回答是对的，为自己工作，做好自己岗位的事，这才是我想要的理性管理者。"

如果此刻，你没有自己的职业规划，相反，你过多地关注了公司的理想和领导们的八卦，你就容易忘记自己的职责，也会因为目标模糊而迷失了自己。

那么，就请一定记住，以领导的理想为理想，就容易看不到自己的理想，与其等待着企业发展壮大，不如让自己的壮大为企业发展增加活力！

不要成为办公室绯闻的主角

职场中的男女关系远远不只是异性交往那么简单。所以千万要小心行事，别让它毁了你的前程甚至是爱情。

办公室是个很普通的地方，但它又有特殊的一面。因为所有人都在这个狭小的空间里工作，异性之间的交流也是不可避免的，如果把握不好尺度，就很可能会成为绯闻的主角。

男女授受不亲的说法在性别差异日渐模糊的今天几乎已经不存在了，但这并不是说男女在一间办公室工作就可以百无禁忌。

职场中的绯闻不外乎两种情况。其一，大家在闲暇时间没找到能互相调侃的话题，于是就制造"假相"来交流，说得多了，假相就变成了"真相"；其二，看到两人交往过于密切，或真或假，虽然真相只有当事人知道，但旁人也闻出味道来了，于是绯闻的男女主角就出现了，而且绯闻的杀伤力往往会超出当事人的想象。

蒙蒙对刚空降来的帅哥上司焦龙产生了好感。其实，蒙蒙不过是因为焦龙长相酷似她的前任男友，所以才对他有好感。焦龙因为刚到公司，对公司情况不是很熟悉，蒙蒙的热情帮助他当然也不会拒绝。除了工作上的交流以外，蒙蒙吃午饭的时候，总为焦龙叫上一份快餐。焦龙甚至还告诉蒙蒙他正因为和女朋友分手的事感到沮丧，正在蒙蒙犹豫是不是该以朋友的身份安慰他的时候，他们的绯闻已在办公室里传开了。

不过蒙蒙对此并不是很在意，有时，还会以他们两个人的绯闻开玩笑。有一次，在给上司提出意见和评价时，蒙蒙写的意见充满了挑逗意味，她本以为这是给上司看的，结果这次规矩改了，这些评价的结果被送到公司总部。"人尽皆知"的绯闻浮出水面，蒙蒙受了处分，同事们也都在背后议论，这让她好不尴尬，后来她还因为这件事与别人争吵过，人际关系也越来越差。

绯闻往往是从善于"观察"的人开始的，而办公室里从来不缺少这类人。因此，在办公室里一定要注意自己的一言一行。

朱婧是一位南方美人，大学毕业后在一家公司做会计。她身材匀称，皮肤白净，五官秀气，给人的感觉很舒服。但是她有一个毛病，就是喜欢在异性上司面前展示自己的美丽，比如路过男性上司的办公桌前，她总有意无意地拨动一下头发，然后回眸一笑。

一位男上司虽然知道她有男朋友，但仍然被她迷得神魂颠倒，每天上下班都主动与她打招呼，有时还会送她到车站。对上司的这些优待，她也乐于接受。上司见她并不拒绝自己的好意，便产生了进一步的想法，工作之余经常和她开玩笑或请她吃饭，有时还会碰碰她的手或肩膀，朱婧对此也没太在意。

一位和她很好的同事提醒她注意一下自己言行，她反而说因为自己漂亮，所以上司才给自己便利，不利用自己的漂亮就算是资源浪费了。后来，男上司得寸进尺，要求朱婧甩掉男友和自己交往，朱婧没同意。结果第二天单位里就有了她和这位上司私下交往的传言，男友知道了这件事，要和朱婧分手，而同事们也知道朱婧有男友，对她的"行为"也表示不齿，并开始怀疑她的人格。

俗话说，苍蝇不叮无缝的鸡蛋。有些人深受办公室绯闻的伤害，却不知道这些伤害多数是他们自己招来的。办公室绯闻缠身的人也许是因为没有注意自己的言行，一个动作、一句话甚至一个眼神就让对方或者别人想入非非，于是绯闻便产生了。

因此，绯闻的主角中如果一方对另一方产生感情，也很难得到真正的幸福，因为这会让人怀疑你的职业素质，如果是名花有主的人，更会在人品上留下污点。虽说也有日久生情的，但这种恋情只会让自己的前途大打折扣，因此很多大企业非常看重员工的品德，不欢迎办公室绯闻人物。很多办公室绯闻例子也告诉我们，为了进行一场办公室恋爱而抛弃前途是不明智的，因此，不要以身试法。

如果你不幸成为绯闻的主角，可以照以下方法来改变现状。

慎重和异性上司交往

男上司的大度也许会让你愿意去接近他们，但是你也须注意不要和他们交往过密，保持一定的距离，尤其是与已婚人士。在和异性上司交往的时候，你的表现要落落大方，不要因为一些细节让对方误会或让旁人产生错觉。

离喜欢制造流言的人远点

俗话说：物以类聚，人以群分。一旦与喜欢制造或传播流言的人靠得太近，你的事情很快就会被他们以讹传讹。如果你想让自己在职场中一路顺畅，最好不要招惹这类人，也不要得罪这类人。

正面面对流言飞语

如果前两项你都做到了，但还是被办公室的流言中伤了，那你最好找到制造谣言的人，直接对他提出质问。

当然，你也可以忽视谣言，但在平时要注意自己的言行，不要引起旁人的误会，正所谓身正不怕影子斜，相信那些恶意的谣言最终会被人们忘记的。

第五篇

可怕的男女心理学

第一章

恋爱需要技巧

恋爱要有策略，需要成熟地经营

邂逅来的真爱

"前世的一千次回眸，才换来今生的一次擦肩而过；前世的一千次擦肩而过，才换来今生的一次相识；前生的一千次相识，才换来今生的一次相知。"有人曾计算过爱情的概率，世界上有 60 亿人口，其中有两万个异性适合做你的伴侣。所以，单身又渴望爱情的女人们，为什么还要一味地守株待兔，何不出去寻找我们自己那 30 万分之一的机会，寻找到属于我们的真爱。

电影《向左走，向右走》中，金城武饰演的刘智康和梁咏琪饰演的蔡嘉仪两人居于同一幢公寓，却因彼此习惯不同：一个向左走，一个向右走，因而从未相遇。两人不曾相遇却不断擦身而过：在旋转门一进一出、在电梯一上一落、在月台上分站两旁……这么近，那么远，总是稍欠那一点点就会碰到。

终于，他们各因欠租逃避房东的追缠，同时来到公园。在水池的一端，他们遇上了。两人一见投缘，有如一对失散多年的恋人，一起玩旋转木马，在草地上倾谈，度过了一个快乐又甜蜜的下午。一段浪漫的爱情也悄悄在两人的心底开始发芽。

没有这次邂逅，他们永远只能擦肩而过，永远走不进对方的内心，永远不会知道爱情的缘分其实就在咫尺之遥。

电视剧里的情节总是令人神往，但是生活中却难有这么唯美浪漫的事情发生，浪漫的邂逅固然美妙，却终究是可遇而不可求，所以我们不要一味地祈祷上帝赐予自己缘分，我们需要适时地制造美丽的邂逅。当我们的周围出现了一个陌生的优质男或者优质女，扭扭捏捏可不是追爱所为，大大方方地介绍自己，和他聊些有意思的话题，获取有价值的爱情资讯，才是现代人的追爱之道。

如果没有缘分天注定的"巧遇"，那么，我们自己可以制造这种邂逅，人为地安排彼此的相遇，为更好地相知相识相恋打下完美的基础。

制造一些美丽的邂逅，走进心仪对象的生活，也就有了渐渐走进恋爱对象心扉的机会。这样，我们可以化被动为主动，大胆制造浪漫的邂逅，为自己的感情生活带来意想不到的甜蜜。

小清住在一家医院附近，她看中了医院里的一个年轻男医生，却苦于找不到合适的机会接近他，后来她终于想到了一个接近他的办法。

某一天，一个女孩双手抱满了东西，和迎面匆匆而来的一个男人撞了一个满怀，东西撒落一地。这个女孩是小清，男人是那个医生。男人在帮她捡拾起地上散落的物品之后，连声为自己的不小心向小清道歉。小清则是一脸害羞又通情达理的样子："没关系，你也是有急事才赶成这样的。"

初次的计划成功之后，小清又每天在医院下班的时间牵着小狗在附近徘徊，几乎每天都能遇见那个年轻的医生，两个人熟识起来，发现彼此的性格很合拍，不久就成了恋人。

制造邂逅，从某个角度上来说，就是在人为地制造情分或缘分。自己制造的邂逅比真实的邂逅更能成就我们的爱情。在这场邂逅中，小清把主动权牢牢抓在手里，事先打探了对方的喜好，在衣着打扮上都迎合对方的喜好，仪态、风度会落落大方，自信优美，令人欣赏，能在对方心里留下一个美好的印象，甚至可能让对方惊喜不已。

制造爱情的邂逅更是要本着"不打无把握之仗"的原则，精心准备，做好每一个细节，才不至于弄巧成拙。

浪漫的邂逅需要精心准备，但又要让对方看不出一丝"人工操作"的痕迹，让他感觉像是上天的安排。想要学习高超的邂逅制造技巧，不妨向白娘子学习一番，当白娘子看上许仙的时候，为了制造浪漫的邂逅，她先施了一次法术，来了一场"人工降雨"，然后再去羞答答地跟许仙"借伞"。这样一来，她的美丽就从容并且自然地映入了许仙的眼帘，进而攻破了他的爱情心防。

如果我们已经明白了制造恋爱邂逅的技巧，那么就动点爱情的小心思，导演一场和优质男女的美丽邂逅，上演属于自己的爱情剧。

感情交往要学会"1 + 2"

都说谈恋爱要像穿鞋，舒不舒服自己知道，其实在未确定关系前的感情交往期，我们应该做好这样的心理准备和计划。那就是"1＋2"策略。什么是"1＋2"呢？

这也就是说，我们的生命里最起码要有这样三个男人。"1"就是十分有可能成为以后人生伴侣的真命天子，"2"是指大胜算者和蓝颜知己。

真命天子是令我们一见倾心、热烈和疯狂地爱恋的男人。有时候，我们觉得对自己而言，他是如此完美，我们迫不及待地期望与他见面，每天给他拨多个电话只为听听他的声音。这是一种炽热的甚至带些疯狂的爱情，他可能是我们的完美爱人，很容易让我们一头栽进去不能自拔，甚至有可能迷失了自我。

大胜算者具备我们所要求的十大必备素质，他是一个不定因素。对他我们可以做双向选择。两人大概每周见上一次面，他也许每周给我们打一两次电话聊聊天。也许他和我们一样，也在与别人约会，但很明显他对我们更有憧憬和好感。他或许是一个有抱负、有理想的人，并且一定能达到我们所期望的目标。这是大多数女人愿意嫁给他的原因所在。两人的关系不应该明目张胆地捅破，而是应该顺其自然地慢慢进展。他或许是我们约会恒等式里的一个关键因素，因为他能让我们保持清醒，让我们不至于在遇到真命天子时昏了头。

这里的蓝颜知己可不是指我们那个相识多年的铁哥们。他可能是那个与我们约会过几次，却无法擦出爱情火花，却实在让我们顺心的男人。这样的人能是极好的朋友：他会陪我们逛街，并告诉我们什么真正让男人着迷，他会与我们一起现身公共场合，以防我们生命中的另一个男人认为我们太容易上钩；他会听我们诉苦，并站在男性的角度为我们支招；我们可以在喝醉的时候放心地拨打他的电话，而不是那个我们感兴趣的男人的电话，他是我们无人陪伴外出时的最佳护卫，是可以带去参加亲属婚礼的男伴。这样的男人就像是一个很难得的朋友，我们不必为"利用"他而心怀不安。因为很有可能我们在他的生命中也扮演着同样的角色。我们大可放心地与他交往而不必担心他对我们另有企图，在他拭去我们约会失败后脸颊上的泪水时，我们会发现他以一种全新的、可爱的姿态出现在我们的面前——这个人完全可以成为我们托付终身的人。嫁给我们最好的朋友并不是世上最糟糕的事情，因此不要将他完全逐出局外。

相对于真命天子来说，后二者更会倾向于保护我们，支持着我们，让我们保持理性。如果我们一直和那些有趣的、有思想的人在一起——他们带给我们欢笑和信心，我们将会得到比联谊所得更多的快乐。在遇到那个让我们神魂颠倒的人之后，我们才会比较冷静，不至于被那种如坐针毡地感觉弄得垂头丧气。这两类男性朋友快乐地占据着我们的生活，我们不必守在电话旁度日如年，也不至于吊死在一棵树上。

不过，想要持续地"1＋2"并非一件容易的事。有时候我们的生命中只拥有三人中的两个，有时只有一个，有时甚至一个也没有。别因此而泄气，最重要的是得走出去，不断地尝试。每个人都需要依靠锻炼来获取经验，无论我们是18岁还是80岁。我们需要通过这些锻炼来寻找自信、安全及放松。一般情况下，适当地感情经历和交往会让我们对恋爱有一种更为成熟的见解和观念。

不要误会这个"1＋2"策略的初衷，这并不是为了提倡脚踏多只船，而只是为了鼓励我们作出更成熟、更理智的感情选择。不要疯狂迷恋失去自我，也不要随意忽略身旁默默无语的温柔。

恋爱攻防，进退有度获邀约

知名作家张小娴曾说："女人的追求其实只是用行动告诉这个男人，请你们追求我！意思是拉开架势，垂下鱼线，愿者上钩而已。"

我们遇见了心目中的白马王子，爱情的火苗在我们心中滋长，我们也能感觉到他心中的化学变化，但是他从不约我们出去，只是这么一味地在爱情的边缘暧昧着。很多时候，男人在决定工作执行方向时很果决，但碰上这种事情的时候，多数就会变成一块大木头，决断能力瞬间退化成情窦初开的中学生。他们往往容易忽视女人给他的爱情暗示，也忽视了自己内心的那些细微的化学变化。

这种时候，女人如果还只是一味地等待，就注定错失这段爱情。不妨耍点小计策，不动声色地推他一把，他就会轻易地掉入我们的爱情之囊里。大家都知道，一杯温水，保持温度不变。另有一杯冷水和热水。先将手放在冷水中，再放到温水里，会感到温水热；而先将手放在热水中，再放回温水里，会感到温水凉。同一杯温水，出现了两种不同的感觉，这就是心理学上著名的"冷热水效应"。如同女人的恋爱一样，如果一开始就对对方有足够的暗示和热情，忽然有一天这样的热度消失了，对方就会觉得自己没防备地被冷却了下来，从而有种怅然若失的感觉。

张青喜欢上了她的一位客户。有一回见面本来约好10点，但是那个男人临时有事推迟了一个小时，他们谈完已经到了午饭时间。男人说，不好意思让你久等了，不如我请你吃饭赔罪吧。张青压抑着咚咚乱跳的心，假装为难地考虑了一下，说："对不起，我发个短信，本来和朋友约好一起吃饭的。"然后对着手机乱按了一气。

就这样，他们开始了非工作式的交往。张青当然要回请他。第二次一起吃完

饭，他们之间随意了许多。三天后，张青买了条领带送给他，谢谢他对她工作的支持。再三天后，张青以自己生日为名请他出来吃饭。一个星期主动约了人家三次，这已经不是一个寻常的数字。如果他有意，该明白张青的心，如果无意，那么再努力也没有用。于是张青开始收手。

果然不出所料，一周后，男人终于约了她。见面的第一句话是："你好像突然失踪了，我很不习惯。"瞧，她成功了！

在这场爱情的暗示中，张青正是不动声色地耍了一点小计策：矜持地传达出自己的好感，让对方意识到自己的心意，然后再见好就收，让对方不知所措，这才激起了对方的兴趣，为自己赢得了交往下去的机会。同时，恋爱风暴来临时，想让他开口约我们，其实很简单。比如我们可以装作不小心，寄错了一封 E-mail 给自己的暗恋对象，内容是有关周末的好玩行程。当他满心疑惑地回信，我们可以马上顺水推舟地说："啊！我寄错了……但是你想不想一起来参加？"这样就可以顺其自然地划入他的生活，再加把劲，也许就可以顺利划入他的心河。

虽然有情，却在对方要求一起吃饭时适当矜持，并最后决定推掉别人的饭局。同样的，这个小花招对男人有两点暗示：有很多人想跟我一起吃饭，我的人缘很不错；我推掉了别人，说明我重视你。

一星期约人家三次，真可算死缠烂打。不过只要找到合情合理的理由，并在约会时保持矜持与可爱，让他觉得：这是个可爱的女人，对我也挺有意思的，我是不是应该追求她？主动几次后见好就收，无论如何他都会想：人家女孩子主动几次了，于公于私、于情于理，我们都应该主动一下。

重要的是，我们得让男人觉得是他在追我们，而非我们死皮赖脸地求着他。我们可以试想一下，如果他不费吹灰之力地就能够约我们吃晚餐，那两个人的约会，就很可能会跟路边发的赠品一样廉价。所以，我们必须学会不着痕迹地做出一些暧昧的暗示，既不说明也不沉默，而是在若有似无间徘徊。而这一份别样的暧昧和暗示，正好是挑起男人内心征服欲的开始。

所以，作为女人，我们不能当一条轻易上钩的鱼儿。我们需要学会让他先开口约自己，让他对自己更加无法自拔。男人通常会期待这个猎爱的过程，所以我们必须掌握这种若即若离的距离。

怎样让对方觉得自己不可或缺

当恋爱关系发展到一定程度时，我们已经如愿以偿地占领他的心，进入他的爱情领土，但我们依旧揣测自己在他心中的地位，依然对我们关系的稳定性惴惴不安。那么，该怎么办呢？

给对方一些惊喜，玩转一些小手段，让生活更加的多姿多彩，让他/她自然而然地沉浸在爱情旋涡里！一点一滴地融入他的生活，让他把我们当成一种习惯，每天的坚持，每天的爱恋，让我们成为他空气一般的存在，慢慢地让我们成为他生命的一部分。

心理学上有一个临界点效应，指的是冰在超过0℃之后就化成了水，水在超过100℃之后又变成了水蒸气。物理变化中往往存在这样的临界点，在其前后物质的状态和性质会发生很大的变化；在化学变化的过程中，刚开始往往难以看出变化的痕迹，但当温度等外部环境超过一定标准，达到临界点之后，往往就会产生新的物质。

恋爱也一样，从相知、相识、相恋，是一个过程，也是一个质的不断飞跃。同样，在恋爱中，慢慢让自己成为对方的不可或缺的意识，懂得巧妙地摆正自己在他/她心中的位置。如"临界点效应"一般，哪怕是冰，也让他化成水；哪怕是水，也让他蒸发成水蒸气，让他慢慢地改变，对我们产生新的依恋和感觉。

如何让他/她离不开我们，我们需要使出这些计谋，不动声色地占据他的生活重心。

让对方感觉轻松

世界上没有十全十美的人，爱情里也没有十全十美的恋人。甜蜜的爱情不在于找到一个完美的恋人，而是与一个相当的人去努力建立一种完美的恋爱关系。太关爱他、太讨好他，会把他宠坏；但太自我、太高傲，又会令他心里惧我们三分。爱情需要适度的空气和氧分，我们永远是他身边不远不近、不离不弃的那个人。如果他打来电话，我们会如约前往；如果他送我们鲜花，我们要夸他潇洒；如果他想独自待着，我们掉头走开——但晚上会打来关切的电话。

做他/她时刻都需要的空气

对于爱情，我们有时候会胆怯、犹豫，有时又会显得孩子气，很少有勇气去承担爱的。大多数时候，恋人都希望做一只在水里游来游去的鱼，尽情享受恋爱的自由。所以我们只有慢慢渗透在他的生活里，令他身在其中，舒适而不自觉，既无压抑也无束缚，犹如水里的空气。早晚有一天，他会发现，如果没有了我们，就像空气抽离，他活不下去。

最大化发掘彼此的共性

情投意合是建立在许多共同的兴趣上面的，比如我们喜欢看书，他也喜欢；我们喜欢跑步，他也喜欢；我们喜欢吃水煮鱼，他也喜欢……这么多共同的爱好，我们想不心灵相通都难。进入爱情之后，我们要继续发掘两人之间的共性，将这份心灵相通的感动长长久久地持续下去。

时不时给他来点小惊喜

恋爱才开始 3 个月，彼此却都有一种相处了 3 年的感觉，这并非是走进了老夫老妻的相濡以沫，反而有可能是走入了爱情的枯萎区。日子就此开始平庸下去，我们在对方的心中也渐渐由美丽的王子公主般的童话沦落为黄脸婆窝囊男的平凡故事。如果我们的爱情正走向这样的噩梦，我们要赶紧刹车，挖空心思地给爱情增添一点小惊喜，化腐朽为神奇，重返爱情的美丽。比如，我们可以准备一顿精心的烛光晚餐，偶尔送对方一个小礼物，让浪漫、激情随处发生，在他眼中，我们永远是第一次见面时的心跳。

小可爱让他更爱我们

人们常说："人因可爱而美丽。"可爱的人总是能吸引恋人更多的目光。一如石康小说《一塌糊涂》中的那个女主人公，正是她的可爱让男主人公动了心。男主人公原本无心结婚，但她可爱得令人心动。她会在他写作时，像小猫一样在后面偷袭他，还固执地把自己的东西搬进他的家，赖在床边不走……小可爱的点滴，融化了男人的心，在她离去后，他发现没有她的生活，其实是"一塌糊涂"。

讨得未来婆婆或丈母娘的欢心

再成熟的人在妈妈的面前也会做一个乖小孩。如果我们能讨得未来婆婆或者丈母娘的欢心，我们的爱情之路就有可能一路绿灯通行。只要未来婆婆或丈母娘对我们一脸肯定，在他/她面前再三夸奖我们，我们的恋爱离婚姻其实已经近在咫尺。

打造温馨的二人天地

如果我们和他/她已经走到了一起生活的那一阶段，我们要学着将我们的痕

心理学

第五篇 可怕的男女心理学

迹一点点地融进他的空间里。他的书架上不知不觉间多了不少我们的书，他的CD架上摆上了我们喜欢的艾薇儿，他的毛巾架上有我们的粉红小毛巾，他的米奇刷牙杯和我们的米妮刷牙杯正好是一对……重叠如此紧密的二人世界，他又如何分得清彼此呢？

做他的生活管家

或许我们的恋人是个迷糊的小可爱，或许是个粗枝大叶的三不管男，这时，我们就有可能经常听到他对自己的叫唤："亲爱的，我的袜子去哪里了？""我的那件蓝色衬衣呢？""我的游泳裤呢？""我的冲浪板呢？"只要我们一不在他身边，他就远离了称心如意的生活，生活得狼狈不堪。这时，他明明白白的知道：他的小窝缺不了我们这个生活管家。

成为他的衣着顾问

人都是爱面子的动物，尽管很多时候他们都对自己的外表打扮随意得很，但是他们也希望自己能穿戴得意气风发。形象问题是一个大众普遍都会关心的问题，这时，如果我们就着装这个具有共性的问题有了交流或者共鸣，在审美观和生活中，对彼此从头到脚进行一番细心的装扮，打造出一个潇洒气派的美男子或者气质优雅的美人儿，对方的心里就有可能为我们空出更大一块空间。

让他的生活断电

"吃着碗里的，想着锅里的。"这是许多男女的一种劣性，尽管他的身边有了一个她，他却还在眼巴巴守望着一个完美女神来对他一往情深。她的身边也有一个柔情似水的他，但是她总是对对方生活中的小缺点斤斤计较。这个时候，我们对他所有的付出，他熟视无睹，视此为理所当然。这时，最好选择暂时离开对方，让他幸福的爱情生活断电，也给自己一个思索的机会：他真的是能呵护我一生的人吗？那时，有可能对方会发现，他原来习惯的一切对他而言是多么的不可或缺。

在爱情中施一点小计策，让对方意识到我们已经成为他不可或缺的"空气"，这样，他/她才会懂得珍惜爱情，珍惜我们。

女人一撒娇，男人就心软

撒娇是女人的天性。从几岁可爱的小女孩到年过半百的老太太都在运用着这个软性武器，通过撒娇表现了女性的妩媚和柔情。

小时候，女孩、男孩都喜欢向大人撒娇。想吃什么东西，爬到爸妈的腿上一撒娇爸妈就会有求必应。长大以后，撒娇慢慢演化成绝大多数女孩子的"专利"，男孩也自然而然地成为女生撒娇的对象。学生时代，男、女生之间有了小摩擦，女生就会跺着脚，轻轻地晃着身子，捏着小嗓子喊"我告老师去……"保准把男生吓得不轻，连连道歉，这是女孩无意识地撒娇，也是对付小男生的"法宝"，且屡试不爽。然而，当女孩渐渐长大，由女孩变成了女人。这"娇"就不可随便撒了，目标逐步锁定在自己喜欢的、爱的人身上。

为什么女人都爱撒娇呢？

这可能跟心理学中提到的儿童自我状态有关系，儿童自我状态是人格结构中的"想要做"的成分，它以服从和任人摆布为特征。通常表现为像婴儿一样的冲动，一会儿逗人可爱，使人喜欢；一会儿大哭大闹，令人无语。所以，女人，尤其是恋爱中的女人跟孩子在某些方面有着共同的性情。一个有着幸福生活的孩子往往喜欢在宠爱他的父母面前撒娇，而一个有着浪漫感的女人，偶尔也会在自己深爱的男人面前撒娇献媚，以获得更多的爱抚。

撒娇是一门生活的艺术。因为天下没有比水更柔弱的东西了，但是任何坚强的东西也抵挡不住它，因为没有什么可以改变它柔弱的力量。

撒娇是女人的一种风情。一声娇柔的呼唤，会融化男人心中所有的原则，一句嗲嗲的话会让男人顿然觉出自己的伟大，看着身边的女人如花般美丽、如水般温柔可人，心里那份自豪、那份释然并非语言所能表达。

撒娇是一种本性，也是一种手段。对于女人的撒娇，男人大概没有多少抵抗能力，所以，聪明的女人知道以柔克刚的杀伤力，懂得在平淡的生活中如何运用撒娇演绎出一份浪漫，去化解生活中剑拔弩张的气氛，去成全男人保护女人的那种欲望。

然而，撒娇如果使用不当，也可能适得其反。所以女人要注意撒娇禁忌：

第一，公司场合不能撒娇。公司毕竟属于较为正式的场合，一般情况下，不要过多地介入私人性质的东西，尤其是女性在面对男性上司和男同事时，更是不能随意撒娇，以免被视为轻浮。

第二，心情欠佳惹烦厌。女人偶尔的撒娇是一种生活情趣，但是这也是需要看时间和地点来决定的，如果男友心情正处于低谷，却还有一个叽叽喳喳没完没了的声音在耳边娇嗔连连，恐怕脾气再好的人也会受不了的。

第三，见好即收最醒目。女人撒娇时也要注意一个度的问题，不要一天二十四小时都在撒娇状态中，撒娇只能作为情调的甜品，而不能作为生活的主菜，更多的时候，我们是应该表现自己独立有担当的一面。

女人眼泪有何绝妙作用

酸甜苦辣、喜怒哀乐，女人总是能用或明或暗的眼泪来描述，即使那些被人仰望的女英雄，也有一段不为外人所知的苦痛是由眼泪浸泡着的。没有被时间磨砺的女人是苍白的，有着真实眼泪的女人是美丽的。

对于怕看到女人掉眼泪的男人来说，那是致命的温柔武器。男人一看到女人梨花带雨，就有可能因此心生愧疚。不过，也正是因为这份我见犹怜和梨花带雨，恰恰能够激起男人的保护欲，他会在心里告诉自己，眼前这女人是我穷其一生要保护的女人，将尽我一切所能在往后的日子里不让她掉一滴泪。

根据流泪的动机，心理学上把流泪分为反射性流泪（如受到洋葱刺激）和情感性流泪。情感性流泪就是平常说的真哭，例如我们常常看到婚礼现场新人会哭、与人争执时会落泪、葬礼上会泣不成声等。从心理学上分析，真哭是基于人的四大基本情绪——喜、怒、哀、惧。这都是因为人的情绪受到了外界的刺激，作用于内心，当这些情绪积累到一定程度，必然呈现出情感的自然表达。而对于恋爱中的女人来说，流泪还是一种工具，在与人对峙或想要获得某种利益时，很多人都会借助眼泪表现自己已经放弃了防备，从而获取主动。

为什么女人的眼泪有这样绝妙的作用呢？

其实，从心理学的角度来说，当女人在泪眼婆娑的时候，她就已经是在向外界传达一个信息——我已经降低了我的防备。人类的舆论道德都是倾向于弱者一方的，这样的示弱恰好就将自己摆在了一个被动的位置，塑造了一个弱者的形象。

至于对女人的眼泪无动于衷的男人，同样可以归为两种，一是他不爱这个女人了，二是他早已习惯女人动不动就掉眼泪的习惯。

前者表现为郎心如铁，多数是在男人提出分手时。"我去意已决，你掉再多的眼泪也无济于事，我是不会因为脚下泪水泛滥而改变心意的。"而后者则表现为麻木。通常这种情况下，爱情不久后也将呜呼。一开始是视若无睹，跟着是有点烦，接下来是你哭你的我看我的世界杯，最后是干脆眼不见为净。女人在流泪时男人的反应固然重要，可女人要清楚地明白，在男人面前掉眼泪，那是昂贵而不是低贱的，再怎么爱你的男人也会厌烦你三天两头哭哭啼啼的。

有些女人常常在事业上强撑着与男人们竞争。如今，谁因为你是个女人而让你个车、马、炮？只有在晚上，独自面对自己，那强忍着的泪潸然而下，才能露出你柔弱的本来面目。生活中，日月轮回，与女人相伴的却是艰辛。她们常常是职员，是母亲，是妻子，还是女儿，身兼数职，哪一样都不敢怠慢，弄得身心疲惫，有泪只能往肚里流。正因为如此，女人只能把更多的脆弱抛洒在感情上。在爱人面前，看悲惨故事片或电视剧，哭得像个泪人儿，让他知道你有一颗脆弱善感的心。闹意见不可开交，与其硬碰硬两败俱伤，倒不如适时运用"泪弹攻势"化解僵局，生活中才少了许多惨烈。

恋爱是一场斗智斗勇的经历，眼泪是其中的语言，是情感游戏，有时还是对付男人的不二法宝。但是，眼泪更是女人内心情感的真实，穿过泪水的小河，我们看到的是完整的女人！

和恋人交流要因人而异

我们常说要把话说到对方心窝里，对方听着对了口，我们提出的意见他也能够及时吸纳，那么，我们最初的目的就达到了。恋爱中，也是如此，如果我们只是一味地对恋人唠唠叨叨、喋喋不休，哪怕我们的话本意是好的，对方也很难接受。一个好的意见，恋人却无法接受，不得不说也有传达不到位的因素。

而想要把话说到恋人心窝里，是需要一些小技巧的。我们可以通过爱人在无意中表现出来的态度，进而了解其心理，从而进行有针对性的谈话。例如，对方抱着胳膊，表示在思考问题；抱着头，表明一筹莫展；低头走路、步履沉重，说明他灰心气馁；昂首挺胸、高声交谈，是自信的流露；抖动双腿常常是内心不安、苦思对策的举动；若是轻微颤动，就可能是心情悠闲的表现等。了解了男人在当下的这些心理，我们就能很容易抓住他们的"要害"，让彼此的交流更容易、更顺畅。

当然，对恋人的了解还不能停留在静观默察上，还应主动侦察，采用一定的侦察对策，调动对方的情绪，迅速准确地把握对方的思想脉络和动态，从而顺其思路进行引导，使会谈更成功。

面对恋人，谈话时需要考虑以下几个方面：

年龄差异

不同的年龄层有不同的说话方式。年轻情侣交流应采用煽动的语言，可以结合当下流行词汇，话语里也可以带着几分幽默；中年恋人交流应真诚谨慎，情理结合。

地域差异

生活在不同地域的恋人，所采用的交流方式也应有所差别。如对我国北方人，可采用粗犷的态度；对南方人，则应细腻一些。

职业差异

要运用与对方所掌握的专业知识关联较紧密的语言与之交谈，对方对我们的共鸣感就会大大增强。比如，和编辑女友交流时，谈话中如出现一些时下热点图书，两人间就多了一些话题。

性格差异

和不同性格的恋人谈话，也需要不同的方式。若对方性格豪爽，便可单刀直入地说话，显得大方自然；若对方性格迟缓，则要"慢工出细活"，磨合好彼此的说话节奏；若对方生性多疑，切忌处处表白，应不动声色，使其疑惑自消等。

文化程度差异

一般来说，如果我们的恋人文化程度并不高，那么，我们在与之交流时就要尽量用一些言简意赅、简单明了的说法；而和文化程度高的人，我们可以雅俗共用，针对恋人的性格进行不同的对白。

兴趣爱好差异

与恋人交谈时，若谈起有关对方爱好这方面的事情，对方便会兴致盎然，同时无形中也会加深对我们的好感。多谈论彼此共同的兴趣，可以培养两人的共同话题，加强交流的深度和强度；同时，在谈论彼此相异的兴趣时，也可以尽量找到彼此爱好的共通点或者值得欣赏的某个闪光点。

恋爱中的"恶手段"

恋爱时，要想恋得有情趣，就不能总是走一些光明正大的正道，必要时刻，应该多走一些林荫小路——使一些恶趣味的手段，以"恶"为名，施展魅力、释放风情。这样一些看似恶劣实则能够带动感情发展的手段，则是两人长久相守的小秘诀。

偶尔刻意展示自己的"才华"

"书到用时方恨少",这句话也可以适用到爱情范畴。许多调情高手便是深知个中三昧,才能在情场所向披靡。如果在人前展露自己的专业知识显得过于矫情,那么,最起码也可以展示一下每周时事与幽默笑话。特别是关键时刻,也可以让别人领教一下我们的特殊才华和知识领域。否则在这个自由开放的爱情市场,没有本钱,还谈什么与人竞争。

欲擒故纵博得正面评价

情人交往之初,保持一点距离,或者刻意给对方造成一种难以攻克的形象,反而有助于增添几分神秘感和对方的征服欲,酝酿对方的渴望及迷恋之情。如果我们想要掌握主导权。那么,偶尔让对方以为我们并不在乎他,就算放手也无所谓,同时,在关键时刻,即刻展现自己对对方的关爱程度和恋情强度,以此造成对方的心理反差,这种情绪反弹加强恋人对我们的正面评价。

偶尔说"真心的实话"伤人心

在两性交往的过程中,轻易承诺往往是爱情最大的杀伤力。因此,偶尔用"真心的实话"适度地让对方伤心一下,乍一听可能并不会让人产生好感,但是,因为其中"真诚、可以信赖"的成分,则可以让彼此的关系更具有弹性。但切记并非让情人陷入绝望,其中的尺寸拿捏要视对方能够承受多少压力而定。例如,当恋爱的其中一方问起"你会爱我很久吗"这类问题时,我们若明知未来有许多未知变数,却反而对他唱起"爱你一万年",只怕日后感情生变,徒然落入薄幸之名。然而,如果我们的回答是"我会尽量,但不保证",或许这种坦白的态度,将会助长情感转往更理性的路途发展,及避免不必要的争吵。

把脾气发出来

在过去的教育中,我们总是被告知"不可以随意地发脾气"、"发脾气是没有教养的表现",但是,在男女交往的互动关系上,有时候却是遵循"会闹的孩子有糖吃"这句话。如果有一方暗自生闷气或过度包容,只会更加招致心中怨气日渐郁积,终会爆发。其实,只要时间、地点、方式恰当,适时地发顿脾气可以发挥很大的效用,因为小小的怒,有助于管理及调整两性的关系。比起酸溜溜的冷嘲热讽，突如其来却适可而止的一顿气，对于爱情的主导权，反能收到立即见效的结果。

对待"感情劲敌"，适当地顺水推舟

恋爱时，我们需要以一种成熟、睿智的眼光去看待恋爱中出现的问题，不要一遇到感情上的挫折就开始主动放弃或者怨天尤人，我们应该密切而冷静地注视着周围的动向，沉着、理智地应对突如其来的变化。

当我们的恋情受到阻碍，而一般的方法已经无用时，我们需要用一些技巧把问题"艺术化"。何为艺术化，就是化被动为主动，化不利为有利，用与众不同的戏剧性手段来有效处理感情中出现的危机。这些计谋中比较有效的一招就是顺水推舟。它是指如果感情中出现了让自己觉得很棘手的感情劲敌，我们不妨适当地推动一下不利局面的发展，在人前塑造自己苦情的受害者形象，在恋人前表现自己大度得体的一面，将竞争对手置于进退维艰的局势，最好还能化劲敌为好友。

李江与妻子马莉新婚燕尔，两相依偎，小日子过得幸福美满，小两口活得轻松自在。夫妻俩很少干涉对方的兴趣爱好、人际交往，给彼此都留有适度的空间。

李江酷爱跳舞，经常与朋友相约去舞厅。有一次他们三男一女四个人去了舞厅。到了舞厅，那个女孩子在舞厅里转了一圈，便带来两个女孩。李江和其中一个漂亮可人的女孩跳了几曲。舞会中间，他们谈了各自的工作，彼此有了初步的了解，都对另一方有了一定的好感，于是他们互通了各自的姓名、电话。舞会散后，彼此高兴地道别。

一个陌生的姑娘就这样走进了李江的业余生活。李江频繁地给她打电话，约她一起跳舞。有时候李江带去舞厅的朋友多了，她也会义不容辞地把自己的女友张罗来。

起初，马莉不以为意，还经常与丈夫开玩笑打趣："唉！这么漂亮的姑娘被你'看'上了，她可真是太可怜了！"听了妻子的话，李江便马上露出一脸无奈。

可是，日子久了，马莉渐渐感觉到了一种无形的压力，丈夫与那位姑娘密切频繁的约会逐渐刺痛了她的心。她想强装大度，却无法掩饰那种从骨头里面渗透出来的酸意。马莉苦恼了一段时间，最后觉得与其自己在这里自怨自艾，不如想办法给丈夫制造舆论压力，让他心有顾忌，同时，还得找个机会认识一下自己的

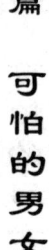

"情敌"，探其人品，如有可能就将她变成己方的战友，共同"抵抗"丈夫。于是，马莉提议请丈夫的舞友和那位女孩吃一顿饭。

之后，在饭局上，马莉不仅"篡位"成了主持人，让大家顺利入座开餐。还亲热又轻松地和女孩聊了起来，一场饭局下来，马莉和那位姑娘竟混得像老朋友一样。妻子的做法令李江很惊喜，觉得妻子不仅不限制自己和异性朋友交往，还能有这样的胸襟，着实让人敬佩。

此后，马莉经常把那个女孩带回家里来，并且为她创造了一个极不见外的环境和气氛。她们在一起动手做饭，一边吃一边说笑。渐渐地，她喜欢去找马莉，她下班后回家的路上总是绕到马莉的单位去，而马莉下班后，又会再绕一段把她送回家，两人亲密无比，成了很好的朋友。李江依然喜欢去跳舞，依然喜欢和她去跳。马莉对此极为大方，有时还通过她在宾馆工作的同学弄一些舞券来，让丈夫和她去跳舞，她却从来不去。李江的朋友们对此羡慕不已。李江也渐渐明白了妻子的"良苦用心"，以后对妻子也更加关爱，夫妻关系又如当初。

马莉这种顺水推舟的做法其实有种未雨绸缪的功效。既将有可能出现感情危机萌芽的"劲敌"拉到自己朋友的行列中，又可以在爱人面前展示自己温柔体贴的一面，让男人觉得自己拥有着绝对的自由。这种不被约束的感激，就会化成对妻子人品的肯定，以及对两人之间坚贞爱情的认可。

两人交往时，其中的一方总希望另一方能够坚守"男女授受不亲"的礼教，有一些独占欲较强甚至会因一时误会便盯梢、跟踪恋人；或听信流言飞语无端怀疑恋人的交际；或不准恋人与异性接近，限制其社交；或捕风捉影、胡乱猜疑恋人的不轨。

与其做出这样的人身控制，给对方造成不必要的压力，还不如顺水推舟，要知道，人类的本性是越被禁止越想拥有的。这时，我们有技巧地顺着对方一些，暗下使出一些心思和手段。让平淡的日子变得丰富多彩，让恋人之间的关系变得越发融洽，让感情基础更加牢固。

别爱上不为你痴狂的人

如果我们想要得到一份幸福美满的恋情，相对于自己喜欢的人来说，我们应该选择为自己痴狂的那个人。因为恋爱专家认为，痴狂是内心深处对恋人强烈的认可和依赖，只要这样，才能保证自己恋爱生活的幸福。

一般情况下，男人在真正坠入爱河的时候，会全心投入。即使是很内向的男人，一旦得到了爱情，也会表现得非常积极，为了取悦对方，宁愿上刀山、下火海，虽然不一定能实现这些承诺，但至少做好了赴汤蹈火的心理准备。但是，女人不一样，她们是慢热式的爱情方式，不会那么快就进入状态。女人不可能一开始就全心投入，她们会在仔细地观察和确认对方真诚度后，才开始慢慢地被融入那份感情，渐入佳境。

男人和女人选择婚姻的态度也是不一样的。80%~90%的女人如果对婚姻不是100%的满意，就不会轻易作出决定，而男人却不会这样思前想后。和女人比起来，男人不愿意去思考爱情和婚姻的细节，因此不会怀疑自己的决定。如果男人怀着犹豫的心情去结婚，那么这段婚姻注定会出现严重的问题。

如果结婚不是心甘情愿的，那么大部分男人都不会忠于这段婚姻；而女人却不一样，即使婚姻不是百分百满意，只要做了妻子，她们就会努力关爱丈夫。但那些对婚姻不满的男人却对自己的女人漠不关心，而且从不感到内疚。面对挚爱你的妻子，男人有什么理由成为坏丈夫呢？这个问题恐怕只有创造男人和女人的上帝才能回答。

这就是男人与女人恋爱方式的不同。虽然过程、态度、手段或许不同，但是，男女所期待的结果都是一致的，那就是想让感情有一个美好的结局，并且尽量避免在这份感情中受伤害。虽然，有很多老一辈认为，我们都应该趁着年轻的时候，多经历一些恋爱中的痛苦，以此磨炼心志。但是，这种恋爱观念其实并不应该被提倡，因为一味地感受爱情中的伤害，其实并不能给我们带来太多的思想成熟和收获，有时候可能甚至会消耗双方的精力，得不到任何经验和教训。

我们只有认清一个真相，那就是只有当对方肯为我们无私地付出时，我们才能有所感动和回馈，才能滋润彼此的爱。我们从对方看重自己的程度来确认我们在对方心中的地位——我们受伤，对方比我们更苦；我们难过，对方比我们更痛；我们的生活习惯和兴趣喜好，对方都记得清楚；当感情出现危机，对方也会忧心如焚……如此种种，我们应该爱上一个肯为自己付出时间、精力、感情和责任的人，一个肯为我们痴狂的人。

如果我们觉得对方明显地不重视自己，甚至有轻视、忽视自己的嫌疑，那么，就说明对方还没有彻底地陷入爱河。如果他/她经常以工作为借口拒绝见面，或者经常电话打不通，或者不关心你的健康，或者每次约会都迟到很久，那么就说明这份感情可能已经无药可救，有些时候，我们就应该当机立断处理好。许多人出于各种目的和想法，认为这种不重视自己的心态，只要经过天长日久地相处和心细入微地照顾，让对方感受到自己的爱意，就有可能提升自己在对方心中的重要度。其实，这样的想法很可能只是自己的自我感觉良好，因为对许多人来说，感情最重要的是感觉，这种感觉一消失，彼此之间该有的温存就会明显降温了，这种情况和对方的个人状况和性格没有必然的联系。

如果现阶段和我们在一起的人不会为自己疯狂，这说明两个人之间的爱情火焰还没有很高涨，所以，我们还需要再过一段时间深一步地确立彼此的感情关系。

"谎言"是恋爱的必要手段

人们都说，有爱情的地方，必定有谎言，一般情况下，对爱人撒谎的人潜意识中都有一种倔犟的"完美意识"，为"完美"而撒谎。比如，刚谈恋爱的人在对方面前无意识地掩饰和伪装自己缺点的行为。如果撒谎是为了使情感更加完美，那么可以宽容些。为了不产生不必要的摩擦，为了让对方和自己都愉快，可以"撒谎"。如果以后因撒谎而感到内疚，可以从其他方面弥补对方。只要是对事件起着积极作用的，谎言也未尝不可。可是如果谎言伤及了爱情的核心，就不能再宽容它了。在爱情中完全不说谎似乎也不大可能，因为有些事情的真相会给人造成压力，所以才说谎。

只是，这个世界里，满口谎言的男人很多，但不见得都算得上"骗子"，因为有些谎言，不是目的，仅仅只是手段。

男人心里都有这样的"恋爱骗规则"：先骗上手，再坦白事实。大不了坦白从宽，抗拒从严。当然，一个已经钻进了恋爱圈套的女人，你想让她从容地走出来，那已经是不容易了。男人爱上一个女人，会用尽各种手段，不会只追求"光明磊落"。当你被他骗上手，会恨他，但也是无奈的恨：因为，那骗中，总有点爱。只是，一段"心中有骗"的恋爱，往往会过早地结束。

任何女人，在恋爱结束的那一刻，希望听到的，其实都不是实话，而是谎话：对方许一番海枯石烂但碍于现实无法实现的诺言，每个女人听在耳里，都会美在心里。如此的结局，即便怅惘，也算一种美丽。

可惜，女人总是高估了男人营造情绪的能力。一般而言，男人想跟一个女人分手，只会用最快的速度速战速决。当一个男人心中没有了爱，他不再怕伤害。但即使一个女人心中没有了爱，她也希望能不受丁点儿伤害。

女人，不再爱一个男人，便会无所顾忌地骗他。男人，不再爱一个女人，才真会做到不再骗她。谎言和爱情，有时，就是这么水火不容。忽冷忽热的男人，女人抓不住。从不忽冷忽热的男人，女人爱不上。威胁，让女人生畏，同时，也让她感受到略略的刺激。

一般的智力测试中，女生的得分普遍要比男生低，其原因是多方面的。大家比较认同的一点是：智力测试题多是沿用数学类知识。男生在数学方面天生比女生有优势。

真的是这样吗？

有这样的研究：具有同等数学能力的男生女生聚在一起进行一场高难度的数学考试，结果，女生的成绩普遍比男生差。但研究者又发现，如果在考试之前，女生受到了积极的心理引导，告诉她，她可以跟男生考得一样好，则女生的成绩又会有相应的提高。

女人，是最容易受刻板印象影响的动物。很多时候，她做不好，不是因为她没有能力做好，仅仅是因为，她认为身为女人，不可能做好。

女人比男人，更容易输给自己。同时还有这样的规律：在没有男生参与的考试中，女生总会成绩更高。可见：有男人在侧的女人，总是更像女人。没男人在侧的女人，总是更能成功。这从侧面反映出：男人天生对女人造成巨大的威胁感。

面对男人，女人生而是缺乏安全感的，当然，这是女人的"性弱势"原因。但凡一个女人进入到恋爱，就时刻需要男人的肯定和鼓励。如果，爱人不再天天把赞美挂在嘴边，女人会从心底，泛起很深很深的恐慌……女人自认抓不住的男人，一定是对她忽冷忽热的男人。这时，如果她能够战胜自己的心，那几乎可算是无敌了。

一个男人想要折磨女人，常常是：不"肯定"她。

一个女人要想战胜男人，前提是："肯定"自己。

有些女人的谈话，是为了宣泄情绪；有些女人的谈话，是为了沟通情谊；更多女人的谈话，是为了确立自己在他心中的地位。

心理学家德博拉·泰南认为：男人通过交谈来强调地位，女人通过交谈来建立联系。这是男人女人沟通风格的最明显差异。

相处中，女人发现：男友总爱给自己提建议，且爱给她定规矩，事事要他来主导。男人发现：女友总爱反反复复谈论她自己，且反反复复强迫他认真倾听。男人的交谈，相当于一种争取地位的手段，他总会一步进一步地提出要求，以获得自己在这段"关系"上的主动权。女人的交谈，相当于一种人际谈判，在这个谈判过程中，女人最终希望获得对方的承诺。男人常有大男子主义情结，很多人把这个直白地理解为"男尊女卑的男权思维在作怪"。实际上，男性天生更尊崇等级规范制度，但女人渴望平等无阶级的生活方式。

谈恋爱的过程中，男人总爱以主导者自居，总希望女人能够配合他的步伐。女人总纠结于男人的不肯"承诺"，听不够的是男人对未来的许愿。万般纠结也无济于事，男人永远不可能达到女人理想中的标准。皆因，男人的终极理想还是希望能保持独立性，但女人最爱的是建立联系和亲密性。不论一开始，男人是怎样地死皮赖脸追求女人，到了最终，都换成了女人缠磨追赶问男人要一个结局。很多女人说："只要让他得到，便不会再在意我了。"其实，即便你不让他得到，一段时间后，他也不会再继续追赶下去了。男人的恋爱，总比女人先一步开始。女人的恋爱，永远比男人后一步结束。追求，是男人女人天天在做在想的事情。追求，是男人女人永远也玩不累的游戏。

爱不能一厢情愿，盲目付出

与恋人交往，要观察其对家人的态度

恋爱交往时，双方势必会接触到彼此的家人，在这个过程中，我们可以看到彼此的家庭状态，同时，我们也要学会观察恋人对自己家人的态度。男友或者女友对待自己家人的态度，可以十分间接地表现出恋人的某些观念或者想法，这对我们明确、理性地看待自己的恋人有较好的帮助。

从一个人对家人的态度，就能够看出对方对生活、对工作的态度。有些人关心家庭、爱护家人，即使工作再忙，也会抽时间和家人一起吃饭。家庭是他们心灵的港湾，家人带给他们快乐，他们会以家人为骄傲，在和同事出游、和朋友谈心、和领导聊天的时候，他们言语间总会不自觉地说起自己的家人。这样的人，对待生活很认真、很乐观，对待工作自然也不会差，因为有家人在背后支持着他们。

另外，还有一种人，他们很少提及家人，你几乎不知道他还有姐姐或者弟弟、妹妹。这样的人，一方面可能是由于其他的事情太多以至于忽略了家人，另一方面可能是因为受过伤害，比如，孤儿或者父母离异，或者家庭不幸福。就前者而言，在当今社会，现代人承受着巨大的工作压力，他们也许会因为工作而缺少对家人和家庭生活质量的关注，但如果因为工作而忽略了家人的感受，即使工作上再成功，也还是最大的失败者。

几乎每个成功的人，都会反复强调家人的重要性，他们对家人充满着爱与感激，可见家人在一个人的成功过程中起了多么重要的作用。但也有一些人，虽然也在不住地提及家人，但他们强调的不是对家人的爱及感激，而是向人炫耀自己家的显赫地位及巨额财富。这种人信奉"背靠大树好乘凉"，不想靠自己的努力，只希望借着家人的东风平步青云，事实上，他们永远不会有真正的成功，一旦家里的支柱垮了，他们就有可能变得一无所有。

一个人，在什么情况下提及家人，这与他对家人的态度、他对生活的态度是紧密相关的。有些人在外人面前表现得和蔼可亲、温文尔雅，而在家人面前却很容易发脾气，在外工作不顺或受气后，把这些坏情绪转嫁给家人，使家人的身心受到损害。他们认为，在外面不论喜欢不喜欢，都得戴上面具忍气吞声，好不容易回到家里，终于可以舒一口气了。他们会认为家人就应该接纳自己的所有负面情绪，让自己发泄，如果家人稍有微词，他们就会觉得家人不理解自己，就会对家人产生怨气，就不再以家人为骄傲，也会很少对别人提及家人。

须知，家庭和工作同样重要，只有那些重视家庭的人，才能拥有快乐的家庭生活，也才会有良好的工作绩效。作为一个聪明人，要想走进对方的内心世界，判断他/她是否是自己心中的那个人，分析自己的眼光和选择是否正确，我们可以从观察恋人对家人的态度开始。

爱对人，才不会爱得绝望

随着人们观念的更新加快，婚恋观也随之发生着变化。在传统的观念里，我们在与一个人交往之前，总会在心理衡量：这个人应不应该爱，和他/她一起有没有未来，是交往的前提。

如今，越来越多的年轻人高喊着"爱情至上"的口号，爱着不该相爱的人，不问结果，美其名曰为爱情付出一切也在所不惜。殊不知，最不过是以悲剧收场，受伤的是自己那颗脆弱的心，耽误的是自己的大好年华。

总有女孩子爱上了多情的已婚男人。也许一开始，她也拒绝也犹疑也冷若冰霜，但成熟体贴的他知道如何得到女人的心，于是他把礼物频频送来，他的问候日日传达，他的关切汇在点点滴滴……扛不住了，没有恋爱经验的年轻女孩子怎么会拒绝一个看起来还不错的男人的爱。

不合适的恋爱实在不应该开始，否则便是负累，是一辈子的债！虽然每个女人在涉足一个已婚男人家庭的时候总是会说：我不要结果，只要拥有过足矣。说这话的女人多半是还没有爱到深处。情，最怕不知足，但有情人却最是不知足，得一想二，得二想三……只是，命运，没有那么宽容大度的。

张华在幼年时，父母就因感情不和离婚了。跟着母亲生活的她，尽管学习成绩一直很优秀，加上她天生一张漂亮的脸蛋，苗条的身材，一直是学校众多男生追求的对象。可是她对同龄男生却没感觉，也许是因为张华人生中缺少父亲的角色，在她的潜意识中，总幻想着自己的另一半成熟稳重，懂得包容与呵护自己。

大学毕业后，张华凭着优秀的成绩考进了一所事业单位。报到第一天，她被分到办公室工作，在这里，她见到了第一个让自己心动的男人，他就是办公室主任姜伟。她清楚记得那天的情景，姜伟穿着一件方格衬衣，看样子不过三十出头。

姜伟把她介绍给各位同事说："我们办公室里来了一位漂亮的才女，以后大家工作起来更有信心了。来，让我们用掌声迎接新成员的到来。"短短的几句话，活跃了办公室的氛围。随着后来的接触，张华感到主任还是一个能力超强的人。工作起来很严厉，可对她的态度格外温和。一次，姜伟安排张华写篇会议材料，结果她连续忙了三天也没弄出像样的稿件。姜伟知道后，不但没责怪，反而手把手地教她，直至帮她把材料写好。张华心里很是感动，心里涌出一种莫名的情愫。

从这以后，张华开始关注主任的行为举止，有时竟不由得傻笑不止。后来，她从同事处了解姜伟的家庭情况。原来他已42岁，妻子是一个中学老师，一个女儿已经上中学。张华虽然时时提醒自己打消不应有的念头，却仍忍不住要接近他。

不久，单位来了两个外出培训名额，姜伟以张华新进人员需要学习为由，安排她和自己一起前往。到了外地，两人有了进一步的接触，姜伟主动向她讲起自己的家庭。他说妻子性格泼辣，不懂得温柔和体贴，他对这段婚姻深感疲倦，却无人诉说……

一次，姜伟的两个朋友听说姜伟来到自己所在的城市，提出晚上聚一下。张华以姜伟同事的身份随其前往，期间有人借着酒劲开玩笑说："姜伟，你小子是不是有私心，培训还带着这么漂亮的同事。"姜伟一脸尴尬的表情，忙着否认，可张华听到这话心中暗喜。

在回酒店的路上，姜伟把张华抱在怀里，说："其实他们说的都是真的，我从第一次见你，就喜欢上了你。可在单位人多嘴杂的。这次我带着你出来，只是想单独跟你待几天。"张华感动地说："其实，我也喜欢你。"

从那晚以后，两个人在单位装作什么都没发生，下班以后不是一起到偏远的地方吃饭，就是买些快餐到较远的海边野餐。正当她们一次次沉浸在这不光明的欢愉中时，姜伟的妻子突然撞破了这段私情。

一天，姜伟的妻子突然找到单位，当着单位众多同事的面，拿出他们在一起的照片。还趁机抢过姜伟的手机，读了几条他们的传情短信。姜伟只得当众向妻子保证以后不再发生这类的事情，张华一时羞愧难当。

后来，姜伟为了平息妻子的怒气，竟然给张华的实习评价为不合格。单位领导为了不让事态更严重，只好辞退了张华。姜伟本人对张华也是避而不见，甚至把手机都换了号码。

从这个故事我们可以看出，多情的男人未必重情，多情男人说到分手亦显得绝情。"小三"的爱情，唯一的维系就是"爱"，当爱消失了，我们将输得一无所有！别信热恋中男人嘴里的"责任"，有爱的时候有责任，无爱的时候他比谁都能做到绝情。

越多情的男人越无情。想想看，这厢里跟你说着"爱"，那厢里另一个女人必然守着空房一盏孤灯难耐。仅凭这一点，这个多情的男人，所有优点都该打折扣。因为，他对一个女人的好，是建立在对另外一个女人的"坏"的基础上的。

人生有些经历很美很美，但并非所有经历都有结果。处在情感路上的人哪，如果爱错了，请及时回头，不要被男人们的花言巧语所迷惑，清醒一点，看清他虚伪的真实面目。

爱情可以付出，但不是盲目牺牲

很多人认为，爱情就是不问后果为对方做任何事情，好像只有我们为对方牺牲得越多，表明对爱人的爱就越深。于是，我们常常在电视剧看到这样桥段：一对正在热恋中的情侣，当女人遭遇了重大磨难，男人就不惜以自己的生命为代价去为对方做任何事情，结果是被帮助的女人顺利渡过难关，而男人却因此永远失去了生命，留下的女人沉浸在痛苦中无法自拔。如此一来，男人的牺牲虽然为女人换得了活在尘世的机会，女人却再也无法幸福、开心的生活。我们不禁怀疑：爱情是牺牲吗？如果是，付出这样代价值得吗？那么爱情到底是什么？

从科学的角度来说，爱情的产生缘于我们人体遭遇到某些刺激，而分泌出一种叫做多巴胺的物质，这种物质能够带给人非常"愉悦"的感觉，能够让人的幸福感和快乐指数飙升。

世间万物皆有度，多巴胺也不例外。它能够保持旺盛分泌的年限最多不会超过 30 个月，也就是说 3 年的时间。在两个人爱得昏天黑地的时候，一切的所谓的"自我牺牲"带来的弊端都隐藏在多巴胺的下面，我们只是看不到它的危害。

智慧的恋人，或者被多巴胺迷惑受到伤害的人们，在人生中学会防微杜渐，会让自己在满脑子都是多巴胺的时候也保存一丝理智，我们要清醒地意识到，爱情不拒绝付出，但不能盲目牺牲。

古人宰杀了牛羊猪，用"牺牲"来表示对祖先神灵的虔诚和敬畏，这种牺牲的本意是为了某种信仰，舍弃、捐弃重要财物的一种崇高的行为，后来人们把"牺牲"这个词引申成为了正义的事业和伟大的目标而舍弃生命的一种不计报酬的自我毁灭。

恋人之间既不属于不计回报，也都好生生地不断制造着痛并快乐的感觉。牺牲从何而来？千万不要拿牺牲说事儿，否则会把钉在十字架上的他老人家气得下来溜达的。

恋爱是属于人际关系当中最为高级的形式。既然是人际关系，就属于人与人在相互交往过程中所形成的心理关系，人际交往中再亲密的两个人，也会有各自的私人空间。

适当的人际距离就好像传世的中国水墨画当中的留白，是画龙点睛必不可少的一抹精彩。不管男人女人，给自己的爱情留白，就像是给自己留点私房钱一样合情、合理、合法。

这个私人空间在我们的爱情世界中必须存在的。这不是为了让你给对方留下一个出去鬼混的空间，不要混淆概念，这是让你给对方留下一个压力释放的空间。这个压力或许来源于审美疲惫，或许来源于人际压力。

一对中年夫妻前去参加一个宴会，当妻子在得知丈夫要带自己出席这样的一个正式活动的消息之后，就在为自己策划着，穿什么衣服，做什么发型等。

整整一个星期，妻子不是逛商场就是去美容店，直到出发前，再次将自己从头发到指甲武装一新，她问在一旁百无聊赖地翻书等候的丈夫："亲爱的，我在你眼中还是那么美吗？"

丈夫用眼角瞟了一下妻子，对她说："还可以，但我感觉不明显。我们夫妻十年，别说你了，就算嫦娥让我看十年我也觉得她就是一个女人而已。"

也许我们觉得丈夫真不会说话，但不可否认他所说的是自己的真实感受。她的意思不是嫌弃妻子不如嫦娥那么漂亮，即使是再美丽的东西，时间长了，也会产生视觉疲劳。我们常说熟悉的地方没有风景。我们的视觉器官或者味觉器官在经受了一种物体的反复刺激之后，对这个物体不论以什么形式或者包装出现都不会显得惊讶。

爱情是双方的，并不一定牺牲一切，爱人之前先要学会爱自己，试问一个连自己都不爱的人，又拿什么去爱别人呢？爱人之间应该保持一定的距离，彼此间留有一方私人空间，这样能给对方新鲜感、神秘感。

过了恋爱观察期再交心

恋爱时，正确了解自己的恋人，判断对方是否是能给我们带来幸福的那个人，以及两人是否能长久交往下去的先决条件。恋人从确立关系到关系升温再到可定终生，其实是需要一个过程的，这个过程可长可短，主要是要看我们是否在这一个过程中用心观察，然后作出明确的关系裁定。

许多人在确立关系的开始对自己的恋人十分的欣赏，但是，随着两人相处时间的增加和对彼此了解的加强，我们会发现许多问题。两人可能逐渐有了矛盾，或许是生活习惯，或许是价值观。在这个磨合的过程中，有人走向长久，有人分道扬镳。坚持到最后的是因为自己对对方的观察和判断，而没有结果的则是在观察中发现了一些势必分离的因素。

那么，我们应该怎样观察对方及其生活，才能真正做到综合考虑、整体思量呢？

第一，从生活上观察他/她，看对方是邋遢还是整洁的人。比如，从他/她房间来看，有些什么摆设，干净还是脏乱。如果有些东西摆得整齐，床却凌乱，有可能只是这一段时间比较忙，没有收拾床铺。如果全都很脏乱，有些甚至堆满了灰尘，那我们就要小心了，这说明他/她可能是个有着邋遢恶习，并且生性极度懒惰的人，那么，我们就要想好了，恋爱时可以不用在乎，但是以后就难说了，自己有信心和这样的人生活在一起吗？自己能长期容忍或改变他这种脏乱的习惯吗？这是要付出很多精力的。

第二，从他/她的言谈举止观察他的个性。说话做事可以透露出一个人的性格。如果他喜欢在我们面前充满温情地谈起自己的家庭、朋友、同事，这种人往往有耐心。如果他喜欢对别人品头论足，看不起任何人，听信传言，甚至对别人的遭遇幸灾乐祸，这种人往往很自大、自私，不如趁早离他远点。说话爱讽刺别人的人，其实是借贬低别人抬高自己，这类的人心理可能会有不健康的地方，而且也从潜意识里表现着其对自己没有基本的自信。

第三，有些人爱无缘无故发火，有时冲着电视节目喊叫，还可能对餐厅服务员微小的失误大叫大嚷，咄咄逼人。这样的人对自我情绪的控制能力较差，也可能潜藏着精神方面的隐患，有发展成抑郁症的危险。

第四，如果他/她不是我们的初恋，那就要注意他/她对前任恋人的言谈了。一般来讲，总是会说自己前任情人坏话的人，人品是很值得质疑的。既然曾经相爱，为什么要诋毁其名誉？尊重自己以前的恋人，才是大度的人。但如果对方总是在我们面前说前任的好话，赞美之余似乎还有一些思念之情，这有可能说明他/她对前任仍旧情难忘。

第五，在行事上也可以观察对方。从某种意义上讲，人们对工作的态度就是对生活的态度。凡是在工作上稍不顺心就跳槽的人，几乎可以预料在感情关系中他不会是首先让步的一方，总要我们先作出妥协。所以，这样的人，我们就要从长考虑了。

第六，从他/她对孩子的态度观察他是否有爱心。有人说，喜欢孩子的人，是比较有爱心的。这个说法有一定的道理。通常嫌小孩麻烦、拒绝与小孩亲近的人，我们就有理由去质疑对方的责任心、仁爱心。

第七，从对方是否守时，观察他/她对我们的用心。如果两人每次约会，对方都总让我们等待，并且自觉这是理所应当的事情，发生这种情况，如果不是对方太没有时间观念，那就有可能是我们在对方心里的分量并不够，或许他/她觉得自己的时间比我们的时间更重要，无论是哪种解释，这都足以见得对方对我们缺乏最基本的尊重。说白了，就是对方可能并不是那么在乎我们。

韩剧《浪漫满屋》中，民赫对智恩说："可能你不知道，我是个很忙很忙的人，但每次见你，我都会空出时间来。"他的话说明了一个道理：一个人若真爱另一个人，绝不会以忙碌为借口阻挡两人的联系！

第八，从他/她的消费及对金钱的态度，观察他的处世态度。大方不一定是好事，但是小气到抠门、吝啬到绝情、抠门到不择手段，那么，对大多数人来说，这样的人就一定是不受欢迎的。小气的人一定会让我们难以忍受，他们会在感情方面斤斤计较，甚至有时会表现出钱比恋人更重要的行为。这样的人，我们怎么还能够求得与之安稳长久？至于挥霍无度，经常透支，甚至负债累累的人，更不可与之交往，这类人通常不会有什么家庭责任心，最后受伤害的只会是我们自己。

所以，在恋爱交往中，我们要学会理智地观察、分析、判断自己的恋人，看看对方是否是自己能够长久发展的恋爱对象。

选一个心中有爱的人恋爱

同一个心中有爱的人恋爱，也许有时候我们会觉得像是嫁给了一个导师，时时受教育，处处被挑剔，但是随着时间的流逝，我们慢慢会获得内心的满足，有切切实实的成长的感觉。同时，因为心胸的开阔和眼界的拓展，慢慢发现我们所爱的人还在我们仰望的山顶等待我们上进，在我们身边辅助我们成功，给予我们温暖，也给予我们越来越坚定的爱的信念和力量。同他在一起，生活中仿佛有了一所爱的银行，会持续不断地获得崭新的爱的原动力。

弗洛伊德的学生，著名的心理学家荣格提出，信念、希望、爱和洞察力是人类能力的四种最高的成就。它们是通过经验而来的。而经验是不能被制造出来的，只有慢慢地靠近它们。通往经验的道路是一种冒险，要求我们全身心地投入。

所以说能够爱是一种能力，我们必须承担全部付出而没有回报的风险，也必须意识到并且接受爱不能带来现实的利益，还必须了解爱甚至是要作出牺牲，给予别人自己所能给予的所有。爱是人类最高级的品质之一，能给人以终极的幸福，也会带来彻底的痛苦。所以当我们发现一个人懂得真正的爱，那他一定不会仅仅局限在狭小的视野和人生观上，他一定是个有大胸怀和大智慧的人。

其实，爱是潜藏在我们每个人的天性里的本能。人之初，性本善，说的就是人性之爱就像最纯洁的花朵一样，从我们一出生就绽放在我们和世界沟通的路途上。但是随着我们慢慢长大，这种人性之爱逐渐被经验所污染，所抹黑。我们看到了太多因为良善而被人欺骗、欺负的故事，就害怕再用真心待人。假情和假意试探的时候越多，就越不会让人相信世界上还有真诚和不求回报的付出。

只有不断学习和经历，丰富自己的心智，让内心获得强大的力量，在给予真诚的情感的同时不畏惧伤害，也不让别人伤害到自己，这样才是真正强大的爱。躲在温室中的单纯，并不是很保险的单纯。经历了所有的世间冷暖后，还能够坚持自己的正直与简单，那时候的温暖的笑容，才是真正的纯真，也是不会改变的。懂得爱的人有这样一些特征：

他们对家人有爱。他们的家庭关系融洽并且和谐，亲戚之间不会有钩心斗角，也不会有老死不相往来的局面。因为他们重视血缘和家族情谊，并潜移默化地把这种浓重的家族意识传播到整个家庭中。他们不仅能够自发地去爱，还教导和带动家庭成员都产生类似的意识，把家族传统传承下去。家人有需要的时候，他们会倾尽所有，不论是财力还是精力。一种强烈的家族共荣感笼罩着他们，并且他们会希望我们和他们拥有同样的共荣意识，并且为这个家庭作出贡献。

刘伟就是一个非常聪明的丈夫。他每次给母亲买东西的时候，就会借口说这是妻子送的。而母亲让他带东西回家，他又会对妻子说是母亲要送给儿媳妇的。有了他周旋在婆媳之间，一家的关系非常的融洽和睦，婆婆和媳妇之间也从来没有发生过争执，永远是和和气气，互敬互让。

他们对生活有爱。这样的人对生活充满热情，在每一天都充满感恩的情绪。他们善于营造生活情趣，懂得很多的生活小窍门。他们会主动承担家务，并且把枯燥的家务劳动转化成充满乐趣的事情。做饭就是演奏一曲锅碗瓢盆奏鸣曲，拖地就是拿着拖把的滑步舞蹈，洗衣服的时候可以唱"清粼粼的水来，蓝格莹莹的天，小芹我洗衣裳来到了河边"。他们常常说笑话，像个小孩子；也常常讲道理，像个大家长。他们把每天都过成不断花样翻新的情景喜剧，营造着源源不断的欢乐。

他们对自然万物有爱。他们会为春情感动，会为秋声哀鸣。他们对待一草一木都有感情，不随易采折，即使采摘下来也是善待地供着。他们喜欢小动物，善待宠物，即使看到流浪的小猫小狗也会给他们准备食物，包扎伤口，从不踢打他们。他们对待自然是如此，对待人更是如此。他们会细心照顾好自己的家人和伴侣，不愿让自己所爱的人感受到痛苦。他们感同身受的能力是如此之强，以至于不能独乐乐，非得和所有朋友众乐乐才感到获得真正的满足。

他们非常地自爱。他们懂得没有人会比自己更爱自己，只有爱自己了，才会有人爱我们。他们服装整洁，言语得体，举止优雅，为人正派。他们为自己树立着优质的形象，希望自己能够成为榜样式的人物。他们对待他人温文儒雅，彬彬有礼，演绎着君子之风的现代篇章。他们懂得君子独善其身，永远不会停下自我完善、自我发展的脚步。他们的人生目标就是不断达到一个又一个新的心灵的深度和灵魂的高度，走向心灵发展的新阶段。

只有心里有爱，才有能力去爱别人。只有拥有了守护纯洁感情的强大内心力量，才能保证这份爱不被伤害与玷污。具备真正爱的能力的人不是沽名钓誉的登徒子，不是附庸风雅的等闲之辈，不是打着博爱名号的浪子，不是伪善的骗子，而是真真正正以人格魅力吸引着他人，证明自己存在的温善君子、修为大师。

所以，能够找到一个心中有爱的人恋爱，是一件幸事，因为这样会让我们的生活拥有更多的乐趣和内涵。

挑老公，多点现实少点浪漫

世界上有成千上万的男人，都可能成为某个女人的好丈夫。但这并不是说每个男人都是好男人，而是说只有那个与你相宜的男人才是你生命中的好男人，才能给你一生的幸福时光。作为女人，在挑老公时，务必要抛却浪漫不切实际的幻想，多点现实，只有植根于现实土壤的婚姻才能开出美丽的花朵。

女人知道只有嫁给一个好男人才能有幸福，那么什么样的男人才算好男人？

根据无数女性的切身体会，总结出以下四种值得女人爱的男人：

不太在乎你容貌的男人

岁月是女人的敌人，男人四五十岁的时候魅力有增无减，而你，再美丽的脸也会起皱。相反，如果他首先在乎的是你的内在气质，他也会发现，你的魅力将随岁月渐增。

不太会谈恋爱的男人

人不是天生就会谈恋爱，太会谈恋爱的男人，说明其情场经验丰富，这样的男人更适合做朋友。如果一个男人为给你送花在楼下傻等半小时，而玫瑰又错买成月季，没关系，他心里送的是玫瑰。

诚实但不太本分的男人

本分的男人是为一种信念而活，他们只做自己应该做的事，而不是自己想做的事，大凡本分男人都有太多的清规戒律，你若爱得深了，他会使你哀怨；你若爱得浅了，两人倒可以浅在一处，只是，这样的爱情不是生涩就是了无生趣。另外，本分男人一走进办公室开始工作，就像一台已投入硬币的游戏机，短时间超能量地发挥着，如果这台游戏机突然停止了，那么一定是一枚叫懦弱的硬币错投了进去。

胆小、怕事、躲在墙角的男人只会招来领导和同事们的轻视，就算会给予一些同情，但也绝不会有人再为他投入硬币了。女人对过于本分的男人，虽放一百二十个心，但会觉得他小家子气，女人大多喜欢男人为生活增添更多激情。虽然女人确实希望每件事都按程序走，生活安定而且舒适，但女人也愿意偶尔"浪漫"一下。

觉得你长不大不懂事的男人

他对你的呵护像盐入水一样化在生活细节里，他会把你看成是一个永远长不大、不懂事的孩子，凡事为你瞎操心，不是因为对你没信心，而是因为爱。如果哪次你因为不小心淋了雨，感冒发烧，他会发火，这更表明他是最疼你的。

婚姻是一般人的普通问题，适合做女人丈夫的男人，绝非前无古人后无来者的异类。就像我们是早已存在的普通女人，而那些普通的男人也已安稳地在地球

上生活很多年了一样。我们不单单是一个人，更是一种类型，就像喜欢吃饺子的人，多半也热爱包子和馅饼。玫瑰花和百合种在一处，彼此都花朵繁茂，枝叶青翠。但甘蓝和芹菜相克，彼此势不两立；丁香和水仙花，更是水火不相容；郁金香干脆会置毋忘草于死地……如果你是玫瑰，只要清醒地坚定地寻找到百合种属中的一朵，你就基本上获得了幸福。

当然了，某一类人的绝对数目虽然不少，但地球很大，人又都在走来走去，我们能否在特定的时辰，遇到特定的适宜伴侣，也并不是太乐观的事。

女人不要把一生的幸福，寄托在婚前对男性千锤百炼的挑拣中，以为选择就是一切。对了就万事大吉，错了就一败涂地。选择只是一次决定的机会，当然对了比错了好。但正确的选择只是良好的开端，即使航向对头，我们依然还会遭遇风暴。海水没了，船橹漂走，风帆折了……种种危难如同暗礁，潜伏航道，随时可能颠覆小船。选择错了，不过是输了第一局。开局不利，当然令人懊恼，然而赛季还长，你可整装待发，蓄芳来年。只要赢得最终胜利，终是好棋手，这就需要你用更多的"心计"去经营爱情。

婚姻不是终生的平安保险单，爱情更是需要养护、需要滋润、需要施肥、需要精心呵护的鲜活生物。就像没有永远的敌人一样，也没有永远的爱人。爱人每一天都随新的太阳一同升起。越是情调丰富的爱情，越是易馊，好比鲜美的肉汤如果不天天烧开，便很快滋生杂菌以至腐败。

只要勤劳敬业，就有千千万万的职业适宜我们经营；只要善待他人，就有温暖的手在危难时接应；只要做好准备，希望就会顽强地闪光；只要有自知之明，就会找到适合自己的男人；只要真诚相爱，就会体验到相伴的幸福。

认识"好男人"的坏心思，不被表象迷惑

美国社会学家格雷尔指出："人们通常可以通过两个途径了解一个人，一是所谓的路遥知马力，在长期交往中了解对方为人；另一个途径是，仅从一些简单的非语言性的迹象中看穿他。通过解读他的行为方式，就可以十拿九稳地确知他的本性。"显然，"路遥知马力"在女人识别男人这里是不管用的，因为男人会竭尽全力掩盖坏的一面，而第二个途径却不失为一个很好的选择。

每个人的性格中都会有好的一面和坏的一面，当男人和女人相遇、相恋时，许多男人会掩藏自己坏的一面，以好的一面去博得女友的欢心。一旦结了婚，男人的另一面就会自然流露出来，使许多女人大呼上当。那么，如何在恋爱时期就识别男人的好和坏呢？

第一，越爱炫耀自己如何能干的男人，越可能爱慕虚荣，比较偏激。美人配英雄，事业的成功是男人的勋章，也是许多女人给自己预订的彩礼。正因如此，男人喜欢夸夸其谈地讲述他的才能、成绩、聪明，这耀眼光环可以放大他在我们面前的形象，的确使自己为这光环倍感自豪，从而忽略了"一流"背后的脆弱。而事实是，许多时候，一个男人在一个女人面前炫耀自己的出众，只是为了强调自己比别的男人强，而这本身就反映了男人的自卑心理。

娟的男友不让她说他的任何不尽如人意的地方，否则他就感慨自己怎么找了个如此不懂欣赏的女人。久了，男友的这份"虚弱"让娟徒生厌倦，最终两人还是分手了。

第二，很讲究穿着打扮的男人，往往只会考虑自己的感受。许多女性认为：讲究衣着服饰的男人，常常给人一种热爱生活的印象，与这样的男性结合，家庭生活会有一份轻松。然而事实是，许多时候这样一个很关注自己的人，往往是很难把注意点投向别人的。也正因如此，他很少关照、理会别人的心理状态和感情世界。

梅与丈夫伟是高中同学，伟是某大型企业的经理，他们俩都已经接近50岁了，但伟依旧风度翩翩。每次朋友聚会，总有人说他吃了人参茶。但反观同为同学的梅，却是一脸的沧桑。对朋友"你也太不顾及夫人"的调侃，伟的回答总是"我自己都顾不过来呢"。这样的话正验证了梅的感慨："他总是游离于生活之外，仿佛我和子女都与他不相干。他的任务只是照顾他自己。"

女人不要只看到男人的外在形象，在决定是否要和他进行深入交往时，要冷静地进行分析，他是在欣赏自己对我们的吸引力，还是被我们所打动，这关乎他以后在婚姻生活中会对我们采取何种态度。否则，婚姻中"引进"的可能只是一个中看不中"用"的模特儿，一个只要权利不尽义务的特权分子。

第三，越细腻、中肯的男人越可能是事事计较的人。言谈中肯、心思细腻的男人，女人常常觉得他细微和体贴，是一个可以托付终身的男人，而忘记了他细腻的"广泛"性，当他为我们准备出门的行装时，他也可能会因我们买了他不喜欢的服装而喋喋不休。他能领会我们最细微的情感，也就会为我们无意中说的厉害话而烦恼纠缠不已。他可能是主动下厨并以此为乐的男人，但也最可能为菜价的贵贱而唠叨不已。他的细腻"惠及"生活的每一个角落。

辩证法讲凡事都要看事物的两面，然而生活中最常犯的错误就是，我们只看到事物的一面，而忽略了另一面。如果我们是一个骨子里信奉传统男性角色的女人，那我们定不可能容忍一个对生活每一个细节都要插手的男人。如果我们是一个主外型女性，那他也许能弥补我们的某些粗心大意。

第四，喜欢强词夺理的男人，责任感往往不强。面对发生的错误事件，他能找出许多合理的解释，此时我们也许会为他的理性所打动。但要注意的是，这样的人常常是没有责任感的。一般来说，出现问题，人们通常的反应是就自己的错误道歉，请求原谅。而在这类人那里，他多半会寻找诸多的解释，为自己开脱。二者的区别就在于一个能体谅别人，一个以自我为中心。不要小看了这种归罪于人的习惯，在恋爱甚至是婚姻中，它会让我们陷于"红颜祸水"的旧套。不要只欣赏他的能言善辩，更要了解对方在其个性中表现出的人情味，毕竟我们不是和律师生活在一起。

第五，小心过分体贴入微的男人，因为他们也有可能在某方面更加专横霸道。生活中，人们越宠爱、关切什么，也就越想占有什么。一个男人对我们百依百顺、殷勤备至，有可能是为了达到拥有我们的目的。什么样的动机产生什么样的结果，这是必然的。"小鸟依人"是这种男人的理想，如果我们是一个喜欢依赖别人的女性，也许这份"呵护"能让我们心醉。但如果我们个性很强，硬碰硬的结果自是争执不断。

所以，女人在情场上一定要擦亮双眼，识别那些"好男人"的坏心思，透过现象看本质，不要被外表所迷惑。

理智识别男人的眼泪

女人对爱的免疫力往往很低下，男人对自己些许的好就让女人看不清真相，总是被男人哄得很高兴。而当自己真的投入这份感情的时候，有些男人的好或许都是假象，但是，到了那个时候，自己已经被伤得体无完肤了。

在男人种种的"好"之中，最让女人觉得受宠若惊的恐怕就是男人的眼泪了。

有人说，真正爱你的男人，只可能在你一个人的面前流眼泪，当你触摸到它们时，也触摸到了那颗只为你跳动的心。但是，这仅仅是在纯真年代发生的事情，仅发生在极少部分深情男孩身上，并不是每个男人的眼泪都是那么纯洁友爱的。不少情场老手的泪只是用来哄骗女人的陷阱，都说英雄难过美人关，美人最难过的也是英雄的眼泪关。因为大多数女人的内心都是很容易被感动的，都以为男儿有泪不轻弹，看到男人流泪就以为是他已经对自己动了真情，那一瞬的感动就让自己的心莫名地沦陷了。

网上的大多数论坛、博客里，都在讨论真正爱我们的男人会怎么样怎么样的时候，第一条出现的就是如果那个男人为我们流泪了，那肯定是触碰到了他心里最深处的情愫，只有真正爱我们的男人才会为我们流眼泪。于是大多数女孩子都会将这点作为判断男人爱不爱自己的唯一标准，如果发现那个男人真的为自己流过眼泪的话，说明他爱自己，然后女孩那颗原本就很感伤的小心脏立刻就会扑通扑通地无比心疼，开始义无反顾地去爱这个男人，他对她一倍的好，她就会以十倍的爱去偿还他。

不幸的是，女孩子的天真和感动往往成了很多感情骗子和老手们屡试不爽的绝招。

原本她并不爱他，但是他在追她的时候是双膝跪在地上求她嫁给他的，并且含泪对他说："请你嫁给我吧，如果你不嫁给我，我今生就不会再娶了。我真的很爱你，只要你答应嫁给我，我以后肯定对你好……"她开始心软了，因为这是她第一次看到一个男人在她的面前哭泣，她觉得一定是发自内心的。心里的防线慢慢崩塌，她鬼使神差地爱上了他。

于是，在他第三次流着眼泪求婚的时候，她嫁给了他。也不管他的工作有多差，能力与自己有多大的差距，对身边的朋友有多恶劣，更不管别人怎么诧异地看着她，她只想他们能超越一切的世俗。像两只小老鼠一样，笨笨地相爱，呆呆地过日子，拙拙地依偎，即便大雪封山，还可以窝在暖暖的草堆紧紧地抱着咬耳朵。可事实并不是像她想象的那样美好，结婚还没有几个月，那个口口声声说爱她，要一辈子呵护他的男人就按捺不住本性到处拈花惹草了。

很多女孩子都会很渴望一份感情，甚至会觉得已经等待了好几辈子，所以一旦看到爱神丘比特微笑着朝她射来了神箭，便义无反顾地想倾其所有地去爱那个人。她们总是天真地以为眼泪就可以代表一个人的真心，可是现实却是很残酷的，真实地东西往往比想象中的要残酷很多，从梦里跌进现实的万丈深渊更是痛不欲生。

小菲很爱她的男友。在听说了男友狂追另外一个女孩的绯闻之后，她第一反应就是匪夷所思，第二反应就是难以置信。于是她故意和他说分手，想测验他是否真的在乎她。他哭了，哭得很伤心，她相信了他。

结果，没过几天他们就分手了，因为他的男友在一个星期之后就追到了传闻中的那个女孩。这时她才知道，眼泪不过只是缓兵之计而已。退可攻，进可守，通过眼泪先将现任留在自己身边，继续享受她的好，如果追不到的话还不至于沦落到两边都没人要的悲惨境地。如果追到了那个更好的，就立即把小菲给甩了。

女孩子天真一点很好，但是千万不要过度天真，那种以为男孩子流泪就是在乎她，就产生欣慰和幸福的女孩应该提高警惕了。以前只说，女人的眼泪是征服男人的利器，很少有男人招架得住，其实男人的眼泪更厉害，但是我们绝大多数人都一厢情愿地误以为男人是有泪不轻弹的。

其实，男人也是人，流泪也是身体的机能之一，随时都可能释放。聪明的女人不要太相信男人的眼泪，那很可能只是一个陷阱，只是一种表象，要相信自己所看到的、所感受到的很理性的东西。所以，不管是男人对你的好，还是男人对你的泪，女人都要理智地对待，否则，到了后悔的时候就晚了。

"经济适用男"成为女人新宠

"比我老公顾家的没有我老公有钱，比我老公有钱的没有我老公顾家"。我们的闺中密友这样评价她老公。没错，她的老公就是一位"经济适用男"。经济适用男，化名于经济适用房，这种男人身高一般、发型传统，相貌过目即忘；性格温和，工资无偿上缴给老婆；不吸烟、不喝酒、不关机、不赌钱、无红颜知己；月薪 2000～10000 元，有支付住房首付的能力；一般从事教育、IT、机械制造、技术类行业。

经济适用男走红的原因，是因为他们可以担当好儿子、好员工、好老公，是名副其实的潜力股。所以，恋爱的时候，我们要多观察，看自己的恋人是否是这样一只股，深度分析与其发展恋情的可能性。如果可以明确判断出这是一个值得深入交往的"经济适用男"，那么，我们就可以有方向地与之相处，让恋情并不是那么盲目。

"经济适用男"虽然比"奢侈品男"条件稍微差一些，可是比普通男人要有更多的优势。此股尽管眼下收益不多，但可持续看涨，当然值得买。

视家庭如生命的"经济适用男"会将大部分收入都投放在家里，等于是一台低耗能、高产出的印钞机。

经济适用男"对女友或老婆忠心不二。"公司——家庭"两点一线的生活模式决定了他们没有机会结识红颜知己，关系建立在打个招呼就没什么话可说的基础上，因为这一类型的男人不会花言巧语。

所以说，找到"经济适用男"，就如同捡到一个宝贝。可是，怎样才能锁定这种男人，让他将目光集中在自己的身上呢？以下五招，可供参考：

第一招：做一个温柔天使。

"经济适用男"通常出生在传统家庭，他们希望全世界的女人都能像妈妈一样善良、温柔、贤惠。所以，一旦他们见到这样的女人，就会很自然的生出一种

"家"的感觉。然后，会不顾一切地把这个女人带回家，放任她担当温暖家庭里的女掌门。

第二招：衣着简单但不失品位。

"女为悦己者容"，很多女人为了调动"经济适用男"的胃口，用尽办法想让自己更加漂亮。她们花很多的钱买时髦的衣服，浓妆艳抹，试图让自己看起来绝对够味、够靓。可是"经济适用男"通常都是理工科出身，他们的脑袋没有太多的弯绕，不习惯看五彩缤纷、设计太过复杂的服饰。相对之下，他们更喜欢衣着简单却又不失品位的着装，因为这样会让人觉得更舒服、更自然。当然，我们也可以化一些淡妆，让眼睛看起来大一些，有神一点，往往会起到更好的效果。可是，如果过于攻心计，让自己看起来像个贵妇人似的，"经济适用男"会因为缺乏亲近感而迅速地逃离。

第三招：坦白，不要让他费心地去猜测。

"经济适用男"本身的交际很单纯，他也绝对不会允许自己的女朋友在外面招蜂引蝶。所以，在跟他分享朋友之间的快乐的事情的时候，一定要说明朋友的性别，不能让他去猜。这类男人在工作中很费脑筋，所以生活中的事情，他尽量都会避免复杂。我们只要说明了，那他就会相信。可是如果我们不能坦白，他就会一直猜下去，结果只会让他感觉到疲惫。

第四招：想要抓住他的心，首先要抓住他的胃。

"经济适用男"多是从事 IT、建筑设计行业，他们经常不分昼夜地加班。早饭和午餐已经是草草了事了，如果晚上还让他吃泡面，他肯定是要抓狂的。所以，想要抓住他的心，最好能从他的胃开始，每天给他准备一顿丰盛的晚餐，再配上一些饭后甜点，往往就会事半功倍。

第五招：将过去的情感压入箱底。

不管我们曾经有一段多么美好的恋情，也要试着把它遗忘。如果我们的前男友是曾经在他眼里出现过的人，那么从此之后就不要再提那个人的名字。

从心理学角度来说，女性对于"经济适用男"的恋爱想法，其实是一种理想回归，是一种心理的成熟和务实。在不放弃理想和浪漫的前提下，更多地去关注生活和实际性的东西，是对恋爱以及婚姻的家庭倾向性的情感描述。

所以，我们在接受这类恋人和这份感情的时候，就要学会明智判断，合理对待。

尊重自己也是尊重爱情

有人爱得迷失，有人爱得失去自我，有人为恋人马首是瞻……其实，这样的爱情是会让人爱得很痛苦的。在恋爱时，懂得尊重自己，维护个人权利和人格独立，才是尊重爱情的表现。

对自己好一点，多爱自己一些，要像爱别人一样爱自己，这是许多经历过爱情的女人的感悟。但是，真正在爱情生活中，还是有很多女人常常想着别的：或情人、或父母、或工作，唯独忘了自己，忘了尊重自己的内心感受。可是，要知道只有会爱自己，才会爱别人。

我们不应该为了迎合别人而改变自己的风格。不应该为别的人介入而过度慌张，我们所要做的是找回我们自己，找回原来的那个独立和自信的自己，也给他相对自由的空间，给他一个机会远一点看我们，也给他一个机会欣赏我们。如果他爱我们，他会不再以被其他人关注为荣而回到我们的身边，这也是一个人的成长。

同时，有的人把恋爱看得至高无上，一旦失恋了，事业、前途也不顾了。这个时候我们不妨想想，渺茫、焦虑，不但于事无补，反而影响了我们其他的幸福。天涯何处无芳草，莫愁前路无知己，一扇幸福之门对你关闭的同时，另一扇幸福之门却在你面前洞开了。面对这种情况的时候，我们就应该努力把精力投入到事业、工作和学习中去。爱情是重要的，但它毕竟不是生活的全部，人生更重要的是对理想、事业的追求，是不断地探索。罗曼·罗兰失恋后写下了这样的日记："我明白，我能创作，我是自己的。一切属于我，包括我的那些锁链，我是我自己的各种痛苦的主人！"

人们之所以在爱面前迟疑，是因为害怕，一旦自己坠入爱河，就要受控与对方，得到很多羁绊和牵挂，难得自由。不要试图去改变对方，如果我们是真的爱着对方。真正的爱情是建立在两个自由的人的彼此了解和认可上的。爱人们应该去体会彼此间的相同点和不同点；任何一方都不应该改变另一方的个性存在。爱情要彼此给予，然后去丰富两人共享的世界。爱情的完善的答案在于用"爱"达到同另一个的结合。爱的结合，是一个人与另一个人依靠情感的链条结合在一起，但允许每个人有自己的个性，允许每个人保持自己的完整性。

成熟的爱是在保持一个人的完整性和一个人的个性的条件下产生的。所以，这就要求我们要懂得尊重和宠爱自己，宠爱自己的生活态度。

能够对他人说出自己的想法，而不是故弄玄虚地等另一人去猜。

积极地寻找生活的乐趣，用满腔的热情去对待生活，回报生活。

能够面对现实，接受现实。不想假如怎么样，而是积极地做好每件事，过好每一天。

温情而不虚伪，善解人意但不谄媚。

知道自己想要什么，想做什么，能大胆地说出来，并付诸实践。

能够勇敢地改变生活，从不为了"维持现状"，而不敢进行积极的冒险。

火眼金睛识别花心男

爱情的路上，遇上浪漫又专情的男人恐怕是女人最大的运气，大多数女人都免不了要遇上多情又花心的男人。花心男人假如屡屡得手，必然是有恃无恐越发猖狂，同时，越来越把你当傻瓜。所以，尽早识破花心男人，既可维护社会安定，也可维护你的个人尊严。在这个问题上，女人绝不能心慈手软、姑息养奸。

无论如何，花心的男人是女人幸福的一大致命伤，花心的男人带给我们的不幸远远大于他带给我们的激情享受。如果不幸被我们遇上，基本的应对之术是必不可少的。

看他对我们突然去他家的反应

如果他是花心男人，他一定不情愿带我们登他的家门，即使我们要求他这样做，他也会支支吾吾地想法拒绝。我们可径自到他家楼下，打电话给他，解释说出来逛街恰巧路过，然后要求上门拜访他的父母。如果他惊慌失措地出言拒绝，那一定是心里有鬼，即使不是花心，也是难以信任的，和他交往还是小心为妙。

看他在公共场合对我们的态度

花心男人只会在和我们独处时百般亲热，甚至提出越位的要求，而在公共场合，他会装出一副谦谦君子模样，和我们保持距离，更不会把我们当作女友介绍给他的朋友。如果我们在一起时恰好遇到他的朋友，我们应要求他为我们介绍，注意他介绍我们时使用的称谓及他的表情。

看他加班，忙业务时究竟在哪儿

为了有时间和其他女人约会，花心男人经常谎称自己工作忙，需要加班，或者生意上有其他应酬。我们可以打电话到他的单位，看他是否真的在忙工作。这件事也可以让我们要好的朋友去做，这样更稳妥一些。如果结论是他说了谎，那我们就需要重新认识这个男人了。需要指出的是，这一条务必慎重，仅凭本条是没法最终定案的。

看他是否固定时间和我们约会

花心男人往往要多边作战，所以，他会尽量固定和我们约会的时间，这样才不会发生冲突，可以避免差错与误会。我们可选择一个不常约会的时间，不打招呼，突然出现在他的面前。如果他一脸惊喜，说明他心里可能并没有其他的心思，而是随时期盼我们的出现。如果他露出尴尬或惊慌的表情，那这个表情下隐藏的真相就值得探讨了。

看他在我们突然试探时的表情

刚和另一个女人约会完，来到我们的身边，花心男人也许会心怀愧疚，因而，他就会大献殷勤，帮我们洗衣服做家务，或送我们小礼物。我们可向他表示感谢，和他缠绵一番，在他自以为高明而心怀激荡的时候，在他的耳边轻声地说："昨天，我的一个朋友看见你……"如果他激灵一下，急促地问："看见我怎么了？"那就表示他可能心里有鬼。

看他收支状况及消费的凭据

花心男人也不容易，这是一件很费钱的事，所以，即使他的收入不是个小数目，他仍会不时地囊中羞涩，因而偶尔表现出与他的收入不相匹配的吝啬。我们不要出言询问，只需默默观察，注意他钱的去向。如果近期无大件的购物消费，而他的钱包却空得很快，就有必要查一查。或许，他的口袋里有消费的收据，若是那种特别适合男女约会的场所，真相自会不言自明。

看他爱的意趣是否经常改变

男人很容易受身边女人的影响，从而选择不同品位与意趣的衣服，不同品牌的烟、酒等，一旦他突然改变了习惯，就值得我们去仔细观察了。

我们可以买一件饰品给他，嘱咐他时刻都要戴着。如果他约会别的女人，他就一定会摘下这串项链，戴着一个女人送的饰品去和另外一个女人亲热，毕竟是一件挺忌讳的事，甚至，他会换上另一个女人送的项链，那就很难避免疏漏了，我们只需静静观察。

看他的手机状态及接听方式

和一个女人约会的时候，如果另一个女人打电话来，是一件令人头疼的事，所以，花心男人中的老手都会把手机的声音关掉，改为振动。

在和我们约会的时候，如果他的手机没响，却一个人溜到阳台上去接电话，他多半有不可告人的事情。找机会留心一下他手机上的留言与电话，或许会有所发现。

看他身上残留下的香水味道

如果我们平日喜欢擦香水，那么，我们所用的香水味道难免会沾染到男友身上，这样的味道应该是我们很熟悉的。如果有一天他的身上残留着我们认为陌生的香味，那我们就要深思和仔细观察其中的缘由了。

花心男很注意隐藏身上留下来的其他女人的香味，如果我们发现他违反一贯的懒惰习惯，把刚穿不久的干净衣服换掉，或者干脆放到洗衣机里去洗，或许就有问题了。发现容易，关键是对策，我们可以趁他醉酒或熟睡时打电话给他，让他猜猜我们是谁。而这时如果他说出的是其他女性的名字，我们就心中有数了。

看我们周边女人对他的关心度

据调查，花心男常常与我们有来往的女人有牵扯。花心男很狡猾，有时候伪装得很隐蔽，令我们无从发现，但从我们有来往的那个女人身上却往往很容易发现破绽漏洞。女人都有一种独占欲，和别人分享同一个男人是一件挺痛苦的事，所以，我们会在一些细节小事上发现，她对花心男细心而温柔，对我们却躲躲闪闪，甚至抵触，留下几个并不怎么美丽的白眼。如果真的出现了这样的情况，那就没有比这更能说明问题的了。

谎言，要看破不说破

眼睛是台测谎仪

在识破谎言的试验中，大多数人都会注意说谎者的眼睛，看说谎者是否直视自己。持续长久和躲躲闪闪的目光接触都是对方在说谎的重要标志。

一般来讲，谎言研究学者认为：回避目光交流，或是低头不看对方，或是明显地把头偏向一侧，说明这个人不坦诚。

这种说法有一定道理，说谎者也许不会与你对视，他担心这样会增加不安感，于是眼睛就会四处张望，目光游离不定。

确实，如果一个人撒了谎，他在与别人对视的时候，心里必然紧张，就会反映在眼睛里。所以，说谎者本能地转移视线，以消除紧张感。

眼神的判断，有时候也不那么准确。

有一些善于说谎的人，在说谎时眼睛仍然紧紧地盯着对方，显得是那么从容不迫，游刃有余。经常说谎的人也能做得很漂亮。因此，眼睛与对方保持"胶着"状态的人，并不总是诚实的。

关于如何从眼睛中辨别谎言，这里有一个绝招。无论说谎者的演技多么高超，他也无法掩盖这一点。人的瞳孔会随着情绪的变化而相应的放大或缩小。瞳孔的这种变化是人无法控制的，因此只要我们留意观察对方的瞳孔，就能断定他是否在说谎。

除此之外，眼神的方向也能帮助识别谎言。

眼神的方向显示了大脑的不同部位在活动，几乎不可能作假。大多数惯用右手的人在回忆时，使用左脑，眼睛望向右侧；编谎话的时候，用右脑，眼睛望向左侧。简单来说，惯用右手的人说谎时向左看、左撇子说谎时向右看。这个动作是识别谎言的重要信号。

观察他的面部表情

通常，人的面颊的颜色会随着情绪的变化而产生相应的变化。其中，最明显的是变红和变白。

人们最常见的面颊变红经常出现在害羞、羞愧或尴尬等情形中，脸红也是愤怒的表示，愤怒时，面颊瞬时转为通红而不是由面颊中心慢慢扩散开来。当愤怒中的人们想极力抑制自己的怒气和克制自己的攻击性冲动时，其面颊肤色会变得苍白；当人们惊骇时，面颊肤色也会变得苍白。

面颊肤色的变化是由自主神经系统造成的，是难以人为控制或掩饰的，但他所要隐瞒的也可能正是羞愧或惊恐本身。

另外，表情的时间长短也可反映出说谎的印迹。它具体包括以下三个方面：表情的停顿时间、起始时间（表情开始时所花的时间）和消逝时间（表情消失时所花的时间）。

停顿时间长的表情很可能都是假的，比如10秒钟或10秒钟以上的时间，甚至是停顿5秒钟的表情也可能是不真实的。

除了那种极其强烈的情绪感受，比如欣喜若狂、勃然大怒、悲恸欲绝等之外，自然的表情都不会超过4～5秒钟。而且，即使是非常激动的情绪，其表情也不可能持续太久。只有象征性表情和嘲弄式表情是长时间地存在着的。

表情的起始时间和消逝时间的长短是没有固定标准可言的，如果惊讶的表情是真的，则可能起始时间、停顿时间与消逝时间都很短，加起来还不到 1 秒钟。

有研究表明，一个人在说谎时很少会笑，即使笑了，也是假装的，强装笑脸。怎样区别真心的笑容和伪装的假笑呢？

真正发自内心的笑，眼睛周围会堆起皱，而强装的笑脸则不会有面部肌肉的配合，看起来十分生硬。

虽然发出了笑声，但眼睛丝毫没有笑意，这是典型的假笑。因为眼睛里的笑意是发自内心的，没有人能装得出来。

那么为什么很多人在说谎时都装出笑嘻嘻的样子呢？唯一合理的解释就是笑脸是装出来的，目的就是为了迷惑对方，隐瞒谎言。

诚实人的笑是无所顾忌的，同时具有感染别人的力量，而说谎者在认为自己需要装出笑脸时，他的笑就不是发自内心的，从中我们就可得出结论：他在说谎。

首先，发自内心的笑会使眼角起皱，而装出来的笑不能牵动眼角的肌肉，即使牵动了也是僵硬的，而且转瞬即逝。

其次，假笑能保持特别长的时间，因为假笑缺乏真实情感的内在激励，所以很难知道其何时结束，而且，常常有眼睛和口、面部表情和肢体动作不一致的情况发生。

再次，对于大多数表情来说，突然的开始和结束就表明人们在有意识地运用这种表情。最后，假笑时，两颊的表情常常会有些不对称，习惯于用右手的人，假笑时左嘴角挑得更高，习惯于用左手的人，右嘴角挑得更高。

伪装的笑容常常与说话的内容、说话的节奏以及说话时的手势不吻合，装出的笑脸往往显得僵硬、不生动。比如当男朋友谎称出差回来，在描述旅途艰辛时向我们一笑，我们应当马上捕捉到其中的破绽。当他笑的次数大大多于平日时，很可能是在掩饰。我们问他，他的新产品展示会进展如何，他笑着对我们说："好极了！"看来展示会进行得并不尽如人意，因为真心的笑容眉毛是随着咧开的嘴角而不扬的。

除了专业的演员，一般的说谎者都很难在笑容上抹去撒谎的痕迹，只要留心观察，我们一定能找到破绽。

从手势看他是否在说谎

心理学家指出，手势在很多时候是一种无意识的动作，能较为真实地反映说话人的心理状态。

如果我们的恋人在我们面前做如下几种动作时，我们要留心了，他可能正在撒谎。

捂嘴巴

一个人说话时以手或拳掩口，很可能表示他正在说谎。

摸鼻子

这是一种由掩嘴巴转化而来的，做这个动作来掩饰一般表明说谎者比较老于世故的掩饰动作，有的是轻轻在鼻子下方擦几下，也有的是用几乎看不见的细微动作，很快地触摸。

揉眼睛

说话时揉眼睛或者向某人说谎时避免注视对方的脸，这是一种防止眼睛泄密的方式。如男人常常会用力揉眼睛，假如是撒个弥天大谎，他还会把视线转往别处，通常是望着地下；女人则多半在眼睑下方轻轻摸一下，也许是怕把眼睛的妆弄花了。

搔颈

右手的食指搔搔耳垂下边的颈部，也代表说话者正在说谎。心理学家对这种姿势进行了观察，发现了一个很有趣的事实：说谎的人搔颈次数很少低于五次。这种姿势也许是怀疑或不能肯定的信号，表示那人正在想着：对方能否相信我所说的话。

摸耳朵

这是一种比较世故的动作。好像是不经意的动作，实际上是在掩饰自己内心的不安。

除了摸耳朵之外，也有人会揉耳背、拉耳垂或把整只耳朵拉向前面掩住耳孔。

拉衣领或拉链

在和恋人交谈的过程中，如果我们看到对方好像不经意地拉了一下衣领，我们就需要长点心眼，以没有听清为由，让他再重复一遍对自己说过的话。如果对方以前说的是谎言，在接下来的重复回答中会出现支支吾吾、前言不搭后语的现象。这时，再观察一下对方的神态，对方是不是在撒谎，我们就能判断个八九不离十。

美国的研究家们曾用角色表演的形式考察那些对病人的病情故意撒谎的护士。考察结果表明，说谎的护士使用这些手势的频率远远超过对病人讲实话的护士。由此可见，当人们撒谎时，他们的手势便会随之显示出一种下意识的无声信号。留意这些信号，我们会更懂得区分真话和谎言。

从话语里知道对方在撒谎

说谎的人绝不会直接告诉你他说的是谎言，而会想尽办法让你相信他说的是大实话。

例如，他们会说"坦白地说"、"说真的"、"老实说"这些词来提高自己的信誉度，让别人相信自己，但事实上他们并没有那么诚实、真诚和坦率。

"老实说，这是我能给出的最优惠条件"，但事实上他想表达的意思是"虽然条件并不最优惠，但也许我会让你相信这是"。

"毋庸置疑"，就是有理由怀疑，"毫无疑问"更是个值得提高警觉的词。

"相信我"通常意味着"如果我让你相信，你就会按我的想法去做"。一个人试图说服别人时，使用"相信我"的频率和他说谎的程度成正比。如果讲话人觉得你不相信他，或者他所说的缺乏可信度，他会总把"相信我"挂在嘴上。"真的"、"不骗你"这些话也是一样。例如，男人移情别恋了，当他面对女友的质问时，通常会这样说："相信我，我是真的爱你，我和她是普通朋友。"

听到"只"这样的字眼时要推敲一下，有些人会用"只"来降低后续语句的重要性，以便事与愿违时减轻自己的内疚，或推卸责任。一个男人对一个女人说"我只爱你一个人"，我们都知道一个人一辈子只爱一个人，是完全没有可能的。就算我们可以保证自己现在只爱她一个人，怎么可以保证未知的今后会不会出现意外或者是变故？不管是谁如果出现了或是劈腿问题，也可以冠冕堂皇的说自己这辈子只爱以前曾经爱过的那一个人吗？如果男人跟我们说这样的话，只证明他抱有极强的目的性，希望通过这句话来获得我们的青睐，继而占有我们。所以听到男人说这样的话的时候女性朋友千万要注意了。

识别谎言的技巧

研究谎言的科学家说，大多数人每天都撒一两个谎。而且，我们极少被抓住，因为这些假话通常都微不足道。在日常交往中我们怎样才能识别对方说出的是谎言呢？

利用情绪与生理变化的关系来识别谎言

利用情绪与生理变化的关系来识别谎言的方法主要有两种。第一种，是让嫌疑人吃稻米做的蛋糕，观察他在强大罪恶感压力下咽下蛋糕的表现。如果嫌疑人被蛋糕噎住，那么他就被认为说谎了。第二种，是"嚼米审判"，即让嫌疑人抓一把炒米放入自己口中，嚼碎后马上吐出来。如果这个人能马上吐出来，则证明是诚实的，反之则是说谎。其原理就是：那些撒了谎且担心被识破的人，心里比较紧张，消化功能受到抑制，唾液分泌会减少，从而吞咽蛋糕和吐出炒米时比较困难；那些诚实的人不会觉得紧张，因而他们的消化系统不会受到抑制，唾液分泌正常，吞咽和吐出食物都较顺利。

英国人通过观察嫌疑人吃面包和干奶酪的顺利程度来判断其是否说谎；阿拉伯游牧民族则根据证人作证之前用舌头舔烧烫了的铁棒的表现，来判断证词的真伪。可见利用对方的心虚来点破他的谎言是一种行之有效的方法。

用压迫性交谈方式，逼他说出真心话

如果你惧怕别人欺骗你，在与他交谈时，为了在有限的时间内尽可能地得到正确的信息，你不妨使用压迫性交谈方式，这是逼迫别人说出真心话最有效的办法。

压迫性交谈，即是向谈话对象提出令他不快的问题，或是将对方置于孤立状态，使他作出决断的方法。换言之，就是"虐待"对方，将他赶入不利的处境中而观察其反应的方法。在危急的情况下，一般人都会露出赤裸裸的自我，也就是说，平常用来掩饰、表现理智的面具都会脱落，最后暴露出真实的想法。

想了解初次见面的人言辞是否真实，或是他对交谈的话题是否关心，可以用压迫性交谈的方法。其中，故意与对方唱反调，是最常用的一种方法。但是，不论如何探索对方的真意，如果引起对方愤怒的话，就有可能造成负面效果。如果你认为就此与对方断绝关系也无妨，或是自信能平息对方的怒气并恢复良好的关系，那又另当别论。若是情形并非如此，就有必要慎重处理了。

因此，最好的方式是借用第三者来提出反论，以避免自己提出反论时引起对方的反感。无论如何，唱反调是使对方感到不快的交谈方式，最好只在有必要认清对方的真意或人性时才加以运用。

利用对方的心虚辨认出谎言

说谎者在说谎时往往有心虚的感觉。有时候，说谎的人只有一点点罪恶感；有时候，罪恶感会很强烈，以致露出漏洞，使对方很容易揭穿谎言。十分强烈的罪恶感会使说谎的人痛苦难当，会令说谎者觉得说谎很划不来，简直像是受罪。虽然承认撒谎会受到处罚，但是为了要解除这种强烈的罪恶感，说谎的人很可能会决定还是坦白招认比较好。

说谎者因为这种难以消除的害怕感和心虚感，将会让我们成功地辨认出谎言。

男女常用的谎言词典

有一些谎言男人张口就出，几乎不经过大脑，下面把它们列出来，以便你更直观地听出男人的谎言。

男人常用的谎言词典：

1. 其实我刚刚一直在想你。（想着你身体的温柔。）

2. 我绝对不会告诉别人。（哥们儿的人除外。）

3. 你的过去我不在乎。（如果你没做什么坏事的话。）

4. 你是我的唯一……（唯一不知情的。）

5. 我加班还不都是因为你？（跟别的女人应酬真是辛苦啊！）

6. 我还是想跟你在一起。（即使现在已经有了其他女朋友。）

7. 从来没有人给我这种感觉。（他有健忘症吧！）

8. 没有你，我会疯掉！（等到不想要你的时候，就会痊愈。）

9. 我一定会离开她的！（等你死了以后吧！）

10. 我跟她只是玩玩，我跟她之间没有爱。（他敢说，你敢听吗？）

11. 我不会做出对不起你的事。（他大概不清楚"对不起"三个字的意义吧！）

12. 相信我，我跟她已经分了。（他和另一个女人也是这么说的。）

13. 我绝对不会说谎！（但是也不会说实话。）

14. 你是唯一了解我的人。（不！你一点都不了解他！）

15. 我真的配不上你，你对我真的太好了！（男人乞求原谅的绝招。）

16. 我未婚。（在你没有看到他妻小的时候，他未婚。）

17. 这一次我是认真的！（又是他的口头禅。）

18. 如果没有你，日子怎么过？（过几天看看，他还不是活得好好的?）

19. 我下次不敢了。（下次可能还是这句话）

俗话说："女人的心思最难猜。"女人在说话的时候，大多是口是心非，让人捉摸不透。

让我们来看看下面女人常说的谎言：

1. 我们还是当朋友好了。（我不想做你的女朋友，但是你还有可以利用的价值。）

2. 我想我真的不适合你。（我喜欢的人不是你！）

3. 其实你人真的很好。（可是我不想和你在一起。）

4. 我暂时不想交男朋友。（你不符合我的标准。）

5. 我心有所属了。（那个人是我专门为你这种人虚构的。）

6. 我从来没想过这个问题。（我们根本不可能的，想都不用想。）

7. 你给我一段时间考虑。（不给我时间，我怎么溜啊！）

8. 你的条件真的很好。（可是还没好到我想要的地步。）

9. 你的温柔我会铭记在心的。（拜托，光温柔是没用的，还要有钱！）

10. 其实我一直没勇气接受你。（看到你差点吓死……哪还有勇气?）

11. 你真的很可爱。（你真的很幼稚。）

12. 遇到你，总会让我重温童年的快乐。（就像阿姨遇到小弟弟那样。）

13. 我们应该给彼此一点缓冲时间。（给你时间快滚！再不走我要翻脸啦！）

14. 别人都说你条件不错啊。（可我从来没这样认为！）

15. 别急嘛，我们可以先做朋友。（趁这个时候我再物色物色。）

16. 我觉得男女之间是真的有纯友谊的。（对，没错，我和你之间就真的只可能有纯友谊。）

17. 上次迟到真的不好意思。（先迟到给你看，下次我绝对不迟到。）

18. 亲爱的，你累吗? 亲爱的，你忙吗?（我们说说话吧。）

19. 今天上班过得太痛苦了。（问问我这一天是怎么过的。）

男人只有熟悉了以上这些"译文"，破解女人语言的密码，才不会被女人拐弯抹角的说话方式弄得糊里糊涂。

从行为上识破男人的谎言

谎言在日常生活里常常出现，我们都希望和恋人能够真诚相待，坦白直言，但是人的心理总是相对复杂的。我们虽然不能要求对方先真诚，然后再来和自己交往，但是，我们却能够通过心理学的办法来识破谎言，从而回避情感中的种种陷阱。

男人撒谎的讯号：突然对你很好

他突然对你特别好，你就要小心了。平时总是大大咧咧，连自己的生日都会忘记的他今天却突然打电话给你表示关心；一直视浪漫为虚伪的他，却突然买了贴心小礼物送你；突然陪你做他以前最不喜欢的事，或是突然陪你看他不喜欢的电影；要不然就是突然帮你烧饭洗衣，等等。这种变化一定不是空穴来风，极有可能是在消磨自己内心的不安与罪恶感。

男人撒谎的讯号：频繁地找借口

他最近经常不接听电话，三天两头就消失一回，出现后又说单位有急事又走掉了，约会迟到的现象越来越严重，总以塞车当借口，诸如此类的情况，偶尔一两次也就算了，如果太频繁，你可要当心了，他极有可能在刻意隐瞒一些事情。

男人撒谎的讯号：联络不畅

当爱情互动越来越少时，爱情之路必定隐藏危机。社会学家说，通讯科技拉近了彼此的距离，却也拉远了彼此的距离，如果他的通讯设备常常出状况，就得小心彼此心的距离是否越拉越远了。手机总是关机，家里电话总是留言状态，E－mail又常常不回，这些"通讯障碍"代表对方已经想结束你们之间的感情。

当觉察男人可能撒谎时，女人应该怎么办呢？

攻其不备，点破男人的谎言

一个人开心的时候，必然会忘形。如果一段时间以来，你都对他有所怀疑，先不要点破，按捺着不作任何反应，等他放松警惕，然后搜集证据，突然攻其不备地发难，保证他会马失前蹄，一下子无力应对，露出谎言的真相。

叫他发誓，点破男人的谎言

这个方法很简单却也很有效，大部分中国人相信发假誓后，会得到报应。当你怀疑对方说谎时，就撒娇说："我不信，那你发誓！"对方若回一句"干吗那么无聊"、"我又没做，你干吗叫我发誓"，一语带过，甚至还乱发脾气，那八成是确有其事，不然反应何必那么激烈呢？面对这种情况，你要冷静应对，你是因为爱才怀疑他，而他如果已经不爱了，甚至还用欺骗来对付你，那么你们的爱情也已经失去了存在的价值。

"抽查"他说过的话，点破男人的谎言

说谎会成为一种习惯，有些人就已经养成这种以谎圆谎的习惯，只不过，一个谎容易掩饰，不说，一辈子都无人知道，然而说了十个谎、百个谎、千个谎，连撒谎的人自己都会搞不清楚自己说过些什么。你只要随便"抽查"一件他说过的事，保证他会露出马脚，只不过在"抽查"时，要用点技巧，别让他产生戒心！

问他的朋友，点破男人的谎言

男人最典型的说谎方式，就是用许多根本不存在的借口来忽悠你，而且十之八九都跟他的朋友有关！说谎，一定会含有"虚构"的五大要件：人、事、时、地、物，而只有"人"这个要件存有线索可以追查。当他让你怀疑时，谎话一出，你立即询问构成这个谎言的当事人，十之八九都还来不及串供。另外，平时与对方的朋友"培养感情"，才会有"内线"告知你对方所言是否属实，所以，聪明的女人现在就开始拉拢"战友"吧！

恋爱中，男人会用这样的谎言"欺骗"女人

心理学家称，人是爱撒谎的动物，而且比自己所意识到的讲得更多，平均每日最少说谎25次。经过研究证明，男人与女人说谎的原因更有不同：女人的撒谎是为了让别人过得好受一些，而男人的撒谎是为了让自己看起来更好一些。

在恋爱之际，有些谎言或许并不是有心计的，我们想让对方快乐，也想让自己快乐，谎言则是免不了的。但是，不要一味用动听的谎言去迷惑和蒙骗对方，对于一些男人来说，谎言已经达到出口成章的地步，有的甚至一天不撒谎，就会嘴痒痒。在日常生活中男人常常会用这样的谎言来"欺骗"女人：

谎言一："你穿那件衣服真好看！"

男人往往通过这样的撒谎来避免与女人之间的矛盾，也害怕伤到女人的自尊心。

谎言二："我真的联系过你！"

有时候男人因为别的事情而忘记了给自己的爱人打电话，当被爱人问起的时候，他们为了不引起爱人的大动干戈，于是选择撒这样的谎言。他们认为通过这样的谎言可以让爱人心理平衡，可以减少矛盾的产生。

谎言三："我不在乎你的容貌。"

说这句话的男人一般情况下都是违心的，当两个人没有见面的时候，男人一再强调不在乎女人的容貌，因为在他们心里还存在对女人容貌的幻想。但是当一个女人的长相让他不满意的时候，他就会主动减少联系，所以这样的谎言对他来说没有什么损失。没有一个男人一点都不爱相貌只爱灵魂。

谎言四："说吧，我什么都答应你！"

男人往往一激动就会说出这句话，女人可千万不要把他的这句话当真，因为在他说完之后，他也会忘记自己说的话。当我们再次问起的时候，他会说："我说过吗，我怎么不知道？"或者说："怎么可能呢？怎么可能什么都答应呢？"或者当女人提出要求后，男人再来一句："除了这件事，我什么都应你。"此时，我们还有什么可说呢？所以不要相信男人真的什么都会答应你这句话。

谎言五："你是我的唯一。"

男人哄女人的最高明的一句话就是这句"你是我的唯一"，怎么可能？没有谁是谁的唯一，爱着的时候也不是，因为男人除了自己爱的人，还有他的父母家人朋友，女人怎么可能是他的唯一呢？他可能在某段时间对女人很好，但是当他对女人不好的时候也就不好了，一个女人怎么可能成为他一辈子的唯一呢？别以为男人对一个女人说这句话意思就是没有了这个人，他就活不下去，这不可能，他活下去的理由有很多，不只是爱人，所以，当一个男人对我们说这句话的时候我们要感激他的爱，但是千万不要信！

谎言六："我不在乎你是不是处女。"

这句话是最不能信的，男人虽然说性解放，对和他发生关系的女人说没什么，但是真正要和他结婚的，就会耿耿于怀于自己的老婆不是处女，所以当有男人跟自己说这句话的时候不要很相信。

谎言七："我一定改！"

当男人在一个女人的面前说出这句话的时候，可以相信他有这个决心，但是不要相信他可以做得到。因为一个人的某种性格，或者已经形成的不良嗜好，是不可能在一天半天改变的，他可能在某个时段会答应为一个人改，但是过了时间，他又会回到原来的样子。不要试图去改变一个男人，而是要去改变自己对他的期望。所以男人的这句话也不可以信。

谎言八："我没骗你。"

男人常常会用这句话来获取女人的信任，在女人表示怀疑的时候，他们会常常加上一句：不信你问某某某，他可以证明。这样女人就可以信任了，因为有个真实的人可以作证，实际上，男人说这个话的时候正是在撒谎，他们在掩饰内心的不安，所以用这句话来稳住自己的心，先让自己不慌乱，之后让女人信任他。

恋爱的时候，对于男人的这些谎言，实际上很多女人都具有很高的识别力，就是所谓的女人的第六感。女人的感情细胞很发达，可以通过一句话或者一个表情来判断出对方是否在说谎。若有不对，女人的"嗅觉"还是比较灵敏的，女人的大脑是多轨的，可以同时获得和分析不同的信息，但是男人的头脑就比较简单，一个时间只能处理一件事情。而且女人对于男人撒谎的内容会记忆得很清楚，所以男人撒谎时稍有漏洞就会被女人发觉。

其实，很多时候，谎言会变成一种无意识的行为，因为人下意识的会从趋利避害的角度来行动。虽然善意的谎言是无可厚非，但是建议还是用心来说话办事，或许会在当时当地会有些尴尬，但是我们总能理解真诚的心。

恋爱时听懂女人的"潜台词"

在恋爱时女人往往喜欢用含蓄、矜持的方式委婉地表现她的意图。因此，女人说话总是拐弯抹角，话中有话。很多时候男人对女人都表示无奈，因为他们不知道女人的话里哪一句是真的，哪一句是假的。聪明的男人了解了女人的潜台

词，才能知道她们的真实想法。

"我看上你可不是因为你的钱（或者是你的地位）！"

女人不傻，什么都没有，只有爱情能当面包吃啊？女人能看上我们，是因为她认为我们很有能力，是一只升值股，值得攥在手里。

"你做饭做得真好吃。"

当她这么说的时候千万别只顾着高兴，她的意思是：既然你做饭这么好吃，以后就你做好了……

"给我讲讲你和你前女友的故事，我不会生气的。"

男人若相信了这句话可就有好受的了。女人天生爱吃醋，哪怕那是过去了500年的事情，等你说完了，她们就原形毕露，要么哭啊闹啊，要么就让你干这干那，还美其名曰"劳动改造"！

"她们都说××牌子的衣服很适合我。"

没什么好说的，掏钱包吧！

"没关系，我感觉你还不胖。"

如果她真这么说了，只是不想让我们难堪，注意一下自己的身材吧。

"老夫老妻了，我不要什么情人节礼物了。"

如果这话我们相信了，也许要打扫一个月的卫生了！女人总是说归说，如果我们真不买，她会恨死我们！对这种话男人可千万别当真。

"其实，我感觉你应该有自己的'红颜知己'。"

女人绝对没有这么大方，其实她永远希望我们离所有的女人远远的（除了她自己），这样她才有安全感。如果真有个女同学、女同事给我们个电话，或者短信息什么的，她比谁都关心，一个不小心她就该"醋海扬波"了。

心 理 学

于立文 编

第四卷

辽海出版社

"垃圾桶塞满了，放不下别的东西了。"

这是女人最简单的暗示了："你把垃圾倒掉，好吗?"

"我今晚没时间做饭。"

她的真正意思是："今晚，你带我们出去吃饭吧?"

"我们好几个星期都没出去玩了。"

她想说的是："这个星期，你要带我出去玩。"

"我们需要交流。"

即："你安排好时间，和我谈一谈，好吗?"

女人的话你可以不懂，女人的潜台词你必须要知道。读懂女人心，先从潜台词开始，男女的共通语言不在表层，而在背后。有了真正的沟通才有更好的发展。

爱有时需要理性思考

《爱情保证书》有没有法律效力

恋爱中的人们为了保证两个人之间的感情能长久，可谓想尽了办法，有的人甚至用《爱情保证书》来表达自己对感情的忠诚。

王涛和陈明热恋了几个月了，两个人的感情让周围的人羡慕不已。可是，陈明的单位又传来了有同事离婚的消息，让陈明的心担忧起来。这晚，陈明和王涛约会时，向陈明说出了自己的担忧："现代人的爱情真是靠不住，我们同事刚结婚不到两年就离婚了，真是说变就变。"王涛说："你不要对我没有信心，我可以向你保证的。""保证有啥用。"陈明不在乎王涛的回答。"我写保证书给你，保证我不会离开你。""这叫什么啊?""爱情保证书。"王涛很坚决地说，并且真的写出了一份书面保证书。一年后，王涛被派往外地工作。刚几个月，王涛就在外地有了新女朋友，而陈明因为持有《爱情保证书》，对王涛也不再像从前那样小心温柔。终于，王涛回来告诉陈明，他不打算再调回来，准备在他现在工作的地方成家结婚，希望陈明理解，彼此以后还是好朋友。陈明要王涛不要忘了自己写的《爱情保证书》，还说如果王涛执意要分手，她就去法院告王涛，王涛听后很无奈地摇摇头。

这样的《爱情保证书》是不具有法律效力的，恋爱自由作为婚姻自由的一部分，是公民的一项基本权利和自由，任何人均不能以金钱的方式或通过经济制裁等，把他人限制在恋爱关系内。陈明想通过一纸《爱情保证书》的方式来限制王涛的基本人身权利，无疑违背了《婚姻法》的规定。

爱情，是自由的，绝对是个人的事，最多是双方的事，爱与不爱，爱谁，需要也不可能用一纸保证书来鉴定约束；爱情是一种感觉，刻骨铭心也好，云淡风轻也罢。或是激情倾泻一见钟情；或是细水长流日久生情……不变的，它永远只是一种表达，用言语，用神情，用相思，用行动，用思想——来了就来了，阻挡不住；去了就去了，挽留不了！山盟海誓不是它，信誓旦旦不是它，事先预订不是它，讨价还价不是它……它首先不是去获取，是付出，既非被迫，也谈不上奉献，而是一个人身心表达的需要，表达必须要表达的那种感觉……

一纸保证书又能保证得了什么。当感情不再有时，什么都无法保证。当然，重要的一点，我们要学会对他人负责。在这个世界上没有人敢保证他的爱情是天长地久、完美无瑕的、永不改变的，只是希望人们能记住一点的就是，让爱来也要让爱好好走，勉强不会有好的结果的，是你的终究是你的，不是你的再怎么挽留也没有用的！

同居不等于结婚

女人认为同居是两个人一起为走向婚姻努力，是爱情的升华。男人则认为同居是为了解决需求，虽然爱她，但自己还没有结婚计划，同居是最适合的方式。

吴静与男友同居四年之后终于分手，原因很简单，她要求结婚而男友不同意。吴静和多数女孩子一样，决定跟一个男人同居的时候，基本就已经把自己当作对方的妻子，而且憧憬着将来和对方白头偕老。她不明白，既然他不愿意结婚，为什么还和她同居？难道同居不代表两个人一起为走向婚姻努力？对吴静的男友来说，当然不是。在他眼里，同居的主要目的就是为了解决彼此的需求，他一点也不觉得自己卑鄙，他认为这是大部分男人的想法。他明白同居对男人来说，既可享受婚姻的权利，又不负婚姻的责任，这样的好事，谁会拒绝呢？

通常情况下女人们喜欢同居之后包揽生活中的一切，因为爱他，因为把同居的屋子当成了"家"。但是，谁规定我们必须要承担这些呢？我们只是他的女友，不是妻子，他口头亲昵的"老婆"完全没有任何法律效力。千万不要把自己摆在"老婆"的位子上，时刻记得你作为"女友"的所有权利。

那么同居与结婚到底存在哪些实质性的不同呢？

首先，法律意义的不同。同居是不被法律承认的一种行为，可以随时出于当事人的意愿而终止关系，对双方都具有很大的自由度；而结婚是获得了法律的承认的，是不可以随便解除关系，解除婚姻关系必须要通过一定的法律程序。因此同居到分手只能是凭借个人意愿所作出的行为和决定，而结婚到离婚是受法律保护且拥有法律效益的。

其次，涉及的利益不同。同居时两个人之间缺少共同利益，如果只打算婚前同居一年，也许不会有太大问题，如果是马拉松式的同居，日久天长，我们就会发现这种生活越来越无味，所以你永远得不断的制造那个激情，但是在生活当中你知道激情很难很难存在。所以如果共同利益出现才能继续往前走。而共同利益出现的一个前提条件是结婚，只有在婚姻关系当中才存在共同利益。

再次，情感上的不同。在同居的过程中，大多数的男人还没有一个承担家庭责任的意识，他们通常觉得自己还在围城外自由的徘徊。所以导致同居中的女人常常会有对情感的不确定性和怀疑是否有未来的担心。结婚后就不一样了，男人在心理上会有责任感，他潜意识已经接受了自己开始承担家庭责任的事实；反之，女人在结婚后，通常更有安全感和确定性，因为两个人的家庭和未来都紧紧拴在了一起。

最好，自我约束意识不同。同居中的男女情感，较婚后更自由，更不受约束，在情感抉择时更为干脆，分手更不会给他们未来的生活造成任何障碍，因此他们的自我约束意识会偏差。结婚后，男女双方出轨的成本将大大提高，出轨会让他们不仅背负着道德舆论的压力，更要承担离婚时经济上和生活落差上的风险，这也意味着他们双方自我约束的意识和能力也相对同居男女较强。

正因为以上不同，不管我们的内心有多强大，都请为自己留一条后路。同居只是一种君子协定，随时有不玩的可能。和一个人的承诺比起来，结婚证要可靠得多。

恋爱期间买房，分手如何分

有人说过"恋爱是艺术，结婚是技术，分手是算数"，虽然有调侃的成分，但是现实生活中的很多事例都说明了这一点。

留学归国的常生认识了黄英，两人彼此爱慕，很快就建立了恋爱关系，并在当年购买了一套110平方米的住宅。当时总价接近77万元，为了贷款方便，以黄英一个人的名义办理了所有购房手续。买房时出了40万元的首付，贷款30万元。一年后，两人的关系走到了尽头，那套已升值到110万元的房子让两人产生了分歧。常生说，房子是作为婚房准备的，自己几乎交了全部首付，而且每个月的房贷也是他在还，黄英只是挂了一个名字而已，他现在愿意双倍返还黄英出的那一部分钱。黄英却说，当初是常生为讨自己欢喜，自愿给她买的房子，应该归自己。黄英还认为，常生出的钱属于无偿赠与，不可能要回去。她说常生当初的确往自己的账户上转了40万元，但这其中有买车、旅游等其他花费，她自己也出了一半房子的首付，现在最多只能退一半的首付给常生。

离婚要分割共同财产，这是众所周知的。但是，同居分手后能不能对"共同财产"进行分割呢？专业人士认为，恋爱期间的财产纠纷首先要区分双方是否属于同居关系，如果属于同居关系，期间所得财产就属于共同共有财产，双方都可以主张分割。上面故事中的常生如果能证明买房时自己与黄英有至少6个月以上持续性的共同生活，那么房产可以认定为双方的共同共有财产，在这个前提下，常生才能主张房产的增值部分，否则，房屋的产权就完全属于黄英，常生最多只能要回出资部分。

如今男女婚前同居，先买房后结婚的现象逐渐增加。在买房时，双方考虑到即将结婚，所以有时对房产证上产权人是写一人还是两人并不重视，但这往往为未来的婚姻埋下隐患。

婚前买房，出资的一方有权要求在房产证上写明自己是权利人。因为按照我国现行法律规定，婚前财产各自所有，而房子权属是以房子登记部门登记材料作为行使所有权、处分权等权利的依据。婚前购买的房产如果是双方出资但只有一方姓名，则已经出资但未登记为房子权利人的一方将会在房子的处分、分割中处于不利地位。一旦双方反目，在分割财产时就难免发生争议。所以，无论是感情多好，还是谁买的房子，就写谁的名字。

如果年轻人购房时需要双方父母出资，如果出资部分属于借款性质，那就最好让卖房人写一张借条；如果出资部分属于赠与孩子一方，那就最好签署赠与合同，并办理公证或律师见证手续。无论哪一种性质，父母出资的部分钱都应尽量通过银行转账的方式付款并留下证据，避免现金交付致使空口无凭。如碍于情面不想通过打借条或是赠与的方式，还可以考虑在办房产证时约定男女双方对房产按份共有，约定份额，或是在购房合同及房产证上加上父亲或母亲的名字；或可与男方协商采取婚前财产公证的方式来避免纠纷。

俗话说"谈钱伤感情"，然而现实生活中，一旦我们觉得"谈钱伤感情"，那结果很有可能会造成"谈感情伤钱"的情况，这一点在购置婚房的时候最明显。总之，在这个多变的时代，在处理房产这类重大资产的问题上，未婚男女还是要多考虑为好。除了婚前买房应依据实际情况进行署名、每一笔资金都应留下收条和借条，来证明自己房款的真正来源是父母而非自己或其他人，另外自己的婚前财产最好能事先公证，从而把各自的财产、债务的范围、权利归属问题都在公证书上说清楚。

恋爱时送的钱物，分手后是否应该返还

金钱在爱情面前一直都是俗气的代名词，而爱与金钱却从未被人们真正的分开过。如同婚姻，除了对情感的约束与保护外，同时也是对双方财产的保护。然而，当我们相爱，当我们不分彼此，当我们即将踏入婚姻前，却因为种种原因而分道扬镳时，我们的财产与情感是否也能得到法律的保护呢？

尹楷与小乔是同学，在大二那年两人确立恋爱关系。毕业两年后，小乔怀孕了，两个人考虑到年纪尚小，不想要孩子，想以事业为重，于是小乔做了人工流产。不久，尹楷通过银行将20万元转账给小乔作为补偿。第二年5月，尹楷又为小乔购买了一辆雷克萨斯轿车，并将车辆的所有权登记在小乔名下。一年后，两人开始同居生活。同年10月，双方准备筹备婚宴，小乔拿出7万多元预订了婚宴，尹楷为此又支出10万元给小乔作为婚宴的费用。然而，之后双方的感情发生了变化，最终决定分手。尹楷觉得既然不能结婚了，他送出去的"彩礼"就应当收回。在讨要不到的情况下，尹楷将昔日恋人告上了法庭。

我国《婚姻法》不保护婚约，恋爱关系也不具有法律约束力，解除婚约、中断恋爱关系是当事人的自由权利，任何一方均可随时声明解除婚约。但是，在解除婚约、中断恋爱关系时，往往发生财产纠纷，其主要表现在遭受财产损失的一方要求对方给予财产损失的返还。由此引起的纠纷，在处理时一般遵循以下原则：

对订婚造成的财产损失，如举行订婚仪式请客送礼耗费的钱财，以及恋爱过程中双方吃喝玩乐共同耗用的财产损失，解除婚约时一般不得要求赔偿。

恋爱、订婚期间，一方赠送给对方亲友的财物，无权要求返还；订婚、恋爱期间，互赠一些财物，这可以视为一种正常的赠与关系，一方送给对方的财物，如果数量不多，价值不大，一般不得要求返还；如果财产数量多，价值大，或者遭受财产损失的一方因送礼或其他花费而导致生活困难，可要求对方全部或部分返还，若赠与物已毁损而不存在，可折价补偿。

由于恋爱关系中，财物的赠与性质比较模糊，在事后更是难以认定。因此对这种事情的解决，常常是需要当事人本着互谅的原则协商处理。一方赠与对方的钱物是复员费、转业费、医疗费、伤残费或抚恤金等，如因收受财产一方提出解除婚约或中断恋爱关系，则应返还全部或大部分；一方亲友赠送给双方的财物，一般不能要求返还；对借婚约、恋爱为手段骗取钱财的，如果情节轻微，则应给予批评教育，要求追还财物；如果情节严重，构成犯罪的，一方面要追究刑事责任，另一方面还应当补偿受害人的财产损失。

恋爱关系对当事人的人身关系并不产生任何法律上的效力，但其背后总存在着难解难分的财产关系，处理不当，便为日后的财产纠葛埋下了祸根。我们当然希望天下的有情人终成眷属，但对于涉及恋爱期间较大财物的往来，最好"给者慎为，受者三思"。

遇到"爱情骗子"应该怎么办

和直接许以利益回报的诈骗不同，许多骗子，用的是其动人心魄的"爱情催眠术"，一步步将善良而不设防的人们拖向深渊。

安迪是某基金会储蓄所的主任，31岁那年她遇到了一个风度翩翩的男人陈克寒。两人认识没多久就确定了恋爱关系。有一天，陈克寒愁眉不展，唉声叹气地跟安迪说自己的公司要做一宗大买卖，但是因为资金紧张，只能眼睁睁地看着挣大钱的机会从眼前溜走了。于是他问安迪能不能帮助自己，从基金会里挪些钱来用。看安迪表示为难，他故作痛苦地说："亲爱的，你真要为难就算了，大不了我的公司倒闭，我去南方打工。"在"苦肉计"和恋人甜言蜜语的作用下，安迪忘记了原则和制度，从基金会拿出了6万元现金帮助陈克寒。一个月后，陈克寒不仅按期如数偿还了本金，还支付了2000元的利息。获得了安迪的信任后，陈克寒开始向安迪实施连环借款计划，短短一年间，安迪已经从基金会"借"出了80万元没有归还。从此，成了大款的陈克寒再也不把安迪放在心上，他借口业务繁忙，无暇顾及"家务"，经常夜不归宿，与另外两个女人频频幽会。不久后，安迪所在的基金会在年底查账时查处了安迪挪用基金会80万元钱至今未归还，于是基金会将安迪告上了法庭……

爱情骗子们往往都是情场的高手，他们知道什么样的爱情让人神魂颠倒，什么样的浪漫让人放弃防备。所以，恋爱中的男女那些任何关于对爱情的美好希冀和遐想都极有可能成为爱情骗子行骗的切入点。那么，该如何做到防骗呢？

有自知之明

爱情骗子们往往最初给出的都是一些相当优越的自身条件，这是他们行骗的根本。所以，当对方给出一些优秀的条件去博得你的爱时，多想想对方为什么会爱上自己，到底有几分的现实可能性？自己的优点到底有没有如对方甜言蜜语所说的那样吸引人？如若存在任何疑虑，我们都要放慢恋爱的步伐，至少不应该全部的敞开自己，更不能全身心地投入进去。最好的办法是让时间给我们答案，因为骗子们往往都没有耐心。

不要被甜言蜜语所迷惑

爱情骗子惯用的伎俩是甜言蜜语，而这些都是恋爱中的人最爱听的。爱情骗子们大都有三寸不烂之舌，一件再简单再平凡不过的东西和事物，他们往往都可以说得天花乱坠。其实，再美再豪迈的语言都是空洞的，所以要想真正评价考验一个人就应该认真细致地看人家怎么做。包括他是怎么履行自己的诺言，怎么为爱情付出，又是如何哄自己开心的。如果他总是存在太多的借口，或者是在行动中说一些蹊跷的话，那么就要好好审视他一番了。

多了解他周围的人

爱情骗子尽可能地把自己伪装得很到位，但他们永远无法让他周围所有的人都替他掩饰，只要他们有任何不可告人的秘密，那么这就是他们最大的软肋。其中的方法有很多，我们可以有意无意地让他们带我们去参加他同学朋友和亲戚的一些聚会，甚至可以采取一些委婉的手段突然出现在那里。

第二章

婚姻也讲博弈论

婚前冷静思考，是避免悲剧的良药

处理好恋爱到结婚这一过程

从恋爱的开始，一直到恋爱走向婚姻，这样一个过程才能暂时给爱情画上一个句号，才能说我们的情路走得有了结果。那么，在这样一个过程中，就需要我们思考这样一些问题了：恋爱是从什么时候开始的呢？恋爱的时候都需要经历哪些阶段呢？恋爱多长时间后才比较适合走向婚姻呢？对这些问题，现在来一一回答。

对某人心动了、产生好感了，并不代表我们已经开始恋爱了。因为，这个时候只是单方面的个人感觉罢了，而不是两个人的关系确立。那么，一般情况下，我们会在什么时候恋爱呢？

其实，恋爱发生的时间与年龄并无直接关系，什么时候心智成熟了，人就会开始有谈恋爱的欲望。由于每个人对爱情的定义不同，恋爱的性质也就不同，持有的心态也不同，恋爱的时机也就自然不同了。在什么时候恋爱，主要取决于个人把恋爱看成是什么样的一种过程。

我们都说学生时代的恋情，或者说少年时候的恋情是单纯的、浪漫的、美好的，纯洁得犹如一张白纸，没有过多的杂质在里面。等我们再长大一点，恋爱会因心理和生理的变化而发生改变。在进入社会后，各种压力使我们想恋爱或者正在恋爱时，不得不考虑诸多的因素，就业、家庭、人际关系。尤其是随着工作年限的增加和经历的丰富，爱情里要掺入的杂质就会越来越多。许多人评价早恋时常会说："这么小，懂什么叫恋爱？"因为我们习惯性地把恋爱定义为"长大之后的事情"，那么什么时候才是长大呢？其实，真正地长大不能全部用年龄来定义，而是应该用心智是否成熟来衡量。而心智的发育情况不同，每个人对恋爱的定义也就不同。

了解了恋爱时间后，如果现在我们开始恋爱了，我们的感情会经历一个怎样的过程呢？有位心理学家曾写道：一段成熟的、称得上真爱的恋情必须经历四个时期，那就是共存、反依赖、独立、共生。阶段之间的转换所需的时间不同，而且也因人而异。

在共存这一时期，恋情刚刚开始，处在升温期，两人对提高亲密度的欲求最大；到了反依赖时期后，恋人开始寻求各自的空间，并相互磨合。从表面来看，亲密度似乎下降了，但是只要共存的阶段基础打得好，就能顺利度过；此后就可能迎来独立时期，两人希望对方对自己的干涉更少，能够有更大的私人空间。最后是共生时期，这就是能够一起走到最后的情侣最终达到的状态，恋人间能够相互扶持、相互理解，已经将对方看做是自己生命中的一部分，拥有和对方一起面对未来的勇气和决心，能够理智地处理彼此间的问题，并且一起成长。

但是，由于怀疑、任性、不善沟通等问题，大部分的情感都通不过第二或第三阶段，最后两人分道扬镳。其实很多矛盾只要经过好好沟通都能得到解决，互相信任，勤于沟通，这样经历第二、第三阶段的时间就会缩短，从而顺利地进入幸福的第四阶段。

走进了第四个阶段我们会渐渐发现，两个人之间可能逐渐出现了许多以前不曾有的共同点。或许是相貌上的越长越像，也就是平时我们所说的夫妻相。或许是性格上的磨合、相通，我们本来喜欢脚踏实地的人，而对方一向比较张扬，但两人相爱后，对方竟会不知不觉变成一个踏实人；他本来喜欢活泼的女孩子，却爱上了拘谨的我们，相爱后我们竟越来越活泼。或许是生活习惯上的逐渐统一，走路的步伐有点相似，说话的语气也越来越像。走到了第四阶段的真爱是难得的，并且多数是靠经营得来的。

所以，当两个人的关系已经确定后，就需要走向更成熟的道路——婚姻。很多人因为无法掌控恋爱时间与婚姻之间的关系，而走向了关系破裂，这不得不说是一件可惜的事情。

那么，恋爱多久后适宜结婚？恋爱的时间越长就一定意味着婚姻成功吗？其实，恋爱就是恋爱，不管时间多长，由于角色不变，我们终究不会获得更多的信息。也就是说，只要不改变恋爱的现状，我们是不会了解对方在婚姻中的表现的。

有一项调查显示，从恋爱到结婚所用时间的统计中，90%左右是1～3年，其中调查的恋爱类型包括一见钟情、经人介绍、自由恋爱和青梅竹马等各种情况。在这四种主要类型中，双方越了解彼此，成功率越低。另一现象是，女性比男性更喜欢恋爱的感觉，希望恋爱的时间更长，但时间长了，反而会觉得越来越不满意了。

所以，一般情况下，恋爱两年后结婚最适宜。因为结婚是一件既需要有激情又要有稳定性的事情，交往2～18个月开始谈婚论嫁比较合适，因为任何一段情感超过36个月，激情就将大大减退，这其中也有荷尔蒙的作用。两年过后荷尔蒙所产生的激情已然不多，更多的是责任和亲情以及爱的习惯。如果能在恋爱一年半左右开始筹划婚期，无疑可以在最甜蜜的时刻进入婚姻状态，从而增加婚姻的稳固性。

了解自己对于婚姻的偏好

人们因其价值观的不同，对事物的看法也不尽相同，婚姻也是如此。一个好的婚姻是什么？在每个人的眼里有着不同的概念。

有的人认为嫁个有钱的男人婚姻就幸福，有的人认为嫁个体贴的男人幸福，有的认为嫁个帅哥就是幸福。也就是说，每个人都有自己的"婚姻偏好"，所以女人在考虑婚姻大事时，一定要考虑嫁一个什么样的男人。

古语说："金无足赤、人无完人。"诚然，我们不可能嫁到十全十美的男人，但一定要嫁个适合自己的男人，根据自己的偏好选择一个最适合我们的男人。比如：想要一个有钱的人，就不要怕寂寞。如果我们害怕寂寞，就不要羡慕别人富裕的物质生活。所以走进婚姻之前我们首先必须考虑的问题就是，要嫁个什么样的人？什么样的人才适合自己？

假如婚姻一步走错，就可能步步皆错，而且将会给我们一生带来痛苦，所以一定要找个自己熟悉了解的男人才可托付终身。和自己熟悉了解的男人结婚，婚后的生活才能和谐相处。

草率的婚姻，对对方一知半解的婚姻，可能给婚姻带来很多的不便，甚至不幸。比如，婚后当我们发现对方有着自己所不能忍受的缺点时，只会使自己后悔，很有可能导致婚姻的失败，最终苦的还是自己。因此，当我们还不是很了解一个男人时，千万不要决定嫁给他，选一个自己了解、信任的男人来嫁，我们才幸福。

对于婚前男人所说的话不要太过于信赖，男人有一种天性，他为了要和一个女人在一起时，会答应女人提出的任何条件，即使女人说要天上的月亮，他也会说马上摘下来。女人不要相信信誓旦旦的男人，这样的男人往往不可靠。

有个女子嫁了个丈夫，结婚前她丈夫为了得到她，写情书，托朋友，答应她婚后俩人共同做家务，绝不让她独揽家务。并在众朋友面前说他这女友和他是天造地设的一对，是他的最佳拍档。

结果登记没几天男人便成了"将军"，老婆成了他的"奴隶"，早就把他婚前说的体贴话抛到九霄云外了，并且他还以如下理由说和妻子性格不合：

一是妻子要他帮忙做些家务，他说他成长在优越的家庭里，过惯了"衣来伸手、饭来张口"的生活，埋怨妻子不理解他。

二是妻子让他有空时和她聊聊天，他说他是那种喜欢"此时无声胜有声"的境界，抱怨妻子烦着他。

三是他工作特殊，平时已没什么时间陪妻子，妻子很想他有时间时在家陪陪她，谁料他说：两情若是长久时，又岂在朝朝暮暮，他甚至还抱怨妻子尽浪费时间，尤其难以容忍的是他喝醉了睡在大街上，妻子心疼他把他扶起来，他却说性格不合，本来他很想躺在地上，而妻子偏要扶他，直把妻子气得说不出话来。

其实这位女子的丈夫是那种只有自己需要时才需要女人的男人，她嫁了个这样不近人情的丈夫，周围的人也替她难过。

一个优秀的男人一定是说到做到，用行动践行诺言，而不是言而无信、不负责任的人。婚姻所维持的时间本来是日复一日地延长的，而且婚姻要影响我们大半辈子的生活，所以女人在婚前一定要弄清楚自己的"婚姻偏好"，睁大眼睛，慎重挑选好自己的如意郎君。

裸婚，男家欢喜、女家愁

相爱的男女感情发展成熟后，自然会决定步入婚姻，开启美好的人生之旅。可随着各种生活成本的极大提高，结婚的成本让众多年轻男女无力承受。"裸婚"一词就应运而生了，裸婚多指恋人为了情感，不买房、不买车、不办婚礼甚至没有婚戒而直接领证结婚的一种简朴的结婚方式。

由于生活压力以及现代人越来越强调婚姻的"自由"和"独立"，"裸婚"也就成为年轻一代们最新潮的结婚方式。尽管裸婚是一种爱的升华，抛开物质和世俗的负累，回归爱情本身，体现幸福的实质。可并非所有人们都能接受"裸婚"的行为。

经过调查，男性对裸婚接受的程度要远远高于女性，据网上的初步统计，有

80%的男性都赞成裸婚，而70%的女性觉得裸婚不靠谱。从中国的传统民间习惯来说，男人对于家庭来说，责任更重一些。虽然现在已经是男女平等，但是对于一个家庭来说，人们往往不愿意去面对男女平等。

买房娶媳妇好像依旧是很多人的一个思维定式，男人想要结婚就有可能面临沦为"房奴"的风险，而这个身份一旦背负，恐怕就要很多年去承受这个经济压力。爱情中单纯的女孩，往往会忽略这个压力对于男性作决定时的影响，她们更愿意认为这位先生的决定就是基于浓厚的爱情，而不是为了逃避什么东西。

曾热播的电视剧《裸婚时代》，主人公刘易阳与童佳倩两个人，谈了八年的恋爱却依然未被女方的母亲认可。但由于意外怀孕，两个人不顾一切地结了婚。由于两个人与男方的家长住在一起，从小在优越环境中长大的童佳倩，在男方传统、节俭的生活氛围中感觉到压抑，而男方家长也看不惯这个花钱大手大脚的儿媳妇。

如果说这些生活上的习惯还能适应，那婚后经济上的拮据却给甜蜜的爱情带来了更多的疲惫与无奈。因为没钱，童佳倩未能在公立医院排上号，刘易阳只得让妻子进了一家服务好、水平高、收费更高的私立医院生孩子。为了支付医院的费用，刘易阳参加了地下赛车比赛，不幸被有关部门抓住。

童佳倩生下孩子后，刘易阳为给女儿挣奶粉钱，工作上疲于奔命，忽视了老婆与孩子，加之与公婆关系的不和睦，两个人的感情一度进入危机，直到冲动地办理了离婚手续。尽管最后两人还是走到了一起，可现实中物质的匮乏的确影响了婚姻的质量。

从电视剧《裸婚时代》也可以看出，对于要进入裸婚的年轻人的家长，由于性别的不同，男性家长和女性家长的态度也有很大的差异，女方家长反对的程度远远高于男方家长。

父母都希望自己的孩子能够有一个稳定幸福的生活，尤其是女方家长，当看到自己的女儿就要与一个无事业基础、无固定住所、无物质保证的男人一起生活，怎么可能放下心呢？而对于男方的父母，男人的奋斗是一个必然的过程，如果在这样的过程中有一个相爱的人陪伴着自己心爱的儿子，为什么要拒绝呢？

年轻的女孩们，我们父母的担忧是有道理的。裸婚既然是什么都没有的婚姻，就说明现实生活状况已经是经济基础相对薄弱，我们可以承受物质上的暂时贫穷，却不能不重视对方的人品。所以裸婚更要严格挑选对象，更严格地审查对方的人品、性格等。裸婚，不是盲婚！

面对裸婚，女性朋友需要更多的理性和思考。我们不否认他是以浓厚的爱情为基础才决定进入婚姻的。事业的成功真的有可能是过眼云烟，但是对于一个人人品的认可，对于一个人性格的了解，才是你获得幸福生活的根本。

想要选择裸婚，没有问题。它远胜于为了自己的幸福去压榨父母的那些人，但是婚姻毕竟是现实的，不可能真的有情饮水饱。所以，这件事情在你进入婚姻之前慎重审视一下，想想看，由于传统文化带来的男女责任差异，有可能你亲爱的他在决定的时候，潜意识中也不排除有松一口气的庆幸。对于经济已经不作为参考因素的裸婚朋友，这时候你就更加应该慎重地去审视对方的基本素质、综合状态，这样你的选择才会把握更多一些，也才会让你"裸"得更有价值！

不同的选择，同样的幸福

早婚与晚婚，哪种更好呢？这是许多未婚男女都喜欢问的问题。但换句话说，这就等同于你问是米饭好吃，还是面条好吃一样。没有哪一个绝对好过另一个，这要看哪一个更适合其本人。选择任何一方都会有其长处和短处。

琳琳和乐乐是从小一起长大的好姐妹，从小俩人一起上学放学，甚至读大学都选择了同一所学校，毕业后又在同一所城市找到了工作。不同的是琳琳一毕业就同大学时的男友走进了婚姻的殿堂，如今孩子都已经上幼儿园了。而乐乐还是一个潇洒的单身贵族。

先说琳琳，因为结婚早，生孩子也早，琳琳现在已经从抚养孩子的劳役中解脱了出来。在之后的生活中，她能充分享受工作和个人生活的乐趣。每想到自己还要面临生孩子、坐月子，以及照顾婴儿的"重任"，乐乐现在就很羡慕琳琳。

但琳琳虽然享受目前的生活，但觉得自己的人生也有些遗憾，比如，在花样年华里，她没有谈够恋爱，也没有与单身的朋友们成群结队到处疯玩的经历。很多已婚朋友们挂在嘴边的"自己曾经辉煌的时代"，在琳琳这里是不存在的。的确，她因为早早解决了家庭问题和经济问题，获得了比较稳定的婚姻生活。"但是，既然早晚都要过婚姻生活，何不趁着年轻多享受享受自由的青春岁月呢？"有时候琳琳也会这么想。

再说说乐乐，乐乐现在在外企的工作稳定，而且还有晋升的机会，工作日乐乐高效率的工作，到了周末，她或是享受一个人的咖啡书香，或是约上好姐妹一起疯玩，日子过得既充实又潇洒。乐乐自己认为，对于她这种追求自由的享乐主义者，她对自己现在的生活基本上满意，可是毕竟乐乐年岁也不小了，但是每当被家人或是朋友问到自己的婚事问题，乐乐就有些郁闷了。

从琳琳和乐乐的心理上我们可以分析出，早婚，女人在心理上会产生归宿

心理学

第五篇 可怕的男女心理学

感。而早婚往往生孩子也比较早，不仅健康状况比较好，产后恢复起来也比较快。等孩子到了进幼儿园的年龄，妈妈可以没有后顾之忧地全力投入工作，而且因为年轻稍加努力就可以跟上社会的发展步伐，更容易找到适合自己的工作。

女人等到年纪稍大一些再结婚，也有很多好处。比如，女人对这个社会了解得多一点，在婆家就不会吃闷亏；另外，女人能把自己在社会生活中学到的经验，用于家庭关系的调整和维系，更好地适应和经营婚姻；最重要的是，年纪稍大一些的女人更能够看清楚男人的真实面目，而不会看走眼嫁给一个非常差劲的男人。

事实上，早婚与晚婚其实是两种生活方式的选择。如今这个时代，推出所谓的"适婚年龄段"似乎没什么意义了，因为大家都根据自身的状况和取向来决定结婚时间。

不能为了结婚而结婚

为了结婚而结婚？这听起来似乎是所有结婚理由中最让人琢磨不透的，那么，什么样的人会为了结婚而结婚？又是什么原因促使他们作出结婚的选择呢？

俗话说得好："男大当婚女大当嫁。"适婚男女们如果到了一定的年龄还不找对象，家长就会变得很焦虑，尤其是观念比较传统的家长甚至可能对儿女们进行逼婚；有些人在经历了种种困难之后，渴望稳定的生活，所以跟对方短短相处了一段时日，就草率结婚了；也有些人经历了感情挫折，对感情失望。他们错误地认为婚姻里爱和不爱应该是一样的，从而盲目走入婚姻。

这些人迫于现实的想法和压力，草率地走进了婚姻的礼堂，开始了婚姻生活。他们婚姻多半不是建立在爱情的基础之上，而是为了结婚而结婚才进入了婚姻。幸福的婚姻建立在爱与被爱的基础之上的，为结婚而结婚成就不了美满、幸福的婚姻。

杨丽跟丈夫结婚三年了。结婚前，他们对彼此的了解都不多。两人认识的时候，杨丽已经33岁了，她老公也快40岁了，都是受够了家人催婚的人，彼此都对婚姻有很急切的愿望，所以他们很快就结婚了。

在结婚以前，杨丽听别人说她老公很孝顺，没什么脾气，很知道心疼人，而且工作稳定。她觉得有这些就已经够了，自己在婚姻里应该不会太委屈。可是，结婚以后两个人在一起过日子，才发现事情并没有想象中那么简单。她老公是一个很敏感的人，也特别爱吃醋，对她过去的男朋友的信息都很在意，甚至连她手机里一些男性朋友的电话都要统统清除。

在与老公结识以前，杨丽交往过三个男朋友。尽管后来都分手了，但是彼此之间也没有闹得太僵，见了面还是会打个招呼，平时也会在一些公共的场合碰面。如果不巧她见到前几任男友的场面被老公遇上了，他就好像捉奸在床了一样的气愤，甚至还威胁前任男友，让他从自己老婆的生活里消失。

她老公总是疑神疑鬼，一旦杨丽接到了男性朋友的电话，不管对方是谁，他都会抢过电话，对着电话破口大骂。有一次，杨丽的老板打来电话，希望她能赶往公司处理一些紧急事务，可是她老公依然没有放过发泄的机会，把她的老板骂了一通，害得她差点失去工作。

他总害怕她出去跟别的男人勾三搭四。杨丽总是跟他争吵，甚至提出了离婚。可是每到这个时候，老公又像是知道错了一样求她，说是因为自己太在乎她了，所以才会那样的。双方的父母知道了以后，也从中做了协调。可是杨丽总觉得自己跟老公之间隔得东西太多了，他们的婚姻注定不会太长。

因为婚前没有过多的了解，感情上也没有相互磨合，所以杨丽的婚姻生活过得很不开心，甚至可能出现离婚的悲剧。在生活中，类似的例子不在少数。女人在承受过多压力的时候，希望找到一个依靠，这本身并没有错，错的是对这个依靠表现得太急切，行动也过于迅速。

婚姻跟爱情不同，爱情强调的是一种感觉，相对来说不够稳定，而婚姻强调的是一种理性，一种稳定性。婚姻需要爱情的支撑，同时也需要一种责任的束缚。但是，为了结婚而结婚的人，在婚姻中没有爱情作为基础，甚至两个人可能都不能做到充分的了解。有些人在别人面前表现得很好，但是回到家里就会变成另一番模样。所以，有些人适合做朋友，有些人适合做爱人。

两个人在一起生活，并不仅仅是柴米油盐酱醋茶的琐事，还需要精神上的交流。如果婚后连对方想什么都不知道，那么注定了不能很好地沟通和交流，也就不可能做到充分的理解和包容。如果精神上的交流都不能做到圆满，那么婚姻生活也就没有什么幸福可言了。

3F 男人让女人更幸福

现代婚姻观认为，爱情的国度里流行 3F 男人，何谓 3F 男人？当你的身边的男人身上闪耀着这样的性格亮点：Funny（风趣，能够在不同场合表现出自己的性格魅力）、Fearless（大胆，敢于尝试，敢于对爱和工作都勇往直前）、Foreign（洋派，工作之外，他可能是老外的标准做派），那么他就已经被打上了"3F 男人"的优质男烙印，成为爱情市场里的抢手货了。

3F，跟金钱和地位没有关系，有的是个性特质和额外奖赏，聪明又坚持，大部分女人都不介意爱上这么一个男人的，他们能带来开心和浪漫。

风趣

风趣是最缺少不了的，日复一日的生活还有工作带来的压力让女人更想拥有一个有趣的情人。女人都希望找到这么一个能带给自己开心和浪漫的男人做自己的爱情伴侣。

张峰就是凭借自己的风趣抓住了爱情。某天，他在街上偶遇一美女，目测身高168厘米，腿足足就有110厘米，在紧身的弹力牛仔裤的包裹下，那腿部的线条直接就把他击晕了。眼看美女就要走掉了，就是找不到搭讪机会，没有钱包掉在地上，甚至连一张纸片都没有，不能再拖延了，结果他冲上前去脱口而出："小姐，这块砖头是你掉的吗？"美女愕然之后大笑不已，张峰也就凭借这样风趣的搭讪敲开了爱情的大门。

大胆

3F男人的大胆，不同于那些热血盲目青年，就想着到哪里喝个大醉，或者在健身室里练就肌肉块块起，而是不轻易放弃，对于光怪陆离的社会，总有自己的一些坚持。3F男人的大胆，还是一颗舒适生活里不安的心，促使他们去探索生活中更深层次的快乐。

小S就公开地说："大S谈过太多让她变成'宅女'的感情，无论是蓝正龙还是仔仔，没有男人可以陪她去做她想做的事情。只要一恋爱，他们就成天待在家里。"如果你找的爱情伴侣缺乏大胆的创新意识，那你也只能陪他这个宅男一起宅下去。

洋派

3F男人的洋派，是工作之外，懂得花钱去享受一些舒展的生活方式，比如参加派对、品尝美酒、参与网球或高尔夫球活动、偶尔到私人会所、郊外晒太阳、邀约朋友外出度假，等等。他们喜欢的女人也同样会享受生活，而不是独处时就顾影自怜，或是宅在家里大门不出。许多女人都喜欢男人潇洒的洋派生活作风，认为它是浪漫、潇洒的最佳体现。找一个这样的男朋友，爱情生活中充满了惊喜，幸福在不经意间弥漫。

金龟婿已经过时了，在这个生活压力逐渐增大的时代里，能给女人带来内心的幸福才是女人真正需要的，而3F男人正是具备了这样的幸福潜质。但是女人，要想征服一个3F男人，你也必须具备3F气质，才能和他找到共同语言，才能长久留住他的心。

婚前检查很重要

现实生活中，经常会有女人抱怨：结婚之前什么都好，结婚以后男人就好像变了一个人一样。有的女人自以为在婚前对男人进行了严格的考验，可是婚后还是会出现"看走眼"的现象。这种情况难道就不能避免吗？如果我们在婚前用心检查以下几个方面，就可以将"次品男"从我们的爱情里淘汰出局。

是否有严重家族遗传疾病

家族病经常是间歇性的，有的很多年都不会发作，有的是经常性的，可是因为没办法预料，就只能整天的担心着。

有一篇名为《假如还有明天》的文章中曾写道：父亲患有遗传性心脏病。在他们家，每一代人中都有人在吃饭、睡觉或者走路时毫无先兆地猝然死去。父亲没有把这件事情告诉母亲，因为怕她担心。

几年后，灾难还是发生了。父亲在加班的时候，传达室的人突然喊他接电话，并说是家人打来的。父亲心头一紧，脸色惨白，只朝前走了几步就倒在了地上。母亲赶来的时候，父亲的身体已经冷了，他的脸因恐惧和绝望而扭曲着，双眼不甘心地睁着。医生告诉母亲：亡者死于心力衰竭。

就如同故事中的母亲一样，女人若找了这样的男人做丈夫，恐怕只能整日承受折磨。而且，家族病会遗传，悲剧很可能会在孩子的身上重演。

是否有暴力倾向

电视剧《不要和陌生人说话》中，在厦门担任胸外科专家医生的安嘉和因为有暴力倾向、曾将自己的前妻打到腿骨骨折，前妻不堪毒打，被迫自杀。后来，他又跟梅湘南结婚。同样的悲剧再次上演，他不停地毒打梅湘南，一次又一次地伤害她却又不肯放她走。软弱的梅湘南不想破坏婚姻，总是忍耐，可是她的忍耐只会让她更加痛苦……

安嘉和代表的这类男性，他们有着斯文的外表，在外人面前表现得很儒雅，可是回到家里就会对老婆拳打脚踢，上演家庭暴力的情景剧。

在婚姻问题上，有的女性往往迫于社会与家庭压力，在没有与男友经过长时间的相处就草率结婚。这样快速地走进婚姻虽然解决了终身大事，却也可能为后半生的生活埋下隐患。男人是一件很复杂的"商品"，如果没有经过仔细的斟酌和考验，我们很可能会被表面的"好商品"所蒙蔽。

选择一个男人，就是选择一种生活方式

婚姻是一场华丽的冒险，如果你选对了陪同你的那个人，那么一路上将会风景无限好，否则与一个不幸的男人共度人生，人生旅途将会失色不少。所以，一定要慎重的选择将陪你度过终生的那个人，别再犹豫了，嫁给那个爱自己的人吧！

尘世中，我们常因"爱我的人"和"我爱的人"而困惑，如果有一天，要我们在他们二者之间选择其一时，我们会选择嫁给谁？我们可以从下面这个故事中得出答案。

金悦嫁给了一个她爱得死去活来的男子，生活得很辛苦。每天金悦会为丈夫打理好一切，不让丈夫操心家务和孩子。她总是挖空心思地讨丈夫喜欢，买高档化妆品打扮自己，参加各类才艺培训，进行各种健身运动，变化着花样让丈夫欣喜。可是，她丈夫心安理得地享受她给予他的一切，却并不在乎金悦的感觉，每天都很晚才回来，对金悦和孩子不闻不问，对于金悦的卖力付出也从没有一句赞扬，仿佛金悦是个没有感觉、没有思想的家政服务器。

去年金悦的丈夫升职了，成了公司的部门经理，这下可好，三天两头不回家。金悦这回一下子完全崩溃了，每天以泪洗面，生活根本没办法打理，想离婚又放不下他，真是苦不堪言。相反，金悦大学同学阿敏当年选择了她不爱但却爱她的人，当时金悦笑她懦弱，可8年过去了，阿敏的老公一如既往地体贴她、呵护她，现在谁见了阿敏都说她是个幸福的小女人，而阿敏自己也这样觉得，每天轻轻松松、春风满面的，工作也越来越称心如意。

作为一个女人，我们爱上的男人，他却不是那么爱自己，即使结婚了，他只会享受我们的爱和付出，并不会在乎我们为他所做的一切。他会认为你为他做再多的事都是应该的，他甚至会认为他跟我们在一起，就是对我们最大的恩赐。这样的婚姻怎么会让女人幸福呢？

爱应是双向的，虽然说爱一个人是欣赏对方的优点，也包容他的缺点，完整地接受，而不是要求对方完美的表现。但是，对于一个任凭我们用多少热情、多少柔情也感化不了的人，我们还能指望他会心疼、爱惜自己吗？当我们所付出的一切都没有回报，所有的欢乐与痛苦都要一个人默默地承受，试想，这样的单恋

是我们想要的吗？

婚姻和爱情的最大不同点就是，爱情仅靠感情就能维持住，而婚姻不仅需要感情，还需要很多实际的东西，比如说经济基础，比如社会认同，等等。爱情是婚姻的前奏，婚姻是爱情的归宿，爱情可以慢慢培养，但嫁人就是要嫁对你好的。

女人嫁给一个爱自己的人是幸福的。在他的面前，我们可以肆无忌惮地撒娇、扮痴；我们可以任性地做任何自己想做的事；在他面前我们可以尽情地放任自己，我们可以不修边幅。因为无论如何，他都会迁就和包容我们。

当我们爱一个人时，会因为他的开心而开心，因为他的悲伤而悲伤；会挂念着他的衣食住行；我们会爱他的全部，包括他的缺点；我们常常会不自信，会担心自己配不上他，而不断地改变自己，努力使自己变成他所喜欢的样子。这样的生活太累了，女人的身子本来就娇嫩，怎能经得起这样的折腾？

当爱与被爱实在难以调和时，请记住：

嫁个他不爱你，而你爱他的，谓之下策；嫁个他爱你，而你不爱他的，谓之中策；嫁个他爱你，而你又爱他的，谓之上策。愿你有足够的幸运，获得至死不渝的爱情。

婚姻定好位，爱才有地位

婚姻不是包治百病的灵药

很多人认为，结婚后男人就会变得有责任心，会改掉婚前的一些坏毛病。实际情况是这样的吗？

和巧云交往一年多的男朋友突然向她求婚，而和心爱的人喜结连理是巧云的心愿，所以她爽快地答应了男友的求婚。但结婚前几天，巧云才发现男朋友有乱花钱的习惯。刚开始约会时，巧云认为男朋友是为了自己才舍得花钱，而且赠送名牌服装和首饰也是讨好爱人的常见手段，不值得奇怪，但到男朋友家后，巧云才发现男朋友家里有很多东西都是凭一时冲动购买下来的。

当她发现连厕所里使用的拖鞋也是名牌时，巧云感到有些诧异。男朋友的父母不是富翁，他本人也只是个平凡的上班族，有着挥金如土的消费习惯的确让人难以理解。

经过巧云的了解，才发现男朋友没有一点积蓄。在巧云面前，男朋友信誓旦

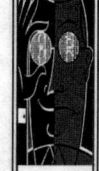

旦表示今后一定会改掉浪费的坏毛病，而且周围的人也帮他说好话，最后巧云相信了男朋友的承诺。

但结婚不到两年，巧云就背上了沉重的精神负担，甚至每天都有想离婚的冲动。结婚后，丈夫浪费的毛病不但没有改掉，反而变本加厉，债台高筑，两人也不得不从原来的年租房搬进了月租房。在结婚之前，很多亲戚朋友都说："结婚以后，男人就会改变。"因此巧云开始埋怨曾经为 0 丈夫辩解的亲戚朋友。

一个女孩打算和男朋友结婚时，她的妈妈在答应这门婚事之前，问了她女儿一个问题："我只想问你一句。你认为结婚以后，他有没有需要改变的缺点？如果他的习惯、能力和人品没有任何改变，你还会一如既往地爱他吗？如果你敢保证不后悔，我就同意你们的婚事。"

当时，她不知道该怎么回答，但考虑了一周后，她确信自己不会后悔，所以明确地告诉妈妈自己决定结婚。如果上面提到的巧云，也有这样明智的妈妈，或许她就不必承受那么多痛苦折磨了。

很多人把婚姻当成了包治百病的良药，总认为只要结了婚，不喜欢儿媳妇的婆婆也会变得和颜悦色，花花公子也会疼爱糟糠之妻，天性冷漠的人也会产生家庭责任感，但这些期待如同海市蜃楼，不可能变为现实。不喜欢儿媳妇的婆婆，一定会想方设法地折磨她；花花公子永远都会放荡不羁；没有责任心的男人注定会毁掉你的幸福。

对一个女人来说，婚姻的确是人生的分水岭，但婚姻并不能消除潜在的危机或让人改过自新。如果在结婚前发现了某些问题，就应做好包容这些问题的心理准备。我们不提倡因为一点问题就要放弃婚姻，但看清了问题的婚姻和糊里糊涂的婚姻有着天壤之别。

很多女人一旦确定了结婚的对象，就会变得非常敏感，但很少把发现的问题摆到台面上来处理。她们认为，结婚是人生大事，不能为"小小"的问题而选择放弃，但有些小问题会逐渐变成大问题。当结婚的对象有浪费的毛病、性疾病或者家人不太友善时，如果幼稚地认为结婚后一切都会好转起来的话，那么这些看上去不大的问题，会让你在婚后付出惨痛的代价。

如果结婚的对象有很多让人无法忍受的问题，那么最好不要固执己见地跟这样的男人结婚。如果非结婚不可，那么就必须做好心理准备，事先制定好相关的对策。如果遇到讨厌儿媳妇的婆婆，就应该有决心放下自尊和她相处三年，要不然就放弃结婚的计划吧！

虽然我们应该知道婚姻不是包治百病的灵药，婚姻不仅不能解决所有的问题，反而会在琐碎的生活中引发更多新的问题。但是不要担心，只要我们为自己的幸福着想，协调好这些问题，还是能在婚姻中得到幸福的。

理想和婚姻并不冲突

很多人都认为婚姻会消磨掉一个人的意志，使人变得没有理想，没有追求。虽然婚后人们会被婚姻中的琐事所牵绊，但不会因此而失掉自己的理想。

如果婚后有一个经济实力强又能体谅人的丈夫，对于妻子来讲是最有力的靠山。父母本来就比较希望得到子女的回报，有了靠山再好不过了。不管方法和过程如何，总之婚后实现梦想的女人很多。就算不是丈夫全力支持，至少婚姻可以带给你经济上和精神上的安定感，对女人来说这是一项莫大的帮助。因此，热情而多梦的年轻人，没必要以影响工作为理由，执意要选择单身。如果你不放弃自己的梦想，能够坚持为梦想而努力奋斗，那么婚姻的力量反而更能让你成为快乐的职业女性。当然，结婚生了孩子的女人再去工作，这是一件十分困难的事情。但是，事业和家庭是两个不同的领域，因此，家庭生活也不会像人想象的那样难以忍受。学习的时候，如果能够交替地使用右脑和左脑，就会减轻你的疲劳，更有利于长时间集中注意力。因为，左脑和右脑在学习中所使用的能量有区别，因此，虽然是一直处于学习状态，但实际上相当于让另一半大脑休息。家庭和事业也是一样。好的婚姻不是人生的坟墓，而是和有实力的同行者一起共同实现梦想的契机。

文慈一直想考取一个自己感兴趣的资格证书。但是，这本来就是一个很难通过的考试，因此，她屡次失败。一直到毕业的时候，她都没能通过考试，最后在一家公司找了份工作。一找到工作，她就觉得梦想离自己愈来愈遥远了。这样过了几年后，她结婚了。丈夫人很好，而且年薪也很高。文慈终于结束了公司生活，重新投入到学习当中。周围的人都说："你丈夫薪水那么高，你可以工作到生孩子之前，之后就当全职家庭主妇，何必结了婚又开始学习呢？"没过多久，她就通过了梦寐以求的考试，也找到了自己喜欢的工作，现在生活得更加愉快。她虽然已经结婚，但还是经过努力的学习考取了资格证书，人们都说她是因为结了婚，才会通过考试的。"不管是做什么事情，投资都是很重要的。其实，我结婚前也想好好地学习，但是，不论从时间上，还是从物质上，我的条件都不允许。父母认为我已经大学毕业了，应该赚钱养家。我只能拿剩下的一点钱，想去听课，又不能去上昂贵的课程，又没钱买好书。不过，结婚后情况就完全改变了，丈夫成了我的后援军。我可以没有负担地投资学费和书费，同时，我把这种投资当成是为了家庭而做的投资，也觉得心安理得。如果没有结婚的话，我可能还在做那件不喜欢的工作呢！"

对于文慈来说，婚后丈夫为她实现自己的理想提供了后援。后援的意思不就是财力吗？从物质和精神两个方面帮助了你，也就是相当于从物质上帮助你，所以让你的心中没有任何顾虑，对于女人来说这是第一位的。另外还要考虑以下几方面：

首先，一定要找一个能与父母有良性互动的男人。如果是过分顺从父母，从来不敢违背父母之意的男人，不论他条件多好，都不能选择他。就算和实现梦想没有什么关系，仅仅是想找个好老公的女人，都应该远离这种男人。就算丈夫再能够体谅妻子，当公公婆婆不能理解你而给你压力时，如果丈夫一点影响力都没有的话，那生活还是会很痛苦。在你真正开始做事之前，你就会先被这个家庭关系给打败。

其次，男人要有兴趣和志向。男人和女人不一样，如果是一个没有进取心的男人，很难默默地支持妻子走向成功，困难的时候，他会先放弃梦想。当然，如果有进取心，又很大男人主义的男人，那应该只会盼望你好好待在家里做个贤内助吧！

再次，勤快的男人才有可能成为真正的后援者。不论其他方面性格有多好，如果他不愿意分担一点家庭琐事的话，很难成为有发展的同伴。一个人全职来做都不容易做好的，就是家庭琐事。能一边做好自己的工作，一边打理好家务的女人更少，同时也不应该这样。当然，如果是丈夫能力特别出众，可以请个佣人来做家务，那就另当别论了。

最后，最重要也是理所应当的是，他必须有支持妻子的意愿。现在还是有很多男人，希望下班回家后，能看到妻子准备好晚餐等他回来。如果两个人都要工作，那丈夫想要的必定不是"工作的妻子"，而是一个"能赚钱的妻子"，如果条件允许，他们都希望妻子能留在家里当个全职的家庭主妇。在这样的现实情况下，如果找到一个真正会因为你努力工作而为你开心的丈夫，那么，你就是个幸福的女人了。

所以说只要我们找到那个支持我们的人，并处理好理想和婚姻的关系，婚姻并不是埋没理想的坟墓，反而是我们实现理想的坚强后盾。

道不同的男女，更和谐

单身男女在找恋人时，总是倾向于与自己志同道合的人，他们认为有共同兴趣爱好的恋人之间更容易交流。其实，他们不知道，那些兴趣与我们全然不同的人，同样也有可能成为我们的灵魂伴侣。

婚姻专家认为，不同兴趣爱好的人们之间更能产生触电的感觉。因此，我们要想找到自己的灵魂伴侣，最好到那些兴趣爱好与自己完全不同的人聚集的地方去。也许我们不能立即找到自己的灵魂伴侣，至少我们会开始体验到对异性产生更多的感觉。将因此变得更加令人赏心悦目，让人渴望得到，而我们自身魅力的增加又将使你更有动力继续找寻灵魂伴侣。

尽管古语说"道不同，不相为谋"，对兴趣爱好相同的恋人们来说，尽管拥有共同的话题，他们之间的话题只限制某些特定的方面与领域，因为他们所共同熟悉的内容，两人各自认为有道理，则有可能发生争执。

不同兴趣爱好的恋人们，由于各自在不同的领域有着独特见解，而对方对此却几乎一无所知。这样，双方都会对对方擅长的知识及观点，产生仰慕、欣赏的心理，这样，在相互欣赏心理的促使下，从而在两人之间碰撞出爱的火花。

勇与露是两个性格与爱好完全相反的人，但他们却是一对甜蜜的情侣。他们的朋友常常会发出感叹地问他们："你们是完全不同类型的两个人，怎么就走到了一起，而且还如此幸福呢？"

每当这时，勇与露总是对视一笑，然后说："就因为我们爱好不同，我们才没有什么可发生争执的。"朋友们依然是不解，当然也流露出不信的表情，他们便不再解释。事实上，勇和露结婚一年多来，相处得的确很好，很少发生争执。

勇是一个公司的项目经理，他性格外向，喜欢体育活动，工作之余常常出去与朋友打篮球。而露是一个杂志社的编辑，她性格内向，喜欢一个人安静地看看书、写写字、听听音乐。

平时两个人聊天时，勇就给露讲自己今天遇到了一个什么客户，出现了什么情况，自己是如何处理的。这对单纯的露来说，真是新鲜，自己在杂志社除了看稿子，难得遇到此类事情。露有时也会告诉勇自己的文章又发表了，然后拿给勇看。勇从露优美的字里行间，看到了她内心敏感的一面，会更加疼爱他。

当电视的体育频道有比赛播出时，露开始总是一个人躲在卧室里上上网，看看书。而这时总能听到勇在客厅时一阵叫好的声音，有一次，她终于忍受不了勇的兴奋，走了出去。刚想发脾气，勇看到她走了过来，忙招呼她一起看。露只得忍住气愤坐下，勇知道她不懂，边看边作解说员，从比赛规则到某个队员的特点及个人经历，说得头头是道。露这时才发现，身边这个男人知道的真是不少，而自己对此却一无所知。从此，对勇产生了崇拜之情。两人随着了解的加深，越来越发现，对方值得欣赏的地方越多，因而感情也与日俱增。

男与露的幸福婚姻，正是建立在因不同的兴趣爱好而产生了相互吸引和欣赏，感情越来越甜蜜。单身的人们，要想找到你的灵魂伴侣，你一定要去那些热衷于某些事情，而这些事情是我们根本不想去做的人常去的地方。

只有当我们去一个新的地方时，才有机会拓展自己的新领域。我们会为那些与我们兴趣截然不同的人所深深地吸引。我们会因他们的出现而兴奋。而这是我们与同类人在一起时绝对不会产生的感觉。

如果你不喜欢跳舞，那么就去上舞蹈课，或者去舞厅跳舞，再或者参加业余舞蹈比赛。如果你不喜欢出去吃饭，那么从现在开始多出去吃饭吧！

如果你不爱运动，那么从现在起就开始去当地的运动场馆，参加体育活动吧。如果你不喜欢去学校，那么参加一些晚间补习班。如果你不喜欢阅读，那么开始逛逛书店或者到图书馆里坐坐。

尝试新的事物实际上赋予我们更多的能量，使我们看上去更具吸引力。单身的男女们在找伴侣时，不要将目光锁定在与自己兴趣爱好完全相同的人身上。要想找到心爱的伴侣，就要敢于尝试做新的事情。

现代婚姻，还需要门当户对吗

一提到门当户对，我们很容易想起旧社会中，男女婚配讲究双方的社会地位和经济地位状况相当，这种的旧式婚姻制度下的门当户对，给许多有情人造成了不幸，也造成了许多恋爱的悲剧。实际上门当户对在今天仍有一定的积极意义，是保证美满婚姻的一个前提条件。

小文和小凯是大学同学，两个人在学校时谈起了恋爱，难分难舍。但毕业后，双方的父母却不同意两人在一起，因为小文家境较好，从小娇生惯养，而小凯则家境贫寒，家庭负担较重。然而两人还是坚持结了婚，可是婚后的琐碎生活让他们的爱情受到了严峻的考验。他们虽然有很多相同的东西，可以一起分享快乐和忧愁，但是，他们有更多不为人知的不同。比如挤牙膏的方式，一个从底部，一个从中间，为此吵了很多次。虽然听起来都是些鸡毛蒜皮的小事，但这样的不和谐多了以后，两人终于意识到，是幼年的生活背景造成了他们不同的生活习惯。而不同的习性只会让一方包容或者隐忍，或者双方都变得不客气。相同的性情使两个人滋生了爱慕和吸引，而相同的生活习惯和思维方式却是两个人不分开的保证。小文和小凯在生活方式和思维方式上的不同注定了他们只有以分手告终。

在这里，我们所说的门当户对是指双方家庭的为人处世、文化素养和家教家风要相近。前两者决定着一个家庭的家教要求，长期的家教又会形成家风，家风会培养形成家庭成员的基本素质及人生价值观。而素质的优劣、人生价值观的不同，反映在对人对己对事的态度不同，甚至会全然相反。爱人之间的相处，离不开对人对己对事的态度，感情融洽与否，婚姻美满与否，寻根究底，都有一个门当户对的问题。

"百年伉俪是前缘，天意巧周全"，什么层次的人，上天便给他配什么层次的伴侣，所以两性之间得以保持整体稳定。现代社会，露西爱上杰克只是好莱坞电影工业一手炮制的童话。正因为是人间难得几回见的童话，《泰坦尼克号》的爱情故事才赚得了无数男女的眼泪。

所以，女人在选择婚姻时，千万不能无视父母门当户对的意见或者建议。父母经历了生活的磨砺，才沉淀出更多的人生经验，他们把眼光投到了现实中更具体的层面，而不是风花雪月的爱情。幸福的婚姻，男女双方有相同的生活习惯，相同的精神追求与交流，才可能成就一桩幸福、高素质的婚姻。坚持爱情可以超越一切，而无视门当户对的劝告，会为日后的婚姻生活埋下苦果。

面对父母反对的婚姻，何去何从

俗话说："情人眼里出西施。"的确，恋爱中的人，眼里看到的都是对方最好的一面，即使发现有缺点，也觉得是可爱的。当父母表示反对或者提出异议时，我们总认为父母的经验都是偏见，不顾父母的反对，"赌气"似的去结婚。殊不知，当我们满心以为自己找到了不错的归宿，不幸的婚姻往往由此开始。"不识庐山真面目，只缘身在此山中"，在婚姻这件事上，父母比我们更能够客观冷静的思考，他们积攒了几十年的人生经验，并且充分利用这些经验，预测子女的选择会不会幸福，如果他们觉得不对，就会毫不犹豫地提出反对，即使这样会遭到子女的冤枉、指责甚至冷战，他们也一样会这么做，因为，我们的父母，实在是这个世界上最最关心我们幸福的人。当我们对另一半的选择遭到父母的反对时，不要急着反抗，静下来想一想，究竟是什么地方出了问题。

可云在一次校友联谊会上认识了后来的男友，当时可云读本科，男友是硕士，相貌上看，他们也很般配。俩人毕业后，便商量着结婚。可云的母亲从一开始便不赞成他们的恋爱，苦口婆心地劝她："这孩子本性并不坏，但你们俩从小是在不同的环境里长大的，你不了解努力拼搏从农村挣扎出来的他，骨子里藏着的欲望和性格上的缺陷。"而可云认为从农村出来的男朋友有志气、上进，又能吃苦，听不进母亲的劝告，坚持要结婚。

真的到了男友农村的家里，可云才明白，自己把婚姻想得太简单了。有一堆老乡满脸堆笑地请他办事，男友也推脱不开，几乎有求必应；吃晚饭，嫂子洗碗便跟可云说："这两天的碗就我来洗，以后只要你在就你洗了，平时你们不在家，家里大大小小的事都是我和你哥在忙活。"晚上，公婆给他们训话，说下半年就要搬去和儿子一起住，男友满口答应了，其实家里的房子并不宽敞，可云家里还有个妹妹未婚，根本住不了那么多人。可云表露出反对的意思，公婆立刻沉下脸来……

可云忍不住心里的委屈，第二天就坐上火车回家了，男友没有安慰她，而是认为这些都是她应该做的，俩人大吵了一架，男友先提出了分手。

就像可云这样，年轻女孩在谈恋爱时都不愿意受人摆布，特别是不愿意听父母的话。父母越是反对，反而越是坚定自己的选择是正确的，等到真的迈进了"围城"，最初的激情浪漫已经退去，只剩下柴米油盐的平淡日子时，慢慢了解了对方，也看清了自己，这时候才知道父母当初的劝告不无道理。

听听身边有多少女人在感叹"当时真该听妈妈的话"、"那时候为什么不阻止我"，父母的人生阅历比我们丰富，当我们被爱情迷昏了头，他们往往能一眼看出两个人不协调的地方。多听听父母的意见，不要因为任性而盲目地反抗父母的劝告。

常听步入婚姻的人说："结婚并不只是两个人的事，而是两个家庭的事。"的确，一纸婚书联结的不只有两个新人而是双方家庭十几个人，首先就是双方的父母，就算小两口如胶似漆，如果翁婿之间、婆媳之间、双方家长之间不能和睦相处，原本幸福的婚姻也会走向不幸，为自己也为家人，三思而后行。

爱情的生命力有限，理智开启婚姻之门

离婚率暴涨的今天，很多离婚的人在当初走上红地毯时总是想着从此携手一生，一旦面对惨淡的结局，大家常常埋怨"遇人不淑，所托非人"，那么我们为什么不在开启婚姻之门的时候就理智一些呢？

须知，婚姻不是机会的产物，机会主义婚姻只会成为爱情的粉碎机。在情火炽烈之时，不假思索便作出结婚的决定，这份爱情的生命力便很值得怀疑。时光、人事变迁，情浅爱尽，这其实也正是离婚率越来越高的罪魁祸首。机会主义婚姻只会成为女性的囚笼。家是两个人的宫殿，但它的琐碎湮没了女人。它通过一些细小的事件让女人感受到一种虚无的存在。网友木鱼的遭遇为许多女性敲响

了警钟。

木鱼在大学时可谓是风云人物，她长相出众，个性开朗大方，多才多艺，经常在校内大型演出中一展风采，是很多男生追求的目标。可是这样一个优秀的女性，面对爱情和婚姻却异常地幼稚。

一次偶然的机会她结识了一个中年离异男人，身边还有一个读初中的女儿。男人经济实力堪称雄厚，追求木鱼时更是挥霍奢侈。木鱼感情经验并不丰富，她不知道到底该不该接受这个人。木鱼的好朋友劝她"考虑清楚"，但木鱼听不进朋友的劝导，决定"赌一把"。然后跟男人闪电结婚了。

短暂的蜜月结束了，丈夫突然变成了极端大男子主义者，一改恋爱时温柔体贴的假象。把原本属于保姆的家务工作统统交给木鱼，也许只是为了满足他可以任意支配她的变态心理。木鱼很委屈，但只要稍微流露出一点不满，便会招致一顿毒打。他的女儿更不肯承认她这个年轻的继母，无故寻衅是难免的，更可怕的是这习钻古怪的小姑娘动不动便向父亲汇报又被后母"虐待"的种种罪状，随之而来的又是一顿拳脚交加。

木鱼苦不堪言，只得逃往另一个城市，断绝了和朋友们的所有联系，希望能够开始新的人生。然而好几年过去，她还是无法走出失败婚姻的阴影，每当有男士向她吐露心声时，她就会避之唯恐不及。她发现自己早失去了追求爱和幸福的勇气，成了一块真正的"木鱼"。

打一个不太恰当的比方，婚姻就像一场射击比赛，在发射之前如果没有仔细地考虑诸多因素，比如风速、枪和子弹有无故障等，便会偏离靶心。女人在决定走入婚姻殿堂之前，不能不深思熟虑，切忌因意乱情迷而妄下决定，更不足取的是为某种利益用自己的婚姻去交换，其结果往往得不偿失，像木鱼这样，空留余恨。

女人在谈恋爱时，应当为目前的恋人绘出一张"素描"。观察他对事业的态度，看他是否有足够的抱负，是否经得起失败，是否有责任感；观察他对生活的态度，看他的办事能力，对金钱的看法，对家务的态度；观察他对亲朋的态度，是否支配欲太强，是否脾气太过急躁，是否自私自利从不考虑他人。当然，最重要的是他对我们的态度，他是否支持我们的学习和工作？他关心我们的一些小细节吗？这样的问题，我们可以根据自己的情况，提出很多，细心体味。如果连这样的问题，你都没有答案，那么还是慎重一些，等一等再去穿上那袭美丽的婚纱。为了未来的幸福，无论如何不能仓促行事。不要把自己的幸福交给机会婚姻。

婚姻是让爱情延续下去

对于爱情和婚姻，《诗经》有云："死生契阔，与子成说。执子之手，与子偕老。"苏东坡也曾经说过："结发为夫妻，恩爱两不疑。"婚姻讲求的就是彼此之间的信任和责任。

当爱情走入婚姻的殿堂，已经不只是简单的相爱了，这种爱里蕴含了责任。责任，其实就是爱情的一部分，就如爱情应该成为婚姻的一部分一样。一切的基础在于，你要学会如何去选择爱，如何去对待爱。此时我们会感觉到承担责任也是一件幸福的事。

爱情并不一定能够产生责任。反过来，责任却可以在婚姻中来呵护爱情，爱情如潮水，它总有陷入低谷的时候，这时候如果放弃，就是对婚姻的不尊重，这时候，就需要责任来呵护，婚姻的目标绝不是短暂的幸福，而应当是长久的幸福，有责任而缺乏爱情的婚姻也许并不完美，但他完整而真实，而有爱情却没有责任的婚姻，则必定是短暂的，必定是空洞的。婚姻中有了责任感和使命感，婚姻生活才能变得幸福、和谐、愉悦，才能真正地实现婚姻的意义。

爱情是婚姻的基础，没有爱情的婚姻是不道德的。婚姻，正是因为彼此缔结的责任，才能维持长久，才能真正地实现恋爱时对爱情天荒地老的承诺，才能忠于对一个家庭的承诺。

有些人认为婚姻是爱情的坟墓，他们毅然地选择了单身。婚姻，在这样的人眼里是种束缚，没有办法再在酒吧买醉，也没有办法再肆无忌惮地逛街，不能随便和各样的朋友一起吃饭。一个家，需要按时的回家，需要照顾家人。柴米油盐的平淡，或许会将爱的激情之火慢慢熄灭。各种各样的争吵、为生计的计划，随之而来。

难道这一切真的会让爱情淡化？

其实，婚姻是一种学问，可以让爱情延续下去。

男人是女人的保护神，女人又是男人的贤内助。即使生活会让美好的爱情变得平淡，然而这种真挚的情谊，更能够在经年许久的无数个平凡日夜里变得厚重。婚姻将爱情变成陈年佳酿，越醇越香，相顾莞尔，更易懂得人生相守与离别的人间百味。

女人用炽烈执着的爱温暖了男人疲惫的心，男人用各种浪漫的元素装点了彼此的爱情和生活。有人说婚姻是牢笼，然而这样的婚姻确实甘之如饴，即使是牢笼，相爱的人也会奋不顾身地走进去。婚姻使两个人的爱情之路走得更加长远，与生随行!

爱情不是美满婚姻的唯一要素

满脸幸福的男女在结婚典礼上总是向人宣告"我们是因为相爱才结婚的!"事实上,这却是许多人在婚姻选择中最容易犯的错误。越来越多的现实告诉我们,选择终身伴侣绝对不可只以爱为基础,这也许听起来不太正确,但其中有深奥的道理存在,也关系着我们一生的幸福。

的确,恋爱时爱情就是一切,但爱不是结婚的唯一基础,有智慧的女人不可以只用爱来营造一个终身的关系,为了得到幸福,我们需要更多。我们要想拥有一个终身的伴侣,请问自己下面五个问题:

我和他有共同的生活目标吗

结婚后将和一个男人共同生活几十年,那是一段很长的时间,双方计划如何过这段时间呢?男女双方必须有更深更有意义的事情,必须有共同的生活目标。在一个婚姻里有两种情形会发生:双方可以一起成长,或者各自成长。50%的人是各自成长的,要使得婚姻成功我们必须知道在生活底线上,自己要的是什么,然后嫁一个和自己相似的人。

和这个人分享感觉与思想时,觉得安全吗

这个问题和双方关系的性质有关,"觉得安全"意思是夫妻双方能开诚布公地和这个人沟通吗?良好的沟通基础是信任,一方会不会因为表达自己的感觉与思想而遭到处罚或伤害?有人对一个"会凌虐人的人"下了一个定义,那就是某个你害怕对他表达感觉与思想的人。对自己诚实点!确定要结婚的对象是我们在情感上觉得很安全的。

他是个值得敬佩、很特别的人吗

如果对"好人"下了一个定义,那就是某个常力争上游并做正确事的人。所以问问身边的他:他如何利用他的时间?他是个唯物主义者吗?通常一个唯物主义者不会将改善品格列为第一优先的。这个世界基本上有两种人:

一种是致力于个人成长的人,另一种则是寻求舒适生活的人。那种将舒适的生活列为目标的人,会把个人的享受摆在第一位。在与他走上红地毯以前,你必须要知道这点。

心理学

第五篇 可怕的男女心理学

他如何对待其他人

促进人际关系最重要的是给予的能力。所谓的给予，是使他人快乐的能力。看看这个人是否很欢喜给予？想想看他对那些他不需要对他们好的人是怎样的情形？例如：侍者，公车司机，清洁夫等。他如何对待父母和兄弟姐妹？他懂得感激吗？如果他对那个给他所有东西的人都不懂得感激，不要期望他会感激我们。如果我们很确定如果他对别人不好，那对身边的我们也不会好的。

婚后你是否希望改变这个人

有太多女人犯了这个错误，就是希望在婚后"改善"他的配偶。我们可能希望某人在婚后改变，如果我们无法完全接受他现在的样子，就是还没有准备好要结婚。总的来说，约会阶段不应该是困难危险的，症结是我们要多用点策略，千万不可一时冲动感情用事。约会时尽可能的客观，要问一些对整个事情有帮助的问题。

很多人结了婚以后才发现自己选错了人，与其婚后后悔选错了伴侣，不如在婚前少一些对爱情的幻想，多一些现实的理智，为今后的婚姻生活加一份保障。聪明的女人知道"爱情并不是一切"，"只有爱情没有面包"的感情是不会长久的，与其以后由于日子拮据而分道扬镳，还不如一开始就进行明智的抉择。

成熟的感情才能建立合理的婚姻

一般来说，随着我们年龄的增长，势必会经历更多的事情，因而对于生活的理解，我们拥有了一定的深度。此时，我们的思绪很难受到别人影响，因为我们有了独立判断是非的能力，情感方面也有了自己独到的判断，我们内心会渴望与自己年龄相当的异性相处。

这时，我们通常会有意光顾一些与自己年龄相仿的人会去的地方。比如会突然想起某个以前的同学，通过与同学、校友取得联系，企图会从他们那里得到支持与帮助，从而找到中意的人选。在找到中意的人选之前，我们需要首先来了解我们自己。这样才能在每一次恋爱后，我们都能够获得约会更高层次的经验，我们的成熟度与辨别力与日俱增。

随着我们变得更为成熟，我们就拥有了更多的智慧和自我控制能力。如果我们以前有不良的习惯，比如吸烟，比如酗酒，最终我们会为心爱的人，来逐渐改变自己不好的恶习，我们会因恋人感受到前进的动力，能够鼓起勇气，扫清生活的障碍，逐渐回归到正常的生活状态之中。

李娜是一家公关公司的职业经理人。她是在一次晚宴上遇到自己现在的丈夫徐刚的，是她的一个朋友介绍他们认识的。

在认识徐刚之前，李娜以为自己已经不需要爱情了，不管是工作还是生活都是在男人之间周旋，由于其工作性质，她常常与形形色色的男人打交道，她认为没有好男人。工作之余不是酒吧里坐就是逛街购物，生活没有方向，只知道挣钱消费，当时她已经厌倦了爱情，只跟男人吃饭、玩耍，不谈爱情，她实在一点也提不起兴趣再次谈恋爱。

此时的李娜已经离了两次婚，之后又谈过几次不成功的恋爱，但她却从徐刚身上发现了与众不同之处。尽管他的形象并不出色，他却是一个成熟稳定、知识渊博、见解独特的人。

徐刚大李娜5岁，也许正是他们之间年龄的差距平添吸引力。相对李娜来说，徐刚处理事情稳重而成熟，总是深思熟虑之后再决定。对李娜更是体贴周到，李娜知道，她需要一个比自己更成熟的人去引导自己。

李娜感觉这个就是自己生命中重要的人。这一次，她决定改变自己以前的不良习惯。

当徐刚追求她时，她变得像少女一样羞涩。交往了一段时间，李娜惊奇地发现自己对徐刚深深地眷恋。这时，他们已经交往了半年多，他们的感情并不是一见钟情式的，而是一段时间后才慢慢培养起来的，但是时至今日，十多年已经过去了，而他们的爱情之火仍然继续燃烧着。

李娜与徐刚的感情是在情感成熟之后建立起来的，当男女双方的情感反应都趋于成熟，建立起来的婚姻关系会更稳定，不容易发生变故。可是有些时候，随着年纪越来越大，我们就会认为事情总是千篇一律，变化无奇。我们没有意识到自己想法发生了变化，因而处理事情的态度也没有曾经的冲动。

当男人和女人们对于爱情感到厌倦了，他们不愿意再次卷入感情的旋涡，他们认为每段感情都是千篇一律的。其实不然。这是因为我们重复地走原来的老路。我们懂得越多，我们不知道的也就越多，一旦我们花时间从过去的错误中汲取教训，我们就有理由相信未来的感情一定会更好。

条件与爱情如何搭配才能成就不后悔的婚姻

在婚姻中，很少有人能做不求回报、无条件地去爱一个人。毕竟爱情不是存在于真空中，而是建立在一定的物质基础之上的。当人们在选择对象时过于重视物质条件，却发现这样的婚姻未必幸福。那么我们如何才能将物质条件与爱情进行合理搭配，成就自己美满的婚姻呢？我们不妨向下面故事中的女主人公学习。

兰玲是一位条件非常不错的未婚女人，漂亮有气质，在一所中学里教书。而且兰玲的父母很富有，到她家提亲的媒婆络绎不绝。从上大学到参加工作，有很多的男士都曾追求她，并希望能够把她娶回家。最后，她选择的候选人是两个完全不同类型的男人。

其中一位是个医生，供职于一家全国著名的医院，前途无量，性格又好，是个找不出一点毛病的人。另外一位是个公司职员，就职于大公司，相貌俊美，为人聪明伶俐，可是，他家里的经济条件不太好。兰玲陷入了迷茫和烦恼中，虽然从感情上兰玲更喜欢公司职员，但是，她觉得还是选医生做老公更好一些。

周围人都觉得，比较现实的兰玲最终会选择医生。但是，令人惊奇的是，她最终选择了公司职员。在一段轰轰烈烈的恋爱之后，她和公司职员终成眷属。结婚至今已过数年，她很满意自己的婚姻生活，过得非常开心。

既然条件比爱情重要，那么为何兰玲最终选择了爱情，她却依然得到了幸福？因为兰玲虽然在爱情方面放了很大筹码，但是，更重要的是，她按照现代人生活的"正确公式"经营了婚姻。

比如，当你想跟某人结婚，你的动机为100。其中男人的自身条件占40，爱情至少要在20以上。剩下的40就要由爱情或者自身条件来填满它。条件占10，爱情占90的婚姻，经不起爱情变淡的危机；条件占90，爱情占10的婚姻，则让双方都感觉不到生活的乐趣；条件占40，爱情占20的婚姻，虽然满足了最小限度的前提条件，但是，没有足够满足任何一种理由，这样就使双方对婚姻失去信心。

兰玲选择的婚姻，条件占30，爱情占70，处于充分必要条件都容忍的范围内，所以她能顺利开始婚姻生活。她认为，因为她真的非常爱她的老公，所以，她心甘情愿努力克服老公相对不足的条件。

天底下没有一个人能完美地满足条件和爱情这两种要求。可是，你必须努力寻找一个在条件和爱情之间达到平衡的人。只有这样，你才有可能在将来营造出更好的婚姻生活。这是非常重要的，也是你这个当事人的权利。谁都没有权利说你"挑三拣四"。

要是碰见一个喜欢的人，就在心里掂量掂量，不要有什么负罪感。看看他的条件能不能弥补你俩稍微欠缺的爱情，或者你和他的爱情是否能弥补他相对不足的条件。

感性与理性并非水火不容

生活中，我们见到的女性不是太感性就是太理性。太感性的女人容易感情用事，甚至是越阻止她越爱得起劲，其结果烈火焚心、痛不欲生；又或者想到什么就立马着手，大张旗鼓、盲目冲动，到最后，满腔热血付之东流，梦想和现实南辕北辙！要么就是太过理性、淡漠如寒冰的女人，别人的生老病死不关她的事，别人的爱恨离别根本不入她的眼，你若说她冷血，她振振有词地说："生老病死本是人之常情，何必为此悲悲戚戚！"一副不解人间真情的模样，相信所有人在这种女人面前都会心灰意冷、不寒而栗的。做一个让理性和感性完美结合的女人，一定能把握住属于自己的那份幸福。

林徽因是一个美丽而又智慧的女人，她不仅具有诗人的浪漫与灵性，也拥有建筑家的理智和严谨务实的秉性，理性的才思和激情的潜流在她心底合二为一、水乳交融，林徽因一生将美丽做到了极致。同时，在感情上林徽因也照样能够在理性与感性间拿捏分寸，游刃有余。

林徽因在少女时代与徐志摩有过一段情谊。徐志摩的爱是奔放的、热情的，他用他诗人的激情向她献上他的爱慕，他的爱表现得轰轰烈烈，如瀑布瞬间倾泻而下。相信当满腹才华的徐志摩走向她的时候，为她献上动人的诗句，任何一个年少的女孩子都会有一种眩晕的感觉，林徽因当然也不会例外。

然而林徽因最终并未选择徐志摩，而是嫁给了梁思成。林徽因的选择是对的，林徽因与梁思成不仅有感情基础，同时，又有兴趣和专业上的共鸣，他们是志同道合、情投意合的理想伴侣。梁思成的爱虽不似徐志摩般热烈狂放，而如涓涓细流，缓慢但却悠长。林徽因感性浪漫的细胞里还活跃着理性的成分，她选择了宁静致远的梁思成，而把年轻的激情留在了年轻的时光，她的一生没有因为爱情而沉沉浮浮、大起大落，选择了梁思成也成就了她事业辉煌的一生。

若说金岳霖为她终身未娶，这不是林徽因的错。金岳霖对她的深情挚爱已不是她可以阻止得了的。如果说当初金岳霖"逐林而居"，她大可以避而不见，那么她死后几十年的时间，天人永隔，这种拒绝该是最彻底的了吧。可金岳霖依旧痴心不改，为她终身未娶不说，就是到了 80 岁高龄记忆力大幅衰退的时候，仍对她念念不忘。金岳霖的这种痴情程度，林徽因当初要是冷酷拒绝，非但不是爱护，反是一种无情地摧残，对待一个人的深情，有时候需要的不是理智地开导，而是感性地包容和体谅。

林徽因在这样一种深情之下仍能保持理智地克制，维护着家的稳固与尊严，她在得到梁思成与金岳霖的尊敬的同时，也为世人所理解和仰慕。

林徽因是感性与理性收放自如的女性，某位名人曾经说过这样一段话："男人不需要有深度的女人，只需要有弧度的女人。女人，如果不性感，就要感性；如果不感性，那要理性；如果不理性，就要有自知之明；如果一样都没有，那会很不幸……"女人要感性也要理性，感性与理性完美交融才是成熟的女人。

女人，太感性或太理性都不完美，只有感性与理性交相辉映，才是饱满圆融、生动真实的女人。行走人生，要做就做感性与理性水乳交融的女人。

婚后不做"回家"主妇

现实生活中，很多女性在结婚后总是沿着"女主内、男主外"这样一条传统的思维定式确立自己在家庭与社会中的角色，并自觉放弃理想和进取精神，以辅助丈夫的"事业"为名而把精力都用在操持家务和孩子方面，从此不再参与社会竞争，结局却让自己变成了一个迷迷糊糊的家庭主妇，变成一个只关心油盐酱醋和丈夫孩子的市井妇人。

一个女性如果自愿放弃对理想的追求而满足于平庸乏味的生活，那么岁月将很快把她的灵魂腐蚀。而当她们丧失理想或精神支撑以后，她们的神韵、风貌、气质、形象乃至灵魂都因缺乏理想的润泽而在岁月推移中日渐流失。

当今社会，特别是知识女性最怕在婚后或者有了孩子之后做了家庭妇女。现代的知识女性一旦成为全职太太，就很难适应了。她们有能力自己独立生活，真做了家庭妇女之后，在很多方面就会显得孤陋寡闻，与社会脱节，心里会产生一种不甘。这种压抑的心理长期发展，会使人的心理变得不健康。

刘娜就是这样的女人。她曾经这样倾诉自己的经历：

我 2000 年本科毕业，一直从事文秘工作。生儿子时我 30 岁，儿子 1 岁的时候，我本想出来重新工作，但疼爱我的老公却不愿意我再出来奔波，他说："你还是在家里相夫教子吧，我又不是不能养家糊口。"

老公的收入足以保证我们过上优质的生活。于是，在老公的劝说下，我也就甘心做了家庭主妇，每天带带孩子、牵着小狗遛街、做美容、逛商场超市……很多当年的同学和朋友都美慕我有好福气，嫁了个好老公，可是我内心却充满了失落和不安。

老公每天都很忙，有时候忙到晚上十一二点才回家，以往在睡觉前我们都会谈谈心，可是现在我发现和老公的共同语言越来越少了，什么政治、财经和人情世故，等等，我根本就跟不上老公的节奏，老公有时候开玩笑说自己是"对牛弹琴"。

与老公沟通少了，我开始担心我们的感情。

有一次老公由于一个项目很重要，连续一个星期都很晚才回家，有两次还喝醉了，身上还有女人的香水味。我缠着他不准睡觉，非得解释身上的香水味哪里来的。丈夫喝得晕乎乎的，只想睡觉，没什么精力和我解释，被我吵得没办法，只好到客厅去睡。但我还是没放过他，不停地问老公："告诉我，是哪个狐狸精留下的？不说就不准睡。"在我一再纠缠下，老公终于被激怒了，对我大声吼道："你怎么会变成这个样子？吃饱了撑的，这么多疑，告诉你了我是工作上的应酬，这日子没法过了！"

我也不甘示弱，那一夜我们通宵没睡。第二天老公上班由于精力不好连出了几次错误。回家后他很生气，我们之间发生了更激烈的冲突，我们开始分居了。

冷静一段时间后，我和老公都觉得这种情况主要是我没工作太无聊所致。于是，他让我找一份轻松点的工作。重新工作之后，尽管我的工作很简单，但是我接触社会的面广了，一段时间下来，也交了不少朋友，见识广了，懂的东西多了，和老公聊天的时候，我不再是"有心无力"跟不上节奏，甚至有时还能帮老公出一些主意。

"回家"的女人待在家里难免会胡思乱想。换句话说，如果哪个妻子全身心都"回家"扮演家庭主妇的角色，结果必然导致夫妻在心灵与精神方面日益拉大距离，多年后他们就会变得无话可说。而当夫妻话不投机或彼此听不懂对方在说什么时，分手的悲剧就只是一个时间问题了。所以，妻子们即使为了保护自己、为维护婚姻关系的健康发展，也不应该将身心沉溺在家庭主妇的角色中。她们应该保持着与世界同步的活跃姿态，这样才会使自己始终与丈夫保持着精神层面上的亲和力。

女人，婚后一定要独立

有些女人在结了婚以后，完全安于她在家中的角色，喜欢被保护、被照顾。丈夫的本事使家庭条件较人家优越些，没有吃穿花费的问题，什么事情都依赖丈夫，完全丧失了独立性。刚开始，有些丈夫还能忍受这样的妻子，但时间久了难免会有一些抱怨。所以，如今我们的家庭就算再怎么优越，千万记得不要丧失了独立性。不要再怀有依赖的想法，在现今社会中，即便我们不是一个女权主义者，也至少要独立起来，这会使我们得到很多东西。倘若一味地只知道依赖丈夫，那么最后吃亏的总是自己。

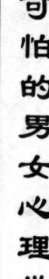

朱莉是一个喜欢照顾家，喜欢孩子，喜欢为丈夫熨衬衫，喜欢做满满一桌子菜等家人的"小女人"。在她还没有结婚的时候，她就一脸温柔地遐想过嫁给一个喜欢的人，和他幸福地度过一生。

生活真的像阿拉丁神灯一样满足了朱莉的愿望。结婚后，收入颇丰的老公给了她一个安逸的家庭，同时让她过上了全职太太的生活。朱莉对这样的生活也十分满意，无忧无虑，不用为生活担心。

朱莉结婚后一直蜗居在家里，很少跟外界接触，繁忙的家务活也让她有些跟不上时代的步伐。有的时候朱莉会陪丈夫参加一些社交活动，那时的她会产生一种强烈的自卑感。她既插不上丈夫与同事有关经济市政的话题，更不了解那些太太们所说的时尚杂志、名牌包包，她整晚只能一个人在那儿傻坐着。这种尴尬经历多了，老公也开始指责起她，经常说她的"精神世界一片空白"之类的话，心酸的朱莉默默流泪。

26岁那年她离婚了，她哭着说："我哪知道现在外面的世界变成这样？我一无是处，又有哪个地方会要我呢？"在朱莉的成长过程中，她被教育成女人就是让男人养的，经历了离婚，她才意识到自己必须独立思考，必须自力更生，独立生活。可朱莉本人缺乏为自己奋斗的意愿。一直到她结婚前，她的父母还帮她作所有决定。之后，作决定的人改成了她的丈夫。在精神上，朱莉始终觉得她还只是小孩子，只有小孩子的自立能力。因此，当她必须自己作决定、作选择时，即使是最简单的、有关日常的决定，都会吓坏她，更别提要出去工作了。

朱莉的前夫只给她三年的赡养费，她对朋友说这些话的时候，好像是在说：我只剩三年可活了。似乎在她的字典里，从来没有"自己照顾自己"这个字眼。以后的路，长着呢，后面的苦够她吃的了。

朱莉本身就是一个"小女人"，结婚后老公又有本事，给她创造了优越的生活环境，家庭的优越更让她失去了独立性，只知道凡事以老公为中心，全部依赖老公。这样的婚姻持续到最后只有"无言"的结局。因此，婚后的女人要独立，这不仅仅是指经济上的独立，更重要的获得精神上的满足。

针对朱莉这样在婚后丧失独立性的妻子，也有解决的办法使之变得独立起来。

第一，确信在两性生活中自己仍然拥有独立权利，可以维护自己的尊严。如果我们怀疑自己可能是这种依赖型的女人，不妨再把关于女强人的书读一读，回味一下如何做一个女强人。

第二，克服失落感和被遗弃的恐惧。如果你已感觉到我们有害怕被拒绝和失落的心理，那就下定决心克服这种情感上的弱点。例如向心理医生请教，参加妇女互助会，或是将那些日积月累的情感包袱尽可能加以抛弃。

第三，不要陷入填补情感空白的泥潭。如果对丈夫付出太多却未能获得回报，那我们将难免会觉得不被爱和贫乏。所以请诚实地面对自己，重新评估自己的两性生活。

为什么有些夫妻无法齐头并进

在年轻人中，会出现"夫妻无法齐头并进"的问题。在恋爱、新婚的狂热过后，两人共同生活的挑战开始出现。性格和行为模式中不尽完美的地方开始呈现，而对方本来吸引自己的地方开始褪色，如果两人之中，有一个人固执地坚持"我就是这样的，没有什么不对"，另外一个人即使热心学习，也很快便会对配偶产生"自己提升了，而对方尚在原来的地方"的感觉。年轻人本来就是耐性比较差，因此两人之间很容易便产生冲突，使关系渐渐恶化。

然而这样的问题在中年夫妇里出现最多。中年危机，就是指人到中年之后发现自己什么都已经不如从前，人生的路也开始从上坡变成下坡。心中从而产生很多焦虑，他开始焦急的为将来打算，想想如何度过后半生，是奋发图强，急起直追，还是偃旗息鼓，安享中年。不过很多人都依然选择前者，期望能燃烧自己剩下的能量。同时在这个时候自己会对很多东西的标准升高，而且越来越缺少耐性，甚至会有"放弃过去，重新来过"的念头。

在家庭生活中，如果他对配偶一向便看不顺眼，在这个时候便很容易爆发出来，一些细小的事，都可以成为剧烈冲突的导火线。假如配偶也处于这个阶段，不能谅解和容忍对方，婚姻关系便开始出现破裂的迹象了。这边形成了所谓的中年危机。

让我们分析一下，很明显，不能齐头并进的情况会让人觉得与配偶的距离拉大了，而且已经大到不能够接受了。问题是，自己是否就是"高"而配偶就是"低"呢？有这样差距的婚姻是否就不能维持呢？一些男人事业成功了，富有了，每天接触的人不同了，会觉得自己的太太还是"乡下婆"，开始觉得她配不上自己了；也有一些成功女人自己创业或者在工作单位做到很高的位置，手下数百人，天天口里说的事都会影响很多人，便开始对做教师、技术人员，或艺术家的丈夫不满了。懂得怎样吃西餐、喝葡萄酒的人不一定就是比只爱吃中国菜的人高一些，知识和权力也不能决定对方是否便不如自己。说到底，不是自己高了，而只是自己"不同了"：以前的一套价值观和信念改变了，因此对配偶的要求也就不同了。试想想，假如经过香港 1997 年的金融风暴和 2003 年的非典型肺炎风暴，男的事业财富没有了、女的权力地位失去了，他们或许会觉得自己的配偶很好了。

你可能会参加一些学习课程来改变自己，提升自己，但是配偶则仍是维持本来的一套。面对一个停滞不前，一个拼命奔跑的状态，你要做的不是指责和批评。因为在夫妻两性的关系中，一个人对另一个人的指责所产生的负面效果会扩大化。同样的批评，配偶说出来会特别刺耳。抗拒的不是对方说的话，而是那些话背后的身份改变：我不愿意你一下子变得比我高了。

通过学习而改变的人，通常会有很大的收获，而且还会回家帮助配偶也做出好的改变。具体怎么做，他们说："我会教他怎样想、怎样说话、怎样做事啊！"不过更加聪明的是："什么都不说，因为你一开口就显示出你懂得一些东西而他不懂，马上便给自己制造一个高于对方的地位了，你应该不说、只做！把你的改变在行为上呈现出来，慢慢对方就会感到你不同了，比以前好了。终于，对方忍不住开口问你，这时，你不可以像打开水闸似的源源不绝地说！因为这又会使对方感受到对等身份受到威胁。你会前功尽弃。你应只说一点点，轻描淡写地说。这样，对方会越来越有兴趣，这时你可以引导对方看看你的课程讲义——这是为了让他产生'自己学回来'的感觉，然后才与他讨论。"

在平等的沟通讨论之前，应该做的事是：

先制造两人之间的和谐气氛，例如利用晚餐、散步等活动，在这时绝口不提批评的事。在那样的气氛里，两人共同商讨建立一个机制：如果有矛盾冲突出现，应该如何讨论解决。目的是不伤害两人的融洽关系，要在不引起争吵的前提下，共同讨论一些看法不一致的事情。找一些小事情，例如讨论下一个周末去哪里吃饭，去测试那个机制，使之完善。这时，才找一个自己状态较好的时机（也就是心境平和、思维敏捷的时候），去提出你对他/她的一些看法。

很多文字工作者，学术专家等他们的家庭生活都很恩爱，夫妻关系也很正常，生活平淡但是真实。很多女强人、企业女性高管等也能维持良好的工作和家庭的关系。其中肯定有一定的技巧和方法值得我们学习，最重要的，还是需要学会沟通，掌握技巧，只有这样才能达到家庭和谐的状态。

婚姻不窒息，用爱滋养和延续

倾听是婚姻的必修课

在生活中，有不少的男人认为只带给太太美好的东西，他们只愿把成功的荣誉、上等的毛皮大衣带回家。一旦事业进展的并不顺利的时候，他们便想方设法瞒住太太，唯恐她害怕与不安。他们耻于承认自己也会有弱点和失败；他们也从未想过真正幸福的婚姻是，无论福祸，都要与爱人共同分享和承受。

善于倾听的女人，能够给自己的爱人最大的安慰和宽心。但是，生活中也常常见到另一种现象：一些男人很想把他的烦恼说给太太听，但是太太却不想听或者是不知道如何去听。

《福星》杂志曾刊出了一篇对公司员工的妻子所作的调查报告。他们引述一位心理学家的话说："一个男人的妻子所能做的一件最重要的事情，就是让她的先生把他在办公室里无法发泄的苦恼都说给她听。"这个调查报告同时也指出，男人需要的是主动、机敏地倾听，他们通常都不想听什么劝告。

任何一个曾经在外面工作过的女人都可以了解到，如果家里有个人可以谈谈这一天所发生的事情，不管是好是坏，都是很令人欣慰的。因为，在办公室里，常常没有机会对所发生的事情表示意见。如果事情进展得特别顺利，我们也不能在那儿开怀高歌；而如果碰到了困难，最好的同事也不愿意听那些麻烦事，他们自己已经有够多的烦恼了。于是，当辛苦地工作了一天回到家里时，人们往往会有一种一吐为快的迫切心情。

最常发生的事情往往是这样的：丈夫回到家，上气不接下气地说道："老天！亲爱的，今天真是个值得庆祝的日子！我被叫进董事会里，汇报有关我所作的那份区域报告。他们还想听我的，而且……"

"真的吗？"妻子心不在焉地说着，一点也不用心的样子。"那真好，亲爱的，快来！吃点我刚做的酱牛肉吧！对了，我有没有告诉过你，早上来修理火炉的那个人？他说有些地方应该换新的了。你吃过饭后去看一下好吗？"

"当然好，宝贝。噢，就像我刚才说的，董事会听取了我的建议。说真的，起初我真有一点紧张，但是我终于发觉我引起他们的注意了……"

妻子插话道："我常认为他们不了解你、不重视你。哎，对了，你必须和儿子聊一聊他的学习问题，这学期他的成绩实在糟糕透顶，他的班主任说如果儿子肯用功的话，一定可以念得更好的。对他的学习问题，我现在真的无计可施了。"

到了这时候，丈夫才发觉他在这场争夺发言权的战争中已经彻底失败了。于是他只好无奈地把他的得意和酱牛肉一起吞到肚子里，然后解决有关火炉和儿子教育的问题。

难道他的妻子真的如此自私，只在乎自己的问题吗？当然不是，其实，她和丈夫一样，都想找个听众倾诉一番，只不过，也许她把自己倾诉的时间搞错了。其实，她只要耐心地听完丈夫在董事会上所出的风头，把自己的情绪发泄完了以后，就会很乐意地听她大谈家庭琐事了。

善于倾听的女人，能够给自己的丈夫以最大的安慰。想想看，一个文静、不做作的女人对别人的谈话着迷，她所提出的问题又显示出她已经把话中的每个字都消化掉了，这种女人最容易在社会上取得成功，不只是在她先生的男友群里获得成功，而且也在她自己的女友群里获得成功，这是她拥有的一项无法估价的资产。

婚后磨合，理智对待

热恋中的男女双方，不管他们是以何种方式认识的，到了谈婚论嫁阶段，都对婚后生活充满着美好的憧憬。有句话说得好：热恋中的男女智商为零，虽然说得有些夸张，但表明了恋爱中的男女都比较冲动，感情用事。由于爱慕，他们往往看对方的优点多，而对方的缺点却视而不见，甚至把一些缺点也看成是优点。再加上接触的时间有限，相处不多，彼此都有意识地把自己不好的一面隐藏起来，因而就更难以全面熟悉对方。

结婚以后，夫妻彼此朝夕相处，相互了解的整体性大大增加，原先不可能了解的一些侧面，如吃东西的喜好、睡眠的习惯、特定条件下的感情、生理习性等，都豁然展现在对方眼前。因此，各自的缺点和弱点也都逐渐并充分地暴露出来。

新婚夫妇小马和小丽结婚三个月后，就小吵不断。原来，他们因一些生活习惯发生了一些摩擦。

妻子小丽嫌老公不讲卫生，见到老公的不顺眼处就发飙："你又往马桶里扔烟头了，你知不知道，这样弄得卫生间全是烟味，还会堵住马桶？"

"这有什么，烟味你都能闻了，还怕这点味，我保证给你冲下去。"

冲完马桶，小马过来想亲热："老婆，我冲干净了，赏我一个吧？"说法就把嘴往小丽脸上拱。

"去去去，臭烘烘的，还满脸胡茬，一点不注意个人形象，刮胡子去。"小丽用手去挡。

"这不周末嘛，在家刮什么胡子啊！"

"周末也要刮，我看着不舒服。咦，我发现你以前不是这样啊，怎么变得这么懒了，每天又脏又臭的……"

妻子指责老公，是因为老公婚前婚后变化很大，有点看不懂老公。相比来说，男人在婚前很爱干净，经常检点自己，比如要去约会了，特意穿件好衣服，把皮鞋擦得特亮，在女孩面前表现得很出色。婚后呢，既然发愁的终身大事解决了，他会把更多心思花在工作上，对个人的日常饮食、生活习惯不太在意，从而暴露出好多缺点。

男人变成老公，他的变化是必然的，所以妻子一定要习惯并接受这些改变。如何看待这些婚后才发现的缺点，这是夫妻之间相互适应的第一关。这个问题处理得不好，双方之间树立起一堵墙，维系和增进夫妻感情就无从谈起。

想象中的事总是和现实生活有一定的距离，既然走到一起，唯一的办法是适应现实，努力尝试做一些改变，不苛求对方。所谓的不苛求，就是指如果对方只是在性格、脾气、兴趣爱好、文化素养等方面有所欠缺，那就不能过于计较。世界上的人有各种各样的性格，不能强求别人一定要和自己的想法和态度一模一样。

把你的感谢说出口

工作了一天，拖着疲惫的身体回到家，爱人帮你脱掉外套，换上拖鞋，然后是一杯清凉的饮料，多么惬意；因为工作上的事，与同事闹得不愉快，带着郁闷的心情回到家，绷着一张阴沉的脸，爱人知道你受了委屈，坐在身边听你慢慢倾诉；一杯热茶、一盆洗脚水、一次按摩……这些都体现了家庭的和谐。然而，当你接受这些服务时，是否对他们说了一声"谢谢"？

其实夫妻之间就是这样，一起生活，都在为彼此付出，却很少把"谢"字说出口，即使是心存感激，也觉得没有表达的必要。可是当遇到一点不如意或不顺心的事情时，抱怨、牢骚的话就倾囊而出，没完没了。

古时候就有人提出：夫妻之间应该"相敬如宾"。道谢看似只是一个简单的小细节，却更能体现出两人之间的和美。有些人认为，夫妻之间说礼貌用语就表示生分，其实这样的观点是错误的。夫妻之间的一声"谢谢"，并不是客气，是一种爱的传递、爱的表示。夫妻之间的一声"谢谢"，也表示了夫妻之间那深深的爱恋，不只是友谊，更是情感的另一种诠释。

晓玲一直想开一家服装店，丈夫表示反对，认为晓玲开店后就没有时间照顾家和孩子了，他忙了一天回到家看到的再也不是温馨的灯光和可口的饭菜，那样即使挣再多的钱又有什么意义？晓玲的理由是：我想干点自己喜欢的事有错吗？

两人谁都说服不了对方。最后，晓玲向丈夫承诺："任何时候都会把教育好孩子、照顾好家庭放在第一位。"丈夫这才不情不愿地同意晓玲开服装店的想法，试验期定为一年。

服装店终于开张了。晓玲每天一大早就出门，经常要弄到晚上十点才能回家。到家已经是精疲力竭，常常连和儿子说话的力气都没有。儿子期中考试没考好，丈夫开始抱怨是晓玲开店疏忽了儿子的学习。晓玲心里很不服气：孩子是我自己一个人的吗？儿子的学习你就没有责任吗？丈夫抱怨的次数越来越多，晓玲难免心生怨气，不免会发生口角争执，在又一次大吵之后，晓玲去了好朋友那儿，向她哭诉自己的委屈和不满。朋友问晓玲："他这段时间整天除了抱怨，别的什么也没为你做吗？"

晓玲听到朋友的话顿然醒悟。她开始回想：自开店以来，每天都是老公做好了晚饭等我回家；每次进货都是老公提前为我买好车票；无论是半夜还是凌晨，都是老公接我送我；出门在外，是老公的短信一遍遍叮嘱我"注意安全"。晓玲忽然想通了，是啊，这样的丈夫，我难道不应该感谢他吗？

隔天是他们儿子的生日，晚上他们一起去饭店吃饭，当着丈夫很多朋友的面，晓玲在饭桌上很真诚地说："感谢老公这些天来对我的支持和理解；感谢他在工作繁忙的情况下，推掉应酬回家做饭照顾孩子。困难总会过去的，家庭幸福永远都是我们心目中的第一。"晓玲看到丈夫的脸慢慢红了，满足地笑了，在他的眼睛里又出现了久违的柔情。

人家都说女人靠"哄"，三句好话，当牛作马也愿意。同样的，男人也是，多说点好话给他听，真诚地对他说一声"谢谢"，矛盾和抱怨就会被化解得烟消云散。夫妻之间最重要的就是能够相互理解和彼此欣赏，只要彼此都能怀着一颗感恩的心生活，生活就会回报我们更多的快乐。

当他为你做了一件事，不管那是需要花很多时间的"大事"，或是很容易做的"举手之劳"，你都可以郑重地表示你的感激。一方面这是很好的习惯，表示别人对你好，你都放在心上；另一方面，这是绝佳的示范，让你的男人也学会对你的付出点点滴滴都放在心头。

没有最好的爱人，只有最合适的婚姻

什么叫做"最合适的对象"？最合适的不一定是最好的，更不一定是你最喜欢的。说到伴侣的条件，女人可以开出各式各样的条件，比如：温柔、体贴、有责任感、爱我、孝顺、有钱、有男子气概，或没有不良嗜好、可以养家糊口、学历高、身材魁梧，有的还希望将来的伴侣是医生、律师，也有人喜欢军人……

谈过恋爱或是踏入婚姻殿堂的人都知道，这些条件再好，一对佳偶可能在"年久失修"后仍会变成一对怨偶；当时爱得死去活来，过不了几年，可能就恨得咬牙切齿。温柔体贴在当时也许只是一种假象。有责任感的男人可能要求妻子更有责任感，他总会觉得他所负的责任比妻子的责任沉重而且重要得多。

魏雯到了该结婚的年龄，她每天都在等男友求婚。可是男友却还是一副小孩儿玩心未泯的模样，从来也不提与婚姻有关的承诺、责任。魏雯越来越觉得他靠不住，于是和他分手了。之后母亲为魏雯介绍了一个同事的儿子，对方性格比较内向，不像前男友那样健谈、讨人欢心，不过魏雯和他相处以后发现两人倒是很合得来，兴趣、观念等各方面都很相近。而且对方也是传统型的人，很希望能步入婚姻殿堂。

在两人要谈婚论嫁的时候，魏雯的前男友突然又联系她。他告诉魏雯，经过这几年的沉淀，他内心已经成熟了，而且事业也很有起色，这个时候他越来越觉得魏雯才是他不可缺少的。男友的回心转意让魏雯陷入了矛盾之中，的确从现在看，前男友无论从感情，或者从各方面条件都比现在的男友要好，但是魏雯仔细考虑了一下，两人在很多看法上还是有分歧的，当初交往时就经常吵架，这样的关系进入到婚姻恐怕要更受考验。于是她权衡再三还是选择了现在的男友。两人结婚后，日子虽然平实无奇，但素来喜爱平稳的魏雯感到找到了最合适她的生活。

婚姻是实实在在的生活，它交织着各种琐碎。在这个最真实的世界里，童话是不足为信的，童话中的王子到了现实里，也许就受不了柴米油盐的"熏陶"了。所以，找一个能和你平平安安过日子的人才是最合适的选择。

那么我们该怎样判断一个男人是否适合自己呢，别问他人，也别光凭自己的感觉，有 10 个因素你必须考虑：

彼此是最好的朋友

彼此都是对方最好的朋友，不带任何条件的，喜欢与对方在一起。

容易沟通，相互信任

彼此很容易沟通，互相可以很敞开地坦白任何事情，而不必担心被对方怀疑或轻视。

有共同理念和追求

两人在心灵上有共同的理念和价值观，并且对这些观念有清楚的认识与追求。

双方认同婚姻关系

你们都认为婚姻是一辈子的事，而且双方（特别强调"双方"）都坚定地愿意委身在这个长期的婚姻关系中。

可以协商解决矛盾

当发生冲突或争执的时候可以一起来解决，而不是等以后才来发作。

幽默相待，彼此开心

相处可以彼此逗趣，常有欢笑，在生活中许多方面都会以幽默相待。

非常了解，互相接纳

彼此非常了解，并且接纳对方，我们知道对方了解自己的优点和缺点，仍然确信自己是被他所接纳。

为人处世，和谐默契

男女双方交往非常理性、成熟，双方都感受到，在许多不同的层面上，你们都是很相配的。

许多人总是在追寻着完美的公主和王子的结合，但是现实生活中，这样的例子实在是太少了。其实，婚姻的幸福在更大的程度上是靠两个人相互维持，而这种维持婚姻的力量，则来源于两人共通的精神和现实的交流。

结婚了，还要接受他的习惯

世界上没有两片完全相同的叶子，更找不到两个完全相同的人。当一个人的生活变成两个人的生活之后，由于原来生活习惯各异，兴趣有别，很可能就会产生这样那样的问题和矛盾，要继续做和美的鸳鸯，就要求夫妻双方在习惯上和兴趣上互相尊重。

婚姻要靠两颗心的吸引，像一磁性相反的吸铁石一样，这种磁性，就是彼此之间密不可分的精神和情感纽带。人的思维都是活跃着的，即使是夫妻，谁也不可能把对方硬绑在自己身上。因此，要想使对方心灵深处得到激发并凝固起深沉而稳定的感情，就要学会互相尊重。

小张和一个女孩认识恋爱三个月后，就闪电结婚了。两个人的条件都不错，可以说是门当户对，无论是工作、学历、长相、谈吐，两个人都是挺配的，熟悉的朋友都说他们是天生一对，祝福他们白头偕老。可半年后，众人却听说两人闹离婚的消息，并且是两个人都很自愿的那种，不是哪一方出轨迫不得已。

原来，是两个人的习惯不合导致了离婚。这种习惯，不是饮食，也不是大的生活方式，而是一个小小的洗脚习惯，况且这种习惯是从小就形成的，难以改变的。男的还算讲卫生，就是不爱洗脚，有时候甚至十天半月不想洗脚，滚上床就睡。因为他来自北方矿区，自小与父母都是这习惯，有时甚至一个月不洗脚。而女的则来自江南水乡，非常爱干净，每天都强迫男的洗脚。开始还好，结婚三个月后，男的懒得理妻子，想洗就洗，不想洗任凭妻子怎样强迫都无济于事。争执吵闹几个月后，甚至闹到分居，他们生活不下去了，只能分手了。

这个例子很有意思，在我们现实生活中，不乏这样的人，正如有人说："结婚不是跟人结婚，而是跟习惯结婚。"这个习惯包括饮食起居、日常生活方式、行事作风，等等。有的人能接受对方的不同习惯，比如大多数妻子反对吸烟，但老公吸烟她也就慢慢习惯了；但有的人是一点都接受不了，比如老公打呼噜，造成了妻子神经质，只要同床她就很难睡好，还有上面不洗脚离婚的极端例子。

无论怎么样，两个人走到一起很不容易。你要和那个陌生人一起生活，还要习惯他的各种习惯，受不了只能折中、放弃，很难说是对是错。不过，和谐的夫妻最重要的一点就是尊重。

尊重的范围很广泛，它还包括生活的情趣、爱好和人格等。当你的伴侣习惯于朝右侧睡的时候，你就不要强迫他朝左侧睡；当你的伴侣习惯于独自看书写字的时候，你就不要强迫他和你说话；当你的伴侣习惯于早晨起床晨练的时候，你就不要强迫他睡觉；当你的伴侣习惯于默默记日记的时候，你不要强迫要看……夫妻关系并不是占有和强迫关系，他不是你的战利品，想怎么处理就怎么处理。

最好的方式，是在不影响双方的大方向上，只要不是太大的缺点，他爱怎着就怎么着，要让他生活的自由、轻松、愉快，就是最大的尊重。要改变也是慢慢的、逐步的，像春风潜入夜一样，别渴望他一夜翻身。这样，你的伴侣就会逐渐习惯你的存在，慢慢适应你对他的关怀和抚爱，让他知道你爱他，他也乐于去为你改变。

特殊意义的小物品让家庭充满爱意

男女在恋爱时期总会有互送礼物，无论这些礼物是廉价还是贵重，都可以称作是爱的证据。这些证据就会时时提醒你，过去的日子是多么美好，身边的人是多么的爱你。如此一来，你就会以积极的态度来面对生活，并且对家人时时充满感恩之心。

爱的物品可以是任何朴素或美丽的东西，但有一个前提——能时刻提醒你。譬如一本书，一张家人的老照片，一幅挂在墙上的格言，等等，只要对你有意义的即可。如果以前没有，那么你现在可以去花店或商店，买一束花或一件可爱的物品，送给自己的家人或朋友，以表达自己的爱。千万不要小看这些微不足道的物品，它能时时提醒你，你是幸福地爱着他们，也被他们所爱。

霞就非常懂得收藏爱的物品，也许正因为如此，才使她永远生活在幸福中。

一天晚上，霞和一位朋友赴一场宴会，朋友先到霞家等她化妆，霞把首饰一件件地搭配着晚礼服给朋友看，朋友却发现首饰盒里有一枚十分精美的钻戒，霞却一直未动。

"为什么不试试这个？"朋友问。"不，我不戴这个，"霞说道，"一般不戴。""太贵重？"霞摇摇头。"是你先生给你买的第一件礼物？"霞点点头："还因为，我不知道这枚钻石戒指的真假。"她微笑着，轻轻地说。

接着，霞说起了这枚钻戒的故事："那时我们认识不久，我对他的背景几乎一无所知，单因为他这个人就爱上了他，他对我也是如此。定情之后，他说要送我件礼物，于是，一天早上，我收到了这枚钻石戒指。我非常喜欢这枚戒指，就常戴着，从没考虑过它的真假问题。可是我慢慢发现，很多人都对它有兴趣，常常询问它的真假。我答不出来，只好含混过去。也许他平常的打扮和我含糊的态度为大家提供了判断的依据，使得大家都不约而同地认为这是枚假钻戒。然而等到我们结了婚，孩子长到三岁后，他们又突然转变了看法。""为什么？""因为他们知道了我先生出生于一个经商世家。"霞笑道，"当初他选择我，他父亲都不同意。他是瞒着父母悄悄与我结婚的。"朋友默默地看着这枚钻戒，"你现在还不知道它是真是假吗？""不知道。""干吗不问他？""为什么要问？是真是假又有什么关系？"霞说，"再说，我也确实不知道应怎样去问，我甚至认为这个问题一旦提出，这枚钻戒无论真假就都已经一文不值了。"

是的，是真是假又有什么关系呢？这枚戒指是先生在贫困时为爱情献出的礼物，别的已经不重要了。

现在霞把它当作爱的物品收藏起来，以此换来的幸福感，难道不比它是一枚价值连城的钻戒更有意义吗？

要记住，当我们的家中充满爱的物品时，就算我们想要发脾气、心情沮丧好像都不太可能了；而当家人看到这些物品时，也会对自己充满爱意，因为我们是如此在意他们，他们会用更丰厚的爱来回报自己的。

适应恋爱与婚姻的落差，让吸引力永不衰退

热恋与婚姻是有很大差别的，从潇洒的单身贵族进入两人世界，由无忧无虑的浪漫跌进琐碎操劳、油盐酱醋的现实生活，许多新婚夫妻，尤其是妻子，容易产生心理不适。

新婚不久的孙小姐本该是最幸福的，但她却是满肚子的委屈。她向朋友抱怨："恋爱时，男朋友总是主动请求约会，送到家门口；会牢牢记住自己的生日和情人节，并送上精心挑选的红玫瑰，为自己唱歌跳舞，大献殷勤；闹矛盾的时候，不管谁对谁错，他也总是小心翼翼地赔不是。可结婚后，他像变了个人似的，不像以前那么好了，一直都在骗人。"

恋爱时双方都注意给双方以良好的印象，较少显露出弱点和不足。婚后，随着生活的深入和时间的推移，双方各自的弱点逐渐暴露出来，也容易出现感情的摩擦，引起心理不适。因此，新婚夫妻只有及时进行心理调整，才能使夫妻间的"吸引力"永不衰退。

主动承担家务

结婚以后，需要共同协商的大事是不少，但更多的是柴米油盐的日常琐事。夫妻关系的平等交往表现在家务的共同分担上，主动承担家务的一部分，是丈夫爱护妻子、妻子体贴丈夫的具体表现。

尊重对方的个性特征

一对夫妇，即使是青梅竹马，仍有各自的性格特征。一个善解人意的妻子或丈夫，应该尊重对方的个性特征。这样，婚姻就不是一种禁锢，而是既能充分发

挥各自的个性特征、又能互相依恋的温馨之家。

学会包容

夫妻双方要学会相互包容，尽量站在对方的角度去看问题，欣赏对方优点的同时也要接纳对方的缺点。不要太固执，要学会容忍、变通。

经常交流

夫妻间要经常坐下来交换意见，沟通思想，把自己心中的欢乐与苦衷倾诉出来。特别是在逆境的时候，最需要的就是亲人的慰藉。

学会忍耐

夫妻间要学会忍耐，当对方发脾气或发出挑衅信号时，最好采取忍耐和避开的方式，或设身处地地了解其原因，以帮助解脱，而不要受对方情绪的影响，使自己处于情绪恶劣状态。

坦诚相处

爱是一种使人奋发向上的力量。因此，夫妻间应坦诚相处，做到互敬互爱，相互关照，这样比赠送礼物更令人高兴。

适时来点幽默

在适当的时候，恰到好处地开个玩笑，很自然地做个滑稽动作，用笑声打破紧张气氛，转移不良情绪。

婚姻不是爱情的坟墓，而是给了爱情一个遮风挡雨的家，两个人从相识相爱到相依相伴，更多的时光是要享受婚姻的平淡而非爱情的激情，调整好恋爱和婚姻的落差，才能体味到婚姻中的幸福真谛。

用动情的语言增加夫妻生活情趣

学会用动情的语言，能增加夫妻生活情趣，是恩爱夫妻的感情纽带之一。但中国人夫妻间感情不像西方人那样外露，而注重含蓄。但含蓄绝不等于关闭感情的窗口。每个人都懂得不进食会产生饥饿，但许多人不知道缺乏感情交流也会产生"感情饥饿"。拥抱接吻使人得到感情满足，动情恩爱的言语同样使人得到感

情满足。医学心理证明：一个人长期得不到感情满足不仅会心情沮丧，而且有可能导致一系列心理障碍和心理疾病。因此，夫妻间善用"动情语言"是至关重要的。

比如说一句"我爱你"，有的时候，可以激活疲惫的爱情。爱有时不需要承诺，却需要真心表白。勇敢地说出你的爱，让对方明白，起码这是在按自己的心意快乐着，你无怨无悔。很多人认为，只有恋爱中的人才需要说"我爱你"，其实对于步入婚姻的爱人，同样需要时常说出你的爱。一句"我爱你"曾令多少人心潮澎湃，热泪盈眶，只需这三个字，任何再多的语言仿佛都成了一种累赘。这三个字在很多人心目中都是很神圣的，尤其对于初识的恋人，想说却不敢或不好意思说，这样的心情相信很多人都经历过。而当时光流逝，岁月匆匆而过，爱情变得有些疲惫和麻木的时候，我们是否还会记得对身边的爱人说这三个字？也许有人认为已经没有必要，也许你太过忙碌忘了还有这三个字，也许你觉得已经说过的话再说一遍已经没有必要，也许你觉得用行动来表示更有意义。但是，你真的错了，这三个字真的是经久不衰的神奇字眼，它在每个人心目中永远都保持着至高无上的位置，所以，永远都不要忘却它的魅力。

所以，何不找个合适的时机，其实，不用怎样刻意制造气氛，清晨，睁开双眼，对着睡眼惺忪的爱人可以轻轻说出来，相信他一定会立马精神百倍，而且保持一整天的好状态。上班临行，出门之前，也可以抓住某个瞬间，在他耳边轻轻呢喃一句，你一定会看到对方眼中的惊喜和兴奋，你也因此会快乐一整天，关键是，你们的关系也会因此有了新鲜的色彩。或者，当一方烧好了饭菜，另一方衷心地说一句："你辛苦了，你烧的菜真好吃，谢谢!"一方穿上新衣，另一方马上赞扬说："你今天真漂亮（帅）。"出差在外，不妨写几封信，表达平时不易启齿的爱慕之情。一句动情的话语，不仅使人感到舒畅、清爽、甜蜜、兴奋，而且容易激起感情的浪花，避免夫妻间不必要的矛盾发生。因此，无论是少夫少妻，还是老夫老妻，每天都别忘了向爱人表现出你的爱心!

其实，这并不难，只是几句简单的话而已，却可以让两人的生活发生很大的变化，也许你想都想不到。

记住，说这这些话的时候，一定要认真，深情款款，千万不可漫不经心，否则你就是在亵渎这神圣的字眼，而且也会让对方觉得你是在敷衍。如果那样的话，还不如不说。说到底，就是你要用心，是发自内心地感叹抒情，而不是一时的心血来潮，像交一份作业似的匆忙没有心情。找个合适的机会吧，你的爱人在期待你带给他的惊喜。

心理学

第五篇 可怕的男女心理学

从罗曼蒂克到锅碗瓢盆的转变

当女人带着美妙多姿的想象和天真烂漫的愿望，步入婚姻的殿堂时，发现在白色婚纱的炫目光影背后，不再有罗曼蒂克的情调，要面对的是平凡、单调的"锅碗瓢盆交响曲"。由天马行空到脚踏实地，理想与现实的极大落差，加之女人天生追求浪漫爱情的心愿，让新婚中的女人陷入了迷茫和困惑之中，使她们产生了适应不良。其实不光是女人，面对这种心理变化与冲突，夫妻双方都必须及时调整。

心理失落感调适

热恋与婚姻是有很大差别的，一下子从无忧无虑的浪漫跌进了琐碎、操劳的现实生活，许多新婚夫妻，尤其是妻子，产生了心理失落感。

其实，并不是男方不好，更不是什么欺骗，只不过他认为，成了家就该养家立业，只卿卿我我怎么行呢？于是他将很大的精力给了工作与事业，自然不像以往那么殷勤了。另外，恋爱时双方都注意给双方以良好的印象，较少显露出弱点和不足。婚后，随着生活的深入和时间的推移，双方各自的弱点逐渐暴露出来，也容易出现感情的摩擦、引起心理失落。

解决这个问题，最关键的是双方要互相理解和体贴，不要强迫别人按照自己的意愿行事；要正确理解并接纳恋爱和婚姻的正常差别，努力达成激情与琐碎生活的平衡。

性格与生活习惯的磨合

新婚之后的一段时间是两个人的"磨合期"。性格需要磨合，生活习惯也需要磨合。生活是由许许多多具体的生活琐事组成的。两个人的家庭出身、文化背景、性格特征、兴趣爱好都不尽相同，生活在一起难免发生矛盾。比如，一方喜欢整洁而另一方喜欢乱放东西；一方不修边幅而另一方有"洁癖"；一方节俭而另一方却大手大脚，等等。所以，许多新婚夫妇经常为鸡毛蒜皮的小事争吵，伤害了夫妻感情，破坏了家庭和谐，甚至会闹离婚。婚后"磨合期"一般至少要半年至一年。

这段时间内，夫妻双方要正确认识"磨合期"内矛盾的必然性，尽量站在对方的角度去看问题，欣赏对方优点的同时也要接纳对方的缺点。不要太固执，要学会容忍、变通，就像富兰克林说的："结婚以前睁大你的双眼，结婚以后闭上你的一只眼睛。"说的就是在婚后要包容对方。

化解自由与责任的冲突

步入婚姻，必须负起应有的责任和义务。恋爱时虽然也需要负起一定的责任，但毕竟比较自由。比如，恋爱的时候男人可以和其他好朋友一起去酒吧喝酒，去 KTV 唱歌。结婚以后就不行了，如果丈夫经常要和朋友一起喝酒、打牌，把妻子抛在脑后，妻子当然不能接受。结婚前，女孩除了享受男朋友的殷勤，回到家还能享受爸爸妈妈的照顾，吃喝不愁。结婚以后，妻子通常在下班后还要做饭，如果下班后就躺在床上吃零食、看电视，全然想不到丈夫下班后的饥肠辘辘，矛盾就难免了。

矛盾是在所难免的，关键是双方要相互体谅，化解责任与自由的冲突。总之，结婚以后，双方都要不能再"为所欲为"，要增强责任心，做一个像样的妻子或丈夫，婚姻才能持久。

婚姻不是爱情的坟墓，也不是浪漫的爱情童话，它是实实在在的生活。生活中不能没有锅碗瓢盆、油盐酱醋，婚姻中的不和谐、矛盾要由夫妻双方共同化解。幸福美满的婚姻需要夫妻共同创造。

在恋爱与婚姻的温差中，找到人生最舒适的温度

有人说："婚姻是爱情的坟墓。"结婚意味着激情的冷却以及爱情的消逝。婚姻真的如此可怕吗？问一下那些甜蜜相守着的夫妇，就会知道有时候爱情与婚姻是可以共同拥有的。婚姻生活远比爱情来得更长久、更细致、更现实。婚姻能够彻底地改变一个人，从外表到内心。爱情和婚姻的温度是不同的，爱情是滚烫的，而婚姻却是温暖的。

所谓婚姻是爱情的坟墓，只能说双方不懂得如何去经营爱情，许多人正是由于无法适应婚姻与爱情的温差，而让双方的感情越走越远。相信当两个人决定结婚前，一定是彼此有感觉的，只是婚后的日子让爱情变平淡了。这仅仅只是因为结婚以后，男人与女人都放下了爱情中的浪漫，投入到工作中去了。婚姻之所以没有了爱情那样鲜明而浪漫的色彩，是因为双方把精力投向了别处，这并不是爱情的消逝，而是对爱情的忽略。只要多花心思在感情上，爱情就能以一种更加温情的面貌与婚姻同在。

女人嫁给一个爱自己的人是幸福的。在他的面前，女人可以肆无忌惮地撒娇、扮痴；可以任性地做任何你想做的事；在他面前女人可以尽情地放任自己，

可以不修边幅。但是在享受他的宠溺、迁就、包容时，也不要忘记为他建设一个心灵的栖息地，做他生活中那块最安稳的小岛，让他也能感受到有你的快乐。

每个人的婚姻生活必定伴随很多的磕磕绊绊、吵吵闹闹，有痛苦，有波折，有沮丧，有失意，有彷徨，有误会，很多的遗憾与烦恼交织。很多人沉湎于苦难而不能自拔，选择了放弃这段感情。开始怨天尤人，埋怨命运不公、时运不济、世人不解，这些都只是不懂婚姻这门学问的开脱之词罢了。

婚姻是一门学问，是一门技术，但不像是书本那样的死学问，也不是生产环节的死技术，它像经营管理一样，是一门活学问，是一门活技术。到了情窦初开的年龄，人人都需要学习，人人都需要研究。我们不仅要把婚姻当一门学问、一门技术来学习、来研究，更要把婚姻当做一项事业来合伙经营，把婚姻的理论知识与婚姻的生活实践相结合。

有些人在婚姻上的失败，并不是找错了对象，而是从一开始就没弄明白，在选择爱情的同时，也就选择了一种生活方式。就是这种生活方式，决定着婚姻的和谐。有些人没有看到这一点，最后使本来还爱着的两个人走向了分手。走进婚姻，不意味着放弃爱情，虽然爱情是热烈的、滚烫的，婚姻是真实的、温暖的。其实，只要二者真正融合，你就会发现这才是人生最舒服的温度。

探寻男女不同的爱情需求

不管男人还是女人，都必须知道对方的情感需求。否则，他们就不能理解对方的一些行为，很可能在无意之中，给伴侣带来伤害。遗憾的是，相当多的男人和女人，都不知道爱情的基本需求。

理解伴侣基本的爱情需求，是改善情感关系的有效武器。女人了解男人基本的爱情需求，她才能知道，男人为何不满。男人知道了女人的基本需求，才能更加关爱女人。当双方的愿望和需求得到了满足，婚姻关系自然就和谐、美满了。

据心理学家研究表明，男人和女人都有 6 种基本的爱情需求。充分理解这 12 种不同的爱情需求，才能行使满足伴侣的使命。

当男人和女人被满足了以上这些基本需求，才能以最好的姿态理解并包容对方，婚姻更加幸福美满。愿望和需求无法满足，一个人就很容易受到伤害。譬如，女人没有意识到，由于她和男人交流方式不当，无法提供有效而及时的支持，就会伤害男人的自尊。她固然关心男人的感受，可是男人和她的爱情需求不同，就很难为男人带来满足感。

婚姻生活中，如果双方无法满足基本爱情需求，双方都将以错误的方式沟通和交流。这无助于情感关系的改善，使两个人更加疏远。因此，这里对 12 种爱情基本作简要解释和说明。

女人需要关心，男人需要信任

男女相处，如果女人能以坦诚的心态面对男人，不让猜自己的心思，并且信任、理解男人，这样会让男人感觉欣慰，并会全力为女人创造幸福的生活。因为此时，男人的第 1 种爱情需求得到了满足。

反之，如果男人重视女人的感觉，关注女人心情变化，女人就会感受到爱和力量。她觉得，在男人的心目中有着很重要的地位。此时，女人的第 1 种爱情基本需求得到了满足。

女人需要了解，男人需要接受

理解并善于倾听女人的感受，会让女人心存感激。当然，这并不是要求男人非得对女人的想法和感受一清二楚。其实男人只要从女人的倾诉中，搜集尽可能多的信息，了解、体谅她真实的心境，女人第 2 种爱情基本需求就得到了满足。

当女人充满爱意地接受男人的一切行为习惯，而不是去试图改变对方，男人才会感觉到女人的爱。因为当他知道自己并不完美，女人不会对他实施改造，而是相信他可通过努力可以获得成功。当男人感觉自己的一切被女人无条件地接受，就满足了他的第 2 种爱情基本需求。

女人需要尊重，男人需要感激

如果男人能充分尊重女人的感受，处处在意女人的想法，而不是置之不理，女人会非常感激男人的宽容与体贴的。比如，男人记得给女人送花或庆祝结婚周年纪念日，类似的举动，使女人第 3 种爱情需求——男人的尊重——得到满足。

当男人得到女人的感激他认为自己的努力没有白费，从而大受鼓舞，愿意为女人付出更多心思。女人的感激犹如一剂"强心剂"，使男人浑身充满力量，产生更大的动力，也更加尊重他的伴侣。

女人需要忠诚，男人需要赞美

女人需要来自男人的忠诚，这就要求男人把女人放在优先地位，尽可能地满足她的意愿和想法，这就意味着女人第 4 种爱情需求——男人的忠诚——得到满

足。女人将为自己拥有这么一个男人而自豪，从而提高幸福感。因为男人忠诚于女人看得比他的兴趣和爱好更为重要意味着他完全可满足其愿望。

女人的赞美对男人来说，是一种有效的激励方式。当男人被赞美时，意味着他的行为得到了女人的认可，因而心情会变得喜悦。有些女人不知道如何赞美自己的男人，其实，男人值得赞美的优点，涉及他的力量、幽默、坚毅、正直、诚实、浪漫、温和、理解、柔情等传统意义上的美德。女人，不要吝啬，去赞美你的男人吧。

女人需要体贴，男人需要认同

男人的体贴，是对女人自我感觉的肯定。面对女人"无理"的要求，如果男人不进行辩解和反驳，而是给予体贴安慰，女人就能感觉到男人的爱。这时，她的第 5 种需求——男人的体贴——得到满足。

每个男人都有一个英雄情结，尤其是成为自己女人心中的英雄。男人认为，只要女人认可他，就意味着女人承认自己的品质是高尚的。此时，得到认同的男人，便如释重负，也更易认同女人的感受。因为他的第 5 种爱情基本需求得到了满足。

女人需要安慰，男人需要鼓励

女人需要安慰，安慰让她感觉幸福，拥有安全感，深信男人的爱坚定不移。这在日常生活中主要体现为，男人经常向女人展示出关心、理解、尊重、忠诚、体贴的行为，女人渴望安慰的需求也就得到满足。

男人基本的爱情需求，是女人的鼓励。女人应该信任男人的能力，女人切记，不要在言语之间流露出任何不屑之态。只有这样，才能给男人勇气和希望。女人积极的态度，可使男人获得动力，成为真正的自我。他会回报给伴侣更多的爱、理解和安慰。

所谓的基本的爱情需求，言下之意，就是必须先予满足的爱的形式。与此同时，也不排斥其他形式。女人基本的爱情需求，对于男人也同样重要。意思是说，女人需要的 6 种爱的形式，不意味着男人与之无缘。人也需要关心、理解、尊重、忠诚、体贴、安慰。不过，男人首先需要满足其基本的爱情需求，这可为他带来最大的快乐。在此前提下，他才愿意接受其他爱的形式。

婚姻中的男女们，假如你不知如何更好地和异性交往，通过了解本文中 12 爱情基本需求，从而把握好对方的爱情需求，相信它可以大幅度改善你们的情感关系。

父母的爱是成就美好婚姻的一道力量

闯好父母反对这一关

在感情的路上，恋爱中男女分手的原因多种多样，不可否认，父母的意愿有时候起着决定作用。因父母反对而分手的恋情最让人遗憾，幸福，是那么近，可是又是那么遥远。我们的爱情，难道不能由自己做主吗？

其实，父母都是想看到子女幸福的，总结起来，父母反对的理由也无非是怕我们跟了那个人之后，以后的日子过得不好。当我们用事实和行动向反对的父母证明自己的能力和真心，相信，父母会改变看法，祝福我们的。

电视剧《我的美丽人生》在各电视台掀起了热潮。该剧讲述了女主人公王小早如何在男朋友金波的妈妈面前证明自己的能力和人品，最终让原本反对他们交往的金波妈妈接纳这个儿媳妇的故事。

王小早是从农村到城里来打工的小保姆，金波是名牌大学毕业的服装设计师，两个有梦想的年轻人在相遇、相识后坠入了爱河，可是金波的妈妈对他们的这段恋情是相当的反对，心想："我儿子是名牌大学毕业的，怎么能找一个农村来的小保姆呢。"

面对金波妈妈的反对，王小早并没有轻言放弃，而是用自己的真心来证明自己对金波的真挚感情，她每天给金波妈妈做饭洗衣、料理家务，还让自己的哥哥帮金波妈妈修理电器，当金波妈妈意外受伤，自己更是加倍照顾，久而久之，金波妈妈对小早的态度发生了转变，但是对小早的职业还是不太满意。而在这方面，小早也对自己的事业有细致的规划，从保姆做起，一步步发展人际关系、树立口碑，最后在朋友的帮助下开了一家自己的家政公司，金波妈妈看到小早不仅人品没得说，还这么有能力，最终对小早这个儿媳妇欣然接受。

王小早通过一步步努力最终赢得了婆婆的认可。当然在现实生活中，我们和恋人的父母见一面不足让其完全了解我们。对方父母依然不相信自己也是可以理解的。这时，不妨给对方的父母做一个约定，给自己一段时间，做出成绩来给他们看。在生活上，也要表现出对对方父母的关心，让他们感受到我们的孝顺。这也许会是一个很漫长的"战役"，所要付出的代价也很大，所以我们在争取一段无阻的爱情时一定要做好心理准备。

有人说不被祝福的婚姻不是完满的婚姻，的确，如果自己的婚姻得不到父母的认同，确实是一个很大的心结。其实每个父母都希望自己的孩子在结婚后能过上比现在更幸福的生活，从这个角度说，闯好父母反对这一关并不是难事，只有证明自己有给恋人幸福的能力，大多数父母也就会欣然接受了。

新媳妇见公婆，要讲点策略

当男女双方感情进入到两情相悦的状态，通常会被恋人带去见对方的父母。一般男方的家长对女方的人品比较关心。他们大都希望自己未来的儿媳妇温柔、善良、勤快和能干，具有东方传统女性的美德。当然，准儿媳们也不必过于担心自己不擅长家常事务，只要新媳妇虚心请教，婆婆大多高兴给予指导。为了和相爱的人顺利步入婚姻的殿堂，并得到家长的祝福，新媳妇首次见公婆，说话做事还是要讲究一定的策略。

有的男方家长爱子心切，只要儿子喜欢，肯带回家来，那他们简直把新媳妇跟神仙似的捧着。对于这样的家庭，虽然是初次探访，说话时也可以活泼、有趣一些。

"伯父、伯母，我初次来访，你们就把我当闺女一样对待，真让我好感动！"

"自从我和富康谈恋爱以后，他就多次说到你们如何好，真是耳听不如眼见。也怪不得富康说你们好，你们太宠他了，小心把他惯坏了。"

"他曾说过我不如伯母对他好，看样子我还真比不上您的细心，瞧您，吃完饭碗都不舍得让他洗，来，我来帮您吧！"

从上面的例子可以看出，新媳妇可以很自然地使自己成为人家家中的一员，相信对方父母不会拒绝这样热情、懂事的儿媳妇。如果女方找了一位年龄跟自己相差较大的男子做恋人，那么当新媳妇去拜见他的老父老母时，或许会因为他们不大信任而冷淡自己。不必沮丧，不要气馁，因为这是人们很正常的心理状态，新媳妇完全可以用言行让他们感受到自己的诚恳和可信，而千万不要恃小撒娇，惹得他们反感。

"伯父、伯母，你们好！二老身体都还很健康吧，看上去挺硬朗的，也挺精神的，比我想象的要年轻许多。我过完年要到深圳去一趟，你们需要什么尽管说，不要客气！等我什么时候有空闲给你二老一人织件毛衣，我织毛衣的水平还可以，克正身上的毛衣就是我织的，伯母您觉得怎么样？我什么家务活都会干的，所以你们有什么需要我干的，就让克正叫我好了。"

不管对方父母的态度如何，新媳妇都能客观、冷静地对待，这多少包含了对他们儿子的爱，所以他们很快会接受并容纳这个新媳妇的。

有些男方家长本身不善言谈，他们已经习惯了家里面的安静气氛，对什么事情都不会喜怒形于色，就算是未来的儿媳妇上门拜访，他们表面上也不过是多了个客人而已，但在心里面，却在细细地对你评头论足，所以你要做好充分的思想准备来抵挡他们那看似淡漠，实则探寻究竟的目光。

事实上，新媳妇在言谈举止上只要得当，大都可以赢得公婆的认可的。一句话，新媳妇见公婆要表现得既传统又现代。

所谓传统是指他们在做饭、端菜时要主动抬手帮忙；尽量避免纵声大笑、高声喊叫或当着他们的面跟男友亲热；更不可当众训斥男友或者耍性子、任性、撒娇、生气等。所谓现代是说表现出自己年龄的活泼和开朗，能让他们感受到自己的青春气息和色彩，既端庄大方又活泼快乐，表现在说话上要口齿清晰、表情温柔、略显羞涩，并对他们尊重有加。

总之，一个女性最优秀的品德就是宽容大度、和颜悦色、端庄开朗，如果具备这些优点，那么任凭什么样的家门都能叩开；任凭什么个性的父母的心都能打动。

婆媳和睦黄金法则：真心换真心

妻子在过门前都是与亲妈生活在一起的，有直接的血缘关系，感情之深自不必说。有些妻子可能这样认为：我是由我爸妈养活这么大的，过门前公婆也没有给予我什么，我有必要对他们那么好吗？但是妻子不要忘了，丈夫是婆婆"十月怀胎"生下，并且费尽心思把他培养成人，让他娶了你这个媳妇，而你将要和他们的儿子生活一辈子，你不孝顺他们，他们儿子心里能愿意吗？何况，女儿是妈妈心里的小棉袄，可丈夫也是婆婆的心头肉啊！

尊重婆婆，就要理解婆婆的内心世界，看到婆婆值得让你感动的一面，宽容她的"小毛病"。与婆婆时常亲近，你会发现婆婆的许多做法会让你感动不已。

王青是一家证券公司的员工，公司里的许多同事都跟她谈起过婆媳间相处难的事情，但是她却怎么也无法把这些事情和自己联系在一起，她总是这样说："我是一个幸运的人，因为我有个善良的好婆婆。"

王青这样评价自己和婆婆的关系：婆婆虽然没有钱，也没有文化，但是她身上具有中国妇女的传统美德——勤劳善良、艰苦朴素、坚忍不拔。她把精力都放在丈夫和儿孙身上，确实诠释了中国的一句古话：男主外，女主内。她这一辈子很辛苦，很不容易。

王青开始和婆婆相处的时候，的确感到一些不适应。王青说："我妈妈是属于有文化的人，我们在一起有许多共同语言，代沟也不大明显；而和婆婆在一起的时候，经常是一天也说不上几句话。我知道婆婆也不习惯，但我们都在尽量掩饰这种尴尬，彼此都很客气。说实话，那时候，彼此的心是提防和试探的。后来因为一件事，让我和婆婆之间的心理距离缩短了。"

王青的婆婆从小就失去母亲，和父亲生活，虽然家里很富有，心里却感到很孤独，于是就开始吸烟，到现在已经是近40年的老烟民了。可是因为小孙子的出生，她不再吸烟了。这对于一个老烟民来说是很难做到的。王青曾经看到婆婆为了戒烟狠狠打自己的嘴巴，这对她的震动很大。自然而然的，就把婆婆看做自己真正的亲人，那种疏远的感觉仿佛忽然就消失了。

"和公公婆婆相处的这些日子，我发现老人真的很容易满足，你只要稍稍用点心。他们要求的，是精神上的，并不是物质上的。公公婆婆爱听戏曲，我和老公就陪他们看戏曲频道；婆婆喜欢看小品，就买小品的光碟给她；早晨上班前说一句'妈，我走了'，下班时说一声'妈，我回来了'。"

王青孝敬父母的举动也深深感染了孩子。以前孩子吃过饭后，扭头就去看电视或出去玩耍，现在却懂得帮助妈妈收拾碗筷，家里有好吃的东西，孩子知道要先给爷爷奶奶和父母吃，甚至大人身体不适，孩子也懂得陪伴左右，嘘寒问暖。

一个聪明的妻子能够懂得：孝敬并尊重父母，不但是在弘扬美德、锤炼自己的人格，也是为自己的将来打基础。因为"多年的媳妇总要熬成婆"，设身处地想一想，有哪个婆婆不喜欢真心对待自己的儿媳呢？所以，媳妇真心对待婆婆，也一定会收获婆婆的爱护。

像对待上司一样对待婆婆

婆媳关系也许是世界上最微妙和难处理的关系。她们爱着同一个男人，也分享同一个男人的爱。她们分别影响这个男人前半生和后半生的生活。丈夫、婆婆、媳妇是世界上最无聊、最琐碎的三角关系，很难掌控，近则不逊远则怨。这个三角中，婆婆这个角色非同小可，她是每一个要恋爱结婚的女人都要遇到的最重要也最难"摆平"的家庭成员。

若干年前，佳佳要结婚时，公婆提出要和他们共同买一处大房子同住，佳佳不愿意。佳佳是很爱丈夫，很想嫁给他，但是她想来想去认为，如果妥协，意味着放弃自己理想的生活和梦寐以求的生活模式，也就是放弃自己终身的幸福。那嫁给这个人还有什么意义？于是她对丈夫说，如果他坚持住一起，她必须选择跟他分手。现在他们在婆婆家附近买了房子，这样既可以方便照顾父母，又避免了天天照面。

佳佳是聪明的，她明白不能试图和婆婆保持"零距离"。现在很多婆婆和媳妇都信奉距离产生美。子女在靠近父母的小区置业，平时有自己独立自由的空间，休息日、节假日到父母家热热闹闹客客气气。乖巧的媳妇在自己家可以是"野蛮老婆"，但在婆婆家要有一个贤淑样，要像对自己妈妈一样对婆婆嘘寒问暖。

要想搞好与婆婆的关系，还要注意不要在丈夫面前抱怨婆婆的不是。即使是丈夫首先开口说他妈妈不好，媳妇也必须坚持沉默是金的原则。婆婆和媳妇，好似一对矛盾共同体。作为儿媳不可能对婆婆没有意见，比如她对你教育孩子横加干涉，她过多地教育她的儿子——自己老公。可是媳妇只能把这些不满藏在心里。在这种情况下，媳妇一定要控制自己的嘴巴，记住丈夫当然可以畅所欲言，因为那是他的妈妈。为了安全起见，沉默原则应该推广到他的每个有血缘关系的亲人。收起对丈夫家庭成员的评论，这将会使家庭的生活顺畅很多。

另外，不要阻止丈夫对家人的付出。凡有责任心的男人，婚后依然会对大家庭有几分惦念。如果妻子想阻止这种牵挂，就会影响到自己的婚姻。聪明的主妇会理解老公的这种情怀，爱他就关心他的家人。不要试图让老公断绝和婆家的关系，他属于你，也属于他的家人。

常往婆婆耳朵里吹暖风

在家庭生活中，婆媳关系是最微妙，也是最难处的。当这种特殊矛盾被激化后，为了平息"战乱"，说话必须讲究技巧，聪明的女人总是用"暖风"吹得婆婆找不到北，又能维护自己的观点。

张华和李红夫妇平常住在单位，只有周末才回张华家。张华是独生子，母亲特别宠爱儿子，时常挂念儿子，但是老观念使母亲认为家务事是女人的活儿，女人理应照顾好男人。

周末小两口回张华家，婆婆当着儿媳妇的面说，怎么又瘦了，是不是在家什么事都你做，吃得又不好，等等。儿子低着头不知道怎么回答才好。

婆婆的意思很清楚，是责怪儿媳妇没照顾好儿子。

机灵的李红赶忙上前拉着婆婆的手说："妈，是我不好，这段时间单位加班，太忙了没有照顾好他，都是我不好，您放心吧，从明天起，我给他增加营养，让他尽快地胖起来。"

第二个周日，小两口一回到家，李红就拉着婆婆的手说："妈，这周我给他做了五顿肉，鸡蛋、牛奶是每天早晨必不可少的。可他好像还是原来那个样子啊，妈妈，您有什么好法子啊？"

婆婆听了儿媳这番话连忙说："他就是这副德行，吃人参也没有用，可能是祖传的原因吧！瘦得像只猴子，你看他爸不也这样。"说得全家一阵大笑。

面对婆婆的责备，李红并没有与之争吵，而是主动向婆婆承认自己照顾不周，与婆婆进行沟通，从而有效地避免了婆媳矛盾的激化。

李红固然是一个聪明的儿媳，懂得如何与婆婆交流，如何说好婆婆才爱听。可有些儿媳，在自己母亲面前可以说个不停，与婆婆却无话可说，两人之间总感到别扭。要改变这种状况，儿媳妇要学会主动热情，在婆婆耳边多吹点"暖"风。

首先，"妈"字不得太吝啬。

儿媳的一声"妈"，能给婆婆带来无限温暖。有些儿媳惜字如金，"妈"字从不轻易出口。但也有一些儿媳，学孩子的口气，称婆婆为"孩子他奶奶"。如果能把拉家常和称呼连接在一起，效果就截然不同了。你也可以这样说："妈，这几天天气变得挺冷的，您穿得太少了，别着凉了啊。""妈，您眼神真好！这么细的针都能穿。"

其次，有些老年人社会交际较少、在家养尊处优，整天把自己禁锢在一个小的范围内，他们很想知道家门以外的一些新鲜事。聪明的儿媳就会借此机会与婆婆沟通，掌握婆婆心理，为处理婆媳间的关系打下坚实的基础。

沟通是打开双方心灵大门的钥匙，作为儿媳妇，如果能常常让婆婆高兴，无疑就是给婆婆吹了一阵暖风，你一定会走进婆婆的心扉，这样一来家庭气氛一定会很和谐，令人伤神的婆媳关系就会因此而改变，使家庭生活其乐融融。

不和婆婆争"醋"吃

现在，很多男孩都是独生子，母亲含辛茹苦地把孩子带大，好不容易盼他成了家，娶了媳妇，却没想到他"有了媳妇忘了娘"，似乎把所有的爱都倾注在了媳妇身上了。这样，作为母亲的，心里或多或少都会有些失落。

时下，电视剧《婆婆来了》正在热播，剧中媳妇小雅与婆婆一度关系紧张，其根源就是与婆婆争"醋"吃。婆婆二十八岁守寡，一个人就那么艰难地带着孩子，所受的苦可想而知。她把这辈子的精力几乎全投在儿子身上，也把后半生的幸福都寄托在了儿子身上，希望他能够孝顺，多为母亲着想。可是，当看到儿

子甜蜜蜜地将媳妇接回家，前前后后围着媳妇转，不管是下意识的，还是不知不觉的，她都会觉得是这个与家里不相干的媳妇抢走了自己的儿子。她会在不知不觉中表现出对媳妇的不满，甚至会故意在一些生活的细节上追究，变得苛刻，故意跟媳妇过不去。而身为媳妇的小雅由于母亲早年离开，她没有与长辈相处的经验，不懂包容尊重长辈，对待婆婆的"挑衅"，会找各种各样的办法还回去。于是，这个家就在双方的争斗中不得安宁。后来，双方经过磨合，紧张的婆媳关系成为一对情深的母女。

作为媳妇，应该有一点年轻人的大度，多给予婆婆一些宽容，不要跟她争吃老公的"醋"，要想婆婆不吃醋。作为媳妇在日常生活要注意以下三点：

不要经常在婆婆面前与老公过分亲昵

新婚夫妻之间总是习惯了用一些亲昵的动作来表达爱情的甜蜜，最好不要当着老人的面，老人毕竟是老人，她们有着传统的思想，这就像在外人面前一样，和老公过分的亲热也是对别人的一种不尊重。妻子和丈夫在婆婆面前表现得过分亲热，容易让婆婆觉得儿子是"娶了媳妇忘了娘"，这是所有婆婆最大的心病。老公越是疼爱你，婆婆的失落感和忌妒心可能越强烈。

永远与婆婆同一战壕作战

一般来讲，婆婆很容易把媳妇看成"编外人员"，而心生隔膜，所以为了使婆婆早日接纳自己，媳妇必须要善待婆婆，全方位地使她感受到媳妇甚至比她亲儿子还要向着她。这是婆媳相处的重要一招，百试不爽！

有时不妨适当示弱

儿子是母亲的寄托和依靠，因此，当媳妇进入家门，婆婆会把媳妇视作"竞争者"，潜意识里会对抗媳妇的"入侵"。而这些，正是她心虚、敏感的表现，由此，她才会和媳妇斤斤计较，不肯示弱。

此时，媳妇不妨照顾一下婆婆的不良情绪，遇到一些明明是婆婆做得不好的事情时，媳妇尽可以大度一下，主动认错服输，等到婆婆心气顺了，也就过去了。

一般说来，到成家之前，儿子总是把母亲视为自己最依赖的亲人。但是，一旦儿子结了婚，有了自己的家庭，开始享受到夫妻之爱，这时，母子之爱便自然而然地了降至次要的地位，儿子新家庭的利益不可避免地放到了他原来家庭的利益之上。而且，儿子在生活中遇到了什么问题，关心他的第一任务就交给了媳妇，而儿子也总是把生活中的酸甜苦辣更多地、更主动地向媳妇倾吐，把媳妇视为"第一参谋"。这时，做母亲的便会感到感情上受到了冷落，加上儿子成家以后同自己的接触较以前大为减少，做母亲的如果不理解，便会埋怨儿子"娶了媳妇忘了娘"，而把一肚子的怨气一股脑儿全发泄到媳妇身上。

总之，真正懂得婆婆心理的女人一定会理解婆婆的这种吃醋，媳妇唯一要让婆婆感觉到的就是：自己不会夺走她的儿子，而是有了自己，能让她的儿子过得更幸福。相信真心为自己儿子好的婆婆们，感受到了我们的真心，一定不会再吃我们的醋了。

过节了，到底回谁家团圆

对于已婚夫妇来讲，过节该去谁家团圆，确实是一个棘手的问题，尤其是新婚夫妇，享受这甜蜜婚姻带来的幸福的同时，相信他们内心也有一丝对父母的惦记，于是，当迎来本该热闹喜庆的节日到来的时候，小两口却为去谁家过年而争吵起来。

新婚不久的小苏和妻子小玲就遇到了这个问题。

丈夫小苏说："大过年的，如果我们小两口不回我爸妈家过年，屋里就只有老两口，人家家里都喜气洋洋的，我们家里却冷冷清清的，一想到这儿，我心里就不舒服。难道结婚以后，真的就难以兼顾父母了吗？"小苏还说出了自己要求回自己爸妈家过年的原因："按照中国传统，女方嫁入男方家，就应当以男方为先，过年当然是回婆家啦。再说，如果让街坊邻居知道了我过年没有回家吃年夜饭，他们一定会在背后说三道四，不是说我不孝顺，就是说我怕老婆没出息，那我还有什么面子？"

妻子小玲也有自己的看法："现在都21世纪了，提倡男人应当有绅士风度，凡事要讲究女士优先。男方应迁就女方，回娘家过年。连这么点小事都要斤斤计较，还怎么彼此宽容地过一辈子。"小玲还说，每年过年都是所有亲戚一起吃年夜饭是一家人多年以来不变的习惯，每年除夕晚上都非常热闹。去婆家，一共只有四个人，一点都感受不到过年的气氛。"说得难听点，爹妈养了我二十几年，如果以后连过年回家吃团圆饭的权利都没有了，那我就离婚。"

小苏和小玲都表示想让对方让步，而且他们两口子也不想为了这个事情影响感情，可是双方还是都不肯让步，现在他们只要碰到结婚的熟人就请教他们是怎么解决这个问题的，原本应该和和气气的年，也因为这个问题而变了味。

那么，到底应该怎样解决这个问题呢？我们不妨来看看下面这几对夫妻是怎么解决的：

解决方式：把父母接到一起过年

丈夫小王是河北人，妻子小张是天津人，两人一毕业就来北京打拼，现在经过几年的奋斗，他们在北京也成了有房有车一族，每逢过年，他们就会把父母接到北京，一家人和和美美的过上个大年。小王和小张一致认为，采取这样的方式过年，既不会每年临近过年就为了过年去哪家吃年夜饭而吵架，两家人家一起吃饭也会更热闹，感情也会更好。

解决方式：轮流回婆家和娘家

丈夫小李和妻子小黄都是北京人，父母也都在北京，这可比那些夫妻二人的父母分在不同城市的夫妻更容易解决这个问题，可是这对80后的小夫妻也没少为这个事情吵架，最终，他们的解决方式是轮流回婆家和娘家，也就是如果去年在小李家吃的年夜饭，那么今年就在小黄家吃，明年就又转战到小李家，以此类推。小两口对这样的解决方案还是比较满意的，他们说："我们都觉得这样做对双方的家庭都挺公平，两个人的心理也不会有什么不平衡。"

关于过年去谁家团圆这个问题，还是得根据自己家里的情况而定，其实，中国人的家庭意识很浓烈，每个人都会把家视作自己的一部分，爱对方的家人也是两个人爱情的重要组成部分，如果你真的爱他，那么不妨在这个问题上退一步，相信一定会换来你们两个家庭的美满幸福。

只要家庭和睦，用点策略又如何

在家庭内部搞策略？相信很多女人看到这句话都会皱起眉头，发出疑问。因为在她们的观念里，家人就是自己的亲人，对自己的亲人怎么能"耍心眼"呢。应该一是一、二是二，有什么说什么才对。其实不然，在家庭内部耍点策略并不见得是坏女人的"招数"。相反，很多时间，这是让家庭更加和睦的灵丹妙药。我们来看一下聪明的赵雪是如何做的。

去年结婚的赵雪，很善于经营婚姻。自结婚以来，她从来没有怠慢过小姑子的生日——去年送了名牌钱包，今年又送了高档护肤品。别人都问她，你对小姑子的生日那么用心干什么？她回答说，那都是为了生活更和谐而进行的投资。原来，赵雪结婚后很快就发现：婆婆是个优柔寡断、耳根子软的人，小姑子却是一个性格强势的人。赵雪与小姑子搞好关系后，赵雪和婆家的关系果然和她预想的一样和谐。在大部分家庭里，若稍有疏忽，小姑子和嫂子之间的关系，很有可能比婆媳大战还令人头痛。但是，在赵雪家里，婆婆要是对媳妇稍显不满，小姑子就立刻站出来帮赵雪打圆场。

赵雪也在公司上班，他们家的生活费使用老公的工资支付，她自己的工资却都存起来。虽然一家人的钱怎么花都一样，但是，她说，自己存折里的大笔存款都是准备买房子的。每当她老公听到她描绘将来的美好前景时，都会说"用你辛苦赚来的钱"云云。

赵雪的做法虽然不是很完美，但是，她给家人留下了顾家的印象。平常她都在外面下馆子，周末还会睡个大懒觉。但是，至少周末的午饭，她还是会好好准备一番的，而且准备的饭菜都是老公喜欢吃的，尽管这些午饭都是用从外面买来的半成品材料做的。她老公也知道，在这顿午饭中只有米饭才是赵雪彻头彻尾亲自做的，但是，这满桌好吃的饭菜至少看着舒服呀。她老公吃得津津有味，还说"还是家里的饭好吃"。

有人问她，平时工作那么忙，什么时候打扫家里卫生呢？

她回答说："我不怎么打扫，每天擦来擦去也看不出来什么名堂。即使偶尔打扫，也要挑老公能看到的时候做。我不做白干的事。"

赵雪就是这样把自己成功包装成"在外面工作给家庭收入作贡献，又尽全力做好家务活"的媳妇。但是，这"尽全力"的标准很模糊。做到完美是不可能的，所以肯定要挑重点做。评判标准是因人而异的，赵雪的高明之处在于，她只挑那些能够给人留下"全力以赴"印象的事情做，其结果也跟她的预想一样。可是，家务活还是摆在那里的，谁来做？赵雪的情况是，她老公深受感动后挺身而出，帮她完成家务。

像赵雪这样，在婚姻里，学会花一些心思，用一些策略，并不是什么应该批评的事情，相反，这是一种很有技巧的婚姻方式。因为婚姻和恋爱是一样的，它也需要身处其中的人的维护和保修。这种心思或许刻意，但是也表现了我们对待这份关系、感情的重视和珍惜。而当我们肯用心付出时，别人难道还能对一份完美的婚姻、优秀的爱人提出什么异议吗？

孝顺父母无亲疏之分

公婆是丈夫的父母，丈夫也同样有对父母的孝心。要想当一个好媳妇，就应该多为公婆着想，不能对待自己的父母像"活雷锋"，而对公婆像"周扒皮"。

宋舟正为一件事情烦恼。据她说，她婆婆心眼儿十分小，脾气相当大，动不动就爱训斥人。刚结婚时，她们经常吵架，有时一生气，她就收拾行李回娘家住，任凭老公屡次催她回家，她也不想回去。现在生了宝宝，她觉得老跟婆婆这样"对抗"下去也不是办法，一家人不好好地过日子，却因为一些不大不小的事情大动肝火，真是不值得。而且，宝宝慢慢长大，家庭气氛的紧张，哪怕是偶尔的不好，对宝宝的成长来说，也是很糟糕的。她现在真不知如何是好。

在媳妇的眼里，婆婆很少有对的。其实，每个人到年老的时候，都会格外的爱唠叨，爱管闲事。年老的人思维就是与年轻人不一样，他们开始变得任性，变得固执，他们希望得到孩子们更多的关注，更多的宠爱，于是很多人老了老了，行为却像一个孩子，一点也没有了年轻时代的韧劲和霸气。

不要总是将挑剔的眼光放在公婆的不是上，多给予他们一些体谅和关怀，才能消除与公婆间的隔阂，才是丈夫心目中的好老婆。

一个好老婆应该知道，在丈夫的心目中，他的父母绝不会亚于他心目中的自己。如果妻子对公婆不好，丈夫也许不会说什么，但是他的心里一定会觉得不舒服，甚至在感情上觉得妻子是在无理取闹或是不可理喻。所以，一定要好好对待他的父母。不要总是只想着自己的父母，有一点好吃的，赶紧给自己的父母送过去，有一点好用的，也赶紧往娘家送。好媳妇应该对公婆同样的关心和爱护。

孝顺公婆嘴巴要甜一点，行动勤快一些，家里一旦争吵起来，不仅公婆生气，更重要的是自己也生气，大家剑拔弩张的，何必呢？还不如公婆生气时我们态度好一些，虚心接受，婆婆消气了我们再把我们的意见恰当的发表出来，这样不仅关系融洽还会解决问题。

我们要用自己的实际行动表达我们对公婆的爱。我们的父母养大我们不容易，同样公婆养大自己的老公也不容易，我们懂得孝敬自己的父母，爱老公的父母也是理所应当的，这样老公也会爱我们的父母，才会使我们的生活处处充满爱。

人和人之间的相处都是将心比心的。还记得电视台播放的媳妇给婆婆洗脚的公益广告吗？看到妈妈那样做，孩子就会刻意地学习，于是也给妈妈端来了洗脚水。家庭教育至关重要，你的孩子也在把你当成榜样。试想，自己也有老的时候，那时儿女不孝敬，你的晚年怎么熬？

第三章

分手要靠智慧

分手不难，关键在收放和取舍的智慧

提前识破分手预兆

曾有一句话说"恋爱中的人，智商为零"。陷入情网的人们往往会请朋友指点迷津，"我们现在的情况是这样……是不是完了？"这是因为当局者迷。那么，如果对方真的变了心，不再爱我们了，我们从哪些方面找到蛛丝马迹，及时察觉呢？

首先，对方的目光不再停留在我们身上。

从什么时候开始，对方不再对我们的新衣服啧啧称赞？发型换了，香水换了，都被对方茫然的眼神忽略。这时候我们就要开始思考对方是不是在酝酿分手了。

其实，仔细观察对方不仅仅是对我们的外表视若无睹，含情脉脉的眼神没有了，手持玫瑰花在楼下迟迟等待的那个人不见了……

如果这些现象出现，我们就要提高警惕了。但是如果两个人的关系稳固到不需再有激情来点缀，那就不需要追究这些细节，但这两者之间的差别我们还是要分得出来。

其次，如果对方开始频繁使用如下词语："我很忙"，"最近真的很烦"，"我哪都不想去"……那么此时，对方已经失去了和我们相处的兴趣。

爱丽前男友第一次加班到12点才回家，是在他们分手的一个半月前。那天正是爱丽的生日，她在家等了整晚，等来的不是男友为她切生日蛋糕，而是一个敷衍的电话和一句例行公事的"我爱你"。那时候爱丽很单纯，相信男友这样为事业打拼，正是对将来负责的表现。但是接下来的两个星期，甚至周末，男友都没有出现。爱丽打男友的电话时常占线，有时打通了也是说不上几句就借口要开会或"在忙"就匆匆挂电话了。当这些借口都被用得不新鲜时，男友开始直接用三个字解答爱丽的一切问题。"不想去"、"不想动"、"不想说"。就这样，一直到他从爱丽的生活中彻底消失。

突然频繁地加班，莫名其妙的烦忧，都可能是对方想摆脱我们的借口，之所以不明说，可能是因为对方还不能理直气壮面对我们的指责。拆穿类似谎言很简单，如果是加班，可以以关心对方为名打电话去办公室问候一下；如果真的很烦，那我们作为对方最亲近的人，总是可以分担一些的；等到对方不再找理由的时候，我们就该给自己喊停。收拾好我们的心情，去寻找另一段美好，不要再为不属于我们的感情浪费时间了。

最后，对方的生活计划中没有了我们的存在。

当对方开始制订很多新计划——事业上的、生活上的、储蓄计划、减肥目标，各种各样，唯一的共同之处是——这些计划里，都没有我们的存在。所以在对方开始实施新的计划时，我们要做的就是转身离开。

安妮和男友在一起已经三年，双方家长都已见过面，两人到了谈婚论嫁的地步了，并且确定为结婚共同买一套精装修的小户型房子。

就在这时候，安妮的男友突然开始兴致勃勃地制订一系列的新计划：要在半年内减重20磅，五一节的时候去马尔代夫玩一次，两年内升到部门经理的位置，3年内储蓄到50万，然后就自己辞职创业，开家小公司。但是安妮很疑惑：男友安排去马尔代夫，选的是自己工作最忙的时间；而且男友以前一直都说男人胖点说明女友做饭的手艺好，怎么突然要减肥？最不合情理的是3年储蓄50万，本来手里的股票债券加起来，也有二三十万，但那是要用于付房子首期款的，每个月还有按揭，怎么可能节余那么多钱？答案很快就揭晓了，在要付房款的时候，男友却以钱存了银行定期为由让安妮一个人付首付。事已至此，安妮果断地撤掉了购房意向书，也与男友提出了分手。果然没几天，安妮听别人说看见前男友和另外一个长发姑娘亲昵地走在街头，明显是交往颇久了的感觉。

这样的人在生活中很多，他们凡事只为自己打算，碰到这样的人，我们应该当机立断，离开得越快越好。

总之，分手的原因多种多样，表现方式也不同，我们不要让对方已经对自己心灰意冷时，还蒙在鼓里不知情。

分手也要讲风度

恋爱当中，分分合合在所难免，对于不如意的恋人，该分手的就潇洒地分手。不过，分手前你必须考虑周全：分手理由是必不可少的；他可能出现什么反应，会不会走极端；如果他死缠着不放，你有什么退路？

以下几个诀窍，让我们在和恋人分手时不失风度：

找到恰当的分手理由

分手的理由，有些是不能直接和对方说的，比如粗鲁、缺乏温情、缺乏女人味、心眼儿小、不性感等。如果觉得他人还不错，但做不了恋人，可以温和委婉地想个理由，不必伤害对方。万一对方性情暴戾，很要面子，则很可能走极端，威胁我们的人身安全，我们应根据具体情况想个万全之策。

另外，为了不给对方任何遐想的空间，分手的理由必须短而有力。切勿因为害怕对方而犹豫不定，以免使对方误以为还有转机。

小芳不爱她的男友了，却不好意思直说。一天男友请她吃饭，她犹犹豫豫地说："我们性格不合，将来……"还没等她说分手，男友嬉皮笑脸地说："我完全可以迁就你，接受你的性格改造，请相信人是会改变的。"小芳无话可说。结果这段不如意的感情，又拖累了她半年多。

谨慎地选择分手地点

如果对方情绪容易失控，也许在听到我们说要分手时会动拳头，所以我们要谨慎选择分手的地点。最好选择对方工作单位的门口，或是大商店门口和十字街头。这些地方人流较多，又有警察保安巡视，可避免对方情绪失控对自己造成伤害。

杜娟决意与男友分手，她选择与男友第一次会面的地方——一个视野很好的街心花园。她认为这个地方很安全，但是，她忽略了这里是他们有过浪漫情节的地点。结果，她提出分手后，男友苦苦相求，他借景生情，谈及他们以往的甜蜜时光，使杜娟无法当机立断。后来，她同时与别的男人相处，落个骑虎难下，最后两个男人都得罪了。

分手的地点可能比分手的理由更需要精心考虑，因为任何人都很难接受在感情上被拒绝。

正确把握分手时机

同样，分手的时机也很重要，一定要把握好。我们首先要弄清楚对方目前的状况：对方正处于生命中的哪一阶段？对方是否正专心于事业？如果分手对对方有什么影响？假如我们是因为对方感情旁移而离开他，那就无所谓时机。如果不是这样，而对方又面临被公司解雇或其他危险，这时我们最好暂缓分手。我们可以先疏远对方，待对方重新站起来时再离开。如此，既有大家风范，又避免对方再缠着自己。

如果我们在对方事业处于低谷、经济拮据、情绪低落时提出分手，对方也许会认为生活对他已无意义，会把满腔愤恨汇集在提出分手的恋人身上，失去理智的人，很难想象会做出什么事情。

根据对方不同性格谈分手

对有教养又有帮助的恋人，可以直接对对方说："我们做恋人不合适，还是做好朋友吧！"

对无危险又无做朋友价值的恋人，可以工作忙为由疏远距离、淡化感情，让对方自己醒悟，然后跟对方说："我们没有那个缘分，还是分手吧。"

对那些霸道、不讲道理的恋人，分手时一定要当着介绍人或长辈的面，并且果断地提出："我们不要再见面了。"不必把理由说得太细，如果对方进行威胁，我们可以警告对方将要诉诸法律，同时暂时以出差、走亲戚、旅游为由离开一段时间，使对方有一个感情冷却的过程。另外，也可以把这种威胁告诉对方的父母和朋友，请他们好言相劝。但是，一般不能和对方的单位领导说，这样会更加刺激对方的情绪。

对于曾经相爱的两个人来说，爱是最美好的记忆，爱过了，曾经拥有过了，就要学会知足，何必为难对方，让曾经的美好变了味道。回忆是美丽的，让我们珍藏走过的轨迹，握紧现有的幸福。

敢爱也要会分

对女人来说，与男人分手这种事，做得好是格调，做得不好那就是层次问题！你想让他怎么回忆你呢？

让他以后一想起你就觉得愧疚？失败！因为他的潜意识里认为占便宜的是他。让他以后一想起你就觉得分手是种解脱？失败！你在他心里的人际价值为负。让他以后一想起你离开他就愤怒？失败中的失败！那么多年的感情付出，居然最后落个"残忍"的评价。

那么，怎么才算是有格调的分手呢？这么说吧：分手的目的绝不仅是离开

他，并且还要让他记住你的好、你们的好……这才是分手的艺术。

首先，你要理性。对事不对人，分手只是对你和他关系的否定，而不是否定他本人。没人会对一个否定自己的人牵肠挂肚的，是不是？相反，越到分手的时候越要肯定他的好，还要对他周围的人肯定他的好。一个在分手时还想着保全男人面子的女人，对任何一个男人来说都是宝。

其次，你要大度。过去的一切，无论谁对谁错，都过去了。告诉他你没有因为和他在一起而后悔，你们的经历是你珍贵的回忆。表情要真挚，语调要哀怨。

再次，你要体贴。尽管分手是你主动提出的，但是你还要体贴，甚至比热恋时更煽情。叮嘱他晚上加班要记得吃热夜宵，别老啃汉堡；应酬喝酒不要过量，酒后不要开车；以后一个人了，记得按时吃药；那件黄色西装已经熨烫好了，挂在衣柜里面……尽量让他觉得失去的不是一个女友，而是一份温暖的关怀；同时勾起他对你以往温柔的回忆，造成他鼻窦发酸的生理效应。

最后，你要坚定。坚定而不失平和，温柔但保持原则。你是来分手的！切忌在他脆弱的挽留下回心转意。别说"其实我还没想好"，分手这种事儿一定要谋定而后动，如果没有考虑好，千万别出手。出尔反尔只会让他觉得你是在以退为进的要求什么，以分手为威胁来让他就范，性质之低劣等同于"一哭二闹三上吊"。

有很多人在和曾经的爱人分手时，一定要争出个孰是孰非，习惯于相互伤害到体无完肤、精神崩溃，可能这样确实更过瘾也更真实，但是彻底地没格调，不适合时尚女人！毕竟，每一段感情都是缘分，我们从中得到更多的应该是回味而不是怨恨。

向对方说分手的学问

分手是一门学问，我们既要将自己已经无可挽回的心意传达给对方，又要在降低对方伤害的前提下，让他/她接受自己分手的要求。总而言之，这是一个技巧性的问题，不是随便一句"我想分手"、"我觉得我俩不合适"就可以打发的。最好的结果应该是使对方听见你要求分手，仍情绪平静、落落大方地握手拥抱道别，为以后的"再见亦是朋友"打下坚实的基础。

那么，我们应该注意到哪些问题，才可以做到不让分手的场面失控呢？

分手的时候，一定要做到全面考虑、知己知彼，知道自己和对方的性格，了解对方处理感情的手法，才能适当地应变。

最不恰当的做法就是借此机会奚落对方，因为对方心底里已经充满挫败感，力陈对方不是，挖苦对方只有令对方更痛苦自卑，甚至恼羞成怒。

不要突然提出分手的消息，而应该循序渐进，让对方逐渐有心理准备，不至于突击地措手不及。最理想的分手法是从冷淡疏远到提出暗示，再到详谈分手，总比忽然迎头泼一盆冷水为好。

分手要讲得清楚明白，不要暧昧不清，让对方还抱有幻想。切忌忽冷忽热，一时心软，否则未必可以令对方平静。在大部分的例子中，忽冷忽热只会令对方更加无所适从，不知应该从此死心放弃，还是竭力地去挽救。

真诚并耐心地详谈分手原因，尝试解答对方的疑问。虽然感情有变未必可以诉说因由，但尽力去剖析，总比一句"性格不合"、"不协调"、"爱上别人"为佳。

除了说话技巧上，我们要有所留意以外，最好还要选择一个可以供我们平静分手的环境。好的环境会让对方感受到我们分手的决心、歉意，在彼此的心理上，也为这份美好的感情画上一个美好的句号。其实，说分手不应该是一时冲动的决定，它应该是经过细心考虑，挣扎自省之后的慎重决定，所以，事前有一点计划，考虑提出的时间和地点也是自然不过的事。

也别在曾经有美好回忆的公众场合说分手，这是极其残酷的安排，这会令对方更伤感，更感到分手的痛苦，令这个曾是充满甜蜜回忆的地方变成痛苦之地。这还会令对方心里有更多混乱矛盾的情感，难以在反复思虑这段关系，如果被对方误以为这是刻意地安排，可能更难减去被欺负、被侮辱、被遗弃的负面想法。同时，也别在餐厅说分手。试想，当两人提出分手时，对方突然激动起来，无论动怒也好，饮泣也好，都会是非常尴尬的情况。

比较理想一点的环境，其实是在对方家中，更理想的是有后防支援。如能在家中细谈分手的前因后果，由激动到冷静细谈分析都安排妥当，然后离开，由对方的家人或朋友继续陪伴安慰，有可能会让对方的情绪得以平静下来，亦可以避免悲剧发生。同时，因为家是一个令人感到熟悉而安全的地方，所以，若对方兴起了任何消极的念头，家中物品亦可以令对方想起家人和其他值得留恋珍重的人和事，打消或减轻自毁的念头和冲动。

女人说分手，不是真心话

日常生活中，我们经常听到恋爱中的女人每每与男友发生矛盾或争执，就说出分手的气话。这就像女人撒娇时一样，只要高兴随时都可以脱口而出。

当然，这并不能说明女人的修养不高，学识不深，因为女人说分手，并不是真的不想和男人在一起了，而是因为她们对男人的行为有所失望。此时，只要男人放下面子真诚挽留她，分手也就不了了之。

　　面对女人动不动就说出口的"分手"，男人们不仅会感到很愤怒，甚至会怀疑女人是不是变心了。可事实上，男人们并不知道，女人说分手并不一定是真的想分手，她们需要的只是男人的低姿态，她们期待着男人拉着她的手说"别走"，以此来证明自己在男人心中的地位。

　　海和梅在一起已经几年了，两个人在一起度过了许多美好的时光。最近，梅觉得海好像越来越不在乎她了，每天都在忙工作，没有时间陪她聊天，更别说一起度周末了。尽管海也曾因此跟梅表达过歉意，但每次梅都掩饰着不高兴，一笑了之。但这一次，梅的心彻底凉了。

　　这天是梅的生日，可海临时有事，被领导叫去陪一个重要客户吃饭，往年都是海陪她一起度过的。海原本打算陪完客户就去陪梅过生日的，一定要给她惊喜。可不巧的是那个客户特别难缠，好不容易吃完了饭，又要求去唱歌。

　　海在客户唱歌的空隙，给她发了一条简短的信息：生日快乐！梅看到这个不咸不淡的信息，很是失望。她觉得海也许根本就是不爱他了，就算是普通朋友也不会发这么简单的信息。想到这里，梅关掉了手机。海把客户送回去，已经凌晨2点了，来到梅的楼前，看到灯已经关了，再打梅的电话听到是"您拨打的电话已关机"的声音。无奈之下，海拖着疲惫之极的身体回家休息了。而第二天是周末，海一觉睡到中午。

　　梅早上醒来，没有收到海的电话，更别说是礼物了。梅越想越失望，给海发信息说："我感觉越来越不了解你了，我现在感觉很累，完美的爱情应该不是这样的，我们还是分开吧。"短信发出去了，梅的心在滴血。她等着海的挽留，如果海马上说出一句挽留的话，她会立即回头的。可海觉得梅不听自己解释就随意提出分手，太不把感情当回事了。于是，就回了一个字："好。"就这样，一段金玉良缘就这样烟消云散了。

　　看完这个故事，也许很多人都会感到惋惜，同时也会感觉女孩有些傻，不该拿感情作为赌注，这对男孩来说不公平。但其实，女孩的心里又何尝不难受呢？说分手的女人大多不是真心想要离开男人。

　　当一个女人在以各种理由提出分手时，也许她并不是真的要和你分手，而是她想通过此种方式来体验被男人挽留的感觉，试探男人是否真的在乎她，如果男人真的在乎她，肯定会千方百计地挽留她。很可惜的是，在这个时候，很多男人不懂女人的心理，对此非常不理解，认为既然要分手，又何必要别人来挽留呢？

如果男人此时不能解读女人的心理而且也是一个很要面子的人，很可能就会结束一段美好的感情。

男人是不能和女人较真的。假如女人是真的想和男人分手，那么她不会将分手这两个字放在嘴边，而是会默默地离开你，然后留给你一句话：我已经不爱你了。所以有人说，只有愚蠢的男人才会将女人的"分手"当成是一种威胁。也有人说，女人都是健忘的，说过的话说忘就忘。既是如此，男人又何必放在心上呢？

分开后，应该把对方置于什么位子上

当两个人分手后，曾经让我们日夜牵挂的那个人已经成为了过去时，那么我们真的放下这段感情了吗？结束一段恋情并不可怕，大多数人都曾经遇到过，但是分手后我们知道该把对方放到心里的什么位置？是一个念念不忘的情人、是一个知心朋友还是一个不愿再想起的人？找到答案就意味着我们可以洒脱地继续上路，准备好迎接新的爱情。

如果两个人再也擦不出火花，不妨把对方当作好朋友

已经不再是恋人了，我们和对方在一起的时候，关系更像兄妹，而不是爱得天昏地暗的恋人。听说对方有了新男（女）友，我们不会吃醋，而是会替对方高兴。对方像对待每一位朋友一样真心对待自己，我们可以跟对方谈论生活的任何事。

这样的前男（女）友很可能会发展成我们的"好朋友"，特别是我们和对方之间不再能擦出火花。即使失去了爱情，我们依然可以互相享受对方带来的友情。另外，对方仍然记得当初为什么爱上你，当我们需要对方的时候，他（她）还是会出现在我们身边，给我们支持。

但因为我们和对方太熟悉彼此了，所以很有可能我们会拒绝结识新的男（女）友，我们或许会认为重新了解重新适应这个阶段太累人，还是和对方在一起比较舒服。于是，这就成了一个阻碍。所以一定要记住：对方只是我们的好朋友，而我们的真爱就在不远处。

如果对方对我们有帮助，不妨当作熟人

我们和对方互相关心，但并不需要每天汇报。对方身上有让我们放不下的因素——比如说职业关系或者事业指导等。在感情上我们离得开对方，分手后我们

心理学

第五篇 可怕的男女心理学

总有些后悔，但再见面后我们又明白了自己当初为什么离开对方。

结束一段恋情并不容易，通常很让人撕心裂肺，但离对方远一些，彼此远离对方的生活，有助于我们冷静下来，看清楚对方的真实相貌。远远地看着对方，我们就会发现原来对方也只不过是个普通人，恋爱时的那些光芒已经褪去。

于是，我们可以坦然地把对方当作熟人，隔几个月见个面吃顿饭，有好玩的事会想着告诉对方，这就够了。

如果对方在利用我们，不妨把他（她）彻底从心里抹掉

想到对方现在可能有了新男（女）友就会让我们撕心裂肺。实际上，仅仅想起对方也一样会让我们伤心。为了掩饰自己想要见对方的想法而对朋友说谎，因为我们知道朋友肯定会反对。上班时，和朋友们在一起时，甚至和新男（女）友在一起时，我们还是会常常想起对方。其实，我们要清楚，有些人和我们在一起的目的只有一个——那就是折磨自己。如果我们发现以上任何一条符合自己现在的状况，那么趁早让这个折磨人的人从我们心里走开。但困难在于，越是这样让我们痛苦不堪的前男（女）友，我们就越难和对方划清界限——因为对方已经在我们的心底烙下了深深的印记。

而对方矛盾的处世风格让两个人分手后的关系更微妙：也许对方会一个星期以来每天都给自己打三个电话，也许下一个月又突然不见了踪影。我们的心被对方牵得忽上忽下，越得不到就越渴望，而这正是对方想要的。

有时候对方的所作所为并不是为了折磨我们，而是对方离不开被我们爱慕的感觉。对方需要通过我们的感情来证明自己的价值，但在利用我们的同时，对方却不会为你做什么。

总之，不管两个人分手后的关系如何，是朋友也好，是陌生人也好，我们要明白，过去的终究是过去，我们要做的就是以积极的心态面对新的生活，迎接新的恋情，而不是沉浸在过去的悲伤之中。

分手之后，两人是否还是朋友

相爱的两个人从相识、相知到相爱，由于种种原因，最终不欢而散，在分手时，受伤的一方总会希望还能做朋友。有人说"爱情不在友情在"，但是又有人在质疑：能做朋友，又何必分手？那么，分手后，两个人还可以是朋友吗？

刘艳和前男友分手已经快两个月了，但是她和男友在分手的这段时间里，并没有断绝联系，会常常聊天，有时还一起吃饭，男友还是对刘艳像以前一样好，

也会开些玩笑，他们一起看球，看音乐剧，男友会告诉刘艳他看到的一些新鲜的东西，等等。但他们之间没有任何恋爱里面亲昵的举动，刘艳遇到什么困难，男友知道了，就会主动帮她想办法解决。

刘艳一直很困惑，怀疑他们是不是有了合好的苗头，但被男友否定，男友说和刘艳在一起是他已经习惯的事情。于是，他们就这样自然的相处。

面对现在的关系，刘艳在失落之余，觉得释然，他们仍然是最好的朋友。

那么，每一对分手的恋人都可以像刘艳和男友那样成为好朋友吗？我们可以根据不同的情况来确定：

如果两人在恋爱期间是这样相处，分手后做朋友是很有可能的：

1. 在交往的时候两个人就有良好的沟通，不会常常有情绪性的言语争执。

2. 交往只是一小段时间，因此我们不会产生"你耽误了我的青春"那样的想法。

3. 两个人在交往前就已经是很好的朋友了，分手也和平。

4. 无论是为了什么而分开，两个人都不会因为分手而后悔曾经相爱，而一方因为曾经爱对方而心存感激，永远庆幸曾经认识并且交往过。

5. 因为爱情消逝而和平分手，其目的是为了开展新生活，但彼此的亲切感与信任感仍然不变。

如果两人在恋爱期间这样相处，那么分手后做朋友的可能性很小：

1. 两个人交往超过三年，彼此都觉得大半的青春都被浪费了。

2. 其中一方脚踏两只船才分的手。

3. 两个人以前常常争吵，并且有漫长的冷战。

4. 两个人在金钱上分不清，分手时为了财务而翻过脸。

5. 其中一方在分手后没几个月就有了新男（女）朋友，虽然我们知道那是他的权利，可是我们心里还是不好受。

6. 其中一方在人格上轻视对方，分手是因为发现对方在人品上出现了我们无法忽视的缺陷。

如果我们一旦选择了当好朋友，那么，自己到底该怎么做才能比较合体地出现在对方的面前，或者和对方一同出现在公众场合呢？

首先，千万不能有那种"你还属于我"的心态！给两人一点清静的时间去发展各自的生活，不要一直想证明我们还是对方生活中最重要的事情。如果我们希望别人误以为自己和对方还是一对的话，那么对方再次离开自己的日子就不远了，而且会距离更远，直到咫尺天涯。

其次，不要什么事情都依赖对方。当我们还是继续帮自己的前男（女）友处理一些琐事，久而久之，我们还是会成为对方的保姆而不是朋友。如果我们有什么事情都找对方要答案，这便很容易让对方觉得，自己是累赘。

最后，不要在背后说对方的坏话。如果成为朋友后，我们在背后还是说对方的不是，表面上说，显得自己有面子，但是，这只能让对方更庆幸，和我们分手，他一点都不需要愧疚，一点也不后悔。

分手时通常被甩的一方会觉得不平衡，尤其是在自己付出大把时间精力、心力交瘁后，却没有得到相应的回报，很难走出失恋的阴影，更是在日后也难做朋友。在心理学上，分手就跟失去一位亲人一样痛苦，这段时间容易让人产生偏激、容易生气，然后才渐渐接受分手的事实。所以，分手后是要继续做朋友，还是将他的电话号码从手机里删去，请度过痛苦期，自己心态平和之后再去考虑。

付出的感情怎么收回来

分手后的两个人如果可以保持良好的朋友关系，而且，对方依旧单身，而我们心里还是旧情难忘。那么，分手后，我们还能不能再次相爱？

玛丽和男友宋杰相恋三年后分手，没多长时间，男友就翻然悔悟，要和玛丽复合。玛丽看到男友是诚心悔过，于是两人重续前缘。复合后，男友可能是因为分手的经历，重新审视自己，变得细致体贴起来，对玛丽也很温柔。两个人的感情由此突飞猛进，双方家庭已经开始谈论婚礼事宜了。

和前男（女）友重归于好不是件容易的事情，但是如果能自我反省并按照一些有用的要点去做，便可以做到。重新去恢复一份破裂的感情，我们主要去做的事情是让对方知道，我们已经改掉了那些导致分手的缺点，除此之外，我们可以参考以下几点：

错在哪里

想要弥补一个错误，首先应该知道错在哪里。分手之后我们要静下心来仔细分析一下两个人之间的感情从什么时候开始下滑。然后问问自己愿不愿意去挽回这份感情。如果我们想成功，我们就要懂得妥协和改变。

别给对方压力

对于任何分手的男女这一点是很重要的。给对方喘息的时间。别给他打电话，别短信给他，无论多想他都不要去看他。此时，我们应该给自己一段时间想清楚：我是真的想和他重新在一起吗？我之所以想他是不是因为还没有适应没有他的生活？同时也给对方时间重新考虑我们之间的感情问题。

保持联系

如果考虑清楚自己还是想和对方在一起，想重新建立这段感情，那么你最好打电话给他，而不是发短信，因为发信息很难判断人们的语气。而且，最好在对方不可能接电话时打给他。我们要让对方知道我们在想他，但是我们却不能说出来。在对方回电话时，我们应该用积极、真诚、热情的语气和对方交谈，但时间要短，告诉对方自己得挂电话了，而不是约对方见面。

积极的态度

无论是我们打电话时，还是和对方面对面交谈时，都要保持积极的态度，而不是讨论分手痛苦。因为这样只会让两个人变得尴尬。

稳步发展

两个人通过几次电话，见过几次面之后，难免会想到以前在一起的种种，但是这时我们不要急于回到热恋。此时，两个人要想在恋爱初期一样谨慎，要让自己对对方有足够的吸引力，而不是一开始就如胶似漆，24 小时都腻在一起。

如果以上方法都没成功，那我们该做的只是抬起头，往前走。记住，如果我们和对方不是命中注定的，总会有命中注定的那一个。

分手后男人更痛苦

由于男人和女人的生理差异，和这个社会给予男人和女人一些看法的差别，分手之后，女人通常会大哭一场，或去疯狂地逛街、购物，或是和闺蜜聊上一个晚上，或是独自一人在镜子面前化妆打扮。而男人则基本上没有什么宣泄的渠道，分手之后通常是邀上一群好友，找个饭店喝个痛快，但是酒入愁肠愁更愁，醒来之后心里的伤痛比喝酒之前更甚。

李磊上大学时谈了一个女友，两人一起学习，一起逛街，互相鼓励，度过了一段浪漫而又美好的时光。大学毕业后，李磊被日本一家企业录用，而女友选择了考研。李磊去日本时，和女友相约永不变心。去日本以后，李磊一直恪守着心中的承诺，他不仅给女友寄回大批名贵的礼物，还承担了女友读研的全部费用。三年时间很快过去，女友研究生毕业以后，李磊提出让女友出国和自己团聚。让

心理学

第五篇 可怕的男女心理学

李磊没有想到的是，女友竟然婉言拒绝了，说她的研究生导师已经帮她安排好了工作。

李磊心想，既然女友不能出国，那就只好自己回国了，但是李磊满心欢喜地来见女友，换来的却是一句"我们分手吧"。李磊彻底崩溃了，李磊感觉自己的心在滴血，久久不能走出失恋的阴影。

分手后，男人当然也会心痛，分手对男人来说是一个致命的打击。传统观念里，女性总是弱者，几项研究表明，男性在分手后比女性更消沉、悲痛和焦虑。男性给人的感觉应该是十分坚强，但事实上他们十分脆弱。以下是男人在分手后更心痛的原因：

不倾诉

当两个人分手后，男人的第一反应是：我不会让她知道我有多痛苦。此时，男人会选择跟几个朋友一起出去混来掩饰自己的痛苦。而女人在分手后一般会马上哭，会找朋友倾诉，她们会很快走出阴影。但是许多男人努力压抑自己的情绪，最后令自己的伤感情绪不能释放。

装坚强

在分手初期，男人首先感到十分兴奋，他们可以与其他女人约会。但在经过一段时间后，他们会意识到要花一段很长的时间才能像和前女友在一起的感觉那样自然。此时，男人才意识到他能拥有前女友是多么幸运，但是，前女友已经离他远去。当他喝醉打电话给前女友，承认自己的感情时，却为时已晚。

恢复慢

女人在分手后恢复得比男性快的其中一个原因是：女性拥有惊人的交友圈。一般来说，男人依靠爱情取得感情上的亲密和社交的支持，女人喜欢将家人同女性朋友作为最安全的寄托，包括母亲、姐妹、朋友、美容师和司机，女人在分手后可以倾诉的朋友很多，不管对方是谁，她讲得次数越多，她就恢复得越快。而男人为了排解分手的压力，常会养成暴饮暴食、过量酗酒和抽烟等不良习惯，但这些行为非但对缓解压力无助，反而对健康会造成伤害。

一项研究表明，女人分手后能很快调整，是因为女人很早就考虑过分手的可能性和分手后怎么办的问题，而男人从来都不会有这样的考虑，再加上以上几点男人本身的原因。所以，导致分手后男人更痛苦。

心理学

第五篇 可怕的男女心理学

调整心态，看重自己

当男女双方的爱情走到尽头，没有生死离别的感动，更多的是对于对方的情仇爱恨。或许爱情本就是短暂的吧，惊鸿的一瞬，却成就了绚烂的永远，而爱情却也如同烟花一般，灿烂了一时，落幕以后，我们要以什么样的态度面对我们的新生活？

丽敏跟男友在一起三年了，为了男友她甚至把难得的出国的机会都让给了别人。但是她的真心却换来男友的分手，他跟丽敏说："我不爱你了，我爱她，她也爱我，你是我曾经的最爱，可是现在我对你已没有感觉了。"一向坚强的丽敏病倒了。接下来的日子丽敏天天梦到前男友，晚上梦白天想。丽敏不想背负着这样的回忆开始新的生活，但是她忘不掉前男友，也看不到希望，为此丽敏在短短的几个月里变老了很多。

付出真心换来对方变心，的确令人很难受。然而极为难得的，我们即使心如刀割，却心中无恨，体现出我们的善良，以及巨大无比的真爱能量。现在我们该做的，不是沉浸在分手的悲伤中不能自拔，而是应该将这份爱的能量转个方向，回过头来好好爱自己。也就是说，从现在开始，生命中的主角不再是他，我们才该是自己生活中的最佳主角。

那么我们应该怎么调整心态，以减轻失恋带来的负面情绪呢？

首先，遇到心情不好的情况的时候，喝一杯白水，放一曲舒缓的轻音乐，闭上眼睛，回味身边的人与事，对新的未来可以慢慢的梳理，既是一种休息，也是一种冷静的前进思考。

其次，不论在任何条件下，自己不能看不起自己，哪怕全世界都不相信我们，我们一定要相信自己，因为有一句话，如果我们喜欢上了自己，那么就会有更多的人喜欢我们。

再次，保持乐观。学会调整情绪，尽量往好处想，很多人遇到一些事情的时候，本来可以很好解决的问题，正是因为情绪的把握不好，让简单的事情复杂化，让复杂的事情更难。分手了，我们要冷静地分析这个问题，很多时候并不是我们做得不够好，而是对方不知道珍惜。另一方面，分手了，也许有更美好的一段恋情在等着我们。

最后，珍惜身边的人。在失恋的时候，因为心情不好，我们不知不觉会在语言或行动上对周围关心我们的人造成伤害。这时，我们要尽量控制自己的情绪，控制自己的语言，以免伤害到自己亲近的人，这样不仅让自己心情太坏，也让场

心理学

第五篇 可怕的男女心理学

面更尴尬。珍惜现在身边的一切。

失恋并不可怕，关键是我们要调整心态，看重自己，心态调整好了，我们就会发现幸福就在前方不远处等着自己！

忘记前男友有绝招

在现实生活中，大多数人在分手以后内心都充满了矛盾和痛苦，而且没有办法控制自己的情绪。痛苦的时候，越想着控制就越痛苦，所以我们要尽量学会调控。

以下方法也许能够帮助失恋的女人们缓解内心的痛楚。

心理催眠

不合适的感情，拖延下去只有更痛苦。通常情况下，女人在提出分手的时候很坚决，可是一旦真的分手了，就开始自我烦恼起来了，觉得如果自己放弃一些原则，或者做一些努力，感情还是可以挽回的。有时候，尽管错的不是女人，可是分手之后女人也常常会为对方找借口，觉得当初可能是错怪对方了。这样的心理会让我们一直处于矛盾和内疚当中，心里总想着他，留恋着以前的感情，所以会变得更加痛苦。

既然感情已经走到边缘了，就不要再回头看了。我们需要做的就是时刻提醒自己，对方是不合适自己的。时间长了，痛苦的内心也就被催眠了。

清除回忆

感情的复杂性在于它的难控制，尽管我们很想忘掉，可是经过一起走过的街道，或者到了某些有特殊意义的纪念日的时候，常常会不自觉地想起他。想他的时候，就如同自我麻痹了一样，以前的温馨总是能弥补现在的伤痛。但是不管我们怎么找借口，怎么自欺欺人，他也不会回来了。我们的行为，只会加深自己的痛苦。

清理物品

见物思人是人之常情。他的每一件东西都可能勾起你的回忆，唤起你对他的思念。因此，要把与他有关的所有物品都清理掉，即使是想要保留，也要放在一个平时看不到的地方。

保持距离

离开我们和对方以前经常去的地方，停止自己对他的关心。如果我们暂时忘不掉他，那是很正常的。但是，不管发生了什么情况，都不要给他打电话，更不要约他出来。有些女人在分手了以后会变得格外脆弱，所以常常会找前任男友出来哭诉。其实，这对于自己一点帮助都没有，反而会让自己越陷越深。既然对方已经不想再给我们提供可以避难的肩膀了，那么我们又何必苦苦哀求呢？

自我控制

当人们的心理得不到满足的时候，就会产生失落的情绪。分手的时候，如果压制住自己的感情不去想对方，这个不太容易。可是如果我们从控制自己的行为入手，不再跟他打电话或者约会。即使是想念他，我们也要尽量的控制，比如我们可以转移注意力，看看窗外的风景或者找别人聊聊天。

自我发泄

当人们心理压力比较大的时候，容易暴饮暴食，这也是一种缓解压力的方式。所以，失恋的时候我们不妨去逛逛街，买一些漂亮的衣服，通过释放心里的压力卸掉精神上的负担。

自我升华

有时候，人们产生了欲望不能直接表现出来，就需要将想法变换一种方式来表达。失恋的时候，我们的心里会很痛苦，可是失恋总是有原因的，比如我们可能是因为不懂得经营感情，或者哪一方面没做好让对方嫌弃了，这个时候我们就要化痛苦为向上的动力，尽量弥补自己的不足，让自己逐渐成为一个完美的女人。

思想合理化

内心失落的时候，人们可能会贬低对方以换取自己内心的平衡，这就是"酸葡萄心理"。如果实在避免不了内心的痛苦，可以适当地在心里说一些对方的坏话，告诉自己他并不是最完美的。但是这种心理要适可而止，因为如果过度，可能会产生嫉恨等负面情绪。

自我转移

做一些我们真正关心和感兴趣的事情。从事我们喜欢的事情能够带给我们巨大的乐趣，从而补偿我们因失败的恋情而感受到的痛苦。

其实，失恋并不意味从此不能得到更好的，不能更幸福。失恋后，面对的将是更多新的选择，也许在这些选择中，我们便会得到一个更爱自己、更适合相依相伴一辈子的人。我们要做的就是忘掉那个曾经伤害过我们的人，去迎接新的恋情。要相信上帝是公平的，关了一扇门，也许就会为我们开一扇窗。

如何开始新的感情生活

在一段感情悄无声息地结束之后，我们的生活还是要继续，感情也不能一直都空白，但是有些人却迟迟走不出感情的伤害，很长一段时间都不能重新树立信心，开始一段新的感情生活。

31岁的时候，张萍和男友分手了。结束这段维系了八年的感情，是她的男友提出来的。他只说了一句"我爱上了另一个女人"，就不再说什么了。张萍不愿意结束这段感情，觉得他们一起经历了太多太多。以前，他出国留学，她一个人照顾着全家的生活起居，男友的父母身体一直不好，很让人费心。张萍为这个家付出了那么多，在最艰难的时候都没有分手，现在日子好过了，却要分手了。她觉得他不过是一时贪玩，被其他女人吸引了，等到新鲜感过了以后，他一定会后悔的。

道理说了一堆，但是他非常坚持。说到最后，他开始恶语相向，以最刻薄的语言刺激着张萍的自尊心。

尽管不愿意，但是张萍最终还是同意分手了。恢复单身以后，张萍告诉自己：一定要坚强，过去的事情就过去吧，不要再想了。可是，尽管一直在劝慰自己，张萍的心上依然有一道伤口，她想开始一段新的感情生活，但是她对男人的信任度已经降低了。"如果一直单身下去呢？""或者我可以不结婚"……这样的想法总是在张萍的脑海里浮现。

像张萍这样受到过情伤的人，常常会有这样的顾虑：我怎么才能开始新的感情生活呢？不谈恋爱是不是我最好的选择？这些对于未来的提问，不管怎么回答，都可能演变成一种谬论。在我们抱定了单身的想法的时候，总是有一些适合我们的人在我们的眼前浮现。他们让我们看到了希望，看到了幸福。可是一旦我们改变了自己的想法，那些适合我们的人就好像人间蒸发了一样，让我们觉得曾经的幸福不过是一种假象，那些适合我们的人也不过是海市蜃楼。

感情的世界很奇怪，明明是相敬如宾的两个人，却很快形同陌路；整日吵吵闹闹过日子，两天一小架，三天一大架的人，却能够白头偕老。被人们看好的爱情不一定长久，不被人们看好的，往往能够走到最后。情感是我们内心世界的东西，它与客观世界的东西不同。它不是一成不变的，而是需要我们不断变化，不断成熟，从而适应它的变化，配合它的成熟。二十几岁的时候，我们在爱情里往往扮演着享受和索取的角色，可是三十几岁的时候开始变得包容、忍让，变得乐于付出，对待爱人，也常常如同照顾孩子般给予呵护。可是，人是容易被宠坏的，付出得越多的我们往往越得不到对方的珍视。

如果我们一直在恋爱中扮演一种角色，那么总有一天会让对方厌烦。所以，我们要学会在恋爱中制造情趣，会懂得在付出的同时也要适当的索取。爱情从来都不是一个人的事情，一旦感觉到感情的天平向哪一端过度倾斜了，就要想办法调试，而不是任由它发展。

受过伤的人，会用过去的失败指导未来的爱情，所以即使是身边有合适的人，也常常会因为过去的伤口而错过。害怕，让受过伤的人们不敢再投入新的恋情，可是生活总是要继续的，单身并不是我们最好的选择。

过去我们曾失败过，所以要学会审视自己。我们的起点是不会恋爱、不懂得经营感情，所以我们需要重新来过，忘掉过去，从现在开始学习如何去爱。过去的我们，不是现在的我们，过去的情感是人生的失败，所以我们不能带着那一段经验上路；未来的我们还太遥远，未来的爱情我们更没有办法评估，所以我们不需要劳心费神。

如果内心里不去留恋过去，不去为了未来烦心，那么现在的任何事情都不会阻碍我们张开双臂去迎接崭新的情感生活。

能放下旧爱，才有新转机

在工作中奋起，失恋不失志

失恋，是爱情的悲剧，对于许多人来说是一杯浓烈的苦酒，失恋后的男女双方都好像是失了魂、落了魄一般，坐立不安，忧愁痛苦，更有甚者会在心灵深处烙上深深的伤痕，伴随其一生。有些人之所以如此痛苦，是因为人们恋爱时在心理上形成了一种爱的满足感，进而产生了一种依赖和欣慰感。失恋后，这一切不复存在，从而产生严重的心理危机，陷入痛苦绝望、羞愧悔恨等不良情绪中。对于这种不良情绪，不同的人有不同的心理表现：

痴情迷恋型

有些人失恋后仍纠缠于往日的情感纠葛之中，产生严重的失落感和抑郁情绪。这种心态有时会影响身心健康及日后婚恋问题的处理。此型多见于相爱时间较长的或一方对另一方十分痴情迷恋的情况。

自暴自弃型

失恋后封闭自己，陷于孤独压抑、羞愧悔恨的情绪中难以自拔，自我沉沦，自我惩罚，自暴自弃，甚至产生心理危机。

攻击报复型

失恋后不少人会产生一种仇恨心理，这种仇恨大多埋在心里，会随着时间的推移而逐渐消失。但倘若仇恨心理过分强烈，心理无法平衡，则可导致报复心理和行为的产生。这种情况多见于被欺骗、被玩弄后的抛弃者，也见于占有欲强、心胸狭窄、报复心强的失恋者。在现实生活中，因失恋而报复对方的事例层出不穷。失恋后的报复心理和攻击行为有时还会泛化为针对所有异性。

对于大多数人来讲，承受失恋的精神打击都不是一件令人愉快的事，对心理健康的影响都是负面的。但是有的人可以失恋不失志，正视挫折，净化痛苦，从失恋中吸取教训，并不断完善自己。同时，在失恋中崛起奋发，化痛苦为动力，去追求情感的升华、事业的成功。歌德失恋后，写出《少年维特之烦恼》而名垂青史便是一例。

德国伟大诗人歌德才华盖世、风度翩翩，但是他却有一段坎坷的恋爱史。

歌德十四五岁的时候，便对一个名叫格兰脱欣的小姑娘有好感。随着感情的日益加深，歌德起草了一封想象中的格兰脱欣写给他的情书，拿去叫她签名。格兰脱欣觉得有趣，开心地应允了。多情的少年歌德立刻欣喜若狂，堕入情网。

但是之后不久，格兰脱欣离开了此地。歌德悲恸欲绝。这是歌德第一次失恋。

歌德的第二次恋爱是在他到大学求学的时候，他爱上了一家酒馆老板的女儿。然而热恋中的歌德却犯了一个致命的错误——妒忌。当他看到那姑娘在戏院中和别的男子谈话时，非常气恼，以至发狂。酒馆老板的女儿受不了这种感情的折磨，便离开了他。

23 岁的歌德再次离家，到斯特拉斯堡大学学习法律。有一次他在舞会上被美丽可爱的绿蒂迷住了，那个 19 岁的活泼大方的姑娘，也喜欢这位青年诗人。当天下午，歌德去拜访绿蒂，出乎意料地得知她就是好友凯史脱南的未婚妻。歌德陷入烦恼中不能自拔，尽管他的朋友没有怨恨，那位碧眼姑娘亦对他很热情，但是面对不能爱的人，歌德痛不欲生。对于多情的歌德来说，这已是第五次失恋了。他陷入了极端的痛苦之中，曾想拔剑自尽，了此一生。

为了摆脱痛苦使自己坚强起来，歌德离开了这个令他伤心的地方，把精力放在写作上，据歌德本人说，他在四周的时间内写出了《少年维特之烦恼》这部书信体小说，以抵消爱情的痛苦并使自己从自杀的念头中摆脱出来。

失恋是痛苦的，但对于有抱负、理智的人来说，它是可以超脱的。歌德可以说是用奋斗的办法更新"自我"，积极转移失恋痛苦的楷模。这也就是说失恋并不可怕，可怕的是失恋后一蹶不振、万念俱灰。对弱者来说一次失恋可以摧毁一生；对强者来说失恋则是新的开始。我们应该有广阔的胸怀，失恋不失志，尽快从失恋中解脱，在事业上拼搏，在工作中奋起，我们迟早会赢得幸福爱情的。

如何走出失恋的阴影

失恋，就是恋爱的一方否认或中断恋爱关系，使对方失去了爱情而受到痛苦的心理挫折。这通常发生在那些曾经获得过某种程度、某种性质的"爱"，并为此作出过真心承诺或有较大的物质和精神投入的男女。他们在意想不到的情况下突然或不情愿地与恋人分手，从而体验到一种内心的失落感、伤心感甚至痛不欲生之感。

小文收到男朋友要分手的信整整两周了，她都不知道这两周是怎么过来的，整日神思恍惚，不知身在何处。一遍遍读男朋友去意决绝的信，小文感觉自己的心被一点点撕碎，怎么会这样，她不停地问自己：是我做错了什么，他会如此待我。每一次电话铃声响起，小文都想是男朋友的电话，是不是男朋友要告诉自己，他错了，他后悔了。然而不是，小文知道再也不会接到他的电话，听不到他的声音了，她被绝望包围着，不知这日子怎么过？

小文和男朋友相恋了整整两年，两年的时光，留下了太多的记忆，一切仿佛昨日，历历在目。他们俩曾经是大家心目中如此美慕的一对，小文一直觉得自己是何等地庆幸，能够遇到他，能今生今世厮守在一起，没有什么能将他们分开。但是现在刚两地工作不到半年，怎么就会变成这样？

小文多想选择一个直接的解脱，她不想再面对这个善变无情的世界，但是她不能，父母在，她得苟活，今生将再不会有这样的爱，爱已随爱人逝去，不再回来。

很多人失恋后的表现像小文一样，对自我否定，并伴随强烈的挫折体验，如虚无感、绝望感，甚至有信念的动摇，怀疑这个"善变无情的世界"。

在人生的道路上失恋是不可避免的，陷入痛苦的泥沼痛不欲生是于事无补的，不如调节好自己的心态，正视失恋，使自己从失恋的阴影中走出来。

正视现实

如果他或她已经真的不爱你了，到了必须分手的时候，不要纠缠着不放，纠缠也许会令对方一时难以逃脱，但却更坚定了其离开的信念；不要再一味地责难，责难也许会让你感觉一时痛快，但却可能粉碎曾经的美好回忆；更不要怪罪自己天生缺乏魅力，活在怨恨里会令你的生活更沉重。既然已得不到所希望的那份真情，又何必再为她或他伤心劳神、浪费感情与青春呢？放弃一段已经死亡的情感，也许痛苦会持续一段时间，但要知道我们又有了新的爱情空间，有了重新选择的机会。

学会宣泄

失恋后，心中的空虚、寂寞会油然而生。此时，最好的办法是找到自己的家人或最好的朋友，向他们诉说悲伤和烦恼。当他们在倾听你的诉说后，会很好地安慰你。如果你不善言谈，那么你可以奋笔疾书，让情感在笔端发泄，释放自己的心理负荷，求得心理解脱。你也可以关门大哭一场，因为痛哭是一种纯真感情的爆发，是一种自我保护性的反应。另外，去打球，去参加文娱活动都能消除心中的郁结，解除失恋带来的心理压力。

自我暗示

失恋了，一点感觉也没有是不可能的，但表面上装作不在乎有利于控制自己的情绪，积极的自我暗示在这时候是非常重要的。你可以这样去暗示自己："对付负心人最好的办法就是让自己好好地活下去！"或者"是不是都要看我难过痛苦？没门！"又或者"他都不在乎了，我为什么要在乎？一定要镇静，什么也没有发生过，只是梦醒了而已。"

自我安慰

有时，也可以适当运用挫折合理化心理作感情转移。一种是"葡萄酸"心理，即缩小或否定个人求而不达的目标的好处，而强调其各种缺点。比如失恋了，就说对方不好，就好像狐狸吃不到葡萄而说葡萄是酸的一样。另一种是"甜柠檬"心理，即不是把目标好处缩小，而是把目前的境况扩大。比如失恋了，可以说这更有利于集中精力学习。这两种方法可以暂时延缓对不愉快的事情真相的接受，直至心理准备完毕，能够正视现实为止。当然，自我安慰只是一种消极的方法，如果失恋后听任这两种心理支配，不能接受现实，那就还没有从根本上解决问题。

移情别恋

及时适当地把情感转移到失恋对象以外的其他人或事上。可以把注意力分散到自己感兴趣的活动中去，因为活动本身就是在冲淡心中的郁闷。如失恋后，可与朋友发展更为密切的关系，可积极参加各种娱乐活动，释放苦闷，陶冶性情；可投身大自然，把自己融化到大自然的博大胸怀。

爱惜自己

要忘掉一段曾经真心付出的感情，绝非一蹴而就的事情。不要太苛求自己，要给自己留出空间与时间。要知道，你的生命不光属于你一个人的，还属于你的亲人、你的朋友和你的工作岗位。你必须珍惜自己，没有权力自暴自弃。失恋了，不必再挂念那个人了，正好可以多疼惜一下自己。

失恋固然是一件难以接受的事情，付出的感情和失恋后的心疼，或许不是外人可以想象的。失恋虽然不能简单地想忘就忘，但是，我们却不能让这个阶段中的痛苦过分地影响自己。试着开解，试着走出，才是失去一份感情后应该走的路。

及时疏导心中郁闷，走出失恋阴影

很多人在爱情路上并非总是一马平川，有些人会经历失恋。特别是经历过一段深刻的感情之后，失恋如同撕碎了自己的心一般的疼痛。可是，如果我们一直沉浸在对以往爱情的美好回忆里，并且一直为了失去而感到难过，那么我们的内心将会永远充满着悲伤。相反，如果我们换个角度去想，也许我们的感受就会变得不一样了。

失恋虽然痛苦，但是不至于让我们悲观和绝望。因为失恋就好像是我们的人生必修课一样，只有经历过一次刻骨铭心的疼痛，才能懂得珍惜，才能让我们在以后的爱情中变得成熟起来。

有人给夏芬介绍男朋友，对方是一个高个子的帅哥，可是性格有一些内向。夏芬跟他见了面，整个约会的过程，他们两人都没说上几句话，气氛显得有些尴尬。约会结束以后，夏芬就明确地表态了：我跟他不合适，绝对不能确立男女朋友的关系。

朋友听后，都觉得惊讶，对方的条件那么好，怎么刚见了一面就觉得不合适呢？

夏芬说："我以前交了一个男朋友，性格跟他差不多，也很内向。我本身就是一个不爱说话的人，有什么想法也不想及时地表达出来，所以两个人在一起的时候，沟通很少。有时候，两个人的想法不一样，却因为大家都不说，常常会惹出很多的误解，闹出很多矛盾，后来不得不分手。那一次的感情虽然结束了，可是从那以后我就明白了，以我的性格，找男朋友不能找一个性格很内向的人，所以不管这个男生条件怎么好，我们在性格方面都是不合适的。既然没办法好好相处，也不可能预见幸福，那么还不如及早结束了。"

通过夏芬的话，我们可以看出，以前的一场失败的恋情，让夏芬更加了解自己，也更明确了什么样的男生能够给自己幸福。可见，失恋不一定是不好的事，它可能帮你避免了未来的悲剧与更多的伤痛，也使我们对自己有个更清楚的认识，对我们的人生起到正面的作用。失恋的处理，也是一个非常有意义的学习过程。

不可否认，失恋的好处有很多，但是失恋给人们留下一段伤心的回忆，这个结局是不可避免的。那么，我们怎么做才能在失恋后减轻自己的痛苦呢？以下几种方法仅供参考：

思考中断法——转移注意力

失恋者情绪消沉、寂寞无助是正常的，但沉迷于往事中不能自拔就是过度了。一旦睹物思人，请有意识地"叫停"，以中断回忆，将注意力拉回到现实中。

比较疗法——比比谁最惨

看看灾难影片，感受里面那些生离死别的惨痛，参悟现实中还有很多令人悲

怜的人和事。想一想在这个世界上，绝非自己一个人经历此痛，这样对比是否觉得平衡一些？

建立信心法——自我快乐

失恋后的某些人会否定自我形象，甚者自信心也会发生动摇。其实，不管怎样，到什么时候爱自己都应该是坚定不移的。改变一下发式、买两套新装，让新鲜艳丽带动自己的心情。失恋的日子，每过一天，就赞许自己一遍："事情并没那么严重嘛，昨天都撑过去了，今天更没问题。"偶尔有些寂寞，也要说服自己：一个人的生活也不算太坏，起码不必迁就对方，也不必为对方的喜怒而担心了。

"罪状"加强法——挖掘对方缺点

失恋后，可以擦亮双眼，清醒地翻翻"旧账"。想想对方的恶言劣行、寡义薄情，使自己越来越讨厌他（她），虽说不至于到咬牙切齿的程度，但是你肯定是更客观了。

融入朋友法——恢复本色

恋爱期间"重色轻友"，现在恢复"单身"，还不趁此机会与老友们相聚，有谁会像老朋友一样了解你、包容你又心疼你呢？跟他们在一起，你不用掩饰什么，没有空余去品尝失恋之后的苦涩，有助于你重新找回良好的感觉。

投注工作法——收之桑榆

恋爱是一件需要投入精力的事情，分心是不可避免的，而失恋后一切复归，又可以全心专注于工作或课业上了。"化伤心为力量"，努力地"建设"自己，使自己成为具备更好条件和资本的优秀者，还怕无人识吗？既然上苍关了这扇门，就会为你再开另一扇门。做一个有心者，等待合适的机会吧！

对于年轻人来说，失恋并不可怕，试着放平心态，把失恋当成人生的必修课，当成一次学习，早日从失恋的痛苦里走出来，才能等到更美好的恋情。

要幸福，不要报复

爱情，就像两个人在拉皮筋，疼的永远是后撒手的那个……所以，当爱情已经变味，我们就不必执着。分手了就分手了，一切已经无法回头，何必再想，何必苦苦哀求？更不要报复，要知道，我们的幸福其实就已经是对他最大的报复。

　　爱情之所以美丽，正是因为它是自由选择的。一个人爱我们的时候是真爱，一个人不爱我们的时候也是真的不爱。这是他的自由，他的选择，我们的人生，不必为他人的自由选择背负责任，一个人有自己的自由和选择。当爱已远走，何必强留？

　　一个女人，静静坐在化妆台前细致地描绘自己的妆容，一个朋友风风火火地推门进来，满脸掩饰不住的惊慌：你的丈夫和别的女人私奔了。她脸色白了，拿眉笔的手一抖，眉毛有点斜。她对着朋友挤出了一个微笑，接着画自己的眉毛。十几分钟后，她走上了舞台，精致装扮过的脸上带着一如既往的灿烂微笑。在舞台上，她和观众互动，说着轻松的笑话，她让观众十分开心。回到后台，她静静地褪下妆来，仍旧没有淌下一滴眼泪。

　　这个女人，婚变并没有击垮她的意志，反而激发了她的干劲，创造出无限精彩的人生。而无论她走到哪里，都是笑意盈盈。

　　当自己爱的人离去，我们不必一边哭泣，一边埋怨自己"他不要我，只是我不够好"，这只是一句蠢话，并非事情的症结所在。或许正是我们的好，让他倍感压力，从而心生去意。他觉得与我们在一起时不能彰显他的强大，他感到了深深地疲惫，渴望挣脱我们的阴影。在如今这个时代，失恋本身已没有那么严重的悲剧意义。失恋不可怕，可怕的是被抛弃后一蹶不振，终生潦倒。失恋所要做的就是应该不动声色，继续生活。

　　爱情不是单行道，一个人的爱情不是爱情，爱情要在两个人的共同呵护下才能绽放出美丽的花朵。如果其中一人心生去意，注定这朵爱情之花的凋谢。恋爱中的人更具有无私奉献的痴情精神，也更脆弱，也更容易受伤害。在爱情破产之后，我们再怎么恒久地期盼和等待，也只能换来更深的痛苦和寂寞。既然心已走远，弥补和挽留又有何用，还是将目光朝向未来吧，前面路上还会有鲜花和希望，多给自己一次机会，我们会发现风景这边独好。

　　在感情的世界里，全身而进，也要全身而退。当爱情来临，不要怀疑，全身心地投入到幸福的甜蜜之中，当爱情之花凋零，亦要坚决地抽身离去。别去恨一个人，因为恨也需要力气，对于一段无可挽回的往事，何必再耗费自己的力气呢？不如潇洒地和过去挥一挥手，道一声别，留给对方一个昂然的背影，自己向着前方的幸福走去。

失恋不失志，有更好的明天在等待

　　爱情是重要的，但它不是生命的全部，人生还有事业、亲情和友情，还有许许多多重要的事情需要我们付出精力去追求，去完成。所以失恋后绝不能从此萎靡不振，失去对生活的信心。

我们应该继续相信生命中会有属于自己的领域，属于自己的幸福，即使遇到暂时的失败，也不应该放弃对爱情的追求。因为失恋就无心工作，从而消沉下去，是一种懦弱的表现。而因为失去了一个挚爱的人而决定一辈子独身，也是不现实的。没有爱情的人生是不完美的，我们应该相信自己还有追求爱的能力和接受爱的勇气，继续去叩响爱情的大门。

失恋不失德

不要因为失恋带来的痛苦和愤怒而去做过激的蠢事，那只是一个人幼稚浅薄的举动，是愚昧无知的表现。因为失恋就想要自杀，甚至心生报复，不但不是解除痛苦的良药，更会造成违反道德人性、触犯刑律的结局。失恋后，与对方的爱情可能逝去不返，但友谊还不能抛弃，基本的做人准则也不能抛弃。

正确的方式是进行换位思考，及时总结教训。如果是对方因为我们的缺点而分手，我们可以站在对方的角度想一想：假如我遇到这样的情人，犯了这样的过错，我能不能容忍？如果可以从自责、自恨到发誓改正缺点，以崭新的姿态去寻求新的爱情，一定会让自己从失恋中得到成长。如果对方因见异思迁、喜新厌旧或其他消极情绪与你决裂，我们不妨这样想一想：既然恋爱时就对我这样，结婚后更不知会是什么样了？这样一来不仅心里舒服，而且会对自己的明天更加有信心。

失恋不失信

如果两个人说好了分手，那么不要再保持着暧昧的联系。尤其是当一方有了新伴侣之后，更要注意保持距离，不能藕断丝连。否则不仅不会让旧情有彻底结束和重新产生新的开始的机会，还会让新恋情也遭受到离间和破坏。

佩琪和前男友分手后，一直还心存幻想，以为总有一天对方还会记起她的好，所以经常半夜三更给前男友打去电话，哭着哀求不要分手。前男友三番两次告诫佩琪，说这样会给他和他的家人带来麻烦，但是佩琪仍纠缠不止。在朋友中间，佩琪的形象慢慢变成一个"死缠烂打"的女人。

李雯正好相反，分手后，男友总是缠着她不放。她没有回头，只是笑着对男友说："好马不吃回头草，何必单恋一枝花。"她知道，破镜即使重圆，中间也是有一条裂缝，感情是永远不可能修补圆满的。

失恋时，为了挽回局势，绝大部分的人都会不死心，继续纠缠不休。问题是这种不死心的态度换来的却是对方愈来愈多的无奈与厌烦。如果分手了，那就笑着让对方走。生活中有太多的无能为力，我们无法改变的，就顺其自然，微笑面对。

失恋不失望

失恋后要培养乐观豁达的健康心理。振奋精神，把眼光投向未来，而不是死死盯在眼前的爱情挫折上。当然，冷静地分析一下过去失恋的原因，吸取一些教训，有助于心情的开朗。

要认识到失恋首先是一种幸运，其次才是不幸。因为正是失恋证明我们曾经真正的爱过。要知道在这个世界上，一辈子都没有真正爱过的人大有人在。同这些人相比，在人生中我们已经赢得了让人羡慕的一分。尽管后来失去了。但是我们的人生已由此变得丰富，感情由此变得深沉，气质由此变得成熟。

恋爱是一次已完成的选择，失恋面对的是即将而来的选择。在以后的日子里只要有一个能与你心心相印的人，我们就可以回头对岁月说：谢谢，我庆幸那次失恋。不要过分伤心，要相信或许那个真正能给我们幸福的人，正在不远的前方等待。

失恋不失趣。解决失恋的最好办法就是微笑，不管是对自己，对周围的人，还是对对方，都要带着乐观和坦然的情绪，这样对谁都有好处。

很多人失恋就大呼小叫，痛骂自己，感到自己是世界上最无助的人。或者在失恋后就谩骂对方，说对方是没有眼睛的低能儿。这样的举动都是不明智的，要知道，失恋对双方的打击都是一样的。我们痛苦，对方可能要承担双倍的痛苦，不仅要忍受自己失去爱的悲痛，还要承受眼睁睁地看你受苦，却没有办法给予安慰的沉重。一个人心伤得越深，越只会增加自己和对方的不必要的痛苦，根本不能解决什么。

安仪在分手之后，就选择了独自旅行来抒发压抑的情绪。她暂时离开了会触发恋爱回忆的城市和人群，来到一个山清水秀的小镇上休息、散步，和陌生人闲聊来调整自己的状态，重新适应一个人的生活。旅行结束之后，她也用更勤奋的工作等办法来分散注意力，寻求自我解脱。在朋友眼中，她淡定从容，没有因为曾经经历过两个人恋爱的时光，就忘记了独身的自由和轻松。

总之，失恋并不是一件可怕的事情，可如果我们没有正确对待失恋这件事，那么，我们失去的就不仅仅是一段恋情。所以，正确对待失恋，就像梁静茹的歌里唱的一样："分手快乐，祝你快乐，挥别错的才能和对的相逢。"更好的那个人，正在不远处等着我们。

给下一次恋情找个正确的理由

这是一个快餐恋爱的时代，随着汹涌的恋爱潮流，不少曾受过爱情伤害的人正处于矛盾之中，有人一朝被蛇咬，十年怕井绳，有人视爱情为生命，要将爱情进行到底，究竟选择哪种生活方式才是明智的呢？

生活中，失恋是很常见的事。一般在我们真正找到自己的另一半之前，要分手三到四次。我们不能因为曾经失败的恋爱经历而对恋爱有恐惧感。只要相互了解对方的经历、人品性格、情感好恶以及今后的打算，特别是要了解清楚是否情趣相投、志同道合，气质性格和价值观念是否相合。如果是符合自己的要求，双方产生感情。在此基础上的相处才能心心相印，才能美满幸福步入婚姻的殿堂。

同时，要树立正确的恋爱动机。恋爱的重点应放在情趣相投、志同道合方面，这种感情是炽热而持久的。只有建立在真正、深厚的爱情基础上的恋爱，为的是给予对方而不是索取，才会使恋爱的两人感情和谐、融洽，让生活更充实、更幸福。那些建立在图实惠和金钱的平庸交易关系基础上的恋爱是不牢靠的。

因此，恋爱必须以正确的观念为前提，以真挚的爱情为基础，恋爱才会天长地久。最后双方要相互尊重、信赖、谦让、忠贞、理解。

有一位女性讲述了她幸福的恋爱故事：

曾经有朋友好心地提醒过我，再婚夫妻的爱情，不是那么轻而易举就可以得到和保有的。可是我和老公都认为，只要双方努力去做，爱情就能够在互动中进入一个良性循环的轨道。

再婚家庭两大矛盾，一是经济问题，一是子女问题。可是经过我们俩的努力，这两个矛盾都没有发生，四年过去了，我们一家人其乐融融。

虽然在经济上仍然各自为政，也不尽然。其实，花钱给对方买些东西已经成为表达感情的需要。有时候，我们在外面吃饭，老公总是抢着埋单，后来我们约定：轮流埋单，埋单的不许点菜。他张罗埋单时，我只点两菜一汤，吃着顺口的回家就照着做。虽然各自为政，但彼此都为对方着想。

我很快进入了妻子的角色，把家务都尽我所能地担起来，该添置换季衣服了，我和老公带上女儿，三个人一起奔向商场，精心挑选一番后，大包小包，满载而归。就这样，很大程度上促进了我们夫妻的感情。

曾经沧海之后，他和我比任何人都懂得平凡夫妻的幸福来之不易。如果别人

问我们，我们反复提到的两个字就是——珍惜和志同道合。

这位女性的再婚是以爱情为基础，并且他们懂得珍惜和志同道合，所以，他们得到了幸福。也许就是再婚的最好理由吧！

有些女人在恋爱失败后，会产生以下几种心理：

藕断丝连心理

如果第一次恋爱时双方感情较好，因一方意外有了外遇或别的原因而分手，虽然没有关系了，但还是会思念对方。当第二次恋爱生活或感情不满意时，就会想起过去的美好，藕断丝连。

对比心理

由于对第一次恋爱不满意，再恋爱时就会想出明确目标，把新男女朋友的缺点拿来跟前任的优点比，这样很容易产生失望。

以上所说的两种心理状态，是每一位恋爱者都需要努力去克服的，如果你存有这些心态，那很可能就为你的恋爱生活埋下不幸的伏笔，所以一定要花一些时间调整好自己的心态，不要急于找下一个恋爱对象，而是要给下一次恋爱找个正确的理由。

女人，如果你认为自己曾被爱情伤害过，但也不要失去对爱情的憧憬，要相信月老总有一天会把属于你的红线放在你手中。

不要为逝去的爱情哭泣

有一位哲人这样说过"爱情充满了蜜与毒"。爱情让人们尝尽生活的甜蜜，体味人生的绚丽。追求浪漫情感的人总是容易受到感情的支配，容易深陷进去，拿得起放不下，很容易受伤。一旦恋人失去了激情和兴趣，选择结束这段感情的时候，感觉被抛弃的一方便会非常痛苦，感觉生活一下没有了目标，不知道往后的日子该怎么熬。的确，失恋的日子，可谓"度日如年"。

失恋的人总喜欢把自己封闭起来，任凭自己沉浸在悲痛之中，别人的劝慰一律不听。觉得自己是当事人，自己最清楚自己的痛苦，没人能够真正理解自己的心情。他们往往会对爱情丧失希望，对爱情的前景心灰意冷，把自己的心用厚厚的警惕包裹起来，用行动证明着"一朝被蛇咬，十年怕井绳"。

失恋的人习惯了放弃自我。"为伊消得人憔悴"，肆无忌惮地用不吃不喝不睡"虐待"自己。爱情没有了，生死也就无所谓了，于是摆出一副视死如归的

模样，好像自己的生命不经过一番摧残，就体现不出殉情那种无上荣光的悲壮来，好像自己没有爱情，就到了世界末日。曾设计好的生活秩序被打乱了，生活没有了方向感。没人陪着一路喝彩，目标就显得不那么重要了。亲人的期望、自己的理想，都被放置在脑后，似乎只有方寸大乱、醉生梦死才对得起付出的真情。

生活中的许多人永远都在为那份失掉的爱情而哀伤不已。其实，无论是谁跟自己喜欢的人分手都不可能不痛苦，但大可不必如此悲壮。哭闹、疯狂并不能帮你挽留已经死去的爱情。既然如此，何不洒脱一些，放手让它静静地枯萎。此花谢处，也许彼花正开，你还有爱的能力，未来犹有希望可追。

如果感到对方去意已决，何不接过主动权，先提出分手。你在心理上占优势，分手之后也会减少痛苦。

除了接受别人的安慰之外，你也要学着调整自己的心情。失去他（她）也许正是一个自我转型的好时机，过去你习惯了按他（她）的喜好做事，现在你可以将那些你不喜欢的东西丢到一边，随心所欲地做自己喜欢的事。你不必再顾及他（她）的胃口，不再需要对他（她）让步，不再担心说错话、做错事会影响两人的关系。向那个属于他（她）的自己说声再见，从今天起做回自我。潇洒的你怎么都不像是刚失恋的人，你可以自在地重新品味被追求的快乐，那可是另一番幸福的滋味呢。

当小颖发现相恋五年的恋人背叛自己的时候，她不仅仅想放弃自我，甚至怀疑生命存在的价值。小颖的朋友看到她这样很是不忍心，于是，打算带她去健身房运动，因为小颖的这位朋友了解到运动会帮助身体制造出"快乐"激素，帮助人们渡过情绪低落的难关，没想到，这个方法还真有效，小颖随着运动次数的增多，心情也好了很多。不仅如此，小颖还在运动时认识了现在的老公，现在两个人生活得很幸福。小颖庆幸没有轻易放弃自我才能最终找回幸福。

生活中没有十全十美的事情，我们失去的那个人也不是唯一的。我们应该知道崭新的感情世界并不比过去更差。失恋的时候，我们最要做的就是提升自我价值与信念，一个焕然一新的价值信念才能提供感情世界所需的勇气、自由和开朗，才能迎接新的恋情的到来。

失恋，但不能失去爱的能力

爱情不是一条永远平坦的大道，并不是所有人都能够和自己的恋人走进婚姻殿堂。人们总会经历至少一次，甚至多次的失恋和分手。问题是，失恋后该怎么

办呢？是应该陷入悲伤和绝望，还是应该总结经验教训，克服缺点，以新的姿态面对生活？其实失恋的痛会随着时间的流逝慢慢变淡，当我们最终找到那个与自己心心相印的人时，我们会回过头去对岁月说："谢谢，我庆幸那次失恋。"

对于爱情能够提得起放得下的人，才是一个智者。

我们首先应当对爱情旅程上的挫折有所准备，相信每次挫折都会过去，每次挫折都会以痛苦为代价，收获一笔宝贵的财富。这样，当我们面对失恋时，就会控制自己的感情。一位小伙子谈及自己的失恋时说："恋爱是男女双方的事，一厢情愿是不行的。对方对你已经关闭了爱情的心扉，中断了恋爱关系，你又何必自作多情、寻死觅活呢！不妨宽容一点，洒脱地和她分手。一次爱的幻灭会使人更新自我，感情更深沉，气质更成熟。只要有充分的自信，爱神会再度来临的。可以失去爱，但不可以失去爱的能力。"

失恋也并非意味着世界末日，二十几岁的年轻人应该勇敢地承受生活中的一切痛苦、幸福。生活是丰富多彩的，各个年龄段的人们都有自己的恋爱方式，爱情并不因一次挫折而一去不回头。

高岚的男友被人抢走后，一度十分痛苦、哀伤。后来，她根据自己的爱好购置了一架照相机，每逢节假日，或与朋友一道或独自一人，投入大自然的怀抱，寻觅绝美的风景。夜晚则坐拥书城，在博大而深邃的知识海洋中遨游。她的摄影水平大有长进，她的相册常在朋友聚会中博得一片赞美，她结交了许多新朋友，视野开阔了，性格也变得开朗、活泼，失恋反而成了她新生活的起点。

失恋的确是一件十分痛苦的事，要走出失恋并非易事。事实表明，许多人在面临这个问题时往往表现得非常茫然，相当一部分人还因此而被惨痛摧垮，从此一蹶不振。专家认为，失恋后要尽力减少再接触，更不要到曾经谈情说爱的环境中去怀旧。

要到一种能陶冶情操、放眼未来的环境中去洗刷忧伤。

恩格斯21岁时失恋了，他就跑到巴塞尔旅游。当他登上禹特利山顶时，头上的蓝天白云，脚下的湖光山色使他心旷神怡，失恋的痛苦顿时消失得一干二净。后来他对人说，向美丽的大自然倾吐爱情的痛苦，可以使自己在大自然的壮丽景色中怡然开脱，融化在生活的情调之中，这就是心理学上所讲的失恋后的情景转移治疗。

利用外部帮助来解除失恋的痛苦也是一条很重要的途径。从情感体验上看，失恋是个人私事；从社会效果上看，失恋也是一种社会问题，处理不好会造成社会危害。比如，有些失恋者因得不到及时的劝导从而走上自杀或报复他人等违法犯罪的道路。所以社会与家庭都要关心失恋者，对他们进行心理抚慰，帮助他们正确认识失恋的原因，使他们早日摆脱失恋的苦恼。

其实失恋也是生活中的一种经历，它会让我们难过、伤心、痛苦。可那也是一种历练，可以从失恋中吸取教训，学会如何去爱，学会被爱。失恋只是失去了一个不爱自己的人，并不可怕，可怕的是失恋后陷入悲伤和绝望，从而失去了爱的能力，那将会是一个非常可怕的事情。因为一旦失去了爱的能力，那么我们将体会不到快乐，体会不到幸福，体会不到难过。我们就会失去所有情绪，我们所经历的只是冷漠、孤僻，人生因此而不再有阳光。所以能够爱真的是件非常幸福的事情。所以，当我们面对失恋时，应该为获得更多、更博大的爱而奋起拼搏，不要久久沉溺在悲观失望之中。

学会忘记，才能解脱

男女之间的爱情，是美好而单纯，然而就是因为它单纯，所以也脆弱。它往往是迫不及待、无比强烈地开始，但结束的时候也是让人措手不及。如果我们的爱在无望中结束时，请不要悲伤。

一个清秀的女孩失恋了。她来到当初她与以前的男友约会的公园里，伤心地哭了起来，她哭得很悲戚。很多人看她伤心的样子，都耐心的劝导她，可是，别人越是劝她，她越是觉得自己很委屈，她不明白为什么男孩不再爱她了。渐渐的，她逐渐由伤心变成了不甘心，又由不甘心变成了怨恨，她不甘心自己的爱为什么不能换来同样的回报，她怨恨他太狠心、太无情。她越哭越悲伤，难以遏止，陷入强烈的失落、自卑和悔怨中不能自拔。

一个长者知道她为什么而哭之后，并没有安慰，而是笑道："你不过是损失了一个不爱你的人，而他损失的是一个爱他的人。他的损失比你大，你恨他做什么？不甘心的人应该是他呀。再说，他已经不爱你了，你还要伤心、怨恨，来让这份失败的感情来阻碍你今后的生活吗？"姑娘听了这话，忽然一愣，转而恍然大悟。她慢慢擦干泪，决心重新振作，投入新的生活。

是啊，当爱情离我们远去的时候，我们要尽力挽留；当我们无法挽留的时候，最好的处理方式，就是忘掉，忘掉以前的愉快和不愉快。因为任何好的或不好的回忆，对于失恋者都是一种灵魂的刺痛。

当我们学会了忘记，才会真正的解脱，才会学会宽容。有人说，经历了真正的爱之后，人才会成熟。不论结果如何，只要我们真心付出过，坦诚地对待过，也就不会有什么后悔的地方。成熟的心智，才会产生成熟的感情。青涩年华产生的爱情，单纯而无比美妙。但是，它通常很难经得起岁月的考验，很难历练成恒久、深沉的真爱。就让那些过去成为美好的回忆吧。

我们仍然年轻，我们还有很多时间和机会去寻找爱，重新去爱。我们有理由相信，总有一份爱在未来的日子里期待着我们呢。因此，当爱搁浅时，试着放松你的手，也放松你的心灵吧。

卢梭在《忏悔录》里写的一个情节——

当他 11 岁时，在舅父家遇到了刚好大他 11 岁的德·菲尔松小姐，她虽然不很漂亮，但她身上特有的那种成熟女孩的清纯和靓丽还是将卢梭深深地吸引住了。她似乎对卢梭也很有"好感"。很快，两人便轰轰烈烈地像大人般地恋爱起来。但不久卢梭就发现，她对他的好只不过是为了激起另一个她偷偷爱着的男友的醋意——用卢梭的话说"只不过是为了遮掩一些其他的勾当"时，他年少而又过于早成熟的心便充满了一种无法比拟的气愤与怨恨。他发誓永不再见这个负心的女子。可是，20 年后，已享有极高声誉的卢梭回故里看望父亲，在波光潋滟的湖面上，他竟不期然地看到了离他们不远的一条船上的菲尔松小姐，她衣着简朴，面容憔悴而又黯淡。卢梭想了想，还是让人悄悄地把船划开了。他写道："虽然这是一个相当好的复仇机会，但我还是觉得不该和一个 40 多岁的女人，算 20 年前的旧账。"

不论是谁在遭到自己最爱的人无情离弃和愚弄后，那份悲愤与怨恨都是不难想象的。可是为什么重逢之际，当初那种火山喷涌的怨怒与报复欲没能复燃，却要情不自禁地用一颗同情的心体谅对方。对曾经负情之人再伸出温情之手去拉她一把或选择悄悄走开，这说到底，还是爱。

因为，我们曾经真正地爱过、痛过。那份爱，深入骨髓，温暖过我们的心灵和生命旅程。时间的流水可以带走很多东西，诸如忧伤、仇恨，但永远抹不去最初的那份爱恋在心灵上留下的温馨、美好与感动。那份爱，已如磐石，无法撼动。

学会遗忘，是一种境界，也是一种让自己更快乐的生存技巧。毕竟，聪明人会明白，我们不能用曾经的痛苦来伤害自己一辈子。尤其是爱情这种让人刻骨铭心的回忆，我们更是不能让它成为我们一辈子的噩梦。如果痛苦无法转化为我们前进的动力和磨砺我们成长的压力，那么，我们就选择遗忘，忘了仇恨、忘了曾经的痛苦，以此来淡化我们心中的悲伤。

怎样从受挫的感情中走出来

没有什么东西是一成不变的，爱情也是。这个世界上一切美丽真实的东西都会变，他们都有一定的生命周期。也许有人说塑胶花就永存不朽，但是它并不是真实存在的有生命周期的花朵，而且还制造环保问题。

爱情里的变化常常是由好变坏，有些人本来不是这么天怒人怨的人，是因经过情感挫折之后才如此的。一直听到不少未婚女子咬牙切齿的指控从前的男友"背叛"，使她们消沉了许多年，不敢再信任感情。也有不少男子，因为初恋情人的变化，对后来每个走进他生命的女人，都抱着忐忑不安的心。

所以，我们要想从恋爱的不幸中走出来，开始我们新的快乐和幸福。同时，我们也需要记住，在进行这种心理调整之前，有十件事情我们一定要尽量避免。

失恋后还花钱给他买分手礼物

他的心已经走了，对他再好也是徒劳，一份感情不是一份礼物可以简单挽回的。不过，如果对方真的因为我们送的昂贵礼物而留下，那么，此人的人品就有待深入了解了。

失恋后想借酒浇愁，最后喝醉酒去找对方

有一个女生分手了很伤心，喝了不少酒，然后去找男友，结果两个人一激动又复合了，一个月后发现还是不合适，还得分手，可是肚子里已经有了孩子，最后自己又多受一道罪。所以，我们需要小心，在酒精的刺激下，指不定会发生什么事情。

因为分手而怀恨在心，到处散播前恋人的不是

此时，心中的痛苦最多和两三个口风紧的亲密友人说说，如果到处诉说，有可能得到的是其他人的背后讥笑，因为并不是每个人都和你一条心，嚼舌头是不少人的爱好。

找对方的长辈诉说自己的委屈

如果他已经决绝地走了，找对方长辈诉说只能起副作用，不管那个长辈曾经对你有多好，都好不过对自己的亲生孩子，而且这时候大部分长辈也会跟着揪心，如果真的心里为对方着想，就别给老人家添乱了。

从此以后不再相信爱情

没有必要，他不好，只能说明他不适合你，但一定有适合你的人。

因为分手打击，想辞掉工作"修养"一阵

许多人失恋的时候，什么样的傻事都有可能做出来，最常见的就是没心思工作或者干脆辞职，这非常不明智。难道你就没有想到失恋加失业，这是雪上加霜。而且一个人闷在家里，更不利于走出黑色心情。

保留对方的照片

如果我们留一两张对方的照片作纪念，问题并不大，但是不要放在眼前，提醒自己曾经经历的快乐和痛苦，最好将这段记忆锁起来，否则，只能越看顾越难受。

分手后照样给对方频繁打电话、发短信

如果分手已成定势，越少联系，心里的这道坎过去的越快！

为了忘却痛苦而开始新感情

此时，旧伤还没有好，开始新感情容易迷了眼睛。

给对方说恶毒的语言

有一个女孩子，和男友分手之后，给男孩子发了很多言语过激的短信，把两个人本来可以保留的朋友情分也扼杀了。既然分手已成事实，何不留下点美好的回忆？

恋爱前种种，是没有什么好指责的。背叛，言重了。走过生命低潮期，是一个成功的人必备的能力。只有经历过劫难的人，才能真正吸吮成功的滋味。

美国影星米亚·法罗，从前在影界鬼才伍迪艾伦的电影里担纲女主角，也是伍迪艾伦的枕边情人。多年来他们收养了9个孩子，生了一个孩子。

这种看似伟大前卫的爱情，在她和伍迪艾伦厮守12年后，发生了变化。米亚在伍迪艾伦的公寓中，发现他们养女的裸照，才恍然大悟，原来这种"乱伦"关系已经有一年之久。

刚开始时，这位美国神经质女人的代表人物陷入疯狂，几乎崩溃，她控诉伍迪艾伦有恋童癖，并且寄给伍迪艾伦一张不包括他的全家福照片。照片上每个孩子的胸口都刺了一堆针，米亚自己胸前刺了一把刀。

看样子，她真是恨自己"养虎为患"了？

不，她还是坚强地打赢官司，赢得所有孩子的监护权，而且积极地为自己的演艺事业开创第二春，使影评家不得不赞美她的转变，她说："走出伍迪艾伦多年来为她塑造的神经质小角色，令人欣慰。"

米亚自己也说："我在混乱和毁灭中终于抓住事实，使我保持清醒，事后我自问：还能演戏吗？在接受新工作的挑战之后，我发现，我还是能把我的工作做好。"

这些曝光率极高的明星人物所承受的压力往往高于常人，对于他们面临的压力都能很好地进行转化，我们为什么不可以？

其实压力多半来自自己。能彻底打败你的除了强劲的敌人，最危险的还是你自己。但是历经折磨而爬起来的人都知道："成功才是最佳报复。"

美国心理医师们对受挫的情形做的建议是很实际的：

从自己的经验中学习

学习，不要先学会自责。每个人都不完美，我们都有改进的空间。

有人曾经说，婚姻破裂后，接受事实、明白自己也有过失的人，比一直怪对方的人，更能应对转变后的生命过程，也变得更开朗而有活力，也容易有新朋友。婚姻破裂如此，事业失败，也可由此类推吧！懂得爬起来的人才能重登高峰。

容许自己稍微的自怜一番

别骗自己说："我一点也不难受。"最好把令你难受的事写在笔记簿上。再写下你以前不能做、但现在可做的事情。

有时候，再悲哀的事也可以往好处想。

有一次，李义山陪一位刚走出孀居阴影的中年太太，到故乡的海边看夕阳。本来还有些愁容的她，在欣赏夕阳缓缓与海水相接的美景后，忽然转头对他说："如果我丈夫在，我一定一辈子看不到这么美的夕阳。这个时间，我只能在家做晚饭。"

往好处想，没有百分之百的黑暗。

尊重过去

心理学家哈威卡普兰说："记住美好的事，不要变得尖酸刻薄，不然，你只会觉得自己越来越糟，别人也是，这会造成恶性循环。"

当然，说的比做的容易，但不做，未来永远不会有意义。

制定新方向

缺乏原有的助力，或许也意味着不再有绊脚石，你可自由挥洒自己的人生履历表。

重新建立关系

朋友很重要，而新关系比旧的关系没压力，尤其在中国人的人情圈里。但千万别立刻卷入另一场爱情战争和事业之中。

不是每个人的感情都能够天长地久，当一份感情结束后，我们更需要明白的一个道理——我们曾经爱过并因此痛苦过，但这并不代表我们不能再开启爱的新航路。

离婚不是人生的绝路

离婚，只是换一种生活方式

离婚是每一位走进婚姻殿堂的人都不愿意看到的结局。离婚看似简单，但很多离婚的人，在回忆离婚的过程时，却是相当痛苦的，甚至是刻骨铭心的痛苦。

美国著名婚姻心理学家、《离婚岁月》的作者曾说：我们并不认为结婚"好"过离婚，我们同样也不认为离婚"好"过结婚。离婚和婚姻只是社会的组成形式。其实，离婚不是人生的绝路，它是生命中一个美好的开始，而不是一个可怕的终结。

在别人看来，她是一个不幸的女人，下岗，离婚，自己带着一个有病的孩子。她开了一家专卖副食品的小店，风里来雨里去。总有人说："看，她多可怜啊。"

她却觉得自己是很幸福的，至少丢掉了一个破碎的婚姻。丈夫见一个爱一个，让她伤透了心，这样的男人，怎么还能要？离婚的人难道就不能好好生活？下岗又如何？从前的单位，也是半死不活。1个月300元生活费，不够她和女儿吃饭。她用心地经营着自己的小食品店，因为物美价廉，小店很快被她盘活了。

渐渐地，见到她的人都说，她好像比从前白了、胖了，而且脸上有了光泽。

有人问：是不是遇到一个好男人？是不是有了新生活？她笑着说，别人改变的只是你的一小部分，最终彻底改变你的还是自己。当初，她哭过、闹过、寻死过，结果，越来越惨。后来她渐渐明白，除了坚强和微笑，她别无选择。

除了用心经营自己的小店，她还用业余时间报名参见了舞蹈班，她选择了芭蕾，带着她的小女儿一起学芭蕾。尽管她已人到中年，年轻不再，身材有些臃肿，腿没有韧性，但她的一招一式都那样投入。她让人感觉到美不仅仅属于青春，还属于那些对生活热爱和执着的人。

她从少女时就喜欢旅行，一直没有实现，结婚后忙着争吵，更没有时间和心情去享受闲情逸致。后来才明白，那不是自己想要的人生，她应该有另一种活法。于是，她总带着小女儿一起去旅游。

1年以后，她又准备结婚了。那是一个她学开车时认识的男人，那个男人不光英俊，还是一家企业的副总。他刚刚30岁，无婚史。

虽然别人说他们太不相配，猜测她用了什么样的手段才把这个男人哄到手。但对男人来说，她是一件耀眼的珍宝，因为他明白，只有这样热爱生活的女人，才是世界上的珍宝。

婚姻真如脚下的鞋，合不合脚只有脚知道。

如果鞋子本来就合脚，只是不小心掉进了几粒沙子，穿起来才有那么一点不舒服，那事情就很简单，把沙子倒掉便是。而如果新鞋本来就夹脚，只因鞋子款式时尚漂亮，自己才勉强买回来，希望磨合一段时间后，脚就会舒服了。哪曾想，忍着疼痛穿了一段时间的鞋子，脚趾头仍被夹得生痛。看来这双鞋真是不合脚了。

面对这么一双价格昂贵、款式时尚漂亮但又夹脚的鞋子，你是强忍着剧痛，继续穿上它一瘸一拐地出现在众人面前？还是赶紧把鞋子换下，改穿一双合脚舒服的鞋，袅袅婷婷地走街串巷呢？

如何取舍，其实就看你自己！离婚不是坏事，更不是世界末日。离婚，只是换另一种活法罢了。

快乐离婚从自我授权开始

走出婚姻的女人，会有很长一段时间停留在旧有的生活里，不能自拔。对她们来说，婚姻的噩梦并没有因为离婚的判决而结束。结束的只是婚姻的法律效力，但是很多离婚"后遗症"仍旧纠缠在她们的内心。

离婚从来就不是一件轻松的、能够迅速完成的事。它是如此一个漫长的过程，并不只是得到一纸法律判决书那么简单。在你得到那张写着"允许离婚"的法律文书后，你的离婚过程其实才真正开始。你需要开始适应孤独，需要开始勇敢地一个人生活。

苏伦是一位单身女性。她曾经经历过一段失败的婚姻，如今的她不仅有着一家自己经营的外贸公司，还顺利步入了第二段婚姻当中。提到刚刚离婚的那三个月，她还是心有余悸。

"刚拿到判决书的那一刻，说真的，我的心情很轻松，特别愉快，因为我终于摆脱了我那可怕的丈夫。可是，一个星期之后，我发觉其实生活并没有像我想的那么好。以前，我起床之后总要先给他准备衣服，熨好西服，然后去厨房准备早餐。可现在，我什么事都不用做，我可以睡得再晚些，然后只用做一个人的早饭。但是，我还是会在固定的时刻醒来，还是会习惯性的往微波炉里放进三片面包。我知道，其实我还生活在原先的世界里。我并没有因为离婚判决书，而走出婚姻的圈。

"那天早上，我又在同一时刻醒来，我对着卧室的大衣镜发呆，我想了很久。然后，我换上衣服，出门去找我的心理医生。我知道我不能这样子下去了，这不利于我今后的生活。后来，我终于能很安然的睡到八点起床，然后吃饭上班。一个人生活的快乐，我慢慢感受到了，我把它作为一种享受。"

的确，两个人生活得久了，也许你已经习惯了每天在家准备可口的饭菜，和家人共享晚间甜蜜的相聚时光，但是你现在要学会只做一个人的饭菜量了；也许你已经习惯了两人同床共枕，但是你现在要学会深夜独眠了；也许你已经习惯了有人为你打理对外的家事，但是你现在要学会一个人去面对外面的世界了……

习惯是一件可怕的事，它常常会让你在循环重复的过程中消去你生命中的勇气和斗志。譬如，你曾经是那么独立的一个女性，但是舒适的温柔乡让你逐渐习惯了依傍和附着。离婚就意味着，从此以后你的人生轨迹开始重写，一切都是新的开始。

其实，完全不用害怕离婚。你可以把这一过程当成是重新发现自己、改变自己的契机。把你所遇到的人生中所有的伤痛想象成你成长中的磨砺和坎坷，那么你会得到比别人更多的财富。这种财富，它直接作用于你的心灵，提高你的心智，使你更接近于成功。

"看着他带着那个女人离开法院时，我真想冲上去杀了他们。我知道这样对我并没有什么好处，但是我还是想这样做。就算我不能杀他们，那我也要恨他们一辈子，要知道我的下半辈子都被他给毁了。"

"我告诉孩子们，他们的爸爸永远都不要他们了，他们再也没有爸爸。孩子们很害怕，都哭起来。但是我要让他们知道，这一切都是他们那个不负责任的爸爸造成的。"

"难道我会没有人爱吗？就算他不爱我了，我照样是有众多的追求者。我每晚都去酒吧，变换不同的新男友。我倒是要让他看看，虽然我离了婚，可是我的魅力还是超群的。我要让他后悔离开了我，让他后悔。"

35 岁的刘艳，在离婚两年后，提到当时的情景，还是依旧难抚心中的怒气。

离婚已经是事实，我们要做的是想办法让自己快乐起来，重新找回属于自己的生活，而不是让前夫后悔自己的决定。案例中，刘艳的目的是想让那个负心人后悔离开自己，可是她并没有因此而获得快乐。千万不要拿别人的错误来惩罚自己，否则痛苦的只有自己了。

著名的取舍理论告诉我们：人的生命时间是有限的，为了让生命多一些精彩，聪明的人知道什么该取，什么该放弃。放弃无意义的东西，就等于延长了有限的生命。人的思想是在不断变化发展着的，昨天想的与今天想的肯定不一样，夫妻关系也是如此。两个人从恋爱、结婚到离婚，随着神秘感的消失，思想也会发生着深刻的变化。夫妻双方各自有各自的思想，各自有各自的审美观，在爱情的问题上也没有固定不变的真理。昨天是夫妻，感情就存在；今天分手了，感情也就无从谈起了。不承认现实，生活在虚幻的感情世界中，就是对自己最大的不负责任。

其实，离婚并不可怕。告别一段失败的婚姻，意味着你还有机会重新获得幸福。可怕的是你无法从离婚的阴影中走出。只要你相信自己的能力，努力调整自己的心态，相信一定可以度过那段离婚的时光。

离婚告诉你爱的真谛

尽管现在女性的社会地位已有了很大的提高，但对于大多数女人来说，婚姻仍然是她们的全部。婚姻中的女人是幸福的、美丽的，从她们那弯弯如月的笑脸里，你会读懂女人的心。她们宁愿一辈子服侍着自己的男人。青春的岁月就这么在劳碌中过去，直到皱纹在不经意间爬满了面容。

每个人都希望自己的婚姻是天长地久的，可忽然有一天，却发现自己站在婚姻关系的边缘。这种生活中不期待的遭遇使人痛彻心扉，尽管单身生活已成事实，但还是无法从离异的阴影中走出来。

曾经，他和她特别相爱。相爱到离开半步就要思念，他亦对她说了很多海誓山盟，但这一切没有挡住他变心的脚步。他还是厌倦了，提出了离婚。

她哭了又哭，求了又求，但是，男人的一颗心没有回来，他说自己不爱了。轻易地就放弃了一段感情，她不许他放弃，于是与他死缠烂打，就是不离婚，抱着鱼死网破的决绝。于是，一所空房子出现了，他常常不回家，回家亦同她形同陌路。10年，他们过了10年没有沟通的生活。

那10年，她形同枯槁，心如死灰，不再唱心爱的歌，不再穿最爱的衣裳，只想在这棵树上吊死自己。

那间大屋子里，没有男人，她独自守着一屋子的寂寞，想等待那个变了心的男人回来，但等来的，是他冰凉的言语和没有温暖的眼神。

终于，她心死了。10年足可以杀掉一个女人所有的情与爱，所以，她终于放弃了。以为自己不会再爱了，最好的青春在等待和折磨中过去了，多么的不甘心啊！可是不久她遇到一个特别爱她的男人，她才知道自己虚度了多少光阴，爱情再来时，她简直不相信自己不还可以光彩夺目，还可以像从前一样开朗，有着花一样甜美的笑容……

她后悔死了，早知如此，何苦把10年光阴赌在一个人身上呢？憔悴了的青春、憔悴了的心，把光阴酿成一杯苦酒，其实，她完全可以把爱调成蜂蜜。

经历了失败婚姻的人总喜欢把自己封闭起来，任凭自己沉浸在悲痛之中，别人的劝慰一律不听。觉得自己是当事人，自己最清楚自己的痛苦，没人能够真正理解自己的心情。他们往往会对爱情丧失希望，对爱情的前景心灰意冷，把自己的心用厚厚的警惕包裹起来，用行动证明着"一朝被蛇咬，十年怕井绳"。

其实，离婚是给自己寻找真爱的一个机会。恋爱时，往往展现的是彼此最好的一面，激情遮蔽了爱的本来面目。结婚后，取代激情的柴米油盐式的平淡生活，真正的爱情不会因为平淡无奇而消失，能在这种细水长流的生活中相互包容与理解的爱情才是真正的爱。

离婚两年后的马莉再次走入了婚姻，她和老公都是第二次婚姻。都有过出城再进城的经历，对第二次婚姻便有劫后余生的珍惜。马莉坦言，在上一段婚姻中，彼此都不懂包容珍惜，离婚后才学会了如何去爱，如何经营自己的婚姻。马莉这样描述自己的第二段婚姻：

他懂得欣赏我，激励我发挥自己的潜能。以前我不太会烧菜，只能简单地将生的做熟，但他每次都可以将我"水煮盐拌"的菜吃得精光，还讨好卖乖地说"老婆做的什么东西都好吃"。为了证明自己也是个"上得厅堂，入得厨房"的新好女人，我学会了烧菜。为了鼓励我，他给菜取名：简单的菠菜豆腐汤是"暗送秋波"；瘦肉丝炒黄豆芽叫"勾勾搭搭"，象形；芹菜馅的饺子，叫"情投意合"，因为是"芹菜投进去一合"就成，谐音。

周末他会趁我睡懒觉的工夫亲自下厨，花三个小时煲上一锅骨头汤，再放上枸杞、红枣、莲子，怕我嫌油，一勺勺地撇去上面的浮油。他说女人过了30岁就要经常补补……

这就是我想要的生活，充满烟火气息，平平淡淡又实实在在。只要想到他看我的眼神里充满了疼爱，我就觉得做家务做得再苦再累都值得。

在经历一次失败后，才能领悟到爱情、婚姻的真谛。

离婚，成熟和重塑自我的起点

离婚，不是不在乎，是一切还来得及；离婚，不是福也不是祸，而是人生的又一个岔路口。离婚，其实是一个重塑自我的契机，许多人的经验证明，如果你对外界和自身的反应应对得当，你的思想会更成熟，你的朋友会更多，你的事业会更发达，你的人际关系会更好。

既然已经离婚，已经开始一段不同的人生，放弃自己原有的，创造一个崭新的自己，永远记住的是：唯一不变的是改变。

在周围朋友的眼中，李好无疑是幸福的。她和老公从大学时就开始谈恋爱了。大学毕业后后，他们的恋情没有随着毕业而凋谢，而是顺利走进了婚姻的殿堂。

结婚一年后，在丈夫的一次意外的车祸中，李好才知道原来他们之间一直都存在着第三者。当她站在丈夫病床前质问他为什么欺骗自己时，丈夫却轻描淡写地反驳："男人出去找第三者，是因为在自己女人身上存在某种遗憾，这是一种互补缺失的行为，你为什么不问问自己，为什么令自己的男人需要到外面去弥补他需要的东西，不是我不忠诚，是你不够完美。"面对这种厚颜无耻的指责，李好愤怒到极点。他们离婚的效率比结婚还快。李好只想尽快与这个男人脱离关系，哪怕多一天也不愿意。

在离婚后的很长一段时间，李好始终走不出离婚的阴影。她每天都蓬头垢面示人，心里总有个声音在提醒她，你婚姻的失败是因为你不够完美，你并没有自己想象中那么优秀。前夫的责备，不止羞辱了她对爱的付出，更把她的自信踩到谷底。渐渐地，李好的生活环境出现了怪怪的现象，身边的朋友跟她相处时都小心翼翼，特别是已婚的朋友，从来不敢在她面前高声谈笑，或与她分享家庭的快乐。单位的同事也战战兢兢地避开婚姻的话题，本来开开心心地在开某对小恋人的甜蜜玩笑，看到李好来了，大家都很有默契地闭嘴散开。家里人更紧张谨慎，他们把跟前夫有关的所有东西都收起来，连前夫买来的牙签筒都送给楼下的小卖部阿姨，凡是前夫说过爱吃的饭菜，从没再在饭桌上出现过。但很长的时间，李好坚持沉浸在自己的悲伤世界里，并没有留意这些变化。直到有一天中午经过公司的茶水间，无意中听办公室的小姑娘跟前台小姐妹抱怨说："难道她一个人离婚，大家都得变成寡妇吗？都快半年了，整天这么愁云惨淡的，我的心情都快发霉了。"李好才猛然醒悟，原来这半年，自己在别人眼里是这种形象活着，难道这就是自己以后的生活？望着镜子里头发松散、衣着过时的自己，李好对自己说："明天，你要变得不一样！"

当天下班，李好把自己从头发到脚趾彻底地整理了一番，她把头发染了栗子色，订了个皮肤护理的套餐，报名参加了女性形体和社交礼仪的培训课程，回到家把衣柜里的衣服颜色重新调换排列，她对自己说："我的人生，从今天开始，要全新谱写。"

3个月后，李好的生活重新恢复到离婚前的状态，不仅在工作上取得由不俗的成绩，也在一次朋友的聚会中认识了新的男友。

现在回头再看以往的日子，李好觉得自己真是有点傻，婚离了也就离了，何必为了一个生命里的过客苦苦折磨自己。快乐的生活，在于不断寻找生活的快乐！

人们总喜欢把自己沉浸在过往的伤痛中，其实，纵使离婚时有万般无奈，都请当作另外一个开始。然后认真审视，从上一段经历中学到该学的，重新定位自身。

人活着不是为了他人，而是为了寻找智慧充实自我。女人的幸福也不是寄托在哪个男人身上。失去一段爱，可以再寻找另一段爱。幸福靠自己，不靠他人给。提高自身修为，能够获得男人所不能给予的快乐和满足感。任何过去都不会比未来重要，整理好自己重新走上人生的另一阶段吧！你的世界离开谁一样可以正常运转。不要让一个不爱你的男人成为你一生的痛苦和遗憾。

爱情如花，当一朵凋零，另一朵会竞相绽放。爱情如戏，当大幕落下，另一出大戏会即时开演。花谢的凄凉、落幕的冷清，都是短暂的，时间会冲淡锥心的痛，要不了多久，你又可以敞开心扉看云淡风轻。

不要背负婚姻失败的伤

你现在做什么呢？已经结婚了吧，很快乐地过着自己的日子吧……我想了无数次离开这里，离开这个伤心之地，但是我还有自己的责任，我必须挺住，直到最后一刻，直到佛陀允许我召唤我的时候。多么希望那一刻早些到来，我可以微笑地走到另一个世界，微笑地看着你，每天看着你幸福地生活，我心满意足。多么希望能像学校那个被电击的学生一样，失去记忆，忘掉一切；或者像三年前那样，没有遇到你，没有想过和你一生一世，没有想过和你慢慢变老，没有在心中暗暗地想无论你怎么样都不离不弃，没有总是默默地看着你像孩子般睡觉的样子，没有爱怜地看着你的笑容，没有……可是一切都发生了，而且我没有办法，一点儿没有挽回的办法。我的心在哭泣、在流血，佛陀，你愿意帮助我吗？我愿意付出一切来让我那平凡的心愿实现，哪怕下辈子受苦……

这是一位有过 3 年婚姻，最后被婚姻背叛的女性写下的一番刻骨的话语，不免让人也为之伤感。

其实每一桩婚姻的初衷都是好的，没有谁是为了离婚而结婚，只有离了婚的人才知道离婚的痛是刻骨铭心的，真的是心飞了，爱走了，人累了，泪也就干了。

离婚的伤害是刻骨铭心的，毕竟两个人肩并肩地携手走过一段人生最缤纷的岁月，生活的点点滴滴早已深深印在记忆里。可人生不会因为离婚就终止，不能因为不爱了就绝望，人的一生难免有伤痛，但不要因为一场失败的婚姻就毁了自己一生的幸福。生活是一条向前流淌的河流，只能向前不能回头，面对已经失去的感情，唯有忘掉那些痛，然后真实、勇敢、快乐地生活。

一对夫妻结婚 20 年，两人都是中学教师，女儿在另一座城市读大学，一切都那么平淡而美好。本来这安静的生活可以一直延续下去，可是，这安静却被打破了。

男人邂逅了一个同样有家室子女的女人。也许是不满足于生活的平淡，男人和这个女人越走越近。男人虽爱上了那个女人，却满怀内疚。20 年来，妻子对他的照顾是无微不至的。在他的生活里，妻子不仅扮演了爱人的角色，有的时候更像一个母亲。他不知道怎样开口承认自己背叛的事实。

2 年后，那个女人就和原来的丈夫离婚。最后他也下定决心离婚，3 个月后他和那女人走到了一起。

妻子并没有因为离婚而变得憔悴。她重新开始了另一种生活。她丢掉了原来那些过时的"老妈妈"衣服，买了大量的时尚用品，身材和气质都大变样。突然间，大家发现原来她一点也不老，原来她也可以很光彩很漂亮。女儿大学毕业后没多久，她和一位各方面条件都很不错的男士结了婚。

时间是疗伤的良药，用时间来淡忘是一个办法，最主要还要有一个良好心态。拥有一个良好的心态还有什么不能战胜呢？生活中还有太多需要去面对的，我们还有父母、工作，甚至孩子，没有人给我们更多的时间去抚平伤痛，唯一的办法，就是迅速遗忘。

人生不可逆转，过一天就会少一天。我们追求的是幸福和快乐，背负着过去的痛苦走完一生真的不值得。事情是过去的事情，痛苦是过去的痛苦，一切后悔和叹息都无济于事，拿过去的痛苦来折磨自己是悲哀的，也是无意义的。

所以，我们要以积极的心态把握好今天，不要老沉浸在回忆过去的伤痛中，当过去的痛苦袭上心头时，就有意识地采取做运动、听音乐、干家务、找朋友聊天等形式，转移自己的思绪，控制自己的情绪，使自己乐观起来。

离婚的痛在整个人生旅途中只是短暂的，要坚信还会有下一段幸福在等着我们。

离婚女人心理调适

离婚，意味着家庭航船的沉没，它给夫妻双方，尤其是女性带来的心理创伤与后遗症是难以估量的，离婚给女人造成的心理问题有以下几种。

自卑感：由于社会对离婚的传统偏见，如今还有一些人对离婚不问青红皂白，一概加罪于女人，即使女人是离婚的受害者，也常被周围的人指指点点，甚至遭到冷嘲热讽，致使离婚女人的自尊心受挫、声誉下降，一时抬不起头来，背上"低人一等"的自卑自贱的沉重心理包袱。

孤独感：虽然离婚解决了眼前婚姻生活的矛盾冲突，可能获得暂时的安定感。但是，过去形成的家庭人际关系一旦崩溃，对女人来说，失去群体生活，无论如何总要产生凄凉、孤独的感觉。

失落感：一般来说，女人在决定离婚之前，已有一段漫长的、痛苦的、艰难的思索过程。可是，离婚后，女人的一系列社会心理需求得不到满足，如失去了家庭成员之间的爱抚、柔情、温存，因而极易产生失落感，往往由此导致心理问题而逃避人生。

当然，离婚女人心理压力的大小，因事因人而异。那些对丈夫原来怀有好感，并深信自己在婚姻生活的各个方面都安排得很好的女人，离婚造成的心理创伤和痛苦最大；那些对丈夫的行为已经不能容忍而自己提出离婚的女人，则痛苦较小。尽管离婚女人的痛苦可以随着岁月的流逝逐渐淡薄，但这种不愉快的体验对有些人来说终身难以磨灭，特别是有孩子的女人，往往会产生更为棘手的后遗症。

离婚女人要想更快地从忧虑、压抑和痛苦的情绪中解脱出来，学会下面的心理自我调适法十分必要。

认知平息法

人的行为常受情绪影响，而人的情绪可由认知来平息。所谓认知平息法，就是说人的情绪可经由认知的改变而修正，通过改变认知思考方向，用理性思维处理消极情绪。例如，由于前夫有外遇而离婚的女人，总觉得前夫有负于自己，常常陷入痛苦难以自拔，假如她能反问一下自己："同一个和自己没有丝毫感情的人继续生活，还有什么快乐可言？"这样，便可以理智地控制情绪，使心胸开阔一些，眼光放远一些，从而赢得更多、更长久的解脱和幸福。

坦率交谈法

坦率交谈是保持心理健康的秘诀之一。找你信任的知己，互相谈心，把你离婚后的喜怒哀乐尽情地向她倾吐，不让内心积存任何消极不利的情感和情绪。就像倒垃圾一样，把你心中的郁闷、烦恼早早发泄出来，便可以避免因为消极情绪的刺激，引起大脑皮层兴奋与抑制功能的失调。

环境脱敏法

触景生情，爱屋及乌。当离婚女人深深陷入自我烦恼时，不妨暂时离开所厌烦的情境，通过改变婚前的生活环境或生活方式来排解疏导。所以，当情绪低落的时候，可暂时访友探亲，或出外旅游，或把心思放在谋求"第二职业"上，这样也可以不同程度地转移或消除苦闷忧伤的情绪。

情感取代法

所谓情感取代法，是指重打锣鼓，另立炉灶，通过觅偶再婚，消除孤寂，恢复和保持心理平衡。日本有关调查表明，男人离婚 1~2 年以后再婚的人很多，而女人经过 5 年以后，再婚率比男人高。通过再婚的情感取代法，也不失为一种离婚女人心理调适的可取方法。

分手后不存报复心理

圣严法师说："要能放下，才能提起。提放自如，是自在人。"佛家相信一切事情皆有因果，缘起则生，缘去则灭，不妨随缘而活。当爱情来临的时候，我们要知道珍惜；当失去爱情的时候，我们也要懂得放手。放下，是一种修为，只有放得下，才能达到自在的境界。

一朵花该谢的时候它就会谢，一个人该走的时候他就会走。有时候，缘分是没有道理可讲的，也许你还爱着，对方却已经转身。珍惜曾经拥有的缘分，缘分尽了就放手，不要纠缠，更不要报复，不要将曾经美好的回忆都化作虚无。

他们曾是一对恋人，他们曾经非常相爱，在最好的年华里，发誓要永远和对方在一起。

可是，世事无常，终有一天他说，算了吧，我们分开吧。

她不肯分，死缠烂打，让他赔偿自己的青春。这么多年，怎么可能说完就完？于是她打骚扰电话，散布谣言，跑到他的单位去找他，砸他的玻璃砸他的车。他说：不要再纠缠了。她却偏不死心。

后来她开始想杀了他，他们说过死也要在一起的。她买了一把锋利的匕首，想象着刀子刺进他心脏的感觉，感觉到痛苦又快乐。

但还没有等到她下手，他就被推到她的急诊室，因为深夜开车时候出了意外。

她看见他伤得极重，蜷缩地躺在病床上，已经陷入昏迷却还痛苦地紧皱双眉。机会来得如此容易，她甚至不用特意去找他。她站在手术台前，感到对方的生命就在自己只手之间，她亲自为他麻醉，不禁全身颤抖。

拿起手术刀的时候，她却突然镇静下来，想起自己身为医生的职责，想起那些快乐的日子里，他说如果你受伤了我也会痛。原来他受伤了，自己也会痛。

手术很成功，她下了手术台之后，发现自己的衣服全湿了，出了手术室一刹那就泪流满面。原来，曾经爱过就是彼此的慈悲。她以为恨就会永远去恨，她以为不爱了就恨不得对方死。但是她没有想到，当他真的面临生死时，当他需要她救助时，她还是挺身而出了。她以为分手了自己会希望他死，原来不是。

他后来问她，你不是说过要杀我吗？为什么给了你机会你却没有下杀手？

她答，因为爱过，所以慈悲。他听了，流下温暖的眼泪。

每个人受到伤害以后，都会想方设法减轻自己的痛苦，这是人的生存本能，无可厚非。可是，有些人却会产生报复心理，把自己的痛苦加倍放大，然后转嫁到别人身上去，仿佛这样就可以成倍地捞回自己所受的损失。这是很危险的。报复别人，最终被伤害的是自己。事实上，生活对每一个人都是公平的，它既不会让一个人永远失去，也不会让一个人永远得到，只要你真诚对待它，洒脱放手是对对方的成全，也是对自己慈悲。

当爱情走到尽头，不论你曾深爱的人带给你多大的伤害，请不必怀恨在心，因为爱情的结束也意味着伤害的结束。与其花时间和精力去向一个坏人报复，倒不如花时间去寻找你真正的人生伴侣。你的幸福，其实就是对他的"报复"。

爱到尽头，勇敢放手

爱到尽头，覆水难收。勉强维持没有爱情的婚姻是没有意义的。有时候，放手也是一种明智。一个女人最忌讳的就是信奉"嫁鸡随鸡，嫁狗随狗"，不敢冲破婚姻的樊篱，固执地相信这样才能够获得幸福。

芊芊曾经听妈妈讲过她和爸爸之间的爱情故事，很美、很浪漫。她为此感到骄傲：自己的父母是因为爱而结婚的！甚至在一年之前，她仍然认为他们会一直相爱到白头。可理想和现实终究是有距离的。

那是一个飘雪的冬日。清晨，她被爸妈的争吵声惊醒。她走出房门，见爸爸正在穿大衣。"这么早，你要去哪儿？"她想拦下爸爸。"这个家已经没有我的容身之地了！"爸爸大吼着冲了出去。妈妈倒在沙发上，无声地哭泣着。芊芊忽然有一种预感，以后的生活将不复安宁。自那以后，爸妈天天吵，时时吵刻刻吵。她不得不充当和事佬的角色，不停地去平息他们的战火。如此持续了几个月，芊芊已经筋疲力尽，她相信爸妈也是如此。

突然有一段日子，他们不再吵了，而是变得相敬如"冰"，谁都懒得多看对方一眼。爸爸日日晚归，有时整夜都不回家。妈妈还是原来的样子，照常做饭洗衣，只是郁郁寡欢、难得一笑。

一天，芊芊实在忍不住了。"你们离婚吧。"她轻轻地说，"你们早就想这样了不是吗？只不过碍于我而迟迟不下决定。实际上我没有你们想的那么脆弱。既然不再相爱，何苦硬是凑在一起？即使你们离婚，也仍是我的爸爸妈妈，我也仍然是你们的女儿。"

妈妈哭了，这芊芊早就料到了，但她不曾想到的是，爸爸竟然也流下了眼泪！半个月之后，爸爸搬出了他们曾经共有的家。芊芊对现在的生活很满意，她看得出，爸爸妈妈也过得很快乐。

有时候，为了勉强维持不幸的婚姻，有些女人不惜使用"一哭二闹三上吊"这种最原始的办法，想以此挽留爱人。这也许留住了爱人的人，但是这却留不住他的心。更有甚者，为了这而赔上了自己年轻而又灿烂的生命，这可能会唤起爱人的回应，但是这也带给了他更多的内疚、自责，还有不安，从此快乐就会和他

挥手告别。其实，当婚姻走到尽头时，放手可能比坚持更能获得快乐和幸福。

女人要明白，最重要的是自己。多爱惜自己，没必要为已经失去的爱绑上自己的一生。幸福，是从放手开始的！三毛说过："一件事，想通了那是最好，如果怎么想也想不明白，干脆把它丢掉，无处可想，不也很好？"的确，放手，你的生命会呈现另一种光彩。懂得放手的人，会知道得到的快乐比失去的幸福更容易坚守！

疼的总是不愿意放手的那个人

爱情，就像两个人在拉皮筋，疼的永远是后撒手的那个……当爱情已经变味，当你深爱的人甘当爱情的叛徒，何必执着？风过了就过了，他走了就走了，一切已经无法回头，那又何必再想，何必苦苦哀求？

爱情之所以是美丽的，正是因为它是自由选择的。对方爱你的时候是真的爱你，不爱你的时候也是真的不爱你。这是对方的自由，这是对方的选择。人的一生，不必为他人的自由选择背负责任，你有你的自由，你有你的选择。当爱已远走，何必强留？

爱情不是单行道，一个人的爱情不是爱情，爱情要在两个人的共同呵护下才能绽放出美丽的花朵。如果其中一人心生去意，注定这朵爱情之花会凋谢。相较男人而言，女人更具有无私奉献的痴情精神，也更脆弱，也更容易受伤害。但爱情这个东西，是无法解释的，也难以分辨对错。在爱情破产之后，恒久地期盼和等待，只能换来更深的痛苦和寂寞。既然心已走远，弥补和挽留又有何用，还是将目光朝向未来吧，前面路上还会有鲜花和希望，多给自己一次机会，你会发现风景这边独好。

当他离去，你不必一边哭泣，一边埋怨自己"他不要我，只是我不够好"，这只是一句蠢话，并非事情的症结所在。或许正是你的好，让他倍感压力，从而心生去意。他觉得与你在一起不能彰显他的强大，他感到了深深地疲惫，渴望挣脱你的阴影。人们之所以坚贞，往往是因为诱惑的力量不够大。

在感情的世界里，全身而进，也要全身而退。当爱情来临，不要怀疑，全身心地投入幸福的甜蜜之中，当爱情之花凋零，亦要决绝地抽身离去。别去恨他，因为恨也是一种变相的爱，证明你还留恋曾经的美好，证明你心中残存一丝纠结。恨也需要力气，对于一段无可挽回的往事，何必再耗费你的力气呢？不如潇洒地和过去挥一挥手，放开自己的手，向着前方的阳光处走去。

第六篇

可怕的梦和深层心理学

第一章

梦的真面目

梦与意识、潜意识

意识与潜意识的关系

潜意识具有无穷的力量，它隐藏在心灵深处，能够创造魔术般的奇迹。爱默生说："在你我出生之前，在所有的教堂或世界存在之前，潜意识这种神奇的力量就存在了。这是一个伟大永恒的真实力量，是生命运动的法则，只要你牢牢抓住这个能改变一切的魔术般的力量，就能够治愈你心灵的创伤，愈合你身体的伤痛，摆脱心中的恐惧，摆脱贫穷、失败、痛苦和沮丧。你所要做的一切就是将自己的精神、情感与你所期待的美好愿望结合为一体，富有创造力的潜意识会为你做出安排。"

意识与潜意识具有相互作用，意识控制着潜意识，潜意识又对意识有重要影响。

有这样一个有趣的事例：有位大使与人交谈时，他的一位侍者总在一旁侍候。后来，这位侍者得了神经方面的病，不得不住院治疗。在医院中，侍者居然与病友大谈政治、外交，还提出了许多深刻的见解。大使为之震惊，深为自己埋没了这样一位人才而愧疚，决定任命他为秘书。不料，侍者病好后，再问他有关政治、外交方面的问题时，他竟一无所知。

侍者的表现说明了意识对潜意识的制约作用。侍者在大使与人交谈的过程中，听到了许多政治、外交方面的观点，这些信息都贮存到了他的潜意识中。平时，由于意识的控制，这些认识一直埋藏在大脑深处，难以显现。而当他患病，意识处于迷糊状态时，那些贮存在大脑深处的潜意识开始活跃，于是便与病友大谈起了外交、政治。可当意识恢复正常后，潜意识就又被牢牢地控制住了。这时，再问他政治、外交方面的事情，他就不可能轻易发表见解了。

潜意识的神奇力量被许多伟大的科学家、诗人、歌唱家、作家和发明家深刻了解。

歌剧男高音卡鲁索有一次突然怯场，因为害怕，他的喉咙开始痉挛，无法再唱了。还有几分钟就要出场了，他感到恐惧，大滴汗水从脸上淌了下来。他浑身发抖地对自己说："他们要嘲笑我了，我无法唱了。"他到后台对着那里的人大声说："小我要把大我掐死。""滚出去，小我！大我要唱歌啦！"如此这般后，潜意识回应了他，他镇定地走上台，结果唱得好极了，全场为之轰动。

在这里，大我指的就是潜意识中的力量和智慧。心理有两个层次，一个是有意识的，符合理性的；一个是潜意识的，不符合理性的，卡鲁索显然知道这一点。

意识如同船长，在驾驶台上工作，他指挥船的方向，对机舱的操作员发布命令。机舱的人根据命令操作各种仪表等，他们不用管船向哪个方向行驶，只要执行命令就行。如果船长用他的罗盘发出错误的指令，船就会触礁，操作员只能服从命令，别无选择。船长是船的主人，他发布命令。

同样，你的意识就是你身体、你的周围环境以及你所从事的一切事务的主人。你的意识向你的潜意识发布命令，因为你的意识能做出判断，接受认为是合理的事情。当你的理性（小我）充满恐惧、担忧、焦急的时候，你的潜意识（大我）会以恐惧、绝望等影响你的意识。当出现这种情况的时候，你要像卡鲁索那样，坚定地对非理性的我说："请安静一下，我能控制你，你必须听我的指挥，你（这个小我）不准乱说乱动。"

你每天都在你的潜意识中根据你的思维习惯播种，所以你身体和你的环境所收获的就是你在潜意识中所播下种子的果实。意识和潜意识代表心理的两重性，人的心理好比是一个花园，你就是心灵的园丁。

如果你说："我不喜欢吃樱桃。"如果你无意中喝了樱桃汁，你就会觉得不舒服。因为你的潜意识对你说："主人（意识）不喜欢。"这一个例子很好地说明了意识和潜意识之间的区别和各自的工作方式。如果你说："如果晚上我喝咖啡，我会在夜里 3 点醒来。"因此，一旦晚上喝咖啡，你的潜意识就会暗示你，好像在说："主人想让你晚上睡不着觉。"你的潜意识每天 24 小时不停地工作，不断地为你效劳，将你习惯思维的果实呈现在你的面前。

心理、精神、意志这些东西最奇妙，看不见，也摸不着，似乎它们本身没有

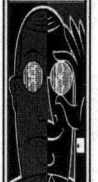

一丝一毫的实际力量。但是，你只要恰当地运用它们，充分掌握激发它们的技巧和方法，借由它们来影响潜意识，就能发挥出你想象不到的巨大的力量，创造出奇迹。

潜意识大师摩菲博士说过："我们要不断地用充满希望与期待的话，来与潜意识交谈，于是潜意识就会让你的生活状况变得更明朗，让你的希望和期待实现。"只要你不去想负面的事情，而选择有积极性、正面性、建设性的事情，你就可以左右你自己的命运。

梦与潜意识的关系

研究人员认为，梦主要是由潜意识控制的。潜意识是和意识相对的概念。意识在医学、心理学及哲学界有着不同的观点，但一般认为，意识或者心灵，它涉及心理现象的广泛领域，既无处不在，也深奥莫测。意识是人脑所特有的反映内部和外界客观现实的机能，也是人在清醒时对自我和周围事物的觉知状态。

与意识相对而言，无意识则是人未意识到的一切心理活动的总和，是人不自觉的认识和体验的统一，是人脑重要的、辅助性的反映形式，是与语言没有明显联系的大脑皮层中兴奋较弱部位的活动。

潜意识的来源

弗洛伊德认为，精神病与内心被压抑的愿望或观念有关。当受到某种特殊刺激后，这些被压抑的愿望或痛苦就会以不正常的活动形式表现出来，造成精神病。这种被压抑在心灵深处的、平时意识不到的精神活动就叫潜意识。

弗洛伊德将"意识"分为三个部分，即意识、前意识、潜意识。

在他看来，前意识里边的东西，只要借助于注意，就可以进入意识。但潜意识里的内容，想进入意识时，就要受到抗拒。

潜意识是每个人的心理活动的源泉，但我们对它的存在又一无所知。这一人类心理的决定性部分没有时间感、地点感和是非感，它像个婴儿一样对法律、伦理和禁忌一无所知，它只知道自己需要什么，若不设法得到满足绝不罢休。这种冲动在每个人的心灵深处造成一个"追求满足"的固定需要，这就是"享乐原则"。

潜意识藏有我们童年的大概记忆，这些是我们以为早已遗忘了的，但实际上还珍藏着；它还包括我们自己感觉到的秘密、怨恨、爱以及某些强烈而原始的热情和欲望。

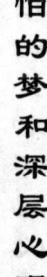

一般人并不知道自己的身上居然会有这些不道德的观念和欲望。我们醒着的时候，潜意识因素大大地影响与掌控着我们的日常生活，它影响我们思考感觉和行动的方式；在夜间，它又出现在我们所做的梦里。

潜意识里的东西，还可以通过升华的方式出现在意识里，把那些可能是不道德的违反伦理的强烈潜意识愿望和诉求，利用升华作用而以较能接受的形式出现在日常生活当中。梦是通向潜意识的必由之路。

潜意识的特征

潜意识具有原始性。潜意识是人的精神机构中最初级、最简单、最基本的因素。它的产生早于意识和前意识。意识是经过发展而转化了的潜意识，但是并不是所有的潜意识都能成为意识，这取决于外部环境和潜意识本身的性质。

潜意识具有冲动性。由于潜意识的原始性才使得潜意识具有很强的冲动性、活跃性。潜意识的冲动性来自它的原始性，它在人的心理序列居于领先地位，最先在人的心理活动中出现。

潜意识具有非时间性。

潜意识活动具有非道德性。

潜意识具有非语言性。在潜意识或本我中没有思维的概括能力，它的表达主要是借助知觉材料，并无语言参与。

潜意识的心理意义

潜意识会导致人做梦，而潜意识对清醒时的我们又有哪些意义呢？

观察到自我潜意识心灵的存在。梦能够充分显示出人类体验的两分性——意识能力与潜意识能力。在梦中，我们的潜意识心灵比任何时候都更强烈地具有实体感。此时，对潜意识心灵戏剧化呈现出来的产物，我们可以触摸和感受到。

熟悉自己潜意识心灵。因为意识使我们可以和自己做的梦做有目的的交互作用，所以我们就能够对自己的梦境进行仔细的观察和体验。

承认潜意识是我们心灵的伙伴。

接受"自我"和潜意识之间的关系。

梦既是潜意识的思维工具和潜意识思维的成果，通过对梦的解释，就能挖掘出深藏在梦里的潜意识的高度智慧和丰富的信息资源，帮助我们正确地认识问题和解决问题，走出困境。因此，梦境的剖析对于分析心理以及心理调整都具有重要的意义和价值。

潜意识在梦中是怎样体现的

梦在弗洛伊德的潜意识理论中有着举足轻重的地位，梦的研究证明了潜意识活动的丰富性，是研究被压抑的潜意识的最便利方法，梦的研究可视为研究神经病的引线。

梦不完全是一种躯体现象，而是一种不规则的反应的产物或物理刺激所引起的有意义的心理现象。梦代表一种警告，一种决心，一种准备，代表人的潜意识历程。梦的隐含是一种异常复杂的心理动作，梦的内容的改造是为了满足潜意识的欲望。梦是心灵在睡眠中对前一日或前几日经验的反映，是醒时心理活动的继续。

梦的元素本身并不是原有的思想，而是梦者所不知道的某事某物的化装的代替物。解梦就是利用梦者对这些元素的"自由联想"使它被代替的观念进入意识之内，再由这些观念，推知隐藏在背后的原念。自由联想不仅依赖于解梦者所给予的刺激观念，而且有赖于梦者的潜意识活动，即有赖于当时没有意识到的含有强烈的情感价值的思想和兴趣（即情结）。

梦之所以奇异难解，是由于梦的化装作用，化装的主要动因在于梦的"检查作用"。凡是在梦中较明确的成分之中，出现一种在记忆里较模糊的成分，这便是检查作用的结果。检查作用常用修饰、暗示、影射等来代表真正的意义，而梦的元素中重心的移置和改组则是检查作用的有力工具。可见，材料的省略、更动和改组，是梦的检查作用的活动方式和化装作用的方法。检查作用的本质是自我本能的理性规范对性本能的潜意识冲动加以审查、删略和变形。检查作用和化装作用相互制约，被检查的欲望愈强，化装程度愈大；检查的要求愈严格，则化装愈繁复。化装的功用在于以自我所认可的倾向对夜间睡眠里出现的不道德"恶念"施行检查，即进行内心批判。

梦的工作所回溯的时期往往是原始的或退化的，即退回个体的幼年或种族的初期。幼年的经验在记忆中往往是一个空白，只有通过彻底的分析才能将它们召回。梦的这种倒退作用，不仅是形式的，而且是实质的；不仅将我们的思想译成一种原始的表现方式，而且唤醒了原始的精神生活的特点。这些古老的幼稚的特性，以前曾独占优势，后来却只得退处于潜意识之内。强烈的被压抑的潜意识加上有意识思想的影响，构成了倒退作用的条件。这可视为关于梦的性质的最深刻的了解。

梦是欲望的满足。这是梦的主要性能，这种满足主要指欲望内容的满足，至于某些梦中不快的情感则维持不变。事实上，梦者常常摒斥和指责一些原可产生快感的欲望，这时焦虑就乘机而起，以代替检查作用。焦虑表明被压抑的欲望的力量太大，非检查作用所能制伏。人类的精神生活中颇多"惩罚"倾向，它们强大有力，可视为某些"痛苦"的梦的主因。惩罚本身也不失为一种满足，它满足的乃是检查者的欲望。

一言以蔽之，梦是了解认识潜意识的最重要的途径和渠道。

潜意识具有预测性吗

梦与现实是一对矛盾统一体，二者是密不可分的，离开了梦的现实，将是枯燥而空虚的，梦为现实生活填补了空缺，也帮助人放松了处于紧张状态下的神经；梦的基础来源于现实，离开了现实，梦也将不复存在。

根据事物变化发展的客观规律，事物发展到一定程度后，往后再发生的事会成为一种必然，这种必然原本存在于人的潜意识当中，潜意识是梦的源头所在，梦因此具有预见性。当人们开始着手做一件事时，潜意识就会根据人的本性和种种客观因素对这一事件的发生及其结果作出预测，而人本身并不会真正想到这些，它完全隐藏在潜意识里，不能被人发现，却是真实存在着的。在做梦的时候，这些存在于潜意识里的想法或情景等就会反映在梦境当中。梦醒后的一段时间里，现实世界则有可能发生与梦境相同或类似的事件。

一个学生讲述其初三时的一个梦境。睡前，她在做物理练习题，而临睡前做的最后一道题她并未解出来，由于困倦便沉沉睡去。梦中，她又在做那道物理题，借助了计算器，在就快醒时解出了答案，醒后发现，那道题的正确答案正是她梦到的答案。

该梦者在长时间做同一门功课的题后，思维开始混乱，原本在正常状态下能够解出的题却解不出来了，然而潜意识中存在的智慧却不受影响，于是通过梦的形式传达给梦者。因此，可以看出，潜意识有时也会使梦通过象征的形式向梦者传达信息，所谓梦的预见性实际只是潜意识对现实事物的客观分析的结果。

太过真实的梦会扰乱人的正常思维，使梦幻与现实混淆。生活节奏较快、长期从事脑力劳动的人一天中接触的事物大都是与自己工作有关的，而很多事物也在经历的过程中逐渐进入潜意识中去，而梦者本身并不会感觉到这一点，只有进入梦境之后，这些早已被储存在潜意识中的东西才会被反映出来，而反映在梦中的场景却像自己经历的一个真实事件。梦者醒后一般不会对整个梦记忆得很深，往往在一段时间以后，当回忆某件事或某个细节时，将会分不清到底是梦还是现实。如果这样的情况频繁发生，则会扰乱人的正常思维。导致这种情况的原因在于梦者本身，因为这样的人的生活长期都处于一种固定模式下，很少接触相对新鲜的事物。如此便使潜意识中储存的信息相对单一，便不能构成丰富多变的梦境。梦与现实生活联系十分紧密，使人愉快的梦可以保证人健康积极地度过一整天；与现实太过类似的梦不但不会使人在睡眠中放松自己，反而会增加压力，使人变得消极并且思想受束缚而机械化。

在《梦的解析》一书中，弗洛伊德提出梦是人的欲望的反映，与愿望有关，然而较为现实的（即通过努力可实现的）愿望很少在梦中有所反映，幻想中非现实的愿望则会频繁在梦中得以实现，而且这种愿望必须是长时间存在于人的脑海，而非短暂的冲动。同样，每个人也都不同程度地对某一个或几个事物而感到恐惧，那些使人长时间感到恐惧的事物也会为梦所反映出来。比如，小孩会经常梦到大灰狼、鬼怪等一些大人常常为他们描述的事物；长期为一种病所折磨的患者则会梦到与自己的病有关的事，而这样的梦常常表现为噩梦。不论是由愿望引起的梦还是由恐惧的事物引起的梦，都经常与现实相反，即反梦。虽然与现实相反，这样的梦却对人有很大的启示作用，尤其由恐惧产生的梦，它往往能揭示梦者自己本身未意识到的缺点与不足，以警示梦者需要改进。

潜意识的内容与它相对应的梦是有因果联系的，因此将潜意识转化为前意识可以控制人不做某个梦。通常潜意识都是不能被人感知的，人并不知道自己的潜意识中有些什么，也无法感知它的存在。而前意识即我们通常所说的意识，人的日常行为、语言等都受它的支配。梦是潜意识的产物，即梦来源于不可感知的潜意识而基本不会以其他形式或途径产生梦。由此可以发现，人类可以控制自己不去做某个梦，办法就是将潜意识中存在的事物转化为前意识，如此便会使一些事物从潜意识里分离出来进入可被感知的前意识，从而切断梦的来源这条途径，使人不会做与这个事物相关的梦了。

一个人每天都要经历很多事情、得到很多知识，如此积累起来，便构成了丰富多彩的人生。然而正是如此，也构成了与现实脱轨的怪梦。目前心理学家已经发现，智者所经历的这种梦比较多，造成这种现象的原因就在于智者拥有多于常人的智慧和更为丰富的人生体验。人的一生所经历到的大部分都会在梦里有反映，经历的事物越多、越丰富，能够被梦反映的也就越多，然而梦者处在睡眠过程中时不具有逻辑思维能力，不能合理有序地将各个事物安排好，只有任凭大脑随机将几个事物联系在一起，这种联系不存在因果、包含与被包含、先行后序等，只是无序地排列。无序排列的事物越多，梦就会越复杂、越离奇，而这些与现实脱轨的怪梦实际上是毫无意义可言的。

解梦需要进入潜意识吗

有一位外国作家，写了一个神秘的故事，故事的梗概是这样的：

主人公是一个水手的儿子。在他很小的时候，他第一次随大人上船去玩。

他伏在甲板上看海，忽然他看见在船后有一条很大的大鱼。他指给别人看那一条大鱼。但是没有人看见这条鱼。

大家想起来一个传说，说海里有一种怪物形状像鱼，一般人看不见。如果一个人能看见它，这就是不祥的，这个人将因它而死。

从此这个人不敢再到海上，不敢再乘船。

但他经常走过海边，每次他走到海边，都能看见这条鱼在海里出现。有时他走在桥上，就看见这条鱼游向桥下。他渐渐习惯了看到这条鱼，但是他从不敢接近这条鱼。就这样他生活了一生。

在他很年老，面临死亡的时候，他终于忍不住了，决定到鱼那里去，看看到底会发生什么。他坐上一条小船，划向海里的大鱼。

他问大鱼："你一直跟着我，到底想干什么？"大鱼回答："我想送给你珍宝。"他看到大量的珍宝。

他说："晚了，我已经要死了。"

第二天，人们发现他死在海上。

作家说，这个故事是从他做过的一个梦中得到的灵感，我们知道，很多故事都是作家的较深层的潜意识的产物，那么，我们将这个故事当作一个梦的例子，来解析一下人类的潜意识。他看见在船后有一条很大的大鱼，他指给别人看那一条大鱼。但是没有人看得见这条鱼。在中国古代，也有类似的说法："察见渊鱼者不祥。"在这里的海是潜意识的象征，海像潜意识一样，浩瀚无边又深不可测，隐藏着无数的奥秘。大鱼就是大海的奥秘，是潜意识中的精神的象征，直觉的象征，大鱼可以看作我们所谓的潜意识中想要的却得不到的事物。

有些人和一般人不同，他们更容易见到自己潜意识中的内容。天才的艺术家就是这样一种人。

如果一个人进入了自己的潜意识，他就注定了不能过一般人的生活。进入潜意识中是有危险的。如果你的潜意识里存在着心理矛盾，你无力解决这样矛盾，又贸然介入太深，你的心理平衡就会受到威胁。精神疾病患者实际上就是进入了潜意识。精神病人会听到我们听不到的声音，看到我们看不到的种种人物鬼怪。

而他们把这当成真的存在，不知道这只是一种象征形象而已。精神病人就是"醒着做梦而又把梦当成真的人"。天才的艺术家也说是可以进入潜意识的人，正是在潜意识中他们才获得了那么多新奇的想象。所以天才艺术家很像精神病人，他们和精神病人的区别在于：精神病人已经完全不会和一般人沟通了，艺术家还会；精神病人在潜意识的世界里充满了恐惧等，天才艺术家在潜意识世界如鱼得水。

那个孩子看到别人看不见的鱼，就让大家担心他，如果一个人能看见它，这就是不祥的，这个人将因它而死。这种担心是有道理的，他也可能成了精神病人，也可能成了艺术家，即使成了艺术家，他也可能像许多艺术家一样饥寒交迫，像凡·高一样几乎饿死。

于是，他不敢再到海上，不敢再乘船。

"但他经常走到海边，每次他走过海边，都看见这条鱼在海里出现。有时他走在桥上，就看见这条鱼游向桥下。他渐渐习惯了看到这条鱼，但是他从不敢接近这条鱼。就这样他生活了一生。"也许他从此找了一个一般工作，像一般人一样生活，但是他经常走到海边，体验潜意识和艺术的冲动，也许还玩过艺术，但是他不敢让自己投入大海。

在我们的潜意识里，固然有危险，更有无尽的珍宝。如果那个人早进入它，他也许已经是艺术大师了，而且他的心灵一定可以更丰富了。

我们解梦，就是进入大海。不过，不是自己盲目闯进去，是在解梦技术这一指南针的指导下进入，我们可以没有多少风险，而得到极大收益。

通过梦境了解潜意识的波动

弗洛伊德认为，梦是对愿望的满足，不过，这种愿望在梦中的表现，有时是直接的，有时是间接的，有时则是以相反的形式出现的。有一次，弗洛伊德的一个朋友的夫人，做了一个来月经的梦，这样的梦她过去几乎没有做过，她向弗洛伊德讨教。弗洛伊德告诉她，夫人做这个梦意味着内心深处存在着"有月经就好了"的想法，如果反过来看的话，这个梦可以解释为夫人目前的月经暂时停止了。这位夫人听后惊讶地告诉弗洛伊德，自己正处于妊娠期，她对弗洛伊德的解释异常钦佩。应该说，像这样内心潜意识的欲求，在梦中按其本来面目直接或不很曲折地表现出来的情况，其判断是比较容易的。当然，由于梦的本质和机制十分复杂，许多内容对于人类来说，还是未知世界，所以，难以解释的梦仍然不少，甚至占梦的大多数。但是，按照弗洛伊德的精神分析方法，还是可以解开不少神秘之梦的锁结。

弗洛伊德的助手费兰斯分析一位女性梦见一只小白狗被绞死的梦的例子，曾被许多书引用。费兰斯经过分析后认为，这条小白狗实际上是这位太太所讨厌的妹妹的形象。在分析梦的过程中，这位女性说出了一些情况，她对烹调很擅长，并且有时还亲手勒死鸽子、小鸟等来烹饪，但她绝不认为这是件愉快的事情，所以很想辞去这项工作。当费兰斯问她是否有特别讨厌的人时，她说出了妹妹的名字，并义愤填膺地说起了妹妹对她丈夫"就像训练好了的鸽子一样"，使她十分厌恶。她在梦中勒死小白狗的方法同勒死鸽子的方法实际是一样的，而鸽子、白狗其实都已拟人化了，很可能就是她妹妹的形象。果然这位太太在做此梦之前曾与妹妹激烈争吵，还把妹妹从她房间里赶了出来，骂道："滚出去，但愿别让狗咬着我的手！"分析到此，女士承认，她确实有过"妹妹死了就好了"的想法，而她的妹妹身材矮小，皮肤白皙，就像小白狗一样。

梦是潜意识得以发泄的最佳场所，有人说："若以梦中的行为做出判罪的依据，那么人人都是罪犯。"这类似的看法其实柏拉图在其名著《理想国》中就有阐释。他认为在梦中"……人们会犯下各式各样的一切愚行与罪恶——甚至乱伦或任何不合自然原则的结合，或弑父，或吃禁止食用的食物等罪恶也不除外，这些罪恶，在人有羞耻心及理性的伴同下，是不会去犯的。"所以，弗洛姆在其著作《梦的精神分析》中说："柏拉图与弗洛伊德一样，把梦当作我们内心无理性野兽天性的表现。"但是，弗洛伊德又认为，人们在梦中也不是完全肆无忌惮的，由于"检察官"或"看门人"的作用，梦境常得经由化装后才能象征性地呈现出来。所以弗洛伊德在《精神分析引论》中说："梦的表面意义无论是合理的或荒谬的、明了的或含糊的，我们都不会理会，这绝不是我们所要寻求的潜意识思想。"

同样的梦境可能因梦境分析者对其显意、隐意及象征意义有不同的理解，其解释的结果也就可能迥然不同，甚至大相径庭。所以心理医生在为被分析者解梦之前都必须对其生活环境、生活习惯、心理状况有个大致了解。对不熟悉的被分析者可通过交谈或自由联想而掌握线索。我们可以科学解梦概括为："解梦者可根据解梦的需要，询问这类梦境的出现是经常的或偶然的，做梦者的体会是什么，做梦者平时对梦是否有兴趣，做梦者生活的顺逆，再结合做梦者的性别、年龄、素质强弱、性格、职业、服装、音容笑貌、近期生活状况等方面综合分析，得出结论。"与其说解梦是一门科学，还不如说解梦是一门艺术。正如弗洛姆在《梦的精神分析》中说的："它正如其他任何艺术一样，需要知识、才能、实际操作与耐心。"

梦是潜意识的象征性语言

对梦的解释过程就是对显梦的逆向翻译过程，这个过程与梦者制造梦境的过程相反，是对梦的还原。只有了解梦的制造过程，才能准确地理解梦的心理含义。尽管梦有一个精确的逻辑，用分析还原的方式把梦的显意转化为潜意识的文本即梦的隐意时，其意义具有唯一性。但是，就同一个梦来说，梦的意义却可以进行扩展。梦的精确逻辑与梦的意义的可扩展性两者并无矛盾。因为基于弗洛伊德式的分析还原解梦方法是一种客观层面的解梦，其要义即将梦的内容"打碎"或"拆散"，将其还原为梦者对外部情境或对象的记忆。但在精神分析大师荣格看来，做梦者才是所做之梦的全部原因，做梦者就是全部的梦，所有梦的细节都表现了梦者没有意识到的种种内心矛盾、体验、倾向和看法。

要想通过梦的解释准确聆听心灵深处的声音，必须了解梦的象征意义。梦是潜意识的象征性语言，这种象征通常以图像化的"素材"和"场景"呈现出来，但就象征本身而言并不具备单一的意义，只能根据梦境的具体需要来确定。对梦中出现的各种象征的理解是准确解梦的关键，梦中一般有两种不同的象征类型，即"偶发性象征"和"普遍性象征"。

偶发性象征是一种在象征与所代表的某物之间没有内在联系而只具有某种偶然联系的象征，这种偶然联系往往只有梦者本人才能理解，它与梦者本人的生活事件有直接的关系。例如，某人在某个城市曾经有过一段非常恐惧和沮丧的经历，以至于在以后的日子里当他听到这个城市的名字就会与恐惧的情绪联系在一起，如同他把自己快乐的情绪和另一个让他经历快乐的城市名字联系在一起一样。

普遍性象征是这样一种象征：在特定的文化背景下，象征与所代表的东西（意义）之间具有普遍的内在关联，这种关联深深地根植于人类情绪与情感体验的共同经验中，并为所有人或大多数人所理解。例如，梦中出现的蛇、太阳、水火、河流、桥梁与道路、房屋、车、人们熟知的各种动物、生活中人类共有的某些物品如电视机等，这些象征的心理意义不仅容易理解，而且不同的人对其意义的联想内容基本相同。

下面是一位受困于幼年情节而不能进入恋爱状态的女孩子的一个梦，梦中表达了对爱情充满憧憬与迷惘，梦中使用的象征几乎全部是普遍象征。

一个光线朦胧的时刻，我在像是一个生长着竹林和矮小梅树的寺庙的后花

园，有翻墙者（不该进来的人但不是小偷）进来，我想阻止他们，没想到他们人多势众，我骑上一匹高大结实的枣红马一路飞奔，逃离他们的追赶……

梦中的许多事物的象征都能唤起人们共同的心理体验和联想。但尽管属于普遍象征，由于象征具有多重意义，因而象征在某一梦中出现时，其确切意义往往需要补充两方面的资料才能最终决定，一是梦者本人的自由联想资料，二是梦的象征在意义上的关系是否符合梦自身的逻辑结构，因为梦具有精确的逻辑结构，而不是思想碎片的随意拼凑，解梦者须综合考虑这些因素才能对一个梦的完整意义进行准确解读。例如，"寺庙"包含的意义很宽泛，可以指"修身养性的场所"，也可以指"远离尘世的精神世界、单身并压抑的自我、没有异性光顾的身体"等，而在这个梦中，寺庙的准确含义只能解释为"梦者没有异性光顾的身体"，生长着竹林和梅树的后花园则指"隐秘的性器官"和"充满情感期待的内在的精神世界"。这样，"翻墙者为什么不是小偷"也就得到了合理的解释，暗指"强行侵入她身体和隐秘的情感世界的男人"。

所以，无论象征的意义多么的复杂和难以把握，放到特定的梦境中，其意义通常具有单一性或一致性。从这个意义上说，梦具有自身严密的逻辑结构和精确的心理意义，而并非可以随意理解的潜意识语言。偶发性象征与普遍性象征之间并无明显的界限，象征的意义受制于文化与亚文化的差异性，当一个偶发性象征被大多数人理解或者成为大多数人的经验以后，就变成了普遍性象征。一位来访者梦到自己与上司说话，嘴里吐出的却是玉米粒，"玉米粒"的象征意义就难以理解，其实这个象征与"骂人"有关：在梦者的故乡，用粗俗的语言说话的人被称为"玉米棒子"。梦者实际上是在以伪装的方式来表达自己对那位上司的不满。

梦是打开人格最深层的钥匙

在弗洛伊德眼中，梦是一种精神现象，是一种心理活动，是一种愿望实现，是一种清醒状态精神活动的延续。梦并非空穴来风，梦亦非毫无意义，也不是意识昏睡，梦是被压抑的愿望经过伪装的满足。

"梦可以告诉你想隐藏些什么和隐藏的动机，解梦之人要拼接梦，并找出邪恶之源。"这句话是惊悚悬念大师希区柯克1945年拍摄的电影《爱德华大夫》中的经典台词。这部心理学领域电影的开山之作，是电影史上第一批以精神分析学为主题的影片之一。蓝色的音乐，萧瑟的寒风，冷漠的石碑，零落的枯枝，黑白的简单色调叙述了一个贯彻弗洛伊德理论的悬念迭生的心理分析故事。

故事发生在一个精神病疗养院，默奇逊院长即将退休，医学界著名的爱德华医生前来继任。新来的爱德华年轻英俊，风度翩翩，身上笼罩着的个性魅力以及学术光环让美丽的女主角心理医生康斯坦丝情愫萌动。然而，之后的相处中，康斯坦丝渐渐察觉到爱德华的异常举动，他忘记自己书中阐述的理论，看见印有黑色竖纹的白色布料会头晕，遇到病人出血几近昏厥……随后，大家得知真正的爱德华医生已经遇难，而来者是伪装的，是一个被某些可怕的事情困扰的失忆症病人——约翰·布朗。约翰忘却了自己的身份，爱德华医生女秘书的供词更使他背负了谋杀的罪名。

康斯坦丝凭着爱与心理学特有的直觉认定约翰不是凶手，她试图用精神分析的方法帮他回忆起隐藏在记忆深处的真相。警察的追捕迫使两人躲避至康斯坦丝的老师阿历克斯家中，正直善良的心理学家收留了他们并帮助康斯坦丝一起治疗约翰，他们希望通过剖析约翰的梦境找到真正的凶手.

约翰的梦是影片的核心剧情，解梦则是剧情高潮，影片多处成功地运用了弗洛伊德的解梦原理，解梦过程的精湛以及梦的解释重组令人拍案叫绝。弗洛伊德认为，梦不像其表面显示的那样只是一堆毫无意义的表象，它是通向潜意识的捷径，是打开人格最深层的钥匙。通过对梦进行分析，可以揭示出被人压抑到潜意识中的过去事件。人具有两种心理机能：原发过程和继发过程，前者以梦为代表，以凝缩、移置和象征为特点，毫不顾忌时空规范，并用睡眠时满足欲望的幻觉来缓解本能的冲动；后者以日常清醒的思维为代表，严格遵循语法和形式逻辑。

梦是一种象征，每一个象征都是不可忽视的细节，是破译和重组整合的关键。约翰梦中所出现的每一件物品、摆设，每一个人，每一个动作，每一句对话仿佛都具有特定含义。梦由人的意识产生，约翰的梦境与现实息息相关，白色屋顶代表雪山、络腮胡男子代表爱德华医生，与络腮胡赌博时他得到 21 点纸牌代表纽约 21 点赌场，呵斥络腮胡滚出他地盘的蒙面男子就是凶手，凶手扔出的变形车胎轮子代表左轮手枪……当把梦境和现实联系起来就会发现那些看似天马行空的梦其实就是现实世界中凶案发生的反照。

谋杀发生在爱德华与约翰滑雪时，为了让约翰彻底摆脱噩梦，康斯坦丝和他来到滑雪场，危急关头，约翰终于忆起儿时情形，摆脱了犯罪情结。原来约翰年幼时与弟弟玩耍，失手把两岁的弟弟从楼门外台阶两旁的滑台上推下去摔死了。适逢寒冬，大雪纷飞，尽管这只是一件意外，但它给约翰幼小的心灵所造成的伤害却是无比震撼而强烈的，从此噩梦开始伴随着他，令他备受心灵的自我谴责与折磨，一直影响了他的童年、青年时代。他心底的内疚感一直存在，尽管事情已过去 20 多年，似乎一切都已忘记，但两条平行线条（代表着门前的两个滑台）对他仍然起着某种作用，让他莫名地紧张恐惧。

当他与爱德华医生一起滑雪，爱德华忽然被人枪杀，现实中的情境——雪地、白光、滑雪板、笔直滑雪道接近了他潜意识的情绪源，童年的体验和眼前的感受合而为一。那一刻，他意识完全混乱，深信自己就是杀人凶手，为了逃脱"罪责"，他开始扮演爱德华医生的角色，同时仍然无法摆脱潜意识里可怕情境的困扰。警察按约翰提供的线索找到了爱德华医生的尸体，但他仍然无法摆脱谋杀的指控。默奇逊院长一句失言，令康斯坦丝如梦方醒，联系约翰的梦境，整个案件终于水落石出，真正的凶手就是在医院工作了 20 年、无法接受自己被爱德华接替的默奇逊医生。

电影中解梦被赋予了新的意义，即让有心理障碍的人了解自己潜意识行为产生的原因，通过让他面对自我来克服心理障碍。解梦，找出它的隐义，就能恢复部分潜意识心理内容，并将其置于理性分析中。梦以幻觉和伪装形式表现被压抑的内容，它使不为人承认的愿望获得部分满足。梦的来源是潜意识，意识的愿望只有得到潜意识中相似愿望的加强，才能成功地产生梦。每个梦都是愿望的实现，即以伪装形式表达或满足某种潜意识的欲望。

梦与心理学的关系

梦与心理的关系

人的心理活动是神经系统高级部位——脑的功能，而梦则是心理活动的一个方面，并且人白天的一切心理活动都会影响到夜晚梦中的心理活动。因此，梦也是心理活动中必不可少的部分。

人的心理活动是一个十分复杂的大脑生理活动，它最基本的特征之一，就是能够反映人的情绪。情绪是人类最基本的对外界反映的特征之一，它是人类大脑神经生理反应与"意识"整合时产生的。当外界的反应冲动从扣带回向大脑皮质扩展时，心理过程便渗入了情绪色彩。

人白天心理活动中的情绪，在夜晚的梦中也同样反映出来，正如人们常说的"日有所思，夜有所梦"。梦的内容千奇百怪，梦中人义愤填膺，或焦虑不安，或沉浸在幸福甜蜜之中。经过不少科学家长期的研究，一般认为，梦是有一定精

心理学

第六篇　可怕的梦和深层心理学

神基础和物质基础的。它是人类精神活动的一种方式，是现实生活中内容的折射与反光。

人的心理活动都在梦境中表现出来，只不过这种心理上表现有点经过变形而展现于人的梦中。要研究表明，情绪与梦境有关。例如喜者多梦欢乐愉快；怒者多梦焦躁不安；忧者多梦心绪不宁；悲者多梦凄楚哀怨；惊者多梦惊心动魄、惶恐胆怯；信鬼神者，多梦妖魔鬼怪；梦境杂乱混沌者，心中多不安与担忧。还有一些梦与个人愿望、思想活动有关，这些思维的痕迹已深深地印在脑海里，睡眠时又重新反映出来。

梦可以起到"安全阀"的作用，也就是说，如果在睡眠中，人类机体冲动得到发泄，醒后就会约束自己的言行，能更好地适应现实的困难和处境。如果不让某人在睡眠中做梦，这个人就会在白天表现出异常言行，甚至产生犯罪危害社会的行为。

梦，实际上是自己演给自己看的小品，就像一个人在自己观看电视一样，他总会去找那个自己最喜欢的看，他看的内容多多少少可能与这个观看者有些类似或是他向往的地方，这正是你心理上或心灵中发生反映的结果。一个人可能在自己的梦里找到自己，梦虽然是假的，却不会欺骗你。

人在做梦的时候，大脑皮质是在极低水平下工作的，对事情的分析有时是错误的，记忆中也可能充满着缺陷或残缺不全。所以梦中的自我同现实中的自我有时看起来是分割的，没有连续性。但作为同一个大脑，有的心理学家认为，梦中的自我仍然在关心着白天的事情，不过只是用了不同的方式来看待这个问题而已。人在梦中，是以一种奇特而复杂的生活回忆着他的过去和预演着未来。

所谓发现现在的自己，在心理学上称为自我，也就是意识当中的自己，我们称为"清醒我"。当然，现今心理中的是自我，但是在心理学上，我们所要探测的心灵，比现在这层自我更加深刻。

由于潜意识被压抑在内心深处，被封闭起来，所以平常人们无法发现它。它存在的证据是，当压抑的力量薄弱时，这个无意识的心灵就会来到有意识的世界。人在睡觉时，自我压抑力量较弱，无意识的心灵便容易浮上意识层面。这正是表现在梦里，所以梦是平常自己压抑着的另一面。

梦是一种奇妙的心理现象，虽然身体处于睡眠的状态，但脑海里，却如同清醒般地拼命思考着。现实生活中不可能发生的事情，在梦境里却都有可能实现。虽然是做梦者本身自导自演，观众也仅限于本人，但每一次却仍有新的剧情发展。让人不可思议的是，几乎所有人在起床后不久，就无法完全记得做梦的内

容。因此，做梦是否为我们心灵的自身心理生理上的需要，就成为科学家们的研究热点。

另外，研究人员也尝试别的实验，就是把睡到一半的实验者突然叫醒，唯一区别的是，这一次是在他尚未产生梦境便打断其睡眠。同样观察他们在白天的行为，则没有发现较异常的变化。

众所周知，梦是"看"的东西。在清醒时的感情可由言语、动作行为来表现，但在梦中有情感表现，就只能"看"。它常是由欲望、恐惧、爱情、嫉妒、矛盾等因素纠结的部分组成。

人在清醒的时候，常能以较冷静、理性、明确的态度处理自己的感情、压抑自己的行为。但在梦境里，那种抑制力在降低，因而会做出平时不敢想象的行为。因此，梦扮演着将自己心底真实的情感，转化成为一个视觉影像，再传达出来的角色。由于梦境里全然是视觉化的影像，因此，我们则可能通过心理分析着手，来发现"睡梦我"心灵底部的真实意义。

梦的补偿与心理平衡作用

在对梦的研究过程中，人们发现梦具有心理平衡作用。人们平时被压抑的个性会在梦中得到释放，现实中无法实现的愿望也能在梦中得到满足，这在一定程度上能够缓解人们的心理压力。也就是说，梦的心理意义在于补偿，通过梦，潜意识可以指出或补充意识活动的不足，使精神活动更加完善，也更加充实，从而使整个心理功能趋于稳定。

心理学家荣格也肯定了梦的心理补偿作用，这是一种内在的自我平衡调节系统。比如，很多心理医生在临床实践中会发现：幸福的人常做悲伤的梦，闲适的人常做紧张的梦，抑郁的人常做快乐的梦，满足的人常做失落的梦。荣格认为，梦的作用是补偿，如果一个人的个性发展不平衡，当他过分地发展自己的一个方面，而压抑自己的另外一些方面时，梦就会提醒他注意这些被压抑的方面，从而完善、充实人们的精神世界。这样的梦将会有利于人们的身心健康，能使心理及行为更为趋于和谐。

例如，当一个人过分强调自己的强，不表达自己的弱，即他只表现自己的强悍、勇敢的气质，而不承认自己也有温情，甚至软弱的一面时，他也许就会梦见自己置身于某种令人手足无措、异常惊恐的场景里，这种梦境就是对他的个性的平衡。

梦对人脑的调节作用主要表现在两个方面：一方面，舒缓平和的梦境可以帮助人们调节清醒时紧张忙碌的心理状态；另一方面，苏醒时某些不能得到满足的欲望可以在梦中实现。相应的，如果人们无梦或者少梦，那么可能会出现两种情况：一方面，白天的紧张情绪若不能通过做梦得以修复，那么长期紧张的状态会导致人的心理崩溃；另一方面，人们会因为累积过多的难以实现的欲望而饱受折磨。所以，哲学家尼采所说的"梦是白天失去的快乐与美德的补偿"正是对上述理论的精炼概括。

具体来说，由于人在梦中以右脑活动占优势，而苏醒后则以左脑占优势，在机体 24 小时昼夜活动的过程中，清醒与睡梦的状态交替出现，可以达到神经调节和精神活动的动态平衡。因此，梦是协调人体心理世界平衡的一种方式，特别是对人的注意力、情绪和认识活动有较明显的作用。

梦是大脑调节中心平衡机体各种功能的结果，做梦也可以维持大脑的健康发育和正常思维的发展。做梦能使脑的内部产生极为活跃的化学反应，使脑细胞的蛋白质合成和更新达到高峰，而迅速流过的血液则带来氧气和养料，并把废物运走，这就使得本身不能更新的脑细胞会迅速更新其蛋白质成分，以准备来日投入紧张的活动。所以，可以说，做梦有助脑功能的增强。

脑中的一部分细胞在清醒时不起作用，但当人入睡时，这些细胞却在"演习"其功能，于是形成了梦。梦给人痛苦或愉快的回忆，做梦锻炼了脑的功能，梦有时能指导你改变生活，还可部分地解决醒时的冲突，将使你的生活更加充实。

做甜蜜的美梦，常常会给人带来愉快、舒适、轻松等美好的感受，使其头脑清醒、思维活动增强，这有助于人的消化和身心健康，对稳定人的情绪、促进和提高人的智慧活动能力、萌发灵感和创造性思维都有所裨益。

上述理论也可以用来解释现实生活中很幸福的人为何常常做糟糕的梦：人的担忧多半来源于消极的自我暗示，总是认为自己现在拥有的东西可能会失去，认为自己随时会"出事"，心理学家把这种自我暗示看看成一种自我预言，因为很多抱有此类想法或经常做这类梦的人最后可能真得会"出事"，但这"事"绝非是梦惹的祸，而是人自身不断重复暗示的结果。所以，改变一个人对梦的解释，在解梦时自己安抚自己，尽量以合理、积极的态度去认识梦境就可以改变梦给人带来的心情。

梦中的自我

自我是一个人潜在意识的原形，现在正被个性发展的需要所叠加。人有一种尽可能排斥兽性和阴影的倾向，然而人格完整的秘密深深隐藏在自我之中。人的潜意识和未来密切相关，做梦者可能第一次在梦中看到一种使之振奋的自我形象，这种形象可能会成为自我完整的个性的象征。

梦境，是你本身自我心灵中的一个舞台，因为心灵中的奥妙只有自己才清楚。做梦的大脑与白天清醒时的大脑是同一个脑子，只不过是有左右脑的区别而已。在这个梦中舞台上，登场人物中可能每个角色都是你所认识的，都是你所熟悉的人。然而，也有完全不认识的陌生人，也有些是曾见过却叫不出名字的人。

重要的是，做梦者是决定谁出场谁不出场的人物，即使是不具任何意义的小角色，也必须由做梦者来决定。换句话说，梦中的登场人物不仅具有深层的意义，而且所演出的或令人惊心动魄，或扣人心弦的故事，大多与个人过去的经历，现在的体验以及对未来的设想有关。

大多数梦都具有一定的象征性和隐喻性，描述了做梦者生活中人际关系的某些重要特色。梦中双关语是重要的信息，而且由于多是视觉双关语，很容易明白。不过有些双关语或隐喻就没有那么简单了，要通过更多的发问才能发现它真正的意义。

隐喻性的思考方式对于了解梦的真正隐含信息有关键的效用。如果你确能欣赏并把隐喻看成一种表现风格，那么你就能比较灵活的了解梦境。当一个人运用智慧解破梦中的隐喻或双关语时，获得的乐趣本身就是梦境体验的收获。心理分析的目的，就在于去发现隐喻与双关语的意义以及梦中象征动作的意义，并利用它们对今天的生活产生积极的影响。

梦是大脑的潜意识和意识两个层面之间的对话——它们很微妙地讲着不同的语言。尽管有意识的大脑可能认为自己已经理解了潜意识在梦中说的话，但事实上它像一位缺乏经验的翻译那样，经常未能准确地理解和解释那些语言真正的含义。为此，我们要想做好自我心理、心灵的翻译，就要深入了解梦的表现形式。

梦境与情绪象征

梦是人的情绪舞台。每当白天的活动结束后，人对这些活动的感受并没有结束，而是留待梦中分解。梦境所表现情绪的好坏，将会影响第二天起床时的心情：是去迎接世界给我们的挑战，还是逃避出现在我们面前的困难呢？

有实验表明，梦以两种方式表达情绪：第一种是渐进式，其中的梦境由一个走向另一个，做梦者在其中总是取得最后的成功，即使是从坏事开始；第二种是重复式，梦境也由一个到另一个，但每一个梦境都有某种相似性，做梦者总是摆脱不掉不愉快的情绪梦。

在白天，我们的情绪可以尽情地表现或发泄，而梦中的我们采用什么手段来表现自己的情绪呢？梦中的情绪是经过了加工的，多采用象征、夸张以及其他方式来表现，虽然与白天的实际情况可能在具体形式上有所区别，但梦中的情绪却和白天的情绪大多在本质上保持着一致性。

另外，还存在另一种情况，某些人在现实生活中可能会有一些不符合自己道德观念的情绪。白天，他们无法把这些情绪正常表达出来，于是便会通过梦境来传达，这些情绪在梦境中有时候可能表现得非常明显，有时候却需要通过隐晦的象征方式。

例如，生活中的酸甜苦辣影响着人们的情绪，人难免会有喜怒哀乐，但是在现实生活中，我们的情绪可能无法得到有效的宣泄。比如，一个人与他人发生矛盾时，可能会争执几句，绝大多数的人迫于外界环境，为了维护自己的形象，虽然生气但可能也只是发发牢骚作罢，但梦境梦境在梦里，他们便可能与人争吵、怒骂甚至打斗，这种愤怒的情绪与白天的怒气是一致的。

再比如，一个人梦见自己的奶奶去世了，她十分悲痛。做梦者在白天确实接到过家人的电话，得知奶奶生病的事实，于是她晚上做了这个梦。正常来说，这个梦可以理解为她担心奶奶会因病去世，如此来看，梦中的情绪反应的应该是她真正的情绪。她因这个梦焦躁不安，即使获知奶奶病情好转之后依然非常痛苦，于是她去向心理医生寻求帮助。心理医生在与她交谈的过程中发现，这个人与她的奶奶关系非常不好，因为一些事情双方积怨很深，所以，在她奶奶还未去世的情况下，她的这个梦可能隐含着她希望奶奶死去的想法，并且她也正是因为意识到了这一点，所以承受着自己对自己的道德谴责，并感觉到不安与焦虑。如此看来，一个人梦中的真正情绪也可能是隐晦的，婉转的，是需要深入挖掘的。

科学家将做梦者梦中的情绪在一定范围内作过记录和统计，主要形式包括这几种：忧虑，包括恐惧、焦虑和迷惑；愤怒和挫败感；悲伤；快乐；激动，包括惊讶。其中忧虑的情绪占绝对优势，比例为40%；愤怒、快乐和激动各占18%；悲伤最少，占6%。所以，梦中的心态64%为消极的或不愉快的（忧虑、愤怒、悲伤），而积极愉快的（快乐），仅占18%。

另外，梦的形成与人们的思想观念和心理状态及体验等心理活动的关系最为密切。根据临床观察，心情平静则梦也平淡宁静；心情紧张不安则梦也恐怖可怕；心情郁闷则多做烦恼的梦。总之，梦常常能够体现梦者的情绪和心态。

梦反映做梦者的矛盾心理吗

内心的矛盾常常出现在一些恐惧的梦或焦虑的梦中。火车就要开了，你急着要赶车，但是就是跑不动。有人追你，你要逃走，但是就是跑不动。恶鬼来了，你想搏击，但是手却抬不起来……这是一种很可怕的感觉。

弗洛伊德早就指出，这种梦反映着梦者内心中的矛盾。

他心灵的一部分想逃脱，想赶上火车，而心灵的另一部分却不想逃脱，不想赶上火车，这时就会出现想跑跑不动的情况。同样，遇见鬼动不了也是因为心灵的另一部分不想动。

总是如此吗？这不敢保证，但是我们遇到的这类梦境总是如此解释。动不了是由于内心矛盾。

例如一个女孩梦见同班一男生持刀冲过来，她想跑却跑不动。为什么，因为她一方面害怕那个男生会"袭击"她，另一方面却又希望他能"袭击"她。

在梦中干什么事总出错也往往反映出内心的矛盾。例如前面引用的荣格所说梦例：一个校长梦见赶火车时，不是这个忘了就是那个丢了。最后好容易出了门路上又走不动。

原因是他内心中有另一个声音告诉他，不要这样急于追逐名利。

有一个女孩，提供了这样一个梦例。"五一"假期中她原想去一男朋友那里参观牡丹花，但终未成行。结果"五一"后她经常梦见自己不远千里去找男友。

总是历经千辛万苦，梦见自己清晰地见到男朋友学校的校门，但不知为什么总见不到他。于是拼命拨电话找男友的寝室。但是男友不是去上课就是在很多人的大操场上踢球，反正就是见不到他。接下来又梦见男友打电话说他来看她，但当她急急忙忙去接男友的时候，却又在约定的地点找不到人了。

这种一直无法见面的梦的意义代表什么呢？这个女孩通过最近的心理变化，找到了梦的答案。她说："我自己急于见到他，向他说明一些误解，所以总是梦见去找他。但我又唯恐见到他，他不能原谅我，不能冰释这些误解，所以梦中无论如何努力总也见不到他，是潜意识中害怕见到他。"

这种又想见又怕见的矛盾，就引出梦见去找但是找不到的情节。

还有一种情况，走不动代表一种否定。弗洛伊德有这么一个例子：

"我因为不诚实而被指控。这个地方是私人疗养院和某种机构的混合。一位男仆出场并且叫我去受审。我知道在这梦里，某些东西不见了，而这审问是因为怀疑我和失去的东西有关。因为知道自己无辜，而且又是这里的顾问，所以我静静地跟着仆人走。在门口，我们遇见另一位仆人，他指着我说'为什么你把他带来呢？他是个值得敬佩的人'。然后我就独自走进大厅，旁边立着许多机械，使我想起了地狱以及地狱中的刑具。在其中一个机器上直躺着我的同事，他不会看不见我，不过他对我却毫不注意。然后他们说我可以走了。不过我找不到自己的帽子，而且也没法走动。"

这个梦中细节的意思，我们已经无法破译。因为弗洛伊德没有说明做梦者当时的具体情况。但是我们仍旧可以看到，这个梦如同一部欧·亨利式的短篇小说，在结尾处突然翻转。在梦的前边，他一直自认无辜，而且仆人也认为他无辜，甚至审查者最后也相信了他无辜。但是，在他可以走了的时候，他的"有罪"却使他走不了了。

因此这梦的意思正是：尽管人人都以为你无辜，你也自以为无辜，但你不是。

说到底这仍是一种内心矛盾，内心中一部分认为自己无辜，而另一部分反对。

费慈·皮尔斯是完型心理治疗的创始人，他发展出优势者对抗劣势者的观念。安·法拉戴在诠解梦的时候，把这些观念做了进一步的发挥，并加入秘密破坏者的观念。

简言之，皮尔斯把我们心中权威命令"应当"做的事，视为优势部分——无懈可击的完美主义者。如果我们凭着冲动，正要做出某些不"该"做的事时，这一部分则会正告我们，将会发生可怕的结局。例如，一个人一方面在用功读书另一方面又想去溜冰。她梦见不去溜冰实在是虚掷宝贵光阴，而做这个梦的那段时间里，她正处于"认真读书"的痛苦冲突中，那优势的部分威胁："如果你胆敢去溜冰，那么未来投身科技领域的生涯规划将付诸流水。"她相信优势部分的命令，也就是说，如果她把精神放在溜冰上，就不可能完美。她很害怕即使稍微心动，随便去溜个冰也将前功尽弃，成为一名不入流的溜冰艺人。她的重要个人需求——让精力与创造力有个宣泄管道，遭到强烈否定。而她人格中的另外部分则化身为劣势者。

而她的心声却说："我要溜冰！"在她远离运动的日子里，这个念头经常出没。一到晚上，这个劣势部分就以做梦的方式嘲弄她，在冰地上愉快滑行、舞蹈。劣势部分代表着遭到优势部分打压的基本需求，它会自行反抗，甚至以打击优势部分而满足自己。

法拉戴所谓的神秘破坏者，可能是优势部分，也可能是劣势部分，他们以神秘的方式在梦中让我们受挫。如果梦中事情遭受挫折，你可以把这个破坏者拟人化，问他为什么安排暴风雨，把你的车子吹离路面。假如你错过班机，遗失钱包。触不到近在咫尺的人物，那就是秘密破坏者在梦中作怪。如果它对你提出的问题有了回应，而且是用强烈批评性的口吻，要求你应该如何如何；假如你不听，它又警告你将会有如何如何的灾祸。那么可以确定，这是优势部分的夸张演出，正在反映你的生活中的困扰。

反之，如果秘密破坏者语多抱怨，自认受害，摇尾乞求优势部分放它一马，那么，这种抱怨会破坏你的意向，不让你遵守优势部分要求的，正是你的劣势部分。

梦中的心灵感应现象

梦与心灵感应的关系引起了研究者们的浓厚兴趣。很多人都可能曾经有过这样的体验：这个场面或事件似曾相识，可在现实生活中自己并没有这样的经历，其实，这是发生在梦中的体验。

比如，某中年男子病情急险的时候，他远在海南上大学的弟弟，多次来电话询问家中是否有什么事情发生。家里人为了不影响他的学业，告诉他没有什么事情发生，可他觉得心里非常难受，总是觉得家中有什么事情隐瞒着自己，放假后他才知道当时哥哥病重的真相。他说当时心里有一股难以忍受的痛苦，预感到家中有什么重大的事情发生。

诸如此类的案例还有很多，这种现象常发生于有血缘关系的亲人或相爱的情侣之间，在双胞胎之中发生的频率更高。

1960年，约翰先生和他的太太琼斯还在英国工作。一天晚上，琼斯做了一个奇怪的梦：她在房中熟睡，突然听到有人在呼唤自己，她努力使自己清醒起来，分辨出那是她的双胞胎弟弟汤姆的声音，于是她睁开了眼睛，看到汤姆正站在离自己不远的咖啡桌旁，还穿着飞机驾驶员的制服，但令她惊恐的是，汤姆的脸上一片空白，没有眼、耳、口、鼻。琼斯很害怕，正在这时，汤姆的身影摇晃起来，并渐渐地远去，直到毫无痕迹。

琼斯被吓醒过来，很长时间她无法确定那是不是一场梦，直到她的丈夫也醒过来并安慰她。当时，汤姆正在纽约经营包机服务事业。第二天，琼斯赶紧给家里打了一个电话，得知家中并没有什么事情才安心。两年之后约翰和太太回国，琼斯和弟弟聊起了那个梦，没想到汤姆大惊失色，告诉她大概两年前自己确实经历了一次危险的飞行，当时他的双擎飞机的两个引擎都坏了，飞机向下猛冲，在即将坠地的时刻一个引擎突然发动，这才幸免于难。

这就是心灵感应。心灵感应属于超心理学的范围，现代超心理学研究认为，心灵感应有两层意思，一种是预言性的心灵感应，即做了梦，在后来的某时某地竟发现一种现实景象跟该梦中出现的景象一模一样，这种现实景象就是预言性的心灵感应；另一种就是在时间上梦中的景象与现实某处发生的景象完全吻合的心灵感应。

梦的预示作用，其实就是对我们未来生活的一种预演，它让我们先在心理的层面上对未来的生活有一个准备。作为生命运动中的物质性和统一性的客观存在，心灵感应（或心灵传感）现象是与生俱来的，是人自身潜在的智慧，是绝大多数普通人的潜能并非极少数人才有的天赋。而后天的特殊开发，都可以使人们具有这种心灵感应的功能。

一些透视梦在预见或者预示未来事件时很明显，另一些梦则倾向于以象征的、隐晦的形式来表现这种信息。这些梦中确实有特异功能的影子，有时这些信息甚至非常完整，但你常常需要非常仔细认真才能发现它。

曾经有这么一个事例：一个年轻女子做过这样一个梦：她母亲睡在起居室里的一张折叠床上，她则睡在毗邻的一间卧室里的某个位置上，低头看着一位好朋友的尸体躺在那张折叠床上，什么东西都很准确。她和母亲都以同样的姿势站立着。她说："她是我最好的朋友。"

做梦之后刚刚一个月，不幸的事发生了。但是和梦中的情况恰恰相反，那位好朋友没有去世，而她的母亲却在睡觉时心脏病发作去世了。后来她的朋友走进屋子，她们各自站在和梦中一样的位置上——她以同样的声调说出了那句话。

弗洛伊德认为，古老的信念认为梦可预示未来，也是有一定道理的。荣格曾说过："这种向前展望的功能……是在潜意识中对未来成就的预测和期待，是某种预演、某种蓝图或事先匆匆拟就的计划。它的象征性内容有时会勾画出某种冲突的解决……"

梦的预示作用越来越真实地显现在人们的面前，尽管在梦学的悠悠发展史中，人们及一些科学家忽略甚至否定了这种作用的存在，但是，越来越多的心理学家与生理学家在长期的探索中，以无可争议的科学实事和梦例肯定并解释了梦的这种预示作用。

梦的心灵感应的另一个内容就是梦与现实事件发生的"共时性"，也就是说是"有意义的巧合"。

虽然心灵感应的原因尚未查明，但是这一现象还是不难理解的。必定是脑内有一种特殊的感知能力，借助这种能力，人接到了远处人或物发出的信息，并且把这种信息转化成梦。

梦的心灵感应现象常发生在相互关心、熟悉的人之间。曾有国外的研究者发现，心灵感应最明显的是孪生姐妹或姐弟，当其中一方遭到不幸时，另一方常有典型的同样部位的不适感或梦中心灵感应。没有血缘关系的夫妇也会有心灵感应的梦，在长期的身心共同交流的生活过程中，彼此相互产生了心灵上的共鸣，因而会产生梦中的心灵感应。

虽然梦中的心灵感应反映了特异功能的信息，但是有时它又歪曲了这些信息。有象征性的梦中，歪曲的过程甚至更加巧妙。

尽管有许多例子已经表明梦可以预示未来的事或心灵感应，但我们还是应该对这类事抱有求真务实的态度，我们在相信这些神秘体验的事实的同时，要从科学的角度与范畴去解解梦的真正含义，有的目前我们不可能尽善尽美地解说，但我们可以放在以后的历史中，让后来的人们去研究和探索。即使这些神秘的体验真的存在，也不能证明宿命论和有神论的观点。

从目前的科学研究结果来看，梦中的心灵感应是人类的一种自身存在潜能与天赋，它并不是少数人的本事，通过后天特殊的训练与开发（如气功等）是完全可以人人都能达到的。并且梦的预示功能也许就是爱因斯坦所说的四维空间的一种效应，其实质就是人脑的一种潜在功能。若按照中医天人相应的观点来看，这些神秘的体验无非是天人相通、天人相应的一种具体表现罢了，并没有什么神秘性可言。

梦都是自私的吗

梦是大多数时候都有自己在，但是也有少数时候梦里没有自己，好像在讲别人的事。不知你有没有过这种梦。梦里你像看电影一样，看别人在干这干那，或者干脆你就梦见看电影，一大段梦全是电影。

其实那全是在说你自己的事，电影的故事也是在说你的事。十有八九那主人公就是你的化身，当然也可能电影是某一个配角是你的化身，但是那可能性较小。因为谁不愿意做主角啊，在生活中做主角不容易，但是在梦里反正没人和你争，你何必不做主角。

这样说究竟有什么证据呢？当然有，根据就是每次有人讲完这样的梦，解梦师都能找出那个人物实际上是他自己的象征。有人说梦里我不是在看电影吗？怎么同时又成了剧中人？实际上这一点也不奇怪，这就叫"客观地看自己"，是自己的一部分看另一部分，或者，是现在的自己看过去的自己，就好像一个人看自己的录像片一样。你有没有过这种梦，一开始是看电影，看着看着，你变成了电影中的一个人了，如果你有过这样梦，你就应该懂得我的话了。你后来变成的那个人，从一开始就是你自己。电影就是你的内心生活的真实反映。

很多心理咨询师会在热线电话咨询时，经常遇到这种情况；某个人打电话说她的一个朋友有某种心理问题，问应该如何解决。在这种情况下，多数心理咨询师都不会去让那个朋友亲自来，因为谁都不愿承认自己有心理疾病，往往会借"朋友"的名义来掩饰。

解梦师都会自然地询问一些常规的问题，你的朋友年龄多大了？她的家庭是什么样的？她的工作如何？慢慢地，咨询师会随意地省略主语并问一些只有有这个心理问题的人自己才能回答的问题，比如，是不是早晨起来时心情最好？或者，忍不住要不停洗手，那么在外边没有水的地方呢？不洗心里什么感受？这时咨询者就会不知不觉忘了她是在谈"朋友"的事，而渐渐地融入了咨询师所创造的聊天氛围内，一点点说出自己的心事。

梦中由"看电影"变成自己参与，由电影中的人转为自己，这个过程和一开始掩饰自己的身份，在取得信任之后再说出自己的问题的情况是一样的。

有一个女孩子的梦非常具有典型色彩。她和男友恋爱，遭到了父母的反对，于是在梦中，爸爸妈妈被姐姐送到精神病院去了。爸爸把自行车锁弄开，和妈妈，还有"我"一起逃走了。

一开始似乎说的全是爸妈姐三人的事，爸妈被送到精神病院，而逃走时也只需要他俩逃走，为什么突然加上一句"还有我"呢？说穿了，前面用爸妈代表男朋友和自己。被关的毕竟还是她自己。说着说着，梦就把实话说出来了"还有我"。这个梦还是讲自己而不是讲爸妈和姐。

还有些梦，虽然是有自己在场，但所涉及的事，却与自己关系很小，是一些国家大事甚至国际上的事件。例如墨西哥爆发甲流的时候，有人梦见他变身成为记者去写报道。然而，事实上，他一直在担心自己在国外的亲人患上甲流，希望尽早知道消息。写报道是新闻和消息的象征，代表着第一时间的意思。

在梦中，潜意识就是那么自私。我们知道，自私就容易隐藏一些秘密，所以有些梦不要只看表象，这就是梦的象征给我们提出的难题。

梦可以辅助于心理治疗吗

心理治疗又称精神治疗，是以良好的医患关系作为桥梁，运用心理学的技术与方法治疗病人心理疾病的过程。简单地说就是：心理治疗是心理治疗师对人的心理与行为问题进行修正的过程。

心理治疗与精神刺激是相互区分的，是相对立的。精神刺激是用语言、动作给人造成精神上的打击、精神上的创伤和不良的情绪反应；心理治疗则是用语言、表情、动作、态度和行为向对方施加心理上的影响，解决心理上的矛盾，达到治疗疾病、恢复健康的目的。

利用梦进行心理治疗由来已久，在 2000 多年前的古希腊就已经出现了最早的梦的分析治疗诊所，但是，把"梦"作为心理治疗的素材，把"梦的解析"引入心理学领域，并开创了一种新的心理疗法的是精神分析学大师弗洛伊德。自弗洛伊德创立梦学系统知识以来，运用解梦来进行心理治疗开始得到普及。弗洛伊德首先在心理治疗中给了梦很高的地位，继而荣格又在心理治疗中提到了解梦这一方式的重要意义，今天的心理咨询与治疗中运用的解梦技术和理念多半源自这两位心理学大师。

做梦就像一种自我谈话和自我交流，一个人在梦中经历的具体场景和流露出的情感体验与他在清醒时的自我反省、自我陶醉、自我批评非常相似，因而可以说梦是人类在夜晚沉思的一种特殊方式。人们在梦中梦到的景象，很多是对恐惧、忧闷等心理的反映。通过解梦，找到梦所代表的真正意义，可以找到心理治疗的办法，从而对梦者的情绪进行疏导。

梦可以成为由某种病态意念追溯至往日回忆间的桥梁，然后利用对这些梦的解释来追溯病者的病源，从而实现对患者的治疗。这就是梦与心理治疗的简单关系。

通过解梦解决患者的心中的难题已经日渐得到人们的认可，一些医院甚至准备开设"梦的解析"专科门诊。

前文已经提到的电影《爱德华大夫》是梦治疗的心理学经典案例。影片中康斯坦丝和她的老师正是通过梦治疗的方法成功破解了爱德华大夫被杀之谜。

电影中出现了大量"我来给你解梦，那样你就知道你是谁了"、"女人能成为最出色的心理分析专家，但一旦坠入爱河，就可能是一个典型的病人"这类的台词，细节中也显示着弗洛伊德最基础的心理学术语和图解。

临床心理学专家徐光兴博士在他的《解梦九讲——心理咨询与治疗的艺术》一书中具体分析了电影《爱德华大夫》的重要启示，即在梦的心理治疗过程中需要把握住 4 个因素。

第一，梦中的活动性质。

梦中出现的所有场景和细节，哪怕是一句话或者一张纸都含有一定的活动性质，在梦的心理治疗或咨询中，一定要注意这种梦境隐含着一种什么样的活动性质。所以，患者必须尽量详细地描述自己的梦境，而解梦者需要仔细聆听、记录，并作出准确的分析。例如在电影《爱德华大夫》中出现了与赌场有关的梦境，这个场景揭示了一种犯罪情结冲动和不可告人的谋杀行为。

徐光兴博士说："对梦的活动性的准确把握可以解解梦的含义，从而揭示当事人内心的矛盾、欲求、需要等，或者象征当事人的人生历程，就如某种'电影'或者剧本的预演或重演。"

第二，梦中的人格特征。

一个人在梦中的性格特征可能与现实中截然相反，还有一些人甚至会出现双重或多重人格。人在梦中出现的与现实背离的人格，可能是当事人自己都未曾发现或拒绝承认的。电影中的约翰便是如此，他时而是著名的心理分析治疗大师，时而是谋杀犯，这两重角色让他精神饱受折磨，痛苦不堪。

第三，梦中的场景。

梦中的场景和环境往往能够表明当事人的文化教养、趣味、家庭状况等生活资料，也可能代表他希望自己拥有的出身或生活环境。通过这一点可以判断当事人的生活状况以及他过去的一些经历。梦中的一些场景虽然可能是虚构的，但里面往往掺杂了他个人的记忆和情感、希望和恐惧等，所以，徐光兴博士认为在梦的心理治疗中还必须注意梦中的情感因素。

第四，梦中的情感因素。

很多人在梦醒之后可能会忘记具体的情节，但大多数人都记得梦中的情感体验，所以当事人表现出的情感特别需要提起注意。

正所谓"梦由心生"，梦境中出现的景象和人物，以及情绪、心态，经常代表做梦者的心灵发展和体验，通过解梦者对解梦系统分析，就能发现梦境的象征性或隐含性意义，从而帮助那些遭遇了心理难题的人找到解决问题的方法。

有关心理的梦例解析

林某一直想当一个作家，他写了很多的作品。28 岁的他现在在某公司当经理，可是至今还没有发表过像样的文学作品，但是他还是不断地在写作，最近他做了一个梦，梦境是这样的：

梦中我感觉自己在一家理发店里，有许多人在排队等待理发，这理发店又小又暗，整个场景给人一种像暗黑色油画的感觉，而且显得相当肮脏。在我的前面

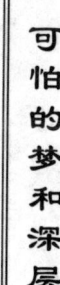

有两个人排队，他们都坐在我的右边，而且都在埋头看报。理发师却先叫我理发，他好像认识我，我似乎也来过这个理发店。因为还没有轮到我，但是理发师却先叫我理发，我感到有点不好意思和不安，我感觉理发师好像要讨好我，我就走过去坐在椅子上。这时才发现，整个理发店只有我一个人，我前面的镜子很陈旧，镜子上的水银因为潮湿而变得花花的，我根本看不清镜子里的我……后来不知怎么回事，我出去了，沿着街一边走，一边看商店的橱窗，我觉得自己好像在找剪子来剪自己的头发，可是就是没有找到，我似乎听见"嘶嘶"的声音，忽然我对自己说"气球爆开了"。

这个梦境中梦者到理发店理发，理发是一种清理，表示梦者需要整理一下自己的头，这样可以干净、漂亮，但是"这个理发店又小又暗，整个场景给人一种像暗黑色油画的感觉，而且显得相当肮脏"，所谓干净之处不干净，这显然提示着一种挫折，就象征着梦者自己现在的状态，拼命想当作家，但是一直没有发表出像样的作品。本来理发是要排队，自己的前面有两个人，但是理发师却先叫自己理发，自己"感到有点不好意思和不安，我感觉理发师好像要讨好我"，实际上这是一种"自我夸大"，但是梦者坐在椅子上准备理发，却发现面前的镜子里"我根本看不清镜子里的我"，这是进一步地对"自我的否定"，就好像一个孩子要知道自己的形象，他会在镜子面前手舞足蹈地表现自己，这是一种"自恋性的心理状态"，一种童心未泯的象征。后来干脆自己跑到街上去找"剪子来剪自己的头"，就跟一个小孩一样，不让大人来管自己，小孩在大人面前常常说"我自己来做"，这显然是一种退行行为。

梦者又回到了童年，梦境的最后，梦者意识到了自己的问题，自己的理想是很难实现的，所以自己跟自己说"气球爆炸了"，一切希望犹如气球一样破灭了。这个梦境充分体现了梦者的心理幼稚和追求成熟之间的内心矛盾冲突。

催眠与解梦

掀起催眠术的"盖头"来

催眠是以人为诱导（如放松、单调刺激、集中注意、想象等）引起的一种特殊心理状态，其特点是被催眠者自主判断、自主意愿活动减弱或丧失，感觉、知觉发生歪曲或丧失。在催眠过程中，被催眠者遵从催眠师的暗示或指示，并作出反应。以一定程序实施暗示，使接受暗示者进入催眠状态的方法就称为催眠术。

催眠开始于一种暗示感应，它是改变意识控制水平的一组最初的活动。借助它，能使受暗示者对外部的注意力分散减到最小，并只集中在暗示的刺激上，相信自己正进入一种特殊的意识状态。这里，暗示感应包括想象特定的经验，或对事件的反应进行视觉化。重复地进行这种暗示感应活动，会使感应程序暂时固定下来，就像个人生活习惯一样，使受暗示者很快进入催眠状态。典型的暗示感应程序会使人进入深度放松状态。例如，催眠表演给人留下的深刻印象，实际上不在于催眠师的力量，而在于被催眠者的可暗示性。个体之间存在可暗示性上的差异，从根本没有反应到完全有反应。

在我们的日常生活中，是不是经常有这样的事发生呢？当我们聚精会神地看一部电视剧时，会不知不觉地沉浸于剧中情节，心情随主人公的悲欢离合而时喜时悲；有时清晨来到办公室，本来精神飒爽、心情愉悦，过了一会儿却变得烦躁不安；到商场逛街购物，回家一看，有很多东西都是可有可无的，连自己也不知道为什么买了这么多没用的东西，浪费了很多钱……我们对这些现象无不感到莫名其妙。然而，从心理学角度来看，这是人们受到暗示作用的结果。

的确，在现实生活中，当我们被某些东西连续、反复地刺激，尤其是言语的诱导，会使你从平常的意识状态转移到另一种特殊的意识状态，而在这种特殊的意识状态下，将比平常更容易接受暗示。

也有人认为，催眠状态犹如聚精会神做某件事的情景。正如哈佛医学院催眠专家弗雷德·弗兰克所说，催眠术只是将人们分散在各处的精力和思想聚集起来，这并不是处于昏迷状态，也不是处于睡眠状态，而只是像当你聚精会神地沉浸在一项工作中或阅读一本小说时，几乎难以听见别人对你所说的话一样。

生理学是如何研究催眠现象的

目前，在催眠现象的生理学研究方面，由于缺乏足够的实验依据，尽管有不少学者都对催眠的生理机制提出了自己的看法，但到目前为止，对催眠现象的生理学研究仍然处于较低层次的水平上。接下来，我们分别简要介绍 3 个简单、可靠的生理学研究。

巴甫洛夫的研究

巴甫洛夫学派依据高级神经活动学说，从生理学角度对催眠的实质作了较为详细的解释。

心理学

第六篇 可怕的梦和深层心理学

巴甫洛夫认为，催眠是一种一般化的条件作用，把引入催眠状态的刺激语看成是一种条件刺激。巴甫洛夫发现，给关在实验室的狗一种单调重复的刺激，狗也会渐渐入睡或出现四肢僵直。巴甫洛夫认为催眠词也是一种单调重复的刺激，而且是描述睡眠现象的内容，所以催眠词作为一种与睡眠有关的条件刺激，使大脑皮层产生选择性的抑制，也就是从清醒到睡眠过程的中间阶段或过渡阶段，催眠是部分的睡眠。后来对这一观点又有进一步的修正解释，认为催眠状态是注意力高度集中的一种形式，催眠状态下被催眠者只能与催眠师保持单线交往，这种感觉相当集中，好比中心视力集中注视于事物时清晰而精细，而周围的视野区域虽较宽广，但精密度就低且模糊。日常生活中最常见的催眠体验，诸如全神贯注于一本有趣的书刊杂志或倾注于感人肺腑的影片、戏剧时就会失去正常的时空定向，忘却周围的一切。但目前大多数人认为，用这种局部的生理学来解释，尚缺乏令人信服的客观生理指标和针对性的实验依据。睡眠脑电图与催眠状态下的脑电图，仍未取得一致的足够证据以说明催眠是部分的睡眠。

涅甫斯基的研究

苏联生理学家涅甫斯基，对正常人催眠状态时的脑电活动进行了研究。当被催眠者闭眼，刚进入催眠状态时，低振幅的 α 波增高，高振幅的 α 波略为降低或不变，脑电波形出现了 α 波的节律均等状态，故被称为节律均等相。

随着催眠程度的加深，脑电活动会减弱，α 波和 β 波都降低，呈低小的脑电生物曲线，为最小电活动相。在催眠很深的阶段，可出现频率为 4~7Hz 的 θ 慢波。在这一时期，言语暗示和直接刺激会引起催眠梦，使 α 节律恢复和加强。

当被催眠者唤醒后，脑电图仍与催眠前一样，α 波和 β 波都恢复了正常的节律。

脑电波的变化，成为人是否处于催眠状态及其深度的客观指标。

罗日诺夫的研究

罗日诺夫等人对被催眠者在催眠过程中，对言语刺激和直接刺激的反应进行了比较研究。他发现存在着两条规律：其一，随着从较浅的催眠状态过渡到较深的催眠阶段，感应的选择性范围逐步缩小，被催眠者大脑中抑制过程的广度和强度逐步增加。其二，随着催眠程度的加深，言语作用的生理影响增加了，直接刺激的功能降低了。

随着催眠程度的加深，抑制的强度和广度逐渐增加。由此带来的结果是，随着催眠状态的第一阶段向第二阶段过渡，第二阶段向第三阶段过渡，感应选择性的范围按顺序缩小。

另外，在催眠的第一阶段，当大脑半球皮层的主要细胞群还保持着正常水平的兴奋性时，言语刺激在大多数情况下引起的反应要比直接刺激小。进入嗜睡状态后，对言语作用的反应，大致等同于或略大于对直接刺激的反应。在催眠的第二阶段，对言语作用反应量的增大是反常相次数增多的结果，这就为相当弱的言语刺激建立了良好的基础。

心理学是如何研究催眠现象的

催眠现象除了具有一定的生理基础，还是一种心理现象，因此不少学者从心理学的角度去探讨、解释和研究催眠现象，并提出了一些观点。

暗示是催眠现象的关键所在

暗示是催眠现象的关键所在，它们之间有着紧密的关系。

暗示是个体对外界信息作出相应反应的一种特殊心理现实。

从这个概念出发，暗示的实现总是存在着实施暗示与接受暗示两个方面。之所以说它是特殊的心理现象，因为从暗示的实施一方来说，不是说理论证，而是动机的直接"移植"；从接受暗示的一方来说，对实施暗示者的观念也不是通过分析、判断、综合思考而接受，而是无意识地按所接受的信息，不加批判地遵照执行。

暗示对人体生理活动、心理及行为状态，都会产生深刻的影响。当个体接受暗示后，不但可以改变随意肌的活动状态，而且也可以影响其他肌体的功能。由于这个原因，消极的暗示能使人情绪低落甚至患病或加重症状，积极的暗示能够使个体的心理、行为及生理机能得到改善，增强对疾病的痊愈和康复的信心，达到治疗的目的，从而成为一种治疗方法。

个体接受暗示的能力叫做暗示性。暗示性的高低因人而异，与催眠感受性有密切关系，催眠感受性高的人暗示性也高。

催眠的整个过程和暗示规律之间具有高度的稳定性，也就是说只有催眠师严格按照暗示的规律，催眠才能取得成功，否则就会失败。那么，暗示有哪些规律呢？

第一，暗示的定义。《心理学大词典》上是这样描述暗示定义的："暗示就是用含蓄、间接的方式，对别人的心理和行为产生影响。暗示作用往往会使别人

心理学

第六篇 可怕的梦和深层心理学

不自觉地按照一定的方式行动，或者不加批判地接受一定的意见或信念。"

第二，暗示的种类。按性质可分为积极暗示和消极暗示；按形式分为自我暗示和他人暗示；按对方所处的精神状态可分为醒觉暗示和催眠暗示；按施加暗示者的意图可分为主观暗示和客观暗示。

第三，暗示的生理表现。当个人接受暗示的程度达到最大时，逻辑意识和批判意识的最高机构——大脑皮层基本处于抑制状态，仅剩下某个"警戒点"的部位尚保持兴奋性。

第四，暗示的条件。暗示只有具备一定的条件才能发生作用，这些条件具体包括：催眠师应具有一定的权威性，也就是能让人充分信赖，该权威性的程度与暗示的效果成正比；在被暗示者与施行暗示者之间应具有一个融洽、轻松的心理氛围；催眠师要以含蓄、温和、间接而又坚定的语言与动作等来实施暗示；被暗示者应将注意力高度集中于某一明确的对象。

第五，暗示的障碍。人类具有本能的受暗示性，同时也具有普遍的反暗示性。这种反暗示性可能来源于自我保护的本能、个人的习惯、个性特征以及各种理性的思考，等等，主要表现为个体对暗示刺激具有认知防线、情感防线与伦理防线。暗示能否奏效，取决于能否克服这些防线的阻碍。克服的办法不是强行突破，而是与之取得协调。

催眠过程是受暗示性与反暗示性能量对比的过程。催眠师应用坚定的信心和耐心、反复的语言对被催眠者进行反复暗示，以此促成被催眠者的受暗示性的增加，反暗示性的减弱。同时要求他放松，直到被催眠者完全进入催眠状态为止。

综上所述，可以认为催眠现象本来就是由暗示造成的，从某种意义上说，催眠术就是施行暗示的技术，没有暗示，就没有所谓的催眠。从暗示这一催眠的心理机制入手，可以使我们对催眠现象有一定程度的了解。

第三意识——催眠状态的意识

所谓意识，就是人脑对事物的反映，一般是指自觉的心理活动。能动性、自觉性、有目的性构成了意识的典型特征。人的意识具有第二信号系统，它是中枢神经高度发展的表现。学者们还认为，意识具有两大功能：即意识是主体对客体的一种自觉、整合的认识功能，同时也是主体对客体的一种随意的体验和意识活动的功能。

所谓无意识，通常指不知不觉、没有意识到的心理活动，它同第二信号系统没有联系，不能用语言来表达。无意识也具有两大功能：即无意识是主体对客体一种不知不觉的内心体验功能，也是主体对客体一种不知不觉的认识功能。

催眠状态中人们所持有的心理状态，既不是睡眠时的无意识状态，也不是清醒时的意识状态。它是一种特殊的、变更了的意识状态，我们暂且把它称之为"第三意识状态"。

催眠与睡眠不同，并非处于无意识状态。

首先，在典型的无意识状态中，没有第二信号系统的参与，也不会有完整的、合乎逻辑的言语活动。而在催眠状态中，仍可产生一些具有自觉能动性性质的活动。例如根据催眠师的指令，被催眠者可以流畅地遣词造句，有条有理地说出心中的喜悦与烦忧。

其次，催眠的临床实践表明，在催眠状态中，被催眠者仍有一个警觉系统存在着。这一警觉系统一般不起作用，只是一旦来自外部的指令严重违背了被催眠者的伦理道德观，该系统便立即启动，产生抗拒暗示的效应作用。倘若催眠师的指令严重有悖于被催眠者的人格特征、道德行为规范，或者触动了被催眠者最为敏感的压抑、禁忌时，便会使被催眠者感到焦灼不安，甚至发怒和反抗。例如，曾经有一位催眠师曾下指令要求被催眠者去偷别人的钱包，却遭到一直顺从的被催眠者的拒绝。

这表明，在催眠状态中，人并不是完全无意识的。

为什么说催眠状态中的意识不同于清醒状态中的意识呢？清醒时的意识状态，其典型特征是自觉性、能动性，以及有目的性；而在催眠状态中，尤其是在深度催眠状态中，这些特征几乎荡然无存。关于催眠条件下人的意识不同于清醒时的意识，这是绝大多数心理学家所公认的，这里就不多说了。

综上所述，我们可以确认，在催眠状态中，被催眠者在宏观上是无意识的，即缺乏自觉能动性，意识批判性极度下降；在微观上却是有意识的，即语言能力及警觉系统的存在，等等。催眠状态中人所处的是一种特殊的意识状态。这种状态既有清醒意识的特征，也有无意识的特征，但却不是它们二者中的任何一个。因此，在意识的连续体上，它处于中间的位置，完全可以把它独立出来，而成为科学研究的对象。它兼有二者的成分，但又不是二者的简单相加，更不是只有依托二者才能生存。它有自身的特殊性质，也有其独特的机制，所以催眠状态下的意识属于第三意识。

梦为何会从记忆中悄悄溜走

有人总说自己睡眠很好，从来不做梦，其实事实并非如此，他们只是将自己的梦境遗忘了。

为什么有些人几乎每天早上醒来都记得他所做的梦，而其他一些人则自称一月、一年只记住一次，甚至从未记住过他们的梦？

据研究表明，人们在每晚正常睡觉时，经历的快速眼动周期（做梦周期）的次数并无不同，因而"没有梦的人"同"有梦的人"在实验中被唤醒时几乎有一样多的梦，即梦的活动方面的明显、广泛的差别比梦的频率方面的差别要大得多。

常常有人以为醒得晚的人，比那些通常被一种突然刺激如闹钟唤醒的人更能回忆起梦。事实上正相反：被大声吵闹突然唤醒比被柔和的哨声慢慢唤醒会产生更多的回忆，这表明，在睡着和完全醒来这段时间中，梦很快地消失掉了。因此，被突然叫醒的人比其他慢慢醒来的人更容易抓住梦。

有人认为，梦的回忆与忘却是由梦者熟睡的程度或醒来方式来区别的，但是一个更确切的说法是，这是梦者个性心理学特征的不同表现。根据研究，不善忆梦者在梦中的每秒快速眼动数目要比善忆梦者更多，这表明不善忆梦的人做的梦更加活跃。但是他们的梦却从记忆中溜走了。这其实是因为，不能回忆起梦的人只是不愿记起他们的梦，而他们在日常生活中也习惯避免或拒绝不愉快的经验和忧虑。根据心理测试的数据显示，不能回忆起梦的人，总的来说比能回忆起梦的人更受抑制、更守规矩、更善于自我控制；而能够回忆起梦的人，往往对生活更加忧虑，更容易表现出常见的急躁和不安等感情扰乱。愿不愿正视生活的这种特征，被称为自我觉知（它显示了对人生内在、主观方面的兴趣）。它就是善忆者和不善忆梦者之间的关键区别。

荣格曾对人的性格进行两种分类，外向型性格的人更多地参与外部世界，较少关心内在生活。内向型性格的人精力主要是指向内部的。而梦的回忆的高低是与做梦者各自性格的外向化和内在化的程度紧密相连的。

不能回忆起梦的人"抑制"他们的梦，即他们"有意地"把所有对梦的记忆从有意识的知觉中驱赶出去，因为它们包含了烦恼的思想和愿望。人潜意识中的愿望和进攻性愿望，在清醒时的生活中无法直接表现出来，因为这些欲望与自我设定的道德规范相悖，因此它们只能在梦中寻求替代性的满足。

在梦里，抑制机制普遍而自动地伪装这些不能接受的愿望，以致我们从不觉察它们。然而有时候这种伪装非常浅薄，在这样的情况下，我们使用抑制来驱散所有梦的记忆。从这种意义上理解，不能回忆起梦的人比能够回忆起梦的人更加受抑制。他们比起那些利用梦来达到进一步成长和自我认识的、更勇敢的同伴来，会更多地忘却那导致焦虑的梦生活。

许多不能回忆起梦的人甚至记不住被伪装的梦的原因是，他们害怕深藏的恐惧通过解释的方法被揭示出来。当潜意识不想展现某些人格时，它就会通过梦的抑制表现出来。梦的抑制会发生在醒来之前，或者就在醒来的一瞬间，从而导致这个梦完全被忘掉或者仅仅留下乏味的碎片。

弗洛伊德曾发现他的许多病人在诊所里细述一个梦时会突然停顿，然后回忆起先前忘却的一部分梦境。他认为这些被忘却的片断比能记住的部分更为重要。他写道："常常是当一个病人叙述一个梦时，一些片断完全被忘却了，而忘却的部分却恰好解释了为什么它会被忘却。"

弗洛伊德相信一定程度的压抑会使梦从记忆中消失，但是实际情况也并非完全如此。

因为忘却梦的趋势几乎不可能抵制，即使是那些开放意识和自我意识极强的人也做不到。即使梦在醒来时被暂时地记起了，但是一旦这个人开始打瞌睡，这个梦马上又消失了。虽然快速眼动阶段的证据表明，在一夜中的七八个小时的睡眠时间里，一般人会做四五个梦。但即使是最爱做梦的人，在第二天的早上也无法回忆起四五个梦。事实上这个证据表明，绝大多数的梦从来都不能被记住，只是仅仅留下一些片断而已。

这种梦的忘却应该与大脑的生理机制也有一定关系。证据表明，每次的快速眼动活动都不会持续很长，以致能构成一个强烈的梦记忆痕迹，延续到快速眼动阶段结束之后。

梦从忘记中溜走的步骤，先是变成碎片，后来完全消失。当一个梦者从快速眼动阶段被唤醒时，他几乎总能报告出一个生动的梦。如果他在该阶段结束后五分钟被唤醒，就仅能抓住梦的一些片断。如果过了十分钟被唤醒，梦几乎完全被忘掉了。仅仅依据报告一个梦的话语的数量，就可以见到一种直接的、戏剧性的递减倾向。

因此，很明显，除非梦者在快速眼动阶段被唤醒，否则他很可能忘却在此阶段有过的心理内容。许多日常的回忆可能得自夜间最后一个快速眼动阶段中自发醒来之时，由于我们一般夜间醒来的时间并不长，所以一个自然的忘却过程就发生了。

一个有趣的现象是，那些在临睡前给人的暗示常常会以某种神秘的方式发生作用。例如，人们几乎总是能在没有闹钟帮助的情况下，在一定的时间醒来，只要给自己下达了这样的指令。在一个更广泛的环境中，任何经过心理治疗的人都

知道，如果梦者本身希望记住梦境，梦的回忆便会有一定程度的增加，这是通过与导致梦的记忆溜走的自然的生理过程的斗争来激发梦的回忆。这种生理斗争，有时也有利于导致压抑的潜意识的心理过程的斗争。总之，如果你愿意，可以挽留住梦的脚步，虽然，无法将其完全留住。

如何运用催眠法解梦

催眠是以催眠术诱使人的意识处于恍惚状态下的一种现象，处于催眠状态下的人面部表情与人的睡眠状态时的表情类似，可出现暗示性的梦幻觉或梦幻想。催眠状态由于更能接近人类精神恍惚状态，意识显然存在，但自发的意识活动几乎全无，处于万念俱空的心境中，使之对任何暗示都不会感到矛盾，会不加批判地接受，而在清醒状态情况下的人则会对来自任何方面的暗示都带有批判色彩地接受。

与睡眠不同的是，在催眠状态下的人的意识并没有完全消失。他能听懂并接受施术者的暗示，而且当施术者在他处于中浅度的催眠状态向他提问时，他能"迷迷糊糊"地准确回答问题；最后是在不加暗示诱导时，他的听觉、温觉、痛觉等感觉都不会出现反常现象。

在催眠实验研究中，人们发现能使人产生催眠作用的大脑主要是右脑，而人的右脑中恰恰是产生梦境的发源地。

利用催眠术，可以将正常人导入深度催眠状态。这时，给对方一个暗示，他马上就能呈现出做梦样的心理活动，甚至比做梦时的表现更生动。他不但有表情，会哭或笑，而且会配合各种行动和符合理性的语言，一问一答地进行着"梦"——催眠梦。

催眠术能让人真正地做到"白日梦"。这个梦从精神分析的观点去看，显然具有象征性意义。因为，在催眠状态下，人的意志力减弱，监督和防范意识也被减弱了，人们在催眠状态下失去自我批判能力，潜意识的东西当然会溜出来，而表现于被催眠者当时的行为和语言之中，这是与催眠梦的差别。

熟睡时，潜意识的愿望出现在梦境里，而能由做梦者讲出来，让分析家们进行分析。这是一种间接的方法。催眠梦则不然，它能被施术者直接观察到和听到。

催眠术能使人退行，受术者梦游着退行到幼儿时期，这时他做着孩提时的梦，将当时的经验再现出来。这一点在精神分析看来尤为重要，但每个人不太可能都在睡眠梦中重现幼时的经历。

当然幼时的感受会出现在每个人的梦里，只是它早已伪装过了。而利用催眠术退行所得来的知识却不同。它能发挥出超常的记忆力，而将苏醒时被意识认为早已遗忘的事情和感受重新回忆起来，在催眠状态下梦游式地展现在我们面前。

找到了心理矛盾，自然可以通过暗示在患者苏醒以后也能意识到当时的感受，这样一来病症也就没有了。催眠梦是直观的，一目了然于医者面前，重现着往日的经历。它没有伪装，将潜意识的东西直接暴露于我们面前。

当然，有时候来源于意识的抗拒作用相当巨大，所以催眠梦往往以象征性意义展现在我们面前，需要我们做深入细致的分析才能有结果，但不论怎样，催眠梦比从睡眠梦得来的知识更深，也更容易让医者接触到他的过去，起码治疗时间会大大缩短。

实施催眠解梦的 6 个步骤

用催眠的方式解梦，需要解梦者让梦者完全信任，并令他进入睡眠状态。那么，需要哪些步骤呢？以下列举一些，以做读者的参考。

询问解疑

了解被催眠者的动机与需求，询问他对催眠既有的看法，答他有关催眠的疑惑，确定他知道催眠时哪些事情会发生并没有不合理的期待。很多时候，催眠师可能要花点时间做个催眠简介，因为大多数人对催眠的了解很少，这很少的了解中又大部分是误解。

诱导阶段

催眠师运用语言引导，让对方进入催眠状态。一般而言，常用的诱导技巧有眼睛凝视法、渐进放松法、想象引导、数数法、手臂上浮法等。

深化阶段

深化即是在诱导放松的过程中进一步入静。这时，可以提醒被催眠者在脑海中重复回忆某句话或某物，或者想象着某种可以使自己大脑平静下来的场面。比如，被催眠者想象着自己处在一个充满人群或商店的大厅中，随即踏上升降梯，飘飘然来到另一个四周安静无人、光线柔和的地方，仿佛这里除了自己以外再无别人。在这里，身体一会儿漂浮，一会儿下沉，直到达到理想的深度。或者，被催眠者想象自己沐浴在毛毛细雨之中，雨珠轻轻地从自己头上往下淋，身体逐渐漂浮起来，若有若无，好似进入美妙的仙境。

指令

指令也就是为达到某一目的而不断地重复某一字句，或者，告诫被催眠者平时想去做而又难以做到的事。比如，被催眠者想减肥，想使自己达到理想的体形和体重。这时，你可以指令被催眠者想象自己站在一面大镜子前，在镜子里，可以见到自己焕然一新的、十分理想的形象，你不断地向被催眠者加重语气："如果我达到了那种理想的体重，会显得更精神、更美丽。一旦我体内的营养够了之后，我就不会再有饥饿感，不再多吃东西了。这样，我就会保持美好的体形和充沛的精力……"然后让其对梦境进行回忆和叙述。通过提问，对梦境进行解析。

苏醒

苏醒就是从恍惚中复苏过来。尽管一般人从恍惚中复苏过来不会太困难，但专家们还是告诫人们，在催眠一开始时，就应想好怎样复苏。可用磁带作催眠、指令、复苏，或者事先准备好一个闹钟或定时器之类的东西，以免进入"沉睡"。还可以采用自我复苏的方法，心里想着：当我慢慢地从1数到5时，我便会从恍惚中苏醒过来。数1时，我身上的肌肉开始复苏，和清醒时一样；数2时，我就能听到四周的声音；数3时，我的头可以渐渐抬起；数4时，我的头脑越来越清醒；数5时，我便可以睁开双眼，复苏如初了。

恢复清醒状态

当催眠师完成了一次施术活动后，一项必须做的重要工作就是将被催眠者由催眠状态恢复到清醒状态中来。在这一步骤中，需要注意以下一些问题。

无论被催眠者到达何种程度的催眠状态，或者甚至是乍看上去几乎没有进入催眠状态，恢复清醒状态这一步骤都是必不可少的。这一点至关重要。

在使被催眠者恢复到清醒状态之前，必须将所有的在施术过程中下达的暗示解除（催眠后暗示除外）。例如，催眠师若在催眠过程中下达了被催眠者的手臂失去痛觉的暗示，而又不解除，那就会给被催眠者带来很大的麻烦，甚至是不必要的痛苦。

在被催眠者清醒以后，有些人可能会有一些轻微的头痛、恶心的感觉，甚至极少数人还会有一些抑郁等不良反应。一般来说，这些感觉很快就会消失。如一段时间后仍不能消失，催眠师可再度将其导入催眠状态，对上述症状予以解除。

在被催眠者清醒以后，催眠师与被催眠者的谈话中应以下面暗示为主，即暗示被催眠者各方面感觉都很好，不会有什么不适的情况。即使有，也会很快消失。若因催眠师本身自信心不强，反复问被催眠者："你真的醒了吗？头痛吗？"这种带有高度消极暗示性质的发问，反而会诱发被催眠者的种种不安、恐惧的心理。

催眠的过程就是角色扮演的过程吗

沙宾认为，角色是由催眠师的指示或暗示导演的，根据这些指示或暗示，被催眠者知道该如何扮演这个角色，该如何去行动。沙宾强调，被催眠者并不是有意装扮某种角色去蒙骗别人，而是渐渐地进入角色，全神贯注于某一狭隘的意识领域以致失去现实的自我意识。

他比喻道，一个演员在扮演一个角色时，或哭、或笑，都需要他集中去注意体验这种情感。当他沉浸于这种情感时，就有可能失去自我意识。即便是一般的人们，当他们在看电影或读小说时，也常常会沉溺到故事情景中去，愿意随着制片人或作家的引导去幻想，去体验。

沙宾认为，被试者若想在扮演被催眠者这一角色方面获得成功，主要基于以下 5 个因素：

角色知觉，即对催眠师要求体验的角色行为的理解；

自我角色一致，即自己的一些行为方式、思想方法与被催眠者的角色相吻合；

角色期望，即他对自己处于被催眠情境下的角色的期望；

对角色要求的敏感性，即对催眠这一事实的认识，能对催眠师的暗示作出反应；

角色扮演技能，如丰富的想象力。

沙宾以大量的实验研究证实了自己的理论。他对一些擅长演戏的人和不太会扮演角色的人进行催眠，结果表明，那些会演戏的人，能根据催眠师的指令去想象，去体验，将自己沉浸在剧情之中，忘却了自我，表演了催眠师所导演的催眠现象。而另一些不太会表演的人，则难以进入剧情，就不容易作出催眠师所要求的催眠反应。

自 20 世纪 50 年代沙宾提出了他的角色理论至今，催眠学家们曾多次重复了沙宾的实验，基本上都能证实他的结论。

因此，催眠的角色理论在整个催眠理论中，占有着重要的地位。

催眠就是唤醒潜意识吗

关于潜意识，弗洛伊德有一个十分形象的比喻，人的心灵即意识组成，仿佛一座冰山，露出水面的只是其中一小部分，代表意识。而埋藏在水面之下的绝大部分则是潜意识，人的言行举止，只有少部分由意识掌控，其他大部分都由潜意识主宰。

意识是指我们理性行为的精神活动，包括逻辑、分析、计划、计算等。而潜意识的功能有：控制基本生理功能（心跳、呼吸）、记忆、情绪反应、习惯性行为，创造梦境、直觉。这些，还只是科学家们目前可以发现到的功能。临床催眠学认为，潜意识有六大功能：本能、记忆、习惯、情绪、能量、想象力。

本能

如对高血压患者进行催眠，给予患者看到红点就会减缓心跳、血压降低等催眠后暗示。当患者清醒后，看到红点就会有如此反应。而在深度催眠中，给予止痛暗示可以确实止痛麻醉。曾有实验给予被催眠者被火烧与被冰冻的暗示，而在被催眠者皮肤上确实出现烫伤与冻伤的痕迹。

记忆

在深度催眠实验中，可以暗示被催眠者忘记自己的名字或生日，而被催眠者会回想不起来自己的名字或生日。而给予回溯的引导，被催眠者可以回想起同年中早已遗忘的事情。著名的案例是来自知名精神科医师米尔顿·艾瑞克森，他帮一位被催眠者催眠，被催眠者竟然回想起二十五年前看过的一本书中的内容，还能准确地说出其页数。

习惯

我们会有意识地学习某些行为，当熟练到某种程度就会进入潜意识中，成为一种习惯反应。如骑自行车，刚开始时可能会注意控制把手与脚蹬，但当熟练到某种程度就会自然而然地反应，不再需要意识的控制。同样的，不良习惯也来自于此，如抽烟、袜子乱丢等也是如此。

情绪

情绪的反应非常快速，且能自由控制，这是属于非理性的部分。情绪可说是一种信息，将心智的信号传达出来以便作出反应。有位女士非常怕狗，原因是幼年时被狗咬过。因此，她看到狗时内在就会立刻传出恐惧的信号，以避免她再度受到伤害。

能量

一般认为人的身体内有一种无形的能量运作，如中国所说的气。而德国医师威尔汉·瑞克早年与弗洛伊德学习心理分析，而后研究人类身体与心智的运作。他认为人的身体中有一种电磁能，称为生物能，此种能量会影响人的心灵与身体机能，而开启了后代生物能分析学派的大门。透过催眠，可进行此种能量的调节，进行身心治疗。

想象力

想象力比知识更有力量！想象力并非理智逻辑所能了解的，属于潜意识的范围。小说、电影、戏剧等，虽然阅读者或观众并非亲身接触，仍然能受到影响，可以说是另一种催眠形态。

潜意识作用说指出，催眠现象的原理在于催眠师设法减弱了被催眠者的意识作用，使被催眠者的潜意识部分显现出"开天窗"的状态，并使被催眠者的潜意识由此"天窗"接纳暗示。也就是说，在催眠状态中，被催眠者被动地接受暗示，主要是其潜意识对催眠师的暗示进行感应，所以没有自觉性与自主性，完全听从于催眠师的命令。若在清醒状态，意识作用占主导地位，潜意识被压抑下去，则不再感应暗示。

潜意识作用说还指出，加强潜意识作用，减弱意识的作用，使被催眠者处于易接受暗示状态的一种最好办法是"节奏刺激"。所谓"节奏刺激"就是指对被催眠者的眼睛、耳朵或皮肤反复做单调的刺激。这样，会使大脑的思考力减弱，从而被催眠者产生精神倦怠、昏昏入睡的状态。并且，这种单调枯燥的"节奏刺激"，仅仅集中于大脑的一部分，而其他部分抑制住了，使大脑的一部分产生兴奋状态，形成"天窗"状态，这样就容易导入催眠状态。

催眠是通过联想发生作用的吗

在英格兰，有人曾做过这样一个有趣的实验。在一次有许多人参加的午餐上，聘请一个有名的厨师，这厨师做出的饭菜不说是十里飘香，也可谓有滋有味。但实验者别出心裁地对做好的饭菜进行了"颜色加工"。他将牛排制成乳白

色，色拉（西餐中的一种凉拌菜）染成发黑的蓝色，把咖啡泡成浑浊的土黄色，芹菜变成了并不高雅的淡红色，牛奶弄成血红，而豌豆则染成了黏糊糊的漆黑色。满怀喜悦的人们本来都想大饱口福，但当这些菜肴被端上桌子时，都面对这美餐的模样发起呆来。有的人迟疑不前，有的人怎么也不肯就座，有的人狠狠心勉强吃了几口，恶心得直想呕吐。而另一桌的人又是怎样的呢？同样是这样一桌颜色奇特的午餐，却遇到了一些被蒙住眼睛的就餐者，这桌菜肴很快就被人们吃了个精光，而且人们意犹未尽，赞不绝口。

实验者通过上述实验证明了联想具有很强的心理作用。看见食物的人们，由于食物那异常的颜色而产生了种种奇特的联想：比如吃豌豆联想到吞食腐臭了的鱼子酱……是联想妨碍了他们的食欲。另一桌被蒙住眼睛的客人没有这种异样的联想而仍然食欲大增。那么，什么是联想呢？

联想作用说认为，人们在思考一件事情的时候，必定会由此联想起与此相关的其他事情，客观事物之间的联系会反映在人脑中。而客观事物之间的联系是多种多样的，因而人的联想也是多种多样的。一般来说，联想可分为接近联想、类似联想、对比联想和因果联想。

接近联想就是指人在空间和时间上相接近的事物或现象所形成的联想，如一提起星星，人就容易想起月亮；谈起蓝天，就极易想起白云等，都属接近联想。

类似联想是指从某些事物的特性联想起它可以运用于别的事物的现象。盲文的创造就是类似联想的结果。

对比联想是指将两种对立的现象联系在一起，或一事物由正面想到反面，或由反面想到正面的现象。比如，由黑容易想到白，在寒冷的冬天总想到暖融融的火。

因果联想则是指将在现实中有因果联系的事物联想在一起的心理现象。比如，我们总是说"瑞雪兆丰年"，就是由冬天的大雪联想到明年的丰收的因果联想。

联想作用说认为，催眠的机制在于联想作用。当催眠师向被催眠者暗示说，你的后背上有一只大蟑螂，被催眠者因为联想作用而感应这个暗示，表现出非常惊恐的表情。对于身患疾病的被催眠者，催眠师可先让他产生愉悦的感觉，忘记痛苦，而后暗示他："你的病已经完全好了，不要担心，你现在就是一个健康的人。"果不其然，被催眠者会因此心情愉悦。催眠的效果取决于联想作用的性质与强烈程度。

催眠完全是心理作用吗

心理作用说由法国人里波首先提出，曾在催眠学界风靡一时，是影响较大的催眠理论之一。心理作用说认为，被催眠者之所以能够在催眠状态中感应到催眠者的种种暗示，主要是因为每个人都有心理感受性。

心理作用学说将人的心理感受性分为两种：外显感受性与内潜感受性。外显感受性是一种表面性、显而易见的心理感受性，这种感受性发挥作用的速度较快，但较微弱，易受个人意志的控制。例如，若对一个女孩子说："你的脸怎么红了？"那女孩子听到此话，本来如雪的皮肤就会泛出红晕。这就是外显感受性在暗示的驱动下发生作用。在清醒状态下，外显感受性对暗示的感应比较少，因为在清醒状态下的人听到暗示后，先把暗示的内容进行一番思索，经过一系列的推理判断之后，才决定是不是接受暗示，这一番思索就是个人意志的作用。

内潜感受性是一种不受个人意志所干扰的、深层的心理感受性，这种感受性发挥作用的速度相对较慢，却相当强烈，其感应的范围与作用的效能也较大而且奇妙。催眠进行的时候，催眠师通过催眠术来减弱个人意志的作用，从而驱动起被催眠者的内潜感受性，这时的被催眠者心无杂念，没有自主活动的机能，完全由内潜感受性发挥作用，此时给予暗示指令，肯定会得到被催眠者的感应，被催眠者会毫不犹豫地按照催眠师的暗示去执行，结果便出现了种种神奇的催眠现象。

因此该学说的主要观点是：任何人的身体内部都有一种被称为"自然倾向"的机能，但这种机能缺乏自主的力量，很容易被他人的观念、意志、教训、暗示等外部刺激所支配，而且只有在这种外部力量的驱动下，"自然倾向"机能才能发挥作用。这种机能就是人的心理感受性。在催眠过程中，催眠师的暗示就是引导这种感受性使其发挥作用的原动力。

第二章

身体语言泄露深层心理

不仅要听他说什么，更要看他做什么

点头如捣蒜，表示他听烦了

点头是最常见的身体语言之一，它可以表达自己肯定的态度，从而激发对方的肯定态度，还可以增进彼此合作的情感交流。点头能够表达顺从、同意和赞赏的含义，但并非所有类型的点头姿势都能准确传达出这一含义。点头的频率不同，所代表的含义就有可能不同。

缓慢地点头动作表示聆听者对谈话内容很感兴趣。当你表达观点时，你的听众偶尔慢慢地点两下头，这样的动作表达了对谈话内容的重视。同时因为每次点头间隔时间较长，还表现出一种若有所思的情态。如果你在发言时发现你的听众很频繁地快速点头，不要得意，因为对方并非就是赞同你的观点，他很可能是已经听得不耐烦了，只是想为自己争取发言权，继而结束谈话。刚刚大学毕业的明宇去一家单位面试，负责面试的是一个年轻女孩。问了几个常规问题后，她话锋一转问起明宇的兴趣爱好。明宇随便聊了几句法国小说，张口雨果闭口巴尔扎克和她聊了起来。年轻考官好像很感兴趣，对他不住地点头，明宇仿佛受到了鼓舞。话题轻松，聊的又是明宇的"强项"，他有些有恃无恐，刚进大学那阵子猛啃过一阵欧洲小说，觉得还真帮上大忙。见考官这么有兴致，明宇当然奉陪。眼看临近中午，年轻的面试官不住地点头、不停地看表，明宇还没有停下来的意思，原定半小时的面试，他们谈了一个多钟头。面试结束，考官乐呵呵地说："回去等消息吧。"明宇也乐呵呵地说："希望以后有机会再聊。"明宇回去悠闲地等，最终也没有等到复试的通知。从这个例子可以看出，听众在你发言的时候不停地点头，往往不是对你十分赞同，而是觉得你说话太啰唆，他只是想借助这个动作让你不用再多说。明宇在表达的时候不顾及他人的肢体语言传达出的感受，一厢情愿地侃侃而谈，如此会错了意又怎么会有好的谈话效果？同时，经过心理学家的实验证实，当对方做"点头如小鸡啄米"这个动作时，当他快速的点头的时候，他其实很难听清你在说什么。被父母唠叨的小孩子身上也能经常见到这样的动作，当父母说"你不能……"的时候，孩子会频频点头，嘴里叨念着"知道了，知道了"。这样的动作恐怕真是答应得快、忘记得更快了。

如果对方是真正赞同地点头，他会在你说完话后，缓慢地点头一下到两下，这样表示他是在用心听你说话。如果他希望你继续提供信息，他会在你谈话停顿时，缓慢而连续地点头，他是在鼓励你继续说下去。点头的动作具有相当的感染力，能在人的心里形成积极的暗示。因为身体语言是人们的内在情感在无意识的情况下所作出的外在反应，所以，如果他怀有积极或者肯定的态度，那么他说话的时候就会适度点头。

一条眉毛上扬，表示对方在怀疑

眉毛的主要功用是防止汗水和雨水滴进眼睛里，除此之外，眉毛的一举一动也代表着一定的含义。可以说，人的喜怒哀乐、七情六欲都可从眉毛上表现出来。

毕业论文答辩会上，小吴发现自己在陈述时，一名评分教授一条眉毛一直上扬。这一动作让小吴分外紧张，她开始强烈地怀疑自己的论文水平。答辩结束以后，很多同学都说到了一条眉毛上扬的教授。看来这个教授在听每个人的答辩时都眉毛上扬。

如果这位教授只对小吴做出了这个表情，那么表示他是在怀疑，可能是因为他并不认同小吴的论点。但所有的同学都开始反映这个问题时，眉毛上扬的动作很可能就只是他的一种习惯。两条眉毛一条降低，一条上扬，它传达的信息介于扬眉和低眉之间，半边脸激越、半边脸恐惧。如果你遇到一条眉毛上扬的人，表示他的心情通常处于怀疑的状态，也说明他正在思考问题，扬起的那条眉毛就像是一个问号。

每当我们的心情有所改变时，眉毛的形状也会跟着改变，从而产生许多不同的重要信号。眉飞色舞、眉开眼笑、眉目传情、喜上眉梢等成语都从不同方面表达了眉毛在表情达意、思想交流中的奇妙作用。观察对方眉毛的一举一动在第一次见面时就可以把对方的性格猜个八九不离十，你若是精明人就很容易捕捉以下的细节：

低眉

低眉是一个人受到侵犯时的表情，防护性的低眉是为了保护眼睛免受外界的伤害。

在遭遇危险时，光是低眉还不够保护眼睛，还得将眼睛下面的面颊往上挤，以尽最大可能提供保护，这时眼睛仍保持睁开并注意外界动静。这种上下压挤的形式，是面临外界袭击时典型的退避反应，眼睛突然被强光照射时也会有如此的反应。当人们有强烈的情绪反应，如大哭大笑或感到极度恶心时，也会产生这样的反应。

眉毛打结

指眉毛同时上扬及相互趋近，和眉毛斜挑一样。这种表情通常代表严重的烦恼和忧郁，有些慢性疼痛的患者也会如此。急性的剧痛产生低眉而面孔扭曲的反应，较和缓的慢性疼痛才产生眉毛打结的现象。

耸眉

耸眉可见于某些人说话时。人在热烈谈话时，差不多都会重复做一些小动作以强调他所说的话，大多数人讲到要点时，会不断耸起眉毛，那些习惯性的抱怨者絮絮叨叨时就会这样。如果你想通过对方的面部表情了解一些潜在的信息，眉毛就是上佳的选择。

轻抬眉毛

《老友记》里的主人公之一乔伊，因其丰富、幽默的面部表情给观众留下了深刻的印象，他不善言辞，经常话到嘴边却不知道用什么词语来表达，但他丰富有趣的面部表情却准确地传达出了自己的想法，仅仅是眉毛上的动作就有很多种。当他遇到自己心仪的美女时，会微笑着，轻抬一下眉毛，不用说话，对方就知道他对自己有好感。

轻抬眉毛的动作从远古时代就已经广泛使用了，当你向距离稍远处的人打招呼的时候，会不由自主地使用这个动作，迅速地轻轻抬一下眉毛，瞬间后又回复原位，这个动作可以把别人的注意力引到你的脸上，让他明白你正在向他问好。

眉毛虽然只是人面部一个很小的部分，但作用却很大，它的一动一静，都会在无形中透漏你的心境。

模仿你打哈欠，是"认同你"的开始

我们经常说打哈欠会传染，通常一群人中有一个人有了这个动作，其他人就会竞相效仿。关于原因，科学家们还不是很清楚。但身体语言专家亚伦皮斯认为哈欠是一种模仿行为。应该说打哈欠是最显著的模仿行为之一：只要一个人打哈欠，他身边的那些人就会接二连三地打哈欠。模仿行为并没有固定的行为，最初的动作者可能是随意的一个动作，但后来者使用了跟他一样的动作。比如撩起耳边的头发，抚摸另一只手的手背，等等，我们不讨论这些动作本身的含义，而是探究后来者进行模仿的这个事实的含义。

对肢体语言同步现象的研究显示，如果人们彼此之间有着相似的情绪，或是具有相同的思路，他们就很可能互相产生好感，而且会开始模仿对方的肢体语言以及面部表情。也就是说，模仿的产生不仅仅是外在的，正是因为内在的某些相似性，人们才会从"打哈欠"这样的动作开始模仿，而反过来从模仿里，他们也就能找到"同类者"，也可以说是在寻找跟他们志同道合的人。

跟他人保持"同步"是人与人之间的一个纽带。有一个有趣的说法是，当我们还是子宫中的胎儿时，就已经开始学习"同步"。因为我们的身体功能和心跳节奏都会尽量与母亲保持一致。所以，模仿可以说是人类与生俱来的一种倾向。

模仿使人安心

我们和陌生人打交道时，通常我们会仔细观察他们是否会"模仿"自己的行为与姿势。如，一个哈欠，一个手部动作，等等，因为，如果他们对你的肢体动作进行模仿，就代表着他们认同了你，接受了你，这是建立友善的关系的开始。所以，当我们看到对方模仿自己时，就好像看到了自己的朋友，心里产生一种亲切感。

比如一个刚认识的朋友到你家里做客，他可能会感觉到很拘谨，尤其是在餐桌上。他会很担心自己的习惯和你家里不合拍，于是他会小心谨慎地先看看你和家人怎么做，然后模仿你们的做法；或者是刚转到另一个学校的学生，课间休息时就会感觉很不安，于是他就可能观察其他的同学都在干什么，如果发现大家都出去进行体育活动，想要迅速融入这个集体的人也会克服自己的紧张走出教室，

做出活动姿势，并在心里期待其他的学生能够邀请他加入。

模仿获取认同

模仿就是人类的一种社交工具，它能够帮助我们的祖先成功地融入群居生活之中。不仅如此，模仿还是最为原始的学习方法之一。理解模仿行为的含义是肢体语言学习中最为重要的课程之一，因为这是其他人向我们传达首肯或好感的最显而易见的方式。同样，我们也可以通过模仿其他人的肢体语言，直接而便捷地让他们感受到我们的善意。

一个高明的推销员曾经对同行们这样说，当客户开始模仿你的动作时候，就是他们认可你，认可你产品的前奏，这时，你不妨假装不经意的模仿客户的动作。从而彼此的认同感就会增加，最终客户将接受你向他们推销的产品。模仿为什么会获得认同感，一个很可能的原因就是，人都有自恋的情绪。模仿在这里被视为一种恭维的暗示，被恭维的人就很容易解除防线，接受外人的建议。

被模仿者才是主导者

有模仿行为，必然存在着被模仿的原始行为。虽然两者都有着相似的表象，但内部体现出来的权力差别却是很大的。模仿也可以看作是一种学习行为，对方在学习你的一举一动，而促使他这样做的原因是他对你的尊敬，或者喜爱，他认为你身上有比他更优势的地方。所以，优势地位是在被模仿者这一边的。小王想找老李借钱，于是他来到了老李家。他没有首先就表明来意，而是跟他们聊天。然后小王发现，老李很爱模仿妻子的动作。当妻子叹气时，老李也紧接着叹气；当妻子喝茶时，老李也端起了杯子。于是小王把主要对象确定在了李太太身上，向她表明了借钱的愿望，并且阐述了一系列理由并作出按时还钱的保证。小王很注意观察夫妻之中是谁在模仿谁，因为这可以揭示出谁家庭权力更大或者能够作出最终决定的人到底是丈夫还是妻子。如果妻子首先做出某些动作，不管这些动作有多么细微，如交叉双腿、手指交缠或是做出思考的姿势，只要这个男人跟着模仿，那么你就可以确定让这个男人作出决定是毫无意义的——因为他根本就没有作决定的权力。

模仿改善关系

模仿也可以影响其他人对你形成的印象。如果一位老板期望与一个拘谨紧张的员工建立亲善关系，并且营造出轻松的谈话氛围，那么他可以通过模仿这个员

工的肢体语言来达到这个目的。对方就会觉得你很平易近人。

不过需要说明的是，能在双方间产生亲和感的模仿动作，都应该是没有攻击性的，也不应该是炫耀意味过浓的姿势，否则将会引起不快和反感。

不停地敲桌子，是因为有话要说

你是否有这样的经历，当你和同事争论某个问题的时候，他会不停地敲桌子，然后说，静一下，听我说两句。是的，他不停地敲桌子，是因为有话要说。如果你是一个会议的发言人，当你在滔滔不绝的时候发现有的与会者在不经意地以指尖轻敲桌子。那么你千万不要觉得对方是在向你表达赞同或者恭维，这表明他在思考，他在等待发言。当你在进行业务解说，发现客户有这个动作的时，你就该考虑停下来，把话语权交给他，以免客户不耐烦。

传播学家研究发现，手上的小动作往往比有声语言更能传达出说话者的心意，因为作为一种可视的沟通形式，它比语言传递得更远，而且不会受到那些有时会打断或淹没话语的噪音的干扰。所以，有时候手势是一种独立而有效的特殊语言，它能传递一些我们熟悉的讯息。比如，拍手表示激动或赞成，而把小指和拇指放在耳朵边上表示需要打电话；大拇指朝上表示赞同或钦佩，大拇指朝下则表示不赞同或鄙视对方；伸手表示想要东西，手背在后面表示不想给予。

除敲桌子之外，还有一些不自觉的小动作，也能暴露行为动作者内心的真实状况：

不停地摸耳朵

如果他人在和你交谈的过程中，对方频繁地摸耳朵或拉耳垂，这表明他厌倦了你的滔滔不绝。他做这个动作是想告诉你，他很想开口谈谈自己的意见。

把玩手腕或手腕上的物品

如果你正在和他人交谈，发现他正在把玩手腕或手腕上的物品，这表明对方内心充满犹豫，他正在考虑诉说他内心的想法，这表明他内心很挣扎，有话要说。

微张嘴唇

如果和你交谈的人，几次三番的微动嘴唇，却没有发出声音，这表明他有话要说。他内心很想表达自己的想法，所以自然张嘴欲言。可是出于礼貌，他没有打断你的话。

用手指或手上的东西做画线动作

如果你正和他人交谈，发现他用手指或利用手上的东西在桌上做画线动作，这表明他有话想说可是又不能打断你，他不停的动作表明他很焦急。此时你还不停止说话，他的额头甚至会出现汗珠，手上动作的频率会更快。

手势里蕴含大量的信息，是随着说话者所表达的内容、具体的环境以及在某种感情的支配下，自然而然地流露出来的。因而，从某种程度上来说，手势是人的第二张面孔，传达着丰富多彩的信息。

频繁拨弄头发，心中紧张不安

不知道你是否注意过，人们在处于紧张的状态时总是会下意识地做出一些小动作，而这些小动作能够泄漏出很多内心信息。例如，你和朋友交谈时，他总是不时地拨弄头发，这是他的大脑发出了信息："心慌！安抚我一下吧。"是的，就像小猫小狗感觉害怕时会舔自己的毛发一样。人类频繁地拨弄头发，也表示心中紧张不安。

如果留心观察儿童的身体语言，你会发现，小孩子犯错误被父母或老师发现之后，经常会做出这样的动作——站在大人面前，身体不动，只是用手不停地拨弄头发，通常还带着无辜的眼神，表现出十分紧张的神态。仿佛在说"我错了，我会不会挨打呢"，因此，太频繁地拨弄头发，不是说这个人没有洗头发、头皮很痒，而是他内心极度不安，缺乏自信，需要用频繁地拨弄头发来掩饰心中的不安和不确定感。对这样的动作最常见的解释是当事人感到疑惑、不安、甚至有点焦躁。小葛是个纨绔子弟，和莉莉结婚后稍有收敛。可是有一天，小葛又彻夜未归，早上回家，他发现莉莉整晚没睡。莉莉站在窗口，红肿着双眼，她质问道："你是不是又去夜店了？这个家你还要不要了？"从未见过莉莉发火的小葛有些慌乱了，他不停地拨弄头发，说："我，我没去夜店啊，你相信我！"从上面例子可以看出，尽管小葛嘴上否定了莉莉的猜想，但他手上的动作却表明了他的不安、顾虑。细心观察，在人们面对紧张的时候，总会通过一些小动作将情绪透漏给你。让我们看看其他的一些体现紧张的小动作：

不停地清嗓子

你会发现，很多人原本嗓子没有不舒服的感觉，可是在准备比较正式的演讲前，他会不停地清嗓子。这不是怪癖，只是紧张的缘故。不安或焦虑的情绪会使喉头有发紧的感觉，甚至发不出声音。为了使声音正常，他就必须清嗓子。这也是有的人说的"紧张的连声音都变了"的原因。如果你遇到说话不断清嗓子、变声调的人，这表示他们非常紧张、不安和焦虑。

狠狠掐烟或任烟自燃

抽烟有时会被认为是缓解紧张、压力的方法。生活中，你常常可以看到这样的动作，有人在烟没有抽完的时候，忽然把烟头狠狠掐灭或是把它搁在烟灰缸上任其燃烧。其实这样动作的潜台词常常也是压力、紧张、焦虑。

屁股底下坐了球儿

每个人在当学生的时候大概都被老师说过："你能不能好好坐着？你屁股底下坐球了？"当你和别人聊天时，如果发现他坐立不安，那就表明他感到有压力或不安，有时候无聊也会有这样的动作。

很多动作看起来很平常，实际上也是紧张不安的表现。比如撕纸、捏皱纸张、紧握易拉罐让它变形，等等，并且你可以发现，当一个人的紧张感、不安感严重的时候，这样的动作出现的概率更大。人们似乎希望借这些动作来缓解，同时稳定情绪。

头枕双手，一切都在他掌握之中

高度自信的动作能够反映大脑的高度舒适感和绝对自信。你可以尝试一下头枕双手这个动作，当你做这个动作时，是不是腰挺得很直？是不是有一种长高了的感觉？对，要的就是这种优越感。这是一种袒露胸脯、表现力量的体势。它代表着自信和无所不知，那些自我感觉高人一等，或是对某件事情的态度特别强势、自信的人，就会经常做出这个姿势。仿佛在对旁人表示，"我知道所有的答案"，或是"一切都在我的掌控之中"。

一般情况下，头枕双手的姿势经常见于管理层的职员，刚得到晋升的经理也会突然开始习惯于做这个姿势，尽管他在被提拔之前很少做出这种姿势。通常是管理者在他们的下属面前做出这个姿势，很少见到面对自己的上级做出这个姿势的职员。

某公司职员们发现刚刚晋升的销售部经理突然间有了这样一个习惯动作，当他坐在自己的椅子上时，喜欢把头向后仰，然后用双手枕住，使得双臂弯曲折在脑后，形成一个类似于羽翼的形状。于是，很多职员偷偷讪笑他越来越有官相了。

晋升以前，经理并没有经常做出这种头枕双手的姿势，但新的地位却让他养成了这个习惯。由此可以证明，经理对他的现状感到满意和舒适，他感觉一切都在他的掌握之中。

头枕双手的姿势不仅可以显示出当事人自我感觉良好，还可以表现他想要获取支配地位的心态。研究还发现，男人更喜欢用这种身体姿势。你和人交谈的时候，如果他是采用这种姿势的，那代表他的心里有些高你一等的想法。通常他是想给你施压，或者故意营造出一种轻松自如的假象，以此麻痹你的感官，让你错误地产生安全感。

生活中表现自信和掌控的体势很多，例如双手放在背后，同时双手紧握，抬头挺胸，下巴微微扬起，这个动作表达的含义和头枕双手相类似。做这个动作往往与权威、自信和力量相伴相随。摆出此种姿势的人是将脆弱、易受攻击的咽喉、心脏、脾胃暴露在你的视线之下，这样做显示了他无所畏惧的胆魄，他有一种"一切都在我掌握"的优越感。

在生活中，只有那些有着骄傲的自信、"艺高胆大"的人才敢于做这样头枕双手、倒背手紧握的动作。他们将自己的胸脯袒露给你，正是想向你表明自己的自信和力量，这样的姿势强化了信心、权力、权威的色彩。

拥抱自己是一种自我安慰

很多人在面对压力的时候，他会将手臂交叉并反复用双手摩擦肩膀，好像很冷的样子。看到这样的动作，我们会联想到母亲抱住孩子的情形。这是一种能产生安全感的动作，它能让人感到平静。拥抱自己这一动作常见于女性，当她们沮丧、害怕的时候，常常把自己抱住，身体上的亲密接触可以消除恐惧，获得安全感。随着年龄的增长，成年人不能像小孩子一样再向别人索求拥抱。这是当她们得不到亲人、朋友的安慰时，采取的一种自我安慰的方式。

职场新人小媛上班第一天就遭到了老板的责骂，她沮丧地回到家里。把自己关在卧房，双手抱膝坐在床上，并且把头紧紧地埋在怀里。这样蜷缩成一团的姿势让她的身型显得格外娇弱。

在遭受挫折或者遇到悲伤的事情时，有些人通常会采取这样的姿势来安慰自己。这种给自己的拥抱是对童年记忆的一种回忆。在他们的幼年时期，如果遇到难过的事情，或者处于一种紧张的气氛中，他们的父母或看护人就会将他们拥进怀中，用温馨的怀抱舒缓他们悲伤、不安的情绪。长大以后，当他们感到紧张不安的时候，他们常常会模仿长辈的动作来安慰自己。比如情境再现中的小媛就是这样，在完全私人的场合里，她的身体语言很明显地表达出了她的内心独白，此刻的她极需要一个温暖的怀抱，就像小时候妈妈的怀抱一样。

一般来说，我们很少能看到成年人在公开场合做出明显的拥抱自己的动作，比如双臂交叉，紧紧抱于胸前，或者像情境再现中的小媛的蜷缩怀抱姿势，因为公开场合会让所有的人都看到他们内心的恐惧。

如果你与女性接触，会发现她们往往会用一种更为隐晦的方式来替换这种过于明显的肢体语言，如单臂交叉抱于胸前的姿势。这是一种隐晦的自我拥抱，她们只使用一只手臂，让它在身体前部弯曲后抓住另一只手臂，从而在自己与你之间形成一道障碍，拒绝你靠近，看起来就好像是在拥抱自己，其实这也是给她们缺乏安全感的心灵带来一丝安慰。

我们在车站候车处或者电梯等场合经常见到有人做出拥抱自己的动作，因为这些场合通常围绕在身边的都是陌生人。在这种情况下你会发现，女性会更容易产生强烈的不安感，她们会紧紧地拥抱自己。另外，在参加一些社交活动或工作会议时，也常见有人做出这种动作。因为这种姿势可以与其他人保持一定的距离，表露出动作者内心的不安与缺乏自信。

自我抚摸是为了寻求安慰

当人们处于紧张、情绪低落、遭遇挫折时，会不自觉地借助各种不同形式的自我抚摸来安慰自己，给自己打气。例如用手挠挠头皮、梳理一下头发，并抚摸后颈，女性则通常会双手环抱着身体，用手摩挲手臂，这正是寻求被保护、进行自我安慰的典型动作。每个人都有亲密接触的欲求，这方面女性的欲求大于男性，儿童的欲求大于成人，小孩子如果跌倒或者受到其他伤害，第一个反应就是让妈妈抱抱，身体上的亲密接触可以消除恐惧，获得安全感。随着年龄的增长，成年人不能像小孩子一样再向别人索求拥抱，人们无法随时随地得到亲密接触，因而以自我抚摸来满足亲密接触的需求。常见的自我抚摸动作有以下几种：

头部区的抚摸

比如抚摸额头、挠挠头皮、抚摸头发、用手托头，等等。一般做出这样动作的人，多半内心感觉无聊、孤独，心事重重，他们做出这样的动作，就是为了鼓励自己或寻求安慰。

颈部区的抚摸

抚摸颈部的前方、后方。女性尤其喜欢抚摸颈部前方，当她们听到使内心不安的事情时常常不自主地用手掌盖住自己的脖子前方靠近前胸的部位。这样的动作很像我们小时候受到了惊吓，妈妈用手抚摸我们的颈部区，说道："拍拍，拍拍就不害怕了。"

手部的抚摸

摩挲自己的手背、吸吮手指、咬指甲等。当你发现有人出现这些下意识动作时，可以给对方适当的安慰和身体接触。但是不能太过，轻轻拍一拍对方的肩是最适度的安慰。因为虽然做这些动作是渴求接触的表现，但他们强烈的戒心依然会反感你过度的接触。

脸部的抚摸

例如用手抹脸、轻捏脸颊，双手捧着脸。做这样动作的人，多在思考中，他们内心孤独，希望通过自我抚摸获得安慰。

间接自我抚摸

有些动作看起来与自我接触扯不上关系，实际上也是一种间接的自我抚摸。比如撕纸、捏皱纸张、紧握易拉罐让它变形，等等。这种间接的自我抚摸也刺激到了人们的触感。并且你可以发现，当一个人的挫折感或者不安感越重的时候，这样的动作出现的概率更大。人们似乎希望借这些动作来发泄，寻求安慰，同时又稳定了情绪。

表情，让他的心底一览无余

瞳孔扩张，表示对你的谈话感兴趣

日常生活中我们很容易观察到别人的手势、坐姿、表情等身体语言，而对于眼睛的观察只是停留在暗淡无光或是炯炯有神的层面上，其实人的瞳孔里还有很多值得我们去发掘的信息。人的眼睛通过数条神经与大脑连接，它们从外部获取信息，然后通过神经把信息传递给大脑。受到刺激的大脑又反馈信息给瞳孔，于是人的心理也就在瞳孔上表露出来。如果说眼睛是心灵的窗口，那么瞳孔就是窗内的风景。

美国芝加哥大学研究瞳孔运动的心理学家埃克哈特·赫斯发现，瞳孔的大小是由人们情绪的整体状态决定的。如果有一天，你兴致勃勃地和某人聊天，发现他的瞳孔扩张，认真聆听你的谈话，这表明他对你的谈话非常感兴趣，你可以继续发表你的言论。晓月在电脑城卖电脑，她向顾客推荐新产品时，她会一边介绍，一边留意顾客瞳孔的变化，如果她发现顾客在听她讲解的时候瞳孔明显变大，心里就会暗自窃喜，因为她知道她的推销成功了，顾客对她的谈话和她推荐的商品都很感兴趣，她会把价钱要得很高。从例子可以看出，当一个人对你的谈话内容感兴趣的时候，会在他的瞳孔上有所反映。当一个人处于兴奋、高兴的情绪状态时，其瞳孔就会明显变大。反之，当一个人处于悲观、失望的情绪状态时，其瞳孔就会明显缩小。据此，细心的你可以通过他人瞳孔的变化发现生活中其他的有趣现象。

例如，一个性取向正常的人，不管是男人还是女人，只要他们看到异性明星的海报，瞳孔便会扩张；但若看到同性明星的海报，瞳孔就会收缩。同样，当人们看到令人心情愉快或是痛苦的东西时，瞳孔也会产生类似反应。比如，看到美食和政界要人时瞳孔会扩张；反之，看到战争场面时瞳孔会收缩，在极度恐慌和极度兴奋时，瞳孔甚至可能比常态扩大 4 倍以上。婴儿和幼童的瞳孔比成年人的瞳孔要大，而且只要有父母在场，他们的瞳孔就会始终保持扩张的状态，流露出无比渴望的神情，从而能够引来父母的持续关注。

一般来说，当人们看到对情绪有刺激作用的东西时，瞳孔就会变化。赫斯还指出，瞳孔的扩张也与心理活动密切相关。例如，某个工程师正在冥思苦想努力解决某个技术难题时，当这一难题终于被攻破的那一刹那，这位工程师的瞳孔就会扩张到极限尺寸。

很多玩牌的高手之所以能屡战屡胜，最主要的原因就在于他们善于通过观察对手看牌时瞳孔的变化来揣摩对方手中牌的好坏。他如果看见对方看牌时瞳孔明显扩大，则可基本断定对方拿了一手好牌，反之，当他看见对方看牌时瞳孔明显缩小，据此他又可以断定对方的牌可能不太好。如此一来，自己该跟进还是该扔牌，心里也就有底了。如果对手戴上一副大墨镜或太阳镜，那些玩牌的高手可能会叫苦不迭。因为他们不能通过窥探对方瞳孔的变化来推断对手手中牌的好坏。如此一来，他们的获胜率肯定会直线下降的。

这一点还体现在青年男女约会上，如果你的约会对象在注视你的时候，眼神温柔、瞳孔扩大，那基本可以断定他是喜欢你的。关于瞳孔扩张的这一发现被研究引入了商业领域，人们发现瞳孔的扩张会令广告模特显得更有吸引力，从而吸引更多的顾客购买商品。因此，商家通常将广告照片上模特的瞳孔尺寸修改得更大一些，有助于提升产品的销量。

有句老话说，在和别人说话时，要看着对方的眼睛。是的，如果他在和你交谈时，瞳孔扩张，那真要恭喜你，这表明他对你的谈话很感兴趣。下次，要"好好看看对方的瞳孔"，因为瞳孔从不说谎。

走路时视线向下的人凡事精打细算

孔子曾说过："观其眸子，人焉廋哉！"意思就是说，想要观察一个人，就要从观察他的眼睛开始。因为眼睛是人的心灵之窗，所以，一个人的想法经常会由眼神中流露出来。而研究发现，一个人的视线，尤其是单独走路时无意识流露出来的视线，总会在无意间展露内心的意识以及喜好。

正常人在走路时视线是在前面大概3~6米的位置，角度通常是75度，在有人告诉你有危险或自己感觉到有异常时，人走路的视线角度会发生很大变化，可能在前面一米左右，角度非常小，步幅自然减小，以应对突发的变化。但是，如果你细心可以发现，生活中很多人在平时走路时视线都是向下的，颇有走自己的路，让别人去说的味道。这类人往往小心谨慎，凡事精打细算。这样的人都比较内向，他们为人谨慎、多疑，看似无心，实则总是在思索。与他们交流，你能感受到，他们对于能带来实质性收获的交流感兴趣，重视家庭生活。

在与人交往的过程中，如果你希望深入了解他人的喜好、秉性，你就需要多留意他人的视线。以下就来讨论不同的视线区域可能代表他人的哪些特质。

走路时视线朝上

这样的视线，通常会配合轻快悠闲的步履，头微微上仰，双手插在口袋里。如果你在路上遇到他，他可能还哼着小曲儿。这类人往往个性质朴，活得轻松自然，喜欢自然界的一切美好事物。一朵花、一只小狗、一顿晚餐，都能为他带来身心的满足。

走路时习惯平视

这类人个性认真，凡事喜欢就事论事，多半不喜欢拐弯抹角，不喜欢浪费时间，这类人属于务实派。

走路时盯着某物直瞧

平时很容易见到这类人，吸引他们目光的可能是一支笔、一只猫。其实，吸引他们的不是这些东西，真正吸引他的通常和他正处理的事务相关。这类人往往专注力强，此时，他正沉浸在自己的世界里天马行空，这类人喜欢谈论目前手头上正在进行的事务。

走路时喜欢东张西望

在走路时喜欢东张西望的人，往往专注力不强，这类人很容易受到外界的干扰，总是漫不经心，好奇心比较重，喜欢新鲜的人、事、物。如果你和这样的人讨论问题，他往往会反复问相同的问题。是的，他根本没有仔细听。这就是小时候老师常常批评的"注意力不集中"。

总之，每个人走路时的视线区域是不同的，了解这些细微差别，你就可以从这些司空见惯的动作里透视人心。

避开视线、延长眨眼时间是讨厌的信号

视线表达了一种关注感，被视线关注的人会自然地用心聆听凝视者的话。而视线还有其他的魔力，透过视线，你可以了解他人的心态和情感。

当你发现别人竭力避开你的视线或者延长眨眼时间的时候，肯定是有什么事情让他们觉得不对头。他也许是不喜欢你、或者对你不感兴趣；也许是在自我保护，或者有事隐瞒；也有可能是不知道怎么面对你，或者仅仅是害怕你。

如果对方快要跟你的眼神交会时，突然避开你的视线，虽然表面上没有拒绝跟你说话，但却已经散发出不想再继续交谈下去的信息了。既不想再听你说话，也没有认同你的意思。如果某人避开视线故意让你看出来，这样的人就比较极端，这是对你抱有敌意与嫌恶，而且毫不隐藏地表现出来。如果在谈话期间视线一直不肯和你的视线交汇，恐怕是因为对方讨厌你，也有不想被你所左右的意思在里面。

心理学家达尼尔曾说过这样一句话："敢于与对方做眼神接触表现了一种可信和诚实；缺乏或怯于与对方进行眼神接触可以被解释为不感兴趣、无动于衷、粗蛮无礼，或者是欺诈虚伪。"事实也往往如此。一家医院在分析了收到的大约1000封患者的投诉信后归纳出，大约90%的投诉都与医生同患者缺乏眼神接触

相关，而这种情况往往被认为是"缺乏人道主义精神或是同情心"。

为什么有些人和你说话你会感到不舒服？而有些人和你说话却会令你感到不自在，还有一些人在和你说话时甚至会让你怀疑他们的诚信？这是因为眼睛能够透视人们内心的想法。会面的两个人如果彼此较多地注视对方的眼睛，那就代表他们彼此之间都很感兴趣，或者对所谈的话题有热情。相反如果话不投机，彼此之间就会尽量避免注视对方，这样可减轻紧张的形势。

当然，如果他不喜欢你，也可以通过延长眨眼时间来传达讨厌你的信号。在正常的条件下，一个人眨眼的频率是 1～3 次/分钟，每次闭眼的时间也仅仅为 1/10 秒。但是，在某些特殊的情况下，为了特定的目的或是为了表达特殊的情感，一个人可以故意延长他眨眼的时间。如果你凑巧遇到某个人对你做出此种姿势，就得留意他此举的含义了。

这里所说的拉长时间，并非他迅速的眨眼，再隔很长一段时间之后进行下一次的眨眼动作，而是每一次眨眼动作的时间被拉长。要实现这个目的，人们在每次眨眼时，眼睛闭上的时间就要远远长于正常情况的 1/10 秒。

为什么会出现这种的情况？他自己可能并没有意识到这个动作，只是潜意识里这样做了。事实上是因为他对你感觉厌倦，他觉得与你谈话很无趣。我们在谈话中如果发现对方对自己做出这样的动作，我们就需要提醒自己是否谈话内容实在不能引起他的兴趣。因为这种动作表明他已经不想再跟你继续讨论下去，所以他每次眨眼时眼睛会闭上两到 1～2 秒甚至更长的时间，希望你从他的视线中消失。如果你发现你在讲话时，你的听众开始有了拉长眨眼时间的行为，甚至同时伴有哈欠，你就可以结束这次讲话了。

难怪美国哲学家埃默森说："人的眼睛比嘴巴说的话更多，不需要语句，我们就能从彼此的眼睛了解整个世界。"

握手时一直盯着你的人，心里想要战胜你

在西班牙斗牛的节目中，那些被激怒的公牛会在进行角斗之前，把眼睛瞪圆了一直盯着对方。在这点上，人类也是一样。世界上大多数国家的人都不会对不熟悉的人进行直视，一直盯着对方会被认为是没有教养的表现，甚至被看成是一种故意挑衅的行为。当某人和你握手时，一直直视你，甚至盯住你不放，这其实是对你的挑衅，他的心里是想要战胜你。

目光接触是非语言沟通的主渠道，是获取信息的主要来源。人们对目光的感觉是非常敏感、深刻的。通过目光的接触来洞察对方心理活动的方法，我们称之

为"睛探"。目光接触可以促进双方谈话同步化。在对方和你交谈时，如果他用眼睛正视你，你可以更有效地理解他的思想感情、性格、态度。同时，通过"睛探"，可以更好地从对方的眼神中获得反馈信息，及时对你的说话进行必要的调整，通过这样的审时度势，一旦发现问题，可以随机应变，采取应急措施。

如果遇到和你握手时一直盯着你的人，并且他对你的注视时间超过 5 秒，他除了想在心理上战胜你之外，往往还对你有一种威胁。这种盯视还会被用到其他场合。例如，警察在审讯犯人的时候通常对他怒目而视，这种长时间的对视对于拒不交代罪行的犯罪者来说有着无声的压力和威胁。有经验的警察常常用目光战胜罪犯。

可见，即使是罪犯也不喜欢别人用眼睛紧紧盯住自己。因为被人紧盯住之后，心里就会产生威胁和不安全感。事实上，在你和对方握手、交谈时，如果遇到长时间盯着你的人，由于他眼神传递出来的信息产生了副作用，你从他的视线中是感受不到真诚、友善、信任和尊重的。

在生活中，人的角色是多样的，眼神之间可以传递不同含义的讯息，而影响一个人注视你时间长短的因素主要有 3 点：

文化背景

文化背景不同的人注视对方的时间可能存在很大的差异。在西方，当人们谈话的时候，彼此注视对方的平均时间约为双方交流总时间的 55%。其中当一个人说话时，他注视对方的时间约为他说话总时间的 40%，而倾听的一方注视发言一方的时间约为对方发言总时间的 75%；他们彼此总共相互对视的时间约为 35%。所以，在西方国家中，当一个人说话时，对方若能较长时间看着对方的眼神，这会让说话的人感到非常高兴。因为他认为对方这样做，说明对方很在意他的讲话，或者是很尊重他。但是，在一些亚洲和拉美国家中，如果一个人说话时，对方长时间盯着他看，这会让他感到不舒服，并认为对方很不尊重他。比如，在日本，当一个人说话时，如果你想表示对他的尊敬之情，那么你就应该在他发言时尽量减少和他眼神的交流，最好能保持适度的鞠躬姿势。

情感状态

一个人对他人的情感状态（比如喜爱，或是厌恶），也会影响到他注视对方时间的长短。比如，当甲喜欢乙时，通常情况下，甲就会一直看着乙，这引起乙意识到甲可能喜欢他，因此乙也就可能会喜欢甲。如此一来，双方眼神接触的时间就会大大增加。换言之，若想和别人建立良好关系的话，你应有60%～70%的时间注视对方，这就可能使对方也开始逐渐喜欢上你。所以，你就不难理解那些紧张、胆怯的人为什么总是得不到对方信任的原因了。因为他们和对方对视的时间不到双方交流总时间的1/3，与这样的人交流，对方当然会产生戒备心理。这也是在谈判时，为什么应该尽量避免戴深色眼镜或是墨镜的原因。因为一旦戴上这些眼镜，就会让对方觉得你在一直盯着他，或是试图避开他的眼神。

社会地位和彼此的熟悉程度

很多情况下，社会地位和彼此熟悉程度也会影响一个人注视对方时间的长短。比如，当董事长和一个普通员工谈话时，普通员工就不应该在董事长发言时长时间盯着他，如果那样的话，他就会认为你在挑战他的权威，或是你对他说的某些话持有异议。这样一来，肯定会在他心里留下不好的印象。所以，和领导或上级谈话时，最好不要长时间盯着对方，你可以采取微微低头的姿势，同时每隔10秒左右和他进行一次视线接触。不太熟悉的俩人初次见面时，彼此间眼神交流的时间也不宜太长，如果一方说话时，另一方紧紧盯着对方，这肯定也会让对方感到非常不舒服。

游离的视线暴露内心的不安

在日常生活中我们经常能遇到这样的情形，当你遇到一个眼神闪烁不定，东张西望的人，你会感到他忧心忡忡。甚至你会觉得他心中可能隐藏着某些事，或者是背着你做了对不起你的亏心事。这种担心是有科学根据的，就心理学而言，游离的视线往往会暴露内心的不安，往往是对方不愿意让你看到内心映射的表现。也就是说，隐藏着不想被你知道某些事的可能性非常大。

主持人挑战赛第九场，挑战者正在进行电视演讲。观众们发现2号挑战者的眼神左右游移，这使得他像在东张西望一样。这种动作和表情引起了观众的反感。事后，记者对他进行了采访，他说，太紧张了，心里很不安，眼睛有些不知道往哪看了。

挑战者在演播厅里的举动是因为他内心很紧张、不安，而他又想和观众保持眼神互动交流，所以不停地转换视线，以求和更多人的视线汇合一下。但他的动作由电视信号传递出去，更多的场外电视观众就会认为他的眼神很不规矩，东张西望的神情也令人生厌。

视线的游离往往是人内心活动的反映。在与人交谈的过程中，如果遇到东张西望的人，你该多留意一下他的视线变化，或许你可能从中了解到更为真实的东西。要知道，东张西望所透露出来的内心独白是："外部环境很陌生，我需要认清它并找到安全逃跑路线。"如果你不相信，可以看看动物的反应。很多动物被带到一个陌生的环境中，它们的视线就会上下左右四处扫视。而且动作相当明显，甚至伴有头部转动的动作。而一旦受到惊吓，它们会立刻循着自己刚刚锁定的路线奔逃，一刻也不迟疑。这证明它们在东张西望中就已经安排好了逃跑路线了。人类在新的环境中的环视动作比动物隐蔽得多，但摄像机还是能记录这些不安的眼神。所以，东张西望的神情是人们对于眼前的人或事缺乏安全感的表现。

游离的视线在很多时候是内心不安的表现，这里也有一类更为特殊的群体。在医学上，有些人被称为"视线恐惧症"患者，他们在与别人发生视线接触后，往往会立即转移自己的视线。因为他们觉得对方的眼光太过于强烈，从而使自己的眼睛不由自主地东张西望，这会让他们感觉非常不舒服。与此同时，他们的心理也处于一种矛盾的状态之中，一方面，他们想如果与对方进行对视，会不会使对方感到不快。另一方面，又想自己若是进行视线转移，对方会不会看透自己的心理。在这种进退两难的矛盾状态之中，他们越是焦急不安，就会使眼神更加左右游离，强烈不安的心理情绪就越严重。一般来说，此种类型的人，他们之所以会产生"视线恐惧症"，归根结底，是因为他们缺乏自信心。他们往往是通过别人眼中反映出的自己来认识和确认自己的存在与价值。

生活中，还有一些其他的视线可以传达不同的信号。例如：瞳孔偏到一旁的目光伴随着压低的眉毛、紧皱的眉头或者下拉的嘴角，那就表示猜疑、敌意或者批判的态度。你在公司会议上发表见解时，如果发现你的老板和同事大多用这样的视线来看你，你就得警醒了。可能是他们对你本身有意见，或者对你的说话内容表示不屑。不管是哪一种，你的主张都没有办法打动别人。而女人们通常喜欢用这种视线表达感兴趣的意思。同时伴有眉毛微微上扬或者面带笑容，那就是很有兴趣的表现，恋爱中的人们经常将之作为求爱的信号。

眼睛这扇天窗时刻都在向外界传播着内心世界的种种信息。当你看到有人不停地左顾右盼，目光游离，那么你就可以断定，他的目光是在告诉大家，"我内心不安"，或"心怀不轨"。

爱憎有因，癖好识人

喜欢暖色或冷色

色彩是物质反射出来的光线在大脑中的反映，不同的色彩带给人不同的感受。例如白色让人感觉冰冷，而蓝色能够使人镇静，由于不同颜色带来的视觉效果是不同的，因此，每个人都有自己偏爱的颜色，而人们偏爱的颜色和他们本身的性格密切相关。

各种不同的颜色大致可以分成暖色和冷色。暖色，例如红色、橙色、粉色等，可以使人联想到火焰和太阳等事物，让人感觉温暖。冷色，例如蓝色、绿色、紫色等，这些颜色能让人联想到水和冰，使人感觉寒冷。暖色和冷色给人带来两种截然不同的心理效果，喜欢暖色的人和喜欢冷色的人当然也有不同的性格。

总体来说，喜欢暖色的人行动力强，而喜欢冷色的人安静内向。前者就像他们喜爱的颜色一样充满热情和活力，喜欢和人分享自己的见闻和经历，常常在很短的时间内和人成为好朋友。他们好奇心强，乐于接受新鲜事物，但有时也会"三分钟热度"，缺乏持久性。工作上，一旦下定决心就着手实施，做事情干净利落，很少优柔寡断。他们虽然也有情绪化的一面，但是不会把不开心的事情一直放在心上，总是相信明天会更好。

相比之下，喜欢冷色的人的性格偏内向，喜欢独自一人思考而不是与人交谈。朋友聚会时，他们总是安静地坐在一边，偶尔和一两个朋友攀谈一番，但如果你想把他们拉到舞池中间去动起来，绝对需要花一番工夫。他们的生活中不会有太多新鲜刺激的事情发生，而且他们也很害怕遭遇各种临时状况，安静而平稳的生活比较合适。工作之外的时间他们通常都自己待在家里看书或者看电影，如果你想引起他们的注意，千万不要炫耀你的最新款手机或者名牌包，这只会让他们觉得你很俗气。

仅仅把颜色分成冷色和暖色似乎有些笼统，让我们来看看具体喜欢每种颜色的人都有哪些性格特点。

喜欢白色的人是态度认真的完美主义者。白色被认为是完美无瑕的，白色在全世界都被视为崇高、神圣的颜色，喜欢白色的人对白色的纯粹和美感十分向往，他们偏爱白色的衣服、白色的家具和白色的装饰品。无论对于工作还是生活都有比较高的追求，特别对于细节十分重视，容不得半点疏忽和差错，对自己要求严格，对别人则显得有些吹毛求疵，因此常常引起不愉快，然而他们严格的自律精神和认真的工作态度总是能够得到欣赏。

喜欢灰色的人善于平衡局面，追求稳定感。灰色是黑色与白色的混合色，给人暗淡、消沉之感，因此年轻人中很少有喜欢灰色的。喜欢灰色的人通常比较稳重，不会过度兴奋，彬彬有礼而又不失分寸，善于掌控局面协调人际关系。

喜欢黄色的人是上进心强的挑战者。黄色很容易让人联想到太阳的颜色，因此黄色也总是和阳光、温暖、希望这些词联系在一起。喜欢黄色的人理性而上进心强，在工作中总是有独树一帜的想法，喜欢挑战新鲜事物，具备走向成功的能力和推动力。

喜欢粉色的人温柔敏感、依赖心强。粉色是温柔的象征，让人感觉幸福和甜蜜。很多从小生长在富裕家庭中的人都喜欢粉色，尤其是女性。喜欢粉色的人多半性格温和，敏感而容易受到伤害，他们多半习惯了别人的照顾，因此依赖性也比较强，同时也有很多浪漫的幻想，向往完美的爱情和人生。

喜欢红色的人热情健谈、行动力强。红色具有让人神经兴奋的作用，可以激发人的竞争意识和战斗力。喜欢红色的人活泼好动，运动神经发达，说话有时口无遮拦，很容易感情用事。当然他们的热情和健谈也增加了许多魅力，身边总是有很多朋友。

喜欢蓝色的人谦虚谨慎、爱好和平。蓝色让人想起纯净的天空和湖水，喜欢蓝色的人为人谦逊，十分有礼貌，凡事都会做周全的考虑，绝不是头脑冲动的人，工作中喜欢制订周密的计划然后严格执行。他们爱好和平、不好斗，有时显得有些懦弱。

爱读小说或报纸杂志

读书一直以来都是人们重要的消遣方式，人们从书中解答疑惑、获得力量，而一本好书往往能够影响一个人对事物和人生的看法。因此，一个人看的书往往能够反映出他目前的心理状态。

喜欢读言情小说的人感情细腻、生性敏感，能够和书中的人物同悲同喜，在生活中善于体察别人的感受，比较善解人意。同时也有些多愁善感，常常触景生情；喜欢读侦探小说的人善于逻辑推理分析，喜欢挑战思维上的难题，在生活中有很强的洞察能力，他们也有很强的好奇心，喜欢探索未知的新鲜事物；喜欢读武侠小说的人内心有非常浓厚的英雄情结，希望自己能够打抱不平、出人头地，他们富于幻想，感情丰富，有很强的正义感，但有时显得固执；喜欢读恐怖小说的人，懒于思考，而是靠恐怖刺激的情节激活自己的脑细胞，他们很少从身边的人和事中寻找乐趣。然而他们心态很好，不会因为书中的恐怖情节影响自己的心情。喜欢读科幻小说的人对新兴的科学技术非常着迷，具有天马行空的想象力，喜欢做各种假设，例如关于未来世界、外星人入侵，等等，不讲究实际，经常在幻想中过日子。

相比之下，爱读报纸杂志的人更加理性。这类人不想把时间花在虚构的小说当中，每天的例行事件之一就是读报纸杂志，渴望及时了解政治、经济、文化等各个方面的新鲜讯息，他们喜欢思考各类社会事件和社会现象，对于新近发生的事情有很强的好奇心，常常对社会时事发表自己的见解。这类人通常勤于思考，喜欢分析周围的人和事，擅长进行逻辑分析。

喜欢读名人传记的人雄心勃勃。身边有很多朋友爱看名人传记，历史上著名的军事家、政治家，国内外著名的财经名人都是大家关注的焦点。爱看名人传记的人如果不是为了写论文而搜集材料，就一定是崇拜有加并且想要变成像对方那样的人，以男性居多。他们有很强的上进心，想要成就一番事业，不甘心过平凡的生活，因此从名人传记中读取别人成功的经验，把名人当作自己的榜样。在他们看来，如果想要成功就要像成功人士那样思考和行动，名人传记则是了解这些人的最佳途径。并且，他们从这些成功者的艰辛奋斗经历中获得强大的精神力量，鼓励自己不懈努力。喜欢读历史书籍的人平时喜欢思考，不喜欢胡扯、闲谈，宁愿花时间做一些有建设性的工作，而不想去参加无意义的社交活动。喜欢看漫画书的人通常童心未泯，不喜欢把生活看得太复杂，他们喜欢单纯的人际关系和简单利落的做事方式，有时对别人不加防备因而容易吃亏。喜欢读时尚杂志的人非常在意自己的外貌，十分顾及自己的面子，在日常生活中会尽力改变自己在别人心目中的形象。

爱好个人运动或团体运动

如今，人们对健康问题越来越重视，随着健身俱乐部和各种室外健身设施的完善，体育运动已经成为很多人生活中重要的部分。在各式各样的运动方式中，选择哪一种运动方式和人的性格也有关系。众多的运动方式可以大致分为三种，独自提高技巧的个人运动、一对一的竞争运动以及团队的竞争运动。三种运动不同的选择可以反映出不同的性格特点。

独自提高技巧的个人运动，例如长跑、游泳等，常常一个人独自练习并不断提高，可以清楚地看到练习的效果，虽然在比赛中也有竞争，但平时运动时主要是不断超越自己的过程。喜欢这类运动的人通常安静内向，在工作上总是一个人默默地努力，不擅长在团队中工作。这样的人通常比较能吃苦，他们懂得凡事需要坚持不懈的奋斗，克制力很强，对自己要求非常严格，一心一意朝着目标前进，通常不会半途而废或者见异思迁。爱好个人运动的人在人际交往中表现得比较羞涩和不安，在人多嘈杂的环境中会很不自在，对朋友也总是保持适度的距离，他们非常重视自己的私人空间和时间，不喜欢被人打扰。

然而同样是个人运动，马拉松迷和短跑迷的性格又有所不同。马拉松通常要跑一万米以上，一般人必须持续跑两个多小时才能完成，考验的是耐力。而一两百米的短跑只需要很短的时间，考验的是爆发力。在短跑迷看来，跑马拉松既枯燥又浪费时间，他们喜欢在短时间内集中精力将一件事情做好，性子比较急，工作虽然不够完美却能够迅速拿出结果。相反，马拉松看似单调无味，其实在整个长跑途中速度和呼吸的调整也很讲究策略，什么阶段应该加速、什么阶段应该保存实力，都不是随心所欲的。马拉松迷通常善于打持久战，而不善于应付紧急的工作，他们擅长对繁重的工作细致规划，然后每天按部就班地一点一点完成，他们也比较细心和有耐性，能够忍受长时间枯燥乏味的工作。

一对一的竞争运动，例如羽毛球、网球，等等，需要两人同时进行，一旦进行就会有胜负之分。喜欢这类运动的人，乐于与人竞争，喜欢在与对手的比拼当中不断发现自己的弱点从而更快地进步。一起打球也是他们结交朋友、增进友谊的方式，但是比起和六七个朋友一起出游，他们更乐意单独和一两个好朋友待在一起。另外，在一对一的竞争运动中，无论输赢都只能由自己一个人承担，不可能推卸责任，因此，热衷于此类运动的人喜欢清楚地做事情和干净利落的结果，不喜欢涉入复杂的人际关系当中。

团队的竞争运动，例如足球、篮球等，喜欢团队运动的人享受的往往不是运动本身，而是参与运动的乐趣。团体的归属感对他们来说十分重要，一起踢球的都是多年的好朋友，参加运动让他们感到自己是团体的一分子。此类运动中通常每个人都有各自的职责，以相互配合来取得胜利。喜爱这类运动的人喜欢在有明确分工和秩序的环境下做事，重视规则和责任。

总之，运动对于我们而言是一种必不可少的生活方式，而生活当中绝大多数人也都在运动。不同的人会热衷于不同的运动方式，这就是一个人性格方面的流露。因此，通过观察他人喜爱什么样的运动方式，可以判断出这是一个什么样的人。这里，我们具体从球类运动来分析。

有很多人喜欢打篮球。篮球对于每个高大英俊的帅哥，似乎都是必不可少的耍帅工具。其实，喜爱打篮球的人多有较高的理想和远大的目标，他们经常对自己抱有很高的期望，希望自己能够比他人出色，站到别人前边去。为了达到这样的目标，他们可以作出很大的牺牲和努力。这其中可能避免不了要遭遇失败，但他们失败以后不会被击倒，不会一蹶不振、灰心丧气，与之相反，他们的心理素质比较好，能够重新站起来，再接再厉。而且，喜爱打篮球的人，内心都比较阳光。他们对于事物中的阴暗面，或者看不到，或者看到了也能够不放在心上。他们还是相信人与事光明的一面。因此，和这样的人交往，会比较开心，会觉得人与人之间的关系都很简单。

有的人喜欢打网球。网球运动本身具有贵族的气息和很高的格调，并不是所有人都可以轻而易举地加入到这项运动中来的，所以喜爱打网球的人，大多是具有文化素养比较高的人，并且，喜爱网球运动的人从整体上来说，大多是属于文质彬彬、有涵养的人，他们会在各个方面严格要求自己，使自己达到一个相对比较高的层次上，力求完美和完善。

有的人喜爱打高尔夫球。高尔夫球和网球相似，也不是平常人都能融入的，而是一种象征着地位、财富和身份的贵族消遣。所以，喜爱并不一定都能玩得起，凡是能够玩得起的人，大都是具有一定的经济实力做后盾的人，而其本人也可以称得上是个成功者。他们能够成功是具备了成功者必备的素质：宽阔的胸怀、远大的理想、不达目的不罢休的精神、坚强的毅力。

有的人喜欢打排球。排球运动相对来说，是比较辛苦的一项运动。在刚开始打的时候，手腕都会肿。所以，能够坚持下来，并且喜爱排球运动的人，都是很有恒心和毅力的。他们一般不怕吃苦，只要通过自己的努力能够做到，就一定会坚定地完成。而且，喜爱打排球的人多是不拘小节的，他们在做一件事情的时候，对过程的重视程度往往要超出结果许多倍。

有的人喜欢踢足球。足球运动本身就是一项很刺激的运动方式，能让人兴奋。喜欢踢足球的人，应该是相当富有激情的，对生活持有非常积极的态度，有战斗的欲望，干劲十足。不过，他们有时候会有大男子主义，喜欢固执己见，不喜欢接受别人的安排。

有的人喜欢打乒乓球。乒乓球作为我国的国球，是我们都非常喜欢的一项运动。并且，无论男女老幼，都可以打乒乓球，所以，喜欢打乒乓球的人，都是个性比较随和的。而且，思维和身手都比较敏捷。他们能很快融入集体，在集体中也不会失去自己的独立性。

爱看谈话节目

如今，电视节目已经成为人们最普遍的娱乐消遣，各种节目类型层出不穷，不同性格的人对于电视节目的选择也有所区别。许多人爱看综艺节目、相亲节目，而另外一些人却对此类节目不屑一顾，他们热衷谈话类节目。谈话类节目中主持人和嘉宾通常围绕某个时下的热门话题展开讨论，大家各抒己见，常常针锋相对、讨论激烈。爱看此类节目的人通常对时事新闻非常感兴趣，十分享受思考和辩论中各种观点交锋的乐趣。他们思维缜密但略显偏执，凡事是非分明、爱好争论，一旦有人和自己意见不同就一定要讨论明白、分出高下。这类人非常善于从事逻辑性强的工作，喜欢挑战思维上的难题。从其他的电视节目类型当中，我们也可以了解一个人的爱好所在。

爱看大型综艺节目的人通常乐观开朗，胸襟开阔，生活中的小矛盾和不愉快都不会放在心上，善于看到事物好的一面，因此也总是无忧无虑的样子。常常大大咧咧，缺乏谨慎和细心的态度，戒备心弱，常常因为心软或者疏忽大意而吃亏。

爱看体育竞赛节目的人竞争心强、喜欢接受挑战。他们喜欢享受比赛中的刺激，内心有强烈的打败对手的欲望，而且心理素质较好，压力越大表现越佳。在工作中往往争强好胜、追求卓越，面对困难如同游戏，喜欢在竞争中获得乐趣。

电视节目之外，一个人喜爱的电影类型也能反映出个性特点。一些人非常喜欢看动作片、枪战片，这类影片中有大量的激烈打斗、飞车追逐、爆炸等场面，惊险刺激而血腥暴力。喜欢看动作片的人不但不会因此情绪沮丧或者恐惧害怕，反而当作是释放压力的过程。这类人通常凡事都能想得开，情绪稳定不易受外界事物的刺激而变化，因此每天都过得很快活。

喜欢看悬疑片和恐怖片的人，通常生活平顺而乏味，因此想要体验前所未有的刺激和战栗。和喜欢动作片的人相似，他们是乐观开朗的一些人，情绪不会受到影片情节的影响，只是把它当作消遣的方式。他们把现实和电影中的世界分得很清楚，当旁边的人蒙着头大叫恐怖时，他们会漫不经心地送上一句："电影都是假的，怕什么！"

喜欢看都市爱情故事的人，通常对爱情和婚姻抱有美好的想象，他们不喜欢看到现实中丑恶的令人沮丧的一面，常常把自己投入到电影的情节中去体验另一个世界。爱看这类唯美爱情故事的人在生活中也很爱幻想，有点逃避现实的倾向。

喜欢看家庭剧的人通常有很强的伦理观念，喜欢讨论家庭中的各种是是非非，另一方面他们也是非常恋家的人，会把工作之外的大量时间都用来和家人相伴。他们没有很强的企图心，对生活的要求不太高，最大的心愿是家庭和睦、大家平安健康。

爱收藏照片和书信

很多人喜欢收藏。有人喜欢收藏物品，是为了等待以后升值；有人是为了显示自己高雅脱俗，或者是炫耀自己的财富；有人只是兴趣所在，也为了陶冶情操；还有的人，只是因为怀旧心理。

比如收藏照片和书信的人，就有深深的恋旧心理。他们喜欢回忆过去的欢乐情景，喜欢回忆过去与自己曾经生活过的人，所以，他们收藏照片和书信，收藏那些往日的画面和风景，以及在自己生命中出现过的曾经有过文字交流书信往来的每一个人。每当他们打开相册，或者重读旧日的书信，就好像回到了过去。他们会由衷地感到，过去的一切都那么美好，现实生活中却有那么多的坎坷和挫折，于是，他们更加恋旧，也更加珍惜以前的照片和书信。因此，他们收藏照片和书信，把这些记录过去的美好的物品细心地整理好，时不时拿出来欣赏一番，以满足自己的恋旧心理。

除了收藏照片和书信，还有许多东西可以收藏，并且，根据不同的收藏，可以看出收藏者不同的心理和性格。

有的人喜欢收藏艺术品和古董。因为艺术品或者古董，往往代表着高雅、博学，更是财富的象征，因此，收藏艺术品和古董的人，比较注重自己的社会地位和身份。而且，由于收藏品的档次和价值是收藏者之间品位和眼光的较量，所以，这样的人好胜心很强。

有的人喜欢收集书籍、报纸杂志。这样的人，喜欢在家里读书，有学识和上进心，喜欢独处并能自得其乐。不过，他们的藏书虽然很多，但大多数已经过时，没有使用价值了，但是他们依然对这些书乐此不疲，所以这样的人在实际生活中总是比别人落后一些。

有的人喜欢收藏旅游纪念品。这样的人喜欢不断地追求新鲜、刺激，并具有探索的勇气和爱好。他们为了追求令自己满意的藏品，乐于冒险，出入于荒山野岭之中，将自己的足迹留遍大江南北。

有的人喜欢收藏象征荣誉的物品。此类人大都有过辉煌的过去，他们通常对现状不满，认为自己曾经的辉煌不应该那么快被淹没。所以，他们也是怀旧的人，只能依靠回忆过去的光荣历史来抚慰自己的心灵。

有的人喜欢收藏刺绣。这类人的思维非常缜密，办事井井有条，有主见，不随波逐流，不急功近利。因为无论从刺绣发展的历史，还是刺绣本身所花费的时间，都是一个漫长的过程，所以，喜爱收藏刺绣的人，意志力很强，最后大多能够成功。

有的人喜欢收藏旧票据。这类人有很强的组织和领导能力，办事条理清晰，非常细心和认真。不过，他们的精力也过多地浪费在了没有用的细节和过程当中，有的时候有点杞人忧天。他们偶尔也有寻找刺激的念头，但是到最后还是不会打乱自己的生活状态。所以，他们的生活几乎是一成不变的。

还有的人喜欢收藏玩具。这样的人很容易满足，喜欢待在家里，喜欢过平静安逸的生活。他们也会恋旧，对曾经有过的辉煌感到自豪，并极力保存在记忆中。他们的心比较单纯，有点幼稚。他们追求的就是年轻，喜欢和小孩子一起玩，并能从中得到快乐。

从形形色色的收藏爱好里，可以读出他们不同的性格和心理。不过，总的说来，收藏本身就是一种对过去的留恋。因此，不只是收藏照片和书信的人才有恋旧心理。

从宠物看主人

宠物可以说是现代人生活中很重要的一部分，我们身边总是不乏爱猫爱狗人士，如果仔细观察会发现，性格不同的人所选择的宠物也不太一样。心理学研究表明，每个人都喜欢与自己相似的人，每个人也都喜欢与自己相似的动物。人们倾向于喜爱与自己长得相像或者和自己共有某种性格气质的动物。过去，大多数人家里养狗，如今养猫的人也越来越多，我们可以从不同的宠物身上知道主人的心理特点。

喜欢猫的人内心向往慵懒而高贵的生活。猫和狗不同，它不会主动讨好你，如果你想逗它玩还得看它心情如何，它也不负责看家，偶尔捉捉老鼠，白天就在外面悠闲地散步或者干脆趴下来晒太阳，俨然一位骄傲的公主或者王子。喜欢猫的人也具有类似的性格特质。他们不喜欢奉承讨好别人、言不由衷，说话总是直来直去，不太懂得照顾别人的感受，带有几分忧郁的气质。与人交往时，他们表现得比较内向安静，不太善于和陌生人打交道，如果你对他们太热情，他们反而会讨厌你。他们对朋友的选择也很挑剔，他们的戒备心很强，很少有人能够走进他们的内心世界，因此，他们身边的朋友不是很多，在他们看来，只要有一两个知心好友足矣。

生活方式上，他们希望拥有一份体面而轻松的工作，那种经常需要讨好别人、低声下气的工作，或者常常加班没有周末的工作都绝不是他们可以接受的。他们非常重视休闲生活和发展业余爱好，工作只是生活的一部分，为工作牺牲掉难得的周末时光是违背他们内心原则的事情。

与喜欢猫的人相比，喜欢狗的人通常性格外向，对待他人亲切热情。他们常常都很快乐，和同事朋友相处融洽，也善于和人打交道，他们喜欢去热闹的地方，一个人孤单地度日使他们最不能忍受的。

如今也有很多人喜欢养鱼，喜欢鱼的人也有独特的一面。大多数的鱼的记忆很短，只有几秒钟，当他们从鱼缸的一头游到另一头时，大概已经忘记自己曾经到过这个地方，一切又是崭新的。喜欢鱼的人也总是无忧无虑的样子，他们活在自己的世界里，不容易受外界的刺激和诱惑，世俗的名利对他们来说并不重要，不会因为别人的大房子、进口轿车而眼红。有时他们显得有些缺乏进取心，不喜欢竞争，但是如果你有这样的朋友，也千万别拿他和别人的成就作比较。他们通常安静而内向，或许不爱运动，但是有着天马行空的想象力。同样，他们不喜欢太热情的交往方式，但是他们会很真诚、很用心地对待朋友。

还有人喜欢养乌龟、蜥蜴等小动物。这类动物大多温驯可爱，总是慢吞吞的，常常在一个地方可以待上一两个小时，它们的身上有很厚的外壳。喜欢这类动物的人戒备心比较强，对别人的看法比较敏感，因此，身边的朋友不是很多，和他们打交道要循序渐进，注意说话的分寸并且不要太热情。

喜欢垂钓者

在现实生活中，许多人都喜欢钓鱼。他们在河边，一坐就是一下午，纹丝不动，还乐在其中，让人很是不解。其实，喜欢钓鱼的人，在乎的也许不是鱼，而是享受垂钓的过程。而且，他们重视的也不是鱼，而是在钓鱼时的风景和感受。他们能够用自己独特的眼睛，来欣赏钓鱼时的风景。

喜欢钓鱼的人在闲暇时往往带着渔具，自己划着小船到湖中央，待到把一切准备好以后不自觉地沉浸在垂钓的乐趣之中，或者在钓鱼的过程中充分领略湖光山色。诚如欧阳修所描述：醉翁之意不在酒，在乎山水之间也。喜欢钓鱼的人总是被四周的美景所吸引，眼睛盯着鱼漂时会忍不住朝远处阳光照耀下的粼粼波光望去。这时的垂钓者也许已忘记了自己来此的真正目的，完全融入这美景中。比起钓鱼这件事本身，他们也许更喜欢在芦苇间穿梭的鸟儿和在芦苇根处嬉戏的鱼儿，垂钓者即使拿着钓竿，也会被这四周美景吸引，忘记了钓鱼，专注于鱼儿的嬉戏。而此时的鱼儿早已成为美好画面不可或缺的点缀，谁还想得起将其据为己有，有此念者简直大煞风景。所以，垂钓者将垂钓变成欣赏美景的过程，唯有他们才懂得人生的真谛。

这样的人，多是与世无争的。他们的个性很随和，对名利看得也比较淡，注重自己的内心平和。当然，喜欢垂钓的人也有理想。理想对于他们有如鱼之于垂钓者，为了理想，他们苦苦追求，不管能否实现，他们总不会忽略追求过程中的亲人朋友给予的深情厚爱，就像他们不会为了水中鱼而放弃包括鱼在内的整个大自然。他们在钓鱼的过程中，投入自然的怀抱。而深情厚爱与大自然不是他们追求的结果，但有时候远远比结果更重要，甚至是人生的根本。在他们追求的过程中，他们可以用自己欣赏美的眼睛，欣赏沿途的风光，这就已经足够了。因为喜欢钓鱼的人也深深懂得：人生苦短，岁月催人老，人活一世何必非要得出个结果。人们往往在对结果的望眼欲穿中，忽略了人生沿途的美景，错过了人生的美好。因此，喜欢垂钓的人，就不会为了完美的结果而忽略更加完美的人生过程。他们是懂得生活的人，懂得欣赏的人，他们也懂得在人生旅途中充分领略无数美景，享受生活带来的无限快乐。

总之，喜欢钓鱼的人，具有欣赏美的眼睛，而且较之其他人，他们更知道什么是人生。

可怕的心理问题
和精神病理

第一章

特异行为、不良嗜好
的心理透视

和别人不一样就是异类吗

疯狂购物也是病

现代女性大多数都有购物的嗜好，然而有的女性表现得特别疯狂。专家将这类有疯狂购物癖好的人称为"购物癖"患者。据研究，"购物癖"患者一般有以下典型症状：当不购物时，人会感到浑身无力、高兴不起来，总有一种说不明白的"不满足感"；当购物癖发作时，人还会变得焦虑不安、无所适从。但是一旦步入商场等能够进行购买活动的地方，这些人就会变得兴奋起来，对周围的一件件商品显示出极大的热情，甚至不顾自己的经济承受能力买下自己喜欢的所有商品。然而，在回到家后，她们又会有新的"不满足感"。如此恶性循环，情绪变得更加恶劣。

最近一次关于国内消费的调查结果显示，在极端情绪下消费的女性高达46.1%。而早在3年前，美国加利福尼亚州立大学在一次类似的调查中也发现了相同的问题。这次调查还发现，男性情绪化消费的比例也达到了17.4%，但购物狂多数依然是女性。

女性一般都有购物嗜好，这种嗜好进一步发展就可能成瘾，变成一种强迫性的购物行为。虽然有购物癖的人也知道强迫性购物结局并不美妙，比如，房间里堆满了大量无用的商品，最后负债累累，但是她们还是忍不住要疯狂购物。女性强迫性购物有一个特点：她们在抑郁、焦虑、疲惫和有负罪感之时会更加疯狂地购物。

大多数购物上瘾者起初都是为了平衡一下情绪，而后逐渐变成了一种习惯性的强迫行为。还有的人认为工作就是为了赚钱，赚钱就是为了享受，所以在有了条件后，他们往往难以控制欲望。而放纵欲望，或者因为种种压力而逃避到欲望里，也是形成疯狂购物的一个心理原因。

为了平衡情绪或缓解压力去疯狂购物，或许能在买东西的过程当中感到快乐，很多人说："去大肆采购一番，然后想尽办法把钱花光，心情也就好了。"但这并不是宣泄无奈的最佳方式，购物也不应该被拿来当作"心药"。

事实上，购物癖患者每次买完东西后都会感到非常后悔，物品一旦到手就失去了吸引他们的魅力。长此以往，购物癖患者会掉入自卑的恶性循环中去。而这时他们除了再通过购物来发泄这种压抑的情绪之外，无法再用别的外在的物质刺激来填补内心的空虚。

有购物癖的人在生活中往往心理素质比较差，容易紧张和焦虑，而每次看到自己买了很多根本用不着的东西后，他们的心情会更加郁闷。

疯狂购物还容易让人在面对生活中的压力时产生逃避心理。购物癖患者到商场购物时，常常感觉商场给他们提供了展示自我的舞台，他们会受到服务员的重视，服务员都会关注他们、赞美他们，对他们的能力给予肯定，使他们暂时逃离生活。但是一旦离开了商场这个特定的环境，就会别的什么也不能激发他们的工作、生活热情，反而会平添更多的烦恼。

有购物癖的人并不都是有较高收入者，相反，绝大多数人往往经济条件并不好，而因疯狂购物使他们浪费了大量的金钱，所以这类人往往会破坏自己原本幸福美满的生活。大部分有购物癖的人，都因沉溺此恶习而受苦，他们的家人也同样受煎熬。购物只能缓冲现实中的压力，如果问题的根源解决不了，可能会产生更大的压力，还可能带来经济负担。

在某电视台做编导的王小姐平时工作很忙，虽然收入不错，但是很少有可以自由支配的时间。所以一旦哪天不用工作，她就会抓紧时间去逛商场，将上千元的毛衣、皮鞋、外套提回家。虽然衣橱已塞得满满当当了，但她还是很高兴，觉得这是对自己前一段辛苦劳作的犒赏。

刚工作不久的小谷尽管挣钱不多，但她有时也能把几千元钱在几个小时内花完，虽然买回的东西多是没用的首饰和衣服，有时还可能花几百元买支口红送人。

文文说她和丈夫发生矛盾后，多数时候都是花钱消气。想和朋友说，又觉得大家都有压力，因此不愿把自己的不快带给朋友；想和父母说，又不愿让他们担心；想和丈夫讲，急性子的她和慢性子的他是越讲越生气，一时半会儿根本讲不通，还会徒增更多的烦恼。如果用家里的东西来发泄，有些是爱情纪念品，舍不得破坏，而且最后的"战场"还得自己来打扫。说来说去也只有让自己的不满发泄到外界才能两全其美。于是，她生气时就会出去逛，平时想吃的甜点放松地吃，平时想买的衣服放开地买，平时舍不得去玩的地方尽情地玩……总而言之，只要能让自己的情绪发泄出去，做什么都行！等到钱花得差不多了，自己的情绪也慢慢平息了。但事后，再看那些买来的东西，她常常会心疼：当时怎么就下得了狠心呢？

　　具有购物狂心理的人有时候会一反常态地出手阔绰，不仅无节制地消费，甚至有人会做出到大街上撒钱的疯狂举动。

　　疯狂购物是一种非理性的表达，偶尔一次还可以，但是一旦形成了恶性循环，后果将不堪设想。所以选择这种满足方法时，一定要有个限度，对自己的购物需求要有准确判断。不要一旦自己不高兴、空虚或工作中遇到挫折时就去购物，以免陷入恶性循环中，永远也找不到解决问题的真正方法。

　　专家建议：人们可以用改变购物模式的方法矫正购物狂热行为。

　　绝不在生气的时候进行购物，因为在这个时候购物只是为了发泄怒气。

　　别在悲伤的时候进行购物，因为情绪波动会抑制人的判断能力。

　　不要在怀旧的情绪中买东西。

　　不要为了赶时髦买东西。

　　不要把购物当成一种消遣。有许多漂亮的公园可以用于消磨时间，你可以去风格独特的街道散步，或者培养一些业余爱好。但是，不要把你的空闲时间用于逛商业街。

　　按你的购物清单进行购买。只在你确实需要购买东西的时候才去买东西，即使去也不要作过多的闲逛。如果发现自己有超出清单进行购物的冲动，应当尽快离开。

　　将你全部的信用卡从你的皮夹子中拿走，只留一张信用卡。清理那些由特殊商业部门发行的信用卡，你只需要一张卡，能用于急需就够了。如果你真想做到不负债，就必须清理可有可无的信用卡，只保留一张。

　　制定用现金购买一切物品的政策，如果你没有现金，就不要购买。当你去商业街的时候，不要带信用卡，只带少量的现金，足够买你计划购买的东西、一杯咖啡加上打一个电话的钱就够了。

在任何地方，一旦有购物的意图，就可以运用"替换法"。方法很简单，那就是你买一样东西就必须丢掉另一样东西。如果你买新衬衫，你的旧衬衫之中的一件就必须丢掉；买了新的钻孔机，那么，旧的那个就应该捐给慈善机构；买一套新盘子，就应将旧盘子抛弃；如果你买新的灯具，已经拥有的那一个就必须淘汰。

当你想买东西时，先问你自己："为了买这件物品我要放弃什么，食物还是一罐煤气？我为什么买这件东西？我真需要它吗？这件物品在我从现在开始到未来3个月的购物优先权列表上占据什么位置？这在我从现在开始到未来两年的个人重大财产表上占据什么位置？我现在已经有多少这种东西？一个人需要多少？"稍作休息后，别买任何东西就离开商店。如果1个小时后你还想买这样东西，就应用"替换法"：你打算用这样东西换掉什么？你打算扔掉什么为这样东西腾地方？

购物确实能带来快乐，但无论是释放压力、消磨时间还是排遣寂寞，消费都不是根本办法。建立可信赖的人际关系、进行适量的运动、养成良好的生活情趣等才是解决个人心理不畅的正道。

吸毒者的心理剖析

在生活中，我们都有可能发现一个特殊的群体，他们嗜毒成性，债台高筑，极度消沉。他们在吸毒的时候可以忘却尘世的一切纷扰，过后又会陷入深深的忏悔和痛苦。

吸毒过去一直被认为是道德或法律问题。但随着心理科学的发展，人们开始从精神卫生角度探讨这一问题，认为有些对吸毒缺乏自制力的人可能是源于心理上的病态，而非仅仅由于缺乏道德观念。吸毒者大致可分为3种类型：

消遣性吸毒，是指偶然地、有限地使用某种毒品。

毒品滥用，意为过量服用某种毒品。

毒品依赖，是指毒瘾已经养成，吸毒者已经在生理、心理上"被钓上了钩"，并主动地寻找毒品。

染上吸毒嗜好的原因有社会因素和心理因素两大方面。受环境的影响是吸毒的主要原因，有些成瘾者是由于医生经常给其使用某种物质而引起的依赖，如给癌症患者反复使用吗啡止痛，会引起其对吗啡类毒品的依赖等。少数成瘾者是因各种原因被人引诱、强迫使用后而上瘾的。

从心理学的角度而言，染毒往往是出于好奇心。因为新鲜好奇，听别人说吸食之后会产生美妙的感觉，所以禁不住也想试一试，从而沾上了吸毒行为。调查资料显示，初中生开始吸毒，多数是由好奇心引起的。同时有些吸毒者为了娱乐和消遣，把吸食毒品当作吸烟、喝酒一样，用来满足消遣和享乐的需要。有些青少年会在社交场合或者是单独休闲环境下把吸毒当作一种精神上的享受。由于青少年的虚荣心理，为了自我显示，他们把吸毒看作是一种"高贵的"气派。当然从众心理作祟也是一个重要原因。所谓"从众"，就是人家怎么干，自己就跟着人家怎么干。青少年喜欢从众，看到朋友在吸毒，自己也就跟着吸了。有一位中学生谈到他开始吸毒的行为时说："我原来就吸烟。有一天，一个朋友给我一支烟，我看它不像烟，就问朋友是什么。他说，你吸吧，反正比你吸的那种烟要好多了。我想，反正都是烟，吸就吸吧。就这样，吸了没几支就上了瘾，再也戒不掉了。"还有一部分人吸毒是为了摆脱烦恼和忧愁。有些青少年碰到挫折，处于焦虑不安的心境，为了消除内心的烦恼和忧愁，就通过吸毒寻求暂时的解脱。

毒品是一种很特殊的麻醉心灵的东西。吸毒者在吸食毒品的过程中会产生一种虚幻的、舒坦的感受，似乎一切烦恼和忧愁都能够解脱。愉快的幻觉和短时间的欢乐效果，使吸毒者进入了飘飘欲仙的欣慰状态。这种感受和体验进而会牢牢地吸引青少年，使青少年无法摆脱继续达到这种状态的需要，这就是吸毒者对毒品的心理依赖性。

当吸毒者误入歧途、开始吸毒时，他们的人格心理也开始扭曲、变态。吸毒青少年的主要人格特征包括：缺乏自尊心、自信心，常自我蔑视、自我嘲笑、自暴自弃，对生活持得过且过的态度；情绪消极，喜怒无常，有时狂妄自负、忘乎一切，有时焦急紧张、恐慌不安，稍遇不顺心的事就暴跳如雷、怒火大发；经常寻求高强度的感官刺激，特别对宣扬色情、暴力和恐怖的书刊、音像制品津津乐道，百般效仿；常多日闭门不出、沉默寡言，或借故寻求僻静独处的生活环境；对外界议论敏感、多疑，心胸狭窄，报复心重；听不得别人的批评意见，一旦被触及"痛处"就常伺机报复；歪曲辨别是非的客观标准，不承认美好的事物、优良的传统、能催人奋进的价值观念，认为"人活着就是为自己，为吃喝玩乐"；对现实不满，对社会的强化管理不满，并经常借故发泄，有较强的逆反心理和冒险性；对同事或家人感情冷漠、思想疏远、关系紧张，不关心别人，不愿帮助别人；常同情和支持有偏激行为的人和事，宽容这类人的缺点和错误，有较强的虚荣心，爱面子；轻视他人的合法权益，藐视国家的法律法规和政策，对自己的违法犯罪行为心存侥幸。

总之，人一旦沾上毒品就足以毁灭自我，这种毁灭不仅仅是对身体的摧残，更是对心灵的创伤。因此，为了使自己的生活美好一些，每个人都应尽量避免这种祸害人的东西。而对于身边的吸毒者，则要表示一份关心，劝慰他们早日摆脱毒品的阴影。

解析网络成瘾

2004 年 3 月某报一个大大的标题令人触目惊心："妈妈，我让网吧给害了！"该报道讲述了浙江省某市一位 16 岁少年因迷恋上网无法自拔，无奈之下 3 次自杀，妈妈悲痛欲绝却又无可奈何⋯⋯

一个名叫王力的高一学生，因为迷恋上网学习成绩下降，继而旷课、逃学，最终患上了精神分裂症，被送进精神病医院治疗。经过 20 多天的治疗，王力的病情才有所好转。

据校方介绍，王力于 2002 年上高一后，成绩一般，经常旷课、逃学。后来学校了解到，王力学习成绩下降、旷课的原因是沉迷于上网打网络游戏。2003 年，由于学习成绩差，王力不得不留级。但留级后，王力依然热衷于上网，而且还是经常旷课、逃学。学校为此多次对王力本人进行教育，并多次通知家长进行配合教育，王力也多次写下保证书，但结果还是一切照旧。2004 年开学后，王力到学校上了几节课后又不上了。2004 年 3 月中旬，王力的父亲来到学校，要求退注册费和寄宿费，学校这才知道王力在精神上出了问题。

负责治疗王力的张医生指出，王力患的是精神分裂症，主要原因是上网成瘾，导致学习成绩下降，并形成了巨大的精神压力所致。

随着家用电脑的普及和网民数量的增多，一种新的疾病——网络性心理障碍引起了全世界医学界和心理学界的关注。心理学专家对众多网民的心态进行过分析，对技术的迷信和对速度的崇拜助长着上网的欲望，这是一类网民上网的动力；将上网当成一种时髦，身着名牌，远离江湖，隐居网络，成了许多人逃避现实生活的一种手段。

患有某种程度的网络心理障碍的这部分人在网上其乐无穷的冲浪体验中逐渐形成了一种对网络的依赖心理，随着上网时间的不断延长，这种依赖越来越强烈，最终患上了"互联网成瘾综合征"。患者因为缺乏社会沟通和人际交流，将网络世界当作现实生活，脱离社会生活，与他人没有共同语言，从而出现了孤独不安、情绪低落、思维迟钝、自我评价降低等症状，严重者甚至有自杀倾向和行为，如本文开头的那位少年。

当网络依赖失控、对人产生负面影响的时候，我们就应把它当作心理上的一种障碍来看待。有关研究表明，我国有 5% ~10% 的互联网使用者存在网络依赖倾向，其中青少年中存在网络依赖倾向的约占 7%。与很多国家相比，我国中学生中使用互联网的人数比例较高、时间较长，平均每周使用时间为 8.98 小时，假期则高达 21.34 小时。

网络世界形形色色，把生活需要转移至寄托于网络虚拟空间的事件确实存在，所以，目前就有了很多现代化的新词：网瘾、网恋、网络同居、网婚、网络综合征，更为严重的就是网络犯罪。

美国和欧洲的社会学家及心理学家一致认为，上网成瘾是一种危害不亚于酗酒和赌博成性的心理疾病。

目前，"因特网中毒"已成为日益严重的社会问题。上网成瘾者常因担心电子邮件是否已送达而睡不着觉，一上网就废寝忘食，严重影响了身体健康，打乱了正常的生活秩序。有人发展到每天起床后便莫名其妙地情绪低落、思维迟缓、头昏眼花、双手颤抖和食欲不振。更有甚者，一旦停止上网就会出现急性戒断综合征，甚至采取自残或自杀手段，很是危害个人和社会安全。有研究显示，长时间上网会使大脑中的一种叫多巴胺的化学物质水平升高，这种类似于肾上腺素的物质短时间内会令人高度兴奋，但其后则会令人更加颓废、消沉。据统计，网络心理障碍者的年龄介于 15 ~45 岁，男性患者占总发病人数的 98.5%，其中 20 ~30 岁的单身男性为易患人群。有关专家还认为，上网成瘾也是婚姻破裂、对子女疏于管教、人际关系紧张等社会问题的诱因之一。

网络成瘾还会影响公司职员的工作效率。一项对全美前 1000 家大公司的调查显示，超过 55% 的管理人员认为，很多雇员会把上班时间用在与工作无关的网络活动上。纽约一家公司暗中统计了本公司职员上班时间的网络活动，发现其中仅有 23% 是真正与工作相关的。而由于上班时间在网上漫游而被辞退的雇员更是不断增加。

网络成瘾还可能导致家庭破裂。匹兹堡大学心理学教授金波利·杨在过去 3 年中亲自访谈了数百名网络成瘾患者，她发现一个患有网络成瘾的丈夫，每天和他心爱的计算机在一起的时间远比和他亲爱的妻子在一起的时间要长。更糟糕的是，他已爱上了他的"网上情人"，正准备带上他的电脑与妻子离婚。

长期以来，网瘾已成为危害人类的大恶魔，有无数人正深陷网络的虚拟世界中无法自拔，从而使得如何戒除网瘾成为了全社会关注的话题。于是有关专家据此开出了"药方"：

不要把上网作为逃避现实生活问题或者消极情绪的工具

请注意：借网消愁愁更愁。理由之一，当你几小时后下网的时候，问题仍然在那儿，"逃得过初一，逃不过十五"。理由之二，你的上网行为在你不知不觉中已经得到了强化，容易形成网瘾而难以改正。

上网之前先制定目标

每次花 2 分钟时间想一想你要上网干什么，把具体要完成的任务列在纸上。不要认为这 2 分钟是多余的，它可以为你省 10 个 2 分钟，甚至 100 个 2 分钟。

上网之前先限定时间

看一看你列在纸上的任务，用 1 分钟估计一下大概需要多长时间。假设你估计要用 40 分钟，就把小闹钟定到 20 分钟，到时候看看你进展到哪里了。如果嫌用闹钟麻烦，则可以在电脑中安装一个定时提醒的小软件，在上网的同时打开，这样你就能有效控制你的上网时间了。

以后在网上的高科技海洋中遨游的时候，不要忘记以上几个提醒。这样，你的灵魂才不会在茫茫无边的虚拟空间中迷失方向。

开灯睡眠的心理成因

生活中，我们常常看到一部分婴儿在夜晚时因害怕而啼哭，只有开灯的时候，他们才会甜甜地睡去。其实这种害怕黑暗的情形不仅仅发生在婴儿身上，许多成年人也有同样的问题，他们在夜间会将房间布置得灯火通明，然后才安心地睡去。这种病症被称之为"开灯睡眠癖"。

开灯睡眠癖是指在夜晚睡觉时必须开灯，且在睡眠状态下也不能熄灯，从而形成了对灯光的依赖。

开灯睡眠癖是一种不良嗜好，其病理实质是对黑暗的恐惧。这种对黑暗的恐惧大半是从幼年期开始的。因为在此期间，儿童们好奇心很强，喜欢听有关鬼、神的故事。而这类故事的背景、内容及人物的出现，又常常是在晚间或平常人所看不到的黑暗中，以显示其生动性和神秘性。久而久之，儿童们便将对妖魔鬼怪的恐惧与黑暗联系在了一起，形成了对灯光的依赖，导致不敢关灯睡觉，这是开灯睡眠的一个主要原因。其次，在某一黑暗的情境中意外遭遇到可怕的事情，或在黑夜做了一个噩梦，这些恐怖的经历如果未能及时排遣，也可能造成对黑暗的恐惧。

有位 21 岁的男大学生，夜间无论何时都不敢走进屋内的地下室。白天他无所谓，但一到晚上就控制不住，他自己也承认毫无道理。后来发展到不敢关灯睡眠，即使跟别人同住一室他也要开灯。而一关灯，他就吓得哇哇大叫，闹得同屋的人莫名其妙。一次，父亲强迫他去地下室，他竟昏倒在石阶上。带他看过心理医生后大家才知道，原来在幼年时，一次他在邻家听小朋友讲了一个有关鬼怪的故事，描写一位巨人，专吃 10 岁以下男孩的心，喝他们的血，挖他们的眼。听完故事后他满怀恐惧蹒跚归家，当时天色已黑，只有些许星光照路。而他所在之处虽然离家很近，但是中间却有一条荒僻山道。正在这时，他突然发现一个巨人向他走来，他顿时两腿发软，昏倒在地。实际上，他所遇见的是一个农民，农民由城内归来，背着箩筐，所以在黑暗中显得特别巨大。再加上这位农民喝了几杯酒，步履踉跄，因而看起来更像一个张牙舞爪的巨人。他的昏倒并未惊动这位农民，他在地上昏睡了足足半个小时，才被家人发现抱回家。但从此他便对黑暗产生了极大的恐惧，夜晚不敢关灯睡觉。再后来，他又听说某家住宅的地下室里，一对男女因做了丑事被人发现，结果女的羞愤自杀。不道德的行为和罪恶的感觉以及黑暗、地下室联系在一起，更使他产生了对黑暗的恐惧。

那么，如何矫治开灯睡眠癖这种严重的心理问题呢？从心理学的角度而言，可以采用两种方式解决问题：

一是可采用认知领悟疗法。对患者进行辩证唯物主义和无神论的教育，说明鬼怪并不存在，其对鬼怪的惧怕而产生的对黑暗的恐惧只不过是一种幼年时期的幼稚情绪反映，从而使患者从认识上减轻对黑暗的恐惧。如上例，应向患者说明那天晚上他所碰到的并非巨人，而是某位活生生的农民，并在说明教育之后重演那天晚上的一幕，以从认知上、潜意识里消除患者的恐惧。

二是可采用系统脱敏疗法。根据患者对黑暗的恐惧程度建立一个恐怖等级表，然后按照从轻到重的顺序，依次对其进行系统脱敏训练，不断强化，直到其能关灯睡眠为止。例如，对上例患者，可先由数人一起关灯谈话，到数人一起关灯静坐，再到两人一起关灯睡眠，再到一人关灯静坐……最后一人关灯睡眠，从而根治这种心理障碍。

抑制不住的恐慌

恐惧症又称恐惧性神经症，是以恐惧症状为主要临床表现的神经症。恐惧对象有特殊环境、人物或特定事物，每当接触这些恐惧对象的时候，患者就会立即产生强烈紧张的内心体验。这种恐惧的强烈程度与引发恐惧的情境通常都很不相称，令人难以理解。如果对下列 7 条问题中的 2 条以上持肯定回答，那么就可能患有恐惧症：乘坐公共汽车或者地铁时，是否会有焦虑不安、紧张恐惧、孤立无援的感觉？乘坐飞机时，是否会担心飞机掉下来自己被摔死？对商店、广场、摩天大楼等人群聚集的地方是否有害怕的感觉？小时候看到别人被刺伤，是否从此以后就对剪刀有了恐惧心理？是否极度害怕自己的皮肤和动物接触，怕被染上疾病？在公共场合被人注意的时候是否感到害怕？在公众面前讲话时，是否有谨慎紧张、大汗淋漓、口干舌燥的感觉？

恐惧症患者神志清醒，常常明知自己的恐惧是不切实际的，因为引起恐惧反应的事物或情境实际上对自己往往并无威胁或伤害，也知道其他人并不会因这些事物或情境而感到恐惧。因此这种恐惧是不合理的，是一种异常的表现。但是一旦患者遇到类似情境，就会反复出现恐惧情绪，不能自我控制，并且产生回避行为。而脱离该情境，症状就会逐渐缓和消失。

一般来说女性比男性胆小，所以恐惧症患者女性多于男性。恐惧症多发生于青少年或成年早期，而且发病较急，往往在某一事物或情境面前有过一次焦虑和恐惧发作以后，该事物或情境就会成为恐惧的对象。

很多患者的恐惧症是因为潜意识里的自卑所致，尤其是患社交恐惧症的人。根据国外调查，恐惧症患者的父母或同胞患神经症的较多，所以遗传因素是恐惧症的发病原因之一。恐惧症患者的性格特点常偏于高度内向，表现为胆小、怕事、害羞及依赖性强。另外，强烈的精神刺激也会诱发恐惧症，如夫妻分离、亲人死亡、意外事件、恐吓事件等。

赵婷今年 14 岁，某校初二学生。每当春天百花盛开时，她的情绪就会非常低落。而究其原因，就要追溯到她很小的时候了。那还是在赵婷 7 个月时，她母亲抱着她去亲戚家参加婚礼。刚进新房，院里就响起了鞭炮声。一只小花猫蹿上桌子，把插着花的花瓶碰倒并摔碎在了地上。赵婷见此情景非常害怕，大哭起来。10 个月时，奶奶抱她在院子里玩，一走近院里种的牡丹花她就大哭起来，怎么哄也不行，而抱她离开花，她就不哭了。1 岁时，家人又带她去串门，发现她一看见别人家床单上的花卉图案和花瓶里插的花就放声大哭。家里人这才意识到赵婷怕花，但并未对此多加重视。

但是，随着年龄的增长，她对花的惧怕程度不但没减轻，反而更加严重了。4 岁时，她和村里的一群孩子跟在出殡的队伍后面看热闹。当她发现棺材上的大白花和人们佩戴的小白花时，立刻转身没命地往家里跑，跑到家里已经面无血色了。奶奶焦急地问她："发生了什么事？"她惊恐异常地答道："花追我来了！花张着嘴追我来了！"逗得全家人哄然大笑。6岁时，她上了学前班，刚一去就赶上欢度国庆节，排演文艺节目。她们班女同学的节目是手持纸花跳舞，这下可触犯了她的忌讳，说什么她也不肯参加排演。以后她又渐渐发展到了只要是花就害怕的地步，无论是布上、纸上的花卉图案，还是纸花、塑料花、鲜花，她都怕得不得了。近几年，城市绿化有了进展，很多街旁绿地上栽种了各种鲜花，令人赏心悦目。可这对赵婷来说却非常可怕，她在上学的路上，为了躲开那些"可怕"的鲜花，竟不得不绕道走未种花的偏僻路。时间一长，同学们都知道她怕花，于是常开玩笑似的故意往她身上扔花，吓得她面色苍白、手脚冰凉，甚至上课时也不能集中注意力听老师讲课，而总是东张西望，唯恐窗外有人把花扔进来掉在她身上。在她的心里，花是那么可怕，使得她生活不宁、成绩下降。

案例中赵婷表现出来的症状是典型的恐惧症。对付这种病，企图用"这些害怕是没有道理的"这一类话去克服害怕的情绪是不可能的，唯一的办法就是让当事人接受心理治疗。

心理医生治疗恐惧症有许多种方法，常用的有认知疗法、行为疗法和强迫疗法。认知疗法对患者的刺激强度最弱，强迫疗法最强。

认知疗法是通过解释、疏导，告诉患者他之所以对某种物体、情境或人恐惧，是由他自己的主观意念所致。所以，要消除恐惧症，就要勇敢地面对引起恐惧的事物，学会控制、调节自己的害怕情绪。

行为疗法主要采用系统脱敏法。其基本原则是交互抑制，即在引发焦虑的刺激物出现的同时，让患者作出抑制焦虑的反应，这样其恐惧感就会削弱，最终切断刺激物同焦虑反应间的联系。

强迫疗法实际上是行为疗法的一种，又称为满灌法。医生会让患者直接面对患者恐惧的对象，利用巨大的心理刺激对患者进行强迫治疗。这种方法必须由富有经验的心理医生在对患者作出谨慎的评估后进行，因为强迫疗法对患者的心理刺激非常强烈，容易使患者产生其他心理疾病，但是疗效非常显著。

此外，催眠疗法和药物疗法也经常用于治疗恐惧症。精神分析师会将患者催眠，挖掘患者心灵或记忆深处的东西，研究患者是否经历过某种窘迫的事件，从而试图寻找到患者发病的根源。这种疗法时间长，花费也比较大。药物疗法是比较常用的，但是不如心理疗法能够根除恐惧症。

"乘车恐惧症"的心理治疗

在生活中，有些人害怕乘坐某种交通工具，如飞机、汽车或轮船等。他们不是简单地害怕晕车、呕吐，而是有一种更深层次的恐惧心理，这就是"乘车恐惧症"。

乘车恐惧症是指对乘坐汽车或乘车经过某一特定区域时所产生的一种紧张、恐惧、焦虑情绪，以致害怕乘车的现象。关于乘车恐惧症的病因，至今尚不太清楚。但诸多看法认为，乘车恐惧与患者过去的某一特定经历有关，而对这一特定经历的条件反射可能是诱发乘车恐惧的病理机制。条件反射学说认为，当患者遭遇到与其发病有关的某一事件时，这一事件即成为恐惧性刺激，而当时情景中另一些并非恐惧的刺激（无关刺激）也同时作用于患者的大脑皮层，从而使两者作为一种混合刺激物对患者形成条件反射，故而今后凡遇到这种情景，即便是只有无关刺激，也能引起了强烈的恐惧情绪。如患者经历了一次车祸，车祸才是导致其恐惧的条件刺激，而类似的汽车则是无关刺激。但由于这一恐怖情景的泛化，类似的汽车也成了恐惧源，时间久了则会引起患者严重的病理反应，正如"一次出车祸，十年怕坐车"那样。美国心理学家华生曾做过一个实验，他采取一些手段使一个4岁的孩子对兔子害怕，结果很快这个孩子就害怕起一切有毛的东西，例如狗、长毛绒玩具，甚至长着胡子的人等。

小欣是北京某高中的一名高一学生，她家离学校不太远，每天只需乘半小时的公共汽车。近半年从家到学校，从学校到家，她早已习惯。有一天，她放学回家，像往常那样登上了回家的公共汽车。汽车突然遇到红灯紧急刹车，乘客们在惯性的作用下被晃得东倒西歪。小欣也在惯性的作用下向前猛冲，正好碰到前面一个衣着脏破、满身酸汗气的醉汉身上。当时小欣被吓了一大跳，并有一种恶心欲逃的感觉。从那之后，她只要一上公共汽车心里就紧张，感到恶心、心跳。几次发作后，她开始害怕乘车。无奈之下，她只好步行，但又不堪长时间以这种方式去上学。

父母见女儿这样，十分心疼，父亲曾多次陪着她乘车去学校。奇怪的是，只要父亲陪着，她乘车就没有什么异常的感受，但一旦她独自乘车，恶心、心跳加速等症状就会再次发作。父母感到不可思议，陪女儿来到心理诊所寻求帮助。

心理医师详细询问了小欣的发病经过后认为，小欣起病于刹车时的冲撞，病情发展于心理对此的严重性想象，再加上她自己有意回避，导致了恐惧感越来越重，还伴有严重的心理焦虑，从而引发了乘车恐惧症。

对乘车恐惧的治疗一般采用行为疗法，据专家介绍，使用该疗法治疗各种恐惧症的治愈率在90%以上。在进行治疗时，应先弄清患者产生恐惧的病因，尤其是发病的情景，并详细了解其个性特点、精神刺激因素，然后用适当的方法治疗，如系统脱敏疗法、满灌疗法。如对小欣的治疗就可采用满灌疗法。

下面我们以对小欣的治疗为例展开讨论。

首先，心理医师围绕"乘车与回避乘车"的利与弊对小欣进行心理疏导。心理医师对小欣说："当你回避乘车的想法变成现实以后，这在心理上是一个大的倒退。如果今后想再去乘车，怕的感觉会更加严重。也许你以为自己的害怕与乘车有关，其实不然，这是心理问题，是自己在吓自己。相反，如果在事情发生后，你能及时认识到这只是一次偶然的事件，并迅速壮起胆量，坚持继续乘车，即使一开始有些紧张不安、心里不好受，但扛过去就会习惯，那么以后乘车就容易多了。"

接着，在小欣的认识初步提高后，心理医师即决定让她乘车进行练习。为了使练习取得较好的效果，心理医师反复做工作，让她克服不适感，说明只要忍耐些把第一次练习坚持下来，以后的练习就好办了。

第二天早晨，心理医师带领小欣来到公共汽车站。为了使首次练习取得成功，心理医师同意和小欣一同乘车。两人上车后，医师让小欣坐在车的另一边座位上，并讲明彼此不要说话。公共汽车开动后，小欣开始紧张起来，只见她双手微微颤抖、呼吸急促、头上渐渐冒出虚汗，想要站起来坐到医师旁边，但又双脚发软，无法动弹；她想叫司机停车让自己下去，但又不好意思开口。她两眼直盯着心理医师，可心理医师却没有理会她，只是用手势示意让她继续坚持，不要因害怕和不适而放弃努力。就这样，他们总算坐到了站。

下车后，小欣气喘吁吁，头上大汗淋漓。心理医师则趁机鼓励她说："今天你的第一次练习完成得不错，总算能够坚持下来了，现在你还觉得乘车有危险吗？"为了打消小欣的恐惧感，心理医师继续向她解释，"刚才在公共汽车上，我看出你在乘车时确实十分难受。实践证明，你在紧张时忍耐住不舒服的感觉，焦虑、恐惧症状实际上就迅速减轻了。但是，如果你在半路上真的逃下公共汽车，那样的话以后你就更不敢乘车了。"

两天以后，心理医师又带着小欣进行第二次练习。但这次，心理医师没有同她一起乘车，而是让小欣独自从起点站乘到终点，并开导她说："有人陪你容易使你产生依赖心理，你现在开始要锻炼独自乘车的胆量。如果能闯过这一关，你害怕乘车的心理就会消除，以后就又能独立乘车上学了。希望你今天能坚持完成这一练习。"

在医师的鼓励下，小欣独自上了驶往学校方向的公共汽车。在汽车行驶的过程中，她虽然又出现了紧张害怕的心理感受，但她也发现不适感比第一次有所减

心理学

第七篇 可怕的心理问题和精神病理

轻。她不停地鼓励自己："坚持，再坚持！车上有这么多人，其实乘车并没有什么危险，我已经不是一个小孩子了，不应该害怕！"就这样，1个小时后，公共汽车到达了终点站。小欣下车后，做了几次深呼吸，感觉良好，就又乘上了返程的公共汽车……

心理医师对小欣的成功进行了赞扬，并告诫她以后每天要继续坚持练习，不可因懈怠而半途而废。小欣牢记心理医师的话，每天坚持乘车上学，半个月后她再也不为害怕乘车而烦恼了。

为了更快速有效地治疗乘车恐惧，还可以采用疏导疗法、松弛疗法、药物疗法等。

畸形心理下的"恋物癖"

恋物癖是指经常反复地收集异性使用过的物品，并将此物品作为性兴奋与满足的唯一手段的现象。患者大多数为男性，也有女性患者，多为异性恋者，偶尔也可以在同性恋者中见到。

温勇出生于干部家庭，是独生子。其父严厉而专横，在家说一不二，全家人都得顺着他，否则就要遭到责骂，甚至殴打。因此，温勇自幼胆小，性格内向，寡言少语，喜欢与小女孩玩耍。一次在给小女孩系鞋带时，那双红色的高跟鞋马上带他进入了一个五彩世界，他感觉心里特别愉快。上初中以后，他经常借故接触女生，并情不自禁地寻找机会看女孩子的红色高跟鞋。高中毕业考进大学后，他学习成绩挺好，对红色高跟鞋的依恋也与日俱增。他自己内心对此非常苦恼，但由于对所学的专业有兴趣，加之学习紧张，他的注意力暂时还放在学习上，这种心理也还未表现得太突出。但大学毕业到了工作单位后，8小时工作之外便无所事事，寂寞无聊之时，他时常回忆小时候和女孩们一块玩耍的愉快经历。每当这个时候，他心里便涌上一股想触摸女性鞋子的强烈念头。

从此以后，每当出门看到年轻女性的红色高跟鞋他便激动不安，常不能控制地设法去触摸。有时在商店看到，他便痴痴地呆看许久，内心则激动不已，觉得浑身舒服。由于怕被别人讥笑，他只好将这种冲动压抑在心里。但有时他感觉自己无法控制这种冲动，便在上班时痴痴地看女同事穿的漂亮鞋子，弄得女同事一见他就躲得远远的。尽管他在单位表现积极，工作认真，业绩也很好，但单位同事对他的评价却并不高，领导也为此找他谈了几次话。

随着时间的流逝，他内心的这种欲望变得愈来愈强烈，在对女性衣饰的迷恋不断增强的情况下，他邪念萌生。他心想：要是抢一些鞋子，放在宿舍里，就不

心理学

第七篇 可怕的心理问题和精神病理

用上街去看了，岂不更好？既可随时取出抚摸，又可捧在手中嗅闻，不出屋门就能享受女人的温情和香气。于是，有一次他抢了一位年轻女孩穿在脚上的鞋。看到女孩倒在地上惊魂未定的样子，他心里有些懊悔，但又觉得很满足、很痛快。

后来，单位同事给他介绍了女朋友，尽管他为此兴奋了几天，但他发现触摸女友的红色高跟鞋并不能找到往日那种既刺激又兴奋的感觉，所以他仍控制不了自己想触摸其他不认识的异性的红色高跟鞋的欲念。于是，他"恶习不改"。女朋友发现了他的这种癖好后，被吓跑了。他心里虽然有所懊悔，但仍忍不住这种念头。他的这些异常行为在同事间也引起了种种非议。经过一番理性的思考，在强烈的懊悔和痛苦情绪的支配下，温勇终于鼓起勇气，决心求治。

对于像温勇这样的患者，可成为他们的恋物种类很多，包括身体的各部分以及身上各种无生命的物品。常见的异常恋物可分为两类：一类为器物，包括衣着及随身所带物品，如内衣、内裤、手套、鞋袜、手帕、裙子、外衣、发卡、项链，以及雕像、画像等；一类为身体各部分及有关物体，包括正常的部分如头发、脚、手、乳房、臀和非正常部分如跛足、斜眼、麻面、六指等。广义的恋物癖还包括某些视觉性和嗅觉性对象异常，如情景恋和臭恋。前者在某一特定场合会产生性兴奋反应，后者则多在闻到异性体臭时产生性兴奋反应。

恋物癖的产生，大致有以下几个方面的原因：

许多患者的恋物癖行为与青春期的社会文化环境影响和性经历有关。在初、高中阶段，男女接触较少，特别是在初中阶段，男女生连话都很少讲，这样便使得一些青少年将自身的性冲动转向了一些异性的象征物。

恋物癖患者一般都有性心理发育异常的特点，其中有些患者性格内向，在两性关系中往往扮演不成功的男性角色。而由此产生的内心冲突引起了其强烈的焦虑，并进而使其通过心理防御机制将性冲动目标转移到了女性用品上。

大部分患者恋物癖行为的产生，最初是与某种偶然事件联系在一起的，但经过几次反复后，便成了一种病态的条件反射。如某男青年一次在地上躺着时，一位风韵十足的女性将一只脚放在了他身上。这一偶然的动作竟激发起他的性欲，以致该男子成为了一个终身的恋足癖者。

此外，性知识缺乏、好奇和意识方面的某些问题也是形成恋物癖的原因。

恋物癖是一种典型的性变态现象，虽说恋物癖患者并非全是道德败坏、流氓成性之人，但这种恋物行为有违正常的社会习俗，有碍社会道德的正常发展和个人的心身健康。

前文案例中的温勇喜欢和女孩一起玩，尤其对女孩的红色高跟鞋感兴趣，以至于他走在街上就总注意女人的红色高跟鞋，还会有性冲动。这是因为温勇在青春发育期时对性有着极大的兴趣，但无法通过正常的渠道排解，所以只好压抑。同时，他的家庭富裕但缺乏温馨，和父母没有交流，这更使得他因在青春期得不到正确、健康的性启蒙教育而容易出现错误的性经历，从而对以后的生活产生了极坏的影响。

患者欲克服这种有违伦理道德的恋物情结，必须积极投入与异性间的交往，走正常的性宣泄途径。具体解决方法有：降低体内的雄性激素水平，让性欲降低到可以控制的水平，遏止自己走向性变态；建立理性的生活态度，树立正确的人生观，积极投身学习、工作和社交活动，充分发掘自己的潜能，争取实现自我的价值，寻找更高层次的心理满足；避免接触淫秽色情物品，培养广泛兴趣，陶冶情操，正确对待自己的性渴求、性欲望；树立正确的恋爱、家庭、婚姻道德观；重塑性格，促进人格成熟。社会应对这些高危人群实施监控，并应及早干预，及早帮他们求助心理医生，以防患于未然。

心理饥饿引发"暴食症"

世事有法度，不吃是病，狂吃也是病。诚然，美食是每个民族和时代都不能缺少和拒绝的文化。但是，有人因为心理的痛苦和生活的压力，依赖暴饮暴食来排遣现实问题，却使美食成了健康杀手。暴饮暴食不仅使人食之无味，而且涉及到心理和生理的双重伤害，所以，为了健康，我们应告别暴饮暴食。

爱吃零食是许多女孩子的共同特点。闲暇时，一包包、一袋袋各种各样的零食的确会让人惬意无比，女孩子偶尔满足一下食欲也无伤大雅。然而这种"爱好"若是过了头，整天不停地抓着东西往嘴里塞，疯狂暴食，那就有些不正常了。尤其当这种贪吃现象与心情变化联系在一起时，就更应该考虑是不是存在某种心理障碍，患上了暴食症。

张洁是一名大学生，最近她就出现了这种暴饮暴食而不能自制的毛病。她每天都要去商店买一大堆零食，无论在寝室、教室还是半路上，她都吃个不停、嚼个不停。一走进食堂就更无法遏制食欲，凡是食堂卖的食品她都要吃一遍，吃了饺子想吃包子，吃了包子想吃烙饼，看到小点心又要吃小点心，非要吃到胃被撑得难受才肯罢休。如果想吃的东西没吃到，她就会没心思上课或上自习，晚上连觉都睡不好。

由于不断地暴食，她的身体明显发胖，变得越来越臃肿。张洁苦恼不已，一再发誓再不吃零食，再不滥吃了。但一走进商店或食堂她就又无法控制自己，尤其是心情不好时就吃得更凶。但由于吃多了消化系统负担很重，所以她老是昏昏欲睡，上课打不起精神，晚上也不想上自习，而是早早就睡觉了，这使得她的学习成绩直线下降。为此，她内心十分痛苦，几乎对自己失去了信心，苦闷之中她对生活多了一些失望。

其实张洁的病因来自于幼年。她很小时，被寄养在奶奶家，奶奶同叔叔、婶婶住在一起。叔叔有一个比她小 1 岁的女儿，她与堂妹一起睡，一起玩耍。随着年龄的增长，她渐渐发现周围的人都特别喜欢堂妹，在众人面前人们总是夸奖堂妹长得漂亮、逗人喜爱，有好吃的、好玩的东西也都愿送给堂妹，却常常把她冷落在一边。

她的父母每隔一段时间会到她奶奶家看她一次，每次来都会给堂妹带漂亮的衣服或其他礼物。堂妹虽然年纪较张洁小，但个子却比她高，因此她常常是捡堂妹穿剩下的衣服来穿。这一切深深地刺伤了她幼小的心灵，她恨堂妹，恨周围的人，更恨自己的父母，认为连自己的父母都嫌她长得丑而不喜欢她，不给她买漂亮衣服和玩具，让她穿堂妹穿过的衣服，进而又恨父母为什么将她生得这么丑。

从那时起，张洁的心里就产生了一种报复的念头。这显然是她对幼时被人歧视的一种补偿，但最后，她却养成了这样一种习惯——喜欢用无节制地进食来排解内心的苦闷。

张洁的做法当然是错误的甚至是幼稚的，然而，当今社会上又有多少人没在幼稚着呢？

因为失恋，柳红开始了暴饮暴食的生活。她不能停止吃东西，一不吃东西，她心里的痛苦就好像不能忍受。本来她就不是身材很好的女人，这样暴饮暴食的生活使她每次都吃到不能再吃，只能倒头大睡，所以她的身材更加臃肿了。

开始的时候她没在意，心里只关心怎么度过这段最难熬的失恋。她心想只要让自己的心不再为这件事痛苦，什么代价都可以付出。但有一天，当她洗完澡站在镜子前，忽然在镜子里看到了一个臃肿衰老的女人，满身都是赘肉，皮肤松弛。

她也曾想过控制，可暴饮暴食已经成了习惯，每次想控制一下的时候，一想起镜子里的身体，她就觉得自己没什么希望了，于是就又放弃了控制的努力。

就这样每天她带着沉甸甸的胃和自己肥胖的肚腩来去，更是一点信心都没有了，活得越来越像一个没有性别的饕餮动物。

因为心里痛苦或者压力过大而依赖暴饮暴食解决内心问题，这是一种嗜吃症，是女性中常见的心理疾病。嗜吃带来的问题是肥胖，而这会使得女性在两性婚恋领域失去竞争优势，并给自己带来更大的心理压力，从而更加依赖食物生活，并变相地产生了更加压抑的问题。

暴食症可能是由于女性的生活习惯和身体机能的特点造成的。这种问题在广泛的女性群体中有各种程度的发病状况。要解决这个问题，一方面要求助心理医生，另一方面还是要靠自我救治。因为这些问题的根本原因是社会生活的压力所致，如果作为个体不能对抗压力，不能正确对待自己的生活，就不能得到根本的解决。

心理引导

首先应当确认你的生活习惯中是否存在这种不良倾向，甚至已经构成了心理病症、造成了生理影响。如果确认，那么你就该认识到这不仅是一种不良的生活习惯，而且是会愈演愈烈的恶性循环，将会对你的身体和生活造成更严重的影响。

从心理治疗的角度讲，在你有了一个正确的认识后，应当果断地给自己心理暗示，比如面对过量的食物时，你应该想，第一，你的身体并不需要这么多的营养；第二，你的胃口其实并没有获得享受，这样过量进食是一种受罪。

援助

出现暴食症的女人大多性格孤僻、内向，容易产生抑郁、紧张情绪。所以在面对你的问题时，你最好向信任的人求援。寻找一个你最信任的朋友或亲人，将你的情况和盘托出，和她（他）谈论你的感受，请她（他）帮助你、监督你改善这种状况。

患暴食症的女人特别喜欢躲避别人的视线，要克服这种不良的习惯。你最好找一个人和你同住，让你的生活时时都在别人的关注之下，这对你是一个非常好的监督。

运动

食欲可以通过运动来有效地克服。尤其是不正常的食欲，有时是因为生活慵懒、身体机能不健康造成的，所以健康的生活习惯，尤其是舒缓、适度的运动可以让你远离食欲的困扰。同时运动还可以让人心情舒畅，性情变得开朗活泼，大大缓解暴食症。

恋爱

女人都说，恋爱时最容易减肥，因为那时候人会处于一种不自觉的亢奋状态，每日睡眠时间减少，也不会有很强烈的食欲。有的人还很形象地描述那种感觉是"皮肤下的每根毛细血管都活跃着"。恋爱时，由于精神系统的活跃，造成新陈代谢加快，整个身体机能也处于一种相对亢奋的状态。所以在这种状态下，人可以有效地克制食欲。

选择朋友

学会选择朋友是非常重要的。如果身边只有一些重视外表的朋友，这样的友谊是不会长久的。多结交几个有思想的朋友，他们会给你带来意想不到的快乐，并会在你控制不住自己食欲的时候对你发出忠告。

正确认识饮食

饮食是人们赖以生存的基本需求。每个人每天都必须摄入一定的食物来维持自己的需要。所以，要把吃饭当成是一种很正常的事情。

"强迫症"引发反复的强迫性行为

强迫症是一种常见的精神疾病，患者会在主观上感到有种不可抗拒和被迫无奈的观念、情绪、意向或行为上的存在。

晶晶今年14岁，是一名中学生，有些胆小、害羞。她本来是一名成绩优秀的好学生，朋友也很多，家庭条件也还不错，一直生活得很幸福。但很长一段时间以来她都被一种怪癖困扰着，这不仅影响到了她的生活和学习，还让她陷入了极度紧张的状态。

刚开始，她认为自己手上有灰土、细菌等，故每天洗手几十次，后来逐渐发展到无数次，明知无此必要，但她就是控制不住。她还反复擤鼻涕，强令母亲给自己洗衣服，晒干后仍需再洗一次。此外，她还总是害怕书中有脏东西，以至于不敢看书，以致学习成绩也明显下降。

最近，她开始不敢在厕所内系裤带，因为她怕脏东西被系在裤内。另外，她还怕空气中的灰尘，甚至有时别人在擦地或脱衣服时，她也认为脏东西会飞到自己身边来。对此，她非常苦恼，出现了明显的焦虑症状，甚至开始悲观厌世，继之表现为强迫性疑虑，整日陷入了精神紧张状态，乃至不能坚持上学。

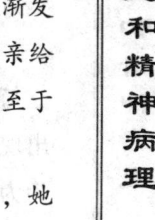

晶晶的清洗症状出现在两年前。那时有一次她去同学家玩，刚开门就见一条狗突然猛扑过来，两只前爪搭在她的双肩上。她当即被惊吓得高声惨叫，此后就表现出精神不振的状态，还时常发呆、觉得很孤独、入睡困难、多梦等。继之，她感觉袖筒和前胸部有灰，便不时地用手拍打。两个月后她认为手上也有了灰土、细菌等，于是便开始了不断的清洗行为。

晶晶的症状即是强迫清洗，俗称洁癖，属于强迫症的最常见临床表现，占了强迫症患者的一半。强迫症一般包括强迫观念，如强迫怀疑，以及强迫行为，如强迫清洗。和有严重洁癖的人生活，家人会忍无可忍，患者本人也觉得痛苦不堪，因为他们能察觉自身的问题，却无法自我摆脱，因而活在长期的、慢性的焦虑中，有人甚至曾因不堪煎熬而自杀以寻求解脱。

强迫症的特点是有意识的自我强迫和反强迫并存，二者强烈冲突使病人感到焦虑和痛苦。病人体验到观念或冲动来源于自我，但违反自己的意愿，虽极力抵抗，却无法控制。

强迫症的临床表现分为强迫观念和强迫行为两种。

强迫观念是在脑海中反复出现一些思想、观念、冲动，患者明知这些东西不应该出现，但是却无法摆脱，并为此十分苦恼不安。如对自己言行的正确性产生怀疑的强迫性怀疑；反复对已经发生过的事件、说过的话、做过的事进行强迫性回忆；脑海中反复出现从一个观念联想到另外一个观念的强迫性联想；对日常生活中的一些现象刨根究底的强迫性穷思竭虑；对一些事物出现担心或厌恶，或担心自己愿会对别人出现不理智行为的强迫性情绪；反复体验到要做某种违背自己愿望的强迫性冲动等。

强迫行为是指反复出现刻板行为或仪式性动作，它一般继发于强迫思维，是为了减轻强迫思维时的内心痛苦的结果。患者知道那些反复出现的想法或行为是没有必要的，甚至觉得荒谬可笑，但就是控制不住，为此内心很苦恼。国外有专家对70例强迫症患者的症状进行分析发现，强迫性清洗的出现率为85%，如洗手、洗澡、刷牙等；重复性仪式动作的出现率为51%，如重复进门与出门、起立与坐下、重复词句、重复阅读；强迫性检查行为出现率为46%。其他症状的出现率分别为：强迫性计数为18%，强迫性整理或排列为17%，强迫性收藏行为为11%，多虑为13%，害怕伤害自己或别人为4%。

需要指出的是，像反复检查门锁这种强迫心理现象在大多数人身上都曾发生过，如果强迫行为只是轻微的或暂时性的，当事人不觉得痛苦，也不影响正常生活和工作，就不算病态，也不需要治疗。但如果强迫行为每天出现数次，且干扰了正常的工作和生活，就可能是患了强迫症，就需要治疗了。

据心理学研究，强迫症与遗传有较密切的关系。在调查中发现，强迫症患者的父母中有约5%～7%的人患有强迫症，远高于普通人群。另外，由于遗传同时还影响一个人的人格特征，而人格特征又在强迫症的发病中起一定作用，因此可以确定强迫症与遗传有关。

此外，精神分析学家认为，强迫症是强迫性人格的进一步发展。行为学家则认为，强迫症的产生是由于刺激反应出现过多重复导致焦虑，使中枢神经系统兴奋和抑制失调，从而导致异常习惯的形成，病理性认识和反射的建立使冲动、思维和行动拘泥于固定的行为学习模式。

心理社会因素也是引起强迫症的重要原因，尤其对于正处于发育期的青少年来说，这一因素体现得更为明显。这一时期的青少年生理发育迅速，在竞争激烈的社会交往中出现的不适应现象可引起强迫症状的产生。而工作紧张、家庭不和睦及夫妻生活不尽如人意等也可使患者长期紧张不安，最后诱发强迫症的出现，其症状的内容与患者面临的心理及社会因素的内容有一定的联系。另外，意外事故、家人死亡及受到重大打击等也会使患者焦虑不安、紧张、恐惧，从而诱发强迫症的产生，该患者症状的表现形式与其精神创伤有直接的联系。

强迫症并非无药可救，心理专家提示治疗该症的关键在于患者能否勇敢理智地面对它、战胜它。在日常生活中，患者不妨深层解剖自己，从起因入手，采取顺其自然、凡事不追求完美、多参加集体活动等方法来适时宣泄心中的紧张和焦虑心情，想办法转移自己的注意力。

当出现不可克制的强迫现象时，家人要帮助患者用意念努力对抗强迫现象，使患者紧张恐惧的心情放松，告诉患者这种行为没有任何意义，并分散患者的注意力。当然，做到这点是非常不容易的，要有毅力。经过反复训练，多数患者的强迫现象会逐渐消失。

对单纯用意念不能对抗的强迫现象，可以采用"行为对抗疗法"帮助矫正。对抗疗法基本上是一种操作性条件反射过程，它把对抗刺激与强迫行为反复多次结合，从而形成一种新的条件反射，使之与原来的强迫行为相对抗，进而消除患者原有的错误行为。

对于严重的强迫症患者，应采用药物治疗。由于强迫症状影响了日常生活，因此必须进行药物治疗。

神秘的"社交恐惧症"

有些人内心渴望同他人交往，以获得精神上的满足，但在实际生活中与别人打交道时却充满了恐惧，这就是社交恐惧症。社交恐惧症通常起病于青少年时期，男女都可能出现。青少年渴望友谊，希望广交朋友，但有些青少年一到具体交往时，如找人交谈或者别人与自己打交道时，就会出现恐惧反应。表现为不敢见人、和陌生人交谈会面红耳赤、神经会处于一种非常紧张的状态。它往往会泛化，严重者拒绝与任何人发生社交关系，只想把自己孤立起来。显然，这会对人的日常工作和学习造成极大妨碍。

"社交恐惧症"也被称作"社交焦虑障碍"，它是以害怕与人交往或当众说话、担心在别人面前出丑或者处于尴尬境况而尽力回避社交活动为主要症状表现的一种恐惧感。恐惧的对象可以是某个人或某些人，可包括除了某些特别熟悉的亲友之外的所有人。

社交恐惧症是由于害怕别人给予不好的评价使自己感到发窘、狼狈不堪，从而从行为上表现出避开与他人的接触和交谈，而不是害怕无法离开某处。社交恐惧症患者害怕的社交情境往往不易回避，因此该症对个人生活的影响往往非常明显。通过下面的案例我们将能更清晰地认识它：

小羽是一个懂事、听话的女孩，个性比较内向、敏感。两年前读高中时，有一天路上与老师相遇，她感到紧张，没有抬头和老师说话，便低着头匆匆走过。旁边有一同学看到了这一情形，对她说："你怎么不和老师说话，老师直用眼看你呢。"小羽听后深感内疚，第2天到学校时，不敢抬头看那位老师的眼睛。后来她的症状逐渐加重，连别的老师的眼睛也不敢直视了，进而发展到连普通人的眼睛也不敢看。偶尔与别人目光相遇，她便会感到特别紧张，心跳加快，全身冒汗，并认为自己的表情肯定很尴尬，会引起别人的耻笑。从此，在路上骑自行车或走路时，她总是低着头，唯恐看到别人的目光。由于紧张、心情不安，小羽上课无法专心听讲，学习成绩下降，结果没有考上大学。后来她的症状更加严重，以致都不敢出门。她为此感到非常痛苦，不得不求助于心理医生。

大多数人在众人面前发言、面对老师或领导时都会有些紧张，这是一种正常的现象。但是上述案例中，小羽的紧张已经超出了正常的范围，她在感到紧张的同时还有心跳加快、出汗症状，且会回避别人的目光，回避接触人。她害怕与别人对视，恐惧自己会有丢脸的言谈举止或表情尴尬，并且已经达到了社交恐惧的程度。

多数社交恐惧症患者起病于青少年，常为逐渐起病，无明显诱因，也有的是在一次羞辱的社交经历之后急性起病。

社交恐惧症的特点是强迫性的恐怖情绪，患者会想象出恐惧对象自己吓唬自己。

　　某大学有一女生性格内向，自尊心强，处事谨小慎微。她总以为别人时刻在注意她、评价她，因而总担心自己会出什么差错，让人瞧不起。后来，她爱上了某男生，但又不敢表露，还怕别人知道这个秘密。一次，有同学开玩笑说："我知道你爱上他了，你别藏在心里！"她一听就心里发慌，担心别人对她评头论足。此后，她见人就躲闪，一有人与她聊天她就面红耳赤、心慌意乱、语无伦次，以至于最后见人就害怕。

　　社交恐惧症是后天形成的条件（制约）反射，可分为两种情况：一是"直接经验"。有道是"一朝被蛇咬，十年怕井绳"，青少年在交往过程中屡遭挫折、失败，就会形成一种心理上的打击或"威胁"，在情绪上产生种种不愉快的甚至痛苦的体验，久而久之，就会不自觉地形成一种紧张、不安、焦急、忧虑、恐惧等情绪状态。这种状态一旦定型下来，形成固定的心理结构，就会使人在以后遇到新的类似刺激情境时便旧病发作，产生恐惧感。二是"间接经验"，如看到别人或听到别人在某种交往情境中遭受挫折、陷入窘境，或受到难堪的讥笑、拒绝，自己就会感到痛苦、羞耻、害怕，甚至通过电影、电视、小说、广播、报刊等途径也可以得到这种经验。他们会不自觉地依据间接经验来预测自己会在特定社交场合遭受令人难堪的对待，于是便紧张不安、焦虑恐惧。这种情绪状态一旦泛化，就导致了社交恐惧症。

　　社交恐惧症是一种因心理因素造成的心因性疾病，只要积极治疗，就是可以治愈的。

改善自己的性格

　　害怕社交的人多半比较内向，所以应注意锻炼自己的性格。多参加体育、文艺等集体活动，尝试主动与同伴和陌生人交往，在交往的实际过程中逐渐去掉羞怯、恐惧感，使自己成为开朗、乐观、豁达的人。

消除自卑，树立自信

　　对自己应有正确的认识，过于自尊和盲目自卑都没有必要，事事处处得体、求全责备也是没有必要的。可以暗示自己"我只不过是集体中的一分子，谁也不会专门盯住我、注意我一个人的"，从而摆脱那种过多考虑别人评价的思维方式。要记住：我并不比别人差，别人也不过如此。以此来增强自信。

转移刺激

即暂时转移能引起社交恐惧症的外界刺激，因为外界刺激总会在一段时间内消失，而其条件反射在头脑中的痕迹也会逐渐淡漠，有时还可完全消除。

掌握知识

尽管都懂得开展社交的主要意义，但是对于相当一部分人来说，其对有关社交的知识、技巧和艺术，以及相关的社会学、心理学和传播学知识却掌握得不够。所以应全面地掌握有关知识，真正明白道理，这对消除社交恐惧是大有裨益的。

系统脱敏疗法

一般做法是：先用轻微的、较弱的刺激，然后逐渐增强刺激的强度，使行为失常的患者没有焦虑不安反应，并逐渐适应，最后达到矫正其失常行为的目的。可引导青少年患者先与家人接触，再与亲朋好友接触，然后再与一般熟人接触，最后与陌生人接触，这样一步步地引导脱敏，并通过奖励、表扬使其正常行为得以巩固。

常见的心理问题及应对策略

贪婪心理

贪婪是一种常见的心理问题。"贪"的本义指爱财，"婪"的本义指爱食，"贪婪"指贪得无厌，意即对与自己的力量不相称的某一目标过分的欲求。与正常的欲望相比，贪婪没有满足的时候，反而是愈满足，胃口就越大。古人用"贪冒"、"贪鄙"、"贪墨"来形容那些贪图钱财、欲望过分的行为，认为是"不洁"、"不干净"、"不知足"的。贪婪并非遗传所致，是个人在后天社会环境中受病态文化的影响，形成自私、攫取、不满足的价值观而出现的不正常的行为表现。这一点，在那些沦为腐败分子的官员身上体现得较为典型。一般而言，贪婪心理的形成主要有以下几个方面：

错误的价值观念

认为社会是为自己而存在，天下之物应皆为自己拥有。这种人存在极端的个人主义思想，是永远不会满足的。他们会得陇望蜀，有了票子，想房子；有了房子，想车子，永不休止。

行为的强化作用

有贪婪之心的人，初次伸出黑手时，多有惧怕心理，一怕引起公愤，二怕被捉。一旦得手，便喜上心头，屡屡尝到甜头后，胆子就越来越大。每一次侥幸过关都是一种条件刺激，会不断强化他的贪婪心理。

攀比心理

有些人原本也是清白之人，但是看到原来与自己境况差不多的同事、同学、战友、邻居、朋友、亲戚、下属、小辈，甚至原来那些比自己条件差得远的人都发了财，心理就不平衡了，觉得自己活得太冤枉，由此也学着伸出了贪婪的双手。

补偿心理

有些人原来家境贫寒，或者生活中有一段坎坷的经历，便觉得社会对自己不公平。一旦其地位、身份上升，就会利用手中的权力索取不义之财，以补偿以往的损失。

功利心理

一些人把市场经济看成金钱社会，拜金成为他们的信条；一些人有失落感，认为"今天这个样，明天变个样，不知将来怎么样"；一些人滋长了占有欲，把市场等价交换原则引入现实生活中，"有权不用，过期作废"，从而引发以权谋私、权钱交易等。

虚荣心理

一些教工、官员曾经表现较好，可一旦地位变了，权力大了，讨好的人多了，就开始飘飘然起来。他们失足犯罪，往往不是为金钱所惑，而是被胜利冲昏

头脑，自我膨胀，被见风使舵的人利用，混淆是非，放弃原则，经受不住权力和地位的考验。

侥幸心理

有不少贪官明知贪污受贿国法不容，但又认为自己作案并非明火执仗，吃得下，擦得干净，即使被发现也不容易被抓到把柄。贪污能"天衣无缝"，受贿只有"你知，我知"，只要满足行贿人的要求，他不举报就不会出事，就是出了事也未必抓住直接证据，未必定得了罪。这种心态导致犯罪分子自我欺骗，我行我素，随着作案次数的增多，胆子越来越大，因而越陷越深。

贪婪之心并非生来就有的，是后天形成的，因此它是可以矫治的。异化的环境与文化可以改变一个人的心理，那么正常的环境与文化同样可以矫治一个人的心理。矫治贪婪，可以用以下几种方法：

第一，二十问法。

这是一种自我反思的方法，即自己在纸上写出20个"我喜欢……"。全部写下后，再逐一分析哪些是合理的欲望，哪些是超出能力的过分的欲望，这样就可明确贪婪的对象与范围。最后对造成贪婪心理的原因与危害作较深层的分析。

第二，警戒法。

古往今来，仁人贤士对贪婪之人是非常鄙视的，他们撰文作诗，鞭挞或讽刺那些索取不义之财的行为。想消除贪婪心理的人，应牢记那些诗文和名言格言，朝夕自警。经常想一想那些因为贪婪而遭杀头之罪的贪官污吏，以此为戒，改正贪婪心理。

第三，知足常乐法。

在生活中不能对自己的期望过高，自己的需求和欲望要和自己的能力及社会条件相适应，不要贪图虚荣、讲攀比，内心要想到知足常乐。生活中你应该明白：即使你拥有整个世界，但你一天也只能吃三餐。这是人生思悟后的一种清醒，谁懂得了它的含义，谁就能活得轻松，过得自在。

虚荣心理

莫泊桑小说《项链》中的玛蒂尔德，在虚荣中耗尽自己的青春岁月。关于虚荣心，《辞海》有云：表面上的荣耀、虚假的荣誉。此最早见于柳宗元诗："为农信可乐，居宠真虚荣。"心理学上认为，虚荣心是自尊心过分的表现，是为了取得荣誉和引起普遍注意而表现出来的一种不正常的社会情感。虚荣心是一种常见的心态，因为虚荣与自尊有关。人人都有自尊心，当自尊心受到损害或威胁时，或过分自尊时，就可能产生虚荣心，如珠光宝气招摇过市、哗众取宠，等等。

虚荣心与赶时髦有关系。时髦是一种社会风尚，是短时间内到处可见的社会生活方式，制造者多为社会名流。虚荣心强的人为了追赶偶像、显示自己，也模仿名流的生活方式。

虚荣的心理与戏剧化人格倾向有关。爱虚荣的人多半为外向型、冲动型，反复善变、做作，具有浓厚、强烈的情感反应，装腔作势、缺乏真实的情感，待人处世突出自我、浮躁不安。虚荣心的背后掩盖着的是自卑与心虚等深层心理缺陷。具有虚荣心理的人，多存在自卑与心虚等深层心理的缺陷，为了一种补偿，竭力追慕浮华以掩饰心理上的缺陷。

几十年前，林语堂先生在《吾国吾民》中认为，统治中国的三女神是"面子、命运和恩典"。"讲面子"是中国社会普遍存在的一种民族心理，面子观念的驱动，反映了中国人尊重与自尊的情感和需要，丢面子就意味着否定自己的才能，这是万万不能接受的，于是有些人为了不丢面子，通过"打肿脸充胖子"的方式来显示自我。

林语堂先生的"打肿脸充胖子"与培根的哲学有很大的相似之处，培根说："虚荣的人被智者所轻视，愚者所倾服，阿谀者所崇拜，而为自己的虚荣所奴役。"德国哲学家叔本华说："虚荣心使人多嘴多舌；自尊心使人沉默。"虚荣心强的人，在思想上会不自觉地渗入自私、虚伪、欺诈等因素，这与谦虚谨慎、光明磊落、不图虚名等美德是格格不入的。虚荣的人为了表扬才去做好事，对表扬和成功沾沾自喜，甚至不惜弄虚作假。他们对自己的不足想方设法遮掩，不喜欢也不善于取长补短。虚荣的人外强中干，不敢袒露自己的心扉，给自己带来沉重的心理负担。虚荣在现实中只能满足一时，长期的虚荣会导致非健康情感因素的滋生。

虚荣心理的表现是多方面的：对自己的能力、水平过高估计；处处炫耀自己的特长和成绩，喜欢听表扬，对批评恨之入骨；常在外人面前夸耀自己有点权势的亲友；对上级竭尽拍马奉承；不懂装懂，打肿脸充胖子，喜欢班门弄斧；家境贫寒却大手大脚，摆阔气赶时髦；处处争强好胜，觉得处处比人强，自命不凡；把生活中的失误归咎于他人，从不找自身的原因；有了缺点，也寻找各种借口极力掩饰；对别人的才能妒火中烧，说长道短，搬弄是非，等等。

虚荣心男女都有，但总的说来，女性的虚荣心比男性强。因此，虚荣心带给女性的痛苦比男性大得多。这一类型的人表面上表现为强烈的虚荣，其深层心理就是心虚。表面上追求面子，打肿脸充胖子，内心却很空虚。表面的虚荣与内心深处的心虚总是不断地在斗争着：一方面在没有达到目的之前，为自己不尽如人意的现状所折磨；另一方面即使达到目的之后，也唯恐自己的真相败露而恐惧。要克服虚荣心理，需做到以下几点：

树立正确的荣辱观

即对荣誉、地位、得失、面子要持一种正确的认识和态度。人生在世界上要有一定的荣誉与地位，这是心理的需要，每个人都应十分珍惜和爱护自己及他人的荣誉与地位，但是这种追求必须与个人的社会角色及才能一致。面子"不可没有，也不能强求"，如果"打肿脸充胖子"，过分地追求荣誉，显示自己，就会使自己的人格受到歪曲。同时也应该正确看待失败与挫折，"失败乃成功之母"，必须从失败中总结经验，从挫折中悟出真谛，才能建立自信、自爱、自立、自强，从而消除虚荣心。

在社会生活中把握好比较的尺度

社会比较是人们常有的社会心理，但在社会生活中要把握好攀比的尺度、方向、范围与程度。从方向上讲，要多立足于社会价值而不是个人价值的比较，如比一比个人在学校和班上的地位、作用与贡献，而不是只看到个人工资收入、待遇的高低。从范围上讲，要立足于健康的而不是病态的比较，如比实绩、比干劲、比投入，而不是贪图虚名，嫉妒他人表现自己。从程度上讲，要从个人的实力上把握好比较的分寸，能力一般的就不能与能力强的相比。

学习良好的社会榜样

从名人传记、名人名言中，从现实生活中，以那些脚踏实地、不图虚名、努力进取的革命领袖、英雄人物、社会名流、学术专家为榜样，努力完善人格，做一个"实事求是、不自以为是"的人。

如果你已经出现了自夸、说谎、嫉妒等行为，可以采用心理训练的方法进行自我纠偏。即当病态行为即将或已出现时，个体给自己施以一定的自我惩罚，如用套在手腕上的皮筋反弹自己，以求警示与干预作用。久而久之，虚荣行为就会逐渐消退，但这种方法需要本人超人的毅力与坚定的信念才能收效。

要想从根本上解决虚荣心理，关键不在于如何消除它，而在于如何改善它，诱导它走向有用的方面去。虚荣只有用到有利于人类的事业上去，它才有利而无害。

嫉妒心理

嫉妒是痛苦的制造者，在各种心理问题中对人的伤害最严重，可称得上是心灵上的恶性肿瘤。弗朗西斯·培根说过："犹如毁掉麦子一样，嫉妒这恶魔总是暗地里，悄悄地毁掉人间美好的东西！"

何谓嫉妒呢？心理学家认为，嫉妒是由于别人胜过自己而引起的一种情绪的负性体验，是心胸狭窄的共同心理。嫉妒不是天生的，而是后天获得的，嫉妒有三个心理活动阶段：嫉羡——嫉优——嫉恨。这三个阶段都有嫉妒的成分，而且是从少到多，嫉羡中羡慕为主，嫉妒为辅。嫉优中嫉妒的成分增多，已经到了怕别人威胁自己的地步了。嫉恨则把嫉妒之火已熊熊燃烧到了难以消除的地步。这把嫉恨之火，没有燃向别人，而是炙烤着自己的心，使自己没有片刻宁静，于是便绞尽脑汁想方设法去诋毁别人嫉妒实质上是用别人的成绩进行自我折磨，别人并不因此有何逊色，自己却因此痛苦不堪，有的甚至采用极端行为走向犯罪深渊。

一般说来，嫉妒心理有以下几个基本特点：

嫉妒的产生是基于相对主体的差别

这个相对主体即嫉妒主体指向的对象，既可以是具体人，也可以是人和某一现象，亦可以是某一集体或群体，例如单位与单位、家庭与家庭之间的嫉妒。那种相对主体的差别既可以是现实的客观差距，比如财富和相貌的差距；也可以是非物质性的差距，比如才能、地位的差别；亦可以是不真实的幻想出来的差距，例如总感觉室友之间特别亲热；还可以是对将来可能会遇到的威胁和伤害的假设，例如上级对于下级才能的妒忌。

嫉妒具有明显的对抗性，由此可能引发巨大的消极性

嫉妒心理是一种憎恨心理，具有明显的与人对抗的特征。嫉妒心理的对抗性来源于比较过程中的不满和愤怒情绪。而且，这种对抗性常常带来对社会的巨大危害性。

嫉妒心理具有普遍性

嫉妒是一种完全自然产生的情感，古今中外，没有哪个社会和国家的居民完全没有嫉妒心。在社会现实生活中，一旦看到别人比自己幸运，心里就"别有一番滋味"。这"滋味"是什么呢？就是嫉妒心理的情绪体验。我们每个人都会这种经历。

嫉妒心理具有不断发展的发泄性，且无法轻易摆脱

发泄性是指嫉妒者向被嫉妒者发泄内心的抱怨、憎恨。一般来说，除了轻微的嫉妒仅表现为内心的怨恨而不付诸行为外，绝大多数的嫉妒心理都伴随着发泄行为，并且这种发泄的欲望具有无法轻易摆脱的顽固性。培根曾经幽默地引用古人的话说："嫉妒心是不知休息的。"嫉妒是与私心相伴而生，相伴而亡的，只要私心存在一天，嫉妒心理也就要存在一天。

此外，嫉妒心理另外几点值得注意之处是：嫉妒是从比较中产生的，必涉及第三者的态度；地位相等、年龄相仿、程度相同的人之间最可能发生嫉妒；是否出现嫉妒心理还与思想品质、道德情操修养有关，等等。

虽然嫉妒是人普遍存在的也可以说是天生的缺点，但我们绝不能忽视它的危害性。有关嫉妒的危害，我国的传统医学早就有过论述。《黄帝内经·素问》明确指出："妒火中烧，可令人神不守舍，精力耗损，神气涣失，肾气闭塞，郁滞凝结，外邪入侵，精血不足，肾衰阳失，疾病滋生。"心理学家弗洛伊德曾经说过："一切不利影响中，最能使人短命夭亡的，是不好的情绪和恶劣的心境，如忧虑和嫉妒。"嫉妒心理可以危害人们的身心健康。美国有些专家通过调查研究发现，嫉妒程度低的人在 25 年中仅有 2% ~3% 的人患有心脏病，死亡率只占 2.2%。而嫉妒心强的人，同一时期内竟有 9% 以上的人患有心脏病，死亡率也高达 13.4%。由于嫉妒情绪能使人体大脑皮质及下丘脑垂体促肾上腺皮质激素分泌增加，造成大脑功能紊乱，免疫机能失调，从而使自身免疫性疾病以及心血管、周期性偏头痛的发病率增加。医学家们还观察到，嫉妒心强的人常会出现一些诸如食欲不振、胃痛恶心、头痛背痛、心悸郁闷、神经性呕吐、过敏性结肠炎、痛经、早衰等现象。

嫉妒破坏友谊、损害团结，给他人带来损失和痛苦，既贻害自己的心灵，又殃及自己的身体健康。因此，必须坚决、彻底地与嫉妒心理告别。

上面的情况在我们的身边不止一次地发生，然而我们却常常只当故事来听、

来看。其实，嫉妒的杀伤力远远超过我们的想象，每当心中怀着一股嫉妒之火时，伤害最大的就是自己。

要想使自己的生活充满阳光，我们必须走出嫉妒的泥淖，学会超越自我，克服嫉妒心理。

开阔胸怀，宽厚待人

19世纪初，肖邦从波兰流亡到巴黎。当时匈牙利钢琴家李斯特已蜚声乐坛，而肖邦还是一个默默无闻的小人物，然而李斯特对肖邦的才华却深为赞赏。怎样才能使肖邦在观众面前赢得声誉呢？李斯特想了个妙法：那时候在演奏钢琴时，往往要把剧场的灯熄灭，一片黑暗，以便使观众能够聚精会神地听演奏。李斯特坐在钢琴面前，当灯一灭，就悄悄地让肖邦过来代替自己演奏。观众被美妙的钢琴演奏征服了。演奏完毕，灯亮了。人们既为出现了这位钢琴演奏的新星而高兴，又对李斯特推荐新秀的胸怀深表钦佩。

自我认知，客观地评价自己和他人

当嫉妒心理萌发时，或是有一定表现时，应该积极主动地调整自己的意识和行动，从而控制自己的动机和感情。这就需要冷静地分析自己的想法和行为，同时客观地评价一下自己，从而找出一定的差距和问题。当认清了自己后，再评价别人，自然也就能够有所觉悟了。

自我宣泄

嫉妒心理也是一种痛苦的心理，当还没有发展到严重的程度时，用各种感情的宣泄来舒缓一下是相当必要的。

在这种发泄还仅仅是处于出气解恨阶段时，最好能找一个较知心的朋友或亲友，痛痛快快地说个够，暂求心理的平衡，然后由亲友适时地进行一番开导。虽不能从根本上克服嫉妒心理，但却能中断这种发泄性朝着更深的程度发展。如有一定的爱好，则可借助各种业余爱好来宣泄和疏导，如唱歌、跳舞、书画、下棋、旅游，等等。

快乐可以治疗嫉妒

快乐之药可以治疗嫉妒，是说要善于从生活中寻找快乐，正像嫉妒者随时随处为自己寻找痛苦一样。如果一个人总是想比起别人可能得到的欢乐来，我的那一点快乐算得了什么呢？那么他就会永远陷于痛苦之中，陷于嫉妒之中。快乐是一种情绪心理，嫉妒也是一种情绪心理。何种情绪心理占据主导地位，主要靠人来调整。

少一份虚荣就少一份嫉妒

虚荣心是一种扭曲了的自尊心。自尊心追求的是真实的荣誉，而虚荣心追求的是虚假的荣誉。对于嫉妒心理来说，它更要面子，不愿意别人超过自己，以贬低别人来抬高自己，正是一种虚荣，是一种空虚心理的需要。单纯的虚荣心与嫉妒心理相比，还是比较好克服的。而两者又紧密相连，相依为命。所以，克服一份虚荣心就少一份嫉妒。

猜疑心理

猜疑心理是一种狭隘的、片面的、缺乏根据的盲目想象。猜疑是基于一种对他人不信任的、不符合事实的主观想象，是人际交往过程中的拦路虎。具有猜疑心理的人与别人交往时，往往抓住一些不能反映本质的现象，发挥自己的主观想象进行猜疑，而产生对别人的误解；或者在交往之前对某人有某种印象，在交往之中就处处用这种成见效应与对方接触，对方一有举动，就对原有成见加以印证。虽然猜疑心理有种种表现，但我们可以发现其共同的特征，即没有事实根据，单凭自己主观的想象；抓住"毛皮"，忽略本质，片面推测；不怀疑自己的判断，只是相信自己，怀疑他人，挑剔他人。具有猜疑心理的人把自己置于一种苦恼的心态中，对别人采取不信任的态度，严重的甚至对自己的感觉也产生怀疑。

猜疑心理往往导致心理偏执。这种人常常敏感固执、谨小慎微，事事要求十全十美。这样不仅危害自己，也危害他人。

在平时的生活工作当中，有时遇到一些自己不了解的事情，一般人都会进行一些猜测与怀疑，这是人之常情，没什么大不了的。但是，如果对任何事都持怀疑态度，并常常无端怀疑，不去辨别真假，只相信自己的想法、自己的猜测，这是成了多疑。这种现象在我们生活的周围并不少见。

一般的猜疑，大多是在判断错误的基础上产生，一旦搞清真相后，也能自己纠正，这些都是正常的状态。但也有的人的猜疑是一种心理偏异。易于产生猜疑的人大致有以下几种：

性格敏感多疑的人

他们总是疑神疑鬼，见别人在说悄悄话，或别人无意朝他多看了几眼，就以为他们在讲自己的坏话；看到别人的脸色冷漠，就疑心他人对自己有什么不满；领导安排工作，自己不在其中，就会认定是领导对自己有成见……这种人整天耿耿于怀、胡思乱想，使自己的人际关系十分紧张，使周围的人们对他敬而远之。

在特殊境遇下的人

这类人"一朝被蛇咬，十年怕井绳"。如有的人被骗上当以后会变得疑虑多端，会因怕再上当受骗而不相信任何人；有的人因自身的人生道路比较坎坷，看到过多的社会黑暗面而形成多疑的心态，错误地认为人间没有真情在。这种人在与人交往中，通常表现为比较冷漠、孤僻、怪异，如不及时改变自己的心态，会形成心理偏差和障碍。

思想修养和道德水平不高的人

他们有的是私心较重者。有人说，"猜疑心与人的私欲成正比例，私欲越大，猜疑心就越强"。如权欲重的人，总怀疑有人要赶他下台、抢班夺权；金钱欲大的人，总怀疑别人要抢他生意、分他的钱财。他们十分警惕，非常敏感，"疑人者，人未必皆诈，己则先诈矣"。他们有的是心术不正者。他们总是以恶意去判断他人的行为，即使是他人一个善意的行动，也被认为是出于卑劣的动机，正是"以小人之心，度君子之腹"。不加强自我意识修养的人，为人处世一切以个人为中心，遇事斤斤计较、患得患失，与人交往心胸狭窄、固执己见，经常会疑心生暗鬼。

不善与人交往的人

不善与人交往的人，很少与别人交流思想、沟通感情，往往不愿把自己心里的疑惑说出来，而是藏在内心，冥思苦想，越想越疑，越疑越想，有如"作茧自缚"，在猜疑的泥沼里愈陷愈深，无法解脱心中的疑团而自我烦恼。

遇事不愿作调查与了解的人

英国哲学家培根说："猜疑的根源产生于对事物的缺乏认识，所以多了解情

况是解除疑心病的有效办法。"容易猜疑的人常常是固执己见的人，他们根据自己的一点印象就下结论，并常常会感情用事，不去作调查了解，也不是理智地作判断，只是相信自己的猜想与判断。

轻信与道听途说的人

《三国演义》中的长坂坡一战，刘备所部被曹军打得七零八落。正在慌乱之中，糜芳又报告说："赵子龙反投曹操去了！"张飞一听，便猜疑赵云背信弃义，立即大怒，要立即过去杀掉赵云。尽管刘备告诫他："休错疑人……子龙此去，必有事故。吾料子龙必不弃我也。"张飞仍是不信，径自带领二十铁骑，到长坂坡寻杀赵云。其实，赵云是为了救甘、糜二夫人和刘备的儿子阿斗，才匹马单枪，杀回乱军之中。幸亏简雍亲眼目睹，并报信给张飞，这才避免了一场误会。

猜疑的人通常过于敏感。敏感并不一定是缺点，对事物敏感的人往往很有灵气，有创造力。但如果过于敏感，特别是与人交往时过于敏感，就需要想办法加以控制了。具体可采用以下几种方法：

培养自信心

每个人都应当看到自己的长处，培养起自信心，相信自己会与周围人处理好人际关系，会给别人留下良好的印象。这样，当我们充满信心地进行工作和生活时，就不用担心自己的行为，也不会随便怀疑别人是否会挑剔、为难自己了。

学会自我安慰

一个人在生活中，遭到别人的非议和流言，与他人产生误会，没有什么值得大惊小怪的。在一些生活细节上不必斤斤计较，可以糊涂些，这样就可以避免自己烦恼。如果觉得别人怀疑自己，应当安慰自己不必为别人的闲言碎语所纠缠，不要在意别人的议论，这样不仅解脱了自己，而且还取得了一次小小的精神胜利，产生的怀疑自然就烟消云散了。

用理智力量克制冲动情绪的发生

当发现自己开始怀疑别人时，应当立即寻找产生怀疑的原因，在没有形成思维之前，引进正反两个方面的信息。现实生活中许多猜疑，戳穿了是很可笑的，但在戳穿之前，由于猜疑者的头脑被封闭性思路所主宰，却会觉得他的猜疑顺理成章。此时，冷静思考显然是十分必要的。

及时沟通，解除疑惑

世界上不被误会的人是没有的，关键是我们要有消除误会的能力与办法。如果误会得不到尽快的解除，就会发展为猜疑；猜疑不能及时解除，就可能导致不幸。所以如果可能的话，最好同你"怀疑"的对象开诚布公地谈一谈，以便弄清真相，解除误会。猜疑者生疑之后，冷静地思索是很重要的，但冷静思索后如果疑惑依然存在，那就该通过适当方式，同被疑者进行推心置腹的交谈。若是误会，可以及时消除；若是看法不同，通过谈心，了解对方的想法，也很有好处；若真的证实了猜疑并非无端，那么，心平气和地讨论，也有可能使事情解决在冲突之前。

自私心理

自私同样是一种较为普遍的病态心理现象。"自"是指自我，"私"是指利己，"自私"指的是只顾自己的利益，不顾他人、集体、国家和社会的利益。自私有程度上的不同，轻微一点是计较个人得失、有私心杂念、不讲公德；严重的则表现为了达到个人目的，侵吞公款、诬陷他人、铤而走险。贪婪、嫉妒、报复、吝啬、虚荣等病态社会心理从根本上讲，都是自私的表现。

自私心理的表现主要有：

不讲社会公德，损人利己，极端自私。

嫉妒成性，以自我为中心，目中无人，容不得他人。

垄断技术，剽窃成果，把集体、国家利益和成果攥为己有。

以权谋私，以钱谋私，做权钱交易。

自私心理形成的原因是多方面的，在这里仅从主客观两方面来分析。

从客观方面看，地球上各种资源的数量、种类、方式在占有和配置方面都存在许多不平衡、不合理之处。于是，缺乏资源的一方不得不用非正当的方式去交换。由此，一方面以权谋私，另一方面以钱谋私，搞权钱交易、权色交易。另外，病态文化的沉积和社会监督不严，也为自私心理的滋长创造了条件。

从主观方面看，个人的需求若是脱离社会规范的不合理的需求，人就可能会倾向于自私。人的私欲是无限的，正因如此，人的不合理的私欲必须要受到社会公理、道义、法律的制约。

自私心理有如下的特点：

深层次性

自私是一种近似本能的欲望，处于一个人的心灵深处。不顾社会历史条件的要求，一味想满足自己的各种私欲的人就是具有自私心理的人。

下意识性

正因为自私心理潜藏较深，它的存在与表现便常常不为个人所意识到，有自私行为的人并非已经意识到他在于一种自私的事，相反他在侵占别人利益时往往心安理得，也因为如此，我们才将自私称为病态社会心理。

隐蔽性

自私是一种羞于见人的病态行为，自私之人常常会以各种手段掩饰自己，因而自私具有隐秘性。

自私作为一种异常心理，是可以演变的。作为自我来说，最有效的方法就是心理调适。具体来说有如下方法：

内省法

这是构造心理学派主张的方法，是指通过内省，即用自我观察的陈述方法来研究自身的心理现象。自私常常是一种下意识的心理倾向，要克服自私心理就要经常对自己的心态与行为进行自我观察。观察时要有一定的客观标准，这些标准有社会公德与社会规范和榜样等。加强学习，更新观念，强化社会价值取向，对照榜样与规范找差距。并从自己自私行为的不良后果中看危害找问题，总结改正错误的方式方法。

多做利他行为

一个想要改正自私心态的人，不妨多做些利他行为。例如关心和帮助他人，给希望工程捐款，为他人排忧解难等。私心很重的人，可以从让座、借东西给他人这些小事情做起，多做好事，可在行为中纠正过去那些不正常的心态，从他人的赞许中得到利他的乐趣，使自己的灵魂得到净化。

厌恶疗法

这是心理学上以操作性反射原理为基础，以负强化作为手段的一种治疗方式。具体做法是：在自己手腕上系一根橡皮筋，一旦头脑中有自私的念头或行为时，就用橡皮筋弹击自己，从痛觉中意识到自私是不好的，然后使自己逐渐纠正。

自闭心理

凯思·柯林斯说："把自己封闭起来，风雨是躲过去了，但阳光也照不进来。"自我封闭的人将自己与外界隔绝开来，很少或根本没有社交活动，除了必要的工作、学习、购物以外，大部分时间将自己关在家里，不与他人来往。自我封闭者都很孤独，没有朋友，甚至害怕社交活动。自我封闭的心理现象在各个年龄层次都可能产生，儿童有电视幽闭症，青少年有因羞涩引起的恐人症、社交恐惧心理，中年人有社交厌倦心理，老年人有因"空巢"（指子女成家）和配偶去世而引起的自我封闭心理。

有封闭心理的人不愿与人沟通，很少与人讲话，不是无话可说，而是害怕或讨厌与人交谈，前者属于被动型，后者属于主动型。他们只愿意与自己交谈，如写日记、撰文咏诗，以表志向。自我封闭行为与生活挫折有关，有些人在生活、事业上遭到挫折与打击后，精神上受到压抑，对周围环境逐渐变得敏感，变得不可接受，于是出现回避社交的行为。自我封闭心理实质上是一种心理防御机制。

自我封闭心理与人格发展的某些偏差有因果关系。从儿童来讲，如果父母管教太严，儿童便不能建立自信心，宁愿在家看电视，也不愿外出活动。从青少年来讲，同一性危机是产生自我封闭心理的重要原因。该危机是青年企图重新认识自己在社会中的地位和作用而产生的自我意识的混乱，即指青年人向各种社会角色学习技能与为人处世策略，如果他没有掌握这些技能与策略，就意味着他没有获得生活自信心以进入某种社会角色，他不认识自己是谁，该做些什么，如何与他人相处。于是，他就没有发展出与别人共同劳动和与他人亲近的能力，而退回到自己的小天地里，不与别人有密切的往来，这样就出现了孤单与孤立。从中年人来讲，如果一个人不能关心和爱护下一代，为下一代提供物质与精神财富（还应包括整个家庭成员），那他就是一个"自我关注"的人。这种人只关心自己，不与他人来往，或者自我评价低而懒于与人交往。从老年人来讲，丧偶丧子的打击，很易使人心灰意懒，精神恍惚，对生活失去信心，不能容纳自己，常常表现

心理学

第七篇 可怕的心理问题和精神病理

为十分恋家。

自我封闭的心理具有一定的普遍性，各个历史时期、不同年龄层次的人都可能出现，其症状特点有：不愿意与人沟通，害怕和人交流，讨厌与人交谈，逃避社会，远离生活，精神压抑，对周围环境敏感。由于他们的自我封闭，所以常常忍受着难以名状的孤独寂寞。众所周知，人类的内心世界是由感情凝结而成的，所以我们才能在邻居或朋友之间建立起诚挚的友谊，才能在夫妻间建立起美满的婚姻和家庭，社会也才能通过感情的纽带协调转动。

如果一个人总是将自己封闭在一个狭窄的交际范围内，对自己、对社会都没有好处，所以自闭的人都应走出自我封闭的限制，注意倾听自己心灵的声音，并大胆表现它的美好和幸福。

走出自我封闭的限制，你就要多交些朋友，多开展些社交活动。自闭的人应保持身心的活跃状态，以积极的生活态度待人处世，树立确定可行的生活目标，既对明天充满希望，又珍惜每一个今天；正确对待挫折与失败，以"失败为成功之母"的格言来激励自己，信念不动摇、行动不退缩；乐于与人交往，加强信心与情感的交流，增进相互间的友谊与理解，得到勇气和力量；增加适应能力，培养广泛的兴趣爱好，保持思维的活跃。

为了使自己生活得更快乐、更有意义，请走出自我封闭的限制，重视自己的内心世界。为此，我们要做到以下几个方面：

顺其自然地去生活

不要为一件事没按计划进行而烦恼，不要为某一次待人接物时礼貌不够周全而自怨自艾。如果你对每件事都精心策划以求万无一失的话，你就会不知不觉地把自己的感情紧紧封闭起来。

我们应该重视生活中偶然的灵感和乐趣，快乐是人生的一个重要价值标准，有时能让自己高兴一下就行，不要整日为解决某一项难题而奔忙。

不要掩饰自己的真实感情

如果你和挚友分离在即，你不必为了避免让他人看到自己流泪而躲到洗手间去。为了怕人说长道短而把自己身上最有价值的一部分掩饰起来，这种做法没有任何道理。生活中许许多多的事都是这样，需要遵从你的心，听取你心灵的声音。

信任他人

如果你对新结识的人表现冷淡，这往往意味着你对他人的信任感已被自我封闭的重压毁灭了。那么，你就不会从你周围的人群中获得乐趣。

这时，你应该放松自己紧张的生活节奏，不妨和初次见面的人打打招呼；或者在你常去买东西的小店里和售货员聊聊；或者和刚结识的新朋友一道参加郊游。努力寻找童年时交友的感觉，信任他人和你自己，而不要每时每刻都疑窦丛生。

学会对自己说"没关系"

孩子们常常发出无缘无故的笑声，他们的烦恼从不闷在心里。而我们成人却常常会被生活中各种各样伤脑筋的事压得喘不过气来。生活中真有那么多的烦恼吗？其实，许多事并没有什么大不了的，只是我们把它放大了而已。我们要学会对自己说"没关系"，这样我们的生活里就会常常充满开怀的笑声。

羞怯心理

羞怯、羞涩是人们常说的对人对事难为情的心理活动的表露。在美国有40%的成年人有羞怯表情，在日本60%的人为自己害羞。心理学家认为，羞怯心理并不都是消极的，适度的羞怯心理是维护人们自尊、自重的重要条件。有人调查表明，羞怯的人能体谅人，比较可靠，容易成为知心朋友，他们对爱情比较忠诚，保持自己贞操。女性适度的羞怯，可以使之更显得温柔和富有魅力。一个害羞的女大学生对潇洒的男子来说其吸引力可超过一个漂亮的交际花。当然，这里讲的是"适度"，如过于羞怯，那就成了心理障碍。

羞怯心理是非常多见的，发展到严重的程度，会表现为手足失措，被称为社会交往恐惧感或社会交往紧张感。这样的人很多，各种年龄、各种职业中都有，而且数量还在不断增多。但是，在不同的人身上羞怯的表现各有不同，比如回避生人，比如在公众场所说话就紧张，还有诸如考试紧张感、体育活动紧张感、约会紧张感、公厕紧张感，等等。当然羞怯心理对青少年来说更为普遍。

羞怯心理重的人常有以下表现：站在陌生人面前，总感到有一种无形的压力，似乎自己正在被人审视，不敢迎视对方的目光，感到极难为情。与人交谈时，面红耳赤，虚汗直冒，心里发慌。即使硬着头皮与人说上几句，也是前言不搭后语，结结巴巴的。不善于结交朋友，于是常感孤独，常因不能与人融洽相处

或充分发挥自己的才干而烦恼；不善于在各种不同场合对事物坦率地发表个人意见或评论，因此不能有效地与他人交换意见，给人拘谨、呆板的感觉。常感到自卑，在学习和生活中往往不是考虑取得成功，而更多的是考虑不要失败。

从心理学的角度来看，导致羞怯的原因有很多，其中先天因素是最大的原因。有些人生来性格内向，气质属于黏液质、抑郁质类型，他们说话低声细语的，见到生人就脸红，常怀有胆怯的心理，举手投足。其他原因大约有以下几点：

过于自卑

自卑就是一个人对自己的能力和品质作出偏低的评价，即：自己看不起自己。这些人过分注意自己，缺乏自信，总觉得自己在容貌、身材、知识、能力、口才甚至衣着等方面都不如别人，低人一等，深感羞愧。如果是自己在生理上有缺陷，就更会引起心理负担过重，丧失信心，形成强烈的自卑心理，羞于与人交往。

过于敏感

就是对自己言行的后果，对别人给予自己的评价特别在意，对他人的态度和评价特别敏感，总是把别人看作是自己的法官。平日里，总觉得自己时时处处都受到众人注目。因此，又对别人的一言一行、眼神、表情过于警觉，异常敏感，以致胡乱猜疑，毫无根据地主观认为别人是在议论、讥笑自己。从表面上看，这种人似乎很在乎别人的看法。其实说到底，他们更注重的还是自己，因为他们太担忧别人对自己的看法了。

极易接受消极暗示

有些人很容易受他人思想、言行、情绪等的消极暗示而产生羞怯感。比如：上课老师提问时，看到同桌好友不举手回答，再加上自己头脑中冒出"若回答错了，大家要笑话我的"思想，在这两种消极暗示的作用下，自己也就羞于举手发言，或者发言时面红耳赤，十分紧张。

挫折的经历

据统计，约有1/4害羞的成人在儿童时期并不害羞，但是在长大后却变得害羞了。这可能与遭受过挫折有关。这种人以前开朗大方，交往积极主动，但由于复杂的主客观原因，屡屡受挫而变得胆怯畏缩、消极被动。

那么，如何克服羞怯心理呢？

培养自信心

不必为自己的某些短处而自惭形秽，要看到并发挥自己的长处，克服缺点，摆脱与人交往的自卑阴影。遇事多采取主动态度。勇敢地说出第一句话，勇敢地迈出第一步，你可能感到羞怯，但羞怯不等于失败，胜利者比失败往往多的是一份勇气。

努力用知识充实自己

知识可以丰富人的底蕴、增加人的风度、提高人的气质，也是克服羞怯心理的良药。俗话说："艺高人胆大"，知识储备丰富自然会增加人际吸引力，使人交往自如。所以，我们要勤奋学习，努力拓宽知识面，掌握一些社交知识和技巧。

做个有心人

做个有心人，记下你感到不安的事情，你会觉得这些害怕和担心不可思议，而且完全没有必要，从而预先做好克服它们的准备。比如去面试，也许你担心交谈当中会缺乏应变能力，那么你不妨在交谈前先猜想对方将怎样提问，把要回答的话想好，甚至自言自语地进行不懈的练习。这样就能临场不惧，应付自如。

加强交往能力的锻炼

要充分利用一切机会积极锻炼自己，学会同各种各样的人打交道，关键时刻表现自己。遇到聚会、联谊时，要善于寻找时机与周围的人攀谈。松弛是克服羞怯心理的关键。羞怯的人常常过于关心他人对自己的看法，而常处于紧张状态，此时应尽量用玩笑或幽默来自我解脱。如果你能把注意力集中到你所应注意的人或事上时，你就会渐渐忘记自己的不自在。

心理学

第七篇 可怕的心理问题和精神病理

学会微笑

人际交往的身体语言中，最具魅力的是微笑。微笑是友善的表示、自信的象征。微笑可以使你摆脱窘境，可以缩短你与他人之间的感情距离，可以化解朋友间的误会，同时微笑可以减少你羞怯的感觉。

学会克制自己的忧虑情绪

凡事尽可能往好的方面想，多看积极的一面。平时注意培养自己的良好情绪和情感，相信大多数人是以信任和诚恳的态度来对待自己的，不要把自己置于不信任和不真诚的假定环境中，那样，对别人就总怀有某种戒备心理，自己偶有闪失，或者并无闪失，也生怕别人看破似的，这样自己就会惶惶然，更加重羞怯心理。人们可以通过意志的力量来改变自己性格上的许多东西，克服诸如优柔寡断、神经过敏、胆怯等不良心理。一些知名演员、演说家、教师，在青年时代曾是胆怯害羞的人，但是后来他们却能在大庭广众之下口若悬河，就是他们意识到非克服害羞心理不可所取得的成效，而非佼佼者的得天独厚。事先做好准备，答题时就会应对自如；熟记演讲内容，演讲时便会口若悬河；发言开口时声音洪亮，结束时也会掷地有声。除了这些"策略"与"技巧"之外，更重要的，是要培养自己各方面能力。因为有能力才会有自信，才能克服自卑、羞怯的心理。

偏执心理

偏执，生活中并不少见。所谓偏执，是指人的意见、主张等过火。多存在于青少年中。性格和情绪上的偏激，是为人处世的一个不可小觑的缺陷，是一种心理疾病。偏执的人往往是极度的感觉过敏，对侮辱和伤害耿耿于怀；思想行为固执死板、敏感多疑、心胸狭隘；爱嫉妒，对别人获得成就或荣誉感到紧张不安，妒火中烧，不是寻衅争吵，就是在背后说风凉话，或公开抱怨和指责别人；自以为是，自命不凡，对自己的能力估计过高，惯于把失败和责任归咎于他人，在工作和学习上往往言过其实；同时又很自卑，总是过多过高地要求别人，但从来不信任别人的动机和愿望，认为别人存心不良；不能正确、客观地分析形势，有问题易从个人感情出发，主观片面性大；如果建立家庭，常怀疑自己的配偶不忠，等等。持这种人格的人在家不能和睦，在外不能与朋友、同事相处融洽，别人只好对他敬而远之。

偏执在情绪上的表现是按照个人的好恶和一时的心血来潮去论人论事，缺乏理性的态度和客观的标准，易受他人的暗示和引诱。如果对某人产生了好感，就认为他一切都好，明明知道是错误、是缺点，也不愿意承认。偏执的人在行动上往往莽撞从事，不顾后果。例如那些自认为"讲义气"的青年，当他们的朋友受了别人"欺侮"时，他们往往二话不说，马上就站出来帮朋友打架，把蛮干、鲁莽当英雄行为。

广大青少年由于知识经验不足，辩证思维的发展尚不成熟，不善于一分为二地看问题，往往抓住一点就无限地夸大或缩小，自以为看到了事物的全部，极易出现以偏概全的失真判断，导致错误的结论。尤其是中学生正值青春期，内分泌功能迅速发展，大脑皮质及皮质下中枢的兴奋度常迅速地增强或减弱，从而形成情绪的波动不安，出现偏激认识和冲动行为。

偏执的人，不能正确地对待别人，也不能正确地对待自己。见到别人做出成绩，出了名，就认为那有什么了不起，甚至千方百计诋毁贬损别人；见到别人不如自己，又冷嘲热讽，借压低别人来抬高自己。处处要求别人尊重自己，而自己却不去尊重别人。在处理重大问题上，意气用事，我行我素，主观武断。像这样的人，干事业、搞工作，都是成事不足，败事有余，在社会上也很难与别人和睦相处。

偏执的人喜欢走极端，是因为其头脑中有着非理性的观念，因此，要改变偏执行为，首先必须分析自己的非理性观念。如：

"我不能容忍别人一丝一毫的不忠。"

"世上没有好人，我只相信自己。"

"对别人的进攻，我必须立马予以强烈反击，要让他知道我比他更强。"

"我不能表现出温柔，这会给人一种不强健的感觉。"

现在对这些观念加以改造，以除去其中极端偏激的成分。

"我不是说一不二的君王，别人偶尔的不忠应该原谅。"

"世上好人和坏人都存在，我应该相信那些好人。"

"对别人的进攻，马上反击未必是上策，而且我必须首先辨清是否真的受到了攻击。"

"我不敢表示真实的情感，这本身就是虚弱的表现。"

每当故态复萌时，就应该把改造过的合理化观念默念一遍，以此来阻止自己的偏激行为，有时自己不知不觉表现出了偏激行为、事后应重新分析当时的想法，找出当时的非理性观念，然后加以改造，以防下次再犯。

除了在思想上调整自己，我们还有必要从认识上提高自己。

从书籍中获得抚慰

法国数学家、哲学家笛卡尔说过："读一些好书，就是和许多高尚的人谈话。"实验表明，经常阅读伟大人物的传记，更能使那些固执的人得到心灵上的慰藉。丰富的知识使人聪慧，使人思想开阔，使人不至于拘泥于教条的陈规陋习。但是应该注意的是，越有知识越要谦虚，这是做人的美德。为人处世要尊敬和信任他人，多培养宽容的态度。要和勤奋好学、谦虚谨慎、品德优良的人多交往，养成虚心向别人求教的习惯。

克服虚荣心，培养高尚的情趣

人无完人，谁都会有缺点和错误，这用不着掩饰。我们要以真诚的态度来对待生活，要树立远大的目标，追求美好、崇高的东西。不要整天把心思放在修饰打扮和赶时髦上。更不要夸夸其谈，不懂装懂。

加强自我调控

要善于克制自己的抵触情绪，以及无礼的言语和行为。对自己的错误要主动承认，不要顽固地坚持自己的观点。如果意识到了平日里自己的行为有些偏执，那么，提醒自己不要陷于"敌对心理"的旋涡中。事先自我提醒和警告，处世待人时注意纠正，这样会明显减轻敌对心理和强烈的情绪反应。要懂得只有尊重别人，才能得到别人尊重的基本道理。要学会对那些帮助过你的人说感谢的话，而不要不痛不痒地说一声"谢谢"，更不能不理不睬。要学会向你认识的所有人微笑。可能开始时你很不习惯，做得不自然，但必须这样做，而且要努力去做好。要在生活中学会忍让和耐心。生活在复杂的大千世界中，冲突、纠纷和摩擦是难免的，这时必须忍让和克制，不能让仇恨的怒火烧得自己晕头转向，肝火旺盛。

善于接受新事物

固执常和思维狭隘、不喜欢接受新东西，对未曾经历过的东西感到担心相联系。为此我们要养成渴求新知识，乐于接触新人新事，并学习其新颖和精华之处的习惯。

大千世界，茫茫人海，冲突和不顺在所难免，戒除偏执和克制不可改变的事实是成功者的箴言。

常见的人格障碍

依赖型人格障碍

有一对夫妇晚年得子，十分高兴。他们把儿子视为至宝，捧在手上怕摔了，含在口里怕化了，什么事都不让他干，儿子长大以后连基本的生活也不能自理。一天，夫妇要出远门，怕儿子饿死，于是想了一个办法，烙了一张大饼，套在儿子的颈上，告诉他饿了就咬一口。但是等他们回到家里时，发现儿子已经死了，他是饿死的。原来他只知道吃颈前面的饼，不知道把后面的饼转过来吃。

依赖型人格障碍是日常生活中较为常见的人格障碍，依赖型人格对亲近与归属有过分的渴求。这种渴求是强迫的、盲目的、非理性的，与真实的情感无关。依赖型人格的人宁愿放弃自己的个人兴趣、人生观，只要他能找到一座靠山，时刻得到别人对他的温情就心满意足了。依赖型人格的这种处世方式使得他越来越懒惰、脆弱，缺乏自主性和创造性。由于处处委曲求全，依赖型人格障碍患者会产生越来越多的压抑感，这种压抑感会使他渐渐放弃自己的追求和爱好。

依赖型人格障碍的表现特征

在没有从他人处得到大量的建议和保证之前，对日常事物不能出决策。

无助感，让别人为自己作大多数的重要决定，如在何处生活，该选择什么职业等。

被遗弃感。明知他人错了，也随声附和，因为害怕被别人遗弃。

无独立性，很难单独展开计划或做事。

过度容忍，为讨好他人甘愿做低下的或自己不愿做的事。

独处时有不适和无助感，或竭尽全力以逃避孤独。

当亲密的关系中止时感到无助或崩溃。

经常被遭人遗弃的念头所折磨。

很容易因未得到赞许或遭到批评而受到伤害。

具有上述特征中的五项，即可诊断为依赖型人格。

心理学家霍妮在分析依赖型人格障碍时，指出这种类型的人深感自己软弱无助，有一种"我真可怜"的感觉。当要他自己拿主意时，便感到一筹莫展，像一只迷失了港湾的小船，又像失去了父母的小孩。他们理所当然地认为别人比自己优秀，比自己有吸引力，比自己能干，无意识地倾向于以别人的看法来评价自己。

依赖型人格障碍的成因

依赖型人格源于个人发展的早期。幼年时期儿童离开父母就不能生存，在儿童印象中保护他、养育他、满足他一切需要的父母是万能的。他必须依赖他们，总怕失去了这个保护神。这时如果父母过分溺爱，鼓励子女依赖父母，不让他们有长大和自立的机会，以致久而久之，在子女的心目中就会逐渐产生对父母或权威的依赖心理，成年以后依然不能自主。缺乏自信心，总是依靠他人来作决定，终身不能负担起承担各项任务、工作的责任，形成依赖型人格。

依赖型人格障碍的治疗

习惯纠正法。依赖型人格的依赖行为已成为一种习惯，治疗首先必须破除这种不良习惯。你可以每天做记录，记满一个星期，然后将这些事件按自主意识强、中等、较差分为三等，每周一小结。

对自主意识强的事件，以后遇到同类情况应坚持自己做。例如某一天按自己的意愿穿鲜艳衣服上班，那么以后就坚持穿鲜艳衣服上班，而不要因为别人的闲话而放弃，直到自己不再喜欢穿这类衣服为止。这些事情虽然很小，但正是你改正不良习惯的突破口。

对自主意识中等的事件，你应提出改进的方法，并在以后的行动中逐步实施。例如，在制订工作计划时，你听从了朋友的意见，但你并不欣赏这些意见，便应把自己不欣赏的理由说出来。这样，在工作计划中便渗入了你自己的意见，随着自己意见的增多，你便能从听从别人的意见逐步转为完全自主决定。

对自主意识较差的事件，你可以采取诡控制技术逐步强化、提高自主意识。诡控制法是指在别人要求的行为之下增加自我创造的色彩。例如，你从爱人的暗示中得知她喜欢玫瑰花，你为她买一枝花，似乎有完成任务之嫌。但这类事情的次数逐渐增多以后，你会觉得这样做也会给自己带来快乐。你如果主动提议带爱人去植物园度周末，或带爱人去参观插花表演，就证明你的自主意识已大为强化了。

依赖行为并不是轻易可以消除的，一旦形成习惯，你会发现要自己决定每件事毕竟很难，可能会不知不觉地回到老路上去。为防止这种现象的发生，简单的方法是找一个监督者，最好是找自己最依赖的那个人。

重建自信法。如果只简单地破除了依赖的习惯，而不从根本上找原因，那么依赖行为也可能复发。重建自信能从根本上矫治依赖型人格障碍。

第1步，消除童年不良印迹。依赖型的人缺乏自信，自我意识十分低下，这与童年期的不良教育在心中留下的自卑痕迹有关。你可以回忆童年时父母、长辈、朋友对自己说过的具有不良影响的话，例如："你真笨，什么也不会做"、"瞧你笨手笨脚的，我来帮你做"等等，你把这些话语仔细整理出来，然后一条一条加以认知重构，并将这些话语转告给你的朋友、亲人，让他们在你试着干一些事情时，不要用这些话语来指责你，而要热情地鼓励、帮助你。

第2步，重建勇气。你可以选做一些略带冒险性的事，每周做一项，例如：独自一人到附近的风景点做短途旅行，或者独自一人去参加一项娱乐活动或一周规定一天"自主日"，这一日不论什么事情，决不依赖他人。通过做这些事情，可以增加你的勇气，改变你事事依赖他人的弱点。

自恋型人格障碍

自恋型人格在许多方面与戏剧型人格的表现相似，如情感戏剧化，有时还喜欢性挑逗。二者的不同之处在于，戏剧型人格的人外向、热情，而自恋型人格的人却内向、冷漠。自恋型的人过分看重自己，对权力与理想式的爱情有非分的幻想。他们渴望引人注目，对批评极为敏感。在人际交往中，这种人很难表现出同情心。

自恋型人格障碍的表现特征

1. 对批评的反应是愤怒、羞愧或感到耻辱（尽管不一定当即表露出来）。

2. 喜欢指使他人，要他人为自己服务。

3. 过分自高自大，对自己的才能夸大其词，希望受人关注。

4. 坚信他关注的问题是世上独有的，不能被某些特殊的人物了解。

5. 对无限的成功、权力、荣誉、美丽或理想爱情有过分的幻想。

6. 认为自己应享有他人没有的特权。

7. 渴望持久的关注与赞美。

8. 缺乏同情心。

9. 有很强的嫉妒心。

只要出现其中的5项，即可诊断为自恋型人格。

自恋型人格的自我中心特点大多表现为自我重视、夸大、缺乏同情心、对别人的评价过分敏感等。他们一听到别人的赞美之辞，就沾沾自喜，反之，则会暴跳如雷。他们对别人的才智十分嫉妒，有一种"我不好，也不让你好"的心理。在和别人相处时，很少能设身处地理解别人的情感和需要。由于缺乏同情心，所以人际关系很糟，容易产生孤独抑郁的心情，加之他们有不切实际的高目标，容易在各方面遭受失败。

自恋型人格障碍的成因

自恋型人格障碍患者通常在童年时期受到过多的关注和无原则的赞赏，同时又很少承担责任，很少受到批评与挫折。自恋型人格障碍的最根本的动机是得到他人的赞赏与爱，然而，因为他们对他人的冷漠和藐视，而常常被他人所拒绝。这恰好是他们害怕得到的恐惧的后果。

自恋型人格障碍的治疗方法

第一，解除自我中心观。自恋型人格的最主要特征是自我中心，而人生中最为自我中心的阶段是婴儿时期。由此可见，自恋型人格障碍患者的行为实际上退化到了婴儿期。朱迪斯·维尔斯特在他的《必要的丧失》一书中说道："一个迷恋于摇篮的人不愿丧失童年，也就不能适应成人的世界。"因此，要治疗自恋型人格，必须了解那些婴儿化的行为。你可把自己认为讨人嫌的人格特征和别人对你的批评罗列出来，看看有多少婴儿期的成分。

还可以请一位和你亲近的人作为你的监督者，一旦你出现自我中心的行为，便给予警告和提示，督促你及时改正。

第二，学会爱别人。对于自恋型的人来说，光抛弃自我中心观念还不够，还必须学会去爱别人，唯有如此才能真正体会到放弃自我中心观是一种明智的选择，因为你要获得爱首先必须付出爱。

弗洛姆在他的《爱的艺术》一书中阐述了这样的观点：幼儿的爱遵循"我爱因为我被爱"的原则；成人的爱遵循"我被爱因为我爱"的原则；不成熟的爱认为"我爱你因为我需要你"；成熟的爱认为"我需要你因为我爱你"。维尔斯特认为，通过爱，我们可以超越人生。自恋型的爱就像是幼儿的爱、不成熟的爱，因此，要努力加以改正。

生活中最简单的爱的行为便是关心别人，尤其是当别人需要你帮助的时候。只要你在生活中多一份对他人的爱心，你的自恋症便会自然减轻。

强迫型人格障碍

在日常生活中，我们会发现一些儿童或成人会不由自主地去数钟声、台阶，甚至天上的星星；全神贯注地思考某个名词、韵律或典故；一遍遍认真推敲写就的文稿；废寝忘食地探索某个公式、假说或定理；一丝不苟地按顺序起床、进食、上班和入睡；反复洗手等这些现象就叫强迫现象。这些人难以容忍些微的过错和失误，不允许丝毫的杂乱和污秽。他们讲究整洁和秩序，一切都要仔细检查，反复核实。这实际上成了他们的优点：做事认真可靠，遵时守信，井井有条，只不过灵活性有些逊色而已。这些固定刻板的行为对他们而言已经习以为常，不会给他本人带来任何痛苦，并且可以通过注意力的转移或外界的影响而中断，也不会伴有焦虑。

其实，在我们每个正常人身上，都会多多少少地出现一定程度的强迫现象，这些属于正常的心理现象。当强迫思考或行为总是纠缠着你，操纵着你，使你欲罢不能，无从回避，就有可能演变成为强迫性人格障碍，甚至强迫性神经症。强迫型人格障碍是一种性格障碍，多见于尚属成功的男性，男女比例约为2：1，主要特征是苛求完美。

强迫型人格障碍的表现特征

强迫型人格障碍者特征如下：

1. 做任何事情都要求完美无缺、按部就班、有条不紊，因而有时会影响工作的效率。

2. 不合理地坚持别人也要严格地按照他的方式做事，否则心里很不痛快，对别人做事很不放心。

3. 犹豫不决，常推迟或避免作出决定。

4. 常有不安全感，穷思竭虑，反复考虑计划是否得当，反复核对检查，唯恐疏忽和差错。

5. 拘泥细节，甚至生活小节也要"程序化"，不遵照一定的规矩就感到不安或要重做。

6. 完成一件工作之后常缺乏愉快和满足的体验，相反容易悔恨和内疚。

7. 对自己要求严格，过分沉溺于职责义务与道德规范，无业余爱好，拘谨吝啬，缺少友谊往来。

患者状况至少符合上述项目中的3项，方可诊断为强迫型人格障碍。

强迫型人格的最主要特征就是苛求严格和完美，容易把冲突理智化，具有强烈的自制心理和自控行为。这类人在平时缺乏安全感，对自我过分克制，过分注意自己的行为是否正确、举止是否适当，因此表现得特别死板、缺乏灵活性。责任感特别强，往往用十全十美的高标准要求自己，追求完美，同时又墨守成规。在处事方面，过于谨小慎微，常常由于过分认真而重视细节、忽视全局。怕犯错误，遇事优柔寡断，难以作出决定。他们的情感以焦虑、紧张、悔恨时多，轻松、愉快、满意时少。不能平易近人，难于热情待人，缺乏幽默感。由于对人对己都感到不满而易招怨恨。

强迫型人格具体行为表现有3个方面：

第一，心里总笼罩着一种不安全感，常处于莫名其妙的紧张和焦虑状态。如门锁上后还要反复检查，担心门是否锁好，写完信后反复检查邮票是否已贴好，地址是否写对了，等等。

第二，思虑过多，对自己做的事总没把握，总以为没达到要求，别人一怀疑，自己就感到不安。

第三，行为循规蹈矩，不知变通。自己爱好不多，清规戒律倒不少。处理事情有秩序、整洁、守时，但对节奏明快、突然来的事情显得不知所措，很难适应，对新事物接受慢。

强迫型人格障碍的成因

强迫型人格障碍一般形成于幼年时期，与家庭教育和生活经历直接相关。父母管教过分苛刻，要求子女严格遵守规范，绝不准许其自行其是，造成孩子生怕做错事而遭到父母的惩罚的心理，从而做任何事都思虑甚多，优柔寡断，过分拘谨和小心翼翼，逐渐形成经常性紧张、焦虑的情绪反应。一些家庭成员的生活习惯，也可能对孩子产生影响，如医生家庭，由于过分爱清洁，对孩子的卫生特别注意，容易使孩子形成"洁癖"，产生强迫性洗手等行为。另外，幼年时期受到较强的挫折和刺激，也可能产生强迫型人格。有研究还表明，强迫型人格与遗传也有关系，家庭成员中有患强迫型人格障碍的，其亲属患强迫型人格障碍的概率比普通正常家庭要高。

强迫型人格障碍的治疗

顺其自然法。强迫型人格的主要表现是把冲突理智化，过分压抑和控制自己，因此强迫型人格障碍的纠正主要是减轻和放松精神压力，最有效的方法是顺其自然，不要对做过的事进行评价。比如担心门没有关好，就让它没关好；桌上的东西没有收拾干净，就让它不干净；字写得别扭，也由它去，与自己无任何关系。开始时可能会由此带来焦虑的情绪反应，但由于患者的强迫行为还远没有达到强迫症的无法自控的程度，所以经过一段时间的训练和自己意志的努力，症状是会消除的。

当头棒喝法。"棒喝"是借用禅宗中的"德山棒，临济喝"的说法。德山常以大棒惊吓学生，使执迷不悟的学生顿然开悟，而临济则以模棱两可的问题问学生，学生犹豫不能作答时，临济则大喝一声以示警醒。当一个人过分执着于经典与规矩时，就会对多变的现实感到无所适从。强迫型人格障碍患者已经习惯于按教条办事，在某种程度上像个机器人。而要改变这种状况，就要发现生活中的独特事件，用新的观念和解决问题的新思路、新方法，来改变墨守成规、循规蹈矩的习惯。

分裂型人格障碍

有一位著名的数学家，曾在科研领域作出过卓越的贡献，并以他的名字命名了一个数学定理。尽管他在科研事业上出类拔萃，然而他却是一个人格障碍患者。他性格孤僻内向，成天关在小房间里看书学习，演算公式，攻克难题，几乎谈不上有社会交往和人际交往。他为人沉默寡言，兴趣索然，生活随便，给人一种"古怪"的印象。40岁左右才在家人催促下结了婚。结婚时不知如何操办家具布设，婚后不知道上街购买生活用品。由于过分内向离群，对外界反应不灵敏，社会适应性很差，多次发生车祸，造成严重的后遗症。他所表现出的这些人格特征，心理学上称之为分裂型人格障碍。

分裂型人格障碍一般表示为：内向、孤僻、胆小、懦弱、自卑、害羞、沉默寡言、不爱交往、不关心别人对他的评价、缺乏知己、行为怪癖（但尚能使人理解）。他们尽管没有丧失对现实的认知能力，但社会活动能力差，又缺乏进取心，常静坐沉思，沉溺于幻想之中。自我中心倾向明显，对人态度冷淡，怕见生人，不主动与人打招呼，也不愿意介入别人的事，尤其回避那些竞争性情境。几乎没有自信心，害怕在别人面前讲话做事，往往话到嘴边就犹豫起来，吞吞吐吐，浑身紧张，手足无措；做作业、写文章或干别的事都不愿意让别人看见，害怕被人耻笑。

分裂型人格障碍的表现特征

1. 有奇异的信念，或与文化背景不相称的行为，如相信透视力、心灵感应、特异功能和第六感等。

2. 奇怪的、反常的或特殊的行为或外貌，如服饰奇特、不修边幅、行为不合时宜、习惯或目的不明确。

3. 言语怪异，如离题、用词不当、繁简失当、表达意见不清，并非文化程度或智能障碍等因素所引起。

4. 不寻常的知觉体验，如一惯性的错觉、幻觉、看见不存在的人。

5. 对人冷淡，对亲属也不例外，缺少温暖体贴。

6. 表情淡漠，缺乏深刻或生动的情感体验。

7. 多单独活动，主动与人交往仅限于生活或工作中必需的接触，除一级亲属外无亲密友人。

符合上述项目中的 3 项的人，可诊断为分裂型人格障碍。

从以上的诊断标准我们可以看出，分裂型人格障碍患者主要表现出缺乏温情，难以与别人建立深切的情感联系，于是，他们的人际关系一般很差。因而，大多数分裂型人格障碍患者独身。患者对别人的意见漠不关心，对别人的赞扬、批评，均无动于衷，过着一种孤独寂寞的生活。其中有些人，也有一些业余爱好，但多是阅读、欣赏音乐、思考之类安静、被动的活动，部分人还可能一生沉醉于某种专业，做出较高的成就。但从总体来说，这类人生活平淡、刻板，缺乏创造性和独立性，难以适应多变的现代社会生活。

这类人的内心世界却极其广阔，常常想入非非，但常常缺乏相应的情感内容，缺乏进取心。他们总是以冷漠无情来应付环境，以"眼不见为净"的方式逃避现实，但他们这种与世无争的外表不能压抑内心的焦虑和痛苦。

分裂型人格障碍的成因

分裂型人格障碍的形成与人的早期心理发展有很大的关系。婴儿出生后，有很长一段时间不能独立，需要父母亲的照顾，在这个过程中，儿童与父母的关系占重要地位，儿童就是在与父母的关系中建立自己的早期人格的。在成长过程中，尽管每个儿童不免要受到一些指责，但只要他感觉到周围有人爱他，就不会产生心理上的偏差。但如果终日不断被骂、被批评，得不到父母的爱，儿童就会觉得自己毫无价值。更进一步，如果父母对子女不公正，就会使儿童是非观念不稳定，产生心理上的焦虑和敌对情绪，有些儿童因此而分离、独立、逃避与父母身体和情感的接触，进而逃避与其他人和事物的接触，这样就极易形成分裂型人格。

导致分裂型人格的主要原因是个体不能适应环境。有分裂型人格的人在青少年时期一般都有较强的自尊心和进取心，但由于各种原因使他们经常遭受挫折、失败、屈辱，尊重长期得不到满足，因而自卑、怯懦、胆小等特点逐渐发展、强化和巩固下来，成为他身上稳定的人格特征。他们好高骛远，能力不足，或缺乏合作经验，因而遭受挫折；缺乏机会，与他人合作不好，人际关系不融洽，因而很少获得成功；经常受到家长过分的苛责和打骂、教师或上级过分严厉的批评指责；受环境压抑或社会观念影响（如遗传决定论、宿命论等），承认自己天资不如人；以时运不济来解释自己的处境，聊以自慰。其结果必然助长自卑心理。性格内向，不好交往，使他们不了解周围的人，别人也不了解他们。他们难以得到他人同情、谅解和帮助，于是自卑、怯懦、胆小和内向等人格特征更加强化巩固。

分裂型人格障碍的治疗

兴趣培养法。兴趣是指积极探究某种事物而给予优先注意的认识倾向，并具有向往的良好情感。因此兴趣培养有助于克服兴趣索然、情感淡漠的人格。具体做法如下：

提高认知。要求本人有意识地分析自己，确定积极人生的理想和追求目标。应使其懂得这样一个道理：人生是一个乐趣无穷的愉快旅程，每一个人都应该像一位情趣盎然的旅行家，像欣赏宇宙万物那样，每时每刻都在奇趣欢乐的道路上旅行，这样才能充满生活乐趣和前进的动力。

社会实践。创造条件，有意识地接触社会实际生活，扩大接受社会信息量，促使兴趣多样化。

参加兴趣小组活动。这是培养兴趣的较好形式，内容有绘画、书法、音乐、舞蹈、艺术、体育锻炼、科技活动等。

自我调适法。分裂型人格常从童年期形成起就存在于人的一生，很少改变，而且各种表现比较稳定，不易发生衰退。迄今无特殊药物治疗这种病态人格。不过有分裂型人格的人智力尚属良好，有的人还能获得杰出成就，中外一些艺术家、哲学家和自然科学家也有患分裂型人格障碍的。因此，有这种人格症状的人不要自卑，要勇于承认自己的人格缺陷，注意多与他人接触，不要总是担心会被

人耻笑或误解；要尽量轻松愉快地与人谈话、交往，在与人交往中跟他人相互了解，争取得到他人的理解和帮助，用友谊来取代孤独。此外，必须摒弃遗传决定论、女不如男和宿命论的观点，努力实践奋斗，以勤补拙。要相信"世上无难事，只怕有心人"这句至理名言。只要选准适合自己特长和条件的奋斗方向，经过自己努力，一定能够有所成就。

另外还可以通过饲养自己感兴趣的小动物来激发生活的情趣，实现自我满足感和改善其冷漠的心态。

第二章

突破意志障碍，
轻松前行

突破意志障碍

不被回忆所控制

靠怀念过去来逃避现实，确是一种无益的习惯，其结果往往是使人逃避成熟的思考，而进入一种虚无缥缈的幻想境界。

一个夏天的下午，在纽约的一家中国餐厅里，奥里森·科尔在等待着，他感到沮丧而消沉。由于他在工作中有几个地方出现错误，使他没有做成一项相当重要的项目。即使在等待见他一位最珍视的朋友时，也不能像平时一样感到快乐。

他的朋友终于从街那边走过来了，他是一名了不起的精神病医生。医生的诊所就在附近，科尔知道那天他刚刚和最后一名病人谈完了话。

"怎么样，年轻人，"医生不加寒暄就说，"什么事让你不痛快？"对他这种洞察心事的本领，科尔早就不意外了，因此他就直截了当地告诉他使自己烦恼的事情。然后，医生说："来吧，到我的诊所去。我要看看你的反应。"

医生从一个硬纸盒里拿出一卷录音带，塞进录音机里。"在这卷录音带上，"他说，"一共有三个来看我的人所说的话。当然没有必要说出来他们的名字。我要你注意听他们的话，看看你能不能挑出支配了这个3个案例的共同因素，只有4个字。"他微笑了一下。

在科尔听起来，录音带上这3个声音共有的特点是不快活。第一个是男人的声音，显示他遭到了某种生意上的损失或失败。第二个是女人的声音，说她因为照顾寡母的责任感，以至于一直没能结婚，她心酸地述说她错过了很多结婚的机会。第三个是一位母亲，因为她十几岁的儿子和警察有了冲突，而她一直在责备自己。

在 3 个声音中，科尔听到他们一共 6 次用到 4 个文字："如果，只要。"

"你一定大感惊奇，"医生说，"你知道我坐在这张椅子里，听到成千上万用这几个字作开头的内疚的话。他们不停地说，直到我要他们停下来。有的时候我会要他们听刚才你听的录音带，我对他们说：'如果，只要你不再说如果、只要，我们或许就能把问题解决掉！'"医生伸伸他的腿。"用'如果'、'只要'这 4 个字的问题，"他说，"是因为这几个字不能改变既成的事实，却使我们面朝着错误的方面，向后退而不是向前进，并且只是浪费时间。最后，如果你用这几个字成了习惯，那这几个字就很可能变成阻碍你成功的真正的障碍，成为你不再去努力的借口。"

"现在就拿你自己的例子来说吧。你的计划没有成功。为什么？因为你犯了一些错误。那有什么关系，每个人都会犯错误，错误能让我们学到教训。但是在你告诉我你犯了错误，而为这个遗憾、为那个懊悔的时候，你并没有从这些错误中学到什么。"

"你怎么知道？"科尔带着一点辩护地说。

"因为，"医生说，"你没有脱离过去式，你没有一句话提到未来。从某些方面来说，你十分诚实，你内心里还以此为乐。我们每个人都有一点不太好的毛病，喜欢一再讨论过去的错误。因为不论怎么说，在叙述过去的灾难或挫折的时候，你还是主要角色，你还是整个事情的中心人……"

在医生的开导下，科尔终于意识到，自己沉浸在过去错误的阴影中，还没有真正走出错误，并用积极上进的态度去改变现在的处境。医生告诉科尔，他患上了严重的"怀旧病"，而采用"如果"、"只要"这类字眼是"怀旧病"的重要特征。

应该说，一个人适当怀旧是正常的，也是必要的，但是一味地沉湎于过去而否认现在和将来，就会陷入病态。

每个人都应当谨记：昨天就像使用过的支票，明天则像还没有发行的债券，只有今天是现金，可以马上使用。今天是我们轻易就可以拥有的财富，无度的挥霍和无端的错过，都是一种对生命的浪费。

这世上再也没有什么能比今天更真实了。

不要回避今天的真实与琐碎，走脚下的路，唱心底的歌，把头顶的阳光编织成五彩的云裳，遮挡风霜雨雪。每一个日子都向人们敞开，让花朵与微笑回归你疲惫的心灵，让欢乐成为今天的中心。如果有荆棘刺破你匆匆的脚步，那也是今天最真实的痛苦。

只有把持今天，才能让生命感知生活的无边快乐。

都是依赖惹的祸

有些人经常持有的一个最大谬见，就是以为他们永远会从别人不断的帮助中获益。力量是每一个志存高远者的目标，而依靠他人只会导致懦弱。力量是自发的，不依赖于他人。坐在健身房里让别人替我们练习，我们是无法增强自己肌肉的力量的。没有什么比依靠他人更能破坏独立自主的了。如果你依靠他人，你将永远坚强不起来，也不会有独创力。要么抛开身边的"拐杖"独立自主，要么埋葬雄心壮志，一辈子老老实实做个普通人。

一个登山者，一心一意想登上世界第一高峰。

在经过多年的准备之后，他开始了新的旅程。但是，由于他希望完全由自己独得全部的荣耀，所以他决定独自出发。他开始向上攀爬，时间已经有些晚了，然而，他非但没有停下来准备露营的帐篷，反而继续向上攀登，直到四周变得非常黑暗。山上的夜晚显得格外的黑暗，这位登山者什么都看不见。到处都是黑漆漆的一片，能见度为零，因为月亮和星星又刚好被云层给遮住了。即使如此，这位登山者仍然继续不断地向上攀爬着，就在离山顶只剩下几米的地方，他滑倒了，并且迅速地跌了下去。跌落的过程中，他仅仅能看见一些黑色的阴影，以及一种因为被地心引力吸住而快速向下坠落的恐怖感觉。

他下坠着，在这极其恐怖的时刻，他的一生，不论好与坏，也一幕幕地显现在他的脑海中。当他一心一意地想着，此刻死亡是正在如何快速地接近他的时候，突然间，他感到系在腰间的绳子，重重地拉住了他。他整个人被吊在半空中……而那根绳子是唯一拉住他的东西。

在这种上不着天、下不着地、求助无门的境况中，他一点办法也没有，只好大声呼叫："上帝啊！救救我！"

突然间，从天上有个低沉的声音回答他说："你要我做什么？"

"上帝！救救我！"

"你真的相信我可以救你吗？"

"我当然相信！"

"那就把系在你腰间的绳子割断。"在短暂的寂静之后：登山者决定继续全力抓住那根救命的绳子。

第二天，搜救队找到了他的遗体，已经冻得僵硬，他的尸体挂在一根绳子上。他的手也紧紧地抓着那根绳子……在距离地面仅仅1米的地方。

新生命的诞生是从剪断脐带开始的，生命所受到的最大束缚就来自于它对"绳子"的依赖性，人类注定只有靠自己才能获得自由，"你的命运藏在你自己的胸里"，如果你依恋那根"绳子"，你至死也不会明白为什么自己会那么卑贱地离开这个世界。

"在这个世界上最坚强的人是孤独地、只靠自己站着的人。"这是挪威著名戏剧家易卜生对于人所作出的一个断言。穿越世纪的风尘，这句话依然掷地有声，因为它揭示了一个亘古不变的真理：你的命运只藏在你自己的胸里，你就是主宰一切的上帝。

用自己的脚走路

生活中最大的危险，就是依赖他人来保障自己。"让你依赖，让你靠"，就如同伊甸园的蛇，总在你准备赤膊努力一番时引诱你。它会对你说："不用了，你根本不需要。看看，这么多的金钱，这么多好玩、好吃的东西，你享受都来不及呢……"这些话，足以抹杀一个人意欲前进的雄心和勇气，阻止一个人利用自身的资本去换取成功的快乐，让你日复一日原地踏步，止水一般停滞不前，以至于你到了垂暮之年，终日为一生无为悔恨不已。

而且，这种错误的心理，还会剥夺一个人本身具有的独立的权利，使其依赖成性，靠拐杖而不想自己一个人走；有依赖，就不会想独立，其结果是给自己的未来挖下失败的陷阱。

美国总统约翰·肯尼迪的父亲从小就注意对儿子独立性格和精神状态的培养。有一次他赶着马车带儿子出去游玩。在一个拐弯处，因为马车速度很快，猛地把小肯尼迪甩了出去。当马车停住时，儿子以为父亲会下来把他扶起来，但父亲却坐在车上悠闲地掏出烟吸起来。

儿子叫道："爸爸，快来扶我。"

"你摔疼了吗？"

"是的，我自己感觉已站不起来了。"儿子带着哭腔说。

"那也要坚持站起来，重新爬上马车。"

儿子挣扎着自己站了起来，摇摇晃晃地走近马车，艰难地爬了上来。

父亲摇动着鞭子问："你知道为什么让你这么做吗？"

儿子摇了摇头。

父亲接着说："人生就是这样，跌倒、爬起来，奔跑，再跌倒，再爬起来、再奔跑。在任何时候都要全靠自己，没人会去扶你的。"

从那时起，父亲就更加注重对儿子的培养，如经常带着他参加一些大的社交活动，教他如何向客人打招呼、道别，与不同身份的客人应该怎样交谈，如何展示自己的精神风貌、气质和风度，如何坚定自己的信仰，等等。有人问他："你每天要做的事情那么多，怎么有耐心教孩子做这些鸡毛蒜皮的小事？"

谁料约翰·肯尼迪的父亲一语惊人："我是在训练他做总统。"

雨果曾经写道："我宁愿靠自己的力量打开我的前途，而不愿求有力者的垂青。"只要一个人是活着的，他的前途就永远取决于自己，成功与失败，都只系于自己身上。而依赖作为对生命的一种束缚，是一种寄生状态。英国历史学家弗劳德说："一棵树如果要结出果实，必须先在土壤里扎下根。同样，一个人首先需要学会依靠自己、尊重自己，不接受他人的施舍，不等待命运的馈赠。只有在这样的基础上，才可能做出成就。"将希望寄托于他人的帮助，便会形成惰性，失去独立思考和行动的能力；将希望寄托于某种强大的外力上，意志力就会被无情地吞噬掉。

为了训练小狮子的自强自立，母狮子故意将它推到深谷，使其在困境中挣扎求生。在残酷的现实面前，小狮子挣扎着一步一步从深谷之中走了出来。它体会到了"不依靠别人，只能凭借自己的力量前进"，它逐渐成熟了。

真实人生的风风雨雨，只有靠自己去体会，去感受，任何人都不能为你提供永远的庇荫。你应该掌握前进的方向，把握住目标，让目标似灯塔般在高远处闪光；你应该独立思考，有自己的主见，懂得自己解决问题。你不应相信有什么救世主，不该信奉什么神仙或皇帝，你的品格、你的作为，你所有的一切都是你自己行为的产物，并不能靠其他什么东西来改变。

一位父亲和他的儿子出征打仗。父亲已做了将军，儿子还只是马前卒。又一阵号角吹响，战鼓擂响了，父亲庄严地托起一个箭囊，其中插着一支箭。他郑重地对儿子说："这是家传宝箭，佩带在身边，你将力量无穷，但千万不可抽出来。"

那是一个极其精美的箭囊，用厚牛皮打制，镶着幽幽泛光的铜边儿，再看露出的箭尾，一眼便能认定是用上等的孔雀羽毛制作的。儿子喜上眉梢，贪婪地推想箭杆、箭头的模样，耳旁仿佛嗖嗖地箭声掠过，敌方的主帅应声落马而毙。

果然，佩带宝箭的儿子英勇非凡，所向披靡。当鸣金收兵的号角吹响时，儿子再也禁不住得胜的豪气，完全背弃了父亲的叮嘱，强烈的欲望驱赶着他呼一声就拔出宝箭，试图看个究竟。骤然间他惊呆了——一支断箭，箭囊里装着一支折断的箭。

"我一直带着断箭打仗呢！"儿子吓出了一身冷汗，必胜的信念仿佛顷刻间失去支柱的房子，轰然坍塌了。

结果不言自明，儿子惨死于乱军之中。

拂开蒙蒙的硝烟，父亲拣起那支断箭，沉重地说道："不相信自己的意志，永远也做不成将军。"

能够充分发挥一个人的潜能的，不是外援，而是自助；不是依赖，而是自立，如果你总是让其他力量推着才能前行，那么，你的生命意义将归于零。

有这么一则希腊神话：

一个马车夫正赶着马车，艰难地行进在泥泞的道路上。马车上装满了货物。

忽然马车的车轮深深地陷进了烂泥中，马怎么用力也拉不出来。

车夫站在那儿，无助地看着四周，时不时大声地喊着大力士阿喀琉斯的名字，让他来帮助自己。

最后阿喀琉斯出现了，他对车夫说：

"把你自己的肩膀顶到车轮上，然后再赶马，这样你就会得到大力士阿喀琉斯的帮助。如果你连一个手指头都不动一动，就不要指望阿喀琉斯或其他什么人来帮助你。"自助者天助，完全依赖别人的恩赐是不可能的，只有你自己首先尽力而为，别人对你的帮助才能最终解决问题。

你，就是主宰一切的神灵。一个人，即使驾着的是一匹赢弱的老马，但只要马缰掌握在他的手中，他就不会陷入人生的泥潭。人只有依靠他自己，才能自视配得上最高贵的东西。

独立自主的人最可爱

善于驾驭自我命运的人，是最幸福的人，正像康德所说："我早已致力于我决心保持的东西，我将沿着自己的路走下去，什么也无法阻止我对它的追求。"最高的自立是追随自己的心灵，确定自己是正确的，不被任何人的评断所左右的精神上的自立。

剑桥郡的世界第一名女性打击乐独奏家伊芙琳·格兰妮说："从一开始我就决定，一定不要让其他人的观点阻挡我成为一名音乐家的热情。"

她成长在苏格兰东北部的一个农场，从8岁时她就开始学习钢琴。随着年龄的增长，她对音乐的热情与日俱增。但不幸的是，她的听力却在渐渐地下降，医生们断定是由于难以康复的神经损伤造成的，而且断定到12岁，她将彻底耳聋。可是，她对音乐的热爱却从未停止过。

　　她的目标是成为打击乐独奏家，虽然当时并没有这么一类音乐家。为了演奏，她学会用不同的方法"聆听"其他人演奏的音乐。她只穿着长袜演奏，这样她就能通过她的身体和想像感觉到每个音符的震动，她几乎用她所有的感官来感受着她的整个声音世界。

　　她决心成为一名音乐家，于是她向伦敦著名的皇家音乐学院提出了申请。因为以前从来没有一个聋学生提出过申请，所以一些老师反对接收她入学。但是她的演奏征服了所有的老师，她顺利地入了学，并在毕业时荣获了学院的最高荣誉奖。

　　从那以后，她就致力于成为第一位专职的打击乐独奏家，并且为打击乐独奏谱写和改编了很多乐章，因为那时几乎没有专为打击乐而谱写的乐谱。

　　至今，她作为独奏家已经有十几年的时间了，因为她很早就下了决心，不会仅仅由于医生诊断她完全变聋而放弃追求，因为医生的诊断并不意味着她的热情和信心不会有结果。

　　"在这个世界上最坚强的人是孤独地、只靠自己站着的人。"这样的人即使濒临绝望，也依然能认清自己和世界，进而改变自己的所有本质，超越自身和一切的痛苦，进入真正自主的世界。赤橙黄绿青蓝紫，谁都应该有自己的一片天地和特有的亮丽色彩。你应该果断地、毫不顾忌地向世人宣告并展示你的能力、你的风采、你的气度、你的才智。在生活道路上，必须善于作出抉择，不要总是踩着别人的脚步走，不要总是听凭他人摆布，而要勇敢地驾驭自己的命运，调控自己的情感，做自己的主宰，做命运的主人。

　　一位成功人士回忆他的经历时说："小学6年级的时候，我考试得了第一名，老师送我一本世界地图，我好高兴，跑回家就开始看这本世界地图。很不幸，那天轮到我为家人烧洗澡水。我就一边烧水，一边在灶边看地图，看到一张埃及地图，想到埃及很好，埃及有金字塔、有埃及艳后、有尼罗河、有法老王，有很多神秘的东西，心想长大以后如果有机会我一定要去埃及。

　　"看得入神的时候，突然有一个大人从浴室冲出来，胖胖的围一条浴巾，用很大的声音跟我说：'你在干什么？'我抬头一看，原来是我爸爸，我说：'我在看地图。'爸爸很生气，说：'火都熄了，看什么地图！'我说：'我在看埃及的地图。'我父亲跑过来'啪、啪'给我两个耳光，然后说：'赶快生火，看什么埃及地图！'打完后，踢我屁股一脚，把我踢到火炉旁边去，用很严肃的表情跟我讲：'我向你保证！你这辈子不可能到那么遥远的地方！赶快生火！'

"我当时看着我爸爸，呆住了，心想：我爸爸怎么给我这么奇怪的保证，真的吗？这一生真的不可能去埃及吗？20年后，我第一次出国就去埃及，我的朋友都问我：'到埃及干什么？'那时候还没开放观光，出国是很难的。我说：'因为我的生命不能被别人设定。'自己就跑到埃及旅行。

"有一天，我坐在金字塔前面的台阶上，买了张明信片寄给我爸爸。我写道：'亲爱的爸爸：我现在在埃及的金字塔前面给你写信，记得小时候，你打我两个耳光，踢我一脚，保证我不能到这么远的地方来，现在我就坐在这里给你写信。'写的时候感触很深。我爸爸收到明信片时跟我妈妈说：'哦！这是哪一次打的，怎么那么有效？一脚踢到埃及去了。'"

在宇宙的中心，回响着那个坚定神秘的音符："我"，如果你听从它的呼唤，致力于你所决定保持的东西，那么你必将突破别人对你的设定，牢牢掌控你的命运。正如泰戈尔所说："我存在，乃是所谓生命的一个永久的奇迹。"

拖延是一种错误的生活

"明天，明天，还有明天"，很多人总是在这样的自我安慰中度过一个又一个今天，殊不知，时间滔滔不息地奔赴终点，当你把今天应该完成的事拖到明天去做时，这个"明天"就足以把你送进坟墓了。

深夜，一个危重病人迎来了他生命中的最后一分钟，死神如期来到了他的身边。在此之前，死神的形象在他脑海中几次闪过。他对死神说："再给我一分钟好吗？"死神回答："你要一分钟干什么？"他说："我想利用这一分钟看一看天，看一看地。我想利用这一分钟想一想我的朋友和我的亲人。如果运气好的话，我还可以看到一朵绽开的花。"

死神说："你的想法不错，但我不能答应。这一切早已留了足够时间让你去欣赏，你却没有像现在这样去珍惜，你看一下这份账单：在60年的生命中，你有1/3的时间在睡觉；剩下的40多年里你经常拖延时间；曾经感叹时间太慢的次数达到了10000，平均每天一次。上学时，你拖延完成家庭作业；成人后，你抽烟、喝酒、看电视，虚掷光阴。

"我把你的时间明细账罗列如下：做事拖延的时间从青年到老年共耗去了36500小时，折合1520天。做事有头无尾、马马虎虎，使得事情不断要重做，浪费了大约300多天。因为无所事事，你经常发呆；你经常埋怨、责怪别人，找借口、找理由、推卸责任；你利用工作时间和同事聊天，把工作丢到了一旁毫无顾忌；工作时间呼呼大睡，你还和无聊的人煲电话粥；你参加了无数次无所用心、懒散昏睡的会议，这使你睡眠远远超出了20年；你也组织了许多类似的无聊会议，使更多的人和你一样睡眠超标；还有……"

说到这里，这个危重病人就断了气。死神叹了口气说："如果你活着的时候能节约一分钟的话，你就能听完我给你记下的账单了。哎，真可惜，世人怎么都是这样，还等不到我动手就后悔死了。"

每个人的生命都是有限的，当拖延成为你的习惯时，死神也就在不知不觉中来临了。你可以给自己时间，但生命却不会给你时间，正如中国古代诗人李商隐所吟诵的"人间桑海朝朝变，莫遣佳期更后期"。

人为什么会被"拖延"的恶魔所纠缠，很大的原因在于当认识到目标的艰巨时所采取的一种逃避心理，能以后再面对的就以后再面对，只要今天舒服就行，拖延就这样成为了"逃避今天的法宝"。而逃避是弱者最明显的特征。

有些事情你的确想做，绝非别人要求你做，尽管你想，但却总是在拖延。你不去做现在可以做的事情，却想着将来某个时间来做。这样你就可以避免马上采取行动，同时你安慰自己并没有真正放弃决心。你会跟自己说："我知道我要做这件事，可是我也许会做不好或不愿意现在就做。应该准备好再做，于是，我当然可以心安理得了。"每当你需要完成某个艰苦的工作时，你都可以求助于这种所谓的"拖延法宝"，这个法宝成了你最容易也是最好的逃避方式。

拖延自己的时间，往往有1/3的原因是自我欺骗，另外2/3是逃避现实。之所以坚持自己这样的拖延行为，还因为你自己从其中得到了一些"好处"：

通过拖延，你显然可以不去做那些令自己感到头疼的事，有些事情你害怕去做，有些事情你想做又害怕行动。

欺骗自己的各种理由让你心安理得，因为你觉得自己还是个实干家，也许就是慢一点的实干家。

只要能一拖再拖，你就可以永远保持现状，无须力求改进，也不必承担任何随之而来的风险。

你厌倦生活，你抱怨说是其他人或一些琐事让你情绪消沉，这样你便轻松摆脱责任，并且推卸给客观环境。

你通过拖延时间，让自己在最短的时间内完成工作，如果做得不好，你会说："我时间不够！"

你找借口不做任何没把握的事情，以避免失败，这样你觉得自己还真不是个低能的人。

就这样，拖延成了你用来逃避的通行证，你和社会上千万人一样像草木般活着，遇到任何困难都不当机立断，任其耽误下去。

人的本质都是懦弱的，从这一点上说，拖延和犹豫是人类最合乎人情的弱点，但是正因为它合乎人情，没有明显的危害，所以无形中耽误了许多事情，因此而引起的烦恼，实在比明显的罪恶还要厉害。你拖延得了一时，却拖延不过一世，今天你利用拖延这张证件避免了危险和失败，但这样做又能达到怎样的目的呢？在你避免可能遭到失败的同时，你也失去了取得成功的机会。

拖延吞噬你的成功

你的抱负和梦想，是怎么化为灰烬的？是拖延，如果你打算用你的白日梦和你从没按时履行过的计划表来实现梦想，等待你的只有生命的损耗和机会的擦肩而过。

李明大学毕业，干过很多工作，但是每个工作维持的时间都不超过 3 个月，原因是李明自小养成一个拖拉的坏习惯，干什么事都是今天推明天，明天推后天，推来推去什么事也没干成。就拿当初考大学来说，要不是他妈妈天天逼着学习，至今恐怕还在复习呢！就因为这个毛病，李明求职过的很多公司都辞退了他，谁也不愿和一个"三天打鱼，两天晒网"、办事拖拖拉拉的人共事。

不久，李明又去一家公司求职，这家公司也觉得李明有市场策划的才能，决定经试用后再录用他。巧的是这家公司也让他用半个月的时间搞个市场策划。这次李明吸取了上次的教训，决心改掉自己办事拖延的坏毛病，他安排用一周时间搞市场调查，用 5 天时间写出规划，3 天时间进行修改。这样，用不到 15 天就能完成工作任务。开始几天李明不辞辛苦地奔波于各大市场进行调查，可没坚持几天，拖延的老毛病又犯了，10 天过去了材料还没动笔写，一天经理要看他写的市场策划材料，他推脱还不到交稿时间。经理见到交稿时间只有 3 天了，还没出成稿，嫌他办事拖延，对工作极不认真，就对他说："你也不用写了，从明天起你就不用来上班了。"这个公司又因为李明办事拖延把他给解雇了。

或者你目前还没遭遇到李明的惨败，但是你是不是有着这样一种经历：清晨，闹钟把你从睡梦中叫醒，想着自己所定的计划，同时却感受着被窝里的温暖，一边对自己说"该起床了"，一边又不断地给自己寻找借口——再等一会儿。于是，在忐忑不安之中，又躺了 5 分钟，甚至 10 分钟。

类似的情况在我们的生活中经常会遇到，如果哪天你把一天的时间记录一下，会惊讶地发现，"拖延耗掉了我们很多的时间"。很多情况下，拖延是因为人的惰性在作怪，每当自己要付出劳动时，或作出抉择时，我们总会为自己找出一些借口、安慰，总想让自己轻松些、舒服些。有的人能在瞬间果断地战胜惰性，积极主动地面对挑战；而有的人却深陷于"激战"的泥潭，自己被主动性和惰性拉来拉去，不知所措，无法定夺……时间就这样被一分一秒地浪费了。其实拖延就是纵容惰性，也就是给了惰性机会，如果形成习惯，它会很容易消磨人的意志，使你对自己越来越失去信心，怀疑自己的毅力，怀疑自己的目标，甚至会使自己的性格变得犹豫不决，养成一种办事拖拉的工作作风。

当然，有时拖延是因为考虑过多、犹豫不决造成的。比如，有一方案即使在会议上已经通过，经理还在考虑万一职工有意见怎么办，万一上级领导有看法怎么办，非要再拖它半月20天才去实施，诸如此类的事情每一天都在我们的身边发生。

适当的谨慎是必要的，但谨慎过头就是优柔寡断，更何况很多像早上起床这样的事是没必要作任何考虑的，所以，我们要想尽一切办法不去拖延，而不是想尽一切借口去拖延。绝不能让"我是不是可以等一等"的念头控制自己。

爱默生曾说："紧驱他的四轮车到别的星球上去的人，倒比在泥泞的道上追踪蜗牛行迹的人，更容易达到他的目标！"当你准备把今天的事情放到明天去做时，你应该想想到底有多少明天在等着你，到底有多少机会在等着你，今天的太阳明天还会升起吗？

克服拖延有法可循

生活中，你搁置了多少想法、多少梦想、多少计划，这一切都源于你的决定没有坚决地付诸行动。而你又为自己的拖延找到了多少借口。所以，人生在世，我们要美好地活着，就意味着拒绝拖延，今天的事今天做。

当你告诉自己"这件事可以缓一缓"、"我今天已经做了很多事，可以奖励自己放松一下了"、"明天什么事也没有，不如明天做"、"今天天气很难得，不能待在屋里"的时候，要注意了，你已经滋生了拖延的习惯。

如果你是个办事拖拉的人，你大概在浪费大量的宝贵时间。这种人花许多时间思考要做的事，担心这个担心那个，找借口推迟行动，又为没有完成任务而悔恨。在这段时间里，他们本来能完成任务而且早应转入下一个环节了。

所以，一定要找到可以有效对付拖拉作风的方法：

确定一项任务是否非做不可

当我们感觉一项任务不重要，做起来自然会拖拖拉拉，若是这项任务真的不重要，就立刻取消它，而不是既拖延又后悔。有效分配时间的重要一环，是取消可有可无的任务。应该从你的日程表中把乱糟糟的东西清除。

把任务委托给其他人

有时候，任务是能完成的，但是你不喜欢做。你不愿意可能与你的兴趣或专长有关，这时如果你把任务委托给一个比你更适合做、更乐意做的人，你和他就都成了赢家。

确定好处与优势，立即行动起来

我们往往因为看不到完成一项任务有什么好处而拖拖拉拉。也就是说，我们做这项任务时付出的代价似乎高于做完之后得的好处。应付这个问题的最佳办法是从你的目标与理想的角度来分析这个任务。如果你有个重大目标，那你就比较容易拿出干劲去完成有助于你达到目标的任务。

养成好习惯

许多人的拖延已经成了习惯。对于这些人，一切理由都不足以使他们放弃这个消极的工作模式去完成一项任务。如果你有这个毛病，你就要重新训练自己，用好习惯来取代拖延的坏习惯。每当你发现自己有拖沓的倾向时，静下心来想一想，确定你的行动方向，然后给自己提一个问题："我最快能在什么时候完成这个任务？"定出一个最后期限，然后努力遵守。渐渐地，你的工作模式会发生变化。

"快！快！快！为了生命加快步伐！"这句话常常出现在英国亨利八世统治时代的留言条上警示人们，旁边往往还附有一幅图画，上面是没有准时把信送到的信差在绞刑架上挣扎。当时还没有邮政事业，信件都是自政府派出的信差发送的，如果在路上延误就会被处以绞刑。

"明天"是魔鬼的座右铭。整个历史长河中不乏这样的例子，很多本来智慧超群的人，留下的仅仅是没有实现的计划和半途而废的方案。对懒散的人来说，明天是他们最好的搪塞之词。

有两句充满智慧的俗语说得好：一句是"趁热打铁"，另一句是"趁阳光灿烂的时候晒干草"。

很少有人注意到自己通常在什么时候比较懒散倦怠。有的人是在晚饭后，有的人是午饭后，还有的在晚上 7 点钟以后就什么都不想干了。每个人一天的生活往往都有一个关键时刻，如果这一天不想白过的话，一定不要浪费这个时刻。对大多数人而言，早晨几小时往往是这一天会不会过得充实的关键时刻。

拖延是一种疾病，对那些深受拖延之苦的人来说，唯一的办法就是作出果断的决定。否则，这一疾病将成为摧毁胜利和成就的致命武器。通常来说，爱拖延的人就是失败的人。

走出过去的阴影

你仍生活在过去的阴影当中吗

在往下读之前，请先回答下面具有启发性的问卷调查表。

1. 你经常以同样的方式讲述以前的经历吗？

A. 人们用呆滞的目光看着你，礼貌地倾听着，但你却毫不在意，继续讲下去

B. 当谈及某些你想要发表个人看法的事情时，你会时不时地讲一些

C. 有时人们会问到你的过去，但你倾向于拒绝回答

D. 当话题与过去的事情相关时，你会时不时地讨论一番

2. 你经常抱怨你年轻时与现在的物价差别吗？

A. 经常

B. 有时

C. 你记不清以前的物价到底是多少

D. 一点也不在意

3. 很多年以前，你失去了一个心爱的宠物，你会？

A. 你再也没有心情喂养宠物，因为你不能面对失去它的痛苦

B. 从那以后你已经接着喂养宠物，但不再是同样的宠物

C. 你没有再喂养宠物，因为你对它已失去兴趣

D. 从那以后你已经接着喂养同一种宠物，并同样地喜爱它

4. 你喜欢尝试新鲜事物吗？如食品、时尚产品、旅行或新的体验等？

A. 你喜欢坚持你所知道的和喜欢的事物

B. 你有时尝试新鲜事物

C. 你不会总是倾向于尝试任何特殊的食品、产品或体验，只是随遇而安

D. 你有着广泛的兴趣，好奇心强，喜欢冒险

5. 数学老师告诉你说，你在数学上没有什么前途，再继续这样教你没有任何意义。对此你会怎样处理？

A. 你相信他所说的，没有继续学习数学

B. 你用足够的精力去学数学，以求勉强通过

C. 你尽量避免数学，即使它限制了你的选择

D. 你找到某个以正确的方式教导你的人，所以你数学方面的欠缺从没有阻碍你的发展

6. 别人对你的诽谤或消极言论是否对你产生影响？

A. 你记忆非常深刻，从没有忘记

B. 你尽力去忘记它们，但它们有时仍会在头脑中浮现

C. "我为什么会为别人的想法而苦恼呢？"

D. 你会回忆此类的事情，直到它们从你头脑中完全消失

7. 你崇尚于学习、研究新信息和新知识或是提高和增长你现有的技能和知识水平吗？

A. 你从不读书、参加培训，或者看教育性节目，你崇尚实际的生活

B. 你喜欢阅读和观看电视上的节目

C. 你认为正式的学习无关紧要，而且浪费时间

D. 你喜欢学习和研究，如果有机会就参加培训，而且总是在不停地读书

8. 你接受新知识的能力有多强？

A. 人们经常说他们已经告诉你某些事情，但你没有记住，或者你没有认真听

B. 有时你发现自己无法接受新知识

C. 你不是经常有足够的兴趣

D. 你喜欢接受新思想，挑战自己，学习新知识并加以应用

9. 你思考时有多少想法是关于现在的？

A. 你经常做白日梦，回忆过去或计划未来

B. 你思考现实的生活，但你还是想着过去的很多事情

C. 你思考现实的生活，过去的就过去了

D. 你尽量思考现实的生活，但你会从过去当中吸取一些特殊的教训

10. 你健忘吗？

A. 你的长期记忆要好于短期记忆，你常常忽略每天的一些细节或信息

B. 你会记住一些，同时也会忘记一些

C. 你感觉记东西非常困难，除非你把事情都写下来并排好顺序

D. 你会记住重要的事情

11. 你是否认为自己有时会一次又一次地面对同样的情况或问题？

A. 是的，非常肯定

B. 是的，有些事情确实会再次发生，但并不是你有意要让它们发生的

C. 不是，你尽量继续生活，忘记过去，从不重复

D. 当这种情况发生时，你尽量理解并找出重复的部分

12. 在一段新的感情关系开始不久后，你是否发现对方会让你想起以前的那个他或她？

A. 你只经历过一段认真的关系；或者，是的，他们（她们）确实具有相同之处

B. 你尽量选择不同的对象，但有时他们（她们）之间的共同点要多于你所想象的

C. 每个人都是不同的

D. 有些东西是不同的，有些东西是相同的；你尽量理解是什么在驱使着你的选择

分析

把所有相同的选项都加起来：

A_ _ _ _ _ _ _ _ _ _ _ _ _ B_ _ _ _ _ _ _ _ _ _ C_ _ _ _ _ _ _ _ _
_ _ D_ _ _ _ _ _ _ _ _ _

你受过去影响的程度有多大？很少人只选择一个相同的选项；阅读下面对每个选项的评论，参看你所选的两个或两个以上相同的选项。

选 A 最多：这种人在他们的早期生活中有过特殊意义的经历，不管什么原因，他们当时没有能力完全处理。比如，你可能搬到一个新地方，放弃了原有的生活；你遇到过损失或困难，你没有与别人讨论过此事，当时你也没有能力解决，或者年轻时你只有依靠自己。在观念上你可能很保守，抵制改变，不愿接受新信息，因为你发现那样会令你不安，感觉受到威胁。你可能不喜欢挑战自己的

传统观念。当处于安全状态时你可能会接受改变，但你不喜欢强加给自己的事情。

选B最多：你受过去的影响比你意识到的要强烈。它们会慢慢地影响你并分散你的注意力。可能有些过去的事情需要你关注和理解。你是否已经摆脱它们，或已经对它们失去感觉，或这些年来你在逃避回忆，或你告诉自己不要那么幼稚，适应它们就行了？你并不像你想象中的那么有逻辑思维，你还受到不可自控的感情的影响。给自己一些空间去思考你的真实想法和感受，你会发现事情还可以用不同的方式解决。

选C最多：你对过去的事情有着非常固执的态度：过去的事情已经过去，你不想再受它们的影响。为了不受它们的影响，你在竭尽全力与过去的事情保持距离。这会阻止你接受新信息和改变，无法适应新环境，你无法忍耐任何事情威胁到你精心维护的现状。如果它们确实影响到你，你并不会因为它们而茫然不知所措，你可能已经有能力轻松地处理它们。

选D最多：你是个富有洞察力的人，你能够意识到过去生活对你的影响。你尽力从过去的经历中吸取教训，并且对解决你所意识到任何重复出现的情况非常感兴趣。你非常清楚自己的过去，以及它把你塑造成什么样的人——这便是所谓的"传记能力"。

走过的脚印

有这样一句名言："生活越艰难，你就会变得越发坚强。"德国哲学家尼采也曾说过："那些没有毁灭我的经历会让我变得更加强大。"你对这样的说法有什么见解？

这是解决改变和抚平伤痛的一个办法。生活就是由一系列的阶段组成的，每个阶段都是因重大的"分裂"而结束的。这些"分裂"是生活周期的自然组成部分：比如，长大离开家庭、拥有孩子、到达中年、有能力对付必须面对的重大挑战。每个"分裂"都会宣告过去的结束，新的开始。在这些时期，人们都会改变以便有能力适应并融合到新的现实。有时人们会由于压力而暂时不知所措或病倒。这种改变的过程在本质上是令人痛苦不堪的，因此，我们会希望时间停止，任何事情不再改变，也不会再继续出错。但事实上，改变的过程本身没有任何错误，只是我们不喜欢它而已。我们除了要生存下去，还要成长、改变和提高，就像人类进化一样。我们会变得更加复杂，掌握更多技能、能力，培养更强的理解和反应能力；我们会变得更加有耐心和富有远见。回忆从小时候起你经历过的所有重要的事情，你从中吸取到哪些教训？

　　我们持续不断地成长和发展取决于我们充分体验生活中每件事情的能力，不会有失败的感觉，也不会主动逃避这些经历。当一个人真诚地面对所发生的事情时，他或她会发自内心地去解决它们，并从中明白一些道理，这便是一种成长。这会让你培养一种能力和信任感，你将有能力回答生活向你提出的任何难题。我们需要信赖、幽默感、友谊和自律，并希望它们在前面的旅途上支持我们。

　　你从过去的经历中得到哪些特殊的能力、远见和技能？

1. ＿＿＿＿＿＿＿＿＿＿＿＿＿＿＿＿＿＿＿＿＿＿＿＿＿
＿＿＿＿＿＿＿＿＿＿＿＿

2. ＿＿＿＿＿＿＿＿＿＿＿＿＿＿＿＿＿＿＿＿＿＿＿＿＿
＿＿＿＿＿＿＿＿＿＿＿＿

3. ＿＿＿＿＿＿＿＿＿＿＿＿＿＿＿＿＿＿＿＿＿＿＿＿＿
＿＿＿＿＿＿＿＿＿＿＿＿

4. ＿＿＿＿＿＿＿＿＿＿＿＿＿＿＿＿＿＿＿＿＿＿＿＿＿
＿＿＿＿＿＿＿＿＿＿＿＿

5. ＿＿＿＿＿＿＿＿＿＿＿＿＿＿＿＿＿＿＿＿＿＿＿＿＿
＿＿＿＿＿＿＿＿＿＿＿＿

6. ＿＿＿＿＿＿＿＿＿＿＿＿＿＿＿＿＿＿＿＿＿＿＿＿＿
＿＿＿＿＿＿＿＿＿＿＿＿

7. ＿＿＿＿＿＿＿＿＿＿＿＿＿＿＿＿＿＿＿＿＿＿＿＿＿
＿＿＿＿＿＿＿＿＿＿＿＿

8. ＿＿＿＿＿＿＿＿＿＿＿＿＿＿＿＿＿＿＿＿＿＿＿＿＿
＿＿＿＿＿＿＿＿＿＿＿＿

9. ＿＿＿＿＿＿＿＿＿＿＿＿＿＿＿＿＿＿＿＿＿＿＿＿＿
＿＿＿＿＿＿＿＿＿

10. ＿＿＿＿＿＿＿＿＿＿＿＿＿＿＿＿＿＿＿＿＿＿＿＿
＿＿＿＿＿＿＿＿＿＿＿＿

移情的陷阱

　　移情现象发生在所有的人际关系当中，包括感情关系。当我们和别人交往时，我们往往会通过从过去的经历得出的观点去理解它，这时就会发生移情。多数情况下，我们对此并没有注意。在密切的人际关系中，移情的作用会越发激烈。这意味着你不会去听从某些人现在说的话，而是听从他们（她们）已经说过的话，当然两者会有细微的差别。你对他们（她们）的看法会影响到自己的期望。在细微的层次上，我们"希望"某些人会以过去同样的方式表现，以便于我们会有一如既往的感觉，即使事实上并不如此。在人际交往中，这种误解常常会招致争论和不愉快的事情的发生。

建立于过去的期望会导致一概的消极想法：你在过去是沮丧和孤独的，所以未来也是如此，但你不会相信任何期望保持现状的人。"自我实现预言"的说法就是从这里得出的。

李琳的男友要求她把垃圾清理出去，他正在忙着修理电视机的遥控器。李琳的第一反应是生气，她非常愤怒——他怎么可以坐在睡椅上对她如此呼来喝去；然后她感觉非常厌烦——每次都是她清理垃圾，而他却很少帮她做任何事情。李琳有份全职工作，而且还要去大学上课，但男友却认为在晚上除了清理他留下的垃圾以外她没有什么可做的。

李琳已经33岁，居无定所，她的生活方式与父母如出一辙。家里没有很多钱，但为了让她和妹妹李娜拥有她们想要的东西，让她们受到良好的教育，父母非常努力地工作。李琳和李娜学会了音乐，并得到了她们想要的东西。李娜考上了音乐学院，而李琳却违背了父母的期望，他们认为她应该非常出色。当离开学校后她没有朝着职业人的方向发展，而是去印度旅行，几年内换着各种各样的工作和男友。李琳清晰地记得父母早期的婚姻生活：妈妈总是在努力工作，为一家人作出牺牲；而爸爸回到家后则总是坐在电视机前，等着妈妈准备好晚餐。

爸爸还要求妈妈为他准备好一切，而且从不帮忙做家务。李琳还记得爸爸经常唠叨，叫她帮妈妈干活，而他却总坐在那里。她讨厌爸爸让妈妈干这干那的方式，当她懂得男女应该具有平等地位后，她便批评和否定爸爸消极和疏远的行为。

当李琳的男友高强让她清理垃圾时，她所听到的不是一个简单的请求，而是她生命中所有男人的声音，包括她的爸爸。她憎恨他们一贯地懒惰、剥削，利用女人的善良仁慈。她决定不再忍受，她告诉高强要么他自己清理垃圾，要么就离开。

高强把视线从刚刚修好的遥控器转移到她身上，他不明白李琳所说的，或者为什么突然间她会如此气愤，然后就请她再说一次。

"你听到了，"李琳说，"我对你的呼来喝去感到极为厌烦，每周都是我清理垃圾，你从没有帮过我。我不需要你告诉我什么时候去做。你总是坐在那里，整晚上看体育节目，而我却要购物、做饭、清理，你甚至不问我是否需要帮助。"

"喂！"高强说，"别太认真，我的意思是提醒你清理垃圾——你告诉我让我提醒你。我已经修理好电视遥控器，它只需要更换电池，就这样。我本以为一会儿我们要一起看你想要看的电影呢！"

他已经变得苍白无力，当李琳这样攻击他时他经常有不安的感觉，他不知道到底哪出了问题。他发现这会给他带来很大的压力。在他小的时候父母经常吵架，他们最后就是以离婚而告终。

如果高强和李琳能够充分地意识到各自的问题，他们会在这方面寻求帮助，因为他们之间的冲突对双方来说都非常严重，以至于不能清楚地思考。高强的经历近乎是一场灾难，他的妈妈坚持要求爸爸离开家庭。李琳也重新回忆了十几岁时她对爸爸的愤怒，正如当时她亲身感受到的。在这点上他们的反应可能会终结双方的感情关系，除非他们都后退一步，并且弄明白他们对彼此的愤怒与目前的情况没有任何关系。他们没有意识到已经陷入了过去的阴影，他们都认为这是对方的"错误"。

忘记过去，寻找全新的体验并不是件容易的事。我们都经历过感情关系并彼此相互影响，在某种程度上这都有助于我们培养和铸就自己的个性。但过去的事情总是阻碍着我们欣赏和享受现在所拥有的。回忆过去是一个不容易摆脱的习惯。现在有许多自助计划，以及建议放开过去、继续向前发展的方法。但你怎样放开过去呢？它不像听起来那么简单，因为我们总是固执地坚持自我感觉，即使灵活的变通会让生活更加美好，但我们还是倾向于以一贯的方式行事，这会让我们感到安全和熟悉。为什么？我们只是不知道怎样变得不同而已。

忘记过去旧有的伤口并不完全等同于将所有的事情都抛之脑后。忘记或"我不知道怎样思考和讨论过去的事情"，这些都只是在逃避压力或痛苦。这种企图靠拒绝面对现实来逃避痛苦经历的方法不会让你永久地忘记伤口。我们可以抵触或否认某些经历对我们产生的影响，或者当别人提及时我们会急躁敏感，但这些经历仍然是压力的潜在来源。

李琳和高强确实在努力思考问题到底出自哪里，因为他们都和亲近的朋友谈论了此事，而且高强的一个老朋友认为他在感情关系中正处于一种类似于恐惧和泄气的状态。他是家中最小，也是对父母打架感到最为恐惧的孩子。他告诉李琳当她向他喊叫时他感到非常不公平。他感觉自己已经尽力分担他们共同的责任，做饭和清理垃圾只是不属于他的工作而已。在他的家庭中，妈妈承担所有的家务，他对自己的厨艺一点信心都没有。李琳这种气势汹汹的对抗方式让他感到非常不安。

在他们互相交流想法时，李琳泣不成声，因为他们谈及一些真正重要和痛苦的问题。他们都意识到没有必要再重新扮演父母的角色。李琳还第一次明白了一些事情，因为父母从没有向她解释过：妈妈对爸爸如此照顾是因为他患有肌痛性脑脊髓炎，他每天都非常疲惫，而且饱受病痛的折磨。爸爸对妈妈承担如此多的家务也感到非常内疚，这也是他要尽力让孩子们过上幸福生活的原因。李琳意识到高强对她的心情非常敏感，很难处理她对抗的态度。她说服了高强让他放弃对自己原有的看法，而且高强也同意如果她对他的厨艺不过多批评的话，他会帮更多的忙。这次对话拉近了彼此之间的距离，因为他们学会了怎样更好地去理解对方。

痛苦或不安的回忆

你如何知道自己是否受过去的影响？你是否已经处理好你的生活经历，并最终让它们"成为过去"？或者你是否"遗忘"而没有再次回忆它们，并把它们摆在正确的位置？在生活中任何特殊的时刻，我们都会以不同的观点看待过去的经历。如果我们对任何经历的看法是固定而不可改变的，那是因为你还没有回忆和思考它。如果我们能综合对过去的认识和理解，我们便能自由地作出改变和进行新的选择。

在生活中，你有没有对你造成压力、痛苦甚至精神创伤的回忆？它们可能会是每天生活中的日常事情，比如，小时候经历的失败或失望，一段不愉快的经历，难以确定生活方向；如果涉及精神上的创伤，比如痛失亲人，被忽视、受虐待或被出卖的经历，那么情况可能会更加严重。

痛苦回忆的测试

在生活中令你感到最痛苦的回忆是什么？请列举 5 个，它们可以来自于生活中的任何阶段。不用过多地思考，简单写下你头脑中想到的即可。

1. _
_ _ _ _ _ _ _ _ _ _ _ _ _ _ _ _ _ _

2. _

3. _

4. _

5. _

现在你对这些回忆是什么感觉？选择下面其中的一项。

A. 我克服了发生过的事情，现在已经不再受它的影响

B. 有时我仍会思考发生过的事情，但不管怎样它并不会影响我

C. 有时我仍会思考一些事情，而且我知道它们已经影响着我的生活和我作出决定的方式

D. 我不能忘记所发生的，我几乎每天都会仔细地思考它

E. 我仍会做噩梦，或幻觉重现；我不断地感到恐惧，比如在去某些地方或做某些事情时感到非常恐怖

分析

如果你选择 A 或 B，这意味着在过去的经历和感情关系上你仍有一些没有解决的问题。即使你能很好地应付，但它们会影响你的一些行为和态度。这种影响只是细微的，与以前的事情没有关系。然而有时候如果谈到一些话题时你会非常小心。有时当亲近你的人体会你的态度或行为时，他们会觉得你有些奇怪，很难完全明白你的感受，就像是你不允许他们谈论没有遗忘的一些回忆，不允许把它们和现在的你放在一起。

如果你选择 C，这意味着你是一个爱思考的人，而且对自己有很深的了解。这已经让你颇为受益，因为随着时间的过去，你已经学会在头脑中把事情理顺，把它们放在正确的位置。这些体会还可以让你具备帮助他人的能力。

如果你选择 D，这意味着你的一些回忆只得到部分解决，你会发现以某种方式提高解决过程的速度会更加有效，以便于抑制这些不安的回忆影响你。这样做会极大地提高你的生活质量。

如果你选择 E，这明显标志着在思考一些没有得到完全解决的经历时，你需要帮助。为什么不试着探索哪种帮助对你最有用？是什么在拖延或阻碍着你寻求

帮助？面对过去痛苦和恐惧的经历而产生的不安绝没有你想象的那样糟糕，只要你选择有能力的人以合适的方式支持你，问题就会迎刃而解。最糟糕的事情都已经发生了，把它们和盘托出，然后将它们放置在正确的位置，不要再胡思乱想。

继续前进的秘密

解决过去的回忆、失败和改变并不等同于遗忘过去，继续前进，好像什么都没有发生。痛苦的伤口会从过去保持到现在，治愈它是生活中一项艰巨的任务。有时人们会认为他们要做的就是继续做下一件事情，并避免任何不安的回忆或回声（类似于在你头脑中不断响起而又让你不安的声音）。继续前进便是正确的决定。比如，他们可能觉得在一间看起来有些像父母住所的房间居住会让他们找到童年时的感觉。或者某人曾给过他们柠檬汽水，他们小时候讨厌柠檬，于是他们会讨厌一切带有一点柠檬味的东西，并且会煞费苦心地避免吃任何带有柠檬味的食物。避免柠檬是在逃避现实的行为。试问：那段回忆怎样对你产生如此强烈的影响？

精神治疗专家称这样的回忆为"屏障记忆"。这种回忆代表着一整套的感觉、回声和深刻的回忆，它们与那些没有得到完全处理和理解的经历有关系。它们仅是"发生了"，就像是我们吃下的食物，在我们的内部系统中不停地乱转，因为我们不能对它们进行新陈代谢。像这样的回忆就需要我们耐心地思考和理解；我们需要回忆并思考它们对我们产生怎样的影响。如果能做到这些，我们的生活经历便会成为个人力量的源泉。

回忆过去

我们所有人很早就会形成一些核心观念，它们在某些情况下影响着我们的自尊心和自信心。它们不是我们通过自觉思考而得到的体会，而是我们的本能，这形成于我们的经历，以及小时候成年人对我们的教诲。这些隐藏于内心的核心观念的问题是：我们并没有完全意识到它们的存在。它们确实处于隐藏状态。只有一些非常了解你的人能体会到它们的存在，你自己可能从没有意识到你多么依赖于这些看待事情的方法。这些观念的另一个问题是它们是过时的古董、遗物，它们是在你小时候，或者非常年轻，或你的世界观还非常狭隘时所养成的。

它们是你应对生活的决策。它们使你避免以全新的角度去应对任何新情况，现在它们又阻碍你学习怎样解决自己的问题。在复杂、多层次的现实世界中，它们对于你——一个成年人来说，起不到任何帮助的作用。

过去你是否拥有自认为不可改变的核心观念？小时候，你有没有听别人说你是个坏小孩，淘气、丑陋、笨拙、不受欢迎、没人理睬？

陷入困境

我们每个人都会时不时地陷入困境。在这种情况下你无法前进，好像一种无形的力量在把你拉向相反的方向。每次当你付出艰苦努力前进的时候，其他的一些事情便会阻碍你。有时你只能听天由命，因为你已经力不从心。有时保持沉默，什么都不做是非常明智的，因为你不会把情况搞得更加糟糕。但有时你则需要摆脱成规旧俗，以自己独特的方式行事。保持惯例还是摆脱成规，哪个需要你付出更多的精力？这完全取决于你所处的情况。

（1）思考你在过去生活中陷入困境的一次经历，你尽力走出困境并继续前进。

（2）当时是什么帮助你作出行动的决定？

（3）现在什么会帮助你作出行动的决定？

正如一位名人说的那样：在某种意义上，每个出口同时又是一个入口。

打破成规

打破成规是件容易的事情，它会帮助你走出困境继续前进。当然每个人在这方面都有自己独特的方法，下面列举的方法就能经常起到改进的作用。

更换环境。你可以去不同的地方，或你从没有去过的地方，或者让你有自信、产生良好感觉的地方。如果你暂时不能更换住所，那就去度假。如果你不能度假，那就出去玩一个周末。如果你不能玩一个周末，那就做一些新颖、不同的事情。比如，做一些挑战自己的事情，或者从中可以领会到新知识的事情。你难道不喜欢吗？重要的是你要做自己喜欢的事情。

收拾和整理东西。你不一定整理整个房屋，而是一部分，甚至是一小部分，让它给人一种新鲜、明亮、整洁的感觉。摆放你最喜欢的一些物品，或者更换成新的物品。你要相信这个空间是你从事新的活动，实现梦想或计划的地方。这个地方能够赋予你灵感，让你拥有积极的思想。

扔掉一些废弃物。

做2~3件你由于某些原因而推迟了一二天的事情，它们可能让你感到困难或乏味。你可以去做，但不要马上做太多。比如，到邮局送一封信。

随意地做一些善事。比如施舍别人一些东西，或帮他们解决困难。这可能完

全出于自己的利益考虑，只要这样做能让你感觉更加良好。

微笑。研究表明，经常微笑的人在内心会感觉更好一些。

寻找生活中的一些笑料，比如喜剧电影等。如果你的人生经历就是一个喜剧，那么它是怎样进行的呢？

与某些没有任何烦恼的人讨论你的情况，注意不是那些可能会同情你、鼓励你，与你为伴的人。同时与几个人讨论，他们更有可能为你提供更多的解决方案，而不是同情你的悲惨遭遇。

使自己所处的环境充满鼓舞人心和提升情绪的音乐、香气或者你喜爱的氛围。这种良好的氛围对某些人会起作用："醒来后，闻到咖啡的香味。"

锻炼身体，如果可以的话最好是户外锻炼，除非你已经习惯于每天到体育馆内锻炼。

冒险。你可以尝试解决一些困难，承担更多的工作，以挑战自己的极限。争取能够取得一鸣惊人的成绩。这会让你摆脱其他困难给你带来的痛苦，并增强你的自信心。

变换参照物。这涉及创新思维和重新定义的问题。从一个全新的角度去审视你面临的困难。以第一人称"我"写下你的问题。然后，转换成第三人称"他"或"她"，从一个完全不同于自己的角度写下问题。比如，如果你是一位32岁的城市单身女人，那么就从一位55岁的农村已婚老太太的角度去叙述故事。这听起来是否荒谬可笑？这当然会让你以一种完全不同于自己的角度看待生活和问题。

思考生活中一次走进死胡同的经历。返回到原来的路上会怎么样？那样会有什么样的感觉？你是怎样重新恢复方向感的？

你非常喜欢去做，而又没有做的事情是什么？

思考小时候真正让你受挫的事情。你是如何解决它们的？现在是否遇到过任何与你的解决问题方法类似的事情？你能以不同的方式解决它们吗？

在什么情况下你感觉最好？

最好的方法是自己研究出的创新方法。

沮丧

沮丧是使人们走进过去阴影的主要原因之一。许多人都没有意识到自己曾有过沮丧的经历。在4~5个成年人中，就有1个在生活中的某些方面因为沮丧而痛苦。这种情况在许多不同国家和文化中都是真实存在的，城市中的几率可能会高一些。许多人都没有意识到自己会如此沮丧。这就是为什么人们陷入困境而不能自拔的原因。沮丧在我们这个时代被公认为是"严重的疾病"，每个国家都有上百万名患者，可是他们并不具备诊断和治疗这种"疾病"的能力。况且承认自己沮丧还是件为难的事，仿佛陷入沮丧是种失败，这种感觉在 25 岁到 44 岁之间的人群中最为普遍，严重的患者还会有漠视自己、自残甚至自杀的可能，而且女人比男人的患病率要稍高一些。

沮丧就是困扰在过去的阴影当中，不能让自己解脱。不管你走到哪里，沮丧的心情就会跟到哪里。沮丧是一种危险的"疾病"，因为它会逐渐销蚀乐观和希望，让人们变得消极、无助，没有能力采取有效行动以便有所改进。患者感觉唯一的选择就是躺在床上，拒绝帮助，不可救药。

沮丧会逐渐销蚀内心的动机和力量。你对一切都保持漠视、冷淡的态度，你成为自己最大的敌人，家人也对你失去耐心。你失去了所有的雄心或期望，你所能做的只有得过且过。你低估自己的能力，感觉自己没有资格参与竞争，你可能需要更加努力地工作来弥补这种自卑。你感觉行动缓慢，不想走动或锻炼。人们告诫你要面对现实，保持积极乐观的态度，不要总带着沮丧的心情去思考现实的问题。

事实上，沮丧是很正常的。它是你在生活中遇到困难时所作出的完全合乎逻辑的反应。当你尝试去打开的门都已经紧闭时，你选择放弃也合情合理。陷入沮丧标志着你走进了一个死胡同。你不可能继续前进，因为你认为自己要走的路已经行不通。沮丧是对困难的一种本能反应，它既可以来自内心也可来自外界。许多人因为消极的事情而变得沮丧，比如失去工作或患上严重的疾病。但有时没有明显的外界因素人们也可能会沮丧，因为他们总是在低落的情绪中生活。他们喜欢内省，感受孤独，并且对自己要求严格。

我们陷入沮丧的原因会有很多种。生活中必须面对的失败、改变、疾病、残疾，或在某些方面你与别人的不同；没有成就感，没有机会在新的领域施展自己的才华；由于承担责任和义务而陷入某种困境或感情关系；活着是为了别人，而不是为自己，或者生活总是按照别人的意志而不是自己的意志进行；感觉孤立，不能从一个群体获得高质量的互动和反馈，没有归属感；即使好消息也可能会让你暂时感到沮丧，因为它意味着告别原来熟悉的生活方式。

现实中有各种不同的沮丧。有时孩子沮丧是因为他们不能解决某些事情，而在他们需要帮助时又得不到认可或理解。当他们成年后这种感觉可能会发展为长期的沮丧。有些人在童年时经历过严重的紧张性刺激，比如失去爸爸或者妈妈，或家庭分裂，他们成年后也经常陷入沮丧。有时没有任何原因，人们也会陷入沮丧，他们的内心可能受到无法得到理解的复杂问题的困扰。

最后，只有你自己才能找到走出困境的道路，别人能做的就是对你表示理解和支持，而不是评价你。他们在你没有准备的时候用好言好语相劝所产生的只有不良影响，因为这种解决办法和弄虚作假没什么两样，这不能解决潜在的问题。因为你正在努力抗争，与困难达成妥协，或者与生活中失去作用的自我认同感相妥协。

王云是一名汽车推销员，在一家大型代理公司工作。他是全家的经济来源，而且他有良好的客户基础。他是一个乐观、有所成就的人，他和妻子有一个可爱的女儿。然而，有件事一直困扰着他，他的朋友或同事对此都毫无所知：自从他6岁时起，他就在私下写诗。他清楚地记得，爸爸告诉他这样做非常荒谬可笑，没有人依靠写诗过日子。他得到了每个人都在期望的东西：成功的事业、成为优秀的丈夫和爸爸。这也是他期望中的一大部分。王云和妻子在物质上也非常满足，家中的每个人过得都非常开心。而原来写诗的念头不断在他头脑中回荡，他也告诉自己这很幼稚和可笑。他时不时地写一些诗，但又很不好意思让别人看见，甚至是他的妻子。他在私下参加诗歌比赛，这让他感到非常难堪。他得了二等奖，但就连妻子都不知道他的这些行为。他嫉妒有创意的人，他不知道为什么那些人只靠玩弄文字、音乐、涂料就能创造出艺术并取得成功，他们并不向人们销售商品。事实上，他对那些待在家中做一些创意而不是拥有一份真正工作的人总是有点吹毛求疵。就像他的爸爸一样，他不让儿女在非职业活动上"浪费时间"，他的家庭也是把工作成就放在首位。

如果王云长期忽视自己写诗的愿望，它就会发展成疾病。它不会消失，而是会让王云变得十分沮丧。沮丧的病症迫使他作出相应的改变，以便他能够实现自己这个受到忽视的愿望。在王云的例子中，他可以被形容为"内向诗人"。王云开始走下坡路，他发现自己早上很难起床，他不想保持他的营销目标，不回答公司的呼叫；他在家中变得脾气暴躁，偏僻孤独。他希望能放弃工作，到大学里学习有创意的写作，但这并不是一个能够公之于众的愿望。妻子和女儿渐渐适应他的改变，而忙于她们自己的生活。她们认为王云只是心情不好，于是就不再理他。没有人意识到他在快速地下滑，他没有任何依赖，于是酗酒便成为他的嗜好。

你在精神上可能长期处于一种死胡同的状态，你在出色地完成别人对你的期望，比如，你可以扮演一个模范丈夫和父亲的角色，但你却从没有时间考虑自己的事情。如果你的表现符合家人的愿望，他们会对你非常满意。但这意味着你在渐渐地消失，你开始出现症状，如头疼，或内心感觉出现问题；你开始大量酗酒，随意地做一些计划来转移自己的注意力，你还可能传出一些败坏名声的风流韵事；你开始变得急躁、焦虑、偏僻、孤独；你思维混乱，失去自信，不明白为什么不能摆脱痛苦。

沮丧也会随之带来危险。它告诉你，你所做的或你的生活方式并不完全适合你。它说明你存在甚至连自己都没有想过的期望或利益的冲突，你的成规正在慢慢消磨你。这其中也蕴藏着一些道理：它不想让你再这样继续下去，你要承认某种潜在问题的存在，它需要得到你的理解。

在王云的例子中，他的沮丧最后以良好的结果而告终，因为他找到了走出沮丧的方法。妻子陈芳认为王云肯定是工作压力太繁重，于是建议他休息一段时间。为了请假，他需要得到医生的病例证明。医生马上就看出他低落的情绪，他已经不是原来的王云。她（医生）建议王云吃一些抗抑郁药。医生对他思想状态的认真分析在某种程度上让他感到些许宽慰。但一听到要吃药，他马上摇头。他生病甚至是头疼时他都不喜欢吃药，他不喜欢自己的头脑受药物控制。医生也了解他这个习惯，然后建议他接受心理咨询。咨询服务的想法也让他感到不安，他坚持自己用不着咨询。医生质问他，建议他"把心中的话说出来，不要把它们全都隐藏在内心"。他能和谁交谈呢？他思考过这个问题，他感觉不想和任何人交流，但他可以把心中的话写下来。医生一直在读一篇名为《写作治疗》的期刊文章，她同意让王云离开一段时间，只要他一个月后回来后清楚地说明他所做的事情。

她还推荐了几本读物，书名列举在文章的最后，它的标题为"写下你内心的呼声"。

结果，王云发现自己非常喜欢这种写作练习，他甚至都不想停下来。他写了很多，看上去他已经迷上了写作。因为这在治疗上是合理的，他这样做是为了他的家庭，他不觉得这是在自我放纵、浪费时间，他以前本来也可以这样做。他通过文学写作走出了沮丧，因为写作是他真正喜欢的事情，他以前从未给自己写作的机会。最后，他找到了回到诗歌创作的途径，并决定在网络上学习诗歌课程以掌握一些写作技巧。王云的女儿和妻子对他转变成一个着迷的诗人倍感困惑，但她们还是接受了这个事实，这样他会感觉更好一些。他的女儿，受到他这种态度的鼓舞，也让他看了一些她写的故事。最后，王云开始通过发表他的故事和诗歌而取得更多成就。只要他有时间写作，他就会更加积极地面对生活。

心理学

第七篇 可怕的心理问题和精神病理

沮丧测试

下面是 26 种沮丧的症状，由于我们处于一种变化不定的状态，它们时不时地都会在我们身上有所表现。如果在过去的 3 个月中你表现出了 5 个或者更多的症状，这证明你已有些沮丧；任何 1～2 个症状本身并不代表着沮丧。

1. 在过去的 3 年里，你必须去面对各种各样的痛苦，如痛失亲人、离婚、与女友分手、搬家、失败、改变、身体疾病等。

2. 你感觉生活没有乐趣，或者你对过去喜欢的东西失去兴趣。

3. 你每天的某个时候都会感觉情绪低落、无聊、痛苦、沮丧。

4. 你上午感觉非常糟糕。

5. 不管你得到多少休息，你还感觉疲倦、沉重、没精打采。

6. 你不参加任何体育锻炼。

7. 你体重超重或过轻，并对此无能为力。你对任何食物都没有胃口，或者你会毫无节制地吃东西以提高情绪，如含糖类食品。

8. 你持续不断地或无节制地饮酒，饮酒量大大超过自己所需求的范围。

9. 你经常长时间担心、思考你的问题或受问题困扰，并到处来回走动。

10. 在别人对你提供有建设性的建议时，你经常争辩或抵制。

11. 你经常哭。

12. 你每天在看电视或其他乐趣上至少用去一个小时，它们的主要作用是帮你逃避目前不良的感觉。

13. 你不能很好地料理自己，比如你的身体健康或外表穿着等。

14. 你经常耽搁时间，并因此而惹麻烦。

15. 你意识到你需要对某些事情作出重大改变，即使只是在内心深处，但你没有能力处理它。

16. 你感觉没有实现愿望或梦想，或者你"打算"去做的某事总是让你感到焦虑。

17. 你不让自己去培养任何充满激情的兴趣或参加你喜爱的活动。

18. 你私下一直想去做某件事，但你又不允许自己去做。

19. 你感觉你需要作出重大的妥协，比如从事你不喜欢的工作，而不是去满足让自己充满激情的兴趣。

20. 你和某个不爱你、不喜欢你或不尊重你的人一起居住或工作。

21. 别人说你非常消极，愤世嫉俗，吹毛求疵。

22. 你大部分时间都是自己独处，或没有太多亲近的朋友。

23. 你经常感觉自己被误解，或与大多数人存在不同，这让你略感不安。

24. 你不怎么外出活动，除非你认为真的有必要。

25. 你感觉自己陷入生活的困境当中，但你又不能帮助自己走出困境。

26. 你非常缺乏自信心或自尊心，这一直妨碍着你做任何事情。

此外，如果医生诊断你为沮丧，需要抗抑郁药物治疗时，你可能还存在更多你并没有完全意识到的症状，它们在临床上是可被诊断出的。

分析

你所存在的症状数目：

5～7个：你可能正陷入轻微到中度的沮丧中。重要的是你要理解并找出它的起因，并确保它不再困扰你。你需要鼓足勇气去摆脱它。你可以进行一次长途旅行，改变周围环境，或者放弃一些你知道自己不需要继续做的事情。

如果你明白了沮丧的起因，并且有信心及时处理它，那么它便不会十分严重。

8～12个：你可能正陷入中度的沮丧，即使你可能还没有这样的意识（有时人们太适应于某些习惯，因为他们意识不到错误出自哪里）。重要的是你要向别人寻求一些帮助，比如医生、好朋友、治疗专家，以便于你对自己的沮丧采取治疗行动。如果你忽视它，它便会继续困扰你。

12个以上：这是中度到严重沮丧的标志。重要的是你要勇敢面对那些阻止你取得成功的问题。你还可能沮丧到非常严重的程度，你可能已经对生活的一些方面失去希望，不再相信更美好的生活。所以重要的是你要寻求帮助，以全新的态度面对生活。

逐步地走出沮丧

如果你陷入沮丧，下面就是你要做的第一件事。查问自己，思考5件能够帮助你建立良好感觉的事情，并确保在今天、明天、后天、下周去实践它们。这些事情只能是小规模的，比如做一桌可口的饭菜，预定一次按摩，或者计划会见一位特别要好的朋友。这些只是渺小的进步，但这些进步则可能是一次全新旅程的开始。

重要的是你的态度，你要努力帮助自己走出沮丧，你需要对自己保持一种友善、耐心、理解的态度。你不需要自责，或忽视一些痛苦，或对自己要求过于严格，这样你永远无法走出沮丧。

1. _____
_____

2. _____
_____

3. _____
_____

4. _____
_____

5. _____
_____

现在检查自我破坏的可能性。写下你感觉无法行动，或者没有能力在接下来几天实践这些建议的理由。当你写完这些理由后，仔细思考它们，观察什么人或者什么办法能够帮你解决这些障碍。

1. _____
_____

2. _____

3. _____
_____

4. _____
_____

5. _____
_____

休息片刻！你值得拥有更加美好、更加充实的生活；但是，你必须循序渐进，一点一滴地积累小的进步，最终让这些期望变成现实。

损失和痛苦

沮丧在表现形式上类似于痛苦，两者在很多症状上都有相同之处，比如悲伤、无聊、痛苦不堪、绝望、没精打采。然而，沮丧和痛苦重要的不同就是：沮丧几乎总是涉及到没有得到解决的自尊心问题。陷入沮丧的人总会责怪自己，他们看不起自己，总是低估自己的能力。最近失去亲人也会让他们自责，感到内疚。比如，他们觉得原本应该为逝去的亲人做更多的事情，或者他们只要做一些不同的事情，他们的亲人可能就不会离开。但在痛苦的过程上，失去亲人的痛苦只是暂时的，他们通常会随着时间的过去更加注重现实。

　　失去我们心爱的人是最令人痛心的经历。每个人的处理方式都不尽相同，虽然一些研究痛苦的专家把痛苦的过程定义为"人们在可以意识到的程度上经受苦难"，比如否认、生气、内疚、被迫接受、大病；但事实上人们在处理痛苦的方式上是非常个人化的。没有什么"正确"的方式使人陷入痛苦或"从痛苦中恢复"，没有人具备足够丰富的想法为你在这方面提供真正有所帮助的建议，除非他们自己经历过这种痛苦，即使是这样，他们的方式也不一定会适合你。当你正处于痛苦时，诸如"时间会让你忘却痛苦"这样的话不但无益，还会起到不良作用。

　　然而，与那些经历过类似失败并且处理得当的人交谈一番也会让你在心理上得到很多安慰。

　　很多人觉得他们应该"克服"因为失去亲近的人而承受的痛苦，他们认为如果在几年后对此仍然感到烦恼或摇摆不定的话，他们就会表现出脆弱的一面。有时其他人安慰他们，忘记已经逝去的人，但这起不到什么帮助的作用，而且也不现实。你和那个人（不管他已经逝去还是活着）的关系，对你来说非常重要，你不会仅仅因为不能再看到他们而将他们排除在生活之外。你与逝去的人仍保持着某种关系。他们可能已经离开，但这种关系还在发生作用，你没有必要消磨自己，放弃自己原有的生活。你需要以自己的方式保持一种持续的关系，以便于你生活在完全属于自己的生活中。因为失去某个特殊的人而过着不完全属于自己的生活，这便是你需要解决的问题。

创伤后的心理伤痛

　　那些已经受过外伤的人可以很快地从外伤对身体的影响中恢复，比如遭受强奸、暴力袭击、龙卷风或其他事故。然而，有些人则很难从感情和心理上的伤害中恢复过来，这种伤害可能会持续几个月或几年的时间。他们可能会患上创伤后应激障碍或创伤后压力心理障碍症（PTSD）。很多人可能没有意识到自己会轻微地患有这种综合征。治疗 PTSD 的症状非常类似于解决损失造成的影响。在精神上受到伤害的人需要明白到底发生了什么事情。他们需要面对这种痛苦的感觉，包括悲伤、绝望、内疚、羞愧、生气、羞耻、无助或恐惧。重要的是他们要有能力重新回顾所发生的故事，他们当时对它的感觉以及解决方式。他们需要恢复把握自己的感觉，需要与善解人意和能够转移悲伤情绪的人谈心，向他们倾吐并希望他们能够理解这种心理上的伤痛。

如果受伤的人以前已经有过破坏性的生活经历，比如童年时代的损失，那么他患有的 PTSD 症状会进一步恶化。如果这样的话，他就需要重新回忆这些早期的经历，并把它们写入已经发生的故事当中。如果他在事情发生后不久就能找人谈心，他就会在克服伤痛上得到帮助，他最后也能体会到经历所蕴含的意义，或者从中吸取到教训，他也会因此而获得生活的重生。痛苦的经历会导致感情上的巨大变化，它会让人们重新审视生活中的一切，以不同的方式思考自己。它还可能让人们感到孤立无援，因为他们在经历中感受到孤独。写下或谈论自己的经历是帮助他们重新认识自己，保持人际关系的基础。心理学家弗洛伊德曾说："一件没有得到充分理解的事情会不可避免地重新出现，就像一个没有被安置好的鬼魂，在秘密没有解开，咒语没有破除之前，它是不会停下来的。"

与损失一样，要想治愈伤痛也需要我们在技巧上花费心思。我们需要对发生的事情以及我们的损失感到痛苦，同时也要理解我们会因此而发生什么变化。那些成功地从伤痛中恢复的人最能体会到伤痛的滋味，并以一种有意义的方式对它们作出反应。他们能够把伤痛转化为有意义的事情。

第八篇

可怕的自我心理分析

第一章

透视身心，发现以前
不知道的自己

遇见未知的自我

真正的人生从认识自我开始

自我是一个非常重要的核心概念。人的一生，无论主动或被动、清醒或模糊，都是在实现自我的过程中。自我意识是人对自己的认识、评价和期望，也是对自己的心理体验。自我意识包括期望自己成为什么样的人，自己要达到什么样的目标，在对自己充分认识的基础上对自己的一生有什么规划。

什么是"自我"？关于自我你一定听过很多种定义：一些人说，自我是每个人身上真实的东西；另一些人说，自我只是一种幻觉；还有一些人说，自我是一种有待塑造的东西，等等。

在历史学家眼中，人与社会同时产生，社会是人的集合体，人之所以愿意集合在一起，起初是为了觅食、狩猎，后来是为了抵御外来侵略。人的社会化程度越高，能力就越大。但是，社会发展的本身也同时改变着人们，如社会因素常常使人刻意打扮自己、掩饰自己，甚至刻意戴上某一种面具投入社会。

人最真实的东西就是人的自我。认识自我固然不易，但接受自我则更加困难，因为自我中往往包含了人性的光明与黑暗、崇高与卑劣的全部成分。

真正伟大的创造性活动都是"反自我"的，只有克服了自我的限制才有创新。思想和艺术都是如此，不懂得这一点就成不了伟大的思想家或艺术家。

有的人，由于不认识自我，一辈子做了许多可悲而又愚蠢的事。现今还有许多青年人，由于不认识自己，稍微经受一点挫折就悲观、失望、苦恼、抱怨、彷徨，在自暴自弃、无所作为中把时光白白地浪费掉。

因此，真正的人生是从认识了自我才开始起步的。只有认识了自我，才能找准自己的位置。有些人所以成功，就是因为自始至终能够找到自己的位置，看到自己身上的缺点和不足，然后付诸行动，并不断改进和完善自己，使自己更加积极向上，充满活力。人最危险的是找不到自己的位置，尤其是在自己出了名、有了一定地位的时候，更难知道天有多高、地有多厚。

人生如爬山，有的人还在山脚、有的人正在山腰、有的人已经爬到了山顶。此时的你，不论是在山的什么位置，都要把自己放在山的最低处，时刻严格要求自己，不断提高攀登技能。否则，你将重蹈"龟兔赛跑"的覆辙，甚至落得个粉身碎骨或身败名裂的下场。

人只有认识了自我，才能发掘自己的潜能。其实，每个人都是优秀的，差别就在于如何认识自己、如何发掘自己和重用自己。很多时候，我们都不相信自己，总认为别人比我们强得多，任何一件事都要得到别人的肯定才认为是正确的。

我们可以羡慕别人的才能和幸运，但同时，我们也不要浪费自己的才能。时间对我们来说是有限而宝贵的，我们要立即开发自己的潜能。只有当你发掘了自我，利用了你的巨大潜能的时候，你的价值才能成为真实的和可靠的。

人的潜能有三。一是求知的潜能。人的求知过程非常辛苦，要开发出"知"的潜能，秘诀在于每天学习新事物，并持之以恒。人生的道理其实很简单，能立定志向，生命就会转弯；能持之以恒，生命就会脱胎换骨并最终赢得美好的结果。许多值得我们羡慕和崇拜的人，大都是在认知上掌握了正确方向，然后持之以恒的人。

二是情感的潜能。人的情感有两方面，其一是人与人之间的亲情、友情和爱情；另一方面是审美的情操。情感一方面能带给你无穷的活力，产生多彩多姿、充满戏剧性的情节，另一方面也能给你带来挣扎、痛苦和烦恼。当你遇到痛苦和烦恼时，可转移到情感的另一方面——培养审美的情操。因为你受到美的感动，就会觉得自己无论再怎么苦都值得，随之就会化解生命中的痛苦。但要警惕，审美只可以对情绪做一种调解，但绝不能用来代替现实生活。

三是意志的潜能。就是只有在立下意志后我们才能觉悟到自己有了主动权。这样才能化被动为主动，把自己的生命掌握在自己手上，塑造成自己喜欢的人格类型。

人只有认识了自我，才能征服自己。苏格拉底说："未经审查的人生没有价值。"懂得征服自己是一种清醒，善于征服自己是一种智慧。征服自己，改造主观世界，不仅能够促进自我的修炼和完善，还能促进自我的提高和升华，使人真正走向成熟，赢得内在的力量，从而推动人生走向胜利，趋于圆满。而一个从不主动去征服自己，一味"跟着感觉走"的人，便很难去征服世界、很难夺取人生的辉煌。

我们要从哪里开始认识自己呢？你不可能回到婴儿时代来从头开始，也不能慢慢学习认识，只有从心理层面去认识自己，看清当下的你，唤醒那个沉睡的真实的你。你需要明白，任何知识都属于过去。过去的事情是是时间累积的结果，它受到传统和记忆的驾驭，已经被打上了人们的是非好恶的评判烙印，因此沉溺于过去只能让大脑在他人的观点中陷入困境。然而大多数人都活在过去，喜欢回忆往事，而且对于活在过去已经感到满足了，因此他们才会崇拜那些代表过去的知识，崇拜那些博学、智慧的人，相信那些教义、信仰或理论，总是在他人的身上去寻找自己生活的意义，就亲手为自己打造了一副思维的枷锁，变成了他人思维的附属品，丧失了自己的独立性和自由。只有当你埋葬了过去，不再执迷于知识与经验的引导，倾听自己内心最真实的呼唤，你才具备了唤醒无所拘束的"我"的条件。

我们的生活是自由的、开放的，当你侧耳倾听、全神贯注于美好的事物时，你的心应该远离先入为主的偏见，不被概念、词语或属性所干扰，你的内心也无任何冲突、恐惧、矛盾和占有。只有在你的心非常纯粹时，你才能真正找到那个无所拘束的"我"。

自我的形成

大多数人认为，在人出生时，自我就已植入人类自身的本质，自我的特征是早已形成的，而且永远不会改变。

其实，"自我"并不是先天赋予的，而是在人们的后天生活中逐渐形成的。人的自我并不是静止不变的产物，一旦从"神"的脑海中蹦出来，就已经完全成熟。恰恰相反，我们只有历经千辛万苦才能形成理智成熟的"自我"，而且在这一旅途中我们将会遇到重重困难，并要与之做艰苦奋战，最终才取得了胜利。自我的实现是一场连续的战斗，在这个不间断的过程中，我们一次次赢得胜利，在我们的心脏最后一次跳动之前，这种胜利永远无法取得最终的大获全胜。

刚开始，我们面对的是一片混乱的场面。我们的眼睛所看到的，是各种朦胧的光影和模糊的形体。我们的耳朵所听到的，是安慰我们的轻声细语，或者是吓得我们魂飞魄散的大声吼叫。当我们站稳脚跟时，那焦虑不安的心灵才得以渐渐平静，开始学着制定出世界的秩序模式。我们的情感没有任何的保护，完全暴露在外，非常容易受到伤害，而我们所觉察到的各种对立和紧张的情绪，就像电闪雷鸣一般划破了成人世界的天空。

在阴暗的角落里，总是潜伏着各种危险，我们还总是感到莫名袭来的强烈负面情感，就好像大草原上刺骨的寒风一样让人发抖。在父母为我们搭建起的爱之王国中，当我们的优先权受到威胁时，妒忌和控制欲等情感就会紧紧抓住我们。换句话说，眼看着新生的弟弟妹妹，我们心中沉睡许久的嫉妒和疑忌就可能会突然爆发。恐惧和愤怒、不安和痛苦，慢慢遮挡住我们成长过程中那一道道动人的明媚阳光，使我们的生活黯然失色。

随着时光穿梭，在这个童年的小小岛屿上，我们慢慢变成了岛屿的主人，但随后，我们就会被赶往一个陌生的新世界——学校。在学校这个小小世界中，我们既被五光十色的事物吸引，同时又对不确定的万千变化感到可怕。与周围小伙伴的竞争关系、人与人之间令人尴尬的力量悬殊、青春发育期的烦躁考验、各种大大小小的挫折与失败，这一切都会阻止我们去直面、去拥抱在成长的旅途中让人悲喜交加的插曲。在这种心态下，我们不禁渴望退回童年时期，想要恢复童年时期的天真无邪，将自己完全封闭保护起来，永远与世隔绝。

处于青春期阶段的孩子常常会不想长大，而渴望回到童年时代那个让他深深迷恋的特权王国。这是因为他在这个王国里遇到的竞争比青春期要少很多，而且他的经历已经让他足够应付童年时代的难题。

从情感上说，人生的每个新阶段都具有破坏性，它迫使我们在残垣断壁中捡起还有价值的砖瓦、让我们利用自己早先已经得到的宝贵而又零碎的经验，一点点搭建起新的建筑，以更好地适应人生的新环境。

等我们逐渐适应环境的变化，进入成年阶段以后，我们就会意识到自己已经失去了童年时期的各种特权，并心安理得地接受这种损失。这时我们就会正视与同时代人的竞争，并学会快乐地将真实的自我勇敢地展现在他人面前。我们就会学会忍受等待接受惩罚时内心的焦虑，学会平静地期待即将到来的挫折。我们就会认识到，道路就在自己脚下，事已至此，我们再也没有退路，一旦我们胆怯后退，就会带来更多的痛苦和不幸。

认识充满潜力的自己

很多人总是如此感慨："如果给我一个机会，我也能……"把自己的命运系在一个未来的机会上，殊不知没有人会主动给你送来机遇，机遇也不会主动来到你的身边，只有你自己去主动争取。成大事者的能力之一是：有机会，抓机会；没有机会，创造机会。这些你都做到了吗？你知道你的身体内部蕴藏着多大的潜力吗？

麦克与迪克两兄弟是快餐业的开创者。他们的父亲是位制鞋工人，兄弟俩毕业后不愿继承父业，外出寻找新的就业机会。后来他们选择经营汽车餐厅。

当时，美国的餐饮业都是一家一户小本经营的，很少有什么突破。麦氏家族上一代人中没有人经营过餐馆，没有相关的经验背景。或许正因为如此，他们脑子里没有什么框框。这也就是为什么他们可以在传统的餐饮服务业中敢于打破常规，进行开创性经营的原因之一。

1937 年，在美国洛杉矶东部巴沙地那，一间小小的汽车餐厅开张了。这是一间小得不能再小的餐厅，兄弟俩自己煎着热狗，调着牛奶，准备了十几把带有伞顶的椅子，还雇了三个年轻人，让他们到停车场招揽客人。当时的美国，汽车已经比较普及，开车路过的人，到汽车餐馆买个热狗再要点饮料，急匆匆地吃一点儿就忙着赶路。

兄弟俩的餐馆生意还不错，几年后他们又开了一间更大的汽车餐馆。这是一间与当地汽车餐馆在经营特色上有一些不同的餐馆。建筑形状呈八角形，前脸儿是一个落地的大窗，餐馆里没有桌子，只有几个凳子。这座造型十分奇特的建筑和开放式的厨房引起了人们的好奇。在开张后的几年，这里成了当地人，特别是年轻人最爱去的地方。正是这间餐厅，使兄弟俩成为当地新贵。他们俩每人年平均收入 5 万美元，这足以使他们进入当地的上流社会了。

不久，城里同样的汽车餐馆逐渐多起来了。由于餐馆多，相互竞争很厉害，那些服务员自认为奇货可居，要的报酬很高，而且很不听使唤。如果不是麦氏兄弟在汽车餐饮业里积累了一些经验，加上对餐饮业还很有感情，他们早就打退堂鼓了。兄弟俩发现，自己在经营上有一个误区：人们一听到汽车餐厅，就会想到这是一种出售廉价食品的地方。这时候，他们哥俩想进行一项别的经营者想都不敢想的改革。他们通过对几年来经营收入的分析研究，发现有 60% 的收入来自汉堡包，而不是排骨。尽管他们在排骨上做的广告比汉堡包多得多。于是，他们把汉堡包制作改为现场制作，并将肉馅一类的熟食加入到汉堡包中。就是这么一个谁都没想到的改革，推动了世界快餐业的一场巨大的革命！

每个人都有与生俱来的潜能，但是许多人终其一生，也不知道如何找到打开思路的钥匙，发动前进的引擎，全速奔向成功。从未发现自己的潜力是人生最大的遗憾。正如一位作家所说："1角硬币和20美元若沉在海底的话，毫无区别。"它们的价值区别，只有当你将它们捞起并使用时才显现出来。同样，只有当你深刻地认识了自己并发挥你无穷的智慧时，你的价值和才能才会体现出来。

人的身体里面潜伏着巨大的力量，只有得到特殊情况的激发才能很好地发挥出来。就如当有人遇到某种意外事件或灾祸时，一般人都会奋不顾身地去救伤者。每个人都具有潜在的英雄品格，而意外事件和灾祸不过是催化剂，使人有了显露这种品格的机会。我们常常看到一个人在灾祸临头时做出的事情是令人惊叹的。因为人体内都存在着巨大的内在力量，所以人人都能做成不朽的事业。而一切真实、友爱、公道与正义，也都存在于这内在的力量中。这些力量，你在当下若能够发现并加以利用，便可以帮你成就你所向往的一切东西。

学会接纳自我

找回自我的一个有用途径就是接受现实的自我：不但接受我们的优点，还要接受我们的不完美。大多数人对自我都有两种解释，都对自己描绘出两幅图画：在一个房间里高高挂起自己崇高的画像，画像色泽明快、笔触华丽，既没有阴影，也没有对比；而在另一个房间里，我们却挂起自责的画像，就像小说《道林·格雷的画像》那样稀奇古怪的讽刺画，色彩阴暗，绿色和黑色的色块扭曲变态，看不出光亮，也看不出任何立体的浮雕感。

我们不应该将这两幅画像放在两个彼此隔离的房间内，必须将它们摆在一起，在凝视的目光下渐渐让它们融为一体。我们心情愉快舒适的时候，就不愿意承认自己有罪，不承认自己心怀仇恨，不承认自己没有羞耻心，不承认这些缺点正是我们的天性。而我们情绪低落的时候，就不愿意相信自己确实拥有美德，不愿意相信我们取得过杰出的成就。

所以，我们要从现在开始描绘一幅新的画像，认识和接受真实的自我。人类是相对的生物，没有绝对可言，人的一切行动都会存在瑕疵。但在现实生活中，有很多人都希望做到绝对的完美，这种现象实在是屡见不鲜。

在所有人的心灵深处，存在着一个小暴君，企图成为批评家或者烈士。我们渴望主宰世间万物，对他人百般诋毁，让他人受苦受难。这些现象的确是有害的，但它们可以服从于人性中的优点，我们也必须始终让人性的善战胜人性的恶。

许多人之所以不幸，是因为他们认为，哪怕邪恶的念头或情感偶然出现在脑海中，他们也会立刻堕落为恶魔。实际上，不要害怕我们有一两种见不得人的念头，这并不一定让人堕落，只有将这些念头付诸行动才是可耻的。我们一定要明白，拥有一些不值得称颂的想法，并不一定会让一个人变得卑鄙。

200年前，埃德蒙·伯克就告诫世人，要警惕把罪恶普遍化的想法，只有极少数人是罪犯，不能对整个种族作出危险的定论。200年后的今天，我们同样应该防备将个人的行为放大到整个群体的危险性。应该知道，虽然有时候我们对自己和他人有一些侵略性的想法和敌对的情绪，但没有必要因此觉得自己就是一个没有道德、被人唾弃的贱民。一旦你能这样想，便打开了通向美好自由的大门。当我们直面这些负面的情感时，没有必要装出一副道貌岸然的样子，要真正地面对自己！你会发现，倔强地认为自己是完美的这种傲慢想法，才是我们内心的最大敌人。不要要求自己十全十美，不要要求自己拥有天使般的美德。这种直面现实的谦虚态度，有助于我们实现心灵的宁静。

这是个多元化的世界，不同民族、不同文化，百花齐放，各种差异巨大的风俗和观念同时并存。这种对多元性的接受同样也应该应用到我们对自己的看法上。

查尔斯·史蒂文森曾说过："这个世界包罗万象，我相信我们都应该像国王一样过得幸福喜乐。"这种有趣观点和以上所述的人生态度结合起来，可以让我们发现生活更深层次的含义。

只要对自己抱着接纳的、开放的态度，就可以学会坦然面对自己沮丧的心情、残忍的想法、敌视的态度等负面情绪，就可以意识到，虽然我们经常会出现这样或那样的坏念头，但这些情绪会瞬间消逝，不会永存我们的心间。

一旦开放对自己的看法，无论是顺境还是逆境，我们都能泰然处之，而不是逼迫自己去追求看似崇高、实际上永远无法到达的完美，如果你真的舍弃一切去追求绝对的完美，最终等待你的只有无尽的绝望。每个人的个性不同，失败的原因千奇百怪，成功的理由也多种多样。我们不仅要努力工作，奋力为了胜利而拼搏；心底也要明白，对于失败和成功要有同样的心理觉悟。

找回失去了的自我

我们都会相信：我们每个人都有属于自己的社会面具，但我们很难相信这种面具有一天会生锈，再也取不下来，使我们丧失人生中最美好的时光。美国超级畅销书《盔甲骑士》中讲述了这样一个故事：

一位心地善良、英勇善战的骑士，他屡立战功，受到国王和百姓的赞赏，获得了一副金光闪闪的盔甲。骑士身披闪耀的盔甲，随时准备跳上战马，向邪恶的人挑战，杀死作恶多端的恶龙，拯救遇难的美丽少女……即使在家里，他也穿着轧轧作响的盔甲自我陶醉，吃饭睡觉都不愿意脱下，时间久了，甚至连他美丽的妻子朱丽叶和可爱的儿子克里斯托弗都记不清他的面容了，最后连他自己也忘记了自己的真面孔。

有一天妻子对他说："你爱盔甲远甚于爱我。"她和儿子准备离开他了，这时，骑士才感到惊慌，他想脱下盔甲，可是盔甲已经生锈，再也脱不下来了！骑士请求全国最有名的铁匠帮忙，却还是无功而返。骑士终于意识到问题的严重性，于是他作出了一个重大的决定，到远方寻找能解开盔甲的人。在国王的小丑乐袋的指点下，他决定去漫无边际的大森林中寻找亚瑟王的老师、神秘的魔法师默林。

从此，骑士在默林的指导下开始了解脱盔甲、寻找自我的征程。就像那个快乐的小丑乐袋所说的那样——万般痛苦须遍尝。骑士在历经沉默之堡、知识之堡和志勇之堡后，终于在真理之巅放下自己人格的面具，发自他内心深处的泪水最终融化了已经锈蚀的盔甲。

正如骑士一样，我们在繁忙的世间，在日复一日的生活和工作中，为保护自己，穿上了沉重的盔甲。终于有一天，我们会和骑士一样，发现它竟然再也脱不下来了，所以在这个世界上才有如此之多的"骑士"终日在外征战，渐渐遗失自我。正如李嘉诚先生所言："骑士习惯了成功，没有注意到盔甲已开始生锈。"

因为这些盔甲，我们再也感受不到一个吻的暖意，再也闻不到空气中飘来的花儿的清香，再也无暇聆听触动心扉的大自然的天籁……最可怕的是，我们自己对这种种"感受不到"的无动于衷。

骑士也许不比我们多数人聪明，但他比我们多数人都要勇敢。为了认识真正的自我，为了学习如何爱自己、爱别人，他穿过沉默、知识和志勇三座古堡，靠自信战胜了战胜"疑惧之龙"，终于踏上了真理之巅，重获自由的身体。当读到骑士借由全然自由的心灵，最终体会到与宇宙融为一体的奇妙感受时，一路跟随骑士或喜或悲、或哭或笑的我们，在掩卷的那一刹那，也不禁为之动容。

其实，人生就是一个不断找回自我的过程。世人一味追求外物的时候，很少有人能够去注意自己，并意识到自己的重要性。丧失自我，是现代人痛苦的根源。一个人如果失去了独特性，丧失了对自我生活的理解，那就意味着他对这个社会来说可有可无，谁都可以代替他。

当没有人主宰自己的灵魂时，灵魂就会盲从别人。生命可贵之处在于做自己，走自己的路。你无法取悦于每一个人，如果你试着去取悦每一个人，那你将会失去自我。

人的自我认定往往是受经验的影响或听从别人的看法。你要把什么套在自己身上，给自己贴上什么样的标签，你就会成为什么样的人。你怎样认定自己，你就会有怎样的人生。

我们要努力找回失去了的自我，认识自己的品质，认识自己的能力，认识自己的快乐，走出平庸，真正踏上人生的征途。

通过"乔韩窗口"认识自我

美国心理学家 Jone 和 Hary 提出的关于人自我认识的窗口理论，被称为"乔韩窗口"理论。他们认为，人对自己的认识是一个不断探索的过程。因为每个人的自我都有 4 部分：公开的自我、盲目的自我、秘密的自我和未知的自我。通过与他人分享秘密的自我，通过他人的反馈减少盲目和错误，人对自己的了解就会更多，也更客观。

那么如何认识自我呢？认识自我的渠道主要有 3 种：

从自己与他人的关系中认识自己

与他人的交往，是个人获得自我认识的重要来源，他人是反映自我的镜子。从幼年到成年，我们从简单的家庭关系扩展到外面的友爱关系，进入社会又体会到复杂的人际关系。聪明而善于思考的人能从这些关系中用心向别人学习，获得足够的经验，然后按照自己的需要去规划自己的前途。

但是，从与他人的关系中认识自己也要注意一些问题。

第一，跟别人比较的是我们做事的条件还是我们做事的结果？比如有些学生来到大学学习，认为自己家庭条件和经济基础不如别人，一开始就把自己置于次等地位，进而影响了学习时的心态和情绪。其实，我们应该比较的是大学时代的学习成绩和毕业后各自所取得的成果，而非各种客观条件。

第二，跟他人比较的标准是可变的还是不可变的？经常有人认为自己不如他人，他们关注的常常只是身材相貌、家庭背景等条件，而对于大多数人来说，这些条件是很难改变的，所以把这些条件作为比较的标准是没有实际意义的。相反，那些对大多数人来说通过自身努力有可能得到改变的因素，才应该被作为与他人进行比较的标准。

第三，和什么样的人相比较？是与自己条件相类似的人，还是个人心目中的偶像或不如自己的人？与什么样的人进行比较，对我们的心态和后续行为的影响很大——与条件类似的人比较只能使人安于现状，与不如自己的人比较则会盲目自信，所以，确立合理的比较对象对自我的认识尤为重要。

从"我"与事的关系中认识自我

从"我"与事的关系中认识自己，即从做事的经验中了解自己。我们可以通过自己所做过的事，所取得的成果、成就看到自己身上的缺点和优点。

对那些聪明又善用智慧的人来说，成功、失败的经验都可以促使他们再成功，因为他们了解自己，有坚强的品格特征，又善于学习，因而可以避免重蹈失败的覆辙；而对于某些比较脆弱的人，因为只看到失败反映出的负面因素而使其更失败。这也是常见的现象。因为他们不能从失败中学到教训，改变策略追求成功，而且挫败后形成害怕失败的心理，不敢面对现实去应付困境或挑战，甚至失去许多取得成功的机会；而对于一些自大的人而言，成功反而可能成为失败之源。他们可能因为成功便骄傲自大，以后做事便自不量力，往往遭受更多的失败。

从"我"与自己的关系中认识自我

从"我"与自己的关系中认识自我看似容易，其实做到这一点是非常困难的。我们可以从以下几个角度去试着认识自己：

第一，自己眼中的我。个人眼中观察到的客观的我，包括身体、容貌、性别、年龄、职业、性格、气质、能力等。

第二，别人眼中的我。在与别人交往时，从别人对你的态度、情感反映而感觉到的我。不同关系的人，不同类型的人对自己的反应和评价是不同的，它是个人从多数人对自己的反映中归纳出的认识。

第三，自己心中的我，也指自己对自己的期待，即理想中的我。

我们可以通过自己眼中的我、别人眼中的我、自己心中的我这三个"我"

的比较分析，来全面认识自己，进而完善自己。

坚持自我，别总拿别人当镜子

做人永远要以自己的意志为转移，不要总是效仿别人，必须懂得坚持自我。很多失败者之所以会失败，是因为他们对自身的宝藏视而不见，反而拼命地去羡慕别人，模仿别人。殊不知，成功的真谛就就在于坚持自我。

古语说"以铜为镜，可以正衣冠；以人为镜，可以明得失"。意思是说，每个人都是一面镜子，我们可以从别人身上发现自己，认识自己。然而，如果一个人总是拿别人当镜子，那么那个真实的自我就会逐渐迷失，难以发现自己的独特之处。

作家杏林子有本《现代寓言》，里面有这样一个故事：

话说有一只兔子长了三只耳朵，因而在同伴中备受嘲讽戏弄，大家都说它是怪物，不肯跟它玩。为此，三耳兔很是悲伤，时常暗自哭泣。

有一天，它终于作了决定，把那一只多出来的耳朵忍痛割掉了。于是，它就和大家一模一样了，也不再受到排挤，它感到快乐极了。

时隔不久，它因为玩游戏而进入另外一片森林，天啊！那边的兔子竟然全部都是三只耳朵，跟它以前一模一样！但由于它少了一只耳朵，所以，这里的兔子都嫌弃它、不理它，它只好快快地离开了。在它看来只要和别人不一样，就是错的！

故事中的那只兔子总把别人当成自己的标准，结果总是使自己陷入尴尬的境地。在现实生活中，这样的人不在少数，他们总是把别人当成自己的标准，总是在一味地模仿中失去了自我。

每个人都有自己生活方式与态度，都有自己的评价标准，人们可以参照别人的方式、方法、态度来确定自己采取的行动，但千万不能总拿别人当镜子。总拿别人做镜子，傻子会以为自己是天才，天才也许会把自己照成傻瓜。

胡皮·戈德堡成长于环境复杂的纽约市切尔西劳工区。当时正是"嬉皮士"时代，她经常追赶流行，身穿大喇叭裤、头顶阿福柔犬蓬蓬头、脸上涂满五颜六色的彩妆。为此，她常遭到附近人们的批评和议论。

一天晚上，胡皮·戈德堡跟邻居友人约好一起去看电影。时间到了，她依然一副嬉皮士扮扮，还是那一头阿福柔犬蓬蓬头。当她出现在她朋友面前时，朋友看了她一眼，然后说："你应该换一套衣服。"

"为什么？"她很困惑。

"你扮成这个样子，我才不要跟你出门。"

她怔住了："要换你换。"

于是朋友转身就走了。

当她跟朋友说话时，她的母亲正好站在一旁。朋友走后，母亲走向她，对她说："你可以去换一套衣服，然后变得跟其他人一样。但你如果不想这么做，而且坚强到可以承受外界嘲笑，那就坚持你的想法。不过，你必须知道，你会因此引来批评，你的情况会很糟糕，因为与大众不同本来就不容易被接受。"

胡皮·戈德堡受到极大震撼，她忽然明白，当自己探索一条可以说是"另类"的存在方式时，没有人会给予鼓励和支持，哪怕只是一种理解。当她的朋友说"你得去换一套衣服"时，她的确陷入两难抉择：倘若今天为了朋友换衣服，日后还得为多少人换多少次衣服？她明白母亲已经看出她的决心，看出了女儿在向这类强大的同化压力说"不"，看出了女儿不愿为别人改变自己。

人们总喜欢评判一个人的外形，却不重视其内在。要想成为一个独立的个体，就要坚强到能承受这些批评。胡皮·戈德堡的母亲的确是位伟大的母亲，她懂得告诉孩子一个处世的根本道理——拒绝改变并没有错，但是拒绝与大众一致是一条艰辛而漫长的路。

胡皮·戈德堡这一生始终都未摆脱"与众一致"的议题。她主演的《修女也疯狂》是一部经典影片，而其扮演的修女就是一个很另类的形象。当她成名后，也总听到人们说："她在这些场合为什么不穿高跟鞋，反而要穿红黄相间的跑鞋？她为什么不穿洋装？她为什么跟我们不一样？"可是到头来，人们最终还是接受了她的影响，学起了她的样子。

倘若今天为某个人换衣服，往后的日子里，也就不知要为多少人换衣服。换来换去，还有自己吗？做人亦如同穿衣，不能改来改去；否则，也就不会有自己了。做人永远要以自己的意志为转移，人活一世，不可能让所有人满意，重要的是要保存一个真实的自我。其实，生活中原本就没有什么一成不变的条条框框，只要你坚持按自己的方式生活，世界也会随着你变。

取悦世界前先取悦自己

如何取悦自己与如何使自己高兴是两码事，取悦自己就是懂得自我欣赏、自我陶醉，使自己有成就感、优越感；更重要的是要对自己有信心。实际上，取悦自我更多的时候是一种态度。生活美学专家金韵蓉在她的心灵励志作品《谁能写出玫瑰的味道》中，曾讲过一些取悦自我的经历。

心理学

第八篇 可怕的自我心理分析

这几年，不管是在写作还是在不同场合分享生活经验时，我都喜欢提到"态度"这个东西。其实这是有缘由的。因为在我这几十年的生命历程中，有过两次和它有关的"刻骨铭心"的痛楚和觉醒经验，因而促使我能比较深刻地去看待它。

第一次是我刚上大学时。记得那天我在台北的街头等公交车，站在我身旁的是一位金发碧眼的年轻男老外，估计是来我们学校的交换生或是来学中文的。等车的时间有点儿长，这位老外可能为了打发时间，因此转头问我读的是哪个科系。由于还不太有和老外直接对话的经验，我当时紧张得完全记不得我念的科系的英文该怎么说，所以结结巴巴地答不上来。

没有想到就在我满脸通红、结结巴巴的过程中，那个没素质的老外居然用十分鄙夷的眼光斜看着我，并冷冷地撂下一句话：你确定你是大学生？然后就转过头去，再也不瞧我一眼！从那天之后，我就发誓要好好把英文口语学好，但那时我还没有领悟并学到"态度"。

第二次惨痛经历是在巴黎。

为了省下地铁钱，我在巴黎时每天都背着大大的书包走三站地往返于学校和住处之间。通往学校的路上有一排精致的商店，每天我背着书包，浏览商店的橱窗，走着走着就到了，因此不觉得路途遥远。在那排商店中，有一间十分精致美丽的服装店，每天"瞻仰"那家服装店的橱窗里所陈列的漂亮衣服，是当时手头拮据的我的一个小小的虚荣梦想。

有一天早上上学时，我兴奋地发现这家服装店挂出了换季打 3~5 折的告示，当时就想，嗯，也许下课回来的路上可以进去看看（此前虽然每天经过，可我从来没敢走进去过）。

当天下午 4 点左右，我终于走进了这家美丽的小店。小店里除了左右两排吊挂的衣服之外，小小的店中央还摆了两个堆满衣服的花车。许多法国女人在那里挑选并试穿衣服。我怯怯地走近花车，怯怯地看看价格吊牌，怯怯地拿起一条长裤，并怯怯地询问店员我能否试穿。

当时那条长裤并不合身，我因此又拿了另外一条，可惜还是不合身，就在我伸手从花车里准备拿第三条长裤时，当着众人的面，那位没素质的法国女店员竟挡住了我的手，冷冷地说：你不可以再试穿了！

我当时只觉得全身的血液都冲到了脸上，身体因羞耻而轻微地颤抖。在一阵晕眩中，我慌乱地拿起收银台边挂着的一串项链，几乎是以"玉石俱焚"的心情，花了 120 法郎买下了它，然后几乎是脚不着地地逃离了商店。我为自尊所付出的代价是：连续两个星期只吃得起干干的法棍面包！而那串铭刻着羞辱、依照当时物价所费不菲的项链，早就被我下意识地给丢失了！

满怀着受伤和羞辱的心情离开了那家商店之后，灰蒙蒙的天空正下着毛毛细雨，我一路跑回住处，和着雨水，我的脸早已被泪水完全浸湿。

当天晚上，心情稍微平复之后，我躺在床上强迫自己回想下午的情景，强迫自己找出问题的原因：为什么别人都可以一再试穿，而我却不能？为什么她敢用这种态度来对待我？最后，我明白了，因为我"允许"她这么对待我！因为我的态度、我的神情、我的举止都告诉了她——"你可以欺负我"。

从这件事情之后，我开始学习并慢慢地变得坚强，我从疼痛中看到了相信自己和肯定自己的重要，也了解了在平衡的人际关系中得先学会取悦自己再取悦别人。

尽管生活有些压抑低沉，但人生并不因此而日暮途穷。在取悦别人的同时，更多的人学会了在生活的琐碎中寻找简单的快乐，在枯燥的岁月中感受平淡的幸福，尽管这些快乐和幸福像火柴划出的光芒，短暂而微弱，但在他们的内心中，还是摇曳出了蓬勃而永恒的春意。也许，这是一种无奈的战斗精神；也许，在生活的夹缝中，活得的确有些委曲求全。但正是因为这样一种妥协，在备尝了取悦别人的乏味和枯燥之后，一转身，他们发现竟因此而成全了自己，平平稳稳地过完了一辈子。

世界接受的是我们对自己的评价

世界只接受我们自己对自己的评价。如果你坚持相信生命是孤苦的，没有人爱你，那么，你的世界很可能真的孤苦和没有人爱——因为你自己躲在阴暗处，太阳自然照不到你。然而，如果你愿意抛弃这种信念，相信"到处充满了爱，人们爱你，你也爱别人"，并坚信这种新的信念，那么你的世界就会变成另一种模样。可爱的人将会走进你的生活，原先就在你生活中的人也会变得更加可爱，你会发现，你更容易向别人表达你对他们的爱。

你有没有这样的经历？你遇到某个人，而且一看就知道你不喜欢他，因为他长得像曾经伤害你的人。不管他做了什么，都只是在加强你对他的这种错误评价。其实，真正相处下来，也许当初这个让你一看就烦的人，实际上很可爱的。所有对他的评价，只是你内心给自己的结论。烦恼也是如此，真正的烦恼也是自己给自己的。

一位心理学家为了研究人的烦恼的来源，做了一个有趣的实验。他让参加实验的志愿者在周日的晚上把自己对未来一周的忧虑与烦恼写在一张纸上，并署上自己的名字，然后将纸条投入烦恼箱。

一周之后，心理学家打开了这个箱子，将所有的"烦恼"还给其所属的主人，并让志愿者们逐一核对自己的烦恼是否真得发生了。结果发现，其中90%的烦恼并未真正发生。随后，心理学家让他们把过去一周真正发生过的烦恼记录下来，又投入烦恼箱。

三周之后，心理学家再次把箱子打开，让志愿者重新核对自己写下的烦恼，这次，绝大多数人都表示，自己已经不再为三周之前的烦恼而烦恼了。

在这个实验中，我们都会发现：烦恼原来是预想的很多，出现的却很少；自认为沉重到无法负担，转瞬也便如骤雨急停。人生的烦恼大都是自己寻来的，而且大多数人习惯把琐碎的小事放大。

"月有阴晴圆缺，人有悲欢离合"，自然的威力，人生的得失，都没有必要太过计较，太较真了就容易受其影响。人到世间上来，不是为苦恼而来的，所以不能天天地板着脸，伤心、烦恼、失意……这样的人生毫无乐趣可言，所以，我们应该培养自己乐观、积极、进取、欢笑、喜悦的个性，快乐地在工作于生活，远离忧愁、悲伤、苦恼，如此活在人间才有禅意、才有价值。

在生活中，我们往往很容易被一些鸡毛蒜皮的琐事牵绊，反而忘记了自己的初衷，难免自生烦恼。这正是"野花不种年年开，烦恼无根日日生"。

作家吴淡如女士曾经在她的文章中提到过这样一组数据：

我们的烦恼中，有40%属于杞人忧天，那些事根本不会发生；30%是无论怎么烦恼也没有用的既定事实；另12%是事实上并不存在的幻象；还有10%是日常生活中微不足道的小事。也就是说，我们92%的烦恼都是自寻烦恼，活该你烦恼；只有8%的烦恼勉强有些正面意义。

吴淡如问她的读者："看了这些数据，你要不要删除你92%的烦恼？"是啊，看了这些数据，我们是否应该主动删除自己那92%的烦恼呢？

佛经上说，魔鬼不在心外，魔鬼就在自己的心中。古代的思想家王阳明也说："擒山中之贼易，捉心中之贼难。"由此，星云大师告诫我们，自己的敌人就在自己心里，贪嗔痴疑慢、消极懈怠、忧愁烦恼，不一不是阻碍我们精进的心魔，能将其降伏者，也只有我们自己。

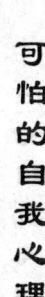

爱上独一无二的自己

在《羊皮卷》中曾经有这样一段话：自从上帝创造了天地万物以来，没有一个人和我一样。我的头脑心灵、眼睛、耳朵、双手、头发、嘴唇都是与众不同的。言谈举止和我完全一样的人以前没有，现在没有，以后也不会有。虽然四海之内皆兄弟，然而人人各异，我们每个人是独一无二的造化。

的确，我们每一个人都是独一无二的造化。如果我们活着，却不知道爱自己，就如同把自己放逐到一件孤独的、被剥夺了爱的囚室。试想一下，如果我们整天陷于内疚、羞愧、冷漠的情绪中，陷入不断的自责中，我们如何好好地爱别人，又如何享受别人带给我们的爱呢？

爱上自己，首先要认识自己。认识自己从照镜子开始，哪里是缺点，自卑感是从哪里来的，自己拥有什么、追求什么、想要变成什么样的人……如果把视线从真实的自我移开的话，真实的人生就永远不会开始。

庙里新来了一个小和尚，他积极主动地跑到方丈面前，殷勤诚恳地说："我初来乍到，先干些什么呢？请前辈指教。"方丈微微一笑，对小和尚说："你先认识一下寺里的众僧吧。"

第二天，小和尚又来见方丈，"寺里的众僧我都认识了，下边该干什么呢？"方丈微微一笑，洞明睿智地说："肯定还有遗漏，再接着去了解、去认识吧。"

三天过去了，小和尚再次来见方丈说："寺里的所有僧侣我都认识了，我想有事做。"方丈微微一笑："还有一人，你没认识，而且，这个人对你特别重要。"

小和尚疑惑地走出方丈的禅房，一个人一个人地询问着、一间屋一间屋地寻找着。在阳光里、在月光下，他一遍遍地琢磨、一遍遍地寻思着……不知过了多少天，一头雾水的小和尚在一口水井里忽然看到自己的身影，他豁然顿悟。

天真的小和尚用了三天去认识别人，却用了更长时间去醒悟、去认识自己。

爱上自己，其次要按自己喜欢的方式去生活。因为我们要想生活得幸福，必须懂得秉持自我，按自我的方式生活。如果你一味地遵循别人的价值观，想要取悦别人，最后你会发现"众口难调"，每个人的喜好都不一样，失去自我，便会是自己人生中痛苦的根源。

在这个纷繁忙碌的世界，每个人似乎都是行色匆匆，不曾停留片刻，静下心来倾听一下自己内心的声音。这种时候，我们应该扪心自问：我在追寻着什么，我又得到了什么，而自己又处在茫茫宇宙中的哪一个位置？是的，忙碌和疲惫已经让我们迷失了自己，忘了自我的存在，而真正的爱自己要学会愉悦自己。

由于破产的打击，人生对基尔来说已索然无味了。

在一个晴朗的日子，基尔找到了牧师。牧师耐心听完了基尔的倾诉，对基尔说："我给你看样东西。"他向窗外指去。那是一排高大的枫树，在枫树间悬吊着一些陈旧的粗绳索。他说："60年以前，这儿的庄园主种下这些树，他在树间牵拉了许多粗绳索。对于嫩弱的幼树，这太残酷了，因为创伤是终生的。但是，结果是完全不同的。眼前这棵粗壮的枫树根本看不出什么疤痕，所看到的是绳索穿过树干——几乎像钻了一个洞似的，真是一个奇迹。"

"关于这些树，我想过许多。"牧师接着说，"只有体内强大的生命力才可能战胜像绳索带来的那种终生的创伤。对于人而言，有很多解忧的方法。在痛苦的时候，找个朋友倾诉，找些活干。对待不幸，要有一个清醒而客观的全面认识，尽量抛掉那些怨恨、妒忌等情感负担。有一点也许是最重要的，也是最困难的：你应尽一切努力愉悦自己，真正地爱自己。"

在繁忙的生活中，如果累了，倦了，就停下来，认认真真地审视一次自己。问问自己，喜欢现在的生活方式吗？最想做的事情是什么？对什么职业最感兴趣？最近是不是有什么想学的东西？什么才是你最大的业务爱好？累了的时候最想以怎样的方式休息？孤单的时候会想起谁……认真回答这些问题的过程，就是一个审视自己的过程，一次关心自己内心的机会。给自己这样一个机会，你会更懂得爱自己。

爱自己就是向自己敞开胸怀，使自己能感受周围和自身的一切；爱自己就是愿意接受自己所做的一切，不加任何评论或批判；爱自己就是给自己以足够的重视与关注，以使自己能常常和自己接触；爱自己就是做自己生活以及所经历、所领悟和所发现的事物的主人，并对其承担责任；爱自己就是学会珍视身边的点点滴滴。

懂得并学会爱自己，可以让我们在无房无居的时候，亲自去砌砖叠瓦，建造出我们自己的宫殿，成为自己精神家园的主人。

勇于突破自我界限

在每个人的成长道路上，想要获得心智的成熟，必须勇于突破自我界限。很多人的一生都未实现这种突破，他们貌似成人，有时也小有成就，但直到寿终正寝的时候，其心理仍远未成熟，从未获得真正的独立。

心理成长的过程极为缓慢，有时又极其隐蔽，除了大步跳跃以外，还包括进入未知天地的无数次小规模跨越——例如，8 岁的孩子第一次独自骑车到遥远的郊区商店购物；十七八岁的孩子第一次与异性约会等。如果认为这些经历算不上冒险，那你显然是忘记了当初有类似经历时，心中强烈的紧张感和焦虑感。即使是心理最健康的孩子，他们初次步入成人世界，除了兴奋和激动，想必也不乏迟疑而胆怯。他们不时想回到熟悉、安全的环境中，想做回当初那个凡事依赖别人的幼儿。成年人也会经历类似的矛盾心理，年龄越大，越难以摆脱久已熟悉的事物。

美国励志心理医生 M. 斯科特·派克在其心理励志著作《少有人走的路》中记载了这样一次体验：

13 岁时，我在离家很远的菲利普斯·艾斯特中学就读，这是一所很有名气的男生预科中学（我的哥哥也在这所学校里上学），也是公认的明星中学。学校毕业生大多都会考入常春藤名校，毕业后如愿步入社会精英阶层。拥有这所明星中学的教育背景，人生之路可谓光明。我的家境还算富裕，父母有财力让我接受最好的私立教育，这使我充满了安全感。奇怪的是，我刚刚进入中学，就觉得与那里格格不入。那里的老师、同学、课程、校园、社交乃至整个环境，都让我难以适应。似乎除了努力学习，以便开拓美好的未来，我没有任何选择。经过两年半的努力，我益发觉得生活失去了意义，情绪也更加消沉。最后一年，我几乎整天睡觉，仿佛只有睡觉才会感觉舒适和自由。现在回想起来，我当时整天昏睡，可能恰恰是我在潜意识中，为即将到来的跨越做出准备。

在三年级春假，我一回到家，就郑重地向父母宣布："我不打算再回那所学校了。"父亲说："你不能半途而废。我为你花了那么多钱，让你接受那么好的教育，你不明白放弃的是什么吗？"

"我也知道，那是一所好学校。"我回答说，"可是，我不打算回去了。"

"你为什么不想法去适应它呢？为什么不再试一次呢？"我的父母问。

"我不知道，"我沮丧地说，"我也不知道为什么讨厌它。我只知道，我再也无法忍受下去了。"

"既然这样，那你告诉我们，你到底打算怎么办？你好像没把将来当一回事。你有什么样的个人计划呢？"

我依旧沮丧地说："我不知道，反正我再也不想去上学了。"

父母大为惊慌，只好带我去看心理医生。医生说我患了轻度忧郁症，建议我住院治疗一个月。他们给了我一天时间，让我自行作出决定。那天晚上，我痛苦不堪，第一次有了轻生的念头。既然医生说我患有轻度忧郁症，那么住进精神病院，就似乎是合情合理的事。

我哥哥在那所学校很适应，为什么我却不行呢？我清楚无法适应学校完全是自己的责任，我顿时觉得自己是低能儿。更糟糕的是，我觉得自己和疯子没有两样。父亲也说过，只有疯子才会放弃这么好的教育机会。回到艾斯特中学，就是回到安全、正常的环境，回到被社会认可、对个人前途有益无害的王国。可是，我的内心告诉我，那不是适合我的道路。就眼下看来，我的未来非常迷茫，充满了不确定的因素。放弃上学，势必给我带来意想不到的压力，我该怎么办呢？我执意离开理想的教育环境，是不是果真精神失常了呢？我感到害怕。

就在沮丧的时刻，仿佛神谕一般，我听到一种声音，一种来自潜意识深处的声音："人生唯一的安全感，来自于充分体验人生的不安全感。"这声音给了我莫大的启示，尽管我的想法和行为与社会公认的规范不相吻合，甚至使我看上去像个疯子，但我应该选择自己的路，于是，我终于安然睡去。第二天一早，我就去见心理医生，告诉他我决定不再回艾斯特中学，我愿意住进精神病院。就这样，我纵身一跃，进入了未知的天地，开始了我的独立人生，自行掌握我的命运。

其实，在生活中，每天都要经历不同的变化：不同的人、不同的事件、不同的感觉，对于心灵而言，这都是极好的滋养。心智的成熟不可能一蹴而就，需要经历过各种小步跳跃，偶尔也会出现意想不到的大步跳跃。上述案例中的"我"离开艾斯特中学，无疑是告别传统模式的价值观。很多人从未有过大规模跳跃，也就无法实现真正意义上的成长。尽管他们看上去像个成年人，心理上却仍对父母有很大的依赖性。他们沿袭上一代的价值标准，做任何事都要得到父母的"批准"，即使父母早已离开人世，他们心理上仍旧难以摆脱依赖的情结，从来不能真正主宰自己的命运。

心智的成熟，除了突破自我界限，还需要自尊自爱。原因是：首先，敢于追求独立自主，本身就是自尊自爱的体现。只有尊重自己，才不愿得过且过，只有尊重自我的个性和愿望，才敢于冒险进入未知领域，才能够活得自由自在，且使心智不断成熟，体验到爱的至高境界。我们成家立业、生儿育女，绝非仅仅为了满足他人的愿望。放弃真正的自我，我们就无法进入爱的至高境界。至高境界的爱，必然是自由状态下的自主选择，而不是亦步亦趋、墨守成规，不是被动消极地抗拒心灵的呼唤。

自尊心的成败论

自尊自信是人们最重要的心理素质，人贵有自尊。小时候，学校就教给每个学生要培养自尊心，要维护自我的尊严，因为它是我们获取成功和快乐的源泉。

在一所中学里，老师以入学时的成绩作为依据，将刚刚入学的初一年级的学生分为两类：快班和慢班。但是这位老师却把分数较低的同学分到快班，而把分数较高的同学分到慢班，并且对学生讲快班是成绩较好的同学，而慢班则是成绩比快班稍差一点儿的同学。

学期结束时进行的一次期中考试中，结果大大出人意料，在同样的教学水平下却发生了很奇怪的事情：分到快班的同学平均成绩超过了慢班。也就是说，入学时成绩靠后的学生在半学期后的成绩明显超过了入学时考高分的学生。

为什么会出现这样令人吃惊的事？原因很简单，这就是自尊心的威力。那些分到快班的同学有了学习的信心，于是拼命地学习；而慢班的同学却真的认为自己以为比别人差，低人一等，他们的自尊心受到了打击，于是产生了自卑感，因此学习也就没有什么动力。

生活中，每个人都按照自己的理想来设计不同的人生规划，或者说被动地规定要实现一定的目标，但在实现的过程中总会遇到种种困难，一旦失败，我们就感觉到自尊心受到强烈的打击，并为自己的失败感到羞愧。但很少有人知道，自尊心是导致失败和产生羞愧的原因。所以我们一定要了解自尊心是什么，有什么作用，这样才不会失败。

自尊是一种觉得自己能够应付生活中的基本挑战，值得享受快乐的感觉。它有两个组成部分：能力感和价值感。这两者都很重要，缺少其中的任何一个，自尊就会很低。我们每一个人都会作出对自己的评价，有赞许也有批评，自尊则表达了一种对自己赞许的态度，标志着个体对自己能力、身份、成就、价值的信心，它也是对我们价值的评判，往往通过个人对于自我的态度表现出来。相比于自我赞许，大多数人更喜欢依靠他人的赞许来维持自己的自尊：如果得到他人的赞赏，他们就会感到无比自豪；若是遭到他人的否定，那么他们将感到沮丧和悲伤。其实，这不是真正的自尊，也并不能带来成功和快乐。

缺乏自尊常常会导致焦虑，这还不是自然的焦虑，比如说你从极高处往下看时会产生焦虑，这很自然，因为这是人的天性。不健康的焦虑，指的是那些毫无缘由的焦虑，我们可以称它为自尊焦虑。比如你半夜突然醒来感到毫无缘由的焦虑，或者日常生活中经常感到一种焦虑感或恐惧感，却不明白是为了什么，这通常是缺乏自尊的表现。若是我们时刻关注自己，时常在评估自己，一旦对自我的评价显示不够格或者很低，通常就会导致抑郁和焦虑。

在某种程度上，我们觉得成功会降低自尊。每次我们获得成功或者被表扬，我们的自尊就会增加。但很快，它又回到了最初水平甚至更低，为了重新提升它，我们就需要比以前更多的表扬。这就好像推石头上山，我们努力将石头从山脚推到了山顶上，可能还没来得及高兴，石头就从山顶滚到了另一边的山脚下，甚至是更深的山沟里。

很少有人不会在这样连续的挫折中感到自尊心受伤，这就是人生的真实状况：人生无常，一个人不可能永远在高处，也不可能永远在低处，他不是在攀高，就是在下滑。如果你只想攀高，不要下滑，那么你就没有获得真正的自尊，也终究要失望，终究要使自尊心受挫。

如何拥有正确的自尊心？我们需要诚实地省察自我，评估你现处何地以及要往何处去，永远不需要担心我们会被拒绝、被遗弃，完全地了解自己、爱自己，坦然自在地生活。

唤醒最真实的自己

自知之明

哲人说："诚实地向自己展开自己，这是人生一道优美的风景线。"自知，就是要知道自己、了解自己。常言道："人贵有自知之明"，把人的自知称之为"贵"，可见人是多么不容易自知；把自知称之为"明"，可见自知是一个人智慧的体现。人之不自知，正如目不见睫——人的眼睛可以看见百步以外的东西，却看不见自己的睫毛。

自知之明，是人们探索自我心灵的起点，没有这一点，也就谈不上心灵的成长。同样，自知之明开始于谦逊，离开了谦逊，自知之明便无从谈起。抱有一种谦逊的态度，我们才能更好地认识自己，才能更加深刻地了解我们心灵深处的本来面貌。

孔子问子贡："你和颜回哪一个强？"子贡答道："我怎么敢和颜回相比？他能够以一知十；我听到一件事，只能知道两件事。"

生物遗传密码的千差万别，造就了每个人的优点和缺陷，后天教育与环境的差异更是造就了不同的志趣、性格和风采。其中既有迷人之处，又有遗憾之处。它可能是爽朗、是幽默、是仁慈、是热情、是勤快、是深沉。当这些"自我"能真实地表露出来时，其魅力一定动人。牵强自己，一味要求自己与令我们羡慕的人看齐，常常会丧失美好的东西，而流于尴尬与痛苦。

子贡的自知是明智，子贡的从容更是胸怀博大。他虽不及颜回闻一知十，却以其独特的人格魅力享誉千古。

自知之明对我们来说非常重要，我们只有对自己有了清醒而正确的认识，有了客观而中性的评价，才能更好地完善自我。

美国军方曾进行过这样一项研究：成功者都具有什么样的品质？研究人员从军队不同部门选出12位成功人士，把他们集中在一起进行测试。这些人年龄大约三四十岁，有男有女，表面看上去都很普通，家庭也一般，但他们都取得了令人瞩目的成就。

在对他们进行的大量测试中，有一项尤其引人注目。这项测试要求他们按先后顺序写下三样东西——生活中需要完善的三样东西。

就是这样一项简单的测试，第一个交卷的人竟花了40多分钟，许多人则花了1个多小时。尽管看到同组的多数人都已交卷，有些人仍一丝不苟地做完了问卷。更令人想不到的是，在每个人的答卷上，虽然选项各不相同，但几乎无例外地都写上了自己的缺点。

歌德说：一个目光敏锐，见识深刻的人，倘若还能承认自己有局限性，那他离完人就不远了。成功的人之所以能够成功，很大程度上在于他能及时地认识到自己的确定。一个木板参差不齐的木桶，它所能容纳的水量的多少，不取决于最长的那块木板，而取决于最短的那块。这就是管理学中的"木桶理论"。同样如此，一个人的成功不在于他有多大的优点，而在于他能分析自己的弱势，并巧妙将其转变为自己的优势。

另外一种情况是，有的人也能清醒地认识到自己的缺点，但他要做的不是弥补或转化，而是想方设法地掩盖。他们会随时随地、不惜代价，尽一切努力去维护他们外在的完美形象。如果有任何东西威胁到他们的形象，有任何迹象表明他们的某种不足，他们往往不是根据这些迹象去修正自己，而是着手消灭掉这些迹象。

为了让自己成为身心健康的人，我们有时不得不付出一些代价，放弃一些自信，不要总感觉自我良好。我们应该永远爱自己，珍视自己，要有自知之明。

保留一分纯真

当人们初临人世的时候，以一颗纯真的初心，新奇地观望这个世界，享受这个世界带给他的每一丝欢乐。但经过岁月的洗礼之后，能保留这些纯真的人却很少，世事沧桑，我们都变得自私自利，所有属于人本身的纯朴消失得不留一丝痕迹。

　　从前有一个老人和一个小孩生活在一起，这个老人从来不教孩子各种礼仪和做人的道理，只是让他自然而然健康地成长。

　　有一天，一个云游四方的僧人在老人的家中借宿，见孩子什么也不懂，于是教了他很多礼仪。

　　孩子很聪明，很快就学会了。晚上，孩子见老人从外面回来，于是恭敬地走上前去问安。老人十分惊讶，就问孩子："是谁教给你的这些东西？"

　　孩子如实回答："是今天来的那个和尚教我的。"

　　老人马上找到和尚，责备说："和尚你四处云游，修的是什么心性啊？这孩子被我捡来养了两三年，幸好保持了他一片天然可爱的本心，谁知道一下子就被你破坏了！拿起你的行李快出去吧，我家不欢迎你！"

　　是啊，小孩秉持天然个性成长，和尚却用俗礼污染，和尚被赶走不冤。由此可见，能够保留孩子般的天真，使他自自然然地生活，不为世俗的规矩所约束，能够给他带来莫大的快乐。但生活中又有几人能做到如孩子般天真自然呢？

　　孩子的心是纯真无瑕的，是天真可爱的。它可以用天底下最美的语言去描述，却不能用金钱去衡量。因为童心是无价的。一个童心未泯的人，才是感悟生活真谛的人。只要拥有童心，你就会用积极的心态面对人生，面对生活中的每一次失败和挫折，你就会发现这个世界到处充满了爱。也许我们不再拥有天真烂漫的童年，但一定要保持那颗童心，只有保持一颗童心的人，才是一个真正意义上的人。

　　在宫崎骏的《哈尔的移动城堡》里，索菲虽然被变成了90岁的老太婆，却还保留着小女孩的天真和纯洁。这部漫画要表达的就是永远的童心，容颜可以苍老，心灵却可以永远年轻。

　　泰戈尔把孩童的赤子之心比做也空中的一轮新月，没有受到任何污染，像一轮新月那样纯洁、美丽、温柔和宁静。

　　泰戈尔赞美童心，绝非想抒发自己的亲子之情或表现天伦之乐，而是想探索和宣扬"年轻的生命""对于世界的价值"。他在《新月集》中主张：人们应该像儿童的心灵那样纯洁，像儿童的世界那样理想，那样自由。在泰戈尔看来，孩子的世界是没有受到任何邪恶势力的玷污的，是没有矛盾和冲突的，更是自由的。

　　作家刘再复在他的新作《独语天涯》里写道："回归童心，这是我人生最大的凯旋。当往昔的田畴重新进入我的心胸，当母亲给我的简单的瞳仁重新进入我的眼眶，当人间的黑白不在我面前继续颠倒，我便意识到人性的胜利。这是我的人性，被高深的人视为浅薄的人性，被浅薄的人视为高深的人性。此刻我在孩童的视野中沉醉。大地的广阔与干净，天空的清新和博爱，超验的神秘和永恒，这一切，又重新使我向往，扬弃了假面，才能看到生命之真和是世界之真。我的凯旋是对生命之真和世界之真的重新拥有。凯旋门上有孩子的图腾：赤条条的浑身散发着乡野气息的孩子，直愣愣地张着眼睛面对人间大困惑的孩子。"

俗世之中的人们往往为了功名利禄而终日奔波劳累，殊不知再多的财富、再高的地位也是"生不带来死不带去"。在对功名利禄的争夺中，你争我夺，搅起红尘漫漫，使人彻底迷乱其间，看不清前途所在，看不清祸福，看不清生死，对于生活的意义、生命的价值也彻底惑然，自我迷失，万千的烦恼也应运而生，纠缠着人们的身心。

要想摆脱这万千的烦恼，重返欢乐无忧的境界，你需要找回你的一颗初心。想要找回你那颗丢失已久的初心，你不妨向着童心靠拢，多和孩童玩耍，去找回你逝去的童真稚趣。

直面疮疤是对自己最大的尊重

奥地利心理学家维克多·弗兰克在其著作《活出意义来》中说："每个人都被生命询问，而他只有用自己的生命才能回答此问题；只有以'负责'来答复生命。因此，'能够负责'是人类存在的最重要的本质。"人生于世，就像需要自己赚钱养活自己一样，永远不要指望别人为我们买单。无论处境好坏，都是自己的行为所造成的，为自己的行为负责，是对生命最大的尊重。

在南太平洋番地考斯特岛上，有一种古老的仪式：人们需要通过高空弹跳取悦神灵，以确保山芋丰收。

弹跳者仔细挑选地点，用树枝及树干来搭盖高塔，用藤蔓把跳台捆束妥当。每个弹跳者要为搭盖工程负责，如果有任何差错，没有任何人会代他负责。

弹跳者要选择自己使用的跳藤，寻找恰到好处的长度，让自己在以头朝下脚朝上的姿态坠落时，头发刚好擦到地面。跳藤太长，就会有一次致命的坠落；太短则会把弹跳者弹回平台，这样可能会对他的收成有不利的影响。

在弹跳的当天，弹跳者爬上自己搭盖的跳台，绑上自己挑选的藤条，然后纵身跃下。弹跳者可以在最后一刻放弃弹跳，这样也不会被认为是件耻辱的事，但大部分人愿意做这件事，愿意100%为自己的行为负责。

既然所有的行为都是自己的选择，便应对其负全责，即便是出现了差错，也绝不推脱，而是要勇敢地承担起自己的责任。我们不可能杜绝错误的发生，却能在错误发生后直面"疮疤"，勇于承担。

总是愿意面对成就、逃避失误，这是人之常情。但不能正视错误的人，无异于容忍自己的那块短板永远存在，而且有越来越短的趋向。直面疮疤，是一种对自己负责任的表现，它是一种智慧，同时也是一种勇气。能否正视错误、承担责任，是优秀人士与平庸者的显著区别。

李森和彭宇是速递公司的两名职员。他俩是工作搭档，干起事来一直都很认真，也很卖力。领导一直对他俩很满意，但一件瓷器的出现改变了他们的命运。

李森和彭宇负责把一件很贵重的瓷器送到码头，老板反复叮嘱他们要小心。不料，送货车坏在了半路。彭宇说："出门之前你怎么不把车检查一下。"李森什么也没说，只是背起邮包，一路小跑，终于在规定的时间赶到了码头。

这时，彭宇说："我来背吧，你去叫货主。"他心想，如果客户看到此事并告诉老板，说不定还能加奖金呢。他只顾想奖金了，李森递过来的邮包没接住，"哗啦"一声，邮包掉在了地上，瓷器碎了。

"你怎么搞的，我没接你就放手。"彭宇大喊。

"你明明伸出手了，是你没接住。"李森辩解道。

他俩都知道事情的严重性。果然，老板对他俩进行了严厉的批评。

事后，彭宇偷偷对老板说："老板，是李森不小心弄坏的。"老板平静地说："谢谢你，我知道了。"

于是，老板把李森叫到办公室，询问缘由。李森把事情的原委从头到尾说了一遍，最后说："这件事情是我们的失职，我愿意承担责任。另外，彭宇的家境不太好，如果可能的话，他的责任我也来承担。我一定会弥补我们造成的损失的。"老板听完，让他回去等待处理的结果。

几天之后，老板对他俩说："公司很器重你俩，想从你们当中选择一个担任客户部经理，不料却出了这样的事情。也好，让我们更清楚了谁更合适。我们决定由李森担任这一职位，因为，一个能够勇于承担责任的人是值得信任的。彭宇，你明天不用来上班了。"

"老板，为什么？"彭宇问。

"其实，瓷器的主人已经看见了你俩在递送瓷器时的动作，他跟我说了他看见的事实。还有，我也看到了问题出现后你们两个人的反应。"

彭宇在"趋吉避凶"的选择中，不仅失去了升职的机会，而且连工作也丢掉了，他最大的问题就在于逃避责任。其实，犯错并不可怕，最可怕的是永远说不出那句"我错了"。有的人犯了错，连承认的勇气都没有，还为自己找一个冠冕堂皇的理由：男子汉大丈夫说不低头就不低头！好像承认错误就是失败、丢面子的事情，而坚持错误就是男子汉的表现。其实不然，列宁说过："认错是改正的一半。"只有用反思的眼光去正视那些过失的"疮疤"，才能为其"消毒"，也才能谈得上弥补过失的"动手术"之举。

现代社会中有很多人，每天只顾埋头于手中的事情，很少抽出时间平心静气地思考一下自己的生活。一天天过去，他们日复一日地重复着相同的生活，日子就这样在忙碌中蹉跎，碰到自己生命中的疮疤，更是避之不及，唯恐再在自己的伤口上撒把盐。殊不知这样伤口不仅不可痊愈，很有可能会在生命的紧要关头狠狠刺你一下，而且这本身是对自己生命的不尊重。我们应该做的是，做任何事情都坦荡磊落，错了就是错了，正视它，改正它，才能得到自己内心的认可。

人生是为心的修行而设立的道场

生活中，我们无休止地追求金钱、地位、名誉，乐此不疲。此外，盼望出人头地，也是人生的动力之一。这当然不应一律加以否定，但是在我们拼命追逐这些东西的时候，也时常会向自己提出这样的疑问："人类活着的意义到底是什么？"对于这个最根本的疑问，日本"经营四圣"之一的稻盛和夫作出了这样的回答：提高心地，修炼灵魂。

稻盛和夫认为，人生是为心的修行而设立的道场。人生的目的就是在灾难和幸运的考验中磨炼自己的心志、磨炼灵魂，造就一颗美丽的心灵。他认为人之所以来到这个世上，是为了比出生时更为进步，或者说是为了带着更美一点、更崇高一点的灵魂死去。

人生在世苦难多，这样的苦难，是对修炼灵魂的一种考验，也是锻炼自我人性的绝对机会。所谓今生，是一个为了提高身心修养而得到的期限，是为了修炼灵魂而得到的场所。

在稻盛先生的人生经历中，除了取得事业上的巨大成功，他一直践行着"提高身心修养，磨炼灵魂"。稻盛和夫在42年的商业人生中，缔造了京瓷和第二电电两个世界500强公司。稻盛和夫留给世界的财富，除了是在追求全体员工物质和精神两方面幸福的同时，也为人类社会的进步和发展作出了贡献。

京瓷尽量让员工持有股份，这是因为稻盛和夫不单单把员工当作劳动者，而且把他们视为同志和合作伙伴。1984年，稻盛把自己17亿日元的股份赠与1.2万名员工。稻盛的做法十分罕见。与美国梦大相径庭，稻盛和夫的想法和做法，纯粹是一个"日本梦",让满怀理想振兴企业的人有了一个新的坐标。

在 1985 年,他投入所持京瓷公司的股票和现金等个人财产 200 亿日元成立稻盛财团,创设了"京都奖"。每年在全球挑选出在尖端技术、基础科学、思想艺术等各个领域取得优异成绩、作出杰出贡献的人士进行表彰,颂扬他们的功绩。

1997 年,65 岁的稻盛和夫身患胃癌,匆忙手术的两个月后,宣布退居二线,只担任名誉会长,并正式皈依佛门。自皈依佛门后,稻盛和夫将大部分时间用于慈善事业和到世界各地演讲。

稻盛先生有着"奉献于社会、奉献于人类的工作是一个人最崇高的行为"的个人信念,他不仅在事业上取得了巨大的成功,而且在这个过程中也磨炼了自己高尚的灵魂和崇高的人格,受到了人们的尊敬。

无论一个人创造了多少物质财富,它们都只限于今生,即使积攒再多也带不到来世去。今生之物只限于今世消受。如果说今生之物中有一样永不灭绝的东西,那就是"灵魂",只有属于灵魂的才是永远的。因此,我们应该在今生这个期限内不断修养心灵,为提升自我存在的意义做出努力。

改变一下心灵的运行轨道

快乐需要一颗善于发现的心。如果不能发现快乐,那就需要改变一下心灵的运行轨道。

一个心存快乐的人,不会因为尘世间各种纷扰而破坏那份对美好事物的憧憬,他总会发现世界的种种可爱之处,在每一个早晨,都让自己的心灵滚动着露珠。

一个快乐的人善于装饰自身,也挚爱自己的家庭,他将生命的每一个时刻都看作是一种享受:认真地品读一本自己喜欢的书、亲自为家人做他们爱吃的炸酱面……

快乐的人不会在还没有办事情的时候就会想到一大堆的困难,而是兴奋地、努力地去做好它,想到成功时的喜悦就会使他信心大增。

快乐,简单而朴实,有时候自行车的车轮声也是美妙的歌曲,有时候再动听的音乐也会让你生烦,快乐不是某个人所专有的,而是在于这个人的心态简单,充满着美好的愿望。

生活中很多事情是无法改变的,能改变的只是自己的心态,同样一件事情在不同人的身上却有着截然不同的反应,有的人会一直愁眉不展,有的人依然和往

常一样积极进取。

快乐不在于一个人拥有了多少，而在于一个人能够承受多少，在于一个人能够拥有多大的胸襟——我们在抱怨自己的衣服不够多的时候，抱怨自己不够有钱的时候，可否想到那些甚至还穿不上衣服、吃不饱饭的人们。然而，当我们面带怜意地看着他们的时候，却发现他们并没有我们想的那样愁眉不展，他们依旧天天很纯朴、很自然地对你微笑，这就是一个富有而不快乐的人与一个贫困却快乐的人的差别。

人之所以不快乐，是因为常常会把精力全集中在对生活的不满之处，而我们更应该做的是把注意力集中在开心的事情上，这样就可以更多地感受到生命中美好的一面，对生活心存感激。

快乐是紧紧地抓住现在，让昨天所有的阴霾烟消云散，只留下理性的经验教训做今天快乐的基石；把明天的杞人之忧挡在门外，只让幸福的憧憬走进落地之窗，让自己尽情享受当下的人生。

快乐似一杯清茶那么清香，似一点星光那么宁静，似一抹朝霞那么绚烂。做一个快乐的人，就要有对负面消息进行过滤的能力，不要让它们在自己的大脑中存在很长的时间，因为这些负面的消息可能在一段时间内影响一个人的情绪。

不管遇到什么事情，快乐的人总会换一个角度去思考问题，改变自己心灵的运行规则，轻松地处理问题，而不是整天活在恐惧或者沮丧之中。

纯然的观察

人们常说"视而不见"、"充耳不闻"，意思就是对身边发生的事太过习以为常，慢慢地甚至会忽略掉其中的真义。这样的看和听，并不是真正的观察。

有一次，克里希那穆提和几位朋友一起在印度乘车旅行。司机驾着车，克里希那穆提坐在他旁边的位置，还有三位先生则在后座热切地讨论"觉察"的问题，并不断问克里希那穆提的意见，甚至那位司机后来也加入了他们的讨论。有一刻，司机稍稍分了一下神，不幸的是，车子已经轧过一头来不及闪到路边的山羊。然而所有人都没有觉察到这一幕，他们仍然在激烈地讨论觉察力，丝毫没有意识到自己刚刚扼杀了一个生命。克里希那穆提问这三位致力于"觉察"的先生有没有注意到刚才所发生的事，他们居然感到惊讶万分。

我们许多人都如此，对于外在或内在的事物常常浑然不知。稍有耐心和敏锐觉察力的人也必须投入全身心的注意力，才能看到绿树红花、山川河流、鸟唱虫鸣的美，也才能看到其他人身上善良的美德和伟大的博爱。为什么必须投入"全身心的注意力"才能够觉察？存不存在一种纯然的观察——纯然地看、纯然地听、纯然地爱，从而消除观察者和被观察者之间的区分？

纯然的观察到底指的是什么？纯然的观察指的就是要放下自己的自我中心感，全心全意地觉察自己和外界。如果你很想让自己全心全意地觉察，这个状态就无法持续下去。你很想探讨觉察的问题，你还想找到答案，于是有一个声音在耳边不断提醒你："我在思考，我要找到觉察的答案"，这样你就成了一位刻意的观察者，你和真相之间已经因这个目的性筑起了一道墙，它还会使你的注意力偏离正确的轨道。这就是为什么自以为很认真地在探讨觉察的问题，却又不能观察到眼前被碾死的山羊的原因。真正能完全解决问题的是纯粹的心灵，它能让你在没有意识到观察者的情形下观察，只要观察就可以了，不要加入你作为观察者过去的经验、记忆和知识，而且你必须亲自去观察，而不是透过别人的眼睛。

如果你想从已有的经验去观察一个东西，你就不会是自由的，或者说只要存在观察者和被观察者的鸿沟，你就不能够专注地去认识。你是否曾受困于作为观察者而产生的艰难观察？你是否曾经不依赖任何联想或既定的知识，好好凝视过一个对象，譬如一棵树，甚至是你的寂寞和痛苦？当你最亲爱的亲人死去的时候，你能够看着寂寞，观察寂寞，而不带任何过去的记忆，也没有观察者地观察吗？你在看一件事情的时候，可以不带任何偏见、概念、判断和字眼去观察，才能看到它之所以为它的原因和屏障。试试看，身临其境、全神贯注地观察一棵树，会是一种什么样的经验？你会发现在那份强烈的感受之下，观察者就消失了，只剩下了专注本身。心不在焉的观察，才会有观察者与被观察者的区别。

要完全了解某样东西，我们必须做到纯然的观察。但是这很难做到，因为我们已经习惯于心不在焉。例如你看见一朵花或一棵树，你首先想到的是："它是一朵玫瑰花"，或者"它是一颗梧桐树"，然后分析它的叶子、颜色。你在给它们命名的时候，其实你已经停止了观察。如果你能全神贯注于一件事情，观察者就消失了，只剩下了一股专注力，也就是最高形式的智慧。它是我们对待问题的专注力，也是我们解决问题的能量。这种心智状态显然是完全寂静的，而这种寂静只有在完全专注和纯然观察时才会出现，它不是靠修炼得来的。

内省的力量

世界著名灵性大师克里希那穆提曾说：当我们通过内省进入到毫无觉知的过程后，我们的心智才能够释放出巨大的、自由的能量。

内省的具体含义是什么？我们所说的内省是看自己的内在，内心的意念和想

法，并检查自己。我们为什么要检查自己呢？为了改进、改变、改良自己，为了使这个"我"成为另一个优秀甚至卓越的"我"。假如我们意识到自己的内心充满了愤怒和嫉妒，我们就要全身心地投入内省的行动当中，去寻找愤怒和嫉妒的缘由，看清它们的真相，从而改变或消除它们，以恢复内心的和谐与宁静。如果没有要改善自己的内省行为，我们就不会去重新认识自己，那么我们永远也不会看清那个真实的"我"。

检视自己是好的，它可以让我们进行自我觉知，然而内省的结果总是夹杂着失望和批评。因为凡是有内省的地方，也就有需要自我改善的地方，这必然存在一个期望目标。如果我们改善的目的没达到，我们可能就会感到失望、沮丧、失落和悲伤。由此来看，内省似乎总是伴随着消极情绪。其实内省一开始就注定要伴随着失望了，因为我们一般都习惯安于现状，只有迫不得已的时候才会想到改变，尤其是改变自己。或者有一部分受到启发的人想要改变，但也总会缺乏改变的勇气和决心。那些过分自信和自恋的人，更不可能积极主动地去改变自己了。只有那些敢于查看内心、揭露自身缺陷的人，才会一次又一次地去识别和谴责消极的东西，不断地去检查自己，也才能促使自己向更好的方向进步。

之所以说内省需要极大的勇气，是因为在内省的过程中人们的内心很容易产生冲突。内省以自我为中心，它是一个没有释放的过程，它企图将真实的存在转变成某种未知的东西。"我"总是在检视某个情绪或状态，不满意的时候还要改变它。等到第一次改善成功后，我们又会对它不满，因此我们总是在变与不变的二元冲突之中，难以释怀。

内省还必须面临高度紧张状态的挑战，因为我们想要改变、提高和完善自己，所以我们总是不断地提醒自己，要时刻注意自己的言行举止是否得当、是否得到他人的赞赏、是否符合社会的标准，这样我们的内心就随时处在一种高度紧张的状态中。我们的心总是充满着忧郁、焦虑、担忧的情绪，小心翼翼、如履薄冰，从来就没有轻松、自由过。这样的心智是多么迟钝和愚蠢！当我们在和别人交往的时候，我们不得不压抑那些自认为龌龊、消极的想法，独处的时候头脑又不停地谴责、批判它们，这样我们根本就没有真正地静下心来好好观察那些意念，也没有静静地观察过自己。这只能制造更多的冲突，所以内省是不断积累冲突的过程。

在拥有了内省的勇气之后，我们需要寻找内省的方法。内省的方法很多，最简单的方法是让自己独自静心读书，写下心得体会，此外还有记日记、冥想、祷告，等等。比如，读书的时候，拿一支笔，边读边写下自己内心的感受，既可在书的空页（如果是你自己的书）上写，也可写在笔记本上，当然也可直接敲进你的电脑里。你会发现这个习惯一旦养成，它会成为你很好的内省方法。它让你把自己瞬间的思绪变成文字，强化你的记忆，变成你的智慧宝库。将来哪一天你打开它，会发现它很有用。或者，你已完全忘记它，重读它让你再次思考，你会惊喜如初。长此以往，你的灵性将在这样简单的内省过程中得到升华，通过内省进入到毫无觉知的过程后，我们的心智也就能够释放出巨大的、自由的能量。

观察者就是被观察者

观察者如果突然了悟所有的被观察者其实都是他自己时，那么他和一些自己创造出来的意象和情境之间的冲突就消失了。他就不会总是先入为主地去评判某个事物，而是视一切东西为自己的再现。

有位师父每天早晨都会给门徒进行一番开示。有一天，当他走上讲台，正要开讲时，有一只小鸟飞到窗台上，开始唱起歌来，唱得那么美妙悠扬，怡然自得。唱完了以后，小鸟拍拍翅膀就飞走了，师父若有所思地说道："早晨的开示到此结束。"

假如当时我们也在那个开示会上，我们是全心地去听那只小鸟的歌声，还是仅仅看到它的白色羽毛、棕色尾巴去判断它是喜鹊、杜鹃或黄鹂？它是一个等待被认识的对象，我们是不是已经把自己建立在一个观察者的位置上，把小鸟当作一个被观察者进行观察？在我们进行这些思维活动的时候，就已经建立起了一个印象，我们对小鸟的观察于是也建立在这些经验之上了。人们习惯在第一眼看到一个人时，就立刻生起喜欢或不喜欢的反应，这就是为什么在日常生活中我们非常看重第一印象的原因。这好恶的情绪，主要来自于我们的文化、素养、社交、嗜好以及我们后天形成的性格，它和事物的真实面目并不是一回事，甚至，观察者产生的这些印象阻碍了我们和对象的沟通。

观察者是印象的制造者，是记忆、知识及观念的累积，是一堆抽象的概念。当我们说"我认识你"，这表示我们只认识昨天的"你"，对目前真实的"你"其实是一无所知的。你站在我们面前，我们所看到的也只是我们对你的印象罢了，这个印象的好坏还建立在你以前对我们的好与坏的交往之上。你对我们的各种反应累积成为印象，贮存于我们的记忆中形成了你。总之，我们习惯观察他人的一举一动，透过他人的行为来认识他人。

然而，通过这种观察得到的印象，往往给予了我们偏离真相甚至错误的提示，阻碍了我们和他人进行真实的接触。因此，我们心中必须抛开先入为主的观念或意象，才能接触到真实的生活。而我们一向都是透过经验这样的一个中心点来观察和判断事情的，这样，观察者和他的所观之物就分裂为二了。我们所有的人际关系通常都建立在思想塑造的印象之上，因此我们常常无法看到真正的对方，所以我们的人际关系才会出现矛盾和冲突。在沟通和交际等认识的过程中，只要存在观察者、经验者、思想者的加入，你心中的痛苦、你对自我的执着就会为自己对自身和他人的观察制造一个又一个的隔阂。

对自然界的观察也是如此。当我们看着天上的星星时，是我们这个观察者正在看星星，灿烂的星光在天上汇成星河，我们还把看到的星星联想起来想象成狮子、牧羊、天蝎等星座。我们从未抛开先入为主的印象去看人看事，所以我们也永远无法了解自己与星星之间、我们与丈夫或妻子之间，以及我们与朋友之间的隔阂，这也是我们无法了解什么是美、什么是爱的原因，也是我们产生悲伤的原因。

但是当我们明了悲伤就是这个"我"，观察者本身就是悲伤，我们自己就是悲伤的始作俑者，那时悲伤就会终止。"我"制造了悲伤，感觉到悲伤的也是"我"，所以"我"其实就是悲伤。这就是说，如果我们非要把悲伤当成是被观察者，那么观察者就是被观察者。当观察者就是被观察者时，就是整合的状态。要整合观察者和被观察者，需要很警觉、很有智慧的意识，这是难以经验的事，因为我们已经习惯了把它分离。当观察者与被观察者都归于寂静时，既无自然界，也无观察者，那是一种完全的、彻底的空寂，这空寂就是美。

全心全意地听

试着想象这样的场景：每天清晨，天才蒙蒙亮，窗台外面聚集的一群小鸟在叽叽喳喳地唱歌。楼下的空地种着一大片的鸢尾花，绿绿的叶子，开花时节整片整片紫色的花格外美丽，还有一颗柳树，已经长高到能够把枝叶伸到了窗台，所以赢得了这些小鸟们的青睐。一年四季，除了下雨天未见小鸟，几乎每天相同的时间它们都出现，尤其是夏天，歌声更加清脆响亮。

你想生活在这样的美妙环境中吗？很少有人会摇头说"不"吧，但同时又可能会觉得这种美妙是可遇而不可求。其实不然，只要能够静下心来全心全意地聆听，你就会发现天籁之声一直在身边。

现在，我们已经被各种各样嘈杂的声音充斥了耳朵和内心，摇滚乐、大街上的汽车和人流的噪声、人与人交谈时的高谈阔论，以至于很少有人拥有闲暇的时间、静下心来全身心地倾听大自然的声音。

为什么倾听是最难的？因为我们大都只关注自己的问题、思想和见解，我们通常都急于表达自己的意见，喋喋不休地说个不停，生怕他人不能理解我们的意思，唯恐没有发表看法的机会；而当别人和我们说话、向我们倾诉时，我们却表现得极其不耐烦，一点都不能静下来耐心地听，所以我们常常发出这样的疑问："抱歉，请问刚才你说了什么？"你为什么没能听清别人的意思？别人说话的时候你在想什么？别人话还没说完，你是不是已经在想着怎么接话，甚至刚开始交谈的时候，你是不是已经在想怎么去反驳对方的观点？许多人都会给出肯定的答案，这更说明人们的心灵缺乏倾听。

当意识到这些问题的根源在于自己的自私后，你是不是该克制一下自己说的欲望，更多地倾听他人的想法？而如何倾听也是一门艺术。聆听有两种，一种是用耳朵听，另一种是用心听。如果我们能全心全意地调动起所有的感官整体投入地去听，就不必管耳朵听或不听的问题了。

然而，我们的聆听通常掺杂着各种各样的动机。那个动机有时候表现得很明显，有时候又很隐秘。比如，我们听别人说话，常常先入为主地认为不可能有太多收获。我们高兴的时候就认真地听，不高兴的时候就敷衍了事；别人说的话对我们有利，我们就欣然接受，别人说的话是在贬低我们，那么我们就一概拒绝。在这样的情况下去倾听，我们往往难以全面地认识他人，更难以全面地认识世界。只有当我们完全不带着任何目的去倾听，不被任何事物限制，我们的心才会变得无比自由，它会非常敏锐、活泼、轻盈。所以思考一下你究竟为什么听别人说话，以及你究竟在听什么，是非常重要的事。

聆听大自然亦是如此，不能带着选择和评判去听。无论是鸟叫声、蟋蟀声、风声、流水声，还是小草发芽、花儿开放的声音，都各有各的美。你只要安静地坐着，保持一颗静谧之心，不必刻意集中注意力，就能够听到所有的声音。你会发现，你的内心正在发生着惊人的变化，能够感受到一股轻松、愉悦、纯粹的力量涌上心田，使自己进入到一种安静祥和的冥想状态。

如果我们能全心全意地听，那听的本身便是一件最重要、最神奇的事，它能使我们的心产生惊人的转变，为我们的生活带来更多的快乐。

没有选择地觉知

我们每天都会遇到无数的人，和他们交谈、讨论、合作、争吵，但是我们是否真的在客观、不抱偏见地和对方接触？我们是不是常常喜欢或讨厌某个人，对某件事情感到很赞同或很反感？我们的头脑从不间断地闪过无数个千变万化的念头，还有那些没被我们意识到的思想，一旦我们发现它是可耻的、下流的、龌龊的想法时，就会谴责并努力地去压制，使自己摆脱那样的意念。认识和觉知是两个不同的东西，这些带有自我选择和判断的认识并不是觉知，而我们真正需要的是没有选择的觉知。

要查看事实就是要有觉知。在这个觉知中，应该尽量客观、没有选择、没有谴责、没有好恶地去观察，只是如实地面对事物的状态，让头脑去没有选择地接受一切。觉知是一个完整的过程，而不是分裂和对比的。在接触的过程中不带背景地去观照，不用植物学的眼光去看一朵花时，就会看到花的整体。但是，如果我们的头脑完全采用有关花的植物学的知识，那么我们并不是整体地在看这朵花。在这种敏感的觉知中，没有选择，也没有评判。

觉知意味着毫无选择的敏感性，对我们周围的河流、山川和树木的敏感，对坐在我们身边的人敏感，对我们朋友或爱人的不安敏感。无论我们看到天空划过小鸟的痕迹，还是闻到路边野花的芬芳，都能去感受自然的美丽和自由的心情，从而忘掉所有的烦恼和不快。同时，我们不仅要有外在的觉知，而且也要对心理过程、内在的紧张和冲突有觉知。一旦我们想到自己内在的冲突，我们就会谴责或者辩护。如果觉知之中带着选择性，那么我们就是在阻碍自己的观察和认识。但如果觉知之中没有选择性，那么一切事物都会被揭露出来，包括我们最深的恐惧、冲动及秘密需求。不认同也不反对地觉知我们自身的思想和感觉，以及外界的一切事物，就不会单调乏味和痛苦不堪。

觉知的过程是完整的、狂喜的、喜悦的。我们觉知到每天的生活、我们的思想和行为，以及他人，我们饶有兴趣地静静观察所有的一切，并产生了对所有一切的深深的爱。我们了解自己的全部，包括每一个感觉和情绪，无论是快乐的还是忧郁的，我们都能毫无保留地敞开自己，进而以相同的方式去了解整个世界。因此，我们就进入了越来越广阔的领域，那里没有压抑和隐藏，只有无限的自由和单纯。

怎样才能够没有选择地觉知？时间和练习都不能帮助我们做到这点。如果我们允许思想和练习，那么我们就不是敏感的。敏感不需要去培养，而仅仅是通过突然的灵感和冲动就能够捕捉得到。它是一瞬间所释放出来的能量，像春天般的花儿自由地怒放，里面有狂喜、愉悦和单纯。

我们应该放下自己的身份，抛开我们在社会中各种各样职务上的头衔和姿态，不要去想过去，也不要去保留关于他人的印象，尽量避免对事物怀有偏见。如果我们带着既定的印象去看他人和外界的事物，就无法觉知任何东西了。我们的妻子、朋友、同事，都是长年累积下来的经验累积的记忆，是一片片被选择之后剩下的残缺片段和僵死印象，而并不是活生生的那个人。因为念头、象征或见解都会阻碍我们观察，所以要想认识自己，就不能有先入为主的想法、知识、象征或印象，这样我们才能在每个当下没有选择地、真实地觉知了。

第二章

释放心灵，延长
自己的生命长度

和自己的心灵来一场对话

正视心灵中的阴影

心灵的阴影包括许多内容：胆怯、贪婪、恼怒、自私、懒惰、丑陋、轻浮、脆弱、报复心、控制欲……总之，那些存在于我们身上，我们又极力掩饰和压抑的特质，全都属于心灵阴影的范畴。

这些特质并不会因为我们的否认而消失，只会在潜意识中隐匿起来，悄悄影响我们对自己的认同感。当我们偶然接触到自身阴暗面的时候，第一反应往往是想要逃避，想撇清与这些消极特质的关系，哪怕花费大量的时间和金钱也在所不惜。然而，恰恰是这些特质最需要我们去关注，因为面对与改变它们，可以给我们带来最宝贵的收获。

如果我们故意忽视消极特质的存在，它们就会以各种形式尽量唤起我们的注意，当我们的注意力稍微松懈的时候，它们就会立即从潜意识里重新浮现出来。为了压抑它们，我们就需要付出大量的精力，而这种付出完全没有意义。

诗人罗伯特·布莱把阴影形容为"每个人背上负着的隐形包裹"。布莱认为，在生命的前几十年里，人们总是把越来越多的东西塞进包裹里，努力想把包裹填满；而在生命的后几十年里，又会努力把包裹清空，以减轻肩上的负担。

大多数人都对自己内心的阴暗面感到恐惧，不愿正面以对，殊不知，只有拥抱心灵的阴影，找回完整的自我，我们才能获得真正充实幸福的生活。把知识和经验混为一谈，或许是信息时代人们最大的误区。我们往往觉得自己知道某件事情，就不愿去切身体验。对内心阴暗面的探寻，并不是知性的活动，而是用心去体验、去感觉的过程。许多人参加过心理培训课程之后，觉得自己已经什么都知道了，但是他们并没有用心去体验自我，所以也就难以获得任何实质性的收获。要追求光明，就必须体验阴暗；要追求自由，就必须体验完整的自我。这样的体验过程并不是一蹴而就的，而必须是长期的、连续的。不管你承不承认，你的内心必然有阴影，任何人都避免不了。如果你意识不到这一点的话，不妨问问你的家人、朋友，让他们把你心中的阴影指给你看。我们总以为自己可以把阴暗面掩饰得天衣无缝，但是那些被我们刻意压抑的特质，总能找到机会显露出来，让周围的人们看见。

承认和接纳完整的自我，意味着平等对待自己的每一项特质，既不刻意彰显，也不刻意压抑。单是大声说出来"我知道我的控制欲很强"并不够，还必须了解控制欲能给我们带来什么，接受它的馈赠，用包容的眼光来看待它。

很多人以为，天赐的东西必然是完美的。实际情况并非如此。要达到天人合一的境界，就必须拥有完整的自我，而完整是美与丑、善与恶、积极与消极的调和。只有接纳了自己内心的阴影，我们才能得到它的馈赠。

小时候的我们会常常听大人们说，世界上的人可以分为好人和坏人两种。像大多数孩子一样，我们总是努力表现自己好的特质，把那些坏的特质掩藏起来，不让长辈和其他亲人乃至周围的人们发现。随着年龄的增长，越来越多的人进入了我们的生活，我们需要掩饰的东西也就越来越多。

总有人对我们说，不要生气，不要自私，不要小心眼，不要贪得无厌。不要，不要，不要……我们越来越觉得自己一定是个坏人。我们下定决心彻底改掉这些"缺点"。于是就开始努力。努力的结果是，我们逐渐淡忘了这些"缺点"的存在。淡忘的结果是，它们内化成了我们心中的阴影。

等我们长到十几岁的时候，内心的阴影已经在潜意识中埋藏得如此之深，以至于我们整个人都变成了一颗定时炸弹，消极的因素随时都有可能爆发出来。在压抑缺点的同时，我们也压抑了与它们对立的那些优点。我们感觉不到自己的美，因为花了太多的精力掩饰自己的丑。我们无法以自己的慷慨为荣，因为这慷慨不过是掩饰贪婪的幌子。我们撒谎欺骗别人，也欺骗自己，与自己的内心世界完全断绝了联系。

我们花了太多的精力来掩饰自己的缺点，所以对于那些不小心把缺点暴露出来的人，我们总是十分鄙夷。于是，我们变得越来越愤世嫉俗，在我们看来，世界上根本没有好人，所有人都是坏蛋，整个世界就是一个糟糕的地方。

我们之所以要接纳和包容内心中的阴影，为的是找回完整的自我，结束生活中的痛苦，让自己不必再欺骗自己，也不必再欺骗整个世界。现代社会经常会给人一种假象，似乎只有完美的人才能得到幸福。许多人在追求完美的过程中损失惨重，却总是难以如愿。为了装出一副完美的样子，我们的身体、精神和心灵都承担着重压。我遇到过许多被病痛、失眠、抑郁症和人际关系问题所困扰的人，这些人从表面上看来都很完美——从不对别人发脾气，从不做任何自私的举动，甚至祈祷也是为了别人。其实，这些人并不是没有愤怒、私心和欲望，只是这些消极因素受到的压抑太严重，在他们的潜意识里隐藏得太深，以至于他们自己和别人都无法意识到它们的存在。他们从小接受的教育要求他们先人后己、无私奉献，因为"这才是好人应该做的"。结果，在努力做"好人"的同时，他们逐渐丧失了完整的自我。对于这些人来说，最重要的是从这种状况中解脱出来，重新认清自己。他们只有学会原谅自己，允许自己在适当的时候表现出私心和欲望，才能建立起真正的自尊和自爱。

我们每个人都具有积极与消极两方面的特质，我们必须承认这些特质的存在。善与恶、好与坏、光明与阴暗、强大与脆弱、诚实与欺瞒——我们的内心就是这些特质的矛盾统一体。如果你觉得自己太过脆弱，那你就需要寻找脆弱的对立面，让自己变得更有力量；如果你被恐惧困扰，就必须在内心中寻找勇气；如果你总是受人欺辱，那你就需要在内心中找出发生这种情况的原因。你必须敞开心扉，承认自己既有优点也有缺点，既有光明的一面也有阴暗的一面。只有从容接纳黑暗的人，才有资格接纳光明。

透视心灵，拥有完整的自我

约翰·威尔伍德在《爱与觉醒》中把人的内心世界比喻为一座城堡。想象一下，你的心是一座雄伟壮丽的城堡，里面有宽敞的走廊和数以千计的房间，每个房间都是完美的，每个房间都与别的房间截然不同，里面藏有一件独一无二的珍宝。每个房间都代表了你内心中的一种特质，整座城堡就是所有这些特质的统一体。小时候，你可以无所顾忌地进入每一个房间，无论房间里有些什么东西，你都会大胆踏进去。你的整个城堡沐浴在爱的光芒之中。

然后有一天，大人们进入了你的城堡，告诉你有几个房间并不完美，不应该作为城堡的一部分。他们说，要想让城堡变得完美，你必须把这些房间的门锁起来。你听信了他们的话，照他们所说的做了。随着年龄的增长，越来越多的人开始造访你的城堡，由于各种各样的原因，你锁上的门越来越多，城堡里不再是一片光明，而是出现了越来越多阴暗的角落。因为当你觉得房间里的东西达不到他人和自己的要求时，当你对房间里的东西感到恐惧或羞耻时，就会锁上房间的门。同时，你也会访问别人的城堡，如果发现自己所拥有的某个房间别人都没有，你就会把这个房间锁起来。而且，当你所信服的人告诉你某扇门应该锁上时，你就会照他们说的去做。

不知不觉间，你的城堡变得面目全非。你再也不能像小时候那样自由出入于每一个房间。有的房间过去曾让你感到自豪，而现在，你却巴不得让它们消失。你无法否认它们的存在，因为它们是城堡本身的一部分。然而，随着岁月的流逝，上锁的房门会被灰尘和蛛网湮没，你全然忘记了这些房间的存在。你甚至都没有意识到这一切的发生，因为别人总是给你提出各种各样的意见，告诉你一座完美的城堡应该是什么样的，在这一片嘈杂声中，你很容易忽视内心的声音。最后，你把自己心灵的活动空间限制在不多的几个房间里，全然忘记了城堡原本有多么大、心灵可以多么自由。

城堡中的每个房间，都对应了你内心中的一种特质，有积极的，也有消极的。爱与恨、美与丑、勇敢与怯懦、优雅与粗俗、无私与贪欲、健康与病弱，都存在于不同的房间之中。每个房间都是整座城堡不可或缺的一部分，并且每个房间都有与之对立的另一个房间。人们最大的幸运就是，不满足于在有限的几个狭小的房间里度过余生，而是本能地去探索、去寻找、去重新发现与开启那些上了锁、被我们遗忘的房间。

城堡的比喻是为了让人们认识到，自己的内心世界确实非常广阔。我们每个人的心都是如此，只要我们愿意敞开心扉，就可以看到内心城堡的全貌。我们往往不敢打开那些锁着的门，因为不知道门后面藏着什么，更害怕打开门发现自己所不能接受的东西。结果，我们不是去探索门后面的秘密，而是故意欺骗自己和别人，假装锁着的门和房间根本就不存在。但是，如果你真的想改变自己的生活现状，就必须克服心中的恐惧，走进城堡，把所有锁着的门一扇扇打开，去深入探索自己的内心世界，找回所有曾经被你遗弃的东西。只有这样，你才能重新拥有完整的自我。

否认会让情绪触电

投影是一种很有趣的心理现象，可惜绝大多数人都不了解其原理。我们会不自觉地用潜意识去影响周围的人，让他们表现出我们所压抑的特质和情感，或是把容易表现出这些特质和情感的人吸引到我们身边，这就是投影的机制。投影是人们潜意识的一种防御机制，因为我们的某些特质和情感受到了意识的压抑，它们无法在我们自己身上自由地表现出来，所以就只能诉诸他人和外物。例如，怀有强烈自卑感的人，往往会觉得周围的人都很自卑。当然，我们之所以会把消极的特质投影到某些特定的人身上，也是因为这些人本来就比较容易表现出这样的特质。这样的人最容易触发我们的潜意识，让我们把自己压抑的东西投影到他们身上。

换个角度来讲，我们在别人身上注意到的特质，都是我们自己所具有的。我们不妨打个这样一个比方：假设你的胸前有一块芯片，上面布满了成千上万个电极接口，每个接口都代表了你的一种特质。那些你所承认、所接纳的特质对应的接口，会被盖板保护起来，所以很安全，不会轻易漏电。但是那些你压抑、拒绝的特质对应的接口，则没有盖板的保护，当容易表现出这些特质的人接近我们时，他们身上的电极就会自动插进我们的接口，引起我们的注意。例如，如果我们刻意压抑自己心中的愤怒，就会把暴躁易怒的人吸引到我们身边。我们会一边压抑自己的愤怒，一边鄙视那些暴跳如雷的人。因为我们拒绝承认自己心中的愤怒，所以只能把愤怒投影到别人身上，只有这样，我们才有重新认识和接纳这种情感的机会。

对于我们投影到别人身上的消极特质，我们会感到本能的嫌恶。如果你觉得别人傲慢得令人讨厌，就说明你在刻意压抑自己心中的傲气——或许你在生活中经常会不自觉地表现出傲气，或者你拒绝承认自己在某些情况下会变得傲慢。如果你意识到自己对别人的傲慢非常反感，就必须仔细检视自己的生活、体察自己的内心，问自己这样的问题："我什么时候曾经傲慢过？我现在是否很傲慢？我将来是否有可能变得傲慢？"假如不经仔细思考就草率地给出否定的答案，那么这种态度本身就是傲慢的表现。如果你能够承认和接纳自己心中的傲慢，就不会对别人的傲慢感到非常反感，因为在你身上，傲慢的接口已经被盖板保护起来了。

不要成为伪装大师

印度灵性大师克里希那穆提曾说：我在自己年轻的时候，总是把大大咧咧、满不在乎的态度作为保护自己的黏土壳。似乎只要对自己说一句"这一切我都不在乎"，什么样的事情都可以挺过去。当我开始探索自己的内心世界时，这层黏土就裂开了一条缝隙，让我得以窥见里面金子的颜色。然而，只有当我学会理解这层黏土存在的意义，以及它的具体成分——我用来保护自己的各种观念和情感时，才能最终打破它，让内心世界重放光芒。

其实，每个人的心中都有这样的粘土壳，你心中的黏土壳，就是你用来展示给别人看的那层面具。藏在面具之下的那些特质，就是你内心的阴影。阴影的内容，往往与我们所展示给别人的面具截然相反。有些人表面上无比坚强，内心却非常敏感；有些人表面上风趣幽默，内心却非常悲观；有些人表面上和和气气，内心却非常暴躁；有些人表面上聪明伶俐，内心却总觉得自己非常愚蠢。许多时候，我们的面具实在太过完美，不仅骗过了别人，也骗过了我们自己。要想透过面具检视自己的内心世界，我们必须首先意识到这一点。当我们感到不满意、不高兴、不痛快的时候，就是我们的面具与内心阴影在相互冲突。

要想改变这种冲突与矛盾的生活现状，我们必须首先改变自己对面具所持有的错误观念。我们必须承认面具本身的积极意义——它保护我们的心灵免遭伤害，而不应该一味把面具当成妨碍自己实现梦想的阻力。毕竟，我们展示给别人的面具也是自己的一个方面，也是我们内心世界的一部分。

疾病是一种身体语言

疾病是一种身体语言，是我们和自己的身体进行对话的一个途径。有位心理学家曾这样描述过自己的经历：

有一天下午，我出诊去看一位病人，开车回来的途中，胃里突然产生痉挛性的疼痛。一般人认为，胃痛的原因，可能是吃错东西、消化不良或情绪过度紧张。不，那时我觉察到自己的胃痛属于另一种状态。于是我问我的胃："你想告诉我什么？一定有很重要的事情，是我没有注意到的，所以你想提醒我，对不对？"

后来，我就在心里收到它想说的话——当然，它没有对我说："亲爱的！我是你的胃，我现在要告诉你的是……"而是收到了一些信息——你陷入了一种矛盾的状态。

事实上，我当天出诊的病人家境艰难，但他又想请一位菲佣，因此，他希望我帮他开具诊断书，想用诊断书申请残障手册，获得生活补助。我很想帮忙，可是在当时的医疗制度下，申请的条件愈趋严格。碍于法令规定，我犹豫不决，因此产生许多矛盾。那时，我假装矛盾不存在，表面上看起来很平静，可是内心已经有了潜在的焦虑。

于是我的胃告诉我："我帮你承受焦虑情绪无所谓，但你还是要去面对问题！否则到时不管你同意还是拒绝他，彼此都会受到伤害。"当接收到这个信息后，我就告诉我的胃："谢谢你，你真是一个仁慈的胃！不仅要为主人消化食物，还得承担主人的情绪。"

我们的胃不只是为了生理上的需要而分泌胃酸，或帮忙把食物消化。有时为了安定情绪、平衡心志，它也会"说话"，向我们发出警告。

身体的每一个器官都是我们忠诚的朋友。如果你吸食毒品，朋友会不顾一切地阻止你，可那时的你会觉得这样下去必将自我毁灭吗？可能不会。如果你打算去抢劫，朋友清楚你一定会沦落到不是逃亡就是死亡的下场，必然想尽办法阻止你，也许整夜劝你，不让你睡觉，以致你头昏眼花，无法加入同伙的行列，或把你反锁在房里，让你出不了门。身体正是这样的一个朋友！

身体是主动而有智慧的，也是人们最忠实的朋友，它帮助我们健康地成长。身体上的生理、病理现象，都是身体语言，只因自我常忽略心灵的智慧和忠告，所以心灵才会通过身体传达信息给我们。从这个角度看，身体上任何和疾病有关的征兆，都是我们的心灵在试图与我们的意识对话。

比如那位心理学家突如其来的胃痛，是心灵在对他发出警告："你现在遇到了冲突，你想帮助他，又担心会触犯法令，以致心里失去往日的平静。你应该要去面对这件事，寻求可行的方式解决。"正如案例中的那位心理学家所言，如果不是因为心灵通过胃痛向他传达讯息、发出警告，那么他将无法真正面对此事。

我们的身体永远为了自己最大的利益作打算，为了我们的最佳状态而运作，因此身体的绝大部分疾病都可以诠释成一种心灵的语言。事实上，我们的身体一天到晚呵护备至照顾着我们，想尽办法让你的生活质量维持良好状态，它通过各式各样的信息提醒我们：你绝对不是在孤军奋战。

可是，大多数人忽视了身体想要传达给我们的信息，认为身体不过是一台精巧的机器，稍不留神就会感冒，甚至得糖尿病、高血压或是癌症等较严重的疾病。但是我们的身体不是一个被动的机械装置，它有能力能动地降低不利因素对我们的影响与伤害，当它表现出异常时，肯定是不利因素超过了我们的身体的承受能力，所以我们应该对身体语言予以重视。

疾病是一种身体语言。每个人的身体永远都是为人们的最大利益作考量，它对人们绝对百分之百忠实，时刻为你的身心平衡而运作。

自恋是心理失调的一种表现

拉·洛克福库德说过："自恋是比世界上最善于欺骗的人更加善于欺骗。"

《韦伯斯特辞典》把自恋界定为第六种贪得无厌的情感。自恋是人们心理失调的一种表现，具有自恋心态的人唯我独尊，爱惜自己达到了病态的程度。只愿享受，不愿付出；只要求权利，不愿尽义务；只追求权力，不愿负责任；只相信自己，不相信他人；只爱自己，不爱他人……凡此种种，都是自恋心态的表现。因此，自恋的人很难与他人发展出任何有意义的人际关系，容易陷入孤独之中。自恋和孤独，经常如影随形地结伴出现。此外，还可能与自恋结伴而行的，是自卑和忧郁。

莎士比亚在其喜剧著作《第十二夜》第一幕第五场中描写了这样一幕：

在希腊神话之中，有一名美少年叫做纳西瑟斯。某日，口干舌燥的他来到森林深处，发现一潭清冽之泉。当他弯下身探近水面时，发现水精灵也正探出美丽的面庞，仿佛注视着他。因此，纳西瑟斯情不自禁地爱上了泉水里的美丽精灵。事实上，那只是他自己在水中的影子，但纳西瑟斯却不知道自己一直深深爱着的水精灵其实就是自己的倒影。他整日在水边流连，最后终于溺死水畔。不久，泉水边开出一朵清雅的花儿，这就是纳西瑟斯的化身——水仙。

莎士比亚在这里明确地阐明了一个心理学概念——自恋。文章中的纳西瑟斯是一个典型的自恋狂。由于缺乏安全感，他贬低身边所有的人以突显自己，结果完全没有人喜欢他，而这就进一步加深了他的不安全感，使他更不快乐了。他从自己的身边找不到快乐，也无法与他人正常相处，这种情形给他带来了不少困惑，最终限制了他的思想和情感。

一个极度自恋的人，常常以自我为中心，常常觉得少了他们，地球就不会转动。虽然我们倡导人人都应该爱自己，但是爱得过度就危险了。自恋者嗜好自我欣赏，又很在乎别人是否关注自己，并且期望得到别人的认同或赞美，但因为缺少与他人正常沟通的能力，所以活得很辛苦。

在极端自恋者心中，他只把自己当作人，而其他人都是"物"。他只关注自己的感受和利益，对其他人或其他生物严重缺乏同情心，"感同身受"对他们来讲是非常陌生的，这使得他可以毫不犹豫地去伤害其他人或其他生物。

极端自恋者心中有一个幻觉：他是完美的，天上地下唯他独尊。他是永远正确的，如果事情有什么不对，那一定是别人的错。这种完美的幻觉是极端自恋者最核心的心理机制，他会尽一切努力去维护这个完美幻觉。但是，来自最亲密的人，譬如恋人的挑战会极大地冲击甚至颠覆这种幻觉，这让极端自恋者产生恐惧，所以不惜以杀人的方式去阻止这种冲击与颠覆的发生。

既然极端自恋者把自己当作完美的，那么在他们的观念里，一切责任只能是由别人来负，而自己没有丝毫不是。所以，一旦遭遇到重大挫折，极端自恋者必然会为自己的挫折寻找责任人和替罪羊。亲密关系中的挫折是极端自恋者最在乎的，而恋人、配偶或情敌无疑是他们最容易找到的责任人和替罪羊。不过，因为特别在乎亲密关系，极端自恋者则更倾向于先去寻找其他的替罪羊，譬如情敌。

莎士比亚在其喜剧《第十二夜》中为人们提供了最好治疗自恋的药方，那便是慷慨、坦荡的品质和开朗的个性。莎士比亚用他反复提及的慷慨、仁慈和无私的主题来提醒我们：当对自己的关心不再处于优先的地位，生活的烦恼就会离我们而去，高山会变成平地，河川也会改变河道。只有用慷慨、坦荡、开朗这些积极因素来平衡心理上的过分自恋，自恋者才有可能摆脱心理失衡的状态，从而改变自恋的心态，能够尊重与关注他人，与他人正常交往。

及时清空心灵的垃圾

每过一段时间，我们都要清理一番家里的物品，有保存价值的留下、意义不大的就把它们卖掉，甚至干脆扔进垃圾桶。这种清理让人感到无比快乐，每做一次就让人有一种丢掉了包袱的轻松感。

人的心灵其实也像一个家，它的容量也是有限的。不管你名气有多大，职位有多高，也不管你拥有多少金银财宝，你都无法突破这种限定。而人生在世难免有挫折、失败和不幸，也难免有烦恼、寂寞和孤独，这些东西就像旧书报和废手稿一样，它们于你的人生毫无用处，却侵占了大量的生命空间，如果不及时清理掉，它们就会慢慢膨胀，让你的心灵备受困扰。

一位气色很差的年轻人去看医生，他向医生抱怨生活的无趣。诊断后，医生发现他的身体毫无问题，觉察到他的内心有问题。医生就问年轻人："你最喜欢去哪个地方？""我喜欢海边，不过已经很久没有去过了。"年轻人回答。医生于是说："拿这三个处方到海边去，你必须在早上9点，中午12点和下午3点分别打开这三个处方。你必须同意遵照处方，不到时间不得打开。"

这位年轻人身心俱疲地拿着处方来到了海边。他抵达时刚好9点，他赶紧打开处方，上面写道："专心倾听。"他开始用耳朵去注意听，不久就听到了以往从未听见过的声音——他听到了波浪声，听到了不同的海鸟的叫声，听到了沙蟹的爬动声，甚至听到了海风的低诉。他感到一个崭新、令人迷恋的世界向他展开双臂，这使他安静下来，他开始沉思、放松。

中午时分，他已陶醉其中，很不情愿地打开第二个处方，上面写道："回想。"于是他回想起儿时在海滨嬉戏，与家人一起拾贝壳的情景……怀旧之情泪泪而来。

到下午3点时，他正沉醉在尘封的往事中，温暖与喜悦的感受使他不愿去打开最后一个处方，但他还是拆开了。"回顾你的动机。"他开始自省，回想生活工作中的每件事、每种状况、每个人。他很痛苦地发现所有的抱怨只不过是自己的负面情绪使然，对工作和生活的抱怨使得自己错失了很多美好的东西。他终于找到了自己不开心的真正原因。

现实生活中，有些人好像从来就没有过顺心的事或顺利的时候，任何时候你与他在一起，都会听到他不停地抱怨。他们把每一件不顺心、不如意的小事都堆积在心里、挂在嘴边，搞得自己的心态和情绪都很糟。在这样一种状态下，他们自己很烦躁，也把别人搞得很厌烦。

"万事如意"不过是人们对生活的良好祝愿，是很难实现的。人生不如意之事十有八九，现实生活中，人们所面对的总是一些不尽完美的事情。我们虽不可能保证事事顺遂，但可以做到坦然面对，该放则放，不要把一些"垃圾"堆积在心里，把乌云挂在脸上，把牢骚挂在嘴边，否则你就会变成不受欢迎的人。

心灵不是堆积"垃圾"的地方，否则对自己负面影响极大，因此我们必须及时清空自己的坏情绪。对情绪的控制完全可以取决于我们自己，积极主动地去面对于解决问题，就能使得我们的情绪不会被别人所左右。很多乐观的人并不是万事顺遂，而是他们都善于控制自己的情绪，让自己活在快乐之中。人生在世，总会遇到很多悲伤与痛苦，如果不能掌控自己的情绪，我们就会成为负面情绪的奴隶。斯摩尔曾经说过："做情绪的主人，驾驭和把握自己的方向。"

那么，我们要如何清空自己的坏情绪呢？总结前人的经验，我们归纳出以下可供选用的方法：

说出你的想法

如果确信别人的某个请求是不合理的，你应该说出来。例如，当人们请求你帮他们做事情而给你造成困扰时，你通常很难说"不"。首先，考虑一下你是否能够做，或者愿意做他们要求你做的事情。如果你不能做或不想做，就要学会委婉有效地拒绝他人的请求。

避免争执

每个人都可能遇到过与朋友、家人或同事在某个问题上出现意见分歧或发生冲突的情况。这种情况下，争执会给我们带来严重的负面情绪，但冷静、克制会帮助我们缓解与克服这种负面情绪。

自我激励

承认你能从错误中吸取教训，下一次更正。告诉自己："我已经做得很好，对我来说已经足够好了。""金无足赤，人无完人。""即使我失败了，人们仍会喜欢我。"这些积极的自我激励和暗示，能够帮助我们克服挫折和失败带来的负面情绪对自己的消极影响，积极地面对与解决问题。

不要让错误成为心中永远的疙瘩

世界上没有完美的人，我们每个人都会犯错误。所以如果我们做错了事，就要认真地找出原因，吸取教训，争取今后不再犯同样的错误就好了。而不应该时刻纠结于过去的错误，陷入负面情绪里难以自拔，甚至因此影响了正常工作与生活，就后悔莫及了。

学会过好每一天

要过好每一天，我们就要学会计算自己的幸福、计算自己做对的事情，而不是关注那些不幸和失误。我们要在计算中懂得取舍，世界上的事情总是有舍才有得，而一点都不肯舍或样样都想得到则只会导致一事无成。

学会正视现实

面对无法改变的事实，最好的办法就是客观地去接受它。不管发生什么事情，哪怕是天大的事情，也要对自己说："不要紧！"风雨之后总会有彩虹，天不会总是阴的。自然界是这样，生活也是这样。请记住：正视现实和积极乐观的态度，是解决任何问题、战胜任何困难的第一步。

平衡心灵的秤杆

一个人的内心往往会关系到他的命运，人们要想时刻都过得愉快，那就得让自己的内心永远都在自己的掌控之中。你拥有什么样的内心，就拥有什么样的生活能量，这种能量将决定你是否能获得幸福的人生。

有人把世界上的人分为两种：幸福的人和不幸的人。这两种人在本质上并没有什么区别，只是他们在日常生活中所拥有的心情不同，准确地说，是对内心的控制能力有所不同。那些幸福的人，并不是他们的人生道路是多么一帆风顺，也不是他们的能力有多么超群，只是因为他们善于控制自己的内心，能在狂风暴雨中看到美丽的彩虹，甚至能在一败涂地中预见到美好的将来，并时刻保持一种良好的心理状态，不因为暂时的困厄而沮丧甚至自暴自弃。

相反，一个不幸福的人，也并不是真的像他们所说的那样缺少运气，甚至像某些人认为的那样"老天无眼"，没有保佑自己，原因仅仅是这种人不会控制自己的内心，任自己的负面情绪跟随发生的事情恣意放纵。

总而言之，幸与不幸就在两个字——内心。内心处于平衡状态，人们就会感到幸福；相反，则感觉不幸福。平衡的内心是指一个人能够控制自己的思维和情绪，使自己处于一个良好的心理状态，能够冷静平和地看待事物。生活中的非理性因素实在是太多了，以至于我们常常会因为这些非理性因素的影响而控制不住自己的内心，导致了一些原本不该发生的事情。经过分析，这些困扰人类多年的非理性因素有如下几种：嫉妒、愤怒、恐惧、抑郁、紧张，还有狂躁和猜疑。这些都是再平常不过的心理因素了，然而这些看似平常的心理因素，却往往可以决定一个人的成败得失。

一位哲人曾经说过：一个人的内心就是一个人真正的主人，要么你去驾驭生命，要么是生命驾驭你，而你的内心将决定谁是坐骑，谁是骑师。平衡的心态有利于人们实现更多的自我价值，相反，失衡的心态则会妨碍自我价值的实现。

一个乐观开朗的人，他做事一定是很积极的，不管是工作中还是在生活上，都能很好地完成任务、达到目标。因此在同样的时间里，这类人自我价值的实现也就相对比较多，自我价值实现得越多，自我肯定的成就感也就越强，这样就能拥有好的心情，形成一个良性循环。相反，一个悲观、抑郁的人，整天愁眉苦脸地面对生活，不管做什么事情都不积极，甚至错误百出，那么他的自我价值就会实现得越来越少，自我否定的因素就会不断增加，这样也就使他的心情更加消极抑郁，成了一个恶性循环。因此，有人说，积极的心态会创造幸福的人生，而消极的心态则让人生充满阴霾。

曾经有两个人在沙漠的黑夜中行走，水壶中的水早就喝完了，两人又累又饿，体力渐渐不支了。在休息的时候，其中一个人问另一个人："现在你能看到什么？"被问的那个人回答道："我现在似乎看到了死亡，似乎看到死神在一步一步地靠近。"发问的人却微微一笑，说："我现在看到的是满天的星星和我的妻子、儿女等待我回家的脸庞。"

最后，那个说看到死亡的人真的死了，就在快要走出沙漠的时候，他用刀子匆匆结束了自己的生命，而另一个说看见星星和自己妻子、儿女脸庞的人，靠着星星的指示成功地走出了沙漠，并成为了人们心目中的英雄。

人们在生活和工作中面临着太多的问题，忙碌在发现、遭遇和解决问题的途中，于是，在与旁人的不断比较中，就容易出现心理失衡。

面对心理失衡，我们需要的是心理补偿。综观古今中外的强者，其成功的秘诀就在于善于调节心理的失衡状态，通过心理补偿逐渐恢复平衡，直至增加建设性的心理能量。

有人打了一个颇为形象的比方：人好似一架天平，左边是心理补偿功能，右边是消极情绪和心理压力。你能在多大程度上加重补偿功能的砝码而达到心理平衡，你就能在多大程度上拥有了时间和精力，信心百倍地去从事那些有待你完成的任务，并有充分的乐趣去享受人生。

那么，我们应该如何去加重自己心理天平上心理补偿的砝码呢？

首先，要有正确的自我评价。情绪是伴随着自我评价与需求的满足状态而变化的。所以，人们要学会随时正确地评价自己。有的青少年就是由于某些需求得不到满足，得不到肯定的自我评价，加上未能进行必要的反思、调整自我要求与客观现实之间的距离，因而始终处于郁闷或怨恨状态，甚至悲观厌世，最后走上绝路。由此可见，人一定要学会正确估量自己，对事情的期望值不能过分高于现实。当某些期望不能得到满足时，要善于劝慰和说服自己，不要为之过于遗憾。生活中处处有遗憾，也处处有希望，希望安慰着遗憾，而遗憾又充实了希望。正如法国作家大仲马所说："人生是一串由无数小烦恼组成的念珠，达观的人是笑着数完这串念珠的。"从这种意义上来说，没有遗憾的生活，才是人生最大的遗憾。

为了能有自知之明，人们需要正确地对待他人的评价。因此，经常与别人交流思想，得到他人的指导和帮助，是人们求得心理补偿的有效手段。

其次，必须意识到你所遇到的烦恼是生活中难免的。心理补偿是建立在理智基础之上的。人都有七情六欲，遇到不痛快的事自然不会麻木不仁。不理智的人喜欢抱屈、发牢骚，到处辩解、诉苦，好像这样就能摆脱痛苦。其实这往往是白费时间，现实还是现实。明智的人勇于承认与面对现实，既不幻想挫折和苦恼会突然消失，也不追悔当初该如何，而是认为人生中本就会有很多不如意，并非是老天跟自己过不去。这样，挫折带来的心理压力就会减轻，从而能够使自己尽快平静下来，客观地对事情作出分析，总结经验教训，积极寻求解决的办法。

再次，在挫折面前要适当进行心理调节，这有助于我们在逆境中进行心理补偿。例如，实验失败了，要想到失败乃是成功之母；若被人误解或诽谤，不妨想想"在骂声中成长"的道理。

最后，在做心理补偿时也要注意，自我宽慰不等于放任自流和为错误辩解。一个真正的达观者，往往是对自己的缺点和错误最无情的批判者，也是敢于严格要求自己的进取者和乐于向自我挑战的人。

给予自己积极的暗示

在每个人的生命中，每天都会发生各种各样的事情，这些事情就像我们生命中的坐标一样，它们或深或浅或明媚或黯淡的色调，构成了我们的人生画卷。

尽管在人生的岁月里，起伏不定常常带给人们不安全感。但是，只要我们面临这些变化时多给自己一些积极的心理暗示，以有一颗强大乐观的心去面对，想方设法去解决问题、改变不满意的状况，再大的磨难也无法压垮我们。

1960年，哈佛大学的罗森塔尔博士曾在加州一所学校做过一个著名的实验。

新学期刚开始，校长对两位教师说："根据过去三四年来的教学表现，你们是本校最好的教师。为了奖励你们，今年学校特地挑选了一些最聪明的学生给你们教。记住，这些学生的智商比同龄的孩子都要高。"校长再三叮咛：要像平常一样教他们，不要让孩子或家长知道他们是被特意挑选出来的。这两位教师非常高兴，更加努力教学了。

一年之后，这两个班级的学生成绩是全校中最优秀的。知道结果后，校长告诉这两位教师真相：他们所教的这些学生智商并不比别的学生高。这两位教师哪里会料到事情是这样的，只得庆幸是自己教得好了。

随后，校长又告诉他们另一个真相：他们两个也不是本校最好的教师，而是在教师中随机抽出来的。

这两位教师相信自己是全校最好的老师，也相信他们的学生是全校最好的学生，这种积极的心理暗示，才使教师和学生都产生了一种努力改变自我、完善自我的进步动力。这种企盼促使他们将美好的愿望变成现实，这就是心理暗示的积极作用。

心理暗示是我们日常生活中最常见的心理现象，它是人或环境以非常自然的方式向个体发出的信息，个体无意中接受这种信息，从而做出相应的反应的一种心理现象。暗示是在无心理对抗的情况下，通过议论、行动、表情、服饰或环境气氛，对人的心理和行为产生影响，使其接受有暗示作用的观点、意见或按暗示的方向去行动。暗示有着令人们不可抗拒和不可思议的巨大力量。

但是，心理暗示有积极的一面，也有消极的一面，不同的心理暗示必然导致人们不同的选择与行为，而不同的选择与行为必然会有不同的结果。有人曾说："一切的成就，一切的财富，都始于一个意念。"你习惯于在心理上进行什么样的自我暗示，就是决定你成与败的根本原因。你是成还是败，关键要看你从这两种性质截然不同的心理暗示中选择哪一面、使用哪一面。每个人都应该给自己以积极的心理暗示。任何时候，都别忘记对自己说一声："我天生就是奇迹。"本着上天所赐予我们的最伟大的生命馈赠，积极暗示自己，你便开始了成功的旅程。拿破仑·希尔给我们提供了一个自我暗示公式，他提醒渴望成功的人们：要不断地对自己说"在每一天，在我的生命里面，我都有进步"。

积极的自我暗示能让我们用一些更积极的思想和概念来替代过去陈旧的、否定性的思维模式，这是一种强有力的技巧，一种能在短时间内改变我们对生活的态度和期望的技巧。

我们可以通过有意识的积极自我暗示，将有益于成功的积极思想和意念作为成功的种子，拨洒到潜意识的土壤里，并促使我们在走向成功过程中减少因考虑不周和疏忽大意等招致的破坏性后果。

与自己的心灵对话

你懂得呵护自己的心灵，并时常与它对话吗？这个世界上，每个人都有缺陷，世界没有完美的人。不跟自己过不去，是一种精神的解脱，它会促使我们从容地走自己选择的道路，做自己喜欢的事。和自己的心灵对话，这既是对自己的爱护，又是对生命的珍惜。

曾有人问古希腊大学问家安提司泰尼："你从哲学中获得了什么呢？"答曰："同自己谈话的能力。"同自己对话的过程，就是发现自己的过程。通过与自己的对话，我们能够发现另一个更加真实的自己。

法国大文豪雨果说："人生是由一连串无聊的符号组成的。"的确，我们生活中的大多数时光都在很普通的日子里度过，但是有时看似很正常的生活插曲，又难免让我们有点儿浑噩、有点儿疲惫、有点儿怨恨……

所以，我们都希望有一个天底下最了解自己的人，能够坐下来静静倾听自己心灵的诉说，能够在熙来攘往的人群中为我们开辟一方心灵的净土。可面对芸芸众生，"欲将心事付瑶琴，弦断有谁听"？

事实上，我们自己就是自己最好的知音。世界上还有谁能比自己更了解自己呢？还有谁能比自己更能替自己保守秘密呢？当我们烦躁、无聊的时候，不妨试着和自己的心灵对话。

那时他刚刚参加工作，厂领导决定让他和其余5个年轻人去森林深处做护林员。他愉快地背着行李进驻到了莽莽原始森林的深处。

那是怎样原始而远离尘世的森林啊，每一棵树都生长了几百年，林间的落叶堆积得厚厚的，弥漫着一缕缕远古的腐殖质的腥臭，许多粗大的树干上都生满了斑斑驳驳的青苔。那些鹿和狼等动物还没有见识过人，它们对他一点也不害怕，只是好奇地远远望着他。他们每一个人看护的林地足有方圆30多千米那么大，林区没有一户人家，也没有一条路，到这里生活，他像突然被抛弃到了世界尽头，从现代社会里被剥离出来，一下子成了原始人。

临去之前，熟悉的人对他说，到原始森林里去生活，最重要的是要时常记住自己和自己说话，否则，三年五年过去，恐怕就连话也不会说了。他听了，心里很好笑，一个说了20多年话的人，怎么会突然不会说话了呢？但刚到这原始森林里生活了半个月，他就明白了，人们的告诫并不是危言耸听。因为这里远离尘世，没有人和他说话，他来了半个月，除了面对莽莽林野吼过几首歌，自己连半句话也没有说过。如果这样下去，总有一天，自己肯定会变成一个不会说话的哑巴。他害怕了，于是，他开始尝试着同自己说话。他对着自己的影子说："你好！"

后来，他对着大树滔滔不绝地说话，对着林间啁啾的小鸟说话，对林地里的小草和野花说话，对汩汩流淌的小溪说话。夜里，躺在窝棚里，他一个人对着自己的心灵说话。开始的时候，任他怎么说，自己的心灵只是那么默默地倾听，一句话也不说，一点反应都没有。过了一段时间，他发觉心灵会同自己对话了，就像一个耐心的朋友——有时他说话，他的心灵在倾听；有时他的心灵在说话，他的耳朵在倾听。

两年多后，他和其他4个护林员回到林场里，他惊讶地发现，除了自己，其余4个人已经不会说话了。别人同他们说话，他们只是沉默地瞪着眼睛听，然后不声不响地转身走了。但他不同，他不仅话语流畅，而且每句话都清新而充满哲思，后来他用笔把自己的话记录下来，成为字字珠玑的灵性散文，频频发表在报纸杂志上，他成了一位小有名气的作家。

人们很奇怪，同在大森林形影相吊地孤独生活，为什么那些人成了"哑巴"，而他却成了一位充满哲思的作家？当人们问他时，他笑笑说："因为我常常和自己的心灵对话，而他们却没有。"

是啊，哪一位伟人不是常常和自己的心灵对话呢？只有和自己的心灵对话，你才能够听到上帝的声音；只有和自己的心灵对话，你才能够听到生命和灵魂的声音；也只有和自己的心灵对话，你才能够常常自省，才能听见自己渐渐走近成功的声音。

让心灵退入自己的灵魂中，使自己与自己亲密接触，静下心来聆听来自心灵的声音，问问自己：我为何烦恼？为何不快？满意这样的生活吗？我的待人处世错在哪里？我是不是还要追求工作上的成就？我要的是自己现在这个样子吗？生命如果就这样走完，我会不会有遗憾？我被生活压垮或埋没了没有？人生至此，我得到了什么、失落了什么？我还想追求什么……

这样，在自己的天地里，通过与自己的对话，你可以慢慢修复自己受伤的尊严，可以毫无顾虑地"得意"，可以剖析自己、感动自己、征服自己。与自己对话，是成熟的体现，也是呵护、放飞与升华心灵的有效途径。

打开心门的四种秘密武器

研究表明，50%的幸福指数是由所谓的人类与生俱来的幸福"设置点"来决定的，10%是由我们生活的环境来决定的，而剩下的40%则完全是由我们自己来决定的——做事的方式、抗压能力、选择如何度过一生，等等。

我们完全可以靠自己的力量来提高幸福指数。通过改变认识事物的方式，就可以让你内心的声音变得更加积极……

享受生活，找到活着的目标，就会使你在情感这所房子里的每一个房间都感觉很快乐（将你的生活比喻成一个大房子，不同的房间代表着生活中不同的区域：卧室代表浪漫，办公室代表工作和金钱，客厅代表友谊，等等）。改变一下以往作决定时的方式，便会在一定程度上提高幸福指数。适当调整心态或者看待事情的角度，对于提高自己的幸福指数是很有意义的。当以下4种习惯融入我们的生活中时，我们就一定可以收获更大的快乐。

奉献太多并不好

航空公司告诉乘客：一旦发生危险，先戴上氧气罩再去帮助旁边的人，这无疑是正确的。这不是自私，而是自我保护。在日常生活中帮助别人也是一样，需要先保护自己、确保自己具有帮助他人的能力。

给予很伟大，尤其是付出时间的时候，但是有时候太多的给予只会被白白浪费，无法对任何人产生好处。当我们明白这点时，应该坚决地对要求自己做无谓贡献的人说"不"。要为自己腾出时间来培养兴趣爱好，总之要做一些让自己开心的事。只有当我们有能量的时候，才是合格的奉献者。所以，无论是参加集体活动、晚饭后出去散步、早上起来游泳、在家中读报纸，还是做其他一些自己感兴趣的事情，都会使我们重新焕发光彩。

要想更好地生活、工作并为他人提供帮助，我们就必须学会减轻自己的压力，太多的"你应该"必须被更多的"我想要"来代替。我们应该这样想：只有自己足够强大了，才能更好地帮助别人。内心的我与外在的我是同样重要的。要时刻谨记自己的底线，只有保持理智和快乐，才有利于身心健康。

享受当下这一刻

当我们还是小孩的时候，可能最喜欢享受漫长的下午，和小伙伴们在操场上玩，而妈妈和她的朋友们就这样看着我们。假如我们有足够的时间去探索那里的每一寸土地，多自由！那一定会是每个人童年生活中最快乐的时光。但现在，我们是否能这样耐心地享受和孩子在一起的时光，而不是急匆匆地催促他们？对于自己的事情，我们是否也都是停不下来的快节奏呢？我们不妨偶尔在去公园的路上停下来弯腰去看看毛毛虫，这可能远比匆匆赶到公园荡秋千有趣。慢下来，用心去享受每一刻时光，这会使你在心满意足的同时对生活具有支配感，因此很容易能够萌生幸福感。

给自己空间和时间

无论你周围有多少人，每个人每天都需要有私人的时间和空间来调整自己。时间是自己给自己的唯一礼物，这个礼物可以使我们更加快乐，忘却痛苦。它不会花费你任何东西或要求你们去任何地方。

即使是小孩子，也需要拥有自己的时间与空间来关照自身。更何况每天承载着诸多压力的我们呢？我们可以在游泳或者慢跑时享受自己特有的时间。在那些平静的时刻，驱除所有的烦恼，只想象能让自己快乐的事情。

发生冲突没有关系

有一件事情我们需要学会：当人们与我们就某件事有不同意见，或者亲友之间生气时，最艰难的事情就是把那人叫出来，然后一起讨论这个问题。

但是，一旦我们这样做了，就会感觉释然。当我们和同伴一起谈论这件事时，要告诉他：他对你来说很重要，而且你想要打破这种僵局。在谈论过程中，我们不要再责备对方，并让对方知道我们自己对此事感到很愧疚，或者告诉对方自己在这件事中受到的伤害；要仔细听对方讲完自己的意见，再阐述自己的观点。

研究表明：与朋友进行良好的沟通，对于维持友谊和提高自身幸福感尤其重要。孔子曰：君子和而不同。我们的意见不需要与朋友完全相同，只要找出彼此意见中相同的部分和不同的部分，通过沟通与朋友保持不同意见并向对方学习，这对于维系和谐的交往和深厚的友谊是必要的。

生活方式决定生命的长度

放弃生活中的"第四个面包"

非洲草原上的狮子吃饱以后，即使羚羊从身边经过，也懒得抬一下眼皮。瑞士奶牛也是一样，只要解决了吃饭问题，它就会闲卧在阿尔卑斯山的斜坡上，一边享受温暖的阳光，一边慢条斯理地反刍。

有一位作家非常赞赏瑞士奶牛和非洲狮子的生存哲学，他说，假如你的饭量是3个面包，那么你为第4个面包所做的一切努力都是愚蠢的。

王立有一个做医生的朋友，几年前到一个宾馆去开会，一眼瞥见领班小姐，貌若天仙，便上前搭讪。小姐莞尔一笑，用一种很不经意的口气说："先生，没看见你开车来哦。"这位朋友当即如五雷轰顶，大受刺激，从此立志加入有车族。

后来他们在一起吃饭，几杯酒下肚之后，这位朋友告诉王立，准备把开了一年的小面包卖掉，换一部新款的高档轿车。然后又问王立买车了没有。王立老老实实地回答"还没有"，而且称在看得见的将来也没有这种可能性。他同情地看着王立："唉！一个男人，这一辈子如果没有开过车，那实在是太不幸了。"

这顿饭让王立吃得很惶惑。因为按他目前的收入水平，买部好车，他得不吃不喝地攒上好几年。更糟的是，若他有一天终于买上了汽车，也许在他还没有来得及品味"幸福"滋味的时候，一个有私人飞机的家伙就会同情地对他说："作为一个男人，没开过飞机太不幸了！"那他这辈子还有救吗？

这个问题让王立坐立不安了很长时间。如何挽救自己，免于堕入"不幸"的深渊，让他甚是苦恼。后来，他无意中看到了证严法师在一次讲法时说的一段话：有菜篮子可提的女人最幸福。因为幸福其实渗透在我们生活中点点滴滴的细微之处，人生的真味存在于诸如提篮买菜这样平平淡淡的经历之中。我们时时刻刻拥有着它们，却无视它们的存在。

王立恍然大悟。原来他的这位医生朋友在用一个逻辑陷阱蓄意误导他：没有

汽车是不幸的；你没有汽车，所以你是不幸的。但这个大前提本身就是错误的，因为"汽车"与"幸福"并无必然的联系。

在一个成功人士云集的聚会上，王立激动地表达了自己内心深处对幸福生活的理解："不生病，不缺钱，做自己爱做的事。"会场上爆发了雷鸣般的掌声。

成功只是幸福的一个方面，但并不是幸福的全部。人们对成功的需求是永无止境的，没完没了地追求大家普遍认同的来自外部世界的物质诱惑——大房子、新汽车、昂贵服饰等。尽管它们可以在某些方面使我们得到快乐和满足，但是这些东西最终带给我们的是患得患失的压力和令人疲惫不堪的混乱。

2000多年前，苏格拉底站在熙熙攘攘的雅典集市上叹道："这儿有多少东西是我不需要的呀！"同样，生活中也有很多看起来很重要的东西，它们与我们幸福并没有太大关系。

我们不能对物质排斥，毕竟精神生活是建立在物质生活之上的，但不能被物质约束。面对这个已经严重超载的世界，面对已被太多的欲求和不满压得喘不过气的生活，我们应当学会用好生活的减法，把生活中不必要的繁杂除去，好让自己过一种自由快乐的生活。

快节奏是现代人的焦虑之源

如今，一个快字成了生活重心，生活节奏之快有目共睹，人们常会因此而抱怨自己忙得像个永不停歇的陀螺。美国精神病学会也发现，一种名为"快节奏综合征"的心病正在全球悄悄蔓延。人们行色匆匆，说话风风火火，吃饭风卷残云。白岩松曾在书中写道："我们行走得太快了，以致把灵魂都丢在了后面。"现代人的生活节奏就像上紧的发条，马不停蹄。

快节奏的生活给现代人的情绪带来了恶劣的影响，你肯定也有过这样的经历：莫名其妙地发脾气、烦躁，看什么都不顺眼；别人不小心踩了你的脚，你就像找到发泄的渠道一样，跟人大吵一架……

其实，这些坏情绪都是压力带给你的，当压力越来越大，你的情绪也就越来越差。然而，这还不是最可怕的，一旦压力超过了你的心理承受极限，大脑神经系统功能就会紊乱，出现失眠、头痛、焦虑、强迫、心慌、胃部不适等精神症状和躯体症状，进而引发身体疾病。

陈先生是一家企业的营销主管，每年的销售任务都很重，同行业竞争又特别激烈。他觉得自己都快成了"空中飞人"了，一个城市接一个城市地出差，没有节假日，有时候午饭都没时间坐下来吃。最近他经常感到胸闷不舒服，刚开始没有太在意，后来，情况更加严重，出现气短、心跳加快、出虚汗等现象，到医院检查才知道得了冠心病。

生活中，像陈先生这样的人还有很多。由于工作节奏的不断加快，人们身不由己地过着超速和超负荷的日子，许多人在不知不觉中损害了自己的身心健康。人们不得不时时刻刻想着自己的工作，累了、倦了、病了也要坚持，因为他们害怕一旦慢下来、停下来就会被别人超越，那么以前的努力就全白费了。在这种思想的控制下，人的精神处于越来越紧张的状态。受压抑的感情冲突未能得到宣泄时，就会在肉体上出现疲劳症状，甚至引起心理的扭曲变态，导致心理疲劳。在此种情况下，一旦发生弹性疲乏，势必造成精神上的崩溃。

长期从事快节奏工作的人还会出现神经衰弱的各种症状，例如，烦躁不安、精神倦怠、失眠多梦，以及心悸、胸闷、筋骨酸痛、四肢乏力、腰酸腿痛等其他症状，甚至可能引发高血压、冠心病、癌症等疾病。

健康是人一生最重要的资本，没有了健康，纵然有再多的财富也是枉然。人们通常可能忽视了快节奏对人的负面影响，意识不到快节奏往往是焦虑之源。而焦虑会使一个人老得更快，摧残他的容貌和身体。焦虑会使我们的表情难看，会使我们咬紧牙关，会使我们的脸上产生皱纹，会使我们老是愁眉苦脸，会使我们头发灰白，有时甚至会使头发脱落。焦虑甚至会使最强壮的人生病。

当我们忧虑的时候，思想激烈碰撞，无法形成一个定式，最终只会丧失做决定的能力。可是，如果强迫自己接受现状，先有了一个精神准备，那我们就能够衡量所有可能的情形，进行细致的考虑，使我们的思想能够充分集中，去想办法扭转局势。

因事情过多而焦虑的人，要根据自己的实际情况安排好生活。明确什么时候应该做什么事，不随意变动。最好每天列一份详细的计划表，把需要做的事情按照轻重缓急排个顺序，先把最重要的或时间最紧的做完，不那么紧急的可以往后放。这样才能腾出时间让大脑休息。

回家，把工作关在门外

生活中，每天总有干不完的事。但是，你有没有仔细想过，如果天天为工作疲于奔命，最终这些让我们焦头烂额的事情也会超过我们所能承受的极限。

世界上并不存在十全十美的工作，但富有意义的生活却掌握在我们每个人的手中。工作是工作，生活是生活，两者应该尽可能地区分开来。一个懂得简单生活之道的人能够把握好生活的节奏，掌握住工作和生活的平衡。

事实上，工作永远都是忙不完的，完成了 A 任务，还有 B 任务、C 任务……何时是个了结？况且有些工作不可脱离其他岗位的配合而孤军奋战，甲废寝忘食，势必连带着乙丙丁等。如此联动的结果，将使他人牺牲休息的权利。偶尔这样倒还可被接受，如果长期如此，往往会怨声载道。

对于普通员工来说，除非上司命令加班，否则下班之后应立即转换角色，尽情享受生活乐趣。如果你不是普通员工，除非任务十万火急，否则，不但不要强求下属加班或带任务回家，自己也不能搞疲劳战术。工作实绩与工作时间未必成正比，延长工作时间是事倍功半的笨办法，摸索工作规律，寻求高质量、高效率完成任务的有效途径，才是明智之举。文武之道，一张一弛，会休息才会工作，会工作才有效率。

詹森是一个很敬业的主管，差不多每天都是马拉松式地工作着。不但他个人如此，甚至要求下属和他一起共同进退。其中一个叫彼得的下属，也是抱着"工作就是生活的全部"的态度。直至有一日，彼得的儿子跌伤了脚，皮外伤固然不碍事，问题就出在儿子对他的态度犹如陌生人，若即若离，并拒绝接受他的安慰。

经过这件事，彼得受到很大打击，他发现原来一直错过了生活中最重要的东西，那就是与家人的亲密关系。为了补救这关系的缺口，他和上司詹森商议，寻求解决方案，而且大前提是："以工作素质来评价我的能力，而不是以我逗留在办公室的时间作为表现的准则。"

我们要知道，工作与生活是两回事，应该用两种不同的态度来看待。工作上，不管你是医生、律师、会计、出纳、司机，你演的只是职务的角色；而回到真实生活里，你要演的是自己，这个世界上有很多有趣、有意义的事，值得去发现、去探索、去研究，工作只是其中的一部分而已，我们千万不能因为只顾工作而失去生活、失去快乐，那样是得不偿失的。

工作并不是生活的全部。一位懂得简单之道的人不应当把工作看得太重，以免为之背上太过沉重的包袱，这样你才能享受更轻松的生活和更高效的工作。

用好你的"生理节奏"

在我们日常的工作和生活中，除了每天能力状态的规律性波动之外，我们还可以观察到较长时间段里的生理规律：生理节奏。通过生理节奏管理，我们可以解读体内的生物钟，了解其规律，通过主动调整，使自己的能力与其自然波动相适应：

在低点周期和临界日，我们养精蓄锐，放松休息，多做重复性工作、回避不愿见的人和令人头疼的问题。与此相反，在高点周期则要大干一番。这时候适宜作出决定，重新部署工作，贯彻自己的意图。管理好自己的生理节奏，可以让我们更好地掌握自己的时间和身体，享受更轻松、更简单的工作和生活。

那么，究竟什么是生理节奏呢？

比奇睁开了眼睛，才不过清晨五点钟，他便已精神饱满，充满干劲。而他的太太却把将脸深埋在枕头底下。

比奇说："过去 15 年来，我们俩简直几乎没有同时起床过。"

像比奇夫妇这样的情况，并非少见。

我们的身体像个时钟那样复杂地操作，而且每个人的运转速度也像时钟那样彼此略有不同。

比奇是个上午型的人，而他的太太则要到入夜后才精神最好。

很久以来，行为学家一直认为导致这种差别的原因是个人的怪癖或早年养成的习惯。直到 20 世纪 50 年代后期，医生兼生物学家霍尔堡提出了一项称为"时间生物学"的理论，此一见解才受到挑战。霍尔堡医生在哈佛大学实验室中发现某些血细胞的数目并非整天一样，视它们从体内抽出的时间不同而定，但这些变化是可以预测的。细胞的数目会在一天中的某个时间比较高，而在 12 小时之后则比较低。他还发现心脏新陈代谢率和体温等也有同样的规律。

霍尔堡的解释是，我们体内的各个系统并非永远稳定而无变化地操作，而是有大约一个周期。有时会加速，有时会减慢。我们每天只有一段有限的时间是处于效率达到巅峰状态。霍尔堡把这些身体节奏称为生理节奏。

生理节奏和我们生活的方方面面都密切相关：健康、事业、家庭生活、社会活动、闲暇时间和运动等，它的应用可以说是无限的。日本和美国的许多企业利用生理节奏原理，短时间内就把事故率减少了 30%、50% 甚至接近 60%。

此外，生理节奏理论还可以成为各类职业人士追求简单生活，提高工作效率的好帮手。我们可以利用生理节奏规律帮助自己更好地规划生活。但是，你首先必须知道如何去辨认它们。霍尔堡和他的同事们研究出以下这套方法，可以帮助你测定自己的身体规律：

早上起床之后一小时，量一量你的体温，然后每隔 4 小时再量一次，把最后一次量度时间尽量安排在靠近上床时间。一天结束时，你应该得到 5 个体温度数。

每个人的体温变化不同，而结果亦异。你的体温在什么时候开始升高？在什么时候到达最高点？什么时候降至最低点？你一旦熟悉了自己的规律之后，便可以利用时间生物学的技术来增进健康和提高工作效率。

我们的生理节奏到达最高峰的时候，做体力工作便会得到最佳的成绩。对大多数而言，这个最高峰期大约持续4小时。因此，你应该把最花费气力的活动安排在体温最高的时候进行。

至于从事脑力活动的人，时间表则比较复杂。要求准确性的任务，例如教学工作，最好是在体温正向上升的时候去做。大多数人体温上升时间是在早上8点或9点，对比之下，阅读和思考则在下午2点至4点进行比较适宜，一般人的体温在这段时间会开始下降。

生活方式决定身体的康泰

众所周知，生活方式与健康有密切关系。据世界卫生组织报告显示，健康有四大决定因素，一是内因，即父母的遗传因素，占15%；二是外界环境因素，共占17%，其中社会环境占10%，自然环境占7%，即内因外因共占32%；第三是医疗条件，占8%；第四是个人生活方式的影响，占60%。总的来看，遗传因素和环境因素对人体健康的影响共占32%，而医疗条件和生活方式这些可以被人们控制的因素，对健康的影响竟高达68%。并且，在我们能够控制的后两种条件中，个人生活方式的因素占了68%中的60%。由此可见，人们如果努力去形成健康的生活方式，那么很多人将会远离疾病的困扰。医学家预言：大约在2015年，发达国家和发展中国家的人的死亡原因大致相同——生活方式疾病将成为人类头号杀手。这个预言唤起了大众对生活方式与生命长度之间关系的关注。

意大利山区有一个叫坎普迪米里的小村庄，那里的居民以长寿著称。当地人认为，健康不需刻意追求，长寿的经验就是生活简单。在该村的850名居民中，有10人超过100岁，50多人在90岁以上，还有很多超过80岁的老人，仍显得格外健康和精力充沛。据说20年前，当地曾有一家医院，因10多年没有一个病人上门而被迫关门。

有人认为当地人长寿的原因可能与清新的空气和水源有关。因为坎普迪米里数百年来都以矿泉水闻名，这些矿泉水可以预防血管硬化。还有人认为当地人长寿与他们的健康饮食有关，他们常吃的食品主要包括橄榄油及新鲜的自制面包、意大利粉、胡萝卜、洋葱、西红柿、海鲜、橄榄油炒蜗牛、青豆、豌豆等。

103岁的玛吉说："避免喝碳酸饮料、咖啡和任何含有烟碱和咖啡因的物质，

每天坚持锻炼。我在早饭前和早饭后都要慢走1．6公里，并在健身房骑车大约10公里，还坚持举5磅重的哑铃。"当地居民普遍认为，他们没有刻意追求长寿，只是简单的山区生活习惯使他们健康长寿。一位104岁的老人表示："我们只是呼吸新鲜的空气，饮用清纯的泉水，进食健康的食物，过着非常平静的生活和享受子孙满堂的安乐日子。"此外，热爱生活和劳动也是他们长寿的原因之一。

瑞士一家研究机构通过对荷兰1000名老年人进行的调查得出结论，生活方式可决定寿命长短。健康长寿的秘诀在于心态乐观、饮食均衡和生活有规律。

生活方式因素，又称为健康行为因素，它包括嗜好（如吸烟、酗酒等这些生活方式因素）、饮食习惯、风俗、运动、精神紧张、劳动与交通行为等。

对于都市人来说，生活方式又怎么影响了我们呢？我们可以通过选择更健康的生活方式，而将生活方式对自己的消极影响降到最低吗？

从养生的角度来看，健康合理的生活方式主要面对酒、色、财、气的挑战。这"四惑"，一个比一个厉害。良好的生活方式就是远离这"四惑"，建立对健康的心理、合理的膳食以及对自己生理周期的正确认识，要经常注意这些方面：

最科学的食谱能保证营养均衡

日常生活中，每天的膳食必须保证糖、蛋白质、脂类、矿物质、维生素等人体所需的营养物质一样也不少。同时，还应当注意克服两种不良的膳食倾向：一是食物营养和热量过剩；二是为了某种目的而节食，以致食物中某些营养素和热量不足。这两种错误都足以导致身体出现亚健康状态。具体说，一个健康的成年人每天需要1500卡路里的能量，工作量大者则需要2000卡路里的热量。不断补充营养是保持精力充沛的前提。

认识自己的生理周期

除此之外，每个人的心理状态和精力充沛程度在一天中是不断变化的，有高有低。大多数人在午后达到精力的高峰，但也不乏个人差异。每个人应找出自己的精力变化曲线，然后合理安排每日的活动。

注意休息

目前，国外一些公司规定职员必须午睡，以保证工作效率，午睡时间宜在半小时左右，关键是质量。睡时最好能平躺在床上或沙发上，使身体伸展开来。不要趴在桌上睡，这种体位容易使空气受限，颈部和腰部的肌肉紧张，醒后很不舒服，易发生慢性颈肩病。

"过劳"侵蚀着人们的健康

现代社会，长期处于压力状态下的人越来越多地被"过劳"所困扰。

"过劳死"最简单的解释就是超过劳动强度而致死，是指"在非生理的劳动过程中，劳动者的正常工作规律和生活规律遭到破坏，体内疲劳淤积并向过劳状态转移，使血压升高、动脉硬化加剧，进而出现致命的状态"，而造成这种状况的根本原因，还是由于心理压力过大。

2006年5月28日，年仅25岁的华为员工胡新宇因过度劳累而死亡。一石激起千层浪，"过劳死"这个词开始频繁地出现在人们的生活中，也让很多人开始反思自己的生活，关注自己的健康。但是，紧张的工作、现实的压力，让很多人在担心、害怕一段时间后，又恢复了以往忙碌的生活，甚至比以前更忙，于是，"过劳"继续侵蚀着人们的健康，并且变本加厉。

在效率就是生命的大时代中，人们以"工作奴隶"的形象出现在职场，为了成绩、为了加薪，为了保住工作岗位，每个人都在拼命。

社会精英群体是"过劳死"的一大群体。精英人士的明显特征是：事业心强，有成就感。有强烈的工作动机，勤奋甚至拼命工作。能量充足，似乎永远不知疲倦，有连续工作能力。很看重自我声望，对自己要求严格，有很强的历史使命感，大多有舍我其谁的想法。并且，他们总是处于一种应激状态。

他们的生存压力多数都很大。很多男士肩负着养家糊口的重任，看到别人有车有房，如果自己不拥有的话，大有无颜见江东父老之感。这就容易形成一种拼命工作的状态，体力严重透支。为了改善生活，减轻生存压力，他们拼命工作，以改变个人地位及提高在亲戚朋友中的威望。这样不断自我加码，最后就容易引发生命危机。

根据研究，长期处于压力状态下的人会经过警觉、反抗和耗尽三个阶段。这就是说应激精神状态可以导致身体疾病，这种疾病被称作心身疾病，即不是由生理原因所产生的疾病，而是由心理原因所导致的疾病。这种心身疾病最典型的是高血压、心脏病，还有皮肤病、头痛、腰痛、关节炎、哮喘、支气管炎、癌症等。

2000年，36岁的王志国从政府机关辞职，只身来到北京，创办了一家律师事务所。那时候，他的家里刚刚贷款买了房，太太为照顾幼小的女儿，一直没有上班，他为了打开在北京的局面，半年时间，光请客吃饭、交通住宿就花了6万

心理学

第八篇 可怕的自我心理分析

多元。小案子不愿接，大案子也没有。根本不知道什么时候能挣到钱，却一直往外投钱。

那是正常人无法体会到的痛苦。王志国夜夜躺在床上，辗转反侧不能入睡。早上起床后，看见什么都想发脾气，双手不停地发抖，恶心，头痛欲裂。那时的他甚至想自杀。在外人眼里，王志国是一个硕士，有自己的公司，事业有成，家庭美满。但他不足40岁，却因为工作中的一点挫折而痛苦，难以容忍自己的不成功。

许多中年精英长期处于紧张疲劳状态，为了事业，整日奔波，连一点锻炼的时间也挤不出。结果，不少人储蓄了金钱，却透支了健康，刚进中年就得了老年病，提前的病理衰亡取代了自然的生理凋亡。这是个人的悲剧，更是一个社会的悲剧。

社会要发展、竞争在加剧，精英人士在社会中的作用、地位越来越重要，与此同时，上班族的健康状况也越来越引起人们的关注。那么，究竟有没有一些好的办法来应对呢？

调整心态

大多精英人士都认为只要自己努力了，就能取得事业上的成功，所以才为了事业而拼命工作，而这一拼命就是不规律生活方式的流行。还有的精英人士认为自己有成功的能力，但是怀才不遇，因而郁郁寡欢，这样的结果就是以烟酒为友，养成不健康的生活习惯。其实为了自己的健康，精英人士应该改变对成功的看法和怀才不遇时的"清高"心态。

带薪休假

根据《劳动法》规定，劳动者连续工作一年以上的，享受带薪休假。专家建议：精英人士休假，最好一年能够休息两次，但不要像黄金周那样旅游式的休法，而是身心的放松和调整，而且这样也是容易做到的。

现代社会的压力人人都有。现代人应该学会在应对工作上的压力和挫折时，做到不拿自己的健康做本钱，学会积极高效地工作，而不是单纯增加工作时间、耗费体力；还要看到很多事的成功取决于各方面因素、不是单纯由个人意志而决定，客观地对待事物，训练自己达观和超然的心态。这样做，无疑有利于给自己的心理减压。

从某种意义上来讲，工作是为了生活，而生活不是为了工作，不能本末倒置。理解了这个道理，顺其自然，人们的压力也许就会小很多。

努力自爱，身心跃动

亚健康是当今社会最让人头疼的问题之一，越来越多的人进入了亚健康状态，他们经常感到疲乏，不仅胃口不好，还失眠，主观上觉得身体很不舒服，到了医院却查不出什么毛病，找不到原因。

很多人认为亚健康无关紧要，他们认为这种状态尽管有些不好，但还不至于到影响正常生活的地步。这样的想法是错误的。在亚健康状态中，有两种情况特别要引起重视，一种是"潜病态"，另一种是"前病态"。潜病态是指人体内已有潜在的病理信息，但尚未出现临床症状，也查不出器质性病变。长期以来，人们对潜病的病理信息一直不易或未能识别，现在已经可以借助多种手段识别，然后，采取必要措施将疾病消灭在萌芽状态；前病态即存在于人体内的病理信息已有所表露，但临床上尚不能明确诊断，任其发展便成为疾病。所以说，亚健康是一种动态的，它有可能会引发更严重的身体问题。所以我们必须要给予重视。

为了避免亚健康，为了将已经存在的亚健康状态引向健康，努力自爱，身心跃动，让自己的身体健康起来就显得尤为重要了。而且世间有千千万万的人，就因为对身体不曾注意与留心，以致"壮志未酬身先死"，他们毁掉了自己有所作为的可能性。他们的生活变得枯燥而乏味；他们在身体正该强壮的时候，已经是"老态龙钟"了。

"壮志未酬身先死，长使英雄泪满襟"，这是纪念诸葛亮的两句诗。诸葛亮是三国时期一位足智多谋的政治家、军事家。他"鞠躬尽瘁，死而后已"的精神不知感动了多少仁人志士。为了统一天下、结束混乱的局面，诸葛亮六出祁山，但终因身体不佳而未能完成统一天下的重任。

所以，我们一定要注意自己的身体健康，避免健康透支。假如我们在饮食上能够注意营养平衡，能够过一种简单而有节制、有规律的生活，我们就没有经常服药的必要。但是许多年轻人因为工作关系，中午往往会站在小食堂的柜台旁很匆忙地吞一块夹肉面包、喝一杯牛奶就算了事，以为这样一来，时间工作两不误。殊不知，假如他们从容地吃一顿营养而可口的午饭，餐后再休息一会儿，待食物得以消化再继续工作，这对于自己的身体和其它各方面，都是大有裨益的。

另外，人们还可以通过体育锻炼的方式来改善身体状况、提高自身的免疫力。科学合理地锻炼身体，不仅可以增进健康，增强人的体质，而且还可以达到延年益寿的功效。但是每个人要根据自身的情况，切不可超越自己身体承受的限

心理学

第八篇 可怕的自我心理分析

度，或不顾环境的变化而一成不变，要因人而异、因地制宜地去锻炼自己的身体。

叫停喋喋不休的心

熙熙攘攘的社会，一定程度上造就了人们喋喋不休的内心。我们的心何时能够停止唠叨，内心何时能没有冲突和恐惧？

一个女孩有一次生病急诊住院，在医院输液。当时才刚过凌晨五点，注射室里只有她和一位中年妇女以及一位上了年纪的老太太三个人。因为输液时间太长，于是她们就聊了起来。中年妇女是因为糖尿病而输液，虽然她一直配合医生的治疗，但是还没能根治，她说生活太使人忧愁了。

女孩开玩笑地问："你是不是愁钱啊？"

中年妇女却说："我并不缺钱，就是不知道为什么一天到晚都在奔波劳碌着，心里面从来没有闲下来过。现在才五点钟，就得早早来医院输完液，因为待会儿要赶回家照料小孙子起床，给儿子儿媳做早餐，然后再送孙子去幼儿园。忙完这些我还要上班，办公室里也总有忙不完的工作，处理不完的人际关系。总之，整天都有忙不完的事，心里边总得想着这样那样的事，尽管想的都是些小事，但如果不去想，心里边又很难受。"

对面的老太太这时接过话："你要是总是想那么多事情，病怎么能好呢？你看这春暖花开的季节，赶紧放下心里面所有的东西，什么也别想，到外面踏青赏花去，让自己的心休息休息，总是这么喋喋不休地烦恼着，不病也憋出病来了。"

有的时候，我们会觉察到自己的心总是在喋喋不休，持续不断地冒出毫无意识、缺乏逻辑、含糊不清、混乱嘈杂的妄念，就像水一样自动地溢出来。即使我们知道这不是理性的思考，也知道这些妄念会消磨我们的能量——让我们自己神经兮兮，弄得我们身心俱疲，胡思乱想既没目的又无意义，可是我们就是无法停止唠叨。

而无论你在思考什么：工作、事业、你的爱人、孩子和你的财物，只要你的心永远充满着念头，需要有事情做，就会唠叨不休、焦灼不安。如果我们的心老是唠叨不休，我们就会浮想联翩，就不能看见事情的真相，例如总是回想过去的错误，又预想未来的苦难，设想并不一定发生的种种。此时恐惧就会乘虚而入，你的心还存在支离破碎的妄想，而恐惧却已全副武装地侵袭，因此你的生活才会越来越乱，病痛才不能消除。只有在内心平静时，你才能看见生活里的恐惧、琐碎。如果你的心不再那么忙碌，不再为自己的困扰和焦虑喋喋不休，你就能安心地去认识自己从而享受生活。假如你说"我要了解它、控制它、除掉它、停止它",其实你已经又开始喋喋不休了。

等到哪一天你遗忘了时间,能够轻松地放下家里所有的柴米油盐,平静地去欣赏街边的花草树木,并且随时准备融入到山川河流当中,头脑自然而然地就能够抛弃那些妄想杂念,心就停止了喋喋不休。等到你全然觉察和了解意识的结构、快感、悲伤和绝望,而脑细胞也变得平静了,也许你的心就能够到达纯然寂静的境界。

找出生命中最重要的人

生活中少不了交际和处世。人际交往占据了我们生活中大部分的时间和精力。我们生活中的人际关系,主要包括个人人际关系与职业场人际关系,如与朋友、亲人、同事、上级、客户以及其他我们珍视的人的关系。要简化生活,我们就要从简化自己的人际交往入手。著名的"二八"法则为我们简化人际交往指出了一条有效的途径。

"二八"法则在人际关系上为我们带来了以下几个推断:

在我们全部的人际关系中,20%的关系,给了我们80%的价值。

对于产生80%的价值的20%关系,我们所付出的关注远不到80%。

没有朋友,我们几乎无法成就任何事,大部分人在选择朋友时并不谨慎,甚至根本不注意,以为朋友反正会出现。大部分人选了错误的朋友,也选了太多,而没有善加使用,奉行"二八"思考法的人,会小心选择少数朋友,以达到目标。

因此,如果愿意的话,可以写下20个生命中很重要的人,就会看到,他们的重要程度超过80%。只要你能和他们很好地相处,得到他们很好的对待,你的生活无疑是幸福的。遗憾的是,很多人会忽视生命中最重要、最难遇到的人,反而看重一些无关紧要的人和事,将过多的精力、时间、金钱和感情浪费在上面。多年以后蓦然回首,才恍然大悟,自己把最宝贵的时间投入到最无益的事情上,把最宝贵的感情投入到错误的人身上,而此时,后悔已经来不及了。

衣柜满了,需要清理与调整,以便腾出空间给新的衣服。同样,你的交际网也需要经常清理,使之更加简化,对你更有用。

国际知名演说家罗莎女士曾经请造型顾问帕朗帮她做造型设计。罗莎女士说:"整理出来的衣服总共分成3堆:一堆送给别人;一堆回收;剩下的一小堆才是留给自己的。有许多我最喜欢的衣物都在送给别人的那一堆里,我央求帕朗提让我留下件心爱的毛衣与一条裙子。但她摇摇头说道:'不行,这些也许是你最喜爱的衣物,但它们却不适合你现在的身份与你所选择的形象。'由于她丝毫不肯让步,我只得眼睁睁地看着自己的大半衣物被逐出家门。我必须学着舍弃那些已不再适合我的东西,而'清衣柜'也渐渐地成为我工作与生活的指导原则。不论是客户也好,朋友也好,衣服也罢,我们必须评估、再评估,懂得割舍,以便腾出空间给新的人或物。我也常用这个道理与来听演讲的听众分享,这是接受并掌握生命、生涯不断变动的一种方法。"

清理交际网的道理也和清除衣柜类似。帕朗提容许罗莎女士留下的衣服,当然是最美丽、最吸引人,也是剪裁最得体的。舍永远不是件容易的事,虽然有遗憾,但从此拥有的都是最好的。

我们认识的人当中,有多半都是泛泛之交。有的人整天忙忙碌碌,认识很多人,为了应付与那么多人的交际而叫苦连天。人的精力是有限的,我们不求自己的交际网怎么大,但求要好、要精。想要织就一张好的人际网,人们大致可采用下列步骤:

筛选:就像打扑克的"埋底牌",把有用的留在手上,无用的埋掉。我们可以采用把有直接关系、间接关系或没有关系的分别记录。

排队:就像打扑克的"理牌",对认识的人进行分析,依哪些是重要的,哪些是比较重要的,哪些是次要的,根据自己的需要排队。由此可以根据不同的级别进行有重点的维系和呵护。

对关系进行分类:生活中涉及的关系可能是方方面面的。有的关系可以帮你办理相关手续,有的能帮你出谋划策,而有的则能提供信息。虽然作用不同,但都有作用。

随时调整:世界上的一切事物,都处于不断地运动、变化和发展之中,人际关系也是如此。需要不断检查、修补和调整,尤其是针对个人的发展、环境的变化或关系网人员的情况进行及时调整,构筑最新、最有效的交际网。

不要让面子成为你的包袱

在我们的人际交往和处世过程中,面子是一个比较敏感的话题。生活中有很多"身不由己"的事情,明明是自己不愿意做的事情,碍于面子,咬紧牙关也要勉强为之。久而久之,人情和面子成了交往中甩不掉的包袱,往往是表面上满脸堆笑,内心中却苦不堪言。那么,我们要怎样才能甩掉面子的包袱,走出交往中的人情误区呢?

小包是一家高新技术公司的老板。几年来，由于市场瞄得准、技术开发战略决策恰当、科技人员力量雄厚、经营管理科学，使得企业产值和利税大幅度上升，经济效益极好。因而引得许多人都想往这个单位钻。

　　一天，他的一个老上司打电话，想给他推荐一个职员，看他能否接收。碍于面子，小包就让老上司带着求职者来面试。面试结果，发觉很不理想。进入公司吧，养了个庸才，而且会造成公司进入制度破坏，进入口子过大过松，影响公司长远发展，不接收吧，老上司以前待自己不错，也不好拒绝。思前想后，小包想出了一个比较合适的处理办法。

　　小包首先请老上司和那个求职者了解一下公司工作室各人员忙碌的情况和做事的难度，以及进人规章制度。接着向老上司汇报了以前在老上司指导下的发展情况，以及目前的承包合同指标。

　　"老上司，前几年，在您的指导下，公司发展很快，公司上下都非常感谢您的理解和支持。去年年初，我们按照您的指示修订和加强了管理制度和岗位用人制度，效果非常好，希望您能继续指导。对于您介绍的这个小伙子，所学与我们不对口，公司研究没有通过，也是怕影响今年的承包指标完成。如果没有找到别的适合单位的话，可先告诉我，我再想办法让他去试试其他合适的工作。您看这样好吗？"

　　事例中的小包通过让当事人来现场了解实际情况，明确地说出事实——开诚布公地拒绝了热心的老上司和想靠门路谋得职位的求职者，即使不拒绝，求职者也很可能会畏缩。小包以老上司指导而定的制度，即大大赞扬了老上司，给了他很大面子，同时又以制度和合同指标给老上司指出了"两难"境地。此外，以本单位不适合，还有别的单位可能接收，留给对方一个后路。这种拒绝法既不驳别人面子，又不为难自己。

　　可以说，面子已经成为很多人生活中甩不掉的包袱，大部分人觉得原本简单的生活也因此而变得复杂和不堪忍受。如果你要让自己的生活重回简单，你就要灵活处理生活中的人际交往，不要让面子成为你生活的包袱。

查看你的"应该"清单

　　生活中的大部分问题，无非都是这样几类：身体上的疾病、与人相处上的障碍、亲密关系的失调、工作上的不顺、物质上的匮乏、精神上的苦闷。大多数人都知道他们的生活中有各种各样的问题，但是他们却不知道这些问题都来自于自己的思想。由于思想的不正确，这些问题乘虚而入。

有一位心理学家这样讲道：

当有人向我诉苦的时候，我往往会问他们一些基本的问题：你是做什么工作的？你现在的经济状况怎么样？你上次分手是因为什么原因？当我听他们诉说的时候，我会观察他们的身体姿势和面部表情，更会用心聆听他们的每一句话。

思想和语言会创造出我们未来的环境，每当我听到别人诉说自己的问题时，我就已经准备好了要去理解他们的问题。我们的语言表达出我们的思想，有些时候我们所使用的语言却和我们所描述的经历不相符，这时候，我们要么是不知道真相，要么是在说谎。

我会给每个人一支笔和一张纸，让他们写下五六句话，以表明自己应该怎样做。有些人会拿着笔半天也写不出一句，有的人则洋洋洒洒写一大篇。然后，我让他们念自己写的句子，当他们读出"我应该怎样"的时候，我会问他们："你为什么应该这样？"而他们的回答通常很有趣，"因为我妈让我这样做"、"因为如果不这样做我怕不够好"、"因为我想追求完美"、"因为每个人都这样做"、"因为我太高了"、"因为我太矮了""因为我太胖了"、"因为我太瘦了"、"因为我太笨了"……这些回答都向我们展示了他们的信念，以及他们自认为的自己的缺点。

对这些答案我们不必作任何评论，而是和他们讨论"我应该"这三个字。可以说，"我应该"是人们所有语言中最有害的词语，每当我们说"我应该怎样"的时候，其实是在承认我们错了。我们一直在错，过去错了、现在错了、将来还会错。而我们真的错了吗？没有。我们可以有更多中选择，不一定非要按照你想的"你应该"去做。

在这个故事中，我们不妨这样想，让我们把"应该"这个词从自己的字典里删除，换做"可以"。"可以"这个词让我们有更多的选择余地，而且让我们永远不会有所谓的错。把"应该"换成"可以"，重新读你写下的句子。以"我真心希望我可以"来开头，这样的表达方式带来了新的希望。然后问问自己，"为什么我还没有这样做呢？"你会听到不一样的答案，"因为我不想这样做"、"这样做会让我害怕"、"我不知道怎么去做"、"我没有能力"等。这样一来，你就会发现，这么长时间以来自己一直让自己去做的事情，其实是你不想去做的，那些事情常常是别人对我们的要求，是别人认为我们"应该"做的事情。当你认清这一点的时候，你就可以把那样没有做好的事抛开不理。不必耿耿于怀，不要受别人的摆布，活出自己的洒脱才是当务之急。

生活中有些人往往强迫自己做不喜欢的工作，仅仅是因为他们的父母认为他们"应该"成为一名律师或者会计；有些人常常感到自卑，仅仅是因为别人告诉他们应该更聪明、更有钱、更有能力。现在，请看看你的"应该"清单上，哪些是你的真心希望，哪些是你能够丢弃的负担。当你开始丢弃那些负担的时候，你就不会把那些达不到的理想当成是自己的错误，一切的压力也会就此消失。新的生命正在像你展开怀抱。

让大脑散散步

人们经常抱怨，自己的脑子总是胡思乱想，尽想一些没用的东西。实际上，就像我们的心脏在一刻不停地跳动那样，只要我们活着，我们的大脑就会一刻不停地思维。不论所想的内容是否有用，大脑总在不停地想着各种事情，即使睡眠的时候，我们还会做梦呢！

当我们工作或学习的时候，大脑所进行的联想是一种有目的的、受意志控制的联想，在意志的控制和支配下，联想可以帮助我们解决许多具体问题。当我们忙完了一天的事情、躺在床上快要睡着的时候，大脑从一天的紧张工作学习中摆脱出来，这时大脑会暂时失去意志控制而毫无目的地、天南地北地胡思乱想；我们也就在这胡思乱想中渐渐睡去。这种没有意志控制的胡思乱想，就是自由联想。

自由联想除了可以在睡前出现外，还可出现在白天。如当我们没有什么重要的事情急着要做的时候，我们可能会暂时闲下来，坐在那里不知不觉地进入自由联想状态，这时或许会给自己编一段故事，自己变成了白马王子或白雪公主，或在想象中自己变成了一位武功高强的好汉大侠，这常被称作"白日梦"。自由联想有时还会出现在上课的时候，如老师正在绘声绘色地讲解朱自清的散文《荷塘月色》，自己听着听着，不知不觉便开始了自由联想，眼前好像真的出现了月光下的莲花，四周静极了，耳边隐约响起了秋虫的呢喃……

尽管我们经常是为了解决某些问题而进行着有意志控制的、有目的性的联想，可只要稍有空闲，大脑就会自动进入无意志控制的、无目的性的自由联想状态。自由联想占去了我们每天相当多的时间。但是，自由联想绝不是在浪费时间，也并非是没有规律的、没有逻辑的乱想，它是对客观事物的反映。同时，自由联想并非完全没有意义，它经常表达了我们内向的深层愿望。所谓没有意义，经常是人们太急功近利了，只要是眼前用不上的事物，就武断地认为是没意义。而实际上，自由联想的事情经常是我们真正关心的问题，经常是与我们的生存现状休戚相关的最重要的事。

自由联想则如同散步。散步可以让身体得到积极的放松和休息，而自由联想则可以让我们绷紧的大脑神经得到积极的休息。大脑在自由联想时可以变得异常活跃，可以从眼前的具体事务中摆脱出来，让自己思考那些比眼前的琐事更重要、更深远的事情，能够让内心的愿望充分展现出来，让自己看到我们平时所忽略了的内心真实面貌。我们完全可以给自己的心灵划一个"特区"，告诉自己什么都可以想，什么又都可以不想，让自己更加自由地联想，使我们的心变得更加宽广、更加明亮。经常进行自由联想，会使我们的大脑更具有创造力。我们在自由联想的同时也敞开了自己的感情，能够使我们的心情和身体同时得到放松，从而起到心身谐和心身健康的作用。

那么，如何通过增强自由联想进而提高大脑的创造力及工作效率呢？首先应充分认识自由联想的客观存在性和它的积极意义，对自由联想采取认可与悦纳的态度。然后可以每天至少花10分钟的时间进行自由联想练习。练习时让自己坐在一个较为安静的环境中，这时放弃任何对思维的控制，对思维不提任何功利和实用的要求，彻底放开大脑进行完全的自由联想。此时，我们可以怀着一颗好奇之心跟随大脑去散步、去遨游，看大脑能将我们带去什么地方：可以是我们从来没有去过的世外桃源，令我们激动不已，也可以是阴暗幽深的峡谷，让我们感到些许恐惧。但无论想到那里，实际上都在我们心里，我们可以任自己在心灵的世界里畅游，去发现我们心中的美景和一切秘密。当然，我们也可以稍有目的的去联想，如给自己编一段爱情故事，让自己构想一篇大侠历险记，也可以想象自己正在跟随太空探险队向火星飞去……

经过一段时间的自由联想练习，我们的大脑就会变得非常活跃，特别富有创造力，思维也变得特别灵活。如果你不相信的话，你可以做一个测验：在你第一次开始进行自由联想训练前，眼前摆一台录音机，你闭上眼，想到什么立刻就说出来，只用简单的词来说，最后统计，一分钟共说出了多少个单词。以此来检查大脑自由联想的速度和能力。这既是一个简单的自由联想的检测方法，也是一个自由联想的自我训练方法。经过一段时间的自由联想训练之后，再对大脑的自由联想能力进行测试，会惊喜地发现，每分钟自由联想能够说出的单词数量已有了大幅提高。如果一个人的联想功能增强了，他平时的工作学习效率也会随之大幅提高。

第三章

放慢身心，唤醒
自己的正能量

不被情绪所左右

不做情绪的奴隶

你曾经有过这样的经历吗？考试前焦虑不安、坐卧不宁？受到老师、父母批评后眼前一片空白？和同学朋友争吵后，气买一堆不合时宜的东西泄愤？

像这类举止，偶尔一次还不要紧，如果经常这样，可就要小心了！因为不知不觉中，你已经成了情绪的奴隶，陷于情绪的泥淖而无法自拔，所以一旦心情不好，就"不得不"坐立不安，"不得不"旷工、"不得不"乱花钱、"不得不"酗酒滋事。这样做不仅扰乱了自己的生活秩序，也干扰了别人的工作、生活，丧失了别人对你的信任。

对有些人而言，情绪这个字眼好比洪水猛兽，唯恐避之不及！领导常常对员工说："上班时间不要带着情绪。"妻子常常对丈夫说："不要把情绪带回家。"……这些都在无形中表达出了人们对情绪的恐惧及无奈。因此，很多人在坏情绪来临时，往往莽莽撞撞，处理不当，轻者影响日常工作的发挥，重者使人际关系受损，更甚者则可能导致身心疾病的侵袭。

美国著名心理学家丹尼尔认为，一个人的成功，只有20%是靠智商，80%是凭借情商而获得。而情商管理的理念即是用科学的、人性的态度和技巧来管理人们的情绪，善用情绪带来的正面价值与意义帮助人们成功。

真正健康、有活力的人，是和自己情绪感觉充分联系在一起的人，是不会担心自己一旦情绪失控会影响到生活，因为，他们懂得驾驭、协调和管理自己的情绪，让情绪为自己服务。

当你明白自己的情绪不对劲后，你要去认识有哪些责任是自己应该负责却没有做好的，又有那些责任是外在的原因造成的。比如，你因迟到遭到上司的罚款处罚，心情很沮丧。那你就要追问自己："此事是自己的原因还是外部的原因？"如果是属于堵车之类的外部原因，那么不必太在意。如果是自己动作慢，常起晚的原因，那就要改变习惯而不是谴责自己。如果因此养成了良好的习惯，那领导的处罚也是值得的。

通常情况下，人们会将自己遭遇的不幸归因到外界，比如，上司批评自己是因为一直就看不惯自己，而这种假想出来的不公平感会让人的情绪雪上加霜。此时，如果你能够及时地消除对方的"假想"，并现身说法，定可以帮助对方卸掉一个沉重的包袱。

此外，对于已发生的事情，可能已经对现实造成了一定的影响，比如你说错了一句话，可能得罪了上司。你除了要认识到无论前面发生了什么，都属于过去外，还要帮助自己寻找一些解决问题的具体措施。比如，要如何做才能减轻自己给领导造成的负面印象？怎样才能让领导重新信任自己？为此，你可问自己几个问题：

1. 这件事的发生对自己有什么好处？
2. 现在的状况还有哪些不完善？
3. 你现在要做哪些事情才能达成你需要的结果？
4. 在达成结果的过程里，哪些错误你不能再犯？

当人面对自己有危险的事情时，会产生恐惧、担忧、焦虑，而一旦思索了解决问题的方法，正是帮助自己增强对事情的"可控制力"，你的负面情绪也就会得到缓解。

长期的消沉情绪对整体各系统的功能有极大的影响，怎样摆脱和消除不良心理情绪呢？美国密歇根大学的心理学教授兰迪提出了7种比较有效的方法：

1. 针对问题设法找到消极情绪的根源。
2. 对事态加以重新估计，不要只看坏的一面，也要看到好的一面。
3. 提醒自己，不要忘记在其他方面取得的成就。
4. 不妨自我犒劳一番，譬如去逛街，逛商场，去饭店美餐一顿，听歌赏舞。
5. 思考一下，避免今后出现类似的问题。

6. 想一想还有许多处境或成绩不如自己的人。

7. 将自己当前的处境和往昔作一对比，常会顿悟"知足常乐"。

说到心情，人总觉得那是一种看不见、摸不着的东西，一个人什么时候拥有什么样的心情，恐怕只有自己知道。那么怎样才能对自己心情有个具体了解、以便好好地管理它呢？现在就让大家掌握一种办法。

借助物理的光谱、波谱以及色谱的概念，我们假设人类的心情也有这样一条"谱"，且把它记录下来加以研究。

好，现在就行动。请准备一张白纸和一支铅笔，测一测你的心情。

首先，用铅笔在白纸上画一条直线，然后从左到右在直线上平均画出 10 个刻度，分别写上 1 至 10 的数字。

接着，把你认为的坏心情用熟悉的词汇描述一下：痛苦、忧伤、悲哀、愤懑、沮丧、烦躁、郁闷。再用同样的方法表达心情一般的时候：麻木、索然无味、平淡、宁静。让我们满怀憧憬，想象一下你所期待的好心情：欣慰、满足、愉悦、感恩、激动、兴奋、幸福。

然后，请从这些词汇或者你认为更合适的词汇中挑选 10 个，以你的理解，按照不同程度的心情由低向高排列，并标注在相应的数字刻度下。

1. 痛苦；2. 沮丧；3. 郁闷；4. 索然；5. 平淡；6. 宁静；7. 欣慰；8. 愉悦；9. 兴奋；10. 幸福。

最后，评价一下你现在的心情，请在心情谱上选择与你心情相对应的词汇。如刚遭遇不幸，非常痛苦，你的心情指数就是 1；若是觉得没劲，情趣索然，你的心情指数就是 4；假如衣食无忧、家庭和睦，心情介于宁静与欣慰之间，你的心情指数就是 6.5；而要是刚买了车，加了薪水，或者孩子上了重点中学，比较兴奋，你的心情指数就是 9。

由于每个人的感受不同，所以即使遇到同样的事，心情反应的程度也是不同的。比如同样是新婚燕尔或是金榜题名，有的人可能感觉非常幸福，也有的人仅感到愉悦而已。

平衡的情绪让你充满能量

情绪是十分强而有力的力量。情绪能够激励你实现自己的命运、克服最严重的创伤，也会让你因为小挫败而动弹不得，但生命总是会带来惊喜。对于外在的世界，你只能尽力控制。不过，你随时随地都可以选择控制及平衡自己的情绪。

当强烈的情绪占据你整个人的时候，你可能并不能很好地控制自己的情绪，但是你也不必任凭情绪的摆布。你也不需要继续停留在不愉快的情境里，认为自己没有足够的热忱、勇气或决心摆脱旧习，踏上自己的命运之途，而无法继续向前。

你不可能完全控制自己的情绪，了解这一点很重要。每个人都有不顺遂的时候，我们都会经历创伤，这是正常人生的一环。人有生离死别，恋情有结束的时候，沮丧的事情会发生。有时候，你正经历负面的感觉，例如愤怒或悲伤；有时候，包括自信或快乐等正向感觉并不如你期待的那么强烈。然而，一旦你培养出平衡情绪的能力，意外状况就不会轻易将你击倒，而且你能更迅速地恢复正向的看法。

当情绪平衡时，你不会有什么情绪方面的问题。无论你处在何种情境下，都会觉得很不错。你乐意做事、体贴周到、待人和蔼亲切，因为你接触到最崇高的自我，心中充满了爱。你对未来抱持乐观，不会怀着悔恨回顾过去。你知足、平和，以平常心接受事实，同时充满能量、热忱积极。

当这种感觉失去时，你会认为那是因为人生变了调，但事实并非如此。你可能在高速公路上错过了出口，莫名浪费了20分钟折回原处，或者你打开信用卡账单，发现这个月已经超支了。但这些事情都不至于让你大发雷霆、压力超大或害怕恐惧。

在情绪平衡时，我们会由衷感恩。相信自己拥有的天赋和人生中所有美好的事物，而且对于眼前的任何问题都会正面看待。觉得应该要对这个世界有所贡献，心中充满了正面的想法。然而，当情绪失衡时，我们就会把全部的注意力集中在生活中不可行的事物上，而不是放在可行的事物上。

芮妮开车载着她7岁的儿子放学回家。她心事重重，因为有很多账单等着要付。她先生的身体一直不好，无法工作，因此他们靠抵押贷款度日。情况确实很糟糕，需要她好好考虑，但是并不需要她时时刻刻担心。

在开车途中，她的儿子说树叶的颜色变了，枫叶的种子被抛到空中，就会像直升机一样旋转下来……芮妮几乎没听懂儿子说的话，因为她一直在思考自己的财务状况。

芮妮遇到红灯停下车时仔细看了看儿子，突然觉悟到自己错过了什么。她不停地担心，使她无法真正聆听孩子说话，无法和他有所互动。在只为自己的问题苦恼的过程中，她已经习惯了只把儿子的话听进一半。芮妮明白自己需要摆脱心中的恐惧，选择一种不同的情绪。

芮妮有好几种选择。她可以感觉：

感激自己有时间和儿子相处，以及跟儿子很亲近。

聆听儿子的心里话使她心生喜悦。

好奇且真正关心儿子的日子是怎么过的。

相信自己有能力处理自己的财务危机。

事实上，只要她选择体会任何情绪，她都可以立即体验到。但即使无法完全抛开心中的焦虑，也不需要让焦虑操控自己的情绪。因为担心生活上的某一层面而使自己的心情完全沉浸在那样的情境中，就等于压抑了自己可能感受到的任何正向情绪。

我们每个人都曾经遭遇过和芮妮类似的忧虑，无论当时的情绪如何，我们就是不舒服。但是通常，仅仅是在心中渴望能感觉好过一点，就足以激励我们使自己的情绪平衡。

明白自己身处"监狱"才能逃出"监狱"

美国心理励志著作《情绪的力量》一书的作者佩吉·麦科尔在其书中称，每个人心中的负面情绪为自己建造了一座监狱，只有明白自己所处的监狱，你才能逃出监狱。为了说明这个问题，作者回顾了自己的经历。

"回顾青少年时期，当时的我可悲、寂寞、没有安全感。悲观的感觉限制了我，而且就像许多有烦恼的人一样。我喝酒，因为喝酒让我觉得好些，暂时好一点。短暂的几个小时里，酒精会让我忘掉自己的痛苦，体验到自信和快乐，可是第二天，所有负面的感觉就会全力反击，然后我发现，自信又再度消失了。我不知道要如何替自己的悲哀寻找一个比较永恒的解决办法。

"有好几年的时间，我既气愤又沮丧，没有人出面帮我整顿我的人生。我太不成熟了，以至于无法对自己的选择负起责任，而且将自己的问题和悲观的感觉怪罪于大家。我等着有人突然跳出来拯救我，但等得越久，我的人生就变得越难以控制，我就变得更加害怕、更加沮丧，对自己的感觉也越来越差。我的日子大多耗在悲哀里，不知道我有能力改变自己的感觉和自己的人生。

"17岁那年，是我最低潮的时候，当时我已经和受人欢迎的足球校队队员戴夫交往将近3年了。戴夫第一次约我出去时，我既惊讶又高兴，因为我无法想象为什么他想和我在一起（当时我的自我价值感相当低）。戴夫对我热情如火，不久后便要我当他的女朋友。

"知道他爱我，让我抱着某些希望，以为有一天快乐和幸福会完全取代我的痛苦感，我并不明白唯有'我'才能替自己创造那些情绪。某一天，戴夫告诉我，他希望我们的关系能够'休息'，而且他已经开始和另一个女孩约会了。

"我已经觉得自己很糟糕了（现在想起这件事，这可能就是他和我分手的主要原因），感觉人生好像不值得过下去似的。当时的我深信自己再也不会开怀大笑、微笑，或者再也不会感到喜悦。就像许多人一样，我认为快乐是当好事发生在我们身上时，我们如魔法般地坠入一种状态。当时的我并没有想到，快乐是某种我们为自己创造的东西，而且即使在人生面临挑战时，我还是能够觉得满足。

"几年的时间过去了，我和许多异性交往，也享受过几段长期的恋情，但是这几段恋情从来没有给过我任何持久的安全感或稳定感。我需要我的男朋友们不断给我保证，还一直担心他们是否会欺骗我。最后，无论一开始那段感情多么美好，最后全都被我的局促不安给破坏了。

"因为男人无法给予我所追求的快乐和平静，于是我试着通过工作和赚钱获得快乐和平静。身为打工一族，我喜欢用钱去买最流行、一件要价 50 美元的牛仔裤，拥有花钱的能力让我对自己有好感。高中毕业时，我拥有一份销售计算机的工作，穿着套装，和客户谈公司产品的优势。我喜欢在赚取稳定收入的同时，还能够影响客户的决定。

"不过这份工作并不是一直那么顺遂。我很沮丧，我服务的那家公司里的所有一切和公司的经理们都不对劲儿。我认为他们的态度讨厌死了，而且我讨厌别人告诉我该怎么做。我很不开心，并且归咎于他们。他们要我去参加表现改进计划，而我一无所获，因为我看不出工作上有什么困难是我造成的。我从一个部门换到另一个部门，寻找更好的合作伙伴和工作，但是似乎所有的事都无法调整我的态度或让我变得快乐。

"再一次，我向自身以外寻找问题的答案。我认为，如果我可以安排理想的工作环境、完美的男朋友，还有其他一切都配合得当，我就会觉得自己的人生好极了，就不需要再忍受不安全感、愤怒、嫉妒或是悲伤。我仍旧不了解，无论我走到哪里，我都带着自己的不幸，为自己制造了一座'监狱'。

"有一天，公司为了一年一度的提升士气活动，请来一位名叫鲍勃·普罗克特的励志专家。我发现自己坐在第一排（现在坐在第一排对我而言是正常的行为，但是在当时绝对不是，当时的我不喜欢被人注意，除非我认为引人注意是有必要的），在专心聆听鲍勃演讲的时候，我觉得他提到的许多事情很有道理。他卓越的才华和智慧令我敬畏，当他讲到下面这句话时，我体验到我的第一个顿悟：除非你知道自己身处'监狱'之中，否则你逃不出'监狱'。

"他这句话的回响似乎贯穿我整个身子，我觉得自己非常兴奋。我突然明白自己其实住在一座'监狱'里，一座由恐惧感构成的'监狱'，黑暗、冰冷，而我就是创造那座'监狱'的人。

"我的负面情绪并不是很极端或是到了无法控制的地步，可是一种持续的不安全感一直折磨着我，令我觉得卑微而不重要，而且经常害怕失败（就是因为这样，我气势汹汹地抱怨别人工作时态度傲慢）。在内心最深处，我没有自信。当然，我拥有一份不错的工作，但是我只是接受了开放给我的机会，所以我并不认为我的成功是因为自己的关系。我不敢梦想自己真正想做的事。我害怕如果我立下一个目标而没有实现，那种失望会是精神崩溃。

"至于感情方面，我的态度是'不过如此'，而且当时的我确信爱情等于痛苦。难怪我只是一股脑儿投入自己的工作，那是我认为自己可以控制的一部分人生，即使这样，我还是打心底里害怕会搞砸。我没有目标或命运感，只有一种挥之不去的焦虑，无论我的人生是什么，我最好尽力而为，希望我寻找的快乐有一天会奇迹式般出现。

对自己的命运没有憧憬，没有感觉，我的确是生活在一座'监狱'里。鲍勃·普罗克特的话引起了我的共鸣，我在心中一遍又一遍地仔细思考他的话。有一天，我站在市中心，在办公室附近一条繁忙的街道上，当时，云层突然散开了，一道道阳光温暖了我的脸庞。我有一种排山倒海的感觉，我要做某件大事，针对许多像我一样既不快乐又困惑的人，让他们的人生做出正向的大转变。我对这'某件事'没有一点概念，但是既然我知道我在一座'监狱'里，而且有一条更理想的道路等着我，我就决定打破自己的限制，创造快乐的人生。

"我明白我拥有这座'监狱'的钥匙，也就是要由我掌控那些令我沮丧、阻碍我快乐的毁灭性情绪。我知道，如果我做得到这一点，我就会找到激励我向前的自信、热忱和乐观。我以前并不知道如何控制自己的感情，但是我很清楚，学习控制感情是我最重要的挑战。"

的确，在这个世界上本来就不存在完美的生活，人们如果想要生气、想要不满，总会找到合适的借口，但同时，如果想要快乐、想要知足，也同样能够找到借口，关键在于你如何把控自己的情绪。我们要有意识地努力培养自己的价值感，对人生感到乐观，而且比以前更有安全感。勇敢地面对自己难熬的负面情绪，从中了解自己能做什么，主动选择更正向的感觉，来取代负面情绪。

心理学

第八篇 可怕的自我心理分析

挖掘你的 10 种正面情绪

爱

爱曾经被形容为摧毁黑暗的一道明亮白光，使我们从内在散发出光芒。当我们允许爱的光芒向外照耀时，我们不仅丰富了自己的人生，同时也振奋了他人的人生。向苦恼或失意的人表达关心，在这些人受到激励、调高自己命运开关上爱的音量的时候，你可以观察那种神奇的效果。这种情绪使我们感觉有活力、充满生气、无畏且满怀希望——即使黑暗包围我们的时候也一样。一点点的爱就能鼓励我们将一切转换成爱，因为我们知道爱的感觉有多惊人，而且感受到爱的强大力量。

爱之所以拥有如此难以置信的力量，原因之一在于爱的传递及扩散很迅速且效果持久增长。当你本身创造出爱的感觉时，其他人会受到激励，也同时转换到爱的轨道上。他们的爱会影响与其互动的人，然后这种情绪会持续散布。

爱可以协助你克服任何逆境，因为它带来宽恕和同情的力量。爱让你看到他人身上的优点，并帮助他们看到自己身上的长处。同时，爱也让你宽恕自己。当你体验到爱的时候，任何障碍都不能阻止你继续走下去，因为爱替你加油。它就像是世界上最有营养的食物，让你觉得自己浑身充满了正向的能量和慈悲。

爱会治疗并激励每一个接触爱的人。因此，调高爱的开关，解决问题的方法就会出现，因为你愿意接受每一个正向的可能性。创造力源自于内心神圣的爱。

无比幸福

我们全都希望自己快快乐乐、兴高采烈或无比幸福。当你感受到纯然的喜悦时，你体验到正向的能量激增，这种能量使你想跳舞、唱歌、开怀大笑。

让自己感到无比幸福是深层的治疗——不仅对你而言如此，对你周围的每一个人也都是这样。此外，拥有一种高层次的快乐能够使你开放心胸，了解到你也可以协助他人。你可以运用简单的方法帮助人们调高他们的喜悦控制杆，包括一抹微笑、一次触动或只是几个字。

自信

自信是相信自己，同时相信自己拥有把想要的东西拿到手的能力。你想要的东西可能不会正好在你期待的时候出现，或是以你想象的形式到来，但是一定要相信，自信是一种相当强而有力的情绪，会改变你的感受，把你盼望的东西带给你。别让自己觉得没有自信，也别让其他人觉得你没有自信。只有你知道自己有什么样的能力、对自己的目标拥有什么样的热情。你的自信像一股强劲的顺风，将你推向你的命运。

无论面对哪种挑战，自信会使你振奋，帮助你存取所有的个人资源。自信会让你了解自己的许多才能，而且能够利用这些才能改善你的处境。如果你丢了工作，你会记得自己所有的优点、才能，以及与其他人的关系，这些人能够帮助你找到一份更好的新工作。

和谐

和谐是一种你的心灵不仅联结周围的人，同时也联结地球上每一个人的感觉。即使房间里只有你一个人，你也永远不孤单。感觉有必要和他人交谈或互动的需求，有时候的确很耗神，而孤独可以使人充满能量（对内向的人来说，这点尤其真确）。然而，即使在你独处的时候，积极联结美妙人生的那股力量还是存在，只要你能够让自己意识到这一联结，它就会为你注入正向的能量。你不会再看到分隔你和其他人的那些墙壁和门户，你会了解到，虽然看起来我们都是单独的个体，但我们就像是大海里的一颗颗水珠，是大海的一部分。

联结感与和谐感在工作上尤其重要。在最强大的公司里，员工都是凝聚成一个团队，彼此鼓励，互相帮助，每个人都会尽力而为。

平静

平静时，就好像沉浸在一个美丽、静止、温暖的池子里，池里有创意、爱和喜悦。如果你感觉到安详平静，就表示你是放松的、专注的，也非常清楚自己的情绪、想法和身体的感觉。你可以不带批评或烦恼地观察它们，轻松接受任何你所处的情境。让自己处在平静的状态里，答案和想法会很容易出现在你心中，因为你愿意接受各种可能性。

如果你想实现你的命运，但是不知该如何动手，请放慢速度，调整到平静的情绪里。没多久，你就会清楚自己接下来要实行的步骤。平静的情绪除了会替你召唤机会，还会吸引和谐的情境和人士到你身旁，这会使你更能够保持平静、充满创意。

惊奇

小孩子很容易感受到惊奇，因为对孩子而言，一切都是新鲜的。但是身为大人，我们把许多事情都视为理所当然了，于是我们可能厌倦，可能忘掉自己有能力体验简单事物蕴含的惊奇，以及生命中伟大的奥义。

在一个极度熟悉的情境里仍能激发好奇感是非常重要的。好奇感让我们不断提出新问题，并有新的发现。如果苹果电脑创始人史蒂夫·乔布斯在开发苹果电脑之后，就不再体验惊奇、惊叹和好奇，那今天你就看不到 iPad 了。录制过许多唱片的伟大音乐家，多年来慎重调高好奇心和惊奇的音量，一次又一次重塑他们的事业，制作出和几年前一样清新、有独创性且令人兴奋的新音乐。好奇和惊奇，永远不嫌老。

灵感

在了无新意的情境里，灵感就如一股清新的空气，吸引非凡的创造力。当你有灵感的时候，你的热情沸腾，决断力无止境，因为无论你的使命是什么，你都在不断吸收激励你坚持使命的构想和能量。无论你遭遇到什么问题，都会找到解决或避开问题的方法。你觉得周围的所有事物都会启发你，到处都找得到灵感：街上发生的某件事，无意中听见的一句话，转台时在电视上看到的一个影像，或是脑子里突然出现的一个想法。

灵感也会帮助你感受决心。每个构想在某个点上都是激进的，但是无论是什么样的构想，得到启发的人都会相信那个构想，进而实现那个构想。灵感可以非常强而有力，增强心中必然的感觉，不管你遇到哪一种障碍，它都会使你继续向前迈进。

慈悲

当你调高慈悲的音量时，你会觉得很不错，周围的人也会更容易选择慈悲的感觉回报你。你散发出具有感染力的喜悦和同情。你激发自己的创造力，找到聪明的方法，表达你心中奇妙的慈悲感。

并不是所有人都会因为你的关心而振作起来，但是，不管怎样，你可以享受对人慈悲的那种愉快感。

任何形式的服务或慈善工作都是慈悲的行为，会帮助你实现你的命运，因为你正在帮助其他人实现他们的命运。和不富有的人分享你的财富（无论分享的是金钱还是时间），会让你激发自己的正向感觉。当你付出时，请抛开期待。做个诚实、慷慨的人，不要算计自己会获得什么样的回报，计算回报的想法会制造出缺少的感觉。俗话说："真心行善不望报必有善果。"怀抱慈悲的真心付出一定会得到回报，那就是喜悦。

富足

许多人对富足的情绪并不熟悉。富足会让你觉得爽朗、慷慨，因为你的杯子是满溢的。如果你有钱，你会享受并聪明地使用它，因为在富足的情绪状态里，你自在安逸地拥有金钱，并运用它为自己和这个世界创造更多的财富。你感谢你所拥有的一切，并渴望和他人一起分享。

无论你认为自己当下缺少什么，你都可以在你的人生里创造一种富足和知足的感觉。你可以说："我拥有的已经够多了，而且一向如此。我会随时在各方面激发富足感。"当你产生富足的感觉时，就会吸引富足。

勇气

勇气通常是一种和信心密不可分的情绪。最勇敢的人并不是从未体验过恐惧的人，而是如美国知名插画家苏珊·杰弗斯所描述的"感觉到恐惧且无论如何会付诸行动"的那种人。他们作了主动的选择，把恐惧转变成信心，而这么做使他们能够调高勇气的音量。他们并不是看不到危险，而是以正确的态度来看待危险，稳步前进。

勇敢的人感觉到不公平的行为时会大声说出来。他们会自在地分享自己的感觉和看法，支持别人或支持他们认为是对的事情。他们知道风险，对于自己可以处理任何随之而来的后果深具信心，也相信他们一定会感受到看见目标实现的喜悦。

勇气就像喜悦一样有感染力，大家都想体验伴随勇敢而来的强烈胜利感和爱意。当一个人变得有勇气并将勇气表达出来时，其他人也会受到激励。第一个大声说话的人要有相当大的勇气，但是其影响力会逐渐扩散到其他人身上，于是继续保持勇敢就会比较容易。

当你感受到勇敢时，也同时开发了自己的创造力，因为你不再被恐惧或忧虑所蒙蔽。你看到了机会，同时也看到自己的机智。

好心情可以"装"出来

有一天，弗雷德感到意气消沉。他通常应付情绪低落的办法是避不见人，直到这种心情消散为止。但这天他要和上司举行重要会议，所以决定装出一副快乐的表情。他在会议上笑容可掬、谈笑风生，装出心情愉快的样子。令他惊奇的是，他不久就发现自己不再抑郁不振了。弗雷德并不知道，他无意中采用了心理学研究方面的一项重要新原理：装作有某种心情，往往能帮助我们真的获得这种感受——在困境中较有自信心，在事情不如意时较为快乐。

在心理学上有个术语，叫"假喜真干"，就是假装自己喜欢，并且付出实际行动。美国著名教育家戴尔·卡耐基提出："假如你'假装'对工作感兴趣，这态度往往就使你的兴趣变成真的。这种态度还能减少疲劳、紧张和忧虑。"

有位办公室秘书，经常要处理许多烦琐的书信文件，还要抄写和打字，工作枯燥无味，却经常累得精疲力竭。后来她想："这是我的工作，单位对我也不错，我应该把这项工作搞得好一些。"于是决定假装自己喜欢这项工作。

此后，她发现一个重要事实：如果假装喜欢自己的工作，那么，真的就有点喜欢它了。而且，一旦喜欢起自己的工作，就能做得更有效率。并且，由于工作得好，她被提升了。她说现在她总是高高兴兴地超额完成任务，而这种心态的改变所产生的力量，实在是她最重要的大发现，确实神妙无比。

心理学中有个重要的原理：扮演一个角色会帮助人们体验到他所希望体验到的情绪——在情况捉摸不定时，要更加自信，在事情搞糟了的时候，要更加快乐。

几十年来，心理学家都认为：除非人们能改变自己的情绪，否则通常不会改变行为。我们常常逗眼泪汪汪的孩子说"笑一笑呀"，结果孩子勉强地笑了笑之后，跟着就真的开心起来了。情绪改变导致行为改变。心理学家艾克曼的最新实验表明，一个人总是想象自己进入某种情境、感受某种情绪，结果这种情绪十之八九真会到来。一个故意装作愤怒的实验者，由于"角色"的影响，他的心搏率和体温会上升。

一个人在烦恼的时候，可以多回忆愉快的时候，还可以用微笑来激励自己。当然，要真笑，要尽量多想快乐的事情。高声朗读也有帮助，只是读书时应有表情，且要选择能振奋精神的作品而非忧郁之作。

利用有意识的动作来改变我们的心情，利用心情来改变我们的行为，这是帮助我们度过生活中困难时刻的有用方法。英国诗人艾略特曾说："行为可以改变人生，正如人生应该决定行为一样。"如果我们能记住这句格言并遵照它去做，我们就能获得更充实、更快乐的人生。

冲动情绪急刹车

在 2006 年世界杯足球赛决赛中，法国球星齐达内在加时赛的最后 10 分钟用头冲撞对方球员，用一张红牌为自己的世界杯生涯画上了句号，并导致整个球队把冠军拱手让给意大利。据说，当时他是受到对手挑衅才情绪失控的。

暂且不论这件事的对错，但冲动是一种最无力也最具破坏性的情绪，它给人带来的负面影响可能远远大于我们的想象。

使自己生气的事，一般都是触动了自己的尊严或切身利益，很难一下子冷静下来，所以当你察觉到自己的情绪非常激动，眼看控制不住时，可以及时转移注意力，自我放松，鼓励自己克制冲动的情绪。

怎样才能使你的火气平息呢？

有一种理论认为，把火气发泄一通，将会使你的感觉好受一些。但是，这是一种最糟糕的做法，而且根本就行不通。心理学家为此向人们提出了一种名为"重新判断"的方法，即自觉地从一种比较积极的角度去看待他人对你的"冒犯"。当你遇到有人超车时，如果你能对自己说："这个人大概有什么急事。"或者说："也许我的车开得的确太慢了。"那么，你就不至于发火了。研究表明，"重新判断"的确是一种极为有效的控制不良情绪的方法。

空间距离的调整，也不失为一个好方法。当我们意识到自己对一件事或一个人忽然感到气愤而可能失去控制时，应该马上离去，"眼不见心不烦"。比如，你到商店去买东西，遇到售货员爱理不理，会渐渐愤怒起来。这时，你最好再选一家商店。英国心理学家布洛认为，美感取决于人与审美对象之间的距离的远近。实际上，恶感也是如此。

也可以想象自己的嘴上贴了一个"密封胶带"，反复告诉自己当发怒的时候千万别立刻发泄，否则就会伤了自己。愤怒是人的一种弱点，而不是很多人认为的勇气，大胆和勇敢，不是动辄发怒，而是强壮和保持沉默。心灵真正的强大就是能够保持沉默，而并非暴躁和敏感。

还可以事先制作标志物提醒自己。比如，林则徐在堂上挂上"制怒"的字匾。这样，在他怒气将发未发时，看到这两个字就会及时控制住自己。你不能挂匾，但可以写座右铭或请旁人提醒，在怒火将燃时就扑灭它。

息怒还有一个良方，就是"坐下来"。人坐着的时候，血液循环和新陈代谢的频率和速度都不如站着的时候快。实验表明，一个人在情绪激动时，血液中去甲肾上腺素的含量明显增高，这种血液成分会大大加快血液循环，使人活力倍

增。而当一个人全方位地舒展他的躯体和四肢以后，随着活动空间的大幅度扩展，他的血液循环又进一步得到加速的刺激，从而使争吵时所需要的生理能量获得阶段性的供应。发脾气是一种情绪发泄，在生理上依赖于一定的能量供应。如果我们能抑制自己的生理能量供应，怒火的程度与幅度也会随之下降。"坐下来"，所以能成为息怒良方，其原因也就在此。

最后，还要说的是，并不是单纯控制住冲动的情绪事情就结束了，我们一定要在冷静下来之后重新思考，努力打开心结，搞清楚自己为什么会有冲动的情绪，为什么不能从一开始就看开点，为什么不能很好地控制情绪……找到情绪冲动的根源，就有利于人们从源头减少冲动的机会。

色彩是最便宜的心理治疗师

色彩美化人们的生活，如果没有色彩，生活就会变得黯然失色。不仅如此，色彩还能给你带来蓬勃的生机，使人精神振奋、心情愉快。

据说，"二战"时，英国曾有资本家雇用工人搬运弹药箱。笨重的弹药箱大山般压在工人们的血肉之躯上，让他们步履维艰，有些工人甚至因此被累死。然而，他们如此付出，得到的薪酬却少得可怜。大家实在受不了了，便向资本家提出要求：要么加薪，要么减少劳动量。狡诈的资本家当然不肯接受，但又害怕工人们罢工影响到自己的利益。于是，便想出了一个招数：把原本是黑色的弹药箱染成了淡蓝色。当工人们扛起淡蓝色的弹药箱时，觉得比以前轻多了，以为资本家给他们减少了工作量，于是，也就不再提加薪的事了。

在人们的观念中，监狱似乎是一个毫无生气的地方，失去自由的犯人们也总是过着灰暗压抑的生活。满负荷收容状态会严重影响犯人的情绪，犯人殴斗等案件数量大增，对犯人的改造极为不利。为了改善服刑环境，心理专家建议改变犯人的服装和床单的颜色，因为色彩会对他们的情绪、心理和行为产生积极影响。心理专家认为，目前日本监狱黑白条纹的睡衣和黄绿色的制服缺乏亮色，如果换成薄荷绿和浅蓝色就能让犯人的精神面貌看起来更加积极；而且床单的橘红色和绿色条纹色彩冲突较大，会让犯人的情绪变得紧张、富有攻击性，如果换成棕色这样的暖色调会有助于睡眠，这种办法对犯人的心情将会起到良好的调节作用。

我们不难发现：色彩会影响人的情绪，作用人的心理，通过心理作用又影响到生理，所以色彩对人体的身心都会有很大的影响。不同的色彩引起不同的心情，既可以令人心情平静，又可以让人兴奋；既能产生温暖的感觉，又能产生凉爽、寒冷的感觉。不仅如此，色彩还能影响人的智力和注意力。

下面是颜色和情绪的一般对应关系：

黄色：最能振奋员工精神，使他们集中注意力，甚至会刺激他们产生更多灵感。

淡蓝色：容易令员工感到抑郁并难以全神贯注地投入工作。

紫色：有助于稳定情绪，减轻压力，发掘创造潜能；但它特有的放松作用会让人在处理问题时变得轻率。专家建议，在从事非创造性劳动和使用精密机械的工作场合不宜使用紫色。

红色：能令人热情、兴奋，使心跳加快，久看导致情绪急躁易激动。这实际上是使交感神经系统兴奋性增强。如果办公场所装修以红色为主色调，员工会变得敏感易怒。

绿色：令人心境趋于平和，帮助员工平衡血压和眼压并缓解视觉疲劳。作为办公室主色调，能令人高度集中精力和长时间伏案。

黑色：令人反应迟钝，容易疲劳，完成任务的积极性会显著降低。

浅蓝色：能使人镇静，心率减慢。

在日常生活和工作中，如果我们能合理地选择适当的色彩来布置、美化环境，就有利于我们控制不良情绪，这必将对我们的学习、工作、生活及身体健康带来意想不到的好处。

消融冷漠，去除人体"病毒"

冷漠，就如同在人体内注入了病毒，它带来的痛苦是让人难以忍受的。孤独、冰冷、无助的感觉，会让人感到无法适从。拥有冷漠的心理的人，会对什么事情都不感兴趣，做什么事情都觉得无味，而且内心很脆弱、很孤独，总是觉得世间很大，却没有自己的容身之所。

卡耐基曾说："如果你要别人喜欢你，或是改善你的人际关系，如果你想帮助自己也帮助他人，请记住这个原则：真诚地关心别人，去除冷漠这个病毒。"

有两个重病人同住在一间病房里。房子很小，只有一扇窗子可以看见外面的世界。其中一个病人的床靠着窗，他每天下午可以在床上坐一个小时，另外一个人则终日都得躺在床上。靠窗的病人每次坐起来的时候，都会描绘窗外的景致给另一个人听。从窗口可以看到公园的湖，湖内有鸭子和天鹅，孩子们在那儿撒面包片、放模型船，年轻的恋人在树下携手散步，人们在绿草如茵的地方玩球、嬉戏，上面则是美丽的天空。另一个人倾听着，享受着每一分钟。一个孩子差点掉到湖里，一个美丽的女孩穿着漂亮的夏装……室友的诉说几乎使他感觉到自己亲眼目睹了外面发生的一切。

在一个晴朗的午后，他心想：为什么睡在窗边的人可以独享外面的风景呢？为什么我没有这样的机会？他越是这么想，越觉得不是滋味，就越想换位子。这天夜里，他盯着天花板想着自己的心事，另一个人忽然醒了，拼命地咳嗽，一直想用手按铃叫护士进来。但这个人只是旁观而没有帮忙——他感到同伴的呼吸渐渐停止了。次日早上，护士来时那人已经停止了呼吸，他的尸体被抬走了。不久，这人开口问护士，他是否能换到靠窗户的那张床上。他们搬动他，将他换到了那张床上，他感觉很满意。人们走后，他用肘撑起自己，吃力地往窗外张望……

窗外只有一堵空白的墙。几天之后，他在自责和忧郁中死去。他看到的不仅是一堵冷漠的墙，还有自己心灵的丑恶。

在所有能够破坏友谊的因素中，冷漠与自私是来自人灵魂深处的丑恶。人活在世界上，最重要的不是被爱，而是要有爱人的能力。如果不懂得爱人，又如何能被人所爱呢？朋友，丢掉你的冷漠，打开你尘封的心，释放心中的爱吧！你的生命会因爱而更精彩！爱是医治心灵创伤的灵药，爱是心灵得以健康成长的沃土。

怎样才能消除冷漠的心态呢？答案是热情，热情是消融冷漠的一剂良药。

肯定热情

永远也不要失去应有的热情。若你能保有一颗热情之心，那么，冷漠就会消融，就会给你带来奇迹。两个具有相同才能的人，必定是那个更具热情的人会取得更大的成就。

许多人都或多或少有自卑感，常常低估了自己，对自己失去了信心，缺少热情。每个人都应该相信自己的健康、精力与忍耐力，这种自信会给予你极大的帮助。热爱自己，肯定自己的热情，就会帮助你获得成功。

培养热情

消融冷漠需要培养热情。培养热情需要遵循以下几个步骤：

第一，深入了解每个问题。要对什么事情都具有热情，要学习更多你目前尚不热爱的事物。了解越多，越容易培养兴趣。有兴趣就有热情，自然就驱赶了冷漠。

第二，做事要充满热情。你热心不热心或有没有兴趣，都会很自然地在你的行为上表现出来，没有办法隐瞒。比如，微笑活泼一点，眼睛要配合你的微笑才好，当你对别人说"谢谢"的时候，也要真心实意、充满热情。

你的谈话要真挚热情。说话热情的人都会受到欢迎。当你话语充满热情时，你自己也会变得很有热情。你必须时时刻刻活泼热情，这样才能消除冷漠。

满足他人愿望

每一个人，无论默默无闻或身世显赫，文明或野蛮，年轻或年老，都有成为重要人物的愿望。这种愿望是人类最强烈、最迫切的一种目标。只要满足别人的这项心愿，使他们觉得自己重要，你就会因为减少冷漠变得热情起来，同时，你也会因此而很快就步上成功的坦途。

采取热情行动

热情就是将内心的感觉表现到外面来。当我们以热情面对社会、面对工作、面对生活，热情行动，世界才能消除冷漠而更加温馨。

振奋精神

热情，是指一种热烈的精神特质深入人的内心里。如果你内心里充满要帮助别人的愿望，你就会一扫冷漠、兴奋不已。你的兴奋从你的眼睛、你的面孔、你的灵魂以及你整个行为方面辐射出来。你的精神振奋，也会鼓舞别人。

充满活力

一个人如果行动充满了活力，他的精神和情感也会充满了活力。充满活力的人斗志昂扬、精神抖擞、精力充沛、不畏艰险、不惧困难、坚持不懈、始终如一，绝不会冷漠处世。

语言鼓励

教练用语言来鼓舞球队，业务经理用语言来鼓励推销人员……无疑，这种语言就是团体奋进的助力器。虽然自己对自己进行精神鼓励并不普遍，但是却极为有效。在做任何事前，用语言鼓舞自己，消除冷漠，必定会收到奇效。

多交流

交流不仅是克服冷漠的良方，也是攻克一切情感障碍的武器。愿君多用之，此方最见效。

接触大自然

孤独、冷漠时，不妨骑上自行车去郊外转一圈，呼吸新鲜空气，让它消除胸中的苦闷和忧郁。

欣赏艺术

无论是文学、音乐或美术，都蕴含着让人不得不折服的魔力。如果你爱上了这些艺术，难道还会一味沉寂于冷漠吗？

以上的方法尽管不一定能够彻底消除冷漠的心理，可是也会让人们减缓对什么都不感兴趣的心理，让人们逐渐寻找到生活的乐趣。

在愤怒控制你之前控制愤怒

耶鲁大学心理学教授坎门这样说："人们普遍有这样一种感觉：世界正逐渐包围他们，这么多的人几乎把他们吞噬掉。我们感到无能为力。突然间，我们怀疑任何一人都无法解决我们众多的问题，于是我们生气了。由于挫折失败导致爆发怒气。"

现在，愤怒似乎成了现代人的一种通病。在人们的眼中到处充满了忙碌和重复的事情，面对毫无变化的生存和工作环境，人难免烦躁，脾气就随着变坏。然而，一次两次的爆发后，如果你还不加以克制，那么演变下去，你就会养成暴躁的习惯。我们并非生活在真空中，因而人生总会有阻力、有逆境，如果遇到不如意的事情就如爆竹一样炸裂，那么恐怕不仅仅会使身体受伤，还会使人际关系恶化，甚至毁了自己的前程。

1943 年，"二战"著名将领巴顿在去战后医院探访时，发现一名士兵蹲在帐篷附近的一个箱子上，显然没有受伤。巴顿问他为什么住院，士兵说："我觉得受不了了。"医生解释说他得了急躁型中度精神病，这是第三次住院了。

巴顿听罢大怒，多少天积累起来的火气一下子发泄出来，他痛骂了那个士兵，用手套打士兵的脸，并大吼道："我绝不允许这样的胆小鬼躲藏在这里，你的行为已经损坏了我们的声誉！"

第二次来，巴顿又见到一名未受伤的士兵住在医院里，顿时变脸，问："什么病？"士兵哆嗦着答道："我有精神病，能听到炮弹飞过，但听不到它爆炸（炸弹休克症）。"

巴顿勃然大怒，骂道："你个胆小鬼！"接着打他耳光："你是集团军的耻辱，你要马上回去参加战斗，但这太便宜你了，你应该被枪毙。"说着抽出手枪在他眼前晃动……

很快，巴顿的行为传到艾森豪威尔耳中，他说："看来巴顿已经达到顶峰了……"

狂躁易怒的性格，使本来很有前途的巴顿无法再进一步，面对有心理障碍的士兵，不是认真了解情况，加以鼓励，而是大打出手，完全失去了一个指挥官应有的风度修养，破坏了自己在人们心目中的形象，因此失去了攀上事业顶峰的机会。一个人的弱点总是在发脾气的过程中暴露出来的，它往往成为人们崩溃的前兆。谋略和战斗力也会在愤怒的情绪中消散，所以我们应该尽量保持客观与冷静的态度，这对于良好地为人处世至关重要。

我们常会因为一些事情陷入愤怒之中，愤怒是人没有控制住的冲动，具有很大的破坏力，同时对人的健康也有很强的杀伤力。人们在愤怒时，会失去正确的判断力，理解力也会下降，容易做出一些无法挽回的错事。对此，你可以试试下面的方法，降低"愤怒指数"：

容忍克制

俗话说："壶小易热，量小易怒。"动辄发脾气、动肝火是胸襟狭窄的表现。有一位心理学家给了人们这样的忠告："气量大一点吧，如果我们每件事情都要计较，就无法在这大千世界里生活下去。"要保持克制，就必须有很高的修养，有修养的人才是有克制力的人。一个胸怀坦荡的人，是绝不会为一些区区小事而随意发火的。即使遇到不顺心的事或受到不公正的待遇时，也能做到心平气和地讲道理，从而解决矛盾。

保持沉默

有一位智者曾经这样说过："沉默是最安全的防御战略。"当意识到自己要发火时，最好的办法是约束自己的舌头，强迫自己不要讲话，采取沉默的方式，这样会有助于冷静头脑。让沉默成为一种保持身心平衡、抑制精神亢奋的灵丹妙药，不借外力而能化解怒气。

及时回避

面对生活中可能刺激我们生气的人物和环境时，只要条件允许，不妨采取

"三十六计，走为上策"。这样，眼不见、心不烦，火气就消了一半。

自我提醒

快要发火时，只要还能自我控制，就要试着用意识驾驭自己的情感，警告自己："我这时一定不能发火，否则会影响团结，把事情搞砸。"心中默念："不要发火，息怒、息怒。"这样坚持下去，就会收到一定的效果。

转移注意力

根据一项心理学研究，在受到令人发火的刺激时，大脑会产生强烈的兴奋灶。这时如果人们有意识地建立另外一个兴奋灶，用它去取代、抵消或削弱引起发火的兴奋灶，就会使火气逐渐缓解和平息。例如，转移话题、找些开心快乐的事情干，听让自己愉快的音乐、戏曲，阅读引人入胜的小说、诗歌，出去走走等。

愤怒的情绪难以完全避免，但我们只要理智地对待，学会掌握各种制怒的方法，愤怒伤身的事是可以减少的。赶快收敛你的愤怒，化戾气为祥和，让愤怒的火山在即将喷涌的那一刻熄灭，转化为一种平和的力量，这样才能在生命里盛开宁静的百合花。

紧张会让精神上火

紧张是人人都会有的，这是人们在一定情景下自然出现的情绪状态。适度的紧张能提高人的反应速度和活动效率，但过度紧张是一种不正常的情绪状态，对人的心理和活动本身都会产生不良影响。

人们长期的过度紧张，可能会逐渐演变为紧张症。紧张症表现为精神和体力的失常，包括：疲乏，食欲不振或食欲过旺，头疼，好哭，失眠或睡眠过度，常常通过喝酒、吸毒或其他强制性行为来解除紧张感。此外，伴随紧张情绪的可能是吼叫、莫名其妙的烦恼或者无所事事的感觉。

刘宇已经在这家大公司工作两周了，但是他从未好好睡过一天觉。每天晚上他都睡不着，睁着眼东想西想，偶尔睡着也会做梦，吓出一身冷汗。刘宇白天昏昏沉沉，根本无心工作，上司已经注意他好几天了。他工作时总是时不时出点小状况。他就这样一天一天地熬着，熬得眼眶发黑、脸色发黄、精神萎靡，和刚进公司时的他判若两人。

刘宇担心自己这样下去身体会搞垮不说，还会影响自己在主管心中的印象。

他想辞职，又觉得进入这家大公司不容易，就这样放弃了又不甘心。为此，他更是睡不着觉，天天失眠。

持续的紧张状态会破坏一个人机体内部的平衡，甚至引发疾病。处于过度紧张状态时，人们常常有一种说不出的焦虑和恐惧，或难以忍受的不适感。紧张是每个人都有的情绪体验，要防止这种情绪向病态发展，就要寻找各种舒缓压力的方式。

下面就教你几招来化解紧张：

进行耗氧运动，以振奋精神

过度紧张者可通过强耗氧运动来振奋自己的精神，如快步小跑、快速骑自行车、疾走、游泳等。这些耗氧量很大的运动，能够加速心搏、促进血液循环、改善身体对氧的利用，让不良情绪与体内的滞留浊气一起排出，从而使自己精力充沛，心理困扰自然就得到了很大排解。

休闲常听音乐，以改变心境

一个人，不管他的心情多么不好，只要能听到与自己的心境完全合拍的音乐，就会感到无比舒畅。以音乐来摆脱心理困扰时，要注意选择能配合当时心情的音乐，然后逐步将音乐转换到有利于将自己的心情调整到希望获得的方面来。

选择适宜颜色，以滋养心情

美学家通过研究多人的行为发现，犹如维生素能滋养身体一样，颜色能滋养人们的心情，而且效果较明显。在日常生活中，尤其是情绪紧张的时候，人们应该注意选择适宜的颜色，凡是能使心情愉快的鲜明、活泼的颜色，以及具有缓和镇静作用的清新颜色都可采用，这样，可产生滋养心情的效果，并使心理困扰在不知不觉中消释。

做一个三分钟的放松运动操

一分钟"抬上身"——缓慢地使身体向下触及地面，双臂保持俯卧撑姿势，然后双手向下推，胸部离开地面，同时抬头看天花板，吸气，然后再呼气，使全身放松。

一分钟"触脚趾"——双手手掌触地，头部向下垂至两膝之间，吸气。保持这个姿势，再抬头挺胸，同时呼气，然后全身放松。

一分钟"伸展脊柱"——身体直立，双腿并拢，在吸气的同时将双臂向上伸直举过头，双掌合拢，向上看，伸展躯干，背部不能弯曲，然后呼气放松。

另外，心理专家认为，最有效、最便捷的缓解紧张的方法是学会放松。放松自己，给精神"败火"可以尝试下面的3种方式：

第一，在紧张的学习和工作之余，多参加自己喜爱的文娱体育及其他社会活动，使自己的注意力得以转移，情绪得以放松，心境得以开阔。例如，欣赏优美抒情的轻音乐，也可以去看戏或跳舞，还可以练气功、打太极拳。如果你天生好静，不妨读一些轻松愉快、趣味性强的书刊，或去街头的林荫道、公园的花草丛中漫步。

第二，当你在工作中遇到难题或必须完成紧急任务时，不要烦恼和焦急，也不要急于求成，否则会方寸大乱。首先应该沉着，并做些放松性的自我暗示，这样你就会放松下来去排除难题或完成任务。而一旦成功，将会形成良性刺激，使你得到进一步放松。

第三，生活不如意时，别忘了你身边的朋友，找他们倾诉是一个很好的选择。当你在生活中遇到不顺心的事情或出现争执，使你满腹愁云或怒火中烧时，可以与通情达理的爱人或志同道合的知己坦诚交谈，既可倾吐苦衷或宣泄怒气，又能得到理解与支持、安慰与开导。

进行积极的自我交谈

我们大多数人都不会鼓励自己，在面临困境的时候总是不停地问自己"怎么办"。这是因为我们心里没底，对未来没有把握，于是恐惧占据了我们的身心：害怕被拒绝、害怕失败、总是担心自己不够好。相信自己是好的，即使刚开始不相信，也要给自己积极的心理暗示。潜意识最懂得带有强烈情感的语言。这类语言一定不要带否定词，如果你说"我不会害怕"，这时候，消极的陈述很难完全改变潜意识里的想法，你可能还是有点恐惧。你必须用另一种新的正面积极的言辞来代替，例如"我充满自信"、"我非常勇敢"！

一个总是听着"你太笨了"的评价长大的孩子，他往往不会聪明到哪里去，因为他的潜意识里已经对自己有了负面的观念。这种消极的语言深深印在他的骨子里，让他充满自卑感，使他很容易走入心理的阴影，经历痛苦的人生。

所以，不要让那些消极的字眼伤害你、暗示你，而要用积极的词句鼓励自己。如果你想要让自己喜欢自己，你就必须重复地告诉自己："我喜欢我自己，我是最棒的。"

当然，很多人说："我只是这样说，可是我的心里根本没有这么想，我其实并不相信自己是最棒的，我还是很自卑……"没关系，当你的这种积极的心理暗示变成了习惯，它就会真的起作用，你会被它潜移默化地影响，真的相信自己是最好的。即使刚开始，你只是假装相信，时间久了，那些你习惯了的积极思维会影响你的行动，让你对未来充满了希望。

不要用某种具体的成功作为标准来评价自己，而是要让自己在塑造自我的整个旅途中充满快乐。

和自己进行积极地交流，需要做到以下几点：

克服惰性，激发自己去追求更高的目标

暗示只是一种意识和精神上的鼓励，仅仅心理暗示还不能真正改变自己，你需要去实践，做出具体的行动。

因为天性的懒惰，我们总是习惯待在自己的安乐窝里，得过且过，可是这样的状态不能让我们改变自己，我们只有不断寻求挑战激励自己，才能获得真正的价值感。

学着调试自己的目标，去追求更高的目标，给自己动力和压力。有些人之所以达不到自己孜孜以求的目标，是因为他们的目标太小，太模糊不清，使自己失去动力。如果你的目标不能激发你的想象力，目标的实现就会遥遥无期。因此，要确立一个既宏伟又具体的远大目标，激励你奋发向上。

充满危机意识，加强紧迫感

很多人总是在等待遥遥无期的明天，以为到时候自己会实现梦想，可是，生命不会绵延无绝，更何况有天灾人祸的侵扰。如果总是在等待，将我们的目标和梦想寄托在虚幻的明天，谁能保证它们真的会实现呢？所以，一定要充满危机意识，加强紧迫感。危机能使我们竭尽全力，让我们时刻保持斗志，激励自己前进。当然，也许有些危机并不会到来，但是重要的是，从内心挑战自我是我们生命力量的源泉。

正视困难，迎接恐惧

困难来临，我们不能选择逃避，因为你逃离了这个困难，下一个困难照样会找到你。有时候，经历一种困境是一种财富，它让我们获得勇气，哪怕克服的是

小小的恐惧，也会增强你对创造自己生活能力的信心。所以，面对困境，不要双眼一闭假装它们不存在，而是要勇敢地迎向它。

生活的每一个阶段都会有一些坎坷，生活其实就是一场场艰辛的比赛，而真正的运动者总是盼望比赛。如果把困难看作是对自己的诅咒，就很难在生活中找到动力。如果学会了把握困难带来的机遇，你自然会动力陡生，信心百倍。

不要逃避竞争，而是积极参与竞争

竞争给了我们宝贵的经验，让我们看清自己究竟有多强的能力。同时，竞争也激发了我们的斗志，开发了我们的潜能，让我们不断去努力，去战胜阻碍。

害怕竞争只能让我们蜷缩在封闭的角落里，变得平庸、懦弱，无法超越自己。有时候，赢过自己比赢过别人更重要。

树立明确的生活目标

大多数人希望自己的明天充满意义，但是生活不在未来，而是在现在。所以，从当下开始，我们就应该树立明确的生活目标，为这个目标而努力。有了目标的人会抓住一分一秒，按照自己的每一步规划，把全部的精力放在实现目标的路上。只有重视今天，自我激励的力量才能连绵不绝。

最好的鼓励是源自于每个人的内心。只有自己相信自己，自己鼓励自己，最后的胜利才会真正属于你。

主动接受可能发生的最坏结果

生活并不是圆满的，我们不能幻想在生活的四季中总是享受和煦的春风，因为我们必然还要经历炎热的夏天、萧索的秋天和寒冷的冬天。每个人的一生都注定要跋涉沟坎，品尝苦涩和无奈，经历挫折与苦难，而面对这一切，如果我们能始终保持平静的心情，不丢失心中的信念，那么即使是风寒霜冷、大雪纷飞，我们的心底仍将温暖如春。

面对生活中的寒冬，是让苦难困扰自己，还是主动去战胜它？相信大部分人都会选择后者。保持心灵的平静，与自身的处境保持一定的距离，站在审视的视角上去看待问题，你就会清楚地发现自己究竟要干什么、能干什么，这样才能让苦难远离自己。

生活中总有许多这样那样的苦难，而不让苦难困扰自己的一个最有效的方法，就是主动去接受可能发生的最坏的结果。首先平静下来，仔细分析整个事情，找出事情最坏的结局是什么；其次，拿出勇气去接受这个可能发生的糟糕结局；最后，把所有的时间和精力都用于改善这个可能的结果。

1999 年的台湾九·二一大地震，一夜之间，给许多人的人生造成了意想不到的改变。林亚就是其中之一。

三十而立的林亚是一家出口贸易公司的财务总监，年轻有为、事业有成。他还有一个温柔漂亮的未婚妻，他们已经订了婚，马上就要结婚。总之，认识林亚的人都认为他是一个幸运的人。

可是，一场突如其来的地震毁了这一切。林亚不得不面对自己的未婚妻被地震带走的事实，他的精神就要崩溃了，可是他还必须面对两个伤心欲绝的老人。这场灾难，不仅带走了他最爱的人，而且带走了他几年来苦心经营的财富。在地震的影响下，经济衰退、股市暴跌，林亚几乎赔进了自己的全部家当。

一夜之间降临的灾难，使林亚陷入了绝望当中，爱人不在了，钱也没有了，留下的只有一间空荡荡的房子和笑容依旧的照片，以及一张未婚妻最爱听的唱片。林亚几乎失去了对生活的信心，亲友的安慰也不能让他重新振作起来，他每天都生活在忧虑和痛苦之中。他上班的时候总是心不在焉，原本出色的工作业绩也渐渐变成一团糟，虽然老板也很同情他的遭遇，但最后还是把他辞退了。

林亚已经不在乎这些了，对他来说，有没有工作是一样的。他总是跑到不同的酒吧喝酒，试图借助酒精来麻醉自己。一天深夜，他醉醺醺地从酒吧出来的时候，正好看到一群小流氓在欺侮一个老态龙钟的流浪汉。老流浪汉面对这些小流氓，头也没抬，大声地叫着："走开！我穷得只剩自己了，还怕你们偷吗？"

这句话犹如当头棒喝，给林亚敲了一个警钟。是啊，自己不也正和这个老流浪汉一样，处在最坏的境地了吗？自己也算是什么都没有了，既然什么都没有了，难道还会害怕再失去什么吗？反正已经到谷底了，也没什么可再失去的了！

林亚突然醒悟了，虽然他很不幸，但最让他感到不幸的是他不能坦然接受这些打击。虽然他失去了很多，但他并不是什么都没有了，他还有亲人、还有朋友、还有能让他生活的一技之长。他决定改变自己，于是林亚在父母和朋友的帮助下开了一间小餐厅，并重新开始投资股票，他坚信依靠自己的实力终有一天会走出低谷、东山再起。

经过几年的不懈努力，林亚已经是一家投资公司的老板了，他一直都说，正是那位素不相识的老流浪汉点醒了自己，让自己明白了处于人生最低谷的意义，是要带着逃出困境的毅力去努力寻找出路，而不是放纵自己躺在谷底终其一生。

既然已经处在人生的最低谷了，就没有什么是更糟糕的了。与其怨天尤人地抱怨自己的不幸，让情绪处于低落的状态，倒不如打起精神来从谷底爬上去。而你上升的每一个高度都是一种进步，都会让你离苦难越来越远。

积极的心态是健康的营养品

为自己准备一颗健康的心灵

人人都希望自己能够拥有成功的人生，那么怎样才能拥有成功的人生呢？成功是一个人自我实现的过程。以下为一名成功人士必须具备的条件：

1. 有积极进取的人生态度。
2. 有强健的体魄。
3. 有大无畏的精神。
4. 对未来的成就充满希望。
5. 拥有良好的人际关系。
6. 有信心和懂得运用这信心。
7. 愿意与人分享自己的成就。
8. 愿意以博爱的精神去工作。
9. 胸襟阔大，能容人容物。
10. 有良好的自律性。
11. 有了解他人和世事的智慧。

由以上条件我们可以看出，一名成功人士必须拥有健全的人格和健康的心理。

如今，有很多人都知道劳累过度、奔忙、焦虑、忧郁过度会影响健康，可这些人还是继续这样做，可以说他们在心理上都是处于亚健康状态的。虽然许多著名人士在金钱、名誉、地位上获得了成功，但他们却忽视了心理健康，这样的人生归根结底是不成功的。

何谓成功的人？那些既拥有心理健康，又拥有身体健康，在事业、精神等各个方面都和谐一致的人，才是真正健康成功的人。

除此之外，良好的心态也是至关重要的。心态是自己真正的主人。驾驭生命还是被生命驾驭，是由有自己的心态决定的。在人生的旅途中，有数不尽的坎坷泥泞，也有看不完的春花秋月，拥有一颗健康的心灵将最终决定你的人生轨迹。

方晴是某机关的女职员。今年 27 岁的她出身于农民家庭，父母均无文化。

她自小勤奋好学，家中对她寄予的希望很大，她也想依靠自身的努力使父母生活得更好一些，因此，她自小就埋头苦读，从小学到高中、到大学，她学习都很好。但由于一心读书，方晴很少交朋友，根本没有什么知心伙伴，因此，方晴常感到很孤单、很寂寞。尤其是参加工作后，在机关上班，工资较低，仍旧无法接济父母，她心里经常自责。

另一方面，她很难与人相处，总是一人独来独往。她也很想与人交往，但又不敢，也不知道怎样去结交朋友。经人介绍，她和某同事结婚，但两人感情基础不好，常为一些小事吵架。因此，两年来她有一种难以言状的苦闷与忧郁感，但又说不出什么原因，总是感到前途渺茫，一切都不顺心。即使遇到喜事，方晴也毫无喜悦的心情。过去很有兴趣去看电影、听音乐，但后来就感到索然无味，工作上亦无法振作起来。

她深知如此忧郁、愁苦会伤害身体，但又苦于无法解脱，而且还导致睡眠不好、多噩梦及没胃口。有时她感到很悲观，甚至想一死了之，但对人生又有留恋，觉得死得不值，因而下不了决心。

消极的心态让方晴徘徊在生与死的边缘。她的痛苦，也许你已有所体验。现代社会是一个高度竞争的社会，我们很容易就被卷入各种利益的相互交合碰撞的旋涡之中，这势必会影响到我们的心态，而心态的好坏与否对于一个人来说至关重要，它会影响一个人在日常生活中的办事效率，甚至会影响到人的身心健康。

每个人对待事情的心态不同，结果也不同。成功的人经常用最积极的思考、最乐观的精神、最丰富的经验去控制人生，相反，失败的人通常因为失败的经验而自暴自弃。事物都存在正反两面，它们是共存的，选择如何正确看待人生，是看积极、明亮的一面，还是看消极、阴暗的一面，是至关重要的。虽然我们无法阻止阴影的一面存在，但我们可以选择去看光明的一面。唯有如此，我们才能看到希望。

总之，健康的心理是一个人获得成功的重要条件，也是衡量一个人是否成功的一个标准。所以，人们要想获得成功，就必须先培养自己健康的心理。

带着一颗健康的心灵前行，让心灵先到达你想去的那个地方，接下来我们要做的，就是沿着心灵的召唤前进了。听从心灵的召唤，走自己的路，我们的人生才会由自己做主。为了自己的信念，在心灵深处坚持不懈，这就好比在心里嵌上了火红的太阳，还会惧怕表面上的雨雪风霜吗？

抑郁是心灵的"流感"

抑郁是一种很常见的情绪障碍，是一种感到无力应付外界压力而产生的消极情绪，常常伴有厌恶、痛苦、羞愧、自卑等情绪。近年的医学研究发现，抑郁症是最常见的心理疾病，在全世界的发病率约为11%，所以有人把它称为心灵的"流感"。从其高发病率和发生的不可预测性来说，这个比喻还算贴切；但是从它的危害来看，它比普通感冒却要严重得多，需要引起人们更多的重视。

对大多数人来说，抑郁只是偶尔出现，历时很短，很快就会消失。但有些人则会经常地、迅速地陷入抑郁的状态，并且不能自拔。当他们的抑郁一直持续下去，愈来愈严重，以致无法过正常的生活，就会变成抑郁症。

而且对于抑郁的人来说，所有的劝说都不能穿透那面把自己和世人隔开的墙。在这封闭的墙内，抑郁者不仅拒绝别人哪怕是极微小的帮助，而且还用各种方式来惩罚自己。在抑郁这座牢狱里，拥有抑郁的人同时充当了双重角色：受难的囚犯和残酷的罪人。

人们该如何面对抑郁呢？"抑郁就像一个身着黑衣的贵妇。她如果出现，就不要把她赶走，而是要请她坐在桌旁，并聆听她想说什么。"瑞士心理学家卡尔·荣格这样告诫人们。

每一个人的内心都是一个宇宙，而每一个抑郁者的内心则都有着更为丰富的声音，这些声音蕴含着他们头脑中固有的思维方式。而正是这些固有的思维方式，决定了他们对自己和世界的感受。

一位即将拿到博士学位的女士描述了自己抑郁时内心出现的声音：

每一次情绪抑郁时，都有一种天崩地裂般的受打击的感觉，我开始以一种完全不同的眼光看待世界。这种变化会在一小时之内发生。我一下子变得消极和悲观起来。我回头审视过去，觉得自己所做的一切都一文不值，即便曾快乐过，也觉得跟幻觉一样。我所做过的一切真实得就跟西部片的虚假外表一样。我开始相信真实的自我其实是毫无价值、有很大欠缺的。

另一个被抑郁症折磨的患者这样描述她的内心世界：

我躺在床上，什么也做不了，但深深的忧伤和悲观一直在持续和蔓延。我的躯体无比沉重，我似乎陷入无底的黑洞之中。

我产生了对亲人的愧疚感：我还能履行我的责任和义务吗？我就像在一座玻璃钟罩内，看到外面有人、有东西、有风景，但我却被隔离了。然而，我的面孔仍在微笑。我想参与进去，但我做不到，因为走路、上街、离开家都越来越困难了。

夜里也是如此，我再也无法正常休息，失眠常常折磨着我。即使能够入睡，可怕的噩梦也不时向我袭来。我感到生活是如此艰辛、如此压抑，残酷得难以忍受。为了逃脱这种沉重的感觉，我在严重抑郁的时刻，想到了自杀，而且也做过自杀的尝试。头脑里始终想着死亡和自杀——但我却没有对人说过这件事。

大多数抑郁者的内心都曾有这样的独白，他们承受着情绪低落、消沉、绝望、不能做事情的痛苦。更为严重的是，这些情绪的背后是对自己无声的看法，他们失去了价值感和意义感，认为自己微不足道。他们没有信心做事，认为自己没有能力，沉浸在自我苛责和自我打击之中。

处在抑郁之中的人，就好像透过一张网看外面的世界。以这种心态看待世界，任何事物似乎都处于被网线牵绊的障碍之中。一旦你的生活中罩上了这张网，消极的思想就产生了，情绪低落导致消极的思想和回忆，消极的思想和回忆又加重情绪低落。如此反复下去，便形成了一个持久而日益严重的抑郁恶性循环。

抑郁是禁锢人心灵的枷锁，它不断困扰着人们，使人不能在现实的世界中调适自我，只能渐渐地退缩到自己的小天地里，以逃避抑郁。抑郁在现代生活中虽然很普遍，但并不是没有办法医治，经过妥当的调适后，大多数人都可以恢复正常、快乐的生活。下面就介绍几种有效的疗法：

听音乐解抑郁

音乐能直接进入潜意识领域，所以它是驱除心理疾病的最佳治疗手段。大量研究表明，音乐的旋律、节奏和音色通过大脑的感应，可以引发情绪反应，从而对心理状态产生影响。

当你感到孤独无助，得不到别人的理解，缺乏主动性，对任何事、人、物均提不起兴趣时，最好的宽心方法是：每天听 3 遍贝多芬的音乐，如《第二交响曲》。其他作曲家的作品可能有不同的医疗功效，如拉赫玛尼诺夫、柴可夫斯基的作品能使你恢复信心等。音乐疗法简便易行，而且没有任何副作用。

把你的抑郁喊出来

目前流行的喊叫疗法能从我国中医的传统气功疗法中找到源头，其中有一个功法是"哼哈吐纳法"。其步骤是：

1. 找一个空旷处，放松站立，首先深深吸入一口气。在吸气的同时，左、右手握拳，右拳抬起，高过头顶，虎口向自己。

2. 呼气，瞪眼发出"哼"的声音，尽量延长，同时紧握拳。待气出尽以后，再用最后的力发出"哈"音，同时两手尽量张开。

3. 第二次呼吸。在吸气同时，手势同上；呼气时，瞪眼，两手尽量张开，同时发"哈"音。气出尽时，再用最后的力发"哼"音，同时握紧拳。在做哼哈吐纳的同时，想象那些曾经有过的不愉快的事，发泄怨恨、不满的情绪。

放松地生活

抑郁的人缺乏摆脱躯体和精神所处的警戒状态而使自己安静下来的能力。按照下列几个简单的步骤进行练习，能使你身心放松：

选择一句话、一句祷告词，作为入静的口诀；选择舒服的姿势安静地坐下或躺下；闭上眼睛；肌肉放松；缓慢而自然地呼吸，呼气时默念你选择的口诀；如果你思想走神，想法回到口诀上来；坚持练习 1020 分钟；每日至少 1 次，最好做 2 次。

沐浴阳光，活动身体

多接受阳光与多进行运动，对于抑郁的人改善情绪状态非常有利。多活动活动身体，可以使心情得到放松，阳光的照射也可以或多或少地改善人的心情。

别让焦虑啃噬你的健康

焦虑是一种没有明确原因的、令人不愉快的紧张状态。适度的焦虑可以提高人的警觉度，充分调动身心潜能。处于焦虑状态时，人们常常有一种说不出的紧张、恐惧或难以忍受的不适感，主观感觉多为心悸、心慌、忧虑、沮丧、灰心、自卑，整日忧心忡忡，似乎感到灾难临头，甚至还担心自己可能会因失去控制而精神错乱。在情绪上，整天愁眉不展、神色抑郁，似乎有无限的忧伤与哀愁，记忆力衰退、兴味索然、注意力涣散；在行为方面，常常坐立不安。

心理学研究表明，导致焦虑的原因既有心理的因素，又有生理因素的参与，同时，人的认知功能和社会环境也起重要作用。焦虑是每个人都有的情绪体验，要防止它成为病态，就要寻找各种舒缓压力的方式，而说出来便是排解焦虑最好的方法之一。面对焦虑，面对真实的自己，是化解焦虑的最佳良药。让我们一起化焦虑为成长的契机，做个自在的现代人。

张明山是一名中学老师，前几天他遇到了一件奇特而又有点可笑的事。

那天晚上，他都已经快睡着了，突然接到一个陌生妇女打来的电话，对方的第一句话就是"我恨透他了！"

"他是谁？"张明山奇怪地问。

"他是我的丈夫!"张明山想,噢,她是打错电话了,就礼貌地告诉她:"你打错电话了。"

然而,这个女人好像没听见似的,继续说个不停:"我一天到晚照顾孩子和生病的老人,他还以为我在家里享福。有时候,我想出去散散心,他都不让,而他自己天天晚上出去,说是有应酬,谁会相信……"尽管这中间张明山一再打断她的话,告诉她,他并不认识她,可她还是坚持把话说完了。

最后,她对张明山说:"您当然不认识我,可是这些话已被我压了很久,现在我终于说出来了,舒服多了。谢谢您,打扰您了。"

这件事情似乎比较可笑,其实也有辛酸的一面。这个女人因为积压了过多的焦虑,已经到了非发泄不可的程度。为了自己心理的健康,她只好急不择人,随便找人发泄一气了。还好,张明山的倾听让她暂时得到了情绪的缓解。这个女人是让人同情的,如果她不及时发泄,也许会出现精神错乱,甚至更可怕的恶果。

焦虑不安的情绪就像大水,你不让它发出去,就像往水库里蓄水,只能越涨越高,在心理上形成了一个强大的压力,这势必会造成精神的忧郁、孤独、苦闷和窒息。如果这股暗流强大到一定程度,就会冲破心理的堤坝,某种变态的行为,甚至导致精神失常。对于这样的情绪,最好的办法是疏导,而不是堵塞。因为堵塞只能是暂时的,达到一定程度就会造成"决堤",那时情况失控,就更严重了。

每个人的一生都会产生数不清的意愿和需要,但最终能实现、能满足的并不多。一旦这样的意愿和需要被压制,势必会引起人们负面的情绪,就会产生一种负面的心理能量。这种能量只有通过其他的途径才能释放出去,它自身不会丝毫地减少,这就好像物理学中的能量守恒定律。即使你在压抑、克制阶段意识不到它的存在,也只说明它从显意识层转移到了潜意识层,但对你的影响仍然存在,而且一直在找机会真正发泄出去。

如果你感到焦虑、苦闷,闷在心里不是一个好的解决之道,最好找一个合理的方式把它发泄出来。但在发泄过程中要注意,尽量不要指责别人。你可以把它转移到另外一件对任何人都无害的事上,例如听音乐、做运动、自言自语、写日记、找心理医生等。

别让浮躁葬送你的美好人生

忙碌的工作、紧张的生活是现代社会的一个明显特征,而这一普遍社会现象也造成了人们普遍的浮躁心理。如今,人们不能再像过去一样,一壶酒,几碟菜，海阔天空地聊天，而是追求速度、效率和解决方法的捷径。

浮躁是现代人的一种普遍心理现象。浮躁的人做事情往往既无准备，又无计划，脑子一热、兴头一来就动手去干。他们不是循序渐进地稳步向前，而是恨不得一锹挖成一眼井，一口吃成个胖子。结果必是事与愿违，欲速则不达。

古时候有兄弟二人，一个沉稳一个浮躁，他们都很有孝心，每日上山砍树卖钱为母亲治病。有一天，他们与酒仙邂逅，并且得到酒仙教给他们的一种酿酒的妙法：可用四月的小麦、八月的高粱、九月的稻谷、十月的大豆、腊月的雪水，放入千年紫砂土筑成的陶瓷，再用初夏第一张看见朝阳的新荷覆盖，密封七七四十九天，鸡叫三遍后方可启封。

兄弟二人各按照神仙教的办法做了一缸。等到四十九天鸡叫二遍时，老大耐不住性子打开缸，一看里面是又臭又黑的水，便生气地洒在地上，老二坚持到鸡叫三遍后才揭开缸，里面是又香又醇的酒。

当然，这仅仅是个故事而已，却说明了一个深刻的道理：成功与失败，平凡与伟大，往往没有多大的距离，而就在一步之间。咬紧牙关向前迈一步就成功了；停住了，泄气了，只能是前功尽弃。这关键的一步体现的就是坚韧的较量，是意志力的较量。很多时候，成功往往就是一个剔除浮躁、坚守自我的过程。

显微镜的发明者名叫列文虎克，他曾经在荷兰德夫特的市政厅门房干了几十年的门卫工作。为了让时光不会因在门卫这个无所事事的岗位上浪费掉，他选择了学习用水晶石磨放大镜片，磨一副镜片往往需要几个月的时间，为了不断提高镜片的放大度数，他一面总结经验，一面不间断地磨着。尽管人们不愿干这种单调重复的劳动，但他并不厌倦，几十年如一日。

直到第 60 年时，列文虎克终于磨出了能放大 300 倍的镜片，使人类第一次发现了细菌。于是，他成了举世闻名的发明家，被当时欧洲乃至世界科技界颇具权威的英国皇家学会吸收为正式会员，受到了英国皇家的奖励。

我们难以想象，在 60 年的岁月里坚持一种单调的重复劳动需要多大的韧性。而列文虎克凭着自己几十年坚忍不拔的努力和探索，终于发明了令世界震惊的显微镜，人类从此打开了微观世界大门，可以更好地认识自然、驾驭自然。

古人云："锲而不舍，金石可镂。锲而舍之，朽木不折。"成功人士之所以成功的重要秘诀就在于，他们将全部的精力、心力放在同一目标上。许多人虽然很聪明，但心存浮躁，缺乏意志和恒心，到头来只能是一事无成。

无论何事都需要一个过程，而浮躁心理会阻碍我们的成功。很多时候，我们的理想最终成为空念，就是因为我们的内心浮躁，不能以平和稳定的心态去追求成功导致的。所以，对于浮躁心态，我们必须采取一些措施：

1. 要培养行动的计划性。事前的周密计划，使行动按照计划一步步、有条不紊地进行。很多浮躁情绪，都是在事前准备不足或计划不周的情况下发生的。

2. 办事前进行自我暗示。办事前，心中默念"沉着，再沉着"、"冷静，再冷静"。在这样的心理暗示下，慢开口、后动手，这样就会取得较好的效果。

3. 要讲究办事的条理性。条理性和计划性应当是并存的。当有许多工作都需要做时，要分清轻重缓急，先做最迫切的事。禁止毫无条理地把各项工作摆到一起，杂乱无章地乱忙一通。如果办事缺乏条理，这件事还没做完，又急着去做那件事，眉毛胡子一把抓，其结果只能是越急越糟，一件事也做不好。

4. 生活要有节奏。应当给自己规定严格的生活制度，规定每天起床、就寝、用餐、工作、学习及其他业余活动的时间，增强生活的规律性和节奏感。严格的生活制度和生活秩序，正确的工作制度和工作秩序，对于帮助我们形成条理性和规律性，培养不慌不忙、从容不迫的行为习惯，克服急躁情绪，都有很大的作用。

生活中，无论是名不见经传的普通人，还是声名显赫的成功人士，都容易被暂时的胜利冲昏头脑，在浮躁心理的驱使下步入歧途。所以，我们一定要戒除浮躁心理，不要让它葬送了美好的人生。

忧心劳神需自省，为谁辛苦为谁忙

认真审视一下你的时间的货币价值，回顾一下你是如何花费时间的，这也许能显示出你的生活是否缺少平衡性。按一个星期计算，你的工作时间是多少？用于陪伴家人和朋友的时间是多少？用于自己的休闲、运动、健身的时间有多少？用于精神层面享受的时间又是多少？你是否忙得不可开交，以至于一旦面临危机时就只能手足无措地仓促祈祷，或失魂落魄地苦思冥想？

如果你想知道在自己的生活中这种差距有多大，可以用一个简单的方法快速计算出来。拿出你的计划或日程表，再拿出你的支票簿或信用卡对账单，看一看过去几周内你的时间和金钱都用在了哪些方面，它们是否就是对你最重要的东西？

遗憾的是，许多人对这个问题的回答都是否定的，而且后果也清楚地体现在他们的生活中。大多数人能在人生的几个重要的组成部分之间获取平衡并受益匪浅，这几个重要的组成部分为：朋友和家人、健康运动、家园、个人自我发展、职业或事业、精神领域的享受。

老陆今年47岁，是天津某大学的一位教授。他37岁那年，妻子在一次车祸中不幸去世。太太撒手人寰，只留下一个10岁的儿子和老陆相依为命。人们都说，你还年轻，再娶一个吧，一个男人还带个孩子生活多不容易啊！

可是老陆有自己的想法，他内心深处已经容不下别的女人，因此这么多年来一直都是单身。他是个忧患意识极强的人，对于未来总是充满一种莫名的不安。

老陆常想：孩子今年才20岁，我已经是快退休的人了。等他大学毕业之后，我怎么也应该给儿子买套房子吧？而天津的房价也不便宜，自己虽是大学教授，可是这么多年来也没有额外收入，光靠工资是无论如何都买不了房子的。

于是，47岁的老陆开始为儿子将来的房子奔波。他在朋友的帮助下，成了一家报社的专栏作者。老陆经常为了写稿子而通宵达旦。常年的作息紊乱，使他患上了严重失眠症。老陆白天还得给学生上课，因此他每晚都特别渴望能睡好，可越想睡就越睡不着，整天在为睡眠挣扎着……

人越是竭力追求尽善尽美，就越感到焦虑、敏感，最终形成精神交互作用，产生失眠症。

平衡的生活才是幸福的生活，虽然事业在大多数人的生活中占有最大的比重，但是在生活有规律的基础上，留出时间与朋友和家人相聚、参加健身运动、精神领域的享受、安居家园、自我发展也是同样重要的。记录时间日记，能让你看清楚你的时间是如何分配的；也能让你明白你的生活究竟在哪里失去了平衡。如果你对自己的生活状态不清楚，那你永远也无法掌握或调整生活的天平。